WISSEN FÜR DIE PRAXIS

Ihr Online-Aktivierungscode
für den Online-Dienst
unter www.WALHALLA.de

Näheres dazu im Vorwort

EINFACH – FLEXIBEL – DIGITAL

Kennen Sie schon den Online-Dienst zum Deutschen Beamten-Jahrbuch?

Holen Sie sich alle wichtigen Fachinformationen einfach und komfortabel auf Ihren Bildschirm. Im Online-Dienst stehen Ihnen zahlreiche Funktionen und stets aktuelle Inhalte zur Verfügung, die ein schnelles und effizientes Arbeiten ermöglichen.

Probieren Sie es gleich aus!

Nutzen Sie den Online-Dienst 3 Monate kostenlos mit dem Aktivierungscode. Gleich anmelden und ausprobieren.

Den **Aktivierungscode** sowie die Anleitung zur **Registrierung** finden Sie im Vorwort.

  📞 0941 5684-0   @ WALHALLA@WALHALLA.de
  🖨 0941 5684-111   🌐 www.WALHALLA.de

WALHALLA

Walhalla Fachredaktion

Deutsches Beamten-Jahrbuch Niedersachsen

Vorschriftensammlung zum Beamtenrecht

Bibliografische Information der Deutschen Nationalbibliothek
Die Deutsche Nationalbibliothek verzeichnet diese Publikation in der Deutschen National-
bibliografie; detaillierte bibliografische Daten sind im Internet über www.dnb.de abrufbar.

Zitiervorschlag:
Deutsches Beamten-Jahrbuch Niedersachsen
Walhalla Fachverlag, Regensburg 2025

Rechtsstand: 1. Februar 2025
Alle bis dahin veröffentlichten Änderungen sind berücksichtigt.

© Walhalla u. Praetoria Verlag GmbH & Co. KG, Regensburg
 Alle Rechte, insbesondere das Recht der Vervielfältigung und Verbreitung
 sowie der Übersetzung, vorbehalten. Kein Teil des Werkes darf in irgendeiner Form
 (durch Fotokopie, Datenübertragung oder ein anderes Verfahren) ohne schriftliche
 Genehmigung des Verlages reproduziert oder unter Verwendung elektronischer
 Systeme gespeichert, verarbeitet, vervielfältigt oder verbreitet werden.
 Produktion Walhalla Fachverlag, 93042 Regensburg
 Umschlaggestaltung: grubergrafik, Augsburg
 Printed in Germany
 ISBN 978-3-8029-1197-2

Das aktuelle Beamtenrecht 2025

Niedersächsisches Beamtengesetz – NBG

Das Niedersächsische Beamtengesetz ist durch das Gesetz zur Änderung des Niedersächsischen Beamtengesetzes vom 6. November 2024 (Nds. GVBl. Nr. 93) angepasst worden. Eine Änderung wurde notwendig, da das Bundesverwaltungsgericht in mehreren Entscheidungen die Notwendigkeit einer gesetzgeberischen Entscheidung auch im Beurteilungswesen hervorgehoben hat. Es wurde festgelegt, dass die wesentlichen Vorgaben für die Erstellung dienstlicher Beurteilungen vom Gesetzgeber selbst zu treffen sind und nicht dem Handeln sowie der Entscheidungsmacht der Exekutive überlassen werden dürfen. Dem ist Niedersachsen mit dem neuen § 19a NBG nachgekommen. Hier wurden Bestimmungen hinsichtlich der dienstlichen Beurteilung getroffen. Der Absatz 1 lautet: „Beamtinnen und Beamte sind regelmäßig dienstlich zu beurteilen (Regelbeurteilung). Sie sind zudem dienstlich zu beurteilen, wenn es die dienstlichen oder persönlichen Verhältnisse erfordern (Anlassbeurteilung). Beurteilt werden Eignung, Befähigung und fachliche Leistung der Beamtin oder des Beamten anhand von Einzelmerkmalen. Die dienstliche Beurteilung ist mit einem Gesamturteil abzuschließen, das alle Einzelmerkmale, die beurteilt worden sind, berücksichtigt."

Niedersächsisches Besoldungsgesetz – NBesG

Das Niedersächsische Besoldungsgesetz wurde durch das Niedersächsische Gesetz über die Anpassung der Besoldung und der Versorgungsbezüge in den Jahren 2024 und 2025 sowie zur Änderung besoldungs- und versorgungsrechtlicher Vorschriften vom 25. September 2024 (Nds. GVBl. Nr. 83) angepasst. Das Gesetz beinhaltet zum 1. November 2024 eine Anhebung der Grundgehälter um 200,00 Euro sowie eine Erhöhung einiger Zulagen um 4,76 Prozent. Darüber hinaus stiegen zum 1. November 2024 die Anwärtergrundbeträge um 100,00 Euro. Zum 1. Februar 2025 wurden die Besoldungs- und Versorgungsbezüge erneut um 5,5 Prozent erhöht und die Anwärtergrundbeträge stiegen um weitere 50,00 Euro. Darüber hinaus erhielten Beamtinnen, Beamte, Richterinnen und Richter neben ihren Dienst- oder Anwärterbezügen für den Monat Dezember 2024 für jedes erste und zweite Kind, für das ihnen in Bezug auf den Monat Dezember 2024 ein Familienzuschlag gewährt wurde, eine einmalige Sonderzahlung in Höhe von zusätzlich jeweils 1.000,00 Euro. Zusätzlich wurde festgelegt, dass der Anspruch eines Familienergänzungszuschlags rückwirkend ab dem 1. Januar 2023 besteht.

Wir wünschen Ihnen Freude und Erfolg mit diesem Nachschlagewerk!

Ihr WALHALLA Fachverlag

JETZT MIT TESTZUGANG ZUM ONLINE-DIENST

Erstmals erhalten Sie parallel zum Druckwerk auch einen digitalen Zugriff auf die Inhalte. Der Online-Dienst ist orts- und zeitunabhängig über die Homepage des Verlages aufrufbar.

Ihr Zugangscode ist ab Einlösedatum 3 Monate gültig. Die Laufzeit endet automatisch. Sie gehen keine weiteren Verpflichtungen ein.

Aktivierungscode: FJX-IQR-NCY

So lösen Sie den Code ein:
Melden Sie sich auf www.walhalla.de an. Sollten Sie noch kein Kundenkonto, besitzen, können Sie sich einmalig unter „Mein Konto" registrieren.

Lösen Sie anschließend Ihren Code in der oberen Navigationsleiste unter „Aktivierungscodes" ein.
Der Online-Dienst steht Ihnen nun in der Online-Bibliothek Ihres Accounts (oben rechts unter Mein Konto → Online-Bibliothek) zur Verfügung.

Schnellübersicht

Statusrecht	19
Laufbahn/Ausbildung	249
Besoldung	339
Versorgung	495
Personalvertretung	587
Reise- und Umzugskosten/Trennungsgeld	659
Beihilfe/Fürsorge	709
Soziale Schutzvorschriften/Familienförderung/Vermögensbildung	839
Verfassung/Verwaltung	969
Allgemeine Schutzvorschriften	1171
Stichwortverzeichnis	1201
Kalendarium/Ferientermine	1209

I
II
III
IV
V
VI
VII
VIII
IX
X
XI
XII

I Statusrecht

Allgemeines Beamtenrecht

I.1	Gesetz zur Regelung des Statusrechts der Beamtinnen und Beamten in den Ländern (Beamtenstatusgesetz – BeamtStG)	20
I.2	Niedersächsisches Beamtengesetz (NBG)	38
I.3	Allgemeine Richtlinien für die dienstliche Beurteilung der Beschäftigten im unmittelbaren Landesdienst (BRL)	109
I.4	Niedersächsische Nebentätigkeitsverordnung (NNVO)	118

Arbeitszeit

I.5	Niedersächsische Verordnung über die Arbeitszeit der Beamtinnen und Beamten (Nds. ArbZVO)	126
I.5.1	Niedersächsische Verordnung über die Arbeitszeit der Beamtinnen und Beamten an öffentlichen Schulen (Nds. ArbZVO-Schule)	131
I.5.2	Verordnung über die Arbeitszeit der Beamtinnen und Beamten des Feuerwehrdienstes der Gemeinden und Landkreise (ArbZVO-Feu)	157
I.5.3	Vereinbarung über die Grundsätze für die gleitende Arbeitszeit in der niedersächsischen Landesverwaltung (Gleitzeitvereinbarung)	159
I.6	Merkblatt über Altersteilzeit für Beamtinnen und Beamte, die nach dem 31. 12. 2011 beginnt	166

Mutterschutz/Elternzeit/Urlaub

I.7	Gesetz zum Schutz von Müttern bei der Arbeit, in der Ausbildung und im Studium (Mutterschutzgesetz – MuSchG)	171
I.7.1	Verordnung über den Mutterschutz für Beamtinnen des Bundes und die Elternzeit für Beamtinnen und Beamte des Bundes (Mutterschutz- und Elternzeitverordnung – MuSchEltZV)	189
I.8	Niedersächsische Erholungsurlaubsverordnung (NEUrlVO)	192
I.9	Niedersächsische Sonderurlaubsverordnung (Nds. SUrlVO)	197
I.9.1	Verwaltungsvorschrift zur Durchführung der Niedersächsischen Sonderurlaubsverordnung (VV-Nds. SUrlVO)	205

Disziplinarrecht

I.10	Niedersächsisches Disziplinargesetz (NDiszG)	209

Korruption

I.11	Richtlinie zur Korruptionsprävention und Korruptionsbekämpfung in der Landesverwaltung (Antikorruptionsrichtlinie)	236

II Laufbahn/Ausbildung

Laufbahn

II.1 Niedersächsische Laufbahnverordnung (NLVO) 250

II.2 Niedersächsische Verordnung über die Laufbahn der Laufbahngruppe 2 der Fachrichtung Bildung (NLVO-Bildung) 281

II.3 Niedersächsische Verordnung über die Laufbahnen der Fachrichtung Polizei (NLVO-Pol) 288

Ausbildung

II.4 Verordnung über die Ausbildung und Prüfung für den allgemeinen Verwaltungsdienst in den Laufbahnen der Fachrichtung Allgemeine Dienste (APVO-AD-VerwD) 293

II.5 Verordnung über die Ausbildung und Prüfung von Lehrkräften im Vorbereitungsdienst (APVO-Lehr) 304

II.6 Verordnung über die Ausbildung und Prüfung für die Laufbahnen der Fachrichtung Feuerwehr (APVO-Feu) 320

III Besoldung

Landesbesoldungsgesetz

III.1 Niedersächsisches Besoldungsgesetz
(NBesG) 340

III.1.1 Niedersächsisches Besoldungs- und Versorgungsanpassungsgesetz 2024/2025
(NBVAnpG 2024/2025) 476

Weitere besoldungsrechtliche Regelungen

III.2 Niedersächsische Stellenobergrenzenverordnung
(NStOGrVO) 478

III.3 Niedersächsische Verordnung über die Gewährung von Prämien und Zulagen für besondere Leistungen
(Leistungsprämien- und -zulagenverordnung – NLPZVO) 483

III.4 Niedersächsische Erschwerniszulagenverordnung
(NEZulVO) 485

IV Versorgung

Beamtenversorgungsgesetz

IV.1 Niedersächsisches Beamtenversorgungsgesetz
(NBeamtVG) 496

Unfallfürsorge

IV.2 Verordnung über die Durchführung von Heilverfahren nach § 33 des Beamtenversorgungsgesetzes
(Heilverfahrensverordnung – HeilVfV) 560

IV.2.1 Durchführung des § 33 des Beamtenversorgungsgesetzes;
hier: Heilverfahrensverordnung 568

Berufskrankheiten

IV.3 Berufskrankheiten-Verordnung
(BKV) 573

Sicherung der Versorgung

IV.4 Niedersächsisches Versorgungsrücklagengesetz
(NVersRücklG) 583

V Personalvertretung

V.1 Niedersächsisches Personalvertretungsgesetz
(NPersVG) 588
V.2 Wahlordnung für die Personalvertretungen im Land Niedersachsen
(WO-PersV) 637

VI Reise- und Umzugskosten/Trennungsgeld

VI.1 Niedersächsische Reisekostenverordnung (NRKVO) 660

VI.2 Verordnung über die Reisekostenvergütung bei Auslandsdienstreisen
(Auslandsreisekostenverordnung – ARV) – Auszug – 669

Umzug

VI.3 Gesetz über die Umzugskostenvergütung für die Bundesbeamten, Richter im Bundesdienst und Soldaten
(Bundesumzugskostengesetz – BUKG) 670

VI.4 Verordnung über die Umzugskostenvergütung bei Auslandsumzügen
(Auslandsumzugskostenverordnung – AUV) 679

Trennungsgeld

VI.5 Verordnung über das Trennungsgeld bei Versetzungen und Abordnungen im Inland
(Trennungsgeldverordnung – TGV) 695

VI.6 Verordnung über das Auslandstrennungsgeld
(Auslandstrennungsgeldverordnung – ATGV) 701

VII Beihilfe/Fürsorge

Beihilfe

VII.1	Niedersächsische Beihilfeverordnung (NBhVO)	710
VII.2	Niedersächsische Beihilfeverordnung (NBhVO) – Heilkurorteverzeichnis Inland	802
VII.3	Niedersächsische Beihilfeverordnung (NBhVO) – Heilkurorteverzeichnis Ausland	822

Fürsorge

VII.4	Vereinbarung gemäß § 81 NPersVG zur Gewährung von unverzinslichen Vorschüssen auf Bezüge	823
VII.5	Dienstjubiläumsverordnung (DJubVO)	826
VII.6	Verwaltungsvorschriften über die Dienstwohnungen des Landes Niedersachsen (Niedersächsische Dienstwohnungsverwaltungsvorschriften – NDWVV))	828

VIII Soziale Schutzvorschriften/Familienförderung/Vermögensbildung

Gleichberechtigung/Gleichstellung

VIII.1	Niedersächsisches Gleichberechtigungsgesetz (NGG)	840
VIII.2	Niedersächsisches Behindertengleichstellungsgesetz (NBGG)	850
VIII.2.1	Richtlinien zur gleichberechtigten und selbstbestimmten Teilhabe schwerbehinderter und ihnen gleichgestellter Menschen am Berufsleben im öffentlichen Dienst (Schwerbehindertenrichtlinien – SchwbRl)	861

Familienförderung

VIII.3	Bundeskindergeldgesetz (BKGG)	879
VIII.4	Einkommensteuergesetz (EStG) – Auszug –	893
VIII.5	Gesetz zum Elterngeld und zur Elternzeit (Bundeselterngeld- und Elternzeitgesetz – BEEG)	930

Vermögensbildung

VIII.6	Fünftes Gesetz zur Förderung der Vermögensbildung der Arbeitnehmer (Fünftes Vermögensbildungsgesetz – 5. VermBG)	952
VIII.7	Gesetz über vermögenswirksame Leistungen für Beamte, Richter, Berufssoldaten und Soldaten auf Zeit	967

IX Verfassung/Verwaltung

Verfassung
- IX.1 Grundgesetz für die Bundesrepublik Deutschland 970
- IX.2 Niedersächsische Verfassung 1024

Verwaltung
- IX.3 Verwaltungsgerichtsordnung
  (VwGO) 1041
- IX.4 Niedersächsisches Justizgesetz
  (NJG) – Auszug 1093
- IX.5 Verwaltungsverfahrensgesetz
  (VwVfG) 1098
- IX.6 Niedersächsisches Verwaltungsverfahrensgesetz
  (NVwVfG) 1137
- IX.7 Niedersächsisches Datenschutzgesetz
  (NDSG) 1139

X Allgemeine Schutzvorschriften

X.1 Allgemeines Gleichbehandlungsgesetz
(AGG) 1172

X.2 Gesetz über die Durchführung von Maßnahmen des Arbeitsschutzes zur Verbesserung der Sicherheit und des Gesundheitsschutzes der Beschäftigten bei der Arbeit
(Arbeitsschutzgesetz – ArbSchG) 1185

X.3 Niedersächsisches Nichtraucherschutzgesetz
(Nds. NiRSG) 1198

I Statusrecht

Allgemeines Beamtenrecht

I.1 Gesetz zur Regelung des Statusrechts der Beamtinnen und Beamten in den Ländern (Beamtenstatusgesetz – BeamtStG) 20

I.2 Niedersächsisches Beamtengesetz (NBG) 38

I.3 Allgemeine Richtlinien für die dienstliche Beurteilung der Beschäftigten im unmittelbaren Landesdienst (BRL) 109

I.4 Niedersächsische Nebentätigkeitsverordnung (NNVO) 118

Arbeitszeit

I.5 Niedersächsische Verordnung über die Arbeitszeit der Beamtinnen und Beamten (Nds. ArbZVO) 126

I.5.1 Niedersächsische Verordnung über die Arbeitszeit der Beamtinnen und Beamten an öffentlichen Schulen (Nds. ArbZVO-Schule) 131

I.5.2 Verordnung über die Arbeitszeit der Beamtinnen und Beamten des Feuerwehrdienstes der Gemeinden und Landkreise (ArbZVO-Feu) 157

I.5.3 Vereinbarung über die Grundsätze für die gleitende Arbeitszeit in der niedersächsischen Landesverwaltung (Gleitzeitvereinbarung) 159

I.6 Merkblatt über Altersteilzeit für Beamtinnen und Beamte, die nach dem 31. 12. 2011 beginnt 166

Mutterschutz/Elternzeit/Urlaub

I.7 Gesetz zum Schutz von Müttern bei der Arbeit, in der Ausbildung und im Studium (Mutterschutzgesetz – MuSchG) 171

I.7.1 Verordnung über den Mutterschutz für Beamtinnen des Bundes und die Elternzeit für Beamtinnen und Beamte des Bundes (Mutterschutz- und Elternzeitverordnung – MuSchEltZV) 189

I.8 Niedersächsische Erholungsurlaubsverordnung (NEUrlVO) 192

I.9 Niedersächsische Sonderurlaubsverordnung (Nds. SUrlVO) 197

I.9.1 Verwaltungsvorschrift zur Durchführung der Niedersächsischen Sonderurlaubsverordnung (VV-Nds. SUrlVO) 205

Disziplinarrecht

I.10 Niedersächsisches Disziplinargesetz (NDiszG) 209

Korruption

I.11 Richtlinie zur Korruptionsprävention und Korruptionsbekämpfung in der Landesverwaltung (Antikorruptionsrichtlinie) 236

Gesetz zur Regelung des Statusrechts der Beamtinnen und Beamten in den Ländern
(Beamtenstatusgesetz – BeamtStG)
Vom 17. Juni 2008 (BGBl. I S. 1010)

Zuletzt geändert durch
Gesetz zur Beschleunigung von Disziplinarverfahren in der Bundesverwaltung
und zur Änderung weiterer dienstrechtlicher Vorschriften
vom 20. Dezember 2023 (BGBl. I Nr. 389)

Inhaltsübersicht

Abschnitt 1
Allgemeine Vorschriften
- § 1 Geltungsbereich
- § 2 Dienstherrnfähigkeit

Abschnitt 2
Beamtenverhältnis
- § 3 Beamtenverhältnis
- § 4 Arten des Beamtenverhältnisses
- § 5 Ehrenbeamtinnen und Ehrenbeamte
- § 6 Beamtenverhältnis auf Zeit
- § 7 Voraussetzungen des Beamtenverhältnisses
- § 8 Ernennung
- § 9 Kriterien der Ernennung
- § 10 Voraussetzung der Ernennung auf Lebenszeit
- § 11 Nichtigkeit der Ernennung
- § 12 Rücknahme der Ernennung

Abschnitt 3
Länderübergreifender Wechsel und Wechsel in die Bundesverwaltung
- § 13 Grundsatz
- § 14 Abordnung
- § 15 Versetzung
- § 16 Umbildung einer Körperschaft
- § 17 Rechtsfolgen der Umbildung
- § 18 Rechtsstellung der Beamtinnen und Beamten
- § 19 Rechtsstellung der Versorgungsempfängerinnen und Versorgungsempfänger

Abschnitt 4
Zuweisung einer Tätigkeit bei anderen Einrichtungen
- § 20 Zuweisung

Abschnitt 5
Beendigung des Beamtenverhältnisses
- § 21 Beendigungsgründe
- § 22 Entlassung kraft Gesetzes
- § 23 Entlassung durch Verwaltungsakt
- § 24 Verlust der Beamtenrechte
- § 25 Ruhestand wegen Erreichens der Altersgrenze
- § 26 Dienstunfähigkeit
- § 27 Begrenzte Dienstfähigkeit
- § 28 Ruhestand bei Beamtenverhältnis auf Probe
- § 29 Wiederherstellung der Dienstfähigkeit
- § 30 Einstweiliger Ruhestand
- § 31 Einstweiliger Ruhestand bei Umbildung und Auflösung von Behörden
- § 32 Wartezeit

Abschnitt 6
Rechtliche Stellung im Beamtenverhältnis
- § 33 Grundpflichten
- § 34 Wahrnehmung der Aufgaben, Verhalten und Erscheinungsbild
- § 35 Folgepflicht
- § 36 Verantwortung für die Rechtmäßigkeit
- § 37 Verschwiegenheitspflicht
- § 38 Diensteid
- § 39 Verbot der Führung der Dienstgeschäfte
- § 40 Nebentätigkeit

Inhaltsübersicht — Beamtenstatusgesetz (BeamtStG) I.1

- § 41 Tätigkeit nach Beendigung des Beamtenverhältnisses
- § 42 Verbot der Annahme von Belohnungen, Geschenken und sonstigen Vorteilen
- § 43 Teilzeitbeschäftigung
- § 44 Erholungsurlaub
- § 45 Fürsorge
- § 46 Mutterschutz und Elternzeit
- § 47 Nichterfüllung von Pflichten
- § 48 Pflicht zum Schadensersatz
- § 49 Übermittlungen bei Strafverfahren
- § 50 Personalakte
- § 51 Personalvertretung
- § 52 Mitgliedschaft in Gewerkschaften und Berufsverbänden
- § 53 Beteiligung der Spitzenorganisationen

Abschnitt 7
Rechtsweg
- § 54 Verwaltungsrechtsweg

Abschnitt 8
Spannungs- und Verteidigungsfall
- § 55 Anwendungsbereich
- § 56 Dienstleistung im Verteidigungsfall
- § 57 Aufschub der Entlassung und des Ruhestands
- § 58 Erneute Berufung von Ruhestandsbeamtinnen und Ruhestandsbeamten
- § 59 Verpflichtung zur Gemeinschaftsunterkunft und Mehrarbeit

Abschnitt 9
Sonderregelungen für Verwendungen im Ausland
- § 60 Verwendungen im Ausland

Abschnitt 10
Sonderregelungen für wissenschaftliches Hochschulpersonal
- § 61 Hochschullehrerinnen und Hochschullehrer

Abschnitt 11
Schlussvorschriften
- § 62 Folgeänderungen
- § 63 Inkrafttreten, Außerkrafttreten

Der Bundestag hat mit Zustimmung des Bundesrates das folgende Gesetz beschlossen:

Abschnitt 1
Allgemeine Vorschriften

§ 1 Geltungsbereich

Dieses Gesetz regelt das Statusrecht der Beamtinnen und Beamten der Länder, Gemeinden und Gemeindeverbände sowie der sonstigen der Aufsicht eines Landes unterstehenden Körperschaften, Anstalten und Stiftungen des öffentlichen Rechts.

§ 2 Dienstherrnfähigkeit

Das Recht, Beamtinnen und Beamte zu haben, besitzen

1. Länder, Gemeinden und Gemeindeverbände,
2. sonstige Körperschaften, Anstalten und Stiftungen des öffentlichen Rechts, die dieses Recht im Zeitpunkt des Inkrafttretens dieses Gesetzes besitzen oder denen es durch ein Landesgesetz oder aufgrund eines Landesgesetzes verliehen wird.

Abschnitt 2
Beamtenverhältnis

§ 3 Beamtenverhältnis

(1) Beamtinnen und Beamte stehen zu ihrem Dienstherrn in einem öffentlich-rechtlichen Dienst- und Treueverhältnis (Beamtenverhältnis).

(2) Die Berufung in das Beamtenverhältnis ist nur zulässig zur Wahrnehmung

1. hoheitsrechtlicher Aufgaben oder
2. solcher Aufgaben, die aus Gründen der Sicherung des Staates oder des öffentlichen Lebens nicht ausschließlich Personen übertragen werden dürfen, die in einem privatrechtlichen Arbeitsverhältnis stehen.

§ 4 Arten des Beamtenverhältnisses

(1) Das Beamtenverhältnis auf Lebenszeit dient der dauernden Wahrnehmung von Aufgaben nach § 3 Abs. 2. Es bildet die Regel.

(2) Das Beamtenverhältnis auf Zeit dient

a) der befristeten Wahrnehmung von Aufgaben nach § 3 Abs. 2 oder

b) der zunächst befristeten Übertragung eines Amtes mit leitender Funktion.

(3) Das Beamtenverhältnis auf Probe dient der Ableistung einer Probezeit

a) zur späteren Verwendung auf Lebenszeit oder

b) zur Übertragung eines Amtes mit leitender Funktion.

(4) Das Beamtenverhältnis auf Widerruf dient

a) der Ableistung eines Vorbereitungsdienstes oder

b) der nur vorübergehenden Wahrnehmung von Aufgaben nach § 3 Abs. 2.

§ 5 Ehrenbeamtinnen und Ehrenbeamte

(1) Als Ehrenbeamtin oder Ehrenbeamter kann berufen werden, wer Aufgaben im Sinne des § 3 Abs. 2 unentgeltlich wahrnehmen soll.

(2) Die Rechtsverhältnisse der Ehrenbeamtinnen und Ehrenbeamten können durch Landesrecht abweichend von den für Beamtinnen und Beamte allgemein geltenden Vorschriften geregelt werden, soweit es deren besondere Rechtsstellung erfordert.

(3) Ein Ehrenbeamtenverhältnis kann nicht in ein Beamtenverhältnis anderer Art, ein solches Beamtenverhältnis nicht in ein Ehrenbeamtenverhältnis umgewandelt werden.

§ 6 Beamtenverhältnis auf Zeit

Für die Rechtsverhältnisse der Beamtinnen auf Zeit und Beamten auf Zeit gelten die Vorschriften für Beamtinnen auf Lebenszeit und Beamte auf Lebenszeit entsprechend, soweit durch Landesrecht nichts anderes bestimmt ist.

§ 7 Voraussetzungen des Beamtenverhältnisses

(1) In das Beamtenverhältnis darf nur berufen werden, wer

1. Deutsche oder Deutscher im Sinne des Artikels 116 Absatz 1 des Grundgesetzes ist oder die Staatsangehörigkeit

   a) eines anderen Mitgliedstaates der Europäischen Union oder

b) eines anderen Vertragsstaates des Abkommens über den Europäischen Wirtschaftsraum oder

c) eines Drittstaates, dem die Bundesrepublik Deutschland und die Europäische Union vertraglich einen entsprechenden Anspruch auf Anerkennung von Berufsqualifikationen eingeräumt haben,

besitzt,

2. die Gewähr dafür bietet, jederzeit für die freiheitliche demokratische Grundordnung im Sinne des Grundgesetzes einzutreten, und

3. die nach Landesrecht vorgeschriebene Befähigung besitzt.

In das Beamtenverhältnis darf nicht berufen werden, wer unveränderliche Merkmale des Erscheinungsbilds aufweist, die mit der Erfüllung der Pflichten nach § 34 Absatz 2 nicht vereinbar sind.

(2) Wenn die Aufgaben es erfordern, darf nur eine Deutsche oder ein Deutscher im Sinne des Artikels 116 Absatz 1 des Grundgesetzes in ein Beamtenverhältnis berufen werden.

(3) Ausnahmen von Absatz 1 Nr. 1 und Absatz 2 können nur zugelassen werden, wenn

1. für die Gewinnung der Beamtin oder des Beamten ein dringendes dienstliches Interesse besteht oder

2. bei der Berufung von Hochschullehrerinnen und Hochschullehrern und anderen Mitarbeiterinnen und Mitarbeitern des wissenschaftlichen und künstlerischen Personals in das Beamtenverhältnis andere wichtige Gründe vorliegen.

§ 8 Ernennung

(1) Einer Ernennung bedarf es zur

1. Begründung des Beamtenverhältnisses,

2. Umwandlung des Beamtenverhältnisses in ein solches anderer Art (§ 4),

3. Verleihung eines anderen Amtes mit anderem Grundgehalt oder

4. Verleihung eines anderen Amtes mit anderer Amtsbezeichnung, soweit das Landesrecht dies bestimmt.

(2) Die Ernennung erfolgt durch Aushändigung einer Ernennungsurkunde. In der Urkunde müssen enthalten sein

1. bei der Begründung des Beamtenverhältnisses die Worte „unter Berufung in das Beamtenverhältnis" mit dem die Art des Beamtenverhältnisses bestimmenden Zusatz „auf Lebenszeit", „auf Probe", „auf Widerruf", „als Ehrenbeamtin" oder „als Ehrenbeamter" oder „auf Zeit" mit der Angabe der Zeitdauer der Berufung,

2. bei der Umwandlung des Beamtenverhältnisses in ein solches anderer Art die diese Art bestimmenden Worte nach Nummer 1 und

3. bei der Verleihung eines Amts die Amtsbezeichnung.

(3) Mit der Begründung eines Beamtenverhältnisses auf Probe, auf Lebenszeit und auf Zeit wird gleichzeitig ein Amt verliehen.

(4) Eine Ernennung auf einen zurückliegenden Zeitpunkt ist unzulässig und insoweit unwirksam.

§ 9 Kriterien der Ernennung

Ernennungen sind nach Eignung, Befähigung und fachlicher Leistung ohne Rücksicht auf Geschlecht, Abstammung, Rasse oder ethnische Herkunft, Behinderung, Religion oder Weltanschauung, politische Anschauungen, Herkunft, Beziehungen oder sexuelle Identität vorzunehmen.

§ 10 Voraussetzung der Ernennung auf Lebenszeit

Die Ernennung zur Beamtin auf Lebenszeit oder zum Beamten auf Lebenszeit ist nur zulässig, wenn die Beamtin oder der Beamte sich in einer Probezeit von mindestens sechs Monaten und höchstens fünf Jahren bewährt hat. Von der Mindestprobezeit können durch Landesrecht Ausnahmen bestimmt werden.

§ 11 Nichtigkeit der Ernennung

(1) Die Ernennung ist nichtig, wenn

1. sie nicht der in § 8 Abs. 2 vorgeschriebenen Form entspricht,

2. sie von einer sachlich unzuständigen Behörde ausgesprochen wurde oder

3. zum Zeitpunkt der Ernennung
   a) nach § 7 Absatz 1 Satz 1 Nummer 1 keine Ernennung erfolgen durfte und keine Ausnahme nach § 7 Abs. 3 zugelassen war,
   b) nicht die Fähigkeit zur Bekleidung öffentlicher Ämter vorlag oder
   c) eine ihr zu Grunde liegende Wahl unwirksam ist.

(2) Die Ernennung ist von Anfang an als wirksam anzusehen, wenn

1. im Fall des Absatzes 1 Nr. 1 aus der Urkunde oder aus dem Akteninhalt eindeutig hervorgeht, dass die für die Ernennung zuständige Stelle ein bestimmtes Beamtenverhältnis begründen oder ein bestehendes Beamtenverhältnis in ein solches anderer Art umwandeln wollte, für das die sonstigen Voraussetzungen vorliegen, und die für die Ernennung zuständige Stelle die Wirksamkeit schriftlich bestätigt; das Gleiche gilt, wenn die Angabe der Zeitdauer fehlt, durch Landesrecht aber die Zeitdauer bestimmt ist,

2. im Fall des Absatzes 1 Nr. 2 die sachlich zuständige Behörde die Ernennung bestätigt oder

3. im Fall des Absatzes 1 Nr. 3 Buchstabe a eine Ausnahme nach § 7 Abs. 3 nachträglich zugelassen wird.

§ 12 Rücknahme der Ernennung

(1) Die Ernennung ist mit Wirkung für die Vergangenheit zurückzunehmen, wenn

1. sie durch Zwang, arglistige Täuschung oder Bestechung herbeigeführt wurde,

2. dem Dienstherrn zum Zeitpunkt der Ernennung nicht bekannt war, dass die ernannte Person vor ihrer Ernennung ein Verbrechen oder Vergehen begangen hat, aufgrund dessen sie vor oder nach ihrer Ernennung rechtskräftig zu einer Strafe verurteilt worden ist und das sie für die Berufung in das Beamtenverhältnis als unwürdig erscheinen lässt,

3. die Ernennung nach § 7 Abs. 2 nicht erfolgen durfte und eine Ausnahme nach § 7 Abs. 3 nicht zugelassen war und die Ausnahme nicht nachträglich erteilt wird oder

4. eine durch Landesrecht vorgeschriebene Mitwirkung einer unabhängigen Stelle oder einer Aufsichtsbehörde unterblieben ist und nicht nachgeholt wurde.

(2) Die Ernennung soll zurückgenommen werden, wenn gegen die ernannte Person in einem Disziplinarverfahren auf Entfernung aus dem Beamtenverhältnis oder auf Aberkennung des Ruhegehalts erkannt worden war. Dies gilt auch, wenn die Entscheidung gegen eine Beamtin oder einen Beamten der Europäischen Union oder eines Staates nach § 7 Absatz 1 Satz 1 Nummer 1 ergangen ist.

Abschnitt 3
Länderübergreifender Wechsel und Wechsel in die Bundesverwaltung

§ 13 Grundsatz

Die Vorschriften dieses Abschnitts gelten nur bei landesübergreifender Abordnung, Versetzung und Umbildung von Körperschaften sowie bei einer Abordnung oder Versetzung aus einem Land in die Bundesverwaltung.

§ 14 Abordnung

(1) Beamtinnen und Beamte können aus dienstlichen Gründen vorübergehend ganz oder teilweise zu einer dem übertragenen Amt entsprechenden Tätigkeit in den Bereich eines Dienstherrn eines anderen Landes oder des Bundes abgeordnet werden.

(2) Aus dienstlichen Gründen ist eine Abordnung vorübergehend ganz oder teilweise auch zu einer nicht dem Amt entsprechenden Tätigkeit zulässig, wenn der Beamtin oder dem Beamten die Wahrnehmung der neuen Tätigkeit aufgrund der Vorbildung oder Berufsausbildung zuzumuten ist. Dabei ist auf die Abordnung zu einer Tätigkeit, die nicht einem Amt mit demselben Grundgehalt entspricht, zulässig.

(3) Die Abordnung bedarf der Zustimmung der Beamtin oder des Beamten. Abweichend von Satz 1 ist die Abordnung auch ohne Zustimmung zulässig, wenn die neue Tätigkeit

zuzumuten ist und einem Amt mit demselben Grundgehalt entspricht und die Abordnung die Dauer von fünf Jahren nicht übersteigt.

(4) Die Abordnung wird von dem abgebenden im Einverständnis mit dem aufnehmenden Dienstherrn verfügt. Soweit zwischen den Dienstherren nichts anderes vereinbart ist, sind die für den Bereich des aufnehmenden Dienstherrn geltenden Vorschriften über die Pflichten und Rechte der Beamtinnen und Beamten mit Ausnahme der Regelungen über Diensteid, Amtsbezeichnung, Zahlung von Bezügen, Krankenfürsorgeleistungen und Versorgung entsprechend anzuwenden. Die Verpflichtung zur Bezahlung hat auch der Dienstherr, zu dem die Abordnung erfolgt ist.

§ 15 Versetzung

(1) Beamtinnen und Beamte können auf Antrag oder aus dienstlichen Gründen in den Bereich eines Dienstherrn eines anderen Landes oder des Bundes in ein Amt einer Laufbahn versetzt werden, für die sie die Befähigung besitzen.

(2) Eine Versetzung bedarf der Zustimmung der Beamtin oder des Beamten. Abweichend von Satz 1 ist die Versetzung auch ohne Zustimmung zulässig, wenn das neue Amt mit mindestens demselben Grundgehalt verbunden ist wie das bisherige Amt. Stellenzulagen gelten hierbei nicht als Bestandteile des Grundgehalts.

(3) Die Versetzung wird von dem abgebenden im Einverständnis mit dem aufnehmenden Dienstherrn verfügt. Das Beamtenverhältnis wird mit dem neuen Dienstherrn fortgesetzt.

§ 16 Umbildung einer Körperschaft

(1) Beamtinnen und Beamte einer juristischen Person des öffentlichen Rechts mit Dienstherrnfähigkeit (Körperschaft), die vollständig in eine andere Körperschaft eingegliedert wird, treten mit der Umbildung kraft Gesetzes in den Dienst der aufnehmenden Körperschaft über.

(2) Die Beamtinnen und Beamten einer Körperschaft, die vollständig in mehrere andere Körperschaften eingegliedert wird, sind anteilig in den Dienst der aufnehmenden Körperschaften zu übernehmen. Die beteiligten Körperschaften haben innerhalb einer Frist von sechs Monaten nach der Umbildung im Einvernehmen miteinander zu bestimmen, von welchen Körperschaften die einzelnen Beamtinnen und Beamten zu übernehmen sind. Solange eine Beamtin oder ein Beamter nicht übernommen ist, haften alle aufnehmenden Körperschaften für die ihr oder ihm zustehenden Bezüge als Gesamtschuldner.

(3) Die Beamtinnen und Beamten einer Körperschaft, die teilweise in eine oder mehrere andere Körperschaften eingegliedert wird, sind zu einem verhältnismäßigen Teil, bei mehreren Körperschaften anteilig, in den Dienst der aufnehmenden Körperschaften zu übernehmen. Absatz 2 Satz 2 ist entsprechend anzuwenden.

(4) Die Absätze 1 bis 3 gelten entsprechend, wenn eine Körperschaft mit einer oder mehreren anderen Körperschaften zu einer neuen Körperschaft zusammengeschlossen wird, wenn ein oder mehrere Teile verschiedener Körperschaften zu einem oder mehreren neuen Teilen einer Körperschaft zusammengeschlossen werden, wenn aus einer Körperschaft oder aus Teilen einer Körperschaft eine oder mehrere neue Körperschaften gebildet werden, oder wenn Aufgaben einer Körperschaft vollständig oder teilweise auf eine oder mehrere andere Körperschaften übergehen.

§ 17 Rechtsfolgen der Umbildung

(1) Tritt eine Beamtin oder ein Beamter aufgrund des § 16 Abs. 1 kraft Gesetzes in den Dienst einer anderen Körperschaft über oder wird sie oder er aufgrund des § 16 Abs. 2 oder 3 von einer anderen Körperschaft übernommen, wird das Beamtenverhältnis mit dem neuen Dienstherrn fortgesetzt.

(2) Im Fall des § 16 Abs. 1 ist der Beamtin oder dem Beamten von der aufnehmenden oder neuen Körperschaft die Fortsetzung des Beamtenverhältnisses schriftlich zu bestätigen.

(3) In den Fällen des § 16 Abs. 2 und 3 wird die Übernahme von der Körperschaft verfügt, in deren Dienst die Beamtin oder der Beamte treten soll. Die Verfügung wird mit der Zustellung an die Beamtin oder den Beamten wirksam. Die Beamtin oder der Beamte ist verpflichtet, der Übernahmeverfügung Folge

zu leisten. Kommt die Beamtin oder der Beamte der Verpflichtung nicht nach, ist sie oder er zu entlassen.

(4) Die Absätze 1 bis 3 gelten entsprechend in den Fällen des § 16 Abs. 4.

§ 18 Rechtsstellung der Beamtinnen und Beamten

(1) Beamtinnen und Beamten, die nach § 16 in den Dienst einer anderen Körperschaft kraft Gesetzes übertreten oder übernommen werden, soll ein gleich zu bewertendes Amt übertragen werden, das ihrem bisherigen Amt nach Bedeutung und Inhalt ohne Rücksicht auf Dienststellung und Dienstalter entspricht. Wenn eine dem bisherigen Amt entsprechende Verwendung nicht möglich ist, kann ihnen auch ein anderes Amt mit geringerem Grundgehalt übertragen werden. Das Grundgehalt muss mindestens dem des Amtes entsprechen, das die Beamtinnen und Beamten vor dem bisherigen Amt innehatten. In diesem Fall dürfen sie neben der neuen Amtsbezeichnung die des früheren Amtes mit dem Zusatz „außer Dienst" („a. D.") führen.

(2) Die aufnehmende oder neue Körperschaft kann, wenn die Zahl der bei ihr nach der Umbildung vorhandenen Beamtinnen und Beamten den tatsächlichen Bedarf übersteigt, innerhalb einer Frist, deren Bestimmung dem Landesrecht vorbehalten bleibt, Beamtinnen und Beamte im Beamtenverhältnis auf Lebenszeit oder auf Zeit in den einstweiligen Ruhestand versetzen, wenn deren Aufgabengebiet von der Umbildung berührt wurde. Bei Beamtinnen auf Zeit und Beamten auf Zeit, die nach Satz 1 in den einstweiligen Ruhestand versetzt sind, endet der einstweilige Ruhestand mit Ablauf der Amtszeit; sie gelten in diesem Zeitpunkt als dauernd in den Ruhestand versetzt, wenn sie bei Verbleiben im Amt mit Ablauf der Amtszeit in den Ruhestand getreten wären.

§ 19 Rechtsstellung der Versorgungsempfängerinnen und Versorgungsempfänger

(1) Die Vorschriften des § 16 Abs. 1 und 2 und des § 17 gelten entsprechend für die im Zeitpunkt der Umbildung bei der abgebenden Körperschaft vorhandenen Versorgungsempfängerinnen und Versorgungsempfänger.

(2) In den Fällen des § 16 Abs. 3 bleiben die Ansprüche der im Zeitpunkt der Umbildung vorhandenen Versorgungsempfängerinnen und Versorgungsempfänger gegenüber der abgebenden Körperschaft bestehen.

(3) Die Absätze 1 und 2 gelten entsprechend in den Fällen des § 16 Abs. 4.

Abschnitt 4
Zuweisung einer Tätigkeit bei anderen Einrichtungen

§ 20 Zuweisung

(1) Beamtinnen und Beamten kann mit ihrer Zustimmung vorübergehend ganz oder teilweise eine ihrem Amt entsprechende Tätigkeit zugewiesen werden

1. bei einer öffentlichen Einrichtung ohne Dienstherrneigenschaft oder bei einer öffentlich-rechtlichen Religionsgemeinschaft im dienstlichen oder öffentlichen Interesse oder

2. bei einer anderen Einrichtung, wenn öffentliche Interessen es erfordern.

(2) Beamtinnen und Beamten einer Dienststelle, die ganz oder teilweise in eine öffentlich-rechtlich organisierte Einrichtung ohne Dienstherrneigenschaft oder eine privatrechtlich organisierte Einrichtung der öffentlichen Hand umgewandelt wird, kann auch ohne ihre Zustimmung ganz oder teilweise eine ihrem Amt entsprechende Tätigkeit bei dieser Einrichtung zugewiesen werden, wenn öffentliche Interessen es erfordern.

(3) Die Rechtsstellung der Beamtinnen und Beamten bleibt unberührt.

Abschnitt 5
Beendigung des Beamtenverhältnisses

§ 21 Beendigungsgründe

Das Beamtenverhältnis endet durch

1. Entlassung,

2. Verlust der Beamtenrechte,

3. Entfernung aus dem Beamtenverhältnis nach den Disziplinargesetzen oder
4. Eintritt oder Versetzung in den Ruhestand.

§ 22 Entlassung kraft Gesetzes

(1) Beamtinnen und Beamte sind entlassen, wenn
1. die Voraussetzungen des § 7 Absatz 1 Satz 1 Nummer 1 nicht mehr vorliegen und eine Ausnahme nach § 7 Absatz 3 auch nachträglich nicht zugelassen wird oder
2. sie die Altersgrenze erreichen und das Beamtenverhältnis nicht durch Eintritt in den Ruhestand endet.

(2) Die Beamtin oder der Beamte ist entlassen, wenn ein öffentlich-rechtliches Dienst- oder Amtsverhältnis zu einem anderen Dienstherrn oder zu einer Einrichtung ohne Dienstherrneigenschaft begründet wird, sofern nicht im Einvernehmen mit dem neuen Dienstherrn oder der Einrichtung die Fortdauer des Beamtenverhältnisses neben dem neuen Dienst- oder Amtsverhältnis angeordnet oder durch Landesrecht etwas anderes bestimmt wird. Dies gilt nicht für den Eintritt in ein Beamtenverhältnis auf Widerruf oder als Ehrenbeamtin oder Ehrenbeamter.

(3) Die Beamtin oder der Beamte ist mit der Berufung in ein Beamtenverhältnis auf Zeit aus einem anderen Beamtenverhältnis bei demselben Dienstherrn entlassen, soweit das Landesrecht keine abweichenden Regelungen trifft.

(4) Das Beamtenverhältnis auf Widerruf endet mit Ablauf des Tages der Ablegung oder dem endgültigen Nichtbestehen der für die Laufbahn vorgeschriebenen Prüfung, sofern durch Landesrecht nichts anderes bestimmt ist.

(5) Das Beamtenverhältnis auf Probe in einem Amt mit leitender Funktion endet mit Ablauf der Probezeit oder mit Versetzung zu einem anderen Dienstherrn.

§ 23 Entlassung durch Verwaltungsakt

(1) Beamtinnen und Beamte sind zu entlassen, wenn sie
1. den Diensteid oder ein an dessen Stelle vorgeschriebenes Gelöbnis verweigern,
2. nicht in den Ruhestand oder einstweiligen Ruhestand versetzt werden können, weil eine versorgungsrechtliche Wartezeit nicht erfüllt ist,
3. dauernd dienstunfähig sind und das Beamtenverhältnis nicht durch Versetzung in den Ruhestand endet,
4. die Entlassung in schriftlicher Form verlangen oder
5. nach Erreichen der Altersgrenze berufen worden sind.

Im Fall des Satzes 1 Nr. 3 ist § 26 Abs. 2 entsprechend anzuwenden.

(2) Beamtinnen und Beamte können entlassen werden, wenn sie in Fällen des § 7 Abs. 2 die Eigenschaft als Deutsche oder Deutscher im Sinne des Artikels 116 Absatz 1 des Grundgesetzes verlieren.

(3) Beamtinnen auf Probe und Beamte auf Probe können entlassen werden,
1. wenn sie eine Handlung begehen, die im Beamtenverhältnis auf Lebenszeit mindestens eine Kürzung der Dienstbezüge zur Folge hätte,
2. wenn sie sich in der Probezeit nicht bewährt haben oder
3. wenn ihr Aufgabengebiet bei einer Behörde von der Auflösung dieser Behörde oder einer auf landesrechtlicher Vorschrift beruhenden wesentlichen Änderung des Aufbaus oder Verschmelzung dieser Behörde mit einer anderen oder von der Umbildung einer Körperschaft berührt wird und eine andere Verwendung nicht möglich ist.

Im Fall des Satzes 1 Nr. 2 ist § 26 Abs. 2 bei allein mangelnder gesundheitlicher Eignung entsprechend anzuwenden.

(4) Beamtinnen auf Widerruf und Beamte auf Widerruf können jederzeit entlassen werden. Die Gelegenheit zur Beendigung des Vorbereitungsdienstes und zur Ablegung der Prüfung soll gegeben werden.

§ 24 Verlust der Beamtenrechte

(1) Wenn eine Beamtin oder ein Beamter im ordentlichen Strafverfahren durch das Urteil eines deutschen Gerichts

1. wegen einer vorsätzlichen Tat zu einer Freiheitsstrafe von mindestens einem Jahr oder

2. wegen einer vorsätzlichen Tat, die nach den Vorschriften über Friedensverrat, Hochverrat und Gefährdung des demokratischen Rechtsstaates, Landesverrat und Gefährdung der äußeren Sicherheit, Volksverhetzung oder, soweit sich die Tat auf eine Diensthandlung im Hauptamt bezieht, Bestechlichkeit, strafbar ist, zu einer Freiheitsstrafe von mindestens sechs Monaten

verurteilt wird, endet das Beamtenverhältnis mit der Rechtskraft des Urteils. Entsprechendes gilt, wenn die Fähigkeit zur Bekleidung öffentlicher Ämter aberkannt wird oder wenn die Beamtin oder der Beamte aufgrund einer Entscheidung des Bundesverfassungsgerichts nach Artikel 18 des Grundgesetzes ein Grundrecht verwirkt hat.

(2) Wird eine Entscheidung, die den Verlust der Beamtenrechte zur Folge hat, in einem Wiederaufnahmeverfahren aufgehoben, gilt das Beamtenverhältnis als nicht unterbrochen.

§ 25 Ruhestand wegen Erreichens der Altersgrenze

Beamtinnen auf Lebenszeit und Beamte auf Lebenszeit treten nach Erreichen der Altersgrenze in den Ruhestand.

§ 26 Dienstunfähigkeit

(1) Beamtinnen auf Lebenszeit und Beamte auf Lebenszeit sind in den Ruhestand zu versetzen, wenn sie wegen ihres körperlichen Zustandes oder aus gesundheitlichen Gründen zur Erfüllung ihrer Dienstpflichten dauernd unfähig (dienstunfähig) sind. Als dienstunfähig kann auch angesehen werden, wer infolge Erkrankung innerhalb eines Zeitraums von sechs Monaten mehr als drei Monate keinen Dienst getan hat und keine Aussicht besteht, dass innerhalb einer Frist, deren Bestimmung dem Landesrecht vorbehalten bleibt, die Dienstfähigkeit wieder voll hergestellt ist. In den Ruhestand wird nicht versetzt, wer anderweitig verwendbar ist. Für Gruppen von Beamtinnen und Beamten können besondere Voraussetzungen für die Dienstunfähigkeit durch Landesrecht geregelt werden.

(2) Eine anderweitige Verwendung ist möglich, wenn der Beamtin oder dem Beamten ein anderes Amt derselben oder einer anderen Laufbahn übertragen werden kann. In den Fällen des Satzes 1 ist die Übertragung eines anderen Amtes ohne Zustimmung zulässig, wenn das neue Amt zum Bereich desselben Dienstherrn gehört, es mit mindestens demselben Grundgehalt verbunden ist wie das bisherige Amt und wenn zu erwarten ist, dass die gesundheitlichen Anforderungen des neuen Amtes erfüllt werden. Beamtinnen und Beamte, die nicht die Befähigung für die andere Laufbahn besitzen, haben an Qualifizierungsmaßnahmen für den Erwerb der neuen Befähigung teilzunehmen.

(3) Zur Vermeidung der Versetzung in den Ruhestand kann der Beamtin oder dem Beamten unter Beibehaltung des übertragenen Amtes ohne Zustimmung auch eine geringerwertige Tätigkeit im Bereich desselben Dienstherrn übertragen werden, wenn eine anderweitige Verwendung nicht möglich ist und die Wahrnehmung der neuen Aufgabe unter Berücksichtigung der bisherigen Tätigkeit zumutbar ist.

§ 27 Begrenzte Dienstfähigkeit

(1) Von der Versetzung in den Ruhestand wegen Dienstunfähigkeit ist abzusehen, wenn die Beamtin oder der Beamte unter Beibehaltung des übertragenen Amtes die Dienstpflichten noch während mindestens der Hälfte der regelmäßigen Arbeitszeit erfüllen kann (begrenzte Dienstfähigkeit).

(2) Die Arbeitszeit ist entsprechend der begrenzten Dienstfähigkeit herabzusetzen. Mit Zustimmung der Beamtin oder des Beamten ist auch eine Verwendung in einer nicht dem Amt entsprechenden Tätigkeit möglich.

§ 28 Ruhestand bei Beamtenverhältnis auf Probe

(1) Beamtinnen auf Probe und Beamte auf Probe sind in den Ruhestand zu versetzen, wenn sie infolge Krankheit, Verwundung

oder sonstiger Beschädigung, die sie sich ohne grobes Verschulden bei Ausübung oder aus Veranlassung des Dienstes zugezogen haben, dienstunfähig geworden sind.

(2) Beamtinnen auf Probe und Beamte auf Probe können in den Ruhestand versetzt werden, wenn sie aus anderen Gründen dienstunfähig geworden sind.

(3) § 26 Abs. 1 Satz 3, Abs. 2 und 3 sowie § 27 sind entsprechend anzuwenden.

§ 29 Wiederherstellung der Dienstfähigkeit

(1) Wird nach der Versetzung in den Ruhestand wegen Dienstunfähigkeit die Dienstfähigkeit wiederhergestellt und beantragt die Ruhestandsbeamtin oder der Ruhestandsbeamte vor Ablauf einer Frist, deren Bestimmung dem Landesrecht vorbehalten bleibt, spätestens zehn Jahre nach der Versetzung in den Ruhestand, eine erneute Berufung in das Beamtenverhältnis, ist diesem Antrag zu entsprechen, falls nicht zwingende dienstliche Gründe entgegenstehen.

(2) Beamtinnen und Beamte, die wegen Dienstunfähigkeit in den Ruhestand versetzt worden sind, können erneut in das Beamtenverhältnis berufen werden, wenn im Dienstbereich des früheren Dienstherrn ein Amt mit mindestens demselben Grundgehalt übertragen werden soll und wenn zu erwarten ist, dass die gesundheitlichen Anforderungen des neuen Amtes erfüllt werden. Beamtinnen und Beamte, die nicht die Befähigung für die andere Laufbahn besitzen, haben an Qualifizierungsmaßnahmen für den Erwerb der neuen Befähigung teilzunehmen. Den wegen Dienstunfähigkeit in den Ruhestand versetzten Beamtinnen und Beamten kann unter Übertragung eines Amtes ihrer früheren Laufbahn nach Satz 1 auch eine geringerwertige Tätigkeit im Bereich desselben Dienstherrn übertragen werden, wenn eine anderweitige Verwendung nicht möglich ist und die Wahrnehmung der neuen Aufgabe unter Berücksichtigung ihrer früheren Tätigkeit zumutbar ist.

(3) Die erneute Berufung in ein Beamtenverhältnis ist auch in den Fällen der begrenzten Dienstfähigkeit möglich.

(4) Beamtinnen und Beamte, die wegen Dienstunfähigkeit in den Ruhestand versetzt worden sind, sind verpflichtet, sich geeigneten und zumutbaren Maßnahmen zur Wiederherstellung ihrer Dienstfähigkeit zu unterziehen; die zuständige Behörde kann ihnen entsprechende Weisungen erteilen.

(5) Die Dienstfähigkeit der Ruhestandsbeamtin oder des Ruhestandsbeamten kann nach Maßgabe des Landesrechts untersucht werden; sie oder er ist verpflichtet, sich nach Weisung der zuständigen Behörde ärztlich untersuchen zu lassen. Die Ruhestandsbeamtin oder der Ruhestandsbeamte kann eine solche Untersuchung verlangen, wenn sie oder er einen Antrag nach Absatz 1 zu stellen beabsichtigt.

(6) Bei einer erneuten Berufung gilt das frühere Beamtenverhältnis als fortgesetzt.

§ 30 Einstweiliger Ruhestand

(1) Beamtinnen auf Lebenszeit und Beamte auf Lebenszeit können jederzeit in den einstweiligen Ruhestand versetzt werden, wenn sie ein Amt bekleiden, bei dessen Ausübung sie in fortdauernder Übereinstimmung mit den grundsätzlichen politischen Ansichten und Zielen der Regierung stehen müssen. Die Bestimmung der Ämter nach Satz 1 ist dem Landesrecht vorbehalten.

(2) Beamtinnen und Beamte, die auf Probe ernannt sind und ein Amt im Sinne des Absatzes 1 bekleiden, können jederzeit entlassen werden.

(3) Für den einstweiligen Ruhestand gelten die Vorschriften über den Ruhestand. § 29 Abs. 2 und 6 gilt entsprechend. Der einstweilige Ruhestand endet bei erneuter Berufung in das Beamtenverhältnis auf Lebenszeit auch bei einem anderen Dienstherrn, wenn den Beamtinnen oder Beamten ein Amt verliehen wird, das derselben oder einer gleichwertigen Laufbahn angehört wie das frühere Amt und mit mindestens demselben Grundgehalt verbunden ist.

(4) Erreichen Beamtinnen und Beamte, die in den einstweiligen Ruhestand versetzt sind, die gesetzliche Altersgrenze, gelten sie mit diesem Zeitpunkt als dauernd in den Ruhestand versetzt.

§ 31 Einstweiliger Ruhestand bei Umbildung und Auflösung von Behörden

(1) Bei der Auflösung einer Behörde oder bei einer auf landesrechtlicher Vorschrift beruhenden wesentlichen Änderung des Aufbaus oder bei Verschmelzung einer Behörde mit einer oder mehreren anderen kann eine Beamtin auf Lebenszeit oder ein Beamter auf Lebenszeit in den einstweiligen Ruhestand versetzt werden, wenn das übertragene Aufgabengebiet von der Auflösung oder Umbildung berührt wird und eine Versetzung nach Landesrecht nicht möglich ist. Zusätzliche Voraussetzungen können geregelt werden.

(2) Die erneute Berufung der in den einstweiligen Ruhestand versetzten Beamtin oder des in den einstweiligen Ruhestand versetzten Beamten in ein Beamtenverhältnis ist vorzusehen, wenn ein der bisherigen Tätigkeit entsprechendes Amt zu besetzen ist, für das sie oder er geeignet ist. Für erneute Berufungen nach Satz 1, die weniger als fünf Jahre vor Erreichen der Altersgrenze (§ 25) wirksam werden, können durch Landesrecht abweichende Regelungen getroffen werden.

(3) § 29 Abs. 6 gilt entsprechend.

§ 32 Wartezeit

Die Versetzung in den Ruhestand setzt die Erfüllung einer versorgungsrechtlichen Wartezeit voraus.

Abschnitt 6
Rechtliche Stellung im Beamtenverhältnis

§ 33 Grundpflichten

(1) Beamtinnen und Beamte dienen dem ganzen Volk, nicht einer Partei. Sie haben ihre Aufgaben unparteiisch und gerecht zu erfüllen und ihr Amt zum Wohl der Allgemeinheit zu führen. Beamtinnen und Beamte müssen sich durch ihr gesamtes Verhalten zu der freiheitlichen demokratischen Grundordnung im Sinne des Grundgesetzes bekennen und für deren Erhaltung eintreten.

(2) Beamtinnen und Beamte haben bei politischer Betätigung diejenige Mäßigung und Zurückhaltung zu wahren, die sich aus ihrer Stellung gegenüber der Allgemeinheit und aus der Rücksicht auf die Pflichten ihres Amtes ergibt.

§ 34 Wahrnehmung der Aufgaben, Verhalten und Erscheinungsbild

(1) Beamtinnen und Beamte haben sich mit vollem persönlichem Einsatz ihrem Beruf zu widmen. Sie haben die übertragenen Aufgaben uneigennützig nach bestem Gewissen wahrzunehmen. Ihr Verhalten innerhalb und außerhalb des Dienstes muss der Achtung und dem Vertrauen gerecht werden, die ihr Beruf erfordern.

(2) Beamtinnen und Beamte haben bei der Ausübung des Dienstes oder bei einer Tätigkeit mit unmittelbarem Dienstbezug auch hinsichtlich ihres Erscheinungsbilds Rücksicht auf das ihrem Amt entgegengebrachte Vertrauen zu nehmen. Insbesondere das Tragen von bestimmten Kleidungsstücken, Schmuck, Symbolen und Tätowierungen im sichtbaren Bereich sowie die Art der Haar- und Barttracht können eingeschränkt oder untersagt werden, soweit die Funktionsfähigkeit der Verwaltung oder die Pflicht zum achtungs- und vertrauenswürdigen Verhalten dies erfordert. Das ist insbesondere dann der Fall, wenn Merkmale des Erscheinungsbilds nach Satz 2 durch ihre über das übliche Maß hinausgehende besonders individualisierende Art geeignet sind, die amtliche Funktion der Beamtin oder des Beamten in den Hintergrund zu drängen. Religiös oder weltanschaulich konnotierte Merkmale des Erscheinungsbilds nach Satz 2 können nur dann eingeschränkt oder untersagt werden, wenn sie objektiv geeignet sind, das Vertrauen in die neutrale Amtsführung der Beamtin oder des Beamten zu beeinträchtigen. Die Einzelheiten nach den Sätzen 2 bis 4 können durch Landesrecht bestimmt werden. Die Verhüllung des Gesichts bei der Ausübung des Dienstes oder bei einer Tätigkeit mit unmittelbarem Dienstbezug ist stets unzulässig, es sei denn, dienstliche oder gesundheitliche Gründe erfordern dies.

§ 35 Folgepflicht

(1) Beamtinnen und Beamte haben ihre Vorgesetzten zu beraten und zu unterstützen. Sie sind verpflichtet, deren dienstliche Anordnungen auszuführen und deren allgemeine Richtlinien zu befolgen. Dies gilt nicht, soweit die Beamtinnen und Beamten nach besonderen gesetzlichen Vorschriften an Weisungen nicht gebunden und nur dem Gesetz unterworfen sind.

(2) Beamtinnen und Beamte haben bei organisatorischen Veränderungen dem Dienstherrn Folge zu leisten.

§ 36 Verantwortung für die Rechtmäßigkeit

(1) Beamtinnen und Beamte tragen für die Rechtmäßigkeit ihrer dienstlichen Handlungen die volle persönliche Verantwortung.

(2) Bedenken gegen die Rechtmäßigkeit dienstlicher Anordnungen haben Beamtinnen und Beamte unverzüglich auf dem Dienstweg geltend zu machen. Wird die Anordnung aufrechterhalten, haben sie sich, wenn die Bedenken fortbestehen, an die nächst höhere Vorgesetzte oder den nächst höheren Vorgesetzten zu wenden. Wird die Anordnung bestätigt, müssen die Beamtinnen und Beamten sie ausführen und sind von der eigenen Verantwortung befreit. Dies gilt nicht, wenn das aufgetragene Verhalten die Würde des Menschen verletzt oder strafbar oder ordnungswidrig ist und die Strafbarkeit oder Ordnungswidrigkeit für die Beamtinnen oder Beamten erkennbar ist. Die Bestätigung hat auf Verlangen schriftlich zu erfolgen.

(3) Wird von den Beamtinnen oder Beamten die sofortige Ausführung der Anordnung verlangt, weil Gefahr im Verzug besteht und die Entscheidung der oder des höheren Vorgesetzten nicht rechtzeitig herbeigeführt werden kann, gilt Absatz 2 Satz 3 und 4 entsprechend. Die Anordnung ist durch die anordnende oder den anordnenden Vorgesetzten schriftlich zu bestätigen, wenn die Beamtin oder der Beamte dies unverzüglich nach Ausführung der Anordnung verlangt.

§ 37 Verschwiegenheitspflicht

(1) Beamtinnen und Beamte haben über die ihnen bei oder bei Gelegenheit ihrer amtlichen Tätigkeit bekannt gewordenen dienstlichen Angelegenheiten Verschwiegenheit zu bewahren. Dies gilt auch über den Bereich eines Dienstherrn hinaus sowie nach Beendigung des Beamtenverhältnisses.

(2) Absatz 1 gilt nicht, soweit

1. Mitteilungen im dienstlichen Verkehr geboten sind,

2. Tatsachen mitgeteilt werden, die offenkundig sind oder ihrer Bedeutung nach keiner Geheimhaltung bedürfen,

3. gegenüber der zuständigen obersten Dienstbehörde, einer Strafverfolgungsbehörde oder einer durch Landesrecht bestimmten weiteren Behörde oder außerdienstlichen Stelle ein durch Tatsachen begründeter Verdacht einer Korruptionsstraftat nach den §§ 331 bis 337 des Strafgesetzbuches angezeigt wird oder

4. Informationen unter den Voraussetzungen des Hinweisgeberschutzgesetzes an eine zuständige Meldestelle weitergegeben oder offengelegt werden.

Im Übrigen bleiben die gesetzlich begründeten Pflichten, geplante Straftaten anzuzeigen und für die Erhaltung der freiheitlichen demokratischen Grundordnung einzutreten, von Absatz 1 unberührt.

(3) Beamtinnen und Beamte dürfen ohne Genehmigung über Angelegenheiten, für die Absatz 1 gilt, weder vor Gericht noch außergerichtlich aussagen oder Erklärungen abgeben. Die Genehmigung erteilt der Dienstherr oder, wenn das Beamtenverhältnis beendet ist, der letzte Dienstherr. Hat sich der Vorgang, der den Gegenstand der Äußerung bildet, bei einem früheren Dienstherrn ereignet, darf die Genehmigung nur mit dessen Zustimmung erteilt werden. Durch Landesrecht kann bestimmt werden, dass an die Stelle des in den Sätzen 2 und 3 genannten jeweiligen Dienstherrn eine andere Stelle tritt.

(4) Die Genehmigung, als Zeugin oder Zeuge auszusagen, darf nur versagt werden, wenn die Aussage dem Wohl des Bundes oder eines deutschen Landes erhebliche Nachteile bereiten oder die Erfüllung öffentlicher Aufgaben ernstlich gefährden oder erheblich erschweren

würde. Durch Landesrecht kann bestimmt werden, dass die Verweigerung der Genehmigung zur Aussage vor Untersuchungsausschüssen des Deutschen Bundestages oder der Volksvertretung eines Landes einer Nachprüfung unterzogen werden kann. Die Genehmigung, ein Gutachten zu erstatten, kann versagt werden, wenn die Erstattung den dienstlichen Interessen Nachteile bereiten würde.

(5) Sind Beamtinnen oder Beamte Partei oder Beschuldigte in einem gerichtlichen Verfahren oder soll ihr Vorbringen der Wahrnehmung ihrer berechtigten Interessen dienen, darf die Genehmigung auch dann, wenn die Voraussetzungen des Absatzes 4 Satz 1 erfüllt sind, nur versagt werden, wenn die dienstlichen Rücksichten dies unabweisbar erfordern. Wird sie versagt, ist Beamtinnen oder Beamten der Schutz zu gewähren, den die dienstlichen Rücksichten zulassen.

(6) Beamtinnen und Beamte haben, auch nach Beendigung des Beamtenverhältnisses, auf Verlangen des Dienstherrn oder des letzten Dienstherrn amtliche Schriftstücke, Zeichnungen, bildliche Darstellungen sowie Aufzeichnungen jeder Art über dienstliche Vorgänge, auch soweit es sich um Wiedergaben handelt, herauszugeben. Die gleiche Verpflichtung trifft ihre Hinterbliebenen und Erben.

§ 38 Diensteid

(1) Beamtinnen und Beamte haben einen Diensteid zu leisten. Der Diensteid hat eine Verpflichtung auf das Grundgesetz zu enthalten.

(2) In den Fällen, in denen Beamtinnen und Beamte erklären, dass sie aus Glaubens- oder Gewissensgründen den Eid nicht leisten wollen, kann für diese an Stelle des Eides ein Gelöbnis zugelassen werden.

(3) In den Fällen, in denen nach § 7 Abs. 3 eine Ausnahme von § 7 Absatz 1 Satz 1 Nummer 1 zugelassen worden ist, kann an Stelle des Eides ein Gelöbnis vorgeschrieben werden.

§ 39 Verbot der Führung der Dienstgeschäfte

Beamtinnen und Beamten kann aus zwingenden dienstlichen Gründen die Führung der Dienstgeschäfte verboten werden. Das Verbot erlischt, wenn nicht bis zum Ablauf von drei Monaten gegen die Beamtin oder den Beamten ein Disziplinarverfahren oder ein sonstiges auf Rücknahme der Ernennung oder auf Beendigung des Beamtenverhältnisses gerichtetes Verfahren eingeleitet worden ist.

§ 40 Nebentätigkeit

Eine Nebentätigkeit ist grundsätzlich anzeigepflichtig. Sie ist unter Erlaubnis- oder Verbotsvorbehalt zu stellen, soweit sie geeignet ist, dienstliche Interessen zu beeinträchtigen.

§ 41 Tätigkeit nach Beendigung des Beamtenverhältnisses

(1) Ruhestandsbeamtinnen und Ruhestandsbeamte sowie frühere Beamtinnen mit Versorgungsbezügen und frühere Beamte mit Versorgungsbezügen haben die Ausübung einer Erwerbstätigkeit oder sonstigen Beschäftigung außerhalb des öffentlichen Dienstes, die mit der dienstlichen Tätigkeit innerhalb eines Zeitraums, dessen Bestimmung dem Landesrecht vorbehalten bleibt, im Zusammenhang steht und durch die dienstliche Interessen beeinträchtigt werden können, anzuzeigen. Die Erwerbstätigkeit oder sonstige Beschäftigung ist zu untersagen, wenn zu besorgen ist, dass durch sie dienstliche Interessen beeinträchtigt werden. Das Verbot endet spätestens mit Ablauf von sieben Jahren nach Beendigung des Beamtenverhältnisses.

(2) Durch Landesrecht können für bestimmte Gruppen der in Absatz 1 Satz 1 genannten Beamtinnen und Beamten abweichende Voraussetzungen für eine Anzeige oder Regelungen für eine Genehmigung von Tätigkeiten nach Beendigung des Beamtenverhältnisses bestimmt werden.

§ 42 Verbot der Annahme von Belohnungen, Geschenken und sonstigen Vorteilen

(1) Beamtinnen und Beamte dürfen, auch nach Beendigung des Beamtenverhältnisses, keine Belohnungen, Geschenke oder sonstigen Vorteile für sich oder eine dritte Person in

Bezug auf ihr Amt fordern, sich versprechen lassen oder annehmen. Ausnahmen bedürfen der Zustimmung ihres gegenwärtigen oder letzten Dienstherrn.

(2) Wer gegen das in Absatz 1 genannte Verbot verstößt, hat das aufgrund des pflichtwidrigen Verhaltens Erlangte auf Verlangen dem Dienstherrn herauszugeben, soweit nicht die Einziehung von Taterträgen angeordnet worden oder es auf andere Weise auf den Staat übergegangen ist.

§ 43 Teilzeitbeschäftigung

Teilzeitbeschäftigung ist zu ermöglichen.

§ 44 Erholungsurlaub

Beamtinnen und Beamten steht jährlicher Erholungsurlaub unter Fortgewährung der Bezüge zu.

§ 45 Fürsorge

Der Dienstherr hat im Rahmen des Dienst- und Treueverhältnisses für das Wohl der Beamtinnen und Beamten und ihrer Familien, auch für die Zeit nach Beendigung des Beamtenverhältnisses, zu sorgen. Er schützt die Beamtinnen und Beamten bei ihrer amtlichen Tätigkeit und in ihrer Stellung.

§ 46 Mutterschutz und Elternzeit

Effektiver Mutterschutz und Elternzeit sind zu gewährleisten.

§ 47 Nichterfüllung von Pflichten

(1) Beamtinnen und Beamte begehen ein Dienstvergehen, wenn sie schuldhaft die ihnen obliegenden Pflichten verletzen. Ein Verhalten außerhalb des Dienstes ist nur dann ein Dienstvergehen, wenn es nach den Umständen des Einzelfalls in besonderem Maße geeignet ist, das Vertrauen in einer für ihr Amt bedeutsamen Weise zu beeinträchtigen.

(2) Bei Ruhestandsbeamtinnen und Ruhestandsbeamten sowie früheren Beamtinnen mit Versorgungsbezügen und früheren Beamten mit Versorgungsbezügen gilt als Dienstvergehen, wenn sie sich gegen die freiheitliche demokratische Grundordnung im Sinne des Grundgesetzes betätigen oder an Bestrebungen teilnehmen, die darauf abzielen, den Bestand oder die Sicherheit der Bundesrepublik Deutschland zu beeinträchtigen, oder wenn sie schuldhaft gegen die in den §§ 37, 41 und 42 bestimmten Pflichten verstoßen. Bei sonstigen früheren Beamtinnen und früheren Beamten gilt es als Dienstvergehen, wenn sie schuldhaft gegen die in den §§ 37, 41 und 42 bestimmten Pflichten verstoßen. Für Beamtinnen und Beamte nach den Sätzen 1 und 2 können durch Landesrecht weitere Handlungen festgelegt werden, die als Dienstvergehen gelten.

(3) Das Nähere über die Verfolgung von Dienstvergehen regeln die Disziplinargesetze.

§ 48 Pflicht zum Schadensersatz

Beamtinnen und Beamte, die vorsätzlich oder grob fahrlässig die ihnen obliegenden Pflichten verletzen, haben dem Dienstherrn, dessen Aufgaben sie wahrgenommen haben, den daraus entstehenden Schaden zu ersetzen. Haben mehrere Beamtinnen oder Beamte gemeinsam den Schaden verursacht, haften sie als Gesamtschuldner.

§ 49 Übermittlungen bei Strafverfahren

(1) Das Gericht, die Strafverfolgungs- oder die Strafvollstreckungsbehörde hat in Strafverfahren gegen Beamtinnen und Beamte zur Sicherstellung der erforderlichen dienstrechtlichen Maßnahmen im Fall der Erhebung der öffentlichen Klage

1. die Anklageschrift oder eine an ihre Stelle tretende Antragsschrift,
2. den Antrag auf Erlass eines Strafbefehls und
3. die einen Rechtszug abschließende Entscheidung mit Begründung

zu übermitteln. Ist gegen die Entscheidung ein Rechtsmittel eingelegt worden, ist die Entscheidung unter Hinweis auf das eingelegte Rechtsmittel zu übermitteln. Der Erlass und der Vollzug eines Haftbefehls oder eines Unterbringungsbefehls sind mitzuteilen.

(2) In Verfahren wegen fahrlässig begangener Straftaten werden die in Absatz 1 Satz 1 bestimmten Übermittlungen nur vorgenommen, wenn

1. es sich um schwere Verstöße handelt, namentlich Vergehen der Trunkenheit im Straßenverkehr oder der fahrlässigen Tötung, oder

2. in sonstigen Fällen die Kenntnis der Daten aufgrund der Umstände des Einzelfalls erforderlich ist, um zu prüfen, ob dienstrechtliche Maßnahmen zu ergreifen sind.

(3) Entscheidungen über Verfahrenseinstellungen, die nicht bereits nach Absatz 1 oder 2 zu übermitteln sind, sollen übermittelt werden, wenn die in Absatz 2 Nr. 2 genannten Voraussetzungen erfüllt sind. Dabei ist zu berücksichtigen, wie gesichert die zu übermittelnden Erkenntnisse sind.

(4) Sonstige Tatsachen, die in einem Strafverfahren bekannt werden, dürfen mitgeteilt werden, wenn ihre Kenntnis aufgrund besonderer Umstände des Einzelfalls für dienstrechtliche Maßnahmen gegen eine Beamtin oder einen Beamten erforderlich ist und soweit nicht für die übermittelnde Stelle erkennbar ist, dass schutzwürdige Interessen der Beamtin oder des Beamten an dem Ausschluss der Übermittlung überwiegen. Erforderlich ist die Kenntnis der Daten auch dann, wenn diese Anlass zur Prüfung sind, ob dienstrechtliche Maßnahmen zu ergreifen sind. Absatz 3 Satz 2 ist entsprechend anzuwenden.

(5) Nach den Absätzen 1 bis 4 übermittelte Daten dürfen auch für die Wahrnehmung der Aufgaben nach dem Sicherheitsüberprüfungsgesetz oder einem entsprechenden Landesgesetz verwendet werden.

(6) Übermittlungen nach den Absätzen 1 bis 3 sind auch zulässig, soweit sie Daten betreffen, die dem Steuergeheimnis (§ 30 der Abgabenordnung) unterliegen. Übermittlungen nach Absatz 4 sind unter den Voraussetzungen des § 30 Abs. 4 Nr. 5 der Abgabenordnung zulässig.

§ 50 Personalakte

Für jede Beamtin und jeden Beamten ist eine Personalakte zu führen. Zur Personalakte gehören alle Unterlagen, die die Beamtin oder den Beamten betreffen, soweit sie mit dem Dienstverhältnis in einem unmittelbaren inneren Zusammenhang stehen (Personalaktendaten). Die Personalakte ist vertraulich zu behandeln. Personalaktendaten dürfen ohne Einwilligung der Beamtin oder des Beamten nur für Zwecke der Personalverwaltung oder Personalwirtschaft verarbeitet werden. Für Ausnahmefälle kann landesrechtlich eine von Satz 4 abweichende Verarbeitung vorgesehen werden.

§ 51 Personalvertretung

Die Bildung von Personalvertretungen zum Zweck der vertrauensvollen Zusammenarbeit zwischen der Behördenleitung und dem Personal ist unter Einbeziehung der Beamtinnen und Beamten zu gewährleisten.

§ 52 Mitgliedschaft in Gewerkschaften und Berufsverbänden

Beamtinnen und Beamte haben das Recht, sich in Gewerkschaften oder Berufsverbänden zusammenzuschließen. Sie dürfen wegen Betätigung für ihre Gewerkschaft oder ihren Berufsverband nicht dienstlich gemaßregelt oder benachteiligt werden.

§ 53 Beteiligung der Spitzenorganisationen

Bei der Vorbereitung gesetzlicher Regelungen der beamtenrechtlichen Verhältnisse durch die obersten Landesbehörden sind die Spitzenorganisationen der zuständigen Gewerkschaften und Berufsverbände zu beteiligen. Das Beteiligungsverfahren kann auch durch Vereinbarung ausgestaltet werden.

Abschnitt 7
Rechtsweg

§ 54 Verwaltungsrechtsweg

(1) Für alle Klagen der Beamtinnen, Beamten, Ruhestandsbeamtinnen, Ruhestandsbeamten, früheren Beamtinnen, früheren Beamten und der Hinterbliebenen aus dem Beamtenverhältnis sowie für Klagen des Dienstherrn ist der Verwaltungsrechtsweg gegeben.

(2) Vor allen Klagen ist ein Vorverfahren nach den Vorschriften des 8. Abschnitts der Verwaltungsgerichtsordnung durchzuführen. Dies gilt auch dann, wenn die Maßnahme von der

obersten Dienstbehörde getroffen worden ist. Ein Vorverfahren ist nicht erforderlich, wenn ein Landesgesetz dieses ausdrücklich bestimmt.

(3) Den Widerspruchsbescheid erlässt die oberste Dienstbehörde. Sie kann die Entscheidung für Fälle, in denen sie die Maßnahme nicht selbst getroffen hat, durch allgemeine Anordnung auf andere Behörden übertragen. Die Anordnung ist zu veröffentlichen.

(4) Widerspruch und Anfechtungsklage gegen Abordnung oder Versetzung haben keine aufschiebende Wirkung.

Abschnitt 8
Spannungs- und Verteidigungsfall

§ 55 Anwendungsbereich

Beschränkungen, Anordnungen und Verpflichtungen nach den §§ 56 bis 59 sind nur nach Maßgabe des Artikels 80a des Grundgesetzes zulässig. Sie sind auf Personen im Sinne des § 5 Abs. 1 des Arbeitssicherstellungsgesetzes nicht anzuwenden.

§ 56 Dienstleistung im Verteidigungsfall

(1) Beamtinnen und Beamte können für Zwecke der Verteidigung auch ohne ihre Zustimmung zu einem anderen Dienstherrn abgeordnet oder zur Dienstleistung bei über- oder zwischenstaatlichen zivilen Dienststellen verpflichtet werden.

(2) Beamtinnen und Beamte können für Zwecke der Verteidigung auch Aufgaben übertragen werden, die nicht ihrem Amt oder ihrer Laufbahnbefähigung entsprechen, sofern ihnen die Übernahme nach ihrer Vor- und Ausbildung und im Hinblick auf die Ausnahmesituation zumutbar ist. Aufgaben einer Laufbahn mit geringeren Zugangsvoraussetzungen dürfen ihnen nur übertragen werden, wenn dies aus dienstlichen Gründen unabweisbar ist.

(3) Beamtinnen und Beamte haben bei der Erfüllung der ihnen für Zwecke der Verteidigung übertragenen Aufgaben Gefahren und Erschwernisse auf sich zu nehmen, soweit diese ihnen nach den Umständen und den persönlichen Verhältnissen zugemutet werden können.

(4) Beamtinnen und Beamte sind bei einer Verlegung der Behörde oder Dienststelle auch in das Ausland zur Dienstleistung am neuen Dienstort verpflichtet.

§ 57 Aufschub der Entlassung und des Ruhestands

Die Entlassung der Beamtinnen und Beamten auf ihren Antrag kann für Zwecke der Verteidigung hinausgeschoben werden, wenn dies im öffentlichen Interesse erforderlich ist und der Personalbedarf der öffentlichen Verwaltung im Bereich ihres Dienstherrn auf freiwilliger Grundlage nicht gedeckt werden kann. Satz 1 gilt entsprechend für den Ablauf der Amtszeit bei Beamtenverhältnissen auf Zeit. Der Eintritt der Beamtinnen und Beamten in den Ruhestand nach Erreichen der Altersgrenze und die vorzeitige Versetzung in den Ruhestand auf Antrag ohne Nachweis der Dienstunfähigkeit können unter den Voraussetzungen des Satzes 1 bis zum Ende des Monats hinausgeschoben werden, in dem die für Bundesbeamtinnen und Bundesbeamte geltende Regelaltersgrenze erreicht wird.

§ 58 Erneute Berufung von Ruhestandsbeamtinnen und Ruhestandsbeamten

Ruhestandsbeamtinnen und Ruhestandsbeamte, die die für Bundesbeamtinnen und Bundesbeamte geltende Regelaltersgrenze noch nicht erreicht haben, können für Zwecke der Verteidigung erneut in ein Beamtenverhältnis berufen werden, wenn dies im öffentlichen Interesse erforderlich ist und der Personalbedarf der öffentlichen Verwaltung im Bereich ihres bisherigen Dienstherrn auf freiwilliger Grundlage nicht gedeckt werden kann. Das Beamtenverhältnis endet, wenn es nicht vorher beendet wird, mit dem Ende des Monats, in dem die für Bundesbeamtinnen und Bundesbeamte geltende Regelaltersgrenze erreicht wird.

§ 59 Verpflichtung zur Gemeinschaftsunterkunft und Mehrarbeit

(1) Wenn dienstliche Gründe es erfordern, können Beamtinnen und Beamte für Zwecke der Verteidigung verpflichtet werden, vorübergehend in einer Gemeinschaftsunter-

kunft zu wohnen und an einer Gemeinschaftsverpflegung teilzunehmen.

(2) Beamtinnen und Beamte sind verpflichtet, für Zwecke der Verteidigung über die regelmäßige Arbeitszeit hinaus ohne besondere Vergütung Dienst zu tun. Für die Mehrbeanspruchung wird ein Freizeitausgleich nur gewährt, soweit es die dienstlichen Erfordernisse gestatten.

Abschnitt 9
Sonderregelungen für Verwendungen im Ausland

§ 60 Verwendungen im Ausland

(1) Beamtinnen und Beamte, die zur Wahrnehmung des ihnen übertragenen Amtes im Ausland oder außerhalb des Deutschen Hoheitsgebiets auf Schiffen oder in Luftfahrzeugen verwendet werden und dabei wegen vom Inland wesentlich abweichender Verhältnisse erhöhten Gefahren ausgesetzt sind, können aus dienstlichen Gründen verpflichtet werden,

1. vorübergehend in einer Gemeinschaftsunterkunft zu wohnen und an einer Gemeinschaftsverpflegung teilzunehmen,

2. Schutzkleidung zu tragen,

3. Dienstkleidung zu tragen und

4. über die regelmäßige Arbeitszeit hinaus ohne besondere Vergütung Dienst zu tun.

In den Fällen des Satzes 1 Nr. 4 wird für die Mehrbeanspruchung ein Freizeitausgleich nur gewährt, soweit es die dienstlichen Erfordernisse gestatten.

(2) Sind nach Absatz 1 verwendete Beamtinnen und Beamte zum Zeitpunkt des vorgesehenen Eintritts in den Ruhestand nach den §§ 25 und 26 oder des vorgesehenen Ablaufs ihrer Amtszeit wegen Verschleppung, Gefangenschaft oder aus sonstigen mit dem Dienst zusammenhängenden Gründen, die sie nicht zu vertreten haben, dem Einflussbereich des Dienstherrn entzogen, verlängert sich das Dienstverhältnis bis zum Ablauf des auf die Beendigung dieses Zustands folgenden Monats.

Abschnitt 10
Sonderregelungen für wissenschaftliches Hochschulpersonal

§ 61 Hochschullehrerinnen und Hochschullehrer

Abweichend von den §§ 14 und 15 können Hochschullehrerinnen und Hochschullehrer nur mit ihrer Zustimmung in den Bereich eines Dienstherrn eines anderen Landes oder des Bundes abgeordnet oder versetzt werden. Abordnung oder Versetzung im Sinne von Satz 1 sind auch ohne Zustimmung der Hochschullehrerinnen oder Hochschullehrer zulässig, wenn die Hochschule oder die Hochschuleinrichtung, an der sie tätig sind, aufgelöst oder mit einer anderen Hochschule zusammengeschlossen wird oder wenn die Studien- oder Fachrichtung, in der sie tätig sind, ganz oder teilweise aufgehoben oder an eine andere Hochschule verlegt wird. In diesen Fällen beschränkt sich eine Mitwirkung der aufnehmenden Hochschule oder Hochschuleinrichtung bei der Einstellung auf eine Anhörung. Die Vorschriften über den einstweiligen Ruhestand sind auf Hochschullehrerinnen und Hochschullehrer nicht anzuwenden.

Abschnitt 11
Schlussvorschriften

§ 62 Folgeänderungen
(hier nicht aufgenommen)

§ 63 Inkrafttreten, Außerkrafttreten

(1) Die §§ 25 und 50 treten am Tag nach der Verkündung in Kraft. Gleichzeitig treten die §§ 25 und 26 Abs. 3 sowie die §§ 56 bis 56f des Beamtenrechtsrahmengesetzes in der Fassung der Bekanntmachung vom 31. März 1999 (BGBl. I S. 654), das zuletzt durch Artikel 2 Abs. 1 des Gesetzes vom 5. Dezember 2006 (BGBl. I S. 2748), geändert worden ist, außer Kraft.

(2) § 62 Abs. 13 und 14 tritt für Bundesbeamtinnen und Bundesbeamte am 12. Februar 2009 in Kraft.

(3) Im Übrigen tritt das Gesetz am 1. April 2009 in Kraft. Gleichzeitig tritt das Beamtenrechtsrahmengesetz mit Ausnahme von Kapitel II und § 135 außer Kraft.

(4) Die Länder können für die Zeit bis zum Inkrafttreten des § 11 Landesregelungen im Sinne dieser Vorschrift in Kraft setzen. In den Ländern, die davon Gebrauch machen, ist § 8 des Beamtenrechtsrahmengesetzes nicht anzuwenden.

Niedersächsisches Beamtengesetz (NBG)

Vom 25. März 2009 (Nds. GVBl. S. 72)

Zuletzt geändert durch
Gesetz zur Änderung des Niedersächsischen Beamtengesetzes
vom 6. November 2024 (Nds. GVBl. Nr. 93)

Inhaltsübersicht

**Erster Teil
Allgemeine Vorschriften**

- § 1 Geltungsbereich
- § 2 Verleihung der Dienstherrnfähigkeit durch Satzung (§ 2 BeamtStG)
- § 3 Oberste Dienstbehörden, Dienstvorgesetzte und Vorgesetzte

**Zweiter Teil
Beamtenverhältnis**

**Erstes Kapitel
Allgemeines**

- § 4 Vorbereitungsdienst
- § 5 Beamtinnen und Beamte auf Probe in Ämtern mit leitender Funktion (§§ 4, 22 BeamtStG)
- § 6 Ehrenbeamtinnen und Ehrenbeamte (§ 5 BeamtStG)
- § 7 Beamtinnen und Beamte auf Zeit (§§ 4, 6 BeamtStG)
- § 8 Zuständigkeit für die Ernennung, Wirkung der Ernennung (§ 8 BeamtStG)
- § 9 Stellenausschreibung, Feststellung der gesundheitlichen Eignung (§ 9 BeamtStG)
- § 10 Benachteiligungsverbote, genetische Untersuchungen
- § 11 Feststellung der Nichtigkeit der Ernennung, Verbot der Führung der Dienstgeschäfte (§ 11 BeamtStG)
- § 12 Rücknahme der Ernennung (§ 12 BeamtStG)

**Zweites Kapitel
Laufbahn**

- § 13 Laufbahn
- § 14 Zugangsvoraussetzungen zu den Laufbahnen
- § 15 Im Bereich eines anderen Dienstherrn erworbene Laufbahnbefähigung
- § 16 Erwerb der Befähigung für eine Laufbahn durch Anerkennung im Ausland erworbener Berufsqualifikationen
- § 17 Andere Bewerberinnen und andere Bewerber
- § 18 Einstellung, Höchstalter
- § 19 Probezeit
- § 19a Dienstliche Beurteilung
- § 20 Beförderung
- § 21 Aufstieg
- § 22 Fortbildung
- § 23 Laufbahnwechsel
- § 24 Kommunale Hochschule für Verwaltung in Niedersachsen
- § 25 Laufbahnverordnung
- § 26 Ausbildungs- und Prüfungsverordnungen

**Drittes Kapitel
Abordnung, Versetzung und Körperschaftsumbildung innerhalb des Landes**

- § 27 Abordnung
- § 28 Versetzung
- § 29 Körperschaftsumbildung

**Viertes Kapitel
Beendigung des Beamtenverhältnisses**

**Erster Abschnitt
Entlassung und Verlust der Beamtenrechte**

- § 30 Entlassung kraft Gesetzes (§ 22 BeamtStG)

Inhaltsübersicht — Landesbeamtengesetz (NBG) I.2

- § 31 Entlassung durch Verwaltungsakt (§ 23 BeamtStG)
- § 32 Zuständigkeit für die Entlassung, Zeitpunkt und Wirkung der Entlassung
- § 33 Wirkung des Verlustes der Beamtenrechte und eines Wiederaufnahmeverfahrens (§ 24 BeamtStG)
- § 34 Gnadenrecht

Zweiter Abschnitt
Ruhestand, einstweiliger Ruhestand und Dienstunfähigkeit

Erster Unterabschnitt
Ruhestand

- § 35 Ruhestand wegen Erreichens der Altersgrenze (§ 25 BeamtStG)
- § 36 Hinausschieben des Ruhestandes
- § 37 Ruhestand auf Antrag
- § 38 Beginn des Ruhestandes, Zuständigkeit für die Versetzung in den Ruhestand

Zweiter Unterabschnitt
Einstweiliger Ruhestand

- § 39 Einstweiliger Ruhestand von politischen Beamtinnen und Beamten (§ 30 BeamtStG)
- § 40 Einstweiliger Ruhestand bei Umbildung von Körperschaften (§ 18 BeamtStG)
- § 41 Einstweiliger Ruhestand bei Umbildung und Auflösung von Behörden (§ 31 BeamtStG)
- § 42 Beginn des einstweiligen Ruhestandes

Dritter Unterabschnitt
Dienstunfähigkeit

- § 43 Verfahren zur Feststellung der Dienstunfähigkeit und der begrenzten Dienstfähigkeit (§§ 26, 27 BeamtStG)
- § 44 Wiederherstellung der Dienstfähigkeit (§ 29 BeamtStG)
- § 45 Ärztliche Untersuchungen

Fünftes Kapitel
Rechtliche Stellung

Erster Abschnitt
Allgemeines

- § 46 Verschwiegenheitspflicht (§ 37 BeamtStG)
- § 47 Diensteid (§ 38 BeamtStG)
- § 48 Folgen eines Verbots der Führung der Dienstgeschäfte (§ 39 BeamtStG)
- § 49 Verbot der Annahme von Belohnungen und Geschenken (§ 42 BeamtStG)
- § 50 Dienstvergehen von Ruhestandsbeamtinnen und Ruhestandsbeamten sowie früheren Beamtinnen und Beamten mit Versorgungsbezügen (§ 47 BeamtStG)
- § 51 Schadensersatz (§ 48 BeamtStG)
- § 52 Übergang von Ansprüchen
- § 53 Ausschluss von der Amtsausübung
- § 54 Wohnungswahl, Dienstwohnung
- § 55 Aufenthalt in erreichbarer Nähe
- § 56 Bekleidung im Dienst
- § 57 Amtsbezeichnung
- § 58 Dienstjubiläen
- § 59 Dienstzeugnis

Zweiter Abschnitt
Arbeitszeit und Urlaub

- § 60 Regelmäßige Arbeitszeit, Bereitschaftsdienst, Mehrarbeit
- § 61 Teilzeitbeschäftigung
- § 62 Teilzeitbeschäftigung und Urlaub aus familiären Gründen
- § 62a Familienpflegezeit
- § 63 Altersteilzeit
- § 64 Urlaub ohne Dienstbezüge
- § 65 Höchstdauer von Urlaub und unterhälftiger Teilzeitbeschäftigung
- § 66 Hinweispflicht
- § 67 Fernbleiben vom Dienst
- § 68 Erholungsurlaub und Sonderurlaub (§ 44 BeamtStG)
- § 69 Wahlvorbereitungsurlaub, Mandatsurlaub und Teilzeitbeschäftigung zur Ausübung des Mandats

Dritter Abschnitt
Nebentätigkeit und Tätigkeit nach Beendigung des Beamtenverhältnisses
(§§ 40, 41 BeamtStG)

- § 70 Nebentätigkeit
- § 71 Pflicht zur Übernahme einer Nebentätigkeit
- § 72 Anzeigefreie Nebentätigkeiten
- § 73 Verbot einer Nebentätigkeit
- § 74 Ausübung von Nebentätigkeiten
- § 75 Verfahren
- § 76 Rückgriffsanspruch der Beamtin und des Beamten
- § 77 Beendigung der mit dem Hauptamt verbundenen Nebentätigkeiten
- § 78 Verordnungsermächtigung
- § 79 Tätigkeit nach Beendigung des Beamtenverhältnisses

Vierter Abschnitt
Fürsorge

- § 80 Beihilfe
- § 80a Pauschale Beihilfe
- § 81 Mutterschutz und Elternzeit
- § 82 Arbeitsschutz
- § 83 Ersatz von Sach- und Vermögensschäden
- § 83a Erfüllungsübernahme bei Schmerzensgeldansprüchen
- § 84 Reisekostenvergütung, Kostenerstattung
- § 85 Umzugskostenvergütung
- § 86 Trennungsgeld
- § 87 Verzinsung, Rückforderung
- § 87a Zahlung sonstiger Geldleistungen aus einem Dienst- oder Versorgungsverhältnis

Fünfter Abschnitt
Personaldatenverarbeitung, Personalakten (§ 50 BeamtStG)

- § 88 Personaldatenverarbeitung, Inhalt der Personalakten sowie Zugang zu Personalakten
- § 89 Beihilfeakten
- § 90 Anhörung
- § 91 Auskunft und Akteneinsicht
- § 92 Übermittlung und Bereitstellung von Personalakten und Auskunft an Dritte
- § 92a Verarbeitung von Personalaktendaten im Auftrag
- § 93 Entfernung von Unterlagen aus Personalakten
- § 94 Aufbewahrungsfristen
- § 95 Automatisierte Verarbeitung von Personalakten

Dritter Teil
Beteiligung der Spitzenorganisationen

- § 96 Beteiligung der Spitzenorganisationen (§ 53 BeamtStG)

Vierter Teil
Landespersonalausschuss

- § 97 Aufgaben des Landespersonalausschusses
- § 98 Mitglieder
- § 99 Rechtsstellung der Mitglieder
- § 100 Geschäftsordnung und Verfahren
- § 101 Beschlüsse
- § 102 Beweiserhebung, Amtshilfe
- § 103 Geschäftsstelle

Fünfter Teil
Beschwerdeweg und Rechtsschutz

- § 104 Anträge und Beschwerden
- § 105 Verwaltungsrechtsweg (§ 54 BeamtStG)
- § 106 Vertretung des Dienstherrn

Sechster Teil
Besondere Vorschriften für einzelne Beamtengruppen

- § 107 Beamtinnen und Beamte beim Landtag
- § 108 Laufbahnen der Fachrichtung Polizei
- § 108a Verfahren zur Feststellung der persönlichen Eignung bei Bewerberinnen und Bewerbern im Bereich der Polizei
- § 108b Erscheinungsbild von Polizeivollzugsbeamtinnen und Polizeivollzugsbeamten

Inhaltsübersicht — **Landesbeamtengesetz (NBG)** **I.2**

§	
§ 109	Altersgrenze der Polizeivollzugsbeamtinnen und Polizeivollzugsbeamten, Altersteilzeit
§ 110	Dienstunfähigkeit der Polizeivollzugsbeamtinnen und Polizeivollzugsbeamten
§ 111	Gemeinschaftsunterkunft und Gemeinschaftsverpflegung
§ 112	Verbot der politischen Betätigung in Uniform
§ 113	Ausstattung der Polizeivollzugsbeamtinnen und Polizeivollzugsbeamten
§ 114	Heilfürsorge für Polizeivollzugsbeamtinnen und Polizeivollzugsbeamte
§ 115	Beamtinnen und Beamte des Feuerwehrdienstes
§ 116	Beamtinnen und Beamte im Justizvollzug und Justizwachtmeisterdienst
§ 117	Beamtinnen und Beamte im Schuldienst
§ 118	Laufbahnen der Fachrichtung Steuerverwaltung

**Siebenter Teil
Zulassungsbeschränkungen**

§ 119 Erlass von Zulassungsbeschränkungen

**Achter Teil
Übergangs- und Schlussvorschriften**

§ 120 Weiteranwendung von Vorschriften
§ 120a Abweichungen bei Gebietsänderungen von Kommunen und bei dem Zusammenschließen von Samtgemeinden
§ 120b Abweichungen von trennungsgeldrechtlichen Vorschriften bei Abordnung an die Landesaufnahmebehörde Niedersachsen
§ 121 Überleitung von Laufbahnen sowie Beamtinnen und Beamten
§ 122 Fortgeltung von Ausbildungs- und Prüfungsverordnungen
§ 123 Übergangsregelungen für Beamtinnen und Beamte auf Probe
§ 124 Übergangsregelungen für Beamtinnen und Beamte auf Zeit in einem Amt mit leitender Funktion
§ 125 Übergangsregelung für Polizeivollzugsbeamtinnen und Polizeivollzugsbeamte
§ 126 Übergangsregelung für Disziplinarverfahren gegen Beamtinnen und Beamte auf Probe oder auf Widerruf
§ 127 Übergangsregelung für die Verjährung von Schadensersatzansprüchen des Dienstherrn
§ 128 Übergangsregelung für angezeigte oder genehmigte Nebentätigkeiten
§ 129 Übergangsregelung für Beamtinnen und Beamte in Altersteilzeit
§ 130 Arbeitnehmerinnen und Arbeitnehmer
§ 131 Abweichungen von § 9 Abs. 2 wegen Belastungen durch die COVID-19-Pandemie
§ 132 Übergangsregelungen für Polizeipräsidentinnen und Polizeipräsidenten
§ 133 Übergangsregelung für die Erstellung von dienstlichen Beurteilungen

Anlage
(zu § 121)

Erster Teil
Allgemeine Vorschriften

§ 1 Geltungsbereich

Dieses Gesetz gilt ergänzend zum Beamtenstatusgesetz (BeamtStG) für die Beamtinnen und Beamten

1. des Landes (Landesbeamtinnen und Landesbeamte),
2. der Gemeinden und Gemeindeverbände (Kommunalbeamtinnen und Kommunalbeamte) sowie
3. der sonstigen der Aufsicht des Landes unterstehenden Körperschaften, Anstalten und Stiftungen des öffentlichen Rechts (Körperschaftsbeamtinnen und Körperschaftsbeamte).

§ 2 Verleihung der Dienstherrnfähigkeit durch Satzung (§ 2 BeamtStG)

₁Dienstherrnfähigkeit kann auch durch Satzung verliehen werden. ₂Diese bedarf der Genehmigung der obersten Aufsichtsbehörde, die im Einvernehmen mit dem für Inneres zuständigen Ministerium entscheidet.

§ 3 Oberste Dienstbehörden, Dienstvorgesetzte und Vorgesetzte

(1) Oberste Dienstbehörde ist die oberste Behörde des Dienstherrn, in deren Dienstbereich die Beamtin oder der Beamte ein Amt bekleidet.

(2) Dienstvorgesetzte oder Dienstvorgesetzter ist, wer für beamtenrechtliche Entscheidungen über die persönlichen Angelegenheiten der ihr oder ihm nachgeordneten Beamtin oder des ihr oder ihm nachgeordneten Beamten zuständig ist.

(3) Vorgesetzte oder Vorgesetzter ist, wer dafür zuständig ist, der Beamtin oder dem Beamten für die dienstliche Tätigkeit Weisungen zu erteilen.

(4) ₁Die Zuständigkeiten nach den Absätzen 1 bis 3 richten sich nach dem Aufbau der öffentlichen Verwaltung. ₂Ist eine Dienstvorgesetzte oder ein Dienstvorgesetzter nicht vorhanden und ist nicht gesetzlich geregelt, wer diese Aufgaben wahrnimmt, so bestimmt für die Landesbeamtinnen und Landesbeamten die zuständige oberste Landesbehörde, im Übrigen die oberste Aufsichtsbehörde, wer hierfür zuständig ist.

(5) ₁Die Entscheidungen und sonstigen Maßnahmen nach diesem Gesetz und nach dem Beamtenstatusgesetz trifft, wenn nichts anderes bestimmt ist, die oder der Dienstvorgesetzte und nach Beendigung des Beamtenverhältnisses die oder der Dienstvorgesetzte der Behörde, der die Beamtin oder der Beamte zuletzt angehört hat. ₂Die oberste Dienstbehörde kann Zuständigkeiten der oder des Dienstvorgesetzten, auch teilweise, auf andere Behörden übertragen.

(6) Zuständigkeiten, die nach diesem Gesetz, dem Beamtenstatusgesetz oder dem Niedersächsischen Beamtenversorgungsgesetz (NBeamtVG) einer Behörde des Dienstherrn obliegen, obliegen bei den Gemeinden, den Gemeindeverbänden und den sonstigen der Aufsicht des Landes unterstehenden Körperschaften, Anstalten und Stiftungen des öffentlichen Rechts den bei ihnen zur Erfüllung solcher Aufgaben berufenen Organen, Ausschüssen oder Verwaltungsstellen.

(7) In versorgungs- und altersgeldrechtlichen Angelegenheiten der Ruhestandsbeamtinnen, Ruhestandsbeamten, früheren Landesbeamtinnen und Landesbeamten sowie deren Hinterbliebenen werden die Aufgaben der obersten Dienstbehörde von der für das Beamtenversorgungsrecht zuständigen obersten Landesbehörde wahrgenommen.

Zweiter Teil
Beamtenverhältnis

Erstes Kapitel
Allgemeines

§ 4 Vorbereitungsdienst

(1) Der Vorbereitungsdienst wird im Beamtenverhältnis auf Widerruf abgeleistet.

(2) ₁Das für den Vorbereitungsdienst zuständige Ministerium wird ermächtigt, im Benehmen mit dem für die dazugehörige Laufbahn zuständigen Ministerium und dem für Inneres zuständigen Ministerium durch Verordnung

zu bestimmen, dass der Vorbereitungsdienst abweichend von Absatz 1 in einem öffentlich-rechtlichen Ausbildungsverhältnis außerhalb eines Beamtenverhältnisses abgeleistet wird, wenn ein öffentliches Interesse dies rechtfertigt. ₂Soweit diese Verordnung nicht etwas anderes bestimmt, sind auf die Auszubildenden mit Ausnahme des § 7 Abs. 1 Nr. 2, des § 33 Abs. 1 Satz 3 und des § 38 BeamtStG sowie des § 47 die für Beamtinnen und Beamte im Vorbereitungsdienst geltenden Vorschriften entsprechend anzuwenden. ₃Wer sich gegen die freiheitliche demokratische Grundordnung im Sinne des Grundgesetzes betätigt, darf nicht in den Vorbereitungsdienst in einem öffentlich-rechtlichen Ausbildungsverhältnis aufgenommen werden. ₄Anstelle des Diensteides ist eine Verpflichtungserklärung nach dem Verpflichtungsgesetz abzugeben.

(3) ₁Ist der Vorbereitungsdienst auch Voraussetzung für die Ausübung eines Berufes außerhalb des öffentlichen Dienstes, so kann er auf Antrag der oder des Auszubildenden in einem öffentlich-rechtlichen Ausbildungsverhältnis abgeleistet werden. ₂Das für den Vorbereitungsdienst zuständige Ministerium wird ermächtigt, im Benehmen mit dem für die dazugehörige Laufbahn zuständigen Ministerium und dem für Inneres zuständigen Ministerium durch Verordnung andere Bestimmungen im Sinne des Absatzes 2 Satz 2 zu treffen. ₃Im Übrigen gilt Absatz 2 Sätze 2 bis 4 entsprechend.

§ 5 Beamtinnen und Beamte auf Probe in Ämtern mit leitender Funktion (§§ 4, 22 BeamtStG)

(1) ₁Ein Amt mit leitender Funktion wird zunächst unter Berufung in das Beamtenverhältnis auf Probe übertragen. ₂Die regelmäßige Probezeit dauert zwei Jahre. ₃Zeiten, in denen der Beamtin oder dem Beamten die leitende Funktion bereits übertragen worden ist, können auf die Probezeit angerechnet werden. ₄Die Probezeit kann bei besonderer Bewährung bis auf ein Jahr verkürzt werden. ₅Die Probezeit verkürzt sich um die Zeit eines Urlaubs ohne Dienstbezüge und Elternzeit ohne Dienstbezüge, soweit der Urlaub oder die Elternzeit während des für die Probezeit vorgesehenen Zeitraums in Anspruch genommen wird. ₆Verkürzt sich die Probezeit nach Satz 5 wegen eines Urlaubs nach § 62 Abs. 1 Satz 1 Nr. 2 oder Elternzeit nach den nach § 81 geltenden Rechtsvorschriften auf weniger als ein Jahr, so ist sie auf ein Jahr zu verlängern. ₇Im Übrigen ist eine Verlängerung der Probezeit nicht zulässig. ₈Eine Anrechnung nach Satz 3 und eine Verkürzung oder Verlängerung der Probezeit nach den Sätzen 4 bis 6 können nebeneinander erfolgen.

(2) Ämter mit leitender Funktion im Sinne des Absatzes 1 sind

1. bei einer obersten Landesbehörde

   a) Leiterin oder Leiter einer Abteilung, ausgenommen die Landespolizeipräsidentin oder der Landespolizeipräsident, die Verfassungsschutzpräsidentin oder der Verfassungsschutzpräsident, die Mitglieder des Landesrechnungshofs und die Mitglieder des Gesetzgebungs- und Beratungsdienstes beim Niedersächsischen Landtag,

   b) Vertreterin oder Vertreter der oder des Landesbeauftragten für den Datenschutz,

   c) ständige Vertreterin oder ständiger Vertreter der Leiterin oder des Leiters einer Abteilung,

   d) Leiterin oder Leiter eines Referats oder einer Gruppe von Referaten bei Einstufung mindestens in die Besoldungsgruppe B 3 und

   e) Leiterin oder Leiter der Vertretung des Landes Niedersachsen beim Bund.

2. Leiterin oder Leiter und stellvertretende Leiterin oder stellvertretender Leiter sowie Mitglieder des Vorstands der den obersten Landesbehörden unmittelbar nachgeordneten Behörden und Einrichtungen bei Einstufung in die Niedersächsische Besoldungsordnung B, ausgenommen die Landesbeauftragten für regionale Landesentwicklung, und

3. die von einer Gemeinde oder einem Gemeindeverband durch Satzung als leitend bestimmten Funktionen.

(3) ₁In ein Amt mit leitender Funktion darf nur berufen werden, wer

1. sich in einem Beamtenverhältnis auf Lebenszeit oder einem Richterverhältnis auf Lebenszeit befindet und

2. in diesem Amt auch als Beamtin oder Beamter auf Lebenszeit berufen werden könnte.

₂Der Landespersonalausschuss kann Ausnahmen von Satz 1 zulassen.

(4) ₁Das Beamtenverhältnis auf Lebenszeit oder das Richterverhältnis auf Lebenszeit besteht bei demselben Dienstherrn neben dem Beamtenverhältnis auf Probe fort. ₂Vom Tag der Ernennung an ruhen für die Dauer der Probezeit die Rechte und Pflichten aus dem Amt, das der Beamtin oder dem Beamten zuletzt im Beamtenverhältnis auf Lebenszeit oder im Richterverhältnis auf Lebenszeit übertragen worden ist, mit Ausnahme der Pflicht zur Amtsverschwiegenheit und des Verbots der Annahme von Belohnungen und Geschenken. ₃Eine Beamtin oder ein Beamter auf Probe in einem Amt mit leitender Funktion darf in dem Beamtenverhältnis auf Lebenszeit oder dem Richterverhältnis auf Lebenszeit nicht befördert werden.

(5) ₁Wird der Beamtin oder dem Beamten während der Probezeit bei demselben Dienstherrn ein anderes Amt mit leitender Funktion übertragen, so läuft die Probezeit weiter, falls das andere Amt derselben Besoldungsgruppe zugeordnet ist wie das zunächst übertragene Amt mit leitender Funktion. ₂Ist das andere Amt einer höheren Besoldungsgruppe zugeordnet als das zunächst übertragene Amt mit leitender Funktion, so beginnt eine erneute Probezeit.

(6) ₁Mit dem erfolgreichen Abschluss der Probezeit ist der Beamtin oder dem Beamten das Amt mit leitender Funktion auf Dauer in dem Beamtenverhältnis auf Lebenszeit zu übertragen. ₂Einer Richterin oder einem Richter darf das Amt mit leitender Funktion auf Dauer im Beamtenverhältnis auf Lebenszeit bei demselben Dienstherrn nur übertragen werden, wenn sie oder er die Entlassung aus dem Richterverhältnis schriftlich verlangt; die elektronische Form ist ausgeschlossen. ₃Wird nach Ablauf der Probezeit das Amt mit leitender Funktion nicht auf Dauer übertragen, so endet der Anspruch auf Besoldung aus diesem Amt. ₄Auch weitere Ansprüche aus diesem Amt bestehen nicht.

(7) Wird das Amt mit leitender Funktion nicht auf Dauer übertragen, so ist eine erneute Übertragung dieses Amtes unter Berufung in ein Beamtenverhältnis auf Probe erst nach Ablauf eines Jahres zulässig.

(8) § 64 findet keine Anwendung.

§ 6 Ehrenbeamtinnen und Ehrenbeamte (§ 5 BeamtStG)

(1) Für Ehrenbeamtinnen und Ehrenbeamte gelten das Beamtenstatusgesetz und dieses Gesetz nach Maßgabe der Absätze 2 bis 4.

(2) Das Ehrenbeamtenverhältnis kann auch anders als durch Ernennung begründet werden, wenn dies durch Rechtsvorschrift geregelt ist.

(3) ₁Nach Erreichen der Altersgrenze nach § 35 können Ehrenbeamtinnen und Ehrenbeamte verabschiedet werden. ₂Sie sind zu verabschieden, wenn die Voraussetzungen gegeben sind, unter denen eine Beamtin oder ein Beamter auf Lebenszeit in den Ruhestand oder in den einstweiligen Ruhestand zu versetzen ist oder versetzt werden kann. ₃Das Ehrenbeamtenverhältnis endet auch ohne Verabschiedung durch Zeitablauf, wenn es für eine bestimmte Amtszeit begründet worden ist. ₄Es endet ferner durch Abberufung, wenn diese durch Rechtsvorschrift zugelassen ist.

(4) Auf Ehrenbeamtinnen und Ehrenbeamte sind die Vorschriften über das Erlöschen privatrechtlicher Arbeitsverhältnisse (§ 8 Abs. 5), die Laufbahnen (§§ 13 bis 26), die Abordnung und Versetzung (§§ 14 und 15 BeamtStG, §§ 27 und 28), die Entlassung bei Berufung nach Erreichen der Altersgrenze (§ 23 Abs. 1 Nr. 5 BeamtStG), die Nebentätigkeiten (§ 40 BeamtStG, §§ 72 bis 75), die Arbeitszeit (§ 60), die Wohnung (§ 54) und den Arbeitsschutz (§ 82) nicht anzuwenden.

(5) Die Unfallfürsorge für Ehrenbeamtinnen und Ehrenbeamte und ihre Hinterbliebenen richtet sich nach § 80 NBeamtVG.

(6) Im Übrigen regeln sich die Rechtsverhältnisse nach den für die Ehrenbeamtinnen und Ehrenbeamten geltenden besonderen Rechtsvorschriften.

§ 7 Beamtinnen und Beamte auf Zeit
(§§ 4, 6 BeamtStG)

(1) ₁Ein Beamtenverhältnis auf Zeit kann nur begründet werden, wenn dies gesetzlich bestimmt ist. ₂Für Beamtinnen und Beamte auf Zeit finden die laufbahnrechtlichen Vorschriften (§§ 13 bis 26) keine Anwendung.

(2) ₁Soweit durch Gesetz nichts anderes bestimmt ist, ist die Beamtin oder der Beamte auf Zeit verpflichtet, nach Ablauf der Amtszeit das Amt weiterzuführen, wenn sie oder er unter mindestens gleich günstigen Bedingungen für wenigstens die gleiche Zeit wieder in dasselbe Amt berufen werden soll. ₂Kommt die Beamtin oder der Beamte auf Zeit dieser Verpflichtung nicht nach, so ist sie oder er mit Ablauf der Amtszeit aus dem Beamtenverhältnis zu entlassen. ₃Wird die Beamtin oder der Beamte auf Zeit im Anschluss an ihre oder seine Amtszeit erneut in dasselbe Amt für eine weitere Amtszeit berufen, so gilt das Beamtenverhältnis als nicht unterbrochen.

(3) ₁Soweit durch Gesetz nichts anderes bestimmt ist, tritt die Beamtin oder der Beamte auf Zeit vor Erreichen der Altersgrenze mit Ablauf der Amtszeit in den Ruhestand, wenn sie oder er nicht entlassen wird oder im Anschluss an ihre oder seine Amtszeit für eine weitere Amtszeit erneut in dasselbe oder ein höherwertiges Amt berufen wird. ₂Eine Beamtin oder ein Beamter auf Zeit im einstweiligen Ruhestand befindet sich mit Ablauf der Amtszeit dauernd im Ruhestand.

(4) ₁Bei Beamtinnen und Beamten auf Zeit, bei denen die Begründung des Beamtenverhältnisses auf einer Wahl durch die Bürgerinnen und Bürger beruht, bedarf es keiner Ernennung. ₂Mit Begründung des Beamtenverhältnisses treten die Rechtsfolgen ein, die in gesetzlichen Vorschriften an eine Ernennung geknüpft sind.

(5) ₁Ist eine Wahl Voraussetzung für die Begründung des Beamtenverhältnisses, so endet dieses auch durch Abwahl oder Abberufung, wenn eine solche gesetzlich vorgesehen ist. ₂Für die abgewählten oder abberufenen Beamtinnen und Beamten gelten bis zum Ablauf der Zeit, für die sie gewählt oder ernannt waren, die Vorschriften dieses Gesetzes über die Rechte und Pflichten von Ruhestandsbeamtinnen und Ruhestandsbeamten und danach Absatz 3 Satz 1 entsprechend.

(6) Ein Beamtenverhältnis auf Lebenszeit kann nicht in ein Beamtenverhältnis auf Zeit umgewandelt werden.

§ 8 Zuständigkeit für die Ernennung, Wirkung der Ernennung
(§ 8 BeamtStG)

(1) ₁Die Landesbeamtinnen und Landesbeamten werden, soweit verfassungsrechtlich nichts anderes bestimmt ist, von der Landesregierung ernannt. ₂Sie kann ihre Befugnis auf einzelne Mitglieder der Landesregierung oder auf andere Stellen übertragen.

(2) Die Kommunalbeamtinnen und Kommunalbeamten sowie die Körperschaftsbeamtinnen und Körperschaftsbeamten werden von der obersten Dienstbehörde ernannt, soweit durch Gesetz, Verordnung oder Satzung nichts anderes bestimmt ist.

(3) Einer Ernennung bedarf es außer in den Fällen des § 8 Abs. 1 Nrn. 1 bis 3 BeamtStG zur Verleihung eines anderen Amtes mit anderer Amtsbezeichnung beim Wechsel der Laufbahngruppe.

(4) Die Ernennung wird mit dem Tag der Aushändigung der Ernennungsurkunde wirksam, wenn nicht in der Urkunde ausdrücklich ein späterer Tag bestimmt ist.

(5) ₁Mit der Begründung des Beamtenverhältnisses erlischt ein privatrechtliches Arbeitsverhältnis zum Dienstherrn. ₂Es lebt auch im Fall der Rücknahme der Ernennung nicht wieder auf.

§ 9 Stellenausschreibung, Feststellung der gesundheitlichen Eignung
(§ 9 BeamtStG)

(1) ₁Die Bewerberinnen und Bewerber sollen durch Stellenausschreibung ermittelt werden. ₂Einer Einstellung soll eine öffentliche Ausschreibung vorausgehen.

(2) Die gesundheitliche Eignung für die Berufung in ein Beamtenverhältnis auf Lebenszeit oder in ein anderes Beamten- oder Beschäftigungsverhältnis mit dem Ziel der späteren Verwendung im Beamtenverhältnis auf Lebenszeit ist aufgrund einer ärztlichen Untersuchung festzustellen; § 45 gilt entsprechend.

§ 10 Benachteiligungsverbote, genetische Untersuchungen

(1) ₁Schwangerschaft, Mutterschutz und Elternzeit dürfen sich bei der Einstellung und der beruflichen Entwicklung nicht nachteilig auswirken. ₂Dies gilt auch für Teilzeitbeschäftigung, Telearbeit und familienbedingte Beurlaubung, wenn nicht zwingende sachliche Gründe vorliegen.

(2) Es gelten entsprechend

1. für Beamtinnen und Beamte die für Beschäftigte geltenden Vorschriften,

2. für Bewerberinnen und Bewerber für ein öffentlich-rechtliches Dienstverhältnis oder für Personen, deren öffentlich-rechtliches Dienstverhältnis beendet ist, die für Bewerberinnen und Bewerber für ein Beschäftigungsverhältnis oder für Personen, deren Beschäftigungsverhältnis beendet ist, geltenden Vorschriften und

3. für das Land, die Gemeinden, Gemeindeverbände und sonstigen der Aufsicht des Landes unterstehenden Körperschaften, Anstalten und Stiftungen des öffentlichen Rechts, die Dienstherrnfähigkeit besitzen, die für Arbeitgeber geltenden Vorschriften

des Gendiagnostikgesetzes.

§ 11 Feststellung der Nichtigkeit der Ernennung, Verbot der Führung der Dienstgeschäfte (§ 11 BeamtStG)

(1) Die Nichtigkeit der Ernennung wird von der obersten Dienstbehörde oder der von ihr bestimmten Behörde durch schriftlichen Verwaltungsakt festgestellt.

(2) ₁Sobald der Grund für die Nichtigkeit bekannt wird, hat die oder der Dienstvorgesetzte der oder dem Ernannten bis zur Feststellung nach Absatz 1 die weitere Führung der Dienstgeschäfte zu verbieten, wenn eine Ernennung zur Begründung des Beamtenverhältnisses betroffen ist oder ein Nichtigkeitsgrund nach § 11 Abs. 1 Nr. 3 Buchst. b oder c BeamtStG vorliegt. ₂Die weitere Führung der Dienstgeschäfte kann bis zur Feststellung nach Absatz 1 verboten werden, wenn im Fall

1. des § 11 Abs. 1 Nr. 1 BeamtStG die schriftliche Bestätigung der Wirksamkeit der Ernennung,

2. des § 11 Abs. 1 Nr. 2 BeamtStG die Bestätigung der Ernennung oder

3. des § 11 Abs. 1 Nr. 3 Buchst. a BeamtStG die Zulassung einer Ausnahme

abgelehnt worden ist.

(3) Die bis zu dem Verbot der Führung der Dienstgeschäfte vorgenommenen Amtshandlungen der oder des Ernannten sind in gleicher Weise gültig, wie wenn die Ernennung wirksam gewesen wäre.

(4) Die der oder dem Ernannten gewährten Leistungen können belassen werden.

§ 12 Rücknahme der Ernennung (§ 12 BeamtStG)

(1) ₁Die Rücknahme der Ernennung wird von der für die Ernennung zuständigen Behörde vorgenommen und bedarf der Schriftform. ₂Für die Rücknahme der Ernennung im Fall des § 12 Abs. 1 Nr. 2 BeamtStG findet § 48 Abs. 4 des Verwaltungsverfahrensgesetzes (VwVfG) keine Anwendung.

(2) § 11 Abs. 3 und 4 gilt entsprechend.

Zweites Kapitel
Laufbahn

§ 13 Laufbahn

(1) ₁Eine Laufbahn umfasst alle Ämter, die derselben Fachrichtung und derselben Laufbahngruppe angehören. ₂Zur Laufbahn gehören auch Vorbereitungsdienst und Probezeit.

(2) Es gibt folgende Fachrichtungen:

1. Justiz,

2. Polizei,

3. Feuerwehr,

4. Steuerverwaltung,

5. Bildung,

6. Gesundheits- und soziale Dienste,
7. Agrar- und umweltbezogene Dienste,
8. Technische Dienste,
9. Wissenschaftliche Dienste,
10. Allgemeine Dienste.

(3) ₁Es gibt die Laufbahngruppen 1 und 2. ₂Innerhalb der Laufbahngruppen gibt es nach Maßgabe des Besoldungsrechts erste und zweite Einstiegsämter. ₃Der Zugang zu den einzelnen Laufbahngruppen unterliegt für die jeweiligen Einstiegsämter unterschiedlichen Zugangsvoraussetzungen (§ 14). ₄Der Zugang zu Laufbahnen der Laufbahngruppe 2 erfordert einen Hochschulabschluss oder einen gleichwertigen Bildungsstand.

(4) ₁Das für die Laufbahn zuständige Ministerium kann innerhalb einer Laufbahn Laufbahnzweige einrichten, wenn für bestimmte Ämter regelmäßig eine gleiche Qualifikation gefordert wird. ₂Die Laufbahnbefähigung wird durch die Einrichtung eines Laufbahnzweiges nicht eingeschränkt.

§ 14 Zugangsvoraussetzungen zu den Laufbahnen

(1) Für den Zugang zu Laufbahnen der Laufbahngruppe 1 sind für das erste Einstiegsamt mindestens zu fordern

1. als Bildungsvoraussetzung ein Hauptschulabschluss oder ein als gleichwertig anerkannter Bildungsstand und
2. als sonstige Voraussetzung ein abgeschlossener Vorbereitungsdienst oder eine abgeschlossene, unmittelbar für die Laufbahn qualifizierende Berufsausbildung.

(2) Für den Zugang zu Laufbahnen der Laufbahngruppe 1 sind für das zweite Einstiegsamt mindestens zu fordern

1. als Bildungsvoraussetzung
   a) ein Realschulabschluss,
   b) ein Hauptschulabschluss und eine abgeschlossene Berufsausbildung,
   c) ein Hauptschulabschluss und eine Ausbildung in einem öffentlich-rechtlichen Ausbildungsverhältnis oder
   d) ein als gleichwertig anerkannter Bildungsstand
   und

2. als sonstige Voraussetzung
   a) eine abgeschlossene, für die Laufbahn qualifizierende Berufsausbildung und eine nach Art und Dauer qualifizierende berufliche Tätigkeit oder
   b) ein mit einer Laufbahnprüfung abgeschlossener Vorbereitungsdienst oder eine inhaltlich dessen Anforderungen entsprechende abgeschlossene berufliche Ausbildung oder Fortbildung.

(3) ₁Für den Zugang zu Laufbahnen der Laufbahngruppe 2 sind für das erste Einstiegsamt mindestens zu fordern

1. als Bildungsvoraussetzung ein mit einem Bachelorgrad abgeschlossenes Hochschulstudium oder ein gleichwertiger Abschluss und

2. als sonstige Voraussetzung
   a) eine nach Art und Dauer qualifizierende berufliche Tätigkeit oder
   b) ein mit einer Prüfung abgeschlossener Vorbereitungsdienst.

₂Die Voraussetzung nach Satz 1 Nr. 2 muss nicht erfüllt sein, wenn ein Hochschulstudium als unmittelbar für die Laufbahn qualifizierend anerkannt wird. ₃Die Anerkennung setzt voraus, dass durch das Hochschulstudium die wissenschaftlichen Erkenntnisse und Methoden sowie die berufspraktischen Fähigkeiten und Kenntnisse vermittelt werden, die zur Erfüllung von Aufgaben in der Laufbahn erforderlich sind. ₄Bei einem Hochschulstudium, durch das die erforderlichen berufspraktischen Fähigkeiten und Kenntnisse nicht ausreichend vermittelt werden, muss die Voraussetzung nach Satz 1 Nr. 2 nur dann nicht erfüllt werden, wenn das Hochschulstudium im Übrigen als für die Laufbahn qualifizierend anerkannt wird und die erforderlichen berufspraktischen Fähigkeiten und Kenntnisse im Rahmen eines öffentlich-rechtlichen Ausbildungsverhältnisses in einer das Hochschulstudium ergänzenden auf bis zu sechs Monate zu bemessenden Einführung in die Laufbahnaufgaben vermittelt werden. ₅Soll der Abschluss nach Satz 1 Nr. 1 innerhalb eines Vorbereitungsdienstes nach Satz 1 Nr. 2 erworben werden, so genügt als Bildungsvoraussetzung eine Hochschulzugangsberechtigung nach § 18 des Niedersächsischen Hochschulgesetzes (NHG).

(4) ₁Für den Zugang zu Laufbahnen der Laufbahngruppe 2 sind für das zweite Einstiegsamt mindestens zu fordern

1. als Bildungsvoraussetzung ein mit einem Mastergrad oder einem gleichwertigen Abschluss abgeschlossenes Hochschulstudium und

2. als sonstige Voraussetzung eine nach Art und Dauer qualifizierende berufliche Tätigkeit oder ein mit einer Prüfung abgeschlossener Vorbereitungsdienst.

₂Absatz 3 Sätze 2 bis 4 gilt entsprechend.

§ 15 Im Bereich eines anderen Dienstherrn erworbene Laufbahnbefähigung

(1) Bewerberinnen und Bewerber, die eine Laufbahnbefähigung nach den Vorschriften eines anderen Landes oder des Bundes erworben haben, besitzen auch, soweit erforderlich nach einer Unterweisung oder Durchführung von Qualifizierungsmaßnahmen, die Befähigung für die Laufbahn nach diesem Gesetz, die der Laufbahn, für die eine Befähigung erworben wurde, unter Berücksichtigung der Bildungsvoraussetzungen und der fachlichen Ausrichtung zuzuordnen ist.

(2) Abweichend von Absatz 1 haben Bewerberinnen und Bewerber, die nicht in ein Beamtenverhältnis berufen worden sind, die Laufbahnbefähigung für eine Laufbahn nach diesem Gesetz nur dann, wenn die Laufbahnvorschriften dies bestimmen.

§ 16 Erwerb der Befähigung für eine Laufbahn durch Anerkennung im Ausland erworbener Berufsqualifikationen

(1) ₁Wer die Staatsangehörigkeit

1. eines Mitgliedstaates der Europäischen Union oder

2. eines anderen Vertragsstaates des Abkommens über den Europäischen Wirtschaftsraum oder

3. eines durch Abkommen gleichgestellten Staates,

besitzt, kann die Befähigung für eine Laufbahn auch durch Anerkennung im Ausland erworbener Berufsqualifikationen aufgrund der Richtlinie 2005/36/EG des Europäischen Parlaments und des Rates vom 7. September 2005 über die Anerkennung von Berufsqualifikationen (ABl. EU Nr. L 255 S. 22; 2007 Nr. L 271 S. 18; 2008 Nr. L 93 S. 28; 2009 Nr. L 33 S. 49; 2014 Nr. L 305 S. 115), zuletzt geändert durch die Richtlinie 2013/55/EU des Europäischen Parlaments und des Rates vom 20. November 2013 (ABl. EU Nr. L 354 S. 132; 2015 Nr. L 268 S. 35; 2016 Nr. L 95 S. 20), erwerben. ₂Die Anerkennung der Berufsqualifikationen kann unter den in Artikel 14 der Richtlinie 2005/36/EG genannten Voraussetzungen von der erfolgreichen Ableistung eines Anpassungslehrgangs oder Ablegung einer Eignungsprüfung abhängig gemacht werden. ₃Die Landesregierung bestimmt durch Verordnung das Nähere zur Umsetzung der Richtlinie 2005/36/EG, insbesondere die Zuständigkeiten der Behörden, die Einzelheiten der Anerkennungsbedingungen, das Anerkennungsverfahren, die Voraussetzungen und das Verfahren des Anpassungslehrgangs und der Eignungsprüfung sowie die Verwaltungszusammenarbeit nach Titel V der Richtlinie 2005/36/EG.

(2) Das Niedersächsische Berufsqualifikationsfeststellungsgesetz findet mit Ausnahme der §§ 13b, 15a und 17 keine Anwendung.

§ 17 Andere Bewerberinnen und andere Bewerber

(1) ₁In das Beamtenverhältnis kann auch berufen werden, wer, ohne die Zugangsvoraussetzungen zu erfüllen, die Laufbahnbefähigung durch Lebens- und Berufserfahrung innerhalb oder außerhalb des öffentlichen Dienstes erworben hat (andere Bewerberin oder anderer Bewerber). ₂Dies gilt nicht, wenn eine bestimmte Vorbildung, Ausbildung oder Prüfung durch fachgesetzliche Regelung vorgeschrieben oder nach der Eigenart der Laufbahnaufgaben erforderlich ist.

(2) Für die Feststellung der Laufbahnbefähigung von anderen Bewerberinnen oder an-

deren Bewerbern ist der Landespersonalausschuss zuständig.

(3) ₁Als andere Bewerberin oder anderer Bewerber darf in das Beamtenverhältnis nur berufen werden, wer noch nicht das 50. Lebensjahr vollendet hat. ₂Der Landespersonalausschuss kann im Einzelfall Ausnahmen zulassen.

(4) Soll einer anderen Bewerberin oder einem anderen Bewerber ein in § 39 genanntes Amt übertragen werden, so ist die Landesregierung für die Feststellung der Befähigung und die Zulassung einer Ausnahme von der Altersgrenze zuständig.

§ 18 Einstellung, Höchstalter

(1) ₁Eine Ernennung unter Begründung eines Beamtenverhältnisses (Einstellung) ist im Beamtenverhältnis auf Probe oder auf Lebenszeit nur in einem Einstiegsamt zulässig. ₂Satz 1 gilt nicht für die Einstellung in einem in § 39 genannten Amt oder im Amt der Direktorin oder des Direktors beim Landtag. ₃Abweichend von Satz 1 kann

1. bei beruflichen Erfahrungen oder sonstigen Qualifikationen, die über die Zugangsvoraussetzungen nach § 14 hinaus erworben wurden, wenn die Laufbahnvorschriften dies bestimmen, oder

2. bei Zulassung einer Ausnahme durch den Landespersonalausschuss

eine Einstellung in einem höheren Amt vorgenommen werden. ₄Eine Einstellung in einem höheren Amt ist auch zulässig, wenn ein nach der laufbahn- und besoldungsrechtlichen Zuordnung entsprechendes Amt in einem früheren Beamtenverhältnis auf Lebenszeit erreicht worden ist.

(2) In das Beamtenverhältnis auf Widerruf zur Ableistung eines Vorbereitungsdienstes kann eingestellt werden, wer das 40. Lebensjahr, als schwerbehinderter Mensch das 45. Lebensjahr, noch nicht vollendet hat.

(3) Eine Laufbahnbewerberin oder ein Laufbahnbewerber kann in das Beamtenverhältnis auf Probe eingestellt werden, wenn sie oder er das 45. Lebensjahr, als schwerbehinderter Mensch das 48. Lebensjahr, noch nicht vollendet hat.

§ 19 Probezeit

(1) Probezeit ist die Zeit im Beamtenverhältnis auf Probe, während der sich die Beamtin oder der Beamte nach Erwerb oder Feststellung der Befähigung für die Laufbahn bewähren soll.

(2) ₁Die regelmäßige Probezeit dauert drei Jahre. ₂Zeiten beruflicher Tätigkeit innerhalb oder außerhalb des öffentlichen Dienstes können auf die Probezeit angerechnet werden, soweit die Tätigkeit nach Art und Bedeutung der Tätigkeit in der Laufbahn gleichwertig ist. ₃Die Mindestprobezeit beträgt in der Laufbahngruppe 1 sechs Monate und in der Laufbahngruppe 2 ein Jahr. ₄Die Mindestprobezeit kann unterschritten werden, wenn die nach Satz 2 anrechenbaren Zeiten im Beamten- oder Richterverhältnis mit Dienstbezügen abgeleistet worden sind.

(3) ₁Eignung, Befähigung und fachliche Leistung der Beamtin oder des Beamten sind während der Probezeit wiederholt zu beurteilen. ₂Wird die Probezeit verkürzt, so genügt eine Beurteilung. ₃Am Ende der Probezeit wird festgestellt, dass die Beamtin oder der Beamte sich bewährt hat, wenn unter Berücksichtigung der Beurteilungen keine Zweifel an der Bewährung bestehen.

(4) Die Probezeit kann bis zu einer Höchstdauer von fünf Jahren verlängert werden.

(5) Beamtinnen und Beamte, die nach § 39 in den einstweiligen Ruhestand versetzt werden können, leisten keine Probezeit.

(6) Bei anderen Bewerberinnen oder anderen Bewerbern entscheidet über die Anrechnung von Zeiten nach Absatz 2 Satz 2 der Landespersonalausschuss; er kann Ausnahmen von Absatz 2 Satz 3 zulassen.

§ 19a Dienstliche Beurteilung

(1) ₁Beamtinnen und Beamte sind regelmäßig dienstlich zu beurteilen (Regelbeurteilung). ₂Sie sind zudem dienstlich zu beurteilen, wenn es die dienstlichen oder persönlichen Verhältnisse erfordern (Anlassbeurteilung). ₃Beurteilt werden Eignung, Befähigung und fachliche Leistung der Beamtin oder des Beamten anhand von Einzelmerkmalen. ₄Die dienstliche Beurteilung ist mit einem Gesamturteil abzu-

schließen, das alle Einzelmerkmale, die beurteilt worden sind, berücksichtigt.

(2) ₁Abweichend von Absatz 1 werden nicht dienstlich beurteilt:

1. Beamtinnen und Beamte auf Zeit im Sinne des § 6 BeamtStG und des § 7 dieses Gesetzes,
2. künstlerisches Personal,
3. wissenschaftliches Personal an Hochschulen und an sonstigen Forschungseinrichtungen,
4. Beamtinnen und Beamte, die ein in § 39 Abs. 1 genanntes Amt bekleiden,
5. Beamtinnen und Beamte auf Widerruf im Vorbereitungsdienst sowie
6. Ehrenbeamtinnen und Ehrenbeamte, soweit das Ehrenamt betroffen ist.

₂Abweichend von Satz 1 Nr. 3 wird das wissenschaftliche Personal an sonstigen Forschungseinrichtungen dienstlich beurteilt, wenn die oberste Dienstbehörde dies vorsieht.

(3) Die Landesregierung bestimmt für Landesbeamtinnen und Landesbeamte durch Verordnung das Nähere zu Absatz 1, weitere Grundsätze für Beurteilungen sowie das Beurteilungsverfahren, insbesondere

1. die Zeitpunkte der Regelbeurteilungen und die Beurteilungszeiträume,
2. Ausnahmen von der Regelbeurteilungspflicht,
3. dienstliche oder persönliche Verhältnisse, die eine Anlassbeurteilung erfordern,
4. die Erstellung einer Erstbeurteilung und einer Zweitbeurteilung, die Zuständigkeiten dafür sowie Ausnahmen von der Erstellung einer Zweitbeurteilung,
5. die Erstellung von Beurteilungsbeiträgen,
6. die Beteiligung der Beamtinnen und Beamten bei der Erstellung sowie die Eröffnung der Beurteilung,
7. den Maßstab der Beurteilung,
8. Rangstufen für die Beurteilung,
9. Richtwerte für die anteilige Vergabe von Rangstufen sowie Ausnahmen hiervon,
10. die Einzelmerkmale und deren Inhalt,
11. die Bildung des Gesamturteils,
12. die Fortschreibung und fiktive Nachzeichnung von Beurteilungen sowie
13. die Verwahrung der Beurteilungen und von Beurteilungsbeiträgen.

(4) In einer Verordnung nach Absatz 3 kann in begründeten Fällen für bestimmte Einzelheiten der dienstlichen Beurteilung auch zugelassen werden, dass eine oberste Dienstbehörde diese abweichend von der Verordnung regeln kann.

(5) Die Präsidentin oder der Präsident des Landtages, der Landesrechnungshof und die oder der Landesbeauftragte für den Datenschutz können für die dort beschäftigten Beamtinnen und Beamten durch Verordnung auch mit Wirkung zum Zeitpunkt des Inkrafttretens einer Verordnung nach Absatz 3

1. von den durch Verordnung nach Absatz 3 getroffenen Regelungen abweichende Regelungen vorsehen und
2. die in einer Verordnung nach Absatz 3 getroffenen Regelungen ergänzen,

soweit dies im dienstlichen Interesse liegt.

(6) ₁Abweichend von Absatz 3 bestimmt das Justizministerium im Einvernehmen mit dem für Inneres zuständigen Ministerium für die Beamtinnen und Beamten im Justizministerium, bei den Gerichten und Staatsanwaltschaften, in den Justizvollzugseinrichtungen sowie bei der Norddeutschen Hochschule für Rechtspflege durch Verordnung das Nähere zu Absatz 1, weitere Grundsätze für Beurteilungen sowie das Beurteilungsverfahren, insbesondere die in Absatz 3 genannten Inhalte. ₂Dabei kann es abweichend von Absatz 3 Nr. 4 ein einstufiges Beurteilungsverfahren vorsehen.

(7) ₁Die Dienstherren nach § 1 Nrn. 2 und 3 bestimmen für ihre Beamtinnen und Beamten das Nähere zu Absatz 1, weitere Grundsätze für Beurteilungen sowie das Beurteilungsverfahren. ₂Dienstherren nach Satz 1 mit weniger als zehn dienstlich zu beurteilenden Beamtinnen und Beamten sind von der Pflicht zur Regelbeurteilung nach Absatz 1 Satz 1 befreit; andere Dienstherren nach Satz 1 können davon absehen, soweit dies im dienstlichen Interesse liegt.

(8) Die Absätze 1 bis 7 finden auf Staatsanwältinnen und Staatsanwälte keine Anwendung; für diese gilt stattdessen § 1 Satz 2 in Verbindung mit § 5 Abs. 6 des Niedersächsischen Richtergesetzes.

§ 20 Beförderung

(1) Beförderung ist eine Ernennung, durch die der Beamtin oder dem Beamten ein anderes Amt mit höherem Endgrundgehalt übertragen wird.

(2) Die Beförderung setzt die Feststellung der Eignung für das höhere Amt nach einer Erprobungszeit von mindestens drei Monaten Dauer voraus; dies gilt nicht für Beamtinnen und Beamte auf Zeit, für Beamtinnen und Beamte, die nach § 30 Abs. 1 Satz 1 BeamtStG in den einstweiligen Ruhestand versetzt werden können, und für Mitglieder des Landesrechnungshofs.

(3) ₁Eine Beförderung ist nicht zulässig

1. vor Ablauf eines Jahres seit Beendigung der Probezeit und

2. vor Ablauf eines Jahres seit der letzten Beförderung, es sei denn, dass das derzeitige Amt nicht durchlaufen zu werden braucht.

₂Ämter, die regelmäßig zu durchlaufen sind, dürfen nicht übersprungen werden. ₃Abweichend von Satz 1 Nr. 1 ist eine Beförderung bereits nach Ablauf der in § 19 Abs. 2 Satz 3 vorgeschriebenen Mindestprobezeit zulässig, wenn die Beamtin oder der Beamte hervorragende Leistungen gezeigt hat.

(4) ₁Der Landespersonalausschuss kann Ausnahmen von der Mindesterprobungszeit des Absatzes 2 und in den Fällen des Absatzes 3 zulassen. ₂Soll ein in § 39 genanntes Amt übertragen werden, so ist die Landesregierung für die Zulassung von Ausnahmen von Absatz 3 zuständig.

(5) ₁Abweichend von Absatz 3 Satz 1 Nr. 1 ist eine Beförderung zum Ausgleich von Verzögerungen des beruflichen Werdegangs durch die Geburt eines Kindes, durch die Betreuung oder Pflege eines Kindes unter 18 Jahren oder durch die Pflege einer oder eines nach ärztlichem Gutachten pflegebedürftigen sonstigen Angehörigen zulässig. ₂Gleiches gilt in den Fällen des Nachteilsausgleichs für ehemalige Soldaten nach dem Arbeitsplatzschutzgesetz und dem Soldatenversorgungsgesetz, ehemalige Zivildienstleistende nach dem Zivildienstgesetz und ehemalige Entwicklungshelfer nach dem Entwicklungshelfer-Gesetz.

§ 21 Aufstieg

₁Beamtinnen und Beamte mit der Befähigung für eine Laufbahn der Laufbahngruppe 1 können auch ohne Erfüllung der Zugangsvoraussetzungen durch Aufstieg die Befähigung für eine Laufbahn der Laufbahngruppe 2 erwerben. ₂Es kann auch eine auf Ämter oder Aufgabenbereiche beschränkte Befähigung erworben werden. ₃Für den Aufstieg nach Satz 1 ist das Ablegen einer Prüfung zu verlangen, wenn nicht durch Verordnung nach § 25 Nr. 10 etwas anderes bestimmt ist. ₄Wird die Ablegung einer Prüfung allgemein oder im Einzelfall nicht verlangt, so wird die Befähigung für die Laufbahn der Laufbahngruppe 2 festgestellt, nachdem die Beamtin oder der Beamte das Aufstiegsverfahren erfolgreich durchlaufen hat.

§ 22 Fortbildung

₁Die berufliche Entwicklung setzt die erforderliche Fortbildung voraus. ₂Die Beamtinnen und Beamten sind verpflichtet, an dienstlicher Fortbildung teilzunehmen und sich darüber hinaus selbst fortzubilden, damit sie über die Anforderungen ihrer Laufbahn unterrichtet bleiben und auch steigenden Anforderungen ihres Amtes gewachsen sind. ₃Der Dienstherr hat für die Fortbildung der Beamtinnen und Beamten zu sorgen sowie deren Eignung, Befähigung und fachliche Leistungsfähigkeit auf konzeptioneller Grundlage durch Personalentwicklungs- und Personalführungsmaßnahmen zu fördern.

§ 23 Laufbahnwechsel

(1) Ein Wechsel von einer Laufbahn in eine andere Laufbahn derselben Laufbahngruppe (Laufbahnwechsel) ist zulässig, wenn die Beamtin oder der Beamte die Befähigung für die neue Laufbahn besitzt.

(2) ₁Besitzt die Beamtin oder der Beamte die Befähigung für die neue Laufbahn nicht, so ist

ein Laufbahnwechsel zulässig, wenn die für die Wahrnehmung der Aufgaben in der Laufbahn erforderlichen Fähigkeiten und Kenntnisse

1. durch Unterweisung oder andere Qualifizierungsmaßnahmen oder

2. aufgrund der Wahrnehmung von Tätigkeiten, die mit den Anforderungen der neuen Laufbahn vergleichbar sind,

erworben worden sind oder werden können. ₂Über die Zulässigkeit des Laufbahnwechsels entscheidet das für die Laufbahn zuständige Ministerium; es kann die Befugnis auf andere Behörden übertragen.

§ 24 Kommunale Hochschule für Verwaltung in Niedersachsen

(1) ₁Dem Träger der Kommunalen Hochschule für Verwaltung in Niedersachsen (§ 67a NHG) wird die Aufgabe übertragen, für diejenigen, die an dieser Hochschule in einem Vorbereitungsdienst für die Laufbahn der Laufbahngruppe 2 der Fachrichtung Allgemeine Dienste studieren, nach Maßgabe der staatlichen Ausbildungs- und Prüfungsvorschriften

1. eine Zwischenprüfung und die Laufbahnprüfung durchzuführen sowie

2. über eine Zuerkennung der Befähigung für die Laufbahn der Laufbahngruppe 1 der Fachrichtung Allgemeine Dienste zu entscheiden.

₂Der Träger der Kommunalen Hochschule für Verwaltung in Niedersachsen hat hierfür bei der Hochschule ein Prüfungsamt einzurichten.

(2) Der Träger der Kommunalen Hochschule für Verwaltung in Niedersachsen unterliegt hinsichtlich der Aufgaben des Prüfungsamtes nach Absatz 1 der Fachaufsicht des für Inneres zuständigen Ministeriums.

§ 25 Laufbahnverordnung

Die Landesregierung regelt durch Verordnung die Einzelheiten der Laufbahnen, insbesondere

1. die Gestaltung der Laufbahnen und die regelmäßig zu durchlaufenden Ämter,

2. den Erwerb der Laufbahnbefähigung, insbesondere

   a) die über die gesetzlichen Mindestvoraussetzungen hinausgehenden Zugangsvoraussetzungen und

   b) die Ausgestaltung und Dauer öffentlich-rechtlicher Ausbildungsverhältnisse außerhalb eines Vorbereitungsdienstes einschließlich der sich daraus ergebenden Rechte und Pflichten,

3. die Ausgestaltung und Dauer eines Vorbereitungsdienstes, soweit die Regelung der Dauer des Vorbereitungsdienstes nicht einer Verordnung nach § 26 überlassen bleibt,

4. allgemeine Dienstbezeichnungen im Vorbereitungsdienst,

5. Notenstufen für Prüfungen im Vorbereitungsdienst,

6. die Notwendigkeit einer besonderen Ausbildung und Prüfung für besondere Aufgabenbereiche in einer Laufbahn,

7. Voraussetzungen für die Einstellung in einem höheren Amt als einem Einstiegsamt,

8. Ausnahmen von den Höchstaltersgrenzen für die Einstellung in das Beamtenverhältnis auf Widerruf zur Ableistung eines Vorbereitungsdienstes und in das Beamtenverhältnis auf Probe als Laufbahnbewerberin oder Laufbahnbewerber für den Fall, dass die Anwendung der jeweiligen Höchstaltersgrenze zur Erreichung des Ziels, eine angemessene Beschäftigungszeit vor dem Eintritt in den Ruhestand zu gewährleisten, nicht erforderlich oder nicht angemessen wäre, insbesondere um den Abschluss einer Berufsausbildung zu gewährleisten, zum Ausgleich von Nachteilen durch die Betreuung oder Pflege von Kindern oder sonstigen Angehörigen und für Fälle, in denen die Anwendung der Höchstaltersgrenze dienstlichen Belangen widerspräche oder unbillig wäre,

9. die Probezeit, insbesondere ihre Verlängerung, ihre Verkürzung um Zeiten der Betreuung oder Pflege eines Kindes oder

einer oder eines pflegebedürftigen sonstigen Angehörigen und die Anrechnung von Zeiten beruflicher Tätigkeit, das Erfordernis des Ablegens einer Prüfung zur Feststellung der Bewährung sowie gesetzlich nicht bestimmte Folgen der Feststellung der Nichtbewährung,

10. Voraussetzungen für Beförderungen und für den Aufstieg,

11. Voraussetzungen für den Laufbahnwechsel,

12. Ausgleichsmaßnahmen zugunsten von schwerbehinderten Menschen und

13. die Fortbildung sowie Inhalte von Personalentwicklungs- und Personalführungsmaßnahmen.

§ 26 Ausbildungs- und Prüfungsverordnungen

Das für die jeweilige beamtenrechtliche Ausbildung zuständige Ministerium wird ermächtigt, im Benehmen mit dem für die dazugehörige Laufbahn zuständigen Ministerium und dem für Inneres zuständigen Ministerium im Rahmen der laufbahnrechtlichen Bestimmungen durch Verordnung die Ausbildung und Prüfung im Vorbereitungsdienst, für den Aufstieg und für besondere Aufgabenbereiche in einer Laufbahn zu regeln, insbesondere

1. die Voraussetzungen für die Zulassung zur Ausbildung,

2. die Ausgestaltung und Dauer der Ausbildung und, soweit dies aufgrund von § 25 Nr. 3 durch Verordnung vorgesehen ist, die Dauer des Vorbereitungsdienstes,

3. das Nähere über die Dienstbezeichnungen im Vorbereitungsdienst,

4. die Anrechnung von Zeiten einer für die Ausbildung förderlichen Tätigkeit auf die Dauer der Ausbildung,

5. Zwischenprüfungen,

6. die Durchführung von Prüfungen,

7. die Wiederholung von Prüfungen und Prüfungsteilen sowie die Rechtsfolgen bei Bestehen und endgültigem Nichtbestehen einer Prüfung und

8. die Folgen von Versäumnissen, Täuschungen und Ordnungsverstößen.

Drittes Kapitel
Abordnung, Versetzung und Körperschaftsumbildung innerhalb des Landes

§ 27 Abordnung

(1) Eine Abordnung im Sinne der Absätze 2 bis 5 ist die vorübergehende Übertragung einer Tätigkeit bei einer anderen Dienststelle desselben oder eines anderen in § 1 genannten Dienstherrn unter Beibehaltung der Zugehörigkeit zur bisherigen Dienststelle.

(2) Die Beamtin oder der Beamte kann aus dienstlichen Gründen ganz oder teilweise zu einer ihrem oder seinem Amt entsprechenden Tätigkeit abgeordnet werden.

(3) ₁Eine Abordnung ist auch zu einer nicht dem Amt entsprechenden Tätigkeit zulässig, wenn der Beamtin oder dem Beamten die Wahrnehmung der neuen Tätigkeit aufgrund der Vorbildung oder Berufsausbildung zuzumuten ist. ₂Dies gilt auch, wenn die neue Tätigkeit nicht einem Amt mit demselben Endgrundgehalt entspricht. ₃Die Abordnung bedarf in den Fällen der Sätze 1 und 2 der Zustimmung der Beamtin oder des Beamten, wenn sie die Dauer von zwei Jahren übersteigt.

(4) ₁Die Abordnung zu einem anderen Dienstherrn bedarf dessen schriftlichen Einverständnisses und der Zustimmung der Beamtin oder des Beamten. ₂Abweichend von Satz 1 ist die Abordnung auch ohne die Zustimmung der Beamtin oder des Beamten zulässig, wenn die neue Tätigkeit einem Amt mit demselben Endgrundgehalt entspricht und die Abordnung die Dauer von fünf Jahren nicht übersteigt.

(5) ₁Wird eine Beamtin oder ein Beamter zu einem anderen Dienstherrn abgeordnet, so finden auf sie oder ihn, soweit zwischen den Dienstherren nichts anderes vereinbart ist, die für den Bereich des aufnehmenden Dienstherrn geltenden Vorschriften über die Pflichten und Rechte der Beamtinnen und Beamten mit Ausnahme der Regelungen über Amtsbezeichnung, Besoldung, Krankenfürsorge, Versorgung und Altersgeld entsprechende Anwendung. ₂Zur Zahlung der ihr oder ihm zustehenden Leistungen ist auch

der Dienstherr verpflichtet, zu dem sie oder er abgeordnet ist.

§ 28 Versetzung

(1) Eine Versetzung im Sinne der Absätze 2 bis 5 ist die auf Dauer angelegte Übertragung eines anderen Amtes bei demselben oder einem anderen in § 1 genannten Dienstherrn.

(2) ₁Die Beamtin oder der Beamte kann auf Antrag oder aus dienstlichen Gründen versetzt werden. ₂Die Versetzung auf Antrag ist nur zulässig, wenn sie oder er für das neue Amt erforderliche Laufbahnbefähigung besitzt. ₃Wird die Beamtin oder der Beamte aus dienstlichen Gründen versetzt, ohne dass sie oder er die für das neue Amt erforderliche Laufbahnbefähigung besitzt, so ist sie oder er verpflichtet, an Maßnahmen zu deren Erwerb teilzunehmen.

(3) ₁Die Versetzung bedarf der Zustimmung der Beamtin oder des Beamten, wenn sie oder er nicht in ein Amt mit mindestens demselben Endgrundgehalt versetzt wird. ₂Stellenzulagen gelten nicht als Bestandteile des Endgrundgehalts.

(4) ₁Bei der Auflösung oder einer wesentlichen Änderung des Aufbaus oder der Aufgaben einer Behörde oder der Verschmelzung von Behörden kann eine Beamtin oder ein Beamter, deren oder dessen Aufgabengebiet davon berührt ist, auch ohne ihre oder seine Zustimmung in ein anderes Amt mit geringerem Endgrundgehalt derselben oder einer anderen Laufbahn im Bereich desselben Dienstherrn versetzt werden, wenn eine dem bisherigen Amt entsprechende Verwendung nicht möglich ist. ₂Das Endgrundgehalt muss mindestens dem des Amtes entsprechen, das die Beamtin oder der Beamte vor dem bisherigen Amt innehatte. ₃Die Versetzung muss innerhalb eines Jahres nach der Auflösung oder Umbildung ausgesprochen werden. ₄Absatz 2 Satz 3 und Absatz 3 Satz 2 gelten entsprechend.

(5) Wird die Beamtin oder der Beamte in ein Amt bei einem anderen Dienstherrn versetzt, so bedarf der Versetzung dessen schriftlichen Einverständnisses; das Beamtenverhältnis wird mit dem neuen Dienstherrn fortgesetzt.

§ 29 Körperschaftsumbildung

₁Auf Körperschaftsumbildungen innerhalb des Landes sind die §§ 16 bis 19 BeamtStG entsprechend anzuwenden. ₂Ist innerhalb absehbarer Zeit mit einer Umbildung im Sinne des § 16 BeamtStG zu rechnen, so können die obersten Aufsichtsbehörden der beteiligten Körperschaften anordnen, dass nur mit ihrer Genehmigung Beamtinnen und Beamte, deren Aufgabengebiet von der Umbildung voraussichtlich berührt wird, ernannt werden dürfen. ₃Die Anordnung darf höchstens für die Dauer eines Jahres ergehen. ₄Die Genehmigung soll nur versagt werden, wenn durch derartige Ernennungen die Durchführung der nach den §§ 16 bis 18 BeamtStG erforderlichen Maßnahmen wesentlich erschwert würde.

Viertes Kapitel
Beendigung des Beamtenverhältnisses

Erster Abschnitt
Entlassung und Verlust der Beamtenrechte

§ 30 Entlassung kraft Gesetzes (§ 22 BeamtStG)

(1) Die oberste Dienstbehörde oder die von ihr bestimmte Behörde stellt das Vorliegen der Voraussetzungen des § 22 Abs. 1, 2 oder 3 BeamtStG sowie den Tag der Beendigung des Beamtenverhältnisses fest.

(2) ₁Für die Anordnung der Fortdauer des Beamtenverhältnisses gemäß § 22 Abs. 2 Satz 1 BeamtStG ist die oberste Dienstbehörde zuständig. ₂Abweichend von § 22 Abs. 2 Satz 1 BeamtStG ist die Beamtin oder der Beamte nicht entlassen, wenn ein öffentlich-rechtliches Dienstverhältnis zu einem anderen Dienstherrn begründet wird, um

1. eine Professur übergangsweise zu verwalten oder

2. als Gastwissenschaftlerin oder Gastwissenschaftler befristet Aufgaben in Lehre, Forschung, Weiterbildung oder Kunst wahrzunehmen.

(3) Im Fall des § 22 Abs. 3 BeamtStG kann die oberste Dienstbehörde die Fortdauer des Be-

amtenverhältnisses neben dem Beamtenverhältnis auf Zeit anordnen.

(4) ₁Beamtinnen und Beamte auf Widerruf im Vorbereitungsdienst sind mit dem Ablauf des Tages aus dem Beamtenverhältnis entlassen, an dem ihnen

1. das Bestehen der den Vorbereitungsdienst abschließenden Prüfung oder
2. das endgültige Nichtbestehen der den Vorbereitungsdienst abschließenden Prüfung oder einer Zwischenprüfung

bekannt gegeben wird. ₂Im Fall des Satzes 1 Nr. 1 endet das Beamtenverhältnis jedoch frühestens mit dem Ablauf der für den Vorbereitungsdienst im Allgemeinen oder im Einzelfall festgesetzten Zeit.

§ 31 Entlassung durch Verwaltungsakt (§ 23 BeamtStG)

(1) ₁Das Verlangen nach § 23 Abs. 1 Satz 1 Nr. 4 BeamtStG muss der oder dem Dienstvorgesetzten gegenüber erklärt werden. ₂Die Erklärung kann, solange die Entlassungsverfügung noch nicht zugestellt ist, innerhalb von zwei Wochen nach Zugang bei der oder dem Dienstvorgesetzten, mit Zustimmung der für die Entlassung zuständigen Stelle auch nach Ablauf dieser Frist, zurückgenommen werden. ₃Die Entlassung ist für den beantragten Zeitpunkt zu verfügen. ₄Sie kann jedoch solange hinausgeschoben werden, bis die Beamtin oder der Beamte die Amtsgeschäfte ordnungsgemäß erledigt hat, längstens für drei Monate, bei Lehrkräften an öffentlichen Schulen bis zum Ende des laufenden Schulhalbjahres, bei dem wissenschaftlichen und künstlerischen Personal an Hochschulen bis zum Ende des laufenden Semesters oder Trimesters.

(2) Die Entlassung nach § 23 Abs. 3 Satz 1 Nrn. 2 und 3 BeamtStG ist bei einer Beschäftigungszeit von

1. bis zu drei Monaten nur mit einer Frist von zwei Wochen zum Monatsschluss,
2. mehr als drei Monaten nur mit einer Frist von sechs Wochen zum Schluss eines Kalendervierteljahres

zulässig.

(3) ₁Vor der Entlassung einer Beamtin oder eines Beamten auf Probe oder einer Beamtin oder eines Beamten auf Widerruf wegen einer Handlung, die im Beamtenverhältnis auf Lebenszeit mindestens eine Kürzung der Dienstbezüge zur Folge hätte, ist der Sachverhalt in entsprechender Anwendung der §§ 21 bis 30 des Niedersächsischen Disziplinargesetzes (NDiszG) aufzuklären. ₂Die für die Entlassung einer Beamtin oder eines Beamten auf Probe oder auf Widerruf zuständige Stelle kann die Beamtin oder den Beamten mit oder nach der Einleitung des Entlassungsverfahrens vorläufig des Dienstes entheben, wenn voraussichtlich eine Entlassung erfolgen wird oder durch ein Verbleiben im Dienst der Dienstbetrieb oder die Aufklärung des Sachverhalts wesentlich beeinträchtigt würde und die vorläufige Dienstenthebung zu der Bedeutung der Sache nicht außer Verhältnis steht. ₃Sie kann gleichzeitig mit oder nach der vorläufigen Dienstenthebung anordnen, dass bis zu 50 vom Hundert der Bezüge der Beamtin oder des Beamten einbehalten werden. ₄Im Übrigen gelten § 38 Abs. 4 sowie die §§ 39 und 40 NDiszG entsprechend.

(4) Eine Beamtin oder ein Beamter, die oder der nach § 23 Abs. 3 Satz 1 Nr. 3 BeamtStG entlassen wurde, ist auf ihre oder seine Bewerbung bei gleicher Eignung, Befähigung und fachlicher Leistung vorrangig zu berücksichtigen.

§ 32 Zuständigkeit für die Entlassung, Zeitpunkt und Wirkung der Entlassung

(1) Für die Zuständigkeit für die Entlassung gilt § 8 Abs. 1 und 2 entsprechend.

(2) ₁Die Entlassung wird, wenn die Verfügung keinen späteren Zeitpunkt bestimmt und gesetzlich nichts anderes bestimmt ist, mit dem Ablauf des Monats wirksam, der auf den Monat folgt, in dem der Beamtin oder dem Beamten die Entlassungsverfügung zugestellt worden ist. ₂Wird die Entlassung nach § 23 Abs. 1 Satz 1 Nr. 1 BeamtStG ausgesprochen, so wird sie mit der Zustellung wirksam.

(3) Nach der Entlassung hat die frühere Beamtin oder der frühere Beamte keinen Anspruch auf Leistungen des früheren Dienstherrn, soweit gesetzlich nichts anderes bestimmt ist.

§ 33 Wirkung des Verlustes der Beamtenrechte und eines Wiederaufnahmeverfahrens (§ 24 BeamtStG)

(1) ₁Endet das Beamtenverhältnis nach § 24 Abs. 1 BeamtStG, so hat die frühere Beamtin oder der frühere Beamte keinen Anspruch auf Leistungen des früheren Dienstherrn, soweit gesetzlich nichts anderes bestimmt ist. ₂Sie oder er darf die Amtsbezeichnung und im Zusammenhang mit dem Amt verliehene Titel nicht führen.

(2) ₁Wird eine Entscheidung, die den Verlust der Beamtenrechte zur Folge hatte, in einem Wiederaufnahmeverfahren aufgehoben, so hat die Beamtin oder der Beamte, sofern sie oder er die Altersgrenze noch nicht erreicht hat und keine Zweifel an der Dienstfähigkeit bestehen, Anspruch auf Übertragung eines Amtes der bisherigen oder einer vergleichbaren Laufbahn und mit mindestens demselben Endgrundgehalt. ₂Längstens bis zur Übertragung eines neuen Amtes erhält sie oder er, auch für die zurückliegende Zeit, die Leistungen des Dienstherrn, die ihr oder ihm aus dem bisherigen Amt zugestanden hätten. ₃Unter den Voraussetzungen des Satzes 1 haben Beamtinnen und Beamte auf Zeit, wenn ihr bisheriges Amt inzwischen neu besetzt ist, bis zum Ablauf ihrer Amtszeit Anspruch auf Übertragung eines Amtes im Beamtenverhältnis auf Zeit mit demselben Endgrundgehalt; steht ein solches Amt nicht zur Verfügung, so stehen ihr oder ihm nur die in Satz 2 geregelten Ansprüche zu.

(3) ₁Wird im Anschluss an das Wiederaufnahmeverfahren ein Disziplinarverfahren erstmalig oder erneut eingeleitet, das wegen des mit der aufgehobenen Entscheidung bewirkten Verlustes der Beamtenrechte eingestellt oder nicht eingeleitet wurde und in dem voraussichtlich auf Entfernung aus dem Beamtenverhältnis erkannt werden wird, so stehen der Beamtin oder dem Beamten die Ansprüche nach Absatz 2 nicht zu, wenn auf Entfernung aus dem Beamtenverhältnis erkannt wird; bis zur rechtskräftigen Entscheidung können die Ansprüche nicht geltend gemacht werden. ₂Satz 1 gilt entsprechend, wenn bei einer Beamtin oder einem Beamten auf Probe oder auf Widerruf ein Entlassungsverfahren wegen eines Verhaltens der in § 23 Abs. 3 Satz 1 Nr. 1 BeamtStG bezeichneten Art eingeleitet worden ist.

(4) ₁Die Beamtin oder der Beamte muss sich auf die ihr oder ihm für eine Zeit, in der das Beamtenverhältnis nach § 24 Abs. 2 BeamtStG als nicht unterbrochen galt, zustehenden Bezüge ein infolge der unterbliebenen Dienstleistung erzieltes Arbeitseinkommen oder einen Unterhaltsbeitrag anrechnen lassen. ₂Sie oder er ist zur Auskunft über anrechenbares Einkommen verpflichtet.

§ 34 Gnadenrecht

Der Ministerpräsidentin oder dem Ministerpräsidenten steht hinsichtlich des Verlustes der Beamtenrechte (§ 24 BeamtStG) das Gnadenrecht zu.

Zweiter Abschnitt
Ruhestand, einstweiliger Ruhestand und Dienstunfähigkeit

Erster Unterabschnitt
Ruhestand

§ 35 Ruhestand wegen Erreichens der Altersgrenze (§ 25 BeamtStG)

(1) ₁Beamtinnen und Beamte treten mit Ablauf des Monats in den Ruhestand, in dem sie die Altersgrenze erreichen. ₂Abweichend von Satz 1 treten Lehrkräfte an öffentlichen Schulen mit Ablauf des letzten Monats des Schulhalbjahres, in dem sie die Altersgrenze erreichen, in den Ruhestand.

(2) ₁Soweit gesetzlich nichts anderes bestimmt ist, wird die Altersgrenze mit Vollendung des 67. Lebensjahres erreicht. ₂Beamtinnen und Beamte, die vor dem 1. Januar 1947 geboren sind, erreichen die Altersgrenze abweichend von Satz 1 mit Vollendung des 65. Lebensjahres. ₃Für Beamtinnen und Be-

amte, die nach dem 31. Dezember 1946 und vor dem 1. Januar 1964 geboren sind, wird diese Altersgrenze, wie folgt angehoben:

Geburtsjahr	Anhebung um Monate
1947	1
1948	2
1949	3
1950	4
1951	5
1952	6
1953	7
1954	8
1955	9
1956	10
1957	11
1958	12
1959	14
1960	16
1961	18
1962	20
1963	22

(3) Beamtinnen und Beamte, denen

1. vor dem 1. Januar 2010 Altersteilzeit,
2. vor dem 1. Dezember 2011 Urlaub ohne Dienstbezüge nach § 64 Abs. 1 Nr. 2 oder
3. Urlaub aus Arbeitsmarktgründen nach § 80d Abs. 1 Nr. 2 des Niedersächsischen Beamtengesetzes in der am 31. März 2009 geltenden Fassung

bewilligt worden ist, erreichen die Altersgrenze unabhängig vom Geburtsjahr mit Vollendung des 65. Lebensjahres.

§ 36 Hinausschieben des Ruhestandes

(1) ₁Auf Antrag der Beamtin oder des Beamten ist der Eintritt in den Ruhestand um bis zu einem Jahr hinauszuschieben, wenn dienstliche Interessen nicht entgegenstehen. ₂Unter den gleichen Voraussetzungen kann der Eintritt in den Ruhestand um längstens weitere zwei Jahre hinausgeschoben werden. ₃Die Anträge sind jeweils spätestens sechs Monate vor dem Eintritt in den Ruhestand, bei Lehrkräften an öffentlichen Schulen spätestens bis zum Ende des Schulhalbjahres, das dem Schulhalbjahr vorausgeht, in dem der Eintritt in den Ruhestand erfolgt, zu stellen.

(2) ₁Wenn dienstliche Gründe die Fortführung der Dienstgeschäfte durch eine bestimmte Beamtin oder einen bestimmten Beamten erfordern, so kann der Eintritt in den Ruhestand mit Zustimmung der Beamtin oder des Beamten um bis zu drei Jahre hinausgeschoben werden. ₂Die Beamtin oder der Beamte kann unter Einhaltung einer Frist von sechs Wochen verlangen, zum Schluss eines Kalendervierteljahres, bei Lehrkräften an öffentlichen Schulen zum Ende eines Schulhalbjahres, in den Ruhestand versetzt zu werden.

(3) ₁Das Hinausschieben des Eintritts in den Ruhestand darf insgesamt die Dauer von drei Jahren nicht überschreiten. ₂Der Anspruch nach Absatz 1 Satz 1 vermindert sich um den Zeitraum um den der Eintritt in den Ruhestand nach Absatz 2 hinausgeschoben wurde.

§ 37 Ruhestand auf Antrag

(1) Beamtinnen und Beamte können auf Antrag in den Ruhestand versetzt werden, wenn sie das 60. Lebensjahr vollendet haben.

(2) § 35 Abs. 1 Satz 2 gilt entsprechend.

§ 38 Beginn des Ruhestandes, Zuständigkeit für die Versetzung in den Ruhestand

(1) Der Eintritt in den Ruhestand oder die Versetzung in den Ruhestand setzt, soweit gesetzlich nichts anderes bestimmt ist, voraus, dass die Voraussetzungen für die Gewährung eines Ruhegehaltes nach § 4 Abs. 1 NBeamtVG erfüllt sind.

(2) ₁Für die Zuständigkeit für die Versetzung in den Ruhestand gilt § 8 Abs. 1 und 2 entsprechend. ₂Die Verfügung ist der Beamtin oder dem Beamten zuzustellen; sie kann nur bis zum Beginn des Ruhestandes zurückgenommen werden.

(3) ₁Der Ruhestand beginnt, soweit gesetzlich nichts anderes bestimmt ist, mit dem Ablauf des Monats, in dem der Beamtin oder dem Beamten die Verfügung über die Versetzung in den Ruhestand zugestellt worden ist. ₂Auf Antrag oder mit ausdrücklicher Zustimmung

der Beamtin oder des Beamten kann ein anderer Zeitpunkt bestimmt werden.

Zweiter Unterabschnitt
Einstweiliger Ruhestand

§ 39 Einstweiliger Ruhestand von politischen Beamtinnen und Beamten (§ 30 BeamtStG)

(1) ₁Ämter im Sinne des § 30 Abs. 1 Satz 1 BeamtStG sind

1. Staatssekretärin und Staatssekretär,
2. Sprecherin der Landesregierung oder Sprecher der Landesregierung,
3. Landesbeauftragte für regionale Landesentwicklung und Landesbeauftragter für regionale Landesentwicklung,
4. Landespolizeipräsidentin oder Landespolizeipräsident sowie
5. Verfassungsschutzpräsidentin oder Verfassungsschutzpräsident.

₂Zuständig für die Versetzung in den einstweiligen Ruhestand nach § 30 Abs. 1 Satz 1 BeamtStG ist die Landesregierung.

(2) ₁Die Ämter nach Absatz 1 sind einer Laufbahn der Laufbahngruppe 2 einer der in § 13 Abs. 2 genannten Fachrichtungen zugeordnet. ₂War einer Beamtin oder einem Beamten, der oder dem ein Amt nach Absatz 1 übertragen werden soll, bisher ein Amt einer Laufbahn nach § 13 übertragen, so wird das Amt nach Absatz 1 der Laufbahn der Fachrichtung zugeordnet, der auch das bisherige Amt zugeordnet war.

(3) Die Beamtin oder der Beamte, der oder dem ein Amt nach Absatz 1 übertragen worden ist, tritt wegen des Erreichens der Altersgrenze mit Ablauf des Monats in den Ruhestand, in dem sie oder er die Altersgrenze gemäß § 35 Abs. 2 erreicht.

§ 40 Einstweiliger Ruhestand bei Umbildung von Körperschaften (§ 18 BeamtStG)

Die Frist, innerhalb derer Beamtinnen und Beamte nach § 18 Abs. 2 Satz 1 BeamtStG in den einstweiligen Ruhestand versetzt werden können, beträgt ein Jahr nach der Umbildung.

§ 41 Einstweiliger Ruhestand bei Umbildung und Auflösung von Behörden (§ 31 BeamtStG)

₁Die Versetzung in den einstweiligen Ruhestand nach § 31 Abs. 1 BeamtStG ist nur zulässig, soweit aus Anlass der Auflösung oder Umbildung Planstellen eingespart werden. ₂Die Versetzung in den einstweiligen Ruhestand kann nach Ablauf eines Jahres nach der Auflösung oder Umbildung nicht mehr verfügt werden.

§ 42 Beginn des einstweiligen Ruhestandes

₁Die Verfügung über die Versetzung in den einstweiligen Ruhestand ist der Beamtin oder dem Beamten zuzustellen; sie kann nur bis zu dessen Beginn zurückgenommen werden. ₂Der einstweilige Ruhestand beginnt mit dem Zeitpunkt, in dem der Beamtin oder dem Beamten die Verfügung zugestellt wird, wenn nicht im Einzelfall ein späterer Zeitpunkt bestimmt wird, spätestens jedoch nach Ablauf der drei Monate, die auf den Monat der Zustellung folgen.

Dritter Unterabschnitt
Dienstunfähigkeit

§ 43 Verfahren zur Feststellung der Dienstunfähigkeit und der begrenzten Dienstfähigkeit (§§ 26, 27 BeamtStG)

(1) ₁Die Dienstunfähigkeit nach § 26 Abs. 1 BeamtStG ist aufgrund einer ärztlichen Untersuchung (§ 45) festzustellen; darüber hinaus können auch andere Beweise erhoben werden. ₂Bestehen Zweifel an der Dienstfähigkeit, so ist die Beamtin oder der Beamte verpflichtet, sich nach schriftlicher Weisung der oder des Dienstvorgesetzten innerhalb einer angemessenen Frist ärztlich untersuchen und, falls eine Amtsärztin oder ein Amtsarzt es für erforderlich hält, auch beobachten zu lassen. ₃Kommt die Beamtin oder der Beamte ohne hinreichenden Grund dieser Verpflichtung nicht nach, so kann sie oder er als dienstunfähig angesehen werden; sie oder er ist hierauf schriftlich hinzuweisen.

(2) Unter den Voraussetzungen des § 26 Abs. 1 Satz 2 BeamtStG kann eine Beamtin

oder ein Beamter als dienstunfähig angesehen werden, wenn keine Aussicht besteht, dass innerhalb einer Frist von sechs Monaten die Dienstfähigkeit wieder voll hergestellt ist.

(3) ₁Hält die oder der Dienstvorgesetzte die Dienstunfähigkeit einer Beamtin oder eines Beamten für gegeben, so schlägt sie oder er der für die Entscheidung zuständigen Stelle die Versetzung in den Ruhestand vor. ₂Diese ist an den Vorschlag der oder des Dienstvorgesetzten nicht gebunden; sie kann weitere Ermittlungen durchführen.

(4) ₁Ab dem auf die Zustellung der Verfügung der Versetzung in den Ruhestand folgenden Monat werden die Dienstbezüge einbehalten, die das Ruhegehalt übersteigen. ₂Wird die Versetzung in den Ruhestand aufgehoben, so sind die einbehaltenen Bezüge nachzuzahlen.

(5) ₁Die Feststellung der begrenzten Dienstfähigkeit nach § 27 Abs. 1 BeamtStG wird, soweit gesetzlich nichts anderes bestimmt ist, von der Stelle getroffen, die für die Versetzung in den Ruhestand zuständig wäre. ₂Für das Verfahren zur Feststellung der begrenzten Dienstfähigkeit gelten die Vorschriften über die Feststellung der Dienstunfähigkeit entsprechend.

§ 44 Wiederherstellung der Dienstfähigkeit (§ 29 BeamtStG)

(1) Die Frist, innerhalb derer Ruhestandsbeamtinnen und Ruhestandsbeamte nach § 29 Abs. 1 BeamtStG bei wiederhergestellter Dienstfähigkeit die erneute Berufung in das Beamtenverhältnis verlangen können, beträgt fünf Jahre.

(2) Kommt die Ruhestandsbeamtin oder der Ruhestandsbeamte ohne hinreichenden Grund der Verpflichtung nach § 29 Abs. 5 Satz 1 Halbsatz 2 BeamtStG, sich auf Weisung ärztlich untersuchen zu lassen, nicht nach, so kann sie oder er als dienstfähig angesehen werden; sie oder er ist hierauf schriftlich hinzuweisen.

§ 45 Ärztliche Untersuchungen

(1) ₁Ärztliche Untersuchungen nach den §§ 43 und 44 werden von Amtsärztinnen, Amtsärzten, beamteten Ärztinnen oder beamteten Ärzten durchgeführt. ₂Ausnahmsweise kann im Einzelfall auch eine sonstige Ärztin oder ein sonstiger Arzt zur Durchführung bestimmt werden.

(2) ₁Die Ärztin oder der Arzt teilt der Stelle, in deren Auftrag sie oder er tätig geworden ist, die tragenden Feststellungen und Gründe des Ergebnisses der ärztlichen Untersuchung mit, soweit deren Kenntnis unter Beachtung des Grundsatzes der Verhältnismäßigkeit für die zu treffende Entscheidung erforderlich ist. ₂Die Mitteilung ist als vertrauliche Personalsache zu kennzeichnen und in einem verschlossenen Umschlag zu übersenden sowie versiegelt zur Personalakte zu nehmen. ₃Die übermittelten Daten dürfen nur für die nach § 43 oder § 44 zu treffende Entscheidung verarbeitet werden.

(3) ₁Zu Beginn der ärztlichen Untersuchung ist die Beamtin oder der Beamte auf deren Zweck und die Befugnis zur Übermittlung der Untersuchungsergebnisse hinzuweisen. ₂Die Ärztin oder der Arzt übermittelt der Beamtin oder dem Beamten oder, soweit dem ärztliche Gründe entgegenstehen, einer zu ihrer oder seiner Vertretung befugten Person eine Kopie der Mitteilung nach Absatz 2 Satz 1.

Fünftes Kapitel
Rechtliche Stellung

Erster Abschnitt
Allgemeines

§ 46 Verschwiegenheitspflicht (§ 37 BeamtStG)

₁Sind Aufzeichnungen (§ 37 Abs. 6 BeamtStG) auf Bild-, Ton- oder Datenträgern gespeichert, deren Herausgabe nicht zumutbar ist, so sind diese Aufzeichnungen auf Verlangen des Dienstherrn oder des letzten Dienstherrn zu löschen. ₂Die Beamtin oder der Beamte hat auf Verlangen über Aufzeichnungen nach Satz 1 Auskunft zu geben.

§ 47 Diensteid (§ 38 BeamtStG)

(1) ₁Die Beamtin oder der Beamte hat folgenden Diensteid zu leisten:
„Ich schwöre, das Grundgesetz für die Bundesrepublik Deutschland, die Niedersächsi-

sche Verfassung und die in der Bundesrepublik Deutschland geltenden Gesetze zu wahren und meine Amtspflichten gewissenhaft zu erfüllen, so wahr mir Gott helfe." ₂Der Eid kann auch ohne die Worte „so wahr mir Gott helfe" geleistet werden.

(2) Erklärt eine Beamtin oder ein Beamter, dass sie oder er aus Glaubens- oder Gewissensgründen keinen Eid leisten wolle, so kann sie oder er anstelle der Worte „Ich schwöre" eine andere Beteuerungsformel sprechen.

(3) ₁In den Fällen, in denen nach § 7 Abs. 3 BeamtStG eine Ausnahme von § 7 Abs. 1 Nr. 1 BeamtStG zugelassen worden ist, kann von einer Abnahme des Eides abgesehen werden. ₂Die Beamtin oder der Beamte hat stattdessen zu geloben, dass sie oder er die Amtspflichten gewissenhaft erfüllen wird.

§ 48 Folgen eines Verbots der Führung der Dienstgeschäfte (§ 39 BeamtStG)

₁Wird einer Beamtin oder einem Beamten die Führung der Dienstgeschäfte verboten, so können ihr oder ihm auch das Tragen der Dienstkleidung und Ausrüstung, der Aufenthalt in den Diensträumen und dienstlichen Unterkünften sowie die Führung dienstlicher Ausweise und Abzeichen untersagt werden. ₂Die Beamtin oder der Beamte hat dienstlich empfangene Sachen auf Verlangen herauszugeben.

§ 49 Verbot der Annahme von Belohnungen und Geschenken (§ 42 BeamtStG)

₁Die Zustimmung nach § 42 Abs. 1 Satz 2 BeamtStG erteilt die oberste Dienstbehörde oder die letzte oberste Dienstbehörde. ₂Die Zuständigkeit kann auf andere nachgeordnete Stellen übertragen werden.

§ 50 Dienstvergehen von Ruhestandsbeamtinnen und Ruhestandsbeamten sowie früheren Beamtinnen und Beamten mit Versorgungsbezügen (§ 47 BeamtStG)

Bei Ruhestandsbeamtinnen und Ruhestandsbeamten sowie früheren Beamtinnen und Beamten mit Versorgungsbezügen gilt es als Dienstvergehen auch, wenn sie

1. sich entgegen § 29 Abs. 2 oder 3 BeamtStG, auch in Verbindung mit § 30 Abs. 3 BeamtStG, schuldhaft nicht erneut in das Beamtenverhältnis berufen lassen oder

2. schuldhaft ihrer Verpflichtung nach § 29 Abs. 4 oder 5 Satz 1 Halbsatz 2 BeamtStG nicht nachkommen.

§ 51 Schadensersatz (§ 48 BeamtStG)

(1) ₁Ansprüche des Dienstherrn gegen die Beamtin oder den Beamten nach § 48 BeamtStG verjähren gemäß den §§ 195 und 199 Abs. 1 bis 3 des Bürgerlichen Gesetzbuchs, soweit sich nicht aus Satz 2 etwas anderes ergibt. ₂Hat der Dienstherr Dritten Schadensersatz geleistet, so gilt als Zeitpunkt, in dem der Dienstherr Kenntnis im Sinne der Verjährungsvorschriften des Bürgerlichen Gesetzbuchs erlangt, der Zeitpunkt, in dem der Ersatzanspruch gegenüber dem Dritten vom Dienstherrn anerkannt oder dem Dienstherrn gegenüber rechtskräftig festgestellt wird.

(2) Leistet die Beamtin oder der Beamte dem Dienstherrn nach § 48 BeamtStG Ersatz und hat dieser einen Ersatzanspruch gegen einen Dritten, so geht der Ersatzanspruch insoweit auf die Beamtin oder den Beamten über.

§ 52 Übergang von Ansprüchen

₁Wird die Beamtin oder der Beamte oder die oder der Versorgungsberechtigte oder eine Angehörige oder ein Angehöriger verletzt oder getötet, so geht ein gesetzlicher Schadensersatzanspruch, der einer dieser Personen infolge der Körperverletzung oder der Tötung gegen einen Dritten zusteht, insoweit auf den Dienstherrn über, als dieser

1. während einer auf der Körperverletzung beruhenden Aufhebung der Dienstfähigkeit oder

2. infolge der Körperverletzung oder Tötung zur Gewährung von Leistungen verpflichtet ist. ₂Wird eine Altersgeldberechtigte oder ein Altersgeldberechtigter oder eine Empfängerin oder ein Empfänger von Hinterbliebenenaltersgeld getötet, so geht ein gesetzlicher Schadensersatzanspruch, der den Hinterblie-

benen infolge der Tötung gegen einen Dritten zusteht, insoweit auf den Dienstherrn über, als dieser infolge der Tötung zur Zahlung von Hinterbliebenenaltersgeld verpflichtet ist. ₃Ist eine Versorgungskasse oder eine andere der Aufsicht des Landes unterstehende juristische Person des öffentlichen Rechts zur Gewährung der Versorgung verpflichtet, so geht der Anspruch auf sie über. ₄Übergegangene Ansprüche dürfen nicht zum Nachteil der oder des Verletzten oder der Hinterbliebenen geltend gemacht werden.

§ 53 Ausschluss von der Amtsausübung

Die §§ 20 und 21 VwVfG gelten entsprechend für dienstliche Tätigkeiten außerhalb eines Verwaltungsverfahrens.

§ 54 Wohnungswahl, Dienstwohnung

(1) Die Beamtin oder der Beamte hat ihre oder seine Wohnung so zu wählen, dass die ordnungsgemäße Wahrnehmung der Dienstgeschäfte nicht beeinträchtigt wird.

(2) Wenn die dienstlichen Verhältnisse es erfordern, kann die Beamtin oder der Beamte angewiesen werden, ihre oder seine Wohnung innerhalb einer bestimmten Entfernung von der Dienststelle zu wählen oder eine Dienstwohnung zu beziehen.

§ 55 Aufenthalt in erreichbarer Nähe

Soweit besondere dienstliche Verhältnisse es dringend erfordern, kann die Beamtin oder der Beamte angewiesen werden, während der dienstfreien Zeit erreichbar zu sein und sich in der Nähe des Dienstortes aufzuhalten.

§ 56 Bekleidung im Dienst

(1) Beamtinnen und Beamte dürfen bei Ausübung des Dienstes ihr Gesicht nicht verhüllen, es sei denn, dienstliche oder gesundheitliche Gründe erfordern dies.

(2) Die Beamtin oder der Beamte ist verpflichtet, nach näherer Bestimmung der obersten Dienstbehörde Dienstkleidung zu tragen, soweit dies üblich oder erforderlich ist.

§ 57 Amtsbezeichnung

(1) Das Recht zur Festsetzung der Amtsbezeichnungen steht, soweit gesetzlich nichts anderes bestimmt ist,

1. der Landesregierung bei den Landesbeamtinnen und Landesbeamten und
2. der obersten Dienstbehörde bei den Kommunalbeamtinnen und Kommunalbeamten sowie den Körperschaftsbeamtinnen und Körperschaftsbeamten

zu.

(2) ₁Die Beamtin oder der Beamte führt im Dienst die Amtsbezeichnung des ihr oder ihm übertragenen Amtes. ₂Sie oder er darf sie auch außerhalb des Dienstes führen. ₃Nach dem Wechsel in ein anderes Amt darf sie oder er die bisherige Amtsbezeichnung nicht mehr führen. ₄Ist das neue Amt mit einem niedrigeren Endgrundgehalt verbunden, darf neben der neuen Amtsbezeichnung die des früheren Amtes mit dem Zusatz „außer Dienst" oder „a. D." geführt werden.

(3) ₁Eine Ruhestandsbeamtin oder ein Ruhestandsbeamter darf die ihr oder ihm bei der Versetzung in den Ruhestand zustehende Amtsbezeichnung mit dem Zusatz „außer Dienst" oder „a. D." und die im Zusammenhang mit dem Amt verliehenen Titel weiter führen. ₂Ändert sich die Bezeichnung des früheren Amtes, so darf die geänderte Amtsbezeichnung geführt werden.

(4) ₁Einer entlassenen Beamtin oder einem entlassenen Beamten kann die zuletzt zuständige oberste Dienstbehörde oder die von ihr bestimmte Behörde die Erlaubnis erteilen, die Amtsbezeichnung mit dem Zusatz „außer Dienst" oder „a. D." sowie die im Zusammenhang mit dem Amt verliehenen Titel zu führen. ₂Die Erlaubnis kann widerrufen werden, wenn die entlassene Beamtin oder der entlassene Beamte sich des Führens der Amtsbezeichnung nicht würdig erweist.

§ 58 Dienstjubiläen

Die Landesregierung wird ermächtigt, durch Verordnung die Gewährung von Zuwendungen bei Dienstjubiläen zu regeln.

§ 59 Dienstzeugnis

₁Beamtinnen und Beamten wird auf Antrag ein Dienstzeugnis über Art und Dauer der bekleideten Ämter erteilt, wenn sie daran ein berechtigtes Interesse haben. ₂Das Dienstzeugnis muss auf Verlangen auch über die ausgeübte Tätigkeit und die erbrachten Leistungen Auskunft geben.

**Zweiter Abschnitt
Arbeitszeit und Urlaub**

§ 60 Regelmäßige Arbeitszeit, Bereitschaftsdienst, Mehrarbeit

(1) Die regelmäßige Arbeitszeit darf im Jahresdurchschnitt 40 Stunden in der Woche nicht überschreiten.

(2) Soweit Bereitschaftsdienst geleistet wird, kann die regelmäßige Arbeitszeit entsprechend den dienstlichen Bedürfnissen angemessen verlängert werden; sie darf grundsätzlich im Durchschnitt von vier Monaten 48 Stunden in der Woche nicht überschreiten.

(3) ₁Beamtinnen und Beamte sind verpflichtet, ohne Entschädigung über die regelmäßige oder durch Teilzeitbeschäftigung ermäßigte wöchentliche Arbeitszeit (individuelle wöchentliche Arbeitszeit) hinaus Dienst zu tun, wenn zwingende dienstliche Verhältnisse dies erfordern und sich die Mehrarbeit auf Ausnahmefälle beschränkt. ₂Werden sie durch eine dienstlich angeordnete oder genehmigte Mehrarbeit im Umfang von mehr als einem Achtel der individuellen wöchentlichen Arbeitszeit im Monat beansprucht, so ist ihnen innerhalb eines Jahres für die über die individuelle wöchentliche Arbeitszeit hinaus geleistete Mehrarbeit entsprechende Dienstbefreiung zu gewähren. ₃Ist die Dienstbefreiung aus zwingenden dienstlichen Gründen nicht möglich, so können an ihrer Stelle Beamtinnen und Beamte in Besoldungsgruppen mit aufsteigender Besoldung eine Mehrarbeitsvergütung erhalten.

(4) ₁Im dringenden öffentlichen Interesse kann die Landesregierung abweichend von Absatz 1 zur Bewältigung eines länger andauernden, aber vorübergehenden Personalmehrbedarfs für einzelne Bereiche eine langfristige ungleichmäßige Verteilung der Arbeitszeit festlegen. ₂Die individuelle wöchentliche Arbeitszeit kann nach Satz 1 auf bis zu 45 Stunden wöchentlich im Durchschnitt eines Jahres verlängert werden. ₃Die Verlängerung der Arbeitszeit ist später durch eine Arbeitszeitverkürzung vollständig auszugleichen. ₄Der Zeitraum der Arbeitszeitverlängerung soll zehn Jahre nicht überschreiten. ₅Der Ausgleich kann auch durch eine vollständige Freistellung vom Dienst bis zu zwei Jahren vorgenommen werden.

(5) ₁Die Landesregierung wird ermächtigt, das Nähere, insbesondere zur Dauer der Arbeitszeit und zu Möglichkeiten der flexiblen Ausgestaltung und Verteilung der Arbeitszeit sowie zu Pausen und Ruhezeiten, durch Verordnung zu regeln. ₂Sie kann diese Ermächtigung durch Verordnung auf einzelne Ministerien übertragen.

§ 61 Teilzeitbeschäftigung

(1) Einer Beamtin oder einem Beamten mit Dienstbezügen kann auf Antrag für eine bestimmte Dauer Teilzeitbeschäftigung mit mindestens der Hälfte der regelmäßigen Arbeitszeit bewilligt werden, soweit dienstliche Belange nicht entgegenstehen.

(2) ₁Dem Antrag nach Absatz 1 darf nur entsprochen werden, wenn die Beamtin oder der Beamte sich verpflichtet, während des Bewilligungszeitraums entgeltliche Nebentätigkeiten nur mit einer zeitlichen Beanspruchung auszuüben, die auch bei Vollzeitbeschäftigten zulässig wäre. ₂Ausnahmen hiervon sind nur zulässig, soweit sie mit dem Beamtenverhältnis vereinbar ist. ₃Wird die Verpflichtung nach Satz 1 schuldhaft verletzt, so soll die Bewilligung widerrufen werden.

(3) ₁Die Dauer der Teilzeitbeschäftigung kann nachträglich beschränkt oder der Umfang der zu leistenden Arbeitszeit erhöht werden, soweit zwingende dienstliche Belange dies erfordern. ₂Eine Änderung des Umfangs der zu leistenden Arbeitszeit oder die Beendigung der Teilzeitbeschäftigung soll zugelassen werden, wenn der Beamtin oder dem Beamten die Teilzeitbeschäftigung in dem bisherigen Umfang nicht mehr zugemutet werden kann und dienstliche Belange nicht entgegenstehen.

(4) Soweit die ermäßigte Arbeitszeit gemäß § 60 Abs. 4 verlängert wird, darf die regelmäßige Arbeitszeit auf Antrag der Beamtin

oder des Beamten über den nach Absatz 1 zulässigen Mindestumfang hinaus ermäßigt werden.

§ 62 Teilzeitbeschäftigung und Urlaub aus familiären Gründen

(1) ₁Beamtinnen und Beamten mit Dienstbezügen, die ein Kind unter 18 Jahren oder eine pflegebedürftige sonstige Angehörige oder einen pflegebedürftigen sonstigen Angehörigen tatsächlich betreuen oder pflegen, ist auf Antrag

1. Teilzeitbeschäftigung mit mindestens einem Viertel der regelmäßigen Arbeitszeit oder
2. Urlaub ohne Dienstbezüge

zu bewilligen, soweit zwingende dienstliche Belange nicht entgegenstehen. ₂Die Pflegebedürftigkeit ist durch ein ärztliches Gutachten nachzuweisen. ₃Bei Lehrkräften an öffentlichen Schulen kann die Teilzeitbeschäftigung oder der Urlaub bis zum Ende des laufenden Schuljahres, bei wissenschaftlichem und künstlerischem Personal an Hochschulen bis zum Ende des laufenden Semesters oder Trimesters ausgedehnt werden.

(2) Für Beamtinnen und Beamte auf Widerruf im Vorbereitungsdienst ist Absatz 1 Satz 1 Nr. 1 und Satz 2 entsprechend anzuwenden, soweit dies nach der Struktur der Ausbildung möglich ist und der Ausbildungserfolg nicht gefährdet wird.

(3) § 61 Abs. 2 gilt mit der Maßgabe entsprechend, dass nur solche Nebentätigkeiten ausgeübt oder zugelassen werden dürfen, die dem Zweck der Freistellung nicht zuwiderlaufen.

(4) § 61 Abs. 3 Satz 2 gilt entsprechend.

(5) Der Dienstherr hat den aus familiären Gründen Beurlaubten die Verbindung zum Beruf und den beruflichen Wiedereinstieg zu erleichtern.

§ 62a Familienpflegezeit

(1) ₁Beamtinnen und Beamten mit Dienstbezügen, die

1. eine pflegebedürftige nahe Angehörige oder einen pflegebedürftigen nahen Angehörigen (§ 7 Abs. 3 des Pflegezeitgesetzes – PflegeZG) in häuslicher Umgebung tatsächlich pflegen oder
2. eine minderjährige pflegebedürftige nahe Angehörige oder einen minderjährigen pflegebedürftigen nahen Angehörigen in häuslicher oder außerhäuslicher Umgebung tatsächlich betreuen,

ist auf Antrag Teilzeitbeschäftigung als Familienpflegezeit zu bewilligen, soweit zwingende dienstliche Belange nicht entgegenstehen. ₂Die Pflegebedürftigkeit ist durch ein ärztliches Gutachten oder eine Bescheinigung der Pflegekasse oder des Medizinischen Dienstes der Krankenversicherung oder durch eine entsprechende Bescheinigung einer privaten Pflegeversicherung nachzuweisen.

(2) ₁Familienpflegezeit wird für die Dauer von längstens 48 Monaten bewilligt und gliedert sich in zwei gleich lange, jeweils zusammenhängende und unmittelbar aufeinanderfolgende Zeiträume (Pflegephase und Nachpflegephase). ₂Ist die Pflegephase zunächst auf weniger als 24 Monate festgesetzt worden, so ist sie auf Antrag bis zur Dauer von 24 Monaten zu verlängern, soweit die Voraussetzungen des Absatzes 1 weiterhin vorliegen; die Nachpflegephase ist entsprechend zu verlängern. ₃Fallen die Voraussetzungen des Absatzes 1 während der Pflegephase weg, so ist das Ende der Pflegephase neu auf den Ablauf des Monats festzusetzen, der auf den Monat folgt, in dem die Voraussetzungen weggefallen sind; die Nachpflegephase ist entsprechend zu verkürzen. ₄Eine Bewilligung darf nur erfolgen, soweit eine vollständige Ableistung der Pflege- und Nachpflegephase vor Beginn des Ruhestandes möglich ist.

(3) Die individuelle wöchentliche Arbeitszeit ist

1. für die Pflegephase auf mindestens ein Viertel der regelmäßigen Arbeitszeit und
2. für die Nachpflegephase auf mindestens den für die Beamtin oder den Beamten vor der Pflegephase geltenden Umfang

festzusetzen.

(4) Für die Bemessung der Höhe der monatlichen Dienstbezüge während der Familien-

pflegezeit gilt § 11 Abs. 1 des Niedersächsischen Besoldungsgesetzes (NBesG) mit der Maßgabe, dass die während der gesamten Familienpflegezeit (Pflege- und Nachpflegephase) durchschnittlich zu leistende Arbeitszeit zugrunde zu legen ist.

(5) ₁Die Bewilligung der Familienpflegezeit ist mit Wirkung für die Vergangenheit zu widerrufen

1. bei Beendigung des Beamtenverhältnisses in den Fällen des § 21 BeamtStG,
2. bei einem auf Antrag der Beamtin oder des Beamten erfolgten Wechsel des Dienstherrn,
3. wenn Umstände eintreten, welche die vorgesehene Abwicklung unmöglich machen oder wesentlich erschweren, oder
4. soweit der Beamtin oder dem Beamten während der Pflegephase die Fortsetzung der Teilzeitbeschäftigung nicht mehr zugemutet werden kann und dienstliche Belange nicht entgegenstehen.

₂Mit dem Widerruf ist der Umfang der während der bisherigen Familienpflegezeit zu leistenden Arbeitszeit entsprechend dem nach dem Modell gemäß Absatz 3 in der jeweiligen Phase zu erbringenden Dienstleistung rückwirkend neu festzusetzen. ₃Im Fall des Widerrufs sind zu viel gezahlte Bezüge nach Maßgabe des § 19 Abs. 2 NBesG von der Beamtin oder dem Beamten zurückzuzahlen. ₄Abweichend von Satz 1 Nr. 1 ist die Bewilligung der Familienpflegezeit im Fall der Versetzung in den Ruhestand wegen Dienstunfähigkeit mit Ablauf des Monats zu widerrufen, in dem der Beamtin oder dem Beamten die Verfügung über die Versetzung in den Ruhestand zugestellt worden ist. ₅Eine Rückzahlung zu viel gezahlter Bezüge findet nicht statt. ₆Dies gilt auch im Fall des Todes der Beamtin oder des Beamten.

(6) ₁Die Familienpflegezeit soll anstelle des Widerrufs nach Absatz 5 Satz 1 Nr. 3 im Fall

1. eines Beschäftigungsverbots nach den mutterschutzrechtlichen Vorschriften,
2. einer Elternzeit oder
3. eines Urlaubs aus familiären Gründen bis zu drei Jahren nach § 62 Abs. 1 Satz Nr. 2

unterbrochen werden. ₂Fällt die Unterbrechung in die Pflegephase, so sind auf Antrag der Beamtin oder des Beamten die Pflegephase und die Nachpflegephase so zu verkürzen, dass die Familienpflegezeit nach Ende der Unterbrechung unmittelbar mit der Nachpflegephase fortgesetzt wird, soweit zwingende dienstliche Belange nicht entgegenstehen. ₃Fallen die Voraussetzungen des Absatzes 1 während der Unterbrechung weg und wäre die Pflegephase zu diesem Zeitpunkt noch nicht beendet gewesen, so gilt Absatz 2 Satz 3 entsprechend. ₄Absatz 2 Satz 4 gilt entsprechend.

(7) § 61 Abs. 2 gilt mit der Maßgabe entsprechend, dass nur solche Nebentätigkeiten ausgeübt oder zugelassen werden dürfen, die dem Zweck der Familienpflegezeit nicht zuwiderlaufen.

(8) Die Beamtin oder der Beamte ist verpflichtet, jede Änderung der Tatsachen unverzüglich mitzuteilen, die für die Bewilligung der Familienpflegezeit maßgeblich sind.

(9) Eine neue Familienpflegezeit kann erst für die Zeit nach Beendigung der Nachpflegephase der vorangehenden Familienpflegezeit bewilligt werden.

(10) Für Beamtinnen und Beamte auf Widerruf im Vorbereitungsdienst sind die Absätze 1 bis 9 entsprechend anzuwenden, soweit dies nach der Struktur der Ausbildung möglich ist und der Ausbildungserfolg nicht gefährdet wird.

§ 63 Altersteilzeit

(1) ₁Beamtinnen und Beamten mit Dienstbezügen kann auf Antrag für einen Zeitraum, der sich auf die Zeit bis zum Beginn des Ruhestands erstrecken muss, eine altersabhängige Teilzeitbeschäftigung (Altersteilzeit) bewilligt werden, wenn sie das 60. Lebensjahr vollendet haben und dringende dienstliche Belange nicht entgegenstehen. ₂Der Umfang der Arbeitszeit während der Altersteilzeit beträgt

1. bei teilzeitbeschäftigten und begrenzt dienstfähigen Beamtinnen und Beamten (§ 27 BeamtStG) 60 vom Hundert der zuletzt festgesetzten Arbeitszeit und

§§ 64–65 Landesbeamtengesetz (NBG) **I.2**

2. im Übrigen 60 vom Hundert der regelmäßigen Arbeitszeit,

höchstens jedoch 60 vom Hundert der durchschnittlichen Arbeitszeit der letzten drei Jahre. ³Die Dienstleistung ist durchgehend in Teilzeitbeschäftigung mit der in Satz 2 festgelegten Arbeitszeit zu erbringen (Teilzeitmodell). ⁴Die Altersteilzeit darf frühestens am 1. Januar 2012 beginnen. ⁵Eine Beendigung der Altersteilzeit soll zugelassen werden, wenn die Beamtin oder der Beamte die Altersteilzeit nicht mehr zugemutet werden kann und dienstliche Belange nicht entgegenstehen.

(2) ¹Für Lehrkräfte an öffentlichen Schulen gilt Absatz 1 Satz 1 mit der Maßgabe, dass ihnen Altersteilzeit schon bewilligt werden kann, wenn sie das 55. Lebensjahr vollendet haben. ²Abweichend von Absatz 1 Satz 3 kann die während der Gesamtdauer der Altersteilzeit zu erbringende Dienstleistung der Lehrkräfte an öffentlichen Schulen auf Antrag auch so verteilt werden, dass sie in den ersten sechs Zehnteln der Altersteilzeit vollständig vorab geleistet wird und die Beamtinnen und Beamten anschließend vom Dienst freigestellt werden (Blockmodell).

(3) Die Landesregierung wird ermächtigt, im Interesse der Unterrichtsversorgung und der Unterrichtsorganisation durch Verordnung für Lehrkräfte an öffentlichen Schulen Vorschriften zu erlassen, die

1. den Umfang, den Beginn und die Dauer der Altersteilzeit abweichend von Absatz 1 festlegen,

2. die Bewilligung der Altersteilzeit im Teilzeitmodell mit einer im Laufe des Bewilligungszeitraums sinkenden Arbeitszeit regeln, die mit höchstens 90 vom Hundert der nach Absatz 1 Satz 2 für den Umfang der Altersteilzeit maßgeblichen Arbeitszeit beginnt und mit mindestens 30 vom Hundert dieser Arbeitszeit endet; dabei muss die durchschnittliche Arbeitszeit dem in Absatz 1 Satz 2 festgelegten Umfang entsprechen und

3. die Bewilligung der Altersteilzeit in Form des Teilzeit- oder Blockmodells regeln.

(4) Solange es im Interesse der Unterrichtsversorgung und der Unterrichtsorganisation erforderlich ist, kann die oberste Dienstbehörde einzelne Gruppen von Lehrkräften an öffentlichen Schulen von der Altersteilzeit ausnehmen.

(5) § 61 Abs. 2 gilt entsprechend.

§ 64 Urlaub ohne Dienstbezüge

(1) Beamtinnen und Beamten mit Dienstbezügen kann auf Antrag Urlaub ohne Dienstbezüge

1. bis zur Dauer von insgesamt sechs Jahren oder

2. nach Vollendung des 50. Lebensjahres für einen Zeitraum, der sich auf die Zeit bis zum Beginn des Ruhestandes erstreckt,

bewilligt werden, wenn dienstliche Belange nicht entgegenstehen.

(2) § 61 Abs. 2 und Abs. 3 Satz 2 gilt entsprechend.

§ 65 Höchstdauer von Urlaub und unterhälftiger Teilzeitbeschäftigung

(1) ¹Teilzeitbeschäftigung mit weniger als der Hälfte der regelmäßigen Arbeitszeit nach § 62 Abs. 1 Satz 1 Nr. 1 (unterhälftige Teilzeitbeschäftigung), Urlaub nach § 62 Abs. 1 Satz 1 Nr. 2 und Urlaub nach § 64 Abs. 1 Satz 1 dürfen insgesamt die Dauer von 15 Jahren nicht überschreiten. ²Eine unterhälftige Teilzeitbeschäftigung während der Elternzeit und Urlaub zur Pflege von Angehörigen nach § 62 Abs. 1 Satz 1 Nr. 2, soweit es um Urlaub für Zeiträume geht, für die eine Arbeitnehmerin oder ein Arbeitnehmer nach dem Pflegezeitgesetz freizustellen ist, bleiben unberücksichtigt. ³Satz 1 findet bei der Bewilligung von Urlaub nach § 64 Abs. 1 Nr. 2 keine Anwendung, wenn es der Beamtin oder dem Beamten nicht mehr zuzumuten ist, zur Voll- oder Teilzeitbeschäftigung zurückzukehren.

(2) Über die Höchstdauer der Freistellung nach Absatz 1 hinaus kann Freistellung bei Lehrkräften an öffentlichen Schulen bis zum Ende des laufenden Schulhalbjahres, bei wissenschaftlichem und künstlerischem Personal an Hochschulen bis zum Ende des laufenden Semesters oder Trimesters ausgedehnt werden.

§ 66 Hinweispflicht

Vor Bewilligung von Teilzeitbeschäftigung oder Urlaub nach den §§ 61 bis 64 ist die Beamtin oder der Beamte auf die Folgen einer Teilzeitbeschäftigung oder Beurlaubung hinzuweisen, insbesondere auf die Folgen für Ansprüche aufgrund beamtenrechtlicher Regelungen.

§ 67 Fernbleiben vom Dienst

(1) Die Beamtin und der Beamte darf dem Dienst nur mit Genehmigung fernbleiben, es sei denn, dass sie oder er wegen Krankheit oder aus einem anderen wichtigen Grund gehindert ist, ihre oder seine Dienstpflichten zu erfüllen.

(2) ₁Eine Verhinderung infolge Krankheit ist unverzüglich unter Angabe ihrer voraussichtlichen Dauer anzuzeigen und auf Verlangen nachzuweisen. ₂Die Beamtin oder der Beamte ist verpflichtet, sich auf Weisung durch eine behördlich bestimmte Ärztin oder einen behördlich bestimmten Arzt untersuchen zu lassen; § 45 Abs. 2 und 3 gilt entsprechend. ₃Will die Beamtin oder der Beamte während der Krankheit den Wohnort verlassen, so ist dies vorher anzuzeigen und der Aufenthaltsort anzugeben.

§ 68 Erholungsurlaub und Sonderurlaub (§ 44 BeamtStG)

(1) ₁Die Landesregierung regelt durch Verordnung die Bewilligung von Erholungsurlaub, insbesondere die Voraussetzungen, die Dauer und das Verfahren. ₂In der Verordnung ist auch zu regeln, unter welchen Voraussetzungen und in welcher Weise Erholungsurlaub abzugelten ist, der vor Beendigung des Beamtenverhältnisses nicht in Anspruch genommen wurde.

(2) ₁Den Beamtinnen und Beamten kann Urlaub aus besonderen Anlässen (Sonderurlaub) bewilligt werden. ₂Die Landesregierung regelt durch Verordnung die Bewilligung von Sonderurlaub, insbesondere die Voraussetzungen, die Dauer und das Verfahren. ₃In der Verordnung ist auch zu regeln, ob und inwieweit die Dienstbezüge während eines Sonderurlaubs zu belassen sind.

§ 69 Wahlvorbereitungsurlaub, Mandatsurlaub und Teilzeitbeschäftigung zur Ausübung des Mandats

(1) Stimmt eine Beamtin oder ein Beamter ihrer oder seiner Aufstellung als Bewerberin oder Bewerber für die Wahl zum Europäischen Parlament, zum Bundestag, zu der Volksvertretung eines Landes oder zu einer kommunalen Vertretung zu, so ist ihr oder ihm auf Antrag zur Vorbereitung der Wahl innerhalb der letzten zwei Monate vor dem Wahltag Urlaub ohne Bezüge zu bewilligen.

(2) ₁Für eine Beamtin oder einen Beamten, die oder der in die Volksvertretung eines Landes gewählt worden ist und deren oder dessen Amt kraft Gesetzes mit dem Mandat unvereinbar ist, gelten die §§ 5 bis 7, § 8 Abs. 2 und § 23 Abs. 15 des Abgeordnetengesetzes (AbgG) in der Fassung vom 21. Februar 1996 (BGBl. I S. 326), zuletzt geändert durch Artikel 12 des Gesetzes vom 5. Januar 2017 (BGBl. I S. 17), entsprechend mit der Maßgabe, dass die Rechte und Pflichten aus dem Beamtenverhältnis mit Ausnahme der Pflicht zur Amtsverschwiegenheit und des Verbots der Annahme von Belohnungen und Geschenken ab dem Zeitpunkt ruhen, in dem sie oder er das Mandat erwirbt. ₂Die Beamtin oder der Beamte darf ab dem Zeitpunkt der Annahme der Wahl dem Dienst fernbleiben (§ 67 Abs. 1). ₃Die Ansprüche aus dem Abgeordnetenverhältnis gehen vom Beginn des Monats, in dem das Mandat erworben wird, bis zu dem Zeitpunkt, in dem das Mandat erworben wird, den ihnen dem Grunde nach entsprechenden Ansprüchen aus dem Beamtenverhältnis vor. ₄Ist nach Beendigung des Mandats eine Verwendung in dem zuletzt bekleideten oder einem entsprechenden Amt nicht möglich, so kann der Beamtin oder dem Beamten mit ihrem oder seinem Einverständnis abweichend von § 6 Abs. 1 Sätze 2 und 3 AbgG unter Beibehaltung ihres oder seines bisherigen Amtes eine geringerwertige Tätigkeit übertragen werden. ₅Erfolgt keine Übertragung, gilt § 6 Abs. 2 Satz 1 AbgG entsprechend. ₆Eine Beamtin oder ein Beamter auf Zeit, bei der oder dem eine Wahl Vorausset-

zung für die Begründung des Dienstverhältnisses war oder dessen Rechte und Pflichten aus dem Dienstverhältnis nach Satz 1 oder nach § 5 AbgG ruhen, tritt abweichend von Satz 1 oder § 6 AbgG mit Ablauf der Mandatszeit in den Ruhestand, falls die Voraussetzungen für die Gewährung eines Ruhegehaltes nach § 4 Abs. 1 NBeamtVG erfüllt sind; andernfalls ist sie oder er mit Ablauf der Mandatszeit entlassen.

(3) ₁Einer Beamtin oder einem Beamten, die oder der in die Volksvertretung eines anderen Landes gewählt worden ist und deren oder dessen Rechte und Pflichten aus dem Dienstverhältnis nicht nach Absatz 2 Satz 1 ruhen, ist zur Ausübung des Mandats auf Antrag

1. die Arbeitszeit bis auf ein Viertel der regelmäßigen Arbeitszeit zu ermäßigen oder
2. Urlaub ohne Bezüge zu bewilligen.

₂Der Antrag soll jeweils für einen Zeitraum von mindestens sechs Monaten gestellt werden. ₃Hinsichtlich der Berücksichtigung der Mitgliedschaft in der Volksvertretung als besoldungs- und versorgungsrechtliche Dienstzeit ist § 23 Abs. 5 AbgG entsprechend anzuwenden. ₄Auf eine Beamtin oder einen Beamten, der oder dem nach Satz 1 Nr. 2 Urlaub ohne Bezüge bewilligt wird, ist hinsichtlich der versorgungsrechtlichen und laufbahnrechtlichen Dienstzeit § 7 Abs. 3 Satz 1 und Abs. 4 AbgG entsprechend anzuwenden.

(4) Absatz 3 Satz 1 Nr. 1 gilt nicht für Beamtinnen und Beamte auf Widerruf im Vorbereitungsdienst.

(5) ₁Eine Beamtin oder ein Beamter, deren oder dessen Rechte und Pflichten aus ihrem oder seinem Dienstverhältnis wegen eines Mandats ruhen oder die oder der aus diesem Grund ohne Bezüge beurlaubt ist, darf nicht befördert werden. ₂Bewirbt sie oder er sich im Zeitpunkt der Beendigung des Mandats von neuem um ein solches Mandat, so darf sie oder er auch vor Ablauf von sechs Monaten nach dem Tag der Wahl nicht befördert werden. ₃Satz 2 gilt entsprechend für die Zeit zwischen zwei Wahlperioden. ₄Die Sätze 1 bis 3 gelten auch für die Verleihung eines anderen Amtes beim Wechsel der Laufbahngruppe.

(6) Für die Tätigkeit als

1. Mitglied einer kommunalen Vertretung,
2. Mitglied eines nach den Vorschriften der Kommunalverfassungsgesetze gebildeten Ausschusses oder
3. von einer kommunalen Vertretung berufenes Mitglied eines Ausschusses einer kommunalen Körperschaft, der aufgrund besonderer Rechtsvorschriften gebildet worden ist,

ist der Beamtin oder dem Beamten der erforderliche Urlaub unter Weitergewährung der Bezüge zu bewilligen.

Dritter Abschnitt
Nebentätigkeit und Tätigkeit nach Beendigung des Beamtenverhältnisses
(§§ 40, 41 BeamtStG)

§ 70 Nebentätigkeit

(1) Nebentätigkeit ist die Wahrnehmung eines Nebenamtes oder eine Nebenbeschäftigung.

(2) Nebenamt ist ein nicht zu einem Hauptamt gehörender Kreis von Aufgaben, der aufgrund eines öffentlich-rechtlichen Dienst- oder Amtsverhältnisses wahrgenommen wird.

(3) Nebenbeschäftigung ist jede sonstige, nicht zu einem Hauptamt gehörende Tätigkeit innerhalb oder außerhalb des öffentlichen Dienstes.

(4) ₁Als Nebentätigkeit gilt nicht die Wahrnehmung öffentlicher Ehrenämter sowie einer unentgeltlichen Vormundschaft, Betreuung oder Pflegschaft einer oder eines Angehörigen. ₂Die Übernahme eines öffentlichen Ehrenamtes ist vorher schriftlich mitzuteilen.

§ 71 Pflicht zur Übernahme einer Nebentätigkeit

Beamtinnen und Beamte sind verpflichtet, auf schriftliches Verlangen

1. eine Nebentätigkeit im öffentlichen Dienst,
2. eine Nebentätigkeit im Vorstand, Aufsichtsrat, Verwaltungsrat oder in einem sonstigen Organ einer Gesellschaft, Genossenschaft oder eines in einer anderen

Rechtsform betriebenen Unternehmens, wenn dies im öffentlichen Interesse liegt, zu übernehmen und fortzuführen, soweit diese Tätigkeit ihrer Vorbildung oder Berufsausbildung entspricht und sie nicht über Gebühr in Anspruch nimmt.

§ 72 Anzeigefreie Nebentätigkeiten

(1) Der Anzeigepflicht nach § 40 Satz 1 BeamtStG unterliegen nicht

1. Nebentätigkeiten, zu deren Übernahme die Beamtin oder der Beamte nach § 71 verpflichtet ist,
2. die Verwaltung eigenen oder der Nutznießung der Beamtin oder des Beamten unterliegenden Vermögens,
3. die Tätigkeit zur Wahrung von Berufsinteressen in Gewerkschaften oder Berufsverbänden oder in Organen von Selbsthilfeeinrichtungen der Beamtinnen und Beamten und
4. unentgeltliche Nebentätigkeiten, ausgenommen
    a) die Wahrnehmung eines nicht unter Nummer 1 fallenden Nebenamtes,
    b) die Übernahme einer Testamentsvollstreckung oder einer in § 70 Abs. 4 nicht genannten Vormundschaft, Betreuung oder Pflegschaft,
    c) eine gewerbliche oder freiberufliche Tätigkeit oder die Mitarbeit bei einer dieser Tätigkeiten,
    d) die Mitgliedschaft im Vorstand, Aufsichtsrat, Verwaltungsrat oder in einem ähnlichen Organ eines Unternehmens mit Ausnahme einer Genossenschaft.

(2) Die Beamtin oder der Beamte hat auf Verlangen im Einzelfall schriftlich über eine ausgeübte anzeigefreie Nebentätigkeit Auskunft zu erteilen, wenn Anhaltspunkte dafür vorliegen, dass durch die Ausübung der Nebentätigkeit dienstliche Interessen beeinträchtigt werden.

§ 73 Verbot einer Nebentätigkeit

(1) ₁Eine Nebentätigkeit ist zu untersagen, soweit sie geeignet ist, dienstliche Interessen zu beeinträchtigen. ₂Ein Untersagungsgrund liegt insbesondere vor, wenn die Nebentätigkeit

1. nach Art und Umfang die Arbeitskraft so stark in Anspruch nimmt, dass die ordnungsgemäße Erfüllung der dienstlichen Pflichten behindert werden kann,
2. die Beamtin oder den Beamten in einen Widerstreit mit den dienstlichen Pflichten bringen kann,
3. in einer Angelegenheit ausgeübt wird, in der die Behörde, der die Beamtin oder der Beamte angehört, tätig wird oder tätig werden kann,
4. die Unparteilichkeit oder Unbefangenheit der Beamtin oder des Beamten bei der dienstlichen Tätigkeit beeinflussen kann,
5. zu einer wesentlichen Einschränkung der künftigen dienstlichen Verwendbarkeit führen kann oder
6. dem Ansehen der öffentlichen Verwaltung abträglich sein kann.

₃Die Voraussetzung des Satzes 2 Nr. 1 liegt in der Regel vor, wenn die zeitliche Beanspruchung durch eine oder mehrere Nebentätigkeiten acht Stunden in der Woche überschreitet.

(2) Die Nebentätigkeit kann untersagt werden, wenn die Beamtin oder der Beamte die ihr oder ihm im Zusammenhang mit ihrer Übernahme oder Ausübung obliegenden Anzeige-, Nachweis-, Auskunfts- oder sonstigen Mitwirkungspflichten verletzt hat.

§ 74 Ausübung von Nebentätigkeiten

(1) ₁Eine Nebentätigkeit darf nur außerhalb der Arbeitszeit ausgeübt werden, es sei denn, dass sie auf Verlangen, Vorschlag oder Veranlassung der oder des Dienstvorgesetzten übernommen wurde oder ein dienstliches Interesse an der Übernahme der Nebentätigkeit durch die Beamtin oder den Beamten anerkannt worden ist. ₂Ausnahmen dürfen nur zugelassen werden, wenn dienstliche Gründe nicht entgegenstehen und die versäumte Arbeitszeit vor- oder nachgeleistet wird.

(2) ₁Bei der Ausübung von Nebentätigkeiten dürfen Einrichtungen, Personal oder Material des Dienstherrn nur bei Vorliegen eines öffentlichen oder wissenschaftlichen Interesses mit Genehmigung und gegen Entrichtung ei-

nes angemessenen Entgelts in Anspruch genommen werden. ₂Das Entgelt ist nach den dem Dienstherrn entstehenden Kosten zu bemessen und muss den besonderen Vorteil berücksichtigen, der der Beamtin oder dem Beamten durch die Inanspruchnahme entsteht. ₃Bei unentgeltlich ausgeübter Nebentätigkeit kann auf ein Entgelt verzichtet werden.

§ 75 Verfahren

₁Anzeigen, Anträge und Entscheidungen, die die Übernahme oder Ausübung einer Nebentätigkeit betreffen, bedürfen der Schriftform. ₂Soweit eine Nebentätigkeit der Anzeigepflicht unterliegt, ist die Übernahme mindestens einen Monat vorher anzuzeigen; eine vorzeitige Übernahme der Nebentätigkeit kann zugelassen werden. ₃Die Beamtin oder der Beamte hat mit der Anzeige Nachweise über Art und Umfang der Nebentätigkeit sowie die Entgelte und geldwerten Vorteile hieraus vorzulegen; jede Änderung ist unverzüglich anzuzeigen.

§ 76 Rückgriffsanspruch der Beamtin und des Beamten

₁Beamtinnen und Beamte, die aus einer auf Verlangen, Vorschlag oder Veranlassung der oder des Dienstvorgesetzten ausgeübten Nebentätigkeit im Vorstand, Aufsichtsrat, Verwaltungsrat oder in einem sonstigen Organ einer Gesellschaft, Genossenschaft oder eines in einer anderen Rechtsform betriebenen Unternehmens haftbar gemacht werden, haben gegen den Dienstherrn Anspruch auf Ersatz des ihnen entstandenen Schadens. ₂Ist der Schaden vorsätzlich oder grob fahrlässig herbeigeführt worden, so ist der Dienstherr nur dann ersatzpflichtig, wenn die Beamtin oder der Beamte die zum Schaden führende Handlung auf Verlangen einer oder eines Vorgesetzten vorgenommen hat.

§ 77 Beendigung der mit dem Hauptamt verbundenen Nebentätigkeiten

Endet das Beamtenverhältnis, so enden, wenn im Einzelfall nichts anderes bestimmt wird, auch die Nebenämter und Nebenbeschäftigungen, die im Zusammenhang mit dem Hauptamt übertragen worden sind oder die auf Verlangen, Vorschlag oder Veranlassung der oder des Dienstvorgesetzten übernommen worden sind.

§ 78 Verordnungsermächtigung

₁Die Landesregierung trifft die zur Ausführung der §§ 70 bis 77 erforderlichen Regelungen über die Nebentätigkeit der Beamtinnen und Beamten durch Verordnung. ₂Insbesondere kann bestimmt werden,

1. welche Tätigkeiten als Nebentätigkeiten im öffentlichen Dienst im Sinne der in Satz 1 genannten Vorschriften anzusehen sind,
2. welche ehrenamtlichen Tätigkeiten öffentliche Ehrenämter im Sinne des § 70 Abs. 4 sind,
3. ob und inwieweit eine im öffentlichen Dienst ausgeübte oder auf Verlangen, Vorschlag oder Veranlassung der oder des Dienstvorgesetzten übernommene Nebentätigkeit vergütet wird oder eine erhaltene Vergütung für eine solche Nebentätigkeit abzuliefern ist,
4. unter welchen Voraussetzungen die Beamtin oder der Beamte bei der Ausübung einer Nebentätigkeit Einrichtungen, Personal oder Material des Dienstherrn in Anspruch nehmen darf, in welcher Höhe hierfür ein Entgelt an den Dienstherrn zu entrichten ist, wobei das Entgelt pauschaliert und in einem Vomhundertsatz des aus der Nebentätigkeit erzielten Bruttoeinkommens festgelegt werden kann, und unter welchen Voraussetzungen ein Entgelt ausnahmsweise nicht entrichtet werden muss,
5. dass die Beamtin oder der Beamte verpflichtet werden kann, der oder dem Dienstvorgesetzten die zugeflossenen Entgelte und geldwerten Vorteile aus den im öffentlichen Dienst ausgeübten oder auf Verlangen, Vorschlag oder Veranlassung der oder des Dienstvorgesetzten übernommenen Nebentätigkeiten anzugeben.

§ 79 Tätigkeit nach Beendigung des Beamtenverhältnisses

₁Die Anzeigepflicht für die Ausübung einer Tätigkeit nach § 41 Satz 1 BeamtStG besteht für einen Zeitraum von fünf Jahren nach Beendigung des Beamtenverhältnisses, wenn es sich um eine Erwerbstätigkeit oder sonstige Beschäftigung handelt, die mit der dienstlichen Tätigkeit in den letzten fünf Jahren vor Beendigung des Beamtenverhältnisses im Zusammenhang steht. ₂Abweichend von Satz 1 besteht die Anzeigepflicht für Ruhestandsbeamtinnen und Ruhestandsbeamte, die mit Erreichen der Regelaltersgrenze oder zu einem späteren Zeitpunkt in den Ruhestand treten, für einen Zeitraum von drei Jahren nach Beendigung des Beamtenverhältnisses. ₃Die Anzeige ist bei der oder dem letzten Dienstvorgesetzten zu erstatten.

**Vierter Abschnitt
Fürsorge**

§ 80 Beihilfe

(1) ₁Beihilfeberechtigte haben Anspruch auf Beihilfe. ₂Beihilfeberechtigte sind

1. Beamtinnen und Beamte,
2. Ruhestandsbeamtinnen und Ruhestandsbeamte sowie frühere Beamtinnen und Beamte, die wegen Dienstunfähigkeit oder Erreichens der Altersgrenze entlassen worden oder wegen Ablaufs der Amtszeit ausgeschieden sind, sowie
3. Witwen und Witwer, hinterbliebene Lebenspartnerinnen und Lebenspartner sowie die in § 27 NBeamtVG genannten Kinder (Waisen) der in den Nummern 1 und 2 bezeichneten Personen.

₃Der Anspruch besteht, wenn Besoldung oder Versorgung gezahlt oder wegen

1. der Inanspruchnahme von Elternzeit,
2. Urlaubs nach § 68 Abs. 2, wenn dessen Dauer einen Monat nicht übersteigt,
3. Urlaubs nach § 69 Abs. 1 oder
4. der Anwendung des Ruhens- oder Anrechnungsvorschriften

nicht gezahlt wird. ₄Der Anspruch besteht auch für den Zeitraum, für den ein Anspruch auf die Gewährung eines Vorschusses nach § 11 Abs. 6 NBesG besteht. ₅Keinen Anspruch auf Beihilfe haben

1. die in Satz 2 bezeichneten Personen, wenn ihnen Leistungen nach § 11 des Europa-
abgeordnetengesetzes, § 27 AbgG oder entsprechenden landesrechtlichen Vorschriften zustehen, sowie
2. Beamtinnen und Beamte, deren Dienstverhältnis auf weniger als ein Jahr befristet ist, es sei denn, dass sie insgesamt ein Jahr ununterbrochen im öffentlichen Dienst beschäftigt sind.

(2) Berücksichtigungsfähige Angehörige der Beihilfeberechtigten sind

1. die Ehegattin, der Ehegatte, die Lebenspartnerin oder der Lebenspartner, ausgenommen solche von Waisen, und
2. die im Familienzuschlag berücksichtigungsfähigen Kinder.

(3) ₁Soweit nachfolgend oder in der Verordnung nach Absatz 6 nichts anderes bestimmt ist, wird Beihilfe gewährt für die nachgewiesenen und angemessenen Aufwendungen für medizinisch notwendige Leistungen

1. zur Vorbeugung vor Erkrankungen und deren Linderung sowie zur Erhaltung oder Wiederherstellung der Gesundheit,
2. zur Abwendung, Beseitigung und Minderung von Behinderungen, zur Verhütung der Verschlimmerung von Behinderungen und zur Milderung ihrer Folgen, wenn nicht ein anderer Kostenträger leistungspflichtig ist,
3. zur Gesundheitsvorsorge,
4. in Pflegefällen,
5. in Geburtsfällen und
6. zur Empfängnisverhütung, zur künstlichen Befruchtung, zur rechtmäßigen Sterilisation und zum rechtmäßigen Schwangerschaftsabbruch.

₂Für Aufwendungen von berücksichtigungsfähigen Angehörigen nach Absatz 2 Nr. 1 wird keine Beihilfe gewährt, wenn der Gesamtbetrag ihrer Einkünfte (§ 2 Abs. 3 des Einkommensteuergesetzes) oder ihrer vergleichbaren ausländischen Einkünfte im zweiten Kalenderjahr vor der Stellung des Beihilfeantrags 22 000 Euro überstiegen hat. ₃Bei erstmaligem Rentenbezug nach dem 1. April 2009 ist hinsichtlich des Rentenbezugs der Bruttorentenbetrag maßgeblich.

₄Aufwendungen von Beihilfeberechtigten oder berücksichtigungsfähigen Angehörigen, denen Leistungen nach § 114 oder § 115 Abs. 2 oder 3 zustehen, sind nicht beihilfefähig.

(4) ₁Die Beihilfe darf zusammen mit den aus demselben Anlass zustehenden Leistungen

1. aus einer Krankenversicherung,
2. aus einer Pflegeversicherung,
3. aufgrund von Rechtsvorschriften oder
4. aufgrund arbeitsvertraglicher Vereinbarungen

die dem Grunde nach beihilfefähigen Aufwendungen nicht übersteigen. ₂Zustehende und nach Maßgabe der Verordnung nach Absatz 6 als gewährt geltende Leistungen nach Satz 1 sind bei der Beihilfegewährung vorrangig zu berücksichtigen.

(5) ₁Die Beihilfe bemisst sich nach einem Vomhundertsatz der beihilfefähigen Aufwendungen (Bemessungssatz). ₂In Pflegefällen kann auch eine Pauschale gewährt werden. ₃Der Bemessungssatz beträgt für

1. Beamtinnen und Beamte 50 vom Hundert,
2. berücksichtigungsfähige Ehegattinnen, Ehegatten, Lebenspartnerinnen und Lebenspartner sowie Empfängerinnen und Empfänger von Versorgungsbezügen, die als solche beihilfeberechtigt sind, 70 vom Hundert,
3. berücksichtigungsfähige Kinder und Waisen, die als solche beihilfeberechtigt sind, 80 vom Hundert.

₄Sind zwei oder mehr Kinder nach Absatz 2 Nr. 2 berücksichtigungsfähig, so beträgt der Bemessungssatz der oder des Beihilfeberechtigten nach Satz 3 Nr. 1 70 vom Hundert; bei mehreren Beihilfeberechtigten beträgt der Bemessungssatz nur bei einem von ihnen 70 vom Hundert.

(6) ₁Das Nähere über Inhalt und Umfang sowie das Verfahren der Beihilfegewährung regelt die Landesregierung in Anlehnung an das Fünfte Buch des Sozialgesetzbuchs und das Elfte Buch des Sozialgesetzbuchs (SGB XI) sowie unter Berücksichtigung der Fürsorgepflicht des Dienstherrn nach § 45 BeamtStG durch Verordnung. ₂Insbesondere können Bestimmungen getroffen werden

1. bezüglich des Inhalts und Umfangs der Beihilfegewährung
   a) über die dem Grunde nach beihilfefähigen Aufwendungen nach Absatz 3 Satz 1, insbesondere über die Beschränkung oder den Ausschluss der Beihilfegewährung bei bestimmten Indikationen, für Untersuchungen und Behandlungen nach wissenschaftlich nicht allgemein anerkannten Methoden, und für bestimmte Arzneimittel, insbesondere für nicht verschreibungspflichtige Arzneimittel und solche, bei deren Anwendung eine Erhöhung der Lebensqualität im Vordergrund steht,
   b) für den Fall des Zusammentreffens mehrerer inhaltsgleicher Ansprüche auf Beihilfe in einer Person,
   c) für Aufwendungen von berücksichtigungsfähigen Angehörigen nach Absatz 2 Nr. 1 bei wechselnder Einkommenshöhe und bei individuell eingeschränkter Versicherbarkeit des Kostenrisikos,
   d) über die Beschränkung oder den Ausschluss der Gewährung bestimmter Leistungen an Beamtinnen und Beamte auf Widerruf im Vorbereitungsdienst, die noch nicht über einen bestimmten Zeitraum hinweg ununterbrochen im öffentlichen Dienst beschäftigt sind,
   e) über die Berücksichtigung von Leistungen in den Fällen des Absatzes 4 Satz 2,
   f) für Beamtinnen und Beamte, die ihren dienstlichen Wohnsitz im Ausland haben oder im Ausland eingesetzt sind, und für ihre berücksichtigungsfähigen Angehörigen,
   g) über Höchstbeträge in bestimmten Fällen,
   h) über die Beschränkung oder den Ausschluss der Gewährung von Beihilfe für Aufwendungen, die außerhalb der Europäischen Union entstanden sind,

i) über Eigenbehalte und über die Befreiung vom Abzug von Eigenbehalten,
j) über die Erhöhung des Bemessungssatzes in besonderen Fällen,

2. bezüglich des Verfahrens der Beihilfegewährung
a) über die Notwendigkeit eines Voranerkennungsverfahrens,
b) über eine Ausschlussfrist für die Beantragung der Beihilfe,
c) über die elektronische Erfassung und Speicherung von Anträgen und Belegen,
d) über die Erstattung von Aufwendungen an Personen oder Einrichtungen, die Leistungen erbringen oder Rechnungen ausstellen,
e) über die Verwendung einer elektronischen Gesundheitskarte in entsprechender Anwendung der Vorschriften des Fünften Buchs des Sozialgesetzbuchs, wobei der Zugriff auf Daten über die in Anspruch genommenen Leistungen und deren Kosten zu beschränken ist,
f) über die Beteiligung von Gutachterinnen und Gutachtern und sonstigen Stellen zur Überprüfung der Notwendigkeit und Angemessenheit beantragter Maßnahmen oder einzelner Aufwendungen einschließlich der Übermittlung erforderlicher Daten, wobei personenbezogene Daten nur mit Einwilligung der Betroffenen übermittelt werden dürfen.

₃Der Ausschluss oder die Beschränkung der Beihilfegewährung für nachgewiesene und angemessene Aufwendungen für medizinisch notwendige Leistungen ist nur zulässig, soweit dies im Einzelfall nicht zu einer unzumutbaren Härte für die Beihilfeberechtigten oder ihre berücksichtigungsfähigen Angehörigen führt. ₄Eigenbehalte sind nicht abzuziehen von Aufwendungen

1. für Arzneimittel, die in der gesetzlichen Krankenversicherung von der Zuzahlung befreit sind,

2. von Kindern und Waisen bis zur Vollendung des 18. Lebensjahres, ausgenommen Aufwendungen für Fahrten,

3. von Schwangeren im Zusammenhang mit Schwangerschaftsbeschwerden oder der Entbindung,

4. für ambulante ärztliche und zahnärztliche Vorsorgeleistungen sowie Leistungen zur Früherkennung von Krankheiten und

5. für Pflegemaßnahmen.

(7) In der Verordnung nach Absatz 6 können auch Bestimmungen getroffen werden über die Beteiligung an der Finanzierung von Leistungen, für die den Beihilfeberechtigten keine Aufwendungen entstehen.

(8) ₁Benötigen Beihilfeberechtigte oder berücksichtigungsfähige Angehörige eine Organ- oder Gewebetransplantation oder eine Behandlung mit Blutstammzellen oder anderen Blutbestandteilen, so hat der Dienstherr bei Lebendspenden dem Arbeitgeber der Spenderin oder des Spenders auf Antrag das während der Arbeitsunfähigkeit infolge der Spende fortgezahlte Arbeitsentgelt sowie hierauf entfallende Beiträge des Arbeitgebers zur Sozialversicherung und zur betrieblichen Alters- und Hinterbliebenenversorgung anteilig zu erstatten. ₂Maßgeblich ist der Bemessungssatz der Empfängerin oder des Empfängers des Organs, des Gewebes, der Blutstammzellen oder anderer Blutbestandteile. ₃Satz 1 gilt nicht in Bezug auf berücksichtigungsfähige Angehörige, für deren Aufwendungen aufgrund des Absatzes 3 Satz 2 keine Beihilfe gewährt wird.

(9) ₁Sind Beihilfeberechtigte oder berücksichtigungsfähige Angehörige pflegebedürftig und nehmen deshalb nahe Angehörige das Recht nach § 2 Abs. 1 PflegeZG, bis zu zehn Arbeitstage der Arbeit fernzubleiben, in Anspruch, so gewährt der Dienstherr den nahen Angehörigen auf Antrag nach Maßgabe des § 44a Abs. 3 SGB XI ein Pflegeunterstützungsgeld als Ausgleich für entgangenes Arbeitsentgelt für bis zu zehn Arbeitstage je Kalenderjahr. ₂§ 44a Abs. 4 SGB XI ist entsprechend anzuwenden. ₃Maßgeblich ist der Bemessungssatz der pflegebedürftigen Per-

son. ₄Satz 1 gilt nicht in Bezug auf berücksichtigungsfähige Angehörige, für deren Aufwendungen aufgrund des Absatzes 3 Satz 2 keine Beihilfe gewährt wird.

(10) ₁Steht einer oder einem Beihilfeberechtigten gegen eine Leistungserbringerin oder einen Leistungserbringer wegen einer unrichtigen Abrechnung ein Anspruch auf Rückerstattung oder Schadensersatz zu, kann der Dienstherr durch schriftliche Anzeige gegenüber der Leistungserbringerin oder dem Leistungserbringer bewirken, dass der Anspruch insoweit auf ihn übergeht, als er aufgrund der unrichtigen Abrechnung zu hohe Beihilfeleistungen erbracht hat. ₂Satz 1 gilt für einen Anspruch gegen die Abrechnungsstelle der Leistungserbringerin oder des Leistungserbringers entsprechend.

§ 80a Pauschale Beihilfe

(1) Anstelle einer Beihilfe nach § 80 wird eine monatliche pauschale Beihilfe zu einer freiwilligen gesetzlichen oder einer privaten Krankheitskostenvollversicherung nach Maßgabe der folgenden Absätze gewährt.

(2) ₁Die Gewährung einer pauschalen Beihilfe erfolgt nur auf Antrag und unter Verzicht der oder des Beihilfeberechtigten auf Beihilfe nach § 80, welche sie oder er für sich und ihre oder seine berücksichtigungsfähigen Angehörigen erhalten würde. ₂Ausgenommen von dem Verzicht nach Satz 1 sind Aufwendungen, für die eine Leistungspflicht der sozialen oder privaten Pflegeversicherung besteht.

(3) ₁Anspruchsberechtigt sind Beihilfeberechtigte nach § 80 Abs. 1. ₂Der Anspruch auf die pauschale Beihilfe entsteht mit Beginn des Monats, in welchem der Antrag gestellt und der Verzicht erklärt wurde, jedoch frühestens ab Beginn der Krankheitskostenvollversicherung.

(4) ₁Der Antrag auf Gewährung einer pauschalen Beihilfe und der Verzicht auf Beihilfe nach § 80 sind unwiderruflich und bedürfen der Schriftform nach § 126 des Bürgerlichen Gesetzbuchs. ₂Der Antrag ist bei der für die Festsetzung der Beihilfe zuständigen Stelle (Festsetzungsstelle) innerhalb einer Ausschlussfrist von einem Jahr zu stellen und der Verzicht innerhalb dieser Frist zu erklären. ₃Die Frist beginnt

1. für die am 1. Februar 2024 vorhandenen Beihilfeberechtigten am 1. Februar 2024,

2. für die am 1. Februar 2024 ohne Beihilfeberechtigung beurlaubten Beamtinnen und Beamten sowie für die Beamtinnen und Beamten, die am 1. Februar 2024 nach § 80 Abs. 1 Satz 5 Nr. 1 keinen Anspruch auf Beihilfe haben, mit dem Wiederaufleben der Beihilfeberechtigung nach § 80 Abs. 1,

3. für die heilfürsorgeberechtigten Beamtinnen und Beamten nach § 114 mit Wegfall des Anspruchs auf Heilfürsorge,

4. im Übrigen mit dem Tag der Entstehung einer neuen Beihilfeberechtigung nach § 80 Abs. 1 infolge

   a) der Begründung oder Umwandlung des Beamtenverhältnisses mit Ausnahme der Fälle des § 5,

   b) der Entstehung des Anspruchs auf Witwengeld, Witwergeld oder Waisengeld, sofern nicht bereits ein eigener Beihilfeanspruch nach § 80 Abs. 1 Satz 2 Nr. 1 oder 2 besteht, oder

   c) der Versetzung von einem anderen Dienstherrn zu einem Dienstherrn im Geltungsbereich dieses Gesetzes.

(5) ₁Dem Antrag nach Absatz 4 ist der Nachweis einer abgeschlossenen Krankheitskostenvollversicherung für die Beihilfeberechtigte oder den Beihilfeberechtigten in einer freiwilligen gesetzlichen oder einer privaten Krankenversicherung beizufügen, bei einer privaten Krankenversicherung zusätzlich die Bescheinigung nach § 257 Abs. 2a Satz 2 des Fünften Buchs des Sozialgesetzbuchs. ₂Kann der Nachweis bei Antragstellung nicht erbracht werden, so ist er spätestens innerhalb von sechs Monaten nach Antragstellung nachzureichen. ₃Wird der Nachweis innerhalb dieser Frist nicht erbracht, so ist der Antrag abzulehnen, es sei denn, die Ablehnung führt zu einer unzumutbaren Härte.

(6) ₁Die Höhe der pauschalen Beihilfe bemisst sich nach der Hälfte des nachgewiesenen Krankenversicherungsbeitrags, bei privater

Krankenversicherung jedoch nach höchstens der Hälfte des Beitrags einer im Basistarif nach § 152 Abs. 3 des Versicherungsaufsichtsgesetzes versicherten Person. ₂Beiträge für berücksichtigungsfähige Angehörige nach § 80 Abs. 2 Nr. 1, für deren Aufwendungen nach § 80 Abs. 3 Satz 2 keine Beihilfe gewährt würde, werden bei der Bemessung der Pauschale nicht berücksichtigt.

(7) Bei einem Wechsel aus der Mitgliedschaft in der gesetzlichen Krankenversicherung in ein Versicherungsverhältnis in der privaten Krankenversicherung oder umgekehrt oder bei Änderung des Krankenversicherungsumfangs wird die Pauschale höchstens in der vor der Änderung gewährten Höhe gewährt.

(8) Beim Zusammentreffen mehrerer Beihilfeberechtigten sind die Konkurrenzregelungen für die Gewährung einer Beihilfe nach § 80 entsprechend anzuwenden.

(9) ₁Änderungen der Höhe des Krankenversicherungsbeitrags und Änderungen der persönlichen Verhältnisse, die sich auf den Anspruch sowie die Höhe der pauschalen Beihilfe auswirken können, sind der Festsetzungsstelle unverzüglich schriftlich oder elektronisch mitzuteilen. ₂Verringert sich durch die mitgeteilten Änderungen rückwirkend die Höhe der pauschalen Beihilfe, so ist die zurückzuzahlende pauschale Beihilfe, soweit möglich, mit den laufenden Zahlungen der pauschalen Beihilfe zu verrechnen.

(10) ₁Bei der Berechnung der pauschalen Beihilfe zu berücksichtigen sind

1. Beiträge eines anderen Arbeitgebers oder eines Sozialleistungsträgers zur Krankenversicherung,

2. ein Zuschuss zum Beitrag zur Krankenversicherung aufgrund von Rechtsvorschriften oder eines Beschäftigungsverhältnisses sowie

3. Beitragsrückerstattungen der Versicherung im Verhältnis der gewährten pauschalen Beihilfe zu den Krankenversicherungsbeiträgen.

₂Erstattungen von Krankenversicherungsbeiträgen während der Elternzeit sind nicht zu berücksichtigen. ₃Die Höhe der in Satz 1 genannten Zahlungen ist der Festsetzungsstelle unverzüglich schriftlich oder elektronisch mitzuteilen. ₄Verringert sich durch die mitgeteilten Zahlungen nach Satz 1 rückwirkend die Höhe der pauschalen Beihilfe, so ist die zurückzuzahlende pauschale Beihilfe, soweit möglich, mit den laufenden Zahlungen der pauschalen Beihilfe zu verrechnen.

(11) ₁In besonderen Härtefällen kann zu einzelnen Leistungen eine Beihilfe nach § 80 gewährt werden. ₂Dafür müssen folgende Voraussetzungen vorliegen:

1. es handelt sich um Aufwendungen, die grundsätzlich nach § 80 beihilfefähig wären und die entsprechenden Voraussetzungen für die Gewährung einer Beihilfe erfüllen,

2. es ist von der abgeschlossenen Krankheitskostenvollversicherung keine und auch keine anteilige Leistung zu erlangen,

3. eine Leistung durch die Krankheitskostenvollversicherung wurde form- und fristgerecht beantragt,

4. die Aufwendungen hätten auch nicht durch den Abschluss einer zumutbaren Zusatzversicherung versichert werden können und

5. die fraglichen Aufwendungen waren unbedingt notwendig und die Ablehnung einer Beihilfe nach § 80 würde unter Berücksichtigung der Fürsorgepflicht des Dienstherrn nach § 45 BeamtStG zu einer unzumutbaren Härte führen.

₃Ein besonderer Härtefall liegt nicht allein schon deshalb vor, weil die Leistung nicht vom Leistungskatalog der Krankheitskostenvollversicherung umfasst ist. ₄Über das Vorliegen einer besonderen Härte entscheidet die Festsetzungsstelle, für Landesbeamtinnen und Landesbeamte im Einvernehmen mit dem Finanzministerium, im Übrigen mit Zustimmung der obersten Dienstbehörde.

§ 81 Mutterschutz und Elternzeit

Die für Beamtinnen und Beamte des Bundes geltenden Rechtsvorschriften über den Mutterschutz und die Elternzeit sind entsprechend anzuwenden.

§82 Arbeitsschutz

(1) Die aufgrund der §§ 18 und 19 des Arbeitsschutzgesetzes erlassenen Verordnungen der Bundesregierung gelten entsprechend.

(2) ₁Soweit öffentliche Belange dies zwingend erfordern, insbesondere zur Aufrechterhaltung oder Wiederherstellung der öffentlichen Sicherheit, kann die Landesregierung durch Verordnung für bestimmte Tätigkeiten des öffentlichen Dienstes bestimmen, dass die Vorschriften des Arbeitsschutzgesetzes und der in Absatz 1 genannten Verordnungen ganz oder zum Teil nicht anzuwenden sind. ₂In der Verordnung ist festzulegen, wie die Sicherheit und der Gesundheitsschutz bei der Arbeit unter Berücksichtigung der Ziele des Arbeitsschutzgesetzes auf andere Weise gewährleistet werden.

(3) Das Jugendarbeitsschutzgesetz gilt für jugendliche Beamtinnen und Beamte entsprechend.

§83 Ersatz von Sach- und Vermögensschäden

(1) ₁Sind in Ausübung oder infolge des Dienstes, ohne dass ein Dienstunfall eingetreten ist, Kleidungsstücke oder sonstige Gegenstände, die üblicherweise zur Wahrnehmung des Dienstes mitgeführt werden, beschädigt oder zerstört worden oder abhanden gekommen, so kann der Beamtin oder dem Beamten auf Antrag Ersatz geleistet werden. ₂Dies gilt nicht, wenn die Beamtin oder der Beamte den Schaden vorsätzlich oder grob fahrlässig herbeigeführt hat.

(2) ₁Sind durch Handlungen Dritter, die wegen des pflichtgemäßen dienstlichen Verhaltens einer Beamtin oder eines Beamten oder ihrer oder seiner Eigenschaft als Beamtin oder Beamter begangen worden sind, Gegenstände der Beamtin oder des Beamten oder eines ihrer oder seiner Angehörigen beschädigt oder zerstört worden oder sind einer dieser Personen durch eine solche Handlung Vermögensschäden zugefügt worden, so können der Beamtin oder dem Beamten auf Antrag zum Ausgleich einer durch den Schaden verursachten außergewöhnlichen wirtschaftlichen Belastung Leistungen gewährt werden. ₂Gleiches gilt, wenn sich die schädigende Handlung gegen den Dienstherrn richtet und ein Zusammenhang des Schadens zum Dienst besteht.

(3) ₁Anträge auf Leistungen nach den Absätzen 1 und 2 sind innerhalb eines Monats nach Eintritt des Schadens schriftlich zu stellen. ₂Die Leistungen werden nur gewährt, soweit der Beamtin oder dem Beamten der Schaden nicht auf andere Weise ersetzt wird. ₃Soweit der Dienstherr Leistungen gewährt, gehen gesetzliche Schadensersatzansprüche der Beamtin oder des Beamten gegen Dritte auf den Dienstherrn über. ₄Übergegangene Ansprüche dürfen nicht zum Nachteil der oder des Geschädigten geltend gemacht werden.

§83a Erfüllungsübernahme bei Schmerzensgeldansprüchen

(1) ₁Hat die Beamtin oder der Beamte wegen eines tätlichen rechtswidrigen Angriffs, den sie oder er in Ausübung des Dienstes oder außerhalb des Dienstes wegen der Eigenschaft als Beamtin oder Beamter erleidet, einen Vollstreckungstitel über einen Anspruch auf Schmerzensgeld über einen Betrag von mindestens 250 Euro gegen einen Dritten erlangt, so soll der Dienstherr auf Antrag die Erfüllung dieses Anspruchs bis zur Höhe des festgestellten Schmerzensgeldbetrages übernehmen, soweit dies zur Vermeidung einer unbilligen Härte erforderlich ist. ₂Dies gilt nicht, soweit der Schmerzensgeldbetrag objektiv unverhältnismäßig zu den erlittenen immateriellen Schäden und deshalb der Höhe nach offensichtlich unangemessen ist oder der Schmerzensgeldanspruch im Urkundenprozess nach den §§ 592 bis 600 der Zivilprozessordnung festgestellt worden ist.

(2) Eine unbillige Härte im Sinne des Absatzes 1 Satz 1 liegt insbesondere vor, soweit ein Vollstreckungsversuch

1. erfolglos geblieben ist oder voraussichtlich erfolglos bleiben wird oder

2. aufgrund eines Insolvenzverfahrens über das Vermögen der Schädigerin oder des Schädigers nicht innerhalb eines Jahres nach Erlangung des Vollstreckungstitels durchgeführt werden kann.

(3) Der Dienstherr soll die Erfüllungsübernahme verweigern, wenn aufgrund desselben Sachverhalts ein Unfallausgleich gemäß § 39 NBeamtVG, eine einmalige Unfallentschädigung gemäß § 48 NBeamtVG oder ein Schadensausgleich in besonderen Fällen gemäß § 49 Abs. 1 Satz 2 NBeamtVG gewährt wird.

(4) ₁Die Übernahme der Erfüllung ist innerhalb einer Ausschlussfrist von zwei Jahren nach Erlangung des Vollstreckungstitels schriftlich zu beantragen. ₂Die Umstände, die eine unbillige Härte begründen, sind nachzuweisen; dies gilt nicht, soweit diese Umstände dem Dienstherrn bereits bekannt sind oder nur von ihm ermittelt werden können. ₃Für Schmerzensgeldansprüche, für die vor dem 1. Januar 2019 ein Vollstreckungstitel erlangt wurde, der nicht älter als drei Jahre ist, kann der Antrag nach Satz 1 innerhalb einer Ausschlussfrist von sechs Monaten ab dem 1. Januar 2019 gestellt werden.

(5) ₁Soweit der Dienstherr die Erfüllung übernommen hat, gehen die Ansprüche gegen Dritte auf ihn über. ₂Der Übergang der Ansprüche kann nicht zum Nachteil der oder des Geschädigten geltend gemacht werden.

(6) ₁Hat der Dienstherr wegen eines tätlichen rechtswidrigen Angriffs im Sinne des Absatzes 1 Satz 1 einen Vollstreckungstitel über einen nach § 52 übergegangenen Anspruch auf Schadensersatz erlangt und hat die Beamtin oder der Beamte wegen desselben Angriffs einen Vollstreckungstitel über einen Anspruch auf Schmerzensgeld über einen Betrag von mindestens 250 Euro gegen denselben Dritten erlangt, so kann der Dienstherr auf Antrag der Beamtin oder des Beamten die Erfüllung des Anspruchs auf Schmerzensgeld übernehmen, auch soweit dies nicht zur Vermeidung einer unbilligen Härte erforderlich ist. ₂Absatz 1 Satz 2, die Absätze 3 und 4 Satz 1 und Absatz 5 gelten entsprechend. ₃Der Vollstreckungstitel, den die Beamtin oder der Beamte erlangt hat, ist dem Antrag beizufügen.

§ 84 Reisekostenvergütung, Kostenerstattung

(1) ₁Eine Beamtin oder ein Beamter erhält die Kosten

1. einer Reise zur Erledigung eines Dienstgeschäfts außerhalb der Dienststätte, aus Anlass einer Versetzung, Abordnung oder Zuweisung, aus Anlass der Beendigung einer Abordnung oder Zuweisung oder zum Zweck einer ausschließlich im dienstlichen Interesse durchgeführten Fortbildung (Dienstreise),

2. einer anderen dienstlich veranlassten Reise und

3. einer privaten Reise, die wegen einer dienstlichen Anordnung unterbrochen oder vorzeitig beendet wird,

vergütet (Reisekostenvergütung). ₂Die Reisekostenvergütung umfasst die Erstattung der Kosten, die durch die Reise veranlasst sind und zwar in den Fällen des Satzes 1 Nr. 1 die notwendigen Kosten sowie in den Fällen des Satzes 1 Nrn. 2 und 3 nur die angemessenen Kosten. ₃In den Fällen des Satzes 1 Nr. 3 erstreckt sich die Reisekostenvergütung auch auf die Kosten von Personen, die die Beamtin oder den Beamten begleiten.

(2) ₁Reisekostenvergütung für eine Dienstreise (Absatz 1 Satz 1 Nr. 1) oder eine andere dienstlich veranlasste Reise (Absatz 1 Satz 1 Nr. 2) wird nur gewährt, wenn die Reise elektronisch oder schriftlich angeordnet oder genehmigt worden ist, es sei denn, eine Anordnung oder Genehmigung kommt nach dem Amt der Beamtin oder des Beamten oder dem Wesen des Dienstgeschäfts nicht in Betracht oder es handelt sich um eine Dienstreise am Dienst- oder Wohnort der Beamtin oder des Beamten. ₂Die Beamtin oder der Beamte kann vor Antritt der Reise elektronisch oder schriftlich auf Reisekostenvergütung verzichten.

(3) Nutzt die Beamtin oder der Beamte eine nicht aus dienstlichen Gründen erworbene BahnCard, Netzkarte oder Zeitkarte für eine Reise nach Absatz 1 Satz 1, so können ihr oder ihm Kosten für den Erwerb dieser Karte in angemessenem Umfang erstattet werden.

(4) ₁Das Nähere über Inhalt und Umfang der Reisekostenvergütung und der Kostenerstattung nach Absatz 3 sowie des Verfahrens der Gewährung regelt die Landesregierung durch

Verordnung. ₂In der Verordnung können eine Ausschlussfrist für die Beantragung der Reisekostenvergütung oder der Kostenerstattung nach Absatz 3 bestimmt sowie Höchstgrenzen oder Pauschalen für die Reisekostenvergütung festgesetzt werden.

§ 85 Umzugskostenvergütung

(1) ₁Eine Vergütung der notwendigen Kosten für einen Umzug (Umzugskostenvergütung) erhalten

1. Beamtinnen und Beamte,
2. Ruhestandsbeamtinnen und Ruhestandsbeamte,
3. frühere Beamtinnen und Beamte, die wegen Dienstunfähigkeit oder wegen des Erreichens der Altersgrenze entlassen worden oder wegen des Ablaufs der Amtszeit ausgeschieden sind, sowie
4. die Hinterbliebenen der in den Nummern 1 bis 3 genannten Personen

(Berechtigte). ₂Hinterbliebene im Sinne des Satzes 1 Nr. 4 sind die Witwe, der Witwer, die hinterbliebene Lebenspartnerin, der hinterbliebene Lebenspartner, die Verwandten bis zum vierten Grad, die Verschwägerten bis zum zweiten Grad, Pflegekinder und Pflegeeltern, die mit der verstorbenen Person zur Zeit ihres Todes nicht nur vorübergehend in häuslicher Gemeinschaft gelebt haben. ₃Umzugskostenvergütung wird nur gewährt, wenn diese vor dem Umzug schriftlich oder elektronisch zugesagt worden ist. ₄Umzugskostenvergütung ist zuzusagen für Umzüge

1. aus Anlass der Versetzung an einen anderen Ort als den bisherigen Dienst- oder Wohnort, es sei denn, dass
   a) mit einer baldigen weiteren Versetzung an einen anderen Dienstort zu rechnen ist,
   b) der Umzug aus besonderen Gründen nicht durchgeführt werden soll,
   c) die Wohnung auf der kürzesten üblicherweise benutzbaren Strecke weniger als dreißig Kilometer von der neuen Dienststätte entfernt ist oder
   d) der Umzug nicht aus dienstlichen Gründen erforderlich ist und die oder der Berechtigte unwiderruflich auf die Gewährung von Umzugskostenvergütung verzichtet hat,
2. aufgrund der dienstlichen Weisung, eine Wohnung innerhalb einer bestimmten Entfernung zur Dienststätte oder eine Dienstwohnung zu beziehen,
3. aus Anlass der Räumung einer Dienstwohnung aufgrund dienstlicher Weisung oder
4. aus Anlass der Aufhebung einer Versetzung nach einem Umzug, für den die Gewährung von Umzugskostenvergütung zugesagt worden ist.

₅Satz 4 Nr. 1 gilt entsprechend für Umzüge aus Anlass

1. der Verlegung der Beschäftigungsbehörde oder
2. der nicht nur vorübergehenden Verwendung aus dienstlichen Gründen bei einem anderen Teil der Beschäftigungsbehörde.

₆Umzugskostenvergütung kann auch zugesagt werden für Umzüge aus Anlass

1. der Einstellung,
2. der Abordnung oder Zuweisung,
3. der vorübergehenden Verwendung bei einem anderen Teil der Beschäftigungsbehörde,
4. der vorübergehenden dienstlichen Tätigkeit bei einer anderen Stelle als einer Dienststelle,
5. der Aufhebung oder Beendigung einer Maßnahme nach den Nummern 2 bis 4 nach einem Umzug, für den die Gewährung von Umzugskostenvergütung zugesagt worden ist, oder
6. der Räumung einer im Eigentum des Dienstherrn stehenden Mietwohnung,

wenn die jeweilige Maßnahme aus dienstlichen Gründen erfolgt. ₇Die Umzugskostenvergütung umfasst die Erstattung von Kosten für die Beförderung des Umzugsguts, Reisekosten, die Gewährung von Mietentschädigungen, Maklergebühren und die Erstattung sonstiger Kosten.

(2) ₁Eine aufgrund einer Zusage nach Absatz 1 Satz 6 Nr. 1 gewährte Umzugskosten-

vergütung ist zurückzuzahlen, wenn die Beamtin oder der Beamte vor Ablauf von zwei Jahren nach Beendigung des Umzuges aus einem von ihr oder ihm zu vertretenden Grund aus dem Dienst ausscheidet. ₂Die oberste Dienstbehörde kann hiervon Ausnahmen zulassen, wenn die Beamtin oder der Beamte unmittelbar in ein Dienst- oder Beschäftigungsverhältnis bei einem anderen Dienstherrn im Geltungsbereich dieses Gesetzes oder einem Dienstherrn oder einer Einrichtung nach § 35 Abs. 8 NBesG übertritt.

(3) ₁Das Nähere über Inhalt und Umfang der Umzugskostenvergütung, der Kostenerstattung und das Verfahren der Gewährung regelt die Landesregierung durch Verordnung. ₂Insbesondere können Bestimmungen getroffen werden

1. bezüglich des Inhalts und des Umfangs der Umzugskostenvergütung
   a) über Höchstbeträge in bestimmten Fällen,
   b) über eine pauschale Kostenerstattung,
   c) über den Ausschluss der Gewährung von Umzugskostenvergütung in bestimmten Fällen,
2. bezüglich des Verfahrens der Gewährung von Umzugskostenvergütung
   a) über eine Ausschlussfrist für die Beantragung der Gewährung von Umzugskostenvergütung,
   b) über die elektronische Erfassung und Speicherung von Anträgen und Nachweisen.

(4) Für Umzüge zwischen dem Inland und dem Ausland sowie im Ausland sind die Vorschriften des Bundes zum Auslandsumzugskostenrecht entsprechend anzuwenden.

§ 86 Trennungsgeld

(1) ₁Eine Beamtin oder ein Beamter, die oder der aufgrund

1. der Versetzung aus dienstlichen Gründen,
2. der Aufhebung einer Versetzung nach einem Umzug, für den die Gewährung von Umzugskostenvergütung zugesagt worden ist,
3. der Verlegung der Beschäftigungsbehörde,
4. der nicht nur vorübergehenden Verwendung aus dienstlichen Gründen in einem anderen Teil der Beschäftigungsbehörde,
5. der Abordnung, auch zum Zweck der Aus- oder Fortbildung,
6. der Zuweisung, auch zum Zweck der Aus- oder Fortbildung,
7. der vorübergehenden Verwendung aus dienstlichen Gründen in einem anderen Teil der Beschäftigungsbehörde,
8. der vorübergehenden dienstlichen Tätigkeit bei einer anderen Stelle als einer Dienststelle,
9. der Aufhebung oder Beendigung einer Maßnahme nach den Nummern 5 bis 8 nach einem Umzug, für den die Gewährung von Umzugskostenvergütung zugesagt worden ist, oder
10. der Einstellung

an einem Ort außerhalb ihres oder seines bisherigen Dienst- oder Wohnorts beschäftigt wird, erhält unter Berücksichtigung der häuslichen Ersparnis die Kosten vergütet, die durch die häusliche Trennung oder in besonderen Fällen entstehen (Trennungsgeld). ₂Im Fall des Satzes 1 Nr. 10 wird Trennungsgeld gewährt, falls für einen Umzug die Gewährung von Umzugskostenvergütung zugesagt worden ist, andernfalls nur bei vorübergehender Dauer des Dienstverhältnisses, der vorübergehenden Verwendung am Einstellungsort oder während der Probezeit. ₃Trennungsgeld wird auch gewährt, wenn eine Dienstwohnung auf Weisung des Dienstherrn geräumt werden muss, für den Zeitraum, in dem der zur Führung eines Haushalts notwendige Teil der Wohnungseinrichtung eingelagert werden muss. ₄Als Trennungsgeld werden die notwendigen Kosten erstattet. ₅Abweichend von Satz 4 werden bei einer Abordnung oder Zuweisung zum Zweck einer nicht ausschließlich im dienstlichen Interesse durchgeführten Aus- oder Fortbildung und im Fall des Satzes 3 nur die angemessenen Kosten erstattet. ₆Das Trennungsgeld umfasst das Trennungsreise-, das Trennungstage- und das Trennungsübernachtungsgeld, die Reisebeihilfen für Heimfahrten und die Auslagenerstattung bei täglicher Rückkehr zur Wohnung.

(2) ₁Das Nähere über Inhalt und Umfang des Trennungsgeldes, der Kostenerstattung und das Verfahren der Gewährung regelt die Landesregierung durch Verordnung. ₂Insbesondere können Bestimmungen getroffen werden

1. bezüglich des Inhalts und des Umfangs der Gewährung von Trennungsgeld
   a) über Höchstbeträge in bestimmten Fällen,
   b) über eine pauschale Kostenerstattung,
   c) über eine abweichende Bemessung des Trennungsgeldes in Fällen, in denen die Beamtin oder der Beamte im Rahmen eines Rotationsverfahrens innerhalb eines mehrjährigen Zeitraums mehrfach den Dienstort wechselt,
   d) über den Ausschluss der Gewährung von Trennungsgeld und
2. bezüglich des Verfahrens der Gewährung von Trennungsgeld
   a) über eine Ausschlussfrist für die Beantragung von Trennungsgeld,
   b) über die elektronische Erfassung und Speicherung von Anträgen und Nachweisen.

(3) ₁Für Maßnahmen nach Absatz 1 Sätze 1 bis 3 im oder in das Ausland sowie vom Ausland in das Inland sind die Vorschriften des Bundes zum Auslandstrennungsgeldrecht mit der Maßgabe entsprechend anzuwenden, dass die Landesregierung ermächtigt wird, durch Verordnung die Kostenstattung bei einer Abordnung oder Zuweisung zum Zweck der Aus- oder Fortbildung an eine Ausbildungsstelle außerhalb der Europäischen Union zu begrenzen. ₂Satz 1 gilt nicht für im Grenzverkehr tätige Beamtinnen und Beamte bei Maßnahmen nach Absatz 1 Sätze 1 bis 3 im Bereich ausländischer Lokalgrenzbehörden, zwischen solchen Bereichen und zwischen diesen und dem Inland.

§ 87 Verzinsung, Rückforderung

₁Werden Geldleistungen aufgrund dieses Gesetzes nach dem Tag der Fälligkeit des Anspruchs gezahlt, besteht kein Anspruch auf Verzugszinsen. ₂Die Rückforderung zuviel gezahlter Leistungen richtet sich nach den Vorschriften des Bürgerlichen Gesetzbuchs über die Herausgabe einer ungerechtfertigten Bereicherung. ₃Der Kenntnis des Mangels des rechtlichen Grundes der Zahlung steht es gleich, wenn der Mangel so offensichtlich war, dass die Empfängerin oder der Empfänger ihn hätte erkennen müssen. ₄Von der Rückforderung kann aus Billigkeitsgründen mit Zustimmung der obersten Dienstbehörde oder der von ihr bestimmten Stelle ganz oder teilweise abgesehen werden.

§ 87a Zahlung sonstiger Geldleistungen aus einem Dienst- oder Versorgungsverhältnis

(1) Für die Zahlung von Geldleistungen aus dem Dienstverhältnis, die nicht Besoldung sind, an Beamtinnen, Beamte, Richterinnen und Richter gilt § 21 NBesG entsprechend.

(2) Für die Zahlung von Geldleistungen aus dem Versorgungsverhältnis, die nicht Versorgung sind, an Versorgungsempfängerinnen und Versorgungsempfänger gilt § 56 Abs. 7 NBeamtVG entsprechend.

Fünfter Abschnitt
Personaldatenverarbeitung, Personalakten (§ 50 BeamtStG)

§ 88 Personaldatenverarbeitung, Inhalt der Personalakten sowie Zugang zu Personalakten

(1) ₁Der Dienstherr darf personenbezogene Daten einschließlich besonderer Kategorien personenbezogener Daten im Sinne des Artikels 9 Abs. 1 der Verordnung (EU) 2016/679 des Europäischen Parlaments und des Rates vom 27. April 2016 zum Schutz natürlicher Personen bei der Verarbeitung personenbezogener Daten, zum freien Datenverkehr und zur Aufhebung der Richtlinie 95/46/EG (Datenschutz-Grundverordnung) (ABl. EU Nr. L 119 S. 1; Nr. L 314 S. 72) über Bewerberinnen und Bewerber sowie über Beamtinnen und Beamte, frühere Beamtinnen und Beamte und deren Hinterbliebene verarbeiten, soweit dies

zur Begründung, Durchführung, Beendigung oder Abwicklung des Dienstverhältnisses oder zur Durchführung organisatorischer, personeller und sozialer Maßnahmen, insbesondere auch zu Zwecken der Personalplanung und des Personaleinsatzes, erforderlich ist oder eine Rechtsvorschrift, eine Vereinbarung nach § 81 des Niedersächsischen Personalvertretungsgesetzes oder eine Dienstvereinbarung dies erlaubt. ₂Für die Verarbeitung personenbezogener Daten gelten ergänzend zur Datenschutz-Grundverordnung die Bestimmungen des Niedersächsischen Datenschutzgesetzes, soweit sich aus § 50 BeamtStG oder aus diesem Gesetz nichts Abweichendes ergibt.

(2) ₁Andere Unterlagen als Personalaktendaten dürfen in die Personalakte nicht aufgenommen werden. ₂Die Akte kann in Teilen oder vollständig elektronisch geführt werden. ₃Nicht Bestandteil der Personalakte sind Unterlagen, die besonderen, von der Person und dem Dienstverhältnis sachlich zu trennenden Zwecken dienen, insbesondere Prüfungs-, Sicherheits- und Kindergeldakten; von Unterlagen über psychologische Untersuchungen und Tests, die in Bewerbungsverfahren durchgeführt wurden, dürfen nur die Ergebnisse aufgenommen werden. ₄Kindergeldakten können mit Besoldungs- und Versorgungsakten verbunden geführt werden, wenn diese von der übrigen Personalakte getrennt sind und von einer von der übrigen Personalverwaltung getrennten Organisationseinheit bearbeitet werden.

(3) ₁Die Personalakte kann nach sachlichen Gesichtspunkten in Grundakte und Teilakten gegliedert werden. ₂Teilakten können bei der für den betreffenden Aufgabenbereich zuständigen Behörde geführt werden. ₃Nebenakten (Unterlagen, die sich auch in der Grundakte oder in Teilakten befinden) dürfen nur geführt werden, wenn die personalverwaltende Behörde nicht zugleich Beschäftigungsbehörde ist oder wenn mehrere personalverwaltende Behörden für die Beamtin oder den Beamten zuständig sind; sie dürfen nur solche Unterlagen enthalten, deren Kenntnis zur Aufgabenerledigung der betreffenden Behörde erforderlich ist. ₄In die Grundakte ist ein vollständiges Verzeichnis aller Teil- und Nebenakten aufzunehmen. ₅Wird die Personalakte nicht vollständig in Schriftform geführt, so ist in der Personalakte schriftlich festzulegen, welche Teile elektronisch geführt werden.

(4) ₁Zugang zur Personalakte dürfen nur Beschäftigte haben, die von der zuständigen Stelle mit der Bearbeitung von Personalangelegenheiten beauftragt sind. ₂Sie dürfen die in der Personalakte enthaltenen Daten nur verarbeiten, soweit dies zu Zwecken der Personalverwaltung oder der Personalwirtschaft erforderlich ist.

§ 89 Beihilfeakten

₁Unterlagen über Beihilfen sind stets als Teilakte zu führen. ₂Diese ist von der übrigen Personalakte getrennt aufzubewahren. ₃Sie soll in einer von der übrigen Personalverwaltung getrennten Organisationseinheit bearbeitet werden; Zugang sollen nur Beschäftigte dieser Organisationseinheit haben. ₄Die Beihilfeakte darf für andere als für Beihilfezwecke nur verwendet, übermittelt oder bereitgestellt werden, soweit

1. die oder der Beihilfeberechtigte und die bei der Beihilfegewährung berücksichtigten Angehörigen im Einzelfall einwilligen,
2. die Einleitung oder Durchführung eines im Zusammenhang mit einem Beihilfeantrag stehenden behördlichen oder gerichtlichen Verfahrens dies erfordert,
3. es zur Abwehr erheblicher Nachteile für das Gemeinwohl oder einer sonst unmittelbar drohenden Gefahr für die öffentliche Sicherheit erforderlich ist oder
4. es zum Schutz lebenswichtiger Interessen der oder des Beihilfeberechtigten oder einer anderen Person erforderlich ist und die oder der Beihilfeberechtigte oder die oder der bei der Beihilfegewährung berücksichtigte Angehörige aus körperlichen oder rechtlichen Gründen außerstande ist, ihre oder seine Einwilligung zu geben.

₅Unterlagen über Beihilfe dürfen in dem für die Durchführung des Gesetzes über Rabatte für Arzneimittel vom 22. Dezember 2010

(BGBl. I S. 2262, 2275), zuletzt geändert durch Artikel 7 des Gesetzes vom 9. Dezember 2020 (BGBl. I S. 2870), in der jeweils geltenden Fassung erforderlichen Umfang gespeichert und zum Zweck der Prüfung nach § 3 des Gesetzes über Rabatte für Arzneimittel an den Treuhänder übermittelt werden. ₆Die Sätze 1 bis 5 gelten entsprechend für Unterlagen über Heilfürsorge und Heilverfahren.

§ 90 Anhörung

₁Ist beabsichtigt, Beschwerden, Behauptungen und Bewertungen, die für die Beamtinnen und Beamten ungünstig sind oder ihnen nachteilig werden können, in die Personalakte aufzunehmen, so sind sie hierüber zu informieren und ihnen ist Gelegenheit zur Stellungnahme, insbesondere auch hinsichtlich einer notwendigen Berichtigung oder Vervollständigung, zu geben, soweit dies nicht bereits im Rahmen einer Anhörung nach anderen Rechtsvorschriften erfolgt. ₂Die Äußerung der Beamtinnen und Beamten ist zur Personalakte zu nehmen.

§ 91 Auskunft und Akteneinsicht

(1) ₁Neben dem Anspruch der Beamtinnen und Beamten auf Auskunft nach Artikel 15 der Datenschutz-Grundverordnung über sie betreffende personenbezogene Daten, die für ihr Dienstverhältnis verarbeitet werden und in ihrer Personalakte oder anderen Akten enthalten sind, besteht auch ein Anspruch auf Gewährung von Einsicht in solche Akten. ₂Einsicht wird nicht gewährt in andere Akten, in denen die Daten der Beamtin oder des Beamten mit Daten Dritter oder geheimhaltungsbedürftigen nicht personenbezogenen Daten derart verbunden sind, dass ihre Trennung nicht oder nur mit unverhältnismäßig großem Aufwand möglich ist. ₃Die aktenführende Behörde bestimmt, wo die Einsicht gewährt wird. ₄Der Anspruch auf Auskunft und der Anspruch auf Akteneinsicht bestehen auch nach Beendigung des Beamtenverhältnisses.

(2) Bevollmächtigten der Beamtinnen und Beamten ist Einsicht in Akten nach Absatz 1 Satz 1 zu gewähren oder Auskunft aus solchen Akten zu erteilen, soweit dienstliche Gründe nicht entgegenstehen.

(3) ₁Hinterbliebenen und deren Bevollmächtigten ist Einsicht in Akten nach Absatz 1 Satz 1 der früheren Beamtin oder des früheren Beamten zu gewähren oder Auskunft aus solchen Akten zu erteilen, soweit ein berechtigtes Interesse glaubhaft gemacht wird und dienstliche Gründe nicht entgegenstehen. ₂Sie erhalten auf Verlangen eine Kopie aus der Akte.

§ 92 Übermittlung und Bereitstellung von Personalakten und Auskunft an Dritte

(1) ₁Es ist zulässig, die Personalakte für Zwecke der Personalverwaltung oder Personalwirtschaft der obersten Dienstbehörde, dem Landespersonalausschuss oder einer im Rahmen der Dienstaufsicht weisungsbefugten Behörde zu übermitteln oder bereitzustellen. ₂Das Gleiche gilt für andere Behörden desselben oder eines anderen Dienstherrn, soweit diese an einer Personalentscheidung mitwirken. ₃Ärztinnen und Ärzten sowie Psychologinnen und Psychologen, die im Auftrag der personalverwaltenden Behörde ein Gutachten erstellen, darf die Personalakte ebenfalls übermittelt oder bereitgestellt werden. ₄Für Auskünfte aus der Personalakte gelten die Sätze 1 bis 3 entsprechend. ₅Soweit eine Auskunft ausreicht, ist von einer Übermittlung und Bereitstellung abzusehen.

(2) Personenbezogene Daten aus der Personalakte dürfen verwendet oder einer anderen Behörde oder beauftragten Stelle übermittelt oder bereitgestellt werden, soweit sie für die Festsetzung oder Berechnung der Besoldung, Versorgung, Beihilfe oder des Altersgeldes oder für die Prüfung der Kindergeldberechtigung erforderlich sind.

(3) ₁Personenbezogene Daten aus der Personalakte dürfen nur mit Einwilligung der Beamtin oder des Beamten sonstigen Dritten übermittelt oder bereitgestellt werden, es sei denn, dass die Empfängerin oder der Empfänger ein rechtliches Interesse an der Kenntnis der zu übermittelnden Daten glaubhaft macht und kein Grund zu der Annahme

besteht, dass das schutzwürdige Interesse der oder des Betroffenen an der Geheimhaltung überwiegt. ₂Die Information der Beamtin oder des Beamten nach Artikel 13 Abs. 3 der Datenschutz-Grundverordnung über die beabsichtigte Übermittlung oder Bereitstellung erfolgt schriftlich.

(4) Übermittlung, Bereitstellung und Auskunft sind auf den jeweils erforderlichen Umfang zu beschränken.

§ 92a Verarbeitung von Personalaktendaten im Auftrag

(1) ₁Die personalverwaltende Behörde darf nur bei

1. der Bewilligung, Festsetzung oder Zahlbarmachung von Geldleistungen und
2. der automatisierten Erledigung von Aufgaben für Zwecke nach § 88 Abs. 1 Satz 1

gemäß Artikel 28 der Datenschutz-Grundverordnung Personalaktendaten im Auftrag verarbeiten lassen. ₂Eine nicht öffentliche Stelle darf nur beauftragt werden, wenn bei der personalverwaltenden Behörde sonst Störungen im Geschäftsablauf auftreten können oder der Auftragsverarbeiter die Verarbeitungsleistungen erheblich kostengünstiger erbringen kann.

(2) Die Auftragserteilung und die Genehmigung einer Unterauftragserteilung bedürfen der vorherigen Zustimmung der obersten Dienstbehörde.

(3) Die personalverwaltende Behörde hat die Einhaltung der beamten- und datenschutzrechtlichen Vorschriften durch den oder der Auftragsverarbeiter regelmäßig zu kontrollieren.

§ 93 Entfernung von Unterlagen aus Personalakten

(1) ₁Unterlagen über Beschwerden, Behauptungen und Bewertungen, auf die die Vorschriften des Disziplinarrechts über die Entfernung von Unterlagen aus der Personalakte keine Anwendung finden, sind,

1. falls sie sich als unbegründet oder falsch erwiesen haben, mit Einwilligung der Beamtin oder des Beamten unverzüglich aus der Personalakte zu entfernen und zu vernichten,
2. falls sie für die Beamtin oder den Beamten ungünstig sind oder ihr oder ihm nachteilig werden können, auf ihren oder seinen Antrag nach zwei Jahren zu entfernen und zu vernichten; dies gilt nicht für dienstliche Beurteilungen.

₂Die Frist nach Satz 1 Nr. 2 wird durch erneute Sachverhalte im Sinne dieser Vorschrift oder durch die Einleitung eines Straf- oder Disziplinarverfahrens unterbrochen. ₃Stellt sich der erneute Vorwurf als unbegründet oder falsch heraus, gilt die Frist als nicht unterbrochen.

(2) ₁Vorgänge über strafrechtliche Verfahren, soweit sie nicht Bestandteil einer Disziplinarakte sind, sowie Auskünfte aus dem Bundeszentralregister sind, wenn die Beamtin oder der Beamte einwilligt, nach drei Jahren zu entfernen und zu vernichten. ₂Die Frist wird durch erneute Sachverhalte im Sinne des Satzes 1 oder des Absatzes 1 Satz 2 unterbrochen; Absatz 1 Satz 3 gilt entsprechend.

§ 94 Aufbewahrungsfristen

(1) ₁Personalakten sind nach ihrem Abschluss von der personalaktenführenden Behörde fünf Jahre aufzubewahren. ₂Personalakten sind abgeschlossen, wenn

1. die Beamtin oder der Beamte nach Ablauf des Vorbereitungsdienstes aus dem Beamtenverhältnis auf Widerruf ausgeschieden ist,
2. die Beamtin oder der Beamte oder die Ruhestandsbeamtin oder der Ruhestandsbeamte oder die oder der Altersgeldberechtigte verstorben ist, mit Ablauf des Todesjahres, jedoch nicht vor Ablauf des Jahres, in dem die letzte Versorgungs- und Altersgeldverpflichtung gegenüber Hinterbliebenen entfallen ist,
3. die Beamtin oder der Beamte ohne Versorgungs- oder Altersgeldansprüche aus dem öffentlichen Dienst ausgeschieden ist, mit Ablauf des Jahres der Vollendung der Regelaltersgrenze, in den Fällen des § 24 BeamtStG und der §§ 11 und 13 NDiszG jedoch erst, wenn mögliche Versorgungsempfängerinnen oder Versor-

gungsempfänger oder Altersgeldberechtigte nicht mehr vorhanden sind.

(2) ₁Unterlagen über Beihilfe, Heilfürsorge, Heilverfahren, Reise- und Umzugskostenvergütungen sowie Trennungsgeld sind zehn Jahre, Unterlagen über Unterstützungen und Erkrankungen fünf Jahre und Unterlagen über Erholungsurlaub drei Jahre nach Ablauf des Jahres, in dem die Bearbeitung des einzelnen Vorgangs abgeschlossen wurde, aufzubewahren. ₂Falls Unterlagen über Beihilfe, Heilfürsorge oder Heilverfahren, aus denen die Art einer Erkrankung ersichtlich ist, nicht in elektronischer Form gespeichert werden, so sind sie

1. unverzüglich zurückzugeben oder zu vernichten, wenn sie für den Zweck, zu dem sie vorgelegt worden sind, nicht mehr benötigt werden, oder,

2. falls sie auch zur Durchführung des Verfahrens nach dem Gesetz über Rabatte für Arzneimittel gespeichert werden (§ 89 Satz 5 oder 6), unverzüglich nach Abschluss dieses Verfahrens zu vernichten.

₃Falls Unterlagen nach Satz 2 in elektronischer Form gespeichert werden, so sind die in Papierform eingereichten Unterlagen nach der elektronischen Speicherung unverzüglich zu vernichten. ₄Personenbezogene Daten in Unterlagen nach Satz 2, die in elektronischer Form gespeichert wurden und die Art einer Erkrankung erkennen lassen, sind ab dem Zeitpunkt, zu dem die Unterlagen nach Satz 2 zurückzugeben oder zu vernichten wären, in der Verarbeitung einzuschränken und nach Ablauf der in Satz 1 genannten Frist zu löschen. ₅Zur Prüfung eines Anspruchs auf Gewährung von Beihilfe, Heilfürsorge oder Leistungen aus Anlass eines Heilverfahrens ist ein automatisierter Datenabgleich mit den nach Satz 4 in der Verarbeitung eingeschränkten Daten zulässig. ₆Darüber hinaus ist eine erneute, auch nicht automatisierte, Verarbeitung von nach Satz 4 in der Verarbeitung eingeschränkten Daten zulässig, wenn sich aus dem automatisierten Datenabgleich nach Satz 5 berechtigte Zweifel an der Rechtmäßigkeit der Gewährung ergeben oder die Verarbeitung der Vorbereitung der Geltendmachung eines Erstattungsanspruchs dient.

(3) Versorgungs- und Altersgeldakten sind fünf Jahre nach Ablauf des Jahres, in dem die letzte Versorgungs- und Altersgeldzahlung geleistet worden ist, aufzubewahren; besteht die Möglichkeit eines Wiederauflebens des Anspruchs, sind die Akten 30 Jahre aufzubewahren.

(4) Die Personal-, Versorgungs- und Altersgeldakten werden nach Ablauf der Aufbewahrungszeit vernichtet, sofern sie nicht vom Landesarchiv übernommen werden.

§ 95 Automatisierte Verarbeitung von Personalakten

(1) Personenbezogene Daten aus Beihilfeakten dürfen automatisiert nur im Rahmen ihrer Zweckbestimmung und nur von den übrigen Personaldateien technisch und organisatorisch getrennt verarbeitet werden.

(2) Die Ergebnisse von medizinischen oder psychologischen Untersuchungen und Tests dürfen nur automatisiert verarbeitet werden, soweit sie die Eignung betreffen und ihre Verarbeitung dem Schutz der Beamtin oder des Beamten dient.

(3) Beurteilungen sowie beamtenrechtliche Entscheidungen dürfen nicht ausschließlich auf Informationen und Erkenntnisse gestützt werden, die unmittelbar durch automatisierte Verarbeitung personenbezogener Daten gewonnen werden.

(4) In Angelegenheiten, die die Beihilfe, die Heilfürsorge, das Heilverfahren, die Reisekostenvergütung, die Umzugskostenvergütung oder das Trennungsgeld betreffen, darf eine Entscheidung nur dann ausschließlich auf einer automatisierten Verarbeitung von personenbezogenen Daten beruhen, wenn damit einem Antrag der Beamtin oder des Beamten vollständig entsprochen wird.

Dritter Teil
Beteiligung der Spitzenorganisationen

§ 96 Beteiligung der Spitzenorganisationen (§ 53 BeamtStG)

(1) ₁Die Spitzenorganisationen der zuständigen Gewerkschaften und Berufsverbände (Spitzenorganisationen) sind über die Verpflichtung nach § 53 Satz 1 BeamtStG hinaus auch bei der Vorbereitung sonstiger allgemeiner Regelungen der beamtenrechtlichen Verhältnisse durch die obersten Landesbehörden zu beteiligen. ₂Die Entwürfe von Regelungen nach Satz 1 und § 53 Satz 1 BeamtStG werden den Spitzenorganisationen mit einer angemessenen Frist zur Stellungnahme zugeleitet. ₃Sie können eine mündliche Erörterung verlangen. ₄Vorschläge der Spitzenorganisationen, die in Gesetzentwürfen keine Berücksichtigung gefunden haben, werden dem Landtag unter Angabe der Gründe mitgeteilt.

(2) ₁Die obersten Landesbehörden und die Spitzenorganisationen kommen regelmäßig zu Gesprächen über allgemeine und grundsätzliche Fragen des Beamtenrechts zusammen. ₂Darüber hinaus können aus besonderem Anlass weitere Gespräche vereinbart werden.

Vierter Teil
Landespersonalausschuss

§ 97 Aufgaben des Landespersonalausschusses

₁Der Landespersonalausschuss wirkt an Personalentscheidungen in den in diesem Gesetz geregelten Fällen mit dem Ziel mit, die einheitliche Durchführung der beamtenrechtlichen Vorschriften sicherzustellen. ₂Er hat darüber hinaus die Aufgabe, Empfehlungen zur Beseitigung von Mängeln in der Handhabung der beamtenrechtlichen Vorschriften zu geben und Änderungsvorschläge zu unterbreiten.

§ 98 Mitglieder

(1) ₁Der Landespersonalausschuss besteht aus neun Mitgliedern und neun stellvertretenden Mitgliedern. ₂Ständige Mitglieder sind die Präsidentin oder der Präsident des Landesrechnungshofs als vorsitzendes Mitglied sowie die Leiterin oder der Leiter der Dienstrechtsabteilung des für Inneres zuständigen Ministeriums und die Leiterin oder der Leiter der Dienstrechtsabteilung des Finanzministeriums. ₃Sie werden durch ihre Vertreterin oder ihren Vertreter im Amt vertreten.

(2) ₁Die sechs weiteren Mitglieder werden von der Landesregierung für die Amtszeit von vier Jahren berufen, davon zwei Mitglieder aufgrund von Vorschlägen der kommunalen Spitzenverbände und vier Mitglieder aufgrund von Vorschlägen des Deutschen Gewerkschaftsbundes – Bezirk Niedersachsen – Bremen – Sachsen-Anhalt – und des NBB Niedersächsischer Beamtenbund und Tarifunion. ₂Satz 1 gilt für die Berufung der weiteren stellvertretenden Mitglieder entsprechend. ₃Die Vorschläge sollen jeweils zur Hälfte Frauen und Männer enthalten.

(3) Scheidet ein Mitglied oder ein stellvertretendes Mitglied, das nach Absatz 2 berufen worden ist, vorzeitig aus, so beruft die Landesregierung in entsprechender Anwendung des Absatzes 2 für den Rest der Amtszeit ein Ersatzmitglied.

(4) Die Mitglieder und stellvertretenden Mitglieder müssen Beamtin oder Beamter nach § 1 in einem nicht ruhenden Beamtenverhältnis sein.

§ 99 Rechtsstellung der Mitglieder

(1) ₁Die Mitglieder des Landespersonalausschusses sind in dieser Eigenschaft unabhängig und nur dem Gesetz unterworfen. ₂Sie üben ihre Tätigkeit innerhalb dieser Schranken in eigener Verantwortung aus.

(2) Die Mitglieder dürfen wegen ihrer Tätigkeit nicht dienstlich gemaßregelt, benachteiligt oder bevorzugt werden.

(3) ₁Die Mitgliedschaft im Landespersonalausschuss endet, wenn

1. die Amtszeit abgelaufen ist,
2. die Voraussetzung nach § 98 Abs. 4 nicht mehr erfüllt ist,

3. das Mitglied in einem Strafverfahren rechtskräftig zu einer Freiheitsstrafe verurteilt worden ist, oder
4. gegen das Mitglied in einem Disziplinarverfahren eine Disziplinarmaßnahme, die über einen Verweis hinausgeht, unanfechtbar ausgesprochen worden ist.

₂Auf die Tätigkeit im Landespersonalausschuss findet § 39 BeamtStG keine Anwendung.

§ 100 Geschäftsordnung und Verfahren

(1) Der Landespersonalausschuss gibt sich eine Geschäftsordnung.

(2) Die Sitzungen des Landespersonalausschusses sind nicht öffentlich.

(3) Beauftragten der betroffenen obersten Dienstbehörde ist in Personalangelegenheiten von grundsätzlicher Bedeutung und in Fällen des § 97 Satz 2 Gelegenheit zur Stellungnahme in der Sitzung zu geben.

§ 101 Beschlüsse

(1) ₁Der Landespersonalausschuss ist beschlussfähig, wenn mindestens sechs Mitglieder anwesend sind. ₂Beschlüsse werden mit der Mehrheit der abgegebenen Stimmen gefasst. ₃Bei Stimmengleichheit entscheidet die Stimme des vorsitzenden Mitglieds.

(2) Die Beschlüsse des Landespersonalausschusses in Personalangelegenheiten binden die betroffenen Verwaltungen.

§ 102 Beweiserhebung, Amtshilfe

(1) Der Landespersonalausschuss kann zur Durchführung seiner Aufgaben in entsprechender Anwendung der Vorschriften des Verwaltungsverfahrensgesetzes über das förmliche Verwaltungsverfahren Beweise erheben.

(2) Alle Dienststellen haben dem Landespersonalausschuss auf Anforderung unentgeltlich Amtshilfe zu leisten sowie auf Verlangen Auskünfte zu erteilen und Akten vorzulegen, wenn dies zur Durchführung seiner Aufgaben erforderlich ist.

§ 103 Geschäftsstelle

Beim für Inneres zuständigen Ministerium wird eine Geschäftsstelle eingerichtet, die die Sitzungen des Landespersonalausschusses vorbereitet und seine Beschlüsse ausführt.

Fünfter Teil
Beschwerdeweg und Rechtsschutz

§ 104 Anträge und Beschwerden

(1) ₁Beamtinnen und Beamte können Anträge stellen und Beschwerden vorbringen; hierbei haben sie den Dienstweg einzuhalten. ₂Der Beschwerdeweg bis zur obersten Dienstbehörde steht offen.

(2) Richtet sich die Beschwerde gegen die unmittelbare Vorgesetzte oder Dienstvorgesetzte oder den unmittelbaren Vorgesetzten oder Dienstvorgesetzten, so kann sie bei der oder dem nächst höheren Vorgesetzten oder Dienstvorgesetzten eingereicht werden.

(3) Beamtinnen und Beamte, die eine Meldung oder Offenlegung nach dem Hinweisgeberschutzgesetz vornehmen, sind von der Einhaltung des Dienstwegs befreit.

§ 105 Verwaltungsrechtsweg (§ 54 BeamtStG)

(1) ₁Vor Erhebung einer Klage aus dem Beamtenverhältnis bedarf es keiner Nachprüfung in einem Vorverfahren. ₂Satz 1 gilt nicht für Maßnahmen, denen die Bewertung einer Leistung im Rahmen einer berufsbezogenen Prüfung zugrunde liegt, für dienstliche Beurteilungen und für Maßnahmen in besoldungs-, versorgungs-, altersgeld-, beihilfe-, heilfürsorge-, reisekosten-, trennungsgeld- und umzugskostenrechtlichen Angelegenheiten.

(2) Die Anfechtungsklage gegen eine Abordnung (§ 27) oder Versetzung (§ 28) hat keine aufschiebende Wirkung.

§ 106 Vertretung des Dienstherrn

(1) ₁Bei Klagen des Dienstherrn aus dem Beamtenverhältnis wird der Dienstherr durch die oberste Dienstbehörde vertreten, der die Beamtin oder der Beamte untersteht oder bei der Beendigung des Beamtenverhältnisses unterstanden hat. ₂Die oberste Dienstbehörde kann die Vertretung durch allgemeine Anordnung auf andere Behörden übertragen; die Anordnung ist zu veröffentlichen.

(2) ₁Bei Auflösung einer Landesbehörde gilt § 8b des Niedersächsischen Ausführungsgesetzes zur Verwaltungsgerichtsordnung mit

der Maßgabe, dass im Fall eines Wechsels des Dienstherrn die bisherige oberste Dienstbehörde Nachfolgebehörde ist, soweit Gegenstand des Verfahrens Rechte oder Pflichten aus dem bisherigen Beamtenverhältnis sind. ₂Satz 1 gilt entsprechend für die vor Erhebung einer Leistungs- oder Feststellungsklage durchzuführenden Vorverfahren.

Sechster Teil
Besondere Vorschriften für einzelne Beamtengruppen

§ 107 Beamtinnen und Beamte beim Landtag

(1) ₁Die Beamtinnen und Beamten beim Landtag werden von der Präsidentin oder dem Präsidenten des Landtages im Benehmen mit dem Präsidium des Landtages ernannt und entlassen oder in den Ruhestand versetzt. ₂Oberste Dienstbehörde für die Beamtinnen und Beamten beim Landtag ist die Präsidentin oder der Präsident des Landtages.

(2) Die Befugnisse, die nach diesem Gesetz die Landesregierung hat, stehen für die Beamtinnen und Beamten beim Landtag der Präsidentin oder dem Präsidenten des Landtages im Benehmen mit dem Präsidium des Landtages zu; ausgenommen ist der Erlass von Verordnungen.

§ 108 Laufbahnen der Fachrichtung Polizei

(1) In das Beamtenverhältnis auf Widerruf zur Ableistung eines Vorbereitungsdienstes in einer Laufbahn der Fachrichtung Polizei kann eingestellt werden, wer das 32. Lebensjahr noch nicht vollendet hat.

(2) Eine Laufbahnbewerberin oder ein Laufbahnbewerber kann in einer Laufbahn der Fachrichtung Polizei in das Beamtenverhältnis auf Probe eingestellt werden, wenn sie oder er das 35. Lebensjahr noch nicht vollendet hat.

(3) Das für Inneres zuständige Ministerium wird ermächtigt, für die Laufbahnen der Fachrichtung Polizei durch Verordnung

1. von den §§ 14 und 30 Abs. 4 und der Verordnung nach § 25 abweichende Regelungen zu treffen und

2. Regelungen der Verordnung nach § 25 zu ergänzen,

soweit die besonderen Verhältnisse des Polizeivollzugsdienstes dies erfordern.

(4) Das für Inneres zuständige Ministerium wird ermächtigt, für die dienstliche Beurteilung der Beamtinnen und Beamten an Polizeibehörden und an der Polizeiakademie in einer Laufbahn der Fachrichtung Polizei durch Verordnung

1. von den durch Verordnung nach § 19a Abs. 3 getroffenen Regelungen abweichende Regelungen vorzusehen und

2. die in einer Verordnung nach § 19a Abs. 3 getroffenen Regelungen zu ergänzen,

soweit dies wegen der Besonderheiten der betroffenen Dienstverhältnisse im dienstlichen Interesse liegt.

§ 108a Verfahren zur Feststellung der persönlichen Eignung bei Bewerberinnen und Bewerbern im Bereich der Polizei

(1) ₁Vor Einstellung in ein Beamtenverhältnis in einer Laufbahn der Fachrichtung Polizei ersucht die für die Einstellung zuständige Stelle zur Feststellung der persönlichen Eignung der Bewerberin oder des Bewerbers

1. die Verfassungsschutzbehörde um Auskunft, ob und gegebenenfalls welche Erkenntnisse zu der Bewerberin oder dem Bewerber vorliegen, die Zweifel daran begründen können, dass sie oder er die Gewähr dafür bietet, jederzeit für die freiheitliche demokratische Grundordnung im Sinne des Grundgesetzes einzutreten,

2. das Landeskriminalamt um Auskunft, ob und gegebenenfalls welche Erkenntnisse über gegen die Bewerberin oder den Bewerber als Beschuldigte oder als Beschuldigten geführte Strafverfahren oder strafrechtliche Ermittlungsverfahren oder Erkenntnisse über Störungen der öffentlichen Sicherheit durch die Bewerberin oder den Bewerber vorliegen,

3. die für die Wohnsitze der Bewerberin oder des Bewerbers während der letzten fünf Jahre zuständigen Polizeidienststellen des

§ 108a **Landesbeamtengesetz (NBG) I.2**

Landes oder die entsprechenden Stellen eines anderen Landes um Auskunft, ob und gegebenenfalls welche

a) Erkenntnisse über gegen die Bewerberin oder den Bewerber als Beschuldigte oder als Beschuldigten geführte Strafverfahren oder strafrechtliche Ermittlungsverfahren,

b) Erkenntnisse über von der Polizei gegen die Bewerberin oder den Bewerber als Betroffene oder Betroffenen geführte Bußgeldverfahren,

c) Erkenntnisse über gegen die Bewerberin oder den Bewerber gerichtete polizeiliche Maßnahmen der Gefahrenabwehr oder

d) sonstige Erkenntnisse über Störungen der öffentlichen Sicherheit durch die Bewerberin oder den Bewerber

vorliegen und

4. im Fall von Erkenntnissen über Strafverfahren oder strafrechtliche Ermittlungsverfahren die zuständige Staatsanwaltschaft und gegebenenfalls das zuständige Gericht um Einsichtnahme in die staatsanwaltschaftlichen Akten und gegebenenfalls die Gerichtsakten, soweit die Erheblichkeit des Verfahrens für die Prüfung der persönlichen Eignung der Bewerberin oder des Bewerbers nicht anhand bereits vorliegender Erkenntnisse abschließend festgestellt werden kann,

falls die Bewerberin oder der Bewerber nicht bereits aus einem anderen Grund als dem etwaigen Fehlen der persönlichen Eignung abgelehnt werden soll. ₂Für die Feststellung hat die für die Einstellung zuständige Stelle außerdem eine Abfrage zu Erkenntnissen der in Satz 1 Nrn. 2 und 3 genannten Art aus den Vorgangsbearbeitungs- und Informationssystemen der Polizei Niedersachsen und dem polizeilichen Informationsverbund zwischen Bund und Ländern durchzuführen oder eine Polizeibehörde darum zu ersuchen. ₃Die für die Einstellung zuständige Stelle darf Familienname, Vornamen, Geburtsname und sonstige Namen, Geschlecht, Geburtsdatum, Geburtsort, Staatsangehörigkeit, Wohnsitz und Angaben zu einem Identitätsdokument der Bewerberin oder des Bewerbers für die Ersuchen an die ersuchten Stellen übermitteln und für eigene Abfragen nach Satz 2 verwenden. ₄Die ersuchten Stellen sind befugt, der für die Einstellung zuständigen Stelle

1. nach Maßgabe der für sie jeweils geltenden Rechtsvorschriften die Auskünfte nach Satz 1 Nrn. 1 bis 3 zu erteilen und die Einsichtnahme in die Akten nach Satz 1 Nr. 4 zu gewähren und

2. das Ergebnis einer Abfrage nach Satz 2 mitzuteilen.

₅Die für die Einstellung zuständige Stelle unterrichtet die Bewerberin oder den Bewerber über die beabsichtigte Datenverarbeitung nach den Sätzen 1 bis 4 sowie über den Umfang und die Dauer der anschließenden Datenverarbeitung.

(2) ₁Die für die Einstellung zuständige Stelle hat die nach Absatz 1 erhobenen Daten gesondert von den übrigen für die Durchführung des Einstellungsverfahrens erforderlichen Daten und gesondert von der Personalakte aufzubewahren. ₂Jeder Zugriff auf die Daten ist zu protokollieren. ₃Die Regelungen des § 50 BeamtStG sowie der §§ 88 und 90 bis 92 sind entsprechend anzuwenden. ₄Nach der Einstellung sind die Daten in eine Teilakte der Personalakte aufzunehmen. ₅Die Teilakte ist nach Beendigung des Beamtenverhältnisses während der Probezeit unverzüglich, spätestens nach Ablauf der Probezeit, zu vernichten. ₆Die Daten von Bewerberinnen und Bewerbern, die nicht eingestellt wurden, sind unverzüglich nach Beendigung des Bewerbungsverfahrens zu löschen, spätestens mit Eintritt der Unanfechtbarkeit eines ablehnenden Bescheids.

(3) Absatz 1 Satz 1 Nrn. 2 bis 4 und Sätze 2 bis 5 und Absatz 2 gelten entsprechend für die Einstellung in ein Beamtenverhältnis einer anderen Laufbahn bei einer Polizeibehörde oder der Polizeiakademie Niedersachsen, wenn diese Behörde Einstellungsbehörde ist.

(4) Die Regelungen des Niedersächsischen Sicherheitsüberprüfungsgesetzes bleiben unberührt.

(5) ₁Vor der Einstellung in ein Beamtenverhältnis in eine Laufbahn der Fachrichtung Po-

lizei ist durch eine Ärztin oder einen Arzt zu dokumentieren, ob und gegebenenfalls welche unveränderlichen Merkmale des Erscheinungsbilds die Bewerberin oder der Bewerber aufweist, die nicht die gesundheitliche Eignung betreffen, aber der Berufung in ein Beamtenverhältnis entgegenstehen können (§ 7 Abs. 1 Satz 1 Nr. 2 und Satz 2 BeamtStG). ₂Merkmale, die bei der gewöhnlichen Ausübung des Dienstes nicht sichtbar sind, sind nicht zu dokumentieren, wenn sie aufgrund ihres Inhalts oder ihrer Bedeutung offensichtlich nicht geeignet sind, Zweifel an der persönlichen Eignung der Bewerberin oder des Bewerbers hervorzurufen. ₃Die Ärztin oder der Arzt übermittelt die Dokumentation nach den Sätzen 1 und 2 an die für die Einstellung zuständige Stelle. ₄§ 45 Abs. 1, Abs. 2 Satz 2 und Abs. 3 gilt entsprechend. ₅Die für die Einstellung zuständige Stelle stellt auf der Grundlage der ärztlichen Dokumentation fest, ob die unveränderlichen Merkmale der Bewerberin oder des Bewerbers der Berufung in ein Beamtenverhältnis entgegenstehen.

§ 108b Erscheinungsbild von Polizeivollzugsbeamtinnen und Polizeivollzugsbeamten

Das für Inneres zuständige Ministerium wird ermächtigt, für Beamtinnen und Beamte in einer Laufbahn der Fachrichtung Polizei (Polizeivollzugsbeamtinnen und Polizeivollzugsbeamte) durch Verordnung die Einzelheiten nach § 34 Abs. 2 Sätze 2 bis 4 BeamtStG zu regeln.

§ 109 Altersgrenze der Polizeivollzugsbeamtinnen und Polizeivollzugsbeamten, Altersteilzeit

(1) Eine Polizeivollzugsbeamtin oder ein Polizeivollzugsbeamter erreicht die Altersgrenze mit Vollendung des 62. Lebensjahres.

(2) ₁Die Altersgrenze nach Absatz 1 verringert sich um ein Jahr, wenn die Polizeivollzugsbeamtin oder der Polizeivollzugsbeamte mindestens 25 Jahre im Wechselschichtdienst, im Spezialeinsatzkommando, in einem Mobilen Einsatzkommando, in der Polizeihubschrauberstaffel oder in ähnlich gesundheitlich belastender Weise im kriminalpolizeilichen Ermittlungsbereich tätig gewesen ist. ₂Die Polizeivollzugsbeamtin oder der Polizeivollzugsbeamte hat spätestens vier Jahre vor Erreichen der in Satz 1 genannten Altersgrenze anzuzeigen, dass sie oder er mit Erreichen dieser Altersgrenze die Mindestzeit erbracht haben wird.

(3) ₁Abweichend von § 36 Abs. 1 Satz 3 haben Polizeivollzugsbeamtinnen und Polizeivollzugsbeamte den Antrag nach § 36 Abs. 1 Satz 1 spätestens vier Jahre vor dem Eintritt in den Ruhestand zu stellen. ₂Wird diese Frist versäumt, so kann der Eintritt in den Ruhestand unter den Voraussetzungen des § 36 Abs. 1 um bis zu drei Jahre hinausgeschoben werden.

(4) ₁Polizeivollzugsbeamtinnen und Polizeivollzugsbeamte haben den Antrag nach § 37 Abs. 1 Satz 1 spätestens vier Jahre vor dem beantragten Eintritt in den Ruhestand zu stellen. ₂Satz 1 ist nicht anzuwenden auf Polizeibeamtinnen und Polizeibeamte, die schwerbehindert im Sinne des § 2 Abs. 2 SGB IX sind.

(5) Für Polizeivollzugsbeamtinnen und Polizeivollzugsbeamte ist § 63 nicht anzuwenden.

§ 110 Dienstunfähigkeit der Polizeivollzugsbeamtinnen und Polizeivollzugsbeamten

Die Polizeivollzugsbeamtin oder der Polizeivollzugsbeamte ist dienstunfähig (§ 26 Abs. 1 BeamtStG), wenn sie oder er den besonderen gesundheitlichen Anforderungen des Polizeivollzugsdienstes nicht mehr genügt und nicht zu erwarten ist, dass sie oder er ihre oder seine volle Verwendungsfähigkeit innerhalb von zwei Jahren wiedererlangt (Polizeidienstunfähigkeit), es sei denn, die ausgeübte oder die künftig auszuübende Funktion erfordert bei Beamtinnen und Beamten auf Lebenszeit diese besonderen gesundheitlichen Anforderungen auf Dauer nicht mehr uneingeschränkt.

§ 111 Gemeinschaftsunterkunft und Gemeinschaftsverpflegung

(1) Die Polizeivollzugsbeamtin oder der Polizeivollzugsbeamte ist auf Anordnung verpflichtet, in einer Gemeinschaftsunterkunft zu wohnen und an einer Gemeinschaftsverpflegung teilzunehmen.

(2) Die Verpflichtung nach Absatz 1 kann einer Polizeivollzugsbeamtin oder einem Polizeivollzugsbeamten, die oder der Beamtin oder Beamter auf Lebenszeit ist, nur für Übungen, besondere Einsätze oder für eine Aus-, Fort- oder Weiterbildung auferlegt werden.

(3) ₁Eine Beamtin oder ein Beamter, die oder der zur wirtschaftlichen, technischen oder ärztlichen Betreuung von Polizeieinheiten bei Übungen oder besonderen Einsätzen herangezogen wird, ist auf Anordnung verpflichtet, in einer Gemeinschaftsunterkunft zu wohnen und an einer Gemeinschaftsverpflegung teilzunehmen. ₂Ihr oder ihm wird für die Dauer der Heranziehung Schutzbekleidung zur Verfügung gestellt.

§ 112 Verbot der politischen Betätigung in Uniform

₁Die Polizeivollzugsbeamtin oder der Polizeivollzugsbeamte darf sich in der Öffentlichkeit in Dienstkleidung nicht politisch betätigen. ₂Das gilt nicht für die Ausübung des Wahlrechts.

§ 113 Ausstattung der Polizeivollzugsbeamtinnen und Polizeivollzugsbeamten

Die Polizeivollzugsbeamtinnen oder Polizeivollzugsbeamten erhalten die Bekleidung und Ausrüstung, die die besondere Art ihres Dienstes erfordert.

§ 114 Heilfürsorge für Polizeivollzugsbeamtinnen und Polizeivollzugsbeamte

(1) ₁Polizeivollzugsbeamtinnen und Polizeivollzugsbeamte (Heilfürsorgeberechtigte) haben Anspruch auf Heilfürsorge, wenn Besoldung gezahlt oder wegen der in § 80 Abs. 1 Satz 3 Nrn. 1 bis 3 genannten Umstände nicht gezahlt wird; § 80 Abs. 1 Satz 4 gilt entsprechend. ₂Auf die Besoldung der Heilfürsorgeberechtigten wird für deren Absicherung durch die Heilfürsorge monatlich ein Betrag in Höhe von 1,3 vom Hundert des jeweiligen Grundgehalts angerechnet. ₃Polizeivollzugsbeamtinnen und Polizeivollzugsbeamte, die am 31. Dezember 2016 nur Anspruch auf Beihilfe haben, haben nur dann Anspruch auf Heilfürsorge, wenn sie bis zum 31. Dezember 2017 gegenüber der Heilfürsorgestelle schriftlich erklären, Heilfürsorge erhalten zu wollen. ₄Sie erhalten dann ab dem Ersten des auf den Zugang der Erklärung folgenden Monats Heilfürsorge.

(2) ₁Heilfürsorgeberechtigte können auf den Anspruch auf Heilfürsorge schriftlich verzichten. ₂Sie erhalten dann ab dem Ersten des auf den Zugang der Verzichtserklärung bei der Heilfürsorgestelle folgenden Monats Beihilfe nach Maßgabe des § 80. ₃Ein Widerruf des Verzichts ist ausgeschlossen.

(3) Soweit in der Verordnung nach Absatz 5 nichts anderes bestimmt ist, wird Heilfürsorge für die angemessenen Aufwendungen für medizinisch notwendige Leistungen in den in § 80 Abs. 3 Satz 1 genannten Fällen gewährt, wenn nicht ein anderer Kostenträger leistungspflichtig ist.

(4) Die Heilfürsorgeberechtigten haben ab einem Zeitpunkt, den das Finanzministerium öffentlich bekannt macht, eine elektronische Gesundheitskarte in entsprechender Anwendung der Vorschriften des Fünften Buchs des Sozialgesetzbuchs zu verwenden.

(5) ₁Das Finanzministerium bestimmt im Einvernehmen mit dem für Inneres zuständigen Ministerium unter Berücksichtigung der Vorschriften des Fünften Buchs des Sozialgesetzbuchs und des Elften Buchs des Sozialgesetzbuchs sowie der Fürsorgepflicht des Dienstherrn nach § 45 BeamtStG durch Verordnung das Nähere über Inhalt und Umfang sowie das Verfahren der Gewährung von Heilfürsorge. ₂Insbesondere können Bestimmungen getroffen werden

1. bezüglich des Inhalts und Umfangs der Gewährung von Heilfürsorge

   a) insbesondere über die Beschränkung oder den Ausschluss der Gewährung von Heilfürsorge bei bestimmten Indikationen, für Untersuchungen und Behandlungen nach wissenschaftlich nicht allgemein anerkannten Methoden, und für bestimmte Arzneimittel, insbesondere für nicht verschreibungspflichtige Arzneimittel und solche, bei

deren Anwendung eine Erhöhung der Lebensqualität im Vordergrund steht,
b) über den Ausschluss der Heilfürsorge bei Leistungen, für die ein anderer Kostenträger leistungspflichtig ist,
c) über Höchstbeträge in bestimmten Fällen,
d) über die Beschränkung oder den Ausschluss der Gewährung von Heilfürsorge für Aufwendungen, die außerhalb der Europäischen Union entstanden sind,
e) über die Übernahme von Regelungen aus Verträgen, die zwischen privaten Krankenversicherungsunternehmen oder den gesetzlichen Krankenkassen oder deren Verbänden und leistungserbringenden Personen oder Einrichtungen abgeschlossen worden sind,
f) über die Übernahme der vom Gemeinsamen Bundesausschuss nach § 92 des Fünften Buchs des Sozialgesetzbuchs beschlossenen Richtlinien,

2. bezüglich des Verfahrens der Gewährung von Heilfürsorge
a) über die Notwendigkeit eines Voranerkennungsverfahrens,
b) über eine Ausschlussfrist für die Beantragung der Heilfürsorge,
c) über die elektronische Erfassung, Bearbeitung und Speicherung von Anträgen und Belegen,
d) über die Erstattung von Aufwendungen an Personen oder Einrichtungen, die Leistungen erbringen oder Rechnungen ausstellen,
e) über die Beteiligung von Gutachterinnen und Gutachtern und sonstigen Stellen zur Überprüfung der Notwendigkeit und Angemessenheit beantragter Maßnahmen oder einzelner Aufwendungen einschließlich der Übermittlung erforderlicher Daten, wobei personenbezogene Daten nur mit Einwilligung der Betroffenen übermittelt werden dürfen.

₃Der Ausschluss oder die Beschränkung der Gewährung von Heilfürsorge für nachgewiesene und angemessene Aufwendungen für medizinisch notwendige Leistungen ist nur zulässig, soweit dies im Einzelfall nicht zu einer unzumutbaren Härte für die Heilfürsorgeberechtigten führt. ₄Regelungen über Zuzahlungen entsprechend den Vorschriften des Fünften Buchs des Sozialgesetzbuchs sind unzulässig.

(6) Das Finanzministerium kann im Einvernehmen mit dem für Inneres zuständigen Ministerium in der Verordnung nach Absatz 5 auch bestimmen, in welchen Fällen und in welchem Umfang früheren Heilfürsorgeberechtigten nach Entlassung wegen Dienstunfähigkeit oder nach Beginn des Ruhestandes aus Fürsorgegründen übergangsweise Heilfürsorge gewährt werden kann.

(7) In der Verordnung nach Absatz 5 können auch Bestimmungen getroffen werden über die Beteiligung an der Finanzierung von Leistungen, für die den Heilfürsorgeberechtigten keine Aufwendungen entstehen.

(8) Benötigen Heilfürsorgeberechtigte eine Organ- oder Gewebetransplantation oder eine Behandlung mit Blutstammzellen oder anderen Blutbestandteilen, so hat der Dienstherr bei Lebendspenden dem Arbeitgeber der Spenderin oder des Spenders auf Antrag das während der Arbeitsunfähigkeit infolge der Spende fortgezahlte Arbeitsentgelt sowie hierauf entfallende Beiträge des Arbeitgebers zur Sozialversicherung und zur betrieblichen Alters- und Hinterbliebenenversorgung zu erstatten.

(9) ₁Sind Heilfürsorgeberechtigte pflegebedürftig und nehmen deshalb nahe Angehörige das Recht nach § 2 Abs. 1 PflegeZG, bis zu zehn Arbeitstage der Arbeit fernzubleiben, in Anspruch, so gewährt der Dienstherr den nahen Angehörigen auf Antrag nach Maßgabe des § 44a Abs. 3 SGB XI ein Pflegeunterstützungsgeld als Ausgleich für entgangenes Arbeitsentgelt für bis zu zehn Arbeitstage. ₂§ 44a Abs. 4 SGB XI ist entsprechend anzuwenden.

(10) § 80 Abs. 10 gilt entsprechend.

§ 115 Beamtinnen und Beamte des Feuerwehrdienstes

(1) ₁Die Beamtinnen und Beamten in einer Laufbahn der Fachrichtung Feuerwehr, die im

§ 116   Landesbeamtengesetz (NBG)   I.2

Brandbekämpfungs- und Hilfeleistungsdienst stehen (Beamtinnen und Beamte im Einsatzdienst), erreichen die Altersgrenze mit der Vollendung des 60. Lebensjahres. ₂Beamtinnen und Beamte des Landes in einer Laufbahn der Fachrichtung Feuerwehr erreichen die Altersgrenze mit der Vollendung des 62. Lebensjahres. ₃Die Altersgrenze nach Satz 2 verringert sich um ein Jahr, wenn die Beamtin oder der Beamte mindestens 25 Jahre im Einsatzdienst stand oder an einer zentralen Aus- und Fortbildungseinrichtung des Landes Niedersachsen tätig war. ₄Ist einer Beamtin oder einem Beamten des Landes in einer Laufbahn der Fachrichtung Feuerwehr das Amt der Landesbranddirektorin oder des Landesbranddirektors bei einer obersten Landesbehörde als Leiterin oder Leiter einer großen oder bedeutenden Abteilung übertragen worden, so tritt an die Stelle der in den Sätzen 2 und 3 genannten Altersgrenzen die in § 35 Abs. 2 genannte Altersgrenze. ₅Die Beamtinnen und Beamten können mit ihrer Zustimmung zu dem Zeitpunkt, mit dem sie wegen Erreichens der Altersgrenze nach den Sätzen 1 bis 3 in den Ruhestand treten würden, in ein Amt einer anderen Laufbahn versetzt werden, für die sie die Befähigung besitzen.

(2) ₁Beamtinnen und Beamten im Einsatzdienst wird freie Heilfürsorge gewährt, wenn Besoldung gezahlt oder wegen der in § 80 Abs. 1 Satz 3 Nrn. 1 bis 3 genannten Umstände nicht gezahlt wird; § 80 Abs. 1 Satz 4 gilt entsprechend. ₂Die Dienstherren nach § 1 Nrn. 2 und 3 können für ihre Beamtinnen und Beamten im Einsatzdienst durch Satzung bestimmen, dass § 114 Abs. 1 Satz 2 und Abs. 2 Anwendung findet. ₃Für Beamtenverhältnisse, die nach dem 31. Januar 1999 begründet worden sind oder werden, können sie durch Satzung einen von § 114 Abs. 1 Satz 2 abweichenden Anrechnungsbetrag oder die Anwendung des § 80 bestimmen. ₄§ 114 Abs. 4 findet mit der Maßgabe Anwendung, dass an die Stelle des Finanzministeriums die oberste Dienstbehörde tritt.

(3) ₁Beamtinnen und Beamte des Landes in einer Laufbahn der Fachrichtung Feuerwehr haben Anspruch auf Heilfürsorge in entsprechender Anwendung des § 114. ₂Beamtinnen und Beamte nach Satz 1, die am 12. November 2024 nur Anspruch auf Beihilfe nach § 80 haben, haben nur dann Anspruch auf Heilfürsorge, wenn sie bis zum 12. November 2025 gegenüber der Heilfürsorgestelle schriftlich erklären, Heilfürsorge erhalten zu wollen. ₃Sie erhalten dann ab dem Ersten des auf den Zugang der Erklärung folgenden Monats Heilfürsorge.

(4) ₁Inhalt und Umfang der Heilfürsorge bestimmen sich nach den für die Polizeivollzugsbeamtinnen und Polizeivollzugsbeamten geltenden Vorschriften. ₂Die Dienstherren nach § 1 Nr. 2 und 3 können durch Satzung bestimmen, dass für ihre heilfürsorgeberechtigten Beamtinnen und Beamten im Einsatzdienst darüber hinaus freiwillige Leistungen gewährt werden. ₃§ 80 Abs. 7 gilt entsprechend.

(5) Für Beamtinnen und Beamte in einer Laufbahn der Fachrichtung Feuerwehr und die Ehrenbeamtinnen und Ehrenbeamten des Feuerwehrdienstes gilt § 113 entsprechend.

(6) Das für Inneres zuständige Ministerium wird ermächtigt, durch Verordnung für die Beamtinnen und Beamten des Feuerwehrdienstes Vorschriften über das Tragen und die Gestaltung der Dienstkleidung, die Dienstgradabzeichen und die persönliche Ausrüstung im Feuerwehrdienst zu erlassen.

(7) Die Beamtin oder der Beamte im Einsatzdienst ist dienstunfähig (§ 26 Abs. 1 BeamtStG), wenn sie oder er den besonderen gesundheitlichen Anforderungen des Einsatzdienstes nicht mehr genügt und nicht zu erwarten ist, dass sie oder er ihre oder seine volle Verwendungsfähigkeit innerhalb von zwei Jahren wiedererlangt (Einsatzdienstunfähigkeit), es sei denn, die ausgeübte oder die künftig auszuübende Funktion erfordert bei Beamtinnen und Beamten auf Lebenszeit diese besonderen gesundheitlichen Anforderungen auf Dauer nicht mehr uneingeschränkt.

§ 116 Beamtinnen und Beamte im Justizvollzug und Justizwachtmeisterdienst

(1) Die im Justizvollzugsdienst sowie im Werkdienst des Justizvollzugs tätigen Beamtinnen und Beamten der Laufbahngruppe 1 erreichen die Altersgrenze

1. mit Vollendung des 62. Lebensjahres, wenn sie nach dem 31. Dezember 1963 geboren sind,

2. mit Vollendung des 61. Lebensjahres, wenn sie nach dem 31. Dezember 1961 und vor dem 1. Januar 1964 geboren sind, und

3. mit Vollendung des 60. Lebensjahres in den übrigen Fällen.

(2) ₁Die Altersgrenze nach Absatz 1 Nr. 1 oder 2 verringert sich um ein Jahr, wenn die Beamtin oder der Beamte mindestens 25 Jahre im Wechselschichtdienst tätig gewesen ist. ₂Die Beamtin oder der Beamte hat spätestens drei Jahre vor Erreichen der in Satz 1 genannten Altersgrenze anzuzeigen, dass sie oder er mit Erreichen dieser Altersgrenze die Mindestzeit erbracht haben wird.

(3) § 109 Abs. 3 und 4 gilt für die in Absatz 1 genannten Beamtinnen und Beamten entsprechend mit der Maßgabe, dass der Antrag jeweils drei Jahre vor dem Eintritt in den Ruhestand zu stellen ist.

(4) Auf die im Justizwachtmeisterdienst tätigen Beamtinnen und Beamten, die im ersten Einstiegsamt der Laufbahngruppe 1 eingestellt worden sind, findet § 20 Abs. 3 Satz 1 Nr. 1 keine Anwendung.

§ 117 Beamtinnen und Beamte im Schuldienst

(1) Die Landesregierung kann für die Laufbahnen der Fachrichtung Bildung durch Verordnung von § 13 Abs. 3 Satz 4 sowie den §§ 14, 15 und 16 Abs. 2 abweichende Regelungen treffen, soweit die besonderen Verhältnisse des Schuldienstes dies erfordern.

(2) Abweichend von § 26 ist die Landesregierung zuständig, die Ausbildung und Prüfung der Lehrkräfte an allgemeinbildenden und berufsbildenden Schulen zu regeln.

(3) ₁Beamtinnen und Beamte an Schulen und an Studienseminaren in einer Laufbahn der Fachrichtung Bildung werden nicht regelmäßig dienstlich beurteilt, sondern nur, wenn die dienstlichen oder persönlichen Verhältnisse dies erfordern (§ 19a Abs. 1 Satz 2). ₂Die oberste Dienstbehörde kann vorsehen, dass Beamtinnen und Beamte nach Satz 1 wegen der Besonderheiten der betroffenen Dienstverhältnisse regelmäßig dienstlich beurteilt werden. ₃Das für Bildung zuständige Ministerium wird ermächtigt, für die dienstliche Beurteilung der Beamtinnen und Beamten an Schulen und an Studienseminaren in einer Laufbahn der Fachrichtung Bildung im Einvernehmen mit dem für Inneres zuständigen Ministerium und dem für Soziales zuständigen Ministerium durch Verordnung

1. von den durch Verordnung nach § 19a Abs. 3 getroffenen Regelungen abweichende Regelungen vorzusehen und

2. die in einer Verordnung nach § 19a Abs. 3 getroffenen Regelungen zu ergänzen,

soweit dies wegen der Besonderheiten der betroffenen Dienstverhältnisse im dienstlichen Interesse liegt.

§ 118 Laufbahnen der Fachrichtung Steuerverwaltung

(1) Das Finanzministerium wird ermächtigt, für die Laufbahnen der Fachrichtung Steuerverwaltung durch Verordnung die Regelungen zu treffen, die erforderlich sind, um die Vorschriften dieses Gesetzes und der nach § 25 erlassenen Verordnung über den Erwerb der Laufbahnbefähigung an die bundesgesetzlichen Regelungen über die einheitliche Ausbildung der Beamtinnen und Beamten bei den Landesfinanzbehörden anzupassen.

(2) Das Finanzministerium wird ermächtigt, für die dienstliche Beurteilung der Beamtinnen und Beamten im Geschäftsbereich des Landesamtes für Steuern Niedersachsen in einer Laufbahn der Fachrichtung Steuerverwaltung im Einvernehmen mit dem für Inneres zuständigen Ministerium durch Verordnung

1. von den durch Verordnung nach § 19a Abs. 3 getroffenen Regelungen abweichende Regelungen vorzusehen und

2. die in einer Verordnung nach § 19a Abs. 3 getroffenen Regelungen zu ergänzen,

soweit dies wegen der besonderen Struktur der Steuerverwaltung im dienstlichen Interesse liegt.

Siebenter Teil
Zulassungsbeschränkungen

§ 119 Erlass von Zulassungsbeschränkungen

(1) ₁Die Zulassung zu einem Vorbereitungsdienst, der auch Voraussetzung für die Ausübung eines Berufes außerhalb des öffentlichen Dienstes ist, kann in einzelnen Laufbahnen, Fächern oder Fachgebieten für den jeweiligen Einstellungstermin beschränkt werden, soweit die im Haushaltsplan des Landes zur Verfügung stehenden Stellen und Mittel oder die Ausbildungskapazität nicht ausreichen. ₂Bei der Ermittlung der Ausbildungskapazität sind die personellen, räumlichen, sächlichen und fachspezifischen Möglichkeiten auszuschöpfen, wobei die Erfüllung der öffentlichen Aufgaben, die den ausbildenden Stellen obliegen, nicht unzumutbar beeinträchtigt und die sachgerechte Ausbildung nicht gefährdet werden dürfen.

(2) ₁Übersteigt die Zahl der Bewerberinnen und Bewerber die Zahl der vorhandenen Ausbildungsplätze, so sind

1. zuerst 55 vom Hundert der Ausbildungsplätze nach der bisher erbrachten Leistung für das angestrebte Ausbildungsziel (Qualifikation),
2. danach 35 vom Hundert der Ausbildungsplätze nach der Dauer der Zeit seit einer wegen fehlender Ausbildungskapazitäten unberücksichtigten Bewerbung (Wartezeit) und
3. zuletzt 10 vom Hundert der Ausbildungsplätze für Fälle außergewöhnlicher Härte

zu vergeben. ₂Aus den Quoten nach Satz 1 Nrn. 2 und 3 nicht in Anspruch genommene Ausbildungsplätze werden nach Satz 1 Nr. 1 vergeben.

(3) ₁Unter den Bewerberinnen und Bewerbern, die nach Absatz 2 Nr. 1 oder 2 den gleichen Rang haben, werden Bewerberinnen und Bewerber mit dem höheren Lebensalter unter Berücksichtigung der Zurechnungszeiten nach Satz 2 bevorzugt berücksichtigt. ₂Dem Lebensalter sind bis zu einer Dauer von insgesamt fünf Jahren hinzuzurechnen

1. Zeiten der Erfüllung einer Dienstpflicht nach Artikel 12a Abs. 1 oder 2 des Grundgesetzes,
2. Zeiten der Tätigkeit als Entwicklungshelferin oder Entwicklungshelfer bis zur Dauer von zwei Jahren,
3. Zeiten der Tätigkeit in einem Bundesfreiwilligendienst bis zur Dauer von einem Jahr,
4. Zeiten der Tätigkeit in einem freiwilligen sozialen Jahr oder in einem freiwilligen ökologischen Jahr jeweils bis zur Dauer von einem Jahr und
5. Zeiten der tatsächlichen Betreuung oder Pflege eines Kindes unter 18 Jahren oder einer oder eines nach ärztlichem Gutachten pflegebedürftigen sonstigen Angehörigen, wenn sich die Betreuung oder Pflege über einen Zeitraum von mindestens einem Jahr erstreckt hat und soweit dies den beruflichen Werdegang verzögert hat.

(4) ₁Soweit für eine Ausbildung in Fächern für bestimmte Lehrämter, sonderpädagogischen Fachrichtungen für das Lehramt für Sonderpädagogik und beruflichen Fachrichtungen für das Lehramt an berufsbildenden Schulen ein dringender Bedarf an ausgebildeten Lehrkräften besteht, werden bis zu 20 vom Hundert der in dem zulassungsbeschränkten Bereich für einen Einstellungstermin insgesamt vorhandenen Ausbildungsplätze gesondert vergeben. ₂Das für Schulen zuständige Ministerium stellt den dringenden Bedarf und den sich daraus ergebenden Teil der Ausbildungsplätze nach Satz 1 fest; die Feststellung ist zu veröffentlichen. ₃Zunächst werden die nach Abzug der Ausbildungsplätze nach Satz 1 verbleibenden Ausbildungsplätze nach den Absätzen 2 und 3 und danach die Ausbildungsplätze nach Satz 1 vergeben. ₄Die Vergabe der Ausbildungsplätze nach Satz 1 erfolgt nach den Absätzen 2 und 3, jeweils gesondert für die einzelnen Fächer und Fachrichtungen.

(5) Das für die jeweilige beamtenrechtliche Ausbildung zuständige Ministerium wird ermächtigt, im Einvernehmen mit dem für Inneres zuständigen Ministerium durch Verordnung

1. die Vorbereitungsdienste, für die die Zulassung beschränkt wird,
2. das Bewerbungs- und Zulassungsverfahren,
3. das Nähere über die Ermittlung der Ausbildungskapazitäten,
4. die Kriterien für die Auswahl nach der Qualifikation,
5. die Kriterien für die Auswahl in Fällen außergewöhnlicher Härte und
6. das Nähere über die Berechnung der Wartezeit

zu bestimmen.

Achter Teil
Übergangs- und Schlussvorschriften

§ 120 Weiteranwendung von Vorschriften

(1) Bis zum Inkrafttreten der Verordnung nach § 80 Abs. 6 ist § 87c des Niedersächsischen Beamtengesetzes (NBG) in der am 31. März 2009 geltenden Fassung weiter anzuwenden.

(2) ₁Bis zum Inkrafttreten der Verordnungen nach § 84 Abs. 4, § 85 Abs. 3 und § 86 Abs. 2 ist § 98 NBG in der am 31. März 2009 geltenden Fassung weiter anzuwenden. ₂Die Rechtsvorschriften des Bundes, auf die in dieser Vorschrift verwiesen wird, gelten in folgender Fassung:

1. Bundesreisekostengesetz vom 26. Mai 2005 (BGBl. I S. 1418), zuletzt geändert durch Artikel 15 Abs. 51 des Gesetzes vom 5. Februar 2009 (BGBl. I S. 160),
2. Bundesumzugskostengesetz in der Fassung vom 11. Dezember 1990 (BGBl. I S. 2682), zuletzt geändert durch Artikel 15 Abs. 42 des Gesetzes vom 5. Februar 2009 (BGBl. I S. 160), und
3. Trennungsgeldverordnung in der Fassung vom 29. Juni 1999 (BGBl. I S. 1533), zuletzt geändert durch Artikel 3 Abs. 38 der Verordnung vom 12. Februar 2009 (BGBl. I S. 320).

(3) Bis zum Inkrafttreten der Verordnung nach § 114 Abs. 5 und 6 sind die am 31. März 2009 geltenden Vorschriften über die Gewährung von Heilfürsorge für die Polizeivollzugsbeamtinnen und Polizeivollzugsbeamten und die Beamtinnen und Beamten im Einsatzdienst weiter anzuwenden.

§ 120a Abweichungen bei Gebietsänderungen von Kommunen und bei dem Zusammenschließen von Samtgemeinden

(1) Ändert sich der Dienstort einer Kommunalbeamtin oder eines Kommunalbeamten im unmittelbaren Zusammenhang mit einer Gebietsänderung der Kommune, die vor dem 1. Januar 2019 wirksam wird, so ist Umzugskostenvergütung abweichend von § 3 Abs. 1 Nr. 1 in Verbindung mit Abs. 2 Nr. 1 oder 2 des Bundesumzugskostengesetzes in der in § 120 Abs. 2 Satz 2 Nr. 2 genannten Fassung in Verbindung mit § 98 Abs. 1 in der am 31. März 2009 geltenden Fassung und § 120 Abs. 2 Satz 1 auf Antrag der Beamtin oder des Beamten zuzusagen, solange seit der Änderung zwei Jahre noch nicht vergangen sind.

(2) Solange wegen einer Änderung nach Absatz 1 die Umzugskostenvergütung nicht zugesagt ist und seit der Änderung zwei Jahre noch nicht vergangen sind, wird

1. Trennungsgeld abweichend von § 1 Abs. 3 Nr. 1 der Trennungsgeldverordnung (TGV) in der in § 120 Abs. 2 Satz 2 Nr. 3 genannten Fassung in Verbindung mit § 98 Abs. 1 in der am 31. März 2009 geltenden Fassung und § 120 Abs. 2 Satz 1 auch gewährt, wenn die Wohnung der Kommunalbeamtin oder des Kommunalbeamten im Einzugsgebiet liegt, und
2. § 6 Abs. 1 Sätze 2 bis 4 und Abs. 4 TGV nicht angewendet.

(3) Bei der Anwendung der Absätze 1 und 2 sind die Aufwendungen für regelmäßige Fahrten vom Wohnort zum bisherigen Dienstort abzuziehen, sodass nur der Mehraufwand im unmittelbaren Zusammenhang mit einer Gebietsänderung erstattet wird.

(4) Die Absätze 1 bis 3 gelten in Bezug auf den Zusammenschluss von Samtgemeinden entsprechend.

§ 120b Abweichungen von trennungsgeldrechtlichen Vorschriften bei Abordnung an die Landesaufnahmebehörde Niedersachsen

₁Landesbeamtinnen oder Landesbeamte, die mit Wirkung ab dem 1. Dezember 2022 oder später im unmittelbaren Zusammenhang mit einer Unterstützungsmaßnahme zur Bewältigung der steigenden Zahl von Unterbringungen von Flüchtlingen an die Landesaufnahmebehörde Niedersachsen abgeordnet sind, erhalten ab dem Zeitpunkt, zu dem die Abordnung wirksam wird, bis zu dem Zeitpunkt, zu dem

1. die Wohnung der Landesbeamtin oder des Landesbeamten im Einzugsgebiet (§ 3 Abs. 1 Nr. 1 Buchst. c des Bundesumzugskostengesetzes) liegt und

2. die Wegstrecke von der Wohnung zu der neuen Dienststätte auf der kürzesten üblicherweise benutzbaren Strecke mindestens einen Kilometer länger ist als die Wegstrecke zur bisherigen Dienststätte.

₂§ 3 Abs. 1 Satz 2 sowie § 6 Abs. 1 Sätze 2 bis 4 und Abs. 4 TGV sind nicht anzuwenden. ₃Hat die Abordnung vor dem 12. November 2024 begonnen, so beginnen die Ausschlussfristen nach § 9 Abs. 1 TGV am 12. November 2024.

§ 121 Überleitung von Laufbahnen sowie Beamtinnen und Beamten

₁Die am 31. März 2009 bestehenden Laufbahnen werden nach Maßgabe der Überleitungsübersicht (Anlage) in Laufbahnen nach § 13 übergeleitet. ₂Beamtinnen und Beamte, die sich am 31. März 2009 in einer in Spalte 2 der Überleitungsübersicht aufgeführten Laufbahn befinden, sind in die sich aus Spalte 3 der Überleitungsübersicht ergebende Laufbahn nach § 13 übergeleitet.

§ 122 Fortgeltung von Ausbildungs- und Prüfungsverordnungen

₁Die am 31. März 2009 geltenden Ausbildungs- und Prüfungsverordnungen zu den in Spalte 2 der Überleitungsübersicht aufgeführten Laufbahnen gelten fort, jedoch nicht über den 31. Dezember 2012 hinaus. ₂Ermöglichen die nach Satz 1 fortgeltenden Ausbildungs- und Prüfungsverordnungen oder die Vorschriften des Bundesrechts über die einheitliche Ausbildung der Beamtinnen und Beamten bei den Landesfinanzbehörden den Erwerb einer Befähigung für eine am 31. März 2009 bestehende Laufbahn, so tritt an die Stelle dieser Befähigung die Befähigung für die Laufbahn, in die die bisherige Laufbahn nach § 121 Satz 1 übergeleitet worden ist.

§ 123 Übergangsregelungen für Beamtinnen und Beamte auf Probe

(1) Beamtinnen und Beamte, die sich am 1. April 2009 im Beamtenverhältnis auf Probe befinden, sind in das Beamtenverhältnis auf Lebenszeit zu berufen, wenn

1. sie die Probezeit vor dem 1. April 2009 erfolgreich abgeleistet haben und

2. seit der Berufung in das Beamtenverhältnis auf Probe mindestens drei Jahre vergangen sind oder wenn sie das 27. Lebensjahr vollendet haben.

(2) Beamtinnen und Beamte auf Probe, denen am 1. April 2009 noch kein Amt verliehen war, ist mit Inkrafttreten des Gesetzes das Amt, das dem Eingangsamt der nach § 121 Satz 1 übergeleiteten Laufbahn entspricht, übertragen.

§ 124 Übergangsregelungen für Beamtinnen und Beamte auf Zeit in einem Amt mit leitender Funktion

(1) Für Beamtinnen und Beamte, die sich am 31. März 2009 in einem Beamtenverhältnis auf Zeit nach § 194a NBG in der vor dem 1. Januar 2007 geltenden Fassung, auch in Verbindung mit § 5 Abs. 2 des Gesetzes über die Anstalt Niedersächsische Landesforsten, befinden, ist diese Vorschrift mit der Maßgabe weiter anzuwenden, dass das Beamtenverhältnis auf Zeit mit Ablauf der ersten Amtszeit endet und eine Berufung in eine zweite Amtszeit nicht stattfindet; § 14a Abs. 2, die §§ 53, 59 Abs. 1 Satz 4, § 107 Abs. 2 Satz 3, § 119 NBG und § 10 NDiszG sind jeweils in der vor dem 1. Januar 2007 geltenden Fassung weiter anzuwenden.

(2) Beamtinnen und Beamten nach Absatz 1 soll das Amt auf Antrag im Beamtenverhält-

nis auf Lebenszeit übertragen werden, wenn sie sich darin bewährt haben.

§ 125 Übergangsregelung für Polizeivollzugsbeamtinnen und Polizeivollzugsbeamte

Für Polizeivollzugsbeamtinnen und Polizeivollzugsbeamte, die vor dem 1. Januar 1950 geboren sind oder denen vor dem 1. Januar 2006 Altersteilzeit bewilligt worden ist, ist § 228 Abs. 1 NBG in der am 31. März 2009 geltenden Fassung weiter anzuwenden.

§ 126 Übergangsregelung für Disziplinarverfahren gegen Beamtinnen und Beamte auf Probe oder auf Widerruf

Ist am 31. März 2009 ein Disziplinarverfahren gegen eine Beamtin oder einen Beamten auf Probe oder auf Widerruf eingeleitet, bei dem als Disziplinarmaßnahme vor dem 1. April 2009 eine Kürzung der Dienst- oder Anwärterbezüge in Betracht gekommen wäre, so ist ein Verfahren zur Entlassung aus dem Beamtenverhältnis einzuleiten.

§ 127 Übergangsregelung für die Verjährung von Schadensersatzansprüchen des Dienstherrn

Auf die Verjährung von Schadensersatzansprüchen des Dienstherrn gegen Beamtinnen und Beamte wegen vorsätzlicher oder grob fahrlässiger Verletzung ihrer Pflichten ist § 86 Abs. 2 NBG in der am 31. März 2009 geltenden Fassung weiter anzuwenden, wenn das den Schaden auslösende Ereignis vor dem 1. April 2009 beendet war.

§ 128 Übergangsregelung für angezeigte oder genehmigte Nebentätigkeiten

Eine Nebentätigkeit, die nach dem am 31. März 2009 geltenden Nebentätigkeitsrecht angezeigt oder genehmigt wurde, gilt als nach § 40 Satz 1 BeamtStG angezeigt.

§ 129 Übergangsregelung für Beamtinnen und Beamte in Altersteilzeit

Für Beamtinnen und Beamte, denen vor dem 1. Januar 2010 Altersteilzeit bewilligt worden ist, ist § 63 in der am 30. November 2011 geltenden Fassung anzuwenden.

§ 130 Arbeitnehmerinnen und Arbeitnehmer

Für Personen, die aufgrund eines Vertrages im Dienst einer der in § 1 genannten juristischen Person des öffentlichen Rechts stehen, gilt vorbehaltlich einer Regelung durch Tarifvertrag § 56 Abs. 1 entsprechend.

§ 131 Abweichungen von § 9 Abs. 2 wegen Belastungen durch die COVID-19-Pandemie

₁Abweichend von § 9 Abs. 2 kann bis zum 31. Dezember 2023 eine Bewerberin oder ein Bewerber in ein anderes Beamten- oder Beschäftigungsverhältnis im Sinne des § 9 Abs. 2 berufen werden, ohne dass die gesundheitliche Eignung durch eine ärztliche Untersuchung festgestellt wurde, wenn davon auszugehen ist, dass alle in Betracht kommenden Ärztinnen und Ärzte nach § 45 Abs. 1 Satz 1 wegen ihrer starken Belastung durch die COVID-19-Pandemie nicht in der Lage sein werden, die Untersuchung innerhalb eines angemessenen Zeitraums vor der Berufung durchzuführen, und der Behörde keine tatsächlichen Anhaltspunkte bekannt sind, die Bedenken an der gesundheitlichen Eignung der Bewerberin oder des Bewerbers begründen. ₂Ist eine Berufung nach Satz 1 erfolgt, so ist die ärztliche Untersuchung zur Feststellung der gesundheitlichen Eignung unverzüglich und vor einer Berufung in das Beamtenverhältnis auf Lebenszeit nachzuholen; die Bewerberin oder der Bewerber ist vor der Berufung nach Satz 1 hierüber sowie über die möglichen Folgen einer nachträglichen Feststellung einer mangelnden gesundheitlichen Eignung für das Beamten- oder Beschäftigungsverhältnis zu unterrichten.

§ 132 Übergangsregelungen für Polizeipräsidentinnen und Polizeipräsidenten

₁Eine Beamtin oder ein Beamter, der oder dem am 28. Juni 2023 ein Amt als Polizeipräsidentin oder Polizeipräsident übertragen worden ist, wird der Fachrichtung zugeordnet, deren Laufbahn sie oder er vor der Berufung in das Amt als Polizeipräsidentin oder Polizeipräsident zuletzt angehört hat. ₂Sie oder er tritt wegen des Erreichens der Altersgrenze mit Ablauf des Monats in den Ruhestand, in dem sie oder er die Altersgrenze gemäß § 35 Abs. 2 erreicht. ₃Eine Beamtin oder ein Beamter nach Satz 1, die oder der am 28. Juni 2028 die allgemeine Altersgrenze nach § 35 Abs. 2 noch nicht erreicht hat, tritt abweichend von Satz 2 mit Erreichen der besonderen Altersgrenze ihrer oder seiner Fachrichtung in den Ruhestand.

§ 133 Übergangsregelung für die Erstellung von dienstlichen Beurteilungen

₁Bis zum Inkrafttreten einer Verordnung nach § 19a Abs. 6, längstens bis zum 31. Dezember 2026, sind für die dienstliche Beurteilung der Beamtinnen und Beamten im Justizministerium, bei den Gerichten und Staatsanwaltschaften, in den Justizvollzugseinrichtungen und bei der Norddeutschen Hochschule für Rechtspflege mit Ausnahme der Staatsanwältinnen und Staatsanwälte die am 11. November 2024 geltenden Vorschriften weiter anzuwenden. ₂Bis zum Inkrafttreten einer Verordnung nach § 108 Abs. 4, längstens bis zum 31. Mai 2026, sind für die dienstliche Beurteilung der Beamtinnen und Beamten an Polizeibehörden und an der Polizeiakademie in einer Laufbahn der Fachrichtung Polizei die am 11. November 2024 geltenden Vorschriften weiter anzuwenden. ₃Bis zum Inkrafttreten einer Verordnung nach § 117 Abs. 3 Satz 3, längstens bis zum 31. Mai 2026, sind für die dienstliche Beurteilung der Beamtinnen und Beamten an Schulen und an Studienseminaren in einer Laufbahn der Fachrichtung Bildung die am 11. November 2024 geltenden Vorschriften weiter anzuwenden. ₄Bis zum Inkrafttreten einer Verordnung nach § 118 Abs. 2, längstens bis zum 31. Mai 2026, sind für die dienstliche Beurteilung der Beamtinnen und Beamten im Geschäftsbereich des Landesamtes für Steuern Niedersachsen in einer Laufbahn der Fachrichtung Steuerverwaltung die am 11. November 2024 geltenden Vorschriften weiter anzuwenden. ₅Bis zum Inkrafttreten einer Verordnung nach § 19a Abs. 3 sind für die Erstellung von Anlassbeurteilungen der übrigen Beamtinnen und Beamten die am 11. November 2024 geltenden Vorschriften weiter anzuwenden.

Anlage
(zu § 121)

Überleitungsübersicht

1	2	3	
Nr.	Bisherige Laufbahn	Laufbahn nach § 13	
		Fachrichtung	Laufbahngruppe
1	Laufbahn des mittleren Finanzgerichtsdienstes	Justiz	1
2	Laufbahn des gehobenen Finanzgerichtsdienstes	Justiz	2
3	Laufbahn des Gerichtsvollzieherdienstes (mittlerer Dienst)	Justiz	1
4	Laufbahn des einfachen Justizdienstes (Justizwachtmeisterdienst)	Justiz	1
5	Laufbahn des mittleren Justizdienstes	Justiz	1
6	Laufbahn des gehobenen Justizdienstes (Rechtspflegerinnen und Rechtspfleger)	Justiz	2
7	Laufbahn des höheren Justizverwaltungsdienstes	Justiz	2
8	Laufbahn des Amtsanwaltsdienstes (gehobener Dienst)	Justiz	2
9	Laufbahn des mittleren allgemeinen Justizvollzugsdienstes	Justiz	1
10	Laufbahn des mittleren Verwaltungsdienstes bei Justizvollzugsanstalten	Justiz	1
11	Laufbahn des gehobenen Vollzugs- und Verwaltungsdienstes	Justiz	2
12	Laufbahn des höheren Vollzugs- und Verwaltungsdienstes bei Justizvollzugsanstalten	Justiz	2
13	Laufbahn der Staatsanwälte (höherer Dienst)	Justiz	2
14	Laufbahn des mittleren Dienstes der Wasserschutzpolizei	Polizei	1
15	Laufbahn des gehobenen Dienstes der Wasserschutzpolizei	Polizei	2
16	Laufbahn des mittleren Dienstes der Schutzpolizei	Polizei	1
17	Laufbahn des gehobenen Dienstes der Schutzpolizei	Polizei	2
18	Laufbahn des höheren Dienstes der Schutzpolizei	Polizei	2
19	Laufbahn des mittleren Dienstes der Kriminalpolizei	Polizei	1
20	Laufbahn des gehobenen Dienstes der Kriminalpolizei	Polizei	2
21	Laufbahn des höheren Dienstes der Kriminalpolizei	Polizei	2

Anlage — Landesbeamtengesetz (NBG) I.2

1	2	3	
Nr.	Bisherige Laufbahn	Laufbahn nach § 13	
		Fachrichtung	Laufbahngruppe
22	Laufbahn des mittleren feuerwehrtechnischen Dienstes	Feuerwehr	1
23	Laufbahn des gehobenen feuerwehrtechnischen Dienstes	Feuerwehr	2
24	Laufbahn des höheren feuerwehrtechnischen Dienstes	Feuerwehr	2
25	Laufbahn des höheren Dienstes bei der Landeszentrale für politische Bildung	Bildung	2
26	Laufbahn der Fachlehrerinnen und Fachlehrer – an berufsbildenden Schulen – (gehobener Dienst)	Bildung	2
27	Laufbahn der Fachlehrer an Grund-, Haupt-, Real- und Sonderschulen (gehobener Dienst)	Bildung	2
28	Laufbahn der Fachschuloberlehrer (gehobener Dienst)	Bildung	2
29	Laufbahn der Funklehrer (gehobener Dienst)	Bildung	2
30	Laufbahn der Jugendleiterinnen und Jugendleiter (gehobener Dienst)	Bildung	2
31	Laufbahn des Lehramts an berufsbildenden Schulen (höherer Dienst)	Bildung	2
32	Laufbahn des Lehramts an Fachschulen und Berufsfachschulen (höherer Dienst)	Bildung	2
33	Laufbahn des Lehramts an Schulen für Gehörlose und Schwerhörige (Förderschulen) in den Landesbildungszentren für Hörgeschädigte (höherer Dienst)	Bildung	2
34	Laufbahn des Lehramts an der Schule für Blinde (Förderschule) im Landesbildungszentrum für Blinde (höherer Dienst)	Bildung	2
35	Laufbahn des Lehramts an Grund- und Hauptschulen (gehobener Dienst)	Bildung	2
36	Laufbahn des Lehramts an Grund-, Haupt- und Realschulen (gehobener Dienst)	Bildung	2
37	Laufbahn des Lehramts an Gymnasien (höherer Dienst)	Bildung	2
38	Laufbahn des Lehramts an Realschulen (gehobener Dienst)	Bildung	2
39	Laufbahn des Lehramts an Sonderschulen (gehobener Dienst)	Bildung	2

1	2	3	
Nr.	Bisherige Laufbahn	Laufbahn nach § 13	
		Fachrichtung	Laufbahngruppe
40	Laufbahn des Lehramts für Sonderpädagogik (gehobener Dienst)	Bildung	2
41	Laufbahn der Lehrerinnen in den Fächern Nadelarbeit und Sport an höheren Schulen im Lande Niedersachsen (gehobener Dienst)	Bildung	2
42	Laufbahn der Lehrerinnen und Lehrer für Fachpraxis (gehobener Dienst)	Bildung	2
43	Laufbahn der Oberlehrer im Justizvollzugsdienst (gehobener Dienst)	Bildung	2
44	Laufbahn des höheren pädagogischen Dienstes im Justizvollzugsdienst	Bildung	2
45	Laufbahn des gehobenen Polizeiberufsfachschuldienstes	Bildung	2
46	Laufbahn des Schulaufsichtsdienstes (höherer Dienst)	Bildung	2
47	Laufbahn des schulpsychologischen Dienstes (höherer Dienst)	Bildung	2
48	Laufbahn der Seefahrtoberlehrerinnen und Seefahrtoberlehrer (gehobener Dienst)	Bildung	2
49	Laufbahn der Sporträtin und des Sportrats (höherer Dienst)	Bildung	2
50	Laufbahn der Technischen Lehrerinnen an berufsbildenden Schulen (gehobener Dienst)	Bildung	2
51	Laufbahn der Technischen Lehrer der Kurzschrift und des Maschinenschreibens (gehobener Dienst)	Bildung	2
52	Laufbahn des amtsärztlichen Dienstes (höherer Dienst)	Gesundheits- und soziale Dienste	2
53	Laufbahn des ärztlichen Dienstes mit Gebietsbezeichnung (höherer Dienst)	Gesundheits- und soziale Dienste	2
54	Laufbahn des ärztlichen Gutachter- und beratenden ärztlichen Prüfdienstes bei den Landesversicherungsanstalten (höherer Dienst)	Gesundheits- und soziale Dienste	2
55	Laufbahn des ärztlichen Dienstes (höherer Dienst)	Gesundheits- und soziale Dienste	2

Anlage — Landesbeamtengesetz (NBG) I.2

1	2	3	
Nr.	Bisherige Laufbahn	Laufbahn nach § 13	
		Fachrichtung	Laufbahngruppe
56	Laufbahn der Apotheker (höherer Dienst)	Gesundheits- und soziale Dienste	2
57	Laufbahn des Krankenpflegedienstes (mittlerer Dienst)	Gesundheits- und soziale Dienste	1
58	Laufbahn des gehobenen ländlich-hauswirtschaftlichen Dienstes	Gesundheits- und soziale Dienste	2
59	Laufbahn der Lebensmittelchemiker (höherer Dienst)	Gesundheits- und soziale Dienste	2
60	Laufbahn des mittleren Lebensmittelkontrolldienstes	Gesundheits- und soziale Dienste	1
61	Laufbahn des mittleren Gesundheitsdienstes	Gesundheits- und soziale Dienste	1
62	Laufbahn der Pfarrer im Justizvollzugsdienst (höherer Dienst)	Gesundheits- und soziale Dienste	2
63	Laufbahn der Polizeipsychologen (höherer Dienst)	Gesundheits- und soziale Dienste	2
64	Laufbahn der Psychologen im Gesundheitsdienst (höherer Dienst)	Gesundheits- und soziale Dienste	2
65	Laufbahn der Psychologen im Justizvollzugsdienst (höherer Dienst)	Gesundheits- und soziale Dienste	2
66	Laufbahn des gehobenen Sozialdienstes	Gesundheits- und soziale Dienste	2
67	Laufbahn des höheren Sozialdienstes	Gesundheits- und soziale Dienste	2

1	2	3	
Nr.	Bisherige Laufbahn	Laufbahn nach § 13	
		Fachrichtung	Laufbahngruppe
68	Laufbahn des tierärztlichen Dienstes (höherer Dienst)	Gesundheits- und soziale Dienste	2
69	Laufbahn des höheren Veterinärdienstes	Gesundheits- und soziale Dienste	2
70	Laufbahn des zahnärztlichen Dienstes (höherer Dienst)	Gesundheits- und soziale Dienste	2
71	Laufbahn des Weinkontrolleurs (gehobener Dienst)	Gesundheits- und soziale Dienste	2
72	Laufbahn des mittleren Fischereiverwaltungsdienstes	Agrar- und umweltbezogene Dienste	1
73	Laufbahnen des höheren Fischereiverwaltungsdienst	Agrar- und umweltbezogene Dienste	2
74	Laufbahn des gehobenen Forstdienstes	Agrar- und umweltbezogene Dienste	2
75	Laufbahn des höheren Forstdienstes	Agrar- und umweltbezogene Dienste	2
76	Laufbahn des einfachen Gestütsdienstes	Agrar- und umweltbezogene Dienste	1
77	Laufbahn des mittleren Gestütsdienstes	Agrar- und umweltbezogene Dienste	1
78	Laufbahn des gehobenen landwirtschaftlich-technischen Dienstes	Agrar- und umweltbezogene Dienste	2
79	Laufbahn des höheren landwirtschaftlichen Dienstes	Agrar- und umweltbezogene Dienste	2

1	2	3	
Nr.	Bisherige Laufbahn	Laufbahn nach § 13	
		Fachrichtung	Laufbahngruppe
80	Laufbahnen des höheren technischen Dienstes bei der amtlichen Materialprüfung	Technische Dienste	2
81	Laufbahn des gehobenen bergtechnischen Dienstes	Technische Dienste	2
82	Laufbahn des höheren Staatsdienstes im Bergfach	Technische Dienste	2
83	Laufbahn des gehobenen Bergvermessungsdienstes	Technische Dienste	2
84	Laufbahn des höheren Staatsdienstes im Markscheidefach	Technische Dienste	2
85	Laufbahn des höheren Dienstes für Kernenergie und Strahlenschutz bei der atomrechtlichen Genehmigungs-, Aufsichts- und Planfeststellungsbehörde	Technische Dienste	2
86	Laufbahn des mittleren eichtechnischen Dienstes	Technische Dienste	1
87	Laufbahn des gehobenen eichtechnischen Dienstes	Technische Dienste	2
88	Laufbahn des höheren Eichdienstes	Technische Dienste	2
89	Laufbahn des mittleren Landesplanungsdienstes	Technische Dienste	1
90	Laufbahn des gehobenen Landesplanungsdienstes	Technische Dienste	2
91	Laufbahn des höheren Landesplanungsdienstes	Technische Dienste	2
92	Laufbahn des mittleren nautischen Dienstes	Technische Dienste	1
93	Laufbahn des gehobenen nautischen Dienstes	Technische Dienste	2
94	Laufbahn des höheren Dienstes im Prüfwesen für Baustatik	Technische Dienste	2
95	Laufbahn des mittleren technischen Dienstes in der Staatlichen Wasser- und Abfallwirtschaftsverwaltung	Technische Dienste	1

I.2 Landesbeamtengesetz (NBG) — Anlage

1	2	3	
Nr.	Bisherige Laufbahn	Laufbahn nach § 13	
		Fachrichtung	Laufbahngruppe
96	Laufbahn des gehobenen technischen Verwaltungsdienstes – Fachrichtung Maschinen- und Elektrotechnik –	Technische Dienste	2
97	Laufbahn des gehobenen technischen Verwaltungsdienstes – Fachrichtung Hochbau –	Technische Dienste	2
98	Laufbahn des gehobenen technischen Verwaltungsdienstes – Fachrichtung Straßenbau –	Technische Dienste	2
99	Laufbahn des gehobenen technischen Verwaltungsdienstes – Fachrichtung Wasserwirtschaft –	Technische Dienste	2
100	Laufbahn des gehobenen technischen Verwaltungsdienstes – Fachrichtung Städtebau –	Technische Dienste	2
101	Laufbahn des gehobenen technischen Verwaltungsdienstes – Fachrichtung Stadtbauwesen –	Technische Dienste	2
102	Laufbahn des gehobenen technischen Verwaltungsdienstes – Fachrichtung Landespflege –	Technische Dienste	2
103	Laufbahn des höheren technischen Verwaltungsdienstes – Fachrichtung Vermessungs- und Liegenschaftswesen –	Technische Dienste	2
104	Laufbahn des höheren technischen Verwaltungsdienstes – Fachrichtung Maschinen- und Elektrotechnik –	Technische Dienste	2
105	Laufbahn des höheren technischen Verwaltungsdienstes – Fachrichtung Hochbau –	Technische Dienste	2
106	Laufbahn des höheren technischen Verwaltungsdienstes – Fachrichtung Landespflege –	Technische Dienste	2
107	Laufbahn des höheren technischen Verwaltungsdienstes – Fachrichtung Bauingenieurwesen – Fachgebiet Wasserwesen (Wasserwirtschaft) –	Technische Dienste	2
108	Laufbahn des höheren technischen Verwaltungsdienstes – Fachrichtung Bauingenieurwesen – Fachgebiet Straßenwesen –	Technische Dienste	2
109	Laufbahn des höheren technischen Verwaltungsdienstes – Fachrichtung Bauingenieurwesen – Fachgebiet Stadtbauwesen –	Technische Dienste	2
110	Laufbahn des höheren technischen Verwaltungsdienstes – Fachrichtung Städtebau –	Technische Dienste	2

1	2	3	
Nr.	Bisherige Laufbahn	Laufbahn nach § 13	
		Fachrichtung	Laufbahngruppe
111	Laufbahn des mittleren technischen Verwaltungsdienstes in der Gewerbeaufsichtsverwaltung	Technische Dienste	1
112	Laufbahn des gehobenen technischen Verwaltungsdienstes in der Gewerbeaufsichtsverwaltung	Technische Dienste	2
113	Laufbahn des höheren technischen Verwaltungsdienstes in der Gewerbeaufsichtsverwaltung	Technische Dienste	2
114	Laufbahn des mittleren vermessungstechnischen Verwaltungsdienstes	Technische Dienste	1
115	Laufbahn des gehobenen vermessungstechnischen Verwaltungsdienstes	Technische Dienste	2
116	Laufbahn des Werkdienstes bei den Landeskrankenhäusern (mittlerer Dienst)	Technische Dienste	1
117	Laufbahn des Werkdienstes im Justizvollzug (mittlerer Dienst)	Technische Dienste	1
118	Laufbahnen der akademischen Rätinnen und Räte als wissenschaftliche Mitarbeiterinnen und Mitarbeiter an Hochschulen außer Fachhochschulen (höherer Dienst)	Wissenschaftliche Dienste	2
119	Laufbahn des mittlerern Bibliotheksdienstes	Wissenschaftliche Dienste	1
120	Laufbahn des gehobenen Bibliotheksdienstes	Wissenschaftliche Dienste	2
121	Laufbahn des höheren Bibliotheksdienstes	Wissenschaftliche Dienste	2
122	Laufbahn der Biologen (höherer Dienst)	Wissenschaftliche Dienste	2
123	Laufbahn der Chemiker (höherer Dienst)	Wissenschaftliche Dienste	2
124	Laufbahnen des gehobenen geologischen Dienstes	Wissenschaftliche Dienste	2
125	Laufbahn des höheren geologischen Dienstes	Wissenschaftliche Dienste	2
126	Laufbahn der Meteorologen (höherer Dienst)	Wissenschaftliche Dienste	2

I.2 Landesbeamtengesetz (NBG) — Anlage

1	2	3	
Nr.	Bisherige Laufbahn	Laufbahn nach § 13	
		Fachrichtung	Laufbahngruppe
127	Laufbahn der Physiker (höherer Dienst)	Wissenschaftliche Dienste	2
128	Laufbahnen des höheren wissenschaftlichen Dienstes an Forschungseinrichtungen und Museen sowie in der Denkmal-, Kunst- und Kulturpflege	Wissenschaftliche Dienste	2
129	Laufbahnen des höheren wissenschaftlichen Dienstes bei den Landwirtschaftskammern	Wissenschaftliche Dienste	2
130	Laufbahnen des höheren wissenschaftlichen gewässerkundlichen Dienstes in der Staatlichen Wasser- und Abfallwirtschaftsverwaltung	Wissenschaftliche Dienste	2
131	Laufbahn der Lehrer für künstlerischen Entwurf an einer Fachhochschule (gehobener Dienst)	Wissenschaftliche Dienste	2
132	Laufbahn der pädagogischen Mitarbeiterinnen und Mitarbeiter in der Erwachsenenbildung (höherer Dienst)	Wissenschaftliche Dienste	2
133	Laufbahn des einfachen allgemeinen Verwaltungsdienstes	Allgemeine Dienste	1
134	Laufbahn des mittleren allgemeinen Verwaltungsdienstes	Allgemeine Dienste	1
135	Laufbahn des gehobenen allgemeinen Verwaltungsdienstes	Allgemeine Dienste	2
136	Laufbahn des höheren allgemeinen Verwaltungsdienstes	Allgemeine Dienste	2
137	Laufbahn des gehobenen Dienstes bei den Handwerkskammern	Allgemeine Dienste	2
138	Laufbahn des höheren Dienstes bei den Handwerkskammern	Allgemeine Dienste	2
139	Laufbahn des höheren Dienstes in der Informations- und Kommunikationstechnik	Allgemeine Dienste	2
140	Laufbahn des gehobenen Dienstes der Fachrichtung Krankenversicherung in der Landesverwaltung	Allgemeine Dienste	2
141	Laufbahn des höheren Dienstes der Fachrichtung Krankenversicherung	Allgemeine Dienste	2
142	Laufbahn des mittleren Polizeiverwaltungsdienstes	Allgemeine Dienste	1

Anlage — Landesbeamtengesetz (NBG) I.2

1	2	3	
Nr.	Bisherige Laufbahn	Laufbahn nach § 13	
		Fachrichtung	Laufbahngruppe
143	Laufbahn des gehobenen Polizeiverwaltungsdienstes	Allgemeine Dienste	2
144	Laufbahn des mittleren Verwaltungsdienstes der Fachrichtung Rentenversicherung	Allgemeine Dienste	1
145	Laufbahn des gehobenen Verwaltungsdienstes der Fachrichtung Rentenversicherung	Allgemeine Dienste	2
146	Laufbahn des höheren Verwaltungsdienstes der Fachrichtung Rentenversicherung	Allgemeine Dienste	2
147	Laufbahn des höheren statistischen Dienstes	Allgemeine Dienste	2
148	Laufbahn des gehobenen stenografischen Dienstes in der Landtagsverwaltung	Allgemeine Dienste	2
149	Laufbahn des höheren stenografischen Dienstes in der Landtagsverwaltung	Allgemeine Dienste	2
150	Laufbahn des gehobenen Verwaltungsdienstes der Fachrichtung Unfallversicherung beim Sozialministerium	Allgemeine Dienste	2
151	Laufbahn des mittleren Dienstes der Verwaltung der Kriegsopferversorgung	Allgemeine Dienste	1
152	Laufbahn des gehobenen Dienstes der Verwaltung der Kriegsopferversorgung	Allgemeine Dienste	2
153	Laufbahn des höheren Dienstes der Verwaltung der Kriegsopferversorgung	Allgemeine Dienste	2
154	Laufbahn des gehobenen Verwaltungsdienstes in der Agrarstrukturverwaltung	Allgemeine Dienste	2
155	Laufbahn des höheren Verwaltungsdienstes in der Agrarstrukturverwaltung	Allgemeine Dienste	2
156	Laufbahn des einfachen Archivdienstes	Allgemeine Dienste	1
157	Laufbahn des gehobenen Archivdienstes	Allgemeine Dienste	2
158	Laufbahn des höheren Archivdienstes	Allgemeine Dienste	2

I.2 Landesbeamtengesetz (NBG) — Anlage

1	2	3	
Nr.	Bisherige Laufbahn	Laufbahn nach § 13	
		Fachrichtung	Laufbahngruppe
159	Laufbahn des einfachen Steuerverwaltungsdienstes	Steuerverwaltung	1
160	Laufbahn des mittleren Steuerverwaltungsdienstes	Steuerverwaltung	1
161	Laufbahn des gehobenen Steuerverwaltungsdienstes	Steuerverwaltung	2
162	Laufbahn des höheren Steuerverwaltungsdienstes	Steuerverwaltung	2

Allgemeine Richtlinien für die dienstliche Beurteilung der Beschäftigten im unmittelbaren Landesdienst (BRL)

Vom 18. Juli 2017 (Nds. MBl. S. 1104)

Inhaltsübersicht

1. Ziel der dienstlichen Beurteilung
2. Anwendungsbereich
3. Regelbeurteilung
4. Beurteilung aus besonderem Anlass
5. Leistungsbeurteilung und Befähigungseinschätzung
6. Leistungsbeurteilung
7. Befähigungseinschätzung
8. Gesamturteil
9. Beurteilungsverfahren
10. Besondere Verfahrensregelungen
11. Geschäftsmäßige Behandlung der Beurteilungen
12. Schlussbestimmungen

Anlage (hier nicht aufgenommen)

I.3 Beurteilungsrichtlinien

1. Ziel der dienstlichen Beurteilung

(1) Dienstliche Beurteilungen als Personalentwicklungs- und Personalführungsmaßnahmen verfolgen das Ziel, ein aussagefähiges, möglichst objektives und vergleichbares Bild der Leistungen der Beschäftigten zu erstellen und nach Möglichkeit Feststellungen über die erkennbar gewordenen allgemeinen Fähigkeiten und Kenntnisse zu treffen. Sie sollen es dem Dienstherrn ermöglichen, seine Entscheidung über die Verwendung der Beschäftigten und über ihr dienstliches Fortkommen, insbesondere über eine Beförderung oder die Übertragung eines höherwertigen Dienstpostens oder Arbeitsplatzes, am Grundsatz der Bestenauslese auszurichten.

(2) Die Erstellung dienstlicher Beurteilungen erfordert daher von allen Beurteilungsvorgesetzten ein besonders hohes Maß an Sensibilität, Gewissenhaftigkeit, Objektivität sowie Verantwortungsbewusstsein. Der Offenheit im Umgang miteinander sowie der Transparenz des Beurteilungsverfahrens kommt dabei eine entscheidende Bedeutung zu. Hierzu dienen vor allem vorbereitende und abschließende Gespräche.

(3) Bei der Ausgestaltung des Beurteilungsmaßstabes, der Auslegung von Beurteilungskriterien und deren Gewichtung ist dem Leitprinzip der Gleichstellung von Frauen und Männern (Gender Mainstreaming) Rechnung zu tragen. Geschlechterspezifische Ausgangsbedingungen und Auswirkungen sind daher kritisch zu reflektieren, um einen gerechten Beurteilungsmaßstab zu gewährleisten.

2. Anwendungsbereich
2.1 Grundsatz

(1) Diese BRL enthalten allgemeine Regelungen über die Beurteilung der Beamtinnen und Beamten sowie der Arbeitnehmerinnen und Arbeitnehmer in der unmittelbaren Landesverwaltung. Sie sollen den Rahmen vorgeben, in dem an die örtlichen Verhältnisse angepasste Regelungen geschaffen werden können.

(2) Soweit nicht Regelungen i. S. des Absatzes 1 erlassen werden, gelten diese BRL unmittelbar.

2.2 Ausnahmen vom Anwendungsbereich

Vom Anwendungsbereich dieser BRL sind ausgenommen:

a) Beamtinnen und Beamte auf Zeit i. S. des § 6 BeamtStG und des § 7 NBG;
b) Polizeivollzugsbeamtinnen und Polizeivollzugsbeamte der Polizeibehörden und der Polizeiakademie;
c) Künstlerisches Personal sowie wissenschaftliches Personal an Hochschulen und, soweit die oberste Dienstbehörde keine abweichende Regelung getroffen hat, an sonstigen Forschungseinrichtungen;
d) Lehrkräfte nach Maßgabe der vom MK und MS im Einvernehmen mit dem MI erlassenen Richtlinien;
e) Mitglieder des LRH (§ 5 LRHG);
f) Beamtinnen und Beamte, die ein in § 39 Satz 1 NBG genanntes Amt bekleiden;
g) Beamtinnen und Beamte auf Widerruf im Vorbereitungsdienst;
h) Ehrenamtliche Beschäftigte, soweit das Ehrenamt betroffen ist;
i) Beamtinnen und Beamte beim LT;
j) Beamtinnen und Beamte beim LRH;
k) Beamtinnen und Beamte bei der oder dem Landesbeauftragten für den Datenschutz.

2.3 Zulassung von abweichenden Regelungen

Die obersten Dienstbehörden können in begründeten Fällen für ihre Geschäftsbereiche gesonderte oder ergänzende Beurteilungsrichtlinien erlassen (besondere Beurteilungsrichtlinien). Besondere Beurteilungsrichtlinien müssen sich an den Zielen ausrichten, dass

a) die Beurteilungen dort vergleichbar sind, wo Bewerberinnen und Bewerber verschiedener Geschäftsbereiche miteinander konkurrieren,
b) Beurteilungsgerechtigkeit und Aussagewert der Beurteilungen, insbesondere die Ausschöpfung der Rangstufenskala, gesteigert wird und
c) die neuen Mitwirkungsrechte gewahrt bleiben.

Beurteilungsrichtlinien 1.3

Besondere Beurteilungsrichtlinien nach Satz 1 bedürfen des Einvernehmens des MI. Satz 3 gilt nicht für den Geschäftsbereich des MJ.

3. Regelbeurteilung

(1) Die Beschäftigten sind alle drei Jahre zum 1. Oktober des Jahres, erstmalig zum 1. Oktober 2017 zu beurteilen (Beurteilungsstichtag). Die oberste Dienstbehörde kann in begründeten Ausnahmefällen abweichende Beurteilungsstichtage festlegen.

(2) Von der Regelbeurteilung ausgenommen sind

a) Beamtinnen und Beamte der Laufbahngruppe 1 bis zur BesGr. A 6, soweit es sich nicht um das zweite Einstiegsamt handelt;

b) Arbeitnehmerinnen und Arbeitnehmer in der EntgeltGr. 8 und niedriger, soweit die oberste Dienstbehörde diesen Personenkreis nicht ganz oder teilweise in die Regelbeurteilung einbezieht;

c) Arbeitnehmerinnen und Arbeitnehmer in den Entgeltgruppen oder Funktionen, die von der obersten Dienstbehörde bestimmt werden;

d) Beamtinnen und Beamte sowie entsprechend eingruppierte Arbeitnehmerinnen und Arbeitnehmer
 – der Laufbahngruppe 1 in der BesGr. A 9 + Z, sofern sie sich nicht in einem Aufstiegsverfahren nach § 34 NLVO befinden,
 – der Laufbahngruppe 2 in der BesGr. A 13, soweit es sich nicht um das zweite Einstiegsamt handelt, wenn ihnen das Amt vor dem 1. 4. 2009 übertragen worden ist,
 – der Laufbahngruppe 2 in der BesGr. A 13 + Z, wenn ihnen dieses Amt oder ein Amt in der BesGr. A 13 vor dem 1. 4. 2009 übertragen worden ist,
 – der Laufbahngruppe 2 in Ämtern der Besoldungsordnung B;

e) Beamtinnen und Beamte, die eine laufbahnrechtliche Probezeit ableisten, sowie Beamtinnen und Beamte, die sich in einer Einführungs- oder Bewährungszeit im Rahmen eines Aufstiegsverfahrens nach § 33 NLVO befinden;

f) Beschäftigte, die am Beurteilungsstichtag bereits länger als ein Jahr beurlaubt oder nach § 20 BeamtStG oder § 4 Abs. 2 TV-L zugewiesen sind;

g) Beschäftigte, die nach Einstellung in den Landesdienst oder einer mehr als einjährigen Beurlaubung weniger als sechs Monate in ihrem Aufgabengebiet oder nach einer Beförderung weniger als sechs Monate in ihrem neuen Aufgabengebiet tätig gewesen sind;

h) Mitglieder der Personalvertretung oder Schwerbehindertenvertretung, die während des gesamten Beurteilungszeitraums vollständig von ihrer dienstlichen Tätigkeit freigestellt oder befreit sind;

i) Beschäftigte nach Vollendung des 57. Lebensjahres.

Beschäftigte nach den Buchstaben d und i sind auf Antrag in die Regelbeurteilung einzubeziehen.

(3) Die dienstliche Beurteilung der Beschäftigten, die infolge einer Beurlaubung aus familiären Gründen oder der Elternzeit von der Regelbeurteilung ausgenommen sind, ist unter Berücksichtigung der beruflichen Entwicklung vergleichbarer Beschäftigter zum Stichtag der Regelbeurteilung fortzuschreiben. Satz 1 gilt entsprechend, wenn Beschäftigte nach Absatz 2 Buchst. h von der Regelbeurteilung ausgenommen sind.

4. Beurteilung aus besonderem Anlass

Soweit nachfolgend nichts anderes geregelt ist, gelten für Anlassbeurteilungen die Vorgaben für die Regelbeurteilung entsprechend. Anlassbeurteilungen sind zulässig, soweit sie rechtlich geboten sind. Neben oder anstelle von Regelbeurteilungen soll insbesondere aus den nachfolgenden besonderen Anlässen eine Beurteilung erstellt werden.

4.1 Beurteilung während der Probezeit

Beurteilungen während der Probezeit sind unter Beachtung des § 19 Abs. 3 Sätze 1 und 2 NBG und des § 8 Satz 2 NLVO zu erstellen, wobei eine wiederholte Beurteilung auch dann vorzunehmen ist, wenn die Probezeit um nicht mehr als ein Jahr verkürzt wird.

4.2 Beurteilung bei Hinausschieben des Ruhestandes

Beamtinnen und Beamte, die das Hinausschieben des Eintritts in den Ruhestand gemäß § 36 Abs. 1 Satz 1 NBG beantragen, können von der Dienststelle beurteilt werden. Beamtinnen und Beamte, die das Hinausschieben des Eintritts in den Ruhestand gemäß § 36 Abs. 1 Satz 2 NBG beantragen, sind von der Dienststelle zu beurteilen.

4.3 Bewerbung um höherwertige Dienstposten

(1) Beschäftigte, die von der Regelbeurteilung ausgenommen sind, werden beurteilt

a) vor der Übertragung oder bei der Bewerbung um einen höherwertigen Dienstposten oder Arbeitsplatz;

b) vor einer Beförderung, wenn keine Beurteilung aus Anlass der Dienstpostenbesetzung erfolgt ist;

c) anlässlich einer Bewerbung um Zulassung zum Aufstieg.

(2) Absatz 1 gilt entsprechend, wenn eine Regelbeurteilung länger als ein Jahr zurückliegt und Personen in eine Auswahlentscheidung einzubeziehen sind, für die keine Regelbeurteilung erstellt worden ist.

4.4 Beurteilung bei Bewerbungen um Stellen im Schulaufsichtsdienst

Die Beurteilung der Beschäftigten, die eine Lehrbefähigung nach der NLVO-Bildung besitzen und sich um eine Stelle im Schulaufsichtsdienst bewerben, richtet sich nach den für die Besetzung von Dienstposten im Schulaufsichtsdienst erlassenen Regelungen.

4.5 Beurteilung bei Übernahme in unbefristete Beschäftigungsverhältnisse oder in ein Beamtenverhältnis

Arbeitnehmerinnen und Arbeitnehmer, die mindestens ein Jahr beschäftigt sind, werden vor Übernahme aus einem befristeten in ein unbefristetes Beschäftigungsverhältnis beurteilt, sofern nicht eine Regelbeurteilung erstellt worden ist. Dies gilt auch bei der Übernahme in ein Beamtenverhältnis.

5. Leistungsbeurteilung und Befähigungseinschätzung

Die Beurteilung besteht grundsätzlich aus der Bewertung der gezeigten Leistungen und der davon getrennten Befähigungseinschätzung. Die Beurteilung ist unter Verwendung des Beurteilungsvordrucks (Anlage) zu fertigen.

6. Leistungsbeurteilung

(1) Die Leistungsbeurteilung (Beurteilungsvordruck Nr. 4) bewertet die im Beurteilungszeitraum erbrachten Arbeitsergebnisse der Beschäftigten. Die Bewertung ist auf solche Leistungen zu beschränken, die bei der Aufgabenerledigung auch tatsächlich beobachtet worden sind.

(2) Die Bewertung der einzelnen Leistungsmerkmale wird in einer Gesamtbewertung zusammengefasst, die kurz und prägnant zu begründen ist (Beurteilungsvordruck Nr. 4.3).

6.1 Aufgabenbeschreibung

(1) Grundlage für die zu fertigende Leistungsbeurteilung ist eine Aufgabenbeschreibung des jeweiligen Dienstpostens oder Arbeitsplatzes; diese soll die den Aufgabenbereich im Beurteilungszeitraum prägenden Tätigkeiten (in der Regel nicht mehr als fünf) sowie übertragene Sonderaufgaben von besonderem Gewicht aufführen, sofern sie bewertbar sind. Die Aufgabenbeschreibung übernimmt Elemente von getroffenen Zielvereinbarungen. Die Beschäftigten sind an der Beschreibung zu beteiligen.

(2) Es können auch Tätigkeiten, die bei einer im dienstlichen Interesse ausgeübten Nebentätigkeit festgestellt worden sind, Berücksichtigung finden; ebenso soll die Mitarbeit in Projektgruppen dargestellt werden.

(3) Sonstige über die Absätze 1 und 2 hinausgehende Tätigkeiten können in die Aufgabenbeschreibung aufgenommen werden, wenn sie im Beurteilungszeitraum von Bedeutung waren.

6.2 Bewertung der einzelnen Leistungsmerkmale

(1) Die dienstlichen Leistungen sind nach den im Beurteilungsvordruck (Beurteilungsvor-

Beurteilungsrichtlinien I.3

druck Nr. 4) erläuterten Leistungsmerkmalen zu bewerten.

(2) Bei jedem Leistungsmerkmal ist zu prüfen, inwieweit es für die Beschäftigten nach dem Geschäftsverteilungsplan oder den in der Dienstposten- oder Arbeitsplatzbeschreibung aufgeführten Tätigkeiten unter besonderer Berücksichtigung der Aufgabenbeschreibung (Beurteilungsvordruck Nr. 3) in Betracht kommt. Kann danach ein Leistungsmerkmal ausnahmsweise nicht beurteilt werden, ist dies zu begründen. Den Dienstposten oder Arbeitsplatz besonders prägende Leistungsmerkmale können im Beurteilungsvordruck durch Ankreuzen kenntlich gemacht werden.

(3) Im Ausnahmefall kann ein Leistungsmerkmal hinzugefügt werden. Das Hinzufügen ist zu begründen.

(4) Der Katalog der Leistungsmerkmale kann über Absatz 3 hinaus nach Maßgabe von mit der Personalvertretung abgestimmten besonderen Beurteilungsrichtlinien ergänzt werden.

(5) Für die Vergabe der Rangstufen ist die Erfüllung der Anforderungen maßgebend, die an die Inhaberin oder den Inhaber auf dem jeweiligen Dienstposten oder Arbeitsplatz unter Berücksichtigung der Besoldungs- oder Entgeltgruppe gestellt werden können.

(6) Die Einstufung ist durch Ankreuzen im Beurteilungsvordruck vorzunehmen. Der Vordruck sieht fünf Rangstufen vor (Stufen A bis E). Ist ein Leistungsmerkmal einer der fünf Rangstufen (große Kästchen) nicht eindeutig zuzuordnen, sind Zwischenstufen (kleine Kästchen) zulässig. Bei Vergabe der Rangstufen A und E sowie der an sie grenzenden Zwischenstufen ist das jeweilige Leistungsmerkmal zu begründen. Die Begründung darf nicht formelhaft, sondern soll unter Verwendung prägnanter Beispiele erfolgen.

6.3 Gesamtbewertung der Leistungsmerkmale

(1) Die zusammenfassende Bewertung der einzelnen Leistungsmerkmale ist unter Würdigung ihrer Gewichtung und des gesamten Leistungsbildes zu erstellen und in einer Rangstufe auszudrücken. Zwischenstufen sind hierbei nicht zulässig. Wegen der unterschiedlichen Gewichtung der Leistungsmerkmale ist eine arithmetische Ermittlung der zusammenfassenden Bewertung nicht zulässig.

(2) Für die Zusammenfassung der Bewertung der einzelnen Leistungsmerkmale ist eine der fünf Rangstufen nach dem folgenden Beurteilungsmaßstab zu vergeben:

– **Rangstufe A – Die Leistungsanforderungen werden in besonders herausragender Weise übertroffen.**

  Diese Bewertung können nur Beschäftigte erhalten, die nach Gesamtleistung und Gesamtpersönlichkeit in jeder Hinsicht konstant Spitzenleistungen erbringen und die gesteigerte Leistungsanforderung für die Rangstufe B nochmals deutlich und dauerhaft übertreffen. Es muss sich um Beschäftigte mit außergewöhnlichem Leistungsverhalten handeln; besondere Leistungen in einem Spezialgebiet reichen für sich allein nicht aus. Bei Beschäftigten in Vorgesetztenfunktion setzt diese Bewertung ein konstant vorbildliches Leitungsverhalten voraus.

– **Rangstufe B – Die Leistungsanforderungen werden deutlich übertroffen.**

  Diese Bewertung ist für Beschäftigte vorgesehen, die aufgrund ihrer Leistung die Rangstufe C übertreffen und sich bei der Erledigung schwieriger Arbeiten besonders bewähren sowie fortwährend weit über den Anforderungen liegende Leistungen erbringen. Bei Beschäftigten in Vorgesetztenfunktion verlangt diese Bewertung ein konstant über den Anforderungen liegendes Leitungsverhalten.

– **Rangstufe C – Die Leistungsanforderungen werden gut erfüllt.**

  Diese Bewertung erhalten Beschäftigte, die die ihnen gestellten Aufgaben gut erfüllen. Sie werden den Anforderungen in vollem Umfang gerecht.

– **Rangstufe D – Die Leistungsanforderungen werden im Wesentlichen erfüllt.**

  Diese Bewertung erhalten Beschäftigte, deren Leistung den Anforderungen mit Einschränkungen entspricht oder wenn die gezeigte Leistung einige Mängel aufweist.

– **Rangstufe E – Die Leistungsanforderungen werden nicht erfüllt.**

Diese Bewertung ist für Beschäftigte vorzusehen, deren Leistungsbild mindestens erhebliche oder durchgängig Mängel aufweist.

(3) Die Gesamtbewertung ist mit einer Begründung zu versehen (Beurteilungsvordruck Nr. 4.3) und ggf. um die Art und den Umfang der Berücksichtigung einer Minderung der Arbeits- und Verwendungsfähigkeit durch eine Schwerbehinderung zu ergänzen.

7. Befähigungseinschätzung

(1) In der Befähigungseinschätzung (Beurteilungsvordruck Nr. 5) sind die erkennbar gewordenen allgemeinen Fähigkeiten und Kenntnisse sowie sonstige dienstlich bedeutsame Eigenschaften im Hinblick auf die weitere dienstliche Verwendung und berufliche Entwicklung zu ermitteln. Die einzelnen Befähigungsmerkmale sind danach zu kennzeichnen, wie ausgeprägt die Befähigung festgestellt werden kann.

(2) Der Katalog der Befähigungsmerkmale kann im Einzelfall durch die Beurteilerin oder den Beurteiler (entsprechend Nummer 6.2 Abs. 3) oder nach Maßgabe besonderer Beurteilungsrichtlinien (entsprechend Nummer 6.2 Abs. 4) im Ausnahmefall um ein Befähigungsmerkmal ergänzt werden. Soweit Befähigungsmerkmale ausnahmsweise nicht beobachtet werden konnten, ist dies zu vermerken und zu begründen.

(3) Eine Gesamtbewertung der einzelnen Befähigungsmerkmale findet nicht statt.

7.1 Einschätzung der einzelnen Befähigungsmerkmale

Die Einschätzung der einzelnen Befähigungsmerkmale erfolgt nach folgenden Ausprägungsgraden:
– A – besonders stark ausgeprägt
– B – stark ausgeprägt
– C – normal ausgeprägt
– D – schwach ausgeprägt.

7.2 Zusätzliche Angaben

Auf Wunsch sollen auch eigene Angaben der oder des Beschäftigten in die Beurteilung aufgenommen werden, sofern sie für die weitere dienstliche Verwendung und berufliche Entwicklung von Bedeutung sein können. Hierzu können insbesondere Erfahrungen und Fähigkeiten aus der familiären oder sozialen Arbeit während der Familienphase gemäß § 13 Abs. 3 NGG gehören. In Betracht kommen, neben den dort genannten, weitere Erfahrungen und Fähigkeiten, die in der Kinderbetreuung und in der hauswirtschaftlichen oder pflegerischen Tätigkeit gewonnen wurden, wie z. B. Koordination verschiedener Tätigkeiten, Herstellung von Interessenausgleich, Prioritäten setzen. Die oder der Beschäftigte ist auf die Möglichkeit, hierzu Angaben machen zu können, hinzuweisen.

7.3 Körperliche Leistungsfähigkeit

Hinweise zur körperlichen Leistungsfähigkeit sind nur aufzunehmen, soweit sie sich auf Sachverhalte beziehen, die beobachtet werden und für die Verwendung der Beschäftigten bedeutsam sein können.

8. Gesamturteil

(1) Die dienstliche Beurteilung enthält ein Gesamturteil, das in der Regel auf der Gesamtbewertung der einzelnen Leistungsmerkmale (Beurteilungsvordruck Nr. 4.3) beruht.

(2) Bei der Festlegung des Gesamturteils ist unter Berücksichtigung des nach fünf Rangstufen unterteilten Beurteilungsmaßstabes (Nummer 6.3 Abs. 2) die gebotene Differenzierung sicherzustellen. Bei der Zuordnung der Rangstufen ist zu beachten, dass nach allgemeiner Erfahrung die Mehrzahl der zu Beurteilenden die Anforderungen eines Beurteilungsmittelwertes (Rangstufe C) erfüllt. Es besteht die Erwartung, dass diese Verteilung eingehalten wird. Die Notwendigkeit einer individuellen Beurteilung bleibt unberührt.

(3) Gibt die Befähigungseinschätzung Anlass, für die Bildung des Gesamturteils ausnahmsweise über das Ergebnis der Leistungsbeurteilung hinauszugehen, ist dies eingehend zu begründen. Insbesondere gilt dies in Fällen, in denen die Befähigungen der Beschäftigten von den Anforderungen des Dienstpostens oder des Arbeitsplatzes deutlich abweichen

Beurteilungsrichtlinien I.3

und deshalb im Leistungsbild nicht dargestellt werden können.

(4) Neben der Leistungsbeurteilung und der Befähigungseinschätzung können die für die Erstbeurteilung wie auch die für die Zweitbeurteilung Zuständigen Aussagen über besondere Eignungs- oder Förderungsvorschläge treffen.

9. Beurteilungsverfahren
9.1 Verfahrensablauf

Das Beurteilungsverfahren umfasst

– die Beurteilungskommission,
– die Erstbeurteilung,
– die Zweitbeurteilung,
– die Bekanntgabe der Beurteilung.

9.2 Beurteilungskommission

(1) Die Beurteilungskommission wird von der Behördenleitung oder der von ihr bestimmten Person geleitet. Sie besteht aus den Zweitbeurteilerinnen und Zweitbeurteilern, der Leitung der Personalstelle, der Gleichstellungsbeauftragten, einem Mitglied der Personalvertretung und der Schwerbehindertenvertretung.

(2) Die Beurteilungskommission tritt rechtzeitig vor dem festgesetzten Stichtag zusammen. Sie legt die Kriterien fest, nach denen die Erstbeurteilerinnen und Erstbeurteiler einheitlich vorgehen sollen, um die Einhaltung des Beurteilungsmaßstabes sicherzustellen. Es können auch Bewertungsschwerpunkte erarbeitet werden, die an typische Arbeitsabläufe einer Dienststelle anknüpfen. Geschlechtsspezifische Auswirkungen sind zu berücksichtigen. Zu diesem Zweck ist die Beurteilungskommission über statistische Beurteilungsunterschiede zwischen Frauen und Männern und zwischen Teilzeit- und Vollzeitbeschäftigten im Beurteilungsverfahren des vorherigen Stichtags zu unterrichten.

(3) Die Zweitbeurteilerinnen und Zweitbeurteiler unterrichten rechtzeitig vor dem Beurteilungsstichtag die Erstbeurteilerinnen und Erstbeurteiler über die Beurteilungsmaßstäbe und die hierzu festgelegten Kriterien.

9.3 Zuständigkeit für die Erst- und Zweitbeurteilung

(1) Die oberste Dienstbehörde legt für ihren Geschäftsbereich fest, wer Erstbeurteilerin oder Erstbeurteiler und Zweitbeurteilerin oder Zweitbeurteiler ist; sie kann diese Befugnis delegieren.

(2) Erstbeurteilerin oder Erstbeurteiler soll in der Regel die oder der unmittelbare Vorgesetzte sein. Andere Vorgesetzte können für die Erstbeurteilung zuständig sein, wenn sie in der Lage sind, sich aus eigener Anschauung ein Urteil über die oder den zu Beurteilenden zu bilden.

(3) Zweitbeurteilerin oder Zweitbeurteiler soll eine höhere Vorgesetzte oder ein höherer Vorgesetzter mit breiter Führungsverantwortung sein. Aufgrund ihrer Führungserfahrung und der Zahl der unterstellten Mitarbeiterinnen und Mitarbeiter sollen sie die Einhaltung des festgelegten Beurteilungsmaßstabes und der Kriterien sowie die Vergleichbarkeit der Beurteilung sicherstellen und für ihren Bereich gewährleisten. Erstbeurteilung und die Zweitbeurteilung dürfen nicht von derselben Person erstellt werden.

(4) Bei der Umsetzung der oder des zu Beurteilenden innerhalb der Behörde bleibt die Beurteilungszuständigkeit für die Regelbeurteilung bei den bis zur Umsetzung zuständigen Vorgesetzten, wenn die Umsetzung am Beurteilungsstichtag weniger als sechs Monate zurückliegt.

(5) Bei der Abordnung der oder des zu Beurteilenden im Geltungsbereich dieser Richtlinie gilt Absatz 4 entsprechend. Bei der Abordnung der oder des zu Beurteilenden an eine Stelle außerhalb des Geltungsbereichs dieser Richtlinie, bleibt die Beurteilungszuständigkeit unabhängig von der Dauer der Abordnung zum Beurteilungsstichtag bei den bis zur Abordnung zuständigen Vorgesetzten. In besonders gelagerten Fällen kann die oberste Dienstbehörde die Zuständigkeit für die Beurteilung von abgeordneten Beschäftigten abweichend regeln sofern dies aus sachlichen Gründen erforderlich ist.

9.4 Ausnahmen von der Zweitbeurteilung

Grundsätzlich erhalten die Beschäftigten eine Erst- und eine Zweitbeurteilung. Von der Zweitbeurteilung kann die oberste Dienstbehörde eine Ausnahme zulassen für

a) Beschäftigte, deren Erstbeurteilung von der Behördenleitung erstellt wird;
b) Behördenleiterinnen oder Behördenleiter, wenn sie von der Leitung der nächsthöheren Behörde beurteilt werden.

9.5 Erstbeurteilung

(1) Bevor die Erstbeurteilung fertiggestellt wird, hat die oder der für die Erstbeurteilung Zuständige mit der oder dem Beschäftigten ein Gespräch zu führen. Hierzu kann eine andere vorgesetzte Person, die nicht Erstbeurteilerin oder Erstbeurteiler ist, hinzugezogen werden. In diesem Gespräch sollen die den Aufgabenbereich im Beurteilungszeitraum prägenden Tätigkeiten festgelegt und in den Beurteilungsvordruck aufgenommen werden (siehe Nummer 6.1). Weiterhin sollen das Leistungs- und das Befähigungsbild im Allgemeinen, das die Erstbeurteilerin oder der Erstbeurteiler innerhalb des Beurteilungszeitraums gewonnen hat, mit der eigenen Einschätzung der oder des zu Beurteilenden abgeglichen werden. Die Durchführung dieses Gesprächs ist im Beurteilungsbogen aktenkundig zu machen. Auf das Gespräch kann in besonderen Ausnahmefällen verzichtet werden. Ein besonderer Ausnahmefall liegt insbesondere dann vor, wenn wegen einer langzeitigen Abwesenheit der oder des zu Beurteilenden das Gespräch nicht geführt werden kann oder die oder der zu Beurteilende ein Gespräch ablehnt. Die Beteiligung erfolgt dann im schriftlichen Verfahren und der oder dem zu Beurteilenden ist der Beurteilungsvordruck mit den Informationen nach Satz 3 im Entwurf zu übermitteln und ihr oder ihm eine allgemeine Einschätzung des Leistungs- und Befähigungsbildes zur Stellungnahme zu übersenden.

(2) Soweit die Erstbeurteilerin oder der Erstbeurteiler einen wesentlichen Teil des Beurteilungszeitraums nicht mit eigenen Erkenntnissen abdecken kann, ist eine früher vorgesetzte Person – möglichst die frühere Erstbeurteilerin oder der frühere Erstbeurteiler –, in den Fällen der Nummer 9.3 Abs. 4 und 5 auch die vorgesetzte Person bei der aufnehmenden Stelle, hinzuzuziehen oder um einen Beurteilungsbeitrag zu bitten. Zum Zeitpunkt des Eintritts oder der Versetzung in den Ruhestand sowie des Wechsels des Arbeitsplatzes oder Dienstpostens einer Erstbeurteilerin oder eines Erstbeurteilers sollen zeitnahe Beurteilungsbeiträge erstellt werden.

(3) Nach Fertigstellung wird die Erstbeurteilung der Zweitbeurteilerin oder dem Zweitbeurteiler auf dem Dienstweg vorgelegt; Vorgesetzte zwischen der Ebene der Erstbeurteilung und der Ebene der Zweitbeurteilung erhalten dadurch Gelegenheit, von der Beurteilung Kenntnis zu nehmen.

9.6 Zweitbeurteilung

(1) Die Zweitbeurteilerin oder der Zweitbeurteiler bestätigt, ergänzt oder ändert die Erstbeurteilung unter Berücksichtigung der Ergebnisse der Beurteilungskommission. Hierzu können Informationen der an der Beurteilung beteiligten Vorgesetzten herangezogen werden. Die Erstbeurteilung kann auch zur Überprüfung an die Erstbeurteilerin oder den Erstbeurteiler zurückgegeben werden, wenn ernsthafte Zweifel daran bestehen, dass der vorgegebene Beurteilungsmaßstab eingehalten worden ist. Ein Weisungsrecht besteht jedoch nicht.,

(2) Stimmen das Gesamturteil der Erst- und Zweitbeurteilung nicht überein, ist die Beurteilung der Zweitbeurteilerin oder des Zweitbeurteilers maßgebend. Eine abweichende Beurteilung ist zu begründen.

9.7 Bekanntgabe der Beurteilung

(1) Die Beurteilung ist der oder dem Beschäftigten auszuhändigen und es ist ein Gespräch zu führen. Die Bekanntgabe soll grundsätzlich durch die Erstbeurteilerin oder den Erstbeurteiler vorgenommen werden. Nur bei wesentlichen Abweichungen soll sie durch die Zweitbeurteilerin oder den Zweitbeurteiler erfolgen. Auf das Gespräch und die Aus-

händigung kann in besonderen Ausnahmefällen verzichtet werden. Ein besonderer Ausnahmefall liegt insbesondere dann vor, wenn wegen einer langzeitigen Abwesenheit der oder des zu Beurteilenden das Gespräch nicht geführt werden kann oder die oder der zu Beurteilende ein Gespräch ablehnt. In einem solchen Fall ist die Beurteilung in anderer geeigneter Weise zu übermitteln (z. B. durch die Post).

(2) Die Bekanntgabe ist aktenkundig zu machen und zusammen mit der Beurteilung zu den Personalakten zu nehmen.

10. Besondere Verfahrensregelungen
10.1 Befangenheit

Liegen Tatsachen vor, die aus der Perspektive einer oder eines objektiven Dritten auf eine Befangenheit von Beurteilungsvorgesetzten schließen lassen, so legt die oder der jeweilige Dienstvorgesetzte, bei eigener Betroffenheit die oder der höhere Dienstvorgesetzte, ggf. die Beurteilungszuständigkeit neu fest. Die Entscheidung ist zu begründen, aktenkundig zu machen und bekannt zu geben.

10.2 Zurückstellung

Beurteilungen, die zum vorgesehenen Beurteilungsstichtag nicht zweckmäßig sind (insbesondere bei längerer Abwesenheit wegen Krankheit, bei schwebenden Disziplinarverfahren oder in ähnlich schwerwiegenden Fällen), können – auch auf Antrag der oder des Beschäftigten – ausnahmsweise zurückgestellt werden. Für diesen Fall sind sie nach Fortfall des Hemmnisses nachzuholen.

10.3 Beurteilung der Gleichstellungsbeauftragten

(1) Ganz oder teilweise von ihren dienstlichen Tätigkeiten entlastete Gleichstellungsbeauftragte sind von der jeweiligen Behördenleitung, der sie zugeordnet sind, zu beurteilen. Für sie ist keine Zweitbeurteilung zu erstellen.

(2) Bei teilweise entlasteten Gleichstellungsbeauftragten leiten die Beurteilerinnen oder Beurteiler im Bereich der sonstigen dienstlichen Tätigkeit einen Beurteilungsbeitrag an die Behördenleitung.

(3) Bei nicht entlasteten Gleichstellungsbeauftragten erhält die Behördenleitung Gelegenheit zur Stellungnahme.

10.4 Beurteilung von schwerbehinderten Menschen

Bei der Beurteilung von schwerbehinderten Menschen findet Nummer 8 des Beschlusses der LReg vom 15. 3. 2016 (Nds. MBl. S. 394) Anwendung.

11. Geschäftsmäßige Behandlung der Beurteilungen

(1) Beurteilungs- und Gesprächsnotizen, Beurteilungsbeiträge sowie Beurteilungen sind vertraulich zu behandeln.

(2) Bei Änderungen oder Ergänzungen der Zweitbeurteilerin oder des Zweitbeurteilers wird eine Reinschrift gefertigt. Der Entwurf wird nach Eröffnung der Beurteilung für die Dauer eines Jahres, im Fall eines Rechtsstreits bis zu dessen Abschluss, aufbewahrt und ist anschließend zu vernichten.

(3) Beurteilungs- und Gesprächsnotizen verbleiben als persönliche Arbeitsunterlagen bis zur Erteilung der nächsten dienstlichen Beurteilung bei den jeweiligen Beurteilungsvorgesetzten; Absatz 2 Satz 2 gilt entsprechend.

(4) Beurteilungsbeiträge sind als Sachakte bei den Behörden oder Dienststellen zu führen; für sie gelten die Regelungen über die Einsichtnahme in Personalakten. Absatz 2 Satz 2 gilt entsprechend.

12. Schlussbestimmungen

(1) Diese BRL treten am 5. 8. 2017 in Kraft. Gleichzeitig treten die BRL vom 6. 9. 2011 (Beschl. der LReg vom 6. 9. 2011, Nds. MBl. 2011 S. 616) außer Kraft.

(2) Für Beurteilungsverfahren, deren Stichtag vor dem 5. 8. 2017 liegt, sind weiterhin die BRL vom 6. 9. 2011 anzuwenden.

Niedersächsische Nebentätigkeitsverordnung (NNVO)
Vom 6. April 2009 (Nds. GVBl. S. 140)

Zuletzt geändert durch
Verordnung zur Änderung der Niedersächsischen Nebentätigkeitsverordnung
vom 28. November 2024 (Nds. GVBl. Nr. 103)

Inhaltsübersicht

**Erster Abschnitt
Allgemeines**
- § 1 Geltungsbereich
- § 2 Öffentliche Ehrenämter
- § 3 Nebentätigkeit im öffentlichen Dienst
- § 4 Zulässigkeit von Gutachtertätigkeit
- § 5 Vorzeitige Übernahme einer Nebentätigkeit
- § 6 Frist zur Abwicklung untersagter Nebentätigkeiten

**Zweiter Abschnitt
Vergütung für Nebentätigkeiten**
- § 7 Begriff der Nebentätigkeitsvergütung
- § 8 Zulässigkeit der Vergütung für Nebentätigkeiten im öffentlichen Dienst
- § 9 Ablieferung von Nebentätigkeitsvergütungen
- § 10 Abrechnung von Nebentätigkeitsvergütungen

**Dritter Abschnitt
Inanspruchnahme von Einrichtungen, Personal und Material des Dienstherrn**
- § 11 Genehmigung
- § 12 Grundsätze für die Bemessung des Nutzungsentgelts
- § 13 Bemessung des Nutzungsentgelts
- § 14 Nutzungsentgelt bei ärztlichen und zahnärztlichen Nebentätigkeiten im Krankenhausbereich
- § 15 Festsetzung des Nutzungsentgelts

**Vierter Abschnitt
Zuständigkeiten, Übergangsregelungen**
- § 16 Zuständigkeiten
- § 17 Übergangsregelung

Erster Abschnitt
Allgemeines

§ 1 Geltungsbereich

₁Diese Verordnung gilt für die Landesbeamtinnen und Landesbeamten, die Kommunalbeamtinnen und Kommunalbeamten sowie die Körperschaftsbeamtinnen und Körperschaftsbeamten (§ 1 des Niedersächsischen Beamtengesetzes – NBG). ₂Die Hochschulnebentätigkeitsverordnung und die Hochschulnutzungsentgeltverordnung Medizin bleiben unberührt.

§ 2 Öffentliche Ehrenämter

(1) ₁Öffentliche Ehrenämter im Sinne des § 70 Abs. 4 NBG sind

1. die nebenberufliche Tätigkeit als Ehrenbeamtin oder Ehrenbeamter,

2. die Tätigkeit als Mitglied in
   a) einer kommunalrechtlich gebildeten Vertretung und einem kommunalrechtlich gebildeten Ausschuss,
   b) einem kommunalen Ausschuss, der auf einer besonderen Rechtsvorschrift beruht, oder
   c) dem Verwaltungsrat einer kommunalen oder gemeinsamen kommunalen Anstalt,

3. die ehrenamtliche Tätigkeit in einem kommunalen Spitzenverband,

4. die Tätigkeit als Mitglied
   a) im Verwaltungsrat der Niedersächsischen Kommunalprüfungsanstalt als Vertreterin oder Vertreter eines kommunalen Spitzenverbandes,
   b) im Vorstand einer kommunalen Versorgungskasse oder in einem von diesem gebildeten Ausschuss,
   c) im Präsidium des Kommunalen Arbeitgeberverbandes Niedersachsen e. V.,
   d) im Aufsichtsrat des Niedersächsischen Studieninstituts für kommunale Verwaltung e. V.,
   e) im Kuratorium der Kommunalen Hochschule für Verwaltung in Niedersachsen, oder
   f) im Vorstand des Kommunalen Schadenausgleichs Hannover,

5. die ehrenamtliche Tätigkeit als Mitglied in einer Freiwilligen Feuerwehr oder Pflichtfeuerwehr,

6. die ehrenamtliche Tätigkeit als Mitglied in einer im Katastrophen- oder Zivilschutz mitwirkenden Einheit oder Einrichtung öffentlicher oder privater Träger,

7. die Tätigkeit als ehrenamtliche Richterin oder ehrenamtlicher Richter oder als Schiedsperson,

8. die ehrenamtliche Tätigkeit als Mitglied eines Organs oder Ausschusses eines Sozialversicherungsträgers oder eines Verbandes der Sozialversicherungsträger oder der Bundesagentur für Arbeit,

9. die ehrenamtliche Tätigkeit in einem Sparkassenverband,

10. die Tätigkeit als Mitglied einer Personalvertretung,

11. die auf behördlicher Bestellung oder auf Wahl beruhende unentgeltliche ehrenamtliche Tätigkeit, soweit sie in Ausübung staatsbürgerlicher Rechte oder Pflichten erfolgt, und

12. die in einer sonstigen Rechtsvorschrift als ehrenamtlich bezeichnete Mitwirkung bei der Erfüllung öffentlicher Aufgaben.

₂Unentgeltlich im Sinne des Satzes 1 Nr. 11 ist die Wahrnehmung eines öffentlichen Ehrenamtes auch dann, wenn Ersatz der notwendigen Auslagen und der Verdienstausfalls gewährt wird. ₃Eine Pauschalierung dieser Zahlungen ist für die Unentgeltlichkeit unschädlich, wenn sich die Höhe in einem Rahmen hält, in dem aufgrund tatsächlicher Anhaltspunkte oder tatsächlicher Erhebungen nachvollziehbar ist, dass und in welchem Umfang durch die Ausübung der Nebentätigkeit finanzielle Auslagen und Verdienstausfall typischerweise entstehen.

(2) Die Wahrnehmung eines öffentlichen Ehrenamtes liegt nur vor, wenn die Tätigkeit zu den unmittelbaren Aufgaben des Ehrenamtes gehört.

§ 3 Nebentätigkeit im öffentlichen Dienst

(1) Nebentätigkeit im öffentlichen Dienst ist jede für den Bund, ein Land, eine Gemeinde, einen Gemeindeverband oder eine sonstige der Aufsicht des Bundes oder eines Landes unterstehende Körperschaft, Anstalt oder Stiftung des öffentlichen Rechts oder für deren Verbände ausgeübte Tätigkeit, die nicht zum Hauptamt gehört.

(2) Einer Nebentätigkeit im öffentlichen Dienst steht eine nicht zum Hauptamt gehörende Tätigkeit gleich, die für

1. eine Vereinigung, eine Einrichtung oder ein Unternehmen, dessen Grund- oder Stammkapital sich unmittelbar oder mittelbar ganz oder überwiegend in öffentlicher Hand befindet oder die oder das ganz oder überwiegend fortlaufend aus öffentlichen Mitteln unterhalten wird,
2. eine zwischenstaatliche oder überstaatliche Einrichtung, an der eine juristische Person oder ein Verband im Sinne des Absatzes 1 beteiligt ist, oder
3. eine natürliche oder juristische Person, wenn deren Tätigkeit der Wahrung von Belangen einer juristischen Person oder eines Verbandes im Sinne des Absatzes 1 dient,

wahrgenommen wird.

§ 4 Zulässigkeit von Gutachtertätigkeit

$_1$Die Beamtin oder der Beamte darf Gutachten im Rahmen einer Nebentätigkeit in Angelegenheiten, die zum Zuständigkeitsbereich ihrer oder seiner Behörde oder Einrichtung gehören, nur erstatten, wenn

1. die Erstattung des Gutachtens nicht zu ihren oder seinen dienstlichen Aufgaben gehört,
2. sich aus dem Auftrag eindeutig ergibt, dass die Erstattung des Gutachtens durch sie oder ihn als Privatperson erbeten wird, und
3. die Gutachtertätigkeit selbständig wahrgenommen wird.

$_2$Eine Gutachtertätigkeit wird selbständig wahrgenommen, wenn die Beamtin oder der Beamte das Gutachten in wesentlichen Teilen selbst erarbeitet und die Verantwortung für das Gutachten durch Unterzeichnung übernimmt. $_3$Erarbeitet eine Beamtin oder ein Beamter gemeinsam mit anderen Personen ein Gutachten, so gelten die Sätze 1 und 2 für den von ihr oder ihm beigetragenen Teil.

§ 5 Vorzeitige Übernahme einer Nebentätigkeit

$_1$Eine vorzeitige Übernahme der Nebentätigkeit vor Ablauf der Wartefrist nach § 75 Satz 2 Halbsatz 2 NBG gilt mit der Anzeige als zugelassen, wenn die Vergütung den Wert von 300 Euro nicht übersteigt. $_2$Eine vorzeitige Übernahme soll zugelassen werden, wenn die Einhaltung der Wartefrist für die Beamtin oder den Beamten eine besondere Härte darstellt oder aus nicht von ihr oder ihm zu vertretenden Gründen nicht möglich ist.

§ 6 Frist zur Abwicklung untersagter Nebentätigkeiten

Wird eine Nebentätigkeit nach ihrer Übernahme nach § 73 Abs. 2 NBG untersagt, so soll der Beamtin oder dem Beamten eine angemessene Frist zur Abwicklung der Nebentätigkeit eingeräumt werden, soweit dienstliche Interessen nicht entgegenstehen.

Zweiter Abschnitt
Vergütung für Nebentätigkeiten

§ 7 Begriff der Nebentätigkeitsvergütung

(1) Vergütung für eine Nebentätigkeit ist jede Gegenleistung in Geld oder geldwerten Vorteilen, auch wenn darauf ein Rechtsanspruch nicht besteht.

(2) $_1$Als Vergütung gelten nicht

1. der Ersatz von Reisekosten bis zur Höhe der nach den Bestimmungen des Landes zu gewährenden reisekostenrechtlichen Entschädigungen,
2. der Ersatz sonstiger barer Auslagen, wenn keine Pauschalierung vorgenommen wird, und

3. die vereinnahmte Umsatzsteuer, soweit sie an ein Finanzamt abzuführen ist.

₂Der Ersatz von Reisekosten in der in Satz 1 Nr. 1 bezeichneten Höhe gilt auch dann nicht als Vergütung, wenn er ganz oder teilweise mit der Vergütung abgegolten wird.

(3) Pauschalierte Aufwandsentschädigungen sind als Vergütung anzusehen.

§ 8 Zulässigkeit der Vergütung für Nebentätigkeiten im öffentlichen Dienst

₁Für eine Nebentätigkeit im öffentlichen Dienst darf eine Vergütung vom Land, von einer Gemeinde, einem Gemeindeverband oder von anderen der Aufsicht des Landes unterstehenden juristischen Personen des öffentlichen Rechts nur gewährt werden, wenn

1. die Beamtin oder der Beamte einen Rechtsanspruch auf Vergütung hat,

2. der Beamtin oder dem Beamten die unentgeltliche Ausübung der Nebentätigkeit nicht zugemutet werden kann,

3. in anderer Weise eine geeignete Arbeitskraft ohne erheblichen Mehraufwand nicht gewonnen werden kann,

4. die Beamtin oder der Beamte eine Lehr-, Unterrichts-, Vortrags- oder Prüfungstätigkeit ausübt,

5. die Beamtin oder der Beamte eine Gutachter- oder Sachverständigentätigkeit für ein Gericht oder eine Staatsanwaltschaft wahrnimmt oder

6. die Beamtin oder der Beamte Beratungsleistungen im Bereich der Personal- und Organisationsentwicklung für Dienststellen des Landes, der Gemeinden, der Gemeindeverbände oder anderer der Aufsicht des Landes unterstehender juristischer Personen des öffentlichen Rechts erbringt, es sei denn, dass die Tätigkeit bei Vorliegen der Voraussetzungen nach § 74 Abs. 1 Satz 1 NBG während der Arbeitszeit ausgeübt wird.

₂Eine Vergütung darf nicht gewährt werden, soweit zur Ausübung der Nebentätigkeit eine Entlastung im Hauptamt erfolgt.

§ 9 Ablieferung von Nebentätigkeitsvergütungen

(1) ₁Erhält eine Beamtin oder ein Beamter Vergütungen für eine oder mehrere Nebentätigkeiten, die im öffentlichen Dienst oder auf Verlangen, Vorschlag oder Veranlassung der oder des Dienstvorgesetzten ausgeübt werden, so sind die Vergütungen an den Dienstherrn insoweit abzuliefern, als sie für die in einem Kalenderjahr ausgeübten Tätigkeiten die Höchstbeträge nach den Absätzen 2 oder 3 übersteigen. ₂Ist eine Beamtin oder ein Beamter für die Wahrnehmung einer Nebentätigkeit im Hauptamt entlastet, so ist eine von dritter Seite gewährte Vergütung in voller Höhe an den Dienstherrn abzuliefern.

(2) ₁Die Höchstbeträge für die in einem Kalenderjahr ausgeübten Nebentätigkeiten sind bei Beamtinnen und Beamten der Besoldungsgruppen

1. A 5 bis A 8 das Zwölffache der vom Bundesministerium für Arbeit und Soziales nach § 8 Abs. 1a Satz 3 des Vierten Buchs des Sozialgesetzbuchs (SGB IV) bekanntgegebenen und für das Ende des Kalenderjahres maßgeblichen Geringfügigkeitsgrenze,

2. A 9 bis A 12 115 Prozent des sich aus Nummer 1 ergebenden Betrages,

3. A 13 bis A 16, C 1 bis C 4, W 1 bis W 3, B 1 bis B 4 und R 1 bis R 4 130 Prozent des sich aus Nummer 1 ergebenden Betrages,

4. ab B 5 und ab R 5 150 Prozent des sich aus Nummer 1 ergebenden Betrages.

₂Maßgebend ist die Besoldungsgruppe am Ende des Kalenderjahres. ₃Bei teilzeitbeschäftigten Beamtinnen und Beamten gilt der Höchstbetrag ungeachtet der Arbeitszeitermäßigung.

(3) Abweichend von Absatz 2 Satz 1 ist der Höchstbetrag

1. bei den Hauptverwaltungsbeamtinnen und Hauptverwaltungsbeamten der Kommunen das Eineinhalbfache des sich aus Absatz 2 Satz 1 Nr. 3 oder 4 ergebenden Betrages und

2. bei Beamtinnen und Beamten nach § 8 Satz 1 Nr. 6 das Eineinhalbfache des sich aus Absatz 2 Satz 1 ergebenden Betrages.

(4) ₁Zur Ermittlung des abzuliefernden Betrages sind von den erhaltenen Vergütungen die im Zusammenhang mit der Nebentätigkeit nachweislich entstandenen Aufwendungen abzusetzen für

1. Fahrten sowie Verpflegung und Unterkunft jeweils bis zu der reisekostenrechtlich erstattungsfähigen Höhe,
2. die Inanspruchnahme von Einrichtungen, Personal und Material des Dienstherrn und
3. sonstige Hilfeleistungen Dritter und selbst beschafftes Material.

₂Die Beamtin oder der Beamte darf nur solche Aufwendungen absetzen, für die sie oder er keinen Auslagenersatz erhalten hat.

(5) Der Ablieferung unterliegen nicht Vergütungen für

1. eine Tätigkeit, die während eines Urlaubs ohne Dienstbezüge ausgeübt wird,
2. die Tätigkeit als Gutachterin oder Gutachter sowie als Sachverständige oder Sachverständiger für ein Gericht oder eine Staatsanwaltschaft,
3. sonstige Gutachtertätigkeit von Ärztinnen und Ärzten, Zahnärztinnen und Zahnärzten sowie Tierärztinnen und Tierärzten sowie deren sonstige Tätigkeiten, für die nach der Gebührenordnung für Ärzte, der Gebührenordnung für Zahnärzte oder der Tierärztegebührenordnung Gebühren erhoben werden können, und
4. eine Lehr-, Unterrichts-, Vortrags- oder Prüfungstätigkeit nach § 8 Satz 1 Nr. 4.

(6) Die Absätze 1 bis 5 gelten auch für Vergütungen für Nebentätigkeiten, die eine Ruhestandsbeamtin oder ein Ruhestandsbeamter sowie eine frühere Beamtin oder ein früherer Beamter vor Beendigung des Beamtenverhältnisses ausgeübt hat.

§ 10 Abrechnung von Nebentätigkeitsvergütungen

(1) ₁Übersteigen die Vergütungen, die der Ablieferung unterliegen können, die in § 9 Abs. 2 und 3 bestimmten Höchstbeträge, so hat die Beamtin oder der Beamte die Vergütung gegenüber dem Dienstherrn abzurechnen. ₂Die Berechnung ist dem Dienstherrn vorzulegen, sobald die Vergütungen die in § 9 Abs. 2 und 3 bestimmten Höchstbeträge übersteigen. ₃Übersteigen die abzurechnenden Vergütungen diese Höchstbeträge nicht, so hat die Beamtin oder der Beamte dies bis zum 31. März des Folgejahres schriftlich zu versichern. ₄Die Sätze 1 bis 3 gelten für die Ruhestandsbeamtinnen und Ruhestandsbeamten und früheren Beamtinnen und Beamten in Bezug auf die Nebentätigkeiten nach § 9 Abs. 6 entsprechend.

(2) ₁In die Abrechnung hat die Beamtin oder der Beamte alle für die Berechnung des Ablieferungsbetrages erforderlichen Angaben aufzunehmen; die Beamtin oder der Beamte hat die für den Nachweis erforderlichen Aufzeichnungen mit den zugehörigen Unterlagen zu führen. ₂Zu den Angaben gehören insbesondere die zu den bezogenen Vergütungen sowie zu Beginn, Umfang, Änderung des Umfangs und Ende der Nebentätigkeit. ₃Auf Verlangen sind die entsprechenden Aufzeichnungen und Unterlagen vorzulegen und Auskünfte zu erteilen. ₄Die Unterlagen sind fünf Jahre aufzubewahren; die Frist beginnt mit der abschließenden Festsetzung des Ablieferungsbetrages.

(3) ₁Der Ablieferungsbetrag ist zu schätzen, wenn die Beamtin oder der Beamte keine oder keine ausreichenden Auskünfte gibt, keine ausreichende Aufklärung erteilt oder Aufzeichnungen und Unterlagen nach Absatz 2 nicht vorlegt. ₂Sobald die erforderlichen Angaben, Aufzeichnungen und Unterlagen vorliegen, ist die Festsetzung des geschätzten Betrages zu berichtigen.

(4) ₁Der abzuliefernde Betrag wird einen Monat nach der Festsetzung fällig; bei einer Berichtigung nach Absatz 3 Satz 2 wird die Fälligkeit nur insoweit hinausgeschoben, als aufgrund der Berichtigung ein höherer Betrag abzuliefern ist.

(5) ₁Wird der abzuliefernde Betrag innerhalb eines Monats nach Fälligkeit nicht entrichtet, so ist zum rückständigen Betrag ab dem Zeitpunkt der Fälligkeit für jeden vollen Mo-

nat ein Zuschlag in Höhe von 0,5 vom Hundert zu erheben. ₂Für die Berechnung des Zuschlags wird der rückständige Betrag auf volle 50 Euro abgerundet.

Dritter Abschnitt
Inanspruchnahme von Einrichtungen, Personal und Material des Dienstherrn

§ 11 Genehmigung

(1) ₁Die Inanspruchnahme von Einrichtungen, Personal oder Material des Dienstherrn bei der Wahrnehmung einer Nebentätigkeit bedarf der vorherigen schriftlichen Genehmigung. ₂Die Genehmigung ist widerruflich. ₃Sie gilt als erteilt, wenn eine unentgeltliche Nebentätigkeit oder eine Nebentätigkeit nach § 8 Satz 1 Nr. 4 für den Dienstherrn ausgeübt wird.

(2) ₁Einrichtungen sind Sachmittel, insbesondere Diensträume und deren Ausstattung einschließlich der Apparate und Instrumente. ₂Bücher und andere wissenschaftliche Werke zählen nicht zu den Einrichtungen. ₃Material sind verbrauchbare Sachen und Energie.

(3) ₁Die Genehmigung darf nur erteilt werden, wenn ein öffentliches oder wissenschaftliches Interesse an der Ausübung der Nebentätigkeit besteht (§ 74 Abs. 2 Satz 1 NBG). ₂Die Genehmigung kann befristet werden. ₃Im Genehmigungsbescheid ist der Umfang der zugelassenen Inanspruchnahme zu bestimmen.

(4) ₁Personal des Dienstherrn darf grundsätzlich nur innerhalb seiner Arbeitszeit und nur im Rahmen der üblichen Dienstaufgaben in Anspruch genommen werden. ₂Durch eine Mitwirkung an der Nebentätigkeit dürfen die Erfüllung der sonstigen Dienstaufgaben nicht beeinträchtigt und wegen einer Mitwirkung Mehrarbeit, Bereitschaftsdienst oder Rufbereitschaft nicht angeordnet, genehmigt oder vergütet werden. ₃Vereinbarungen über eine private Mitarbeit außerhalb der Dienstzeit bleiben unberührt.

(5) ₁Einrichtungen, Personal oder Material darf für eine ärztliche oder zahnärztliche Nebentätigkeit nur in Anspruch genommen werden, wenn die Beamtin oder der Beamte zur Abdeckung der Risiken der Nebentätigkeit eine Haftpflichtversicherung mit einer Deckungssumme von mindestens 1 500 000 Euro für Personenschäden, 150 000 Euro für Sachschäden und 25 000 Euro für Vermögensschäden abgeschlossen hat. ₂Es können Ausnahmen zugelassen werden, wenn die Risiken gering sind.

(6) ₁Die Genehmigung für die Inanspruchnahme ist zu widerrufen, wenn ein öffentliches oder wissenschaftliches Interesse an der Ausübung der Nebentätigkeit nicht mehr vorliegt. ₂Die Genehmigung kann widerrufen werden, insbesondere wenn

1. ein öffentliches oder wissenschaftliches Interesse nicht mehr im bisherigen Umfang vorliegt,
2. andere öffentliche oder wissenschaftliche Interessen beeinträchtigt werden,
3. die Inanspruchnahme sich nicht auf das zur Ausübung der Nebentätigkeit notwendige Maß beschränkt oder
4. die Beamtin oder der Beamte eine der sich aus § 74 oder 75 NBG, § 9 oder 10 dieser Verordnung ergebenden Pflichten verletzt.

₃Die §§ 48 und 49 des Verwaltungsverfahrensgesetzes bleiben unberührt.

§ 12 Grundsätze für die Bemessung des Nutzungsentgelts

(1) ₁Für die Inanspruchnahme von Einrichtungen, Personal oder Material des Dienstherrn hat die Beamtin oder der Beamte eine Kostenerstattung und einen Vorteilsausgleich als Nutzungsentgelt zu leisten. ₂Die Kostenerstattung ist nach den Grundsätzen der Kostendeckung zu bemessen.

(2) Durch die Kostenerstattung sollen die dem Dienstherrn durch die Inanspruchnahme entstehenden Sach- und Personalkosten einschließlich der allgemeinen Verwaltungskosten gedeckt werden.

(3) Durch den Vorteilsausgleich sollen wirtschaftliche Vorteile ausgeglichen werden, die der Beamtin oder dem Beamten durch die Bereitstellung von Einrichtungen, Personal oder Material des Dienstherrn entstehen.

(4) Erhält die Beamtin oder der Beamte keine Vergütung oder ist ein Vergütungsanspruch uneinbringlich, so ist lediglich eine Kostenerstattung zu leisten.

(5) Ein Nutzungsentgelt ist nicht zu zahlen, wenn eine Nebentätigkeit nach § 11 Abs. 1 Satz 3 ausgeübt wird.

(6) Auf die Entrichtung eines Nutzungsentgelts kann ganz oder teilweise widerruflich verzichtet werden, wenn

1. die Nebentätigkeit auf Verlangen, Vorschlag oder Veranlassung der oder des Dienstvorgesetzten ausgeübt wird oder ein dienstliches Interesse an der Ausübung der Nebentätigkeit anerkannt ist,
2. die Nebentätigkeit unentgeltlich erfolgt,
3. die Erhebung eines Nutzungsentgelts für die Beamtin oder den Beamten eine Härte bedeuten würde oder
4. der ermittelte Betrag 50 Euro im Kalenderjahr nicht übersteigt.

§ 13 Bemessung des Nutzungsentgelts

(1) ₁Das Nutzungsentgelt ist pauschaliert nach einem Vomhundertsatz der für die Nebentätigkeit bezogenen Bruttovergütung zu bemessen. ₂Bruttovergütung ist die Gesamtheit aller durch die Nebentätigkeit erzielten Einnahmen einschließlich der darauf zu entrichtenden Umsatzsteuer, abzüglich nachgewiesener Aufwendungen für Fahrtkosten sowie Tage- und Übernachtungsgelder bis zur Höhe der nach Landesrecht zu gewährenden Reisekosten sowie nachgewiesener sonstiger barer Auslagen.

(2) Das Nutzungsentgelt beträgt in der Regel in Bezug auf die Kostenerstattung

1. 5 vom Hundert für die Inanspruchnahme von Einrichtungen,
2. 10 vom Hundert für die Inanspruchnahme von Personal und
3. 5 vom Hundert für den Verbrauch von Material

sowie 10 vom Hundert als Vorteilsausgleich.

(3) ₁Abweichend von den Absätzen 1 und 2 kann die oberste Dienstbehörde für die Festsetzung des Nutzungsentgelts Gebührenordnungen oder sonstige allgemeine Kostentarife ganz oder teilweise für anwendbar erklären, soweit das Nutzungsentgelt hierdurch besser bemessen werden kann. ₂Bei Landesbeamtinnen und Landesbeamten bedarf dies des Einvernehmens mit dem Finanzministerium, bei Körperschaftsbeamtinnen und Körperschaftsbeamten des Einvernehmens mit der Aufsichtsbehörde.

(4) ₁Führt die Bemessung des Nutzungsentgelts nach Absatz 2 nicht zu einer angemessenen Berücksichtigung des tatsächlichen Wertes der Inanspruchnahme oder des wirtschaftlichen Vorteils, so kann das Nutzungsentgelt unter Berücksichtigung der Grundsätze des § 12 Abs. 1 bis 3 von Amts wegen oder auf Antrag höher oder niedriger festgesetzt werden. ₂Soweit die angemessene Höhe nicht genau oder nur mit nicht vertretbarem Aufwand ermittelt werden kann, ist sie zu schätzen. ₃Eine Bemessung nach den Sätzen 1 und 2 für einen Gegenstand der Inanspruchnahme schließt eine Pauschalbemessung für die übrigen Gegenstände der Inanspruchnahme nicht aus. ₄Die Beamtin oder der Beamte kann einen Antrag auf Bemessung nach den Sätzen 1 und 2 nur innerhalb einer Ausschlussfrist von drei Monaten nach Festsetzung des Nutzungsentgelts stellen.

§ 14 Nutzungsentgelt bei ärztlichen und zahnärztlichen Nebentätigkeiten im Krankenhausbereich

₁Die oberste Dienstbehörde kann das Nutzungsentgelt bei ärztlichen und zahnärztlichen Nebentätigkeiten im Krankenhausbereich unter Beachtung der Grundsätze des § 12 Abs. 1 bis 6 abweichend von § 13 Abs. 1 und 2 festlegen. ₂§ 13 Abs. 3 Satz 2 gilt entsprechend. ₃Das Nutzungsentgelt kann pauschaliert werden.

§ 15 Festsetzung des Nutzungsentgelts

(1) ₁Die Höhe des Nutzungsentgelts wird von der Behörde, deren Leistungen in Anspruch genommen werden, festgesetzt. ₂Ist die Festsetzung bereits im Zeitpunkt der Genehmigungserteilung möglich, so soll sie zugleich mit dieser vorgenommen werden. ₃Kommt die Beamtin oder der Beamte den Verpflichtungen nach Absatz 2 nicht nach, so wird das

Nutzungsentgelt aufgrund einer Schätzung festgesetzt. ₄§ 10 Abs. 3 Satz 2 entsprechend. ₅Die Beamtin oder der Beamte hat auf Verlangen angemessene Abschlagszahlungen zu leisten.

(2) ₁Die Beamtin oder der Beamte hat der Behörde alle für die Festsetzung des Nutzungsentgelts erforderlichen Angaben zu machen und die hierfür erforderlichen Aufzeichnungen zu führen, insbesondere die in Rechnung gestellten und bezogenen Vergütungen sowie Beginn, Umfang, Änderung des Umfangs und Ende der Inanspruchnahme mitzuteilen. ₂Bei fortlaufender Inanspruchnahme von Einrichtungen, Personal oder Material des Dienstherrn sind die Angaben bis zum 31. März des Folgejahres zu machen, im Übrigen bei Beendigung der Inanspruchnahme. ₃Auf Verlangen sind die für die Festsetzungen erforderlichen Aufzeichnungen und Unterlagen vorzulegen und Auskünfte zu erteilen. ₄§ 10 Abs. 2 Satz 4 gilt entsprechend.

(3) ₁Das Nutzungsentgelt wird einen Monat nach der Festsetzung, im Fall des Absatzes 1 Satz 2 einen Monat nach dem Ende der Inanspruchnahme, spätestens jedoch am 1. Februar des Folgejahres für das Vorjahr, fällig. ₂§ 10 Abs. 5 gilt entsprechend.

Vierter Abschnitt
Zuständigkeiten, Übergangsregelungen

§ 16 Zuständigkeiten

₁Die Entscheidungen und Maßnahmen nach dieser Verordnung treffen, soweit nichts anderes bestimmt ist, die oder der Dienstvorgesetzte der Beamtin oder des Beamten und nach Beendigung des Beamtenverhältnisses die oder der Dienstvorgesetzte der Behörde, der die Beamtin oder der Beamte zuletzt angehört hat. ₂Das Hauptorgan einer Gemeinde oder eines Gemeindeverbandes kann seine Zuständigkeit nach Satz 1, auch teilweise, bei den Gemeinden auf den Verwaltungsausschuss, bei den Gemeindeverbänden auf das dem Verwaltungsausschuss entsprechende Organ übertragen.

§ 17 Übergangsregelung

Die oberste Dienstbehörde kann anordnen, dass auf die Vergütung für Nebentätigkeiten, die im Jahr 2023 ausgeübt wurden, § 9 Abs. 2 und 3 in der ab dem 1. Dezember 2024 geltenden Fassung anzuwenden ist, wobei für die Berechnung der Höchstbeträge die vom Bundesministerium für Arbeit und Soziales nach § 8 Abs. 1a Satz 3 SGB IV für das Jahr 2023 bekannt gegebene Geringfügigkeitsgrenze maßgeblich ist.

Niedersächsische Verordnung über die Arbeitszeit der Beamtinnen und Beamten (Nds. ArbZVO)*)

Vom 6. Dezember 1996 (Nds. GVBl. S. 476)

Zuletzt geändert durch
Verordnung zur Änderung der Niedersächsischen Verordnung über die Arbeitszeit der Beamtinnen und Beamten
vom 24. Mai 2024 (Nds. GVBl. Nr. 43)

Auf Grund des § 80 Abs. 5 des Niedersächsischen Beamtengesetzes (NBG) in der Fassung vom 11. Dezember 1985 (Nds. GVBl. S. 493), zuletzt geändert durch Artikel 1 des Gesetzes vom 19. Juni 1996 (Nds. GVBl. S. 258), wird verordnet:

§ 1 Geltungsbereich
Diese Verordnung gilt für die hauptamtlich tätigen Beamtinnen und Beamten. Die Arbeitszeit der übrigen Beamtinnen und Beamten ist nach den dienstlichen Bedürfnissen zu regeln.

§ 2 Regelmäßige Arbeitszeit
(1) Die regelmäßige Arbeitszeit beträgt im Durchschnitt wöchentlich 40 Stunden. Sie vermindert sich für gesetzlich anerkannte Wochenfeiertage um die darauf entfallende Zeit.

(2) Arbeitstage sind die Werktage mit Ausnahme der Sonnabende.

(3) Der 24. und der 31. Dezember sind dienstfrei. Absatz 1 Satz 2 gilt entsprechend.

§ 3 Beginn und Ende der täglichen Arbeitszeit
(1) Die Dienststellen regeln Beginn und Ende der täglichen Arbeitszeit und der Pausen. Im Rahmen der Dienstaufsicht kann diese Befugnis ganz oder teilweise eingeschränkt oder ausgeschlossen werden.

(2) Soweit es die Erfüllung der Aufgaben der Dienststelle zuläßt, ist die tägliche Arbeitszeit so zu regeln, daß die Beamtinnen und Beamten über Beginn und Ende der täglichen Arbeitszeit und der Mittagspause innerhalb festgelegter Grenzen selbst bestimmen können (gleitende Arbeitszeit). Gleitzeitregelungen können vorsehen, daß ganze Tage zum Zeitausgleich in Anspruch genommen werden dürfen.

§ 4 Arbeitszeitbeschränkungen
Länger als zehn Stunden täglich soll nicht, länger als zwölf Stunden darf nicht gearbeitet werden. ₂Im Durchschnitt eines Bezugszeitraums von vier Monaten darf die durchschnittliche wöchentliche Arbeitszeit 48 Stunden nicht überschreiten.

§ 5 Pausen, Ruhezeiten
(1) Pausen sind allgemein vorgesehene oder in Gleitzeitregelungen darüber hinaus zugelassene Unterbrechungen der Arbeitszeit, in denen die Beamtin oder der Beamte von der Arbeitsleistung freigestellt ist und sich auch nicht bereitzuhalten braucht. Sie werden nicht auf die Arbeitszeit angerechnet.

(2) Spätestens nach sechs Stunden Arbeit ist eine Pause von mindestens 30 Minuten zu gewähren. Eine zeitliche Verschiebung ist nur aus dringenden dienstlichen Gründen zulässig. Den Beamtinnen und Beamten, die mehr als neun Stunden täglich arbeiten, soll auf

---
*) Die Verordnung dient auch der Umsetzung der Richtlinie 93/104/EG des Rates vom 23. November 1993 über bestimmte Aspekte der Arbeitszeitgestaltung (ABl. EG Nr. L 307 S. 18).

Wunsch eine Gesamtpausenzeit von mindestens 45 Minuten ermöglicht werden. ⁴Ruhepausen können in Zeitabschnitte von jeweils 15 Minuten aufgeteilt werden.

(3) ¹Nach Beendigung der täglichen Arbeitszeit ist eine ununterbrochene Ruhezeit von mindestens elf Stunden zu gewähren. ²Innerhalb eines Siebentagezeitraums ist eine Ruhezeit von 24 zusammenhängenden Stunden zuzüglich der täglichen Ruhezeit von elf Stunden zu gewähren. ³Wenn objektive, technische oder arbeitsorganisatorische Umstände es erfordern, kann die Mindestruhezeit auf bis zu 24 Stunden verkürzt werden.

§ 6 Freistellungstag

(1) Beamtinnen und Beamte werden in jedem Kalenderjahr an einem Arbeitstag – sofern sie Schichtdienst leisten, für eine Dienstschicht – vom Dienst freigestellt.

(2) Der Anspruch entsteht erstmals, wenn das Beamtenverhältnis fünf Monate ununterbrochen bestanden hat. Die unmittelbar vor der Übernahme in das Beamtenverhältnis bei demselben Dienstherrn verbrachte Zeit einer Beschäftigung im privatrechtlichen Arbeitsverhältnis ist anzurechnen.

(3) Die Dauer der Freistellung beträgt höchstens ein Fünftel der jeweils geltenden regelmäßigen wöchentlichen Arbeitszeit.

(4) Hat eine Beamtin oder ein Beamter an dem für die Freistellung vorgesehenen Tag Dienst zu leisten, so ist die Freistellung innerhalb des Kalenderjahres nachzuholen. Ist dies aus dienstlichen Gründen nicht möglich, so ist die Freistellung spätestens innerhalb der ersten zwei Monate des folgenden Kalenderjahres nachzuholen. Eine Nachholung in anderen Fällen ist nicht zulässig.

§ 7 Mehrarbeit

Mehrarbeit im Sinne des § 60 Abs. 3 NBG leistet, wer auf Grund dienstlicher Anordnung oder Genehmigung im Hauptamt über die individuelle wöchentliche Arbeitszeit hinaus Dienst leistet oder, soweit ein Amt nicht verliehen ist, einem Hauptamt entsprechende Aufgaben wahrnimmt. Bei gleitender Arbeitszeit ist eine nachträgliche Genehmigung von Mehrarbeit nur zulässig, wenn deren vorherige Anordnung nicht möglich war. Die Gewährung von Dienstbefreiung oder Entschädigung richtet sich nach den beamten- und besoldungsrechtlichen Vorschriften.

§ 8 Teilzeitbeschäftigung

(1) Für Teilzeitbeschäftigte verringert sich die regelmäßige Arbeitszeit entsprechend der gewährten Ermäßigung.

(2) Die ermäßigte Arbeitszeit kann ungleichmäßig auf die Arbeitstage der Woche verteilt werden, sofern nicht dringende dienstliche Gründe entgegenstehen. Ist die regelmäßige Arbeitszeit mindestens um ein Fünftel ermäßigt worden, so können einzelne Arbeitstage dienstfrei bleiben, jedoch nicht mehr als zwei aufeinanderfolgende. Für Beamtinnen und Beamte, für die abweichend von § 2 auch der Sonnabend und der Sonntag Arbeitstage sind, gilt dies für bis zu vier aufeinanderfolgende Tage. Wenn dienstliche Interessen nicht entgegenstehen oder es rechtfertigen, können abweichend von den Sätzen 2 und 3 bis zu zehn aufeinanderfolgende Arbeitstage dienstfrei bleiben. Ist die Arbeitszeit aus familiären Gründen ermäßigt worden (§ 62 NBG), so darf dieser Freistellungszweck nicht erschwert werden.

(3) Eine längerfristige Verteilung der Arbeitszeit in der Form des Freijahres oder eines freiwilligen Arbeitszeitkontos bleibt unberührt.

(4) Regelungen nach Absatz 2 können widerrufen werden, wenn Umstände eintreten, die die Versagung der besonderen Arbeitszeitverteilung rechtfertigen würden.

§ 8a Freijahr und freiwillige Arbeitszeitkonten

(1) ¹Wenn dienstliche Belange nicht entgegenstehen, kann die nach dem Niedersächsischen Beamtengesetz zulässige Teilzeitbeschäftigung auf Antrag auch in der Weise bewilligt werden, dass während des einen Teils des Bewilligungszeitraums die Arbeitszeit bis zur regelmäßigen Arbeitszeit (§ 60 Abs. 1 NBG) erhöht und diese Arbeitszeiterhöhung während des anderen Teils des Be-

willigungszeitraums durch eine ununterbrochene volle Freistellung vom Dienst ausgeglichen wird. ₂Der gesamte Bewilligungszeitraum muss mindestens ein Jahr und darf höchstens sieben Jahre betragen; er muss spätestens mit Vollendung des 59. Lebensjahres enden. ₃Die volle Freistellung vom Dienst innerhalb dieses Zeitraums muss mindestens sechs und darf höchstens zwölf Monate betragen; sie darf frühestens in der Mitte des Bewilligungszeitraums beginnen. ₄Die Sätze 1 bis 3 sind nur anzuwenden, wenn die Beamtin oder der Beamte insgesamt mindestens zehn Jahre dem öffentlichen Dienst angehört hat. ₅Bei der Berechnung der Dienstzeit nach Satz 4 sind Zeiten der Berufsausbildung sowie Zeiten, für die keine Dienstbezüge gezahlt wurden, nicht zu berücksichtigen; zu berücksichtigen sind jedoch Zeiten der Beurlaubung aus familiären Gründen (§ 62 NBG) sowie der Elternzeit (§ 81 NBG).

(2) Im dienstlichen Interesse kann abweichend von § 60 Abs. 1 NBG zur Abdeckung eines länger andauernden, aber vorübergehenden Personalmehrbedarfs mit Einwilligung der Beamtin oder des Beamten eine langfristig ungleichmäßige Verteilung der Arbeitszeit nach Maßgabe des § 60 Abs. 4 Sätze 2 bis 5 NBG festgelegt werden.

(3) Beamtinnen und Beamten kann auf Antrag gestattet werden, von einer nach Absatz 1 oder 2 bewilligten Form der Arbeitszeitverteilung in die jeweils andere Form zu wechseln, wenn dies im dienstlichen Interesse liegt und die Voraussetzungen der jeweils anderen Vorschrift vorliegen.

§ 8b Veränderungen in der Anspar- oder Ausgleichsphase der Freijahresregelung und der freiwilligen Arbeitszeitkonten

(1) Bei einer Änderung der individuellen Arbeitszeit während der Freijahresregelung (§ 8a Abs. 1) oder eines freiwilligen Arbeitszeitkontos (§ 8a Abs. 2) können die festgelegten Bedingungen über die Dauer und den Umfang der Verlängerung der Arbeitszeit (Ansparphase) und die Verkürzung der Arbeitszeit (Ausgleichsphase) aus dienstlichen Gründen oder auf Antrag, sofern dienstliche Gründe nicht entgegenstehen, unter Beachtung des § 4 Satz 2 verändert werden.

(2) ₁Ausgleichspflichtige Arbeitszeit kann nicht angespart werden für die Dauer

1. einer Elternzeit ohne Teilzeitbeschäftigung oder einer sonstigen Beurlaubung von mehr als einem Monat, ausgenommen Erholungsurlaub,
2. des einen Monat überschreitenden Zeitraums einer Dienstunfähigkeit,
3. einer teilweisen Freistellung vom Dienst wegen vorübergehend herabgeminderter Dienstfähigkeit,
4. eines vorübergehenden Wechsels in Bereiche, in denen die jeweilige besondere Form der Arbeitszeitverteilung nicht fortgeführt werden kann,
5. eines Amtsverbots oder einer vorläufigen Dienstenthebung,
6. einer vollen Freistellung vom Dienst im Rahmen einer weiteren besonderen Form der Arbeitszeitverteilung.

₂Die Ansparphase ändert sich hierdurch nicht, soweit sie nicht aus dienstlichen Gründen oder auf Antrag verlängert wird.

(3) Tritt einer der in Absatz 2 Satz 1 genannten Fälle während der Ausgleichsphase ein oder fällt die Zeit eines mutterschutzrechtlichen Beschäftigungsverbots in die Ausgleichsphase, so wird diese vorbehaltlich des § 8a Abs. 1 Satz 2 um den entsprechenden Zeitraum verlängert.

(4) ₁Eine Freijahrsregelung wird rückwirkend geändert, soweit die vorgesehene Durchführung der Beamtin oder des Beamten dauerhaft unmöglich wird. ₂Sofern dienstliche Gründe nicht entgegenstehen, kann die Freijahrsregelung in den Fällen des Absatzes 2 Satz 1 auch für die Zukunft beendet werden. ₃Sind im Zeitpunkt der Änderung Anteile an Arbeitszeit angespart worden, so erfolgt ein Ausgleich durch Arbeitszeitverkürzung. ₄Im Fall der Unmöglichkeit einer Arbeitszeitverkürzung werden die anteiligen Dienstbezüge nachgezahlt. ₅Erfolgt die Änderung innerhalb der Ansparphase, aber nach Abschluss der

Ausgleichsphase, so sind die noch nicht geleisteten Arbeitszeiten durch die Rückforderung überzahlter Bezüge auszugleichen.

(5) ₁Wird bei einem Arbeitszeitkonto der Ausgleich von in der Ansparphase geleisteter Arbeitszeit der Beamtin oder dem Beamten dauerhaft unmöglich, so erfolgt eine Ausgleichszahlung in Höhe der zum Zeitpunkt des Ausgleichsanspruchs geltenden Sätze der Mehrarbeitsvergütung für Beamtinnen und Beamte. ₂Beamtinnen und Beamten mit ermäßigter Arbeitszeit wird für die bis zum Umfang der regelmäßigen Arbeitszeit zusätzlich geleistete Arbeit abweichend von Satz 1 eine Ausgleichszahlung in Höhe der Besoldung gewährt, auf die eine Beamtin oder ein Beamter mit entsprechend anteilig erhöhter Arbeitszeit im Zeitraum der zusätzlich geleisteten Arbeit Anspruch gehabt hätte.

§ 9 Abweichungen

(1) Die obersten Dienstbehörden oder die von ihnen bestimmten Dienststellen können

1. für einzelne Verwaltungsbereiche von § 2 unter Beachtung des § 4 Satz 2, und von § 5 Abs. 1 abweichende Regelungen treffen, wenn es ihre besonderen Belange erfordern und der Gesundheitsschutz der Beamtinnen und Beamten gewahrt wird;

2. anordnen, daß an einzelnen Arbeitstagen der Dienst ausfällt, wenn ein besonderer Anlaß dies rechtfertigt; § 2 Abs. 1 Satz 2 gilt entsprechend;

3. die regelmäßige Arbeitszeit unter Beachtung des § 4 Satz 2 für einen vorher bestimmten Zeitraum von höchstens drei Monaten verlängern oder verkürzen, wenn die dienstlichen Verhältnisse es erfordern. Die Verlängerung oder Verkürzung der Arbeitszeit ist spätestens innerhalb von sechs Monaten auszugleichen. Unter Beachtung dienstlicher Belange darf zum Ausgleich auch eine tageweise Freistellung vom Dienst zugelassen werden, die auch für die Dauer von höchstens drei Monaten zusammengefaßt werden kann.

(2) ₁Die obersten Dienstbehörden oder die von ihnen bestimmten Dienststellen können die individuelle regelmäßige wöchentliche Arbeitszeit unter Beachtung der Grundsätze der Sicherheit und des Gesundheitsschutzes über die Beschränkung des § 4 Satz 2 hinaus auf höchstens 66 Stunden verlängern, wenn die Beamtin oder der Beamte eingewilligt hat. ₂Die Einwilligung kann zum Monatsende mit einer Frist von einem Monat widerrufen werden. ₃Beamtinnen und Beamten, die in eine Verlängerung der regelmäßigen Arbeitszeit nicht einwilligen oder ihre Einwilligung widerrufen, dürfen daraus keine Nachteile entstehen. ₄Die Dienststelle führt Listen über die Beamtinnen und Beamten, die eine regelmäßige Wochenarbeitszeit von mehr als 48 Stunden haben.

(3) ₁Die Dienstvorgesetzten können

1. eine vorübergehende Arbeitszeitverkürzung nach Absatz 1 Nr. 3 anordnen, wenn die Betroffenen eingewilligt haben,

2. anordnen, dass an Sonntagen, Feiertagen oder an anderen dienstfreien Tagen Dienst zu leisten ist, wenn die dienstlichen Verhältnisse es erfordern, und

3. bei Vorliegen der Voraussetzungen des § 14 des Niedersächsischen Gleichberechtigungsgesetzes im Einzelfall von den §§ 2 und 5 unter Beachtung der Artikel 3 bis 6 der Richtlinie 2003/88/EG des Europäischen Parlaments und des Rates vom 4. November 2003 über bestimmte Aspekte der Arbeitszeitgestaltung (ABl. EU Nr. L 299 S. 9) abweichen, wenn und soweit dies für eine familiengerechte Arbeitszeitgestaltung notwendig ist, wobei eine über die Beschränkung des § 4 Satz 2 hinausgehende Verlängerung der individuellen regelmäßigen wöchentlichen Arbeitszeit nur unter den Voraussetzungen des Absatzes 2 zulässig ist.

₂Ist im Fall einer Anordnung nach Satz 1 Nr. 2 Dienstbefreiung zu gewähren, so soll diese möglichst zusammenhängend gewährt werden. ₃Ist aufgrund einer Anordnung nach Satz 1 Nr. 2 an einem Sonn- oder Feiertag Dienst geleistet worden, so ist ein Ersatzruhetag in der Regel innerhalb von zwei Wochen in Verbindung mit der nach § 5 Abs. 3 vorgesehenen Ruhezeit zu gewähren.

(4) Die Dienstvorgesetzten können Abweichungen von § 4, von der in § 5 Abs. 2 Satz 1 geregelten Mindestdauer der Pause und von § 5 Abs. 3 unter den Voraussetzungen des Artikels 17 der Richtlinie 2003/88/EG zulassen, wenn

1. gleichwertige Ausgleichsruhezeiten gewährt werden oder
2. in Ausnahmefällen, in denen gleichwertige Ausgleichsruhezeiten aus objektiven Gründen nicht gewährt werden können, anderweitiger angemessener Schutz gewährt wird.

§ 9a Langzeitkonten im kommunalen Bereich

(1) ₁Kommunen können für ihre Beamtinnen und Beamten, auch beschränkt auf einzelne Bereiche, Langzeitkonten einrichten. ₂Langzeitkonten sind Arbeitszeitkonten zum langfristigen Ansparen von Arbeitszeitguthaben, die für länger währende Freistellungszeiten, in denen die Bezüge fortgezahlt werden, verwendet werden können. ₃Der Beamtin oder dem Beamten kann die Nutzung eines Langzeitkontos gestattet werden, wenn dies für die Erfüllung ihrer oder seiner dienstlichen Aufgaben angemessen und zweckmäßig ist sowie dienstliche Belange nicht entgegenstehen. ₄Die Kommunen regeln das Nähere zur Ausgestaltung und zur Nutzung der Langzeitkonten.

(2) ₁Die beabsichtigte Einführung von Langzeitkonten ist mit Angaben zu deren Ausgestaltung dem für Inneres zuständigen Ministerium oder der von ihm bestimmten Behörde anzuzeigen. ₂Fünf Jahre nach der Einführung berichtet die Kommune dem für Inneres zuständigen Ministerium über die Erfahrungen mit den Langzeitkonten.

§ 10 Ermächtigung

Die Ermächtigung zur Regelung der Arbeitszeit der Beamtinnen und Beamten des Feuerwehrdienstes sowie der Beamtinnen und Beamten der Polizeibehörden und der Polizeiakademie Niedersachsen wird auf das Innenministerium übertragen.

§ 11 Inkrafttreten, Außerkrafttreten

(1) Diese Verordnung tritt am 1. Januar 1997 in Kraft. Abweichend von Satz 1 tritt § 3 Abs. 2 Satz 2 am Tage nach der Verkündung dieser Verordnung in Kraft.

(2) Die Verordnung über die Arbeitszeit der Beamten in der Fassung vom 16. Februar 1990 (Nds. GVBl. S. 69), zuletzt geändert durch Verordnung vom 12. März 1996 (Nds. GVBl. S. 43), tritt mit Ablauf des 31. Dezember 1996 außer Kraft. Abweichend von Satz 1 tritt § 2 Abs. 3 Satz 3 mit Ablauf des Tages der Verkündung dieser Verordnung außer Kraft.

Niedersächsische Verordnung über die Arbeitszeit der Beamtinnen und Beamten an öffentlichen Schulen (Nds. ArbZVO-Schule)

Vom 14. Mai 2012 (Nds. GVBl. S. 106)

Zuletzt geändert durch
Verordnung zur Änderung der Niedersächsischen Verordnung über die Arbeitszeit der Beamtinnen und Beamten an öffentlichen Schulen
vom 6. Juli 2017 (Nds. GVBl. S. 234)

Inhaltsübersicht

Erster Abschnitt
Arbeitszeit der Lehrkräfte, ausgenommen Schulleiterinnen und Schulleiter

- § 1 Geltungsbereich
- § 2 Arbeitszeit
- § 3 Regelstundenzahl
- § 4 Unterrichtsverpflichtung
- § 5 Verpflichtende Arbeitszeitkonten
- § 6 Freijahr und freiwillige Arbeitszeitkonten
- § 6a Arbeitszeitkonten für bestimmte Lehrkräfte
- § 7 Veränderungen in der Anspar- oder Ausgleichsphase der Arbeitszeitkonten und der Freijahrsregelung
- § 8 Altersermäßigung
- § 9 Altersteilzeit
- § 10 Ermäßigung für schwerbehinderte Lehrkräfte
- § 11 Ermäßigung wegen vorübergehend herabgeminderter Dienstfähigkeit
- § 12 Anrechnungen für besondere Funktionen, Leitungsaufgaben und Aufgaben im Rahmen der Eigenverantwortlichkeit der Schule
- § 13 Übertragung von Anrechnungsstunden innerhalb einer kollegialen Schulleitung
- § 14 Anrechnungen für besondere Belastungen
- § 15 Anrechnungen für Ausbildungs-, Fortbildungs- und Beratungsaufgaben
- § 16 Anrechnungen für Sonderaufgaben
- § 17 Höchstmaß von Anrechnungen und Ermäßigungen
- § 18 Freistellungen für Lehrkräfte
- § 19 Berechnung bei Bruchteilen
- § 20 Arbeitszeitmodelle

Zweiter Abschnitt
Arbeitszeit der Schulleiterinnen und Schulleiter

- § 21 Geltungsbereich
- § 22 Arbeitszeit
- § 23 Leitungszeit, Unterrichtsverpflichtung
- § 24 Arbeitszeitkonten, Freijahr
- § 25 Ermäßigung der Unterrichtsverpflichtung aus Altersgründen
- § 25a Altersteilzeit
- § 26 Ermäßigung der Unterrichtsverpflichtung für schwerbehinderte Schulleiterinnen und Schulleiter
- § 27 Ermäßigung der Arbeitszeit bei vorübergehend herabgeminderter Dienstfähigkeit
- § 28 Ermäßigung der Unterrichtsverpflichtung bei Wahrnehmung von Sonderaufgaben
- § 29 Berechnung bei Bruchteilen

Dritter Abschnitt
Schlussvorschrift

- § 30 Inkrafttreten

Anlage 1
(zu § 12 Abs. 1)
Anlage 2
(zu § 12 Abs. 3 und § 23 Abs. 1)
Anlage 3
(zu § 12 Abs. 5)
Anlage 4
(zu § 14 Abs. 1)

I.5.1 Arbeitszeit Schule (Nds. ArbZVO-Schule) §§ 1–3

Aufgrund des § 60 Abs. 5 Satz 1 und des § 63 Abs. 2 des Niedersächsischen Beamtengesetzes (NBG) vom 25. März 2009 (Nds. GVBl. S. 72), zuletzt geändert durch Artikel 2 des Gesetzes vom 17. November 2011 (Nds. GVBl. S. 422), wird verordnet:

Erster Abschnitt
Arbeitszeit der Lehrkräfte, ausgenommen Schulleiterinnen und Schulleiter

§ 1 Geltungsbereich

₁Die Vorschriften dieses Abschnitts gelten für die Lehrkräfte im Beamtenverhältnis auf Probe oder auf Lebenszeit an öffentlichen Schulen im Sinne des Niedersächsischen Schulgesetzes (NSchG). ₂Sie gelten nicht für die Schulleiterinnen und Schulleiter.

§ 2 Arbeitszeit

₁Arbeitstage sind die Schultage sowie die Ferientage, die die Zahl der Urlaubstage zuzüglich eines freien Tages im Kalenderjahr übersteigen. ₂Soweit die Lehrkräfte nicht Unterrichtsverpflichtungen oder andere Verpflichtungen zu bestimmten Zeiten wahrzunehmen haben, sind sie in der Erfüllung ihrer Aufgaben zeitlich nicht gebunden.

§ 3 Regelstundenzahl

(1) ₁Die Regelstundenzahl ist die Zahl der Unterrichtsstunden, die vollbeschäftigte Lehrkräfte im Durchschnitt wöchentlich zu erteilen haben. ₂Eine Unterrichtsstunde wird mit 45 Minuten berechnet.

(2) Die Regelstundenzahl beträgt für Lehrkräfte an

1. Grundschulen — 28 Unterrichtsstunden,
2. Hauptschulen — 27,5 Unterrichtsstunden,
3. Realschulen — 26,5 Unterrichtsstunden,
4. Oberschulen — 25,5 Unterrichtsstunden,
5. Förderschulen — 26,5 Unterrichtsstunden,
6. Gymnasien, Abendgymnasien und Kollegs — 23,5 Unterrichtsstunden,
7. Integrierten Gesamtschulen — 24,5 Unterrichtsstunden,
8. berufsbildenden Schulen
   a) mit einer Lehrbefähigung, die den Zugang für das zweite Einstiegsamt der Laufbahngruppe 2 der Fachrichtung Bildung eröffnet, — 24,5 Unterrichtsstunden,
   b) mit einer Lehrbefähigung, die den Zugang für das erste Einstiegsamt der Laufbahngruppe 2 der Fachrichtung Bildung eröffnet, — 25,5 Unterrichtsstunden.

(3) Abweichend von Absatz 2 beträgt die Regelstundenzahl

1. für Realschullehrerinnen und Realschullehrer an Grund- oder Hauptschulen sowie Förderschullehrerinnen und Förderschullehrer, die an anderen Schulen als Förderschulen sonderpädagogische Förderung leisten, — 26,5 Unterrichtsstunden,
2. für Lehrkräfte, die mit einer Lehrbefähigung, die den Zugang für das erste Einstiegsamt der Laufbahngruppe 2 der Fachrichtung Bildung eröffnet, an den in Absatz 2 Nr. 6 genannten Schulen unterrichten
   a) in Fächern, die Gegenstand der Prüfungen für die Lehrämter sind, die den Zugang für das erste Einstiegsamt der Laufbahngruppe 2 der Fachrichtung Bildung eröffnen, — 24,5 Unterrichtsstunden,
   b) in den übrigen Fächern, — 26,5 Unterrichtsstunden,

3. für Lehrkräfte an berufsbildenden Schulen, die überwiegend an Beruflichen Gymnasien unterrichten und eine Lehrbefähigung besitzen, die den Zugang für das zweite Einstiegsamt der Laufbahngruppe 2 der Fachrichtung Bildung eröffnet, 23,5 Unterrichtsstunden,
4. für Lehrkräfte an Seefahrtschulen 23,5 Unterrichtsstunden,
5. für Lehrerinnen und Lehrer für Fachpraxis 27,5 Unterrichtsstunden,
6. für Technische Lehrerinnen und Technische Lehrer bei einer berufsbildenden Schule 26 Unterrichtsstunden.

(4) ₁Unterrichtet eine Lehrkraft in mehr als einer Schulform, so ist für sie die Regelstundenzahl der Schulform maßgebend, in der sie überwiegend eingesetzt wird. ₂Die Regelungen des Satzes 1 sowie der Absätze 2 und 3 gelten für Lehrkräfte an den Schulzweigen einer Kooperativen Gesamtschule oder einer aus organisatorisch zusammengefassten Schulformen bestehenden allgemein bildenden Schule entsprechend.

(5) Abweichend von Absatz 2 Nr. 4 richtet sich die Regelstundenzahl

1. für Lehrkräfte, die überwiegend im gymnasialen Angebot einer Oberschule unterrichten, nach Absatz 2 Nr. 6 und
2. für Lehrkräfte, die an Oberschulen überwiegend in Schuljahrgängen im Sinne des § 183a Abs. 1 Satz 3 NSchG unterrichten, nach Absatz 2 Nr. 2, 3 oder 7.

§ 4 Unterrichtsverpflichtung

(1) ₁Die jeweilige Unterrichtsverpflichtung einer vollzeitbeschäftigten Lehrkraft ergibt sich aus der Regelstundenzahl abzüglich von Ermäßigungen und Anrechnungen. ₂Bei teilzeitbeschäftigten Lehrkräften ergibt sich die jeweilige Unterrichtsverpflichtung aus der entsprechend der Teilzeitbeschäftigung bestimmten Zahl der Unterrichtsstunden abzüglich von Ermäßigungen und Anrechnungen.

(2) ₁Aus dienstlichen Gründen kann die jeweilige Unterrichtsverpflichtung einer Lehrkraft wöchentlich um bis zu vier Unterrichtsstunden überschritten oder bis zur Hälfte unterschritten werden. ₂Auf Antrag der Lehrkraft kann zugelassen werden, dass die jeweilige Unterrichtsverpflichtung aus anderen Gründen wöchentlich um bis zu vier Unterrichtsstunden überschritten oder bis zum Umfang der Unterrichtsverpflichtung eines Schultages unterschritten wird, wenn dienstliche Belange nicht entgegenstehen; für die Teilnahme an Tagungen auf Kreisebene oder Schulungen der Gewerkschaften oder Berufsverbände kann sie wöchentlich bis zur Hälfte unterschritten werden, wenn dringende dienstliche Gründe nicht entgegenstehen. ₃Die nach den Sätzen 1 und 2 entstehenden Mehr- oder Minderzeiten sind, soweit ein Ausgleich nicht innerhalb des Schulhalbjahres erfolgt, in das folgende Schulhalbjahr zu übernehmen. ₄Mehr- oder Minderzeiten sollen am Ende des Schulhalbjahres 40 Unterrichtsstunden nicht überschreiten.

(3) Nimmt eine Lehrkraft an einer mehrtägigen Schulfahrt teil, so gilt neben dem stundenplanmäßigen Unterricht je Tag eine Unterrichtsstunde zusätzlich als erteilt.

§ 5 Verpflichtende Arbeitszeitkonten

(1) ₁Vollzeitbeschäftigte und teilzeitbeschäftigte Lehrkräfte haben bis zum Ende des Schulhalbjahres, in dem sie das 50. Lebensjahr vollenden, längstens für zehn Schuljahre, über die jeweilige Unterrichtsverpflichtung nach § 4 Abs. 1 hinaus wöchentlich zusätzliche Unterrichtsstunden während folgender Schuljahre zu erteilen:

1. an Grundschulen in den Schuljahren 1998/99 bis 2008/09 1 Unterrichtsstunde,
2. an Hauptschulen
 a) im Schuljahr 1998/99 1 Unterrichtsstunde,
 b) in den Schuljahren 1999/2000 bis 2008/09 1,5 Unterrichtsstunden,

I.5.1 Arbeitszeit Schule (Nds. ArbZVO-Schule) § 5

3. an Realschulen, Förderschulen und Gesamtschulen
   a) im Schuljahr 1998/99   1 Unterrichtsstunde,
   b) in den Schuljahren 1999/2000 bis 2008/09   2 Unterrichtsstunden, an Hauptschulzweigen Kooperativer Gesamtschulen 1,5 Unterrichtsstunden,
4. an Gymnasien, Abendgymnasien und Kollegs
   a) im Schuljahr 2000/01   1 Unterrichtsstunde,
   b) in den Schuljahren 2001/02 bis 2010/11   2 Unterrichtsstunden,
5. an berufsbildenden Schulen
   a) in den Schuljahren 2002/03 bis 2005/06   1 Unterrichtsstunde,
   b) in den Schuljahren 2006/07 bis 2012/13   2 Unterrichtsstunden.

₂Satz 1 gilt nicht für schwerbehinderte Lehrkräfte mit einem Grad der Behinderung von wenigstens 50 sowie für Lehrerinnen und Lehrer für Fachpraxis während der pädagogisch-didaktischen Qualifizierungen in der Probezeit.

(2) Die von der jeweiligen Lehrkraft in der Ansparphase nach Absatz 1 Satz 1 zusätzlich erteilten Unterrichtsstunden werden auf einem Arbeitszeitkonto gutgeschrieben und später in einer Ausgleichsphase ausgeglichen.

₁Die zusätzlich erteilten Unterrichtsstunden werden in einem der Ansparphase entsprechenden Zeitraum wie folgt ausgeglichen:

1. an Grundschulen, Hauptschulen, Realschulen, Förderschulen, Gesamtschulen, Gymnasien, Abendgymnasien und Kollegs vom Beginn des Schuljahres 2012/13 an,
2. an berufsbildenden Schulen vom Beginn des Schuljahres 2013/14 an.

₂Für Lehrkräfte, für die nach der vor dem 1. August 2008 geltenden Regelung ein früherer Beginn der Ausgleichsphase vorgesehen war, erhöht sich die Zahl der auszugleichenden Unterrichtsstunden um 10 Prozent.

(4) ₁Auf Antrag kann die Landesschulbehörde für die zusätzlich erteilten Unterrichtsstunden eine von Absatz 3 Satz 1 abweichende Dauer oder einen späteren Beginn der Ausgleichsphase oder eine Ausgleichszahlung bewilligen, wenn dienstliche Gründe nicht entgegenstehen. ₂Die Ausgleichsphase soll sich auf mindestens ein Schulhalbjahr, bei einem darüber hinausgehenden Zeitraum auf ganze Schulhalbjahre erstrecken. ₃Der Ausgleich kann auch durch eine vollständige Freistellung von der Unterrichtsverpflichtung bis zur Dauer von zwei Schuljahren erfolgen. ₄Bei Bewilligung eines späteren Beginns der Ausgleichsphase erhöht sich die Zahl der auszugleichenden Unterrichtsstunden für Lehrkräfte, die nicht von Absatz 3 Satz 2 erfasst sind, um 10 Prozent. ₅Die Höhe der Ausgleichszahlung richtet sich nach den zu Beginn der Ausgleichsphase geltenden Sätzen der Mehrarbeitsvergütung für Beamtinnen und Beamte im Schuldienst. ₆Lehrkräften mit ermäßigter Arbeitszeit wird für die bis zum Umfang der regelmäßigen Arbeitszeit zusätzlich geleistete Arbeit abweichend von Satz 5 eine Ausgleichszahlung in Höhe der Besoldung gewährt, auf die eine Beamtin oder ein Beamter mit entsprechend anteilig erhöhter Arbeitszeit im Zeitraum der zusätzlich geleisteten Arbeit Anspruch gehabt hätte. ₇Die Zahlung erfolgt in vier gleich hohen Teilbeträgen. ₈Der erste Teilbetrag ist nach Beendigung der Ansparphase mit der Besoldung für den Monat August zu zahlen. ₉Die weiteren Teilbeträge sind in jährlichem Abstand zu zahlen. ₁₀Wird eine Ausgleichszahlung bewilligt, so entfällt eine Erhöhung nach Absatz 3 Satz 2.

(5) Bei Geltendmachung persönlicher Gründe, die darauf beruhen, dass die Lehrkraft auf die Fortgeltung der vor dem 1. August 2008 geltenden Regelungen vertraut hat, bewilligt die Landesschulbehörde auf Antrag einen von Absatz 3 Satz 1 abweichenden früheren Beginn der Ausgleichsphase.

(6) Für Lehrkräfte, deren Ausgleichsphase vor dem 1. August 2008 begonnen hat, richtet sich der Ausgleich nach den vor dem 1. August 2008 geltenden Regelungen.

§ 6 Freijahr und freiwillige Arbeitszeitkonten

(1) Für die Bewilligung eines Freijahres sowie eines freiwilligen Arbeitszeitkontos gilt § 8a der Niedersächsischen Verordnung über die Arbeitszeit der Beamtinnen und Beamten (Nds.ArbZVO) entsprechend, soweit in den Absätzen 2 und 3 keine abweichenden Regelungen getroffen werden.

(2) ₁Auf Antrag kann die Landesschulbehörde einer Lehrkraft bewilligen, über die Unterrichtsverpflichtung nach § 4 Abs. 1 und § 5 Abs. 1 hinaus für mindestens ein Schuljahr und längstens 15 Schuljahre wöchentlich mindestens eine weitere zusätzliche Unterrichtsstunde zu erteilen. ₂Der Zeitraum für die Erteilung zusätzlicher Unterrichtsstunden nach Satz 1 und der Zeitraum, in dem die Lehrkraft zusätzliche Unterrichtsstunden nach § 5 Abs. 1 erteilt, dürfen insgesamt 15 Schuljahre nicht überschreiten. ₃Die zusätzliche Unterrichtserteilung darf nicht mehr als drei Unterrichtsstunden über die Regelstundenzahl hinausgehen und den Höchstumfang von 29, bei einer Lehrerin oder einem Lehrer für Fachpraxis von 29,5 wöchentlich zu erteilenden Unterrichtsstunden nicht überschreiten. ₄§ 5 Abs. 2 gilt entsprechend.

(3) ₁Beginn und Dauer der Ausgleichsphase für nach Absatz 2 erteilte Unterrichtsstunden werden von der Landesschulbehörde auf Antrag festgelegt. ₂Hat eine Lehrkraft während der gesamten Dauer der Ansparphase nach § 5 Abs. 1 Satz 1 wöchentlich mindestens eine weitere zusätzliche Unterrichtsstunde erteilt, so hat die Landesschulbehörde auf Antrag für alle zusätzlich erteilten Unterrichtsstunden eine von § 5 Abs. 3 Satz 1 abweichende Dauer oder einen späteren Beginn der Ausgleichsphase zu bewilligen. ₃§ 5 Abs. 4 Sätze 2 und 3 gilt entsprechend.

§ 6a Arbeitszeitkonten für bestimmte Lehrkräfte

(1) ₁Für Lehrkräfte, die im Schuljahr 2014/2015 vollzeitbeschäftigt waren und im Zeitraum der Vollzeitbeschäftigung

1. an einem Gymnasium, einem Abendgymnasium, einem Kolleg oder einer Seefahrtsschule,

2. an einer Oberschule überwiegend im gymnasialen Angebot oder

3. an einer Kooperativen Gesamtschule überwiegend im gymnasialen Zweig

unterrichtet haben, werden die Unterrichtsstunden, die sie im Schuljahr 2014/2015 über die Unterrichtsverpflichtung nach § 4 Abs. 1 Satz 1 hinaus erteilt haben, auf einem Arbeitszeitkonto gutgeschrieben. ₂Satz 1 gilt entsprechend für Lehrkräfte an berufsbildenden Schulen, die im Schuljahr 2014/2015 vollzeitbeschäftigt waren und die Voraussetzungen nach § 3 Abs. 3 Nr. 3 erfüllt haben.

(2) ₁Für das Schuljahr 2015/2016 kann die Landesschulbehörde auf Antrag einer vollzeitbeschäftigten Lehrkraft, die im Schuljahr 2015/2016 entsprechend Absatz 1 Satz 1 unterrichtet, und einer vollzeitbeschäftigten Lehrkraft nach § 3 Abs. 3 Nr. 3 bewilligen, über die Unterrichtsverpflichtung nach § 4 Abs. 1 Satz 1 hinaus wöchentlich eine zusätzliche Unterrichtsstunde zu erteilen. ₂Diese zusätzlich erteilten Unterrichtsstunden werden auf dem Arbeitszeitkonto nach Absatz 1 gutgeschrieben. ₃Satz 1 gilt nicht für Lehrkräfte, die zum 1. Februar 2016 in den Ruhestand treten, und nicht für Lehrkräfte, denen nach § 6 Abs. 2 bereits eine zusätzliche Unterrichtserteilung in Höhe von drei Unterrichtsstunden über die Regelstundenzahl hinaus bewilligt worden ist.

(3) Die nach den Absätzen 1 und 2 gutgeschriebenen Unterrichtsstunden werden auf Antrag der Lehrkraft auf ein Arbeitszeitkonto nach § 5 oder 6 übertragen.

(4) ₁Beginn und Dauer der Ausgleichsphase für die nach den Absätzen 1 und 2 gutgeschriebenen Unterrichtsstunden werden von der Landesschulbehörde auf Antrag der Lehrkraft festgelegt. ₂Der Beginn der Ausgleichsphase kann frühestens für das Schuljahr 2016/2017 beantragt werden. ₃Im Schuljahr 2016/2017 kann höchstens eine Unterrichtsstunde wöchentlich und ab dem Schuljahr 2017/2018 können je Schuljahr bis zu zwei Unterrichtsstunden wöchentlich ausgeglichen werden. ₄Lehrkräfte, die im Jahr 2016 in den Ruhestand treten, können beantragen,

dass die Ausgleichsphase abweichend von Satz 2 im Schuljahr 2015/2016 beginnt.

(5) ₁Auf Antrag der Lehrkraft sind die nach den Absätzen 1 und 2 gutgeschriebenen Unterrichtsstunden durch eine Ausgleichszahlung auszugleichen. ₂§ 5 Abs. 4 Satz 5 gilt entsprechend. ₃Der Antrag ist bis zum 31. Januar 2016 bei der Landesschulbehörde zu stellen. ₄Die Ausgleichszahlung kann nur für die gesamten nach den Absätzen 1 und 2 gutgeschriebenen Unterrichtsstunden beantragt werden. ₅Auf Antrag der Lehrkraft kann die Zahlung auf zwei Termine in aufeinanderfolgenden Jahren aufgeteilt werden.

§ 7 Veränderungen in der Anspar- oder Ausgleichsphase der Arbeitszeitkonten und der Freijahrsregelung

Wird während eines Arbeitszeitkontos nach den §§ 5 bis 6a oder einer Arbeitszeitverteilung in der Form der Freijahrsregelung die Erteilung ausgleichspflichtiger Unterrichtsstunden oder der zeitliche Ausgleich angesparter Unterrichtsstunden vorübergehend oder dauerhaft unmöglich, so gilt § 8b Abs. 2 bis 5 Nds. ArbZVO entsprechend.

§ 8 Altersermäßigung

(1) ₁Die Unterrichtsverpflichtung der Lehrkräfte wird vom Beginn des Schulhalbjahres an, das auf die Vollendung des 60. Lebensjahres folgt, um eine Unterrichtsstunde ermäßigt. ₂Die Unterrichtsverpflichtung der schwerbehinderten Lehrkräfte mit einem Grad der Behinderung von wenigstens 50 wird abweichend von Satz 1 vom Beginn des Schulhalbjahres an, das auf die Vollendung des 55. Lebensjahres folgt, um eine Unterrichtsstunde ermäßigt und um eine weitere Unterrichtsstunde vom Beginn des Schulhalbjahres an, das auf die Vollendung des 63. Lebensjahres folgt.

(2) Lehrkräfte, deren Unterrichtsverpflichtung durch Teilzeitbeschäftigung oder wegen begrenzter Dienstfähigkeit (§ 27 des Beamtenstatusgesetzes) um mehr als zwei Unterrichtsstunden herabgesetzt ist, erhalten die Altersermäßigung zur Hälfte.

(3) Lehrkräfte, die aufgrund von Anrechnungen weniger als die Hälfte der Regelstundenzahl erteilen, erhalten keine Altersermäßigung.

§ 9 Altersteilzeit

(1) Altersteilzeit nach § 63 NBG kann Lehrkräften nach Vollendung des 55. Lebensjahres zum 1. Februar oder zum 1. August, frühestens zum 1. August 2015, bewilligt werden.

(2) ₁Altersteilzeit im Teilzeitmodell kann auf Antrag auch mit einer im Laufe des Bewilligungszeitraums sinkenden Arbeitszeit nach Maßgabe der Sätze 2 bis 6 bewilligt werden. ₂Die Altersteilzeit gliedert sich in zwei gleich lange Abschnitte. ₃In dem ersten Abschnitt beträgt die Arbeitszeit höchstens 80 Prozent und im zweiten Abschnitt mindestens 40 Prozent der nach § 63 Abs. 1 Satz 2 NBG für den Umfang der Altersteilzeit maßgeblichen Arbeitszeit. ₄Abweichend von Satz 2 kann sich die Altersteilzeit auf Antrag in drei Abschnitte gliedern. ₅In diesem Fall beträgt die Arbeitszeit im ersten Abschnitt höchstens 80 Prozent, im zweiten Abschnitt 60 Prozent und im dritten Abschnitt mindestens 40 Prozent der nach § 63 Abs. 1 Satz 2 NBG für den Umfang der Altersteilzeit maßgeblichen Arbeitszeit; der erste und der dritte Abschnitt müssen gleich lang sein. ₆Die durchschnittliche Arbeitszeit muss in jedem Fall dem in § 63 Abs. 1 Satz 2 NBG festgelegten Umfang entsprechen.

(3) Altersteilzeit im Blockmodell kann für eine Laufzeit von 5, 10, 15 oder 20 Schulhalbjahren bewilligt werden.

(4) Während der Altersteilzeit erhalten Lehrkräfte keine Altersermäßigung.

§ 10 Ermäßigung für schwerbehinderte Lehrkräfte

(1) ₁Schwerbehinderte Lehrkräfte mit einem Grad der Behinderung von wenigstens 70 erhalten eine Ermäßigung von drei Unterrichtsstunden. ₂Auf Antrag kann die Landesschulbehörde in besonderen Fällen eine weitere Ermäßigung gewähren.

(2) Bei einem Grad der Behinderung von wenigstens 50 erhalten Lehrkräfte eine Ermäßigung von zwei Unterrichtsstunden.

(3) Lehrkräfte, deren Unterrichtsverpflichtung durch Teilzeitbeschäftigung um mehr Unterrichtsstunden herabgesetzt ist, als ihnen Ermäßigungsstunden nach Absatz 1 oder 2 zustehen, erhalten die Schwerbehindertenermäßigung zur Hälfte.

(4) Lehrkräfte, die sowohl die Voraussetzungen für die Schwerbehindertenermäßigung als auch für die Altersermäßigung erfüllen, erhalten diese Ermäßigungen jeweils zur Hälfte, wenn ihre Unterrichtsverpflichtung durch Teilzeitbeschäftigung um mehr Unterrichtsstunden herabgesetzt ist, als ihnen insgesamt Ermäßigungsstunden nach Absatz 1 oder 2 sowie nach § 8 Abs. 1 zustehen.

(5) Für Lehrkräfte in Altersteilzeit in Form des Blockmodells ist bei Anwendung des Absatzes 3 die Unterrichtsverpflichtung maßgebend, die in der Arbeitsphase zu erfüllen ist.

(6) Die Absätze 3 und 4 gelten für Lehrkräfte mit begrenzter Dienstfähigkeit entsprechend.

§ 11 Ermäßigung wegen vorübergehend herabgeminderter Dienstfähigkeit

Die Landesschulbehörde kann die Unterrichtsverpflichtung bei vorübergehend herabgeminderter Dienstfähigkeit einer Lehrkraft auf der Grundlage einer ärztlichen Untersuchung befristet ermäßigen; § 45 NBG ist entsprechend anzuwenden.

§ 12 Anrechnungen für besondere Funktionen, Leitungsaufgaben und Aufgaben im Rahmen der Eigenverantwortlichkeit der Schule

(1) Lehrkräfte, die die in der Anlage 1 genannten Funktionen wahrnehmen, erhalten Anrechnungsstunden nach der Anlage 1.

(2) ₁Lehrkräfte an berufsbildenden Schulen, die schulfachliche Koordinierungsaufgaben wahrnehmen, erhalten Anrechnungsstunden in dem für die Wahrnehmung dieser Aufgaben erforderlichen Umfang. ₂Die Anzahl der Stunden, die der jeweiligen Schule hierfür zur Verfügung gestellt werden, bemisst sich nach der Zahl der für Koordinierungsaufgaben zugewiesenen Stellen; je Stelle werden sieben Stunden zur Verfügung gestellt.

(3) Vertritt eine Lehrkraft die Schulleiterin oder den Schulleiter ununterbrochen länger als vier Wochen, so bestimmt sich ihre Unterrichtsverpflichtung ab der fünften Woche nach der Anlage 2.

(4) Lehrkräften, denen Leitungsaufgaben übertragen werden (§ 23 Abs. 3 Satz 3, auch in Verbindung mit § 28 Satz 2 Halbsatz 2, und Abs. 4), sind Anrechnungsstunden in dem für die Wahrnehmung dieser Aufgaben erforderlichen Umfang zu gewähren.

(5) ₁Für die Wahrnehmung von Aufgaben im Rahmen der Eigenverantwortlichkeit der Schule können Lehrkräften Anrechnungsstunden gewährt werden. ₂Die Anzahl der Stunden, die der jeweiligen Schule hierfür zur Verfügung gestellt werden, bestimmt sich nach der Anlage 3.

§ 13 Übertragung von Anrechnungsstunden innerhalb einer kollegialen Schulleitung

Die sich für ein Mitglied einer kollegialen Schulleitung aus der Anlage 1 ergebenden Anrechnungsstunden können entsprechend dem Umfang der Wahrnehmung der Aufgaben mit dessen Zustimmung anderen Mitgliedern der kollegialen Schulleitung übertragen werden.

§ 14 Anrechnungen für besondere Belastungen

(1) ₁Lehrkräften können Anrechnungsstunden für besondere Belastungen gewährt werden. ₂Die Anzahl der Stunden, die der jeweiligen Schule hierfür zur Verfügung gestellt werden, bemisst sich nach der Anzahl der Klassen, multipliziert mit dem aus der Anlage 4 ersichtlichen Faktor. ₃Für die Qualifikationsphase der gymnasialen Oberstufe, des Beruflichen Gymnasiums, des Abendgymnasiums und des Kollegs tritt an die Stelle der Anzahl der Klassen die Zahl, die sich aus der Teilung der Schülerzahl durch die vom Kultusministerium festgesetzte Schülerhöchstzahl ergibt. ₄Eine Klasse mit Teilzeitunterricht zählt als 0,4 Klassen.

(2) ₁Die Anzahl der Stunden, die einer Schule nach Absatz 1 Sätze 2 bis 4 zur Verfügung

gestellt werden, verringert sich je Schulassistentin oder Schulassistent um ein Viertel der Regelstundenzahl einer Lehrkraft. ₂Bei den Kooperativen Gesamtschulen und bei den aus organisatorisch zusammengefassten Schulformen bestehenden allgemein bildenden Schulen ist dabei von einer Regelstundenzahl von 26,5 auszugehen.

(3) Lehrkräften an Schulen in der Trägerschaft des Landes können wegen der besonderen Aufgaben dieser Schulen weitere Anrechnungsstunden gewährt werden.

§ 15 Anrechnungen für Ausbildungs-, Fortbildungs- und Beratungsaufgaben

Lehrkräften, die mit Aufgaben in der Lehrerausbildung, Lehrerfortbildung oder mit Beratungsfunktionen betraut sind, werden Anrechnungsstunden in dem für die Wahrnehmung dieser Aufgaben erforderlichen Umfang gewährt.

§ 16 Anrechnungen für Sonderaufgaben

Nimmt eine Lehrkraft Sonderaufgaben wahr, wie die Mitwirkung an einem Schulversuch, Modellversuch oder Projekt, die Erarbeitung von Lehrplänen oder die Mitarbeit bei zentralen Abschlussprüfungen, so kann das Kultusministerium für die Dauer der Aufgabenwahrnehmung Anrechnungsstunden gewähren.

§ 17 Höchstmaß von Anrechnungen und Ermäßigungen

(1) ₁Die jeweilige Unterrichtsverpflichtung einer Lehrkraft darf durch Anrechnungen und Ermäßigungen nicht auf weniger als ein Viertel der Regelstundenzahl gemindert werden. ₂Mit Zustimmung des Kultusministeriums kann die Mindestunterrichtsverpflichtung nach Satz 1 für eine Lehrkraft, die mit Aufgaben in der Lehrerausbildung betraut ist, vorübergehend gemindert werden.

(2) Für teilzeitbeschäftigte und begrenzt dienstfähige Lehrkräfte entfällt die Mindestunterrichtsverpflichtung nach Absatz 1 Satz 1.

§ 18 Freistellungen für Lehrkräfte

Lehrkräfte, die nach der Niedersächsischen Verordnung über die Laufbahn der Laufbahngruppe 2 der Fachrichtung Bildung qualifiziert werden oder an anderen Qualifizierungsmaßnahmen teilnehmen, können in dem erforderlichen Umfang von der Unterrichtsverpflichtung freigestellt werden.

§ 19 Berechnung bei Bruchteilen

₁Ergeben sich bei den Berechnungen Bruchteile von Unterrichtsstunden, so sind diese bei einem Wert von unter 0,5 abzurunden, bei einem Wert von mehr als 0,5 aufzurunden. ₂Ergibt sich eine halbe Unterrichtsstunde, so findet weder eine Auf- noch eine Abrundung statt; abweichend hiervon ist in den Fällen des § 10 Abs. 3 und 4 eine halbe Ermäßigungsstunde aufzurunden. ₃Abweichend von Satz 1 ist im Rahmen der Anwendung des § 9 Abs. 2 bei der Ermittlung und Festlegung der Unterrichtsverpflichtung ein Bruchteil von unter 0,5 auf eine halbe Unterrichtsstunde aufzurunden.

§ 20 Arbeitszeitmodelle

Zur Erprobung von Arbeitszeitmodellen kann das Kultusministerium von den Bestimmungen dieser Verordnung zeitlich begrenzte Ausnahmen zulassen.

Zweiter Abschnitt
Arbeitszeit der Schulleiterinnen und Schulleiter

§ 21 Geltungsbereich

Die Vorschriften dieses Abschnitts gelten für die Schulleiterinnen und Schulleiter im Beamtenverhältnis an öffentlichen Schulen im Sinne des Niedersächsischen Schulgesetzes.

§ 22 Arbeitszeit

(1) ₁Die regelmäßige Arbeitszeit beträgt im Durchschnitt wöchentlich 40 Stunden. ₂Sie vermindert sich für gesetzlich anerkannte Wochenfeiertage um die darauf entfallende Zeit. ₃Für Teilzeitbeschäftigte verringert sich die regelmäßige Arbeitszeit entsprechend der bewilligten Arbeitszeitermäßigung.

(2) ₁Arbeitstage sind die Schultage sowie die Ferientage, die die Zahl der Urlaubstage zuzüglich eines freien Tages im Kalenderjahr übersteigen. ₂Soweit die Schulleiterinnen und Schulleiter nicht Leitungsaufgaben, Unter-

richtsverpflichtungen oder andere Verpflichtungen zu bestimmten Zeiten wahrzunehmen haben, sind sie in der Erfüllung ihrer Aufgaben zeitlich nicht gebunden.

§ 23 Leitungszeit, Unterrichtsverpflichtung

(1) Die Zeit für die Erfüllung der Aufgaben nach § 43 NSchG (Leitungszeit) ergibt sich für jede Schule aus der regelmäßigen Arbeitszeit abzüglich der Zeit für die Erfüllung der Unterrichtsverpflichtung nach der Anlage 2.

(2) Für teilzeitbeschäftigte Schulleiterinnen und Schulleiter wirkt sich die Arbeitszeitermäßigung nur auf die Unterrichtsverpflichtung aus; die Leitungszeit bleibt unverändert.

(3) ₁Vollzeitbeschäftigte Schulleiterinnen und Schulleiter haben eine Mindestunterrichtsverpflichtung von zwei Unterrichtsstunden. ₂Ergibt sich aus der Anlage 2 eine geringere Unterrichtsverpflichtung als die Mindestunterrichtsverpflichtung, so hat die Schulleiterin oder der Schulleiter dennoch eine Unterrichtsverpflichtung von zwei Unterrichtsstunden. ₃Überträgt die Schulleiterin oder der Schulleiter wegen der nach Satz 2 bestehenden höheren Unterrichtsverpflichtung zu ihrer oder seiner Entlastung Leitungsaufgaben auf andere Lehrkräfte, so sind den Lehrkräften Anrechnungsstunden zu gewähren (§ 12 Abs. 4).

(4) Überträgt die Schulleiterin oder der Schulleiter Leitungsaufgaben auf andere Lehrkräfte, ohne dass ein Fall des Absatzes 3 Satz 3 vorliegt, so erhöht sich ihre oder seine Unterrichtsverpflichtung um die Zahl der Unterrichtsstunden, die den Lehrkräften als Anrechnungsstunden nach § 12 Abs. 4 gewährt werden.

(5) In dem Umfang, in dem Anrechnungsstunden, die nach § 12 Abs. 5 gewährt werden können, nicht gewährt werden, vermindert sich die Unterrichtsverpflichtung der Schulleiterin oder des Schulleiters; Absatz 3 Sätze 2 und 3 ist entsprechend anzuwenden.

(6) § 4 Abs. 2 und 3 sowie § 14 Abs. 3 sind entsprechend anzuwenden.

§ 24 Arbeitszeitkonten, Freijahr

₁Die §§ 5 bis 7 sind entsprechend anzuwenden. ₂§ 6a ist auch für teilzeitbeschäftigte Schulleiterinnen und Schulleiter entsprechend anzuwenden, jedoch mit der Maßgabe, dass für die Höhe der Ausgleichszahlung nach § 6a Abs. 5 der § 5 Abs. 4 Satz 6 entsprechend gilt.

§ 25 Ermäßigung der Unterrichtsverpflichtung aus Altersgründen

(1) Beträgt die Unterrichtsverpflichtung der Schulleiterin oder des Schulleiters mindestens die Hälfte der Regelstundenzahl für Lehrkräfte an der jeweiligen Schulform (§ 3), so wird die Unterrichtsverpflichtung entsprechend § 8 Abs. 1 ermäßigt.

(2) Schulleiterinnen und Schulleiter, deren Arbeitszeit durch Teilzeitbeschäftigung oder wegen begrenzter Dienstfähigkeit (§ 27 des Beamtenstatusgesetzes) um mehr als zwei Stunden herabgesetzt ist, erhalten die Altersermäßigung zur Hälfte.

§ 25a Altersteilzeit

₁Altersteilzeit nach § 63 NBG kann Schulleiterinnen und Schulleitern im Blockmodell nach Vollendung des 55. Lebensjahres zum 1. Februar oder zum 1. August, frühestens zum 1. August 2015, für eine Laufzeit von 5, 10, 15 oder 20 Schulhalbjahren bewilligt werden. ₂Während der Altersteilzeit erhalten Schulleiterinnen und Schulleiter keine Altersermäßigung.

§ 26 Ermäßigung der Unterrichtsverpflichtung für schwerbehinderte Schulleiterinnen und Schulleiter

(1) ₁Beträgt die Unterrichtsverpflichtung einer schwerbehinderten Schulleiterin oder eines schwerbehinderten Schulleiters mindestens die Hälfte der Regelstundenzahl für Lehrkräfte an der jeweiligen Schulform (§ 3), so wird die Unterrichtsverpflichtung wie folgt ermäßigt:

1. bei einem Grad der Behinderung von wenigstens 50 um zwei Unterrichtsstunden
2. und bei einem Grad der Behinderung von wenigstens 70 um drei Unterrichtsstunden.

₂Auf Antrag kann die Landesschulbehörde bei einem Grad der Behinderung von wenigstens 70 in besonderen Fällen eine weitere Ermäßigung gewähren.

I.5.1 Arbeitszeit Schule (Nds. ArbZVO-Schule) §§ 27–30

(2) Schulleiterinnen und Schulleiter, deren Arbeitszeit durch Teilzeitbeschäftigung oder wegen begrenzter Dienstfähigkeit um mehr als drei Stunden herabgesetzt ist, erhalten die Schwerbehindertenermäßigung zur Hälfte.

(3) Schulleiterinnen und Schulleiter, die sowohl die Voraussetzungen für die Schwerbehindertenermäßigung als auch für die Altersermäßigung erfüllen, erhalten diese Ermäßigungen jeweils zur Hälfte, wenn ihre Arbeitszeit durch Teilzeitbeschäftigung oder wegen begrenzter Dienstfähigkeit um mehr als fünf Stunden herabgesetzt ist.

§ 27 Ermäßigung der Arbeitszeit bei vorübergehend herabgeminderter Dienstfähigkeit

₁Die Landesschulbehörde kann die Unterrichtsverpflichtung bei vorübergehend herabgeminderter Dienstfähigkeit einer Schulleiterin oder eines Schulleiters auf der Grundlage einer ärztlichen Untersuchung befristet ermäßigen; § 45 NBG ist entsprechend anzuwenden. ₂Die Arbeitszeitermäßigung wirkt sich nur auf die Unterrichtsverpflichtung aus; die Landesschulbehörde kann eine abweichende Regelung treffen.

§ 28 Ermäßigung der Unterrichtsverpflichtung bei Wahrnehmung von Sonderaufgaben

₁Nimmt eine Schulleiterin oder ein Schulleiter Sonderaufgaben wahr, wie die Mitwirkung an einem Schulversuch, Modellversuch oder Projekt, die Erarbeitung von Lehrplänen oder die Mitarbeit bei zentralen Abschlussprüfungen, so kann das Kultusministerium die Unterrichtsverpflichtung für die Dauer der Aufgabenwahrnehmung ermäßigen. ₂Wird durch die Ermäßigung die Mindestunterrichtsverpflichtung unterschritten, so hat die Schulleiterin oder der Schulleiter dennoch eine Unterrichtsverpflichtung von zwei Unterrichtsstunden; § 23 Abs. 3 Satz 3 gilt entsprechend.

§ 29 Berechnung bei Bruchteilen

₁Ergeben sich bei den Berechnungen Bruchteile, so sind diese bei einem Wert von unter 0,5 abzurunden, bei einem Wert von mehr als 0,5 aufzurunden. ₂Ergibt sich eine halbe Stunde, so findet weder eine Auf- noch eine Abrundung statt.

Dritter Abschnitt
Schlussvorschrift

§ 30 Inkrafttreten

(1) Diese Verordnung tritt am 1. August 2012 in Kraft.

(2) Gleichzeitig tritt die Verordnung über die Arbeitszeit der Lehrkräfte an öffentlichen Schulen in der Fassung vom 2. August 2004 (Nds. GVBl. S. 302), zuletzt geändert durch Verordnung vom 19. Dezember 2011 (Nds. GVBl. S. 500), außer Kraft.

Anlage 1   Arbeitszeit Schule (Nds. ArbZVO-Schule)   **I.5.1**

Anlage 1
(zu § 12 Abs. 1)

Anrechnungen für Lehrkräfte mit besonderen Funktionen

Schulform	Funktionen	Anrechnungs-stunden
1	2	3
Berufsbildende Schulen	ständige Vertreterin oder ständiger Vertreter an einer Schule mit	
	– bis zu 35 Klassen	8
	– 36 bis 80 Klassen	9
	– 81 bis 99 Klassen	10
	– 100 oder mehr Klassen[1)2)]	11
	ständige Vertreterin oder ständiger Vertreter und Lehrkraft, die schulfachliche Koordinierungsaufgaben wahrnimmt, an einer Schule, die an mindestens zwei Standorten mit jeweils 20 oder mehr Klassen[1)2)] geführt wird, insgesamt	2
Gymnasien, Abendgymnasien und Kollegs	ständige Vertreterin oder ständiger Vertreter an einer Schule mit	
	– bis zu 18 Klassen	5
	– 19 bis 24 Klassen	6
	– 25 bis 30 Klassen	7
	– 31 bis 36 Klassen	8
	– 37 bis 41 Klassen	9
	– 42 bis 48 Klassen	10
	– 49 oder mehr Klassen[1)]	11
	Lehrkraft, die ein Amt für schulfachliche Koordinierungsaufgaben wahrnimmt	5
Grund- und Hauptschulen, Realschulen und Förderschulen	ständige Vertreterin oder ständiger Vertreter (Konrektorin oder Konrektor, Realschulkonrektorin oder Realschulkonrektor, Förderschulkonrektorin oder Förderschulkonrektor) an einer Schule mit	
	– bis zu 11 Klassen	4
	– 12 bis 19 Klassen	5
	– 20 bis 35 Klassen	6
	– 36 oder mehr Klassen	7
	weitere Vertreterin oder weiterer Vertreter (Zweite Konrektorin oder Zweiter Konrektor, Zweite Realschulkonrektorin oder Zweiter Realschulkonrektor, Zweite Förderschulkonrektorin oder Zweiter Förderschulkonrektor)	3
	Lehrkräfte, die eine Fachkonferenz an einer Hauptschule, Realschule oder Haupt- und Realschule leiten, die mindestens zweizügig geführt wird, insgesamt	6
	Abteilungsleiterin oder Abteilungsleiter an einer Schule für Gehörlose und Schwerhörige in einem Landesbildungszentrum für Hörgeschädigte oder an einer Schule für Blinde im Landesbildungszentrum für Blinde	2

I.5.1 Arbeitszeit Schule (Nds. ArbZVO-Schule) — Anlage 1

Schulform	Funktionen	Anrechnungsstunden
1	2	3
Oberschulen	ständige Vertreterin oder ständiger Vertreter an einer Schule mit	
	– bis zu 18 Klassen	5
	– 19 bis 25 Klassen	6
	– 26 bis 32 Klassen	7
	– 33 oder mehr Klassen	8
	weitere Vertreterin oder weiterer Vertreter (Zweite Oberschulkonrektorin oder Zweiter Oberschulkonrektor)	5
	didaktische Leiterin oder didaktischer Leiter an einer Schule mit	
	– bis zu 18 Klassen	4
	– 19 bis 25 Klassen	5
	– 26 bis 32 Klassen	6
	– 33 oder mehr Klassen	7
	Leiterin oder Leiter des Sekundarbereichs II	5
	Lehrkräfte, die eine Fachkonferenz leiten, insgesamt	6
Gesamtschulen	ständige Vertreterin oder ständiger Vertreter an einer Schule mit	
	– bis zu 23 Klassen	8
	– 24 bis 31 Klassen	9
	– 32 bis 55 Klassen	10
	– 56 oder mehr Klassen[1])	11
	didaktische Leiterin oder didaktischer Leiter an einer Schule mit	
	– bis zu 23 Klassen	8
	– 24 bis 31 Klassen	9
	– 32 oder mehr Klassen[1])	10
	Leiterin oder Leiter des Hauptschul-, Realschul- oder Gymnasialzweigs mit jeweils	
	– bis zu 11 Klassen	4
	– 12 bis 19 Klassen	6
	– 20 oder mehr Klassen[1])	8
	Leiterin oder Leiter des Primarbereichs mit	
	– bis zu 16 Klassen	6
	– 17 oder mehr Klassen	8
	ständige Vertreterin oder ständiger Vertreter der Leiterin oder des Leiters des Primarbereichs	4
	Leiterin oder Leiter	
	– des Sekundarbereichs I	6
	– des Sekundarbereichs II	5
	Lehrkraft, die ein Amt für schulfachliche Koordinierungsaufgaben wahrnimmt	5
	Jahrgangsleiterin und Jahrgangsleiter	3

Schulform	Funktionen	Anrechnungsstunden
1	2	3
	Fachbereichsleiterin und Fachbereichsleiter an einer Schule mit	
	– bis zu 7 ⎫	1
	– 8 bis 20 ⎬ stimmberechtigten Lehrkräften in der Fachbereichskonferenz	2
	– 21 oder mehr ⎭	3

[1]) Für die Qualifikationsphase der gymnasialen Oberstufe, des Beruflichen Gymnasiums, des Abendgymnasiums und des Kollegs tritt an die Stelle der Anzahl der Klassen die Zahl, die sich aus der Teilung der Schülerzahl durch die vom Kultusministerium festgesetzte Schülerhöchstzahl ergibt.

[2]) Eine Klasse mit Teilzeitunterricht zählt als 0,4 Klassen. Ergibt sich in der Summe eine Dezimalstelle, so bleibt diese unberücksichtigt.

I.5.1 Arbeitszeit Schule (Nds. ArbZVO-Schule)

Anlage 2
(zu § 12 Abs. 3 und § 23 Abs. 1)

Unterrichtsverpflichtung der Schulleiterinnen und Schulleiter

1. Grundschule[1])

Lehrkräftesollstunden[2])		Unterrichtsverpflichtung in Unterrichtsstunden[3])
bis unter	160	20,0[4])
160 bis unter	175	19,5[5])
175 bis unter	190	19,0
190 bis unter	205	18,5
205 bis unter	220	18,0
220 bis unter	235	17,5
235 bis unter	250	17,0
250 bis unter	265	16,5
265 bis unter	280	16,0
280 bis unter	295	15,5
295 bis unter	310	15,0
310 bis unter	325	14,5
325 bis unter	340	14,0
340 bis unter	355	13,5
355 bis unter	370	13,0
370 bis unter	385	12,5
385 bis unter	400	12,0
400 bis unter	415	11,5
415 bis unter	515	11,0
515 bis unter	615	10,5
615 bis unter	715	10,0
715 bis unter	815	9,5
815 bis unter	915	9,0
915 bis unter	1015	8,5
1015 bis unter	1115	8,0
1115 bis unter	1215	7,5
1215 bis unter	1315	7,0
1315 bis unter	1415	6,5
1415 bis unter	1515	6,0
1515 bis unter	1615	5,5
1615 bis unter	1715	5,0
1715 bis unter	1815	4,5
1815 bis unter	1915	4,0
1915 bis unter	2015	3,5
2015 bis unter	2115	3,0

Anlage 2 Arbeitszeit Schule (Nds. ArbZVO-Schule) **I.5.1**

Lehrkräftesollstunden[2])	Unterrichtsverpflichtung in Unterrichtsstunden[3])
2115 bis unter 2215	2,5
2215 bis unter 2315	2,0
2315 bis unter 2415	1,5
2415 bis unter 2515	1,0
2515 bis unter 2615	0,5
ab 2615	0,0

[1]) Für Schulleiterinnen und Schulleiter einer aus organisatorisch zusammengefassten Schulformen bestehenden Schule richtet sich die Unterrichtsverpflichtung nach dieser Tabelle, wenn sie überwiegend an der Grundschule Unterricht erteilen. Für die Ermittlung der maßgeblichen Lehrkräftesollstunden sind die auf die Schulform Grundschule und auf die Schulform Förderschule bezogenen Lehrkräftesollstunden mit dem Faktor 1,0 und die auf die übrigen Schulformen bezogenen Lehrkräftesollstunden mit dem Faktor 0,67 zu berücksichtigen. Die sich ergebende Unterrichtsverpflichtung vermindert sich um drei Unterrichtsstunden.
[2]) Lehrkräftesollstunden sind die der Schule zugewiesenen Lehrerstunden und die zugewiesenen Stunden für den Zusatzbedarf (Runderlass des Kultusministeriums vom 7. Juli 2011, SVBl. S. 268).
[3]) Steht einer Schule mit mindestens 100 Lehrkräftesollstunden ein Amt der ständigen Vertreterin oder des ständigen Vertreters nicht zur Verfügung, so vermindert sich die Unterrichtsverpflichtung um eine Stunde.
[4]) Die Unterrichtsverpflichtung vermindert sich an Ganztagsschulen um eine Stunde.
[5]) Die Unterrichtsverpflichtung vermindert sich an Ganztagsschulen um 0,5 Stunden.

2. Hauptschule[1])

Lehrkräftesollstunden[2])	Unterrichtsverpflichtung in Unterrichtsstunden[3])
bis unter 180	19,5[4])
180 bis unter 200	19,0[5])
200 bis unter 220	18,5
220 bis unter 240	18,0
240 bis unter 260	17,5
260 bis unter 280	17,0
280 bis unter 300	16,5
300 bis unter 320	16,0
320 bis unter 340	15,5
340 bis unter 360	15,0
360 bis unter 380	14,5
380 bis unter 400	14,0
400 bis unter 420	13,5
420 bis unter 440	13,0
440 bis unter 460	12,5
460 bis unter 480	12,0
480 bis unter 500	11,5
500 bis unter 520	11,0
520 bis unter 670	10,5
670 bis unter 820	10,0
820 bis unter 970	9,5

I.5.1 Arbeitszeit Schule (Nds. ArbZVO-Schule) — Anlage 2

Lehrkräftesollstunden[2])	Unterrichtsverpflichtung in Unterrichtsstunden[3])
970 bis unter 1120	9,0
1120 bis unter 1270	8,5
1270 bis unter 1420	8,0
1420 bis unter 1570	7,5
1570 bis unter 1720	7,0
1720 bis unter 1870	6,5
1870 bis unter 2020	6,0
2020 bis unter 2170	5,5
2170 bis unter 2320	5,0
2320 bis unter 2470	4,5
2470 bis unter 2620	4,0
2620 bis unter 2770	3,5
2770 bis unter 2920	3,0
2920 bis unter 3070	2,5
3070 bis unter 3220	2,0
3220 bis unter 3370	1,5
3370 bis unter 3520	1,0
3520 bis unter 3670	0,5
ab 3670	0,0

[1]) Für Schulleiterinnen und Schulleiter einer Kooperativen Gesamtschule oder einer aus organisatorisch zusammengefassten Schulformen bestehenden Schule richtet sich die Unterrichtsverpflichtung nach dieser Tabelle, wenn sie überwiegend am Hauptschulzweig oder an der Hauptschule Unterricht erteilen. Für die Ermittlung der maßgeblichen Lehrkräftesollstunden sind die auf die Schulform Hauptschule, auf die Schulform Realschule sowie auf die Schulform Gymnasium bezogenen Lehrkräftesollstunden mit dem Faktor 1,0 und die auf die Schulform Grundschule und auf die Schulform Förderschule bezogenen Lehrkräftesollstunden mit dem Faktor 1,5 zu berücksichtigen. Die sich ergebende Unterrichtsverpflichtung vermindert sich bei organisatorisch zusammengefassten Schulen um drei Unterrichtsstunden.
[2]) Lehrkräftesollstunden sind die der Schule zugewiesenen Lehrerstunden und die zugewiesenen Stunden für den Zusatzbedarf (Runderlass des Kultusministeriums vom 7. Juli 2011, SVBl. S. 268).
[3]) Steht einer Schule mit mindestens 150 Lehrkräftesollstunden ein Amt der ständigen Vertreterin oder des ständigen Vertreters nicht zur Verfügung, so vermindert sich die Unterrichtsverpflichtung um eine Stunde.
[4]) Die Unterrichtsverpflichtung vermindert sich an Ganztagsschulen um eine Stunde.
[5]) Die Unterrichtsverpflichtung vermindert sich an Ganztagsschulen um 0,5 Stunden.

Anlage 2   Arbeitszeit Schule (Nds. ArbZVO-Schule)   **I.5.1**

3. Realschule[1])

Lehrkräftesollstunden[2])		Unterrichtsverpflichtung in Unterrichtsstunden[3])
bis unter	180	18,5[4])
180 bis unter	200	18,0[5])
200 bis unter	220	17,5
220 bis unter	240	17,0
240 bis unter	260	16,5
260 bis unter	280	16,0
280 bis unter	300	15,5
300 bis unter	320	15,0
320 bis unter	340	14,5
340 bis unter	360	14,0
360 bis unter	380	13,5
380 bis unter	400	13,0
400 bis unter	420	12,5
420 bis unter	440	12,0
440 bis unter	460	11,5
460 bis unter	480	11,0
480 bis unter	500	10,5
500 bis unter	520	10,0
520 bis unter	670	9,5
670 bis unter	820	9,0
820 bis unter	970	8,5
970 bis unter	1120	8,0
1120 bis unter	1270	7,5
1270 bis unter	1420	7,0
1420 bis unter	1570	6,5
1570 bis unter	1720	6,0
1720 bis unter	1870	5,5
1870 bis unter	2020	5,0
2020 bis unter	2170	4,5
2170 bis unter	2320	4,0
2320 bis unter	2470	3,5
2470 bis unter	2620	3,0
2620 bis unter	2770	2,5
2770 bis unter	2920	2,0
2920 bis unter	3070	1,5
3070 bis unter	3220	1,0
3220 bis unter	3370	0,5
ab 3370		0,0

I.5.1 Arbeitszeit Schule (Nds. ArbZVO-Schule) — Anlage 2

[1]) Für Schulleiterinnen und Schulleiter einer Kooperativen Gesamtschule oder einer aus organisatorisch zusammengefassten Schulformen bestehenden Schule richtet sich die Unterrichtsverpflichtung nach dieser Tabelle, wenn sie überwiegend am Realschulzweig oder an der Realschule Unterricht erteilen. Für die Ermittlung der maßgeblichen Lehrkräftesollstunden sind die auf die Schulform Realschule, auf die Schulform Hauptschule sowie auf die Schulform Gymnasium bezogenen Lehrkräftesollstunden mit dem Faktor 1,0 und die auf die Schulform Grundschule und auf die Schulform Förderschule bezogenen Lehrkräftesollstunden mit dem Faktor 1,5 zu berücksichtigen. Die sich ergebende Unterrichtsverpflichtung vermindert sich bei organisatorisch zusammengefassten Schulen um drei Unterrichtsstunden.
[2]) Lehrkräftesollstunden sind die der Schule zugewiesenen Lehrerstunden und die zugewiesenen Stunden für den Zusatzbedarf (Runderlass des Kultusministeriums vom 7. Juli 2011, SVBl. S. 268).
[3]) Steht einer Schule mit mindestens 150 Lehrkräftesollstunden ein Amt der ständigen Vertreterin oder des ständigen Vertreters nicht zur Verfügung, so vermindert sich die Unterrichtsverpflichtung um eine Stunde.
[4]) Die Unterrichtsverpflichtung vermindert sich an Ganztagsschulen um eine Stunde.
[5]) Die Unterrichtsverpflichtung vermindert sich an Ganztagsschulen um 0,5 Stunden.

4. Oberschule[1]

Lehrkräftesollstunden[2]	Unterrichtsverpflichtung in Unterrichtsstunden[3]
bis unter 180	17,5[4]
180 bis unter 200	17,0[5]
200 bis unter 220	16,5
220 bis unter 240	16,0
240 bis unter 260	15,5
260 bis unter 280	15,0
280 bis unter 300	14,5
300 bis unter 320	14,0
320 bis unter 340	13,5
340 bis unter 360	13,0
360 bis unter 380	12,5
380 bis unter 400	12,0
400 bis unter 420	11,5
420 bis unter 440	11,0
440 bis unter 460	10,5
460 bis unter 480	10,0
480 bis unter 500	9,5
500 bis unter 520	9,0
520 bis unter 670	8,5
670 bis unter 820	8,0
820 bis unter 970	7,5
970 bis unter 1120	7,0
1120 bis unter 1270	6,5
1270 bis unter 1420	6,0
1420 bis unter 1570	5,5
1570 bis unter 1720	5,0
1720 bis unter 1870	4,5
1870 bis unter 2020	4,0
2020 bis unter 2170	3,5

Anlage 2 Arbeitszeit Schule (Nds. ArbZVO-Schule) **I.5.1**

Lehrkräftesollstunden[2])	Unterrichtsverpflichtung in Unterrichtsstunden[3])
2170 bis unter 2320	3,0
2320 bis unter 2470	2,5
2470 bis unter 2620	2,0
2620 bis unter 2770	1,5
2770 bis unter 2920	1,0
2920 bis unter 3070	0,5
ab 3070	0,0

[1]) Für Schulleiterinnen und Schulleiter einer aus organisatorisch zusammengefassten Schulformen bestehenden Schule richtet sich die Unterrichtsverpflichtung nach dieser Tabelle, wenn sie überwiegend an der Oberschule Unterricht erteilen. Für die Ermittlung der maßgeblichen Lehrkräftesollstunden sind die auf die Schulform Oberschule bezogenen Lehrkräftesollstunden mit dem Faktor 1,0 und die auf die Schulform Grundschule bezogenen Lehrkräftesollstunden mit dem Faktor 1,5 zu berücksichtigen. Die sich ergebende Unterrichtsverpflichtung vermindert sich um drei Unterrichtsstunden.
[2]) Lehrkräftesollstunden sind die der Schule zugewiesenen Lehrerstunden und die zugewiesenen Stunden für den Zusatzbedarf (Runderlass des Kultusministeriums vom 7. Juli 2011, SVBl. S. 268).
[3]) Steht einer Schule mit mindestens 150 Lehrkräftesollstunden ein Amt der ständigen Vertreterin oder des ständigen Vertreters nicht zur Verfügung, so vermindert sich die Unterrichtsverpflichtung um eine Stunde.
[4]) Die Unterrichtsverpflichtung vermindert sich an Ganztagsschulen um eine Stunde.
[5]) Die Unterrichtsverpflichtung vermindert sich an Ganztagsschulen um 0,5 Stunden.

5. Gymnasium, Kolleg[1])

Lehrkräftesollstunden[2])	Unterrichtsverpflichtung in Unterrichtsstunden
bis unter 240	15,5[3])
240 bis unter 265	15,0[4])
265 bis unter 290	14,5
290 bis unter 315	14,0
315 bis unter 340	13,5
340 bis unter 365	13,0
365 bis unter 390	12,5
390 bis unter 415	12,0
415 bis unter 440	11,5
440 bis unter 465	11,0
465 bis unter 490	10,5
490 bis unter 515	10,0
515 bis unter 540	9,5
540 bis unter 565	9,0
565 bis unter 590	8,5
590 bis unter 615	8,0
615 bis unter 640	7,5
640 bis unter 665	7,0
665 bis unter 815	6,5
815 bis unter 965	6,0
965 bis unter 1115	5,5

I.5.1 Arbeitszeit Schule (Nds. ArbZVO-Schule) — Anlage 2

Lehrkräftesollstunden[2])	Unterrichtsverpflichtung in Unterrichtsstunden
1115 bis unter 1265	5,0
1265 bis unter 1415	4,5
1415 bis unter 1565	4,0
1565 bis unter 1715	3,5
1715 bis unter 1865	3,0
1865 bis unter 2015	2,5
2015 bis unter 2165	2,0
2165 bis unter 2315	1,5
2315 bis unter 2465	1,0
2465 bis unter 2615	0,5
ab 2615	0,0

[1]) Für Schulleiterinnen und Schulleiter einer Kooperativen Gesamtschule richtet sich die Unterrichtsverpflichtung nach dieser Tabelle, wenn sie überwiegend an dem Gymnasialzweig Unterricht erteilen.
[2]) Lehrkräftesollstunden sind die der Schule zugewiesenen Lehrerstunden und die zugewiesenen Stunden für den Zusatzbedarf (Runderlass des Kultusministeriums vom 7. Juli 2011, SVBl. S. 268).
[3]) Die Unterrichtsverpflichtung vermindert sich an Ganztagsschulen um eine Stunde.
[4]) Die Unterrichtsverpflichtung vermindert sich an Ganztagsschulen um 0,5 Stunden.

6. Abendgymnasium

Lehrkräftesollstunden[1])	Unterrichtsverpflichtung in Unterrichtsstunden
bis unter 160	15,5
160 bis unter 180	15,0
180 bis unter 200	14,5
200 bis unter 220	14,0
220 bis unter 240	13,5
240 bis unter 260	13,0
260 bis unter 280	12,5
280 bis unter 300	12,0
300 bis unter 320	11,5
320 bis unter 340	11,0
340 bis unter 360	10,5
360 bis unter 380	10,0
380 bis unter 400	9,5
400 bis unter 420	9,0
420 bis unter 440	8,5
440 bis unter 460	8,0
460 bis unter 480	7,5
480 bis unter 500	7,0
500 bis unter 600	6,5
600 bis unter 700	6,0
700 bis unter 800	5,5

Anlage 2　　　　　　　　　　Arbeitszeit Schule (Nds. ArbZVO-Schule) **I.5.1**

Lehrkräftesollstunden[1]	Unterrichtsverpflichtung in Unterrichtsstunden
800 bis unter 900	5,0
900 bis unter 1000	4,5
1000 bis unter 1100	4,0
1100 bis unter 1200	3,5
1200 bis unter 1300	3,0
1300 bis unter 1400	2,5
1400 bis unter 1500	2,0
1500 bis unter 1600	1,5
1600 bis unter 1700	1,0
1700 bis unter 1800	0,5
ab 1800	0,0

[1] Lehrkräftesollstunden sind die der Schule zugewiesenen Lehrerstunden und die zugewiesenen Stunden für den Zusatzbedarf (Runderlass des Kultusministeriums vom 7. Juli 2011, SVBl. S. 268).

7. Integrierte Gesamtschule[1]

Lehrkräftesollstunden[2]	Unterrichtsverpflichtung in Unterrichtsstunden
bis unter 240	16,5[3]
240 bis unter 270	16,0[4]
270 bis unter 300	15,5
300 bis unter 330	15,0
330 bis unter 360	14,5
360 bis unter 390	14,0
390 bis unter 420	13,5
420 bis unter 450	13,0
450 bis unter 480	12,5
480 bis unter 510	12,0
510 bis unter 540	11,5
540 bis unter 570	11,0
570 bis unter 600	10,5
600 bis unter 630	10,0
630 bis unter 660	9,5
660 bis unter 690	9,0
690 bis unter 720	8,5
720 bis unter 750	8,0
750 bis unter 900	7,5
900 bis unter 1050	7,0
1050 bis unter 1200	6,5
1200 bis unter 1350	6,0
1350 bis unter 1500	5,5

I.5.1 Arbeitszeit Schule (Nds. ArbZVO-Schule) — Anlage 2

Lehrkräftesollstunden[2]	Unterrichtsverpflichtung in Unterrichtsstunden
1500 bis unter 1650	5,0
1650 bis unter 1800	4,5
1800 bis unter 1950	4,0
1950 bis unter 2100	3,5
2100 bis unter 2250	3,0
2250 bis unter 2400	2,5
2400 bis unter 2550	2,0
2550 bis unter 2700	1,5
2700 bis unter 2850	1,0
2850 bis unter 3000	0,5
ab 3000	0,0

[1] An einer Schule, die aus einer organisatorischen Zusammenfassung einer Grundschule mit einer Integrierten Gesamtschule besteht, richtet sich die Unterrichtsverpflichtung für Schulleiterinnen und Schulleiter nach dieser Tabelle, wenn sie überwiegend an der Integrierten Gesamtschule Unterricht erteilen. Für die Ermittlung der maßgeblichen Lehrkräftesollstunden sind die auf die Schulform Integrierte Gesamtschule bezogenen Lehrkräftesollstunden mit dem Faktor 1,0 und die auf die Schulform Grundschule bezogenen Lehrkräftesollstunden mit dem Faktor 1,5 zu berücksichtigen. Die sich ergebende Unterrichtsverpflichtung vermindert sich um drei Unterrichtsstunden.
[2] Lehrkräftesollstunden sind die der Schule zugewiesenen Lehrerstunden und die zugewiesenen Stunden für den Zusatzbedarf (Runderlass des Kultusministeriums vom 7. Juli 2011, SVBl. S. 268).
[3] Die Unterrichtsverpflichtung vermindert sich an Ganztagsschulen um eine Stunde.
[4] Die Unterrichtsverpflichtung vermindert sich an Ganztagsschulen um 0,5 Stunden

8. Förderschule[1], [2]

Lehrkräftesollstunden[3]	Unterrichtsverpflichtung in Unterrichtsstunden[4]
bis unter 160	18,5[5]
160 bis unter 180	18,0[6]
180 bis unter 200	17,5
200 bis unter 220	17,0
220 bis unter 240	16,5
240 bis unter 260	16,0
260 bis unter 280	15,5
280 bis unter 300	15,0
300 bis unter 320	14,5
320 bis unter 340	14,0
340 bis unter 360	13,5
360 bis unter 380	13,0
380 bis unter 400	12,5
400 bis unter 420	12,0
420 bis unter 440	11,5
440 bis unter 460	11,0
460 bis unter 480	10,5

Anlage 2 — Arbeitszeit Schule (Nds. ArbZVO-Schule) **I.5.1**

Lehrkräftesollstunden[3]	Unterrichtsverpflichtung in Unterrichtsstunden[4]
480 bis unter 500	10,0
500 bis unter 600	9,5
600 bis unter 700	9,0
700 bis unter 800	8,5
800 bis unter 900	8,0
900 bis unter 1000	7,5
1000 bis unter 1100	7,0
1100 bis unter 1200	6,5
1200 bis unter 1300	6,0
1300 bis unter 1400	5,5
1400 bis unter 1500	5,0
1500 bis unter 1600	4,5
1600 bis unter 1700	4,0
1700 bis unter 1800	3,5
1800 bis unter 1900	3,0
1900 bis unter 2000	2,5
2000 bis unter 2100	2,0
2100 bis unter 2200	1,5
2200 bis unter 2300	1,0
2300 bis unter 2400	0,5
ab 2400	0,0

[1] Für Schulleiterinnen und Schulleiter einer aus organisatorisch zusammengefassten Schulformen bestehenden Schule richtet sich die Unterrichtsverpflichtung nach dieser Tabelle, wenn sie überwiegend an der Förderschule Unterricht erteilen. Für die Ermittlung der maßgeblichen Lehrkräftesollstunden sind die auf die Schulform Förderschule und auf die Schulform Grundschule bezogenen Lehrkräftesollstunden mit dem Faktor 1,0 und die auf die übrigen Schulformen bezogenen Lehrkräftesollstunden mit dem Faktor 0,67 zu berücksichtigen. Die sich ergebende Unterrichtsverpflichtung vermindert sich um drei Unterrichtsstunden.
[2] Die Unterrichtsverpflichtung vermindert sich bei der Leitung eines Förderzentrums um drei Stunden.
[3] Lehrkräftesollstunden sind die der Schule zugewiesenen Lehrerstunden und die zugewiesenen Stunden für den Zusatzbedarf (Runderlass des Kultusministeriums vom 7. Juli 2011, SVBl. S. 268).
[4] Steht einer Schule mit mindestens 150 Lehrkräftesollstunden ein Amt der ständigen Vertreterin oder des ständigen Vertreters nicht zur Verfügung, so vermindert sich die Unterrichtsverpflichtung um eine Stunde.
[5] Die Unterrichtsverpflichtung vermindert sich an Ganztagsschulen um eine Stunde.
[6] Die Unterrichtsverpflichtung vermindert sich an Ganztagsschulen um 0,5 Stunden.

I.5.1 Arbeitszeit Schule (Nds. ArbZVO-Schule) — Anlage 2

9. Berufsbildende Schule

Lehrkräftesollstunden[1])	Unterrichtsverpflichtung in Unterrichtsstunden[2])
bis unter 240	16,5
240 bis unter 265	16,0
265 bis unter 290	15,5
290 bis unter 315	15,0
315 bis unter 340	14,5
340 bis unter 365	14,0
365 bis unter 390	13,5
390 bis unter 415	13,0
415 bis unter 440	12,5
440 bis unter 465	12,0
465 bis unter 490	11,5
490 bis unter 515	11,0
515 bis unter 540	10,5
540 bis unter 565	10,0
565 bis unter 590	9,5
590 bis unter 615	9,0
615 bis unter 640	8,5
640 bis unter 665	8,0
665 bis unter 765	7,5
765 bis unter 865	7,0
865 bis unter 965	6,5
965 bis unter 1065	6,0
1065 bis unter 1165	5,5
1165 bis unter 1265	5,0
1265 bis unter 1365	4,5
1365 bis unter 1465	4,0
1465 bis unter 1565	3,5
1565 bis unter 1665	3,0
1665 bis unter 1765	2,5
1765 bis unter 1865	2,0
1865 bis unter 1965	1,5
1965 bis unter 2065	1,0
2065 bis unter 2165	0,5
ab 2165	0,0

[1]) Die Lehrkräftesollstunden ergeben sich aus den nach dem Runderlass des Kultusministeriums vom 10. Juni 2009 (Nds. MBl. S. 538, SVBl. S. 238), geändert durch Runderlass vom 5. Oktober 2011 (Nds. MBl. S. 691, SVBl. S. 428), berechneten Lehrkräftesollstunden-Budgets.
[2]) Steht einer Schule mit mindestens 150 Lehrkräftesollstunden ein Amt der ständigen Vertreterin oder des ständigen Vertreters nicht zur Verfügung, so vermindert sich die Unterrichtsverpflichtung um eine Stunde.

Anlage 3　　　　Arbeitszeit Schule (Nds. ArbZVO-Schule) **I.5.1**

Anlage 3
(zu § 12 Abs. 5)

Anrechnungen für die Wahrnehmung von Aufgaben im Rahmen der Eigenverantwortlichkeit der Schule

1. Lehrkräftesollstunden[1]) der Schule

Lehrkräftesollstunden der Schule	Anrechnungsstunden je Schule
bis unter 500	1
500 bis unter 1000	2
1000 bis unter 1500	3
ab 1500	4

2. An Gymnasien, Abendgymnasien, Kollegs, Gesamtschulen und berufsbildenden Schulen wird eine weitere Anrechnungsstunde gewährt. Dies gilt auch für Grundschulen, Hauptschulen, Realschulen, Oberschulen und Förderschulen mit mindestens 500 Lehrkräftesollstunden.

3. An Grundschulen, Hauptschulen, Realschulen, Oberschulen und Förderschulen, die eine ständige pädagogische und organisatorische Zusammenarbeit vereinbart (§ 25 Abs. 1 NSchG) und insgesamt mehr als 500 Lehrkräftesollstunden haben, können insgesamt zwei weitere Anrechnungsstunden gewährt werden. Ist an der Zusammenarbeit eine Schule beteiligt, die weniger als 500 Lehrkräftesollstunden hat, so kann eine weitere Anrechnungsstunde gewährt werden.

[1]) Bei den allgemein bildenden Schulen sind die Lehrkräftesollstunden die der Schule zugewiesenen Lehrerstunden und die zugewiesenen Stunden für den Zusatzbedarf (Runderlass des Kultusministeriums vom 7. Juli 2011, SVBl. S. 268). Für die berufsbildenden Schulen ergeben sich die Lehrkräftesollstunden aus den nach dem Runderlass des Kultusministeriums vom 10. Juni 2009 (Nds. MBl. S. 538, SVBl. S. 238), geändert durch Runderlass vom 5. Oktober 2011 (Nds. MBl. S. 691, SVBl. S. 428), berechneten Lehrkräftesollstunden-Budgets.

I.5.1 Arbeitszeit Schule (Nds. ArbZVO-Schule) — Anlage 4

Anlage 4
(zu § 14 Abs. 1)

Anrechnungen für besondere Belastungen

Schulform	Schulbereich	Faktor
1	2	3
Berufsbildende Schulen	Sekundarbereich II	1,15
Gymnasien, Kollegs und Berufliche Gymnasien	Sekundarbereich II	2,0
	Sekundarbereich I	0,5
Abendgymnasien	Sekundarbereich II	3,5
Integrierte Gesamtschulen	Sekundarbereich II	2,0
	Sekundarbereich I	0,7
Kooperative Gesamtschulen	Sekundarbereich II	2,0
	Hauptschulzweig	0,7
	Realschulzweig	0,5
	Gymnasialzweig im Sekundarbereich I	0,5
Oberschulen	Sekundarbereich II	2,0
	Sekundarbereich I	0,6
Realschulen	Sekundarbereich I	0,5
Hauptschulen	Sekundarbereich I	0,7
Förderschulen	Sekundarbereich I	0,5
	Primarbereich	0,5
Grundschulen	Primarbereich	0,3

Verordnung über die Arbeitszeit der Beamtinnen und Beamten des Feuerwehrdienstes der Gemeinden und Landkreise (ArbZVO-Feu)

Vom 10. Juli 2007 (Nds. GVBl. S. 296)

Zuletzt geändert durch
Verordnung zur Änderung der Verordnung über die Arbeitszeit
der Beamtinnen und Beamten des Feuerwehrdienstes der Gemeinden und Landkreise
vom 31. Januar 2014 (Nds. GVBl. S. 52)

Aufgrund des § 80 Abs. 9 des Niedersächsischen Beamtengesetzes in der Fassung vom 19. Februar 2001 (Nds. GVBl. S. 33), zuletzt geändert durch Artikel 6 des Gesetzes vom 15. Dezember 2006 (Nds. GVBl. S. 597), in Verbindung mit § 11 der Niedersächsischen Verordnung über die Arbeitszeit der Beamtinnen und Beamten vom 6. Dezember 1996 (Nds. GVBl. S. 476), geändert durch Artikel 1 der Verordnung vom 21. Januar 1999 (Nds. GVBl. S. 18) wird verordnet:

§ 1 Geltungsbereich

(1) Diese Verordnung gilt für die Beamtinnen und Beamten des Feuerwehrdienstes, deren Dienst aus Arbeitsdienst und Bereitschaftsdienst besteht.

(2) Für die anderen Beamtinnen und Beamten des Feuerwehrdienstes gilt die Niedersächsische Verordnung über die Arbeitszeit der Beamtinnen und Beamten (Nds. ArbZVO).

§ 2 Wöchentliche Arbeitszeit

(1) Die regelmäßige wöchentliche Arbeitszeit beträgt in einem Zeitraum von vier Monaten durchschnittlich 48 Stunden.

(2) Alle Tage sind Arbeitstage

(3) Für jeden staatlich anerkannten Feiertag sowie den 24. und den 31. Dezember vermindert sich die Arbeitszeit um ein Siebentel der durchschnittlichen wöchentlichen Arbeitszeit.

(4) Die oberste Dienstbehörde oder die von ihr bestimmte Stelle kann die regelmäßige wöchentliche Arbeitszeit abweichend von Absatz 1 unter Berücksichtigung der tatsächlichen Belastung um höchstens sieben Stunden verringern, wenn die dienstlichen Verhältnisse es erfordern und der Anteil des Arbeitsdienstes an der Gesamtstundenzahl entsprechend erhöht wird.

§ 3 Tägliche Arbeitszeit

Der tägliche Arbeitsdienst soll acht Stunden nicht überschreiten.

§ 4 Pausen und Ruhezeiten, Freistellungstag

(1) Für die Gewährung von Pausen in der Arbeitszeit außerhalb des Bereitschaftsdienstes gilt § 5 Abs. 1 und 2 Nds. ArbZVO entsprechend.

(2) Innerhalb eines 24-Stunden-Zeitraumes beträgt die ununterbrochene Ruhezeit mindestens elf Stunden.

(3) Innerhalb eines Zeitraumes von sieben Tagen soll eine Ruhezeit von zusammenhängend 24 Stunden gewährt werden.

(4) Von den Absätzen 1 bis 3 kann bei Gewährung gleichwertiger Ausgleichsruhezeiten abgewichen werden sowie in Ausnahmefällen, in denen die Gewährung solcher gleichwertiger Ausgleichszeiten aus objektiven Gründen nicht möglich ist, wenn die Beamtin oder der Beamte einen anderweitigen angemessenen Schutz erhält.

(5) § 6 Nds. ArbZVO gilt entsprechend.

§ 5 Verlängerung der regelmäßigen wöchentlichen Arbeitszeit

(1) ₁Die individuelle regelmäßige wöchentliche Arbeitszeit kann unter Beachtung der Grundsätze der Sicherheit und des Gesundheitsschutzes abgewichen von § 2 Abs. 1 auf höchstens 56 Stunden verlängert werden, wenn die Beamtin oder der Beamte schriftlich

I.5.2 Arbeitszeit Feuerwehr (ArbZVO-Feu) § 6

eingewilligt hat. ₂Beamtinnen und Beamten, die in eine Verlängerung der Arbeitszeit nach Satz 1 nicht einwilligen oder ihre Einwilligung widerrufen, dürfen daraus keine Nachteile entstehen.

(2) Die Dienststelle führt Listen über alle Beamtinnen und Beamten, die ihre Einwilligung nach Absatz 1 Satz 1 erklärt haben.

(3) ₁Die Einwilligung nach Absatz 1 Satz 1 kann aus wichtigem Grund zum Monatsende mit einwöchiger Frist und zum Ablauf eines Kalenderjahres mit einer Frist von drei Monaten widerrufen werden. ₂Die Beamtin oder der Beamte ist auf die Widerrufsmöglichkeiten schriftlich hinzuweisen.

§ 6 Inkrafttreten

(1) Diese Verordnung tritt am Tag nach ihrer Verkündung in Kraft.

(2) Gleichzeitig tritt die Verordnung über die Arbeitszeit der Beamtinnen und Beamten des Feuerwehrdienstes der Gemeinden und Landkreise vom 13. Februar 1997 (Nds. GVBl. S. 60) außer Kraft.

Der Tag der Verkündung war der 12. Juli 2007.

Vereinbarung über die Grundsätze für die gleitende Arbeitszeit in der niedersächsischen Landesverwaltung (Gleitzeitvereinbarung)

in der Fassung der Bekanntmachung
vom 23. April 1999 (Nds. MBl. S. 194)

Inhaltsübersicht

I. Grundsätzliches

1. Leitsätze
2. Geltungsbereich
3. Arbeitsschutzbestimmungen

II. Allgemeine Regelungen für die gleitende Arbeitszeit

4. Eigenverantwortlichkeit der Beschäftigten, Wahlmöglichkeit
5. Ausgenommener Personenkreis
6. Arbeitszeitrahmen
7. Kernzeiten
8. Pausen
9. Funktionszeiten
10. Sollarbeitszeit
11. Zeitguthaben und Minderzeiten; Nichtberücksichtigung von Pausen sowie von Arbeitszeiten über zwölf Stunden
12. Mehrarbeit, Überstunden
13. Zeitausgleich
14. Besonderer Zeitausgleich bei vorübergehender Arbeitszeitverlängerung oder -verkürzung
15. Arbeitszeiterfassung
16. Abwesenheit aus dienstlichen Gründen
17. Abwesenheit aus außerdienstlichen Gründen

III. Schlussbestimmungen

18. Experimentierklausel
19. Kündigung

I.5.3 Gleitzeitvereinbarung

I. Grundsätzliches

1. Leitsätze

(1) Diese Rahmenvereinbarung verfolgt das gemeinsame Anliegen, den sich abzeichnenden Veränderungen und den Anforderungen an eine moderne Verwaltung durch eine stärkere Flexibilisierung der Arbeitszeit besser als bisher gerecht zu werden. Sie soll die Grundlage für die neue Arbeitszeitregelung bilden, die die berechtigten Interessen von Bürgern, Dienststellen und Beschäftigten ausgewogen berücksichtigen.

(2) Neue Arbeitszeitregelungen, die von den Dienststellen im Zusammenwirken mit Personalräten, Schwerbehindertenvertretungen und Frauenbeauftragten ausgestaltet werden, sollen auch zur Motivationssteigerung der Beschäftigten beitragen.

(3) Sie sollen den Entscheidungsspielraum der Dienststellen und die Möglichkeiten der Beschäftigten zur Mitgestaltung der eigenen Arbeitszeit und damit der besseren Vereinbarkeit von Arbeitszeit und Freizeit sowie von Familie und Beruf erweitern. Die größeren individuellen Gestaltungsmöglichkeiten bedingen einen verantwortungsbewussten Umgang mit den neuen Bestimmungen.

(4) Regelungen aufgrund dieser Rahmenvereinbarung sollen sicherstellen, dass die Dienstleistungsqualität der direkt oder indirekt betroffenen oder beteiligten Dienststellen nicht beeinträchtigt wird, insbesondere dass

- eine ausreichende Anzahl von Beschäftigten anwesend ist, die die notwendige Dienstleistung sicherstellt,
- die behördeninterne oder -übergreifende Kommunikation in erforderlichem Umfang gewährleistet ist,
- Bearbeitungszeiten möglichst reduziert werden,
- je nach Erfordernis unter Nutzung technischer Einrichtungen (z. B. Rufumleitung, Anrufbeantworter) möglichst die gewünschte oder eine andere kompetente Ansprechperson erreicht wird, sachdienliche Hinweise gegeben werden oder zumindest eine Nachricht hinterlassen werden kann.

(5) Im Rahmen der Vereinbarung von Funktionszeiten sollen auch die Möglichkeiten eröffnet werden, zur Effektivitäts- und Effizienzgewährleistung oder -verbesserung Qualitätsstandards für die Dienstleistung zu definieren und schriftlich festzulegen, insbesondere

- kurze und verbindliche Bearbeitungszeiten,
- umfassenden Informationsservice,
- niedrige Fehlerquote,
- Nachfrageorientierung,
- Kundenfreundlichkeit.

2. Geltungsbereich

(1) Diese Vereinbarung enthält allgemeine Regelungen über die gleitende Arbeitszeit und richtet sich an die Dienststellen der niedersächsischen Landesverwaltung, die die gleitende Arbeitszeit eingeführt haben oder einführen wollen.

(2) Die Vereinbarung soll den Rahmen vorgeben, in dem die Dienststellen mit den zuständigen Personalräten den örtlichen Verhältnissen angepasste Regelungen zur gleitenden Arbeitszeit schaffen können, insbesondere durch den Abschluss von Dienstvereinbarungen.

(3) Die jeweils übergeordneten Dienstbehörden können im Rahmen dieser Vereinbarung für ihren gesamten Geschäftsbereich oder für Teile ihres Geschäftsbereichs ergänzende allgemeine Regelungen erlassen oder anstelle der in Absatz 2 genannten Dienststellen verbindliche Gleitzeitregelungen treffen; hierbei sind die Beteiligungsrechte der zuständigen Personalvertretungen zu beachten (vgl. § 66 Nr. 1, § 75 Nr. 15 NPersVG).

(4) Für alle Beschäftigten sollen möglichst einheitliche Arbeitszeitregelungen vereinbart werden. Es sollte daher von der in § 19 des Arbeitszeitgesetzes eröffneten Möglichkeit Gebrauch gemacht werden, die für Beamtinnen und Beamte geltenden Bestimmungen auf Arbeitnehmerinnen und Arbeitnehmer zu übertragen.

Gleitzeitvereinbarung **I.5.3**

3. Arbeitsschutzbestimmungen

(1) Die Arbeitsschutzbestimmungen (z. B. Niedersächsische Verordnung über die Arbeitszeit der Beamtinnen und Beamten – Nds. Arb-ZVO –, Arbeitszeitgesetz, Jugendarbeitsschutzgesetz, Mutterschutzgesetz, Schwerbehindertengesetz) und das Niedersächsische Gleichberechtigungsgesetz bleiben unberührt.

(2) Die Dienststellen und die Beschäftigten sind aufgefordert, diese Bestimmungen zu beachten.

II. Allgemeine Regelungen für die gleitende Arbeitszeit

4. Eigenverantwortlichkeit der Beschäftigten, Wahlmöglichkeit

(1) Auf die Einhaltung der gesetzlich oder tariflich festgelegten Arbeitszeit haben die Beschäftigten zu achten.

(2) Im Rahmen der festgelegten Gleitzeit bestimmen die Beschäftigten Beginn und Ende der täglichen Arbeitszeit und der Pausen unter Beachtung der dienstlichen Erfordernisse und der festgesetzten Kernzeit sowie einer ggf. eingeführten Funktionszeit selbst.

(3) In unvorhersehbaren Fällen kann die oder der Vorgesetzte von Absatz 2 abweichende Anordnungen treffen, soweit und solange zwingende dienstliche Gründe es rechtfertigen. Dabei darf auch der in Nr. 6 genannte Arbeitszeitrahmen überschritten werden.

5. Ausgenommener Personenkreis

In den Gleitzeitregelungen ist anzugeben, welche Beschäftigten oder Beschäftigtengruppen von der Teilnahme an der gleitenden Arbeitszeit vollständig oder teilweise ausgenommen sind.

6. Arbeitszeitrahmen

Der Beginn der Gleitzeit darf frühestens auf 6.00 Uhr, das Ende spätestens auf 20.00 Uhr festgesetzt werden. Wenn die Art der wahrzunehmenden Aufgaben es erfordert, sind abweichende Festlegungen zulässig.

7. Kernzeiten

(1) In den Gleitzeitregelungen für Vollzeitbeschäftigte sind folgende Pflichtanwesenheitszeiten (Kernzeiten) vorzusehen:

a) montags bis donnerstags von 9.00 Uhr bis 12.00 Uhr und von 14.00 Uhr bis 15.30 Uhr,

b) freitags, an Arbeitstagen vor Feiertagen und vor dem 24. und 31. Dezember von 9.00 Uhr bis 12.00 Uhr.

In den Monaten Juni bis August kann das Kernzeitende abweichend von Satz 1 Buchst. a auf 15.00 Uhr festgesetzt werden, wenn dies ohne wesentliche Beeinträchtigung des Dienstbetriebes möglich ist.

(2) Soweit es der Dienstbetrieb einer Dienststelle erfordert, können Beginn und Ende der Kernzeiten verlegt werden, wobei die Summe der Kernzeitstunden erhalten bleiben muss.

(3) Für Teilzeitbeschäftigte ist für jeden der für sie festgelegten Arbeitstage die Kernzeit in der Weise festzusetzen, dass zumindest in Teilen Übereinstimmung mit den nach Absatz 1 vorgesehenen Kernzeiten besteht. Ist für Teilzeitbeschäftigte eine ungleichmäßige Verteilung der Arbeitszeit in der Weise vorgesehen, dass sie an einzelnen Wochentagen wie Vollzeitbeschäftigte arbeiten, so ist für diese Tage die für Vollzeitbeschäftigte geltende Kernzeit maßgebend.

(4) Die Dienststelle kann abweichende Kernzeiten aus persönlichen Gründen zur Vermeidung besonderer Härten im Einzelfall festsetzen. In begründeten Ausnahmefällen können die Kernzeiten mit Zustimmung der oder des Vorgesetzten ohne Anrechnung auf die Arbeitszeit unterbrochen werden. Wird ein Dienstleistungsabend angeboten, ist für die davon betroffenen Beschäftigten eine besondere Arbeitszeitregelung zu treffen. Dabei kann vorgesehen werden, dass die vormittägliche Kernzeit am Tage des Dienstleistungsabends oder an dem darauf folgenden Tag ganz oder teilweise entfällt.

8. Pausen

Zwischen 12.00 Uhr und 14.00 Uhr ist Zeit für eine Pause von mindestens 30 Minuten vorzusehen. Zusätzlich sind außerhalb der Kernzeiten weitere Pausen zur Wahrnehmung privater Erledigungen zulässig. Abweichend von Satz 1 kann der Pausenzeitraum bei Festlegung der Kernzeiten gemäß Nr. 7 Abs. 1 Satz 2 und Abs. 2 entsprechend angepasst werden. Die Notwendigkeit der Zeiterfassung bestimmt sich nach Nr. 15 Abs. 3.

9. Funktionszeiten

(1) Anstelle von Kernzeiten – und bei dienstlichem Bedarf auch am Freitagnachmittag, vor Feiertagen und vor dem 24. und 31. Dezember – können unter Berücksichtigung dienstlicher Belange Funktionszeiten vorgesehen werden. Von der Festlegung vormittäglicher oder ganztägiger Funktionszeiten ist die oberste Dienstbehörde zu unterrichten. Funktionszeiten können auch für einzelne Organisationseinheiten oder Arbeitsgruppen einer Dienststelle und auch nur für bestimmte Wochentage vereinbart werden. Während der Funktionszeit hat die jeweilige Organisationseinheit oder die Arbeitsgruppe – orientiert an der Aufgabenstellung – durch Absprache zu gewährleisten, dass eine angemessene Dienstleistungsfähigkeit (vgl. Nr. 1 Abs. 4) sichergestellt ist.

(2) Funktionszeiten müssen mindestens die Kernzeiten abdecken. Abweichend von der Kernzeit ist es nicht erforderlich, dass während der Funktionszeit stets sämtliche Beschäftigte anwesend sind.

(3) In den Gleitzeitregelungen ist vorzusehen, dass die zuständigen Vorgesetzten berechtigt sind, bis zu einer ergänzenden Vereinbarung der Personalvertretung vorübergehend Regelungen zu treffen, wenn notwendige Dienstleistungsstandards nicht erreicht werden.

(4) Sind Funktionszeiten vereinbart, die mindestens die Standards nach Nr. 1 Abs. 5 berücksichtigen, so können von den Nrn. 6, 8, 13 und 15 dieser Gleitzeitvereinbarung abweichende Regelungen getroffen werden. Die oberste Dienstbehörde ist davon zu unterrichten.

10. Sollarbeitszeit

(1) Die Sollarbeitszeit, die der Arbeitszeitberechnung zugrunde zu legen ist, beträgt für Vollzeitbeschäftigte täglich ein Fünftel ihrer regelmäßigen wöchentlichen Arbeitszeit.

(2) Für Teilzeitbeschäftigte, deren ermäßigte Arbeitszeit gleichmäßig auf die Arbeitstage der Woche verteilt wird, gilt Absatz 1 entsprechend. Bei ungleichmäßiger Verteilung auf die Arbeitstage der Woche ist bei der Ermittlung von Zeitguthaben oder Minderzeiten (vgl. Nr. 11) von der ermäßigten regelmäßigen wöchentlichen Arbeitszeit auszugehen, die sich ggf. für gesetzlich anerkannte Wochenfeiertage auf die darauf entfallende Zeit vermindert (§ 2 Abs. 1 Satz 2 Nds. ArbZVO). Im Überblick gilt als tägliche Sollarbeitszeit die für jeden Tag festgelegte Arbeitszeit.

11. Zeitguthaben und Minderzeiten; Nichtberücksichtigung von Pausen sowie von Arbeitszeiten über zwölf Stunden

(1) Zeitguthaben oder Minderzeiten, die sich nach Maßgabe der Arbeitszeitberechnung nach Nr. 10 am Ende eines Kalendervierteljahres ergeben, sind im Rahmen der nachstehenden Absätze in das folgende Kalendervierteljahr zu übernehmen.

(2) Minderzeiten dürfen am Ende des Kalendervierteljahres höchstens 10 Stunden betragen. Für Vollzeitbeschäftigte kann vorgesehen werden, dass nach vorheriger Zustimmung der oder des zuständigen Vorgesetzten die Zulässigkeit der Minderzeiten für ein Kalendervierteljahr auf 20 Stunden ausgedehnt werden darf.

(3) Zeitguthaben dürfen am Ende des Kalendervierteljahres höchstens mit 20 Stunden übernommen werden. Es kann vorgesehen werden, dass im dienstlichen Interesse nach vorheriger Entscheidung der oder des zuständigen Vorgesetzten bis zu 40 und nach vorheriger Entscheidung der Dienststelle höchstens bis zu 60 Stunden Zeitguthaben in den oder die folgenden Monate übertragen werden können. Mit der Entscheidung sind die Kalendermonate, in die ein höheres Zeit-

Gleitzeitvereinbarung I.5.3

guthaben übertragen werden darf, zu benennen.

(4) Zeitguthaben von mehr als 20 Stunden sollen spätestens im sechsten Monat, der auf das Ende des Kalendervierteljahres folgt, in dem das 20 Stunden überschreitende Zeitguthaben erarbeitet wurde, auf mindestens 20 Stunden zurückgeführt sein. Ist absehbar, dass wegen zwingender dienstlicher Verhältnisse ein Zeitausgleich nicht möglich sein könnte, so ist die Anordnung von Mehrarbeit oder Überstunden zu prüfen.

(5) Für Teilzeitbeschäftigte können Dienstvereinbarungen andere Begrenzungen vorsehen, die aber nicht die für Vollzeitbeschäftigte in den Absätzen 3 und 4 angegebenen überschreiten dürfen.

(6) Arbeitszeiten, die die tägliche Höchstarbeitszeit von 12 Stunden (§ 4 Nds. ArbZVO) überschreiten, dürfen nicht als Arbeitszeit berücksichtigt werden. Die nach § 5 Abs. 2 Satz 1 Nds. ArbZVO vorgeschriebene Mindestpause von 30 Minuten gilt auch dann nicht als Arbeitszeit, wenn sie nicht in Anspruch genommen wird. Liegt ein Ausnahmefall des § 9 Abs. 3 Nds. ArbZVO vor, wird auch eine Anrechnung als Arbeitszeit vorgenommen.

12. Mehrarbeit, Überstunden

Mehrzeiten infolge angeordneter Mehrarbeit oder Überstunden sind von entstehendem Zeitguthaben im Rahmen der gleitenden Arbeitszeit zu unterscheiden. Sie sind bei der Zeiterfassung gesondert auszuweisen. Mit Zustimmung der oder des zuständigen Vorgesetzten darf zu ihrem Ausgleich über die in Nr. 13 enthaltenen Vorgaben hinaus Kernzeit genutzt werden.

13. Zeitausgleich

(1) Vollzeitbeschäftigte und Teilzeitbeschäftigte mit vor- und nachmittäglicher Kernzeit können zum Zeitausgleich nach Maßgabe der dienstlichen Erfordernisse mit Zustimmung der oder des Vorgesetzten innerhalb eines Kalendermonats einmal die Kernzeit eines ganzen Tages oder die Kernzeit von zwei halben Tagen (Gleittage) nutzen. Teilzeitbeschäftigte mit Vormittags- oder Nachmittagskernzeit können die Kernzeiten von zwei Tagen in Anspruch nehmen. Die Gleittage können bis zu drei ganzen Tagen im Kalendervierteljahr zusammengefasst werden. Bei Vereinbarung von Funktionszeiten wird analog verfahren.

(2) Ist nach Nr. 11 Abs. 3 ein erweitertes Zeitguthaben übernommen worden, so gilt Folgendes:

a) Hat die oder der Vorgesetzte die Erlaubnis gegeben, so können die in Absatz 1 angeführten Kernzeiten in doppeltem Umfang genutzt werden.

b) Hat die Dienststelle entschieden, so kann sie ohne Bindung an Absatz 1 und Absatz 2 Buchst. a für den jeweiligen Einzelfall Regelungen zum Zeitausgleich treffen.

(3) Sofern mindestens ein Kind unter 12 Jahren oder nach ärztlichem Gutachten pflegebedürftige Angehörige tatsächlich betreut oder gepflegt werden, können die Regelungen des Absatzes 1 in doppeltem Umfang in Anspruch genommen werden.

14. Besonderer Zeitausgleich bei vorübergehender Arbeitszeitverlängerung oder -verkürzung

Wird eine vorübergehende Arbeitszeitverlängerung oder -verkürzung entsprechend § 9 Abs. 1 Nr. 3 Nds. ArbZVO vereinbart, so gelten die dort genannten besonderen Ausgleichsregelungen.

15. Arbeitszeiterfassung

(1) Die Arbeitszeit ist grundsätzlich durch Zeiterfassungsgeräte, die eine Stunde mindestens in 10 Zeiteinheiten aufteilen müssen, zu erfassen. Erfassungszeitraum ist das Kalendervierteljahr.

(2) Von der Verwendung von Zeiterfassungsgeräten kann nur abgesehen und stattdessen eine manuelle Arbeitszeiterfassung vorgesehen werden, wenn in der Dienststelle oder in den – von der Hauptdienststelle räumlich getrennten – Dienststellenteilen oder Nebenstellen weniger als 50 Beschäftigte an der gleitenden Arbeitszeit teilnehmen; das Gleiche gilt, wenn in einem Behördenhaus, in

I.5.3 Gleitzeitvereinbarung

dem mehrere kleinere Dienststellen untergebracht sind, insgesamt weniger als 50 Beschäftigte das Zeiterfassungsgerät benutzen könnten.

(3) Die Beschäftigten haben aus folgenden Gründen das Zeiterfassungsgerät zu betätigen:

a) beim Betreten oder Verlassen des Dienstgebäudes anlässlich
   – eines Arbeitsbeginns,
   – des Arbeitsendes,
   – einer Pause (Nr. 8);
b) innerhalb des Dienstgebäudes, wenn eine dort befindliche Kantine oder sonstige Sozialeinrichtung für eine Mittagspause von mehr als 30 Minuten aufgesucht werden soll. Ergibt sich nachträglich eine über 30-minütige Mittagspause, ist die Pausenzeit manuell zu erfassen.

Unter Berücksichtigung der örtlichen und technischen Gegebenheiten können zusätzliche Zeiterfassungen vorgesehen werden.

(4) Bei manueller Arbeitszeiterfassung ist entsprechend zu verfahren.

(5) Arbeit an dienst- oder arbeitsfreien Tagen und nach 20.00 Uhr ist nur bei vorheriger Entscheidung der Dienststelle zu erfassen und als Arbeitszeit zu werten.

16. Abwesenheit aus dienstlichen Gründen

(1) Wird der Dienst außerhalb des Dienstgebäudes begonnen oder beendet, so wird die dienstlich begründete Abwesenheit als Arbeitszeit gewertet. Dabei bleibt die Zeit außerhalb der festgelegten Gleitzeit außer Betracht; Nr. 11 Abs. 6 Satz 2 gilt entsprechend. Das Gleiche gilt, wenn Beschäftigte weder vor noch nach der Abwesenheit im Dienstgebäude tätig waren. Insgesamt dürfen höchstens 12 Stunden als Arbeitszeit gewertet werden.

(2) Bei mehrtägigen Dienstreisen ist für den An- und Abreisetag nach Absatz 1 zu verfahren. An den übrigen Tagen gilt die Sollarbeitszeit als Arbeitszeit, bei Teilzeitbeschäftigten darüber hinaus die entsprechende Dauer der Dienstgeschäfte bis zur Sollarbeitszeit von Vollbeschäftigten. Abweichend von den Sätzen 1 und 2 kann für die Dienststellen oder Dienststellenteile generell vereinbart werden, dass für jeden Tag einer mehrtägigen Dienstreise die Zeiten der dienstlichen Inanspruchnahme am auswärtigen Geschäftsort als Arbeitszeit gelten, mindestens die Sollarbeitszeit; Reisezeiten bleiben als Arbeitszeit unberücksichtigt.

(3) Zeiten für Dienstgänge werden auf die Arbeitszeit angerechnet; dies gilt jedoch nicht für Wegezeiten von der Wohnung bis zur Aufnahme der Dienstgeschäfte an einer außerhalb der Dienststelle gelegenen Stelle sowie für Wegezeiten von der Beendigung der Dienstgeschäfte an einer außerhalb der Dienststelle gelegenen Stelle zur Wohnung.

(4) Nehmen Beschäftigte im dienstlichen Interesse mit Zustimmung des Dienstvorgesetzten an ganztägigen Fortbildungsveranstaltungen teil, so ist die jeweilige Sollarbeitszeit als Arbeitszeit zugrunde zu legen. Nehmen Teilzeitbeschäftigte an ganztägigen Fortbildungsveranstaltungen teil, so ist die für Vollzeitkräfte geltende Sollarbeitszeit als Arbeitszeit zu werten; für dadurch entstehende Zeitguthaben, die die nach Nr. 11 bestehenden Grenzen überschreiten, entscheidet die Dienststelle entsprechend Nr. 13 Abs. 2 Buchst. b i. V. m. Nr. 11 Abs. 4. Die Regelungen des Absatzes 2 Sätze 1 und 3 finden keine Anwendung.

17. Abwesenheit aus außerdienstlichen Gründen

(1) Für private Erledigungen sind die sich aus der gleitenden Arbeitszeit ergebenden Gestaltungsmöglichkeiten (Gleitzeit, Zeitausgleich, Pausen) zu nutzen.

(2) Bei Urlaub, Krankheit, Kuren, ganztägigem Sonderurlaub, ganztägiger Dienst- oder Arbeitsbefreiung ist zur Arbeitszeitberechnung die für den jeweiligen Tag geltende Sollarbeitszeit zugrunde zu legen. Entsprechendes gilt bei verspäteter Aufnahme oder vorzeitiger Beendigung des Dienstes wegen akuter Erkrankung.

(3) Eine Abwesenheit wegen Kurzurlaub oder Arbeitsbefreiung an Teilen eines Arbeitstages

darf nur die versäumte Kernzeit als Arbeitszeit angerechnet werden. Bei Urlaub für halbe Tage nach § 3 Absatz 1 Satz 1 Ziffer 3 i. V. m. Satz 2 Nds. SUrlVO ist die Hälfte der Sollarbeitszeit als Arbeitszeit anzurechnen.

(4) Wenn bei medizinischen Behandlungen den aus Absatz 1 folgenden terminlichen Wünschen des Beschäftigten ärztlicherseits nicht nachgekommen werden kann, ist Kurzurlaub oder Arbeitsbefreiung während der Kernzeit zu erteilen.

(5) Zeiten der Wahrnehmung eines Mandats in einer kommunalen Vertretungskörperschaft oder der Erfüllung vorgehender gesetzlicher Verpflichtungen zwischen dem Beginn der vormittäglichen und dem Ende der nachmittäglichen Kernzeit sind als Arbeitszeit anzurechnen. Bei Vereinbarung von Funktionszeiten ist entsprechend zu verfahren.

(6) Bei Freistellung von der Dienst- oder Arbeitsleistung für Einsätze oder Ausbildungsveranstaltungen des Brand-, Katastrophen- und Zivilschutzes innerhalb des Arbeitszeitrahmens nach Nr. 6 ist die Dauer der notwendigen Abwesenheit als Arbeitszeit anzurechnen, höchstens jedoch im Umfang der jeweiligen täglichen Sollarbeitszeit.

III. Schlussbestimmungen

18. Experimentierklausel

(1) Zur Fortentwicklung anderer als nach dieser Vereinbarung vorgesehener oder zugelassener Arbeitszeitregelungen können die Dienststellen mit ihren Personalvertretungen eine abweichende Regelung treffen, die auf eine Dauer von längstens $1\frac{1}{2}$ Jahren zu befristen ist. Bei In-Kraft-Treten dieser Gleitzeitvereinbarung noch nicht abgeschlossene Modellvorhaben können mit Zustimmung des Innenministeriums fortgesetzt werden.

(2) Die abweichende Regelung nach Absatz 1 Satz 1 ist der obersten Dienstbehörde vor Abschluss der Vereinbarung mitzuteilen. Das Innenministerium ist zu unterrichten. Es wird die Vertragspartner dieser Rahmenvereinbarung umgehend informieren und zu gegebener Zeit Verhandlungen darüber aufnehmen, ob das Ergebnis der Ausnahmeregelung in die Rahmenvereinbarung übernommen werden sollte. Auf Antrag der obersten Dienstbehörde kann das Innenministerium bis zum Abschluss der Verhandlungen die abweichende Regelung verlängern.

19. Kündigung

Diese Gleitzeitvereinbarung kann von jedem der Vertragspartner mit einer Frist von drei Monaten zum Ende eines jeden Kalenderjahres gekündigt werden. Das Aufhebungsrecht der Landesregierung nach § 81 Absatz 4 NPersVG bleibt hiervon unberührt.

I.6 Altersteilzeit

Merkblatt über Altersteilzeit für Beamtinnen und Beamte, die nach dem 31. 12. 2011 beginnt
Vom 1. Juli 2021

Das Merkblatt wird von dem Landesbetrieb IT.Niedersachsen – Geschäftsstelle Braunschweig – in Abstimmung mit dem Ministerium für Inneres und Sport und dem Finanzministerium herausgegeben und enthält eine zusammenfassende Information über Altersteilzeit für Beamtinnen und Beamte zum Stand 01. 07. 2021. Es ist ein Informationsmittel im Sinne des § 66 NBG und § 6 Abs. 2 NGG. Weil nicht alle Detailfragen in dem Merkblatt behandelt werden können und die Rechtsvorschriften Änderungen unterworfen sind, kann es das Studium der Rechtsvorschriften jedoch nicht ersetzen. Im Hinblick auf die Besonderheiten des **Schuldienstes** wird für Lehrkräfte ein **gesondertes Merkblatt** bereitgehalten.

1. Allgemeines
1.1 Rechtsgrundlage und Voraussetzungen

Nach § 63 NBG kann Beamtinnen und Beamten mit Dienstbezügen Altersteilzeit unter den folgenden Voraussetzungen bewilligt werden:

– Altersteilzeit kann **ab Vollendung des 60. Lebensjahres** gewährt werden.

– Sie muss sich **bis zum Beginn des Ruhestandes** erstrecken, sodass ein Altersurlaub (§ 64 Abs. 1 Nr. 2 NBG) im Anschluss an die Altersteilzeit nicht in Betracht kommt.

– Sie erfordert eine **Reduzierung der Arbeitszeit auf 60 vom Hundert (v. H.)** der bisherigen Arbeitszeit.

– Der Altersteilzeit dürfen **keine dringenden dienstlichen Belange** entgegenstehen.

Antragsberechtigt sind nicht nur vollzeitbeschäftigte, sondern auch **teilzeitbeschäftigte** und **begrenzt dienstfähige** Beamtinnen und Beamte.

Die Regelung ist als **Ermessensnorm** ausgestaltet. Einen Rechtsanspruch auf Altersteilzeit gibt es nicht.

Die Dienstleistung ist durchgehend in **Teilzeitbeschäftigung** zu erbringen. Eine Bewilligung in Form eines Blockmodells, wie es die frühere Altersteilzeitregelung vorsah, ist nicht mehr möglich.

In Ausnahmefällen soll eine vorzeitige **Beendigung der Altersteilzeit** zugelassen werden, wenn die Altersteilzeit der Beamtin oder dem Beamten nicht mehr zugemutet werden kann und dienstliche Belange nicht entgegenstehen.

1.2 Umfang und Verteilung der Arbeitszeit

Der Umfang der Arbeitszeit ist bei Altersteilzeit auf 60 v. H. zu reduzieren. Abweichungen von diesem Umfang sind nicht zulässig. Bei Berechnung einer durchschnittlichen Arbeitszeit ist sie allerdings auf volle Minuten kaufmännisch zu runden.

Für die **Berechnung des Umfangs der Altersteilzeit** ist auszugehen von der

– **Arbeitszeit unmittelbar vor Beginn der Altersteilzeit,**
  – wenn sich in den letzten drei Jahren vor Beginn der Altersteilzeit keine Veränderungen bei der geleisteten Arbeitszeit ergeben haben oder
  – wenn die zuletzt festgesetzte Arbeitszeit geringer ist als die durchschnittliche Arbeitszeit der letzten drei Jahre.

– **durchschnittlichen Arbeitszeit der letzten drei Jahre,**
  – wenn die zuletzt festgesetzte Arbeitszeit höher ist als dieser Durchschnitt.

Der Beschäftigungsumfang **begrenzt Dienstfähiger** wird entsprechend ermittelt.

Bei Beamtinnen oder Beamten, die ihre Arbeitszeit nach der sog. **Freijahrsregelung** (§ 8a Nds. ArbZVO) verteilt haben, wird bei der Berechnung des Umfangs der Altersteilzeit die bewilligte Teilzeitbeschäftigung zu Grunde gelegt.

Altersteilzeit **I.6**

War die Beamtin oder der Beamte in den letzten drei Jahren vor Beginn der Altersteilzeit zeitweise unter Wegfall der Bezüge **beurlaubt** (nicht Erholungsurlaub), so werden diese Zeiten für die Berechnung des Beschäftigungsumfangs mit 0 Stunden berücksichtigt. Sofern die Berechnung von 60 v. H. der durchschnittlichen Arbeitszeit weniger als 25 v. H. ergibt, werden der Bewilligung in der Regel dringende dienstliche Belange entgegenstehen.

Ausnahmsweise können Zeiten von Beurlaubungen ohne Dienstbezüge berücksichtigt werden, wenn spätestens bei Beendigung der Beurlaubung schriftlich zugestanden wurde, dass diese öffentlichen Belangen oder dienstlichen Interessen dient.

Beispielfälle für die Berechnung des Umfangs der Altersteilzeitbeschäftigung

Beschäftigungsumfang in den letzten drei Jahren						Umfang der Altersteilzeit		Anmerkungen
1. Jahr		2. Jahr		3. Jahr				
Std.	%	Std.	%	Std.	%	Std.	%	
40	100	40	100	40	100	24	60	Durchgehende Vollzeitbeschäftigung; der Beschäftigungsumfang richtet sich nach der regelmäßigen Arbeitszeit
40	100	32	80	30	75	18	45	Beschäftigungsumfang bei Teilzeitbeschäftigung oder begrenzter Dienstfähigkeit, der sich nach der zuletzt festgesetzten Arbeitszeit richtet
30	75	20	50	40	100	18	45	Beschäftigungsumfang richtet sich nach der Durchschnittsberechnung, nicht nach der zuletzt festgesetzten Arbeitszeit
40	100	0	0	40	100	16	40	Beurlaubung (ohne Anerkennung dienstlicher Interessen oder öffentlicher Belange), die mit 0 einfließt; Beschäftigungsumfang richtet sich nach der Durchschnittsberechnung
0	0	20	50	25	62,5	9	22,5	Beurlaubung (ohne Anerkennung dienstlicher Interessen oder öffentlicher Belange) und Teilzeitbeschäftigung; Durchschnittsberechnung, bei der der Umfang der ATZ unter 25 % liegt

1.3 Antragsverfahren

Zur Vereinfachung des Antragsverfahrens wird in den Dienststellen ein **Antragsvordruck** bereitgehalten.

Im Interesse der Personalplanung sollten Anträge auf Altersteilzeit möglichst frühzeitig gestellt werden.

2. Auswirkung auf die Besoldung
2.1 Grundsatz

Ausgehend von einer bewilligten Teilzeitbeschäftigung mit 60 v. H. der für den Umfang der Altersteilzeit maßgeblichen Arbeitszeit (vgl. Nr. 1.2) stehen die Dienstbezüge gemäß § 11 Abs. 1 des Niedersächsischen Besoldungsgesetzes (NBesG) für die Dauer der Altersteilzeit nur anteilig zu. Dies gilt nach Maßgabe der spezialgesetzlichen Regelungen auch für die vermögenswirksamen Leistungen.

Nach § 11 Abs. 2 und 3 NBesG wird neben der anteiligen Besoldung ein nicht ruhegehaltfähiger Altersteilzeitzuschlag gezahlt, und zwar in Höhe des Unterschiedsbetrages zwischen der Nettobesoldung, die sich aus dem Umfang der Teilzeitbeschäftigung ergibt und 70 Prozent der Nettobesoldung, die nach der Ar-

I.6 Altersteilzeit

beitszeit zustände, die nach § 63 Abs. 1 Satz 2 NBG für den Umfang der Arbeitszeit während der Altersteilzeit maßgeblich ist (bei begrenzt Dienstfähigen unter Berücksichtigung des § 12 Abs. 1 NBesG).

Grundlage für die Ermittlung der Nettobesoldung sind die Bruttodienstbezüge (u. a. Grundgehalt, Familienzuschlag, Amts- und Stellenzulagen, jährliche Sonderzahlungen), jedoch ohne die vermögenswirksamen Leistungen. Diese Bruttobezüge werden vermindert um die gesetzliche Lohnsteuer entsprechend den auf der Lohnsteuerbescheinigung eingetragenen individuellen Besteuerungsmerkmalen, ggf. dem Solidaritätszuschlag und einen pauschalen Abzug in Höhe von acht Prozent der Lohnsteuer, der unabhängig von der Kirchenzugehörigkeit vorgenommen wird. Freibeträge und sonstige Merkmale werden bei der Berechnung der Nettobesoldung nicht berücksichtigt.

Die Nettobesoldung für 60 v. H. der für den Umfang der Altersteilzeit maßgeblichen Arbeitszeit ergibt sich aus der Teilzeit-Bruttobesoldung, vermindert um die **individuellen** gesetzlichen Abzüge. Hierbei werden Freibeträge berücksichtigt, nicht jedoch private Abzüge (z. B. Bausparbeiträge, Pfändungen, Mitgliedsbeiträge). Durch einen Freibetrag vermindert sich deshalb der Altersteilzeitzuschlag.

Beispiele für die Berechnung der monatlichen Altersteilzeitbezüge
Stand 01. 03. 2021
(jeweils Endstufe, verheiratet ohne Kinder, Steuerklasse III, keine Freibeträge, Kirchensteuerpflicht, vermögenswirksame Leistung – alle Beträge in Euro)

Besoldungsgruppe	A 8	A 12	A 15
I. Zuschlagsberechnung			
Bruttobesoldung (Vollzeit)[1]	3501,61	5169,87	6998,91
./. Lohnsteuer	334,00	798,33	1387,50
./. Solidaritätszuschlag	–	–	–
./. Pauschalabzug (8 Prozent der Lohnsteuer)	26,72	63,86	111,00
= Fiktive Nettobesoldung (Vollzeit)	3140,89	4307,68	5500,41
davon **70 Prozent** (obere Bemessungsgrundlage)	**2198,62**	**3015,38**	**3850,29**
./. Teilzeit-Nettobesoldung (Teilzeit 60 v. H.)[2]	2078,27	2847,79	3632,93
steuerfreier Zuschlag	**120,35**	**167,59**	**217,36**
II. Bezügeberechnung			
Bruttobesoldung (Vollzeit)[3]	3508,26	5167,52	7005,56
Teilzeit-Bruttobesoldung (60 Prozent)	2104,96	3105,92	4203,34
./. gesetzliche Abzüge	23,24	255,23	567,70
= Teilzeit-Nettobesoldung (60 Prozent)	2081,72	2850,69	3635,64
+ steuerfreier Zuschlag	120,35	167,59	217,36
Auszahlungsbetrag	**2202,07**	**3018,28**	**3853,00**

---

[1] ohne 6,65 Euro vermögenswirksame Leistung
[2] Teilzeit-Bruttobesoldung ohne 3,99 Euro vermögenswirksame Leistung ./. gesetzliche Abzüge
[3] einschl. 6,65 Euro vermögenswirksame Leistung

Altersteilzeit   I.6

2.2 Teilzeitbeschäftigte und begrenzt Dienstfähige

Bei zuvor Teilzeitbeschäftigten ist für die Berechnung der Altersteilzeitbesoldung und des -zuschlags anstelle der Vollzeit-Bruttobesoldung von der Bruttobesoldung auszugehen, die bei der nach Nr. 1.2 für den Umfang der Altersteilzeit maßgeblichen Arbeitszeit zustehen würde.

Bei **begrenzt Dienstfähigen** bemisst sich der Altersteilzeitzuschlag grundsätzlich so wie bei Teilzeitbeschäftigten. Erhält eine Beamtin oder ein Beamter einen Zuschlag wegen begrenzter Dienstfähigkeit gem. § 12 Abs. 1 Sätze 2 bis 4 NBesG, bilden 70 Prozent der Nettobesoldung auf Grundlage der um diesen Zuschlag erhöhten Dienstbezüge die obere Bemessungsgrundlage.

2.3 Weitere besoldungsrechtlich bedeutsame Auswirkungen

2.3.1 Familienzuschlag

Die Bewilligung von Altersteilzeit kann zur Folge haben, dass bei Teilzeitbeschäftigung **beider Ehegatten** im öffentlichen Dienst der halbierte Verheiratetenanteil zusätzlich und der Kinderanteil erstmalig **teilzeitgekürzt** werden müssen (§ 35 Abs. 4 und 5, § 11 Abs. 1 NBesG). Dies ist dann nicht der Fall, wenn die Arbeitszeiten beider Ehegatten zusammen mindestens die Regelarbeitszeit eines Vollzeitbeschäftigten erreichen.

2.3.2 Vermögenswirksame Leistungen

Teilzeitbeschäftigte und begrenzt Dienstfähige erhalten den Betrag, der dem Verhältnis der ermäßigten zur regelmäßigen Arbeitszeit entspricht. In die Zuschlagsberechnung werden die vermögenswirksamen Leistungen nicht einbezogen.

2.3.3 Erschwerniszulagen

Erschwerniszulagen (z. B. die Zulagen für Dienst zu ungünstigen Zeiten und die Zulagen für Wechselschichtdienst und Schichtdienst) werden bei der Berechnung des Altersteilzeitzuschlags nicht berücksichtigt. Sie werden entsprechend dem Umfang der tatsächlich geleisteten Arbeit gewährt.

2.3.4 Erfahrungszeit

Die festgesetzte Erfahrungszeit wird durch die Altersteilzeit nicht berührt.

2.4 Steuerliche Auswirkungen

Der Altersteilzeitzuschlag ist nach § 3 Nr. 28 des Einkommensteuergesetzes (EStG) steuerfrei. **Er unterliegt jedoch dem Progressionsvorbehalt** (§ 32b Abs. 1 Nr. 1 Buchst. g EStG). Demzufolge wird das zu versteuernde Einkommen bei der Einkommensteuerveranlagung durch das Finanzamt um die Altersteilzeitzuschläge erhöht, um den maßgeblichen Steuersatz zu ermitteln. **Dadurch kommt es in der Regel zu Steuernachforderungen.**

2.5 Auswirkungen auf das Kindergeld

Das Kindergeld wird bei einer Altersteilzeitbeschäftigung unverändert in voller Höhe weitergezahlt.

2.6 Weitere Informationen

Weitere Informationen zur Höhe der zu erwartenden Altersteilzeitbezüge erteilt Ihre Bezügestelle (siehe Gehaltsmitteilung).

3. Beihilfe

Der Beihilfeanspruch wird durch die Altersteilzeit nicht berührt. Der Anspruch bleibt auch bestehen, wenn die Altersteilzeit zu unterhälftiger Beschäftigung führt.

4. Auswirkungen auf die Versorgung
4.1 Grundsatz

Zeiten der Altersteilzeit sind zu 8/10 der Arbeitszeit ruhegehaltfähig, die der Bemessung der ermäßigten Arbeitszeit während der Altersteilzeit zu Grunde liegt (§ 6 Abs. 1 Satz 3 NBeamtVG).

Die an der Altersteilzeit teilnehmenden Beamtinnen und Beamten, die während der letzten drei Jahre vor Beginn der Altersteilzeit im Umfang der regelmäßigen Arbeitszeit beschäftigt waren, werden hinsichtlich der ruhegehaltfähigen Zeit so gestellt, als würden sie im Umfang von 80 v. H. der regelmäßigen Arbeitszeit Dienst leisten. Die für die Dauer der Altersteilzeit zu berücksichtigende ruhegehaltfähige Dienstzeit ist daher nur um 2/10 geringer als bei vollzeitbeschäftigten Beamtinnen und Beamten.

Beispiel:

Eine Beamtin, die bis zum Beginn der Altersteilzeit vollzeitbeschäftigt war, tritt mit Erreichen der Altersgrenze in den Ruhestand. Die Altersteilzeit beträgt 5 Jahre.

Berechnung der ruhegehaltfähigen Dienstzeit

ruhegehaltfähige Dienstzeit bis zur Altersteilzeit	35 Jahre
ruhegehaltfähige Dienstzeit als Altersteilzeit	5 Jahre × 8/10 = 4 Jahre
insgesamt	39 Jahre

4.2 Teilzeitbeschäftigte und begrenzt Dienstfähige

Für bereits vor Beginn der Altersteilzeit teilzeitbeschäftigte oder begrenzt dienstfähige Beamtinnen und Beamte richtet sich die Berechnung der ruhegehaltfähigen Dienstzeit für die Zeit der Altersteilzeit nach dem folgenden Beispiel:

Beispiel A:
Ein Beamter hat in den letzten drei Jahren vor Beginn der Altersteilzeit bereits eine Teilzeitbeschäftigung im Umfang von 50 v. H. der regelmäßigen Arbeitszeit ausgeübt. Der der Altersteilzeitbewilligung zu Grunde liegende Arbeitszeitanteil beträgt daher 50 v. H. der regelmäßigen Arbeitszeit. Die Altersteilzeit wird für die Dauer von 5 Jahren ausgeübt.

Berechnung der ruhegehaltfähigen Dienstzeit:
5 Jahre × 50/100 × 8/10 = 2 Jahre

Beispiel B:
wie A, aber der Umfang der Teilzeitbeschäftigung hat sich 1 1/2 Jahre vor Beginn der Altersteilzeit auf 70 v. H. der regelmäßigen Arbeitszeit erhöht. Der der Altersteilzeitbewilligung zu Grunde liegende Arbeitszeitanteil beträgt 60 v. H. der regelmäßigen Arbeitszeit.

Berechnung der ruhegehaltfähigen Dienstzeit:
5 Jahre × 60/100 × 8/10 = 2 Jahre 146 Tage

4.3 Ruhegehalt

Dem späteren Ruhegehalt werden – bei Erfüllung der Wartezeit des § 5 Abs. 3 NBeamtVG – die dem letzten Amt entsprechenden vollen ruhegehaltfähigen Dienstbezüge zu Grunde gelegt.

4.4 Versorgungsabschlag

Im Falle der Versetzung in den Ruhestand wegen Inanspruchnahme einer Antragsaltersgrenze oder wegen Dienstunfähigkeit mindert sich – auch bei vorangegangener Altersteilzeit – grundsätzlich das Ruhegehalt um einen Versorgungsabschlag (§ 16 Abs. 2 NBeamtVG).

4.5 Weitere Informationen

Weitere Informationen zu den Auswirkungen einer Altersteilzeitbewilligung auf die Beamtenversorgung erteilt das Niedersächsische Landesamt für Bezüge und Versorgung, Referat 23, 30149 Hannover, Tel. 0511 925-0, im Übrigen die zuständige Pensionsbehörde.

5. Auswirkungen auf andere Rechte

5.1 Dienstjubiläum

Nach § 3 der Dienstjubiläumsverordnung (DJubVO) werden bei der Berechnung des Dienstjubiläums die Zeiten der Altersteilzeitbeschäftigung voll berücksichtigt. Auf die Höhe der Jubiläumszuwendung hat die Teilzeitbeschäftigung keinen Einfluss.

5.2 Dienstwohnungsvergütung

Hinsichtlich der Höhe der festgesetzten Dienstwohnungsvergütung tritt durch die Altersteilzeit keine Änderung ein.

5.3 Nebentätigkeiten

Beamtinnen und Beamte müssen sich gem. § 63 Abs. 5 NBG verpflichten, während der Dauer der Altersteilzeit entgeltliche Nebentätigkeiten nur mit einer zeitlichen Beanspruchung auszuüben, die auch bei Vollzeitbeschäftigten zulässig wäre.

5.4 Urlaub

Bei Altersteilzeit besteht – wie bei allen Teilzeitbeschäftigten – ein Anspruch auf Erholungs-, Sonder- und Zusatzurlaub im gleichen Umfang wie bei Vollzeitbeschäftigten. Verteilt sich die Arbeitszeit auf weniger als fünf Arbeitstage in der Woche, wird die Dauer des Erholungsurlaubs nach § 4 Abs. 1 Satz 2 NEUrlVO gekürzt.

Gesetz zum Schutz von Müttern bei der Arbeit, in der Ausbildung und im Studium
(Mutterschutzgesetz – MuSchG)

Vom 23. Mai 2017 (BGBl. I S. 1228)

Zuletzt geändert durch
Viertes Bürokratieentlastungsgesetz
vom 23. Oktober 2024 (BGBl. I Nr. 323)

Inhaltsübersicht

Abschnitt 1
Allgemeine Vorschriften

- § 1 Anwendungsbereich, Ziel des Mutterschutzes
- § 2 Begriffsbestimmungen

Abschnitt 2
Gesundheitsschutz

Unterabschnitt 1
Arbeitszeitlicher Gesundheitsschutz

- § 3 Schutzfristen vor und nach der Entbindung
- § 4 Verbot der Mehrarbeit; Ruhezeit
- § 5 Verbot der Nachtarbeit
- § 6 Verbot der Sonn- und Feiertagsarbeit
- § 7 Freistellung für Untersuchungen und zum Stillen
- § 8 Beschränkung von Heimarbeit

Unterabschnitt 2
Betrieblicher Gesundheitsschutz

- § 9 Gestaltung der Arbeitsbedingungen; unverantwortbare Gefährdung
- § 10 Beurteilung der Arbeitsbedingungen; Schutzmaßnahmen
- § 11 Unzulässige Tätigkeiten und Arbeitsbedingungen für schwangere Frauen
- § 12 Unzulässige Tätigkeiten und Arbeitsbedingungen für stillende Frauen
- § 13 Rangfolge der Schutzmaßnahmen: Umgestaltung der Arbeitsbedingungen, Arbeitsplatzwechsel und betriebliches Beschäftigungsverbot
- § 14 Dokumentation und Information durch den Arbeitgeber
- § 15 Mitteilungen und Nachweise der schwangeren und stillenden Frauen

Unterabschnitt 3
Ärztlicher Gesundheitsschutz

- § 16 Ärztliches Beschäftigungsverbot

Abschnitt 3
Kündigungsschutz

- § 17 Kündigungsverbot

Abschnitt 4
Leistungen

- § 18 Mutterschutzlohn
- § 19 Mutterschaftsgeld
- § 20 Zuschuss zum Mutterschaftsgeld
- § 21 Ermittlung des durchschnittlichen Arbeitsentgelts
- § 22 Leistungen während der Elternzeit
- § 23 Entgelt bei Freistellung für Untersuchungen und zum Stillen
- § 24 Fortbestehen des Erholungsurlaubs bei Beschäftigungsverboten
- § 25 Beschäftigung nach dem Ende des Beschäftigungsverbots

Abschnitt 5
Durchführung des Gesetzes

- § 26 Aushang des Gesetzes
- § 27 Mitteilungs- und Aufbewahrungspflichten des Arbeitgebers, Offenbarungsverbot der mit der Überwachung beauftragten Personen
- § 28 Behördliches Genehmigungsverfahren für eine Beschäftigung zwischen 20 Uhr und 22 Uhr
- § 29 Zuständigkeit und Befugnisse der Aufsichtsbehörden, Jahresbericht

§ 30 Ausschuss für Mutterschutz
§ 31 Erlass von Rechtsverordnungen

**Abschnitt 6
Bußgeldvorschriften, Strafvorschriften**

§ 32 Bußgeldvorschriften
§ 33 Strafvorschriften

**Abschnitt 7
Schlussvorschriften**

§ 34 Evaluationsbericht

Abschnitt 1
Allgemeine Vorschriften

§ 1 Anwendungsbereich, Ziel des Mutterschutzes

(1) Dieses Gesetz schützt die Gesundheit der Frau und ihres Kindes am Arbeits-, Ausbildungs- und Studienplatz während der Schwangerschaft, nach der Entbindung und in der Stillzeit. Das Gesetz ermöglicht es der Frau, ihre Beschäftigung oder sonstige Tätigkeit in dieser Zeit ohne Gefährdung ihrer Gesundheit oder der ihres Kindes fortzusetzen und wirkt Benachteiligungen während der Schwangerschaft, nach der Entbindung und in der Stillzeit entgegen. Regelungen in anderen Arbeitsschutzgesetzen bleiben unberührt.

(2) Dieses Gesetz gilt für Frauen in einer Beschäftigung im Sinne von § 7 Absatz 1 des Vierten Buches Sozialgesetzbuch. Unabhängig davon, ob ein solches Beschäftigungsverhältnis vorliegt, gilt dieses Gesetz auch für

1. Frauen in betrieblicher Berufsbildung und Praktikantinnen im Sinne von § 26 des Berufsbildungsgesetzes,
2. Frauen mit Behinderung, die in einer Werkstatt für behinderte Menschen beschäftigt sind,
3. Frauen, die als Entwicklungshelferinnen im Sinne des Entwicklungshelfer-Gesetzes tätig sind, jedoch mit der Maßgabe, dass die §§ 18 bis 22 auf sie nicht anzuwenden sind,
4. Frauen, die als Freiwillige im Sinne des Jugendfreiwilligendienstegesetzes oder des Bundesfreiwilligendienstgesetzes tätig sind,
5. Frauen, die als Mitglieder einer geistlichen Genossenschaft, Diakonissen oder Angehörige einer ähnlichen Gemeinschaft auf einer Planstelle oder aufgrund eines Gestellungsvertrages für diese tätig werden, auch während der Zeit ihrer dortigen außerschulischen Ausbildung,
6. Frauen, die in Heimarbeit beschäftigt sind, und ihnen Gleichgestellten im Sinne von § 1 Absatz 1 und 2 des Heimarbeitsgesetzes, soweit sie am Stück mitarbeiten, jedoch mit der Maßgabe, dass die §§ 10 und 14 auf sie nicht anzuwenden sind und § 9 Absatz 1 bis 5 auf sie entsprechend anzuwenden ist,
7. Frauen, die wegen ihrer wirtschaftlichen Unselbstständigkeit als arbeitnehmerähnliche Person anzusehen sind, jedoch mit der Maßgabe, dass die §§ 18, 19 Absatz 2 und § 20 auf sie nicht anzuwenden sind, und
8. Schülerinnen und Studentinnen, soweit die Ausbildungsstelle Ort, Zeit und Ablauf der Ausbildungsveranstaltung verpflichtend vorgibt oder die ein im Rahmen der schulischen oder hochschulischen Ausbildung verpflichtend vorgegebenes Praktikum ableisten, jedoch mit der Maßgabe, dass die §§ 17 bis 24 auf sie nicht anzuwenden sind.

(3) Das Gesetz gilt nicht für Beamtinnen und Richterinnen. Das Gesetz gilt ebenso nicht für Soldatinnen, auch soweit die Voraussetzungen des Absatzes 2 erfüllt sind, es sei denn, sie werden aufgrund dienstlicher Anordnung oder Gestattung außerhalb des Geschäftsbereiches des Bundesministeriums der Verteidigung tätig.

(4) Dieses Gesetz gilt für jede Person, die schwanger ist, ein Kind geboren hat oder stillt. Die Absätze 2 und 3 gelten entsprechend.

§ 2 Begriffsbestimmungen

(1) Arbeitgeber im Sinne dieses Gesetzes ist die natürliche oder juristische Person oder die rechtsfähige Personengesellschaft, die Personen nach § 1 Absatz 2 Satz 1 beschäftigt. Dem Arbeitgeber stehen gleich:

1. die natürliche oder juristische Person oder die rechtsfähige Personengesellschaft, die Frauen im Fall von § 1 Absatz 2 Satz 2 Nummer 1 ausbildet oder für die Praktikantinnen im Fall von § 1 Absatz 2 Satz 2 Nummer 1 tätig sind,
2. der Träger der Werkstatt für behinderte Menschen im Fall von § 1 Absatz 2 Satz 2 Nummer 2,

3. der Träger des Entwicklungsdienstes im Fall von § 1 Absatz 2 Satz 2 Nummer 3,
4. die Einrichtung, in der der Freiwilligendienst nach dem Jugendfreiwilligendienstegesetz oder nach dem Bundesfreiwilligendienstgesetz im Fall von § 1 Absatz 2 Satz 2 Nummer 4 geleistet wird,
5. die geistliche Genossenschaft und ähnliche Gemeinschaft im Fall von § 1 Absatz 2 Satz 2 Nummer 5,
6. der Auftraggeber und der Zwischenmeister von Frauen im Fall von § 1 Absatz 2 Satz 2 Nummer 6,
7. die natürliche oder juristische Person oder die rechtsfähige Personengesellschaft, für die Frauen im Sinne von § 1 Absatz 2 Satz 2 Nummer 7 tätig sind, und
8. die natürliche oder juristische Person oder die rechtsfähige Personengesellschaft, mit der das Ausbildungs- oder Praktikumsverhältnis im Fall von § 1 Absatz 2 Satz 2 Nummer 8 besteht (Ausbildungsstelle).

(2) Eine Beschäftigung im Sinne der nachfolgenden Vorschriften erfasst jede Form der Betätigung, die eine Frau im Rahmen eines Beschäftigungsverhältnisses nach § 1 Absatz 2 Satz 1 oder die eine Frau im Sinne von § 1 Absatz 2 Satz 2 im Rahmen ihres Rechtsverhältnisses zu ihrem Arbeitgeber nach § 2 Absatz 1 Satz 2 ausübt.

(3) Ein Beschäftigungsverbot im Sinne dieses Gesetzes ist nur ein Beschäftigungsverbot nach den §§ 3 bis 6, 10 Absatz 3, § 13 Absatz 1 Nummer 3 und § 16. Für eine in Heimarbeit beschäftigte Frau und eine ihr Gleichgestellte tritt an die Stelle des Beschäftigungsverbots das Verbot der Ausgabe von Heimarbeit nach den §§ 3, 8, 13 Absatz 2 und § 16. Für eine Frau, die wegen ihrer wirtschaftlichen Unselbstständigkeit als arbeitnehmerähnliche Person anzusehen ist, tritt an die Stelle des Beschäftigungsverbots nach Satz 1 die Befreiung von der vertraglich vereinbarten Leistungspflicht; die Frau kann sich jedoch gegenüber der dem Arbeitgeber gleichgestellten Person oder Gesellschaft im Sinne von Absatz 1 Satz 2 Nummer 7 dazu bereit erklären, die vertraglich vereinbarte Leistung zu erbringen.

(4) Alleinarbeit im Sinne dieses Gesetzes liegt vor, wenn der Arbeitgeber eine Frau an einem Arbeitsplatz in seinem räumlichen Verantwortungsbereich beschäftigt, ohne dass gewährleistet ist, dass sie jederzeit den Arbeitsplatz verlassen oder Hilfe erreichen kann.

(5) Arbeitsentgelt im Sinne dieses Gesetzes ist das Arbeitsentgelt, das nach § 14 des Vierten Buches Sozialgesetzbuch in Verbindung mit einer aufgrund des § 17 des Vierten Buches Sozialgesetzbuch erlassenen Verordnung bestimmt wird. Für Frauen im Sinne von § 1 Absatz 2 Satz 2 gilt als Arbeitsentgelt ihre jeweilige Vergütung.

Abschnitt 2
Gesundheitsschutz

Unterabschnitt 1
Arbeitszeitlicher Gesundheitsschutz

§ 3 Schutzfristen vor und nach der Entbindung

(1) Der Arbeitgeber darf eine schwangere Frau in den letzten sechs Wochen vor der Entbindung nicht beschäftigen (Schutzfrist vor der Entbindung), soweit sie sich nicht zur Arbeitsleistung ausdrücklich bereit erklärt. Sie kann die Erklärung nach Satz 1 jederzeit mit Wirkung für die Zukunft widerrufen. Für die Berechnung der Schutzfrist vor der Entbindung ist der voraussichtliche Tag der Entbindung maßgeblich, wie er sich aus dem ärztlichen Zeugnis oder dem Zeugnis einer Hebamme oder eines Entbindungspflegers ergibt. Entbindet eine Frau nicht am voraussichtlichen Tag, verkürzt oder verlängert sich die Schutzfrist vor der Entbindung entsprechend.

(2) Der Arbeitgeber darf eine Frau bis zum Ablauf von acht Wochen nach der Entbindung nicht beschäftigen (Schutzfrist nach der Entbindung). Die Schutzfrist nach der Entbindung verlängert sich auf zwölf Wochen

1. bei Frühgeburten,
2. bei Mehrlingsgeburten und,
3. wenn vor Ablauf von acht Wochen nach der Entbindung bei dem Kind eine Behinderung im Sinne von § 2 Absatz 1 Satz 1

des Neunten Buches Sozialgesetzbuch ärztlich festgestellt wird.

Bei vorzeitiger Entbindung verlängert sich die Schutzfrist nach der Entbindung nach Satz 1 oder nach Satz 2 um den Zeitraum der Verkürzung der Schutzfrist vor der Entbindung nach Absatz 1 Satz 4. Nach Satz 2 Nummer 3 verlängert sich die Schutzfrist nach der Entbindung nur, wenn die Frau dies beantragt.

(3) Die Ausbildungsstelle darf eine Frau im Sinne von § 1 Absatz 2 Satz 2 Nummer 8 bereits in der Schutzfrist nach der Entbindung im Rahmen der schulischen oder hochschulischen Ausbildung tätig werden lassen, wenn die Frau dies ausdrücklich gegenüber ihrer Ausbildungsstelle verlangt. Die Frau kann ihre Erklärung jederzeit mit Wirkung für die Zukunft widerrufen.

(4) Der Arbeitgeber darf eine Frau nach dem Tod ihres Kindes bereits nach Ablauf der ersten zwei Wochen nach der Entbindung beschäftigen, wenn

1. die Frau dies ausdrücklich verlangt und
2. nach ärztlichem Zeugnis nichts dagegen spricht.

Sie kann ihre Erklärung nach Satz 1 Nummer 1 jederzeit mit Wirkung für die Zukunft widerrufen.

§ 4 Verbot der Mehrarbeit; Ruhezeit

(1) Der Arbeitgeber darf eine schwangere oder stillende Frau, die 18 Jahre oder älter ist, nicht mit einer Arbeit beschäftigen, die die Frau über achteinhalb Stunden täglich oder über 90 Stunden in der Doppelwoche hinaus zu leisten hat. Eine schwangere oder stillende Frau unter 18 Jahren darf der Arbeitgeber nicht mit einer Arbeit beschäftigen, die die Frau über acht Stunden täglich oder über 80 Stunden in der Doppelwoche hinaus zu leisten hat. In die Doppelwoche werden die Sonntage eingerechnet. Der Arbeitgeber darf eine schwangere oder stillende Frau nicht in einem Umfang beschäftigen, der die vertraglich vereinbarte wöchentliche Arbeitszeit im Durchschnitt des Monats übersteigt. Bei mehreren Arbeitgebern sind die Arbeitszeiten zusammenzurechnen.

(2) Der Arbeitgeber muss der schwangeren oder stillenden Frau nach Beendigung der täglichen Arbeitszeit eine ununterbrochene Ruhezeit von mindestens elf Stunden gewähren.

§ 5 Verbot der Nachtarbeit

(1) Der Arbeitgeber darf eine schwangere oder stillende Frau nicht zwischen 20 Uhr und 6 Uhr beschäftigen. Er darf sie bis 22 Uhr beschäftigen, wenn die Voraussetzungen des § 28 erfüllt sind.

(2) Die Ausbildungsstelle darf eine schwangere oder stillende Frau im Sinne von § 1 Absatz 2 Satz 2 Nummer 8 nicht zwischen 20 Uhr und 6 Uhr im Rahmen der schulischen oder hochschulischen Ausbildung tätig werden lassen. Die Ausbildungsstelle darf sie an Ausbildungsveranstaltungen bis 22 Uhr teilnehmen lassen, wenn

1. sich die Frau dazu ausdrücklich bereit erklärt,
2. die Teilnahme zu Ausbildungszwecken zu dieser Zeit erforderlich ist und
3. insbesondere eine unverantwortbare Gefährdung für die schwangere Frau oder ihr Kind durch Alleinarbeit ausgeschlossen ist.

Die schwangere oder stillende Frau kann ihre Erklärung nach Satz 2 Nummer 1 jederzeit mit Wirkung für die Zukunft widerrufen.

§ 6 Verbot der Sonn- und Feiertagsarbeit

(1) Der Arbeitgeber darf eine schwangere oder stillende Frau nicht an Sonn- und Feiertagen beschäftigen. Er darf sie an Sonn- und Feiertagen nur dann beschäftigen, wenn

1. sich die Frau dazu ausdrücklich bereit erklärt,
2. eine Ausnahme vom allgemeinen Verbot der Arbeit an Sonn- und Feiertagen nach § 10 des Arbeitszeitgesetzes zugelassen ist,
3. der Frau in jeder Woche im Anschluss an eine ununterbrochene Ruhezeit von mindestens elf Stunden ein Ersatzruhetag gewährt wird und
4. insbesondere eine unverantwortbare Gefährdung für die schwangere Frau oder ihr Kind durch Alleinarbeit ausgeschlossen ist.

Die schwangere oder stillende Frau kann ihre Erklärung nach Satz 2 Nummer 1 jederzeit mit Wirkung für die Zukunft widerrufen.

(2) Die Ausbildungsstelle darf eine schwangere oder stillende Frau im Sinne von § 1 Absatz 2 Satz 2 Nummer 8 nicht an Sonn- und Feiertagen im Rahmen der schulischen oder hochschulischen Ausbildung tätig werden lassen. Die Ausbildungsstelle darf sie an Ausbildungsveranstaltungen an Sonn- und Feiertagen teilnehmen lassen, wenn

1. sich die Frau dazu ausdrücklich bereit erklärt,
2. die Teilnahme zu Ausbildungszwecken zu dieser Zeit erforderlich ist,
3. der Frau in jeder Woche im Anschluss an eine ununterbrochene Nachtruhezeit von mindestens elf Stunden ein Ersatzruhetag gewährt wird und
4. insbesondere eine unverantwortbare Gefährdung für die schwangere Frau oder ihr Kind durch Alleinarbeit ausgeschlossen ist.

Die schwangere oder stillende Frau kann ihre Erklärung nach Satz 2 Nummer 1 jederzeit mit Wirkung für die Zukunft widerrufen.

§ 7 Freistellung für Untersuchungen und zum Stillen

(1) Der Arbeitgeber hat eine Frau für die Zeit freizustellen, die zur Durchführung der Untersuchungen im Rahmen der Leistungen der gesetzlichen Krankenversicherung bei Schwangerschaft und Mutterschaft erforderlich sind. Entsprechendes gilt zugunsten einer Frau, die nicht in der gesetzlichen Krankenversicherung versichert ist.

(2) Der Arbeitgeber hat eine stillende Frau auf ihr Verlangen während der ersten zwölf Monate nach der Entbindung für die zum Stillen erforderliche Zeit freizustellen, mindestens aber zweimal täglich für eine halbe Stunde oder einmal täglich für eine Stunde. Bei einer zusammenhängenden Arbeitszeit von mehr als acht Stunden soll auf Verlangen der Frau zweimal eine Stillzeit von mindestens 45 Minuten oder, wenn in der Nähe der Arbeitsstätte keine Stillgelegenheit vorhanden ist, einmal eine Stillzeit von mindestens 90 Minuten gewährt werden. Die Arbeitszeit gilt als zusammenhängend, wenn sie nicht durch eine Ruhepause von mehr als zwei Stunden unterbrochen ist.

§ 8 Beschränkung von Heimarbeit

(1) Der Auftraggeber oder Zwischenmeister darf Heimarbeit an eine schwangere in Heimarbeit beschäftigte Frau oder an eine ihr Gleichgestellte nur in solchem Umfang und mit solchen Fertigungsfristen ausgeben, dass die Arbeit werktags während einer achtstündigen Tagesarbeitszeit ausgeführt werden kann.

(2) Der Auftraggeber oder Zwischenmeister darf Heimarbeit an eine stillende in Heimarbeit beschäftigte Frau oder an eine ihr Gleichgestellte nur in solchem Umfang und mit solchen Fertigungsfristen ausgeben, dass die Arbeit werktags während einer siebenstündigen Tagesarbeitszeit ausgeführt werden kann.

Unterabschnitt 2
Betrieblicher Gesundheitsschutz

§ 9 Gestaltung der Arbeitsbedingungen; unverantwortbare Gefährdung

(1) Der Arbeitgeber hat bei der Gestaltung der Arbeitsbedingungen einer schwangeren oder stillenden Frau alle aufgrund der Gefährdungsbeurteilung nach § 10 erforderlichen Maßnahmen für den Schutz ihrer physischen und psychischen Gesundheit sowie der ihres Kindes zu treffen. Er hat die Maßnahmen auf ihre Wirksamkeit zu überprüfen und erforderlichenfalls den sich ändernden Gegebenheiten anzupassen. Soweit es nach den Vorschriften dieses Gesetzes verantwortbar ist, ist der Frau auch während der Schwangerschaft, nach der Entbindung und in der Stillzeit die Fortführung ihrer Tätigkeiten zu ermöglichen. Nachteile aufgrund der Schwangerschaft, der Entbindung oder der Stillzeit sollen vermieden oder ausgeglichen werden.

(2) Der Arbeitgeber hat die Arbeitsbedingungen so zu gestalten, dass Gefährdungen einer schwangeren oder stillenden Frau oder ihres Kindes möglichst vermieden werden und eine unverantwortbare Gefährdung ausgeschlossen wird. Eine Gefährdung ist unverantwortbar, wenn die Eintrittswahrscheinlichkeit einer Gesundheitsbeeinträchtigung angesichts der zu erwartenden Schwere des möglichen Gesundheitsschadens nicht hinnehmbar ist. Eine unverantwortbare Gefährdung gilt als

ausgeschlossen, wenn der Arbeitgeber alle Vorgaben einhält, die aller Wahrscheinlichkeit nach dazu führen, dass die Gesundheit einer schwangeren oder stillenden Frau oder ihres Kindes nicht beeinträchtigt wird.

(3) Der Arbeitgeber hat sicherzustellen, dass die schwangere oder stillende Frau ihre Tätigkeit am Arbeitsplatz, soweit es für sie erforderlich ist, kurz unterbrechen kann. Er hat darüber hinaus sicherzustellen, dass sich die schwangere oder stillende Frau während der Pausen und Arbeitsunterbrechungen unter geeigneten Bedingungen hinlegen, hinsetzen und ausruhen kann.

(4) Alle Maßnahmen des Arbeitgebers nach diesem Unterabschnitt sowie die Beurteilung der Arbeitsbedingungen nach §10 müssen dem Stand der Technik, der Arbeitsmedizin und der Hygiene sowie den sonstigen gesicherten wissenschaftlichen Erkenntnissen entsprechen. Der Arbeitgeber hat bei seinen Maßnahmen die vom Ausschuss für Mutterschutz ermittelten und nach §30 Absatz 4 im Gemeinsamen Ministerialblatt veröffentlichten Regeln und Erkenntnisse zu berücksichtigen; bei Einhaltung dieser Regeln und bei Beachtung dieser Erkenntnisse ist es davon auszugehen, dass die in diesem Gesetz gestellten Anforderungen erfüllt sind.

(5) Der Arbeitgeber kann zuverlässige und fachkundige Personen schriftlich damit beauftragen, ihm obliegende Aufgaben nach diesem Unterabschnitt in eigener Verantwortung wahrzunehmen.

(6) Kosten für Maßnahmen nach diesem Gesetz darf der Arbeitgeber nicht den Personen auferlegen, die bei ihm beschäftigt sind. Die Kosten für Zeugnisse und Bescheinigungen, die die schwangere oder stillende Frau auf Verlangen des Arbeitgebers vorzulegen hat, trägt der Arbeitgeber.

§ 10 Beurteilung der Arbeitsbedingungen; Schutzmaßnahmen

(1) Im Rahmen der Beurteilung der Arbeitsbedingungen nach §5 des Arbeitsschutzgesetzes hat der Arbeitgeber für jede Tätigkeit

1. die Gefährdungen nach Art, Ausmaß und Dauer zu beurteilen, denen eine schwangere oder stillende Frau oder ihr Kind ausgesetzt ist oder sein kann, und
2. unter Berücksichtigung des Ergebnisses der Beurteilung der Gefährdung nach Nummer 1 zu ermitteln, ob für eine schwangere oder stillende Frau oder ihr Kind voraussichtlich
   a) keine Schutzmaßnahmen erforderlich sein werden,
   b) eine Umgestaltung der Arbeitsbedingungen nach §13 Absatz 1 Nummer 1 erforderlich sein wird oder
   c) eine Fortführung der Tätigkeit der Frau an diesem Arbeitsplatz nicht möglich sein wird.

Bei gleichartigen Arbeitsbedingungen ist die Beurteilung eines Arbeitsplatzes oder einer Tätigkeit ausreichend. Die Verpflichtung des Arbeitgebers nach Satz 1 entfällt, wenn gemäß einer zu diesem Zweck nach §30 Absatz 4 veröffentlichten Regel oder Erkenntnis des Ausschusses für Mutterschutz eine schwangere oder stillende Frau die Tätigkeit nicht ausüben oder einer Arbeitsbedingung nicht ausgesetzt sein darf.

(2) Sobald eine Frau dem Arbeitgeber mitgeteilt hat, dass sie schwanger ist oder stillt, hat der Arbeitgeber unverzüglich die nach Maßgabe der Gefährdungsbeurteilung nach Absatz 1 oder nach Maßgabe des §13 erforderlichen Schutzmaßnahmen festzulegen. Zusätzlich hat der Arbeitgeber der Frau ein Gespräch über weitere Anpassungen ihrer Arbeitsbedingungen anzubieten.

(3) Der Arbeitgeber darf eine schwangere oder stillende Frau nur diejenigen Tätigkeiten ausüben lassen, für die er die erforderlichen Schutzmaßnahmen nach Absatz 2 Satz 1 getroffen hat.

§ 11 Unzulässige Tätigkeiten und Arbeitsbedingungen für schwangere Frauen

(1) Der Arbeitgeber darf eine schwangere Frau keine Tätigkeiten ausüben lassen und sie keinen Arbeitsbedingungen aussetzen, bei denen sie in einem Maß Gefahrstoffen ausgesetzt ist oder sein kann, dass dies für sie

oder für ihr Kind eine unverantwortbare Gefährdung darstellt. Eine unverantwortbare Gefährdung im Sinne von Satz 1 liegt insbesondere vor, wenn die schwangere Frau Tätigkeiten ausübt oder Arbeitsbedingungen ausgesetzt ist, bei denen sie folgenden Gefahrstoffen ausgesetzt ist oder sein kann:

1. Gefahrstoffen, die nach den Kriterien des Anhangs I zur Verordnung (EG) Nr. 1272/2008 des Europäischen Parlaments und des Rates vom 16. Dezember 2008 über die Einstufung, Kennzeichnung und Verpackung von Stoffen und Gemischen, zur Änderung und Aufhebung der Richtlinien 67/548/EWG und 1999/45/EG und zur Änderung der Verordnung (EG) Nr. 1907/2006 (ABl. L 353 vom 31. 12. 2008, S. 1) zu bewerten sind
   a) als reproduktionstoxisch nach der Kategorie 1A, 1B oder 2 oder nach der Zusatzkategorie für Wirkungen auf oder über die Laktation,
   b) als keimzellmutagen nach der Kategorie 1A oder 1B,
   c) als karzinogen nach der Kategorie 1A oder 1B,
   d) als spezifisch zielorgantoxisch nach einmaliger Exposition nach der Kategorie 1 oder
   e) als akut toxisch nach der Kategorie 1, 2 oder 3,
2. Blei und Bleiderivaten, soweit die Gefahr besteht, dass diese Stoffe vom menschlichen Körper aufgenommen werden, oder
3. Gefahrstoffen, die als Stoffe ausgewiesen sind, die auch bei Einhaltung der arbeitsplatzbezogenen Vorgaben möglicherweise zu einer Fruchtschädigung führen können.

Eine unverantwortbare Gefährdung im Sinne von Satz 1 oder 2 gilt insbesondere als ausgeschlossen,

1. wenn
   a) für den jeweiligen Gefahrstoff die arbeitsplatzbezogenen Vorgaben eingehalten werden und es sich um einen Gefahrstoff handelt, der als Stoff ausgewiesen ist, der bei Einhaltung der arbeitsplatzbezogenen Vorgaben hinsichtlich einer Fruchtschädigung als sicher bewertet wird, oder
   b) der Gefahrstoff nicht in der Lage ist, die Plazentaschranke zu überwinden, oder aus anderen Gründen ausgeschlossen ist, dass eine Fruchtschädigung eintritt, und
2. wenn der Gefahrstoff nach den Kriterien des Anhangs I zur Verordnung (EG) Nr. 1272/2008 nicht als reproduktionstoxisch nach der Zusatzkategorie für Wirkungen auf oder über die Laktation zu bewerten ist.

Die vom Ausschuss für Mutterschutz ermittelten wissenschaftlichen Erkenntnisse sind zu beachten.

(2) Der Arbeitgeber darf eine schwangere Frau keine Tätigkeiten ausüben lassen und sie keinen Arbeitsbedingungen aussetzen, bei denen sie in einem Maß mit Biostoffen der Risikogruppe 2, 3 oder 4 im Sinne von § 3 Absatz 1 der Biostoffverordnung in Kontakt kommt oder kommen kann, dass dies für sie oder für ihr Kind eine unverantwortbare Gefährdung darstellt. Eine unverantwortbare Gefährdung im Sinne von Satz 1 liegt insbesondere vor, wenn die schwangere Frau Tätigkeiten ausübt oder Arbeitsbedingungen ausgesetzt ist, bei denen sie mit folgenden Biostoffen in Kontakt kommt oder kommen kann:

1. mit Biostoffen, die in die Risikogruppe 4 im Sinne von § 3 Absatz 1 der Biostoffverordnung einzustufen sind, oder
2. mit Rötelnvirus oder mit Toxoplasma.

Die Sätze 1 und 2 gelten auch, wenn der Kontakt mit Biostoffen im Sinne von Satz 1 oder 2 therapeutische Maßnahmen erforderlich macht oder machen kann, die selbst eine unverantwortbare Gefährdung darstellen. Eine unverantwortbare Gefährdung im Sinne von Satz 1 oder 2 gilt insbesondere als ausgeschlossen, wenn die schwangere Frau über einen ausreichenden Immunschutz verfügt.

(3) Der Arbeitgeber darf eine schwangere Frau keine Tätigkeiten ausüben lassen und sie keinen Arbeitsbedingungen aussetzen, bei denen sie physikalischen Einwirkungen in ei-

nem Maß ausgesetzt ist oder sein kann, dass dies für sie oder für ihr Kind eine unverantwortbare Gefährdung darstellt. Als physikalische Einwirkungen im Sinne von Satz 1 sind insbesondere zu berücksichtigen:

1. ionisierende und nicht ionisierende Strahlungen,
2. Erschütterungen, Vibrationen und Lärm sowie
3. Hitze, Kälte und Nässe.

(4) Der Arbeitgeber darf eine schwangere Frau keine Tätigkeiten ausüben lassen und sie keinen Arbeitsbedingungen aussetzen, bei denen sie einer belastenden Arbeitsumgebung in einem Maß ausgesetzt ist oder sein kann, dass dies für sie oder für ihr Kind eine unverantwortbare Gefährdung darstellt. Der Arbeitgeber darf eine schwangere Frau insbesondere keine Tätigkeiten ausüben lassen

1. in Räumen mit einem Überdruck im Sinne von § 2 der Druckluftverordnung,
2. in Räumen mit sauerstoffreduzierter Atmosphäre oder
3. im Bergbau unter Tage.

(5) Der Arbeitgeber darf eine schwangere Frau keine Tätigkeiten ausüben lassen und sie keinen Arbeitsbedingungen aussetzen, bei denen sie körperlichen Belastungen oder mechanischen Einwirkungen in einem Maß ausgesetzt ist oder sein kann, dass dies für sie oder für ihr Kind eine unverantwortbare Gefährdung darstellt. Der Arbeitgeber darf eine schwangere Frau insbesondere keine Tätigkeiten ausüben lassen, bei denen

1. sie ohne mechanische Hilfsmittel regelmäßig Lasten von mehr als 5 Kilogramm Gewicht oder gelegentlich Lasten von mehr als 10 Kilogramm Gewicht von Hand heben, halten, bewegen oder befördern muss,
2. sie mit mechanischen Hilfsmitteln Lasten von Hand heben, halten, bewegen oder befördern muss und dabei ihre körperliche Beanspruchung der von Arbeiten nach Nummer 1 entspricht,
3. sie nach Ablauf des fünften Monats der Schwangerschaft überwiegend bewegungsarm ständig stehen muss und wenn diese Tätigkeit täglich vier Stunden überschreitet,
4. sie sich häufig erheblich strecken, beugen, dauernd hocken, sich gebückt halten oder sonstige Zwangshaltungen einnehmen muss,
5. sie auf Beförderungsmitteln eingesetzt wird, wenn dies für sie oder für ihr Kind eine unverantwortbare Gefährdung darstellt,
6. Unfälle, insbesondere durch Ausgleiten, Fallen oder Stürzen, oder Tätlichkeiten zu befürchten sind, die für sie oder für ihr Kind eine unverantwortbare Gefährdung darstellen,
7. sie eine Schutzausrüstung tragen muss und das Tragen eine Belastung darstellt oder
8. eine Erhöhung des Drucks im Bauchraum zu befürchten ist, insbesondere bei Tätigkeiten mit besonderer Fußbeanspruchung.

(6) Der Arbeitgeber darf eine schwangere Frau folgende Arbeiten nicht ausüben lassen:

1. Akkordarbeit oder sonstige Arbeiten, bei denen durch ein gesteigertes Arbeitstempo ein höheres Entgelt erzielt werden kann,
2. Fließarbeit oder
3. getaktete Arbeit mit vorgeschriebenem Arbeitstempo, wenn die Art der Arbeit oder das Arbeitstempo für die schwangere Frau oder für ihr Kind eine unverantwortbare Gefährdung darstellt.

§ 12 Unzulässige Tätigkeiten und Arbeitsbedingungen für stillende Frauen

(1) Der Arbeitgeber darf eine stillende Frau keine Tätigkeiten ausüben lassen und sie keinen Arbeitsbedingungen aussetzen, bei denen sie in einem Maß Gefahrstoffen ausgesetzt ist oder sein kann, dass dies für sie oder für ihr Kind eine unverantwortbare Gefährdung darstellt. Eine unverantwortbare Gefährdung im Sinne von Satz 1 liegt insbesondere vor, wenn die stillende Frau Tätigkeiten ausübt oder Arbeitsbedingungen ausgesetzt ist, bei denen sie folgenden Gefahrstoffen ausgesetzt ist oder sein kann:

1. Gefahrstoffen, die nach den Kriterien des Anhangs I zur Verordnung (EG) Nr. 1272/2008 als reproduktionstoxisch nach der Zusatzkategorie für Wirkungen auf oder über die Laktation zu bewerten sind oder
2. Blei und Bleiderivaten, soweit die Gefahr besteht, dass diese Stoffe vom menschlichen Körper aufgenommen werden.

(2) Der Arbeitgeber darf eine stillende Frau keine Tätigkeiten ausüben lassen und sie keinen Arbeitsbedingungen aussetzen, bei denen sie in einem Maß mit Biostoffen der Risikogruppe 2, 3 oder 4 im Sinne von § 3 Absatz 1 der Biostoffverordnung in Kontakt kommt oder kommen kann, dass dies für sie oder für ihr Kind eine unverantwortbare Gefährdung darstellt. Eine unverantwortbare Gefährdung im Sinne von Satz 1 liegt insbesondere vor, wenn die stillende Frau Tätigkeiten ausübt oder Arbeitsbedingungen ausgesetzt ist, bei denen sie mit Biostoffen in Kontakt kommt oder kommen kann, die in die Risikogruppe 4 im Sinne von § 3 Absatz 1 der Biostoffverordnung einzustufen sind. Die Sätze 1 und 2 gelten auch, wenn der Kontakt mit Biostoffen im Sinne von Satz 1 oder 2 therapeutische Maßnahmen erforderlich macht oder machen kann, die selbst eine unverantwortbare Gefährdung darstellen. Eine unverantwortbare Gefährdung im Sinne von Satz 1 oder 2 gilt als ausgeschlossen, wenn die stillende Frau über einen ausreichenden Immunschutz verfügt.

(3) Der Arbeitgeber darf eine stillende Frau keine Tätigkeiten ausüben lassen und sie keinen Arbeitsbedingungen aussetzen, bei denen sie physikalischen Einwirkungen in einem Maß ausgesetzt ist oder sein kann, dass dies für sie oder für ihr Kind eine unverantwortbare Gefährdung darstellt. Als physikalische Einwirkungen im Sinne von Satz 1 sind insbesondere ionisierende und nicht ionisierende Strahlungen zu berücksichtigen.

(4) Der Arbeitgeber darf eine stillende Frau keine Tätigkeiten ausüben lassen und sie keinen Arbeitsbedingungen aussetzen, bei denen sie einer belastenden Arbeitsumgebung in einem Maß ausgesetzt ist oder sein kann, dass dies für sie oder für ihr Kind eine unverantwortbare Gefährdung darstellt. Der Arbeitgeber darf eine stillende Frau insbesondere keine Tätigkeiten ausüben lassen

1. in Räumen mit einem Überdruck im Sinne von § 2 der Druckluftverordnung oder
2. im Bergbau unter Tage.

(5) Der Arbeitgeber darf eine stillende Frau folgende Arbeiten nicht ausüben lassen:

1. Akkordarbeit oder sonstige Arbeiten, bei denen durch ein gesteigertes Arbeitstempo ein höheres Entgelt erzielt werden kann,
2. Fließarbeit oder
3. getaktete Arbeit mit vorgeschriebenem Arbeitstempo, wenn die Art der Arbeit oder das Arbeitstempo für die stillende Frau oder für ihr Kind eine unverantwortbare Gefährdung darstellt.

§ 13 Rangfolge der Schutzmaßnahmen: Umgestaltung der Arbeitsbedingungen, Arbeitsplatzwechsel und betriebliches Beschäftigungsverbot

(1) Werden unverantwortbare Gefährdungen im Sinne von § 9, § 11 oder § 12 festgestellt, hat der Arbeitgeber für jede Tätigkeit einer schwangeren oder stillenden Frau Schutzmaßnahmen in folgender Rangfolge zu treffen:

1. Der Arbeitgeber hat die Arbeitsbedingungen für die schwangere oder stillende Frau durch Schutzmaßnahmen nach Maßgabe des § 9 Absatz 2 umzugestalten.
2. Kann der Arbeitgeber unverantwortbare Gefährdungen für die schwangere oder stillende Frau nicht durch die Umgestaltung der Arbeitsbedingungen nach Nummer 1 ausschließen oder ist eine Umgestaltung wegen des nachweislich unverhältnismäßigen Aufwandes nicht zumutbar, hat der Arbeitgeber die Frau an einem anderen geeigneten Arbeitsplatz einzusetzen, wenn er einen solchen Arbeitsplatz zur Verfügung stellen kann und dieser Arbeitsplatz der schwangeren oder stillenden Frau zumutbar ist.
3. Kann der Arbeitgeber unverantwortbare Gefährdungen für die schwangere oder stillende Frau weder durch Schutzmaß-

nahmen nach Nummer 1 noch durch einen Arbeitsplatzwechsel nach Nummer 2 ausschließen, darf er die schwangere oder stillende Frau nicht weiter beschäftigen.

(2) Der Auftraggeber oder Zwischenmeister darf keine Heimarbeit an schwangere oder stillende Frauen ausgeben, wenn unverantwortbare Gefährdungen nicht durch Schutzmaßnahmen nach Absatz 1 Nummer 1 ausgeschlossen werden können.

§ 14 Dokumentation und Information durch den Arbeitgeber

(1) Der Arbeitgeber hat die Beurteilung der Arbeitsbedingungen nach § 10 durch Unterlagen zu dokumentieren, aus denen Folgendes ersichtlich ist:

1. das Ergebnis der Gefährdungsbeurteilung nach § 10 Absatz 1 Satz 1 Nummer 1 und der Bedarf an Schutzmaßnahmen nach § 10 Absatz 1 Satz 1 Nummer 2,
2. die Festlegung der erforderlichen Schutzmaßnahmen nach § 10 Absatz 2 Satz 1 sowie das Ergebnis ihrer Überprüfung nach § 9 Absatz 1 Satz 2 und
3. das Angebot eines Gesprächs mit der Frau über weitere Anpassungen ihrer Arbeitsbedingungen nach § 10 Absatz 2 Satz 2 oder der Zeitpunkt eines solchen Gesprächs.

Wenn die Beurteilung nach § 10 Absatz 1 ergibt, dass die schwangere oder stillende Frau oder ihr Kind keiner Gefährdung im Sinne von § 9 Absatz 2 ausgesetzt ist oder sein kann, reicht es aus, diese Feststellung in einer für den Arbeitsplatz der Frau oder für die Tätigkeit der Frau bereits erstellten Dokumentation der Beurteilung der Arbeitsbedingungen nach § 5 des Arbeitsschutzgesetzes zu vermerken.

(2) Der Arbeitgeber hat alle Personen, die bei ihm beschäftigt sind, über das Ergebnis der Gefährdungsbeurteilung nach § 10 Absatz 1 Satz 1 Nummer 1 und über den Bedarf an Schutzmaßnahmen nach § 10 Absatz 1 Satz 1 Nummer 2 zu informieren.

(3) Der Arbeitgeber hat eine schwangere oder stillende Frau über die Gefährdungsbeurteilung nach § 10 Absatz 1 Satz 1 Nummer 1 und über die damit verbundenen für sie erforderlichen Schutzmaßnahmen nach § 10 Absatz 2 Satz 1 in Verbindung mit § 13 zu informieren.

§ 15 Mitteilungen und Nachweise der schwangeren und stillenden Frauen

(1) Eine schwangere Frau soll ihrem Arbeitgeber ihre Schwangerschaft und den voraussichtlichen Tag der Entbindung mitteilen, sobald sie weiß, dass sie schwanger ist. Eine stillende Frau soll ihrem Arbeitgeber so früh wie möglich mitteilen, dass sie stillt.

(2) Auf Verlangen des Arbeitgebers soll eine schwangere Frau als Nachweis über ihre Schwangerschaft ein ärztliches Zeugnis oder das Zeugnis einer Hebamme oder eines Entbindungspflegers vorlegen. Das Zeugnis über die Schwangerschaft soll den voraussichtlichen Tag der Entbindung enthalten.

Unterabschnitt 3
Ärztlicher Gesundheitsschutz

§ 16 Ärztliches Beschäftigungsverbot

(1) Der Arbeitgeber darf eine schwangere Frau nicht beschäftigen, soweit nach einem ärztlichen Zeugnis ihre Gesundheit oder die ihres Kindes bei Fortdauer der Beschäftigung gefährdet ist.

(2) Der Arbeitgeber darf eine Frau, die nach einem ärztlichen Zeugnis in den ersten Monaten nach der Entbindung nicht voll leistungsfähig ist, nicht mit Arbeiten beschäftigen, die ihre Leistungsfähigkeit übersteigen.

Abschnitt 3
Kündigungsschutz

§ 17 Kündigungsverbot

(1) Die Kündigung gegenüber einer Frau ist unzulässig

1. während ihrer Schwangerschaft,
2. bis zum Ablauf von vier Monaten nach einer Fehlgeburt nach der zwölften Schwangerschaftswoche und
3. bis zum Ende ihrer Schutzfrist nach der Entbindung, mindestens jedoch bis zum

Ablauf von vier Monaten nach der Entbindung,

wenn dem Arbeitgeber zum Zeitpunkt der Kündigung die Schwangerschaft, die Fehlgeburt nach der zwölften Schwangerschaftswoche oder die Entbindung bekannt ist oder wenn sie ihm innerhalb von zwei Wochen nach Zugang der Kündigung mitgeteilt wird. Das Überschreiten dieser Frist ist unschädlich, wenn die Überschreitung auf einem von der Frau nicht zu vertretenden Grund beruht und die Mitteilung unverzüglich nachgeholt wird. Die Sätze 1 und 2 gelten entsprechend für Vorbereitungsmaßnahmen des Arbeitgebers, die er im Hinblick auf eine Kündigung der Frau trifft.

(2) Die für den Arbeitsschutz zuständige oberste Landesbehörde oder die von ihr bestimmte Stelle kann in besonderen Fällen, die nicht mit dem Zustand der Frau in der Schwangerschaft, nach einer Fehlgeburt nach der zwölften Schwangerschaftswoche oder nach der Entbindung in Zusammenhang stehen, ausnahmsweise die Kündigung für zulässig erklären. Die Kündigung bedarf der Schriftform und muss den Kündigungsgrund angeben.

(3) Der Auftraggeber oder Zwischenmeister darf eine in Heimarbeit beschäftigte Frau in den Fristen nach Absatz 1 Satz 1 nicht gegen ihren Willen bei der Ausgabe von Heimarbeit ausschließen; die §§ 3, 8, 11, 12, 13 Absatz 2 und § 16 bleiben unberührt. Absatz 1 gilt auch für eine Frau, die der in Heimarbeit beschäftigten Frau gleichgestellt ist und deren Gleichstellung sich auch auf § 29 des Heimarbeitsgesetzes erstreckt. Absatz 2 gilt für eine in Heimarbeit beschäftigte Frau und eine ihr Gleichgestellte entsprechend.

Abschnitt 4
Leistungen

§ 18 Mutterschutzlohn

Eine Frau, die wegen eines Beschäftigungsverbots außerhalb der Schutzfristen vor oder nach der Entbindung teilweise oder gar nicht beschäftigt werden darf, erhält von ihrem Arbeitgeber Mutterschutzlohn. Als Mutterschutzlohn wird das durchschnittliche Arbeitsentgelt der letzten drei abgerechneten Kalendermonate vor dem Eintritt der Schwangerschaft gezahlt. Dies gilt auch, wenn wegen dieses Verbots die Beschäftigung oder die Entlohnungsart wechselt. Beginnt das Beschäftigungsverhältnis erst nach Eintritt der Schwangerschaft, ist das durchschnittliche Arbeitsentgelt aus dem Arbeitsentgelt der ersten drei Monate der Beschäftigung zu berechnen.

§ 19 Mutterschaftsgeld

(1) Eine Frau, die Mitglied einer gesetzlichen Krankenkasse ist, erhält für die Zeit der Schutzfristen vor und nach der Entbindung sowie für den Entbindungstag Mutterschaftsgeld nach den Vorschriften des Fünften Buches Sozialgesetzbuch oder nach den Vorschriften des Zweiten Gesetzes über die Krankenversicherung der Landwirte.

(2) Eine Frau, die nicht Mitglied einer gesetzlichen Krankenkasse ist, erhält für die Zeit der Schutzfristen vor und nach der Entbindung sowie für den Entbindungstag Mutterschaftsgeld zu Lasten des Bundes in entsprechender Anwendung der Vorschriften des Fünften Buches Sozialgesetzbuch über das Mutterschaftsgeld, jedoch insgesamt höchstens 210 Euro. Das Mutterschaftsgeld wird dieser Frau auf Antrag vom Bundesamt für Soziale Sicherung gezahlt. Endet das Beschäftigungsverhältnis nach Maßgabe von § 17 Absatz 2 durch eine Kündigung, erhält die Frau Mutterschaftsgeld in entsprechender Anwendung der Sätze 1 und 2 für die Zeit nach dem Ende des Beschäftigungsverhältnisses.

§ 20 Zuschuss zum Mutterschaftsgeld

(1) Eine Frau erhält während ihres bestehenden Beschäftigungsverhältnisses für die Zeit der Schutzfristen vor und nach der Entbindung sowie für den Entbindungstag von ihrem Arbeitgeber einen Zuschuss zum Mutterschaftsgeld. Als Zuschuss zum Mutterschaftsgeld wird der Unterschiedsbetrag zwischen 13 Euro und dem um die gesetzlichen Abzüge verminderten durchschnittlichen kalendertäglichen Arbeitsentgelt der letzten drei abgerechneten Kalendermonate vor Beginn der Schutzfrist vor der Entbindung

gezahlt. Einer Frau, deren Beschäftigungsverhältnis während der Schutzfristen vor oder nach der Entbindung beginnt, wird der Zuschuss zum Mutterschaftsgeld von Beginn des Beschäftigungsverhältnisses an gezahlt.

(2) Ist eine Frau für mehrere Arbeitgeber tätig, sind für die Berechnung des Arbeitgeberzuschusses nach Absatz 1 die durchschnittlichen kalendertäglichen Arbeitsentgelte aus diesen Beschäftigungsverhältnissen zusammenzurechnen. Den sich daraus ergebenden Betrag zahlen die Arbeitgeber anteilig im Verhältnis der von ihnen gezahlten durchschnittlichen kalendertäglichen Arbeitsentgelte.

(3) Endet das Beschäftigungsverhältnis nach Maßgabe von § 17 Absatz 2 durch eine Kündigung, erhält die Frau für die Zeit nach dem Ende des Beschäftigungsverhältnisses den Zuschuss zum Mutterschaftsgeld nach Absatz 1 von der für die Zahlung des Mutterschaftsgeldes zuständigen Stelle. Satz 1 gilt entsprechend, wenn der Arbeitgeber wegen eines Insolvenzereignisses im Sinne von § 165 Absatz 1 Satz 2 des Dritten Buches Sozialgesetzbuch den Zuschuss nach Absatz 1 nicht zahlen kann.

§ 21 Ermittlung des durchschnittlichen Arbeitsentgelts

(1) Bei der Bestimmung des Berechnungszeitraumes für die Ermittlung des durchschnittlichen Arbeitsentgelts für die Leistungen nach den §§ 18 bis 20 bleiben Zeiten unberücksichtigt, in denen die Frau infolge unverschuldeter Fehlzeiten kein Arbeitsentgelt erzielt hat. War das Beschäftigungsverhältnis kürzer als drei Monate, ist der Berechnung der tatsächliche Zeitraum des Beschäftigungsverhältnisses zugrunde zu legen.

(2) Für die Ermittlung des durchschnittlichen Arbeitsentgelts für die Leistungen nach den §§ 18 bis 20 bleiben unberücksichtigt:

1. einmalig gezahltes Arbeitsentgelt im Sinne von § 23a des Vierten Buches Sozialgesetzbuch,
2. Kürzungen des Arbeitsentgelts, die im Berechnungszeitraum infolge von Kurzarbeit, Arbeitsausfällen oder unverschuldetem Arbeitsversäumnis eintreten, und
3. im Fall der Beendigung der Elternzeit nach dem Bundeselterngeld- und Elternzeitgesetz das Arbeitsentgelt aus Teilzeitbeschäftigung, das vor der Beendigung der Elternzeit während der Elternzeit erzielt wurde, soweit das durchschnittliche Arbeitsentgelt ohne die Berücksichtigung der Zeiten, in denen dieses Arbeitsentgelt erzielt wurde, höher ist.

(3) Ist die Ermittlung des durchschnittlichen Arbeitsentgelts entsprechend den Absätzen 1 und 2 nicht möglich, ist das durchschnittliche kalendertägliche Arbeitsentgelt einer vergleichbar beschäftigten Person zugrunde zu legen.

(4) Bei einer dauerhaften Änderung der Arbeitsentgelthöhe ist die geänderte Arbeitsentgelthöhe bei der Ermittlung des durchschnittlichen Arbeitsentgelts für die Leistungen nach den §§ 18 bis 20 zugrunde zu legen, und zwar

1. für den gesamten Berechnungszeitraum, wenn die Änderung während des Berechnungszeitraums wirksam wird,
2. ab Wirksamkeit der Änderung der Arbeitsentgelthöhe, wenn die Änderung der Arbeitsentgelthöhe nach dem Berechnungszeitraum wirksam wird.

§ 22 Leistungen während der Elternzeit

Während der Elternzeit sind Ansprüche auf Leistungen nach den §§ 18 und 20 aus dem wegen der Elternzeit ruhenden Arbeitsverhältnis ausgeschlossen. Übt die Frau während der Elternzeit eine Teilzeitarbeit aus, ist für die Ermittlung des durchschnittlichen Arbeitsentgelts nur das Arbeitsentgelt aus dieser Teilzeitarbeit zugrunde zu legen.

§ 23 Entgelt bei Freistellung für Untersuchungen und zum Stillen

(1) Durch die Gewährung der Freistellung nach § 7 darf bei der schwangeren oder stillenden Frau kein Entgeltausfall eintreten. Freistellungszeiten sind weder vor- noch nachzuarbeiten. Sie werden nicht auf Ruhe-

pausen angerechnet, die im Arbeitszeitgesetz oder in anderen Vorschriften festgelegt sind.

(2) Der Auftraggeber oder Zwischenmeister hat einer in Heimarbeit beschäftigten Frau und der ihr Gleichgestellten für die Stillzeit ein Entgelt zu zahlen, das nach der Höhe des durchschnittlichen Stundenentgelts für jeden Werktag zu berechnen ist. Ist eine Frau für mehrere Auftraggeber oder Zwischenmeister tätig, haben diese das Entgelt für die Stillzeit zu gleichen Teilen zu zahlen. Auf das Entgelt finden die Vorschriften der §§ 23 bis 25 des Heimarbeitsgesetzes über den Entgeltschutz Anwendung.

§ 24 Fortbestehen des Erholungsurlaubs bei Beschäftigungsverboten

Für die Berechnung des Anspruchs auf bezahlten Erholungsurlaub gelten die Ausfallzeiten wegen eines Beschäftigungsverbots als Beschäftigungszeiten. Hat eine Frau ihren Urlaub vor Beginn eines Beschäftigungsverbots nicht oder nicht vollständig erhalten, kann sie nach dem Ende des Beschäftigungsverbots den Resturlaub im laufenden oder im nächsten Urlaubsjahr beanspruchen.

§ 25 Beschäftigung nach dem Ende des Beschäftigungsverbots

Mit dem Ende eines Beschäftigungsverbots im Sinne von § 2 Absatz 3 hat eine Frau das Recht, entsprechend den vertraglich vereinbarten Bedingungen beschäftigt zu werden.

Abschnitt 5
Durchführung des Gesetzes

§ 26 Aushang des Gesetzes

(1) In Betrieben und Verwaltungen, in denen regelmäßig mehr als drei Frauen beschäftigt werden, hat der Arbeitgeber eine Kopie dieses Gesetzes an geeigneter Stelle zur Einsicht auszulegen oder auszuhängen. Dies gilt nicht, wenn er das Gesetz für die Personen, die bei ihm beschäftigt sind, in einem elektronischen Verzeichnis jederzeit zugänglich gemacht hat.

(2) Für eine in Heimarbeit beschäftigte Frau oder eine ihr Gleichgestellte muss der Auftraggeber oder Zwischenmeister in den Räumen der Ausgabe oder Abnahme von Heimarbeit eine Kopie dieses Gesetzes an geeigneter Stelle zur Einsicht auslegen oder aushängen. Absatz 1 Satz 2 gilt entsprechend.

§ 27 Mitteilungs- und Aufbewahrungspflichten des Arbeitgebers, Offenbarungsverbot der mit der Überwachung beauftragten Personen

(1) Der Arbeitgeber hat die Aufsichtsbehörde unverzüglich zu benachrichtigen,

1. wenn eine Frau ihm mitgeteilt hat,
   a) dass sie schwanger ist oder
   b) dass sie stillt, es sei denn, er hat die Aufsichtsbehörde bereits über die Schwangerschaft dieser Frau benachrichtigt, oder

2. wenn er beabsichtigt, eine schwangere oder stillende Frau zu beschäftigen
   a) bis 22 Uhr nach den Vorgaben des § 5 Absatz 2 Satz 2 und 3,
   b) an Sonn- und Feiertagen nach den Vorgaben des § 6 Absatz 1 Satz 2 und 3 oder Absatz 2 Satz 2 und 3 oder
   c) mit getakteter Arbeit im Sinne von § 11 Absatz 6 Nummer 3 oder § 12 Absatz 5 Nummer 3.

Er darf diese Informationen nicht unbefugt an Dritte weitergeben.

(2) Der Arbeitgeber hat der Aufsichtsbehörde auf Verlangen die Angaben zu machen, die zur Erfüllung der Aufgaben dieser Behörde erforderlich sind. Er hat die Angaben wahrheitsgemäß, vollständig und rechtzeitig zu machen.

(3) Der Arbeitgeber hat der Aufsichtsbehörde auf Verlangen die Unterlagen zur Einsicht vorzulegen oder einzusenden, aus denen Folgendes ersichtlich ist:

1. die Namen der schwangeren oder stillenden Frauen, die bei ihm beschäftigt sind,
2. die Art und der zeitliche Umfang ihrer Beschäftigung,
3. die Entgelte, die an sie gezahlt worden sind,

4. die Ergebnisse der Beurteilung der Arbeitsbedingungen nach § 10 und
5. alle sonstigen nach Absatz 2 erforderlichen Angaben.

(4) Die auskunftspflichtige Person kann die Auskunft auf solche Fragen oder die Vorlage derjenigen Unterlagen verweigern, deren Beantwortung oder Vorlage sie selbst oder einen ihrer in § 383 Absatz 1 Nummer 1 bis 3 der Zivilprozessordnung bezeichneten Angehörigen der Gefahr der Verfolgung wegen einer Straftat oder Ordnungswidrigkeit aussetzen würde. Die auskunftspflichtige Person ist darauf hinzuweisen.

(5) Der Arbeitgeber hat die in Absatz 3 genannten Unterlagen mindestens bis zum Ablauf von zwei Jahren nach der letzten Eintragung aufzubewahren.

(6) Die mit der Überwachung beauftragten Personen der Aufsichtsbehörde dürfen die ihnen bei ihrer Überwachungstätigkeit zur Kenntnis gelangten Geschäfts- und Betriebsgeheimnisse nur in den gesetzlich geregelten Fällen oder zur Verfolgung von Rechtsverstößen oder zur Erfüllung von gesetzlich geregelten Aufgaben zum Schutz der Umwelt den dafür zuständigen Behörden offenbaren. Soweit es sich bei Geschäfts- und Betriebsgeheimnissen um Informationen über die Umwelt im Sinne des Umweltinformationsgesetzes handelt, richtet sich die Befugnis zu ihrer Offenbarung nach dem Umweltinformationsgesetz.

§ 28 Behördliches Genehmigungsverfahren für eine Beschäftigung zwischen 20 Uhr und 22 Uhr

(1) Die Aufsichtsbehörde kann abweichend von § 5 Absatz 1 Satz 1 auf Antrag des Arbeitgebers genehmigen, dass eine schwangere oder stillende Frau zwischen 20 Uhr und 22 Uhr beschäftigt wird, wenn

1. sich die Frau dazu ausdrücklich bereit erklärt,
2. nach ärztlichem Zeugnis nichts gegen die Beschäftigung der Frau bis 22 Uhr spricht und
3. insbesondere eine unverantwortbare Gefährdung für die schwangere Frau oder ihr Kind durch Alleinarbeit ausgeschlossen ist.

Dem Antrag ist die Dokumentation der Beurteilung der Arbeitsbedingungen nach § 14 Absatz 1 beizufügen. Die schwangere oder stillende Frau kann ihre Erklärung nach Satz 1 Nummer 1 jederzeit mit Wirkung für die Zukunft widerrufen.

(2) Solange die Aufsichtsbehörde den Antrag nicht ablehnt oder die Beschäftigung zwischen 20 Uhr und 22 Uhr nicht vorläufig untersagt, darf der Arbeitgeber die Frau unter den Voraussetzungen des Absatzes 1 beschäftigen. Die Aufsichtsbehörde hat dem Arbeitgeber nach Eingang des Antrags unverzüglich eine Mitteilung zu machen, wenn die für den Antrag nach Absatz 1 erforderlichen Unterlagen unvollständig sind. Die Aufsichtsbehörde kann die Beschäftigung vorläufig untersagen, soweit dies erforderlich ist, um den Schutz der Gesundheit der Frau oder ihres Kindes sicherzustellen.

(3) Lehnt die Aufsichtsbehörde den Antrag nicht innerhalb von sechs Wochen nach Eingang des vollständigen Antrags ab, gilt die Genehmigung als erteilt. Auf Verlangen ist dem Arbeitgeber der Eintritt der Genehmigungsfiktion (§ 42a des Verwaltungsverfahrensgesetzes) zu bescheinigen.

(4) Im Übrigen gelten die Vorschriften des Verwaltungsverfahrensgesetzes.

§ 29 Zuständigkeit und Befugnisse der Aufsichtsbehörden, Jahresbericht

(1) Die Aufsicht über die Ausführung der Vorschriften dieses Gesetzes und der aufgrund dieses Gesetzes erlassenen Vorschriften obliegt den nach Landesrecht zuständigen Behörden (Aufsichtsbehörden).

(2) Die Aufsichtsbehörden haben dieselben Befugnisse wie die nach § 22 Absatz 2 und 3 des Arbeitsschutzgesetzes mit der Überwachung beauftragten Personen. Das Grundrecht der Unverletzlichkeit der Wohnung (Artikel 13 des Grundgesetzes) wird insoweit eingeschränkt.

(3) Die Aufsichtsbehörde kann in Einzelfällen die erforderlichen Maßnahmen anordnen, die der Arbeitgeber zur Erfüllung derjenigen Pflichten zu treffen hat, die sich aus Abschnitt 2 dieses Gesetzes und aus den auf-

grund des § 31 Nummer 1 bis 5 erlassenen Rechtsverordnungen ergeben. Insbesondere kann die Aufsichtsbehörde:

1. in besonders begründeten Einzelfällen Ausnahmen vom Verbot der Mehrarbeit nach § 4 Absatz 1 Satz 1, 2 oder 4 sowie vom Verbot der Nachtarbeit auch zwischen 22 Uhr und 6 Uhr nach § 5 Absatz 1 Satz 1 oder Absatz 2 Satz 1 bewilligen, wenn
   a) sich die Frau dazu ausdrücklich bereit erklärt,
   b) nach ärztlichem Zeugnis nichts gegen die Beschäftigung spricht und
   c) in den Fällen des § 5 Absatz 1 Satz 1 oder Absatz 2 Satz 1 insbesondere eine unverantwortbare Gefährdung für die schwangere Frau oder ihr Kind durch Alleinarbeit ausgeschlossen ist,
2. verbieten, dass ein Arbeitgeber eine schwangere oder stillende Frau
   a) nach § 5 Absatz 2 Satz 2 zwischen 20 Uhr und 22 Uhr beschäftigt oder
   b) nach § 6 Absatz 1 Satz 2 oder nach § 6 Absatz 2 Satz 2 an Sonn- und Feiertagen beschäftigt,
3. Einzelheiten zur Freistellung zum Stillen nach § 7 Absatz 2 und zur Bereithaltung von Räumlichkeiten, die zum Stillen geeignet sind, anordnen,
4. Einzelheiten zur zulässigen Arbeitsmenge nach § 8 anordnen,
5. Schutzmaßnahmen nach § 9 Absatz 1 bis 3 und nach § 13 anordnen,
6. Einzelheiten zu Art und Umfang der Beurteilung der Arbeitsbedingungen nach § 10 anordnen,
7. bestimmte Tätigkeiten oder Arbeitsbedingungen nach § 11 oder nach § 12 verbieten,
8. Ausnahmen von den Vorschriften des § 11 Absatz 6 Nummer 1 und 2 und des § 12 Absatz 5 Nummer 1 und 2 bewilligen, wenn die Art der Arbeit und das Arbeitstempo keine unverantwortbare Gefährdung für die schwangere oder stillende Frau oder für ihr Kind darstellen, und
9. Einzelheiten zu Art und Umfang der Dokumentation und Information nach § 14 anordnen.

Die schwangere oder stillende Frau kann ihre Erklärung nach Satz 2 Nummer 1 Buchstabe a jederzeit mit Wirkung für die Zukunft widerrufen.

(4) Die Aufsichtsbehörde berät den Arbeitgeber bei der Erfüllung seiner Pflichten nach diesem Gesetz sowie die bei ihm beschäftigten Personen zu ihren Rechten und Pflichten nach diesem Gesetz; dies gilt nicht für die Rechte und Pflichten nach den §§ 18 bis 22.

(5) Für Betriebe und Verwaltungen im Geschäftsbereich des Bundesministeriums der Verteidigung wird die Aufsicht nach Absatz 1 durch das Bundesministerium der Verteidigung oder die von ihm bestimmte Stelle in eigener Zuständigkeit durchgeführt.

(6) Die zuständigen obersten Landesbehörden haben über die Überwachungstätigkeit der ihnen unterstellten Behörden einen Jahresbericht zu veröffentlichen. Der Jahresbericht umfasst auch Angaben zur Erfüllung von Unterrichtungspflichten aus internationalen Übereinkommen oder Rechtsakten der Europäischen Union, soweit sie den Mutterschutz betreffen.

§ 30 Ausschuss für Mutterschutz

(1) Beim Bundesministerium für Familie, Senioren, Frauen und Jugend wird ein Ausschuss für Mutterschutz gebildet, in dem geeignete Personen vonseiten der öffentlichen und privaten Arbeitgeber, der Ausbildungsstellen, der Gewerkschaften, der Studierendenvertretungen und der Landesbehörden sowie weitere geeignete Personen, insbesondere aus der Wissenschaft, vertreten sein sollen. Dem Ausschuss sollen nicht mehr als 15 Mitglieder angehören. Für jedes Mitglied ist ein stellvertretendes Mitglied zu benennen. Die Mitgliedschaft im Ausschuss für Mutterschutz ist ehrenamtlich.

(2) Das Bundesministerium für Familie, Senioren, Frauen und Jugend beruft im Einvernehmen mit dem Bundesministerium für Arbeit und Soziales, dem Bundesministerium für Gesundheit und dem Bundesministerium für

Bildung und Forschung die Mitglieder des Ausschusses für Mutterschutz und die stellvertretenden Mitglieder. Der Ausschuss gibt sich eine Geschäftsordnung und wählt die Vorsitzende oder den Vorsitzenden aus seiner Mitte. Die Geschäftsordnung und die Wahl der oder des Vorsitzenden bedürfen der Zustimmung des Bundesministeriums für Familie, Senioren, Frauen und Jugend. Die Zustimmung erfolgt im Einvernehmen mit dem Bundesministerium für Arbeit und Soziales und dem Bundesministerium für Gesundheit.

(3) Zu den Aufgaben des Ausschusses für Mutterschutz gehört es,

1. Art, Ausmaß und Dauer der möglichen unverantwortbaren Gefährdungen einer schwangeren oder stillenden Frau und ihres Kindes nach wissenschaftlichen Erkenntnissen zu ermitteln und zu begründen,
2. sicherheitstechnische, arbeitsmedizinische und arbeitshygienische Regeln zum Schutz der schwangeren oder stillenden Frau und ihres Kindes aufzustellen und
3. das Bundesministerium für Familie, Senioren, Frauen und Jugend in allen mutterschutzbezogenen Fragen zu beraten.

Der Ausschuss arbeitet eng mit den Ausschüssen nach § 18 Absatz 2 Nummer 5 des Arbeitsschutzgesetzes zusammen.

(4) Nach Prüfung durch das Bundesministerium für Familie, Senioren, Frauen und Jugend, durch das Bundesministerium für Arbeit und Soziales, durch das Bundesministerium für Gesundheit und durch das Bundesministerium für Bildung und Forschung kann das Bundesministerium für Familie, Senioren, Frauen und Jugend im Einvernehmen mit den anderen in diesem Absatz genannten Bundesministerien die vom Ausschuss für Mutterschutz nach Absatz 3 aufgestellten Regeln und Erkenntnisse im Gemeinsamen Ministerialblatt veröffentlichen.

(5) Die Bundesministerien sowie die obersten Landesbehörden können zu den Sitzungen des Ausschusses für Mutterschutz Vertreterinnen oder Vertreter entsenden. Auf Verlangen ist ihnen in der Sitzung das Wort zu erteilen.

(6) Die Geschäfte des Ausschusses für Mutterschutz werden vom Bundesamt für Familie und zivilgesellschaftliche Aufgaben geführt.

§ 31 Erlass von Rechtsverordnungen

Die Bundesregierung wird ermächtigt, durch Rechtsverordnung mit Zustimmung des Bundesrates Folgendes zu regeln:

1. nähere Bestimmungen zum Begriff der unverantwortbaren Gefährdung nach § 9 Absatz 2 Satz 2 und 3,
2. nähere Bestimmungen zur Durchführung der erforderlichen Schutzmaßnahmen nach § 9 Absatz 1 und 2 und nach § 13,
3. nähere Bestimmungen zu Art und Umfang der Beurteilung der Arbeitsbedingungen nach § 10,
4. Festlegungen von unzulässigen Tätigkeiten und Arbeitsbedingungen im Sinne von § 11 oder § 12 oder von anderen nach diesem Gesetz unzulässigen Tätigkeiten und Arbeitsbedingungen,
5. nähere Bestimmungen zur Dokumentation und Information nach § 14,
6. nähere Bestimmungen zur Ermittlung des durchschnittlichen Arbeitsentgelts im Sinne der §§ 18 bis 22 und
7. nähere Bestimmungen zum erforderlichen Inhalt der Benachrichtigung, ihrer Form, der Art und Weise der Übermittlung sowie die Empfänger der vom Arbeitgeber nach § 27 zu meldenden Informationen.

Abschnitt 6
Bußgeldvorschriften, Strafvorschriften

§ 32 Bußgeldvorschriften

(1) Ordnungswidrig handelt, wer vorsätzlich oder fahrlässig

1. entgegen § 3 Absatz 1 Satz 1, auch in Verbindung mit Satz 4, entgegen § 3 Absatz 2 Satz 1, auch in Verbindung mit Satz 2 oder 3, entgegen § 3 Absatz 3 Satz 1, § 4 Absatz 1 Satz 1, 2 oder 4 oder § 5 Absatz 1 Satz 1, § 6 Absatz 1 Satz 1, § 13 Absatz 1 Nummer 3 oder § 16 eine Frau beschäftigt,

2. entgegen § 4 Absatz 2 eine Ruhezeit nicht, nicht richtig oder nicht rechtzeitig gewährt,
3. entgegen § 5 Absatz 2 Satz 1 oder § 6 Absatz 2 Satz 1 eine Frau tätig werden lässt,
4. entgegen § 7 Absatz 1 Satz 1, auch in Verbindung mit Satz 2, oder entgegen § 7 Absatz 2 Satz 1 eine Frau nicht freistellt,
5. entgegen § 8 oder § 13 Absatz 2 Heimarbeit ausgibt,
6. entgegen § 10 Absatz 1 Satz 1, auch in Verbindung mit einer Rechtsverordnung nach § 31 Nummer 3, eine Gefährdung nicht, nicht richtig oder nicht rechtzeitig beurteilt oder eine Ermittlung nicht, nicht richtig oder nicht rechtzeitig durchführt,
7. entgegen § 10 Absatz 1 Satz 1, auch in Verbindung mit einer Rechtsverordnung nach § 31 Nummer 3, eine Schutzmaßnahme nicht, nicht richtig oder nicht rechtzeitig festlegt,
8. entgegen § 10 Absatz 3 eine Frau eine andere als die dort bezeichnete Tätigkeit ausüben lässt,
9. entgegen § 14 Absatz 1 Satz 1 in Verbindung mit einer Rechtsverordnung nach § 31 Nummer 5 eine Dokumentation nicht, nicht richtig, nicht vollständig oder nicht rechtzeitig erstellt,
10. entgegen § 14 Absatz 2 oder 3, jeweils in Verbindung mit einer Rechtsverordnung nach § 31 Nummer 5, eine Information nicht, nicht richtig, nicht vollständig oder nicht rechtzeitig gibt,
11. entgegen § 27 Absatz 1 Satz 1 die Aufsichtsbehörde nicht, nicht richtig oder nicht rechtzeitig benachrichtigt,
12. entgegen § 27 Absatz 1 Satz 2 eine Information weitergibt,
13. entgegen § 27 Absatz 2 eine Angabe nicht, nicht richtig, nicht vollständig oder nicht rechtzeitig macht,
14. entgegen § 27 Absatz 3 eine Unterlage nicht, nicht richtig oder nicht rechtzeitig vorlegt oder nicht oder nicht rechtzeitig einsendet,
15. entgegen § 27 Absatz 5 eine Unterlage nicht oder nicht mindestens zwei Jahre aufbewahrt,
16. einer vollziehbaren Anordnung nach § 29 Absatz 3 Satz 1 zuwiderhandelt oder
17. einer Rechtsverordnung nach § 31 Nummer 4 oder einer vollziehbaren Anordnung aufgrund einer solchen Rechtsverordnung zuwiderhandelt, soweit die Rechtsverordnung für einen bestimmten Tatbestand auf diese Bußgeldvorschrift verweist.

(2) Die Ordnungswidrigkeit kann in den Fällen des Absatzes 1 Nummer 1 bis 5, 8, 16 und 17 mit einer Geldbuße bis zu dreißigtausend Euro, in den übrigen Fällen mit einer Geldbuße bis zu fünftausend Euro geahndet werden.

§ 33 Strafvorschriften

Wer eine in § 32 Absatz 1 Nummer 1 bis 5, 8, 16 und 17 bezeichnete vorsätzliche Handlung begeht und dadurch die Gesundheit der Frau oder ihres Kindes gefährdet, wird mit Freiheitsstrafe bis zu einem Jahr oder mit Geldstrafe bestraft.

Abschnitt 7
Schlussvorschriften

§ 34 Evaluationsbericht

Die Bundesregierung legt dem Deutschen Bundestag zum 1. Januar 2021 einen Evaluationsbericht über die Auswirkungen des Gesetzes vor. Schwerpunkte des Berichts sollen die Handhabbarkeit der gesetzlichen Regelung in der betrieblichen und behördlichen Praxis, die Wirksamkeit und die Auswirkungen des Gesetzes im Hinblick auf seinen Anwendungsbereich, die Auswirkungen der Regelungen zum Verbot der Mehr- und Nachtarbeit sowie zum Verbot der Sonn- und Feiertagsarbeit und die Arbeit des Ausschusses für Mutterschutz sein. Der Bericht darf keine personenbezogenen Daten enthalten.

Verordnung über den Mutterschutz für Beamtinnen des Bundes und die Elternzeit für Beamtinnen und Beamte des Bundes (Mutterschutz- und Elternzeitverordnung – MuSchEltZV)

Vom 12. Februar 2009 (BGBl. I S. 320)

Zuletzt geändert durch
Verordnung zur Fortentwicklung laufbahnrechtlicher und
weiterer dienstrechtlicher Vorschriften
vom 16. August 2021 (BGBl. I S. 3582)

Abschnitt 1
Mutterschutz

§ 1 Allgemeines

Für den Mutterschutz von Personen in einem Beamtenverhältnis beim Bund sowie bei bundesunmittelbaren Körperschaften, Anstalten und Stiftungen des öffentlichen Rechts gelten die §§ 2 bis 5.

§ 2 Anwendung des Mutterschutzgesetzes

(1) Die folgenden Vorschriften des Mutterschutzgesetzes sind entsprechend anzuwenden:

1. zu Begriffsbestimmungen (§ 2 Absatz 1 Satz 1, Absatz 3 Satz 1 und Absatz 4 des Mutterschutzgesetzes),

2. zur Gestaltung der Arbeitsbedingungen (§§ 9, 10 Absatz 1 und 2, §§ 11, 12, 13 Absatz 1 Nummer 1 des Mutterschutzgesetzes),

3. zum Arbeitsplatzwechsel (§ 13 Absatz 1 Nummer 2 des Mutterschutzgesetzes),

4. zur Dokumentation und Information durch den Arbeitgeber (§ 14 des Mutterschutzgesetzes),

5. zu Beschäftigungsverboten (§§ 3 bis 6, 10 Absatz 3, § 13 Absatz 1 Nummer 3 und § 16 des Mutterschutzgesetzes),

6. zu Mitteilungen und Nachweisen über die Schwangerschaft und das Stillen (§ 15 des Mutterschutzgesetzes),

7. zur Freistellung für Untersuchungen und zum Stillen (§ 7 des Mutterschutzgesetzes),

8. zu den Mitteilungs- und Aufbewahrungspflichten des Arbeitgebers (§ 27 Absatz 1 bis 5 des Mutterschutzgesetzes) sowie

9. zum behördlichen Genehmigungsverfahren für eine Beschäftigung zwischen 20 und 22 Uhr (§ 28 des Mutterschutzgesetzes).

Andere Arbeitsschutzvorschriften bleiben unberührt.

(2) In jeder Dienststelle, bei der regelmäßig mehr als drei Personen tätig sind, sind ein Abdruck des Mutterschutzgesetzes sowie ein Abdruck dieser Verordnung an geeigneter Stelle zur Einsicht auszulegen, auszuhändigen oder in einem elektronischen Informationssystem jederzeit zugänglich zu machen.

§ 3 Besoldung bei Beschäftigungsverbot, Untersuchungen und Stillen

(1) Durch die mutterschutzrechtlichen Beschäftigungsverbote mit Ausnahme des Verbots der Mehrarbeit wird die Zahlung der Dienst- und Anwärterbezüge nicht berührt (§§ 3 bis 6, 10 Absatz 3, § 13 Absatz 1 Nummer 3 und § 16 des Mutterschutzgesetzes). Dies gilt auch für das Dienstversäumnis wegen ärztlicher Untersuchungen bei Schwangerschaft und Mutterschaft sowie während des Stillens (§ 7 des Mutterschutzgesetzes).

(2) Im Fall der vorzeitigen Beendigung einer Elternzeit nach § 16 Absatz 3 Satz 3 des Bundeselterngeld- und Elternzeitgesetzes richtet sich die Höhe der Dienst- und Anwärterbezüge nach dem Beschäftigungsumfang vor der Elternzeit oder während der Elternzeit, wobei die höheren Bezüge maßgeblich sind.

(3) Bemessungsgrundlage für die Zahlung von Erschwerniszulagen nach der Erschwerniszulagenverordnung sowie für die Vergütung nach der Vollstreckungsvergütungsverordnung in der Fassung der Bekanntmachung vom 6. Januar 2003 (BGBl. I S. 8) in der jeweils geltenden Fassung ist der Durchschnitt der Zulagen und der Vergütungen der letzten drei Monate vor Beginn des Monats, in dem die Schwangerschaft eingetreten ist.

§ 4 Entlassung während der Schwangerschaft, nach einer Fehlgeburt und nach der Entbindung

(1) Während der Schwangerschaft, bis zum Ablauf von vier Monaten nach einer Fehlgeburt nach der zwölften Schwangerschaftswoche und bis zum Ende der Schutzfrist nach der Entbindung, mindestens bis zum Ablauf von vier Monaten nach der Entbindung, darf die Entlassung von Beamtinnen auf Probe und von Beamtinnen auf Widerruf gegen ihren Willen nicht ausgesprochen werden, wenn der oder dem Dienstvorgesetzten die Schwangerschaft, die Fehlgeburt nach der zwölften Schwangerschaftswoche oder die Entbindung bekannt ist. Eine ohne diese Kenntnis ergangene Entlassungsverfügung ist zurückzunehmen, wenn innerhalb von zwei Wochen nach ihrer Zustellung der oder dem Dienstvorgesetzten die Schwangerschaft, die Fehlgeburt nach der zwölften Schwangerschaftswoche oder die Entbindung mitgeteilt wird. Das Überschreiten dieser Frist ist unbeachtlich, wenn dies auf einem von der Beamtin nicht zu vertretenden Grund beruht und die Mitteilung über die Schwangerschaft, die Fehlgeburt oder die Entbindung unverzüglich nachgeholt wird. Die Sätze 1 bis 3 gelten entsprechend für Vorbereitungsmaßnahmen des Dienstherrn, die er im Hinblick auf eine Entlassung einer Beamtin trifft.

(2) Die oberste Dienstbehörde kann in besonderen Fällen, die nicht mit dem Zustand der Beamtin in der Schwangerschaft, nach einer Fehlgeburt nach der zwölften Schwangerschaftswoche oder nach der Entbindung in Zusammenhang stehen, ausnahmsweise die Entlassung für zulässig erklären.

(3) Die §§ 31, 32, 34 Absatz 4, § 35 Satz 1, letzterer vorbehaltlich der Fälle des § 24 Absatz 3, sowie die §§ 36 und 37 Absatz 1 Satz 3 des Bundesbeamtengesetzes bleiben unberührt.

§ 5 Zuschuss bei Beschäftigungsverbot während einer Elternzeit

Beamtinnen erhalten einen Zuschuss von 13 Euro für jeden Kalendertag eines Beschäftigungsverbots in den letzten sechs Wochen vor der Entbindung und eines Beschäftigungsverbots nach der Entbindung – einschließlich des Entbindungstages –, der in eine Elternzeit fällt. Dies gilt nicht, wenn sie während der Elternzeit teilzeitbeschäftigt sind. Der Zuschuss ist auf 210 Euro begrenzt, wenn die Dienst- oder Anwärterbezüge ohne die mit Rücksicht auf den Familienstand gewährten Zuschläge und ohne Leistungen nach Abschnitt 5 des Bundesbesoldungsgesetzes die Versicherungspflichtgrenze in der gesetzlichen Krankenversicherung überschreiten oder überschreiten würden.

Abschnitt 2
Elternzeit

§ 6 Anwendung des Bundeselterngeld- und Elternzeitgesetzes

Beamtinnen und Beamte haben Anspruch auf Elternzeit ohne Dienst- oder Anwärterbezüge entsprechend des § 15 Absatz 1 bis 3 sowie der §§ 16 und 28 Absatz 1 Satz 1 des Bundeselterngeld- und Elternzeitgesetzes.

§ 7 Teilzeitbeschäftigung während der Elternzeit

(1) Während der Elternzeit ist Beamtinnen und Beamten, die Anspruch auf Dienst- oder Anwärterbezüge haben, auf Antrag eine Teilzeitbeschäftigung bei ihrem Dienstherrn bis zu 32 Wochenstunden im Durchschnitt eines Monats zu bewilligen, wenn zwingende dienstliche Belange nicht entgegenstehen.

(2) Mit Genehmigung der zuständigen Dienstbehörde darf während der Elternzeit auch eine

Teilzeitbeschäftigung außerhalb des Beamtenverhältnisses in dem in Absatz 1 genannten Umfang ausgeübt werden. Die Genehmigung kann nur innerhalb von vier Wochen ab Antragstellung versagt werden, wenn dringende dienstliche Belange entgegenstehen. Sie ist zu versagen, wenn einer der in § 99 Absatz 2 Satz 2 Nummer 2 bis 6 des Bundesbeamtengesetzes genannten Gründe vorliegt.

§ 8 Entlassung während der Elternzeit

(1) Während der Elternzeit darf die Entlassung von Beamtinnen und Beamten auf Probe und von Beamtinnen und Beamten auf Widerruf gegen ihren Willen nicht ausgesprochen werden. Dies gilt nicht für Zeiten einer Teilzeitbeschäftigung nach § 7 Absatz 1.

(2) In besonderen Fällen kann die oberste Dienstbehörde die Entlassung ausnahmsweise für zulässig erklären.

(3) § 4 Absatz 3 gilt entsprechend.

§ 9 Erstattung von Krankenversicherungsbeiträgen

(1) Beamtinnen und Beamten werden für die Dauer der Elternzeit die Beiträge für ihre Kranken- und Pflegeversicherung bis zu monatlich 31 Euro erstattet, wenn ihre Dienst- oder Anwärterbezüge vor Beginn der Elternzeit die Versicherungspflichtgrenze in der gesetzlichen Krankenversicherung nicht überschritten haben oder überschritten hätten. Hierbei werden die mit Rücksicht auf den Familienstand gewährten Zuschläge sowie Leistungen nach Abschnitt 5 des Bundesbesoldungsgesetzes nicht berücksichtigt. Nehmen die Eltern gemeinsam Elternzeit, steht die Beitragserstattung nur dem Elternteil zu, bei dem das Kind im Familienzuschlag berücksichtigt wird oder berücksichtigt werden soll.

(2) Für die Zeit, für die sie Elterngeld nach den §§ 4 und 4c des Bundeselterngeld- und Elternzeitgesetzes beziehen, werden Beamtinnen und Beamten mit Dienstbezügen bis einschließlich der Besoldungsgruppe A 8 sowie Beamtinnen und Beamten mit Anwärterbezügen auf Antrag die Beiträge für die Kranken- und Pflegeversicherung über die Erstattung nach Absatz 1 hinaus in voller Höhe erstattet, soweit sie auf einen auf den Beihilfebemessungssatz abgestimmten Prozenttarif oder einen die jeweilige Beihilfe ergänzenden Tarif einschließlich etwaiger darin enthaltener Altersrückstellungen entfallen. Für andere Monate einer Elternzeit wird die Beitragserstattung nach Satz 1 weitergezahlt, solange keine Beschäftigung mit mindestens der Hälfte der regelmäßigen Arbeitszeit ausgeübt wird.

(3) Die Absätze 1 und 2 gelten entsprechend für auf die Beamtin oder den Beamten entfallende Beiträge für die freiwillige gesetzliche Krankenversicherung und Pflegeversicherung.

§ 10 Sonderregelung für Richterinnen und Richter im Bundesdienst

Während der Elternzeit ist eine Teilzeitbeschäftigung als Richterin oder Richter von mindestens der Hälfte bis zu drei Vierteln des regelmäßigen Dienstes zulässig.

Abschnitt 3
Übergangs- und Schlussvorschriften

§ 11 Übergangsvorschrift

Auf die vor dem 14. Februar 2009 geborenen Kinder oder auf die vor diesem Zeitpunkt mit dem Ziel der Adoption aufgenommenen Kinder ist § 1 Absatz 2 Satz 2 und 3 der Elternzeitverordnung in der bis zum 13. Februar 2009 geltenden Fassung anzuwenden.

Niedersächsische Erholungsurlaubsverordnung (NEUrlVO)

in der Fassung der Bekanntmachung
vom 7. September 2004 (Nds. GVBl. S. 317)

Zuletzt geändert durch
Verordnung zur Änderung der Niedersächsischen Erholungsurlaubsverordnung
vom 6. Oktober 2022 (Nds. GVBl. S. 632)

§ 1 Anwendungsbereich

₁Diese Verordnung regelt den Erholungsurlaub für Beamtinnen und Beamte im Sinne des § 1 des Niedersächsischen Beamtengesetzes (NBG) sowie für Richterinnen und Richter im Landesdienst. ₂Auf Ehrenbeamtinnen und Ehrenbeamte findet sie keine Anwendung.

§ 2 Urlaubsjahr, Urlaubserteilung

(1) Urlaubsjahr ist das Kalenderjahr, soweit nichts anderes bestimmt ist.

(2) Erholungsurlaub ist auf Antrag zu erteilen, sofern die ordnungsgemäße Erledigung der Dienstgeschäfte oder der geordnete Ablauf der Ausbildung gewährleistet ist.

(3) ₁Lehrkräfte an öffentlichen Schulen erhalten den ihnen zustehenden Erholungsurlaub während der Schulferien. ₂Eines Antrages bedarf es nicht. ₃Wissenschaftliches und künstlerisches Personal an Hochschulen hat bei der Inanspruchnahme seines Erholungsurlaubs die Bindung seiner Lehrverpflichtungen an bestimmte Zeiten zu berücksichtigen. ₄Professorinnen und Professoren sowie Hochschuldozentinnen und -dozenten, für die die Vorschriften über die Arbeitszeit nicht gelten, sind von der Antragstellung befreit, haben ihren Erholungsurlaub jedoch rechtzeitig vor Antritt der Hochschule anzuzeigen. ₅Satz 4 gilt nicht für das hauptamtliche Lehrpersonal an der Norddeutschen Hochschule für Rechtspflege und an der Polizeiakademie Niedersachsen.

(4) Hauptverwaltungsbeamtinnen und Hauptverwaltungsbeamte der Kommunen sind von der Antragstellung befreit, haben ihren Erholungsurlaub jedoch rechtzeitig vor Antritt anzuzeigen.

§ 3 (weggefallen)

§ 4 Urlaubsdauer und Berechnungsgrundlagen

(1) ₁Der Urlaubsanspruch beträgt bei einer Verteilung der Arbeitszeit auf fünf Arbeitstage in der Kalenderwoche für jedes Urlaubsjahr 30 Arbeitstage. ₂Bei einer Verteilung der Arbeitszeit auf weniger oder mehr als fünf Arbeitstage vermindert oder erhöht sich der Urlaubsanspruch entsprechend.

(2) ₁Arbeitstage sind alle Kalendertage, an denen Dienst zu leisten ist. ₂Endet eine Dienstschicht nicht an dem Kalendertag, an dem sie begonnen hat, so gilt als Arbeitstag nur der Kalendertag, an dem sie begonnen hat. ₃Auf einen Werktag fallende gesetzliche Feiertage, für die kein Freizeitausgleich gewährt wird, gelten nicht als Arbeitstage.

(3) Ergibt sich am Ende einer Berechnung des Urlaubsanspruchs ein Bruchteil von mindestens 0,5 eines Tages, so wird er auf einen vollen Tag aufgerundet; geringere Bruchteile werden abgerundet.

§ 5 Dauer des Urlaubs in besonderen Fällen

(1) Beginnt oder endet eine Beschäftigung im öffentlichen Dienst im Laufe des Urlaubsjahres, so beträgt der Urlaub für jeden vollen Kalendermonat ein Zwölftel des Jahresurlaubs.

(2) Unmittelbar vorhergehende hauptberufliche Tätigkeiten

1. im Dienst öffentlich-rechtlicher Religionsgesellschaften oder ihrer Verbände,
2. im Dienst der Fraktionen des Bundestages oder der Landtage oder kommunaler Vertretungskörperschaften,

3. im Dienst von kommunalen Spitzenverbänden sowie von Spitzenverbänden der Sozialversicherung

gelten als Beschäftigung im Sinne des Absatzes 1.

(3) Ist in einem anderen Beschäftigungsverhältnis für eine Zeit, für die nach dieser Verordnung Urlaub zusteht, bereits Erholungsurlaub gewährt oder abgegolten worden, so ist dieser anzurechnen.

(4) $_1$Der Erholungsurlaub wird für jeden vollen Kalendermonat eines Urlaubs ohne Bezüge um ein Zwölftel gekürzt. $_2$Wurde der zustehende Erholungsurlaub vor dem Beginn des Urlaubs ohne Bezüge nicht oder nicht vollständig erteilt, so ist der Resturlaub nach dem Ende des Urlaubs ohne Bezüge im laufenden oder im nächsten Urlaubsjahr zu erteilen. $_3$Wurde vor Beginn des Urlaubs ohne Bezüge mehr Erholungsurlaub gewährt, als nach Satz 1 zusteht, so ist der Erholungsurlaub, der nach dem Ende des Urlaubs ohne Bezüge zusteht, um die zu viel gewährten Urlaubstage zu kürzen. $_4$Der Erholungsurlaub wird nicht nach Satz 1 gekürzt, wenn spätestens bei Beendigung des Urlaubs ohne Bezüge schriftlich anerkannt worden ist, dass der Urlaub ohne Bezüge dienstlichen Interessen oder öffentlichen Belangen dient.

(5) Der Erholungsurlaub wird für jeden vollen Kalendermonat der Dauer eines Verbots der Führung der Dienstgeschäfte nach § 39 des Beamtenstatusgesetzes oder einer vorläufigen Dienstenthebung nach § 38 Abs. 1 des Niedersächsischen Disziplinargesetzes um ein Zwölftel gekürzt.

(6) In dem Jahr, in dem im Rahmen einer Teilzeitbeschäftigung gemäß § 8a Abs. 1 der Niedersächsischen Verordnung über die Arbeitszeit der Beamtinnen und Beamten, § 63 Abs. 2 Satz 2 NBG oder § 6 Abs. 2 des Niedersächsischen Richtergesetzes zum Ausgleich zeitweilig erhöhter Arbeitszeit eine volle Freistellung vom Dienst beginnt oder endet, wird der Erholungsurlaub nach Absatz 4 Sätze 1 bis 3 berechnet.

(7) $_1$In Dienststellen, in denen die durchschnittliche wöchentliche Arbeitszeit der Beamtinnen und Beamten auf mehr oder weniger als fünf Arbeitstage in der Kalenderwoche verteilt ist und diese Verteilung Änderungen unterliegt, kann der Erholungsurlaub einschließlich eines etwaigen Zusatzurlaubs nach Stunden berechnet werden, wobei jeder nach § 4 Abs. 1 Satz 1 zustehende Urlaubstag und etwaiger Zusatzurlaub mit einem Fünftel der regelmäßigen oder für die Beamtin oder den Beamten festgesetzten Arbeitszeit angesetzt wird. $_2$§ 4 Abs. 3 findet keine Anwendung.

§ 5a Dauer des Urlaubs bei Änderung der Zahl der wöchentlichen Arbeitstage

(1) $_1$Verringert sich bei einem Wechsel von Vollzeit- zu Teilzeitbeschäftigung oder während einer Teilzeitbeschäftigung die Zahl der Arbeitstage in der Kalenderwoche, so sind die noch nicht in Anspruch genommenen und nicht verfallenen Urlaubstage entsprechend der verringerten Zahl der Arbeitstage in der Kalenderwoche umzurechnen. $_2$Abweichend von Satz 1 sind Urlaubstage

1. des laufenden Urlaubsjahres, auf die im Zeitpunkt der Verringerung der Zahl der Arbeitstage ein Anspruch entstanden ist, und

2. vorangegangener Urlaubsjahre,

die die Beamtin oder der Beamte vor der Verringerung der Zahl der Arbeitstage nicht in Anspruch nehmen konnte, nicht umzurechnen. $_3$Für die Bestimmung der Zahl der Urlaubstage des laufenden Urlaubsjahres, auf die im Zeitpunkt der Verringerung der Zahl der Arbeitstage ein Anspruch entstanden ist (Satz 2 Nr. 1), ist davon auszugehen, dass für jeden angefangenen Kalendermonat ein Anspruch auf ein Zwölftel des Jahresurlaubs entsteht.

(2) $_1$Erhöht sich bei einem Wechsel von Teilzeit- zu Vollzeitbeschäftigung oder während einer Teilzeitbeschäftigung die Zahl der Arbeitstage in der Kalenderwoche, so ist der Urlaubsanspruch für das Urlaubsjahr neu zu berechnen. $_2$Dazu ist der Urlaubsanspruch abschnittsweise entsprechend der jeweiligen

Zahl der Arbeitstage zu berechnen; Absatz 1 Satz 3 gilt entsprechend.

§ 6 Zusatzurlaub für Schichtdienst und Nachtdienst

(1) ₁Wird Dienst nach einem Schichtplan verrichtet, der einen regelmäßigen Wechsel der täglichen Arbeitszeit in Wechselschichten bei ununterbrochenem Fortgang der Arbeit während der ganzen Woche, gegebenenfalls mit einer Unterbrechung der Arbeit am Wochenende von höchstens 48 Stunden Dauer, vorsieht, und sind dabei nach dem Dienstplan im Jahresdurchschnitt in je fünf Wochen mindestens 40 Arbeitsstunden in der Nachtschicht zu leisten, so wird bei einer solchen Dienstleistung ein Anspruch auf Zusatzurlaub erworben, sobald die Dienstleistung umfasst:

in der 5-Tage-Woche	in der 6-Tage-Woche	Zusatzurlaub
Dienstleistung an mindestens		
87 Arbeitstagen	104 Arbeitstagen	1 Arbeitstag
130 Arbeitstagen	156 Arbeitstagen	2 Arbeitstage
173 Arbeitstagen	208 Arbeitstagen	3 Arbeitstage
195 Arbeitstagen	234 Arbeitstagen	4 Arbeitstage.

₂Bei anderweitiger Verteilung der wöchentlichen Arbeitszeit ist die Zahl der für die Gewährung des Zusatzurlaubs maßgebenden Arbeitstage entsprechend zu ermitteln. ₃Dabei ist von vorstehender Tabelle für die 5-Tage-Woche auszugehen, Bruchteile sind gemäß § 4 Abs. 3 zu runden.

(2) ₁Wird nach einem Schichtplan Dienst zu erheblich unterschiedlichen Zeiten verrichtet, ohne dass die Voraussetzungen des Absatzes 1 erfüllt sind, so wird ein Anspruch erworben auf

einen Arbeitstag Zusatzurlaub, sobald mindestens 110 Stunden,

zwei Arbeitstage Zusatzurlaub, sobald mindestens 220 Stunden,

drei Arbeitstage Zusatzurlaub, sobald mindestens 330 Stunden,

vier Arbeitstage Zusatzurlaub, sobald mindestens 450 Stunden

Nachtdienst geleistet worden sind. ₂Die Voraussetzungen des Satzes 1 sind nur erfüllt, wenn die Lage oder die Dauer der Schichten überwiegend um mindestens drei Stunden voneinander abweicht.

(3) Werden weder die Voraussetzungen des Absatzes 1 noch die des Absatzes 2 erfüllt, so wird ein Anspruch erworben auf

einen Arbeitstag Zusatzurlaub, sobald mindestens 150 Stunden,

zwei Arbeitstage Zusatzurlaub, sobald mindestens 300 Stunden,

drei Arbeitstage Zusatzurlaub, sobald mindestens 450 Stunden,

vier Arbeitstage Zusatzurlaub, sobald mindestens 600 Stunden

Nachtdienst geleistet worden sind.

(4) Bei einer Ermäßigung der Arbeitszeit nach §§ 61 bis 63 NBG oder § 80b Abs. 2 Satz 1 des Niedersächsischen Beamtengesetzes in der Fassung vom 19. Februar 2001 (Nds. GVBl. S. 33), zuletzt geändert durch Artikel 1 des Gesetzes vom 15. Dezember 2008 (Nds. GVBl. S. 408), sind die Absätze 1 bis 3 mit der Maßgabe anzuwenden, dass die Zahl der geforderten Arbeitsstunden in der Nachtschicht oder der geforderten Nachtdienststunden im Verhältnis der ermäßigten Arbeitszeit zur regelmäßigen Arbeitszeit gekürzt wird.

(5) Der Bemessung des Zusatzurlaubs für ein Urlaubsjahr werden die in diesem Urlaubsjahr erbrachten Dienstleistungen nach den Absätzen 1 bis 4 zugrunde gelegt; dabei sind § 4 Abs. 1 Satz 2 und § 5 nicht anzuwenden.

(6) ₁Der Zusatzurlaub darf insgesamt vier Arbeitstage für das Urlaubsjahr nicht überschreiten. ₂Unabhängig von dieser Höchstgrenze erhöht er sich um einen Arbeitstag, wenn in dem Urlaubsjahr das 50. Lebensjahr vollendet wird oder bereits vollendet ist.

(7) Nachtdienst ist der im Rahmen der regelmäßigen Arbeitszeit dienstplanmäßig geleistete Dienst zwischen 20.00 Uhr und 6.00 Uhr.

(8) Die Absätze 1 bis 7 gelten nicht, wenn regelmäßig wiederkehrend ein Dienst von zusammenhängend 24 Stunden Dauer geleistet wird; ist mindestens ein Viertel des regelmäßig wiederkehrenden Dienstes kürzer als 24, aber länger als 11 Stunden, so wird für je fünf Monate einer solchen Dienstleistung im Urlaubsjahr ein Arbeitstag Zusatzurlaub gewährt.

§ 7 Weiterer Zusatzurlaub

(1) ₁Opfer der nationalsozialistischen Verfolgung, denen wegen eines Schadens an Körper oder Gesundheit oder wegen Schadens an Freiheit Entschädigungsleistungen nach dem Bundesentschädigungsgesetz zuerkannt worden sind, erhalten einen Zusatzurlaub von drei Arbeitstagen. ₂Besteht ein Rentenanspruch wegen Schadens an Körper oder Gesundheit nach diesem Gesetz, so beträgt der Zusatzurlaub fünf Arbeitstage. ₃Die Sätze 1 und 2 gelten nicht, soweit ein Zusatzurlaub nach dem Neunten Buch des Sozialgesetzbuchs zusteht. ₄§ 4 Abs. 1 Satz 2 ist auf den weiteren Zusatzurlaub nicht anzuwenden.

(2) ₁Eine Beamtin oder ein Beamter sowie eine Richterin oder ein Richter, die oder der während des Urlaubsjahres mindestens sechs Monate mit mindestens der Hälfte der täglichen Arbeitszeit oder Dienstzeit mit der Auswertung oder Inaugenscheinnahme kinder- oder jugendpornographischer Dokumente, Dateien oder Medien beschäftigt ist, hat einen Anspruch auf vier Tage Zusatzurlaub im Urlaubsjahr. ₂§ 4 Abs. 1 Satz 2 ist auf den Zusatzurlaub nicht anzuwenden.

§ 8 Urlaubsantritt und Verfall

(1) ₁Der Urlaub soll grundsätzlich im Urlaubsjahr abgewickelt werden. ₂Resturlaub, der nicht bis zum Ablauf der ersten neun Monate des folgenden Urlaubsjahres angetreten worden ist, verfällt. ₃Ist der Urlaub aufgrund einer durch Krankheit bedingten Dienstunfähigkeit nicht rechtzeitig angetreten worden, so verfällt er, wenn er nicht bis zum Ablauf der ersten drei Monate des zweiten auf das Urlaubsjahr folgenden Urlaubsjahres angetreten worden ist. ₄Hat eine Beamtin oder eine Richterin vor Beginn eines mutterschutzrechtlichen Beschäftigungsverbots ihren Urlaub nicht oder nicht vollständig erhalten, so kann dieser nach Ende des Beschäftigungsverbots im Jahr der Wiederaufnahme des Dienstes oder im nächsten Urlaubsjahr abgewickelt werden.

(1a) ₁Ist die ordnungsgemäße Erledigung von Dienstgeschäften der Beamtin oder des Beamten nicht gewährleistet, wenn Urlaub aus dem Urlaubsjahr 2019 bis zum 30. September 2020 angetreten wird, und liegt die Ursache dafür unmittelbar oder mittelbar in den Auswirkungen der COVID-19-Pandemie, so wird, wenn es mit der Fürsorgepflicht des Dienstherrn vereinbar ist, auf Antrag der Beamtin oder des Beamten bestimmt, dass der Urlaub erst verfällt, wenn er nicht bis zum 31. März 2021 angetreten wird. ₂Der Antrag soll bis zum 31. August 2020 gestellt werden; er muss bis zum 30. September 2020 gestellt werden. ₃Satz 1 gilt für den nicht bis zum 30. September 2021 angetretenen Urlaub aus dem Urlaubsjahr 2020 entsprechend mit der Maßgabe, dass der Urlaub erst verfällt, wenn er nicht bis zum 31. März 2022 angetreten wird; der Antrag soll bis zum 31. August 2021 und muss bis zum 30. September 2021 gestellt werden. ₄Satz 1 gilt für den nicht bis zum 30. September 2022 angetretenen Urlaub aus dem Urlaubsjahr 2021 entsprechend mit der Maßgabe, dass der Urlaub erst verfällt, wenn er nicht bis zum 31. März 2023 angetreten wird; der Antrag soll bis zum 31. August 2022 und muss bis zum 30. September 2022 gestellt werden.

(2) ₁Bei einem Eintritt in den öffentlichen Dienst im Lauf des Urlaubsjahres verfällt der Urlaub, wenn er nicht bis zum Ende des folgenden Urlaubsjahres angetreten ist. ₂Absatz 1 Sätze 3 und 4 ist entsprechend anzuwenden.

(3) ₁Urlaub verfällt nur, wenn die Beamtin oder der Beamte auf den Verfall des Urlaubs spätestens einen Monat vor dem Verfall hingewiesen wurde. ₂Dies gilt nicht in den Fällen des Absatzes 1 Satz 3, auch in Verbindung mit Absatz 2 Satz 2. ₃Wurde die Beamtin oder der Beamte nicht oder nicht rechtzeitig auf den

Verfall des Urlaubs hingewiesen, so erhöht sich der Urlaubsanspruch für das folgende Urlaubsjahr um den Resturlaub.

§ 8a Abgeltung des Urlaubsanspruchs bei Beendigung des Beamtenverhältnisses

(1) ₁Soweit der unionsrechtlich gewährleistete Mindestjahresurlaub (Artikel 7 Abs. 1 der Richtlinie 2003/88/EG des Europäischen Parlaments und des Rates vom 4. November 2003 über bestimmte Aspekte der Arbeitszeitgestaltung, ABl. EU Nr. L 299 S. 9) vor Beendigung des Beamtenverhältnisses nicht in Anspruch genommen werden konnte und nicht verfallen ist, wird er finanziell abgegolten. ₂Bruchteile eines Urlaubstages sind bei der Berechnung der finanziellen Abgeltung einzubeziehen.

(2) Im Urlaubsjahr bereits in Anspruch genommener Erholungsurlaub oder Zusatzurlaub ist auf den unionsrechtlich gewährleisteten Mindestjahresurlaub anzurechnen, unabhängig davon, zu welchem Zeitpunkt der Anspruch entstanden ist.

(3) Die Höhe des Abgeltungsbetrags bemisst sich nach dem Durchschnitt der Dienstbezüge oder der Anwärterbezüge für die letzten drei vollen Kalendermonate vor Beendigung des Beamtenverhältnisses, in denen Anspruch auf Besoldung bestand.

(4) Der Abgeltungsanspruch verjährt innerhalb von drei Jahren, beginnend mit dem Ende des Jahres, in dem das Beamtenverhältnis endet.

§ 9 Erkrankung

(1) Wird eine während des Urlaubs durch Krankheit bedingte Dienstunfähigkeit unverzüglich angezeigt, so wird die Zeit der Dienstunfähigkeit nicht auf den Erholungsurlaub angerechnet.

(2) Die Dienstunfähigkeit ist grundsätzlich durch ein ärztliches Zeugnis nachzuweisen, auf Verlangen ist ein amts- oder vertrauensärztliches Zeugnis vorzulegen.

§ 10 Widerruf und Verlegung

(1) ₁Die Bewilligung des Erholungsurlaubs kann aus dringenden dienstlichen Gründen widerrufen werden. ₂Die mit Rücksicht auf den erteilten Urlaub entstandenen Aufwendungen der oder des Bediensteten sind in angemessenem Umfang zu ersetzen.

(2) Einem Antrag auf Verlegung oder auf vorzeitige Beendigung eines bereits bewilligten Urlaubs ist zu entsprechen, wenn dienstliche Gründe nicht entgegenstehen.

§ 11 In-Kraft-Treten*)

(1) Diese Verordnung tritt am 1. Januar 1997 in Kraft.

(2) Gleichzeitig tritt die Erholungsurlaubsverordnung vom 2. Oktober 1990 (Nds. GVBl. S. 444) außer Kraft.

---

*) Diese Vorschrift betrifft das In-Kraft-Treten der Verordnung in der ursprünglichen Fassung vom 12. Dezember 1996 (Nds. GVBl. S. 512). Der Zeitpunkt des In-Kraft-Tretens der späteren Änderungen ergibt sich aus den in der vorangestellten Bekanntmachung näher bezeichneten Verordnungen.

Niedersächsische Sonderurlaubsverordnung (Nds. SUrlVO)

in der Fassung der Bekanntmachung
vom 16. Januar 2006 (Nds. GVBl. S. 35, S. 61)

Zuletzt geändert durch
Verordnung zur Änderung urlaubsrechtlicher Vorschriften
vom 22. September 2022 (Nds. GVBl. S. 560)

§ 1 Anwendungsbereich

Diese Verordnung regelt den Sonderurlaub für Beamtinnen und Beamte im Sinne des § 1 NBG.

§ 2 Urlaub für Aus- und Fortbildung sowie für Sportveranstaltungen

Urlaub unter Weitergewährung der Bezüge kann, wenn dienstliche Gründe nicht entgegenstehen, erteilt werden für die Teilnahme

1. an wissenschaftlichen Tagungen sowie an beruflichen Aus- und Fortbildungsveranstaltungen, wenn die Teilnahme für die dienstliche Tätigkeit von Nutzen ist;
2. an Prüfungen (Klausurarbeiten und mündliche Prüfungen) nach einer Aus- oder Fortbildung im Sinne von Nummer 1;
3. an Veranstaltungen der politischen Bildung, wenn
   a) die Voraussetzungen des § 11 Abs. 1 bis 5 des Niedersächsischen Bildungsurlaubsgesetzes sowie des § 2 Abs. 1 Satz 1 Nrn. 1 bis 4 und des § 3 der Verordnung zur Durchführung des Niedersächsischen Bildungsurlaubsgesetzes erfüllt sind oder
   b) sie im Ausland stattfinden und mit Rücksicht auf die politische Situation und die Beziehungen zu dem jeweiligen Land besonders förderungswürdig sind;
4. an Lehrgängen zur Ausbildung zur Jugendgruppenleiterin oder zum Jugendgruppenleiter, die von Trägern der öffentlichen Jugendhilfe oder von anerkannten Trägern der freien Jugendhilfe im Sinne des § 75 des Achten Buchs Sozialgesetzbuch durchgeführt werden;
5. an Lehrgängen und Arbeitstagungen zur Fortbildung für die Mitarbeit in Einrichtungen der Erwachsenenbildung, die von förderungs- oder finanzhilfeberechtigten Landesorganisationen oder Landeseinrichtungen durchgeführt werden;
6. an evangelischen und katholischen Arbeitstagungen im Rahmen der Polizeiseelsorge;
7. an Lehrgängen und Arbeitstagungen zur Ausbildung oder Fortbildung von Sportübungsleiterinnen oder Sportübungsleitern und Mitarbeiterinnen oder Mitarbeitern in den Bezirks-, Landes- und Bundessportverbänden, die vom Deutschen Sportbund oder vom Landessportbund Niedersachsen oder deren Mitgliedsorganisationen durchgeführt werden;
8. als Aktive oder Aktiver bei
   a) Olympischen Spielen oder den dazugehörigen Vorbereitungsveranstaltungen auf Bundesebene,
   b) sportlichen Welt- oder Europameisterschaften oder Europapokal-Wettbewerben,
   c) internationalen sportlichen Länderwettkämpfen,
   d) Endkämpfen um deutsche sportliche Meisterschaften,

   sofern es sich um die Jugend-, Junioren- oder Hauptwettkampfklasse handelt und eine entsprechende Benennung von einem dem Deutschen Sportbund angeschlossenen Verband oder Verein erfolgt ist;
9. als Aktive oder Aktiver oder als notwendige Begleitperson bei sportlichen Ver-

anstaltungen für behinderte Menschen, wenn die Veranstaltungen und die Benennungen denen nach Nummer 8 entsprechen;

10. von sportfachlichen Mitarbeiterinnen und Mitarbeitern zur Durchführung der sportlichen Veranstaltungen des Deutschen und Niedersächsischen Turnfestes, wenn eine entsprechende Benennung durch den Deutschen Turner-Bund oder den Niedersächsischen Turner-Bund erfolgt ist.

§ 3 Urlaub für Zwecke der Gewerkschaften, Parteien, Kirchen, Organisationen und Verbände

(1) ₁Urlaub unter Weitergewährung der Bezüge soll erteilt werden, wenn dringende dienstliche Gründe nicht entgegenstehen, für die Teilnahme

1. an Sitzungen eines Bundes-, Landes-, Bezirks- oder Kreisvorstandes einer Gewerkschaft oder eines Berufsverbandes als Mitglied des Vorstandes,

2. an Tagungen von Gewerkschaften oder Berufsverbänden auf internationaler, Bundes-, Landes- oder Bezirksebene als Vorstandsmitglied oder als Delegierte oder Delegierter,

3. an Tagungen auf Kreisebene oder an Schulungen der Gewerkschaften oder Berufsverbände,

4. an Gesprächen nach § 96 NBG und an Verhandlungen über Vereinbarungen nach § 81 des Niedersächsischen Personalvertretungsgesetzes auf Anforderung einer beteiligten Gewerkschaft oder eines Berufsverbandes.

₂Im Fall des Satzes 1 Nr. 3 wird Urlaub unter Weitergewährung der Bezüge lediglich für die Hälfte des Teilnahmezeitraums erteilt.

(2) Urlaub unter Weitergewährung der Bezüge kann erteilt werden, wenn dienstliche Gründe nicht entgegenstehen, für die Teilnahme

1. an Sitzungen eines Bundes-, Landes- oder Bezirksparteivorstandes als Mitglied des Vorstandes;

2. an Bundes- oder Landesparteitagen als Mitglied des Vorstandes oder als Delegierte oder als Delegierter;

3. an Sitzungen der Verfassungsorgane, kirchlichen Gerichte oder überörtlichen Verwaltungsgremien der Kirchen oder vergleichbarer Gremien der sonstigen öffentlich-rechtlichen Religionsgesellschaften als Mitglied des Organs oder Gremiums;

4. an überörtlichen Tagungen der Kirchen oder sonstiger öffentlich-rechtlicher Religionsgesellschaften als Delegierte oder Delegierter der Kirchenleitung oder der obersten Leitung der Religionsgesellschaft oder als Mitglied eines Verwaltungsgremiums;

5. am Deutschen Evangelischen Kirchentag, Deutschen Katholikentag oder Ökumenischen Kirchentag
   a) für die aktive Mitwirkung an Kirchentagsveranstaltungen, wenn die Mitwirkung von der zuständigen kirchlichen Stelle bescheinigt wird, und
   b) für Lehrkräfte, die Religionsunterricht erteilen;

6. an Arbeitstagungen überörtlicher Organisationen zur Betreuung behinderter Personen auf Bundes- oder Landesebene als Mitglied eines Vorstandes der Organisation;

7. an Kongressen oder Vorstandssitzungen internationaler Sportverbände, denen der Deutsche Sportbund oder ein ihm angeschlossener Sportverband angehört, als Delegierte oder Delegierter oder Vorstandsmitglied;

8. an Mitgliederversammlungen und Vorstandssitzungen des Nationalen Olympischen Komitees, des Deutschen Sportbundes und ihm angeschlossener Sportverbände auf Bundes- oder Landesebene als Mitglied des jeweiligen Gremiums.

§ 4 Urlaub zur Erfüllung staatsbürgerlicher Pflichten

(1) Zur Erfüllung allgemeiner staatsbürgerlicher Pflichten ist, soweit die Dienstbefreiung

gesetzlich vorgeschrieben ist, erforderlicher Urlaub unter Weitergewährung der Bezüge zu erteilen.

(2) ₁Während einer Freistellung, die für Ausbildungsveranstaltungen von Organisationen des Zivilschutzes, des Katastrophenschutzes und des Brandschutzes gesetzlich vorgesehen ist, werden die Bezüge weitergewährt. ₂Während einer Freistellung, die für Zwecke der Jugendpflege und des Jugendsports gesetzlich vorgesehen ist, können die Bezüge weitergewährt werden.

(3) Besteht zur Ausübung einer ehrenamtlichen Tätigkeit im öffentlichen Bereich keine Verpflichtung, so kann Urlaub unter Weitergewährung der Bezüge erteilt werden, wenn dienstliche Gründe nicht entgegenstehen.

§ 5 Dauer des Urlaubs nach den §§ 2, 3 und 4 Abs. 3

(1) ₁Urlaub nach den §§ 2, 3 und 4 Abs. 3 darf insgesamt für bis zu fünf, ausnahmsweise für bis zu zehn Arbeitstage im Urlaubsjahr gewährt werden. ₂Urlaub für weniger als einen Arbeitstag und nach § 3 Abs. 1 Satz 1 Nr. 4 wird nicht angerechnet.

(2) ₁Verteilt sich die regelmäßige wöchentliche Arbeitszeit auf mehr oder weniger als fünf Arbeitstage, so erhöht oder vermindert sich die Zahl der Urlaubstage nach Absatz 1 entsprechend. ₂Bruchteile von mindestens 0,5 werden auf einen vollen Tag aufgerundet, geringere Bruchteile werden abgerundet.

(3) In besonderen Ausnahmefällen können

1. die obersten Dienstbehörden für ihre Beschäftigten,

2. die den obersten Dienstbehörden unmittelbar nachgeordneten Behörden in allen anderen Fällen,

3. bei Gemeinden, Landkreisen und den der Aufsicht des Landes unterstehenden anderen Körperschaften, Anstalten und Stiftungen des öffentlichen Rechts die obersten Dienstbehörden oder die von ihr bestimmten Stellen

Abweichungen von Absatz 1 Satz 1 und § 3 Abs. 1 Satz 2 zulassen.

§ 6 Urlaub zur Ableistung des Bundesfreiwilligendienstes oder eines freiwilligen Jahres

Zur Ableistung des Bundesfreiwilligendienstes, eines freiwilligen sozialen Jahres oder eines freiwilligen ökologischen Jahres soll Urlaub unter Wegfall der Bezüge bis zu 18 Monaten erteilt werden, wenn dringende dienstliche Gründe nicht entgegenstehen.

§ 7 Urlaub für Tätigkeiten in zwischen- oder überstaatlichen Einrichtungen oder in der Entwicklungszusammenarbeit

Urlaub unter Wegfall der Bezüge kann erteilt werden

1. für eine hauptberufliche Tätigkeit in öffentlichen zwischenstaatlichen oder überstaatlichen Einrichtungen

   a) für die Dauer einer Entsendung,

   b) im Übrigen bis zur Dauer von einem Jahr, wenn dienstliche Gründe nicht entgegenstehen,

2. zur Übernahme von Aufgaben der Entwicklungszusammenarbeit, wenn dienstliche Gründe nicht entgegenstehen.

§ 8 Urlaub zum Erwerb einer Zugangsvoraussetzung zu einer Laufbahn oder zur Ableistung einer Probezeit

(1) Urlaub unter Wegfall der Bezüge kann erteilt werden

1. zum Erwerb der Befähigung für eine andere Laufbahn oder zum Erwerb der Zugangsvoraussetzungen für ein anderes Einstiegsamt für die Dauer

   a) einer Schul- oder Hochschulausbildung,

   b) einer unmittelbar für eine Laufbahn qualifizierenden beruflichen Aus- oder Fortbildung nach § 22 der Niedersächsischen Laufbahnverordnung (NLVO), einer beruflichen Tätigkeit, die in Verbindung mit einer Berufsausbildung oder einem Studium den Zugang zu einer Laufbahn eröffnet (§§ 23 und 25 NLVO) oder eines Vorbereitungsdienstes,

2. für eine Prüfung zur Zulassung zum Aufstieg oder für einen Laufbahnwechsel und für die hierfür notwendige Vorbereitung,

3. zur Ableistung einer Probezeit für eine neue Laufbahn oder ein anderes Einstiegsamt, im Fall eines Dienstherrnwechsels nach Maßgabe des § 22 Abs. 2 Satz 1 des Beamtenstatusgesetzes.

(2) Urlaub nach Absatz 1 Nrn. 1 und 2 darf nur erteilt werden, wenn

1. dienstliche Gründe der Beurlaubung nicht entgegenstehen und
2. ein dienstliches Interesse für eine Beschäftigung in der anderen Laufbahn oder in einem anderen Einstiegsamt von der für die Wahrnehmung der dienstrechtlichen Befugnisse zuständigen Behörde, in deren Bereich die Beamtin oder der Beamte später verwendet werden will, festgestellt wird.

(3) Bezüge können in entsprechender Anwendung des § 11 Abs. 2 gewährt werden; dies gilt nicht für eine auf den Erwerb eines allgemein bildenden Schulabschlusses gerichtete Schulausbildung.

§ 9 Urlaub aus persönlichen Gründen

₁Aus wichtigen persönlichen Gründen kann unter Berücksichtigung dienstlicher Interessen Urlaub im notwendigen Umfang, auch für weniger als einen Arbeitstag, erteilt werden. ₂Die Bezüge sollen nur in dem angegebenen Umfang weitergewährt werden:

1. Niederkunft der Ehegattin, der Lebenspartnerin oder der Lebensgefährtin — ein Arbeitstag,
2. Tod der Ehegattin oder des Ehegatten, der Lebenspartnerin oder des Lebenspartners, der Lebensgefährtin oder des Lebensgefährten, eines Kindes oder Elternteils — zwei Arbeitstage,
3. Umzug aus dienstlichem Anlass
   a) innerhalb Deutschlands — ein Arbeitstag,
   b) in das oder aus dem Ausland — bis zu zwei Arbeitstage,
4. 25-, 40- und 50jähriges Dienstjubiläum — ein Arbeitstag,
5. ärztliche Behandlung der Beamtin oder des Beamten, die während der Arbeitszeit erfolgen muss, — für die notwendige Abwesenheitszeit,
6. Entnahme von Organen und Geweben nach den §§ 8 und 8a des Transplantationsgesetzes oder von Blut zur Separation von Blutstammzellen oder anderen Blutbestandteilen nach § 9 des Transfusionsgesetzes, wenn eine ärztliche Bescheinigung vorgelegt wird, — für die notwendige Abwesenheitszeit,
7. für einen Verbesserungsvorschlag
   a) im Bereich der unmittelbaren Landesverwaltung auf Vorschlag des Prüfungsausschusses für das Vorschlagswesen in der niedersächsischen Landesverwaltung und
   b) im Übrigen auf Vorschlag einer nach den jeweiligen Regelungen über das Vorschlagswesen zuständigen Stelle — bis zu zwei Arbeitstage,
8. in sonstigen dringenden Fällen — bis zu drei Arbeitstage.

§ 9a Urlaub zur Beaufsichtigung, Betreuung oder Pflege

(1) ₁Urlaub unter Weitergewährung der Bezüge soll erteilt werden bei schwerer Erkrankung

1. einer oder eines Angehörigen, nicht jedoch eines Kindes im Sinne des Absatzes 2 Satz 1 Nr. 1, der Lebensgefährtin oder des Lebensgefährten, die oder der im Haushalt der Beamtin oder des Beamten lebt, wenn eine andere im Haushalt der Beamtin oder des Beamten lebende Person für eine nach ärztlicher Bescheinigung notwendige Beauf- — für einen Arbeitstag im Urlaubsjahr,

sichtigung, Betreuung oder Pflege nicht zur Verfügung steht,

2. der Betreuungsperson eines Kindes, das das achte Lebensjahr noch nicht vollendet hat oder wegen körperlicher, geistiger oder seelischer Behinderung dauernd pflegebedürftig ist, soweit eine andere im Haushalt der Beamtin oder des Beamten lebende Person zur Beaufsichtigung, Betreuung oder Pflege nicht zur Verfügung steht, für bis zu vier Arbeitstage im Urlaubsjahr und

3. der Betreuungsperson einer oder eines nahen Angehörigen, die oder der wegen körperlicher, geistiger oder seelischer Behinderung dauernd pflegebedürftig ist, soweit weder eine sonstige Angehörige noch ein sonstiger Angehöriger zur Beaufsichtigung, Betreuung oder Pflege zur Verfügung steht, für bis zu vier Arbeitstage im Urlaubsjahr.

₂Der Urlaub kann auch für halbe Arbeitstage erteilt werden.

(2) ₁Bei schwerer Erkrankung eines Kindes soll Urlaub unter Weitergewährung der Bezüge erteilt werden, wenn

1. das Kind das zwölfte Lebensjahr noch nicht vollendet hat oder behindert und auf Hilfe angewiesen ist und

2. eine andere im Haushalt der Beamtin oder des Beamten lebende Person für die nach ärztlicher Bescheinigung notwendige Beaufsichtigung, Betreuung oder Pflege des Kindes nicht zur Verfügung steht.

₂Der Urlaub kann je Kind für bis zu fünf Arbeitstage im Urlaubsjahr erteilt werden. ₃In besonderen Einzelfällen kann der Urlaub für jedes Kind angemessen verlängert werden. ₄Der Beamtin oder dem Beamten darf Urlaub nach den Sätzen 1 bis 3 insgesamt aber nur für bis zu zwölf Arbeitstage im Urlaubsjahr, einer alleinerziehenden Beamtin oder einem alleinerziehenden Beamten für bis zu achtzehn Arbeitstage im Urlaubsjahr erteilt werden. ₅Absatz 1 Satz 2 gilt entsprechend. ₆Urlaub nach Absatz 1 ist bei der Höchstdauer anzurechnen.

(2a) ₁Abweichend von Absatz 2 Satz 2 kann im Urlaubsjahr 2022 Urlaub nach Absatz 2 Satz 1 je Kind für bis zu zehn Arbeitstage im Urlaubsjahr erteilt werden. ₂Abweichend von Absatz 2 Satz 4 darf der Beamtin oder dem Beamten Urlaub im Urlaubsjahr 2022 insgesamt aber nur für bis zu zwanzig Arbeitstage im Urlaubsjahr, einer alleinerziehenden Beamtin oder einem alleinerziehenden Beamten für bis zu dreißig Arbeitstage im Urlaubsjahr erteilt werden.

(3) ₁Urlaub unter Weitergewährung der Bezüge soll zur Beaufsichtigung, Betreuung oder Pflege eines Kindes gewährt werden, wenn das Kind das zwölfte Lebensjahr noch nicht vollendet hat oder behindert und auf Hilfe angewiesen ist und nach ärztlichem Zeugnis an einer Erkrankung leidet,

1. die bereits ein weit fortgeschrittenes Stadium erreicht hat und weiter fortschreitet,

2. bei der eine Heilung ausgeschlossen und eine palliativ-medizinische Behandlung notwendig oder von einem Elternteil erwünscht ist und

3. die eine begrenzte Lebensdauer von wenigen Monaten erwarten lässt.

₂Der Anspruch besteht nur für einen Elternteil.

(4) Urlaub unter Wegfall der Bezüge soll bis zu einer Höchstdauer von drei Monaten zur Begleitung einer oder eines nahen Angehörigen, nicht jedoch eines Kindes im Sinne des Absatzes 3, erteilt werden, die oder der nach ärztlichem Zeugnis an einer Erkrankung nach Absatz 3 Satz 1 leidet.

§ 9b Sonderregelung für Hauptverwaltungsbeamtinnen und Hauptverwaltungsbeamte der Kommunen

₁Urlaub nach § 9 Satz 1 oder § 9a, der jeweils nicht länger als fünf Arbeitstage dauert, hat die Hauptverwaltungsbeamtin oder der

Hauptverwaltungsbeamte einer Kommune lediglich anzuzeigen. ₂Über die Weitergewährung der Bezüge bei der Inanspruchnahme von Urlaub nach § 9 Satz 1 entscheidet die Vertretung.

§ 9c Kuren

(1) ₁Urlaub unter Weitergewährung der Bezüge wird erteilt für

1. Heilkuren, Sanatoriumsbehandlungen oder medizinische Vorsorge- oder Rehabilitationsmaßnahmen, die als beihilfefähig anerkannt oder als Maßnahme der beamtenrechtlichen Heilfürsorge oder Unfallfürsorge genehmigt worden sind, und

2. medizinische Vorsorge- oder Rehabilitationsmaßnahmen, die ein Träger der Sozialversicherung, eine für die Durchführung des Sozialen Entschädigungsrechts zuständige Verwaltungsbehörde oder ein sonstiger Sozialleistungsträger bewilligt hat und die in einer Einrichtung der medizinischen Vorsorge oder Rehabilitation stationär durchgeführt werden.

₂Bei der Festlegung des Urlaubs nach Satz 1 ist auf dienstliche Belange Rücksicht zu nehmen. ₃Die Beurlaubung erfolgt für die jeweils anerkannte, genehmigte oder bewilligte Dauer.

(2) ₁Urlaub wird für die Begleitung eines Kindes bei einer Maßnahme nach Absatz 1 erteilt, wenn die Begleitung nach ärztlicher Bescheinigung erforderlich ist und keine andere im Haushalt der Beamtin oder des Beamten lebende Person für die Begleitung nicht zur Verfügung steht. ₂Der Urlaub wird je Kind für bis zu fünfzehn Arbeitstage im Urlaubsjahr erteilt, davon fünf Arbeitstage, für Alleinerziehende zehn Arbeitstage unter Weitergewährung der Bezüge.

§ 9d Urlaub zur Organisation und Sicherstellung akut erforderlicher Pflege

(1) ₁Beamtinnen und Beamten ist für bis zu zehn Arbeitstage Urlaub unter Weitergewährung der Bezüge zu erteilen, wenn der Urlaub erforderlich ist, um für eine pflegebedürftige nahe Angehörige oder einen pflegebedürftigen nahen Angehörigen in einer akut aufgetretenen Pflegesituation eine bedarfsgerechte Pflege zu organisieren oder eine pflegerische Versorgung in dieser Zeit sicherzustellen. ₂§ 9a Abs. 1 Satz 2 gilt entsprechend.

(1a) Abweichend von Absatz 1 Satz 1 beträgt die Obergrenze in den Urlaubsjahren 2020 und 2021 neunzehn Arbeitstage je Urlaubsjahr.

(2) Die Pflegebedürftigkeit, die akut aufgetretene Pflegesituation und das Erfordernis, eine bedarfsgerechte Pflege zu organisieren oder eine pflegerische Versorgung sicherzustellen, ist durch eine ärztliche Bescheinigung nachzuweisen.

§ 9e Urlaub zur Beaufsichtigung oder Betreuung eines Kindes bei Maßnahmen zum Infektionsschutz während der COVID-19-Pandemie

(1) ₁Für die Beaufsichtigung oder Betreuung eines im Haushalt der Beamtin oder des Beamten lebenden Kindes, das das zwölfte Lebensjahr noch nicht vollendet hat oder behindert und auf Hilfe angewiesen ist, soll für bis zu 30 Arbeitstage im Urlaubsjahr, jedoch nicht über den in § 45 Abs. 2a Satz 3 des Fünften Buchs des Sozialgesetzbuchs genannten Zeitpunkt hinaus, Urlaub unter Weitergewährung der Bezüge erteilt werden, wenn

1. infolge der COVID-19-Pandemie

   a) zur Verhinderung der Verbreitung des Corona-Virus Sars-CoV-2 die vom Kind besuchte Schule, Kindertagesstätte oder Einrichtung für Menschen mit Behinderung aufgrund des Infektionsschutzgesetzes vorübergehend ganz oder teilweise geschlossen worden ist,

   b) das Kind die von ihm besuchte Schule, Kindertagesstätte oder Einrichtung für Menschen mit Behinderungen aus Gründen des Infektionsschutzes nicht betreten darf,

   c) die zuständige Behörde aus Gründen des Infektionsschutzes Schul- oder Betriebsferien angeordnet oder verlängert hat und die vom Kind besuchte Schule, Kindertagesstätte oder Einrichtung für

Menschen mit Behinderungen davon erfasst ist,
d) die Präsenzpflicht in der von dem Kind besuchten Schule aufgehoben worden ist,
e) das Kind aufgrund einer behördlichen Empfehlung die von ihm besuchte Schule, Kindertagesstätte oder Einrichtung für Menschen mit Behinderungen nicht besucht oder
f) der Zugang zu dem von dem Kind genutzten Betreuungsangebot eingeschränkt worden ist,

2. eine andere im Haushalt der Beamtin oder des Beamten lebende Person für die Beaufsichtigung oder Betreuung des Kindes nicht zur Verfügung steht und

3. der Beamtin oder dem Beamten das häusliche Arbeiten tatsächlich oder technisch nicht möglich ist.

₂§ 9a Abs. 1 Satz 2 gilt entsprechend.

(2) Urlaub nach Absatz 1 kann auch erteilt werden, wenn das zu beaufsichtigende oder zu betreuende minderjährige Kind das zwölfte Lebensjahr vollendet hat, bei ihm erhöhter Betreuungsbedarf besteht und dringende dienstliche Belange nicht entgegenstehen.

(3) ₁Leben in dem Haushalt der Beamtin oder des Beamten mehrere Kinder, so erhöht sich die Obergrenze von 30 Arbeitstagen nicht. ₂Die Obergrenze darf überschritten werden, wenn bei einem oder mehreren Kindern erhöhter Betreuungsbedarf besteht und dringende dienstliche Belange nicht entgegenstehen. ₃Bei Überschreiten der Obergrenze darf der Urlaub ab dem 31. Arbeitstag nur unter Weitergewährung der Bezüge in halber Höhe erteilt werden.

(4) Die Zahl der Arbeitstage, für die der Beamtin oder dem Beamten vor dem 27. September 2022 aus Gründen, die den Gründen nach Absatz 1 Satz 1 oder Absatz 2 entsprechen, Urlaub nach § 11 Abs. 1 erteilt worden ist, ist auf die Obergrenze von 30 Arbeitstagen anzurechnen.

§ 10 Urlaub für Heimfahrten

₁Trennungsgeldberechtigten nach den §§ 3 und 5 Abs. 2 der Trennungsgeldverordnung und Dienstreisenden, deren Aufenthalt an demselben auswärtigen Geschäftsort länger als 14 Tage dauert, kann Urlaub unter Weitergewährung der Bezüge bis zu neun Arbeitstage im Urlaubsjahr für Heimfahrten erteilt werden. ₂Dies gilt bei einer Entfernung von weniger als 150 km zwischen dem bisherigen Wohnort und dem neuen Dienstort nur, wenn die Verkehrsverbindungen bei Inanspruchnahme regelmäßig verkehrender Beförderungsmittel besonders ungünstig sind. ₃Besteht für Berechtigte ein Anspruch auf Trennungsgeld nur für einen Teil des Urlaubsjahres, so verringert sich der Urlaubsanspruch entsprechend.

§ 11 Urlaub in anderen Fällen

(1) ₁In anderen als den in den §§ 2 bis 10 genannten Fällen kann bis zu sechs Monaten Urlaub unter Wegfall der Bezüge erteilt werden, wenn ein wichtiger Grund vorliegt und dienstliche Gründe nicht entgegenstehen. ₂§ 5 Abs. 3 gilt entsprechend.

(2) ₁Dient dieser Urlaub auch dienstlichen Interessen, so können die Bezüge bis zur Dauer von sechs Monaten, für die sechs Wochen überschreitende Zeit jedoch nur bis zur halben Höhe, weitergewährt werden. ₂Die oberste Dienstbehörde kann Ausnahmen von den Beschränkungen der Dauer und Höhe der Bezügegewährung in Satz 1 zulassen. ₃Bei Gemeinden, Landkreisen und den der Aufsicht des Landes unterstehenden anderen Körperschaften, Anstalten und Stiftungen des öffentlichen Rechts können die obersten Dienstbehörden ihre Befugnisse auf andere Stellen übertragen.

§ 12 Widerruf

(1) Die Urlaubserteilung kann aus zwingenden dienstlichen Gründen widerrufen werden.

(2) Die Urlaubserteilung ist zu widerrufen, wenn von der Beamtin oder dem Beamten zu vertretende Gründe den Widerruf erfordern.

§ 13 Ersatz von Aufwendungen

(1) ₁Mehraufwendungen, die durch einen Widerruf der Urlaubserteilung entstehen, werden nach den Bestimmungen des Reise-

kosten- und Umzugskostenrechts ersetzt, wenn nicht der Widerruf nach § 12 Abs. 2 ausgesprochen wird. ₂Zuwendungen von anderer Seite zur Deckung der Aufwendungen sind anzurechnen.

(2) Ist in den Fällen des § 7 Nr. 1 Buchst. a und Nr. 2 bei Beendigung des Urlaubs schriftlich anerkannt, dass dieser dienstlichen Interessen oder öffentlichen Belangen dient, gilt für die Mehraufwendungen, die anlässlich der Wiederaufnahme des Dienstes entstehen, Absatz 1 entsprechend.

§ 14 Bezüge

(1) ₁Bezüge im Sinne dieser Verordnung sind die in § 2 Abs. 2 und 3 des Niedersächsischen Besoldungsgesetzes (NBesG) aufgeführten Dienstbezüge und sonstigen Bezüge. ₂Die vermögenswirksame Leistung wird für volle Kalendermonate eines Urlaubs mit gekürzten Bezügen in Höhe des für Teilzeitbeschäftigte geltenden Betrages gewährt.

(2) ₁Für die Zeit eines Sonderurlaubs werden besondere Stellenzulagen nach § 39 NBesG, soweit ihre Gewährung von einer bestimmten Verwendung abhängt, nicht gezahlt. ₂Die Zulagen können weitergezahlt werden, wenn ein Sonderurlaub unter Weitergewährung der vollen Bezüge einen Monat nicht überschreitet. ₃Die Weitergewährung von Erschwerniszulagen im Sinne des § 46 NBesG richtet sich nach § 16 der Niedersächsischen Erschwerniszulagenverordnung. ₄Die Zulage nach Nummer 2 der Anlage 11 des Niedersächsischen Besoldungsgesetzes kann während eines Urlaubs weitergewährt werden, der dazu dient, die Voraussetzungen für den Aufstieg in die Laufbahngruppe 2 der Fachrichtung Polizei zu schaffen.

(3) Ein Urlaub unter Wegfall der Bezüge von längstens einem Monat, im Fall einer Beurlaubung gemäß § 9a Abs. 4 von längstens drei Monaten lässt den Anspruch auf Beihilfe oder auf Heilfürsorge unberührt.

(4) Werden in den Fällen des § 8 Abs. 3 oder des § 11 Abs. 2 Zuwendungen von anderer Seite gewährt, so sind sie bei der Weitergewährung der Bezüge angemessen zu berücksichtigen.

§ 15 Angehörige

(1) Nahe Angehörige im Sinne dieser Verordnung sind die in § 7 Abs. 3 des Pflegezeitgesetzes genannten Personen.

(2) Angehörige im Sinne dieser Verordnung sind neben den Personen nach Absatz 1 die in § 20 Abs. 5 des Verwaltungsverfahrensgesetzes darüber hinaus genannten Personen.

Verwaltungsvorschrift zur Durchführung der Niedersächsischen Sonderurlaubsverordnung (VV-Nds. SUrlVO)[1])

Vom 6. Januar 2006 (Nds. MBl. S. 45)

I.

Zur Anwendung der Nds. SUrlVO werden folgende Hinweise gegeben:

1. Zu § 2 Nr. 3 – Sonderurlaub für die Teilnahme an Veranstaltungen der politischen Bildung –

1.1 Eine Veranstaltung der politischen Bildung liegt vor, wenn sie dem Ziel dient, das staatsbürgerliche Engagement zu fördern, das Verstehen des politischen, zivilisatorischen und sozialen Umfeldes zu steigern, die staatspolitischen Gegebenheiten der Umwelt und Werte einer freiheitlich-demokratischen Grundordnung verständlich zu machen, damit das Verantwortungsbewusstsein und die Fähigkeit, diesem Verständnis gemäß zu handeln, gestärkt werden.

1.2 Sonderurlaubsanträge für die Teilnahme an Veranstaltungen der politischen Bildung sind der für die Entscheidung zuständigen Stelle rechtzeitig vor Urlaubsbeginn vorzulegen, dass die Anspruchsvoraussetzungen ggf. unter Einschaltung der Agentur für freie Erwachsenenbildung e. V. geprüft werden können.

1.3 Bei der Veranstaltung der politischen Bildung, die

a) vom Bund, von einem Land oder von einer der Aufsicht des Bundes oder eines Landes unterstehenden Körperschaft, Anstalt oder Stiftung des öffentlichen Rechts im Inland oder am Sitz der Institutionen der EU durchgeführt wird, ist in der Regel davon auszugehen, dass die Voraussetzungen des § 2 Nr. 3 Buchst. a Nds. SUrlVO erfüllt sind; bei Zweifeln stellt die für die Erteilung von Sonderurlaub zuständige Stelle das Einvernehmen mit der Agentur für freie Erwachsenenbildung e. V. her;

b) im Inland von anderen als den in Buchstabe a genannten Trägern durchgeführt wird, stellt die Agentur für freie Erwachsenenbildung e. V. auf Antrag des Trägers fest, ob die Voraussetzungen des § 2 Nr. 3 Buchst. a Nds. SUrlVO erfüllt sind; einer solchen Feststellung bedarf es nicht, wenn bereits eine Anerkennung der Agentur für freie Erwachsenenbildung e. V. nach § 10 NBildUG vorliegt, die ausdrücklich eine Feststellung nach § 2 Nr. 3 Buchst. a Nds. SUrlVO einschließt;

c) im Ausland stattfindet, stellt die Agentur für freie Erwachsenenbildung e. V. fest, ob eine besondere Förderungswürdigkeit nach § 2 Nr. 3 Buchst. b Nds. SUrlVO vorliegt. Diese Feststellung orientiert sich an der politischen Situation und der Beziehungen zu dem jeweiligen Land. Sie umfasst auch die Prüfung, ob die Sonderurlaubsvoraussetzungen auch bei der Durchführung im Inland (§ 2 Nr. 3 Buchst. a Nds. SUrlVO) erfüllt wären. Es ist insbesondere erforderlich, dass im Rahmen der Veranstaltung ein einheitliches Thema erarbeitet wird, das durch Eindrücke vor Ort vertieft werden kann, wobei allgemeine Eindrücke von der Situation des besuchten Landes und die Vermittlung allgemeiner Kenntnisse über die dortigen

---

[1]) Die Verwaltungsvorschrift ist zum 31. Dezember 2012 außer Kraft getreten. Bis zum Erlass neuer Vorschriften können die außer Kraft getretenen Regelungen laut Niedersächsischem Ministerium für Inneres und Sport weiterhin zur einheitlichen Handhabung der Sonderurlaubsverordnung herangezogen werden.

I.9.1 Verwaltungsvorschrift zur Nds. SUrlVO

politischen und sozialen Verhältnisse nicht ausreichend sind.

Die in den Buchstaben b und c vorgesehene Entscheidung der Agentur für freie Erwachsenenbildung e. V. ist dem Sonderurlaubsantrag beizufügen.

1.4 Sonderurlaub darf auf Grundlage einer Feststellung nach Nummer 1.3 im zulässigen Umfang nur erteilt werden, wenn und soweit dienstliche Gründe nicht entgegenstehen.

2. Zu § 7 – Urlaub für Tätigkeiten in zwischen- oder überstaatlichen Einrichtungen oder in der Entwicklungszusammenarbeit –

Die durch das Bundesministerium des Innern erlassenen Entsendungsrichtlinien (EntsR) vom 26. 9. 2005 (GMBl. S. 1074) und Beurlaubungsrichtlinien (BeurlR) vom 25. 10. 2000 (GMBl. S. 1112) sind in der jeweils gültigen Fassung für die Erteilung von Sonderurlaub nach § 7 Nds. SUrlVO mit folgenden Maßgaben entsprechend anzuwenden:

a) Die Entscheidung über die Entsendung (Abschnitt I Nr. 4 EntsR) oder Beurlaubung (Abschnitt I Nr. 3 BeurlR) trifft die nach der Nds. SUrlVO zuständige Behörde;

b) die Entsendung oder Beurlaubung darf insgesamt zwölf Jahre nicht überschreiten;

c) die Nachversicherungsbeiträge für die Zeit, in der Beamtinnen oder Beamte in der Entwicklungszusammenarbeit tätig waren, werden vom Bundesministerium für wirtschaftliche Zusammenarbeit und Entwicklung erstattet (Anhang II Nr. 2 Abs. 4 BeurlR) und sind dort anzufordern.

3. Zu § 9a Abs. 2 – Urlaub zur Beaufsichtigung, Betreuung oder Pflege –

3.1 Eine außergewöhnliche Belastung i. S. des § 9a Abs. 2 Satz 2 Nds. SUrlVO ist anzunehmen, wenn im Urlaubsjahr

3.1.1 eine Häufung von akuten erkrankungsbedingten Betreuungsfällen eingetreten ist, insbesondere durch mehrere Erkrankungen einzelner Kinder, Erkrankungen mehrerer im Haushalt lebender Kinder oder bei Alleinerziehung und

3.1.2 glaubhaft gemacht wird, dass die Beamtin oder der Beamte über die Regeldauer von vier Tagen Sonderurlaub hinaus mindestens weitere drei Arbeitstage im Urlaubsjahr unter Inanspruchnahme von Erholungsurlaub, Zeitausgleich nach Arbeitszeitregelungen oder Sonderurlaub unter Wegfall der Bezüge zur Kinderbetreuung aufgewandt hat; Lehrkräfte können die Vorleistung von drei Arbeitstagen im Urlaubsjahr auch in der Weise erbringen, dass sie für jeweils zwei Tage zusätzlichen Sonderurlaub zuvor die nach § 4 Abs. 2 Satz 2 ArbZVO-Lehr ausgleichspflichtigen Unterrichtsstunden eines Schultages zur Kinderbetreuung in Anspruch genommen haben.

3.2 In Anlehnung an § 10 Abs. 4 SGB V gelten als Kinder i. S. des § 9a Nds. SUrlVO neben den leiblichen (ehelichen und nichtehelichen) und angenommenen Kindern auch Stiefkinder und Enkel, die die Beamtin oder der Beamte überwiegend unterhält, sowie Pflegekinder. Kinder, die mit dem Ziel der Annahme als Kind in die Obhut der oder des Annehmenden aufgenommen sind und für die die zur Annahme erforderliche Einwilligung der Eltern erteilt ist, gelten als Kinder der oder des Annehmenden und nicht mehr als Kinder der leiblichen Eltern. Als Stiefkinder gelten auch die Kinder der Lebensgefährtin oder des Lebensgefährten.

3.3 Die Dauer des Sonderurlaubs nach § 9a Abs. 2 Nds. SUrlVO darf einschließlich der Regeldauer von vier Tagen insgesamt zehn Arbeitstage im Urlaubsjahr nicht überschreiten. Für allein erziehende Beamtinnen und Beamte kann darüber hinaus Sonderurlaub bis zu sechs weiteren, insgesamt höchstens sechzehn Arbeitstagen im Urlaubsjahr erteilt werden.

3.4 Vor Erteilung des Sonderurlaubs sollte die Beamtin oder der Beamte darauf hingewiesen werden, dass auch bestehende Freistellungsmöglichkeiten anderer Personensorgeberechtigter genutzt werden sollten.

4. Zu § 11 Abs. 1 – Urlaub in anderen Fällen unter Wegfall der Bezüge –

4.1 Nach § 11 Abs. 1 Nds. SUrlVO kann bis zu sechs Monate Urlaub unter Wegfall der Bezüge erteilt werden, wenn ein wichtiger Grund vorliegt und dienstliche Gründe nicht entgegenstehen. Die Regelung kann grundsätzlich sowohl den Urlaub für einen nicht ausdrücklich geregelten Zweck, als auch Urlaub, der über die Dauer eines unter Weitergewährung der Bezüge gewährten Urlaubs hinausgeht, umfassen.

Der „wichtige Grund" muss bei objektiver Betrachtung triftig, d. h. gewichtig und schutzwürdig sein. Je länger der beantragte Sonderurlaub ist, umso stärker wird das dienstliche Interesse an der vollen Dienstleistung berührt und umso höhere Anforderungen sind an die Gewichtigkeit und Schutzwürdigkeit des geltend gemachten Urlaubsgrundes zu stellen.

4.2 In besonderen Ausnahmefällen können gemäß § 11 Abs. 1 Satz 2 und § 5 Abs. 3 Nds. SUrlVO längere Beurlaubungszeiten zugelassen werden. Hierbei hat der Dienstherr unter Anlegung eines strengen Maßstabes zwischen dem persönlichen Interesse der Beamtin oder des Beamten an einer weiteren Beurlaubung und seinem Interesse als Dienstherr an der Rückkehr der Beamtin oder des Beamten in den Landesdienst abzuwägen.

Die Nds. SUrlVO enthält für den Urlaub in anderen Fällen keine Höchstdauer. In analoger Anwendung an die im Beamtenrecht festgelegte Beurlaubungsdauer (§ 44b BRRG und §§ 80d und 87a NBG) soll die Dauer von Sonderurlaub unter Wegfall der Bezüge grundsätzlich auf zwölf Jahre begrenzt werden, bei Beamtinnen und Beamten im Schuldienst darüber hinaus noch bis zum Ende des dann laufenden Schulhalbjahres, bei Lehrkräften im Auslandsschuldienst nach dem RdErl. des MK vom 7. 4. 2005 (SVBl. S. 238), geändert durch RdErl. vom 1. 6. 2005 (SVBl. S. 325), für die Dauer der Erst-, Zweit- und ggf. Drittvermittlung, bei Tätigkeit für eine Fraktion bis zum Ende der Legislaturperiode.

5. Zu § 14 – Bezüge –

5.1 Nach § 14 Abs. 2 Satz 1 Nds. SUrlVO entfallen für die Zeit eines Sonderurlaubs Stellenzulagen i. S. des § 42 Abs. 3 BBesG, die für die Dauer einer bestimmten Verwendung gezahlt werden. Entsprechend der Nummer 42.3.1 der Allgemeinen Verwaltungsvorschrift zum Bundesbesoldungsgesetz (BBesGVwV) entfallen somit sämtliche Stellenzulagen, außer denen nach den Vorbemerkungen

Nr. 25 (Beamte mit Meisterprüfung oder Abschlussprüfung als staatlich geprüfte Techniker)

und

Nr. 27 (Allgemeine Stellenzulage)

zu den Bundesbesoldungsordnungen A und B (Anlage 1 zum BBesG).

Die Stellenzulage nach der Vorbemerkung Nr. 6 zu den Bundesbesoldungsordnungen A und B (Zulage für Soldaten und Beamte als fliegendes Personal) fällt als Stellenzulage i. S. des § 42 Abs. 3 BBesG nur dann unter die Regelung des § 14 Abs. 2 S. 1 Nds. SUrlVO, wenn sie während der Dauer der Verwendung als Luftfahrzeugführer oder als sonstige ständige Luftfahrzeugbesatzungsangehörige gewährt wird (Vorbemerkung Nr. 6 Abs. 1). Eine nach Beendigung weitergewährte Stellenzulage (Vorbemerkung Nr. 6 Abs. 2) bleibt hingegen von § 14 Abs. 2 Satz 1 Nds. SUrlVO unberührt, weil sie unabhängig von einer bestimmten Verwendung zusteht.

Nach § 14 Abs. 2 Satz 2 Nds. SUrlVO können Stellenzulagen sowie Ausgleichszulagen, die anstelle von Stellenzulagen gezahlt werden, weitergezahlt werden, wenn der Sonderurlaub unter voller Weitergewährung der Bezüge einen Monat nicht überschreitet. Diese zeitliche Begrenzung gilt entsprechend der Nummer 42.3.11.1 BBesGVwV nicht bei einer Erkrankung oder Heilkur.

In die Urlaubsbewilligung ist außer bei Urlaub zur Durchführung einer Kur nach § 9b Nds. SUrlVO und außer in den Fällen des § 14 Abs. 2 Satz 4 Nds. SUrlVO aufzunehmen,

a) wenn der Sonderurlaub einen Monat überschreitet oder wenn die Bezüge nur teilweise weitergewährt werden, der Hinweis, dass der Sonderurlaub zum Wegfall der genannten Stellenzulagen führt;

b) falls der Bewilligungszeitraum bei Empfängerinnen und Empfängern der genannten Stellenzulagen einen Monat nicht überschreitet, folgende Sätze:

„Stellenzulagen i. S. des § 42 Abs. 3 BBesG, die für die Dauer einer bestimmten Verwendung gezahlt werden, werden unter der Bedingung gewährt, dass der Sonderurlaub – einschließlich einer eventuellen Verlängerung – einen Monat nicht überschreitet (§ 14 Abs. 2 Satz 2 Nds. SUrlVO). Andernfalls sind die Zulagen vom ersten Tag des Gesamturlaubs an zurückzuzahlen."

Eine Rechtsbehelfsbelehrung ist beizufügen. Bei der Entscheidung über die Weitergewährung der Zulagen handelt es sich um eine besoldungsrechtliche Angelegenheit i. S. des § 192 Abs. 4 Satz 2 NBG.

Überschreitet der Sonderurlaub infolge einer Verlängerung die Dauer von einem Monat, so sind die Stellenzulagen nach § 98a NBG zurückzufordern.

5.2 Für die Weitergewährung von Erschwerniszulagen i. S. des § 47 BBesG gilt § 19 der Erschwerniszulagenverordnung (EZulV). Soweit in den §§ 20 bis 26 EZulV nichts anderes bestimmt ist, wird die Zulage bei Gewährung eines Sonderurlaubs unter Fortzahlung der Dienstbezüge weitergewährt bis zum Ende des Monats, der auf den Eintritt der Unterbrechung folgt; bei einer Erkrankung einschließlich Heilkur, die auf einem Dienstunfall beruht, darüber hinaus bis zum Ende des sechsten Monats, der auf den Eintritt der Unterbrechung folgt.

Die zeitlichen Beschränkungen gelten nicht bei einem Dienstunfall i. S. des § 37 BeamtVG („qualifizierter Dienstunfall"), d. h., auch bei längeren Unterbrechungszeiten wird die Erschwerniszulage (§ 19 Abs. 2 EZulV) weitergezahlt.

II.

Der Region Hannover, den Gemeinden, Landkreisen und sonstigen der Aufsicht des Landes unterstehenden Körperschaften, Anstalten und Stiftungen des öffentlichen Rechts wird empfohlen, entsprechend zu verfahren.

Niedersächsisches Disziplinargesetz (NDiszG)

Vom 13. Oktober 2005 (Nds. GVBl. S. 296)

Zuletzt geändert durch
Gesetz zur Änderung dienstrechtlicher Vorschriften
vom 29. Juni 2022 (Nds. GVBl. S. 400)

Inhaltsübersicht

Erster Teil
Allgemeine Bestimmungen

- § 1 Persönlicher Geltungsbereich
- § 2 Sachlicher Geltungsbereich
- § 3 Anwendung bundesrechtlicher Vorschriften
- § 4 Ergänzende Anwendung des Niedersächsischen Verwaltungsverfahrensgesetzes und der Verwaltungsgerichtsordnung
- § 5 Disziplinarbehörden

Zweiter Teil
Disziplinarmaßnahmen

- § 6 Arten der Disziplinarmaßnahmen
- § 7 Verweis
- § 8 Geldbuße
- § 9 Kürzung der Dienstbezüge
- § 10 Zurückstufung
- § 11 Entfernung aus dem Beamtenverhältnis
- § 12 Kürzung des Ruhegehalts
- § 13 Aberkennung des Ruhegehalts
- § 14 Bemessung der Disziplinarmaßnahme
- § 15 Zulässigkeit von Disziplinarmaßnahmen nach Straf- oder Bußgeldverfahren
- § 16 Disziplinarmaßnahmeverbot wegen Zeitablaufs
- § 17 Verwertungsverbot, Entfernung aus der Personalakte

Dritter Teil
Behördliches Disziplinarverfahren

Erstes Kapitel
Einleitung, Ausdehnung und Beschränkung

- § 18 Einleitung von Amts wegen
- § 19 Einleitung auf Antrag der Beamtin oder des Beamten
- § 20 Ausdehnung und Beschränkung

Zweites Kapitel
Durchführung

- § 21 Mitteilung, Hinweise und Anhörungen
- § 22 Pflicht zur Durchführung von Ermittlungen
- § 23 Zusammentreffen von Disziplinarverfahren mit Strafverfahren oder anderen Verfahren, Aussetzung
- § 24 Bindung an tatsächliche Feststellungen in Strafverfahren oder anderen Verfahren
- § 25 Beweiserhebung
- § 26 Zeuginnen, Zeugen und Sachverständige, richterliche Vernehmung
- § 27 Herausgabe von Unterlagen
- § 28 Beschlagnahmen und Durchsuchungen
- § 29 Protokoll
- § 30 Auskünfte und Mitteilungen
- § 31 Abgabe des Disziplinarverfahrens

Drittes Kapitel
Abschlussentscheidung

- § 32 Einstellungsverfügung, Beendigung
- § 33 Disziplinarverfügung
- § 34 Disziplinarklage, Klagebehörde
- § 35 Erneute Ausübung der Disziplinarbefugnisse

I.10 Disziplinargesetz (NDiszG) — Inhaltsübersicht

§ 36 Verfahren bei nachträglicher Entscheidung im Straf- oder Bußgeldverfahren

§ 37 Kosten

Viertes Kapitel
Vorläufige Dienstenthebung und Einbehaltung von Bezügen

§ 38 Zulässigkeit

§ 39 Rechtswirkungen

§ 40 Verfall und Nachzahlung der einbehaltenen Beträge

Vierter Teil
Gerichtliches Disziplinarverfahren

Erstes Kapitel
Disziplinargerichtsbarkeit

§ 41 Zuständigkeit der Verwaltungsgerichtsbarkeit

§ 42 Kammer für Disziplinarsachen

§ 43 Ehrenamtliche Richterinnen und Richter

§ 44 Ausschluss von der Ausübung des Richteramts

§ 45 Nichtheranziehung ehrenamtlicher Richterinnen und Richter

§ 46 Entbindung vom ehrenamtlichen Richteramt

§ 47 Senat für Disziplinarsachen

Zweites Kapitel
Disziplinarverfahren vor dem Verwaltungsgericht

Erster Abschnitt
Klageverfahren

§ 48 Disziplinarklage, Klage gegen Entscheidungen in Disziplinarverfahren

§ 49 Nachtragsdisziplinarklage

§ 50 Mängel des behördlichen Disziplinarverfahrens oder der Klageschrift

§ 51 Beschränkung des Disziplinarverfahrens

§ 52 Bindung an tatsächliche Feststellungen aus anderen Verfahren

§ 53 Beweisaufnahme

§ 54 Entscheidung durch Beschluss

§ 55 Mündliche Verhandlung, Entscheidung durch Urteil

§ 56 Wirkungen der Klagerücknahme

Zweiter Abschnitt
Besondere Verfahren

§ 57 Antrag auf gerichtliche Fristsetzung

§ 58 Antrag auf Aussetzung der vorläufigen Dienstenthebung und der Einbehaltung von Bezügen

Drittes Kapitel
Disziplinarverfahren vor dem Oberverwaltungsgericht

Erster Abschnitt
Berufung

§ 59 Statthaftigkeit, Frist und Form der Berufung

§ 60 Berufungsverfahren

§ 61 Mündliche Verhandlung, Entscheidung durch Urteil

Zweiter Abschnitt
Beschwerde

§ 62 Statthaftigkeit, Frist und Form der Beschwerde

§ 63 Entscheidung des Oberverwaltungsgerichts

Viertes Kapitel
Wiederaufnahme des gerichtlichen Disziplinarverfahrens

§ 64 Wiederaufnahmegründe

§ 65 Unzulässigkeit der Wiederaufnahme

§ 66 Frist, Verfahren

§ 67 Entscheidung durch Beschluss

§ 68 Rechtswirkungen, Entschädigung

Fünftes Kapitel
Kostenentscheidung im gerichtlichen Disziplinarverfahren

§ 69 Kosten

§ 70 Umfang der Kostenpflicht

§ 71 Gerichtskosten

Fünfter Teil
Unterhaltsbeitrag

§ 72 Unterhaltsbeitrag bei Entfernung aus dem Beamtenverhältnis oder Aberkennung des Ruhegehalts

Sechster Teil
Besondere Bestimmungen für einzelne Beamtengruppen

§ 73 Ehrenbeamtinnen und Ehrenbeamte

§ 73a Beamtinnen und Beamte in Ämtern mit leitender Funktion im Beamtenverhältnis auf Probe

§ 74 Ruhestandsbeamtinnen und Ruhestandsbeamte

Siebenter Teil
Übergangs- und Schlussbestimmungen

§ 75 Verordnungsermächtigungen

Erster Teil
Allgemeine Bestimmungen

§ 1 Persönlicher Geltungsbereich

(1) ₁Dieses Gesetz gilt für die Beamtinnen, Beamten, Ruhestandsbeamtinnen und Ruhestandsbeamten, auf die das Niedersächsische Beamtengesetz (NBG) Anwendung findet. ₂Frühere Beamtinnen und Beamte niedersächsischer Dienstherrn, die Unterhaltsbeiträge nach den Bestimmungen des Niedersächsischen Beamtenversorgungsgesetzes (NBeamtVG) oder entsprechender früherer Regelungen beziehen, gelten bis zum Ende dieses Bezuges als Ruhestandsbeamtinnen und Ruhestandsbeamte, ihre Bezüge als Ruhegehalt.

(2) Die Bestimmungen dieses Gesetzes über Beamtinnen und Beamte sind auch für Ruhestandsbeamtinnen und Ruhestandsbeamte anzuwenden, soweit die Besonderheiten des Ruhestandsverhältnisses die Anwendung zulassen und sich nicht aus diesem Gesetz etwas anderes ergibt.

(3) ₁Altersgeldberechtigte nach dem Niedersächsischen Beamtenversorgungsgesetz gelten für die Verfolgung von Dienstvergehen, die sie vor der Beendigung ihres Beamtenverhältnisses begangen haben, als Ruhestandsbeamtinnen und Ruhestandsbeamte, ihr Altersgeld als Ruhegehalt. ₂§ 38 Abs. 3 ist mit der Maßgabe anzuwenden, dass an die Stelle der Zahl ‚30' die Zahl ‚50' tritt.

§ 2 Sachlicher Geltungsbereich

(1) ₁Dieses Gesetz gilt für die Verfolgung von Dienstvergehen im Sinne des § 47 Abs. 1 des Beamtenstatusgesetzes (BeamtStG). ₂Die nach § 47 Abs. 2 BeamtStG und § 50 NBG als Dienstvergehen geltenden Handlungen gelten auch als Dienstvergehen im Sinne dieses Gesetzes.

(2) ₁Dieses Gesetz gilt auch für die Verfolgung von Dienstvergehen, die Beamtinnen, Beamte, Ruhestandsbeamtinnen und Ruhestandsbeamte in einem früheren Beamtenverhältnis, Richterverhältnis, Berufssoldatenverhältnis oder Soldatenverhältnis auf Zeit oder als Versorgungsberechtigte aus einem solchen früheren Verhältnis begangen haben und die noch nicht Gegenstand eines abgeschlossenen Disziplinarverfahrens waren. ₂Als Dienstvergehen gelten auch die in § 47 BeamtStG bezeichneten Handlungen der aus einem in Satz 1 genannten früheren Verhältnis Ausgeschiedenen oder Entlassenen.

(3) Dienstvergehen, die Beamtinnen oder Beamte während des Wehrdienstes im Rahmen einer Wehrübung (§ 6 des Wehrpflichtgesetzes) oder einer besonderen Auslandsverwendung (§ 6a des Wehrpflichtgesetzes) begangen haben, können auch nach diesem Gesetz verfolgt werden, wenn das Verhalten sowohl soldatenrechtlich als auch beamtenrechtlich ein Dienstvergehen darstellt.

§ 3 Anwendung bundesrechtlicher Vorschriften

Die Rechtsvorschriften des Bundes, auf die in diesem Gesetz verwiesen wird, gelten in der folgenden Fassung:

1. Gerichtskostengesetz in der Fassung vom 27. Februar 2014 (BGBl. I S. 154), zuletzt geändert durch Artikel 16 des Gesetzes vom 25. Juni 2021 (BGBl. I S. 2099);

2. Viertes Buch des Sozialgesetzbuchs in der Fassung vom 12. November 2009 (BGBl. I S. 3710, 3973; 2011 I S. 363), zuletzt geändert durch Artikel 13 des Gesetzes vom 10. Dezember 2021 (BGBl. I S. 5162);

3. Strafprozessordnung (StPO) in der Fassung vom 7. April 1987 (BGBl. I S. 1074, 1319), zuletzt geändert durch Artikel 2 des Gesetzes vom 25. März 2022 (BGBl. I S. 571);

4. Verwaltungsgerichtsordnung (VwGO) in der Fassung vom 19. März 1991 (BGBl. I S. 686), zuletzt geändert durch Artikel 2 des Gesetzes vom 8. Oktober 2021 (BGBl. I S. 4650);

5. Wehrpflichtgesetz in der Fassung vom 15. August 2011 (BGBl. I S. 1730), zuletzt geändert durch Artikel 12 des Gesetzes vom 28. Juni 2021 (BGBl. I S. 2250).

§ 4 Ergänzende Anwendung des Niedersächsischen Verwaltungsverfahrensgesetzes und der Verwaltungsgerichtsordnung

Zur Ergänzung dieses Gesetzes sind die Bestimmungen des Niedersächsischen Verwaltungsverfahrensgesetzes und der Verwaltungsgerichtsordnung entsprechend anzuwenden, soweit sie nicht zu den Bestimmungen dieses Gesetzes in Widerspruch stehen oder soweit nicht in diesem Gesetz etwas anderes bestimmt ist.

§ 5 Disziplinarbehörden

(1) ₁Für die Beamtinnen und Beamten des Landes ist die oberste Dienstbehörde die oberste Disziplinarbehörde. ₂Sie ist auch höhere Disziplinarbehörde und Disziplinarbehörde, soweit nicht durch Verordnung nach § 75 Nr. 1 etwas anderes bestimmt ist.

(2) ₁Für die Beamtinnen und Beamten juristischer Personen, die der Aufsicht des Landes unterstehen, werden die Aufgaben der Disziplinarbehörde von der oder dem Dienstvorgesetzten und die Aufgaben der höheren Disziplinarbehörde von der oder dem höheren Dienstvorgesetzten wahrgenommen, soweit nicht durch Verordnung nach § 75 Nr. 2 etwas anderes bestimmt ist. ₂Die Aufgaben der obersten Disziplinarbehörde werden von der Aufsichtsbehörde wahrgenommen.

(3) Abweichend von Absatz 2 übt gegenüber einer Hauptverwaltungsbeamtin oder einem Hauptverwaltungsbeamten einer Gemeinde, einer Samtgemeinde oder eines Landkreises die Aufsichtsbehörde die disziplinarrechtlichen Befugnisse aller Disziplinarbehörden aus.

Zweiter Teil
Disziplinarmaßnahmen

§ 6 Arten der Disziplinarmaßnahmen

(1) ₁Disziplinarmaßnahmen gegen Beamtinnen und Beamte sind:
1. Verweis (§ 7),
2. Geldbuße (§ 8),
3. Kürzung der Dienstbezüge (§ 9),
4. Zurückstufung (§ 10) und
5. Entfernung aus dem Beamtenverhältnis (§ 11).

₂Gegen eine Beamtin oder einen Beamten auf Probe oder auf Widerruf kann nur ein Verweis oder eine Geldbuße ausgesprochen werden.

(2) Disziplinarmaßnahmen gegen Ruhestandsbeamtinnen oder Ruhestandsbeamte sind
1. Kürzung des Ruhegehalts (§ 12),
2. Zurückstufung (§ 10) und
3. Aberkennung des Ruhegehalts (§ 13).

§ 7 Verweis

Der Verweis ist der schriftliche Tadel eines bestimmten Verhaltens, der ausdrücklich auf diese Bestimmung Bezug nimmt.

§ 8 Geldbuße

₁Die Geldbuße ist die Verpflichtung zur Zahlung eines Geldbetrages. ₂Sie kann bis zur Höhe von 2500 Euro ausgesprochen werden. ₃Werden weder Dienst- noch Anwärterbezüge gezahlt, so ist die Geldbuße bis zur Höhe von 500 Euro zulässig. ₄Die Geldbuße fließt dem Dienstherrn zu.

§ 9 Kürzung der Dienstbezüge

(1) ₁Die Kürzung der Dienstbezüge ist deren bruchteilmäßige Verminderung um höchstens ein Fünftel und auf längstens drei Jahre. ₂Sie erstreckt sich auf alle Ämter, die die Beamtin oder der Beamte bei Eintritt der Unanfechtbarkeit der Entscheidung innehat. ₃Bei der Anwendung versorgungsrechtlicher Anrechnungs-, Kürzungs- und Ruhensvorschriften bleibt eine Kürzung der Dienstbezüge unberücksichtigt.

(2) ₁Die Kürzung der Dienstbezüge beginnt mit dem Kalendermonat, der auf den Eintritt der Unanfechtbarkeit der Entscheidung folgt. ₂Bei Eintritt in den Ruhestand nach Ausspruch der Disziplinarmaßnahme und vor der Unanfechtbarkeit der Entscheidung gilt eine entsprechende Kürzung des Ruhegehalts (§ 12) als ausgesprochen. ₃Tritt die Beamtin oder der Beamte während der Dauer der Kürzung der Dienstbezüge in den Ruhestand, so wird das Ruhegehalt in demselben Verhältnis wie die Dienstbezüge gekürzt. ₄Sterbegeld sowie

Witwen- und Waisengeld werden nicht gekürzt.

(3) ₁Die Kürzung der Dienstbezüge wird gehemmt, solange eine Beurlaubung ohne Dienstbezüge andauert. ₂Während der Beurlaubung kann die Beamtin oder der Beamte monatlich einen Betrag vorab an den Dienstherrn entrichten, der dem Kürzungsbetrag im letzten Monat vor der Beurlaubung entspricht; die Dauer der Kürzung der Dienstbezüge nach der Beendigung der Beurlaubung verringert sich entsprechend.

(4) ₁Solange die Dienstbezüge gekürzt sind, darf die Beamtin oder der Beamte nicht befördert werden. ₂Der Zeitraum kann in der Entscheidung abgekürzt werden, sofern dies im Hinblick auf die Dauer des Disziplinarverfahrens angezeigt ist.

(5) ₁Die Rechtsfolgen der Kürzung der Dienstbezüge erstrecken sich auch auf ein neues Beamtenverhältnis. ₂Solange ein Beförderungsverbot nach Absatz 4 besteht, darf ein neues Beamtenverhältnis mit einer Einstellung in einem höheren als dem bisherigen Amt nicht begründet werden. ₃Satz 2 gilt nicht bei Begründung eines Beamtenverhältnisses nach § 7 Abs. 4 NBG.

(6) Die Dienstbezüge im Sinne dieser Vorschrift bestehen aus dem Grundgehalt, den Zuschüssen zum Grundgehalt für Beamtinnen und Beamte der Bundesbesoldungsordnung C, den Leistungsbezügen für Beamtinnen und Beamte der Besoldungsgruppen W 2 und W 3, dem Familienzuschlag, den Zulagen, Prämien, Vergütungen und Zuschlägen sowie der Auslandsbesoldung.

§ 10 Zurückstufung

(1) ₁Die Zurückstufung ist die Versetzung der Beamtin oder des Beamten in ein Amt derselben Laufbahn mit geringerem Endgrundgehalt. ₂Mit der Zurückstufung gehen alle Rechte aus dem bisherigen Amt einschließlich der damit verbundenen Bezüge und der Befugnis, die bisherige Amtsbezeichnung zu führen, verloren. ₃Soweit in der Entscheidung nichts anderes bestimmt ist, ist auch die Ausübung der öffentlichen Ehrenämter und der Nebentätigkeiten, die im Zusammenhang mit dem bisherigen Amt oder auf Verlangen, Vorschlag oder Veranlassung der oder des Dienstvorgesetzten übernommen wurden, unverzüglich zu beenden.

(2) ₁Beamtinnen und Beamte, die sich im ersten Einstiegsamt der Laufbahn oder in einem laufbahnfreien Amt befinden, werden zurückgestuft, indem für einen Zeitraum von fünf Jahren Bezüge aus einer vom Gericht zu bestimmenden niedrigeren Besoldungsgruppe gezahlt werden. ₂Der Zeitraum kann in der Entscheidung abgekürzt werden, sofern dies im Hinblick auf die Dauer des Disziplinarverfahrens angezeigt ist.

(3) ₁Ruhestandsbeamtinnen und Ruhestandsbeamte werden zurückgestuft, indem Versorgungsbezüge aus einer vom Gericht zu bestimmenden niedrigeren Besoldungsgruppe gezahlt werden. ₂Absatz 1 Satz 2 findet keine Anwendung.

(4) Die Zurückstufung wird von dem Kalendermonat an wirksam, der dem Eintritt der Unanfechtbarkeit der Entscheidung folgt.

(5) ₁Die Beamtin oder der Beamte darf frühestens fünf Jahre nach Eintritt der Unanfechtbarkeit der Entscheidung befördert werden. ₂Absatz 2 Satz 2 gilt entsprechend.

(6) ₁Die Rechtsfolgen der Zurückstufung erstrecken sich auch auf ein neues Beamtenverhältnis. ₂Solange ein Beförderungsverbot nach Absatz 5 besteht, darf ein neues Beamtenverhältnis mit einer Einstellung in einem höheren als dem bisherigen Amt nicht begründet werden. ₃Die Sätze 1 und 2 gelten nicht bei Begründung eines Beamtenverhältnisses nach § 7 Abs. 4 NBG.

§ 11 Entfernung aus dem Beamtenverhältnis

(1) ₁Mit der Entfernung aus dem Beamtenverhältnis endet das Dienstverhältnis. ₂Die Beamtin oder der Beamte verliert den Anspruch auf Besoldung und Versorgung sowie die Befugnis, die Amtsbezeichnung und die im Zusammenhang mit dem Amt verliehenen Titel zu führen und die Dienstkleidung zu tragen.

(2) ₁Die Besoldung wird mit dem Ende des Kalendermonats eingestellt, in dem die Ent-

scheidung unanfechtbar wird. ₂Tritt die Beamtin oder der Beamte in den Ruhestand, bevor die Entscheidung über die Entfernung aus dem Beamtenverhältnis unanfechtbar wird, so gilt die Entscheidung als Aberkennung des Ruhegehalts.

(3) ₁Wer aus dem Beamtenverhältnis entfernt wird, erhält für die Dauer von sechs Monaten einen Unterhaltsbeitrag in Höhe von 50 vom Hundert der Bezüge, die ihr oder ihm bei Eintritt der Unanfechtbarkeit der Entscheidung zustehen; eine Einbehaltung von Bezügen nach § 38 Abs. 2 bleibt unberücksichtigt. ₂Die Gewährung des Unterhaltsbeitrags kann in der Entscheidung ganz oder teilweise ausgeschlossen werden, soweit die Beamtin oder der Beamte ihrer nicht würdig oder den erkennbaren Umständen nach nicht bedürftig ist. ₃Die Gewährung des Unterhaltsbeitrags kann in der Entscheidung über sechs Monate hinaus verlängert werden, soweit dies notwendig ist, um eine unbillige Härte zu vermeiden; die Beamtin oder der Beamte hat die Umstände glaubhaft zu machen. ₄Die Zahlung des Unterhaltsbeitrags richtet sich nach § 72.

(4) Die Entfernung aus dem Beamtenverhältnis und ihre Rechtsfolgen erstrecken sich auf alle Ämter, die bei Eintritt der Unanfechtbarkeit der Entscheidung verliehen sind, soweit nicht nach § 73 Satz 1 eine andere Entscheidung getroffen wird.

(5) Wer früher in einem anderen Dienstverhältnis im unmittelbaren oder mittelbaren Landesdienst gestanden hat und aus dem Beamtenverhältnis entfernt wird, verliert auch die Ansprüche aus dem früheren Dienstverhältnis, wenn diese Disziplinarmaßnahme wegen eines Dienstvergehens ausgesprochen wird, das in dem früheren Dienstverhältnis oder bezogen auf dieses Dienstverhältnis begangen wurde.

(6) Wer aus dem Beamtenverhältnis entfernt ist, darf nicht wieder in ein Beamtenverhältnis berufen werden; ein anderes Beschäftigungsverhältnis im öffentlichen Dienst soll nicht begründet werden.

§ 12 Kürzung des Ruhegehalts

₁Die Kürzung des Ruhegehalts ist die bruchteilmäßige Verminderung des monatlichen Ruhegehalts um höchstens ein Fünftel auf längstens drei Jahre. ₂§ 9 Abs. 1 Sätze 2 und 3 sowie Abs. 2 Sätze 1 und 4 gilt entsprechend.

§ 13 Aberkennung des Ruhegehalts

(1) Mit der Aberkennung des Ruhegehalts verliert die Ruhestandsbeamtin oder der Ruhestandsbeamte den Anspruch auf Versorgung einschließlich der Hinterbliebenenversorgung und die Befugnis, die Amtsbezeichnung und die Titel zu führen, die im Zusammenhang mit dem früheren Amt verliehen wurden.

(2) ₁Wird das Ruhegehalt aberkannt, so ist bis zur Gewährung einer Rente aufgrund einer Nachversicherung, längstens jedoch für die Dauer von sechs Monaten, ein Unterhaltsbeitrag in Höhe von 70 vom Hundert des bei Eintritt der Unanfechtbarkeit der Entscheidung zustehenden Ruhegehalts zu zahlen; eine Kürzung nach § 38 Abs. 3 bleibt unberücksichtigt. ₂§ 11 Abs. 3 Sätze 2 bis 4 gilt entsprechend.

(3) § 11 Abs. 2 Satz 1 sowie Abs. 4 bis 6 gilt entsprechend.

§ 14 Bemessung der Disziplinarmaßnahme

(1) ₁Die Entscheidung über eine Disziplinarmaßnahme ergeht nach pflichtgemäßem Ermessen. ₂Die Disziplinarmaßnahme ist nach der Schwere des Dienstvergehens zu bemessen. ₃Das Persönlichkeitsbild einschließlich des bisherigen dienstlichen Verhaltens ist angemessen zu berücksichtigen. ₄Ferner soll berücksichtigt werden, in welchem Umfang die Beamtin oder der Beamte das Vertrauen des Dienstherrn oder der Allgemeinheit beeinträchtigt hat.

(2) ₁Eine Beamtin oder ein Beamter, die oder der durch ein schweres Dienstvergehen das Vertrauen des Dienstherrn oder der Allgemeinheit endgültig verloren hat, ist aus dem Beamtenverhältnis zu entfernen. ₂Der Ruhestandsbeamtin oder dem Ruhestandsbeamten wird das Ruhegehalt aberkannt, wenn sie

oder er als aktive Beamtin oder aktiver Beamter aus dem Beamtenverhältnis hätte entfernt werden müssen.

§ 15 Zulässigkeit von Disziplinarmaßnahmen nach Straf- oder Bußgeldverfahren

(1) Ist gegen eine Beamtin oder einen Beamten im Straf- oder im Bußgeldverfahren unanfechtbar eine Strafe, Geldbuße oder Ordnungsmaßnahme verhängt worden, so darf wegen desselben Sachverhalts

1. ein Verweis, eine Geldbuße oder eine Kürzung des Ruhegehalts nicht ausgesprochen werden und

2. eine Kürzung der Dienstbezüge nur ausgesprochen werden, wenn dies zusätzlich erforderlich ist, um die Beamtin oder den Beamten zur Pflichterfüllung anzuhalten.

(2) Kann eine Tat nach § 153a Abs. 1 Satz 5 oder Abs. 2 Satz 2 StPO nicht mehr als Vergehen verfolgt werden, so darf wegen desselben Sachverhalts

1. ein Verweis nicht ausgesprochen werden und

2. eine Geldbuße, eine Kürzung des Ruhegehalts oder eine Kürzung der Dienstbezüge nur ausgesprochen werden, wenn dies zusätzlich erforderlich ist, um die Beamtin oder den Beamten zur Pflichterfüllung anzuhalten.

(3) Ist die Beamtin oder der Beamte im Straf- oder Bußgeldverfahren rechtskräftig freigesprochen worden, so darf wegen des Sachverhalts, der Gegenstand der gerichtlichen Entscheidung gewesen ist, eine Disziplinarmaßnahme nur ausgesprochen werden, wenn dieser Sachverhalt ein Dienstvergehen darstellt, ohne den Tatbestand einer Strafvorschrift oder einer Bußgeldvorschrift zu erfüllen.

§ 16 Disziplinarmaßnahmeverbot wegen Zeitablaufs

(1) Sind seit der Vollendung eines Dienstvergehens mehr als zwei Jahre vergangen, so darf ein Verweis oder eine Geldbuße nicht mehr ausgesprochen werden.

(2) Sind seit der Vollendung eines Dienstvergehens mehr als drei Jahre vergangen, so darf eine Kürzung der Dienstbezüge oder eine Kürzung des Ruhegehalts nicht mehr ausgesprochen werden.

(3) Sind seit der Vollendung eines Dienstvergehens mehr als sieben Jahre vergangen, so darf eine Zurückstufung nicht mehr ausgesprochen werden.

(4) Noch laufende Fristen der Absätze 1 bis 3 beginnen erneut mit

1. der Einleitung des Disziplinarverfahrens,

2. der Erhebung der Disziplinarklage oder einer Klage gegen die Einstellung des Disziplinarverfahrens oder den Ausspruch einer Disziplinarmaßnahme,

3. der Erhebung der Nachtragsdisziplinarklage,

4. dem Einlegen eines Rechtsmittels gegen die gerichtliche Entscheidung über die Einstellung des Disziplinarverfahrens oder den Ausspruch einer Disziplinarmaßnahme oder

5. der Einleitung des Entlassungsverfahrens nach § 31 Abs. 3 NBG.

(5) ₁Die Fristen der Absätze 1 bis 3 sind für die Dauer der Beschränkung nach § 20 Abs. 2 Satz 1 und für die Dauer der Aussetzung des Disziplinarverfahrens nach § 23 gehemmt. ₂Ist vor Ablauf der Frist wegen desselben Sachverhalts ein Straf- oder Bußgeldverfahren eingeleitet oder eine Klage aus dem Beamtenverhältnis erhoben worden, so ist die Frist für die Dauer dieses Verfahrens gehemmt.

§ 17 Verwertungsverbot, Entfernung aus der Personalakte

(1) ₁Bei weiteren Disziplinarmaßnahmen und bei sonstigen Personalmaßnahmen dürfen

1. nach zwei Jahren ein Verweis,

2. nach drei Jahren eine Geldbuße, eine Kürzung der Dienstbezüge und des Ruhegehalts und

3. nach sieben Jahren eine Zurückstufung

nicht mehr berücksichtigt werden (Verwertungsverbot). ₂Die Beamtin oder der Beamte gilt nach dem Eintritt des Verwertungsverbots als von der Disziplinarmaßnahme nicht betroffen.

(2) ₁Die Frist nach Absatz 1 Satz 1 beginnt, sobald die Entscheidung über die Disziplinarmaßnahme unanfechtbar ist. ₂Die Frist endet nicht, solange ein gegen eine Beamtin oder einen Beamten eingeleitetes Straf- oder weiteres Disziplinarverfahren nicht unanfechtbar abgeschlossen ist, eine andere Disziplinarmaßnahme berücksichtigt werden darf, eine Kürzung der Dienstbezüge oder des Ruhegehalts noch nicht vollstreckt ist oder ein gerichtliches Verfahren über die Beendigung des Beamtenverhältnisses, über den Verlust des Anspruchs auf Besoldung bei schuldhaftem Fernbleiben vom Dienst (§ 14 des Niedersächsischen Besoldungsgesetzes – NBesG) oder über die Geltendmachung von Schadensersatz gegen die Beamtin oder den Beamten anhängig ist.

(3) ₁Eintragungen in der Personalakte über die Disziplinarmaßnahme sind nach Eintritt des Verwertungsverbots von Amts wegen zu entfernen und zu vernichten. ₂Dies gilt nicht für Rubrum und Tenor des die Zurückstufung aussprechenden Urteils. ₃Auf Verlangen der Beamtin oder des Beamten unterbleibt die Entfernung. ₄Das Verlangen ist innerhalb eines Monats zu äußern, nachdem die bevorstehende Entfernung mitgeteilt und auf das Recht aus Satz 3 und auf die Frist hingewiesen worden ist. ₅Unterbleibt die Entfernung, so ist das Verwertungsverbot bei den Eintragungen zu vermerken.

(4) ₁Die Absätze 1 bis 3 gelten entsprechend für Disziplinarvorgänge, die nicht zu einer Disziplinarmaßnahme geführt haben. ₂Die Frist nach Absatz 1 Satz 1 beträgt, wenn das Disziplinarverfahren nach § 32 Abs. 1 Satz 1 Nr. 1 eingestellt wird, drei Monate und im Übrigen zwei Jahre. ₃Die Frist beginnt mit dem Eintritt der Unanfechtbarkeit der Entscheidung, die das Disziplinarverfahren abschließt, im Übrigen mit dem Tag, an dem die für die Einleitung des Disziplinarverfahrens zuständige Disziplinarbehörde zureichende tatsächliche Anhaltspunkte erhält, die den Verdacht eines Dienstvergehens rechtfertigen.

Dritter Teil
Behördliches Disziplinarverfahren

Erstes Kapitel
Einleitung, Ausdehnung und Beschränkung

§ 18 Einleitung von Amts wegen

(1) ₁Liegen zureichende tatsächliche Anhaltspunkte vor, die den Verdacht eines Dienstvergehens rechtfertigen, so hat die Disziplinarbehörde die Pflicht, ein Disziplinarverfahren einzuleiten. ₂Die höhere und die oberste Disziplinarbehörde stellen im Rahmen der Aufsicht die Erfüllung dieser Pflicht sicher; sie können das Disziplinarverfahren selbst einleiten und jederzeit an sich ziehen. ₃Die Einleitung ist aktenkundig zu machen. ₄Hat die höhere oder die oberste Disziplinarbehörde das Verfahren eingeleitet oder an sich gezogen, so bleibt sie für das weitere Verfahren zuständig.

(2) ₁Ein Disziplinarverfahren wird nicht eingeleitet, wenn feststeht, dass

1. nur eine Disziplinarmaßnahme in Betracht kommt, die nach § 15 oder 16 nicht ausgesprochen werden darf, oder
2. eine Disziplinarmaßnahme nicht angezeigt erscheint.

₂Ein Disziplinarverfahren gegen eine Beamtin oder einen Beamten auf Probe oder auf Widerruf wird auch dann nicht eingeleitet, wenn ein Entlassungsverfahren nach § 31 Abs. 3 NBG eingeleitet worden ist. ₃Die Gründe für die Nichteinleitung sind aktenkundig zu machen und der Beamtin oder dem Beamten bekannt zu geben. ₄Wegen desselben Sachverhalts darf danach nur dann ein Disziplinarverfahren eingeleitet werden, wenn sich die Grundlage der Entscheidung nachträglich ändert.

(3) ₁Hat eine Beamtin oder ein Beamter mehrere Ämter inne, die im Verhältnis von Haupt- zu Nebenamt stehen, so kann nur die für das Hauptamt zuständige Disziplinarbehörde ein Disziplinarverfahren einleiten. ₂Stehen die Ämter nicht im Verhältnis von Haupt- und Nebenamt und wären verschiedene Disziplinarbehörden zuständig, so ist allein die

Disziplinarbehörde zuständig, die als erstes das Disziplinarverfahren eingeleitet hat; sie hat die für die anderen Ämter zuständigen Disziplinarbehörden von der Einleitung zu unterrichten.

(4) ₁Die Zuständigkeiten nach den Absätzen 1 bis 3 werden durch eine Beurlaubung, eine Abordnung oder eine Zuweisung nicht berührt. ₂Ergeben sich während einer Abordnung an eine andere Dienststelle oder einen anderen niedersächsischen Dienstherrn zureichende tatsächliche Anhaltspunkte für den Verdacht eines während dieser Zeit begangenen Dienstvergehens, so geht die Zuständigkeit zur Durchführung des Disziplinarverfahrens während der Zeit der Abordnung auf die für den Geschäftsbereich der aufnehmenden Dienststelle oder Behörde zuständige Disziplinarbehörde über, soweit nichts anderes vereinbart ist oder wird. ₃Endet die Abordnung, so sollen noch nicht abgeschlossene Ermittlungen von der ermittelnden Behörde zu Ende geführt werden.

(5) Hat eine Beamtin oder ein Beamter auf Zeit oder auf Probe auch im Beamtenverhältnis auf Lebenszeit ein Amt inne, so geht mit der Beendigung des Beamtenverhältnisses auf Zeit oder auf Probe die Zuständigkeit nach Absatz 3 Satz 2 auf die für das Amt im Beamtenverhältnis auf Lebenszeit zuständige Disziplinarbehörde über.

§ 19 Einleitung auf Antrag der Beamtin oder des Beamten

(1) Die Beamtin oder der Beamte kann bei der Disziplinarbehörde oder bei der höheren Disziplinarbehörde die Einleitung eines Disziplinarverfahrens gegen sich selbst beantragen, um sich von dem Verdacht eines Dienstvergehens zu entlasten.

(2) Der Antrag darf nur abgelehnt werden, wenn keine zureichenden tatsächlichen Anhaltspunkte vorliegen, die den Verdacht eines Dienstvergehens rechtfertigen.

(3) ₁§ 18 Abs. 1 Sätze 2 und 3, Abs. 3 Satz 1 und Abs. 4 gilt entsprechend. ₂§ 18 Abs. 3 Satz 2 gilt mit der Maßgabe, dass die von der Beamtin oder dem Beamten bestimmte Disziplinarbehörde zuständig ist.

§ 20 Ausdehnung und Beschränkung

(1) ₁Das Disziplinarverfahren soll bis zum Erlass einer Entscheidung nach den §§ 32 bis 34 auf weitere Sachverhalte ausgedehnt werden, die den Verdacht einer Dienstpflichtverletzung rechtfertigen. ₂Die Entscheidung über die Ausdehnung ist aktenkundig zu machen.

(2) ₁Das Disziplinarverfahren kann bis zum Erlass einer Entscheidung nach den §§ 32 bis 34 beschränkt werden, indem solche Sachverhalte ausgeschieden werden, die für die zu erwartende Disziplinarmaßnahme voraussichtlich nicht ins Gewicht fallen. ₂Die Entscheidung über die Beschränkung ist aktenkundig zu machen. ₃Die ausgeschiedenen Sachverhalte können wieder in das Disziplinarverfahren einbezogen werden, wenn sich die Grundlage der Entscheidung nach Satz 1 nachträglich ändert. ₄Die ausgeschiedenen Sachverhalte können nicht Gegenstand eines neuen Disziplinarverfahrens sein.

Zweites Kapitel
Durchführung

§ 21 Mitteilung, Hinweise und Anhörungen

(1) ₁Der Beamtin oder dem Beamten ist die Einleitung des Disziplinarverfahrens mitzuteilen, sobald dies ohne Gefährdung der Aufklärung des Sachverhalts möglich ist. ₂Hierbei ist zu eröffnen, welches Dienstvergehen ihr oder ihm zur Last gelegt wird. ₃Gleichzeitig ist darauf hinzuweisen, dass es ihr oder ihm freisteht, sich mündlich oder schriftlich zur Sache zu äußern oder nicht zur Sache auszusagen, und dass sie oder er sich jederzeit durch eine Bevollmächtigte oder einen Bevollmächtigten vertreten lassen oder sich eines Beistandes bedienen kann.

(2) ₁In der Einleitungsmitteilung wird der Beamtin oder dem Beamten Gelegenheit gegeben, vor der Durchführung weiterer Ermittlungen innerhalb zweier Wochen zu erklären, sich mündlich äußern zu wollen oder sich innerhalb eines Monats schriftlich zu äußern. ₂Hat die Beamtin oder der Beamte rechtzeitig erklärt, sich mündlich äußern zu wollen, so ist die Anhörung innerhalb eines Monats nach

Eingang der Erklärung durchzuführen. ₃Kann eine Frist nach Satz 1 oder 2 aus einem zwingenden Grund nicht eingehalten werden, so ist sie angemessen zu verlängern. ₄Nach Fristablauf hat die Disziplinarbehörde die Ermittlungen unverzüglich fortzuführen. ₅Soweit das Abwarten des Fristablaufs wegen der damit verbundenen Verzögerung die Sachverhaltsaufklärung gefährden würde, können Ermittlungen vor Ablauf der Frist durchgeführt werden.

(3) Sind die nach Absatz 1 Satz 2 oder 3 vorgeschriebenen Hinweise unterblieben oder unrichtig erfolgt, so darf die Aussage nicht zum Nachteil der Beamtin oder des Beamten verwertet werden.

(4) ₁Nach der Beendigung der Ermittlungen ist der Beamtin oder dem Beamten Gelegenheit zu geben, sich abschließend zu äußern. ₂Absatz 2 gilt entsprechend mit der Maßgabe, dass nach Fristablauf unverzüglich die Abschlussentscheidung zu treffen ist.

§ 22 Pflicht zur Durchführung von Ermittlungen

Zur Aufklärung des Sachverhalts sind die belastenden, die entlastenden und die Umstände zu ermitteln, die für die Bemessung einer Disziplinarmaßnahme bedeutsam sind.

§ 23 Zusammentreffen von Disziplinarverfahren mit Strafverfahren oder anderen Verfahren, Aussetzung

(1) ₁Ist gegen die Beamtin oder den Beamten wegen des Sachverhalts, der dem Disziplinarverfahren zugrunde liegt, im Strafverfahren die öffentliche Klage erhoben worden, so ist das Disziplinarverfahren auszusetzen. ₂Die Aussetzung kann unterbleiben, wenn keine begründeten Zweifel am Sachverhalt bestehen oder wenn im Strafverfahren aus Gründen nicht verhandelt werden kann, die in der Person der Beamtin oder des Beamten liegen. ₃Das Disziplinarverfahren kann auch ausgesetzt werden, wenn in einem anderen gesetzlich geordneten Verfahren über eine Frage zu entscheiden ist, deren Beurteilung für die Entscheidung im Disziplinarverfahren von wesentlicher Bedeutung ist.

(2) ₁Das ausgesetzte Disziplinarverfahren ist unverzüglich fortzusetzen, wenn das Verfahren nach Absatz 1 Satz 1 oder 3 rechtskräftig abgeschlossen ist. ₂Ein nach Absatz 1 Satz 1 ausgesetztes Verfahren kann fortgesetzt werden, wenn die Voraussetzungen des Absatzes 1 Satz 2 nachträglich eintreten. ₃Ein nach Absatz 1 Satz 3 ausgesetztes Verfahren kann jederzeit fortgesetzt werden.

(3) Ist gegen eine Beamtin oder einen Beamten auf Probe oder auf Widerruf ein Verfahren zur Entlassung aus dem Beamtenverhältnis nach § 31 Abs. 3 NBG eingeleitet worden, so ist das Disziplinarverfahren bis zur rechtskräftigen Entscheidung über die Entlassung auszusetzen.

§ 24 Bindung an tatsächliche Feststellungen in Strafverfahren oder anderen Verfahren

(1) ₁Die tatsächlichen Feststellungen eines rechtskräftigen Urteils im Straf- oder Bußgeldverfahren, eines rechtskräftigen Strafbefehls oder einer unanfechtbaren Entscheidung über den Verlust des Anspruchs auf Besoldung wegen schuldhaften Fernbleibens vom Dienst (§ 14 NBesG) sind im Disziplinarverfahren, das denselben Sachverhalt zum Gegenstand hat, bindend. ₂Die Disziplinarbehörde hat jedoch eine erneute Prüfung solcher Feststellungen vorzunehmen, die offenkundig unrichtig sind. ₃Die Gründe für die Notwendigkeit einer erneuten Prüfung sind aktenkundig zu machen und der Beamtin oder dem Beamten mitzuteilen.

(2) Die in einem anderen gesetzlich geordneten Verfahren getroffenen tatsächlichen Feststellungen sind nicht bindend, können aber der Entscheidung im Disziplinarverfahren ohne nochmalige Prüfung zugrunde gelegt werden.

§ 25 Beweiserhebung

(1) ₁Die erforderlichen Beweise sind zu erheben. ₂Hierbei können insbesondere

1. schriftliche dienstliche Auskünfte eingeholt,

2. Zeuginnen, Zeugen und Sachverständige vernommen oder deren schriftliche Äußerung eingeholt,

3. Urkunden und Akten beigezogen sowie

4. der Augenschein eingenommen

werden.

(2) Niederschriften über Aussagen von Personen, die schon in einem anderen gesetzlich geordneten Verfahren vernommen worden sind, sowie Niederschriften über einen richterlichen Augenschein können ohne erneute Beweiserhebung verwertet werden.

(3) ₁Über einen Beweisantrag der Beamtin oder des Beamten ist zu entscheiden. ₂Dem Beweisantrag ist stattzugeben, soweit er für die Tat- oder Schuldfrage oder für die Bemessung einer Disziplinarmaßnahme von Bedeutung sein kann.

(4) ₁Der Beamtin oder dem Beamten ist Gelegenheit zu geben, an der Vernehmung von Zeuginnen, Zeugen und Sachverständigen sowie der Einnahme des Augenscheins teilzunehmen und hierbei sachdienliche Fragen zu stellen. ₂Sie oder er kann, auch gemeinsam mit den Verfahrensbevollmächtigten, von der Teilnahme ausgeschlossen werden, soweit dies bei der Vernehmung von Minderjährigen oder aus einem wichtigen Grund, insbesondere mit Rücksicht auf den Ermittlungszweck oder zum Schutz der Rechte Dritter, erforderlich ist. ₃Ein schriftliches Gutachten ist der Beamtin oder dem Beamten zugänglich zu machen, soweit ein zwingender Grund dem nicht entgegensteht.

§ 26 Zeuginnen, Zeugen und Sachverständige, richterliche Vernehmung

(1) ₁Zeuginnen und Zeugen sind zur Aussage und Sachverständige zur Erstattung von Gutachten verpflichtet. ₂Soweit eine Aussagegenehmigung erforderlich ist, gilt sie allen Beschäftigten des Dienstherrn der Beamtin oder des Beamten als erteilt; sie kann ganz oder teilweise widerrufen werden. ₃Die §§ 48, 50, 51 Abs. 1 Satz 1 und Abs. 2, §§ 52 bis 57, 68, 69, 70 Abs. 1 Satz 1, §§ 74 bis 76 und 77 Abs. 1 Satz 1 sowie die §§ 48, 51 Abs. 2, §§ 68 und 69 StPO jeweils in Verbindung mit § 72 StPO gelten entsprechend.

(2) ₁Wird ohne Vorliegen eines in den §§ 52 bis 55 oder 76 StPO bezeichneten Grundes die Aussage oder die Erstattung eines Gutachtens verweigert, so kann die Disziplinarbehörde das Verwaltungsgericht um die Vernehmung oder die Einholung des Gutachtens ersuchen. ₂In dem Ersuchen sind der Gegenstand der Vernehmung oder des Gutachtens darzulegen sowie die Namen und Anschriften der Beteiligten anzugeben. ₃Die oder der Vorsitzende der Kammer für Disziplinarsachen entscheidet vorab über die Rechtmäßigkeit der Weigerung ohne mündliche Verhandlung durch Beschluss. ₄Der Beschluss ist unanfechtbar.

(3) ₁Wird das Zeugnis oder die Erstattung des Gutachtens verweigert, obwohl das Gericht die Rechtswidrigkeit der Verweigerung festgestellt hat, so setzt die oder der Vorsitzende der Kammer für Disziplinarsachen ein Ordnungsgeld von mindestens fünf und höchstens 1000 Euro und für den Fall, dass dieses nicht beigetrieben werden kann, Ordnungshaft fest. ₂Im Fall wiederholter Weigerung wird das Ordnungsmittel noch einmal festgesetzt. ₃Die Festsetzung erfolgt durch Beschluss. ₄Das Ordnungsgeld steht dem Dienstherrn zu. ₅Die Vollstreckung richtet sich nach den Vorschriften des Niedersächsischen Verwaltungsvollstreckungsgesetzes; Vollstreckungsbehörde ist die Disziplinarbehörde.

(4) ₁Das Verwaltungsgericht kann um die richterliche Vernehmung von Zeuginnen und Zeugen ersucht werden,

1. die minderjährig sind,

2. für die die Zeugenaussage eine besondere Belastung darstellt oder

3. bei denen aus einem gesundheitlichen oder einem anderen wichtigen in der Person liegenden Grund eine Sicherung des Beweises angezeigt ist.

₂Absatz 2 Satz 2 gilt entsprechend. ₃Die Vernehmung führt die oder der Vorsitzende der Kammer für Disziplinarsachen durch. ₄Ist die Zeugin oder der Zeuge minderjährig oder stellt die Zeugenaussage für sie oder ihn eine besondere Belastung dar, so kann das Ersuchen auch an die Jugendrichterin oder den Jugendrichter bei dem Amtsgericht gerichtet werden, das für den Wohnsitz der Zeugin oder des Zeugen zuständig ist.

(5) ₁Bei der richterlichen Vernehmung nach den Absätzen 2 und 4 gilt für den Ausschluss der Beamtin oder des Beamten sowie der Verfahrensbevollmächtigten § 25 Abs. 4 entsprechend. ₂Die oder der Vorsitzende der Kammer für Disziplinarsachen kann veranlassen, dass die Beamtin oder dem Beamten die Vernehmung zeitgleich in Bild und Ton übertragen wird, wenn sie oder er von der Vernehmung ausgeschlossen wird. ₃In den Fällen des Absatzes 4 Satz 4 ist die Jugendrichterin oder der Jugendrichter für die Entscheidung nach Satz 2 zuständig.

(6) ₁Eine Vernehmung nach Absatz 4 kann auf Bild-Ton-Träger aufgezeichnet werden; die Verpflichtung zur Anfertigung eines Protokolls bleibt hiervon unberührt. ₂Die Aufzeichnung kann nur in dem Disziplinarverfahren verwendet werden, in dem sie erfolgt ist. ₃Sobald es ohne Gefährdung des Ermittlungszwecks möglich ist, kann die Aufzeichnung von der Beamtin oder dem Beamten oder den Verfahrensbevollmächtigten bei Gericht oder bei der Disziplinarbehörde besichtigt werden. ₄Die Weitergabe der Aufzeichnung oder die Anfertigung einer Kopie ist unzulässig. ₅Nach rechtskräftigem Abschluss des Disziplinarverfahrens ist die Aufzeichnung von der Disziplinarbehörde zu vernichten.

(7) Ersuchen nach Absatz 2 oder 4 dürfen nur von Behördenleiterinnen und Behördenleitern und deren allgemeinen Vertreterinnen und Vertretern oder von Beschäftigten der Disziplinarbehörde, die die Befähigung zum Richteramt haben, gestellt werden.

§ 27 Herausgabe von Unterlagen

₁Wer Schriftstücke, bildliche Darstellungen, Aufzeichnungen aller Art oder sonstige Gegenstände, die als Beweismittel für die Ermittlung von Bedeutung sein können, in seinem Gewahrsam hat, hat diese auf Verlangen für das Disziplinarverfahren zur Verfügung zu stellen. ₂Wird dem Verlangen nicht nachgekommen, so entscheidet die oder der Vorsitzende der Kammer für Disziplinarsachen auf Antrag über die Rechtmäßigkeit des Herausgabeverlangens ohne mündliche Verhandlung durch Beschluss. ₃Der Beschluss ist unanfechtbar. ₄§ 26 Abs. 3 und 7 gilt entsprechend.

§ 28 Beschlagnahmen und Durchsuchungen

(1) ₁Die oder der Vorsitzende der Kammer für Disziplinarsachen ordnet auf Antrag durch Beschluss Beschlagnahmen und Durchsuchungen an; § 26 Abs. 7 gilt entsprechend. ₂Die Anordnung darf nur getroffen werden, wenn die Beamtin oder der Beamte des zur Last gelegten Dienstvergehens dringend verdächtig ist und die Maßnahme zur Bedeutung der Sache und zu der zu erwartenden Disziplinarmaßnahme nicht außer Verhältnis steht. ₃Die Bestimmungen der Strafprozessordnung über Beschlagnahmen und Durchsuchungen gelten entsprechend, soweit nicht in diesem Gesetz etwas anderes bestimmt ist.

(2) ₁Beschlagnahmen und Durchsuchungen werden von der Disziplinarbehörde durchgeführt. ₂Sie kann hierzu die Polizeibehörden nach den Vorschriften des Niedersächsischen Verwaltungsverfahrensgesetzes um Amtshilfe ersuchen.

(3) Durch Absatz 1 wird das Grundrecht der Unverletzlichkeit der Wohnung (Artikel 13 Abs. 1 des Grundgesetzes) eingeschränkt.

§ 29 Protokoll

(1) ₁Über Anhörungen und Beweiserhebungen sind Protokolle aufzunehmen; § 168a StPO gilt entsprechend mit der Maßgabe, dass Tonaufzeichnungen gelöscht werden können, wenn das hergestellte Protokoll von den Beteiligten schriftlich genehmigt wurde. ₂Bei der Einholung von schriftlichen dienstlichen Auskünften sowie bei der Beiziehung von Urkunden und Akten genügt die Aufnahme eines Aktenvermerks.

(2) ₁Die Beamtin oder der Beamte erhält Abschriften der Protokolle sowie der schriftlichen Äußerungen von Zeuginnen, Zeugen

und Sachverständigen; dies darf unterbleiben, solange und soweit dadurch der Ermittlungszweck gefährdet wird. ₂Über die Einholung schriftlicher dienstlicher Auskünfte sowie über die Beiziehung von Urkunden und Akten erhält die Beamtin oder der Beamte Kenntnis.

§ 30 Auskünfte und Mitteilungen

(1) Die Übermittlung oder Bereitstellung von Personalakten und anderen Behördenunterlagen mit personenbezogenen Daten sowie die Erteilung von Auskünften aus diesen Akten und Unterlagen an die mit Disziplinarvorgängen befassten Stellen und die Verwendung der so erlangten personenbezogenen Daten im Disziplinarverfahren sind auch gegen den Willen der Beamtin oder des Beamten oder anderer betroffener Personen zulässig, wenn und soweit die Durchführung des Disziplinarverfahrens dies erfordert und überwiegende Belange der Beamtin oder des Beamten, anderer betroffener Personen oder der ersuchten Stellen nicht entgegenstehen.

(2) ₁Zwischen den Dienststellen eines oder verschiedener Dienstherrn sowie zwischen den Teilen einer Dienststelle sind Mitteilungen über Disziplinarverfahren und über Tatsachen und Entscheidungen aus Disziplinarverfahren sowie die Übermittlung oder Bereitstellung hierüber geführter Akten zulässig, wenn und soweit dies zur Durchführung des Disziplinarverfahrens, im Hinblick auf die künftige Übertragung von Aufgaben oder Ämtern an die Beamtin oder den Beamten oder im Einzelfall aus besonderen dienstlichen Gründen erforderlich ist und überwiegende Belange der Beamtin oder des Beamten oder anderer betroffener Personen nicht entgegenstehen. ₂Die Beamtin oder der Beamte ist schriftlich darüber zu informieren, wem die Mitteilung gemacht und wem die Akten übermittelt oder bereitgestellt worden sind.

§ 31 Abgabe des Disziplinarverfahrens

₁Hält die Disziplinarbehörde nach dem Ergebnis der Anhörungen und Ermittlungen eine Kürzung der Dienstbezüge oder die Erhebung der Disziplinarklage für erforderlich, so ist die Entscheidung der nach § 34 Abs. 2 zuständigen Disziplinarbehörde herbeizuführen. ₂Diese kann das Disziplinarverfahren an die Disziplinarbehörde zurückgeben, wenn sie weitere Ermittlungen für geboten oder einen Verweis oder eine Geldbuße für ausreichend hält.

Drittes Kapitel
Abschlussentscheidung

§ 32 Einstellungsverfügung, Beendigung

(1) ₁Die Disziplinarbehörde stellt das Disziplinarverfahren ein, wenn

1. ein Dienstvergehen nicht erwiesen ist,
2. ein Dienstvergehen zwar erwiesen ist, eine Disziplinarmaßnahme jedoch nicht angezeigt erscheint,
3. nach § 15 oder 16 eine Disziplinarmaßnahme nicht ausgesprochen werden darf,
4. das Disziplinarverfahren oder eine Disziplinarmaßnahme aus sonstigen Gründen unzulässig ist,
5. das Beamtenverhältnis aufgrund der Entlassung oder der Entfernung aus dem Beamtenverhältnis oder bei Verlust der Beamtenrechte beendet ist oder
6. nach § 71 NBeamtVG der Verlust der Rechte als Ruhestandsbeamtin oder als Ruhestandsbeamter eintritt.

₂Wird das Beamtenverhältnis wegen des Wechsels zu einem anderen Dienstherrn nach § 1 NBG beendet, so wird das Disziplinarverfahren abweichend von Satz 1 Nr. 5 bei dem neuen Dienstherrn fortgeführt. ₃Die Einstellungsverfügung ist mit einer Kostenentscheidung zu versehen, zu begründen und zuzustellen.

(2) Das Disziplinarverfahren ist mit dem Tod der Beamtin oder des Beamten beendet.

(3) Hat die höhere oder die oberste Disziplinarbehörde das Disziplinarverfahren nach § 18 Abs. 1 Satz 2 eingeleitet oder an sich gezogen, so ist sie auch für die Einstellungsverfügung zuständig.

§ 33 Disziplinarverfügung

(1) Ein Verweis, eine Geldbuße, eine Kürzung der Dienstbezüge oder eine Kürzung des Ruhegehalts wird durch Disziplinarverfügung ausgesprochen.

(2) Ein Verweis oder eine Geldbuße wird von der Disziplinarbehörde ausgesprochen.

(3) Eine Kürzung der Dienstbezüge wird durch die für eine Disziplinarklage zuständige Disziplinarbehörde (§ 34 Abs. 2) festgesetzt.

(4) Eine Kürzung des Ruhegehalts wird durch die nach § 74 zuständige Disziplinarbehörde festgesetzt.

(5) ₁Hat die oberste Disziplinarbehörde das Disziplinarverfahren eingeleitet oder an sich gezogen, so erlässt sie auch die Disziplinarverfügung. ₂Hat die höhere Disziplinarbehörde das Disziplinarverfahren nach § 18 Abs. 1 Satz 2 eingeleitet oder an sich gezogen, so erlässt sie die Disziplinarverfügung, wenn nach den Absätzen 2 bis 4 die Disziplinarbehörde zuständig wäre.

(6) Die Disziplinarverfügung ist mit einer Kostenentscheidung zu versehen, zu begründen und zuzustellen.

§ 34 Disziplinarklage, Klagebehörde

(1) Soll eine Zurückstufung, eine Entfernung aus dem Beamtenverhältnis oder eine Aberkennung des Ruhegehalts ausgesprochen werden, so ist Disziplinarklage zu erheben.

(2) ₁Die für die Erhebung der Disziplinarklage zuständige Behörde (Klagebehörde) ist

1. die oberste Disziplinarbehörde für Beamtinnen und Beamte ihres Geschäftsbereichs, für die sie oder die Landesregierung die dienstrechtliche Befugnis zur Entlassung hat,
2. die höhere Disziplinarbehörde für die übrigen Beamtinnen und Beamten und
3. die nach § 74 zuständige Disziplinarbehörde für Ruhestandsbeamtinnen und Ruhestandsbeamte,

soweit nicht durch Verordnung nach § 75 Nr. 3 etwas anderes bestimmt ist. ₂Hat die oberste Disziplinarbehörde das Disziplinarverfahren nach § 18 Abs. 1 Satz 2 eingeleitet oder an sich gezogen, so ist sie auch Klagebehörde. ₃In einem Verfahren gegen eine Ruhestandsbeamtin oder einen Ruhestandsbeamten ist die höhere Disziplinarbehörde Klagebehörde, wenn sie das Verfahren eingeleitet oder an sich gezogen hat.

§ 35 Erneute Ausübung der Disziplinarbefugnisse

(1) ₁Die höhere oder die oberste Disziplinarbehörde kann im Rahmen ihrer Zuständigkeiten die Einstellungsverfügung aufheben und wegen oder unter Einbeziehung desselben Sachverhalts eine Disziplinarverfügung erlassen oder Disziplinarklage erheben. ₂Dies ist nur innerhalb von drei Monaten nach Zustellung der Einstellungsverfügung zulässig, es sei denn, dass nach der Einstellung wegen desselben Sachverhalts ein rechtskräftiges Urteil oder ein rechtskräftiger Strafbefehl aufgrund von tatsächlichen Feststellungen ergeht, die von den tatsächlichen Feststellungen abweichen, auf denen die Einstellung beruht.

(2) ₁Die höhere oder die oberste Disziplinarbehörde kann eine Disziplinarverfügung der nachgeordneten Disziplinarbehörde, die oberste Disziplinarbehörde auch eine von ihr selbst erlassene Disziplinarverfügung jederzeit aufheben. ₂Sie entscheidet dann im Rahmen ihrer Zuständigkeiten in der Sache neu oder erhebt Disziplinarklage. ₃Eine Verschärfung der Disziplinarmaßnahme nach Art oder Höhe oder die Erhebung der Disziplinarklage ist nur innerhalb von drei Monaten nach Zustellung der Disziplinarverfügung zulässig, es sei denn, dass wegen desselben Sachverhalts ein rechtskräftiges Urteil oder ein rechtskräftiger Strafbefehl aufgrund von tatsächlichen Feststellungen ergeht, die von den tatsächlichen Feststellungen, auf denen die Disziplinarverfügung beruht, abweichen.

§ 36 Verfahren bei nachträglicher Entscheidung im Straf- oder Bußgeldverfahren

(1) Ergeht nach dem Eintritt der Unanfechtbarkeit der Disziplinarverfügung in einem Straf- oder Bußgeldverfahren, das wegen desselben Sachverhalts eingeleitet worden ist, unanfechtbar eine Entscheidung, nach der

gemäß § 15 die Disziplinarmaßnahme nicht zulässig wäre, so ist die Disziplinarverfügung auf Antrag der Beamtin oder des Beamten von der Disziplinarbehörde, die sie erlassen hat, aufzuheben und das Disziplinarverfahren einzustellen.

(2) ₁Die Antragsfrist beträgt drei Monate. ₂Sie beginnt mit dem Tag, an dem der Beamtin oder dem Beamten die in Absatz 1 bezeichnete Entscheidung zugestellt wird.

§ 37 Kosten

(1) ₁Wird das Disziplinarverfahren durch Disziplinarverfügung abgeschlossen, so werden die Kosten der Beamtin oder dem Beamten auferlegt. ₂Werden bei der Bemessung der Disziplinarmaßnahme nur einzelne der zur Last gelegten Dienstpflichtverletzungen berücksichtigt, so können die Kosten verhältnismäßig geteilt werden.

(2) ₁Wird das Disziplinarverfahren eingestellt, so trägt die für die Einstellungsverfügung zuständige Disziplinarbehörde die entstandenen Kosten. ₂Erfolgt die Einstellung trotz Vorliegens eines Dienstvergehens, so können die Kosten der Beamtin oder dem Beamten ganz auferlegt oder verhältnismäßig geteilt werden.

(3) Kosten, die durch das Verschulden eines Verfahrensbeteiligten entstanden sind, hat dieser selbst zu tragen; das Verschulden einer oder eines Bevollmächtigten ist der Beamtin oder dem Beamten zuzurechnen.

(4) ₁Kosten im Sinne dieser Vorschrift sind die notwendigen Auslagen der zuständigen Disziplinarbehörde und die zur zweckentsprechenden Rechtsverfolgung oder Rechtsverteidigung notwendigen Aufwendungen der Beamtin oder des Beamten. ₂Das Disziplinarverfahren ist gebührenfrei.

(5) ₁Die Gebühren und Auslagen einer oder eines Bevollmächtigten oder eines Beistandes der Beamtin oder des Beamten sind stets erstattungsfähig. ₂Die Erstattung der Auslagen der zuständigen Disziplinarbehörde richtet sich nach § 13 des Niedersächsischen Verwaltungskostengesetzes.

(6) ₁Zur Kostenfestsetzung ist die Disziplinarbehörde zuständig, die die Kostenentscheidung erlassen hat. ₂Die der Beamtin oder dem Beamten zu erstattenden Aufwendungen werden auf Antrag festgesetzt.

(7) Ist eine Disziplinarbehörde kostentragungspflichtig, die nicht Behörde des Dienstherrn der Beamtin oder des Beamten ist, so hat sie einen Anspruch auf Erstattung dieser Kosten gegen den Dienstherrn.

Viertes Kapitel
Vorläufige Dienstenthebung und Einbehaltung von Bezügen

§ 38 Zulässigkeit

(1) Die Klagebehörde (§ 34 Abs. 2) kann eine Beamtin oder einen Beamten gleichzeitig mit oder nach der Einleitung des Disziplinarverfahrens vorläufig des Dienstes entheben, wenn

1. im Disziplinarverfahren voraussichtlich auf Entfernung aus dem Beamtenverhältnis erkannt werden wird oder

2. durch ein Verbleiben im Dienst der Dienstbetrieb oder die Ermittlungen wesentlich beeinträchtigt würden und die vorläufige Dienstenthebung zu der Bedeutung der Sache und der zu erwartenden Disziplinarmaßnahme nicht außer Verhältnis steht.

(2) Die Klagebehörde kann in den Fällen des Absatzes 1 Nr. 1 gleichzeitig mit oder nach der vorläufigen Dienstenthebung anordnen, dass bis zu 50 vom Hundert der Bezüge der Beamtin oder des Beamten einbehalten werden.

(3) Die Klagebehörde kann, wenn im Disziplinarverfahren voraussichtlich auf Aberkennung des Ruhegehalts erkannt werden wird, gleichzeitig mit oder nach der Einleitung des Disziplinarverfahrens anordnen, dass bis zu 30 vom Hundert des Ruhegehalts der Ruhestandsbeamtin oder des Ruhestandsbeamten einbehalten werden.

(4) Die Klagebehörde kann die vorläufige Dienstenthebung, die Einbehaltung von Bezügen sowie die Einbehaltung von Ruhegehalt auch mit Wirkung für die Vergangenheit jederzeit ganz oder teilweise aufheben.

§ 39 Rechtswirkungen

(1) ₁Die Anordnung der vorläufigen Dienstenthebung wird mit der Zustellung, die Anordnung der Einbehaltung von Bezügen mit dem auf die Zustellung folgenden Fälligkeitstag wirksam und vollziehbar. ₂Die Anordnungen erstrecken sich auf alle Ämter, die die Beamtin oder der Beamte innehat. ₃Die Sätze 1 und 2 gelten für die Anordnung der Einbehaltung von Ruhegehalt entsprechend.

(2) Für die Dauer der vorläufigen Dienstenthebung ruhen die im Zusammenhang mit dem Amt entstandenen Ansprüche auf Aufwandsentschädigung.

(3) ₁Wird die Beamtin oder der Beamte vorläufig des Dienstes enthoben, während sie oder er schuldhaft dem Dienst fernbleibt, so dauert der nach § 14 NBesG festgestellte Verlust des Anspruchs aus Besoldung fort. ₂Er endet mit dem Zeitpunkt, zu dem die Beamtin oder der Beamte sich zur Wiederaufnahme des Dienstes bereit meldet. ₃Der Zeitpunkt ist von der Klagebehörde (§ 34 Abs. 2) festzustellen und der Beamtin oder dem Beamten mitzuteilen.

(4) Die vorläufige Dienstenthebung und die Einbehaltung von Bezügen enden spätestens mit dem rechtskräftigen Abschluss des Disziplinarverfahrens.

§ 40 Verfall und Nachzahlung der einbehaltenen Beträge

(1) Die nach § 38 Abs. 2 oder 3 einbehaltenen Bezüge verfallen, wenn

1. im Disziplinarverfahren die Entfernung aus dem Beamtenverhältnis oder die Aberkennung des Ruhegehalts ausgesprochen worden ist,
2. in einem wegen desselben Sachverhalts eingeleiteten Strafverfahren eine Strafe verhängt worden ist, die den Verlust der Beamtenrechte zur Folge hat, oder
3. das Disziplinarverfahren aus den Gründen des § 32 Abs. 1 Satz 1 Nr. 5 oder 6 eingestellt worden ist und die Klagebehörde (§ 34 Abs. 2) festgestellt hat, dass die Entfernung aus dem Beamtenverhältnis oder die Aberkennung des Ruhegehalts gerechtfertigt gewesen wäre.

(2) ₁Die nach § 38 Abs. 2 oder 3 einhaltenen Bezüge, die nicht nach Absatz 1 verfallen, sind nachzuzahlen. ₂Einkünfte aus Nebentätigkeiten, die nach § 73 NBG ohne die vorläufige Dienstenthebung ganz oder teilweise zu untersagen gewesen wären, können auf die nachzuzahlenden Bezüge ganz oder teilweise angerechnet werden, wenn eine Disziplinarmaßnahme ausgesprochen worden ist oder die Klagebehörde (§ 34 Abs. 2) feststellt, dass ein Dienstvergehen erwiesen ist. ₃Die Beamtin oder der Beamte ist verpflichtet, über die Höhe solcher Einkünfte Auskunft zu geben. ₄Über die Anrechnung entscheidet die für die Genehmigung der Nebentätigkeit zuständige Behörde.

Vierter Teil
Gerichtliches Disziplinarverfahren

Erstes Kapitel
Disziplinargerichtsbarkeit

§ 41 Zuständigkeit der Verwaltungsgerichtsbarkeit

₁Die Aufgaben der Disziplinargerichtsbarkeit nach diesem Gesetz werden den Gerichten der Verwaltungsgerichtsbarkeit übertragen. ₂Hierzu wird bei jedem Verwaltungsgericht mindestens eine Kammer für Disziplinarsachen und bei dem Oberverwaltungsgericht mindestens ein Senat für Disziplinarsachen gebildet.

§ 42 Kammer für Disziplinarsachen

(1) ₁Die Kammer für Disziplinarsachen entscheidet in der Besetzung von zwei Richterinnen oder Richtern und einer ehrenamtlichen Richterin oder einem ehrenamtlichen Richter, soweit sich aus den nachfolgenden Absätzen nichts anderes ergibt. ₂Die ehrenamtliche Richterin oder der ehrenamtliche Richter soll dem Verwaltungszweig und der Laufbahngruppe der Beamtin oder des Beamten angehören, gegen die oder den sich das Disziplinarverfahren richtet.

(2) ₁An der Übertragung auf die Einzelrichterin oder den Einzelrichter nach § 6 VwGO wirken die ehrenamtlichen Richterinnen oder Richter nicht mit. ₂In dem Verfahren der Disziplinarklage ist eine Übertragung auf die Einzelrichterin oder den Einzelrichter ausgeschlossen.

(3) ₁Bei Beschlüssen außerhalb der mündlichen Verhandlung entscheidet die oder der Vorsitzende der Kammer für Disziplinarsachen. ₂Ist eine Berichterstatterin oder ein Berichterstatter bestellt, so entscheidet diese oder dieser anstelle der oder des Vorsitzenden. ₃Über einen Antrag auf Aussetzung der vorläufigen Dienstenthebung und der Einbehaltung von Bezügen (§ 58) oder über einen Antrag nach § 80 oder 123 VwGO entscheidet die Kammer für Disziplinarsachen in der Besetzung nach Absatz 1 Satz 1; § 87a VwGO gilt in diesen Verfahren entsprechend. ₄Die Sätze 1 bis 3 gelten nicht, wenn der Rechtsstreit der Einzelrichterin oder dem Einzelrichter übertragen worden ist.

§ 43 Ehrenamtliche Richterinnen und Richter

(1) Die ehrenamtlichen Richterinnen und Richter müssen Landesbeamtinnen oder Landesbeamte, Kommunalbeamtinnen oder Kommunalbeamte oder Körperschaftsbeamtinnen oder Körperschaftsbeamte auf Lebenszeit oder auf Zeit sein und bei ihrer Bestellung ihren dienstlichen Wohnsitz im Gerichtsbezirk des Verwaltungsgerichts haben.

(2) ₁Die ehrenamtlichen Richterinnen und Richter werden vom Oberverwaltungsgericht für die Dauer von fünf Jahren bestellt. ₂Sie können wiederbestellt werden.

(3) Wird während der Amtsperiode die Bestellung neuer ehrenamtlicher Richterinnen und Richter erforderlich, so werden sie nur für den Rest der Amtsperiode bestellt.

(4) Die obersten Landesbehörden, die kommunalen Spitzenverbände und die Spitzenorganisationen der zuständigen Gewerkschaften und Berufsverbände der Beamtinnen und Beamten sollen aufgefordert werden, für die Bestellung Vorschläge zu machen.

(5) Die §§ 20, 21 Abs. 1 Nr. 3 und die §§ 22 bis 29 VwGO gelten nicht.

§ 44 Ausschluss von der Ausübung des Richteramts

(1) Von der Ausübung des Richteramts ist kraft Gesetzes ausgeschlossen, wer

1. durch das Dienstvergehen verletzt ist,
2. mit der Beamtin oder dem Beamten oder einer durch das Dienstvergehen verletzten Person verheiratet oder in Lebenspartnerschaft verbunden ist oder war,
3. die Beamtin oder den Beamten oder eine durch das Dienstvergehen verletzte Person gesetzlich vertritt oder vertreten hat,
4. mit der Beamtin oder dem Beamten oder einer durch das Dienstvergehen verletzten Person in gerader Linie verwandt oder verschwägert oder in der Seitenlinie bis zum dritten Grad verwandt oder bis zum zweiten Grad verschwägert ist oder war,
5. in dem vorausgegangenen behördlichen Disziplinarverfahren nicht richterlich mitgewirkt hat, als Zeugin oder Zeuge vernommen wurde oder als Sachverständige oder Sachverständiger ein Gutachten erstattet hat,
6. in einem wegen desselben Sachverhalts eingeleiteten Straf- oder Bußgeldverfahren gegen die Beamtin oder den Beamten beteiligt war oder
7. Dienstvorgesetzte oder Dienstvorgesetzter der Beamtin oder des Beamten ist oder war oder bei diesen Dienstvorgesetzten mit der Bearbeitung von Personalangelegenheiten der Beamtin oder des Beamten befasst ist.

(2) Ehrenamtliche Richterinnen und Richter sind auch ausgeschlossen, wenn sie der Dienststelle der Beamtin oder des Beamten angehören.

(3) Für die Ablehnung der Gerichtspersonen findet § 54 Abs. 1 VwGO Anwendung.

§ 45 Nichtheranziehung ehrenamtlicher Richterinnen und Richter

₁Ehrenamtliche Richterinnen und Richter, gegen die Disziplinarklage oder wegen einer vorsätzlich begangenen Straftat die öffentliche Klage erhoben oder der Erlass eines Strafbefehls beantragt worden ist, dürfen während dieser Verfahren nicht herangezogen werden. ₂Satz 1 gilt entsprechend während der Dauer eines Verbots der Führung der Dienstgeschäfte und während der Dauer einer vorläufigen Dienstenthebung.

§ 46 Entbindung vom ehrenamtlichen Richteramt

(1) Ehrenamtliche Richterinnen und Richter sind von ihrem Amt zu entbinden, wenn sie nach ihrer Bestellung

1. rechtskräftig zu einer Freiheitsstrafe verurteilt worden sind,
2. unanfechtbar mit einer Disziplinarmaßnahme, mit Ausnahme eines Verweises, diszipliniert worden sind,
3. in ein Amt außerhalb des Gerichtsbezirks des Verwaltungsgerichts versetzt worden sind oder
4. nicht mehr Landesbeamtin oder Landesbeamter sind.

(2) In Härtefällen können die ehrenamtlichen Richterinnen und Richter auf Antrag von der weiteren Ausübung des Amts entbunden werden.

§ 47 Senat für Disziplinarsachen

(1) ₁Der Senat für Disziplinarsachen entscheidet in der Besetzung von drei Richterinnen oder Richtern und zwei ehrenamtlichen Richterinnen oder Richtern. ₂An Beschlüssen außerhalb der mündlichen Verhandlung und an Gerichtsbescheiden wirken die ehrenamtlichen Richterinnen oder Richter nicht mit. ₃Eine ehrenamtliche Richterin oder ein ehrenamtlicher Richter soll dem Verwaltungszweig und der Laufbahngruppe der Beamtin oder des Beamten angehören, gegen die oder den sich das Disziplinarverfahren richtet.

(2) ₁Die oder der Vorsitzende des Senats für Disziplinarsachen entscheidet, wenn die Entscheidung im vorbereitenden Verfahren ergeht,

1. bei Zurücknahme der Klage, des Antrags oder eines Rechtsmittels,
2. bei Erledigung des gerichtlichen Disziplinarverfahrens in der Hauptsache und
3. über die Kosten.

₂Ist eine Berichterstatterin oder ein Berichterstatter bestellt, so entscheidet diese oder dieser anstelle der oder des Vorsitzenden.

(3) Die §§ 43 bis 46 gelten entsprechend.

Zweites Kapitel
Disziplinarverfahren vor dem Verwaltungsgericht

Erster Abschnitt
Klageverfahren

§ 48 Disziplinarklage, Klage gegen Entscheidungen in Disziplinarverfahren

(1) ₁Die Disziplinarklage ist bei dem Verwaltungsgericht schriftlich zu erheben. ₂Die Klageschrift muss den persönlichen und beruflichen Werdegang der Beamtin oder des Beamten, den bisherigen Gang des Disziplinarverfahrens, die Tatsachen, in denen ein Dienstvergehen gesehen wird, sowie die anderen Tatsachen und Beweismittel, die für die Entscheidung bedeutsam sind, geordnet darstellen. ₃Soweit tatsächliche Feststellungen nach § 24 Abs. 1 bindend sind, brauchen die Tatsachen und die zugehörigen Beweismittel nicht dargestellt zu werden, wenn auf die Entscheidung verwiesen wird, in der die tatsächlichen Feststellungen getroffen worden sind.

(2) ₁Vor Erhebung der Klage der Beamtin oder des Beamten findet ein Vorverfahren nicht statt. ₂Hat eine Landesbehörde den angefochtenen Verwaltungsakt erlassen oder den beantragten Verwaltungsakt unterlassen, so ist die Klage gegen diese Behörde zu richten.

(3) Die §§ 65 und 75 VwGO finden keine Anwendung.

§ 49 Nachtragsdisziplinarklage

(1) ₁Weitere Sachverhalte, die nicht Gegenstand der beim Verwaltungsgericht anhängigen Disziplinarklage sind, können nur durch Erhebung einer Nachtragsdisziplinarklage

durch die Klagebehörde in das Disziplinarklageverfahren einbezogen werden. ₂§ 48 Abs. 1 gilt entsprechend mit der Maßgabe, dass bereits in der Klageschrift enthaltene Darstellungen nicht wiederholt werden müssen.

(2) ₁Liegen weitere Sachverhalte vor, die nicht Gegenstand des anhängigen Disziplinarklageverfahrens sind, so kann die Klagebehörde die Aussetzung des Disziplinarklageverfahrens beantragen. ₂In dem Antrag sind die tatsächlichen Anhaltspunkte anzugeben, die den Verdacht einer Dienstpflichtverletzung rechtfertigen.

(3) ₁Das Verwaltungsgericht kann den Antrag nur ablehnen, wenn die weiteren Sachverhalte für die zu erwartende Disziplinarmaßnahme voraussichtlich nicht ins Gewicht fallen oder ihre Einbeziehung den Abschluss des Disziplinarverfahrens erheblich verzögern würde. ₂Im Fall der Ablehnung kann das Verfahren, auch auf Antrag der Klagebehörde, zu einem späteren Zeitpunkt ausgesetzt werden, wenn sich die Grundlage der Entscheidung nachträglich ändert.

(4) ₁Die Aussetzung ist bis zu dem Zeitpunkt zu befristen, bis zu dem die Ermittlungen des weiteren Sachverhalts voraussichtlich beendet werden können. ₂Die Aussetzung ist auf Antrag der Klagebehörde zu verlängern, wenn die Beendigung der Ermittlungen aus Gründen, die die Klagebehörde nicht zu vertreten hat, innerhalb der Frist nicht möglich ist. ₃Die Entscheidung über die Aussetzung und ihre Verlängerung erfolgen durch Beschluss. ₄Der Beschluss ist unanfechtbar.

(5) ₁Setzt das Verwaltungsgericht das Verfahren aus, so führt die Klagebehörde in entsprechender Anwendung der §§ 21 bis 30 die Ermittlungen durch. ₂Sie kann die Durchführung der Ermittlungen der Disziplinarbehörde übertragen.

(6) ₁Erhebt die Klagebehörde innerhalb der nach Absatz 4 bestimmten Frist nicht Nachtragsdisziplinarklage, so setzt das Verwaltungsgericht das Disziplinarverfahren ohne Einbeziehung der weiteren Sachverhalte fort. ₂Die Klagebehörde kann jedoch wegen der dem Aussetzungsantrag zugrunde liegenden weiteren Sachverhalte bis zur Zustellung der Ladung zur mündlichen Verhandlung oder bis zur Zustellung eines Beschlusses nach § 54 Nachtragsdisziplinarklage erheben.

(7) Die dem Aussetzungsantrag zugrunde liegenden Sachverhalte können nur in einem gesonderten Disziplinarverfahren verfolgt werden, wenn das Gericht die Aussetzung wegen erheblicher Verzögerung des Abschlusses des Disziplinarverfahrens abgelehnt hat.

§ 50 Mängel des behördlichen Disziplinarverfahrens oder der Klageschrift

(1) Im Disziplinarklageverfahren hat die Beamtin oder der Beamte wesentliche Mängel des behördlichen Disziplinarverfahrens oder der Klageschrift innerhalb zweier Monate nach Zustellung der Disziplinarklage oder der Nachtragsdisziplinarklage geltend zu machen.

(2) ₁Wesentliche Mängel, die nicht oder nicht innerhalb der Frist des Absatzes 1 geltend gemacht werden, kann das Verwaltungsgericht unbeachtet lassen, wenn ihre Berücksichtigung nach seiner freien Überzeugung die Erledigung des Disziplinarverfahrens verzögern würde und die Beamtin oder der Beamte mit der Zustellung der Disziplinarklage oder der Nachtragsdisziplinarklage über die Frist und die Folgen der Fristversäumung belehrt worden ist. ₂Satz 1 gilt nicht, wenn die Beamtin oder der Beamte einen zwingenden Grund für das verspätete Geltendmachen glaubhaft macht.

(3) ₁Das Verwaltungsgericht kann der Klagebehörde zur Beseitigung eines wesentlichen Mangels, der nach Absatz 1 geltend gemacht worden ist oder dessen Berücksichtigung es unabhängig davon für angezeigt hält, eine Frist setzen. ₂§ 49 Abs. 4 Sätze 2 bis 4 gilt entsprechend. ₃Wird der Mangel des behördlichen Disziplinarverfahrens oder der Klageschrift bei der Disziplinarklage nicht innerhalb der Frist beseitigt, so wird das Disziplinarverfahren durch Beschluss des Verwaltungsgerichts eingestellt. ₄Wird bei einer Nachtragsdisziplinarklage der Mangel nicht innerhalb

der Frist beseitigt, so wird das Verfahren durch Beschluss des Verwaltungsgerichts hinsichtlich der der Nachtragsdisziplinarklage zugrunde liegenden Sachverhalte eingestellt.

(4) Die der rechtskräftigen Einstellung nach Absatz 3 Satz 3 oder 4 zugrunde liegenden Sachverhalte können nicht mehr Gegenstand eines Disziplinarverfahrens sein.

§ 51 Beschränkung des Disziplinarverfahrens

₁Das Verwaltungsgericht kann das Disziplinarverfahren beschränken, indem es solche Sachverhalte ausscheidet, die für die zu erwartende Disziplinarmaßnahme voraussichtlich nicht ins Gewicht fallen. ₂Die Beschränkung erfolgt durch Beschluss. ₃Dieser Beschluss ist unanfechtbar. ₄Die ausgeschiedenen Sachverhalte können wieder in das Disziplinarverfahren einbezogen werden, wenn sich die Grundlage der Entscheidung nach Satz 1 nachträglich ändert. ₅Die ausgeschiedenen Sachverhalte können nicht Gegenstand eines neuen Disziplinarverfahrens sein.

§ 52 Bindung an tatsächliche Feststellungen aus anderen Verfahren

(1) ₁Die tatsächlichen Feststellungen eines rechtskräftigen Urteils im Straf- oder Bußgeldverfahren, eines rechtskräftigen Strafbefehls oder einer unanfechtbaren Entscheidung über den Verlust des Anspruchs auf Besoldung wegen schuldhaften Fernbleibens vom Dienst (§ 14 NBesG) sind im Disziplinarverfahren, das denselben Sachverhalt zum Gegenstand hat, bindend. ₂Das Verwaltungsgericht hat jedoch die erneute Prüfung solcher Feststellungen zu beschließen, die offenkundig unrichtig sind. ₃Der Beschluss ist unanfechtbar.

(2) Die in einem anderen gesetzlich geordneten Verfahren getroffenen tatsächlichen Feststellungen sind nicht bindend, können aber der Entscheidung im Disziplinarverfahren ohne nochmalige Prüfung zugrunde gelegt werden.

§ 53 Beweisaufnahme

(1) Das Verwaltungsgericht erhebt die erforderlichen Beweise.

(2) Die im behördlichen Verfahren durch richterliche Vernehmung erhobenen Beweise können der Entscheidung ohne nochmalige Beweisaufnahme zugrunde gelegt werden.

(3) ₁Im Disziplinarklageverfahren sind Beweisanträge von der Beamtin oder dem Beamten innerhalb zweier Monate nach Zustellung der Disziplinarklage oder der Nachtragsdisziplinarklage zu stellen. ₂Ein verspäteter Antrag kann abgelehnt werden, wenn seine Berücksichtigung nach der freien Überzeugung des Verwaltungsgerichts die Erledigung des Disziplinarverfahrens verzögern würde und die Beamtin oder der Beamte über die Frist und die Folgen der Fristversäumung belehrt worden ist. ₃Satz 2 gilt nicht, wenn ein zwingender Grund für die Verspätung glaubhaft gemacht wird.

(4) § 26 Abs. 1, 5 und 6 gilt entsprechend.

§ 54 Entscheidung durch Beschluss

(1) ₁Wenn das Verwaltungsgericht die für die Entscheidung maßgeblichen tatsächlichen Feststellungen getroffen hat, kann es, auch nach der Eröffnung der mündlichen Verhandlung, mit Zustimmung der Beteiligten durch Beschluss

1. die Klage abweisen,
2. im Klageverfahren gegen eine Disziplinarverfügung die Disziplinarverfügung aufheben oder die Disziplinarmaßnahme durch eine Disziplinarmaßnahme von geringerem Gewicht ersetzen oder
3. im Disziplinarklageverfahren eine Disziplinarmaßnahme (§ 6) aussprechen.

₂§ 55 Abs. 2 Satz 1 und Abs. 3 Satz 1 gilt entsprechend. ₃Vor Erteilung der Zustimmung hat das Verwaltungsgericht den Beteiligten die beabsichtigte Entscheidung nach Art und Höhe mitzuteilen. ₄Zur Erklärung der Zustimmung kann eine Frist gesetzt werden, nach deren Ablauf die Zustimmung als erteilt gilt, wenn nicht ein Beteiligter widersprochen hat und die Beteiligten über diese Folge belehrt worden sind. ₅Erfolgt der Widerspruch erst nach Ablauf der Frist, so entfällt die Zustimmung rückwirkend, wenn für die Verspätung ein zwingender Grund glaubhaft gemacht wird.

(2) Der rechtskräftige Beschluss nach Absatz 1 steht einem rechtskräftigen Urteil gleich.

§ 55 Mündliche Verhandlung, Entscheidung durch Urteil

(1) ₁Das Verwaltungsgericht entscheidet über die Klage, wenn das Disziplinarverfahren nicht auf andere Weise abgeschlossen wird, aufgrund mündlicher Verhandlung durch Urteil. ₂§ 106 VwGO wird nicht angewandt.

(2) ₁Im Disziplinarklageverfahren dürfen nur die Sachverhalte zum Gegenstand der Urteilsfindung gemacht werden, die der Beamtin oder dem Beamten in der Disziplinarklage oder der Nachtragsdisziplinarklage als Dienstvergehen zur Last gelegt werden. ₂Das Verwaltungsgericht kann in dem Urteil

1. eine Disziplinarmaßnahme (§ 6) aussprechen oder
2. die Disziplinarklage abweisen.

(3) ₁Bei der Klage gegen eine Disziplinarverfügung prüft das Verwaltungsgericht neben der Rechtmäßigkeit auch die Zweckmäßigkeit der angefochtenen Entscheidung. ₂Das Verwaltungsgericht kann

1. die Klage abweisen;
2. die Disziplinarmaßnahme durch eine Disziplinarmaßnahme von geringerem Gewicht ersetzen oder
3. die Disziplinarverfügung aufheben.

§ 56 Wirkungen der Klagerücknahme

Wenn die Klagebehörde die Disziplinarklage zurückgenommen hat, können ihr zugrunde liegende Sachverhalte nicht mehr Gegenstand eines Disziplinarverfahrens sein.

Zweiter Abschnitt
Besondere Verfahren

§ 57 Antrag auf gerichtliche Fristsetzung

(1) ₁Ist ein behördliches Disziplinarverfahren nicht innerhalb einer Frist von sechs Monaten seit der Einleitung durch Einstellung, durch Erlass einer Disziplinarverfügung oder durch Erhebung der Disziplinarklage abgeschlossen worden, so kann die Beamtin oder der Beamte bei dem Verwaltungsgericht die gerichtliche Bestimmung einer Frist zum Abschluss des Disziplinarverfahrens beantragen. ₂Der Lauf der Frist des Satzes 1 ist gehemmt, solange das Disziplinarverfahren nach § 23 ausgesetzt ist.

(2) ₁Liegt ein zureichender Grund für das Überschreiten der Frist von sechs Monaten nicht vor, so bestimmt das Verwaltungsgericht eine Frist, in der das Disziplinarverfahren abzuschließen ist. ₂Anderenfalls lehnt es den Antrag ab. ₃§ 49 Abs. 4 Sätze 2 bis 4 gilt entsprechend.

(3) Wird das behördliche Disziplinarverfahren innerhalb der nach Absatz 2 bestimmten Frist nicht abgeschlossen, so ist es durch Beschluss des Verwaltungsgerichts einzustellen.

(4) Die dem rechtskräftigen Beschluss nach Absatz 3 zugrunde liegenden Sachverhalte können nicht mehr Gegenstand eines Disziplinarverfahrens sein.

§ 58 Antrag auf Aussetzung der vorläufigen Dienstenthebung und der Einbehaltung von Bezügen

(1) ₁Die Beamtin oder der Beamte kann die Aussetzung der vorläufigen Dienstenthebung und der Einbehaltung von Dienstbezügen beim Verwaltungsgericht beantragen. ₂Gleiches gilt für die Ruhestandsbeamtin oder den Ruhestandsbeamten bezüglich der Einbehaltung von Ruhegehalt. ₃Es findet weder ein Widerspruchs- noch ein Klageverfahren statt. ₄Der Antrag nach Satz 1 oder 2 hat keine aufschiebende Wirkung. ₅Er ist bei dem Oberverwaltungsgericht zu stellen, wenn bei ihm wegen desselben Sachverhalts ein Disziplinarverfahren anhängig ist.

(2) Die vorläufige Dienstenthebung und die Einbehaltung von Dienstbezügen oder Ruhegehalt sind auszusetzen, wenn ernstliche Zweifel an ihrer Rechtmäßigkeit bestehen.

(3) Für die Änderung oder Aufhebung von Beschlüssen über Anträge nach Absatz 1 gilt § 80 Abs. 7 VwGO entsprechend.

Drittes Kapitel
Disziplinarverfahren vor dem Oberverwaltungsgericht

Erster Abschnitt
Berufung

§ 59 Statthaftigkeit, Frist und Form der Berufung

(1) ₁Gegen das Urteil des Verwaltungsgerichts über eine Disziplinarklage steht den Beteiligten die Berufung an das Oberverwaltungsgericht zu. ₂§ 124a Abs. 2 und 3 VwGO gilt entsprechend.

(2) ₁Im Übrigen steht den Beteiligten gegen Urteile die Berufung zu, wenn sie von dem Verwaltungsgericht oder dem Oberverwaltungsgericht zugelassen wird. ₂Die §§ 124 und 124a VwGO gelten entsprechend.

§ 60 Berufungsverfahren

(1) ₁Für das Berufungsverfahren gelten die Bestimmungen über das Disziplinarverfahren vor dem Verwaltungsgericht entsprechend, soweit sich aus diesem Gesetz nichts anderes ergibt. ₂§ 49 wird nicht angewandt.

(2) Wesentliche Mängel des behördlichen Disziplinarverfahrens, die das Verwaltungsgericht nach § 50 Abs. 2 zu Recht unberücksichtigt gelassen hat, bleiben auch im Berufungsverfahren unberücksichtigt.

(3) ₁Ein Beweisantrag, der vor dem Verwaltungsgericht nicht innerhalb der Frist des § 53 Abs. 3 gestellt worden ist, kann abgelehnt werden, wenn seine Berücksichtigung nach der freien Überzeugung des Oberverwaltungsgerichts die Erledigung des Disziplinarverfahrens verzögern würde und die Beamtin oder der Beamte im ersten Rechtszug über die Folgen einer Fristversäumung belehrt worden ist; dies gilt nicht, wenn zwingende Gründe für die Verspätung glaubhaft gemacht werden. ₂Beweisanträge, die das Verwaltungsgericht zu Recht abgelehnt hat, bleiben auch im Berufungsverfahren ausgeschlossen.

(4) Die durch das Verwaltungsgericht erhobenen Beweise können der Entscheidung ohne nochmalige Beweisaufnahme zugrunde gelegt werden.

§ 61 Mündliche Verhandlung, Entscheidung durch Urteil

(1) ₁Das Oberverwaltungsgericht entscheidet über die Berufung, wenn das Disziplinarverfahren nicht auf andere Weise abgeschlossen wird, aufgrund mündlicher Verhandlung durch Urteil. ₂Eine Zurückverweisung der Sache an das Verwaltungsgericht ist ausgeschlossen. ₃§ 106 VwGO wird nicht angewandt.

(2) Das Urteil des Oberverwaltungsgerichts in einem Disziplinarverfahren wird mit der Verkündung oder der sie ersetzenden Zustellung rechtskräftig.

Zweiter Abschnitt
Beschwerde

§ 62 Statthaftigkeit, Frist und Form der Beschwerde

(1) Gegen Beschlüsse des Verwaltungsgerichts steht den Beteiligten die Beschwerde an das Oberverwaltungsgericht zu, soweit nicht in diesem Gesetz oder in der Verwaltungsgerichtsordnung etwas anderes bestimmt ist.

(2) Gegen Beschlüsse des Verwaltungsgerichts, durch die nach § 54 Abs. 1 über eine Disziplinarklage entschieden wird, kann die Beschwerde nur auf das Fehlen der Zustimmung der Beteiligten gestützt werden.

§ 63 Entscheidung des Oberverwaltungsgerichts

(1) ₁Das Oberverwaltungsgericht entscheidet über die Beschwerde durch Beschluss. ₂Der Beschluss ist unanfechtbar.

(2) Ist die Beschwerde in den Fällen des § 62 Abs. 2 begründet, so hebt das Oberverwaltungsgericht den Beschluss des Verwaltungsgerichts auf und verweist die Sache zur Fortsetzung des Verfahrens an das Verwaltungsgericht zurück.

Viertes Kapitel
Wiederaufnahme des gerichtlichen Disziplinarverfahrens

§ 64 Wiederaufnahmegründe

(1) Die Wiederaufnahme des durch rechtskräftiges Urteil abgeschlossenen Disziplinarverfahrens ist zulässig, wenn

1. in dem Urteil eine Disziplinarmaßnahme ausgesprochen worden ist, die nach Art oder Höhe im Gesetz nicht vorgesehen ist,
2. Tatsachen oder Beweismittel beigebracht werden, die erheblich und neu sind,
3. das Urteil auf dem Inhalt einer unechten oder verfälschten Urkunde oder auf einem vorsätzlich oder fahrlässig falsch abgegebenen Zeugnis oder Gutachten beruht,
4. ein Urteil, auf dessen tatsächlichen Feststellungen das Urteil im Disziplinarverfahren beruht, durch ein anderes rechtskräftiges Urteil aufgehoben worden ist,
5. an dem Urteil eine Richterin oder ein Richter oder eine ehrenamtliche Richterin oder ein ehrenamtlicher Richter mitgewirkt hat, die oder der sich in dieser Sache der strafbaren Verletzung einer Amtspflicht schuldig gemacht hat,
6. an dem Urteil eine Richterin oder ein Richter oder eine ehrenamtliche Richterin oder ein ehrenamtlicher Richter mitgewirkt hat, die oder der von der Ausübung des Richteramts kraft Gesetzes ausgeschlossen war, es sei denn, dass die Gründe für den gesetzlichen Ausschluss bereits erfolglos geltend gemacht worden waren,
7. die Beamtin oder der Beamte nachträglich glaubhaft ein Dienstvergehen eingesteht, das in dem Disziplinarverfahren nicht hat festgestellt werden können,
8. im Verfahren der Disziplinarklage nach dessen rechtskräftigem Abschluss in einem wegen desselben Sachverhalts eingeleitetem Straf- oder Bußgeldverfahren unanfechtbar eine Entscheidung ergeht, nach der gemäß § 15 die Disziplinarmaßnahme nicht zulässig wäre, oder
9. der Europäische Gerichtshof für Menschenrechte festgestellt hat, dass das Urteil die Europäische Konvention zum Schutze der Menschenrechte und Grundfreiheiten oder ihre Protokolle verletzt.

(2) ₁Tatsachen und Beweismittel sind im Sinne des Absatzes 1 Nr. 2

1. erheblich, wenn sie allein oder in Verbindung mit den früher getroffenen Feststellungen geeignet sind, eine andere Entscheidung zu begründen, die Ziel der Wiederaufnahme sein kann, und
2. neu, wenn sie dem Gericht bei seiner Entscheidung nicht bekannt gewesen sind.

₂Ergeht nach Eintritt der Rechtskraft des Urteils im Disziplinarverfahren in einem wegen desselben Sachverhalts eingeleiteten Straf- oder Bußgeldverfahren ein rechtskräftiges Urteil aufgrund von tatsächlichen Feststellungen, die von denjenigen Feststellungen des Urteils im Disziplinarverfahren abweichen, auf denen es beruht, so gelten die abweichenden Feststellungen des Urteils im Straf- oder Bußgeldverfahren als neue Tatsachen im Sinne des Absatzes 1 Nr. 2.

(3) In den Fällen des Absatzes 1 Nrn. 3 und 5 ist die Wiederaufnahme des Disziplinarverfahrens nur zulässig, wenn wegen der behaupteten Handlungen eine rechtskräftige strafgerichtliche Verurteilung erfolgt ist oder wenn ein strafgerichtliches Verfahren aus anderen Gründen als wegen Mangels an Beweisen nicht eingeleitet oder nicht durchgeführt werden kann.

§ 65 Unzulässigkeit der Wiederaufnahme

(1) ₁Die Wiederaufnahme des durch rechtskräftiges Urteil abgeschlossenen Disziplinarverfahrens ist unzulässig, wenn nach dem Eintritt der Rechtskraft

1. ein Urteil im Strafverfahren oder Bußgeldverfahren ergangen ist, das auf denselben tatsächlichen Feststellungen beruht, solange dieses Urteil nicht rechtskräftig aufgehoben worden ist, oder
2. ein Urteil im Strafverfahren ergangen ist, durch das die oder der Verurteilte nicht sein Amt oder ihren oder seinen Anspruch auf Ruhegehalt verloren haben oder ihn verloren hat oder ihn verloren hätte, wenn sie oder er noch im Dienst gewesen wäre oder Ruhegehalt bezogen hätte.

₂Satz 1 Nr. 1 gilt nur, soweit der Wiederaufnahmeantrag auf einen der in § 64 Abs. 1 Nrn. 2 und 3 genannten Gründe gestützt wird.

(2) Die Wiederaufnahme des Disziplinarverfahrens zuungunsten der Betroffenen ist außerdem unzulässig, wenn seit dem Eintritt der Rechtskraft des Urteils drei Jahre vergangen sind.

§ 66 Frist, Verfahren

(1) ₁Der Antrag auf Wiederaufnahme des Disziplinarverfahrens muss bei dem Gericht, dessen Entscheidung angefochten wird, binnen dreier Monate schriftlich oder zur Niederschrift der Urkundsbeamtin oder des Urkundsbeamten der Geschäftsstelle eingereicht werden. ₂Die Frist beginnt mit dem Tag, an dem die oder der Antragsberechtigte von dem Grund für die Wiederaufnahme Kenntnis erhalten hat. ₃Antragsberechtigt sind die Beteiligten des gerichtlichen Disziplinarverfahrens. ₄Ist im Urteil eine Entfernung aus dem Beamtenverhältnis, eine Zurückstufung oder eine Aberkennung des Ruhegehalts ausgesprochen worden, so sind auch die Hinterbliebenen der Beamtin oder des Beamten antragsberechtigt, wenn sie Hinterbliebenenversorgung oder Hinterbliebenenrente beziehen. ₅In dem Antrag ist das angefochtene Urteil zu bezeichnen und anzugeben, inwieweit es angefochten wird und welche Änderungen beantragt werden. ₆Der Antrag ist unter Bezeichnung der Beweismittel zu begründen.

(2) Für das weitere Verfahren gelten die Bestimmungen über das gerichtliche Disziplinarverfahren entsprechend, soweit sich aus diesem Gesetz nichts anderes ergibt.

§ 67 Entscheidung durch Beschluss

(1) Das Gericht kann den Antrag, auch nach der Eröffnung der mündlichen Verhandlung, durch Beschluss verwerfen, wenn es die gesetzlichen Voraussetzungen für dessen Zulassung nicht für gegeben oder diesen für offensichtlich unbegründet hält.

(2) ₁Das Gericht kann vor der Eröffnung der mündlichen Verhandlung mit Zustimmung der beteiligten Behörde durch Beschluss das angefochtene Urteil aufheben und die Disziplinarklage abweisen oder die Disziplinarverfügung aufheben. ₂Der Beschluss ist unanfechtbar.

(3) Der rechtskräftige Beschluss nach Absatz 1 sowie der Beschluss nach Absatz 2 stehen einem rechtskräftigen Urteil gleich.

§ 68 Rechtswirkungen, Entschädigung

(1) ₁Wird in einem Wiederaufnahmeverfahren das angefochtene Urteil zugunsten der Beamtin oder des Beamten aufgehoben, so erhält diese oder dieser von dem Eintritt der Rechtskraft des aufgehobenen Urteils an die Rechtsstellung, die sie oder er erhalten hätte, wenn das angefochtene Urteil der Entscheidung entsprochen hätte, die im Wiederaufnahmeverfahren ergangen ist. ₂Wurde in dem aufgehobenen Urteil die Entfernung aus dem Beamtenverhältnis oder die Aberkennung des Ruhegehalts ausgesprochen, so gelten § 24 Abs. 2 BeamtStG und § 33 Abs. 2 und 4 NBG entsprechend.

(2) ₁Die Beamtin oder der Beamte und die Personen, denen sie oder er kraft Gesetzes unterhaltspflichtig ist, können im Fall des Absatzes 1 neben den hiernach nachträglich zu gewährenden Bezügen in entsprechender Anwendung des Gesetzes über die Entschädigung für Strafverfolgungsmaßnahmen vom 8. März 1971 (BGBl. I S. 157), zuletzt geändert durch Artikel 14 des Gesetzes vom 13. Dezember 2001 (BGBl. I S. 3574), Ersatz des sonstigen Schadens vom Dienstherrn verlangen. ₂Der Anspruch ist innerhalb von drei Monaten nach dem rechtskräftigen Abschluss des Wiederaufnahmeverfahrens bei der Klagebehörde (§ 34 Abs. 2) geltend zu machen.

Fünftes Kapitel
Kostenentscheidung im gerichtlichen Disziplinarverfahren

§ 69 Kosten

(1) Für die gerichtlichen Disziplinarverfahren gelten die Bestimmungen der Verwaltungsgerichtsordnung über die Kosten entsprechend, soweit in diesem Kapitel nichts Abweichendes geregelt ist.

(2) ₁Die Beamtin oder der Beamte, gegen die oder den im Disziplinarklageverfahren vom Verwaltungsgericht eine Disziplinarmaßnahme ausgesprochen wird, trägt die Kosten des Verfahrens. ₂Spricht das Verwaltungsgericht eine der in § 33 Abs. 1 genannten Disziplinarmaßnahmen aus, so können die Kosten verhältnismäßig geteilt werden. ₃Wird die Disziplinarklage trotz Vorliegens eines Dienstvergehens abgewiesen, so können die Kosten abweichend von § 154 Abs. 1 VwGO teilweise der Beamtin oder dem Beamten auferlegt werden. ₄Wird das Disziplinarklageverfahren nach § 50 Abs. 3 Satz 3 eingestellt, so trägt die Klagebehörde die Kosten des Verfahrens. ₅Bei einer Einstellung nach § 50 Abs. 3 Satz 4 gilt Satz 2 entsprechend.

(3) Wird eine Disziplinarverfügung trotz Vorliegens eines Dienstvergehens aufgehoben, so können die Kosten abweichend von § 154 Abs. 1 VwGO teilweise der Beamtin oder dem Beamten auferlegt werden.

(4) Stellt das Verwaltungsgericht das behördliche Disziplinarverfahren nach § 57 Abs. 3 ein, so trägt die Klagebehörde die Kosten.

(5) Ist eine Disziplinarbehörde kostentragungspflichtig, die nicht Behörde des Dienstherrn der Beamtin oder des Beamten ist, so hat sie einen Anspruch auf Erstattung dieser Kosten gegen den Dienstherrn.

§ 70 Umfang der Kostenpflicht

₁Kosten im Sinne des § 69 sind die Gerichtskosten (Gebühren und Auslagen) und die zur zweckentsprechenden Rechtsverfolgung oder Rechtsverteidigung notwendigen Aufwendungen der Beteiligten einschließlich der Kosten des behördlichen Disziplinarverfahrens. ₂§ 162 Abs. 2 Sätze 1 und 3 VwGO gilt entsprechend.

§ 71 Gerichtskosten

(1) Für die Erhebung der Gerichtskosten finden die für die Verfahren vor den Gerichten der Verwaltungsgerichtsbarkeit geltenden Vorschriften des Gerichtskostengesetzes nach Maßgabe der folgenden Absätze entsprechende Anwendung.

(2) In Disziplinarklageverfahren des ersten Rechtszugs ist der Streitwert nach der sich für die Klagebehörde aus dem Inhalt der Klageschrift ergebenden Bedeutung der Sache nach Ermessen zu bestimmen.

(3) ₁Die Einstellung nach § 50 Abs. 3 Satz 3 steht einer Klagerücknahme gleich. ₂Verfahren nach § 57 sind gerichtsgebührenfrei. ₃Verfahren nach § 58 gelten als Verfahren des vorläufigen Rechtsschutzes.

Fünfter Teil
Unterhaltsbeitrag

§ 72 Unterhaltsbeitrag bei Entfernung aus dem Beamtenverhältnis oder Aberkennung des Ruhegehalts

(1) Die Zahlung des Unterhaltsbeitrags nach § 11 Abs. 3 oder § 13 Abs. 2 beginnt, soweit in der Entscheidung nichts anderes bestimmt ist, mit dem Beginn des auf den Eintritt der Unanfechtbarkeit der Entscheidung folgenden Kalendermonats.

(2) ₁Die Zahlung des Unterhaltsbeitrags nach § 13 Abs. 2 steht unter dem Vorbehalt der Rückforderung, wenn für denselben Zeitraum eine Rente aufgrund der Nachversicherung gewährt wird. ₂Zur Sicherung des Rückforderungsanspruchs ist der Rentenanspruch im Voraus abzutreten.

(3) ₁Das Gericht kann in der Entscheidung bestimmen, dass der Unterhaltsbeitrag ganz oder teilweise an Personen gezahlt wird, zu deren Unterhalt die Beamtin oder der Beamte verpflichtet ist. ₂Nach Rechtskraft der Entscheidung kann dies die Klagebehörde bestimmen.

(4) ₁Auf den Unterhaltsbeitrag werden Erwerbs- und Erwerbsersatzeinkommen im Sinne des § 18a Abs. 2 sowie Abs. 3 Sätze 1 und 2 des Vierten Buchs des Sozialgesetzbuchs angerechnet. ₂Die früheren Beamtinnen und Beamten, die früheren Ruhestandsbeamtinnen und Ruhestandsbeamten sowie die Empfängerinnen und Empfänger des Unterhaltsbeitrags sind verpflichtet, der Klagebehörde alle Änderungen in den Verhältnissen, die für die Zahlung des Unterhaltsbei-

trags von Bedeutung sein können, unverzüglich anzuzeigen. ₃Wer dieser Pflicht schuldhaft nicht nachkommt, dem kann der Unterhaltsbeitrag ganz oder teilweise mit Wirkung für die Vergangenheit entzogen werden. ₄Die Entscheidung nach den Sätzen 1 und 3 trifft die Klagebehörde.

Sechster Teil
Besondere Bestimmungen für einzelne Beamtengruppen

§ 73 Ehrenbeamtinnen und Ehrenbeamte

₁Übt die Beamtin oder der Beamte zusätzlich ein Ehrenamt aus und wird nur wegen eines in dem Ehrenamt oder im Zusammenhang mit diesem begangenen Dienstvergehens eine Disziplinarklage erhoben, so kann im Urteil die Wirkung der Entfernung aus dem Beamtenverhältnis auf das Ehrenamt und die in Verbindung mit diesem ausgeübte Nebenämter beschränkt werden. ₂Satz 1 gilt für die Anordnung der vorläufigen Dienstenthebung entsprechend.

§ 73a Beamtinnen und Beamte in Ämtern mit leitender Funktion im Beamtenverhältnis auf Probe

₁Dienstvergehen einer Beamtin oder eines Beamten auf Probe in einem Amt mit leitender Funktion (§ 5 NBG), die oder der zugleich im Beamtenverhältnis auf Lebenszeit steht, werden so verfolgt, als stünde die Beamtin oder der Beamte nur im Beamtenverhältnis auf Lebenszeit. ₂Abweichend von § 18 Abs. 3 Satz 2 Halbsatz 1 ist das Disziplinarverfahren gegen diese Beamtinnen und Beamten von der Disziplinarbehörde einzuleiten, die für das Amt im Beamtenverhältnis auf Lebenszeit zuständig ist. ₃Die Klagebehörde kann abweichend von § 38 Abs. 1 Nr. 1 eine vorläufige Dienstenthebung auch anordnen, wenn im Disziplinarverfahren voraussichtlich auf eine Kürzung der Dienstbezüge oder eine Zurückstufung erkannt werden wird. ₄Für diesen Fall gelten § 38 Abs. 2 und § 40 entsprechend.

§ 74 Ruhestandsbeamtinnen und Ruhestandsbeamte

₁Die Disziplinarbefugnisse werden durch die zum Zeitpunkt des Eintritts in den Ruhestand zuständige Disziplinarbehörde ausgeübt. ₂Besteht die zuständige Disziplinarbehörde nicht mehr, so bestimmt das für das Disziplinarrecht zuständige Ministerium, welche Behörde zuständig ist.

Siebenter Teil
Übergangs- und Schlussbestimmungen

§ 75 Verordnungsermächtigungen

Jedes Ministerium kann im Einvernehmen mit dem für das Disziplinarrecht zuständigen Ministerium durch eine Verordnung für die Beamtinnen und Beamten

1. seines Geschäftsbereichs die höheren Disziplinarbehörden und Disziplinarbehörden bestimmen,

2. der juristischen Personen, die seiner Aufsicht unterstehen, die Zuständigkeiten abweichend von § 5 Abs. 2 Satz 1 regeln,

3. seines Geschäftsbereichs und der juristischen Personen, die seiner Aufsicht unterstehen, die Zuständigkeiten nach § 34 Abs. 2 Satz 1 Nrn. 1 und 2 abweichend regeln,

wenn hierdurch die Erfüllung der Aufgaben verbessert oder erleichtert wird.

Richtlinie zur Korruptionsprävention und Korruptionsbekämpfung in der Landesverwaltung (Antikorruptionsrichtlinie)

Vom 1. April 2014 (Nds. MBl. S. 330)

Inhaltsübersicht

1. Allgemeines
1.1 Zielsetzung
1.2 Anwendungsbereich

2. Korruption
2.1 Definition
2.2 Strafgesetzliche Regelungen
2.3 Dienst- und Arbeitsrecht

3. Korruptionsgefährdete Bereiche

4. Gefährdungsatlas
4.1 Grundsatz
4.2 Feststellung der gesteigerten Korruptionsgefährdung
4.3 Risikoanalyse
4.4 Rotation

5. Maßnahmen in der Landesverwaltung
5.1 Verhaltenskodex
5.2 Belehrung
5.3 Verpflichtung
5.4 Aus- und Fortbildung
5.5 Sensibilisierung, Bekanntgabe

6. Ansprechpartnerinnen und Ansprechpartner für Korruptionsbekämpfung, Interministerieller Arbeitskreis
6.1 Bestellung
6.2 Aufgaben
6.3 Information, Vortragsrecht
6.4 Schweigepflicht
6.5 Aktenführung
6.6 Interministerieller Arbeitskreis

7. Verhalten bei Korruptionsverdacht

8. Sponsoring, Werbung, Spenden und mäzenatische Schenkungen
8.1 Sponsoring
8.1.1 Zulässigkeit
8.1.2 Durchführung
8.2 Werbung
8.3 Spenden und mäzenatische Schenkungen

9. Öffentliches Auftragswesen, Vergaben

10. Schlussbestimmungen

Anlage 1
Verhaltenskodex gegen Korruption
Anlage 2
Mustersponsoringvertrag

Antikorruptionsrichtlinie I.11

Die LReg hat die nachstehende abgedruckte Neufassung der Richtlinie zur Korruptionsprävention und Korruptionsbekämpfung in der Landesverwaltung (Antikorruptionsrichtlinie) beschlossen.

1. Allgemeines

1.1 Zielsetzung

Ziel der LReg ist es, auftretende Korruptionsfälle nachhaltig und konsequent zu verfolgen und mithilfe vorbeugender Maßnahmen der Korruption rechtzeitig entgegenzuwirken. Der mit dieser Richtlinie geschaffene Rahmen ist deshalb vollständig auszufüllen.

Diese Richtlinie dient dem Schutz und der Sicherheit der Beschäftigten im Umgang mit Korruptionsgefahren sowie der Sensibilisierung der Beschäftigten hinsichtlich der Korruptionsgefahren. Die Richtlinie ist zugleich Handlungsanleitung, um die notwendigen Maßnahmen zur Prävention und Bekämpfung der Korruption treffen zu können.

1.2 Anwendungsbereich

Diese Richtlinie gilt für alle Behörden und Einrichtungen des Landes sowie für Landesbetriebe. Der Landtagsverwaltung, dem LRH sowie der Aufsicht des Landes unterstehenden Körperschaften, Anstalten und Stiftungen des öffentlichen Rechts wird empfohlen, die Richtlinie entsprechend anzuwenden.

2. Korruption

2.1 Definition

Korruption ist der Missbrauch eines öffentlichen Amtes, einer Funktion in der Wirtschaft oder eines politischen Mandats zugunsten eines anderen, begangen auf dessen Veranlassung oder aus Eigeninitiative zur Erlangung eines Vorteils für sich oder einen Dritten mit Eintritt oder in Erwartung des Eintritts eines Schadens oder Nachteils für die Allgemeinheit (in amtlicher oder politischer Funktion) oder für ein Unternehmen (in wirtschaftlicher Funktion). Auf die Verhältnisse in der Landesverwaltung übertragen umfasst der Begriff der Korruption auch Handlungen, die nicht straf- aber dienstrechtlich relevant sind.

2.2 Strafgesetzliche Regelungen

Das Strafrecht kennt keine übergreifende Korruptionsstrafvorschrift, sondern sanktioniert das mit Korruption verbundene Unrecht in verschiedenen Straftatbeständen. Relevante strafrechtliche Korruptionsdelikte sind insbesondere Vorteilsannahme – § 331 Abs. 1 StGB – (Strafrahmen: bis zu drei Jahren Freiheitsstrafe oder Geldstrafe), Bestechlichkeit – § 332 Abs. 1 StGB – (Strafrahmen: bis zu fünf Jahren Freiheitsstrafe, in minder schweren Fällen Freiheitsstrafe bis zu drei Jahren oder Geldstrafe), Vorteilsgewährung – § 333 Abs. 1 StGB – (Strafrahmen: bis zu drei Jahren Freiheitsstrafe oder Geldstrafe) und Bestechung – § 334 Abs. 1 StGB – (Strafrahmen: bis zu fünf Jahren Freiheitsstrafe, in minder schweren Fällen bis zu zwei Jahren Freiheitsstrafe oder Geldstrafe).

2.3 Dienst- und Arbeitsrecht

Die beamtenrechtlichen Regelungen dienen einer unparteiischen, unabhängigen, uneigennützigen, am Gemeinwohl orientierten Amtsausübung der Beamtinnen und Beamten. Schuldhafte Pflichtverletzungen werden als Dienstvergehen geahndet, auch wenn dadurch keine Straftatbestände erfüllt werden.

Arbeitsrechtliche Regelungen lassen bei Pflichtverletzungen entsprechende abgestufte Maßnahmen zu.

Ist ein Schaden eingetreten, sind Schadensersatzansprüche mit Nachdruck zu verfolgen.

3. Korruptionsgefährdete Bereiche

Grundsätzlich können alle Arbeitsplätze korruptionsgefährdet sein. Als korruptionsgefährdet sind insbesondere alle Arbeitsbereiche anzusehen, in denen Informationen vorhanden sind oder Entscheidungen getroffen werden, die – unmittelbar erkennbar – für Dritte einen materiellen oder immateriellen Vorteil darstellen (z. B. bei Auftragsvergaben) oder von Bedeutung sind.

4. Gefährdungsatlas

4.1 Grundsatz

In den Gefährdungsatlas werden nur die Arbeitsplätze aufgenommen, die einer gesteigerten Korruptionsgefährdung ausgesetzt sind. Nur für diese Arbeitsplätze ist eine Risikoanalyse durchzuführen. Den erkannten Sicherungslücken ist unverzüglich durch geeignete Maßnahmen zu begegnen. Eine Übersicht der gesteigert korruptionsgefährdeten Arbeitsplätze und die Ergebnisse der Überprüfungen nach den Nummern 4.2 und 4.3 werden zusammengefasst und bilden zusammen mit einer Gesamtübersicht den Gefährdungsatlas einer Dienststelle.

Die Bewertungen sind in regelmäßigen Abständen zu aktualisieren.

4.2 Feststellung der gesteigerten Korruptionsgefährdung

Zur Erstellung des Gefährdungsatlasses sind die Arbeitsabläufe eines jeden Arbeitsplatzes dahin zu überprüfen, ob eine gesteigerte Korruptionsgefährdung zu bejahen ist. Dies wird der Fall sein, wenn eine der folgenden Fragestellungen mit „ja" zu beantworten ist:

– Werden bei der Vergabe von Aufträgen, öffentlichen Fördermitteln, Zuschüssen u. a. Haushaltsmittel in größerem Umfang bewirtschaftet?

– Werden regelmäßig Leistungsbedingungen oder -beschreibungen (z. B. Pflichtenhefte, Leistungsverzeichnisse) abschließend erstellt oder deren Erstellung in Auftrag gegeben?

– Besteht die Möglichkeit, ohne Mitwirkung Dritter Sachverhaltsfeststellungen oder Prüfergebnisse zu beeinflussen (z. B. Aufmaße und Messungen, Gutachten, auch das Unterlassen von Beanstandungen)?

– Liegt eine Zuständigkeitskonzentration vor, weil z. B. Ausschreibung, Vergabe und Abrechnung oder Sachverhaltsfeststellung, Entscheidung und Vollzug bei einer Person konzentriert sind?

– Bestehen häufig Außenkontakte zu einem bestimmten Personenkreis, der von den Entscheidungen der oder des jeweiligen Bediensteten Vor- oder Nachteile zu erwarten hat (z. B. Entscheidung über Genehmigungen, Konzessionen oder Lizenzen, Abschluss von Verträgen, mit Auswirkungen auf Vermögensvorteil oder -nachteil, Auswirkungen auf die berufliche oder wirtschaftliche Existenz eines anderen)?

4.3 Risikoanalyse

Für die Risikoanalyse gesteigert korruptionsgefährdeter Arbeitsplätze sind nachfolgende Fragen zu bewerten:

a) Wie groß ist der Anteil der gesteigert korruptionsgefährdeten Tätigkeit auf dem einzelnen Arbeitsplatz (z. B. Anteil der Genehmigungen, Prüfungen, Vergaben, Leistungsfeststellungen usw. im Vergleich zur übrigen Tätigkeit)?

b) Hat es Beanstandungen gegeben (z. B. Prüfberichte)?

c) Welche Umstände prägen das besondere Interesse möglicher Geberinnen oder Geber, Vorteile zu erlangen?

d) Liegt der Schwerpunkt der gesteigerten Korruptionsgefährdung

– in der Art der auf dem Arbeitsplatz anfallenden Tätigkeit,
– im Arbeitsablauf der Tätigkeit,
– in besonderen Umständen in der Person der Mitarbeiterin oder des Mitarbeiters oder in dem besonders gesteigerten Interesse möglicher Geberinnen und Geber?

e) Welche Sicherungsmaßnahmen sind schon vorhanden (z. B. Vier-Augen-Prinzip, getrennte Aufgabenwahrnehmung, Fortbildung, Mitzeichnung, Berichtspflicht, vollständige Dokumentation, Rotation, verstärkte Dienst- und Fachaufsicht)?

f) Welche weiteren Sicherungs- oder Präventionsmaßnahmen wären erforderlich?

Bei der Beantwortung der nachfolgenden Frage kommt es entscheidend auf die Wahrnehmung der unmittelbaren Führungskraft an:

Gibt es Umstände in der Person der Mitarbeiterin oder des Mitarbeiters, die zu einer erhöhten Korruptionsgefahr auf diesem Arbeitsplatz führen können (z. B. Unregelmäßigkeiten im Dienstbetrieb, Lohnpfändungen, Mitteilungen in Strafsachen)?

4.4 Rotation
In gesteigert korruptionsgefährdeten Arbeitsbereichen soll ein Arbeitsplatzwechsel in bestimmten Zeitabständen vorgesehen werden. Dies gilt auch für Arbeitsplätze, bei denen Aufsichts- oder Kontrollfunktionen für gesteigert korruptionsgefährdete Arbeitsplätze wahrgenommen werden. Dem Wechsel des Dienstpostens steht eine Änderung des Aufgabenzuschnitts gleich, mit der sichergestellt ist, dass sich die Zuständigkeit der Beschäftigten in ihren neuen Arbeitsbereichen auf einen anderen Personenkreis erstreckt. Die Rotation ist inhaltlich, zeitlich und organisatorisch so zu gestalten, dass sie nicht zu unvertretbaren Nachteilen für die Funktionsfähigkeit des betroffenen Bereichs führt. Von einer Rotation darf nur in besonders begründeten Ausnahmen (z. B. bei vorhandenen Fachkenntnissen, die nicht ohne Weiteres austauschbar sind, bei Personalmangel, aus personalwirtschaftlichen Gründen, bei besonderen aufbauorganisatorischen Strukturen oder Aufgabenstellungen) abgesehen werden. Die Gründe und erforderliche Zusatzmaßnahmen (z. B. Vier-Augen-Prinzip, Vorlagepflichten, verstärkte Kontrollen) sind zu dokumentieren. In bestimmten Zeitabständen ist zu prüfen, ob Hinderungsgründe für eine Rotation entfallen sind.

5. Maßnahmen in der Landesverwaltung

5.1 Verhaltenskodex
Der als Anlage 1 abgedruckte Verhaltenskodex gegen Korruption ist für alle Beschäftigten verbindlich. Er weist die Beschäftigten auf Gefahrensituationen hin, in denen sie in Korruption verstrickt werden können, und ist Richtschnur allen Handelns.

5.2 Belehrung
Im Zusammenhang mit der Ablegung des Diensteids oder des Gelöbnisses erfolgt eine Belehrung über den Unrechtsgehalt und die dienst- und strafrechtlichen Folgen der Korruption sowie über die Verwaltungsvorschrift über die Annahme von Belohnungen und Geschenken. Die Belehrung ist anlässlich der Umsetzung sowie der Versetzung der Beschäftigten in einen gesteigert korruptionsgefährdeten Bereich zu wiederholen.

5.3 Verpflichtung
Wirken private Unternehmen (z. B. Architekten- oder Ingenieurbüros) bei der Ausführung von Aufgaben der öffentlichen Hand mit, sind die Personen dieser Unternehmen – soweit erforderlich – nach dem Verpflichtungsgesetz auf die gewissenhafte Erfüllung ihrer Obliegenheiten aus dem Auftrag zu verpflichten. Die verpflichteten Personen sind strafrechtlich Amtsträgern gleichgestellt.

5.4 Aus- und Fortbildung
Bei der Aus- und Fortbildung sind die Erscheinungsformen von Korruption und die damit verbundenen Gefahrensituationen, die Maßnahmen zur Korruptionsprävention sowie straf-, dienst- und arbeitsrechtliche Konsequenzen in Korruptionsfällen angemessen zu thematisieren. Beschäftigte in gesteigert korruptionsgefährdeten Bereichen und Führungskräfte sollen an Fortbildungsveranstaltungen zur Korruptionsbekämpfung teilnehmen.

5.5 Sensibilisierung, Bekanntgabe
Als Maßnahme der Sensibilisierung ist diese Richtlinie mit ihren Anlagen allen Beschäftigten bekannt zu geben. Über die Art der Bekanntgabe entscheiden die Dienststellen.

6. Ansprechpartnerinnen und Ansprechpartner für Korruptionsbekämpfung, Interministerieller Arbeitskreis

6.1 Bestellung
Für die Dienststellen sind Ansprechpartnerinnen und Ansprechpartner für Korruptionsbekämpfung zu bestellen. Diese können auch für mehrere Dienststellen zuständig sein. An-

I.11 Antikorruptionsrichtlinie

gehörige der personalverwaltenden Stellen sowie Personen mit administrativen Aufgaben der Korruptionsbekämpfung sollen nicht mit dieser Funktion beauftragt werden.

6.2 Aufgaben

Die Ansprechpartnerin oder der Ansprechpartner für Korruptionsbekämpfung ist die direkte Gesprächspartnerin oder der direkte Gesprächspartner für die Beschäftigten. Sie oder er steht auch den Bürgerinnen und Bürgern für diesen Themenbereich zur Verfügung. Zum Aufgabenbereich gehören ferner insbesondere:

– Förderung der Sensibilität der Beschäftigten durch Beratung und Aufklärung,
– Vorschläge an die Dienststellenleitung zu internen Ermittlungen, zu Maßnahmen gegen Verschleierung und zur Unterrichtung der Staatsanwaltschaft bei einem durch Tatsachen gerechtfertigten Korruptionsverdacht,
– Beratung bei der Entgegennahme von Sponsoringleistungen und bei der Öffentlichkeitsarbeit,
– Kontakthalten zur und Informationsaustausch mit der Aufsichtsbehörde und anderen Stellen,
– Zusammenarbeit mit den Strafverfolgungsbehörden in allgemeinen Fragen der Korruptionsbekämpfung.

6.3 Information, Vortragsrecht

Zur Durchführung der Aufgaben hat die Dienststelle die Ansprechpartnerin oder den Ansprechpartner rechtzeitig und umfassend zu informieren. Sie oder er hat ein Vortragsrecht bei der Dienststellenleitung.

6.4 Schweigepflicht

Die Ansprechpartnerin oder der Ansprechpartner hat über die ihr oder ihm bekannt gewordenen persönlichen Verhältnisse von Beschäftigten, auch nach Beendigung der Amtszeit, Stillschweigen zu bewahren; dies gilt nicht gegenüber der Dienststellenleitung und der Personalverwaltung sowie gegenüber Personen, die Ermittlungen im Disziplinarverfahren bei einem durch Tatsachen gerechtfertigten Korruptionsverdacht durchführen. Das Stillschweigen gilt auch nicht gegenüber den Strafverfolgungsbehörden und den Finanzkontrollbehörden gemäß § 95 LHO. In Disziplinarverfahren dürfen sie nicht tätig werden.

6.5 Aktenführung

Akten mit personenbezogenen Daten, die bei der Ansprechpartnerin oder dem Ansprechpartner für Korruptionsbekämpfung entstehen, sind hinsichtlich der technischen und organisatorischen Maßnahmen wie Personalakten zu behandeln. Sie sind abweichend von der Aktenordnung zu vernichten, soweit die einzelnen Vorgänge nicht mehr für Zwecke der Korruptionsbekämpfung oder -prävention erforderlich sind.

6.6 Interministerieller Arbeitskreis

Unter der Federführung des MI ist ein „Interministerieller Arbeitskreis Korruptionsbekämpfung (IMA-Kor)" eingerichtet. Mitglieder des Arbeitskreises sind die Ansprechpartnerinnen und Ansprechpartner für Korruptionsbekämpfung der Ressorts. Der Arbeitskreis wird bei konkretem Anlass oder bei Vorliegen von Verdachtsmomenten Prüfungen in einzelnen Geschäftsbereichen oder in einzelnen Behörden empfehlen. Das MI nimmt für die Bürgerinnen und Bürger ebenso wie für Landesbedienstete die Funktion einer zentralen Ansprechstelle des Arbeitskreises wahr.

7. Verhalten bei Korruptionsverdacht

Für eine erfolgreiche Korruptionsbekämpfung müssen die Dienststellen, Aufsichts- und Strafverfolgungsbehörden zusammenarbeiten. Die Dienststellen und Aufsichtsbehörden haben den auf mögliche korrupte Verhaltensweisen hindeutenden Indizien nachzugehen. Etwaige spätere Ermittlungen der Strafverfolgungsbehörden dürfen dadurch nicht gefährdet werden.

Alle Beschäftigten der Landesverwaltung haben ihren Dienstvorgesetzten Mitteilung zu

Antikorruptionsrichtlinie I.11

machen, wenn sie nachvollziehbare Hinweise auf korruptes Verhalten erhalten. Die Hinweise können auch an die zuständigen Ansprechpartnerinnen oder Ansprechpartner für Korruptionsbekämpfung gegeben werden.

Ergeben sich in einer Dienststelle konkrete Anhaltspunkte für Korruption oder deren Begleitdelikte, so haben Dienstvorgesetzte die dienstliche Verpflichtung, unverzüglich die Strafverfolgungsbehörden zu unterrichten.

Die Dienststellen haben die Strafverfolgungsbehörden in ihrer Ermittlungsarbeit, insbesondere bei der Vorbereitung von Durchsuchungen und Beschlagnahmungen sowie der Auswertung sichergestellten Materials, zu unterstützen.

Nach Unterrichtung der Strafverfolgungsbehörden haben die Dienststellen alles zu unterlassen, was die Ermittlungen der Strafverfolgungsbehörden gefährden könnte; insbesondere führen sie keine eigenen Ermittlungen zur Aufklärung des Sachverhalts in eigener Zuständigkeit ohne Abstimmung mit den Strafverfolgungsbehörden.

Disziplinar- und arbeitsrechtliche Verfahren sind bei aufkommendem Korruptionsverdacht mit Nachdruck und beschleunigt zu betreiben. Schadensersatzansprüche gegen Beschäftigte und Dritte sind in jedem Fall sorgfältig und umfassend zu prüfen und konsequent durchzusetzen. Auch insoweit sind die Belange der Ermittlungen der Strafverfolgungsbehörden zu berücksichtigen.

8. Sponsoring, Werbung, Spenden und mäzenatische Schenkungen

Für die Wahrnehmung öffentlicher Aufgaben durch die unmittelbare Landesverwaltung gelten die folgenden Grundsätze:

– Wahrung der Integrität der öffentlichen Verwaltung,

– Vermeidung eines bösen Anscheins bei der Wahrnehmung öffentlicher Aufgaben,

– Sicherung des Budgetrechts des Parlamente und ggf. der Vertretungen der Körperschaften des öffentlichen Rechts,

– vollständige Transparenz bei der Finanzierung öffentlicher Aufgaben,

– Vorbeugung gegen jede Form von Korruption und unzulässiger Beeinflussung und die Flankierung korruptionspräventiver Maßnahmen und

– Sicherstellung der Finanzierung öffentlicher Aufgaben grundsätzlich durch öffentliche Mittel über den Haushaltsgesetzgeber.

Spezifische oder übergreifende Regelungen für die Drittmittelforschung (Hochschulen, Hochschulklinika, öffentlich geförderte Hochschuleinrichtungen) bleiben unberührt.

8.1 Sponsoring

Unter **Sponsoring** ist die Zuwendung von Geld oder einer geldwerten Leistung zur Erfüllung von Landesaufgaben durch eine juristische oder natürliche Person mit wirtschaftlichen Interessen zu verstehen, die neben dem Motiv zur Förderung der öffentlichen Einrichtung auch andere Interessen verfolgt. Der Sponsorin oder dem Sponsor kommt es auf ihre oder seine Profilierung in der Öffentlichkeit über das gesponserte Produkt an (Imagegewinn, Kommunikative Nutzung).

8.1.1 Zulässigkeit

Sponsoring ist nur zulässig, wenn der Anschein einer möglichen Beeinflussung bei der Wahrnehmung des Verwaltungshandelns nicht zu erwarten ist und im Einzelfall keine sonstigen Hinderungsgründe entgegenstehen. Das Ansehen des Landes in der Öffentlichkeit darf keinen Schaden nehmen. Sponsoring ist insbesondere zulässig für Zwecke der Öffentlichkeitsarbeit, der Kultur und des Sports, wenn jeder Einfluss auf die Inhalte auszuschließen ist.

Sponsoring kann in geeigneten Fällen zur Erfüllung von Landesaufgaben beitragen. Die Landesverwaltung darf sich aber nicht uneingeschränkt dem Sponsoring öffnen.

In Bereichen der Eingriffsverwaltung (z. B. Polizei, Steuerverwaltung, Justiz, Maßregelvollzug) ist Sponsoring grundsätzlich abzulehnen. Es ist in diesen Bereichen nur ausnahmsweise und nur dann zulässig, wenn die

I.11 Antikorruptionsrichtlinie

Sponsorin oder der Sponsor ihre oder seine Förderung nicht unmittelbar gegenüber der zu begünstigenden Dienststelle erbringt, sondern an die zur Entscheidung über die Annahme der Förderung befugte Dienststelle leistet und diese die Sponsoringleistung der zu begünstigenden Dienststelle unter Wahrung der Anonymität zur Verfügung stellt.

Die dauerhafte Überlassung von Personal an die öffentliche Verwaltung durch Sponsorinnen oder Sponsoren oder über die Finanzierung von Personalhaushaltsstellen ist zu vermeiden. Dies gilt nicht für Stiftungsprofessuren im Hochschulbereich.

Sponsoring ist ausgeschlossen, wenn der Haushaltsgesetzgeber erkennbar nicht mit der Durchführung der Aufgabe einverstanden ist oder aus anderen als finanziellen Gründen für einen bestimmten Zweck keine oder nur begrenzte Ausgaben zugelassen hat.

Sachleistungen sind nur zulässig, wenn die Finanzierung der Folgekosten gewährleistet ist.

Durch die Annahme einer Sponsoringleistung darf keine Bindung für künftige (Folge-)Beschaffungen entstehen.

Liegen mehrere Angebote für Sponsoring vor, so ist bei der Auswahlentscheidung auf Neutralität zu achten. Die Gründe für die Auswahlentscheidung sind bei mehreren möglichen Sponsoren schriftlich niederzulegen.

8.1.2 Durchführung

8.1.2.1 Für die Annahme von Sponsoringleistungen ist die Einwilligung der zuständigen obersten Landesbehörde einzuholen; sie kann ihre Befugnis übertragen. Im Bereich der Eingriffsverwaltung kann die Befugnis nur auf die unmittelbar nachgeordnete Behörde übertragen werden, es sei denn, dass die Sponsoringleistung dieser Behörde zugute kommen soll. Die obersten Landesbehörden können für den eigenen Geschäftsbereich im Benehmen mit dem MF ergänzende Regelungen erlassen.

8.1.2.2 Sponsoringmaßnahmen sind vollständig und abschließend aktenkundig zu machen. Ab einer Sponsoringleistung von 500 EUR ist ein schriftlicher Sponsoringvertrag abzuschließen (Muster siehe **Anlage 2**). Ansonsten ist der Inhalt des mündlich geschlossenen Vertrages in einem Aktenvermerk darzulegen. Dies gilt auch, soweit ein schriftlicher Vertrag im Einzelfall weder angezeigt noch durchsetzbar ist. Der Wert von gesponserten Sach- oder Dienstleistungen ist in dem Vertrag oder Aktenvermerk festzuhalten. Kann der Wert erst nachträglich festgestellt werden, so ist er nachzutragen. Die Sponsorin oder der Sponsor ist auf eine Veröffentlichung und deren Mindestangaben nach Nummer 8.1.2.5 hinzuweisen.

8.1.2.3 Geldleistungen der Sponsorin oder des Sponsors sind Einnahmen des Landes, die im Landeshaushalt nachzuweisen sind. Bei der Vereinnahmung und Verausgabung sind die haushaltsrechtlichen Bestimmungen zu beachten.

8.1.2.4 Wird eine Sponsoringleistung einer einzelnen Person angeboten, oder soll sie einer Person oder mehreren bestimmten Personen zugute kommen, so darf sie nur angenommen werden, wenn

– damit ersichtlich nicht einzelne Landesbedienstete, sondern eine Landesaufgabe gefördert werden soll,

– kein Widerspruch zu den Regelungen über die verbotene Annahme von Belohnungen und Geschenken vorliegt und

– eine Auswahlentscheidung, wem die Sponsoringleistung zugute kommen soll, nicht schon deshalb ausgeschlossen ist, weil (z. B. aufgrund der speziellen Ausrichtung der Sponsoringleistung) die begünstigte Person oder mehrere einzelne zu begünstigende Personen (z. B. spezialisierte Fachkräfte) bereits feststehen. Eine ausgeschlossene Auswahlentscheidung steht der Annahme einer Sponsoringleistung dann nicht entgegen, wenn diese der Förderung mehrerer Personen im Bereich der Ausbildung dient.

Das Sponsoringangebot ist auf dem Dienstweg unverzüglich der Leiterin oder dem Leiter der Dienststelle zur weiteren Veranlassung vorzulegen. Wird das Sponsoring angenommen, so ist die Sponsorin oder der Sponsor

Antikorruptionsrichtlinie I.11

durch die begünstigte Dienststelle schriftlich darüber zu unterrichten, dass einzelne Personen zur Annahme der Förderung nicht befugt sind, die Sponsoringleistung aber zur Erfüllung der Aufgabe, die gefördert werden soll, verwendet werden wird.

8.1.2.5 Die Erkennbarkeit des Sponsorings für die Öffentlichkeit ist dadurch herzustellen, dass die obersten Landesbehörden die in ihrem Geschäftsbereich angenommenen Sponsoringleistungen (auch Sachleistungen und Dienstleistungen) mit einem Wert ab 1000 EUR im Einzelfall im Internet veröffentlichen. Eine Gesamtübersicht wird im Portal „www.niedersachsen.de" prominent platziert.

Die Einstellung auf der Internetseite der obersten Landesbehörden erfolgt zeitnah. Das Verfahren dazu regeln die obersten Landesbehörden für ihren Bereich.

In die Veröffentlichung sind mindestens folgende Angaben aufzunehmen:

- Name der Sponsorin oder des Sponsors (konkrete Angaben),
- Höhe des gesponserten Geldbetrages oder Bezeichnung der gesponserten Sache oder Dienstleistung mit Angabe des vollen Wertes und
- Hinweis zur Verwendung.

Wenn eine namentlich bekannte Sponsorin oder ein namentlich bekannter Sponsor nicht genannt werden möchte, so ist die angebotene Sponsoringleistung abzulehnen.

8.2 Werbung

Unter **Werbung** sind Zuwendungen eines Unternehmens oder unternehmerisch orientierter Privatpersonen für die Verbreitung seiner oder ihrer Werbebotschaften durch die öffentliche Verwaltung zu verstehen, wenn es ausschließlich um die Erreichung eigener Kommunikationsziele (z. B. Verkaufsförderung, Produktinformation) des Unternehmens oder der Privatperson geht. Die Förderung der jeweiligen öffentlichen Einrichtung ist nur Mittel zum Zweck und liegt nicht im unmittelbaren Interesse der Zuwendenden.

Werbeverträge mit Trägern der Landesverwaltung sind nur zulässig, wenn der Anschein einer möglichen Beeinflussung bei der Wahrnehmung des Verwaltungshandelns nicht zu erwarten ist und im Einzelfall keine sonstigen Hinderungsgründe entgegenstehen. Werbeverträge sind ausgeschlossen, wenn der Anschein entstehen könnte, Verwaltungshandeln würde hierdurch beeinflusst werden. Hinsichtlich der Durchführung von zulässigen Werbeverträgen ist wie beim Sponsoring zu verfahren (siehe Nummer 8.1.2). Eine Veröffentlichung gemäß Nummer 8.1.2.5 erfolgt ebenfalls.

8.3 Spenden und mäzenatische Schenkungen

Spenden sind Zuwendungen von z. B. Privatpersonen oder Unternehmen, bei denen das Motiv der Förderung der jeweiligen Behörde oder Einrichtung dominant ist. Die Spenderin oder der Spender erwartet keine Gegenleistung.

Mäzenatische Schenkungen sind Zuwendungen durch z. B. Privatpersonen oder Stiftungen, die ausschließlich uneigennützige Ziele verfolgen und denen es nur um die Förderung des jeweiligen öffentlichen Zwecks geht.

Die Annahme von Spenden und mäzenatischen Schenkungen ist zulässig, wenn nicht im Einzelfall ein Anschein für eine mögliche Beeinflussung bei der Wahrnehmung öffentlicher Aufgaben zu befürchten ist. Die Grundsätze für die verwaltungsmäßige Behandlung von Sponsoring nach Nummer 8.1.2 gelten auch für Spenden und mäzenatische Schenkungen. Abweichend davon ist der Abschluss eines schriftlichen Vertrages bei Spenden und mäzenatischen Schenkungen nicht erforderlich. Eine Veröffentlichung gemäß Nummer 8.1.2.5 erfolgt jedoch.

9. Öffentliches Auftragswesen, Vergaben

Die Vergabe öffentlicher Aufträge ist wegen des zum Teil nicht unerheblichen Geldflusses zwischen zwei Parteien in besonderem Maße korruptiver und unlauterer Handlungen ausgesetzt.

Zur Sicherstellung eines einheitlichen und transparenten Vergabeverfahrens sind die dazu bestehenden vergaberechtlichen Vorschriften und Grundsätze strikt einzuhalten. Ein besonderes Augenmerk ist bei der Vergabe öffentlicher Aufträge auf unzulässige Einflussnahmen, Korrektheit des Vergabeverfahrens, Vollständigkeit und Transparenz der Unterlagen und Dokumentation sowie konkrete Sicherungsmaßnahmen (Vier-Augen-Prinzip, Arbeitsplatzrotation etc.) zu richten.

Wirken private Unternehmen, z. B. Architekten- oder Ingenieurbüros, bei der Vergabe von öffentlichen Aufträgen mit, sind die Handelnden dieser Unternehmen auf die gewissenhafte Erfüllung ihrer Obliegenheiten zu verpflichten (siehe Nummer 5.3).

Legen Indizien den Verdacht auf Preisabsprachen nahe, so sind die zuständigen Stellen (siehe Nummer 7) unverzüglich einzuschalten. Eine Verzögerung der Vergabe ist zu vermeiden, damit absprachebeteiligte Bieterinnen oder Bieter dadurch nicht gewarnt werden und beweiskräftige Unterlagen vorzeitig beseitigen.

10. Schlussbestimmungen

10.1 Diese Richtlinie tritt am 1. 4. 2014 in Kraft. Gleichzeitig tritt der Bezugsbeschluss außer Kraft.

10.2 Die nach Anlage 3 Nr. 3 des Gem. RdErl. v. 14. 6. 2001 (Nds. MBl. S. 572) erfolgten Übertragungen von Befugnissen bei der Annahme von Sponsoringleistungen und ergänzende Regelungen der Ministerien bleiben bestehen.

10.3 Nummer 8.1.2.5 Abs. 2 des Bezugsbeschlusses gilt für Vereinbarungen weiter, die vor Inkrafttreten dieser Richtlinie abgeschlossen wurden.

Anlage 1

Verhaltenskodex gegen Korruption

1. Seien Sie Vorbild: Zeigen Sie durch Ihr Verhalten, dass Sie Korruption weder dulden noch unterstützen.

Korruptes Verhalten schädigt das Ansehen des öffentlichen Dienstes. Es zerstört das Vertrauen in die Unparteilichkeit und Objektivität der Staatsverwaltung und damit die Grundlagen für das Zusammenleben in einem staatlichen Gemeinwesen.

Alle Beschäftigten haben daher die Aufgabe, durch ihr Verhalten Vorbild für Kolleginnen und Kollegen, Mitarbeiterinnen und Mitarbeiter sowie Bürgerinnen und Bürger zu sein. Eine besondere Verantwortung bei der Korruptionsbekämpfung obliegt allen Führungskräften.

2. Wehren Sie Korruptionsversuche sofort ab und informieren Sie unverzüglich Ihre Vorgesetzten oder die Ansprechpartnerin oder den Ansprechpartner für Korruptionsbekämpfung.

Bei Außenkontakten, z. B. mit Antragstellerinnen und Antragstellern oder bei Kontrolltätigkeiten, müssen Sie von Anfang an klare Verhältnisse schaffen und jeden Korruptionsversuch sofort abwehren. Halten Sie sich daher streng an Recht und Gesetz und beachten Sie die Verwaltungsvorschriften zum Verbot der Annahme von Belohnungen oder Geschenken. Es darf niemals der Eindruck entstehen, dass Sie für „kleine Geschenke" offen sind. Scheuen Sie sich nicht, ein Geschenk zurückzuweisen oder es zurückzusenden – mit der Bitte um Verständnis für die für Sie geltenden Regeln. Sinnvoll ist es auch, ein Geschenk von der Personalstelle mit klarstellenden Worten zurück senden zu lassen. Der Empfängerin oder dem Empfänger wird hierdurch umso klarer, dass die Dienststelle eine bestimmte Zuwendung ablehnt und nicht nur eine einzelne Person.

Bei Korruptionsversuchen informieren Sie unverzüglich Ihre Vorgesetzten oder die Ansprechpartnerin oder den Ansprechpartner für Korruptionsbekämpfung. Schützen Sie auch Ihre Kolleginnen und Kollegen durch konsequentes Offenlegen von Korruptionsversuchen Außenstehender.

3. Vermuten Sie, dass jemand Sie um eine pflichtwidrige Bevorzugung bitten will, so ziehen Sie eine Kollegin oder einen Kollegen als Zeugin oder Zeugen hinzu.

4. Arbeiten Sie so, dass Ihre Arbeit jederzeit überprüft werden kann.

Ihre Arbeitsweise sollte transparent und für jeden nachvollziehbar sein.

5. Achten Sie auf eine Trennung von Dienst und Privatleben. Prüfen Sie, ob Ihre Privatinteressen zu einer Kollision mit Ihren Dienstpflichten führen.

Korruptionsversuche werden oftmals gestartet, indem Dritte den dienstlichen Kontakt auf Privatkontakte ausweiten. Bei privaten Kontakten sollten Sie daher von Anfang an klarstellen, dass Sie streng zwischen Dienst und Privatleben trennen müssen, um nicht in den Verdacht der Vorteilsannahme zu geraten.

Erkennen Sie bei einer konkreten dienstlichen Aufgabe eine mögliche Kollision zwischen Ihren dienstlichen Pflichten und Ihren privaten Interessen oder den Interessen Dritter, denen Sie sich verbunden fühlen, so unterrichten Sie darüber Ihre Vorgesetzten, damit sie angemessen reagieren können und Sie z. B. von Tätigkeiten im konkreten Einzelfall befreien.

Bei von Ihnen ausgeübten oder angestrebten – auch ehrenamtlichen – Nebentätigkeiten muss eine klare Trennung zwischen dem Dienst und der Nebentätigkeit bestehen.

6. Unterstützen Sie Ihre Dienststelle bei der Entdeckung und Aufklärung von Korruption. Informieren Sie Ihre Vorgesetzten oder die Ansprechpartnerin oder den Ansprechpartner für Korruptionsbekämpfung bei Anhaltspunkten für korruptes Verhalten.

Korruption kann nur verhindert und bekämpft werden, wenn sich alle für ihre Dienststelle verantwortlich fühlen und als gemeinsames Ziel die „korruptionsfreie Dienststelle" verfolgen.

7. Unterstützen Sie Ihre Dienststelle beim Erkennen fehlerhafter Organisationsstrukturen, die Korruptionsversuche begünstigen.

Alle Beschäftigten sind aufgefordert, entsprechende Hinweise an die Organisatorinnen oder Organisatoren zu geben, um zu klaren und transparenten Arbeits- und Verfahrensabläufen beizutragen.

8. Lassen Sie sich zum Thema Korruptionsprävention fortbilden.

Fortbildung wird Sie sicher machen, mit dem Thema Korruption in offensiver Weise umzugehen.

Anlage 2 — Antikorruptionsrichtlinie **I.11**

Anlage 2

Mustersponsoringvertrag

Präambel

Darstellung der Landesaufgabe, die mit dem Sponsoring gefördert werden soll (Nummer 8.1 der Antikorruptionsrichtlinie),

Benennung der Sponsorin oder des Sponsors und der gesponserten Behörde.

Beispiel:

Das Staatliche Gewerbeaufsichtsamt ... (der Gesponserte) setzt sich für die Sicherstellung der Beachtung der europäischen Sicherheitsvorschriften bei der Einführung ihrer Produkte auf dem europäischen Markt ein. Zum Zweck der Beratung und Information der jeweiligen Ausstellerinnen und Aussteller stellt der Messeveranstalter (Sponsor) Messebüros bzw. Messestände zur Verfügung. Dies vorausgeschickt schließen Sponsor und Gesponserter folgenden Vertrag:

(1) Konkrete Darstellung der Leistung der Sponsorin oder des Sponsors

Beispiel:

Die Sponsorin verpflichtet sich, auf ihre Kosten für die am .... in .... geplante Messe entsprechende Messebüros/Messestände zur Information und Beratung der Ausstellerinnen und Aussteller zur Verfügung zu stellen.

Die Sponsorin wird dem Gesponserten bis spätestens Datum:_____ Anzahl _____ Zugangsberechtigungskarten (Ausstellerausweise) zur Ausübung der Informations- und Beratungstätigkeit in den jeweiligen Messebüros zur Verfügung stellen.

(2) Gegebenenfalls eingegangene Verpflichtungen der Behörde

Beispiel:

Die Gesponserte verpflichtet sich, am Messestand einen Hinweis anzubringen, dass dieser Informationsstand von dem Messeveranstalter gesponsert wurde.

(3) Wert der Sponsoringleistung

Beispiel:

Der Wert der Sponsoringleistung (Mietwert für das Messebüro/den Messestand, Ausstellerausweise) beträgt _____ EUR.

(4) Die Sponsorin/Der Sponsor erklärt sich damit einverstanden, dass die Sponsoringleistung (Name der Sponsorin/des Sponsors, Höhe des Wertes der gesponserten Leistung und ein Hinweis zur Verwendung) ab einer Wertgrenze von 1000 EUR im Internetangebot des Landes (www.niedersachsen.de) veröffentlicht wird.

Datum: ....

_____   _____
Unterschrift Sponsorin/Sponsor   Unterschrift Behörde

II Laufbahn/Ausbildung

Laufbahn

II.1 Niedersächsische Laufbahnverordnung (NLVO) 250

II.2 Niedersächsische Verordnung über die Laufbahn der Laufbahngruppe 2 der Fachrichtung Bildung (NLVO-Bildung) 281

II.3 Niedersächsische Verordnung über die Laufbahnen der Fachrichtung Polizei (NLVO-Pol) 288

Ausbildung

II.4 Verordnung über die Ausbildung und Prüfung für den allgemeinen Verwaltungsdienst in den Laufbahnen der Fachrichtung Allgemeine Dienste (APVO-AD-VerwD) 293

II.5 Verordnung über die Ausbildung und Prüfung von Lehrkräften im Vorbereitungsdienst (APVO-Lehr) 304

II.6 Verordnung über die Ausbildung und Prüfung für die Laufbahnen der Fachrichtung Feuerwehr (APVO-Feu) 320

Niedersächsische Laufbahnverordnung (NLVO)*)

Vom 30. März 2009 (Nds. GVBl. S. 118)

Zuletzt geändert durch
Niedersächsische Beurteilungsverordnung
vom 12. Dezember 2024 (Nds. GVBl. Nr. 116)

Inhaltsübersicht

Erster Teil
Allgemeines

- § 1 Geltungsbereich
- § 2 Leistungsgrundsatz, Personalentwicklungs- und Personalführungsmaßnahmen
- § 3 Regelmäßig zu durchlaufende Ämter
- § 4 Laufbahnbefähigung
- § 5 Einstellung in einem höheren Amt
- § 6 Laufbahnwechsel
- § 7 Probezeit
- § 8 Feststellung der Bewährung
- § 9 Verlängerung der Probezeit
- § 10 Erprobungszeit
- § 11 Wahrnehmung von Ämtern mit Führungsverantwortung
- § 12 Beförderungsvoraussetzungen
- § 13 Beförderung zum Ausgleich von Verzögerungen des beruflichen Werdegangs
- § 14 Schwerbehinderte Menschen

Zweiter Teil
Laufbahnbewerberinnen und Laufbahnbewerber

Erster Abschnitt
Gemeinsame Vorschriften

- § 15 Erwerb der Laufbahnbefähigung
- § 16 Höchstalter für die Einstellung in ein Beamtenverhältnis
- § 17 Vorbereitungsdienst
- § 18 Laufbahnprüfung
- § 19 Prüfungsnoten im Vorbereitungsdienst

Zweiter Abschnitt
Laufbahngruppe 1

- § 20 Bildungsvoraussetzungen
- § 21 Vorbereitungsdienst
- § 22 Unmittelbar für die Laufbahn qualifizierende berufliche Aus- oder Fortbildung
- § 23 Berufsausbildung in Verbindung mit beruflicher Tätigkeit

Dritter Abschnitt
Laufbahngruppe 2

- § 24 Bildungsvoraussetzungen
- § 25 Studium in Verbindung mit beruflicher Tätigkeit
- § 26 Vorbereitungsdienst

Vierter Abschnitt
Besonderheiten für einzelne Fachrichtungen

- § 27 Justiz
- § 28 Feuerwehr
- § 29 Gesundheits- und soziale Dienste
- § 30 Technische Dienste
- § 31 Wissenschaftliche Dienste
- § 32 Allgemeine Dienste

---

*) Die §§ 35 bis 42 dienen auch der Umsetzung der Richtlinie 2005/36/EG des Europäischen Parlaments und des Rates vom 7. September 2005 über die Anerkennung von Berufsqualifikationen (ABl. EU Nr. L 255 S. 22; 2007 Nr. L 271 S. 18; 2008 Nr. L 93 S. 28; 2009 Nr. L 33 S. 49), zuletzt geändert durch die Verordnung (EG) Nr. 1137/2008 des Europäischen Parlaments und des Rates vom 22. Oktober 2008 (ABl. EU Nr. L 311 S. 1).

**Fünfter Abschnitt
Aufstieg**
- § 33 Regelaufstieg
- § 34 Praxisaufstieg

**Sechster Abschnitt
Erwerb der Laufbahnbefähigung
durch Anerkennung im Ausland
erworbener Berufsqualifikationen**
- § 35 Regelungsbereich
- § 36 Anerkennungsvoraussetzungen
- § 37 Ausgleichsmaßnahmen
- § 38 Eignungsprüfung
- § 39 Anpassungslehrgang
- § 40 Antrag und Verfahren
- § 41 Berufsbezeichnung
- § 42 Verwaltungszusammenarbeit

**Dritter Teil
Laufbahnbefähigung nach den
Vorschriften eines anderen Landes
oder des Bundes**
- § 43 Laufbahnbefähigung nach den Vorschriften eines anderen Landes oder des Bundes

**Vierter Teil
Dienstliche Beurteilung,
Fortbildung**
- § 44 (weggefallen)
- § 45 Fortbildung

**Fünfter Teil
Zuständigkeiten, Verfahren**
- § 46 Zuständigkeiten
- § 47 Doppelbeamtenverhältnis

**Sechster Teil
Übergangs- und Schlussvorschriften**
- § 48 Übergangsvorschriften für den Aufstieg
- § 49 Übergangsvorschriften für den Aufstieg für besondere Verwendungen
- § 50 Inkrafttreten

Anlage 1
(zu § 22)
Anlage 2
(zu § 23)
Anlage 3
(zu § 24 Abs. 4)
Anlage 4
(zu § 25)

Aufgrund des § 16 Satz 3 und des § 25 des Niedersächsischen Beamtengesetzes vom 25. März 2009 (Nds. GVBl. S. 72) wird verordnet:

Erster Teil
Allgemeines

§ 1 Geltungsbereich

Diese Verordnung gilt für die Landesbeamtinnen und Landesbeamten, die Kommunalbeamtinnen und Kommunalbeamten sowie die Körperschaftsbeamtinnen und Körperschaftsbeamten (§ 1 des Niedersächsischen Beamtengesetzes – NBG).

§ 2 Leistungsgrundsatz, Personalentwicklungs- und Personalführungsmaßnahmen

(1) ₁Die Entscheidung über Einstellung, Beförderung und Zulassung zum Aufstieg ist nach Eignung, Befähigung und fachlicher Leistung zu treffen. ₂Als Merkmale für Eignung und Befähigung sind insbesondere die fachlichen, methodischen und sozialen Kompetenzen sowie zusätzliche Qualifikationen für die wahrzunehmenden Tätigkeiten zu berücksichtigen.

(2) ₁Eignung, Befähigung und fachliche Leistung der Beamtinnen und Beamten sollen verwendungs- und entwicklungsbezogen durch Personalentwicklungs- und Personalführungsmaßnahmen gefördert werden. ₂Zu diesen Maßnahmen gehören insbesondere

1. Fortbildungsmaßnahmen,
2. die Vermittlung von Kompetenzen zur Verwirklichung der Gleichstellung von Frauen und Männern,
3. dienstliche Beurteilungen,
4. die Qualifizierung für die Wahrnehmung von Ämtern mit Führungsverantwortung (Führungskräftequalifizierung),
5. strukturierte Mitarbeitergespräche und Zielvereinbarungen,
6. die Einschätzung von Vorgesetzten durch ihre Mitarbeiterinnen und Mitarbeiter,
7. Wechsel der Verwendung zur Erweiterung der Fähigkeiten und Kenntnisse und
8. Mentoringprogramme.

§ 3 Regelmäßig zu durchlaufende Ämter

(1) Regelmäßig zu durchlaufen sind die Ämter einer Laufbahn, die in der Besoldungsordnung A und in der Besoldungsordnung R in den Besoldungsgruppen R 1 und R 2 – jeweils ohne Amtszulage – aufgeführt sind.

(2) Beim Laufbahnwechsel sind Ämter, die den in der bisherigen Laufbahn durchlaufenen Ämtern entsprechen, nicht mehr zu durchlaufen.

(3) ₁Ist der Beamtin oder dem Beamten in der Laufbahngruppe 1 bereits ein Amt mit mindestens demselben Endgrundgehalt wie das erste Einstiegsamt der Laufbahngruppe 2 derselben Fachrichtung übertragen worden, so muss nach einem Aufstieg das erste Einstiegsamt der Laufbahngruppe 2 nicht durchlaufen werden. ₂Nach einem Regelaufstieg (§ 33) brauchen die noch nicht durchlaufenen Ämter der Laufbahngruppe 1 nicht durchlaufen zu werden.

(4) Erfüllt die Beamtin oder der Beamte die Einstellungsvoraussetzungen für das zweite Einstiegsamt ihrer oder seiner Laufbahn, so kann ihr oder ihm dieses Amt übertragen werden, ohne dass die noch nicht durchlaufenen Ämter der Laufbahn durchlaufen sind.

§ 4 Laufbahnbefähigung

Die Laufbahnbefähigung eröffnet der Beamtin oder dem Beamten den Zugang zu allen Ämtern ihrer oder seiner Laufbahn mit Ausnahme von Ämtern, für die eine bestimmte Vorbildung oder Ausbildung oder das Bestehen einer Prüfung

1. durch fachgesetzliche Regelung vorgeschrieben ist oder
2. aufgrund der Eigenart der wahrzunehmenden Aufgaben erforderlich ist.

§ 5 Einstellung in einem höheren Amt

(1) Eine Einstellung im ersten Amt über dem Einstiegsamt ist zulässig, wenn die Bewerberin oder der Bewerber

1. eine den Anforderungen des höheren Amtes entsprechende berufliche Erfahrung besitzt und das höhere Amt nach dem individuellen fiktiven Werdegang bei einer früheren Einstellung hätte erreichen können oder

2. über eine für die Laufbahn förderliche, über die Einstellungsvoraussetzungen erheblich hinausgehende berufliche Qualifikation verfügt.

(2) ₁Eine den Anforderungen des höheren Amtes entsprechende berufliche Erfahrung nach Absatz 1 Nr. 1 liegt vor, wenn für die beruflichen Tätigkeiten Anforderungen zu erfüllen waren, die nach Art, Schwierigkeit und Dauer den Eignungsvoraussetzungen für das höhere Amt mindestens gleichwertig sind. ₂Es können berufliche Tätigkeiten innerhalb und außerhalb des öffentlichen Dienstes berücksichtigt werden. ₃Berufliche Bildungsgänge und Zeiten, die nach den Laufbahn-, Ausbildungs- oder Prüfungsvorschriften auf eine Ausbildungszeit angerechnet worden sind oder Voraussetzung für den Erwerb der Befähigung sind, dürfen nicht berücksichtigt werden.

§ 6 Laufbahnwechsel

Für die Entscheidung, ob ein Laufbahnwechsel nach § 23 Abs. 2 Satz 1 NBG zulässig ist, sind die Ausbildung, die zum Erwerb der bisherigen Laufbahnbefähigung geführt hat, die sonstigen Qualifizierungen und die bisherigen beruflichen Tätigkeiten zu berücksichtigen.

§ 7 Probezeit

(1) ₁In der Probezeit soll die Beamtin oder der Beamte zeigen, dass sie oder er nach Einarbeitung die übertragenen Aufgaben erfüllen kann sowie die erforderliche Fach-, Methoden- und Sozialkompetenz besitzt, um Anforderungen der Laufbahn erfüllen zu können. ₂Es sollen Erkenntnisse gewonnen werden, für welche Verwendung die Beamtin oder der Beamte besonders geeignet ist. ₃Die Beamtin oder der Beamte soll während der Probezeit auf mehreren Dienstposten eingesetzt werden.

(2) Zeiten einer Teilzeitbeschäftigung sind in vollem Umfang Probezeit.

(3) ₁Die Zeit eines Urlaubs ohne Dienstbezüge und Elternzeit ohne Dienstbezüge gehören nicht zur Probezeit. ₂Die nicht zur Probezeit gehörenden Zeiten sind nach dem Ende des Urlaubs oder der Elternzeit abzuleisten, soweit sich die Probezeit nicht nach den Sätzen 3 bis 5 verkürzt. ₃Die Probezeit verkürzt sich bei Urlaub ohne Dienstbezüge nach § 62 Abs. 1 Satz 1 Nr. 2 NBG und bei Elternzeit ohne Dienstbezüge nach den nach § 81 NBG geltenden Rechtsvorschriften um die Zeit des Urlaubs oder der Elternzeit, wenn nach Ablauf der nach § 19 Abs. 2 NBG bestimmten Dauer der Probezeit die Bewährung festgestellt werden kann. ₄Kann die Bewährung zu dem in Satz 3 genannten Zeitpunkt nicht festgestellt werden, sondern erst während der nach Satz 2 abzuleistenden Zeit, so verkürzt sich die Probezeit um den zum Zeitpunkt der Bewährungsfeststellung verbleibenden Rest der Probezeit. ₅Die Mindestprobezeit darf durch die Verkürzung nicht unterschritten werden, außer in den Fällen des § 19 Abs. 2 Satz 4 NBG. ₆Die Probezeit, die vor der Verleihung eines staatsanwaltschaftlichen Eingangsamtes zurückgelegt ist, kann nicht nach den Sätzen 3 bis 5 verkürzt werden.

(4) ₁Die Zeit eines Urlaubs ohne Dienstbezüge für

1. eine berufliche Tätigkeit in einer öffentlichen zwischenstaatlichen oder überstaatlichen Einrichtung,

2. eine berufliche Tätigkeit in der Entwicklungshilfe und

3. eine sonstige berufliche Tätigkeit, die überwiegend dienstlichen Interessen oder öffentlichen Belangen dient,

ist auf die Probezeit anzurechnen, wenn die Tätigkeit nach Art und Bedeutung der Tätigkeit in der Laufbahn gleichwertig ist und das Vorliegen der Voraussetzungen spätestens bei Beendigung des Urlaubs festgestellt wird. ₂Die Mindestprobezeit darf durch die Anrechnung nicht unterschritten werden. ₃Die Feststellung trifft die oberste Dienstbehörde oder die von ihr bestimmte Stelle.

(5) ₁Zeiten beruflicher Tätigkeit innerhalb oder außerhalb des öffentlichen Dienstes

II.1 Laufbahnverordnung (NLVO) §§ 8–11

können auf die Probezeit angerechnet werden, wenn die Tätigkeit nach Art und Bedeutung der Tätigkeit in der Laufbahn gleichwertig ist und weder Voraussetzung für den Erwerb der Befähigung war noch als Ausbildungszeit berücksichtigt wurde. ₂Absatz 4 Satz 2 gilt entsprechend. ₃Die Anrechnung darf nicht dazu führen, dass die Bewährung nicht ordnungsgemäß festgestellt werden kann. ₄Die Gründe für eine Anrechnung sind aktenkundig zu machen.

(6) Berufliche Tätigkeiten, deren Zeiten nach gesetzlicher Vorschrift auf die Probezeit für das Richteramt angerechnet werden können, sind nach Art und Bedeutung der Tätigkeit einer Staatsanwältin oder eines Staatsanwaltes gleichwertig.

§ 8 Feststellung der Bewährung

₁Am Ende der Probezeit wird unter Berücksichtigung der dienstlichen Beurteilungen festgestellt, ob sich die Beamtin oder der Beamte bewährt hat. ₂Die erste Beurteilung soll vor Ablauf der Hälfte der Probezeit erstellt werden. ₃Liegen hinsichtlich Eignung, Befähigung oder fachlicher Leistungen Umstände vor, die einer Feststellung der Bewährung entgegenstehen können, so sind diese unabhängig von Beurteilungen mit der Beamtin oder dem Beamten zu erörtern.

§ 9 Verlängerung der Probezeit

(1) ₁Die Probezeit kann im Einzelfall verlängert werden, wenn die Bewährung insbesondere wegen

1. Mängeln bei den erbrachten Leistungen,
2. nicht einwandfreier Führung,
3. Krankheit,
4. Wechsels des Dienstherrn oder
5. längerer Beurlaubung

bis zum Ende der Probezeit noch nicht festgestellt werden kann. ₂Sie kann auch auf Antrag der Beamtin oder des Beamten verlängert werden. ₃Die Verlängerung der Probezeit nach Satz 1 Nrn. 1 und 2 ist nur zulässig, wenn anzunehmen ist, dass sich die Beamtin oder der Beamte bis zum Ende der verlängerten Probezeit bewähren wird.

(2) ₁Beamtinnen und Beamten der Laufbahngruppe 2, die sich nicht bewährt haben, kann mit ihrer Zustimmung ein Amt der Laufbahngruppe 1 derselben Fachrichtung übertragen werden, wenn sie dafür die Laufbahnbefähigung besitzen. ₂Die in der bisherigen Laufbahn abgeleistete Probezeit kann auf die Probezeit für die neue Laufbahn angerechnet werden; die Mindestprobezeit ist abzuleisten.

§ 10 Erprobungszeit

(1) ₁Die Beförderung setzt die Feststellung der Eignung für das höhere Amt nach einer Erprobungszeit auf einem mindestens dem höheren Amt zugeordneten Dienstposten voraus. ₂Die Erprobungszeit nach § 20 Abs. 2 NBG dauert für Ämter der Besoldungsgruppen A 5 bis A 13 drei und im Übrigen sechs Monate. ₃Sie kann in entsprechender Anwendung des § 9 Abs. 1 verlängert werden; sie soll die Dauer eines Jahres nicht überschreiten.

(2) Abweichend von Absatz 1 Satz 2 dauert die Erprobungszeit sechs Monate, wenn bei der Übertragung eines Amtes der Besoldungsgruppe A 13 ein nach § 3 Abs. 1 regelmäßig zu durchlaufendes Amt nach § 3 Abs. 4 nicht durchlaufen wird.

(3) Die Eignung für ein höheres Amt kann auch festgestellt werden, wenn der Beamtin oder dem Beamten kein Dienstposten übertragen ist, weil sie oder er für Tätigkeiten bei einer öffentlichen zwischenstaatlichen oder überstaatlichen Einrichtung oder als Assistentin oder Assistent oder Geschäftsführerin oder Geschäftsführer bei einer Fraktion der Volksvertretung des Bundes oder eines Landes beurlaubt ist, und die ausgeübten Tätigkeiten nach Art und Bedeutung mindestens den Anforderungen eines dem höheren Amt zugeordneten Dienstpostens entsprechen.

§ 11 Wahrnehmung von Ämtern mit Führungsverantwortung

₁Die Wahrnehmung eines Amtes mit Führungsverantwortung setzt eine Führungskräftequalifizierung voraus. ₂Liegt diese bei

Übertragung des Amtes noch nicht vor, so ist sie nachzuholen.

§ 12 Beförderungsvoraussetzungen

(1) ₁Die Übertragung eines Amtes der Besoldungsgruppe A 7 durch eine Beförderung setzt voraus, dass die Beamtin oder der Beamte

1. im zweiten Einstiegsamt der Laufbahngruppe 1 eingestellt worden ist oder
2. eine von der obersten Dienstbehörde bestimmte Qualifizierung erfolgreich abgeschlossen hat.

₂Die Qualifizierung nach Satz 1 Nr. 2 muss die Maßnahmen der fachtheoretischen Fort- und Weiterbildung beinhalten, die erforderlich sind, um in Verbindung mit der bisherigen Ausbildung, den sonstigen Qualifizierungen und den bisherigen beruflichen Tätigkeiten zu einer erfolgreichen Wahrnehmung des höheren Amtes zu befähigen.

(2) ₁Die Übertragung eines Amtes der Besoldungsgruppe A 14 durch eine Beförderung setzt voraus, dass die Beamtin oder der Beamte

1. im zweiten Einstiegsamt der Laufbahngruppe 2 eingestellt worden ist,
2. die Bildungsvoraussetzungen für eine Einstellung in zweiten Einstiegsamt der Laufbahngruppe 2 erfüllt oder
3. eine von der obersten Dienstbehörde bestimmte Qualifizierung erfolgreich abgeschlossen hat.

₂Die Qualifizierung nach Satz 1 Nr. 3 muss die Maßnahmen der Fort- und Weiterbildung beinhalten, die erforderlich sind, um in Verbindung mit der bisherigen Ausbildung, den sonstigen Qualifizierungen und den bisherigen beruflichen Tätigkeiten zu einer erfolgreichen Wahrnehmung des höheren Amtes zu befähigen. ₃Die oberste Dienstbehörde kann für Beamtinnen und Beamte, die unter Satz 1 Nr. 2 oder 3 fallen, als weitere Voraussetzung das Durchlaufen eines von ihr bestimmten Auswahlverfahrens vorschreiben.

(3) Sind für andere Ämter Qualifizierungserfordernisse festgelegt, so setzt die Übertragung eines solchen Amtes durch eine Beförderung voraus, dass diese Erfordernisse erfüllt sind.

(4) Bei der Bestimmung von Qualifizierungen nach Absatz 1 Satz 1 Nr. 2, Absatz 2 Satz 1 Nr. 3 und Absatz 3 sowie eines Auswahlverfahrens nach Absatz 2 Satz 3 ist darauf zu achten, dass

1. die Vereinbarkeit von Familien- und Erwerbsarbeit gefördert und erleichtert wird,
2. Frauen und Männern eine gleiche Stellung in der öffentlichen Verwaltung verschafft wird,
3. weder Frauen noch Männer benachteiligt werden und
4. Teilzeitkräfte nicht benachteiligt werden.

(5) An die Stelle der obersten Dienstbehörde tritt für die Bestimmung der Qualifizierungen nach Absatz 1 Satz 1 Nr. 2 und Absatz 2 Satz 1 Nr. 3 sowie eines Auswahlverfahrens nach Absatz 2 Satz 3 bei den Gemeinden der Verwaltungsausschuss, bei den Gemeindeverbänden das dem Verwaltungsausschuss entsprechende Organ, wenn die oberste Dienstbehörde dies bestimmt.

§ 13 Beförderung zum Ausgleich von Verzögerungen des beruflichen Werdegangs

(1) ₁Eine Beförderung nach § 20 Abs. 5 Satz 1 NBG zum Ausgleich von Verzögerungen des beruflichen Werdegangs durch die Geburt eines Kindes setzt voraus, dass

1. die Beamtin sich
   a) innerhalb von sechs Monaten oder
   b) im Fall fester Einstellungstermine zum nächsten Einstellungstermin

   nach der Geburt oder dem Abschluss einer innerhalb von sechs Monaten nach der Geburt begonnenen oder fortgesetzten Ausbildung, die für die Erfüllung der Einstellungsvoraussetzungen erforderlich ist, beworben hat und

2. diese Bewerbung zur Einstellung geführt hat oder, wenn die Beamtin trotz einer fristgerechten Bewerbung nicht eingestellt worden ist, aufrechterhalten oder zu jedem festen Einstellungstermin erneuert worden ist.

₂Satz 1 ist zum Ausgleich von Verzögerungen des beruflichen Werdegangs durch die tatsächliche Betreuung oder Pflege eines Kindes unter 18 Jahren oder durch die Pflege einer oder eines nach ärztlichem Gutachten pflegebedürftigen sonstigen Angehörigen auf Beamtinnen und Beamte mit der Maßgabe entsprechend anzuwenden, dass nicht auf die Geburt, sondern auf Beendigung der Betreuung oder Pflege oder den Abschluss der Ausbildung abzustellen ist.

(2) ₁Beim Vorliegen der Voraussetzungen nach Absatz 1 verkürzt sich die Dauer des Beförderungsverbotes nach §20 Abs. 3 Satz 1 Nr. 1 NBG je Kind um die tatsächliche Verzögerung, höchstens jedoch um ein Jahr, bei mehreren Kindern höchstens um drei Jahre. ₂Werden in einem Haushalt mehrere Kinder gleichzeitig betreut oder gepflegt, so wird der Zeitraum nur einmal berücksichtigt. ₃Für die Pflege einer oder eines pflegebedürftigen sonstigen Angehörigen gelten die Sätze 1 und 2 entsprechend.

(3) Kann die Probezeit aufgrund einer Elternzeit ohne Dienstbezüge oder einer Beurlaubung ohne Dienstbezüge zur tatsächlichen Betreuung oder Pflege eines Kindes oder zur Pflege einer oder eines pflegebedürftigen sonstigen Angehörigen nicht begonnen oder fortgesetzt werden, so ist Absatz 2 entsprechend anzuwenden.

(4) Eine Beförderung nach §20 Abs. 5 Satz 1 in Verbindung mit Satz 2 NBG setzt voraus, dass

1. Verzögerungen nach §9 Abs. 8 Satz 4, auch in Verbindung mit §9 Abs. 10 Satz 2, §12 Abs. 3 und 4, §13 Abs. 2 und 3 oder §16 Abs. 7 des Arbeitsplatzschutzgesetzes, mit §8a des Soldatenversorgungsgesetzes (SVG) oder mit §78 Abs. 1 Nr. 1 des Zivildienstgesetzes (ZDG), angemessen auszugleichen sind oder

2. ein Fall des §17 des Entwicklungshelfer-Gesetzes vorliegt.

(5) Die Dauer des Beförderungsverbotes nach §20 Abs. 3 Satz 1 Nr. 1 NBG verkürzt sich

1. beim Vorliegen der Voraussetzungen nach Absatz 4 Nr. 1 um die Zeiten des geleisteten Grundwehr- oder Zivildienstes oder freiwilligen Wehrdienstes nach §58b des Soldatengesetzes, Zeiten für geleistete Dienste, aufgrund derer der Beamte wegen §14b oder §14c ZDG nicht zum Zivildienst herangezogen wurde, sowie weitere Zeiten, die aufgrund der geleisteten Dienste zu einer späteren Einstellung geführt haben, höchstens jedoch um ein Jahr und

2. beim Vorliegen der Voraussetzungen nach Absatz 4 Nr. 2 um die Zeiten als Entwicklungshelfer bis zur Dauer des Grundwehrdienstes.

§14 Schwerbehinderte Menschen

(1) ₁Von schwerbehinderten Menschen darf bei der Einstellung nur das Mindestmaß körperlicher Eignung für die Wahrnehmung von Laufbahnaufgaben verlangt werden. ₂Bei der Übertragung von Dienstposten und bei Beförderungen kann nur das Mindestmaß körperlicher Eignung verlangt werden, das für den wahrzunehmenden Dienstposten erforderlich ist.

(2) In Prüfungsverfahren sind schwerbehinderten Menschen die der Behinderung angemessenen Erleichterungen einzuräumen.

(3) Bei der Beurteilung der Leistung eines schwerbehinderten Menschen ist eine etwaige Minderung der Arbeits- und der Verwendungsfähigkeit durch die Behinderung zu berücksichtigen.

Zweiter Teil
Laufbahnbewerberinnen und Laufbahnbewerber

Erster Abschnitt
Gemeinsame Vorschriften

§15 Erwerb der Laufbahnbefähigung

(1) Die Befähigung für eine Laufbahn der Laufbahngruppe 1 hat erworben, wer die Bildungsvoraussetzungen nach §20 erfüllt und

1. für den Zugang für das erste Einstiegsamt
   a) einen Vorbereitungsdienst abgeleistet hat (§21) oder

§ 16 Laufbahnverordnung (NLVO) **II.1**

b) eine unmittelbar für die Laufbahn qualifizierende Berufsausbildung abgeschlossen hat (§ 22)

und

2. für den Zugang für das zweite Einstiegsamt

a) eine für die Laufbahn qualifizierende Berufsausbildung abgeschlossen, erforderlichenfalls eine Zusatzqualifikation erworben und eine berufliche Tätigkeit ausgeübt hat (§ 23),

b) einen mit einer Laufbahnprüfung abgeschlossenen Vorbereitungsdienst abgeleistet hat (§ 21) oder

c) eine unmittelbar für die Laufbahn qualifizierende berufliche Ausbildung oder Fortbildung abgeschlossen hat (§ 22).

(2) ₁Die Befähigung für eine Laufbahn der Laufbahngruppe 2 hat erworben, wer die Bildungsvoraussetzungen nach § 24 Abs. 1 bis 3 erfüllt und

1. eine berufliche Tätigkeit ausgeübt hat (§ 25) oder

2. einen mit einer Prüfung abgeschlossenen Vorbereitungsdienst abgeleistet hat (§ 26).

₂Die Befähigung hat auch erworben, wer die Bildungsvoraussetzungen nach § 24 Abs. 4 erfüllt.

(3) Die Befähigung für eine Laufbahn kann auch

1. durch die Entscheidung, dass ein Laufbahnwechsel zulässig ist (§ 23 Abs. 2 NBG),

2. für eine Laufbahn der Laufbahngruppe 1 durch Bestehen der Laufbahnprüfung der Laufbahngruppe 2 derselben Fachrichtung nach § 18 Abs. 2 Nr. 1,

3. durch Zuerkennung nach § 18 Abs. 2 Nr. 2,

4. durch Aufstieg nach § 33 oder 34 oder

5. durch Anerkennung von Berufsqualifikationen nach den §§ 35 bis 42

erworben werden.

(4) ₁Wer sich um Einstellung bewirbt und die Befähigung für die Laufbahn gemäß den Absätzen 1 bis 3 erworben hat, ist Laufbahnbewerberin oder Laufbahnbewerber. ₂Laufbahnbewerberin oder Laufbahnbewerber ist auch,

1. wer sich für den Vorbereitungsdienst bewirbt und die Voraussetzungen für die Einstellung in den Vorbereitungsdienst erfüllt und

2. wer sich mit einer Laufbahnbefähigung nach § 43 Abs. 2 bewirbt.

§ 16 Höchstalter für die Einstellung in ein Beamtenverhältnis

(1) Die Höchstaltersgrenze nach § 18 Abs. 2 NBG gilt nicht für einen Vorbereitungsdienst, dessen Abschluss gesetzliche Voraussetzung für die Ausübung eines Berufes außerhalb des öffentlichen Dienstes ist.

(2) Die Höchstaltersgrenzen nach § 18 Abs. 2 und 3 NBG gelten nicht

1. in den Fällen, in denen die Voraussetzungen des § 7 Abs. 8 SVG vorliegen,

2. für Inhaberinnen und Inhaber eines Eingliederungs- oder Zulassungsscheins nach § 9 SVG und

3. für Beamtinnen und Beamte eines niedersächsischen Dienstherrn, die zur Ableistung eines Vorbereitungsdienstes oder einer Probezeit beurlaubt und in ein Beamtenverhältnis auf Widerruf oder auf Probe berufen werden.

(3) ₁Die Höchstaltersgrenzen nach § 18 Abs. 2 und 3 NBG erhöhen sich um Zeiten der tatsächlichen Betreuung oder Pflege eines Kindes unter 18 Jahren oder der Pflege einer oder eines pflegebedürftigen nahen Angehörigen im Sinne des § 7 Abs. 3 des Pflegezeitgesetzes (PflegeZG) je Kind oder Pflegefall um jeweils bis zu drei Jahre, sofern über einen dementsprechenden Zeitraum keine berufliche Tätigkeit im Umfang von in der Regel mehr als zwei Drittel der jeweiligen regelmäßigen Arbeitszeit ausgeübt wurde. ₂Die Pflegebedürftigkeit ist nach § 3 Abs. 2 PflegeZG nachzuweisen. ₃In den Fällen des § 18 Abs. 2 NBG darf das 46. Lebensjahr und in den Fällen des § 18 Abs. 3 NBG das 49. Lebensjahr nicht überschritten werden.

(4) Hat eine Laufbahnbewerberin oder ein Laufbahnbewerber die Höchstaltersgrenze überschritten, so ist eine Einstellung abwei-

chend von § 18 Abs. 2 und 3 NBG sowie von Absatz 3 möglich, wenn sie oder er

1. an dem Tag, an dem der Antrag auf Einstellung gestellt wird, die Höchstaltersgrenze noch nicht überschritten hatte und die Einstellung innerhalb eines Jahres nach Antragstellung erfolgt oder
2. eine frühere Beamtin oder ein früherer Beamter ist und innerhalb eines Jahres nach der Entlassung wieder eingestellt wird.

(5) ₁Das Finanzministerium kann auf Vorschlag der obersten Dienstbehörde Ausnahmen von den Höchstaltersgrenzen zulassen, und zwar

1. für einzelne Fälle oder für Gruppen von Fällen, wenn der Dienstherr ein erhebliches dienstliches Interesse daran hat, Bewerberinnen und Bewerber als Fachkräfte zu gewinnen oder zu behalten, oder
2. für einzelne Fälle, wenn sich nachweislich der berufliche Werdegang aus von der Bewerberin oder dem Bewerber nicht zu vertretenden Gründen in einem Maß verzögert hat, das die Anwendung der Höchstaltersgrenze unbillig erscheinen ließe.

₂Betrifft die Ausnahme eine Kommunalbeamtin oder einen Kommunalbeamten oder eine Körperschaftsbeamtin oder einen Körperschaftsbeamten, so entscheidet die oberste Aufsichtsbehörde; die oberste Dienstbehörde kann in diesem Fall ihre Befugnis nach Satz 1 übertragen.

§ 17 Vorbereitungsdienst

(1) ₁In den Vorbereitungsdienst kann eingestellt werden, wer die für die Laufbahn und das Einstiegsamt vorgeschriebenen Bildungsvoraussetzungen erfüllt. ₂Die ausgewählten Laufbahnbewerberinnen und Laufbahnbewerber werden als Beamtin oder Beamter auf Widerruf in einen Vorbereitungsdienst der Laufbahn eingestellt. ₃Sie werden abweichend von Satz 2 in ein öffentlich-rechtliches Ausbildungsverhältnis eingestellt, wenn ein solches vorgeschrieben ist oder wenn der Vorbereitungsdienst auch Voraussetzung für die Ausübung eines Berufes außerhalb des öffentlichen Dienstes ist und die Bewerberin oder der Bewerber die Ableistung des Vorbereitungsdienstes in einem öffentlich-rechtlichen Ausbildungsverhältnis beantragt hat (§ 4 Abs. 3 NBG).

(2) Die Beamtinnen und Beamten führen während des Vorbereitungsdienstes die Dienstbezeichnung „Anwärterin" oder „Anwärter", in einem Vorbereitungsdienst für das zweite Einstiegsamt der Laufbahngruppe 2 die Dienstbezeichnung „Referendarin" oder „Referendar" jeweils nach näherer Bestimmung durch die Ausbildungs- und Prüfungsverordnung.

(3) Der Vorbereitungsdienst kann im Einzelfall wegen längerer Erkrankung, eines Beschäftigungsverbots nach den §§ 1 und 3 der Mutterschutzverordnung, einer Elternzeit, Teilzeitbeschäftigung, Beurlaubung oder aus anderen, ähnlich gewichtigen Gründen verlängert werden, wenn ohne die Verlängerung ein erfolgreicher Abschluss des Vorbereitungsdienstes gefährdet wäre.

(4) ₁Der Vorbereitungsdienst endet mit Ablauf des Tages, an dem

1. das Bestehen der den Vorbereitungsdienst abschließenden Prüfung oder
2. das endgültige Nichtbestehen der den Vorbereitungsdienst abschließenden Prüfung oder einer Zwischenprüfung

bekannt gegeben wird. ₂Im Fall von Satz 1 Nr. 1 endet der Vorbereitungsdienst jedoch frühestens mit Ablauf der im Allgemeinen oder im Einzelfall festgesetzten Zeit.

(5) ₁Die Leistungen in der berufspraktischen Ausbildung sind in regelmäßigen Abständen unter Beteiligung der auszubildenden Beamtinnen und Beamten zu beurteilen. ₂§ 44 findet für die Beurteilung der Beamtinnen und Beamten im Vorbereitungsdienst keine Anwendung.

§ 18 Laufbahnprüfung

(1) ₁Der Vorbereitungsdienst schließt mit der Laufbahnprüfung ab, soweit durch Rechtsvorschrift nicht eine andere Prüfung vorgesehen ist. ₂Die Laufbahnprüfung kann auch in Form von Modulprüfungen durchgeführt werden. ₃In den Laufbahnen der Laufbahngruppe 1 schließt der Vorbereitungsdienst für das erste Einstiegsamt mit der Feststellung ab, ob die Beamtin

oder der Beamte das Ziel des Vorbereitungsdienstes erreicht hat, wenn die Ausbildungs- und Prüfungsverordnung dies vorsieht.

(2) Wenn die Ausbildungs- und Prüfungsverordnung dies vorsieht, erwerben

1. Beamtinnen und Beamte mit dem Bestehen einer Laufbahnprüfung der Laufbahngruppe 2 auch die Befähigung für die Laufbahn der Laufbahngruppe 1 derselben Fachrichtung und

2. Beamtinnen und Beamte, die nach dem Nichtbestehen der Laufbahnprüfung der Laufbahngruppe 2 auch die Wiederholungsprüfung nicht bestehen oder auf die Wiederholung der Prüfung verzichten, die Befähigung für die Laufbahn der Laufbahngruppe 1 derselben Fachrichtung durch Zuerkennung durch einen Prüfungsausschuss.

§ 19 Prüfungsnoten im Vorbereitungsdienst

(1) Prüfungsnoten im Vorbereitungsdienst sind:

sehr gut (1) = eine den Anforderungen in besonderem Maß entsprechende Leistung;

gut (2) = eine den Anforderungen voll entsprechende Leistung;

befriedigend (3) = eine den Anforderungen im Allgemeinen entsprechende Leistung;

ausreichend (4) = eine Leistung, die zwar Mängel aufweist, aber im Ganzen den Anforderungen noch entspricht;

mangelhaft (5) = eine den Anforderungen nicht entsprechende Leistung, die jedoch erkennen lässt, dass die notwendigen Grundkenntnisse vorhanden sind und die Mängel in absehbarer Zeit behoben werden könnten;

ungenügend (6) = eine den Anforderungen nicht entsprechende Leistung, bei der selbst die Grundkenntnisse so lückenhaft sind, dass die Mängel in absehbarer Zeit nicht behoben werden könnten.

(2) Zwischen den Prüfungsnoten „gut" und „befriedigend" kann in länderübergreifend durchzuführenden Prüfungsverfahren die folgende Prüfungsnote vergeben werden:

vollbefriedigend (2,5) = eine den Anforderungen im Allgemeinen und in erheblichen Teilen voll entsprechende Leistung.

(3) Die Prüfungsnoten „mangelhaft" und „ungenügend" können zu der folgenden Prüfungsnote zusammengefasst werden:

nicht ausreichend (5) = eine den Anforderungen wegen erheblicher Mängel nicht mehr genügende Leistung.

Zweiter Abschnitt
Laufbahngruppe 1

§ 20 Bildungsvoraussetzungen

(1) Bildungsvoraussetzung für das erste Einstiegsamt der Laufbahngruppe 1 ist ein Hauptschulabschluss oder ein als gleichwertig anerkannter Bildungsstand.

(2) Bildungsvoraussetzung für das zweite Einstiegsamt der Laufbahngruppe 1 ist

1. ein Realschulabschluss,

2. ein Hauptschulabschluss und

   a) eine für die Laufbahn förderliche Berufsausbildung oder

   b) eine Ausbildung in einem öffentlich-rechtlichen Ausbildungsverhältnis

   oder

3. ein als gleichwertig anerkannter Bildungsstand.

(3) Eine weitere Bildungsvoraussetzung ist eine technische oder sonstige Fachbildung, wenn dies durch Ausbildungs- und Prüfungsverordnung bestimmt ist.

(4) ₁Auf das öffentlich-rechtliche Ausbildungsverhältnis nach Absatz 2 Nr. 2 Buchst. b sind die für Beamtinnen und Beamte auf Widerruf im Vorbereitungsdienst geltenden Vorschriften einschließlich der Vorschriften über Unfallfürsorge entsprechend anzuwenden; an die Stelle der Anwär-

terbezüge (§ 57 Abs. 2 Satz 1 des Niedersächsischen Besoldungsgesetzes – NBesG) tritt eine Unterhaltsbeihilfe in Höhe von 60 vom Hundert des Anwärtergrundbetrages, den Beamtinnen und Beamte im Vorbereitungsdienst für das zweite Einstiegsamt einer Laufbahn der Laufbahngruppe 1 erhalten. ₂Das öffentlich-rechtliche Ausbildungsverhältnis dauert ein Jahr, es kann in entsprechender Anwendung des § 17 Abs. 3 bis auf drei Jahre verlängert werden.

§ 21 Vorbereitungsdienst

(1) ₁Der Vorbereitungsdienst für das erste Einstiegsamt einer Laufbahn der Laufbahngruppe 1 dauert sechs Monate. ₂Es können nur Dienstzeiten im öffentlichen Dienst angerechnet werden, und zwar höchstens fünf Monate.

(2) ₁Der Vorbereitungsdienst für das zweite Einstiegsamt einer Laufbahn der Laufbahngruppe 1 dauert zwei Jahre. ₂Er gliedert sich in eine fachtheoretische und eine berufspraktische Ausbildung. ₃Die fachtheoretische Ausbildung soll 6 Monate und die berufspraktische Ausbildung 18 Monate dauern. ₄Es können nur

1. Zeiten eines förderlichen beruflichen oder schulischen Bildungsganges und
2. Zeiten einer förderlichen beruflichen Tätigkeit,

die nicht Voraussetzung für die Einstellung in den Vorbereitungsdienst sind, angerechnet werden, und zwar nur dann, wenn die Ausbildungs- und Prüfungsverordnung dies vorsieht. ₅Zeiten nach Satz 4 sind förderlich, wenn sie geeignet sind, die Ausbildung in einzelnen Abschnitten ganz oder teilweise zu ersetzen. ₆Es ist ein Vorbereitungsdienst von mindestens neun Monaten abzuleisten.

§ 22 Unmittelbar für die Laufbahn qualifizierende berufliche Aus- oder Fortbildung

In Anlage 1 ist bestimmt,

1. welche Berufsausbildungen unmittelbar für das erste Einstiegsamt einer Laufbahn der Laufbahngruppe 1 qualifizieren (§ 15 Abs. 1 Nr. 1 Buchst. b) und

2. welche mit einer Prüfung abgeschlossenen beruflichen Ausbildungen und Fortbildungen unmittelbar für das zweite Einstiegsamt der Laufbahngruppe 1 qualifizieren (§ 15 Abs. 1 Nr. 2 Buchst. c).

§ 23 Berufsausbildung in Verbindung mit beruflicher Tätigkeit

(1) In Anlage 2 ist bestimmt, welche Berufsausbildungen, erforderlichenfalls mit Zusatzqualifikation, in Verbindung mit einer beruflichen Tätigkeit für das zweite Einstiegsamt einer Laufbahn der Laufbahngruppe 1 qualifizieren (§ 15 Abs. 1 Nr. 2 Buchst. a).

(2) ₁Die berufliche Tätigkeit muss

1. fachlich an die Berufsausbildung und eine erforderliche Zusatzqualifikation anknüpfen sowie den fachlichen Anforderungen für das zweite Einstiegsamt der Laufbahn entsprechen,

2. nach ihrer Art und Bedeutung der Tätigkeit im zweiten Einstiegsamt der Laufbahn entsprechen und

3. im Hinblick auf Aufgaben der Laufbahn die Fähigkeit der Bewerberin oder des Bewerbers zu fachlich selbständiger Berufsausübung erwiesen haben.

₂Sie wird unabhängig davon berücksichtigt, ob sie innerhalb oder außerhalb des öffentlichen Dienstes ausgeübt worden ist, soweit nicht in Anlage 2 etwas anderes bestimmt ist.

(3) ₁Die berufliche Tätigkeit muss zwei Jahre gedauert haben, wenn nicht in Anlage 2 etwas anderes bestimmt ist. ₂Die Dauer beruflicher Tätigkeit in Teilzeitbeschäftigung ist entsprechend dem Verhältnis zur regelmäßigen Arbeitszeit zu berücksichtigen, wenn die Teilzeitbeschäftigung mindestens die Hälfte der regelmäßigen Arbeitszeit betragen hat.

Dritter Abschnitt
Laufbahngruppe 2

§ 24 Bildungsvoraussetzungen

(1) ₁Bildungsvoraussetzung für das erste Einstiegsamt der Laufbahngruppe 2 ist ein mit einem Bachelorgrad abgeschlossenes Hochschulstudium oder ein gleichwertiger Ab-

schluss. ₂Abweichend von Satz 1 genügt für die Zulassung zu einem Vorbereitungsdienst eine Hochschulzugangsberechtigung nach § 18 des Niedersächsischen Hochschulgesetzes, wenn der Abschluss nach Satz 1 innerhalb des Vorbereitungsdienstes erworben werden soll.

(2) Bildungsvoraussetzung für das zweite Einstiegsamt der Laufbahngruppe 2 ist ein mit einem Mastergrad oder einem gleichwertigen Abschluss abgeschlossenes Hochschulstudium.

(3) Die Studiengänge müssen geeignet sein, in Verbindung mit einem Vorbereitungsdienst oder einer beruflichen Tätigkeit die Laufbahnbefähigung zu vermitteln.

(4) ₁In Anlage 3 ist bestimmt, in welchen Studiengängen ein abgeschlossenes Hochschulstudium unmittelbar für eine Laufbahn der Laufbahngruppe 2 qualifiziert (§ 15 Abs. 2 Satz 2), und in welchen dieser Fälle mit welcher Dauer eine Einführung in die Laufbahnaufgaben (§ 14 Abs. 3 Satz 3 NBG) erforderlich ist. ₂Eine erforderliche Einführung in die Laufbahnaufgaben erfolgt in einem öffentlich-rechtlichen Ausbildungsverhältnis, auf das die für Beamtinnen und Beamte auf Widerruf im Vorbereitungsdienst geltenden Vorschriften einschließlich der Vorschriften über Unfallfürsorge entsprechend anzuwenden sind; an die Stelle der Anwärterbezüge (§ 57 Abs. 2 Satz 1 NBesG) tritt eine Unterhaltsbeihilfe in der Höhe des Anwärtergrundbetrages, den Beamtinnen und Beamte im Vorbereitungsdienst für das jeweilige Einstiegsamt der Laufbahn erhalten.

§ 25 Studium in Verbindung mit beruflicher Tätigkeit

(1) In Anlage 4 ist bestimmt, in welchen Studiengängen ein Hochschulstudium, erforderlichenfalls mit Zusatzqualifikation, in Verbindung mit einer beruflichen Tätigkeit für eine Laufbahn der Laufbahngruppe 2 qualifiziert (§ 15 Abs. 2 Satz 1 Nr. 1).

(2) ₁Die berufliche Tätigkeit muss

1. fachlich an das Hochschulstudium und eine erforderliche Zusatzqualifikation anknüpfen sowie den fachlichen Anforderungen für das jeweilige Einstiegsamt der Laufbahn entsprechen,

2. nach ihrer Art und Bedeutung der Tätigkeit im jeweiligen Einstiegsamt der Laufbahn entsprechen und

3. im Hinblick auf Aufgaben der Laufbahn die Fähigkeit der Bewerberin oder des Bewerbers zu fachlich selbständiger Berufsausübung erwiesen haben.

₂Sie wird unabhängig davon berücksichtigt, ob sie innerhalb oder außerhalb des öffentlichen Dienstes ausgeübt worden ist, soweit nicht in Anlage 4 etwas anderes bestimmt ist.

(3) ₁Die berufliche Tätigkeit muss

1. für das erste Einstiegsamt einer Laufbahn zwei Jahre und

2. für das zweite Einstiegsamt einer Laufbahn drei Jahre

gedauert haben, wenn nicht in Anlage 4 etwas anderes bestimmt ist. ₂Die Dauer beruflicher Tätigkeit in Teilzeitbeschäftigung ist entsprechend dem Verhältnis zur regelmäßigen Arbeitszeit zu berücksichtigen, wenn die Teilzeitbeschäftigung mindestens die Hälfte der regelmäßigen Arbeitszeit betragen hat.

§ 26 Vorbereitungsdienst

(1) ₁Der Vorbereitungsdienst für das erste Einstiegsamt einer Laufbahn der Laufbahngruppe 2 dauert mindestens ein Jahr und höchstens zwei Jahre. ₂Er dient der berufspraktischen Ausbildung und schließt praxisbezogene Lehrveranstaltungen ein.

(2) ₁Abweichend von Absatz 1 Satz 1 dauert der Vorbereitungsdienst drei Jahre, wenn der Abschluss nach § 24 Abs. 1 Satz 1 innerhalb des Vorbereitungsdienstes erworben werden soll. ₂Der Vorbereitungsdienst vermittelt in diesem Fall in einem Bachelorstudiengang oder in einem gleichwertigen Ausbildungsgang die wissenschaftlichen Methoden und Kenntnisse sowie die berufspraktischen Fähigkeiten und Kenntnisse, die zur Erfüllung von Aufgaben in der Laufbahn erforderlich sind. ₃Er besteht aus Fachstudien von mindestens achtzehnmonatiger Dauer und be-

rufspraktischen Studienzeiten von mindestens zwölfmonatiger Dauer.

(3) Der Vorbereitungsdienst für das zweite Einstiegsamt einer Laufbahn der Laufbahngruppe 2 dauert zwei Jahre.

(4) ₁Auf die Dauer eines Vorbereitungsdienstes nach den Absätzen 1 und 3 können nur

1. Zeiten einer förderlichen beruflichen Tätigkeit nach Erfüllen der jeweiligen Bildungsvoraussetzung,
2. Zeiten einer förderlichen praktischen Tätigkeit, die Voraussetzung für den Erwerb der jeweiligen Bildungsvoraussetzung ist, und
3. Zeiten eines förderlichen Vorbereitungsdienstes für eine Laufbahn der Laufbahngruppe 2

angerechnet werden, und zwar nur dann, wenn die Ausbildungs- und Prüfungsverordnung dies vorsieht. ₂Auf die Dauer eines Vorbereitungsdienstes nach Absatz 2 können auf die Fachstudienzeiten andere förderliche Studienzeiten, und zwar höchstens ein Jahr, und auf die berufspraktischen Studienzeiten nur Zeiten nach Satz 1 Nrn. 1 und 3, und zwar höchstens sechs Monate, angerechnet werden. ₃§ 21 Abs. 2 Satz 5 gilt entsprechend.

(5) Bei der Anrechnung von Zeiten nach Absatz 4 beträgt die Mindestdauer eines Vorbereitungsdienstes

1. nach Absatz 1 sechs Monate und
2. nach Absatz 3 ein Jahr in den Fällen des Absatzes 4 Satz 1 Nrn. 1 und 2 und sechs Monate in Fällen des Absatzes 4 Satz 1 Nr. 3.

**Vierter Abschnitt
Besonderheiten für einzelne
Fachrichtungen**

§ 27 Justiz

(1) Abweichend von § 21 Abs. 2 Satz 1 dauert der Vorbereitungsdienst für das zweite Einstiegsamt der Laufbahngruppe 1 der Fachrichtung Justiz bis zu zwei Jahre und sechs Monate, wenn die Ausbildungs- und Prüfungsverordnung dies vorsieht.

(2) ₁Beamtinnen und Beamte, die bereits die Befähigung für eine Laufbahn der Fachrichtung Justiz besitzen und deren Eignung, Befähigung und fachliche Leistung dies rechtfertigen, können innerhalb ihrer Laufbahn nach erfolgreicher Ableistung der Probezeit zu einer besonderen Ausbildung für die Tätigkeit als Gerichtsvollzieherin oder Gerichtsvollzieher oder für die Tätigkeit als Amtsanwältin oder Amtsanwalt zugelassen werden, wenn die Ausbildungs- und Prüfungsverordnung dies vorsieht. ₂Wird aufgrund des erfolgreichen Abschlusses der Ausbildung das Amt einer Gerichtsvollzieherin, eines Gerichtsvollziehers, einer Amtsanwältin oder eines Amtsanwalts übertragen, so brauchen die noch nicht durchlaufenen Ämter der Laufbahngruppe mit einem niedrigeren Endgrundgehalt nicht durchlaufen zu werden.

(3) ₁Die Befähigung für die Laufbahn der Laufbahngruppe 2 der Fachrichtung Justiz hat auch, wer die Befähigung zum Richteramt erworben hat. ₂Die Befähigung zum Richteramt eröffnet den Zugang für das zweite Einstiegsamt und berechtigt auch ohne Erfüllen der Voraussetzungen nach Absatz 2 Satz 1 zur Wahrnehmung des Amtes einer Amtsanwältin oder eines Amtsanwalts.

(4) ₁Richterinnen, Richter, Staatsanwältinnen und Staatsanwälte brauchen bei dem Wechsel aus einem Amt der Besoldungsordnung R in ein Amt der Besoldungsordnung A oder B

1. Ämter der Besoldungsgruppe A 13 bei einer Dienstzeit von mindestens vier Jahren,
2. Ämter der Besoldungsgruppe A 14 bei einer Dienstzeit von mindestens fünf Jahren,
3. Ämter der Besoldungsgruppe A 15 bei einer Dienstzeit von mindestens sechs Jahren und
4. Ämter der Besoldungsgruppe A 16 bei einer Dienstzeit von mindestens sieben Jahren

nicht zu durchlaufen. ₂Als Dienstzeit gelten die Zeiten in einem Amt der Besoldungsgruppe R 1 oder einem höheren Amt.

(5) ₁Beamtinnen und Beamte mit der Befähigung zum Richteramt brauchen bei einem Wechsel in ein Amt der Besoldungsordnung R

1. aus einem Amt der Besoldungsgruppe A 14 oder A 15 innerhalb einer Laufbahn ein Amt der Besoldungsgruppe R 1,
2. aus einem Amt der Besoldungsgruppe A 16 oder dem Amt einer Besoldungsordnung B innerhalb einer Laufbahn ein Amt der Besoldungsgruppe R 2 und
3. aus einem Amt außerhalb einer Laufbahn nach einer Dienstzeit in diesem Amt von mindestens drei Jahren im Beamtenverhältnis auf Lebenszeit oder auf Zeit ein Amt der Besoldungsgruppe R 1

nicht mehr zu durchlaufen. ₂Dienstzeiten, die auf die Probezeit oder auf die für die Ernennung zur Richterin auf Lebenszeit oder zum Richter auf Lebenszeit vorgeschriebene Dauer der Tätigkeit im richterlichen Dienst nach § 10 Abs. 2 des Deutschen Richtergesetzes angerechnet werden können, sind keine Dienstzeit im Sinne des Satzes 1 Nr. 3.

§ 28 Feuerwehr

(1) ₁Abweichend von § 21 Abs. 2 Satz 1 dauert der Vorbereitungsdienst für das zweite Einstiegsamt der Laufbahngruppe 1 der Fachrichtung Feuerwehr mindestens ein Jahr und sechs Monate und längstens zwei Jahre. ₂§ 21 Abs. 2 Satz 3 findet keine Anwendung.

(2) ₁Wenn die Ausbildungs- und Prüfungsverordnung dies vorsieht, können auf die Dauer des Vorbereitungsdienstes nach Absatz 1 Satz 1 auch Zeiten einer aktiven Zugehörigkeit zu einer Freiwilligen Feuerwehr, Pflichtfeuerwehr oder Werkfeuerwehr nach Abschluss der Grundausbildung angerechnet werden, soweit sie zwei Jahre übersteigen und für die Ausbildung förderlich sind. ₂Abweichend von § 21 Abs. 2 Satz 6 ist ein Vorbereitungsdienst von mindestens sechs Monaten abzuleisten.

§ 29 Gesundheits- und soziale Dienste

Die Bewährung in der Probezeit darf bei Beamtinnen und Beamten, die als Amtsärztin oder Amtsarzt beschäftigt werden sollen, nur festgestellt werden, wenn sie berechtigt sind, die Gebietsbezeichnung „Öffentliches Gesundheitswesen" zu führen.

§ 30 Technische Dienste

(1) Bewerberinnen und Bewerber für das erste Einstiegsamt der Laufbahngruppe 1 der Fachrichtung Technische Dienste müssen für die Zulassung zum Vorbereitungsdienst zusätzlich eine förderliche Berufsausbildung abgeschlossen haben oder entsprechend praktisch tätig gewesen sein, wenn die Ausbildungs- und Prüfungsverordnung dies bestimmt.

(2) ₁Abweichend von § 21 Abs. 2 Satz 1 dauert der Vorbereitungsdienst für das zweite Einstiegsamt der Laufbahngruppe 1 der Fachrichtung Technische Dienste mindestens ein Jahr und sechs Monate und längstens zwei Jahre. ₂§ 21 Abs. 2 Satz 3 findet keine Anwendung.

(3) Abweichend von § 21 Abs. 2 Satz 6 ist ein Vorbereitungsdienst von mindestens sechs Monaten abzuleisten.

§ 31 Wissenschaftliche Dienste

Für die Laufbahn der Laufbahngruppe 2 der Fachrichtung Wissenschaftliche Dienste können bis zu zwei Jahre eines Volontariats auf die Zeiten der beruflichen Tätigkeit nach § 25 angerechnet werden, wenn die Volontariatstätigkeit die Voraussetzungen nach § 25 Abs. 2 Satz 1 Nrn. 1 und 2 erfüllt.

§ 32 Allgemeine Dienste

₁Die Befähigung für die Laufbahn der Laufbahngruppe 2 der Fachrichtung Allgemeine Dienste hat auch, wer die Befähigung zum Richteramt erworben hat. ₂Sie eröffnet den Zugang für das zweite Einstiegsamt.

Fünfter Abschnitt
Aufstieg

§ 33 Regelaufstieg

(1) Beamtinnen und Beamte mit der Befähigung für eine Laufbahn der Laufbahngruppe 1 können für den Aufstieg in die Laufbahngruppe 2 derselben Fachrichtung zugelassen werden, wenn sie

1. nach ihrer Persönlichkeit und ihren bisherigen Leistungen geeignet erscheinen,

Aufgaben der Laufbahn der Laufbahngruppe 2 wahrzunehmen,

2. sich in ihrer bisherigen Dienstzeit mindestens in einem Amt der Besoldungsgruppe A 7 bewährt haben und

3. zum Zeitpunkt der Zulassung zum Aufstieg das 58. Lebensjahr noch nicht vollendet haben.

(2) Über die Zulassung zum Aufstieg entscheidet die oberste Dienstbehörde oder die von ihr bestimmte Stelle, nachdem die Beamtin oder der Beamte ein von der obersten Dienstbehörde vorgeschriebenes Auswahlverfahren durchlaufen hat.

(3) ₁Die zugelassenen Beamtinnen und Beamten werden in Aufgaben der neuen Laufbahn in einem Aufstiegslehrgang, der mindestens 1100 Unterrichtsstunden umfasst, und durch eine mindestens sechsmonatige berufspraktische Tätigkeit eingeführt, wenn die Ausbildungs- und Prüfungsverordnung dies vorsieht. ₂Aufstiegslehrgänge, die im Jahr 2020, 2021 oder 2022 enden, können weniger als 1100 Unterrichtsstunden umfassen, wenn die Ausbildungs- und Prüfungsordnung dies vorsieht. ₃Die Einführung schließt mit der Aufstiegsprüfung ab.

(4) ₁Ist durch Ausbildungs- und Prüfungsverordnung kein für die Beamtin oder den Beamten geeigneter Aufstiegslehrgang, aber ein für die Beamtin oder den Beamten geeigneter Vorbereitungsdienst nach § 26 Abs. 2 vorgesehen, so erfolgt die Einführung in Aufgaben der neuen Laufbahn durch Teilnahme an der Ausbildung im Vorbereitungsdienst. ₂Ist durch Ausbildungs- und Prüfungsverordnung kein für die Beamtin oder den Beamten geeigneter Aufstiegslehrgang, aber ein für die Beamtin oder den Beamten geeigneter Vorbereitungsdienst nach § 26 Abs. 1 vorgesehen, so erfolgt die Einführung in Aufgaben der neuen Laufbahn durch Teilnahme an der Ausbildung im Vorbereitungsdienst, wenn die Beamtin oder der Beamte für die neue Laufbahn geeignete Studienleistungen erbracht hat. ₃Dienstzeiten in der Laufbahngruppe 1 derselben Fachrichtung können auf die berufspraktischen Studienzeiten angerechnet werden, wenn die Beamtin oder der Beamte während der bisherigen Tätigkeit schon hinreichende Kenntnisse, wie sie für die neue Laufbahn gefordert werden, erworben hat. ₄Aufstiegsprüfung ist die den Vorbereitungsdienst abschließende Prüfung.

(5) ₁Von der Aufstiegsprüfung kann abgesehen werden, wenn

1. die Beamtin oder der Beamte zum Zeitpunkt der Zulassung zum Aufstieg das 50. Lebensjahr vollendet hat und

2. zu erwarten ist, dass die Beamtin oder der Beamte nach den in der Einführungszeit gezeigten Leistungen Aufgaben der neuen Laufbahn wahrnehmen kann.

₂In diesen Fällen stellt die oder der Dienstvorgesetzte die Befähigung für die neue Laufbahn fest.

(6) ₁Ein Amt der Laufbahngruppe 2 darf erst verliehen werden, wenn sich die Beamtin oder der Beamte nach Erwerb der Laufbahnbefähigung in Aufgaben der neuen Laufbahn bewährt hat. ₂Die Bewährungszeit soll ein Jahr nicht überschreiten.

§ 34 Praxisaufstieg

(1) Beamtinnen und Beamte mit der Befähigung für eine Laufbahn der Laufbahngruppe 1 können eine auf einen bestimmten Aufgabenbereich beschränkte Laufbahnbefähigung für die Laufbahn der Laufbahngruppe 2 derselben Fachrichtung durch Feststellung der oder des Dienstvorgesetzten erwerben, wenn

1. sie sich in einem Amt der Besoldungsgruppe A 9 oder mindestens fünf Jahre in einem Amt der Besoldungsgruppe A 8 bewährt haben,

2. sie seit mindestens zwei Jahren und sechs Monaten überwiegend Aufgaben der Laufbahngruppe 2 wahrgenommen und sich dabei bewährt haben und auch künftig diese Aufgaben wahrnehmen sollen und

3. die oberste Dienstbehörde oder die von ihr bestimmte Stelle ein dienstliches Bedürfnis für den Einsatz der Beamtin oder des Beamten in dem Aufgabenbereich festgestellt hat.

(2) Beamtinnen oder Beamten der Laufbahngruppe 1 dürfen Aufgaben der Laufbahngruppe 2 nur übertragen werden, wenn sie nach ihrer Persönlichkeit und ihren bisherigen Leistungen geeignet erscheinen, diese Aufgaben wahrzunehmen.

(3) Ein dienstliches Bedürfnis nach Absatz 1 Nr. 3 darf nur für Aufgabenbereiche festgestellt werden, bei denen eine langjährige berufliche Erfahrung ein wesentliches Merkmal des Anforderungsprofils darstellt und die Beamtin oder der Beamte die fachlichen Anforderungen aufgrund der Ausbildung, die zum Erwerb der bisherigen Laufbahnbefähigung geführt hat, der sonstigen Qualifizierungen und der bisherigen beruflichen Tätigkeiten erfüllt.

(4) ₁Die Feststellung nach Absatz 1 kann durch die oder den Dienstvorgesetzten um einen Aufgabenbereich erweitert werden, wenn der Beamtin oder dem Beamten ein Amt der Laufbahngruppe 2 übertragen wurde und die oberste Dienstbehörde oder die von ihr bestimmte Stelle ein dienstliches Bedürfnis für den Einsatz in dem anderen Aufgabenbereich festgestellt hat. ₂Absatz 3 gilt entsprechend.

(5) Beamtinnen und Beamten mit einer beschränkten Laufbahnbefähigung darf höchstens ein Amt der Besoldungsgruppe A 11 übertragen werden.

**Sechster Abschnitt
Erwerb der Laufbahnbefähigung durch Anerkennung im Ausland erworbener Berufsqualifikationen**

§ 35 Regelungsbereich

Die §§ 36 bis 42 regeln die Anerkennung im Ausland erworbener Berufsqualifikationen von Staatsangehörigen

1. eines Mitgliedstaates der Europäischen Union,

2. eines anderen Vertragsstaates des Abkommens über den Europäischen Wirtschaftsraum oder

3. eines Staates, dem Deutschland und die Europäische Union vertragsrechtlich zur Gleichbehandlung seiner Staatsangehörigen hinsichtlich der Anerkennung von Berufsqualifikationen verpflichtet sind,

als Laufbahnbefähigung aufgrund der Richtlinie 2005/36/EG des Europäischen Parlaments und des Rates vom 7. September 2005 über die Anerkennung von Berufsqualifikationen (ABl. EU Nr. L 255 S. 22; 2007 Nr. L 271 S. 18; 2008 Nr. L 93 S. 28; 2009 Nr. L 33 S. 49; 2014 Nr. L 305 S. 115), zuletzt geändert durch den Delegierten Beschluss (EU) 2016/790 der Kommission vom 13. Januar 2016 (ABl. EU Nr. L 134 S. 135).

Die §§ 35 bis 42 sind bereits am 1. Oktober 2007 in Kraft getreten.

§ 36 Anerkennungsvoraussetzungen

(1) Befähigungs- und Ausbildungsnachweise, die von der Behörde eines in § 35 genannten Staates ausgestellt und erforderlich sind, um dort den unmittelbaren Zugang zum öffentlichen Dienst zu eröffnen, sind auf Antrag als Befähigung für die Laufbahn, die der Fachrichtung der erworbenen Berufsqualifikation entspricht, anzuerkennen, wenn

1. die Nachweise im Vergleich zu den in Niedersachsen für den Erwerb der Laufbahnbefähigung, bezogen auf das jeweilige Einstiegsamt, zu erfüllenden Voraussetzungen

 a) ein Defizit (§ 37 Abs. 3) nicht aufweisen,

 b) zwar ein Defizit aufweisen, aber Ausgleichsmaßnahmen nicht zu fordern sind (§ 37 Abs. 1 Satz 1), oder

 c) ein Defizit aufweisen, das durch Ausgleichsmaßnahmen ausgeglichen wird,

 und

2. die Antragstellerin oder der Antragsteller nicht wegen schwerwiegender beruflicher Verfehlungen, Straftaten oder vergleichbar gewichtiger Gründe für das Beamtenverhältnis ungeeignet ist.

(2) Auf Antrag können die Befähigungs- und Ausbildungsnachweise unter den in Artikel 4f Abs. 1 und 2 der Richtlinie 2005/36/EG genannten Voraussetzungen als auf einen bestimmten Aufgabenbereich der Laufbahn

beschränkte Laufbahnbefähigung anerkannt und die Übertragung bestimmter Beförderungsämter ausgeschlossen werden (partieller Zugang).

(3) ₁Hat die Antragstellerin oder der Antragsteller in einem in § 35 genannten Staat, der die Berufsausübung nicht reglementiert, den Beruf während der vorhergehenden zehn Jahre mindestens ein Jahr in Vollzeit oder entsprechend länger in Teilzeit ausgeübt, so ist Absatz 1 entsprechend anzuwenden, wenn die Befähigungs- oder Ausbildungsnachweise bescheinigen, dass die Antragstellerin oder der Antragsteller auf die Ausübung des Berufs vorbereitet wurde. ₂Bestätigen die Ausbildungsnachweise den Abschluss einer reglementierten Ausbildung, so ist der Nachweis von Berufserfahrung nicht erforderlich.

(4) Die Anerkennung für das zweite Einstiegsamt der Laufbahngruppe 2 nach den Absätzen 1 bis 3 kann verweigert werden, wenn die Antragstellerin oder der Antragsteller über einen Befähigungs- oder Ausbildungsnachweis verfügt, der nach Artikel 11 Buchst. a der Richtlinie 2005/36/EG eingestuft ist.

(5) Den in den Absätzen 1 bis 4 genannten Nachweisen sind gleichgestellt

1. in einem Drittstaat ausgestellte Ausbildungsnachweise unter den Voraussetzungen des Artikels 3 Abs. 3 der Richtlinie 2005/36/EG,

2. in einem in § 35 genannten Staat als gleichwertig anerkannte Ausbildungsnachweise oder Gesamtheiten von Ausbildungsnachweisen unter den Voraussetzungen des Artikels 12 Abs. 1 der Richtlinie 2005/36/EG und

3. Berufsqualifikationen unter den Voraussetzungen des Artikels 12 Abs. 2 der Richtlinie 2005/36/EG.

§ 37 Ausgleichsmaßnahmen

(1) ₁Weist die Ausbildung ein Defizit auf, so ist zu prüfen, ob die fehlenden Kenntnisse, Fähigkeiten und Kompetenzen durch Berufserfahrung oder sonstige einschlägige Qualifikationen, die von einer dazu berechtigten Stelle bescheinigt worden sind, ausgeglichen werden. ₂Verbleibt danach ein Defizit, so ist die Anerkennung nach Wahl der Antragstellerin oder des Antragstellers vom Bestehen einer Eignungsprüfung oder vom erfolgreichen Durchlaufen eines Anpassungslehrgangs abhängig zu machen.

(2) ₁Abweichend von Absatz 1 Satz 2 kann ein Defizit nur durch das Bestehen einer Eignungsprüfung ausgeglichen werden, wenn die Antragstellerin oder der Antragsteller

1. die Anerkennung einer Befähigung für eine Laufbahn beantragt, die eine genaue Kenntnis des Bundes- oder Landesrechts erfordert und bei der Beratung in Bezug auf das Bundes- oder Landesrecht ein wesentlicher und beständiger Teil der Berufsausübung ist,

2. über eine Berufsqualifikation auf dem Niveau nach Artikel 11 Buchst. a der Richtlinie 2005/36/EG verfügt, die für den Erwerb der Laufbahnbefähigung erforderliche Berufsqualifikation jedoch nach Artikel 11 Buchst. c der Richtlinie 2005/36/EG eingestuft ist oder

3. über eine Berufsqualifikation auf dem Niveau nach Artikel 11 Buchst. b der Richtlinie 2005/36/EG verfügt, die für den Erwerb der Laufbahnbefähigung erforderliche Berufsqualifikation jedoch nach Artikel 11 Buchst. d oder e der Richtlinie 2005/36/EG eingestuft ist.

₂Abweichend von Absatz 1 Satz 2 kann ein Defizit nur durch das erfolgreiche Durchlaufen eines Anpassungslehrgangs und das Bestehen einer Eignungsprüfung ausgeglichen werden, wenn die Antragstellerin oder der Antragsteller über eine Berufsqualifikation auf dem Niveau nach Artikel 11 Buchst. a der Richtlinie 2005/36/EG verfügt, die für den Erwerb der Laufbahnbefähigung erforderliche Berufsqualifikation jedoch nach Artikel 11 Buchst. d der Richtlinie 2005/36/EG eingestuft ist.

(3) ₁Ein Defizit liegt vor, wenn

1. die bisherige Ausbildung sich auf Fächer bezieht, die sich wesentlich von denen unterscheiden, die in Niedersachsen vorgeschrieben sind, oder

2. die in Niedersachsen für den Erwerb der Laufbahnbefähigung, bezogen auf das jeweilige Einstiegsamt, zu erfüllenden Voraussetzungen die Wahrnehmung eines umfangreicheren Aufgabenfeldes ermöglichen als der reglementierte Beruf im Herkunftsstaat der Antragstellerin oder des Antragstellers und dieser Unterschied in einer besonderen vorgeschriebenen Ausbildung besteht und sich auf Fächer bezieht, die sich wesentlich von denen unterscheiden, die von den Nachweisen abgedeckt werden, die die Antragstellerin oder der Antragsteller vorlegt.

₂Fächer unterscheiden sich wesentlich, wenn die durch sie vermittelten Kenntnisse, Fähigkeiten und Kompetenzen eine wesentliche Voraussetzung für die Ausübung des Berufs sind und bei denen die bisherige Ausbildung der Antragstellerin oder des Antragstellers wesentliche Abweichungen hinsichtlich des Inhalts gegenüber der für den Erwerb der Laufbahnbefähigung in Niedersachsen, bezogen auf das jeweilige Einstiegsamt, geforderten Ausbildung aufweist.

§ 38 Eignungsprüfung

(1) ₁Die Eignungsprüfung ist eine in deutscher Sprache abzulegende, ausschließlich die beruflichen Kenntnisse, Fähigkeiten und Kompetenzen betreffende staatliche Prüfung, mit der festgestellt wird, ob die Antragstellerin oder der Antragsteller in der Lage ist, die Aufgaben der angestrebten Laufbahn, bezogen auf das jeweilige Einstiegsamt, wahrzunehmen. ₂Sie muss dem Umstand Rechnung tragen, dass die Antragstellerin oder der Antragsteller bereits über eine entsprechende berufliche Qualifikation im Herkunftsstaat verfügt. ₃Die Eignungsprüfung wird von dem für die Laufbahn zuständigen Ministerium oder der von ihm bestimmten Stelle durchgeführt; sie kann auch von einer Stelle abgenommen werden, die durch eine Verwaltungsvereinbarung mit dem Bund oder einem anderen Land bestimmt wird. ₄Hat sich die Antragstellerin oder der Antragsteller nach § 37 Abs. 1 Satz 2 für eine Eignungsprüfung entschieden, so muss diese innerhalb von sechs Monaten nach dem Zugang der Mitteilung bei der nach § 40 Abs. 1 zuständigen Stelle abgelegt werden können. ₅Besteht nach § 37 Abs. 2 kein Wahlrecht, so muss die Eignungsprüfung innerhalb von sechs Monaten nach Zugang des Bescheides nach § 40 Abs. 5 abgelegt werden können.

(2) ₁Inhalt und Umfang der Prüfung sind aufgrund eines Vergleichs der für die Laufbahnbefähigung, bezogen auf das jeweilige Einstiegsamt, für unverzichtbar angesehenen Fächer mit den vorliegenden Berufsqualifikationen und Berufserfahrungen der Antragstellerin oder des Antragstellers und den sich daraus ergebenden Defiziten festzulegen. ₂Die nach § 40 Abs. 1 zuständige Stelle kann schriftliche und mündliche Prüfungsleistungen verlangen.

(3) ₁Bei der für die Durchführung der Eignungsprüfung zuständigen Stelle wird ein Prüfungsausschuss gebildet, der aus mindestens drei Mitgliedern besteht. ₂Er nimmt die Prüfung ab und trifft mit der Mehrheit der Stimmen seiner Mitglieder die Feststellung nach Absatz 1 Satz 1.

(4) Über die Abnahme der Prüfung fertigt ein Mitglied des Prüfungsausschusses eine Niederschrift über den Ablauf und den wesentlichen Inhalt, die Zusammensetzung des Prüfungsausschusses und das Ergebnis der Prüfung.

§ 39 Anpassungslehrgang

(1) ₁Dauer und Inhalt des Anpassungslehrgangs werden von dem für die Laufbahn zuständigen Ministerium oder der von ihm bestimmten Stelle unter Berücksichtigung der auszugleichenden Defizits festgelegt. ₂Der Anpassungslehrgang besteht aus berufspraktischer Tätigkeit in Laufbahnaufgaben unter Anleitung und Verantwortung einer oder eines qualifizierten Berufsangehörigen. ₃Zusätzlich kann ein theoretischer Lehrgangsabschnitt vorgesehen werden.

(2) Der Anpassungslehrgang soll die Dauer von zwei Jahren nicht überschreiten; er darf höchstens drei Jahre und für den Fall, dass für das jeweilige Einstiegsamt der Laufbahn ein entsprechender Vorbereitungsdienst eingerichtet ist, nicht länger als dieser dauern.

(3) Die Rechte und Pflichten der Antragstellerin oder des Antragstellers während des Anpassungslehrgangs werden durch Vertrag festgelegt.

(4) ₁Der Lehrgang schließt mit einer Gesamtbewertung der Leistungen der Antragstellerin oder des Antragstellers ab. ₂Der Anpassungslehrgang ist erfolgreich durchlaufen, wenn die festgestellten Defizite ausgeglichen sind.

§ 40 Antrag und Verfahren

(1) Über den Antrag auf Anerkennung der Berufsqualifikation entscheidet das für die angestrebte Laufbahn zuständige Ministerium oder die von ihm bestimmte Stelle.

(2) ₁Der Antrag ist schriftlich oder elektronisch bei der nach Absatz 1 zuständigen Stelle zu stellen. ₂Das Verfahren kann auch über eine einheitliche Stelle nach den Vorschriften des Verwaltungsverfahrensgesetzes und des Niedersächsischen Gesetzes über Einheitliche Ansprechpartner abgewickelt werden. ₃Im Antrag ist anzugeben, welche Tätigkeit im öffentlichen Dienst angestrebt wird. ₄Ihm sind beizufügen:

1. eine tabellarische Darstellung des beruflichen Werdegangs,
2. ein Nachweis der Staatsangehörigkeit,
3. die in § 36 bezeichneten oder ihnen gleichgestellte Nachweise,
4. Nachweise über Inhalte und Dauer der Ausbildungen, wobei aus den Nachweisen die Anforderungen hervorgehen müssen, die zur Erlangung des Abschlusses geführt haben,
5. eine Bescheinigung des Herkunftsstaates, aus der hervorgeht, zu welcher Berufsausübung die Berufsqualifikationsnachweise dort im öffentlichen Dienst berechtigen,
6. Bescheinigungen über die Art und Dauer der nach Erwerb des Ausbildungsnachweises in einem in § 35 genannten Staat ausgeübten Tätigkeiten in Fachgebieten, auf die sich der Ausbildungsnachweis bezieht,
7. Bescheinigungen oder Urkunden des Heimat- und des Herkunftsstaates darüber, dass Straftaten, schwerwiegende berufliche Verfehlungen und sonstige, die Eignung der Antragstellerin oder des Antragstellers infrage stellende Umstände, nicht bekannt sind, wobei die Bescheinigungen und Urkunden bei ihrer Vorlage nicht älter als drei Monate sein dürfen und
8. eine Erklärung, ob die Anerkennung bei einer anderen Behörde in der Bundesrepublik Deutschland beantragt wurde und wie darüber entschieden worden ist.

(3) ₁Der Antrag sowie die beizufügenden Unterlagen, die von der Antragstellerin oder dem Antragsteller stammen, sind in deutscher Sprache vorzulegen. ₂Die übrigen Unterlagen sind in Kopie vorzulegen zusammen mit der Kopie einer beglaubigten Übersetzung. ₃Bei berechtigten Zweifeln an der Echtheit der übermittelten Unterlagen kann die Vorlage beglaubigter Kopien verlangt werden, soweit dies unbedingt geboten ist.

(4) ₁Der Empfang des Antrages ist der Antragstellerin oder dem Antragsteller binnen eines Monats zu bestätigen. ₂Gegebenenfalls ist gleichzeitig mitzuteilen, welche Unterlagen fehlen.

(5) Bestehen berechtigte Zweifel, so kann von der zuständigen Behörde eines in § 35 genannten Staates über das Binnenmarktinformationssystem IMI eine Bestätigung der Tatsache verlangt werden, dass der Antragstellerin oder dem Antragsteller die Ausübung des Berufes nicht aufgrund einer berufsbezogenen disziplinarischen oder strafrechtlichen Sanktion vorübergehend oder dauerhaft untersagt worden ist.

(6) ₁Über den Antrag ist innerhalb von vier Monaten nach Vorlage der vollständigen Unterlagen zu entscheiden. ₂In den Fällen der Artikel 21 bis 49 der Richtlinie 2005/36/EG beträgt die Frist drei Monate.

(7) ₁Der Bescheid ist zu begründen. ₂Wird die Anerkennung von einer Ausgleichsmaßnahme abhängig gemacht, so wird in dem Bescheid mitgeteilt,

1. welches Niveau nach Artikel 11 der Richtlinie 2005/36/EG die von der Antragstellerin oder dem Antragsteller nachgewiesene Berufsqualifikation hat und welches Niveau in Niedersachsen verlangt wird,

2. worin das Defizit nach § 37 Abs. 3 besteht,
3. weshalb das Defizit nicht nach § 37 Abs. 1 Satz 1 ausgeglichen wird und
4. welche konkreten Ausgleichsmaßnahmen erforderlich sind, welche Themen bei einer Eignungsprüfung geprüft werden und in welcher Form die Prüfungsleistungen zu erbringen sind.

₃Hat die Antragstellerin oder der Antragsteller die Wahl zwischen einem Anpassungslehrgang oder einer Eignungsprüfung, so ist auf dieses Wahlrecht hinzuweisen. ₄Wird die Berufsqualifikation anerkannt, so ist in dem Bescheid darauf hinzuweisen, dass die Anerkennung keinen Anspruch auf Einstellung begründet.

§ 41 Berufsbezeichnung

₁Wenn mit dem Erwerb der Laufbahnbefähigung die Befugnis verbunden ist, eine Bezeichnung zu führen, kann diese als Berufsbezeichnung geführt werden. ₂Beim Erwerb einer beschränkten Laufbahnbefähigung (§ 36 Abs. 2) wird abweichend von Satz 1 die Berufstätigkeit unter der Berufsbezeichnung des Herkunftsstaates in deutscher Übersetzung ausgeübt.

§ 42 Verwaltungszusammenarbeit

(1) ₁Das für die Laufbahn zuständige Ministerium oder die von ihm bestimmte Stelle arbeitet in Bezug auf die jeweilige Laufbahn mit den zuständigen Behörden der in § 35 Nrn. 1 und 2 genannten Staaten sowie den nach Artikel 57b der Richtlinie 2005/36/EG eingerichteten Beratungszentren eng zusammen und leistet diesen Amtshilfe. ₂Insbesondere sind bei Staatsangehörigen eines in § 35 Nrn. 1 und 2 genannten Staates, die ihren Wohnsitz in Niedersachsen haben oder ihren Wohnsitz unmittelbar vor der Verlegung in einen solchen Staat in Niedersachsen hatten, die nach der Richtlinie 2005/36/EG erforderlichen Auskünfte zu erteilen und die für die Berufsausübung in den genannten Staaten notwendigen Bescheinigungen auszustellen.

(2) ₁In Bezug auf Antragstellerinnen und Antragsteller sind der zuständigen Behörde eines in § 35 Nrn. 1 und 2 genannten Staates Auskünfte über berufsbezogene disziplinarische und strafrechtliche Sanktionen zu geben. ₂Sie ist über Sachverhalte, die sich auf die Ausübung des Berufes auswirken können, insbesondere über berufsbezogene disziplinarische und strafrechtliche Sanktionen, zu unterrichten.

(3) Für die Zusammenarbeit nach den Absätzen 1 und 2 wird das Binnenmarktinformationssystem IMI genutzt.

Dritter Teil
Laufbahnbefähigung nach den Vorschriften eines anderen Landes oder des Bundes

§ 43 Laufbahnbefähigung nach den Vorschriften eines anderen Landes oder des Bundes

(1) Bewerberinnen und Bewerber, die eine Laufbahnbefähigung nach den Vorschriften eines anderen Landes oder des Bundes erworben haben und in ein Beamtenverhältnis berufen sind, besitzen, soweit erforderlich nach einer Unterweisung und Durchführung von Qualifizierungsmaßnahmen, die Befähigung für die Laufbahn nach § 13 NBG, der die Laufbahn, für die eine Befähigung erworben wurde, unter Berücksichtigung der Bildungsvoraussetzungen und der fachlichen Ausrichtung zuzuordnen ist.

(2) ₁Bewerberinnen und Bewerber, die nach den Vorschriften eines anderen Landes oder des Bundes eine Laufbahnbefähigung erworben haben und nicht in ein Beamtenverhältnis berufen sind, besitzen die Befähigung für eine Laufbahn nach § 13 NBG, soweit erforderlich nach einer Unterweisung oder Durchführung anderer Qualifizierungsmaßnahmen, wenn die Laufbahnbefähigung

1. durch Abschluss eines Vorbereitungsdienstes,
2. durch Abschluss einer beruflichen Aus- oder Fortbildung, die nach einer dem § 22 entsprechenden Vorschrift unmittelbar für die Laufbahn qualifiziert,
3. durch Abschluss eines Hochschulstudiums, das nach einer dem § 24 Abs. 4 ent-

sprechenden Vorschrift unmittelbar für die Laufbahn qualifiziert, oder

4. durch Anerkennung aufgrund der Richtlinie 2005/36/EG

erworben wurde. ₂Die Bewerberin oder der Bewerber hat das Vorliegen der Voraussetzungen nach Satz 1 nachzuweisen.

(3) ₁Ob und in welchem Umfang eine Unterweisung oder die Durchführung von Qualifizierungsmaßnahmen erforderlich ist, richtet sich nicht nur nach den Voraussetzungen, die für den Erwerb der bisherigen Laufbahnbefähigung zu erfüllen waren, sondern auch nach den sonstigen Qualifizierungen und den bisherigen beruflichen Tätigkeiten. ₂Die Entscheidung trifft die Stelle des aufnehmenden Dienstherrn, die für eine entsprechende Ernennung zuständig wäre.

(4) Das für die Laufbahn zuständige Ministerium entscheidet darüber, welcher Fachrichtung nach § 13 Abs. 2 NBG die nach den Vorschriften eines anderen Landes oder des Bundes erworbene Laufbahnbefähigung zuzuordnen ist.

Vierter Teil
Dienstliche Beurteilung, Fortbildung

§ 44 (weggefallen)

§ 45 Fortbildung

(1) ₁Die dienstliche Fortbildung ist zu fördern. ₂Fortbildungsmaßnahmen können insbesondere

1. die Erhaltung und Verbesserung der Befähigung für den übertragenen Dienstposten und für gleich bewertete Dienstposten,

2. bei Änderungen der Voraussetzungen für den Erwerb der Laufbahnbefähigung eine Angleichung an die neuen Anforderungen und

3. den Erwerb ergänzender Qualifikationen für höher bewertete Dienstposten und für die Wahrnehmung von Führungsaufgaben

zum Ziel haben. ₃Die Maßnahmen sollen sich auf die Erhaltung und Fortentwicklung der Fach-, Methoden- und Sozialkompetenzen erstrecken.

(2) ₁Maßnahmen nach Absatz 1 Satz 2 Nr. 3 sind nach den Erfordernissen der Personalplanung und des Personaleinsatzes vorzusehen. ₂In Bereichen, in denen die Angehörigen eines Geschlechts unterrepräsentiert sind, sollen sie unabhängig von diesen Erfordernissen vorgesehen werden, um Angehörige dieses Geschlechts zur Wahrnehmung von Aufgaben in den Bereichen mit Unterrepräsentation zu qualifizieren.

(3) Die Vorgesetzten sollen die Fortbildung der Beamtinnen und Beamten unterstützen.

(4) ₁Beamtinnen und Beamte, die ihre Fähigkeiten und fachlichen Kenntnisse durch Fortbildung wesentlich verbessert haben, sollen gefördert werden. ₂Ihnen soll Gelegenheit gegeben werden, ihre Fähigkeiten und fachlichen Kenntnisse in höherwertigen Aufgaben anzuwenden und hierbei ihre Eignung nachzuweisen.

Fünfter Teil
Zuständigkeiten, Verfahren

§ 46 Zuständigkeiten

(1) Die Entscheidungen und Maßnahmen nach dieser Verordnung trifft, wenn nichts anderes bestimmt ist, die oder der Dienstvorgesetzte.

(2) Das für die Laufbahn zuständige Ministerium ist

1. für die Laufbahnen der Fachrichtung Justiz das für Justiz zuständige Ministerium,

2. für die Laufbahnen der Fachrichtungen Polizei, Feuerwehr und Allgemeine Dienste das für Inneres zuständige Ministerium,

3. für die Laufbahnen der Fachrichtung Steuerverwaltung das Finanzministerium,

4. für die Laufbahnen der Fachrichtung Bildung das Kultusministerium,

5. für die Laufbahnen der Fachrichtung Gesundheits- und soziale Dienste das für Soziales zuständige Ministerium,

6. für die Laufbahnen der Fachrichtung Agrar- und umweltbezogene Dienste das

für Landwirtschaft zuständige Ministerium,
7. für die Laufbahnen der Fachrichtung Technische Dienste das für Wirtschaft zuständige Ministerium,
8. für die Laufbahnen der Fachrichtung Wissenschaftliche Dienste das für Wissenschaft zuständige Ministerium.

(3) ₁Bevor das für die Laufbahn zuständige Ministerium eine Entscheidung oder Maßnahme in Bezug auf den Zugang zum Vorbereitungsdienst trifft, hat es dem für die jeweilige beamtenrechtliche Ausbildung zuständigen Ministerium Gelegenheit zur Stellungnahme zu geben. ₂Das für die Laufbahn zuständige Ministerium kann Befugnisse nach den §§ 35 bis 42 auf das für die jeweilige beamtenrechtliche Ausbildung zuständige Ministerium mit dessen Einverständnis übertragen.

(4) Über die Anerkennung eines Bildungsstandes als gleichwertig entscheidet das Kultusministerium im Einvernehmen mit dem für Inneres zuständigen Ministerium.

§ 47 Doppelbeamtenverhältnis

₁Wird eine Beamtin oder ein Beamter zur Ableistung des Vorbereitungsdienstes oder einer Probezeit beurlaubt und in ein Beamtenverhältnis auf Widerruf oder auf Probe berufen, so bleibt das bereits bestehende Beamtenverhältnis unberührt. ₂Wird die Bewährung am Ende der Probezeit festgestellt, so ist die Beamtin oder der Beamte auf Antrag aus dem zusätzlichen Beamtenverhältnis zu entlassen und anschließend in die neue Laufbahn oder in ein anderes Einstiegsamt ihrer oder seiner Laufbahn zu übernehmen.

Sechster Teil
Übergangs- und Schlussvorschriften

§ 48 Übergangsvorschriften für den Aufstieg

(1) Beamtinnen und Beamte, die vor dem 1. April 2009 zum Aufstieg in den mittleren Dienst zugelassen worden sind, durchlaufen das Aufstiegsverfahren nach den §§ 32 und 32a der Niedersächsischen Laufbahnverordnung in der Fassung vom 25. Mai 2001 (Nds. GVBl. S. 315), zuletzt geändert durch Verordnung vom 19. Dezember 2006 (Nds. GVBl. S. 629).

(2) ₁Beamtinnen und Beamten, die vor dem 1. April 2009 eine nicht auf einen bestimmten Verwendungsbereich beschränkte Befähigung für eine Laufbahn des mittleren Dienstes erworben haben, kann ein Amt der Besoldungsgruppe A 7 auch dann übertragen werden, wenn die Voraussetzungen nach § 12 Abs. 1 Satz 1 nicht erfüllt sind. ₂Entsprechendes gilt für Beamtinnen und Beamte, die nach Absatz 1 ein Aufstiegsverfahren erfolgreich durchlaufen haben.

(3) Beamtinnen und Beamte, die vor dem 1. April 2009 zum Aufstieg in den gehobenen Dienst zugelassen worden sind, durchlaufen das Aufstiegsverfahren nach den §§ 32 und 32c der Niedersächsischen Laufbahnverordnung in der Fassung vom 25. Mai 2001 (Nds. GVBl. S. 315), zuletzt geändert durch Verordnung vom 19. Dezember 2006 (Nds. GVBl. S. 629), und erwerben mit der Aufstiegsprüfung oder mit der Feststellung der Befähigung die Befähigung für die Laufbahn, in die die Laufbahn, für die die Zulassung zum Aufstieg erfolgt ist, nach § 121 Satz 1 NBG übergeleitet worden ist.

(4) ₁Beamtinnen und Beamte, die zum Aufstieg in eine Laufbahn des höheren Dienstes zugelassen worden sind und deren Zulassung zum Aufstieg vor dem 1. April 2009 durch die Aufstiegskommission bestätigt worden ist, durchlaufen das Aufstiegsverfahren nach den §§ 32 und 32e der Niedersächsischen Laufbahnverordnung in der Fassung vom 25. Mai 2001 (Nds. GVBl. S. 315), zuletzt geändert durch Verordnung vom 19. Dezember 2006 (Nds. GVBl. S. 629), wenn die oder der Dienstvorgesetzte nicht bestimmt, dass die Voraussetzungen nach § 12 Abs. 2 Satz 1 zu erfüllen sind. ₂Die Einführungszeit muss spätestens am 1. Oktober 2009 beginnen.

(5) ₁Beamtinnen und Beamten, die vor dem 1. April 2009 eine nicht auf einen bestimmten Verwendungsbereich beschränkte Befähi-

gung für eine Laufbahn des höheren Dienstes erworben haben, kann ein Amt der Besoldungsgruppe A 14 auch dann übertragen werden, wenn die Voraussetzungen nach § 12 Abs. 2 Satz 1 nicht erfüllt sind. ₂Entsprechendes gilt für Beamtinnen und Beamte, die nach Absatz 4 ein Aufstiegsverfahren erfolgreich durchlaufen haben.

§ 49 Übergangsvorschriften für den Aufstieg für besondere Verwendungen

(1) Beamtinnen und Beamte, die vor dem 1. April 2009 zum Aufstieg für besondere Verwendungen zugelassen worden sind, durchlaufen das Aufstiegsverfahren nach den §§ 32, 32b, 32d und 32h der Niedersächsischen Laufbahnverordnung in der Fassung vom 25. Mai 2001 (Nds. GVBl. S. 315), zuletzt geändert durch Verordnung vom 19. Dezember 2006 (Nds. GVBl. S. 629).

(2) ₁Beamtinnen und Beamten, die vor dem 1. April 2009 eine auf einen bestimmten Verwendungsbereich beschränkte Befähigung für eine Laufbahn erworben haben, können die dem Verwendungsbereich zugeordneten Dienstposten und Ämter unabhängig von den in § 12 Abs. 1 und 2 und § 34 genannten Voraussetzungen übertragen werden. ₂Entsprechendes gilt für Beamtinnen und Beamte, die nach Absatz 1 ein Aufstiegsverfahren erfolgreich durchlaufen haben.

(3) ₁Beamtinnen und Beamten, die vor dem 1. April 2009 eine auf einen bestimmten Verwendungsbereich beschränkte Befähigung für eine Laufbahn erworben haben, können unter den Voraussetzungen des § 34 Abs. 4 mit Aufgaben außerhalb des festgelegten Verwendungsbereiches betraut werden. ₂Entsprechendes gilt für Beamtinnen und Beamte, die nach Absatz 1 ein Aufstiegsverfahren erfolgreich durchlaufen haben.

(4) ₁Beamtinnen und Beamten, die vor dem 1. April 2009 eine auf einen bestimmten Verwendungsbereich beschränkte Befähigung für eine Laufbahn des mittleren Dienstes erworben haben, können Ämter der Laufbahngruppe 1 ab der Besoldungsgruppe A 9 nur übertragen werden, wenn die Voraussetzungen nach § 12 Abs. 1 Satz 1 erfüllt sind. ₂Entsprechendes gilt für Beamtinnen und Beamte, die nach Absatz 1 ein Aufstiegsverfahren erfolgreich durchlaufen haben.

(5) ₁Beamtinnen und Beamten, die vor dem 1. April 2009 eine auf einen bestimmten Verwendungsbereich beschränkte Befähigung für eine Laufbahn des höheren Dienstes erworben haben, können Ämter der Laufbahngruppe 2 ab der Besoldungsgruppe A 16 nur übertragen werden, wenn die Voraussetzungen nach § 12 Abs. 2 Satz 1 erfüllt sind. ₂Entsprechendes gilt für Beamtinnen und Beamte, die nach Absatz 1 ein Aufstiegsverfahren erfolgreich durchlaufen haben.

§ 50 Inkrafttreten

(1) ₁Diese Verordnung tritt am 1. April 2009 in Kraft. ₂Abweichend von Satz 1 treten die §§ 35 bis 42 mit Wirkung vom 1. Oktober 2007 in Kraft.

(2) ₁Die Niedersächsische Laufbahnverordnung in der Fassung vom 25. Mai 2001 (Nds. GVBl. S. 315), zuletzt geändert durch Verordnung vom 19. Dezember 2006 (Nds. GVBl. S. 629), tritt mit Ablauf des 31. März 2009 außer Kraft. ₂Abweichend von Satz 1 treten die §§ 38a bis 38f der Niedersächsischen Laufbahnverordnung in der Fassung vom 25. Mai 2001 (Nds. GVBl. S. 315), zuletzt geändert durch Verordnung vom 19. Dezember 2006 (Nds. GVBl. S. 629), mit Ablauf des 30. September 2007 außer Kraft.

Anlage 1
(zu § 22)

A. Unmittelbar für das erste Einstiegsamt einer Laufbahn der Laufbahngruppe 1 qualifizierende Berufsausbildungen:

Nr.	Fachrichtung	Berufsausbildung
1	Agrar- und umweltbezogene Dienste	Berufsausbildung zur Pferdewirtin oder zum Pferdewirt

B. Unmittelbar für das zweite Einstiegsamt einer Laufbahn der Laufbahngruppe 1 qualifizierende, mit einer Prüfung abgeschlossene berufliche Ausbildungen und Fortbildungen:

Nr.	Fachrichtung	Ausbildung oder Fortbildung
1	Justiz	mit einer Prüfung abgeschlossene Berufsausbildung zur oder zum Justizfachangestellten nach der ab 1. August 1998 geltenden Verordnung über die Berufsausbildung zum Justizfachangestellten/zur Justizfachangestellten
2	Gesundheits- und soziale Dienste	mit einer Prüfung abgeschlossener Fortbildungslehrgang nach § 3 der Lebensmittelkontrolleur-Verordnung bei einer für die Lebensmittelüberwachung zuständigen Behörde, wenn vorausgegangen sind a) eine Berufsausbildung auf dem Gebiet des Verkehrs mit Lebensmitteln, Lebensmittel-Zusatzstoffen, kosmetischen Mitteln und Bedarfsgegenständen im Sinne des Lebensmittel- und Futtermittelgesetzbuchs sowie mit Tabakerzeugnissen im Sinne des Vorläufigen Tabakgesetzes und b) eine mit einer Prüfung aufgrund des Berufsbildungsgesetzes oder der Handwerksordnung abgeschlossene Fortbildung in einem Lebensmittelberuf oder eine mit einer Prüfung abgeschlossene Ausbildung als staatlich geprüfte Technikerin oder staatlich geprüfter Techniker in einem Lebensmittelberuf
3	Gesundheits- und soziale Dienste	mit einer Prüfung abgeschlossene Berufsausbildung zur Hygienekontrolleurin oder zum Hygienekontrolleur nach der Verordnung über die Ausbildung und Prüfung für Hygienekontrolleurinnen und Hygienekontrolleure im öffentlichen Gesundheitsdienst vom 18. März 2022 (Nds. GVBl. S. 164) in der jeweils geltenden Fassung
4	Technische Dienste	mit einer Prüfung abgeschlossene Berufsausbildung zur Vermessungstechnikerin oder zum Vermessungstechniker
5	Wissenschaftliche Dienste	mit einer Prüfung abgeschlossene Berufsausbildung zur oder zum Fachangestellten für Medien- und Informationsdienste
6	Allgemeine Dienste	mit einer Prüfung abgeschlossene Fortbildung zur Verwaltungswirtin oder zum Verwaltungswirt bei dem Studieninstitut des Landes Niedersachsen, einem niedersächsischen Studieninstitut für kommunale Verwaltung oder dem Berufsförderungswerk Bad Pyrmont

II.1 Laufbahnverordnung (NLVO) — Anlage 1

Nr.	Fachrichtung	Ausbildung oder Fortbildung
7	Allgemeine Dienste	mit einer Prüfung abgeschlossene Ausbildung zur oder zum Fachangestellten für Medien- und Informationsdienste – Fachrichtung Archiv
8	Allgemeine Dienste	In Niedersachsen mit einer Prüfung abgeschlossene Berufsausbildung zur oder zum Verwaltungsfachangestellten in der Fachrichtung Landes- und Kommunalverwaltung, allgemeine innere Verwaltung des Landes Niedersachsen oder Kommunalverwaltung

Anlage 2
(zu § 23)

Berufsausbildungen, erforderlichenfalls mit Zusatzqualifikation, die in Verbindung mit einer beruflichen Tätigkeit für das zweite Einstiegsamt einer Laufbahn der Laufbahngruppe 1 qualifizieren:

Nr.	Fachrichtung	Berufsausbildung	Erforderliche Zusatzqualifikation	Abweichungen (§ 23 Abs. 2 Satz 2 und Abs. 3 Satz 1)
1	Justiz	für die Tätigkeit einer Gerichtsvollzieherin oder eines Gerichtsvollziehers eine für den Gerichtsvollzieherdienst förderliche Berufsausbildung	mit einer Prüfung abgeschlossene Fortbildung für den Gerichtsvollzieherdienst	drei Jahre berufliche Tätigkeit
2	Justiz	Berufsausbildung zur oder zum a) Rechtsanwaltsfachangestellten, Notarfachangestellten oder Rechtsanwalts- und Notarfachangestellten oder b) Justizfachangestellten nach der Ausbildungsordnung für Kanzleilehrlinge in der Justiz vom 2. Februar 1957 (Nds. Rpfl. S. 23), zuletzt geändert durch Allgemeine Verfügung vom 20. April 1994 (Nds. Rpfl. S. 229)		drei Jahre berufliche Tätigkeit in der Geschäftsstelle oder Serviceeinheit eines Gerichts, einer Staatsanwaltschaft oder des Justizministeriums
3	Gesundheits- und soziale Dienste	für pflegerische Tätigkeiten eine Berufsausbildung mit der Erlaubnis zum Führen der Berufsbezeichnung nach § 1 Abs. 1 oder § 58 Abs. 1 oder 2 des Pflegeberufegesetzes oder nach dem Krankenpflegegesetz in der am 31. Dezember 2019 geltenden Fassung		
4	Gesundheits- und soziale Dienste	mit einer Prüfung abgeschlossene Berufsausbildung zur Hygienekontrolleurin oder zum Hygienekontrolleur, die nicht unmittelbar nach Anlage 1 Abschnitt B Nr. 3 qualifiziert	zwei Jahre berufliche Tätigkeit in Niedersachsen beim Landesgesundheitsamt oder im medizinischen Fachdienst des öffentlichen Gesundheitsdienstes eines Landkreises oder einer kreisfreien Stadt	
5	Agrar- und umweltbezogene Dienste	Berufsausbildung zur Fischwirtin oder zum Fischwirt, Betriebszweig kleine Hochsee- und Küstenfischerei	Befähigungszeugnis nach der Seeleute-Befähigungsverordnung (See-BV) zum Kapitän BKü	zwei Jahre berufliche Tätigkeit beim Staatlichen Fischereiamt Bremerhaven
6	Technische Dienste	Berufsausbildung in einem für die Aufgabenwahrnehmung geeigneten staatlich anerkannten Ausbildungsberuf mit einer regelmäßigen Ausbildungsdauer von mindestens drei Jahren		
7				

II.1 Laufbahnverordnung (NLVO) — Anlage 2

Nr.	Fachrichtung	Berufsausbildung	Erforderliche Zusatzqualifikation	Abweichungen (§ 23 Abs. 2 Satz 2 und Abs. 3 Satz 1)
	Technische Dienste	Berufsausbildung in einem für die Aufgabenwahrnehmung geeigneten Beruf a) Handwerk nach der Handwerksordnung, b) Ausbildungsberuf der Landwirtschaft oder c) technischen Beruf	Meisterprüfung oder Abschluss als staatlich geprüfte Technikerin oder staatlich geprüfter Techniker	ein Jahr berufliche Tätigkeit
8	Technische Dienste	Berufsausbildung in einem für die Aufgabenwahrnehmung geeigneten Beruf	Befähigungszeugnis nach der Seeleute-Befähigungsverordnung zum a) Kapitän NK, b) Kapitän NK mit Einschränkungen nach § 9 See-BV zum Führen von Schiffen mit einer Bruttoraumzahl von bis zu 3 000 oder c) Kapitän BK	die erforderliche Dauer der beruflichen Tätigkeit verkürzt sich um die Zeit der Seefahrtzeit, die Voraussetzung für den Erwerb des Befähigungszeugnisses gewesen ist
9	Allgemeine Dienste	mit einer Prüfung abgeschlossene Berufsausbildung zur oder zum Verwaltungsfachangestellten, die nicht unmittelbar nach Anlage 1 Abschnitt B Nr. 7 qualifiziert		zwei Jahre berufliche Tätigkeit im öffentlichen Dienst bei einem Dienstherrn nach § 1 NBG

Anlage 3
(zu § 24 Abs. 4)

Studiengänge, in denen ein abgeschlossenes Hochschulstudium unmittelbar für eine Laufbahn der Laufbahngruppe 2 qualifiziert:

Nr.	Fachrichtung	Einstiegsamt	Studiengang	Abschluss	Einführung in die Laufbahnaufgaben
1	Feuerwehr	1	„Hazard Control" an der Hochschule für Angewandte Wissenschaften Hamburg mit Grundlehrgang, Gruppenführerlehrgang und Zugführerlehrgang einer Berufsfeuerwehr	Bachelorgrad	–
2	Feuerwehr	1	Bauingenieurwesen (Wasser- und Tiefbau) mit feuerwehrtechnischer Zusatzausbildung an der Hochschule Braunschweig/Wolfenbüttel	Bachelorgrad	–
3	Wissenschaftliche Dienste	1	Informationsmanagement mit Schwerpunkt „Wissenschaftliche Bibliotheken" oder Bibliothekswesen	Bachelorgrad oder gleichwertiger Abschluss	–
4	Allgemeine Dienste	1	„Öffentliche Verwaltung" an der Hochschule Osnabrück	Bachelorgrad	sechs Monate

Anlage 4
(zu § 25)

Studiengänge, in denen ein Hochschulstudium, erforderlichenfalls mit Zusatzqualifikation, in Verbindung mit einer beruflichen Tätigkeit für eine Laufbahn der Laufbahngruppe 2 qualifiziert:

Nr.	Fachrichtung	Einstiegsamt	Hochschulstudiengänge	Erforderliche Zusatzqualifikation	Abweichungen (§ 25 Abs. 2 Satz 2 und Abs. 3 Satz 1)
1	Gesundheits- und soziale Dienste	1	Studiengänge mit überwiegend sozialwissenschaftlichen Inhalten, insbesondere Pädagogik/Erziehungswissenschaft, soziale Arbeit, Sozialwesen, Sozialpädagogik	staatliche Anerkennung bei einem Studium auf einem in § 1, 15 oder 19 der Verordnung über die staatliche Anerkennung von Berufsqualifikationen auf dem Gebiet der Sozialen Arbeit, der Heilpädagogik und der Bildung und Erziehung in der Kindheit genannten Gebiet	
2	Gesundheits- und soziale Dienste	1	Gesundheits- oder Pflegewissenschaften, Gesundheits- oder Pflegemanagement, Gesundheits- oder Pflegeökonomie, Gesundheits- oder Pflegepädagogik, hochschulische Pflegeausbildung nach Teil 3 des Pflegeberufegesetzes, ähnliche für die Aufgabenwahrnehmung geeignete Studiengänge		
3	Gesundheits- und soziale Dienste	1	Weinbau für eine Tätigkeit als Weinkontrolleurin oder Weinkontrolleur		
4	Gesundheits- und soziale Dienste	2	Studiengänge mit überwiegend sozialwissenschaftlichen Inhalten, insbesondere Pädagogik/Erziehungswissenschaft, soziale Arbeit, Sozialwesen, Sozialpädagogik; Psychologie, politische Wissenschaften, Theologie		
5	Gesundheits- und soziale Dienste	2	Humanmedizin, Zahnmedizin, Veterinärmedizin, Pharmazie	Approbation, wenn diese zur Berufsausübung vorgeschrieben ist	bei Humanmedizin reicht ein Jahr berufliche Tätigkeit aus
6	Gesundheits- und soziale Dienste	2	Chemie, Biologie; Gesundheits- oder Pflegewissenschaften, Gesundheits- oder Pflegemanagement, Gesundheits- oder Pflegeökonomie, Gesundheits- oder Pflegepädagogik, ähnliche für die Aufgabenwahrnehmung geeignete Studiengänge		
7	Gesundheits- und soziale Dienste	2	Lebensmittelchemie	Abschluss als staatlich geprüfte Lebensmittelchemikerin oder staatlich geprüfter Lebensmittelchemiker	zwei Jahre berufliche Tätigkeit

Anlage 4 — Laufbahnverordnung (NLVO) II.1

Nr.	Fachrichtung	Einstiegsamt	Hochschulstudiengänge	Erforderliche Zusatzqualifikation	Abweichungen (§ 25 Abs. 2 Satz 2 und Abs. 3 Satz 1)
8	Agrar- und umweltbezogene Dienste	2	Studiengänge mit überwiegend landwirtschaftlichen, fischereiwirtschaftlichen oder wirtschaftswissenschaftlichen Inhalten, Biologie		zwei Jahre berufliche Tätigkeiten im öffentlichen Dienst
9	Technische Dienste	1 und 2	Studiengänge mit überwiegend technischen Inhalten, insbesondere Studiengänge aus den Ingenieur-, Natur- und Geowissenschaften; Geoinformationswesen, Architektur, Facility Management		
10	Technische Dienste	1	Nautik/Seefahrt	Befähigungszeugnis nach der Seeleute-Befähigungsverordnung zum Kapitän NK	ein Jahr berufliche Tätigkeit, und zwar im Verwaltungsdienst des Bundes, eines Landes oder einer kommunalen Körperschaft
11	Wissenschaftliche Dienste	1 und 2	alle für die Aufgabenwahrnehmung geeigneten Studiengänge		
12	Allgemeine Dienste	1	Studiengänge mit überwiegend verwaltungswissenschaftlichen, sozialwissenschaftlichen, politikwissenschaftlichen, wirtschaftswissenschaftlichen, gesundheitswirtschaftlichen oder sozialversicherungsrechtlichen Inhalten; Verwaltungsinformatik; Informatik; naturwissenschaftliche Studiengänge mit informationstechnischer oder kommunikationstechnischer Prägung; Archivwesen		bei den Studiengängen „Allgemeine Verwaltung" und „Verwaltungsbetriebswirtschaft" an der Kommunalen Hochschule für Verwaltung in Niedersachsen und bei dem Studiengang „Verwaltungsinformatik" an der Hochschule Hannover reichen sechs Monate berufliche Tätigkeit aus, wenn diese im öffentlichen Dienst abgeleistet wurde
13	Allgemeine Dienste	1	Rechtswissenschaften mit dem Abschluss der ersten juristischen Prüfung		
14	Allgemeine Dienste	2	Studiengänge mit überwiegend verwaltungswissenschaftlichen, sozialwissenschaftlichen, politikwissenschaftlichen oder wirtschaftswissenschaftlichen Inhalten; Statistik; Informatik; naturwissenschaftliche Studiengänge mit informationstechnischer oder kommunikationstechnischer Prägung		

II.1 Laufbahnverordnung (NLVO) — Anlage 4

Nr.	Fachrichtung	Einstiegsamt	Hochschulstudiengänge	Erforderliche Zusatzqualifikation	Abweichungen (§ 25 Abs. 2 Satz 2 und Abs. 3 Satz 1)
15	Allgemeine Dienste	2	Geschichtswissenschaft, Rechtswissenschaften	Doktorgrad auf der Grundlage einer Dissertation über ein geschichtliches Thema, Latinum und Kenntnisse der französischen Sprache sowie Fortbildung an einer archivwissenschaftlichen Einrichtung im Gesamtumfang von mindestens drei Monaten	
16	Allgemeine Dienste	2	„Intelligence and Security Studies" an der Hochschule für öffentliche Verwaltung des Bundes und der Universität der Bundeswehr München		

Niedersächsische Verordnung über die Laufbahn der Laufbahngruppe 2 der Fachrichtung Bildung (NLVO-Bildung)

Vom 19. Mai 2010 (Nds. GVBl. S. 218)

Zuletzt geändert durch
Verordnung zur Änderung der Verordnung über die Ausbildung und Prüfung von Lehrkräften im Vorbereitungsdienst und der Niedersächsischen Verordnung über die Laufbahn der Laufbahngruppe 2 der Fachrichtung Bildung
vom 27. Juni 2024 (Nds. GVBl. Nr. 57)

Inhaltsübersicht

**Erster Abschnitt
Allgemeines**

- § 1 Regelungsbereich
- § 2 Regelmäßig zu durchlaufende Ämter
- § 3 Tätigkeiten an anerkannten Ersatzschulen als Probezeit oder Erprobungszeit

**Zweiter Abschnitt
Erwerb der Laufbahnbefähigung, Zugang für die Einstiegsämter**

- § 4 Grundsatz
- § 5 Zugang für die Einstiegsämter
- § 6 Erwerb der Lehrbefähigung für das Lehramt an Grundschulen, an Haupt- und Realschulen, für Sonderpädagogik, an Gymnasien und an berufsbildenden Schulen durch Studium und Vorbereitungsdienst
- § 7 Dauer des Vorbereitungsdienstes
- § 8 Erwerb der Lehrbefähigung für das Lehramt an Grundschulen, an Haupt- und Realschulen, für Sonderpädagogik, an Gymnasien und an berufsbildenden Schulen durch Studium und berufliche Tätigkeit
- § 8a Erwerb der Lehrbefähigung für das Lehramt an Grundschulen, an Haupt- und Realschulen, für Sonderpädagogik, an Gymnasien und an berufsbildenden Schulen aufgrund im Ausland erworbener Berufsqualifikationen
- § 9 Erwerb der Lehrbefähigung als Lehrerin oder Lehrer für Fachpraxis
- § 10 Erwerb der Lehrbefähigung als Seefahrtoberlehrerin oder Seefahrtoberlehrer

**Dritter Abschnitt
Lehrbefähigung für besondere Lehrämter, Qualifizierung, Beförderungsvoraussetzungen**

- § 11 Erwerb der Lehrbefähigung für besondere Lehrämter an Förderschulen
- § 12 Erwerb der Lehrbefähigung als Oberlehrerin oder Oberlehrer im Justizvollzugsdienst
- § 13 Qualifizierung, Beförderungsvoraussetzungen

**Vierter Abschnitt
Übergangs- und Schlussvorschriften**

- § 14 Lehrbefähigung für das Lehramt an Grund-, Haupt- und Realschulen
- § 14a Lehrbefähigungen für das Lehramt an Grund- und Hauptschulen und das Lehramt an Realschulen
- § 15 Übergangsbestimmungen für den Aufstieg
- § 16 Übergangsbestimmungen für Beamtinnen und Beamte im Vorbereitungsdienst

Erster Abschnitt
Allgemeines

§ 1 Regelungsbereich

Diese Verordnung enthält für die Laufbahn der Laufbahngruppe 2 der Fachrichtung Bildung von § 13 Abs. 3 Satz 4 und den §§ 14 und 16 Abs. 2 des Niedersächsischen Beamtengesetzes abweichende Regelungen und Regelungen, die die Niedersächsische Laufbahnverordnung (NLVO) ergänzen oder von ihr abweichen.

§ 2 Regelmäßig zu durchlaufende Ämter

Abweichend von § 3 Abs. 1 NLVO kann ein Amt mit Zulage auch übertragen werden, wenn ein derselben Besoldungsgruppe zugeordnetes Amt ohne Zulage nicht durchlaufen ist.

§ 3 Tätigkeiten an anerkannten Ersatzschulen als Probezeit oder Erprobungszeit

(1) Lehrkräfte im Dienst des Landes können die Probezeit ganz oder teilweise während eines Urlaubs mit oder ohne Dienstbezüge an einer anerkannten Ersatzschule ableisten.

(2) Für eine Lehrkraft im Dienst des Landes kann die Eignung für ein höheres Amt auch festgestellt werden, wenn ihr kein Dienstposten übertragen ist, weil sie für Tätigkeiten an einer anerkannten Ersatzschule mit oder ohne Dienstbezüge beurlaubt ist, und die ausgeübten Tätigkeiten nach Art und Bedeutung mindestens den Anforderungen eines dem höheren Amt zugeordneten Dienstpostens entsprechen.

Zweiter Abschnitt
Erwerb der Laufbahnbefähigung, Zugang für die Einstiegsämter

§ 4 Grundsatz

(1) ₁Die Befähigung für die Laufbahn der Laufbahngruppe 2 der Fachrichtung Bildung hat abweichend von § 15 Abs. 2 NLVO erworben, wer nach § 6, 8, 9 oder 10 eine Lehrbefähigung erworben hat. ₂Die §§ 24 bis 26 NLVO sind nicht anzuwenden.

(2) Die Befähigung für die Laufbahn der Laufbahngruppe 2 der Fachrichtung Bildung hat auch erworben, wer nach § 8a eine Lehrbefähigung erworben hat.

§ 5 Zugang für die Einstiegsämter

(1) Die Lehrbefähigung

1. für das Lehramt an Grundschulen,
2. für das Lehramt an Haupt- und Realschulen,
3. für das Lehramt für Sonderpädagogik,
4. als Lehrerin oder Lehrer für Fachpraxis,
5. als Seefahrtoberlehrerin oder Seefahrtoberlehrer und
6. als Oberlehrerin oder Oberlehrer im Justizvollzugsdienst

eröffnet den Zugang für das erste Einstiegsamt der Laufbahn der Laufbahngruppe 2 der Fachrichtung Bildung.

(2) Die Lehrbefähigung

1. für das Lehramt an Gymnasien,
2. für das Lehramt an berufsbildenden Schulen und
3. für eines der besonderen Lehrämter an Förderschulen

eröffnet den Zugang für das zweite Einstiegsamt der Laufbahn der Laufbahngruppe 2 der Fachrichtung Bildung.

§ 6 Erwerb der Lehrbefähigung für das Lehramt an Grundschulen, an Haupt- und Realschulen, für Sonderpädagogik, an Gymnasien und an berufsbildenden Schulen durch Studium und Vorbereitungsdienst

(1) Die Lehrbefähigung für das Lehramt an Grundschulen, das Lehramt an Haupt- und Realschulen, das Lehramt für Sonderpädagogik, das Lehramt an Gymnasien oder das Lehramt an berufsbildenden Schulen hat erworben, wer

1. das für das betreffende Lehramt vorgeschriebene Studium mit einem Mastergrad (Master of Education), mit der Ersten Staatsprüfung für ein Lehramt in Niedersachsen oder mit einem gleichwertigen Abschluss abgeschlossen hat oder ein anderes Hochschulstudium mit einem Mas-

tergrad oder einem gleichwertigen Abschluss abgeschlossen hat, wenn der Abschluss zwei Fächern im Sinne der Ausbildungs- und Prüfungsverordnung zugeordnet werden kann, und

2. den nach § 7 sowie durch die Ausbildungs- und Prüfungsverordnung näher bestimmten Vorbereitungsdienst mit einer Prüfung erfolgreich abgeschlossen hat.

(2) Die Lehrbefähigung für das Lehramt an Grundschulen hat auch erworben, wer

1. das für das Lehramt nach § 5 Abs. 2 Nr. 1 vorgeschriebene Studium mit einem Mastergrad (Master of Education), mit der Ersten Staatsprüfung für ein Lehramt in Niedersachsen oder mit einem gleichwertigen Abschluss abgeschlossen hat und

2. den nach § 7 sowie durch die Ausbildungs- und Prüfungsverordnung näher bestimmten Vorbereitungsdienst für das Lehramt an Grundschulen mit einer Prüfung erfolgreich abgeschlossen hat.

(3) Die Lehrbefähigung für das Lehramt an Haupt- und Realschulen hat auch erworben, wer

1. das für das Lehramt nach § 5 Abs. 1 Nr. 1 oder Abs. 2 Nr. 1 vorgeschriebene Studium mit einem Mastergrad (Master of Education), mit der Ersten Staatsprüfung für ein Lehramt in Niedersachsen oder mit einem gleichwertigen Abschluss abgeschlossen hat und

2. den nach § 7 sowie durch die Ausbildungs- und Prüfungsverordnung näher bestimmten Vorbereitungsdienst für das Lehramt an Haupt- und Realschulen mit einer Prüfung erfolgreich abgeschlossen hat.

§ 7 Dauer des Vorbereitungsdienstes

(1) Der Vorbereitungsdienst dauert achtzehn Monate.

(2) ₁Auf die Dauer des Vorbereitungsdienstes werden bereits in Niedersachsen abgeleistete Zeiten eines Vorbereitungsdienstes der Laufbahn der Laufbahngruppe 2 der Fachrichtung Bildung und Zeiten eines nach den Vorschriften eines anderen Landes abgeleisteten Vorbereitungsdienstes für ein Lehramt mit bis zu zwölf Monaten angerechnet. ₂Ausgenommen sind Zeiten eines Vorbereitungsdienstes für ein Lehramt, in dem auch die wiederholte Abschlussprüfung nicht bestanden wurde.

(3) Auf Antrag können auf den Vorbereitungsdienst Zeiten einer förderlichen Ausbildung oder einer förderlichen beruflichen Tätigkeit mit bis zu zwölf Monaten angerechnet werden.

(4) Es ist ein Vorbereitungsdienst von mindestens sechs Monaten abzuleisten.

§ 8 Erwerb der Lehrbefähigung für das Lehramt an Grundschulen, an Haupt- und Realschulen, für Sonderpädagogik, an Gymnasien und an berufsbildenden Schulen durch Studium und berufliche Tätigkeit

(1) Die Lehrbefähigung für das Lehramt an Grundschulen, das Lehramt an Haupt- und Realschulen, das Lehramt für Sonderpädagogik, das Lehramt an Gymnasien und das Lehramt an berufsbildenden Schulen hat auch erworben, wer

1. ein anderes Hochschulstudium als ein Lehramtsstudium mit einem Mastergrad oder einem gleichwertigen Abschluss abgeschlossen hat, wenn der Abschluss zwei Fächern im Sinne der Ausbildungs- und Prüfungsverordnung zugeordnet werden kann, und

2. mindestens vier Jahre lang eine berufliche Tätigkeit nach Absatz 2 ausgeübt hat.

(2) Die berufliche Tätigkeit muss

1. fachlich an das Hochschulstudium anknüpfen sowie den fachlichen Anforderungen für das jeweilige Einstiegsamt entsprechen und

2. im Hinblick auf Aufgaben der Laufbahn die Fähigkeit der Bewerberin oder des Bewerbers zu fachlich selbständiger Berufsausübung erwiesen haben.

(3) Die Dauer der beruflichen Tätigkeit in Teilzeitbeschäftigung ist entsprechend dem Verhältnis zur regelmäßigen Arbeitszeit zu berücksichtigen, wenn die Teilzeitbeschäftigung mindestens die Hälfte der regelmäßigen Arbeitszeit betragen hat.

§ 8a Erwerb der Lehrbefähigung für das Lehramt an Grundschulen, an Haupt- und Realschulen, für Sonderpädagogik, an Gymnasien und an berufsbildenden Schulen aufgrund im Ausland erworbener Berufsqualifikationen

₁Die Lehrbefähigung für das Lehramt an Grundschulen, an Haupt- und Realschulen, für Sonderpädagogik, an Gymnasien und an berufsbildenden Schulen hat auch erworben, wer im Ausland eine der Lehrbefähigung gleichwertige Berufsqualifikation nach dem Niedersächsischen Berufsqualifikationsfeststellungsgesetz (NBQFG) erworben hat. ₂Die §§ 35 bis 42 NLVO bleiben unberührt.

§ 9 Erwerb der Lehrbefähigung als Lehrerin oder Lehrer für Fachpraxis

(1) ₁Die Lehrbefähigung als Lehrerin oder Lehrer für Fachpraxis hat erworben, wer

1. als Bildungsvoraussetzung einen Realschulabschluss oder einen als gleichwertig anerkannten Bildungsstand besitzt,

2. als sonstige Voraussetzung
   a) eine Berufsausbildung und eine für die berufliche Fachrichtung geeignete Fachschulausbildung von mindestens drei Schulhalbjahren abgeschlossen hat,
   b) eine Berufsausbildung abgeschlossen und eine für die berufliche Fachrichtung geeignete Meisterprüfung bestanden hat oder
   c) eine gleichwertige Ausbildung mit einer Prüfung abgeschlossen hat

   und

3. mindestens zwei Jahre lang eine berufliche Tätigkeit ausgeübt hat.

₂§ 8 Abs. 3 gilt entsprechend.

(2) Die berufliche Tätigkeit muss

1. fachlich an die Vorbildung nach Absatz 1 Satz 1 Nr. 2 anknüpfen sowie den fachlichen Anforderungen für das Einstiegsamt der Laufbahn entsprechen und

2. im Hinblick auf Aufgaben der Laufbahn die Fähigkeit der Bewerberin oder des Bewerbers zu fachlich selbständiger Berufsausübung erwiesen haben.

(3) ₁In Fachgebieten, in denen es eine Fachschulausbildung oder Meisterprüfung nicht gibt, wird die Lehrbefähigung als Lehrerin oder Lehrer für Fachpraxis durch eine in diesem Fachgebiet abgeschlossene Berufsausbildung und eine den Anforderungen des Absatzes 2 entsprechende sechsjährige berufliche Tätigkeit erworben. ₂§ 8 Abs. 3 gilt entsprechend.

§ 10 Erwerb der Lehrbefähigung als Seefahrtoberlehrerin oder Seefahrtoberlehrer

(1) Die Lehrbefähigung als Seefahrtoberlehrerin oder Seefahrtoberlehrer hat erworben, wer

1. das Befähigungszeugnis
   a) als Kapitän für den nautischen Dienst auf Kauffahrteischiffen aller Größen in allen Fahrtgebieten mit Ausnahme der Fischereifahrzeuge,
   b) als Kapitän für den nautischen Dienst auf Fischereifahrzeugen aller Größen in der Großen Hochseefischerei (BG) oder
   c) als Leiter der Maschinenanlage für den technischen Dienst auf Schiffen mit jeder Antriebsleistung

   erworben hat und

2. ein für die Aufgabenwahrnehmung geeignetes Hochschulstudium mit einem Bachelorgrad oder mit einem gleichwertigen Abschluss abgeschlossen hat.

(2) Über die Geeignetheit eines Hochschulstudiums und die Gleichwertigkeit eines Abschlusses entscheidet das Kultusministerium.

Dritter Abschnitt
Lehrbefähigung für besondere Lehrämter, Qualifizierung, Beförderungsvoraussetzungen

§ 11 Erwerb der Lehrbefähigung für besondere Lehrämter an Förderschulen

(1) Die Lehrbefähigung für das besondere Lehramt an Förderschulen mit dem Schwer-

punkt Hören in den Landesbildungszentren für Hörgeschädigte hat erworben, wer

1. die Lehrbefähigung für das Lehramt an Gymnasien oder für das Lehramt an berufsbildenden Schulen erworben hat und

2. das Studium
   a) der Gehörlosen- und Schwerhörigenpädagogik oder der sonderpädagogischen Fachrichtung „Hören" und
   b) einer weiteren sonderpädagogischen Fachrichtung
   erfolgreich abgeschlossen hat.

(2) Die Lehrbefähigung für das in Absatz 1 genannte Lehramt hat auch erworben, wer

1. die Lehrbefähigung für das Lehramt an Grundschulen, das Lehramt an Haupt- und Realschulen oder das Lehramt für Sonderpädagogik erworben hat,

2. mindestens ein Jahr lang als Lehrkraft an einer Förderschule mit dem Schwerpunkt Hören, an einer Förderschule mit dem Schwerpunkt Hören und Sehen oder an einer anderen allgemein bildenden oder berufsbildenden Schule überwiegend im Unterricht, in der Beratung oder in der Förderung von Schülerinnen und Schülern mit Bedarf an sonderpädagogischer Unterstützung im Förderschwerpunkt Hören tätig war und

3. ein Studium nach Absatz 1 Nr. 2 erfolgreich abgeschlossen hat.

(3) Die Lehrbefähigung für das besondere Lehramt an der Förderschule mit dem Schwerpunkt Sehen im Landesbildungszentrum für Blinde hat erworben, wer

1. die Lehrbefähigung für das Lehramt an Gymnasien oder für das Lehramt an berufsbildenden Schulen erworben hat und

2. das Studium
   a) der Blinden- und Sehbehindertenpädagogik, der Blindenpädagogik oder der sonderpädagogischen Fachrichtung „Sehen" und
   b) einer weiteren sonderpädagogischen Fachrichtung
   erfolgreich abgeschlossen hat.

(4) Die Lehrbefähigung für das in Absatz 3 genannten Lehramt hat auch erworben, wer

1. die Lehrbefähigung für das Lehramt an Grundschulen, das Lehramt an Haupt- und Realschulen oder das Lehramt für Sonderpädagogik erworben hat,

2. mindestens ein Jahr lang als Lehrkraft für blinde Schülerinnen und Schüler an einer Förderschule mit dem Schwerpunkt Sehen, an einer Förderschule mit dem Schwerpunkt Hören und Sehen oder an einer anderen allgemein bildenden oder berufsbildenden Schule überwiegend im Unterricht, in der Beratung oder in der Förderung von blinden Schülerinnen und Schülern mit Unterstützungsbedarf im Förderschwerpunkt Sehen tätig war und

3. ein Studium nach Absatz 3 Nr. 2 erfolgreich abgeschlossen hat.

§ 12 Erwerb der Lehrbefähigung als Oberlehrerin oder Oberlehrer im Justizvollzugsdienst

Die Lehrbefähigung als Oberlehrerin oder Oberlehrer im Justizvollzugsdienst hat erworben, wer eine in § 6 genannte Lehrbefähigung erworben hat.

§ 13 Qualifizierung, Beförderungsvoraussetzungen

(1) Beamtinnen und Beamte, die eine Lehrbefähigung nach § 8, 9 oder 10 erworben haben, müssen während der Probezeit pädagogisch-didaktische Qualifizierungen erfolgreich abschließen.

(2) Für Beamtinnen und Beamte, denen erstmalig ein Amt übertragen werden soll, das einer Lehrbefähigung nach § 5 Abs. 2 zugeordnet ist, und die nicht die Voraussetzung nach § 12 Abs. 2 Satz 1 Nr. 1 oder 2 NLVO erfüllen, ist eine Qualifizierung nach § 12 Abs. 2 Satz 1 Nr. 3 NLVO auch erforderlich, wenn es sich nicht um die Übertragung eines Amtes der Besoldungsgruppe A 14 durch Beförderung handelt.

(3) Beamtinnen und Beamten, die eine Qualifizierung nach § 12 Abs. 2 Satz 1 Nr. 3 NLVO erfolgreich abgeschlossen haben, kann das Amt einer Studienrätin oder eines Studienra-

tes übertragen werden, ohne dass die noch nicht durchlaufenen Ämter der Laufbahn durchlaufen sind.

(4) Abweichend von § 12 Abs. 2 Satz 1 Nr. 3 NLVO kann ein Amt, das einer Lehrbefähigung nach § 5 Abs. 1 zugeordnet ist, auch ohne Qualifizierung übertragen werden.

(5) ₁Die erstmalige Übertragung eines Amtes im Schulaufsichtsdienst durch Beförderung setzt voraus, dass die Beamtin oder der Beamte

1. ein vom Kultusministerium bestimmtes Auswahlverfahren erfolgreich durchlaufen hat und
2. während der Erprobungszeit (§ 10 NLVO) auf einem Dienstposten im Schulaufsichtsdienst eine vom Kultusministerium bestimmte Qualifizierung erfolgreich abgeschlossen sowie die Eignung für den Schulaufsichtsdienst unter Beweis gestellt hat.

₂Neben einer Qualifizierung nach Satz 1 Nr. 2 ist eine Qualifizierung nach § 12 Abs. 2 Satz 1 Nr. 3 NLVO nicht erforderlich. ₃Für die erstmalige Übertragung eines Amtes im Schulaufsichtsdienst, die keine Beförderung ist, gilt Satz 1 entsprechend mit der Maßgabe, dass an die Stelle der Erprobungszeit eine Einweisungszeit von sechs Monaten auf einem Dienstposten im Schulaufsichtsdienst tritt. ₄Für die Einweisungszeit gilt § 10 Abs. 1 Satz 3 NLVO entsprechend.

(6) Erfüllt die Beamtin oder der Beamte die Voraussetzungen für die Übertragung des Amtes einer Regierungsschulrätin oder eines Regierungsschulrates, so kann dieses Amt übertragen werden, ohne dass die noch nicht durchlaufenen Ämter der Laufbahn durchlaufen sind.

Vierter Abschnitt
Übergangs- und Schlussvorschriften

§ 14 Lehrbefähigung für das Lehramt an Grund-, Haupt- und Realschulen

(1) Die Lehrbefähigung für das Lehramt an Grund-, Haupt- und Realschulen kann bis zum 31. Dezember 2018 nach näherer Bestimmung durch die Ausbildungs- und Prüfungsverordnung erwerben, wer das für dieses Lehramt vorgeschriebene Studium mit einem Mastergrad (Master of Education), mit der Ersten Staatsprüfung für ein Lehramt in Niedersachsen oder mit einem gleichwertigen Abschluss abgeschlossen hat und den für dieses Lehramt vorgeschriebenen Vorbereitungsdienst mit einer Prüfung erfolgreich abgeschlossen hat.

(2) Die Lehrbefähigung für das Lehramt an Grund-, Haupt- und Realschulen eröffnet den Zugang für das erste Einstiegsamt der Laufbahn der Laufbahngruppe 2 der Fachrichtung Bildung.

(3) Wer die Lehrbefähigung für das Lehramt an Grund-, Haupt- und Realschulen erworben hat,

1. die Lehrbefähigung für das besondere Lehramt an Förderschulen mit dem Schwerpunkt Hören in den Landesbildungszentren für Hörgeschädigte erworben, wenn er die Voraussetzungen des § 11 Abs. 2 Nrn. 2 und 3 erfüllt,
2. die Lehrbefähigung für das besondere Lehramt an der Förderschule mit dem Schwerpunkt Sehen im Landesbildungszentrum für Blinde erworben, wenn er die Voraussetzungen des § 11 Abs. 4 Nrn. 2 und 3 erfüllt, und
3. die Lehrbefähigung als Oberlehrerin oder Oberlehrer im Justizvollzugsdienst erworben.

§ 14a Lehrbefähigungen für das Lehramt an Grund- und Hauptschulen und das Lehramt an Realschulen

(1) Die Lehrbefähigung für das Lehramt an Grund- und Hauptschulen oder für das Lehramt an Realschulen kann bis zum 31. Juli 2024 nach näherer Bestimmung durch die Ausbildungs- und Prüfungsverordnung erwerben, wer das für das betreffende Lehramt vorgeschriebene Studium mit einem Mastergrad (Master of Education), mit der ersten Staatsprüfung für ein Lehramt in Niedersachsen oder mit einem gleichwertigem Abschluss abgeschlossen hat und den für das

betreffende Lehramt vorgeschriebenen Vorbereitungsdienst mit einer Prüfung erfolgreich abgeschlossen hat.

(2) Für das Lehramt an Grund- und Hauptschulen und das Lehramt an Realschulen gilt § 14 Abs. 2 und 3 entsprechend.

§ 15 Übergangsbestimmungen für den Aufstieg

(1) ₁Beamtinnen und Beamte, die vor dem 1. April 2009 zum Aufstieg in eine Laufbahn des höheren Dienstes nach § 8, 9 oder 11 der Besonderen Niedersächsischen Laufbahnverordnung in der Fassung vom 27. Januar 2003 (Nds. GVBl. S. 42), geändert durch Verordnung vom 20. Juli 2004 (Nds. GVBl. S. 254), zugelassen worden sind, durchlaufen das Aufstiegsverfahren nach den bisher geltenden Vorschriften. ₂Das erfolgreiche Durchlaufen eines Aufstiegsverfahrens gilt als Qualifizierung nach § 12 Abs. 2 Satz 1 Nr. 3 NLVO.

(2) Beamtinnen und Beamte, die ein Aufstiegsverfahren nach § 8 der Besonderen Niedersächsischen Laufbahnverordnung in der in Absatz 1 genannten Fassung erfolgreich durchlaufen haben, kann das Amt einer Studienrätin oder eines Studienrates übertragen werden, ohne dass die noch nicht durchlaufenen Ämter der Laufbahn durchlaufen sind.

(3) Beamtinnen und Beamten, die ein Aufstiegsverfahren nach § 9 der Besonderen Niedersächsischen Laufbahnverordnung in der in Absatz 1 genannten Fassung erfolgreich durchlaufen haben, kann das Amt einer Regierungsschuldirektorin oder eines Regierungsschuldirektors übertragen werden, ohne dass die noch nicht durchlaufenen Ämter der Laufbahn durchlaufen sind.

§ 16 Übergangsbestimmungen für Beamtinnen und Beamte im Vorbereitungsdienst

(1) ₁Für Beamtinnen und Beamte, die vor dem 1. Juni 2010 in den Vorbereitungsdienst für ein Lehramt eingestellt worden sind, richtet sich die Dauer des Vorbereitungsdienstes nach den bisher geltenden Vorschriften. ₂Unterbrechen sie den Vorbereitungsdienst länger als insgesamt sechs Monate, so richtet sich die Dauer des Vorbereitungsdienstes nach dieser Verordnung.

(2) Für Beamtinnen und Beamte, die sich am 1. Juni 2010 sechs Monate oder weniger im Vorbereitungsdienst für ein Lehramt befinden, richtet sich die Dauer des Vorbereitungsdienstes nach dieser Verordnung, wenn sie dies vor dem 1. August 2010 beantragen.

Niedersächsische Verordnung über die Laufbahnen der Fachrichtung Polizei
(NLVO-Pol)

Vom 24. Mai 2013 (Nds. GVBl. S. 116)

Zuletzt geändert durch
Verordnung zur Änderung der Niedersächsischen Verordnung über die Laufbahnen der Fachrichtung Polizei
vom 14. August 2023 (Nds. GVBl. S. 193)

Inhaltsübersicht

- § 1 Regelungsbereich
- § 2 Polizeidiensttauglichkeit
- § 3 Höchstalter für die Einstellung in ein Beamtenverhältnis
- § 4 Erstes Einstiegsamt der Laufbahngruppe 2, Laufbahnbefähigung, Vorbereitungsdienst
- § 5 Zweites Einstiegsamt der Laufbahngruppe 2, Laufbahnbefähigung
- § 6 Beförderungsvoraussetzungen
- § 7 Aufstieg
- § 8 Dienstliche Beurteilung
- § 9 Inkrafttreten

Aufgrund der §§ 26 und 108 des Niedersächsischen Beamtengesetzes (NBG) vom 25. März 2009 (Nds. GVBl. S. 72), zuletzt geändert durch Artikel 2 des Gesetzes vom 12. Dezember 2012 (Nds. GVBl. S. 591), wird verordnet:

§ 1 Regelungsbereich

Diese Verordnung enthält für die Laufbahnen der Fachrichtung Polizei von § 30 Abs. 4 NBG abweichende Regelungen und Regelungen, die die Niedersächsische Laufbahnverordnung (NLVO) ergänzen oder von ihr abweichen, sowie Regelungen für die Ausbildung und Prüfung im Vorbereitungsdienst und für den Aufstieg.

§ 2 Polizeidiensttauglichkeit

In den Polizeivollzugsdienst darf nur eingestellt werden, wer polizeidiensttauglich ist.

§ 3 Höchstalter für die Einstellung in ein Beamtenverhältnis

(1) ₁Die Höchstaltersgrenzen nach § 108 Abs. 1 und 2 NBG erhöhen sich um Zeiten der tatsächlichen Betreuung oder Pflege eines Kindes unter 18 Jahren oder der Pflege einer oder eines pflegebedürftigen nahen Angehörigen im Sinne des § 7 Abs. 3 des Pflegezeitgesetzes (PflegeZG) je Kind oder Pflegefall um jeweils bis zu drei Jahre, sofern über einen dementsprechenden Zeitraum keine berufliche Tätigkeit im Umfang von in der Regel mehr als zwei Drittel der jeweiligen regelmäßigen Arbeitszeit ausgeübt wurde. ₂Die Pflegebedürftigkeit ist nach § 3 Abs. 2 PflegeZG nachzuweisen. ₃In den Fällen des § 108 Abs. 1 NBG darf das 35. Lebensjahr und in den Fällen des § 108 Abs. 2 NBG das 38. Lebensjahr nicht überschritten werden.

(2) Hat eine Laufbahnbewerberin oder ein Laufbahnbewerber die Höchstaltersgrenze überschritten, so ist eine Einstellung abweichend von § 108 Abs. 1 und 2 NBG sowie von Absatz 1 möglich, wenn sie oder er

1. an dem Tag, an dem der Antrag auf Einstellung gestellt wird, die Höchstaltersgrenze noch nicht überschritten hatte und die Einstellung innerhalb eines Jahres nach Antragstellung erfolgen oder

2. eine frühere Beamtin oder ein früherer Beamter ist und innerhalb eines Jahres nach der Entlassung wieder eingestellt wird.

(3) ₁Das für Inneres zuständige Ministerium oder die von ihm bestimmte Stelle kann im Einzelfall zulassen, dass

1. abweichend von § 108 Abs. 1 NBG eine Laufbahnbewerberin oder ein Laufbahnbewerber eingestellt wird, die oder der das 32., aber noch nicht das 35. Lebensjahr vollendet hat, und

2. abweichend von § 108 Abs. 2 NBG eine Laufbahnbewerberin oder ein Laufbahnbewerber eingestellt wird, die oder der das 35., aber noch nicht das 38. Lebensjahr vollendet hat,

wenn an der Einstellung ein dienstliches Interesse besteht. ₂Besteht an der Einstellung einer Laufbahnbewerberin oder eines Laufbahnbewerbers ein erhebliches dienstliches Interesse, so kann das für Inneres zuständige Ministerium oder die von ihm bestimmte Stelle die Einstellung unabhängig vom Alter zulassen.

§ 4 Erstes Einstiegsamt der Laufbahngruppe 2, Laufbahnbefähigung, Vorbereitungsdienst

(1) Die §§ 24 bis 26 NLVO finden keine Anwendung.

(2) Die Befähigung für die Laufbahn der Laufbahngruppe 2 der Fachrichtung Polizei, die den Zugang für das erste Einstiegsamt eröffnet, hat erworben, wer den Vorbereitungsdienst nach Absatz 3 erfolgreich abgeschlossen hat.

(3) ₁Zur Ausbildung im Vorbereitungsdienst kann zugelassen werden, wer über eine Hochschulzugangsberechtigung nach § 18 des Niedersächsischen Hochschulgesetzes verfügt. ₂Im Vorbereitungsdienst ist ein Studium an der Polizeiakademie Niedersachsen mit der Bachelorprüfung abzuschließen. ₃Der Vorbereitungsdienst dauert drei Jahre. ₄Auf die Dauer des Vorbereitungsdienstes können auf die Fachstudienzeiten andere förderliche

Studienzeiten bis zu einer Dauer von einem Jahr angerechnet werden.

(4) Die Polizeivollzugsbeamtinnen und Polizeivollzugsbeamten im Vorbereitungsdienst für das erste Einstiegsamt der Laufbahn der Laufbahngruppe 2 führen die Dienstbezeichnung „Polizeikommissaranwärterin" oder „Polizeikommissaranwärter".

(5) Abweichend von § 30 Abs. 4 Satz 1 Nr. 1 und Satz 2 NBG ist die Polizeikommissaranwärterin oder der Polizeikommissaranwärter mit Bestehen der den Vorbereitungsdienst abschließenden Prüfung aus dem Beamtenverhältnis nicht entlassen.

§ 5 Zweites Einstiegsamt der Laufbahngruppe 2, Laufbahnbefähigung

(1) Die §§ 24 bis 26 NLVO finden keine Anwendung.

(2) Die Befähigung für die Laufbahn der Laufbahngruppe 2 der Fachrichtung Polizei, die den Zugang für das zweite Einstiegsamt eröffnet, hat erworben, wer

1. ein mit einem Mastergrad abgeschlossenes Studium „Öffentliche Verwaltung-Polizeimanagement (Public Administration – Police Management)" an der Deutschen Hochschule der Polizei abgeschlossen hat oder

2. die Befähigung zum Richteramt erworben hat.

(3) ₁Das für Inneres zuständige Ministerium oder die von ihm bestimmte Stelle wählt für ein Studium nach Absatz 2 Nr. 1 Polizeivollzugsbeamtinnen und Polizeivollzugsbeamte mit der Befähigung für die Laufbahn der Laufbahngruppe 2, die den Zugang für das erste Einstiegsamt eröffnet, aus. ₂Ausgewählt werden kann, wer

1. das 40. Lebensjahr noch nicht vollendet hat,

2. eine Hochschulzugangsberechtigung besitzt, die zum Studium an der Deutschen Hochschule der Polizei berechtigt,

3. die Bachelorprüfung (§ 4 Abs. 3 Satz 2) oder eine entsprechende Prüfung mindestens mit der Note „gut" bestanden hat,

4. sich nach der Berufung in das Beamtenverhältnis auf Probe über einen Zeitraum von mindestens vier Jahren in einem Amt der Laufbahngruppe 2 bewährt hat und

5. nach den fachlichen Leistungen, den Fähigkeiten und der Persönlichkeit geeignet erscheint, Aufgaben der Laufbahn der Laufbahngruppe 2 ab dem zweiten Einstiegsamt wahrzunehmen.

(4) Das für Inneres zuständige Ministerium oder die von ihm bestimmte Stelle kann auch eine Polizeivollzugsbeamtin oder einen Polizeivollzugsbeamten auswählen, die oder der

1. das 40., aber noch nicht das 45. Lebensjahr vollendet hat, wenn

 a) eine Auswahl bis zur Vollendung des 40. Lebensjahres wegen eines von der Beamtin oder dem Beamten nicht zu vertretenden Grundes nicht möglich war,

 b) an der Auswahl der Beamtin oder des Beamten ein erhebliches dienstliches Interesse besteht oder

 c) die Beamtin oder der Beamte nach dem vollendeten 32. Lebensjahr in den Vorbereitungsdienst oder nach dem vollendeten 35. Lebensjahr in das Beamtenverhältnis auf Probe eingestellt worden ist,

2. die Voraussetzung nach Absatz 3 Satz 2 Nr. 3 nicht erfüllt, wenn sie oder er langjährig tätig war und überdurchschnittliche fachliche Leistungen erbracht hat,

3. die Voraussetzung nach Absatz 3 Satz 2 Nr. 4 nicht erfüllt, wenn an der Auswahl der Beamtin oder des Beamten ein erhebliches dienstliches Interesse besteht.

(5) Polizeivollzugsbeamtinnen und Polizeivollzugsbeamte, die die Befähigung nach Absatz 2 Nr. 2 erworben haben, erhalten in der Probezeit eine polizeifachliche Unterweisung.

§ 6 Beförderungsvoraussetzungen

Die Voraussetzung nach § 12 Abs. 2 Satz 1 Nr. 2 NLVO erfüllt nur, wer das Studium nach § 5 Abs. 2 Nr. 1 mit dem Mastergrad abgeschlossen hat.

§ 7 Aufstieg

(1) Die §§ 33 und 34 NLVO finden keine Anwendung.

(2) ₁Das für Inneres zuständige Ministerium oder die von ihm bestimmte Stelle kann Polizeivollzugsbeamtinnen und Polizeivollzugsbeamte der Laufbahngruppe 1 der Fachrichtung Polizei für den Aufstieg in die Laufbahngruppe 2 der Fachrichtung Polizei zulassen. ₂Die §§ 17 und 17a der Verordnung über die Laufbahnen des Polizeivollzugsdienstes des Landes Niedersachsen vom 7. August 1979 (Nds. GVBl. S. 236), zuletzt geändert durch Verordnung vom 15. Oktober 2007 (Nds. GVBl. S. 484), sind entsprechend anzuwenden.

§ 8 Dienstliche Beurteilung

(1) § 44 NLVO findet für Polizeivollzugsbeamtinnen und Polizeivollzugsbeamte der Polizeibehörden und der Polizeiakademie Niedersachsen keine Anwendung.

(2) ₁Polizeivollzugsbeamtinnen und Polizeivollzugsbeamte der Polizeibehörden und der Polizeiakademie Niedersachsen sind regelmäßig zu beurteilen (Regelbeurteilung). ₂Die Regelbeurteilung ist alle drei Jahre zu einem Stichtag vorzunehmen. ₃Durch Beurteilungsrichtlinien können bestimmte Gruppen von Beamtinnen und Beamten von der Regelbeurteilung ausgenommen werden. ₄Eine Beurteilung aus besonderem Anlass (Anlassbeurteilung) ist neben oder anstelle einer Regelbeurteilung nach Satz 1 zulässig, wenn dies durch Beurteilungsrichtlinien bestimmt ist oder sie rechtlich geboten ist.

(3) ₁Die Beurteilung besteht aus einer Bewertung der fachlichen Leistung und einer Einschätzung der Befähigung und Eignung im Beurteilungszeitraum unter Berücksichtigung der Anforderungen des Amtes. ₂Die Bewertung der fachlichen Leistung und die Einschätzung der Befähigung und Eignung erfolgen anhand von Wertungsstufen mit einer Skala von A bis E, die für Einzelmerkmale, die durch Beurteilungsrichtlinien bestimmt werden, und für ein abschließendes Gesamturteil vergeben werden. ₃Für die Bewertung und Einschätzung der Einzelmerkmale und des Gesamturteils sind die Wertungsstufen

A – übertrifft in hervorragender Weise die Anforderungen,
B – übertrifft erheblich die Anforderungen,
C – entspricht voll den Anforderungen,
D – entspricht im Allgemeinen den Anforderungen und
E – entspricht nicht den Anforderungen

zu verwenden. ₄Bei der Vergabe der Wertungsstufe C ist zur Binnendifferenzierung zusätzlich zum Gesamturteil die Zwischenstufe „oberer Bereich", „mittlerer Bereich" oder „unterer Bereich" zu vergeben. ₅Der Dienstherr hat sicherzustellen, dass die Beurteilungen derart vorgenommen werden, dass in der Regel nicht mehr als 10 Prozent der Polizeivollzugsbeamtinnen und Polizeivollzugsbeamten einer Besoldungsgruppe im Gesamturteil mit der Wertungsstufe A und in der Regel nicht mehr als 20 Prozent der Polizeivollzugsbeamtinnen und Polizeivollzugsbeamten einer Besoldungsgruppe im Gesamturteil mit der Wertungsstufe B und der Wertungsstufe C mit der Zwischenstufe oberer Bereich beurteilt werden. ₆Ausnahmsweise ist eine Überschreitung der prozentualen Höchstgrenzen nach Satz 5 um jeweils bis zu 5 Prozentpunkte möglich, wenn dies aufgrund besonderer Umstände im Einzelfall geboten ist. ₇Für die übrigen Wertungsstufen können durch Beurteilungsrichtlinien Richtwerte vorgegeben werden, die das anteilige Verhältnis der Wertungsstufen bestimmen.

(4) ₁Die Beurteilungen erfolgen in der Regel durch zwei Personen (Erstbeurteilerin oder Erstbeurteiler und Zweitbeurteilerin oder Zweitbeurteiler). ₂Einzelheiten zu den Zuständigkeiten der beurteilenden Personen sowie möglicher weiterer an der Beurteilung Beteiligter werden in Beurteilungsrichtlinien bestimmt. ₃Die Polizeivollzugsbeamtin oder der Polizeivollzugsbeamte ist in das Beurteilungsverfahren einzubeziehen; das Nähere wird durch Beurteilungsrichtlinien geregelt. ₄Die Beurteilung ist der Polizeivollzugsbeamtin oder dem Polizeivollzugsbeamten bekannt zu geben und mit ihr oder ihm zu besprechen.

(5) Das für Inneres zuständige Ministerium erlässt für die Beurteilung der Polizeivoll-

zugsbeamtinnen und Polizeivollzugsbeamten der Polizeibehörden und der Polizeiakademie Niedersachsen Beurteilungsrichtlinien.

§ 9 Inkrafttreten

₁Diese Verordnung tritt am Tag nach ihrer Verkündung in Kraft. ₂Gleichzeitig tritt die Verordnung über die Laufbahnen des Polizeivollzugsdienstes des Landes Niedersachsen vom 7. August 1979 (Nds. GVBl. S. 236), zuletzt geändert durch Verordnung vom 15. Oktober 2007 (Nds. GVBl. S. 484), außer Kraft.

Verordnung über die Ausbildung und Prüfung für den allgemeinen Verwaltungsdienst in den Laufbahnen der Fachrichtung Allgemeine Dienste
(APVO-AD-VerwD)

Vom 23. Mai 2012 (Nds. GVBl. S. 168)

Zuletzt geändert durch
Verordnung zur Änderung der Verordnung über die Ausbildung und Prüfung für den allgemeinen Verwaltungsdienst in den Laufbahnen der Fachrichtung Allgemeine Dienste vom 27. April 2021 (Nds. GVBl. S. 231)

Aufgrund des § 26 des Niedersächsischen Beamtengesetzes vom 25. März 2009 (Nds. GVBl. S. 72), zuletzt geändert durch Artikel 2 des Gesetzes vom 17. November 2011 (Nds. GVBl. S. 422), wird verordnet:

Erster Teil
Allgemeines

§ 1 Regelungsbereich, Ausbildungsziel

(1) Diese Verordnung regelt

1. die Ausbildung im Vorbereitungsdienst für das erste Einstiegsamt der Laufbahn der Laufbahngruppe 1 der Fachrichtung Allgemeine Dienste für den allgemeinen Verwaltungsdienst,

2. die Ausbildung und Prüfung im Vorbereitungsdienst für das zweite Einstiegsamt der Laufbahn der Laufbahngruppe 1 der Fachrichtung Allgemeine Dienste für den allgemeinen Verwaltungsdienst,

3. die Ausbildung und Prüfung für den Aufstieg in die Laufbahn der Laufbahngruppe 2 der Fachrichtung Allgemeine Dienste für den allgemeinen Verwaltungsdienst und

4. die Ausbildung und Prüfung im Vorbereitungsdienst für das erste Einstiegsamt der Laufbahn der Laufbahngruppe 2 der Fachrichtung Allgemeine Dienste für den allgemeinen Verwaltungsdienst.

(2) Ziel der Ausbildung im Vorbereitungsdienst und der Ausbildung für den Aufstieg ist es, die zur Erfüllung der Aufgaben im allgemeinen Verwaltungsdienst in der jeweiligen Laufbahn erforderlichen Kenntnisse und Fertigkeiten zu vermitteln.

§ 2 Dienstbezeichnungen

Die Beamtinnen und Beamten im Vorbereitungsdienst führen als Dienstbezeichnung die Amtsbezeichnung ihres Einstiegsamtes mit dem Zusatz „Anwärterin" oder „Anwärter".

§ 3 Bewertung der Leistungen

(1) Die Leistungen in der Ausbildung im Vorbereitungsdienst und in der Ausbildung für den Aufstieg sowie die Prüfungsleistungen sind mit folgenden Noten und Punkten zu bewerten:

sehr gut (1)	15 und 14 Punkte	eine den Anforderungen in besonderem Maß entsprechende Leistung;
gut (2)	13 bis 11 Punkte	eine den Anforderungen voll entsprechende Leistung;
befriedigend (3)	10 bis 8 Punkte	eine den Anforderungen im Allgemeinen entsprechende Leistung;
ausreichend (4)	7 bis 5 Punkte	eine Leistung, die zwar Mängel aufweist, aber im Ganzen den Anforderungen noch entspricht;
mangelhaft (5)	4 bis 2 Punkte	eine den Anforderungen nicht entsprechende Leistung, die jedoch erkennen lässt, dass die notwendigen Grundkenntnisse vorhanden sind und die Mängel in absehbarer Zeit behoben werden könnten;

ungenügend (6)	1 und 0 Punkte	eine den Anforderungen nicht entsprechende Leistung, bei der selbst die Grundkenntnisse so lückenhaft sind, dass die Mängel in absehbarer Zeit nicht behoben werden könnten.

(2) ₁Mittelwerte sind auf zwei Dezimalstellen ohne Rundung zu berechnen. ₂Sie sind den Noten wie folgt zugeordnet:

15,00 bis 14,00 Punkte	sehr gut (1),
13,99 bis 11,00 Punkte	gut (2),
10,99 bis 8,00 Punkte	befriedigend (3),
7,99 bis 5,00 Punkte	ausreichend (4),
4,99 bis 2,00 Punkte	mangelhaft (5),
1,99 bis 0 Punkte	ungenügend (6).

Zweiter Teil
Vorbereitungsdienst für das erste Einstiegsamt der Laufbahngruppe 1

§ 4 Zulassung zur Ausbildung im Vorbereitungsdienst

Zur Ausbildung im Vorbereitungsdienst für das erste Einstiegsamt der Laufbahngruppe 1 kann zugelassen werden, wer die Bildungsvoraussetzungen nach § 20 Abs. 1 der Niedersächsischen Laufbahnverordnung (NLVO) erfüllt.

§ 5 Dauer und Inhalt der Ausbildung im Vorbereitungsdienst

₁Der Vorbereitungsdienst dauert sechs Monate. ₂Die Anwärterinnen und Anwärter sollen in der Ausbildung im Vorbereitungsdienst durch Unterricht und praktische Unterweisung in die wesentlichen Aufgaben und Arbeitsvorgänge im allgemeinen Verwaltungsdienst ihrer Laufbahn sowie in die anzuwendenden Rechts- und Verwaltungsvorschriften eingeführt werden. ₃Sie sind auch mit dem Geschäftsgang, der Geschäftsverteilung, der Registratur, der Hausverwaltung und der Organisation der Ausbildungsbehörde sowie in den Grundzügen mit der Organisation der Landesverwaltung und den Rechten und Pflichten der Beamtinnen und Beamten vertraut zu machen.

§ 6 Feststellung der Befähigung

Der Vorbereitungsdienst schließt mit der Feststellung ab, ob die Anwärterin oder der Anwärter das Ziel des Vorbereitungsdienstes erreicht hat.

Dritter Teil
Ausbildung im Vorbereitungsdienst für das zweite Einstiegsamt der Laufbahngruppe 1

§ 7 Zulassung zur Ausbildung im Vorbereitungsdienst

(1) ₁Zur Ausbildung im Vorbereitungsdienst für das zweite Einstiegsamt der Laufbahngruppe 1 kann zugelassen werden, wer die Bildungsvoraussetzungen nach § 20 Abs. 2 NLVO erfüllt. ₂Die Bildungsvoraussetzung nach § 20 Abs. 2 Nr. 2 Buchst. b NLVO liegt nur vor, wenn in dem öffentlich-rechtlichen Ausbildungsverhältnis

1. die Kenntnisse und Fertigkeiten, die für den Vorbereitungsdienst erforderlich sind, durch eine fachtheoretische Ausbildung mit mindestens 330 Unterrichtsstunden und eine berufspraktische Ausbildung mit einer Dauer von mindestens neun Monaten vermittelt wurden und

2. eine Abschlussprüfung nach Maßgabe des Absatzes 2 mindestens mit der Prüfungsnote „ausreichend" bestanden wurde.

(2) ₁Die Abschlussprüfung muss aus einem schriftlichen Prüfungsteil mit mindestens drei Aufsichtsarbeiten mit einer Bearbeitungszeit von mindestens zwei Unterrichtsstunden und einem mündlichen Prüfungsteil mit mindestens drei Prüfungsabschnitten bestehen. ₂Für die Bewertung der Prüfungsleistungen ist § 3 entsprechend anzuwenden. ₃Zur Ermittlung der Prüfungsnote ist der Mittelwert der Punktzahlen der beiden Prüfungsteile zu errechnen, wobei der Mittelwert der Aufsichtsarbeiten mit 60 Prozent und der Mittelwert der mündlichen Prüfungsabschnitte mit 40 Prozent zu berücksichtigen ist. ₄Der Mittelwert ist entsprechend § 3 einer Note zuzuordnen.

§ 8 Dauer und Gliederung der Ausbildung im Vorbereitungsdienst

(1) Der Vorbereitungsdienst dauert 24 Monate und gliedert sich in

1. eine fachtheoretische Ausbildung mit einer Dauer von mindestens 10 Monaten und

2. eine berufspraktische Ausbildung mit einer Dauer von mindestens 12 Monaten.

(2) ₁Die fachtheoretische Ausbildung gliedert sich in einen Grundlehrgang mit 350 Unterrichtsstunden und einen Abschlusslehrgang mit 720 Unterrichtsstunden. ₂An den Abschlusslehrgang schließt sich die Laufbahnprüfung an.

(3) ₁Die berufspraktische Ausbildung gliedert sich in mindestens drei und höchstens fünf Ausbildungsabschnitte. ₂Die Dauer eines Ausbildungsabschnitts soll zwei Monate nicht unterschreiten.

(4) ₁Auf die Dauer des Vorbereitungsdienstes können Zeiten nach § 21 Abs. 2 Satz 4 NLVO angerechnet werden. ₂Ein förderlicher beruflicher Bildungsgang im Sinne des § 21 Abs. 2 Satz 4 Nr. 1 NLVO ist auch ein Vorbereitungsdienst für die Laufbahn der Laufbahngruppe 2 der Fachrichtung Allgemeine Dienste oder der Fachrichtung Steuerverwaltung. ₃Über die Anrechnung entscheidet die Ausbildungsbehörde im Benehmen mit dem Studieninstitut (§ 9 Abs. 2).

§ 9 Ausbildungsbehörde, Ausbildungsstellen

(1) ₁Die Ausbildungsbehörde bestellt eine Ausbildungsleiterin oder einen Ausbildungsleiter, die oder der für die Durchführung der Ausbildung verantwortlich ist und die Ausbildung überwacht. ₂Die Ausbildungsbehörde erstellt für jede Anwärterin und jeden Anwärter einen Ausbildungsplan und weist sie oder ihn den Ausbildungsstellen für die berufspraktische Ausbildung zu.

(2) Ausbildungsstelle für die fachtheoretische Ausbildung ist das Studieninstitut des Landes Niedersachsen oder das Niedersächsische Studieninstitut für Kommunale Verwaltung e. V. (Studieninstitut).

§ 10 Inhalt der Ausbildung

(1) Die Anwärterinnen und Anwärter sollen in der Ausbildung in die wesentlichen Aufgaben und Arbeitsvorgänge im allgemeinen Verwaltungsdienst ihrer Laufbahn sowie in die anzuwendenden Rechts- und Verwaltungsvorschriften eingeführt werden.

(2) In der fachtheoretischen Ausbildung ist insbesondere

1. in das Öffentliche Recht, insbesondere Allgemeines Verwaltungsrecht, Kommunalrecht und Öffentliches Dienstrecht,

2. in das Privatrecht,

3. in die Rechtsanwendung,

4. in die Wirtschaftslehre, insbesondere Verwaltungsbetriebswirtschaft, Öffentliche Finanzwirtschaft und Rechnungswesen und

5. in die sozialwissenschaftlichen Grundlagen des Verwaltungshandelns

einzuführen.

(3) In der berufspraktischen Ausbildung ist in mindestens drei der Aufgabenbereiche

1. Organisation der staatlichen Verwaltung oder der Kommunalverwaltung,

2. Haushalts-, Kassen- und Rechnungswesen,

3. Finanz- und Abgabenwesen,

4. Ordnungsverwaltung,

5. Sozialhilfe oder Jugendhilfe und

6. Öffentliches Dienstrecht

einzuführen.

(4) Das für Inneres zuständige Ministerium veröffentlicht Lehr- und Stoffverteilungspläne.

§ 11 Beurteilung der Leistungen während der Ausbildung

(1) ₁In der fachtheoretischen Ausbildung sind mindestens 20 Aufsichtsarbeiten anzufertigen. ₂Die Bearbeitungszeit soll für jede Aufsichtsarbeit im Grundlehrgang zwei Unterrichtsstunden und im Abschlusslehrgang vier Unterrichtsstunden betragen. ₃Die Lehrkraft, die das Fach unterrichtet, bewertet die jeweilige Arbeit und teilt die Bewertung der Anwärterin oder dem Anwärter mit. ₄Am Ende der fachtheoretischen Ausbildung ermittelt

das Studieninstitut die Ausbildungsnote für die fachtheoretische Ausbildung. ₅Hierfür errechnet es den Mittelwert der Punktzahlen der Bewertungen der Aufsichtsarbeiten im Grundlehrgang und den Mittelwert der Punktzahlen der Bewertungen der Aufsichtsarbeiten im Abschlusslehrgang. ₆Aus den Mittelwerten nach Satz 5 wird der Mittelwert errechnet, wobei die Punktzahl für den Grundlehrgang mit 25 Prozent und die Punktzahl für den Abschlusslehrgang mit 75 Prozent berücksichtigt werden. ₇Der Mittelwert nach Satz 6 (Punktzahl der Ausbildungsnote für die fachtheoretische Ausbildung) wird einer Note (Ausbildungsnote für die fachtheoretische Ausbildung) zugeordnet.

(2) ₁In der berufspraktischen Ausbildung gibt die jeweilige Ausbildungsstelle für die berufspraktische Tätigkeit am Ende eines Abschnitts eine Beurteilung über die Leistungen der Anwärterin oder des Anwärters ab. ₂Die Gesamtleistung ist zu bewerten. ₃Die Beurteilung ist mit der Anwärterin oder dem Anwärter zu besprechen. ₄Am Ende der berufspraktischen Ausbildung ermittelt die Ausbildungsbehörde die Ausbildungsnote für die berufspraktische Ausbildung. ₅Hierfür errechnet sie den Mittelwert der Punktzahlen der Bewertungen nach Satz 2. ₆Der Mittelwert (Punktzahl der Ausbildungsnote für die berufspraktische Ausbildung) wird einer Note (Ausbildungsnote für die berufspraktische Ausbildung) zugeordnet.

(3) ₁Am Ende der Ausbildung ermittelt das Studieninstitut die Ausbildungsgesamtnote. ₂Hierfür errechnet es den Mittelwert der Punktzahl der Ausbildungsnote für die fachtheoretische Ausbildung und der Punktzahl der Ausbildungsnote für die berufspraktische Ausbildung, wobei die Punktzahl der Ausbildungsnote für die fachtheoretische Ausbildung mit 75 Prozent und die Punktzahl der Ausbildungsnote für die berufspraktische Ausbildung mit 25 Prozent berücksichtigt werden. ₃Der Mittelwert (Punktzahl der Ausbildungsgesamtnote) wird einer Note (Ausbildungsgesamtnote) zugeordnet.

(4) Die Ausbildungsnoten nach den Absätzen 1 und 2 und die Ausbildungsgesamtnote sind der Anwärterin oder dem Anwärter mitzuteilen.

Vierter Teil
Ausbildung für den Aufstieg

§ 12 Ausbildung

(1) Beamtinnen und Beamte, die zum Regelaufstieg zugelassen sind, werden in die Aufgaben des allgemeinen Verwaltungsdienstes der Laufbahn der Laufbahngruppe 2 der Fachrichtung Allgemeine Dienste

1. in einem Aufstiegslehrgang bei einem Studieninstitut (fachtheoretische Ausbildung) und
2. durch eine berufspraktische Tätigkeit am Arbeitsplatz mit einer Dauer von sechs Monaten

eingeführt.

(2) ₁Die fachtheoretische Ausbildung gliedert sich in einen Grundlehrgang mit mindestens 350 Unterrichtsstunden und einen Abschlusslehrgang mit mindestens 750 Unterrichtsstunden. ₂An den Abschlusslehrgang schließt sich die Aufstiegsprüfung an. ₃§ 10 Abs. 2 und 4 ist entsprechend anzuwenden.

(3) Die berufspraktische Tätigkeit soll zwischen Grund- und Abschlusslehrgang geleistet werden; ein Teil der berufspraktischen Tätigkeit kann vor Beginn des Grundlehrgangs geleistet werden.

§ 13 Beurteilung der Leistungen während der Ausbildung

(1) ₁In der fachtheoretischen Ausbildung sind eine Hausarbeit und mindestens 18 Aufsichtsarbeiten zu fertigen und es ist mindestens ein Referat zu halten. ₂Die Bearbeitungszeit für jede Aufsichtsarbeit soll im Grundlehrgang vier Unterrichtsstunden und im Abschlusslehrgang fünf Unterrichtsstunden betragen. ₃§ 11 Abs. 1 Sätze 3 bis 7 ist entsprechend anzuwenden.

(2) Für die berufspraktische Tätigkeit ist § 11 Abs. 2 Sätze 1 bis 3 entsprechend anzuwenden.

Fünfter Teil
Laufbahnprüfung für das zweite Einstiegsamt der Laufbahngruppe 1, Aufstiegsprüfung

§ 14 Prüfungen
Die §§ 15 bis 25 gelten für
1. die Laufbahnprüfung für das zweite Einstiegsamt der Laufbahngruppe 1 und
2. die Aufstiegsprüfung.

§ 15 Prüfungsbehörde
(1) Prüfungsbehörde ist das jeweilige Studieninstitut.

(2) Entscheidungen und sonstige Maßnahmen, die die Prüfung betreffen, werden von der Prüfungsbehörde getroffen, soweit in dieser Verordnung nichts anderes bestimmt ist.

§ 16 Prüfungsausschüsse
(1) Zur Abnahme der Prüfungen werden bei der Prüfungsbehörde Prüfungsausschüsse gebildet.

(2) Ein Prüfungsausschuss besteht aus
1. einer oder einem Vorsitzenden mit der Befähigung für das Richteramt,
2. zwei Mitgliedern mit der Befähigung für die Laufbahn der Laufbahngruppe 2 der Fachrichtung Allgemeine Dienste,
3. einer Vertreterin oder einem Vertreter der Prüfungsbehörde und
4. einer in der fachtheoretischen Ausbildung tätigen Person (Fachlehrerin oder Fachlehrer).

(3) ₁Der Prüfungsausschuss entscheidet mit der Mehrheit der Stimmen seiner Mitglieder. ₂Stimmenthaltung ist nicht zulässig.

§ 17 Prüfungsteile
Die Prüfung besteht aus einer schriftlichen und einer mündlichen Prüfung.

§ 18 Schriftliche Prüfung
(1) ₁Die schriftliche Prüfung besteht aus vier Aufsichtsarbeiten aus den in § 10 Abs. 2 Nrn. 1 bis 4 genannten Ausbildungsinhalten. ₂Die Bearbeitungszeit beträgt in der Laufbahnprüfung jeweils vier Zeitstunden und in der Aufstiegsprüfung jeweils fünf Zeitstunden.

(2) ₁Die Fachlehrerinnen und Fachlehrer unterbreiten Vorschläge für die Aufsichtsarbeiten. ₂Die Prüfungsbehörde wählt die Aufgaben aus den Vorschlägen aus und entscheidet über die zulässigen Hilfsmittel.

(3) ₁Jede Aufsichtsarbeit ist von einer Fachlehrerin oder einem Fachlehrer, die oder der Mitglied des Prüfungsausschusses sein kann, und einem Mitglied des Prüfungsausschusses zu bewerten. ₂Weichen die Einzelbewertungen um nicht mehr als drei Punkte voneinander ab, so gilt der Mittelwert. ₃Bei größeren Abweichungen entscheidet die oder der Vorsitzende des Prüfungsausschusses. ₄Sie oder er kann sich für eine der beiden Einzelbewertungen oder für eine dazwischen liegende Punktzahl entscheiden.

(4) Die Prüfungsbehörde errechnet den Mittelwert der Punktzahlen der Bewertungen nach Absatz 3 (Punktzahl der Note für die schriftliche Prüfung).

(5) ₁Sind mindestens zwei Aufsichtsarbeiten mit mindestens „ausreichend (4)" bewertet worden und beträgt die Punktzahl der schriftlichen Prüfungsnote mindestens „4", so erhält der Prüfling eine Mitteilung über die Bewertungen. ₂Sind mehr als zwei Aufsichtsarbeiten nicht mit mindestens „ausreichend (4)" bewertet worden oder beträgt die Punktzahl der Note für die schriftliche Prüfung nicht mindestens „4", so ist die Laufbahnprüfung oder die Aufstiegsprüfung nicht bestanden und wird nicht fortgesetzt; hierüber erhält der Prüfling einen Bescheid.

§ 19 Mündliche Prüfung
(1) ₁Die mündliche Prüfung soll sich auf die in § 10 Abs. 2 genannten Ausbildungsinhalte erstrecken. ₂Sie ist in vier Abschnitte mit unterschiedlichen Schwerpunkten zu gliedern. ₃Sie soll als Gruppenprüfung stattfinden; es sollen nicht mehr als fünf Prüflinge gleichzeitig geprüft werden. ₄In der Laufbahnprüfung sollen auf jeden Prüfling etwa 30 Minuten Prüfungszeit entfallen und in der Aufstiegsprüfung etwa 45 Minuten.

(2) ₁Der Prüfungsausschuss bewertet die mündliche Prüfungsleistung in jedem Abschnitt. ₂Die oder der Vorsitzende errechnet den Mittelwert der Punktzahlen der Bewertungen nach Satz 1 (Punktzahl der Note für die mündliche Prüfung).

(3) ₁Die mündliche Prüfung ist nicht öffentlich. ₂Die oder der Vorsitzende kann zulassen, dass

1. Vertreterinnen und Vertreter von Personalvertretungen der Ausbildungsbehörden und

2. andere Personen, an deren Anwesenheit ein dienstliches Interesse besteht,

bei der mündlichen Prüfung, mit Ausnahme der Beratung über die Bewertung, zuhören. ₃Die in Satz 2 Nr. 1 genannten Personen können nur zugelassen werden, wenn kein Prüfling widerspricht.

§ 20 Ergebnis der Prüfung, Prüfungszeugnis, Berufsbezeichnung

(1) ₁Zur Ermittlung der Prüfungsnote wird der Mittelwert der Punktzahlen der Noten für die beiden Prüfungsteile errechnet, wobei die Punktzahl der Note für die schriftliche Prüfung mit 60 Prozent und die Punktzahl der Note für die mündliche Prüfung mit 40 Prozent berücksichtigt werden. ₂Der Mittelwert (Punktzahl der Prüfungsnote) wird einer Note (Prüfungsnote) zugeordnet.

(2) ₁Zur Ermittlung der Gesamtnote für die Laufbahnprüfung wird der Mittelwert der Punktzahl der Ausbildungsgesamtnote und der Punktzahl der Prüfungsnote errechnet, wobei die Punktzahl der Ausbildungsgesamtnote mit 40 Prozent und die Punktzahl der Prüfungsnote mit 60 Prozent berücksichtigt werden. ₂Der Mittelwert (Punktzahl der Gesamtnote) wird einer Note (Gesamtnote) zugeordnet.

(3) ₁Zur Ermittlung der Gesamtnote für die Aufstiegsprüfung wird der Mittelwert der Punktzahl der Ausbildungsnote für die fachtheoretische Ausbildung und der Punktzahl der Prüfungsnote errechnet, wobei die Punktzahl der Ausbildungsnote für die fachtheoretische Ausbildung mit 40 Prozent und die Punktzahl der Prüfungsnote mit 60 Prozent berücksichtigt werden. ₂Der Mittelwert (Punktzahl der Gesamtnote) wird einer Note (Gesamtnote) zugeordnet.

(4) Die Prüfung ist bestanden, wenn die Prüfungsnote und die Gesamtnote jeweils mindestens „ausreichend (4)" lauten.

(5) Die oder der Vorsitzende des Prüfungsausschusses gibt nach Abschluss der mündlichen Prüfung dem Prüfling die Bewertungen der mündlichen Prüfungsleistungen, das Bestehen oder Nichtbestehen der Prüfung sowie die Gesamtnote und die Punktzahl der Gesamtnote bekannt.

(6) Über die bestandene Prüfung erhält die Anwärterin oder der Anwärter ein Prüfungszeugnis mit der Gesamtnote und der Punktzahl der Gesamtnote.

(7) Wer die Prüfung nicht bestanden hat, erhält eine schriftliche Mitteilung, in der Bewertungen der Prüfungsleistungen und die Prüfungsinhalte anzugeben sind.

(8) Die bestandene Laufbahnprüfung für die Laufbahngruppe 1 berechtigt, die Berufsbezeichnung „Verwaltungswirtin" oder „Verwaltungswirt" zu führen.

(9) Die bestandene Aufstiegsprüfung berechtigt, die Berufsbezeichnung „Verwaltungsfachwirtin" oder „Verwaltungsfachwirt" zu führen.

§ 21 Niederschrift

Die oder der Vorsitzende des Prüfungsausschusses fertigt eine Niederschrift über den Ablauf und den wesentlichen Inhalt der mündlichen Prüfung, die Zusammensetzung des Prüfungsausschusses und das Ergebnis der Prüfung.

§ 22 Wiederholung der Prüfung

₁Wer die Laufbahn- oder die Aufstiegsprüfung nicht bestanden hat, kann sie nach Wiederholung des Abschlusslehrgangs einmal wiederholen. ₂Auf Vorschlag des Prüfungsausschusses kann die Ausbildungsbehörde der Anwärterin oder dem Anwärter die Wiederholung des Abschlusslehrgangs erlassen. ₃Für zum Aufstieg zugelassene Beamtinnen und Beamten kann die oder der Dienstvorgesetzte auf Vorschlag des Prüfungsausschusses die Wiederholung des Abschlusslehrgangs erlassen.

§ 23 Verhinderung, Versäumnis

(1) ₁Ist der Prüfling durch Krankheit oder einen sonstigen von ihm nicht zu vertretenden Grund an der Ablegung der Prüfung oder der Erbringung einer Prüfungsleistung gehindert, so hat er dies der Prüfungsbehörde unverzüglich mitzuteilen und bei Erkrankung durch ein ärztliches Zeugnis, im Übrigen in sonst geeigneter Weise unverzüglich nachzuweisen. ₂Die Prüfungsbehörde kann die Vorlage eines amtsärztlichen Zeugnisses verlangen. ₃Sie stellt fest, ob eine vom Prüfling nicht zu vertretende Verhinderung vorliegt. ₄Liegt eine vom Prüfling nicht zu vertretende Verhinderung vor, so gilt eine nicht abgeschlossene Prüfungsleistung als nicht unternommen.

(2) Erbringt ein Prüfling eine Prüfungsleistung ohne Vorliegen eines Grundes nach Absatz 1 nicht oder nicht rechtzeitig, so gilt die Prüfungsleistung als mit „ungenügend (6)" – 0 Punkte – bewertet.

§ 24 Täuschung, Ordnungswidriges Verhalten

(1) ₁Versucht der Prüfling, das Ergebnis der Prüfung durch Täuschung zu beeinflussen oder verstößt er erheblich gegen die Ordnung, so wird die betroffene Prüfungsleistung in der Regel mit „ungenügend (6)" – 0 Punkte – bewertet. ₂In leichten Fällen kann die Wiederholung der Prüfungsleistung aufgegeben oder von Maßnahmen abgesehen werden. ₃In besonders schweren Fällen kann die Laufbahn- oder die Aufstiegsprüfung für nicht bestanden erklärt werden. ₄Über das Vorliegen und die Folgen eines Täuschungsversuchs oder eines erheblichen Ordnungsverstoßes entscheidet die Prüfungsbehörde.

(2) Ein Prüfling, der wiederholt zu täuschen versucht oder erheblich gegen die Ordnung verstößt, kann von der oder dem Aufsichtführenden von der Fortsetzung der Anfertigung der Aufsichtsarbeit oder von der oder dem Vorsitzenden des Prüfungsausschusses von der Fortsetzung der mündlichen Prüfung ausgeschlossen werden.

(3) Wird der Prüfungsbehörde eine Täuschung erst nach Erteilung des Prüfungszeugnisses bekannt, so kann sie die Prüfung nur innerhalb von drei Jahren nach Bekanntgabe des Ergebnisses der Laufbahn- oder der Aufstiegsprüfung für nicht bestanden erklären.

§ 25 Einsichtnahme in die Prüfungsakte

Der Prüfling kann seine Prüfungsakte innerhalb eines Jahres nach Bekanntgabe des Bestehens oder Nichtbestehens der Prüfung einsehen.

Sechster Teil
Vorbereitungsdienst für das erste Einstiegsamt der Laufbahngruppe 2

§ 26 Zulassung zur Ausbildung im Vorbereitungsdienst

Zur Ausbildung im Vorbereitungsdienst für das erste Einstiegsamt der Laufbahngruppe 2 kann zugelassen werden, wer über eine Hochschulzugangsberechtigung nach § 18 des Niedersächsischen Hochschulgesetzes verfügt, die zum Studium

1. an der Kommunalen Hochschule für Verwaltung in Niedersachsen oder

2. an der Hochschule Osnabrück

berechtigt.

§ 27 Inhalt der Ausbildung, Laufbahnbefähigung

(1) In der Ausbildung im Vorbereitungsdienst sollen den Anwärterinnen und Anwärtern die für die Erfüllung der Aufgaben des allgemeinen Verwaltungsdienstes ihrer Laufbahn erforderlichen wissenschaftlichen Erkenntnisse und Methoden sowie die berufspraktischen Fähigkeiten und Kenntnisse in einem Bachelorstudiengang an einer der in § 26 genannten Hochschulen vermittelt werden.

(2) ₁Wer den Vorbereitungsdienst mit der Bachelorprüfung als Hochschulprüfung nach den Anforderungen dieser Verordnung abgeschlossen hat und dafür ein Studium absolviert hat, das den Anforderungen dieser Verordnung entspricht, hat die Befähigung für die Laufbahn der Laufbahngruppe 2 der Fachrichtung Allgemeine Dienste erworben. ₂Die Befähigung eröffnet den Zugang für das erste Einstiegsamt.

§ 28 Dauer und Gliederung der Ausbildung im Vorbereitungsdienst

(1) ₁Der Vorbereitungsdienst dauert drei Jahre. ₂Im Vorbereitungsdienst ist

1. ein Studium im Studiengang „Allgemeine Verwaltung" oder „Verwaltungsbetriebswirtschaft" an der Kommunalen Hochschule für Verwaltung in Niedersachsen oder

2. ein Studium im Studiengang „Allgemeine Verwaltung" an der Hochschule Osnabrück

abzuschließen ₃Das Studium gliedert sich in ein Grundstudium und ein Hauptstudium mit Fachstudien von insgesamt zweijähriger Dauer und berufspraktischen Studienzeiten von insgesamt zwölfmonatiger Dauer.

(2) ₁Auf die Dauer des Vorbereitungsdienstes können auf die Fachstudienzeiten andere Studienzeiten, und zwar höchstens ein Jahr, und auf die berufspraktischen Studienzeiten Zeiten nach § 26 Abs. 4 Satz 1 Nrn. 1 und 3 NLVO, und zwar höchstens sechs Monate, angerechnet werden, wenn die Zeiten geeignet sind, die Studienzeiten ganz oder teilweise zu ersetzen. ₂Über die Anrechnung entscheidet die oder der Dienstvorgesetzte auf Antrag der Anwärterin oder des Anwärters im Einvernehmen mit der Hochschule.

§ 29 Bewertung der Leistungen

₁Abweichend von § 3 können Prüfungsleistungen unbenotet bleiben. ₂Unbenotete Prüfungsleistungen sind mit „bestanden" oder „nicht bestanden" zu bewerten.

§ 30 Module, Leistungspunkte, Prüfungsleistungen

(1) ₁In den Fachstudien und den berufspraktischen Studienzeiten sind Lehreinheiten (im Folgenden: Module und Teilmodule), denen von der Hochschule insgesamt 180 Leistungspunkte nach dem European Credit Transfer System zugeordnet sind, zu belegen. ₂Die Leistungspunkte werden durch das Bestehen der für die Module und Teilmodule vorgesehenen Prüfungen erworben.

(2) ₁Den Modulen der Fachstudien, die dem Fachgebiet Rechtswissenschaften zugeordnet sind (§ 31), sind im Studiengang „Allgemeine Verwaltung" insgesamt mindestens 90 und im Studiengang „Verwaltungsbetriebswirtschaft" insgesamt mindestens 60 Leistungspunkte zuzuordnen. ₂Modulen und Teilmodulen der Fachstudien, für die ausschließlich nicht benotete Prüfungsleistungen vorgesehen sind (§ 29), sind insgesamt höchstens zehn Leistungspunkte zuzuordnen.

(3) ₁Für jedes Modul ist mindestens eine Prüfung vorzusehen. ₂Prüfungen werden durchgeführt in Form von

1. Klausuren,
2. Referaten,
3. Hausarbeiten,
4. Aktenaufbereitungen mit Entscheidungsentwurf,
5. mündlichen Prüfungen,
6. Präsentationen,
7. Protokollen und
8. Berichten; für die Module der fachpraktischen Studienzeiten können die Prüfungen auch in anderer Form durchgeführt werden.

₃In den Modulen der Fachstudien sind insgesamt mindestens drei Prüfungen in Form von Klausuren mit einer Bearbeitungszeit von jeweils mindestens vier Zeitstunden durchzuführen. ₄Mindestens eine dieser Klausuren muss einen rechtswissenschaftlichen Schwerpunkt und eine juristische Fallbearbeitung zum Inhalt haben.

(4) ₁Im letzten Studienjahr sind in einem Modul Prüfungsleistungen in Form einer schriftlichen Bachelorarbeit und eines Kolloquiums vorzusehen. ₂Mit der Bachelorarbeit soll die Befähigung nachgewiesen werden, in einem vorgegebenen Zeitraum eine auf die Ausbildungsinhalte bezogene Problemstellung mit wissenschaftlichen Methoden selbstständig bearbeiten zu können. ₃In dem Kolloquium ist die Bachelorarbeit mündlich zu erläutern und zu verteidigen.

§ 31 Fachstudien

Die Module der Fachstudien sind den folgenden Fachgebieten zugeordnet:

1. Rechtswissenschaften (allgemeines und besonderes Verwaltungsrecht, Verfassungsrecht, Europarecht und Grundlagen des Privatrechts),
2. Verwaltungswissenschaften (Verwaltungslehre, Informations- und Kommunikationstechnologie),
3. Wirtschaftswissenschaften (Volkswirtschaftslehre, Verwaltungsbetriebswirtschaftslehre und Öffentliche Finanzwirtschaft) und
4. Sozialwissenschaften (Soziologie, Politikwissenschaft und Sozialpsychologie).

§ 32 Berufspraktische Studienzeiten

(1) ₁Die Module der berufspraktischen Studienzeiten werden unter der Verantwortung der Hochschule als praktische Ausbildung am Arbeitsplatz durchgeführt. ₂Jede Ausbildungsbehörde bestellt eine Ausbildungsleiterin oder einen Ausbildungsleiter, die oder der die Zusammenarbeit mit der Hochschule sicherstellt und die Ausbildung überwacht.

(2) Mit der Ausbildung sollen Personen betraut werden, die die Befähigung für die Laufbahn der Laufbahngruppe 2 der Fachrichtung Allgemeine Dienste besitzen, oder Arbeitnehmerinnen oder Arbeitnehmer mit einer gleichwertigen Qualifikation.

(3) ₁Die berufspraktischen Studienzeiten gliedern sich in drei Teile. ₂Die berufspraktische Studienzeit I ist Bestandteil des Grundstudiums, die berufspraktische Studienzeit II und die berufspraktische Studienzeit III sind Bestandteile des Hauptstudiums. ₃Die berufspraktische Studienzeit I und die berufspraktische Studienzeit III sollen in zwei Abschnitte, die berufspraktische Studienzeit II kann in zwei Abschnitte geteilt werden. ₄Ein Abschnitt soll in einer Organisationseinheit mit Querschnittsfunktionen, ein Abschnitt in einer Organisationseinheit mit schwerpunktmäßig rechtlichen Aufgaben und ein Abschnitt in einer Organisationseinheit mit schwerpunktmäßig wirtschaftlichen Aufgaben abgeleistet werden. ₅Während eines Abschnitts sollen auch Aufgaben, die unmittelbaren Kontakt zu Bürgerinnen und Bürgern ermöglichen, wahrgenommen werden.

(4) ₁Mindestens ein Abschnitt mit einer Dauer von mindestens zwei und höchstens drei Monaten soll außerhalb der Ausbildungsbehörde abgeleistet werden. ₂Er kann auch bei einer für den Studiengang geeigneten Einrichtung außerhalb der öffentlichen Verwaltung abgeleistet werden. ₃Auf einen Abschnitt nach Satz 2 ist Absatz 2 nicht anzuwenden.

§ 33 Bestehen von Prüfungen, Bachelorprüfung

(1) ₁Eine Prüfung ist bestanden, wenn die Prüfungsleistung mit mindestens „ausreichend" oder mit „bestanden" bewertet ist. ₂Wer die Prüfung nicht bestanden hat, kann sie einmal wiederholen. ₃Im Grundstudium und im Hauptstudium kann im Fall des Nichtbestehens einer Wiederholungsprüfung jeweils eine Prüfung ein weiteres Mal wiederholt werden.

(2) ₁Die Bachelorprüfung ist bestanden, wenn die für die Module und Teilmodule vorgesehenen Prüfungen bestanden sind. ₂Es ist eine Gesamtnote zu bilden.

(3) Die Bachelorprüfung ist endgültig nicht bestanden, wenn eine Prüfung wiederholt nicht bestanden ist und eine weitere Wiederholung der Prüfung nicht möglich ist.

§ 34 Prüfungszeugnis, Mitteilung über das Nichtbestehen der Bachelorprüfung

(1) ₁Über die bestandene Bachelorprüfung stellt die Hochschule ein Prüfungszeugnis mit der Gesamtnote aus. ₂Das Gewicht der rechtswissenschaftlichen Prüfungsanteile in der Gesamtnote muss erkennbar sein.

(2) Ist die Bachelorprüfung nicht bestanden, so teilt die Hochschule dies der Anwärterin oder dem Anwärter und der Ausbildungsbehörde schriftlich mit.

§ 35 Regelungen der Hochschule

Die Regelung der Einzelheiten zum Inhalt und Ablauf des Studiums sowie zu den Prüfungen, insbesondere

1. die Lehrinhalte der Module und Teilmodule,
2. die Anzahl der Leistungspunkte für jedes Modul und jedes Teilmodul sowie die Ge-

wichtung der Module für die Gesamtnote der Bachelorprüfung,
3. die Abschnitte und die Durchführung der berufspraktischen Studienzeiten,
4. die Form und die Gegenstände der Prüfungen sowie die Anzahl der Prüfungen in den Modulen und
5. das Prüfungsverfahren, insbesondere die Organisation und der Ablauf der Prüfungen, die Bewertung der Prüfungsleistungen und die Folgen von Ordnungsverstößen,

bleiben der Hochschule vorbehalten.

§ 36 Befähigung für die Laufbahn der Laufbahngruppe 1 der Fachrichtung Allgemeine Dienste

₁Mit dem Erwerb der Befähigung für die Laufbahn der Laufbahngruppe 2 der Fachrichtung Allgemeine Dienste wird auch die Befähigung für die Laufbahn der Laufbahngruppe 1 der Fachrichtung Allgemeine Dienste erworben. ₂Sie eröffnet den Zugang für das zweite Einstiegsamt.

Siebter Teil
Übergangs- und Schlussvorschriften

§ 37 Übergangsvorschrift

Auf die Ausbildung der Anwärterinnen und Anwärter im Vorbereitungsdienst für das erste Einstiegsamt der Laufbahn der Laufbahngruppe 2 der Fachrichtung Allgemeine Dienste für den allgemeinen Verwaltungsdienst, die ihren Vorbereitungsdienst vor dem 1. August 2020 begonnen haben, ist diese Verordnung in der am 31. Juli 2020 geltenden Fassung weiterhin anzuwenden.

§ 37a Abweichende Vorschriften wegen der Auswirkungen der COVID-19-Pandemie

(1) Wegen der Auswirkungen der COVID-19-Pandemie auf die Ausbildung und Prüfung der Anwärterinnen und Anwärter, die sich in der Ausbildung im Vorbereitungsdienst für das zweite Einstiegsamt der Laufbahn der Laufbahngruppe 1 der Fachrichtung Allgemeine Dienste für den allgemeinen Verwaltungsdienst befinden und deren Vorbereitungsdienst im Jahr 2020 endet,

1. genügt abweichend von § 8 Abs. 2 Satz 1 ein Abschlusslehrgang mit weniger als 720 Unterrichtsstunden,
2. genügt abweichend von § 11 Abs. 1 Satz 1 eine fachtheoretische Ausbildung mit weniger als 20 Aufsichtsarbeiten und
3. kann die mündliche Prüfung (§ 19) nach Entscheidung der Prüfungsbehörde auch als Videokonferenz durchgeführt werden.

(2) Wegen der Auswirkungen der COVID-19-Pandemie auf die Ausbildung und Prüfung der Anwärterinnen und Anwärter, die sich in der Ausbildung im Vorbereitungsdienst für das zweite Einstiegsamt der Laufbahn der Laufbahngruppe 1 der Fachrichtung Allgemeine Dienste für den allgemeinen Verwaltungsdienst befinden und deren Vorbereitungsdienst im Jahr 2021 oder 2022 endet,

1. genügen abweichend von § 8 Abs. 2 Satz 1 ein Grundlehrgang mit weniger als 350 Unterrichtsstunden und ein Abschlusslehrgang mit weniger als 720 Unterrichtsstunden,
2. genügt abweichend von § 11 Abs. 1 Satz 1 eine fachtheoretische Ausbildung mit weniger als 20 Aufsichtsarbeiten und
3. kann die mündliche Prüfung (§ 19) nach Entscheidung der Prüfungsbehörde auch als Videokonferenz durchgeführt werden.

(3) Wegen der Auswirkungen der COVID-19-Pandemie auf die Ausbildung und Prüfung der Beamtinnen und Beamten, die sich in der Ausbildung für den Aufstieg in die Laufbahn der Laufbahngruppe 2 der Fachrichtung Allgemeine Dienste für den allgemeinen Verwaltungsdienst befinden und deren Aufstiegslehrgang im Jahr 2020 endet,

1. genügt abweichend von § 12 Abs. 2 Satz 1 ein Abschlusslehrgang mit weniger als 750 Unterrichtsstunden,
2. genügt abweichend von § 13 Abs. 1 Satz 1 eine fachtheoretische Ausbildung mit weniger als 18 Aufsichtsarbeiten und ohne Referat und

3. kann die mündliche Prüfung (§ 19) nach Entscheidung der Prüfungsbehörde auch als Videokonferenz durchgeführt werden.

(4) Wegen der Auswirkungen der COVID-19-Pandemie auf die Ausbildung und Prüfung der Beamtinnen und Beamten, die sich in der Ausbildung für den Aufstieg in die Laufbahn der Laufbahngruppe 2 der Fachrichtung Allgemeine Dienste für den allgemeinen Verwaltungsdienst befinden und deren Aufstiegslehrgang im Jahr 2021 oder 2022 endet,

1. genügen abweichend von § 12 Abs. 2 Satz 1 ein Grundlehrgang mit weniger als 350 Unterrichtsstunden und ein Abschlusslehrgang mit weniger als 750 Unterrichtsstunden,
2. genügt abweichend von § 13 Abs. 1 Satz 1 eine fachtheoretische Ausbildung mit weniger als 18 Aufsichtsarbeiten und
3. kann die mündliche Prüfung (§ 19) nach Entscheidung der Prüfungsbehörde auch als Videokonferenz durchgeführt werden.

§ 38 Inkrafttreten

₁Diese Verordnung tritt am 1. August 2012 in Kraft. ₂Gleichzeitig treten

1. die Verordnung über die Ausbildung für die Laufbahn des einfachen allgemeinen Verwaltungsdienstes vom 2. November 2004 (Nds. GVBl. S. 391),
2. die Verordnung über die Ausbildung und Prüfung für die Laufbahnen des mittleren allgemeinen Verwaltungsdienstes und des mittleren Polizeiverwaltungsdienstes vom 30. Juni 1999 (Nds. GVBl. S. 135),
3. die Verordnung über den Aufstieg in die Laufbahnen des gehobenen allgemeinen Verwaltungsdienstes und des gehobenen Polizeiverwaltungsdienstes vom 18. Juli 2000 (Nds. GVBl. S. 174),
4. die Verordnung über die Ausbildung und Prüfung für den allgemeinen Verwaltungsdienst in der Laufbahn der Laufbahngruppe 2 der Fachrichtung Allgemeine Dienste vom 5. Juli 2011 (Nds. GVBl. S. 260) und
5. die Verordnung über die Ausbildung und Prüfung für die Laufbahn des höheren allgemeinen Verwaltungsdienstes nach abgeschlossenem Studium der Verwaltungs-, Wirtschafts- oder Sozialwissenschaften vom 10. Juli 1995 (Nds. GVBl. S. 256), geändert durch Verordnung vom 2. November 2004 (Nds. GVBl. S. 390),

außer Kraft.

Verordnung über die Ausbildung und Prüfung von Lehrkräften im Vorbereitungsdienst
(APVO-Lehr)
Vom 13. Juli 2010 (Nds. GVBl. S. 288)

Zuletzt geändert durch
Verordnung zur Änderung der Verordnung über die Ausbildung und Prüfung von Lehrkräften im Vorbereitungsdienst und der Niedersächsischen Verordnung über die Laufbahn der Laufbahngruppe 2 der Fachrichtung Bildung
vom 27. Juni 2024 (Nds. GVBl. Nr. 57)

Inhaltsübersicht

Erster Abschnitt
Allgemeines

- § 1 Regelungsbereich
- § 2 Ziel des Vorbereitungsdienstes, Fächer
- § 3 Zulassung zum Vorbereitungsdienst
- § 4 Dienstbezeichnung

Zweiter Abschnitt
Ausbildung

- § 5 Struktur der Ausbildung, Ausbildungseinrichtungen, Vorgesetzte, Ausbildende
- § 6 Seminarprogramm, Seminarlehrpläne, Veranstaltungen der Studienseminare
- § 7 Ausbildungsunterricht, Unterrichtsbesuche
- § 8 Ausbildungsschule
- § 9 Schriftliche Arbeit
- § 10 Gespräch über den Ausbildungsstand, Ausbildungsnote

Dritter Abschnitt
Staatsprüfung

- § 11 Einleitung der Prüfung, Prüfungsteile
- § 12 Prüfungsbehörde, Prüfungsausschuss
- § 13 Benotung der Prüfungsteile, Prüfungsnote
- § 14 Prüfungsunterricht
- § 14a Sonderbestimmungen zum Prüfungsunterricht wegen der Auswirkungen der COVID-19-Pandemie
- § 15 Mündliche Prüfung
- § 16 Zuhörende
- § 17 Täuschung, Ordnungsverstoß
- § 18 Verhinderung, Versäumnis
- § 19 Gesamtnote der Staatsprüfung
- § 20 Niederschrift
- § 21 Zeugnis
- § 22 Wiederholung der Staatsprüfung
- § 23 Einsicht in die Ausbildungsakte und die Prüfungsakte

Vierter Abschnitt
Schlussvorschriften

- § 24 Übergangsvorschriften
- § 25 Inkrafttreten

Anlage
(zu § 2 Abs. 1 Satz 1, § 9 Abs. 1 und § 14a Abs. 2 Satz 3)

Aufgrund des § 26 und des § 117 Abs. 2 des Niedersächsischen Beamtengesetzes vom 25. März 2009 (Nds. GVBl. S. 72), zuletzt geändert durch Artikel 2 des Gesetzes vom 10. Juni 2010 (Nds. GVBl. S. 242), wird verordnet:

Erster Abschnitt
Allgemeines

§ 1 Regelungsbereich

Diese Verordnung regelt die Ausbildung und Prüfung im Vorbereitungsdienst für

1. das Lehramt an Grundschulen,
2. das Lehramt an Haupt- und Realschulen,
3. das Lehramt für Sonderpädagogik,
4. das Lehramt an Gymnasien und
5. das Lehramt an berufsbildenden Schulen.

§ 2 Ziel des Vorbereitungsdienstes, Fächer

(1) ₁Ziel des Vorbereitungsdienstes ist es, dass die Lehrkräfte im Vorbereitungsdienst die in der Anlage genannten Kompetenzen auf der Grundlage von Seminarprogramm und Seminarlehrplänen in engem Bezug zur Schulpraxis erwerben. ₂Insbesondere sollen die im Studium erworbenen

1. Basiskompetenzen in den Bereichen
   a) Heterogenität von Lerngruppen,
   b) Inklusion,
   c) Grundlagen der Förderdiagnostik und
   d) Deutsch als Zweitsprache und als Bildungssprache,
2. interkulturelle Kompetenzen und
3. Kompetenzen im Bereich der Berufsorientierung

   im Hinblick auf die Schulpraxis erweitert und vertieft werden.

₃Die Lehrkräfte im Vorbereitungsdienst sollen im Hinblick auf den Bildungsauftrag der Schule nach § 2 des Niedersächsischen Schulgesetzes befähigt werden, Schülerinnen und Schüler individuell so zu fördern und zu fördern, dass diese ihr Leben eigenverantwortlich gestalten und in Gesellschaft und Beruf Verantwortung für sich und andere übernehmen können.

(2) Fächer im Sinne dieser Verordnung sind Unterrichtsfächer, sonderpädagogische und berufliche Fachrichtungen sowie Sonderpädagogik an berufsbildenden Schulen.

§ 3 Zulassung zum Vorbereitungsdienst

(1) ₁Zum Vorbereitungsdienst für ein in § 1 genanntes Lehramt wird nach Maßgabe der Vorschriften über die Beschränkung der Zulassung zum Vorbereitungsdienst zugelassen, wer

1. das für das betreffende Lehramt vorgeschriebene Studium mit einem Mastergrad (Master of Education), mit der Ersten Staatsprüfung für ein Lehramt in Niedersachsen oder mit einem gleichwertigen Abschluss abgeschlossen hat und
2. über die erforderlichen Kenntnisse der deutschen Sprache verfügt.

₂Die Zulassung erfolgt in zwei Fächern, für das Lehramt für Sonderpädagogik in drei Fächern. ₃Auf Antrag erfolgt die Zulassung für ein weiteres Fach.

(1a) ₁Zum Vorbereitungsdienst für das Lehramt an Grundschulen kann nach Maßgabe der Vorschriften über die Beschränkung der Zulassung zum Vorbereitungsdienst auch zugelassen werden, wer das für das Lehramt nach § 1 Nr. 4 vorgeschriebene Studium mit einem Mastergrad (Master of Education), mit der Ersten Staatsprüfung für ein Lehramt in Niedersachsen oder mit einem gleichwertigen Abschluss abgeschlossen hat, wenn

1. die Unterrichtsfächer, für die die Zulassung erfolgen soll, Unterrichtsfächern nach § 2 Abs. 2 der Verordnung über Masterabschlüsse für Lehrämter in Niedersachsen (Nds. MasterVO-Lehr) zugeordnet werden können und
2. das Kultusministerium einen besonderen Bedarf an Lehrkräften mit der Befähigung für das Lehramt an Grundschulen festgestellt hat.

₂Die Zulassung erfolgt in zwei Unterrichtsfächern; auf Antrag erfolgt die Zulassung für ein weiteres Fach. ₃Absatz 1 Satz 1 Nr. 2 gilt entsprechend. ₄Der besondere Bedarf nach

Satz 1 Nr. 2 wird zu jedem Einstellungstermin festgestellt; die Feststellung wird veröffentlicht.

(1b) ₁Zum Vorbereitungsdienst für das Lehramt an Haupt- und Realschulen kann nach Maßgabe der Vorschriften über die Beschränkung der Zulassung zum Vorbereitungsdienst auch zugelassen werden, wer das für das Lehramt nach §1 Nr. 1 oder 4 vorgeschriebene Studium mit einem Mastergrad (Master of Education), mit der Ersten Staatsprüfung für ein Lehramt in Niedersachsen oder mit einem gleichwertigen Abschluss abgeschlossen hat, wenn

1. die Unterrichtsfächer, für die die Zulassung erfolgen soll, den Unterrichtsfächern nach §3 Abs. 2 oder 3 Nds. MasterVO-Lehr zugeordnet werden können und

2. das Kultusministerium einen besonderen Bedarf an Lehrkräften mit der Befähigung für das Lehramt an Haupt- und Realschulen festgestellt hat.

₂Die Zulassung erfolgt in zwei Unterrichtsfächern; auf Antrag erfolgt die Zulassung für ein weiteres Fach. ₃Absatz 1 Satz 1 Nr. 2 gilt entsprechend. ₄Der besondere Bedarf nach Satz 1 Nr. 2 wird zu jedem Einstellungstermin festgestellt; die Feststellung wird veröffentlicht.

(2) Für die Zulassung zum Vorbereitungsdienst für das Lehramt an berufsbildenden Schulen ist außerdem eine berufspraktische Tätigkeit erforderlich, die den Anforderungen nach §6 Abs. 7 Nds. MasterVO-Lehr entspricht.

(3) ₁Zum Vorbereitungsdienst kann nach Maßgabe der Vorschriften über die Beschränkung der Zulassung zum Vorbereitungsdienst auch zugelassen werden, wer ein anderes Hochschulstudium als ein Lehramtsstudium mit einem Mastergrad oder einem gleichwertigen Abschluss abgeschlossen hat, wenn der Abschluss zwei Fächern zugeordnet werden kann, von denen für mindestens eines ein besonderer Bedarf durch das Kultusministerium festgestellt worden ist. ₂Absatz 1 Satz 1 Nr. 2 und Satz 2 gilt entsprechend. ₃Die Fächer des besonderen Bedarfs werden zu jedem Einstellungstermin festgestellt; die Feststellung wird veröffentlicht.

(4) ₁Nicht zugelassen wird, wer bereits mehr als neun Monate Vorbereitungsdienst für dasselbe Lehramt in Niedersachsen oder ein vergleichbares Lehramt in einem anderen Land abgeleistet hat. ₂Ausnahmen hiervon sind nur aus schwerwiegenden persönlichen Gründen zulässig.

§ 4 Dienstbezeichnung

Die Lehrkräfte im Vorbereitungsdienst führen entsprechend ihrem Lehramt die Dienstbezeichnung

1. „Anwärterin des Lehramts an Grundschulen" oder „Anwärter des Lehramts an Grundschulen",

2. „Anwärterin des Lehramts an Haupt- und Realschulen" oder „Anwärter des Lehramts an Haupt- und Realschulen",

3. „Anwärterin des Lehramts für Sonderpädagogik" oder „Anwärter des Lehramts für Sonderpädagogik",

4. „Studienreferendarin des Lehramts an Gymnasien" oder „Studienreferendar des Lehramts an Gymnasien" oder

5. „Studienreferendarin des Lehramts an berufsbildenden Schulen" oder „Studienreferendar des Lehramts an berufsbildenden Schulen".

Zweiter Abschnitt
Ausbildung

§ 5 Struktur der Ausbildung, Ausbildungseinrichtungen, Vorgesetzte, Ausbildende

(1) Die Ausbildung gliedert sich in drei Ausbildungshalbjahre.

(2) Die Lehrkräfte im Vorbereitungsdienst für das Lehramt an Grundschulen, das Lehramt an Haupt- und Realschulen und das Lehramt an Gymnasien werden in Pädagogik und in zwei Unterrichtsfächern ausgebildet.

(3) ₁Die Lehrkräfte im Vorbereitungsdienst für das Lehramt für Sonderpädagogik werden in Pädagogik, in zwei sonderpädagogischen Fachrichtungen und in einem Unterrichtsfach ausgebildet. ₂Dabei ist jeweils die sonderpädagogische Förderung an allgemein bildenden Schulen zu berücksichtigen.

(4) Die Lehrkräfte im Vorbereitungsdienst für das Lehramt an berufsbildenden Schulen werden in Pädagogik und entweder in einer beruflichen Fachrichtung und einem Unterrichtsfach oder in einer beruflichen Fachrichtung und Sonderpädagogik an berufsbildenden Schulen ausgebildet.

(5) ₁Die Ausbildung erfolgt an

1. Studienseminaren und
2. öffentlichen Schulen oder anerkannten Ersatzschulen der jeweiligen Schulform.

₂Abweichend von Satz 1 Nr. 2 kann die Ausbildung für das Lehramt für Sonderpädagogik auch an einer anderen allgemein bildenden Schule erfolgen, wenn dort eine sonderpädagogische Ausbildung sichergestellt ist.

(6) ₁Die Leiterin oder der Leiter des Studienseminars trägt die Gesamtverantwortung für die Ausbildung einschließlich Qualitätsentwicklung und -sicherung an dem Studienseminar. ₂Sie oder er ist Vorgesetzte oder Vorgesetzter der Lehrkräfte im Vorbereitungsdienst.

(7) ₁Ausbildende sind die Leiterinnen und Leiter der pädagogischen und fachdidaktischen Seminare. ₂Sie sind in ihrem Bereich der Ausbildung verantwortlich und weisungsberechtigt. ₃Die Leiterinnen und Leiter der fachdidaktischen Seminare müssen für das Fach, in dem sie ausbilden, die Lehrbefähigung haben. ₄Das Kultusministerium kann Ausnahmen zulassen.

§ 6 Seminarprogramm, Seminarlehrpläne, Veranstaltungen der Studienseminare

(1) ₁Die Leiterin oder der Leiter des Studienseminars erstellt gemeinsam mit den Ausbildenden

1. ein Seminarprogramm, das der systematischen Qualitätssicherung und Qualitätsentwicklung in der Lehrerausbildung dient, und
2. Seminarlehrpläne für die Veranstaltungen der pädagogischen und fachdidaktischen Seminare, die den zeitlichen Ablauf und die inhaltliche Gestaltung der Ausbildung regeln.

₂Bei der inhaltlichen Gestaltung der Seminarlehrpläne sind die Anforderungen an eine inklusive Schule zu berücksichtigen. ₃Die Seminarlehrpläne eines Studienseminars sind aufeinander abzustimmen.

(2) Die Lehrkräfte im Vorbereitungsdienst nehmen teil

1. an einer Einführungsveranstaltung,
2. an Veranstaltungen eines pädagogischen Seminars,
3. an Veranstaltungen der fachdidaktischen Seminare für die Fächer, für die die Lehrkraft im Vorbereitungsdienst zugelassen ist, und
4. an weiteren Veranstaltungen des Studienseminars.

(3) Die Lehrkräfte im Vorbereitungsdienst für das Lehramt an Grundschulen werden monatlich acht Stunden im pädagogischen Seminar und je sechs Stunden in den fachdidaktischen Seminaren ausgebildet.

(4) Die Lehrkräfte im Vorbereitungsdienst für das Lehramt an Haupt- und Realschulen werden monatlich acht Stunden im pädagogischen Seminar und je sechs Stunden in den fachdidaktischen Seminaren ausgebildet.

(5) ₁Die Lehrkräfte im Vorbereitungsdienst für das Lehramt für Sonderpädagogik werden monatlich acht Stunden im pädagogischen Seminar, drei Stunden im fachdidaktischen Seminar der ersten sonderpädagogischen Fachrichtung, drei Stunden im fachdidaktischen Seminar der zweiten sonderpädagogischen Fachrichtung und sechs Stunden im fachdidaktischen Seminar des Unterrichtsfachs ausgebildet. ₂Jeweils die Hälfte der Stunden wird für die Ausbildung in der sonderpädagogischen Förderung an allgemein bildenden Schulen verwandt.

(6) ₁Die Lehrkräfte im Vorbereitungsdienst für das Lehramt an Gymnasien werden monatlich acht Stunden im pädagogischen Seminar und je sechs Stunden in den fachdidaktischen Seminaren ausgebildet. ₂Für die Lehrkräfte im Vorbereitungsdienst für das Lehramt an Gymnasien, denen im Studium im Zweitfach ausschließlich Studieninhalte für den Sekundarbereich I vermittelt wurden (§ 13 Abs. 1

Nds. MasterVO-Lehr), sind die Ausbildungsinhalte diesen Studieninhalten anzupassen.

(7) Die Lehrkräfte im Vorbereitungsdienst für das Lehramt an berufsbildenden Schulen werden monatlich acht Stunden im pädagogischen Seminar, je acht Stunden in den fachdidaktischen Seminaren in einer beruflichen Fachrichtung und in einem Unterrichtsfach oder in Sonderpädagogik an berufsbildenden Schulen ausgebildet.

(8) ₁Die Ausbildung nach den Absätzen 2 bis 7 kann auch in Form von Blockseminaren und mehrtägigen Veranstaltungen durchgeführt werden. ₂Die Veranstaltungen können, auch seminarübergreifend, modularisiert werden.

(9) In Ausnahmefällen, insbesondere bei Teilzeitbeschäftigung, kann die Zahl der in den Absätzen 3 bis 7 vorgesehenen Stunden auf Antrag der Lehrkraft im Vorbereitungsdienst reduziert werden.

§ 7 Ausbildungsunterricht, Unterrichtsbesuche

(1) ₁Die Lehrkräfte im Vorbereitungsdienst erteilen Ausbildungsunterricht, der aus betreutem und eigenverantwortlichem Unterricht besteht. ₂Betreuter Unterricht wird bei ständiger oder gelegentlicher Betreuung durch die für den Unterricht verantwortliche Lehrkraft erteilt.

(2) Die Lehrkräfte im Vorbereitungsdienst für das Lehramt an Grundschulen, das Lehramt an Haupt- und Realschulen und das Lehramt für Sonderpädagogik erteilen im ersten und zweiten Ausbildungshalbjahr durchschnittlich wöchentlich 13 Stunden Ausbildungsunterricht und im dritten Ausbildungshalbjahr durchschnittlich wöchentlich zwölf Stunden Ausbildungsunterricht.

(3) Die Lehrkräfte im Vorbereitungsdienst für das Lehramt an Gymnasien und das Lehramt an berufsbildenden Schulen erteilen durchschnittlich wöchentlich zehn Stunden Ausbildungsunterricht.

(4) In Ausnahmefällen, insbesondere bei Teilzeitbeschäftigung, kann die Zahl der in den Absätzen 2 und 3 vorgesehenen Stunden auf Antrag der Lehrkraft im Vorbereitungsdienst reduziert werden.

(5) Der Ausbildungsunterricht ist zu erteilen

1. von Lehrkräften im Vorbereitungsdienst für das Lehramt an Grundschulen an einer Grundschule,

2. von Lehrkräften im Vorbereitungsdienst für das Lehramt an Haupt- und Realschulen, Schwerpunkt Hauptschule, an einer Hauptschule, einer Oberschule oder einer Gesamtschule,

3. von Lehrkräften im Vorbereitungsdienst für das Lehramt an Haupt- und Realschulen, Schwerpunkt Realschule, an einer Realschule, einer Oberschule oder einer Gesamtschule sowie

4. von Lehrkräften im Vorbereitungsdienst für das Lehramt für Sonderpädagogik an einer Förderschule oder an einer anderen allgemein bildenden Schule, wenn dort eine sonderpädagogische Ausbildung sichergestellt ist.

(6) ₁Die Lehrkräfte im Vorbereitungsdienst für das Lehramt an Gymnasien erteilen Ausbildungsunterricht an einem Gymnasium, an dem entsprechenden Schulzweig einer Kooperativen Gesamtschule mit gymnasialer Oberstufe oder an einer Integrierten Gesamtschule mit gymnasialer Oberstufe zu etwa gleichen Teilen in den Sekundarbereichen I und II. ₂Sie können den Ausbildungsunterricht auch zu etwa gleichen Teilen an dem gymnasialen Schulzweig einer Oberschule und im Sekundarbereich II eines Gymnasiums erteilen. ₃Abweichend von den Sätzen 1 und 2 erteilen Lehrkräfte im Vorbereitungsdienst für das Lehramt an Gymnasien, denen im Studium im Zweitfach ausschließlich Studieninhalte für den Sekundarbereich I vermittelt wurden (§ 13 Abs. 1 Nds. MasterVO-Lehr), in diesem Fach ausschließlich Ausbildungsunterricht im Sekundarbereich I der genannten Schulformen. ₄Auf Antrag der Lehrkraft im Vorbereitungsdienst kann die Leiterin oder der Leiter des Studienseminars bestimmen, dass in einem Ausbildungshalbjahr Ausbildungsunterricht an einer Schule einer anderen geeigneten Schulform erteilt wird.

(7) Die Lehrkräfte im Vorbereitungsdienst für das Lehramt an berufsbildenden Schulen erteilen Ausbildungsunterricht in verschiedenen Schulformen und Stufen der berufsbildenden Schulen.

(8) ₁Jede und jeder Ausbildende besucht die Lehrkraft im Vorbereitungsdienst im Ausbildungsunterricht. ₂An mindestens einem Unterrichtsbesuch je Fach nehmen die Ausbildenden für das jeweilige Fach und für Pädagogik gemeinsam teil.

§ 8 Ausbildungsschule

(1) ₁Jede Lehrkraft an der Ausbildungsschule ist verpflichtet, in ihren Fächern Lehrkräfte im Vorbereitungsdienst zu betreuen. ₂Sie ist bei der Betreuung weisungsberechtigt.

(2) ₁Die Lehrkräfte im Vorbereitungsdienst sind an der Ausbildungsschule in die schulpraktische Arbeit, auch im Hinblick auf die Eigenverantwortlichkeit der Schule, einzuführen. ₂Hierfür trägt die Schulleiterin oder der Schulleiter die Verantwortung.

§ 9 Schriftliche Arbeit

(1) Bis zum Ende des zweiten Ausbildungshalbjahres hat die Lehrkraft im Vorbereitungsdienst für das Lehramt an Gymnasien und die Lehrkraft im Vorbereitungsdienst für das Lehramt an berufsbildenden Schulen eine schriftliche Arbeit über ein Vorhaben oder ein Thema aus der schulischen Praxis anzufertigen, das sich auf in der Anlage genannte Kompetenzen bezieht.

(2) ₁Die schriftliche Arbeit wird von zwei Ausbildenden, die von der Leiterin oder dem Leiter des Studienseminars bestimmt werden, jeweils mit einer Note nach § 13 Abs. 1 bewertet. ₂An die Stelle einer oder eines Ausbildenden kann eine Lehrkraft treten, die zur Bewertung bereit ist. ₃Die Benotung ist schriftlich zu begründen. ₄Weichen die Einzelnoten um nicht mehr als eine Notenstufe voneinander ab, so ermittelt die Leiterin oder der Leiter des Studienseminars die Note der schriftlichen Arbeit. ₅Dafür errechnet sie oder er das arithmetische Mittel der Einzelnoten. ₆Die errechnete Zahl (Punktwert der schriftlichen Arbeit) ist entsprechend § 13 Abs. 2 Satz 4 einer Note (Note der schriftlichen Arbeit) zuzuordnen. ₇Weichen die Einzelnoten um mehr als eine Notenstufe voneinander ab, so setzt die Leiterin oder der Leiter des Studienseminars die Note der schriftlichen Arbeit fest. ₈Hierfür soll sie oder er eine weitere Bewertung einer Ausbilderin oder eines Ausbilders oder einer sonstigen Lehrkraft anfordern.

(3) ₁§ 17 Abs. 1 findet entsprechende Anwendung. ₂Die Entscheidung trifft die Leiterin oder der Leiter des Studienseminars.

§ 10 Gespräch über den Ausbildungsstand, Ausbildungsnote

(1) Zwischen dem achten und zehnten Ausbildungsmonat führen die Ausbildenden mit der Lehrkraft im Vorbereitungsdienst gemeinsam ein Gespräch über den Ausbildungsstand und beraten sie zum weiteren Verlauf der Ausbildung.

(2) ₁Am Ende des vierzehnten Ausbildungsmonats werden die Leistungen der Lehrkräfte im Vorbereitungsdienst

1. im pädagogischen Seminar von dessen Leiterin oder Leiter,

2. in jedem fachdidaktischen Seminar von dessen Leiterin oder Leiter und

3. in der Ausbildungsschule von deren Schulleiterin oder Schulleiter

mit einer Note nach § 13 Abs. 1 bewertet. ₂Erteilen die Lehrkräfte im Vorbereitungsdienst Ausbildungsunterricht an mehreren Schulen, so erfolgt die Bewertung durch die Schulleiterin oder den Schulleiter der Ausbildungsschule mit dem überwiegenden Ausbildungsanteil. ₃Abweichend von Satz 1 werden die Leistungen sechs Wochen vor Ende des Vorbereitungsdienstes benotet, wenn die Dauer des Vorbereitungsdienstes verkürzt wurde. ₄Die Benotung ist schriftlich zu begründen.

(3) ₁Die Leiterin oder der Leiter des Studienseminars ermittelt die Ausbildungsnote. ₂Dafür errechnet sie oder er

1. bei den Lehrkräften im Vorbereitungsdienst für das Lehramt an Grundschulen, das Lehramt an Haupt- und Realschulen

und das Lehramt für Sonderpädagogik den Mittelwert aus den Noten nach Absatz 2 und

2. bei den Lehrkräften im Vorbereitungsdienst für das Lehramt an Gymnasien und das Lehramt an berufsbildenden Schulen den Mittelwert aus der Note der schriftlichen Arbeit und den Noten nach Absatz 2, in den Fällen des § 9 Abs. 2 Satz 5 aus dem Punktwert der schriftlichen Arbeit und den Noten nach Absatz 2.

₃Ergeben sich aus der Rechnung Dezimalzahlen, so ist nur die erste Dezimalstelle zu berücksichtigen; es wird nicht gerundet. ₄Die errechnete Zahl (Punktwert der Ausbildungsnote) ist entsprechend § 13 Abs. 2 Satz 4 einer Note (Ausbildungsnote) zuzuordnen.

(4) Die Ausbildungsnote und deren Punktwert sind der Lehrkraft im Vorbereitungsdienst von der Leiterin oder dem Leiter des Studienseminars schriftlich mitzuteilen.

Dritter Abschnitt
Staatsprüfung

§ 11 Einleitung der Prüfung, Prüfungsteile

(1) Die Staatsprüfung ist mit der Mitteilung der Ausbildungsnote (§ 10 Abs. 4) eingeleitet.

(2) ₁Die Staatsprüfung besteht aus drei Prüfungsteilen, und zwar aus Prüfungsunterricht in zwei Fächern und einer mündlichen Prüfung. ₂Die mündliche Prüfung schließt die Staatsprüfung ab. ₃Die Prüfung wird an einem Tag durchgeführt, wenn weder schulorganisatorische noch persönliche Gründe entgegenstehen.

§ 12 Prüfungsbehörde, Prüfungsausschuss

(1) ₁Die für die Staatsprüfung zuständige Behörde (Prüfungsbehörde) setzt im Einvernehmen mit dem jeweiligen Studienseminar die Prüfungstermine fest, bildet für jeden Prüfling einen Prüfungsausschuss, vor dem die Prüfung abgelegt wird, und bestimmt auf Vorschlag des Studienseminars, welches Mitglied des Prüfungsausschusses den Vorsitz führt. ₂Der Prüfungstermin ist der Lehrkraft im Vorbereitungsdienst schriftlich mitzuteilen. ₃Vorsitzende oder Vorsitzender des Prüfungsausschusses soll nur sein, wer die Lehrbefähigung besitzt, die der Prüfling erwerben will.

(2) ₁Dem Prüfungsausschuss gehören vier Mitglieder an. ₂Mitglieder des Prüfungsausschusses sind die Ausbildenden des Prüflings und die Schulleiterin oder der Schulleiter der Schule, an der der Prüfling den überwiegenden Teil seines Ausbildungsunterrichts erteilt hat. ₃Ist der Prüfling in einem weiteren, dritten Fach (§ 3 Abs. 1 Satz 3) ausgebildet worden, so ist die oder der Ausbildende für das Fach, das nicht für einen Prüfungsunterricht gewählt wurde (§ 14 Abs. 3), nicht Mitglied des Prüfungsausschusses. ₄Abweichend von Satz 2 gehören dem Prüfungsausschuss für das Lehramt für Sonderpädagogik an

1. die oder der Ausbildende für die sonderpädagogische Fachrichtung, die für den Prüfungsunterricht gewählt wurde (§ 14 Abs. 2 Satz 3),

2. die oder der Ausbildende für das Unterrichtsfach,

3. die oder der Ausbildende für Pädagogik und

4. die Schulleiterin oder der Schulleiter der Schule, an der der Prüfling den überwiegenden Teil seines Ausbildungsunterrichts erteilt hat.

(3) Ist ein Mitglied des Prüfungsausschusses verhindert, so ist eine Vertretung zu bestellen.

(4) Entscheidungen und sonstige Maßnahmen, die die Prüfung betreffen, werden von der Prüfungsbehörde getroffen, soweit in dieser Verordnung nichts anderes bestimmt ist.

(5) ₁Zur Wahrung der Qualität der Prüfungen und der Gleichwertigkeit der Anforderungen und der Bewertungskriterien in den Prüfungen nimmt in regelmäßigen Abständen eine Vertreterin oder ein Vertreter der Schulbehörden oder der Prüfungsbehörde als weiteres Mitglied an Prüfungen teil. ₂Sie oder er übernimmt den Vorsitz des Prüfungsaus-

schusses; Absatz 1 Satz 3 findet keine Anwendung.

(6) ₁Um Ausbildungs- und Prüfungsanforderungen besser aufeinander abstimmen zu können, kann die Leiterin oder der Leiter des Studienseminars als weiteres Mitglied an Prüfungen teilnehmen. ₂Sie oder er übernimmt den Vorsitz des Prüfungsausschusses; Absatz 1 Satz 3 findet keine Anwendung. ₃Eine Teilnahme nach Satz 1 ist ausgeschlossen, wenn eine Person nach Absatz 5 an der Prüfung teilnimmt.

§ 13 Benotung der Prüfungsteile, Prüfungsnote

(1) Jede Prüfungsleistung wird nach Beratung im Prüfungsausschuss von jedem Mitglied des Prüfungsausschusses mit einer der folgenden Noten bewertet:

sehr gut (1)	= eine den Anforderungen im besonderen Maß entsprechende Leistung,
gut (2)	= eine den Anforderungen voll entsprechende Leistung,
befriedigend (3)	= eine den Anforderungen im Allgemeinen entsprechende Leistung,
ausreichend (4)	= eine Leistung, die zwar Mängel aufweist, aber im Ganzen den Anforderungen noch entspricht,
mangelhaft (5)	= eine den Anforderungen nicht entsprechende Leistung, die jedoch erkennen lässt, dass die notwendigen Grundkenntnisse vorhanden sind und die Mängel in absehbarer Zeit behoben werden könnten.
ungenügend (6)	= eine den Anforderungen nicht entsprechende Leistung, bei der selbst die Grundkenntnisse so lückenhaft sind, dass die Mängel in absehbarer Zeit nicht behoben werden könnten.

(2) ₁Aus den Einzelnoten ermittelt das vorsitzende Mitglied die Note für den Prüfungsteil. ₂Dafür errechnet es das arithmetische Mittel der Einzelnoten. ₃Ergeben sich Dezimalstellen, so ist nur die erste Dezimalstelle zu berücksichtigen; es wird nicht gerundet. ₄Die errechneten Zahlen (Punktwerte der Prüfungsteile) sind den Noten wie folgt zugeordnet:

1,0 bis 1,4 = sehr gut (1),
1,5 bis 2,4 = gut (2),
2,5 bis 3,4 = befriedigend (3),
3,5 bis 4,4 = ausreichend (4),
4,5 bis 5,4 = mangelhaft (5),
über 5,4 = ungenügend (6).

(3) ₁Für die Bildung der Prüfungsnote errechnet das vorsitzende Mitglied des Prüfungsausschusses das arithmetische Mittel der Punktwerte der Prüfungsteile. ₂Absatz 2 Satz 3 gilt entsprechend. ₃Die errechnete Zahl (Punktwert der Prüfungsnote) ist entsprechend Absatz 2 Satz 4 einer Note (Prüfungsnote) zuzuordnen.

§ 14 Prüfungsunterricht

(1) Der Prüfungsunterricht wird an der Ausbildungsschule erteilt.

(2) ₁Die Lehrkraft im Vorbereitungsdienst für das Lehramt an Grundschulen, das Lehramt an Haupt- und Realschulen, das Lehramt an Gymnasien und das Lehramt an berufsbildenden Schulen erteilt Prüfungsunterricht in den zwei Fächern, in denen sie während des Vorbereitungsdienstes ausgebildet worden ist. ₂Die Lehrkraft im Vorbereitungsdienst für das Lehramt für Sonderpädagogik erteilt Prüfungsunterricht in der von der Lehrkraft im Vorbereitungsdienst gewählten sonderpädagogischen Fachrichtung und in dem Unterrichtsfach. ₃Die Lehrkraft im Vorbereitungsdienst für das Lehramt für Sonderpädagogik teilt der Prüfungsbehörde bis zum Ende des ersten Ausbildungshalbjahres mit, in welcher sonderpädagogischen Fachrichtung der Prüfungsunterricht erteilt werden soll. ₄Wird der Prüfungsunterricht in einer Klasse oder Lerngruppe erteilt, in der die Prüfling betreuten Unterricht erteilt, so kann die für den Unterricht verantwortliche Lehrkraft anwesend sein.

(3) ₁Ist eine Lehrkraft nach Absatz 2 Satz 1 in einem weiteren Fach (§ 3 Abs. 1 Satz 3) ausgebildet worden, so kann sie dieses Fach für einen Prüfungsunterricht wählen. ₂Eine Lehrkraft im Vorbereitungsdienst für das Lehramt für Sonderpädagogik kann das weitere Fach nur für den Prüfungsunterricht im Unterrichtsfach wählen.

(4) ₁Die Prüfungsbehörde bestimmt auf Vorschlag der Leiterin oder des Leiters des Studienseminars für jeden Prüfungsunterricht die Jahrgangsstufe oder den Sekundarbereich des Gymnasiums oder der Gesamtschule oder die Schulform der berufsbildenden Schule. ₂Der Prüfling wählt für jeden Prüfungsunterricht im Einvernehmen mit der oder dem für das Fach zuständigen Ausbildenden und der Schulleitung die Klasse oder Lerngruppe.

(5) ₁Das Thema oder den Themenbereich für den Prüfungsunterricht bestimmt die oder der für das Fach zuständige Ausbildende; geeignete Vorschläge des Prüflings sollen berücksichtigt werden. ₂Wird der Prüfungsunterricht in einer Klasse oder einer Lerngruppe erteilt, in der Prüfling betreuten Unterricht erteilt, so soll sich die für den Unterricht verantwortliche Lehrkraft vor der Bestimmung des Themas oder des Themenbereichs äußern.

(6) ₁Das Thema oder der Themenbereich wird dem Prüfling 15 Tage vor dem Tag des Prüfungsunterrichts mitgeteilt. ₂Ist der Tag vor dem Prüfungsunterricht oder der 15. Tag vor dem Tag des Prüfungsunterrichts ein Sonntag oder Feiertag, so wird der Tag der Mitteilung auf den nächsten davor liegenden Werktag mit Ausnahme des Sonnabends vorverlegt.

(7) ₁Für jeden Prüfungsunterricht fertigt der Prüfling einen schriftlichen Entwurf an. ₂Dieser ist spätestens am Tag vor dem Prüfungsunterricht im Studienseminar und in der Ausbildungsschule abzugeben.

(8) ₁Nach dem Prüfungsunterricht äußert sich der Prüfling zum Prüfungsunterricht (Reflexion). ₂Ist nach Absatz 2 Satz 4 eine Lehrkraft anwesend, so soll sie zur Klasse oder Lerngruppe gehört werden. ₃Anschließend äußern sich die Mitglieder des Prüfungsausschusses zum Prüfungsunterricht. ₄Danach wird der Prüfungsunterricht in Abwesenheit des Prüflings und der Lehrkraft benotet. ₅Bei der Benotung sind der Entwurf und die Reflexion zu berücksichtigen.

(9) Das vorsitzende Mitglied des Prüfungsausschusses teilt dem Prüfling auf Verlangen den Punktwert und die Note für den Prüfungsunterricht mit.

§ 14a Sonderbestimmungen zum Prüfungsunterricht wegen der Auswirkungen der COVID-19-Pandemie

(1) ₁Wegen der Auswirkungen der COVID-19-Pandemie auf den Schulbetrieb ist der Prüfungsunterricht im zweiten Halbjahr des Schuljahres 2019/2020 als Kolloquium durchzuführen. ₂Der Prüfungsunterricht wird auch dann als Kolloquium durchgeführt, wenn der Prüfungsunterricht nach Satz 1 erst im Schuljahr 2020/2021 wegen einer Verhinderung nach § 18 Abs. 1 nachgeholt oder nach § 22 wiederholt wird.

(2) ₁Auf das Kolloquium findet § 14 mit der Maßgabe Anwendung, dass

1. das Thema oder der Themenbereich dem Prüfling bereits 18 Tage vor dem Tag des Kolloquiums mitgeteilt wird,

2. es bei § 14 Abs. 6 Satz 2 nicht auf den Tag vor dem Prüfungsunterricht, sondern auf den vierten Tag vor dem Tag des Kolloquiums, und nicht auf den 15. Tag vor dem Tag des Prüfungsunterrichts, sondern auf den 18. Tag vor dem Tag des Kolloquiums ankommt und

3. der schriftliche Entwurf spätestens vier Tage vor dem Tag des Kolloquiums abzugeben ist.

₂In dem Kolloquium legt der Prüfling seine Planung für den Unterricht auf Grundlage des schriftlichen Entwurfs dar. ₃Die Mitglieder des Prüfungsausschusses führen anschließend mit dem Prüfling ein Prüfungsgespräch, das auf die in der Anlage genannten Kompetenzen auszurichten ist. ₄In dem Prüfungsgespräch ist auf die Darlegungen des Prüflings und auf mögliche Abweichungen des Unterrichtsverlaufs von der Planung einzugehen.

₅Das Kolloquium schließt mit einer Reflexion des Prüflings über seine Darlegungen und das Prüfungsgespräch ab. ₆Das Kolloquium dauert in der Regel 45 Minuten.

(3) Für Prüfungsunterricht, der in dem Schuljahr 2020/2021, 2021/2022, 2022/2023 oder 2023/2024 als Präsenzunterricht durchgeführt wird, gelten die Fristen des Absatzes 2 Satz 1 entsprechend.

(4) ₁Kann der Prüfungsunterricht in dem Schuljahr 2020/2021, 2021/2022, 2022/2023 oder 2023/2024 wegen der Auswirkungen der COVID-19-Pandemie auf den Schulbetrieb an dem vorgesehenen Tag nicht als Präsenzunterricht durchgeführt werden, so wird er als Kolloquium durchgeführt. ₂Hält der Prüfungsausschuss die Voraussetzung nach Satz 1 für gegeben, so teilt er dies der Prüfungsbehörde mit und legt die Einzelheiten dar. ₃Die Prüfungsbehörde stellt fest, ob die Voraussetzung nach Satz 1 vorliegt. ₄Absatz 1 Satz 2 bleibt unberührt. ₅Absatz 2 gilt entsprechend.

(5) ₁Wiederholt ein Prüfling nach § 22 den Prüfungsunterricht in dem Schuljahr 2020/2021, 2021/2022, 2022/2023, 2023/2024 oder 2024/2025, so wird der Prüfungsunterricht als Kolloquium durchgeführt, wenn der zu wiederholende Prüfungsunterricht nach Absatz 4 als Kolloquium durchgeführt wurde. ₂Absatz 2 gilt entsprechend.

§ 15 Mündliche Prüfung

(1) ₁Die mündliche Prüfung bezieht sich auf die Grundlagen der fachwissenschaftlichen, fachdidaktischen und methodischen Kompetenzen, die unter Einbeziehung bildungswissenschaftlicher und unter Berücksichtigung schulrechtlicher Aspekte zu prüfen sind. ₂Es sind insbesondere Probleme der pädagogischen Praxis zu analysieren und Handlungsmöglichkeiten zu entwickeln und darzustellen.

(2) Die mündliche Prüfung findet als Einzelprüfung statt und dauert etwa 60 Minuten.

§ 16 Zuhörende

Das vorsitzende Mitglied des Prüfungsausschusses kann als Zuhörende beim Prüfungsunterricht und bei der anschließenden Besprechung (§ 14 Abs. 8 Sätze 1 bis 3) sowie bei der mündlichen Prüfung zulassen

1. Lehrkräfte im Vorbereitungsdienst desselben Studienseminars, wenn der Prüfling der Anwesenheit nicht widerspricht, und
2. andere Personen, an deren Anwesenheit ein dienstliches Interesse besteht.

§ 17 Täuschung, Ordnungsverstoß

(1) ₁Versucht der Prüfling, das Ergebnis der Prüfung durch Täuschung zu beeinflussen oder verstößt er erheblich gegen die Ordnung, so wird der betroffene Prüfungsteil in der Regel mit „ungenügend (6)" bewertet. ₂In leichten Fällen kann die Wiederholung des Prüfungsteils aufgegeben oder von Maßnahmen abgesehen werden. ₃Die Entscheidung trifft das vorsitzende Mitglied des Prüfungsausschusses.

(2) Wird der Prüfungsbehörde eine Täuschung nach Aushändigung des Prüfungszeugnisses bekannt, so kann die Prüfung nur innerhalb von fünf Jahren nach Bekanntgabe der Gesamtnote der Staatsprüfung für nicht bestanden erklärt werden.

§ 18 Verhinderung, Versäumnis

(1) ₁Ist der Prüfling durch Krankheit oder einen sonstigen von ihm nicht zu vertretenden Grund an der Ablegung der Prüfung oder der Erbringung eines Prüfungsteils gehindert, so hat er dies dem vorsitzenden Mitglied des Prüfungsausschusses unverzüglich mitzuteilen und dies bei Erkrankung durch ein ärztliches Zeugnis, im Übrigen in sonst geeigneter Weise unverzüglich nachzuweisen. ₂Das vorsitzende Mitglied des Prüfungsausschusses kann die Vorlage eines amtsärztlichen Zeugnisses verlangen. ₃Liegt eine vom Prüfling nicht zu vertretende Verhinderung vor, so gilt ein nicht abgeschlossener Prüfungsteil als nicht unternommen.

(2) Ist der Prüfling nach Absatz 1 gehindert, einen Prüfungsteil zu erbringen, so gelten die bis dahin abgeschlossenen Prüfungsteile als abgelegt.

(3) ₁Erbringt der Prüfling einen Prüfungsteil oder die Prüfung ohne Vorliegen eines Grun-

des nach Absatz 1 nicht, so gilt der Prüfungsteil oder die Prüfung als mit „ungenügend (6)" bewertet. ₂Die Prüfung gilt auch als mit „ungenügend (6)" bewertet, wenn der Prüfling nach Einleitung der Staatsprüfung (§ 11 Abs. 1) auf Antrag aus dem Vorbereitungsdienst entlassen wird, es sei denn, dass der Prüfling vor der Entlassung einen schwerwiegenden persönlichen Grund für den Antrag auf Entlassung dargelegt hat.

§ 19 Gesamtnote der Staatsprüfung

(1) ₁Für die Bildung der Gesamtnote der Staatsprüfung errechnet das vorsitzende Mitglied des Prüfungsausschusses das arithmetische Mittel des Punktwerts der Ausbildungsnote und des Punktwerts der Prüfungsnote. ₂§ 13 Abs. 2 Satz 3 gilt entsprechend. ₃Die errechnete Zahl (Punktwert der Gesamtnote) ist entsprechend § 13 Abs. 2 Satz 4 einer Note (Gesamtnote) zuzuordnen.

(2) ₁Die Staatsprüfung ist bestanden, wenn die Gesamtnote und die Prüfungsnote mindestens „ausreichend (4)" lauten. ₂Anderenfalls ist die Staatsprüfung nicht bestanden. ₃Sie ist auch nicht bestanden, wenn

1. ein Prüfungsteil mit der Note „ungenügend (6)",
2. zwei Prüfungsteile mit der Note „mangelhaft (5)" oder
3. ein Prüfungsteil mit der Note „mangelhaft (5)" und ein anderer Prüfungsteil nicht mindestens mit der Note „befriedigend (3)" bewertet wurde.

(3) Die Prüfung wird nicht fortgesetzt, wenn sie nicht mehr bestanden werden kann.

(4) Das vorsitzende Mitglied des Prüfungsausschusses teilt dem Prüfling im Anschluss an die mündliche Prüfung die Noten der einzelnen Prüfungsteile, die Prüfungsnote und die Gesamtnote sowie das Bestehen oder Nichtbestehen der Prüfung mit.

§ 20 Niederschrift

Über den Prüfungsunterricht, die mündliche Prüfung und die Bekanntgabe der Gesamtnote der Staatsprüfung ist eine Niederschrift anzufertigen.

§ 21 Zeugnis

(1) Über die bestandene Staatsprüfung erhält der Prüfling ein Zeugnis mit der Gesamtnote und dem Punktwert der Gesamtnote.

(2) Das Nichtbestehen der Staatsprüfung wird schriftlich bestätigt.

§ 22 Wiederholung der Staatsprüfung

(1) ₁Wer die Staatsprüfung nicht bestanden hat, kann sie einmal wiederholen. ₂Prüfungsteile, die mit mindestens „ausreichend (4)" bewertet worden sind, werden auf die Wiederholungsprüfung angerechnet. ₃Die Anrechnung unterbleibt, wenn sie dazu führt, dass die Wiederholungsprüfung nicht bestanden werden kann.

(2) ₁Die Prüfungsbehörde bestimmt auf Vorschlag des Prüfungsausschusses den Zeitpunkt für die Wiederholung der Prüfung, der nicht später als drei Monate nach der nicht bestandenen Prüfung liegen soll. ₂Die Prüfung bleibt eingeleitet.

(3) Die Wiederholungsprüfung wird nicht fortgesetzt, wenn sie nicht mehr bestanden werden kann.

§ 23 Einsicht in die Ausbildungsakte und die Prüfungsakte

Der Prüfling kann seine Ausbildungsakte und seine Prüfungsakte innerhalb eines Jahres nach Bekanntgabe der Gesamtnote der Staatsprüfung oder der Mitteilung über das Nichtbestehen einsehen.

Vierter Abschnitt
Schlussvorschriften

§ 24 Übergangsvorschriften

(1) ₁Für Lehrkräfte im Vorbereitungsdienst, die vor dem 1. Juli 2016 in den Vorbereitungsdienst eingestellt worden sind, findet diese Verordnung in der vor dem 1. Juli 2016 geltenden Fassung weiterhin Anwendung. ₂Für Lehrkräfte nach Satz 1, die den Vorbereitungsdienst nach dem 30. Juni 2016 länger als sechs Monate unterbrechen, ist diese Verordnung in der Fassung vom 1. Juli 2016 anzuwenden. ₃Für Lehrkräfte im Vorbereitungsdienst, die nach dem 30. Juni 2016 und

vor dem 1. Juli 2017 in den Vorbereitungsdienst eingestellt worden sind oder innerhalb dieses Zeitraums den Vorbereitungsdienst nach einer Unterbrechung im Sinne des Satzes 2 wieder aufnehmen, finden § 6 Abs. 5, § 10 Abs. 3 mit der Maßgabe, dass der Punktwert der schriftlichen Arbeit nicht doppelt gewichtet wird, § 12 Abs. 2 Satz 4 und § 14 Abs. 2 in der vor dem 1. Juli 2016 geltenden Fassung weiterhin Anwendung.

(2) ₁Bis zum 31. Juli 2020 kann in den Vorbereitungsdienst für das Lehramt an Grund- und Hauptschulen mit dem Schwerpunkt Grundschule oder mit dem Schwerpunkt Hauptschule oder für das Lehramt an Realschulen eingestellt werden, wer das für dieses Lehramt vorgeschriebene Studium mit einem Mastergrad (Master of Education) oder mit der Ersten Staatsprüfung für das Lehramt in Niedersachsen oder mit einem gleichwertigen Abschluss abgeschlossen hat. ₂Für die Ausbildung und Prüfung dieser Lehrkräfte im Vorbereitungsdienst gelten die §§ 2, 3 und 5 bis 23 entsprechend. ₃Die Lehrkräfte im Vorbereitungsdienst für das Lehramt an Grund- und Hauptschulen führen die Dienstbezeichnung „Anwärterin des Lehramts an Grund- und Hauptschulen" oder „Anwärter des Lehramts an Grund- und Hauptschulen". ₄Die Lehrkräfte im Vorbereitungsdienst für das Lehramt an Realschulen führen die Dienstbezeichnung „Anwärterin des Lehramts an Realschulen" oder „Anwärter des Lehramts an Realschulen". ₅Nach dem 31. Juli 2024 kann die Staatsprüfung für das Lehramt an Grund- und Hauptschulen oder für das Lehramt an Realschulen nicht mehr abgelegt werden.

(3) ₁Für Lehrkräfte im Vorbereitungsdienst, die vor dem 1. August 2022 in den Vorbereitungsdienst eingestellt worden sind, findet diese Verordnung in der vor dem 1. August 2022 geltenden Fassung weiterhin Anwendung. ₂Auf Verlangen der Lehrkraft im Vorbereitungsdienst findet diese Verordnung in der ab dem 1. August 2022 geltenden Fassung Anwendung. ₃Abweichend von Satz 1 ist für Lehrkräfte nach Satz 1, die den Vorbereitungsdienst nach dem 31. Juli 2022 für mehr als sechs Monate unterbrechen, diese Verordnung in der ab dem 1. August 2022 geltenden Fassung anzuwenden.

(4) ₁Wer den Abschluss Diplom-Handelslehrerin oder Diplom-Handelslehrer der Studienrichtung I erworben hat, kann bis zum 31. Dezember 2025 in den Vorbereitungsdienst für das Lehramt an berufsbildenden Schulen eingestellt werden. ₂Abweichend von § 6 Abs. 7 werden die Diplom-Handelslehrerinnen oder Diplom-Handelslehrer nicht monatlich acht Stunden im Unterrichtsfach oder in Sonderpädagogik an berufsbildenden Schulen, sondern monatlich acht Stunden in einem Schwerpunkt der beruflichen Fachrichtung ausgebildet.

§ 25 Inkrafttreten

(1) Diese Verordnung tritt am 1. August 2010 in Kraft.

(2) Gleichzeitig tritt die Verordnung über die Ausbildung und die Zweiten Staatsprüfungen für Lehrämter vom 18. Oktober 2001 (Nds. GVBl. S. 655) außer Kraft.

Anlage
(zu § 2 Abs. 1 Satz 1, § 9 Abs. 1 und § 14a Abs. 2 Satz 3)

1. Kompetenzbereich Unterrichten

1.1 Lehrkräfte im Vorbereitungsdienst planen Unterricht fach-, sach- und schülergerecht sowie lernwirksam.

1.1.1 Sie ermitteln die Lernausgangslage, stellen Lernvoraussetzungen der Schülerinnen und Schüler fest, setzen didaktische Schwerpunkte und wählen entsprechende Unterrichtsinhalte und Methoden, Arbeits- und Kommunikationsformen aus.

1.1.2 Sie formulieren und begründen Lernziele unter Berücksichtigung der Kerncurricula im Hinblick auf erwartete Kompetenzen der Schülerinnen und Schüler.

1.1.3 Sie berücksichtigen bei der Unterrichtsplanung die geschlechterspezifische, soziale, kognitive, emotionale, kulturelle und sprachliche Heterogenität der Lerngruppe.

1.1.4 Sie berücksichtigen bei der Konzeption des Unterrichts die Möglichkeiten des fächerübergreifenden und -verbindenden sowie des interkulturellen Lernens.

1.1.5 Sie stellen eine hinreichende Übereinstimmung zwischen den fachwissenschaftlichen Grundlagen sowie den fachdidaktischen und methodischen Entscheidungen her.

1.1.6 Sie strukturieren den Verlauf des Unterrichts für einen bestimmten Zeitrahmen.

1.2 Lehrkräfte im Vorbereitungsdienst führen Unterricht fach-, sach- und schülergerecht sowie lernwirksam durch.

1.2.1 Sie unterstützen Lernprozesse auf der Grundlage psychologischer und neurobiologischer Erkenntnisse sowie auf der Grundlage von Theorien über das Lernen und Lehren.

1.2.2 Sie organisieren Lernumgebungen, die unterschiedliche Lernvoraussetzungen und unterschiedliche soziale und kulturelle Lebensvoraussetzungen berücksichtigen, Lernprozesse der Schülerinnen und Schüler anregen und eigenverantwortliches und selbstbestimmtes Lernen und Arbeiten fördern.

1.2.3 Sie berücksichtigen die Bedingungen von Schülerinnen und Schülern mit Behinderungen und tragen dadurch deren Bedarf an sonderpädagogischer Unterstützung Rechnung.

1.2.4 Sie organisieren den Unterrichtsablauf sowie den Einsatz von Methoden und Medien im Hinblick auf die Optimierung der Lernprozesse.

1.2.5 Sie wählen Formen der Präsentation und Sicherung von Arbeitsergebnissen, die das Gelernte strukturieren, festigen und es zur Grundlage weiterer Lehr-Lern-Prozesse werden lassen.

1.2.6 Sie schaffen ein kooperatives, lernförderliches Klima durch eine Kommunikation, die schülerorientiert ist und deutlich macht, dass andere geachtet und wertgeschätzt werden.

1.3 Lehrkräfte im Vorbereitungsdienst evaluieren und reflektieren Unterricht.

1.3.1 Sie evaluieren Unterricht und reflektieren ihn, auch mit Kolleginnen und Kollegen, im Hinblick auf Lernwirksamkeit und Nachhaltigkeit für die Schülerinnen und Schüler.

1.3.2 Sie nutzen die aus dem Reflexionsprozess gewonnenen Erkenntnisse für die Optimierung des Unterrichtens, auch in Kooperation mit Kolleginnen und Kollegen.

2. Kompetenzbereich Erziehen

2.1 Lehrkräfte im Vorbereitungsdienst vermitteln Wertvorstellungen und Normen und fördern eigenverantwortliches Urteilen und Handeln der Schülerinnen und Schüler.

2.1.1 Sie reflektieren ihr Handeln, insbesondere ihr Handeln als Vorbild.

2.1.2 Sie gestalten soziale Beziehungen positiv durch Kommunikation und Interaktion.

2.1.3 Sie gestalten die Lehrer-Schüler-Beziehung vertrauensvoll.

2.1.4 Sie unterstützen Schülerinnen und Schüler bei der Entwicklung einer individuellen Wertehaltung.

2.1.5 Sie schärfen den Blick für Geschlechtergerechtigkeit und machen Wahrnehmungsmuster auch im Hinblick auf Chancengleichheit der Geschlechter bewusst.

2.1.6 Sie beachten die Grenzen ihrer erzieherischen Einflussnahme.

2.2 Lehrkräfte im Vorbereitungsdienst unterstützen die individuelle Entwicklung der Schülerinnen und Schüler und die Erziehungsprozesse in der jeweiligen Lerngruppe.

2.2.1 Sie nehmen persönliche, soziale, kulturelle und gegebenenfalls berufliche Lebensbedingungen der Schülerinnen und Schüler wahr.

2.2.2 Sie berücksichtigen interkulturelle erzieherische Aspekte des Unterrichts, darunter auch kulturspezifische Differenzen.

2.2.3 Sie ergreifen Maßnahmen der pädagogischen Unterstützung und Prävention, die sich sowohl auf einzelne Schülerinnen und Schüler als auch auf die Lerngruppe beziehen.

2.3 Lehrkräfte im Vorbereitungsdienst gehen konstruktiv mit Schwierigkeiten und Konflikten in Unterricht und Schule um.

2.3.1 Sie erarbeiten mit Schülerinnen und Schülern Regeln des Umgangs miteinander und achten auf deren Einhaltung.

2.3.2 Sie verfügen über Strategien zum Umgang und zur Lösung von Konflikten und wenden diese an.

2.4 Lehrkräfte im Vorbereitungsdienst kooperieren mit allen am Erziehungsprozess Beteiligten.

2.4.1 Sie reflektieren und entwickeln kontinuierlich ihr Erziehungskonzept.

2.4.2 Sie stimmen ihre individuellen Erziehungsziele auf das Erziehungskonzept der Schule ab.

2.4.3 Sie treten mit den Erziehungsberechtigten über ihr erzieherisches Handeln in Dialog.

2.4.4 Sie nutzen Kooperationsmöglichkeiten mit außerschulischen Erziehungsinstitutionen.

3. Kompetenzbereich Beurteilen, Beraten und Unterstützen, Diagnostizieren und Fördern

3.1 Lehrkräfte im Vorbereitungsdienst beurteilen die Kompetenzen von Schülerinnen und Schülern nach transparenten Maßstäben.

3.1.1 Sie kennen unterschiedliche Formen der Leistungsmessung und Leistungsbeurteilung und wenden sie reflektiert an.

3.1.2 Sie entwickeln Beurteilungskriterien, Bewertungsmaßstäbe und die notwendigen Instrumente der Leistungserfassung gemeinsam in schulischen Gremien auf der Grundlage rechtlicher Vorgaben.

3.1.3 Sie wenden die vereinbarten Beurteilungskriterien, Bewertungsmaßstäbe und Instrumente der Leistungserfassung schüler- und situationsgerecht an und machen diese den Schülerinnen und Schülern sowie den Erziehungsberechtigten transparent.

3.1.4 Sie dokumentieren und evaluieren die Leistungsbewertung regelmäßig.

3.1.5 Sie fördern die Fähigkeit der Schülerinnen und Schüler zur Selbst- und Fremdbeurteilung.

3.2 Lehrkräfte im Vorbereitungsdienst erkennen Beratungsbedarf, beraten und unterstützen Schülerinnen und Schüler sowie Erziehungsberechtigte und nutzen die Möglichkeiten der kollegialen Beratung.

3.2.1 Sie reflektieren Theorien, Modelle und Instrumente der Beratung anwendungsbezogen.

3.2.2 Sie erkennen Entwicklungsmöglichkeiten der Schülerinnen und Schüler.

3.2.3 Sie beraten und unterstützen Schülerinnen und Schüler in ihrer Lern- und Persönlichkeitsentwicklung.

3.2.4 Sie unterstützen Erziehungsberechtigte bei der Wahrnehmung ihrer Erziehungsaufgabe.

3.2.5 Sie beraten Erziehungsberechtigte in Fragen der Lernentwicklung der Schülerin oder des Schülers.

3.2.6 Sie beraten sich aufgaben- und fallbezogen mit Kolleginnen und Kollegen.

3.2.7 Sie kennen die gesetzlichen Grundlagen des Kinder- und Jugendschutzes und werden fallbezogen ihrer Fürsorge- und Beratungspflicht gerecht.

3.2.8 Sie erkennen die Möglichkeiten und Grenzen der schulischen Beratung und beziehen außerschulische Beratungsmöglichkeiten bedarfsgerecht ein.

3.3 Lehrkräfte im Vorbereitungsdienst beobachten, beschreiben und analysieren die individuellen Lernvoraussetzungen und -entwicklungen der Schülerinnen und Schüler und entwickeln auf der Basis dieser Diagnose geeignete Fördermaßnahmen.

3.3.1 Sie wertschätzen den individuellen Lernfortschritt ihrer Schülerinnen und Schüler, vermitteln Vertrauen in deren eigene Leistungsfähigkeit und ermuntern sie, Hilfen einzufordern.

3.3.2 Sie kennen und nutzen diagnostische Verfahren zur Feststellung der kognitiven, sprachlichen, emotionalen und sozialen Entwicklungsstände und Lernpotentiale.

3.3.3 Sie entwickeln, auch mit Kolleginnen und Kollegen, individuelle Förderpläne für Schülerinnen und Schüler und machen sie ihnen und den Erziehungsberechtigten transparent.

3.3.4 Sie fördern mit Kolleginnen und Kollegen Schülerinnen und Schüler entsprechend deren Fertigkeiten und kognitiven, emotionalen und sozialen Voraussetzungen.

3.3.5 Sie evaluieren mit Kolleginnen und Kollegen, Schülerinnen und Schülern sowie Erziehungsberechtigten die Ergebnisse der getroffenen Fördermaßnahmen, melden Lernfortschritte zurück und entwickeln die Förderkonzepte weiter.

3.3.6 Sie kennen und nutzen bei Bedarf außerschulische Förderangebote.

4. Kompetenzbereich Mitwirken bei der Gestaltung der Eigenverantwortlichkeit der Schule und Weiterentwickeln der eigenen Berufskompetenz

4.1 Lehrkräfte im Vorbereitungsdienst nehmen Schule als sich entwickelndes System wahr.

4.1.1 Sie wirken bei der Umsetzung des Schulprogramms mit und vertreten es aktiv.

4.1.2 Sie wirken bei der Entwicklung der Qualität von Unterricht und anderer schulischer Prozesse auf der Basis eines begründeten Verständnisses von gutem Unterricht und guter Schule mit.

4.1.3 Sie handeln im Rahmen der schulrechtlichen Bestimmungen.

4.2 Lehrkräfte im Vorbereitungsdienst entwickeln die eigene Berufskompetenz weiter.

4.2.1 Sie analysieren und reflektieren die eigene Leistung an den Lernaktivitäten und am Lernfortschritt der Schülerinnen und Schüler.

4.2.2 Sie ermitteln selbst ihren Qualifizierungsbedarf bezogen auf die eigenen beruflichen Anforderungen.

4.2.3 Sie zeigen Eigeninitiative bei der Weiterentwicklung ihrer Kompetenzen auch über den Unterricht hinaus.

4.2.4 Sie nutzen die Möglichkeiten kollegialer Beratung.

4.2.5 Sie dokumentieren Ergebnisse von Evaluation und Reflexion des eigenen Lehrerhandelns.

4.2.6 Sie dokumentieren ihre Ausbildungsschwerpunkte sowie zusätzlich erworbene Kompetenzen.

5. Kompetenzbereich Personale Kompetenzen

5.1 Lehrkräfte im Vorbereitungsdienst entwickeln ein professionelles Konzept ihrer Lehrerrolle und ein konstruktives Verhältnis zu den Anforderungen des Lehrberufs.

5.1.1 Sie orientieren ihr Handeln an einem Menschenbild, das auf der Grundlage des Christentums, des europäischen Humanismus und der Ideen der liberalen, demokratischen und sozialen Freiheitsbewegung beruht.

5.1.2 Sie orientieren ihr Handeln an dem Übereinkommen der Vereinten Nationen über die Rechte von Menschen mit Behinderungen und dem Übereinkommen der Vereinten Nationen über die Rechte des Kindes.

5.1.3 Sie pflegen einen von gegenseitigem Respekt und Wertschätzung geprägten Umgang mit allen an der Schule Beteiligten.

5.1.4 Sie üben ihren Beruf als öffentliches Amt mit besonderer Verpflichtung und Verantwortung für die Schülerinnen und Schüler sowie für die Gesellschaft aus.

5.1.5 Sie richten ihr Handeln an den Erfordernissen einer Bildung für nachhaltige Entwicklung aus.

5.2 Lehrkräfte im Vorbereitungsdienst übernehmen Verantwortung für sich und ihre Arbeit.

5.2.1 Sie handeln im Bewusstsein der Wechselwirkung ihres individuellen Handelns und des Systems Schule.

5.2.2 Sie zeigen die Bereitschaft zu lebenslangem eigenverantwortlichen Lernen.

5.2.3 Sie organisieren ihre Arbeit selbständig und ökonomisch zu ihrer eigenen Entlastung.

5.2.4 Sie sind fähig und bereit, sich mit eigenem und fremdem Handeln reflektierend auseinanderzusetzen.

5.3 Lehrkräfte im Vorbereitungsdienst agieren mit allen an Schule Beteiligten verantwortungsbewusst.

5.3.1 Sie arbeiten kollegial und teamorientiert.

5.3.2 Sie sind zu konstruktiver Kritik bereit und fähig.

5.3.3 Sie verfügen über Konzepte und die Fähigkeit zur Konfliktbewältigung.

Verordnung über die Ausbildung und Prüfung für die Laufbahnen der Fachrichtung Feuerwehr (APVO-Feu)

Vom 26. Januar 2013 (Nds. GVBl. S. 24, S. 72)

Zuletzt geändert durch
Verordnung zur Änderung der Verordnung über die Ausbildung und Prüfung für die Laufbahnen der Fachrichtung Feuerwehr
vom 7. Juli 2022 (Nds. GVBl. S. 463)

Inhaltsübersicht

Erster Teil
Allgemeines

- § 1 Regelungsbereich, Ausbildungsziel
- § 2 Dienstbezeichnungen
- § 3 Bewertung der Leistungen

Zweiter Teil
Ausbildung und Prüfung im Vorbereitungsdienst für das zweite Einstiegsamt der Laufbahngruppe 1

- § 4 Zulassung zur Ausbildung im Vorbereitungsdienst
- § 5 Dauer, Gliederung und Inhalt der Ausbildung im Vorbereitungsdienst
- § 6 Ausbildungsbehörde, Ausbildungsstellen
- § 7 Beurteilung der Leistungen während der Ausbildung
- § 8 Prüfungsbehörde
- § 9 Landesprüfungsausschuss, Prüfungsausschüsse
- § 10 Zulassung zur Laufbahnprüfung, Prüfungsteile, Ladung
- § 11 Schriftliche Prüfung
- § 12 Praktische Prüfung
- § 13 Mündliche Prüfung
- § 14 Ergebnis der Laufbahnprüfung, Prüfungszeugnis
- § 15 Niederschrift
- § 16 Wiederholung der Prüfung
- § 17 Verhinderung, Versäumnis
- § 18 Täuschung, ordnungswidriges Verhalten
- § 19 Einsichtnahme in die Prüfungsakte

Dritter Teil
Ausbildung und Prüfung im Vorbereitungsdienst für das erste Einstiegsamt der Laufbahngruppe 2

- § 20 Zulassung zur Ausbildung im Vorbereitungsdienst
- § 21 Dauer, Gliederung und Inhalt der Ausbildung im Vorbereitungsdienst
- § 22 Ausbildungsbehörde, Ausbildungsstellen
- § 23 Beurteilung der Leistungen während der Ausbildung
- § 24 Zwischenprüfung
- § 25 Laufbahnprüfung, Prüfungsgebiete, Ladung
- § 26 Prüfungsausschüsse
- § 27 Schriftliche Prüfung
- § 28 Praktische Prüfung
- § 29 Mündliche Prüfung
- § 30 Zuerkennung der Befähigung für die Laufbahngruppe 1

Vierter Teil
Ausbildung und Prüfung für den Aufstieg

- § 31 Ausbildung
- § 32 Aufstiegsprüfung

Fünfter Teil
Ausbildung und Prüfung im Vorbereitungsdienst für das zweite Einstiegsamt der Laufbahngruppe 2

§ 33 Zulassung zur Ausbildung im Vorbereitungsdienst

§ 34 Ausbildung im Vorbereitungsdienst, Prüfungen

Sechster Teil
Übergangs- und Schlussvorschriften

§ 35 Übergangsvorschrift

§ 36 Inkrafttreten

Anlage 1
(zu § 5 Abs. 1 Satz 2)

Anlage 2
(zu § 21 Abs. 1 Satz 2)

Anlage 3
(zu § 31 Abs. 1 Satz 2)

Aufgrund des § 26 des Niedersächsischen Beamtengesetzes in der Fassung vom 25. März 2009 (Nds. GVBl. S. 72), zuletzt geändert durch Artikel 2 des Gesetzes vom 12. Dezember 2012 (Nds. GVBl. S. 591), wird verordnet:

Erster Teil
Allgemeines

§ 1 Regelungsbereich, Ausbildungsziel

(1) Diese Verordnung regelt

1. die Ausbildung und Prüfung im Vorbereitungsdienst für das zweite Einstiegsamt der Laufbahn der Laufbahngruppe 1 der Fachrichtung Feuerwehr,

2. die Ausbildung und Prüfung im Vorbereitungsdienst für das erste Einstiegsamt der Laufbahn der Laufbahngruppe 2 der Fachrichtung Feuerwehr,

3. die Ausbildung und Prüfung für den Aufstieg in die Laufbahn der Laufbahngruppe 2 der Fachrichtung Feuerwehr und

4. die Ausbildung und Prüfung im Vorbereitungsdienst für das zweite Einstiegsamt der Laufbahn der Laufbahngruppe 2 der Fachrichtung Feuerwehr.

(2) Ziel der Ausbildung im Vorbereitungsdienst und der Ausbildung für den Aufstieg ist es, die zur Erfüllung der Aufgaben der Fachrichtung Feuerwehr in der jeweiligen Laufbahn erforderlichen Kenntnisse und Fertigkeiten zu vermitteln.

§ 2 Dienstbezeichnungen

₁Die Beamtinnen und Beamten im Vorbereitungsdienst für das zweite Einstiegsamt der Laufbahn der Laufbahngruppe 1 und für das erste Einstiegsamt der Laufbahn der Laufbahngruppe 2 führen als Dienstbezeichnung die Amtsbezeichnung ihres Einstiegsamtes mit dem Zusatz „Anwärterin" oder „Anwärter". ₂Die Beamtinnen und Beamten im Vorbereitungsdienst für das zweite Einstiegsamt der Laufbahn der Laufbahngruppe 2 führen die Dienstbezeichnung „Brandreferendarin" oder „Brandreferendar".

§ 3 Bewertung der Leistungen

(1) Die Leistungen in der Ausbildung im Vorbereitungsdienst und in der Ausbildung für den Aufstieg sowie die Prüfungsleistungen sind mit folgenden Noten und Punkten zu bewerten:

Note	Punkte	Bedeutung
sehr gut (1)	15 und 14 Punkte	= eine den Anforderungen in besonderem Maß entsprechende Leistung;
gut (2)	13 bis 11 Punkte	= eine den Anforderungen voll entsprechende Leistung.
befriedigend (3)	10 bis 8 Punkte	= eine den Anforderungen im Allgemeinen entsprechende Leistung;
ausreichend (4)	7 bis 5 Punkte	= eine Leistung, die zwar Mängel aufweist, aber im Ganzen den Anforderungen noch entspricht;
mangelhaft (5)	4 bis 2 Punkte	= eine den Anforderungen nicht entsprechende Leistung, die jedoch erkennen lässt, dass die notwendigen Grundkenntnisse vorhanden sind und die Mängel in absehbarer Zeit behoben werden könnten;
ungenügend (6)	1 und 0 Punkte	= eine den Anforderungen nicht entsprechende Leistung, bei der selbst die Grundkenntnisse so lückenhaft sind, dass die Mängel in absehbarer Zeit nicht behoben werden könnten.

(2) ₁Mittelwerte sind auf zwei Dezimalstellen ohne Rundung zu berechnen. ₂Sie sind den Noten wie folgt zugeordnet:

15,00 bis 14,00 Punkte sehr gut (1),
13,99 bis 11,00 Punkte gut (2),
10,99 bis 8,00 Punkte befriedigend (3),

7,99 bis 5,00 Punkte ausreichend (4),
4,99 bis 2,00 Punkte mangelhaft (5),
1,99 bis 0 Punkte ungenügend (6).

(3) Die Absätze 1 und 2 finden keine Anwendung für die Ausbildung und Prüfung im Vorbereitungsdienst für das zweite Einstiegsamt der Laufbahngruppe 2.

Zweiter Teil
Ausbildung und Prüfung im Vorbereitungsdienst für das zweite Einstiegsamt der Laufbahngruppe 1

§ 4 Zulassung zur Ausbildung im Vorbereitungsdienst

Zur Ausbildung im Vorbereitungsdienst für das zweite Einstiegsamt der Laufbahngruppe 1 kann zugelassen werden, wer

1. die Bildungsvoraussetzungen nach § 20 Abs. 2 der Niedersächsischen Laufbahnverordnung (NLVO) erfüllt,
2. eine Berufsausbildung in einem für den Feuerwehrdienst geeigneten Ausbildungsberuf abgeschlossen hat oder zum Führen der Berufsbezeichnung „Rettungsassistentin", „Rettungsassistent", „Nofallsanitärin" oder „Notfallsanitäter" berechtigt ist und
3. den körperlichen und gesundheitlichen Anforderungen des Feuerwehrdienstes entspricht.

§ 5 Dauer, Gliederung und Inhalt der Ausbildung im Vorbereitungsdienst

(1) ₁Der Vorbereitungsdienst dauert 24 Monate und gliedert sich in die Ausbildungsabschnitte

1. Ausbildungsabschnitt 1:
   Grundausbildungslehrgang
   (B1)   26 Wochen,
2. Ausbildungsabschnitt 2:
   Ausbildung im Rettungswesen (R)   38 Wochen,
3. Ausbildungsabschnitt 3:
   Einsatzpraktikum Truppmitglied (B1P)   16 Wochen,
4. Ausbildungsabschnitt 4:
   Einsatzpraktikum Truppführer (B2P)   16 Wochen,
5. Ausbildungsabschnitt 5:
   Vertiefungsphase (V)   2 Wochen,
6. Ausbildungsabschnitt 6:
   Ausbilderlehrgang (AdF)   1 Woche,
7. Ausbildungsabschnitt 7:
   Gruppenführerlehrgang (B3)   4 Wochen,
8. Ausbildungsabschnitt 8:
   Laufbahnprüfung (LP)   1 Woche.

₂Die Ausbildungsinhalte der Ausbildungsabschnitte 1 bis 7 ergeben sich aus dem Ausbildungsrahmenplan (Anlage 1). ₃Die Reihenfolge der Ausbildungsabschnitte 1 bis 7 kann durch die Ausbildungsbehörde im Einzelfall geändert werden, wenn es zweckmäßig ist.

(2) ₁Für die Anwärterinnen und Anwärter, die zum Führen der Berufsbezeichnung „Rettungsassistentin", „Rettungsassistent", „Notfallsanitärin" oder „Notfallsanitäter" berechtigt sind, dauert der Vorbereitungsdienst 18 Monate. ₂Sie vertiefen im Ausbildungsabschnitt 2 (Rv) ihre Kenntnisse und Fertigkeiten im Rettungswesen. ₃Für sie dauert der Ausbildungsabschnitt 2 zwölf Wochen.

(3) Auf die Dauer des Vorbereitungsdienstes können Zeiten nach § 21 Abs. 2 Satz 4 NLVO angerechnet werden.

(4) Auf die Dauer des Vorbereitungsdienstes können auch Zeiten einer aktiven Zugehörigkeit zu einer Freiwilligen Feuerwehr, Pflichtfeuerwehr oder Werkfeuerwehr nach Abschluss der Grundausbildung angerechnet werden, soweit sie zwei Jahre übersteigen, für die Ausbildung förderlich sind und derselbe Zeitraum nicht nach Absatz 3 angerechnet wird.

(5) Über die Anrechnung nach den Absätzen 3 und 4 entscheidet die Ausbildungsbehörde auf Antrag der Anwärterin oder des Anwärters.

§ 6 Ausbildungsbehörde, Ausbildungsstellen

(1) Ausbildungsbehörden sind

1. das Niedersächsische Landesamt für Brand- und Katastrophenschutz (im Folgenden: Landesamt) und

2. Kommunen mit mindestens einer Beamtin oder einem Beamten mit der Befähigung für die Laufbahn der Laufbahngruppe 2 der Fachrichtung Feuerwehr.

(2) ₁Die Ausbildungsbehörde bestellt eine Ausbildungsleiterin oder einen Ausbildungsleiter mit der Befähigung nach Absatz 1 Nr. 2, die oder der für die Durchführung der Ausbildung verantwortlich ist und die Ausbildung überwacht. ₂Die Ausbildungsbehörde erstellt für jede Anwärterin und jeden Anwärter einen Ausbildungsplan und weist sie oder ihn den Ausbildungsstellen zu.

(3) ₁Ausbildungsstellen für die Ausbildungsabschnitte 1 und 3 bis 5 sind Dienststellen mit feuerwehrtechnischen Aufgaben. ₂Der Ausbildungsabschnitt 1, 3 oder 4 kann auch bei einer hauptberuflichen Werkfeuerwehr abgeleistet werden. ₃Ausbildungsstellen für den Ausbildungsabschnitt 2 nach § 5 Abs. 1 Satz 1 Nr. 2 sind die staatlich anerkannten Schulen für Notfallsanitäter. ₄Ausbildungsstelle für die Ausbildungsabschnitte 6 und 7 ist das Landesamt. ₅Die Ausbildungsstellen für die Ausbildungsabschnitte 1 und 3 bis 5 bestellen Ausbildungsbeauftragte mit der Befähigung für eine Laufbahn der Fachrichtung Feuerwehr, die für die Ausbildung während des jeweiligen Ausbildungsabschnitts verantwortlich sind.

§ 7 Beurteilung der Leistungen während der Ausbildung

(1) ₁Im Ausbildungsabschnitt 1 sind fünf Leistungsnachweise mit jeweils einem schriftlichen und einem fachpraktischen Teil mit einer Bearbeitungszeit von jeweils 45 Minuten sowie ein Leistungsnachweis als Aufsichtsarbeit mit einer Bearbeitungszeit von 90 Minuten zu erbringen. ₂Die Leistungen werden jeweils durch eine unterrichtende Lehrkraft bewertet. ₃Bei Leistungsnachweisen mit einem schriftlichen und einem fachpraktischen Teil werden die Leistungen in beiden Teilen einzeln bewertet; die Bewertung für den Leistungsnachweis ergibt sich aus dem daraus gebildeten Mittelwert und der zugeordneten Note. ₄Die Bewertungen werden der Anwärterin oder dem Anwärter mitgeteilt. ₅Am Ende des Ausbildungsabschnitts 1 ermittelt die Ausbildungsbehörde die Ausbildungsnote für die fachtheoretische Ausbildung. ₆Hierfür errechnet sie den Mittelwert der Punktzahlen der Bewertungen für die Leistungsnachweise. ₇Der Mittelwert (Punktzahl der Ausbildungsnote für die fachtheoretische Ausbildung) wird einer Note (Ausbildungsnote für die fachtheoretische Ausbildung) zugeordnet.

(2) ₁Am Ende der Ausbildungsabschnitte 3 und 4 gibt die jeweilige Ausbildungsstelle eine Beurteilung über die Leistungen der Anwärterin oder des Anwärters ab. ₂Die Gesamtleistung ist zu bewerten. ₃Die Beurteilung ist mit der Anwärterin oder dem Anwärter zu besprechen. ₄Sind die Ausbildungsabschnitte 3 und 4 beendet, so ermittelt die Ausbildungsbehörde die Ausbildungsnote für die berufspraktische Ausbildung. ₅Hierfür errechnet sie den Mittelwert der Punktzahlen der Bewertungen nach Satz 2. ₆Der Mittelwert (Punktzahl der Ausbildungsnote für die berufspraktische Ausbildung) wird einer Note (Ausbildungsnote für die berufspraktische Ausbildung) zugeordnet.

(3) ₁Die Ausbildungsbehörde ermittelt die Ausbildungsgesamtnote. ₂Hierfür errechnet sie den Mittelwert der Punktzahl der Ausbildungsnote für die fachtheoretische Ausbildung und der Punktzahl der Ausbildungsnote für die berufspraktische Ausbildung, wobei die Punktzahl der Ausbildungsnote für die fachtheoretische Ausbildung mit 33 Prozent und die Punktzahl der Ausbildungsnote für die berufspraktische Ausbildung mit 67 Prozent berücksichtigt werden. ₃Der Mittelwert (Punktzahl der Ausbildungsgesamtnote) wird einer Note (Ausbildungsgesamtnote) zugeordnet.

(4) Die Ausbildungsnoten nach den Absätzen 1 und 2 und die Ausbildungsgesamtnote sind der Anwärterin oder dem Anwärter mitzuteilen.

§ 8 Prüfungsbehörde

(1) Prüfungsbehörde ist das Landesamt.

(2) Entscheidungen und sonstige Maßnahmen, die die Prüfung betreffen, werden von

der Prüfungsbehörde getroffen, soweit in dieser Verordnung nichts anderes bestimmt ist.

§ 9 Landesprüfungsausschuss, Prüfungsausschüsse

(1) ₁Das für Inneres zuständige Ministerium bildet einen Landesprüfungsausschuss. ₂Aus den Mitgliedern des Landesprüfungsausschusses werden die Prüfungsausschüsse für die Abnahme der Laufbahnprüfung gebildet.

(2) ₁Das für Inneres zuständige Ministerium bestellt für die Dauer von fünf Jahren als Mitglieder des Landesprüfungsausschusses

1. Beamtinnen und Beamte der Prüfungsbehörde mit der Befähigung für die Laufbahn der Laufbahngruppe 2 der Fachrichtung Feuerwehr, die den Zugang für das zweite Einstiegsamt eröffnet,

2. Beamtinnen und Beamte der Kommunen nach § 6 Abs. 1 Nr. 2 mit der Befähigung für die Laufbahn der Laufbahngruppe 2 der Fachrichtung Feuerwehr, die den Zugang für das zweite Einstiegsamt eröffnet,

3. Beamtinnen und Beamte des Landes und der Kommunen nach § 6 Abs. 1 Nr. 2 mit der Befähigung für die Laufbahn der Laufbahngruppe 2 der Fachrichtung Feuerwehr, die nur den Zugang für das erste Einstiegsamt eröffnet, und

4. Beamtinnen und Beamte des Landes und der Kommunen nach § 6 Abs. 1 Nr. 2 mit der Befähigung für die Laufbahn der Laufbahngruppe 1 der Fachrichtung Feuerwehr, die den Zugang für das zweite Einstiegsamt eröffnet.

₂Die kommunalen Spitzenverbände und die Spitzenorganisationen der zuständigen Gewerkschaften und Berufsverbände der Beamtinnen und Beamten übersenden auf Anforderung des für Inneres zuständigen Ministeriums Vorschläge für die Bestellung der Mitglieder des Landesprüfungsausschusses. ₃Scheidet ein Mitglied vor Ablauf der Amtszeit aus, so wird eine Ersatzperson nur für die verbleibende Amtszeit bestellt.

(3) ₁Die Prüfungsbehörde bildet jeweils für eine Gruppe von Prüflingen einen Prüfungsausschuss. ₂Dem Prüfungsausschuss gehören als Mitglieder an

1. eine Beamtin oder ein Beamter nach Absatz 2 Satz 1 Nr. 1 als Vorsitzende oder Vorsitzender,

2. zwei Beamtinnen oder Beamte nach Absatz 2 Satz 1 Nr. 3 oder eine Beamtin oder ein Beamter nach Absatz 2 Satz 1 Nr. 2 und eine Beamtin oder ein Beamter nach Absatz 2 Satz 1 Nr. 3 und

3. eine Beamtin oder ein Beamter nach Absatz 2 Satz 1 Nr. 4.

₃Die Mitglieder nach Satz 2 Nrn. 2 und 3 sollen Beamtinnen oder Beamte einer Kommune nach § 6 Abs. 1 Nr. 2 sein. ₄Für jedes Mitglied ist mindestens eine Stellvertreterin oder ein Stellvertreter zu bestellen.

(4) ₁Der Prüfungsausschuss entscheidet mit der Mehrheit der Stimmen seiner Mitglieder. ₂Stimmenthaltung ist nicht zulässig. ₃Bei Stimmgleichheit gibt die Stimme der oder des Vorsitzenden den Ausschlag.

§ 10 Zulassung zur Laufbahnprüfung, Prüfungsteile, Ladung

(1) Zur Laufbahnprüfung kann nur zugelassen werden, wer den Ausbildungsabschnitt 2 nach § 5 Abs. 1 Nr. 2 erfolgreich absolviert hat.

(2) ₁Die Laufbahnprüfung besteht aus einer schriftlichen, einer praktischen und einer mündlichen Prüfung. ₂Sie kann sich auf alle Ausbildungsinhalte mit Ausnahme der Inhalte des Ausbildungsabschnitts 2 erstrecken.

(3) Der Prüfling ist von der Prüfungsbehörde zu den einzelnen Prüfungsteilen schriftlich zu laden.

(4) ₁Die Prüfungen sind nicht öffentlich. ₂Die oder der Vorsitzende kann zulassen, dass

1. Vertreterinnen und Vertreter von Personalvertretungen der Ausbildungsbehörden und

2. andere Personen, an deren Anwesenheit ein dienstliches Interesse besteht,

bei der mündlichen und der praktischen Prüfung, mit Ausnahme der Beratung über die Bewertung, anwesend sind. ₃Die in Satz 2

Nr. 1 genannten Personen können nur zugelassen werden, wenn der Prüfling nicht widerspricht.

§ 11 Schriftliche Prüfung

(1) ₁Die schriftliche Prüfung besteht aus zwei Aufsichtsarbeiten. ₂Die Bearbeitungszeit beträgt jeweils zwei Zeitstunden.

(2) ₁Die an dem Landesamt unterrichtenden Lehrkräfte unterbreiten Vorschläge für die Aufsichtsarbeiten. ₂Die Prüfungsbehörde wählt die Aufgaben aus den Vorschlägen aus und entscheidet über die zulässigen Hilfsmittel.

(3) ₁Jede Aufsichtsarbeit ist von zwei Mitgliedern des Prüfungsausschusses zu bewerten. ₂Weichen die Einzelbewertungen um nicht mehr als drei Punkte voneinander ab, so gilt der Mittelwert. ₃Bei größeren Abweichungen entscheidet die oder der Vorsitzende des Prüfungsausschusses. ₄Sie oder er kann sich für eine der beiden Einzelbewertungen oder für eine dazwischen liegende Punktzahl entscheiden.

(4) Die Prüfungsbehörde errechnet den Mittelwert der Punktzahlen der Bewertungen nach Absatz 3 (Punktzahl der Note für die schriftliche Prüfung).

(5) ₁Ist mindestens eine Aufsichtsarbeit mit mindestens „ausreichend (4)" und keine Aufsichtsarbeit mit „ungenügend (6)" bewertet worden, so erhält der Prüfling eine Mitteilung über die Bewertungen. ₂Sind die Voraussetzungen nach Satz 1 nicht erfüllt, so ist die Laufbahnprüfung nicht bestanden und wird nicht fortgesetzt; hierüber erhält der Prüfling einen Bescheid.

§ 12 Praktische Prüfung

(1) ₁Die praktische Prüfung gliedert sich in zwei Abschnitte. ₂Im ersten Abschnitt soll der Prüfling eine taktische Einheit, in der Regel eine Löschstaffel oder Löschgruppe, führen. ₃Der zweite Abschnitt besteht aus einem Vortrag zu einem Thema aus den Ausbildungsabschnitten 1 und 7. ₄Die Zeitdauer eines Abschnitts soll einschließlich Vorbereitung mindestens 15 Minuten und höchstens 30 Minuten dauern.

(2) Der Prüfungsausschuss bewertet die praktische Prüfungsleistung in jedem Abschnitt.

(3) Die Prüfungsbehörde errechnet den Mittelwert der Punktzahlen der Bewertungen nach Absatz 2 (Punktzahl der Note für die praktische Prüfung).

(4) ₁Ist mindestens ein Abschnitt mit mindestens „ausreichend (4)" und kein Abschnitt mit „ungenügend (6)" bewertet worden, so erhält der Prüfling eine Mitteilung über die Bewertungen. ₂Sind die Voraussetzungen nach Satz 1 nicht erfüllt, so ist die Laufbahnprüfung nicht bestanden und wird nicht fortgesetzt; hierüber erhält der Prüfling einen Bescheid.

§ 13 Mündliche Prüfung

(1) Die mündliche Prüfung soll 20 Minuten dauern.

(2) Der Prüfungsausschuss bewertet die mündliche Prüfungsleistung.

(3) Ist die Prüfungsleistung mit „ungenügend (6)" bewertet worden, so ist die Laufbahnprüfung nicht bestanden.

§ 14 Ergebnis der Laufbahnprüfung, Prüfungszeugnis

(1) ₁Zur Ermittlung der Prüfungsnote für die Laufbahnprüfung wird der Mittelwert der Punktzahlen der Noten für die Prüfungsteile errechnet, wobei die Punktzahl der Note für die praktische Prüfung mit 40 Prozent und die Punktzahlen der Noten für die schriftliche und mündliche Prüfung jeweils mit 30 Prozent berücksichtigt werden. ₂Der Mittelwert (Punktzahl der Prüfungsnote) wird einer Note (Prüfungsnote) zugeordnet.

(2) ₁Zur Ermittlung der Gesamtnote für die Laufbahnprüfung wird der Mittelwert der Punktzahl der Ausbildungsgesamtnote und der Punktzahl der Prüfungsnote errechnet, wobei die Punktzahl der Ausbildungsgesamtnote mit 10 Prozent und die Punktzahl der Prüfungsnote mit 90 Prozent berücksichtigt werden. ₂Der Mittelwert (Punktzahl der Gesamtnote) wird einer Note (Gesamtnote) zugeordnet.

(3) Die Laufbahnprüfung ist bestanden, wenn die Prüfungsnote und die Gesamtnote jeweils mindestens „ausreichend (4)" lauten.

(4) Die oder der Vorsitzende des Prüfungsausschusses gibt nach Abschluss der mündlichen Prüfung dem Prüfling die Bewertungen der mündlichen Prüfungsleistungen, das Bestehen oder Nichtbestehen der Laufbahnprüfung sowie die Gesamtnote und die Punktzahl der Gesamtnote bekannt.

(5) Über die bestandene Laufbahnprüfung erhält die Anwärterin oder der Anwärter ein Prüfungszeugnis mit der Gesamtnote und der Punktzahl der Gesamtnote.

(6) Wer die Laufbahnprüfung nicht bestanden hat, erhält eine schriftliche Mitteilung, in der die Bewertungen der Prüfungsleistungen und die Prüfungsinhalte anzugeben sind.

§ 15 Niederschrift

Die oder der Vorsitzende des Prüfungsausschusses fertigt eine Niederschrift über den Ablauf und den wesentlichen Inhalt der praktischen und der mündlichen Prüfung, die Zusammensetzung des Prüfungsausschusses und das Ergebnis der Prüfung.

§ 16 Wiederholung der Prüfung

₁Wer die Laufbahnprüfung nicht bestanden hat, kann sie einmal wiederholen. ₂Die Ausbildungsbehörde entscheidet auf Vorschlag des Prüfungsausschusses über die Art und Dauer der weiteren Ausbildung bis zur Wiederholungsprüfung. ₃Prüfungsteile, die mit mindestens „ausreichend" bewertet worden sind, werden auf Antrag des Prüflings auf die Wiederholungsprüfung angerechnet.

§ 17 Verhinderung, Versäumnis

(1) ₁Ist der Prüfling durch Krankheit oder einen sonstigen von ihm nicht zu vertretenden Grund an der Ablegung der Prüfung oder der Erbringung einer Prüfungsleistung gehindert, so hat er dies der Prüfungsbehörde unverzüglich mitzuteilen und bei Erkrankung durch ein ärztliches Zeugnis, im Übrigen in sonst geeigneter Weise unverzüglich nachzuweisen. ₂Die Prüfungsbehörde kann die Vorlage eines amtsärztlichen Zeugnisses verlangen. ₃Sie stellt fest, ob eine vom Prüfling nicht zu vertretende Verhinderung vorliegt. ₄Liegt eine vom Prüfling nicht zu vertretende Verhinderung vor, so gilt eine nicht abgeschlossene Prüfungsleistung als nicht unternommen.

(2) Erbringt ein Prüfling eine Prüfungsleistung ohne Vorliegen eines Grundes nach Absatz 1 nicht oder nicht rechtzeitig, so gilt die Prüfungsleistung als mit „ungenügend (6)" – 0 Punkte – bewertet.

§ 18 Täuschung, ordnungswidriges Verhalten

(1) ₁Versucht der Prüfling, das Ergebnis der Prüfung durch Täuschung zu beeinflussen oder verstößt er erheblich gegen die Ordnung, so wird die betroffene Prüfungsleistung in der Regel mit „ungenügend (6)" – 0 Punkte – bewertet. ₂In leichten Fällen kann die Wiederholung der Prüfungsleistung aufgegeben oder von Maßnahmen abgesehen werden. ₃In besonders schweren Fällen kann die Laufbahnprüfung für nicht bestanden erklärt werden. ₄Über das Vorliegen und die Folgen eines Täuschungsversuchs oder eines erheblichen Ordnungsverstoßes entscheidet die Prüfungsbehörde.

(2) Ein Prüfling, der wiederholt zu täuschen versucht oder erheblich gegen die Ordnung verstößt, kann von der oder dem Aufsichtführenden von der Fortsetzung der Anfertigung der Aufsichtsarbeit oder von der oder dem Vorsitzenden des Prüfungsausschusses von der Fortsetzung der praktischen oder mündlichen Prüfung ausgeschlossen werden.

(3) Wird der Prüfungsbehörde eine Täuschung erst nach Erteilung des Prüfungszeugnisses bekannt, so kann sie die Prüfung nur innerhalb von drei Jahren nach Bekanntgabe des Ergebnisses der Laufbahnprüfung für nicht bestanden erklären.

§ 19 Einsichtnahme in die Prüfungsakte

Der Prüfling kann seine Prüfungsakte innerhalb eines Jahres nach Bekanntgabe des Bestehens oder Nichtbestehens der Prüfung einsehen.

Dritter Teil
Ausbildung und Prüfung im Vorbereitungsdienst für das erste Einstiegsamt der Laufbahngruppe 2

§ 20 Zulassung zur Ausbildung im Vorbereitungsdienst

Zur Ausbildung im Vorbereitungsdienst für das erste Einstiegsamt der Laufbahngruppe 2 kann zugelassen werden, wer

1. ein Hochschulstudium in einem für die Fachrichtung Feuerwehr geeigneten Studiengang mit einem Bachelorgrad abgeschlossen oder einen gleichwertigen Abschluss erworben hat und
2. den körperlichen und gesundheitlichen Anforderungen des Feuerwehrdienstes entspricht.

§ 21 Dauer, Gliederung und Inhalt der Ausbildung im Vorbereitungsdienst

(1) ₁Der Vorbereitungsdienst dauert 24 Monate und gliedert sich in die Ausbildungsabschnitte

1. Ausbildungsabschnitt 1:
   Grundausbildungslehrgang
   (B1) 26 Wochen,
2. Ausbildungsabschnitt 2:
   Ausbildung im Rettungswesen (Rs1) 4 Wochen,
3. Ausbildungsabschnitt 3:
   Einsatzpraktikum Truppführer (B1/2 P) 17 Wochen,
4. Ausbildungsabschnitt 4:
   Gruppenführerlehrgang (B3) 4 Wochen,
5. Ausbildungsabschnitt 5:
   Zwischenprüfung (Zw) 1 Woche,
6. Ausbildungsabschnitt 6:
   Einsatzpraktikum Gruppenführer (B3P) 16 Wochen,
7. Ausbildungsabschnitt 7:
   Zugführerausbildung (B4) 10 Wochen,
8. Ausbildungsabschnitt 8:
   Einsatzpraktikum Zugführer (B4P) 18 Wochen,
9. Ausbildungsabschnitt 9:
   Verbandsführerausbildung (B5) 7 Wochen,
10. Ausbildungsabschnitt 10:
    Laufbahnprüfung (LP) 1 Woche.

₂Die Ausbildungsinhalte der Ausbildungsabschnitte 1 bis 4 und 6 bis 9 ergeben sich aus dem Ausbildungsrahmenplan (Anlage 2). ₃Die Reihenfolge der Ausbildungsabschnitte 2 bis 9 kann durch die Ausbildungsbehörde im Einzelfall geändert werden, wenn es zweckmäßig ist.

(2) ₁Auf die Dauer des Vorbereitungsdienstes können Zeiten nach § 26 Abs. 4 Satz 1 NLVO angerechnet werden. ₂Über die Anrechnung entscheidet die Ausbildungsbehörde auf Antrag der Anwärterin oder des Anwärters.

(3) Den Anwärterinnen und Anwärtern ist während aller Ausbildungsabschnitte in möglichst großem Umfang Gelegenheit zu geben, an Besichtigungen, Besprechungen, Versuchen, Brandproben, Vorführungen und sonstigen Veranstaltungen teilzunehmen, die geeignet sind, feuerwehrtechnische Kenntnisse zu vermitteln.

§ 22 Ausbildungsbehörde, Ausbildungsstellen

(1) Ausbildungsbehörden sind

1. das Landesamt und
2. Kommunen mit mindestens einer Beamtin oder einem Beamten mit der Befähigung für die Laufbahn der Laufbahngruppe 2 der Fachrichtung Feuerwehr.

(2) ₁Die Ausbildungsbehörde bestellt eine Ausbildungsleiterin oder einen Ausbildungsleiter mit der Befähigung nach Absatz 1 Nr. 2, die oder der für die Durchführung der Ausbildung verantwortlich ist und die Ausbildung überwacht. ₂Die Ausbildungsbehörde erstellt für jede Anwärterin und jeden Anwärter einen Ausbildungsplan und weist sie oder ihn den Ausbildungsstellen zu.

(3) ₁Ausbildungsstellen für die Ausbildungsabschnitte 1, 3, 6 und 8 sind Dienststellen mit feuerwehrtechnischen Aufgaben. ₂Der Ausbildungsabschnitt 1, 3, 6 oder 8 kann auch bei einer hauptberuflichen Werkfeuerwehr abgeleistet werden. ₃Die Ausbildungsabschnitte 3, 6 und 8 sind bei verschiedenen Dienststellen mit feuerwehrtechnischen Aufgaben abzu-

leisten. ₄Sie können bei Ausbildungsstellen in anderen Ländern abgeleistet werden. ₅Ausbildungsstelle für die Ausbildungsabschnitte 4, 7 und 9 ist das Landesamt. ₆Die Ausbildungsstellen für die Ausbildungsabschnitte 1, 3, 6 und 8 bestellen Ausbildungsbeauftragte mit der Befähigung für eine Laufbahn der Fachrichtung Feuerwehr, die für die Ausbildung während des jeweiligen Ausbildungsabschnitts verantwortlich sind.

§ 23 Beurteilung der Leistungen während der Ausbildung

(1) Für die Beurteilung der Leistungen im Ausbildungsabschnitt 1 ist § 7 Abs. 1 entsprechend anzuwenden.

(2) ₁Am Ende der Ausbildungsabschnitte 1, 3, 6 und 8 gibt die jeweilige Ausbildungsstelle eine Beurteilung über die Leistungen der Anwärterin oder des Anwärters ab; § 7 Abs. 2 Sätze 2 und 3 ist entsprechend anzuwenden. ₂Sind die Ausbildungsabschnitte 3, 6 und 8 beendet, so ermittelt die Ausbildungsbehörde die Ausbildungsnote für die berufspraktische Ausbildung; § 7 Abs. 2 Sätze 5 und 6 ist entsprechend anzuwenden. ₃Für die Ausbildungsgesamtnote gilt § 7 Abs. 3 entsprechend.

§ 24 Zwischenprüfung

(1) ₁Die Anwärterinnen und Anwärter haben als Zwischenprüfung die Laufbahnprüfung für das zweite Einstiegsamt der Laufbahngruppe 1 abzulegen. ₂Die §§ 9 bis 19 mit Ausnahme des § 10 Abs. 1 und des § 14 Abs. 2 bis 5 sind entsprechend anzuwenden.

(2) Die Prüfung ist bestanden, wenn die Prüfungsnote mindestens „ausreichend (4)" lautet.

(3) Die oder der Vorsitzende des Prüfungsausschusses gibt nach Abschluss der mündlichen Prüfung dem Prüfling die Bewertungen der mündlichen Prüfungsleistungen, das Bestehen oder Nichtbestehen der Prüfung sowie die Prüfungsnote und die Punktzahl der Prüfungsnote bekannt.

(4) Über die bestandene Prüfung erhält die Anwärterin oder der Anwärter ein Prüfungszeugnis mit der Prüfungsnote und der Punktzahl der Prüfungsnote.

§ 25 Laufbahnprüfung, Prüfungsgebiete, Ladung

₁Für die Laufbahnprüfung für das erste Einstiegsamt der Laufbahngruppe 2 sind die §§ 8 und 10 Abs. 2 Satz 1 und Abs. 4 sowie die §§ 14 bis 19 entsprechend anzuwenden. ₂Die Laufbahnprüfung kann sich auf alle Ausbildungsinhalte erstrecken. ₃Der Prüfling ist von der Prüfungsbehörde zu den einzelnen Prüfungsteilen schriftlich zu laden.

§ 26 Prüfungsausschüsse

(1) ₁Die Prüfungsbehörde bildet jeweils für eine Gruppe von Prüflingen aus den Mitgliedern des Landesprüfungsausschusses nach § 9 Abs. 1 und 2 einen Prüfungsausschuss. ₂Dem Prüfungsausschuss gehören als Mitglieder an

1. eine Beamtin oder ein Beamter nach § 9 Abs. 2 Satz 1 Nr. 1 als Vorsitzende oder Vorsitzender

2. eine Beamtin oder ein Beamter nach § 9 Abs. 2 Satz 1 Nr. 2 und

3. zwei Beamtinnen oder Beamte nach § 9 Abs. 2 Satz 1 Nr. 3.

₃Die Mitglieder nach Satz 2 Nr. 3 sollen Beamtinnen oder Beamte einer Kommune sein. ₄Für jedes Mitglied ist mindestens eine Stellvertreterin oder ein Stellvertreter zu bestellen.

(2) § 9 Abs. 4 ist entsprechend anzuwenden.

§ 27 Schriftliche Prüfung

(1) ₁Die schriftliche Prüfung besteht aus vier Aufsichtsarbeiten. ₂Die Bearbeitungszeit beträgt jeweils drei Zeitstunden.

(2) ₁Die an dem Landesamt unterrichtenden Lehrkräfte unterbreiten Vorschläge für die Aufsichtsarbeiten. ₂Die Prüfungsbehörde wählt die Aufgaben aus den Vorschlägen aus und entscheidet über die zulässigen Hilfsmittel.

(3) ₁Jede Aufsichtsarbeit ist von zwei Mitgliedern des Prüfungsausschusses zu bewerten. ₂Weichen die Einzelbewertungen um nicht mehr als drei Punkte voneinander ab, so

gilt der Mittelwert. ₃Bei größeren Abweichungen entscheidet die oder der Vorsitzende des Prüfungsausschusses. ₄Sie oder er kann sich für eine der beiden Einzelbewertungen oder für eine dazwischenliegende Punktzahl entscheiden.

(4) Die Prüfungsbehörde errechnet den Mittelwert der Punktzahlen der Bewertungen nach Absatz 3 (Punktzahl der Note für die schriftliche Prüfung).

(5) ₁Sind mindestens zwei Aufsichtsarbeiten mit mindestens „ausreichend (4)" und ist keine Aufsichtsarbeit mit „ungenügend (6)" bewertet worden, so erhält der Prüfling eine Mitteilung über die Bewertungen. ₂Sind die Voraussetzungen nach Satz 1 nicht erfüllt, so ist die Laufbahnprüfung nicht bestanden und wird nicht fortgesetzt; hierüber erhält der Prüfling einen Bescheid.

§ 28 Praktische Prüfung

(1) ₁Die praktische Prüfung gliedert sich in drei Abschnitte. ₂Im ersten Abschnitt soll der Prüfling in der Regel eine taktische Einheit „Löschzug" und im zweiten Abschnitt eine taktische Einheit „Verband" führen. ₃Der dritte Abschnitt besteht aus einem Vortrag, einer Gruppendiskussion oder einem Rollenspiel zu einem Thema aus den Ausbildungsabschnitten 1, 4, 7 und 9. ₄Die Zeitdauer eines Abschnitts soll einschließlich Vorbereitung mindestens 15 Minuten und höchstens 30 Minuten dauern.

(2) Der Prüfungsausschuss bewertet die praktische Prüfungsleistung in jedem Abschnitt.

(3) Die Prüfungsbehörde errechnet den Mittelwert der Punktzahlen der Bewertungen nach Absatz 2 (Punktzahl der Note für die praktische Prüfung).

(4) ₁Sind mindestens zwei Abschnitte mit mindestens „ausreichend (4)" und ist kein Abschnitt mit „ungenügend (6)" bewertet worden, so erhält der Prüfling eine Mitteilung über die Bewertungen. ₂Sind die Voraussetzungen nach Satz 1 nicht erfüllt, so ist die Laufbahnprüfung nicht bestanden und wird nicht fortgesetzt; hierüber erhält der Prüfling einen Bescheid.

§ 29 Mündliche Prüfung

(1) Die mündliche Prüfung soll etwa 20 Minuten dauern.

(2) Der Prüfungsausschuss bewertet die mündliche Prüfungsleistung.

(3) Ist die Prüfungsleistung mit „ungenügend (6)" bewertet worden, so ist die Laufbahnprüfung nicht bestanden.

§ 30 Zuerkennung der Befähigung für die Laufbahngruppe 1

Einer Beamtin oder einem Beamten, die oder der die Wiederholungsprüfung endgültig nicht bestanden oder auf die Wiederholung der Prüfung verzichtet hat, kann vom Prüfungsausschuss die Befähigung für die Laufbahn der Laufbahngruppe 1 der Fachrichtung Feuerwehr, die den Zugang für das zweite Einstiegsamt eröffnet, zuerkannt werden, wenn sie oder er nach den Ausbildungs- und Prüfungsleistungen geeignet erscheint, die Aufgaben in der Laufbahn wahrzunehmen.

Vierter Teil
Ausbildung und Prüfung für den Aufstieg

§ 31 Ausbildung

(1) Beamtinnen und Beamte, die zum Regelaufstieg zugelassen sind, werden in die Aufgaben der Laufbahn der Laufbahngruppe 2 der Fachrichtung Feuerwehr in einem Aufstiegslehrgang mit insgesamt mindestens 1100 Unterrichtsstunden und durch eine berufspraktische Tätigkeit eingeführt.

(2) ₁Die Einführung dauert 18 Monate und gliedert sich in die Ausbildungsabschnitte

1. Ausbildungsabschnitt 1:
   Aufstiegslehrgang I –
   Einführungslehrgang (E)   10 Wochen,
2. Ausbildungsabschnitt 2:
   Vertiefungsphase (EV)   16 Wochen,
3. Ausbildungsabschnitt 3:
   Einsatzpraktikum
   Gruppenführer (B3P)   16 Wochen,
4. Ausbildungsabschnitt 4:
   Aufstiegslehrgang II –
   Zugführerausbildung (B4)   10 Wochen,

§§ 32–34　　Ausbildung und Prüfung (APVO-Feu)　　**II.6**

5. Ausbildungsabschnitt 5:
Einsatzpraktikum Zugführer
(B4P) 18 Wochen,
6. Ausbildungsabschnitt 6:
Aufstiegslehrgang III –
Verbandsführerausbildung
(B5) 7 Wochen,
7. Ausbildungsabschnitt 7:
Aufstiegsprüfung (AP) 1 Woche.

₂Die Ausbildungsinhalte der Ausbildungsabschnitte 1 bis 6 ergeben sich aus dem Ausbildungsrahmenplan (Anlage 3). ₃Die Reihenfolge der Ausbildungsabschnitte 2 bis 6 kann durch die oder den Dienstvorgesetzten im Einzelfall geändert werden, wenn es zweckmäßig ist.

(3) ₁Ausbildungsstelle für die Ausbildungsabschnitte 1, 4 und 6 ist das Landesamt. ₂Der Ausbildungsabschnitt 1 kann an einer anderen geeigneten Ausbildungsstelle absolviert werden.

(4) ₁Die Ausbildungsabschnitte 2, 3 und 5 sind bei verschiedenen Dienststellen mit feuerwehrtechnischen Aufgaben abzuleisten. ₂Sie können bei Ausbildungsstellen in anderen Ländern abgeleistet werden. ₃Die Ausbildungsstellen bestellen Ausbildungsbeauftragte mit der Befähigung für die Laufbahn der Laufbahngruppe 2 der Fachrichtung Feuerwehr, die für die Ausbildung während des jeweiligen Ausbildungsabschnitts verantwortlich sind.

(5) ₁Im Ausbildungsabschnitt 1 ist eine Aufsichtsarbeit mit einer Bearbeitungszeit von 90 Minuten anzufertigen; § 7 Abs. 1 Sätze 2 und 4 ist entsprechend anzuwenden. ₂Die Note der Bewertung ist die Ausbildungsnote für die fachtheoretische Ausbildung. ₃Am Ende der Ausbildungsabschnitte 2, 3 und 5 gibt die jeweilige Ausbildungsstelle eine Beurteilung über die Leistungen der Anwärterin oder des Anwärters ab; § 7 Abs. 2 Sätze 2 und 3 ist entsprechend anzuwenden. ₄Sind die Ausbildungsabschnitte 2, 3 und 5 beendet, so ermittelt die Ausbildungsbehörde die Ausbildungsnote für die berufspraktische Ausbildung; § 7 Abs. 2 Sätze 5 und 6 ist entsprechend anzuwenden. ₅Für die Ausbildungsgesamtnote gilt § 7 Abs. 3 entsprechend.

§ 32 Aufstiegsprüfung

₁Aufstiegsprüfung ist die Laufbahnprüfung für das erste Einstiegsamt der Laufbahngruppe 2. ₂Die §§ 25 bis 29 sind entsprechend anzuwenden.

Fünfter Teil
Ausbildung und Prüfung im Vorbereitungsdienst für das zweite Einstiegsamt der Laufbahngruppe 2

§ 33 Zulassung zur Ausbildung im Vorbereitungsdienst

Zur Ausbildung im Vorbereitungsdienst für das zweite Einstiegsamt der Laufbahngruppe 2 kann zugelassen werden, wer

1. ein Hochschulstudium in einem für die Fachrichtung Feuerwehr geeigneten Studiengang mit einem Mastergrad abgeschlossen oder einen gleichwertigen Abschluss erworben hat und

2. den körperlichen und gesundheitlichen Anforderungen des Feuerwehrdienstes entspricht.

§ 34 Ausbildung im Vorbereitungsdienst, Prüfungen

(1) ₁Die Ausbildung im Vorbereitungsdienst richtet sich nach den §§ 9 bis 13 der Ausbildungsverordnung Feuerwehr für die Laufbahngruppe 2.2 (VAP2.2-Feu) vom 4. Juni 2021 (GV. NRW. S. 730). ₂Für die Ausbildungsleitung gilt § 8 VAP2.2-Feu entsprechend.

(2) Die Laufbahnprüfung wird vor dem Prüfungsausschuss für die Laufbahn des zweiten Einstiegsamtes der Laufbahngruppe 2 des feuerwehrtechnischen Dienstes am Institut der Feuerwehr Nordrhein-Westfalen abgelegt und richtet sich nach den §§ 14 bis 30 VAP2.2-Feu.

Sechster Teil
Übergangs- und Schlussvorschriften

§ 35 Übergangsvorschrift

(1) Auf die Prüfung der Anwärterinnen und Anwärter im Vorbereitungsdienst für das zweite Einstiegsamt der Laufbahn der Laufbahngruppe 1 der Fachrichtung Feuerwehr, die vor dem 7. März 2019 zur Laufbahnprüfung geladen wurden, ist § 9 in der am 6. März 2019 geltenden Fassung weiterhin anzuwenden.

(2) Auf die Prüfung der Anwärterinnen und Anwärter im Vorbereitungsdienst für das erste Einstiegsamt der Laufbahn der Laufbahngruppe 2 der Fachrichtung Feuerwehr, die vor dem 7. März 2019 zur Laufbahnprüfung geladen wurden, ist § 26 in der am 6. März 2019 geltenden Fassung weiterhin anzuwenden.

(3) Auf die Ausbildung und Prüfung der Anwärterinnen und Anwärter im Vorbereitungsdienst für das zweite Einstiegsamt der Laufbahn der Laufbahngruppe 2 der Fachrichtung Feuerwehr, die ihren Vorbereitungsdienst vor dem 1. April 2022 begonnen haben, ist § 34 in der am 31. Juli 2022 geltenden Fassung weiterhin anzuwenden.

§ 36 Inkrafttreten

$_1$Diese Verordnung tritt mit Wirkung vom 1. Januar 2013 in Kraft. $_2$Gleichzeitig tritt die Verordnung über die Ausbildung und Prüfung für die Laufbahnen des feuerwehrtechnischen Dienstes vom 26. März 2001 (Nds. GVBl. S. 128) außer Kraft.

Anlage 1
(zu § 5 Abs. 1 Satz 2)

Ausbildungsrahmenplan für die Ausbildung im Vorbereitungsdienst für das zweite Einstiegsamt der Laufbahngruppe 1

Ausbildungs-abschnitt	Ausbildungsinhalt	Dauer (Wochen)
1	**Grundausbildungslehrgang (B1)**	26
	Feuerwehrtechnische Ausbildung	
	Erwerb der erforderlichen Fahrerlaubnisse, soweit noch nicht vorhanden. Die Fahrerlaubnisse können auch in den Ausbildungsabschnitten 3 (B1P) und 4 (B2P) erworben werden.	
	Atemschutzgeräteträgerlehrgang	
	Sprechfunkerlehrgang	
	Maschinistenlehrgang	
	ABC-Lehrgang	
	Lehrgang „Technische Hilfeleistung"	
	Ausbildung an der Kettensäge	
	Erwerb des Deutschen Sportabzeichens und des Deutschen Rettungsschwimmabzeichens in Bronze, soweit nicht vorhanden	
2	**Ausbildung im Rettungswesen (R) oder Vertiefung der Kenntnisse und Fertigkeiten im Rettungswesen (Rv)**	
	Ausbildung im Rettungswesen, die die staatliche Abschlussprüfung nach § 11 der Verordnung über die Ausbildung und Prüfung der Rettungssanitäterinnen und Rettungssanitäter beinhaltet	38
	Vertiefung der Kenntnisse und Fertigkeiten im Rettungswesen (§ 5 Abs. 2)	12
3	**Einsatzpraktikum Truppmitglied (B1P)**	16
	Verwendung als Truppmitglied im Brand- und Hilfeleistungsdienst	
	Sonderlehrgänge (z. B. Ausbildung an Hubrettungsfahrzeugen, Realbrandbekämpfung)	
	Erwerb der erforderlichen Fahrerlaubnisse, soweit nicht im Ausbildungsabschnitt 1 (B1) erfolgt	
4	**Einsatzpraktikum Truppführer (B2P)**	16
	Truppführungsausbildung	
	Führung eines Trupps im Brand- und Hilfeleistungsdienst	
	Einweisung in die Bedienung von Feuerwehrfahrzeugen und Spezialgeräten sowie Teilnahme an technischen Überprüfungen	
	Erwerb der erforderlichen Fahrerlaubnisse, soweit nicht in den Ausbildungsabschnitten 1 (B1) oder 2 (B1P) erfolgt	
5	**Vertiefungsphase (V)**	2
	Vertiefung der erworbenen Kenntnisse und Fertigkeiten	
6	**Ausbilderlehrgang (AdF)**	1
	Erwerb der Befähigung zur Durchführung von Ausbildungslehrgängen nach der Feuerwehrdienstvorschrift 2 („Ausbilder in der Feuerwehr")	

II.6 Ausbildung und Prüfung (APVO-Feu) — Anlage 1

Ausbildungs-abschnitt	Ausbildungsinhalt	Dauer (Wochen)
7	**Gruppenführerlehrgang (B3)** Führungsausbildung mit folgenden Ausbildungsinhalten: Rechtsgrundlagen der Gefahrenabwehr Führung einer Gruppe und Führen eines Fahrzeugs Einsatzlehre Verbrennungs- und Löschvorgang Löschwasserversorgung Fahrzeuge und Geräte Löschmittel und Löschverfahren Technische Hilfeleistung Fernmeldewesen Vorbeugender Brandschutz Atemschutz ABC-Stoffe Verhalten auf Brandsicherheitswachen Unfallverhütung Einsatz einer Löschgruppe oder Löschstaffel Unterrichtslehre Praktischer Feuerwehrdienst (z. B. Ausbildungsanleitung, Auftreten und Verhalten)	4

Anlage 2
(zu § 21 Abs. 1 Satz 2)

Ausbildungsrahmenplan für die Ausbildung im Vorbereitungsdienst für das erste Einstiegsamt der Laufbahngruppe 2

Ausbildungs-abschnitt	Ausbildungsinhalt	Dauer (Wochen)
1	**Grundausbildungslehrgang (B1)**	26
	Feuerwehrtechnische Ausbildung	
	Erwerb der erforderlichen Fahrerlaubnisse, soweit noch nicht vorhanden. Die Fahrerlaubnisse können auch in den Ausbildungsabschnitten 3 (B1/2P) und 6 (B3P) erworben werden.	
	Atemschutzgeräteträgerlehrgang	
	Sprechfunkerlehrgang	
	Maschinistenlehrgang	
	ABC-Lehrgang	
	Lehrgang „Technische Hilfeleistung"	
	Ausbildung an der Kettensäge	
	Erwerb des Deutschen Sportabzeichens und des Deutschen Rettungsschwimmabzeichens in Bronze, soweit noch nicht vorhanden	
2	**Ausbildung im Rettungswesen (Rs1)**	4
	Grundlagen der medizinischen Erstversorgung	
3	**Einsatzpraktikum Truppführer (B1/2P)**	17
	Truppführungsausbildung	
	Verwendung als Truppmitglied, Führung eines Trupps im Brand- und Hilfeleistungsdienst	
	Mitarbeit im allgemeinen Dienstbetrieb und in den Abteilungen der Dienststelle	
	Ausbilderlehrgang	
	Erwerb der Befähigung zur Durchführung von Ausbildungslehrgängen nach der Feuerwehrdienstvorschrift 2 („Ausbilder in der Feuerwehr")	

Ausbildungs-abschnitt	Ausbildungsinhalt	Dauer (Wochen)
4	**Gruppenführerlehrgang (B3)**	4
	Führungsausbildung mit folgenden Ausbildungsinhalten:	
	Rechtsgrundlagen der Gefahrenabwehr	
	Führung einer Gruppe und Führen eines Fahrzeugs	
	Einsatzlehre	
	Verbrennungs- und Löschvorgang	
	Löschwasserversorgung	
	Fahrzeuge und Geräte	
	Löschmittel und Löschverfahren	
	Technische Hilfeleistung	
	Fernmeldewesen	
	Vorbeugender Brandschutz	
	Atemschutz	
	ABC-Stoffe	
	Verhalten auf Brandsicherheitswachen	
	Unfallverhütung	
	Einsatz einer Löschgruppe oder Löschstaffel	
	Unterrichtslehre	
	Praktischer Feuerwehrdienst (z. B. Ausbildungsanleitung, Auftreten und Verhalten)	
6	**Einsatzpraktikum Gruppenführer (B3P)**	16
	Führung einer Gruppe im Brand- und Hilfeleistungsdienst	
	Eventuell Sonderlehrgänge	
	Mitarbeit im allgemeinen Dienstbetrieb und in den Abteilungen der Dienststelle	
7	**Zugführerausbildung (B4)**	10
	Einsatztaktik für die Führung eines Zuges	
	Führungsorganisation	
	Einsatzrecht	
	Organisation des Feuerwehrwesens	
	Feuerwehrtechnik	
	Vorbeugender Brand- und Gefahrenschutz	
	Psychologie für den Einsatzfall (z. B. Stressbewältigung, Nachsorge)	
	Personalmanagement und Menschenführung	
	Führen im ABC-Einsatz	
	Organisatorischer Leiter Rettungsdienst	

Ausbildungs-abschnitt	Ausbildungsinhalt	Dauer (Wochen)
8	**Einsatzpraktikum Zugführer (B4P)** Führung eines Zuges und Leitung einer Wachabteilung oder Verwendung an einer feuerwehrtechnischen Ausbildungseinrichtung Eventuell Sonderlehrgänge Mitarbeit im allgemeinen Dienstbetrieb und in den Abteilungen der Dienststelle	18
9	**Verbandsführerausbildung (B5)** Einsatztaktik für die Führung eines Verbandes Einführung in die Stabsarbeit Informations- und Kommunikationstechniken Verwaltungs- und Haushaltsrecht Grundzüge der Betriebswirtschaft	7

Anlage 3
(zu § 31 Abs. 1 Satz 2)

Inhalte der Ausbildung für den Aufstieg

Ausbildungs-abschnitt	Ausbildungsinhalt	Dauer (Wochen)
1	**Ausbildungslehrgang I – Einführungslehrgang (E)** Vermittlung der für die Laufbahngruppe 2 erforderlichen Kenntnisse (z. B. naturwissenschaftliche, feuerwehrtechnische und didaktische Grundlagen)	10
2	**Vertiefungsphase (EV)** Vertiefung der im Ausbildungsabschnitt 1 (E) erworbenen Kenntnisse	16
3	**Einsatzpraktikum Gruppenführer (B3P)** Führung einer Gruppe im Brand- und Hilfeleistungsdienst Eventuell Sonderlehrgänge Mitarbeit im allgemeinen Dienstbetrieb und in den Abteilungen der Dienststelle	16
4	**Aufstiegslehrgang II – Zugführerausbildung (B4)** Einsatztaktik für die Führung eines Zuges Führungsorganisation Einsatzrecht Organisation des Feuerwehrwesens Feuerwehrtechnik Vorbeugender Brand- und Gefahrenschutz Psychologie für den Einsatzfall (z. B. Stressbewältigung, Nachsorge) Personalmanagement und Menschenführung Führen im ABC-Einsatz Organisatorischer Leiter Rettungsdienst	10
5	**Einsatzpraktikum Zugführer (B4P)** Führung eines Zuges und Leitung der Wachabteilung oder Verwendung an einer feuerwehrtechnischen Ausbildungseinrichtung Eventuell Sonderlehrgänge Mitarbeit im allgemeinen Dienstbetrieb und in den Abteilungen der Dienststelle	18
6	**Aufstiegslehrgang III – Verbandsführerausbildung (B5)** Einsatztaktik für die Führung eines Verbandes Einführung in die Stabsarbeit Informations- und Kommunikationstechniken Verwaltungs- und Haushaltsrecht Grundzüge der Betriebswirtschaft	7

III Besoldung

Landesbesoldungsgesetz

III.1 Niedersächsisches Besoldungsgesetz
(NBesG) 340

III.1.1 Niedersächsisches Besoldungs- und Versorgungsanpassungsgesetz 2024/2025
(NBVAnpG 2024/2025) 476

Weitere besoldungsrechtliche Regelungen

III.2 Niedersächsische Stellenobergrenzenverordnung
(NStOGrVO) 478

III.3 Niedersächsische Verordnung über die Gewährung von Prämien und Zulagen für besondere Leistungen
(Leistungsprämien- und -zulagenverordnung – NLPZVO) 483

III.4 Niedersächsische Erschwerniszulagenverordnung
(NEZulVO) 485

III

Niedersächsisches Besoldungsgesetz (NBesG)

Vom 20. Dezember 2016 (Nds. GVBl. S. 308, 2017 S. 64)

Zuletzt geändert durch
Haushaltsbegleitgesetz 2025
vom 13. Dezember 2024 (Nds. GVBl. Nr. 118)

Inhaltsübersicht

Erster Teil
Allgemeine Vorschriften

§ 1 Geltungsbereich
§ 2 Bestandteile der Besoldung
§ 3 Regelung durch Gesetz, Anpassung der Besoldung
§ 4 Anspruch auf Besoldung
§ 5 Zuordnung von Funktionen zu Ämtern und von Ämtern zu Besoldungsgruppen
§ 6 Dienstpostenbewertung, Einweisung in und Verteilung der Planstellen
§ 7 Höhe des Grundgehalts
§ 8 Besoldung bei Verleihung eines anderen Amtes oder Übertragung einer anderen Funktion
§ 9 Weitergewährung der Besoldung bei Versetzung in den einstweiligen Ruhestand, bei Entlassung von politischen Beamtinnen und Beamten oder bei Abwahl von Wahlbeamtinnen und Wahlbeamten auf Zeit
§ 10 Besoldung bei mehreren Hauptämtern
§ 11 Besoldung bei Teilzeitbeschäftigung, Altersteilzeit und Beurlaubung zur Betreuung, Pflege oder Begleitung
§ 12 Besoldung bei begrenzter Dienstfähigkeit
§ 13 Kürzung der Besoldung bei Versorgung durch eine zwischenstaatliche oder überstaatliche Einrichtung
§ 14 Verlust des Anspruchs auf Besoldung bei schuldhaftem Fernbleiben vom Dienst
§ 15 Anrechnung anderer Einkünfte auf die Besoldung
§ 16 Anrechnung von Sachbezügen auf die Besoldung, Dienstkleidungszuschuss
§ 17 Abtretung von Bezügen, Verpfändung, Aufrechnungs- und Zurückbehaltungsrecht
§ 18 Verjährung von Ansprüchen
§ 19 Rückforderung von Bezügen
§ 20 Aufwandsentschädigungen, sonstige Geldzuwendungen
§ 21 Zahlungsweise

Zweiter Teil
Besondere Vorschriften für einzelne Gruppen von Beamtinnen, Beamten, Richterinnen und Richtern

Erstes Kapitel
Beamtinnen und Beamte der Besoldungsordnungen A und B

§ 22 Künftig wegfallende Ämter, Grundamtsbezeichnungen
§ 23 Einstiegsämter
§ 24 Stellenobergrenzen für Beförderungsämter
§ 25 Erfahrungsstufen der Besoldungsordnung A, Erfahrungszeit
§ 26 Nicht anerkennungsfähige Zeiten
§ 27 Öffentlich-rechtliche Dienstherren, Hauptberuflichkeit
§ 28 Beamtinnen und Beamte auf Zeit im kommunalen Bereich

Zweites Kapitel
Beamtinnen und Beamte der Besoldungsordnung W

§ 29 Leistungsbezüge
§ 30 Vergaberahmen
§ 31 Professorinnen und Professoren an der Polizeiakademie Niedersachsen

Drittes Kapitel
Richterinnen, Richter, Staatsanwältinnen und Staatsanwälte

- § 32 Obergrenzen für Beförderungsämter
- § 33 Erfahrungsstufen der Besoldungsgruppen R 1 und R 2, Erfahrungszeit und nicht anerkennungsfähige Zeiten

Dritter Teil
Familienzuschlag und Familienergänzungszuschlag

- § 34 Höhe des Familienzuschlags
- § 35 Stufen des Familienzuschlags
- § 36 Änderung des Familienzuschlags
- § 36a Familienergänzungszuschlag

Vierter Teil
Zulagen, Prämien, Vergütungen und Zuschläge

- § 37 Amtszulage
- § 38 Allgemeine Stellenzulage
- § 39 Besondere Stellenzulage
- § 40 Ausgleichszulage bei Wegfall von besonderen Stellenzulagen
- § 41 Ausgleichszulage bei Dienstherrenwechsel
- § 42 Ausgleichszulage für hauptberufliche Leiterinnen und Leiter und Mitglieder von Leitungsgremien an Hochschulen
- § 43 Forschungs- und Lehrzulage
- § 44 Zulage für die vorübergehende Wahrnehmung von Aufgaben eines höherwertigen Amtes
- § 45 Zulage bei befristeter Übertragung herausgehobener Funktionen
- § 46 Zulage für besondere Erschwernisse
- § 47 Mehrarbeitsvergütung
- § 48 Vergütung für zusätzliche Arbeit
- § 49 Vergütung für die Teilnahme an Sitzungen kommunaler Gremien
- § 50 Vergütung für Beamtinnen und Beamte im Vollstreckungsdienst
- § 51 Zusätzliche Vergütung bei verlängerter Arbeitszeit im Feuerwehrdienst
- § 52 Unterrichtsvergütung im Vorbereitungsdienst
- § 53 Prämien und Zulagen für besondere Leistungen
- § 54 Personalgewinnungszuschlag
- § 55 Zuschlag beim Hinausschieben des Ruhestandes

Fünfter Teil
Auslandsbesoldung

- § 56 Auslandsbesoldung

Sechster Teil
Anwärterbezüge

- § 57 Grundsatz
- § 58 Anwärtergrundbetrag
- § 59 Anwärtersonderzuschlag
- § 60 Herabsetzung der Anwärterbezüge und Wegfall des Anspruchs
- § 61 Anwärterbesoldung nach Ablegung der den Vorbereitungsdienst abschließenden Prüfung
- § 62 Anrechnung anderer Einkünfte

Siebenter Teil
Jährliche Sonderzahlungen und vermögenswirksame Leistungen

- § 63 Jährliche Sonderzahlungen
- § 63a Sonderzahlung für das Jahr 2024
- § 64 Vermögenswirksame Leistungen

Achter Teil
Übergangs- und Schlussvorschriften

- § 65 Übergangsregelungen für Ausgleichszulagen
- § 66 Übergangsregelung bei vor dem 1. Januar 2010 bewilligter Altersteilzeit
- § 67 Übergangsregelung bei Gewährung einer Versorgung durch eine zwischenstaatliche oder überstaatliche Einrichtung
- § 68 Übergangsregelung für Beamtinnen und Beamte der Bundesbesoldungsordnung C
- § 69 Überleitung der vor dem 29. Juli 2014 gewährten Leistungsbezüge
- § 70 Überleitung der Beamtinnen, Beamten, Richterinnen und Richter in die Ämter und Funktionszusätze der Besoldungsordnungen A, B, W und R

III.1 Landesbesoldungsgesetz (NBesG) — Inhaltsübersicht

§ 71 Grundgehaltssätze für Beamtinnen und Beamte der Besoldungsordnungen A und C sowie für Richterinnen, Richter, Staatsanwältinnen und Staatsanwälte der Besoldungsgruppen R 1 und R 2 in der Zeit vom 1. September 2011 bis zum 31. Dezember 2016

§ 72 Zuordnung der vorhandenen Beamtinnen und Beamten der Besoldungsordnungen A und C sowie der vorhandenen Richterinnen, Richter, Staatsanwältinnen und Staatsanwälte der Besoldungsgruppen R 1 und R 2 zu den Erfahrungsstufen und Ableistung der Erfahrungszeit

§ 73 Anpassung der Erfahrungsstufen zum 1. Januar 2017

§ 73a Anpassung der Erfahrungsstufen zum 1. Januar 2023

§ 74 Übergangsregelung für Anwärterinnen und Anwärter in der Ausbildung zur Justizvollzugsfachwirtin oder zum Justizvollzugsfachwirt

§ 75 Überleitung von Beamtinnen und Beamten in Ämtern der Besoldungsgruppe A 4

Anlage 1
Besoldungsordnung A

Anlage 2
Besoldungsordnung B

Anlage 3
Besoldungsordnung W

Anlage 4
Besoldungsordnung R

Anlage 5
(zu § 7 Abs. 2, § 25 Abs. 1 sowie den §§ 28 und 33)

Anlage 6
(zu § 22 Abs. 2 Satz 4)

Anlage 7
(zu § 34 Satz 3)

Anlage 8
(zu § 37)

Anlage 9
(zu § 38)

Anlage 10
(zu den §§ 38 und 44 Abs. 2)

Anlage 11
(zu § 39)

Anlage 12
(zu § 39)

Anlage 13
(zu § 47 Abs. 6)

Anlage 14
(zu § 56)

Anlage 15
(zu § 58)

Anlage 16
(zu § 68 Abs. 4)

Anlage 17
(zu § 68 Abs. 4)

Anlage 18
(zu § 70 Abs. 3)

Anlage 19
(zu § 70 Abs. 4)

Erster Teil
Allgemeine Vorschriften

§ 1 Geltungsbereich

Dieses Gesetz regelt die Besoldung der Beamtinnen und Beamten

1. des Landes Niedersachsen,
2. der Kommunen des Landes Niedersachsen,
3. der sonstigen der Aufsicht des Landes Niedersachsen unterstehenden Körperschaften, Anstalten und Stiftungen des öffentlichen Rechts sowie

der Richterinnen und Richter des Landes Niedersachsen; ausgenommen sind die Ehrenbeamtinnen und Ehrenbeamten sowie die ehrenamtlichen Richterinnen und Richter.

§ 2 Bestandteile der Besoldung

(1) Bestandteile der Besoldung sind Dienstbezüge und sonstige Bezüge.

(2) Dienstbezüge sind

1. das Grundgehalt,
2. die Leistungsbezüge für Beamtinnen und Beamte der Besoldungsgruppen W 2 und W 3,
3. der Familienzuschlag und der Familienergänzungszuschlag,
4. die Zulagen,
5. die Vergütungen,
6. die Auslandsbesoldung.

(3) Sonstige Bezüge sind

1. die Anwärterbezüge,
2. die jährlichen Sonderzahlungen,
3. die vermögenswirksamen Leistungen,
4. die Zuschläge,
5. die Prämien.

§ 3 Regelung durch Gesetz, Anpassung der Besoldung

(1) Die Besoldung der Beamtinnen, Beamten, Richterinnen und Richter wird durch Gesetz geregelt.

(2) ₁Zusicherungen, Vereinbarungen und Vergleiche, die der Beamtin, dem Beamten, der Richterin oder dem Richter eine höhere als die ihr oder ihm gesetzlich zustehende Besoldung verschaffen sollen, sind unwirksam. ₂Das Gleiche gilt für Versicherungsverträge, die zu diesem Zweck abgeschlossen werden.

(3) ₁Die Beamtin, der Beamte, die Richterin oder der Richter kann auf die ihr oder ihm gesetzlich zustehende Besoldung weder ganz noch teilweise verzichten. ₂Ausgenommen sind die vermögenswirksamen Leistungen sowie Leistungen im Rahmen einer Entgeltumwandlung für vom Dienstherrn geleaste Dienstfahrräder, die der Beamtin oder dem Beamten, der Richterin oder dem Richter auch zur privaten Nutzung überlassen werden, wenn es sich um Fahrräder im verkehrsrechtlichen Sinne handelt. ₃Eine Entgeltumwandlung nach Satz 2 setzt voraus, dass sie für eine Maßnahme erfolgt, die vom Dienstherrn den Beamtinnen, Beamten, Richterinnen und Richtern angeboten wird, und es ihnen freigestellt ist, ob sie das Angebot annehmen.

(4) Die Besoldung wird entsprechend der Entwicklung der allgemeinen wirtschaftlichen und finanziellen Verhältnisse und unter Berücksichtigung der mit den Dienstaufgaben verbundenen Verantwortung durch Gesetz regelmäßig angepasst.

§ 4 Anspruch auf Besoldung

(1) ₁Die Beamtinnen, Beamten, Richterinnen und Richter haben Anspruch auf Besoldung. ₂Der Anspruch entsteht mit dem Tag, an dem ihre Ernennung, Versetzung, Übernahme oder ihr Übertritt in den Dienst eines der in § 1 genannten Dienstherren wirksam wird. ₃Wird die Beamtin, der Beamte, die Richterin oder der Richter rückwirkend in eine Planstelle eingewiesen, so entsteht der Anspruch mit dem Tag, der in der Einweisungsverfügung bestimmt ist. ₄Wird ein Amt aufgrund einer Verordnung nach § 28 zugeordnet und ändert sich diese Zuordnung, so entsteht der Anspruch mit dem Tag, an dem die Änderung für die Beamtin oder den Beamten zu berücksichtigen ist.

(2) Der Anspruch auf Besoldung endet mit Ablauf des Tages, an dem die Beamtin, der Beamte, die Richterin oder der Richter aus

dem Dienstverhältnis ausscheidet, soweit gesetzlich nichts anderes bestimmt ist.

(3) Besteht der Anspruch auf Besoldung nicht für einen vollen Kalendermonat, so wird nur der Teil der Bezüge gezahlt, der auf den Anspruchszeitraum entfällt, soweit gesetzlich nichts anderes bestimmt ist.

(4) ₁Die Dienstbezüge nach §2 Abs. 2 Nrn. 1 bis 3 und 6 werden monatlich im Voraus gezahlt. ₂Die anderen Dienstbezüge und die sonstigen Bezüge werden monatlich im Voraus gezahlt, soweit nichts anderes bestimmt ist.

(5) Werden Bezüge nach dem Tag der Fälligkeit gezahlt, so besteht kein Anspruch auf Verzugszinsen.

(6) ₁Bei der Berechnung von Besoldungsbestandteilen nach §2 sind die sich ergebenden Bruchteile eines Cents unter 0,5 abzurunden und Bruchteile von 0,5 und mehr aufzurunden. ₂Zwischenrechnungen werden jeweils auf zwei Dezimalstellen durchgeführt.

(7) Die Beamtin, der Beamte, die Richterin oder der Richter hat einen Anspruch auf Besoldung, der über die in diesem Gesetz vorgesehene Besoldung hinausgeht und sich aus im Rang über diesem Gesetz stehenden Rechtsvorschriften ergibt, in jedem Haushaltsjahr, für das die zusätzliche Besoldung verlangt wird, schriftlich gegenüber dem Dienstherrn geltend zu machen.

§5 Zuordnung von Funktionen zu Ämtern und von Ämtern zu Besoldungsgruppen

(1) ₁Die Funktionen der Beamtinnen, Beamten, Richterinnen und Richter sind nach den mit ihnen verbundenen Anforderungen sachgerecht zu bewerten und Ämtern zuzuordnen. ₂Eine Funktion kann bis zu drei Ämtern einer Laufbahngruppe zugeordnet werden, wenn hierfür ein sachlicher Grund besteht. ₃Ausnahmsweise kann eine Funktion aus besonderen sachlichen Gründen auch mehr als drei Ämtern zugeordnet werden.

(2) Jedes Amt ist nach seiner Wertigkeit, auch im Verhältnis zu anderen Ämtern, einer Besoldungsgruppe zugeordnet.

(3) Die Ämter, die Besoldungsgruppen sowie die Zuordnung der Ämter zu den Besoldungsgruppen sind in den Besoldungsordnungen A (Anlage 1), B (Anlage 2), W (Anlage 3) und R (Anlage 4) geregelt.

§6 Dienstpostenbewertung, Einweisung in und Verteilung der Planstellen

(1) Jeder Dienstposten, der mit einer Beamtin oder einem Beamten besetzt ist oder besetzt werden soll, ist nach sachgerechter Bewertung einem in den Besoldungsordnungen aufgeführten Amt zuzuordnen (Dienstpostenbewertung).

(2) §49 Abs. 1 und 2 der Niedersächsischen Landeshaushaltsordnung gilt für die in §1 Nrn. 2 und 3 genannten Dienstherren entsprechend.

(3) Die Dienstpostenbewertung und die Verteilung der Planstellen auf die Dienstposten sind für jede Behörde auszuweisen.

§7 Höhe des Grundgehalts

(1) Das Grundgehalt der Beamtin, des Beamten, der Richterin oder des Richters bestimmt sich nach der Besoldungsgruppe, der das ihr oder ihm verliehene Amt zugeordnet ist, soweit sich aus §8 nichts anderes ergibt, und bei Beamtinnen und Beamten der Besoldungsordnung A sowie bei Richterinnen, Richtern, Staatsanwältinnen und Staatsanwälten der Besoldungsgruppen R 1 und R 2 nach der Erfahrungsstufe, der sie oder er zugeordnet ist (§§25 und 26 oder §33).

(2) Die Höhe des monatlichen Grundgehalts (Grundgehaltssatz) ist jeweils in Anlage 5 geregelt.

(3) ₁Ist ein Amt einer Besoldungsgruppe noch nicht zugeordnet oder ist es mehreren Besoldungsgruppen zugeordnet, so bestimmt sich das Grundgehalt nach der Besoldungsgruppe, die in der Einweisungsverfügung bestimmt ist. ₂Die Einweisung bedarf bei den Kommunen und den sonstigen der Aufsicht des Landes unterstehenden Körperschaften, Anstalten und Stiftungen des öffentlichen Rechts in den Fällen, in denen ein Amt einer Besoldungsgruppe noch nicht zugeordnet ist,

der Zustimmung der obersten Aufsichtsbehörde im Einvernehmen mit dem Finanzministerium.

(4) Ist der Richterin oder dem Richter ein Amt noch nicht verliehen worden, so bestimmt sich das Grundgehalt nach der Besoldungsgruppe R 1.

(5) ₁Ist einem Amt gesetzlich eine Funktion zugeordnet oder richtet sich die Zuordnung eines Amtes zu einer Besoldungsgruppe oder die Gewährung einer Amtszulage (§ 37) nach einem gesetzlich festgelegten Maßstab, insbesondere der Zahl der Planstellen, der Einwohnerzahl einer Kommune oder der Schülerzahl einer Schule, so begründet das Erfüllen dieser Voraussetzungen allein keinen Anspruch auf die Besoldung aus diesem Amt. ₂In einer Verordnung nach § 28 kann für ihren Geltungsbereich etwas anderes bestimmt werden.

(6) ₁Richtet sich die Zuordnung eines Amtes zu einer Besoldungsgruppe oder die Gewährung einer Amtszulage nach der Schülerzahl einer Schule oder eines Teils einer Schule, so ist die Schülerzahl aus der amtlichen Schulstatistik maßgeblich. ₂Eine Ernennung, eine Einweisung in eine Planstelle oder die Gewährung einer Amtszulage ist in den Fällen des Satzes 1 nur zulässig, wenn die dafür maßgebliche Schülerzahl bereits ein Jahr lang vorgelegen hat und mit hinlänglicher Sicherheit davon ausgegangen werden kann, dass sie mindestens drei weitere Jahre erreicht wird.

§ 8 Besoldung bei Verleihung eines anderen Amtes oder Übertragung einer anderen Funktion

(1) ₁Wird der Beamtin, dem Beamten, der Richterin oder dem Richter aus Gründen, die nicht von ihr oder ihm zu vertreten sind, ein anderes Amt verliehen oder eine andere Funktion übertragen und ist deswegen die Summe aus dem Grundgehalt (§ 7 sowie §§ 25 und 26 oder § 33), einer Amtszulage (§ 37) und einer allgemeinen Stellenzulage (§ 38), die ihr oder ihm danach zustünden, geringer als die Summe aus Grundgehalt, Amtszulage und allgemeiner Stellenzulage, die ihr oder ihm zuvor zustanden, so ist die Besoldung hinsichtlich dieser Dienstbezüge in der Höhe zu zahlen, die ihr oder ihm bei einem Verbleiben in dem bisherigen Amt oder in der bisherigen Funktion zugestanden hätte; Veränderungen in der Bewertung des bisherigen Amtes oder der bisherigen Funktion bleiben unberücksichtigt. ₂Satz 1 ist nicht anzuwenden, wenn das bisherige Amt ein Amt mit leitender Funktion in einem Beamtenverhältnis auf Probe oder in einem Beamtenverhältnis auf Zeit ist oder ein Fall des § 41 vorliegt.

(2) Absatz 1 gilt entsprechend für Ruhegehaltempfängerinnen und Ruhegehaltempfänger, die erneut in ein Beamten- oder Richterverhältnis berufen werden.

§ 9 Weitergewährung der Besoldung bei Versetzung in den einstweiligen Ruhestand, bei Entlassung von politischen Beamtinnen und Beamten oder bei Abwahl von Wahlbeamtinnen und Wahlbeamten auf Zeit

(1) ₁Die in den einstweiligen Ruhestand versetzte Beamtin oder Richterin oder der in den einstweiligen Ruhestand versetzte Beamte oder Richter erhält für den Monat, in dem ihr oder ihm die Verfügung über die Versetzung in den einstweiligen Ruhestand zugestellt worden ist, und für die folgenden drei Monate die Bezüge weiter, die ihr oder ihm am Tag vor der Versetzung zustanden; Änderungen beim Familienzuschlag sind zu berücksichtigen. ₂Aufwandsentschädigungen werden nur bis zum Beginn des einstweiligen Ruhestandes gezahlt.

(2) ₁Bezieht die in den einstweiligen Ruhestand versetzte Beamtin oder Richterin oder der in den einstweiligen Ruhestand versetzte Beamte oder Richter Einkünfte aus einer Verwendung im Dienst eines öffentlich-rechtlichen Dienstherrn (§ 27 Abs. 1) oder eines Verbandes, dessen Mitglieder öffentlich-rechtliche Dienstherren sind, so werden die Bezüge um den Betrag dieser Einkünfte verringert. ₂Dem Dienst bei einem öffentlich-rechtlichen Dienstherrn steht gleich die Tä-

tigkeit im Dienst einer zwischenstaatlichen oder überstaatlichen Einrichtung, an der ein öffentlich-rechtlicher Dienstherr oder ein Verband, dessen Mitglieder öffentlich-rechtliche Dienstherren sind, durch Zahlung von Beiträgen oder Zuschüssen oder in anderer Weise beteiligt ist. ₃Das Finanzministerium oder die von ihm bestimmte Stelle stellt fest, ob die Voraussetzungen erfüllt sind.

(3) Wird eine Beamtin oder ein Beamter aus einem Amt im Sinne des § 39 Satz 1 des Niedersächsischen Beamtengesetzes (NBG) nicht auf eigenen Antrag entlassen, so sind die Absätze 1 und 2 entsprechend anzuwenden; an die Stelle der Zustellung der Verfügung über die Versetzung in den einstweiligen Ruhestand tritt die Zustellung der Entlassungsverfügung.

(4) ₁Wird eine Wahlbeamtin oder ein Wahlbeamter auf Zeit abgewählt, so sind die Absätze 1 und 2 entsprechend anzuwenden; an die Stelle der Zustellung der Verfügung über die Versetzung in den einstweiligen Ruhestand tritt die Mitteilung über die Abwahl oder der sonst bestimmte Beendigungszeitpunkt für das Beamtenverhältnis auf Zeit. ₂Satz 1 gilt entsprechend für die Fälle des Eintritts in den einstweiligen Ruhestand kraft Gesetzes.

§ 10 Besoldung bei mehreren Hauptämtern

₁Hat die Beamtin, der Beamte, die Richterin oder der Richter mit Genehmigung der obersten Dienstbehörde gleichzeitig mehrere besoldete Hauptämter inne, so wird die Besoldung aus dem Amt mit den höheren Dienstbezügen gewährt, soweit gesetzlich nichts anderes bestimmt ist. ₂Sind für die Ämter Dienstbezüge in gleicher Höhe vorgesehen, so werden die Dienstbezüge aus dem ihr oder ihm zuerst übertragenen Amt gewährt, soweit gesetzlich nichts anderes bestimmt ist.

§ 11 Besoldung bei Teilzeitbeschäftigung, Altersteilzeit und Beurlaubung zur Betreuung, Pflege oder Begleitung

(1) Bei Teilzeitbeschäftigung werden die Dienstbezüge und die Anwärterbezüge im gleichen Verhältnis wie die Arbeitszeit gekürzt, soweit gesetzlich nichts anderes bestimmt ist.

(2) Bei Altersteilzeit nach § 63 NBG oder nach § 6 Abs. 4 des Niedersächsischen Richtergesetzes (NRiG) wird Beamtinnen, Beamten, Richterinnen und Richtern ein Altersteilzeitzuschlag gewährt.

(3) ₁Der Altersteilzeitzuschlag wird gewährt

1. Beamtinnen und Beamten in Höhe des Unterschiedsbetrags zwischen ihrer Nettobesoldung und 70 Prozent der Nettobesoldung, die nach der Arbeitszeit zustünde, die nach § 63 Abs. 1 Satz 2 NBG für den Umfang der Arbeitszeit während der Altersteilzeit maßgeblich ist,

2. Richterinnen und Richtern in Höhe des Unterschiedsbetrags zwischen ihrer Nettobesoldung und 70 Prozent der Nettobesoldung, die im regelmäßigen Dienst zustünde, und

3. begrenzt dienstfähigen Beamtinnen, Beamten, Richterinnen und Richtern, denen ein Zuschlag nach § 12 Abs. 1 Sätze 2 bis 4 zustehen würde, in Höhe des Unterschiedsbetrags zwischen ihrer Nettobesoldung und 70 Prozent der Nettobesoldung auf Grundlage der um diesen Zuschlag erhöhten Dienstbezüge.

₂Zur Ermittlung der in Satz 1 Nrn. 1 bis 3 jeweils zuletzt genannten Nettobesoldung ist die Bruttobesoldung um die Lohnsteuer entsprechend der individuellen Steuerklasse (§§ 38a, 38b und 39f des Einkommensteuergesetzes – EStG), den Solidaritätszuschlag (§ 4 des Solidaritätszuschlaggesetzes 1995) und um einen Abzug in Höhe von acht Prozent der Lohnsteuer zu vermindern; Freibeträge (§ 39a EStG) und sonstige individuelle Merkmale bleiben unberücksichtigt.

(4) Die Bruttobesoldung im Sinne des Absatzes 3 errechnet sich aus dem Grundgehalt, den Leistungsbezügen für Beamtinnen und Beamte der Besoldungsgruppen W 2 und W 3, dem Familienzuschlag, den Amtszulagen, den Stellenzulagen, den Überleitungszulagen und den Ausgleichszulagen, die wegen des Wegfalls oder der Verminderung solcher Bezüge zustehen, und den jährlichen Sonderzahlungen.

§§ 12–13 Landesbesoldungsgesetz (NBesG) III.1

(5) ₁Endet bei einer Lehrkraft an öffentlichen Schulen die Altersteilzeit mit ungleichmäßiger Verteilung der Arbeitszeit vorzeitig, so ist ein Ausgleich in Höhe des Unterschiedsbetrags zwischen den während der Altersteilzeit gezahlten Bezügen ohne den Altersteilzeitzuschlag und den Bezügen, die nach der tatsächlichen Arbeitszeit ohne Altersteilzeit zugestanden hätten, zu gewähren. ₂Zeiten ohne Dienstleistung in der Arbeitsphase bleiben unberücksichtigt, soweit sie insgesamt sechs Monate überschreiten. ₃Zeiten im Sinne des Satzes 2 sind nicht Zeiten, in denen wegen Erholungsurlaubs oder Zusatzurlaubs für schwerbehinderte Menschen kein Dienst geleistet wurde.

(6) ₁Der Beamtin, dem Beamten, der Richterin oder dem Richter mit Dienstbezügen, der oder dem Urlaub

1. zur Betreuung oder Pflege einer oder eines pflegebedürftigen Angehörigen nach § 62 Abs. 1 Satz 1 Nr. 2 NBG oder § 7 Abs. 1 Satz 1 Nr. 2 NRiG oder

2. zur Begleitung einer oder eines schwerstkranken nahen Angehörigen in der letzten Lebensphase nach § 9a Abs. 4 der Niedersächsischen Sonderurlaubsverordnung

bewilligt worden ist, wird für den Zeitraum einer Betreuung, Pflege oder Begleitung auf Antrag ein Vorschuss auf die nach Beendigung der Beurlaubung zustehenden Dienstbezüge gewährt. ₂Der Vorschuss kann bis zur Höhe der monatlichen Dienstbezüge bei einer Beurlaubung nach Satz 1 Nr. 1 für bis zu sechs Monate, bei einer Beurlaubung nach Satz 1 Nr. 2 für bis zu drei Monate gewährt werden. ₃Der Vorschuss ist nach Beendigung der Beurlaubung mit den laufenden Dienstbezügen zu verrechnen oder in einer Summe zurückzuzahlen.

(7) Die Einzelheiten der Gewährung, Verrechnung und Rückzahlung des Vorschusses regelt die Landesregierung durch Verordnung.

§ 12 Besoldung bei begrenzter Dienstfähigkeit

(1) ₁Bei begrenzter Dienstfähigkeit (§ 27 des Beamtenstatusgesetzes – BeamtStG) erhält die Beamtin, der Beamte, die Richterin oder der Richter Dienstbezüge entsprechend § 11 Abs. 1. ₂Diese werden um einen Zuschlag ergänzt. ₃Der Zuschlag beträgt 50 Prozent des Unterschiedsbetrages zwischen den nach Satz 1 gekürzten Dienstbezügen und den Dienstbezügen, die die oder der begrenzt Dienstfähige bei Vollzeitbeschäftigung erhalten würde. ₄Ist die Arbeitszeit über den Umfang, auf den sie wegen der begrenzten Dienstfähigkeit herabzusetzen ist, hinaus aufgrund einer Teilzeitbeschäftigung zusätzlich herabgesetzt, so wird der Zuschlag nach Satz 3 nur entsprechend dem Verhältnis zwischen dem Umfang der zusätzlich herabgesetzten Arbeitszeit und dem Umfang der Arbeitszeit, auf den diese wegen der begrenzten Dienstfähigkeit herabzusetzen ist, gewährt.

(2) Der Zuschlag nach Absatz 1 Sätze 2 bis 4 wird nicht gewährt, wenn ein Zuschlag nach § 11 Abs. 2 bis 4 oder § 66 gewährt wird.

(3) Beamtinnen, Beamte, Richterinnen oder Richter erhalten weiterhin einen Zuschlag nach § 12 Abs. 2 bis 4 in der bis zum 31. Dezember 2019 geltenden Fassung, wenn dieser den Zuschlag nach Absatz 1 Sätze 2 bis 4 übersteigt.

(4) ₁Soweit vor dem 1. Januar 2020 ein Anspruch auf Gewährung eines höheren Zuschlags zu den Dienstbezügen bei begrenzter Dienstfähigkeit für Zeiträume vor dem 1. Januar 2020 geltend gemacht wurde und hierüber noch nicht bestandskräftig entschieden worden ist, wird bei Vorliegen der Anspruchsvoraussetzungen der höhere Zuschlag auch für diese Zeiträume gewährt. ₂Satz 1 gilt nicht in den Fällen des Absatzes 3.

§ 13 Kürzung der Besoldung bei Versorgung durch eine zwischenstaatliche oder überstaatliche Einrichtung

(1) ₁Erhält eine Beamtin, ein Beamter, eine Richterin oder ein Richter aus der Verwendung im öffentlichen Dienst einer zwischenstaatlichen oder überstaatlichen Einrichtung eine Versorgung, so werden ihre oder seine Dienstbezüge gekürzt. ₂Die Kürzung beträgt

1,79375 Prozent für jedes im zwischenstaatlichen oder überstaatlichen Dienst vollendete Jahr; ihr oder ihm verbleiben jedoch mindestens 40 Prozent ihrer oder seiner Dienstbezüge. ₃Erhält sie oder er als Invaliditätspension die Höchstversorgung aus ihrem oder seinem Amt bei der zwischenstaatlichen oder überstaatlichen Einrichtung, so werden die Dienstbezüge um 60 Prozent gekürzt. ₄Der Kürzungsbetrag darf die von der zwischenstaatlichen oder überstaatlichen Einrichtung gewährte Versorgung nicht übersteigen.

(2) ₁Als Zeit im zwischenstaatlichen oder überstaatlichen Dienst wird auch die Zeit gerechnet, in welcher die Beamtin, der Beamte, die Richterin oder der Richter ohne Ausübung eines Amtes bei einer zwischenstaatlichen oder überstaatlichen Einrichtung einen Anspruch auf Vergütung oder sonstige Entschädigung hat und Ruhegehaltsansprüche erwirbt. ₂Entsprechendes gilt für Zeiten nach dem Ausscheiden aus dem Dienst einer zwischenstaatlichen oder überstaatlichen Einrichtung, die dort bei der Berechnung des Ruhegehalts wie Dienstzeiten berücksichtigt werden.

(3) Bezieht eine Beamtin, ein Beamter, eine Richterin oder ein Richter als frühere Abgeordnete oder früherer Abgeordneter des Europäischen Parlaments oder als Hinterbliebene oder Hinterbliebener Versorgungsbezüge nach den Artikeln 14 bis 17 des Beschlusses 2005/684/EG, Euratom, des Europäischen Parlaments vom 28. September 2005 zur Annahme des Abgeordnetenstatuts des Europäischen Parlaments (ABl. EU Nr. L 262 S. 1), so wird die Besoldung um einen Betrag in Höhe von 50 Prozent der Versorgungsbezüge gekürzt, höchstens jedoch um einen Betrag in Höhe von 50 Prozent der Besoldung.

(4) Dienstbezüge im Sinne des Absatzes 1 sind das Grundgehalt, die ruhegehaltfähigen Leistungsbezüge für Beamtinnen und Beamte der Besoldungsgruppen W 2 und W 3, der Familienzuschlag, die Amtszulagen, die ruhegehaltfähigen Stellenzulagen, die ruhegehaltfähigen Ausgleichszulagen und die Überleitungszulagen.

§ 14 Verlust des Anspruchs auf Besoldung bei schuldhaftem Fernbleiben vom Dienst

₁Bleibt die Beamtin, der Beamte, die Richterin oder der Richter ohne Genehmigung schuldhaft dem Dienst fern, so verliert sie oder er für die Zeit des Fernbleibens den Anspruch auf Besoldung. ₂Dies gilt auch bei einem Fernbleiben vom Dienst für Teile eines Tages. ₃Der Verlust des Anspruchs auf Besoldung ist festzustellen.

§ 15 Anrechnung anderer Einkünfte auf die Besoldung

(1) ₁Hat eine Beamtin, ein Beamter, eine Richterin oder ein Richter Anspruch auf Besoldung für eine Zeit, in der sie oder er nicht zur Dienstleistung verpflichtet war, so können infolge der unterbliebenen Dienstleistung für diesen Zeitraum erzielte andere Einkünfte auf die Besoldung angerechnet werden. ₂Die Beamtin, der Beamte, die Richterin oder der Richter ist zur Auskunft verpflichtet. ₃In den Fällen einer vorläufigen Dienstenthebung aufgrund eines Disziplinarverfahrens richtet sich die Anrechnung nach den Vorschriften des Niedersächsischen Disziplinargesetzes.

(2) ₁Erzielt eine Beamtin, ein Beamter, eine Richterin oder ein Richter aus einer nach § 20 BeamtStG zugewiesenen Tätigkeit Einkünfte, so werden diese auf die Besoldung angerechnet. ₂In besonderen Fällen kann die oberste Dienstbehörde von der Anrechnung ganz oder teilweise absehen. ₃Bei Landesbeamtinnen und Landesbeamten erfolgt das Absehen von der Anrechnung im Einvernehmen mit dem Finanzministerium.

§ 16 Anrechnung von Sachbezügen auf die Besoldung, Dienstkleidungszuschuss

(1) Erhält die Beamtin, der Beamte, die Richterin oder der Richter Sachbezüge, so werden diese unter Berücksichtigung ihres wirtschaftlichen Wertes mit einem angemessenen Betrag auf die Besoldung angerechnet, soweit nichts anderes bestimmt ist.

(2) Die Landesregierung wird ermächtigt, durch Verordnung die Anrechnung nach Absatz 1 für die Nutzung einer Dienstwohnung zur Vermei-

dung übermäßiger Belastungen unter Berücksichtigung der jeweiligen Bruttodienstbezüge auf Höchstbeträge zu begrenzen.

(3) ₁Absatz 1 gilt nicht für Dienstkleidung und Ausrüstung, die die Beamtinnen und Beamten tragen müssen und die vom Dienstherrn zur Verfügung gestellt werden. ₂Wird Dienstkleidung oder Ausrüstung, die die Beamtinnen und Beamten tragen müssen, vom Dienstherrn nicht zur Verfügung gestellt, so wird ein Zuschuss gewährt; für diesen gilt Absatz 1 ebenfalls nicht.

§ 17 Abtretung von Bezügen, Verpfändung, Aufrechnungs- und Zurückbehaltungsrecht

(1) Die Beamtin, der Beamte, die Richterin oder der Richter kann, soweit gesetzlich nichts anderes bestimmt ist, Ansprüche auf Bezüge nur abtreten oder verpfänden, soweit sie der Pfändung unterliegen.

(2) ₁Gegenüber Ansprüchen auf Bezüge kann der Dienstherr ein Aufrechnungs- oder Zurückbehaltungsrecht nur in Höhe des pfändbaren Teils der Bezüge geltend machen. ₂Dies gilt nicht, soweit gegen die Beamtin, den Beamten, die Richterin oder den Richter ein Anspruch auf Schadensersatz wegen vorsätzlicher unerlaubter Handlung besteht.

§ 18 Verjährung von Ansprüchen

Für die Verjährung von Ansprüchen nach diesem Gesetz gelten die §§ 194 bis 218 des Bürgerlichen Gesetzbuchs entsprechend.

§ 19 Rückforderung von Bezügen

(1) Wird die Beamtin, der Beamte, die Richterin oder der Richter durch eine gesetzliche Änderung ihrer oder seiner Bezüge, auch infolge der Zuordnung ihres oder seines Amtes zu den Besoldungsgruppen, mit rückwirkender Kraft schlechter gestellt, so sind die Unterschiedsbeträge nicht zu erstatten.

(2) ₁Im Übrigen regelt sich die Rückforderung zu viel gezahlter Bezüge nach den Vorschriften des Bürgerlichen Gesetzbuchs über die Herausgabe einer ungerechtfertigten Bereicherung, soweit gesetzlich nichts anderes bestimmt ist. ₂Der Kenntnis des Mangels des rechtlichen Grundes der Zahlung steht es gleich, wenn der Mangel so offensichtlich war, dass die Empfängerin oder der Empfänger ihn hätte erkennen müssen. ₃Von der Rückforderung kann aus Billigkeitsgründen mit Zustimmung der obersten Dienstbehörde oder der von ihr bestimmten Stelle ganz oder teilweise abgesehen werden.

(3) ₁Geldleistungen, die für die Zeit nach dem Tod der Beamtin, des Beamten, der Richterin oder des Richters auf ein Konto bei einem Geldinstitut überwiesen wurden, gelten als unter Vorbehalt erbracht. ₂Das Geldinstitut hat sie der überweisenden Stelle zurückzuüberweisen, wenn diese sie als zu Unrecht erbracht zurückfordert. ₃Eine Verpflichtung zur Rücküberweisung besteht nicht, soweit über den entsprechenden Betrag bei Eingang der Rückforderung bereits anderweitig verfügt wurde, es sei denn, dass die Rücküberweisung aus einem Guthaben erfolgen kann. ₄Das Geldinstitut darf den überwiesenen Betrag nicht zur Befriedigung eigener Forderungen verwenden.

(4) ₁Soweit Geldleistungen für die Zeit nach dem Tod der Beamtin, des Beamten, der Richterin oder des Richters zu Unrecht erbracht worden sind, haben die Personen, die die Geldleistungen in Empfang genommen oder über den entsprechenden Betrag verfügt haben, diesen Betrag der überweisenden Stelle zu erstatten, soweit er nicht nach Absatz 3 von dem Geldinstitut zurücküberwiesen wird. ₂Ein Geldinstitut, das eine Rücküberweisung mit dem Hinweis abgelehnt hat, dass über den entsprechenden Betrag bereits anderweitig verfügt wurde, hat der überweisenden Stelle auf Verlangen Namen und Anschrift der Personen, die über den Betrag verfügt haben, und eine etwaige neue Kontoinhaberin oder einen etwaigen neuen Kontoinhaber zu benennen. ₃Ein Anspruch gegen die Erben bleibt unberührt.

§ 20 Aufwandsentschädigungen, sonstige Geldzuwendungen

(1) ₁Aufwandsentschädigungen dürfen nur gewährt werden, wenn und soweit aus dienstlicher Veranlassung finanzielle Auf-

wendungen entstehen, deren Übernahme der Beamtin, dem Beamten, der Richterin oder dem Richter nicht zugemutet werden kann, und im Haushaltsplan oder in dem entsprechenden Plan einer Kommune oder einer sonstigen der Aufsicht des Landes unterstehenden Körperschaft, Anstalt oder Stiftung des öffentlichen Rechts Mittel dafür zur Verfügung gestellt werden. ₂Wenn aufgrund tatsächlicher Anhaltspunkte oder tatsächlicher Erhebungen nachvollziehbar ist, dass und in welcher Höhe dienstbezogene finanzielle Aufwendungen typischerweise entstehen, sind Aufwandsentschädigungen in festen Beträgen zulässig. ₃Deren Festlegung bedarf der Zustimmung des Finanzministeriums.

(2) ₁Sonstige Geldzuwendungen dürfen die Kommunen und die sonstigen der Aufsicht des Landes unterstehenden Körperschaften, Anstalten und Stiftungen des öffentlichen Rechts ihren Beamtinnen und Beamten neben den Bezügen und den Aufwandsentschädigungen nur gewähren, wenn im Haushaltsplan oder in dem entsprechenden Plan einer Kommune oder einer sonstigen der Aufsicht des Landes unterstehenden Körperschaft, Anstalt oder Stiftung des öffentlichen Rechts Mittel dafür zur Verfügung gestellt werden. ₂Sonstige Geldzuwendungen sind Geldleistungen und geldwerte Leistungen, die die Beamtin oder der Beamte unmittelbar oder mittelbar von ihrem oder seinem Dienstherrn erhält, auch wenn sie über Einrichtungen geleistet werden, zu denen die Beamtin oder der Beamte einen eigenen Beitrag leistet.

(3) Das jeweils zuständige Ministerium wird ermächtigt, im Einvernehmen mit dem Finanzministerium durch Verordnung Vorschriften über die Gewährung von Aufwandsentschädigungen und sonstigen Geldzuwendungen an Beamtinnen und Beamte der Kommunen und der sonstigen ihrer Aufsicht unterstehenden Körperschaften, Anstalten und Stiftungen des öffentlichen Rechts zu erlassen.

(4) Soweit Vorschriften nach Absatz 3 nicht erlassen worden sind, bedarf die Ausbringung von Mitteln für Aufwandsentschädigungen im Haushaltsplan oder in dem entsprechenden Plan für die Kommunen und der sonstigen der Aufsicht des Landes unterstehenden Körperschaften, Anstalten und Stiftungen des öffentlichen Rechts der Zustimmung der obersten Aufsichtsbehörde oder der von dieser bestimmten Stelle und des Finanzministeriums.

(5) ₁Soweit Vorschriften nach Absatz 3 nicht erlassen worden sind, dürfen die Kommunen und die sonstigen der Aufsicht des Landes unterstehenden Körperschaften, Anstalten und Stiftungen des öffentlichen Rechts ihren Beamtinnen und Beamten sonstige Geldzuwendungen nur nach den für Landesbeamtinnen und Landesbeamten geltenden Bestimmungen gewähren. ₂Die oberste Aufsichtsbehörde oder die von dieser bestimmte Stelle kann im Einvernehmen mit dem Finanzministerium Ausnahmen zulassen.

§ 21 Zahlungsweise

₁Für die Zahlung der Besoldung sowie von Aufwandsentschädigungen und sonstigen Geldzuwendungen hat die Beamtin, der Beamte, die Richterin oder der Richter auf Verlangen der zuständigen Behörde ein Konto anzugeben oder einzurichten, auf das die Überweisung erfolgen kann. ₂Die Übermittlungskosten mit Ausnahme der Kosten für die Gutschrift auf dem Konto der Empfängerin oder des Empfängers trägt der Dienstherr; bei einer Überweisung auf ein außerhalb des Europäischen Union geführtes Konto trägt die Empfängerin oder der Empfänger die Kosten und die Gefahr der Übermittlung der Zahlung sowie die Kosten einer Meldung der Zahlung nach der Außenwirtschaftsverordnung. ₃Die Kontoeinrichtungs-, Kontoführungs- oder Buchungsgebühren trägt die Empfängerin oder der Empfänger. ₄Eine Auszahlung auf andere Weise kann nur zugestanden werden, wenn der Empfängerin oder dem Empfänger die Einrichtung oder Benutzung eines Kontos aus wichtigem Grund nicht zugemutet werden kann.

Zweiter Teil
Besondere Vorschriften für einzelne Gruppen von Beamtinnen, Beamten, Richterinnen und Richtern

Erstes Kapitel
Beamtinnen und Beamte der Besoldungsordnungen A und B

§ 22 Künftig wegfallende Ämter, Grundamtsbezeichnungen

(1) ₁In den Besoldungsordnungen A und B ist auch bestimmt, welche Ämter künftig wegfallen. ₂Künftig wegfallende Ämter dürfen nicht mehr verliehen werden. ₃Beamtinnen und Beamten, die ein künftig wegfallendes Amt innehaben, kann jedoch im Wege der Beförderung ein ebenfalls künftig wegfallendes Amt verliehen werden, wenn nicht eine Beförderung in ein anderes Amt möglich ist.

(2) ₁Die in der Besoldungsordnung A gesperrt gedruckten Amtsbezeichnungen sind Grundamtsbezeichnungen. ₂Den Grundamtsbezeichnungen können Zusätze beigefügt werden, die hinweisen auf

1. den Dienstherrn oder den Verwaltungsbereich,
2. die Fachrichtung oder
3. einen in der Laufbahn eingerichteten Laufbahnzweig.

₃Den Grundamtsbezeichnungen „Rätin", „Rat", „Oberrätin", „Oberrat", „Direktorin", „Direktor", „Leitende Direktorin" und „Leitender Direktor" ist ein Zusatz nach Satz 2 beizufügen. ₄Für Landesbeamtinnen und Landesbeamte sind die Zusätze zu den Grundamtsbezeichnungen nach den Sätzen 2 und 3 in Anlage 6 geregelt.

§ 23 Einstiegsämter

(1) Die Einstiegsämter (§ 13 Abs. 3 Satz 2 NBG) sind folgenden Besoldungsgruppen zugeordnet:

1. das erste Einstiegsamt der Laufbahngruppe 1 der Besoldungsgruppe A 5,
2. das zweite Einstiegsamt der Laufbahngruppe 1 der Besoldungsgruppe A 6,
3. das erste Einstiegsamt der Laufbahngruppe 2 der Besoldungsgruppe A 9 und
4. das zweite Einstiegsamt der Laufbahngruppe 2 der Besoldungsgruppe A 13.

(2) Abweichend von Absatz 1 kann ein Einstiegsamt einer höheren Besoldungsgruppe zugeordnet sein, wenn in dem Einstiegsamt besondere Anforderungen gestellt werden, die bei sachgerechter Bewertung die Zuordnung zu einer höheren Besoldungsgruppe erfordern.

(3) Die Zuordnung der Einstiegsämter zu den Besoldungsgruppen ist in Fußnoten in der Besoldungsordnung A geregelt.

§ 24 Stellenobergrenzen für Beförderungsämter

₁Zur Begrenzung von Planstellen für Beförderungsämter wird die Landesregierung ermächtigt, durch Verordnung über die in Fußnoten in den Besoldungsordnungen A und B geregelten Obergrenzen hinaus allgemeine Obergrenzen für Planstellen für Beförderungsämter der Beamtinnen und Beamten der Besoldungsordnungen A und B des Landes und der in § 1 Nr. 3 genannten Dienstherren festzulegen. ₂Für einzelne Laufbahnen, Verwaltungsbereiche und Aufgaben der Landesverwaltung sowie der in § 1 Nr. 3 genannten Körperschaften, Anstalten und Stiftungen des öffentlichen Rechts können in der Verordnung unter Berücksichtigung der jeweiligen Besonderheiten besondere Obergrenzen festgelegt werden. ₃In der Verordnung können auch Bestimmungen zur befristeten Überschreitung von Stellenobergrenzen bei organisatorischen Veränderungen für einen Zeitraum von längstens fünf Jahren getroffen werden.

§ 25 Erfahrungsstufen der Besoldungsordnung A, Erfahrungszeit

(1) ₁Die Zuordnung einer Beamtin oder eines Beamten der Besoldungsordnung A zu einer Erfahrungsstufe (§ 7 Abs. 1) richtet sich nach der Dauer ihrer oder seiner dienstlichen Erfahrung (Erfahrungszeit). ₂Die Beamtin oder der Beamte ist zu Beginn des Beamtenverhältnisses mit einem der in § 1 genannten

Diensterren der ersten Erfahrungsstufe zugeordnet, in der für ihre oder seine Besoldungsgruppe in Anlage 5 ein Grundgehaltssatz ausgewiesen ist, soweit sich aus den Absätzen 2 und 3 nichts anderes ergibt. ₃Die Ableistung der Erfahrungszeit beginnt mit dem ersten Tag des Monats, in dem das Beamtenverhältnis der Beamtin oder des Beamten mit einem der in §1 genannten Dienstherren beginnt. ₄Die Erfahrungsstufen und die in jeder Erfahrungsstufe vor dem Aufstieg in die nächsthöhere Erfahrungsstufe abzuleistende Erfahrungszeit sind in Anlage 5 geregelt.

(2) ₁Als Erfahrungszeit anzuerkennen sind vor Beginn des Beamtenverhältnisses zu einem der in §1 genannten Dienstherren verbrachte

1. Zeiten in einem Dienstverhältnis mit Dienstbezügen bei einem öffentlich-rechtlichen Dienstherrn (§27 Abs. 1),
2. Zeiten einer hauptberuflichen Tätigkeit in einem Arbeitsverhältnis mit einem öffentlich-rechtlichen Dienstherrn (§27 Abs. 1), die nicht Voraussetzung für den Erwerb der Laufbahnbefähigung sind,
3. Zeiten einer hauptberuflichen Tätigkeit nach §27 Abs. 2, die nicht Voraussetzung für den Erwerb der Laufbahnbefähigung sind,
4. Zeiten in einem Dienstverhältnis oder einer hauptberuflichen Tätigkeit in einem Arbeitsverhältnis mit einer Kirche oder öffentlich-rechtlichen Religionsgesellschaft, die nicht Voraussetzung für den Erwerb der Laufbahnbefähigung sind,
5. Dienstzeiten nach der Soldatenlaufbahnverordnung als Berufssoldatin oder Berufssoldat oder als Soldatin oder Soldat auf Zeit,
6. Zeiten von mindestens vier Monaten bis zu insgesamt zwei Jahren, in denen Wehrdienst, Zivildienst, Bundesfreiwilligendienst, Entwicklungsdienst oder ein freiwilliges soziales oder ökologisches Jahr geleistet wurde,
7. Verfolgungszeiten nach dem Beruflichen Rehabilitierungsgesetz, soweit eine Erwerbstätigkeit, die einen Dienst bei einem öffentlich-rechtlichen Dienstherrn (§27 Abs. 1) entspricht, nicht ausgeübt werden konnte,
8. Zeiten einer Kinderbetreuung bis zu drei Jahren für jedes Kind und
9. Zeiten der tatsächlichen Pflege von nach ärztlichem Gutachten pflegebedürftigen nahen Angehörigen (Eltern, Schwiegereltern, Eltern von Lebenspartnerinnen und Lebenspartnern, Eheleute, Lebenspartnerinnen und Lebenspartner, Geschwister und Kinder) bis zu drei Jahren für jede nahe Angehörige und jeden nahen Angehörigen.

₂Vor Beginn des Beamtenverhältnisses zu einem der in §1 genannten Dienstherren verbrachte Zeiten einer hauptberuflichen Tätigkeit, die nicht Voraussetzung für den Erwerb der Laufbahnbefähigung sind und die nicht schon nach Satz 1 anzuerkennen sind, können ganz oder teilweise als Erfahrungszeit anerkannt werden, soweit sie für die Verwendung förderlich sind. ₃Ausbildungszeiten bleiben unberücksichtigt. ₄Abweichend von Satz 3 können vor Beginn des Beamtenverhältnisses zu einem der in §1 genannten Dienstherren verbrachte Zeiten

1. in einem erfolgreich abgeschlossenen weiterbildenden Masterstudium bis zu zwei Jahren und
2. für eine Promotion bis zu einem Jahr

als Erfahrungszeit anerkannt werden, soweit sie für die Verwendung förderlich sind. ₅Sind in einem Zeitraum Voraussetzungen nach den Sätzen 1, 2 und 4 zeitgleich erfüllt, so kann der Zeitraum nur einmal anerkannt werden. ₆Zeiten nach den Sätzen 1, 2 und 4 werden auf volle Monate abgerundet; bei mehreren Zeiten wird die Summe auf volle Monate abgerundet. ₇Die Entscheidung über die Anerkennung von Zeiten als Erfahrungszeit nach den Sätzen 1, 2 und 4 trifft die oberste Dienstbehörde oder die von ihr bestimmte Stelle.

(3) Ist die Besoldungsgruppe der Beamtin oder des Beamten nach Absatz 1 Satz 2 zu Beginn des Beamtenverhältnisses mit einem der in §1 genannten Dienstherren die eines Beförderungsamtes, so bezieht sich die Anerkennung von Zeiten als Erfahrungszeit nach

Absatz 2 Sätze 1, 2 und 4 auf die erste Erfahrungsstufe, in der für die Besoldungsgruppe des entsprechenden Einstiegsamtes ein Grundgehaltssatz ausgewiesen ist.

(4) ₁Die in einer Erfahrungsstufe abzuleistende Erfahrungszeit verlängert sich um Zeiten ohne Anspruch auf Dienstbezüge. ₂Dies gilt nicht für

1. Zeiten einer Kinderbetreuung bis zu drei Jahren für jedes Kind,
2. Zeiten der tatsächlichen Pflege von nach ärztlichem Gutachten pflegebedürftigen nahen Angehörigen im Sinne des Absatzes 2 Satz 1 Nr. 9 bis zu drei Jahren für jede nahe Angehörige und jeden nahen Angehörigen,
3. Zeiten eines Urlaubs ohne Dienstbezüge, wenn die oberste Dienstbehörde oder die von ihr bestimmte Stelle vor Beginn des Urlaubs schriftlich anerkannt hat, dass der Urlaub dienstlichen Interessen oder öffentlichen Belangen dient,
4. Zeiten, die nach dem Arbeitsplatzschutzgesetz nicht zu dienstlichen Nachteilen führen dürfen, und
5. Zeiten einer Eignungsübung nach dem Eignungsübungsgesetz.

₃Zeiten nach Satz 1 werden auf volle Monate abgerundet.

(5) ₁Zeiten, in denen die Beamtin oder der Beamte vorläufig des Dienstes enthoben ist, zählen nicht als Erfahrungszeit. ₂Führt das Disziplinarverfahren nicht zur Entfernung aus dem Beamtenverhältnis oder endet das Dienstverhältnis nicht durch Entlassung auf Antrag der Beamtin oder des Beamten oder nicht infolge strafgerichtlicher Verurteilung, so ist die Beamtin oder der Beamte hinsichtlich der Erfahrungszeit so zu stellen, als wäre sie oder er nicht vorläufig des Dienstes enthoben worden.

(6) Entscheidungen nach den Absätzen 1 bis 5 sind der Beamtin oder dem Beamten schriftlich bekannt zu geben.

§ 26 Nicht anerkennungsfähige Zeiten

(1) Nach § 25 Abs. 2 Sätze 1, 2 und 4 werden nicht als Erfahrungszeit anerkannt

1. Zeiten einer Tätigkeit für das Ministerium für Staatssicherheit oder das Amt für Nationale Sicherheit,
2. Zeiten einer Tätigkeit, die aufgrund einer besonderen persönlichen Nähe zum System der ehemaligen Deutschen Demokratischen Republik übertragen war,
3. Zeiten vor einer Tätigkeit nach Nummer 1 oder 2 und
4. Zeiten einer Tätigkeit als Angehörige oder Angehöriger der Grenztruppen der ehemaligen Deutschen Demokratischen Republik.

(2) Das Vorliegen der Voraussetzung nach Absatz 1 Nr. 2 wird widerlegbar vermutet, wenn die Beamtin oder der Beamte in der ehemaligen Deutschen Demokratischen Republik

1. vor oder bei Übertragung der Tätigkeit eine hauptamtliche oder hervorgehobene ehrenamtliche Funktion in der Sozialistischen Einheitspartei Deutschlands, dem Freien Deutschen Gewerkschaftsbund, der Freien Deutschen Jugend oder einer vergleichbaren systemunterstützenden Partei oder Organisation innehatte,
2. als mittlere oder obere Führungskraft in zentralen Staatsorganen, als obere Führungskraft beim Rat eines Bezirks, als Vorsitzende oder Vorsitzender des Rates eines Kreises oder einer kreisfreien Stadt oder in einer vergleichbaren Funktion tätig war,
3. hauptamtliche Lehrende oder Lehrender an einer Bildungseinrichtung der staatstragenden Parteien oder einer Massen- oder gesellschaftlichen Organisation war oder
4. Absolventin oder Absolvent der Akademie für Staat und Recht oder einer vergleichbaren Bildungseinrichtung war.

§ 27 Öffentlich-rechtliche Dienstherren, Hauptberuflichkeit

(1) Öffentlich-rechtliche Dienstherren im Sinne dieses Gesetzes sind der Bund, die Länder, die Kommunen und die sonstigen Körperschaften, Anstalten und Stiftungen des öffentlich-rechtlichen Rechts mit Ausnahme der öffentlich-rechtlichen Religionsgesellschaften und ihrer Verbände.

(2) Der Tätigkeit im Dienst eines öffentlich-rechtlichen Dienstherrn stehen gleich

1. für Staatsangehörige eines Mitgliedstaates der Europäischen Union die ausgeübte gleichartige Tätigkeit im öffentlichen Dienst einer Einrichtung der Europäischen Union oder im öffentlichen Dienst eines Mitgliedstaates der Europäischen Union und

2. die von volksdeutschen Vertriebenen und Spätaussiedlerinnen und Spätaussiedlern ausgeübte gleichartige Tätigkeit im Dienst eines öffentlich-rechtlichen Dienstherrn ihres Herkunftslandes.

(3) Hauptberuflich im Sinne dieses Gesetzes und der aufgrund dieses Gesetzes erlassenen Rechtsvorschriften ist eine Tätigkeit, die entgeltlich erbracht wird, den Schwerpunkt der beruflichen Tätigkeit darstellt sowie dem durch Ausbildung und Berufswahl geprägten Berufsbild entspricht und im gleichen Zeitraum in einem Beamtenverhältnis mit dem gleichen Beschäftigungsumfang zulässig gewesen wäre.

§ 28 Beamtinnen und Beamte auf Zeit im kommunalen Bereich

₁Die Landesregierung wird ermächtigt, durch Verordnung die Ämter der Beamtinnen und Beamten auf Zeit der Kommunen, der übrigen kommunalen Dienstherren sowie des Bezirksverbands Oldenburg den Besoldungsgruppen der Besoldungsordnungen A und B abweichend von § 5 Abs. 3 zuzuordnen und dabei Amtszulagen im Sinne des § 37 vorzusehen sowie die in den Erfahrungsstufen vor dem Aufstieg in die nächsthöhere Erfahrungsstufe jeweils abzuleistende Erfahrungszeit abweichend von Anlage 5 zu regeln. ₂Die Zuordnung der Ämter erfolgt nach sachgerechter Bewertung der Funktionen, bei den Beamtinnen und Beamten auf Zeit der Kommunen unter Berücksichtigung der Einwohnerzahl, bei den übrigen Beamtinnen und Beamten auf Zeit unter Berücksichtigung des begrenzten Aufgabenumfangs im Vergleich zu den entsprechenden Ämtern der beteiligten Körperschaften.

Zweites Kapitel
Beamtinnen und Beamte der Besoldungsordnung W

§ 29 Leistungsbezüge

(1) ₁Beamtinnen und Beamten der Besoldungsgruppen W 2 und W 3 dürfen nach Maßgabe der folgenden Regelungen Leistungsbezüge gewährt werden:

1. aus Anlass von Berufungs- und Bleibeverhandlungen,

2. für besondere Leistungen in Forschung, Lehre, Kunst, Weiterbildung oder Nachwuchsförderung sowie

3. für die Wahrnehmung von Funktionen oder besonderen Aufgaben im Rahmen der Hochschulselbstverwaltung oder der Hochschulleitung.

₂Leistungsbezüge nach Satz 1 Nrn. 1 und 2 können unbefristet, befristet oder als Einmalzahlung gewährt werden. ₃Leistungsbezüge nach Satz 1 Nr. 3 werden für die Dauer der Wahrnehmung der Funktion oder Aufgabe gewährt.

(2) ₁Leistungsbezüge dürfen insgesamt bis zur Höhe des Unterschiedsbetrages zwischen den Grundgehältern der Besoldungsgruppe W 3 und der Besoldungsgruppe B 10 gewährt werden. ₂Sie dürfen den Unterschiedsbetrag übersteigen, wenn

1. dies erforderlich ist, um eine Person aus dem Bereich außerhalb der deutschen Hochschulen als Professorin oder Professor zu gewinnen oder um zu verhindern, dass eine Professorin oder ein Professor in den Bereich außerhalb der deutschen Hochschulen abwandert, oder

2. eine Professorin oder ein Professor bereits Leistungsbezüge erhält, die den Unterschiedsbetrag zwischen den Grundgehältern der Besoldungsgruppe W 3 und der Besoldungsgruppe B 10 übersteigen, und dies erforderlich ist, um die Professorin oder den Professor von einer anderen deutschen Hochschule zu gewinnen oder um zu verhindern, dass sie oder er an eine andere deutsche Hochschule abwandert.

₃Satz 2 gilt entsprechend für hauptberufliche Leiterinnen oder Leiter und Mitglieder von Leitungsgremien an Hochschulen. ₄Bei der Gewährung von Leistungsbezügen darf niemand wegen des Geschlechts oder des Beschäftigungsumfangs bevorzugt oder benachteiligt werden.

(3) ₁Über die Gewährung von Leistungsbezügen an Präsidentinnen, Präsidenten, Vizepräsidentinnen und Vizepräsidenten entscheidet bei Hochschulen in Trägerschaft des Staates das für die Hochschulen zuständige Ministerium, bei Hochschulen in Trägerschaft von rechtsfähigen Stiftungen des öffentlichen Rechts der Stiftungsrat. ₂Über die Gewährung von Leistungsbezügen an Professorinnen, Professoren sowie hauptamtliche Dekaninnen und Dekane entscheidet das Präsidium, an der Universitätsmedizin Göttingen der Vorstand.

(4) ₁Für die Gewährung von Leistungsbezügen wegen besonderer Leistungen in der Lehre ist insbesondere die Evaluation der Lehre zu berücksichtigen. ₂Die zuständige Studiendekanin oder der zuständige Studiendekan ist zu hören. ₃Für die Gewährung von Leistungsbezügen wegen besonderer Leistungen in der Forschung sollen Gutachten externer sachverständiger Personen berücksichtigt werden.

(5) ₁Das für die Hochschulen zuständige Ministerium bestimmt durch Verordnung im Einvernehmen mit dem Finanzministerium das Nähere über die Gewährung von Leistungsbezügen. ₂Insbesondere sind das Verfahren, die Voraussetzungen und die Kriterien der Gewährung sowie die Teilnahme der Leistungsbezüge an den allgemeinen Besoldungsanpassungen zu regeln. ₃Dabei sollen den Hochschulen weitgehende Entscheidungsspielräume eingeräumt und die für die Gewährung von Leistungsbezügen vorgesehenen Möglichkeiten ausgeschöpft werden.

§ 30 Vergaberahmen

(1) Der Gesamtbetrag der Leistungsbezüge (Vergaberahmen) ist im Land so zu bemessen, dass die durchschnittlichen Besoldungsausgaben für die in die Besoldungsgruppen W 2 und W 3 sowie C 2 bis C 4 eingestuften Professorinnen und Professoren den durchschnittlichen Besoldungsausgaben für diesen Personenkreis im Jahr 2013 (Besoldungsdurchschnitt) entsprechen.

(2) ₁Der Besoldungsdurchschnitt ist für den Bereich der Fachhochschulen sowie für den Bereich der Universitäten und gleichgestellten Hochschulen getrennt zu berechnen. ₂Für das Jahr 2013 wird der Besoldungsdurchschnitt für den Bereich der Fachhochschulen auf 69 000 Euro und für den Bereich der Universitäten und gleichgestellten Hochschulen auf 82 000 Euro festgestellt. ₃Das Finanzministerium setzt den Besoldungsdurchschnitt aus Anlass von allgemeinen Besoldungsanpassungen unter Berücksichtigung von Veränderungen der Stellenstruktur neu fest. ₄Veränderungen von jährlichen Sonderzahlungen nach § 63 sind einzubeziehen.

(3) Der Vergaberahmen kann überschritten werden, soweit zu diesem Zweck Haushaltsmittel bereitgestellt sind.

(4) ₁Besoldungsausgaben im Sinne des Absatzes 1 sind die Ausgaben für Dienstbezüge nach § 2 Abs. 2 Nrn. 1, 2, 4 und 5, für Dienstbezüge nach § 1 Abs. 2 Nr. 2 des Bundesbesoldungsgesetzes in der bis zum 22. Februar 2002 geltenden Fassung vom 3. Dezember 1998 (BGBl. I S. 3434), zuletzt geändert durch Artikel 8 des Gesetzes vom 20. Dezember 2001 (BGBl. I S. 3926), sowie für sonstige Bezüge nach § 2 Abs. 3 Nr. 2. ₂Bei der Berechnung des Vergaberahmens sind

1. die hauptberuflichen Leiterinnen und Leiter und Mitglieder von Leitungsgremien an Hochschulen und

2. die Professorinnen und Professoren sowie hauptberuflichen Leiterinnen und Leiter und Mitglieder von Leitungsgremien an Hochschulen, die in einem privatrechtlichen Dienstverhältnis stehen und auf Planstellen für Beamtinnen und Beamte der Besoldungsgruppen W 2 und W 3 sowie C 2 bis C 4 geführt werden,

und die hierfür aufgewandten Besoldungs- und Vergütungsausgaben einzubeziehen. ₃Mittel Dritter, die der Hochschule für die Besoldung oder Vergütung von Professorinnen und Professoren zur Verfügung gestellt werden, sind bei der Berechnung nicht einzubeziehen.

(5) Das für die Hochschulen zuständige Ministerium kann die zur Durchführung der Absätze 1 bis 4 erforderlichen Daten bei den Stiftungen erheben, die Träger einer Hochschule sind.

§ 31 Professorinnen und Professoren an der Polizeiakademie Niedersachsen

(1) Für die Professorinnen und Professoren an der Polizeiakademie Niedersachsen gelten § 29 Abs. 1 und 2 Sätze 1, 2 und 4, § 30 Abs. 1 und 2 Sätze 3 und 4, Abs. 3 und 4, § 43 Sätze 1 und 2 und § 69 entsprechend.

(2) An der Polizeiakademie Niedersachsen entscheidet die Direktorin oder der Direktor über die Gewährung von Leistungsbezügen an eine Professorin oder einen Professor.

(3) ₁Für die Gewährung von Leistungsbezügen wegen besonderer Leistungen in der Lehre an eine Professorin oder einen Professor an der Polizeiakademie Niedersachsen ist insbesondere die Evaluation der Lehre zu berücksichtigen. ₂Für die Gewährung von Leistungsbezügen wegen besonderer Leistungen in der Forschung sollen Gutachten externer sachverständiger Personen berücksichtigt werden. ₃Die Polizeiakademie Niedersachsen soll die nebenamtlich wahrzunehmenden Funktionen und Aufgabenbereiche, für die Leistungsbezüge nach § 29 Abs. 1 Satz 1 Nr. 3 gewährt werden, sowie deren Höhe durch Satzung festlegen.

(4) ₁Das für Inneres zuständige Ministerium bestimmt durch Verordnung im Einvernehmen mit dem Finanzministerium das Nähere über die Gewährung von Leistungsbezügen nach § 29 Abs. 1 und von Zulagen nach § 43 Sätze 1 und 2 an Professorinnen und Professoren an der Polizeiakademie Niedersachsen. ₂§ 29 Abs. 5 Sätze 2 und 3 gilt entsprechend.

(5) Für das Jahr 2013 wird der Besoldungsdurchschnitt im Sinne des § 30 Abs. 1 für die Polizeiakademie Niedersachsen auf 69 000 Euro festgestellt.

Drittes Kapitel
Richterinnen, Richter, Staatsanwältinnen und Staatsanwälte

§ 32 Obergrenzen für Beförderungsämter

Obergrenzen für Planstellen für Beförderungsämter sind in Fußnoten in der Besoldungsordnung R geregelt.

§ 33 Erfahrungsstufen der Besoldungsgruppen R 1 und R 2, Erfahrungszeit und nicht anerkennungsfähige Zeiten

₁Die §§ 25 und 26 gelten für die Erfahrungsstufen der Besoldungsgruppen R 1 und R 2, die dortige Erfahrungszeit und die insoweit nicht anerkennungsfähigen Zeiten entsprechend. ₂Für die Verwendung förderlich im Sinne des § 25 Abs. 2 Satz 2 sind insbesondere Tätigkeiten nach § 10 Abs. 2 Satz 1 des Deutschen Richtergesetzes.

Dritter Teil
Familienzuschlag und Familienergänzungszuschlag

§ 34 Höhe des Familienzuschlags

₁Der Familienzuschlag bestimmt sich nach der Stufe, die den Familienverhältnissen der Beamtin, des Beamten, der Richterin oder des Richters entspricht (§ 35), und nach der Besoldungsgruppe. ₂Für Beamtinnen und Beamte auf Widerruf im Vorbereitungsdienst ist die Besoldungsgruppe des Einstiegsamtes maßgebend, das ihr oder ihm unmittelbar nach Abschluss des Vorbereitungsdienstes verliehen werden soll. ₃Die Höhe des Familienzuschlags ist in Anlage 7 geregelt.

§ 35 Stufen des Familienzuschlags

(1) ₁Zur Stufe 1 gehören Beamtinnen, Beamte, Richterinnen und Richter, die

1. verheiratet oder Lebenspartnerin oder Lebenspartner sind,

2. verwitwet oder überlebende Lebenspartnerin oder überlebender Lebenspartner sind,

3. geschieden sind oder deren Ehe oder Lebenspartnerschaft aufgehoben oder für

nichtig erklärt ist, wenn sie aus der letzten Ehe oder Lebenspartnerschaft zum Unterhalt verpflichtet sind, oder

4. in anderen als den in den Nummern 1 bis 3 genannten Fällen eine andere Person nicht nur vorübergehend in ihre Wohnung aufgenommen haben und ihr Unterhalt gewähren, weil sie gesetzlich oder sittlich dazu verpflichtet sind oder aus beruflichen oder gesundheitlichen Gründen ihrer Hilfe bedürfen.

₂Satz 1 Nr. 4 gilt bei gesetzlicher oder sittlicher Verpflichtung zur Unterhaltsgewährung nicht, wenn für den Unterhalt der aufgenommenen Person Mittel zur Verfügung stehen, die das Sechsfache des höchsten Betrages des Familienzuschlags der Stufe 1 übersteigen. ₃Zu den Mitteln, die für den Unterhalt der aufgenommenen Person zur Verfügung stehen, gehören eigene Einnahmen der aufgenommenen Person sowie auch solche Einnahmen, die für ihren Unterhalt tatsächlich gewährt werden. ₄Hierzu gehören alle Einnahmen, gleich welcher Art, unabhängig davon, von wem sie gewährt wird und wie sie bezeichnet werden, die tatsächlich zur Verfügung stehen, um Kosten der Lebenshaltung zu decken. ₅Als in die Wohnung aufgenommen gilt ein Kind auch, wenn die Beamtin, der Beamte, die Richterin oder der Richter es auf ihre oder seine Kosten anderweitig untergebracht hat, ohne dass dadurch die häusliche Verbindung aufgehoben werden soll. ₆Beansprucht neben einer nach Satz 1 Nr. 4 anspruchsberechtigten Person eine andere im öffentlichen Dienst (Absatz 8) tätige Person oder eine aufgrund einer Tätigkeit im öffentlichen Dienst nach beamtenrechtlichen Grundsätzen versorgungsberechtigte Person wegen der Aufnahme einer anderen Person oder mehrerer anderer Personen in die gemeinsam bewohnte Wohnung einen Familienzuschlag der Stufe 1 oder eine entsprechende Leistung, so wird der Betrag des Familienzuschlags der Stufe 1 der Beamtin, dem Beamten, der Richterin oder dem Richter nach der Zahl der Berechtigten anteilig gewährt. ₇Satz 6 ist entsprechend anzuwenden, wenn bei gemeinsamem Sorgerecht der getrennt lebenden Eltern ein Kind bei beiden Elternteilen Aufnahme gefunden hat.

(2) ₁Zur Stufe 2 oder einer der folgenden Stufen gehören die Beamtinnen, Beamten, Richterinnen und Richter der Stufe 1, denen Kindergeld nach dem Einkommensteuergesetz oder dem Bundeskindergeldgesetz (BKGG) zusteht oder ohne Berücksichtigung des § 64 oder § 65 EStG oder des § 3 oder § 4 BKGG zustehen würde. ₂Die Stufe richtet sich nach der Anzahl der berücksichtigungsfähigen Kinder.

(3) ₁Nicht von Absatz 1 erfasste Beamtinnen, Beamte, Richterinnen und Richter, die

1. ledig sind oder

2. geschieden sind oder deren Ehe oder Lebenspartnerschaft aufgehoben oder für nichtig erklärt ist

und denen Kindergeld nach dem Einkommensteuergesetz oder nach dem Bundeskindergeldgesetz zusteht oder ohne Berücksichtigung des § 64 oder § 65 EStG oder des § 3 oder § 4 BKGG zustehen würde, erhalten einen Familienzuschlag in Höhe des Unterschiedsbetrages zwischen der Stufe 1 und der Stufe des Familienzuschlags, der der Anzahl der berücksichtigungsfähigen Kinder entspricht. ₂Absatz 5 gilt entsprechend.

(4) ₁Ist die Ehefrau, der Ehemann, die Lebenspartnerin oder der Lebenspartner einer Beamtin, eines Beamten, einer Richterin oder eines Richters als Beamtin, Beamter, Richterin, Richter, Soldatin, Soldat, Arbeitnehmerin oder Arbeitnehmer im öffentlichen Dienst (Absatz 8) tätig oder ist sie oder er aufgrund einer Tätigkeit im öffentlichen Dienst nach beamtenrechtlichen Grundsätzen versorgungsberechtigt und stünde ihr oder ihm ebenfalls der Familienzuschlag der Stufe 1 oder einer der folgenden Stufen oder eine entsprechende Leistung in Höhe von mindestens der Hälfte des höchsten Betrages des Familienzuschlags der Stufe 1 zu, so erhält die Beamtin, der Beamte, die Richterin oder der Richter den Betrag des für sie oder ihn maßgebenden Familienzuschlags der Stufe 1 zur Hälfte; dies gilt auch für die Zeit, für die die Ehefrau oder Lebenspartnerin Mutterschaftsgeld bezieht. ₂Satz 1 findet keine An-

wendung, wenn beide Ehegatten, Lebenspartnerinnen oder Lebenspartner teilzeitbeschäftigt sind und dabei zusammen die regelmäßige Arbeitszeit bei Vollzeitbeschäftigung nicht erreichen. ₃§ 11 Abs. 1 findet auf den halben Betrag des Familienzuschlags der Stufe 1 keine Anwendung, wenn eine oder einer der beiden Ehegatten, Lebenspartnerinnen oder Lebenspartner vollbeschäftigt oder nach beamtenrechtlichen Grundsätzen versorgungsberechtigt ist oder beide Ehegatten, Lebenspartnerinnen oder Lebenspartner teilzeitbeschäftigt sind und zusammen mindestens die regelmäßige Arbeitszeit bei Vollzeitbeschäftigung erreichen.

(5) ₁Stünde neben der Beamtin, dem Beamten, der Richterin oder dem Richter einer anderen Person, die im öffentlichen Dienst (Absatz 8) tätig oder aufgrund einer Tätigkeit im öffentlichen Dienst nach beamtenrechtlichen Grundsätzen oder nach einer Ruhelohnordnung versorgungsberechtigt ist, der Familienzuschlag nach Stufe 2 oder einer der folgenden Stufen zu, so wird auf das Kind entfallende Betrag des Familienzuschlags der Beamtin, dem Beamten, der Richterin oder dem Richter gewährt, wenn und soweit ihr oder ihm das Kindergeld nach dem Einkommensteuergesetz oder nach dem Bundeskindergeldgesetz gewährt wird oder ohne Berücksichtigung des § 65 EStG oder des § 4 BKGG vorrangig zu gewähren wäre; dem Familienzuschlag nach Stufe 2 oder einer der folgenden Stufen stehen eine entsprechende Leistung und das Mutterschaftsgeld gleich. ₂Auf das Kind entfällt derjenige Betrag, der sich aus der für die Anwendung des Einkommensteuergesetzes oder des Bundeskindergeldgesetzes maßgebenden Reihenfolge der Kinder ergibt. ₃§ 11 Abs. 1 findet auf den Betrag keine Anwendung, wenn eine Anspruchsberechtigte oder ein Anspruchsberechtigter nach Satz 1 vollbeschäftigt ist oder nach beamtenrechtlichen Grundsätzen versorgungsberechtigt ist oder mehrere Anspruchsberechtigte teilzeitbeschäftigt sind und dabei zusammen mindestens die regelmäßige Arbeitszeit bei Vollzeitbeschäftigung erreichen. ₄Erreichen mehrere teilzeitbeschäftigte Anspruchsberechtigte zusammen nicht die regelmäßige Arbeitszeit bei Vollzeitbeschäftigung, so wird der Betrag anteilig gewährt, und zwar gekürzt im Verhältnis der Summe der individuellen wöchentlichen Arbeitszeiten beider Anspruchsberechtigter zur regelmäßigen wöchentlichen Arbeitszeit einer oder eines entsprechenden vollzeitbeschäftigten Anspruchsberechtigten.

(6) Ist einer anderen Person, die im öffentlichen Dienst (Absatz 8) tätig ist, aufgrund eines Tarifvertrages für den öffentlichen Dienst eine Abfindung für kinderbezogene Entgeltbestandteile gewährt worden, so schließt dies einen Anspruch auf den Familienzuschlag nach Stufe 2 oder einer der folgenden Stufen für dasselbe Kind aus.

(7) Die Bezügestellen des öffentlichen Dienstes (Absatz 8) dürfen die zur Durchführung dieser Vorschrift erforderlichen personenbezogenen Daten erheben und untereinander austauschen.

(8) ₁Öffentlicher Dienst im Sinne der Absätze 1 und 4 bis 7 ist der Dienst des Bundes, eines Landes, einer Kommune oder einer sonstigen Körperschaft, Anstalt oder Stiftung des öffentlichen Rechts oder eines Verbandes von Kommunen oder sonstigen Körperschaften, Anstalten oder Stiftungen des öffentlichen Rechts; ausgenommen ist die Tätigkeit bei öffentlich-rechtlichen Religionsgemeinschaften, ihren Verbänden oder ihren organisatorisch selbständigen Einrichtungen. ₂Dem öffentlichen Dienst steht der Dienst einer zwischenstaatlichen oder überstaatlichen Einrichtung gleich, an der eine in Satz 1 bezeichnete Körperschaft oder ein dort bezeichneter Verband durch Zahlung von Beiträgen oder Zuschüssen oder in anderer Weise beteiligt ist.

§ 36 Änderung des Familienzuschlags

₁Der Familienzuschlag wird vom ersten Tag des Monats an gezahlt, in den das hierfür maßgebende Ereignis fällt. ₂Er wird nicht mehr gezahlt für den Monat, in dem die Anspruchsvoraussetzungen an keinem Tag vorgelegen haben. ₃Die Sätze 1 und 2 gelten entsprechend für die Zahlung von Teilbeträgen der Stufen des Familienzuschlags.

§ 36a Familienergänzungszuschlag

(1) ₁Besteht in der Zeit vom 1. Januar bis zum 31. Dezember 2023 ein Anspruch auf Gewährung eines Familienzuschlags für mindestens ein Kind, so ist für den betreffenden Zeitraum darüber hinaus nach Maßgabe der Absätze 2 bis 6 ein Familienergänzungszuschlag zu gewähren, soweit die Besoldung den verfassungsrechtlich gebotenen Mindestabstand zur Grundsicherung für Arbeitsuchende nicht einhält. ₂Hat eine Beamtin, ein Beamter, eine Richterin oder ein Richter ab dem 1. Januar 2024 Anspruch auf Gewährung eines Familienzuschlags nach § 35 Abs. 1 Satz 1 Nr. 1 und auf Gewährung eines Familienzuschlags für mindestens ein Kind und sind sie oder er und die Ehepartnerin, der Ehepartner, die Lebenspartnerin oder der Lebenspartner für dieses Kind oder diese Kinder unterhaltspflichtig, so ist für den betreffenden Zeitraum nach Maßgabe der Absätze 2 bis 6 ein Familienergänzungszuschlag zu gewähren, soweit die Besoldung den verfassungsrechtlich gebotenen Mindestabstand zur Grundsicherung für Arbeitsuchende nicht einhält.

(2) Bei einem Kind oder zwei Kindern ist ein Familienergänzungszuschlag zu gewähren, soweit die Nettoalimentation einen Mindestabstand von 15 Prozent zur Grundsicherung für Arbeitsuchende für eine Familie mit einem Kind oder mit zwei Kindern unterschreitet.

(3) Bei drei oder mehr Kindern ist unabhängig von Absatz 2 jeweils ein Familienergänzungszuschlag zu gewähren, soweit die Erhöhung der Nettoalimentation für das dritte und jedes weitere hinzutretende Kind jeweils einen Mindestabstand von 15 Prozent zum grundsicherungsrechtlichen Gesamtbedarf für das hinzutretende Kind unterschreitet.

(4) ₁Ein Familienergänzungszuschlag wird nicht gewährt, wenn die mit unterhaltspflichtige Ehepartnerin, der mit unterhaltspflichtige Ehepartner, die mit unterhaltspflichtige Lebenspartnerin oder der mit unterhaltspflichtige Lebenspartner der Beamtin, des Beamten, der Richterin oder des Richters über ein Jahreseinkommen verfügt, das die Hinzuverdienstgrenze nach Satz 2 überschreitet. ₂Die Hinzuverdienstgrenze ist

1. bei einem oder zwei Kindern das Zwölffache des Höchstbetrags einer geringfügigen Beschäftigung gemäß § 8 Abs. 1 Nr. 1 des Vierten Buchs des Sozialgesetzbuchs,
2. bei drei Kindern der Betrag nach Nummer 1 zuzüglich 1500 Euro und
3. bei vier oder mehr Kindern der Betrag nach Nummer 2 zuzüglich je 1200 Euro für das vierte und jedes weitere Kind.

₃Jahreseinkommen im Sinne des Satzes 1 ist die Summe aus dem Gesamtbetrag der Einkünfte im Sinne des § 2 Abs. 3 des Einkommensteuergesetzes (EStG) und den Lohn- und Einkommensersatzleistungen im Sinne des § 32b Abs. 1 Satz 1 Nr. 1 EStG.

(5) Für die Gewährung eines Familienergänzungszuschlags nach Absatz 2 oder 3 gilt § 11 Abs. 1 entsprechend.

(6) ₁§ 35 Abs. 7 gilt entsprechend. ₂Im Übrigen wird die Landesregierung ermächtigt, die jeweils maßgebliche Höhe des Familienergänzungszuschlags sowie die Einzelheiten des Verfahrens durch Verordnung zu regeln.

Vierter Teil
Zulagen, Prämien, Vergütungen und Zuschläge

§ 37 Amtszulage

₁Beamtinnen, Beamte, Richterinnen und Richter, die Ämter mit herausgehobenen Funktionen innehaben, erhalten eine Amtszulage, wenn dies entweder in einer Fußnote in einer Besoldungsordnung oder in einer Verordnung nach § 28 geregelt ist. ₂Die Amtszulagen sind unwiderruflich und gelten als Bestandteil des Grundgehalts. ₃In Fußnoten in den Besoldungsordnungen kann für einzelne Ämter geregelt sein, dass eine Amtszulage nur gewährt wird, wenn die jeweilige Planstelle mit einer Amtszulage ausgestattet ist, und dass höchstens eine bestimmte Zahl von Planstellen mit einer Amtszulage ausgestattet werden darf. ₄Die Höhe der Amtszulagen ist in Anlage 8 oder in einer Verordnung nach § 28 geregelt.

§ 38 Allgemeine Stellenzulage

₁Die in Anlage 9 genannten Beamtinnen und Beamten erhalten eine allgemeine Stellenzulage. ₂Die Höhe der allgemeinen Stellenzulage ist in Anlage 10 geregelt.

§ 39 Besondere Stellenzulage

₁Beamtinnen, Beamte, Richterinnen und Richter erhalten eine besondere Stellenzulage, wenn dies entweder in einer Fußnote in einer Besoldungsordnung oder in Anlage 11 geregelt ist. ₂Die Höhe der besonderen Stellenzulagen ist in Anlage 12 geregelt.

§ 40 Ausgleichszulage bei Wegfall von besonderen Stellenzulagen

(1) ₁Steht der Beamtin, dem Beamten, der Richterin oder dem Richter aus Gründen, die nicht von ihr oder ihm zu vertreten sind, eine besondere Stellenzulage, die ihr oder ihm zuvor in einem Zeitraum von sieben Jahren insgesamt mindestens fünf Jahre lang zugestanden hat, nicht mehr zu, so ist eine Ausgleichszulage in der Höhe zu zahlen, in der ihr oder ihm die besondere Stellenzulage am Tag vor ihrem Wegfall zugestanden hat. ₂Jeweils nach Ablauf eines Jahres vermindert sich die Ausgleichszulage ab Beginn des Folgemonats um 20 Prozent des Betrages nach Satz 1. ₃Soweit sich die Dienstbezüge wegen des Anspruchs auf eine andere besondere Stellenzulage erhöhen, wird diese auf die Ausgleichszulage angerechnet. ₄Bezugszeiten von besonderen Stellenzulagen, die bereits zu einem Anspruch auf eine Ausgleichszulage geführt haben, bleiben für Ansprüche auf weitere Ausgleichszulagen unberücksichtigt. ₅Die Ausgleichszulage wird Beamtinnen und Beamten auf Zeit nur für die restliche Amtszeit gezahlt. ₆Eine Ausgleichszulage nach Satz 1 wird nicht gezahlt für den Wegfall einer besonderen Stellenzulage nach Nummer 9 oder 10 Abs. 2 der Anlage 11; bei Wegfall einer besonderen Stellenzulage nach Nummer 3 Abs. 1 der Anlage 11 gilt anstelle des Satzes 1 Nummer 3 Abs. 2 der Anlage 11. ₇Satz 1 ist nach Maßgabe des § 41 Abs. 2 anzuwenden, wenn ein Fall des § 41 vorliegt.

(2) Bestand innerhalb des Zeitraumes nach Absatz 1 Satz 1 ein Anspruch auf mehrere besondere Stellenzulagen für einen Gesamtzeitraum von mindestens fünf Jahren, ohne dass der Beamtin, dem Beamten, der Richterin oder dem Richter eine besondere Stellenzulage allein für fünf Jahre zugestanden hat, so gilt Absatz 1 mit der Maßgabe, dass die Ausgleichszulage für die zuletzt gezahlte besondere Stellenzulage gezahlt wird.

(3) Steht der Beamtin, dem Beamten, der Richterin oder dem Richter eine besondere Stellenzulage infolge einer Versetzung nach § 28 Abs. 4 NBG nicht mehr zu, so gilt Absatz 1 oder 2 mit der Maßgabe, dass sich der erforderliche Bezugszeitraum der Stellenzulage nach Absatz 1 Satz 1 oder Absatz 2 auf zwei Jahre verkürzt.

(4) Die Absätze 1 bis 3 gelten entsprechend für Ruhegehaltempfängerinnen und Ruhegehaltempfänger, die erneut in ein Beamten- oder Richterverhältnis berufen werden.

§ 41 Ausgleichszulage bei Dienstherrenwechsel

(1) ₁Wird eine Beamtin, ein Beamter, eine Richterin oder ein Richter von einem Dienstherrn außerhalb des Geltungsbereichs dieses Gesetzes in ein statusrechtlich dem früheren Amt wertgleiches Amt bei einem der in § 1 genannten Dienstherren versetzt und ist deswegen die Summe aus dem Grundgehalt (§ 7 sowie §§ 25 und 26 und § 33), einer Amtszulage (§ 37) und einer allgemeinen Stellenzulage (§ 38), die ihr oder ihm danach zustehen, geringer als die Summe aus Grundgehalt, Amtszulage, allgemeiner Stellenzulage und sonstigen grundgehaltsergänzenden Zulagen, die ihr oder ihm zuvor zustanden, so kann ihr oder ihm eine Ausgleichszulage in der Höhe des Unterschiedsbetrages zum Zeitpunkt der Versetzung gewährt werden, wenn an ihrer oder seiner Gewinnung ein erhebliches dienstliches Interesse besteht. ₂Die Ausgleichszulage verringert sich bei jeder Erhöhung der in Satz 1 genannten Dienstbezüge um die Hälfte des Erhöhungsbetrages und bei Gewährung einer weiteren Zulage, mit Ausnahme der Erschwerniszulage (§ 46), um den Betrag dieser Zulage.

(2) Steht der Beamtin, dem Beamten, der Richterin oder dem Richter im Fall des Absatzes 1 Satz 1 eine besondere Stellenzulage oder eine vergleichbare Zulage nicht mehr zu, so gilt § 40 mit Ausnahme des Absatzes 1 Satz 3 mit der Maßgabe entsprechend, dass die Ausgleichszulage nur gewährt werden kann, wenn an der Gewinnung der Beamtin, des Beamten, der Richterin oder des Richters ein erhebliches dienstliches Interesse besteht.

(3) Die Entscheidung über die Gewährung der Ausgleichszulage trifft die oberste Dienstbehörde.

§ 42 Ausgleichszulage für hauptberufliche Leiterinnen und Leiter und Mitglieder von Leitungsgremien an Hochschulen

₁Ist bei hauptberuflichen Leiterinnen und Leitern und Mitgliedern von Leitungsgremien an Hochschulen die Summe aus Grundgehalt und Leistungsbezügen geringer als die Summe aus Grundgehalt und Leistungsbezügen oder diesen vergleichbaren Besoldungsbestandteilen im Sinne von § 29 oder vergleichbarer landes- oder bundesrechtlicher Regelungen, die sie in ihrer bisherigen Tätigkeit erhalten haben, so erhalten sie eine Ausgleichszulage in Höhe des Unterschiedsbetrages. ₂Befristete Leistungsbezüge werden nur für den Zeitraum berücksichtigt, für den sie gewährt werden. ₃Leistungsbezüge in Form von Einmalzahlungen bleiben bei der Berechnung nach Satz 1 unberücksichtigt.

§ 43 Forschungs- und Lehrzulage

₁Einer Professorin oder einem Professor, die oder der Mittel privater Dritter für ein Forschungs- oder Lehrvorhaben der Hochschule einwirbt und dieses Vorhaben durchführt, darf für die Dauer des Drittmittelflusses aus diesen Mitteln eine Zulage gewährt werden. ₂Eine Zulage für die Durchführung von Lehrvorhaben darf nur gewährt werden, wenn die Lehrtätigkeit der Professorin oder des Professors nicht der Erfüllung der Regellehrverpflichtung dient. ₃Das für die Hochschulen zuständige Ministerium bestimmt durch Verordnung im Einvernehmen mit dem Finanzministerium das Nähere über die Gewährung der Zulage.

§ 44 Zulage für die vorübergehende Wahrnehmung von Aufgaben eines höherwertigen Amtes

(1) ₁Werden einer Beamtin oder einem Beamten die Aufgaben eines höherwertigen Amtes vorübergehend vertretungsweise übertragen, so erhält sie oder er nach zwölf Monaten der ununterbrochenen Wahrnehmung dieser Aufgaben eine Zulage, wenn in diesem Zeitpunkt diesem höherwertigen Amt eine freie und besetzbare Planstelle mit entsprechender Wertigkeit fest zugeordnet ist sowie die sonstigen haushaltsrechtlichen und laufbahnrechtlichen Voraussetzungen für die Übertragung dieses Amtes vorliegen. ₂Satz 1 gilt nicht, wenn die übertragenen Aufgaben (Funktionen) mehreren Ämtern zugeordnet sind (§ 5 Abs. 1 Satz 2 oder 3) und die Besoldungsgruppe der Beamtin oder des Beamten einem dieser Ämter entspricht. ₃Eine Beamtin oder ein Beamter, der oder dem aufgrund besonderer Rechtsvorschrift ein höherwertiges Amt mit zeitlicher Begrenzung übertragen worden ist, erhält für die Dauer der Wahrnehmung des Amtes eine Zulage, wenn sie oder er das höherwertige Amt auf dem übertragenen Dienstposten wegen der besonderen Rechtsvorschrift nicht durch Beförderung erreichen kann.

(2) ₁Die Zulage wird in Höhe des Unterschiedsbetrages zwischen dem Grundgehalt der Besoldungsgruppe der Beamtin oder des Beamten und dem Grundgehalt der Besoldungsgruppe, dem das höherwertige Amt zugeordnet ist, gewährt. ₂Auf die Zulage ist eine allgemeine Stellenzulage in der in Anlage 10 vorgesehenen Höhe anzurechnen, wenn sie in dem höherwertigen Amt nicht zustünde.

§ 45 Zulage bei befristeter Übertragung herausgehobener Funktionen

(1) ₁Wird einer Beamtin oder einem Beamten außer in den Fällen des § 44 eine herausgehobene Funktion befristet übertragen, so kann sie oder er eine Zulage erhalten. ₂Satz 1 gilt entsprechend für die Übertragung einer herausgehobenen Funktion, die üblicherweise nur befristet wahrgenommen wird. ₃Die

Zulage kann ab dem vierten Monat der ununterbrochenen Wahrnehmung der Funktion bis zu einer Dauer von längstens fünf Jahren gewährt werden.

(2) ₁Die Zulage wird bis zur Höhe des Unterschiedsbetrages zwischen dem Grundgehalt der Besoldungsgruppe der Beamtin oder des Beamten und dem Grundgehalt der Besoldungsgruppe, die der Wertigkeit der wahrgenommen Funktion entspricht, höchstens jedoch der dritten folgenden Besoldungsgruppe, gewährt. ₂Die Zulage vermindert sich bei jeder Beförderung um den jeweiligen Erhöhungsbetrag.

(3) ₁Die Entscheidung über die Gewährung der Zulage trifft die oberste Dienstbehörde. ₂Für die Gewährung der Zulage an Landesbeamtinnen und Landesbeamte ist das Einvernehmen des Finanzministeriums erforderlich.

§ 46 Zulage für besondere Erschwernisse

(1) ₁Die Landesregierung wird ermächtigt, durch Verordnung die Gewährung von Zulagen zur Abgeltung besonderer, bei der Bewertung des Amtes oder bei der Bestimmung der Höhe der Anwärterbezüge nicht berücksichtigter Erschwernisse (Erschwerniszulagen) zu regeln. ₂Es kann bestimmt werden, inwieweit mit der Gewährung von Erschwerniszulagen ein besonderer Aufwand der Beamtin oder des Beamten, der Richterin oder des Richters abgegolten ist.

(2) Bis zum Inkrafttreten einer Verordnung nach Absatz 1 gilt die Erschwerniszulagenverordnung in der bis zum 31. August 2006 geltenden Fassung vom 3. Dezember 1998 (BGBl. I S. 3497), zuletzt geändert durch Artikel 67 des Gesetzes vom 21. Juni 2005 (BGBl. I S. 1818), mit der Maßgabe fort, dass

1. an die Stelle
   a) des Betrages 2,72 Euro in § 4 Abs. 1 Nr. 1 der Betrag 3,20 Euro,
   b) des Betrages 0,64 Euro in § 4 Abs. 1 Nr. 2 Buchst. a der Betrag 0,80 Euro,
   c) des Betrages 1,28 Euro in § 4 Abs. 1 Nr. 2 Buchst. b der Betrag 1,80 Euro,
   d) des Betrages 0,77 Euro in § 4 Abs. 2 der Betrag 0,80 Euro und
   e) des Betrages 153,39 Euro in § 22 Abs. 2 der Betrag 225 Euro

tritt und

2. bei teilzeitbeschäftigten Beamtinnen und Beamten an die Stelle der Anspruchsvoraussetzung von 40 Dienststunden in der dienstplanmäßigen oder betriebsüblichen Nachtschicht nach § 20 Abs. 1 oder 2 Satz 1 Buchst. a die Anzahl der Dienststunden tritt, die sich aus dem Verhältnis der individuellen wöchentlichen Arbeitszeit zur regelmäßigen wöchentlichen Arbeitszeit einer entsprechenden vollzeitbeschäftigten Beamtin oder eines entsprechenden vollzeitbeschäftigten Beamten ergibt.

§ 47 Mehrarbeitsvergütung

(1) Eine Mehrarbeitsvergütung nach § 60 Abs. 3 Satz 3 NBG darf nur für messbare Mehrarbeit und nur nach Maßgabe der Absätze 2 bis 8 gewährt werden.

(2) Beamtinnen und Beamten der Besoldungsordnung A, die

1. im Arzt- oder Pflegedienst der Krankenhäuser, Kliniken und Sanatorien,
2. im Polizeivollzugsdienst,
3. im Einsatzdienst der Berufsfeuerwehr oder
4. im Schuldienst als Lehrkraft

Mehrarbeit geleistet haben, kann eine Mehrarbeitsvergütung gewährt werden.

(3) Anderen Beamtinnen und Beamten der Besoldungsordnung A kann eine Mehrarbeitsvergütung gewährt werden, soweit Mehrarbeit geleistet wurde im Rahmen eines

1. Bereitschaftsdienstes,
2. Schichtdienstes,
3. Dienstes nach einem allgemein geltenden besonderen Dienstplan, den die Eigenart des Dienstes erfordert,
4. Dienstes, der ausschließlich aus gleichartigen, im Wesentlichen den gleichen Zeitaufwand erfordernden Arbeitsvorgängen besteht, für die der Dienstherr Richtwerte festgelegt hat, oder

5. Dienstes zur Herbeiführung eines im öffentlichen Interesse liegenden unaufschiebbaren und termingebundenen Ergebnisses.

(4) ₁Eine Mehrarbeitsvergütung wird nicht gewährt neben

1. der Auslandsbesoldung nach § 56,
2. einer besonderen Stellenzulage nach Nummer 1 oder 9 der Anlage 11.

₂Beamtinnen und Beamte in einer Observations- oder Ermittlungsgruppe, die überwiegend im Außendienst eingesetzt sind, erhalten eine Mehrarbeitsvergütung neben einer in Satz 1 Nr. 2 genannten Zulage. ₃Im Übrigen erhalten Beamtinnen und Beamte der Besoldungsgruppen A 5 bis A 8 neben einer in Satz 1 Nr. 2 genannten Zulage eine Mehrarbeitsvergütung in Höhe des die Zulage übersteigenden Betrages. ₄Ist die Gewährung einer Mehrarbeitsvergütung neben einer Zulage ganz oder teilweise ausgeschlossen, so gilt dies auch für eine nach Wegfall der Zulage gewährte Ausgleichszulage, solange diese noch nicht bis zur Hälfte aufgezehrt ist.

(5) Eine Mehrarbeitsvergütung nach § 60 Abs. 3 Satz 3 NBG wird anstelle einer Dienstbefreiung nach § 60 Abs. 3 Satz 2 NBG nur gewährt, wenn die Mehrarbeit

1. von einer Beamtin oder einem Beamten geleistet wurde, für die oder den beamtenrechtliche Arbeitszeitregelungen gelten,
2. schriftlich angeordnet oder genehmigt wurde,
3. die sich aus der individuellen wöchentlichen Arbeitszeit ergebende jeweilige monatliche Arbeitszeit oder, soweit die Beamtin oder der Beamte nur während eines Teils des Kalendermonats Dienst leistet, die anteilige monatliche Arbeitszeit um mehr als ein Achtel der individuellen wöchentlichen Arbeitszeit im Kalendermonat übersteigt und
4. aus zwingenden dienstlichen Gründen nicht durch Dienstbefreiung innerhalb eines Jahres ausgeglichen werden kann.

(6) Die Höhe der Mehrarbeitsvergütung ist in Anlage 13 geregelt.

(7) ₁Besteht keine feste tägliche Arbeitszeit, sodass eine Mehrarbeit nicht für den einzelnen Arbeitstag, sondern nur aufgrund der individuellen wöchentlichen Arbeitszeit für eine volle Woche ermittelt werden kann, so ist Mehrarbeit innerhalb einer Kalenderwoche, die in zwei Kalendermonate fällt, dem späteren Kalendermonat zuzurechnen. ₂Die in Anlage 13 geregelten Vergütungssätze sind jeweils in der Fassung anzuwenden, die in dem Zeitpunkt in Kraft war, in dem die Mehrarbeit geleistet wurde. ₃Als Mehrarbeitsstunde gilt die volle Zeitstunde, im Schuldienst die Unterrichtsstunde. ₄Abweichend von Satz 3 wird eine Stunde im Rahmen eines Bereitschaftsdienstes nur entsprechend dem Umfang der erfahrungsgemäß bei der betreffenden Tätigkeit durchschnittlich anfallenden Inanspruchnahme berücksichtigt; darüber hinaus ist die Ableistung eines Dienstes in Bereitschaft als solche angemessen zu berücksichtigen. ₅Die im Laufe eines Kalendermonats abgeleisteten Mehrarbeitszeiten werden zusammengerechnet; ergibt sich hierbei ein Bruchteil einer Stunde, so wird ab 30 Minuten auf eine volle Stunde aufgerundet, weniger als 30 Minuten bleiben unberücksichtigt.

(8) Beamtinnen und Beamten mit durch Teilzeitbeschäftigung ermäßigter wöchentlicher Arbeitszeit ist für die bis zum Umfang der regelmäßigen wöchentlichen Arbeitszeit geleistete Mehrarbeit eine Vergütung in Höhe der Besoldung zu zahlen, auf die eine Beamtin oder ein Beamter mit entsprechend anteilig erhöhter Arbeitszeit im Zeitraum der Mehrarbeitsleistung Anspruch gehabt hätte.

§ 48 Vergütung für zusätzliche Arbeit

₁Die Landesregierung wird ermächtigt, durch Verordnung die Gewährung einer Ausgleichsvergütung in Höhe der zum Zeitpunkt des Ausgleichsanspruchs geltenden Sätze der Mehrarbeitsvergütung für Beamtinnen und Beamte zu regeln, bei denen ein Arbeitszeitausgleich aus einer langfristigen ungleichmäßigen Verteilung der Arbeitszeit, während der eine von der für sie jeweils geltenden individuellen wöchentlichen Arbeitszeit abweichende Arbeitszeit festgelegt wurde (§ 60 Abs. 4 NBG), nicht oder nur teilweise möglich ist. ₂In einer Verordnung nach Satz 1 ist vorzusehen, dass

1. Beamtinnen und Beamten mit durch Teilzeitbeschäftigung ermäßigter wöchentlicher Arbeitszeit für die bis zum Umfang der regelmäßigen wöchentlichen Arbeitszeit zusätzlich geleistete Arbeit anstelle einer Ausgleichsvergütung in Höhe der Sätze der Mehrarbeitsvergütung eine Ausgleichsvergütung in Höhe der Besoldung zu gewähren ist, auf die eine Beamtin oder ein Beamter mit entsprechend anteilig erhöhter Arbeitszeit im Zeitraum der zusätzlich geleisteten Arbeit Anspruch gehabt hätte, und

2. Lehrkräften an öffentlichen Schulen auf Antrag auch dann eine Ausgleichsvergütung gewährt werden kann, wenn ein vollständiger Arbeitszeitausgleich möglich ist.

§ 49 Vergütung für die Teilnahme an Sitzungen kommunaler Gremien

₁Das für Inneres zuständige Ministerium wird ermächtigt, durch Verordnung zu regeln, dass Beamtinnen und Beamten der Besoldungsordnung A der Gemeinden und Samtgemeinden mit weniger als 20 000 Einwohnerinnen und Einwohnern eine Vergütung bis zu einer Höhe von 102,26 Euro je Kalendermonat gewährt werden kann, wenn diese Beamtinnen und Beamten als Protokollführerinnen oder Protokollführer regelmäßig an Sitzungen der Vertretungen, ihrer Ausschüsse, der Hauptausschüsse oder der Ortsräte außerhalb der regelmäßigen Arbeitszeit teilnehmen. ₂Die Vergütung darf nicht neben einer Aufwandsentschädigung und nicht gewährt werden, soweit die Arbeitsleistung, für die die Vergütung gewährt würde, durch Dienstbefreiung ausgeglichen wird; ein allgemein mit der Sitzungstätigkeit verbundener Aufwand wird mit abgegolten.

§ 50 Vergütung für Beamtinnen und Beamte im Vollstreckungsdienst

(1) ₁Die Landesregierung wird ermächtigt, durch Verordnung die Gewährung einer Vergütung für Gerichtsvollzieherinnen und Gerichtsvollzieher und andere im Vollstreckungsdienst tätige Beamtinnen und Beamte zu regeln. ₂Maßstab für die Höhe der Vergütung sind die vereinnahmten Gebühren oder Beträge. ₃Für die Vergütung können Höchstsätze für die einzelnen Vollstreckungsaufträge sowie für das Kalenderjahr festgesetzt werden. ₄Es kann bestimmt werden, inwieweit mit der Vergütung ein besonderer Aufwand der Beamtin oder des Beamten mit abgegolten ist.

(2) Das Justizministerium wird ermächtigt, im Einvernehmen mit dem Finanzministerium durch Verordnung die Abgeltung der den Gerichtsvollzieherinnen und Gerichtsvollziehern für die Verpflichtung zur Einrichtung und Unterhaltung eines Büros entstehenden Kosten zu regeln.

§ 51 Zusätzliche Vergütung bei verlängerter Arbeitszeit im Feuerwehrdienst

₁Den Beamtinnen und Beamten der Kommunen in einer Laufbahn der Fachrichtung Feuerwehr, deren Dienst aus Arbeitsdienst und Bereitschaftsdienst besteht, wird bei einer Verlängerung der individuellen wöchentlichen Arbeitszeit auf mehr als 48 Stunden und höchstens 56 Stunden eine zusätzliche Vergütung für jede geleistete Schicht gewährt. ₂Die zusätzliche Vergütung beträgt bei einer individuellen wöchentlichen Arbeitszeit von 56 Stunden für jede geleistete 24-Stunden-Schicht 30 Euro in den Besoldungsgruppen A 7 und A 8, 40 Euro in den Besoldungsgruppen A 9 bis A 12 und 55 Euro in den Besoldungsgruppen A 13 bis A 16. ₃Bei einer kürzeren Schicht verringert sie sich entsprechend. ₄Bei einer individuellen wöchentlichen Arbeitszeit zwischen 48 und 56 Stunden verringert sich die zusätzliche Vergütung entsprechend dem Anteil der nicht ausgeschöpften Möglichkeit der Verlängerung der individuellen wöchentlichen Arbeitszeit.

§ 52 Unterrichtsvergütung im Vorbereitungsdienst

₁Beamtinnen und Beamte auf Widerruf im Vorbereitungsdienst, die selbständig Unterricht an öffentlichen Schulen in einem Umfang erteilen, der der Regelstundenzahl für Lehrkräfte in dem von ihnen angestrebten Lehramt entspricht, erhalten als Unterrichtsvergütung den Unterschiedsbetrag zwischen dem jeweiligen Anwärtergrundbetrag und dem Anfangsgrundgehalt, das der Beamtin oder dem Beamten in dem Einstiegsamt zustünde, das ihr oder ihm unmittelbar nach Abschluss des Vorbereitungsdienstes verliehen werden soll. ₂Das Anfangsgrundgehalt bestimmt sich bei Beamtinnen und Beamten, für die das betreffende Amt einer Besoldungsgruppe der Besoldungsordnung A zugeordnet ist, nach der ersten Erfahrungsstufe, in der für diese Besoldungsgruppe in Anlage 5 ein Grundgehaltssatz ausgewiesen ist. ₃Unterschreitet der Umfang der selbständigen Unterrichtserteilung die Regelstundenzahl der Lehrkräfte in dem von der Beamtin oder dem Beamten auf Widerruf im Vorbereitungsdienst angestrebten Lehramt, wird die Unterrichtsvergütung im gleichen Verhältnis wie die Anzahl der erteilten Unterrichtsstunden im Verhältnis zur Regelstundenzahl des angestrebten Lehramtes gekürzt.

§ 53 Prämien und Zulagen für besondere Leistungen

(1) ₁Die Landesregierung wird ermächtigt, zur Abgeltung von herausragenden besonderen Leistungen durch Verordnung die Gewährung von Leistungsprämien (Einmalzahlungen) und Leistungszulagen an Beamtinnen und Beamte der Besoldungsordnung A zu regeln. ₂In der Verordnung kann geregelt werden, dass Leistungsprämien oder Leistungszulagen auch für eine durch enges arbeitsteiliges Zusammenwirken erbrachte oder zu erbringende herausragende besondere Leistung (Teamleistung) gewährt werden können. ₃Leistungsprämien oder Leistungszulagen nach Satz 2 können nur Beamtinnen und Beamten gewährt werden, die an der Teamleistung wesentlich beteiligt gewesen sind.

(2) ₁Leistungsprämien und Leistungszulagen dürfen in einem Kalenderjahr an insgesamt höchstens 30 Prozent der bei einem Dienstherrn vorhandenen Beamtinnen und Beamten der Besoldungsordnung A mit Dienstbezügen gewährt werden. ₂In der Verordnung kann zugelassen werden, dass bei Dienstherren mit weniger als vier Beamtinnen und Beamten in jedem Kalenderjahr einer Beamtin oder einem Beamten eine Leistungsprämie oder eine Leistungszulage gewährt werden kann. ₃Leistungsprämien oder Leistungszulagen an mehrere Beamtinnen und Beamte für eine Teamleistung gelten zusammen nur als eine Leistungsprämie oder Leistungszulage an eine Person.

(3) ₁Leistungsprämien dürfen das Anfangsgrundgehalt der Besoldungsgruppe der Beamtin oder des Beamten nicht übersteigen. ₂Leistungszulagen dürfen monatlich sieben Prozent des Anfangsgrundgehalts der Besoldungsgruppe der Beamtin oder des Beamten nicht übersteigen. ₃Bei einer Teamleistung dürfen die Leistungsprämien oder Leistungszulagen zusammen 150 Prozent des in den Sätzen 1 und 2 geregelten Umfangs nicht übersteigen; maßgeblich ist die höchste Besoldungsgruppe der an der Leistung wesentlich beteiligten Beamtinnen und Beamten.

(4) ₁Die Gewährung von Leistungszulagen ist zu befristen; bei Leistungsabfall ist sie zu widerrufen. ₂Erneute Bewilligungen sind zulässig. ₃Leistungsprämien und Leistungszulagen können nur im Rahmen besonderer haushaltsrechtlicher Regelungen gewährt werden. ₄Die Entscheidung über die Gewährung von Leistungsprämien und Leistungszulagen und die Entscheidung über einen Widerruf trifft die oberste Dienstbehörde oder die von ihr bestimmte Stelle.

(5) ₁In der Verordnung nach Absatz 1 Satz 1 ist vorzusehen, dass Zahlungen, die aus demselben Anlass geleistet werden, anzurechnen sind oder bei solchen Zahlungen die Gewährung einer Leistungsprämie oder Leistungszulage ausgeschlossen ist. ₂In der Verordnung kann vorgesehen werden, dass bei Übertragung eines anderen Amtes mit höherem Grundgehalt oder bei Gewährung einer Amtszulage die Gewährung einer Leistungszulage ausgeschlossen ist oder eine Anrechnung erfolgt.

(6) In der Verordnung ist sicherzustellen, dass bei der Bewertung von Leistungen und bei der Gewährung von Leistungsprämien und Leistungszulagen niemand wegen des Geschlechts oder des Beschäftigungsumfangs bevorzugt oder benachteiligt wird.

(7) ₁Beamtinnen und Beamte der Besoldungsordnung A der Kommunen, der übrigen kommunalen Dienstherren sowie des Bezirksverbands Oldenburg und der Niedersächsischen Versorgungskasse können Leistungsprämien und Leistungszulagen nach Maßgabe eines in einer Betriebs- oder Dienstvereinbarung festgelegten Leistungssystems gewährt werden, wenn im Haushaltsplan oder in dem entsprechenden Plan einer Kommune oder einer sonstigen der Aufsicht des Landes unterstehenden Körperschaft, Anstalt oder Stiftung des öffentlichen Rechts Mittel dafür zur Verfügung gestellt werden. ₂Voraussetzung für die Gewährung ist, dass

1. das Leistungssystem einheitlich für Beamtinnen und Beamte sowie Arbeitnehmerinnen und Arbeitnehmer gilt,
2. in dem Leistungssystem ein einheitlicher Maßstab für die Leistungsbewertung insbesondere in Form von Zielvereinbarungen oder einer systematischen Leistungsbewertung festgelegt ist und
3. Leistungsprämien und Leistungszulagen aufgrund einer Verordnung nach Absatz 1 Satz 1 vom Dienstherrn nicht gewährt werden.

₃Für die Gewährung von Leistungsprämien und Leistungszulagen nach Satz 1 gelten die Absätze 3 und 4 entsprechend. ₄Das Leistungssystem kann Leistungsprämien und Leistungszulagen zur Abgeltung erbrachter Einzel- oder Teamleistungen auch vorsehen, wenn keine herausragende besondere Leistung im Sinne des Absatzes 1 vorliegt.

§ 54 Personalgewinnungszuschlag

(1) Ein Personalgewinnungszuschlag kann Beamtinnen, Beamten, Richterinnen und Richtern gewährt werden, um einen bestimmten Dienstposten anforderungsgerecht besetzen zu können.

(2) ₁Der Zuschlag kann für höchstens 48 Monate entweder als Monatsbetrag oder als Einmalzahlung gewährt werden. ₂Die Einmalzahlung kann in Teilbeträge aufgeteilt werden. ₃Der Zuschlag kann einmalig erneut gewährt werden, wenn die Voraussetzungen des Absatzes 1 wieder oder noch vorliegen. ₄Unter Ausschluss der Möglichkeit einer erneuten Gewährung kann der Zuschlag abweichend von Satz 1 für höchstens 72 Monate gewährt werden. ₅Die Höhe des Zuschlages sowie Beginn und Ende des Gewährungszeitraums sind festzusetzen.

(3) ₁Der Zuschlag darf monatlich in den Besoldungsgruppen der Besoldungsordnung A und in den Besoldungsgruppen R 1 und R 2 20 Prozent des Anfangsgrundgehalts der entsprechenden Besoldungsgruppe sowie in der Besoldungsgruppe W 1 20 Prozent des Grundgehalts nicht übersteigen. ₂In den Besoldungsgruppen der Besoldungsordnung B und in den Besoldungsgruppen R 3 und höher darf der Zuschlag 15 Prozent des Grundgehalts der entsprechenden Besoldungsgruppe nicht übersteigen. ₃Maßgeblich ist jeweils das bei der Gewährung des Zuschlages geltende Grundgehalt. ₄§ 11 Abs. 1 gilt entsprechend.

(4) ₁Der Zuschlag kann auch bei einem bereits bestehenden Dienstverhältnis nach § 1 zur Unterstützung der Besetzung eines Dienstpostens gewährt werden. ₂In diesem Fall verringern sich die Obergrenzen nach Absatz 3 um die Hälfte.

(5) Bei der Entscheidung über die Gewährung und die Höhe des Zuschlages sowie den Zeitraum, für den der Zuschlag gewährt wird, sind insbesondere zu berücksichtigen:

1. die Bedeutung des Dienstpostens,
2. die Dringlichkeit der Besetzung des Dienstpostens,
3. die Bewerberlage,
4. die mit dem Dienstposten verbundenen Anforderungen,
5. die fachlichen Qualifikationen der Bewerberin oder des Bewerbers.

(6) Die Ausgaben für die Zuschläge eines Dienstherrn dürfen 0,3 Prozent der im jeweiligen Haushaltsplan des Dienstherrn veran-

schlagten jährlichen Besoldungsausgaben, zuzüglich der im Rahmen einer flexibilisierten Haushaltsführung für diesen Zweck erwirtschafteten Mittel, nicht überschreiten.

(7) Die Entscheidung über die Gewährung von Personalgewinnungszuschlägen trifft die oberste Dienstbehörde oder die von ihr bestimmte Stelle, für Landesbeamtinnen und Landesbeamte im Einvernehmen mit dem Finanzministerium oder der von ihm bestimmten Stelle.

§ 55 Zuschlag beim Hinausschieben des Ruhestandes

Beamtinnen und Beamten, deren Ruhestand nach § 36 Abs. 2 NBG hinausgeschoben ist, wird für die Dauer des Hinausschiebens ein Zuschlag in Höhe von 8 Prozent des Grundgehalts gewährt.

Fünfter Teil
Auslandsbesoldung

§ 56 Auslandsbesoldung

Beamtinnen, Beamte, Richterinnen und Richter, die im Ausland verwendet werden, erhalten neben den Bezügen, die ihnen bei einer Verwendung im Inland zustehen, Auslandsbesoldung in entsprechender Anwendung der für Bundesbeamtinnen und Bundesbeamte geltenden Bestimmungen mit der Maßgabe, dass in der Tabelle VI.1 der Anlage VI des Bundesbesoldungsgesetzes in der Fassung vom 19. Juni 2009 (BGBl. I S. 1434) mit den nachfolgenden Änderungen (im Folgenden: BBesG) an die Stelle der Zeile „Grundgehaltsspanne" die Anlage 14 tritt.

Sechster Teil
Anwärterbezüge

§ 57 Grundsatz

(1) Beamtinnen und Beamte auf Widerruf im Vorbereitungsdienst erhalten Anwärterbezüge.

(2) ₁Anwärterbezüge sind der Anwärtergrundbetrag und der Anwärtersonderzuschlag. ₂Daneben werden der Familienzuschlag und die vermögenswirksamen Leistungen gewährt; jährliche Sonderzahlungen können nach den landesgesetzlichen Vorschriften gewährt werden. ₃Zulagen und Vergütungen werden nur gewährt, wenn dies gesetzlich besonders bestimmt ist.

(3) ₁Beamtinnen und Beamte auf Widerruf im Vorbereitungsdienst mit dienstlichem Wohnsitz im Ausland erhalten zusätzlich Bezüge entsprechend der Auslandsbesoldung nach § 56. ₂Der Berechnung des Mietzuschusses sind der Anwärtergrundbetrag (§ 58), der Familienzuschlag der Stufe 1 und der Anwärtersonderzuschlag (§ 59) zugrunde zu legen. ₃Für die entsprechende Anwendung des § 54 Abs. 1 Satz 3 BBesG ist die Besoldungsgruppe des Einstiegsamtes maßgebend, das der Beamtin oder dem Beamten unmittelbar nach Abschluss des Vorbereitungsdienstes verliehen werden soll.

(4) ₁Absatz 3 gilt nicht für Beamtinnen und Beamte auf Widerruf im Vorbereitungsdienst, die bei einer von ihnen selbst gewählten Stelle im Ausland ausgebildet werden. ₂Diese Beamtinnen und Beamten erhalten lediglich einen Kaufkraftausgleich in entsprechender Anwendung des § 55 BBesG mit der Maßgabe, dass mindestens die Bezüge nach Absatz 2 verbleiben.

§ 58 Anwärtergrundbetrag

₁Der Anwärtergrundbetrag bestimmt sich nach der Besoldungsgruppe des Einstiegsamtes, das der Beamtin oder dem Beamten unmittelbar nach Abschluss des Vorbereitungsdienstes verliehen werden soll. ₂Die Höhe des Anwärtergrundbetrages ist in Anlage 15 geregelt.

§ 59 Anwärtersonderzuschlag

₁Stellt das für die Laufbahn zuständige Ministerium einen erheblichen Mangel an qualifizierten Bewerberinnen und Bewerbern für einen Vorbereitungsdienst fest, so kann das Finanzministerium bestimmen, dass ein Anwärtersonderzuschlag gewährt wird. ₂Der Anwärtersonderzuschlag soll 70 Prozent des Anwärtergrundbetrages nicht übersteigen; er darf höchstens 100 Prozent des Anwärtergrundbetrages betragen.

§ 60 Herabsetzung der Anwärterbezüge und Wegfall des Anspruchs

(1) ₁Die Behörde oder sonstige Stelle, die die Beamtin oder den Beamten auf Widerruf im

Vorbereitungsdienst eingestellt hat oder nach der Einstellung die personalrechtlichen Befugnisse über diese Beamtin oder diesen Beamten ausübt, kann den Anwärtergrundbetrag für diese Beamtin oder diesen Beamten herabsetzen, wenn

1. sich der Vorbereitungsdienst verlängert, weil die Beamtin oder der Beamte die den Vorbereitungsdienst abschließende Prüfung nicht bestanden hat, oder
2. sich der Vorbereitungsdienst aus einem von der Beamtin oder dem Beamten zu vertretenden Grund verlängert.

₂Es sind mindestens 30 Prozent des Anfangsgrundgehalts zu belassen, das der Beamtin oder dem Beamten in dem Einstiegsamt zustünde, das ihr oder ihm unmittelbar nach Abschluss des Vorbereitungsdienstes verliehen werden soll. ₃Von der Herabsetzung ist abzusehen, wenn

1. die Prüfungsleistungen der den Vorbereitungsdienst abschließenden Prüfung spätestens bis zum Ablauf des dritten Monats nach Bekanntgabe des Nichtbestehens der ersten Prüfung erbracht werden oder
2. ein besonderer Härtefall vorliegt.

₄Wird eine Zwischenprüfung nicht bestanden oder ein sonstiger Leistungsnachweis nicht erbracht, so ist eine Herabsetzung auf den sich daraus ergebenden Zeitraum der Verlängerung des Vorbereitungsdienstes zu beschränken.

(2) Der Anspruch auf den Anwärtergrundbetrag entfällt bei Beamtinnen und Beamten auf Widerruf im Vorbereitungsdienst, die im Rahmen ihres Vorbereitungsdienstes ein Studium oder einem Studium gleichgestellte Zeiten ableisten, rückwirkend, wenn die Beamtin oder der Beamte aus einem von ihr oder ihm zu vertretenden Grund

1. vorzeitig aus dem Beamtenverhältnis ausscheidet oder
2. nach erfolgreichem Abschluss des Vorbereitungsdienstes
   a) nicht in ein Dienst- oder Arbeitsverhältnis bei einem öffentlich-rechtlichen Dienstherrn (§ 27 Abs. 1) übernommen wird oder
   b) in ein Dienst- oder Arbeitsverhältnis bei einem öffentlich-rechtlichen Dienstherrn (§ 27 Abs. 1) übernommen wird und nicht mindestens fünf Jahre in diesem verbleibt.

(3) Der Anspruch auf den Anwärtersonderzuschlag entfällt rückwirkend, wenn die Beamtin oder der Beamte aus einem von ihr oder ihm zu vertretenden Grund

1. vorzeitig oder wegen Nichtbestehens der den Vorbereitungsdienst abschließenden Prüfung aus dem Beamtenverhältnis ausscheidet oder
2. nach erfolgreichem Abschluss des Vorbereitungsdienstes
   a) nicht in ein Beamtenverhältnis bei einem öffentlich-rechtlichen Dienstherrn (§ 27 Abs. 1) in der Laufbahn, für die sie oder er die Befähigung erworben hat, übernommen wird oder
   b) in ein Beamtenverhältnis bei einem öffentlich-rechtlichen Dienstherrn (§ 27 Abs. 1) in der Laufbahn, für die sie oder er die Befähigung erworben hat, übernommen wird und nicht mindestens fünf Jahre in diesem verbleibt.

(4) § 19 Abs. 2 ist in den Fällen der Absätze 2 und 3 mit der Maßgabe anzuwenden, dass sich der Rückforderungsbetrag für jedes nach Bestehen der den Vorbereitungsdienst abschließenden Prüfung abgeleistete volle Dienstjahr um ein Fünftel vermindert.

§ 61 Anwärterbesoldung nach Ablegung der den Vorbereitungsdienst abschließenden Prüfung

₁Die Anwärterbezüge und die übrigen Besoldungsbestandteile werden für die Zeit nach Beendigung des Beamtenverhältnisses nach § 30 Abs. 4 NBG bis zum Ende des Monats, in dem das Beamtenverhältnis endet, weitergewährt. ₂Entsteht bereits vor diesem Zeitpunkt ein Anspruch auf Bezüge wegen einer hauptberuflichen Tätigkeit bei einem öffentlich-rechtlichen Dienstherrn (§ 27 Abs. 1) oder bei einer Ersatzschule (§ 142 des Niedersächsischen Schulgesetzes), so werden die in Satz 1 genannten Bezüge nur bis zum Tag vor Entstehung dieses Anspruchs weitergewährt.

§ 62 Anrechnung anderer Einkünfte

(1) ₁Erhält die Beamtin oder der Beamte auf Widerruf im Vorbereitungsdienst ein Entgelt für eine Nebentätigkeit innerhalb oder für eine anzeigepflichtige Nebentätigkeit außerhalb des öffentlichen Dienstes, so wird das Entgelt auf die Anwärterbezüge angerechnet, soweit es diese übersteigt. ₂Es werden jedoch mindestens 30 Prozent des Anfangsgrundgehalts gewährt, das der Beamtin oder dem Beamten in dem Einstiegsamt zustünde, das ihr oder ihm unmittelbar nach Abschluss des Vorbereitungsdienstes verliehen werden soll.

(2) Hat die Beamtin oder der Beamte auf Widerruf im Vorbereitungsdienst einen arbeitsrechtlichen Anspruch auf ein Entgelt für eine in den Ausbildungsrichtlinien vorgeschriebene Tätigkeit außerhalb des öffentlichen Dienstes, so wird das Entgelt auf die Anwärterbezüge angerechnet, soweit die Summe von Entgelt, Anwärterbezügen und Familienzuschlag die Summe von Anfangsgrundgehalt und Familienzuschlag übersteigt, die der Beamtin oder dem Beamten in dem Einstiegsamt zustünden, das ihr oder ihm unmittelbar nach Abschluss des Vorbereitungsdienstes verliehen werden soll.

(3) Übt die Beamtin oder der Beamte auf Widerruf im Vorbereitungsdienst gleichzeitig eine Tätigkeit im öffentlichen Dienst mit mindestens der Hälfte der dafür geltenden regelmäßigen Arbeitszeit aus, so ist § 10 entsprechend anzuwenden.

Siebenter Teil
Jährliche Sonderzahlungen und vermögenswirksame Leistungen

§ 63 Jährliche Sonderzahlungen

(1) ₁Beamtinnen, Beamte, Richterinnen und Richter erhalten neben ihren Dienst- oder Anwärterbezügen für den Monat Dezember eine jährliche Sonderzahlung. ₂Die Sonderzahlung beträgt für die Besoldungsgruppen A 5 bis A 8 1200 Euro, für die übrigen Besoldungsgruppen 500 Euro und für Anwärterinnen und Anwärter 250 Euro. ₃§ 11 Abs. 1 gilt entsprechend.

(2) ₁Beamtinnen, Beamte, Richterinnen und Richter erhalten neben ihren Dienst- oder Anwärterbezügen für den Monat Dezember für jedes Kind, für das ihnen in Bezug auf den Monat Dezember ein Familienzuschlag gewährt wird, eine jährliche Sonderzahlung in Höhe von 250 Euro; für das dritte und jedes weitere berücksichtigungsfähige Kind beträgt die Sonderzahlung 500 Euro. ₂Sind die Voraussetzungen für die Gewährung von Dienst- oder Anwärterbezügen während des Jahres aus anderen Gründen als durch Tod oder den in § 21 Nrn. 1 bis 3 BeamtStG genannten Gründen entfallen, so wird die Sonderzahlung nach Satz 1 für die Kinder gewährt, die bei Fortbestehen dieser Voraussetzungen in Bezug auf den Monat Dezember bei der Höhe des Familienzuschlags zu berücksichtigen wären. ₃§ 35 Abs. 5 gilt entsprechend.

§ 63a Sonderzahlung für das Jahr 2024

₁Beamtinnen, Beamte, Richterinnen und Richter erhalten neben ihren Dienst- oder Anwärterbezügen für den Monat Dezember 2024 für jedes Kind, für das ihnen in Bezug auf den Monat Dezember 2024 ein Familienzuschlag der Stufe 2 oder 3 gewährt wird, eine einmalige Sonderzahlung in Höhe von 1000 Euro. ₂Sind die Voraussetzungen für die Gewährung von Dienst- oder Anwärterbezügen während des Jahres aus anderen Gründen als durch Tod oder den in § 21 Nrn. 1 bis 3 BeamtStG genannten Gründen entfallen, so wird die Sonderzahlung nach Satz 1 für die Kinder gewährt, die bei Fortbestehen dieser Voraussetzungen in Bezug auf den Monat Dezember bei der Höhe des Familienzuschlags zu berücksichtigen wären. ₃§ 35 Abs. 5 gilt entsprechend.

§ 64 Vermögenswirksame Leistungen

Beamtinnen, Beamte, Richterinnen und Richter erhalten vermögenswirksame Leistungen nach dem Gesetz über vermögenswirksame Leistungen für Beamte, Richter, Berufssoldaten und Soldaten auf Zeit in der Fassung vom 16. Mai 2002 (BGBl. I S. 1778) mit den nachfolgenden Änderungen.

Achter Teil
Übergangs- und Schlussvorschriften

§ 65 Übergangsregelungen für Ausgleichszulagen

(1) Soweit der Beamtin, dem Beamten, der Richterin oder dem Richter am 31. Dezember 2016 eine Ausgleichszulage nach § 13 des Bundesbesoldungsgesetzes in der bis zum 31. August 2006 geltenden Fassung vom 6. August 2002 (BGBl. I S. 3020), zuletzt geändert durch Artikel 3 Abs. 4 des Gesetzes vom 12. Juli 2006 (BGBl. I S. 1466), zugestanden hat, weil sich ihr oder sein Anspruch auf ruhegehaltfähige Dienstbezüge verringert hat, ist für die Zeit ab dem 1. Januar 2017 anstelle der Ausgleichszulage die Besoldung hinsichtlich der Dienstbezüge, die die Ausgleichszulage ausgleicht, in der Höhe zu zahlen, die ihr oder ihm ohne den Eintritt des Grundes, der zu der Ausgleichszulage geführt hat, ab diesem Zeitpunkt zugestanden hätte; § 8 Abs. 1 Satz 1 Halbsatz 2, Satz 2 und Abs. 2 gilt entsprechend.

(2) ₁Soweit der Beamtin, dem Beamten, der Richterin oder dem Richter am 31. Dezember 2016 eine Ausgleichszulage nach § 13 des Bundesbesoldungsgesetzes in der in Absatz 1 genannten Fassung zugestanden hat, weil sich ihr oder sein Anspruch auf nicht ruhegehaltfähige Dienstbezüge verringert hat, ist für die Zeit ab dem 1. Januar 2017 diese Ausgleichszulage in der bisherigen Höhe weiter mit der Maßgabe zu zahlen, dass für die Zeit ab diesem Zeitpunkt § 40 Abs. 1 Sätze 2, 3 und 5 entsprechend gilt. ₂Satz 1 gilt für den Fall, dass der Beamtin, dem Beamten, der Richterin oder dem Richter eine Ausgleichszulage nach Satz 1 am 31. Dezember 2016 nur aufgrund einer Beurlaubung vorübergehend nicht zugestanden hat, mit der Maßgabe entsprechend, dass an die Stelle des 1. Januar 2017 der Zeitpunkt tritt, an dem die Zahlung der Ausgleichszulage wieder aufgenommen wird.

§ 66 Übergangsregelung bei vor dem 1. Januar 2010 bewilligter Altersteilzeit

Für Beamtinnen und Beamte, denen vor dem 1. Januar 2010 Altersteilzeit bewilligt worden ist, ist die Altersteilzeitzuschlagsverordnung in der Fassung vom 23. August 2001 (BGBl. I S. 2239), zuletzt geändert durch Artikel 16 des Gesetzes vom 10. September 2003 (BGBl. I S. 1798), anzuwenden.

§ 67 Übergangsregelung bei Gewährung einer Versorgung durch eine zwischenstaatliche oder überstaatliche Einrichtung

In den Fällen des § 13 Abs. 1 Satz 1 beträgt die Kürzung abweichend von § 13 Abs. 1 Satz 2 Halbsatz 1

1. für bis zum 31. Dezember 1991 vollendete Jahre 2,14 Prozent,

2. für zwischen dem 1. Januar 1992 und dem 31. Dezember 2002 vollendete Jahre 1,875 Prozent und

3. für zwischen dem 1. Januar 2003 und dem 31. Dezember 2011 vollendete Jahre 1,875 Prozent multipliziert mit dem jeweiligen § 69e Abs. 3 Satz 1 des Beamtenversorgungsgesetzes in der bis zum 31. August 2006 geltenden Fassung vom 16. März 1999 (BGBl. I S. 322, 847, 2033), zuletzt geändert durch Artikel 8 des Gesetzes vom 21. Juni 2005 (BGBl. I S. 1818), genannten Anpassungsfaktor.

§ 68 Übergangsregelung für Beamtinnen und Beamte der Bundesbesoldungsordnung C

(1) ₁Für Professorinnen und Professoren der Bundesbesoldungsordnung C sind anzuwenden

1. § 1 Abs. 2 Nr. 2, § 8 Abs. 3, § 13 Abs. 1 Satz 5 und Abs. 4 Satz 1, der 3. Unterabschnitt des 2. Abschnitts, die §§ 43 und 50 sowie die Anlagen I und II des Bundesbesoldungsgesetzes in der bis zum 22. Februar 2002 geltenden Fassung vom 3. Dezember 1998 (BGBl. I S. 3434), zuletzt geändert durch Artikel 8 des Gesetzes vom 20. Dezember 2001 (BGBl. I S. 3926), und

2. die Hochschulleitungs-Stellenzulagenverordnung in der bis zum 22. Februar 2002 geltenden Fassung vom 3. August 1977 (BGBl. I S. 1527).

₂Eine Erhöhung von Dienstbezügen durch die Gewährung von Zuschüssen nach §1 Abs. 2 Nr. 2 des Bundesbesoldungsgesetzes in der in Satz 1 Nr. 1 genannten Fassung ist ausgeschlossen.

(2) ₁Auf Antrag wird Professorinnen und Professoren der Besoldungsgruppe C 4 ein Amt der Besoldungsgruppe W 3 und Professorinnen und Professoren der Besoldungsgruppen C 2 und C 3 ein Amt der Besoldungsgruppe W 2 oder W 3 übertragen. ₂Der Antrag der Beamtin oder des Beamten ist unwiderruflich. ₃In den Fällen des Satzes 1 findet §8 keine Anwendung.

(3) Für Hochschuldozentinnen, Hochschuldozenten, Oberassistentinnen, Oberassistenten, Oberingenieurinnen, Oberingenieure, wissenschaftliche Assistentinnen, wissenschaftliche Assistenten, künstlerische Assistentinnen und künstlerische Assistenten der Bundesbesoldungsordnung C sind der 3. Unterabschnitt des 2. Abschnitts sowie die Anlage II des Bundesbesoldungsgesetzes in der in Absatz 1 Satz 1 Nr. 1 genannten Fassung anzuwenden.

(4) ₁Das Grundgehalt der Beamtin oder des Beamten bestimmt sich auch in den Fällen der Absätze 1 bis 3 nach der Besoldungsgruppe, der das ihr oder ihm verliehene Amt zugeordnet ist, soweit sich aus §8 nichts anderes ergibt, und nach der Erfahrungsstufe, der sie oder er zugeordnet ist. ₂Die Grundgehaltssätze sind in Anlage 16, die Höhe der Stellenzulagen und Zulagen in Anlage 17 geregelt. ₃§25 Abs. 1 Sätze 1 und 3, Abs. 2 bis 6 und §26 gelten entsprechend. ₄Die Zuordnung der am 31. Dezember 2016 vorhandenen Beamtinnen und Beamten richtet sich nach §71 Abs. 2 und §72. ₅Beginnt das Beamtenverhältnis zu einem der in §1 genannten Dienstherren am 1. Januar 2017 oder danach, so ist die Beamtin oder der Beamte zu Beginn dieses Beamtenverhältnisses der ersten Erfahrungsstufe zugeordnet, in der für ihre oder seine Besoldungsgruppe in Anlage 16 ein Grundgehaltssatz ausgewiesen ist, soweit sich aus der entsprechenden Anwendung des §25 Abs. 2 und 3 nichts anderes ergibt. ₆Die Erfahrungsstufen und die in jeder Erfahrungsstufe vor dem Aufstieg in die nächsthöhere Erfahrungsstufe abzuleistende Erfahrungszeit sind in Anlage 16 geregelt.

(5) Ist bei hauptberuflichen Leiterinnen und Leitern und Mitgliedern von Leitungsgremien an Hochschulen, die bis zu ihrer Wahl Professorinnen oder Professoren der Besoldungsgruppe C 4 waren, die Summe aus Grundgehalt und den Zuschüssen nach den Nummern 1 und 2 der Vorbemerkungen zu der Bundesbesoldungsordnung C des Bundesbesoldungsgesetzes in der in Absatz 1 Satz 1 Nr. 1 genannten Fassung geringer als die Summe aus Grundgehalt und den Zuschüssen, die sie in ihrer bisherigen Tätigkeit erhalten haben, so erhalten sie eine Ausgleichszulage in Höhe des Unterschiedsbetrages.

§69 Überleitung der vor dem 29. Juli 2014 gewährten Leistungsbezüge

(1) ₁Monatliche Leistungsbezüge, über deren Gewährung bis zum 28. Juli 2014 nach §33 Abs. 1 Satz 1 Nrn. 1 und 2 des Bundesbesoldungsgesetzes in der in §65 Abs. 1 genannten Fassung entschieden wurde, verringern sich für die Zeit ab dem 1. Januar 2013 um 614,68 Euro in der Besoldungsgruppe W 2 und um 111,58 Euro in der Besoldungsgruppe W 3, höchstens jedoch um die Hälfte des Gesamtbetrages dieser Leistungsbezüge. ₂Wenn mehrere Leistungsbezüge gewährt werden, bezieht sich die Verringerung auf die Leistungsbezüge in folgender Reihenfolge:

1. unbefristete ruhegehaltfähige Leistungsbezüge,
2. befristete ruhegehaltfähige Leistungsbezüge,
3. unbefristete nicht ruhegehaltfähige Leistungsbezüge,
4. befristete nicht ruhegehaltfähige Leistungsbezüge.

₃Bei gleichrangigen Leistungsbezügen wird zunächst der früher gewährte Leistungsbezug verringert; erstmals am gleichen Tag gewährte Leistungsbezüge werden zu gleichen Teilen verringert. ₄Entfällt ein Leistungsbezug, so ist eine Verringerung nach den Sätzen 1 bis 3 neu zu berechnen.

(2) Bei der Berechnung von Leistungsbezügen, über deren Gewährung bis zum 28. Juli 2014 auf Grundlage der bis zum 31. Dezember 2012 geltenden Höhe des Grundgehalts entschieden wurde und die nach einem Prozentsatz vom jeweiligen Grundgehalt bemessen werden, wird das zugrunde zu legende Grundgehalt für die Zeit ab dem 1. Januar 2013 um 614,68 Euro in der Besoldungsgruppe W 2 und um 111,58 Euro in der Besoldungsgruppe W 3 verringert.

§ 70 Überleitung der Beamtinnen, Beamten, Richterinnen und Richter in die Ämter und Funktionszusätze der Besoldungsordnungen A, B, W und R

(1) Beamtinnen, Beamte, Richterinnen und Richter, die am 31. Dezember 2016 ein Amt der Bundesbesoldungsordnung A, B, W oder R des Bundesbesoldungsgesetzes in der in § 65 Abs. 1 genannten Fassung oder der Niedersächsischen Besoldungsordnung A, B, W oder R des Niedersächsischen Besoldungsgesetzes in der bis zum 31. Dezember 2016 geltenden Fassung vom 7. November 2008 (Nds. GVBl. S. 334), zuletzt geändert durch Artikel 4 des Gesetzes vom 17. Dezember 2015 (Nds. GVBl. S. 423), innehatten, werden in das ihrem bisherigen Amt entsprechende Amt der Besoldungsordnung A, B, W oder R (Anlage 1, 2, 3 oder 4) übergeleitet.

(2) ₁Beamtinnen, Beamte, Richterinnen und Richter nach Absatz 1, deren bisheriges Amt keinem Amt der Besoldungsordnungen A, B, W und R entspricht, bekleiden ihr bisheriges Amt weiter. ₂Ihre Besoldung bemisst sich nach der Besoldungsgruppe, die der Besoldungsgruppe entspricht, der ihr bisheriges Amt nach dem Bundesbesoldungsgesetz oder dem Niedersächsischen Besoldungsgesetz jeweils in der in Absatz 1 genannten Fassung zugeordnet war.

(3) Beamtinnen und Beamte nach Absatz 1, deren Amt bisher in der Bundesbesoldungsordnung A des Bundesbesoldungsgesetzes oder in der Niedersächsischen Besoldungsordnung A des Niedersächsischen Besoldungsgesetzes jeweils in der in Absatz 1 genannten Fassung mit einem Funktionszusatz verbunden war, der in Besoldungsordnung A nicht mehr aufgeführt ist, werden nach Maßgabe der Anlage 18 in das entsprechende Amt mit neuem Funktionszusatz übergeleitet.

(4) ₁Beamtinnen und Beamte, die am 31. Juli 2024 ein Amt der Niedersächsischen Besoldungsordnung A des Niedersächsischen Besoldungsgesetzes in der Fassung vom 20. Dezember 2016 (Nds. GVBl. S. 308; 2017 S. 64), zuletzt geändert durch Gesetz vom 8. November 2023 (Nds. GVBl. S. 260), innehatten, welches in der Besoldungsordnung A nicht mehr aufgeführt ist, werden nach Maßgabe der Anlage 19 in das entsprechende neue Amt übergeleitet. ₂Werden in der Anlage 19 für ein bisheriges Amt zwei neue Ämter aufgeführt, so richtet sich die Überleitung nach der Schülerzahl der Schule, bei der die Beamtin oder der Beamte am 1. August 2024 verwendet wird; § 7 Abs. 6 gilt entsprechend.

(5) ₁Beamtinnen und Beamte, die am 31. Dezember 2024 das Amt einer Förderschulrektorin oder eines Förderschulrektors als Leiterin oder Leiter einer Grundschule, Hauptschule, Realschule oder zusammengefassten Schule mit einer Schülerzahl bis 80 der Besoldungsgruppe A 13 (Anlage 1) innehatten, werden in das Amt einer Förderschulrektorin oder eines Förderschulrektors als Leiterin oder Leiter einer Grundschule, Hauptschule, Realschule oder zusammengefassten Schule mit einer Schülerzahl bis 180 der Besoldungsgruppe A 14 (Anlage 1) übergeleitet. ₂Beamtinnen und Beamte, die am 31. Dezember 2024 das Amt einer Rektorin oder eines Rektors als Leiterin oder Leiter einer Grundschule, Hauptschule, Realschule oder zusammengefassten Schule mit einer Schülerzahl bis 80 der Besoldungsgruppe A 13 (Anlage 1) innehatten, werden in das Amt einer Rektorin oder eines Rektors als Leiterin

oder Leiter einer Grundschule, Hauptschule, Realschule oder zusammengefassten Schule mit einer Schülerzahl bis 180 der Besoldungsgruppe A 14 (Anlage 1) übergeleitet. ₃§ 7 Abs. 6 gilt entsprechend.

§ 71 Grundgehaltssätze für Beamtinnen und Beamte der Besoldungsordnungen A und C sowie für Richterinnen, Richter, Staatsanwältinnen und Staatsanwälte der Besoldungsgruppen R 1 und R 2 in der Zeit vom 1. September 2011 bis zum 31. Dezember 2016

(1) Für die Bestimmung der Grundgehaltssätze für Beamtinnen und Beamte der Besoldungsordnung A sowie für Richterinnen, Richter, Staatsanwältinnen und Staatsanwälte der Besoldungsgruppen R 1 und R 2 ist für die Zeit vom 1. September 2011 bis zum 31. Dezember 2016 die Anlage 2 des Niedersächsischen Besoldungsgesetzes in der Fassung vom 7. November 2008 (Nds. GVBl. S. 334) in der jeweils geltenden Fassung (im Folgenden: NBesG) mit folgenden Maßgaben anzuwenden:

1. In Nummer 1 (Besoldungsordnung A) werden jeweils im Tabellenkopf das Wort „2-Jahres-Rhythmus" durch die Worte „Erfahrungszeit je Stufe 2 Jahre", das Wort „3-Jahres-Rhythmus" durch die Worte „Erfahrungszeit je Stufe 3 Jahre", das Wort „4-Jahres-Rhythmus" durch die Worte „Erfahrungszeit je Stufe 4 Jahre" und das Wort „Stufe" durch das Wort „Erfahrungsstufe" ersetzt.
2. In Nummer 4 (Besoldungsordnung R) werden jeweils im Tabellenkopf über dem Feld „Stufe" ein gleich großes Feld mit den Worten „Erfahrungszeit je Stufe 2 Jahre" eingefügt, das Wort „Stufe" durch das Wort „Erfahrungsstufe" ersetzt und das Feld „Lebensalter" und die darunter befindlichen Felder „27" bis „49" gestrichen.

(2) Für die Bestimmung der Grundgehaltssätze für Beamtinnen und Beamte der Besoldungsordnung C ist für die Zeit vom 1. September 2011 bis zum 31. Dezember 2016 die Anlage 3 NBesG mit der Maßgabe anzuwenden, dass jeweils im Tabellenkopf über dem Feld „Stufe" ein gleich großes Feld mit den Worten „Erfahrungszeit je Stufe 2 Jahre" eingefügt und das Wort „Stufe" durch das Wort „Erfahrungsstufe" ersetzt werden.

§ 72 Zuordnung der vorhandenen Beamtinnen und Beamten der Besoldungsordnungen A und C sowie der vorhandenen Richterinnen, Richter, Staatsanwältinnen und Staatsanwälte der Besoldungsgruppen R 1 und R 2 zu den Erfahrungsstufen und Ableistung der Erfahrungszeit

(1) Beamtinnen und Beamte der Besoldungsordnungen A und C sowie Richterinnen, Richter, Staatsanwältinnen und Staatsanwälte der Besoldungsgruppen R 1 und R 2, die am 31. August 2011 und darüber hinaus in einem Beamten- oder Richterverhältnis zu einem der in § 1 genannten Dienstherren standen, sind mit Wirkung vom 1. September 2011 der Erfahrungsstufe neu zugeordnet, die der Stufe entspricht, der sie nach dem bis dahin geltenden Recht am 1. September 2011 zugeordnet waren.

(2) Beamtinnen und Beamte der Besoldungsordnungen A und C sowie Richterinnen, Richter, Staatsanwältinnen und Staatsanwälte der Besoldungsgruppen R 1 und R 2, für die im Zeitraum vom 1. September 2011 bis zum 31. Dezember 2016 ein Beamten- oder Richterverhältnis zu einem der in § 1 genannten Dienstherren begann, werden mit Wirkung von dem Tag des Beginns dieses Beamten- oder Richterverhältnisses der Erfahrungsstufe neu zugeordnet, die der Stufe entspricht, der sie nach dem bis dahin geltenden Recht zugeordnet waren, wenn dies für die Betroffene oder den Betroffenen günstiger ist als eine Zuordnung nach den Vorschriften dieses Gesetzes.

(3) Mit der Zuordnung zu einer Erfahrungsstufe nach Absatz 1 oder 2 beginnt die in dieser Erfahrungsstufe nach den Vorschriften dieses Gesetzes abzuleistende Erfahrungszeit.

(4) ₁In den Fällen des Absatzes 1 gelten vor dem 1. September 2011 in der entsprechenden Stufe nach dem bis dahin geltenden Recht bereits berücksichtigte Zeiten als in der neuen Erfahrungsstufe abgeleistete Erfahrungszeit. ₂Zeiten, in denen kein Anspruch auf Besoldung bestand, und Zeiten einer vorläufigen Dienstenthebung im Zeitraum von der Zuordnung zu einer Erfahrungsstufe nach Absatz 1 oder 2 bis zum 31. Dezember 2016 werden hinsichtlich der Ableistung der Erfahrungszeit nach Maßgabe des bis zum 31. Dezember 2016 geltenden Landesrechts in der jeweils geltenden Fassung berücksichtigt, wenn dies für die Betroffene oder den Betroffenen günstiger ist als die Anwendung der Vorschriften dieses Gesetzes.

(5) Entscheidungen nach Absatz 2 sind der oder dem Betroffenen schriftlich bekanntzugeben.

§ 73 Anpassung der Erfahrungsstufen zum 1. Januar 2017

₁Beamtinnen und Beamte, deren Grundgehalt sich am 31. Dezember 2016 nach Besoldungsgruppe A 12, A 13 oder A 14 und Erfahrungsstufe 3 bestimmt hat, sowie Richterinnen, Richter, Staatsanwältinnen und Staatsanwälte, deren Grundgehalt sich am 31. Dezember 2016 nach Besoldungsgruppe R 1 und Erfahrungsstufe 1 bestimmt hat, werden zum 1. Januar 2017 in die jeweils nächsthöhere Erfahrungsstufe übergeleitet. ₂Mit der Überleitung in eine Erfahrungsstufe nach Satz 1 beginnt die in dieser Erfahrungsstufe abzuleistende Erfahrungszeit. ₃Vor dem 1. Januar 2017 in der vorherigen Erfahrungsstufe abgeleistete Erfahrungszeiten und nach § 72 Abs. 4 berücksichtigte Zeiten gelten als in der neuen Erfahrungsstufe abgeleistete Erfahrungszeit.

§ 73a Anpassung der Erfahrungsstufen zum 1. Januar 2023

₁Beamtinnen und Beamte, deren Grundgehalt sich am 31. Dezember 2022 nach Besoldungsgruppe A 5, A 6 oder A 7 und Erfahrungsstufe 1 bestimmt, werden zum 1. Januar 2023 in die Erfahrungsstufe 2 übergeleitet. ₂Mit der Überleitung nach Satz 1 beginnt die in der Erfahrungsstufe 2 abzuleistende Erfahrungszeit.

§ 74 Übergangsregelung für Anwärterinnen und Anwärter in der Ausbildung zur Justizvollzugsfachwirtin oder zum Justizvollzugsfachwirt

Hat der Anwärterin oder dem Anwärter am 31. Dezember 2018 eine besondere Stellenzulage nach Nummer 5 der Anlage 11 in der am 31. Dezember 2018 geltenden Fassung zugestanden, so erhält sie oder er die besondere Stellenzulage in der bisherigen Höhe für die Zeit ab dem 1. Januar 2019 weiter, bis eine Dienstzeit von zwei Jahren abgeleistet ist.

§ 75 Überleitung von Beamtinnen und Beamten in Ämtern der Besoldungsgruppe A 4

Beamtinnen und Beamte, die am 28. Februar 2019 und darüber hinaus ein Amt der Besoldungsgruppe A 4 innehatten, werden in das Amt der Besoldungsgruppe A 5 (Anlage 1) übergeleitet, dessen Amtsbezeichnung derjenigen ihres bisherigen Amtes entspricht.

Anlage 1
(zu § 5 Abs. 3, §§ 22, 23 Abs. 3 sowie den §§ 37 und 39)

Besoldungsordnung A

Besoldungsgruppe A 4
(weggefallen)

Besoldungsgruppe A 5

Betriebsassistentin, Betriebsassistent [1][2][3]

Gestütoberwärterin, Gestütoberwärter [6]

Justizhauptwachtmeisterin, Justizhauptwachtmeister [3][5]

Oberamtsmeisterin, Oberamtsmeister [2][4][6]

---

[1] Erhält eine Amtszulage nach Anlage 8.
[2] Wenn nicht in der Besoldungsgruppe A 6.
[3] Als erstes Einstiegsamt der Laufbahngruppe 1.
[4] Erhält eine Amtszulage nach Anlage 8, wenn sie oder er im Sitzungsdienst der Gerichte eingesetzt ist.
[5] Erhält eine Amtszulage nach Anlage 8.
[6] Als erstes Einstiegsamt der Laufbahngruppe 1 für Beamtinnen und Beamte, denen das Amt ab dem 1. März 2019 verliehen wurde oder wird.

Besoldungsgruppe A 6

Betriebsassistentin, Betriebsassistent [1]

Deichvögtin, Deichvogt [2][3]

Erste Justizhauptwachtmeisterin, Erster Justizhauptwachtmeister [5]

Gestüthauptwärterin, Gestüthauptwärter [4]

Oberamtsmeisterin, Oberamtsmeister [1]

Sattelmeisterin, Sattelmeister [3]

Sekretärin, Sekretär [3]

---

[1] Wenn nicht in der Besoldungsgruppe A 5. Für bis zu 20 Prozent der Gesamtzahl der Planstellen der Besoldungsgruppen A 5 und A 6 (nur erstes Einstiegsamt) bei einem Dienstherrn.
[2] Wenn nicht in der Besoldungsgruppe A 7, A 8 oder A 9.
[3] Als zweites Einstiegsamt der Laufbahngruppe 1.
[4] Für bis zu 60 Prozent der Gesamtzahl der Planstellen der Besoldungsgruppen A 5 und A 6 (nur erstes Einstiegsamt der Laufbahn der Laufbahngruppe 1 der Fachrichtung Agrar- und umweltbezogene Dienste im Gestütsdienst).
[5] Erhält eine Amtszulage nach Anlage 8.

Besoldungsgruppe A 7

Brandmeisterin, Brandmeister [1]

Deichvögtin, Deichvogt [2]

Hafenmeisterin, Hafenmeister [1][3]

Krankenschwester, Krankenpfleger [1]

Obersattelmeisterin, Obersattelmeister

Obersekretärin, Obersekretär [4][5]

Oberwerkmeisterin, Oberwerkmeister [6]

Stationsschwester, Stationspfleger [1][7]

---

[1] Als erstes Einstiegsamt der Laufbahngruppe 1.
[2] Wenn nicht in der Besoldungsgruppe A 6, A 8 oder A 9.
[3] Wenn nicht in der Besoldungsgruppe A 8.
[4] Als zweites Einstiegsamt der Laufbahn der Laufbahngruppe 1 der Fachrichtung Technische Dienste.
[5] Als zweites Einstiegsamt der Laufbahn der Laufbahngruppe 1 der Fachrichtung Justiz im Justizvollzugs- und Verwaltungsdienst.
[6] Als zweites Einstiegsamt der Laufbahn der Laufbahngruppe 1 der Fachrichtung Technische Dienste im Justizvollzugs- und Verwaltungsdienst und im Maßregelvollzug.
[7] Erhält eine Amtszulage nach Anlage 8.

Besoldungsgruppe A 8

Abteilungsschwester, Abteilungspfleger

Deichvögtin, Deichvogt [1]

Gerichtsvollzieherin, Gerichtsvollzieher [2]

Hafenmeisterin, Hafenmeister [3]

Hauptsattelmeisterin, Hauptsattelmeister

Hauptsekretärin, Hauptsekretär

Hauptwerkmeisterin, Hauptwerkmeister

Oberbrandmeisterin, Oberbrandmeister

---

[1] Wenn nicht in der Besoldungsgruppe A 6, A 7 oder A 9.

III.1 Landesbesoldungsgesetz (NBesG) — Anlage 1

[2]) Als zweites Einstiegsamt der Laufbahngruppe 1.
[3]) Wenn nicht in der Besoldungsgruppe A 7.

Besoldungsgruppe A 9

Amtsinspektorin, Amtsinspektor[1])

Betriebsinspektorin, Betriebsinspektor[1])

Deichvögtin, Deichvogt[2])

Erste Hauptsattelmeisterin, Erster Hauptsattelmeister[3])

Hauptbrandmeisterin, Hauptbrandmeister[1])

Inspektorin, Inspektor[4])

Kriminalkommissarin, Kriminalkommissar[4])

Obergerichtsvollzieherin, Obergerichtsvollzieher[1])

Oberin, Pflegevorsteher[6])[7])

Oberschwester, Oberpfleger[7])

Polizeikommissarin, Polizeikommissar[4])

[1]) Erhält eine Amtszulage nach Anlage 8, wenn die Planstelle mit einer Amtszulage ausgestattet ist. Es können jeweils bis zu 30 Prozent der Planstellen für Beamtinnen und Beamte für Funktionen, die sich von denen der Besoldungsgruppe A 9 abheben, mit einer Amtszulage nach Anlage 8 ausgestattet werden. Die Obergrenze von 30 Prozent gilt nicht für Beamtinnen und Beamte der Kommunen, Zweckverbände, kommunalen Anstalten und gemeinsamen kommunalen Anstalten sowie des Bezirksverbands Oldenburg, des Regionalverbands „Großraum Braunschweig" und der Niedersächsischen Versorgungskasse.
[2]) Wenn nicht in der Besoldungsgruppe A 6, A 7 oder A 8.
[3]) Erhält als Technische Leiterin oder Technischer Leiter der Hengstprüfungsanstalt Adelheidsdorf eine Amtszulage nach Anlage 8.
[4]) Als erstes Einstiegsamt der Laufbahngruppe 2.
[5]) (weggefallen)
[6]) Erhält eine Amtszulage nach Anlage 8.
[7]) Erhält als Mitglied der Krankenhausbetriebsleitung eine besondere Stellenzulage nach Anlage 12.

Besoldungsgruppe A 10

Erste Oberin, Erster Pflegevorsteher
– als Leiterin oder Leiter eines Pflegedienstes mit mindestens 150 Pflegekräften –[1])[2])

Kriminaloberkommissarin, Kriminaloberkommissar

Lehrerin für Fachpraxis, Lehrer für Fachpraxis[3])[4])[7])

Oberinspektorin, Oberinspektor[5])[6])

Polizeioberkommissarin, Polizeioberkommissar

[1]) Erhält als Mitglied der Krankenhausleitung eine besondere Stellenzulage nach Anlage 12.
[2]) Wenn nicht in der Besoldungsgruppe A 11.
[3]) Als erstes Einstiegsamt der Laufbahngruppe 2.
[4]) Wenn nicht in der Besoldungsgruppe A 11.
[5]) Als erstes Einstiegsamt der Laufbahn der Laufbahngruppe 2 der Fachrichtung Technische Dienste oder Agrar- und umweltbezogene Dienste im landwirtschaftlich-technischen Dienst oder der Fachrichtung Feuerwehr sowie als Beförderungsamt der Laufbahngruppe 2.
[6]) Als erstes Einstiegsamt der Laufbahngruppe 2 der Fachrichtung Allgemeine Dienste, wenn die Laufbahnbefähigung auf einem Hochschulstudium der Verwaltungsinformatik, der Informatik oder in einem naturwissenschaftlichen Studiengang oder informationstechnischer oder kommunikationstechnischer Prägung in Verbindung mit einer hieran anknüpfenden beruflichen Tätigkeit beruht.
[7]) Lehrerinnen und Lehrer für Fachpraxis, denen ein Amt der Besoldungsgruppe A 10 vor dem 1. August 2024 übertragen wurde, erhalten eine allgemeine Stellenzulage nach Anlage 9 Nr. 2 a.

Besoldungsgruppe A 11

Amtfrau, Amtmann

Erste Oberin, Erster Pflegevorsteher
– als Leiterin oder Leiter eines Pflegedienstes mit mindestens 300 Pflegekräften –[1])

Fachlehrerin, Fachlehrer
– für künstlerischen Entwurf –[2])[3])
– mit abgeschlossener Ingenieur- oder Fachhochschulausbildung –[2])[3])

Kriminalhauptkommissarin, Kriminalhauptkommissar[2])

Lehrerin für Fachpraxis, Lehrer für Fachpraxis[4])[5])

Polizeihauptkommissarin, Polizeihauptkommissar[2])

Anlage 1 — Landesbesoldungsgesetz (NBesG) **III.1**

[1]) Erhält als Mitglied der Krankenhausleitung eine besondere Stellenzulage nach Anlage 12.
[2]) Wenn nicht in der Besoldungsgruppe A 12.
[3]) Als erstes Einstiegsamt der Laufbahngruppe 2.
[4]) Wenn nicht in der Besoldungsgruppe A 10.
[5]) Lehrerinnen und Lehrer für Fachpraxis, denen ein Amt der Besoldungsgruppe A 10 oder A 11 vor dem 1. August 2024 übertragen wurde, erhalten eine allgemeine Stellenzulage nach Anlage 9 Nr. 2 a.

Besoldungsgruppe A 12

Amtsanwältin, Amtsanwalt[1])

Amtsrätin, Amtsrat

Fachlehrerin, Fachlehrer
– für künstlerischen Entwurf –[2])[3])
– mit abgeschlossener Ingenieur- oder Fachhochschulausbildung –[2])[4])

Kriminalhauptkommissarin, Kriminalhauptkommissar [2])

Polizeihauptkommissarin, Polizeihauptkommissar [2])

Rechnungsrätin, Rechnungsrat
– als Prüfungsbeamtin oder Prüfungsbeamter beim Landesrechnungshof –

[1]) Als erstes Einstiegsamt der Laufbahngruppe 2.
[2]) Wenn nicht in der Besoldungsgruppe A 11.
[3]) Nur nach achtjähriger Unterrichtstätigkeit nach Erfüllung der Einstellungsvoraussetzungen oder nach dreijähriger Tätigkeit als Fachlehrerin oder Fachlehrer in der Besoldungsgruppe A 11.
[4]) Nur nach achtjähriger Unterrichtstätigkeit nach Abschluss der Ingenieur- oder Fachhochschulausbildung oder nach dreijähriger Tätigkeit als Fachlehrerin oder Fachlehrer in der Besoldungsgruppe A 11 nach Beendigung der Probezeit.

Besoldungsgruppe A 13

Akademische Rätin, Akademischer Rat
– als wissenschaftliche oder künstlerische Mitarbeiterin oder wissenschaftlicher oder künstlerischer Mitarbeiter an einer Hochschule –[2])

Dozentin, Dozent
– an einer Volkshochschule –[3])

Erste Kriminalhauptkommissarin, Erster Kriminalhauptkommissar

Erste Polizeihauptkommissarin, Erster Polizeihauptkommissar

Förderschulkonrektorin, Förderschulkonrektor
– als Fachbereichsleiterin oder Fachbereichsleiter an einer Oberschule mit einer Schülerzahl von mehr als 287 –[6])

Förderschullehrerin, Förderschullehrer[4])
– mit der Lehrbefähigung für das Lehramt für Sonderpädagogik bei einer dieser Lehrbefähigung entsprechenden Verwendung –
– bei einer Schulbehörde oder dem Niedersächsischen Landesinstitut für schulische Qualitätsentwicklung –

Förderschulrektorin, Förderschulrektor
– als Leiterin oder Leiter –
  – des Hauptschulzweigs mit einer Schülerzahl von 131 bis 180 an einer Kooperativen Gesamtschule[6]),
  – des Realschulzweigs mit einer Schülerzahl von 131 bis 180 an einer Kooperativen Gesamtschule[6]),
  – einer Förderschule mit dem Schwerpunkt Lernen mit einer Schülerzahl bis 40 oder einer sonstigen Förderschule mit einer Schülerzahl bis 30 –[7])

Konrektorin, Konrektor
– bei einer Schulbehörde oder dem Niedersächsischen Landesinstitut für schulische Qualitätsentwicklung –
– als Fachberaterin oder Fachberater in der Schulaufsicht –
– als Fachbereichsleiterin oder Fachbereichsleiter an einer Oberschule mit einer Schülerzahl von mehr als 287 –[6])

Konservatorin, Konservator

Kustodin, Kustos

Lehrerin, Lehrer
– an einer allgemeinbildenden Schule –[4])
– im Sekundarbereich I bei Wahrnehmung herausgehobener Tätigkeiten –[10])[14])

Lehrerin, Lehrer an einer Förderschule

- mit dem Schwerpunkt Sehen im Landesbildungszentrum für Blinde
- mit dem Schwerpunkt Hören in den Landesbildungszentren für Hörgeschädigte

Oberamtsanwältin, Oberamtsanwalt[8]

Oberlehrerin, Oberlehrer
- im Justizvollzugsdienst –[4]

Oberrechnungsrätin, Oberrechnungsrat
- als Prüfungsbeamtin oder Prüfungsbeamter beim Landesrechnungshof –

Pfarrerin, Pfarrer[3]

Rätin, Rat[9] [13]

Realschullehrerin, Realschullehrer
- bei einer Schulbehörde oder dem Niedersächsischen Landesinstitut für schulische Qualitätsentwicklung –
- mit der Lehrbefähigung für das Lehramt an Realschulen bei einer dieser Lehrbefähigung entsprechenden Verwendung –[4]

Rektorin, Rektor
- als Leiterin oder Leiter
  - des Hauptschulzweigs mit einer Schülerzahl von 131 bis 180 an einer Kooperativen Gesamtschule[6],
  - des Realschulzweigs mit einer Schülerzahl von 131 bis 180 an einer Kooperativen Gesamtschule[6],

Seefahrtoberlehrerin, Seefahrtoberlehrer[4] [11]

Studienrätin, Studienrat
- als Fachbereichsleiterin oder Fachbereichsleiter an einer Oberschule mit einer Schülerzahl von mehr als 287 –[6]
- bei einer Schulbehörde oder dem Niedersächsischen Landesinstitut für schulische Qualitätsentwicklung –
- mit der Lehrbefähigung für das besondere Lehramt an der Förderschule mit dem Schwerpunkt Sehen im Landesbildungszentrum für Blinde bei einer der Lehrbefähigung entsprechenden Verwendung –[5] [12]
- mit der Lehrbefähigung für das besondere Lehramt an Förderschulen mit dem Schwerpunkt Hören in den Landesbildungszentren für Hörgeschädigte bei einer der Lehrbefähigung entsprechenden Verwendung –[5]
- mit der Lehrbefähigung für das Lehramt an Gymnasien oder an berufsbildenden Schulen bei einer der jeweiligen Lehrbefähigung entsprechenden Verwendung –[5]
- als leitende Pädagogin oder leitender Pädagoge im Justizvollzugsdienst –

---

[1] Erhält eine Amtszulage nach Anlage 8, wenn die Planstelle mit einer Amtszulage ausgestattet ist. Es können bis zu 20 Prozent der Planstellen für Beamtinnen und Beamte der Laufbahn der Laufbahngruppe 2 der Fachrichtung Technische Dienste oder Agrar- und umweltbezogene Dienste im landwirtschaftlich-technischen Dienst oder der Fachrichtung Feuerwehr, die sich von denen der Besoldungsgruppe A 13 abheben, mit einer Amtszulage nach Anlage 8 ausgestattet werden. Die Obergrenze von 20 Prozent gilt nicht für Beamtinnen und Beamte der Kommunen, Zweckverbände, kommunalen Anstalten und gemeinsamen kommunalen Anstalten sowie des Bezirksverbands Oldenburg und des Regionalverbands „Großraum Braunschweig".

[2] Im Beamtenverhältnis auf Zeit nach § 31 Abs. 3 des Niedersächsischen Hochschulgesetzes.

[3] Wenn nicht in der Besoldungsgruppe A 14.

[4] Als erstes Einstiegsamt der Laufbahngruppe 2.

[5] Als zweites Einstiegsamt der Laufbahngruppe 2.

[6] (weggefallen)

[7] Erhält eine Amtszulage nach Anlage 8. Nimmt die Beamtin oder der Beamte die herausgehobene Funktion nicht mehr wahr, so wird die Amtszulage weiter gewährt, wenn die Beamtin oder der Beamte sie zehn Jahre lang erhalten hat und sie oder er in der Besoldungsgruppe A 13 verbleibt.

[8] Erhält eine Amtszulage nach Anlage 8, wenn die Planstelle mit einer Amtszulage ausgestattet ist. Es können bis zu 20 Prozent der Planstellen für Oberamtsanwältinnen und Oberamtsanwälte mit Funktionen einer Amtsanwältin oder eines Amtsanwalts bei einer Staatsanwaltschaft, die sich von denen der Besoldungsgruppe A 13 abheben, mit einer Amtszulage nach Anlage 8 ausgestattet werden.

[9] Erhält eine Amtszulage nach Anlage 8, wenn die Planstelle mit einer Amtszulage ausgestattet ist. Es können bis zu 20 Prozent der Planstellen für Beamtinnen und Beamte der Laufbahn der Laufbahngruppe 2 der Fachrichtung Justiz mit Funktionen einer Rechtspflegerin oder eines Rechtspflegers bei Gerichten und Staatsanwaltschaften, die sich von denen der Besoldungsgruppe A 13 abheben, mit einer Amtszulage nach Anlage 8 ausgestattet werden.

Anlage 1　　　　　　　　　　　　　　Landesbesoldungsgesetz (NBesG)

[10]) Mit Ausnahme des Sekundarbereichs I am Gymnasium sowie dem gymnasialen Zweig einer Kooperativen Gesamtschule und an der Integrierten Gesamtschule.
[11]) Erhält von der Erfahrungsstufe 9 an eine Amtszulage nach Anlage 8.
[12]) Erhält als Taubblindenlehrerin oder Taubblindenlehrer eine besondere Stellenzulage nach Anlage 12.
[13]) Als zweites Einstiegsamt der Laufbahngruppe 2 sowie als Beförderungsamt in der Laufbahngruppe 2.
[14]) Erhält eine Amtszulage nach Anlage 8.

Besoldungsgruppe A 14

Direktorstellvertreterin, Direktorstellvertreter
– als ständige Vertreterin oder ständiger Vertreter der Leiterin oder des Leiters einer Gesamtschule ohne gymnasiale Oberstufe mit einer Schülerzahl bis 540 –

Dozentin, Dozent
– an einer Volkshochschule –[1])

Förderschulkonrektorin, Förderschulkonrektor
– als ständige Vertreterin oder ständiger Vertreter der Leiterin oder des Leiters
  – einer Förderschule mit dem Schwerpunkt Lernen mit einer Schülerzahl von 91 bis 180 oder einer sonstigen Förderschule mit einer Schülerzahl von 61 bis 120,
  – einer Förderschule mit einer Schülerzahl von mehr als 120 mit Ausnahme einer Förderschule mit dem Schwerpunkt Lernen[2]),
  – einer Gesamtschule ohne gymnasiale Oberstufe mit einer Schülerzahl bis 540,
  – einer Grundschule, Hauptschule, Realschule oder zusammengefassten Schule mit einer Schülerzahl von 181 bis 360,
  – einer Grundschule, Hauptschule, Realschule oder zusammengefassten Schule mit einer Schülerzahl von mehr als 360[2]),
  – eines an einer Gesamtschule geführten Primarbereichs mit einer Schülerzahl von mehr als 360 –
– bei einer Schulbehörde oder dem Niedersächsischen Landesinstitut für schulische Qualitätsentwicklung –
– als Fachbereichsleiterin oder Fachbereichsleiter an einer Gesamtschule –
– als Jahrgangsleiterin oder Jahrgangsleiter im Sekundarbereich I einer Integrierten Gesamtschule –

Förderschulrektorin, Förderschulrektor
– einer Förderschule mit dem Schwerpunkt Lernen mit einer Schülerzahl von 41 bis 90 oder einer sonstigen Förderschule mit einer Schülerzahl von 31 bis 60 –
– einer Förderschule mit dem Schwerpunkt Lernen mit einer Schülerzahl von 91 bis 180 oder einer sonstigen Förderschule mit einer Schülerzahl von 61 bis 120 –[2])
– als die Didaktische Leiterin oder der Didaktische Leiter einer Gesamtschule mit einer Schülerzahl im Sekundarbereich I bis 540 –
– als Leiterin oder Leiter
  – einer Grundschule, Hauptschule, Realschule oder zusammengefassten Schule mit einer Schülerzahl bis 180,
  – einer Grundschule, Hauptschule, Realschule oder zusammengefassten Schule mit einer Schülerzahl von 181 bis 360[2]),
  – eines an einer Gesamtschule geführten Primarbereichs mit einer Schülerzahl von 181 bis 360,
  – eines an einer Gesamtschule geführten Primarbereichs mit einer Schülerzahl von mehr als 360[2]),
  – des Hauptschulzweigs mit einer Schülerzahl von 181 bis 360 an einer Kooperativen Gesamtschule,
  – des Hauptschulzweigs mit einer Schülerzahl von mehr als 360 an einer Kooperativen Gesamtschule[2]),
  – des Realschulzweigs mit einer Schülerzahl von 181 bis 360 an einer Kooperativen Gesamtschule,
  – des Realschulzweigs mit einer Schülerzahl von mehr als 360 an einer Kooperativen Gesamtschule –[2])

– mit der Lehrbefähigung für das Lehramt für Sonderpädagogik bei einer der Lehrbefähigung entsprechenden Verwendung an einem Gymnasium oder einer berufsbildenden Schule zur Wahrnehmung schulfachlicher Aufgaben –

Gesamtschulrektorin, Gesamtschulrektor
– als die Didaktische Leiterin oder der Didaktische Leiter einer Gesamtschule mit einer Schülerzahl im Sekundarbereich I bis 540 –[3])

Konrektorin, Konrektor
– als ständige Vertreterin oder ständiger Vertreter der Leiterin oder des Leiters
  – einer Grundschule, Hauptschule, Realschule oder zusammengefassten Schule mit einer Schülerzahl von 181 bis 360,
  – einer Grundschule, Hauptschule, Realschule oder zusammengefassten Schule mit einer Schülerzahl von mehr als 360[2]),
  – eines an einer Gesamtschule geführten Primarbereichs mit einer Schülerzahl von mehr als 360 –
– als Fachbereichsleiterin oder Fachbereichsleiter an einer Gesamtschule –
– als Jahrgangsleiterin oder Jahrgangsleiter im Sekundarbereich I einer Integrierten Gesamtschule –
– bei einer Schulbehörde oder dem Niedersächsischen Landesinstitut für schulische Qualitätsentwicklung –
– als Fachberaterin oder Fachberater in der Schulaufsicht –

Oberkonservatorin, Oberkonservator

Oberkustodin, Oberkustos

Oberrätin, Oberrat

Oberschulkonrektorin, Oberschulkonrektor
– als ständige Vertreterin oder ständiger Vertreter der Leiterin oder des Leiters einer Oberschule ohne gymnasiale Oberstufe mit einer Schülerzahl von 181 bis 360 –
– als ständige Vertreterin oder ständiger Vertreter der Leiterin oder des Leiters einer Oberschule ohne gymnasiale Oberstufe mit einer Schülerzahl von 361 bis 540 –[2])

Oberschulrektorin, Oberschulrektor
– als die Didaktische Leiterin oder der Didaktische Leiter einer Oberschule mit einer Schülerzahl von 288 bis 540 –
– als die Didaktische Leiterin oder der Didaktische Leiter einer Oberschule mit einer Schülerzahl von 541 bis 1000 –[2])
– als Leiterin oder Leiter einer Oberschule mit einer Schülerzahl bis 180 –
– als Leiterin oder Leiter einer Oberschule ohne gymnasiale Oberstufe mit einer Schülerzahl von 181 bis 360 –[2])
– als Leiterin oder Leiter des Sekundarbereichs II einer Oberschule –[2])

Oberstudienrätin, Oberstudienrat
– als die Didaktische Leiterin oder der Didaktische Leiter einer Gesamtschule mit einer Schülerzahl im Sekundarbereich I bis 540 –
– als Fachbereichsleiterin oder Fachbereichsleiter an einer Gesamtschule –
– als Jahrgangsleiterin oder Jahrgangsleiter im Sekundarbereich I einer Integrierten Gesamtschule –
– bei einer Schulbehörde oder dem Niedersächsischen Landesinstitut für schulische Qualitätsentwicklung –
– mit der Lehrbefähigung für das besondere Lehramt an der Förderschule mit dem Schwerpunkt Sehen im Landesbildungszentrum für Blinde bei einer der Lehrbefähigung entsprechenden Verwendung –[4])
– mit der Lehrbefähigung für das besondere Lehramt an Förderschulen mit dem Schwerpunkt Hören in den Landesbildungszentren für Hörgeschädigte bei einer der Lehrbefähigung entsprechenden Verwendung –
– mit der Lehrbefähigung für das Lehramt an Gymnasien oder an berufsbildenden Schulen bei einer der jeweiligen Lehrbefähigung entsprechenden Verwendung –
– als leitende Pädagogin oder leitender Pädagoge im Justizvollzugsdienst –

Pfarrerin, Pfarrer[1])

Regierungsschulrätin, Regierungsschulrat
– im Schulaufsichtsdienst –

Rektorin, Rektor
– als Leiterin oder Leiter
  – einer Grundschule, Hauptschule, Realschule oder zusammengefassten Schule mit einer Schülerzahl bis 180,
  – einer Grundschule, Hauptschule, Realschule oder zusammengefassten Schule mit einer Schülerzahl von 181 bis 360[2]) –
  – eines an einer Gesamtschule geführten Primarbereichs mit einer Schülerzahl von 181 bis 360,
  – eines an einer Gesamtschule geführten Primarbereichs mit einer Schülerzahl von mehr als 360[2]),
  – des Hauptschulzweigs mit einer Schülerzahl von 181 bis 360 an einer Kooperativen Gesamtschule,
  – des Hauptschulzweigs mit mehr als 360 an einer Kooperativen Gesamtschule[2]),
  – des Realschulzweigs mit einer Schülerzahl von 181 bis 360 an einer Kooperativen Gesamtschule,
  – des Realschulzweigs mit einer Schülerzahl von mehr als 360 an einer Kooperativen Gesamtschule –[2]),
– bei einer Schulbehörde oder dem Niedersächsischen Landesinstitut für schulische Qualitätsentwicklung –

Seminarkonrektorin, Seminarkonrektor
– als ständige Vertreterin oder ständiger Vertreter der Leiterin oder des Leiters eines Studienseminars
  – für die Lehrämter an Grund-, Haupt- und Realschulen[2])[5]),
  – für das Lehramt für Sonderpädagogik –[2])[5])

Zweite Förderschulkonrektorin, Zweiter Förderschulkonrektor
– an einer Förderschule mit einer Schülerzahl von mehr als 180

– an einer Grundschule, Hauptschule, Realschule oder zusammengefassten Schule mit einer Schülerzahl von mehr als 540 –

Zweite Konrektorin, Zweiter Konrektor
– an einer Grundschule, Hauptschule, Realschule oder zusammengefassten Schule mit einer Schülerzahl von mehr als 540 –

Zweite Oberschulkonrektorin, Zweiter Oberschulkonrektor
– einer Oberschule mit einer Schülerzahl von 541 bis 1000 –
– einer Oberschule mit einer Schülerzahl von mehr als 1000 –[2])

---

[1]) Wenn nicht in der Besoldungsgruppe A 13.
[2]) Erhält eine Amtszulage nach Anlage 8.
[3]) Mit der Lehrbefähigung für das Lehramt an Grundschulen, der Lehrbefähigung für das Lehramt an Grund- und Hauptschulen, der Lehrbefähigung für das Lehramt an Haupt- und Realschulen, der Lehrbefähigung für das Lehramt an Realschulen, der Lehrbefähigung für das Lehramt an Grund-, Haupt- und Realschulen oder der Lehrbefähigung für das Lehramt für Sonderpädagogik.
[4]) Erhält als Taubblindenlehrerin oder Taubblindenlehrer eine besondere Stellenzulage nach Anlage 12.
[5]) Mit der Lehrbefähigung für ein entsprechendes Lehramt.

Besoldungsgruppe A 15

Direktorin, Direktor

Direktorin, Direktor
– beim Niedersächsischen Landesinstitut für schulische Qualitätsentwicklung –
– einer Volkshochschule mit mehr als 15 000 bis 40 000 Unterrichtsstunden jährlich –

Direktorin, Direktor
– als Leiterin oder Leiter eines Landesbildungszentrums für Blinde oder für Hörgeschädigte mit einer Schülerzahl bis 150 –[1])[4])

Direktorstellvertreterin, Direktorstellvertreter
– als ständige Vertreterin oder ständiger Vertreter der Leiterin oder des Leiters
  – einer Gesamtschule mit gymnasialer Oberstufe[1]),

- einer Gesamtschule ohne gymnasiale Oberstufe mit einer Schülerzahl von 541 bis 1000,
- einer Gesamtschule ohne gymnasiale Oberstufe mit einer Schülerzahl von mehr als 1000[1]),
- einer Oberschule ohne gymnasiale Oberstufe mit einer Schülerzahl von 541 bis 1000,
- einer Oberschule ohne gymnasiale Oberstufe mit einer Schülerzahl von mehr als 1000[1]),
- einer Oberschule mit gymnasialer Oberstufe[1]),
- einer Volkshochschule mit mehr als 40 000 Unterrichtsstunden jährlich –

Fachmoderatorin, Fachmoderator
- für Gesamtschulen –

Förderschulrektorin, Förderschulrektor
- einer Förderschule mit einer Schülerzahl von mehr als 120 mit Ausnahme einer Förderschule mit dem Schwerpunkt Lernen –
- als Leiterin oder Leiter einer Grundschule, Hauptschule, Realschule oder zusammengefassten Schule mit einer Schülerzahl von mehr als 360 –
- an einer berufsbildenden Schule oder an einem Gymnasium zur Koordinierung schulfachlicher Aufgaben –
- bei einer Schulbehörde oder dem Niedersächsischen Landesinstitut für schulische Qualitätsentwicklung –

Gesamtschuldirektorin, Gesamtschuldirektor
- als Leiterin oder Leiter
  - einer Gesamtschule ohne gymnasiale Oberstufe mit einer Schülerzahl bis 540,
  - einer Gesamtschule ohne gymnasiale Oberstufe mit einer Schülerzahl von 541 bis 1000 –[1])

Gesamtschulrektorin, Gesamtschulrektor[2])
- als die Didaktische Leiterin oder der Didaktische Leiter einer Gesamtschule mit einer Schülerzahl im Sekundarbereich I von mehr als 540

- als Leiterin oder Leiter des Sekundarbereichs I mit einer Schülerzahl von mehr als 810 an einer Integrierten Gesamtschule mit gymnasialer Oberstufe –

Hauptkonservatorin, Hauptkonservator

Hauptkustodin, Hauptkustos

Museumsdirektorin und Professorin, Museumsdirektor und Professor

Oberschuldirektorin, Oberschuldirektor
- als Leiterin oder Leiter einer Oberschule ohne gymnasiale Oberstufe mit einer Schülerzahl von 541 bis 1000 –[1])

Oberschulrektorin, Oberschulrektor
- als die Didaktische Leiterin oder der Didaktische Leiter einer Oberschule mit einer Schülerzahl von mehr als 1000 –
- als Leiterin oder Leiter einer Oberschule ohne gymnasiale Oberstufe mit einer Schülerzahl von 361 bis 540 –

Regierungsschuldirektorin, Regierungsschuldirektor
- im Schulaufsichtsdienst –

Rektorin, Rektor
- als Leiterin oder Leiter einer Grundschule, Hauptschule, Realschule oder zusammengefassten Schule mit einer Schülerzahl von mehr als 360 –
- bei einer Schulbehörde oder dem Niedersächsischen Landesinstitut für schulische Qualitätsentwicklung –

Seminarrektorin, Seminarrektor
- als Leiterin oder Leiter eines Studienseminars
  - für die Lehrämter an Grund-, Haupt- und Realschulen[3]),
  - für das Lehramt für Sonderpädagogik –[3])

Studiendirektorin, Studiendirektor
- als Abteilungsleiterin oder Abteilungsleiter bei einem Landesbildungszentrum für Blinde oder für Hörgeschädigte –
- als die Didaktische Leiterin oder der Didaktische Leiter einer Gesamtschule mit einer Schülerzahl im Sekundarbereich I von mehr als 540 –

Anlage 1   **Landesbesoldungsgesetz (NBesG)**   **III.1**

- als ständige Vertreterin oder ständiger Vertreter der Leiterin oder des Leiters
  - des Niedersächsischen Studienkollegs,
  - einer berufsbildenden Schule mit einer Schülerzahl von 81 bis 360[4]),
  - einer berufsbildenden Schule mit einer Schülerzahl von mehr als 360[1)4]),
  - eines Gymnasiums im Aufbau mit einer Schülerzahl von
    - mehr als 540, wenn die oberste Jahrgangsstufe fehlt[1]),
    - mehr als 670, wenn die zwei oberen Jahrgangsstufen fehlen[1]),
    - mehr als 800, wenn die drei oberen Jahrgangsstufen fehlen[1]),
  - eines nicht voll ausgebauten Gymnasiums,
  - eines Studienseminars für das Lehramt an Gymnasien oder an berufsbildenden Schulen[1]),
  - eines voll ausgebauten Gymnasiums mit einer Schülerzahl bis 360,
  - eines voll ausgebauten Gymnasiums mit einer Schülerzahl von mehr als 360[1]),
  - eines Abendgymnasiums oder Kollegs,
  - eines zweizügig ausgebauten Abendgymnasiums oder Kollegs –[1])

- als Fachberaterin oder Fachberater
  - für Hör- und Sprachgeschädigte,
  - in der Schulaufsicht –

- als Fachleiterin oder Fachleiter an Studienseminaren –

- als Leiterin oder Leiter
  - des Gymnasialzweigs mit einer Schülerzahl von 131 bis 360 an einer Kooperativen Gesamtschule mit gymnasialer Oberstufe,
  - des Gymnasialzweigs mit einer Schülerzahl von mehr als 130 an einer Kooperativen Gesamtschule ohne gymnasiale Oberstufe,
  - des Gymnasialzweigs mit einer Schülerzahl von mehr als 360 an einer Kooperativen Gesamtschule mit gymnasialer Oberstufe[1]),
  - des Sekundarbereichs I mit einer Schülerzahl von mehr als 810 an einer Integrierten Gesamtschule mit gymnasialer Oberstufe,
  - des Sekundarbereichs II an einer Integrierten Gesamtschule,
  - einer berufsbildenden Schule mit einer Schülerzahl bis 80[4]),
  - einer berufsbildenden Schule mit einer Schülerzahl von 81 bis 360[1)4]),
  - einer selbständigen Schule für Blinde oder für Gehörlose und Schwerhörige mit einer Schülerzahl bis 70[4]),
  - einer selbständigen Schule für Blinde oder für Gehörlose und Schwerhörige mit einer Schülerzahl von mehr als 70[1)4]),
  - eines nicht voll ausgebauten Gymnasiums[1]),
  - eines voll ausgebauten Gymnasiums mit einer Schülerzahl bis 360[1]),
  - eines Abendgymnasiums oder Kollegs –[1])

- als stellvertretende Leiterin oder stellvertretender Leiter einer Justizvollzugseinrichtung –

- bei einer Schulbehörde oder dem Niedersächsischen Landesinstitut für schulische Qualitätsentwicklung –

- zur Koordinierung schulfachlicher Aufgaben –

---

[1]) Erhält eine Amtszulage nach Anlage 8.
[2]) Mit der Lehrbefähigung für das Lehramt an Grundschulen, der Lehrbefähigung für das Lehramt an Grund- und Hauptschulen, der Lehrbefähigung für das Lehramt an Haupt- und Realschulen, der Lehrbefähigung für das Lehramt an Realschulen, der Lehrbefähigung für das Lehramt an Grund-, Haupt- und Realschulen oder der Lehrbefähigung für das Lehramt für Sonderpädagogik.
[3]) Mit der Lehrbefähigung für ein entsprechendes Lehramt.
[4]) Bei Bildungsgängen mit Teilzeitunterricht rechnen 2,5 Schülerinnen oder Schüler mit Teilzeitunterricht als eine Schülerin oder ein Schüler.

Besoldungsgruppe A 16
Abteilungsdirektorin, Abteilungsdirektor

Abteilungsdirektorin, Abteilungsdirektor im Niedersächsischen Landesamt für Brand- und Katastrophenschutz

– als Vertreterin oder Vertreter der Behördenleitung –

Direktorin, Direktor
– als Leiterin oder Leiter eines Landesbildungszentrums für Blinde oder für Hörgeschädigte mit einer Schülerzahl von mehr als 150[2])

Direktorin der Alfred Toepfer Akademie für Naturschutz und Professorin, Direktor der Alfred Toepfer Akademie für Naturschutz und Professor

Direktorin, Direktor einer Volkshochschule
– mit mehr als 40 000 Unterrichtsstunden jährlich –

Gesamtschuldirektorin, Gesamtschuldirektor
– als Leiterin oder Leiter
  – einer Gesamtschule mit gymnasialer Oberstufe,
  – einer Gesamtschule ohne gymnasiale Oberstufe mit einer Schülerzahl von mehr als 1000 –

Landesbeauftragte oder Landesbeauftragter für den Tierschutz

Landeskonservatorin, Landeskonservator

Landstallmeisterin, Landstallmeister

Leitende Direktorin, Leitender Direktor[3])

Leitende Direktorin, Leitender Direktor
– beim Niedersächsischen Landesinstitut für schulische Qualitätsentwicklung –

Leitende Museumsdirektorin und Professorin, Leitender Museumsdirektor und Professor

Leitende Regierungsschuldirektorin, Leitender Regierungsschuldirektor
– im Schulaufsichtsdienst –

Ministerialrätin, Ministerialrat
– bei einer obersten Landesbehörde –[1])

Oberschuldirektorin, Oberschuldirektor
– als Leiterin oder Leiter
  – einer Oberschule mit gymnasialer Oberstufe,
  – einer Oberschule ohne gymnasiale Oberstufe mit einer Schülerzahl von mehr als 1000 –

Oberstudiendirektorin, Oberstudiendirektor
– als Leiterin oder Leiter
  – des Niedersächsischen Studienkollegs,
  – einer berufsbildenden Schule mit einer Schülerzahl von mehr als 360[2]),
  – einer Justizvollzugseinrichtung,
  – eines Gymnasiums im Aufbau mit einer Schülerzahl von
    – mehr als 540, wenn die oberste Jahrgangsstufe fehlt,
    – mehr als 670, wenn die zwei oberen Jahrgangsstufen fehlen,
    – mehr als 800, wenn die drei oberen Jahrgangsstufen fehlen,
  – eines Studienseminars für das Lehramt an Gymnasien oder an berufsbildenden Schulen,
  – eines voll ausgebauten Gymnasiums mit einer Schülerzahl von mehr als 360,
  – eines zweizügig ausgebauten Abendgymnasiums oder Kollegs –

Pflegedirektorin, Pflegedirektor des Maßregelvollzugszentrums Niedersachsen

---

[1]) Wenn nicht in der Besoldungsgruppe B 2 oder B 3.
[2]) Bei Bildungsgängen mit Teilzeitunterricht rechnen 2,5 Schülerinnen oder Schüler mit Teilzeitunterricht als eine Schülerin oder ein Schüler.
[3]) ₁Erhält als Leiterin oder Leiter einer besonders großen und besonders bedeutenden unteren Verwaltungsbehörde, der Mittelbehörde oder einer Landesoberbehörde eine Amtszulage nach Anlage 8, wenn die Planstelle mit einer Amtszulage ausgestattet ist. ₂Bei der Anwendung der in der Verordnung nach § 24 geregelten Obergrenzen auf die übrigen Leiterinnen und Leiter unterer Verwaltungsbehörden, Mittelbehörden und Landesoberbehörden bleiben die mit einer Amtszulage ausgestatteten Planstellen der Besoldungsgruppe A 16 unberücksichtigt. ₃Es können bis zu 30 Prozent der Planstellen der Besoldungsgruppe A 16 für Leiterinnen und Leiter unterer Verwaltungsbehörden, Mittelbehörden und Landesoberbehörden mit einer Amtszulage nach Anlage 8 ausgestattet werden. ₄Bei der Anwendung der Obergrenze nach Satz 3 bleiben

1. Anstaltsleiterinnen und Anstaltsleiter im Sinne des § 176 des Niedersächsischen Justizvollzugs-

Anlage 1 Landesbesoldungsgesetz (NBesG) **III.1**

gesetzes von Justizvollzugseinrichtungen mit einer Belegungsfähigkeit von mehr als 450 Haftplätzen sowie

2. Anstaltsleiterinnen und Anstaltsleiter (bei Bandbreitenbewertung)

   a) von Justizvollzugseinrichtungen mit mehr als 370 Haftplätzen und

   b) von Justizvollzugseinrichtungen mit mindestens 300 Haftplätzen, wenn zugleich landesweite Aufgaben wahrgenommen werden,

unberücksichtigt; Planstellen für diese Beamtinnen und Beamten können stets mit einer Amtszulage ausgestattet werden.

Künftig wegfallende Ämter

Besoldungsgruppe A 2 und A 3
(weggefallen)

Besoldungsgruppe A 5

Amtsmeisterin, Amtsmeister[4])

Erste Hauptwachtmeisterin, Erster Hauptwachtmeister[1])[2])[3])

Gestütwärterin, Gestütwärter[4])

Hauptaufseherin, Hauptaufseher[4])

---

[1]) Erhält eine Amtszulage nach Anlage 8.

[2]) Die Beamtinnen und Beamten führen die Amtsbezeichnung „Justizhauptwachtmeisterin" oder „Justizhauptwachtmeister", wenn sie dies schriftlich gegenüber der Dienststelle erklären.

[3]) Wenn nicht in der Besoldungsgruppe A 6.

[4]) Als erstes Einstiegsamt der Laufbahngruppe 1 für Beamtinnen und Beamte, denen das Amt vor dem 1. März 2019 verliehen wurde.

Besoldungsgruppe A 6

Erste Hauptwachtmeisterin, Erster Hauptwachtmeister[1])[2])[3])

---

[1]) Die im Justizwachtmeisterdienst tätigen Beamtinnen und Beamten der Laufbahn der Laufbahngruppe 1 der Fachrichtung Justiz erhalten eine Amtszulage nach Anlage 8.

[2]) Die im Justizwachtmeisterdienst tätigen Beamtinnen und Beamten führen die Amtsbezeichnung „Erste Justizhauptwachtmeisterin" oder „Erster Justizhauptwachtmeister", wenn sie dies schriftlich gegenüber der Dienststelle erklären.

[3]) Wenn nicht in der Besoldungsgruppe A 5.

Besoldungsgruppe A 7

Polizeimeisterin, Polizeimeister

Besoldungsgruppe A 8

Polizeiobermeisterin, Polizeiobermeister

Besoldungsgruppe A 9

Jugendleiterin, Jugendleiter[1])

Polizeihauptmeisterin, Polizeihauptmeister[2])

Technische Lehrerin, Technischer Lehrer
– bei einer berufsbildenden Schule –[3])

---

[1]) Wenn nicht in der Besoldungsgruppe A 10 oder A 11.

[2]) Erhält eine Amtszulage nach Anlage 8, wenn die Planstelle mit einer Amtszulage ausgestattet ist. Es können jeweils bis zu 30 Prozent der Planstellen für Beamtinnen und Beamte für Funktionen, die sich von denen der Besoldungsgruppe A 9 abheben, mit einer Amtszulage nach Anlage 8 ausgestattet werden.

[3]) Wenn nicht in der Besoldungsgruppe A 10.

Besoldungsgruppe A 10

Fachlehrerin, Fachlehrer
– an einer Grund-, Haupt-, Real- oder Förderschule mit Lehrbefähigung für mindestens zwei musisch-technische Fächer –[5])
– bei einer berufsbildenden Schule –[1])[2])

Jugendleiterin, Jugendleiter
– soweit an einer berufsbildenden Schule –[1])[2])

Technische Lehrerin, Technischer Lehrer
– bei einer berufsbildenden Schule –[3])
– bei einer Berufs- oder Berufsfachschule –[4])

---

[1]) Erhält eine Amtszulage nach Anlage 8.

[2]) Wenn nicht in der Besoldungsgruppe A 11.

[3]) Wenn nicht in der Besoldungsgruppe A 9.

[4]) Erhält von der Erfahrungsstufe 9 an eine Amtszulage nach Anlage 8.

[5]) Als erstes Einstiegsamt der Laufbahngruppe 2.

Besoldungsgruppe A 11

Amtmännin

Fachlehrerin, Fachlehrer
– bei einer berufsbildenden Schule –[1])

Jugendleiterin, Jugendleiter
– als Klassenleiterin oder Klassenleiter an einer Förderschule –[2])
– an einer berufsbildenden Schule –[1])

III.1 Landesbesoldungsgesetz (NBesG) — Anlage 1

---

[1]) Wenn nicht in der Besoldungsgruppe A 10.
[2]) Nur nach achtjähriger Unterrichtstätigkeit nach Beendigung der Probezeit.

Besoldungsgruppe A 12
(weggefallen)

Besoldungsgruppe A 13

Akademische Rätin, Akademischer Rat
– als wissenschaftliche oder künstlerische Mitarbeiterin oder wissenschaftlicher oder künstlerischer Mitarbeiter an einer Hochschule –

Lehrerin, Lehrer
– mit fachwissenschaftlicher Ausbildung in zwei Fächern, wenn sich die Lehrbefähigung auf Gymnasien erstreckt, bei einer dieser Lehrbefähigung entsprechenden Verwendung –[7])

Oberamtsrätin, Oberamtsrat[1])[2])[3])

Oberlehrerin, Oberlehrer
– bei einer Berufsaufbau-, Berufsfach- oder Fachschule –[4])

Realschullehrerin, Realschullehrer[5])
– als Fachberaterin oder Fachberater in der Schulaufsicht –

Realschulrektorin, Realschulrektor
– als Leiterin oder Leiter des Realschulzweigs mit einer Schülerzahl von 131 bis 180 an einer Kooperativen Gesamtschule –[6])

---

[1]) Erhält eine Amtszulage nach Anlage 8, wenn die Planstelle mit einer Amtszulage ausgestattet ist. Es können bis zu 20 Prozent der Planstellen für Beamtinnen und Beamte der Laufbahn der Laufbahngruppe 2 der Fachrichtung Technische Dienste oder Agrar- und umweltbezogene Dienste im landwirtschaftlich-technischen Dienst oder der Fachrichtung Feuerwehr, die sich von denen der Besoldungsgruppe A 13 abheben, mit einer Amtszulage nach Anlage 8 ausgestattet werden. Die Obergrenze von 20 Prozent gilt nicht für Beamtinnen und Beamte der Kommunen, Zweckverbände, kommunalen Anstalten und gemeinsamen kommunalen Anstalten sowie des Bezirksverbands Oldenburg.
[2]) Die Beamtinnen und Beamten führen die Grundamtsbezeichnung „Rätin" oder „Rat", wenn sie dies schriftlich gegenüber der Dienststelle erklären.
[3]) Erhält eine Amtszulage nach Anlage 8, wenn die Planstelle mit einer Amtszulage ausgestattet ist. Es können bis zu 20 Prozent der Planstellen für Beamtinnen und Beamte der Laufbahngruppe 2 der Fachrichtung Justiz mit Funktionen einer Rechtspflegerin oder eines Rechtspflegers bei Gerichten und Staatsanwaltschaften, die sich von denen der Besoldungsgruppe A 13 abheben, mit einer Amtszulage nach Anlage 8 ausgestattet werden.
[4]) Erhält eine Amtszulage nach Anlage 8.
[5]) Für Lehrkräfte, denen das Amt einer Realschullehrerin oder eines Realschullehrers vor Inkrafttreten des Artikels 3 des Gesetzes zur Änderung des Niedersächsischen Versorgungsrücklagengesetzes, des Ministergesetzes und des Niedersächsischen Besoldungsgesetzes vom 28. Oktober 2009 (Nds. GVBl. S. 402) am 6. November 2009 übertragen wurde.
[6]) Erhält eine Amtszulage nach Anlage 8.
[7]) Als erstes Einstiegsamt der Laufbahngruppe 2.

Besoldungsgruppe A 14

Akademische Oberrätin, Akademischer Oberrat
– als wissenschaftliche oder künstlerische Mitarbeiterin oder wissenschaftlicher oder künstlerischer Mitarbeiter an einer Hochschule –

Realschulkonrektorin, Realschulkonrektor
– als ständige Vertreterin oder ständiger Vertreter der Leiterin oder des Leiters
  – einer Realschule mit einer Schülerzahl von 181 bis 360 –
  – einer Realschule mit einer Schülerzahl von mehr als 360 –[1]),
  – einer zusammengefassten Schule mit Realschulzweig mit einer Schülerzahl von 181 bis 360 und einer Gesamtschülerzahl von mehr als 540 –[1]),
  – einer zusammengefassten Schule mit Realschulzweig mit einer Schülerzahl von mehr als 360 am Realschulzweig –[1])
– als Fachbereichsleiterin oder Fachbereichsleiter an einer Gesamtschule –
– als Jahrgangsleiterin oder Jahrgangsleiter im Sekundarbereich I einer Integrierten Gesamtschule –
– bei einer Schulbehörde oder dem Niedersächsischen Landesinstitut für schulische Qualitätsentwicklung –
– als Fachberaterin oder Fachberater in der Schulaufsicht –

Anlage 1   Landesbesoldungsgesetz (NBesG)   **III.1**

Realschulrektorin, Realschulrektor
- als Leiterin oder Leiter
  - des Realschulzweigs mit einer Schülerzahl von 181 bis 360 an einer Kooperativen Gesamtschule –
  - des Realschulzweigs mit einer Schülerzahl von mehr als 360 an einer Kooperativen Gesamtschule –[1])
- einer Realschule mit einer Schülerzahl bis 180 –
- einer Realschule mit einer Schülerzahl von 181 bis 360 –[1])

Zweite Realschulkonrektorin, Zweiter Realschulkonrektor
- an einer zusammengefassten Schule mit einer Schülerzahl von mehr als 180 am Realschulzweig und einer Gesamtschülerzahl von mehr als 540 –
- einer Realschule mit einer Schülerzahl von mehr als 540 –

[1]) Erhält eine Amtszulage nach Anlage 8.

Besoldungsgruppe A 15

Akademische Direktorin, Akademischer Direktor
- als wissenschaftliche oder künstlerische Mitarbeiterin oder wissenschaftlicher oder künstlerischer Mitarbeiter an einer Hochschule –

Realschulrektorin, Realschulrektor
- bei einer Schulbehörde oder dem Niedersächsischen Landesinstitut für schulische Qualitätsentwicklung –
- einer Realschule mit einer Schülerzahl von mehr als 360 –
- einer zusammengefassten Schule mit Realschulzweig mit einer Schülerzahl von 181 bis 360 und einer Gesamtschülerzahl von mehr als 540 –
- einer zusammengefassten Schule mit Realschulzweig und einer Schülerzahl von mehr als 360 am Realschulzweig –

Studiendirektorin, Studiendirektor
- als Leiterin oder als Leiter eines Landesbildungszentrums für Blinde oder für Hörgeschädigte mit einer Schülerzahl bis 150[2])[3])

Vizepräsidentin, Vizepräsident einer Hochschule[1])

---
[1]) Wenn nicht anderweitig eingestuft.
[2]) Erhält eine Amtszulage nach Anlage 8.
[3]) Bei Bildungsgängen mit Teilzeitunterricht rechnen 2,5 Schülerinnen oder Schüler mit Teilzeitunterricht als eine Schülerin oder ein Schüler.

Besoldungsgruppe A 16

Leitende Akademische Direktorin, Leitender Akademischer Direktor
- als wissenschaftliche oder künstlerische Mitarbeiterin oder wissenschaftlicher oder künstlerischer Mitarbeiter an einer Hochschule –

Oberstudiendirektorin, Oberstudiendirektor
- als Leiterin oder Leiter eines Landesbildungszentrums für Blinde oder für Hörgeschädigte mit einer Schülerzahl von mehr als 150 –[1])

Vizepräsidentin, Vizepräsident
- der Fachhochschule Hannover –
- der Fachhochschule Oldenburg/Ostfriesland/Wilhelmshaven –

---
[1]) Bei Bildungsgängen mit Teilzeitunterricht rechnen 2,5 Schülerinnen oder Schüler mit Teilzeitunterricht als eine Schülerin oder ein Schüler.

Anlage 2
(zu § 5 Abs. 3, § 22 Abs. 1 und § 37)

Besoldungsordnung B

Besoldungsgruppe B 1

Besoldungsgruppe B 2

Abteilungsdirektorin, Abteilungsdirektor
- als allgemeine Vertreterin oder allgemeiner Vertreter der Direktorin oder des Direktors der Polizeiakademie Niedersachsen –
- als Leiterin oder Leiter einer großen und bedeutenden Abteilung
  - bei einer Mittel- oder Oberbehörde,
  - bei einer sonstigen Dienststelle oder Einrichtung, wenn deren Leiterin oder Leiter mindestens in Besoldungsgruppe B 5 eingestuft ist –
- als Leiterin oder Leiter eines großen und bedeutenden Bereiches des Landesamtes für Steuern Niedersachsen, wenn sie oder er für den eigenen und mindestens einen weiteren Bereich Vertreterin oder Vertreter einer Abteilungsleitung ist –

Abteilungsleiterin, Abteilungsleiter in der Betriebsleitung der Anstalt Niedersächsische Landesforsten

Ärztliche Direktorin, Ärztlicher Direktor des Maßregelvollzugszentrums Niedersachsen

Direktorin, Direktor
- als Leiterin oder Leiter der Leibniz Universität IT Services der Universität Hannover –

Direktorin, Direktor als Leiterin oder Leiter des Niedersächsischen Landesinstituts für schulische Qualitätsentwicklung

Direktorin, Direktor als Leiterin oder Leiter eines Regionalen Landesamtes für Schule und Bildung

Direktorin, Direktor bei einem Regionalträger der gesetzlichen Rentenversicherung
- als stellvertretende Geschäftsführerin oder stellvertretender Geschäftsführer oder Mitglied der Geschäftsführung, wenn die Erste Direktorin oder der Erste Direktor in Besoldungsgruppe B 3 eingestuft ist –

Direktorin, Direktor beim Amt für regionale Landesentwicklung

Direktorin, Direktor des Amtes für Veterinärwesen und Lebensmittelüberwachung
- beim Landkreis Cloppenburg –

Direktorin, Direktor des Landesamtes für Geoinformation und Landesvermessung Niedersachsen
- als Leiterin oder Leiter des Landesbetriebes Landesvermessung und Geobasisinformation –

Direktorin, Direktor der Feuerwehr
- bei einer Stadt mit einer Einwohnerzahl von mehr als 200 000 –

Direktorin, Direktor der Niedersächsischen Versorgungskasse

Direktorin, Direktor der Polizei
- im für Inneres zuständigen Ministerium –

Direktorin, Direktor der Stiftung Braunschweigischer Kulturbesitz

Direktorin, Direktor des Landesbetriebes für Mess- und Eichwesen Niedersachsen

Direktorin, Direktor des Landesmuseums Hannover

Direktorin, Direktor des Servicezentrums Landentwicklung und Agrarförderung

Geschäftsbereichsleiterin, Geschäftsbereichsleiter der Landwirtschaftskammer

Geschäftsbereichsleiterin, Geschäftsbereichsleiter des Landesbetriebes IT.Niedersachsen

Geschäftsführerin, Geschäftsführer des Logistik Zentrums Niedersachsen

Kammerdirektorin, Kammerdirektor der Klosterkammer Hannover

Leitende Direktorin, Leitender Direktor

- als der Landrätin oder dem Landrat unmittelbar unterstellte Leiterin oder unmittelbar unterstellter Leiter einer großen und besonders bedeutenden Organisationseinheit eines Landkreises mit einer Einwohnerzahl von mehr als 200 000 –[2])
- als einer Beamtin oder einem Beamten auf Zeit unmittelbar unterstellte Leiterin oder unmittelbar unterstellter Leiter einer großen und besonders bedeutenden Organisationseinheit der Region Hannover –[2])
- als einer Beamtin oder einem Beamten auf Zeit unmittelbar unterstellte Leiterin oder unmittelbar unterstellter Leiter einer großen und besonders bedeutenden Organisationseinheit einer Stadt mit einer Einwohnerzahl von mehr als 200 000[2]) –

Ministerialrätin, Ministerialrat[1])[3])
- bei einer obersten Landesbehörde –

Polizeivizepräsidentin, Polizeivizepräsident

Präsidentin, Präsident des Landesamtes für Denkmalpflege

Präsidentin, Präsident des Landesarchivs

Verwaltungsdirektorin, Verwaltungsdirektor des Maßregelvollzugszentrums Niedersachsen

Vizepräsidentin, Vizepräsident der Anstalt Niedersächsische Landesforsten

Vizepräsidentin, Vizepräsident der Landesaufnahmebehörde Niedersachsen

Vizepräsidentin, Vizepräsident des Landesamtes für Statistik Niedersachsen

Vizepräsidentin, Vizepräsident des Landesamtes für Verbraucherschutz und Lebensmittelsicherheit

Vizepräsidentin, Vizepräsident des Landeskriminalamtes

Vizepräsidentin, Vizepräsident des Niedersächsischen Landesamtes für Bau und Liegenschaften

Leitende Ministerialräte in der Besoldungsgruppe B 3 und für Ministerialrätinnen und Ministerialräte nicht überschreiten.

Besoldungsgruppe B 3

Direktorin, Direktor bei einem Regionalträger der gesetzlichen Rentenversicherung
- als stellvertretende Geschäftsführerin oder stellvertretender Geschäftsführer oder Mitglied der Geschäftsführung, wenn die Erste Direktorin oder der Erste Direktor in Besoldungsgruppe B 4 eingestuft ist –

Direktorin, Direktor der Feuerwehr
- bei einer Stadt mit einer Einwohnerzahl von mehr als 400 000 –

Direktorin, Direktor der Nordwestdeutschen Forstlichen Versuchsanstalt

Direktorin, Direktor der Polizeiakademie Niedersachsen

Direktorin, Direktor der Staats- und Universitätsbibliothek Göttingen

Erste Direktorin, Erster Direktor eines Regionalträgers der gesetzlichen Rentenversicherung
- als Geschäftsführerin oder Geschäftsführer oder Vorsitzende oder Vorsitzender der Geschäftsführung bei höchstens 900 000 Versicherten und laufenden Rentenfällen –

Geschäftsbereichsleiterin, Geschäftsbereichsleiter der Landwirtschaftskammer
- als allgemeine Vertreterin oder allgemeiner Vertreter der Direktorin oder des Direktors der Landwirtschaftskammer –

Geschäftsführerin, Geschäftsführer der Tierseuchenkasse

Landesbranddirektorin, Landesbranddirektor[6])

Landespolizeidirektorin, Landespolizeidirektor

Leitende Ministerialrätin, Leitender Ministerialrat[2])
- bei einer obersten Landesbehörde –
  - als Leiterin oder Leiter einer Abteilung[3]),
  - als Leiterin oder Leiter einer auf Dauer eingerichteten Gruppe von Referaten[3]),

---

[1]) Wenn nicht in der Besoldungsgruppe A 16 oder B 3.
[2]) Mit einem auf die Fachrichtung verweisenden Zusatz.
[3]) Die Zahl der Planstellen für Leitende Ministerialrätinnen und Leitende Ministerialräte in der Besoldungsgruppe B 3 und für Ministerialrätinnen und Ministerialräte in den Besoldungsgruppen B 2 und B 3 darf zusammen 60 Prozent der Gesamtzahl der Planstellen für Leitende Ministerialrätinnen und

- als Präsidentin oder Präsident des Landesjustizprüfungsamtes –
- als ständige Vertreterin oder ständiger Vertreter einer Abteilungsleiterin oder eines Abteilungsleiters, soweit kein Unterabteilungsleiter oder Gruppenleiter vorhanden ist –[3])[4])
- als Referatsleiterin oder Referatsleiter im für Inneres zuständigen Ministerium bei gleichzeitiger Funktion als Landeswahlleiterin oder Landeswahlleiter –
- als Vertreterin oder Vertreter der oder des Landesbeauftragten für den Datenschutz –

Ministerialrätin, Ministerialrat[1])[2])
- bei einer obersten Landesbehörde, wenn nicht einer oder einem in Besoldungsgruppe B 3 oder B 4 eingestuften Gruppenleiterin oder Gruppenleiter unterstellt –

Polizeipräsidentin, Polizeipräsident
- als Leiterin oder Leiter einer Polizeidirektion oder der Polizeibehörde für zentrale Aufgaben –[5])

Präsidentin, Präsident der Landesaufnahmebehörde Niedersachsen

Präsidentin, Präsident des Landesamtes für Statistik Niedersachsen

Präsidentin, Präsident des Landesgesundheitsamtes

Präsidentin, Präsident des Niedersächsischen Landesamtes für Bezüge und Versorgung

Präsidentin, Präsident des Niedersächsischen Landesamtes für Brand- und Katastrophenschutz

Regionaldirektorin, Regionaldirektor im Staatlichen Baumanagement Niedersachsen Region Nord-West

Verfassungsschutzvizepräsidentin, Verfassungsschutzvizepräsident
- als stellvertretende Leiterin oder stellvertretender Leiter der Verfassungsschutzabteilung im für Inneres zuständigen Ministerium –

Vizepräsidentin, Vizepräsident des Landesamtes für Steuern Niedersachsen

- als Leiterin oder Leiter einer Abteilung und als Vertreterin oder Vertreter der Präsidentin oder des Präsidenten

---

[1]) Wenn nicht in der Besoldungsgruppe A 16 oder B 2.
[2]) Die Zahl der Planstellen für Leitende Ministerialrätinnen und Leitende Ministerialräte in der Besoldungsgruppe B 3 und für Ministerialrätinnen und Ministerialräte in den Besoldungsgruppen B 2 und B 3 darf zusammen 60 Prozent der Gesamtzahl der Planstellen für Leitende Ministerialrätinnen und Leitende Ministerialräte in der Besoldungsgruppe B 3 und für Ministerialrätinnen und Ministerialräte nicht überschreiten.
[3]) Wenn die Funktion nicht einem in eine höhere oder niedrigere Besoldungsgruppe eingestuften Amt zugeordnet ist.
[4]) Dieses Amt kann auch mehr als einer Beamtin oder einem Beamten übertragen werden, wenn es in großen und bedeutenden Abteilungen erforderlich ist, die Stellvertreterfunktion aufzuteilen.
[5]) Wenn nicht in der Besoldungsgruppe B 4.
[6]) Wenn nicht in der Besoldungsgruppe B 6.

Besoldungsgruppe B 4

Direktorin, Direktor bei einem Regionalträger der gesetzlichen Rentenversicherung
- als stellvertretende Geschäftsführerin oder stellvertretender Geschäftsführer oder Mitglied der Geschäftsführung, wenn die Erste Direktorin oder der Erste Direktor in Besoldungsgruppe B 5 eingestuft ist –

Erste Direktorin, Erster Direktor eines Regionalträgers der gesetzlichen Rentenversicherung
- als Geschäftsführerin oder Geschäftsführer oder Vorsitzende oder Vorsitzender der Geschäftsführung bei mehr als 900 000 und höchstens 2,3 Millionen Versicherten und laufenden Rentenfällen –

Geschäftsführerin, Geschäftsführer des Landesbetriebes IT.Niedersachsen

Leitende Ministerialrätin, Leitender Ministerialrat
- als Beauftragte oder Beauftragter für Investitions- und Planungsbeschleunigung sowie Bürgerbeteiligung –
- als Bevollmächtigte oder Bevollmächtigter der Niedersächsischen Landesregierung für den Einsatz der Informationstechnik –

- bei einer obersten Landesbehörde
  - als Leiterin oder Leiter einer Abteilung[1]),
  - als Leiterin oder Leiter einer Unterabteilung oder als Leiterin oder Leiter einer auf Dauer eingerichteten Gruppe von Referaten unter einer Beamtin oder einem Beamten, die oder der in Besoldungsgruppe B 7 eingestuft ist[2]),
  - als ständige Vertreterin oder ständiger Vertreter einer Beamtin oder eines Beamten, die oder der in Besoldungsgruppe B 7 eingestuft ist, soweit kein Unterabteilungsleiter oder Gruppenleiter vorhanden ist –[2])

Polizeipräsidentin, Polizeipräsident
– in Hannover –)

Präsidentin, Präsident der Anstalt Niedersächsische Landesforsten

Präsidentin, Präsident der Niedersächsischen Landesbehörde für Straßenbau und Verkehr

Präsidentin, Präsident des Landesamtes für Bergbau, Energie und Geologie

Präsidentin, Präsident des Landesamtes für Geoinformation und Landesvermessung Niedersachsen

Präsidentin, Präsident des Landesamtes für Soziales, Jugend und Familie

Präsidentin, Präsident des Landesamtes für Verbraucherschutz und Lebensmittelsicherheit

Präsidentin, Präsident des Landeskriminalamtes

Präsidentin, Präsident des Niedersächsischen Landesamtes für Bau und Liegenschaften

---
[1]) Wenn die Funktion nicht einem in eine höhere oder niedrigere Besoldungsgruppe eingestuften Amt zugeordnet ist.
[2]) Wenn die Funktion nicht einem in eine niedrigere Besoldungsgruppe eingestuften Amt zugeordnet ist.

Besoldungsgruppe B 5

Direktorin, Direktor bei einem Regionalträger der gesetzlichen Rentenversicherung
– als stellvertretende Geschäftsführerin oder stellvertretender Geschäftsführer oder Mitglied der Geschäftsführung, wenn die Erste Direktorin oder der Erste Direktor in Besoldungsgruppe B 6 eingestuft ist –

Direktorin, Direktor des Landesbetriebes für Wasserwirtschaft, Küsten- und Naturschutz

Erste Direktorin, Erster Direktor eines Regionalträgers der gesetzlichen Rentenversicherung
– als Geschäftsführerin oder Geschäftsführer oder Vorsitzende oder Vorsitzender der Geschäftsführung bei mehr als 2,3 Millionen und höchstens 3,7 Millionen Versicherten und laufenden Rentenfällen –

Ministerialdirigentin, Ministerialdirigent
– bei einer obersten Landesbehörde als Leiterin oder Leiter einer Abteilung –[1])

Parlamentsrätin, Parlamentsrat
– als Mitglied des Gesetzgebungs- und Beratungsdienstes beim Landtag –

Präsidentin, Präsident der Klosterkammer Hannover

Präsidentin, Präsident des Landesamtes für Steuern Niedersachsen

---
[1]) Wenn die Funktion nicht einem in eine niedrigere Besoldungsgruppe eingestuften Amt zugeordnet ist.

Besoldungsgruppe B 6

Direktorin, Direktor der Landwirtschaftskammer

Erste Direktorin, Erster Direktor eines Regionalträgers der gesetzlichen Rentenversicherung
– als Geschäftsführerin oder Geschäftsführer oder Vorsitzende oder Vorsitzender der Geschäftsführung bei mehr als 3,7 Millionen Versicherten und laufenden Rentenfällen –

Landesbeauftragte, Landesbeauftragter für regionale Landesentwicklung

Landesbranddirektorin, Landesbranddirektor
– bei einer obersten Landesbehörde als Leiterin oder Leiter einer großen oder bedeutenden Abteilung –

Landespolizeipräsidentin, Landespolizeipräsident

Ministerialdirigentin, Ministerialdirigent
- als Mitglied des Gesetzgebungs- und Beratungsdienstes beim Landtag bei gleichzeitiger Leitung der Parlamentarischen Abteilung –
- bei einer obersten Landesbehörde als Leiterin oder Leiter
  - einer großen oder bedeutenden Abteilung,
  - einer Hauptabteilung –
- als Leiterin oder Leiter der Vertretung des Landes Niedersachsen beim Bund –

Verfassungsschutzpräsidentin, Verfassungsschutzpräsident
- als Leiterin oder Leiter der Verfassungsschutzabteilung im für Inneres zuständigen Ministerium –

Besoldungsgruppe B 7

Landesbeauftragte, Landesbeauftragter für den Datenschutz

Vizepräsidentin, Vizepräsident des Landesrechnungshofs

Besoldungsgruppe B 8

Besoldungsgruppe B 9

Direktorin, Direktor beim Landtag[1])

Präsidentin, Präsident des Landesrechnungshofs[1])

Staatssekretärin, Staatssekretär[1])

[1]) Erhält eine Amtszulage nach Anlage 8.

Besoldungsgruppe B 10

Staatssekretärin, Staatssekretär
- als Chefin oder Chef der Staatskanzlei –

Künftig wegfallende Ämter

Besoldungsgruppe B 2

Vizepräsidentin, Vizepräsident der Universität Oldenburg

Direktorin, Direktor beim Landesamt für Geoinformation und Landentwicklung Niedersachsen
- als Leiterin oder Leiter des Geschäftsbereiches Landesvermessung und Geobasisinformation –

Besoldungsgruppe B 3

Direktorin, Direktor beim Amt für regionale Landesentwicklung

Direktorin, Direktor der Technischen Informationsbibliothek und der Universitätsbibliothek Hannover

Präsidentin, Präsident einer Hochschule
- als hauptberufliche Leiterin oder hauptberuflicher Leiter der Tierärztlichen Hochschule Hannover –

Besoldungsgruppe B 4

Direktorin, Direktor der Landwirtschaftskammer Weser-Ems

Direktorin, Direktor des Landesamtes für Geoinformation und Landentwicklung Niedersachsen
- als Vorsitzende oder Vorsitzender des Vorstands –

Polizeipräsidentin, Polizeipräsident
- als Leiterin oder Leiter einer Polizeidirektion oder der Polizeibehörde für zentrale Aufgaben –

Besoldungsgruppe B 6

Ministerialdirigentin, Ministerialdirigent
- in der Presse- und Informationsstelle der Landesregierung –

Anlage 3
(zu § 5 Abs. 3)

Besoldungsordnung W

Besoldunggruppe W 1

Juniorprofessorin, Juniorprofessor

Besoldungsgruppe W 2

Dekanin, Dekan[1])

Professorin, Professor an der Polizeiakademie Niedersachsen

Professorin, Professor an einer Fachhochschule[1])

Professorin, Professor an einer Kunsthochschule[1])

Universitätsprofessorin, Universitätsprofessor[1])

---

[1]) Wenn nicht in der Besoldungsgruppe W 3.

Besoldungsgruppe W 3

Dekanin, Dekan[1])

Präsidentin, Präsident der . . .[2])

Professorin, Professor an einer Fachhochschule[1])

Professorin, Professor an einer Kunsthochschule[1])

Universitätsprofessorin, Universitätsprofessor[1])

Vizepräsidentin, Vizepräsident der . . .[2])

---

[1]) Wenn nicht in der Besoldungsgruppe W 2.
[2]) Zur Amtsbezeichnung gehört eine Ergänzung, die auf die Hochschule hinweist, der die Amtsinhaberin oder der Amtsinhaber angehört.

Anlage 4
(zu § 5 Abs. 3 sowie den §§ 32 und 37)

Besoldungsordnung R

Besoldungsgruppe R 1

Erste Staatsanwältin, Erster Staatsanwalt[1]

Richterin, Richter am Amtsgericht[2][5]

Richterin, Richter am Arbeitsgericht[2]

Richterin, Richter am Landgericht[3]

Richterin, Richter am Sozialgericht[2]

Richterin, Richter am Verwaltungsgericht[4]

Staatsanwältin, Staatsanwalt

---

[1] Erhält als ständige Vertreterin oder ständiger Vertreter einer Oberstaatsanwältin als Abteilungsleiterin oder eines Oberstaatsanwalts als Abteilungsleiter eine Amtszulage nach Anlage 8.

[2] Erhält als ständige Vertreterin oder ständiger Vertreter der Direktorin oder des Direktors an einem Gericht mit 4 oder 5 Richterplanstellen eine Amtszulage nach Anlage 8.

[3] Erhält als Koordinationsrichterin oder Koordinationsrichter eine Amtszulage nach Anlage 8. Bei einem Landgericht können eine Planstelle, bei mehr als 30 Richterplanstellen und zwei Planstellen, bei mehr als 47 Richterplanstellen drei Planstellen, bei mehr als 65 Richterplanstellen vier Planstellen und bei mehr als 80 Richterplanstellen fünf Planstellen für eine Richterin oder einen Richter am Landgericht als Koordinationsrichterin oder Koordinationsrichter ausgebracht werden.

[4] Erhält als Koordinationsrichterin oder Koordinationsrichter eine Amtszulage nach Anlage 8. Bei einem Verwaltungsgericht mit 12 Richterplanstellen und auf je 6 weitere Richterplanstellen kann je eine Planstelle für eine Richterin oder einen Richter am Verwaltungsgericht als Koordinationsrichterin oder Koordinationsrichter ausgebracht werden.

[5] Erhält als Koordinationsrichterin oder Koordinationsrichter eine Amtszulage nach Anlage 8. Bei einem Amtsgericht mit mindestens 30 Richterplanstellen können eine Planstelle, bei einem Amtsgericht mit mindestens 60 Richterplanstellen zwei Planstellen und bei einem Amtsgericht mit mindestens 90 Richterplanstellen drei Planstellen für eine Richterin oder einen Richter am Amtsgericht als Koordinationsrichterin oder Koordinationsrichter ausgebracht werden.

Besoldungsgruppe R 2

Direktorin, Direktor des Amtsgerichts[1]

Direktorin, Direktor des Arbeitsgerichts[1]

Direktorin, Direktor des Sozialgerichts[1]

Oberstaatsanwältin, Oberstaatsanwalt
- als Abteilungsleiterin oder Abteilungsleiter bei einer Staatsanwaltschaft bei einem Landgericht –[3]
- als Hauptabteilungsleiterin oder Hauptabteilungsleiter bei einer Staatsanwaltschaft bei einem Landgericht mit mehr als 80 Planstellen für Staatsanwältinnen und Staatsanwälte –[4]
- als Dezernentin oder Dezernent bei einer Staatsanwaltschaft bei einem Oberlandesgericht –
- als ständige Vertreterin oder ständiger Vertreter der Leiterin oder des Leiters einer Amtsanwaltschaft mit 26 oder mehr Planstellen für Amtsanwältinnen oder Amtsanwälte –
- als Leiterin oder Leiter einer Amtsanwaltschaft mit 11 und mehr Planstellen für Amtsanwältinnen oder Amtsanwälte –[5]

Richterin, Richter am Amtsgericht
- als weitere aufsichtführende Richterin oder weiterer aufsichtführender Richter an einem Gericht mit 12 oder mehr Richterplanstellen –[6]
- als ständige Vertreterin oder ständiger Vertreter einer Direktorin oder eines Direktors an einem Gericht mit 6 oder mehr Richterplanstellen –[8]

Richterin, Richter am Arbeitsgericht
- als weitere aufsichtführende Richterin oder weiterer aufsichtführender Richter an einem Gericht mit 12 oder mehr Richterplanstellen –[6]
- als ständige Vertreterin oder ständiger Vertreter einer Direktorin oder eines Direktors an einem Gericht mit 6 oder mehr Richterplanstellen –

Richterin, Richter am Finanzgericht

Richterin, Richter am Landessozialgericht

Richterin, Richter am Oberlandesgericht

Richterin, Richter am Oberverwaltungsgericht

Richterin, Richter am Sozialgericht
- als weitere aufsichtführende Richterin oder weiterer aufsichtführender Richter an einem Gericht mit 12 oder mehr Richterplanstellen –[6]
- als ständige Vertreterin oder ständiger Vertreter einer Direktorin oder eines Direktors an einem Gericht mit 6 oder mehr Richterplanstellen –

Vizepräsidentin, Vizepräsident des Amtsgerichts
- als ständige Vertreterin oder ständiger Vertreter einer Präsidentin oder eines Präsidenten der Besoldungsgruppe R 3 oder R 4 –[7]

Vizepräsidentin, Vizepräsident des Arbeitsgerichts
- als ständige Vertreterin oder ständiger Vertreter einer Präsidentin oder eines Präsidenten der Besoldungsgruppe R 3 oder R 4 –[7]

Vizepräsidentin, Vizepräsident des Landgerichts
- als ständige Vertreterin oder ständiger Vertreter einer Präsidentin oder eines Präsidenten der Besoldungsgruppe R 3 oder R 4 –[2]

Vizepräsidentin, Vizepräsident des Sozialgerichts
- als ständige Vertreterin oder ständiger Vertreter einer Präsidentin oder eines Präsidenten der Besoldungsgruppe R 3 oder R 4 –[7]

Vizepräsidentin, Vizepräsident des Verwaltungsgerichts
- als ständige Vertreterin oder ständiger Vertreter einer Präsidentin oder eines Präsidenten der Besoldungsgruppe R 3 oder R 4 –[2]

Vorsitzende Richterin, Vorsitzender Richter am Landgericht

Vorsitzende Richterin, Vorsitzender Richter am Verwaltungsgericht

---

[1]) Erhält an einem Gericht mit 6 oder mehr Richterplanstellen eine Amtszulage nach Anlage 8.

[2]) Erhält eine Amtszulage nach Anlage 8.

[3]) Auf je 4 Planstellen für Staatsanwältinnen oder Staatsanwälte kann eine Planstelle für eine Oberstaatsanwältin oder einen Oberstaatsanwalt als Abteilungsleiterin oder Abteilungsleiter ausgebracht werden; erhält als die ständige Vertreterin oder der ständige Vertreter einer Leitenden Oberstaatsanwältin oder eines Leitenden Oberstaatsanwalts der Besoldungsgruppe R 3 oder R 4 eine Amtszulage nach Anlage 8.

[4]) Auf je 20 Planstellen für Staatsanwältinnen und Staatsanwälte kann eine Planstelle für eine Oberstaatsanwältin oder einen Oberstaatsanwalt als Hauptabteilungsleiterin oder Hauptabteilungsleiter ausgebracht werden; erhält als Hauptabteilungsleiterin oder Hauptabteilungsleiter eine Amtszulage nach Anlage 8.

[5]) Erhält bei einer Amtsanwaltschaft mit 26 oder mehr Planstellen für Amtsanwältinnen oder Amtsanwälte eine Amtszulage nach Anlage 8.

[6]) Bei 18 Richterplanstellen und auf je 6 weitere Richterplanstellen kann für weitere aufsichtführende Richterinnen oder Richter je eine Richterplanstelle der Besoldungsgruppe R 2 ausgebracht werden.

[7]) Erhält an einem Gericht mit 16 oder mehr Richterplanstellen eine Amtszulage nach Anlage 8.

[8]) Erhält als ständige Vertreterin oder ständiger Vertreter an einem Gericht mit 20 oder mehr Richterplanstellen eine Amtszulage nach Anlage 8.

Besoldungsgruppe R 3

Direktorin, Direktor des Amtsgerichts
- an einem Gericht mit 20 oder mehr Richterplanstellen –

Direktorin, Direktor des Arbeitsgerichts
- an einem Gericht mit 20 oder mehr Richterplanstellen –

Direktorin, Direktor des Sozialgerichts
- an einem Gericht mit 20 oder mehr Richterplanstellen –

Leitende Oberstaatsanwältin, Leitender Oberstaatsanwalt
- als Leiterin oder Leiter einer Staatsanwaltschaft bei einem Landgericht mit bis zu 40 Planstellen für Staatsanwältinnen und Staatsanwälte –[4]

- als Abteilungsleiterin oder Abteilungsleiter bei einer Staatsanwaltschaft bei einem Oberlandesgericht –[3])

Oberstaatsanwältin, Oberstaatsanwalt
- als ständige Vertreterin oder ständiger Vertreter einer Leitenden Oberstaatsanwältin oder eines Leitenden Oberstaatsanwalts bei einer Staatsanwaltschaft mit mehr als 80 Planstellen für Staatsanwältinnen und Staatsanwälte –

Präsidentin, Präsident des Amtsgerichts
- an einem Gericht mit bis zu 40 Richterplanstellen –[1])

Präsidentin, Präsident des Arbeitsgerichts
- an einem Gericht mit bis zu 40 Richterplanstellen –[1])

Präsidentin, Präsident des Landgerichts
- an einem Gericht mit bis zu 40 Richterplanstellen einschließlich der Richterplanstellen der Gerichte, über die die Präsidentin oder der Präsident die Dienstaufsicht führt –[2])

Präsidentin, Präsident des Sozialgerichts
- an einem Gericht mit bis zu 40 Richterplanstellen –[1])

Präsidentin, Präsident des Verwaltungsgerichts
- an einem Gericht mit bis zu 40 Richterplanstellen –

Vizepräsidentin, Vizepräsident des Amtsgerichts
- als ständige Vertreterin oder ständiger Vertreter der Präsidentin oder des Präsidenten eines Gerichts mit 81 oder mehr Richterplanstellen –

Vizepräsidentin, Vizepräsident des Finanzgerichts[2])

Vizepräsidentin, Vizepräsident des Landesarbeitsgerichts
- als ständige Vertreterin oder ständiger Vertreter einer Präsidentin oder eines Präsidenten der Besoldungsgruppe R 6 –[2])

Vizepräsidentin, Vizepräsident des Landessozialgerichts
- als ständige Vertreterin oder ständiger Vertreter einer Präsidentin oder eines Präsidenten der Besoldungsgruppe R 6 –[2])

Vizepräsidentin, Vizepräsident des Landgerichts
- als ständige Vertreterin oder ständiger Vertreter der Präsidentin oder des Präsidenten eines Gerichts mit 81 oder mehr Richterplanstellen einschließlich der Richterplanstellen der Gerichte, über die die Präsidentin oder der Präsident die Dienstaufsicht führt –

Vizepräsidentin, Vizepräsident des Oberlandesgerichts
- als ständige Vertreterin oder ständiger Vertreter einer Präsidentin oder eines Präsidenten der Besoldungsgruppe R 6 –[2])

Vizepräsidentin oder Vizepräsident des Oberverwaltungsgerichts
- als ständige Vertreterin oder ständiger Vertreter einer Präsidentin oder eines Präsidenten der Besoldungsgruppe R 6 –[2])

Vizepräsidentin, Vizepräsident des Verwaltungsgerichts
- als ständige Vertreterin oder ständiger Vertreter der Präsidentin oder des Präsidenten eines Gerichts mit 81 oder mehr Richterplanstellen –

Vorsitzende Richterin, Vorsitzender Richter am Finanzgericht

Vorsitzende Richterin, Vorsitzender Richter am Landesarbeitsgericht

Vorsitzende Richterin, Vorsitzender Richter am Landessozialgericht

Vorsitzende Richterin, Vorsitzender Richter am Oberlandesgericht

Vorsitzende Richterin, Vorsitzender Richter am Oberverwaltungsgericht

---

[1]) Erhält an einem Gericht mit 30 oder mehr Richterplanstellen eine Amtszulage nach Anlage 8.
[2]) Erhält eine Amtszulage nach Anlage 8.

Anlage 4　　　　　　　　　　　　　　Landesbesoldungsgesetz (NBesG)　　**III.1**

[3]) Erhält als die ständige Vertreterin oder der ständige Vertreter einer Generalstaatsanwältin oder eines Generalstaatsanwalts der Besoldungsgruppe R 6 eine Amtszulage nach Anlage 8.

[4]) Erhält als Leiterin oder Leiter einer Staatsanwaltschaft mit 30 oder mehr Planstellen für Staatsanwältinnen und Staatsanwälte eine Amtszulage nach Anlage 8.

Besoldungsgruppe R 4

Leitende Oberstaatsanwältin, Leitender Oberstaatsanwalt
– als Leiterin oder Leiter einer Staatsanwaltschaft bei einem Landgericht mit 41 bis 80 Planstellen für Staatsanwältinnen und Staatsanwälte –

Präsidentin, Präsident des Amtsgerichts
– an einem Gericht mit 41 bis 80 Richterplanstellen –

Präsidentin, Präsident des Arbeitsgerichts
– an einem Gericht mit 41 oder mehr Richterplanstellen –

Präsidentin, Präsident des Landgerichts
– an einem Gericht mit 41 bis 80 Richterplanstellen einschließlich der Richterplanstellen der Gerichte, über die die Präsidentin oder der Präsident die Dienstaufsicht führt –

Präsidentin, Präsident des Sozialgerichts
– an einem Gericht mit 41 oder mehr Richterplanstellen –

Präsidentin, Präsident des Verwaltungsgerichts
– an einem Gericht mit 41 bis 80 Richterplanstellen –

Vizepräsidentin, Vizepräsident des Landesarbeitsgerichts
– als ständige Vertreterin oder ständiger Vertreter einer Präsidentin oder eines Präsidenten der Besoldungsgruppe R 8 –

Vizepräsidentin, Vizepräsident des Landessozialgerichts
– als ständige Vertreterin oder ständiger Vertreter einer Präsidentin oder eines Präsidenten der Besoldungsgruppe R 8 –

Vizepräsidentin, Vizepräsident des Oberlandesgerichts
– als ständige Vertreterin oder ständiger Vertreter einer Präsidentin oder eines Präsidenten der Besoldungsgruppe R 8 –

Vizepräsidentin, Vizepräsident des Oberverwaltungsgerichts
– als ständige Vertreterin oder ständiger Vertreter einer Präsidentin oder eines Präsidenten der Besoldungsgruppe R 8 –

Besoldungsgruppe R 5

Generalstaatsanwältin, Generalstaatsanwalt
– als Leiterin oder Leiter einer Staatsanwaltschaft bei einem Oberlandesgericht mit bis zu 100 Planstellen für Staatsanwältinnen oder Staatsanwälte im Bezirk –

Leitende Oberstaatsanwältin, Leitender Oberstaatsanwalt
– als Leiterin oder Leiter einer Staatsanwaltschaft bei einem Landgericht mit mehr als 80 Planstellen für Staatsanwältinnen und Staatsanwälte –

Präsidentin, Präsident des Amtsgerichts
– an einem Gericht mit 81 bis 150 Richterplanstellen –

Präsidentin, Präsident des Landgerichts
– an einem Gericht mit 81 bis 150 Richterplanstellen einschließlich der Richterplanstellen der Gerichte, über die die Präsidentin oder der Präsident die Dienstaufsicht führt –

Präsidentin, Präsident des Verwaltungsgerichts
– an einem Gericht mit 81 bis 150 Richterplanstellen –

Besoldungsgruppe R 6

Generalstaatsanwältin, Generalstaatsanwalt
– als Leiterin oder Leiter einer Staatsanwaltschaft bei einem Oberlandesgericht mit 101 oder mehr Planstellen für Staatsanwältinnen und Staatsanwälte im Bezirk –

Präsidentin, Präsident des Amtsgerichts
– an einem Gericht mit 151 oder mehr Richterplanstellen –

Präsidentin, Präsident des Finanzgerichts

Präsidentin, Präsident des Landesarbeitsgerichts
– an einem Gericht mit bis zu 100 Richterplanstellen im Bezirk –

Präsidentin, Präsident des Landessozialgerichts
– an einem Gericht mit bis zu 100 Richterplanstellen im Bezirk –

Präsidentin, Präsident des Landgerichts
– an einem Gericht mit 151 oder mehr Richterplanstellen einschließlich der Richterplanstellen der Gerichte, über die die Präsidentin oder der Präsident die Dienstaufsicht führt –

Präsidentin, Präsident des Oberlandesgerichts
– an einem Gericht mit bis zu 100 Richterplanstellen im Bezirk –

Präsidentin, Präsident des Oberverwaltungsgerichts
– an einem Gericht mit bis zu 100 Richterplanstellen im Bezirk –

Besoldungsgruppe R 7

Besoldungsgruppe R 8

Präsidentin, Präsident des Landesarbeitsgerichts
– an einem Gericht mit 101 oder mehr Richterplanstellen im Bezirk –

Präsidentin, Präsident des Landessozialgerichts
– an einem Gericht mit 101 oder mehr Richterplanstellen im Bezirk –

Präsidentin, Präsident des Oberlandesgerichts
– an einem Gericht mit 101 oder mehr Richterplanstellen im Bezirk –

Präsidentin, Präsident des Oberverwaltungsgerichts
– an einem Gericht mit 101 oder mehr Richterplanstellen im Bezirk –

Anlage 5

Anlage 5
(zu § 7 Abs. 2, § 25 Abs. 1 sowie den §§ 28 und 33)

Grundgehaltssätze der Besoldungsordnungen A, B, W und R
(Monatsbeträge in Euro)

1. Besoldungsordnung A

Gültig ab 1. November 2024

Besoldungsgruppe	Erfahrungszeit je Stufe 2 Jahre			Erfahrungszeit je Stufe 3 Jahre				Erfahrungszeit je Stufe 4 Jahre			
	1	2	3	4	5	6	7	8	9	10	11	12
A 5		2645,50	2705,25	2764,99	2824,75	2884,51	2944,27	3004,02	3143,94			
A 6		2684,70	2750,30	2815,90	2881,50	2947,13	3012,74	3078,35		3363,65		
A 7		2773,94	2856,51	2939,05	3021,62	3104,16	3186,75	3245,70	3304,65	3563,05	3633,57	
A 8		2857,71	2928,26	3034,05	3139,84	3245,64	3351,48	3422,00	3492,50	3774,13	3856,22	
A 9		3016,09	3085,48	3198,40	3311,32	3424,24	3537,17	3614,76	3692,70	4208,13	4310,12	
A 10		3216,03	3312,47	3457,13	3601,82	3749,25	3902,21	4004,19	4106,17	4577,73	4682,21	4786,69
A 11			3640,56	3793,97	3950,70	4107,47	4264,20	4368,75	4473,20	5014,11	5138,69	5263,29
A 12				4079,75	4266,58	4453,49	4640,37	4764,96	4889,51	5561,22	5695,76	5830,29
A 13				4552,21	4754,03	4955,82	5157,58	5292,15	5426,69	6087,70	6262,18	6436,66
A 14				4779,31	5040,98	5302,65	5564,35	5738,81	5913,27	6784,60	7014,78	7244,94
A 15						5806,38	6094,06	6324,26	6554,41	7518,27	7784,44	8050,63
A 16						6386,89	6719,62	6985,85	7252,06			

2. Besoldungsordnung B

Gültig ab 1. November 2024

Besoldungsgruppe	
B 1	7 244,94
B 2	8 387,44
B 3	8 871,10
B 4	9 377,73
B 5	9 958,92
B 6	10 507,74
B 7	11 041,64
B 8	11 598,08
B 9	12 169,78
B 10	14 294,08

3. Besoldungsordnung W

Gültig ab 1. November 2024

Besoldungsgruppe	W 1	W 2	W 3
	5096,87	6554,41	7112,71

4. Besoldungsordnung R

Gültig ab 1. November 2024

Besoldungsgruppe	Erfahrungszeit je Stufe 2 Jahre											
	Erfahrungsstufe											
	1	2	3	4	5	6	7	8	9	10	11	12
R 1		4 855,39	4 961,62	5 235,67	5 509,70	5 783,78	6 057,81	6 331,89	6 605,90	6 879,99	7 154,01	7 428,06
R 2			5 617,66	5 891,69	6 165,75	6 439,77	6 713,85	6 987,86	7 261,94	7 535,94	7 810,02	8 084,02
R 3	8 871,10											
R 4	9 377,73											
R 5	9 958,92											
R 6	10 507,74											
R 7	11 041,64											
R 8	11 598,08											

Anlage 6
(zu § 22 Abs. 2 Satz 4)

Zusätze zu den Grundamtsbezeichnungen der Besoldungsordnung A für Landesbeamtinnen und Landesbeamte

Grundamtsbezeichnungen	Zusatz zu den Grundsamtsbezeichnungen[1])
1. Aufseherin, Aufseher Oberaufseherin, Oberaufseher Hauptaufseherin, Hauptaufseher Betriebsassistentin, Betriebsassistent	Magazin
2. Sekretärin, Sekretär Obersekretärin, Obersekretär Hauptsekretärin, Hauptsekretär Amtsinspektorin, Amtsinspektor	Archiv… Bibliotheks… Eich… Fischerei… Forst… Gerichts… Gesundheits… Gewerbe… im Justizvollzugsdienst Justiz… Kartographen… Landesplanungs… Lebensmittelkontroll… Polizei… Regierungs… Schleusen… Steuer… Vermessungs… Verwaltungs…
3. Oberwerkmeisterin, Oberwerkmeister Hauptwerkmeisterin, Hauptwerkmeister Betriebsinspektorin, Betriebsinspektor	im Justizvollzugsdienst
4. Inspektorin, Inspektor Oberinspektorin, Oberinspektor Amtfrau, Amtmann Amtsrätin, Amtsrat Rätin, Rat[2])	Archiv… Bau… Berg… Bibliotheks… Brand… Eich… Forst… Gerichts… Gesundheits… Gewerbe… im Justizvollzugsdienst Justiz… Kartographen… Landesplanungs… Landwirtschafts…

III.1 Landesbesoldungsgesetz (NBesG) — Anlage 6

Grundamtsbezeichnungen	Zusatz zu den Grundsamtsbezeichnungen[1])
	Lebensmittelkontroll…
	Nautische, Nautischer Polizei…
	Pflege…
	Regierungs…
	Sozial…
	Steuer…[3])
	Technische, Technischer
	Technische Polizei…, Technischer Polizei…
	Vermessungs…
	Verwaltungs…
	Weinkontroll…
5. Pfarrerin, Pfarrer	im Justizvollzugsdienst
6. Rätin, Rat[4]) Oberrätin, Oberrat Direktorin, Direktor Leitende Direktorin, Leitender Direktor[5])	Archäologie…
	Archiv…
	Bau…
	Berg…
	Bibliotheks…
	Biologie…
	Brand…
	Chemie…
	Eich…
	Fischerei…
	Forst…
	Geologie…
	Gesundheits…
	Gewerbe…
	Gewerbemedizin…
	Kriminal…
	Landwirtschafts…
	Medizinal…
	Museums…
	Pflege…
	Pharmazie…
	Physik…
	Polizei…
	Psychologie…
	Regierungs…[6])
	Sozial…
	Sport…
	Vermessungs…
	Veterinär…
	Wissenschaftliche, Wissenschaftlicher

[1]) Einer Grundamtsbezeichnung darf nur einer der folgenden Zusätze beigefügt werden.
[2]) Nur Beamtinnen und Beamte mit der Befähigung für eine Laufbahn der Laufbahngruppe 2, die nur den Zugang für das erste Einstiegsamt eröffnet.
[3]) Der Zusatz „Steuer…" wird der Grundamtsbezeichnung „Rätin, Rat" nicht beigefügt.

Anlage 6 — Landesbesoldungsgesetz (NBesG) III.1

[4]) Nur Beamtinnen und Beamten mit der Befähigung für eine Laufbahn der Laufbahngruppe 2, die den Zugang für das zweite Einstiegsamt eröffnet.
[5]) Bei der Grundamtsbezeichnung „Leitende Direktorin, Leitender Direktor" wird der Zusatz dem Wort „Direktorin" oder „Direktor" vorangestellt.
[6]) Der Zusatz „Regierungs…" wird zusammen mit der Grundamtsbezeichnung „Oberrätin, Oberrat" in der Weise beigefügt, dass die vollständige Amtsbezeichnung „Oberregierungsrätin, Oberregierungsrat" lautet.

III.1 Landesbesoldungsgesetz (NBesG) — Anlage 7

Anlage 7
(zu § 34 Satz 3)

Familienzuschlag
(Monatsbeträge)

Gültig ab 1. November 2024

	Stufe 1 (§ 35 Abs. 1)	Stufe 2 (§ 35 Abs. 2)
Besoldungsgruppen A 5 bis A 8	149,60 Euro	283,86 Euro
übrige Besoldungsgruppen	157,08 Euro	291,34 Euro

Bei mehr als einem berücksichtigungsfähigen Kind erhöht sich der Familienzuschlag

für das zweite berücksichtigungsfähige Kind um 134,26 Euro,
für das dritte und jedes weitere berücksichtigungsfähige Kind um 472,43 Euro.

Erhöhungsbetrag für die Laufbahngruppe 1

In der Laufbahngruppe 1 erhöht sich in den Besoldungsgruppen A 5 bis A 9 der Familienzuschlag in den Stufen 2 und 3 für jedes berücksichtigungsfähige Kind um 100,00 Euro.

Anlage 8
(zu § 37)

Höhe der Amtszulagen

Gültig ab 1. November 2024

Dem Grunde nach geregelt in		Monatsbeträge in Euro
1. Besoldungsordnung A		
Besoldungsgruppe	**Fußnote**	
A 5	1	45,64
A 5	4, 5	84,15
A 6	5	45,64
A 7	7	50 % des jeweiligen Unterschiedsbetrages zum Grundgehalt der Besoldungsgruppe A 8
A 9	1, 3, 6	339,64
A 13	1, 8, 9	345,14
A 13	6	236,65
A 13	7, 14	197,27
A 13	11	111,34
A 14	2	236,65
A 15	1	236,65
A 16	3	264,63
Künftig wegfallende Ämter		
Besoldungsgruppe	**Fußnote**	
A 5	1	84,15
A 6	1	45,64
A 9	2	339,64
A 10	1	157,77
A 10	4	154,63
A 13	1, 3	345,14
A 13	4	157,77
A 13	6	236,65
A 14	1	236,65
A 15	2	236,65
2. Besoldungsordnung B		
Besoldungsgruppe	**Fußnote**	
B 9	1	971,29
3. Besoldungsordnung R		
Besoldungsgruppe	**Fußnote**	
R 1	1 bis 5	261,62
R 2	1 bis 5, 7, 8	261,62
R 3	1 bis 4	261,62

Anlage 9
(zu § 38)

Allgemeine Stellenzulage

Eine allgemeine Stellenzulage erhalten

1. Beamtinnen und Beamte
   a) der Besoldungsgruppen A 5 bis A 8,
   b) der Besoldungsgruppen A 9 und A 10

   in Laufbahnen der Laufbahngruppe 1, in denen das erste Einstiegsamt ein Amt der Besoldungsgruppe A 5 oder das zweite Einstiegsamt ein Amt der Besoldungsgruppe A 6 ist,

   sowie

   in Laufbahnen der Laufbahngruppe 1 der Fachrichtungen Justiz, Polizei, Feuerwehr, Gesundheits- und soziale Dienste und Technische Dienste, in denen das zweite Einstiegsamt ein Amt der Besoldungsgruppe A 7 oder A 8 ist,

2. Beamtinnen und Beamte der Besoldungsgruppen A 9 bis A 13 in Laufbahnen der Laufbahngruppe 2,
   a) in denen das erste Einstiegsamt ein Amt der Besoldungsgruppe A 9 ist, und
   b) der Fachrichtungen
      aa) Agrar- und umweltbezogene Dienste,
      bb) Allgemeine Dienste, wenn die Laufbahnbefähigung auf einem Hochschulstudium der Verwaltungsinformatik, der Informatik oder in einem naturwissenschaftlichen Studiengang mit informationstechnischer oder kommunikationstechnischer Prägung in Verbindung mit einer hieran anknüpfenden beruflichen Tätigkeit beruht,
      cc) Feuerwehr und
      dd) Technische Dienste,

      in denen das erste Einstiegsamt ein Amt der Besoldungsgruppe A 10 ist.

3. Beamtinnen und Beamte in den Besoldungsgruppen A 12 und A 13 im Amtsanwaltsdienst,

4. Beamtinnen und Beamte der Besoldungsgruppe A 13 in einer Laufbahn der Laufbahngruppe 2, in der das zweite Einstiegsamt ein Amt der Besoldungsgruppe A 13 ist.

Anlage 10
(zu den §§ 38 und 44 Abs. 2)

Höhe der Allgemeinen Stellenzulage

Gültig ab 1. November 2024

Dem Grunde nach geregelt in	Monatsbeträge in Euro	monatlich anzurechnende Beträge in Euro in den Fällen des § 44 Abs. 2 Satz 2
Anlage 9 Nummer 1		
Buchstabe a	24,40	0,00
Buchstabe b	95,56	71,16
Nummern 2 bis 4	106,22	106,22

Anlage 11
(zu § 39)

Besondere Stellenzulagen

1. Beamtinnen und Beamte bei Sicherheitsdiensten

Beamtinnen und Beamte, die beim Bundesnachrichtendienst, beim Militärischen Abschirmdienst, beim Bundesamt für Verfassungsschutz oder bei den Einrichtungen für Verfassungsschutz der Länder verwendet werden, erhalten eine Stellenzulage nach Anlage 12.

2. Beamtinnen und Beamte des Polizeivollzugsdienstes und des Steuerfahndungsdienstes

(1) Die Polizeivollzugsbeamtinnen und Polizeivollzugsbeamten sowie die Beamtinnen und Beamten des Steuerfahndungsdienstes erhalten eine Stellenzulage nach Anlage 12, wenn ihnen Dienstbezüge nach der Besoldungsordnung A oder Anwärterbezüge zustehen.

(2) Die Stellenzulage wird nicht neben einer Stellenzulage nach Nummer 1 gewährt.

(3) Durch die Stellenzulage werden die Besonderheiten des jeweiligen Dienstes, insbesondere der mit dem Posten- und Streifendienst sowie dem Nachtdienst verbundene Aufwand sowie der Aufwand für Verzehr abgegolten.

3. Beamtinnen und Beamte im Flugdienst

(1) Beamtinnen und Beamte der Besoldungsgruppen A 9 bis A 16 erhalten

1. als Luftfahrzeugführerinnen oder Luftfahrzeugführer,
2. als sonstige ständige Luftfahrzeugbesatzungsangehörige

eine Stellenzulage nach Anlage 12, wenn sie entsprechend verwendet werden.

(2) ₁Die zuletzt gewährte Stellenzulage wird nach Beendigung der Verwendung, auch über die Besoldungsgruppe A 16 hinaus, für fünf Jahre weitergewährt, wenn die Beamtin oder der Beamte

1. mindestens fünf Jahre lang in einer Tätigkeit nach Absatz 1 verwendet worden ist oder
2. bei der Verwendung nach Absatz 1 einen Dienstunfall im Flugdienst oder eine durch die Besonderheiten dieser Verwendung bedingte gesundheitliche Schädigung erlitten hat, die die weitere Verwendung nach Absatz 1 ausschließt.

₂Danach verringert sich die Stellenzulage auf 50 Prozent.

(3) ₁Hat die Beamtin oder der Beamte einen Anspruch auf eine Stellenzulage nach Absatz 2 und wechselt sie oder er in eine weitere Verwendung, mit der ein Anspruch auf eine geringere Stellenzulage nach Absatz 1 verbunden ist, so erhält sie oder er zusätzlich zu der geringeren Stellenzulage den Unterschiedsbetrag zur Stellenzulage nach Absatz 2. ₂Nach Beendigung der weiteren Verwendung wird die Stellenzulage nach Absatz 2 Satz 1 nur weiter gewährt, soweit sie noch nicht vor der weiteren Verwendung bezogen und auch nicht während der weiteren Verwendung durch den Unterschiedsbetrag zwischen der geringeren Stellenzulage nach Absatz 2 abgegolten worden ist. ₃Der Berechnung der Stellenzulage nach Absatz 2 Satz 2 wird die höhere Stellenzulage zugrunde gelegt.

4. Beamtinnen und Beamte als Prüferin oder Prüfer von Luftfahrtgerät oder als freigabeberechtigtes Personal

₁Beamtinnen und Beamte erhalten eine Stellenzulage nach Anlage 12, wenn sie eine Prüferlaubnis als Prüferin oder Prüfer von Luftfahrtgerät oder eine Lizenz für freigabeberechtigtes Personal der Kategorie B1, B2, B3 oder C nach der Verordnung (EU) Nr. 1321/2014 der Kommission vom 26. November 2014 über die Aufrechterhaltung der

Lufttüchtigkeit von Luftfahrzeugen und luftfahrttechnischen Erzeugnissen, Teilen und Ausrüstungen und die Erteilung von Genehmigungen für Organisationen und Personen, die diese Tätigkeiten ausführen (ABl. EU Nr. L 362 S. 1); 2016 Nr. L 38 S. 14), zuletzt geändert durch die Verordnung (EU) 2015/1536 der Kommission vom 16. September 2015 (ABl. EU Nr. L 241 S. 16), besitzen und entsprechend der jeweiligen Qualifikation verwendet werden. ₂Besteht neben dieser Zulage ein Anspruch auf eine Zulage nach Nummer 3, so wird nur die höhere Zulage gewährt.

5. Beamtinnen und Beamte bei Justizvollzugseinrichtungen, in abgeschlossenen Vorführbereichen der Gerichte und bei Einrichtungen des Maßregelvollzugs

(1) Beamtinnen und Beamte in abgeschlossenen Vorführbereichen der Gerichte erhalten eine Stellenzulage nach Anlage 12, wenn ihnen Dienstbezüge nach der Besoldungsordnung A oder Anwärterbezüge zustehen.

(2) Beamtinnen und Beamte bei Justizvollzugseinrichtungen erhalten eine Stellenzulage nach Anlage 12, wenn ihnen Dienstbezüge nach der Besoldungsordnung A oder Anwärterbezüge zustehen.

(3) Beamtinnen und Beamte bei Einrichtungen des Maßregelvollzugs, deren Dienstaufgaben von unmittelbarem Kontakt zu untergebrachten Personen geprägt sind, erhalten eine Stellenzulage nach Anlage 12, wenn ihnen Dienstbezüge nach der Besoldungsordnung A oder Anwärterbezüge zustehen.

(4) Beamtinnen und Beamte bei Justizvollzugseinrichtungen oder Einrichtungen des Maßregelvollzugs, deren Dienstaufgabe die Krankenpflege ist, erhalten eine Stellenzulage nach Anlage 12, wenn ihnen Dienstbezüge nach der Besoldungsordnung A oder Anwärterbezüge zustehen.

(5) Beamtinnen und Beamte, die bei Justizvollzugseinrichtungen oder Einrichtungen des Maßregelvollzugs als Ergotherapeutinnen oder Ergotherapeuten, Logopädinnen oder Logopäden, medizinische oder zahnmedizinische Fachangestellte, medizinisch-technische Assistentinnen oder Assistenten, Physiotherapeutinnen oder Physiotherapeuten, Masseurinnen oder Masseure, medizinische Bademeisterinnen oder medizinische Bademeister eingesetzt sind, erhalten eine Stellenzulage nach Anlage 12, wenn ihnen Dienstbezüge nach der Besoldungsordnung A oder Anwärterbezüge zustehen.

6. Beamtinnen und Beamte der Feuerwehr

(1) Beamtinnen und Beamte in einer Laufbahn der Fachrichtung Feuerwehr erhalten eine Stellenzulage nach Anlage 12, wenn ihnen Dienstbezüge nach der Besoldungsordnung A oder Anwärterbezüge zustehen.

(2) Durch die Stellenzulage werden die Besonderheiten des jeweiligen Dienstes, insbesondere der mit dem Brandbekämpfungs- und Hilfeleistungsdienst sowie dem Nachtdienst verbundene Aufwand sowie der Aufwand für Verzehr mit abgegolten.

7. Beamtinnen und Beamte der Steuerverwaltung

(1) ₁Beamtinnen und Beamte

1. in der Laufbahn der Laufbahngruppe 1 der Fachrichtung Steuerverwaltung, für deren Zugang zu der Laufbahn das zweite Einstiegsamt maßgeblich war, und

2. in der Laufbahn der Laufbahngruppe 2 der Fachrichtung Steuerverwaltung, für deren Zugang zu der Laufbahn das erste Einstiegsamt maßgeblich war, und

die überwiegend im Außendienst der Steuerprüfung tätig sind, erhalten eine Stellenzulage nach Anlage 12.

₂Satz 1 gilt für die Prüfungsbeamtinnen und Prüfungsbeamten der Finanzgerichte, die überwiegend im Außendienst tätig sind, entsprechend.

(2) Die Stellenzulage wird nicht neben einer Stellenzulage nach Nummer 2 gewährt.

8. Beamtinnen und Beamte mit Meisterprüfung oder Abschlussprüfung als staatlich geprüfte Technikerin und staatlich geprüfter Techniker

Beamtinnen und Beamte in Laufbahnen der Laufbahngruppe 1, in denen für den Zugang für das zweite Einstiegsamt die Meisterprüfung oder die Abschlussprüfung als staatlich geprüfte Technikerin oder staatlich geprüfter Techniker gefordert wird, erhalten, wenn sie die Prüfung bestanden haben, eine Stellenzulage nach Anlage 12.

9. Beamtinnen und Beamte bei obersten Gerichtshöfen oder Behörden des Bundes oder eines anderen Landes

Beamtinnen und Beamte, die nicht unter Nummer 10 oder 11 fallen, erhalten während der Verwendung bei obersten Gerichtshöfen oder Behörden des Bundes oder eines anderen Landes eine Stellenzulage in der nach dem Besoldungsrecht des Bundes oder dieses Landes bestimmten Höhe, wenn der Bund oder dieses Land den Beamtinnen und Beamten bei seinen obersten Gerichtshöfen oder Behörden eine Stellenzulage gewährt und soweit der Dienstherr, bei dem sie verwendet werden, diese Stellenzulage erstattet.

10. Richterinnen, Richter, Staatsanwältinnen und Staatsanwälte bei obersten Gerichtshöfen und Behörden des Bundes oder eines anderen Landes

(1) ₁Richterinnen, Richter, Staatsanwältinnen und Staatsanwälte erhalten während der Verwendung bei obersten Gerichtshöfen oder Behörden des Bundes eine Stellenzulage in der nach dem Besoldungsrecht des Bundes bestimmten Höhe, wenn der Bund den Richterinnen, Richtern, Staatsanwältinnen und Staatsanwälten bei seinen obersten Gerichtshöfen oder Behörden eine Stellenzulage gewährt und soweit der Bund diese erstattet. ₂Die Stellenzulage wird nicht neben der bei der Deutschen Bundesbank gewährten Bankzulage und nicht neben Auslandsbesoldung gewährt. ₃Sie wird neben einer Zulage nach Nummer 1 nur gewährt, soweit sie diese übersteigt.

(2) Richterinnen, Richter, Staatsanwältinnen und Staatsanwälte erhalten während der Verwendung bei obersten Gerichtshöfen oder obersten Behörden eines anderen Landes eine Stellenzulage in der nach dem Besoldungsrecht dieses Landes bestimmten Höhe, wenn dieses Land den Richterinnen, Richtern, Staatsanwältinnen und Staatsanwälten bei seinen obersten Gerichtshöfen oder obersten Behörden eine Stellenzulage gewährt und soweit der Dienstherr, bei dem sie verwendet werden, diese Stellenzulage erstattet.

11. Professorinnen und Professoren

(1) ₁Professorinnen und Professoren erhalten während der Verwendung bei obersten Gerichtshöfen oder obersten Behörden des Bundes eine Stellenzulage nach Anlage 12. ₂Die Stellenzulage wird nicht neben der bei der Deutschen Bundesbank gewährten Bankzulage und nicht neben Auslandsbesoldung gewährt. ₃Bei Professorinnen und Professoren, denen bei der Verwendung bei obersten Gerichtshöfen oder obersten Behörden des Bundes ein zweites Hauptamt als Beamtin, Beamter, Richterin oder Richter übertragen worden ist, richtet sich die Höhe der Stellenzulage nach Maßgabe der Anlage 12 nach dem zweiten Hauptamt.

(2) Professorinnen und Professoren der Besoldungsgruppe W 1 erhalten, wenn das Dienstverhältnis nach § 30 Abs. 4 Satz 2 des Niedersächsischen Hochschulgesetzes verlängert worden ist, ab dem Zeitpunkt der Verlängerung eine Stellenzulage nach Anlage 12.

(3) Professorinnen und Professoren an einer Hochschule, die zugleich das Amt einer Richterin oder eines Richters der Besoldungsgruppe R 1 oder R 2 innehaben, erhalten eine Stellenzulage nach Anlage 12.

12. Lehrkräfte mit besonderen Funktionen

(1) Studienrätinnen, Studienräte, Oberstudienrätinnen und Oberstudienräte erhalten als Leiterin oder Leiter eines Schülerheims eine Stellenzulage nach Anlage 12.

(2) Lehrerinnen, Lehrer, Realschullehrerinnen, Realschullehrer, Förderschullehrerinnen, Förderschullehrer, Studienrätinnen, Studienräte,

Oberstudienrätinnen und Oberstudienräte als Leiterin oder Leiter eines fachdidaktischen oder pädagogischen Seminars erhalten eine Stellenzulage nach Anlage 12.

(3) Übt eine Lehrkraft mehrere der in den Absätzen 1 und 2 genannten Funktionen aus, so wird nur eine Stellenzulage, bei Stellenzulagen unterschiedlicher Höhe nur die höhere gewährt.

(4) Die Stellenzulage wird nicht neben einer Zulage nach § 44 gewährt.

Anlage 12
(zu § 39)

Höhe der besonderen Stellenzulagen

Gültig ab 1. Januar 2025

Dem Grunde nach geregelt in	Monatsbeträge in Euro
Anlage 11	
Nummer 1	191,73
Nummer 2	
Die Zulage beträgt nach einer Dienstzeit	
von einem Jahr	95,00
von zwei Jahren	180,00
Nummer 3 Abs. 1	
Nr. 1	368,13
Nr. 2	294,50
Nummer 4	102,26
Nummer 5 Abs. 1	95,53
Nummer 5 Abs. 2	
Die Zulage beträgt nach einer Dienstzeit	
von einem Jahr	95,00
von zwei Jahren	180,00
Nummer 5 Abs. 3	180,00
Nummer 5 Abs. 4	150,77
Nummer 5 Abs. 5	75,39
Nummer 6 Abs. 1	
Die Zulage beträgt nach einer Dienstzeit	
von einem Jahr	95,00
von zwei Jahren	180,00
Nummer 7 Abs. 1	
Die Zulage beträgt in der	
Laufbahngruppe 1	17,05
Laufbahngruppe 2	38,35
Nummer 8	38,35
Nummer 11 Abs. 1	
Die Zulage beträgt	
für Beamtinnen und Beamte der Besoldungsgruppe(n)	
A 13	181,54
A 14, A 15, B 1	235,86
A 16, B 2 bis B 4	292,66
B 5 bis B 7	355,51
B 8 bis B 10	423,91
Nummer 11 Abs. 2	

Anlage 12 — Landesbesoldungsgesetz (NBesG) **III.1**

Dem Grunde nach geregelt in		Monatsbeträge in Euro
Die Zulage beträgt		260,00
Nummer 11 Abs. 3		
Die Zulage beträgt, wenn ein Amt ausgeübt wird der Besoldungsgruppe		
R 1		226,00
R 2		252,00
Nummer 12 Abs. 1		
Die Zulage beträgt		76,69
Nummer 12 Abs. 2		
Die Zulage beträgt		150,00
Besoldungsordnung A		
Besoldungsgruppe	**Fußnote**	
A 9		8 % des Endgrundgehalts der Besoldungsgruppe A 9
A 10	1	8 % des Endgrundgehalts der Besoldungsgruppe A 10
A 11	1	8 % des Endgrundgehalts der Besoldungsgruppe A 11
A 13	12	47,27
A 14	4	47,27

Anlage 13
(zu § 47 Abs. 6)

Mehrarbeitsvergütung

Gültig ab 1. November 2024

Beamtinnen und Beamte der Besoldungsgruppen	Euro je Zeitstunde
A 5 bis A 8	17,57
A 9 bis A 12	24,08
A 13 bis A 16	33,21
Beamtinnen und Beamte im Schuldienst	**Euro je Unterrichtsstunde**
1. Lehrkräfte mit einer Lehrbefähigung, die den Zugang für das erste Einstiegsamt der Laufbahn der Laufbahngruppe 2 der Fachrichtung Bildung eröffnet, wenn dieses Einstiegsamt der Besoldungsgruppe A 13 zugeordnet ist	37,92
2. sonstige Lehrkräfte mit einer Lehrbefähigung, die den Zugang für das erste Einstiegsamt der Laufbahn der Laufbahngruppe 2 der Fachrichtung Bildung eröffnet	25,77
3. Lehrkräfte mit einer Lehrbefähigung, die den Zugang für das zweite Einstiegsamt der Laufbahn der Laufbahngruppe 2 der Fachrichtung Bildung eröffnet	44,28

Anlage 14 (zu § 56)

Auslandszuschlag
(Monatsbeträge in Euro)

Gültig ab 1. November 2024

Grundge-haltsspanne	1	2	3	4	5	6	7	8	9	10	11	12	13	14	15
	bis 2 530,05	2 530,06 bis 2 840,74	2 840,75 bis 3 193,74	3 193,75 bis 3 594,80	3 594,81 bis 4 050,50	4 050,51 bis 4 568,27	4 568,28 bis 5 156,59	5 156,60 bis 5 825,04	5 825,05 bis 6 584,57	6 584,58 bis 7 447,51	7 447,52 bis 8 428,05	8 428,06 bis 9 542,15	9 542,16 bis 10 807,97	10 807,98 bis 12 246,25	ab 12 246,26

Anlage 15
(zu § 58)

Anwärtergrundbetrag

Gültig ab 1. November 2024

Einstiegsamt	Monatsbeträge in Euro
A 5 bis A 8	1359,04
A 9 bis A 11	1419,74
A 12	1576,91
A 13	1612,66
A 13 + Zulage nach Nummer 4 der Anlage 9	1651,92

Anlage 16
(zu § 68 Abs. 4)

Grundgehaltssätze für die Besoldungsgruppen C 1 bis C 4
(Monatsbeträge in Euro)

Gültig ab 1. November 2024

Besoldungs-gruppe	Erfahrungszeit je Stufe 2 Jahre – Erfahrungsstufe														
	1	2	3	4	5	6	7	8	9	10	11	12	13	14	15
C 1	4081,36	4215,91	4350,40	4484,94	4619,52	4754,03	4888,56	5023,08	5157,58	5292,15	5426,69	5561,22	5695,76	5830,29	
C 2	4089,73	4304,14	4518,53	4732,99	4947,35	5161,77	5376,17	5590,59	5804,96	6019,38	6233,74	6448,16	6662,56	6876,98	7091,38
C 3	4478,25	4721,03	4963,80	5206,58	5449,34	5692,12	5934,83	6177,61	6420,39	6663,16	6905,90	7148,65	7391,42	7634,19	7876,95
C 4	5521,18	5865,21	6109,25	6353,29	6597,33	6841,36	7085,40	7329,41	7573,45	7817,47	8061,55	8305,55	8549,62	8793,63	9037,69

Anlage 17
(zu § 68 Abs. 4)

Höhe der Stellenzulagen und Zulagen

Gültig ab 1. November 2024

Dem Grunde nach geregelt in		Monatsbeträge in Euro
Bundesbesoldungsordnung C		
(in der bis zum 22. Februar 2002 geltenden Fassung)		
Vorbemerkungen		
Nummer 2b		106,22
Nummer 3		
Die Zulage beträgt für Beamtinnen und Beamte der Besoldungsgruppe(n)		
	C 1	181,54
	C 2	235,86
	C 3 und C 4	292,66
Nummer 5		
Die Zulage beträgt, wenn ein Amt ausgeübt wird		
	der Besoldungsgruppe R 1	226,00
	der Besoldungsgruppe R 2	252,00
Besoldungsgruppe	**Fußnote**	
C 2	1	104,32

Anlage 18
(zu § 70 Abs. 3)

Überleitungsübersicht

Amtsbezeichnung, bisheriger Funktionszusatz	Amtsbezeichnung, neuer Funktionszusatz
Besoldungsgruppe A 12	**Besoldungsgruppe A 12**
Lehrerin, Lehrer an einer Schule für Blinde	**Lehrerin, Lehrer** an einer Förderschule mit dem Schwerpunkt Sehen im Landesbildungszentrum für Blinde
Lehrerin, Lehrer an einer Schule für Gehörlose und Schwerhörige	**Lehrerin, Lehrer** an einer Förderschule mit dem Schwerpunkt Hören in den Landesbildungszentren für Hörgeschädigte
Besoldungsgruppe A 13	**Besoldungsgruppe A 13**
Förderschullehrerin, Förderschullehrer zur Koordinierung der Tätigkeiten in den Bereichen Gewaltprävention und Gesundheitsförderung	**Förderschullehrerin, Förderschullehrer** bei einer Schulbehörde oder dem Niedersächsischen Landesinstitut für schulische Qualitätsentwicklung
Förderschullehrerin, Förderschullehrer als Schulentwicklungsberaterin oder Schulentwicklungsberater	**Förderschullehrerin, Förderschullehrer** bei einer Schulbehörde oder dem Niedersächsischen Landesinstitut für schulische Qualitätsentwicklung
Konrektorin, Konrektor als Dezernentin oder Dezernent beim Niedersächsischen Landesinstitut für schulische Qualitätsentwicklung	**Konrektorin, Konrektor** bei einer Schulbehörde oder dem Niedersächsischen Landesinstitut für schulische Qualitätsentwicklung
Konrektorin, Konrektor zur Koordinierung der Tätigkeiten in den Bereichen Gewaltprävention und Gesundheitsförderung	**Konrektorin, Konrektor** bei einer Schulbehörde oder dem Niedersächsischen Landesinstitut für schulische Qualitätsentwicklung
Konrektorin, Konrektor als Schulentwicklungsberaterin oder Schulentwicklungsberater	**Konrektorin, Konrektor** bei einer Schulbehörde oder dem Niedersächsischen Landesinstitut für schulische Qualitätsentwicklung
Realschullehrerin, Realschullehrer zur Koordinierung der Tätigkeiten in den Bereichen Gewaltprävention und Gesundheitsförderung	**Realschullehrerin, Realschullehrer** bei einer Schulbehörde oder dem Niedersächsischen Landesinstitut für schulische Qualitätsentwicklung
Realschullehrerin, Realschullehrer als Schulentwicklungsberaterin oder Schulentwicklungsberater	**Realschullehrerin, Realschullehrer** bei einer Schulbehörde oder dem Niedersächsischen Landesinstitut für schulische Qualitätsentwicklung

III.1 Landesbesoldungsgesetz (NBesG) — Anlage 18

Amtsbezeichnung, bisheriger Funktionszusatz	Amtsbezeichnung, neuer Funktionszusatz
Studienrätin, Studienrat zur Koordinierung der Tätigkeiten in den Bereichen Gewaltprävention und Gesundheitsförderung	**Studienrätin, Studienrat** bei einer Schulbehörde oder dem Niedersächsischen Landesinstitut für schulische Qualitätsentwicklung
Studienrätin, Studienrat als Schulentwicklungsberaterin oder Schulentwicklungsberater	**Studienrätin, Studienrat** bei einer Schulbehörde oder dem Niedersächsischen Landesinstitut für schulische Qualitätsentwicklung
Besoldungsgruppe A 14	**Besoldungsgruppe A 14**
Förderschulkonrektorin, Förderschulkonrektor als Dezernentin oder Dezernent beim Niedersächsischen Landesinstitut für schulische Qualitätsentwicklung	**Förderschulkonrektorin, Förderschulkonrektor** bei einer Schulbehörde oder dem Niedersächsischen Landesinstitut für schulische Qualitätsentwicklung
Förderschulkonrektorin, Förderschulkonrektor als Schulentwicklungsberaterin oder Schulentwicklungsberater	**Förderschulkonrektorin, Förderschulkonrektor** bei einer Schulbehörde oder dem Niedersächsischen Landesinstitut für schulische Qualitätsentwicklung
Oberstudienrätin, Oberstudienrat als Dezernentin oder Dezernent beim Niedersächsischen Landesinstitut für schulische Qualitätsentwicklung	**Oberstudienrätin, Oberstudienrat** bei einer Schulbehörde oder dem Niedersächsischen Landesinstitut für schulische Qualitätsentwicklung
Oberstudienrätin, Oberstudienrat als Schulentwicklungsberaterin oder Schulentwicklungsberater	**Oberstudienrätin, Oberstudienrat** bei einer Schulbehörde oder dem Niedersächsischen Landesinstitut für schulische Qualitätsentwicklung
Realschulkonrektorin, Realschulkonrektor als Dezernentin oder Dezernent beim Niedersächsischen Landesinstitut für schulische Qualitätsentwicklung	**Realschulkonrektorin, Realschulkonrektor** bei einer Schulbehörde oder dem Niedersächsischen Landesinstitut für schulische Qualitätsentwicklung
Realschulkonrektorin, Realschulkonrektor als Schulentwicklungsberaterin oder Schulentwicklungsberater	**Realschulkonrektorin, Realschulkonrektor** bei einer Schulbehörde oder dem Niedersächsischen Landesinstitut für schulische Qualitätsentwicklung
Rektorin, Rektor als Fachberaterin oder Fachberater für Unterrichtsqualität	**Rektorin, Rektor** bei einer Schulbehörde oder dem Niedersächsischen Landesinstitut für schulische Qualitätsentwicklung
Rektorin, Rektor als Schulentwicklungsberaterin oder Schulentwicklungsberater	**Rektorin, Rektor** bei einer Schulbehörde oder dem Niedersächsischen Landesinstitut für schulische Qualitätsentwicklung

Amtsbezeichnung, bisheriger Funktionszusatz	Amtsbezeichnung, neuer Funktionszusatz
Besoldungsgruppe A 15	**Besoldungsgruppe A 15**
Realschulrektorin, Realschulrektor als Dezernentin oder Dezernent beim Niedersächsischen Landesinstitut für schulische Qualitätsentwicklung	**Realschulrektorin, Realschulrektor** bei einer Schulbehörde oder dem Niedersächsischen Landesinstitut für schulische Qualitätsentwicklung
Studiendirektorin, Studiendirektor als Fachberaterin oder Fachberater für Unterrichtsqualität	**Studiendirektorin, Studiendirektor** bei einer Schulbehörde oder dem Niedersächsischen Landesinstitut für schulische Qualitätsentwicklung
Studiendirektor als der ständige Vertreter des Leiters eines voll ausgebauten Oberstufengymnasiums	**Studiendirektorin, Studiendirektor** als ständige Vertreterin oder ständiger Vertreter der Leiterin oder des Leiters eines Abendgymnasiums oder Kollegs
Studiendirektor als der ständige Vertreter des Leiters eines zweizügig voll ausgebauten Oberstufengymnasiums oder eines Oberstufengymnasiums mit mindestens zwei Schultypen	**Studiendirektorin, Studiendirektor** als ständige Vertreterin oder ständiger Vertreter der Leiterin oder des Leiters eines zweizügig ausgebauten Abendgymnasiums oder Kollegs
Studiendirektor als Leiter eines voll ausgebauten Oberstufengymnasiums	**Studiendirektorin, Studiendirektor** als Leiterin oder Leiter eines Abendgymnasiums oder Kollegs
Besoldungsgruppe A 16	**Besoldungsgruppe A 16**
Oberstudiendirektor als Leiter eines zweizügig voll ausgebauten Oberstufengymnasiums oder eines Oberstufengymnasiums mit mindestens zwei Schultypen	**Oberstudiendirektorin, Oberstudiendirektor** als Leiterin oder Leiter eines zweizügig ausgebauten Abendgymnasiums oder Kollegs
Oberstudiendirektorin, Oberstudiendirektor als Leiterin oder Leiter des Studienkollegs für ausländische Studierende an der Universität Hannover	**Oberstudiendirektorin, Oberstudiendirektor** als Leiterin oder Leiter des Niedersächsischen Studienkollegs

Anlage 19
(zu § 70 Abs. 4)

Überleitungsübersicht

Bisheriges Amt	Neues Amt
Besoldungsgruppe A 9 Lehrerin für Fachpraxis, Lehrer für Fachpraxis	Besoldungsgruppe A 10 Lehrerin für Fachpraxis, Lehrer für Fachpraxis
Besoldungsgruppe A 12 Lehrerin, Lehrer an einer allgemeinbildenden Schule	Besoldungsgruppe A 13 Lehrerin, Lehrer an einer allgemeinbildenden Schule
Besoldungsgruppe A 12 Realschullehrerin, Realschullehrer mit der Lehrbefähigung für das Lehramt an Realschulen bei einer dieser Lehrbefähigung entsprechenden Verwendung	Besoldungsgruppe A 13 Realschullehrerin, Realschullehrer mit der Lehrbefähigung für das Lehramt an Realschulen bei einer dieser Lehrbefähigung entsprechenden Verwendung
Besoldungsgruppe A 12 mit Amtszulage Konrektorin, Konrektor als ständige Vertreterin oder ständiger Vertreter der Leiterin oder des Leiters einer Grundschule, Hauptschule oder Grund- und Hauptschule mit einer Schülerzahl von 181 bis 360	Besoldungsgruppe A 14 Konrektorin, Konrektor als ständige Vertreterin oder ständiger Vertreter der Leiterin oder des Leiters einer Grundschule, Hauptschule, Realschule oder zusammengefassten Schule mit einer Schülerzahl von 181 bis 360
Besoldungsgruppe A 12 mit Amtszulage Konrektorin, Konrektor als ständige Vertreterin oder ständiger Vertreter der Leiterin oder des Leiters eines an einer Gesamtschule geführten Primarbereichs mit einer Schülerzahl von mehr als 360	Besoldungsgruppe A 14 Konrektorin, Konrektor als ständige Vertreterin oder ständiger Vertreter der Leiterin oder des Leiters eines an einer Gesamtschule geführten Primarbereichs mit einer Schülerzahl von mehr als 360
Besoldungsgruppe A 12 mit Amtszulage Konrektorin, Konrektor bei einer Schulbehörde oder dem Niedersächsischen Landesinstitut für schulische Qualitätsentwicklung	Besoldungsgruppe A 13 Konrektorin, Konrektor bei einer Schulbehörde oder dem Niedersächsischen Landesinstitut für schulische Qualitätsentwicklung
Besoldungsgruppe A 12 mit Amtszulage Lehrerin, Lehrer an einer Förderschule mit dem Schwerpunkt Sehen im Landesbildungszentrum für Blinde	Besoldungsgruppe A 13 Lehrerin, Lehrer an einer Förderschule mit dem Schwerpunkt Sehen im Landesbildungszentrum für Blinde
Besoldungsgruppe A 12 mit Amtszulage Lehrerin, Lehrer an einer Förderschule mit dem Schwerpunkt Hören in den Landesbildungszentren für Hörgeschädigte	Besoldungsgruppe A 13 Lehrerin, Lehrer an einer Förderschule mit dem Schwerpunkt Hören in den Landesbildungszentren für Hörgeschädigte

Anlage 19 Landesbesoldungsgesetz (NBesG) **III.1**

Bisheriges Amt	Neues Amt
Besoldungsgruppe A 12 mit Amtszulage Zweite Konrektorin, Zweiter Konrektor an einer zusammengefassten Schule mit Förderschulzweig mit einer Schülerzahl bis 80 und einer Gesamtschülerzahl von mehr als 540	Besoldungsgruppe A 14 Zweite Konrektorin, Zweiter Konrektor an einer Grundschule, Hauptschule, Realschule oder zusammengefassten Schule mit einer Schülerzahl von mehr als 540
Besoldungsgruppe A 12 mit Amtszulage Zweite Konrektorin, Zweiter Konrektor an einer zusammengefassten Schule mit Realschulzweig mit einer Schülerzahl bis 180 und einer Gesamtschülerzahl von mehr als 540	Besoldungsgruppe A 14 Zweite Konrektorin, Zweiter Konrektor an einer Grundschule, Hauptschule, Realschule oder zusammengefassten Schule mit einer Schülerzahl von mehr als 540
Besoldungsgruppe A 12 mit Amtszulage Zweite Konrektorin, Zweiter Konrektor einer Grundschule, Hauptschule oder Grund- und Hauptschule mit einer Schülerzahl von mehr als 540	Besoldungsgruppe A 14 Zweite Konrektorin, Zweiter Konrektor an einer Grundschule, Hauptschule, Realschule oder zusammengefassten Schule mit einer Schülerzahl von mehr als 540
Besoldungsgruppe A 13 Förderschullehrerin, Förderschullehrer als ständige Vertreterin oder ständiger Vertreter der Leiterin oder des Leiters einer Grundschule, Hauptschule oder Grund- und Hauptschule mit einer Schülerzahl von mehr als 360	Besoldungsgruppe A 14 mit Amtszulage Förderschulkonrektorin, Förderschulkonrektor als ständige Vertreterin oder ständiger Vertreter der Leiterin oder des Leiters einer Grundschule, Hauptschule, Realschule oder zusammengefassten Schule mit einer Schülerzahl von mehr als 360
Besoldungsgruppe A 13 Förderschullehrerin, Förderschullehrer als ständige Vertreterin oder ständiger Vertreter der Leiterin oder des Leiters einer zusammengefassten Schule mit Förderschulzweig und einer Gesamtschülerzahl von 181 bis 360	Besoldungsgruppe A 14 Förderschulkonrektorin, Förderschulkonrektor als ständige Vertreterin oder ständiger Vertreter der Leiterin oder des Leiters einer Grundschule, Hauptschule, Realschule oder zusammengefassten Schule mit einer Schülerzahl von 181 bis 360
Besoldungsgruppe A 13 Förderschullehrerin, Förderschullehrer als ständige Vertreterin oder ständiger Vertreter der Leiterin oder des Leiters einer zusammengefassten Schule mit Realschulzweig und einer Gesamtschülerzahl von 181 bis 360	Besoldungsgruppe A 14 Förderschulkonrektorin, Förderschulkonrektor als ständige Vertreterin oder ständiger Vertreter der Leiterin oder des Leiters einer Grundschule, Hauptschule, Realschule oder zusammengefassten Schule mit einer Schülerzahl von 181 bis 360
Besoldungsgruppe A 13 Förderschullehrerin, Förderschullehrer als Fachbereichsleiterin oder Fachbereichsleiter an einer Gesamtschule	Besoldungsgruppe A 14 Förderschulkonrektorin, Förderschulkonrektor als Fachbereichsleiterin oder Fachbereichsleiter an einer Gesamtschule

III.1 Landesbesoldungsgesetz (NBesG) — Anlage 19

Bisheriges Amt	Neues Amt
Besoldungsgruppe A 13 Förderschullehrerin, Förderschullehrer als Jahrgangsleiterin oder Jahrgangsleiter im Sekundarbereich I einer Integrierten Gesamtschule	Besoldungsgruppe A 14 Förderschulkonrektorin, Förderschulkonrektor als Jahrgangsleiterin oder Jahrgangsleiter im Sekundarbereich I einer Integrierten Gesamtschule
Besoldungsgruppe A 13 Förderschullehrerin, Förderschullehrer als Leiterin oder Leiter des Hauptschulzweigs mit einer Schülerzahl von 131 bis 360 an einer Kooperativen Gesamtschule	Besoldungsgruppe A 13 mit Amtszulage Förderschulrektorin, Förderschulrektor als Leiterin oder Leiter des Hauptschulzweigs mit einer Schülerzahl von 131 bis 180 an einer Kooperativen Gesamtschule oder Besoldungsgruppe A 14 Förderschulrektorin, Förderschulrektor als Leiterin oder Leiter des Hauptschulzweigs mit einer Schülerzahl von 181 bis 360 an einer Kooperativen Gesamtschule
Besoldungsgruppe A 13 Förderschullehrerin, Förderschullehrer als Leiterin oder Leiter einer Grundschule, Hauptschule oder Grund- und Hauptschule mit einer Schülerzahl bis 180	Besoldungsgruppe A 13 mit Amtszulage Förderschulrektorin, Förderschulrektor als Leiterin oder Leiter einer Grundschule, Hauptschule, Realschule oder zusammengefassten Schule mit einer Schülerzahl bis 80 oder Besoldungsgruppe A 14 Förderschulrektorin, Förderschulrektor als Leiterin oder Leiter einer Grundschule, Hauptschule, Realschule oder zusammengefassten Schule mit einer Schülerzahl von 81 bis 180
Besoldungsgruppe A 13 Förderschullehrerin, Förderschullehrer als Leiterin oder Leiter eines bei einer Gesamtschule geführten Primarbereichs mit einer Schülerzahl von 181 bis 360	Besoldungsgruppe A 14 Förderschulrektorin, Förderschulrektor als Leiterin oder Leiter eines an einer Gesamtschule geführten Primarbereichs mit einer Schülerzahl von 181 bis 360
Besoldungsgruppe A 13 Förderschullehrerin, Förderschullehrer als Leiterin oder Leiter einer zusammengefassten Schule mit Förderschulzweig und einer Gesamtschülerzahl bis 80	Besoldungsgruppe A 13 mit Amtszulage Förderschulrektorin, Förderschulrektor als Leiterin oder Leiter einer Grundschule, Hauptschule, Realschule oder zusammengefassten Schule mit einer Schülerzahl bis 80

Bisheriges Amt	Neues Amt
Besoldungsgruppe A 13 Förderschullehrerin, Förderschullehrer als Leiterin oder Leiter einer zusammengefassten Schule mit Realschulzweig und einer Gesamtschülerzahl bis 180	Besoldungsgruppe A 13 mit Amtszulage Förderschulrektorin, Förderschulrektor als Leiterin oder Leiter einer Grundschule, Hauptschule, Realschule oder zusammengefassten Schule mit einer Schülerzahl bis 80 oder Besoldungsgruppe A 14 Förderschulrektorin, Förderschulrektor als Leiterin oder Leiter einer Grundschule, Hauptschule, Realschule oder zusammengefassten Schule mit einer Schülerzahl von 81 bis 180
Besoldungsgruppe A 13 Förderschullehrerin, Förderschullehrer als zweite Konrektorin, zweiter Konrektor an einer zusammengefassten Schule mit Förderschulzweig mit einer Schülerzahl von mehr als 80 und einer Gesamtschülerzahl von mehr als 540	Besoldungsgruppe A 14 Zweite Förderschulkonrektorin, Zweiter Förderschulkonrektor an einer Grundschule, Hauptschule, Realschule oder zusammengefassten Schule mit einer Schülerzahl von mehr als 540
Besoldungsgruppe A 13 Förderschullehrerin, Förderschullehrer als zweite Konrektorin, zweiter Konrektor an einer zusammengefassten Schule mit Realschulzweig mit einer Schülerzahl von mehr als 180 und einer Gesamtschülerzahl von mehr als 540	Besoldungsgruppe A 14 Zweite Förderschulkonrektorin, Zweiter Förderschulkonrektor an einer Grundschule, Hauptschule, Realschule oder zusammengefassten Schule mit einer Schülerzahl von mehr als 540
Besoldungsgruppe A 13 Konrektorin, Konrektor als ständige Vertreterin oder ständiger Vertreter der Leiterin oder des Leiters einer Grundschule, Hauptschule oder Grund- und Hauptschule mit einer Schülerzahl von mehr als 360	Besoldungsgruppe A 14 mit Amtszulage Konrektorin, Konrektor als ständige Vertreterin oder ständiger Vertreter der Leiterin oder des Leiters einer Grundschule, Hauptschule, Realschule oder zusammengefassten Schule mit einer Schülerzahl von mehr als 360
Besoldungsgruppe A 13 Konrektorin, Konrektor als ständige Vertreterin oder ständiger Vertreter der Leiterin oder des Leiters einer zusammengefassten Schule mit Förderschulzweig und einer Gesamtschülerzahl von 181 bis 360	Besoldungsgruppe A 14 Konrektorin, Konrektor als ständige Vertreterin oder ständiger Vertreter der Leiterin oder des Leiters einer Grundschule, Hauptschule, Realschule oder zusammengefassten Schule mit einer Schülerzahl von 181 bis 360
Besoldungsgruppe A 13 Konrektorin, Konrektor als ständige Vertreterin oder ständiger Vertreter der Leiterin oder des Leiters einer zusammengefassten Schule mit Realschulzweig und einer Gesamtschülerzahl von 181 bis 360	Besoldungsgruppe A 14 Konrektorin, Konrektor als ständige Vertreterin oder ständiger Vertreter der Leiterin oder des Leiters einer Grundschule, Hauptschule, Realschule oder zusammengefassten Schule mit einer Schülerzahl von 181 bis 360

III.1 Landesbesoldungsgesetz (NBesG) — Anlage 19

Bisheriges Amt	Neues Amt
Besoldungsgruppe A 13 Konrektorin, Konrektor als Fachbereichsleiterin oder Fachbereichsleiter an einer Gesamtschule	Besoldungsgruppe A 14 Konrektorin, Konrektor als Fachbereichsleiterin oder Fachbereichsleiter an einer Gesamtschule
Besoldungsgruppe A 13 Konrektorin, Konrektor als Jahrgangsleiterin oder Jahrgangsleiter im Sekundarbereich I einer Integrierten Gesamtschule	Besoldungsgruppe A 14 Konrektorin, Konrektor als Jahrgangsleiterin oder Jahrgangsleiter im Sekundarbereich I einer Integrierten Gesamtschule
Besoldungsgruppe A 13 Realschullehrerin, Realschullehrer mit der Lehrbefähigung für das Lehramt an Haupt- und Realschulen oder der Lehrbefähigung für das Lehramt an Realschulen und bei Wahrnehmung herausgehobener Tätigkeiten	Besoldungsgruppe A 13 mit Amtszulage Lehrerin, Lehrer im Sekundarbereich I bei Wahrnehmung herausgehobener Tätigkeiten
Besoldungsgruppe A 13 Rektorin, Rektor als Leiterin oder Leiter des Hauptschulzweigs mit einer Schülerzahl von 131 bis 360 an einer Kooperativen Gesamtschule	Besoldungsgruppe A 13 mit Amtszulage Rektorin, Rektor als Leiterin oder Leiter des Hauptschulzweigs mit einer Schülerzahl von 131 bis 180 an einer Kooperativen Gesamtschule oder Besoldungsgruppe A 14 Rektorin, Rektor als Leiterin oder Leiter des Hauptschulzweigs mit einer Schülerzahl von 181 bis 360 an einer Kooperativen Gesamtschule
Besoldungsgruppe A 13 Rektorin, Rektor als Leiterin oder Leiter eines bei einer Gesamtschule geführten Primarbereichs mit einer Schülerzahl von 181 bis 360	Besoldungsgruppe A 14 Rektorin, Rektor als Leiterin oder Leiter eines an einer Gesamtschule geführten Primarbereichs mit einer Schülerzahl von 181 bis 360
Besoldungsgruppe A 13 Rektorin, Rektor als Leiterin oder Leiter einer Grundschule, Hauptschule oder Grund- und Hauptschule mit einer Schülerzahl bis 180 Besoldungsgruppe	Besoldungsgruppe A 13 mit Amtszulage Rektorin, Rektor als Leiterin oder Leiter einer Grundschule, Hauptschule, Realschule oder zusammengefassten Schule mit einer Schülerzahl bis 80 oder Besoldungsgruppe A 14 Rektorin, Rektor als Leiterin oder Leiter einer Grundschule, Hauptschule, Realschule oder zusammengefassten Schule mit einer Schülerzahl von 81 bis 180

Anlage 19 — Landesbesoldungsgesetz (NBesG) III.1

Bisheriges Amt	Neues Amt
Besoldungsgruppe A 13 Rektorin, Rektor als Leiterin oder Leiter einer zusammengefassten Schule mit Förderschulzweig und einer Gesamtschülerzahl bis 80	Besoldungsgruppe A 13 mit Amtszulage Rektorin, Rektor als Leiterin oder Leiter einer Grundschule, Hauptschule, Realschule oder zusammengefassten Schule mit einer Schülerzahl bis 80
Besoldungsgruppe A 13 Rektorin, Rektor als Leiterin oder Leiter einer zusammengefassten Schule mit Realschulzweig und einer Gesamtschülerzahl bis 180	Besoldungsgruppe A 13 mit Amtszulage Rektorin, Rektor als Leiterin oder Leiter einer Grundschule, Hauptschule, Realschule oder zusammengefassten Schule mit einer Schülerzahl bis 80 oder Besoldungsgruppe A 14 Rektorin, Rektor als Leiterin oder Leiter einer Grundschule, Hauptschule, Realschule oder zusammengefassten Schule mit einer Schülerzahl von 81 bis 180
Besoldungsgruppe A 13 Zweite Konrektorin, Zweiter Konrektor an einer zusammengefassten Schule mit Förderschulzweig mit einer Schülerzahl von mehr als 80 und einer Gesamtschülerzahl von mehr als 540	Besoldungsgruppe A 14 Zweite Konrektorin, Zweiter Konrektor an einer Grundschule, Hauptschule, Realschule oder zusammengefassten Schule mit einer Schülerzahl von mehr als 540
Besoldungsgruppe A 13 Zweite Konrektorin, Zweiter Konrektor an einer zusammengefassten Schule mit Realschulzweig mit einer Schülerzahl von mehr als 180 und einer Gesamtschülerzahl von mehr als 540	Besoldungsgruppe A 14 Zweite Konrektorin, Zweiter Konrektor an einer Grundschule, Hauptschule, Realschule oder zusammengefassten Schule mit einer Schülerzahl von mehr als 540
Besoldungsgruppe A 13 mit Amtszulage Förderschullehrerin, Förderschullehrer als ständige Vertreterin oder ständiger Vertreter der Leiterin oder des Leiters einer zusammengefassten Schule mit Förderschulzweig und einer Gesamtschülerzahl von mehr als 360	Besoldungsgruppe A 14 mit Amtszulage Förderschulkonrektorin, Förderschulkonrektor als ständige Vertreterin oder ständiger Vertreter der Leiterin oder des Leiters einer Grundschule, Hauptschule, Realschule oder zusammengefassten Schule mit einer Schülerzahl von mehr als 360
Besoldungsgruppe A 13 mit Amtszulage Förderschullehrerin, Förderschullehrer als ständige Vertreterin oder ständiger Vertreter der Leiterin oder des Leiters einer zusammengefassten Schule mit Realschulzweig mit einer Schülerzahl von mehr als 180	Besoldungsgruppe A 14 Förderschulkonrektorin, Förderschulkonrektor als ständige Vertreterin oder ständiger Vertreter der Leiterin oder des Leiters einer Grundschule, Hauptschule, Realschule oder zusammengefassten Schule mit einer Schülerzahl von 181 bis 360

Bisheriges Amt	Neues Amt
Besoldungsgruppe A 13 mit Amtszulage Förderschullehrerin, Förderschullehrer als ständige Vertreterin oder ständiger Vertreter der Leiterin oder des Leiters einer zusammengefassten Schule mit Realschulzweig und einer Gesamtschülerzahl von mehr als 360	Besoldungsgruppe A 14 mit Amtszulage Förderschulkonrektorin, Förderschulkonrektor als ständige Vertreterin oder ständiger Vertreter der Leiterin oder des Leiters einer Grundschule, Hauptschule, Realschule oder zusammengefassten Schule mit einer Schülerzahl von mehr als 360
Besoldungsgruppe A 13 mit Amtszulage Förderschullehrerin, Förderschullehrer als Leiterin oder Leiter des Hauptschulzweigs mit einer Schülerzahl von mehr als 360 an einer Kooperativen Gesamtschule	Besoldungsgruppe A 14 mit Amtszulage Förderschulrektorin, Förderschulrektor als Leiterin oder Leiter des Hauptschulzweigs mit einer Schülerzahl von mehr als 360 an einer Kooperativen Gesamtschule
Besoldungsgruppe A 13 mit Amtszulage Förderschullehrerin, Förderschullehrer als Leiterin oder Leiter des Realschulzweigs mit einer Schülerzahl von 131 bis 180 an einer Kooperativen Gesamtschule	Besoldungsgruppe A 13 mit Amtszulage Förderschulrektorin, Förderschulrektor als Leiterin oder Leiter des Realschulzweigs mit einer Schülerzahl von 131 bis 180 an einer Kooperativen Gesamtschule
Besoldungsgruppe A 13 mit Amtszulage Förderschullehrerin, Förderschullehrer als Leiterin oder Leiter einer Grundschule, Hauptschule oder Grund- und Hauptschule mit einer Schülerzahl von 181 bis 360	Besoldungsgruppe A 14 Förderschulrektorin, Förderschulrektor als Leiterin oder Leiter einer Grundschule, Hauptschule, Realschule oder zusammengefassten Schule mit einer Schülerzahl von 181 bis 360
Besoldungsgruppe A 13 mit Amtszulage Förderschullehrerin, Förderschullehrer als Leiterin oder Leiter eines bei einer Gesamtschule geführten Primarbereichs mit einer Schülerzahl von mehr als 360	Besoldungsgruppe A 14 mit Amtszulage Förderschulrektorin, Förderschulrektor als Leiterin oder Leiter eines an einer Gesamtschule geführten Primarbereichs mit einer Schülerzahl von mehr als 360
Besoldungsgruppe A 13 mit Amtszulage Förderschullehrerin, Förderschullehrer als Leiterin oder Leiter einer zusammengefassten Schule mit Förderschulzweig und einer Gesamtschülerzahl von 81 bis 360	Besoldungsgruppe A 14 Förderschulrektorin, Förderschulrektor als Leiterin oder Leiter einer Grundschule, Hauptschule, Realschule oder zusammengefassten Schule mit einer Schülerzahl von 81 bis 180 oder Besoldungsgruppe A 14 mit AmtszulageFörderschulrektorin, Förderschulrektor als Leiterin oder Leiter einer Grundschule, Hauptschule, Realschule oder zusammengefassten Schule mit einer Schülerzahl von 181 bis 360

Anlage 19 — Landesbesoldungsgesetz (NBesG) III.1

Bisheriges Amt	Neues Amt
Besoldungsgruppe A 13 mit Amtszulage Förderschullehrerin, Förderschullehrer als Leiterin oder Leiter einer zusammengefassten Schule mit Realschulzweig und einer Gesamtschülerzahl von 181 bis 360	Besoldungsgruppe A 14 mit Amtszulage Förderschulrektorin, Förderschulrektor als Leiterin oder Leiter einer Grundschule, Hauptschule, Realschule oder zusammengefassten Schule mit einer Schülerzahl von 181 bis 360
Besoldungsgruppe A 13 mit Amtszulage Förderschulrektorin, Förderschulrektor einer zusammengefassten Schule mit Förderschulzweig mit einer Schülerzahl bis 40 und einer Gesamtschülerzahl bis 80	Besoldungsgruppe A 13 mit Amtszulage Förderschulrektorin, Förderschulrektor als Leiterin oder Leiter einer Grundschule, Hauptschule, Realschule oder zusammengefassten Schule mit einer Schülerzahl bis 80
Besoldungsgruppe A 13 mit Amtszulage Konrektorin, Konrektor als ständige Vertreterin oder ständiger Vertreter der Leiterin oder des Leiters einer zusammengefassten Schule mit Förderschulzweig und einer Gesamtschülerzahl von mehr als 360	Besoldungsgruppe A 14 mit Amtszulage Konrektorin, Konrektor als ständige Vertreterin oder ständiger Vertreter der Leiterin oder des Leiters einer Grundschule, Hauptschule, Realschule oder zusammengefassten Schule mit einer Schülerzahl von mehr als 360
Besoldungsgruppe A 13 mit Amtszulage Konrektorin, Konrektor als ständige Vertreterin oder ständiger Vertreter der Leiterin oder des Leiters einer zusammengefassten Schule mit Realschulzweig und einer Gesamtschülerzahl von mehr als 360	Besoldungsgruppe A 14 mit Amtszulage Konrektorin, Konrektor als ständige Vertreterin oder ständiger Vertreter der Leiterin oder des Leiters einer Grundschule, Hauptschule, Realschule oder zusammengefassten Schule mit einer Schülerzahl von mehr als 360
Besoldungsgruppe A 13 mit Amtszulage Konrektorin, Konrektor als ständige Vertreterin oder ständiger Vertreter der Leiterin oder des Leiters einer zusammengefassten Schule mit Realschulzweig mit einer Schülerzahl von mehr als 180	Besoldungsgruppe A 14 mit Amtszulage Konrektorin, Konrektor als ständige Vertreterin oder ständiger Vertreter der Leiterin oder des Leiters einer Grundschule, Hauptschule, Realschule oder zusammengefassten Schule mit einer Schülerzahl von 181 bis 360
Besoldungsgruppe A 13 mit Amtszulage Realschulkonrektorin, Realschulkonrektor als ständige Vertreterin oder ständiger Vertreter der Leiterin oder des Leiters einer zusammengefassten Schule mit Realschulzweig und einer Gesamtschülerzahl von 181 bis 360	Besoldungsgruppe A 14 mit Amtszulage Konrektorin, Konrektor als ständige Vertreterin oder ständiger Vertreter der Leiterin oder des Leiters einer Grundschule, Hauptschule, Realschule oder zusammengefassten Schule mit einer Schülerzahl von 181 bis 360
Besoldungsgruppe A 13 mit Amtszulage Rektorin, Rektor als Leiterin oder Leiter des Hauptschulzweigs mit einer Schülerzahl von mehr als 360 an einer Kooperativen Gesamtschule	Besoldungsgruppe A 14 mit Amtszulage Rektorin, Rektor als Leiterin oder Leiter des Hauptschulzweigs mit einer Schülerzahl von mehr als 360 an einer Kooperativen Gesamtschule

III.1 Landesbesoldungsgesetz (NBesG) — Anlage 19

Bisheriges Amt	Neues Amt
Besoldungsgruppe A 13 mit Amtszulage Rektorin, Rektor als Leiterin oder Leiter eines bei einer Gesamtschule geführten Primarbereichs mit einer Schülerzahl von mehr als 360	Besoldungsgruppe A 14 mit Amtszulage Rektorin, Rektor als Leiterin oder Leiter eines an einer Gesamtschule geführten Primarbereichs mit einer Schülerzahl von mehr als 360
Besoldungsgruppe A 13 mit Amtszulage Rektorin, Rektor einer Grundschule, Hauptschule oder Grund- und Hauptschule mit einer Schülerzahl von 181 bis 360	Besoldungsgruppe A 14 mit Amtszulage Rektorin, Rektor als Leiterin oder Leiter einer Grundschule, Hauptschule, Realschule oder zusammengefassten Schule mit einer Schülerzahl von 181 bis 360
Besoldungsgruppe A 13 mit Amtszulage Rektorin, Rektor einer zusammengefassten Schule mit Förderschulzweig und einer Gesamtschülerzahl von 81 bis 360	Besoldungsgruppe A 14 mit Amtszulage Rektorin, Rektor als Leiterin oder Leiter einer Grundschule, Hauptschule, Realschule oder zusammengefassten Schule mit einer Schülerzahl von 81 bis 180 oder Besoldungsgruppe A 14 mit AmtszulageRektorin, Rektor als Leiterin oder Leiter einer Grundschule, Hauptschule, Realschule oder zusammengefassten Schule mit einer Schülerzahl von 181 bis 360
Besoldungsgruppe A 13 mit Amtszulage Rektorin, Rektor einer zusammengefassten Schule mit Förderschulzweig und einer Gesamtschülerzahl von 81 bis 360	Besoldungsgruppe A 14 mit Amtszulage Rektorin, Rektor als Leiterin oder Leiter einer Grundschule, Hauptschule, Realschule oder zusammengefassten Schule mit einer Schülerzahl von 81 bis 180 oder Besoldungsgruppe A 14 mit AmtszulageRektorin, Rektor als Leiterin oder Leiter einer Grundschule, Hauptschule, Realschule oder zusammengefassten Schule mit einer Schülerzahl von 181 bis 360
Besoldungsgruppe A 13 mit Amtszulage Rektorin, Rektor einer zusammengefassten Schule mit Realschulzweig und einer Gesamtschülerzahl von 181 bis 360	Besoldungsgruppe A 14 mit Amtszulage Rektorin, Rektor als Leiterin oder Leiter einer Grundschule, Hauptschule, Realschule oder zusammengefassten Schule mit einer Schülerzahl von 181 bis 360

Bisheriges Amt	Neues Amt
Besoldungsgruppe A 14 Förderschulkonrektorin, Förderschulkonrektor als ständige Vertreterin oder ständiger Vertreter der Leiterin oder des Leiters einer zusammengefassten Schule mit Förderschulzweig mit einer Schülerzahl bis 180 und einer Gesamtschülerzahl von 181 bis 360	Besoldungsgruppe A 14 Förderschulkonrektorin, Förderschulkonrektor als ständige Vertreterin oder ständiger Vertreter der Leiterin oder des Leiters einer Grundschule, Hauptschule, Realschule oder zusammengefassten Schule mit einer Schülerzahl von 181 bis 360
Besoldungsgruppe A 14 Förderschulkonrektorin, Förderschulkonrektor als ständige Vertreterin oder ständiger Vertreter der Leiterin oder des Leiters einer Realschule mit einer Schülerzahl von 181 bis 360	Besoldungsgruppe A 14 Förderschulkonrektorin, Förderschulkonrektor als ständige Vertreterin oder ständiger Vertreter der Leiterin oder des Leiters einer Grundschule, Hauptschule, Realschule oder zusammengefassten Schule mit einer Schülerzahl von 181 bis 360
Besoldungsgruppe A 14 Förderschulkonrektorin, Förderschulkonrektor als ständige Vertreterin oder ständiger Vertreter der Leiterin oder des Leiters einer zusammengefassten Schule mit Förderschulzweig mit einer Schülerzahl bis 180 und einer Gesamtschülerzahl von mehr als 360	Besoldungsgruppe A 14 mit Amtszulage Förderschulkonrektorin, Förderschulkonrektor als ständige Vertreterin oder ständiger Vertreter der Leiterin oder des Leiters einer Grundschule, Hauptschule, Realschule oder zusammengefassten Schule mit einer Schülerzahl von mehr als 360
Besoldungsgruppe A 14 Förderschulkonrektorin, Förderschulkonrektor als ständige Vertreterin oder ständiger Vertreter der Leiterin oder des Leiters einer zusammengefassten Schule mit Realschulzweig mit einer Schülerzahl von 181 bis 360 und einer Gesamtschülerzahl bis 540	Besoldungsgruppe A 14 Förderschulkonrektorin, Förderschulkonrektor als ständige Vertreterin oder ständiger Vertreter der Leiterin oder des Leiters einer Grundschule, Hauptschule, Realschule oder zusammengefassten Schule mit einer Schülerzahl von 181 bis 360 oder Besoldungsgruppe A 14 mit AmtszulageFörderschulkonrektorin, Förderschulkonrektor als ständige Vertreterin oder ständiger Vertreter der Leiterin oder des Leiters einer Grundschule, Hauptschule, Realschule oder zusammengefassten Schule mit einer Schülerzahl von mehr als 360
Besoldungsgruppe A 14 Förderschulkonrektorin, Förderschulkonrektor als die Didaktische Leiterin oder der Didaktische Leiter einer Gesamtschule mit einer Schülerzahl im Sekundarbereich I bis 540	Besoldungsgruppe A 14 Förderschulrektorin, Förderschulrektor als die Didaktische Leiterin oder der Didaktische Leiter einer Gesamtschule mit einer Schülerzahl im Sekundarbereich I bis 540

III.1 Landesbesoldungsgesetz (NBesG) — Anlage 19

Bisheriges Amt	Neues Amt
Besoldungsgruppe A 14 Förderschulrektorin, Förderschulrektor einer zusammengefassten Schule mit Förderschulzweig mit einer Schülerzahl von 41 bis 90 und einer Gesamtschülerzahl von 81 bis 180	Besoldungsgruppe A 14 Förderschulrektorin, Förderschulrektor als Leiterin oder Leiter einer Grundschule, Hauptschule, Realschule oder zusammengefassten Schule mit einer Schülerzahl von 81 bis 180
Besoldungsgruppe A 14 Förderschulrektorin, Förderschulrektor als Leiterin oder Leiter einer Grundschule, Hauptschule oder Grund- und Hauptschule mit einer Schülerzahl von mehr als 360	Besoldungsgruppe A 15 Förderschulrektorin, Förderschulrektor als Leiterin oder Leiter einer Grundschule, Hauptschule, Realschule oder zusammengefassten Schule mit einer Schülerzahl von mehr als 360
Besoldungsgruppe A 14 Förderschulrektorin, Förderschulrektor als Leiterin oder Leiter einer Realschule mit einer Schülerzahl bis 180	Besoldungsgruppe A 14 Förderschulrektorin, Förderschulrektor als Leiterin oder Leiter einer Grundschule, Hauptschule, Realschule oder zusammengefassten Schule mit einer Schülerzahl von 81 bis 180
Besoldungsgruppe A 14 Förderschulrektorin, Förderschulrektor als Leiterin oder Leiter einer zusammengefassten Schule mit Förderschulzweig und einer Gesamtschülerzahl von mehr als 360	Besoldungsgruppe A 15 Förderschulrektorin, Förderschulrektor als Leiterin oder Leiter einer Grundschule, Hauptschule, Realschule oder zusammengefassten Schule mit einer Schülerzahl von mehr als 360
Besoldungsgruppe A 14 Förderschulrektorin, Förderschulrektor als Leiterin oder Leiter einer zusammengefassten Schule mit Realschulzweig und einer Gesamtschülerzahl von mehr als 360	Besoldungsgruppe A 15 Förderschulrektorin, Förderschulrektor als Leiterin oder Leiter einer Grundschule, Hauptschule, Realschule oder zusammengefassten Schule mit einer Schülerzahl von mehr als 360
Besoldungsgruppe A 14 Förderschulrektorin, Förderschulrektor als Leiterin oder Leiter einer zusammengefassten Schule mit Realschulzweig mit einer Schülerzahl bis 180 und einer Gesamtschülerzahl bis 360	Besoldungsgruppe A 14 Förderschulrektorin, Förderschulrektor als Leiterin oder Leiter einer Grundschule, Hauptschule, Realschule oder zusammengefassten Schule mit einer Schülerzahl von 81 bis 180 oder Besoldungsgruppe A 14 mit AmtszulageFörderschulrektorin, Förderschulrektor als Leiterin oder Leiter einer Grundschule, Hauptschule, Realschule oder zusammengefassten Schule mit einer Schülerzahl von 181 bis 360

Anlage 19 — Landesbesoldungsgesetz (NBesG) — **III.1**

Bisheriges Amt	Neues Amt
Besoldungsgruppe A 14 Realschulkonrektorin, Realschulkonrektor als ständige Vertreterin oder ständiger Vertreter der Leiterin oder des Leiters einer zusammengefassten Schule mit Realschulzweig mit einer Schülerzahl bis 180 und einer Gesamtschülerzahl von mehr als 360	Besoldungsgruppe A 14 mit Amtszulage Konrektorin, Konrektor als ständige Vertreterin oder ständiger Vertreter der Leiterin oder des Leiters einer Grundschule, Hauptschule, Realschule oder zusammengefassten Schule mit einer Schülerzahl von mehr als 360
Besoldungsgruppe A 14 Realschulkonrektorin, Realschulkonrektor als ständige Vertreterin oder ständiger Vertreter der Leiterin oder des Leiters einer zusammengefassten Schule mit Realschulzweig mit einer Schülerzahl von 181 bis 360 und einer Gesamtschülerzahl bis 540	Besoldungsgruppe A 14 Konrektorin, Konrektor als ständige Vertreterin oder ständiger Vertreter der Leiterin oder des Leiters einer Grundschule, Hauptschule, Realschule oder zusammengefassten Schule mit einer Schülerzahl von 181 bis 360 oder Besoldungsgruppe A 14 mit AmtszulageKonrektorin, Konrektor als ständige Vertreterin oder ständiger Vertreter der Leiterin oder des Leiters einer Grundschule, Hauptschule, Realschule oder zusammengefassten Schule mit einer Schülerzahl von mehr als 360
Besoldungsgruppe A 14 Realschulrektorin, Realschulrektor einer zusammengefassten Schule mit Realschulzweig mit einer Schülerzahl bis 180 und einer Gesamtschülerzahl bis 360	Besoldungsgruppe A 14 Rektorin, Rektor als Leiterin oder Leiter einer Grundschule, Hauptschule, Realschule oder zusammengefassten Schule mit einer Schülerzahl von 81 bis 180 oder Besoldungsgruppe A 14 mit AmtszulageRektorin, Rektor als Leiterin oder Leiter einer Grundschule, Hauptschule, Realschule oder zusammengefassten Schule mit einer Schülerzahl von 181 bis 360
Besoldungsgruppe A 14 Rektorin, Rektor als Leiterin oder Leiter einer zusammengefassten Schule mit Förderschulzweig und einer Gesamtschülerzahl von mehr als 360	Besoldungsgruppe A 15 Rektorin, Rektor als Leiterin oder Leiter einer Grundschule, Hauptschule, Realschule oder zusammengefassten Schule mit einer Schülerzahl von mehr als 360
Besoldungsgruppe A 14 Rektorin, Rektor einer Grundschule, Hauptschule oder Grund- und Hauptschule mit einer Schülerzahl von mehr als 360	Besoldungsgruppe A 15 Rektorin, Rektor als Leiterin oder Leiter einer Grundschule, Hauptschule, Realschule oder zusammengefassten Schule mit einer Schülerzahl von mehr als 360

III.1 Landesbesoldungsgesetz (NBesG) — Anlage 19

Bisheriges Amt	Neues Amt
Besoldungsgruppe A 14 Rektorin, Rektor einer zusammengefassten Schule mit Realschulzweig und einer Gesamtschülerzahl von mehr als 360	Besoldungsgruppe A 15 Rektorin, Rektor als Leiterin oder Leiter einer Grundschule, Hauptschule, Realschule oder zusammengefassten Schule mit einer Schülerzahl von mehr als 360
Besoldungsgruppe A 14 Zweite Förderschulkonrektorin, Zweiter Förderschulkonrektor an einer Förderschule mit Schwerpunkt Lernen mit einer Schülerzahl von mehr als 270 oder einer sonstigen Förderschule mit einer Schülerzahl von mehr als 180	Besoldungsgruppe A 14 Zweite Förderschulkonrektorin, Zweiter Förderschulkonrektor an einer Förderschule mit einer Schülerzahl von mehr als 180
Besoldungsgruppe A 14 Zweite Förderschulkonrektorin, Zweiter Förderschulkonrektor an einer zusammengefassten Schule mit Förderschulzweig mit einer Schülerzahl von mehr als 180 und einer Gesamtschülerzahl von mehr als 540	Besoldungsgruppe A 14 Zweite Förderschulkonrektorin, Zweiter Förderschulkonrektor an einer Grundschule, Hauptschule, Realschule oder zusammengefassten Schule mit einer Schülerzahl von mehr als 540
Besoldungsgruppe A 14 Zweite Förderschulkonrektorin, Zweiter Förderschulkonrektor an einer zusammengefassten Schule mit einer Schülerzahl von mehr als 180 am Realschulzweig und einer Gesamtschülerzahl von mehr als 540	Besoldungsgruppe A 14 Zweite Förderschulkonrektorin, Zweiter Förderschulkonrektor an einer Grundschule, Hauptschule, Realschule oder zusammengefassten Schule mit einer Schülerzahl von mehr als 540
Besoldungsgruppe A 14 Zweite Förderschulkonrektorin, Zweiter Förderschulkonrektor einer Realschule mit einer Schülerzahl von mehr als 540	Besoldungsgruppe A 14 Zweite Förderschulkonrektorin, Zweiter Förderschulkonrektor an einer Grundschule, Hauptschule, Realschule oder zusammengefassten Schule mit einer Schülerzahl von mehr als 540
Besoldungsgruppe A 14 mit Amtszulage Förderschulkonrektorin, Förderschulkonrektor als ständige Vertreterin oder ständiger Vertreter der Leiterin oder des Leiters einer Förderschule mit dem Schwerpunkt Lernen mit einer Schülerzahl von mehr als 180 oder einer sonstigen Förderschule mit einer Schülerzahl von mehr als 120	Besoldungsgruppe A 14 mit Amtszulage Förderschulkonrektorin, Förderschulkonrektor als ständige Vertreterin oder ständiger Vertreter der Leiterin oder des Leiters einer Förderschule mit einer Schülerzahl von mehr als 120 mit Ausnahme einer Förderschule mit dem Schwerpunkt Lernen
Besoldungsgruppe A 14 mit Amtszulage Förderschulkonrektorin, Förderschulkonrektor als ständige Vertreterin oder ständiger Vertreter der Leiterin oder des Leiters einer zusammengefassten Schule mit Förderschulzweig mit einer Schülerzahl von mehr als 180 und einer Gesamtschülerzahl von mehr als 360	Besoldungsgruppe A 14 mit Amtszulage Förderschulkonrektorin, Förderschulkonrektor als ständige Vertreterin oder ständiger Vertreter der Leiterin oder des Leiters einer Grundschule, Hauptschule, Realschule oder zusammengefassten Schule mit einer Schülerzahl von mehr als 360

Anlage 19 — Landesbesoldungsgesetz (NBesG) — **III.1**

Bisheriges Amt	Neues Amt
Besoldungsgruppe A 14 mit Amtszulage Förderschulkonrektorin, Förderschulkonrektor als ständige Vertreterin oder ständiger Vertreter der Leiterin oder des Leiters einer Realschule mit einer Schülerzahl von mehr als 360	Besoldungsgruppe A 14 mit Amtszulage Förderschulkonrektorin, Förderschulkonrektor als ständige Vertreterin oder ständiger Vertreter der Leiterin oder des Leiters einer Grundschule, Hauptschule, Realschule oder zusammengefassten Schule mit einer Schülerzahl von mehr als 360
Besoldungsgruppe A 14 mit Amtszulage Förderschulkonrektorin, Förderschulkonrektor als ständige Vertreterin oder ständiger Vertreter der Leiterin oder des Leiters einer zusammengefassten Schule mit Realschulzweig mit einer Schülerzahl von 181 bis 360 und einer Gesamtschülerzahl von mehr als 540	Besoldungsgruppe A 14 mit Amtszulage Förderschulkonrektorin, Förderschulkonrektor als ständige Vertreterin oder ständiger Vertreter der Leiterin oder des Leiters einer Grundschule, Hauptschule, Realschule oder zusammengefassten Schule mit einer Schülerzahl von mehr als 360
Besoldungsgruppe A 14 mit Amtszulage Förderschulkonrektorin, Förderschulkonrektor als ständige Vertreterin oder ständiger Vertreter der Leiterin oder des Leiters einer zusammengefassten Schule mit Realschulzweig mit einer Schülerzahl von mehr als 360 am Realschulzweig	Besoldungsgruppe A 14 mit Amtszulage Förderschulkonrektorin, Förderschulkonrektor als ständige Vertreterin oder ständiger Vertreter der Leiterin oder des Leiters einer Grundschule, Hauptschule, Realschule oder zusammengefassten Schule mit einer Schülerzahl von mehr als 360
Besoldungsgruppe A 14 mit Amtszulage Förderschulrektorin, Förderschulrektor einer zusammengefassten Schule mit Förderschulzweig mit einer Schülerzahl von 91 bis 180 und einer Gesamtschülerzahl von 181 bis 360	Besoldungsgruppe A 14 mit Amtszulage Förderschulrektorin, Förderschulrektor als Leiterin oder Leiter einer Grundschule, Hauptschule, Realschule oder zusammengefassten Schule mit einer Schülerzahl von 181 bis 360
Besoldungsgruppe A 14 mit Amtszulage Förderschulrektorin, Förderschulrektor als Leiterin oder Leiter einer Realschule mit einer Schülerzahl von 181 bis 360	Besoldungsgruppe A 14 mit Amtszulage Förderschulrektorin, Förderschulrektor als Leiterin oder Leiter einer Grundschule, Hauptschule, Realschule oder zusammengefassten Schule mit einer Schülerzahl von 181 bis 360
Besoldungsgruppe A 14 mit Amtszulage Förderschulrektorin, Förderschulrektor als Leiterin oder Leiter einer zusammengefassten Schule mit Realschulzweig mit einer Schülerzahl bis 180 und einer Gesamtschülerzahl von mehr als 360	Besoldungsgruppe A 15 Förderschulrektorin, Förderschulrektor als Leiterin oder Leiter einer Grundschule, Hauptschule, Realschule oder zusammengefassten Schule mit einer Schülerzahl von mehr als 360

III.1 Landesbesoldungsgesetz (NBesG) — Anlage 19

Bisheriges Amt	Neues Amt
Besoldungsgruppe A 14 mit Amtszulage Förderschulrektorin, Förderschulrektor als Leiterin oder Leiter einer zusammengefassten Schule mit Realschulzweig mit einer Schülerzahl von 181 bis 360 und einer Gesamtschülerzahl bis 540	Besoldungsgruppe A 14 mit Amtszulage Förderschulrektorin, Förderschulrektor als Leiterin oder Leiter einer Grundschule, Hauptschule, Realschule oder zusammengefassten Schule mit einer Schülerzahl von 181 bis 360 oder Besoldungsgruppe A 15 Förderschulrektorin, Förderschulrektor als Leiterin oder Leiter einer Grundschule, Hauptschule, Realschule oder zusammengefassten Schule mit einer Schülerzahl von mehr als 360
Besoldungsgruppe A 14 mit Amtszulage Realschulrektorin, Realschulrektor einer zusammengefassten Schule mit Realschulzweig mit einer Schülerzahl bis 180 und einer Gesamtschülerzahl von mehr als 360	Besoldungsgruppe A 15 Rektorin, Rektor als Leiterin oder Leiter einer Grundschule, Hauptschule, Realschule oder zusammengefassten Schule mit einer Schülerzahl von mehr als 360
Besoldungsgruppe A 14 mit Amtszulage Realschulrektorin, Realschulrektor einer zusammengefassten Schule mit Realschulzweig mit einer Schülerzahl von 181 bis 360 und einer Gesamtschülerzahl bis 540	Besoldungsgruppe A 14 mit Amtszulage Rektorin, Rektor als Leiterin oder Leiter einer Grundschule, Hauptschule, Realschule oder zusammengefassten Schule mit einer Schülerzahl von 181 bis 360 oder Besoldungsgruppe A 15 Rektorin, Rektor als Leiterin oder Leiter einer Grundschule, Hauptschule, Realschule oder zusammengefassten Schule mit einer Schülerzahl von mehr als 360
Besoldungsgruppe A 15 Förderschulrektorin, Förderschulrektor einer Förderschule mit dem Schwerpunkt Lernen mit einer Schülerzahl von mehr als 180 oder einer sonstigen Förderschule mit einer Schülerzahl von mehr als 120	Besoldungsgruppe A 15 Förderschulrektorin, Förderschulrektor einer Förderschule mit einer Schülerzahl von mehr als 120 mit Ausnahme einer Förderschule mit dem Schwerpunkt Lernen
Besoldungsgruppe A 15 Förderschulrektorin, Förderschulrektor einer zusammengefassten Schule mit Förderschulzweig mit einer Schülerzahl von mehr als 180 und einer Gesamtschülerzahl von mehr als 360	Besoldungsgruppe A 15 Förderschulrektorin, Förderschulrektor als Leiterin oder Leiter einer Grundschule, Hauptschule, Realschule oder zusammengefassten Schule mit einer Schülerzahl von mehr als 360

Bisheriges Amt	Neues Amt
Besoldungsgruppe A 15 Förderschulrektorin, Förderschulrektor als Leiterin oder Leiter einer Realschule mit einer Schülerzahl von mehr als 360	Besoldungsgruppe A 15 Förderschulrektorin, Förderschulrektor als Leiterin oder Leiter einer Grundschule, Hauptschule, Realschule oder zusammengefassten Schule mit einer Schülerzahl von mehr als 360
Besoldungsgruppe A 15 Förderschulrektorin, Förderschulrektor als Leiterin oder Leiter einer zusammengefassten Schule mit Realschulzweig mit einer Schülerzahl von 181 bis 360 und einer Gesamtschülerzahl von mehr als 540	Besoldungsgruppe A 15 Förderschulrektorin, Förderschulrektor als Leiterin oder Leiter einer Grundschule, Hauptschule, Realschule oder zusammengefassten Schule mit einer Schülerzahl von mehr als 360
Besoldungsgruppe A 15 Förderschulrektorin, Förderschulrektor als Leiterin oder Leiter einer zusammengefassten Schule mit Realschulzweig und einer Schülerzahl von mehr als 360 am Realschulzweig	Besoldungsgruppe A 15 Förderschulrektorin, Förderschulrektor als Leiterin oder Leiter einer Grundschule, Hauptschule, Realschule oder zusammengefassten Schule mit einer Schülerzahl von mehr als 360

III.1 Landesbesoldungsgesetz (NBesG) — Anlage 5

Anlage 5
(zu § 7 Abs. 2, § 25 Abs. 1 sowie den §§ 28 und 33)

Grundgehaltssätze der Besoldungsordnungen A, B, W und R
(Monatsbeträge in Euro)

1. Besoldungsordnung A

Gültig ab 1. Februar 2025

Besoldungsgruppe	Erfahrungszeit je Stufe 2 Jahre				Erfahrungszeit je Stufe 3 Jahre				Erfahrungszeit je Stufe 4 Jahre			
	1	2	3	4	5	6	7	8	9	10	11	12
A 5		2791,00	2854,04	2917,06	2980,11	3043,16	3106,20	3169,24				
A 6		2832,36	2901,57	2970,77	3039,98	3109,22	3178,44	3247,66	3316,86			
A 7		2926,51	3013,62	3100,70	3187,81	3274,89	3362,02	3424,21	3486,41	3548,65		
A 8		3014,88	3089,31	3200,92	3312,53	3424,15	3535,81	3610,21	3684,59	3759,02	3833,42	
A 9		3181,97	3255,18	3374,31	3493,44	3612,57	3731,71	3813,57	3895,80	3981,71	4068,31	
A 10		3392,91	3494,66	3647,27	3799,92	3955,46	4116,83	4224,42	4332,01	4439,58	4547,18	
A 11			3840,79	4002,64	4167,99	4333,38	4498,73	4609,03	4719,23	4829,51	4939,73	5049,96
A 12				4304,14	4501,24	4698,43	4895,59	5027,03	5158,43	5289,89	5421,32	5552,77
A 13				4802,58	5015,50	5228,39	5441,25	5583,22	5725,16	5867,09	6009,03	6150,96
A 14				5042,17	5318,23	5594,30	5870,39	6054,44	6238,50	6422,52	6606,60	6790,68
A 15						6125,73	6429,23	6672,09	6914,90	7157,75	7400,59	7643,41
A 16						6738,17	7089,20	7370,07	7650,92	7931,77	8212,58	8493,41

Anlage 5　　　　　　　　　　Landesbesoldungsgesetz (NBesG)　**III.1**

2. Besoldungsordnung B

Gültig ab 1. Februar 2025

Besoldungsgruppe	
B 1	7 643,41
B 2	8 848,75
B 3	9 359,01
B 4	9 893,51
B 5	10 506,66
B 6	11 085,67
B 7	11 648,93
B 8	12 235,97
B 9	12 839,12
B 10	15 080,25

3. Besoldungsordnung W

Gültig ab 1. Februar 2025

Besoldungsgruppe	W 1	W 2	W 3
	5377,20	6914,90	7503,91

4. Besoldungsordnung R

Gültig ab 1. Februar 2025

| Besoldungsgruppe | Erfahrungszeit je Stufe 2 Jahre ||||||||||||
| | Erfahrungsstufe ||||||||||||
	1	2	3	4	5	6	7	8	9	10	11	12
R 1		5 122,44	5 234,51	5 523,63	5 812,73	6 101,89	6 390,99	6 680,14	6 969,22	7 258,39	7 547,48	7 836,60
R 2			5 926,63	6 215,73	6 504,87	6 793,96	7 083,11	7 372,19	7 661,35	7 950,42	8 239,57	8528,64
R 3	9 359,01											
R 4	9 893,51											
R 5	10 506,66											
R 6	11 085,67											
R 7	11 648,93											
R 8	12 235,97											

Anlage 6
(zu § 22 Abs. 2 Satz 4)

Zusätze zu den Grundamtsbezeichnungen der Besoldungsordnung A für Landesbeamtinnen und Landesbeamte

Grundamtsbezeichnungen	Zusatz zu den Grundsamtsbezeichnungen[1]
1. Aufseherin, Aufseher Oberaufseherin, Oberaufseher Hauptaufseherin, Hauptaufseher Betriebsassistentin, Betriebsassistent	Magazin
2. Sekretärin, Sekretär Obersekretärin, Obersekretär Hauptsekretärin, Hauptsekretär Amtsinspektorin, Amtsinspektor	Archiv… Bibliotheks… Eich… Fischerei… Forst… Gerichts… Gesundheits… Gewerbe… im Justizvollzugsdienst Justiz… Kartographen… Landesplanungs… Lebensmittelkontroll… Polizei… Regierungs… Schleusen… Steuer… Vermessungs… Verwaltungs…
3. Oberwerkmeisterin, Oberwerkmeister Hauptwerkmeisterin, Hauptwerkmeister Betriebsinspektorin, Betriebsinspektor	im Justizvollzugsdienst
4. Inspektorin, Inspektor Oberinspektorin, Oberinspektor Amtfrau, Amtmann Amtsrätin, Amtsrat Rätin, Rat[2]	Archiv… Bau… Berg… Bibliotheks… Brand… Eich… Forst… Gerichts… Gesundheits… Gewerbe… im Justizvollzugsdienst Justiz… Kartographen… Landesplanungs… Landwirtschafts…

Anlage 6 — Landesbesoldungsgesetz (NBesG) III.1

Grundamtsbezeichnungen	Zusatz zu den Grundsamtsbezeichnungen[1]
	Lebensmittelkontroll…
	Nautische, Nautischer Polizei…
	Pflege…
	Regierungs…
	Sozial…
	Steuer…[3]
	Technische, Technischer
	Technische Polizei…, Technischer Polizei…
	Vermessungs…
	Verwaltungs…
	Weinkontroll…
5. Pfarrerin, Pfarrer	im Justizvollzugsdienst
6. Rätin, Rat[4]	Archälogie…
Oberrätin, Oberrat	Archiv…
Direktorin, Direktor	Bau…
Leitende Direktorin, Leitender Direktor[5]	Berg…
	Bibliotheks…
	Biologie…
	Brand…
	Chemie…
	Eich…
	Fischerei…
	Forst…
	Geologie…
	Gesundheits…
	Gewerbe…
	Gewerbemedizinal…
	Kriminal…
	Landwirtschafts…
	Medizinal…
	Museums…
	Pflege…
	Pharmazie…
	Physik…
	Polizei…
	Psychologie…
	Regierungs…[6]
	Sozial…
	Sport…
	Vermessungs…
	Veterinär…
	Wissenschaftliche, Wissenschaftlicher

[1] Einer Grundamtsbezeichnung darf nur einer der folgenden Zusätze beigefügt werden.
[2] Nur Beamtinnen und Beamte mit der Befähigung für eine Laufbahn der Laufbahngruppe 2, die nur den Zugang für das erste Einstiegsamt eröffnet.
[3] Der Zusatz „Steuer…" wird der Grundamtsbezeichnung „Rätin, Rat" nicht beigefügt.

[4]) Nur Beamtinnen und Beamten mit der Befähigung für eine Laufbahn der Laufbahngruppe 2, die den Zugang für das zweite Einstiegsamt eröffnet.
[5]) Bei der Grundamtsbezeichnung „Leitende Direktorin, Leitender Direktor" wird der Zusatz dem Wort „Direktorin" oder „Direktor" vorangestellt.
[6]) Der Zusatz „Regierungs…" wird zusammen mit der Grundamtsbezeichnung „Oberrätin, Oberrat" in der Weise beigefügt, dass die vollständige Amtsbezeichnung „Oberregierungsrätin, Oberregierungsrat" lautet.

Anlage 7
(zu § 34 Satz 3)

Familienzuschlag
(Monatsbeträge)

Gültig ab 1. Februar 2025

	Stufe 1 (§ 35 Abs. 1)	Stufe 2 (§ 35 Abs. 2)
Besoldungsgruppen A 5 bis A 8	157,84 Euro	299,48 Euro
übrige Besoldungsgruppen	165,72 Euro	307,36 Euro

Bei mehr als einem berücksichtigungsfähigen Kind erhöht sich der Familienzuschlag

für das zweite berücksichtigungsfähige Kind um 141,64 Euro,
für das dritte und jedes weitere berücksichtigungsfähige Kind um 498,41 Euro.

Erhöhungsbetrag für die Laufbahngruppe 1

In der Laufbahngruppe 1 erhöht sich in den Besoldungsgruppen A 5 bis A 9 der Familienzuschlag in den Stufen 2 und 3 für jedes berücksichtigungsfähige Kind um 100,00 Euro.

Anlage 8
(zu § 37)

Höhe der Amtszulagen

Gültig ab 1. Februar 2025

Dem Grunde nach geregelt in		Monatsbeträge in Euro
1. Besoldungsordnung A		
Besoldungsgruppe	Fußnote	
A 5	1	48,15
A 5	4, 5	88,78
A 6	5	48,15
A 7	7	50 % des jeweiligen Unterschiedsbetrages zum Grundgehalt der Besoldungsgruppe A 8
A 9	1, 3, 6	358,32
A 13	1, 8, 9	364,12
A 13	6	249,67
A 13	7, 14	208,12
A 13	11	117,46
A 14	2	249,67
A 15	1	249,67
A 16	3	279,18
Künftig wegfallende Ämter		
Besoldungsgruppe	Fußnote	
A 5	1	88,78
A 6	1	48,15
A 9	2	358,32
A 10	1	166,45
A 10	4	163,13
A 13	1, 3	364,12
A 13	4	166,45
A 13	6	249,67
A 14	1	249,67
A 15	2	249,67
2. Besoldungsordnung B		
Besoldungsgruppe	Fußnote	
B 9	1	1024,71
3. Besoldungsordnung R		
Besoldungsgruppe	Fußnote	
R 1	1 bis 5	276,01
R 2	1 bis 5, 7, 8	276,01
R 3	1 bis 4	276,01

Anlage 9
(zu § 38)

Allgemeine Stellenzulage

Eine allgemeine Stellenzulage erhalten

1. Beamtinnen und Beamte
   a) der Besoldungsgruppen A 5 bis A 8,
   b) der Besoldungsgruppen A 9 und A 10

   in Laufbahnen der Laufbahngruppe 1, in denen das erste Einstiegsamt ein Amt der Besoldungsgruppe A 5 oder das zweite Einstiegsamt ein Amt der Besoldungsgruppe A 6 ist,

   sowie

   in Laufbahnen der Laufbahngruppe 1 der Fachrichtungen Justiz, Polizei, Feuerwehr, Gesundheits- und soziale Dienste und Technische Dienste, in denen das zweite Einstiegsamt ein Amt der Besoldungsgruppe A 7 oder A 8 ist,

2. Beamtinnen und Beamte der Besoldungsgruppen A 9 bis A 13 in Laufbahnen der Laufbahngruppe 2,
   a) in denen das erste Einstiegsamt ein Amt der Besoldungsgruppe A 9 ist, und
   b) der Fachrichtungen
      aa) Agrar- und umweltbezogene Dienste,
      bb) Allgemeine Dienste, wenn die Laufbahnbefähigung auf einem Hochschulstudium der Verwaltungsinformatik, der Informatik oder in einem naturwissenschaftlichen Studiengang mit informationstechnischer oder kommunikationstechnischer Prägung in Verbindung mit einer hieran anknüpfenden beruflichen Tätigkeit beruht,
      cc) Feuerwehr und
      dd) Technische Dienste,

   in denen das erste Einstiegsamt ein Amt der Besoldungsgruppe A 10 ist.

3. Beamtinnen und Beamte in den Besoldungsgruppen A 12 und A 13 im Amtsanwaltsdienst,

4. Beamtinnen und Beamte der Besoldungsgruppe A 13 in einer Laufbahn der Laufbahngruppe 2, in der das zweite Einstiegsamt ein Amt der Besoldungsgruppe A 13 ist.

Anlage 10
(zu den §§ 38 und 44 Abs. 2)

Höhe der Allgemeinen Stellenzulage

Gültig ab 1. Februar 2025

Dem Grunde nach geregelt in	Monatsbeträge in Euro	monatlich anzurechnende Beträge in Euro in den Fällen des § 44 Abs. 2 Satz 2
Anlage 9 Nummer 1		
Buchstabe a	25,74	0,00
Buchstabe b	100,82	75,07
Nummern 2 bis 4	112,06	112,06

Anlage 11
(zu § 39)

Besondere Stellenzulagen

1. Beamtinnen und Beamte bei Sicherheitsdiensten

Beamtinnen und Beamte, die beim Bundesnachrichtendienst, beim Militärischen Abschirmdienst, beim Bundesamt für Verfassungsschutz oder bei den Einrichtungen für Verfassungsschutz der Länder verwendet werden, erhalten eine Stellenzulage nach Anlage 12.

2. Beamtinnen und Beamte des Polizeivollzugsdienstes und des Steuerfahndungsdienstes

(1) Die Polizeivollzugsbeamtinnen und Polizeivollzugsbeamten sowie die Beamtinnen und Beamten des Steuerfahndungsdienstes erhalten eine Stellenzulage nach Anlage 12, wenn ihnen Dienstbezüge nach der Besoldungsordnung A oder Anwärterbezüge zustehen.

(2) Die Stellenzulage wird nicht neben einer Stellenzulage nach Nummer 1 gewährt.

(3) Durch die Stellenzulage werden die Besonderheiten des jeweiligen Dienstes, insbesondere der mit dem Posten- und Streifendienst sowie dem Nachtdienst verbundene Aufwand sowie der Aufwand für Verzehr abgegolten.

3. Beamtinnen und Beamte im Flugdienst

(1) Beamtinnen und Beamte der Besoldungsgruppen A 9 bis A 16 erhalten

1. als Luftfahrzeugführerinnen oder Luftfahrzeugführer,
2. als sonstige ständige Luftfahrzeugbesatzungsangehörige

eine Stellenzulage nach Anlage 12, wenn sie entsprechend verwendet werden.

(2) ₁Die zuletzt gewährte Stellenzulage wird nach Beendigung der Verwendung, auch über die Besoldungsgruppe A 16 hinaus, für fünf Jahre weitergewährt, wenn die Beamtin oder der Beamte

1. mindestens fünf Jahre lang in einer Tätigkeit nach Absatz 1 verwendet worden ist oder
2. bei der Verwendung nach Absatz 1 einen Dienstunfall im Flugdienst oder eine durch die Besonderheiten dieser Verwendung bedingte gesundheitliche Schädigung erlitten hat, die die weitere Verwendung nach Absatz 1 ausschließt.

₂Danach verringert sich die Stellenzulage auf 50 Prozent.

(3) ₁Hat die Beamtin oder der Beamte einen Anspruch auf eine Stellenzulage nach Absatz 2 und wechselt sie oder er in eine weitere Verwendung, mit der ein Anspruch auf eine geringere Stellenzulage nach Absatz 1 verbunden ist, so erhält sie oder er zusätzlich zu der geringeren Stellenzulage den Unterschiedsbetrag zu der Stellenzulage nach Absatz 2. ₂Nach Beendigung der weiteren Verwendung wird die Stellenzulage nach Absatz 2 Satz 1 nur weiter gewährt, soweit sie noch nicht vor der weiteren Verwendung bezogen und auch nicht während der weiteren Verwendung durch den Unterschiedsbetrag zwischen der geringeren Stellenzulage nach Absatz 2 abgegolten worden ist. ₃Der Berechnung der Stellenzulage nach Absatz 2 Satz 2 wird die höhere Stellenzulage zugrunde gelegt.

4. Beamtinnen und Beamte als Prüferin oder Prüfer von Luftfahrtgerät oder als freigabeberechtigtes Personal

₁Beamtinnen und Beamte erhalten eine Stellenzulage nach Anlage 12, wenn sie eine Prüferlaubnis als Prüferin oder Prüfer von Luftfahrtgerät oder eine Lizenz für freigabeberechtigtes Personal der Kategorie B1, B2, B3 oder C nach der Verordnung (EU) Nr. 1321/2014 der Kommission vom 26. November 2014 über die Aufrechterhaltung der Lufttüchtigkeit von Luftfahrzeugen und luftfahrttechnischen Erzeugnissen, Teilen und Ausrüstungen und die Erteilung von Genehmigungen für Organisationen und Personen, die diese Tätigkeiten ausführen (ABl. EU Nr. L 362 S. 1; 2016 Nr. L 38 S. 14), zuletzt geändert durch die Verordnung (EU) 2015/1536 der Kommission vom 16. September 2015 (ABl. EU Nr. L 241 S. 16), besitzen und entsprechend der jeweiligen Qualifikation verwendet werden. ₂Besteht neben dieser Zulage ein Anspruch auf eine Zulage nach Nummer 3, so wird nur die höhere Zulage gewährt.

5. Beamtinnen und Beamte bei Justizvollzugseinrichtungen, in abgeschlossenen Vorführbereichen der Gerichte und bei Einrichtungen des Maßregelvollzugs

(1) Beamtinnen und Beamte in abgeschlossenen Vorführbereichen der Gerichte erhalten eine Stellenzulage nach Anlage 12, wenn ihnen Dienstbezüge nach der Besoldungsordnung A oder Anwärterbezüge zustehen.

(2) Beamtinnen und Beamte bei Justizvollzugseinrichtungen erhalten eine Stellenzulage nach Anlage 12, wenn ihnen Dienstbezüge nach der Besoldungsordnung A oder Anwärterbezüge zustehen.

(3) Beamtinnen und Beamte bei Einrichtungen des Maßregelvollzugs, deren Dienstaufgaben von unmittelbarem Kontakt zu untergebrachten Personen geprägt sind, erhalten eine Stellenzulage nach Anlage 12, wenn ihnen Dienstbezüge nach der Besoldungsordnung A oder Anwärterbezüge zustehen.

(4) Beamtinnen und Beamte bei Justizvollzugseinrichtungen oder Einrichtungen des Maßregelvollzugs, deren Dienstaufgabe die Krankenpflege ist, erhalten eine Stellenzulage nach Anlage 12, wenn ihnen Dienstbezüge nach der Besoldungsordnung A oder Anwärterbezüge zustehen.

(5) Beamtinnen und Beamte, die bei Justizvollzugseinrichtungen oder Einrichtungen des Maßregelvollzugs als Ergotherapeutinnen oder Ergotherapeuten, Logopädinnen oder Logopäden, medizinische oder zahnmedizinische Fachangestellte, medizinisch-technische Assistentinnen oder Assistenten, Physiotherapeutinnen oder Physiotherapeuten, Masseurinnen oder Masseure, medizinische Bademeisterinnen oder medizinische Bademeister eingesetzt sind, erhalten eine Stellenzulage nach Anlage 12, wenn ihnen Dienstbezüge nach der Besoldungsordnung A oder Anwärterbezüge zustehen.

6. Beamtinnen und Beamte der Feuerwehr

(1) Beamtinnen und Beamte in einer Laufbahn der Fachrichtung Feuerwehr erhalten eine Stellenzulage nach Anlage 12, wenn ihnen Dienstbezüge nach der Besoldungsordnung A oder Anwärterbezüge zustehen.

(2) Durch die Stellenzulage werden die Besonderheiten des jeweiligen Dienstes, insbesondere der mit dem Brandbekämpfungs- und Hilfeleistungsdienst sowie dem Nachtdienst verbundene Aufwand sowie der Aufwand für Verzehr mit abgegolten.

7. Beamtinnen und Beamte der Steuerverwaltung

(1) ₁Beamtinnen und Beamte

1. in der Laufbahn der Laufbahngruppe 1 der Fachrichtung Steuerverwaltung, für deren Zugang zu der Laufbahn das zweite Einstiegsamt maßgeblich war, und

2. in der Laufbahn der Laufbahngruppe 2 der Fachrichtung Steuerverwaltung, für deren Zugang zu der Laufbahn das erste Einstiegsamt maßgeblich war, und

die überwiegend im Außendienst der Steuerprüfung tätig sind, erhalten eine Stellenzulage nach Anlage 12.

₂Satz 1 gilt für die Prüfungsbeamtinnen und Prüfungsbeamten der Finanzgerichte, die überwiegend im Außendienst tätig sind, entsprechend.

(2) Die Stellenzulage wird nicht neben einer Stellenzulage nach Nummer 2 gewährt.

8. Beamtinnen und Beamte mit Meisterprüfung oder Abschlussprüfung als staatlich geprüfte Technikerin und staatlich geprüfter Techniker

Beamtinnen und Beamte in Laufbahnen der Laufbahngruppe 1, in denen für den Zugang für das zweite Einstiegsamt die Meisterprüfung oder die Abschlussprüfung als staatlich geprüfte Technikerin oder staatlich geprüfter Techniker gefordert wird, erhalten, wenn sie die Prüfung bestanden haben, eine Stellenzulage nach Anlage 12.

9. Beamtinnen und Beamte bei obersten Gerichtshöfen oder Behörden des Bundes oder eines anderen Landes

Beamtinnen und Beamte, die nicht unter Nummer 10 oder 11 fallen, erhalten während der Verwendung bei obersten Gerichtshöfen oder Behörden des Bundes oder eines anderen Landes eine Stellenzulage in der nach dem Besoldungsrecht des Bundes oder dieses Landes bestimmten Höhe, wenn der Bund oder dieses Land den Beamtinnen und Beamten bei seinen obersten Gerichtshöfen oder Behörden eine Stellenzulage gewährt und soweit der Dienstherr, bei dem sie verwendet werden, diese Stellenzulage erstattet.

10. Richterinnen, Richter, Staatsanwältinnen und Staatsanwälte bei obersten Gerichtshöfen und Behörden des Bundes oder eines anderen Landes

(1) $_1$Richterinnen, Richter, Staatsanwältinnen und Staatsanwälte erhalten während der Verwendung bei obersten Gerichtshöfen oder Behörden des Bundes eine Stellenzulage in der nach dem Besoldungsrecht des Bundes bestimmten Höhe, wenn der Bund den Richterinnen, Richtern, Staatsanwältinnen und Staatsanwälten bei seinen obersten Gerichtshöfen oder Behörden eine Stellenzulage gewährt und soweit der Bund diese erstattet. $_2$Die Stellenzulage wird nicht neben der bei der Deutschen Bundesbank gewährten Bankzulage und nicht neben Auslandsbesoldung gewährt. $_3$Sie wird neben einer Zulage nach Nummer 1 nur gewährt, soweit sie diese übersteigt.

(2) Richterinnen, Richter, Staatsanwältinnen und Staatsanwälte erhalten während der Verwendung bei obersten Gerichtshöfen oder obersten Behörden eines anderen Landes eine Stellenzulage in der nach dem Besoldungsrecht dieses Landes bestimmten Höhe, wenn dieses Land den Richterinnen, Richtern, Staatsanwältinnen und Staatsanwälten bei seinen obersten Gerichtshöfen oder obersten Behörden eine Stellenzulage gewährt und soweit der Dienstherr, bei dem sie verwendet werden, diese Stellenzulage erstattet.

11. Professorinnen und Professoren

(1) $_1$Professorinnen und Professoren erhalten während der Verwendung bei obersten Gerichtshöfen oder obersten Behörden des Bundes eine Stellenzulage nach Anlage 12. $_2$Die Stellenzulage wird nicht neben der bei der Deutschen Bundesbank gewährten Bankzulage und nicht neben Auslandsbesoldung gewährt. $_3$Bei Professorinnen und Professoren, denen bei der Verwendung bei obersten Gerichtshöfen oder obersten Behörden des Bundes ein zweites Hauptamt als Beamtin, Beamter, Richterin oder Richter übertragen worden ist, richtet sich die Höhe der Stellenzulage nach Maßgabe der Anlage 12 nach dem zweiten Hauptamt.

(2) Professorinnen und Professoren der Besoldungsgruppe W 1 erhalten, wenn das Dienstverhältnis nach § 30 Abs. 4 Satz 2 des Niedersächsischen Hochschulgesetzes verlängert worden ist, ab dem Zeitpunkt der Verlängerung eine Stellenzulage nach Anlage 12.

(3) Professorinnen und Professoren an einer Hochschule, die zugleich das Amt einer Richterin oder eines Richters der Besoldungsgruppe R 1 oder R 2 innehaben, erhalten eine Stellenzulage nach Anlage 12.

12. Lehrkräfte mit besonderen Funktionen

(1) Studienrätinnen, Studienräte, Oberstudienrätinnen und Oberstudienräte erhalten als Leiterin oder Leiter eines Schülerheims eine Stellenzulage nach Anlage 12.

(2) Lehrerinnen, Lehrer, Realschullehrerinnen, Realschullehrer, Förderschullehrerinnen, Förderschullehrer, Studienrätinnen, Studienräte, Oberstudienrätinnen und Oberstudienräte als

Leiterin oder Leiter eines fachdidaktischen oder pädagogischen Seminars erhalten eine Stellenzulage nach Anlage 12.

(3) Übt eine Lehrkraft mehrere der in den Absätzen 1 und 2 genannten Funktionen aus, so wird nur eine Stellenzulage, bei Stellenzulagen unterschiedlicher Höhe nur die höhere gewährt.

(4) Die Stellenzulage wird nicht neben einer Zulage nach § 44 gewährt.

Anlage 12
(zu § 39)

Höhe der besonderen Stellenzulagen

Gültig ab 1. Januar 2025

Dem Grunde nach geregelt in	Monatsbeträge in Euro
Anlage 11	
Nummer 1	191,73
Nummer 2	
Die Zulage beträgt nach einer Dienstzeit	
von einem Jahr	95,00
von zwei Jahren	180,00
Nummer 3 Abs. 1	
Nr. 1	368,13
Nr. 2	294,50
Nummer 4	102,26
Nummer 5 Abs. 1	95,53
Nummer 5 Abs. 2	
Die Zulage beträgt nach einer Dienstzeit	
von einem Jahr	95,00
von zwei Jahren	180,00
Nummer 5 Abs. 3	180,00
Nummer 5 Abs. 4	150,77
Nummer 5 Abs. 5	75,39
Nummer 6 Abs. 1	
Die Zulage beträgt nach einer Dienstzeit	
von einem Jahr	95,00
von zwei Jahren	180,00
Nummer 7 Abs. 1	
Die Zulage beträgt in der	
Laufbahngruppe 1	17,05
Laufbahngruppe 2	38,35
Nummer 8	38,35
Nummer 11 Abs. 1	
Die Zulage beträgt	
für Beamtinnen und Beamte der Besoldungsgruppe(n)	
A 13	181,54
A 14, A 15, B 1	235,86
A 16, B 2 bis B 4	292,66
B 5 bis B 7	355,51
B 8 bis B 10	423,91
Nummer 11 Abs. 2	

III.1 Landesbesoldungsgesetz (NBesG) — Anlage 12

Dem Grunde nach geregelt in	Fußnote	Monatsbeträge in Euro
Die Zulage beträgt		260,00
Nummer 11 Abs. 3		
Die Zulage beträgt, wenn ein Amt ausgeübt wird der Besoldungsgruppe		
R 1		226,00
R 2		252,00
Nummer 12 Abs. 1		
Die Zulage beträgt		76,69
Nummer 12 Abs. 2		
Die Zulage beträgt		150,00
Besoldungsordnung A		
Besoldungsgruppe		
A 9		8 % des Endgrundgehalts der Besoldungsgruppe A 9
A 10	1	8 % des Endgrundgehalts der Besoldungsgruppe A 10
A 11	1	8 % des Endgrundgehalts der Besoldungsgruppe A 11
A 13	12	47,27
A 14	4	47,27

Anlage 13
(zu § 47 Abs. 6)

Mehrarbeitsvergütung

Gültig ab 1. Februar 2025

Beamtinnen und Beamte der Besoldungsgruppen	Euro je Zeitstunde
A 5 bis A 8	18,54
A 9 bis A 12	25,40
A 13 bis A 16	35,04
Beamtinnen und Beamte im Schuldienst	**Euro je Unterrichtsstunde**
1. Lehrkräfte mit einer Lehrbefähigung, die den Zugang für das erste Einstiegsamt der Laufbahn der Laufbahngruppe 2 der Fachrichtung Bildung eröffnet, wenn dieses Einstiegsamt der Besoldungsgruppe A 13 zugeordnet ist	40,01
2. sonstige Lehrkräfte mit einer Lehrbefähigung, die den Zugang für das erste Einstiegsamt der Laufbahn der Laufbahngruppe 2 der Fachrichtung Bildung eröffnet	27,19
3. Lehrkräfte mit einer Lehrbefähigung, die den Zugang für das zweite Einstiegsamt der Laufbahn der Laufbahngruppe 2 der Fachrichtung Bildung eröffnet	46,72

III.1 Landesbesoldungsgesetz (NBesG) — Anlage 14

Anlage 14
(zu § 56)

Auslandszuschlag
(Monatsbeträge in Euro)

Gültig ab 1. Februar 2025

Grundgehaltsspanne	1	2	3	4	5	6	7	8	9	10	11	12	13	14	15
	bis 2 669,20	2 669,21 bis 2 996,98	2 996,99 bis 3 369,40	3 369,41 bis 3 792,51	3 792,52 bis 4 273,28	4 273,29 bis 4 819,52	4 819,53 bis 5 440,20	5 440,21 bis 6 145,42	6 145,43 bis 6 946,72	6 946,73 bis 7 857,12	7 857,13 bis 8 891,59	8 891,60 bis 10 066,97	10 066,98 bis 11 402,41	11 402,42 bis 12 919,79	ab 12 919,80

Anlage 15
(zu § 58)

Anwärtergrundbetrag

Gültig ab 1. Februar 2025

Einstiegsamt	Monatsbeträge in Euro
A 5 bis A 8	1409,04
A 9 bis A 11	1469,74
A 12	1626,91
A 13	1662,66
A 13 + Zulage nach Nummer 4 der Anlage 9	1701,92

Anlage 16
(zu § 68 Abs. 4)

Grundgehaltssätze für die Besoldungsgruppen C 1 bis C 4
(Monatsbeträge in Euro)

Gültig ab 1. Februar 2025

Besoldungs-gruppe	Erfahrungszeit je Stufe 2 Jahre – Erfahrungsstufe														
	1	2	3	4	5	6	7	8	9	10	11	12	13	14	15
C 1	4305,83	4447,79	4589,67	4731,61	4873,59	5015,50	5157,43	5299,35	5441,25	5583,22	5725,16	5867,09	6009,03	6150,96	
C 2	4314,67	4540,87	4767,05	4993,30	5219,45	5445,67	5671,86	5898,07	6124,23	6350,45	6576,60	6802,81	7029,00	7255,21	7481,41
C 3	4724,55	4980,69	5236,81	5492,94	5749,05	6005,19	6261,25	6517,38	6773,51	7029,63	7285,72	7541,83	7797,95	8054,07	8310,18
C 4	5930,34	6187,80	6445,26	6702,72	6960,18	7217,63	7475,10	7732,53	7989,99	8247,43	8504,94	8762,36	9019,85	9277,28	9534,76

Anlage 17
(zu § 68 Abs. 4)

Höhe der Stellenzulagen und Zulagen

Gültig ab 1. Februar 2025

Dem Grunde nach geregelt in	Monatsbeträge in Euro
Bundesbesoldungsordnung C	
(in der bis zum 22. Februar 2002 geltenden Fassung)	
Vorbemerkungen	
Nummer 2b	112,06
Nummer 3	
Die Zulage beträgt für Beamtinnen und Beamte der Besoldungsgruppe(n)	
C 1	181,54
C 2	235,86
C 3 und C 4	292,66
Nummer 5	
Die Zulage beträgt, wenn ein Amt ausgeübt wird	
der Besoldungsgruppe R 1	226,00
der Besoldungsgruppe R 2	252,00
Besoldungsgruppe **Fußnote**	
C 2 1	104,32

Anlage 18
(zu § 70 Abs. 3)

Überleitungsübersicht

Amtsbezeichnung, bisheriger Funktionszusatz	Amtsbezeichnung, neuer Funktionszusatz
Besoldungsgruppe A 12	**Besoldungsgruppe A 12**
Lehrerin, Lehrer an einer Schule für Blinde	**Lehrerin, Lehrer** an einer Förderschule mit dem Schwerpunkt Sehen im Landesbildungszentrum für Blinde
Lehrerin, Lehrer an einer Schule für Gehörlose und Schwerhörige	**Lehrerin, Lehrer** an einer Förderschule mit dem Schwerpunkt Hören in den Landesbildungszentren für Hörgeschädigte
Besoldungsgruppe A 13	**Besoldungsgruppe A 13**
Förderschullehrerin, Förderschullehrer zur Koordinierung der Tätigkeiten in den Bereichen Gewaltprävention und Gesundheitsförderung	**Förderschullehrerin, Förderschullehrer** bei einer Schulbehörde oder dem Niedersächsischen Landesinstitut für schulische Qualitätsentwicklung
Förderschullehrerin, Förderschullehrer als Schulentwicklungsberaterin oder Schulentwicklungsberater	**Förderschullehrerin, Förderschullehrer** bei einer Schulbehörde oder dem Niedersächsischen Landesinstitut für schulische Qualitätsentwicklung
Konrektorin, Konrektor als Dezernentin oder Dezernent beim Niedersächsischen Landesinstitut für schulische Qualitätsentwicklung	**Konrektorin, Konrektor** bei einer Schulbehörde oder dem Niedersächsischen Landesinstitut für schulische Qualitätsentwicklung
Konrektorin, Konrektor zur Koordinierung der Tätigkeiten in den Bereichen Gewaltprävention und Gesundheitsförderung	**Konrektorin, Konrektor** bei einer Schulbehörde oder dem Niedersächsischen Landesinstitut für schulische Qualitätsentwicklung
Konrektorin, Konrektor als Schulentwicklungsberaterin oder Schulentwicklungsberater	**Konrektorin, Konrektor** bei einer Schulbehörde oder dem Niedersächsischen Landesinstitut für schulische Qualitätsentwicklung
Realschullehrerin, Realschullehrer zur Koordinierung der Tätigkeiten in den Bereichen Gewaltprävention und Gesundheitsförderung	**Realschullehrerin, Realschullehrer** bei einer Schulbehörde oder dem Niedersächsischen Landesinstitut für schulische Qualitätsentwicklung
Realschullehrerin, Realschullehrer als Schulentwicklungsberaterin oder Schulentwicklungsberater	**Realschullehrerin, Realschullehrer** bei einer Schulbehörde oder dem Niedersächsischen Landesinstitut für schulische Qualitätsentwicklung

Amtsbezeichnung, bisheriger Funktionszusatz	Amtsbezeichnung, neuer Funktionszusatz
Studienrätin, Studienrat zur Koordinierung der Tätigkeiten in den Bereichen Gewaltprävention und Gesundheitsförderung	**Studienrätin, Studienrat** bei einer Schulbehörde oder dem Niedersächsischen Landesinstitut für schulische Qualitätsentwicklung
Studienrätin, Studienrat als Schulentwicklungsberaterin oder Schulentwicklungsberater	**Studienrätin, Studienrat** bei einer Schulbehörde oder dem Niedersächsischen Landesinstitut für schulische Qualitätsentwicklung

Besoldungsgruppe A 14

Förderschulkonrektorin, Förderschulkonrektor als Dezernentin oder Dezernent beim Niedersächsischen Landesinstitut für schulische Qualitätsentwicklung	**Förderschulkonrektorin, Förderschulkonrektor** bei einer Schulbehörde oder dem Niedersächsischen Landesinstitut für schulische Qualitätsentwicklung
Förderschulkonrektorin, Förderschulkonrektor als Schulentwicklungsberaterin oder Schulentwicklungsberater	**Förderschulkonrektorin, Förderschulkonrektor** bei einer Schulbehörde oder dem Niedersächsischen Landesinstitut für schulische Qualitätsentwicklung
Oberstudienrätin, Oberstudienrat als Dezernentin oder Dezernent beim Niedersächsischen Landesinstitut für schulische Qualitätsentwicklung	**Oberstudienrätin, Oberstudienrat** bei einer Schulbehörde oder dem Niedersächsischen Landesinstitut für schulische Qualitätsentwicklung
Oberstudienrätin, Oberstudienrat als Schulentwicklungsberaterin oder Schulentwicklungsberater	**Oberstudienrätin, Oberstudienrat** bei einer Schulbehörde oder dem Niedersächsischen Landesinstitut für schulische Qualitätsentwicklung
Realschulkonrektorin, Realschulkonrektor als Dezernentin oder Dezernent beim Niedersächsischen Landesinstitut für schulische Qualitätsentwicklung	**Realschulkonrektorin, Realschulkonrektor** bei einer Schulbehörde oder dem Niedersächsischen Landesinstitut für schulische Qualitätsentwicklung
Realschulkonrektorin, Realschulkonrektor als Schulentwicklungsberaterin oder Schulentwicklungsberater	**Realschulkonrektorin, Realschulkonrektor** bei einer Schulbehörde oder dem Niedersächsischen Landesinstitut für schulische Qualitätsentwicklung
Rektorin, Rektor als Fachberaterin oder Fachberater für Unterrichtsqualität	**Rektorin, Rektor** bei einer Schulbehörde oder dem Niedersächsischen Landesinstitut für schulische Qualitätsentwicklung

Amtsbezeichnung, bisheriger Funktionszusatz	Amtsbezeichnung, neuer Funktionszusatz
Rektorin, Rektor als Schulentwicklungsberaterin oder Schulentwicklungsberater	**Rektorin, Rektor** bei einer Schulbehörde oder dem Niedersächsischen Landesinstitut für schulische Qualitätsentwicklung
Besoldungsgruppe A 15	**Besoldungsgruppe A 15**
Realschulrektorin, Realschulrektor als Dezernentin oder Dezernent beim Niedersächsischen Landesinstitut für schulische Qualitätsentwicklung	**Realschulrektorin, Realschulrektor** bei einer Schulbehörde oder dem Niedersächsischen Landesinstitut für schulische Qualitätsentwicklung
Studiendirektorin, Studiendirektor als Fachberaterin oder Fachberater für Unterrichtsqualität	**Studiendirektorin, Studiendirektor** bei einer Schulbehörde oder dem Niedersächsischen Landesinstitut für schulische Qualitätsentwicklung
Studiendirektor als der ständige Vertreter des Leiters eines voll ausgebauten Oberstufengymnasiums	**Studiendirektorin, Studiendirektor** als ständige Vertreterin oder ständiger Vertreter der Leiterin oder des Leiters eines Abendgymnasiums oder Kollegs
Studiendirektor als der ständige Vertreter des Leiters eines zweizügig voll ausgebauten Oberstufengymnasiums oder eines Oberstufengymnasiums mit mindestens zwei Schultypen	**Studiendirektorin, Studiendirektor** als ständige Vertreterin oder ständiger Vertreter der Leiterin oder des Leiters eines zweizügig ausgebauten Abendgymnasiums oder Kollegs
Studiendirektor als Leiter eines voll ausgebauten Oberstufengymnasiums	**Studiendirektorin, Studiendirektor** als Leiterin oder Leiter eines Abendgymnasiums oder Kollegs
Besoldungsgruppe A 16	**Besoldungsgruppe A 16**
Oberstudiendirektor als Leiter eines zweizügig voll ausgebauten Oberstufengymnasiums oder eines Oberstufengymnasiums mit mindestens zwei Schultypen	**Oberstudiendirektorin, Oberstudiendirektor** als Leiterin oder Leiter eines zweizügig ausgebauten Abendgymnasiums oder Kollegs
Oberstudiendirektorin, Oberstudiendirektor als Leiterin oder Leiter des Studienkollegs für ausländische Studierende an der Universität Hannover	**Oberstudiendirektorin, Oberstudiendirektor** als Leiterin oder Leiter des Niedersächsischen Studienkollegs

Anlage 19
(zu § 70 Abs. 4)

Überleitungsübersicht

Bisheriges Amt	Neues Amt
Besoldungsgruppe A 9 Lehrerin für Fachpraxis, Lehrer für Fachpraxis	Besoldungsgruppe A 10 Lehrerin für Fachpraxis, Lehrer für Fachpraxis
Besoldungsgruppe A 12 Lehrerin, Lehrer an einer allgemeinbildenden Schule	Besoldungsgruppe A 13 Lehrerin, Lehrer an einer allgemeinbildenden Schule
Besoldungsgruppe A 12 Realschullehrerin, Realschullehrer mit der Lehrbefähigung für das Lehramt an Realschulen bei einer dieser Lehrbefähigung entsprechenden Verwendung	Besoldungsgruppe A 13 Realschullehrerin, Realschullehrer mit der Lehrbefähigung für das Lehramt an Realschulen bei einer dieser Lehrbefähigung entsprechenden Verwendung
Besoldungsgruppe A 12 mit Amtszulage Konrektorin, Konrektor als ständige Vertreterin oder ständiger Vertreter der Leiterin oder des Leiters einer Grundschule, Hauptschule oder Grund- und Hauptschule mit einer Schülerzahl von 181 bis 360	Besoldungsgruppe A 14 Konrektorin, Konrektor als ständige Vertreterin oder ständiger Vertreter der Leiterin oder des Leiters einer Grundschule, Hauptschule, Realschule oder zusammengefassten Schule mit einer Schülerzahl von 181 bis 360
Besoldungsgruppe A 12 mit Amtszulage Konrektorin, Konrektor als ständige Vertreterin oder ständiger Vertreter der Leiterin oder des Leiters eines an einer Gesamtschule geführten Primarbereichs mit einer Schülerzahl von mehr als 360	Besoldungsgruppe A 14 Konrektorin, Konrektor als ständige Vertreterin oder ständiger Vertreter der Leiterin oder des Leiters eines an einer Gesamtschule geführten Primarbereichs mit einer Schülerzahl von mehr als 360
Besoldungsgruppe A 12 mit Amtszulage Konrektorin, Konrektor bei einer Schulbehörde oder dem Niedersächsischen Landesinstitut für schulische Qualitätsentwicklung	Besoldungsgruppe A 13 Konrektorin, Konrektor bei einer Schulbehörde oder dem Niedersächsischen Landesinstitut für schulische Qualitätsentwicklung
Besoldungsgruppe A 12 mit Amtszulage Lehrerin, Lehrer an einer Förderschule mit dem Schwerpunkt Sehen im Landesbildungszentrum für Blinde	Besoldungsgruppe A 13 Lehrerin, Lehrer an einer Förderschule mit dem Schwerpunkt Sehen im Landesbildungszentrum für Blinde
Besoldungsgruppe A 12 mit Amtszulage Lehrerin, Lehrer an einer Förderschule mit dem Schwerpunkt Hören in den Landesbildungszentren für Hörgeschädigte	Besoldungsgruppe A 13 Lehrerin, Lehrer an einer Förderschule mit dem Schwerpunkt Hören in den Landesbildungszentren für Hörgeschädigte
	Besoldungsgruppe A 14 Zweite Konrektorin, Zweiter Konrektor an einer Grundschule, Hauptschule, Realschule

Bisheriges Amt	Neues Amt
Besoldungsgruppe A 12 mit Amtszulage Zweite Konrektorin, Zweiter Konrektor an einer zusammengefassten Schule mit Förderschulzweig mit einer Schülerzahl bis 80 und einer Gesamtschülerzahl von mehr als 540	oder zusammengefassten Schule mit einer Schülerzahl von mehr als 540
Besoldungsgruppe A 12 mit Amtszulage Zweite Konrektorin, Zweiter Konrektor an einer zusammengefassten Schule mit Realschulzweig mit einer Schülerzahl bis 180 und einer Gesamtschülerzahl von mehr als 540	Besoldungsgruppe A 14 Zweite Konrektorin, Zweiter Konrektor an einer Grundschule, Hauptschule, Realschule oder zusammengefassten Schule mit einer Schülerzahl von mehr als 540
Besoldungsgruppe A 12 mit Amtszulage Zweite Konrektorin, Zweiter Konrektor einer Grundschule, Hauptschule oder Grund- und Hauptschule mit einer Schülerzahl von mehr als 540	Besoldungsgruppe A 14 Zweite Konrektorin, Zweiter Konrektor an einer Grundschule, Hauptschule, Realschule oder zusammengefassten Schule mit einer Schülerzahl von mehr als 540
Besoldungsgruppe A 13 Förderschullehrerin, Förderschullehrer als ständige Vertreterin oder ständiger Vertreter der Leiterin oder des Leiters einer Grundschule, Hauptschule oder Grund- und Hauptschule mit einer Schülerzahl von mehr als 360	Besoldungsgruppe A 14 mit Amtszulage Förderschulkonrektorin, Förderschulkonrektor als ständige Vertreterin oder ständiger Vertreter der Leiterin oder des Leiters einer Grundschule, Hauptschule, Realschule oder zusammengefassten Schule mit einer Schülerzahl von mehr als 360
Besoldungsgruppe A 13 Förderschullehrerin, Förderschullehrer als ständige Vertreterin oder ständiger Vertreter der Leiterin oder des Leiters einer zusammengefassten Schule mit Förderschulzweig und einer Gesamtschülerzahl von 181 bis 360	Besoldungsgruppe A 14 Förderschulkonrektorin, Förderschulkonrektor als ständige Vertreterin oder ständiger Vertreter der Leiterin oder des Leiters einer Grundschule, Hauptschule, Realschule oder zusammengefassten Schule mit einer Schülerzahl von 181 bis 360
Besoldungsgruppe A 13 Förderschullehrerin, Förderschullehrer als ständige Vertreterin oder ständiger Vertreter der Leiterin oder des Leiters einer zusammengefassten Schule mit Realschulzweig und einer Gesamtschülerzahl von 181 bis 360	Besoldungsgruppe A 14 Förderschulkonrektorin, Förderschulkonrektor als ständige Vertreterin oder ständiger Vertreter der Leiterin oder des Leiters einer Grundschule, Hauptschule, Realschule oder zusammengefassten Schule mit einer Schülerzahl von 181 bis 360
Besoldungsgruppe A 13 Förderschullehrerin, Förderschullehrer als Fachbereichsleiterin oder Fachbereichsleiter an einer Gesamtschule	Besoldungsgruppe A 14 Förderschulkonrektorin, Förderschulkonrektor als Fachbereichsleiterin oder Fachbereichsleiter an einer Gesamtschule

Anlage 19 — Landesbesoldungsgesetz (NBesG) III.1

Bisheriges Amt	Neues Amt
Besoldungsgruppe A 13 Förderschullehrerin, Förderschullehrer als Jahrgangsleiterin oder Jahrgangsleiter im Sekundarbereich I einer Integrierten Gesamtschule	Besoldungsgruppe A 14 Förderschulkonrektorin, Förderschulkonrektor als Jahrgangsleiterin oder Jahrgangsleiter im Sekundarbereich I einer Integrierten Gesamtschule
Besoldungsgruppe A 13 Förderschullehrerin, Förderschullehrer als Leiterin oder Leiter des Hauptschulzweigs mit einer Schülerzahl von 131 bis 360 an einer Kooperativen Gesamtschule	Besoldungsgruppe A 13 mit Amtszulage Förderschulrektorin, Förderschulrektor als Leiterin oder Leiter des Hauptschulzweigs mit einer Schülerzahl von 131 bis 180 an einer Kooperativen Gesamtschule oder Besoldungsgruppe A 14 Förderschulrektorin, Förderschulrektor als Leiterin oder Leiter des Hauptschulzweigs mit einer Schülerzahl von 181 bis 360 an einer Kooperativen Gesamtschule
Besoldungsgruppe A 13 Förderschullehrerin, Förderschullehrer als Leiterin oder Leiter einer Grundschule, Hauptschule oder Grund- und Hauptschule mit einer Schülerzahl bis 180	Besoldungsgruppe A 13 mit Amtszulage Förderschulrektorin, Förderschulrektor als Leiterin oder Leiter einer Grundschule, Hauptschule, Realschule oder zusammengefassten Schule mit einer Schülerzahl bis 80 oder Besoldungsgruppe A 14 Förderschulrektorin, Förderschulrektor als Leiterin oder Leiter einer Grundschule, Hauptschule, Realschule oder zusammengefassten Schule mit einer Schülerzahl von 81 bis 180
Besoldungsgruppe A 13 Förderschullehrerin, Förderschullehrer als Leiterin oder Leiter eines bei einer Gesamtschule geführten Primarbereichs mit einer Schülerzahl von 181 bis 360	Besoldungsgruppe A 14 Förderschulrektorin, Förderschulrektor als Leiterin oder Leiter eines an einer Gesamtschule geführten Primarbereichs mit einer Schülerzahl von 181 bis 360
Besoldungsgruppe A 13 Förderschullehrerin, Förderschullehrer als Leiterin oder Leiter einer zusammengefassten Schule mit Förderschulzweig und einer Gesamtschülerzahl bis 80	Besoldungsgruppe A 13 mit Amtszulage Förderschulrektorin, Förderschulrektor als Leiterin oder Leiter einer Grundschule, Hauptschule, Realschule oder zusammengefassten Schule mit einer Schülerzahl bis 80

III.1 Landesbesoldungsgesetz (NBesG) — Anlage 19

Bisheriges Amt	Neues Amt
Besoldungsgruppe A 13 Förderschullehrerin, Förderschullehrer als Leiterin oder Leiter einer zusammengefassten Schule mit Realschulzweig und einer Gesamtschülerzahl bis 180	Besoldungsgruppe A 13 mit Amtszulage Förderschulrektorin, Förderschulrektor als Leiterin oder Leiter einer Grundschule, Hauptschule, Realschule oder zusammengefassten Schule mit einer Schülerzahl bis 80 oder Besoldungsgruppe A 14 Förderschulrektorin, Förderschulrektor als Leiterin oder Leiter einer Grundschule, Hauptschule, Realschule oder zusammengefassten Schule mit einer Schülerzahl von 81 bis 180
Besoldungsgruppe A 13 Förderschullehrerin, Förderschullehrer als zweite Konrektorin, zweiter Konrektor an einer zusammengefassten Schule mit Förderschulzweig mit einer Schülerzahl von mehr als 80 und einer Gesamtschülerzahl von mehr als 540	Besoldungsgruppe A 14 Zweite Förderschulkonrektorin, Zweiter Förderschulkonrektor an einer Grundschule, Hauptschule, Realschule oder zusammengefassten Schule mit einer Schülerzahl von mehr als 540
Besoldungsgruppe A 13 Förderschullehrerin, Förderschullehrer als zweite Konrektorin, zweiter Konrektor an einer zusammengefassten Schule mit Realschulzweig mit einer Schülerzahl von mehr als 180 und einer Gesamtschülerzahl von mehr als 540	Besoldungsgruppe A 14 Zweite Förderschulkonrektorin, Zweiter Förderschulkonrektor an einer Grundschule, Hauptschule, Realschule oder zusammengefassten Schule mit einer Schülerzahl von mehr als 540
Besoldungsgruppe A 13 Konrektorin, Konrektor als ständige Vertreterin oder ständiger Vertreter der Leiterin oder des Leiters einer Grundschule, Hauptschule oder Grund- und Hauptschule mit einer Schülerzahl von mehr als 360	Besoldungsgruppe A 14 mit Amtszulage Konrektorin, Konrektor als ständige Vertreterin oder ständiger Vertreter der Leiterin oder des Leiters einer Grundschule, Hauptschule, Realschule oder zusammengefassten Schule mit einer Schülerzahl von mehr als 360
Besoldungsgruppe A 13 Konrektorin, Konrektor als ständige Vertreterin oder ständiger Vertreter der Leiterin oder des Leiters einer zusammengefassten Schule mit Förderschulzweig und einer Gesamtschülerzahl von 181 bis 360	Besoldungsgruppe A 14 Konrektorin, Konrektor als ständige Vertreterin oder ständiger Vertreter der Leiterin oder des Leiters einer Grundschule, Hauptschule, Realschule oder zusammengefassten Schule mit einer Schülerzahl von 181 bis 360
Besoldungsgruppe A 13 Konrektorin, Konrektor als ständige Vertreterin oder ständiger Vertreter der Leiterin oder des Leiters einer zusammengefassten Schule mit Realschulzweig und einer Gesamtschülerzahl von 181 bis 360	Besoldungsgruppe A 14 Konrektorin, Konrektor als ständige Vertreterin oder ständiger Vertreter der Leiterin oder des Leiters einer Grundschule, Hauptschule, Realschule oder zusammengefassten Schule mit einer Schülerzahl von 181 bis 360

Anlage 19 — Landesbesoldungsgesetz (NBesG) — III.1

Bisheriges Amt	Neues Amt
Besoldungsgruppe A 13 Konrektorin, Konrektor als Fachbereichsleiterin oder Fachbereichsleiter an einer Gesamtschule	Besoldungsgruppe A 14 Konrektorin, Konrektor als Fachbereichsleiterin oder Fachbereichsleiter an einer Gesamtschule
Besoldungsgruppe A 13 Konrektorin, Konrektor als Jahrgangsleiterin oder Jahrgangsleiter im Sekundarbereich I einer Integrierten Gesamtschule	Besoldungsgruppe A 14 Konrektorin, Konrektor als Jahrgangsleiterin oder Jahrgangsleiter im Sekundarbereich I einer Integrierten Gesamtschule
Besoldungsgruppe A 13 Realschullehrerin, Realschullehrer mit der Lehrbefähigung für das Lehramt an Haupt- und Realschulen oder der Lehrbefähigung für das Lehramt an Realschulen und bei Wahrnehmung herausgehobener Tätigkeiten	Besoldungsgruppe A 13 mit Amtszulage Lehrerin, Lehrer im Sekundarbereich I bei Wahrnehmung herausgehobener Tätigkeiten
Besoldungsgruppe A 13 Rektorin, Rektor als Leiterin oder Leiter des Hauptschulzweigs mit einer Schülerzahl von 131 bis 360 an einer Kooperativen Gesamtschule	Besoldungsgruppe A 13 mit Amtszulage Rektorin, Rektor als Leiterin oder Leiter des Hauptschulzweigs mit einer Schülerzahl von 131 bis 180 an einer Kooperativen Gesamtschule oder Besoldungsgruppe A 14 Rektorin, Rektor als Leiterin oder Leiter des Hauptschulzweigs mit einer Schülerzahl von 181 bis 360 an einer Kooperativen Gesamtschule
Besoldungsgruppe A 13 Rektorin, Rektor als Leiterin oder Leiter eines bei Gesamtschule geführten Primarbereichs mit einer Schülerzahl von 181 bis 360	Besoldungsgruppe A 14 Rektorin, Rektor als Leiterin oder Leiter eines an einer Gesamtschule geführten Primarbereichs mit einer Schülerzahl von 181 bis 360
Besoldungsgruppe A 13 Rektorin, Rektor als Leiterin oder Leiter einer Grundschule, Hauptschule oder Grund- und Hauptschule mit einer Schülerzahl bis 180 Besoldungsgruppe	Besoldungsgruppe A 13 mit Amtszulage Rektorin, Rektor als Leiterin oder Leiter einer Grundschule, Hauptschule, Realschule oder zusammengefassten Schule mit einer Schülerzahl bis 80 oder Besoldungsgruppe A 14 Rektorin, Rektor als Leiterin oder Leiter einer Grundschule, Hauptschule, Realschule oder zusammengefassten Schule mit einer Schülerzahl von 81 bis 180

III.1 Landesbesoldungsgesetz (NBesG) — Anlage 19

Bisheriges Amt	Neues Amt
Besoldungsgruppe A 13 Rektorin, Rektor als Leiterin oder Leiter einer zusammengefassten Schule mit Förderschulzweig und einer Gesamtschülerzahl bis 80	Besoldungsgruppe A 13 mit Amtszulage Rektorin, Rektor als Leiterin oder Leiter einer Grundschule, Hauptschule, Realschule oder zusammengefassten Schule mit einer Schülerzahl bis 80
Besoldungsgruppe A 13 Rektorin, Rektor als Leiterin oder Leiter einer zusammengefassten Schule mit Realschulzweig und einer Gesamtschülerzahl bis 180	Besoldungsgruppe A 13 mit Amtszulage Rektorin, Rektor als Leiterin oder Leiter einer Grundschule, Hauptschule, Realschule oder zusammengefassten Schule mit einer Schülerzahl bis 80 oder Besoldungsgruppe A 14 Rektorin, Rektor als Leiterin oder Leiter einer Grundschule, Hauptschule, Realschule oder zusammengefassten Schule mit einer Schülerzahl von 81 bis 180
Besoldungsgruppe A 13 Zweite Konrektorin, Zweiter Konrektor an einer zusammengefassten Schule mit Förderschulzweig mit einer Schülerzahl von mehr als 80 und einer Gesamtschülerzahl von mehr als 540	Besoldungsgruppe A 14 Zweite Konrektorin, Zweiter Konrektor an einer Grundschule, Hauptschule, Realschule oder zusammengefassten Schule mit einer Schülerzahl von mehr als 540
Besoldungsgruppe A 13 Zweite Konrektorin, Zweiter Konrektor an einer zusammengefassten Schule mit Realschulzweig mit einer Schülerzahl von mehr als 180 und einer Gesamtschülerzahl von mehr als 540	Besoldungsgruppe A 14 Zweite Konrektorin, Zweiter Konrektor an einer Grundschule, Hauptschule, Realschule oder zusammengefassten Schule mit einer Schülerzahl von mehr als 540
Besoldungsgruppe A 13 mit Amtszulage Förderschullehrerin, Förderschullehrer als ständige Vertreterin oder ständiger Vertreter der Leiterin oder des Leiters einer zusammengefassten Schule mit Förderschulzweig und einer Gesamtschülerzahl von mehr als 360	Besoldungsgruppe A 14 mit Amtszulage Förderschulkonrektorin, Förderschulkonrektor als ständige Vertreterin oder ständiger Vertreter der Leiterin oder des Leiters einer Grundschule, Hauptschule, Realschule oder zusammengefassten Schule mit einer Schülerzahl von mehr als 360
Besoldungsgruppe A 13 mit Amtszulage Förderschullehrerin, Förderschullehrer als ständige Vertreterin oder ständiger Vertreter der Leiterin oder des Leiters einer zusammengefassten Schule mit Realschulzweig mit einer Schülerzahl von mehr als 180	Besoldungsgruppe A 14 Förderschulkonrektorin, Förderschulkonrektor als ständige Vertreterin oder ständiger Vertreter der Leiterin oder des Leiters einer Grundschule, Hauptschule, Realschule oder zusammengefassten Schule mit einer Schülerzahl von 181 bis 360

Bisheriges Amt	Neues Amt
Besoldungsgruppe A 13 mit Amtszulage Förderschullehrerin, Förderschullehrer als ständige Vertreterin oder ständiger Vertreter der Leiterin oder des Leiters einer zusammengefassten Schule mit Realschulzweig und einer Gesamtschülerzahl von mehr als 360	Besoldungsgruppe A 14 mit Amtszulage Förderschulkonrektorin, Förderschulkonrektor als ständige Vertreterin oder ständiger Vertreter der Leiterin oder des Leiters einer Grundschule, Hauptschule, Realschule oder zusammengefassten Schule mit einer Schülerzahl von mehr als 360
Besoldungsgruppe A 13 mit Amtszulage Förderschullehrerin, Förderschullehrer als Leiterin oder Leiter des Hauptschulzweigs mit einer Schülerzahl von mehr als 360 an einer Kooperativen Gesamtschule	Besoldungsgruppe A 14 mit Amtszulage Förderschulrektorin, Förderschulrektor als Leiterin oder Leiter des Hauptschulzweigs mit einer Schülerzahl von mehr als 360 an einer Kooperativen Gesamtschule
Besoldungsgruppe A 13 mit Amtszulage Förderschullehrerin, Förderschullehrer als Leiterin oder Leiter des Realschulzweigs mit einer Schülerzahl von 131 bis 180 an einer Kooperativen Gesamtschule	Besoldungsgruppe A 13 mit Amtszulage Förderschulrektorin, Förderschulrektor als Leiterin oder Leiter des Realschulzweigs mit einer Schülerzahl von 131 bis 180 an einer Kooperativen Gesamtschule
Besoldungsgruppe A 13 mit Amtszulage Förderschullehrerin, Förderschullehrer als Leiterin oder Leiter einer Grundschule, Hauptschule oder Grund- und Hauptschule mit einer Schülerzahl von 181 bis 360	Besoldungsgruppe A 14 mit Amtszulage Förderschulrektorin, Förderschulrektor als Leiterin oder Leiter einer Grundschule, Hauptschule, Realschule oder zusammengefassten Schule mit einer Schülerzahl von 181 bis 360
Besoldungsgruppe A 13 mit Amtszulage Förderschullehrerin, Förderschullehrer als Leiterin oder Leiter eines bei einer Gesamtschule geführten Primarbereichs mit einer Schülerzahl von mehr als 360	Besoldungsgruppe A 14 mit Amtszulage Förderschulrektorin, Förderschulrektor als Leiterin oder Leiter eines an einer Gesamtschule geführten Primarbereichs mit einer Schülerzahl von mehr als 360
Besoldungsgruppe A 13 mit Amtszulage Förderschullehrerin, Förderschullehrer als Leiterin oder Leiter einer zusammengefassten Schule mit Förderschulzweig und einer Gesamtschülerzahl von 81 bis 360	Besoldungsgruppe A 14 Förderschulrektorin, Förderschulrektor als Leiterin oder Leiter einer Grundschule, Hauptschule, Realschule oder zusammengefassten Schule mit einer Schülerzahl von 81 bis 180 oder Besoldungsgruppe A 14 mit AmtszulageFörderschulrektorin, Förderschulrektor als Leiterin oder Leiter einer Grundschule, Hauptschule, Realschule oder zusammengefassten Schule mit einer Schülerzahl von 181 bis 360

Bisheriges Amt	Neues Amt
Besoldungsgruppe A 13 mit Amtszulage Förderschullehrerin, Förderschullehrer als Leiterin oder Leiter einer zusammengefassten Schule mit Realschulzweig und einer Gesamtschülerzahl von 181 bis 360	Besoldungsgruppe A 14 mit Amtszulage Förderschulrektorin, Förderschulrektor als Leiterin oder Leiter einer Grundschule, Hauptschule, Realschule oder zusammengefassten Schule mit einer Schülerzahl von 181 bis 360
Besoldungsgruppe A 13 mit Amtszulage Förderschulrektorin, Förderschulrektor einer zusammengefassten Schule mit Förderschulzweig mit einer Schülerzahl bis 40 und einer Gesamtschülerzahl bis 80	Besoldungsgruppe A 13 mit Amtszulage Förderschulrektorin, Förderschulrektor als Leiterin oder Leiter einer Grundschule, Hauptschule, Realschule oder zusammengefassten Schule mit einer Schülerzahl bis 80
Besoldungsgruppe A 13 mit Amtszulage Konrektorin, Konrektor als ständige Vertreterin oder ständiger Vertreter der Leiterin oder des Leiters einer zusammengefassten Schule mit Förderschulzweig und einer Gesamtschülerzahl von mehr als 360	Besoldungsgruppe A 14 mit Amtszulage Konrektorin, Konrektor als ständige Vertreterin oder ständiger Vertreter der Leiterin oder des Leiters einer Grundschule, Hauptschule, Realschule oder zusammengefassten Schule mit einer Schülerzahl von mehr als 360
Besoldungsgruppe A 13 mit Amtszulage Konrektorin, Konrektor als ständige Vertreterin oder ständiger Vertreter der Leiterin oder des Leiters einer zusammengefassten Schule mit Realschulzweig und einer Gesamtschülerzahl von mehr als 360	Besoldungsgruppe A 14 mit Amtszulage Konrektorin, Konrektor als ständige Vertreterin oder ständiger Vertreter der Leiterin oder des Leiters einer Grundschule, Hauptschule, Realschule oder zusammengefassten Schule mit einer Schülerzahl von mehr als 360
Besoldungsgruppe A 13 mit Amtszulage Konrektorin, Konrektor als ständige Vertreterin oder ständiger Vertreter der Leiterin oder des Leiters einer zusammengefassten Schule mit Realschulzweig mit einer Schülerzahl von mehr als 180	Besoldungsgruppe A 14 Konrektorin, Konrektor als ständige Vertreterin oder ständiger Vertreter der Leiterin oder des Leiters einer Grundschule, Hauptschule, Realschule oder zusammengefassten Schule mit einer Schülerzahl von 181 bis 360
Besoldungsgruppe A 13 mit Amtszulage Realschulkonrektorin, Realschulkonrektor als ständige Vertreterin oder ständiger Vertreter der Leiterin oder des Leiters einer zusammengefassten Schule mit Realschulzweig und einer Gesamtschülerzahl von 181 bis 360	Besoldungsgruppe A 14 Konrektorin, Konrektor als ständige Vertreterin oder ständiger Vertreter der Leiterin oder des Leiters einer Grundschule, Hauptschule, Realschule oder zusammengefassten Schule mit einer Schülerzahl von 181 bis 360
Besoldungsgruppe A 13 mit Amtszulage Rektorin, Rektor als Leiterin oder Leiter des Hauptschulzweigs mit einer Schülerzahl von mehr als 360 an einer Kooperativen Gesamtschule	Besoldungsgruppe A 14 mit Amtszulage Rektorin, Rektor als Leiterin oder Leiter des Hauptschulzweigs mit einer Schülerzahl von mehr als 360 an einer Kooperativen Gesamtschule

Anlage 19 — Landesbesoldungsgesetz (NBesG) III.1

Bisheriges Amt	Neues Amt
Besoldungsgruppe A 13 mit Amtszulage Rektorin, Rektor als Leiterin oder Leiter eines bei einer Gesamtschule geführten Primarbereichs mit einer Schülerzahl von mehr als 360	Besoldungsgruppe A 14 mit Amtszulage Rektorin, Rektor als Leiterin oder Leiter eines an einer Gesamtschule geführten Primarbereichs mit einer Schülerzahl von mehr als 360
Besoldungsgruppe A 13 mit Amtszulage Rektorin, Rektor einer Grundschule, Hauptschule oder Grund- und Hauptschule mit einer Schülerzahl von 181 bis 360	Besoldungsgruppe A 14 mit Amtszulage Rektorin, Rektor als Leiterin oder Leiter einer Grundschule, Hauptschule, Realschule oder zusammengefassten Schule mit einer Schülerzahl von 181 bis 360
Besoldungsgruppe A 13 mit Amtszulage Rektorin, Rektor einer zusammengefassten Schule mit Förderschulzweig und einer Gesamtschülerzahl von 81 bis 360	Besoldungsgruppe A 14 Rektorin, Rektor als Leiterin oder Leiter einer Grundschule, Hauptschule, Realschule oder zusammengefassten Schule mit einer Schülerzahl von 81 bis 180 oder Besoldungsgruppe A 14 mit AmtszulageRektorin, Rektor als Leiterin oder Leiter einer Grundschule, Hauptschule, Realschule oder zusammengefassten Schule mit einer Schülerzahl von 181 bis 360
Besoldungsgruppe A 13 mit Amtszulage Rektorin, Rektor einer zusammengefassten Schule mit Förderschulzweig und einer Gesamtschülerzahl von 81 bis 360	Besoldungsgruppe A 14 Rektorin, Rektor als Leiterin oder Leiter einer Grundschule, Hauptschule, Realschule oder zusammengefassten Schule mit einer Schülerzahl von 81 bis 180 oder Besoldungsgruppe A 14 mit AmtszulageRektorin, Rektor als Leiterin oder Leiter einer Grundschule, Hauptschule, Realschule oder zusammengefassten Schule mit einer Schülerzahl von 181 bis 360
Besoldungsgruppe A 13 mit Amtszulage Rektorin, Rektor einer zusammengefassten Schule mit Realschulzweig und einer Gesamtschülerzahl von 181 bis 360	Besoldungsgruppe A 14 mit Amtszulage Rektorin, Rektor als Leiterin oder Leiter einer Grundschule, Hauptschule, Realschule oder zusammengefassten Schule mit einer Schülerzahl von 181 bis 360
Besoldungsgruppe A 14 Förderschulkonrektorin, Förderschulkonrektor als ständige Vertreterin oder ständiger Vertreter der Leiterin oder des Leiters einer zusammengefassten Schule mit Förderschulzweig mit einer Schülerzahl bis 180 und einer Gesamtschülerzahl von 181 bis 360	Besoldungsgruppe A 14 Förderschulkonrektorin, Förderschulkonrektor als ständige Vertreterin oder ständiger Vertreter der Leiterin oder des Leiters einer Grundschule, Hauptschule, Realschule oder zusammengefassten Schule mit einer Schülerzahl von 181 bis 360

III.1 Landesbesoldungsgesetz (NBesG) — Anlage 19

Bisheriges Amt	Neues Amt
Besoldungsgruppe A 14 Förderschulkonrektorin, Förderschulkonrektor als ständige Vertreterin oder ständiger Vertreter der Leiterin oder des Leiters einer Realschule mit einer Schülerzahl von 181 bis 360	Besoldungsgruppe A 14 Förderschulkonrektorin, Förderschulkonrektor als ständige Vertreterin oder ständiger Vertreter der Leiterin oder des Leiters einer Grundschule, Hauptschule, Realschule oder zusammengefassten Schule mit einer Schülerzahl von 181 bis 360
Besoldungsgruppe A 14 Förderschulkonrektorin, Förderschulkonrektor als ständige Vertreterin oder ständiger Vertreter der Leiterin oder des Leiters einer zusammengefassten Schule mit Realschulzweig mit einer Schülerzahl bis 180 und einer Gesamtschülerzahl von mehr als 360	Besoldungsgruppe A 14 mit Amtszulage Förderschulkonrektorin, Förderschulkonrektor als ständige Vertreterin oder ständiger Vertreter der Leiterin oder des Leiters einer Grundschule, Hauptschule, Realschule oder zusammengefassten Schule mit einer Schülerzahl von mehr als 360
Besoldungsgruppe A 14 Förderschulkonrektorin, Förderschulkonrektor als ständige Vertreterin oder ständiger Vertreter der Leiterin oder des Leiters einer zusammengefassten Schule mit Realschulzweig mit einer Schülerzahl von 181 bis 360 und einer Gesamtschülerzahl bis 540	Besoldungsgruppe A 14 Förderschulkonrektorin, Förderschulkonrektor als ständige Vertreterin oder ständiger Vertreter der Leiterin oder des Leiters einer Grundschule, Hauptschule, Realschule oder zusammengefassten Schule mit einer Schülerzahl von 181 bis 360 oder Besoldungsgruppe A 14 mit AmtszulageFörderschulkonrektorin, Förderschulkonrektor als ständige Vertreterin oder ständiger Vertreter der Leiterin oder des Leiters einer Grundschule, Hauptschule, Realschule oder zusammengefassten Schule mit einer Schülerzahl von mehr als 360
Besoldungsgruppe A 14 Förderschulkonrektorin, Förderschulkonrektor als die Didaktische Leiterin oder der Didaktische Leiter einer Gesamtschule mit einer Schülerzahl im Sekundarbereich I bis 540	Besoldungsgruppe A 14 Förderschulrektorin, Förderschulrektor als die Didaktische Leiterin oder der Didaktische Leiter einer Gesamtschule mit einer Schülerzahl im Sekundarbereich I bis 540
Besoldungsgruppe A 14 Förderschulrektorin, Förderschulrektor einer zusammengefassten Schule mit Förderschulzweig mit einer Schülerzahl von 41 bis 90 und einer Gesamtschülerzahl von 81 bis 180	Besoldungsgruppe A 14 Förderschulrektorin, Förderschulrektor als Leiterin oder Leiter einer Grundschule, Hauptschule, Realschule oder zusammengefassten Schule mit einer Schülerzahl von 81 bis 180
Besoldungsgruppe A 14 Förderschulrektorin, Förderschulrektor als Leiterin oder Leiter einer Grundschule, Hauptschule oder Grund- und Hauptschule mit einer Schülerzahl von mehr als 360	Besoldungsgruppe A 15 Förderschulrektorin, Förderschulrektor als Leiterin oder Leiter einer Grundschule, Hauptschule, Realschule oder zusammengefassten Schule mit einer Schülerzahl von mehr als 360

Anlage 19 — Landesbesoldungsgesetz (NBesG) III.1

Bisheriges Amt	Neues Amt
Besoldungsgruppe A 14 Förderschulrektorin, Förderschulrektor als Leiterin oder Leiter einer Realschule mit einer Schülerzahl bis 180	Besoldungsgruppe A 14 Förderschulrektorin, Förderschulrektor als Leiterin oder Leiter einer Grundschule, Hauptschule, Realschule oder zusammengefassten Schule mit einer Schülerzahl von 81 bis 180
Besoldungsgruppe A 14 Förderschulrektorin, Förderschulrektor als Leiterin oder Leiter einer zusammengefassten Schule mit Förderschulzweig und einer Gesamtschülerzahl von mehr als 360	Besoldungsgruppe A 15 Förderschulrektorin, Förderschulrektor als Leiterin oder Leiter einer Grundschule, Hauptschule, Realschule oder zusammengefassten Schule mit einer Schülerzahl von mehr als 360
Besoldungsgruppe A 14 Förderschulrektorin, Förderschulrektor als Leiterin oder Leiter einer zusammengefassten Schule mit Realschulzweig und einer Gesamtschülerzahl von mehr als 360	Besoldungsgruppe A 15 Förderschulrektorin, Förderschulrektor als Leiterin oder Leiter einer Grundschule, Hauptschule, Realschule oder zusammengefassten Schule mit einer Schülerzahl von mehr als 360
Besoldungsgruppe A 14 Förderschulrektorin, Förderschulrektor als Leiterin oder Leiter einer zusammengefassten Schule mit Realschulzweig mit einer Schülerzahl bis 180 und einer Gesamtschülerzahl bis 360	Besoldungsgruppe A 14 Förderschulrektorin, Förderschulrektor als Leiterin oder Leiter einer Grundschule, Hauptschule, Realschule oder zusammengefassten Schule mit einer Schülerzahl von 81 bis 180 oder Besoldungsgruppe A 14 mit AmtszulageFörderschulrektorin, Förderschulrektor als Leiterin oder Leiter einer Grundschule, Hauptschule, Realschule oder zusammengefassten Schule mit einer Schülerzahl von 181 bis 360
Besoldungsgruppe A 14 Realschulkonrektorin, Realschulkonrektor als ständige Vertreterin oder ständiger Vertreter der Leiterin oder des Leiters einer zusammengefassten Schule mit Realschulzweig mit einer Schülerzahl bis 180 und einer Gesamtschülerzahl von mehr als 360	Besoldungsgruppe A 14 mit Amtszulage Konrektorin, Konrektor als ständige Vertreterin oder ständiger Vertreter der Leiterin oder des Leiters einer Grundschule, Hauptschule, Realschule oder zusammengefassten Schule mit einer Schülerzahl von mehr als 360
Besoldungsgruppe A 14 Realschulkonrektorin, Realschulkonrektor als ständige Vertreterin oder ständiger Vertreter der Leiterin oder des Leiters einer zusammengefassten Schule mit Realschulzweig mit einer Schülerzahl von 181 bis 360 und einer Gesamtschülerzahl bis 540	Besoldungsgruppe A 14 Konrektorin, Konrektor als ständige Vertreterin oder ständiger Vertreter der Leiterin oder des Leiters einer Grundschule, Hauptschule, Realschule oder zusammengefassten Schule mit einer Schülerzahl von 181 bis 360 oder Besoldungsgruppe A 14 mit AmtszulageKonrektorin, Konrektor als ständige Vertreterin oder ständiger Vertreter der Leiterin oder des Leiters einer Grund-

III.1 Landesbesoldungsgesetz (NBesG) — Anlage 19

Bisheriges Amt	Neues Amt
	schule, Hauptschule, Realschule oder zusammengefassten Schule mit einer Schülerzahl von mehr als 360
Besoldungsgruppe A 14 Realschulrektorin, Realschulrektor einer zusammengefassten Schule mit Realschulzweig mit einer Schülerzahl bis 180 und einer Gesamtschülerzahl bis 360	Besoldungsgruppe A 14 Rektorin, Rektor als Leiterin oder Leiter einer Grundschule, Hauptschule, Realschule oder zusammengefassten Schule mit einer Schülerzahl von 81 bis 180 oder Besoldungsgruppe A 14 mit AmtszulageRektorin, Rektor als Leiterin oder Leiter einer Grundschule, Hauptschule, Realschule oder zusammengefassten Schule mit einer Schülerzahl von 181 bis 360
Besoldungsgruppe A 14 Rektorin, Rektor als Leiterin oder Leiter einer zusammengefassten Schule mit Förderschulzweig und einer Gesamtschülerzahl von mehr als 360	Besoldungsgruppe A 15 Rektorin, Rektor als Leiterin oder Leiter einer Grundschule, Hauptschule, Realschule oder zusammengefassten Schule mit einer Schülerzahl von mehr als 360
Besoldungsgruppe A 14 Rektorin, Rektor einer Grundschule, Hauptschule oder Grund- und Hauptschule mit einer Schülerzahl von mehr als 360	Besoldungsgruppe A 15 Rektorin, Rektor als Leiterin oder Leiter einer Grundschule, Hauptschule, Realschule oder zusammengefassten Schule mit einer Schülerzahl von mehr als 360
Besoldungsgruppe A 14 Rektorin, Rektor einer zusammengefassten Schule mit Realschulzweig und einer Gesamtschülerzahl von mehr als 360	Besoldungsgruppe A 15 Rektorin, Rektor als Leiterin oder Leiter einer Grundschule, Hauptschule, Realschule oder zusammengefassten Schule mit einer Schülerzahl von mehr als 360
Besoldungsgruppe A 14 Zweite Förderschulkonrektorin, Zweiter Förderschulkonrektor an einer Förderschule mit Schwerpunkt Lernen mit einer Schülerzahl von mehr als 270 oder einer sonstigen Förderschule mit einer Schülerzahl von mehr als 180	Besoldungsgruppe A 14 Zweite Förderschulkonrektorin, Zweiter Förderschulkonrektor an einer Förderschule mit einer Schülerzahl von mehr als 180
Besoldungsgruppe A 14 Zweite Förderschulkonrektorin, Zweiter Förderschulkonrektor an einer zusammengefassten Schule mit Förderschulzweig mit einer Schülerzahl von mehr als 180 und einer Gesamtschülerzahl von mehr als 540	Besoldungsgruppe A 14 Zweite Förderschulkonrektorin, Zweiter Förderschulkonrektor an einer Grundschule, Hauptschule, Realschule oder zusammengefassten Schule mit einer Schülerzahl von mehr als 540
Besoldungsgruppe A 14 Zweite Förderschulkonrektorin, Zweiter Förderschulkonrektor an einer zusammengefassten Schule mit einer Schülerzahl von mehr	Besoldungsgruppe A 14 Zweite Förderschulkonrektorin, Zweiter Förderschulkonrektor an einer Grundschule, Hauptschule, Realschule oder zusammenge-

Anlage 19 — Landesbesoldungsgesetz (NBesG) **III.1**

Bisheriges Amt	Neues Amt
als 180 am Realschulzweig und einer Gesamtschülerzahl von mehr als 540	fassten Schule mit einer Schülerzahl von mehr als 540
Besoldungsgruppe A 14 Zweite Förderschulkonrektorin, Zweiter Förderschulkonrektor einer Realschule mit einer Schülerzahl von mehr als 540	**Besoldungsgruppe A 14** Zweite Förderschulkonrektorin, Zweiter Förderschulkonrektor an einer Grundschule, Hauptschule, Realschule oder zusammengefassten Schule mit einer Schülerzahl von mehr als 540
Besoldungsgruppe A 14 mit Amtszulage Förderschulkonrektorin, Förderschulkonrektor als ständige Vertreterin oder ständiger Vertreter der Leiterin oder des Leiters einer Förderschule mit dem Schwerpunkt Lernen mit einer Schülerzahl von mehr als 180 oder einer sonstigen Förderschule mit einer Schülerzahl von mehr als 120	**Besoldungsgruppe A 14** mit Amtszulage Förderschulkonrektorin, Förderschulkonrektor als ständige Vertreterin oder ständiger Vertreter der Leiterin oder des Leiters einer Förderschule mit einer Schülerzahl von mehr als 120 mit Ausnahme einer Förderschule mit dem Schwerpunkt Lernen
Besoldungsgruppe A 14 mit Amtszulage Förderschulkonrektorin, Förderschulkonrektor als ständige Vertreterin oder ständiger Vertreter der Leiterin oder des Leiters einer zusammengefassten Schule mit Förderschulzweig mit einer Schülerzahl von mehr als 180 und einer Gesamtschülerzahl von mehr als 360	**Besoldungsgruppe A 14** mit Amtszulage Förderschulkonrektorin, Förderschulkonrektor als ständige Vertreterin oder ständiger Vertreter der Leiterin oder des Leiters einer Grundschule, Hauptschule, Realschule oder zusammengefassten Schule mit einer Schülerzahl von mehr als 360
Besoldungsgruppe A 14 mit Amtszulage Förderschulkonrektorin, Förderschulkonrektor als ständige Vertreterin oder ständiger Vertreter der Leiterin oder des Leiters einer Realschule mit einer Schülerzahl von mehr als 360	**Besoldungsgruppe A 14** mit Amtszulage Förderschulkonrektorin, Förderschulkonrektor als ständige Vertreterin oder ständiger Vertreter der Leiterin oder des Leiters einer Grundschule, Hauptschule, Realschule oder zusammengefassten Schule mit einer Schülerzahl von mehr als 360
Besoldungsgruppe A 14 mit Amtszulage Förderschulkonrektorin, Förderschulkonrektor als ständige Vertreterin oder ständiger Vertreter der Leiterin oder des Leiters einer zusammengefassten Schule mit Realschulzweig mit einer Schülerzahl von 181 bis 360 und einer Gesamtschülerzahl von mehr als 540	**Besoldungsgruppe A 14** mit Amtszulage Förderschulkonrektorin, Förderschulkonrektor als ständige Vertreterin oder ständiger Vertreter der Leiterin oder des Leiters einer Grundschule, Hauptschule, Realschule oder zusammengefassten Schule mit einer Schülerzahl von mehr als 360
Besoldungsgruppe A 14 mit Amtszulage Förderschulkonrektorin, Förderschulkonrektor als ständige Vertreterin oder ständiger Vertreter der Leiterin oder des Leiters einer zu-	**Besoldungsgruppe A 14** mit Amtszulage Förderschulkonrektorin, Förderschulkonrektor als ständige Vertreterin oder ständiger Vertreter der Leiterin oder des Leiters einer

III.1 Landesbesoldungsgesetz (NBesG) Anlage 19

Bisheriges Amt	Neues Amt
sammengefassten Schule mit Realschulzweig mit einer Schülerzahl von mehr als 360 am Realschulzweig	Grundschule, Hauptschule, Realschule oder zusammengefassten Schule mit einer Schülerzahl von mehr als 360
Besoldungsgruppe A 14 mit Amtszulage Förderschulrektorin, Förderschulrektor einer zusammengefassten Schule mit Förderschulzweig mit einer Schülerzahl von 91 bis 180 und Gesamtschülerzahl von 181 bis 360	Besoldungsgruppe A 14 mit Amtszulage Förderschulrektorin, Förderschulrektor als Leiterin oder Leiter einer Grundschule, Hauptschule, Realschule oder zusammengefassten Schule mit einer Schülerzahl von 181 bis 360
Besoldungsgruppe A 14 mit Amtszulage Förderschulrektorin, Förderschulrektor als Leiterin oder Leiter einer Realschule mit einer Schülerzahl von 181 bis 360	Besoldungsgruppe A 14 mit Amtszulage Förderschulrektorin, Förderschulrektor als Leiterin oder Leiter einer Grundschule, Hauptschule, Realschule oder zusammengefassten Schule mit einer Schülerzahl von 181 bis 360
Besoldungsgruppe A 14 mit Amtszulage Förderschulrektorin, Förderschulrektor als Leiterin oder Leiter einer zusammengefassten Schule mit Realschulzweig mit einer Schülerzahl bis 180 und einer Gesamtschülerzahl von mehr als 360	Besoldungsgruppe A 15 Förderschulrektorin, Förderschulrektor als Leiterin oder Leiter einer Grundschule, Hauptschule, Realschule oder zusammengefassten Schule mit einer Schülerzahl von mehr als 360
Besoldungsgruppe A 14 mit Amtszulage Förderschulrektorin, Förderschulrektor als Leiterin oder Leiter einer zusammengefassten Schule mit Realschulzweig mit einer Schülerzahl von 181 bis 360 und einer Gesamtschülerzahl bis 540	Besoldungsgruppe A 14 mit Amtszulage Förderschulrektorin, Förderschulrektor als Leiterin oder Leiter einer Grundschule, Hauptschule, Realschule oder zusammengefassten Schule mit einer Schülerzahl von 181 bis 360 oder Besoldungsgruppe A 15 Förderschulrektorin, Förderschulrektor als Leiterin oder Leiter einer Grundschule, Hauptschule, Realschule oder zusammengefassten Schule mit einer Schülerzahl von mehr als 360
Besoldungsgruppe A 14 mit Amtszulage Realschulrektorin, Realschulrektor einer zusammengefassten Schule mit Realschulzweig mit einer Schülerzahl bis 180 und einer Gesamtschülerzahl von mehr als 360	Besoldungsgruppe A 15 Rektorin, Rektor als Leiterin oder Leiter einer Grundschule, Hauptschule, Realschule oder zusammengefassten Schule mit einer Schülerzahl von mehr als 360
Besoldungsgruppe A 14 mit Amtszulage Realschulrektorin, Realschulrektor einer zusammengefassten Schule mit Realschulzweig mit einer Schülerzahl von 181 bis 360 und einer Gesamtschülerzahl bis 540	Besoldungsgruppe A 14 mit Amtszulage Rektorin, Rektor als Leiterin oder Leiter einer Grundschule, Hauptschule, Realschule oder zusammengefassten Schule mit einer Schülerzahl von 181 bis 360

Bisheriges Amt	Neues Amt
	oder
	Besoldungsgruppe A 15
	Rektorin, Rektor als Leiterin oder Leiter einer Grundschule, Hauptschule, Realschule oder zusammengefassten Schule mit einer Schülerzahl von mehr als 360
Besoldungsgruppe A 15 Förderschulrektorin, Förderschulrektor einer Förderschule mit dem Schwerpunkt Lernen mit einer Schülerzahl von mehr als 180 oder einer sonstigen Förderschule mit einer Schülerzahl von mehr als 120	Besoldungsgruppe A 15 Förderschulrektorin, Förderschulrektor einer Förderschule mit einer Schülerzahl von mehr als 120 mit Ausnahme einer Förderschule mit dem Schwerpunkt Lernen
Besoldungsgruppe A 15 Förderschulrektorin, Förderschulrektor einer zusammengefassten Schule mit Förderschulzweig mit einer Schülerzahl von mehr als 180 und einer Gesamtschülerzahl von mehr als 360	Besoldungsgruppe A 15 Förderschulrektorin, Förderschulrektor als Leiterin oder Leiter einer Grundschule, Hauptschule, Realschule oder zusammengefassten Schule mit einer Schülerzahl von mehr als 360
Besoldungsgruppe A 15 Förderschulrektorin, Förderschulrektor als Leiterin oder Leiter einer Realschule mit einer Schülerzahl von mehr als 360	Besoldungsgruppe A 15 Förderschulrektorin, Förderschulrektor als Leiterin oder Leiter einer Grundschule, Hauptschule, Realschule oder zusammengefassten Schule mit einer Schülerzahl von mehr als 360
Besoldungsgruppe A 15 Förderschulrektorin, Förderschulrektor als Leiterin oder Leiter einer zusammengefassten Schule mit Realschulzweig mit einer Schülerzahl von 181 bis 360 und einer Gesamtschülerzahl von mehr als 540	Besoldungsgruppe A 15 Förderschulrektorin, Förderschulrektor als Leiterin oder Leiter einer Grundschule, Hauptschule, Realschule oder zusammengefassten Schule mit einer Schülerzahl von mehr als 360
Besoldungsgruppe A 15 Förderschulrektorin, Förderschulrektor als Leiterin oder Leiter einer zusammengefassten Schule mit Realschulzweig und einer Schülerzahl von mehr als 360 am Realschulzweig	Besoldungsgruppe A 15 Förderschulrektorin, Förderschulrektor als Leiterin oder Leiter einer Grundschule, Hauptschule, Realschule oder zusammengefassten Schule mit einer Schülerzahl von mehr als 360

Niedersächsisches Besoldungs- und Versorgungsanpassungsgesetz 2024/2025 (NBVAnpG 2024/2025)

Vom 25. September 2024 (Nds. GVBl. Nr. 83, Nr. 90)

§ 1 Geltungsbereich

Dieses Gesetz regelt die Erhöhung der Besoldung und der Versorgungsbezüge der Beamtinnen und Beamten des Landes, der Kommunen des Landes sowie der sonstigen der Aufsicht des Landes unterstehenden Körperschaften, Anstalten und Stiftungen des öffentlichen Rechts sowie der Richterinnen und Richter des Landes mit Wirkung vom 1. November 2024 und 1. Februar 2025; ausgenommen ist die Entschädigung der Ehrenbeamtinnen und Ehrenbeamten sowie der ehrenamtlichen Richterinnen und Richter.

§ 2 Erhöhung der Besoldung und der Versorgungsbezüge im Jahr 2024

(1) Um 200 Euro werden mit Wirkung vom 1. November 2024 erhöht

1. die Grundgehaltssätze nach den Anlagen 5 und 16 des Niedersächsischen Besoldungsgesetzes (NBesG) vom 20. Dezember 2016 (Nds. GVBl. S. 308; 2017 S. 64), zuletzt geändert durch Artikel 2 des Gesetzes vom 15. Mai 2024 (Nds. GVBl. 2024 Nr. 35),

2. die Ober- und Untergrenzen der Grundgehaltsspannen des Auslandszuschlags nach Anlage 14 NBesG,

3. die Grundgehaltssätze (Gehaltssätze)
   a) in den fortgeltenden Besoldungsordnungen und Besoldungsgruppen der Hochschullehrerinnen und Hochschullehrer,
   b) in den Regelungen über künftig wegfallende Ämter,

4. die Höchstbeträge für Sondergrundgehälter und Zuschüsse zum Grundgehalt sowie festgesetzte Sondergrundgehälter und Zuschüsse nach fortgeltenden Besoldungsordnungen der Hochschullehrerinnen und Hochschullehrer.

(2) Um 4,76 Prozent werden mit Wirkung vom 1. November 2024 erhöht

1. der Familienzuschlag mit Ausnahme des Erhöhungsbetrages für die Laufbahngruppe 1 nach Anlage 7 NBesG,

2. die Amtszulagen nach Anlage 8 NBesG,

3. die allgemeine Stellenzulage nach Anlage 10 NBesG,

4. die Beträge der Mehrarbeitsvergütung nach Anlage 13 NBesG,

5. die in festen Beträgen ausgewiesenen Zuschüsse zum Grundgehalt nach den Nummern 1 und 2 und die allgemeine Stellenzulage nach Nummer 2 b der Vorbemerkungen der Anlage II des Bundesbesoldungsgesetzes in der bis zum 22. Februar 2002 geltenden Fassung vom 3. Dezember 1998 (BGBl. I S. 3434), zuletzt geändert durch Artikel 8 des Gesetzes vom 20. Dezember 2001 (BGBl. I S. 3926),

6. der Unfallausgleich nach § 39 des Niedersächsischen Beamtenversorgungsgesetzes (NBeamtVG) in der Fassung vom 2. April 2013 (Nds. GVBl. S. 73), zuletzt geändert durch Artikel 2 des Gesetzes vom 14. März 2024 (Nds. GVBl. 2024 Nr. 23),

7. die Versorgungsempfängerinnen und Versorgungsempfängern zustehenden Zuschläge nach den §§ 58 bis 61 NBeamtVG in der Fassung vom 2. April 2013 (Nds. GVBl. S. 73), zuletzt geändert durch Artikel 2 des Gesetzes vom 14. März 2024 (Nds. GVBl. 2024 Nr. 23),

8. die für Versorgungsempfängerinnen und Versorgungsempfänger maßgeblichen Überleitungszulagen nach Artikel 14 § 1 Abs. 1 des Reformgesetzes vom 24. Februar 1997 (BGBl. I S. 322), geändert durch Artikel 17 des Gesetzes vom 19. Februar 2006 (BGBl. I S. 334),

9. die für Versorgungsempfängerinnen und Versorgungsempfänger maßgeblichen Bemessungsgrundlagen der Zulagen, Aufwandsentschädigungen und anderen Bezüge nach Artikel 14 § 5 des Reformgesetzes,

10. die für Versorgungsempfängerinnen und Versorgungsempfänger maßgeblichen Ausgleichszulagen nach § 13 des Bundesbesoldungsgesetzes in der bis zum 31. August 2006 geltenden Fassung vom 6. August 2002 (BGBl. I S. 3020), zuletzt geändert durch Artikel 3 Abs. 4 des Gesetzes vom 12. Juli 2006 (BGBl. I S. 1466),

11. die für Versorgungsempfängerinnen und Versorgungsempfänger maßgeblichen Amtszulagen nach § 42 des Bundesbesoldungsgesetzes in der in Nummer 10 genannten Fassung,

12. die für Versorgungsempfängerinnen und Versorgungsempfänger maßgeblichen Stellenzulagen nach Nummer 27 der Vorbemerkungen der Anlage I des Bundesbesoldungsgesetzes in der in Nummer 10 genannten Fassung und nach Nummer 6 der Anlage 1 des Niedersächsischen Besoldungsgesetzes in der bis zum 31. Dezember 2016 geltenden Fassung vom 7. November 2008 (Nds. GVBl. S. 334), zuletzt geändert durch Artikel 4 des Gesetzes vom 17. Dezember 2015 (Nds. GVBl. S. 423), und

13. die für Versorgungsempfängerinnen und Versorgungsempfänger maßgeblichen Ausgleichszulagen nach Nummer 3 der Vorbemerkungen der Anlage 1 des Niedersächsischen Besoldungsgesetzes in der in Nummer 12 genannten Fassung.

(3) Um 100 Euro werden mit Wirkung vom 1. November 2024 die Anwärtergrundbeträge nach Anlage 15 NBesG erhöht.

(4) ₁Die Erhöhung nach Absatz 1 gilt entsprechend für Versorgungsempfängerinnen und Versorgungsempfänger, deren Versorgungsbezügen eine Grundvergütung zugrunde liegt. ₂Satz 1 gilt für Empfängerinnen und Empfänger von Versorgungsbezügen der weggefallenen Besoldungsgruppen A 1 bis A 4 entsprechend.

₃Versorgungsbezüge, deren Berechnung ein Ortszuschlag nach dem Bundesbesoldungsgesetz in der bis zum 30. Juni 1997 geltenden Fassung nicht zugrunde liegt, werden ab 1. November 2024 um 4,66 Prozent erhöht, wenn der Versorgungsfall vor dem 1. Juli 1997 eingetreten ist. ₄Satz 3 gilt entsprechend für

1. Hinterbliebene von vor dem 1. Juli 1997 vorhandenen Versorgungsempfängerinnen und Versorgungsempfängern und

2. Versorgungsbezüge, die in festen Beträgen festgesetzt sind.

₅Bei Versorgungsempfängerinnen und Versorgungsempfängern, deren Versorgungsbezügen ein Grundgehalt der Besoldungsgruppe A 1 bis A 8 zugrunde liegt, vermindert sich das Grundgehalt um 71,13 Euro, wenn ihren ruhegehaltfähigen Dienstbezügen die Stellenzulage nach Nummer 27 Abs. 1 Buchst. a oder b der Vorbemerkungen der Anlage I zum Bundesbesoldungsgesetz in der bis zum 30. Juni 1997 geltenden Fassung bei Eintritt in den Ruhestand nicht zugrunde gelegen hat.

§ 3 Erhöhung der Besoldung und der Versorgungsbezüge im Jahr 2025

(1) ₁Um 5,5 Prozent werden mit Wirkung vom 1. Februar 2025 die sich aus § 2 Abs. 1 und 2 ergebenden Bezügebestandteile und die Versorgungsbezüge nach § 2 Abs. 4 Sätze 1 und 2 erhöht. ₂Versorgungsbezüge, deren Berechnung ein Ortszuschlag nach dem Bundesbesoldungsgesetz in der bis zum 30. Juni 1997 geltenden Fassung nicht zugrunde liegt, werden ab 1. Februar 2025 um 5,4 Prozent erhöht, wenn der Versorgungsfall vor dem 1. Juli 1997 eingetreten ist. ₃Satz 2 gilt entsprechend für

1. Hinterbliebene von vor dem 1. Juli 1997 vorhandenen Versorgungsempfängerinnen und Versorgungsempfängern und

2. Versorgungsbezüge, die in festen Beträgen festgesetzt sind.

₄Das sich aus § 2 Abs. 4 Satz 5 ergebende Grundgehalt vermindert sich ab 1. Februar 2025 um 75,04 Euro.

(2) Um 50 Euro werden mit Wirkung vom 1. Februar 2025 die Anwärtergrundbeträge nach Anlage 15 NBesG erhöht.

Niedersächsische Stellenobergrenzenverordnung (NStOGrVO)

Vom 29. Januar 2020 (Nds. GVBl. S. 20)

Zuletzt geändert durch
Verordnung zur Änderung der Niedersächsischen Stellenobergrenzenverordnung
vom 23. August 2023 (Nds. GVBl. S. 196)

Aufgrund des § 24 Sätze 1 und 2 des Niedersächsischen Besoldungsgesetzes vom 20. Dezember 2016 (Nds. GVBl. S. 308; 2017 S. 64), zuletzt geändert durch Artikel 3 des Gesetzes vom 19. Dezember 2019 (Nds. GVBl. S. 451), wird verordnet:

§ 1 Geltungsbereich

(1) Diese Verordnung legt für Planstellen für Beförderungsämter der Beamtinnen und Beamten der Besoldungsordnungen A und B des Landes und der in § 1 Nr. 3 des Niedersächsischen Besoldungsgesetzes (NBesG) genannten Dienstherren Obergrenzen fest.

(2) Die Obergrenzen gelten nicht für die Planstellen für Beförderungsämter

1. der Beamtinnen und Beamten bei den obersten Landesbehörden,
2. der Lehrkräfte an Schulen und an Hochschulen,
3. der Beamtinnen und Beamten in der Laufbahn der Laufbahngruppe 2 der Fachrichtung Bildung bei den nachgeordneten Schulbehörden, den Studienseminaren für den Vorbereitungsdienst für die Lehrämter und dem Landesinstitut für schulische Qualitätsentwicklung,
4. der Beamtinnen und Beamten in der Laufbahn der Laufbahngruppe 2 der Fachrichtung Bildung beim Landesamt für Soziales, Jugend und Familie, die in der Fachberatung Hören, Sprache oder Sehen tätig sind,
5. der Beamtinnen und Beamten in der Laufbahn der Laufbahngruppe 2 der Fachrichtung Gesundheits- und soziale Dienste beim Landesamt für Soziales, Jugend und Familie, die als ärztliche Fachgutachterinnen und Fachgutachter tätig sind,
6. der Beamtinnen und Beamten bei dem Landesprüfungsamt für die Sozialversicherung,
7. der Beamtinnen und Beamten, denen nach § 20 Abs. 1 oder 2 des Beamtenstatusgesetzes eine Tätigkeit bei einer Einrichtung oder Religionsgemeinschaft zugewiesen worden ist und für die neue Stellen in den Stellenplänen und Stellenübersichten zum Haushaltsplan gesondert ausgebracht sind,
8. der Beamtinnen und Beamten der Anstalt Niedersächsische Landesforsten,
9. der Beamtinnen und Beamten der Tierseuchenkasse sowie
10. der Beamtinnen und Beamten der kommunalen Anstalten, der gemeinsamen kommunalen Anstalten, der Zweckverbände nach dem Niedersächsischen Gesetz über die kommunale Zusammenarbeit, des Regionalverbands „Großraum Braunschweig", des Bezirksverbands Oldenburg und der Niedersächsischen Versorgungskasse.

(3) Die allgemeinen Obergrenzen (§ 3) gelten nicht für die Planstellen für Beförderungsämter der Beamtinnen und Beamten in den Laufbahnen der Fachrichtungen „Technische Dienste" und „Gesundheits- und soziale Dienste", in denen nach § 23 Abs. 2 NBesG ein Einstiegsamt einer höheren Besoldungsgruppe zugeordnet ist.

§ 2 Berechnungsgrundsätze

(1) Soweit eine Obergrenze nicht ausgeschöpft wird, können Planstellen und Anteile

davon der darunterliegenden Besoldungsgruppe zugeordnet werden.

(2) Bruchteile von Planstellen, die sich bei der Berechnung der Obergrenzen ergeben, dürfen ab einem Wert von 0,5 auf eine volle Planstelle aufgerundet werden.

(3) ₁Die Prozentsätze für die Obergrenzen nach § 3 beziehen sich auf die Gesamtzahl der jeweils zugrunde zu legenden Planstellen bei einem Dienstherrn. ₂Abweichend von Satz 1 bleiben die von den §§ 4 bis 8 erfassten Planstellen bei den Bezugsgrößen für die Prozentsätze nach § 3 unberücksichtigt. ₃Die Prozentsätze für die Obergrenzen nach den §§ 4 bis 8 beziehen sich auf die Gesamtzahl der jeweils zugrunde zu legenden Planstellen bei einem Dienstherrn, für die eine gemeinsame Obergrenze festgelegt ist.

(4) Ob und inwieweit unbefristet beschäftigte Arbeitnehmerinnen und Arbeitnehmer der entsprechenden Entgeltgruppen in die Bezugsgrößen für die Prozentsätze nach den §§ 3 bis 8 unter Anrechnung auf die jeweiligen Planstellen für Beförderungsämter einbezogen werden, entscheidet das Finanzministerium im Einzelfall.

§ 3 Allgemeine Obergrenzen

Die Zahl der Planstellen für Beförderungsämter darf folgende Obergrenzen nicht überschreiten:

1. in der Laufbahngruppe 1
   a) in der Besoldungsgruppe A 8   40 Prozent,
   b) in der Besoldungsgruppe A 9 40 Prozent der Planstellen für die Ämter der Besoldungsgruppen A 6 bis A 9, ausgenommen die Planstellen für die Ämter der Besoldungsgruppe A 6 als Beförderungsamt;
2. in der Laufbahngruppe 2
   a) in der Besoldungsgruppe A 11   35 Prozent,
   b) in der Besoldungsgruppe A 12   20 Prozent,
   c) in der Besoldungsgruppe A 13   12 Prozent
   der Planstellen für die Ämter der Besoldungsgruppen A 9 bis A 13, ausgenommen die Planstellen für die Ämter der Besoldungsgruppe A 13 als zweites Einstiegsamt;
3. in der Laufbahngruppe 2
   a) in der Besoldungsgruppe A 15   35 Prozent,
   b) in der Besoldungsgruppe A 16 bis B 2 zusammen   15 Prozent
   der Planstellen für die Ämter der Besoldungsgruppen A 13 bis B 2, ausgenommen die Planstellen für die Ämter der Besoldungsgruppe A 13 als Beförderungsamt.

§ 4 Besondere Obergrenzen für Planstellen im Bereich der Informations- und Kommunikationstechnik

Die Zahl der Planstellen für Beförderungsämter mit einer überwiegenden Tätigkeit im Bereich der Informations- und Kommunikationstechnik darf folgende Obergrenzen nicht überschreiten:

1. in der Laufbahngruppe 1
   in der Besoldungsgruppe A 9 70 Prozent der Planstellen für die Ämter der Besoldungsgruppen A 6 bis A 9, ausgenommen die Planstellen für die Ämter der Besoldungsgruppe A 6 als Beförderungsamt;
2. in der Laufbahngruppe 2
   a) in der Besoldungsgruppe A 12   40 Prozent,
   b) in der Besoldungsgruppe A 13   25 Prozent
   der Planstellen für die Ämter der Besoldungsgruppen A 9 bis A 13, ausgenommen die Planstellen für die Ämter der Besoldungsgruppe A 13 als zweites Einstiegsamt.

§ 5 Besondere Obergrenzen für Planstellen in den Fachrichtungen Feuerwehr und Technische Dienste

Die Zahl der Planstellen für Beförderungsämter in den Fachrichtungen Feuerwehr und Technische Dienste darf folgende Obergrenzen nicht überschreiten:

1. in der Laufbahngruppe 1
   a) der Fachrichtungen Feuerwehr und Technische Dienste, jedoch ohne Vermessungs- und Katasterverwaltung und Verwaltung für Landentwicklung,
   in der Besoldungsgruppe
   A 9 50 Prozent,
   b) der Fachrichtung Technische Dienste, jedoch nur Vermessungs- und Katasterverwaltung und Verwaltung für Landentwicklung,
   in der Besoldungsgruppe
   A 9 70 Prozent,
   der Planstellen für die Ämter der Besoldungsgruppen A 6 bis A 9, ausgenommen die Planstellen für die Ämter der Besoldungsgruppe A 6 als Beförderungsamt;
2. in der Laufbahngruppe 2 der Fachrichtungen Feuerwehr und Technische Dienste
   a) in der Besoldungsgruppe
   A 12 40 Prozent,
   b) in der Besoldungsgruppe
   A 13 25 Prozent,
   der Planstellen für die Ämter der Besoldungsgruppen A 9 bis A 13, ausgenommen die Planstellen für die Ämter der Besoldungsgruppe A 13 als zweites Einstiegsamt.

§ 6 Besondere Obergrenzen für Planstellen in der Fachrichtung Steuerverwaltung

(1) ₁Die Zahl der Planstellen für Beförderungsämter in der Laufbahngruppe 1 der Fachrichtung Steuerverwaltung darf folgende Obergrenzen nicht überschreiten:

1. in der Besoldungsgruppe A 8 40 Prozent,
2. in der Besoldungsgruppe A 9 45 Prozent

der Planstellen für die Ämter der Besoldungsgruppen A 6 bis A 9, ausgenommen die Planstellen für die Ämter der Besoldungsgruppe A 6 als Beförderungsamt. ₂Hinsichtlich der Planstellen für Steuer-Außenprüferinnen und Steuer-Außenprüfer erhöht sich die Obergrenze nach Satz 1 Nr. 2 auf 60 Prozent; § 2 Abs. 3 Sätze 1 und 2 gilt entsprechend.

(2) Die Zahl der Planstellen für Beförderungsämter in der Laufbahngruppe 2 der Fachrichtung Steuerverwaltung darf

1. für Betriebsprüferinnen und Betriebsprüfer, die überwiegend
   a) Konzerne,
   b) Handelsbetriebe mit einem Gesamtumsatz von mehr als 18 Millionen Euro,
   c) Fertigungsbetriebe und andere Leistungsbetriebe mit einem Gesamtumsatz von mehr als 16,7 Millionen Euro,
   d) Kreditinstitute oder
   e) Versicherungsunternehmen
   prüfen, sowie für Steuerfahndungsprüferinnen und Steuerfahndungsprüfer mit gleich zu bewertenden Tätigkeiten
   in der Besoldungsgruppe A 13 50 Prozent,
2. für Sachgebietsleiterinnen und Sachgebietsleiter im Betriebsprüfungs- oder Steuerfahndungsdienst
   in der Besoldungsgruppe A 13 65 Prozent,

der Planstellen für die Ämter der Besoldungsgruppen A 9 bis A 13, ausgenommen die Planstellen für die Ämter der Besoldungsgruppe A 13 als zweites Einstiegsamt, nicht überschreiten.

(3) Die Zahl der Planstellen für Beförderungsämter in der Laufbahngruppe 2 der Fachrichtung Steuerverwaltung darf

1. für Betriebsprüferinnen und Betriebsprüfer, die überwiegend
   a) Handelsbetriebe mit einem Gesamtumsatz von mehr als 8,6, aber nicht mehr als 18 Millionen Euro oder einem steuerlichen Gewinn von mehr als 335 000 Euro,
   b) freie Berufe mit einem Gesamtumsatz von mehr als 5,6 Millionen Euro oder einem steuerlichen Gewinn von mehr als 700 000 Euro,
   c) andere Leistungsbetriebe mit einem Gesamtumsatz von mehr als 6,7, aber nicht mehr als 16,7 Millionen Euro oder einem steuerlichen Gewinn von mehr als 400 000 Euro,
   d) land- und forstwirtschaftliche Betriebe mit einem Umsatz von mehr als 1,2 Millionen Euro oder einem steuerli-

chen Gewinn von mehr als 185 000 Euro,
e) Fertigungsbetriebe mit einem Gesamtumsatz von mehr als 1,1, aber nicht mehr als 16,7 Millionen Euro oder einem steuerlichen Gewinn von mehr als 100 000 Euro, oder
f) Verlustzuweisungsgesellschaften, Bauherrengemeinschaften, Fälle mit bedeutenden Einkünften oder bedeutende steuerbegünstigte Körperschaften und Berufsverbände

prüfen, sowie für Steuerfahndungsprüferinnen und Steuerfahndungsprüfer mit gleich zu bewertenden Tätigkeiten und

2. für Lohnsteuer-Außenprüferinnen und Lohnsteuer-Außenprüfer, die überwiegend Betriebe mit mehr als 999 Arbeitnehmerinnen und Arbeitnehmern prüfen,

in der Besoldungsgruppe A 12   40 Prozent

der Planstellen für die Ämter der Besoldungsgruppen A 9 bis A 13, ausgenommen die Planstellen für die Ämter der Besoldungsgruppe A 13 als zweites Einstiegsamt, nicht überschreiten.

(4) Die Zahl der Planstellen für Beförderungsämter in der Laufbahngruppe 2 der Fachrichtung Steuerverwaltung darf

1. für Betriebsprüferinnen und Betriebsprüfer, die überwiegend nicht unter Absatz 3 Nr. 1 Buchst. e fallende Fertigungsbetriebe prüfen, die schwierig zu prüfen sind, sowie für Steuerfahndungsprüferinnen und Steuerfahndungsprüfer mit gleich zu bewertenden Tätigkeiten und

2. für Lohnsteuer-Außenprüferinnen und Lohnsteuer-Außenprüfer, die überwiegend Betriebe mit mehr als 99, aber weniger als 1000 Arbeitnehmerinnen und Arbeitnehmern prüfen,

in der Besoldungsgruppe A 11   65 Prozent

der Planstellen für die Ämter der Besoldungsgruppen A 9 bis A 13, ausgenommen die Planstellen für die Ämter der Besoldungsgruppe A 13 als zweites Einstiegsamt, nicht überschreiten.

§ 7 Besondere Obergrenzen für Planstellen beim Landesamt für Bezüge und Versorgung

Die Zahl der Planstellen für Beförderungsämter beim Landesamt für Bezüge und Versorgung darf in der Laufbahngruppe 1 in der Besoldungsgruppe A 9 die Obergrenze von 80 Prozent der Planstellen für die Ämter der Besoldungsgruppen A 6 bis A 9, ausgenommen die Planstellen für die Ämter der Besoldungsgruppe A 6 als Beförderungsamt, nicht überschreiten.

§ 8 Besondere Obergrenzen für Planstellen in der Justiz

Die Zahl der Planstellen für Beförderungsämter darf folgende Obergrenzen nicht überschreiten:

1. in der Laufbahngruppe 1
   a) der Fachrichtung Justiz im Gerichtsvollzieherdienst
      in der Besoldungsgruppe A 9   70 Prozent,
   b) der Fachrichtung Technische Dienste im Justizvollzug
      in der Besoldungsgruppe A 9   40 Prozent,
   c) der Fachrichtung Justiz im Justizvollzug für die Wahrnehmung der Aufgaben der Leitung von Geschäftsstellen oder der Buchhaltung in den Arbeitsbetrieben
   in der Besoldungsgruppe A 9   80 Prozent der Planstellen für die Ämter der Besoldungsgruppen A 6 bis A 9, ausgenommen die Planstellen für die Ämter der Besoldungsgruppe A 6 als Beförderungsamt;

2. in der Laufbahngruppe 2
   a) der Fachrichtung Justiz im Amtsanwaltsdienst
      in der Besoldungsgruppe A 13   60 Prozent,
   b) der Fachrichtung Justiz im Rechtspflegerdienst bei den Gerichten und Staatsanwaltschaften
      aa) in der Besoldungsgruppe A 11   40 Prozent,
      bb) in der Besoldungsgruppe A 12   25 Prozent,
      cc) in der Besoldungsgruppe A 13   12 Prozent,

c) in der Innenrevision in Rechtssachen und der Innenrevision im Justizvollzug
   aa) in der Besoldungsgruppe A 11   30 Prozent,
   bb) in der Besoldungsgruppe A 12   30 Prozent,
   cc) in der Besoldungsgruppe A 13   12 Prozent

der Planstellen für die Ämter der Besoldungsgruppen A 9 bis A 13, ausgenommen die Planstellen für die Ämter der Besoldungsgruppe A 13 als zweites Einstiegsamt;

3. in der Laufbahngruppe 2 in der Justiz
   a) in der Besoldungsgruppe A 15   30 Prozent,
   b) in den Besoldungsgruppen A 16 bis B 2 zusammen   20 Prozent

der Planstellen für die Ämter der Besoldungsgruppen A 13 bis B 2, ausgenommen die Planstellen für die Ämter der Besoldungsgruppe A 13 als Beförderungsamt.

§ 9 Regionalträger der gesetzlichen Rentenversicherung

Die der Rechtsaufsicht des Landes unterliegenden Regionalträger der gesetzlichen Rentenversicherung können die Stellen für unbefristet beschäftigte Arbeitnehmerinnen und Arbeitnehmer der entsprechenden Entgeltgruppen in die Bezugsgröße für die Prozentsätze nach § 3 einbeziehen, wenn diese entsprechend auf die jeweiligen Planstellen für Beförderungsämter angerechnet werden.

§ 10 Inkrafttreten

(1) Diese Verordnung tritt mit Wirkung vom 1. Januar 2020 in Kraft.

(2) Gleichzeitig tritt die Stellenobergrenzenverordnung vom 26. Juni 2007 (Nds. GVBl. S. 238), zuletzt geändert durch Artikel 14 des Gesetzes vom 20. Dezember 2016 (Nds. GVBl. S. 308), außer Kraft.

Niedersächsische Verordnung über die Gewährung von Prämien und Zulagen für besondere Leistungen (Leistungsprämien- und -zulagenverordnung – NLPZVO)

Vom 5. Oktober 1999 (Nds. GVBl. S. 359)

Zuletzt geändert durch
Verordnung zur Änderung der Leistungsprämien- und -zulagenverordnung
vom 23. November 2008 (Nds. GVBl. S. 362)

§ 1 Geltungsbereich

Diese Verordnung regelt die Gewährung von Leistungsprämien und Leistungszulagen an Beamtinnen und Beamte in Besoldungsgruppen der Besoldungsordnung A; sie gilt nicht für Beamtinnen und Beamte auf Zeit und in der laufbahnrechtlichen Probezeit.

§ 2 Leistungsprämie

(1) ₁Eine herausragende besondere Einzelleistung kann durch Gewährung einer Leistungsprämie anerkannt werden. ₂Wird die besondere Leistung von einer Gruppe erbracht, so kann jedes Gruppenmitglied, das wesentlich zum Arbeitserfolg beigetragen hat, eine Leistungsprämie erhalten.

(2) Die Leistungsprämie wird als Einmalbetrag bis zur Höhe des Anfangsgrundgehalts der Besoldungsgruppe, der die Beamtin oder der Beamte während der Erbringung der besonderen Leistung zuletzt angehört hat, gewährt.

§ 3 Leistungszulage

(1) ₁Eine Leistungszulage kann zur Anerkennung einer bereits über einen Zeitraum von mindestens drei Monaten erbrachten und auch weiterhin zu erwartenden herausragenden besonderen Leistung gewährt werden. ₂Höhe und Dauer sind nach der erbrachten Leistung zu bemessen. ₃Bei Leistungsabfall ist sie für die Zukunft zu widerrufen. ₄Es kann monatlich ein Betrag bis zur Höhe von 7 vom Hundert des Anfangsgrundgehalts der Besoldungsgruppe, der die Beamtin oder der Beamte bei der Festsetzung der Leistungszulage angehört, gewährt werden. ₅Bei Teilzeitbeschäftigten ist das entsprechend § 6 des Bundesbesoldungsgesetzes gekürzte Anfangsgrundgehalt maßgebend.

(2) ₁Die Leistungszulage darf rückwirkend bis zu drei Monate und längstens für einen zusammenhängenden Zeitraum von einem Jahr gewährt werden; innerhalb dieses Zeitraums ist die Verlängerung der Gewährung zulässig. ₂Die Neubewilligung einer Leistungszulage ist frühestens ein Jahr nach Ablauf des Zeitraums zulässig, für den die Zulage gewährt wurde.

(3) ₁Die Gewährung einer Leistungszulage endet

1. mit Ausscheiden der Beamtin oder des Beamten aus der bisherigen Verwendung auf eigenes Verlangen,
2. mit Wegfall des Anspruchs auf Dienstbezüge.

₂Nach zusammenhängender, mehr als acht Wochen andauernder Abwesenheit vom Dienst endet die Gewährung mit Beginn des folgenden Kalendermonats.

§ 4 Ausschluss- und Anrechnungsvorschriften

(1) Leistungsprämien und Leistungszulagen dürfen nicht gewährt werden

1. aus demselben Anlass nebeneinander oder
2. wenn die besondere Leistung bereits mit einer besonderen Vergütung oder Zulage abgegolten wird.

(2) Leistungsprämien und Leistungszulagen sind auf Überleitungszulagen und Ausgleichszulagen nicht anzurechnen; sie gehö-

ren nicht zu den Bezügen im Sinne des § 6 Abs. 1 des Gesetzes über die Gewährung einer jährlichen Sonderzuwendung.

§ 5 Zahl der Empfängerinnen und Empfänger außerhalb des kommunalen Bereichs

(1) Leistungsprämien und Leistungszulagen können nach Maßgabe des Haushalts in einem Kalenderjahr an insgesamt höchstens 10 vom Hundert der in § 1 genannten tatsächlich vorhandenen Beamtinnen und Beamten gewährt werden.

(2) Bei Dienstherren mit weniger als zehn Beamtinnen und Beamten kann abweichend von Absatz 1 in jedem Kalenderjahr einer Beamtin oder einem Beamten eine Leistungsprämie oder eine Leistungszulage gewährt werden.

§ 5a Zahl der Empfängerinnen und Empfänger im kommunalen Bereich

(1) Die Zahl der Empfängerinnen und Empfänger bei den Gemeinden, Samtgemeinden, Landkreisen, Zweckverbänden, kommunalen Anstalten und gemeinsamen kommunalen Anstalten sowie dem Bezirksverband Oldenburg und der Niedersächsischen Versorgungskasse richtet sich nach den Absätzen 2 bis 4.

(2) $_1$Leistungsprämien und Leistungszulagen können nach Maßgabe des Haushalts in einem Kalenderjahr an insgesamt höchstens 15 vom Hundert der tatsächlich vorhandenen Beamtinnen und Beamten des Dienstherrn in Besoldungsgruppen der Besoldungsordnung A gewährt werden. $_2$Der Vomhundertsatz darf um bis zu 15 vom Hundert der Zahl der bei dem Dienstherrn tatsächlich vorhandenen Beamtinnen und Beamten in Besoldungsgruppen der Besoldungsordnung A, die das Endgrundgehalt noch nicht erreicht haben, überschritten werden.

(3) $_1$Leistungsprämien, die wegen einer wesentlichen Beteiligung an einer durch enges arbeitsteiliges Zusammenwirken erbrachten Leistung mehreren Beamtinnen oder Beamten gewährt werden, gelten für die Berechnung nach Absatz 2 zusammen nur als eine Leistungsprämie. $_2$Sie dürfen zusammen 150 vom Hundert des in § 2 Abs. 2 geregelten Umfangs nicht überschreiten; maßgeblich ist die höchste Besoldungsgruppe der an der Leistung wesentlich beteiligten Beamtinnen oder Beamten.

(4) Bei einem Dienstherrn mit weniger als sieben Beamtinnen und Beamten kann abweichend von Absatz 2 in jedem Kalenderjahr einer Beamtin oder einem Beamten eine Leistungsprämie oder eine Leistungszulage gewährt werden.

§ 6 Zuständigkeit

(1) $_1$Die Entscheidung über die Gewährung von Leistungsprämien sowie über die Gewährung und den Widerruf von Leistungszulagen trifft die Leiterin oder der Leiter der Behörde, sofern nicht die oberste Landesbehörde abweichende Regelungen trifft. $_2$Bei kommunalen Selbstverwaltungskörperschaften obliegt die Entscheidungsbefugnis der Hauptverwaltungsbeamtin oder dem Hauptverwaltungsbeamten. $_3$Die Entscheidungsbefugnis kann delegiert werden.

(2) Über die Gewährung und den Widerruf von Leistungsprämien und -zulagen an Behördenleiterinnen oder Behördenleiter entscheidet die vorgesetzte Dienststelle.

§ 7 In-Kraft-Treten

Diese Verordnung tritt am Tage nach ihrer Verkündung in Kraft.

Der Tag der Verkündung war der 12. Oktober 1999.

Niedersächsische Erschwerniszulagenverordnung (NEZulVO)

Vom 27. August 2019 (Nds. GVBl. S. 250)

Inhaltsübersicht

**Erster Teil
Allgemeines**

- § 1 Regelungsgegenstand
- § 2 Ausschluss einer Erschwerniszulage neben einer Ausgleichszulage
- § 3 Erschwerniszulage bei Verwendung im Dienst des Bundes, eines anderen Landes oder einer juristischen Person des öffentlichen Rechts unter Aufsicht des Bundes oder eines anderen Landes

**Zweiter Teil
Einzeln abzugeltende Erschwernisse**

**Erstes Kapitel
Zulage für Dienst zu ungünstigen Zeiten**

- § 4 Voraussetzungen
- § 5 Höhe und Berechnung der Zulage
- § 6 Weitergewährung bei vorübergehender Dienstunfähigkeit
- § 7 Ausschluss und Verminderung der Zulage

**Zweites Kapitel
Zulage für Tauchtätigkeiten**

- § 8 Voraussetzungen
- § 9 Höhe der Zulage
- § 10 Berechnung der Zulage

**Drittes Kapitel
Zulage für Sprengstoffermittlerinnen, Sprengstoffermittler, Sprengstoffentschärferinnen und Sprengstoffentschärfer**

- § 11 Voraussetzungen
- § 12 Höhe der Zulage

**Viertes Kapitel
Zulage für Tätigkeiten an Antennen und Antennenträgern**

- § 13 Voraussetzungen
- § 14 Höhe der Zulage

**Dritter Teil
Zulagen in festen Monatsbeträgen**

**Erstes Kapitel
Gemeinsame Vorschriften**

- § 15 Entstehung des Anspruchs
- § 16 Unterbrechung der zulageberechtigenden Tätigkeit

**Zweites Kapitel
Einzelne Zulagen**

- § 17 Zulagen für Wechselschichtdienst und für Schichtdienst
- § 18 Zulagen für Tätigkeiten in der Krankenpflege
- § 19 Zulage für Polizeivollzugsbeamtinnen und Polizeivollzugsbeamte für besondere polizeiliche Einsätze sowie für Beamtinnen und Beamte als Verdeckte Ermittlerinnen und Verdeckte Ermittler und Beamtinnen und Beamte bei Sicherheitsdiensten
- § 20 Zulage für Polizeivollzugsbeamtinnen und Polizeivollzugsbeamte als fliegendes Personal
- § 21 Zulage für Tätigkeiten an Bord in Dienst gestellter seegehender Schiffe
- § 22 Zulage für Tätigkeiten im Maschinenraum seegehender Schiffe

**Vierter Teil
Schlussvorschrift**

- § 23 Inkrafttreten

Aufgrund des § 46 Abs. 1 des Niedersächsischen Besoldungsgesetzes vom 20. Dezember 2016 (Nds. GVBl. S. 308; 2017 S. 64), zuletzt geändert durch Artikel 4 des Gesetzes vom 20. Juni 2019 (Nds. GVBl. S. 114, 186), wird verordnet:

Erster Teil
Allgemeines

§ 1 Regelungsgegenstand

₁Diese Verordnung regelt die Gewährung von Zulagen zur Abgeltung besonderer, bei der Bewertung des Amtes oder bei der Regelung der Anwärterbezüge nicht berücksichtigter Erschwernisse (Erschwerniszulagen) für Empfängerinnen und Empfänger von Dienstbezügen mit aufsteigenden Grundgehältern und Anwärterbezügen im Geltungsbereich des § 1 des Niedersächsischen Besoldungsgesetzes (NBesG). ₂Durch eine Erschwerniszulage wird ein mit der Erschwernis verbundener Aufwand abgegolten.

§ 2 Ausschluss einer Erschwerniszulage neben einer Ausgleichszulage

Ist die Gewährung einer Erschwerniszulage neben einer besonderen Stellenzulage ganz oder teilweise ausgeschlossen, so gilt dies auch für eine nach Wegfall der besonderen Stellenzulage gewährte Ausgleichszulage, solange diese noch nicht bis zur Hälfte aufgezehrt ist.

§ 3 Erschwerniszulage bei Verwendung im Dienst des Bundes, eines anderen Landes oder einer juristischen Person des öffentlichen Rechts unter Aufsicht des Bundes oder eines anderen Landes

Werden Beamtinnen, Beamte, Richterinnen und Richter im Dienst des Bundes, eines anderen Landes oder einer Körperschaft, Anstalt oder Stiftung des öffentlichen Rechts, die der Aufsicht des Bundes oder eines anderen Landes untersteht, verwendet, und sehen deren Vorschriften zu den Erschwerniszulagen Zulagen vor, die in dieser Verordnung nicht geregelt sind, so erhalten sie die Erschwerniszulage nach Maßgabe dieser Vorschriften, wenn der Bund, das Land oder die Körperschaft, Anstalt oder Stiftung des öffentlichen Rechts dem Land Niedersachsen den Betrag erstattet.

Zweiter Teil
Einzeln abzugeltende Erschwernisse

Erstes Kapitel
Zulage für Dienst zu ungünstigen Zeiten

§ 4 Voraussetzungen

(1) Empfängerinnen und Empfänger von Dienstbezügen in Besoldungsgruppen mit aufsteigenden Grundgehältern oder von Anwärterbezügen erhalten eine Zulage für Dienst zu ungünstigen Zeiten, wenn sie mit mehr als einem Achtel der individuellen wöchentlichen Arbeitszeit im Kalendermonat zum Dienst zu ungünstigen Zeiten herangezogen werden.

(2) Dienst zu ungünstigen Zeiten ist Dienst

1. an Sonntagen und staatlich anerkannten Feiertagen,
2. am 24. und 31. Dezember nach 12.00 Uhr, wenn diese Tage nicht auf einen Sonntag fallen,
3. an den Samstagen vor Ostern und Pfingsten nach 12.00 Uhr,
4. an Samstagen, die nicht von den Nummern 1 bis 3 erfasst sind, nach 13.00 Uhr,
5. an den übrigen Tagen in der Zeit zwischen 20.00 und 6.00 Uhr.

(3) ₁Zulagefähig sind Zeiten der tatsächlichen Dienstausübung und Zeiten eines Bereitschaftsdienstes. ₂Zeiten eines Wachdienstes sind nur zulagefähig, wenn im Kalendermonat mehr als 24 Stunden Wachdienst zu ungünstigen Zeiten geleistet wird. ₃Bei teilzeitbeschäftigten Beamtinnen und Beamten sind die nach Satz 2 geforderten Stunden im Verhältnis der individuellen wöchentlichen Arbeitszeit zur regelmäßigen wöchentlichen Arbeitszeit zu kürzen.

(4) Dienstzeiten während Übungen, Reisezeiten bei Dienstreisen und Zeiten einer Rufbereitschaft sind nicht zulagefähig.

(5) ₁Rufbereitschaft im Sinne des Absatzes 4 ist das Bereithalten der oder des hierzu Verpflichteten in ihrer oder seiner Häuslichkeit oder das Bereithalten an einem von ihr oder ihm anzuzeigenden und dienstlich genehmigten Ort ihrer oder seiner Wahl, um bei Bedarf zu Dienstleistungen sofort abgerufen werden zu können. ₂Beim Wohnen in einer Gemeinschaftsunterkunft gilt als Häuslichkeit die Gemeinschaftsunterkunft.

§ 5 Höhe und Berechnung der Zulage

(1) Die Zulage beträgt

1. für Dienst zu ungünstigen Zeiten nach § 4 Abs. 2 Nrn. 1 bis 3 3,20 Euro je Stunde,

2. für Dienst zu ungünstigen Zeiten nach § 4 Abs. 2 Nr. 4
   a) in der Zeit zwischen 13.00 und 20.00 Uhr 0,80 Euro je Stunde und
   b) in der Zeit zwischen 20.00 und 24.00 Uhr 1,80 Euro je Stunde sowie

3. für Dienst zu ungünstigen Zeiten nach § 4 Abs. 2 Nr. 5 1,80 Euro je Stunde.

(2) Für Dienst über volle Stunden hinaus wird die Zulage anteilig gewährt.

§ 6 Weitergewährung bei vorübergehender Dienstunfähigkeit

(1) Bei einer vorübergehenden Dienstunfähigkeit der Beamtin oder des Beamten infolge

1. eines Einsatzunfalls oder eines diesem gleichstehenden Ereignisses im Sinne des § 35 des Niedersächsischen Beamtenversorgungsgesetzes (NBeamtVG) oder

2. eines Dienstunfalls der in § 41 NBeamtVG bezeichneten Art

wird die Zulage für Dienst zu ungünstigen Zeiten weitergewährt.

(2) ₁Bemessungsgrundlage für die Höhe der Erschwerniszulage ist der Durchschnitt der Zulage der letzten drei Monate vor Beginn des Monats, in dem die vorübergehende Dienstunfähigkeit eingetreten ist. ₂Hat das Dienstverhältnis noch nicht drei Monate bestanden, so ist Bemessungsgrundlage der kalendertägliche Durchschnitt der Zulage während des Dienstverhältnisses vor Beginn des Monats, in dem die vorübergehende Dienstunfähigkeit eingetreten ist.

§ 7 Ausschluss und Verminderung der Zulage

(1) Die Zulage wird nicht gewährt neben

1. einer Vergütung für Beamtinnen und Beamte im Vollstreckungsdienst (§ 50 NBesG),

2. Auslandsbesoldung (§ 56 NBesG).

(2) Für Zeiträume, für die eine Bordzulage nach § 21 zusteht, wird die Zulage nur zur Hälfte gewährt.

(3) Die Zulage wird nicht gewährt oder vermindert sich, soweit der Dienst zu ungünstigen Zeiten auf andere Weise als mit abgegolten oder ausgeglichen gilt.

Zweites Kapitel
Zulage für Tauchtätigkeiten

§ 8 Voraussetzungen

(1) Beamtinnen und Beamte erhalten eine Zulage für Tauchtätigkeiten.

(2) ₁Tauchtätigkeiten sind Übungen oder Arbeiten im Wasser

1. im Tauchanzug ohne Helm und ohne Tauchgerät,

2. mit Helm oder mit Tauchgerät.

₂Zu den Tauchtätigkeiten gehören auch Übungen oder Arbeiten in Pressluft (Druckkammern).

§ 9 Höhe der Zulage

(1) Die Zulage für Tauchtätigkeit nach § 8 Abs. 1 Satz 1 Nr. 1 beträgt je Stunde Tauchzeit 2,76 Euro.

(2) ₁Die Zulage für Tauchtätigkeit nach § 8 Abs. 2 Satz 1 Nr. 2 beträgt je Stunde Tauchzeit bei einer Tauchtiefe

1. bis zu 5 Metern	11,45 Euro,
2. von mehr als 5 Metern	13,89 Euro,
3. von mehr als 10 Metern	17,26 Euro,
4. von mehr als 15 Metern	22,23 Euro.

₂Bei Tauchtiefen von mehr als 20 Metern erhöht sich die Zulage für je 5 Meter weiterer Tauchtiefe um 4,44 Euro je Stunde Tauchzeit.

(3) Die Beträge nach Absatz 2 erhöhen sich für Tauchtätigkeit

1. in Strömung mit Stromschutz um 15 Prozent,
2. in Strömung ohne Stromschutz um 30 Prozent,
3. in Seewasserstraßen oder auf offener See um 25 Prozent,
4. in Binnenwasserstraßen bei Lufttemperaturen von weniger als 3 Grad Celsius um 25 Prozent.

(4) Die Zulage für Tauchtätigkeit nach § 8 Abs. 2 Satz 2 beträgt je Stunde Tauchzeit ein Drittel der Beträge nach Absatz 2, wobei an die Stelle der Tauchtiefe die der Tauchtiefe entsprechenden Druckverhältnisse treten.

(5) Für Tauchzeiten von einer halben Stunde wird eine Zulage in Höhe der Hälfte der Beträge nach den Absätzen 1 bis 4 gewährt.

§ 10 Berechnung der Zulage

(1) ₁Die Tauchzeiten sind für jeden Kalendertag in Minuten zu ermitteln und in Stunden und halbe Stunden umzurechnen. ₂Zeiten von zehn bis neunundzwanzig Minuten werden auf eine halbe Stunde und Zeiten von mehr als dreißig Minuten auf eine volle Stunde aufgerundet.

(2) Als Tauchzeit gilt

1. bei Tauchtätigkeit nach § 8 Abs. 2 Satz 1 Nr. 1 die Zeit im Wasser, zuzüglich der Zeit für das Anlegen und Ablegen der Tauchausrüstung,
2. bei Tauchtätigkeit nach § 8 Abs. 2 Satz 1 Nr. 2
   a) ohne Helm die Zeit unter der Atemmaske,
   b) mit Helm die Zeit unter dem geschlossenen Helm,
3. bei Tauchtätigkeit nach § 8 Abs. 2 Satz 2 die Zeit vom Beginn des Einschleusens bis zum Ende des Ausschleusens.

Drittes Kapitel
Zulage für Sprengstoffermittlerinnen, Sprengstoffermittler, Sprengstoffentschärferinnen und Sprengstoffentschärfer

§ 11 Voraussetzungen

(1) Beamtinnen und Beamte mit gültigem Nachweis über eine erfolgreich abgeschlossene Ausbildung zur Sprengstoffermittlerin oder zum Sprengstoffermittler, die im Rahmen ihrer Tätigkeit als Sprengstoffermittlerinnen oder Sprengstoffermittler mit explosionsgefährlichen Stoffen umgehen, erhalten für jeden Einsatz, bei dem sie mit explosionsgefährlichen Stoffen umgehen, wozu insbesondere die Sicherstellung, die Asservierung und der Transport des Sprengstoffs zählen, eine Zulage.

(2) ₁Beamtinnen und Beamte mit gültigem Nachweis über eine erfolgreich abgeschlossene Ausbildung zur Sprengstoffentschärferin oder zum Sprengstoffentschärfer, deren ständige Aufgabe das Prüfen, Entschärfen und Beseitigen unkonventioneller Spreng- und Brandvorrichtungen ist, erhalten eine Zulage für jeden Einsatz im unmittelbaren Gefahrenbereich, der erforderlich wird, um verdächtige Gegenstände einer näheren Behandlung zu unterziehen. ₂Unmittelbarer Gefahrenbereich ist der Wirkungsbereich einer möglichen Explosion oder eines möglichen Brandes. ₃Nähere Behandlung umfasst insbesondere

1. optische, akustische, elektronische und mechanische Prüfung auf Spreng-, Zünd- und Brandvorrichtungen,
2. Überwinden von Sprengfallen, Öffnen von unkonventionellen Spreng- und Brandvorrichtungen, Trennen der Zündkette, Unterbrechen der Zündauslösevorrichtung, Neutralisieren, Phlegmatisieren,
3. Vernichten, Transportvorbehandlung, Verladen, Transportieren der unkonventionellen Spreng- und Brandvorrichtungen oder ihrer Teile.

§ 12 Höhe der Zulage

(1) ₁Die Zulage nach § 11 Abs. 1 beträgt 15,34 Euro für jeden Einsatz. ₂Die Zulage darf

den Betrag von 230,10 Euro monatlich nicht übersteigen.

(2) ₁Die Zulage nach § 11 Abs. 2 beträgt 25,56 Euro für jeden Einsatz; sie darf den Betrag von 383,40 Euro monatlich nicht übersteigen. ₂Bei besonderen Schwierigkeiten bei dem Unschädlichmachen oder Delaborieren von Spreng- und Brandvorrichtungen oder ähnlichen Gegenständen, die explosionsgefährliche Stoffe beinhalten, kann die Zulage für jeden Einsatz auf bis zu 255,65 Euro erhöht werden; sie darf den Betrag von 818,07 Euro monatlich nicht übersteigen. ₃Die Zulage darf insgesamt den Betrag von zusammen 818,07 Euro monatlich nicht übersteigen.

Viertes Kapitel
Zulage für Tätigkeiten an Antennen und Antennenträgern

§ 13 Voraussetzungen

(1) Beamtinnen und Beamte erhalten eine Zulage für Tätigkeiten an Antennen und Antennenträgern, wenn diese Tätigkeiten zu ihren regelmäßigen Aufgaben gehören.

(2) Tätigkeiten an Antennen oder Antennenträgern sind

1. das Besteigen von Antennenträgern über Leitern oder Sprossen,
2. Arbeiten in einer Höhe von mindestens 20 Metern über dem Erdboden an und auf über Leitern oder Sprossen zu besteigenden Antennenträgern oder an Antennen, die sich auf Dächern oder Plattformen ohne Randsicherung oder ohne seitliche Abdeckung oder an wegen ihrer schweren Zugänglichkeit ähnlich gefährlichen Stellen befinden.

§ 14 Höhe der Zulage

(1) ₁Die Zulage für Tätigkeiten nach § 13 Abs. 2 Nr. 1 beträgt für jeden Tag bei Überwindung eines Höhenunterschiedes

1. von mehr als 20 Metern   1,53 Euro,
2. von mehr als 50 Metern   2,56 Euro,
3. von mehr als 100 Metern   4,09 Euro,
4. von mehr als 200 Metern   6,65 Euro,
5. von mehr als 300 Metern   9,20 Euro.

₂Die Beträge erhöhen sich, wenn vom Erdboden bis zum Fußpunkt der untersten Leiter oder bis zur untersten Sprosse ein Höhenunterschied besteht

1. von mehr als 50 Metern   um 0,51 Euro,
2. von mehr als 100 Metern   um 1,02 Euro,
3. von mehr als 200 Metern   um 1,53 Euro,
4. von mehr als 300 Metern   um 2,05 Euro.

₃Sie erhöhen sich ferner, wenn die Tätigkeiten in den Monaten November bis März durchgeführt werden, um 25 Prozent. ₄Die Zulage nach den Sätzen 1 bis 3 wird für jeden Tag nur einmal und zwar nach dem höchsten zustehenden Betrag gewährt.

(2) ₁Die Zulage für Tätigkeiten nach § 13 Abs. 2 Nr. 2 beträgt für jeden Tag bei

1. Inaugenscheinnahme von Antennen oder Antennenträgern aus besonderem Anlass, Prüfgängen, Erkundungen, Einweisungen oder Beaufsichtigungen   1,02 Euro,
2. Instandhalten, Instandsetzen oder Abnehmen von Antennen oder Antennenträgern   1,53 Euro,
3. Errichten oder Abbrechen von Antennen oder Antennenträgern   2,05 Euro.

₂Die Beträge erhöhen sich, wenn die Tätigkeiten in den Monaten November bis März durchgeführt werden, um 25 Prozent. ₃Die Zulage nach den Sätzen 1 und 2 wird für jeden Tag nur einmal und zwar nach dem höchsten zustehenden Betrag gewährt.

(3) Die Zulagen nach den Absätzen 1 und 2 werden nebeneinander gewährt.

Dritter Teil
Zulagen in festen Monatsbeträgen

Erstes Kapitel
Gemeinsame Vorschriften

§ 15 Entstehung des Anspruchs

Der Anspruch auf die Zulage entsteht mit der tatsächlichen Aufnahme der zulageberechtigenden Tätigkeit und erlischt mit deren Beendigung, soweit in den Vorschriften dieses Teils nichts anderes bestimmt ist.

§ 16 Unterbrechung der zulageberechtigenden Tätigkeit

₁Bei einer Unterbrechung der zulageberechtigenden Tätigkeit wird die Zulage nur weitergewährt im Fall

1. eines Erholungsurlaubs,
2. eines Sonderurlaubs unter Fortzahlung der Dienstbezüge,
3. einer Erkrankung einschließlich Rehabilitationsmaßnahme,
4. einer Teilnahme an Fortbildungsveranstaltungen,
5. einer Dienstreise.

₂In den Fällen des Satzes 1 Nrn. 2 bis 5 wird die Zulage weitergewährt bis zum Ende des Monats, der auf den Eintritt der Unterbrechung folgt. ₃Beruht eine Unterbrechung nach Satz 1 Nr. 3 auf einem Dienstunfall, so wird die Zulage weitergewährt bis zum Ende des sechsten Monats, der auf den Eintritt der Unterbrechung folgt. ₄Die Sätze 2 und 3 gelten nicht, wenn die Unterbrechung auf einem Dienstunfall der in § 41 Abs. 1 Satz 1 NBeamtVG bezeichneten Art oder einem Einsatzunfall oder einem diesem gleichstehenden Ereignis im Sinne des § 35 NBeamtVG beruht.

Zweites Kapitel
Einzelne Zulagen

§ 17 Zulagen für Wechselschichtdienst und für Schichtdienst

(1) ₁Beamtinnen und Beamte erhalten eine Wechselschichtzulage von 102,26 Euro monatlich, wenn sie Wechselschichtdienst leisten. ₂Wechselschichtdienst liegt vor, wenn

1. ein Schichtplan vorliegt, der den Dienst in Schichten vorsieht, in denen ununterbrochen rund um die Uhr Dienst zu leisten ist (Wechselschichten) und
2. die Beamtin oder der Beamte nach einem Dienstplan ständig und regelmäßig wechselnd in unterschiedlichen Schichten nach dem Schichtplan eingesetzt ist und
3. die Beamtin oder der Beamte in zehn Wochen mindestens 80 Dienststunden in der dienstplanmäßigen oder betriebsüblichen Nachtschicht Dienst leistet.

₃Bei teilzeitbeschäftigten Beamtinnen und Beamten sind die nach Satz 2 Nr. 3 geforderten 80 Dienststunden in der Nachtschicht im Verhältnis der individuellen wöchentlichen Arbeitszeit zur regelmäßigen wöchentlichen Arbeitszeit zu kürzen. ₄Zeiten eines Bereitschaftsdienstes bleiben bei der Ermittlung der geforderten 80 Dienststunden unberücksichtigt.

(2) ₁Beamtinnen und Beamte, bei denen die Voraussetzungen nach Absatz 1 Satz 2 Nrn. 1 und 2 vorliegen, die aber durchschnittlich mindestens 80 Dienststunden in der dienstplanmäßigen oder betriebsüblichen Nachtschicht nur in 14 Wochen leisten, erhalten eine Schichtzulage von 61,36 Euro monatlich. ₂Absatz 1 Sätze 3 und 4 gilt entsprechend.

(3) ₁Eine Schichtzulage von 61,36 Euro monatlich wird auch gewährt, wenn

1. ein Schichtplan vorliegt, der den Dienst in Schichten vorsieht, in denen mit einer zeitlich zusammenhängenden Unterbrechung von höchstens 48 Stunden, im Übrigen aber rund um die Uhr Dienst zu leisten ist, und
2. die Voraussetzungen nach Absatz 1 Satz 2 Nrn. 2 und 3 vorliegen.

₂Absatz 1 Sätze 3 und 4 gilt entsprechend.

(4) ₁Eine Schichtzulage von 46,02 Euro monatlich wird gewährt, wenn

1. ein Schichtplan vorliegt, der einen Wechsel der Schichten in Zeitabständen von längstens einem Monat vorsieht, und
2. die Beamtin oder der Beamte nach dem Dienstplan so eingesetzt ist, dass innerhalb des Monats zwischen dem Beginn ihrer oder seiner frühesten und dem Ende ihrer oder seiner spätesten Schicht innerhalb von 24 Stunden mindestens 18 Stunden liegen.

₂Die Zeitspanne von 18 Stunden nach Satz 1 Nr. 2 muss im Durchschnitt an den im Schichtplan vorgesehenen Arbeitstagen erreicht werden. ₃Beträgt die Zeitspanne weniger als 18 Stunden, aber mindestens 13 Stunden, so wird eine Schichtzulage von 35,79 Euro monatlich gewährt. ₄Sieht der Schichtplan mehr als fünf Arbeitstage in der

Woche vor, so sind, falls dies günstiger ist, der Berechnung des Durchschnitts die fünf Arbeitstage mit der längsten Zeitspanne zugrunde zu legen. ₅Zeiten eines Bereitschaftsdienstes bleiben bei der Ermittlung der Zeitspanne unberücksichtigt.

(5) ₁Wechselschichtzulage und Schichtzulage werden nicht gewährt, wenn der Schichtplan eine Unterscheidung zwischen Volldienst und Bereitschaftsdienst nicht vorsieht. ₂Beamtinnen und Beamte auf Widerruf im Vorbereitungsdienst erhalten keine Wechselschichtzulage und keine Schichtzulage; abweichend hiervon erhalten Beamtinnen und Beamte auf Widerruf im Vorbereitungsdienst für den Krankenpflegedienst 75 Prozent der entsprechenden Beträge. ₃Beamtinnen und Beamte, die als Pförtnerinnen, Pförtner, Wächterinnen oder Wächter tätig sind, Auslandsbesoldung (§ 56 NBesG) erhalten oder auf Schiffen oder schwimmenden Geräten tätig sind, erhalten keine Wechselschichtzulage und keine Schichtzulage, wenn deren besondere Dienstplangestaltung bereits anderweitig berücksichtigt ist.

(6) ₁Die Wechselschichtzulage und die Schichtzulage werden nur zur Hälfte gewährt, wenn für denselben Zeitraum Anspruch besteht auf eine besondere Stellenzulage nach Nummer 1, 2, 5 oder 6 der Anlage 11 NBesG. ₂Abweichend von Satz 1 erhalten Beamtinnen und Beamte im Krankenpflegedienst, die für den gleichen Zeitraum Anspruch auf eine besondere Stellenzulage nach Nummer 5 der Anlage 11 NBesG haben, die Wechselschichtzulage in Höhe von 76,69 Euro monatlich und die Schichtzulage in voller Höhe.

§ 18 Zulagen für Tätigkeiten in der Krankenpflege

(1) Beamtinnen und Beamte der Laufbahngruppe 1 ab dem zweiten Einstiegsamt, die

1. in psychiatrischen Kliniken oder Abteilungen oder auf psychiatrischen Stationen Patientinnen und Patienten pflegen,

2. in neurologischen Kliniken oder Abteilungen oder auf neurologischen Stationen ständig Patientinnen und Patienten mit psychiatrischem oder neurologischem Krankheitsbild pflegen,

3. in psychiatrischen oder neurologischen Kliniken oder Abteilungen in der elektrophysiologischen Funktionsdiagnostik oder in der Röntgendiagnostik tätig sind und ständig mit Patientinnen und Patienten mit psychiatrischem oder neurologischem Krankheitsbild umgehen,

4. ständig Patientinnen und Patienten mit psychiatrischem oder neurologischem Krankheitsbild bei der Arbeitstherapie beaufsichtigen oder ständig mit diesen Patientinnen und Patienten zu arbeitstherapeutischen Zwecken zusammenarbeiten,

erhalten eine Zulage von 15,34 Euro monatlich.

(2) ₁Beamtinnen und Beamte der Laufbahngruppe 1 ab dem zweiten Einstiegsamt, die Grund- und Behandlungspflege zeitlich überwiegend durchführen bei

1. an schweren Infektionskrankheiten erkrankten Patientinnen und Patienten, die wegen der Ansteckungsgefahr in besonderen Infektionsabteilungen oder Infektionsstationen untergebracht sind

2. Kranken in geriatrischen Abteilungen oder Stationen,

3. gelähmten oder an multipler Sklerose erkrankten Patientinnen und Patienten,

4. Patientinnen und Patienten nach einer Transplantation innerer Organe oder von Knochenmark,

5. an AIDS (Vollbild) erkrankten Patientinnen und Patienten,

6. Patientinnen und Patienten, bei denen Chemotherapien durchgeführt oder die mit Strahlen oder mit inkorporierten radioaktiven Stoffen behandelt werden,

7. Patientinnen und Patienten in Einheiten für Intensivmedizin

erhalten eine Zulage von 46,02 Euro monatlich. ₂Die Zulage erhalten auch Beamtinnen und Beamte der Laufbahngruppe 1 ab dem zweiten Einstiegsamt, die im Krankenpflegedienst unmittelbare Aufsicht über die vorstehend genannten und ihnen ständig unterstellten Beamtinnen und Beamten führen, sowie deren ständige Vertreterin oder deren ständiger Vertreter.

(3) ₁Beamtinnen und Beamte der Laufbahngruppe 1 ab dem zweiten Einstiegsamt, die

1. zeitlich überwiegend Kranke in geschlossenen oder halbgeschlossenen psychiatrischen Kliniken oder Abteilungen oder auf entsprechenden psychiatrischen Stationen pflegen oder als Beamtinnen oder Beamte des Justizvollzugsdienstes ständig Kranke in psychiatrischen Abteilungen oder auf psychiatrischen Stationen pflegen,

2. ständig in Abteilungen für zwangsasylierte Tuberkulosekranke tätig sind,

3. als Beamtinnen oder Beamte des Justizvollzugsdienstes die Voraussetzungen einer Zulage nach Absatz 2 erfüllen,

erhalten eine Zulage von 61,36 Euro monatlich. ₂Eine besondere Stellenzulage nach Nummer 5 der Anlage 11 NBesG ist mit einem Betrag in Höhe von 46,02 Euro anzurechnen.

(4) Neben der Zulage nach Absatz 3 werden Zulagen nach den Absätzen 1 und 2 nicht gewährt.

§ 19 Zulage für Polizeivollzugsbeamtinnen und Polizeivollzugsbeamte für besondere polizeiliche Einsätze sowie für Beamtinnen und Beamte als Verdeckte Ermittlerinnen und Verdeckte Ermittler und Beamtinnen und Beamte bei Sicherheitsdiensten

(1) Polizeivollzugsbeamtinnen und Polizeivollzugsbeamte, die für besondere polizeiliche Einsätze in einem Mobilen Einsatzkommando oder einem Spezialeinsatzkommando verwendet werden, und Beamtinnen und Beamte, die als Verdeckte Ermittlerinnen oder Verdeckte Ermittler verwendet werden sowie Beamtinnen und Beamte bei Sicherheitsdiensten, die eine den besonderen polizeilichen Einsätzen vergleichbare Tätigkeit ausüben, erhalten eine Zulage in Höhe von 225,00 Euro monatlich.

(2) Die Zulage wird neben einer besonderen Stellenzulage nach Nummer 3 der Anlage 11 NBesG und neben einer Erschwerniszulage nach § 20 nicht gewährt.

§ 20 Zulage für Polizeivollzugsbeamtinnen und Polizeivollzugsbeamte als fliegendes Personal

(1) Polizeivollzugsbeamtinnen und Polizeivollzugsbeamte, die als Luftfahrzeugführerin, Luftfahrzeugführer, Flugtechnikerin oder Flugtechniker in fliegenden Verbänden, fliegerischen Ausbildungseinrichtungen oder den fliegenden Verbänden gleichgestellten Einrichtungen, Einheiten oder Dienststellen verwendet werden, erhalten eine Zulage.

(2) Eine Zulage erhalten auch Polizeivollzugsbeamtinnen und Polizeivollzugsbeamte, die

1. aufgrund von Dienstvorschriften oder Dienstanweisungen als nicht ständige Luftfahrzeugbesatzungsangehörige zum Mitfliegen in Luftfahrzeugen dienstlich verpflichtet sind und aufgrund dieser Dienstverpflichtung mindestens zehn Flüge im laufenden Kalendermonat absolvieren,

2. als Prüferin oder Prüfer von Luftfahrtgerät zum Mitfliegen verpflichtet sind und aufgrund dieser Dienstverpflichtung mindestens fünf Flüge im laufenden Kalendermonat absolvieren.

(3) ₁Die Zulage beträgt

1. für Beamtinnen und Beamte nach Absatz 1,

    a) die als Luftfahrzeugführerin, Luftfahrzeugführer, Flugtechnikerin oder Flugtechniker mit Zusatzqualifikation verwendet werden, 176,40 Euro monatlich,

    b) die als Luftfahrzeugführerin, Luftfahrzeugführer, Flugtechnikerin oder Flugtechniker ohne Zusatzqualifikation verwendet werden, 132,94 Euro monatlich,

2. für Beamtinnen und Beamte nach Absatz 2 Nr. 1 46,02 Euro monatlich,

3. für Beamtinnen und Beamte nach Absatz 2 Nr. 2

    a) bei zehn oder mehr absolvierten Flügen 46,02 Euro monatlich,

    b) bei weniger als zehn absolvierten Flügen für jeden fehlenden Flug 4,60 Euro weniger.

₂§ 16 findet keine Anwendung. ₃Zusatzqualifikationen im Sinne des Satzes 1 Nr. 1 sind insbesondere Instrumentenflugberechtigung und eine Ausbildung im Umgang mit Bildverstärkerbrille oder Wärmebildkamera.

§ 21 Zulage für Tätigkeiten an Bord in Dienst gestellter seegehender Schiffe

(1) ₁Beamtinnen und Beamte, die als Besatzungsangehörige an Bord eines in Dienst gestellten seegehenden Schiffes verwendet werden, erhalten eine Bordzulage in Höhe von 53,69 Euro monatlich. ₂Bei einer Werftliegezeit des Schiffes wird die Zulage gewährt, wenn die Beamtin oder der Beamte an Bord Dienst leistet und dort untergebracht ist. ₃Leistet die Beamtin oder der Beamte während einer Werftliegezeit an Bord Dienst, ohne dort untergebracht zu sein, so wird die Zulage für die Dauer von höchstens vier Monaten gewährt.

(2) ₁Beamtinnen und Beamte, die an Bord eines in Dienst gestellten seegehenden Schiffes an mehr als einem Kalendertag verwendet werden, ohne zu dessen Besatzung zu gehören, erhalten eine Bordzulage in Höhe von 2,68 Euro je Kalendertag, jedoch höchstens 53,69 monatlich. ₂Ein Zeitraum von mehr als zwölf Stunden gilt als voller Kalendertag.

§ 22 Zulage für Tätigkeiten im Maschinenraum seegehender Schiffe

(1) ₁Beamtinnen und Beamte, die als Besatzungsangehörige im Maschinenraum eines in Dienst gestellten seegehenden Schiffes verwendet werden, erhalten eine Maschinenzulage in Höhe von 15,34 Euro monatlich. ₂Bei einer Werftliegezeit des Schiffes wird die Zulage gewährt, wenn die Beamtin oder der Beamte an Bord Dienst leistet und dort untergebracht ist. ₃Leistet die Beamtin oder der Beamte während einer Werftliegezeit an Bord Dienst, ohne dort untergebracht zu sein, so wird die Zulage für die Dauer von höchstens vier Monaten gewährt.

(2) ₁Beamtinnen und Beamte, die im Maschinenraum eines in Dienst gestellten seegehenden Schiffes an mehr als einem Kalendertag verwendet werden, ohne zu dessen Besatzung zu gehören, erhalten eine Maschinenzulage in Höhe von 0,77 Euro je Kalendertag, jedoch höchstens 15,34 Euro monatlich. ₂Ein Zeitraum von mehr als zwölf Stunden gilt als voller Kalendertag.

Vierter Teil
Schlussvorschrift

§ 23 Inkrafttreten

Diese Verordnung tritt am 1. September 2019 in Kraft.

IV Versorgung

Beamtenversorgungsgesetz

IV.1 Niedersächsisches Beamtenversorgungsgesetz
(NBeamtVG) 496

Unfallfürsorge

IV.2 Verordnung über die Durchführung von Heilverfahren nach § 33 des
Beamtenversorgungsgesetzes
(Heilverfahrensverordnung – HeilVfV) 560

IV.2.1 Durchführung des § 33 des Beamtenversorgungsgesetzes;
hier: Heilverfahrensverordnung 568

Berufskrankheiten

IV.3 Berufskrankheiten-Verordnung
(BKV) 573

Sicherung der Versorgung

IV.4 Niedersächsisches Versorgungsrücklagengesetz
(NVersRücklG) 583

Niedersächsisches Beamtenversorgungsgesetz (NBeamtVG)

in der Fassung der Bekanntmachung
vom 2. April 2013 (Nds. GVBl. S. 73)

Zuletzt geändert durch
Niedersächsisches Gesetz über die Anpassung der Besoldung und der Versorgungsbezüge in den Jahren 2024 und 2025 sowie zur Änderung besoldungs- und versorgungsrechtlicher Vorschriften
vom 25. September 2024 (Nds. GVBl. Nr. 83)

Inhaltsübersicht

Abschnitt I
Allgemeine Vorschriften

§ 1 Geltungsbereich, Gleichstellung
§ 2 Arten der Versorgung
§ 3 Regelung durch Gesetz

Abschnitt II
Ruhegehalt, Unterhaltsbeitrag

§ 4 Entstehen und Berechnung des Ruhegehalts
§ 5 Ruhegehaltfähige Dienstbezüge
§ 6 Regelmäßige ruhegehaltfähige Dienstzeit
§ 7 Erhöhung der ruhegehaltfähigen Dienstzeit
§ 8 Berufsmäßiger Wehrdienst und vergleichbare Zeiten
§ 9 Nichtberufsmäßiger Wehrdienst und vergleichbare Zeiten
§ 10 Zeiten im privatrechtlichen Arbeitsverhältnis im öffentlichen Dienst
§ 11 Sonstige Zeiten
§ 12 Ausbildungszeiten
§ 13 Nicht zu berücksichtigende Zeiten
§ 14 Zeiten in dem in Artikel 3 des Einigungsvertrages genannten Gebiet
§ 15 Zurechnungszeit und Zeit gesundheitsschädigender Verwendung
§ 16 Höhe des Ruhegehalts
§ 17 Vorübergehende Erhöhung des Ruhegehaltssatzes
§ 18 Unterhaltsbeitrag für entlassene Beamtinnen und Beamte auf Lebenszeit und auf Probe
§ 19 Beamtinnen und Beamte auf Probe und auf Zeit in leitender Funktion

Abschnitt III
Hinterbliebenenversorgung

§ 20 Allgemeines
§ 21 Bezüge für den Sterbemonat
§ 22 Sterbegeld
§ 23 Witwen- und Witwergeld
§ 24 Höhe des Witwen- und Witwergeldes
§ 25 Witwen- und Witwerabfindung
§ 26 Unterhaltsbeitrag für nicht witwengeldberechtigte Witwen, nicht witwergeldberechtigte Witwer und frühere Ehefrauen und Ehemänner
§ 27 Waisengeld
§ 28 Höhe des Waisengeldes
§ 29 Zusammentreffen von Witwen- oder Witwergeld, Waisengeld und Unterhaltsbeiträgen
§ 30 Unterhaltsbeitrag für Hinterbliebene von entlassenen Beamtinnen und Beamten auf Lebenszeit und auf Probe
§ 31 Beginn der Zahlungen

Abschnitt IV
Bezüge bei Verschollenheit

§ 32 Zahlung der Bezüge

Abschnitt V
Unfallfürsorge

§ 33 Allgemeines
§ 34 Dienstunfall
§ 35 Einsatzversorgung

Inhaltsübersicht — Landesbeamtenversorgungsgesetz (NBeamtVG)

- § 36 Erstattung von Sachschäden und besonderen Aufwendungen
- § 37 Erstattung von Aufwendungen für Heilverfahren, für Kleider- und Wäscheverschleiß, für Überführung und Bestattung sowie Erstattung von Verdienstausfall und Arbeitsentgelt
- § 38 Erstattung von Pflegeaufwendungen und von Verdienstausfall der Pflegeperson
- § 39 Unfallausgleich
- § 40 Unfallruhegehalt
- § 41 Erhöhtes Unfallruhegehalt
- § 42 Unterhaltsbeitrag für frühere Beamtinnen und Beamte sowie frühere Ruhestandsbeamtinnen und Ruhestandsbeamte
- § 43 Unterhaltsbeitrag bei Schädigung eines ungeborenen Kindes
- § 44 Unfall-Hinterbliebenenversorgung
- § 45 Unterhaltsbeitrag für Verwandte der aufsteigenden Linie
- § 46 Unterhaltsbeitrag für Hinterbliebene
- § 47 Höchstgrenzen der Hinterbliebenenversorgung
- § 48 Einmalige Unfallentschädigung und einmalige Entschädigung
- § 49 Schadensausgleich in besonderen Fällen
- § 50 Nichtgewährung von Unfallfürsorge
- § 51 Meldung und Untersuchungsverfahren
- § 52 Begrenzung der Unfallfürsorgeansprüche

Abschnitt VI
Übergangsgeld, Ausgleich

- § 53 Übergangsgeld
- § 54 Übergangsgeld für entlassene politische Beamtinnen und Beamte
- § 55 Ausgleich bei besonderen Altersgrenzen

Abschnitt VII
Gemeinsame Vorschriften

- § 56 Zahlung der Versorgungsbezüge
- § 57 Familienzuschlag, Ausgleichsbetrag, jährliche Sonderzahlung
- § 58 Kindererziehungs- und Kindererziehungsergänzungszuschlag
- § 59 Kinderzuschlag zum Witwen- und Witwergeld
- § 60 Pflege- und Kinderpflegeergänzungszuschlag
- § 61 Vorübergehende Gewährung von Zuschlägen
- § 62 Abtretung, Verpfändung, Aufrechnungs- und Zurückbehaltungsrecht
- § 63 Rückforderung von Versorgungsbezügen
- § 64 Zusammentreffen von Versorgungsbezügen mit Erwerbs- und Erwerbsersatzeinkommen
- § 65 Zusammentreffen mehrerer Versorgungsbezüge
- § 66 Zusammentreffen von Versorgungsbezügen mit Renten
- § 67 Zusammentreffen von Versorgungsbezügen mit Versorgung aus zwischenstaatlicher und überstaatlicher Verwendung
- § 68 Zusammentreffen von Versorgungsbezügen mit einer Entschädigung oder Versorgungsbezügen nach dem Abgeordnetenstatut des Europäischen Parlaments
- § 69 Kürzung der Versorgungsbezüge nach der Ehescheidung
- § 70 Abwendung der Kürzung der Versorgungsbezüge
- § 71 Erlöschen der Versorgungsbezüge wegen Verurteilung
- § 72 Erlöschen der Versorgungsbezüge bei Ablehnung einer erneuten Berufung
- § 73 Erlöschen der Witwen-, Witwer- und Waisenversorgung
- § 74 Anzeigepflicht
- § 75 Anwendungsbereich

Abschnitt VIII
Sondervorschriften

- § 76 Entzug von Hinterbliebenenversorgung

IV.1 Landesbeamtenversorgungsgesetz (NBeamtVG) — Inhaltsübersicht

- § 77 Nichtberücksichtigung der Versorgungsbezüge

Abschnitt IX
Versorgung besonderer Beamtinnen- und Beamtengruppen

- § 78 Beamtinnen und Beamte auf Zeit
- § 79 Hochschulpersonal
- § 80 Ehrenbeamtinnen und Ehrenbeamte

Abschnitt X
Altersgeld

- § 81 Anspruch auf Altersgeld
- § 82 Höhe des Altersgeldes
- § 83 Zahlung des Altersgeldes
- § 84 Hinterbliebenenaltersgeld
- § 85 Anwendbare Vorschriften
- § 86 Zusammentreffen von Alters- und Hinterbliebenenaltersgeld mit Versorgungsbezügen und anderen Versorgungsleistungen
- § 87 Auskunftsanspruch

Abschnitt XI
Übergangsregelungen und allgemeine Anpassungen

- § 88 Übergangsregelungen für zwischen dem 31. Dezember 2001 und dem 1. Dezember 2011 eingetretene Versorgungsfälle
- § 89 Übergangsregelungen für vor dem 1. Januar 2002 eingetretene Versorgungsfälle
- § 90 Übergangsregelungen für am 1. Dezember 2011 vorhandene Beamtinnen und Beamte
- § 90a Übergangsregelung für am 1. Januar 2017 vorhandene Versorgungsempfängerinnen, Versorgungsempfänger, Beamtinnen und Beamte
- § 91 Allgemeine Anpassung
- § 92 Ruhegehaltfähige Dienstzeit
- § 93 Ruhegehaltssatz für am 31. Dezember 1991 vorhandene Beamtinnen und Beamte
- § 94 Erneute Berufung in das Beamtenverhältnis
- § 95 Hinterbliebenenversorgung
- § 96 Hochschullehrerinnen, Hochschullehrer, Wissenschaftliche Assistentinnen und Wissenschaftliche Assistenten, Lektorinnen und Lektoren

Abschnitt XII
Schlussvorschriften

- § 97 Ermächtigung zum Erlass von Verwaltungsvorschriften
- § 98 Verwendung von Beamtinnen, Beamten, Richterinnen und Richtern aus Anlass der Herstellung der Einheit Deutschlands
- § 99 Verteilung der Versorgungslasten bei erneuter Berufung in ein öffentlich-rechtliches Dienstverhältnis in dem in Artikel 3 des Einigungsvertrages genannten Gebiet
- § 100 Meldung von Dienstunfalldaten an Eurostat
- § 101 Einmalige Energiepreispauschale

Anlage 1
(zu § 39)

Anlage 2
(zu den §§ 58 bis 61)

Abschnitt I
Allgemeine Vorschriften

§ 1 Geltungsbereich, Gleichstellung

(1) ₁Dieses Gesetz regelt die Versorgung der Beamtinnen und Beamten

1. des Landes Niedersachsen,
2. der Kommunen des Landes Niedersachsen sowie
3. der sonstigen der Aufsicht des Landes Niedersachsen unterstehenden Körperschaften, Anstalten und Stiftungen des öffentlichen Rechts.

₂Ferner regelt es in Abschnitt X das Altersgeld der ehemaligen Beamtinnen und Beamten.

(2) ₁In diesem Gesetz stehen

1. die Lebenspartnerschaft im Sinne des Lebenspartnerschaftsgesetzes der Ehe,
2. die Lebenspartnerin dem Ehemann,
3. der Lebenspartner der Ehefrau,
4. die Begründung einer Lebenspartnerschaft der Eheschließung,
5. die Aufhebung oder Auflösung einer Lebenspartnerschaft der Ehescheidung,
6. die überlebende Lebenspartnerin dem Witwer,
7. der überlebende Lebenspartner der Witwe

gleich. ₂Abweichend von Satz 1 hat die überlebende Lebenspartnerin oder der überlebende Lebenspartner keinen Anspruch auf Hinterbliebenenversorgung, Unfall-Hinterbliebenenversorgung oder Bezüge bei Verschollenheit, soweit zugleich ein entsprechender Anspruch der Witwe des verstorbenen oder verschollenen Beamten oder des Witwers der verstorbenen oder verschollenen Beamtin besteht.

§ 2 Arten der Versorgung

Versorgungsbezüge sind

1. Ruhegehalt oder Unterhaltsbeitrag,
2. Hinterbliebenenversorgung,
3. Bezüge bei Verschollenheit,
4. Unfallfürsorge,
5. Übergangsgeld,
6. Ausgleich bei besonderen Altersgrenzen,
7. (weggefallen)
8. Unterschiedsbetrag nach § 57 Abs. 1 Sätze 2 und 3,
9. Ausgleichsbetrag nach § 57 Abs. 2,
10. jährliche Sonderzahlung nach § 57 Abs. 3,
11. Leistungen nach den §§ 58 bis 61.

§ 3 Regelung durch Gesetz

(1) Die Versorgung der Beamtinnen und Beamten und ihrer Hinterbliebenen wird durch Gesetz geregelt.

(2) ₁Zusicherungen, Vereinbarungen und Vergleiche, die der Beamtin oder dem Beamten eine höhere als die gesetzlich zustehende Versorgung verschaffen sollen, sind unwirksam. ₂Das Gleiche gilt für Versicherungsverträge, die zu diesem Zweck abgeschlossen werden.

(3) Auf die gesetzlich zustehende Versorgung kann weder ganz noch teilweise verzichtet werden.

(4) Die oder der Versorgungsberechtigte hat einen Anspruch auf Versorgung, der über die in diesem Gesetz vorgesehene Versorgung hinausgeht und sich aus im Rang über diesem Gesetz stehenden Rechtsvorschriften ergibt, in jedem Haushaltsjahr, für das die zusätzliche Versorgung verlangt wird, schriftlich gegenüber der obersten Dienstbehörde oder der von ihr bestimmten Stelle geltend zu machen.

Abschnitt II
Ruhegehalt, Unterhaltsbeitrag

§ 4 Entstehen und Berechnung des Ruhegehalts

(1) ₁Ein Ruhegehalt wird nur gewährt, wenn die Beamtin oder der Beamte

1. eine Dienstzeit von mindestens fünf Jahren abgeleistet hat oder
2. infolge Krankheit, Verwundung oder sonstiger Beschädigung, die sie oder er sich ohne grobes Verschulden bei Ausübung oder aus Veranlassung des Dienstes zugezogen hat, dienstunfähig geworden ist.

₂Die Dienstzeit wird vom Zeitpunkt der ersten Berufung in das Beamtenverhältnis ab gerechnet und nur berechnet, wenn sie ruhegehaltfähig ist. ₃Zeiten, die kraft gesetzlicher Vorschrift als ruhegehaltfähig gelten oder nach § 10 als ruhegehaltfähige Dienstzeit berücksichtigt werden, sind einzurechnen. ₄Satz 3 gilt nicht für Zeiten, die die Beamtin oder der Beamte vor dem 3. Oktober 1990 in dem in Artikel 3 des Einigungsvertrages genannten Gebiet zurückgelegt hat.

(2) Der Anspruch auf Ruhegehalt entsteht mit dem Beginn des Ruhestandes, in den Fällen des § 9 Abs. 1, 2 und 4 des Niedersächsischen Besoldungsgesetzes (NBesG) nach Ablauf der Zeit, für die Dienstbezüge weitergewährt werden.

(3) Das Ruhegehalt wird auf der Grundlage der ruhegehaltfähigen Dienstbezüge und der ruhegehaltfähigen Dienstzeit berechnet.

§ 5 Ruhegehaltfähige Dienstbezüge

(1) ₁Ruhegehaltfähige Dienstbezüge sind

1. das Grundgehalt,
2. der Familienzuschlag (§ 57 Abs. 1) der Stufe 1,
3. Ausgleichszulagen nach den §§ 40 bis 42, 65 Abs. 2 und § 68 Abs. 5 NBesG, soweit sie ruhegehaltfähige Dienstbezüge ausgleichen,
4. Leistungsbezüge nach § 29 Abs. 1 NBesG, soweit sie nach Absatz 7 ruhegehaltfähig sind,
5. Amtszulagen nach § 37 NBesG,
6. die Vergütung der Gerichtsvollzieherinnen und Gerichtsvollzieher (§ 50 NBesG), soweit sie nach Absatz 9 ruhegehaltfähig ist,
7. allgemeine Stellenzulagen nach der Anlage 9 NBesG,
8. besondere Stellenzulagen
   a) nach Nummer 3 Abs. 1 Nr. 1 der Anlage 11 NBesG in Höhe von 184,07 Euro und
   b) nach Nummer 3 Abs. 1 Nr. 2 der Anlage 11 NBesG in Höhe von 147,25 Euro,

wenn sie mindestens fünf Jahre bezogen worden sind oder das Dienstverhältnis durch Tod oder Dienstunfähigkeit infolge eines durch die Verwendung erlittenen Dienstunfalls oder einer durch die Besonderheiten dieser Verwendung bedingten gesundheitlichen Schädigung beendet worden ist,

9. Zuschüsse und Zulagen nach den Nummern 2 und 2b der Vorbemerkungen der Anlage II des Bundesbesoldungsgesetzes in der bis zum 22. Februar 2002 geltenden Fassung vom 3. Dezember 1998 (BGBl. I S. 3434), zuletzt geändert durch Artikel 8 Nr. 3 des Gesetzes vom 20. Dezember 2001 (BGBl. I S. 3926),

die der Beamtin oder dem Beamten außer in den Fällen der Nummer 4 zuletzt zugestanden haben oder in den Fällen der Nummer 2 nach dem Besoldungsrecht zustehen würden. ₂Bei Teilzeitbeschäftigung und Beurlaubung ohne Dienstbezüge (Freistellung) gelten als ruhegehaltfähige Dienstbezüge die dem letzten Amt entsprechenden vollen ruhegehaltfähigen Dienstbezüge. ₃Satz 2 gilt entsprechend bei eingeschränkter Verwendung einer Beamtin oder eines Beamten wegen begrenzter Dienstfähigkeit nach § 27 des Beamtenstatusgesetzes (BeamtStG).

(2) Ist die Beamtin oder der Beamte wegen Dienstunfähigkeit aufgrund eines Dienstunfalls im Sinne des § 34 in den Ruhestand versetzt worden, so ist das Grundgehalt der nach Absatz 1 Satz Nr. 1, Absatz 3 oder Absatz 5 maßgebenden Besoldungsgruppe nach der Erfahrungsstufe zugrunde zu legen, die bis zum Eintritt in den Ruhestand wegen Erreichens der Altersgrenze hätte erreicht werden können.

(3) ₁Ist eine Beamtin oder ein Beamter aus einem Amt in den Ruhestand getreten oder in den Ruhestand versetzt worden, das nicht der Besoldungsgruppe ihres oder seines Einstiegsamtes oder das keiner Laufbahn angehört, und hat sie oder er die Dienstbezüge dieses oder eines mindestens gleichwertigen Amtes vor dem Eintritt oder der Versetzung in den Ruhestand nicht mindestens zwei Jahre erhalten, so sind ruhegehaltfähig nur die Be-

§ 5 Landesbeamtenversorgungsgesetz (NBeamtVG) IV.1

züge des vorher bekleideten Amtes. ₂Hat die Beamtin oder der Beamte vorher ein Amt nicht bekleidet, so setzt die oberste Dienstbehörde die ruhegehaltfähigen Dienstbezüge bis zur Höhe der ruhegehaltfähigen Dienstbezüge der nächst niedrigeren Besoldungsgruppe fest. ₃In die Zweijahresfrist einzurechnen ist die innerhalb dieser Frist liegende Zeit einer Beurlaubung ohne Dienstbezüge, soweit sie als ruhegehaltfähig berücksichtigt worden ist.

(4) Absatz 3 gilt nicht, wenn die Beamtin oder der Beamte vor Ablauf der Frist infolge von Krankheit, Verwundung oder sonstiger Beschädigung, die sie oder er sich ohne grobes Verschulden bei Ausübung oder aus Veranlassung des Dienstes zugezogen hat, in den Ruhestand versetzt worden ist oder verstorben ist.

(5) ₁Das Ruhegehalt einer Beamtin oder eines Beamten, die oder der früher ein mit höheren Dienstbezügen verbundenes Amt bekleidet und diese Bezüge mindestens zwei Jahre erhalten hat, wird, sofern die Beamtin oder der Beamte in ein mit geringeren Dienstbezügen verbundenes Amt nicht lediglich auf ihren oder seinen im eigenen Interesse gestellten Antrag übergetreten ist, nach den höheren ruhegehaltfähigen Dienstbezügen des früheren Amtes und der gesamten ruhegehaltfähigen Dienstzeit berechnet. ₂Absatz 3 Satz 3 und Absatz 4 gelten entsprechend. ₃Das Ruhegehalt darf jedoch die ruhegehaltfähigen Dienstbezüge des letzten Amtes nicht übersteigen.

(6) ₁Haben sich durch einen Wechsel in ein Amt der Besoldungsordnung W die ruhegehaltfähigen Dienstbezüge verringert, so wird das Ruhegehalt auf der Grundlage der ruhegehaltfähigen Dienstbezüge des früheren Amtes und der gesamten ruhegehaltfähigen Dienstzeit berechnet, wenn die Beamtin oder der Beamte die Dienstbezüge des früheren Amtes mindestens zwei Jahre erhalten hat; hierbei ist die bis zum tatsächlichen Ruhestandsbeginn in der Besoldungsordnung A, C oder R erreichbare Erfahrungsstufe des Grundgehalts zugrunde zu legen. ₂Auf die Zweijahresfrist wird der Zeitraum, in dem die Beamtin oder der Beamte nach dem Wechsel Dienstbezüge aus einem Amt der Besoldungsordnung W erhalten hat, angerechnet. ₃Absatz 3 Satz 3, Absatz 4 und Absatz 5 Satz 3 gelten entsprechend.

(7) ₁Leistungsbezüge nach § 29 Abs. 1 Satz 1 Nrn. 1 und 2 NBesG sind bis zur Höhe von zusammen 40 Prozent des Grundgehalts ruhegehaltfähig, soweit sie unbefristet gewährt und jeweils mindestens zwei Jahre bezogen worden sind. ₂Werden sie befristet gewährt, kann das Präsidium der Hochschule oder die Direktorin oder der Direktor der Polizeiakademie sie bei wiederholter Vergabe für ruhegehaltfähig erklären. ₃Nach Satz 2 für ruhegehaltfähig erklärte Leistungsbezüge werden bei der Berechnung des Ruhegehalts nur berücksichtigt, wenn sie insgesamt mindestens zehn Jahre bezogen worden sind. ₄Treffen ruhegehaltfähige Leistungsbezüge nach Satz 1 und Satz 2 zusammen, so werden die nach Satz 2 für ruhegehaltfähig erklärten Leistungsbezüge bei der Berechnung des Ruhegehalts nur insoweit berücksichtigt, als sie die nach Satz 1 ruhegehaltfähigen zuletzt zustehenden Leistungsbezüge übersteigen und in dieser Höhe insgesamt fünf Jahre bezogen worden sind. ₅Leistungsbezüge nach § 29 Abs. 1 Satz 1 Nr. 3 NBesG sind bei Berechnung der Versorgungsbezüge aus einem Beamtenverhältnis

1. auf Lebenszeit nur dann zu berücksichtigen, wenn

   a) sie neben den Bezügen aus dem Beamtenverhältnis auf Lebenszeit mindestens fünf Jahre gewährt wurden oder

   b) sich aus einem Beamtenverhältnis auf Zeit nach den §§ 38, 39 des Niedersächsischen Hochschulgesetzes (NHG) kein eigener Versorgungsanspruch ergibt, in diesem Fall wird der Leistungsbezug berücksichtigt in Höhe

      aa) eines Viertels, wenn das Amt mindestens fünf Jahre,

      bb) der Hälfte, wenn das Amt mindestens fünf Jahre und zwei Amtszeiten übertragen war;

2. auf Zeit nur dann zu berücksichtigen, wenn sie mindestens fünf Jahre gewährt wurden.

₆Wird während einer Beurlaubung ohne Dienstbezüge ein Leistungsbezug bei der Berechnung des Versorgungszuschlags nach § 6 Abs. 4 Satz 1 Nr. 2 berücksichtigt, so gilt der Zeitraum der Beurlaubung als Zeit des Leistungsbezugs im Sinne der Sätze 1 und 3 bis 5. ₇Leistungsbezüge nach § 29 Abs. 1 Satz 1 Nrn. 1 und 2 NBesG können von dem Präsidium der Hochschule oder der Direktorin oder dem Direktor der Polizeiakademie über den Prozentsatz nach Satz 1 hinaus für ruhegehaltfähig erklärt werden. ₈In diesen Fällen ist auch auf den in Satz 7 bezeichneten Betrag der Versorgungszuschlag wie für die Dienstbezüge zu entrichten; eine Erhöhung der Zuführung des Landes an die Hochschule als Landesbetrieb zu diesem Zweck ist ausgeschlossen. ₉Treffen ruhegehaltfähige Leistungsbezüge nach § 29 Abs. 1 Satz 1 Nrn. 1 und 2 NBesG mit solchen nach § 29 Abs. 1 Satz 1 Nr. 3 NBesG zusammen, die vor Beginn des Bemessungszeitraumes nach Satz 1 vergeben worden sind, so wird nur der bei der Berechnung des Ruhegehalts für die Beamtin oder den Beamten günstigere Betrag als ruhegehaltfähiger Dienstbezug berücksichtigt.

(8) Soweit eine Ausgleichszulage nach § 42 Satz 1 NBesG zum Ausgleich von Leistungsbezügen dient, die bei weiterer Bezugsdauer zu einem späteren Zeitpunkt nach Absatz 7 ruhegehaltfähig geworden wären, gilt die Ausgleichszulage zu diesem Zeitpunkt als ruhegehaltfähig im Sinne des Absatzes 1 Satz 1 Nr. 3.

(9) ₁Die Vergütung der Gerichtsvollzieherinnen und Gerichtsvollzieher nach einer Verordnung nach § 50 Abs. 1 NBesG gehört nach Maßgabe des Satzes 2 zu den ruhegehaltfähigen Dienstbezügen, wenn die Beamtin oder der Beamte mindestens zehn Jahre lang im Gerichtsvollzieherdienst tätig gewesen ist und beim Eintritt des Versorgungsfalls eine solche Vergütung bezieht oder ohne Eintritt der Dienstunfähigkeit bezogen hätte. ₂Die Höhe des ruhegehaltfähigen Teils der Vergütung beträgt 10 Prozent des Endgrundgehalts der Besoldungsgruppe, die der Bemessung der Versorgungsbezüge der Beamtin oder des Beamten zugrunde liegt. ₃Die Frist nach Satz 1 gilt bei einer Beamtin oder einem Beamten, deren oder dessen Beamtenverhältnis durch Eintritt in den Ruhestand wegen Dienstunfähigkeit oder durch Tod geendet hat, als erfüllt, wenn sie oder er bis zum Eintritt in den Ruhestand wegen Erreichens der Altersgrenze zehn Jahre im Gerichtsvollzieherdienst hätte tätig sein können. ₄Die Vergütung gehört in dem in Satz 2 bestimmten Umfang auch dann zu den ruhegehaltfähigen Dienstbezügen, wenn die Beamtin oder der Beamte mindestens zehn Jahre im Gerichtsvollzieherdienst tätig gewesen ist und vor Eintritt in den Ruhestand wegen Dienstunfähigkeit für den Gerichtsvollzieherdienst in eine andere Verwendung übernommen worden ist. ₅Die Frist nach Satz 4 gilt als erfüllt, wenn die andere Verwendung infolge Krankheit oder Beschädigung, die sich die Beamtin oder der Beamte ohne grobes Verschulden bei Ausübung oder aus Veranlassung ihres oder seines Dienstes als Gerichtsvollzieherin oder Gerichtsvollzieher zugezogen hat, notwendig wird und die Frist ohne diese Krankheit oder Beschädigung hätte erfüllt werden können. ₆In den Fällen der Sätze 4 und 5 ist bei der Bemessung des ruhegehaltfähigen Teils der Vollstreckungsvergütung höchstens das Endgrundgehalt des höchsten Amtes des Gerichtsvollzieherdienstes zugrunde zu legen.

§ 6 Regelmäßige ruhegehaltfähige Dienstzeit

(1) ₁Ruhegehaltfähig ist die Dienstzeit, die die Beamtin oder der Beamte vom Tag der ersten Berufung in das Beamtenverhältnis an im Dienst eines öffentlich-rechtlichen Dienstherrn im Beamtenverhältnis zurückgelegt hat. ₂Dies gilt nicht für die Zeit

1. in einem Amt, das die Arbeitskraft der Beamtin oder des Beamten nur nebenbei beansprucht,

2. einer ehrenamtlichen Tätigkeit,

3. einer Beurlaubung ohne Dienstbezüge,

4. eines schuldhaften Fernbleibens vom Dienst unter Verlust der Dienstbezüge,

§ 6   Landesbeamtenversorgungsgesetz (NBeamtVG)

5. für die eine Abfindung aus öffentlichen Mitteln gewährt ist, soweit es sich nicht um eine Abfindung gemäß § 152 des Bundesbeamtengesetzes (BBG) in der bis zum 31. Dezember 1976 geltenden Fassung oder entsprechendem Landesrecht handelt, die nach erneuter Berufung in das Beamtenverhältnis zurückgezahlt worden ist.

₃Zeiten einer Teilzeitbeschäftigung sind nur zu dem Teil ruhegehaltfähig, der dem Verhältnis der ermäßigten zur regelmäßigen Arbeitszeit entspricht; Zeiten einer Altersteilzeit sind zu acht Zehnteln der Arbeitszeit ruhegehaltfähig, die der Bemessung der ermäßigten Arbeitszeit während der Altersteilzeit zugrunde gelegt worden ist. ₄Zeiten einer eingeschränkten Verwendung wegen begrenzter Dienstfähigkeit nach § 27 BeamtStG sind nur zu dem Teil ruhegehaltfähig, der dem Verhältnis der ermäßigten zur regelmäßigen Arbeitszeit entspricht, bis zum Ablauf des Monats der Vollendung des 60. Lebensjahres mindestens zu zwei Dritteln.

(2) ₁Nicht ruhegehaltfähig sind Dienstzeiten

1. in einem Beamtenverhältnis, das durch eine in § 24 Abs. 1 BeamtStG bezeichnete Entscheidung oder durch Disziplinarurteil beendet worden ist,
2. in einem Beamtenverhältnis auf Probe oder auf Widerruf, wenn die Beamtin oder der Beamte entlassen worden ist, weil sie oder er eine Handlung begangen hat, die im Beamtenverhältnis auf Lebenszeit mindestens eine Kürzung der Dienstbezüge zur Folge hätte,
3. in einem Beamtenverhältnis, das durch Entlassung auf Antrag der Beamtin oder des Beamten beendet worden ist,
   a) wenn ein Verfahren mit der Folge des Verlustes der Beamtenrechte oder der Entfernung aus dem Beamtenverhältnis drohte oder
   b) wenn der Antrag gestellt wurde, um einer drohenden Entlassung nach Nummer 2 zuvorzukommen.

₂Die für das Versorgungsrecht zuständige oberste Dienstbehörde oder die von ihr bestimmte Stelle kann Ausnahmen zulassen.

(3) Der im Beamtenverhältnis zurückgelegten Dienstzeit stehen gleich

1. die im Richterverhältnis zurückgelegte Dienstzeit,
2. die Zeit als Mitglied der Bundesregierung oder einer Landesregierung,
3. die Zeit der Bekleidung des Amtes einer parlamentarischen Staatssekretärin oder eines parlamentarischen Staatssekretärs bei einem Mitglied der Bundesregierung,
4. die im öffentlichen Dienst einer zwischenstaatlichen oder überstaatlichen Einrichtung zurückgelegte Dienstzeit; Absatz 1 Satz 2 Nr. 5 findet keine Anwendung.

(4) ₁Abweichend von Absatz 1 Satz 2 Nr. 3 wird die Zeit einer Beurlaubung ohne Dienstbezüge berücksichtigt, wenn

1. spätestens bei Beendigung des Urlaubs schriftlich zugestanden worden ist, dass dieser öffentlichen Belangen oder dienstlichen Interessen dient, und
2. in den Fällen einer Beurlaubung zur Ausübung einer Erwerbstätigkeit ein Versorgungszuschlag in Höhe von 30 Prozent der ohne die Beurlaubung jeweils zustehenden
   a) ruhegehaltfähigen Dienstbezüge und
   b) Leistungsbezüge nach § 29 Abs. 1 NBesG, soweit diese nach § 5 Abs. 7 ruhegehaltfähig sind oder sein können,

gezahlt wird. ₂Die für das Versorgungsrecht zuständige oberste Dienstbehörde oder die von ihr bestimmte Stelle kann von dem Erfordernis der Zahlung eines Versorgungszuschlags ganz oder teilweise befreien. ₃Besteht für Zeiten nach Satz 1 Anspruch auf zusätzliche, nicht nach den §§ 65 bis 68 anrechenbare Versorgungsleistungen, so dürfen diese Zeiten nur insoweit als ruhegehaltfähige Dienstzeit berücksichtigt werden, als dadurch die Summe aus den zusätzlichen Versorgungsleistungen, dem Ruhegehalt und den nach § 66 anzurechnenden Renten die Höchstgrenze nach § 66 Abs. 2 Satz 1 Nr. 1 nicht überschreitet. ₄Für die zusätzlichen Versorgungsleistungen gilt § 66 Abs. 1 Sätze 3 bis 5 entsprechend. ₅Dient eine zusätzliche Versorgungsleistung allein dem Ausgleich dafür, dass während der Beurlaubung eine gegenüber dem übertragenen Amt höherwertige Tätigkeit ausgeübt wird, ist der Berechnung, wenn das für die Beamtin oder den Beamten günstiger ist, abweichend von § 66 Abs. 2 Nr. 1 Buchst. a bei den ruhegehaltfähigen Dienstbezügen die Endstufe der Besoldungsgruppe zugrunde zu legen, die der Tätigkeit während der Beurlaubung entspricht.

§ 7 Erhöhung der ruhegehaltfähigen Dienstzeit

₁Die ruhegehaltfähige Dienstzeit nach § 6 erhöht sich um die Zeit, die eine Beamtin oder ein Beamter im Ruhestand

1. in einer die Arbeitskraft voll beanspruchenden entgeltlichen Beschäftigung als Beamtin oder Beamter, Richterin oder Richter, Berufssoldatin oder Berufssoldat oder in einem Amtsverhältnis im Sinne des § 6 Abs. 3 Nrn. 2 und 3 zurückgelegt hat, ohne einen neuen Versorgungsanspruch zu erlangen,

2. in einer Tätigkeit im Sinne des § 6 Abs. 3 Nr. 4 zurückgelegt hat.

₂§ 6 Abs. 1 Satz 2 Nrn. 3 und 4, Satz 3 und Abs. 2 gilt entsprechend, für die Anwendung des Satzes 1 Nr. 1 außerdem § 6 Abs. 1 Satz 2 Nr. 5.

§ 8 Berufsmäßiger Wehrdienst und vergleichbare Zeiten

(1) Als ruhegehaltfähig gilt die Dienstzeit, in der eine Beamtin oder ein Beamter vor der Berufung in das Beamtenverhältnis berufsmäßig im Dienst der Bundeswehr, der Nationalen Volksarmee der ehemaligen Deutschen Demokratischen Republik oder im Vollzugsdienst der Polizei gestanden hat.

(2) § 6 Abs. 1 Satz 2 Nrn. 3 bis 5, Satz 3 und Abs. 2 gilt entsprechend.

§ 9 Nichtberufsmäßiger Wehrdienst und vergleichbare Zeiten

(1) Als ruhegehaltfähig gilt die Zeit, während der eine Beamtin oder ein Beamter vor der Berufung in das Beamtenverhältnis

1. nichtberufsmäßigen Wehrdienst oder Polizeivollzugsdienst geleistet hat oder

2. sich insgesamt länger als drei Monate in einem Gewahrsam (§ 1 Abs. 1 Nr. 1 in Verbindung mit § 9 des Häftlingshilfegesetzes in der bis zum 28. Dezember 1991 geltenden Fassung) befunden hat oder

3. sich aufgrund einer Krankheit oder Verwundung als Folge eines Dienstes nach Nummer 1 oder im Sinne des § 8 Abs. 1 im Anschluss an die Entlassung arbeitsunfähig in einer Heilbehandlung befunden hat.

(2) Einem nicht berufsmäßigen Wehrdienst stehen gleich der

1. Zivildienst,

2. Wehrersatzdienst als Bausoldat der Deutschen Demokratischen Republik gemäß der Anordnung vom 7. September 1964 (GBl. I Nr. 11 S. 1290) in der Zeit bis zum 28. Februar 1990,

3. Zivildienst aufgrund der Verordnung über den Zivildienst in der Deutschen Demokratischen Republik vom 20. Februar 1990 (GBl. I Nr. 10 S. 79) in der Zeit vom 1. März bis 2. Oktober 1990.

(3) § 6 Abs. 1 Satz 2 Nrn. 1 und 3 bis 5 sowie Abs. 2 gilt entsprechend.

§ 10 Zeiten im privatrechtlichen Arbeitsverhältnis im öffentlichen Dienst

(1) ₁Als ruhegehaltfähig sollen auch folgende Zeiten berücksichtigt werden, in denen eine Beamtin oder ein Beamter vor der Berufung in das Beamtenverhältnis im privatrechtlichen Arbeitsverhältnis im Dienst eines öffentlich-rechtlichen Dienstherrn ohne von der Beamtin oder dem Beamten zu vertretende Unterbrechung tätig war, sofern diese Tätigkeit zur Ernennung geführt hat:

1. Zeiten einer hauptberuflichen Beschäftigung, die in der Regel einer Beamtin oder einem Beamten obliegt oder später übertragen wird, oder

2. Zeiten einer für die Laufbahn der Beamtin oder des Beamten förderlichen Tätigkeit.

₂Der Tätigkeit im Dienst eines öffentlich-rechtlichen Dienstherrn steht die Tätigkeit im Dienst von Einrichtungen gleich, die von mehreren der im Satz 1 bezeichneten Dienstherren durch Staatsvertrag oder Verwaltungsabkommen zur Erfüllung oder Koordinierung ihnen obliegender hoheitsrechtlicher Aufgaben geschaffen worden sind. ₃Zeiten mit einer geringeren als der regelmäßigen Arbeitszeit dürfen nur zu dem Teil als ruhegehaltfähig berücksichtigt werden, der dem Verhältnis der tatsächlichen zur regelmäßigen Arbeitszeit entspricht.

(2) Hauptberuflich im Sinne dieses Gesetzes ist eine Tätigkeit, die entgeltlich erbracht wird, den Schwerpunkt der beruflichen Tätigkeit darstellt sowie dem durch Ausbildung und Berufswahl geprägten Berufsbild entspricht und zum Zeitpunkt des Eintritts des Versorgungsfalles in einem Beamtenverhältnis mit dem gleichen Beschäftigungsumfang zulässig wäre.

(3) ₁Zeiten einer hauptberuflichen Tätigkeit bei einem öffentlich-rechtlichen Dienstherrn sollen als ruhegehaltfähig berücksichtigt werden, soweit ein vertraglicher Anspruch auf Vergütung sowie Alters- und Hinterbliebenenversorgung nach beamtenrechtlichen Vorschriften bestand, der zur Befreiung von der gesetzlichen Rentenversicherung geführt hat, und soweit keine Nachversicherung durchgeführt wurde. ₂Absatz 1 Sätze 2 und 3 gilt entsprechend.

§ 11 Sonstige Zeiten

(1) ₁Die Zeit, während der eine Beamtin oder ein Beamter vor der Berufung in das Beamtenverhältnis

1. a) als Rechtsanwältin oder Rechtsanwalt oder
   b) hauptberuflich im Dienst öffentlich-rechtlicher Religionsgesellschaften oder ihrer Verbände (Artikel 140 des Grundgesetzes) oder im öffentlichen oder nicht öffentlichen Schuldienst oder
   c) hauptberuflich im Dienst der Fraktionen des Bundestages oder der Landtage oder kommunaler Vertretungskörperschaften oder
   d) hauptberuflich im Dienst von kommunalen Spitzenverbänden oder ihren Landesverbänden sowie von Spitzenverbänden der Sozialversicherung oder ihren Landesverbänden

tätig gewesen ist oder

2. hauptberuflich im ausländischen öffentlichen Dienst gestanden hat oder

3. a) auf wissenschaftlichem, künstlerischem, technischem oder wirtschaftlichem Gebiet besondere Fachkenntnisse erworben hat, die die notwendige Voraussetzung für die Wahrnehmung des Amtes bilden, oder
   b) als Entwicklungshelferin oder Entwicklungshelfer im Sinne des Entwicklungshelfergesetzes tätig gewesen ist,

kann als ruhegehaltfähige Dienstzeit berücksichtigt werden; in den Fällen der Nummern 1 und 2 jedoch nur, soweit ein innerer Zusammenhang zwischen dieser Tätigkeit und dem ersten im Beamten- oder Richterverhältnis übertragenen Amt besteht. ₂Die Zeit nach Satz 1 Nr. 1 Buchst. a und Nr. 3 darf höchstens bis zur Hälfte und in der Regel insgesamt nicht über zehn Jahre hinaus als ruhegehaltfähig berücksichtigt werden. ₃Zeiten mit einer geringeren als der regelmäßigen Arbeitszeit dürfen nur zu dem Teil als ruhegehaltfähig berücksichtigt werden, der dem Verhältnis der tatsächlichen zur regelmäßigen Arbeitszeit entspricht.

(2) ₁Besteht für Zeiten nach Absatz 1 Anspruch auf zusätzliche, nicht nach den §§ 65 bis 68 anrechenbare Versorgungsleistungen, so dürfen diese Zeiten nur insoweit als ruhegehaltfähige Dienstzeit berücksichtigt werden, als dadurch die Summe aus den zusätzlichen Versorgungsleistungen, dem Ruhegehalt und den nach § 66 anzurechnenden Renten die Höchstgrenze nach § 66 Abs. 2 Satz 1 Nr. 1 nicht überschreitet. ₂Für die zusätzlichen Versorgungsleistungen gilt § 66 Abs. 1 Sätze 3 bis 5 entsprechend.

§ 12 Ausbildungszeiten

(1) ₁Die Mindestzeit

1. der außer der allgemeinen Schulbildung vorgeschriebenen Ausbildung (Fachschul-, Hochschul- und praktische Ausbildung; Vorbereitungsdienst, übliche Prüfungszeit),

2. einer praktischen hauptberuflichen Tätigkeit, die für die Übernahme in das Beamtenverhältnis vorgeschrieben ist,

kann als ruhegehaltfähige Dienstzeit berücksichtigt werden, die Zeit einer Fachschul- oder Hochschulausbildung einschließlich der Prüfungszeit bis zu drei Jahren. ₂Wird die allgemeine Schulbildung durch eine andere Art der Ausbildung ersetzt, so steht diese der Schulbildung gleich.

(2) ₁Für Beamtinnen und Beamte, für die eine Altersgrenze gemäß den §§ 109, 115 oder 116 des Niedersächsischen Beamtengesetzes (NBG) gilt, können Zeiten einer praktischen Ausbildung und einer praktischen hauptberuflichen Tätigkeit anstelle einer Berücksichtigung nach Absatz 1 bis zu einer Gesamtzeit in Höhe der Differenz zu der Altersgrenze nach § 35 Abs. 2 NBG, maximal mit fünf Jahren, als ruhegehaltfähige Dienstzeit berücksichtigt werden, wenn sie für die Wahrnehmung des Amtes förderlich sind. ₂Absatz 1 Satz 2 gilt entsprechend.

(3) ₁Bei anderen als Laufbahnbewerberinnen und Laufbahnbewerbern können Zeiten nach Absatz 1 als ruhegehaltfähig berücksichtigt werden, wenn und soweit sie für ihre oder seine Laufbahn vorgeschrieben sind. ₂Ist ihre oder seine Laufbahn bei ihrem oder seinem Dienstherrn noch nicht gestaltet, so gilt das Gleiche für solche Zeiten, die bei Gestaltung der Laufbahn mindestens vorgeschrieben werden müssen.

(4) In Fällen des Absatzes 1 Satz 1 Nr. 2 sowie der Absätze 2 und 3 dürfen Zeiten mit einer geringeren als der regelmäßigen Arbeitszeit nur zu dem Teil als ruhegehaltfähig berücksichtigt werden, der dem Verhältnis der tatsächlichen zur regelmäßigen Arbeitszeit entspricht.

(5) Für Zeiten nach den Absätzen 1 bis 3 gilt § 11 Abs. 2 entsprechend.

§ 13 Nicht zu berücksichtigende Zeiten

Zeiten, die nach § 26 NBesG nicht als Erfahrungszeit anerkannt werden, sind nicht ruhegehaltfähig.

§ 14 Zeiten in dem in Artikel 3 des Einigungsvertrages genannten Gebiet

(1) ₁Wehrdienstzeiten und vergleichbare Zeiten nach den §§ 8 und 9, Beschäftigungszeiten nach § 10 und sonstige Zeiten nach den §§ 11, 78 Abs. 10 und § 79 Abs. 2, die die Beamtin oder der Beamte vor dem 3. Oktober 1990 in dem Artikel 3 des Einigungsvertrages genannten Gebiet zurückgelegt hat, werden nicht als ruhegehaltfähige Dienstzeit berücksichtigt, sofern die allgemeine Wartezeit für die gesetzliche Rentenversicherung erfüllt ist und diese Zeiten als rentenrechtliche Zeiten berücksichtigungsfähig sind; Ausbildungszeiten nach den §§ 12 und 78 Abs. 10 sind nicht ruhegehaltfähig, soweit die allgemeine Wartezeit für die gesetzliche Rentenversicherung erfüllt ist. ₂Rentenrechtliche Zeiten sind auch solche im Sinne des Artikels 2 des Renten-Überleitungsgesetzes.

(2) Sofern die allgemeine Wartezeit für die gesetzliche Rentenversicherung nicht erfüllt ist, können die in Absatz 1 genannten Zeiten im Rahmen der dort genannten Vorschriften insgesamt höchstens bis zu fünf Jahren als ruhegehaltfähig berücksichtigt werden.

§ 15 Zurechnungszeit und Zeit gesundheitsschädigender Verwendung

(1) ₁Wird die Beamtin oder der Beamte vor Vollendung des 60. Lebensjahres wegen Dienstunfähigkeit in den Ruhestand versetzt, so wird die Zeit von der Versetzung in den Ruhestand bis zum Ablauf des Monats der Vollendung des 60. Lebensjahres, soweit diese nicht nach anderen Vorschriften als ruhegehaltfähig berücksichtigt wird, für die Berechnung des Ruhegehalts der ruhegehaltfähigen Dienstzeit zu zwei Dritteln hinzugerechnet (Zurechnungszeit). ₂Ist die Beamtin oder der Beamte nach § 29 BeamtStG erneut in das Beamtenverhältnis berufen worden, so wird eine der Berechnung des früheren Ruhegehalts zugrunde gelegene Zurechnungszeit insoweit berücksichtigt, als die dem neuen Ruhegehalt zugrunde liegende ruhegehaltfähige Dienstzeit hinter derjenigen, die dem früheren Ruhegehalt zugrunde liegt, zurückbleibt.

§ 16

(2) ₁Die Zeit der Verwendung einer Beamtin oder eines Beamten in Ländern, in denen sie oder er gesundheitsschädigenden klimatischen Einflüssen ausgesetzt ist, kann doppelt als ruhegehaltfähige Dienstzeit berücksichtigt werden, wenn sie ununterbrochen mindestens ein Jahr gedauert hat. ₂Entsprechendes gilt bei einer Beurlaubung nach § 6 Abs. 4 Satz 1 Nr. 1 in den in Satz 1 genannten Gebieten. ₃Zeiten einer besonderen Verwendung im Ausland nach § 35 Abs. 1 können doppelt als ruhegehaltfähige Dienstzeit berücksichtigt werden, wenn sie einzeln ununterbrochen mindestens 30 Tage und insgesamt mindestens 180 Tage gedauert haben.

(3) Sind sowohl die Voraussetzungen des Absatzes 1 als auch die Voraussetzungen des Absatzes 2 erfüllt, findet nur die für die Beamtin oder den Beamten günstigere Vorschrift Anwendung.

§ 16 Höhe des Ruhegehalts

(1) ₁Das Ruhegehalt beträgt für jedes Jahr ruhegehaltfähiger Dienstzeit 1,79375 Prozent der ruhegehaltfähigen Dienstbezüge (§ 5), insgesamt jedoch höchstens 71,75 Prozent. ₂Der Ruhegehaltssatz ist auf zwei Dezimalstellen auszurechnen. ₃Dabei ist die zweite Dezimalstelle um eins zu erhöhen, wenn in der dritten Stelle eine der Ziffern fünf bis neun verbleiben würde. ₄Zur Ermittlung der gesamten ruhegehaltfähigen Dienstjahre sind etwa anfallende Tage unter Benutzung des Nenners dreihundertfünfundsechzig umzurechnen; die Sätze 2 und 3 gelten entsprechend.

(2) ₁Das Ruhegehalt vermindert sich um 3,6 Prozent für jedes Jahr, um das eine Beamtin oder ein Beamter

1. mit Schwerbehinderung im Sinne des § 2 Abs. 2 des Neunten Buchs des Sozialgesetzbuchs (SGB IX) vor Ablauf des Monats, in dem sie oder er das 65. Lebensjahr vollendet, nach § 37 Abs. 1 NBG in den Ruhestand versetzt wird,

2. ohne Schwerbehinderung im Sinne des § 2 Abs. 2 SGB IX vor Ablauf des Monats, in dem sie oder er die jeweils geltende gesetzliche Altersgrenze erreicht, nach § 37 Abs. 1 NBG in den Ruhestand versetzt wird,

3. vor Ablauf des Monats, in dem sie oder er das 65. Lebensjahr vollendet, wegen Dienstunfähigkeit, die nicht auf einem Dienstunfall beruht, in den Ruhestand versetzt wird;

im Fall der Nummer 3 darf die Minderung des Ruhegehalts 10,8 Prozent nicht übersteigen. ₂Absatz 1 Satz 4 gilt entsprechend. ₃Gilt für die Beamtin oder den Beamten eine vor der Vollendung des 65. Lebensjahres liegende Altersgrenze, so tritt sie in den Fällen des Satzes 1 Nrn. 1 und 3 an die Stelle des 65. Lebensjahres. ₄Gilt für die Beamtin oder den Beamten eine nach Vollendung des 67. Lebensjahres liegende Altersgrenze, so wird in den Fällen des Satzes 1 Nr. 2 nur die Zeit bis zum Ablauf des Monats berücksichtigt, in dem die Altersgrenze nach § 35 NBG erreicht werden würde. ₅Das Ruhegehalt ist nicht zu vermindern, wenn die Beamtin oder der Beamte zum Zeitpunkt der Versetzung in den Ruhestand

1. in den Fällen des Satzes 1 Nr. 2 das 65. Lebensjahr vollendet und mindestens 45 Jahre oder

2. in den Fällen des Satzes 1 Nr. 3 das 63. Lebensjahr vollendet und mindestens 40 Jahre

mit ruhegehaltfähigen Dienstzeiten nach den §§ 6 und 8 bis 10, berücksichtigungsfähigen Pflichtbeitragszeiten nach § 17 Abs. 2 Satz 1, soweit sie nicht im Zusammenhang mit Arbeitslosigkeit stehen, Zeiten nach § 60 sowie Zeiten einer der Beamtin oder dem Beamten zuzuordnenden Erziehung eines Kindes bis zu dessen vollendetem 10. Lebensjahr zurückgelegt hat. ₆Bei der Berechnung nach Satz 5 werden Zeiten nach § 17 Abs. 2 Satz 1 auch berücksichtigt, wenn sie nach anderen Vorschriften ruhegehaltfähig sind. ₇Soweit sich bei der Berechnung nach Satz 5 Zeiten überschneiden, sind diese nur einmal zu berücksichtigen.

(3) ₁Das Ruhegehalt beträgt mindestens 35 Prozent der ruhegehaltfähigen Dienstbezüge (§ 5). ₂An die Stelle des Ruhegehalts nach Satz 1 treten, wenn dies günstiger ist, 65 Prozent der jeweils ruhegehaltfähigen

Dienstbezüge aus der Endstufe der Besoldungsgruppe A 5. ₃Die Sätze 1 und 2 sind in den Fällen des Absatzes 2 Satz 1 Nrn. 1 und 2 nicht anzuwenden.

(4) ₁Übersteigt beim Zusammentreffen von Mindestversorgung nach Absatz 3 mit einer Rente nach Anwendung des § 66 die Versorgung das nach den Absätzen 1 und 2 sowie § 78 Abs. 2 und § 93 erdiente Ruhegehalt, so ruht die Versorgung bis zur Höhe des Unterschieds zwischen dem erdienten Ruhegehalt und der Mindestversorgung; in den von § 93 erfassten Fällen gilt das nach dieser Vorschrift maßgebliche Ruhegehalt als erdient. ₂Der Erhöhungsbetrag nach Absatz 3 Satz 3 sowie der Unterschiedsbetrag nach § 57 Abs. 1 bleiben bei der Berechnung außer Betracht. ₃Die Summe aus Versorgung und Rente darf nicht hinter dem Betrag der Mindestversorgung zuzüglich des Unterschiedsbetrages nach § 57 Abs. 1 zurückbleiben. ₄Zahlbar bleibt mindestens das erdiente Ruhegehalt zuzüglich des Unterschiedsbetrages nach § 57 Abs. 1. ₅Die Sätze 1 bis 4 gelten entsprechend für Witwen, Witwer und Waisen.

(5) ₁Bei einer Versetzung in den einstweiligen Ruhestand beträgt das Ruhegehalt für die Dauer der Zeit, die die Beamtin oder der Beamte das Amt, aus dem sie oder er in den einstweiligen Ruhestand versetzt worden ist, innehatte, mindestens für die Dauer von sechs Monaten, längstens für die Dauer von drei Jahren, 71,75 Prozent der ruhegehaltfähigen Dienstbezüge aus der Endstufe der Besoldungsgruppe, in der sich die Beamtin oder der Beamte zur Zeit ihrer oder seiner Versetzung in den einstweiligen Ruhestand befunden hat. ₂Das erhöhte Ruhegehalt darf die Dienstbezüge, die der Beamtin oder dem Beamten in diesem Zeitpunkt zustanden, nicht übersteigen; das nach sonstigen Vorschriften ermittelte Ruhegehalt darf nicht unterschritten werden.

§ 17 Vorübergehende Erhöhung des Ruhegehaltssatzes

(1) Der nach § 16 Abs. 1, § 40 Abs. 3 Satz 1, § 78 Abs. 2 und § 93 Abs. 3 berechnete Ruhegehaltssatz erhöht sich vorübergehend, wenn die Beamtin oder der Beamte

1. a) bis zum Beginn des Ruhestandes die Wartezeit von 60 Kalendermonaten für eine Rente der deutschen gesetzlichen Rentenversicherung erfüllt hat und der Ruhestand vor dem Zeitpunkt begann, zu dem sie oder er Anspruch auf eine abschlagsfreie Regelaltersrente hat oder

   b) grundsätzlich Anspruch auf eine ausländische Rente hat, diese aber aufgrund des Alters oder aus anderen Gründen erst zu einem späteren Zeitpunkt zusteht,

2. a) wegen Dienstunfähigkeit in den Ruhestand versetzt worden ist oder

   b) wegen Erreichens einer Altersgrenze gemäß den §§ 109, 115 oder 116 NBG in den Ruhestand getreten ist,

3. einen Ruhegehaltssatz von 66,97 Prozent noch nicht erreicht hat und

4. kein Einkommen im Sinne des § 64 Abs. 6 Sätze 1 bis 4 bezieht, wobei das Einkommen außer Betracht bleibt, wenn es durchschnittlich im Monat die Geringfügigkeitsgrenze nach § 8 Abs. 1a des Vierten Buchs des Sozialgesetzbuchs (SGB IV) nicht überschreitet.

(2) ₁Die Erhöhung des Ruhegehaltssatzes beträgt 0,95667 Prozent für je zwölf Kalendermonate

1. der in Fällen nach Absatz 1 Nr. 1 Buchst. a für die Erfüllung der Wartezeit anrechnungsfähigen Pflichtbeitragszeiten, soweit sie nicht § 61 Abs. 1 erfasst werden,

2. der in Fällen nach Absatz 1 Nr. 1 Buchst. b anspruchsbegründenden beruflichen Tätigkeit sowie der Kindererziehungs- oder Pflegezeiten, die sich bei der Berechnung der Rente steigernd auf deren Höhe auswirken,

die vor Begründung des Beamtenverhältnisses zurückgelegt wurden und nicht als ruhegehaltfähig berücksichtigt sind. ₂Der hiernach berechnete Ruhegehaltssatz darf 66,97 Prozent nicht überschreiten. ₃In den Fällen des § 16 Abs. 2 ist das Ruhegehalt, das sich nach Anwendung der Sätze 1 und 2 ergibt, entsprechend zu vermindern. ₄Für die Berechnung nach Satz 1 sind verbleibende Kalendermonate unter Benutzung des Nenners 12 umzurechnen; § 16 Abs. 1 Sätze 2 und 3 gilt entsprechend.

(3) ₁Die Erhöhung fällt spätestens mit Ablauf des Monats weg, in dem die Ruhestandsbeamtin oder der Ruhestandsbeamte die Regelaltersgrenze in der gesetzlichen Rentenversicherung erreicht hat (§§ 35 und 235 des Sechsten Buchs des Sozialgesetzbuchs – SGB VI –). ₂Sie endet vorher, wenn die Ruhestandsbeamtin oder der Ruhestandsbeamte

1. aus den anrechnungsfähigen Pflichtbeitragszeiten eine Versichertenrente einer inländischen oder ausländischen Alterssicherungseinrichtung bezieht, mit Ablauf des Tages vor dem Beginn der Rente, oder
2. in den Fällen des Absatzes 1 Nr. 2 Buchst. a nicht mehr dienstunfähig ist, mit Ablauf des Monats, in dem ihr oder ihm der Wegfall der Erhöhung mitgeteilt wird, oder
3. ein Erwerbseinkommen bezieht, mit Ablauf des Tages vor dem Beginn der Erwerbstätigkeit.

₃§ 39 Abs. 3 Satz 2 gilt sinngemäß.

(4) ₁Die Erhöhung des Ruhegehaltssatzes wird auf Antrag vorgenommen. ₂Anträge, die innerhalb von drei Monaten nach Eintritt oder Versetzung in den Ruhestand gestellt werden, gelten als zum Zeitpunkt des Ruhestandseintritts gestellt. ₃Wird der Antrag zu einem späteren Zeitpunkt gestellt, so tritt die Erhöhung vom Beginn des Antragsmonats an ein.

§ 18 Unterhaltsbeitrag für entlassene Beamtinnen und Beamte auf Lebenszeit und auf Probe

Ein Unterhaltsbeitrag bis zur Höhe des Ruhegehalts kann bewilligt werden

1. Beamtinnen und Beamten auf Lebenszeit, die vor Ableistung einer Dienstzeit von fünf Jahren (§ 4 Abs. 1 Satz 1 Nr. 1) wegen Erreichens der Altersgrenze nach § 22 Abs. 1 Nr. 2 BeamtStG entlassen sind oder wegen Dienstunfähigkeit nach § 23 Abs. 1 Satz 1 Nr. 3 BeamtStG entlassen wurden, und
2. Beamtinnen und Beamten auf Probe, die wegen Erreichens der Altersgrenze nach § 22 Abs. 1 Nr. 2 BeamtStG entlassen sind oder wegen Dienstunfähigkeit nach § 23 Abs. 1 Satz 1 Nr. 3 BeamtStG entlassen wurden.

§ 19 Beamtinnen und Beamte auf Probe und auf Zeit in leitender Funktion

(1) § 18 ist auf Beamtenverhältnisse auf Probe in leitender Funktion nach § 5 NBG nicht anzuwenden.

(2) Aus diesen Beamtenverhältnissen auf Probe ergibt sich kein selbständiger Anspruch auf Versorgung; die Unfallfürsorge bleibt hiervon unberührt.

(3) ₁Ist eine Beamtin oder ein Beamter auf Zeit nach Ablauf der ersten Amtszeit wieder in das vorherige Amt im Beamtenverhältnis auf Lebenszeit oder im Richterverhältnis auf Lebenszeit eingetreten, so berechnen sich die ruhegehaltfähigen Dienstbezüge aus dem Beamtenverhältnis auf Lebenszeit oder aus dem Richterverhältnis auf Lebenszeit zuzüglich eines Unterschiedsbetrages zwischen diesen und den Dienstbezügen, die im Beamtenverhältnis auf Zeit ruhegehaltfähig wären. ₂Der Unterschiedsbetrag wird gewährt in Höhe eines Viertels, wenn der Beamtin oder dem Beamten das Amt mindestens fünf Jahre, in Höhe der Hälfte, wenn es mindestens fünf Jahre und zwei Amtszeiten übertragen war.

Abschnitt III
Hinterbliebenenversorgung

§ 20 Allgemeines

Die Hinterbliebenenversorgung umfasst

1. Bezüge für den Sterbemonat,
2. Sterbegeld,
3. Witwen- und Witwergeld,
4. Witwen- und Witwerabfindung,
5. Waisengeld,
6. Unterhaltsbeiträge.

§ 21 Bezüge für den Sterbemonat

(1) ₁Den Erben einer verstorbenen Beamtin, Ruhestandsbeamtin oder entlassenen Beam-

tin oder eines verstorbenen Beamten, Ruhestandsbeamten oder entlassenen Beamten verbleiben für den Sterbemonat die Bezüge der oder des Verstorbenen. ₂Dies gilt auch für eine für den Sterbemonat gewährte Aufwandsentschädigung.

(2) Die an die Verstorbene oder den Verstorbenen noch nicht gezahlten Teile der Bezüge für den Sterbemonat können statt an die Erben auch an die in § 22 Abs. 1 bezeichneten Hinterbliebenen gezahlt werden.

§ 22 Sterbegeld

(1) ₁Beim Tod einer Beamtin oder eines Beamten erhalten die überlebende Ehefrau oder der überlebende Ehemann und die Abkömmlinge der oder des Verstorbenen Sterbegeld; dies gilt nicht für die Hinterbliebenen von Ehrenbeamtinnen und -beamten oder soweit aus einem während einer Beurlaubung bezogenen Einkommen Sterbegeld gewährt wird. ₂Das Sterbegeld ist in Höhe des Zweifachen der Dienstbezüge oder der Anwärterbezüge der oder des Verstorbenen ausschließlich der Auslandskinderzuschläge, des Auslandsverwendungszuschlags und der Vergütungen in einer Summe zu zahlen; § 5 Abs. 1 Sätze 2 und 3 gilt entsprechend. ₃Die Sätze 1 und 2 gelten entsprechend beim Tode einer Ruhestandsbeamtin, eines Ruhestandsbeamten, einer entlassenen Beamtin oder eines entlassenen Beamten, die oder der im Sterbemonat einen Unterhaltsbeitrag erhalten hat; an die Stelle der Dienstbezüge tritt das Ruhegehalt oder der Unterhaltsbeitrag zuzüglich des Unterschiedsbetrages nach § 57 Abs. 1.

(2) Sind Anspruchsberechtigte im Sinne des Absatzes 1 nicht vorhanden, so ist Sterbegeld auf Antrag zu gewähren

1. Verwandten der aufsteigenden Linie, Geschwistern, Geschwisterkindern sowie Stiefkindern, wenn sie zur Zeit des Todes mit der oder dem Verstorbenen in häuslicher Gemeinschaft gelebt haben oder wenn die oder der Verstorbene ganz oder überwiegend den Unterhalt geleistet hat,

2. sonstigen Personen, die die Kosten der letzten Krankheit oder der Bestattung getragen haben, bis zur Höhe ihrer Aufwendungen, höchstens jedoch in Höhe des Sterbegeldes nach Absatz 1 Satz 2 und 3.

(3) ₁Stirbt eine Witwe, ein Witwer oder ein früherer Ehemann einer Beamtin oder eine frühere Ehefrau eines Beamten, der oder dem im Zeitpunkt des Todes Witwen- oder Witwergeld oder ein Unterhaltsbeitrag zustand, so erhalten die in Absatz 1 genannten Kinder Sterbegeld, wenn sie berechtigt sind, Waisengeld oder einen Unterhaltsbeitrag zu beziehen und wenn sie zur Zeit des Todes zur häuslichen Gemeinschaft der oder des Verstorbenen gehört haben. ₂Das Sterbegeld ist in Höhe des Zweifachen des Witwen- oder Witwergeldes oder des Unterhaltsbeitrags in einer Summe zu zahlen.

(4) ₁Sind mehrere gleichberechtigte Personen vorhanden, so ist für die Bestimmung der Zahlungsempfängerin oder des Zahlungsempfängers die Reihenfolge der Aufzählung in den Absätzen 1 und 2 maßgebend; bei Vorliegen eines wichtigen Grundes kann von dieser Reihenfolge abgewichen oder das Sterbegeld aufgeteilt werden. ₂Soweit bereits ein Sterbegeld nach Absatz 2 gezahlt worden ist, ist die Zahlung eines Sterbegeldes nach Absatz 1 ausgeschlossen.

§ 23 Witwen- und Witwergeld

(1) ₁Die Witwe oder der Witwer einer Beamtin oder eines Beamten auf Lebenszeit, die oder der die Voraussetzungen des § 4 Abs. 1 erfüllt hat, oder einer Ruhestandsbeamtin oder eines Ruhestandsbeamten erhält Witwen- oder Witwergeld. ₂Dies gilt nicht, wenn

1. die Ehe nicht mindestens ein Jahr gedauert hat, es sei denn, dass nach den besonderen Umständen des Falles die Annahme nicht gerechtfertigt ist, dass es der alleinige oder überwiegende Zweck der Heirat war, der Witwe oder dem Witwer eine Versorgung zu verschaffen, oder

2. die Ehe erst nach dem Eintritt oder der Versetzung der Beamtin oder des Beamten in den Ruhestand geschlossen worden ist und die Ruhestandsbeamtin oder der Ruhestandsbeamte zur Zeit der Eheschließung die Altersgrenze nach § 35 Abs. 2 NBG bereits erreicht hatte.

(2) Absatz 1 gilt auch für die Witwe oder den Witwer einer Beamtin oder eines Beamten auf Probe,

1. die oder der an den Folgen einer Dienstbeschädigung (§ 28 Abs. 1 BeamtStG) verstorben ist oder
2. der oder dem die Verfügung der Versetzung in den Ruhestand nach § 28 Abs. 2 BeamtStG in Verbindung mit § 43 NBG vor dem Versterben zugestellt worden ist.

§ 24 Höhe des Witwen- und Witwergeldes

(1) ₁Das Witwen- oder Witwergeld beträgt 55 Prozent des Ruhegehalts, das die oder der Verstorbene erhalten hat oder hätte erhalten können, wenn sie oder er am Todestag wegen Dienstunfähigkeit in den Ruhestand versetzt worden wäre. ₂Das Witwen- oder Witwergeld beträgt nach Anwendung des § 59 mindestens 60 Prozent des Ruhegehalts nach § 16 Abs. 3 Satz 2; § 16 Abs. 3 Satz 3 ist anzuwenden. ₃§ 16 Abs. 5 sowie die §§ 17 und 61 finden keine Anwendung. ₄Änderungen des Mindestruhegehalts (§ 16 Abs. 3) sind zu berücksichtigen. ₅Anstelle von 55 Prozent nach Satz 1 treten 60 Prozent, wenn die Ehe vor dem 1. Januar 2002 geschlossen wurde und mindestens ein Ehegatte vor dem 2. Januar 1962 geboren ist; in diesen Fällen ist § 59 nicht anzuwenden.

(2) ₁War die Witwe oder der Witwer mehr als 20 Jahre jünger als die oder der Verstorbene und ist aus der Ehe ein Kind nicht hervorgegangen, so wird das Witwen- oder Witwergeld (Absatz 1) für jedes angefangene Jahr des Altersunterschiedes über 20 Jahre um 5 Prozent gekürzt, jedoch höchstens um 50 Prozent. ₂Nach fünfjähriger Dauer der Ehe werden für jedes angefangene Jahr ihrer weiteren Dauer dem gekürzten Betrag 5 Prozent des Witwen- oder Witwergeldes hinzugesetzt, bis der volle Betrag wieder erreicht ist. ₃Das nach den Sätzen 1 und 2 errechnete Witwen- oder Witwergeld darf nicht hinter dem Mindestwitwen- oder -witwergeld (Absatz 1 Satz 2) zurückbleiben.

§ 25 Witwen- und Witwerabfindung

(1) Eine Witwe oder ein Witwer mit Anspruch auf Witwen- oder Witwergeld oder auf einen Unterhaltsbeitrag erhält im Fall einer Wiederverheiratung eine Witwen- oder Witwerabfindung.

(2) ₁Die Witwen- oder Witwerabfindung beträgt das Vierundzwanzigfache des für den Monat, in dem sich die Witwe oder der Witwer wiederverheiratet, nach Anwendung der Anrechnungs-, Kürzungs- und Ruhensvorschriften zu zahlenden Betrages des Witwen- oder Witwergeldes oder Unterhaltsbeitrages; eine Kürzung nach § 29 und die Anwendung der §§ 64 und 65 Abs. 1 Nr. 3 bleiben jedoch außer Betracht. ₂Die Abfindung ist in einer Summe zu zahlen.

(3) Lebt der Anspruch auf Witwen- oder Witwergeld oder auf Unterhaltsbeitrag nach § 73 Abs. 3 wieder auf, so ist die Witwen- oder Witwerabfindung, soweit sie für eine Zeit berechnet ist, die nach dem Wiederaufleben des Anspruchs auf Witwen- oder Witwergeld oder Unterhaltsbeitrag liegt, in angemessenen monatlichen Teilbeträgen einzubehalten.

§ 26 Unterhaltsbeitrag für nicht witwengeldberechtigte Witwen, nicht witwergeldberechtigte Witwer und frühere Ehefrauen und Ehemänner

(1) ₁In den Fällen des § 23 Abs. 1 Satz 2 Nr. 2 sowie des § 23 Abs. 2 in Verbindung mit § 23 Abs. 1 Satz 2 Nr. 2 ist ein Unterhaltsbeitrag in Höhe des Witwen- oder Witwergeldes zu gewähren, soweit die besonderen Umstände des Falles keine volle oder teilweise Versagung rechtfertigen. ₂Erwerbseinkommen und Erwerbsersatzeinkommen sind in angemessenem Umfang anzurechnen. ₃Wird ein Erwerbsersatzeinkommen nicht beantragt, auf ein Erwerbs- oder Erwerbsersatzeinkommen verzichtet oder an dessen Stelle eine Kapitalleistung, Abfindung oder Beitragserstattung gezahlt, so ist der Betrag zu berücksichtigen, der ansonsten zu zahlen wäre.

(2) ₁Der geschiedenen Ehefrau eines verstorbenen Beamten oder Ruhestandsbeamten sowie dem geschiedenen Ehemann einer verstorbenen Beamtin oder Ruhestandsbeamtin, die oder der im Fall des Fortbestehens

der Ehe Witwen- oder Witwergeld erhalten hätte, ist auf Antrag ein Unterhaltsbeitrag insoweit zu gewähren, als im Zeitpunkt des Todes der oder des Verstorbenen gegen diese oder diesen ein Anspruch auf schuldrechtlichen Versorgungsausgleich nach §1587f Nr. 2 des Bürgerlichen Gesetzbuchs (BGB) in der bis zum 31. August 2009 geltenden Fassung wegen einer Anwartschaft oder eines Anspruchs nach §1587a Abs. 2 Nr. 1 BGB in der bis zum 31. August 2009 geltenden Fassung bestand. ₂Der Unterhaltsbeitrag wird jedoch nur gewährt,

1. solange die geschiedene Ehefrau oder der geschiedene Ehemann erwerbsgemindert im Sinne des Sechsten Buchs des Sozialgesetzbuchs ist oder mindestens ein waisengeldberechtigtes Kind erzieht oder
2. wenn sie oder er das 60. Lebensjahr vollendet hat.

₃Der Erziehung eines waisengeldberechtigten Kindes steht die Sorge für ein waisengeldberechtigtes Kind mit körperlichen oder geistigen Gebrechen gleich. ₄Der nach Satz 1 festgestellte Betrag ist in einem Prozentsatz des Witwen- oder Witwergeldes festzusetzen; der Unterhaltsbeitrag darf fünf Sechstel des entsprechend §69 gekürzten Witwen- oder Witwergeldes nicht übersteigen. ₅§25 gilt entsprechend.

(3) Absatz 2 gilt entsprechend für die frühere Ehefrau oder den früheren Ehemann einer verstorbenen Beamtin oder Ruhestandsbeamtin oder eines verstorbenen Beamten oder Ruhestandsbeamten, wenn die Ehe aufgehoben oder für nichtig erklärt worden war.

§27 Waisengeld

(1) Die Kinder

1. einer verstorbenen Beamtin oder eines verstorbenen Beamten auf Lebenszeit,
2. einer verstorbenen Ruhestandsbeamtin oder eines verstorbenen Ruhestandsbeamten oder
3. einer verstorbenen Beamtin oder eines verstorbenen Beamten auf Probe,

a) die oder der an den Folgen einer Dienstbeschädigung (§28 Abs. 1 BeamtStG) verstorben ist oder
b) der oder dem die Verfügung der Versetzung in den Ruhestand nach §28 Abs. 2 BeamtStG in Verbindung mit §43 NBG vor dem Versterben zugestellt worden ist,

erhalten Waisengeld, wenn die oder der Verstorbene die Voraussetzungen des §4 Abs. 1 erfüllt hat.

(2) ₁Kein Waisengeld erhalten die Kinder einer verstorbenen Ruhestandsbeamtin oder eines verstorbenen Ruhestandsbeamten, wenn das Kindschaftsverhältnis durch Annahme als Kind begründet wurde und die Ruhestandsbeamtin oder der Ruhestandsbeamte in diesem Zeitpunkt bereits im Ruhestand war und das 65. Lebensjahr vollendet hatte. ₂Es kann ihnen jedoch ein Unterhaltsbeitrag bis zur Höhe des Waisengeldes bewilligt werden.

§28 Höhe des Waisengeldes

(1) ₁Das Waisengeld beträgt für die Halbwaise 12 Prozent und für die Vollwaise 20 Prozent des Ruhegehalts, das die oder der Verstorbene erhalten hat oder hätte erhalten können, wenn sie oder er am Todestag wegen Dienstunfähigkeit in den Ruhestand versetzt worden wäre. ₂§16 Abs. 5 sowie die §§17 und 61 finden keine Anwendung. ₃Das Mindestwaisengeld ist unter Anwendung des §16 Abs. 3 zu berechnen; Änderungen des Mindestruhegehalts sind zu berücksichtigen.

(2) Wenn die Mutter oder der Vater des Kindes der oder des Verstorbenen nicht zum Bezug von Witwen- oder Witwergeld berechtigt ist und auch keinen Unterhaltsbeitrag in Höhe des Witwen- oder Witwergeldes erhält, wird das Waisengeld nach dem Satz für Vollwaisen gezahlt; es darf zuzüglich des Unterhaltsbeitrages den Betrag des Witwen- oder Witwergeldes und des Waisengeldes nach dem Satz für Halbwaisen nicht übersteigen.

(3) Ergeben sich für eine Waise Waisengeldansprüche aus Beamtenverhältnissen mehrerer Personen, wird nur das höchste Waisengeld gezahlt.

§ 29 Zusammentreffen von Witwen- oder Witwergeld, Waisengeld und Unterhaltsbeiträgen

(1) ₁Witwen-, Witwer- und Waisengeld dürfen weder einzeln noch zusammen den Betrag des ihrer Berechnung zugrunde zu legenden Ruhegehalts übersteigen. ₂Ergibt sich an Witwen-, Witwer- und Waisengeld zusammen ein höherer Betrag, so werden die einzelnen Bezüge im gleichen Verhältnis gekürzt.

(2) Nach dem Ausscheiden eines Witwen-, Witwer- oder Waisengeldberechtigten erhöht sich das Witwen-, Witwer- oder Waisengeld der verbleibenden Berechtigten vom Beginn des folgenden Monats an insoweit, als sie nach Absatz 1 noch nicht den vollen Betrag nach § 24 oder § 28 erhalten.

(3) Die Absätze 1 und 2 gelten entsprechend, wenn neben Witwen-, Witwer- oder Waisengeld ein Unterhaltsbeitrag nach § 26 Abs. 2 oder 3 oder § 95 Abs. 1 gewährt wird.

(4) ₁Unterhaltsbeiträge nach § 26 Abs. 1 gelten für die Anwendung der Absätze 1 bis 3 als Witwen- oder Witwergeld. ₂Unterhaltsbeiträge nach § 27 Abs. 2 dürfen nur insoweit bewilligt werden, als sie allein oder zusammen mit gesetzlichen Hinterbliebenenbezügen die in Absatz 1 Satz 1 bezeichnete Höchstgrenze nicht übersteigen.

§ 30 Unterhaltsbeitrag für Hinterbliebene von entlassenen Beamtinnen und Beamten auf Lebenszeit und auf Probe

(1) Der Witwe, dem Witwer, der geschiedenen Ehefrau, dem geschiedenen Ehemann (§ 26 Abs. 2 und 3) und den Kindern einer Beamtin oder eines Beamten, der oder nach § 18 ein Unterhaltsbeitrag bewilligt worden ist oder hätte bewilligt werden können, kann die in den §§ 23, 24 und 26 bis 29 vorgesehene Versorgung bis zu der dort bezeichneten Höhe als Unterhaltsbeitrag bewilligt werden.

(2) § 25 gilt entsprechend.

§ 31 Beginn der Zahlungen

(1) ₁Die Zahlung des Witwen-, Witwer- und Waisengeldes sowie eines Unterhaltsbeitrages nach § 26 Abs. 1 oder § 27 Abs. 2 beginnt mit dem Ablauf des Sterbemonats. ₂Kinder, die nach diesem Zeitpunkt geboren werden, erhalten Waisengeld vom Ersten des Geburtsmonats an.

(2) Die Zahlung eines Unterhaltsbeitrages nach § 26 Abs. 2 oder 3 beginnt mit dem Ersten des Monats, in dem eine der in § 26 Abs. 2 Satz 2 genannten Voraussetzungen eintritt, frühestens jedoch mit Ablauf des Sterbemonats.

(3) Die Absätze 1 und 2 gelten entsprechend für die Zahlung eines Unterhaltsbeitrages nach § 30.

Abschnitt IV
Bezüge bei Verschollenheit

§ 32 Zahlung der Bezüge

(1) Ist eine Beamtin, ein Beamter, eine Ruhestandsbeamtin, ein Ruhestandsbeamter, eine sonstige Versorgungsempfängerin oder ein sonstiger Versorgungsempfänger verschollen, so werden die jeweils zustehenden Bezüge bis zum Ablauf des Monats gezahlt, in dem die oberste Dienstbehörde oder die von ihr bestimmte Stelle feststellt, dass das Ableben mit Wahrscheinlichkeit anzunehmen ist.

(2) ₁Vom Ersten des Monats ab, der dem in Absatz 1 bezeichneten Zeitpunkt folgt, erhalten die Personen, die im Fall des Todes der oder des Verschollenen Witwen-, Witwer- oder Waisengeld erhalten würden oder einen Unterhaltsbeitrag erhalten könnten, diese Bezüge. ₂Die §§ 21 und 22 gelten nicht.

(3) ₁Kehrt die oder der Verschollene zurück, so lebt ihr oder sein Anspruch auf Bezüge, soweit nicht besondere gesetzliche Gründe entgegenstehen, wieder auf. ₂Nachzahlungen sind längstens für die Dauer eines Jahres zu leisten; die nach Absatz 2 für den gleichen Zeitraum gewährten Bezüge sind anzurechnen.

(4) Ergibt sich, dass bei einer Beamtin oder einem Beamten die Voraussetzungen des § 14 NBesG vorliegen, so können die nach Absatz 2 gezahlten Bezüge von ihr oder ihm zurückgefordert werden.

(5) Wird die oder der Verschollene für tot erklärt oder die Todeszeit gerichtlich festgestellt oder eine Sterbeurkunde ausgestellt, so ist die Hinterbliebenenversorgung von dem Ersten des auf die Rechtskraft der gerichtlichen Entscheidung oder die Ausstellung der Sterbeurkunde folgenden Monats ab unter Berücksichtigung des festgestellten Todeszeitpunktes neu festzusetzen.

Abschnitt V
Unfallfürsorge

§ 33 Allgemeines

(1) ₁Wird eine Beamtin oder ein Beamter durch einen Dienstunfall verletzt, so wird ihr oder ihm und den Hinterbliebenen Unfallfürsorge gewährt. ₂Unfallfürsorge wird auch dem Kind einer Beamtin gewährt, das durch deren Dienstunfall während der Schwangerschaft unmittelbar geschädigt wurde. ₃Satz 2 gilt auch, wenn die Schädigung durch besondere Einwirkungen verursacht worden ist, die generell geeignet sind, bei der Mutter einen Dienstunfall im Sinne des § 34 Abs. 3 zu verursachen.

(2) ₁Die Unfallfürsorge umfasst

1. Einsatzversorgung im Sinne des § 35,
2. Erstattung von Sachschäden und besonderen Aufwendungen (§ 36),
3. Erstattung von Aufwendungen für Heilverfahren, für Kleider- und Wäscheverschleiß, für Überführung und Bestattung sowie Erstattung von Verdienstausfall und Arbeitsentgelt (§ 37),
4. Erstattung von Pflegeaufwendungen und von Verdienstausfall der Pflegeperson (§ 38),
5. Unfallausgleich (§ 39),
6. Unfallruhegehalt oder Unterhaltsbeitrag (§§ 40 bis 42),
7. Unfall-Hinterbliebenenversorgung (§§ 44 bis 47),
8. einmalige Unfallentschädigung (§ 48),
9. Schadensausgleich in besonderen Fällen (§ 49).

₂Im Fall von Absatz 1 Sätze 2 und 3 erhält das Kind der Beamtin Leistungen nach Satz 1 Nrn. 3 bis 5 sowie nach § 43.

(3) Im Übrigen gelten die allgemeinen Vorschriften.

§ 34 Dienstunfall

(1) ₁Dienstunfall ist ein auf äußerer Einwirkung beruhendes, plötzliches, örtlich und zeitlich bestimmbares, einen Körperschaden verursachendes Ereignis, das in Ausübung oder infolge des Dienstes eingetreten ist. ₂Zum Dienst gehören auch

1. Dienstreisen und die dienstliche Tätigkeit am Geschäftsort,
2. die Teilnahme an dienstlichen Veranstaltungen und
3. Nebentätigkeiten, zu deren Übernahme die Beamtin oder der Beamte gemäß § 71 NBG verpflichtet ist, oder Nebentätigkeiten, deren Wahrnehmung im Zusammenhang mit den Dienstgeschäften erwartet wird, sofern die Beamtin oder der Beamte hierbei nicht in der gesetzlichen Unfallversicherung versichert ist (§ 2 des Siebten Buchs des Sozialgesetzbuchs).

(2) ₁Als Dienst gilt auch das Zurücklegen des mit dem Dienst zusammenhängenden Weges zu und von der Dienststelle. ₂Hat die Beamtin oder der Beamte wegen der Entfernung ihrer oder seiner ständigen Familienwohnung vom Dienstort an diesem oder in dessen Nähe eine Unterkunft, so gilt Satz 1 auch für den Weg zwischen der Familienwohnung und der Dienststelle. ₃Der Zusammenhang mit dem Dienst gilt als nicht unterbrochen, wenn die Beamtin oder der Beamte

1. von dem unmittelbaren Weg zwischen der Wohnung und der Dienststelle in vertretbarem Umfang abweicht,
   a) um ihr oder sein dem Grunde nach kindergeldberechtigendes Kind wegen ihrer oder seiner beruflichen Tätigkeit oder der beruflichen Tätigkeit des jeweils anderen Elternteils fremder Obhut anzuvertrauen oder aus fremder Obhut abzuholen oder

b) weil sie oder er mit anderen berufstätigen oder in der gesetzlichen Unfallversicherung versicherten Personen gemeinsam ein Fahrzeug für den Weg zu und von der Dienststelle benutzt, oder

2. in ihrer oder seiner Wohnung Dienst leistet und Wege zurücklegt, um ihr oder sein dem Grunde nach kindergeldberechtigendes Kind fremder Obhut anzuvertrauen oder aus fremder Obhut abzuholen.

₄Ein Unfall, den die oder der Verletzte bei Durchführung des Heilverfahrens (§ 37) oder auf einem hierzu notwendigen Wege erleidet, gilt als Folge eines Dienstunfalls.

(3) ₁Erkrankt eine Beamtin oder ein Beamter, die oder der nach der Art der dienstlichen Verrichtung der Gefahr der Erkrankung an bestimmten Krankheiten besonders ausgesetzt ist, an einer solchen Krankheit, so gilt dies als Dienstunfall, es sei denn, dass die Beamtin oder der Beamte sich die Krankheit außerhalb des Dienstes zugezogen hat. ₂Die Erkrankung an einer solchen Krankheit gilt jedoch stets als Dienstunfall, wenn sie durch gesundheitsschädigende Verhältnisse verursacht worden ist, denen die Beamtin oder der Beamte am Ort des dienstlich angeordneten Aufenthaltes im Ausland besonders ausgesetzt war. ₃In Betracht kommen die in Anlage 1 der Berufskrankheiten-Verordnung vom 31. Oktober 1997 (BGBl. I S. 2623), zuletzt geändert durch Verordnung vom 22. Dezember 2014 (BGBl. I S. 2397), in der jeweils geltenden Fassung genannten Krankheiten mit den dort bezeichneten Maßgaben.

(4) ₁Dem durch Dienstunfall verursachten Körperschaden ist ein Körperschaden gleichzusetzen, den eine Beamtin oder ein Beamter außerhalb des Dienstes erleidet, wenn sie oder er im Hinblick auf pflichtgemäßes dienstliches Verhalten oder wegen der Eigenschaft als Beamtin oder Beamter angegriffen wird. ₂Gleichzuachten ist ferner ein Körperschaden, den eine Beamtin oder ein Beamter im Ausland erleidet, wenn sie oder er bei Kriegshandlungen, Aufruhr oder Unruhen, denen sie oder er am Ort des dienstlich angeordneten Aufenthaltes im Ausland besonders ausgesetzt war, angegriffen wird.

(5) Unfallfürsorge wie bei einem Dienstunfall kann auch gewährt werden, wenn eine Beamtin oder ein Beamter, die oder der zur Wahrnehmung einer Tätigkeit, die öffentlichen Belangen oder dienstlichen Interessen dient, beurlaubt worden ist und in Ausübung oder infolge dieser Tätigkeit einen Körperschaden erleidet.

§ 35 Einsatzversorgung

(1) ₁Unfallfürsorge wie bei einem Dienstunfall wird auch dann gewährt, wenn eine Beamtin oder ein Beamter aufgrund eines in Ausübung oder infolge des Dienstes eingetretenen Unfalls oder einer derart eingetretenen Erkrankung im Sinne des § 34 bei einer besonderen Verwendung im Ausland eine gesundheitliche Schädigung erleidet (Einsatzunfall). ₂Eine besondere Verwendung im Ausland ist eine Verwendung, die aufgrund eines Übereinkommens oder einer Vereinbarung mit einer über- oder zwischenstaatlichen Einrichtung oder mit einem auswärtigen Staat auf Beschluss der Bundesregierung im Ausland oder außerhalb des deutschen Hoheitsgebiets auf Schiffen oder in Luftfahrzeugen stattfindet, oder eine Verwendung im Ausland oder außerhalb des deutschen Hoheitsgebietes auf Schiffen oder in Luftfahrzeugen mit vergleichbar gesteigerter Gefährdungslage. ₃Die besondere Verwendung im Ausland beginnt mit dem Eintreffen im Einsatzgebiet und endet mit dem Verlassen des Einsatzgebietes.

(2) Gleiches gilt, wenn bei einer Beamtin oder einem Beamten eine Erkrankung oder ihre Folgen oder ein Unfall auf gesundheitsschädigende oder sonst vom Inland wesentlich abweichende Verhältnisse bei einer Verwendung im Sinne des Absatzes 1 zurückzuführen sind oder wenn eine gesundheitliche Schädigung bei dienstlicher Verwendung im Ausland auf einen Unfall oder eine Erkrankung im Zusammenhang mit einer Verschleppung oder einer Gefangenschaft zurückzuführen ist oder darauf beruht, dass die Beamtin oder der Beamte aus sonstigen mit dem Dienst zusammenhängenden Gründen dem Einflussbereich des Dienstherrn entzogen ist.

(3) § 34 Abs. 5 gilt entsprechend.

(4) Die Unfallfürsorge nach den Absätzen 1 bis 3 ist ausgeschlossen, wenn sich die Beamtin oder der Beamte vorsätzlich oder grob fahrlässig der Gefährdung ausgesetzt oder die Gründe für eine Verschleppung, Gefangenschaft oder sonstige Einflussbereichsentziehung herbeigeführt hat, es sei denn, dass der Ausschluss eine unbillige Härte wäre.

§ 36 Erstattung von Sachschäden und besonderen Aufwendungen

₁Sind bei einem Dienstunfall Kleidungsstücke oder sonstige Gegenstände, die die Beamtin oder der Beamte zur Dienstausübung und während der Dienstzeit benötigt und deshalb mit sich geführt hat, beschädigt oder zerstört worden oder abhanden gekommen, so kann dafür Ersatz geleistet werden. ₂Anträge auf Gewährung von Sachschadensersatz nach Satz 1 sind innerhalb einer Ausschlussfrist von drei Monaten zu stellen. ₃Sind durch eine Erste-Hilfe-Leistung nach dem Unfall besondere Kosten entstanden, so ist der Beamtin oder dem Beamten der nachweisbar notwendige Aufwand zu ersetzen.

§ 37 Erstattung von Aufwendungen für Heilverfahren, für Kleider- und Wäscheverschleiß, für Überführung und Bestattung sowie Erstattung von Verdienstausfall und Arbeitsentgelt

(1) ₁Es werden die angemessenen Aufwendungen für

1. die ärztliche, zahnärztliche, psychotherapeutische und heilpraktische Untersuchung und Behandlung,
2. die Krankenhausbehandlung,
3. die Durchführung von Rehabilitationsmaßnahmen,
4. die Versorgung mit Arznei- und Verbandmitteln, Medizinprodukten sowie Heilmitteln,
5. die Versorgung mit Hilfsmitteln, Geräten zur Selbstbehandlung und Selbstkontrolle sowie Körperersatzstücken und
6. sonstige Leistungen zur Wiederherstellung der Gesundheit, zur Vermeidung von Unfallfolgen oder zur Linderung der Folgen einer Verletzung

erstattet, soweit die Maßnahmen im Rahmen eines Heilverfahrens medizinisch notwendig sind. ₂Erstattet werden auch Aufwendungen für Wahlleistungen nach § 17 des Krankenhausentgeltgesetzes und nach § 16 der Bundespflegesatzverordnung mit der Maßgabe, dass für eine gesondert berechenbare Unterkunft nur die Aufwendungen für die Inanspruchnahme eines Zweibettzimmers erstattet werden. ₃Die oberste Dienstbehörde kann in dienstlich begründeten Ausnahmefällen zulassen, dass abweichend von Satz 2 die Aufwendungen für die Inanspruchnahme eines Einbettzimmers erstattet werden.

(2) ₁Das Nähere über Inhalt und Umfang sowie das Verfahren der Aufwendungserstattung regelt die Landesregierung in Anlehnung an das Fünfte Buch des Sozialgesetzbuchs sowie unter Berücksichtigung der Fürsorgepflicht des Dienstherrn nach § 45 BeamtStG durch Verordnung. ₂Insbesondere können Bestimmungen getroffen werden

1. bezüglich des Inhalts und Umfangs der Aufwendungserstattung
   a) über die Beschränkung oder den Ausschluss der Erstattung für Untersuchungen und Behandlungen nach wissenschaftlich nicht allgemein anerkannten Methoden und für bestimmte Arzneimittel, insbesondere solche, bei deren Anwendung eine Erhöhung der Lebensqualität im Vordergrund steht,
   b) über Höchstbeträge in bestimmten Fällen,
   c) über die Beschränkung der Erstattung von Aufwendungen, die außerhalb eines Mitgliedstaates der Europäischen Union entstanden sind,
   d) über Eigenbehalte bei Maßnahmen, die zu einer häuslichen Ersparnis führen,
2. bezüglich des Verfahrens der Aufwendungserstattung
   a) über die Notwendigkeit eines Voranerkennungsverfahrens,
   b) über eine Ausschlussfrist für die Beantragung der Erstattung von Aufwendungen,

c) über die vorläufige Erstattung von Aufwendungen in Fällen, in denen sich die Anerkennung des Unfallereignisses aus Gründen, die die Beamtin oder der Beamte nicht zu vertreten hat, verzögert,

d) über die elektronische Erfassung und Speicherung von Anträgen und Belegen,

e) über die Erstattung von Aufwendungen an Personen oder Einrichtungen, die Leistungen erbringen oder Rechnungen ausstellen,

f) über die Beteiligung von Gutachterinnen und Gutachtern sowie sonstiger Stellen zur Überprüfung der Notwendigkeit beantragter Maßnahmen oder der Angemessenheit einzelner Aufwendungen einschließlich der Übermittlung erforderlicher Daten, wobei personenbezogene Daten nur mit Einwilligung der Betroffenen übermittelt werden dürfen.

₃Der Ausschluss oder die Beschränkung der Aufwendungserstattung für nachgewiesene und angemessene Aufwendungen für medizinisch notwendige Leistungen ist nur zulässig, soweit dies im Einzelfall nicht zu einer unzumutbaren Härte für die nach § 33 Abs. 1 berechtigte Person führt.

(3) Bei Personen mit Anspruch auf Heilfürsorge nach den §§ 114 und 115 NBG bestimmen sich der Inhalt und Umfang sowie das Verfahren der Aufwendungserstattung nach den Regelungen über die Gewährung von Heilfürsorge, soweit nicht Absatz 1 Sätze 2 und 3 oder die Verordnung nach Absatz 2 die Erstattung von Aufwendungen für Maßnahmen und Leistungen vorsieht, die über den Leistungsumfang der Heilfürsorge hinausgehen.

(4) ₁Ist die nach § 33 Abs. 1 berechtigte Person an den Folgen eines Dienstunfalls verstorben, so werden der Erbin, dem Erben oder der Erbengemeinschaft die Aufwendungen für die Überführung und die Bestattung der oder des Verstorbenen erstattet. ₂Die Erstattung der Aufwendungen der Überführung kann ganz oder teilweise versagt werden, wenn die nach § 33 Abs. 1 berechtigte Person während eines privaten Aufenthalts außerhalb eines Mitgliedstaates der Europäischen Union verstorben ist. ₃Auf den Erstattungsbetrag nach Satz 1 ist Sterbegeld nach § 22 Abs. 1 und 2 Nr. 1 in Höhe von 40 Prozent des Bruttobetrages und Sterbegeld nach § 22 Abs. 2 Nr. 2 in voller Höhe anzurechnen. ₄Satz 3 gilt nicht, wenn die Aufwendungen für die Überführung und die Bestattung von Erben zu tragen sind, die keinen Anspruch auf Sterbegeld haben.

(5) ₁Einer nach § 33 Abs. 1 berechtigten Person, die weder Beamtin oder Beamter noch Ruhestandsbeamtin oder Ruhestandsbeamter ist, wird ein für den Zeitraum der Durchführung einer Maßnahme nach Absatz 1 Satz 1 Nrn. 1 bis 4 und 6 nachgewiesener Verdienstausfall erstattet. ₂Der Erstattungsbetrag und ein Unterhaltsbeitrag nach § 42 oder § 43 dürfen zusammen den Unterhaltsbeitrag nach § 42 Abs. 2 Nr. 1 oder § 43 Abs. 1 Nr. 1 nicht übersteigen.

(6) In der Verordnung nach Absatz 2 können auch Bestimmungen getroffen werden über die Beteiligung an der Finanzierung von Leistungen, für die der nach § 33 Abs. 1 berechtigten Person keine Aufwendungen entstehen.

(7) Benötigt die nach § 33 Abs. 1 berechtigte Person eine Organ- oder Gewebetransplantation oder eine Behandlung mit Blutstammzellen oder anderen Blutbestandteilen, so hat der Dienstherr bei Lebendspenden dem Arbeitgeber der Spenderin oder des Spenders auf Antrag das während der Arbeitsunfähigkeit infolge der Spende fortgezahlte Arbeitsentgelt sowie hierauf entfallende Beiträge des Arbeitgebers zur Sozialversicherung und zur betrieblichen Alters- und Hinterbliebenenversorgung zu erstatten.

(8) ₁Steht einer nach § 33 Abs. 1 berechtigten Person gegen eine Leistungserbringerin oder einen Leistungserbringer wegen einer unrichtigen Abrechnung ein Anspruch auf Rückerstattung oder Schadensersatz zu, so kann der Dienstherr durch schriftliche Anzeige gegenüber der Leistungserbringerin oder dem Leistungserbringer bewirken, dass der Anspruch

insoweit auf ihn übergeht, als er aufgrund der unrichtigen Abrechnung zu hohe Leistungen erbracht hat. ₂Satz 1 gilt für einen Anspruch gegen die Abrechnungsstelle der Leistungserbringerin oder des Leistungserbringers entsprechend.

(9) Verursachen die Folgen eines Dienstunfalls einen außergewöhnlichen Verschleiß an Kleidung und Wäsche, so werden die dadurch entstehenden Aufwendungen in entsprechender Anwendung des §46 Abs. 1 Nr. 2 und Abs. 2 des Vierzehnten Buchs des Sozialgesetzbuchs (SGB XIV) erstattet.

§38 Erstattung von Pflegeaufwendungen und von Verdienstausfall der Pflegeperson

(1) Ist die nach §33 Abs. 1 berechtigte Person infolge des Dienstunfalls pflegebedürftig im Sinne des §14 des Elften Buchs des Sozialgesetzbuchs (SGB XI), so sind ihr oder ihm die angemessenen Aufwendungen einer notwendigen Pflege zu erstatten.

(2) ₁Das Nähere über Inhalt und Umfang sowie das Verfahren der Erstattung der Pflegeaufwendungen regelt die Landesregierung in Anlehnung an das Elfte Buch des Sozialgesetzbuchs und §41 des Siebten Buchs des Sozialgesetzbuchs sowie unter Berücksichtigung der Fürsorgepflicht des Dienstherrn nach §45 BeamtStG durch Verordnung. ₂Insbesondere können Bestimmungen getroffen werden

1. über die Erstattung von Aufwendungen für eine Haushaltshilfe, wenn ihre Beschäftigung wegen der Inanspruchnahme der Angehörigen der oder des Verletzten durch deren oder dessen Pflege notwendig ist,

2. über die Erstattung von Aufwendungen für eine behindertengerechte Anpassung wie Ausstattung, Umbau und Ausbau des individuellen Wohnumfelds oder für den Umzug in eine behindertengerechte Wohnung,

3. über Eigenbehalte bei stationärer Unterbringung und

4. über Anzeigepflichten der nach §33 Abs. 1 berechtigten Person.

₃§37 Abs. 2 Satz 2 Nr. 1 Buchst. b und Nr. 2 Buchst. b bis f sowie Satz 3 gilt entsprechend.

(3) ₁Wird die nach §33 Abs. 1 berechtigte Person von einer Pflegeperson nach §19 SGB XI gepflegt, so erstattet ihr der Dienstherr ihren Verdienstausfall aufgrund der Pflege, höchstens jedoch bis zur Höhe der ortsüblichen Vergütung für eine hauptberufliche Pflegekraft. ₂In besonders begründeten Ausnahmefällen kann die oberste Dienstbehörde zulassen, dass abweichend von Satz 1 ein höherer Verdienstausfall erstattet wird. ₃Der Dienstherr erstattet auch die auf den Betrag nach den Sätzen 1 und 2 entfallenden Beiträge des Arbeitgebers zur Sozialversicherung und zur betrieblichen Alters- und Hinterbliebenenversorgung.

(4) ₁Ist die nach §33 Abs. 1 berechtigte Person pflegebedürftig und nehmen deshalb nahe Angehörige im Sinne des §7 Abs. 3 des Pflegezeitgesetzes (PflegeZG) das Recht nach §2 Abs. 1 PflegeZG, bis zu zehn Arbeitstage der Arbeit fernzubleiben, in Anspruch, so gewährt der Dienstherr den nahen Angehörigen auf Antrag nach Maßgabe des §44a Abs. 3 SGB XI ein Pflegeunterstützungsgeld als Ausgleich für entgangenes Arbeitsentgelt für bis zu zehn Arbeitstage. ₂§44a Abs. 4 SGB XI ist entsprechend anzuwenden.

(5) §37 Abs. 6 und 8 gilt entsprechend.

§39 Unfallausgleich

(1) ₁Führt ein Dienstunfall zu einer wesentlichen, länger als sechs Monate andauernden Beschränkung der Erwerbsfähigkeit, so erhält die oder der Verletzte, solange dieser Zustand andauert, neben den Dienstbezügen, den Anwärterbezügen oder dem Ruhegehalt einen Unfallausgleich. ₂Die Beschränkung der Erwerbsfähigkeit bemisst sich nach dem Grad der Schädigungsfolgen; §5 Abs. 1 SGB XIV gilt entsprechend. ₃Die Höhe des Unfallausgleichs ergibt sich aus der Anlage 1.

(2) ₁War bei Eintritt des Dienstunfalls die Erwerbsfähigkeit bereits beschränkt, so ist für die Berechnung des Unfallausgleichs von der individuellen Erwerbsfähigkeit der oder des Verletzten, die unmittelbar vor dem Eintritt

des Dienstunfalls bestand, auszugehen und zu ermitteln, welcher Teil dieser individuellen Erwerbsfähigkeit durch den Dienstunfall gemindert wurde. ₂Beruht die frühere Beschränkung der Erwerbsfähigkeit auf einem Dienstunfall, so kann ein einheitlicher Unfallausgleich festgesetzt werden.

(3) ₁Der Unfallausgleich wird neu festgestellt, wenn in den Verhältnissen, die für die Feststellung maßgebend gewesen sind, eine wesentliche Änderung eingetreten ist. ₂Zu diesem Zweck ist die Beamtin oder der Beamte verpflichtet, sich auf Anordnung der obersten Dienstbehörde durch eine von ihr bestimmte Ärztin oder einen von ihr bestimmten Arzt untersuchen zu lassen; die oberste Dienstbehörde kann diese Befugnis auf andere Stellen übertragen.

(4) Der Unfallausgleich wird auch während einer Beurlaubung ohne Dienstbezüge gewährt.

§ 40 Unfallruhegehalt

(1) Ist die Beamtin oder der Beamte infolge des Dienstunfalls dienstunfähig geworden und in den Ruhestand versetzt worden, so erhält sie oder er Unfallruhegehalt.

(2) Für die Berechnung des Unfallruhegehalts einer oder eines vor Vollendung des 60. Lebensjahres in den Ruhestand versetzten Beamtin oder Beamten wird der ruhegehaltfähigen Dienstzeit nur die Hälfte der Zurechnungszeit nach § 15 Abs. 1 hinzugerechnet; § 15 Abs. 3 gilt entsprechend.

(3) ₁Der Ruhegehaltssatz wird nach § 16 Abs. 1 mit der Maßgabe berechnet, dass für jedes Jahr ruhegehaltfähiger Dienstzeit 1,875 statt 1,79375 Prozent anzusetzen sind; dieser Ruhegehaltssatz wird um 20 Prozentpunkte erhöht. ₂Das Unfallruhegehalt beträgt mindestens 66 2/3 Prozent der ruhegehaltfähigen Dienstbezüge und darf 75 Prozent der ruhegehaltfähigen Dienstbezüge nicht übersteigen. ₃Es darf nicht hinter 75 Prozent der jeweils ruhegehaltfähigen Dienstbezüge aus der Endstufe der Besoldungsgruppe A 5 zurückbleiben.

§ 41 Erhöhtes Unfallruhegehalt

(1) ₁Setzt sich eine Beamtin oder ein Beamter bei Ausübung einer Diensthandlung einer damit verbundenen besonderen Lebensgefahr aus und erleidet infolge dieser Gefährdung einen Dienstunfall, so sind bei der Bemessung des Unfallruhegehalts 80 Prozent der ruhegehaltfähigen Dienstbezüge aus der Endstufe der übernächsten Besoldungsgruppe zugrunde zu legen, wenn sie oder er infolge dieses Dienstunfalls dienstunfähig geworden und in den Ruhestand versetzt worden ist und der Grad der Schädigungsfolgen im Zeitpunkt der Versetzung in den Ruhestand infolge des Dienstunfalls mindestens 50 beträgt; § 5 Abs. 1 SGB XIV gilt entsprechend. ₂Satz 1 gilt mit der Maßgabe, dass sich die ruhegehaltfähigen Dienstbezüge für Beamtinnen und Beamte

1. der Laufbahngruppe 1 mindestens nach der Besoldungsgruppe A 6 und
2. der Laufbahngruppe 2 mindestens nach der Besoldungsgruppe A 12

bemessen.

(2) Unfallruhegehalt nach Absatz 1 wird auch gewährt, wenn die Beamtin oder der Beamte

1. in Ausübung des Dienstes durch einen rechtswidrigen Angriff oder
2. außerhalb seines Dienstes durch einen Angriff im Sinne des § 34 Abs. 4

einen Dienstunfall mit den in Absatz 1 genannten Folgen erleidet.

(3) Unfallruhegehalt nach Absatz 1 wird auch gewährt, wenn eine Beamtin oder ein Beamter einen Einsatzunfall oder ein diesem gleichstehendes Ereignis im Sinne des § 35 erleidet und infolge des Einsatzunfalls oder des diesem gleichstehenden Ereignisses dienstunfähig geworden und in den Ruhestand versetzt worden ist und der Grad der Schädigungsfolgen im Zeitpunkt der Versetzung in den Ruhestand infolge des Einsatzunfalls oder des diesem gleichstehenden Ereignisses mindestens 50 beträgt; § 5 Abs. 1 SGB XIV gilt entsprechend.

§ 42 Unterhaltsbeitrag für frühere Beamtinnen und Beamte sowie frühere Ruhestandsbeamtinnen und Ruhestandsbeamte

(1) ₁Eine frühere Beamtin oder ein früherer Beamter, die oder der durch einen Dienstunfall verletzt wurde, erhält, wenn das Beamtenverhältnis nicht durch Eintritt oder Versetzung in den Ruhestand beendet wurde, neben den Leistungen nach den §§ 37 und 38 für die Dauer einer durch den Dienstunfall verursachten Beschränkung der Erwerbsfähigkeit einen Unterhaltsbeitrag. ₂Die Beschränkung der Erwerbsfähigkeit bemisst sich nach dem Grad der Schädigungsfolgen; § 5 Abs. 1 SGB XIV gilt entsprechend.

(2) Der Unterhaltsbeitrag beträgt

1. bei einem Grad der Schädigungsfolgen von 100:

   66 2/3 Prozent der ruhegehaltfähigen Dienstbezüge nach Absatz 4,

2. bei einem Grad der Schädigungsfolgen von mindestens 20:

   den diesem Grad entsprechenden Prozentsatz des Unterhaltsbeitrages nach Nummer 1.

(3) Im Fall des Absatzes 2 Nr. 2 kann der Unterhaltsbeitrag, solange die oder der Verletzte aus Anlass des Unfalls unverschuldet arbeitslos ist, bis auf den Betrag nach Absatz 2 Nr. 1 erhöht werden.

(4) ₁Die ruhegehaltfähigen Dienstbezüge bestimmen sich nach § 5 Abs. 1. ₂Bei einer früheren Beamtin oder einem früheren Beamten auf Widerruf im Vorbereitungsdienst sind die Dienstbezüge zugrunde zu legen, die sie oder er bei der Berufung in das Beamtenverhältnis auf Probe zuerst erhalten hätte; das Gleiche gilt bei einer früheren Beamtin oder einem früheren Beamten des Polizeivollzugsdienstes auf Widerruf mit Dienstbezügen. ₃Ist die Beamtin oder der Beamte wegen Dienstunfähigkeit infolge des Dienstunfalls entlassen worden, so gilt § 5 Abs. 2 entsprechend. ₄Der Unterhaltsbeitrag für eine frühere Beamtin oder einen früheren Beamten auf Widerruf, die oder der ein Amt bekleidete, das die Arbeitskraft nur nebenbei beanspruchte, ist nach billigem Ermessen festzusetzen.

(5) ₁Ist die Beamtin oder der Beamte wegen Dienstunfähigkeit infolge des Dienstunfalls entlassen worden, darf der Unterhaltsbeitrag nach Absatz 2 Nr. 1 nicht hinter dem Mindestunfallruhegehalt (§ 40 Abs. 3 Satz 3) zurückbleiben. ₂Ist die Beamtin oder der Beamte wegen Dienstunfähigkeit infolge des Dienstunfalls der in § 41 bezeichneten Art entlassen worden und beträgt der Grad der Schädigungsfolgen infolge des Dienstunfalls im Zeitpunkt der Entlassung mindestens 50, so treten an die Stelle des Mindestunfallruhegehalts 80 Prozent der ruhegehaltfähigen Dienstbezüge aus der Endstufe der Besoldungsgruppe, die sich bei sinngemäßer Anwendung des § 41 ergibt. ₃Absatz 4 Satz 4 gilt entsprechend.

(6) Zum Zweck der Nachprüfung des Grades der Schädigungsfolgen ist die frühere Beamtin oder die frühere Beamte verpflichtet, sich auf Anordnung der obersten Dienstbehörde durch eine von ihr bestimmte Ärztin oder einen von ihr bestimmten Arzt untersuchen zu lassen; die oberste Dienstbehörde kann diese Befugnis auf andere Stellen übertragen.

(7) Die Absätze 1 bis 6 gelten entsprechend für eine durch Dienstunfall verletzte frühere Ruhestandsbeamtin, die ihre Rechte als Ruhestandsbeamtin verloren hat oder der das Ruhegehalt aberkannt worden ist, oder für einen durch Dienstunfall verletzten früheren Ruhestandsbeamten, der seine Rechte als Ruhestandsbeamter verloren hat oder dem das Ruhegehalt aberkannt worden ist.

§ 43 Unterhaltsbeitrag bei Schädigung eines ungeborenen Kindes

(1) Der Unterhaltsbeitrag wird im Fall des § 33 Abs. 1 Satz 2 und 3 für die Dauer der durch einen Dienstunfall der Mutter verursachten Beschränkung der Erwerbsfähigkeit gewährt

1. bei einem Grad der Schädigungsfolgen von 100 in Höhe des Mindestunfallwaisengeldes nach § 44 Satz 2 Nr. 2 in Verbindung mit § 40 Abs. 3 Satz 3,

2. bei einem Grad der Schädigungsfolgen von mindestens 20 Prozent in Höhe eines

diesem Grad entsprechenden Teils des Unterhaltsbeitrages nach Nummer 1.

(2) ₁§ 5 Abs. 1 SGB XIV sowie § 42 Abs. 6 gelten entsprechend. ₂Bei Minderjährigen wird der Grad der Schädigungsfolgen nach den Auswirkungen bemessen, die sich bei Erwachsenen mit gleichem Gesundheitsschaden ergeben würden. ₃Die Sorgeberechtigten sind verpflichtet, Untersuchungen zu ermöglichen.

(3) Der Unterhaltsbeitrag beträgt vor Vollendung des 14. Lebensjahres 30 Prozent, vor Vollendung des 18. Lebensjahres 50 Prozent der Sätze nach Absatz 1.

(4) Der Anspruch auf Unterhaltsbeitrag ruht insoweit, als während einer Heimpflege von mehr als einem Kalendermonat Pflegeaufwendungen gemäß § 38 erstattet werden.

(5) Hat eine unterhaltsberechtigte Person Anspruch auf Waisengeld nach diesem Gesetz oder anderen beamtenrechtlichen Vorschriften, so wird nur der höhere Versorgungsbezug gezahlt.

§ 44 Unfall-Hinterbliebenenversorgung

₁Ist eine Beamtin oder ein Beamter, die oder der Unfallruhegehalt erhalten hätte, oder eine Ruhestandsbeamtin oder ein Ruhestandsbeamter, die oder der Unfallruhegehalt bezog, an den Folgen des Dienstunfalls verstorben, so erhalten die Hinterbliebenen Unfall-Hinterbliebenenversorgung. ₂Dabei sind

1. abweichend von § 24 Abs. 1 Satz 1 60 Prozent und
2. abweichend von § 28 Abs. 1 Satz 1 30 Prozent

des Unfallruhegehalts als Hinterbliebenenversorgung anzusetzen. ₃Waisengeld wird auch elternlosen Enkeln gewährt, deren Unterhalt zur Zeit des Dienstunfalls ganz oder überwiegend durch die Verstorbene oder den Verstorbenen bestritten wurde.

§ 45 Unterhaltsbeitrag für Verwandte der aufsteigenden Linie

₁Verwandten der aufsteigenden Linie, deren Unterhalt zur Zeit des Dienstunfalls ganz oder überwiegend durch die Verstorbene oder den Verstorbenen (§ 44) bestritten wurde, ist für die Dauer der Bedürftigkeit ein Unterhaltsbeitrag von zusammen 30 Prozent des Unfallruhegehalts zu gewähren, mindestens jedoch 40 Prozent des in § 40 Abs. 3 Satz 3 genannten Betrages. ₂Sind mehrere Personen dieser Art vorhanden, so wird der Unterhaltsbeitrag den Eltern vor den Großeltern gewährt; an die Stelle eines verstorbenen Elternteiles treten dessen Eltern.

§ 46 Unterhaltsbeitrag für Hinterbliebene

(1) Ist in den Fällen des § 42 die frühere Beamtin oder Ruhestandsbeamtin oder der frühere Beamte oder Ruhestandsbeamte an den Folgen des Dienstunfalls verstorben, so erhalten die Hinterbliebenen einen Unterhaltsbeitrag in Höhe des Witwen-, Witwer- und Waisengeldes, das sich nach den allgemeinen Vorschriften unter Zugrundelegung des Unterhaltsbeitrages nach § 42 Abs. 2 Nr. 1 ergibt.

(2) Ist die frühere Beamtin oder Ruhestandsbeamtin oder der frühere Beamte oder Ruhestandsbeamte nicht an den Folgen des Dienstunfalls verstorben, so kann den Hinterbliebenen ein Unterhaltsbeitrag bis zur Höhe des Witwen-, Witwer- und Waisengeldes bewilligt werden, das sich nach den allgemeinen Vorschriften unter Zugrundelegung des Unterhaltsbeitrages ergibt, den die oder der Verstorbene im Zeitpunkt des Todes bezogen hat.

(3) Für die Hinterbliebenen einer an den Unfallfolgen verstorbenen Beamtin oder eines an den Unfallfolgen verstorbenen Beamten gilt Absatz 1 entsprechend, wenn ihnen nicht Unfall-Hinterbliebenenversorgung nach § 44 zusteht.

(4) § 25 gilt entsprechend.

§ 47 Höchstgrenzen der Hinterbliebenenversorgung

₁Die Unfallversorgung der Hinterbliebenen (§§ 44 bis 46) darf insgesamt die Bezüge (Unfallruhegehalt oder Unterhaltsbeitrag) nicht übersteigen, die die oder der Verstorbene erhalten hat oder hätte erhalten können. ₂Abweichend von Satz 1 sind in den Fällen des § 41 als Höchstgrenze mindestens die ruhegehaltfähigen Dienstbezüge aus der Endstufe der übernächsten an Stelle der tatsächlich erreichten Besoldungsgruppe zugrunde zu legen. ₃§ 29 ist entsprechend anzuwenden. ₄Der Unfallausgleich (§ 39) sowie der Zuschlag bei Arbeitslosigkeit (§ 42 Abs. 3) bleiben sowohl bei der Berechnung des Unterhaltsbeitrages nach § 46 als auch bei der vergleichenden Berechnung nach § 29 außer Betracht.

§ 48 Einmalige Unfallentschädigung und einmalige Entschädigung

(1) Eine Beamtin oder ein Beamter, die oder der einen Dienstunfall der in § 41 bezeichneten Art erleidet, erhält neben einer beamtenrechtlichen Versorgung bei Beendigung des Dienstverhältnisses eine einmalige Unfallentschädigung von 150 000 Euro, wenn von der obersten Dienstbehörde oder der von ihr bestimmten Stelle infolge des Unfalls zu diesem Zeitpunkt ein dauerhafter Grad der Schädigungsfolgen von mindestens 50 festgestellt wird; § 5 Abs. 1 SGB XIV gilt entsprechend.

(2) Ist eine Beamtin oder ein Beamter an den Folgen eines Dienstunfalls der in § 41 bezeichneten Art verstorben und wurde eine einmalige Unfallentschädigung nach Absatz 1 nicht gezahlt, so wird den Hinterbliebenen eine einmalige Unfallentschädigung nach Maßgabe folgender Bestimmungen gewährt:

1. Die Witwe oder der Witwer sowie die versorgungsberechtigten Kinder erhalten eine Entschädigung in Höhe von insgesamt 100 000 Euro.
2. Sind Anspruchsberechtigte im Sinne der Nummer 1 nicht vorhanden, so erhalten die Eltern und die nicht versorgungsberechtigten Kinder eine Entschädigung in Höhe von insgesamt 40 000 Euro.
3. Sind Anspruchsberechtigte im Sinne der Nummern 1 und 2 nicht vorhanden, so erhalten die Großeltern und Enkel eine Entschädigung in Höhe von insgesamt 20 000 Euro.

(3) ₁Die Absätze 1 und 2 gelten entsprechend, wenn eine Beamtin oder ein Beamter, die oder der

1. als Angehörige oder Angehöriger des besonders gefährdeten fliegenden Personals während des Flugdienstes,
2. als Angehörige oder Angehöriger des besonders gefährdeten Munitionsuntersuchungspersonals während des dienstlichen Umgangs mit Munition,
3. als Angehörige oder Angehöriger eines Polizeiverbands für besondere polizeiliche Einsätze bei einer besonders gefährlichen Diensthandlung im Einsatz oder in der Ausbildung dazu,
4. als Helm- oder Schwimmtaucherin oder Helm- oder Schwimmtaucher während des besonders gefährlichen Tauchdienstes,
5. im Bergrettungsdienst während des Einsatzes oder der Ausbildung dazu
6. im Einsatz beim Ein- oder Aushängen von Außenlasten bei einem Hubschrauber

einen Unfall erleidet, der nur auf die besonderen Verhältnisse des Dienstes nach den Nummern 1 bis 6 zurückzuführen ist. ₂Den Personenkreis des Satzes 1 und die zum Dienst im Sinne des Satzes 1 gehörenden dienstlichen Verrichtungen bestimmt die Landesregierung durch Verordnung. ₃Die Sätze 1 und 2 gelten entsprechend für andere Angehörige des öffentlichen Dienstes, zu deren Dienstobliegenheiten Tätigkeiten der in Satz 1 Nrn. 1 bis 6 bezeichneten Art gehören.

(4) Absatz 1 gilt entsprechend, wenn eine Beamtin, ein Beamter, eine andere Angehörige oder ein anderer Angehöriger des öffentlichen Dienstes einen Einsatzunfall oder ein diesem gleichstehendes Ereignis im Sinne des § 35 erleidet.

(5) Die Hinterbliebenen erhalten eine einmalige Entschädigung nach Maßgabe des Absatzes 2, wenn eine Beamtin, ein Beamter, eine andere Angehörige oder ein anderer Angehöriger des öffentlichen Dienstes an den Folgen eines Einsatzunfalls oder eines diesem gleichstehenden Ereignisses im Sinne des § 35 verstorben ist.

(6) ₁Für die einmalige Entschädigung nach den Absätzen 4 und 5 gelten § 34 Abs. 5 und § 35 Abs. 4 entsprechend. ₂Besteht aufgrund derselben Ursache Anspruch sowohl auf eine einmalige Unfallentschädigung nach den Absätzen 1 bis 3 als auch auf eine einmalige Entschädigung nach Absatz 4 oder 5, wird nur die einmalige Entschädigung gewährt.

(7) Eine Entschädigung aus einer Unfallversicherung, für die der Dienstherr die Beiträge gezahlt hat, ist auf die Unfallentschädigung nach Absatz 3 anzurechnen.

§ 49 Schadensausgleich in besonderen Fällen

(1) ₁Schäden, die einer Beamtin oder einem Beamten während einer Verwendung im Sinne des § 35 Abs. 1 infolge von besonderen, vom Inland wesentlich abweichenden Verhältnissen, insbesondere infolge von Kriegshandlungen, kriegerischen Ereignissen, Aufruhr, Unruhen oder Naturkatastrophen oder als Folge der Ereignisse nach § 35 Abs. 2 entstehen, werden ihr oder ihm in angemessenem Umfang ersetzt. ₂Gleiches gilt für Schäden der Beamtin oder des Beamten durch einen Gewaltakt gegen staatliche Amtsträger, Einrichtungen oder Maßnahmen, wenn sie oder er von dem Gewaltakt in Ausübung des Dienstes oder wegen der Eigenschaft als Beamtin oder Beamter betroffen ist.

(2) Im Fall einer Verwendung im Sinne des § 35 Abs. 1 wird einer Beamtin oder einem Beamten ein angemessener Ausgleich auch für Schäden infolge von Maßnahmen einer ausländischen Regierung, die sich gegen die Bundesrepublik Deutschland richten, gewährt.

(3) ₁Ist eine Beamtin oder ein Beamter an den Folgen des schädigenden Ereignisses der in Absatz 1 oder 2 bezeichneten Art verstorben, so wird ein angemessener Ausgleich gewährt

1. der Witwe oder dem Witwer sowie den versorgungsberechtigten Kindern,

2. den Eltern sowie den nicht versorgungsberechtigten Kindern, wenn Hinterbliebene der in Nummer 1 bezeichneten Art nicht vorhanden sind.

₂Der Ausgleich für ausgefallene Versicherungen wird der natürlichen Person gewährt, die die Beamtin oder der Beamte im Versicherungsvertrag begünstigt hat. ₃Sind Versicherungsansprüche zur Finanzierung des Erwerbs von Wohneigentum an eine juristische Person abgetreten worden, wird der Ausgleich für die ausgefallene Versicherung an diese juristische Person gezahlt, wenn die Abtretung durch die Beamtin oder den Beamten dazu gedient hat, eine natürliche Person von Zahlungspflichten aufgrund der Finanzierung des Wohneigentums freizustellen.

(4) ₁Der Schadensausgleich nach den Absätzen 1 bis 3 wird nur einmal gewährt. ₂Wird er aufgrund derselben Ursache nach § 86 des Soldatenversorgungsgesetzes vorgenommen, sind die Absätze 1 bis 3 nicht anzuwenden.

(5) Die Absätze 1 bis 4 sind auch auf Schäden bei dienstlicher Verwendung im Ausland anzuwenden, die im Zusammenhang mit einer Verschleppung oder einer Gefangenschaft entstanden sind oder darauf beruhen, dass die oder der Geschädigte aus sonstigen mit dem Dienst zusammenhängenden Gründen dem Einflussbereich des Dienstherrn entzogen ist.

(6) Für den Schadensausgleich gelten § 34 Abs. 5 und § 35 Abs. 4 entsprechend.

(7) Für andere Angehörige des öffentlichen Dienstes und ihre Hinterbliebenen gelten die Absätze 1 bis 6 entsprechend wie für Beamtinnen und Beamte und deren Hinterbliebene.

§ 50 Nichtgewährung von Unfallfürsorge

(1) Unfallfürsorge wird nicht gewährt, wenn die oder der Verletzte den Dienstunfall vorsätzlich herbeigeführt hat.

(2) ₁Hat die oder der Verletzte eine die Heilbehandlung betreffende Anordnung ohne gesetzlichen oder sonstigen wichtigen Grund nicht befolgt und wird dadurch die Dienst- oder Erwerbsfähigkeit ungünstig beeinflusst, so kann die oberste Dienstbehörde oder die von ihr bestimmte Stelle die Unfallfürsorge

insoweit versagen. ₂Die oder der Verletzte ist auf diese Folgen schriftlich hinzuweisen.

(3) Hinterbliebenenversorgung nach den Unfallfürsorgevorschriften wird im Fall des §26 Abs. 1 nicht gewährt.

§51 Meldung und Untersuchungsverfahren

(1) ₁Unfälle, aus denen Unfallfürsorgeansprüche nach diesem Gesetz entstehen können, sind innerhalb einer Ausschlussfrist von zwei Jahren nach dem Eintritt des Unfalls bei der oder dem Dienstvorgesetzten der oder des Verletzten zu melden. ₂§36 Satz 2 bleibt unberührt. ₃Die Frist nach Satz 1 gilt auch dann als gewahrt, wenn der Unfall bei der für den Wohnort der oder des Berechtigten zuständigen unteren Verwaltungsbehörde gemeldet worden ist.

(2) ₁Nach Ablauf der Ausschlussfrist wird Unfallfürsorge nur gewährt, wenn seit dem Unfall noch nicht zehn Jahre vergangen sind und gleichzeitig glaubhaft gemacht wird, dass mit der Möglichkeit einer den Anspruch auf Unfallfürsorge begründenden Folge des Unfalls nicht habe gerechnet werden können oder dass die oder der Berechtigte durch außerhalb ihres oder seines Willens liegende Umstände gehindert worden ist, den Unfall zu melden. ₂Die Meldung muss, nachdem mit der Möglichkeit einer den Anspruch auf Unfallfürsorge begründenden Folge des Unfalls gerechnet werden konnte oder das Hindernis für die Meldung weggefallen ist, innerhalb dreier Monate erfolgen. ₃Die Unfallfürsorge wird in diesen Fällen vom Tag der Meldung an gewährt; zur Vermeidung von Härten kann sie auch von einem früheren Zeitpunkt an gewährt werden.

(3) ₁Die oder der Dienstvorgesetzte hat jeden Unfall, der von Amts wegen oder durch Meldung der Beteiligten bekannt wird, sofort zu untersuchen. ₂Die oberste Dienstbehörde oder die von ihr bestimmte Stelle entscheidet, ob ein Dienstunfall vorliegt und ob die oder der Verletzte den Unfall vorsätzlich herbeigeführt hat. ₃Die Entscheidung ist der oder dem Verletzten oder den Hinterbliebenen bekanntzugeben.

(4) ₁Unfallfürsorge nach §33 Abs. 1 Satz 2 wird nur gewährt, wenn der Unfall der Beamtin innerhalb der Fristen nach den Absätzen 1 und 2 gemeldet und als Dienstunfall anerkannt worden ist. ₂Der Anspruch auf Unfallfürsorge nach §33 Abs. 2 Satz 2 ist innerhalb von zwei Jahren vom Tag der Geburt an von den Sorgeberechtigten geltend zu machen. ₃Absatz 2 gilt mit der Maßgabe, dass die Zehnjahresfrist am Tag der Geburt zu laufen beginnt. ₄Der Antrag muss, nachdem mit der Möglichkeit einer Schädigung durch einen Dienstunfall der Mutter während der Schwangerschaft gerechnet werden konnte oder das Hindernis für den Antrag weggefallen ist, innerhalb von drei Monaten gestellt werden.

§52 Begrenzung der Unfallfürsorgeansprüche

(1) Die verletzte Beamtin oder der verletzte Beamte und die Hinterbliebenen haben aus Anlass eines Dienstunfalls gegen den Dienstherrn nur die in §§33 bis 49 geregelten Ansprüche.

(2) ₁Weitergehende Ansprüche aufgrund allgemeiner gesetzlicher Vorschriften können gegen einen öffentlich-rechtlichen Dienstherrn im Bundesgebiet oder gegen die in seinem Dienst stehenden Personen nur dann geltend gemacht werden, wenn der Dienstunfall

1. durch eine vorsätzliche unerlaubte Handlung einer solchen Person verursacht worden oder

2. bei der Teilnahme am allgemeinen Verkehr eingetreten ist.

₂Im Fall von Satz 1 Nr. 2 sind Leistungen, die der Beamtin oder dem Beamten und den Hinterbliebenen nach diesem Gesetz gewährt werden, auf diese weitergehenden Ansprüche anzurechnen; der Dienstherr, der Leistungen nach diesem Gesetz gewährt, hat keinen Anspruch auf Ersatz dieser Leistungen gegen einen anderen öffentlich-rechtlichen Dienstherrn im Bundesgebiet.

(3) Ersatzansprüche gegen andere Personen bleiben unberührt.

(4) ₁Auf laufende und einmalige Geldleistungen, die nach diesem Gesetz wegen eines Körper-, Sach- oder Vermögensschadens gewährt werden, sind Geldleistungen anzurechnen, die wegen desselben Schadens von anderer Seite erbracht werden. ₂Hierzu gehören insbesondere Geldleistungen, die von Drittstaaten oder von zwischenstaatlichen oder überstaatlichen Einrichtungen gewährt oder veranlasst werden. ₃Nicht anzurechnen sind Leistungen privater Schadensversicherungen, die auf Beiträgen der Beamtinnen und Beamten oder anderen Angehörigen des öffentlichen Dienstes beruhen; dies gilt nicht bei der Erstattung von Sachschäden nach § 36.

Abschnitt VI
Übergangsgeld, Ausgleich

§ 53 Übergangsgeld

(1) ₁Eine Beamtin oder ein Beamter mit Dienstbezügen, die oder der nicht auf eigenen Antrag entlassen wird, erhält als Übergangsgeld nach vollendeter einjähriger Beschäftigungszeit das Einfache und bei längerer Beschäftigungszeit für jedes weitere volle Jahr ihrer Dauer die Hälfte, insgesamt höchstens das Sechsfache der Dienstbezüge (§ 2 Abs. 2 Nrn. 1 bis 4 NBesG) des letzten Monats. ₂§ 5 Abs. 1 Sätze 2 und 3 gilt entsprechend. ₃Das Übergangsgeld wird auch dann gewährt, wenn die Beamtin oder der Beamte im Zeitpunkt der Entlassung ohne Dienstbezüge beurlaubt war. ₄Maßgebend sind die Dienstbezüge, die die Beamtin oder der Beamte im Zeitpunkt der Entlassung erhalten hätte.

(2) ₁Als Beschäftigungszeit gilt die Zeit ununterbrochener hauptberuflicher entgeltlicher Tätigkeit im Dienste desselben Dienstherrn oder der Verwaltung, deren Aufgaben der Dienstherr übernommen hat, sowie im Fall der Versetzung die entsprechende Zeit im Dienste des früheren Dienstherrn; die vor einer Beurlaubung ohne Dienstbezüge liegende Beschäftigungszeit wird mit berücksichtigt. ₂Zeiten mit einer Ermäßigung der regelmäßigen Arbeitszeit sind nur zu dem Teil anzurechnen, der dem Verhältnis der ermäßigten zur regelmäßigen Arbeitszeit entspricht.

(3) Das Übergangsgeld wird nicht gewährt, wenn

1. die Beamtin oder der Beamte nach § 22 Abs. 1 Nr. 1 oder Abs. 2 BeamtStG entlassen ist oder nach § 23 Abs. 1 Nr. 1, Abs. 2 oder Abs. 3 Nr. 1 BeamtStG entlassen wurde,
2. ein Unterhaltsbeitrag nach § 18 bewilligt wird,
3. die Beschäftigungszeit als ruhegehaltfähige Dienstzeit angerechnet wird oder
4. die Beamtin oder der Beamte mit der Berufung in ein Beamtenverhältnis auf Zeit oder in ein Richterverhältnis entlassen wird.

(4) ₁Das Übergangsgeld wird in Monatsbeträgen für die der Entlassung folgende Zeit wie die Dienstbezüge gezahlt. ₂Es ist längstens bis zum Ende des Monats zu zahlen, in dem die für das Beamtenverhältnis bestimmte gesetzliche Altersgrenze erreicht wird. ₃Im Todesfall ist der noch nicht ausgezahlte Betrag den Hinterbliebenen in einer Summe zu zahlen.

(5) Bezieht die oder der Entlassene Erwerbs- oder Erwerbsersatzeinkommen im Sinne des § 64 Abs. 6, verringert sich das Übergangsgeld um den Betrag dieser Einkünfte.

§ 54 Übergangsgeld für entlassene politische Beamtinnen und Beamte

(1) ₁Eine Beamtin oder ein Beamter, die oder der aus einem Amt im Sinne des § 39 Satz 1 NBG nicht auf eigenen Antrag entlassen wird, erhält ein Übergangsgeld. ₂Das Übergangsgeld beträgt 71,75 Prozent der ruhegehaltfähigen Dienstbezüge aus der Endstufe der Besoldungsgruppe, in der die Beamtin oder der Beamte sich zur Zeit der Entlassung befunden hat.

(2) ₁Die Zahlung des Übergangsgeldes beginnt nach Ablauf der Zeit, für die nach § 9 Abs. 3 NBesG Dienstbezüge gewährt werden. ₂Es wird für die Dauer der Zeit gewährt, die die Beamtin oder der Beamte das Amt, aus dem sie oder er entlassen worden ist,

innehatte, mindestens für die Dauer von sechs Monaten, längstens für die Dauer von drei Jahren.

(3) § 53 Abs. 3 Nrn. 1 bis 4 und Abs. 4 gilt entsprechend.

(4) Bezieht die oder der Entlassene Erwerbs- oder Erwerbsersatzeinkommen im Sinne des § 64 Abs. 6, so verringert sich das Übergangsgeld um den Betrag dieser Einkünfte; § 75 Nr. 11 findet keine Anwendung.

§ 55 Ausgleich bei besonderen Altersgrenzen

(1) ₁Beamtinnen und Beamte, die mit Erreichen einer Altersgrenze gemäß § 109, § 115 oder § 116 NBG in den Ruhestand treten, erhalten neben dem Ruhegehalt einen Ausgleich in Höhe von 4091 Euro. ₂Dieser Betrag verringert sich um jeweils ein Fünftel für jedes Jahr, das über das vollendete sechzigste Lebensjahr hinaus abgeleistet wird. ₃§ 5 Abs. 1 Sätze 2 und 3 gilt entsprechend. ₄Der Ausgleich ist bei Eintritt in den Ruhestand in einer Summe zu zahlen. ₅Der Ausgleich wird nicht neben einer einmaligen (Unfall-)Entschädigung im Sinne des § 48 gewährt.

(2) Schwebt zum Zeitpunkt des Eintritts in den Ruhestand gegen die Beamtin oder den Beamten ein Verfahren auf Rücknahme der Ernennung oder ein Verfahren, das nach § 24 Abs. 1 BeamtStG zum Verlust der Beamtenrechte führen könnte, oder ist gegen die Beamtin oder den Beamten Disziplinarklage erhoben worden, darf der Ausgleich erst nach dem rechtskräftigen Abschluss des Verfahrens und nur gewährt werden, wenn kein Verlust der Versorgungsbezüge eingetreten ist.

(3) Der Ausgleich wird im Fall der Bewilligung von Urlaub bis zum Eintritt in den Ruhestand nach § 64 Abs. 1 Nr. 2 NBG nicht gewährt.

Abschnitt VII
Gemeinsame Vorschriften

§ 56 Zahlung der Versorgungsbezüge

(1) ₁Die oberste Dienstbehörde setzt die Versorgungsbezüge fest, bestimmt die Zahlungsempfängerin oder den Zahlungsempfänger und entscheidet über die Berücksichtigung von Zeiten als ruhegehaltfähige Dienstzeit sowie über die Bewilligung von Versorgungsbezügen aufgrund von Kannvorschriften. ₂Sie kann diese Befugnisse, für Landesbeamtinnen und Landesbeamte im Einvernehmen mit dem für das Beamtenversorgungsrecht zuständigen Ministerium, auf andere Stellen übertragen.

(2) ₁Entscheidungen über die Bewilligung von Versorgungsbezügen aufgrund von Kannvorschriften dürfen erst beim Eintritt des Versorgungsfalles getroffen werden; vorherige Zusicherungen sind unwirksam. ₂Ob Vordienstzeiten aufgrund der §§ 10 bis 12, des § 78 Abs. 10 und des § 79 Abs. 2 als ruhegehaltfähige Dienstzeit zu berücksichtigen sind, soll bei der Berufung in das Beamtenverhältnis und bei einem Wechsel des Dienstherrn innerhalb des Geltungsbereichs dieses Gesetzes entschieden werden; diese Entscheidungen stehen unter dem Vorbehalt eines Gleichbleibens der Rechtslage, die ihnen zugrunde liegt. ₃Wechselt eine Beamtin oder ein Beamter in den Geltungsbereich dieses Gesetzes, ist eine Entscheidung nach Satz 2 zu treffen.

(3) Entscheidungen in versorgungsrechtlichen Angelegenheiten, die eine grundsätzliche, über den Einzelfall hinausgehende Bedeutung haben, sind von dem für das Beamtenversorgungsrecht zuständigen Ministerium zu treffen; Absatz 1 Satz 2 gilt entsprechend.

(4) Die Versorgungsbezüge sind, soweit nichts anderes bestimmt ist, für die gleichen Zeiträume und im gleichen Zeitpunkt zu zahlen wie die Dienstbezüge der Beamtinnen und Beamten.

(5) Werden Versorgungsbezüge nach dem Tag der Fälligkeit gezahlt, so besteht kein Anspruch auf Verzugszinsen.

(6) ₁Versorgungsberechtigte haben auf Verlangen eine Lebensbescheinigung vorzulegen. ₂Haben Versorgungsberechtigte ihren Wohnsitz oder dauernden Aufenthalt außerhalb des Geltungsbereichs des Grundgesetzes, so kann die oberste Dienstbehörde oder

die von ihr bestimmte Stelle die Zahlung der Versorgungsbezüge von der Bestellung einer empfangsbevollmächtigten Person im Geltungsbereich des Grundgesetzes abhängig machen.

(7) ₁Für die Zahlung der Versorgungsbezüge ist auf Verlangen der zuständigen Behörde ein Konto anzugeben oder einzurichten, auf das die Überweisung erfolgen kann. ₂Die Übermittlungskosten mit Ausnahme der Kosten für die Gutschrift auf dem Konto der Empfängerin oder des Empfängers trägt die die Versorgungsbezüge zahlende Stelle; bei einer Überweisung der Versorgungsbezüge auf ein außerhalb der Europäischen Union geführtes Konto trägt die Versorgungsempfängerin oder der Versorgungsempfänger die Kosten und die Gefahr der Übermittlung der Versorgungsbezüge sowie die Kosten einer Meldung der Zahlung nach der Außenwirtschaftsverordnung. ₃Die Kontoeinrichtungs-, Kontoführungs- oder Buchungsgebühren trägt die Empfängerin oder der Empfänger. ₄Eine Auszahlung auf andere Weise kann nur zugestanden werden, wenn der Empfängerin oder dem Empfänger die Einrichtung oder Benutzung eines Kontos aus wichtigem Grund nicht zugemutet werden kann.

(8) ₁Bei der Berechnung von Versorgungsbezügen sind die sich ergebenden Bruchteile eines Cents unter 0,5 abzurunden und ab 0,5 aufzurunden. ₂Zwischenrechnungen werden jeweils auf zwei Dezimalstellen durchgeführt. ₃Jeder Versorgungsbestandteil ist einzeln zu runden.

(9) Beträge von weniger als 5 Euro sind nur auf Verlangen der oder des Empfangsberechtigten auszuzahlen.

§ 57 Familienzuschlag, Ausgleichsbetrag, jährliche Sonderzahlung

(1) ₁Auf den Familienzuschlag (§ 5 Abs. 1 Satz 1 Nr. 2) finden die für die Beamtinnen und Beamten geltenden Vorschriften des Besoldungsrechts Anwendung. ₂Der Unterschiedsbetrag zwischen der Stufe 1 und der nach dem Besoldungsrecht in Betracht kommenden Stufe des Familienzuschlags wird neben dem Ruhegehalt gezahlt. ₃Er wird unter Berücksichtigung der nach den Verhältnissen der Beamtin oder Ruhestandsbeamtin oder des Beamten oder Ruhestandsbeamten für die Stufen des Familienzuschlags in Betracht kommenden Kinder neben dem Witwen- oder Witwergeld gezahlt, soweit die Witwe oder der Witwer Anspruch auf Kindergeld für diese Kinder hat oder ohne Berücksichtigung der §§ 64 und 65 des Einkommensteuergesetzes (EStG) oder der §§ 3 und 4 des Bundeskindergeldgesetzes (BKGG) haben würde; soweit hiernach ein Anspruch auf den Unterschiedsbetrag nicht besteht, wird er neben dem Waisengeld gezahlt, wenn die Waise bei den Stufen des Familienzuschlags zu berücksichtigen ist oder zu berücksichtigen wäre, wenn die Beamtin oder Ruhestandsbeamtin oder der Beamte oder Ruhestandsbeamte noch lebte. ₄Sind mehrere Anspruchsberechtigte vorhanden, wird der Unterschiedsbetrag auf die Anspruchsberechtigten nach der Zahl der auf sie entfallenden Kinder zu gleichen Teilen aufgeteilt.

(2) ₁Neben dem Waisengeld wird ein Ausgleichsbetrag gezahlt, der dem Betrag für das erste Kind nach § 66 Abs. 1 EStG entspricht, wenn in der Person der Waise die Voraussetzungen des § 32 Abs. 1 bis 5 EStG erfüllt sind, Ausschlussgründe nach § 65 EStG nicht vorliegen, keine Person vorhanden ist, die nach § 62 EStG oder nach § 1 BKGG anspruchsberechtigt ist, und die Waise keinen Anspruch auf Kindergeld nach § 1 Abs. 2 BKGG hat. ₂Der Ausgleichsbetrag gilt für die Anwendung der §§ 64 und 65 nicht als Versorgungsbezug. ₃Im Fall des § 65 wird er nur zu den neuen Versorgungsbezügen gezahlt.

(3) ₁Versorgungsempfängerinnen und Versorgungsempfänger erhalten neben ihren Versorgungsbezügen für den Monat Dezember für jedes Kind, für das ihnen in Bezug auf den Monat Dezember ein Familienzuschlag gewährt wird, eine jährliche Sonderzahlung in Höhe von 250 Euro, für das dritte und jedes weitere berücksichtigungsfähige Kind beträgt die Sonderzahlung 500 Euro. ₂Sind die Voraussetzungen für die Gewährung von Versorgungsbezügen während des Jahres aus anderen Gründen als durch Tod oder den in

§ 21 Nrn. 1 bis 3 BeamtStG genannten Gründen entfallen, so wird die Sonderzahlung nach Satz 1 für die Kinder gewährt, die bei Fortbestehen dieser Voraussetzungen in Bezug auf den Monat Dezember bei der Höhe des Familienzuschlags zu berücksichtigen wären. ₃Bei der Anwendung von Ruhens- und Anrechnungsvorschriften ist die jährliche Sonderzahlung nach Satz 1 und eine entsprechende Leistung, die die oder der Versorgungsberechtigte aus einer Erwerbstätigkeit oder zu den früheren Versorgungsbezügen erhält, entsprechend der gesetzlich bestimmten Zahlungsweise zu berücksichtigen. ₄Die bei der Anwendung von Ruhensvorschriften maßgebenden Höchstgrenzen erhöhen sich um den in dem jeweiligen Monat gewährten Gesamtbetrag. ₅Waisen, denen der Familienzuschlag zusteht, erhalten diese Sonderzahlung selbst.

§ 58 Kindererziehungs- und Kindererziehungsergänzungszuschlag

(1) ₁Hat eine Beamtin oder ein Beamter ein nach dem 31. Dezember 1991 geborenes Kind erzogen, so erhöht sich das Ruhegehalt für jeden Monat einer ihr oder ihm zuzuordnenden Kindererziehungszeit um einen Kindererziehungszuschlag. ₂Dies gilt nicht, wenn die Beamtin oder der Beamte wegen der Erziehung des Kindes in der gesetzlichen Rentenversicherung versicherungspflichtig (§ 3 Satz 1 Nr. 1 SGB VI) war und die allgemeine Wartezeit für eine Rente der gesetzlichen Rentenversicherung erfüllt ist.

(2) ₁Die Kindererziehungszeit beginnt nach Ablauf des Monats der Geburt und endet nach 36 Kalendermonaten, spätestens jedoch mit dem Ablauf des Monats, in dem die Erziehung endet. ₂Wird während dieses Zeitraums vom erziehenden Elternteil ein weiteres Kind erzogen, für das ihm eine Kindererziehungszeit zuzuordnen ist, wird die Kindererziehungszeit für dieses und jedes weitere Kind um die Anzahl der Kalendermonate der gleichzeitigen Erziehung verlängert.

(3) Für die Zuordnung der Kindererziehungszeit zu einem Elternteil (§ 56 Abs. 1 Satz 1 Nr. 3 und Abs. 3 Nrn. 2 und 3 des Ersten Buchs des Sozialgesetzbuchs) gilt § 56 Abs. 2 SGB VI entsprechend.

(4) Die Höhe des Kindererziehungszuschlags ergibt sich aus der Anlage 2.

(5) Für Zeiten, für die kein Kindererziehungszuschlag zusteht, erhöht sich das Ruhegehalt um einen Kindererziehungsergänzungszuschlag, wenn

1. nach dem 31. Dezember 1991 liegende Zeiten der Erziehung eines Kindes bis zur Vollendung des 10. Lebensjahres oder nach § 3 Satz 1 Nr. 1a SGB VI versicherungspflichtigen Zeiten der Pflege eines Kindes bis zur Vollendung des 18. Lebensjahres

   a) mit entsprechenden Zeiten für ein anderes Kind zusammentreffen oder

   b) mit Zeiten im Beamtenverhältnis, die als ruhegehaltfähig berücksichtigt werden, oder Zeiten nach § 60 Abs. 1 Satz 1 zusammentreffen,

2. für diese Zeiten kein Anspruch nach § 70 Abs. 3a Satz 2 SGB VI besteht und

3. der Beamtin oder dem Beamten die Zeiten nach Absatz 3 zuzuordnen sind.

(6) Die Höhe des Kindererziehungsergänzungszuschlags ergibt sich aus der Anlage 2.

(7) Das um den Kindererziehungszuschlag oder den Kindererziehungsergänzungszuschlag erhöhte Ruhegehalt darf nicht höher sein als das Ruhegehalt, das sich unter Berücksichtigung des Höchstruhegehaltssatzes und der ruhegehaltfähigen Dienstbezüge aus der Endstufe der Besoldungsgruppe, aus der sich das Ruhegehalt berechnet, ergeben würde.

(8) ₁Für die Anwendung des § 16 Abs. 2 sowie von Ruhens-, Kürzungs- und Anrechnungsvorschriften gelten der Kindererziehungszuschlag und der Kindererziehungsergänzungszuschlag als Teil des Ruhegehalts. ₂Die Zuschläge nach den Absätzen 1 und 5 erhöhen nicht das Mindestruhegehalt nach § 16 Abs. 3 Sätze 1 und 2 sowie das Mindestunfallruhegehalt nach § 40 Abs. 3 Sätze 2 und 3.

(9) ₁Hat eine Beamtin oder ein Beamter vor der Berufung in ein Beamtenverhältnis ein vor dem 1. Januar 1992 geborenes Kind er-

zogen, gelten die Absätze 1 bis 4, 7 und 8 entsprechend mit der Maßgabe, dass die Kindererziehungszeit zwölf Kalendermonate nach Ablauf des Monats der Geburt endet. ₂Die §§ 249 und 249a SGB VI gelten entsprechend.

§ 59 Kinderzuschlag zum Witwen- und Witwergeld

(1) ₁Das Witwen- oder Witwergeld nach § 24 Abs. 1 erhöht sich für jeden Monat einer nach § 58 Abs. 3 zuzuordnenden Kindererziehungszeit bis zum Ablauf des Monats, in dem das Kind das 3. Lebensjahr vollendet hat, um einen Kinderzuschlag. ₂Der Zuschlag ist Bestandteil der Versorgung. ₃Satz 1 gilt nicht bei Bezügen nach § 24 Abs. 1 in Verbindung mit § 16 Abs. 3 Satz 2.

(2) ₁War die Kindererziehungszeit der oder dem vor Vollendung des 3. Lebensjahres des Kindes Verstorbenen zugeordnet, erhalten Witwen und Witwer den Kinderzuschlag anteilig mindestens für die Zeit, die bis zum Ablauf des Monats, in dem das Kind das 3. Lebensjahr vollendet hat, fehlt. ₂Stirbt ein Beamter vor der Geburt des Kindes, sind der Berechnung des Kinderzuschlags 36 Kalendermonate zugrunde zu legen, wenn das Kind innerhalb von 300 Tagen nach dem Tod geboren wird. ₃Ist das Kind später geboren, wird der Zuschlag erst nach Ablauf des in § 58 Abs. 2 Satz 1 genannten Zeitraums gewährt. ₄Verstirbt das Kind vor der Vollendung des 3. Lebensjahres, ist der Kinderzuschlag anteilig zu gewähren.

(3) Die Höhe des Kinderzuschlags ergibt sich aus der Anlage.

(4) § 58 Abs. 8 gilt entsprechend.

§ 60 Pflege- und Kinderpflegeergänzungszuschlag

(1) ₁War eine Beamtin oder ein Beamter nach § 3 Satz 1 Nr. 1a SGB VI versicherungspflichtig, so wird für die Zeit der Pflege ein Pflegezuschlag zum Ruhegehalt gewährt. ₂Dies gilt nicht, wenn die allgemeine Wartezeit in der gesetzlichen Rentenversicherung erfüllt ist.

(2) Die Höhe des Pflegezuschlags ergibt sich aus der Anlage.

(3) ₁Wird einer Beamtin oder einem Beamten Pflegezuschlag für ein nach § 58 Abs. 3 zuzuordnendes pflegebedürftiges Kind gewährt, so wird daneben ein Kinderpflegeergänzungszuschlag gewährt. ₂Dieser wird längstens für die Zeit bis zur Vollendung des 18. Lebensjahres des pflegebedürftigen Kindes und nicht neben einem Kindererziehungs- oder Kindererziehungsergänzungszuschlag nach § 58 oder einer Leistung nach § 70 Abs. 3a SGB VI gewährt. ₃Die Höhe des Kinderpflegeergänzungszuschlags ergibt sich aus der Anlage.

(4) § 58 Abs. 7 und 8 gilt entsprechend.

§ 61 Vorübergehende Gewährung von Zuschlägen

(1) ₁Versorgungsempfängerinnen und Versorgungsempfänger erhalten vorübergehend Leistungen entsprechend den §§ 58 und 60, wenn

1. bis zum Beginn des Ruhestandes die allgemeine Wartezeit für eine Rente der gesetzlichen Rentenversicherung erfüllt ist,
2. a) sie wegen Dienstunfähigkeit in den Ruhestand versetzt worden sind oder
   b) sie wegen Erreichens einer Altersgrenze gemäß § 109, § 115 oder § 116 NBG in den Ruhestand getreten sind,
3. ihnen entsprechende Leistungen nach dem Sechsten Buch des Sozialgesetzbuchs dem Grunde nach zustehen, jedoch vor dem Erreichen der maßgebenden Altersgrenze noch nicht gewährt werden,
4. sie einen Ruhegehaltssatz von 66,97 Prozent noch nicht erreicht haben,
5. kein Einkommen im Sinne des § 64 Abs. 6 Sätze 1 bis 4 bezogen wird, wobei das Einkommen außer Betracht bleibt, wenn es durchschnittlich im Monat die Geringfügigkeitsgrenze nach § 8 Abs. 1a SGB IV nicht überschreitet.

₂Durch die Leistung nach Satz 1 darf der Betrag nicht überschritten werden, der sich bei Berechnung des Ruhegehalts mit einem Ruhegehaltssatz von 66,97 Prozent ergibt.

(2) Die Leistung entfällt mit Ablauf des Tages vor Beginn

1. der Rente, wenn eine Versichertenrente der gesetzlichen Rentenversicherung bezogen wird, oder
2. des Monats, in dem die Voraussetzungen des Absatzes 1 Satz 1 Nr. 5 nicht mehr erfüllt sind.

(3) ₁Die Leistung wird auf Antrag gewährt. ₂Anträge, die innerhalb von drei Monaten nach Eintritt oder Versetzung in den Ruhestand gestellt werden, gelten als zum Zeitpunkt des Ruhestandseintritts gestellt. ₃Wird der Antrag zu einem späteren Zeitpunkt gestellt, so wird die Leistung vom Beginn des Antragsmonats an gewährt.

§ 62 Abtretung, Verpfändung, Aufrechnungs- und Zurückbehaltungsrecht

(1) Ansprüche auf Versorgungsbezüge können, wenn gesetzlich nichts anderes bestimmt ist, nur insoweit abgetreten oder verpfändet werden, als sie der Pfändung unterliegen.

(2) ₁Gegenüber Ansprüchen auf Versorgungsbezüge kann der Dienstherr ein Aufrechnungs- oder Zurückbehaltungsrecht nur in Höhe des pfändbaren Teils der Versorgungsbezüge geltend machen. ₂Dies gilt nicht, soweit gegen die Versorgungsberechtigte oder den Versorgungsberechtigten ein Anspruch auf Schadensersatz wegen vorsätzlicher unerlaubter Handlung besteht.

(3) ₁Ansprüche auf Sterbegeld (§ 22), auf Erstattung von Aufwendungen nach den §§ 37 und 38, auf Unfallausgleich (§ 39) sowie auf eine einmalige Unfallentschädigung (§ 48) und auf Schadensausgleich in besonderen Fällen (§ 49) können weder gepfändet noch abgetreten noch verpfändet werden. ₂Forderungen des Dienstherrn gegen die Verstorbene oder den Verstorbenen aus Vorschuss- oder Darlehensgewährungen sowie aus Überzahlungen von Dienst- oder Versorgungsbezügen können auf das Sterbegeld angerechnet werden.

§ 63 Rückforderung von Versorgungsbezügen

(1) Wird eine Versorgungsberechtigte oder ein Versorgungsberechtigter durch eine gesetzliche Änderung der Versorgungsbezüge mit rückwirkender Kraft schlechter gestellt, so sind die Unterschiedsbeträge nicht zu erstatten.

(2) ₁Im Übrigen regelt sich die Rückforderung zuviel gezahlter Versorgungsbezüge nach den Vorschriften des Bürgerlichen Gesetzbuchs über die Herausgabe einer ungerechtfertigten Bereicherung, soweit gesetzlich nichts anderes bestimmt ist. ₂Der Kenntnis des Mangels des rechtlichen Grundes der Zahlung steht es gleich, wenn der Mangel so offensichtlich war, dass die Empfängerin oder der Empfänger ihn hätte erkennen müssen. ₃Von der Rückforderung kann aus Billigkeitsgründen mit Zustimmung der obersten Dienstbehörde oder der von ihr bestimmten Stelle ganz oder teilweise abgesehen werden.

(3) ₁Die Rückforderung von Beträgen von weniger als 5 Euro unterbleibt. ₂Treffen mehrere Einzelbeträge zusammen, gilt die Grenze für die Gesamtrückforderung.

(4) ₁Geldleistungen, die für die Zeit nach dem Tode der oder des Versorgungsberechtigten auf ein Konto bei einem Geldinstitut überwiesen wurden, gelten als unter dem Vorbehalt der Rückforderung erbracht. ₂Das Geldinstitut hat sie der überweisenden Stelle zurückzuüberweisen, wenn diese sie als zu Unrecht erbracht zurückfordert. ₃Eine Verpflichtung zur Rücküberweisung besteht nicht, soweit über den entsprechenden Betrag bei Eingang der Rückforderung bereits anderweitig verfügt wurde, es sei denn, dass die Rücküberweisung aus einem Guthaben erfolgen kann. ₄Das Geldinstitut darf den überwiesenen Betrag nicht zur Befriedigung eigener Forderungen verwenden.

(5) ₁Soweit Geldleistungen für die Zeit nach dem Tode der oder des Versorgungsberechtigten zu Unrecht erbracht worden sind, haben die Personen, die die Geldleistungen in Empfang genommen oder über den entsprechenden Betrag verfügt haben, diesen Betrag der überweisenden Stelle zu erstatten, sofern er nicht nach Absatz 4 von dem Geldinstitut zurücküberwiesen wird. ₂Ein Geldinstitut, das eine Rücküberweisung mit dem Hinweis abgelehnt hat, dass über den entsprechenden Betrag bereits anderweitig verfügt wurde, hat

der überweisenden Stelle auf Verlangen Namen und Anschrift der Personen, die über den Betrag verfügt haben, und etwaiger neuer Kontoinhaberinnen oder Kontoinhaber zu benennen. ₃Ein Anspruch gegen die Erben bleibt unberührt.

§ 64 Zusammentreffen von Versorgungsbezügen mit Erwerbs- und Erwerbsersatzeinkommen

(1) ₁Beziehen Versorgungsberechtigte Erwerbs- oder Erwerbsersatzeinkommen (Absatz 6), so stehen ihnen daneben die Versorgungsbezüge nur bis zum Erreichen der in Absatz 2 bezeichneten Höchstgrenze zu. ₂Die Anrechnung entfällt nach Ablauf des Monats, in dem die Ruhestandsbeamtinnen und Ruhestandsbeamten die jeweils geltende gesetzliche Altersgrenze erreichen. ₃Für Ruhestandsbeamtinnen und Ruhestandsbeamte, für die keine gesetzliche Altersgrenze gilt, sowie für Empfängerinnen und Empfänger von Hinterbliebenenversorgung entfällt die Anrechnung nach Ablauf des Monats, in dem sie die Regelaltersgrenze nach § 35 Abs. 2 NBG erreichen würden.

(2) Als Höchstgrenze gelten

1. für Ruhestandsbeamtinnen, Ruhestandsbeamte, Witwen und Witwer die ruhegehaltfähigen Dienstbezüge aus der Endstufe der Besoldungsgruppe, aus der sich das Ruhegehalt berechnet, mindestens ein Betrag in Höhe des Eineinhalbfachen der jeweils ruhegehaltfähigen Dienstbezüge aus der Endstufe der Besoldungsgruppe A 5, zuzüglich des jeweils zustehenden Unterschiedsbetrages nach § 57 Abs. 1,

2. für Waisen 40 Prozent des Betrages, der sich nach Nummer 1 unter Berücksichtigung des ihnen zustehenden Unterschiedsbetrages nach § 57 Abs. 1 ergibt,

3. für Ruhestandsbeamtinnen und Ruhestandsbeamte, die wegen Dienstunfähigkeit, die nicht auf einem Dienstunfall beruht, oder nach § 37 Abs. 1 NBG in den Ruhestand versetzt wurden, bis zum Ablauf des Monats, in dem die Altersgrenze nach § 35 Abs. 2 NBG erreicht wird,

a) 71,75 Prozent der ruhegehaltfähigen Dienstbezüge aus der Endstufe der Besoldungsgruppe, aus der sich das Ruhegehalt berechnet,

b) mindestens ein Betrag in Höhe von 71,75 Prozent des Eineinhalbfachen der jeweils ruhegehaltfähigen Dienstbezüge aus der Endstufe der Besoldungsgruppe A 5,

zuzüglich des jeweils zustehenden Unterschiedsbetrages nach § 57 Abs. 1 sowie eines Betrages, der der Geringfügigkeitsgrenze nach § 8 Abs. 1a SGB IV entspricht.

(3) ₁Die Höchstgrenze nach Absatz 2 ist für den jeweiligen Auszahlungsmonat um den nach § 57 Abs. 3 zu zahlenden Betrag zu erhöhen. ₂Liegen der Höchstgrenze ruhegehaltfähige Dienstbezüge aus einer Besoldungsgruppe bis A 8 zugrunde, so erhöht sich die Höchstgrenze für den Monat Dezember um 1200 Euro, ansonsten erhöht sich die Höchstgrenze für den Monat Dezember um 500 Euro. ₃Im Monat Dezember 2024 erhöht sich die Höchstgrenze um 1000 Euro für jedes Kind, für das der Versorgungsempfängerin oder dem Versorgungsempfänger ein Familienzuschlag der Stufe 2 oder 3 zusteht.

(4) ₁Den Versorgungsberechtigten ist mindestens ein Betrag in Höhe von 20 Prozent des jeweiligen Versorgungsbezuges zu belassen. ₂Satz 1 gilt nicht beim Bezug von Verwendungseinkommen nach Absatz 7, das mindestens aus derselben Besoldungsgruppe oder einer vergleichbaren Entgeltgruppe berechnet wird, aus der sich auch die ruhegehaltfähigen Dienstbezüge bestimmen. ₃Für sonstiges in der Höhe vergleichbares Verwendungseinkommen gelten Satz 2 und Absatz 6 Satz 6 entsprechende.

(5) Bei der Ruhensberechnung zu einem Unterhaltsbeitrag nach § 42 ist mindestens ein Betrag als Versorgung zu belassen, der unter Berücksichtigung des Grades der Schädigungsfolgen aufgrund des Dienstunfalls dem Unfallausgleich entspricht.

(6) ₁Erwerbseinkommen sind Einkünfte aus nichtselbständiger Arbeit einschließlich Abfindungen, aus selbständiger Arbeit sowie

aus Gewerbebetrieb und aus Land- und Forstwirtschaft. ₂Als Erwerbseinkommen gilt auch der Gewinn aus Kapitalgesellschaften, in denen Versorgungsberechtigte ohne oder ohne angemessene Vergütung tätig sind, soweit der Gewinn auf die Tätigkeit entfällt; im Übrigen bleiben Einkünfte aus Kapitalvermögen unberücksichtigt. ₃Nicht als Erwerbseinkommen gelten

1. Aufwandsentschädigungen,
2. im Rahmen der Einkunftsarten nach Satz 1 anerkannte Betriebsausgaben und Werbungskosten nach dem Einkommensteuergesetz,
3. Jubiläumszuwendungen,
4. ein Unfallausgleich (§ 39),
5. steuerfreie Einnahmen für Leistungen zur Grundpflege oder hauswirtschaftlichen Versorgung,
6. Einkünfte aus schriftstellerischen, wissenschaftlichen, künstlerischen oder Vortragstätigkeiten, die nach Art und Umfang Nebentätigkeiten entsprechen und Beamtinnen und Beamten nicht nach § 73 Abs. 1 Satz 1 in Verbindung mit Satz 2 Nr. 1 und Satz 3 NBG zu untersagen wären, sowie
7. Leistungen, die nach § 3 Nr. 11c EStG steuerfrei sind, bis zur Höhe des dort genannten Betrages.

₄Erwerbsersatzeinkommen sind Leistungen, die aufgrund oder in entsprechender Anwendung öffentlich-rechtlicher Vorschriften kurzfristig erbracht werden, um Erwerbseinkommen zu ersetzen. ₅Die Berücksichtigung des Erwerbs- und des Erwerbsersatzeinkommens erfolgt monatsbezogen; dies gilt auch für jährliche Sonderzahlungen im jeweiligen Auszahlungsmonat. ₆Wird Einkommen nicht in Monatsbeträgen erzielt, ist das Einkommen des Kalenderjahres, geteilt durch zwölf Kalendermonate, anzusetzen.

(7) ₁Einkommen aus einer Verwendung im öffentlichen Dienst (Verwendungseinkommen) ist jede Beschäftigung im Dienst von Körperschaften, Anstalten und Stiftungen des deutschen öffentlichen Rechts oder ihrer Verbände; ausgenommen ist die Beschäftigung bei öffentlich-rechtlichen Religionsgesellschaften oder ihren Verbänden, soweit gesetzlich nichts Abweichendes bestimmt ist. ₂Der Verwendung im öffentlichen Dienst steht gleich die Verwendung im öffentlichen Dienst einer zwischenstaatlichen oder überstaatlichen Einrichtung, an der eine Körperschaft oder ein Verband im Sinne des Satzes 1 durch Zahlung von Beiträgen oder Zuschüssen oder in anderer Weise beteiligt ist. ₃Ob die Voraussetzungen zutreffen, entscheidet auf Antrag der zuständigen Stelle oder der oder des Versorgungsberechtigten das für das Versorgungsrecht zuständige Ministerium oder die von ihm bestimmte Stelle.

(8) ₁Bezieht eine Beamtin oder ein Beamter auf Zeit, für die oder den eine Wahl Voraussetzung für die Begründung des Beamtenverhältnisses ist (Wahlbeamtin oder Wahlbeamter), im Ruhestand neben den Versorgungsbezügen Verwendungseinkommen nach Absatz 7, so findet, wenn das für die Wahlbeamtin oder den Wahlbeamten günstiger ist, anstelle der Absätze 1 bis 7 § 53 des Beamtenversorgungsgesetzes (BeamtVG) in der bis zum 31. Dezember 1998 geltenden Fassung Anwendung. ₂Satz 1 gilt entsprechend für Hinterbliebene.

(9) Bezieht eine Beamtin oder ein Beamter im einstweiligen Ruhestand Erwerbs- und Erwerbsersatzeinkommen nach Absatz 6, das nicht Verwendungseinkommen nach Absatz 7 ist, ruhen die Versorgungsbezüge um 50 Prozent des Betrages, um den sie und das Einkommen die Höchstgrenze übersteigen.

(10) Werden Einkünfte zur Umgehung einer Ruhensregelung oder unter Verstoß gegen § 77 bemessen, so sind sie der Höhe nach so zu berücksichtigen, wie sie ohne die Umgehungsabsicht oder den Verstoß gegen § 77 voraussichtlich erzielt worden wären.

§ 65 Zusammentreffen mehrerer Versorgungsbezüge

(1) ₁Erhalten aus einer Verwendung im öffentlichen Dienst (§ 64 Abs. 7) an neuen Versorgungsbezügen

1. eine Ruhestandsbeamtin oder ein Ruhestandsbeamter Ruhegehalt oder eine ähnliche Versorgung,

2. eine Witwe, ein Witwer oder eine Waise aus der Verwendung der oder des Verstorbenen Witwen-, Witwer- oder Waisengeld oder eine ähnliche Versorgung,
3. eine Witwe oder ein Witwer Ruhegehalt oder eine ähnliche Versorgung,

so sind neben den neuen Versorgungsbezügen die früheren Versorgungsbezüge nur bis zum Erreichen der in Absatz 2 bezeichneten Höchstgrenze zu zahlen. ₂Dabei darf die Gesamtversorgung nicht hinter der früheren Versorgung zurückbleiben.

(2) ₁Als Höchstgrenze gelten

1. für Ruhestandsbeamtinnen und Ruhestandsbeamte (Absatz 1 Satz 1 Nr. 1) das Ruhegehalt, das sich unter Zugrundelegung der gesamten ruhegehaltfähigen Dienstzeit und der ruhegehaltfähigen Dienstbezüge aus der Endstufe der Besoldungsgruppe, aus der sich das frühere Ruhegehalt berechnet, ergibt, zuzüglich des Unterschiedsbetrages nach § 57 Abs. 1,
2. für Witwen, Witwer und Waisen (Absatz 1 Satz 1 Nr. 2) das Witwen-, Witwer- oder Waisengeld, das sich aus dem Ruhegehalt nach Nummer 1 ergibt, zuzüglich des Unterschiedsbetrages nach § 57 Abs. 1,
3. für Witwen und Witwer (Absatz 1 Satz 1 Nr. 3) 71,75 Prozent, in den Fällen des § 40 75 Prozent, in den Fällen des § 41 80 Prozent, der ruhegehaltfähigen Dienstbezüge aus der Endstufe der Besoldungsgruppe, aus der sich das dem Witwen- oder Witwergeld zugrundeliegende Ruhegehalt bemisst, zuzüglich des Unterschiedsbetrages nach § 57 Abs. 1.

₂Ist bei einem an der Ruhensregelung nach Satz 1 Nr. 1 oder 2 beteiligten Versorgungsbezug das Ruhegehalt durch einen Versorgungsabschlag nach § 16 Abs. 2 oder einer entsprechenden Vorschrift gemindert, so ist das für die Höchstgrenze maßgebende Ruhegehalt in sinngemäßer Anwendung dieser Vorschrift festzusetzen. ₃Ist bei der Ruhensregelung nach Satz 1 Nr. 3 das dem Witwen- oder Witwergeld zugrunde liegende Ruhegehalt durch einen Versorgungsabschlag nach § 16 Abs. 2 oder einer entsprechenden Vorschrift gemindert, so ist die Höchstgrenze entsprechend dieser Vorschrift zu berechnen, wobei dem zu vermindernden Ruhegehalt mindestens ein Ruhegehaltssatz von 71,75 Prozent zugrunde zu legen ist.

(3) Im Fall des Absatzes 1 Satz 1 Nr. 3 ist neben dem neuen Versorgungsbezug mindestens ein Betrag in Höhe von 20 Prozent des früheren Versorgungsbezuges zu belassen.

(4) ₁Erwirbt eine Ruhestandsbeamtin oder ein Ruhestandsbeamter einen Anspruch auf Witwengeld, Witwergeld oder eine ähnliche Versorgung, so wird daneben das Ruhegehalt zuzüglich des Unterschiedsbetrages nach § 57 Abs. 1 nur bis zum Erreichen der in Absatz 2 Satz 1 Nr. 3 sowie Satz 3 bezeichneten Höchstgrenze gezahlt. ₂Die Gesamtbezüge dürfen nicht hinter dem Ruhegehalt zuzüglich des Unterschiedsbetrages nach § 57 Abs. 1 sowie eines Betrages in Höhe von 20 Prozent des neuen Versorgungsbezuges zurückbleiben.

(5) § 64 Abs. 5 gilt entsprechend.

§ 66 Zusammentreffen von Versorgungsbezügen mit Renten

(1) ₁Versorgungsbezüge werden neben Renten nur bis zum Erreichen der in Absatz 2 bezeichneten Höchstgrenze gezahlt. ₂Als Renten gelten

1. Renten aus den gesetzlichen Rentenversicherungen,
2. Renten aus einer zusätzlichen Alters- oder Hinterbliebenenversorgung für Angehörige des öffentlichen Dienstes,
3. Renten aus der gesetzlichen Unfallversicherung, wobei für Ruhegehaltsempfängerinnen und Ruhegehaltsempfänger ein dem Unfallausgleich (§ 39) entsprechender Betrag unberücksichtigt bleibt, bei einem Grad der Schädigungsfolgen von 20 bleiben zwei Drittel und bei einem Grad der Schädigungsfolgen von 10 ein Drittel des Unfallausgleichs für einen Grad der Schädigungsfolgen von 30 unberücksichtigt,

4. Renten nach dem Gesetz über die Alterssicherung der Landwirte, soweit sie nicht auf Beitragszahlungen für Zeiten vor dem 1. Dezember 2011 beruhen,

5. Leistungen aus einer berufsständischen Versorgungseinrichtung oder aus einer befreienden Lebensversicherung, zu denen der Arbeitgeber aufgrund eines Beschäftigungsverhältnisses im öffentlichen Dienst mindestens die Hälfte der Beiträge oder Zuschüsse in dieser Höhe geleistet hat,

6. Betriebsrenten nach den §§ 1b und 30f des Betriebsrentengesetzes in der jeweils geltenden Fassung, soweit sie auf einer Verwendung im öffentlichen Dienst beruhen.

₃Wird eine Rente im Sinne des Satzes 2 nicht beantragt oder auf sie verzichtet oder wird an deren Stelle eine Kapitalleistung, Beitragserstattung oder Abfindung gezahlt, so tritt an die Stelle der Rente der Betrag, der vom Leistungsträger ansonsten zu zahlen wäre. ₄Bei Zahlung einer Abfindung, Beitragserstattung oder eines sonstigen Kapitalbetrages ist der sich bei einer Verrentung ergebende Betrag zugrunde zu legen. ₅Dies gilt nicht, wenn die Ruhestandsbeamtin oder der Ruhestandsbeamte innerhalb von drei Monaten nach Zufluss den Kapitalbetrag zuzüglich der hierauf gewährten Zinsen an den Dienstherrn abführt. ₆Zu den Renten und den Leistungen nach Satz 2 Nr. 5 rechnet nicht der Kinderzuschuss. ₇Renten, Rentenerhöhungen und Rentenminderungen, die auf § 1587b BGB oder § 1 des Gesetzes zur Regelung von Härten im Versorgungsausgleich in der bis zum 31. August 2009 geltenden Fassung oder auf den Vorschriften des Versorgungsausgleichsgesetzes (VersAusglG) in der jeweils geltenden Fassung, beruhen, sowie Zuschläge oder Abschläge beim Rentensplitting unter Ehegatten nach § 76c SGB VI, bleiben unberücksichtigt. ₈Die Kapitalbeträge nach Satz 4 sind um die Prozentsätze der allgemeinen Anpassungen nach § 91 zu erhöhen oder zu vermindern, die sich nach dem Zeitpunkt der Entstehung des Anspruchs auf die Kapitalbeträge bis zur Gewährung von Versorgungsbezügen ergeben. ₉Der Verrentungsbetrag nach Satz 4 errechnet sich bezogen auf den Monat aus dem Verhältnis zwischen dem nach Satz 8 dynamisierten Kapitalbetrag und dem Verrentungsdivisor, der sich aus dem zwölffachen Betrag des Kapitalwertes nach der vom Bundesministerium der Finanzen zu § 14 Abs. 1 des Bewertungsgesetzes in der jeweils geltenden Fassung im Bundessteuerblatt veröffentlichten Tabelle ergibt.

(2) ₁Als Höchstgrenze gelten

1. für Ruhestandsbeamtinnen und Ruhestandsbeamte der Betrag, der sich als Ruhegehalt zuzüglich des Unterschiedsbetrages nach § 57 Abs. 1 ergeben würde, wenn der Berechnung zugrunde gelegt werden

   a) bei den ruhegehaltfähigen Dienstbezügen die Endstufe der Besoldungsgruppe, aus der sich das Ruhegehalt berechnet,

   b) als ruhegehaltfähige Dienstzeit die Zeit vom vollendeten 17. Lebensjahr bis zum Eintritt des Versorgungsfalles abzüglich von Zeiten nach § 13, zuzüglich der vor Vollendung des 17. Lebensjahres tatsächlich abgeleisteten ruhegehaltfähigen Dienstzeiten, der Zeiten, um die sich die ruhegehaltfähige Dienstzeit erhöht, und der bei der Rente berücksichtigten Zeiten einer rentenversicherungspflichtigen Beschäftigung oder Tätigkeit nach Eintritt des Versorgungsfalles,

2. für Witwen oder Witwer der Betrag, der sich als Witwen- oder Witwergeld zuzüglich des Unterschiedsbetrages nach § 57 Abs. 1, für Waisen der Betrag, der sich als Waisengeld zuzüglich des Unterschiedsbetrages nach § 57 Abs. 1, wenn dieser neben dem Waisengeld gezahlt wird, aus dem Ruhegehalt nach Nummer 1 ergeben würde.

₂Ist bei einem an der Ruhensregelung beteiligten Versorgungsbezug das Ruhegehalt durch einen Versorgungsabschlag nach § 16 Abs. 2 oder einer entsprechenden Vorschrift gemindert, ist das für die Höchstgrenze maßgebende Ruhegehalt in sinngemäßer Anwendung dieser Vorschrift festzusetzen.

(3) Als Renten im Sinne des Absatzes 1 gelten nicht

1. bei Ruhestandsbeamtinnen und Ruhestandsbeamten (Absatz 2 Satz 1 Nr. 1) Hinterbliebenenrenten aus einer Beschäftigung oder Tätigkeit der Ehefrau oder des Ehemanns,
2. bei Witwen, Witwern und Waisen (Absatz 2 Satz 1 Nr. 2) Renten aufgrund einer eigenen Beschäftigung oder Tätigkeit.

(4) ₁Bei Anwendung der Absätze 1 und 2 bleibt außer Ansatz der Teil der Rente (Absatz 1), der

1. dem Verhältnis der Versicherungsjahre aufgrund freiwilliger Weiterversicherung oder Selbstversicherung zu den gesamten Versicherungsjahren oder, wenn sich die Rente nach Werteinheiten berechnet, dem Verhältnis der Werteinheiten für freiwillige Beiträge zu der Summe der Werteinheiten für freiwillige Beiträge, Pflichtbeiträge, Ersatzzeiten und Ausfallzeiten oder, wenn sich die Rente nach Entgeltpunkten berechnet, dem Verhältnis der Entgeltpunkte für freiwillige Beiträge zu der Summe der Entgeltpunkte für freiwillige Beiträge, Pflichtbeiträge, Ersatzzeiten, Zurechnungszeiten und Anrechnungszeiten entspricht,
2. auf einer Höherversicherung beruht.

₂Dies gilt nicht, soweit der Arbeitgeber mindestens die Hälfte der Beiträge oder Zuschüsse in dieser Höhe geleistet hat.

(5) Bei Anwendung des § 64 ist von der nach Anwendung der Absätze 1 bis 4 verbleibenden Gesamtversorgung auszugehen.

(6) ₁Beim Zusammentreffen von zwei Versorgungsbezügen mit einer Rente ist zunächst der neuere Versorgungsbezug nach den Absätzen 1 bis 4 und danach der frühere Versorgungsbezug unter Berücksichtigung des gekürzten neueren Versorgungsbezuges nach § 65 zu regeln. ₂Der hiernach gekürzte frühere Versorgungsbezug ist unter Berücksichtigung des gekürzten neueren Versorgungsbezuges nach den Absätzen 1 bis 4 zu regeln; für die Berechnung der Höchstgrenze nach Absatz 2 ist hierbei die Zeit bis zum Eintritt des neueren Versorgungsfalles zu berücksichtigen.

(7) § 64 Abs. 5 gilt entsprechend.

(8) Den in Absatz 1 bezeichneten Renten stehen entsprechende wiederkehrende Geldleistungen gleich, die aufgrund der Zugehörigkeit zu Zusatz- oder Sonderversorgungssystemen der ehemaligen Deutschen Demokratischen Republik geleistet werden oder die von einem ausländischen Versicherungsträger nach einem für die Bundesrepublik Deutschland wirksamen zwischen- oder überstaatlichen Abkommen gewährt werden.

(9) ₁Die Absätze 1 bis 8 sind nicht anzuwenden, wenn die Beamtin oder der Beamte oder die Ruhestandsbeamtin oder der Ruhestandsbeamte auf die Berücksichtigung sämtlicher Vordienstzeiten nach den §§ 10 bis 12, § 78 Abs. 10 und § 79 Abs. 2 als ruhegehaltfähige Dienstzeit verzichtet. ₂In diesem Fall

1. sind Zeiten nach § 6, für die eine Nachversicherung durchgeführt wurde, nicht ruhegehaltfähig,
2. gelten die Zeiten nach den §§ 8 und 9 nur als ruhegehaltfähig, soweit sie nicht zu Ansprüchen in der gesetzlichen Rentenversicherung führen,
3. finden § 16 Abs. 3 und § 17 keine Anwendung sowie
4. wird die Mindestunfallversorgung nach § 40 Abs. 3 Sätze 2 und 3 nicht gewährt, wenn der Ruhestandsbeginn oder der Todestag der Beamtin oder des Beamten nach dem 28. Juni 2019 liegt.

₃Der Verzicht ist spätestens drei Monate nach Bekanntgabe der Entscheidung über die Festsetzung der Versorgungsbezüge schriftlich gegenüber der obersten Dienstbehörde oder der von ihr bestimmten Stelle zu erklären. ₄Er ist nicht widerruflich. ₅Wird der Verzicht erklärt, so sind die Versorgungsbezüge neu festzusetzen. ₆Wird der Verzicht erst nach dem Ruhestandsbeginn erklärt, so wirkt er auf diesen Zeitpunkt zurück. ₇Hat die Beamtin oder der Beamte oder die Ruhestandsbeamtin oder der Ruhestandsbeamte nicht nach Satz 1 verzichtet und verstirbt sie oder er vor

Ablauf der Frist nach Satz 3, so können die Hinterbliebenen gemeinschaftlich den Verzicht erklären; die Sätze 1 bis 6 gelten entsprechend mit der Maßgabe, dass der Verzicht spätestens drei Monate nach Eintritt des Versorgungsfalles zu erklären ist.

§ 67 Zusammentreffen von Versorgungsbezügen mit Versorgung aus zwischenstaatlicher und überstaatlicher Verwendung

(1) ₁Erhalten Ruhestandsbeamtinnen und Ruhestandsbeamte aus einer Verwendung im öffentlichen Dienst einer zwischenstaatlichen oder überstaatlichen Einrichtung eine Versorgung, so ruht das Ruhegehalt in Höhe des Betrages, um den die Summe aus der genannten Versorgung und dem Ruhegehalt nach diesem Gesetz die in Absatz 2 genannte Höchstgrenze übersteigt, mindestens jedoch in Höhe des Betrages, der einer Minderung des Prozentsatzes von 1,79375 für jedes Jahr im zwischenstaatlichen oder überstaatlichen Dienst entspricht; der Unterschiedsbetrag nach § 57 Abs. 1 ruht in Höhe von 2,39167 Prozent für jedes Jahr im zwischenstaatlichen oder überstaatlichen Dienst. ₂§ 16 Abs. 1 Sätze 2 bis 4 ist entsprechend anzuwenden. ₃Die Versorgungsbezüge ruhen in voller Höhe, wenn die Ruhestandsbeamtin oder der Ruhestandsbeamte als Invaliditätspension die Höchstversorgung aus dem Amt bei der zwischenstaatlichen oder überstaatlichen Einrichtung erhält. ₄Bei der Anwendung des Satzes 1 wird die Zeit, in welcher die Beamtin oder der Beamte, ohne ein Amt bei einer zwischenstaatlichen oder überstaatlichen Einrichtung auszuüben, dort einen Anspruch auf Vergütung oder sonstige Entschädigung hat und Ruhegehaltsansprüche erwirbt, als Zeit im zwischenstaatlichen oder überstaatlichen Dienst gerechnet; Entsprechendes gilt für Zeiten nach dem Ausscheiden aus dem Dienst einer zwischenstaatlichen oder überstaatlichen Einrichtung, die dort bei der Berechnung des Ruhegehalts wie Dienstzeiten berücksichtigt werden.

(2) Als Höchstgrenze gelten die in § 65 Abs. 2 bezeichneten Höchstgrenzen sinngemäß, wobei § 57 Abs. 3 Satz 4 nicht anzuwenden ist; dabei ist als Ruhegehalt dasjenige deutsche Ruhegehalt zugrunde zu legen, das sich unter Einbeziehung der Zeiten einer Verwendung im öffentlichen Dienst einer zwischenstaatlichen oder überstaatlichen Einrichtung als ruhegehaltfähige Dienstzeit und auf der Grundlage der ruhegehaltfähigen Dienstbezüge aus der Endstufe der nächsthöheren Besoldungsgruppe ergibt.

(3) ₁Wird beim Ausscheiden aus dem öffentlichen Dienst einer zwischenstaatlichen oder überstaatlichen Einrichtung auf eine Versorgung verzichtet oder wird an deren Stelle eine Abfindung, Beitragserstattung oder ein sonstiger Kapitalbetrag gezahlt, so findet Absatz 1 mit der Maßgabe Anwendung, dass an die Stelle der Versorgung der Betrag tritt, der vom Leistungsträger ansonsten zu zahlen wäre; erfolgt die Zahlung eines Kapitalbetrages, weil kein Anspruch auf laufende Versorgung besteht, so ist der sich bei einer Verrentung des Kapitalbetrages ergebende Betrag zugrunde zu legen. ₂§ 66 Abs. 1 Sätze 8 und 9 gilt entsprechend. ₃Satz 1 gilt nicht, wenn innerhalb eines Jahres nach Beendigung der Verwendung oder der Berufung in das Beamtenverhältnis der Kapitalbetrag zuzüglich der hierauf gewährten Zinsen an den Dienstherrn abgeführt wird.

(4) Wurden schon vor dem Ausscheiden aus dem zwischenstaatlichen oder überstaatlichen öffentlichen Dienst unmittelbar oder mittelbar Zahlungen aus dem Kapitalbetrag geleistet oder hat die zwischenstaatliche oder überstaatliche Einrichtung diesen durch Aufrechnung oder in anderer Form verringert, so ist die Zahlung nach Absatz 3 in Höhe des ungekürzten Kapitalbetrages zu leisten.

(5) ₁Werden aus der zwischenstaatlichen oder überstaatlichen Einrichtung Hinterbliebenenbezüge gezahlt, so ruht die Hinterbliebenenversorgung nach diesem Gesetz in Höhe des Betrages, der sich unter Anwendung der Absätze 1 und 2 nach dem entsprechenden Anteilsatz ergibt. ₂Absatz 1 Satz 1 Halbsatz 2 und die Absätze 3, 4 und 6 finden entsprechende Anwendung.

(6) ₁Der Ruhensbetrag darf die von der zwischenstaatlichen oder überstaatlichen Einrichtung gewährte Versorgung nicht übersteigen. ₂Der Ruhestandsbeamtin oder dem Ruhestandsbeamten ist mindestens ein Betrag in Höhe von 20 Prozent des Ruhegehalts zu belassen. ₃Satz 2 gilt nicht, wenn die Unterschreitung der Mindestbelassung darauf beruht, dass

1. das deutsche Ruhegehalt in Höhe des Betrages ruht, der einer Minderung des Prozentsatzes um 1,79375 für jedes Jahr im zwischenstaatlichen oder überstaatlichen Dienst entspricht, oder

2. Absatz 1 Satz 3 anzuwenden ist.

(7) § 64 Abs. 5 gilt entsprechend.

(8) Der sich bei Anwendung der Absätze 1 bis 7 ergebende Ruhensbetrag ist von den nach Anwendung der §§ 64 bis 66 verbleibenden Versorgungsbezügen abzuziehen.

§ 68 Zusammentreffen von Versorgungsbezügen mit einer Entschädigung oder Versorgungsbezügen nach dem Abgeordnetenstatut des Europäischen Parlaments

(1) ₁Bezieht eine versorgungsberechtigte Person als Abgeordnete oder Abgeordneter des Europäischen Parlaments eine Entschädigung nach Artikel 10 des Beschlusses 2005/684/EG, Euratom, des Europäischen Parlaments vom 28. September 2005 zur Annahme des Abgeordnetenstatuts des Europäischen Parlaments (ABl. EU Nr. L 262 S. 1), so ruht die Versorgung nach diesem Gesetz bis zur Höhe der Entschädigung. ₂§ 64 ist auf die Entschädigung nicht anzuwenden.

(2) ₁Bezieht eine versorgungsberechtigte Person als frühere Abgeordnete oder früherer Abgeordneter des Europäischen Parlaments oder als Hinterbliebene oder Hinterbliebener Versorgungsbezüge nach den Artikeln 13 bis 17 des Beschlusses 2005/684/EG, Euratom, so ruht die Versorgung nach diesem Gesetz um 50 Prozent des Betrages, um den sie und die Versorgungsbezüge nach dem Beschluss 2005/684/EG, Euratom, die Höchstgrenze übersteigen. ₂Höchstgrenze für Ruhestandsbeamtinnen und Ruhestandsbeamte sind 71,75 Prozent der ruhegehaltfähigen Dienstbezüge aus der Endstufe der Besoldungsgruppe, aus der sich das Ruhegehalt berechnet, zuzüglich des jeweils zustehenden Familienzuschlags nach § 57 Abs. 1. ₃Höchstgrenze für die Hinterbliebenen ist die Hinterbliebenenversorgung, die sich aus dem Ruhegehalt nach Satz 2 ergibt, zuzüglich des jeweils zustehenden Familienzuschlags nach § 57 Abs. 1. ₄Die §§ 65 bis 67 sind auf die Versorgungsbezüge nach dem Beschluss 2005/684/EG, Euratom, nicht anzuwenden.

(3) Der sich bei der Anwendung von Absatz 1 oder 2 ergebende Ruhensbetrag ist von den nach Anwendung der §§ 64 bis 67 verbleibenden Versorgungsbezügen abzuziehen.

§ 69 Kürzung der Versorgungsbezüge nach der Ehescheidung

(1) ₁Sind durch Entscheidung des Familiengerichts

1. Anwartschaften in einer gesetzlichen Rentenversicherung nach § 1587b Abs. 2 BGB in der bis zum 31. August 2009 geltenden Fassung oder

2. Anrechte nach dem Versorgungsausgleichsgesetz

begründet oder übertragen worden, werden nach Wirksamkeit dieser Entscheidung die Versorgungsbezüge der ausgleichspflichtigen Person und ihrer Hinterbliebenen nach Anwendung von Ruhens-, Kürzungs- und Anrechnungsvorschriften und nach Absatz 2 oder 3 berechneten Betrag gekürzt. ₂Das einer Vollwaise zu gewährende Waisengeld wird nicht gekürzt, wenn nach dem Recht der gesetzlichen Rentenversicherungen die Voraussetzungen für die Gewährung einer Waisenrente aus der Versicherung der ausgleichsberechtigten Person nicht erfüllt sind.

(2) ₁Der Kürzungsbetrag für das Ruhegehalt berechnet sich aus dem Monatsbetrag der durch die Entscheidung des Familiengerichts begründeten Anwartschaften oder übertragenen Anrechte. ₂Dieser Monatsbetrag erhöht oder vermindert sich um die Prozentsätze der nach Ende der Ehezeit eingetretenen allgemeinen Anpassungen der Versorgungsbezüge nach § 91 Abs. 1, vermindert um je-

weils 0,1. ₃Beträgt eine Erhöhung oder Verminderung nach §91 weniger als 0,1 Prozent, verändert sich der Kürzungsbetrag hierdurch nicht. ₄Bis zum 30. November 2011 erhöht oder vermindert sich der Kürzungsbetrag gemäß §57 Abs. 2 Sätze 2 und 3 BeamtVG in der am 31. August 2006 geltenden Fassung.

(3) Der Kürzungsbetrag für die Hinterbliebenenversorgung berechnet sich aus dem Kürzungsbetrag nach Absatz 2 für das Ruhegehalt, das die Beamtin oder der Beamte erhalten hat oder hätte erhalten können, wenn sie oder er am Todestag in den Ruhestand getreten wäre, nach den Anteilssätzen des Witwen-, Witwer- oder Waisengeldes.

(4) Ein Unterhaltsbeitrag nach §26 Abs. 2 oder 3 wird nicht gekürzt.

(5) In den Fällen des §5 des Gesetzes zur Regelung von Härten im Versorgungsausgleich in der bis zum 31. August 2009 geltenden Fassung und der §§33 und 34 VersAusglG steht die Zahlung des Ruhegehalts der ausgleichspflichtigen Person für den Fall rückwirkender oder erst nachträglich bekannt werdender Rentengewährung an die ausgleichsberechtigte Person unter dem Vorbehalt der Rückforderung.

§70 Abwendung der Kürzung der Versorgungsbezüge

(1) Die Kürzung der Versorgungsbezüge nach §69 kann durch die ausgleichspflichtige Person, jedoch nicht durch deren Hinterbliebene, ganz oder teilweise durch Zahlung eines Kapitalbetrages an den Dienstherrn abgewendet werden.

(2) ₁Als voller Kapitalbetrag wird der Betrag angesetzt, der aufgrund der Entscheidung des Familiengerichts zu leisten gewesen wäre. ₂Dieser Betrag erhöht oder vermindert sich entsprechend §69 Abs. 2 Sätze 2 bis 4.

(3) Bei teilweiser Zahlung vermindert sich die Kürzung der Versorgungsbezüge in dem entsprechenden Verhältnis; der Betrag der teilweisen Zahlung soll den Monatsbetrag der Dienstbezüge oder des Ruhegehalts nicht unterschreiten.

(4) Ergeht nach der Scheidung eine Entscheidung zur Abänderung des Wertausgleichs und sind Zahlungen nach Absatz 1 erfolgt, so sind im Umfang der Abänderung zu viel gezahlte Beträge unter Anrechnung der nach §69 anteilig errechneten Kürzungsbeträge zurückzuzahlen.

§71 Erlöschen der Versorgungsbezüge wegen Verurteilung

(1) ₁Eine Ruhestandsbeamtin oder ein Ruhestandsbeamter,

1. gegen die oder den wegen einer vor Beendigung des Beamtenverhältnisses begangenen Tat eine Entscheidung ergangen ist, die nach §24 BeamtStG zum Verlust der Beamtenrechte geführt hätte, oder

2. die oder der wegen einer nach Beendigung des Beamtenverhältnisses begangenen Tat durch ein deutsches Gericht im Geltungsbereich des Grundgesetzes im ordentlichen Strafverfahren

    a) wegen einer vorsätzlichen Tat zu Freiheitsstrafe von mindestens zwei Jahren oder

    b) wegen einer vorsätzlichen Tat, die nach den Vorschriften über Friedensverrat, Hochverrat, Gefährdung des demokratischen Rechtsstaates oder Landesverrat und Gefährdung der äußeren Sicherheit strafbar ist, zu Freiheitsstrafe von mindestens sechs Monaten

verurteilt worden ist,

verliert mit der Rechtskraft der Entscheidung ihre oder seine Rechte als Ruhestandsbeamtin oder Ruhestandsbeamter. ₂Entsprechendes gilt, wenn die Ruhestandsbeamtin oder der Ruhestandsbeamte aufgrund einer Entscheidung des Bundesverfassungsgerichts gemäß Artikel 18 des Grundgesetzes ein Grundrecht verwirkt hat.

(2) Die §§33 und 34 NBG finden entsprechende Anwendung.

§72 Erlöschen der Versorgungsbezüge bei Ablehnung einer erneuten Berufung

₁Kommt eine Ruhestandsbeamtin oder ein Ruhestandsbeamter einer erneuten Berufung in das Beamtenverhältnis entgegen den Vorschriften des § 29 Abs. 2 und 3, des § 30 Abs. 3 oder des § 31 Abs. 2 BeamtStG schuldhaft nicht nach, obwohl sie oder er auf die Folgen eines solchen Verhaltens schriftlich hingewiesen worden ist, so verliert sie oder er für diese Zeit die Versorgungsbezüge. ₂Die oberste Dienstbehörde oder die von ihr bestimmte Stelle stellt den Verlust der Versorgungsbezüge fest. ₃Eine disziplinarrechtliche Verfolgung wird dadurch nicht ausgeschlossen.

§ 73 Erlöschen der Witwen-, Witwer- und Waisenversorgung

(1) ₁Der Anspruch der Witwen, Witwer und Waisen auf Versorgungsbezüge erlischt

1. für jede Hinterbliebene oder jeden Hinterbliebenen mit dem Ende des Monats, in dem sie oder er stirbt,
2. für jede Witwe oder jeden Witwer außerdem mit dem Ende des Monats, in dem sie oder er sich verheiratet,
3. für jede Waise außerdem mit dem Ende des Monats, in dem sie das 18. Lebensjahr vollendet,
4. für jede Hinterbliebene oder jeden Hinterbliebenen, die oder der durch ein deutsches Gericht im Geltungsbereich des Grundgesetzes im ordentlichen Strafverfahren wegen eines Verbrechens zu Freiheitsstrafe von mindestens zwei Jahren oder wegen einer vorsätzlichen Tat, die nach den Vorschriften über Friedensverrat, Hochverrat, Gefährdung des demokratischen Rechtsstaates oder Landesverrat und Gefährdung der äußeren Sicherheit strafbar ist, zu Freiheitsstrafe von mindestens sechs Monaten verurteilt worden ist, mit der Rechtskraft des Urteils.

₂Entsprechendes gilt, wenn die oder der Hinterbliebene aufgrund einer Entscheidung des Bundesverfassungsgerichts gemäß Artikel 18 des Grundgesetzes ein Grundrecht verwirkt hat. ₃In den Fällen des Satzes 1 Nr. 4 und des Satzes 2 gilt § 46 sinngemäß. ₄Die §§ 33 und 34 NBG finden entsprechende Anwendung.

(2) ₁Das Waisengeld wird nach Vollendung des 18. Lebensjahres auf Antrag gewährt, solange die in § 32 Abs. 4 Satz 1 Nr. 2 Buchst. a, b und d, Nr. 3 und Abs. 5 Sätze 1 und 2 EStG in der bis zum 31. Dezember 2006 geltenden Fassung genannten Voraussetzungen gegeben sind. ₂Im Fall einer körperlichen, geistigen oder seelischen Behinderung im Sinne des § 32 Abs. 4 Satz 1 Nr. 3 EStG in der bis zum 31. Dezember 2006 geltenden Fassung wird das Waisengeld ungeachtet der Höhe eines eigenen Einkommens dem Grunde nach gewährt; soweit ein eigenes Einkommen der Waise das Zweifache des Mindestvollwaisengeldes (§ 16 Abs. 3 Satz 2 in Verbindung mit § 28 Abs. 1) übersteigt, wird es zur Hälfte auf das Waisengeld zuzüglich des Unterschiedsbetrages (§ 57 Abs. 1) angerechnet. ₃Das Waisengeld nach Satz 2 wird über das 27. Lebensjahr hinaus nur gewährt, wenn

1. die Behinderung bei Vollendung des 27. Lebensjahres bestanden hat oder bis zu dem sich nach § 32 Abs. 5 EStG in der bis zum 31. Dezember 2006 geltenden Fassung ergebenden Zeitpunkt eingetreten ist, wenn die Waise sich in verzögerter Schul- oder Berufsausbildung befunden hat, und
2. die Waise ledig oder verwitwet ist oder ihre Ehefrau, ihre frühere Ehefrau oder ihr früherer Ehemann ihr keinen ausreichenden Unterhalt leisten kann oder dem Grunde nach nicht unterhaltspflichtig ist und sie nicht unterhält.

₄Das Waisengeld wird nach Vollendung des 18. Lebensjahres auf Antrag auch dann gewährt, wenn die Waise vor Ablauf des Monats, in dem sie das 27. Lebensjahr vollendet, entweder den Bundesfreiwilligendienst nach dem Bundesfreiwilligendienstgesetz leistet oder sich in einer Übergangszeit von höchstens vier Monaten zwischen einem Ausbildungsabschnitt und der Ableistung des Bundesfreiwilligendienstes nach dem Bundesfreiwilligendienstgesetz befindet.

(3) ₁Hat eine Witwe oder ein Witwer sich wieder verheiratet und wird die Ehe aufgelöst, so lebt der Anspruch auf Witwen- oder Witwergeld wieder auf; ein von der Witwe oder dem Witwer infolge Auflösung der Ehe erworbener neuer Versorgungs-, Unterhalts- oder Rentenanspruch ist auf das Witwen- oder Witwergeld und den Unterschiedsbetrag

nach § 57 Abs. 1 anzurechnen. ₂Wird eine in Satz 1 genannte Leistung nicht beantragt oder wird auf sie verzichtet oder wird an ihrer Stelle eine Abfindung, Kapitalleistung oder Beitragserstattung gezahlt, ist der Betrag anzurechnen, der ansonsten zu zahlen wäre. ₃Der Auflösung der Ehe steht die Nichtigerklärung gleich.

§ 74 Anzeigepflicht

(1) Die Beschäftigungsstelle hat der die Versorgungsbezüge anweisenden Stelle (Regelungsbehörde) oder der die Versorgungsbezüge zahlenden Kasse jede Verwendung einer oder eines Versorgungsberechtigten unter Angabe der gewährten Bezüge, ebenso jede spätere Änderung der Bezüge oder die Zahlungseinstellung sowie die Gewährung einer Versorgung unverzüglich anzuzeigen.

(2) ₁Versorgungsberechtigte sind verpflichtet, der Regelungsbehörde oder der die Versorgungsbezüge zahlenden Kasse

1. die Verlegung des Wohnsitzes,
2. den Bezug und jede Änderung von Einkünften nach den §§ 10 und 16 Abs. 4, den §§ 17 und 26 Abs. 1 Satz 2 und den §§ 53, 54, 64 bis 68 und 73 Abs. 2,
3. die Witwe oder der Witwer auch die Eheschließung (§ 73 Abs. 1 Satz 1 Nr. 2) sowie im Fall der Auflösung der neuen Ehe den Erwerb und jede Änderung eines neuen Versorgungs-, Unterhalts- oder Rentenanspruchs (§ 73 Abs. 3 Satz 1 Halbsatz 2),
4. die Begründung eines neuen öffentlich-rechtlichen Dienstverhältnisses oder eines privatrechtlichen Arbeitsverhältnisses im öffentlichen Dienst in den Fällen des § 53 Abs. 5 und des § 54,
5. die Erfüllung der allgemeinen Wartezeit nach dem Sechsten Buch des Sozialgesetzbuchs

unverzüglich anzuzeigen. ₂Auf Verlangen der Regelungsbehörde sind Versorgungsberechtigte verpflichtet, die erforderlichen Nachweise vorzulegen oder der Erteilung erforderlicher Nachweise oder Auskünfte, die für die Versorgungsbezüge erheblich sind, durch Dritte zuzustimmen.

(3) ₁Kommen Versorgungsberechtigte der ihnen nach Absatz 2 Satz 1 Nrn. 2 und 3 auferlegten Verpflichtung schuldhaft nicht nach, so kann ihnen die Versorgung ganz oder teilweise auf Zeit oder Dauer entzogen werden. ₂Beim Vorliegen besonderer Verhältnisse kann die Versorgung ganz oder teilweise wieder zuerkannt werden. ₃Die Entscheidung trifft die oberste Dienstbehörde oder die von ihr bestimmte Stelle.

§ 75 Anwendungsbereich

Für die Anwendung des Abschnitts VII gelten

1. ein Unterhaltsbeitrag nach § 18 als Ruhegehalt,
2. ein Unterhaltsbeitrag nach § 42 als Ruhegehalt, außer für die Anwendung des § 71,
3. ein Unterhaltsbeitrag nach § 30 als Witwen-, Witwer- oder Waisengeld,
4. ein Unterhaltsbeitrag nach den §§ 46 und 73 Abs. 1 Satz 3 als Witwen-, Witweroder Waisengeld, außer für die Anwendung des § 73 Abs. 1 Satz 1 Nr. 4 und Satz 2,
5. ein Unterhaltsbeitrag nach § 26 Abs. 1 und § 45 als Witwen- oder Witwergeld,
6. ein Unterhaltsbeitrag nach § 26 Abs. 2 oder 3 als Witwen- oder Witwergeld, außer für die Anwendung des § 69,
7. ein Unterhaltsbeitrag nach § 27 Abs. 2 als Waisengeld,
8. ein Unterhaltsbeitrag nach § 43 als Waisengeld,
9. ein Unterhaltsbeitrag nach § 34 NBG, den §§ 71 und 73 Abs. 1 Satz 4 und § 80 als Ruhegehalt, Witwen-, Witwer- oder Waisengeld,
10. die Bezüge der nach § 32 des Deutschen Richtergesetzes oder einer entsprechenden gesetzlichen Vorschrift nicht im Amt befindlichen Richterinnen, Richter und Mitglieder einer obersten Rechnungsprüfungsbehörde als Ruhegehalt,
11. die Bezüge, die die Beamtin oder der Beamte nach § 9 Abs. 1 Satz 1, auch in Verbindung mit Abs. 3, NBesG weiter erhält, als Ruhegehalt;

die Empfänger dieser Versorgungsbezüge gelten als Ruhestandsbeamtinnen, Ruhestandsbeamte, Witwen, Witwer oder Waisen.

Abschnitt VIII
Sondervorschriften

§ 76 Entzug von Hinterbliebenenversorgung

(1) ₁Die oberste Dienstbehörde oder die von ihr bestimmte Stelle kann Empfängerinnen oder Empfängern von Hinterbliebenenversorgung die Versorgungsbezüge auf Zeit teilweise oder ganz entziehen, wenn sie sich gegen die freiheitliche demokratische Grundordnung im Sinne des Grundgesetzes betätigt haben; § 46 gilt sinngemäß. ₂Die diese Maßnahme rechtfertigenden Tatsachen sind in einem Untersuchungsverfahren festzustellen, in dem die eidliche Vernehmung von Zeuginnen, Zeugen und Sachverständigen zulässig und die oder der Versorgungsberechtigte zu hören ist.

(2) § 73 Abs. 1 Satz 1 Nr. 4 und Satz 2 bleibt unberührt.

§ 77 Nichtberücksichtigung der Versorgungsbezüge

₁Werden Versorgungsberechtigte im öffentlichen Dienst (§ 64 Abs. 7) verwendet, so sind ihre Bezüge aus dieser Beschäftigung ohne Rücksicht auf die Versorgungsbezüge zu bemessen. ₂Das Gleiche gilt für eine aufgrund der Beschäftigung zu gewährende Versorgung.

Abschnitt IX
Versorgung besonderer Beamtinnen- und Beamtengruppen

§ 78 Beamtinnen und Beamte auf Zeit

(1) Für die Versorgung der Beamtinnen und Beamten auf Zeit und ihrer Hinterbliebenen gelten die Vorschriften für die Versorgung der Beamtinnen und Beamten auf Lebenszeit und ihrer Hinterbliebenen entsprechend, soweit in diesem Gesetz nichts anderes bestimmt ist.

(2) ₁Für Beamtinnen und Beamte auf Zeit, die eine ruhegehaltfähige Dienstzeit von zehn Jahren zurückgelegt haben, beträgt das Ruhegehalt, wenn es für sie günstiger ist, nach einer Amtszeit von acht Jahren im Beamtenverhältnis auf Zeit 33,48345 Prozent der ruhegehaltfähigen Dienstbezüge und steigt mit jedem weiteren vollen Amtsjahr im Beamtenverhältnis auf Zeit um 1,91333 Prozent der ruhegehaltfähigen Dienstbezüge bis zum Höchstruhegehaltssatz von 71,75 Prozent. ₂Als Amtszeit rechnet hierbei auch die Zeit bis zur Dauer von fünf Jahren, die eine Beamtin oder ein Beamter auf Zeit im einstweiligen Ruhestand zurückgelegt hat. ₃§ 16 Abs. 2 findet Anwendung.

(3) Ein Übergangsgeld nach § 53 wird nicht gewährt, wenn die Beamtin oder der Beamte auf Zeit einer gesetzlichen Verpflichtung, das Amt nach Ablauf der Amtszeit unter erneuter Berufung in das Beamtenverhältnis weiterzuführen, nicht nachkommt.

(4) ₁Wird das bisherige Amt nach Ablauf der Amtszeit unter erneuter Berufung in das Beamtenverhältnis auf Zeit oder durch Wiederwahl für die folgende Amtszeit weitergeführt, so gilt für die Anwendung dieses Gesetzes das Beamtenverhältnis als nicht unterbrochen. ₂Satz 1 gilt entsprechend für Beamtinnen und Beamte auf Zeit, die aus ihrem bisherigen Amt ohne Unterbrechung in ein vergleichbares oder höherwertiges Amt unter erneuter Berufung in das Beamtenverhältnis auf Zeit gewählt werden.

(5) Wird eine Beamtin oder ein Beamter auf Zeit wegen Dienstunfähigkeit entlassen, gelten die §§ 18 und 30 entsprechend.

(6) ₁Bei wegen Dienstunfähigkeit in den Ruhestand versetzten Wahlbeamtinnen und Wahlbeamten auf Zeit ist § 16 Abs. 2 Satz 1 Nr. 3 nicht anzuwenden, wenn nach Ablauf der Amtszeit das Amt weitergeführt wurde, obwohl dazu keine gesetzliche Verpflichtung bestand und mit Ablauf der Amtszeit bereits eine Versorgungsanwartschaft erworben wurde. ₂§ 13 Abs. 1 Satz 1 BeamtVG findet in der bis zum 31. Dezember 2000 geltenden Fassung Anwendung.

(7) § 16 Abs. 2 findet für Beamtinnen und Beamte auf Zeit nach § 108 des Niedersächsischen Kommunalverfassungsgesetzes (NKomVG) keine Anwendung, wenn sie nach Vollendung des 60. Lebensjahres aus einem Amt in den Ruhestand versetzt werden, in das sie aufgrund einer Wahl nach § 109 Abs. 1 Satz 1 NKomVG für eine weitere Amtszeit berufen worden sind.

(8) § 64 Abs. 9 gilt entsprechend für Wahlbeamtinnen und Wahlbeamte auf Zeit im Ruhestand.

(9) ₁Wird eine Wahlbeamtin oder ein Wahlbeamter auf Zeit abgewählt oder wird eine Beamtin oder ein Beamter auf Zeit einer Kommune infolge der Umbildung einer Kommune in den einstweiligen Ruhestand versetzt, so erhält sie oder er bis zum Ablauf der Amtszeit, bei einem vorherigen Eintritt in den Ruhestand oder der Entlassung längstens bis zu diesem Zeitpunkt, Versorgung mit der Maßgabe, dass das Ruhegehalt während der ersten fünf Jahre 71,75 Prozent der ruhegehaltfähigen Dienstbezüge aus der Endstufe der Besoldungsgruppe, in der sie oder er sich zur Zeit der Abwahl oder Versetzung in den einstweiligen Ruhestand infolge der Umbildung einer Kommune befunden hat, beträgt. ₂Die ruhegehaltfähige Dienstzeit nach § 6 erhöht sich um die Zeit, in der eine Wahlbeamtin oder ein Wahlbeamter auf Zeit Versorgung nach Satz 1 erhält, bis zu fünf Jahren; das Höchstruhegehalt nach Absatz 2 darf nicht überschritten werden.

(10) Zeiten, während der eine Wahlbeamtin oder ein Wahlbeamter auf Zeit durch eine hauptberufliche Tätigkeit oder eine Ausbildung außerhalb der allgemeinen Schulbildung Fachkenntnisse erworben hat, die für die Wahrnehmung des Amtes förderlich sind, können bis zu einer Gesamtzeit von vier Jahren als ruhegehaltfähig berücksichtigt werden; die Zeit einer Fachschul- oder Hochschulausbildung einschließlich der Prüfungszeit bis zu drei Jahren.

(11) Wahlbeamtinnen und Wahlbeamte auf Zeit im Sinne der Absätze 6 bis 10 sind Beamtinnen und Beamte auf Zeit, für die die Wahl Voraussetzung für die Begründung des Beamtenverhältnisses ist.

(12) Für Hauptverwaltungsbeamtinnen und Hauptverwaltungsbeamte gilt in Fällen des § 80 Abs. 3 Satz 1 Nr. 2 und Satz 3 NKomVG die Zeit zwischen dem Beginn der allgemeinen Wahlperiode der Abgeordneten der Vertretung und dem Amtsantritt der Hauptverwaltungsbeamtin oder des Hauptverwaltungsbeamten als Dienstzeit im Sinne des § 4 Abs. 1.

§ 79 Hochschulpersonal

(1) Für die Versorgung der Professorinnen, Professoren, Juniorprofessorinnen und Juniorprofessoren, Hochschuldozentinnen und Hochschuldozenten, Oberassistentinnen und Oberassistenten, Oberingenieurinnen und Oberingenieure, hauptamtlichen Leiterinnen und Leiter und Mitglieder von Leitungsgremien an Hochschulen im Beamtenverhältnis, Wissenschaftlichen und Künstlerischen Assistentinnen und Assistenten an Hochschulen und ihrer Hinterbliebenen gelten die Vorschriften dieses Gesetzes, soweit nachfolgend nichts Anderes bestimmt ist.

(2) ₁Ruhegehaltfähig ist auch die Zeit, in der Personen im Sinne des Absatzes 1 nach der Habilitation dem Lehrkörper einer Hochschule angehört haben. ₂Als ruhegehaltfähig gilt auch die zur Vorbereitung für die Promotion benötigte Zeit bis zu zwei Jahren. ₃Die in einer Habilitationsordnung vorgeschriebene Mindestzeit für die Erbringung der Habilitationsleistungen oder sonstiger gleichwertiger wissenschaftlicher Leistungen kann als ruhegehaltfähige Dienstzeit berücksichtigt werden; soweit die Habilitationsordnung eine Mindestdauer nicht vorschreibt, sind bis zu drei Jahre berücksichtigungsfähig. ₄Die nach erfolgreichem Abschluss eines Hochschulstudiums vor der Ernennung zu einem der in Absatz 1 genannten Ämter liegende Zeit einer hauptberuflichen Tätigkeit, in der besondere Fachkenntnisse erworben wurden, die für die Wahrnehmung des Amtes förderlich sind, soll im Fall des § 25 Abs. 1 Nr. 4 Buchst. c NHG in der jeweils geltenden Fassung als ruhegehaltfähig berücksichtigt werden; im Übrigen

§§ 80–82 Landesbeamtenversorgungsgesetz (NBeamtVG) **IV.1**

kann sie bis zu fünf Jahren in vollem Umfang, darüber hinaus bis zur Hälfte als ruhegehaltfähig berücksichtigt werden. ₅Zeiten nach Satz 4 können in der Regel insgesamt nicht über zehn Jahre hinaus als ruhegehaltfähig berücksichtigt werden. ₆§ 10 Abs. 2 sowie § 11 Abs. 2 gelten entsprechend. ₇Zeiten mit einer geringeren als der regelmäßigen Arbeitszeit dürfen nur zu dem Teil als ruhegehaltfähig berücksichtigt werden, der dem Verhältnis der tatsächlichen zur regelmäßigen Arbeitszeit entspricht.

(3) Für Juniorprofessorinnen und Juniorprofessoren, Hochschuldozentinnen und Hochschuldozenten, Oberassistentinnen und Oberassistenten, Oberingenieurinnen und Oberingenieure, Wissenschaftliche und Künstlerische Assistentinnen und Assistenten beträgt das Übergangsgeld abweichend von § 53 Abs. 1 Satz 1 für ein Jahr Dienstzeit das Einfache, insgesamt höchstens das Sechsfache der Dienstbezüge (§ 2 Abs. 2 Nrn. 1 bis 4 NBesG) des letzten Monats.

§ 80 Ehrenbeamtinnen und Ehrenbeamte

₁Erleiden Ehrenbeamtinnen oder Ehrenbeamte einen Dienstunfall (§ 34), so haben sie Anspruch auf Erstattung von Aufwendungen nach § 37 Abs. 1 bis 4 und § 38. ₂Außerdem kann ihnen Ersatz von Sachschäden (§ 36), Erstattung von Verdienstausfall (§ 37 Abs. 5) und von der obersten Dienstbehörde oder der von ihr bestimmten Stelle ein nach billigem Ermessen festzusetzender Unterhaltsbeitrag bewilligt werden. ₃Das Gleiche gilt für die Hinterbliebenen.

Abschnitt X
Altersgeld

§ 81 Anspruch auf Altersgeld

(1) Altersgeldberechtigte sind

1. Beamtinnen und Beamte, die nach dem 31. Dezember 2012 auf Antrag aus dem Beamtenverhältnis entlassen werden, und

2. Beamtinnen und Beamte auf Zeit, die nach dem 31. Dezember 2012 mit Ablauf ihrer Amtszeit entlassen sind,

wenn sie eine altersgeldfähige Dienstzeit von mindestens fünf Jahren zurückgelegt haben und nach § 8 Abs. 2 SGB VI nachzuversichern wären.

(2) ₁Der Anspruch auf Altersgeld entsteht mit Ablauf des Tages, an dem das Beamtenverhältnis durch Entlassung endet. ₂Liegen Gründe für einen Aufschub der Beitragszahlung nach § 184 Abs. 2 SGB VI vor, entsteht der Anspruch auf Altersgeld erst mit dem Wegfall der Aufschubgründe.

(3) ₁Die oder der Altersgeldberechtigte kann auf den Anspruch auf Altersgeld innerhalb eines Monats nach Beendigung des Beamtenverhältnisses durch schriftliche Erklärung gegenüber der obersten Dienstbehörde oder der von ihr bestimmten Stelle verzichten. ₂Der Verzicht ist nicht widerruflich.

(4) Das Altersgeld wird innerhalb von drei Monaten nach der Entstehung des Anspruchs festgesetzt.

§ 82 Höhe des Altersgeldes

(1) ₁Das Altersgeld beträgt für jedes Jahr altersgeldfähiger Dienstzeit 1,79375 Prozent der altersgeldfähigen Dienstbezüge, insgesamt jedoch höchstens 71,75 Prozent. ₂§ 16 Abs. 1 Sätze 2 bis 4 gilt entsprechend.

(2) ₁Altersgeldfähige Dienstbezüge sind die in § 5 Abs. 1 Satz 1 Nrn. 1 und 3 bis 10 bezeichneten Bezüge, die der oder dem Altersgeldberechtigten außer in den Fällen des § 5 Abs. 1 Satz 1 Nr. 4 zuletzt zugestanden haben. ₂§ 5 Abs. 1 Sätze 2 und 3 sowie Abs. 3 und 5 bis 7 gilt entsprechend.

(3) ₁Zur Ermittlung der altersgeldfähigen Dienstzeit sind die §§ 6, 8, 9, 13 und 14 entsprechend anzuwenden. ₂Zeiten, in denen die entlassene Beamtin oder der entlassene Beamte in der gesetzlichen Rentenversicherung versicherungspflichtig war, sowie Zeiten, die bereits zu einem Anspruch auf Altersgeld geführt haben oder für die aufgrund des Ausscheidens eine Abfindung nach dem Versorgungslastenteilungs-Staatsvertrag vom 16. Dezember 2009/26. Januar 2010 (Nds. GVBl. 2010 S. 318) zu zahlen ist, sind nicht altersgeldfähig. ₃Wird eine entlassene Beamtin oder ein entlassener Beamter erneut in

das Beamtenverhältnis berufen, so sind nach einer erneuten Entlassung auch die im ersten Beamtenverhältnis zurückgelegten Zeiten nach § 6, für die eine Nachversicherung durchgeführt wurde, nicht altersgeldfähig.

(4) Das Altersgeld nimmt an den allgemeinen Anpassungen der Versorgungsbezüge nach § 91 teil.

(5) Das Altersgeld wird in entsprechender Anwendung der §§ 58 und 60 um den Kindererziehungs- und Kindererziehungsergänzungszuschlag sowie um den Pflege- und Kinderpflegeergänzungszuschlag erhöht.

§ 83 Zahlung des Altersgeldes

(1) Der Anspruch auf Altersgeld ruht bis zum Ablauf des Monats, in dem die oder der Altersgeldberechtigte die Regelaltersgrenze in der gesetzlichen Rentenversicherung (§ 35 Satz 2 und § 235 Abs. 2 SGB VI) erreicht hat.

(2) ₁Auf Antrag der oder des Altersgeldberechtigten wird das Altersgeld vorzeitig gezahlt, wenn sie oder er

1. das 63. Lebensjahr vollendet hat,

2. schwerbehindert im Sinne des § 2 Abs. 2 SGB IX ist und entweder

   a) das 62. Lebensjahr vollendet hat oder

   b) vor dem 1. Januar 1964 geboren ist und die nach § 236a Abs. 2 SGB VI jeweils geltende Altersgrenze für die vorzeitige Inanspruchnahme der Altersrente für schwerbehinderte Menschen erreicht hat,

3. seit sechs Monaten voll erwerbsgemindert nach § 43 Abs. 2 Sätze 2 und 3 SGB VI ist,

4. seit sechs Monaten teilweise erwerbsgemindert nach § 43 Abs. 1 Satz 2 SGB VI ist oder

5. vor dem 2. Januar 1961 geboren und seit sechs Monaten berufsunfähig nach § 240 Abs. 2 SGB VI ist.

₂Wenn die Feststellung, ob eine Minderung der Erwerbsfähigkeit nach Satz 1 Nr. 3 oder 4 oder eine Berufsunfähigkeit nach Satz 1 Nr. 5 seit sechs Monaten vorliegt, nicht durch den Träger der gesetzlichen Rentenversicherung getroffen wurde, entscheidet hierüber eine Amtsärztin oder ein Amtsarzt.

(3) ₁In den Fällen des Absatzes 2 Satz 1 Nrn. 3 bis 5 ist die vorzeitige Zahlung des Altersgeldes auf höchstens drei Jahre zu befristen. ₂Verlängerungen der vorzeitigen Zahlung sind ebenfalls auf höchstens drei Jahre zu befristen. ₃Die vorzeitige Zahlung ist nicht zu befristen, wenn unwahrscheinlich ist, dass die Minderung der Erwerbsfähigkeit oder die Berufsunfähigkeit behoben werden kann; hiervon ist nach einer Gesamtdauer der Befristung von neun Jahren auszugehen.

(4) ₁In den Fällen des Absatzes 2 Satz 1 Nrn. 2 bis 5 wird die vorzeitige Zahlung des Altersgeldes versagt, wenn die oder der Altersgeldberechtigte die für die vorzeitige Zahlung erforderliche gesundheitliche Beeinträchtigung absichtlich herbeigeführt hat. ₂In den Fällen des Absatzes 2 Satz 1 Nr. 2 bis 5 kann die vorzeitige Zahlung des Altersgeldes versagt werden, wenn die oder der Altersgeldberechtigte sich die für die vorzeitige Zahlung erforderliche gesundheitliche Beeinträchtigung bei einer Handlung zugezogen hat, die nach strafgerichtlichem Urteil ein Verbrechen oder vorsätzliches Vergehen ist. ₃Dies gilt auch, wenn aus einem in der Person der oder des Altersgeldberechtigten liegenden Grund ein strafgerichtliches Urteil nicht ergeht.

(5) ₁In den Fällen des Absatzes 2 Satz 1 Nrn. 4 und 5 vermindert sich das Altersgeld um die Hälfte. ₂Die Verminderung entfällt mit Ablauf des Monats, in dem die Voraussetzungen für eine vorzeitige Zahlung nach Absatz 2 Satz 1 Nr. 1, 2 oder 3 erfüllt sind.

(6) ₁Das Altersgeld vermindert sich um 3,6 Prozent für jedes Jahr, um das das Altersgeld

1. nach Absatz 2 Satz 1 Nr. 1 vorzeitig gezahlt wird,

2. nach Absatz 2 Satz 1 Nr. 2 vor Ablauf des Monats gezahlt wird, in dem die oder der Altersgeldberechtigte die Altersgrenze für die Altersrente für schwerbehinderte Menschen (§ 37 Nr. 1, § 236a Abs. 2 SGB VI) erreicht,

3. nach Absatz 2 Satz 1 Nrn. 3 bis 5 vor Ablauf des Monats gezahlt wird, in dem die oder der Altersgeldberechtigte das 65. Lebensjahr vollendet.

₂§ 16 Abs. 1 Satz 4 gilt entsprechend. ₃Im Fall des Satzes 1 Nr. 3 darf die Verminderung des Altersgeldes 10,8 Prozent nicht übersteigen. ₄Das Altersgeld vermindert sich nicht nach Satz 1, wenn die oder der Altersgeldberechtigte bei Zahlungsbeginn das 65. Lebensjahr vollendet und mindestens 45 Jahre mit altersgeldfähigen Dienstzeiten zurückgelegt hat; dabei sind Zeiten einer der oder dem Altersgeldberechtigten zuzuordnenden Erziehung eines Kindes bis zu dessen vollendetem 10. Lebensjahr zu berücksichtigen.

(7) In den Fällen des Absatzes 2 Satz 1 Nrn. 3 bis 5 wird das Altersgeld auf Antrag um den Betrag erhöht, um den die Summe aus Altersgeld und Leistungen aus anderen Alterssicherungssystemen, die aufgrund einer Berufstätigkeit zur Versorgung der oder des Altersgeldberechtigten für den Fall der Erwerbsminderung bestimmt sind, hinter dem Rentenanspruch, der sich im Fall einer Nachversicherung ergeben hätte, zurückbleibt.

(8) In den Fällen des Absatzes 2 Satz 1 Nrn. 3 und 5 vermindert sich das Altersgeld, wenn neben dem Altersgeld Einkommen im Sinne des § 64 Abs. 6 erzielt wird,

1. um ein Viertel, wenn das erzielte Einkommen mehr als die Geringfügigkeitsgrenze nach § 8 Abs. 1a SGB IV, aber nicht mehr als das Eineinhalbfache des Altersgeldes beträgt,

2. um die Hälfte, wenn das erzielte Einkommen mehr als die Geringfügigkeitsgrenze nach § 8 Abs. 1a SGB IV und mehr als das Eineinhalbfache, aber nicht mehr als das Zweifache des Altersgeldes beträgt,

3. um drei Viertel, wenn das erzielte Einkommen mehr als die Geringfügigkeitsgrenze nach § 8 Abs. 1a SGB IV und mehr als das Zweifache, aber nicht mehr als das Zweieinhalbfache des Altersgeldes beträgt,

4. auf Null, wenn das erzielte Einkommen mehr als die Geringfügigkeitsgrenze nach § 8 Abs. 1a SGB IV und mehr als das Zweieinhalbfache des Altersgeldes beträgt.

(9) In den Fällen des Absatzes 2 Satz 1 Nr. 4 vermindert sich das Altersgeld, wenn neben dem Altersgeld Einkommen im Sinne des § 64 Abs. 6 erzielt wird,

1. um die Hälfte, wenn das erzielte Einkommen mehr als das Zweifache des Altersgeldes beträgt,

2. auf Null, wenn das erzielte Einkommen mehr als das Zweieinhalbfache des Altersgeldes beträgt.

§ 84 Hinterbliebenenaltersgeld

(1) ₁Die Hinterbliebenen einer oder eines Altersgeldberechtigten haben Anspruch auf Hinterbliebenenaltersgeld. ₂Das Hinterbliebenenaltersgeld umfasst

1. Bezüge für den Sterbemonat,
2. Witwen- und Witwergeld,
3. Witwen- und Witwerabfindung,
4. Waisengeld,
5. Unterhaltsbeiträge für Waisen.

(2) ₁Das Witwen- und Witwergeld beträgt 55 Prozent, das Waisengeld für Vollwaisen 20 Prozent und für Halbwaisen 12 Prozent des Altersgeldes, das der oder dem Altersgeldberechtigten gezahlt worden ist oder das ihr oder ihm nach Erreichen der Regelaltersgrenze gezahlt worden wäre. ₂Das Witwen- und Witwergeld wird in entsprechender Anwendung des § 59 um den Kinderzuschlag erhöht.

(3) Das Witwen- und Witwergeld, das Waisengeld und der Unterhaltsbeitrag für Waisen werden auf Antrag um den Betrag erhöht, um den die Summe aus Hinterbliebenenaltersgeld und Leistungen aus anderen Alterssicherungssystemen, die aufgrund einer Berufstätigkeit der oder des Altersgeldberechtigten zur Versorgung der Hinterbliebenen bestimmt sind, hinter dem Rentenanspruch, der sich im Fall einer Nachversicherung ergeben hätte, zurückbleibt.

§ 85 Anwendbare Vorschriften

(1) Auf das Altersgeld, die Altersgeldberechtigten und ihre Hinterbliebenen finden entsprechende Anwendung:

1. § 3 Abs. 1, 2 und 4;
2. § 32 Abs. 2 und 3 Satz 1 sowie Abs. 5, nur für Empfängerinnen und Empfänger

von Altersgeld oder Hinterbliebenenaltersgeld auch § 32 Abs. 1 und 3 Satz 2;
3. § 56 Abs. 1, 3 und 8, nur für Empfängerinnen und Empfänger von Altersgeld oder Hinterbliebenenaltersgeld auch § 56 Abs. 4 bis 7 und 9;
4. § 62 Abs. 1, nur für Empfängerinnen und Empfänger von Altersgeld oder Hinterbliebenenaltersgeld auch § 62 Abs. 2;
5. nur für Empfängerinnen und Empfänger von Altersgeld oder Hinterbliebenenaltersgeld § 63;
6. die §§ 69 und 70;
7. § 71, nicht jedoch für Hinterbliebene;
8. § 74 Abs. 2 Satz 1 Nrn. 1 und 3, nur für Empfängerinnen und Empfänger von Altersgeld, das nach § 83 Abs. 2 vorzeitig gezahlt wird, oder Hinterbliebenenaltersgeld auch § 74 Abs. 2 Satz 1 Nr. 2 und Satz 2, nur für Empfängerinnen und Empfänger von Altersgeld oder Hinterbliebenenaltersgeld auch § 74 Abs. 3;
9. nur für Empfängerinnen und Empfänger von Altersgeld oder Hinterbliebenenaltersgeld § 77;
10. § 78 Abs. 1 und § 79 Abs. 1;
11. § 93 Abs. 5 Satz 1.

(2) Für Altersgeldberechtigte gelten § 41 BeamtStG und § 79 NBG entsprechend.

(3) Für das Hinterbliebenenaltersgeld gelten auch § 1 Abs. 2 Satz 2, die §§ 21 und 23 Abs. 1 Satz 2, die §§ 25 und 27 Abs. 2, § 28 Abs. 3, § 29 Abs. 1, 2 und 4 Satz 2, § 31 Abs. 1, § 64 Abs. 1, 2 und 3 Satz 2, Abs. 4 Satz 1 und Abs. 6 sowie die §§ 73 und 76 entsprechend.

§ 86 Zusammentreffen von Alters- und Hinterbliebenenaltersgeld mit Versorgungsbezügen und anderen Versorgungsleistungen

(1) ₁Ein Ruhegehalt, ein Unterhaltsbeitrag nach § 42 oder ein Übergangsgeld ruht in Höhe eines daneben empfangenen Altersgeldes. ₂Eine Hinterbliebenenversorgung oder ein Unterhaltsbeitrag nach § 46 ruht in Höhe eines daneben empfangenen Hinterbliebenenaltersgeldes. ₃Satz 2 gilt nicht, wenn der Versorgungsbezug und das Hinterbliebenenaltersgeld auf Beamtenverhältnissen verschiedener Personen beruhen.

(2) Führen altersgeldfähige Zeiten nach den §§ 8 und 9 auch in anderen Versorgungssystemen zu Ansprüchen, so ruht das Alters- oder Hinterbliebenenaltersgeld in Höhe dieser Ansprüche.

§ 87 Auskunftsanspruch

₁Die oberste Dienstbehörde oder die von ihr bestimmte Stelle hat der Beamtin oder dem Beamten oder der oder dem Altersgeldberechtigten bei berechtigtem Interesse auf Verlangen eine Auskunft zum Anspruch auf Altersgeld und zu dessen zu erwartender Höhe nach der Sach- und Rechtslage zum Zeitpunkt des Verlangens zu erteilen. ₂Die Auskunft steht unter dem Vorbehalt künftiger Sach- und Rechtsänderungen sowie der Richtigkeit und Vollständigkeit der zugrunde liegenden Daten.

Abschnitt XI
Übergangsregelungen und allgemeine Anpassungen

§ 88 Übergangsregelungen für zwischen dem 31. Dezember 2001 und dem 1. Dezember 2011 eingetretene Versorgungsfälle

(1) Die Rechtsverhältnisse der Ruhestandsbeamtinnen, Ruhestandsbeamten, entpflichteten Hochschullehrerinnen und Hochschullehrer, Witwen, Witwer, Waisen und sonstigen Versorgungsempfängerinnen und Versorgungsempfänger, deren Versorgungsverhältnisse zwischen dem 31. Dezember 2001 und dem 1. Dezember 2011 eingetreten sind, regeln sich nach dem Beamtenversorgungsgesetz in der am 31. August 2006 geltenden Fassung, soweit in den folgenden Absätzen nichts Abweichendes geregelt ist.

(2) ₁Die §§ 1, 2 und 5 Abs. 3, § 16 Abs. 3 Sätze 1 und 2 sowie Abs. 5, die §§ 17, 26 Abs. 1 Sätze 2 und 3, die §§ 37, 39, 56 bis 67, 69 bis 75, 94, 96 Abs. 2 Nr. 3 und die §§ 97 bis 99 dieses Gesetzes sind anzuwenden. ₂In

§ 88   Landesbeamtenversorgungsgesetz (NBeamtVG)   IV.1

den Fällen, in denen die Entschädigung oder der Versorgungsbezug erst nach dem 30. November 2011 erstmalig zusteht, ist § 68 dieses Gesetzes anzuwenden; dies gilt bis zum 31. Dezember 2011 mit der Maßgabe, dass in Absatz 2 Satz 2 an die Stelle der Zahl „71,75" die Zahl „75" tritt.

(3) Solange die am 1. Dezember 2011 ausgeübte Erwerbstätigkeit der Ruhestandsbeamtin oder des Ruhestandsbeamten andauert, ist abweichend von Absatz 2 statt § 64 Abs. 2 Nr. 3 dieses Gesetzes § 53 Abs. 2 Nr. 3 BeamtVG in der am 31. August 2006 geltenden Fassung mit der Maßgabe anzuwenden, dass an die Stelle des Betrages von 325 Euro der Betrag der Geringfügigkeitsgrenze nach § 8 Abs. 1a SGB IV tritt.

(4) ₁Beruht die Versorgung auf einem Beamtenverhältnis, das vor dem 1. Januar 1966 begründet worden ist, ist abweichend von Absatz 2 statt § 66 dieses Gesetzes § 55 BeamtVG in der am 31. August 2006 geltenden Fassung nach den Maßgaben des Artikels 2 § 2 des 2. Haushaltsstrukturgesetzes vom 22. Dezember 1981 (BGBl. I S. 1523), zuletzt geändert durch Artikel 14 des Gesetzes vom 29. Juni 1998 (BGBl. I S. 1666), anzuwenden. ₂Dabei sind die Absätze 9 und 10 bei der Ermittlung der Höchstgrenze entsprechend anzuwenden. ₃Verstirbt eine Versorgungsempfängerin oder ein Versorgungsempfänger im Sinne des Satzes 1 nach dem 30. November 2011, so gelten die Sätze 1 und 2 auch für die Hinterbliebenen.

(5) Wird eine Rente im Sinne des § 66 dieses Gesetzes am 1. Dezember 2011 bereits bezogen, so ist, wenn kein Fall des Absatzes 4 vorliegt, § 55 BeamtVG in der bisher der Anrechnung zugrunde liegenden Fassung anzuwenden.

(6) ₁Hat der Ruhestand zwischen dem 31. Dezember 2001 und dem 1. Dezember 2011 begonnen und ist die Entscheidung des Familiengerichts über den Versorgungsausgleich in diesem Zeitraum, jedoch nach Ruhestandsbeginn der ausgleichspflichtigen Person, wirksam geworden, so wird das Ruhegehalt abweichend von Absatz 2 erst dann gemäß § 69 gekürzt, wenn der ausgleichsberechtigten Person eine Leistung aus Anwartschaften oder Anrechten nach § 69 Abs. 1 Satz 1 Nrn. 1 und 2 gewährt wird. ₂Bis zum Zeitpunkt der Kürzung wird das Ruhegehalt unter dem Vorbehalt der Rückforderung gewährt.

(7) ₁Soweit es die Festsetzung der ruhegehaltfähigen Dienstzeiten, des Ruhegehaltssatzes, des Versorgungsabschlags und der ruhegehaltfähigen Dienstbezüge betrifft, bleibt für vorhandene Versorgungsempfängerinnen und Versorgungsempfänger die bei Ruhestandsbeginn geltende Rechtslage maßgeblich. ₂Verstirbt eine am 1. Dezember 2011 vorhandene Ruhestandsbeamtin oder ein zu diesem Zeitpunkt vorhandener Ruhestandsbeamter, gilt Satz 1 auch für die Hinterbliebenen.

(8) Bis zum 31. Dezember 2011 ist abweichend von Absatz 2

1. § 16 Abs. 5 Satz 1 mit der Maßgabe anzuwenden, dass an die Stelle der Zahl „71,75" die Zahl „75" tritt;
2. § 17 mit der Maßgabe anzuwenden, dass in Absatz 1 Nr. 3 und in Absatz 2 Satz 2 an die Stelle der Zahl „66,97" jeweils die Zahl „70" und in Absatz 2 Satz 1 an die Stelle der Zahl „0,95667", die Zahl „1" tritt;
3. § 61 Abs. 1 Satz 2 mit der Maßgabe anzuwenden, dass an die Stelle der Zahl „66,97" die Zahl „70" tritt;
4. § 64 Abs. 2 Nr. 3 mit der Maßgabe anzuwenden, dass jeweils an die Stelle der Zahl „71,75" die Zahl „75" tritt;
5. § 65 Abs. 2 mit der Maßgabe anzuwenden, dass in Satz 1 Nr. 3 und in Satz 3 jeweils an die Stelle der Zahl „71,75" die Zahl „75" tritt;
6. § 67 mit der Maßgabe anzuwenden, dass in Absatz 1 Satz 1 an die Stelle der Zahl „1,79375" die Zahl „1,875" und an die Stelle der Zahl „2,39167" die Zahl „2,5" sowie in Absatz 6 Satz 3 Nr. 1 an die Stelle der Zahl „1,79375" die Zahl „1,875" tritt.

(9) ₁Bis zum 31. Dezember 2011 werden die der Berechnung der Versorgungsbezüge zugrunde liegenden ruhegehaltfähigen Dienstbezüge durch den Anpassungsfak-

tor 0,96208 vermindert. ₂Dies gilt nicht für das Ruhegehalt, das durch Anwendung des § 16 Abs. 3 Sätze 1 und 2, § 40 Abs. 3, § 41 Abs. 1 Satz 1 oder § 96 Abs. 2 Nr. 1 dieses Gesetzes sowie § 37 Abs. 1 Satz 1 oder § 91 Abs. 2 Nr. 1 BeamtVG in der am 31. August 2006 geltenden Fassung ermittelt ist, und für den Unterhaltsbeitrag, der durch Anwendung des § 42 Abs. 2 oder § 46 dieses Gesetzes sowie § 38 BeamtVG in der am 31. August 2006 geltenden Fassung ermittelt ist. ₃Für Versorgungsbezüge, deren Berechnung ein Ortszuschlag nach dem Bundesbesoldungsgesetz in der bis zum 30. Juni 1997 geltenden Fassung nicht zugrunde liegt, und für Versorgungsbezüge, die in festen Beträgen festgesetzt sind, sowie bei der Anwendung von Ruhensvorschriften (Absatz 5 sowie §§ 64 bis 68 dieses Gesetzes) gelten die Sätze 1 und 2 entsprechend. ₄Zu den ruhegehaltfähigen Dienstbezügen im Sinne des Satzes 1 gehören auch die Anpassungszuschläge, der Strukturausgleich, die Erhöhungszuschläge nach den Artikeln 5 und 6 des Siebenten Gesetzes zur Änderung des Bundesbesoldungsgesetzes vom 15. April 1970 (BGBl. I S. 339) sowie die Überleitungszulage nach Artikel 14 § 1 Abs. 1 Satz 4 des Reformgesetzes vom 24. Februar 1997 (BGBl. I S. 322).

(10) ₁Mit Wirkung vom 1. Januar 2012 wird der den Versorgungsbezügen zugrunde liegende Ruhegehaltssatz mit dem Faktor 0,95667 vervielfältigt; § 16 Abs. 1 Sätze 2 und 3 ist anzuwenden. ₂Der nach Satz 1 verminderte Ruhegehaltssatz wird neu festgesetzt. ₃Er ist ab dem 1. Januar 2012 der Berechnung der Versorgungsbezüge zugrunde zu legen. ₄Die Sätze 1 bis 3 sowie § 93 Abs. 9 gelten nicht für das Ruhegehalt nach Absatz 9 Satz 2. ₅Die Sätze 1 bis 4 gelten entsprechend für die Höchstgrenze nach § 66 Abs. 2 sowie in Fällen nach Absatz 5 für die Höchstgrenze nach § 55 Abs. 2 BeamtVG in der jeweils maßgeblichen Fassung.

(11) ₁Soweit den am 30. November 2011 vorhandenen Versorgungsempfängerinnen und Versorgungsempfängern Bezügebestandteile nach Absatz 9 Satz 4 gewährt wurden, sind diese Leistungen in gleichbleibender Höhe bei der Berechnung der Versorgungsbezüge zu berücksichtigen. ₂Absatz 7 Satz 2 gilt entsprechend.

(12) Die Absätze 1 bis 11 gelten entsprechend für Hinterbliebene der dort jeweils erfassten Ruhestandsbeamtinnen und Ruhestandsbeamten sowie entpflichteten Hochschullehrerinnen und Hochschullehrern.

(13) Auf Versorgungsverhältnisse, die zwischen dem 31. August 2006 und dem 1. Dezember 2011 eingetreten sind, finden § 15 Abs. 2 Satz 3 und § 49 Abs. 3 Satz 3 dieses Gesetzes Anwendung; § 43 Abs. 1 und 2 des Beamtenversorgungsgesetzes in der am 31. August 2006 geltenden Fassung ist mit der Maßgabe anzuwenden, dass an die Stelle der dort genannten Beträge die in § 48 Abs. 1 und 2 dieses Gesetzes genannten Beträge treten.

§ 89 Übergangsregelungen für vor dem 1. Januar 2002 eingetretene Versorgungsfälle

(1) Die Rechtsverhältnisse der am 1. Januar 2002 vorhandenen Ruhestandsbeamtinnen, Ruhestandsbeamten, entpflichteten Hochschullehrerinnen und Hochschullehrer, Witwen, Witwer, Waisen und sonstigen Versorgungsempfängerinnen und Versorgungsempfänger regeln sich nach dem Beamtenversorgungsgesetz in der bis zum 31. Dezember 2001 geltenden Fassung, soweit in den folgenden Absätzen nichts Abweichendes geregelt ist.

(2) Die §§ 1, 2 und 5 Abs. 3, § 16 Abs. 3 Sätze 1 und 2, die §§ 17 und 26 Abs. 1 Sätze 2 und 3, die §§ 37, 39, 56 bis 66, 69 bis 75, 94, 96 Abs. 2 Nr. 3 und die §§ 97 bis 99 dieses Gesetzes sind anzuwenden.

(3) § 88 Abs. 3 bis 8 Nrn. 1 bis 5 sowie Abs. 9 bis 12 gilt entsprechend.

(4) ₁Abweichend von Absatz 1 ist bei Versorgungsempfängerinnen und Versorgungsempfängern,

1. am 1. Januar 1992 vorhanden waren, § 56 BeamtVG in der bis zum 31. Dezember 1991 geltenden Fassung anzuwenden, ab dem 1. Januar 2012 gilt dieses mit der Maßgabe, dass anstelle des Prozentsatzes 2,14 der Prozentsatz 2,04727 und an-

stelle des Prozentsatzes 2,85 der Prozentsatz 2,7265 anzusetzen ist;

2. am 1. Oktober 1994 vorhanden waren, wenn kein Fall der Nummer 1 vorliegt, §56 BeamtVG in der bis zum 30. September 1994 geltenden Fassung anzuwenden, ab dem 1. Januar 2012 gilt dieses mit der Maßgabe, dass anstelle des Prozentsatzes 1,875 der Prozentsatz 1,79375 und anstelle des Prozentsatzes 2,5 der Prozentsatz 2,39167 anzusetzen ist;

3. am 1. Januar 1999 vorhanden waren, wenn kein Fall der Nummer 1 oder 2 vorliegt, §56 BeamtVG in der bis zum 31. Dezember 1998 geltenden Fassung anzuwenden; ab dem 1. Januar 2012 gilt dieses mit der Maßgabe, dass anstelle des Prozentsatzes 1,875 der Prozentsatz 1,79375 und anstelle des Prozentsatzes 2,5 der Prozentsatz 2,39167 anzusetzen ist;

4. am 1. Januar 1999 nicht vorhanden waren, §67 dieses Gesetzes anzuwenden, dabei gilt §88 Abs. 8 Nr. 6 dieses Gesetzes entsprechend.

₂§88 Abs. 9 Sätze 1 und 2 gilt bei der Berechnung der Höchstgrenze entsprechend.

(5) ₁Bei Versorgungsempfängerinnen und Versorgungsempfängern, die am 1. Oktober 1994 vorhanden waren, ist

1. abweichend von Absatz 1 §14 Abs. 5 BeamtVG in der bis zum 31. Dezember 2001 geltenden Fassung nicht anzuwenden;

2. abweichend von Absatz 2 statt §66 Abs. 1 Satz 2 dieses Gesetzes §55 Abs. 1 Satz 2 BeamtVG in der bis zum 30. September 1994 geltenden Fassung anzuwenden,

3. abweichend von Absatz 2 §66 Abs. 1 Satz 3 dieses Gesetzes nicht anzuwenden.

₂§88 Abs. 7 Satz 2 gilt entsprechend.

§90 Übergangsregelungen für am 1. Dezember 2011 vorhandene Beamtinnen und Beamte

(1) Für Beamtinnen und Beamte, denen vor dem 1. Januar 2010 Altersteilzeit bewilligt worden ist, ist §6 Abs. 1 Satz 3 BeamtVG in der 31. August 2006 geltenden Fassung anzuwenden.

(2) ₁Für Beamtinnen und Beamte, die vor dem 1. Januar 1964 geboren sind, ist §16 Abs. 2 Satz 1 Nr. 1 mit der Maßgabe anzuwenden, dass an Stelle der Vollendung des 65. Lebensjahres das Erreichen folgenden Lebensalters tritt:

Geburtsdatum bis	Lebensalter	
	Jahre	Monate
31. Dezember 1951	63	0
31. Januar 1952	63	1
29. Februar 1952	63	2
31. März 1952	63	3
30. April 1952	63	4
31. Mai 1952	63	5
31. Dezember 1952	63	6
31. Dezember 1953	63	7
31. Dezember 1954	63	8
31. Dezember 1955	63	9
31. Dezember 1956	63	10
31. Dezember 1957	63	11
31. Dezember 1958	64	0
31. Dezember 1959	64	2
31. Dezember 1960	64	4
31. Dezember 1961	64	6
31. Dezember 1962	64	8
31. Dezember 1963	64	10.

₂Bei Beamtinnen und Beamten, die schwerbehindert im Sinne des §2 Abs. 2 SGB IX sind und denen vor dem 1. Januar 2010 Altersteilzeit bewilligt worden ist, ist §16 Abs. 2 Satz 1 Nr. 1 abweichend von Satz 1 mit der Maßgabe anzuwenden, dass an die Stelle der Vollendung des 65. Lebensjahres die Vollendung des 63. Lebensjahres tritt. ₃Abweichend von Satz 1 ist §16 Abs. 2 auf Beamtinnen und Beamte, die am 1. Januar 2001 vorhanden waren und bis zum 16. November 1950 geboren und spätestens seit dem 16. November 2000 schwerbehindert im Sinne des §2 Abs. 2 SGB IX sind und die nach §37 Abs. 1 NBG auf Antrag in den Ruhestand versetzt werden, nicht anzuwenden.

(3) Für Beamtinnen und Beamte, die vor dem 1. Januar 1950 geboren sind, ist außer in

Fällen des § 35 Abs. 3 NBG § 16 Abs. 2 Satz 1 Nr. 2 mit der Maßgabe anzuwenden, dass an die Stelle des Erreichens der gesetzlichen Altersgrenze das Erreichen folgenden Lebensalters tritt:

Geburtsdatum bis	Lebensalter	
	Jahre	Monate
31. Dezember 1948	65	0
31. Januar 1949	65	1
28. Februar 1949	65	2
31. Dezember 1949	65	3.

(4) Für Beamtinnen und Beamte, die vor dem 1. Januar 2024 wegen Dienstunfähigkeit, die nicht auf einem Dienstunfall beruht, in den Ruhestand versetzt werden, ist § 16 Abs. 2 mit der Maßgabe anzuwenden, dass in § 16 Abs. 2 Satz 5 Nr. 2 an die Stelle der Zahl „40" die Zahl „35" tritt und in § 16 Abs. 2 Satz 1 Nr. 3 an die Stelle der Vollendung des 65. Lebensjahres das Erreichen folgenden Lebensalters tritt:

Zeitpunkt der Versetzung in den Ruhestand vor dem	Lebensalter	
	Jahre	Monate
1. Januar 2012	63	0
1. Februar 2012	63	1
1. März 2012	63	2
1. April 2012	63	3
1. Mai 2012	63	4
1. Juni 2012	63	5
1. Januar 2013	63	6
1. Januar 2014	63	7
1. Januar 2015	63	8
1. Januar 2016	63	9
1. Januar 2017	63	10
1. Januar 2018	63	11
1. Januar 2019	64	0
1. Januar 2020	64	2
1. Januar 2021	64	4
1. Januar 2022	64	6
1. Januar 2023	64	8
1. Januar 2024	64	10.

(5) Tritt der Versorgungsfall vor dem 1. Januar 2012 ein, ist bis zum 31. Dezember 2011

1. § 16 Abs. 1 Satz 1 mit der Maßgabe anzuwenden, dass an die Stelle der Zahl „1,79375" die Zahl „1,875" und an die Stelle der Zahl „71,75" die Zahl „75" tritt;
2. § 68 mit der Maßgabe anzuwenden, dass an die Stelle der Zahl „71,75" die Zahl „75" tritt;
3. § 78 mit der Maßgabe anzuwenden, dass in Absatz 2 Satz 1 an die Stelle der Zahl „33,48345" die Zahl „35", an die Stelle der Zahl „1,91333" die Zahl „2" und an die Stelle der Zahl „71,75" die Zahl „75" sowie in Absatz 9 an die Stelle der Zahl „71,75" die Zahl „75" tritt.

(6) § 54 Abs. 1 Satz 1 ist bis zum 31. Dezember 2011 mit der Maßgabe anzuwenden, dass an die Stelle der Zahl „71,75" die Zahl „75" tritt.

(7) § 88 Abs. 8 Nrn. 1 bis 6, Abs. 9 und 10 gilt entsprechend.

§ 90a Übergangsregelung für am 1. Januar 2017 vorhandene Versorgungsempfängerinnen, Versorgungsempfänger, Beamtinnen und Beamte

(1) Soweit den Versorgungsbezügen der am 1. Januar 2017 vorhandenen Versorgungsempfängerinnen und Versorgungsempfängern Besoldungsgruppen und Stufen nach den Anlagen 2 und 3 des Niedersächsischen Besoldungsgesetzes in der am 31. Dezember 2016 geltenden Fassung vom 7. November 2008 (Nds. GVBl. S. 334), zuletzt geändert durch Artikel 4 des Gesetzes vom 17. Dezember 2015 (Nds. GVBl. S. 423), zugrunde liegen, werden diese mit Wirkung vom 1. Januar 2017 durch die entsprechenden Besoldungsgruppen und Erfahrungsstufen nach den Anlagen 5 und 16 NBesG ersetzt; § 73 Satz 1 NBesG gilt entsprechend.

(2) Bei am 1. Januar 2017 vorhandenen Versorgungsempfängerinnen und Versorgungsempfängern, denen ein Pflegezuschlag nach § 60 Abs. 1 in der bis zum 31. Dezember 2016 geltenden Fassung gewährt wurde, wird der

Pflegezuschlag wie folgt in die ab 1. Januar 2017 geltende Fassung übergeleitet:

1. Für Fälle nach Absatz 4 Nr. 1 Buchst. a der Anlage in der am 31. Dezember 2016 geltenden Fassung gilt der Betrag nach Absatz 4 Nr. 1 Buchst. b der Anlage.
2. Für Fälle nach Absatz 4 Nr. 1 Buchst. b der Anlage in der am 31. Dezember 2016 geltenden Fassung gilt der Betrag nach Absatz 4 Nr. 2 Buchst. b der Anlage.
3. Für Fälle nach Absatz 4 Nr. 1 Buchst. c der Anlage in der am 31. Dezember 2016 geltenden Fassung gilt der Betrag nach Absatz 4 Nr. 3 Buchst. a der Anlage.
4. Für Fälle nach Absatz 4 Nr. 2 Buchst. a der Anlage in der am 31. Dezember 2016 geltenden Fassung gilt der Betrag nach Absatz 4 Nr. 2 Buchst. a der Anlage.
5. Für Fälle nach Absatz 4 Nr. 2 Buchst. b der Anlage in der am 31. Dezember 2016 geltenden Fassung gilt der Betrag nach Absatz 4 Nr. 3 Buchst. b der Anlage.
6. Für Fälle nach Absatz 4 Nr. 3 der Anlage in der am 31. Dezember 2016 geltenden Fassung gilt der Betrag nach Absatz 4 Nr. 4 Buchst. a der Anlage.

(3) ₁Für am 1. Januar 2017 vorhandene Beamtinnen und Beamte, die vor dem 1. Januar 2017 nach §3 Satz 1 Nr. 1 Buchst. a SGB VI in der am 31. Dezember 2016 geltenden Fassung versicherungspflichtig waren, gilt §60 in der am 31. Dezember 2016 geltenden Fassung, wenn die Pflege nicht über den 31. Dezember 2016 hinausging. ₂Für die Höhe des Pflegezuschlags gilt Absatz 2 entsprechend.

(4) ₁Für am 1. Januar 2017 vorhandene Beamtinnen und Beamte, die vor dem 1. Januar 2017 nach §3 Satz 1 Nr. 1 Buchst. a SGB VI in der am 31. Dezember 2016 geltenden Fassung versicherungspflichtig waren, gilt, wenn die Pflege über den 31. Dezember 2016 hinausging, für die Pflege bis zum 31. Dezember 2016 §60 in der bis zum 31. Dezember 2016 geltenden Fassung mit der Maßgabe, dass für die Höhe des Pflegezuschlags Absatz 2 entsprechend gilt. ₂Für die Pflege ab dem 1. Januar 2017 gilt §60 dieses Gesetzes. ₃Ist der Pflegezuschlag nach Satz 1 höher, so gilt dieser auch für die Pflege nach dem 31. Dezember 2016.

(5) Den ruhegehaltfähigen Dienstbezügen der Versorgungsempfängerinnen und Versorgungsempfänger, für die am 31. Dezember 2016 nach Artikel 1 §2 Abs. 2 oder 3 des Haushaltsstrukturgesetzes vom 18. Dezember 1975 (BGBl. I S. 3091), zuletzt geändert durch Artikel 15 Abs. 81 des Gesetzes vom 5. Februar 2009 (BGBl. I S. 160), §40 des Bundesbesoldungsgesetzes in der am 31. Dezember 1975 geltenden Fassung anzuwenden war, liegt abweichend von §57 Abs. 1 Satz 1 der Familienzuschlag der Stufe 1 zugrunde.

§91 Allgemeine Anpassung

(1) Werden die Dienstbezüge der Besoldungsberechtigten allgemein erhöht oder vermindert, sind von demselben Zeitpunkt an die Versorgungsbezüge durch Gesetz entsprechend zu regeln.

(2) Als allgemeine Änderung der Dienstbezüge im Sinne des Absatzes 1 gelten auch die Neufassung der Grundgehaltstabelle mit unterschiedlicher Änderung der Grundgehaltssätze und die allgemeine Erhöhung oder Verminderung der Dienstbezüge um feste Beträge.

§92 Ruhegehaltfähige Dienstzeit

₁Für am 1. Januar 1977 vorhandene Beamtinnen und Beamte können zum Ausgleich von Härten Zeiten, die nach dem bis zum 31. Dezember 1976 geltenden Recht ruhegehaltfähig waren, als ruhegehaltfähig galten oder als ruhegehaltfähig berücksichtigt werden konnten und vor dem 1. Januar 1977 zurückgelegt worden sind, im Anwendungsbereich des bis zum 31. Dezember 1976 geltenden Rechts als ruhegehaltfähig berücksichtigt werden. ₂Die Entscheidung trifft das für das Versorgungsrecht zuständige Ministerium oder die von ihm bestimmte Stelle.

§93 Ruhegehaltssatz für am 31. Dezember 1991 vorhandene Beamtinnen und Beamte

(1) ₁Hat das Beamtenverhältnis, aus dem die Beamtin oder der Beamte in den Ruhestand tritt oder versetzt wird, oder ein unmittelbar

vorangehendes anderes öffentlich-rechtliches Dienstverhältnis bereits am 31. Dezember 1991 bestanden, so bleibt der zu diesem Zeitpunkt erreichte Ruhegehaltssatz gewahrt. ₂Dabei richtet sich die Berechnung der ruhegehaltfähigen Dienstzeit und des Ruhegehaltssatzes nach dem Beamtenversorgungsgesetz in der bis zum 31. Dezember 1991 geltenden Fassung; § 14 Abs. 1 Satz 1 Teilsätze 2 und 3 sowie, soweit darin der Berücksichtigung der Zeit vor Vollendung des siebzehnten Lebensjahres ausgeschlossen wird, § 6 Abs. 1 Satz 2 Nr. 1, § 8 Abs. 1, § 9 Abs. 1 und 2, § 10 Abs. 1 Satz 1, § 11 Abs. 1, § 12 Abs. 1 Satz 1, § 13 Abs. 2 Satz 1, § 14a Abs. 2 und § 14b Abs. 2 BeamtVG in der bis zum 31. Dezember 1991 geltenden Fassung finden hierbei keine Anwendung. ₃Der sich nach den Sätzen 1 und 2 ergebende Ruhegehaltssatz steigt mit jedem Jahr, das vom 1. Januar 1992 an nach dem von diesem Zeitpunkt an geltenden Recht als ruhegehaltfähige Dienstzeit zurückgelegt wird, um 1 Prozent der ruhegehaltfähigen Dienstbezüge bis zum Höchstsatz von 75 Prozent; insoweit gilt § 16 Abs. 1 Sätze 2 bis 4 entsprechend. ₄Bei der Anwendung von Satz 3 bleiben Zeiten bis zur Vollendung einer zehnjährigen ruhegehaltfähigen Dienstzeit außer Betracht; § 13 Abs. 1 BeamtVG in der bis zum 31. Dezember 1991 geltenden Fassung findet Anwendung. ₅§ 16 Abs. 2 findet Anwendung.

(2) Für die Beamtinnen und Beamten auf Zeit, deren Beamtenverhältnis über den 31. Dezember 1991 hinaus fortbesteht, ist § 66 Abs. 2, 4 und 6 BeamtVG in der bis zum 31. Dezember 1991 geltenden Fassung anzuwenden.

(3) ₁Der sich nach Absatz 1 oder 2 ergebende Ruhegehaltssatz wird der Berechnung des Ruhegehalts zugrunde gelegt, wenn er höher ist als der Ruhegehaltssatz, der sich nach diesem Gesetz für die gesamte ruhegehaltfähige Dienstzeit ergibt. ₂Der sich nach Absatz 1 ergebende Ruhegehaltssatz darf den Ruhegehaltssatz, der sich nach dem bis zum 31. Dezember 1991 geltenden Recht ergäbe, nicht übersteigen. ₃Dabei sind § 14 Abs. 1 Satz 1 Halbsatz 2 BeamtVG in der ab 15. Mai 1980 geltenden Fassung und § 14 Abs. 1 Satz 1 Teilsätze 2 und 3 BeamtVG in der ab 1. August 1984 geltenden Fassung, in der ab 1. Januar 1986 geltenden Fassung und in der ab 1. August 1989 geltenden Fassung nicht anzuwenden.

(4) ₁Errechnet sich der Ruhegehaltssatz nach Absatz 1 in Verbindung mit Absatz 3 Satz 2 oder Absatz 2, so ist entsprechend diesen Vorschriften auch der Ruhegehaltssatz für die Höchstgrenze nach § 65 Abs. 2 und § 66 Abs. 2 zu berechnen. ₂Bei Zeiten im Sinne des § 56 Abs. 1 BeamtVG, die bis zum 31. Dezember 1991 zurückgelegt sind, ist § 56 BeamtVG in der bis zu diesem Zeitpunkt geltenden Fassung anzuwenden; soweit Zeiten im Sinne des § 56 Abs. 1 BeamtVG nach diesem Zeitpunkt zurückgelegt sind, ist § 56 BeamtVG in der vom 1. Januar 1992 an geltenden Fassung mit der Maßgabe anzuwenden, dass an die Stelle des Prozentsatzes 1,875 der Prozentsatz 1,0 und an die Stelle des Prozentsatzes 2,5 der Prozentsatz 1,33 tritt. ₃Errechnet sich der Versorgungsbezug nach Absatz 2, so ist § 56 BeamtVG in der bis zum 31. Dezember 1991 geltenden Fassung anzuwenden. ₄In den Fällen der Sätze 2 und 3 wird bei der Berechnung des Ruhensbetrages auch die Dienstzeit bei einer zwischen- oder überstaatlichen Einrichtung berücksichtigt, die über volle Jahre hinausgeht. ₅§ 16 Abs. 1 Sätze 2 bis 4 gilt entsprechend.

(5) ₁Die Berücksichtigung der Zeit einer Kindererziehung für ein vor dem 1. Januar 1992 geborenes Kind richtet sich nach § 6 Abs. 1 Sätze 4 und 5 BeamtVG in der bis zum 31. Dezember 1991 geltenden Fassung. ₂Für nach dem 31. Dezember 1991 innerhalb des Beamtenverhältnisses geborene Kinder gilt hinsichtlich der Kindererziehungszeit § 58 Abs. 1 bis 4 auch dann, wenn die Berechnung des Ruhegehaltssatzes nach dem bis zum 31. Dezember 1991 geltenden Recht vorzunehmen ist.

(6) Auf die am 31. Dezember 1991 vorhandenen Beamtinnen und Beamten, denen aufgrund eines bis zu diesem Zeitpunkt erlittenen Dienstunfalls ein Unfallausgleich gewährt wird, findet § 35 BeamtVG in der bis

zum 31. Dezember 1991 geltenden Fassung mit der Maßgabe Anwendung, dass sich die Höhe des Unfallausgleichs aus der Anlage 1 ergibt.

(7) Bei der Anwendung des Absatzes 1 bleibt der am 31. Dezember 1991 erreichte Ruhegehaltssatz auch dann gewahrt, wenn dem Beamtenverhältnis, aus dem die Beamtin oder der Beamte in den Ruhestand tritt oder versetzt wird, mehrere öffentlich-rechtliche Dienstverhältnisse in unmittelbarem zeitlichem Zusammenhang mit dem am 31. Dezember 1991 bestehenden öffentlich-rechtlichen Dienstverhältnis vorangegangen sind.

(8) Einem öffentlich-rechtlichen Dienstverhältnis steht ein Beschäftigungsverhältnis im Sinne von §5 Abs. 1 Satz 1 Nr. 2 und §6 Abs. 1 Satz 1 Nr. 2 SGB VI gleich.

(9) ₁Für den nach den Absätzen 1 bis 3 ermittelten Ruhegehaltssatz sowie die in Absatz 4 Satz 2 genannten Prozentsätze gilt §90 Abs. 5 entsprechend. ₂Beginnt der Ruhestand nach dem 31. Dezember 2011, so sind die in Satz 1 genannten Ruhegehalts- und Prozentsätze mit 0,95667 zu multiplizieren.

§94 Erneute Berufung in das Beamtenverhältnis

₁Bei einer oder einem nach §29, §30 Abs. 3 oder §31 Abs. 2 BeamtStG oder nach §59 NBG in der bis zum 31. März 2009 geltenden Fassung erneut in das Beamtenverhältnis berufenen Beamtin oder Beamten bleibt der am Tag vor der erneuten Berufung in das Beamtenverhältnis vor Anwendung von Ruhens-, Kürzungs- und Anrechnungsvorschriften zustehende Betrag des Ruhegehalts gewahrt. ₂Bei erneutem Eintritt oder erneuter Versetzung in den Ruhestand werden die ruhegehaltfähige Dienstzeit und das Ruhegehalt nach dem zum Zeitpunkt des Ruhestandsbeginns geltenden Recht berechnet. ₃Bei der Anwendung des §93 Abs. 1 gilt die Zeit des Ruhestands nicht als Unterbrechung des Beamtenverhältnisses; die Zeit im Ruhestand ist nicht ruhegehaltfähig. ₄Das höhere Ruhegehalt wird gezahlt. ₅Verzichtet die Beamtin oder der Beamte nach §66 Abs. 9 auf die Anerkennung der Vordienstzeiten, so ist der nach Satz 1 gewahrte Betrag des Ruhegehalts in entsprechender Anwendung des §66 Abs. 9 Sätze 1 und 2 zu ermitteln.

§95 Hinterbliebenenversorgung

(1) Die Gewährung von Unterhaltsbeiträgen an geschiedene Ehefrauen und geschiedene Ehemänner richtet sich nach dem bis zum 31. Dezember 1976 geltenden beamtenrechtlichen Vorschriften, wenn die Ehe vor dem 1. Juli 1977 geschieden, aufgehoben oder für nichtig erklärt worden ist.

(2) Die Vorschriften über die Kürzung des Witwen- oder Witwergeldes bei großem Altersunterschied der Ehegatten (§24 Abs. 2) finden keine Anwendung, wenn die Ehe am 1. Januar 1977 bestanden hat.

(3) §22 Abs. 2 BeamtVG in der bis zum 31. Juli 1989 geltenden Fassung findet Anwendung, wenn ein Scheidungsverfahren bis zum 31. Juli 1989 rechtshängig geworden ist oder die Parteien bis zum 31. Juli 1989 eine Vereinbarung nach §1587o BGB in der bis zum 31. August 2009 geltenden Fassung getroffen haben.

§96 Hochschullehrerinnen, Hochschullehrer, Wissenschaftliche Assistentinnen und Wissenschaftliche Assistenten, Lektorinnen und Lektoren

(1) ₁Auf die Versorgung der Hochschullehrerinnen, Hochschullehrer, Wissenschaftlichen Assistentinnen und Wissenschaftlichen Assistenten, Lektorinnen und Lektoren im Sinne des Kapitels I Abschnitt V 3. Titel des Beamtenrechtsrahmengesetzes in der Fassung vom 17. Juli 1971 (BGBl. I S. 1026, 1591) in der bis zum 29. Januar 1976 geltenden Fassung, die nicht als Professorinnen, Professoren, Hochschulassistentinnen oder Hochschulassistenten übernommen worden sind, und ihrer Hinterbliebenen finden die für Beamtinnen oder Beamte auf Lebenszeit, auf Probe oder auf Widerruf geltenden Vorschriften dieses Gesetzes nach Maßgabe der bis zum 31. Dezember 1976 geltenden landesrechtlichen Vorschriften Anwendung. ₂§79 Abs. 2 Satz 1 gilt entsprechend.

(2) Für Professorinnen und Professoren, die nach dem 31. Dezember 1976 von ihren amtlichen Pflichten entbunden wurden (Entpflichtung), und ihre Hinterbliebenen gilt Folgendes:

1. ₁Die §§ 64 bis 70, 74 und 77 finden Anwendung; hierbei gelten die Bezüge der entpflichteten Professorinnen und Professoren als Ruhegehalt, die Empfängerinnen und Empfänger als Ruhestandsbeamtinnen und Ruhestandsbeamte. ₂§ 77 gilt nicht für entpflichtete Hochschullehrerinnen und Hochschullehrer, die die Aufgaben der von ihnen bis zur Entpflichtung innegehabten Stelle vertretungsweise wahrnehmen.

2. Die Bezüge der entpflichteten Professorinnen und Professoren gelten unter Hinzurechnung des der oder dem Entpflichteten zustehenden, mindestens des zuletzt vor einer Überleitung nach der nach § 72 des Hochschulrahmengesetzes vom 26. Januar 1976 (BGBl. I S. 185) erlassenen Niedersächsischen Besoldungsordnung zugesicherten Vorlesungsgeldes (Kolleggeldpauschale) als Höchstgrenze im Sinne des § 64 Abs. 2 Nrn. 1 und 3.

3. ₁Für die Versorgung der Hinterbliebenen einer entpflichteten Hochschullehrerin oder eines entpflichteten Hochschullehrers gilt dieses Gesetz mit der Maßgabe, dass sich die Bemessung des den Hinterbliebenenbezügen zugrunde zu legenden Ruhegehalts sowie die Bemessung des Sterbe-, Witwen-, Witwer- und Waisengeldes der Hinterbliebenen nach dem vor dem 1. Januar 1977 geltenden Landesrecht bestimmt. ₂Für die Anwendung des § 23 Abs. 1 Satz 2 Nr. 2 und des § 27 Abs. 2 gelten die entpflichteten Professorinnen und Professoren als Ruhestandsbeamtinnen und Ruhestandsbeamte. ₃Ist das Versorgungsverhältnis nach dem 31. Dezember 2011 eingetreten, so ist der nach Satz 1 ermittelte Ruhegehaltssatz für die Zeit nach dem 31. Dezember 2016 mit 0,95667 zu multiplizieren.

(3) Die Versorgung der Hinterbliebenen einer nach dem Niedersächsischen Hochschulgesetz übergeleiteten Professorin oder eines nach dem Niedersächsischen Hochschulgesetz übergeleiteten Professors, die oder der einen Antrag nach § 76 Abs. 2 des Hochschulrahmengesetzes nicht gestellt hat, regelt sich nach § 79 dieses Gesetzes, wenn die Professorin oder der Professor vor der Entpflichtung verstorben ist.

Abschnitt XII
Schlussvorschriften

§ 97 Ermächtigung zum Erlass von Verwaltungsvorschriften

Die zur Durchführung dieses Gesetzes erforderlichen allgemeinen Verwaltungsvorschriften erlässt die Landesregierung.

§ 98 Verwendung von Beamtinnen, Beamten, Richterinnen und Richtern aus Anlass der Herstellung der Einheit Deutschlands

(1) Die Zeit einer Verwendung einer Beamtin oder Richterin oder eines Beamten oder Richters aus dem früheren Bundesgebiet zum Zweck der Aufbauhilfe im Beitrittsgebiet wird doppelt als ruhegehaltfähige Dienstzeit berücksichtigt, wenn sie ununterbrochen mindestens ein Jahr gedauert hat.

(2) ₁Absatz 1 gilt nur für eine Verwendung im Zeitraum vom 3. Oktober 1990 bis zum 31. Dezember 1995. ₂Sie gilt nicht für eine Verwendung, die nach dem 31. Dezember 1994 begonnen hat.

§ 99 Verteilung der Versorgungslasten bei erneuter Berufung in ein öffentlich-rechtliches Dienstverhältnis in dem in Artikel 3 des Einigungsvertrages genannten Gebiet

Hat eine Ruhestandsbeamtin oder ein Ruhestandsbeamter oder eine Richterin im Ruhestand oder ein Richter im Ruhestand eines Dienstherrn nach § 1 Abs. 1 aufgrund einer zwischen dem 3. Oktober 1990 und dem 31. Dezember 1999 erfolgten Berufung in ein öffentlich-rechtliches Dienstverhältnis bei einem Dienstherrn im Beitrittsgebiet gegen diesen einen weiteren Versorgungsanspruch erworben, so erstattet der frühere Dienstherr dem neuen Dienstherrn die Versorgungsbezüge in dem Umfang, in dem die beim früheren Dienstherrn entstandenen Versorgungsansprüche infolge der Ruhensvorschrift des § 65 nicht zur Auszahlung gelangen, sofern die Ruhestandsbeamtin oder der Ruhestandsbeamte oder die Richterin im Ruhestand oder der Richter im Ruhestand im Zeitpunkt der Berufung in das neue öffentlich-rechtliche Dienstverhältnis das 50. Lebensjahr vollendet hatte.

§ 100 Meldung von Dienstunfalldaten an Eurostat

Die nach der Verordnung (EU) Nr. 349/2011 der Kommission vom 11. April 2011 zur Durchführung der Verordnung (EG) Nr. 1338/2008 des Europäischen Parlaments und des Rates zu Gemeinschaftsstatistiken über öffentliche Gesundheit und über Gesundheitsschutz und Sicherheit am Arbeitsplatz betreffend Statistiken über Arbeitsunfälle (ABl. EU Nr. L 97 S. 3) meldepflichtigen Daten über Dienstunfälle von Beamtinnen und Beamten werden über die Landesunfallkasse gemeldet.

§ 101 Einmalige Energiepreispauschale

(1) Der Versorgungsträger gewährt

1. Versorgungsempfängerinnen und Versorgungsempfängern, die für den Monat Dezember 2022 Anspruch auf Ruhegehalt, Witwen- oder Witwergeld, Waisengeld, Unterhaltsbeitrag, Bezüge bei Verschollenheit, Übergangsgeld oder Bezüge der entpflichteten Hochschullehrerinnen und Hochschullehrer haben, und

2. Personen, die für den Monat Dezember 2022 Altersgeld oder Hinterbliebenenaltersgeld erhalten,

eine einmalige Energiepreispauschale in Höhe von 300 Euro, wenn sie am 1. Dezember im Inland einen Wohnsitz haben.

(2) Personen nach Absatz 1, die für den Monat Dezember 2022 eine Rente aus der gesetzlichen Rentenversicherung oder der Alterssicherung der Landwirte erhalten, wird die Energiepreispauschale nicht gewährt.

(3) Der Versorgungsträger gewährt die Energiepreispauschale nicht, wenn die in Absatz 1 Nr. 1 genannten Versorgungsbezüge frühere Versorgungsbezüge gemäß § 65 Abs. 1 Satz 1 sind oder wegen eines daneben empfangenen Altersgeldes oder Hinterbliebenenaltersgeldes gemäß § 86 Abs. 1 ganz oder teilweise ruhen.

(4) Gehört die Energiepreispauschale eines anderen Landes nach dem Recht dieses Landes zu den Versorgungsbezügen, so ist dies bei der Anwendung von Vorschriften dieses Gesetzes unbeachtlich.

(5) Für die Rückforderung einer zu Unrecht gewährten Energiepreispauschale gilt § 63 Abs. 2 entsprechend.

(6) Vor Erhebung einer Klage wegen der Energiepreispauschale findet eine Nachprüfung in einem Vorverfahren nicht statt.

Anlage 1

(zu § 39)

Höhe des Unfallausgleichs nach § 39

Gültig ab 1. November 2024

Der Unfallausgleich beträgt bei einem Grad der Schädigungsfolgen von:

30	179 Euro
40	244 Euro
50	362 Euro
60	452 Euro
70	620 Euro
80	740 Euro
90	890 Euro
100	989 Euro

Anlage 2
(zu den §§ 58 bis 61)

Gültig ab 1. November 2024

Höhe der Zuschläge nach den §§ 58 bis 61

(1) Der Kindererziehungszuschlag nach § 58 Abs. 1 beträgt für jeden Monat der Kindererziehungszeit 3,10 Euro.

(2) Der Kindererziehungsergänzungszuschlag nach § 58 Abs. 5 beträgt für jeden angefangenen Monat, in dem die darin genannten Voraussetzungen erfüllt werden:

1. im Fall von § 58 Abs. 5 Nr. 1 Buchst. a   1,04 Euro,
2. im Fall von § 58 Abs. 5 Nr. 1 Buchst. b   0,79 Euro.

(3) Der Kinderzuschlag nach § 59 beträgt für die ersten 36 Monate der Kindererziehungszeit je Monat 2,08 Euro, für weitere Monate 1,04 Euro.

(4) ₁Der Pflegezuschlag nach § 60 Abs. 1 beträgt für jeden Kalendermonat der nicht erwerbsmäßigen Pflege einer pflegebedürftigen Person

1. des Pflegegrades 5 nach § 15 Abs. 3 Satz 4 Nr. 5 des Elften Buchs des Sozialgesetzbuchs (SGB XI), wenn die pflegebedürftige Person
   a) ausschließlich Pflegegeld nach § 37 SGB XI bezieht: 3,10 Euro,
   b) Kombinationsleistungen nach § 38 SGB XI bezieht: 2,63 Euro,
   c) ausschließlich Pflegesachleistungen nach § 36 SGB XI bezieht: 2,18 Euro,
2. des Pflegegrades 4 nach § 15 Abs. 3 Satz 4 Nr. 4 SGB XI, wenn die pflegebedürftige Person
   a) ausschließlich Pflegegeld nach § 37 SGB XI bezieht: 2,18 Euro,
   b) Kombinationsleistungen nach § 38 SGB XI bezieht: 1,89 Euro,
   c) ausschließlich Pflegesachleistungen nach § 36 SGB XI bezieht: 1,52 Euro,
3. des Pflegegrades 3 nach § 15 Abs. 3 Satz 4 Nr. 3 SGB XI, wenn die pflegebedürftige Person
   a) ausschließlich Pflegegeld nach § 37 SGB XI bezieht: 1,35 Euro,
   b) Kombinationsleistungen nach § 38 SGB XI bezieht: 1,13 Euro,
   c) ausschließlich Pflegesachleistungen nach § 36 SGB XI bezieht: 0,94 Euro.
4. des Pflegegrades 2 nach § 15 Abs. 3 Satz 4 Nr. 2 SGB XI, wenn die pflegebedürftige Person
   a) ausschließlich Pflegegeld nach § 37 SGB XI bezieht: 0,83 Euro,
   b) Kombinationsleistungen nach § 38 SGB XI bezieht: 0,71 Euro,
   c) ausschließlich Pflegesachleistungen nach § 36 SGB XI bezieht: 0,60 Euro.

₂Üben mehrere nicht erwerbsmäßig tätige Pflegepersonen die Pflege gemeinsam aus (Mehrfachpflege), so sind die Beträge entsprechend dem nach § 44 Abs. 1 Satz 3 SGB XI festgestellten anteiligen Umfang der jeweiligen Pflegetätigkeit im Verhältnis zum Gesamtaufwand je pflegebedürftige Person aufzuteilen. ₃Werden mehrere pflegebedürftige Personen gepflegt, so ergibt sich die Höhe des Pflegezuschlags jeweils nach den Sätzen 1 und 2, wobei der Pflegezuschlag je Kalendermonat den Betrag nach Absatz 1 nicht übersteigen darf.

(5) Der Kinderpflegeergänzungszuschlag nach § 60 Abs. 3 beträgt für jeden Kalendermonat der nicht erwerbsmäßigen Pflege die Hälfte der in Absatz 4 genannten Beträge, höchstens jedoch 1,04 Euro.

Anlage 1
(zu § 39)

Höhe des Unfallausgleichs nach § 39

Gültig ab 1. Februar 2025

Der Unfallausgleich beträgt bei einem Grad der Schädigungsfolgen von:

30	189 Euro
40	257 Euro
50	382 Euro
60	477 Euro
70	654 Euro
80	781 Euro
90	939 Euro
100	1043 Euro

Anlage 2
(zu den §§ 58 bis 61)

Gültig ab 1. Februar 2025

Höhe der Zuschläge nach den §§ 58 bis 61

(1) Der Kindererziehungszuschlag nach § 58 Abs. 1 beträgt für jeden Monat der Kindererziehungszeit 3,27 Euro.

(2) Der Kindererziehungsergänzungszuschlag nach § 58 Abs. 5 beträgt für jeden angefangenen Monat, in dem die darin genannten Voraussetzungen erfüllt werden:

1. im Fall von § 58 Abs. 5 Nr. 1 Buchst. a 1,10 Euro,
2. im Fall von § 58 Abs. 5 Nr. 1 Buchst. b 0,83 Euro.

(3) Der Kinderzuschlag nach § 59 beträgt für die ersten 36 Monate der Kindererziehungszeit je Monat 2,19 Euro, für weitere Monate 1,10 Euro.

(4) ₁Der Pflegezuschlag nach § 60 Abs. 1 beträgt für jeden Kalendermonat der nicht erwerbsmäßigen Pflege einer pflegebedürftigen Person

1. des Pflegegrades 5 nach § 15 Abs. 3 Satz 4 Nr. 5 des Elften Buchs des Sozialgesetzbuchs (SGB XI), wenn die pflegebedürftige Person
   a) ausschließlich Pflegegeld nach § 37 SGB XI bezieht: 3,27 Euro,
   b) Kombinationsleistungen nach § 38 SGB XI bezieht: 2,77 Euro,
   c) ausschließlich Pflegesachleistungen nach § 36 SGB XI bezieht: 2,30 Euro,
2. des Pflegegrades 4 nach § 15 Abs. 3 Satz 4 Nr. 4 SGB XI, wenn die pflegebedürftige Person
   a) ausschließlich Pflegegeld nach § 37 SGB XI bezieht: 2,30 Euro,
   b) Kombinationsleistungen nach § 38 SGB XI bezieht: 1,99 Euro,
   c) ausschließlich Pflegesachleistungen nach § 36 SGB XI bezieht: 1,60 Euro,
3. des Pflegegrades 3 nach § 15 Abs. 3 Satz 4 Nr. 3 SGB XI, wenn die pflegebedürftige Person
   a) ausschließlich Pflegegeld nach § 37 SGB XI bezieht: 1,42 Euro,
   b) Kombinationsleistungen nach § 38 SGB XI bezieht: 1,19 Euro,
   c) ausschließlich Pflegesachleistungen nach § 36 SGB XI bezieht: 0,99 Euro,
4. des Pflegegrades 2 nach § 15 Abs. 3 Satz 4 Nr. 2 SGB XI, wenn die pflegebedürftige Person
   a) ausschließlich Pflegegeld nach § 37 SGB XI bezieht: 0,88 Euro,
   b) Kombinationsleistungen nach § 38 SGB XI bezieht: 0,75 Euro,
   c) ausschließlich Pflegesachleistungen nach § 36 SGB XI bezieht: 0,63 Euro.

₂Üben mehrere nicht erwerbsmäßig tätige Pflegepersonen die Pflege gemeinsam aus (Mehrfachpflege), so sind die Beträge entsprechend dem nach § 44 Abs. 1 Satz 3 SGB XI festgestellten anteiligen Umfang der jeweiligen Pflegetätigkeit im Verhältnis zum Gesamtaufwand je pflegebedürftige Person aufzuteilen. ₃Werden mehrere pflegebedürftige Personen gepflegt, so ergibt sich die Höhe des Pflegezuschlags jeweils nach den Sätzen 1 und 2, wobei der Pflegezuschlag je Kalendermonat den Betrag nach Absatz 1 nicht übersteigen darf.

(5) Der Kinderpflegeergänzungszuschlag nach § 60 Abs. 3 beträgt für jeden Kalendermonat der nicht erwerbsmäßigen Pflege die Hälfte der in Absatz 4 genannten Beträge, höchstens jedoch 1,10 Euro.

Verordnung über die Durchführung von Heilverfahren nach § 33 des Beamtenversorgungsgesetzes (Heilverfahrensverordnung – HeilVfV)

Vom 9. November 2020 (BGBl. I S. 2349)

Abschnitt 1
Allgemeines

§ 1 Persönlicher Geltungsbereich

Diese Verordnung gilt für die durch einen Dienstunfall nach § 31 des Beamtenversorgungsgesetzes verletzten

1. Beamtinnen und Beamten des Bundes,
2. Ehrenbeamtinnen und Ehrenbeamten des Bundes (§ 6 Absatz 5 Satz 1 des Bundesbeamtengesetzes).

Für die Richterinnen und Richter im Bundesdienst gilt diese Verordnung nach § 46 des Deutschen Richtergesetzes entsprechend.

§ 2 Rechtsanspruch

(1) Eine durch einen Dienstunfall verletzte Person hat Anspruch auf Durchführung eines Heilverfahrens mit dem Ziel, die Folgen des Dienstunfalls zu beseitigen oder zu lindern und eine möglichst rasche Rehabilitation zu erreichen.

(2) Der Anspruch auf Durchführung des Heilverfahrens wird dadurch erfüllt, dass der verletzten Person die wirtschaftlich angemessenen Aufwendungen für notwendige Maßnahmen des Heilverfahrens erstattet werden, soweit nicht der Dienstherr das Heilverfahren selbst durchführt.

§ 3 Notwendigkeit und Angemessenheit

(1) Notwendig sind die von einer Ärztin oder einem Arzt, einer Zahnärztin oder einem Zahnarzt, einer Psychotherapeutin oder einem Psychotherapeuten, einer Heilpraktikerin oder einem Heilpraktiker durchgeführten oder verordneten Maßnahmen, die erforderlich sind, um die Folgen des Dienstunfalls zu beseitigen oder zu lindern. § 6 Absatz 2 der Bundesbeihilfeverordnung gilt entsprechend.

(2) Für die wirtschaftliche Angemessenheit gilt § 6 Absatz 3 und 4 der Bundesbeihilfeverordnung entsprechend, soweit nachstehend nichts anderes bestimmt ist.

(3) Bei der Prüfung der wirtschaftlichen Angemessenheit kann über die im Beihilferecht getroffenen Begrenzungen hinausgegangen werden. Die Entscheidung ist besonders zu begründen und zu dokumentieren.

(4) Über die Notwendigkeit der Maßnahmen und über die wirtschaftliche Angemessenheit der Aufwendungen entscheidet die Dienstunfallfürsorgestelle.

§ 4 Durchgangsärztliche und besondere unfallmedizinische Behandlung

(1) Ist auf Grund einer Verletzung mit einer vorübergehenden Dienstunfähigkeit über den Unfalltag hinaus oder mit einer Behandlungsbedürftigkeit zu rechnen, so hat sich die verletzte Person von einer Durchgangsärztin oder einem Durchgangsarzt untersuchen und behandeln zu lassen. Dabei hat die verletzte Person die freie Wahl unter den am Unfall-, Dienst- oder Wohnort niedergelassenen oder an einem dortigen Krankenhaus tätigen Durchgangsärztinnen und Durchgangsärzten.

(2) Die Verpflichtung nach Absatz 1 Satz 1 entfällt bei

1. Verletzungen, die ausschließlich die Augen, die Zähne, den Hals, die Nase oder die Ohren betreffen,
2. rein psychischen Gesundheitsstörungen,
3. medizinischen Notfällen sowie
4. Unfällen im Ausland.

(3) Sofern wegen der Art und Schwere der Verletzung eine besondere unfallmedizinische Behandlung erforderlich ist, hat die Dienstunfallfürsorgestelle dafür Sorge zu tragen, dass die verletzte Person in einem Krankenhaus im Sinne des § 34 Absatz 2 des Siebten Buches Sozialgesetzbuch behandelt wird.

§ 5 Gutachten

Sofern nach dieser Verordnung ein ärztliches Gutachten oder ein Gutachten zur Feststellung eines ursächlichen Zusammenhangs eingeholt wird, beauftragt die Dienstunfallfürsorgestelle

1. eine Gutachterin oder einen Gutachter aus dem Gutachterverzeichnis der Deutschen Gesetzlichen Unfallversicherung,
2. eine Gutachterin oder einen Gutachter eines medizinischen Gutachteninstituts oder
3. eine andere Fachärztin oder einen anderen Facharzt, die oder der über umfangreiche Erfahrungen auf dem Gebiet der unfallrechtlichen Begutachtung verfügt.

Die Einschränkungen nach Satz 1 gelten nicht in Fällen des § 10 Absatz 1 Satz 2 sowie bei Begutachtungen, die im Ausland erfolgen müssen.

Abschnitt 2
Erstattung von Aufwendungen

§ 6 Erstattungsfähige Aufwendungen

(1) Erstattungsfähig sind Aufwendungen für

1. ärztliche, zahnärztliche und psychotherapeutische Maßnahmen sowie Maßnahmen von Heilpraktikerinnen und Heilpraktikern einschließlich Berichtsgebühren,
2. die im Rahmen einer Maßnahme nach Nummer 1 verbrauchten und die ärztlich oder zahnärztlich verordneten Arznei- und Verbandmittel,
3. die im Rahmen einer Maßnahme nach Nummer 1 ärztlich oder zahnärztlich verordneten Heilmittel und die bei der Anwendung der Heilmittel verbrauchten Stoffe, soweit letztere nach § 23 Absatz 1 der Bundesbeihilfeverordnung beihilfefähig sind,
4. die Versorgung mit Hilfsmitteln, mit Geräten zur Selbstbehandlung und zur Selbstkontrolle sowie mit Körperersatzstücken (§ 8),
5. Krankenhausleistungen und Rehabilitationsmaßnahmen (§ 9),
6. Pflege (§ 10),
7. Haushaltshilfen (§ 11) sowie
8. Fahrten (§ 12).

(2) Erstattungsfähig sind auch

1. ein erhöhter Kleider- und Wäscheverschleiß (§ 13),
2. Aufwendungen infolge bewilligter Kraftfahrzeughilfe (§ 14),
3. Aufwendungen infolge bewilligter Anpassung des Wohnumfelds (§ 15) sowie
4. Aufwendungen für Überführung und Bestattung (§ 16).

(3) Die Aufwendungen für eine Untersuchung oder Begutachtung im unmittelbaren Anschluss an ein Unfallereignis werden auch dann erstattet, wenn diese Maßnahme nur der Feststellung diente, ob ein Dienstunfall vorliegt oder ob Dienstunfallfolgen eingetreten sind.

(4) Bei dienstunfallbedingten Aufwendungen, die im Ausland entstanden sind, gilt § 11 Absatz 1 und 2 der Bundesbeihilfeverordnung entsprechend. Für verletzte Personen, die ihren dienstlichen Wohnsitz im Ausland haben oder in das Ausland abgeordnet sind, gelten § 11 Absatz 3, § 18a Absatz 4 Satz 2, § 23 Absatz 2 Satz 1, § 26a Absatz 5, § 29 Absatz 1 und 3, § 31 Absatz 5, § 32 Absatz 3, § 36 Absatz 3 sowie § 44 Absatz 2 der Bundesbeihilfeverordnung entsprechend.

(5) Zur Vermeidung unbilliger Härten kann die Dienstunfallfürsorgestelle mit vorheriger Zustimmung des Bundesministeriums des Innern, für Bau und Heimat und des Bundesministeriums der Finanzen von dieser Verordnung abweichen.

§ 7 Erstattungsfähige Aufwendungen bei Traumatisierung

(1) Nach einem traumatischen Ereignis, das von der verletzten Person nach § 45 des Beamtenversorgungsgesetzes angezeigt worden ist, werden zur psychischen Stabilisierung nach vorheriger Zustimmung der Dienstunfallfürsorgestelle die Aufwendungen für bis zu fünf Sitzungen in Gruppen- oder Einzeltherapie erstattet. Satz 1 gilt auch, wenn das Verfahren zur Feststellung, ob ein

Dienstunfall vorliegt, noch andauert. Für eine Therapie, die auf Veranlassung der Durchgangsärztin oder des Durchgangsarztes erfolgt, gilt die Zustimmung nach Satz 1 als erteilt.

(2) Zu den erstattungsfähigen Aufwendungen gehören auch solche für die fundierte Psychodiagnostik, für die Krisen- oder die Frühintervention und für das Abklären der Notwendigkeit weiterführender Behandlungsmaßnahmen.

(3) Stellt sich während der Therapie nach Absatz 1 Satz 1 heraus, dass eine weiterführende therapeutische Behandlung erforderlich ist, sind Aufwendungen für weitere Sitzungen in Gruppen- oder Einzeltherapie nur nach vorheriger Anerkennung des Dienstunfalls erstattungsfähig. Vor Beginn der Therapie ist von der Dienstunfallfürsorgestelle ein Gutachten zu Art und Umfang der Therapie einzuholen.

(4) Erstattungsfähig sind nur Aufwendungen für Sitzungen bei

1. Fachärztinnen oder Fachärzten für Neurologie und Psychiatrie,
2. Fachärztinnen oder Fachärzten für Psychiatrie,
3. Fachärztinnen oder Fachärzten für Psychiatrie und Psychotherapie,
4. Fachärztinnen oder Fachärzten für psychosomatische Medizin und Psychotherapie,
5. Fachärztinnen oder Fachärzten für psychotherapeutische Medizin,
6. ärztlichen und psychologischen Psychotherapeutinnen oder Psychotherapeuten sowie
7. Psychotherapeutinnen oder Psychotherapeuten nach § 1 Absatz 1 Satz 1 des Psychotherapeutengesetzes in der jeweils geltenden Fassung.

§ 8 Hilfsmittel, Geräte zur Selbstbehandlung und Selbstkontrolle, Körperersatzstücke

(1) Aufwendungen für die dienstunfallbedingte Versorgung mit Hilfsmitteln, mit Geräten zur Selbstbehandlung und Selbstkontrolle sowie mit Körperersatzstücken nach Anlage 11 der Bundesbeihilfeverordnung werden erstattet, wenn eine ärztliche Verordnung vorliegt. Zu den Aufwendungen zählt auch die Miete von Hilfsmitteln, Geräten zur Selbstbehandlung und Selbstkontrolle sowie von Körperersatzstücken, soweit die Miete nicht höher ist als die Anschaffungskosten. Übersteigen die Anschaffungskosten 1000 Euro, so werden die Aufwendungen nur erstattet, wenn

1. die Dienstunfallfürsorgestelle die Erstattung vorher zugesagt hat oder
2. die Verordnung und eine gegebenenfalls erforderliche Anpassung während einer stationären Krankenhausbehandlung erfolgt sind.

(2) Die Versorgung umfasst

1. die Erstausstattung, das notwendige Zubehör, die Instandsetzung und Instandhaltung, die Änderung und die Ersatzbeschaffung, sofern diese nicht durch Missbrauch, Vorsatz oder grobe Fahrlässigkeit der verletzten Person bedingt ist,
2. die Ausbildung im Gebrauch,
3. die für den Betrieb eines Hilfsmittels erforderlichen Energiekosten, insbesondere Kosten für Strom oder Batterien,
4. dienstunfallbedingt erforderliche Änderungen an Schuhen, Bekleidung und anderen Gebrauchsgegenständen des täglichen Lebens.

(3) Ist infolge eines Dienstunfalls eine Sehbeeinträchtigung erstmals eingetreten oder eine bereits bestehende Sehbeeinträchtigung verschlimmert worden, so richtet sich die Erstattung von Aufwendungen für von einer Augenärztin oder einem Augenarzt verordnete Brillen, Kontaktlinsen und andere Sehhilfen nach Anlage 11 Abschnitt 4 der Bundesbeihilfeverordnung ohne Berücksichtigung beihilferechtlicher Alterseinschränkungen. Aufwendungen für ein Brillengestell sind bis zu 100 Euro erstattungsfähig.

(4) Ist dienstunfallbedingt die Haltung eines Blindenhundes oder die Mitnahme einer Begleitperson erforderlich, so wird für nachgewiesene Aufwendungen ein Erstattungsbetrag von bis zu 200 Euro monatlich gezahlt.

§ 9 Krankenhausleistungen und Rehabilitationsmaßnahmen

(1) Erstattungsfähig sind die dienstunfallbedingten Aufwendungen für

1. Krankenhausbehandlungen bis zur Höhe der Aufwendungen, wie sie in Krankenhäusern im Sinne der §§ 26 und 26a der Bundesbeihilfeverordnung ohne Abzug von Eigenbehalten entstanden wären,
2. die gesondert berechnete Unterkunft ohne Abzug von Eigenbehalten
   a) bis zur Höhe der Aufwendungen für ein Zweibettzimmer der jeweiligen Abteilung oder
   b) in einem Einbettzimmer, wenn dies auf Grund besonderer dienstlicher oder medizinischer Gründe erforderlich ist,
3. ärztlich verordnete Anschlussheilbehandlungen als medizinische Rehabilitationsmaßnahmen bis zur Höhe der Aufwendungen, die in Rehabilitationseinrichtungen, mit denen ein Versorgungsvertrag nach § 111 Absatz 2 Satz 1 des Fünften Buches Sozialgesetzbuch besteht, entstanden wären,
4. ärztlich verordnete stationäre Rehabilitationsmaßnahmen bis zur Höhe der Aufwendungen, die in Rehabilitationseinrichtungen, mit denen ein Versorgungsvertrag nach § 111 Absatz 2 Satz 1 des Fünften Buches Sozialgesetzbuch besteht, entstanden wären, sofern die Dienstunfallfürsorgestelle vor Beginn der Maßnahme die Erstattungsfähigkeit anerkannt hat,
5. ärztlich verordnete ambulante Rehabilitationsmaßnahmen in Rehabilitationseinrichtungen oder in wohnortnahen Einrichtungen,
6. ärztlich verordneten Rehabilitationssport in Gruppen unter ärztlicher Betreuung und Überwachung.

(2) Die Erstattungsfähigkeit von Maßnahmen nach Absatz 1 Nummer 4 darf nur anerkannt werden, wenn die Maßnahmen nach durchgangsärztlicher Stellungnahme zur Behebung oder Minderung der Dienstunfallfolgen notwendig sind. Ort, Zeit und Dauer der Maßnahmen nach Absatz 1 Nummer 4 bestimmt dann die Dienstunfallfürsorgestelle. Bei dienstlichem Wohnsitz im Ausland oder bei einer Abordnung in das Ausland ist abweichend von Satz 1 eine fachärztliche Stellungnahme erforderlich; die Kosten einer erforderlichen Übersetzung werden erstattet.

(3) Die verletzte Person hat der Dienstunfallfürsorgestelle den Beginn einer geplanten Krankenhausbehandlung oder einer Rehabilitationsmaßnahme unverzüglich anzuzeigen. Nach Beendigung der Maßnahme hat die verletzte Person der Dienstunfallfürsorgestelle einen ärztlichen Schlussbericht vorzulegen; die dadurch entstehenden Aufwendungen werden erstattet.

(4) Die Dienstunfallfürsorgestelle weist die verletzte Person vor Beginn einer stationären Krankenhausbehandlung oder einer stationären Rehabilitationsmaßnahme darauf hin, dass die Aufwendungen, die die nach Absatz 1 Nummer 1 bis 4 erstattungsfähigen Aufwendungen übersteigen, grundsätzlich nicht erstattet werden.

§ 10 Pflege

(1) Die Kosten für eine notwendige Pflege werden erstattet, wenn die verletzte Person infolge des Dienstunfalls mindestens dem Pflegegrad 2 im Sinne des § 15 Absatz 3 Satz 4 Nummer 2 des Elften Buches Sozialgesetzbuch zugeordnet worden ist. Die Dienstunfallfürsorgestelle hat bei einer geeigneten Stelle ein Gutachten über die dienstunfallbedingte Pflegebedürftigkeit und über die Zuordnung zu einem Pflegegrad nach § 15 Absatz 1 bis 5 des Elften Buches Sozialgesetzbuch einzuholen.

(2) Bei der häuslichen Pflege durch geeignete Pflegekräfte im Sinne des § 36 Absatz 4 Satz 2 und 3 des Elften Buches Sozialgesetzbuch werden Pflegekosten bis zur Höhe der in § 36 Absatz 3 des Elften Buches Sozialgesetzbuch genannten Beträge erstattet. Nachgewiesene höhere Aufwendungen, die erforderlich sind, um die notwendige häusliche Pflege zu erhalten, können zur Vermeidung unbilliger Härten auf Antrag erstattet werden.

(3) Wird die häusliche Pflege ausschließlich durch andere als die in Absatz 2 Satz 1 ge-

nannten Personen erbracht, werden Pflegekosten bis zur Hälfte der in § 36 Absatz 3 des Elften Buches Sozialgesetzbuch genannten Beträge erstattet. Haben die in Satz 1 genannten Personen ihren Beruf aufgegeben, um die Pflege ausüben zu können, wird das ausgefallene Arbeitseinkommen bis zur Höhe der in § 36 Absatz 3 des Elften Buches Sozialgesetzbuch genannten Beträge zuzüglich des Arbeitgeberanteils zur Sozialversicherung erstattet. Wird die häusliche Pflege sowohl durch geeignete Pflegekräfte (Absatz 2 Satz 1) als auch durch die in Satz 1 genannten Personen erbracht, werden die Pflegekosten anteilig erstattet.

(4) Ist eine Pflegeperson wegen Erholungsurlaubs, Krankheit oder aus anderen Gründen an der häuslichen Pflege gehindert, so sind die Aufwendungen für eine notwendige Ersatzpflege entsprechend § 39 des Elften Buches Sozialgesetzbuch erstattungsfähig. Kann die häusliche Pflege zeitweise nicht, noch nicht oder nicht im erforderlichen Umfang erbracht werden und reicht auch teilstationäre Pflege nicht aus, sind Aufwendungen für Kurzzeitpflege entsprechend § 42 des Elften Buches Sozialgesetzbuch erstattungsfähig.

(5) Muss die verletzte Person in einer stationären Einrichtung gepflegt werden, weil eine geeignete Pflege sonst nicht gewährleistet werden kann, werden die Kosten bis zu der Höhe erstattet, die für eine angemessene Unterbringung in einer zugelassenen oder in einer vergleichbaren Einrichtung am Wohnort der verletzten Person oder in dessen Nähe aufgewendet werden müssen.

(6) Der Anspruch auf Erstattung von Pflegekosten ruht bei stationärer Behandlung in Krankenhäusern und Rehabilitationseinrichtungen. Dies gilt nicht für die ersten vier Wochen einer stationären Behandlung. Im Anschluss an den in Satz 2 genannten Zeitraum werden Betten- und Platzfreihaltegebühren für die restliche Dauer der stationären Behandlung erstattet.

(7) Die erstattungsfähigen Beträge können monatlich im Voraus gezahlt werden. Die pflegebedürftige Person ist verpflichtet, der Dienstunfallfürsorgestelle jede wesentliche Änderung in den Verhältnissen, die für die Erstattung der Pflegekosten maßgebend sind, unverzüglich anzuzeigen. Erfolgt die Pflege nicht für den gesamten Kalendermonat, ist der Erstattungsbetrag durch die Dienstunfallfürsorgestelle entsprechend zu mindern.

(8) Der Bund beteiligt sich an den personenbezogenen Kosten der Träger für eine Pflegeberatung nach § 7a des Elften Buches Sozialgesetzbuch.

§ 11 Haushaltshilfe

(1) Eine Haushaltshilfe ist notwendig, solange und soweit der verletzten Person die Weiterführung des Haushalts nicht möglich ist wegen

1. eines dienstunfallbedingten außerhäuslichen Heilverfahrens oder
2. der Art und Schwere des dienstunfallbedingten Körperschadens, insbesondere nach einem stationären Heilverfahren, einer ambulanten Operation oder einer ambulanten Krankenhausbehandlung.

(2) Aufwendungen für eine Haushaltshilfe werden nur erstattet, wenn und solange keine im Haushalt lebende Person den Haushalt weiterführen kann und im Haushalt der verletzten Person eine der folgenden Personen lebt:

1. ein Kind (§ 63 Absatz 1 Satz 1 des Einkommensteuergesetzes), das zu Beginn des Zeitraums, für den die Haushaltshilfe gewährt wird, das zwölfte Lebensjahr noch nicht vollendet hat,
2. eine pflegebedürftige Ehegattin oder ein pflegebedürftiger Ehegatte oder
3. ein Kind der verletzten Person, das
   a) pflegebedürftig ist oder
   b) wegen körperlicher, geistiger oder seelischer Behinderung außerstande ist, sich selbst zu unterhalten.

Einer alleinstehenden verletzten Person werden Aufwendungen für eine Haushaltshilfe nach einem stationären Heilverfahren, nach einer ambulanten Operation oder nach einer ambulanten Krankenhausbehandlung erstattet.

(3) Werden Leistungen nach § 34 des Beamtenversorgungsgesetzes gewährt, besteht kein Anspruch auf Erstattung der Aufwendungen für eine Haushaltshilfe.

(4) Bei einem dienstunfallbedingten außerhäuslichen Heilverfahren (Absatz 1 Nummer 1) sind Aufwendungen für eine Haushaltshilfe zu erstatten, solange das außerhäusliche Heilverfahren andauert. Ist eine Haushaltshilfe nach einem stationären Heilverfahren, einer ambulanten Operation oder einer ambulanten Krankenhausbehandlung (Absatz 1 Nummer 2) notwendig, so werden die Aufwendungen erstattet für

1. höchstens 28 Tage oder

2. höchstens sechs Monate, sofern gleichzeitig die Voraussetzungen nach Absatz 2 Satz 1 vorliegen.

(5) Der Dienstunfallfürsorgestelle ist eine fachärztliche Bescheinigung über die Notwendigkeit und den zeitlichen Umfang der Haushaltshilfe vorzulegen. Die Aufwendungen für eine Haushaltshilfe sind pro Stunde bis zur Höhe von 0,32 Prozent der sich aus § 18 Absatz 1 des Vierten Buches Sozialgesetzbuch ergebenden monatlichen Bezugsgröße, aufgerundet auf volle Euro, erstattungsfähig. Aufwendungen für notwendige Fahrten der Haushaltshilfe werden in sinngemäßer Anwendung des § 12 Absatz 1 Satz 1 erstattet. § 3 Absatz 3 gilt entsprechend.

§ 12 Fahrten

(1) Aufwendungen der verletzten Person für notwendige Hin- und Rückfahrten aus Anlass der Heilbehandlung werden wie folgt erstattet:

1. bei Benutzung öffentlicher Verkehrsmittel bis zur Höhe der Kosten in der niedrigsten Beförderungsklasse zuzüglich der Aufwendungen einer notwendigen Gepäckbeförderung,

2. bei Benutzung eines Kraftfahrzeuges oder eines anderen motorbetriebenen Fahrzeuges in Höhe von 20 Cent je Kilometer zurückgelegter Strecke der Hin- und Rückfahrt,

3. Aufwendungen für ein Taxi, wenn nach Bescheinigung durch die behandelnde Ärztin oder den behandelnden Arzt aus zwingenden medizinischen Gründen öffentliche Verkehrsmittel oder ein privates Kraftfahrzeug nicht benutzt werden können.

Die Aufwendungen werden nur bis zur Höhe der Aufwendungen für Fahrten zum nächstgelegenen geeigneten Behandlungs- oder Untersuchungsort erstattet.

(2) Aufwendungen für Fahrten zu Begutachtungen oder Untersuchungen, die von der Dienstunfallfürsorgestelle veranlasst worden sind, werden erstattet.

(3) Erstattungsfähig sind ferner

1. Aufwendungen für Rettungsfahrten und -flüge,

2. Aufwendungen für ärztlich verordnete Krankentransportfahrten

   a) im Zusammenhang mit einem stationären Heilverfahren oder

   b) bei einer medizinisch notwendigen Verlegung in ein anderes Krankenhaus,

3. Aufwendungen einer Begleitperson, wenn die Begleitung der verletzten Person nach Stellungnahme durch die behandelnde Ärztin oder den behandelnden Arzt erforderlich war, und

4. bei einer stationären Krankenhausbehandlung Aufwendungen von Angehörigen für Besuchsfahrten, wenn die Besuche nach Stellungnahme der behandelnden Ärztin oder des behandelnden Arztes zur Sicherung des Heilerfolgs dringend erforderlich waren.

Angehörige im Sinne von Satz 1 Nummer 4 sind:

1. die Ehegattin oder der Ehegatte,

2. Kinder,

3. Eltern.

(4) Aufwendungen für eine notwendige Übernachtung der verletzten Person anlässlich notwendiger auswärtiger ambulanter ärztlicher, zahnärztlicher oder psychotherapeutischer Leistungen sind bis zu einem Betrag von 80 Euro erstattungsfähig. Satz 1 gilt

entsprechend für Aufwendungen für Übernachtungen einer Begleitperson im Fall des Absatzes 3 Satz 1 Nummer 3 sowie von Angehörigen im Fall des Absatzes 3 Satz 1 Nummer 4.

(5) § 3 Absatz 3 gilt entsprechend.

§ 13 Erhöhter Kleider- und Wäscheverschleiß

Aufwendungen, die infolge eines dienstfallbedingt erhöhten Kleider- und Wäscheverschleißes entstehen, werden von Amts wegen mit einem monatlichen Pauschbetrag in entsprechender Anwendung des § 15 des Bundesversorgungsgesetzes in Verbindung mit der Verordnung zur Durchführung des § 15 des Bundesversorgungsgesetzes erstattet. Die Entscheidung trifft die Dienstunfallfürsorgestelle auf Grund einer fachärztlichen Bescheinigung, die auch Aussagen zur Dauer des Zustands beinhaltet. Die in Sonderfällen den Pauschbetrag nachweislich übersteigenden Aufwendungen werden jeweils für das abgelaufene Kalenderjahr auf Antrag erstattet.

§ 14 Kraftfahrzeughilfe

Kraftfahrzeughilfe wird gewährt, wenn

1. der verletzten Person infolge des Dienstunfalls nicht nur vorübergehend nicht zuzumuten ist, dass sie die zur Dienstausübung erforderlichen Wege zu Fuß oder mit öffentlichen Verkehrsmitteln zurücklegt, und

2. die Dienstunfallfürsorgestelle vor der Entstehung der Aufwendungen die Erstattung zugesagt hat.

§ 40 Absatz 2, 3 und 5 des Siebten Buches Sozialgesetzbuch in Verbindung mit der Kraftfahrzeughilfe-Verordnung gilt entsprechend. Die §§ 6 und 8 der Kraftfahrzeughilfe-Verordnung gelten nicht.

§ 15 Dienstunfallbedingte Wohnumfeldanpassung

(1) Die Aufwendungen für eine bedarfsgerechte Anpassung wie Ausstattung, Umbau oder Ausbau der bisher genutzten Wohnung sowie die Aufwendungen für den Umzug in eine bedarfsgerechte Wohnung werden nach Maßgabe des § 41 Absatz 4 des Siebten Buches Sozialgesetzbuch erstattet, wenn die Maßnahme infolge des Dienstunfalls nicht nur vorübergehend erforderlich ist.

(2) Die Aufwendungen für Maßnahmen nach Absatz 1 werden nur erstattet, wenn die Dienstunfallfürsorgestelle die Erstattung vorher zugesagt hat. Bei Maßnahmen ab 5000 Euro hat die verletzte Person zwei Vergleichsangebote beizubringen.

§ 16 Überführung und Bestattung

(1) Ist die verletzte Person an den Folgen des Dienstunfalls verstorben, so werden erstattet die Aufwendungen für

1. die Überführung der verstorbenen Person an den Ort der Bestattung und

2. die Bestattung, die Todesanzeigen, Trauerkarten und Danksagungen, die Trauerfeier und die Bewirtung der Trauergäste sowie die Herrichtung einer Grabstätte einschließlich des Grabmals und des ersten Grabschmucks bis zu einem Siebtel der sich im Zeitpunkt des Todes aus § 18 Absatz 1 des Vierten Buches Sozialgesetzbuch ergebenden jährlichen Bezugsgröße.

(2) Auf den Erstattungsbetrag nach Absatz 1 Nummer 2 ist ein Sterbegeld nach § 18 Absatz 1 und 2 des Beamtenversorgungsgesetzes mit 40 Prozent seines Bruttobetrages anzurechnen.

Abschnitt 3
Verfahren

§ 17 Erstattungsverfahren

(1) Soweit nichts anderes bestimmt ist, werden Aufwendungen nur erstattet, wenn die verletzte Person dies bei der Dienstunfallfürsorgestelle schriftlich oder elektronisch beantragt und die Aufwendungen nachweist. Satz 1 gilt entsprechend für Hinterbliebene, wenn die verletzte Person an den Folgen des Dienstunfalls verstorben ist.

(2) Auf Antrag kann die Dienstunfallfürsorgestelle Vorschüsse oder Abschlagszahlungen gewähren.

(3) Die Dienstunfallfürsorgestelle kann bei Zweifeln an der Notwendigkeit oder an der Dienstunfallbedingtheit einer Maßnahme oder bei Zweifeln an der wirtschaftlichen Angemessenheit von Aufwendungen ein ärztliches Gutachten einholen.

(4) In Fällen, in denen sich die Anerkennung eines Dienstunfalls aus Gründen verzögert, die die verletzte Person nicht zu vertreten hat, können die Aufwendungen zunächst unter Vorbehalt erstattet werden. Dies gilt auch während anhängiger Verfahren auf Anerkennung eines Dienstunfalls. Wird nachträglich festgestellt, dass kein Dienstunfall vorliegt, ist der Erstattungsbetrag zurückzuzahlen.

Abschnitt 4
Übergangsvorschriften

§ 18 Übergangsvorschriften

(1) Hinsichtlich der Erstattung von Aufwendungen, die vor dem Inkrafttreten dieser Verordnung entstanden sind, ist die Heilverfahrensverordnung vom 25. April 1979 (BGBl. I S. 502) in der bis zum 13. November 2020 geltenden Fassung weiter anzuwenden. Entstanden im Sinne von Satz 1 sind Aufwendungen für

1. ärztliche Untersuchungen und Behandlungen einschließlich der dabei verbrauchten Arznei- und Verbandmittel sowie der bei der Anwendung der Heilmittel verbrauchten Stoffe am Behandlungstag,
2. Arznei-, Verband-, Heil- und Hilfsmittel am Tag der ärztlichen Verordnung.

(2) Hinsichtlich der Erstattung von Aufwendungen für Krankenhausbehandlungen sowie für Rehabilitationsmaßnahmen, die bereits vor dem Inkrafttreten dieser Verordnung begonnen worden sind, ist die Heilverfahrensverordnung in der bis zum 13. November 2020 geltenden Fassung weiter anzuwenden.

(3) Übersteigt der nach § 12 der Heilverfahrensverordnung vom 25. April 1979 (BGBl. I S. 502) in der bis zum 13. November 2020 geltenden Fassung zu erstattende Betrag die erstattungsfähigen Pflegekosten nach § 10, wird die Differenz als Pauschale weitergezahlt. Ändern sich die für die Erstattung der Pflegekosten maßgebenden Verhältnisse wesentlich, ist die Erstattung von Pflegekosten nach § 10 neu festzusetzen.

IV.2.1 Zu § 33 BeamtVG

Durchführung des § 33 des Beamtenversorgungsgesetzes; hier: Heilverfahrensverordnung
Vom 28. November 2006 (Nds. MBl. S. 1411)

– Im Einvernehmen mit dem MI –

Bezug:
a) RdErl. v. 19. 11. 1979 Nds. MBl. S. 1967)
– VORIS 20442 00 00 46 022 –
b) RdErl. v. 29. 9. 1983 (Nds. MBl. S. 1187), zuletzt geändert durch RdErl. v. 13. 11. 1989 (Nds. MBl. S. 1233)
– VORIS 20442 00 00 46 044 –
c) RdErl. v. 6. 3. 1987 (Nds. MBl. S. 265)
– VORIS 20442 00 00 46 059 –
d) RdErl. v. 16. 10. 1992 (Nds. MBl. S. 1419)
– VORIS 20442 00 00 46 071 –
e) Gem. RdErl. v. 11. 11. 2004 (Nds. MBl. S. 830)
– VORIS 20442 –
f) RdErl. v. 11. 7. 1996 (Nds. MBl. S. 1868), zuletzt geändert durch RdErl. v. 1. 8. 2006 (Nds. MBl. S. 833)
– VORIS 64100 –

1. Allgemein

Der Umfang des Heilverfahrens ist bisher gemäß § 33 Abs. 5 des Beamtenversorgungsgesetzes (BeamtVG) in der Heilverfahrensverordnung (HeilvfV) vom 25. 4. 1979 (BGBl. I S. 502), geändert durch Artikel 12 der Verordnung vom 8. 8. 2002 (BGBl. I S. 3177), geregelt worden.

Vor dem Hintergrund der nunmehr in Kraft getretenen Grundgesetzänderungen (siehe Gesetz zur Änderung des Grundgesetzes vom 28. 8. 2006, BGBl. I S. 2034, u. a. Streichung der Artikel 74a und 75 Abs. 1 Nr. 1 GG) im Rahmen der Föderalismusreform und der dadurch begründeten Kompetenzverlagerung für das Beamtenversorgungsrecht auf die Länder gilt zunächst, dass bereits erlassenes Bundesrecht fortgilt, sofern es nicht durch Landesrecht ersetzt wird (Artikel 125a GG). Da derzeit nicht geplant ist, in Niedersachsen gleich unmittelbar nach Inkrafttreten der grundgesetzlichen Änderungen ein vollständig eigenes Versorgungsrecht zu schaffen, soll zu diesem Zeitpunkt zunächst eine Zusammenführung und Aktualisierung der bestehenden Erlassregelungen zu den derzeit geltenden Regelungen des § 33 BeamtVG erreicht werden.

Zur HeilvfV werden daher folgende – aktualisierte – Hinweise gegeben:

2. Im Einzelnen
2.1 Zu § 1 Abs. 1

Nach § 1 Abs. 1 HeilvfV werden der durch einen Dienstunfall verletzten Beamtin oder dem durch einen Dienstunfall verletzten Beamten die notwendigen und angemessenen Kosten erstattet. Da auch im Rahmen des Beihilferechts lediglich die notwendigen und angemessenen Aufwendungen beihilfefähig sind, bemisst sich die zu gewährende Beihilfe hinsichtlich ihrer Angemessenheit nach den gleichen Kriterien. Im Rahmen der Dienstunfallfürsorge ist deshalb die Angemessenheit der Aufwendungen für ärztliche Leistungen ebenso zu sehen und zu beurteilen. Entsprechendes gilt für ärztlich verordnete Heilbehandlungen durch selbständige Angehörige von Heilberufen (z. B. Masseure, Physiotherapeuten usw.).

Die Merkmale „notwendig und angemessen" beinhalten eine Begrenzung der Kosten sowohl dem Grunde als auch der Höhe nach. Notwendig sind nur Aufwendungen für Maßnahmen, die erforderlich sind, um die Folgen des Dienstunfalls zu beseitigen.

Die gegenüber der Beihilfegewährung gesteigerte Fürsorgepflicht des Dienstherrn beim Dienstunfallschutz kann es allerdings erforderlich machen, in begründeten Einzelfällen bei der Auslegung der Begriffe „notwendig" und „angemessen" ausnahmsweise über die für das Beihilferecht getroffenen Begrenzungen hinauszugehen.

Notwendig sind die Aufwendungen für ärztliche Leistungen, die nach den Regeln der ärztlichen Kunst für eine medizinisch notwendige ärztliche Versorgung erforderlich sind (§ 1 Abs. 2 GOÄ), um die Folgen des Dienstunfalls zu beseitigen oder soweit wie möglich zu mindern. Das ist nach objektiven Gesichtspunkten zu beurteilen. Sind ärztliche Behandlungsmaßnahmen medizinisch vertretbar, bestehen aber an der Notwendigkeit Zweifel, so sind sie unter dem Gesichtspunkt der beim Dienstunfallschutz gesteigerten Fürsorgepflicht dann als notwendig anzusehen, wenn sie nach den objektiven medizinischen Befunden und Erkenntnissen die zur vollen Folgenbeseitigung bzw. -minderung am besten geeigneten Maßnahmen darstellen. Das „Übermaßverbot" ist auch hier zu beachten.

Notwendig sind die Aufwendungen für Arznei- und andere Hilfsmittel, Körperersatzstücke, orthopädische und andere Hilfsmittel dann, wenn sie den Erfolg der Heilbehandlung sichern oder die Unfallfolgen erleichtern können. Die gesteigerte Fürsorgepflicht des Dienstherrn gebietet es nicht, in jedem Einzelfall die Kostenerstattung in Anlehnung an die Beihilfevorschriften vorzunehmen. Diese beschränken für bestimmte Aufwendungen die Gewährung einer Beihilfe oder schließen sie aus. Dem Heilbehandlungsanspruch einer durch Dienstunfall verletzten Beamtin oder eines durch Dienstunfall verletzten Beamten korrespondiert aber die Verpflichtung des Dienstherrn, den durch Dienstunfall verursachten Körperschaden der Beamtin oder des Beamten im Rahmen des Möglichen in vollem Umfang zu beheben. Die Mitwirkung der Dienstbehörde beschränkt sich insoweit nicht – wie im Beihilferecht der Fall – auf eine angemessene Beteiligung an der der Beamtin oder dem Beamten entstandenen Auslagen.

Die Angemessenheit der Aufwendungen für die ärztliche Behandlung beurteilt sich nach der Gebührenordnung für Ärzte (GOÄ) und Zahnärzte (GOZ).

Bezüglich der Erstattung der Kosten von Zahnersatz wird auf das Ergebnis der Besprechung des Arbeitskreises für Versorgungsfragen (AKVers) (vom 18. bis 20. 4. 1994, TOP 12) verwiesen, wonach zahntechnische Leistungen (insbesondere Material- und Laborkosten) nicht wie im Beihilferecht zu kürzen sind.

Als angemessen sind die Kosten anzusehen, die in einem den Aufwand rechtfertigenden vernünftigen Verhältnis zum angestrebten Heilerfolg stehen; dies beurteilt sich unabhängig von der Zugehörigkeit der verletzten Beamtin oder des verletzten Beamten zu ihrer oder seiner Besoldungsgruppe.

Überschreiten die Gebühren für ärztliche Leistungen die Regelspannen des 2,3-Fachen nach § 5 Abs. 2 Satz 4 GOÄ bzw. des 1,8-Fachen nach § 5 Abs. 3 Satz 2 GOÄ oder des 1,15-Fachen nach § 5 Abs. 4 Satz 2, so sind die darüber hinausgehenden Gebühren – auch soweit sie auf einer Abdingung nach § 2 GOÄ beruhen – bis zum Höchstsatz des 3,5-Fachen, 2,5-Fachen bzw. 1,3-Fachen insoweit als angemessen anzuerkennen, als sie schriftlich schlüssig begründet sind (§ 12 Abs. 3 GOÄ).

Sofern der behandelnde Arzt keine Begründung für einen erhöhten Steigerungsfaktor angibt, ist der erhöhte Satz nicht berücksichtigungsfähig. In Zweifelsfällen soll die Ärztekammer anhand einer – zwingend vorgeschriebenen – Begründung beurteilen, ob die Schwellenwertüberschreitung gerechtfertigt ist.

Bei Abdingungen über die Höchstsätze des 3,5-Fachen, 2,5-Fachen bzw. 1,3-Fachen hinaus können weitergehende Gebühren nur in besonders gelagerten Einzelfällen und nur nach gutachterlicher Stellungnahme der zuständigen Ärztekammer, die ggf. über die jeweils zuständige oberste Landesbehörde einzuholen ist, als angemessen angesehen werden.

Eine Anlehnung an die Beihilferegelung ist bei der Erstattung von Aufwendungen für eine ärztlich verordnete Heilbehandlung durch selbständige Angehörige von Heilhilfsberufen (Masseure, Physiotherapeuten usw.) geboten. Die hier für den Bereich der Beihilfe in Niedersachsen getroffenen Regelungen sind beim Vollzug der HeilVfV zu beachten.

Falls sich besondere Schwierigkeiten oder Zweifel ergeben, wird um Bericht gebeten.

2.2 Zu § 1 Abs. 1

Auf Polizeivollzugsbeamtinnen und Polizeivollzugsbeamte, denen nach § 224 Abs. 2 NBG Heilfürsorge und auf Beamtinnen und Beamte des Feuerwehrdienstes, denen nach § 230 Abs. 1 Satz 1 NBG freie Heilfürsorge gewährt wird, ist die HeilvfV insoweit anzuwenden, als diese im Einzelfall über die für diesen Personenkreis geltenden besonderen beamtenrechtlichen Vorschriften hinausgehende Leistungen vorsieht.

2.3 Zu § 3 Abs. 1

Zu den Maßnahmen der Heilbehandlung gemäß § 3 Abs. 1 HeilvfV gehören auch psychotherapeutische Leistungen.

Als andere Maßnahme der Heilbehandlung i. S. des § 3 Abs. 1 Buchst. a umfasst die HeilvfV auch Leistungen der medizinischen Rehabilitation. Hierzu gehören u. a. die Belastungserprobung und die Arbeitstherapie. Zu den genannten anderen Maßnahmen zählen ferner der Zahnersatz, ggf. auch die erforderlich werdende Erneuerung vorhandenen Zahnersatzes.

Von der Erstattung ausgeschlossen sind Aufwendungen für wissenschaftlich nicht allgemein anerkannte Heilmethoden, soweit sie im Beihilferecht ausdrücklich ausgeschlossen sind.

2.4 Zu § 3 Abs. 4

Diese Vorschrift räumt der für die Durchführung des Heilverfahrens zuständigen Behörde die Möglichkeit ein, in begründeten Fällen die Notwendigkeit einer Maßnahme durch ein Gutachten eines Amts- oder Vertrauensarztes (§ 15) zu überprüfen.

2.5 Zu § 4 Abs. 1

Die Anzeige über den Beginn der Krankenhausbehandlung braucht nicht zwingend von der unfallverletzten Beamtin oder dem unfallverletzten Beamten erstattet zu werden. Da es nach dem Zweck der Vorschrift ausreicht, dass die Dienstbehörde von der Krankenhausbehandlung überhaupt Kenntnis erlangt, kann die Unterrichtung auch durch Dritte (z. B. Familienangehörige, Mitarbeiter) erfolgen.

2.6 Zu § 4 Abs. 3

2.6.1 Im Rahmen des § 4 Abs. 3 Satz 1 HeilvfV sind nunmehr folgende Kosten für stationäre und teilstationäre Krankenhausleistungen als angemessen anzusehen (entsprechend § 6 Abs. 1 Nr. 6 der geltenden Beihilfebestimmungen – BhV –):

2.6.1.1 die vorstationäre und nachstationäre Krankenhausbehandlung nach § 115a SGB V;

2.6.1.2 die vollstationären und teilstationären Krankenhausleistungen nach der Bundespflegesatzverordnung (BPflV) und dem Krankenhausentgeltgesetz (KHEntgG), und zwar

a) allgemeine Krankenhausleistungen (§ 2 Abs. 2 BPflV, § 2 Abs. 2 KHEntgG)

b) Wahlleistungen
   aa) gesondert berechnete wahlärztliche Leistungen (§ 22 BPflV, §§ 16 und 17 KHEntgG),
   bb) gesondert berechnete Unterkunft (§ 22 BPflV, §§ 16 und 17 KHEntgG) bis zur Höhe der Kosten eines Zweibettzimmers,
   cc) andere im Zusammenhang damit berechnete ärztliche Leistungen (siehe entsprechend § 6 Abs. 1 Nrn. 1 und 2 der geltenden BhV).

2.6.2 Die Kosten für die Unterbringung in einem Einbettzimmer werden entsprechend § 4 Abs. 3 nur erstattet, wenn die Inanspruchnahme eines Einbettzimmers aus besonderen dienstlichen Gründen im Einzelfall geboten ist. Solche besonderen dienstlichen Gründe können z. B. bei Beamtinnen und Beamten vorliegen, deren persönliche Sicherheit gefährdet ist oder die der Vertraulichkeit unterliegende Dienstgeschäfte ausnahmsweise auch während der Krankenhausbehandlung weiterführen müssen. Die Wahrnehmung eines bestimmten Amtes reicht hierfür nicht aus.

Benutzt die Beamtin oder der Beamte trotzdem aus privaten Gründen ein Einbettzimmer, so ist der Mehrbetrag gegenüber den Kosten für ein Zweibettzimmer nicht erstattungsfähig. Hierüber hat die Beamtin oder der Beamte in der Regel eine zusätzliche Krankenversicherung abzuschließen.

2.7 Zu § 5

In § 5 HeilvfV wird durch Klammerzusatz ausdrücklich auf § 33 Abs. 2 Satz 2 BeamtVG hingewiesen. Durch Artikel 1 Nr. 23 des Versorgungsänderungsgesetzes 2001 vom 20. 12. 2001 (BGBl. I S. 3926) wurde § 33 Abs. 2 Satz 2 BeamtVG ab dem 1. 1. 2002 dahingehend geändert, dass das bis dahin geforderte „amtsärztliche Gutachten" ersetzt wurde durch die Formulierung „eine Stellungnahme eines von der Dienststelle bestimmten Arztes". Von dieser Gesetzesänderung erwartete der Gesetzgeber wohl nicht zuletzt eine Verfahrensbeschleunigung insgesamt. Grundsätzlich sollte es nun im Ermessen der Behörde stehen, im konkreten Fall zu bestimmen, welcher Arzt mit der Erstellung eines Gutachtens beauftragt werden soll.

Diese gesetzliche Änderung hatte der Bundesgesetzgeber seinerzeit zwar nicht in § 5 HeilvfV nachvollzogen, die vorgenannte Änderung des höherrangigen Rechts und der ausdrückliche Verweis auf die – zwischenzeitlich – geänderte Regelung in § 33 BeamtVG rechtfertigt auch hier den Hinweis, dass das nach dem Wortlaut des § 5 HeilvfV geforderte amtsärztliche Gutachten auch durch eine entsprechende Stellungnahme eines von der Dienststelle bestimmten Arztes ersetzt werden kann.

2.8 Zu § 6 Absätze 1 und 3

Diese Vorschrift schließt die Erstattung der Kosten für Heilmaßnahmen (Kurkrankenhaus oder Sanatoriumsbehandlung, Heilkur) im Ausland nicht aus.

Laut Ergebnis des AKVers (TOP 11 der Sitzung vom 18. bis 20. 4. 1994) waren die Länder seinerzeit einhellig der Auffassung, dass § 6 HeilvfV dahingehend ergänzt werden sollte, dass bei einem Aufenthalt in einem Kurkrankenhaus oder einem Sanatorium wenigstens der niedrigste Satz dieser entsprechenden Einrichtung zu erstatten sei. Vor diesem Hintergrund bestehen daher keine Bedenken, im Vorgriff auf eine gleichlautende vorzunehmende Gesetzesänderung bereits jetzt entsprechend zu verfahren. Dies bedeutet im Ergebnis, dass abweichend von der HeilvfV lediglich der niedrigste Satz des Kurkrankenhauses oder Sanatoriums zu erstatten ist.

2.9 Zu § 7 Abs. 1

Das Heilverfahren umfasst u. a. auch die notwendige Versorgung mit Körperersatzstücken sowie orthopädischen und anderen Hilfsmitteln, die den Erfolg der Heilbehandlung sichern und die Unfallfolgen erleichtern sollen (§ 33 Abs. 1 Nr. 2 BeamtVG).

Zu den Hilfsmitteln (Körperersatzstücken) i. S. des § 7 HeilvfV zählt jedoch nicht der Zahnersatz (vgl. Nummer 2.3).

2.10 Zu § 7 Abs. 2

Als Kosten des Hilfsmittels gelten auch die Aufwendungen für dessen Wartung, Instandsetzung und Ersatzbeschaffung. Hieraus ergibt sich, dass der Beamtin oder dem Beamten das Hilfsmittel stets in einem unmittelbar verwendungsfähigen Zustand zur Verfügung stehen soll. Es reicht demnach nicht aus, der Beamtin oder dem Beamten das Hilfsmittel lediglich bei der Erstausstattung gebrauchsfertig zur Verfügung zu stellen. Das Hilfsmittel ist vielmehr so lange in einem gebrauchsfertigen Zustand zu erhalten, wie die Beamtin oder der Beamte infolge des Unfallschadens darauf angewiesen ist.

Zu den Hilfsmitteln rechnet auch ein Hörgerät. Ein solches Gerät ist aber nur gebrauchsfähig, wenn es mit Batterien oder mit aufgeladenen Akkuzellen versehen ist. Demzufolge sind der verletzten Beamtin oder dem verletzten Beamten die für die Verwendung von Hörgeräten erforderlichen Batterien oder Akkuzellen mit Ladegerät nicht nur bei der Neuausstattung mit einem Hörgerät, sondern fortlaufend bei Bedarf bereitzustellen. Die hierdurch entstehenden notwendigen und angemessenen Kosten (§ 1 Abs. 1) sind der Beamtin oder dem Beamten daher im Rahmen des Heilverfahrens zu erstatten.

Sofern die Beschädigung oder der Verlust eines Hilfsmittels infolge eines erneuten Dienstunfalls eingetreten ist, findet § 7 Abs. 2 Satz 2 keine Anwendung.

2.11 Zu § 8 Abs. 3

Ein ärztliches Gutachten ist nicht erforderlich, wenn die Notwendigkeit einer Begleitung, z. B. bei hochgradiger Gehbehinderung, offensichtlich war oder durch einen Ausweis, eine Bescheinigung oder einen Bescheid der für die Durchführung des Bundesversorgungsgesetzes zuständigen Behörde (siehe § 69 Abs. 1 SGB IX vom 19. 6. 2001, BGBl. I. S. 1046, 1047, zuletzt geändert durch Artikel 261 der Verordnung vom 31. 10. 2006, BGBl. I S. 2407) nachgewiesen wird.

2.12 Zu § 9 Abs. 1

Wenn eine dienstunfallverletzte Beamtin oder ein dienstunfallverletzter Beamter während eines nicht mit ihrer oder seiner dienstlichen Tätigkeit zusammenhängenden Aufenthalts außerhalb des Geltungsbereichs des BeamtVG an den Folgen des Dienstunfalls verstirbt, kann von der Erstattung der für die Überführung der Leiche bis zur Grenze der Bundesrepublik Deutschland entstehenden Kosten nach § 9 Abs. 1 Satz 2 ganz oder teilweise abgesehen werden.

Verstirbt eine Beamtin oder ein Beamter bei einem privaten Aufenthalt außerhalb des Geltungsbereichs des BeamtVG an den Folgen eines während dieses Aufenthalts erlittenen Angriffs i. S. des § 31 Abs. 4 BeamtVG (§ 37 Abs. 2 Nr. 2 BeamtVG), werden die Überführungskosten dagegen in voller Höhe erstattet.

2.13 Zu § 16

Wegen der Zuständigkeit der Dienstbehörden wird auf den Bezugserlass zu e verwiesen.

Mit Einführung des Haushaltsvollzugssystems (HVS) zum 1. 1. 2000 wurden die VV zu § 70 LHO weitgehend obsolet. Förmlich ist dies inzwischen durch die Neufassung der VV zu §§ 70 bis 72 und 74 bis 80 LHO vom 1. 8. 2006 (letzte Änderung des Bezugserlasses zu f) klargestellt. Die bisherige VV Nr. 10.1, nach der für bestimmte Fälle der Verzicht auf Anlagen als begründende Unterlagen zu förmlichen Zahlungsanordnungen des Einvernehmens mit dem LRH bedurfte, ist ersatzlos entfallen. Es kann daher das bisherige Verfahren beibehalten werden, ohne dass hierzu das Einvernehmen des LRH erforderlich ist. D. h., die bislang im Bereich der HeilvfV den förmlichen Zahlungsanordnungen beizufügenden Belege sind auch weiterhin als begründende Unterlagen zu behandeln. Diese verbleiben bei der anordnenden Stelle.

3. Schlussbestimmung

Die Bezugserlasse zu a bis d werden aufgehoben.

Berufskrankheiten-Verordnung (BKV)

Vom 31. Oktober 1997 (BGBl. I S. 2623)

Zuletzt geändert durch
Fünfte Verordnung zur Änderung der Berufskrankheiten-Verordnung
vom 29. Juni 2021 (BGBl. I S. 2245)

Auf Grund des § 9 Abs. 1 und 6 und des § 193 Abs. 8 des Siebten Buches Sozialgesetzbuch – Gesetzliche Unfallversicherung – (Artikel 1 des Gesetzes vom 7. August 1996, BGBl. I S. 1254) verordnet die Bundesregierung:

Abschnitt 1
Allgemeine Bestimmungen

§ 1 Berufskrankheiten

Berufskrankheiten sind die in der Anlage 1 bezeichneten Krankheiten, die Versicherte infolge einer den Versicherungsschutz nach § 2, 3 oder 6 des Siebten Buches Sozialgesetzbuch begründenden Tätigkeit erleiden.

§ 2 Erweiterter Versicherungsschutz in Unternehmen der Seefahrt

Für Versicherte in Unternehmen der Seefahrt erstreckt sich die Versicherung gegen Tropenkrankheiten und Fleckfieber auch auf die Zeit, in der sie an Land beurlaubt sind.

§ 3 Maßnahmen gegen Berufskrankheiten, Übergangsleistung

(1) Besteht für Versicherte die Gefahr, daß eine Berufskrankheit entsteht, wiederauflebt oder sich verschlimmert, haben die Unfallversicherungsträger dieser Gefahr mit allen geeigneten Mitteln entgegenzuwirken. Ist die Gefahr gleichwohl nicht zu beseitigen, haben die Unfallversicherungsträger darauf hinzuwirken, daß die Versicherten die gefährdende Tätigkeit unterlassen. Den für den medizinischen Arbeitsschutz zuständigen Stellen ist Gelegenheit zur Äußerung zu geben.

(2) Versicherte, die die gefährdende Tätigkeit unterlassen, weil die Gefahr fortbesteht, haben zum Ausgleich hierdurch verursachter Minderungen des Verdienstes oder sonstiger wirtschaftlicher Nachteile gegen den Unfallversicherungsträger Anspruch auf Übergangsleistungen. Als Übergangsleistung wird

1. ein einmaliger Betrag bis zur Höhe der Vollrente oder

2. eine monatlich wiederkehrende Zahlung bis zur Höhe eines Zwölftels der Vollrente

längstens für die Dauer von fünf Jahren gezahlt. Renten wegen Minderung der Erwerbsfähigkeit sind nicht zu berücksichtigen.

§ 4 Mitwirkung der für den medizinischen Arbeitsschutz zuständigen Stellen

(1) Die für den medizinischen Arbeitsschutz zuständigen Stellen wirken bei der Feststellung von Berufskrankheiten und von Krankheiten, die nach § 9 Abs. 2 des Siebten Buches Sozialgesetzbuch wie Berufskrankheiten anzuerkennen sind, nach Maßgabe der Absätze 2 bis 4 mit.

(2) Die Unfallversicherungsträger haben die für den medizinischen Arbeitsschutz zuständigen Stellen über die Einleitung eines Feststellungsverfahrens unverzüglich zu unterrichten; als Unterrichtung gilt auch die Übersendung der Anzeige nach § 193 Abs. 2 und 7 oder § 202 des Siebten Buches Sozialgesetzbuch. Die Unfallversicherungsträger beteiligen die für den medizinischen Arbeitsschutz zuständigen Stellen an dem weiteren Feststellungsverfahren; das nähere Verfahren können die Unfallversicherungsträger mit den für den medizinischen Arbeitsschutz zuständigen Stellen durch Vereinbarung regeln.

(3) In den Fällen der weiteren Beteiligung nach Absatz 2 Satz 2 haben die Unfallversicherungsträger vor der abschließenden Entscheidung die für den medizinischen Arbeits-

schutz zuständigen Stellen über die Ergebnisse ihrer Ermittlungen zu unterrichten. Soweit die Ermittlungsergebnisse aus Sicht der für den medizinischen Arbeitsschutz zuständigen Stellen nicht vollständig sind, können sie den Unfallversicherungsträgern ergänzende Beweiserhebungen vorschlagen; diesen Vorschlägen haben die Unfallversicherungsträger zu folgen.

(4) Nach Vorliegen aller Ermittlungsergebnisse können die für den medizinischen Arbeitsschutz zuständigen Stellen ein Zusammenhangsgutachten erstellen. Zur Vorbereitung dieser Gutachten können sie die Versicherten untersuchen oder andere Ärzte auf Kosten der Unfallversicherungsträger mit Untersuchungen beauftragen.

§ 5 Gebühren

(1) Erstellen die für den medizinischen Arbeitsschutz zuständigen Stellen ein Zusammenhangsgutachten nach § 4 Abs. 4, erhalten sie von den Unfallversicherungsträgern jeweils eine Gebühr in Höhe von 200 Euro. Mit dieser Gebühr sind alle Personal- und Sachkosten, die bei der Erstellung des Gutachtens entstehen, einschließlich der Kosten für die ärztliche Untersuchung von Versicherten durch die für den medizinischen Arbeitsschutz zuständigen Stellen abgegolten.

(2) Ein Gutachten im Sinne des Absatzes 1 setzt voraus, daß der Gutachter unter Würdigung

1. der Arbeitsanamnese des Versicherten und der festgestellten Einwirkungen am Arbeitsplatz,
2. der Beschwerden, der vorliegenden Befunde und der Diagnose

eine eigenständig begründete schriftliche Bewertung des Ursachenzusammenhangs zwischen der Erkrankung und den tätigkeitsbezogenen Gefährdungen unter Berücksichtigung der besonderen für die gesetzliche Unfallversicherung geltenden Bestimmungen vornimmt.

§ 6 Rückwirkung

(1) Leiden Versicherte am 1. August 2017 an einer Krankheit nach den Nummern 1320, 1321, 2115, 4104 (Eierstockkrebs) oder 4113 (Kehlkopfkrebs) der Anlage 1, ist die Krankheit auf Antrag als Berufskrankheit anzuerkennen, wenn sie vor diesem Tag eingetreten ist.

(2) Leiden Versicherte am 1. Januar 2015 an einer Krankheit nach Nummer 1319, 2113, 2114 oder 5103 der Anlage 1, ist die Krankheit auf Antrag als Berufskrankheit anzuerkennen, wenn sie vor diesem Tag eingetreten ist.

(3) Leiden Versicherte am 1. Juli 2009 an einer Krankheit nach Nummer 2112, 4114 oder 4115 der Anlage 1, ist diese auf Antrag als Berufskrankheit anzuerkennen, wenn der Versicherungsfall nach dem 30. September 2002 eingetreten ist. Leiden Versicherte am 1. Juli 2009 an einer Krankheit nach Nummer 4113 der Anlage 1, ist diese auf Antrag als Berufskrankheit anzuerkennen, wenn der Versicherungsfall nach dem 30. November 1997 eingetreten ist. Leiden Versicherte am 1. Juli 2009 an einer Krankheit nach Nummer 1318 der Anlage 1, ist die Krankheit auf Antrag als Berufskrankheit anzuerkennen, wenn der Versicherungsfall vor diesem Tag eingetreten ist.

(4) Leidet ein Versicherter am 1. Oktober 2002 an einer Krankheit nach Nummer 4112 der Anlage 1, ist diese auf Antrag als Berufskrankheit anzuerkennen, wenn der Versicherungsfall nach dem 30. November 1997 eingetreten ist. Satz 1 gilt auch für eine Krankheit nach Nummer 2106 der Anlage 1, wenn diese nicht bereits nach der Nummer 2106 der Anlage 1 in der am 1. Dezember 1997 in Kraft getretenen Fassung als Berufskrankheit anerkannt werden kann.

(5) Leidet ein Versicherter am 1. Dezember 1997 an einer Krankheit nach Nummer 1316, 1317, 4104 (Kehlkopfkrebs) oder 4111 der Anlage 1, ist diese auf Antrag als Berufskrankheit anzuerkennen, wenn der Versicherungsfall nach dem 31. Dezember 1992 eingetreten ist. Abweichend von Satz 1 ist eine Erkrankung nach Nummer 4111 der Anlage 1 auch dann als Berufskrankheit anzuerkennen, wenn die Erkrankung bereits vor dem 1. Januar 1993 eingetreten und einem Unfallversicherungsträger bis zum 31. Dezember 2009 bekannt geworden ist.

(6) Hat ein Versicherter am 1. Januar 1993 an einer Krankheit gelitten, die erst auf Grund der Zweiten Verordnung zur Änderung der Berufskrankheiten-Verordnung vom 18. Dezember 1992 (BGBl. I S. 2343) als Berufskrankheit anerkannt werden kann, ist die Krankheit auf Antrag als Berufskrankheit anzuerkennen, wenn der Versicherungsfall nach dem 31. März 1988 eingetreten ist.

(7) Hat ein Versicherter am 1. April 1988 an einer Krankheit gelitten, die erst auf Grund der Verordnung zur Änderung der Berufskrankheiten-Verordnung vom 22. März 1988 (BGBl. I S. 400) als Berufskrankheit anerkannt werden kann, ist die Krankheit auf Antrag als Berufskrankheit anzuerkennen, wenn der Versicherungsfall nach dem 31. Dezember 1976 eingetreten ist.

(8) Bindende Bescheide und rechtskräftige Entscheidungen stehen der Anerkennung als Berufskrankheit nach den Absätzen 1 bis 7 nicht entgegen. Leistungen werden rückwirkend längstens für einen Zeitraum bis zu vier Jahren erbracht; der Zeitraum ist vom Beginn des Jahres an zu rechnen, in dem der Antrag gestellt worden ist.

Abschnitt 2
Ärztlicher Sachverständigenbeirat Berufskrankheiten

§ 7 Aufgaben
Der Ärztliche Sachverständigenbeirat Berufskrankheiten (Sachverständigenbeirat) ist ein wissenschaftliches Gremium, das das Bundesministerium bei der Prüfung der medizinischen Erkenntnisse zur Bezeichnung neuer und zur Erarbeitung wissenschaftlicher Stellungnahmen zu bestehenden Berufskrankheiten unterstützt.

§ 8 Mitglieder
(1) Der Sachverständigenbeirat besteht in der Regel aus zwölf Mitgliedern, die vom Bundesministerium für Arbeit und Soziales für die Dauer von fünf Jahren berufen werden. Dem Sachverständigenbeirat sollen angehören:

1. acht Hochschullehrerinnen oder Hochschullehrer, insbesondere der Fachrichtung Arbeitsmedizin oder Epidemiologie,

2. zwei Staatliche Gewerbeärztinnen oder Staatliche Gewerbeärzte und

3. zwei Ärztinnen oder Ärzte aus dem betriebs- oder werksärztlichen Bereich.

(2) Die Mitgliedschaft im Sachverständigenbeirat ist ein persönliches Ehrenamt, das keine Stellvertretung zulässt. Der Name und die hauptamtliche Funktion der Mitglieder werden vom Bundesministerium für Arbeit und Soziales veröffentlicht.

(3) Die Mitglieder sind unabhängig und nicht an Weisungen gebunden; sie sind nur ihrem Gewissen verantwortlich und zu unparteiischer Erfüllung ihrer Aufgaben sowie zur Verschwiegenheit verpflichtet. Sie sind auch nach Beendigung ihrer Mitgliedschaft verpflichtet, über die ihnen dabei bekannt gewordenen Angelegenheiten, insbesondere über den Inhalt und den Verlauf der Beratungen, Verschwiegenheit zu wahren.

(4) Das Bundesministerium für Arbeit und Soziales ist berechtigt, Mitglieder aus sachlichen Gründen oder wenn die persönlichen Voraussetzungen der Berufung entfallen sind, abzuberufen. Die Mitglieder können jederzeit aus eigenem Entschluss die Mitgliedschaft beenden.

§ 9 Durchführung der Aufgaben
(1) Zur Durchführung seiner Aufgaben tritt der Sachverständigenbeirat zu Sitzungen zusammen. Das Bundesministerium für Arbeit und Soziales nimmt an den Sitzungen teil. Die Sitzungen sind nicht öffentlich.

(2) Zu den Sitzungen können ständige Berater sowie externe Sachverständige und Gäste hinzugezogen werden. Für ständige Berater gilt § 8 Absatz 2 und 3, für externe Sachverständige und Gäste gilt § 8 Absatz 3 entsprechend.

(3) Die Beratungsthemen, die aktuell vom Sachverständigenbeirat geprüft werden, werden vom Bundesministerium für Arbeit und Soziales veröffentlicht.

(4) Der Sachverständigenbeirat gibt als Ergebnis seiner Beratungen Empfehlungen für neue oder Stellungnahmen zu bestehenden Berufskrankheiten entsprechend dem aktuellen wissenschaftlichen Erkenntnisstand ab. Gibt der Sachverständigenbeirat keine Empfehlung oder Stellungnahme ab, wird ein Abschlussvermerk erstellt. Die Empfehlungen und Stellungnahmen enthalten eine ausführliche Begründung, die Abschlussvermerke eine Zusammenfassung der wissenschaftlichen Entscheidungsgründe.

(5) Das Bundesministerium für Arbeit und Soziales gibt die Empfehlungen und Stellungnahmen des Sachverständigenbeirats bekannt; die Abschlussvermerke werden veröffentlicht. Die vorbereitenden, intern erstellten Beratungsunterlagen des Sachverständigenbeirats sind vertraulich.

§ 10 Geschäftsstelle

(1) Die Bundesanstalt für Arbeitsschutz und Arbeitsmedizin führt die Geschäfte des Sachverständigenbeirats. Sie unterstützt die Arbeit des Sachverständigenbeirats wissenschaftlich und organisatorisch.

(2) Zur wissenschaftlichen Unterstützung kann der Sachverständigenbeirat die Geschäftsstelle insbesondere beauftragen, zu einzelnen Beratungsthemen systematische Reviews oder Literaturrecherchen durchzuführen. Außerdem unterstützt die Geschäftsstelle die Sachverständigen bei der Erstellung von wissenschaftlichen Empfehlungen und Stellungnahmen.

(3) Zur organisatorischen Unterstützung verwaltet die Geschäftsstelle insbesondere die Beratungsunterlagen und erstellt die Ergebnisniederschriften der einzelnen Sitzungen.

§ 11 Geschäftsordnung

(1) Der Sachverständigenbeirat gibt sich eine Geschäftsordnung, die der Zustimmung des Bundesministeriums für Arbeit und Soziales bedarf und veröffentlicht wird.

(2) In der Geschäftsordnung werden insbesondere die Einzelheiten über den Vorsitz und die organisatorische Durchführung der Sitzungen, die Bildung von Arbeitsgruppen sowie die Hinzuziehung externer Sachverständiger geregelt.

Abschnitt 3
Übergangsrecht

§ 12 Überprüfung früherer Bescheide

Bescheide, in denen eine Krankheit nach Nummer 1315, 2101, 2104, 2108 bis 2110, 4301, 4302 oder 5101 der Anlage 1 von einem Unfallversicherungsträger vor dem 1. Januar 2021 nur deshalb nicht als Berufskrankheit anerkannt worden ist, weil die Versicherten die verrichtete gefährdende Tätigkeit nicht unterlassen haben, werden von den Unfallversicherungsträgern von Amts wegen überprüft, wenn die Bescheide nach dem 1. Januar 1997 erlassen worden sind.

Anlage 1

Nr.	Krankheiten
1	**Durch chemische Einwirkungen verursachte Krankheiten**
11	**Metalle und Metalloide**
1101	Erkrankungen durch Blei oder seine Verbindungen
1102	Erkrankungen durch Quecksilber oder seine Verbindungen
1103	Erkrankungen durch Chrom oder seine Verbindungen
1104	Erkrankungen durch Cadmium oder seine Verbindungen
1105	Erkrankungen durch Mangan oder seine Verbindungen
1106	Erkrankungen durch Thallium oder seine Verbindungen
1107	Erkrankungen durch Vanadium oder seine Verbindungen
1108	Erkrankungen durch Arsen oder seine Verbindungen
1109	Erkrankungen durch Phosphor oder seine anorganischen Verbindungen
1110	Erkrankungen durch Beryllium oder seine Verbindungen
12	**Erstickungsgase**
1201	Erkrankungen durch Kohlenmonoxid
1202	Erkrankungen durch Schwefelwasserstoff
13	**Lösemittel, Schädlingsbekämpfungsmittel (Pestizide) und sonstige chemische Stoffe**
1301	Schleimhautveränderungen, Krebs oder andere Neubildungen der Harnwege durch aromatische Amine
1302	Erkrankungen durch Halogenkohlenwasserstoffe
1303	Erkrankungen durch Benzol, seine Homologe oder durch Styrol
1304	Erkrankungen durch Nitro- oder Aminoverbindungen des Benzols oder seiner Homologe oder ihrer Abkömmlinge
1305	Erkrankungen durch Schwefelkohlenstoff
1306	Erkrankungen durch Methylalkohol (Methanol)
1307	Erkrankungen durch organische Phosphorverbindungen
1308	Erkrankungen durch Fluor oder seine Verbindungen
1309	Erkrankungen durch Salpetersäureester
1310	Erkrankungen durch halogenierte Alkyl-, Aryl- oder Alkylaryloxide
1311	Erkrankungen durch halogenierte Alkyl-, Aryl- oder Alkylarylsulfide
1312	Erkrankungen der Zähne durch Säuren
1313	Hornhautschädigungen des Auges durch Benzochinon
1314	Erkrankungen durch para-tertiär-Butylphenol
1315	Erkrankungen durch Isocyanate
1316	Erkrankungen der Leber durch Dimethylformamid
1317	Polyneuropathie oder Enzephalopathie durch organische Lösungsmittel oder deren Gemische
1318	Erkrankungen des Blutes, des blutbildenden und des lymphatischen Systems durch Benzol
1319	Larynxkarzinom durch intensive und mehrjährige Exposition gegenüber schwefelsäurehaltigen Aerosolen
1320	Chronisch-myeloische oder chronisch-lymphatische Leukämie durch 1,3-Butadien bei Nachweis der Einwirkung einer kumulativen Dosis von mindestens 180 Butadien-Jahren (ppm × Jahre)
1321	Schleimhautveränderungen, Krebs oder andere Neubildungen der Harnwege durch polyzyklische aromatische Kohlenwasserstoffe bei Nachweis der Einwirkung einer kumulativen Dosis von mindestens 80 Benzo(a)pyren-Jahren [(µg/m^3) × Jahre]Zu den Nummern 11 01 bis 11 10, 12 01 und 12 02, 13 03 bis 13 09 und 13 15: Ausgenommen sind Hauterkrankungen. Diese gelten als Krankheiten im Sinne dieser Anlage nur insoweit, als sie Erscheinungen einer Allgemeinerkrankung sind, die durch Aufnahme der schädigenden Stoffe in den Körper verursacht werden, oder gemäß Nummer 51 01 zu entschädigen sind.
2	**Durch physikalische Einwirkungen verursachte Krankheiten**
21	**Mechanische Einwirkungen**
2101	Schwere oder wiederholt rückfällige Erkrankungen der Sehnenscheiden oder des Sehnengleitgewebes sowie der Sehnen- oder Muskelansätze
2102	Meniskusschäden nach mehrjährigen andauernden oder häufig wiederkehrenden, die Kniegelenke überdurchschnittlich belastenden Tätigkeiten
2103	Erkrankungen durch Erschütterung bei Arbeit mit Druckluftwerkzeugen oder gleichartig wirkenden Werkzeugen oder Maschinen
2104	Vibrationsbedingte Durchblutungsstörungen an den Händen
2105	Chronische Erkrankungen der Schleimbeutel durch ständigen Druck
2106	Druckschädigung der Nerven
2107	Abrißbrüche der Wirbelfortsätze
2108	Bandscheibenbedingte Erkrankungen der Lendenwirbelsäule durch langjähriges Heben oder Tragen schwerer Lasten oder durch langjährige Tätigkeiten in extremer Rumpfbeugehaltung, die zu chronischen oder chronisch-rezidivierenden Beschwerden und Funktionseinschränkungen (der Lendenwirbelsäule) geführt haben

Nr.	Krankheiten
2109	Bandscheibenbedingte Erkrankungen der Halswirbelsäule durch langjähriges Tragen schwerer Lasten auf der Schulter, die zu chronischen oder chronisch-rezidivierenden Beschwerden und Funktionseinschränkungen (der Halswirbelsäule) geführt haben
2110	Bandscheibenbedingte Erkrankungen der Lendenwirbelsäule durch langjährige, vorwiegend vertikale Einwirkung von Ganzkörperschwingungen im Sitzen, die zu chronischen oder chronisch-rezidivierenden Beschwerden und Funktionseinschränkungen (der Lendenwirbelsäule) geführt haben
2111	Erhöhte Zahnabrasionen durch mehrjährige quarzstaubbelastende Tätigkeit
2112	Gonarthrose durch eine Tätigkeit im Knien oder vergleichbare Kniebelastung mit einer kumulativen Einwirkungsdauer während des Arbeitslebens von mindestens 13 000 Stunden und einer Mindesteinwirkungsdauer von insgesamt einer Stunde pro Schicht
2113	Druckschädigung des Nervus medianus im Carpaltunnel (Carpaltunnel-Syndrom) durch repetitive manuelle Tätigkeiten mit Beugung und Streckung der Handgelenke, durch erhöhten Kraftaufwand der Hände oder durch Hand-Arm-Schwingungen
2114	Gefäßschädigung der Hand durch stoßartige Krafteinwirkung (Hypothenar-Hammer-Syndrom und Thenar-Hammer-Syndrom)
2115	Fokale Dystonie als Erkrankung des zentralen Nervensystems bei Instrumentalmusikern durch feinmotorische Tätigkeit hoher Intensität
2116	Koxarthrose durch Lastenhandhabung mit einer kumulativen Dosis von mindestens 9500 Tonnen während des Arbeitslebens gehandhabter Lasten mit einem Lastgewicht von mindestens 20 kg, die mindestens zehnmal pro Tag gehandhabt wurden
22	**Druckluft**
2201	Erkrankungen durch Arbeit in Druckluft
23	**Lärm**
2301	Lärmschwerhörigkeit
24	**Strahlen**
2401	Grauer Star durch Wärmestrahlung
2402	Erkrankungen durch ionisierende Strahlen
3	**Durch Infektionserreger oder Parasiten verursachte Krankheiten sowie Tropenkrankheiten**
3101	Infektionskrankheiten, wenn der Versicherte im Gesundheitsdienst, in der Wohlfahrtspflege oder in einem Laboratorium tätig oder durch eine andere Tätigkeit der Infektionsgefahr in ähnlichem Maße besonders ausgesetzt war
3102	Von Tieren auf Menschen übertragbare Krankheiten
3103	Wurmkrankheiten der Bergleute, verursacht durch Ankylostoma duodenale oder Strongyloides stercoralis
3104	Tropenkrankheiten, Fleckfieber
4	**Erkrankungen der Atemwege und der Lungen, des Rippenfells und Bauchfells und der Eierstöcke**
41	**Erkrankungen durch anorganische Stäube**
4101	Quarzstaublungenerkrankung (Silikose)
4102	Quarzstaublungenerkrankung in Verbindung mit aktiver Lungentuberkulose (Siliko-Tuberkulose)
4103	Asbeststaublungenerkrankung (Asbestose) oder durch Asbeststaub verursachte Erkrankung der Pleura
4104	Lungenkrebs, Kehlkopfkrebs oder Eierstockkrebs – in Verbindung mit Asbeststaublungenerkrankung (Asbestose) – in Verbindung mit durch Asbeststaub verursachter Erkrankung der Pleura oder – bei Nachweis der Einwirkung einer kumulativen Asbestfaserstaub-Dosis am Arbeitsplatz von mindestens 25 Faserjahren [25×10^6 [(Fasern/m³) × Jahre]
4105	Durch Asbest verursachtes Mesotheliom des Rippenfells, des Bauchfells oder des Perikards
4106	Erkrankungen der tieferen Atemwege und der Lungen durch Aluminium oder seine Verbindungen
4107	Erkrankungen an Lungenfibrose durch Metallstäube bei der Herstellung oder Verarbeitung von Hartmetallen
4108	Erkrankungen der tieferen Atemwege und der Lungen durch Thomasmehl (Thomasphosphat)
4109	Bösartige Neubildungen der Atemwege und der Lungen durch Nickel oder seine Verbindungen
4110	Bösartige Neubildungen der Atemwege und der Lungen durch Kokereirohgase
4111	Chronische obstruktive Bronchitis oder Emphysem von Bergleuten unter Tage im Steinkohlebergbau bei Nachweis der Einwirkung einer kumulativen Dosis von in der Regel 100 Feinstaubjahren [(mg/m³) × Jahre]
4112	Lungenkrebs durch die Einwirkung von kristallinem Siliziumdioxid (SiO_2) bei nachgewiesener Quarzstaublungenerkrankung (Silikose oder Siliko-Tuberkulose)
4113	Lungenkrebs oder Kehlkopfkrebs durch polyzyklische aromatische Kohlenwasserstoffe bei Nachweis der Einwirkung einer kumulativen Dosis von mindestens 100 Benzo[a]pyren-Jahren [(µg/m³) × Jahre]

Nr.	Krankheiten
4114	Lungenkrebs durch das Zusammenwirken von Asbestfaserstaub und polyzyklischen aromatischen Kohlenwasserstoffen bei Nachweis der Einwirkung einer kumulativen Dosis, die einer Verursachungswahrscheinlichkeit von mindestens 50 Prozent nach der Anlage 2 entspricht
4115	Lungenfibrose durch extreme und langjährige Einwirkung von Schweißrauchen und Schweißgasen – (Siderofibrose)
4116	Lungenkrebs nach langjähriger und intensiver Passivrauchexposition am Arbeitsplatz bei Versicherten, die selbst nie oder maximal bis zu 400 Zigarettenäquivalente aktiv geraucht haben
42	**Erkrankungen durch organische Stäube**
4201	Exogen-allergische Alveolitis
4202	Erkrankungen der tieferen Atemwege und der Lungen durch Rohbaumwoll-, Rohflachs- oder Rohhanfstaub (Byssinose)
4203	Adenokarzinome der Nasenhaupt- und Nasenebenhöhlen durch Stäube von Eichen- oder Buchenholz

Nr.	Krankheiten
43	**Obstruktive Atemwegserkrankungen**
4301	Durch allergisierende Stoffe verursachte obstruktive Atemwegserkrankungen (einschließlich Rhinopathie)
4302	Durch chemisch-irritativ oder toxisch wirkende Stoffe verursachte obstruktive Atemwegserkrankungen
5	**Hautkrankheiten**
5101	Schwere oder wiederholt rückfällige Hauterkrankungen
5102	Hautkrebs oder zur Krebsbildung neigende Hautveränderungen durch Ruß, Rohparaffin, Teer, Anthrazen, Pech oder ähnliche Stoffe
5103	Plattenepithelkarzinome oder multiple aktinische Keratosen der Haut durch natürliche UV-Strahlung
6	**Krankheiten sonstiger Ursache**
6101	Augenzittern der Bergleute

Anlage 2
Berufskrankheit Nummer 4114 Verursachungswahrscheinlichkeit in Prozent

BaP Jahre	Asbestfaserjahre																									
	0	1	2	3	4	5	6	7	8	9	10	11	12	13	14	15	16	17	18	19	20	21	22	23	24	25
0	0	4	7	11	14	17	19	22	24	26	29	31	32	34	36	38	39	40	42	43	44	46	47	48	49	**50**
1	2	5	8	12	15	17	20	22	25	27	29	31	33	35	36	38	39	41	42	44	45	46	47	48	49	**50**
2	2	6	9	12	15	18	21	23	25	28	30	32	33	35	37	38	40	41	43	44	45	46	47	48	49	**50**
3	3	7	10	13	16	19	21	24	26	28	30	32	34	35	37	39	40	42	43	44	45	47	48	49	**50**	51
4	4	7	11	14	17	19	22	24	26	29	31	32	34	36	38	39	40	42	43	44	46	47	48	49	**50**	51
5	5	8	12	15	17	20	22	25	27	29	31	33	35	36	38	39	41	42	44	45	46	47	48	49	**50**	51
6	6	9	12	15	18	21	23	25	28	30	32	33	35	37	38	40	41	43	44	45	46	47	48	49	**50**	51
7	7	10	13	16	19	21	24	26	28	30	32	34	35	37	39	40	42	43	44	45	47	48	49	**50**	51	52
8	7	11	14	17	19	22	24	26	29	31	32	34	36	38	39	40	42	43	44	46	47	48	49	**50**	51	52
9	8	12	15	17	20	22	25	27	29	31	33	35	36	38	39	41	42	44	45	46	47	48	49	**50**	51	52
10	9	12	15	18	21	23	25	28	30	32	33	35	37	38	40	41	43	44	45	46	47	48	49	**50**	51	52
11	10	13	16	19	21	24	26	28	30	32	34	35	37	39	40	42	43	44	45	47	48	49	**50**	51	52	53
12	11	14	17	19	22	24	26	29	31	32	34	36	38	39	40	42	43	44	46	47	48	49	**50**	51	52	53
13	12	15	17	20	22	25	27	29	31	33	35	36	38	39	41	42	44	45	46	47	48	49	**50**	51	52	53
14	12	15	18	21	23	25	28	30	32	34	35	37	38	40	41	43	44	45	46	47	48	49	**50**	51	52	53
15	13	16	19	21	24	26	28	30	32	34	35	37	39	40	42	43	44	45	47	48	49	**50**	51	52	53	53
16	14	17	19	22	24	26	29	31	32	34	36	37	39	40	42	43	44	46	47	48	49	**50**	51	52	53	54
17	15	17	20	22	25	27	29	31	33	35	36	38	39	41	42	44	45	46	47	48	49	**50**	51	52	53	54
18	15	18	21	23	25	28	30	32	33	35	37	38	40	41	43	44	45	47	48	49	**50**	51	52	53	53	54
19	16	19	21	24	26	28	30	32	34	35	37	39	40	42	43	44	45	47	48	**50**	51	52	53	53	54	54
20	17	19	22	24	26	29	31	32	34	36	37	39	40	42	43	44	46	47	48	49	**50**	51	52	53	54	55
21	17	20	22	25	27	29	31	33	35	36	38	39	41	42	44	45	46	47	48	49	**50**	51	52	53	54	55
22	18	21	23	25	28	30	32	33	35	37	38	40	41	43	44	45	46	47	48	49	**50**	51	52	53	54	55
23	19	21	24	26	28	30	32	34	35	37	39	40	42	43	44	45	47	48	49	**50**	51	52	53	53	54	55
24	19	22	24	26	29	31	32	34	36	37	39	40	42	43	44	46	47	48	49	**50**	51	52	53	54	55	55
25	20	22	25	27	29	31	33	35	36	38	39	41	42	44	45	46	47	48	49	**50**	51	52	53	54	55	56
26	21	23	25	28	30	32	33	35	37	38	40	41	43	44	45	46	47	48	49	**50**	51	52	53	54	55	56
27	21	24	26	28	30	32	34	35	37	39	40	42	43	44	45	47	48	49	**50**	51	52	53	54	55	55	56
28	22	24	26	29	31	32	34	36	38	39	41	42	43	45	46	47	48	49	**50**	51	52	53	54	55	56	56
29	22	25	27	29	31	33	35	36	38	39	41	42	44	45	46	47	48	49	**50**	51	52	53	54	55	56	56
30	23	25	28	30	32	33	35	37	38	40	41	43	44	45	46	47	48	**50**	51	52	53	54	55	56	56	57
31	24	26	28	30	32	34	35	37	39	40	42	43	44	45	47	48	49	**50**	51	52	53	54	55	56	56	57
32	24	26	29	31	32	34	36	38	39	41	42	43	44	46	47	48	49	**50**	51	52	53	54	55	55	56	57
33	25	27	29	31	33	35	36	38	39	41	42	43	45	46	47	48	49	**50**	51	52	53	54	55	56	56	57
34	25	28	30	32	33	35	37	38	40	41	43	44	45	46	47	48	49	**50**	51	52	53	54	55	56	57	57
35	26	28	30	32	34	35	37	39	40	42	43	44	45	47	48	49	**50**	51	52	53	53	54	55	56	57	57
36	26	29	31	32	34	36	37	39	40	42	43	44	46	47	48	49	**50**	51	52	53	54	55	55	56	57	58
37	27	29	31	33	35	36	38	39	41	42	44	45	46	47	48	49	**50**	51	52	53	54	55	56	56	57	58
38	28	30	32	33	35	37	38	40	41	43	44	45	46	47	48	49	**50**	51	52	53	54	55	56	57	57	58
39	28	30	32	34	35	37	39	40	42	43	44	45	47	48	49	**50**	51	52	53	53	54	55	56	57	57	58
40	29	31	32	34	36	37	39	40	42	43	44	46	47	48	49	**50**	51	52	53	54	55	55	56	57	58	58

Anlage 2　　　　　　　　　　　　Berufskrankheiten-Verordnung (BKV)　　**IV.3**

BaP Jahre	Asbestfaserjahre																									
	0	1	2	3	4	5	6	7	8	9	10	11	12	13	14	15	16	17	18	19	20	21	22	23	24	25
41	29	31	33	35	36	38	39	41	42	44	45	46	47	48	49	**50**	51	52	53	54	55	56	56	57	58	59
42	30	32	33	35	37	38	40	41	43	44	45	46	47	48	49	**50**	51	52	53	54	55	56	57	57	58	59
43	30	32	34	35	37	39	40	42	43	44	45	47	48	49	**50**	51	52	53	53	54	55	56	57	57	58	59
44	31	32	34	36	37	39	40	42	43	44	46	47	48	49	**50**	51	52	53	54	55	55	56	57	58	58	59
45	31	33	35	36	38	39	41	42	44	45	46	47	48	49	**50**	51	52	53	54	55	56	56	57	58	59	59
46	32	33	35	37	38	40	41	43	44	45	46	47	48	49	**50**	51	52	53	54	55	56	57	57	58	59	59
47	32	34	35	37	39	40	42	43	44	45	47	48	49	**50**	51	52	53	53	54	55	56	57	57	58	59	60
48	32	34	36	38	39	40	42	43	44	46	47	48	49	**50**	51	52	53	54	55	55	56	57	58	58	59	60
49	33	35	36	38	39	41	42	44	45	46	47	48	49	**50**	51	52	53	54	55	56	56	57	58	59	59	60
50	33	35	37	38	40	41	43	44	45	46	47	48	49	**50**	51	52	53	54	55	56	57	57	58	59	59	60
51	34	35	37	39	40	42	43	44	45	47	48	49	**50**	51	52	53	54	55	56	57	57	58	59	60	60	60
52	34	36	38	39	40	42	43	45	46	47	48	49	**50**	51	52	53	54	55	55	56	57	58	58	59	60	60
53	35	36	38	39	41	42	44	45	46	47	48	49	**50**	51	52	53	54	55	56	56	57	58	59	59	60	60
54	35	37	38	40	41	43	44	45	46	47	48	49	**50**	51	52	53	54	55	56	57	57	58	59	59	60	61
55	35	37	39	40	42	43	44	45	47	48	49	**50**	51	52	53	54	55	56	56	57	58	59	59	60	60	61
56	36	38	39	40	42	43	44	46	47	48	49	**50**	51	52	53	54	55	55	56	57	58	58	59	60	60	61
57	36	38	39	41	42	44	45	46	47	48	49	**50**	51	52	53	54	55	56	56	57	58	59	59	60	61	61
58	37	38	40	41	43	44	45	46	47	48	49	**50**	51	52	53	54	55	56	57	58	58	59	60	60	61	61
59	37	39	40	42	43	44	45	47	48	49	**50**	51	52	53	54	55	56	57	57	58	59	60	60	61	61	61
60	38	39	40	42	43	44	46	47	48	49	**50**	51	52	53	54	55	55	56	57	58	58	59	60	60	61	62
61	38	39	41	42	44	45	46	47	48	49	**50**	51	52	53	54	55	56	56	57	58	59	59	60	61	61	62
62	38	40	41	43	44	45	46	47	48	49	**50**	51	52	53	54	55	56	57	57	58	59	59	60	61	61	62
63	39	40	42	43	44	45	47	48	49	**50**	51	52	53	54	55	56	56	57	58	59	59	60	60	61	61	62
64	39	40	42	43	44	46	47	48	49	**50**	51	52	53	54	55	55	56	57	58	58	59	60	60	61	62	62
65	39	41	42	44	45	46	47	48	49	**50**	51	52	53	54	55	56	56	57	58	59	59	60	61	61	62	62
66	40	41	43	44	45	46	47	48	49	**50**	51	52	53	54	55	56	57	57	58	59	59	60	61	61	62	62
67	40	42	43	44	45	47	48	49	**50**	51	52	53	54	55	55	56	57	58	58	59	60	60	61	61	62	63
68	40	42	43	44	46	47	48	49	**50**	51	52	53	54	55	56	57	57	58	58	59	60	60	61	62	62	63
69	41	42	44	45	46	47	48	49	**50**	51	52	53	54	55	56	57	58	58	59	60	60	61	62	62	63	63
70	41	43	44	45	46	47	48	49	**50**	51	52	53	54	55	56	57	58	59	59	60	61	61	62	62	63	63
71	42	43	44	45	47	48	49	**50**	51	52	53	54	55	55	57	57	58	59	60	60	61	61	62	63	63	63
72	42	43	44	46	47	48	49	**50**	51	52	53	54	55	56	57	58	58	59	60	60	61	61	62	63	63	64
73	42	44	45	46	47	48	49	**50**	51	52	53	54	55	56	56	57	58	59	59	60	60	61	62	63	63	64
74	43	44	45	46	47	48	49	**50**	51	52	53	54	55	56	57	58	59	59	60	61	61	62	62	63	64	64
75	43	44	45	47	48	49	**50**	51	52	53	53	54	55	56	57	58	58	59	60	60	61	61	62	63	63	64
76	43	44	46	47	48	49	**50**	51	52	53	54	55	55	56	57	58	59	60	60	61	62	62	63	63	64	64
77	44	45	46	47	48	49	**50**	51	52	53	54	55	56	56	57	58	59	59	60	61	62	62	63	63	64	64
78	44	45	46	47	48	49	**50**	51	52	53	54	55	56	57	57	58	59	60	61	62	62	62	63	64	64	64
79	44	45	47	48	49	**50**	51	52	53	53	54	55	56	57	58	59	60	60	61	62	62	63	63	64	64	64
80	44	46	47	48	49	**50**	51	52	53	54	55	55	56	57	58	59	59	60	61	62	62	63	63	64	64	64
81	45	46	47	48	49	**50**	51	52	53	54	54	55	56	57	58	59	60	61	61	62	63	63	64	64	64	64
82	45	46	47	48	49	**50**	51	52	53	54	55	56	57	58	59	59	60	61	61	62	63	64	64	64	64	65
83	45	47	48	49	**50**	51	52	53	53	54	55	56	57	58	59	59	60	61	62	62	63	64	64	64	65	65
84	46	47	48	49	**50**	51	52	53	54	55	55	57	57	58	58	59	60	60	61	62	63	63	64	64	65	65
85	46	47	48	49	**50**	51	52	53	54	55	55	56	57	58	59	59	60	60	61	62	62	63	63	64	64	65

IV

IV.3 Berufskrankheiten-Verordnung (BKV) — Anlage 2

BaP Jahre	Asbestfaserjahre																									
	0	1	2	3	4	5	6	7	8	9	10	11	12	13	14	15	16	17	18	19	20	21	22	23	24	25
86	46	47	48	49	**50**	51	52	53	54	55	56	57	57	58	59	59	60	61	61	62	62	63	64	64	65	65
87	47	48	49	**50**	51	52	53	53	54	55	56	57	57	58	59	59	60	61	61	62	63	63	64	64	65	65
88	47	48	49	**50**	51	52	53	54	55	55	56	57	58	58	59	60	60	61	62	62	63	63	64	64	65	65
89	47	48	49	**50**	51	52	53	54	55	56	56	57	58	59	59	60	60	61	62	62	63	63	64	64	65	65
90	47	48	49	**50**	51	52	53	54	55	56	57	57	58	59	59	60	61	61	62	62	63	64	64	65	65	66
91	48	49	**50**	51	52	53	54	55	56	57	57	58	59	60	60	61	61	62	63	63	64	64	65	65	66
92	48	49	**50**	51	52	53	54	55	55	56	57	58	58	59	60	60	61	62	62	63	63	64	64	65	65	66
93	48	49	**50**	51	52	53	54	55	56	56	57	58	59	59	60	60	61	62	62	63	63	64	64	65	65	66
94	48	49	**50**	51	52	53	54	55	56	57	57	58	59	59	60	61	61	62	62	63	64	64	65	65	66	66
95	49	**50**	51	52	53	53	54	55	56	57	57	58	59	60	60	61	61	62	63	63	64	64	65	65	66	66
96	49	**50**	51	52	53	54	55	55	56	57	58	58	59	60	60	61	62	62	63	63	64	64	65	65	66	66
97	49	**50**	51	52	53	54	55	56	56	57	58	59	59	60	60	61	62	62	63	63	64	64	65	65	66	66
98	49	**50**	51	52	53	54	55	56	57	57	58	59	59	60	61	61	62	62	63	64	64	65	65	66	66	66
99	**50**	51	52	53	53	54	55	56	57	57	58	59	60	60	61	62	62	63	63	64	64	65	65	66	66	67
100	**50**	51	52	53	54	55	55	56	57	58	58	59	60	60	61	62	62	63	63	64	64	65	65	66	66	67

Niedersächsisches Versorgungsrücklagengesetz (NVersRücklG)

Vom 16. November 1999 (Nds. GVBl. S. 388)

Zuletzt geändert durch
Gesetz zur Änderung des Niedersächsischen Versorgungsrücklagengesetzes
vom 10. Dezember 2024 (Nds. GVBl. Nr. 111)

Der Niedersächsische Landtag hat das folgende Gesetz beschlossen:

§ 1 Geltungsbereich

Dieses Gesetz regelt die Rücklagen für die Versorgung

1. der Beamtinnen und Beamten des Landes, der kommunalen Körperschaften und der sonstigen der Aufsicht des Landes unterstehenden Körperschaften, Anstalten und Stiftungen des öffentlichen Rechts,
2. der Richterinnen und Richter des Landes sowie
3. der Mitglieder der Landesregierung.

§ 2 Zweckbindung

₁Die Versorgungsrücklagen dürfen nur für Versorgungsaufwendungen verwendet werden. ₂Sie dürfen ab dem Haushaltsjahr 2009 nach Maßgabe des Haushalts für diesen Zweck eingesetzt werden.

§ 3 Landesversorgungsrücklage

Das Land errichtet ein Sondervermögen unter dem Namen „Niedersächsische Landesversorgungsrücklage".

§ 4 Rechtsform

₁Das Sondervermögen ist nicht rechtsfähig. ₂Es kann unter seinem Namen im geschäftlichen Verkehr handeln, klagen und verklagt werden.

§ 5 Verwaltung, Anlage der Mittel

(1) Das Finanzministerium verwaltet das Sondervermögen; es kann die Anlage und die Verwaltung der Mittel der Deutschen Bundesbank übertragen.

(2) ₁Die Anlageentscheidung trifft das Finanzministerium nach vorheriger Beratung im Anlageausschuss. ₂Dieser wird gebildet aus je einer Vertreterin oder einem Vertreter

1. des Finanzministeriums als vorsitzendem Mitglied,
2. der Deutschen Bundesbank und
3. der Versicherungswirtschaft,

die das Finanzministerium beruft. ₃Für jedes Mitglied wird mindestens ein stellvertretendes Mitglied berufen.

(3) ₁Die dem Sondervermögen zufließenden Mittel einschließlich der Erträge sind auf Euro lautend zu marktgerechten Bedingungen anzulegen in

1. Schuldscheindarlehen oder handelbaren Schuldverschreibungen der Länder, ausgenommen Niedersachsen, des Bundes einschließlich seiner Sondervermögen, anderer Mitgliedstaaten der Europäischen Union, deren Währung der Euro ist, der Europäischen Union, der Europäischen Investitionsbank oder des Europäischen Stabilitätsmechanismus,
2. Schuldscheindarlehen oder handelbaren Schuldverschreibungen, für deren Verzinsung und Rückzahlung ein Land, ausgenommen Niedersachsen, der Bund, ein Sondervermögen des Bundes, ein anderer Mitgliedstaat der Europäischen Union, dessen Währung der Euro ist, oder die Europäische Union die volle Gewährleistung übernommen hat,
3. Öffentlichen Pfandbriefen oder Hypothekenpfandbriefen oder
4. Anteilen an
   a) Organismen für gemeinsame Anlagen in Wertpapieren (OGAW) nach § 1 Abs. 2 des Kapitalanlagegesetzbuches (KAGB) oder

b) Spezial-AIF im Sinne des § 1 Abs. 6 KAGB,

die dem Recht eines Mitgliedstaates der Europäischen Union oder eines Vertragsstaates des Abkommens über den Europäischen Wirtschaftsraum unterliegen und deren Mittel nach den Vertragsbedingungen überwiegend in Vermögensgegenständen im Sinne der Nummern 1 bis 3 oder kurzfristig verfügbar zu marktgerechten Bedingungen anzulegen sind.

₂Einer Anlage nach Satz 1 Nr. 4 steht es nicht entgegen, dass in einem OGAW oder einem Spezial-AIF Schuldscheindarlehen oder handelbare Schuldverschreibungen Niedersachsens enthalten sind, wenn der überwiegende Teil dieses OGAW oder Spezial-AIF anderen Emittenten zugeordnet ist. ₃Die Mittel können vorübergehend auch kurzfristig verfügbar zu marktgerechten Bedingungen gehalten werden. ₄Nachhaltigkeitsaspekte sind bei der Anlage zu berücksichtigen. ₅Das Nähere über den Anlageausschuss und die Grundsätze über die Anlage der Mittel legt das Finanzministerium in allgemeinen Anlagerichtlinien fest.

§ 6 Zuführung von Mitteln

₁Dem Sondervermögen können Mittel aus dem Landeshaushalt zugeführt werden, soweit die haushaltsrechtlichen Voraussetzungen dafür vorliegen. ₂Im Haushaltsjahr 2019 wird dem Sondervermögen ein Betrag in Höhe von 100 000 000 Euro durch Umbuchung aus dem Bestand der allgemeinen Rücklage zugeführt.

§ 7 Vermögenstrennung

Das Sondervermögen ist von dem übrigen Vermögen des Landes getrennt zu halten.

§ 8 Wirtschaftsplan

Das Finanzministerium stellt für jedes Geschäftsjahr einen Wirtschaftsplan auf.

§ 9 Jahresbericht

₁Das Finanzministerium erstellt den Jahresbericht für das Sondervermögen. ₂In dem Jahresbericht sind der Bestand des Sondervermögens einschließlich der Forderungen und Verbindlichkeiten sowie die Einnahmen und Ausgaben nachzuweisen.

§ 10 Beirat

(1) ₁Bei dem Sondervermögen wird ein aus fünf Mitgliedern bestehender Beirat gebildet, dem je eine Vertreterin oder ein Vertreter

1. des Finanzministeriums als vorsitzendes Mitglied,
2. des Innenministeriums,
3. des Deutschen Beamtenbundes – Landesbund Niedersachsen –,
4. des Deutschen Gewerkschaftsbundes – Landesbezirk Niedersachsen –,
5. des Niedersächsischen Richterbundes – Bund der Richter und Staatsanwälte –

angehören, die vom Finanzministerium jeweils für die Dauer von fünf Jahren berufen werden. ₂Für jedes Mitglied wird ein stellvertretendes Mitglied berufen. ₃Scheidet ein Mitglied oder ein stellvertretendes Mitglied vorzeitig aus, so wird die Nachfolgerin oder der Nachfolger für den Rest der Amtszeit berufen.

(2) Der Beirat ist zum Wirtschaftsplan und zur Jahresrechnung zu hören und über alle Angelegenheiten von grundsätzlicher Bedeutung zu unterrichten.

(3) Das Sondervermögen zahlt an die Mitglieder und stellvertretenden Mitglieder keine Vergütung und erstattet keine Auslagen.

§ 11 Kommunale Versorgungsrücklagen

(1) ₁Die kommunalen Körperschaften bilden Versorgungsrücklagen, die als Sonderrücklagen in der Jahresrechnung gesondert auszuweisen sind. ₂Die Mittel der Rücklage sind sicher und mit angemessenem Ertrag anzulegen. ₃Die Erträge sind der Versorgungsrücklage zuzuführen. ₄Die Versorgungsrücklage darf weder für Betriebsmittel der Kasse noch für innere Darlehen in Anspruch genommen und auch nicht beliehen werden.

(2) Die Verwaltung der Versorgungsrücklage einschließlich der Anlage der Mittel kann auf eine der Aufsicht des Landes unterstehende juristische Person des öffentlichen Rechts übertragen werden.

(3) Für die Haushaltsjahre ab 2010 müssen der Versorgungsrücklage Mittel nicht mehr zugeführt werden.

§ 12 Sonstige Versorgungsrücklagen

(1) ₁Die sonstigen der Aufsicht des Landes unterstehenden Körperschaften, Anstalten und Stiftungen des öffentlichen Rechts bilden mit ihrer Versorgungsrücklage jeweils ein Sondervermögen oder beteiligen sich an einem Sondervermögen aus Versorgungsrücklagen, das bei einer gemeinsamen Versorgungseinrichtung gebildet wird. ₂Die Verpflichtung nach Satz 1 besteht nicht, solange Rückstellungen in Höhe der künftigen Pensionsverpflichtungen gebildet werden, wenn mit der Bildung der Rückstellung bereits vor dem 1. Juli 1999 begonnen wurde.

(2) ₁Das Sondervermögen ist von Vermögen mit anderer Zweckbestimmung getrennt zu halten. ₂Bei gemeinschaftlichen Sondervermögen ist der Anteil jedes Beteiligten gesondert auszuweisen.

(3) Die nähere Ausgestaltung des Sondervermögens bedarf der Zustimmung der Aufsichtsbehörde.

(4) Bei Versorgungseinrichtungen, die am 1. Juli 1999 bereits bestehen, kann mit Zustimmung der Aufsichtsbehörde von Absatz 1 oder 2 abgewichen werden, sofern der Sicherungszweck nicht gefährdet wird.

(5) Für die Haushaltsjahre ab 2010 müssen den Sondervermögen Mittel nicht mehr zugeführt werden.

§ 13 Schlussbestimmungen

(1) Dieses Gesetz tritt mit Wirkung vom 1. Januar 1999 in Kraft.

(2) Der Abschlag für das Jahr 1999 ist seit dem 15. Juni 1999 mit 2,60 vom Hundert zu verzinsen.

V Personalvertretung

V.1 Niedersächsisches Personalvertretungsgesetz
(NPersVG) 588
V.2 Wahlordnung für die Personalvertretungen im Land Niedersachsen
(WO-PersV) 637

Niedersächsisches Personalvertretungsgesetz (NPersVG)*)

in der Fassung der Bekanntmachung
vom 9. Februar 2016 (Nds. GVBl. S. 2)

Zuletzt geändert durch
Gesetz zur Änderung des Niedersächsischen Personalvertretungsgesetzes und des Niedersächsischen Kommunalverfassungsgesetzes
vom 21. Juni 2023 (Nds. GVBl. S. 111)

Inhaltsübersicht

**Erster Teil
Personalvertretungen**

**Erstes Kapitel
Allgemeine Vorschriften**

- § 1 Bildung von Personalvertretungen; Geltungsbereich
- § 2 Grundsätze der Zusammenarbeit; Neutralität
- § 3 Gewerkschaften und Arbeitgebervereinigungen
- § 4 Beschäftigte
- § 5 Bildung von Gruppen
- § 6 Dienststelle
- § 7 Gemeinsame Dienststelle
- § 8 Dienststellenleitung; Vertretung
- § 9 Schweigepflicht; elektronische Übermittlung
- § 9a Unfallfürsorge

**Zweites Kapitel
Personalrat; Personalversammlung**

**Erster Abschnitt
Wahl und Zusammensetzung des Personalrats**

- § 10 Wahl von Personalräten
- § 11 Wahlberechtigung
- § 12 Wählbarkeit
- § 13 Zahl der Personalratsmitglieder
- § 14 Gruppenvertretung
- § 15 Verteilung der Sitze auf Frauen und Männer
- § 16 Allgemeine Wahlgrundsätze; Gruppenwahl; gemeinsame Wahl
- § 17 Wahlvorschläge
- § 18 Wahlvorstand
- § 19 Aufgaben des Wahlvorstandes
- § 20 Schutz der Wahl; Kostenlast der Dienststelle
- § 21 Anfechtung der Wahl

**Zweiter Abschnitt
Amtszeit des Personalrats**

- § 22 Zeitpunkt der Personalratswahl; Ende der regelmäßigen Amtszeit
- § 23 Vorzeitige Neuwahl des Personalrats
- § 24 Ausschluss eines Mitgliedes und Auflösung des Personalrats durch gerichtliche Entscheidung
- § 25 Erlöschen der Mitgliedschaft im Personalrat
- § 26 Ruhen der Mitgliedschaft im Personalrat; zeitweilige Verhinderung
- § 27 Eintritt von Ersatzmitgliedern

**Dritter Abschnitt
Geschäftsführung des Personalrats**

- § 28 Vorsitz

---

*) Dieses Gesetz dient auch der Umsetzung der Richtlinie 2002/14/EG des Europäischen Parlaments und des Rates vom 11. März 2002 zur Festlegung eines allgemeinen Rahmens für die Unterrichtung und Anhörung der Arbeitnehmer in der Europäischen Gemeinschaft (ABl. EG Nr. L 80 S. 29).

Inhaltsübersicht   Landespersonalvertretungsgesetz (NPersVG)

§	
§ 29	Finberufung der Personalratssitzungen
§ 30	Durchführung der Personalratssitzungen
§ 31	Beschlüsse des Personalrats
§ 32	Beschlussfassung in gemeinsamen Angelegenheiten und Gruppenangelegenheiten
§ 33	Aussetzung von Personalratsbeschlüssen
§ 34	Sitzungsniederschrift
§ 35	Geschäftsordnung
§ 36	Sprechstunden
§ 37	Kosten
§ 38	Verbot der Entgelterhebung
§ 39	Ehrenamtliche Tätigkeit und Freistellung
§ 40	Schulungs- und Bildungsveranstaltungen
§ 41	Schutzvorschriften

**Vierter Abschnitt
Personalversammlung**

§ 42	Personalversammlung
§ 43	Einberufung; Tätigkeitsbericht
§ 44	Zeitpunkt
§ 45	Befugnisse der Personalversammlung
§ 46	Teilnahme der Dienststelle sowie weiterer Personen

**Drittes Kapitel
Stufenvertretungen und Gesamtpersonalrat**

§ 47	Wahl und Zusammensetzung der Stufenvertretungen
§ 48	Amtszeit und Geschäftsführung der Stufenvertretungen
§ 49	Gesamtpersonalrat

**Viertes Kapitel
Jugend- und Auszubildendenvertretung**

§ 50	Bildung; Wahlberechtigung und Wählbarkeit
§ 51	Zusammensetzung
§ 52	Wahlvorschriften; Amtszeit
§ 53	Vorsitz; Geschäftsführung
§ 54	Aufgaben und Befugnisse
§ 55	Jugend- und Auszubildendenversammlung
§ 56	Zusammenarbeit mit dem Personalrat
§ 56a	Gesamtjugend- und -auszubildendenvertretung
§ 57	Teilnahme der Jugend- und Auszubildendenvertretung an Sitzungen der Stufenvertretungen
§ 58	Schutzvorschriften für Auszubildende

**Fünftes Kapitel
Beteiligung der Personalvertretung**

**Erster Abschnitt
Allgemeines**

§ 59	Allgemeine Aufgaben des Personalrats
§ 60	Informationsrecht des Personalrats
§ 60a	Wirtschaftsausschuss
§ 61	Behandlung personenbezogener Unterlagen
§ 62	Gemeinsame Besprechungen
§ 63	Unzulässige Maßnahmen

**Zweiter Abschnitt
Mitbestimmung**

§ 64	Umfang der Mitbestimmung
§ 65	Mitbestimmung bei personellen Maßnahmen
§ 66	Mitbestimmung bei sozialen und sonstigen innerdienstlichen Maßnahmen
§ 67	Mitbestimmung bei organisatorischen Maßnahmen
§ 68	Mitbestimmungsverfahren
§ 69	Initiativrecht des Personalrats
§ 70	Verfahren bei Nichteinigung
§ 71	Einigungsstelle
§ 72	Verfahren der Einigungsstelle
§ 72a	Regionale Landesämter für Schule und Bildung, Landesamt für Steuern und Polizeibehörden als übergeordnete Dienststelle und oberste Dienstbehörde

- § 73 Aufhebung von Entscheidungen der Einigungsstelle
- § 74 Vorläufige Regelungen

**Dritter Abschnitt
Andere Formen der Beteiligung**
- § 75 Herstellung des Benehmens
- § 76 Verfahren zur Herstellung des Benehmens
- § 77 Arbeits- und Gesundheitsschutz
- § 78 Dienstvereinbarungen

**Vierter Abschnitt
Beteiligung der Stufenvertretungen und des Gesamtpersonalrats**
- § 79 Zuständigkeit des Personalrats und der Stufenvertretungen
- § 80 Zuständigkeit des Gesamtpersonalrats

**Fünfter Abschnitt
Allgemeine Regelungen auf Landesebene**
- § 81 Vereinbarung mit den Spitzenorganisationen der Gewerkschaften
- § 82 Unabdingbarkeit des Personalvertretungsrechts

**Sechstes Kapitel
Gerichtliche Entscheidungen**
- § 83 Zuständigkeit der Verwaltungsgerichte
- § 84 Fachkammern und Fachsenate

**Zweiter Teil
Sondervorschriften**

**Erstes Kapitel
Grundsatz**
- § 85 Vorschriften für besondere Verwaltungszweige

**Zweites Kapitel
Polizei**
- § 86 Dienststellen; Polizeibezirkspersonalräte; Polizeihauptpersonalrat
- § 87 Ausnahmen für bestimmte Beschäftigte

**Drittes Kapitel
Verfassungsschutz**
- § 88 Sonderregelungen

**Viertes Kapitel
Staatliche Hochbauverwaltung**
- § 89 Bildung eines Bezirks- und eines Hauptpersonalrats

**Fünftes Kapitel
(weggefallen)**
- § 90 (weggefallen)

**Sechstes Kapitel
(weggefallen)**
- § 91 (weggefallen)

**Siebentes Kapitel
Öffentliche Schulen und Studienseminare**
- § 92 Geltungsbereich
- § 93 (weggefallen)
- § 94 Dienststellen
- § 95 Schulpersonalvertretungen; Auszubildendenpersonalrat
- § 96 Wahlberechtigung
- § 97 Wählbarkeit und Nachwahl zum Auszubildendenpersonalrat
- § 98 Wahlvorstand
- § 99 Freistellung von Mitgliedern der Schulpersonalvertretungen und des Auszubildendenpersonalrats
- § 100 Personalversammlung und Schulpersonalratssitzung
- § 101 Beteiligung der Schulpersonalvertretungen
- § 102 Zuständigkeit der Schulpersonalvertretung bei beurlaubten Schulleiterinnen, Schulleitern und Lehrkräften
- §§ 103 und 104 (weggefallen)

**Achtes Kapitel
Öffentliche Hochschulen**
- § 105 Ausnahmen für bestimmte Beschäftigte; organisatorische Sonderregelungen

**Neuntes Kapitel
Öffentliche Theater und
Orchester**

§ 106 Sonderregelungen

**Zehntes Kapitel
Gemeinden, Landkreise und
kommunale Zusammenschlüsse**

§ 107 Allgemeines
§ 107a Abweichung
§ 107b Verfahren bei Nichteinigung
§ 107c Einigungsstelle
§ 107d Verfahren der Einigungsstelle
§ 107e Aufhebung von Entscheidungen der Einigungsstelle
§ 107f Verfahren zur Herstellung des Benehmens

**Elftes Kapitel
Sonstige Körperschaften,
Anstalten und Stiftungen des
öffentlichen Rechts;
Einrichtungen der öffentlichen
Hand mit wirtschaftlicher Zweckbestimmung**

§ 108 Entsprechende Anwendung der Vorschriften des Zehnten Kapitels; Bestellung der Mitglieder der Einigungsstelle
§ 108a Mitglieder in der Arbeitsgruppe Personalvertretung der Deutschen Rentenversicherung

§ 109 Öffentlich-rechtliche Versicherungsanstalten, Sparkassen, sonstige Kreditinstitute und ihre Verbände
§ 110 Vertretung der Beschäftigten bei Einrichtungen der öffentlichen Hand mit wirtschaftlicher Zweckbestimmung

**Zwölftes Kapitel
Beschäftigte im juristischen
Vorbereitungsdienst**

§§ 111 bis 113 (weggefallen)
§ 114 Beschäftigte im juristischen Vorbereitungsdienst

**Dritter Teil
Schluss- und Übergangsvorschriften**

§ 115 Anwendung des Arbeitnehmerüberlassungsgesetzes
§ 116 Verweisung auf andere Gesetze
§ 117 Umbildung von Körperschaften und Dienststellen
§ 118 Wahlordnung
§ 119 Änderung des Niedersächsischen Richtergesetzes
§ 120 Änderung des Niedersächsischen Bildungsurlaubsgesetzes
§ 121 Übergangsvorschriften
§§ 122 bis 125 (weggefallen)
§ 126 Inkrafttreten

Erster Teil
Personalvertretungen

Erstes Kapitel
Allgemeine Vorschriften

§ 1 Bildung von Personalvertretungen; Geltungsbereich

(1) Personalvertretungen werden gebildet in den Verwaltungen und Gerichten des Landes, den Verwaltungen der Gemeinden, der Landkreise sowie der sonstigen Körperschaften, Anstalten und Stiftungen des öffentlichen Rechts, die der Aufsicht des Landes unterstehen.

(2) Auf Religionsgesellschaften und ihre karitativen und erzieherischen Einrichtungen sowie auf Weltanschauungsgemeinschaften ist dieses Gesetz nicht anzuwenden.

§ 2 Grundsätze der Zusammenarbeit; Neutralität

(1) Dienststelle und Personalvertretung arbeiten unter Beachtung der Gesetze und Tarifverträge vertrauensvoll und partnerschaftlich zusammen zur Erfüllung der der Dienststelle obliegenden Aufgaben und zur Wahrung der Belange der in der Dienststelle Beschäftigten.

(2) ₁Dienststelle und Personalvertretung haben alles zu unterlassen, was geeignet ist, den Frieden in der Dienststelle zu beeinträchtigen. ₂Insbesondere dürfen sie keine Maßnahmen des Arbeitskampfes gegeneinander durchführen. ₃Arbeitskämpfe tariffähiger Parteien werden hierdurch nicht berührt.

(3) Dienststelle und Personalvertretung dürfen sich als solche nicht parteipolitisch betätigen.

(4) Die Mitglieder der Personalvertretung haben ihr Amt gegenüber allen Beschäftigten unparteiisch auszuüben.

§ 3 Gewerkschaften und Arbeitgebervereinigungen

(1) Dienststelle und Personalvertretung wirken bei der Wahrnehmung ihrer Aufgaben nach diesem Gesetz vertrauensvoll mit den in der Dienststelle vertretenen Gewerkschaften und Arbeitgebervereinigungen zusammen.

(2) Die Aufgaben der Gewerkschaften und Arbeitgebervereinigungen, insbesondere die Wahrnehmung der Interessen ihrer Mitglieder, werden durch dieses Gesetz nicht berührt.

(3) Beschäftigte, die Aufgaben nach diesem Gesetz wahrnehmen, werden dadurch in ihrer Betätigung für ihre Gewerkschaft in der Dienststelle nicht beschränkt.

(4) Dienststelle und Personalvertretung haben sich für die Wahrung der Vereinigungsfreiheit der Beschäftigten einzusetzen.

§ 4 Beschäftigte

(1) ₁Beschäftigte im Sinne dieses Gesetzes sind Beamtinnen und Beamte, Arbeitnehmerinnen und Arbeitnehmer der in § 1 genannten Verwaltungen einschließlich der zu ihrer Berufsausbildung Beschäftigten sowie Richterinnen und Richter, die außerhalb eines Gerichts tätig sind. ₂Keine Beschäftigten im Sinne dieses Gesetzes sind die bei einer Staatsanwaltschaft tätigen Staatsanwältinnen und Staatsanwälte.

(2) Als Beschäftigte im Sinne dieses Gesetzes gelten auch Personen, die nicht in einem Beschäftigungsverhältnis zu den in § 1 genannten Verwaltungen stehen, aber den Weisungen der Dienststelle unterliegen, in der sie tätig sind.

(3) Beschäftigte im Sinne dieses Gesetzes sind nicht

1. Personen, die ehrenamtlich tätig sind,

2. Personen, die überwiegend zu ihrer Heilung, Wiedereingewöhnung, Besserung oder Erziehung beschäftigt werden.

§ 5 Bildung von Gruppen

(1) Je eine Gruppe bilden:

1. die Beamtinnen und Beamten,

2. die Arbeitnehmerinnen und Arbeitnehmer.

(2) ₁Wer Beamtin oder Beamter ist, bestimmt das Beamtenrecht. ₂Die Beschäftigten in einem öffentlich-rechtlichen Ausbildungsverhältnis sowie die in § 4 Abs. 1 Satz 1 bezeichneten Richterinnen und Richter gehören zur Gruppe der Beamtinnen und Beamten.

(3) Zur Gruppe der Arbeitnehmerinnen und Arbeitnehmer gehören die Beschäftigten, die nach ihren Arbeitsverträgen als Arbeitnehmerinnen oder Arbeitnehmer in der Dienststelle tätig sind oder die sich in einer beruflichen Ausbildung für eine Arbeitnehmertätigkeit befinden, die dienstordnungsmäßigen Angestellten der Träger der Sozialversicherung und ihrer Verbände sowie die in § 4 Abs. 2 genannten Beschäftigten.

§ 6 Dienststelle

(1) Dienststellen im Sinne dieses Gesetzes sind die einzelnen Behörden, selbständigen Betriebe einschließlich der Eigenbetriebe und, sofern Behörden nicht vorhanden sind, die Verwaltungsstellen der in § 1 genannten Verwaltungen sowie die Gerichte.

(2) Die einer Mittelbehörde unmittelbar nachgeordnete Behörde bildet mit den ihr nachgeordneten Verwaltungsstellen eine Dienststelle; dies gilt nicht, soweit auch die weiter nachgeordneten Stellen im Verwaltungsaufbau nach Aufgabenbereich und Organisation selbständig sind.

(3) ₁Weist eine Dienststelle Nebenstellen oder sonstige Teile auf (Gesamtdienststelle),

1. deren Leitung zu selbständigen Maßnahmen nach Maßgabe des § 65, des § 66, des § 67 oder des § 75 befugt ist oder

2. die räumlich weit von der Stammdienststelle entfernt liegen und in denen in der Regel mehr als 50 Wahlberechtigte beschäftigt sind,

so sind diese von der obersten Dienstbehörde zu selbständigen Dienststellen zu erklären, wenn die Mehrheit ihrer wahlberechtigten Beschäftigten dies in geheimer Abstimmung beschließt. ₂Die Erklärung zur selbständigen Dienststelle ist erstmals für die folgende Wahl und so lange wirksam, bis sie wieder aufgehoben wird. ₃Die Erklärung kann aufgehoben werden, wenn die Voraussetzungen nach Satz 1 Nr. 1 oder 2 nicht mehr vorliegen. ₄Während der laufenden Amtszeit des Personalrats ist die Aufhebung der Erklärung nur zulässig, wenn die Mehrheit der wahlberechtigten Beschäftigten die Aufhebung in geheimer Abstimmung verlangt.

(4) ₁Mehrere Dienststellen sind durch die oberste Dienstbehörde zu einer Dienststelle im Sinne dieses Gesetzes zusammenzufassen, wenn die oberste Dienstbehörde es für erforderlich hält und die Mehrheit der wahlberechtigten Beschäftigten in den einzelnen Dienststellen zustimmt oder wenn die Mehrheit der wahlberechtigten Beschäftigten in den einzelnen Dienststellen in geheimer Abstimmung die Zusammenfassung beschließt und die oberste Dienstbehörde dem zustimmt. ₂Unterstehen die Dienststellen verschiedenen obersten Dienstbehörden, so entscheiden diese gemeinsam. ₃Die Sätze 1 und 2 gelten für die Aufhebung der Zusammenfassung entsprechend. ₄Die Zusammenfassung und deren Aufhebung sind jeweils erst für die folgende Wahl wirksam.

§ 7 Gemeinsame Dienststelle

Bilden die in § 1 genannten Verwaltungen gemeinsame Dienststellen mit Einrichtungen, die nicht unter dieses Gesetz fallen, so erhalten nur die Beschäftigten in der in § 1 genannten Verwaltungen einen Personalrat nach den Vorschriften dieses Gesetzes.

§ 8 Dienststellenleitung; Vertretung

(1) ₁Für die Dienststelle handelt ihre Leitung. ₂Diese kann sich durch in der Sache zuständige und entscheidungsbefugte Beschäftigte vertreten lassen. ₃Kollegiale Leitungsorgane können sich durch ein entscheidungsbefugtes Mitglied oder mehrere entscheidungsbefugte Mitglieder vertreten lassen. ₄Die vertretungsberechtigten Beschäftigten sind von der Dienststelle generell zu bestimmen.

(2) Für den Schriftverkehr zwischen Dienststelle und Personalvertretung bleiben Regelungen über die Zeichnungsbefugnisse unberührt.

§ 9 Schweigepflicht; elektronische Übermittlung

(1) Personen, die Aufgaben oder Befugnisse nach diesem Gesetz wahrnehmen oder wahrgenommen haben, müssen über die ihnen dabei bekannt gewordenen Angelegenheiten und Tatsachen Stillschweigen bewahren, soweit diese nicht offenkundig sind oder

ihrer Bedeutung nach keiner Geheimhaltung bedürfen.

(2) ₁Die Schweigepflicht besteht nicht für die Mitglieder der jeweils zuständigen Personalvertretungen untereinander sowie gegenüber der zuständigen Schwerbehindertenvertretung; sie entfällt ferner gegenüber den vorgesetzten Dienststellen, den bei ihnen gebildeten Stufenvertretungen nach diesem Gesetz und nach dem Neunten Buch des Sozialgesetzbuchs (SGB IX) sowie der Einigungsstelle, wenn diese Stellen von der Personalvertretung angerufen worden sind. ₂§ 60 Abs. 2 Sätze 2 und 3 bleibt unberührt.

(3) Für die elektronische Übermittlung nach diesem Gesetz oder nach den aufgrund von § 118 Abs. 1 erlassenen Wahlordnungen dürfen ausschließlich technische Einrichtungen verwendet werden, die durch die Dienststelle zur dienstlichen Nutzung freigegeben sind.

§ 9a Unfallfürsorge

Erleidet eine Beamtin oder ein Beamter anlässlich der Wahrnehmung von Rechten oder der Erfüllung von Pflichten nach dem Personalvertretungsrecht einen Unfall, der im Sinne der beamtenrechtlichen Unfallfürsorgevorschriften ein Dienstunfall wäre, so finden diese Vorschriften entsprechende Anwendung.

Zweites Kapitel
Personalrat; Personalversammlung

Erster Abschnitt
Wahl und Zusammensetzung des Personalrats

§ 10 Wahl von Personalräten

(1) Beschäftigt eine Dienststelle in der Regel mindestens fünf Wahlberechtigte und sind von den Wahlberechtigten mindestens drei wählbar, so ist ein Personalrat zu wählen.

(2) Dienststellen, bei denen die Voraussetzungen des Absatzes 1 nicht gegeben sind, werden von der zuständigen Mittelbehörde oder obersten Dienstbehörde im Einvernehmen mit der Stufenvertretung einer benachbarten Dienststelle zugeteilt.

(3) Frauen und Männer sind bei der Bildung des Personalrats entsprechend ihrem Anteil an den wahlberechtigten Beschäftigten der Dienststelle nach Maßgabe dieses Gesetzes und der auf ihm beruhenden Rechtsvorschriften zu berücksichtigen.

§ 11 Wahlberechtigung

(1) Wahlberechtigt sind

1. alle Beschäftigten im Sinne des § 4 Abs. 1,

2. Beschäftigte im Sinne des § 4 Abs. 2, die am Wahltag mindestens seit einem Monat in der Dienststelle tätig sind, sowie

3. Personen, deren Beschäftigungsverhältnis aufgrund tariflicher Bestimmung wegen Unterbrechung der Arbeiten ohne besondere Kündigung beendet worden ist und die Anspruch auf Wiedereinstellung haben.

(2) ₁Sind Wahlberechtigte in mehreren Dienststellen im Sinne des § 6 beschäftigt, so kann das Wahlrecht nur in der Dienststelle ausgeübt werden, in der sie überwiegend beschäftigt sind. ₂Bei gleichem Umfang der Beschäftigung entscheidet die oder der Beschäftigte, in welcher Dienststelle sie oder er das Wahlrecht ausübt.

(3) ₁Wer sich im Vorbereitungsdienst oder in einer sonstigen Berufsausbildung befindet, ist bei seiner Ausbildungsbehörde wahlberechtigt. ₂Die Ministerien werden ermächtigt, durch Verordnung für ihren Geschäftsbereich anstelle der Ausbildungsbehörde eine andere Dienststelle zu bestimmen, wenn dies wegen der besonderen Verhältnisse in dem Dienstzweig erforderlich ist.

(4) ₁Das Wahlrecht in der Dienststelle erlischt, wenn

1. eine Abordnung,

2. eine Beurlaubung,

3. eine Zuweisung nach § 20 des Beamtenstatusgesetzes (BeamtStG) oder einer entsprechenden tarifrechtlichen Regelung oder

4. eine Personalgestellung

länger als drei Monate gedauert hat und zu diesem Zeitpunkt feststeht, dass die oder der Beschäftigte nicht innerhalb von weiteren sechs Monaten an die bisherige Dienststelle zurückkehrt. ₂Satz 1 gilt beim Wechsel der überwiegenden Beschäftigung nach Absatz 2 Satz 1 entsprechend. ₃Satz 1 gilt nicht, wenn die oder der Beschäftigte einer Einrichtung außerhalb des Geltungsbereichs dieses Gesetzes zugewiesen ist oder in einer solchen im Wege der Personalgestellung Arbeitsleistungen erbringt. ₄Bei Altersteilzeit im Blockmodell erlischt das Wahlrecht mit Beginn der Freistellungsphase.

(5) Das Wahlrecht erlischt nicht bei

1. der Einberufung zum Grundwehr- oder Zivildienst,
2. der Inanspruchnahme von Urlaub aus familiären Gründen (§ 62 des Niedersächsischen Beamtengesetzes – NBG –) oder Elternzeit bis zu insgesamt drei Jahren.

(6) Wer zu einer Dienststelle im Geltungsbereich dieses Gesetzes abgeordnet oder ihr nach § 20 BeamtStG oder einer entsprechenden tarifrechtlichen Regelung zugewiesen ist oder in ihr im Wege der Personalgestellung Arbeitsleistungen erbringt, wird in ihr zu dem Zeitpunkt wahlberechtigt, in dem in der bisherigen Dienststelle das Wahlrecht erlischt.

(7) Nicht wahlberechtigt sind Beschäftigte, die infolge strafgerichtlicher Verurteilung das Recht, in öffentlichen Angelegenheiten zu wählen oder zu stimmen, nicht besitzen.

§ 12 Wählbarkeit

(1) ₁Wählbar sind alle Wahlberechtigten, die am Wahltag

1. volljährig sind und
2. seit sechs Monaten der Dienststelle angehören oder seit einem Jahr in öffentlichen Verwaltungen beschäftigt sind.

₂Besteht die Dienststelle am Wahltag weniger als ein Jahr, so bedarf es nicht der sechsmonatigen Zugehörigkeit zur Dienststelle.

(2) ₁Für den Personalrat ihrer Dienststelle sind nicht wählbar

1. die Leitung der Dienststelle und deren ständige Vertretung,

2. Beschäftigte, die in Personalangelegenheiten entscheiden oder für den Schriftverkehr zwischen Dienststelle und Personalvertretung zeichnungsbefugt sind,
3. Beschäftigte, die dem Wahlvorstand angehören, wenn der zu wählende Personalrat aus mehreren Mitgliedern besteht,
4. Beschäftigte im Sinne des § 4 Abs. 2.

₂Die in § 11 Abs. 3 genannten Beschäftigten sind nicht in eine Stufenvertretung (§ 47) oder einen Gesamtpersonalrat (§ 49) wählbar. ₃Beschäftigte, die einer Einrichtung außerhalb des Geltungsbereichs dieses Gesetzes zugewiesen sind oder in einer solchen im Wege der Personalgestellung Arbeitsleistungen erbringen, sind in ihrer bisherigen Dienststelle nicht wählbar.

(3) Nicht wählbar sind Beschäftigte, die infolge strafgerichtlicher Verurteilung die Fähigkeit, Rechte aus öffentlichen Wahlen zu erlangen, nicht besitzen.

§ 13 Zahl der Personalratsmitglieder

(1) ₁Der Personalrat besteht in Dienststellen mit in der Regel

5 bis 20	Wahlberechtigten aus	1 Mitglied,
21 bis 50	Wahlberechtigten aus	3 Mitgliedern,
51 bis 150	Wahlberechtigten aus	5 Mitgliedern,
151 bis 300	Wahlberechtigten aus	7 Mitgliedern,
301 bis 600	Wahlberechtigten aus	9 Mitgliedern,
601 bis 1000	Wahlberechtigten aus	11 Mitgliedern.

₂Die Zahl der Mitglieder erhöht sich in Dienststellen mit 1001 bis 5000 Wahlberechtigten um je zwei für je weitere angefangene Tausend, mit 5001 und mehr Wahlberechtigten um je zwei je weitere angefangene Zweitausend. ₃Die Höchstzahl der Mitglieder beträgt 25.

(2) Maßgebend für die Feststellung nach Absatz 1 ist der Tag des Erlasses des Wahlausschreibens.

§ 14 Gruppenvertretung

(1) Der Wahlvorstand errechnet die Verteilung der Sitze auf die Gruppen nach dem Höchstzahlverfahren.

(2) ₁Sind in der Dienststelle Angehörige verschiedener Gruppen beschäftigt, so muss jede Gruppe in einem aus mehreren Mitglie-

dern bestehenden Personalrat entsprechend ihrer Stärke vertreten sein. ₂Jede Gruppe erhält jedoch mindestens einen Sitz, in Personalvertretungen mit mehr als neun Mitgliedern mindestens zwei Sitze. ₃Gehören einer Gruppe in der Regel nicht mehr als fünf Beschäftigte an, so erhält sie abweichend von Satz 2 nur dann eine Vertretung, wenn sie mindestens ein Zwanzigstel der Beschäftigten der Dienststelle umfasst. ₄Erhält nach Satz 3 eine Gruppe keine Vertretung, so gelten die Angehörigen dieser Gruppe als Angehörige der anderen Gruppe.

(3) ₁Macht eine Gruppe von ihrem Recht, im Personalrat vertreten zu sein, keinen Gebrauch, so verliert sie bis zur nächsten Wahl des Personalrats ihren Anspruch auf Vertretung. ₂Die auf diese Gruppe entfallenden Sitze erhält die andere Gruppe.

(4) Die Verteilung der Sitze des Personalrats auf die Gruppen kann abweichend von den Absätzen 2 und 3 vorgenommen werden, wenn die Angehörigen jeder Gruppe dies vor der Wahl in getrennter und geheimer Abstimmung beschließen.

§ 15 Verteilung der Sitze auf Frauen und Männer

(1) ₁Der Wahlvorstand stellt fest, wie hoch der Anteil an Frauen und Männern bei den wahlberechtigten Beschäftigten insgesamt und in den Gruppen ist. ₂Steht einer Gruppe mehr als ein Sitz im Personalrat zu, so errechnet der Wahlvorstand die Verteilung der Sitze innerhalb der Gruppe auf die Geschlechter nach dem Höchstzahlverfahren.

(2) ₁Das in der Minderheit befindliche Geschlecht erhält stets einen Sitz, wenn mindestens

1. ein Zwanzigstel der Beschäftigten in der Dienststelle diesem Geschlecht angehört und
2. einer Gruppe, in der Frauen und Männer vertreten sind, mehr als ein Sitz zusteht.

₂Dieser Sitz ist der Gruppe zuzurechnen, in der das in der Minderheit befindliche Geschlecht am stärksten vertreten ist. ₃Bei gleicher Stärke entscheidet das Los.

(3) § 14 Abs. 3 gilt entsprechend.

§ 16 Allgemeine Wahlgrundsätze; Gruppenwahl; gemeinsame Wahl

(1) ₁Der Personalrat wird in geheimer und unmittelbarer Wahl nach den Grundsätzen der Verhältniswahl (Listenwahl) gewählt. ₂Die auf die Listen entfallenden Sitze werden nach dem Höchstzahlverfahren ermittelt. ₃Wird nur ein Wahlvorschlag eingereicht, so findet Mehrheitswahl (Personenwahl) statt.

(2) Besteht der Personalrat aus mehr als einer Person, so wählen Beamtinnen und Beamte, Arbeitnehmerinnen und Arbeitnehmer die Vertretung ihrer Gruppen in nach Gruppen getrennten Wahlgängen (Gruppenwahl).

(3) Abweichend von Absatz 2 findet gemeinsame Wahl statt, wenn die Beschäftigten dies vor der Wahl mit der Mehrheit der Stimmen der Wahlberechtigten jeder Gruppe in getrennter und geheimer Abstimmung beschließen.

§ 17 Wahlvorschläge

(1) Zur Wahl des Personalrats können die wahlberechtigten Beschäftigten und die in der Dienststelle vertretenen Gewerkschaften Wahlvorschläge machen.

(2) ₁Jede Person kann nur auf einem Wahlvorschlag benannt werden. ₂Die Wahlvorschläge müssen mindestens so viele Bewerberinnen und Bewerber enthalten, wie erforderlich sind, um die anteilige Verteilung der Sitze im Personalrat auf Frauen und Männer zu erreichen. ₃Wahlvorschläge, die diesem Erfordernis nicht entsprechen, hat der Wahlvorstand nach näherer Maßgabe der Wahlordnung als gültig zuzulassen, wenn die Abweichung schriftlich begründet wird. ₄Die Begründung ist mit dem Wahlvorschlag zu veröffentlichen.

(3) ₁Die Angehörigen jeder Gruppe können auch Angehörige anderer Gruppen zur Wahl vorschlagen. ₂Im Fall der Wahl gelten die Gewählten insoweit als Angehörige der Gruppe, von deren Angehörigen sie vorgeschlagen worden sind.

(4) ₁Die von den Beschäftigten eingereichten Wahlvorschläge müssen von einem Zwanzigstel der wahlberechtigten Gruppenangehörigen, jedoch mindestens von zwei wahlberechtigten Gruppenangehörigen unterzeichnet sein. ₂In jedem Falle genügt die Un-

terzeichnung durch 30 wahlberechtigte Gruppenangehörige.

(5) Bei gemeinsamer Wahl gilt Absatz 4 entsprechend.

§ 18 Wahlvorstand

(1) Spätestens elf Wochen vor Ablauf der regelmäßigen Amtszeit bestellt der Personalrat drei Wahlberechtigte als Wahlvorstand und eine oder einen von ihnen als Vorsitzende oder Vorsitzenden.

(2) ₁Besteht zehn Wochen vor Ablauf der regelmäßigen Amtszeit des Personalrats kein Wahlvorstand, so beruft die Dienststelle auf Antrag von mindestens drei Wahlberechtigten oder einer in der Dienststelle vertretenen Gewerkschaft eine Personalversammlung zur Wahl des Wahlvorstandes ein. ₂Besteht in einer Dienststelle, die die Voraussetzungen des § 10 erfüllt, kein Personalrat, so beruft die Dienststelle eine Personalversammlung zur Wahl des Wahlvorstandes ein. ₃Die Personalversammlung wählt sich eine Versammlungsleitung.

(3) Findet eine Personalversammlung nicht statt oder wählt die Personalversammlung keinen Wahlvorstand, so bestellt ihn auf Antrag die Dienststelle auf Antrag von mindestens drei Wahlberechtigten oder einer in der Dienststelle vertretenen Gewerkschaft binnen einer Frist von zwei Wochen.

(4) ₁Im Wahlvorstand muss jede in der Dienststelle vorhandene Gruppe vertreten sein, wenn ihr mindestens drei wahlberechtigte Beschäftigte angehören. ₂Für jedes Mitglied soll ein Ersatzmitglied berufen werden. ₃Dem Wahlvorstand sollen Frauen und Männer angehören.

§ 19 Aufgaben des Wahlvorstandes

(1) ₁Der Wahlvorstand hat die Wahl rechtzeitig einzuleiten. ₂Kommt der Wahlvorstand dieser Verpflichtung nicht nach, so beruft die Dienststelle auf Antrag von mindestens drei Wahlberechtigten oder einer in der Dienststelle vertretenen Gewerkschaft eine Personalversammlung zur Wahl eines neuen Wahlvorstandes ein. ₃§ 18 Abs. 2 Satz 3, Abs. 3 und 4 gilt entsprechend.

(2) Unverzüglich nach Abschluss der Wahl nimmt der Wahlvorstand öffentlich die Auszählung der Stimmen vor, stellt deren Ergebnis in einer Niederschrift fest und gibt es den Beschäftigten der Dienststelle durch Aushang bekannt.

§ 20 Schutz der Wahl; Kostenlast der Dienststelle

(1) ₁Niemand darf die Wahl des Personalrats behindern oder in einer gegen die guten Sitten verstoßenden Weise beeinflussen. ₂Insbesondere darf niemand in der Ausübung seines Wahlrechts oder in seiner Wählbarkeit beschränkt werden.

(2) ₁Mitglieder des Wahlvorstandes sowie Wahlbewerberinnen und Wahlbewerber sind von ihrer dienstlichen Tätigkeit befreit, soweit es für die Aufgaben des Wahlvorstandes oder für die Aufstellung zur Wahl erforderlich ist. ₂§ 39 Abs. 2 Satz 2 und § 41 gelten entsprechend. ₃§ 40 gilt für Mitglieder des Wahlvorstandes entsprechend für Veranstaltungen, die der Vorbereitung der Personalratswahlen dienlich sind.

(3) Für Reisekosten von Mitgliedern des Wahlvorstandes gilt § 37 Abs. 2 entsprechend.

§ 21 Anfechtung der Wahl

Ist gegen wesentliche Vorschriften über das Wahlrecht, die Wählbarkeit oder das Wahlverfahren verstoßen worden, so können mindestens drei Wahlberechtigte, eine in der Dienststelle vertretene Gewerkschaft oder die Dienststelle binnen einer Frist von 14 Tagen, vom Tag der Bekanntgabe des Wahlergebnisses gerechnet, die Wahl unmittelbar bei den Verwaltungsgerichten anfechten, wenn eine nach der Wahlordnung zulässige und beantragte Berichtigung nicht vorgenommen worden ist und der Verstoß das Wahlergebnis ändern oder beeinflussen könnte.

Zweiter Abschnitt
Amtszeit des Personalrats

§ 22 Zeitpunkt der Personalratswahl; Ende der regelmäßigen Amtszeit

(1) Die regelmäßigen Personalratswahlen finden alle vier Jahre in der Zeit vom 1. Februar bis 30. April statt.

(2) ₁Die regelmäßige Amtszeit des Personalrats endet mit der Konstituierung (§ 29 Abs. 1) des neu gewählten Personalrats, spätestens am 30. April des Jahres, in dem die regelmäßigen Personalratswahlen stattfinden. ₂Hat der neu gewählte Personalrat die Wahl nach § 28 Abs. 1 bis zum 30. April nicht durchgeführt, so verlängert sich die Amtszeit bis zu dieser Sitzung, längstens jedoch bis zur Dauer von zwei Monaten.

(3) Ist ein Personalrat am 1. Februar des Jahres der regelmäßigen Personalratswahlen weniger als ein Jahr im Amt, so verlängert sich seine Amtszeit um die nächste regelmäßige Amtszeit.

§ 23 Vorzeitige Neuwahl des Personalrats

(1) Der Personalrat ist vorzeitig neu zu wählen, wenn

1. die Zahl der regelmäßig Beschäftigten, die wahlberechtigt sind, nach Ablauf von 18 Monaten, vom Tag der Wahl gerechnet, gegenüber der Zahl der am Tag der Wahl Wahlberechtigten um mindestens die Hälfte, mindestens aber um 50 gestiegen oder gesunken ist und die Frist bis zum Ablauf der regelmäßigen Amtszeit mindestens sechs Monate beträgt,

2. die Gesamtzahl der Mitglieder des Personalrats auch nach Eintreten sämtlicher Ersatzmitglieder um mehr als ein Viertel der vorgeschriebenen Zahl gesunken ist,

3. der Personalrat mit der Mehrheit seiner Mitglieder seinen Rücktritt beschlossen hat,

4. die Wahl mit Erfolg angefochten ist oder

5. der Personalrat durch gerichtliche Entscheidung aufgelöst ist.

(2) ₁In den Fällen des Absatzes 1 Nrn. 1 bis 3 dauert die Amtszeit des bisherigen Personalrats bis zur ersten Sitzung des neu gewählten Personalrats, längstens jedoch bis zur Dauer von drei Monaten. ₂Der bisherige Personalrat hat innerhalb einer Frist von drei Wochen seit Eintritt der Voraussetzungen für eine Neuwahl den Wahlvorstand zu bestellen. ₃Im Übrigen gelten die §§ 18 und 19 entsprechend.

(3) In den Fällen des Absatzes 1 Nrn. 4 und 5 hat der Wahlvorstand bis zur ersten Sitzung des neu gewählten Personalrats, längstens jedoch bis zur Dauer von drei Monaten, die Befugnisse und Pflichten des Personalrats; § 18 Abs. 2 Sätze 2 und 3 sowie § 19 sind anzuwenden.

(4) ₁Die Vertretung einer Gruppe ist neu zu wählen, wenn

1. die Gesamtzahl der Vertretung einer Gruppe auch nach Eintreten sämtlicher Ersatzmitglieder um mehr als die Hälfte gesunken und die Voraussetzung des Absatzes 1 Nr. 2 nicht gegeben ist oder

2. die Wahl der Vertretung einer Gruppe mit Erfolg angefochten ist.

₂Bis zur Neuwahl gilt in den Fällen des Satzes 1 Nr. 1 der Absatz 2 entsprechend, in den Fällen des Satzes 1 Nr. 2 der Absatz 3 mit der Maßgabe, dass die Mitglieder des Personalrats, deren Wahl nicht angefochten ist, die Geschäfte des Personalrats weiterführen.

§ 24 Ausschluss eines Mitgliedes und Auflösung des Personalrats durch gerichtliche Entscheidung

₁Auf Antrag eines Viertels der Wahlberechtigten oder einer in der Dienststelle vertretenen Gewerkschaft kann das Verwaltungsgericht den Ausschluss eines Mitgliedes aus dem Personalrat oder die Auflösung des Personalrats wegen grober Vernachlässigung seiner gesetzlichen Befugnisse oder wegen grober Verletzung seiner gesetzlichen Pflichten beschließen. ₂Der Personalrat kann aus den gleichen Gründen den Ausschluss eines Mitgliedes beantragen. ₃Die Dienststelle kann den Ausschluss eines Mitgliedes aus dem Personalrat oder die Auflösung des Personalrats wegen grober Verletzung seiner gesetzlichen Pflichten beantragen.

§ 25 Erlöschen der Mitgliedschaft im Personalrat

(1) ₁Die Mitgliedschaft im Personalrat erlischt durch

1. Beendigung der Amtszeit des Personalrats,
2. Niederlegung des Amtes,
3. Beendigung des Beschäftigungsverhältnisses, es sei denn, die Wahlberechtigung bleibt bestehen,
4. Erlöschen der Wahlberechtigung in der Dienststelle,
5. Verlust der Wählbarkeit,
6. Ausschluss durch gerichtliche Entscheidung oder
7. gerichtliche Feststellung, dass die oder der Gewählte nicht wählbar war.

₂Im Fall des Satzes 1 Nr. 7 gilt für die Antragsberechtigung § 21 entsprechend mit der Maßgabe, dass der Antrag erst nach Ablauf der dort genannten Frist statthaft ist.

(2) Die Mitgliedschaft im Personalrat und in der Gruppenvertretung wird durch einen Wechsel der Gruppenzugehörigkeit nicht berührt.

§ 26 Ruhen der Mitgliedschaft im Personalrat; zeitweilige Verhinderung

(1) Die Mitgliedschaft im Personalrat ruht, solange
1. dem Mitglied die Wahrnehmung der Dienstgeschäfte untersagt ist,
2. eine vorläufige Dienstenthebung im Zusammenhang mit einem Disziplinarverfahren andauert oder
3. über eine Klage wegen außerordentlicher Kündigung noch nicht rechtskräftig entschieden worden ist.

(2) Ein Mitglied ist an der Mitarbeit im Personalrat zeitweilig verhindert, wenn es beurlaubt ist, ohne dass deshalb die Wahlberechtigung erlischt, oder wenn die Teilnahme an Sitzungen aus dienstlichen oder zwingenden persönlichen Gründen vorübergehend nicht möglich ist.

§ 27 Eintritt von Ersatzmitgliedern

(1) ₁Scheidet ein Mitglied aus dem Personalrat aus, so tritt ein Ersatzmitglied ein. ₂Das Gleiche gilt, solange die Mitgliedschaft ruht oder ein Mitglied des Personalrats zeitweilig verhindert ist.

(2) ₁Die Ersatzmitglieder werden der Reihe nach aus den nicht gewählten Beschäftigten derjenigen Vorschlagslisten entnommen, denen die zu ersetzenden Mitglieder angehören. ₂Im Fall der Mehrheitswahl tritt die oder der Beschäftigte mit der nächsthöheren Stimmenzahl als Ersatzmitglied ein. ₃Tritt ein Ersatzmitglied für ein ausgeschiedenes Mitglied ein, so gilt § 25 Abs. 2 entsprechend.

Dritter Abschnitt
Geschäftsführung des Personalrats

§ 28 Vorsitz

(1) ₁Der Personalrat wählt aus seiner Mitte mit einfacher Mehrheit die Vorsitzende oder den Vorsitzenden und Stellvertreterinnen oder Stellvertreter. ₂Die Reihenfolge der Stellvertretung bestimmt der Personalrat. ₃Bei der Wahl sind die im Personalrat vertretenen Gruppen jeweils zu berücksichtigen. ₄Bei Stimmengleichheit entscheidet das Los.

(2) ₁Die oder der Vorsitzende führt die laufenden Geschäfte und vertritt den Personalrat im Rahmen der von diesem gefassten Beschlüsse. ₂Betrifft die Angelegenheit nur eine Gruppe, so vertritt den Personalrat die oder der Vorsitzende gemeinsam mit einem dieser Gruppe angehörenden Mitglied.

§ 29 Einberufung der Personalratssitzungen

(1) Spätestens zwei Wochen nach dem Wahltag hat der Wahlvorstand die Mitglieder des neu gewählten Personalrats zur Vornahme der nach § 28 Abs. 1 vorgeschriebenen Wahlen einzuberufen und die Sitzung zu leiten, bis der Personalrat aus seiner Mitte ein Mitglied für die Leitung der Wahl bestellt hat.

(2) Die oder der Vorsitzende des Personalrats beraumt die weiteren Sitzungen an, setzt die Tagesordnung fest, lädt die Mitglieder des Personalrats zu den Sitzungen rechtzeitig unter Mitteilung der Tagesordnung ein und leitet die Verhandlungen.

(3) Auf Verlangen
1. eines Viertels der Mitglieder des Personalrats,

2. der Vertretung einer Gruppe,

3. der Jugend- und Auszubildendenvertretung oder

4. der Dienststelle

ist innerhalb von zwei Wochen eine Sitzung anzuberaumen und der Gegenstand, der behandelt werden soll, auf die Tagesordnung zu setzen.

(4) ₁Die oder der Vorsitzende des Personalrats kann in der Einladung zu einer Sitzung des Personalrats festsetzen, dass alle oder einzelne Mitglieder des Personalrats durch Zuschaltung per Video- oder Telefonkonferenztechnik an der Sitzung teilnehmen können (Video- oder Telefonkonferenz), wenn

1. vorhandene Einrichtungen genutzt werden, die durch die Dienststelle zur dienstlichen Nutzung freigegeben sind,

2. nicht mindestens ein Viertel der Mitglieder des Personalrats oder die Mehrheit der Vertreterinnen und Vertreter einer Gruppe binnen einer von der oder dem Vorsitzenden zu bestimmenden Frist gegenüber der oder dem Vorsitzenden schriftlich oder elektronisch widerspricht und

3. der Personalrat geeignete organisatorische Maßnahmen trifft, um sicherzustellen, dass Dritte vom Inhalt der Sitzung keine Kenntnis nehmen.

₂Eine Aufzeichnung ist unzulässig. ₃Zu Beginn einer Video- oder Telefonkonferenz stellt die oder der Vorsitzende des Personalrats durch namentliche Nennung fest, welche Personen durch Zuschaltung an der Video- oder Telefonkonferenz teilnehmen, und trägt diese abweichend von § 34 Abs. 1 Satz 3 in die Anwesenheitsliste ein.

§ 30 Durchführung der Personalratssitzungen

(1) ₁Die Sitzungen des Personalrats sind nicht öffentlich. ₂Sie finden in der Regel während der Arbeitszeit statt. ₃Bei der Anberaumung der Sitzungen ist auf die dienstlichen Erfordernisse Rücksicht zu nehmen. ₄Die Dienststelle ist vom Zeitpunkt der Sitzung rechtzeitig zu verständigen.

(2) ₁Die Dienststelle nimmt an den Sitzungen, die auf ihr Verlangen anberaumt sind, und an den Sitzungen, zu denen sie eingeladen ist, teil. ₂In diesen Fällen ist der Zeitpunkt der Sitzung im Einvernehmen mit der Dienststelle festzusetzen. ₃Sie kann sachkundige Beschäftigte hinzuziehen. ₄Die Dienststelle kann im Einvernehmen mit der oder dem Vorsitzenden des Personalrats die zuständige Arbeitgebervereinigung hinzuziehen; in diesem Fall sind auch die Gewerkschaften, denen mindestens ein Mitglied des Personalrats angehört, einzuladen.

(3) ₁Auf Antrag eines Viertels der Mitglieder des Personalrats oder der Mehrheit der Vertretung einer Gruppe sind die Gewerkschaften, denen mindestens ein Mitglied des Personalrats angehört, zu einer Personalratssitzung einzuladen. ₂In den Fällen des Absatzes 2 Satz 1 ist die Dienststelle über die Teilnahme der Gewerkschaften rechtzeitig zu verständigen; sie ist berechtigt, die zuständige Arbeitgebervereinigung hinzuzuziehen.

(4) ₁Der Personalrat ist berechtigt, zu den Sitzungen

1. Büropersonal zur Anfertigung der Sitzungsniederschrift sowie

2. sachkundige Personen

hinzuzuziehen. ₂Entstehen durch die Hinzuziehung sachkundiger Personen Kosten, so ist vorher das Einvernehmen mit der Dienststelle herzustellen. ₃In personellen Angelegenheiten kann der Personalrat beschließen, betroffene Beschäftigte zu hören.

(5) Der Personalrat kann beschließen, dass beauftragte Mitglieder des Gesamtpersonalrats oder einer Stufenvertretung, die bei der übergeordneten Dienststelle besteht, zu einer Personalratssitzung eingeladen werden, um sich zu bestimmten Punkten in der Tagesordnung zu äußern.

(6) ₁Nicht dem Personalrat angehörende Personen sind von den Teilen der Sitzung ausgeschlossen, in denen

1. Beschlüsse des Personalrats gefasst werden oder

2. schutzwürdige Personalien Einzelner erörtert werden, wenn nicht diese in die Teilnahme eingewilligt haben.

₂Satz 1 Nr. 2 gilt nicht für die Vertreterinnen oder Vertreter der Dienststelle. ₃§ 178 Abs. 4 SGB IX, § 3 Abs. 1 des Zivildienstvertrauensmann-Gesetzes, Absatz 4 Satz 1 Nr. 1 und § 56 bleiben unberührt.

§ 31 Beschlüsse des Personalrats

(1) Der Personalrat oder die Vertretung einer Gruppe ist nur beschlussfähig, wenn mindestens die Hälfte der Mitglieder anwesend ist; Stellvertretung durch Ersatzmitglieder ist nach Maßgabe des § 27 zulässig.

(2) ₁Beschlüsse werden mit Stimmenmehrheit der anwesenden Mitglieder gefasst, soweit dieses Gesetz nichts anderes bestimmt. ₂Stimmenthaltung gilt als Ablehnung. ₃Bei Stimmengleichheit gilt der Antrag als abgelehnt.

(3) ₁Ein Mitglied des Personalrats darf während der Beratung und Entscheidung nicht anwesend sein, wenn durch eine Angelegenheit seine besonderen Interessen berührt werden. ₂Dies gilt auch, wenn besondere Interessen von Angehörigen im Sinne des § 20 Abs. 5 des Verwaltungsverfahrensgesetzes des Bundes oder einer vom Mitglied kraft Gesetzes oder Vollmacht vertretenen Person berührt werden.

(4) ₁In der Geschäftsordnung (§ 35) kann die Beschlussfassung im schriftlichen oder elektronischen Umlaufverfahren vorgesehen werden. ₂Die Beschlussfassung im Umlaufverfahren ist unzulässig, wenn ein Mitglied des Personalrats oder eine nach § 56 oder nach § 178 Abs. 4 SGB IX teilnahmeberechtigte Person binnen einer von der oder dem Vorsitzenden zu bestimmenden Frist gegenüber der oder dem Vorsitzenden schriftlich oder elektronisch widerspricht. ₃Beschlüsse im Umlaufverfahren werden mit der Mehrheit der Stimmen der Mitglieder des Personalrats gefasst. ₄Nach Absatz 3 ausgeschlossene Mitglieder des Personalrats dürfen am Umlaufverfahren nicht teilnehmen. ₅Die oder der Vorsitzende gibt das Ergebnis der Beschlussfassung im Umlaufverfahren spätestens in der nächsten Sitzung des Personalrats bekannt.

§ 32 Beschlussfassung in gemeinsamen Angelegenheiten und Gruppenangelegenheiten

(1) Über die Angelegenheiten der Beschäftigten wird von den Mitgliedern des Personalrats gemeinsam beraten und beschlossen.

(2) ₁Über Angelegenheiten, die nur die Angehörigen einer Gruppe betreffen, darf der Personalrat nicht gegen den Willen der Mehrheit der Vertretung dieser Gruppe beschließen. ₂In diesem Fall bindet die Entscheidung der Mehrheit der Gruppenvertretung den Personalrat.

§ 33 Aussetzung von Personalratsbeschlüssen

(1) ₁Der Personalrat hat einen Beschluss für die Dauer einer Woche auszusetzen, wenn

1. ein Viertel seiner Mitglieder,
2. die Vertretung einer Gruppe,
3. die Jugend- und Auszubildendenvertretung oder
4. die Schwerbehindertenvertretung

dies wegen einer erheblichen Beeinträchtigung wichtiger Interessen verlangt. ₂Während dieser Frist soll, soweit erforderlich mithilfe der unter den Mitgliedern des Personalrats vertretenen Gewerkschaften, eine Verständigung versucht werden.

(2) Nach Ablauf der Frist hat der Personalrat über die Angelegenheit endgültig zu beschließen.

(3) ₁Die Aussetzung des Beschlusses führt zu einer Verlängerung der in § 68 Abs. 2 Sätze 3 und 4 genannten Frist bis zu einer Woche. ₂Die Dienststelle ist unverzüglich zu unterrichten.

§ 34 Sitzungsniederschrift

(1) ₁Über jede Sitzung des Personalrats ist eine Niederschrift aufzunehmen, die mindestens den Wortlaut der Beschlüsse und das Abstimmungsergebnis enthält. ₂Die Niederschrift ist von der oder dem Vorsitzenden und einem weiteren Mitglied des Personalrats zu unterzeichnen. ₃Der Niederschrift ist eine Anwesenheitsliste beizufügen, in die sich alle teilnehmenden Personen eigenhändig einzutragen haben.

(2) War die Dienststelle in der Sitzung vertreten, so ist ihr die Niederschrift über den Teil der Sitzung, an dem sie teilgenommen hat, zur Mitunterzeichnung vorzulegen.

§ 35 Geschäftsordnung

Sonstige Bestimmungen über die Geschäftsführung können in einer Geschäftsordnung getroffen werden, die der Personalrat mit der Mehrheit der Stimmen seiner Mitglieder beschließt.

§ 36 Sprechstunden

(1) Der Personalrat kann Sprechstunden während der Arbeitszeit einrichten.

(2) ₁Der Personalrat ist berechtigt, die Beschäftigten an ihrem Arbeitsplatz aufzusuchen. ₂Die Beschäftigten sind befugt, den Personalrat während der Arbeitszeit aufzusuchen.

(3) Arbeitsversäumnisse wegen des Besuchs der Sprechstunden oder sonstiger Inanspruchnahme des Personalrats mindern die Besoldung, das Arbeitsentgelt oder sonstige Vergütungen nicht.

(4) Dienstliche Erfordernisse sind zu berücksichtigen.

§ 37 Kosten

(1) ₁Die durch die Tätigkeit des Personalrats entstehenden notwendigen Kosten trägt die Dienststelle nach Maßgabe des Haushaltsplans. ₂Kosten, die der Teilnehmerin oder dem Teilnehmer an den in § 40 genannten Veranstaltungen entstehen, sind erstattungsfähig, soweit diese Kenntnisse vermitteln, die für die Tätigkeit im Personalrat erforderlich sind.

(2) ₁Für Reisen, die Mitglieder des Personalrats in Erfüllung ihrer Aufgaben machen, gelten die beamtenrechtlichen Bestimmungen über die Reisekostenvergütung entsprechend mit der Maßgabe, dass Dienststätte die Dienststelle ist, der das Personalratsmitglied angehört. ₂Die Reisen sind der Dienststelle vorher anzuzeigen.

(3) Für Mitglieder des Personalrats gelten die beamtenrechtlichen Bestimmungen über den Ersatz von Sachschaden entsprechend.

(4) Für die Sitzungen, die Sprechstunden und die laufende Geschäftsführung hat die Dienststelle in erforderlichem Umfang Räume, den Geschäftsbedarf und Büropersonal zur Verfügung zu stellen.

(5) ₁Dem Personalrat sind in jeder Dienststelle geeignete Plätze für Bekanntmachungen und Anschläge zur Verfügung zu stellen. ₂Der Personalrat kann Bekanntmachungen auch in einem von der Dienststelle bereits eingerichteten Intranet oder einem anderen zwischen Personalvertretung und Dienststelle vereinbarten elektronischen Medium veröffentlichen.

§ 38 Verbot der Entgelterhebung

Der Personalrat darf für seine Zwecke von den Beschäftigten keine Beiträge oder sonstigen Entgelte erheben oder annehmen.

§ 39 Ehrenamtliche Tätigkeit und Freistellung

(1) Die Mitglieder des Personalrats üben ihr Ehrenamt unentgeltlich aus.

(2) ₁Mitglieder des Personalrats sind von ihrer dienstlichen Tätigkeit befreit, soweit es zur ordnungsgemäßen Durchführung der personalvertretungsrechtlichen Aufgaben erforderlich ist. ₂Die Besoldung, das Arbeitsentgelt oder sonstige Vergütungen werden dadurch nicht gemindert. ₃Werden Mitglieder des Personalrats durch die Erfüllung ihrer Aufgaben über ihre regelmäßige Arbeitszeit hinaus beansprucht, so ist ihnen Dienst- oder Arbeitsbefreiung in entsprechendem Umfang zu gewähren. ₄Satz 3 gilt sinngemäß bei Teilzeitbeschäftigung oder sonstiger abweichender Regelung der Arbeitszeit.

(3) ₁Mitglieder des Personalrats sind auf Antrag des Personalrats von ihrer dienstlichen Tätigkeit freizustellen, wenn und soweit es nach Umfang und Art der Dienststelle zur ordnungsgemäßen Durchführung ihrer Aufgaben erforderlich ist. ₂Über den Umfang der Freistellung entscheidet die Dienststelle im Einvernehmen mit dem Personalrat. ₃Dabei sind in der Regel freizustellen in Dienststellen mit regelmäßig

250 bis 550 Beschäftigten	1 Mitglied,
551 bis 900 Beschäftigten	2 Mitglieder,
901 bis 1500 Beschäftigten	3 Mitglieder,
1501 bis 2000 Beschäftigten	4 Mitglieder,

bis 10 000 Beschäftigten je weitere angefangene 1000 Beschäftigte 1 weiteres Mitglied,
über 10 000 Beschäftigten je weitere angefangene 2000 Beschäftigte 1 weiteres Mitglied.

₄Auf Antrag des Personalrats können anstelle der ganzen Freistellung eines Mitgliedes mehrere Mitglieder zum Teil freigestellt werden. ₅In Dienststellen mit weniger als 250 Beschäftigten können Teilfreistellungen vorgenommen werden. ₆Wird über die Freistellung kein Einvernehmen erzielt, so gilt § 70 mit der Maßgabe, dass die Einigungsstelle angerufen werden kann.

(4) Bei der Auswahl der freizustellenden Mitglieder hat der Personalrat nach der oder dem Vorsitzenden die Gruppen angemessen zu berücksichtigen.

(5) ₁Die Freistellung darf nicht zu einer Beeinträchtigung des beruflichen Werdegangs führen. ₂Zeiten einer Freistellung gelten als Bewährungszeit im Sinne der beamtenrechtlichen oder tarifrechtlichen Bestimmungen. ₃Die Dienststelle kann die Freistellung von Beschäftigten während einer beruflichen Ausbildung sowie einer beamtenrechtlich oder tarifrechtlich vorgesehenen Probezeit ganz oder teilweise ablehnen. ₄Absatz 2 Sätze 2 bis 4 gilt sinngemäß.

(6) ₁Für freigestellte Mitglieder des Personalrats sind Planstellen und Stellen entsprechender Wertigkeit bereitzustellen. ₂Entsprechendes gilt für Teilfreistellungen. ₃Das Nähere regeln die haushaltsrechtlichen Bestimmungen.

§ 40 Schulungs- und Bildungsveranstaltungen

₁Mitgliedern des Personalrats ist für die Teilnahme an Schulungs- und Bildungsveranstaltungen, die der Personalratsarbeit dienlich sind, auf Antrag der erforderliche Urlaub unter Fortzahlung der Bezüge zu gewähren, wenn dringende dienstliche Gründe nicht entgegenstehen. ₂Gleiches gilt

1. bei Mehrheitswahl für zwei Ersatzmitglieder,
2. bei Verhältniswahl für ein Ersatzmitglied jeder Vorschlagsliste, von der Mitglieder in den Personalrat gewählt worden sind.

§ 41 Schutzvorschriften

(1) Die Mitglieder des Personalrats und die Ersatzmitglieder dürfen in der Wahrnehmung ihrer Aufgaben und Befugnisse nicht behindert und wegen ihrer Tätigkeit, auch nach ihrem Ausscheiden aus dem Personalrat, nicht benachteiligt oder begünstigt werden.

(2) ₁Mitglieder des Personalrats dürfen gegen ihren Willen nur versetzt, abgeordnet oder umgesetzt werden, wenn dies auch unter Berücksichtigung der Mitgliedschaft im Personalrat aus dienstlichen Gründen unvermeidbar ist und der Personalrat zustimmt. ₂Für Mitglieder des Personalrats, die im Arbeitsverhältnis stehen, gelten die §§ 15 und 16 des Kündigungsschutzgesetzes.

(3) ₁Absatz 2 gilt nicht für Mitglieder des Personalrats, die sich im Vorbereitungsdienst oder in sonstiger Berufsausbildung befinden. ₂Absatz 2 gilt ferner nicht bei der Versetzung oder Abordnung dieser Beschäftigten zu einer anderen Dienststelle im Anschluss an das Ausbildungsverhältnis. ₃Die Mitgliedschaft der in Satz 1 bezeichneten Beschäftigten im Personalrat ruht, solange sie entsprechend den Erfordernissen ihrer Ausbildung einer anderen Dienststelle zugewiesen oder zu ihr versetzt oder abgeordnet sind; § 25 Abs. 1 Satz 1 Nr. 4 ist nicht anzuwenden.

(4) ₁Die außerordentliche Kündigung von Mitgliedern des Personalrats, die in einem Arbeitsverhältnis stehen, bedarf der Zustimmung dieses Personalrats. ₂Verweigert der Personalrat seine Zustimmung oder äußert er sich nicht innerhalb von drei Arbeitstagen nach Eingang des Antrags, so kann das Verwaltungsgericht sie auf Antrag der Dienststellenleiterin oder des Dienststellenleiters ersetzen, wenn die außerordentliche Kündigung unter Berücksichtigung aller Umstände gerechtfertigt ist. ₃In dem Verfahren vor dem Verwaltungsgericht ist die betroffene Arbeitnehmerin oder der betroffene Arbeitnehmer Beteiligte oder Beteiligter. ₄Eine durch den Arbeitgeber ausgesprochene Kündigung des Arbeitsverhältnisses ist unwirksam, wenn der Personalrat nicht beteiligt worden ist.

Vierter Abschnitt
Personalversammlung

§ 42 Personalversammlung

(1) ₁Die Personalversammlung besteht aus den Beschäftigten der Dienststelle. ₂Die Personalversammlung ist nicht öffentlich. ₃Der Personalrat bestimmt, welches Mitglied die Personalversammlung leitet.

(2) ₁Kann nach den räumlichen oder dienstlichen Verhältnissen eine gemeinsame Versammlung aller Beschäftigten nicht stattfinden, so sind Teilversammlungen abzuhalten. ₂Darüber hinaus sind Teilversammlungen nur zulässig, wenn Angelegenheiten behandelt werden sollen, die sich für eine Personalversammlung aller Beschäftigten nicht eignen, oder wenn die Teilversammlung eine Personalversammlung entbehrlich macht.

(3) ₁Innerhalb einer Gesamtdienststelle sind gemeinsame Personalversammlungen der Stammdienststelle und der verselbständigten Dienststellen nach § 6 Abs. 3 nur zulässig, wenn Angelegenheiten zu behandeln sind, die die Gesamtdienststelle als Einheit oder die Beschäftigten in ihrer Gesamtheit betreffen. ₂Der Gesamtpersonalrat beruft die gemeinsame Personalversammlung nach Maßgabe des § 43 Abs. 2 ein und bestimmt, welches Mitglied diese leitet.

§ 43 Einberufung; Tätigkeitsbericht

(1) ₁Der Personalrat hat mindestens einmal in jedem Kalenderjahr in einer Personalversammlung über seine Tätigkeit zu berichten. ₂Auf Verlangen des Dienststelle hat die Dienststelle über die Entwicklung der Aufgaben in der Dienststelle, über die Personalentwicklung unter besonderer Berücksichtigung der Verwirklichung der Gleichberechtigung von Frauen und Männern sowie über die Planung, Einführung oder wesentliche Erweiterung technischer Einrichtungen zur Arbeitserledigung, insbesondere neuer Informations- und Kommunikationstechniken, zu berichten.

(2) Der Personalrat ist berechtigt und auf Verlangen der Dienststelle, auf Antrag eines Viertels der wahlberechtigten Beschäftigten oder auf Antrag des Gesamtpersonalrats (§ 49) verpflichtet, eine Personalversammlung einzuberufen und den Gegenstand, der behandelt werden soll, auf die Tagesordnung zu setzen.

(3) Auf Antrag einer im Personalrat vertretenen Gewerkschaft muss der Personalrat innerhalb von vier Wochen eine Personalversammlung einberufen, wenn im vorhergegangenen Kalenderjahr keine Personalversammlung durchgeführt worden ist.

§ 44 Zeitpunkt

(1) Personalversammlungen finden während der Arbeitszeit statt, es sei denn, dass die dienstlichen Verhältnisse dies nicht zulassen.

(2) ₁Die Teilnahme an der Personalversammlung mindert nicht die Besoldung, das Arbeitsentgelt oder sonstige Vergütungen. ₂Entstehen durch die Teilnahme an der Personalversammlung besondere Fahrtkosten, so sind diese zu erstatten. ₃Finden Personalversammlungen aus dienstlichen Gründen außerhalb der Arbeitszeit statt, so ist aus Anlass der Teilnahme Dienst- oder Arbeitsbefreiung in entsprechendem Umfang zu gewähren; dies gilt auch bei Teilzeitbeschäftigung oder bei sonstiger abweichender Regelung der Arbeitszeit.

(3) ₁Bei der Anberaumung der Personalversammlungen ist auf die dienstlichen Erfordernisse Rücksicht zu nehmen. ₂Die Dienststelle ist von dem Zeitpunkt der Versammlungen rechtzeitig zu verständigen. ₃Wird die Versammlung auf Verlangen der Dienststelle anberaumt oder hat sie daran teilzunehmen, dann ist der Zeitpunkt der Versammlung im Einvernehmen mit der Dienststelle festzusetzen.

§ 45 Befugnisse der Personalversammlung

₁Die Personalversammlung darf alle Angelegenheiten behandeln, die zur Zuständigkeit des Personalrats gehören, sowie andere Angelegenheiten des öffentlichen Dienstes, die die Dienststelle oder die Beschäftigten berühren. ₂Personelle Angelegenheiten Einzelner dürfen nur behandelt werden, wenn diese zuvor ausdrücklich zugestimmt haben. ₃Die Personalversammlung kann dem Personalrat Anträge unterbreiten und zu seinen Beschlüssen Stellung nehmen.

§ 46 Teilnahme der Dienststelle sowie weiterer Personen

(1) ₁Die Dienststelle kann an den Personalversammlungen teilnehmen. ₂An den Versammlungen, die auf ihr Verlangen anberaumt sind, und an den Versammlungen, zu denen sie eingeladen ist, hat sie teilzunehmen. ₃Die Dienststelle kann die zuständige Arbeitgebervereinigung hinzuziehen. ₄Sie hat den Personalrat hiervon rechtzeitig zu unterrichten. ₅Die Gesamtdienststelle kann an einer Personalversammlung einer verselbständigten Dienststelle (§ 6 Abs. 3) teilnehmen.

(2) Teilnahmeberechtigt an der Personalversammlung sind ferner mit beratender Stimme

1. die in der Dienststelle vertretenen Gewerkschaften,
2. beauftragte Mitglieder des Gesamtpersonalrats (§ 49),
3. ein beauftragtes Mitglied der bei der übergeordneten Dienststelle bestehenden Stufenvertretungen (§ 47),
4. die übergeordnete Dienststelle.

(3) ₁Der Personalrat oder die Personalversammlung kann beschließen, dass zu einzelnen Punkten sachkundige Personen gehört werden. ₂§ 30 Abs. 4 Satz 2 und § 37 Abs. 1 Satz 1 gelten entsprechend.

(4) Der Personalrat hat die Einberufung der Personalversammlung den in der Dienststelle vertretenen Gewerkschaften rechtzeitig mitzuteilen.

Drittes Kapitel
Stufenvertretungen und Gesamtpersonalrat

§ 47 Wahl und Zusammensetzung der Stufenvertretungen

(1) Für den Geschäftsbereich mehrstufiger Verwaltungen werden bei den Mittelbehörden Bezirkspersonalräte, bei den obersten Dienstbehörden Hauptpersonalräte gebildet (Stufenvertretungen).

(2) ₁Die Mitglieder des Bezirkspersonalrats werden von den zum Geschäftsbereich der Mittelbehörde, die Mitglieder des Hauptpersonalrats von den zum Geschäftsbereich der obersten Dienstbehörde gehörenden Beschäftigten gewählt. ₂Soweit bei Mittelbehörden oder anderen nachgeordneten Behörden die Personalangelegenheiten der Beschäftigten zum Geschäftsbereich verschiedener oberster Dienstbehörden gehören, sind diese Beschäftigten für den Hauptpersonalrat bei der jeweils zuständigen obersten Dienstbehörde wahlberechtigt.

(3) Die Stufenvertretungen bestehen bei in der Regel

bis zu 3000 Beschäftigten aus 7 Mitgliedern,
3001 bis 5000 Beschäftigten
aus 9 Mitgliedern,
5001 und mehr Beschäftigten
aus 11 Mitgliedern.

(4) ₁Für die Wahl und Zusammensetzung der Stufenvertretungen gelten die §§ 10 bis 12 und 14 bis 21 nach Maßgabe der folgenden Sätze entsprechend. ₂Dienststelle gemäß § 12 Abs. 2 Satz 1 Nrn. 1 und 2 ist die Dienststelle, bei der die Stufenvertretung zu errichten ist. ₃Die entsprechende Anwendung des § 12 Abs. 2 Satz 1 Nr. 3 ist darauf beschränkt, dass die Mitglieder des Bezirks- oder des Hauptwahlvorstandes für den jeweiligen Bezirks- oder Hauptpersonalrat nicht wählbar sind. ₄Abweichend von § 14 Abs. 2 Sätze 2 bis 4 erhält in den Stufenvertretungen jede Gruppe mindestens einen Sitz. ₅Abweichend von § 18 Abs. 2 findet eine Personalversammlung zur Bestellung des Bezirks- oder Hauptwahlvorstandes nicht statt. ₆Abweichend von § 18 Abs. 3 bestellt die Dienststelle, bei der die Stufenvertretung zu errichten ist, auch einen Antrag den Wahlvorstand.

(5) ₁Werden in einer Verwaltung die Personalräte und Stufenvertretungen gleichzeitig gewählt, so führen die bei den Dienststellen bestehenden Wahlvorstände die Wahlen der Stufenvertretungen im Auftrage des Bezirks- oder Hauptwahlvorstands durch. ₂Andernfalls bestellen auf sein Ersuchen die Personalräte oder, wenn solche nicht bestehen, die Dienststellen die örtlichen Wahlvorstände für die Wahl der Stufenvertretungen.

§ 48 Amtszeit und Geschäftsführung der Stufenvertretungen

(1) ₁Für die Amtszeit und die Geschäftsführung der Stufenvertretungen gelten die §§ 22

bis 41 entsprechend. ₂Abweichend von § 39 Abs. 3 Satz 3 sind für Stufenvertretungen unter Berücksichtigung der Zahl der Beschäftigten des jeweiligen Geschäftsbereichs in der Regel freizustellen bei regelmäßig

300 bis 600 Beschäftigten	1 Mitglied,
601 bis 1000 Beschäftigten	2 Mitglieder,
bis 10 000 Beschäftigten je weitere angefangene 1000 Beschäftigte	weitere Mitglieder zu einem Fünftel,
über 10 000 Beschäftigten je weitere angefangene 2000 Beschäftigte	weitere Mitglieder zu einem Fünftel.

₃Die Höchstzahl der Freistellungen beträgt fünf. ₄Es können mehrere Teilfreistellungen zusammengefasst werden.

(2) Ist eine Stufenvertretung aufgelöst oder ihre Wahl mit Erfolg angefochten, so bestellt die Dienststelle, bei der die Stufenvertretung zu errichten ist, den Wahlvorstand.

§ 49 Gesamtpersonalrat

(1) ₁In den Fällen des § 6 Abs. 3 wird ein Gesamtpersonalrat gebildet. ₂Das Gleiche gilt in Gemeinden, Landkreisen und kommunalen Zusammenschlüssen mit mehr als einer Dienststelle im Sinne des § 6 Abs. 1, es sei denn, die Dienststellen und Personalräte verzichten einvernehmlich auf die Bildung eines Gesamtpersonalrats.

(2) Für die Wahl, die Amtszeit und die Geschäftsführung des Gesamtpersonalrats gelten die §§ 10 bis 41 mit Ausnahme des § 39 Abs. 3 Satz 3, § 47 Abs. 5 sowie § 48 Abs. 1 Sätze 2 bis 4 und Abs. 2 entsprechend.

Viertes Kapitel
Jugend- und Auszubildendenvertretungen

§ 50 Bildung; Wahlberechtigung und Wählbarkeit

(1) In Dienststellen, in denen Personalräte gebildet werden und denen in der Regel mindestens fünf Beschäftigte angehören, die das 18. Lebensjahr noch nicht vollendet haben (jugendliche Beschäftigte) oder die sich im Vorbereitungsdienst oder einer sonstigen Berufsausbildung befinden (Auszubildende), werden Jugend- und Auszubildendenvertretungen gewählt.

(2) ₁Wahlberechtigt sind alle jugendlichen Beschäftigten und Auszubildenden. ₂§ 11 gilt entsprechend.

(3) ₁Wählbar sind wahlberechtigte Beschäftigte, die am Wahltag das 16. und noch nicht das 26. Lebensjahr vollendet haben, sowie wahlberechtigte Auszubildende. ₂Nicht wählbar sind

1. Beschäftigte, die dem Wahlvorstand angehören, wenn die zu wählende Jugend- und Auszubildendenvertretung aus mehreren Mitgliedern besteht,
2. Beschäftigte im Sinne des § 4 Abs. 2 und
3. Beschäftigte, die infolge strafgerichtlicher Verurteilung die Fähigkeit, Rechte aus öffentlichen Wahlen zu erlangen, nicht besitzen.

§ 51 Zusammensetzung

(1) ₁Die Jugend- und Auszubildendenvertretung besteht in Dienststellen mit in der Regel

5 bis 20 jugendlichen Beschäftigten und Auszubildenden aus	1 Mitglied,
21 bis 40 jugendlichen Beschäftigten und Auszubildenden aus	3 Mitgliedern,
41 bis 100 jugendlichen Beschäftigten und Auszubildenden aus	5 Mitgliedern,
101 bis 200 jugendlichen Beschäftigten und Auszubildenden aus	7 Mitgliedern.

₂Die Zahl der Mitglieder erhöht sich in Dienststellen mit mehr als 200 jugendlichen Beschäftigten und Auszubildenden um je zwei für je weitere angefangene 300 jugendliche Beschäftigte und Auszubildende.

(2) ₁Die Jugend- und Auszubildendenvertretung soll sich aus Angehörigen der verschiedenen Beschäftigungsarten zusammensetzen. ₂In einer aus mehreren Mitgliedern bestehenden Jugend- und Auszubildendenvertretung sind Frauen und Männer entsprechend ihrem Anteil an den jugendlichen Beschäftigten und Auszubildenden der Dienst-

stelle nach Maßgabe dieses Gesetzes und der auf ihm beruhenden Rechtsvorschriften zu berücksichtigen; der Wahlvorstand errechnet die Verteilung der Sitze auf Frauen und Männer nach dem Höchstzahlverfahren.

§ 52 Wahlvorschriften; Amtszeit

(1) ₁Der Personalrat bestimmt den Wahlvorstand. ₂Besteht ein Personalrat nicht, so beruft die Dienststelle den Wahlvorstand. ₃§ 16 Abs. 1, § 17 Abs. 1 und 2, § 18 Abs. 1 sowie die §§ 19 bis 21 gelten entsprechend. ₄§ 17 Abs. 4 gilt mit der Maßgabe, dass an die Stelle der Gruppenangehörigen die Wahlberechtigten nach § 50 Abs. 2 treten.

(2) ₁Der Wahlvorstand kann bestimmen, dass die Wahl in Dienststellen mit in der Regel bis zu 20 jugendlichen Beschäftigten und Auszubildenden in einer Wahlversammlung stattfindet, die er spätestens vier Wochen vor Ablauf der regelmäßigen Amtszeit einzuberufen hat. ₂Gewählt wird nach den Grundsätzen der Mehrheitswahl (Personenwahl). ₃Die oder der Vorsitzende des Wahlvorstandes leitet die Wahlversammlung, führt die Wahl durch und fertigt über das Ergebnis der Wahl eine Wahlniederschrift.

(3) ₁Die regelmäßige Wahl zur Jugend- und Auszubildendenvertretung findet alle zwei Jahre in der Zeit vom 1. Februar bis 30. April statt. ₂§ 22 Abs. 2 und 3 sowie die §§ 23 bis 27 gelten entsprechend.

(4) Die Mitgliedschaft in der Jugend- und Auszubildendenvertretung bleibt bestehen, wenn ein Mitglied im Laufe der Amtszeit das 26. Lebensjahr vollendet oder die Ausbildung beendet.

§ 53 Vorsitz; Geschäftsführung

(1) ₁Besteht die Jugend- und Auszubildendenvertretung aus mehr als einem Mitglied, so wählt sie spätestens zwei Wochen nach dem Wahltag aus ihrer Mitte eine Vorsitzende oder einen Vorsitzenden und eine Vertreterin oder einen Vertreter. ₂Den Zeitpunkt der Wahl bestimmt der Wahlvorstand.

(2) ₁Im Übrigen gelten § 28 Abs. 1 Satz 4 und Abs. 2 Satz 1, § 29 Abs. 2 bis 4, § 30 Abs. 1 bis 3 und 6, §§ 31, 34 bis 38, 39 mit Ausnahme des Absatzes 3 Satz 3 sowie § 40 entsprechend. ₂§ 39 Abs. 3 Satz 1 gilt nicht für Auszubildende. ₃§ 41 gilt entsprechend mit der Maßgabe, dass die Versetzung, Abordnung und Umsetzung sowie die außerordentliche Kündigung von Mitgliedern der Jugend- und Auszubildendenvertretung der Zustimmung des Personalrats bedürfen.

(3) An den Sitzungen der Jugend- und Auszubildendenvertretung kann ein vom Personalrat beauftragtes Personalratsmitglied teilnehmen, es sei denn, dass die Mehrheit der Jugend- und Auszubildendenvertretung dem widerspricht.

§ 54 Aufgaben und Befugnisse

(1) Die Jugend- und Auszubildendenvertretung hat folgende allgemeine Aufgaben:

1. Maßnahmen zu beantragen, die den jugendlichen Beschäftigten und Auszubildenden dienen, insbesondere in Fragen der Berufsausbildung und der Gleichberechtigung von weiblichen und männlichen Jugendlichen und Auszubildenden,

2. darauf zu achten, dass die zugunsten der jugendlichen Beschäftigten und Auszubildenden geltenden Gesetze, Verordnungen, Unfallverhütungsvorschriften, Tarifverträge, Vereinbarungen nach § 81, Dienstvereinbarungen und Verwaltungsanordnungen durchgeführt werden,

3. Anregungen und Beschwerden von diesen Beschäftigten entgegenzunehmen und, soweit sie berechtigt erscheinen, durch Verhandlung mit der Dienststelle auf ihre Erledigung hinzuwirken.

(2) ₁Dienststelle und Jugend- und Auszubildendenvertretung sollen mindestens einmal im Vierteljahr zu gemeinsamen Besprechungen zusammentreten. ₂Unabhängig hiervon kann die Jugend- und Auszubildendenvertretung Angelegenheiten, die die jugendlichen Beschäftigten und Auszubildenden betreffen, jederzeit mit der Dienststelle besprechen. ₃Im Übrigen gilt § 60 entsprechend.

§ 55 Jugend- und Auszubildendenversammlung

₁Die Jugend- und Auszubildendenvertretung hat mindestens einmal in jedem Kalenderjahr in einer Jugend- und Auszubildendenversammlung über ihre Tätigkeit zu berichten. ₂Im Übrigen gelten die §§ 42 bis 46 entsprechend. ₃An der Jugend- und Auszubildendenversammlung können vom Personalrat beauftragte Mitglieder teilnehmen.

§ 56 Zusammenarbeit mit dem Personalrat

(1) Die Jugend- und Auszubildendenvertretung ist zu allen Sitzungen des Personalrats einzuladen und kann eine Vertreterin oder einen Vertreter mit beratender Stimme entsenden.

(2) ₁Werden Angelegenheiten behandelt, die die jugendlichen Beschäftigten und Auszubildenden betreffen, kann die gesamte Jugend- und Auszubildendenvertretung teilnehmen. ₂Sie hat Stimmrecht bei Beschlüssen, die überwiegend die Belange jugendlicher Beschäftigter und Auszubildender berühren. ₃§ 32 Abs. 2 bleibt unberührt.

§ 56a Gesamtjugend- und -auszubildendenvertretung

(1) ₁Besteht in einer Dienststelle ein Gesamtpersonalrat und gehören mehr als einer Dienststelle in der Regel mindestens fünf jugendliche Beschäftigte und Auszubildende an, so ist eine Gesamtjugend- und -auszubildendenvertretung zu bilden. ₂In die Gesamtjugend- und -auszubildendenvertretung entsendet jede Jugend- und Auszubildendenvertretung ein Mitglied für die Dauer ihrer Amtszeit. ₃Für den Fall, dass ein Mitglied ausscheidet oder zeitweilig verhindert ist, sollen Ersatzmitglieder bestellt werden.

(2) ₁Die Gesamtjugend- und -auszubildendenvertretung wählt aus ihrer Mitte eine Vorsitzende oder einen Vorsitzenden und eine Vertreterin oder einen Vertreter. ₂§ 53 Abs. 2 und 3 und § 54 gelten entsprechend.

(3) Besteht im Bereich der Gesamtdienststelle nur eine Jugend- und Auszubildendenvertretung, nimmt diese auch die Aufgaben und Befugnisse der Gesamtjugend- und -auszubildendenvertretung wahr.

(4) Für die Zusammenarbeit mit dem Gesamtpersonalrat gilt § 56 entsprechend.

§ 57 Teilnahme der Jugend- und Auszubildendenvertretung an Sitzungen der Stufenvertretungen

(1) ₁Zu den Sitzungen von Stufenvertretungen, in denen Angelegenheiten im Sinne des § 56 Abs. 2 verhandelt werden, ist die Jugend- und Auszubildendenvertretung einzuladen, die von der Angelegenheit betroffen ist. ₂Ist eine Angelegenheit keiner bestimmten Jugend- und Auszubildendenvertretung zuzuordnen, so hat die Stufenvertretung die nach Absatz 2 bestimmte Vertretung einzuladen. ₃An der Sitzung sollen bis zu drei Mitglieder der Jugend- und Auszubildendenvertretung teilnehmen. ₄§ 56 Abs. 2 Sätze 2 und 3 gilt entsprechend.

(2) ₁Der Hauptpersonalrat beruft die Jugend- und Auszubildendenvertretungen, die bei den Dienststellen des Geschäftsbereichs der zuständigen obersten Dienstbehörde gewählt worden sind, spätestens sechs Wochen nach Beginn ihrer regelmäßigen Amtszeit zu einer Versammlung ein, in der die in Absatz 1 Satz 2 genannten Jugend- und Auszubildendenvertretungen bestimmt werden. ₂Jede in der Versammlung anwesende Jugend- und Auszubildendenvertretung verfügt über eine Stimme. ₃Für jede in Betracht kommende Stufenvertretung ist eine Jugend- und Auszubildendenvertretung zu bestimmen. ₄Dieselbe Jugend- und Auszubildendenvertretung kann für mehrere Stufenvertretungen bestimmt werden. ₅Zusätzliche Jugend- und Auszubildendenvertretungen sollen für den Fall bestimmt werden, dass eine Jugend- und Auszubildendenvertretung an der Sitzungsteilnahme verhindert ist.

§ 58 Schutzvorschriften für Auszubildende

(1) Beabsichtigt der Arbeitgeber, Auszubildende, die Mitglieder einer Personalvertretung oder einer Jugend- und Auszubildendenvertretung sind, nach erfolgreicher Beendigung des Berufsausbildungsverhältnisses nicht in ein Arbeitsverhältnis auf unbestimmte Zeit zu übernehmen, so hat er dies drei Monate vor Beendigung des Berufsausbildungsverhältnisses den Auszubildenden schriftlich mitzuteilen.

(2) Verlangen die in Absatz 1 genannten Auszubildenden innerhalb der letzten drei Monate vor Beendigung des Berufsausbildungsverhältnisses schriftlich vom Arbeitgeber die Weiterbeschäftigung, so gilt zwischen den Auszubildenden und dem Arbeitgeber im Anschluss an das erfolgreiche Berufsausbildungsverhältnis ein Arbeitsverhältnis auf unbestimmte Zeit als begründet.

(3) Die Absätze 1 und 2 gelten auch, wenn das Berufsausbildungsverhältnis vor Ablauf eines Jahres nach Beendigung der Amtszeit der Personalvertretung oder der Jugend- und Auszubildendenvertretung erfolgreich endet.

(4) ₁Der Arbeitgeber kann spätestens bis zum Ablauf von zwei Wochen nach Beendigung des Berufsausbildungsverhältnisses beim Verwaltungsgericht beantragen,

1. festzustellen, dass ein Arbeitsverhältnis nach den Absätzen 2 und 3 nicht begründet wird, oder

2. das bereits nach den Absätzen 2 und 3 begründete Arbeitsverhältnis aufzulösen,

wenn Tatsachen vorliegen, aufgrund derer dem Arbeitgeber unter Berücksichtigung aller Umstände die Weiterbeschäftigung nicht zugemutet werden kann. ₂In dem Verfahren vor dem Verwaltungsgericht ist die Personalvertretung, bei einem Mitglied der Jugend- und Auszubildendenvertretung auch diese, beteiligt.

(5) Die Absätze 2 bis 4 sind unabhängig davon anzuwenden, ob der Arbeitgeber seiner Mitteilungspflicht nach Absatz 1 nachgekommen ist.

Fünftes Kapitel
Beteiligung der Personalvertretung

Erster Abschnitt
Allgemeines

§ 59 Allgemeine Aufgaben des Personalrats

Der Personalrat hat folgende allgemeine Aufgaben:

1. dafür zu sorgen, dass alle Beschäftigten der Dienststelle nach Recht und Billigkeit behandelt werden, insbesondere, dass jede Benachteiligung von Personen wegen ihrer Abstammung, Religion, Nationalität, Herkunft, sexuellen Identität, politischen oder gewerkschaftlichen Betätigung oder Einstellung, wegen ihres Alters, ihrer Behinderung oder nach Maßgabe der Nummer 5 wegen ihres Geschlechts unterbleibt,

2. darauf zu achten, dass die zugunsten der Beschäftigten geltenden Gesetze, Verordnungen, Tarifverträge, Vereinbarungen nach § 81, Dienstvereinbarungen und Verwaltungsvorschriften durchgeführt werden,

3. darauf hinzuwirken, dass Maßnahmen durchgeführt werden, die der Dienststelle und ihren Beschäftigten dienen,

4. Anregungen und Beschwerden von Beschäftigten entgegenzunehmen und, soweit sie berechtigt erscheinen, durch Verhandlung mit der Dienststelle auf ihre Erledigung hinzuwirken,

5. darauf zu achten, dass die der Gleichberechtigung von Frauen und Männern dienenden Maßnahmen, insbesondere aufgrund von Plänen zur Herstellung der Gleichberechtigung von Frauen und Männern, durchgeführt werden,

6. die Eingliederung und berufliche Entwicklung jugendlicher Beschäftigter und Auszubildender, Schwerbehinderter, nicht ständig Beschäftigter und anderer schutzbedürftiger Beschäftigter zu fördern,

7. die Eingliederung und berufliche Entwicklung von Beschäftigten mit Migrationshintergrund sowie das Verständnis zwischen Beschäftigten unterschiedlicher Herkunft zu fördern,

8. auf die Wahl der Schwerbehindertenvertretung hinzuwirken,

9. mit der Jugend- und Auszubildendenvertretung zur Wahrung der Interessen der jugendlichen Beschäftigten und Auszubildenden eng zusammenzuarbeiten; er kann zu diesem Zweck Vorschläge und Stellungnahmen anfordern.

§ 60 Informationsrecht des Personalrats

(1) ₁Die Dienststelle hat den Personalrat zur Durchführung seiner Aufgaben rechtzeitig und

umfassend zu unterrichten. ₂Ihm sind die hierfür erforderlichen Unterlagen und Tatsachen zu übermitteln oder bereitzustellen. ₃Die Unterrichtung ist rechtzeitig, solange eine beabsichtigte Maßnahme noch gestaltet werden kann. ₄Sie ist umfassend, wenn alle der Dienststelle für die Entscheidung zur Verfügung stehenden Unterlagen oder von ihr der Entscheidung sonst zugrunde gelegten Tatsachen dem Personalrat in den Grenzen des Absatzes 2 übermittelt oder bereitgestellt werden.

(2) ₁Unterlagen, die personenbezogene Daten enthalten, sind dem Personalrat zur Durchführung seiner Aufgaben nach folgenden Maßgaben zu übermitteln oder bereitzustellen:

1. aus Anlass von Einstellungen eingereichte Bewerbungsunterlagen, auf Verlangen des Personalrats die Bewerbungsunterlagen aller Bewerberinnen und Bewerber,

2. einzelne Personaldaten oder die listenmäßige Zusammenfassung von Personaldaten, soweit sie für beteiligungspflichtige Personalentscheidungen oder für die Wahrnehmung allgemeiner Aufgaben erforderlich sind,

3. zusammenfassende Ergebnisse amtsärztlicher Gutachten, psychologischer Eignungsgutachten oder Eignungstests aus Anlass von Einstellungen, wenn die Dienststelle bei ihrer Entscheidung darauf abstellen will und die betroffene Person einwilligt,

4. dienstliche Beurteilungen, wenn die oder der Beschäftigte die Vorlage an den Personalrat verlangt; die Gesamtnote ist dem Personalrat zu übermitteln oder bereitzustellen, wenn ihre Kenntnis für beteiligungspflichtige Personalentscheidungen erforderlich ist,

5. Ausdrucke personenbezogener Daten aus automatisierten Dateien, wenn der Personalrat prüfen will, ob Dienstvereinbarungen über die Einrichtung und Anwendung automatisierter Verfahren oder die Maßgaben eingehalten werden, unter denen er ihrer Einrichtung und Anwendung zugestimmt hat.

₂Die Personalakte darf nur mit Einwilligung der betroffenen Person durch ein von dieser bestimmtes Mitglied des Personalrats eingesehen werden. ₃Abweichend von § 9 Abs. 2 Satz 1 entfällt für dieses Mitglied die Schweigepflicht gegenüber den anderen Mitgliedern des Personalrats nur über solche Daten, die für die Beschlussfassung des Personalrats bedeutsam sind.

(3) ₁Einem vom Personalrat benannten Mitglied ist die Teilnahme zu gestatten:

1. bei dem mündlichen Teil von Prüfungen, die eine Dienststelle von den Beschäftigten ihres Bereichs abnimmt; dies gilt nicht für die Beratungen,

2. bei Vorstellungs- oder Eignungsgesprächen der Dienststelle im Rahmen von Auswahlverfahren zur Vorbereitung mitbestimmungspflichtiger Maßnahmen,

3. bei Personalgesprächen mit der für Personalentscheidungen der Dienststelle zuständigen Stelle, wenn die oder der Beschäftigte dies wünscht.

₂Die Dienststelle kann den Personalrat in geeigneten Fällen in die Vorbereitung beteiligungspflichtiger Maßnahmen einbeziehen. ₃Sie soll einem Mitglied die Teilnahme in von der Dienststelle eingerichteten Projektgruppen, Planungsgruppen oder vergleichbaren Gruppen, die beteiligungspflichtige Maßnahmen vorbereiten, gestatten.

§ 60a Wirtschaftsausschuss

(1) ₁Dienststellen mit in der Regel mehr als zweihundert Beschäftigten sollen auf Antrag des Personalrats einen Wirtschaftsausschuss bilden. ₂Der Wirtschaftsausschuss hat die Aufgabe, wirtschaftliche Angelegenheiten der Dienststelle (Absatz 3) zu beraten und den Personalrat darüber zu unterrichten.

(2) ₁Die Dienststelle hat den Wirtschaftsausschuss rechtzeitig und umfassend über ihre wirtschaftlichen Angelegenheiten zu unterrichten sowie die sich daraus ergebenden Auswirkungen auf die Personalplanung darzustellen. ₂Ihm sind die hierfür erforderlichen Unterlagen und Tatsachen zu übermitteln oder bereitzustellen, soweit dadurch nicht

Betriebs- und Geschäftsgeheimnisse oder Dienstgeheimnisse gefährdet werden.

(3) Wirtschaftliche Angelegenheiten der Dienststelle sind

1. die wirtschaftliche und finanzielle Lage der Dienststelle,
2. Veränderungen der Produktpläne,
3. beabsichtigte bedeutende Investitionen,
4. beabsichtigte Partnerschaften mit Privaten sowie dauerhafte Privatisierungen und Aufgabenverlagerungen an Dritte,
5. Rationalisierungsvorhaben,
6. Einführung neuer Arbeits- und Managementmethoden,
7. Fragen des betrieblichen Umweltschutzes,
8. Verlegung von Dienststellen oder Dienststellenteilen,
9. Neugründung, Zusammenlegung oder Teilung der Dienststelle oder von Dienststellenteilen,
10. Kooperation mit anderen Dienststellen im Rahmen interadministrativer Zusammenarbeit,
11. sonstige wirtschaftliche Vorgänge und Vorhaben, welche die Interessen der Beschäftigten der Dienststelle wesentlich berühren können.

(4) ₁Der Wirtschaftsausschuss besteht aus mindestens drei und höchstens sieben Mitgliedern, die Beschäftigte der Dienststelle sein müssen; darunter muss sich mindestens ein Personalratsmitglied befinden. ₂Ersatzmitglieder können bestellt werden. ₃Dem Wirtschaftsausschuss sollen Frauen und Männer angehören. ₄Die Mitglieder sollen die zur Erfüllung ihrer Aufgaben erforderliche fachliche und persönliche Eignung besitzen. ₅Sie werden vom Personalrat für die Dauer seiner Amtszeit bestimmt und können jederzeit abberufen werden. ₆§ 37 Abs. 1 Satz 1, Abs. 2 und 3 sowie § 39 Abs. 1 und 2 gelten entsprechend.

(5) ₁Der Wirtschaftsausschuss soll einmal im Vierteljahr zusammentreten. ₂Er kann sachkundige Beschäftigte hinzuziehen. ₃Der Wirtschaftsausschuss hat dem Personalrat über jede Sitzung unverzüglich und umfassend zu berichten.

(6) ₁Die Dienststelle nimmt an den Sitzungen des Wirtschaftsausschusses teil. ₂Sie kann sachkundige Beschäftigte hinzuziehen.

(7) Ist ein Gesamtpersonalrat gebildet, so tritt dieser an die Stelle des Personalrats und die Gesamtdienststelle an die Stelle der Dienststelle.

§ 61 Behandlung personenbezogener Unterlagen

(1) Unterlagen mit personenbezogenen Daten, die dem Personalrat aus Anlass seiner Beteiligung an einer bestimmten Maßnahme zur Verfügung gestellt wurden, sind nach Abschluss des Beteiligungsverfahrens der Dienststelle zurückzugeben.

(2) ₁Andere Unterlagen des Personalrats, die personenbezogene Daten enthalten, insbesondere Niederschriften und Personallisten, sind für die Dauer der regelmäßigen Amtszeit des Personalrats aufzubewahren. ₂Sie sind spätestens nach Ablauf einer weiteren regelmäßigen Amtszeit an das zuständige Archiv abzugeben, soweit dies in den entsprechenden Rechtsvorschriften vorgesehen ist, oder zu vernichten.

(3) ₁Bei der Verarbeitung personenbezogener Daten hat der Personalrat die Vorschriften über den Datenschutz einzuhalten. ₂Soweit der Personalrat zur Erfüllung der in seiner Zuständigkeit liegenden Aufgaben personenbezogene Daten verarbeitet, ist die Dienststelle der für die Verarbeitung Verantwortliche im Sinne der datenschutzrechtlichen Vorschriften. ₃Die Dienststelle und der Personalrat unterstützen sich gegenseitig bei der Einhaltung der datenschutzrechtlichen Vorschriften.

§ 62 Gemeinsame Besprechungen

(1) ₁Dienststelle und Personalrat sollen mindestens einmal im Vierteljahr zu gemeinsamen Besprechungen zusammentreten. ₂In ihnen sollen insbesondere alle Vorgänge, die die Beschäftigten wesentlich berühren oder künftig berühren können, behandelt werden.

(2) ₁Die Jugend- und Auszubildendenvertretung und die Schwerbehindertenvertretung

sind berechtigt, an den Besprechungen teilzunehmen. ₂Die Dienststelle und der Personalrat können im beiderseitigen Einvernehmen sachkundige Personen zu den Besprechungen hinzuziehen.

§ 63 Unzulässige Maßnahmen

₁Maßnahmen, bei denen

1. die gesetzlich vorgeschriebene Beteiligung unterlassen oder
2. bei einer Beteiligung gegen wesentliche Verfahrensvorschriften verstoßen worden ist,

dürfen nicht vollzogen werden. ₂Maßnahmen, die entgegen Satz 1 durchgeführt worden sind, sind zurückzunehmen, soweit nicht Rechte Dritter oder öffentliche Interessen entgegenstehen.

Zweiter Abschnitt
Mitbestimmung

§ 64 Umfang der Mitbestimmung

(1) Der Personalrat bestimmt gleichberechtigt mit bei allen personellen, sozialen, organisatorischen und sonstigen innerdienstlichen Maßnahmen, die die Beschäftigten der Dienststelle insgesamt, Gruppen von ihnen oder einzelne Beschäftigte betreffen oder sich auf sie auswirken.

(2) ₁Eine Maßnahme ist eine Handlung oder Entscheidung, durch die die Dienststelle in eigener Zuständigkeit eine Regelung trifft, die die Beschäftigten nicht nur geringfügig berührt oder innerdienstliche Verhältnisse nicht nur unwesentlich und nicht nur kurzfristig verändert. ₂Keine Maßnahmen sind insbesondere

1. Handlungen, die eine Maßnahme nur vorbereiten,
2. Erläuterungen bestehender verbindlicher Regelungen oder
3. Weisungen zur Erfüllung dienstlicher Obliegenheiten.

(3) ₁Soweit in den §§ 65 bis 67 einzelne Maßnahmen benannt sind, handelt es sich um eine beispielhafte Aufzählung, die die Mitbestimmung bei Maßnahmen von ähnlichem Gewicht nicht ausschließt. ₂Die §§ 65 bis 67 und 75 regeln die dort aufgeführten Sachverhalte abschließend.

(4) Die Mitbestimmung entfällt bei:

1. Erlass von Rechtsvorschriften,
2. Organisationsentscheidungen der Landesregierung,
3. allgemeinen Regelungen der Landesregierung oder einer obersten Landesbehörde, die nach § 81 mit den Spitzenorganisationen der Gewerkschaften zu vereinbaren sind.

(5) ₁Der Personalrat kann seine Zustimmung durch Vereinbarung mit der Dienststelle für bestimmte Maßnahmen oder Gruppen von Maßnahmen vorab erteilen. ₂§ 78 bleibt unberührt.

§ 65 Mitbestimmung bei personellen Maßnahmen

(1) Der Personalrat bestimmt insbesondere bei folgenden personellen oder allgemeinen Maßnahmen für Beamtinnen und Beamte mit:

1. Einstellung,
2. Beförderung,
3. Übertragung eines Amtes mit niedrigerem Endgrundgehalt, sofern die Beamtin oder der Beamte die Beteiligung des Personalrats beantragt; die Dienststelle hat auf das Antragsrecht rechtzeitig hinzuweisen,
4. Übertragung eines Amtes, das mit einer Amtszulage oder Stellenzulage verbunden ist,
5. Übertragung eines Amtes, das mit dem Wegfall einer Amtszulage oder Stellenzulage verbunden ist, sofern die Beamtin oder der Beamte die Beteiligung des Personalrats beantragt; die Dienststelle hat auf das Antragsrecht rechtzeitig hinzuweisen,
6. Zulassung zum Aufstieg in die nächsthöhere Laufbahn,
7. nicht nur vorübergehende Übertragung eines Dienstpostens, der aufgrund seiner Bewertung einem anderen Amt mit höherem Endgrundgehalt zugeordnet ist,

8. Verlängerung der Probezeit,
9. Versetzung zu einer anderen Dienststelle,
10. Abordnung, sofern sie den Zeitraum von drei Monaten überschreitet,
11. Zuweisung nach § 20 BeamtStG für eine Dauer von mehr als drei Monaten,
12. Umsetzung innerhalb der Dienststelle, wenn die neue Dienststelle auf einer üblicherweise befahrenen Strecke mindestens 15 Kilometer von der bisherigen Dienststätte entfernt liegt, die Umsetzung den Zeitraum von drei Monaten überschreitet und die Beamtin oder der Beamte ihr nicht zustimmt,
13. vorzeitige Versetzung in den Ruhestand, sofern die Beamtin oder der Beamte die Beteiligung des Personalrats beantragt; die Dienststelle hat auf das Antragsrecht rechtzeitig hinzuweisen,
14. Entlassung nach § 23 Abs. 1 Satz 1 Nr. 3 BeamtStG, sofern die Beamtin oder der Beamte die Beteiligung des Personalrats beantragt; die Dienststelle hat auf das Antragsrecht rechtzeitig hinzuweisen,
15. Feststellung der begrenzten Dienstfähigkeit, sofern die Beamtin oder der Beamte die Beteiligung des Personalrats beantragt; die Dienststelle hat auf das Antragsrecht rechtzeitig hinzuweisen,
16. Entscheidungen im Zusammenhang mit dem Hinausschieben der Altersgrenze (§ 36 NBG),
17. Entlassung von Beamtinnen und Beamten auf Probe oder auf Widerruf nach den § 23 Abs. 3 und 4 und § 30 Abs. 2 BeamtStG,
18. Anordnungen, welche die Freiheit in der Wahl der Wohnung beschränken,
19. Untersagung der Übernahme einer Nebentätigkeit,
20. Verzicht auf Ausschreibung, es sei denn, der Dienstposten soll mit einer Beamtin oder einem Beamten der entsprechenden Besoldungsgruppe besetzt werden,
21. Ablehnung von Anträgen auf Teilzeitbeschäftigung sowie Urlaub, bei Erholungsurlaub jedoch nur, sofern die Beamtin oder der Beamte die Beteiligung des Personalrats beantragt; die Dienststelle hat auf das Antragsrecht rechtzeitig hinzuweisen,
22. Aufstellung von Grundsätzen über die Durchführung der Fortbildung,
23. Auswahl für die Teilnahme an Fortbildungsveranstaltungen, wenn mehr Bewerberinnen oder Bewerber vorhanden sind, als Plätze zur Verfügung stehen,
24. Bestimmung des Inhalts von Beurteilungsrichtlinien,
25. Ablehnung von Anträgen auf Ausnahme von dem regelmäßigen Ausgleich für vorherige langfristige unregelmäßige Verteilung der Arbeitszeit,
26. Ablehnung von Anträgen auf Teilnahme an der Telearbeit oder an mobilem Arbeiten,
27. Herabsetzung der Anwärterbezüge oder der Unterhaltsbeihilfe,
28. Geltendmachung von Ersatzansprüchen, sofern die Beamtin oder der Beamte die Beteiligung des Personalrats beantragt; die Dienststelle hat auf das Antragsrecht rechtzeitig hinzuweisen,
29. Bestimmung des Inhalts von Beförderungsrichtlinien,
30. Bestimmung des Inhalts von Personalentwicklungskonzepten.

(2) Der Personalrat bestimmt insbesondere bei folgenden personellen oder allgemeinen Maßnahmen für Arbeitnehmerinnen und Arbeitnehmer mit:

1. Einstellung, auch als Verlängerung eines befristeten Arbeitsvertrages,
2. Eingruppierung, Höher- oder Herabgruppierung einschließlich der damit jeweils verbundenen Stufenzuordnung, bei Ermessensentscheidungen jedoch nur, wenn Grundsätze zur Ausfüllung der tariflichen Ermächtigung vorliegen, Bestimmung der Fallgruppe, Zahlung tariflicher oder außertariflicher Zulagen,
3. Übertragung einer höher oder niedriger zu bewertenden oder mit einem Wechsel

der Fallgruppe verbundenen Tätigkeit für eine Dauer von mehr als drei Monaten,
4. Befristung eines Arbeitsvertrages im Anschluss an ein zuvor befristetes Arbeitsverhältnis,
5. Versetzung zu einer anderen Dienststelle,
6. Abordnung, sofern sie den Zeitraum von drei Monaten überschreitet,
7. Zuweisung nach tarifrechtlichen Regelungen entsprechend § 20 BeamtStG für eine Dauer von mehr als drei Monaten,
8. Personalgestellung für eine Dauer von mehr als drei Monaten,
9. Umsetzung innerhalb der Dienststelle, wenn die neue Dienststätte auf einer üblicherweise befahrenen Strecke mindestens 15 Kilometer von der bisherigen Dienststätte entfernt liegt, die Umsetzung den Zeitraum von drei Monaten überschreitet und die Arbeitnehmerin oder der Arbeitnehmer ihr nicht zustimmt,
10. ordentliche Kündigung außerhalb der Probezeit einschließlich Änderungskündigung,
11. Anordnungen, welche die Freiheit in der Wahl der Wohnung beschränken,
12. Versagung oder Widerruf der Genehmigung zur Übernahme einer Nebenbeschäftigung,
13. Aufstellung von Grundsätzen über die Durchführung der Berufsausbildung und Fortbildung,
14. Auswahl für die Teilnahme an Fortbildungsveranstaltungen, wenn mehr Bewerberinnen oder Bewerber vorhanden sind, als Plätze zur Verfügung stehen,
15. a) Aufstellung von Richtlinien über die Gewährung des Bildungsurlaubs nach dem Niedersächsischen Bildungsurlaubsgesetz,
b) Entscheidung, in welcher Reihenfolge mehrere Bewerberinnen und Bewerber Bildungsurlaub erhalten,
c) Entscheidung über den Zeitpunkt des Bildungsurlaubs, falls ein Einvernehmen zwischen Arbeitnehmerin oder Arbeitnehmer und Dienststelle nicht erreichbar ist,
16. Verzicht auf Ausschreibung, es sei denn, der Arbeitsplatz soll mit einer oder einem Beschäftigten der entsprechenden Vergütungs-, Lohn- oder Entgeltgruppe besetzt werden,
17. Ablehnung von Anträgen auf Teilzeitbeschäftigung, Arbeitsbefreiung sowie Urlaub mit Ausnahme von Bildungsurlaub, bei Erholungsurlaub jedoch nur, sofern die Arbeitnehmerin oder der Arbeitnehmer die Beteiligung des Personalrats beantragt; die Dienststelle hat auf das Antragsrecht rechtzeitig hinzuweisen,
18. Bestimmung des Inhalts von Beurteilungsrichtlinien,
19. Ablehnung von Anträgen auf Ausnahme von dem regelmäßigen Ausgleich für vorherige langfristige unregelmäßige Verteilung der Arbeitszeit,
20. Ablehnung von Anträgen auf Teilnahme an der Telearbeit oder an mobilem Arbeiten,
21. Geltendmachung von Ersatzansprüchen, sofern die Arbeitnehmerin oder der Arbeitnehmer die Beteiligung des Personalrats beantragt; die Dienststelle hat auf das Antragsrecht rechtzeitig hinzuweisen,
22. Bestimmung des Inhalts von Personalentwicklungskonzepten.

(3) Die Mitbestimmung erstreckt sich nicht auf personelle Maßnahmen sowie Maßnahmen nach Absatz 1 Nr. 20 und Absatz 2 Nr. 16 für:
1. Beschäftigte, soweit Stellen der Besoldungsgruppe A 16, der Besoldungsordnung B und der Besoldungsordnung R von der Besoldungsgruppe R 3 an aufwärts sowie entsprechender Vergütungs- oder Entgeltgruppen betroffen sind,
2. Leiterinnen oder Leiter von Dienststellen und ständige Vertreterinnen oder Vertreter sowie Beschäftigte, die in Personalangelegenheiten der Dienststelle ausscheiden.

(4) Von der Mitbestimmung ausgenommen sind Einzelfallentscheidungen

1. im Besoldungs-, Versorgungs-, Beihilfe-, Reisekosten-, Trennungsgeld- und Umzugskostenrecht, Disziplinarrecht, Recht der Heilfürsorge sowie bei der Festsetzung von Vergütung, Lohn oder Entgelt, soweit nicht in den Absätzen 1 und 2 etwas anderes bestimmt ist,

2. von Abordnungen und Umsetzungen, die auf einem Reform- oder Umstrukturierungskonzept beruhen,
   a) das auch mindestens Rahmenbedingungen für den notwendigen personellen Vollzug enthält und
   b) an dessen Ausarbeitung die bei den für den personellen Vollzug zuständigen Dienststellen gebildeten Personalräte oder an ihrer Stelle die zuständigen Stufenvertretungen oder von diesen bestimmte Mitglieder beteiligt waren, wenn diese den in Buchstabe a genannten Teilen des Konzepts zugestimmt haben.

§ 66 Mitbestimmung bei sozialen und sonstigen innerdienstlichen Maßnahmen

(1) Der Personalrat bestimmt insbesondere bei folgenden Maßnahmen mit:

1. a) Festlegung von Dauer, Beginn und Ende der täglichen Arbeitszeit einschließlich der Pausen, der Rufbereitschaft und des Bereitschaftsdienstes; ausgenommen bleibt die für die Dienststelle nicht vorhersehbare, aufgrund besonderer Erfordernisse kurzfristig und unregelmäßig festzusetzende tägliche Arbeitszeit für bestimmte Gruppen von Beschäftigten,
   b) Regelungen über die gleitende Arbeitszeit oder die langfristige ungleichmäßige Verteilung von Arbeitszeit,

2. Festlegung der Grundsätze für die Aufstellung von Dienstplänen, für die Anordnung von Bereitschaftsdienst und Rufbereitschaft sowie für unvorhersehbare Arbeitszeitregelungen im Sinne der Nummer 1,

3. Aufstellung des Urlaubsplans; Festsetzung der zeitlichen Lage des Erholungsurlaubs für einzelne Beschäftigte, wenn zwischen der Dienststelle und der oder dem beteiligten Beschäftigten kein Einverständnis erzielt wird,

4. Errichtung, Verwaltung und Auflösung von Kinderbetreuungs- oder anderen Sozialeinrichtungen ohne Rücksicht auf ihre Rechtsform,

5. betriebliche Lohngestaltung, insbesondere Aufstellung von Entlohnungsgrundsätzen, Einführung und Anwendung von neuen Entlohnungsmethoden sowie deren Änderung, Festsetzung der einzelnen Akkord- und Prämiensätze sowie der leistungsbezogenen und sonstigen Zulagen und Festsetzung von Pauschvergütungen,

6. Unterstützungen, Gehaltsvorschüssen und entsprechenden sozialen Zuwendungen, wobei auf Verlangen der Antragstellerin oder des Antragstellers nur ein von ihr oder ihm bestimmtes Mitglied des Personalrats mitbestimmt; § 31 Abs. 2 findet keine Anwendung,

7. Zuweisungen und Kündigungen von Wohnungen, über die die Dienststelle verfügt oder für deren Vergabe der Dienststelle ein Vorschlagsrecht zusteht, mit Ausnahme von Dienst- und Werkdienstwohnungen,

8. Zuweisung und Kündigung von Dienst- und Pachtland und Festsetzung der Nutzungsbedingungen,

9. Bestellung und Abberufung von Vertrauens-, Vertrags- und Betriebsärztinnen und -ärzten, Beauftragten für Arbeitssicherheit und Sonderaufgaben im sozialen Bereich, soweit nicht in anderer Weise gesetzlich geregelt,

10. Regelung der Ordnung in der Dienststelle und des Verhaltens der Beschäftigten einschließlich des Schutzes der Beschäftigten vor sexueller Belästigung,

11. Maßnahmen des Arbeits- und Gesundheitsschutzes einschließlich der Erstellung von Arbeitsschutzprogrammen so-

wie Regelungen, die der Verhütung von Dienst- und Arbeitsunfällen und Berufskrankheiten sowie dem Gesundheitsschutz auch mittelbar dienen,

12. Sozialpläne einschließlich Pläne für Umschulungen, die aus Anlass von Rationalisierungs- oder sonstigen organisatorischen Maßnahmen zum Ausgleich von Härtefällen oder zur Milderung wirtschaftlicher Nachteile aufgestellt werden,

13. Bestimmung des Inhalts von Personalfragebogen mit Ausnahme von Fragebogen im Rahmen der Rechnungsprüfung und von Organisationsuntersuchungen,

14. Abschluss von Arbeitnehmerüberlassungs- und Gestellungsverträgen mit Ausnahme der Gestellungsverträge mit den Kirchen über die Abstellung katechetischer Lehrkräfte für den Religionsunterricht an öffentlichen Schulen,

15. Aufstellung von Grundsätzen über das behördliche und betriebliche Vorschlagswesen.

(2) § 65 Abs. 3 Nrn. 1 und 2 gilt entsprechend für Maßnahmen nach Absatz 1 Nrn. 6 bis 8.

§ 67 Mitbestimmung bei organisatorischen Maßnahmen

(1) Der Personalrat bestimmt insbesondere bei folgenden Maßnahmen mit:

1. Festlegung oder Veränderung des Umfangs der automatisierten Verarbeitung personenbezogener Daten der Beschäftigten für Zwecke der Personalverwaltung oder Personalwirtschaft außerhalb von Besoldungs-, Vergütungs-, Lohn-, Entgelt- und Versorgungsleistungen sowie von Beihilfen, Heilfürsorge, Reisekosten-, Trennungsgeld- und Umzugskostenrecht,

2. Einführung, wesentliche Erweiterung und Anwendung technischer Einrichtungen, die geeignet sind, das Verhalten oder die Leistung der Beschäftigten zu überwachen,

3. Gestaltung der Arbeitsplätze,

4. Maßnahmen zur Hebung der Arbeitsleistung und zur Erleichterung des Arbeitsablaufs,

5. Aufstellung oder wesentliche Änderung von Plänen zur Herstellung der Gleichberechtigung von Frauen und Männern,

6. Einführung grundlegend neuer Arbeitsmethoden,

7. Anordnung von vorhersehbarer Mehrarbeit und Überstunden; von unvorhersehbar notwendigen Anordnungen und Maßnahmen ist der Personalrat unverzüglich zu unterrichten,

8. Festsetzung von Kurzarbeit,

9. Bestellung und Abberufung von Beauftragten für Datenschutz,

10. Einführung der Telearbeit,

11. Einrichtung von Plätzen für den Bundesfreiwilligendienst oder den Jugendfreiwilligendienst,

12. Grundsätze der Arbeitsplatz- und Dienstpostenbewertung.

(2) ₁Die Mitbestimmung entfällt bei Maßnahmen nach Absatz 1 Nrn. 2 bis 4 und 6 unter den in § 65 Abs. 4 Nr. 2 Buchst. b genannten Voraussetzungen. ₂§ 65 Abs. 4 Nr. 2 Buchst. a gilt entsprechend.

§ 68 Mitbestimmungsverfahren

(1) Soweit eine Maßnahme der Mitbestimmung des Personalrats unterliegt, bedarf sie seiner Zustimmung.

(2) ₁Die Dienststelle unterrichtet den Personalrat von der beabsichtigten Maßnahme schriftlich oder elektronisch und beantragt seine Zustimmung. ₂Der Personalrat kann verlangen, dass die Dienststelle die beabsichtigte Maßnahme schriftlich oder elektronisch begründet oder mit ihm erörtert. ₃Der Beschluss des Personalrats ist der Dienststelle innerhalb von zwei Wochen mitzuteilen. ₄In dringenden Fällen kann die Dienststelle diese Frist auf eine Woche abkürzen. ₅Die Frist beginnt mit dem Zeitpunkt, in dem der Antrag der oder dem Vorsitzenden des Personalrats zugeht. ₆Die Zustimmung gilt als erteilt, wenn der Personalrat sie nicht innerhalb der Frist schriftlich oder elektronisch unter Angabe

von Gründen verweigert oder die aufgeführten Gründe offensichtlich außerhalb der Mitbestimmung nach den §§ 64 bis 67 liegen. ₇Im Fall der Einigung hat die Dienststelle die beantragte Maßnahme in angemessener Frist durchzuführen oder dem Personalrat die Hinderungsgründe mitzuteilen.

(3) ₁Die in Absatz 2 Satz 3 genannte Frist kann im Einzelfall im beiderseitigen Einvernehmen um eine Woche verlängert werden. ₂§ 33 bleibt unberührt.

§ 69 Initiativrecht des Personalrats

(1) ₁Der Personalrat kann eine Maßnahme, die seiner Mitbestimmung unterliegt, schriftlich oder elektronisch bei der Dienststelle beantragen. ₂Bei einer Maßnahme, die nur einzelne Beschäftigte betrifft und keine Auswirkungen auf Belange der Gesamtheit der in der Dienststelle Beschäftigten hat, ist ein Antrag nach Satz 1 nicht zulässig, wenn die betroffenen Beschäftigten selbst klagebefugt sind.

(2) ₁Die Dienststelle gibt dem Personalrat innerhalb von zwei Wochen schriftlich oder elektronisch bekannt, ob sie dem Antrag entsprechen will. ₂Sie führt die beantragte Maßnahme in angemessener Frist durch, wenn sie nicht innerhalb der in Satz 1 genannten Frist schriftlich oder elektronisch unter Angabe von Gründen dem Personalrat ihre Ablehnung mitgeteilt hat. ₃§ 68 Abs. 3 Satz 1 gilt entsprechend. ₄Satz 2 gilt nicht, wenn der Durchführung Rechtsvorschriften, insbesondere des Haushaltsrechts, tarifliche Regelungen oder Vereinbarungen nach § 81 entgegenstehen. ₅Die in Satz 1 bestimmte Frist verdoppelt sich, wenn die Maßnahme von der Entscheidung oder der Beteiligung eines Kollegialorgans oder von ihm eingesetzter Gremien abhängt.

§ 70 Verfahren bei Nichteinigung

(1) ₁Einigen sich die Dienststelle und der Personalrat nicht, so können sie die Angelegenheit innerhalb von zwei Wochen der übergeordneten Dienststelle, bei der eine Stufenvertretung besteht, vorlegen. ₂In den Fällen des § 68 beteiligt die übergeordnete Dienststelle umgehend die Stufenvertretung nach Maßgabe des § 68 Abs. 2. ₃In den Fällen des § 69 verhandelt sie mit der Stufenvertretung und nimmt zu dem Antrag innerhalb eines Monats nach dem Eingang Stellung.

(2) ₁Einigen sich die übergeordnete Dienststelle und die bei ihr bestehende Stufenvertretung nicht, so können sie die Angelegenheit innerhalb von zwei Wochen nach Zugang der ablehnenden Stellungnahme oder nach Ablauf der in Absatz 1 Satz 3 genannten Monatsfrist der obersten Dienstbehörde vorlegen. ₂Für das weitere Verfahren gilt Absatz 1 Sätze 2 und 3 entsprechend.

(3) ₁Einigen sich die oberste Dienstbehörde und der bei ihr bestehende Personalrat nicht, so kann innerhalb von zwei Wochen

1. die oberste Dienstbehörde die bei ihr bestehende Stufenvertretung beteiligen oder

2. der Personalrat verlangen, dass die oberste Dienstbehörde die bei ihr bestehende Stufenvertretung beteiligt.

₂Für das weitere Verfahren gilt Absatz 1 Sätze 2 und 3 entsprechend.

(4) ₁Einigen sich die oberste Dienstbehörde und

1. die bei ihr bestehende Stufenvertretung oder,

2. wenn eine Stufenvertretung nicht zu bilden ist, der bei ihr bestehende Personalrat

nicht, so können sie in den in den §§ 65 bis 67 genannten Fällen innerhalb von zwei Wochen nach Zugang der ablehnenden Stellungnahme oder nach Ablauf der in Absatz 1 Satz 3 genannten Monatsfrist die Einigungsstelle anrufen. ₂In den anderen Fällen entscheidet die oberste Dienstbehörde endgültig.

(5) Die für die Dienststellen bestimmten Fristen verdoppeln sich, wenn die Maßnahme von der Entscheidung oder der Beteiligung eines Kollegialorgans oder von ihm eingesetzter Gremien abhängt.

§ 71 Einigungsstelle

(1) ₁Bei jeder obersten Dienstbehörde wird für die Dauer der regelmäßigen Amtszeit der Personalräte eine Einigungsstelle gebildet. ₂Sie besteht aus sechs Mitgliedern, die je zur

Hälfte von der obersten Dienstbehörde und dem Hauptpersonalrat bestellt werden, und einer oder einem unparteiischen Vorsitzenden, auf die oder den sich beide Seiten einigen. ₃Kommt eine Einigung über den Vorsitz innerhalb von acht Wochen nach Beginn der Amtszeit nicht zustande, so bestellt die Präsidentin oder der Präsident des Oberverwaltungsgerichts die Vorsitzende oder den Vorsitzenden. ₄Der Einigungsstelle sollen Frauen und Männer angehören. ₅Soll von Satz 4 abgewichen werden, so haben dies die für die Bestellung der Mitglieder zuständigen Stellen zu begründen.

(2) ₁Für oberste Dienstbehörden, bei denen kein Hauptpersonalrat zu bilden ist, tritt an seine Stelle der Personalrat. ₂Bestehen bei einer obersten Dienstbehörde mehrere Hauptpersonalräte, so wird für den Bereich jedes Hauptpersonalrats eine Einigungsstelle gebildet.

(3) ₁Von den Mitgliedern, die die Personalvertretung bestellt, muss ein Mitglied im Beamtenverhältnis und ein Mitglied im Arbeitnehmerverhältnis stehen, wenn in den am Verfahren beteiligten Personalvertretungen die entsprechenden Gruppen vertreten sind. ₂Betrifft eine Angelegenheit lediglich Beschäftigte im Beamtenverhältnis, so müssen zwei der in Satz 1 genannten Mitglieder Beamtinnen oder Beamte sein. ₃Betrifft eine Angelegenheit lediglich Beschäftigte im Arbeitnehmerverhältnis, so müssen zwei der in Satz 1 genannten Mitglieder Arbeitnehmerinnen oder Arbeitnehmer sein.

(4) Für die Vorsitzende oder den Vorsitzenden und die Mitglieder der Einigungsstelle sind Stellvertreterinnen oder Stellvertreter zu bestellen.

(5) Die Mitgliedschaft wird durch einen Wechsel der Gruppenzugehörigkeit nicht berührt.

(6) ₁Die oder der Vorsitzende und die Mitglieder der Einigungsstelle üben ihr Amt unabhängig und frei von Weisungen aus. ₂Die §§ 9 und 41 Abs. 1 gelten entsprechend.

(7) ₁Vorsitzende erhalten eine angemessene Vergütung, deren Höhe das Finanzministerium nach pauschalen Sätzen bestimmt. ₂§ 37 gilt entsprechend.

§ 72 Verfahren der Einigungsstelle

(1) ₁Die Verhandlungen der Einigungsstelle sind nicht öffentlich. ₂Die oberste Dienstbehörde und die zuständige Personalvertretung können sich schriftlich, elektronisch oder mündlich äußern. ₃Die Einigungsstelle kann beschließen, zu den Verhandlungen sachkundige Personen hinzuzuziehen. ₄Für die Einsicht in Personalakten gilt § 60 Abs. 2 Sätze 2 und 3 entsprechend mit der Maßgabe, dass die oder der Vorsitzende Einsicht nimmt.

(2) ₁Die oder der Vorsitzende der Einigungsstelle kann in der Einladung zu einer Sitzung der Einigungsstelle festsetzen, dass alle oder einzelne Mitglieder durch Zuschaltung per Video- oder Telefonkonferenztechnik an der Sitzung teilnehmen können (Video- oder Telefonkonferenz), wenn

1. vorhandene Einrichtungen genutzt werden, die durch die Dienststelle zur dienstlichen Nutzung freigegeben sind,

2. kein Mitglied der Einigungsstelle binnen einer von der oder dem Vorsitzenden zu bestimmenden Frist gegenüber der oder dem Vorsitzenden schriftlich oder elektronisch widerspricht und

3. geeignete organisatorische Maßnahmen getroffen werden, um sicherzustellen, dass Dritte vom Inhalt der Sitzung keine Kenntnis nehmen.

₂Eine Aufzeichnung ist unzulässig. ₃Zu Beginn einer Video- oder Telefonkonferenz stellt die oder der Vorsitzende der Einigungsstelle durch namentliche Nennung fest, welche Personen durch Zuschaltung an der Video- oder Telefonkonferenz teilnehmen.

(3) ₁Die Einigungsstelle entscheidet durch Beschluss. ₂Sie kann den Anträgen der Beteiligten auch teilweise entsprechen. ₃Die Einigungsstelle ist nur beschlussfähig, wenn mindestens die Hälfte der zur Beschlussfassung berufenen Personen anwesend ist. ₄Der Beschluss wird mit Stimmenmehrheit gefasst. ₅Bei Stimmengleichheit entscheidet die Stimme der oder des Vorsitzenden. ₆Der Beschluss soll innerhalb von sechs Wochen nach Anrufung der Einigungsstelle ergehen. ₇Er ist schriftlich niederzulegen, zu begründen, von

der oder dem Vorsitzenden zu unterschreiben und den Beteiligten unverzüglich zuzustellen.

(4) Der Beschluss der Einigungsstelle muss sich im Rahmen der Rechtsvorschriften, insbesondere des Haushaltsrechts, der tariflichen Regelungen und der Vereinbarungen nach § 81 halten.

(5) ₁Folgt die Einigungsstelle nicht dem Antrag der obersten Dienstbehörde, so beschließt sie in den Fällen des § 65 Abs. 1 und 2 sowie des § 67 eine Empfehlung an die oberste Dienstbehörde. ₂Diese entscheidet sodann endgültig.

(6) ₁In den Fällen des § 66 bindet die Entscheidung der Einigungsstelle die Beteiligten. ₂An die Stelle der Entscheidung tritt jedoch eine Empfehlung der Einigungsstelle an die oberste Dienstbehörde, wenn von einem Beschluss der Landesregierung abgewichen werden soll oder wenn die Entscheidung durch die Landesregierung oder geschäftsbereichsübergreifend durch die Ministerpräsidentin oder den Ministerpräsidenten zu treffen ist.

(7) Weicht die endgültige Entscheidung von einer Empfehlung der Einigungsstelle ab, so ist dies der beteiligten Personalvertretung und der Einigungsstelle mit schriftlicher Begründung bekannt zu geben.

§ 72a Regionale Landesämter für Schule und Bildung, Landesamt für Steuern und Polizeibehörden als übergeordnete Dienststelle und oberste Dienstbehörde

₁Die Regionalen Landesämter für Schule und Bildung, das Landesamt für Steuern und die Polizeibehörden, bei denen Bezirkspersonalräte bestehen, treten in Verfahren nach den §§ 70 und 72 an die Stelle der übergeordneten Dienststelle und der obersten Dienstbehörde im Sinne dieses Gesetzes für Maßnahmen, für die ihnen oder den ihnen nachgeordneten Dienststellen die Entscheidungsbefugnis durch Rechtsvorschriften, durch Beschluss der Landesregierung oder durch die oberste Landesbehörde übertragen worden ist. ₂Eine Beteiligung des Hauptpersonalrats entfällt.

§ 73 Aufhebung von Entscheidungen der Einigungsstelle

(1) ₁Die oberste Dienstbehörde kann bei einer Entscheidung nach § 72 Abs. 6 Satz 1, die wegen ihrer Auswirkungen auf das Gemeinwesen die Regierungsverantwortung wesentlich berührt, innerhalb eines Monats nach Zustellung der Entscheidung der Einigungsstelle die endgültige Entscheidung der Landesregierung beantragen. ₂Wird eine Entscheidung der Einigungsstelle teilweise oder ganz aufgehoben, so ist dies den Beteiligten mit schriftlicher Begründung bekannt zu geben.

(2) Für den Bereich der Landtagsverwaltung entscheidet die Präsidentin oder der Präsident des Landtages im Benehmen mit dem Präsidium.

(3) Für den Bereich des Landesrechnungshofs entscheidet die Landesregierung im Benehmen mit der Präsidentin oder dem Präsidenten des Landesrechnungshofs.

(4) Für den Bereich der oder des Landesbeauftragten für den Datenschutz entscheidet die oder der Landesbeauftragte.

§ 74 Vorläufige Regelungen

₁Die Dienststelle kann bei Maßnahmen, die keinen Aufschub dulden, bis zur endgültigen Entscheidung vorläufige Regelungen treffen. ₂Sie hat dem Personalrat die vorläufige Regelung mitzuteilen, sie zu begründen und unverzüglich das Verfahren nach § 68 Abs. 2, §§ 70 oder 73 einzuleiten oder fortzusetzen.

Dritter Abschnitt
Andere Formen der Beteiligung

§ 75 Herstellung des Benehmens

(1) Bei folgenden Maßnahmen hat die Dienststelle das Benehmen mit dem Personalrat herzustellen:

1. personelle und allgemeine Maßnahmen nach § 65 für Beschäftigte, soweit Stellen der Besoldungsgruppe A 16 oder vergleichbarer Vergütungs- oder Entgeltgruppen betroffen sind; § 65 Abs. 3 Nr. 2 gilt entsprechend,

2. Abmahnungen, wenn die Beteiligung beantragt wird; die Dienststelle hat auf das Antragsrecht rechtzeitig hinzuweisen,

3. außerordentliche Kündigung sowie Kündigung während der Probezeit,
4. Aufstellung oder wesentliche Änderung von Organisationsplänen und Geschäftsverteilungsplänen,
5. Anordnung von Organisationsuntersuchungen,
6. Aufstellung der Entwürfe des Stellenplans, des Beschäftigungsvolumens und des Personalkostenbudgets durch die oberste Dienstbehörde,
7. Übertragung von Arbeiten der Dienststelle, die üblicherweise von ihren Beschäftigten vorgenommen werden, auf Dauer an Privatpersonen oder wirtschaftliche Unternehmen,
8. Auflösung, Einschränkung, Verlegung oder Zusammenlegung von Dienststellen oder wesentlichen Teilen von ihnen,
9. Planung von Neu-, Um- und Erweiterungsbauten sowie Anmietung von Diensträumen,
10. allgemeine Regelungen, sofern sie nicht in den §§ 65 bis 67 sowie den vorstehenden Nummern aufgeführt oder Gegenstand von Vereinbarungen mit den Spitzenorganisationen der Gewerkschaften nach § 81 sind oder der Beteiligung der Spitzenorganisationen der Gewerkschaften und Berufsverbände nach beamtenrechtlichen Vorschriften unterliegen.

(2) § 65 Abs. 3 Nrn. 1 und 2 gilt entsprechend für Maßnahmen nach Absatz 1 Nrn. 2 und 3.

§ 76 Verfahren zur Herstellung des Benehmens

(1) ₁Soweit die Dienststelle das Benehmen mit dem Personalrat herzustellen hat, ist dem Personalrat vor Durchführung der Maßnahme Gelegenheit zur Stellungnahme zu geben. ₂§ 68 Abs. 2 Sätze 2 bis 5 gilt entsprechend. ₃Die beabsichtigte Maßnahme gilt als gebilligt, wenn der Personalrat sich nicht innerhalb der Frist schriftlich oder elektronisch unter Angabe von Gründen äußert.

(2) ₁Im Falle des § 75 Abs. 1 Nr. 3 ist die Stellungnahme des Personalrats der Dienststelle innerhalb einer Woche zuzuleiten. ₂In dringenden Fällen kann die Dienststelle diese Frist auf drei Tage abkürzen. ₃Eine ohne Beteiligung nach Absatz 1 ausgesprochene Kündigung ist unwirksam.

(3) Entspricht die Dienststelle Einwendungen des Personalrats nicht oder nicht im vollen Umfang, so teilt sie ihm ihre Entscheidung unter Angabe von Gründen schriftlich oder elektronisch mit.

(4) ₁Außer im Falle des § 75 Abs. 1 Nr. 3 kann der Personalrat innerhalb von zwei Wochen nach Zugang der Mitteilung nach Absatz 3 die Entscheidung der übergeordneten Dienststelle beantragen. ₂Diese entscheidet nach Verhandlung mit der bei ihr bestehenden Stufenvertretung endgültig. ₃Ist das Benehmen mit dem Personalrat einer obersten Dienstbehörde herzustellen, so entscheidet sie endgültig nach

1. Verhandlung mit der bei ihr bestehenden zuständigen Stufenvertretung oder,
2. wenn eine Stufenvertretung nicht zu bilden ist, nach Durchführung des Verfahrens nach Absatz 1.

₄Hat eine oberste Dienstbehörde das Benehmen mit ihrem Hauptpersonalrat herzustellen, so gilt Absatz 1 entsprechend. ₅Nach Durchführung des Verfahrens entscheidet sie endgültig.

(5) Die §§ 69, 72a und 74 gelten entsprechend.

§ 77 Arbeits- und Gesundheitsschutz

(1) Der Personalrat hat bei der Bekämpfung von Unfall- und Gesundheitsgefahren die für den Arbeitsschutz zuständigen Behörden, die Träger der gesetzlichen Unfallversicherung und die übrigen in Betracht kommenden Stellen durch Anregung, Beratung und Auskunft zu unterstützen und sich für die Durchführung der Vorschriften über den Arbeitsschutz und die Unfallverhütung in der Dienststelle einzusetzen.

(2) ₁Die Dienststelle und die in Absatz 1 genannten Stellen sind verpflichtet, den Personalrat oder die von ihm bestimmten Mitglieder bei allen im Zusammenhang mit dem Arbeitsschutz und der Unfallverhütung stehenden Besichtigungen und Fragen sowie bei Unfall-

untersuchungen hinzuzuziehen. ₂Die Dienststelle hat dem Personalrat unverzüglich die den Arbeitsschutz und die Unfallverhütung betreffenden Auflagen und Anordnungen der in Absatz 1 genannten Stellen mitzuteilen.

(3) An den Besprechungen der Dienststelle mit Sicherheitsbeauftragten oder dem Sicherheitsausschuss nach dem Siebten Buch des Sozialgesetzbuchs oder dem Arbeitsschutzausschuss nach dem Gesetz über Betriebsärzte, Sicherheitsingenieure und andere Fachkräfte für Arbeitssicherheit nehmen vom Personalrat beauftragte Personalratsmitglieder teil.

(4) Der Personalrat erhält die Niederschriften über Untersuchungen, Besichtigungen und Besprechungen, zu denen er nach den Absätzen 2 und 3 hinzuzuziehen ist.

(5) Die Dienststelle hat dem Personalrat eine Kopie der nach dem Siebten Buch des Sozialgesetzbuchs zu erstattenden Unfallanzeige oder des nach beamtenrechtlichen Vorschriften zu erstattenden Berichts zu übermitteln.

§ 78 Dienstvereinbarungen

(1) ₁Dienstvereinbarungen sind zulässig, soweit nicht gesetzliche, tarifliche oder in Vereinbarungen nach § 81 getroffene Regelungen entgegenstehen. ₂Sie sind unzulässig, soweit sie Arbeitsentgelte oder sonstige Arbeitsbedingungen betreffen, die üblicherweise durch Tarifvertrag geregelt werden; das gilt nicht, wenn ein Tarifvertrag den Abschluss ergänzender Dienstvereinbarungen ausdrücklich zulässt.

(2) ₁Dienstvereinbarungen werden von der Dienststelle und dem Personalrat schriftlich geschlossen. ₂Sie sind von beiden Seiten zu unterzeichnen und von der Dienststelle in geeigneter Weise bekannt zu machen.

(3) Dienstvereinbarungen, die für einen größeren Bereich gelten, gehen den Dienstvereinbarungen für einen kleineren Bereich vor.

(4) ₁Dienstvereinbarungen können, soweit nicht eine kürzere Frist vereinbart worden ist, von beiden Seiten mit einer Frist von vier Monaten gekündigt werden. ₂Die Weitergeltung der Regelung einer gekündigten oder abgelaufenen Dienstvereinbarung bis zum Abschluss einer neuen Dienstvereinbarung kann nur für Maßnahmen verabredet werden, bei denen die Einigungsstelle eine Beteiligte bindende Entscheidung treffen könnte. ₃Im Übrigen kann eine weitergeltende Regelung jederzeit aufgehoben werden, wenn sie wegen ihrer Auswirkungen auf das Gemeinwesen die Regierungsverantwortung wesentlich berührt. ₄Über die Aufhebung entscheidet bei Dienstvereinbarungen mit der obersten Dienstbehörde diese, sonst die zuständige übergeordnete Dienststelle.

Vierter Abschnitt
Beteiligung der Stufenvertretungen und des Gesamtpersonalrats

§ 79 Zuständigkeit des Personalrats und der Stufenvertretungen

(1) Die zur Entscheidung befugte Dienststelle beteiligt in Angelegenheiten, die sie oder ihre Beschäftigten betreffen, den bei ihr gebildeten Personalrat.

(2) Die zur Entscheidung befugte übergeordnete Dienststelle beteiligt in Angelegenheiten, die nicht nur sie oder die bei ihr Beschäftigten betreffen, die bei ihr gebildete und für den betroffenen Bereich zuständige Stufenvertretung.

(3) ₁Hat die Landesregierung oder geschäftsbereichsübergreifend die Ministerpräsidentin oder der Ministerpräsident zu entscheiden, so beteiligt die oberste Dienstbehörde, deren Geschäftsbereich die Entscheidung betrifft, rechtzeitig die zuständige Personalvertretung. ₂Betrifft die Angelegenheit den Geschäftsbereich mehrerer oberster Dienstbehörden, so beteiligen diese ihre zuständigen Personalvertretungen und teilen das Ergebnis der federführenden obersten Dienstbehörde mit; § 70 Abs. 4 ist nicht anzuwenden. ₃Die federführende oberste Dienstbehörde führt die Entscheidung der Landesregierung herbei; ihr sind die Stellungnahmen der beteiligten Personalvertretungen mitzuteilen.

(4) ₁Bevor die Stufenvertretung nach Absatz 2 in Angelegenheiten beschließt, die einzelne Beschäftigte oder Dienststellen betreffen, gibt sie den zuständigen Personalräten Gelegenheit zur Äußerung. ₂Außer im Fall des § 76 Abs. 2 verdoppeln sich die im Zweiten und

Dritten Abschnitt vorgeschriebenen Fristen. ₃Zuständig im Sinne von Satz 1 sind die Personalräte der Dienststellen, die die Angelegenheit unmittelbar angeht. ₄In Angelegenheiten, die einzelne Beschäftigte betreffen, ist der Personalrat der Dienststelle zuständig, für die die Beschäftigten wahlberechtigt sind. ₅Der Personalrat der Dienststelle, für das Wahlrecht zuletzt bestand, ist zuständig, wenn das Wahlrecht bei Dienststellen im Geltungsbereich dieses Gesetzes erloschen ist.

(5) Bei Versetzungen ist nur der Personalrat der abgebenden Dienststelle zu beteiligen.

(6) Bei allgemeinen Regelungen der obersten Dienstbehörde (§ 75 Abs. 1 Nr. 10), die über den eigenen Geschäftsbereich hinausgehen, gibt die federführende den beteiligten obersten Dienstbehörden Gelegenheit, das Benehmen mit ihrer zuständigen Personalvertretung herzustellen.

(7) Ist in Angelegenheiten einer oder eines Beschäftigten eine andere als jene Körperschaft, Anstalt oder Stiftung, deren Dienststelle die oder der Beschäftigte derzeit angehört, zur Entscheidung berufen, so ist der Personalrat der Beschäftigungsdienststelle zu beteiligen.

(8) Für die Befugnisse und Pflichten der Stufenvertretung gelten die Vorschriften für den Personalrat entsprechend.

§ 80 Zuständigkeit des Gesamtpersonalrats

(1) ₁Der Gesamtpersonalrat ist bei allen Maßnahmen zu beteiligen, für die die Gesamtdienststelle zuständig ist und die nicht nur den Bereich der Stammdienststelle betreffen. ₂§ 79 Abs. 4 Sätze 1 und 3 mit der Maßgabe, dass sich die im Zweiten und Dritten Abschnitt vorgeschriebenen Fristen nicht verdoppeln, und Abs. 8 gilt entsprechend.

(2) Die oberste Dienstbehörde kann in Übereinstimmung mit den beteiligten Personalräten einzelne Aufgaben und Zuständigkeiten der Personalräte auf den Gesamtpersonalrat übertragen.

Fünfter Abschnitt
Allgemeine Regelungen auf Landesebene

§ 81 Vereinbarung mit den Spitzenorganisationen der Gewerkschaften

(1) Allgemeine Regelungen über die in den §§ 65 bis 67 genannten Maßnahmen, die über den Geschäftsbereich einer obersten Dienstbehörde hinausgehen, sind zwischen den Spitzenorganisationen der zuständigen Gewerkschaften und der zuständigen obersten Landesbehörde oder der Landesregierung zu vereinbaren.

(2) ₁Kommt eine Vereinbarung über eine allgemeine Regelung nicht zustande, so kann die allgemeine Regelung durch die Landesregierung getroffen werden, nachdem die zuständige oberste Landesbehörde oder die beteiligten Spitzenorganisationen die Verhandlungen schriftlich für gescheitert erklärt haben. ₂Vor der Entscheidung der Landesregierung hören die betroffenen obersten Landesbehörden ihre zuständigen Personalvertretungen an und teilen das Ergebnis der Anhörung der federführenden obersten Landesbehörde mit. ₃Diese führt die Entscheidung der Landesregierung herbei und teilt ihr die Stellungnahmen der angehörten Personalvertretungen mit. ₄Die Landesregierung kann allgemeine Regelungen, die keinen Aufschub dulden, bis zum Abschluss einer Vereinbarung vorläufig treffen. ₅Die vorläufige Regelung ist als solche zu kennzeichnen.

(3) Allgemeine Regelungen nach diesen Vorschriften gehen Dienstvereinbarungen nach § 78 vor, soweit in der allgemeinen Regelung nichts anderes vereinbart worden ist.

(4) Die Landesregierung kann allgemeine Regelungen ganz oder teilweise aufheben

1. über die in § 65 Abs. 1 und 2 sowie § 67 genannten Maßnahmen jederzeit und

2. über die in § 66 genannten Maßnahmen, wenn sie wegen ihrer Auswirkungen auf das Gemeinwesen die Regierungsverantwortung wesentlich berühren.

(5) ₁Allgemeine Regelungen nach den Absätzen 1 und 2 gelten auch für die Beschäftigten der Landtagsverwaltung, wenn die Präsiden-

tin oder der Präsident des Landtages das Einvernehmen erklärt. ₂Satz 1 gilt entsprechend für die Aufhebung allgemeiner Regelungen.

(6) ₁Absatz 5 gilt entsprechend für den Landesrechnungshof. ₂Über das Einvernehmen entscheidet dessen Präsidentin oder Präsident.

(7) ₁Absatz 5 gilt entsprechend für die Landesbeauftragte oder den Landesbeauftragten für den Datenschutz. ₂Über das Einvernehmen entscheidet die oder der Landesbeauftragte.

§ 82 Unabdingbarkeit des Personalvertretungsrechts

Durch Tarifvertrag, Vereinbarung nach § 81 oder Dienstvereinbarung nach § 78 darf nicht von den Vorschriften dieses Gesetzes abgewichen werden.

Sechstes Kapitel
Gerichtliche Entscheidungen

§ 83 Zuständigkeit der Verwaltungsgerichte

(1) ₁Für Streitigkeiten aus diesem Gesetz sind die Verwaltungsgerichte zuständig. ₂Sie entscheiden insbesondere über

1. Wahlberechtigung und Wählbarkeit,
2. Wahl und Amtszeit der Personalvertretungen und der in den §§ 50 und 110 genannten Vertretungen sowie Zusammensetzung der Personalvertretungen und der Einigungsstellen,
3. Zuständigkeit und Geschäftsführung der Personalvertretungen und der Einigungsstellen,
4. Bestehen oder Nichtbestehen von Dienstvereinbarungen,
5. Streitigkeiten nach § 6 Abs. 3 und 4, §§ 21, 24, 58, 63, 72 Abs. 4 bis 6, § 73 Abs. 1 Satz 1, § 107d Abs. 4 bis 6, § 107e Satz 1 und § 109 Abs. 2 Satz 2.

(2) Die Vorschriften des Arbeitsgerichtsgesetzes über das Beschlussverfahren gelten entsprechend.

§ 84 Fachkammern und Fachsenate

(1) Für die nach diesem Gesetz zu treffenden Entscheidungen sind bei den Verwaltungsgerichten Fachkammern und bei dem Niedersächsischen Oberverwaltungsgericht Fachsenate zu bilden.

(2) ₁Die Fachkammer und der Fachsenat bestehen aus Richterinnen oder Richtern und ehrenamtlichen Beisitzerinnen oder Beisitzern. ₂Eine Richterin oder ein Richter ist Vorsitzende oder Vorsitzender. ₃Die ehrenamtlichen Beisitzerinnen oder Beisitzer müssen Beschäftigte des Landes, einer Gemeinde, eines Gemeindeverbandes oder einer sonstigen der Aufsicht des Landes unterstehenden Körperschaft, Anstalt oder Stiftung des öffentlichen Rechts sein. ₄Sie werden durch die Landesregierung oder die von ihr bestimmte Stelle je zur Hälfte auf Vorschlag

1. der unter den Beschäftigten vertretenen Gewerkschaften und
2. der obersten Landesbehörden

berufen. ₅Für die Berufung und die Stellung der Beisitzerinnen und Beisitzer und ihre Heranziehung zu den Sitzungen gelten die Vorschriften des Arbeitsgerichtsgesetzes über ehrenamtliche Richterinnen und Richter entsprechend.

(3) Die Fachkammer und der Fachsenat werden tätig in der Besetzung mit einer oder einem Vorsitzenden, zwei weiteren Richterinnen oder Richtern und den beiden von der Landesregierung nach Absatz 2 Satz 4 berufenen ehrenamtlichen Beisitzerinnen oder Beisitzern.

Zweiter Teil
Sondervorschriften

Erstes Kapitel
Grundsatz

§ 85 Vorschriften für besondere Verwaltungszweige

Für die nachstehenden Zweige des öffentlichen Dienstes gilt dieses Gesetz nach Maßgabe der Sondervorschriften des Zweiten Teils.

Zweites Kapitel
Polizei

§ 86 Dienststellen; Polizeibezirkspersonalräte; Polizeihauptpersonalrat

(1) ₁Dienststellen im Sinne dieses Gesetzes für den Bereich der Polizei sind

1. das Landeskriminalamt Niedersachsen,
2. die Polizeibehörde für zentrale Aufgaben,
3. die Polizeidirektionen und
4. die Polizeiakademie Niedersachsen.

₂Darüber hinaus bestimmt das Ministerium für Inneres und Sport durch Verordnung, dass

1. bestimmte einer Polizeidirektion nachgeordnete Stellen zu selbständigen Dienststellen erklärt oder mit anderen Stellen zu selbständigen Dienststellen zusammengefasst werden,
2. Teile der Polizeibehörde für zentrale Aufgaben eine selbständige Dienststelle bilden,

wenn dies zur sachgerechten Wahrnehmung von Personalvertretungsaufgaben, insbesondere wegen der Größe oder Eigenständigkeit der Stellen, erforderlich ist. ₃§ 6 findet keine Anwendung.

(2) ₁Bestimmt die Verordnung nach Absatz 1 Satz 2, dass bei den einer Polizeidirektion nachgeordneten Stellen selbständige Dienststellen gebildet werden, so wählen die zum Geschäftsbereich dieser Polizeidirektion gehörenden Beschäftigten einen Polizeibezirkspersonalrat bei der jeweiligen Polizeidirektion. ₂Satz 1 gilt entsprechend, wenn Teile der Polizeibehörde für zentrale Aufgaben zu selbständigen Dienststellen bestimmt werden.

(3) Die Beschäftigten der in Absatz 1 bezeichneten Dienststellen, für die das Landespolizeipräsidium im für Inneres zuständigen Ministerium die Aufgaben der obersten Dienstbehörde wahrnimmt, sowie die in diesem Ministerium beschäftigten Polizeivollzugsbeamtinnen und Polizeivollzugsbeamten wählen den Polizeihauptpersonalrat beim für Inneres zuständigen Ministerium.

§ 87 Ausnahmen für bestimmte Beschäftigte

(1) Die im Vorbereitungsdienst für das erste Einstiegsamt der Laufbahngruppe 2 der Fachrichtung Polizei befindlichen Polizeivollzugsbeamtinnen und Polizeivollzugsbeamten sind wahlberechtigt nur zur Jugend- und Auszubildendenvertretung der Polizeiakademie Niedersachsen und zum Polizeihauptpersonalrat.

(2) Die zum Erwerb der Befähigung, die den Zugang für das zweite Einstiegsamt der Laufbahn der Laufbahngruppe 2 der Fachrichtung Polizei eröffnet, an die Polizeiakademie Niedersachsen versetzten Polizeivollzugsbeamtinnen und Polizeivollzugsbeamten sind wahlberechtigt zum Personalrat der Polizeiakademie Niedersachsen und zum Polizeihauptpersonalrat.

(3) Dieses Gesetz gilt nicht für Professorinnen und Professoren an der Polizeiakademie Niedersachsen.

Drittes Kapitel
Verfassungsschutz

§ 88 Sonderregelungen

(1) ₁Die Verfassungsschutzabteilung des für Inneres zuständigen Ministeriums ist selbständige Dienststelle im Sinne des § 6 Abs. 3. ₂Abweichend von § 49 Abs. 1 Satz 1 wird kein Gesamtpersonalrat gebildet.

(2) ₁Personalversammlungen können in Teilversammlungen durchgeführt werden. ₂Die Leiterin oder der Leiter der Verfassungsschutzabteilung des für Inneres zuständigen Ministeriums kann nach Anhörung des Personalrats bestimmen, dass Beschäftigte nicht an Personalversammlungen teilnehmen, wenn dies aus dienstlichen Gründen dringend geboten ist.

(3) ₁Die Gewerkschaften üben die ihnen nach diesem Gesetz zustehenden Befugnisse gegenüber der Dienststelle, dem Personalrat und der Personalversammlung durch Beschäftigte der Dienststelle aus. ₂Das Gleiche gilt für die Schwerbehindertenvertretung. ₃Arbeitgebervereinigungen nehmen an Sitzungen des Personalrats und an Personalversammlungen nicht teil.

(4) ₁§ 60 Abs. 1 und 2 gilt nicht für solche Unterlagen und Tatsachen, deren Bekanntwerden die öffentliche Sicherheit gefährden oder sonst dem Wohl des Bundes oder eines Landes Nachteile bereiten würde. ₂Die Entscheidung hierüber trifft die Innenministerin

oder der Innenminister persönlich, im Fall der Verhinderung die ständige Vertreterin oder der ständige Vertreter.

(5) Soweit nach den Vorschriften dieses Gesetzes die Stufenvertretung zuständig ist, tritt der Personalrat der Verfassungsschutzabteilung des für Inneres zuständigen Ministeriums an deren Stelle.

(6) In den Fällen des § 70 Abs. 4 entscheidet anstelle der Einigungsstelle die Innenministerin oder der Innenminister oder die ständige Vertreterin oder der ständige Vertreter persönlich.

(7) ₁§ 75 Abs. 1 Nrn. 4, 6 und 8 ist nicht anzuwenden, wenn die Beteiligung des Personalrats die öffentliche Sicherheit gefährden oder sonst dem Wohl des Bundes oder eines Landes Nachteile bereiten würde. ₂Die Entscheidung hierüber trifft die Innenministerin oder der Innenminister persönlich, im Fall der Verhinderung die ständige Vertreterin oder der ständige Vertreter.

Viertes Kapitel
Staatliche Hochbauverwaltung

§ 89 Bildung eines Bezirks- und eines Hauptpersonalrats

(1) Die Beschäftigten der staatlichen Hochbauverwaltung wählen einen Bezirkspersonalrat und einen Hauptpersonalrat der Hochbauverwaltung.

(2) Beschäftigte der Hochbauverwaltung sind diejenigen, die ihre Bezüge, ihre Vergütung, ihren Lohn oder ihr Entgelt aus dem Haushalt der Hochbauverwaltung erhalten, sowie die technischen Beschäftigten der Hochbauabteilung der zuständigen obersten Landesbehörde.

(3) Bilden die Liegenschaftsverwaltung und die Hochbauverwaltung eine Organisationseinheit, so wählen auch die Beschäftigten der Liegenschaftsverwaltung und die Beschäftigten des für Liegenschaften zuständigen Referats der zuständigen obersten Landesbehörde die in Absatz 1 genannten Stufenvertretungen.

Fünftes Kapitel
(weggefallen)

§ 90 (weggefallen)

Sechstes Kapitel
(weggefallen)

§ 91 (weggefallen)

Siebentes Kapitel
Öffentliche Schulen und Studienseminare

§ 92 Geltungsbereich

(1) Die Vorschriften dieses Kapitels gelten für

1. Schulleiterinnen, Schulleiter und Lehrkräfte an öffentlichen Schulen im Sinne des Niedersächsischen Schulgesetzes (NSchG),
2. die übrigen im Landesdienst stehenden Beschäftigten an öffentlichen Schulen,
3. die zu ihrer Ausbildung in den Studienseminaren Beschäftigten.

(2) Von der Geltung ausgenommen sind die Beschäftigten am Landesbildungszentrum für Blinde und an den Landesbildungszentren für Hörgeschädigte.

§ 93 (weggefallen)

§ 94 Dienststellen

(1) Dienststellen im Sinne dieses Gesetzes für den Bereich der öffentlichen Schulen und Studienseminare sind die öffentlichen Schulen und die Studienseminare.

(2) § 6 Abs. 3 und 4 findet keine Anwendung.

§ 95 Schulpersonalvertretungen; Auszubildendenpersonalrat

(1) ₁In Schulen wird ein Schulpersonalrat gebildet. ₂In Studienseminaren wird ein Auszubildendenpersonalrat gebildet; die §§ 50 bis 58 finden keine Anwendung.

(2) ₁Im Gebiet jedes der bis zum 31. Dezember 2004 bestehenden Regierungsbezirke wird ein Schulbezirkspersonalrat, in der obersten Schulbehörde ein Schulhauptpersonalrat gebildet (Schulstufenvertretungen). ₂Jede Schulstufenvertretung besteht aus 25 Mitgliedern.

§ 96 Wahlberechtigung

(1) Die zu ihrer Ausbildung Beschäftigten sind nur wahlberechtigt zu dem Auszubildendenpersonalrat in ihrem Studienseminar und zu den Schulstufenvertretungen.

(2) ₁Abweichend von § 11 Abs. 4 erlischt das Wahlrecht nicht, wenn feststeht, dass die oder der Beschäftigte innerhalb von weiteren neun Monaten an die bisherige Schule zurückkehrt. ₂Abweichend von § 47 Abs. 4 in Verbindung mit § 11 Abs. 4 sind Lehrkräfte, die zum Dienst an Schulen in freier Trägerschaft beurlaubt sind, bei den Wahlen zu den Schulstufenvertretungen wahlberechtigt.

(3) Abweichend von § 25 Abs. 1 Satz 1 Nr. 4 erlischt bei Fachleiterinnen und Fachleitern sowie Fachseminarleiterinnen und Fachseminarleitern bei den Studienseminaren die Mitgliedschaft im Schulpersonalrat oder im Personalrat des Studienseminars nicht, wenn sich der überwiegende Einsatz während der regelmäßigen Amtszeit ändert.

§ 97 Wählbarkeit und Nachwahl zum Auszubildendenpersonalrat

(1) Für die Wählbarkeit für den Auszubildendenpersonalrat gilt § 12 Abs. 1 Nr. 2 nicht.

(2) ₁Scheiden während der regelmäßigen Amtszeit Mitglieder und Ersatzmitglieder aus dem Auszubildendenpersonalrat aus, so werden in entsprechender Anzahl Mitglieder und Ersatzmitglieder nachgewählt. ₂Diese Wahl wird innerhalb von sechs Wochen nach jedem Einstellungstermin in einer Wahlversammlung durchgeführt und von einem dort gewählten Wahlvorstand geleitet. ₃Der Auszubildendenpersonalrat oder die Dienststelle beruft die Wahlversammlung ein.

§ 98 Wahlvorstand

Bei den Wahlen zu Schulpersonalräten besteht der Wahlvorstand aus einer Person, wenn weniger als zehn Beschäftigte wahlberechtigt sind.

§ 99 Freistellung von Mitgliedern der Schulpersonalvertretungen und des Auszubildendenpersonalrats

(1) ₁§ 39 Abs. 3 und 4 ist auf Schulpersonalräte nicht anzuwenden. ₂Diese erhalten auf Antrag Freistellungen nach Maßgabe der folgenden Absätze. ₃Die Verteilung der Freistellung auf die Mitglieder obliegt dem Schulpersonalrat; dabei entspricht bei den Beschäftigten nach § 92 Abs. 1 Nr. 2 eine Unterrichtsstunde einer Arbeitsstunde.

(2) ₁Schulpersonalräte erhalten folgende Freistellungen:

in Schulen mit
bis 7 Wahlberechtigten	keine,
8 bis 20 Wahlberechtigten	eine halbe Unterrichtsstunde je Woche,
21 bis 25 Wahlberechtigten	eine Unterrichtsstunde je Woche,
26 bis 35 Wahlberechtigten	zwei Unterrichtsstunden je Woche,
36 bis 65 Wahlberechtigten	drei Unterrichtsstunden je Woche,
66 bis 100 Wahlberechtigten	vier Unterrichtsstunden je Woche,
101 bis 150 Wahlberechtigten	fünf Unterrichtsstunden je Woche,
151 bis 170 Wahlberechtigten	sechs Unterrichtsstunden je Woche,
über 170 Wahlberechtigten	sieben Unterrichtsstunden je Woche.

₂Maßgeblich ist die Zahl der Personen, die zur Wahl des betreffenden Schulpersonalrats wahlberechtigt waren.

(3) ₁§ 39 Abs. 3 und 4 sowie § 48 Abs. 1 Sätze 2 bis 4 sind auf Schulstufenvertretungen nicht anzuwenden. ₂Die Schulstufenvertretungen erhalten folgende Freistellungen:

1. Schulhauptpersonalrat 55 vom Hundert,
2. Schulbezirkspersonalrat 70 vom Hundert, Braunschweig
3. Schulbezirkspersonalrat 76 vom Hundert, Hannover
4. Schulbezirkspersonalrat 70 vom Hundert, Lüneburg
5. Schulbezirkspersonalrat 79 vom Hundert Weser-Ems

der jeweiligen Regelstundenzahl oder regelmäßigen Arbeitszeit ihrer Mitglieder. ₃Absatz 1 Satz 3 gilt entsprechend.

(4) ₁Mitgliedern der Schulpersonalvertretungen, denen nach Absatz 1 Satz 3 Freistellungsstunden zugeteilt worden sind, wird in der Regel eine Befreiung nach § 39 Abs. 2 nicht gewährt. ₂Mitgliedern, die bei der Verteilung der Freistellungsstunden unberücksichtigt geblieben sind, sowie den Mitgliedern derjenigen Schulpersonalräte, die nach Absatz 2 keine Freistellungen erhalten, ist nach Maßgabe des § 39 Abs. 2 Befreiung von dienstlichen Tätigkeiten zu gewähren, und zwar in der Regel von solchen Tätigkeiten, die ihnen außerhalb der Unterrichtsverpflichtung obliegen.

(5) Bei Mitgliedern von Auszubildendenpersonalräten ist § 39 Abs. 3 bis 6 nicht anzuwenden.

§ 100 Personalversammlung und Schulpersonalratssitzung

₁Ergänzend zu den Vorschriften in § 44 Abs. 3 dürfen Personalversammlungen der Beschäftigten nach § 92 Abs. 1 Nrn. 1 und 2 weder vor 13.00 Uhr noch vor Beendigung der sechsten Unterrichtsstunde anberaumt werden. ₂Sitzungen der Schulpersonalräte dürfen nicht zu Unterrichtsausfall führen.

§ 101 Beteiligung der Schulpersonalvertretungen

(1) § 60 Abs. 2 Nr. 1 gilt mit der Maßgabe, dass dem Personalrat auf sein Verlangen Listen über alle Stellenbewerberinnen und Stellenbewerber sowie die Bewerbungsunterlagen aller Bewerberinnen oder Bewerber, die in die engere Auswahl einbezogen oder zu einem Einstellungsgespräch eingeladen wurden, zu übermitteln oder bereitzustellen sind.

(2) Die Mitbestimmung oder Benehmensherstellung ist ausgeschlossen bei:

1. Einstellung in den Vorbereitungsdienst für Lehrkräfte,

2. Verzicht auf Ausschreibung nach § 52 Abs. 1 Satz 2 NSchG bei Einstellungen in den Schuldienst,

3. Erteilung von Unterrichtsaufträgen aufgrund von Gestellungsverträgen mit den Kirchen,

4. Abordnung bis zur Dauer eines Schulhalbjahres,

5. Entscheidungen über
  a) den flexiblen Unterrichtseinsatz,
  b) die Gewährung von Anrechnungsstunden für besondere Belastungen und sonstige außerunterrichtliche inner- oder außerschulische Aufgaben und
  c) die Übertragung von Aufgaben, für die Anrechnungsstunden nach Buchstabe b gewährt werden, es sei denn, dass außerschulische Aufgaben betroffen sind und dafür mindestens vier Anrechnungsstunden gewährt werden,

6. Maßnahmen, die der Entscheidung der Konferenzen, des Schulvorstands oder der Bildungsgangs- und Fachgruppen an berufsbildenden Schulen unterliegen, soweit in Absatz 3 Nr. 2 nichts Abweichendes bestimmt ist,

7. Entscheidungen der Schulleitung nach § 51 Abs. 1 Sätze 2 und 4 NSchG.

(3) § 75 gilt auch

1. bei der Festlegung der Kriterien zur Bestimmung des Bewerberkreises zur Einstellung in den Schuldienst, wenn nach § 52 Abs. 1 Satz 2 NSchG auf eine Ausschreibung verzichtet wird,

2. für die Entscheidung des Schulvorstands nach § 38a Abs. 3 Nrn. 4 und 13 NSchG,

3. für die Genehmigung der Schulbehörde nach § 106 Abs. 8 NSchG; ausgenommen hiervon ist die Errichtung von Schulen,

4. bei dem Abschluss von Kooperationsverträgen ohne Arbeitnehmerüberlassung in Ganztagsschulen und Verlässlichen Grundschulen.

(4) ₁Abweichend von § 65 Abs. 3 Nr. 2 erstreckt sich die Mitbestimmung auf personelle Maßnahmen für Schulleiterinnen oder Schulleiter und ständige Vertreterinnen oder Vertreter sowie Mitglieder von kollegialen Schulleitungen. ₂§ 65 Abs. 3 Nr. 1 bleibt unberührt.

(5) Abweichend von § 65 erstreckt sich die Mitbestimmung auf die Übertragung einer zusätzlichen Aufgabe

1. in der Lehrerausbildung und
2. nach der Beendigung eines Einsatzes in der Lehrerausbildung

auch dann, wenn die Aufgabenübertragung nicht zu einer Änderung der Besoldungs-, Vergütungs- oder Entgeltgruppe führt.

(6) ₁In den Fällen des Absatzes 5 sind sowohl die Schulpersonalvertretung als auch die allgemeine Personalvertretung der Studienseminare zu beteiligen. ₂Bei der Übertragung von Aufgaben in der Lehrerausbildung, die

1. eine Beförderung oder Höhergruppierung oder
2. eine nicht nur vorübergehende Übertragung eines Dienstpostens mit höherem Endgrundgehalt oder
3. die Zahlung einer Zulage oder
4. die Gewährung von mindestens vier Anrechnungsstunden

zur Folge hat, ist die allgemeine Personalvertretung der Studienseminare zu beteiligen.

(7) Abweichend von § 65 Abs. 1 Nr. 21 und Abs. 2 Nr. 17 gilt bei Ablehnung von Anträgen auf Sonderurlaub oder auf Arbeitsbefreiung § 75 mit der Maßgabe, dass für das Verfahren zur Herstellung des Benehmens § 76 Abs. 4 keine Anwendung findet.

§ 102 Zuständigkeit der Schulpersonalvertretung bei beurlaubten Schulleiterinnen, Schulleitern und Lehrkräften

₁Bei Maßnahmen, die Schulleiterinnen, Schulleiter und Lehrkräfte betreffen, die entweder zum Auslandsschuldienst beurlaubt sind und deren Wahlrecht nach § 11 Abs. 4 in Verbindung mit § 96 Abs. 2 erloschen ist oder die zum Dienst an Schulen in freier Trägerschaft beurlaubt sind, ist nur die zuständige Schulpersonalvertretung zu beteiligen. ₂§ 79 Abs. 4 findet keine Anwendung.

§§ 103 und 104 (weggefallen)

Achtes Kapitel
Öffentliche Hochschulen

§ 105 Ausnahmen für bestimmte Beschäftigte; organisatorische Sonderregelungen

(1) Das Gesetz gilt nicht für folgende Mitglieder oder Angehörige der Hochschulen:

1. Professorinnen und Professoren,
2. Juniorprofessorinnen und Juniorprofessoren,
3. Hochschuldozentinnen und Hochschuldozenten,
4. Personen, die mit der Verwaltung einer Professorenstelle beauftragt sind,
5. Honorarprofessorinnen und Honorarprofessoren,
6. Gastwissenschaftlerinnen und Gastwissenschaftler,
7. Lehrbeauftragte,
8. Fachhochschuldozentinnen und Fachhochschuldozenten.

(2) ₁Das Gesetz findet ferner keine Anwendung bei Selbstverwaltungsangelegenheiten der Hochschule im Sinne von § 15 des Niedersächsischen Hochschulgesetzes (NHG). ₂Bei Maßnahmen nach § 75 Abs. 1 Nrn. 6 und 9 ist das Benehmen mit dem Personalrat herzustellen.

(3) Abweichend von § 8 Abs. 1 Satz 3 können sich das Präsidium der Hochschule und der Vorstand der Universitätsmedizin Göttingen auch durch in der Sache zuständige und entscheidungsbefugte Beschäftigte vertreten lassen, die generell zu bestimmen sind.

(4) ₁Studentische Hilfskräfte sind abweichend von § 11 Abs. 1 nicht wahlberechtigt. ₂Für Personalvertretungen sind Gleichstellungsbeauftragte nicht wählbar.

(5) ₁Für die wissenschaftlichen und künstlerischen Mitarbeiterinnen und Mitarbeiter, die Lehrkräfte für besondere Aufgaben sowie die wissenschaftlichen und künstlerischen Hilfskräfte gilt § 65 Abs. 2 Nr. 4 auch für die erstmalige Befristung eines Arbeitsvertrages. ₂Die Mitbestimmung bei personellen Maßnahmen dieser Beschäftigten kann durch Verfahrensregelungen, insbesondere für Be-

fristungen des Dienst- und Arbeitsverhältnisses, nach Maßgabe des § 78 in Dienstvereinbarungen im Einvernehmen zwischen Hochschule und Personalvertretung geregelt werden.

(6) § 65 Abs. 3 gilt auch für hauptberufliche Gleichstellungsbeauftragte und studentische Hilfskräfte.

(7) § 75 Abs. 1 Nr. 10 gilt auch für allgemeine Regelungen über

1. die Bewirtschaftung von Planstellen, Stellen und Stellenmitteln,
2. die Zuordnung von Planstellen und Stellen zu den Organisationseinheiten der Hochschule,
3. die Bildung von Stellenpools,
4. die Verwendung nicht in Anspruch genommener Ausgaben aus Planstellen und Stellen,
5. die Personalbewirtschaftung.

(8) ₁Das Präsidium der Hochschule tritt in Verfahren nach den §§ 70, 72 und 76 an die Stelle der übergeordneten Dienststelle und der obersten Dienstbehörde im Sinne dieses Gesetzes für Maßnahmen, für die der Hochschule die Entscheidungsbefugnis durch Rechtsvorschriften, durch Beschluss der Landesregierung oder durch die zuständige oberste Landesbehörde übertragen worden ist. ₂An die Stelle der Stufenvertretungen tritt der Gesamtpersonalrat oder, wenn er nicht gebildet ist, der Personalrat. ₃Zuständige Einigungsstelle ist die bei der zuständigen obersten Landesbehörde gebildete Einigungsstelle. ₄Die zuständige oberste Landesbehörde wird ermächtigt, durch Verordnung Einigungsstellen für einzelne Hochschulen, gemeinsam für mehrere Hochschulen oder gemeinsam für einzelne Dienststellen von Hochschulen zu bilden.

(9) Für Hochschulen in Trägerschaft von rechtsfähigen Stiftungen des öffentlichen Rechts gelten folgende abweichende Regelungen:

1. Absatz 8 Sätze 3 und 4 ist nicht anzuwenden.
2. § 108 Abs. 1 ist nicht anzuwenden.

3. Die der Landesregierung nach § 73 Abs. 1 vorbehaltene Entscheidung trifft der Stiftungsrat.

4. Die Einigungsstelle wird für die Dauer der regelmäßigen Amtszeit der Personalräte vom Präsidium und dem Gesamtpersonalrat oder, wenn ein solcher nicht besteht, dem Personalrat gebildet. Bei der Universitätsmedizin Göttingen tritt der Vorstand an die Stelle des Präsidiums.

Neuntes Kapitel
Öffentliche Theater und Orchester

§ 106 Sonderregelungen

(1) ₁Für öffentliche Theater und Orchester gelten die Vorschriften dieses Gesetzes nur insoweit, als dem nicht die Eigenart dieser Einrichtungen entgegensteht. ₂Sie gelten insbesondere nicht bei Maßnahmen, die die künstlerische Gestaltung von Aufführungen oder Veranstaltungen wesentlich beeinflussen können. ₃§ 65 Abs. 3 gilt auch für Beschäftigte mit überwiegend künstlerischer Tätigkeit, sofern für deren Beschäftigung die Beurteilung der künstlerischen Befähigung entscheidend ist. ₄§ 60a findet keine Anwendung.

(2) Einigen sich Dienststelle und Personalrat nicht, so können sie innerhalb von zwei Wochen nach Zugang der ablehnenden Stellungnahme unmittelbar die Einigungsstelle anrufen.

Zehntes Kapitel
Gemeinden, Landkreise und kommunale Zusammenschlüsse

§ 107 Allgemeines

(1) ₁Nicht wählbar für den Personalrat und den Gesamtpersonalrat ihrer Dienststelle sind auch die Leiterin oder der Leiter des Rechnungsprüfungsamtes sowie die Gleichstellungsbeauftragte und ihre ständige oder vorübergehende Stellvertreterin. ₂Für eine weitere stellvertretende Gleichstellungsbeauftragte gilt Satz 1 entsprechend, wenn zu ihrem abgegrenzten Aufgabenbereich Ange-

legenheiten gehören, die der Personalratsbeteiligung nach diesem Gesetz unterliegen.

(2) ₁Die oberste Dienstbehörde und die kraft Gesetzes zur Entscheidung befugten Ausschüsse haben die bei ihnen zur Entscheidung anstehenden Maßnahmen, die der Beteiligung unterliegen, auf Verlangen des Personalrats mit diesem zu erörtern. ₂Die oberste Dienstbehörde kann sich dabei durch den höheren Dienstvorgesetzten vertreten lassen.

(3) Ist für die Entscheidung über eine beteiligungspflichtige Maßnahme die oberste Dienstbehörde oder der höhere Dienstvorgesetzte zuständig, so wird die Dienststelle bei der Begründung und Erörterung der Maßnahme nach § 68 Abs. 2 Satz 2, auch in Verbindung mit § 107f Abs. 1 Satz 2, durch den höheren Dienstvorgesetzten vertreten.

(4) Für Dezernentinnen und Dezernenten, Amtsleiterinnen und Amtsleiter und Beschäftigte in vergleichbaren Funktionen sowie für die hauptberuflichen Gleichstellungsbeauftragten gelten § 65 Abs. 3, § 66 Abs. 2 und § 75 Abs. 2; § 75 Abs. 1 Nr. 1 findet keine Anwendung.

§ 107a Abweichung

Anstelle der §§ 70 bis 73 und 76 gelten die §§ 107b bis 107f.

§ 107b Verfahren bei Nichteinigung

(1) ₁Einigen sich die Dienststelle und der Personalrat nicht, so können sie die Angelegenheit innerhalb von zwei Wochen nach Zugang der ablehnenden Entscheidung dem höheren Dienstvorgesetzten vorlegen. ₂In den Fällen des § 68 beteiligt der höhere Dienstvorgesetzte den Gesamtpersonalrat nach Maßgabe des § 68 Abs. 2. ₃In den Fällen des § 69 verhandelt er mit dem Gesamtpersonalrat und nimmt zu dem Antrag innerhalb eines Monats nach dem Eingang Stellung.

(2) ₁Einigen sich der höhere Dienstvorgesetzte und der Gesamtpersonalrat nicht, so können sie in den in den §§ 65 bis 67 genannten Fällen innerhalb von zwei Wochen nach Zugang der ablehnenden Stellungnahme oder nach Ablauf der in Absatz 1 Satz 3 genannten Monatsfrist die Einigungsstelle anrufen. ₂In den anderen Fällen entscheidet der höhere Dienstvorgesetzte endgültig.

(3) Das Verfahren nach Absatz 1 entfällt, wenn der Gesamtpersonalrat für die Angelegenheit zuständig ist (§ 80 Abs. 1) oder kein Gesamtpersonalrat gebildet ist; Absatz 2 gilt entsprechend.

(4) Die für die Dienststellen bestimmten Fristen verdoppeln sich, wenn die Maßnahme von der Entscheidung oder der Beteiligung eines Kollegialorgans oder von ihm eingesetzter Gremien abhängt.

§ 107c Einigungsstelle

(1) ₁Die Einigungsstelle wird im ersten Fall der Nichteinigung gebildet. ₂Sie bleibt bis zum Ende der regelmäßigen Amtszeit der Personalräte bestehen.

(2) ₁Die Einigungsstelle besteht aus sechs Mitgliedern, die je zur Hälfte von der obersten Dienstbehörde und dem Gesamtpersonalrat bestellt werden, und einer oder einem unparteiischen Vorsitzenden, auf die oder den sich beide Seiten einigen. ₂Bei der Bestellung der Mitglieder entscheidet die oberste Dienstbehörde nach den für sie geltenden Vorschriften über Wahlen. ₃Kommt eine Einigung über den Vorsitz innerhalb von acht Wochen nach Beginn der Bildung nicht zustande, so bestellt die Präsidentin oder der Präsident des Oberverwaltungsgerichts die Vorsitzende oder den Vorsitzenden. ₄Der Einigungsstelle sollen Frauen und Männer angehören. ₅Soll von Satz 4 abgewichen werden, so haben dies die für die Bestellung der Mitglieder zuständigen Stellen zu begründen.

(3) Ist kein Gesamtpersonalrat gebildet, so tritt an seine Stelle der Personalrat.

(4) Im Übrigen gilt § 71 Abs. 3 bis 7.

§ 107d Verfahren der Einigungsstelle

(1) ₁Die Verhandlungen der Einigungsstelle sind nicht öffentlich. ₂Die Dienststelle und der zuständige Personalrat können sich schriftlich, elektronisch oder mündlich äußern. ₃Die Einigungsstelle kann beschließen, zu den Verhandlungen sachkundige Personen hinzuzuziehen. ₄Für die Einsicht in Personalakten gilt § 60 Abs. 2 Sätze 2 und 3 entsprechend

mit der Maßgabe, dass die oder der Vorsitzende Einsicht nimmt.

(2) ₁Die oder der Vorsitzende der Einigungsstelle kann in der Einladung zu einer Sitzung der Einigungsstelle festsetzen, dass alle oder einzelne Mitglieder durch Zuschaltung per Video- oder Telefonkonferenztechnik an der Sitzung teilnehmen können (Video- oder Telefonkonferenz), wenn

1. vorhandene Einrichtungen genutzt werden, die durch die Dienststelle zur dienstlichen Nutzung freigegeben sind,

2. kein Mitglied der Einigungsstelle binnen einer von der oder dem Vorsitzenden zu bestimmenden Frist gegenüber der oder dem Vorsitzenden schriftlich oder elektronisch widerspricht und

3. geeignete organisatorische Maßnahmen getroffen werden, um sicherzustellen, dass Dritte vom Inhalt der Sitzung keine Kenntnis nehmen.

₂Eine Aufzeichnung ist unzulässig. ₃Zu Beginn einer Video- oder Telefonkonferenz stellt die oder der Vorsitzende der Einigungsstelle durch namentliche Nennung fest, welche Personen durch Zuschaltung an der Video- oder Telefonkonferenz teilnehmen.

(3) ₁Die Einigungsstelle entscheidet durch Beschluss. ₂Sie kann den Anträgen der Beteiligten auch teilweise entsprechen. ₃Die Einigungsstelle ist nur beschlussfähig, wenn mindestens die Hälfte der zur Beschlussfassung berufenen Personen anwesend ist. ₄Der Beschluss wird mit Stimmenmehrheit gefasst. ₅Bei Stimmengleichheit entscheidet die Stimme der oder des Vorsitzenden. ₆Der Beschluss soll innerhalb von sechs Wochen nach Anrufung der Einigungsstelle ergehen. ₇Er ist schriftlich niederzulegen, zu begründen, von der oder dem Vorsitzenden zu unterschreiben und den Beteiligten unverzüglich zuzustellen.

(4) Der Beschluss der Einigungsstelle muss sich im Rahmen der Rechtsvorschriften, insbesondere des Haushaltsrechts und der tariflichen Regelungen halten.

(5) ₁Folgt die Einigungsstelle nicht dem Antrag der Dienststelle, so beschließt sie in den Fällen des § 65 Abs. 1 und 2 sowie des § 67 eine Empfehlung an den höheren Dienstvorgesetzten. ₂Dieser entscheidet sodann endgültig.

(6) ₁In den Fällen des § 66 bindet die Entscheidung der Einigungsstelle die Beteiligten. ₂An die Stelle der Entscheidung tritt jedoch eine Empfehlung der Einigungsstelle an die oberste Dienstbehörde, wenn von einem von dieser gefassten Beschluss abgewichen werden soll.

(7) Weicht die endgültige Entscheidung von einer Empfehlung der Einigungsstelle ab, so ist dies dem beteiligten Personalrat und der Einigungsstelle mit schriftlicher Begründung bekannt zu geben.

§ 107e Aufhebung von Entscheidungen der Einigungsstelle

₁Der höhere Dienstvorgesetzte kann bei einer Entscheidung nach § 107d Abs. 5 Satz 1, die wegen ihrer Auswirkungen auf das Gemeinwesen die Verantwortung der obersten Dienstbehörde für die der Kommune obliegende Aufgabenerfüllung wesentlich berührt, innerhalb eines Monats nach Zustellung der Entscheidung der Einigungsstelle die endgültige Entscheidung der obersten Dienstbehörde beantragen. ₂Wird eine Entscheidung der Einigungsstelle teilweise oder ganz aufgehoben, so ist dies den Beteiligten mit schriftlicher Begründung bekannt zu geben.

§ 107f Verfahren zur Herstellung des Benehmens

(1) ₁Soweit die Dienststelle das Benehmen mit dem Personalrat herzustellen hat, ist dem Personalrat vor Durchführung der Maßnahme Gelegenheit zur Stellungnahme zu geben. ₂§ 68 Abs. 2 Sätze 2 bis 5 gilt entsprechend. ₃Die beabsichtigte Maßnahme gilt als gebilligt, wenn der Personalrat sich nicht innerhalb der Frist schriftlich oder elektronisch unter Angabe von Gründen äußert.

(2) ₁Im Fall des § 75 Abs. 1 Nr. 3 ist die Stellungnahme des Personalrats der Dienststelle innerhalb einer Woche zuzuleiten. ₂In dringenden Fällen kann die Dienststelle diese Frist auf drei Tage abkürzen. ₃Eine ohne Be-

teiligung nach Absatz 1 ausgesprochene Kündigung ist unwirksam.

(3) Entspricht die Dienststelle Einwendungen des Personalrats nicht oder nicht im vollen Umfang, so teilt sie ihm ihre Entscheidung unter Angabe von Gründen schriftlich oder elektronisch mit.

(4) ₁Außer im Fall des § 75 Abs. 1 Nr. 3 kann der Personalrat innerhalb von zwei Wochen nach Zugang der Mitteilung nach Absatz 3 die Entscheidung des höheren Dienstvorgesetzten beantragen. ₂Dieser entscheidet nach Verhandlung mit dem Gesamtpersonalrat endgültig.

(5) ₁Bei Maßnahmen nach § 75 Abs. 1 Nr. 4 ist der Gesamtpersonalrat zuständig. ₂Sind Eigenbetriebe oder verselbständigte Dienststellen nach § 6 Abs. 3 beteiligt, so hört er den bei diesen Dienststellen gebildeten Personalrat an.

(6) ₁§ 75 Abs. 1 Nr. 6 gilt mit der Maßgabe, dass an die Stelle der obersten Dienstbehörde der Dienstvorgesetzte tritt. ₂Absatz 5 gilt entsprechend.

(7) Ist kein Gesamtpersonalrat gebildet, so tritt an seine Stelle der Personalrat.

(8) Die §§ 69 und 74 gelten entsprechend.

Elftes Kapitel
Sonstige Körperschaften, Anstalten und Stiftungen des öffentlichen Rechts; Einrichtungen der öffentlichen Hand mit wirtschaftlicher Zweckbestimmung

§ 108 Entsprechende Anwendung der Vorschriften des Zehnten Kapitels; Bestellung der Mitglieder der Einigungsstelle

(1) ₁Für die Beschäftigten der sonstigen Körperschaften, Anstalten und Stiftungen des öffentlichen Rechts gelten die Sondervorschriften des § 107 Abs. 2 und 4, der §§ 107a und 107b, des § 107c mit Ausnahme des Absatzes 2 Satz 2 sowie der §§ 107d bis 107f sinngemäß. ₂Die der obersten Dienstbehörde nach § 107e vorbehaltene Entscheidung trifft das oberste Organ oder ein von ihm gebildeter Ausschuss.

(2) Bei den Trägern der gesetzlichen Krankenversicherung ist oberste Dienstbehörde oder übergeordnete Dienststelle im Sinne dieses Gesetzes der Vorstand.

(3) Beschäftigte, die nach § 110 einem Verwaltungsrat oder einem vergleichbaren Gremium, das oberste Dienstbehörde ist, angehören, dürfen von der obersten Dienstbehörde nicht als Mitglieder einer Einigungsstelle bestellt werden, die bei ihrer Dienststelle zu bilden ist.

§ 108a Mitglieder in der Arbeitsgruppe Personalvertretung der Deutschen Rentenversicherung

₁Die oder der jeweilige Vorsitzende des Gesamtpersonalrats jedes landesunmittelbaren Trägers der Rentenversicherung ist Mitglied in der Arbeitsgruppe Personalvertretung der Deutschen Rentenversicherung nach § 140 des Sechsten Buchs des Sozialgesetzbuchs. ₂Der Gesamtpersonalrat jedes landesunmittelbaren Trägers der Rentenversicherung bestimmt aus seiner Mitte ein Ersatzmitglied, das die Vorsitzende oder den Vorsitzenden des Gesamtpersonalrats für die Dauer einer Verhinderung als Mitglied in der Arbeitsgruppe Personalvertretung der Deutschen Rentenversicherung vertritt. ₃Ist kein Gesamtpersonalrat gebildet, so tritt an seine Stelle der Personalrat.

§ 109 Öffentlich-rechtliche Versicherungsanstalten, Sparkassen, sonstige Kreditinstitute und ihre Verbände

(1) Für die Beschäftigten der öffentlich-rechtlichen Versicherungsanstalten, Sparkassen, sonstigen Kreditinstitute sowie ihrer Verbände gilt Folgendes:

1. Abweichend von § 66 Abs. 1 Nr. 14 und § 67 Abs. 1 Nr. 3 gilt für den Abschluss von Arbeitnehmerüberlassungs- und Gestellungsverträgen und die Gestaltung der Arbeitsplätze § 75.

2. § 65 Abs. 3, § 66 Abs. 2 und § 75 Abs. 2 gelten auch für Beschäftigte, die

   a) Generalvollmacht oder Prokura haben oder

§ 110 Landespersonalvertretungsgesetz (NPersVG) **V.1**

b) nach Dienststellung und Dienstvertrag im Wesentlichen Aufgaben wahrnehmen, die ihnen regelmäßig wegen ihrer Bedeutung für den Bestand und die Entwicklung der Einrichtung im Hinblick auf besondere Erfahrungen und Kenntnisse übertragen werden, wenn sie dabei entweder die Entscheidungen im Wesentlichen frei von Weisungen treffen oder sie maßgeblich beeinflussen; dies kann auch bei Vorgabe insbesondere aufgrund von Rechtsvorschriften, Plänen oder Richtlinien sowie bei Zusammenarbeit mit anderen leitenden Angestellten gegeben sein.

3. Für das Verfahren bei Nichteinigung, die Bildung der Einigungsstelle und das Verfahren der Einigungsstelle gelten § 107b, § 107c mit Ausnahme des Absatzes 2 Satz 2, § 107d sowie § 108 Abs. 3 sinngemäß.

4. Die der Landesregierung nach § 73 Abs. 1 vorbehaltene Entscheidung trifft das gesetzlich oder satzungsmäßig für die laufende Überwachung der Geschäftsführung vorgesehene Organ.

5. ₁Oberste Dienstbehörde, übergeordnete Dienststelle und höherer Dienstvorgesetzter im Sinne dieses Gesetzes ist das gesetzlich oder satzungsmäßig für die Geschäftsführung vorgesehene Organ. ₂Eine endgültige Entscheidung des gesetzlich oder satzungsmäßig für die Geschäftsführung vorgesehenen Organs, die von einer gemäß § 107d Abs. 5 Satz 1 oder § 107d Abs. 6 Satz 2 beschlossenen Empfehlung der Einigungsstelle abweicht, bedarf der vorherigen Zustimmung des gesetzlich oder satzungsmäßig für die laufende Überwachung der Geschäftsführung vorgesehenen Organs.

6. Für das Verfahren zur Benehmensherstellung gilt § 107f Abs. 1 bis 5, 7 und 8 sinngemäß.

(2) ₁Absatz 1 gilt entsprechend für die Beschäftigten anderer Körperschaften, Anstalten und Stiftungen des öffentlichen Rechts, die der Befriedigung wirtschaftlicher Bedürfnisse der Allgemeinheit dienen und die auch in privater Rechtsform betrieben werden könnten. ₂Im Zweifelsfall entscheidet die oberste Aufsichtsbehörde, ob die Voraussetzungen des Satzes 1 erfüllt sind.

§ 110 Vertretung der Beschäftigten bei Einrichtungen der öffentlichen Hand mit wirtschaftlicher Zweckbestimmung

(1) Einrichtungen der öffentlichen Hand mit wirtschaftlicher Zweckbestimmung sind ihre kaufmännisch geführten Betriebe ohne eigene Rechtspersönlichkeit sowie Körperschaften, Anstalten und Stiftungen des öffentlichen Rechts, die überwiegend wirtschaftliche Aufgaben erfüllen.

(2) ₁Besteht für Einrichtungen nach Absatz 1 mit mehr als zehn Beschäftigten ein Verwaltungsrat, Aufsichtsrat, Betriebsausschuss oder ein vergleichbares Gremium, so müssen ihm auch Vertreterinnen oder Vertreter der Beschäftigten angehören. ₂Die Zahl der hinzutretenden Vertreterinnen oder Vertreter beträgt die Hälfte der Mitgliederzahl, die für das Gremium nach den sondergesetzlichen Vorschriften oder der Satzung vorgeschrieben ist. ₃Die Vertreterinnen oder Vertreter der Beschäftigten müssen selbst Beschäftigte der Einrichtung sein. ₄Stehen den Beschäftigten mehr als zwei Sitze zu, so dürfen von je drei Vertreterinnen oder Vertretern der Beschäftigten jede oder jeder Dritte nicht Beschäftigter der Einrichtung sein.

(3) ₁Die wahlberechtigten Beschäftigten der Einrichtung wählen die Personen, die die Beschäftigten für die Dauer der Amtszeit des jeweiligen Gremiums vertreten sollen. ₂Für jeden der zu besetzenden Sitze wird mindestens die doppelte Anzahl der Personen gewählt,

1. die Beschäftigte der Einrichtung sein müssen,

2. die nicht Beschäftigte der Einrichtung sein dürfen.

₃Die Personen nach Satz 2 Nrn. 1 und 2 werden in getrennten Wahlgängen gewählt.

(4) ₁Die Vertreterinnen und Vertreter der Beschäftigten werden aus dem Kreis der nach

Absatz 3 gewählten Personen bestätigt, und zwar

1. für Landeseinrichtungen durch die zuständige oberste Landesbehörde,
2. für Einrichtungen der kommunalen Gebietskörperschaften durch das zuständige oberste Vertretungsorgan und
3. für die in § 109 Abs. 1 genannten Einrichtungen mit wirtschaftlicher Zweckbestimmung durch die Vertretung des Trägers, die Trägerversammlung oder ein vergleichbares Gremium.

₂Die für die Bestätigung zuständige Stelle soll bei ihrer Entscheidung die sich aus dem Ergebnis der Wahl ergebende Reihenfolge der nach Absatz 3 gewählten Personen berücksichtigen. ₃Nach dem vorstehenden Verfahren sind auch die Ersatzmitglieder zu bestätigen.

(5) ₁Wählen die Beschäftigten nicht nach Absatz 3, so verlieren sie ihren Anspruch auf Vertretung bis zur nächsten Wahl der Mitglieder des Gremiums. ₂Die Wirksamkeit der Beschlüsse des Gremiums wird hierdurch nicht berührt. ₃Scheidet eine Vertreterin oder ein Vertreter aus, ohne dass ein Ersatzmitglied vorhanden ist, so ist eine Nachwahl durchzuführen.

(6) Für Vertreterinnen oder Vertreter, die Beschäftigte der Einrichtung sind, gelten die §§ 15 und 16 des Kündigungsschutzgesetzes, § 25 Abs. 1 sowie die §§ 26 und 41 Abs. 1, 2 und 4 dieses Gesetzes entsprechend.

Zwölftes Kapitel
Beschäftigte im juristischen Vorbereitungsdienst

§§ 111 bis 113 (weggefallen)

§ 114 Beschäftigte im juristischen Vorbereitungsdienst

(1) Die Beschäftigten im juristischen Vorbereitungsdienst (Referendarinnen, Referendare, sonstige Beschäftigte ohne Berufung in das Beamtenverhältnis) sind nur für die Referendarpersonalräte wahlberechtigt.

(2) ₁Dienststellen im Sinne des Gesetzes sind die Oberlandesgerichte. ₂Für den Referendarpersonalrat des Oberlandesgerichts sind die Beschäftigten im juristischen Vorbereitungsdienst wählbar und wahlberechtigt, die am Wahltag der Dienstaufsicht des Oberlandesgerichts unterliegen. ₃§ 6 Abs. 3 und 4 und § 12 Abs. 1 Nr. 2 gelten nicht. ₄Die Wahl des Referendarpersonalrats findet in einer Wahlversammlung statt, die der Referendarpersonalrat oder die Dienststelle spätestens acht Wochen nach dem ersten Einstellungstermin des Kalenderjahres einberuft. ₅Die Wahl wird von einem in der Wahlversammlung gewählten Wahlvorstand geleitet.

(3) ₁Der Referendarpersonalrat nimmt die Aufgaben eines Personalrats, eines Bezirkspersonalrats und einer Jugend- und Auszubildendenvertretung gegenüber dem Oberlandesgericht sowie allen anderen Gerichten und Dienststellen wahr, soweit ausschließlich die Beschäftigten im juristischen Vorbereitungsdienst betroffen sind. ₂Bei Maßnahmen einer obersten Dienstbehörde tritt an die Stelle der Beteiligung der Stufenvertretung die Beteiligung aller Referendarpersonalräte der Oberlandesgerichte.

(4) ₁§ 65 Abs. 1 Nr. 1 findet keine Anwendung. ₂Die Mitbestimmung bei der Zuweisung an die Ausbildungsstellen und die Arbeitsgemeinschaften beschränkt sich auf die Aufstellung von Grundsätzen. ₃Die oberste Dienstbehörde entscheidet endgültig.

(5) Der Referendarpersonalrat des Oberlandesgerichts besteht

aus drei Mitgliedern,

wenn dem Oberlandesgerichtsbezirk weniger als drei Landgerichte angehören,

aus fünf Mitgliedern,

wenn dem Oberlandesgerichtsbezirk drei bis fünf Landgerichte angehören,

aus sieben Mitgliedern,

wenn dem Oberlandesgerichtsbezirk mehr als fünf Landgerichte angehören.

(6) ₁Die Amtszeit der Referendarpersonalräte beträgt ein Jahr und endet jeweils am 31. März. ₂§ 39 Abs. 3 bis 6, § 48 Abs. 1 und § 53 Abs. 2 finden keine Anwendung.

Dritter Teil
Schluss- und Übergangsvorschriften

§ 115 Anwendung des Arbeitnehmerüberlassungsgesetzes

§ 14 Abs. 1, 2 Sätze 1 und 2 sowie Abs. 3 des Arbeitnehmerüberlassungsgesetzes in der Fassung vom 3. Februar 1995 (BGBl. I S. 158), zuletzt geändert durch Artikel 29 des Gesetzes vom 18. Juni 1997 (BGBl. I S. 1430), gilt in seiner jeweils geltenden Fassung für die Anwendung dieses Gesetzes sinngemäß.

§ 116 Verweisung auf andere Gesetze

Vorschriften in anderen Gesetzen, die den Betriebsräten Befugnisse oder Pflichten übertragen, gelten entsprechend für die nach diesem Gesetz zu errichtenden Personalvertretungen, soweit diese Vorschriften nicht die Betriebsverfassung regeln.

§ 117 Umbildung von Körperschaften und Dienststellen

(1) ₁Das Ministerium für Inneres und Sport wird ermächtigt, durch Verordnung Vorschriften zu erlassen, die die Personalvertretung für den Fall sicherstellen oder erleichtern, dass Gemeinden, Gemeindeverbände, sonstige Körperschaften, Anstalten und Stiftungen des öffentlichen Rechts oder Dienststellen umgebildet oder neu gebildet werden. ₂Dabei kann es insbesondere Bestimmungen treffen über

1. die Voraussetzungen und den Zeitpunkt für die Neuwahl der Personalvertretungen,
2. die vorübergehende Fortführung der Geschäfte durch die bisherigen Personalvertretungen,
3. die vorübergehende Wahrnehmung der Aufgaben neu zu wählender Personalvertretungen durch die bisherigen Personalvertretungen, deren Vorsitzende oder deren Stellvertreterinnen oder Stellvertreter,
4. die Dauer der regelmäßigen Amtszeit der Personalvertretungen und ihre Verlängerung,
5. die Bestellung der Wahlvorstände für Neuwahlen,
6. die Mitgliedschaft in Personalvertretungen, wenn die oder der Gewählte in Vollzug der Umbildung bei einer anderen Dienststelle verwendet wird,
7. eine ausreichende Interessenwahrnehmung von Beschäftigten, die in einen anderen Geschäftsbereich wechseln.

(2) Absatz 1 gilt entsprechend für die Vertretung der Beschäftigten bei wirtschaftlichen Einrichtungen der öffentlichen Hand mit wirtschaftlicher Zweckbestimmung (§ 110), jedoch mit der Maßgabe, dass die Verordnung von dem jeweiligen Fachministerium im Einvernehmen mit dem Ministerium für Inneres und Sport erlassen wird.

§ 118 Wahlordnung

(1) Zur Regelung der in den §§ 10 bis 21, 47 bis 52, 96 Abs. 2 sowie den §§ 110 und 114 bezeichneten Wahlen wird die Landesregierung ermächtigt, durch Verordnung Vorschriften über die Vorbereitung und Durchführung der Wahl, insbesondere über

1. die Errechnung der Vertreterzahl,
2. die Aufstellung der Wählerlisten, die Frist für die Einsichtnahme in die Wählerlisten und die Erhebung von Einsprüchen gegen ihre Richtigkeit,
3. die Vorschlagslisten, die Frist für ihre Einreichung und das Zulassungsverfahren,
4. das Wahlausschreiben und die Fristen für seine Bekanntmachung,
5. die Stimmzettel,
6. die Wahlzeit und die Stimmabgabe,
7. die Feststellung des Wahlergebnisses und die Fristen für seine Bekanntmachung,
8. die Erhebung von Einsprüchen gegen die Gültigkeit der Wahl und die Berechtigung des Wahlergebnisses,
9. die Ersatzmitglieder, ihre Reihenfolge und das Verfahren bei ihrem Eintritt in den Personalrat,
10. die Aufbewahrung der Wahlakten

zu erlassen.

(2) ₁Die Verordnung muss Regelungen über die Wahl von Frauen und Männern entsprechend ihrem Anteil an den wahlberechtigten Beschäftigten der Dienststelle vorsehen. ₂Sie hat Regelungen für den Fall vorzusehen, dass die Wahlvorschläge nicht dem in Satz 1 genannten Anteil von Frauen und Männern entsprechen.

§ 119 Änderung des Niedersächsischen Richtergesetzes
(hier nicht aufgenommen)

§ 120 Änderung des Niedersächsischen Bildungsurlaubsgesetzes
(hier nicht aufgenommen)

§ 121 Übergangsvorschriften
(1) Am 31. Dezember 2015 bereits eingeleitete Beteiligungs- und Einigungsverfahren werden nach den bis zum 31. Dezember 2015 geltenden Vorschriften zu Ende geführt.

(2) ₁Erklärungen der obersten Dienstbehörde, mit denen Nebenstellen oder Dienststellenteile zu selbständigen Dienststellen bestimmt worden sind, bleiben wirksam, solange sie nicht aufgehoben werden. ₂§ 6 Abs. 3 Sätze 2 bis 4 findet Anwendung.

§§ 122 bis 125 (weggefallen)

§ 126 Inkrafttreten
(1) Dieses Gesetz tritt am 1. April 1994 in Kraft.*)

(2) (hier nicht aufgenommen)

(3) Abweichend von Absatz 1 tritt § 99 am 1. August 1994 in Kraft.

---

*) Diese Vorschrift betrifft das Inkrafttreten des Gesetzes in der ursprünglichen Fassung vom 2. März 1994 (Nds. GVBl. S. 95). Der Zeitpunkt des Inkrafttretens der späteren Änderungen ergibt sich aus den in den Bekanntmachungen vom 22. Januar 1998 (Nds. GVBl. S. 19, 581) und 22. Januar 2007 (Nds. GVBl. S. 11) sowie den in der vorangestellten Bekanntmachung näher bezeichneten Gesetzen.

Wahlordnung für die Personalvertretungen im Land Niedersachsen (WO-PersV)

in der Fassung der Bekanntmachung
vom 8. Juli 1998 (Nds. GVBl. S. 538)

Zuletzt geändert durch
Verordnung zur Änderung der Wahlordnung für die Personalvertretungen
im Land Niedersachsen
vom 10. August 2023 (Nds. GVBl. S. 180)

Inhaltsübersicht

Erster Teil
Wahl des Personalrats

Erster Abschnitt
Gemeinsame Vorschriften über Vorbereitung und Durchführung der Wahl

- § 1 Wahlvorstand, Wahlhelferinnen, Wahlhelfer
- § 2 Bekanntmachungen des Wahlvorstands
- § 3 Feststellung der Zahl und der Zusammensetzung der Beschäftigten
- § 4 Wählerverzeichnis
- § 5 Einsprüche gegen das Wählerverzeichnis
- § 6 Vorabstimmungen
- § 7 Ermittlung der Zahl der zu wählenden Personalratsmitglieder, Verteilung der Sitze auf die Gruppen und Geschlechter
- § 8 Wahlausschreiben
- § 9 Wahlvorschläge, Einreichungsfrist
- § 10 Inhalt der Wahlvorschläge
- § 11 Sonstige Erfordernisse für Wahlvorschläge
- § 12 Behandlung der Wahlvorschläge durch den Wahlvorstand, ungültige Wahlvorschläge
- § 13 Nachfrist für die Einreichung von Wahlvorschlägen
- § 14 Bezeichnung der Wahlvorschläge
- § 15 Bekanntmachung der Wahlvorschläge
- § 16 Sitzungsniederschriften
- § 17 Ausübung des Wahlrechts, Stimmzettel, ungültige Stimmabgabe
- § 18 Wahlhandlung
- § 19 Briefwahl
- § 20 Behandlung der durch Briefwahl abgegebenen Stimmen
- § 21 Stimmabgabe in besonderen Fällen
- § 22 Feststellung des Wahlergebnisses
- § 23 Wahlniederschrift
- § 24 Benachrichtigung der Gewählten
- § 25 Bekanntmachung des Wahlergebnisses
- § 26 Berichtigung des Wahlergebnisses, Einsprüche
- § 27 Aufbewahrung der Wahlunterlagen
- § 28 Verfahren bei Eintritt von Ersatzmitgliedern

Zweiter Abschnitt
Besondere Vorschriften für die Wahl des Personalrats und der Gruppenvertretung nach den Grundsätzen der Verhältniswahl oder der Mehrheitswahl

Erster Unterabschnitt
Wahlverfahren und Ermittlung des Wahlergebnisses bei Vorliegen mehrerer Wahlvorschläge (Verhältniswahl)

- § 29 Voraussetzungen für Verhältniswahl, Stimmzettel, Stimmabgabe
- § 30 Ermittlung der gewählten Gruppenvertretung bei Gruppenwahl, wenn die Gruppenvertretung aus mehreren Personen besteht

§ 31 Ermittlung der gewählten Gruppenvertretung bei gemeinsamer Wahl, wenn die Gruppenvertretung aus mehreren Personen besteht

§ 32 Ermittlung des Wahlergebnisses, wenn der Personalrat oder eine Gruppenvertretung nur aus einer Person besteht

**Zweiter Unterabschnitt
Wahlverfahren und Ermittlung des Wahlergebnisses bei Vorliegen nur eines Wahlvorschlags (Mehrheitswahl)**

§ 33 Voraussetzungen für Mehrheitswahl, Stimmzettel, Stimmabgabe

§ 34 Ermittlung der Gewählten bei Mehrheitswahl

**Dritter Abschnitt
Wahl der Jugend- und Auszubildendenvertretung**

§ 35 Vorbereitung und Durchführung der Wahl

**Zweiter Teil
Wahl des Bezirkspersonalrats**

§ 36 Entsprechende Anwendung der Vorschriften über die Wahl des Personalrats, Leitung der Wahl, Gleichzeitigkeit

§ 37 Feststellung der Zahl und der Zusammensetzung der Beschäftigten, Wählerverzeichnis

§ 38 Wahlausschreiben

§ 39 Bekanntmachungen des Bezirkswahlvorstands, Sitzungsniederschriften

§ 40 Stimmabgabe, Stimmzettel

§ 41 Briefwahl bei nicht mehr als fünf Gruppenangehörigen

§ 42 Feststellung und Bekanntmachung des Wahlergebnisses

**Dritter Teil
Wahl des Hauptpersonalrats**

§ 43 Entsprechende Anwendung von Vorschriften, Leitung der Wahl

§ 44 Durchführung der Wahl nach Bezirken

**Vierter Teil
Wahl des Gesamtpersonalrats**

§ 45 Entsprechende Anwendung von Vorschriften

**Fünfter Teil
Wahl der Schulstufenvertretungen**

§ 46 Wahlausschreiben

**Sechster Teil
Wahl des Referendarpersonalrats**

§ 47 Wahlvorstand, Durchführung der Wahl

**Siebenter Teil
Schlußvorschriften**

§ 48 Berechnung von Fristen

§ 49 Inkrafttreten, Aufhebung von Rechtsvorschriften

Auf Grund des § 118 des Niedersächsischen Personalvertretungsgesetzes (NPersVG) in der Fassung vom 22. Januar 1998 (Nds. GVBl. S. 19), geändert durch Artikel 8 des Gesetzes vom 17. Dezember 1997 (Nds. GVBl. S. 528), wird verordnet:

Erster Teil
Wahl des Personalrats

Erster Abschnitt
Gemeinsame Vorschriften über Vorbereitung und Durchführung der Wahl

§ 1 Wahlvorstand, Wahlhelferinnen, Wahlhelfer

(1) ₁Der Wahlvorstand führt die Wahl des Personalrats durch. ₂Er ist beschlußfähig, wenn alle Mitglieder oder Ersatzmitglieder anwesend sind. ₃Er faßt seine Beschlüsse mit Stimmenmehrheit. ₄Bei Stimmengleichheit entscheidet die Stimme der Vorsitzenden oder des Vorsitzenden.

(2) Der Wahlvorstand kann Wahlberechtigte als Wahlhelferinnen oder Wahlhelfer zu seiner Unterstützung bei der Durchführung der Stimmabgabe und bei der Stimmenzählung bestellen; dabei soll er die in der Dienststelle vertretenen Gruppen und Geschlechter angemessen berücksichtigen.

(3) Die Dienststelle hat den Wahlvorstand bei der Erfüllung seiner Aufgaben zu unterstützen, insbesondere die notwendigen Unterlagen zur Verfügung zu stellen und die erforderlichen Auskünfte zu erteilen.

(4) ₁Der Wahlvorstand macht die Namen seiner Mitglieder und der Ersatzmitglieder rechtzeitig nach seiner Bestellung oder Wahl nach § 2 bis zum Abschluß der Stimmabgabe bekannt. ₂Den in der Dienststelle vertretenen Gewerkschaften ist auf Anforderung ein Abdruck dieser Bekanntmachung zu übersenden.

(5) Der Wahlvorstand soll dafür sorgen, daß ausländische Wahlberechtigte, die der deutschen Sprache nicht mächtig sind, vor Einleitung der Wahl über das Wahlverfahren, die Aufstellung des Wählerverzeichnisses, die Einreichung von Wahlvorschlägen, den Wahlvorgang und die Stimmabgabe in geeigneter Weise unterrichtet werden.

§ 2 Bekanntmachungen des Wahlvorstands

(1) ₁Bekanntmachungen des Wahlvorstands aufgrund dieser Wahlordnung erfolgen

1. durch Aushang des bekannt zu machenden Schriftstücks in der Dienststelle einschließlich ihrer räumlich getrennten Teile, ihrer Nebenstellen und ihrer nachgeordneten Stellen, denen Wahlberechtigte für die Wahl angehören, oder

2. durch elektronisches Zugänglichmachen des bekannt zu machenden Schriftstücks mittels technischer Einrichtungen, die durch die Dienststelle zur dienstlichen Nutzung freigegeben sind.

₂Die nach Satz 1 Nr. 2 zugänglich gemachten Inhalte sind gemäß dem aktuellen Stand der Technik vor unbefugten Veränderungen zu schützen. ₃Eine Bekanntmachung ausschließlich nach Satz 1 Nr. 2 ist nur zulässig, wenn für alle Wahlberechtigten der technische Zugang zum Schriftstück eröffnet ist. ₄Soll die Bekanntmachung nach Satz 1 Nr. 1 erfolgen und kann der Wahlvorstand den Aushang nicht selbst vornehmen, so veranlasst die Dienststelle diesen auf Ersuchen des Wahlvorstandes.

(2) Der Wahlvorstand bestimmt den Tag der Bekanntmachung.

(3) ₁Der Wahlvorstand hat den Tag der Bekanntmachung bei einer Bekanntmachung durch Aushang auf dem Schriftstück und bei einer Bekanntmachung durch elektronisches Zugänglichmachen im elektronischen Dokument zu vermerken. ₂Nach Ablauf des vorgeschriebenen Zeitraums seit der Bekanntmachung ist der letzte Tag des Aushangs und des elektronischen Zugänglichmachens entsprechend Satz 1 zu vermerken. ₃Im Fall des Absatzes 1 Satz 4 hat die ersuchte Dienststelle dem Wahlvorstand den ersten Tag des Aushangs mitzuteilen und ihm das Schriftstück nach erfolgtem Aushang zurückzugeben.

§ 3 Feststellung der Zahl und der Zusammensetzung der Beschäftigten

(1) Der Wahlvorstand stellt fest:

1. die Zahl der in der Regel Beschäftigten, die in der Dienststelle wahlberechtigt sind (§ 4 Abs. 1 und 2, § 11 des Niedersächsischen Personalvertretungsgesetzes – NPersVG –),

2. den Anteil an Frauen und Männern an der nach Nummer 1 festgestellten Zahl (§ 15 Abs. 1 NPersVG),

3. die Verteilung der nach Nummer 1 festgestellten Zahl auf die Gruppen (§ 5 Abs. 1 NPersVG), jeweils getrennt nach Frauen und Männern (§ 15 Abs. 1 NPersVG).

(2) ₁Für die Feststellung nach Absatz 1 ist der Bestand der Wahlberechtigten und seine Aufteilung auf Frauen und Männer sowie auf die einzelnen Gruppen zu ermitteln, der nach den in der Dienststelle am Tag des Erlasses des Wahlausschreibens bestehenden tatsächlichen Verhältnissen und sonstigen vorhandenen Unterlagen verläßlich vorhersehbar ist und voraussichtlich für den überwiegenden Teil der regelmäßigen Amtszeit des Personalrats bestehen wird. ₂Das gilt auch bei unbesetzten Dienstposten oder Arbeitsplätzen; im Zweifel ist die Verteilung auf Frauen und Männer und auf die einzelnen Gruppen entsprechend den am Tag des Erlasses des Wahlausschreibens bestehenden Anteilen vorzunehmen.

§ 4 Wählerverzeichnis

(1) ₁Der Wahlvorstand stellt ein Verzeichnis der Wahlberechtigten (Wählerverzeichnis) auf, getrennt nach den in der Dienststelle vertretenen Gruppen. ₂In das Wählerverzeichnis sind der Nachname und der Vorname aufzunehmen, in das für den Wahlvorstand bestimmte Wählerverzeichnis auch das Geburtsdatum. ₃Der Wahlvorstand hat das Wählerverzeichnis bis zum Abschluß der Stimmabgabe auf dem laufenden zu halten und zu berichtigen.

(2) Das Wählerverzeichnis oder eine Abschrift ist unverzüglich nach der Bekanntmachung des Wahlausschreibens (§ 8 Abs. 3) bis zum Abschluß der Stimmabgabe an geeigneter Stelle zur Einsicht auszulegen.

(3) ₁Der Wahlvorstand kann auch die Auslegung in Nebenstellen, nachgeordneten Dienststellen und räumlich getrennten Dienststellenteilen anordnen. ₂In diesen Fällen ist die Auslegung eines Auszugs aus dem Wählerverzeichnis, der die diesen Stellen angehörenden Wahlberechtigten umfaßt, zulässig.

§ 5 Einsprüche gegen das Wählerverzeichnis

(1) Jede Beschäftigte oder jeder Beschäftigte kann beim Wahlvorstand schriftlich oder elektronisch innerhalb einer Woche seit Auslegung Einspruch gegen die Richtigkeit des Wählerverzeichnisses einlegen.

(2) ₁Über den Einspruch entscheidet der Wahlvorstand unverzüglich. ₂Die Entscheidung ist allen betroffenen Beschäftigten unverzüglich schriftlich oder elektronisch mitzuteilen. ₃Ist der Einspruch begründet, so hat der Wahlvorstand das Wählerverzeichnis zu berichtigen.

§ 6 Vorabstimmungen

₁Vorabstimmungen über

1. eine von § 14 Abs. 2 und 3 NPersVG abweichende Verteilung der Sitze des Personalrats auf die Gruppen (§ 14 Abs. 4 NPersVG) oder

2. die Durchführung gemeinsamer Wahl (§ 16 Abs. 3 NPersVG)

werden nur berücksichtigt, wenn ihr Ergebnis dem Wahlvorstand innerhalb von zwei Wochen seit der Bekanntgabe nach § 1 Abs. 4 vorliegt und dem Wahlvorstand glaubhaft gemacht wird, daß das Ergebnis unter Leitung eines aus mindestens drei Wahlberechtigten bestehenden Abstimmungsvorstands in geheimen und nach Gruppen getrennten Abstimmungen zustande gekommen ist. ₂Dem Abstimmungsvorstand muß ein Mitglied jeder in der Dienststelle vertretenen Gruppe angehören; ihm sollen Frauen und Männer angehören.

§ 7 Ermittlung der Zahl der zu wählenden Personalratsmitglieder, Verteilung der Sitze auf die Gruppen und Geschlechter

(1) Der Wahlvorstand ermittelt die Zahl der zu wählenden Personalratsmitglieder.

(2) Ist eine von § 14 Abs. 2 und 3 NPersVG abweichende Verteilung der Sitze des Personalrats auf die Gruppen (§ 14 Abs. 4 NPersVG) nicht beschlossen worden, so ermittelt der Wahlvorstand nach dem Höchstzahlverfahren zuerst die Verteilung der Personalratssitze auf die Gruppen (Absätze 3 bis 5) und danach erforderlichenfalls die Verteilung auf Frauen und Männer innerhalb der Gruppen (Absatz 6).

(3) ₁Die Beschäftigtenzahlen der in der Dienststelle vertretenen einzelnen Gruppen (§ 3) werden nebeneinandergestellt und der Reihe nach durch 1, 2, 3 usw. geteilt. ₂Auf die jeweils höchste Teilzahl (Höchstzahl) wird so lange ein Sitz zugeteilt, bis alle Personalratssitze verteilt sind. ₃Jede Gruppe erhält so viele Sitze, wie Höchstzahlen auf sie entfallen. ₄Ist bei gleichen Höchstzahlen nur noch ein Sitz zu verteilen, so fällt er der Gruppe zu, die andernfalls im Verhältnis zu ihrem Anteil an der Gesamtzahl der Beschäftigten der Dienststelle am stärksten benachteiligt wäre; bei gleicher Beschäftigtenzahl entscheidet das Los. ₅Entsprechendes gilt, wenn bei mehreren gleichen Höchstzahlen weniger Sitze zu verteilen als Höchstzahlen vorhanden sind.

(4) ₁Jede Gruppe erhält mindestens die in § 14 Abs. 2 NPersVG vorgeschriebene Zahl von Sitzen. ₂Die Zahl der Sitze der anderen Gruppe vermindert sich entsprechend. ₃Sitze, die einer Gruppe nach den Vorschriften des Niedersächsischen Personalvertretungsgesetzes mindestens zustehen, können ihr nicht entzogen werden.

(5) Gehören beiden Gruppen in einer Dienststelle die gleiche Anzahl von Beschäftigten an, so erübrigt sich die Ermittlung der Sitze nach dem Höchstzahlverfahren; in diesen Fällen entscheidet das Los, wem die höchste Zahl von Sitzen zufällt.

(6) ₁Eine Aufteilung der Sitze auf Frauen und Männer erfolgt nur innerhalb der Gruppen, denen mehr als ein Sitz im Personalrat zusteht (§ 15 Abs. 1 Satz 2 NPersVG). ₂Dies gilt auch, wenn in einer Dienststelle nur eine Gruppe vorhanden ist. ₃Für die Ermittlung gelten die Absätze 3 und 5 entsprechend. ₄Bleibt hiernach ein in der Dienststelle vertretenes Geschlecht unberücksichtigt, so ist ihm ein Sitz (Minderheitensitz) zuzuerkennen, wenn diesem Geschlecht mindestens ein Zwanzigstel aller Beschäftigten angehört. ₅In diesem Fall hat der Wahlvorstand festzustellen, in welcher der Gruppen, denen mindestens zwei Sitze zustehen, das Geschlecht, bezogen auf seine Gesamtzahl in allen Gruppen, in absoluten Zahlen am stärksten vertreten ist. ₆Dieser Gruppe ist der Sitz an Stelle eines für das andere Geschlecht ermittelten Sitzes zuzuordnen. ₇Liegen die Voraussetzungen bei beiden Gruppen vor, so entscheidet über die Sitzzuordnung das Los (§ 15 Abs. 2 NPersVG).

§ 8 Wahlausschreiben

(1) ₁Frühestens nach Ablauf von zwei Wochen seit der Bekanntmachung nach § 1 Abs. 4 und spätestens sechs Wochen vor dem letzten Tag der Stimmabgabe erläßt der Wahlvorstand ein Wahlausschreiben. ₂Es ist von sämtlichen Mitgliedern des Wahlvorstands zu unterschreiben.

(2) Das Wahlausschreiben muß enthalten:

1. Ort und Tag seines Erlasses;
2. die Zahl und die Zusammensetzung der Beschäftigten nach § 3 Abs. 1;
3. die Zahl der zu wählenden Personalratsmitglieder, getrennt nach Gruppen und gegebenenfalls innerhalb der Gruppen nach Frauen und Männern;
4. die Mindestzahl der weiblichen und männlichen Gruppenangehörigen, die jeder Wahlvorschlag enthalten muß, wenn nach Nummer 2 in der Gruppe Frauen und Männer zu wählen sind;
5. den Hinweis, daß Wahlvorschläge auch Angehörige des Geschlechts enthalten können, für das innerhalb der Gruppe kein Sitz ermittelt worden ist;

V.2 Wahlordnung (WO-PersV) §§ 9–10

6. den Hinweis, ob ein Minderheitensitz (§ 7 Abs. 6 Sätze 4 bis 7) zuerkannt worden und welcher Gruppe er zuzuordnen ist;
7. Angaben darüber, ob die Beschäftigten ihre Vertreterinnen und Vertreter in getrennten Wahlgängen (Gruppenwahl) oder in gemeinsamer Wahl wählen;
8. die Angabe, wo und wann das Wählerverzeichnis und diese Wahlordnung zur Einsicht ausliegen;
9. den Hinweis, daß nur Beschäftigte wählen können, die in das Wählerverzeichnis eingetragen sind;
10. den Hinweis, daß Einsprüche gegen das Wählerverzeichnis nur innerhalb einer Woche seit seiner Auslegung schriftlich beim Wahlvorstand eingelegt werden können; der letzte Tag der Einspruchsfrist ist anzugeben;
11. die Mindestzahl von Wahlberechtigten, die für die Unterzeichnung eines von ihnen eingereichten Wahlvorschlags vorgeschrieben ist (§ 10 Abs. 4), und den Hinweis, daß jede Bewerberin oder jeder Bewerber für die Wahl des Personalrats nur auf einem Vorschlag benannt werden kann;
12. die Aufforderung, Wahlvorschläge innerhalb von zwei Wochen nach dem Tag der Bekanntmachung des Wahlausschreibens beim Wahlvorstand einzureichen; der letzte Tag der Einreichungsfrist ist anzugeben;
13. den Hinweis, daß nur fristgerecht eingereichte Wahlvorschläge berücksichtigt werden und daß nur gewählt werden kann, wer in einen solchen Wahlvorschlag aufgenommen ist;
14. den Ort, an dem die Wahlvorschläge bekanntgegeben werden;
15. den Ort und die Zeit der Stimmabgabe;
16. einen Hinweis auf die Möglichkeit der Briefwahl;
17. Ort und Zeit der Sitzung, in der das Wahlergebnis festgestellt wird.

(3) ₁Der Wahlvorstand hat das Wahlausschreiben spätestens sechs Wochen vor dem letzten Tag der Stimmabgabe bekannt zu machen. ₂Die Möglichkeit zur Kenntnisnahme des Aushangs (§ 2 Abs. 1 Satz 1 Nr. 1) und die elektronische Zugänglichkeit (§ 2 Abs. 1 Satz 1 Nr. 2) müssen bis zum Abschluss der Stimmabgabe aufrechterhalten werden. ₃Den in der Dienststelle vertretenen Gewerkschaften ist das Wahlausschreiben auf Anforderung zu übersenden.

(4) Offenbare Unrichtigkeiten des Wahlausschreibens können vom Wahlvorstand jederzeit berichtigt werden.

§ 9 Wahlvorschläge, Einreichungsfrist

(1) Zur Wahl des Personalrats können die Wahlberechtigten sowie die in der Dienststelle vertretenen Gewerkschaften Wahlvorschläge machen.

(2) ₁Die Wahlvorschläge sind innerhalb von zwei Wochen nach dem Tag der Bekanntmachung des Wahlausschreibens einzureichen. ₂Bei der Gruppenwahl sind für die einzelnen Gruppen getrennte Wahlvorschläge einzureichen.

§ 10 Inhalt der Wahlvorschläge

(1) ₁Jeder Wahlvorschlag muß mindestens so viele Bewerberinnen und Bewerber enthalten, wie

1. bei Gruppenwahl in der jeweiligen Gruppe Frauen und Männer oder
2. bei gemeinsamer Wahl Frauen und Männer

zu wählen sind. ₂Der Wahlvorschlag kann auch Angehörige des Geschlechts enthalten, für das innerhalb der Gruppe kein Sitz ermittelt worden ist.

(2) ₁Die Namen der Bewerberinnen sind links, die Namen der Bewerber sind rechts auf dem Wahlvorschlag untereinander aufzuführen und jeweils mit fortlaufenden Nummern zu versehen. ₂Außer dem Familiennamen sind der Vorname, das Geburtsdatum, die Amts- oder Berufsbezeichnung, die Dienststelle und die Gruppenzugehörigkeit anzugeben. ₃Bei gemeinsamer Wahl sind in dem Wahlvorschlag die Bewerberinnen links und die Bewerber rechts jeweils nach Gruppen zusammenzufassen.

(3) Die Namen sind ohne Trennung nach Geschlechtern untereinander aufzuführen,

1. wenn der Personalrat aus einer Person besteht,
2. wenn einer Gruppe nur ein Sitz zusteht,
3. im Falle des Absatzes 1 Satz 2.

(4) ₁Jeder von Wahlberechtigten eingereichte Wahlvorschlag muß

1. bei Gruppenwahl von mindestens einem Zwanzigstel der wahlberechtigten Gruppenangehörigen, jedoch mindestens von zwei wahlberechtigten Gruppenangehörigen,
2. bei gemeinsamer Wahl von mindestens einem Zwanzigstel der Wahlberechtigten, jedoch mindestens von zwei Wahlberechtigten,

unterzeichnet sein. ₂In jedem Falle genügen bei Gruppenwahl die Unterschriften von 30 Gruppenangehörigen, bei gemeinsamer Wahl die Unterschriften von 30 Wahlberechtigten. ₃Nach Einreichung des Wahlvorschlages kann eine darauf geleistete Unterschrift nicht mehr zurückgenommen werden; § 12 Abs. 4 bleibt unberührt.

(5) Jeder von einer in der Dienststelle vertretenen Gewerkschaft eingereichte Wahlvorschlag muß von einer Beauftragten oder einem Beauftragten der Gewerkschaft unterzeichnet sein.

(6) ₁Aus dem Wahlvorschlag soll zu ersehen sein, in welcher Reihenfolge die Beschäftigten, die den Wahlvorschlag unterzeichnet haben, zur Vertretung des Vorschlags gegenüber dem Wahlvorstand und zur Entgegennahme von Erklärungen und Entscheidungen des Wahlvorstands berechtigt sind (Listenvertreterinnen oder Listenvertreter). ₂Fehlt eine Angabe hierüber, so gilt diejenige oder derjenige als berechtigt, die oder der an erster Stelle unterzeichnet hat. ₃Bei Wahlvorschlägen einer Gewerkschaft ist die Beauftragte oder der Beauftragte vertretungsberechtigt. ₄Die Gewerkschaft kann auf dem Wahlvorschlag auch Beschäftigte benennen, die zur Vertretung berechtigt sind.

(7) ₁Der Wahlvorschlag soll mit einem Kennwort versehen werden. ₂Der Wahlvorschlag einer Gewerkschaft ist mit dem Namen der Gewerkschaft zu bezeichnen; daneben ist ein Kennwort zulässig.

(8) Ein Wahlvorschlag kann nur geändert werden, wenn die in § 9 bestimmte Frist noch nicht abgelaufen ist und alle Unterzeichnenden der Änderung zustimmen; § 12 Abs. 3 bleibt unberührt.

§ 11 Sonstige Erfordernisse für Wahlvorschläge

(1) Jede Bewerberin oder jeder Bewerber kann für die Wahl des Personalrats nur auf einem Wahlvorschlag benannt werden.

(2) ₁Dem Wahlvorschlag ist die schriftliche Zustimmung der Bewerberinnen und Bewerber zur Aufnahme in den Wahlvorschlag beizufügen. ₂Die Zustimmung kann nicht widerrufen werden.

(3) Jede vorschlagsberechtigte Beschäftigte oder jeder vorschlagsberechtigte Beschäftigte kann die Unterschrift zur Wahl des Personalrats rechtswirksam nur für einen Wahlvorschlag abgeben.

(4) Eine Verbindung von Wahlvorschlägen ist unzulässig.

§ 12 Behandlung der Wahlvorschläge durch den Wahlvorstand, ungültige Wahlvorschläge

(1) ₁Ein Mitglied des Wahlvorstands vermerkt auf den Wahlvorschlägen den Tag und die Uhrzeit des Eingangs. ₂Im Falle der Absätze 5 und 6 ist auch der Zeitpunkt des Eingangs des berichtigten Wahlvorschlags zu vermerken.

(2) ₁Wahlvorschläge, die ungültig sind, weil sie bei der Einreichung nicht die erforderliche Anzahl von Unterschriften aufweisen oder weil sie nicht fristgerecht eingereicht worden sind, gibt der Wahlvorstand unverzüglich nach Eingang unter Angabe der Gründe zurück. ₂Dasselbe gilt für die Wahlvorschläge einer Gewerkschaft, die nicht von der Beauftragten oder dem Beauftragten (§ 10 Abs. 6 Sätze 3 und 4) unterzeichnet sind.

(3) ₁Der Wahlvorstand hat Bewerberinnen oder Bewerber, die mit ihrer schriftlichen Zustimmung auf mehreren Wahlvorschlägen benannt sind, aufzufordern, innerhalb von drei Arbeits-

V.2 Wahlordnung (WO-PersV) §§ 13–14

tagen zu erklären, auf welchem Wahlvorschlag sie benannt bleiben wollen. ₂Wird eine solche Erklärung nicht fristgerecht abgegeben, so wird die Bewerberin oder der Bewerber von sämtlichen Wahlvorschlägen gestrichen.

(4) ₁Der Wahlvorstand hat vorschlagsberechtigte Beschäftigte, die mehrere Wahlvorschläge unterzeichnet haben, aufzufordern, innerhalb von drei Arbeitstagen zu erklären, welche Unterschrift sie aufrechterhalten. ₂Wird diese Erklärung nicht fristgerecht abgegeben, so zählt die Unterschrift nur auf dem zuerst eingegangenen Wahlvorschlag; auf den übrigen Wahlvorschlägen wird sie gestrichen.

(5) ₁Wahlvorschläge, die ohne schriftliche Begründung die nach § 17 Abs. 2 Satz 2 NPersVG vorgeschriebene Mindestzahl von Bewerberinnen und Bewerbern nicht enthalten, hat der Wahlvorstand mit der Aufforderung zurückzugeben, die Wahlvorschläge innerhalb einer Frist von drei Arbeitstagen zu ergänzen. ₂Ist aus der Sicht der Vorschlagenden eine Ergänzung nicht möglich, so haben sie die dafür maßgebenden Gründe schriftlich darzulegen. ₃Wird innerhalb der gesetzten Frist weder der Aufforderung nach Satz 1 entsprochen noch eine schriftliche Begründung für das Abweichen von § 17 Abs. 2 Satz 2 NPersVG vorgelegt, so sind diese Wahlvorschläge ungültig.

(6) ₁Wahlvorschläge, die

1. den Erfordernissen des § 10 Abs. 2 nicht entsprechen,
2. ohne die schriftliche Zustimmung der Bewerberinnen oder Bewerber eingereicht sind,
3. infolge von Streichungen nach Absatz 4 nicht mehr die erforderliche Anzahl von Unterschriften aufweisen,
4. Bewerberinnen oder Bewerber enthalten, die nicht wählbar sind,

hat der Wahlvorstand mit der Aufforderung zurückzugeben, die Mängel innerhalb einer Frist von drei Arbeitstagen zu beseitigen. ₂Werden die Mängel nicht fristgerecht beseitigt, so sind diese Wahlvorschläge ungültig. ₃Betreffen die Mängel nur einzelne Bewerberinnen oder Bewerber, so werden diese gestrichen.

§ 13 Nachfrist für die Einreichung von Wahlvorschlägen

(1) ₁Ist nach Ablauf der in § 9 Abs. 2 Satz 1 und § 12 Abs. 5 Satz 1 und 6 Satz 1 genannten Fristen bei Gruppenwahl nicht für beide Gruppen ein gültiger Wahlvorschlag, bei gemeinsamer Wahl kein gültiger Wahlvorschlag, eingegangen, so macht der Wahlvorstand dies unverzüglich in der gleichen Weise wie das Wahlausschreiben bekannt. ₂Entsprechendes gilt, wenn ein Sitz für eine Frau oder einen Mann vorgesehen ist (§ 7 Abs. 6 Sätze 4 bis 7) und kein Wahlvorschlag eingegangen ist, der eine Bewerberin oder einen Bewerber des Geschlechts enthält, für das der Sitz vorgesehen ist. ₃Gleichzeitig fordert der Wahlvorstand zur Einreichung von Wahlvorschlägen innerhalb einer Nachfrist von einer Woche auf.

(2) ₁Im Falle der Gruppenwahl weist der Wahlvorstand in der Bekanntmachung darauf hin, daß eine Gruppe keine Vertreterinnen und Vertreter in den Personalrat wählen kann, wenn auch innerhalb der Nachfrist für sie kein gültiger Wahlvorschlag eingeht. ₂Im Falle gemeinsamer Wahl weist der Wahlvorstand darauf hin, daß der Personalrat nicht gewählt werden kann, wenn auch innerhalb der Nachfrist kein gültiger Wahlvorschlag eingeht.

(3) Gehen auch innerhalb der Nachfrist gültige Wahlvorschläge nicht ein, so macht der Wahlvorstand sofort bekannt

1. bei Gruppenwahl, für welche Gruppe keine Vertreterinnen und Vertreter gewählt werden können,
2. dass die Sitze, für die gültige Wahlvorschläge nicht eingegangen sind, die verbleibende Gruppe (§ 14 Abs. 3 Satz 2 NPersVG) oder das verbleibende Geschlecht (§ 15 Abs. 3 in Verbindung mit § 14 Abs. 3 Satz 2 NPersVG) erhält,
3. bei gemeinsamer Wahl, daß diese Wahl nicht stattfinden kann.

§ 14 Bezeichnung der Wahlvorschläge

(1) ₁Nach Ablauf der in § 9 Abs. 2 Satz 1, § 12 Abs. 3 bis 6 und § 13 Abs. 1 genannten Fristen versieht der Wahlvorstand die Wahlvorschläge in der Reihenfolge ihres Eingangs mit

Ordnungsnummern (Vorschlag 1 usw.), bei Gruppenwahl getrennt in den betreffenden Gruppen. ₂Wahlvorschläge, die vor Beginn der Einreichungsfrist (§ 9 Abs. 2) beim Wahlvorstand eingehen, gelten als mit Beginn dieser Frist eingegangen. ₃Ist ein Wahlvorschlag berichtigt worden, so ist der Zeitpunkt des Eingangs des berichtigten Wahlvorschlags maßgebend. ₄Sind mehrere Wahlvorschläge gleichzeitig eingegangen, so entscheidet das Los über die Reihenfolge. ₅Die zur Vertretung der Wahlvorschläge nach § 10 Abs. 6 Berechtigten sind zu einer Losentscheidung rechtzeitig einzuladen.

(2) ₁Der Wahlvorstand bezeichnet die Wahlvorschläge mit den Familien- und Vornamen der in dem Wahlvorschlag jeweils benannten ersten drei Bewerberinnen und Bewerber, bei gemeinsamer Wahl mit dem Familien- und Vornamen der für die Gruppen jeweils an erster Stelle benannten Bewerberinnen und Bewerber. ₂Bei Wahlvorschlägen, die mit einem Kennwort oder einer Gewerkschaftsbezeichnung versehen sind, ist auch das Kennwort oder die Gewerkschaftsbezeichnung anzugeben.

§ 15 Bekanntmachung der Wahlvorschläge

₁Unverzüglich nach Ablauf der in § 9 Abs. 2 Satz 1, § 12 Abs. 5 Satz 1 und Abs. 6 Satz 1 sowie § 13 Abs. 1 Satz 3 genannten Fristen, spätestens jedoch eine Woche vor Beginn der Stimmabgabe, macht der Wahlvorstand die als gültig anerkannten Wahlvorschläge bis zum Abschluss der Stimmabgabe in der gleichen Weise wie das Wahlausschreiben bekannt. ₂Bei Wahlvorschlägen, die nach § 12 Abs. 5 als gültig anerkannt worden sind, macht der Wahlvorstand zugleich die von den Vorschlagenden genannten Gründe für das Abweichen von § 17 Abs. 2 Satz 2 NPersVG bekannt. ₃Es soll auch angegeben werden, ob nach den Grundsätzen der Verhältniswahl oder der Mehrheitswahl zu wählen ist und wie viele Stimmen die Wahlberechtigten haben. ₄Die Stimmzettel sollen zu diesem Zeitpunkt vorliegen.

§ 16 Sitzungsniederschriften

₁Der Wahlvorstand fertigt über jede Sitzung, in der über

1. Einsprüche gegen das Wählerverzeichnis (§ 5),
2. die Ermittlung der Zahl der zu wählenden Personalratsmitglieder und die Verteilung der Sitze auf die Gruppen und Geschlechter (§ 7),
3. die Zulassung von Wahlvorschlägen (§ 12) und
4. die Gewährung von Nachfristen (§ 13)

entschieden wird, eine Niederschrift. ₂Sie ist von sämtlichen Mitgliedern des Wahlvorstands zu unterzeichnen.

§ 17 Ausübung des Wahlrechts, Stimmzettel, ungültige Stimmabgabe

(1) Wählen kann nur, wer in das Wählerverzeichnis eingetragen ist.

(2) ₁Das Wahlrecht wird durch Abgabe eines Stimmzettels ausgeübt. ₂Bei Gruppenwahl müssen die Stimmzettel für jede Gruppe, bei gemeinsamer Wahl alle Stimmzettel dieselbe Größe, Farbe, Beschaffenheit und Beschriftung haben. ₃Dasselbe gilt für die bei Briefwahl erforderlichen Wahlumschläge.

(3) ₁Ist nach den Grundsätzen der Verhältniswahl zu wählen (§ 29 Abs. 1), so kann die Stimme nur für den gesamten Wahlvorschlag (Vorschlagsliste) abgegeben werden. ₂Ist nach den Grundsätzen der Mehrheitswahl zu wählen (§ 33 Abs. 1), so werden die Stimmen für die zu wählenden einzelnen Bewerberinnen und Bewerber abgegeben.

(4) Ungültig sind Stimmzettel,

1. die bei Briefwahl nicht in einem Wahlumschlag abgegeben sind,
2. die nicht vom Wahlvorstand ausgegeben worden sind,
3. aus denen sich der Wählerwille nicht zweifelsfrei ergibt,
4. die einen Zusatz oder einen Vorbehalt enthalten,
5. die gegen § 19 Abs. 2 verstoßen,

6. bei denen ein Name mehrfach angekreuzt ist (§ 33 Abs. 3 Satz 2 Nrn. 1 und 2).

(5) Mehrere in einem Wahlumschlag für eine Wahl enthaltene Stimmzettel, die gleich lauten, werden als eine Stimme gezählt.

§ 18 Wahlhandlung

(1) ₁Der Wahlvorstand trifft Vorkehrungen, dass die Wahlberechtigten ihre Stimmzettel im Wahlraum unbeobachtet kennzeichnen und zusammenfalten können. ₂Für die Aufnahme der Stimmzettel sind Wahlurnen zu verwenden. ₃Vor Beginn der Stimmabgabe sind die Wahlurnen zu verschließen. ₄Sie müssen so eingerichtet sein, dass die eingeworfenen Stimmzettel nicht vor Öffnen der Urne entnommen werden können. ₅Findet Gruppenwahl statt, so kann die Stimmabgabe nach Gruppen getrennt durchgeführt werden; in jedem Falle sind jedoch getrennte Wahlurnen zu verwenden. ₆Die Wahlhandlung ist für die Beschäftigten öffentlich.

(2) ₁Wahlberechtigte, die wegen einer körperlichen Beeinträchtigung in der Stimmabgabe behindert sind, bestimmen eine Person ihres Vertrauens, deren sie sich bei der Stimmabgabe bedienen wollen, und geben dies dem Wahlvorstand bekannt. ₂Die Hilfeleistung hat sich auf die Erfüllung der Wünsche der Wahlberechtigten zur Stimmabgabe zu beschränken. ₃Die Vertrauensperson ist zur Geheimhaltung der Kenntnisse verpflichtet, die sie bei der Hilfeleistung erlangt hat. ₄Wahlbewerberinnen oder Wahlbewerber, Mitglieder des Wahlvorstands und Wahlhelferinnen oder Wahlhelfer dürfen nicht zur Hilfeleistung herangezogen werden.

(3) Solange der Wahlraum zur Stimmabgabe geöffnet ist, müssen mindestens zwei Mitglieder des Wahlvorstands im Wahlraum anwesend sein; sind Wahlhelferinnen oder Wahlhelfer bestellt, genügt die Anwesenheit eines Mitglieds des Wahlvorstands und einer Wahlhelferin oder eines Wahlhelfers.

(4) ₁Vor Aushändigung des Stimmzettels ist festzustellen, ob die Wahlberechtigte oder der Wahlberechtigte im Wählerverzeichnis eingetragen ist. ₂Die Teilnahme an der Wahl ist im Wählerverzeichnis zu vermerken.

(5) ₁Wird die Wahlhandlung unterbrochen oder wird das Wahlergebnis nicht unmittelbar nach Abschluß der Stimmabgabe festgestellt, so hat der Wahlvorstand für die Zwischenzeit die Wahlurne zu sichern. ₂Bei Wiedereröffnung der Wahl oder bei Entnahme der Stimmzettel zur Stimmzählung hat sich der Wahlvorstand davon zu überzeugen, daß der Verschluß unversehrt ist.

(6) Nach Ablauf der für die Durchführung der Wahlhandlung festgesetzten Zeit dürfen nur noch diejenigen Wahlberechtigten abstimmen, die sich in diesem Zeitpunkt im Wahlraum befinden.

(7) ₁Die Stimmabgabe kann sich über mehrere Tage erstrecken. ₂Der Wahlvorstand kann, soweit ein Bedürfnis vorliegt, im Bereich der Dienststelle verschiedene Wahlräume mit unterschiedlichen Abstimmungszeiten bestimmen.

§ 19 Briefwahl

(1) ₁Wahlberechtigten, die angeben, im Zeitpunkt der Wahl an der persönlichen Stimmabgabe verhindert zu sein, hat ein Mitglied des Wahlvorstands auf Verlangen

1. den Stimmzettel und den Wahlumschlag,

2. eine vorgedruckte Erklärung, in der die Wahlberechtigten versichern, den Stimmzettel persönlich gekennzeichnet zu haben oder, soweit unter den Voraussetzungen des § 18 Abs. 2 erforderlich, die Vertrauenspersonen versichern, den Stimmzettel gemäß dem erklärten Willen der Wahlberechtigten gekennzeichnet zu haben,

3. einen größeren Briefumschlag, der die Anschrift des Wahlvorstands und als Absender den Namen und die Anschrift der Wahlberechtigten oder des Wahlberechtigten sowie den Vermerk „Briefwahl" trägt,

auszuhändigen oder zu übersenden. ₂Auf Antrag ist auch ein Abdruck des Wahlausschreibens, der Wahlvorschläge und ein Freiumschlag zur Rücksendung des Wahlumschlags beizufügen. ₃Der Wahlvorstand hat die Aushändigung oder Übersendung im Wählerverzeichnis zu vermerken.

(2) Die Wahlberechtigten geben ihre Stimme in der Weise ab, daß sie

1. den Stimmzettel kennzeichnen und in den Wahlumschlag legen,
2. die vorgedruckte Erklärung unter Angabe des Ortes und des Datums unterschreiben und
3. den Wahlumschlag, in den der Stimmzettel gelegt ist, und die unterschriebene Erklärung unter Verwendung des Briefumschlags so rechtzeitig an den Wahlvorstand absenden oder übergeben, daß er vor Abschluß der Stimmabgabe vorliegt.

§ 20 Behandlung der durch Briefwahl abgegebenen Stimmen

(1) Unmittelbar nach Abschluß der Stimmabgabe entnimmt der Wahlvorstand die Wahlumschläge den bis zu diesem Zeitpunkt eingegangenen Briefumschlägen und legt sie nach Vermerk der Stimmabgabe im Wählerverzeichnis ungeöffnet in die Wahlurne.

(2) ₁Verspätet eingehende Briefwahlunterlagen hat der Wahlvorstand mit einem Vermerk über Datum und Uhrzeit des Eingangs ungeöffnet zu den Wahlunterlagen zu nehmen. ₂Diese Briefwahlunterlagen sind einen Monat nach Bekanntgabe des Wahlergebnisses ungeöffnet zu vernichten, wenn die Wahl nicht angefochten worden ist.

§ 21 Stimmabgabe in besonderen Fällen

(1) ₁Der Wahlvorstand kann in folgenden Fällen die Stimmabgabe durchführen oder die Briefwahl anordnen:

1. für die Beschäftigten von nachgeordneten Verwaltungsstellen, die nicht nach § 6 Abs. 2 Halbsatz 2 NPersVG selbständig sind,
2. für die Beschäftigten von Nebenstellen oder sonstigen Teilen einer Dienststelle, die nicht nach § 6 Abs. 3 NPersVG zu selbständigen Dienststellen erklärt worden sind,
3. für die Beschäftigten von Dienststellen, die nach § 10 Abs. 2 NPersVG einer benachbarten Dienststelle zugeteilt worden sind,
4. für die zu ihrer Ausbildung in den Studienseminaren Beschäftigten (§ 92 Abs. 1 Nr. 3 NPersVG) oder
5. für die sonstigen Beschäftigten von Studienseminaren.

₂Auch wenn Briefwahl angeordnet ist, kann die Stimmabgabe persönlich in der Dienststelle erfolgen.

(2) Der Wahlvorstand kann die Briefwahl auch anordnen, wenn tatsächliche Anhaltspunkte dafür vorliegen, dass durch die Anwesenheit in der Dienststelle zur Stimmabgabe Leben oder Gesundheit der Beschäftigten beeinträchtigt werden könnten; Absatz 1 Satz 2 findet keine Anwendung.

§ 22 Feststellung des Wahlergebnisses

(1) ₁Wenn nach Beendigung der Stimmabgabe die Wahlumschläge für die Briefwahl in die Wahlurne gelegt worden sind, öffnet der Wahlvorstand die Wahlurne, vergleicht die Zahl der in der Wahlurne enthaltenen Stimmzettel und Wahlumschläge mit der Zahl der nach dem Wählerverzeichnis abgegebenen Stimmen und prüft die Gültigkeit der Stimmzettel. ₂Wenn die Gefahr besteht, dass wegen einer geringen Anzahl von Stimmzetteln oder Wahlumschlägen Stimmzettel bestimmten Wählerinnen oder Wählern zugeordnet werden können, hat der Wahlvorstand zur Wahrung des Wahlgeheimnisses vor der Stimmauszählung die Stimmzettel aus den Wahlumschlägen mit den übrigen zu vermischen.

(2) Der Wahlvorstand zählt

1. im Falle der Verhältniswahl die auf jede Vorschlagsliste,
2. im Falle der Mehrheitswahl die auf jede Bewerberin und jeden Bewerber

entfallenen gültigen Stimmen.

(3) Stimmzettel, über deren Gültigkeit oder Ungültigkeit der Wahlvorstand beschließt, weil sie zu Zweifeln Anlaß geben, sind mit fortlaufender Nummer zu versehen und von den übrigen Stimmzetteln gesondert bei den Wahlunterlagen aufzubewahren.

(4) Danach stellt der Wahlvorstand das Wahlergebnis fest.

(5) Die Sitzung, in der das Wahlergebnis festgestellt wird, muß den Beschäftigten und den in der Dienststelle vertretenen Gewerkschaften zugänglich sein.

§ 23 Wahlniederschrift

(1) ₁Über das Wahlergebnis fertigt der Wahlvorstand eine Niederschrift, die von sämtlichen Mitgliedern des Wahlvorstands zu unterzeichnen ist. ₂Die Niederschrift muß enthalten:

1. bei Gruppenwahl die Summe der von jeder Gruppe abgegebenen Stimmen, bei gemeinsamer Wahl die Summe aller abgegebenen Stimmen,
2. bei Gruppenwahl die Summe der von jeder Gruppe abgegebenen gültigen Stimmen, bei gemeinsamer Wahl die Summe aller abgegebenen gültigen Stimmen,
3. die Zahl der ungültigen Stimmen,
4. die für die Gültigkeit oder Ungültigkeit zweifelhafter Stimmen maßgebenden Gründe,
5. im Falle der Verhältniswahl die Zahl der auf jede Vorschlagsliste entfallenen gültigen Stimmen sowie die Errechnung der Höchstzahlen und ihre Verteilung auf die Vorschlagslisten, im Falle der Mehrheitswahl die Zahl der auf jede Bewerberin und jeden Bewerber entfallenen gültigen Stimmen,
6. die Namen der Gewählten,
7. die Reihenfolge der Ersatzmitglieder.

(2) Besondere Vorkommnisse bei der Wahlhandlung oder bei der Feststellung des Wahlergebnisses sind in der Niederschrift zu vermerken.

§ 24 Benachrichtigung der Gewählten

Der Wahlvorstand benachrichtigt die als Personalratsmitglieder Gewählten unverzüglich schriftlich oder elektronisch von ihrer Wahl.

§ 25 Bekanntmachung des Wahlergebnisses

(1) ₁Der Wahlvorstand macht unverzüglich in der gleichen Weise wie das Wahlausschreiben bekannt:

1. die Namen der Gewählten,
2. die Reihenfolge der Ersatzmitglieder,
3. die Zahl der Wahlberechtigten,
4. die Zahl der Wahlberechtigten, die gewählt haben,
5. die Zahl der gültigen und der ungültigen Stimmzettel,
6. die Verteilung der Stimmen auf die Wahlvorschläge oder auf die Bewerberinnen und Bewerber.

₂Die Möglichkeit zur Kenntnisnahme des Aushangs (§ 2 Abs. 1 Satz 1 Nr. 1) und die elektronische Zugänglichkeit (§ 2 Abs. 1 Satz 1 Nr. 2) müssen für die Dauer von zwei Wochen aufrechterhalten werden.

(2) ₁Der Wahlvorstand übersendet der Dienststelle und den Gewerkschaften, die einen Wahlvorschlag eingereicht haben, das bekannt gemachte Wahlergebnis. ₂Den übrigen in der Dienststelle vertretenen Gewerkschaften ist das Wahlergebnis nur auf Anforderung zu übersenden.

§ 26 Berichtigung des Wahlergebnisses, Einsprüche

(1) ₁Offenbare Unrichtigkeiten des Wahlergebnisses, insbesondere Rechenfehler bei der Zählung der Stimmen oder Berechnung der Höchstzahlen, hat der Wahlvorstand von Amts wegen oder auf Antrag zu berichtigen. ₂Den Antrag kann die Dienststelle, jede Wahlberechtigte oder jeder Wahlberechtigte sowie eine zu Wahlvorschlägen berechtigte Gewerkschaft stellen. ₃Die Berichtigung ist nur innerhalb von einer Woche nach der Bekanntgabe des Wahlergebnisses zulässig. ₄Sie ist in der gleichen Weise wie das Wahlergebnis bekanntzumachen.

(2) Im übrigen können Einsprüche gegen die Wahl nur durch Anfechtung (§ 21 NPersVG) geltend gemacht werden.

§ 27 Aufbewahrung der Wahlunterlagen

Die Wahlunterlagen werden vom Personalrat aufbewahrt; sie sind nach der nächsten Personalratswahl zu vernichten.

§ 28 Verfahren bei Eintritt von Ersatzmitgliedern

(1) ₁Der Eintritt eines Ersatzmitglieds (§ 27 NPersVG) bestimmt sich nach der vom Wahlvorstand in der Wahlniederschrift festgestellten Reihenfolge. ₂Die Vorsitzende oder der Vorsitzende lädt das Ersatzmitglied zur nächsten Sitzung.

(2) ₁Wenn Verhältniswahl stattgefunden hat und die gewählte Gruppenvertretung aus mehreren Personen besteht (§§ 30 und 31), so wird im Rahmen der vom Wahlvorstand festgestellten Reihenfolge vorrangig das Ersatzmitglied zur nächsten Sitzung geladen, das demselben Geschlecht wie das zu ersetzende Mitglied angehört. ₂Steht ein Ersatzmitglied desselben Geschlechts nicht zur Verfügung, so ist das Ersatzmitglied des anderen Geschlechts derselben Vorschlagsliste zu laden.

Zweiter Abschnitt
Besondere Vorschriften für die Wahl des Personalrats und der Gruppenvertretung nach den Grundsätzen der Verhältniswahl oder der Mehrheitswahl

Erster Unterabschnitt
Wahlverfahren und Ermittlung des Wahlergebnisses bei Vorliegen mehrerer Wahlvorschläge (Verhältniswahl)

§ 29 Voraussetzungen für Verhältniswahl, Stimmzettel, Stimmabgabe

(1) ₁Nach den Grundsätzen der Verhältniswahl (Listenwahl) ist zu wählen, wenn

1. bei Gruppenwahl für die betreffende Gruppe mehrere gültige Wahlvorschläge,
2. bei gemeinsamer Wahl mehrere gültige Wahlvorschläge,
3. der Personalrat oder eine Gruppenvertretung nur aus einer Person besteht und mehrere gültige Wahlvorschläge

eingegangen sind. ₂In allen Fällen der Verhältniswahl haben die Wahlberechtigten nur eine Stimme, die sie nur für den gesamten Wahlvorschlag (Vorschlagsliste) abgeben können.

(2) ₁Auf dem Stimmzettel sind die Vorschlagslisten in der Reihenfolge der Ordnungsnummern unter Angabe von Familienname, Vorname, Amts- oder Berufsbezeichnung, Dienststelle und Gruppenzugehörigkeit der jeweils benannten ersten drei Bewerberinnen und Bewerber, bei gemeinsamer Wahl der für die Gruppen jeweils an erster Stelle benannten Bewerberinnen und Bewerber untereinander aufzuführen. ₂Im Falle des Absatzes 1 Satz 1 Nr. 3 sowie des § 10 Abs. 1 Satz 2 entfällt die Trennung nach Geschlechtern. ₃Bei Listen, die mit einem Kennwort oder einer Gewerkschaftsbezeichnung versehen sind, ist auch das Kennwort oder die Gewerkschaftsbezeichnung anzugeben. ₄Der Wahlvorstand kann entscheiden, daß die Vorschlagslisten abweichend von Satz 1 nebeneinander auf dem Stimmzettel aufgeführt werden.

(3) Auf dem Stimmzettel ist deutlich zu vermerken, daß die Wahlberechtigten nur eine Stimme haben.

(4) Die Wahlberechtigten haben auf dem Stimmzettel die Vorschlagsliste, für die sie ihre Stimme abgeben wollen, anzukreuzen oder in sonstiger Weise zweifelsfrei zu kennzeichnen.

§ 30 Ermittlung der gewählten Gruppenvertretung bei Gruppenwahl, wenn die Gruppenvertretung aus mehreren Personen besteht

(1) ₁Bei Gruppenwahl werden die Summen der auf die einzelnen Vorschlagslisten jeder Gruppe entfallenen Stimmen nebeneinandergestellt und der Reihe nach durch 1, 2, 3 usw. geteilt. ₂Auf die jeweils höchste Teilzahl (Höchstzahl) wird so lange ein Sitz zugeteilt, bis alle der Gruppe zustehenden Sitze (§ 7) verteilt sind. ₃Ist bei gleichen Höchstzahlen nur noch ein Sitz zu verteilen, so fällt er der Vorschlagsliste zu, die andernfalls im Verhältnis zu ihrem Anteil an der Gesamtzahl der in der jeweiligen Gruppe abgegebenen Stimmen am stärksten benachteiligt wäre. ₄Satz 3 gilt entsprechend, wenn bei mehreren gleichen Höchstzahlen nur noch weniger Sitze zu verteilen als Höchstzahlen vorhanden sind. ₅Führt die Benachteiligtenregel nach den Sätzen 3 und 4 nicht zu einer eindeutigen Zuteilung zu einer Liste, so entscheidet über die Sitzzuteilung das Los.

(2) Enthält eine Vorschlagsliste weniger Bewerberinnen und Bewerber, als ihr nach den Höchstzahlen Sitze zustehen würden, so fallen die überschüssigen Sitze den übrigen Vorschlagslisten in der Reihenfolge der nächsten Höchstzahlen zu.

(3) ₁Sind innerhalb einer Gruppe Sitze für Frauen und Männer vorgesehen (§ 7 Abs. 6 Sätze 1 bis 3), so werden die Sitze in der sich aus Absatz 1 ergebenden Reihenfolge nach Maßgabe der Sätze 2 bis 5 auf Frauen und Männer verteilt. ₂Der erste auf jede Vorschlagsliste entfallende Sitz ist dem Geschlecht zuzuordnen, das den größeren Beschäftigtenanteil in der Gruppe stellt; bei gleichem Beschäftigtenanteil entscheidet das Los. ₃Die weiteren Sitze werden den Geschlechtern innerhalb jeder Vorschlagsliste im Wechsel zugeordnet, bis für ein Geschlecht alle ihm zustehenden Sitze zugeordnet sind. ₄Die verbleibenden Sitze werden dem anderen Geschlecht zugeordnet. ₅Enthält eine Vorschlagsliste weniger Bewerberinnen oder Bewerber, als ihr Sitze für ein bestimmtes Geschlecht zustehen würden, so fallen die mit diesem Geschlecht nicht besetzbaren Sitze dem anderen Geschlecht in derselben Vorschlagsliste zu.

(4) Ist ein Minderheitensitz nach § 15 Abs. 2 NPersVG zu vergeben (§ 7 Abs. 6 Sätze 4 bis 7), so ist abweichend von Absatz 3 zunächst dieser Sitz der Vorschlagsliste mit der höchsten Stimmenzahl zuzuordnen, die eine Bewerberin oder einen Bewerber des in der Minderheit befindlichen Geschlechts enthält.

(5) Innerhalb der Vorschlagslisten sind die den Geschlechtern zustehenden Sitze auf die Bewerberinnen oder Bewerber in der Reihenfolge ihrer Benennung im Wahlvorschlag (§ 10 Abs. 2 Satz 1) zu verteilen.

(6) Ist ein Personalratsmitglied gewählt worden, für dessen Geschlecht innerhalb der Gruppe kein Sitz ermittelt worden ist (§ 10 Abs. 1 Satz 2), so wird dessen Sitz dem anderen Geschlecht in seiner Gruppe angerechnet.

(7) ₁Ersatzmitglieder sind die nicht gewählten Frauen und Männer jeder Vorschlagsliste in der Reihenfolge ihrer Benennung. ₂Ausgenommen in den Fällen des § 10 Abs. 3 ist für jede Vorschlagsliste die Reihenfolge für Frauen und Männer getrennt zu ermitteln.

§ 31 Ermittlung der gewählten Gruppenvertretung bei gemeinsamer Wahl, wenn die Gruppenvertretung aus mehreren Personen besteht

(1) ₁Bei gemeinsamer Wahl werden die Summen der auf die einzelnen Vorschlagslisten entfallenen Stimmen nebeneinandergestellt und der Reihe nach durch 1, 2, 3 usw. geteilt. ₂§ 30 Abs. 1 Sätze 2 bis 5 gilt entsprechend. ₃Die den Gruppen zustehenden Sitze werden in folgender Weise ermittelt:

₄Auf die Vorschlagslisten, die in der Reihenfolge der meisten auf sie entfallenen Stimmen geordnet werden, wird aus der nach § 7 Abs. 3 bis 5 bestimmten Zahl jeder Gruppe jeweils ein Sitz in der Reihenfolge der Gruppen der Beamtinnen und Beamten und der Arbeitnehmerinnen und Arbeitnehmer gegebenenfalls mehrfach nacheinander zugeteilt, bis kein Sitz mehr vorhanden ist.

(2) Enthält eine Vorschlagsliste weniger Bewerberinnen oder Bewerber einer Gruppe, als dieser nach Höchstzahlen Sitze zustehen würden, so fallen die restlichen Sitze dieser Gruppe den Angehörigen derselben Gruppe auf den übrigen Vorschlagslisten in der Reihenfolge der nächsten Höchstzahlen zu.

(3) ₁Sind innerhalb einer Gruppe Sitze für Frauen und Männer zu vergeben, so werden sie entsprechend § 30 Abs. 3 zugeordnet. ₂§ 30 Abs. 4 bis 6 gilt entsprechend.

(4) ₁Ersatzmitglieder sind die nicht gewählten Frauen und Männer der jeweiligen Gruppe jeder Vorschlagsliste in der Reihenfolge ihrer Benennung. ₂§ 30 Abs. 7 Satz 2 gilt entsprechend.

§ 32 Ermittlung des Wahlergebnisses, wenn der Personalrat oder eine Gruppenvertretung nur aus einer Person besteht

(1) ₁Ist in den Personalrat oder in eine Gruppenvertretung nur eine Person zu wählen, so ist die Person gewählt, die in der Vorschlagsliste, auf die die meisten Stimmen entfallen,

an erster Stelle benannt ist. ₂Bei gleicher Stimmenzahl entscheidet das Los.

(2) Ersatzmitglieder sind die übrigen Personen der Vorschlagsliste, auf die die meisten Stimmen entfallen, in der Reihenfolge ihrer Benennung.

**Zweiter Unterabschnitt
Wahlverfahren und Ermittlung des Wahlergebnisses bei Vorliegen nur eines Wahlvorschlags (Mehrheitswahl)**

§ 33 Voraussetzungen für Mehrheitswahl, Stimmzettel, Stimmabgabe

(1) ₁Nach den Grundsätzen der Mehrheitswahl (Personenwahl) ist zu wählen, wenn

1. bei Gruppenwahl für eine Gruppe, der mehr als ein Sitz zusteht,
2. bei gemeinsamer Wahl,
3. bei der Wahl nur eines Mitglieds in den Personalrat oder in eine Gruppenvertretung

nur ein gültiger Wahlvorschlag eingegangen ist. ₂In diesen Fällen können die Wahlberechtigten nur solche Bewerberinnen oder Bewerber wählen, die in dem Wahlvorschlag aufgeführt sind.

(2) ₁Auf dem Stimmzettel werden links die Namen der Bewerberinnen und rechts die Namen der Bewerber in der Reihenfolge des Wahlvorschlags unter Angabe des Familiennamens, Vornamens, der Amts- oder Berufsbezeichnung, der Dienststelle und der Gruppenzugehörigkeit aufgeführt. ₂Bei Wahlvorschlägen, die mit einem Kennwort oder einer Gewerkschaftsbezeichnung versehen sind, ist auch das Kennwort oder die Gewerkschaftsbezeichnung anzugeben. ₃In den Fällen des Absatzes 1 Satz 1 Nr. 3 sowie des § 10 Abs. 1 Satz 2 entfällt die Trennung nach Geschlechtern.

(3) ₁Die Wahlberechtigten haben auf dem Stimmzettel die Namen der Bewerberinnen und Bewerber anzukreuzen oder in sonstiger Weise zweifelsfrei zu kennzeichnen, für die sie ihre Stimme abgeben wollen. ₂Die Wahlberechtigten dürfen

1. bei Gruppenwahl nicht mehr Namen ankreuzen oder kennzeichnen, als für die betreffende Gruppe Sitze zu besetzen sind. Dabei sind sie nicht an die Aufteilung der Sitze auf Frauen und Männer (§ 7 Abs. 6) gebunden. Das mehrfache Ankreuzen eines Namens (Kumulieren) ist nicht zulässig;
2. bei gemeinsamer Wahl nicht mehr Namen ankreuzen oder kennzeichnen, als Personalratsmitglieder insgesamt zu wählen sind. Dabei sind sie nicht an die Aufteilung der Sitze auf Frauen und Männer (§ 7 Abs. 6) gebunden. Das mehrfache Ankreuzen eines Namens (Kumulieren) ist nicht zulässig;
3. bei der Wahl nur eines Personalratsmitglieds nur einen Namen ankreuzen oder kennzeichnen.

(4) Auf dem Stimmzettel ist deutlich zu vermerken, wie viele Namen die Wahlberechtigten höchstens ankreuzen oder kennzeichnen dürfen.

§ 34 Ermittlung der Gewählten bei Mehrheitswahl

(1) Bei Mehrheitswahl bleibt die Aufteilung der Sitze auf Frauen und Männer mit Ausnahme der Vergabe eines Minderheitensitzes unberücksichtigt.

(2) ₁Bei Gruppenwahl sind die Bewerberinnen und Bewerber in der Reihenfolge der höchsten auf sie entfallenen Stimmenzahlen gewählt. ₂Ist einer Gruppe, für die nur ein Wahlvorschlag eingegangen ist, ein Minderheitensitz (§ 7 Abs. 6 Satz 6) zugeordnet, so ist abweichend von Satz 1 die Bewerberin oder der Bewerber des in der Minderheit befindlichen Geschlechts gewählt, die oder der die höchste Stimmenzahl erhalten hat. ₃Dies gilt entsprechend, wenn ein Minderheitensitz nicht zugeordnet worden ist und in der Dienststelle insgesamt das in der Minderheit befindliche Geschlecht nur wegen Absatz 1 keinen Sitz erhält. ₄Liegen die Voraussetzungen des Satzes 3 bei mehreren Gruppen vor, so ist der Sitz für das in der Minderheit befindliche Geschlecht der Gruppe zuzuordnen, in der dieses Geschlecht in absoluten Zahlen am stärksten vertreten ist.

(3) ₁Bei gemeinsamer Wahl werden die den einzelnen Gruppen zustehenden Sitze mit denjenigen Bewerberinnen und Bewerbern dieser Gruppen besetzt, auf die der Reihenfolge nach die höchsten Stimmenzahlen entfallen sind. ₂Absatz 2 Sätze 2 bis 4 gilt entsprechend.

(4) Bei der Wahl nur eines Personalratsmitglieds sowie nur einer Gruppenvertreterin oder eines Gruppenvertreters ist die Bewerberin oder der Bewerber gewählt, auf die oder den die höchste Stimmenzahl entfällt.

(5) Ersatzmitglieder sind

1. bei Gruppenwahl die nicht gewählten Personen in der Reihenfolge der höchsten auf sie entfallenen Stimmenzahlen,
2. bei gemeinsamer Wahl die nicht gewählten Personen der jeweiligen Gruppen in der Reihenfolge der höchsten auf sie entfallenen Stimmenzahlen,
3. bei der Wahl nur eines Personalratsmitglieds sowie nur einer Gruppenvertreterin oder eines Gruppenvertreters die nicht gewählten Personen in der Reihenfolge der höchsten auf sie entfallenen Stimmenzahlen,
4. bei Zuordnung eines Minderheitensitzes die nicht gewählten Personen des in der Minderheit befindlichen Geschlechts in der Reihenfolge der höchsten auf sie entfallenen Stimmenzahlen.

(6) Bei gleicher Stimmenzahl entscheidet das Los.

Dritter Abschnitt
Wahl der Jugend- und Auszubildendenvertretung

§ 35 Vorbereitung und Durchführung der Wahl

(1) Für die Vorbereitung und Durchführung der Wahl der Jugend- und Auszubildendenvertretung gelten die Vorschriften des Ersten und Zweiten Abschnitts sinngemäß, soweit sich aus den nachfolgenden Absätzen nichts Abweichendes ergibt.

(2) ₁Die Vorschriften, die sich auf die Wahl und die Bildung von Gruppenvertretungen beziehen, finden keine Anwendung. ₂Eine getrennte Wahl nach Beschäftigungsarten findet nicht statt.

(3) ₁Besteht die Jugend- und Auszubildendenvertretung aus mehr als einer Person, so erfolgt die Aufteilung der Sitze auf Frauen und Männer in folgender Weise:

₂Die Zahlen der für die Jugend- und Auszubildendenvertretung wahlberechtigten Beschäftigten werden getrennt nach Frauen und Männern nebeneinandergestellt und der Reihe nach durch 1, 2, 3 usw. geteilt. ₃Auf die jeweils höchste Teilzahl (Höchstzahl) wird so lange ein Sitz zugeteilt, bis alle Sitze vergeben sind. ₄Frauen und Männer erhalten jeweils so viele Sitze, wie Höchstzahlen auf sie entfallen. ₅Ist bei gleichen Höchstzahlen nur ein Sitz zu verteilen, so fällt er dem Geschlecht zu, das andernfalls im Verhältnis zu seinem Anteil an der Gesamtzahl der wahlberechtigten Beschäftigten am stärksten benachteiligt wäre; bei gleicher Beschäftigtenzahl entscheidet das Los. ₆Bleibt hiernach ein in der Dienststelle vertretenes Geschlecht unberücksichtigt, so ist ihm ein Sitz (Minderheitensitz) zuzuerkennen, wenn diesem Geschlecht mindestens ein Zwanzigstel der wahlberechtigten Beschäftigten angehört.

(4) Werden für die Wahl der Jugend- und Auszubildendenvertretung mehrere gültige Wahlvorschläge eingereicht, so bestimmt sich

1. das Wahlverfahren nach § 29,
2. die Ermittlung der Gewählten oder des Gewählten, wenn die Jugend- und Auszubildendenvertretung nur aus einer Person besteht, nach § 32 Abs. 1,
3. die Ermittlung der Gewählten, wenn die Jugend- und Auszubildendenvertretung aus mehreren Personen besteht, nach § 30 Abs. 1 bis 3 und 5,
4. die Vergabe eines Minderheitensitzes nach § 30 Abs. 4.

(5) Wird für die Wahl der Jugend- und Auszubildendenvertretung nur ein gültiger Wahlvorschlag eingereicht, so bestimmt sich

1. das Wahlverfahren nach § 33, mit der Maßgabe, daß auf dem Stimmzettel nicht

mehr Namen angekreuzt oder gekennzeichnet werden dürfen, als Mitglieder der Jugend- und Auszubildendenvertretung insgesamt zu wählen sind,

2. die Ermittlung der Gewählten oder des Gewählten, wenn die Jugend- und Auszubildendenvertretung nur aus einer Person besteht, nach § 34 Abs. 3,

3. die Ermittlung der Gewählten, wenn die Jugend- und Auszubildendenvertretung aus mehreren Personen besteht, nach § 34 Abs. 2 Satz 1,

4. die Vergabe eines Minderheitensitzes nach § 34 Abs. 2 Sätze 2 bis 4.

(6) ₁Ist nach § 52 Abs. 2 Satz 1 NPersVG bestimmt worden, dass die Wahl in einer Wahlversammlung stattfindet, so tritt an die Stelle des Wahlausschreibens nach § 8 die Einberufung der Wahlversammlung durch den Wahlvorstand. ₂Die Einberufung ist den in der Wahlversammlung Wahlberechtigten bekannt zu geben. ₃Die Bekanntgabe muss enthalten:

1. Ort und Tag der Einberufung,

2. die Zahl der in der Regel beschäftigten wahlberechtigten Jugendlichen und Auszubildenden,

3. den Hinweis, dass die zu wählende Vertretung aus einem Mitglied besteht,

4. den Hinweis, dass jede Wahlberechtigte und jeder Wahlberechtigte in der Wahlversammlung einen Wahlvorschlag machen kann,

5. die Angabe, wo und wann das Wählerverzeichnis und diese Wahlordnung zur Einsicht ausliegen,

6. den Hinweis, dass nur Beschäftigte wählen können, die in das Wählerverzeichnis eingetragen sind,

7. den Hinweis, dass Einsprüche gegen das Wählerverzeichnis nur innerhalb einer Woche seit seiner Auslegung schriftlich beim Wahlvorstand eingelegt werden können; der letzte Tag der Einspruchsfrist ist anzugeben,

8. Ort und Zeit der Wahlversammlung.

₄Jede Wahlberechtigte und jeder Wahlberechtigte kann in der Wahlversammlung einen Wahlvorschlag machen. ₅In der Wahlversammlung werden die Stimmen ausgezählt und das Wahlergebnis festgestellt.

Zweiter Teil
Wahl des Bezirkspersonalrats

§ 36 Entsprechende Anwendung der Vorschriften über die Wahl des Personalrats, Leitung der Wahl, Gleichzeitigkeit

(1) Für die Wahl des Bezirkspersonalrats gelten die §§ 1 bis 34 entsprechend, soweit sich aus dem folgenden nichts anderes ergibt.

(2) ₁Der Bezirkswahlvorstand leitet die Wahl des Bezirkspersonalrats. ₂Die Durchführung der Wahl in den einzelnen Dienststellen einschließlich der Briefwahl übernehmen die örtlichen Wahlvorstände im Auftrag und nach Richtlinien des Bezirkswahlvorstands mit der Maßgabe, daß der Bezirkswahlvorstand den Tag der Bekanntmachung bestimmt.

(3) Der örtliche Wahlvorstand macht die Namen der Mitglieder des Bezirkswahlvorstands und die dienstliche Anschrift seiner Vorsitzenden oder seines Vorsitzenden in der Dienststelle bis zum Abschluß der Stimmabgabe bekannt.

(4) Die Wahl des Bezirkspersonalrats soll gleichzeitig mit der Wahl der Personalräte in den Dienststellen desselben Bezirks stattfinden.

§ 37 Feststellung der Zahl und der Zusammensetzung der Beschäftigten, Wählerverzeichnis

(1) Der örtliche Wahlvorstand stellt fest:

1. die Zahl der in der Dienststelle in der Regel Beschäftigten, die für den Bezirkspersonalrat wahlberechtigt sind,

2. den Anteil an Frauen und Männern an der nach Nummer 1 festgestellten Zahl,

3. die Verteilung der nach Nummer 1 festgestellten Zahl auf die Gruppen (§ 5 Abs. 1 NPersVG), jeweils getrennt nach Frauen und Männern,

und teilt die festgestellten Zahlen dem Bezirkswahlvorstand unverzüglich schriftlich mit.

(2) ₁Der örtliche Wahlvorstand stellt das Wählerverzeichnis auf und entscheidet über Einsprüche. ₂Er teilt dem Bezirkswahlvorstand die Zahl der für den Bezirkspersonalrat Wahlberechtigten, getrennt nach Gruppen und innerhalb der Gruppen getrennt nach Frauen und Männern, unverzüglich schriftlich mit.

§ 38 Wahlausschreiben

(1) Der Bezirkswahlvorstand erläßt das Wahlausschreiben.

(2) Das Wahlausschreiben muß enthalten:

1. Ort und Tag seines Erlasses;
2. die Zahl der zu wählenden Mitglieder des Bezirkspersonalrats, getrennt nach Gruppen und gegebenenfalls innerhalb der Gruppen nach Frauen und Männern;
3. die Mindestzahl der weiblichen und männlichen Gruppenangehörigen, die jeder Wahlvorschlag enthalten muß, wenn nach Nummer 2 in der Gruppe Frauen und Männer zu wählen sind;
4. den Hinweis, daß Wahlvorschläge auch Angehörige des Geschlechts enthalten können, für das innerhalb der Gruppe kein Sitz ermittelt worden ist;
5. den Hinweis, ob ein Minderheitensitz (§ 7 Abs. 6 Sätze 4 bis 7) zuerkannt worden und welcher Gruppe er zuzuordnen ist;
6. Angaben darüber, ob die Beschäftigten ihre Vertreterinnen und Vertreter in getrennten Wahlgängen (Gruppenwahl) oder in gemeinsamer Wahl wählen;
7. den Hinweis, daß nur Beschäftigte wählen können, die in das Wählerverzeichnis eingetragen sind;
8. die Mindestzahl von Wahlberechtigten, die für die Unterzeichnung eines von ihnen eingereichten Wahlvorschlages vorgeschrieben ist (§ 10 Abs. 4), und den Hinweis, daß jede Bewerberin und jeder Bewerber für die Wahl des Bezirkspersonalrats nur auf einem Wahlvorschlag benannt werden kann;
9. die Aufforderung, Wahlvorschläge innerhalb von zwei Wochen nach dem Tag der Bekanntmachung des Wahlausschreibens beim Bezirkswahlvorstand einzureichen; der letzte Tag der Einreichungsfrist ist anzugeben;
10. den Hinweis, daß nur fristgerecht eingereichte Wahlvorschläge berücksichtigt werden und daß nur gewählt werden kann, wer in einen solchen Wahlvorschlag aufgenommen ist;
11. den Tag oder die Tage der Stimmabgabe;
12. den Ort und die Zeit der Sitzung, in der das Wahlergebnis festgestellt wird.

(3) Der örtliche Wahlvorstand ergänzt das Wahlausschreiben durch folgende Angaben:

1. die Angabe, wo und wann das für die örtliche Dienststelle aufgestellte Wählerverzeichnis und diese Wahlordnung zur Einsicht ausliegen,
2. den Hinweis, daß Einsprüche gegen das Wählerverzeichnis nur innerhalb einer Woche seit seiner Auslegung schriftlich beim örtlichen Wahlvorstand eingelegt werden können; der letzte Tag der Einspruchsfrist ist anzugeben,
3. den Ort, an dem die Vorschläge bekanntgegeben werden,
4. den Ort und die Zeit der Stimmabgabe,
5. einen Hinweis auf die Möglichkeit und im Falle des § 41 Abs. 1 die Notwendigkeit der Briefwahl.

(4) ₁Der örtliche Wahlvorstand macht das Wahlausschreiben in der Dienststelle bekannt. ₂Die Möglichkeit zur Kenntnisnahme des Aushangs (§ 2 Abs. 1 Satz 1 Nr. 1) und die elektronische Zugänglichkeit (§ 2 Abs. 1 Satz 1 Nr. 2) müssen bis zum Abschluss der Stimmabgabe aufrechterhalten werden.

§ 39 Bekanntmachungen des Bezirkswahlvorstands, Sitzungsniederschriften

(1) Der örtliche Wahlvorstand macht die Wahlvorschläge (§ 15) und die Nachfrist für die Einreichung von Wahlvorschlägen (§ 13) in der gleichen Weise wie das Wahlausschreiben in der Dienststelle bekannt.

(2) ₁Der Bezirkswahlvorstand fertigt über jede Sitzung, in der über
1. die Verteilung der Sitze im Bezirkspersonalrat auf die Gruppen und Geschlechter,
2. die Zulassung von Wahlvorschlägen,
3. die Gewährung von Nachfristen

entschieden wird, eine Niederschrift. ₂Sie ist von sämtlichen Mitgliedern des Bezirkswahlvorstands zu unterzeichnen.

(3) Die Niederschrift über Sitzungen, in denen über Einsprüche gegen das Wählerverzeichnis entschieden wird, fertigt der örtliche Wahlvorstand.

§ 40 Stimmabgabe, Stimmzettel

₁Findet die Wahl des Bezirkspersonalrats zugleich mit der Wahl der Personalräte statt, so kann für die Stimmabgabe zu beiden Wahlen derselbe Umschlag verwendet werden. ₂Getrennte Wahlurnen für die Wahl des Bezirkspersonalrats und der Personalräte sind nicht erforderlich. ₃Für die Wahl des Bezirkspersonalrats sind Stimmzettel von anderer Farbe als für die Wahl des Personalrats zu verwenden.

§ 41 Briefwahl bei nicht mehr als fünf Gruppenangehörigen

(1) ₁Sind in einer Dienststelle bei einer Gruppe in der Regel nicht mehr als fünf Beschäftigte für die Wahl des Bezirkspersonalrats wahlberechtigt, so können diese ihre Stimmen zu dieser Wahl nur durch Briefwahl beim Bezirkswahlvorstand abgeben. ₂Der örtliche Wahlvorstand hat die Beschäftigten darauf hinzuweisen und ihnen die Wahlpapiere zu übergeben.

(2) ₁Der örtliche Wahlvorstand vermerkt die Aushändigung oder Versendung der Wahlpapiere jeweils im Wählerverzeichnis und setzt den Bezirkswahlvorstand hiervon in Kenntnis. ₂Dieser erstellt auf Grund der Mitteilungen ein besonderes Wählerverzeichnis.

(3) ₁§ 20 ist mit der Maßgabe entsprechend anzuwenden, daß die Wahlumschläge in die für die entsprechende Gruppe in einer Dienststelle aufgestellte Wahlurne zu legen und die Stimmen mit den in dieser Dienststelle abgegebenen Stimmen gemeinsam auszuzählen sind. ₂Das nach Absatz 2 Satz 2 vom Bezirkswahlvorstand erstellte besondere Wählerverzeichnis ist mit dem Wählerverzeichnis zu verbinden, das der für die Stimmenzählung zuständige örtliche Wahlvorstand führt.

§ 42 Feststellung und Bekanntmachung des Wahlergebnisses

(1) ₁Der örtliche Wahlvorstand zählt unverzüglich nach Beendigung der Stimmabgabe die auf die einzelnen Vorschlagslisten oder, wenn Mehrheitswahl stattgefunden hat, die auf die einzelnen Bewerberinnen und Bewerber entfallenen Stimmen. ₂Er fertigt eine Wahlniederschrift nach § 23.

(2) ₁Nach Feststellung des Wahlergebnisses ist dieses unverzüglich dem Bezirkswahlvorstand elektronisch zu übermitteln. ₂Unverzüglich im Anschluss an die elektronische Übermittlung des Wahlergebnisses ist dem Bezirkswahlvorstand die Niederschrift mit Einschreiben zu übersenden oder gegen Empfangsbekenntnis auszuhändigen. ₃Nach Eingang der Niederschrift hat der Bezirkswahlvorstand zu prüfen, ob das elektronisch übermittelte Wahlergebnis mit dem in der Niederschrift angegebenen Wahlergebnis übereinstimmt. ₄Die bei der Dienststelle entstandenen Unterlagen für die Wahl des Bezirkspersonalrats werden zusammen mit einer Abschrift der Niederschrift vom Personalrat aufbewahrt.

(3) Der Bezirkswahlvorstand zählt unverzüglich die auf jede Vorschlagsliste oder, wenn Mehrheitswahl stattgefunden hat, die auf die einzelnen Bewerberinnen und Bewerber entfallenen Stimmen zusammen und stellt das Ergebnis der Wahl spätestens am sechsten Kalendertag nach Beendigung der Stimmabgabe fest.

(4) ₁Der Bezirkswahlvorstand teilt das Wahlergebnis unverzüglich den örtlichen Wahlvorständen mit. ₂Diese machen es in der gleichen Weise wie das Wahlausschreiben bekannt. ₃Die Möglichkeit der Kenntnisnahme des Aushangs (§ 2 Abs. 1 Satz 1 Nr. 1) und die elektronische Zugänglichkeit (§ 2 Abs. 1 Satz 1 Nr. 2) müssen für die Dauer von zwei

Wochen aufrechterhalten werden. ₄Der Bezirkswahlvorstand hat das Wahlergebnis den in den Dienststellen vertretenen Gewerkschaften mitzuteilen.

Dritter Teil
Wahl des Hauptpersonalrats

§ 43 Entsprechende Anwendung von Vorschriften, Leitung der Wahl

(1) Für die Wahl des Hauptpersonalrats gelten die §§ 36 bis 42 entsprechend, soweit sich aus Absatz 2 und § 44 nichts anderes ergibt.

(2) Der Hauptwahlvorstand leitet die Wahl des Hauptpersonalrats.

§ 44 Durchführung der Wahl nach Bezirken

(1) Der Hauptwahlvorstand kann

a) den Bezirkswahlvorstand oder,

b) wenn die Wahl nicht gleichzeitig stattfindet, die örtlichen Wahlvorstände, die bei den Mittelbehörden bestehen oder auf sein Ersuchen bestellt werden,

zur Durchführung der Wahl des Hauptpersonalrats mit folgenden Aufgaben beauftragen:

1. Zusammenstellen der Zahlen der in der Regel Beschäftigten, die zum Hauptpersonalrat wahlberechtigt sind, auf der Grundlage der von den jeweiligen örtlichen Wahlvorständen im Geschäftsbereich der Mittelbehörde festzustellenden Zahlen,

2. Ermittlung des Anteils an Frauen und Männern in der Zusammenstellung nach Nummer 1,

3. Verteilung auf die Gruppen in der Zusammenstellung nach Nummer 1, jeweils getrennt nach Frauen und Männern,

4. Feststellung der Zahl der für den Hauptpersonalrat Wahlberechtigten im Geschäftsbereich der Mittelbehörde, getrennt nach Gruppen und innerhalb der Gruppen nach Frauen und Männern,

5. Zusammenstellen der bei den Dienststellen im Geschäftsbereich der Mittelbehörde festgestellten Wahlergebnisse,

6. Weiterleiten von Bekanntmachungen des Hauptwahlvorstands an die übrigen örtlichen Wahlvorstände im Geschäftsbereich der Mittelbehörde.

(2) Die beauftragten Wahlvorstände unterrichten in den Fällen des Absatzes 1 Nrn. 1 bis 5 die örtlichen Wahlvorstände im Bereich der Mittelbehörde darüber, daß die dort genannten Angaben an sie zu übermitteln sind.

(3) Die beauftragten Wahlvorstände fertigen über die Zusammenstellung der Wahlergebnisse (Absatz 1 Nr. 5) eine Niederschrift.

(4) ₁Die beauftragten Wahlvorstände übermitteln dem Hauptwahlvorstand unverzüglich elektronisch die in Absatz 1 Nrn. 1 bis 4 genannten Angaben und die Niederschrift über die Zusammenstellung der Wahlergebnisse (Absatz 3). ₂Unverzüglich im Anschluss an die elektronische Übermittlung der Angaben und der Niederschrift sind dem Hauptwahlvorstand die Angaben und die Niederschrift mit Einschreiben zu übersenden oder gegen Empfangsbekenntnis auszuhändigen. ₃Nach Eingang der Angaben und der Niederschrift in Papierform hat der Hauptwahlvorstand zu prüfen, ob die elektronisch und die in Papierform übermittelten Angaben und die Niederschrift übereinstimmen.

Vierter Teil
Wahl des Gesamtpersonalrats

§ 45 Entsprechende Anwendung von Vorschriften

Für die Wahl des Gesamtpersonalrats gelten die §§ 1 bis 34 und 36 bis 42 entsprechend.

Fünfter Teil
Wahl der Schulstufenvertretungen

§ 46 Wahlausschreiben

Für Wahlvorstände der Schulstufenvertretungen gilt § 8 Abs. 1 Satz 1 mit der Maßgabe, daß das Wahlausschreiben nach Ablauf von drei Wochen seit der Bekanntgabe nach § 1 Abs. 4 erlassen wird.

Sechster Teil
Wahl des Referendarpersonalrats

§ 47 Wahlvorstand, Durchführung der Wahl

(1) ₁Für die Wahl des Referendarpersonalrats wird ein Wahlvorstand aus der Mitte der Wahlversammlung gewählt (§ 114 Abs. 2 Satz 5 NPersVG). ₂Der Wahlvorstand besteht aus zwei Mitgliedern; ihm sollen eine Frau und ein Mann angehören.

(2) ₁Die Wahl des Referendarpersonalrats erfolgt nach den Grundsätzen der Mehrheitswahl (Personenwahl); die §§ 33 und 34 gelten entsprechend. ₂Die Wahlversammlung kann sich mit einfacher Mehrheit für eine Durchführung nach den Grundsätzen der Verhältniswahl (Listenwahl) entscheiden; die §§ 29 bis 32 gelten entsprechend.

(3) Der Wahlvorstand fertigt über das Ergebnis der Wahl eine Wahlniederschrift.

Siebenter Teil
Schlußvorschriften

§ 48 Berechnung von Fristen

₁Für die Berechnung der in dieser Verordnung festgelegten Fristen gelten die §§ 186 bis 193 des Bürgerlichen Gesetzbuches (BGB). ₂Als Sonntag oder staatlich anerkannter Feiertag im Sinne des § 193 BGB gilt auch ein Tag, an dem in der Dienststelle allgemein nicht gearbeitet wird.

§ 49 Inkrafttreten, Aufhebung von Rechtsvorschriften

(1) Diese Verordnung tritt am Tage nach ihrer Verkündung in Kraft.*)

(2)**)

---

*) Diese Vorschrift betrifft das Inkrafttreten der Verordnung in ihrer ursprünglichen Fassung vom 10. September 1994 (Nds. GVBl. S. 434). Der Zeitpunkt des Inkrafttretens der späteren Änderung ergibt sich aus der in der vorangestellten Bekanntmachung näher bezeichneten Verordnung.

**) Diese Vorschrift der Verordnung in ihrer ursprünglichen Fassung vom 10. September 1994 (Nds. GVBl. S. 434) wird hier nicht abgedruckt.

VI Reise- und Umzugskosten/Trennungsgeld

VI.1 Niedersächsische Reisekostenverordnung (NRKVO) 660

VI.2 Verordnung über die Reisekostenvergütung bei Auslandsdienstreisen
(Auslandsreisekostenverordnung – ARV) – Auszug – 669

Umzug

VI.3 Gesetz über die Umzugskostenvergütung für die Bundesbeamten, Richter im
Bundesdienst und Soldaten
(Bundesumzugskostengesetz – BUKG) 670

VI.4 Verordnung über die Umzugskostenvergütung bei Auslandsumzügen
(Auslandsumzugskostenverordnung – AUV) 679

Trennungsgeld

VI.5 Verordnung über das Trennungsgeld bei Versetzungen und Abordnungen im
Inland
(Trennungsgeldverordnung – TGV) 695

VI.6 Verordnung über das Auslandstrennungsgeld
(Auslandstrennungsgeldverordnung – ATGV) 701

Niedersächsische Reisekostenverordnung (NRKVO)

Vom 10. Januar 2017 (Nds. GVBl. S. 2)

Zuletzt geändert durch
Verordnung zur Änderung der Niedersächsischen Reisekostenverordnung
vom 9. Dezember 2024 (Nds. GVBl. Nr. 106)

Inhaltsübersicht

Erster Teil
Allgemeines

§ 1 Regelungsgegenstand

Zweiter Teil
Dienstreisen

Erstes Kapitel
Begriffsbestimmungen, Art und Umfang der Reisekostenvergütung

§ 2 Begriffsbestimmungen
§ 3 Fahrt- und Flugkostenerstattung
§ 4 Kostenerstattung für den Erwerb von BahnCards, Netzkarten und Zeitkarten
§ 5 Wegstreckenentschädigung
§ 6 Kostenerstattung für Heimfahrten
§ 7 Tagegeld, Aufwandsvergütung für Verpflegung
§ 8 Übernachtungsgeld, Aufwandsvergütung für Übernachtung
§ 9 Erstattung sonstiger Kosten
§ 10 Tagegeld und Übernachtungsgeld bei Dienstreisen aus Anlass einer Versetzung, einer Zuweisung, einer Abordnung oder der Beendigung einer Abordnung
§ 11 Krankheit und Tod während einer Dienstreise
§ 12 Mit Dienstreisen verbundene private Reisen
§ 13 Nichtantritt von Dienstreisen, Dienstreisen im Rahmen von Nebentätigkeiten
§ 14 Anrechnung von Leistungen, regelmäßige und gleichartige Dienstreisen

Zweites Kapitel
Auslandsdienstreisen

§ 15 Fahrt- und Flugkostenerstattung bei Auslandsdienstreisen
§ 16 Tagegeld und Übernachtungsgeld bei Auslandsdienstreisen
§ 17 Kostenerstattung für Heimfahrten bei Auslandsdienstreisen
§ 18 Kostenerstattung für das Beschaffen klimagerechter Bekleidung

Drittes Kapitel
Verfahren

§ 19 Antrag, Antragsfristen
§ 20 Aufbewahrung und Vorlage von Nachweisen
§ 21 Abschlagszahlungen

Dritter Teil
Reisen zum Zweck der Ausbildung oder der Fortbildung

§ 22 Entsprechende Anwendung von Vorschriften

Vierter Teil
Übergangs- und Schlussvorschriften

§ 23 Übergangsvorschrift
§ 24 Inkrafttreten

Erster Teil
Allgemeines

§ 1 Regelungsgegenstand
Diese Verordnung regelt das Nähere über Inhalt und Umfang der Reisekostenvergütung und die Erstattung von nicht aus dienstlichen Gründen erworbenen BahnCards, Netzkarten und Zeitkarten sowie das Verfahren zur Gewährung der Reisekostenvergütung.

Zweiter Teil
Dienstreisen

Erstes Kapitel
Begriffsbestimmungen, Art und Umfang der Reisekostenvergütung

§ 2 Begriffsbestimmungen
(1) ₁Eine Dienstreise (§ 84 Abs. 1 Satz 1 Nr. 1 des Niedersächsischen Beamtengesetzes – NBG) beginnt mit der Abreise der oder des Dienstreisenden an ihrer oder seiner Wohnung und endet mit der Ankunft an der Wohnung. ₂Reist die oder der Dienstreisende an der Dienststätte ab, so ist für den Beginn der Dienstreise die Abreise an der Dienststätte maßgeblich. ₃Kehrt die oder der Dienstreisende an die Dienststätte zurück, so ist für das Ende der Dienstreise die Ankunft an der Dienststätte maßgeblich.

(2) ₁Dienststätte ist die Stelle, bei der die oder der Dienstreisende regelmäßig den Dienst versieht. ₂Versieht die oder der Dienstreisende den Dienst nicht regelmäßig bei derselben Stelle, so gilt der Teil der Dienststelle, dem die oder der Dienstreisende organisatorisch zugeordnet ist, als Dienststätte. ₃Leistet die oder der Dienstreisende Heimarbeit oder Telearbeit und besteht keine Anwesenheitspflicht an der Dienststätte, so ist Dienststätte die Stelle, an der sich der Heimarbeitsplatz oder Telearbeitsplatz befindet.

(3) Dienstort ist das Gebiet der Gemeinde, in dem sich die Dienststätte der oder des Dienstreisenden befindet.

(4) Wohnort ist das Gebiet der Gemeinde, in dem die oder der Dienstreisende ihren oder seinen Wohnsitz hat.

(5) Geschäftsort ist das Gebiet der Gemeinde, in dem die oder der Dienstreisende das Dienstgeschäft erledigt.

(6) Auslandsdienstreisen sind Dienstreisen in das Ausland, im Ausland und vom Ausland in das Inland.

§ 3 Fahrt- und Flugkostenerstattung
(1) ₁Kosten für Fahrten auf dem Land- oder Wasserweg mit einem regelmäßig verkehrenden Beförderungsmittel werden bis zur Höhe der Kosten für die Nutzung der niedrigsten Beförderungsklasse des jeweiligen Beförderungsmittels erstattet. ₂Kosten für einen Flug bis zur Höhe der Kosten für die Nutzung der niedrigsten Flugklasse werden nur erstattet, wenn die oder der Dienstreisende aus dienstlichen oder aus wirtschaftlichen Gründen ein Flugzeug statt eines anderen Beförderungsmittels benutzt. ₃Darüber hinausgehende Kosten wegen der Nutzung einer höheren Beförderungs- oder Flugklasse werden erstattet, wenn die oder der Dienstreisende

1. ein Beförderungsmittel benutzt, dessen niedrigere Klassen ausgebucht sind,
2. in der höheren Klasse Sicherungs- oder Überwachungsaufgaben wahrnehmen muss,
3. auf dienstliche Weisung eine Person begleiten muss, die die höhere Klasse nutzt und einen Anspruch auf Kostenerstattung oder Reisekostenvergütung nach anderen Vorschriften als denen der Rechtsvorschriften des Bundes oder eines Landes über die Reisekostenvergütung für Beamtinnen und Beamte hat, oder
4. körperlich oder gesundheitlich beeinträchtigt ist und dadurch eine Reiseerschwernis besteht, die eine Nutzung der höheren Klasse rechtfertigt.

₄Bei einer Fahrt mit der Eisenbahn werden die Kosten für die Nutzung einer höheren Klasse auch erstattet, wenn die oder der Dienstreisende

1. ein in § 39 Satz 1 NBG oder in § 80 des Niedersächsischen Kommunalverfassungsgesetzes (NKomVG) genanntes Amt bekleidet,

2. eines der folgenden Ämter bekleidet:
   a) Direktorin oder Direktor beim Landtag,
   b) Landesbeauftragte oder Landesbeauftragter für den Datenschutz oder
   c) Präsidentin oder Präsident des Niedersächsischen Landesrechnungshofes

   oder

3. auf dienstliche Weisung eine Person begleitet, die eines der in den Nummern 1 und 2 genannten Ämter bekleidet.

(2) Die Kosten der Nutzung von Mietwagen oder Taxen, die aus dienstlichen oder zwingenden persönlichen Gründen genutzt werden, werden erstattet.

(3) Die Kosten für die Hinfahrt und die Rückfahrt zwischen dem Geschäftsort und dem Wohnort zur Übernachtung der oder des Dienstreisenden in ihrer oder seiner außerhalb des Geschäftsortes liegenden Wohnung werden bis zur Höhe des Übernachtungsgeldes nach § 8 Abs. 1 Satz 3 erstattet.

(4) Fahrtkosten werden nicht erstattet, wenn die oder der Dienstreisende eine zumutbare Möglichkeit zur unentgeltlichen Beförderung hätte nutzen können.

§ 4 Kostenerstattung für den Erwerb von BahnCards, Netzkarten und Zeitkarten

₁Nutzt eine Dienstreisende oder ein Dienstreisender eine nicht aus dienstlichen Gründen erworbene BahnCard, Netzkarte oder Zeitkarte für Dienstreisen, so werden die Anschaffungskosten für eine Karte der niedrigsten Beförderungsklasse erstattet, wenn sich die Reisekostenvergütung um einen Betrag verringert, der den Anschaffungskosten der Karte der niedrigsten Beförderungsklasse entspricht oder sie übersteigt. ₂Nutzt eine Dienstreisende oder ein Dienstreisender eine nicht aus dienstlichen Gründen erworbene BahnCard, Netzkarte oder Zeitkarte für Dienstreisen, liegen aber die weiteren Voraussetzungen nach Satz 1 nicht vor, so werden die Anschaffungskosten nach Ablauf der Gültigkeit der Karte anteilig erstattet, und zwar

1. für eine BahnCard 100

   a) in Höhe der Anschaffungskosten einer BahnCard Business 50 der niedrigsten Beförderungsklasse, wenn sich die Reisekostenvergütung um einen Betrag verringert hat, der den Anschaffungskosten dieser Karte entspricht oder sie übersteigt, oder
   b) in Höhe der Anschaffungskosten einer BahnCard Business 25 der niedrigsten Beförderungsklasse, wenn sich die Reisekostenvergütung um einen Betrag verringert hat, der den Anschaffungskosten dieser Karte entspricht oder sie übersteigt,

2. für eine BahnCard 50 in Höhe der Anschaffungskosten einer BahnCard Business 25 der niedrigsten Beförderungsklasse, wenn sich die Reisekostenvergütung um einen Betrag verringert hat, der den Anschaffungskosten dieser Karte entspricht oder sie übersteigt,

3. für eine BahnCard 25 in Höhe der Hälfte der Anschaffungskosten einer BahnCard Business 25 der niedrigsten Beförderungsklasse, wenn sich die Reisekostenvergütung um einen Betrag verringert hat, der der Hälfte der Anschaffungskosten dieser Karte entspricht oder sie übersteigt, sowie

4. für eine andere Netzkarte oder Zeitkarte in Höhe der Hälfte der Anschaffungskosten einer entsprechenden Netzkarte oder Zeitkarte der niedrigsten Beförderungsklasse, wenn sich die Reisekostenvergütung um einen Betrag verringert hat, der der Hälfte der Anschaffungskosten dieser Karte entspricht oder sie übersteigt.

₃Für den in § 3 Abs. 1 Satz 4 aufgeführten Personenkreis sind die Sätze 1 und 2 mit der Maßgabe anzuwenden, dass die Begrenzung der Kostenerstattung auf die Anschaffungskosten der Karten der niedrigsten Beförderungsklasse entfällt.

§ 5 Wegstreckenentschädigung

(1) Für Fahrten mit anderen als den in § 3 genannten Beförderungsmitteln wird eine Wegstreckenentschädigung gewährt.

(2) Die Wegstreckenentschädigung beträgt bei Benutzung eines privaten Kraftfahrzeuges

oder eines anderen privaten motorbetriebenen Beförderungsmittels mit Ausnahme von Elektrokleinstfahrzeugen gemäß §1 der Elektrokleinstfahrzeuge-Verordnung (eKFV) vom 6. Juni 2019 (BGBl. I S. 756), zuletzt geändert durch Artikel 3 der Verordnung vom 10. Juni 2024 (BGBl. 2024 I Nr. 191), 25 Cent je Kilometer zurückgelegter Strecke, höchstens jedoch 125 Euro je Dienstreise.

(3) ₁Die Wegstreckenentschädigung beträgt 38 Cent je Kilometer zurückgelegter Strecke, wenn vor Antritt der Dienstreise das erhebliche dienstliche Interesse an der Benutzung eines privaten Kraftwagens festgestellt wurde. ₂Bei der Benutzung eines privaten LKW-Pferdetransporters beträgt die Wegstreckenentschädigung 1 Euro je Kilometer zurückgelegter Strecke.

(4) ₁Die Wegstreckenentschädigung nach Absatz 3 erhöht sich für das Mitführen

1. eines privaten Pferdeanhängers um 20 Cent,
2. eines sonstigen privaten Kraftfahrzeuganhängers um 10 Cent,
3. eines dienstlich zur Verfügung gestellten Pferdeanhängers um 10 Cent und
4. eines sonstigen dienstlich zur Verfügung gestellten Kraftfahrzeuganhängers um 5 Cent

je Kilometer zurückgelegter Strecke, wenn vor Antritt der Dienstreise das erhebliche dienstliche Interesse an der Mitführung festgestellt wurde. ₂Wird ein Anhänger nach Satz 1 Nr. 1 oder 2 mit einem dienstlich zur Verfügung gestellten Kraftfahrzeug mitgeführt und ist vor Antritt der Dienstreise für das Mitführen ein erhebliches dienstliches Interesse festgestellt worden, so beträgt die Wegstreckenentschädigung bei einem Anhänger nach Satz 1 Nr. 1 10 Cent und bei einem Anhänger nach Satz 1 Nr. 2 5 Cent je Kilometer zurückgelegter Strecke.

(5) ₁Für Fahrten mit einem privaten Fahrrad wird eine Wegstreckenentschädigung in Höhe von 10 Cent je Kilometer zurückgelegter Strecke gewährt. ₂Die Wegstreckenentschädigung nach Satz 1 wird auch gewährt für Fahrten

1. mit einem privaten Fahrrad mit Elektroantrieb, wenn es nach §1 Abs. 3 des Straßenverkehrsgesetzes in der Fassung vom 5. März 2003 (BGBl. I S. 310, 919), zuletzt geändert durch Artikel 70 des Gesetzes vom 23. Oktober 2024 (BGBl. 2024 I Nr. 323), kein Kraftfahrzeug ist, und
2. mit einem privaten Elektrokleinstfahrzeug gemäß §1 eKFV.

(6) §3 Abs. 3 gilt entsprechend.

(7) Eine Wegstreckenentschädigung wird nicht gewährt, wenn die oder der Dienstreisende

1. ein dienstlich zur Verfügung gestelltes Kraftfahrzeug ohne hinreichenden Grund nicht benutzt oder
2. von einer oder einem anderen Beschäftigten des eigenen oder eines anderen Dienstherrn, die oder der für die Fahrt eine Wegstreckenentschädigung oder eine ähnliche Entschädigung beanspruchen kann, mitgenommen wird.

§6 Kostenerstattung für Heimfahrten

Bei Dienstreisen, die ohne Hin- und Rückreisetage länger als 14 Tage dauern, zu einem Geschäftsort, der weder Dienstort noch Wohnort ist, werden die Kosten für eine Heimfahrt für jeweils 14 Tage des Aufenthalts am Geschäftsort je nach benutztem Beförderungsmittel entsprechend §3 Abs. 1 Satz 1 oder 2 oder §5 Abs. 2 erstattet.

§7 Tagegeld, Aufwandsvergütung für Verpflegung

(1) ₁Für Mehraufwendungen für Verpflegung erhalten Dienstreisende ein Tagegeld. ₂Die Höhe des Tagegeldes bemisst sich nach der Verpflegungspauschale nach §9 Abs. 4a Satz 3 des Einkommensteuergesetzes. ₃Führen Dienstreisende an einem Kalendertag mehrere Dienstreisen durch, so sind für die Berechnung des Tagegeldes die Abwesenheitszeiten zusammenzurechnen. ₄Wird ein Dienstgeschäft im Umkreis von zwei Kilometern zur Dienststätte oder zur Wohnung erledigt, so wird ein Tagegeld nicht gewährt; dies gilt nicht für Dozentinnen, Dozenten, Teil-

nehmerinnen und Teilnehmer einer Fortbildungsveranstaltung.

(2) ₁Dauert der dienstliche Aufenthalt an demselben Geschäftsort, der weder Dienstort noch Wohnort ist, ohne Hin- und Rückreisetage länger als 14 Tage, so wird das Tagegeld nach Absatz 1 Satz 2 vom 15. Tag an um 50 Prozent vermindert; in besonderen Fällen kann die oberste Dienstbehörde oder die von ihr ermächtigte Behörde von einer Verminderung des Tagegeldes absehen. ₂Verlässt die oder der Dienstreisende den Geschäftsort wegen einer Heimfahrt, so wird für die Dauer der Heimfahrt, ausgenommen die Zeiten der Hin- und Rückreise, ein Tagegeld nicht gewährt.

(3) ₁Wird eine Dienstreisende oder ein Dienstreisender ihres oder seines Amtes wegen während der Dienstreise unentgeltlich verpflegt, so wird das Tagegeld für das Frühstück um 20 Prozent und für das Mittagessen und Abendessen um je 40 Prozent des Tagegeldes für einen vollen Kalendertag vermindert. ₂Dies gilt auch dann, wenn die oder der Dienstreisende ihres oder seines Amtes wegen unentgeltlich bereitgestellte Verpflegung ohne hinreichenden Grund nicht in Anspruch nimmt. ₃Die Sätze 1 und 2 sind entsprechend anzuwenden, wenn das Entgelt für Verpflegung in den erstattungsfähigen Fahrt-, Flug- oder Übernachtungskosten oder in den erstattungsfähigen sonstigen Kosten enthalten ist.

(4) Für Dienstreisen, für die nach dem Wesen des Dienstgeschäfts erfahrungsgemäß geringere Mehraufwendungen für Verpflegung als allgemein üblich entstehen, kann die oberste Dienstbehörde oder die von ihr ermächtigte Behörde bestimmen, dass anstelle eines Tagegeldes eine Aufwandsvergütung gewährt wird.

§ 8 Übernachtungsgeld, Aufwandsvergütung für Übernachtung

(1) ₁Für Übernachtungskosten, die die oder der Dienstreisende nachweist, wird ein Übernachtungsgeld in Höhe von bis zu 100 Euro je Übernachtung gewährt. ₂Darüber hinausgehende Übernachtungskosten werden erstattet, soweit sie unvermeidbar sind. ₃Weist die oder der Dienstreisende die Übernachtungskosten nicht nach, so wird für bis zu 14 Übernachtungen je Dienstreise ein pauschales Übernachtungsgeld in Höhe von 20 Euro je Übernachtung gewährt.

(2) Übernachtungsgeld wird nicht gewährt

1. für die Dauer der Benutzung von Beförderungsmitteln,

2. bei Dienstreisen am oder zum Wohnort,

3. bei unentgeltlicher Bereitstellung einer Unterkunft des Amtes wegen, auch wenn diese Unterkunft ohne hinreichenden Grund nicht genutzt wird,

4. für die Übernachtung der oder des Dienstreisenden in ihrer oder seiner außerhalb des Geschäftsortes gelegenen Wohnung und

5. wenn das Entgelt für die Unterkunft in den erstattungsfähigen Fahrtkosten oder erstattungsfähigen sonstigen Kosten enthalten ist, es sei denn, dass eine Übernachtung aufgrund einer frühen Ankunft am Geschäftsort oder einer späten Abfahrt von diesem zusätzlich erforderlich wird.

(3) Für Dienstreisen, bei denen nach dem Wesen des Dienstgeschäfts erfahrungsgemäß geringere Übernachtungskosten als allgemein üblich entstehen, kann die oberste Dienstbehörde oder die von ihr ermächtigte Behörde bestimmen, dass anstelle des Übernachtungsgeldes eine Aufwandsvergütung gewährt wird.

§ 9 Erstattung sonstiger Kosten

Zur Erledigung des Dienstgeschäfts notwendige Kosten, die nicht von § 3 oder den §§ 5 bis 8 erfasst sind, werden erstattet.

§ 10 Tagegeld und Übernachtungsgeld bei Dienstreisen aus Anlass einer Versetzung, einer Zuweisung, einer Abordnung oder der Beendigung einer Abordnung

(1) ₁Für Dienstreisen aus Anlass einer Versetzung, einer Zuweisung, einer Abordnung oder der Beendigung einer Abordnung, für die ein Anspruch auf Trennungsgeld nach § 86 Abs. 1 NBG nicht besteht, wird das Tagegeld für die Zeit bis zur Ankunft an der Dienststätte,

bei einer Anreise an einem Vortag bis zur Ankunft an der Unterkunft gewährt. ₂Für den Abfahrtstag wird das Tagegeld für die Zeit ab Verlassen der Dienststätte oder Unterkunft bis zur Rückkehr an die Wohnung oder Dienststätte gewährt. ₃Für eine eintägige oder zweitägige Abordnung ist für die Bemessung des Tagegeldes abweichend von den Sätzen 1 und 2 die gesamte Dauer der Abwesenheit von der Wohnung oder bisherigen Dienststätte zugrunde zu legen.

(2) ₁Für Dienstreisen aus Anlass einer Versetzung, einer Zuweisung, einer Abordnung oder der Beendigung einer Abordnung, für die ein Anspruch auf Trennungsgeld nach § 86 Abs. 1 NBG besteht, wird das Tagegeld für die Zeit bis zum Ablauf des Ankunftstages gewährt, wenn der oder dem Dienstreisenden vom nächsten Tag an Trennungsreise- oder Trennungstagegeld zusteht; daneben wird ein Übernachtungsgeld nach § 8 gewährt. ₂Das Tagegeld in Bezug auf den Abfahrtstag wird für die Zeit ab Beginn des Abfahrtstages an gewährt, wenn für den vorhergehenden Tag Trennungsreise- oder Trennungstagegeld gewährt wird.

§ 11 Krankheit und Tod während einer Dienstreise

(1) ₁Verlängert sich eine Dienstreise infolge einer Erkrankung der oder des Dienstreisenden oder wird eine Dienstreise infolge einer Erkrankung unterbrochen, so wird die Reisekostenvergütung auch für den Zeitraum der Verlängerung oder der Unterbrechung gewährt. ₂Wird die oder der Dienstreisende in ein Krankenhaus aufgenommen, so werden für jeden vollen Kalendertag des Krankenhausaufenthaltes die notwendigen Kosten für das Beibehalten einer Unterkunft am Geschäftsort erstattet; Tagegeld und Übernachtungsgeld werden nicht gewährt. ₃Für eine Besuchsreise einer oder eines Angehörigen aus Anlass einer ärztlich bescheinigten lebensgefährlichen Erkrankung der oder des Dienstreisenden wird eine Reisekostenvergütung nach § 3 Abs. 1 Sätze 1 und 2 oder § 5 Abs. 2 gewährt.

(2) Verstirbt eine Dienstreisende oder ein Dienstreisender während einer Dienstreise außerhalb ihres oder seines Wohnortes, so werden die notwendigen Kosten für die Überführung des Leichnams oder des Transports der Urne an den Bestattungsort im Inland erstattet.

§ 12 Mit Dienstreisen verbundene private Reisen

(1) ₁Verbindet die oder der Dienstreisende eine Dienstreise mit einer privaten Reise von bis zu fünf Arbeitstagen, so ist die Reisekostenvergütung so zu bemessen, als ob nur die Dienstreise durchgeführt worden wäre. ₂Die Reisekostenvergütung nach Satz 1 darf die sich nach dem tatsächlichen Reiseverlauf ergebende Reisekostenvergütung nicht übersteigen. ₃Verbindet die oder der Dienstreisende eine Dienstreise mit einer privaten Reise von mehr als fünf Arbeitstagen, so wird nur die zusätzlich für die Erledigung des Dienstgeschäfts entstehenden Kosten eine Reisekostenvergütung nach § 3 oder § 5 sowie nach den §§ 7 und 8 gewährt.

(2) ₁Wird der Antritt oder die Beendigung einer Dienstreise abweichend von § 2 Abs. 1 an einem vorübergehenden Aufenthaltsort angeordnet oder genehmigt, so bemisst sich die Reisekostenvergütung nach der Abreise von oder der Ankunft an der Hinreise an diesem Ort. ₂Absatz 1 Satz 2 gilt entsprechend.

(3) ₁Wird die vorzeitige Beendigung einer privaten Reise der Beamtin oder des Beamten angeordnet, so erhält die Beamtin oder der Beamte für die Rückreise vom vorübergehenden Aufenthaltsort unmittelbar oder über einen Geschäftsort zur Dienststätte oder zur Wohnung Reisekostenvergütung nach § 3 oder § 5 sowie nach den §§ 7 und 8. ₂Neben Reisekostenvergütung für die Rückreise wird Reisekostenvergütung für die Hinreise nach § 3 oder § 5 gewährt für die kürzeste Reisestrecke von der Wohnung zum vorübergehenden Aufenthaltsort, an dem die Beamtin oder den Beamten die Anordnung zur Beendigung der privaten Reise erreicht,

1. in voller Höhe, wenn die private Reise in der ersten Hälfte ihrer Dauer beendet werden muss, oder

2. zur Hälfte, wenn die private Reise in der zweiten Hälfte ihrer Dauer beendet werden muss.

₃Die Sätze 1 und 2 gelten für die Kosten der Hinreise und der Rückreise der die Beamtin oder den Beamten begleitenden Personen entsprechend mit der Maßgabe, dass nach Satz 1 nur die Kosten für die Rückreise unmittelbar zur Wohnung erstattet werden; in besonderen Fällen werden auch die Kosten für eine Rückreise über den Geschäftsort zur Wohnung erstattet.

(4) ₁Kosten der Beamtin, des Beamten und der sie oder ihn begleitenden Personen, die durch die Unterbrechung oder vorzeitige Beendigung einer privaten Reise verursacht worden sind, werden in angemessenem Umfang erstattet. ₂Dies gilt auch für Kosten für Leistungen und Sachen, die aus den in Satz 1 genannten Gründen nicht genutzt werden konnten.

§ 13 Nichtantritt von Dienstreisen, Dienstreisen im Rahmen von Nebentätigkeiten

(1) Wird eine Dienstreise aus einem Grund, den die oder der Dienstreisende nicht zu vertreten hat, nicht durchgeführt, so erhält sie oder er eine Reisekostenvergütung in Höhe der dienstlich veranlassten notwendigen Kosten für die Reisevorbereitung.

(2) ₁Für Dienstreisen im Rahmen einer auf Verlangen, Vorschlag oder Veranlassung der oder des Dienstvorgesetzten ausgeübten Nebentätigkeit oder einer Nebentätigkeit, für die ein dienstliches Interesse an der Übernahme anerkannt worden ist, erhält die oder der Dienstreisende Reisekostenvergütung nur insoweit, als die Kosten nicht von einer anderen Person oder Stelle erstattet werden. ₂Das gilt auch dann, wenn die oder der Dienstreisende auf die Kostenerstattung verzichtet hat.

§ 14 Anrechnung von Leistungen, regelmäßige und gleichartige Dienstreisen

(1) Leistungen, die die oder der Dienstreisende ihres oder seines Amtes wegen von einer anderen Person oder Stelle aus Anlass einer Dienstreise erhält, sind auf die Reisekostenvergütung anzurechnen.

(2) Für regelmäßige oder gleichartige Dienstreisen kann anstelle der Reisekostenvergütung oder einzelner ihrer Bestandteile eine pauschalierte Reisekostenvergütung nach näherer Bestimmung der obersten Dienstbehörde oder der von ihr ermächtigten Behörde gewährt werden.

Zweites Kapitel
Auslandsdienstreisen

§ 15 Fahrt- und Flugkostenerstattung bei Auslandsdienstreisen

(1) ₁Bei einer Fahrt mit der Eisenbahn im Ausland werden die Kosten für die Nutzung einer höheren Beförderungsklasse erstattet. ₂Abweichend von Satz 1 werden die Kosten für die Nutzung einer höheren Beförderungsklasse bei einer Fahrt mit der Eisenbahn innerhalb der Europäischen Union, zwischen der Europäischen Union und der Schweiz, Liechtenstein, Norwegen und dem Vereinigten Königreich sowie innerhalb und zwischen den genannten Staaten nur erstattet, wenn die Voraussetzungen nach § 3 Abs. 1 Satz 3 oder 4 vorliegen.

(2) ₁Bei Flugreisen können die Kosten für die Nutzung der Businessklasse oder einer ähnlichen Klasse erstattet werden, wenn der Flug ununterbrochen mindestens zehn Stunden dauert. ₂Die Zeit einer Flugunterbrechung, die von der flugplanmäßigen Landung bis zum flugplanmäßigen Weiterflug bis zu zwei Stunden dauert, gilt als Flugzeit. ₃Als Flugzeit gilt auch die Zeit, in der der Flug aus dienstlichen oder zwingenden persönlichen Gründen bis zu einer Dauer von zwei Stunden unterbrochen wird. ₄Bei einer längeren Flugunterbrechung oder bei einer Flugunterbrechung aus anderen als in Satz 3 genannten Gründen gilt jeder Flug als gesonderte Flugreise.

§ 16 Tagegeld und Übernachtungsgeld bei Auslandsdienstreisen

(1) ₁Die Höhe des Tagegeldes bei einer Abwesenheit der oder des Dienstreisenden vom

Wohnort und vom Dienstort im Inland von 24 Stunden richtet sich nach § 3 Abs. 1 Satz 1 der Auslandsreisekostenverordnung (ARV) vom 21. Mai 1991 (BGBl. I S. 1140), zuletzt geändert durch Artikel 1 der Verordnung vom 6. Oktober 2014 (BGBl. I S. 1591), in der jeweils geltenden Fassung. ₂Für eintägige Auslandsdienstreisen mit einer Abwesenheit der oder des Dienstreisenden vom Wohnort und vom Dienstort im Inland von weniger als 24 Stunden, aber mehr als 8 Stunden sowie jeweils für den Anreisetag und den Abreisetag bei mehrtägigen Auslandsdienstreisen beträgt das Tagegeld 80 Prozent des nach Satz 1 bestimmten Tagegeldes. ₃Dauert der dienstliche Aufenthalt an demselben Geschäftsort im Ausland ohne Hin- und Rückreisetage länger als 14 Tage, so wird das Tagegeld vom 15. Tag an um 10 Prozent vermindert; in besonderen Fällen kann die oberste Dienstbehörde oder die von ihr ermächtigte Behörde von einer Verminderung des Tagegeldes absehen.

(2) ₁Weist die oder der Dienstreisende die Übernachtungskosten nach, so richtet sich die Höhe des Übernachtungsgeldes nach § 3 Abs. 1 Satz 1 ARV. ₂Darüber hinausgehende Übernachtungskosten werden erstattet, soweit sie unvermeidbar sind. ₃Weist die oder der Dienstreisende die Übernachtungskosten nicht nach, so wird für bis zu 14 Übernachtungen ein pauschales Übernachtungsgeld in Höhe von 25 Euro je Übernachtung gewährt.

(3) ₁Hält sich die oder der Dienstreisende an einem Kalendertag in mehr als einem Staat auf, so richtet sich die Höhe des Tagegeldes und des Übernachtungsgeldes nach dem Staat, den die oder der Dienstreisende vor 24 Uhr Ortszeit zuletzt erreicht. ₂Ist der vor 24 Uhr Ortszeit zuletzt erreichte Staat Deutschland, so ist abweichend von Satz 1 für das Tagegeld der Staat des letzten Geschäfts-, Dienst- oder Wohnortes im Ausland maßgeblich. ₃Sind für Orte in einem Staat unterschiedliche Tagegelder oder Übernachtungsgelder bestimmt, so kommt es im Fall des Satzes 1 auf den Ort an, den die oder der Dienstreisende zuletzt erreicht, und im Fall des Satzes 2 auf den Ort, den die oder der Dienstreisende zuletzt als Geschäfts-, Dienst- oder Wohnort im Ausland hatte. ₄Bei Flugreisen gilt ein Staat in dem Zeitpunkt als erreicht, in dem das Flugzeug dort landet; Zwischenlandungen bleiben unberücksichtigt, es sei denn, dass durch sie Übernachtungen notwendig werden.

(4) Bei der Nutzung eines Schiffs für eine Auslandsdienstreise ist das Tagegeld zu gewähren, das für eine Auslandsdienstreise nach Luxemburg gewährt wird; für die Tage der Einschiffung und der Ausschiffung bestimmt sich die Gewährung des Tagegeldes nach dem Staat, in dem der Ort des Hafens für die Ein- und Ausschiffung liegt.

§ 17 Kostenerstattung für Heimfahrten bei Auslandsdienstreisen

Für Heimfahrten werden Kosten in entsprechender Anwendung des § 13 der Auslandstrennungsgeldverordnung in der Fassung vom 22. Januar 1998 (BGBl. I S. 189), zuletzt geändert durch Artikel 15 Abs. 41 des Gesetzes vom 5. Februar 2009 (BGBl. I S. 160), in der jeweils geltenden Fassung mit der Maßgabe erstattet, dass an die Stelle des Dienstortes der Geschäftsort tritt.

§ 18 Kostenerstattung für das Beschaffen klimagerechter Bekleidung

₁Bei Auslandsdienstreisen mit mehr als fünf Tagen Aufenthalt am Geschäftsort im Ausland werden die Kosten für das Beschaffen klimagerechter Bekleidung in Höhe von bis zu 12 Prozent des Endgrundgehalts der Besoldungsgruppe A 13 erstattet, wenn

1. der Geschäftsort in einer Klimazone mit einem vom mitteleuropäischen Klima erheblich abweichenden Klima liegt,

2. ein Beschaffen der Bekleidung im Hinblick auf die Jahreszeit, in der die Auslandsdienstreise durchgeführt wird, unvermeidbar ist und

3. innerhalb der letzten drei Jahre nicht bereits die Kosten für das Beschaffen der erforderlichen Bekleidung erstattet worden sind.

₂Der Höchstbetrag nach Satz 1 verdoppelt sich, wenn in dem Geschäftsort während der Dienstreise sowohl extrem hohe als auch extrem niedrige Temperaturen herrschen.

Drittes Kapitel
Verfahren

§ 19 Antrag, Antragsfristen

(1) ₁Reisekostenvergütung wird auf Antrag gewährt. ₂Der Antrag ist elektronisch oder schriftlich bei der Abrechnungsstelle zu stellen.

(2) ₁Der Antrag auf Reisekostenvergütung ist innerhalb einer Ausschlussfrist von sechs Monaten nach Beendigung der Dienstreise zu stellen. ₂Abweichend von Satz 1 beginnt die Ausschlussfrist in den Fällen des § 4 mit Ablauf des letzten Tages der Gültigkeit der BahnCard, Netzkarte oder Zeitkarte und in den Fällen des § 13 Abs. 1 mit Ablauf des Tages, an dem der Antragstellerin oder dem Antragsteller bekannt wird, dass die Dienstreise nicht durchgeführt wird.

§ 20 Aufbewahrung und Vorlage von Nachweisen

₁Die oder der Dienstreisende hat die für die Gewährung der Reisekostenvergütung erforderlichen Nachweise bis zum Ablauf von sechs Monaten nach Antragstellung aufzubewahren und der Abrechnungsstelle auf deren Verlangen vorzulegen. ₂Wird ein Nachweis nicht innerhalb von drei Monaten nach dem Verlangen vorgelegt, so erlischt der Anspruch auf Reisekostenvergütung insoweit.

§ 21 Abschlagszahlungen

Auf Antrag wird der oder dem Dienstreisenden ein Abschlag in Höhe von 80 Prozent der zu erwartenden Reisekostenvergütung gewährt, wenn

1. diese voraussichtlich 200 Euro übersteigt oder
2. die Ablehnung des Antrags auf Abschlagszahlung zu einer unbilligen Härte führen würde.

Dritter Teil
Reisen zum Zweck der Ausbildung oder der Fortbildung

§ 22 Entsprechende Anwendung von Vorschriften

Die §§ 2 bis 21 sind entsprechend für Reisen zum Zweck der Ausbildung oder der Fortbildung anzuwenden.

Vierter Teil
Übergangs- und Schlussvorschriften

§ 23 Übergangsvorschrift

Für Dienstreisen, die vor dem 1. Februar 2017 angetreten werden, bestimmt sich die Reisekostenvergütung nach § 120 Abs. 2 Sätze 1 und 2 Nr. 1 NBG.

§ 24 Inkrafttreten

Diese Verordnung tritt am 1. Februar 2017 in Kraft.

Verordnung über die Reisekostenvergütung bei Auslandsdienstreisen (Auslandsreisekostenverordnung – ARV)

Vom 21. Mai 1991 (BGBl. I S. 1140)

– Auszug –[1]

Beachte § 16 Abs. 1 Satz 1 NRKVO:

§ 16 Tagegeld und Übernachtungsgeld bei Auslandsdienstreisen

(1) Die Höhe des Tagegeldes bei einer Abwesenheit der oder des Dienstreisenden vom Wohnort und vom Dienstort im Inland von 24 Stunden richtet sich nach § 3 Abs. 1 Satz 1 der Auslandsreisekostenverordnung (ARV) vom 21. März 1991 (BGBl. I S. 1140), zuletzt geändert durch Artikel 1 der Verordnung vom 6. Oktober 2014 (BGBl. I S. 1591), in der jeweils geltenden Fassung.

Zuletzt geändert durch
Gesetz zum Abbau verzichtbarer Anordnungen der Schriftform im Verwaltungsrecht des Bundes
vom 29. März 2017 (BGBl. I S. 626)

§ 3 Auslandstagegeld, Auslandsübernachtungsgeld

(1) Die Auslandstage- und Auslandsübernachtungsgelder werden für Auslandsdienstreisen mit einer Abwesenheit von 24 Stunden in Höhe der Beträge gezahlt, die auf Grund von Erhebungen durch allgemeine Verwaltungsvorschriften nach § 16 des Bundesreisekostengesetzes festgesetzt und im Gemeinsamen Ministerialblatt veröffentlicht werden. In den Fällen des § 9 Absatz 4a Satz 3 Nummer 2 und 3 des Einkommensteuergesetzes beträgt das Auslandstagegeld jeweils 80 Prozent des Auslandstagegeldes nach Satz 1; bei mehreren Auslandsdienstreisen an einem Kalendertag werden die Abwesenheitszeiten an diesem Tag addiert. In begründeten Ausnahmefällen kann von Satz 1 hinsichtlich des Auslandsübernachtungsgeldes abgewichen werden, wenn die nachgewiesenen notwendigen Übernachtungskosten das jeweilige Auslandsübernachtungsgeld übersteigen.

(2) Für die in den allgemeinen Verwaltungsvorschriften nach Absatz 1 nicht aufgeführten Übersee- und Außengebiete eines Landes sind die Auslandstage- und Auslandsübernachtungsgelder des Mutterlandes maßgebend. Für die in den allgemeinen Verwaltungsvorschriften nach Absatz 1 und in Satz 1 nicht erfassten Gebiete oder Länder ist das Auslandstage- und Auslandsübernachtungsgeld von Luxemburg maßgebend. Absatz 1 gilt entsprechend.

---

[1] Aufgeführt sind nur die den Auszug betreffenden Änderungen.

Gesetz über die Umzugskostenvergütung für die Bundesbeamten, Richter im Bundesdienst und Soldaten (Bundesumzugskostengesetz – BUKG)

in der Fassung der Bekanntmachung
vom 11. Dezember 1990 (BGBl. I S. 2682)

Zuletzt geändert durch
Dienstrechtsneuordnungsgesetz
vom 5. Februar 2009 (BGBl. I S. 160)

§ 1 Anwendungsbereich

(1) Dieses Gesetz regelt Art und Umfang der Erstattung von Auslagen aus Anlaß der in den §§ 3 und 4 bezeichneten Umzüge und der in § 12 genannten Maßnahmen. Berechtigte sind:

1. Bundesbeamte und in den Bundesdienst abgeordnete Beamte,

2. Richter im Bundesdienst und in den Bundesdienst abgeordnete Richter,

3. Berufssoldaten und Soldaten auf Zeit,

4. Beamte und Richter (Nummern 1 und 2) und Berufssoldaten im Ruhestand,

5. frühere Beamte und Richter (Nummern 1 und 2) und Berufssoldaten, die wegen Dienstunfähigkeit oder Erreichens der Altersgrenze entlassen worden sind,

6. Hinterbliebene der in den Nummern 1 bis 5 bezeichneten Personen.

(2) Hinterbliebene sind der Ehegatte, Lebenspartner Verwandte bis zum vierten Grade, Verschwägerte bis zum zweiten Grade, Pflegekinder und Pflegeeltern, wenn diese Personen zur Zeit des Todes zur häuslichen Gemeinschaft des Verstorbenen gehört haben.

(3) Eine häusliche Gemeinschaft im Sinne dieses Gesetzes setzt ein Zusammenleben in gemeinsamer Wohnung oder in enger Betreuungsgemeinschaft in demselben Hause voraus.

§ 2 Anspruch auf Umzugskostenvergütung

(1) Voraussetzung für den Anspruch auf Umzugskostenvergütung ist die schriftliche oder elektronische Zusage. Sie soll gleichzeitig mit der den Umzug veranlassenden Maßnahme erteilt werden. In den Fällen des § 4 Abs. 3 muß die Umzugskostenvergütung vor dem Umzug zugesagt werden.

(2) Die Umzugskostenvergütung wird nach Beendigung des Umzuges gewährt. Sie ist innerhalb einer Ausschlußfrist von einem Jahr bei der Beschäftigungsbehörde, in den Fällen des § 4 Abs. 3 bei der letzten Beschäftigungsbehörde, schriftlich oder elektronisch zu beantragen. Die Frist beginnt mit dem Tage nach Beendigung des Umzuges, in den Fällen des § 11 Abs. 3 Satz 1 mit der Bekanntgabe des Widerrufs.

(3) Umzugskostenvergütung wird nicht gewährt, wenn nicht innerhalb von fünf Jahren nach Wirksamwerden der Zusage der Umzugskostenvergütung umgezogen wird. Die oberste Dienstbehörde kann diese Frist in besonders begründeten Ausnahmefällen um längstens zwei Jahre verlängern. § 4 Abs. 3 Satz 2 bleibt unberührt.

§ 3 Zusage der Umzugskostenvergütung

(1) Die Umzugskostenvergütung ist zuzusagen für Umzüge

1. aus Anlaß der Versetzung aus dienstlichen Gründen an einen anderen Ort als den bisherigen Dienstort, es sei denn, daß

a) mit einer baldigen weiteren Versetzung an einen anderen Dienstort zu rechnen ist,
b) der Umzug aus besonderen Gründen nicht durchgeführt werden soll,
c) die Wohnung auf einer üblicherweise befahrenen Strecke weniger als 30 Kilometer von der neuen Dienststätte entfernt ist oder im neuen Dienstort liegt (Einzugsgebiet) oder
d) der Berechtigte auf die Zusage der Umzugskostenvergütung unwiderruflich verzichtet und dienstliche Gründe den Umzug nicht erfordern,

2. auf Anweisung des Dienstvorgesetzten, die Wohnung innerhalb bestimmter Entfernung von der Dienststelle zu nehmen oder eine Dienstwohnung zu beziehen,

3. aus Anlaß der Räumung einer Dienstwohnung auf dienstliche Weisung,

4. aus Anlaß der Aufhebung einer Versetzung nach einem Umzug mit Zusage der Umzugskostenvergütung.

(2) Absatz 1 Nr. 1 gilt entsprechend für Umzüge aus Anlaß

1. der Verlegung der Beschäftigungsbehörde,

2. der nicht nur vorübergehenden Zuteilung aus dienstlichen Gründen zu einem anderen Teil der Beschäftigungsbehörde,

3. der Übertragung eines anderen Richteramtes nach § 32 Abs. 2 des Deutschen Richtergesetzes oder eines weiteren Richteramtes nach § 27 Abs. 2 des vorgenannten Gesetzes.

§ 4 Zusage der Umzugskostenvergütung in besonderen Fällen

(1) Die Umzugskostenvergütung kann in entsprechender Anwendung des § 3 Abs. 1 Nr. 1 zugesagt werden für Umzüge aus Anlaß

1. der Einstellung,

2. der Abordnung oder Kommandierung,

3. der vorübergehenden Zuteilung aus dienstlichen Gründen zu einem anderen Teil der Beschäftigungsbehörde,

4. der vorübergehenden dienstlichen Tätigkeit bei einer anderen Stelle als einer Dienststelle.

(2) Die Umzugskostenvergütung kann ferner zugesagt werden für Umzüge aus Anlaß

1. der Aufhebung oder Beendigung einer Maßnahme nach Absatz 1 Nr. 2 bis 4 nach einem Umzug mit Zusage der Umzugskostenvergütung,

2. der Räumung einer bundeseigenen oder im Besetzungsrecht des Bundes stehenden Mietwohnung, wenn sie auf Veranlassung der obersten Dienstbehörde oder der von ihr ermächtigten Behörde im dienstlichen Interesse geräumt werden soll,

3. einer Versetzung oder eines Wohnungswechsels wegen des Gesundheitszustandes des Berechtigten, des mit ihm in häuslicher Gemeinschaft lebenden Ehegatten oder Lebenspartners oder der mit ihm in häuslicher Gemeinschaft lebenden, beim Familienzuschlag nach dem Bundesbesoldungsgesetz berücksichtigungsfähigen Kinder, wobei die Notwendigkeit des Umzuges amts- oder vertrauensärztlich bescheinigt sein muß,

4. eines Wohnungswechsels, der notwendig ist, weil die Wohnung wegen der Zunahme der Zahl der zur häuslichen Gemeinschaft gehörenden, beim Familienzuschlag nach dem Bundesbesoldungsgesetz berücksichtigungsfähigen Kinder unzureichend geworden ist. Unzureichend ist eine Wohnung, wenn die Zimmerzahl der bisherigen Wohnung um mindestens zwei hinter der zustehenden Zimmerzahl zurückbleibt. Dabei darf für jede vor und nach dem Umzug zur häuslichen Gemeinschaft des Berechtigten gehörende Person (§ 6 Abs. 3 Satz 2 und 3) nur ein Zimmer zugebilligt werden.

(3) Die Umzugskostenvergütung kann ferner für Umzüge aus Anlaß der Beendigung des Dienstverhältnisses Berechtigten nach § 1 Abs. 1 Satz 2 Nr. 4 bis 6 zugesagt werden, wenn

1. ein Verbleiben an Grenzorten, kleineren abgelegenen Plätzen oder Inselorten nicht zumutbar ist oder
2. in den vorausgegangenen zehn Jahren mindestens ein Umzug mit Zusage der Umzugskostenvergütung an einen anderen Ort durchgeführt wurde.

Die Umzugskostenvergütung wird nur gewährt, wenn innerhalb von zwei Jahren nach Beendigung des Dienstverhältnisses umgezogen wird. Sie wird nicht gewährt, wenn das Dienstverhältnis aus Disziplinargründen oder zur Aufnahme einer anderen Tätigkeit beendet wurde.

(4) Der Abordnung nach Absatz 1 Nr. 2 stehen die Zuweisung nach § 29 des Bundesbeamtengesetzes oder nach § 20 des Beamtenstatusgesetzes gleich.

§ 5 Umzugskostenvergütung

(1) Die Umzugskostenvergütung umfaßt
1. Beförderungsauslagen (§ 6),
2. Reisekosten (§ 7),
3. Mietentschädigung (§ 8),
4. andere Auslagen (§ 9),
5. Pauschvergütung für sonstige Umzugsauslagen (§ 10),
6. Auslagen nach § 11.

(2) Zuwendungen, die für denselben Umzug von einer anderen Dienst- oder Beschäftigungsstelle gewährt werden, sind auf die Umzugskostenvergütung insoweit anzurechnen, als für denselben Zweck Umzugskostenvergütung nach diesem Gesetz gewährt wird.

(3) Die aufgrund einer Zusage nach § 4 Abs. 1 Nr. 1 oder Abs. 2 Nr. 3 oder 4 gewährte Umzugskostenvergütung ist zurückzuzahlen, wenn der Berechtigte vor Ablauf von zwei Jahren nach Beendigung des Umzuges aus einem von ihm zu vertretenden Grunde aus dem Bundesdienst ausscheidet. Die oberste Dienstbehörde kann hiervon Ausnahmen zulassen, wenn der Berechtigte unmittelbar in ein Dienst- oder Beschäftigungsverhältnis zu einem anderen öffentlich-rechtlichen Dienstherrn im Geltungsbereich dieses Gesetzes oder zu einer in § 40 Abs. 6 Satz 2 und 3 des Bundesbesoldungsgesetzes bezeichneten Einrichtung übertritt.

§ 6 Beförderungsauslagen

(1) Die notwendigen Auslagen für das Befördern des Umzugsgutes von der bisherigen zur neuen Wohnung werden erstattet. Liegt die neue Wohnung im Ausland, so werden in den Fällen des § 3 Abs. 1 Nr. 3, § 4 Abs. 2 Nr. 2 und Abs. 3 Satz 1 die Beförderungsauslagen bis zum inländischen Grenzort erstattet.

(2) Auslagen für das Befördern von Umzugsgut, das sich außerhalb der bisherigen Wohnung befindet, werden höchstens insoweit erstattet, als sie beim Befördern mit dem übrigen Umzugsgut erstattungsfähig wären.

(3) Umzugsgut sind die Wohnungseinrichtung und in angemessenem Umfang andere bewegliche Gegenstände und Haustiere, die sich am Tage vor dem Einladen des Umzugsgutes im Eigentum, Besitz oder Gebrauch des Berechtigten oder anderer Personen befinden, die mit ihm in häuslicher Gemeinschaft leben. Andere Personen im Sinne des Satzes 1 sind der Ehegatte, der Lebenspartner sowie die ledigen Kinder, Stief- und Pflegekinder. Es gehören ferner dazu die nicht ledigen in Satz 2 genannten Kinder und Verwandte bis zum vierten Grade, Verschwägerte bis zum zweiten Grade und Pflegeeltern, wenn der Berechtigte diesen Personen aus gesetzlicher oder sittlicher Verpflichtung nicht nur vorübergehend Unterkunft und Unterhalt gewährt, sowie Hausangestellte und solche Personen, deren Hilfe der Berechtigte aus beruflichen oder gesundheitlichen Gründen nicht nur vorübergehend bedarf.

§ 7 Reisekosten

(1) Die Auslagen für die Reise des Berechtigten und der zur häuslichen Gemeinschaft gehörenden Personen (§ 6 Abs. 3 Satz 2 und 3) von der bisherigen zur neuen Wohnung werden wie bei Dienstreisen des Berechtigten erstattet, in den Fällen des § 4 Abs. 3 Satz 1 Nr. 1 wie sie bei Dienstreisen im letzten Dienstverhältnis zu erstatten wären. Tagegeld wird vom Tage des Einladens des Umzugsgutes an bis zum Tage des Ausladens mit

der Maßgabe gewährt, daß auch diese beiden Tage als volle Reisetage gelten. Übernachtungsgeld wird für den Tag des Ausladens des Umzugsgutes nur gewährt, wenn eine Übernachtung außerhalb der neuen Wohnung notwendig gewesen ist.

(2) Absatz 1 Satz 1 gilt entsprechend für zwei Reisen einer Person oder eine Reise von zwei Personen zum Suchen oder Besichtigen einer Wohnung mit der Maßgabe, daß die Fahrkosten bis zur Höhe der billigsten Fahrkarte der allgemein niedrigsten Klasse eines regelmäßig verkehrenden Beförderungsmittels erstattet werden. Tage- und Übernachtungsgeld wird je Reise für höchstens zwei Reise- und zwei Aufenthaltstage gewährt.

(3) Für eine Reise des Berechtigten zur bisherigen Wohnung zur Vorbereitung und Durchführung des Umzuges werden Fahrkosten gemäß Absatz 2 Satz 1 erstattet. Die Fahrkosten einer anderen Person für eine solche Reise werden im gleichen Umfang erstattet, wenn sich zur Zeit des Umzuges am bisherigen Wohnort weder der Berechtigte noch eine andere Person (§ 6 Abs. 3 Satz 2 und 3) befunden hat, der die Vorbereitung und Durchführung des Umzuges zuzumuten war. Wird der Umzug vor dem Wirksamwerden einer Maßnahme nach §§ 3, 4 Abs. 1 durchgeführt, so werden die Fahrkosten für die Rückreise von der neuen Wohnung zum Dienstort, in den Fällen des § 4 Abs. 1 Nr. 1 zur bisherigen Wohnung, gemäß Absatz 2 Satz 1 erstattet.

(4) § 6 Abs. 1 Satz 2 gilt entsprechend.

§ 8 Mietentschädigung

(1) Miete für die bisherige Wohnung wird bis zu dem Zeitpunkt, zu dem das Mietverhältnis frühestens gelöst werden konnte, längstens jedoch für sechs Monate, erstattet, wenn für dieselbe Zeit Miete für die neue Wohnung gezahlt werden mußte. Ferner werden die notwendigen Auslagen für das Weitervermieten der Wohnung innerhalb der Vertragsdauer bis zur Höhe der Miete für einen Monat erstattet. Die Sätze 1 und 2 gelten auch für die Miete einer Garage.

(2) Miete für die neue Wohnung, die nach Lage des Wohnungsmarktes für eine Zeit gezahlt werden mußte, während der die Wohnung noch nicht benutzt werden konnte, wird längstens für drei Monate erstattet, wenn für dieselbe Zeit Miete für die bisherige Wohnung gezahlt werden mußte. Entsprechendes gilt für die Miete einer Garage.

(3) Die bisherige Wohnung im eigenen Haus oder die Eigentumswohnung steht der Mietwohnung gleich mit der Maßgabe, daß die Mietentschädigung längstens für ein Jahr gezahlt wird. Die oberste Dienstbehörde kann diese Frist in besonders begründeten Ausnahmefällen um längstens sechs Monate verlängern. An die Stelle der Miete tritt der ortsübliche Mietwert der Wohnung. Entsprechendes gilt für die eigene Garage. Für die neue Wohnung im eigenen Haus oder die neue Eigentumswohnung wird Mietentschädigung nicht gewährt.

(4) Miete nach den Absätzen 1 bis 3 wird nicht für eine Zeit erstattet, in der die Wohnung oder die Garage ganz oder teilweise anderweitig vermietet oder benutzt worden ist.

§ 9 Andere Auslagen

(1) Die notwendigen ortsüblichen Maklergebühren für die Vermittlung einer Mietwohnung und einer Garage oder die entsprechenden Auslagen bis zu dieser Höhe für eine eigene Wohnung werden erstattet.

(2) Die Auslagen für einen durch den Umzug bedingten zusätzlichen Unterricht der Kinder des Berechtigten (§ 6 Abs. 3 Satz 2) werden bis zu vierzig vom Hundert des im Zeitpunkt der Beendigung des Umzuges maßgebenden Endgrundgehaltes der Besoldungsgruppe A 12 des Bundesbesoldungsgesetzes für jedes Kind erstattet, und zwar bis zu fünfzig vom Hundert dieses Betrages voll und darüber hinaus zu drei Vierteln.

(3) Die Auslagen für einen Kochherd werden bis zu einem Betrag von 450 Deutsche Mark erstattet, wenn seine Beschaffung beim Bezug der neuen Wohnung notwendig ist. Sofern die neue Wohnung eine Mietwohnung ist, werden unter den gleichen Voraussetzun-

gen auch die Auslagen für Öfen bis zu einem Betrag von 320 Deutsche Mark für jedes Zimmer erstattet.

> **Hinweis zu Abs. 3:**
> 450 DM entspricht 230,08 Euro; 320 DM entspricht 163,61 Euro. Die Umrechnung erfolgt aufgrund von EG-Recht vorbehaltlich einer späteren Rechtsbereinigung. Die Umzugskostenvergütung für einen im Jahr 2001 mit Zusage der Umzugskostenvergütung durchgeführten Umzug, der im Jahr 2002 abgerechnet wird, erfolgte nach den im Jahre 2001 geltenden Beträgen, die eurocentgenau umzurechnen sind.

§ 10 Pauschvergütung für sonstige Umzugsauslagen

(1) Berechtigte, die am Tage vor dem Einladen des Umzugsgutes eine Wohnung hatten und nach dem Umzug wieder eingerichtet haben, erhalten eine Pauschvergütung für sonstige Umzugsauslagen. Sie beträgt für verheiratete oder in einer Lebenspartnerschaft lebende Angehörige der Besoldungsgruppen B 3 bis B 11, C 4 sowie R 3 bis R 10 28,6, der Besoldungsgruppen B 1 und B 2, A 13 bis A 16, C 1 bis C 3 sowie R 1 und R 2 24,1, der Besoldungsgruppen A 9 bis A 12 21,4 sowie der Besoldungsgruppen A 1 bis A 8 20,2 Prozent des Endgrundgehaltes der Besoldungsgruppe A 13 nach Anlage IV des Bundesbesoldungsgesetzes. Ledige erhalten 50 Prozent des Betrages nach Satz 2. Die Beträge nach den Sätzen 2 und 3 erhöhen sich für jede in § 6 Abs. 3 Satz 2 und 3 bezeichnete Person mit Ausnahme des Ehegatten oder Lebenspartners um 6,3 Prozent des Endgrundgehaltes der Besoldungsgruppe A 13 nach Anlage IV des Bundesbesoldungsgesetzes, wenn sie auch nach dem Umzug mit dem Umziehenden in häuslicher Gemeinschaft lebt.

(2) Dem Verheirateten stehen gleich der Verwitwete und der Geschiedene sowie derjenige, dessen Ehe aufgehoben oder für nichtig erklärt wurde, ferner der Ledige, der auch in der neuen Wohnung Verwandten bis zum vierten Grade, Verschwägerten bis zum zweiten Grade, Pflegekindern oder Pflegeeltern aus gesetzlicher oder sittlicher Verpflichtung nicht nur vorübergehend Unterkunft und Unterhalt gewährt, sowie der Ledige, der auch in der neuen Wohnung eine andere Person aufgenommen hat, deren Hilfe er aus beruflichen oder gesundheitlichen Gründen nicht nur vorübergehend bedarf. Dem in einer Lebenspartnerschaft Lebenden stehen gleich derjenige, der seinen Lebenspartner überlebt hat, und derjenige, dessen Lebenspartnerschaft aufgehoben wurde.

(3) Eine Wohnung im Sinne des Absatzes 1 besteht aus einer geschlossenen Einheit von mehreren Räumen, in der ein Haushalt geführt werden kann, darunter stets eine Küche oder ein Raum mit Kochgelegenheit. Zu einer Wohnung gehören außerdem Wasserversorgung, Ausguß und Toilette.

(4) Sind die Voraussetzungen des Absatzes 1 Satz 1 nicht gegeben, so beträgt die Pauschvergütung bei Verheirateten 30 vom Hundert, bei Ledigen 20 vom Hundert des Betrages nach Absatz 1 Satz 2 oder 3. Die volle Pauschvergütung wird gewährt, wenn das Umzugsgut aus Anlaß einer vorangegangenen Auslandsverwendung untergestellt war.

(5) In den Fällen des § 11 Abs. 3 werden die nachgewiesenen notwendigen Auslagen bis zur Höhe der Pauschvergütung erstattet.

(6) Ist innerhalb von fünf Jahren ein Umzug mit Zusage der Umzugskostenvergütung nach §§ 3, 4 Abs. 1 Nr. 2 bis 4 oder Abs. 2 Nr. 1 vorausgegangen, so wird ein Häufigkeitszuschlag in Höhe von 50 vom Hundert der Pauschvergütung nach Absatz 1 gewährt, wenn beim vorausgegangenen und beim abzurechnenden Umzug die Voraussetzungen des Absatzes 1 Satz 1 vorgelegen haben.

(7) Stehen für denselben Umzug mehrere Pauschvergütungen zu, wird nur eine davon gewährt; sind die Pauschvergütungen unterschiedlich hoch, so wird die höhere gewährt.

§ 11 Umzugskostenvergütung in Sonderfällen

(1) Ein Beamter mit Wohnung im Sinne von § 10 Abs. 3, dem Umzugskostenvergütung für einen Umzug nach § 3 Abs. 1 Nr. 1, 3 oder 4, § 4 Abs. 1 Nr. 1 bis 4, Abs. 2 Nr. 1 zugesagt ist, kann für den Umzug in eine vorläufige Wohnung Umzugskostenvergütung erhalten,

wenn die zuständige Behörde diese Wohnung vorher schriftlich oder elektronisch als vorläufige Wohnung anerkannt hat. Bis zum Umzug in die endgültige Wohnung darf eine Wohnung nur einmal als vorläufige Wohnung anerkannt werden.

(2) In den Fällen des § 4 Abs. 2 Nr. 3 und 4 werden höchstens die Beförderungsauslagen (§ 6) und die Reisekosten (§ 7) erstattet, die bei einem Umzug über eine Entfernung von fünfundzwanzig Kilometern entstanden wären. Im Falle des § 4 Abs. 3 Satz 1 Nr. 2 werden nur die Beförderungsauslagen (§ 6) erstattet. Satz 2 gilt auch für das Befördern des Umzugsgutes des Ehegatten oder Lebenspartners, wenn der Berechtigte innerhalb von sechs Monaten nach dem Tag geheiratet oder die Lebenspartnerschaft begründet hat, an dem die Umzugskostenvergütung nach § 3 Abs. 1 Nr. 1 oder 2 oder Abs. 2 oder § 4 Abs. 1 oder Abs. 2 Nr. 1 zugesagt worden ist.

(3) Wird die Zusage der Umzugskostenvergütung aus von dem Berechtigten nicht zu vertretenden Gründen widerrufen, so werden die durch die Vorbereitung des Umzuges entstandenen notwendigen, nach diesem Gesetz erstattungsfähigen Auslagen erstattet. Muß in diesem Fall ein anderer Umzug durchgeführt werden, so wird dafür Umzugskostenvergütung gewährt; Satz 1 bleibt unberührt. Die Sätze 1 und 2 gelten entsprechend, wenn die Zusage der Umzugskostenvergütung zurückgenommen, anderweitig aufgehoben wird oder sich auf andere Weise erledigt.

§ 12 Trennungsgeld

(1) Trennungsgeld wird gewährt

1. in den Fällen des § 3 Abs. 1 Nr. 1, 3 und 4 sowie Abs. 2, ausgenommen bei Vorliegen der Voraussetzungen des § 3 Abs. 1 Nr. 1 Buchstaben c und d,

2. in den Fällen des § 4 Abs. 1 Nr. 2 bis 4 und Abs. 2 Nr. 1 oder 3, soweit der Berechtigte an einen anderen Ort als den bisherigen Dienstort versetzt wird, und

3. bei der Einstellung mit Zusage der Umzugskostenvergütung

für die dem Berechtigten durch die getrennte Haushaltsführung, das Beibehalten der Wohnung oder der Unterkunft am bisherigen Wohnort oder das Unterstellen des zur Führung eines Haushalts notwendigen Teils der Wohnungseinrichtung entstehenden notwendigen Auslagen unter Berücksichtigung der häuslichen Ersparnis.

(2) Ist dem Berechtigten die Umzugskostenvergütung zugesagt worden, so darf Trennungsgeld nur gewährt werden, wenn er uneingeschränkt umzugswillig ist und nachweislich wegen Wohnungsmangels am neuen Dienstort einschließlich des Einzugsgebietes (§ 3 Abs. 1 Nr. 1 Buchstabe c) nicht umziehen kann. Diese Voraussetzungen müssen seit dem Tage erfüllt sein, an dem die Umzugskostenvergütung zugesagt worden oder, falls für den Berechtigten günstiger, die Maßnahme wirksam geworden oder die Dienstwohnung geräumt worden ist.

(3) Nach Wegfall des Wohnungsmangels darf Trennungsgeld nur weitergewährt werden, wenn und solange dem Umzug des umzugswilligen Berechtigten einer der folgenden Hinderungsgründe entgegensteht:

1. Vorübergehende schwere Erkrankung des Berechtigten oder eines seiner Familienangehörigen (§ 6 Abs. 3 Satz 2 und 3) bis zur Dauer von einem Jahr;

2. Beschäftigungsverbote für die Berechtigte oder eine Familienangehörige (§ 6 Abs. 3 Satz 2 und 3) für die Zeit vor oder nach einer Entbindung nach mutterschutzrechtlichen Vorschriften;

3. Schul- oder Berufsausbildung eines Kindes (§ 6 Abs. 3 Satz 2 und 3) bis zum Ende des Schul- oder Ausbildungsjahres. Befindet sich das Kind in der Jahrgangsstufe 12 einer Schule, so verlängert sich die Gewährung des Trennungsgeldes bis zum Ende des folgenden Schuljahres; befindet sich das Kind im vorletzten Ausbildungsjahr eines Berufsausbildungsverhältnisses, so verlängert sich die Gewährung des Trennungsgeldes bis zum Ende des folgenden Ausbildungsjahres;

VI.3 Bundesumzugskostengesetz (BUKG) §§ 13–14

4. Schul- oder Berufsausbildung eines schwerbehinderten Kindes (§ 6 Abs. 3 Satz 2 und 3). Trennungsgeld wird bis zur Beendigung der Ausbildung gewährt, solange diese am neuen Dienst- oder Wohnort oder in erreichbarer Entfernung davon wegen der Behinderung nicht fortgesetzt werden kann;

5. Akute lebensbedrohliche Erkrankung eines Elternteils des Berechtigten, seines Ehegatten oder Lebenspartners, wenn dieser in hohem Maße Hilfe des Ehegatten, Lebenspartners oder Familienangehörigen des Berechtigten erhält;

6. Schul- oder erste Berufsausbildung des Ehegatten oder Lebenspartners in entsprechender Anwendung der Nummer 3.

Trennungsgeld darf auch gewährt werden, wenn zum Zeitpunkt des Wirksamwerdens der dienstlichen Maßnahme kein Wohnungsmangel, aber einer dieser Hinderungsgründe vorliegt. Liegt bei Wegfall des Hinderungsgrundes ein neuer Hinderungsgrund vor, kann mit Zustimmung der obersten Dienstbehörde Trennungsgeld bis zu längstens einem Jahr weiterbewilligt werden. Nach Wegfall des Hinderungsgrundes darf Trennungsgeld auch bei erneutem Wohnungsmangel nicht gewährt werden.

(4) Der Bundesminister des Innern wird ermächtigt, durch Rechtsverordnung Vorschriften über die Gewährung des Trennungsgeldes zu erlassen. Dabei kann bestimmt werden, daß Trennungsgeld auch bei der Einstellung ohne Zusage der Umzugskostenvergütung gewährt wird und daß in den Fällen des § 3 Abs. 1 Nr. 1 Buchstabe d der Berechtigte für längstens ein Jahr Reisebeihilfen für Heimfahrten erhält.

§ 13 Auslandsumzüge

(1) Auslandsumzüge sind Umzüge zwischen Inland und Ausland sowie im Ausland.

(2) Als Auslandsumzüge gelten nicht die Umzüge

1. der im Grenzverkehr tätigen Beamten, und zwar auch dann nicht, wenn sie im Anschluß an die Tätigkeit im Grenzverkehr in das Inland oder in den Fällen des § 3 Abs. 1 Nr. 3, § 4 Abs. 2 Nr. 2 bis 4, Abs. 3 Satz 1 im Ausland umziehen,

2. in das Ausland in den Fällen des § 3 Abs. 1 Nr. 3, § 4 Abs. 2 Nr. 2 bis 4, Abs. 3 Satz 1,

3. in das Inland in den Fällen des § 3 Abs. 1 Nr. 2 und 3,

4. aus Anlaß einer Einstellung, Versetzung, Abordnung oder Kommandierung und der in § 3 Abs. 2, § 4 Abs. 1 Nr. 3, Abs. 2 Nr. 2 bis 4 bezeichneten Maßnahmen im Inland einschließlich ihrer Aufhebung, wenn die bisherige oder die neue Wohnung im Ausland liegt.

In den Fällen des Satzes 1 Nr. 2 bis 4 wird für die Umzugsreise (§ 7 Abs. 1) Tage- und Übernachtungsgeld nur für die notwendige Reisedauer gewährt; § 7 Abs. 2 und 3 findet keine Anwendung.

§ 14 Sondervorschriften für Auslandsumzüge

(1) Der Bundesminister des Auswärtigen wird ermächtigt, im Einvernehmen mit dem Bundesminister des Innern, dem Bundesminister der Verteidigung und dem Bundesminister der Finanzen für Auslandsumzüge durch Rechtsverordnungen nähere Vorschriften über die notwendige Umzugskostenvergütung (Auslandsumzugskostenverordnung, Absatz 2) sowie das notwendige Trennungsgeld (Auslandstrennungsgeldverordnung, Absatz 3) zu erlassen, soweit die besonderen Bedürfnisse des Auslandsdienstes und die besonderen Verhältnisse im Ausland es erfordern. Soweit aufgrund dieser Ermächtigung keine Sonderregelungen ergangen sind, finden auch auf Auslandsumzüge die §§ 6 bis 12 Anwendung.

(2) In der Auslandsumzugskostenverordnung sind insbesondere zu regeln:

1. Erstattung der Auslagen für Umzugsvorbereitungen einschließlich Wohnungsbesichtigungsreisen,

2. Erstattung der Beförderungsauslagen,

3. Berücksichtigung bis zu 50 vom Hundert der eingesparten Beförderungsauslagen für zurückgelassene Personenkraftfahrzeuge,

4. Erstattung der Auslagen für die Umzugsreise des Berechtigten und der zu seiner häuslichen Gemeinschaft gehörenden Personen,
5. Gewährung von Beihilfen zu den Fahrkosten von Personen, die mit der Reise in die häusliche Gemeinschaft aufgenommen werden, und zu den Kosten des Beförderns des Heiratsgutes an den Auslandsdienstort, wenn der Anspruchsberechtigte nach seinem Umzug in das Ausland heiratet,
6. Gewährung von Beihilfen zu den Fahrkosten sowie zu den Kosten der Beförderung des anteiligen Umzugsgutes eines Mitglieds der häuslichen Gemeinschaft, wenn es sich vom Berechtigten während seines Auslandsdienstes auf Dauer trennt, bis zur Höhe der Kosten für eine Rückkehr an den letzten Dienstort im Inland,
7. Gewährung der Mietentschädigung,
8. Gewährung der Pauschvergütung für sonstige Umzugsauslagen und Aufwand,
9. Erstattung der nachgewiesenen sonstigen Umzugsauslagen,
10. Erstattung der Lagerkosten oder der Auslagen für das Unterstellen zurückgelassenen Umzugsgutes,
11. Berücksichtigung bis zu 50 vom Hundert der eingesparten Lagerkosten für zurückgelassenes Umzugsgut,
12. Erstattung der Kosten für das Beibehalten der Wohnung im Inland in den Fällen des Absatzes 5,
13. Erstattung der Auslagen für umzugsbedingten zusätzlichen Unterricht,
14. Erstattung der Mietvertragsabschluß-, Gutachter-, Makler- oder vergleichbarer Kosten für die eigene Wohnung,
15. Beiträge zum Beschaffen oder Instandsetzen von Wohnungen,
16. Beiträge zum Beschaffen technischer Geräte und Einrichtungen, die aufgrund der örtlichen Gegebenheiten notwendig sind,
17. Beitrag zum Beschaffen klimabedingter Kleidung,
18. Ausstattungsbeitrag bei Auslandsverwendung,
19. Einrichtungsbeitrag für Leiter von Auslandsvertretungen und funktionell selbständigen Delegationen, die von Botschaftern geleitet werden, sowie für ständige Vertreter und Leiter von Außenstellen von Auslandsvertretungen,
20. Erstattung der Auslagen für die Rückführung von Personen und Umzugsgut aus Sicherheitsgründen,
21. Erstattung der Auslagen für Umzüge in besonderen Fällen,
22. Erstattung der Auslagen für Umzüge in eine vorläufige Wohnung,
23. Erstattung der Umzugsauslagen beim Ausscheiden aus dem Dienst im Ausland.

(3) In der Auslandstrennungsgeldverordnung sind insbesondere zu regeln:

1. Entschädigung für getrennte Haushaltsführung,
2. Entschädigung für getrennte Haushaltsführung aus zwingenden persönlichen Gründen,
3. Entschädigung bei täglicher Rückkehr zum Wohnort,
4. Mietersatz,
5. Gewährung von Trennungsgeld, wenn keine Auslandsdienstbezüge gewährt werden,
6. Gewährung von Trennungsgeld im Einzelfall aus Sicherheitsgründen oder wegen anderer außergewöhnlicher Verhältnisse im Ausland (Trennungsgeld in Krisenfällen),
7. Gewährung von Reisebeihilfen für Heimfahrten für je drei Monate, in besonderen Fällen für je zwei Monate der Trennung. Dies gilt auch für längstens ein Jahr, wenn der Berechtigte auf die Zusage der Umzugskostenvergütung unwiderruflich verzichtet und dienstliche Gründe den Umzug nicht erfordern.

(4) Abweichend von § 2 Abs. 2 Satz 1 entsteht der Anspruch auf die Pauschvergütung, den

Beitrag zum Beschaffen klimabedingter Kleidung, den Ausstattungsbeitrag und den Einrichtungsbeitrag zu dem Zeitpunkt, an dem die Umzugskostenvergütung nach § 3 oder § 4 zugesagt wird.

(5) Abweichend von den §§ 3 und 4 kann die Umzugskostenvergütung auch in Teilen zugesagt werden, wenn dienstliche Gründe es erfordern.

(6) Abweichend von § 2 Abs. 2 Satz 2 beträgt die Ausschlußfrist bei Auslandsumzügen zwei Jahre. Wird in den Fällen des Absatzes 2 Nr. 16 die Beitragsfähigkeit erst nach Beendigung des Umzuges anerkannt, beginnt die Ausschlußfrist mit der Anerkennung. In den Fällen des Absatzes 2 Nr. 5 und 6 beginnt sie mit dem Eintreffen am beziehungsweise der Abreise vom Dienstort. Bei laufenden Zahlungen muß die erste Zahlung innerhalb der Frist geleistet werden. Auf einen vor Fristablauf gestellten Antrag können in besonderen Fällen auch später geleistete Zahlungen berücksichtigt werden.

(7) Die oberste Dienstbehörde kann die Umzugskostenvergütung allgemein oder im Einzelfall ermäßigen, soweit besondere Verhältnisse es rechtfertigen.

§ 15 Dienstortbestimmung, Verwaltungsvorschriften

(1) Die oberste Dienstbehörde wird ermächtigt, im Einvernehmen mit dem Bundesminister des Innern benachbarte Gemeinden zu einem Dienstort zu bestimmen, wenn sich Liegenschaften derselben Dienststelle über das Gebiet mehrerer Gemeinden erstrecken.

(2) Die allgemeinen Verwaltungsvorschriften zu diesem Gesetz erläßt der Bundesminister des Innern im Einvernehmen mit dem Bundesminister der Justiz und dem Bundesminister der Verteidigung.

§ 16 Übergangsvorschrift

Ist ein Mietbeitrag vor der Verkündung dieses Gesetzes bewilligt worden, wird er nach bisherigem Recht weiter gewährt.

Verordnung über die Umzugskostenvergütung bei Auslandsumzügen
(Auslandsumzugskostenverordnung – AUV)
Vom 26. November 2012 (BGBl. I S. 2349)

Auf Grund des § 14 Absatz 1 des Bundesumzugskostengesetzes in der Fassung der Bekanntmachung vom 11. Dezember 1990 (BGBl. I S. 2682) und des § 82 Absatz 3 des Bundesbeamtengesetzes vom 5. Februar 2009 (BGBl. I S. 160) verordnet das Auswärtige Amt im Einvernehmen mit dem Bundesministerium des Innern, dem Bundesministerium der Verteidigung und dem Bundesministerium der Finanzen:

Abschnitt 1
Allgemeines

§ 1 Regelungsgegenstand

Diese Verordnung regelt die bei Auslandsumzügen erforderlichen Abweichungen von den allgemein für Beamtinnen und Beamte des Bundes geltenden Vorschriften über die Umzugskostenvergütung.

§ 2 Begriffsbestimmungen

(1) Berücksichtigungsfähige Personen sind:

1. die Ehegattin oder der Ehegatte der berechtigten Person,

2. die Lebenspartnerin oder der Lebenspartner der berechtigten Person,

3. Kinder der berechtigten Person oder der berücksichtigungsfähigen Person nach Nummer 1 oder Nummer 2, die beim Auslandszuschlag berücksichtigungsfähig sind oder spätestens 40 Wochen nach dem Einladen des Umzugsguts geboren worden sind,

4. der gemeinsam mit der berechtigten Person sorgeberechtigte Elternteil eines eigenen Kindes der berechtigten Person,

5. pflegebedürftige Eltern der berechtigten Person oder der berücksichtigungsfähigen Person nach Nummer 1 oder Nummer 2 (mindestens Pflegestufe I nach § 15 des Elften Buches Sozialgesetzbuch); alle weiteren Maßnahmen, die der Gesundheitszustand dieser Personen erfordert, sind im Rahmen der Umzugskosten nicht berücksichtigungsfähig, sowie

6. im Einzelfall weitere Personen, die nach § 6 Absatz 3 des Bundesumzugskostengesetzes berücksichtigungsfähig sind, soweit ihre Berücksichtigung im Einzelfall nach pflichtgemäßem Ermessen geboten ist, insbesondere, weil die berechtigte Person ihnen aufgrund gesetzlicher oder sittlicher Verpflichtung nicht nur vorübergehend Unterkunft und Unterhalt gewährt,

soweit sie nach dem Umzug zur häuslichen Gemeinschaft der berechtigten Person gehören. Die Personen nach Satz 1 Nummer 3, 4 und 6 sind nur berücksichtigungsfähig, wenn sie auch vor dem Umzug zur häuslichen Gemeinschaft der berechtigten Person gehören.

(2) Eine eigene Wohnung ist eine Wohnung, deren Eigentümerin oder Eigentümer oder Hauptmieterin oder Hauptmieter die berechtigte Person oder eine berücksichtigungsfähige Person ist.

§ 3 Antrag und Anzeigepflicht

(1) Die Ausschlussfrist für die Beantragung der Umzugskostenvergütung nach § 14 Absatz 6 Satz 1 des Bundesumzugskostengesetzes beginnt mit Beendigung des Umzugs.

(2) Die berechtigte Person hat jede Änderung der tatsächlichen Verhältnisse, die die Höhe der Umzugskostenvergütung beeinflussen kann, unverzüglich anzuzeigen. Entsprechendes gilt für Rabatte, Geld- und Sachzuwendungen sowie für unentgeltliche Leistungen. Leistungen von dritter Seite sind anzurechnen.

§ 4 Bemessung der Umzugskostenvergütung, berücksichtigungsfähige Kosten

(1) Die Bemessung der Umzugskostenvergütung richtet sich nach den persönlichen Verhältnissen der berechtigten Person am Tag des Dienstantritts am neuen Dienstort. Bei Umzügen aus dem Ausland ins Inland und bei Umzügen aus Anlass der Beendigung des Beamtenverhältnisses (§ 28) sind die persönlichen Verhältnisse an dem Tag, für den zuletzt Auslandsdienstbezüge gewährt worden sind, maßgeblich.

(2) Wenn bei einem Umzug aus dem Ausland ins Inland die berechtigte Person den Wohnort so wählt, dass sie in der ordnungsgemäßen Wahrnehmung ihrer Dienstgeschäfte beeinträchtigt ist, werden höchstens die Umzugskosten erstattet, die bei einem Umzug an den neuen Dienstort entstanden wären; Maklerkosten werden nicht erstattet; Mietentschädigung wird nicht gewährt. Wird ein Umzug ins Ausland oder im Ausland an einen anderen Ort als den neuen Dienstort oder dessen Einzugsgebiet durchgeführt, werden keine Umzugskosten erstattet.

(3) Wird eine eigene Wohnung nicht innerhalb eines Jahres nach dem Dienstantritt der berechtigten Person am neuen Dienstort bezogen, kann eine solche Wohnung im Rahmen der Umzugskostenvergütung nicht berücksichtigt werden. In den Fällen des § 28 Absatz 1 und 2 tritt der Tag nach dem Eintritt des maßgeblichen Ereignisses an die Stelle des Tages des Dienstantritts. Wird die Umzugskostenvergütung erst nach dem Dienstantritt zugesagt, tritt der Tag des Zugangs der Zusage an die Stelle des Tages des Dienstantritts. Ist die Wohnung wegen Wohnungsmangels oder aus anderen von der obersten Dienstbehörde als zwingend anerkannten Gründen erst nach Ablauf eines Jahres bezogen worden, kann sie berücksichtigt werden, wenn die berechtigte Person den Antrag auf Fristverlängerung vor Ablauf der Jahresfrist stellt.

(4) Leistungen nach den §§ 18 bis 21, die vor dem Umzug gewährt werden, stehen unter dem Vorbehalt, dass zu viel erhaltene Beträge zurückgefordert werden können, wenn der Umzug anders als zunächst geplant durchgeführt wird.

(5) Kosten werden nur berücksichtigt, soweit sie notwendig und nachgewiesen sind.

Abschnitt 2
Erstattungsfähige Kosten

Unterabschnitt 1
Beförderung und Lagerung des Umzugsguts

§ 5 Umzugsgut

(1) Die Auslagen für die Beförderung des Umzugsguts (Beförderungsauslagen) von der bisherigen zur neuen Wohnung werden erstattet.

(2) Zu den Beförderungsauslagen gehören auch:

1. die Kosten für das Ein- und Auspacken des Umzugsguts, die Montage und Installation der üblichen Haushaltsgeräte, das Zwischenlagern (§ 9) und die Transportversicherung sowie

2. Gebühren und Abgaben, die bei der Beförderung des Umzugsguts anfallen.

(3) Wird das Umzugsgut getrennt befördert, ohne dass die oberste Dienstbehörde die Gründe dafür vorher als zwingend anerkannt hat, werden höchstens die Beförderungsauslagen erstattet, die bei nicht getrennter Beförderung entstanden wären.

(4) Bei Umzügen im oder ins Ausland gehören zum Umzugsgut auch Einrichtungsgegenstände und Personenkraftfahrzeuge, für die die berechtigte Person innerhalb von drei Monaten nach dem Bezug der neuen Wohnung den Lieferauftrag erteilt hat; Absatz 3 gilt entsprechend.

(5) Hat die berechtigte Person nach einer Auslandsverwendung mit ausgestatteter Dienstwohnung bei einem folgenden Umzug im Ausland mit Zusage der Umzugskostenvergütung den Lieferauftrag für Einrichtungsgegenstände innerhalb der in Absatz 4 genannten Frist erteilt, um mit diesen Einrichtungsgegenständen eine nicht ausgestattete

Wohnung beziehen zu können, werden die Beförderungsauslagen erstattet.

§ 6 Umzugsvolumen

(1) Der berechtigten Person werden Beförderungsauslagen für ein Umzugsvolumen von bis zu 100 Kubikmetern erstattet. Zieht eine berücksichtigungsfähige Person mit um, werden die Auslagen für die Beförderung weiterer 30 Kubikmeter erstattet; für jede weitere mitumziehende berücksichtigungsfähige Person werden die Auslagen für die Beförderung weiterer 10 Kubikmeter erstattet.

(2) Bei Leiterinnen und Leitern von Auslandsvertretungen kann die oberste Dienstbehörde in Einzelfällen der Erstattung der Auslagen für die Beförderung weiterer 50 Kubikmeter zustimmen. Dies gilt im Geschäftsbereich des Bundesministeriums der Verteidigung nach näherer Bestimmung durch die oberste Dienstbehörde auch für sonstige Berechtigte in vergleichbaren Dienststellungen.

(3) Wird der berechtigten Person eine voll oder teilweise ausgestattete Dienstwohnung zugewiesen, kann die oberste Dienstbehörde die Volumengrenzen nach Absatz 1 herabsetzen.

(4) Der Dienstherr kann eine amtliche Vermessung des Umzugsguts veranlassen.

§ 7 Personenkraftfahrzeuge

(1) Die Kosten der Beförderung eines Personenkraftfahrzeugs werden erstattet.

(2) Kosten der Beförderung eines zweiten Personenkraftfahrzeugs mit bis zu 1,8 Litern Hubraum und einem Volumen von höchstens 11 Kubikmetern werden nur erstattet, wenn zum Haushalt am neuen Dienstort mindestens eine berücksichtigungsfähige Person gehört. Innerhalb Europas werden nur die Kosten der Selbstüberführung eines zweiten Personenkraftfahrzeugs bis zur Höhe der Beförderungsauslagen nach dem Bundesreisekostengesetz erstattet; die Kosten der Beförderung eines zweiten Personenkraftfahrzeugs nach Island, Malta, in die Russische Föderation, die Türkei, die Ukraine, nach Weißrussland und Zypern werden jedoch nach Satz 1 erstattet.

(3) Personenkraftfahrzeuge, die beim Umzug berücksichtigt werden, werden nicht in die Berechnung des Umzugsvolumens einbezogen.

(4) Bei einem Umzug im Ausland kann die oberste Dienstbehörde Auslagen für die Beförderung des am bisherigen Dienstort genutzten Personenkraftfahrzeugs nach Deutschland und für die Beförderung eines Fahrzeugs aus Deutschland zum neuen Dienstort erstatten, wenn bezüglich des bisher genutzten Fahrzeugs sowohl die Einfuhr am neuen Dienstort als auch der Verkauf am bisherigen Dienstort verboten sind.

§ 8 Tiere

Beförderungsauslagen für bis zu zwei Haustiere werden erstattet, soweit diese üblicherweise in der Wohnung gehalten werden. Kosten für Transportbehältnisse, Tierheime, Quarantäne und andere Nebenkosten werden nicht erstattet.

§ 9 Zwischenlagern von Umzugsgut

(1) Auslagen für das Zwischenlagern einschließlich der Lagerversicherung sind nur erstattungsfähig, wenn die berechtigte Person den Grund für das Zwischenlagern nicht zu vertreten hat oder wenn die berechtigte Person vorübergehend keine angemessene Leerraumwohnung am neuen Dienstort beziehen kann.

(2) Diese Auslagen werden für die Zeit vom Tag des Einladens des Umzugsguts bis zum Tag des Ausladens des Umzugsguts in der endgültigen Wohnung erstattet.

§ 10 Lagern von Umzugsgut

(1) Zieht die berechtigte Person in eine ganz oder teilweise ausgestattete Dienstwohnung, werden ihr die Auslagen für das Verpacken, Versichern und Lagern des Umzugsguts erstattet, das nicht in die neue Wohnung mitgenommen wird. Daneben werden die notwendigen Auslagen für die Beförderung zum Lagerort erstattet, höchstens jedoch bis zur Höhe der Auslagen für die Beförderung bis zum Sitz der obersten Dienstbehörde (erster Dienstsitz) oder bis zu einem anderen Ort im Inland mit unentgeltlicher Lagermöglichkeit.

Bezüglich des berücksichtigungsfähigen Volumens sind Absatz 6 Satz 2 und § 6 Absatz 1 entsprechend anzuwenden.

(2) Wird das nach Absatz 1 eingelagerte Umzugsgut bei einem folgenden Umzug wieder hinzugezogen und ist für diesen Umzug Umzugskostenvergütung zugesagt, werden die Beförderungsauslagen erstattet.

(3) Die Absätze 1 und 2 gelten entsprechend, wenn

1. die Mitnahme des Umzugsguts an den neuen Dienstort aus besonderen Gründen, insbesondere aus klimatischen oder Sicherheitsgründen, nicht zumutbar ist oder

2. während der Dauer der Verwendung an diesem Ort keine Möglichkeit besteht, eine Leerraumwohnung zu mieten, in der das Umzugsgut untergebracht werden kann.

(4) Absatz 1 gilt entsprechend, wenn die berechtigte Person bei einem Umzug ins Ausland einen Teil des Umzugsguts nicht mitnehmen möchte. Kosten für das Lagern werden nur für die Zeit bis zur nächsten Inlandsverwendung übernommen. Kosten für das Hinzuziehen des Lagerguts während einer Auslandsverwendung werden nicht übernommen.

(5) Ist die Verwendung im Inland von vornherein voraussichtlich auf weniger als ein Jahr beschränkt, können Kosten für das Lagern des Umzugsguts erstattet werden.

(6) Kann bei einem Umzug ins Ausland aufgrund der Beschränkung des Umzugsvolumens nach § 6 ein Teil des Umzugsguts nicht mitgeführt werden, gilt Absatz 4 entsprechend. Kosten für das Lagern des Umzugsguts, das die Volumengrenzen nach § 6 Absatz 1 übersteigt, können nur für ein Volumen von bis zu 20 Kubikmetern für die berechtigte Person und von 10 Kubikmetern für jede mitumziehende berücksichtigungsfähige Person erstattet werden. Insgesamt können bei Übersteigen der Volumengrenzen nach § 6 Absatz 1 Kosten für das Lagern von bis zu 50 Kubikmetern Umzugsgut erstattet werden.

Unterabschnitt 2
Reisen

§ 11 Wohnungsbesichtigungsreise, Umzugsabwicklungsreise

(1) Die Auslagen für eine gemeinsame Reise der berechtigten Person und einer berücksichtigungsfähigen Person nach § 2 Absatz 1 Satz 1 Nummer 1, 2 oder 4 vom bisherigen an den neuen Dienstort zur Wohnungssuche (Wohnungsbesichtigungsreise) oder für eine Reise einer dieser Personen vom neuen zum bisherigen Dienstort zur Vorbereitung und Durchführung des Umzugs (Umzugsabwicklungsreise) werden mit der Maßgabe erstattet, dass gezahlt werden:

1. die Kosten der billigsten Fahrkarte für ein regelmäßig verkehrendes Beförderungsmittel und

2. Tage- und Übernachtungsgeld wie bei Dienstreisen der berechtigten Person für höchstens vier Aufenthaltstage sowie für die notwendigen Reisetage.

(2) Mehreren berechtigten Personen, denen jeweils eine eigene Umzugskostenvergütung zugesagt wurde und die am neuen Dienstort eine gemeinsame Wohnung suchen, stehen die Ansprüche nach Absatz 1 nur für eine gemeinsame Reise zu.

(3) Auslagen für eine Wohnungsbesichtigungsreise zu einer Dienstwohnung werden nicht erstattet.

§ 12 Umzugsreise

(1) Die Auslagen für die Umzugsreise vom bisherigen zum neuen Dienstort werden unter Berücksichtigung der notwendigen Reisedauer nach Maßgabe der folgenden Absätze erstattet.

(2) Die Auslagen für die Umzugsreise der berechtigten Person und der berücksichtigungsfähigen Personen werden wie bei Dienstreisen erstattet. Für die Berechnung des Tagesgelds gelten die Abreise- und Ankunftstage als volle Reisetage.

(3) Die Reisekosten für einen dienstlich angeordneten Umweg der berechtigten Person werden auch für die berücksichtigungsfähigen Personen erstattet, wenn sie mit der be-

rechtigten Person gemeinsam reisen und ihr Verbleib am bisherigen Dienstort unzumutbar ist oder Mietzuschuss nach § 54 des Bundesbesoldungsgesetzes eingespart wird.

(4) Für eine angestellte Betreuungsperson werden die Kosten der billigsten Fahrkarte für ein regelmäßig verkehrendes Beförderungsmittel erstattet, wenn die berechtigte Person betreuungsbedürftig ist oder zum Haushalt der berechtigten Person am neuen Dienstort eine berücksichtigungsfähige Person gehört, die minderjährig, schwerbehindert oder pflegebedürftig (mindestens Pflegestufe I nach § 15 des Elften Buches Sozialgesetzbuch) ist; der Antrag muss spätestens drei Monate nach dem Bezug der neuen Wohnung gestellt werden. Für eine angestellte Betreuungsperson, die im Ausland aus wichtigem Grund aus dem Arbeitsverhältnis ausscheidet, können Fahrtkosten bis zur Höhe der Kosten der billigsten Fahrkarte für ein regelmäßig verkehrendes Beförderungsmittel zum Sitz der obersten Bundesbehörde erstattet werden, auch wenn die Fahrtkosten nach Ablauf der Frist nach § 3 Absatz 1 entstanden sind; der Antrag muss innerhalb von sechs Monaten nach dem Ausscheiden gestellt werden. Für eine Ersatzperson können Fahrtkosten erstattet werden, wenn zum Zeitpunkt ihrer Ankunft die Voraussetzungen nach Satz 1 erfüllt sind; der Erstattungsantrag muss innerhalb von drei Monaten nach Ausscheiden der vorherigen Betreuungsperson, für die Reisekosten erstattet worden sind, gestellt werden.

(5) Verbindet eine berechtigte oder eine berücksichtigungsfähige Person die Umzugsreise mit Urlaub, werden die Auslagen für die Reise zum neuen Dienstort abweichend von § 13 des Bundesreisekostengesetzes bis zu der Höhe erstattet, bis zu der sie erstattet würden, wenn die Umzugsreise unmittelbar vom bisherigen zum neuen Dienstort erfolgt wäre.

(6) Wird die berechtigte Person im Anschluss an einen Heimaturlaub an einen anderen Dienstort versetzt oder abgeordnet, erhält sie für die Reise vom bisherigen Dienstort zum Sitz der für sie zuständigen Dienststelle im Inland (Heimaturlaubsreise) und für die Reise von dort zum neuen Dienstort Reisekostenvergütung wie bei einer Umzugsreise. Dabei werden im anzuwendenden Kostenrahmen die fiktiven Fahrtkosten der Heimaturlaubsreise berücksichtigt, der Anspruch auf Fahrtkostenzuschuss nach der Heimaturlaubsverordnung entfällt. Die Auslagen für die Versicherung des Reisegepäcks werden für die Dauer des Heimaturlaubs erstattet, höchstens jedoch für die Zeit von der Abreise vom bisherigen Dienstort bis zur Ankunft am neuen Dienstort.

(7) Für die berücksichtigungsfähigen Personen gilt Absatz 6 entsprechend.

§ 13 Reisegepäck

(1) Die Auslagen für die Beförderung unbegleiteten Reisegepäcks anlässlich der Umzugsreise vom bisherigen zum neuen Dienstort werden erstattet bis zu einem Gewicht des Reisegepäcks von 200 Kilogramm. Die Obergrenze erhöht sich

1. um 100 Kilogramm für die mitumziehende berücksichtigungsfähige Person nach § 2 Absatz 1 Satz 1 Nummer 1 oder Nummer 2,

2. um 50 Kilogramm für jede mitumziehende berücksichtigungsfähige Person nach § 2 Absatz 1 Satz 1 Nummer 3 bis 6 und in den Fällen des § 12 Absatz 4 für die angestellte Betreuungsperson oder Ersatzkraft.

(2) Bei Flugreisen werden die Auslagen für die Beförderung unbegleiteten Luftgepäcks nach Maßgabe des Absatzes 1 erstattet. Auslagen für die Beförderung begleiteten Luftgepäcks werden bis zu 50 Prozent der Gewichtsgrenzen nach Absatz 1 erstattet, wenn

1. es aus Sicherheitsgründen notwendig ist, das Gepäck als begleitetes Luftgepäck mitzuführen, oder nicht gewährleistet ist, dass das Gepäck in einem zumutbaren Zeitraum ausgelöst werden kann, und

2. die oberste Dienstbehörde vor der Aufgabe des Gepäcks der Erstattung zugestimmt hat.

Unterabschnitt 3
Wohnung

§ 14 Vorübergehende Unterkunft

(1) Auslagen für eine vorübergehende Unterkunft am bisherigen und am neuen Dienstort werden für die Zeit vom Tag des Einladens des Umzugsguts bis zum Tag nach dem Ausladen des Umzugsguts in der endgültigen Wohnung auf Antrag erstattet, soweit sie 25 Prozent der Bezüge übersteigen, die für die Berechnung des Mietzuschusses nach § 54 des Bundesbesoldungsgesetzes maßgeblich sind. Bei Umzügen mit Umzugskostenvergütung nach § 26 gilt Satz 1 für die Zeit vom Tag nach Beendigung der Hinreise bis zum Tag vor Antritt der Rückreise.

(2) Zum Ausgleich des Mehraufwands für die Verpflegung der berechtigten Person und der berücksichtigungsfähigen Personen während des in Absatz 1 genannten Zeitraums wird ohne Vorlage von Einzelnachweisen ein Zuschuss gezahlt. Der Zuschuss beträgt für die ersten 14 Tage des Aufenthalts

1. am ausländischen Wohn- oder Dienstort 75 Prozent des Auslandstagegelds nach § 3 der Auslandsreisekostenverordnung,

2. am inländischen Wohn- oder Dienstort 75 Prozent des Inlandstagegelds nach § 6 Absatz 1 des Bundesreisekostengesetzes.

Vom 15. Tag an wird der Zuschuss auf 50 Prozent des Auslands- oder Inlandstagegelds gesenkt.

(3) Ist die Unterkunft mit einer Kochgelegenheit ausgestattet, werden 50 Prozent der Beträge nach Absatz 2 Satz 2 und 3 gezahlt. Handelt es sich um eine Wohnung mit ausgestatteter Küche oder halten sich die in Absatz 2 Satz 1 genannten Personen bei Verwandten oder Bekannten auf, wird kein Zuschuss gezahlt. Werden nach Absatz 1 Kosten für eine Unterkunft übernommen, in denen Kosten für ein Frühstück enthalten sind, ist der Mehraufwand für Verpflegung um 20 Prozent zu kürzen.

(4) Die Zahlungen nach den Absätzen 1 bis 3 werden nicht für die Tage geleistet, an denen die berechtigte Person

1. Heimaturlaub hat,

2. Urlaub an einem anderen als dem bisherigen oder neuen Wohn- oder Dienstort verbringt oder

3. Auslandstrennungsgeld oder vergleichbare Leistungen erhält.

§ 15 Mietentschädigung

(1) Muss für dieselbe Zeit sowohl für die bisherige als auch für die neue eigene Wohnung der berechtigten Person Miete gezahlt werden, wird die Miete für die bisherige Wohnung bis zu dem Zeitpunkt erstattet, zu dem das Mietverhältnis frühestens gelöst werden kann, höchstens jedoch für drei Monate für eine Wohnung im Inland und für neun Monate für eine Wohnung im Ausland (Mietentschädigung). Die oberste Dienstbehörde kann die Frist für eine Wohnung im Ausland um höchstens ein Jahr verlängern, wenn dies wegen der ortsüblichen Verhältnisse erforderlich ist. Ausgaben für das Weitervermieten der Wohnung innerhalb der Vertragsdauer und für Maßnahmen, durch die Mietentschädigung eingespart wird, werden erstattet. Die Sätze 1 bis 3 gelten entsprechend für die Miete für eine Garage.

(2) Abweichend von § 8 Absatz 4 des Bundesumzugskostengesetzes wird Mietentschädigung auch nicht gewährt

1. für eine Zeit, für die die berechtigte Person Auslandstrennungsgeld oder vergleichbare Leistungen erhält,

2. für eine Wohnung oder Garage, für die Mietzuschuss (§ 54 des Bundesbesoldungsgesetzes) gewährt wird.

(3) Muss die berechtigte Person aufgrund der Lage des Wohnungsmarktes eine Wohnung am neuen Dienstort oder in dessen Einzugsgebiet mieten, die sie noch nicht nutzen kann, und muss für dieselbe Zeit für die bisherige eigene Wohnung der berechtigten Person oder für eine vorübergehende Unterkunft am neuen Dienstort Miete gezahlt werden, wird die Miete für die endgültige Wohnung höchstens für drei Monate erstattet. Wenn die im oder ins Ausland versetzte berechtigte Person eine Wohnung nach Satz 1 schon vor Dienstantritt nutzt und noch keine Auslands-

dienstbezüge für den neuen Dienstort erhält, kann mit Zustimmung der obersten Dienstbehörde ein Zuschuss gewährt werden, für dessen Höhe § 54 Absatz 1 des Bundesbesoldungsgesetzes entsprechend gilt.

(4) Zu der Miete für die bisherige Wohnung im Ausland kann auch ohne Anmietung einer neuen Wohnung ein Zuschuss für die Zeit gewährt werden, für die die berechtigte Person weder Auslandstrennungsgeld noch vergleichbare Leistungen erhält. Für die Höhe des Zuschusses gilt § 54 Absatz 1 des Bundesbesoldungsgesetzes entsprechend.

(5) Die oberste Dienstbehörde kann einer berechtigten Person, die im Ausland aus dem Dienst ausgeschieden ist, einen Mietzuschuss nach Absatz 1 bis zur frühesten Kündigungsmöglichkeit, höchstens drei Monate, auch dann bewilligen, wenn sie die Wohnung noch nutzt und keine neue Wohnung gemietet hat. Für die Höhe des Zuschusses gilt § 54 des Bundesbesoldungsgesetzes entsprechend.

(6) Die bisherige Wohnung im eigenen Haus oder die Eigentumswohnung steht der Mietwohnung in Bezug auf Mietentschädigung gleich, sofern eine Vermietung nicht möglich ist; in diesem Fall wird die Mietentschädigung längstens für ein Jahr gezahlt. An die Stelle der Miete tritt der ortsübliche Mietwert der Wohnung. Entsprechendes gilt für die eigene Garage. Für die neue Wohnung im eigenen Haus oder die neue Eigentumswohnung wird keine Mietentschädigung gewährt.

§ 16 Wohnungsbeschaffungskosten

(1) Gutachterkosten, Maklerkosten, ortsübliche Mietvertragsabschlussgebühren, Kosten für Garantieerklärungen und Bürgschaften sowie vergleichbare Kosten, die beim Auszug aus der Wohnung am ausländischen Dienstort oder bei der Beschaffung einer neuen angemessenen Wohnung am ausländischen Dienstort anfallen, werden erstattet.

(2) Wird dem Vermieter einer Wohnung am neuen ausländischen Dienstort eine Kaution geleistet, wird ein unverzinslicher Gehaltsvorschuss bis zum Dreifachen der Mieteigenbelastung der berechtigten Person gewährt, die sich bei entsprechender Anwendung des § 54 des Bundesbesoldungsgesetzes ergibt. Der Vorschuss ist in höchstens 20 gleichen Monatsraten zurückzuzahlen. Die Raten werden von den Dienstbezügen der berechtigten Person einbehalten. Bei vorzeitiger Versetzung oder Beendigung des Dienstverhältnisses ist der Rest des Vorschusses in einer Summe zurückzuzahlen. Soweit die ortsübliche Kaution den Gehaltsvorschuss übersteigt, wird sie erstattet.

(3) Rückzahlungsansprüche gegenüber der Vermieterin oder dem Vermieter sind an den Dienstherrn abzutreten. Soweit die Kaution von der Vermieterin oder vom Vermieter berechtigterweise in Anspruch genommen wird, ist die berechtigte Person zur Rückzahlung des Erstattungsbetrags an den Dienstherrn verpflichtet.

(4) Bei Umzügen aus dem Ausland ins Inland ist § 9 Absatz 1 des Bundesumzugskostengesetzes anzuwenden.

(5) Soweit die Verhältnisse im Zusammenhang mit dem Bezug oder dem Auszug aus einer Wohnung am Auslandsdienstort von im Ausland typischen Verhältnissen abweichen und dies zu einer außergewöhnlichen, von der berechtigten Person nicht zu vertretenden Härte führt, kann die oberste Dienstbehörde eine Leistung zur Milderung der Härte gewähren. Die Entscheidung ist besonders zu begründen und zu dokumentieren.

§ 17 Technische Geräte

(1) Müssen beim Bezug der neuen Wohnung aufgrund der örtlichen Verhältnisse Klimageräte oder Notstromerzeuger beschafft werden, werden die Auslagen für das Beschaffen und den Einbau dieser Geräte sowie die Kosten für die bauliche Herrichtung der betreffenden Räume erstattet.

(2) Die berechtigte Person hat die Geräte auf ihre Kosten regelmäßig zu warten.

(3) Beim Auszug hat die berechtigte Person die Geräte dem Dienstherrn zur Verfügung zu stellen oder den nach Absatz 1 erstatteten Betrag zurückzuzahlen.

Unterabschnitt 4
Pauschalen und zusätzlicher Unterricht

§ 18 Umzugspauschale

(1) Eine berechtigte Person, die eine eigene Wohnung einrichtet, erhält für sich und die berücksichtigungsfähigen Personen eine Pauschale für sonstige Umzugskosten (Umzugspauschale), die sich aus Teilbeträgen nach den folgenden Absätzen zusammensetzt.

(2) Bei einem Auslandsumzug innerhalb der Europäischen Union erhält die berechtigte Person einen Betrag in Höhe von 20 Prozent des Grundgehalts der Stufe 8 der Besoldungsgruppe A 13. Für berücksichtigungsfähige Personen erhält die berechtigte Person zusätzlich folgende Beträge:

1. für eine Person nach § 2 Absatz 1 Satz 1 Nummer 1 oder Nummer 2 einen Betrag in Höhe von 19 Prozent des Grundgehalts der Stufe 8 der Besoldungsgruppe A 13,

2. für eine Person nach § 2 Absatz 1 Satz 1 Nummer 4 bis 6 einen Betrag in Höhe von 7 Prozent des Grundgehalts der Stufe 8 der Besoldungsgruppe A 13,

3. für ein Kind nach § 2 Absatz 1 Satz 1 Nummer 3 einen Betrag in Höhe von 10 Prozent des Grundgehalts der Stufe 8 der Besoldungsgruppe A 13,

4. für ein Kind nach § 2 Absatz 1 Satz 1 Nummer 3, für das ein Auslandszuschlag gezahlt wird, das aber nicht mitumzieht, einen Betrag in Höhe von 10 Prozent des Grundgehalts der Stufe 8 der Besoldungsgruppe A 13,

5. für ein Kind nach § 2 Absatz 1 Satz 1 Nummer 3, für das ein Auslandszuschlag gezahlt wird, das aber im Inland bleibt, einen Betrag in Höhe von 7 Prozent des Grundgehalts der Stufe 8 der Besoldungsgruppe A 13.

(3) Bei einem Umzug außerhalb der Europäischen Union, aus einem Mitgliedstaat der Europäischen Union in einen Staat außerhalb der Europäischen Union oder aus einem Staat außerhalb der Europäischen Union in einen Mitgliedstaat der Europäischen Union erhält die berechtigte Person einen Betrag in Höhe von 21 Prozent des Grundgehalts der Stufe 8 der Besoldungsgruppe A 13. Für berücksichtigungsfähige Personen erhält die berechtigte Person zusätzlich folgende Beträge:

1. für eine Person nach § 2 Absatz 1 Satz 1 Nummer 1 oder Nummer 2 einen Betrag in Höhe von 21 Prozent des Grundgehalts der Stufe 8 der Besoldungsgruppe A 13,

2. für eine Person nach § 2 Absatz 1 Satz 1 Nummer 4 bis 6 einen Betrag in Höhe von 10,5 Prozent des Grundgehalts der Stufe 8 der Besoldungsgruppe A 13,

3. für ein Kind nach § 2 Absatz 1 Satz 1 Nummer 3 einen Betrag in Höhe von 14 Prozent des Grundgehalts der Stufe 8 der Besoldungsgruppe A 13,

4. für ein Kind nach § 2 Absatz 1 Satz 1 Nummer 3, für das ein Auslandszuschlag gezahlt wird, das aber nicht mitumzieht, einen Betrag in Höhe von 14 Prozent des Grundgehalts der Stufe 8 der Besoldungsgruppe A 13,

5. für ein Kind nach § 2 Absatz 1 Satz 1 Nummer 3, für das ein Auslandszuschlag gezahlt wird, das aber im Inland bleibt, einen Betrag in Höhe von 7 Prozent des Grundgehalts der Stufe 8 der Besoldungsgruppe A 13.

(4) Bei einem Umzug aus einem anderen Mitgliedstaat der Europäischen Union ins Inland erhält die berechtigte Person 80 Prozent der Beträge nach Absatz 2, bei einem Umzug aus einem Staat außerhalb der Europäischen Union ins Inland erhält die berechtigte Person 80 Prozent der Beträge nach Absatz 3.

(5) Bei einem Umzug am Wohnort oder in dessen Einzugsgebiet nach § 23 erhält die berechtigte Person 60 Prozent der Beträge nach den Absätzen 2 und 3.

(6) Eine berechtigte Person, die keine Wohnung einrichtet oder eine ausgestattete Wohnung bezieht, erhält 25 Prozent der Beträge nach den Absätzen 2 und 3 für sich und die Person nach § 2 Absatz 1 Satz 1 Nummer 1 oder Nummer 2. Ist nur ein Teil der Privaträume ausgestattet, wird der Betrag nach Satz 1 verhältnismäßig erhöht.

(7) Ist innerhalb der letzten fünf Jahre ein Umzug mit Zusage der Umzugskostenvergütung nach § 3 oder § 4 Absatz 1 Nummer 2 bis 4 oder Absatz 2 des Bundesumzugskostengesetzes an einen anderen Wohnort durchgeführt worden und ist auch bei diesem Umzug eine eigene Wohnung für die Berechnung der pauschalen Vergütung berücksichtigt worden, wird ein Zuschlag in Höhe von 50 Prozent der Beträge nach den Absätzen 2 bis 6 gezahlt.

(8) Besteht am neuen Wohnort eine andere Netzspannung oder Netzfrequenz als am bisherigen Wohnort und ist die neue Wohnung nicht mit einer der bisherigen Wohnung entsprechenden Stromversorgung oder nicht mit den notwendigen elektrischen Geräten ausgestattet, wird ein Zuschlag in Höhe von 13 Prozent des Grundgehalts der Stufe 8 der Besoldungsgruppe A 13 gewährt. Besteht am neuen Wohnort eine andere Fernsehnorm als am bisherigen Wohnort, wird ein weiterer Zuschlag in Höhe von 10 Prozent des Grundgehalts der Stufe 8 der Besoldungsgruppe A 13 gewährt.

(9) Berechtigten Personen, die jeweils eine eigene Zusage der Umzugskostenvergütung erhalten haben und die eine gemeinsame Wohnung beziehen, wird insgesamt nur eine Umzugspauschale gewährt. In diesem Fall gilt eine der beiden Personen als berücksichtigungsfähige Person nach § 2 Absatz 1 Nummer 1 oder Nummer 2. Sind die Pauschalen der berechtigten Personen unterschiedlich hoch, wird die höhere gezahlt.

§ 19 Ausstattungspauschale

(1) Bei der ersten Verwendung im Ausland erhält die verheiratete oder in einer Lebenspartnerschaft lebende berechtigte Person eine Ausstattungspauschale in Höhe von 70 Prozent des Grundgehalts der Stufe 8 der Besoldungsgruppe A 13, zuzüglich des Grundgehalts der Stufe 8 der jeweiligen Besoldungsgruppe, mindestens der Besoldungsgruppe A 5, höchstens der Besoldungsgruppe B 3. Eine berechtigte Person, die weder verheiratet ist noch in einer Lebenspartnerschaft lebt, und die berechtigte Person, deren Ehegattin oder Ehegatte oder Lebenspartnerin oder Lebenspartner nicht an den neuen Dienstort umzieht, erhält 90 Prozent des sich nach Satz 1 ergebenden Betrages. Für jedes Kind, für das ihr Auslandskinderzuschlag zusteht, erhält die berechtigte Person einen Betrag in Höhe von 14 Prozent des Grundgehalts der Stufe 8 der Besoldungsgruppe A 13. Soweit die oberste Dienstbehörde besondere Verpflichtungen der dienstlichen Repräsentation anerkennt, erhöht sich die Ausstattungspauschale nach Satz 1 oder Satz 2 um 30 Prozent; dies gilt nicht für Empfängerinnen oder Empfänger einer Einrichtungspauschale nach § 20.

(2) Die berechtigte Person, die am neuen Dienstort keine Wohnung einrichtet oder eine ausgestattete Wohnung bezieht, erhält eine Ausstattungspauschale in Höhe von 50 Prozent der Beträge nach Absatz 1. Ist nur ein Teil der Privaträume einer Dienstwohnung ausgestattet, wird die Ausstattungspauschale nach Satz 1 verhältnismäßig erhöht.

(3) Bei einer weiteren Verwendung im Ausland wird eine Ausstattungspauschale gezahlt, wenn die berechtigte Person

1. innerhalb der letzten drei Jahre vor der neuen Verwendung nicht oder nur vorübergehend Dienstbezüge im Ausland oder entsprechende von einer zwischen- oder überstaatlichen Organisation gezahlte Bezüge erhalten hat,

2. bei vorausgegangenen Umzügen innerhalb der letzten drei Jahre keine Ausstattungspauschale aufgrund des § 14 Absatz 7 des Bundesumzugskostengesetzes erhalten hat oder

3. bei vorausgegangenen Umzügen innerhalb der letzten drei Jahre eine verminderte Ausstattungspauschale aufgrund des § 14 Absatz 7 des Bundesumzugskostengesetzes oder nach § 26 Absatz 1 Nummer 9 oder Absatz 5 Nummer 2 dieser Verordnung erhalten hat; in diesem Fall sind die Beträge anzurechnen, die bei den vorausgegangenen Umzügen gezahlt worden sind.

(4) Berechtigte Personen, denen bereits anlässlich einer Verwendung in einem Mitgliedstaat der Europäischen Union eine Ausstattungspauschale gewährt wurde, erhalten bei einem erneuten Umzug in einen Mitgliedstaat der Europäischen Union keine weitere Ausstattungspauschale.

(5) Berechtigte Personen, die eine Gemeinschaftsunterkunft beziehen, erhalten keine Ausstattungspauschale.

(6) § 18 Absatz 9 gilt entsprechend.

§ 20 Einrichtungspauschale

(1) Bei der Bestellung zur Leiterin oder zum Leiter einer Auslandsvertretung erhält die berechtigte Person, die eine ausgestattete Dienstwohnung bezieht oder eine möblierte Wohnung mietet, eine Einrichtungspauschale in Höhe von 140 Prozent des Grundgehalts der Stufe 1 ihrer jeweiligen Besoldungsgruppe. Berechtigte Personen, die einer Besoldungsgruppe der Bundesbesoldungsordnung B angehören, erhalten eine Einrichtungspauschale in Höhe von 120 Prozent des jeweiligen Grundgehalts. Für zusätzliche Einrichtungsgegenstände im Zusammenhang mit der Anwesenheit der Ehegattin oder des Ehegatten oder der Lebenspartnerin oder des Lebenspartners am Dienstort erhöht sich die Einrichtungspauschale um 10 Prozent.

(2) Bezieht die berechtigte Person eine Leerraumwohnung, erhöht sich die Pauschale nach Absatz 1 für die Einrichtung der Empfangsräume und der privaten Wohn- und Esszimmer jeweils um 50 Prozent. Ist die Wohnung teilweise ausgestattet, verringert sich der Prozentsatz verhältnismäßig.

(3) Die ständige Vertreterin oder der ständige Vertreter der Leiterin oder des Leiters einer Auslandsvertretung sowie die Leiterin oder der Leiter einer Außenstelle einer Auslandsvertretung erhalten bei ihrer Bestellung eine Einrichtungspauschale in Höhe von 50 Prozent der Pauschale nach Absatz 1. Bezieht die berechtigte Person eine Leerraumwohnung, erhält sie 75 Prozent der Pauschale nach Absatz 1. Absatz 2 Satz 2 gilt entsprechend.

(4) Früher gezahlte Einrichtungspauschalen sind anzurechnen. Übersteigen diese 80 Prozent der neuen Einrichtungspauschale, wird eine Einrichtungspauschale in Höhe von 20 Prozent gezahlt.

(5) Einer berechtigten Person, die während einer Auslandsverwendung zur Leiterin oder zum Leiter einer Auslandsvertretung bestellt wird, wird die Einrichtungspauschale nur gezahlt, wenn ihr aus Anlass der Bestellung die Umzugskostenvergütung zugesagt worden ist.

(6) Eine berechtigte Person, deren neuer Dienstort in einem Mitgliedstaat der Europäischen Union liegt, ist verpflichtet, die zweckentsprechende Verwendung der Einrichtungspauschale, die aus Anlass des Umzugs an diesen Dienstort gewährt worden ist, der obersten Dienstbehörde auf Verlangen nachzuweisen. Die dafür erforderlichen Belege sind für die Dauer des Verbleibs an diesem Dienstort aufzubewahren und der obersten Dienstbehörde auf Verlangen vorzulegen.

(7) § 18 Absatz 9 gilt entsprechend.

(8) Das Bundesministerium der Verteidigung kann bestimmen, dass die Absätze 1 bis 7 in seinem Geschäftsbereich auch für sonstige berechtigte Personen in vergleichbaren Dienststellungen gelten.

§ 21 Pauschale für klimagerechte Kleidung

(1) Bei der ersten Verwendung an einem Auslandsdienstort mit einem Klima, das vom mitteleuropäischen Klima erheblich abweicht, wird eine Pauschale für das Beschaffen klimagerechter Kleidung gezahlt, die sich aus folgenden Teilbeträgen zusammensetzt:

1. an einem Dienstort mit extrem niedrigen Temperaturen
   a) für die berechtigte Person und die berücksichtigungsfähige Person nach § 2 Absatz 1 Satz 1 Nummer 1 oder Nummer 2 jeweils 30 Prozent des Grundgehalts der Stufe 8 der Besoldungsgruppe A 13,
   b) für jedes mitumziehende berücksichtigungsfähige Kind 15 Prozent des Grundgehalts der Stufe 8 der Besoldungsgruppe A 13,

2. an einem Dienstort mit extrem hohen Temperaturen für die berechtigte Person und die berücksichtigungsfähige Person nach § 2 Absatz 1 Satz 1 Nummer 1 oder Nummer 2 jeweils 15 Prozent des Grundgehalts der Stufe 8 der Besoldungsgruppe A 13.

Wird klimagerechte Kleidung von Amts wegen bereitgestellt, ist die Pauschale um 25 Prozent zu kürzen.

(2) Das Auswärtige Amt stellt im Einvernehmen mit dem Bundesministerium der Verteidigung durch Allgemeinverfügung die Auslandsdienstorte fest, deren Klima vom mitteleuropäischen Klima erheblich abweicht.

(3) Bei einer weiteren Verwendung an einem Auslandsdienstort nach Absatz 1 wird eine weitere Pauschale gezahlt, wenn

1. die berechtigte Person innerhalb der letzten drei Jahre vor der neuen Verwendung nicht an einem solchen Dienstort Auslandsdienstbezüge oder entsprechende von einer zwischen- oder überstaatlichen Organisation gezahlte Bezüge erhalten hat,

2. am neuen Dienstort Klimaverhältnisse herrschen, die denen am vorigen Dienstort entgegengesetzt sind, oder

3. die berechtigte Person bei den vorausgegangenen Umzügen innerhalb der letzten drei Jahre eine ermäßigte Pauschale aufgrund des § 26 Absatz 1 Nummer 10 oder Absatz 5 Nummer 3 erhalten hat und beim neuen Umzug keine Gründe für eine Ermäßigung vorliegen; in diesem Fall ist die bei den vorausgegangenen Umzügen gezahlte Pauschale anzurechnen.

(4) Gibt es am Dienstort während der Verwendung sowohl Zeiträume mit extrem niedrigen als auch Zeiträume mit extrem hohen Temperaturen, wird sowohl der Teilbetrag für Dienstorte mit extrem niedrigen Temperaturen als auch der Teilbetrag für Dienstorte mit extrem hohen Temperaturen gewährt.

(5) Ergeht die Feststellung nach Absatz 2 erst nach dem Dienstantritt der berechtigten Person, beginnt die Ausschlussfrist nach § 3 Absatz 1 für den Antrag auf Gewährung der Pauschale für das Beschaffen klimagerechter Kleidung mit der Feststellung der erheblichen Abweichung vom mitteleuropäischen Klima nach Absatz 2, sofern die berechtigte Person zum Zeitpunkt der Antragstellung noch für diesen Dienstort Auslandsdienstbezüge erhält.

(6) § 18 Absatz 9 gilt entsprechend.

§ 22 Zusätzlicher Unterricht

(1) Benötigt ein berücksichtigungsfähiges Kind aufgrund des Umzugs zusätzlichen Unterricht, werden die Unterrichtskosten für höchstens ein Jahr zu 90 Prozent erstattet. Die Frist beginnt spätestens ein Jahr nach Beendigung des Umzugs des Kindes.

(2) Insgesamt wird für jedes berücksichtigungsfähige Kind höchstens ein Betrag in Höhe des zum Zeitpunkt der Beendigung des Umzugs maßgeblichen Grundgehalts der Stufe 1 der Besoldungsgruppe A 14 erstattet. Mit Zustimmung der obersten Dienstbehörde können höhere Kosten erstattet werden, wenn die Anwendung des Satzes 1 für eine berechtigte Person mit häufigen Auslandsverwendungen eine unzumutbare Härte bedeuten würde.

Abschnitt 3
Sonderfälle

§ 23 Umzug am ausländischen Dienstort

(1) Für einen Umzug am ausländischen Dienstort kann Umzugskostenvergütung zugesagt werden, wenn die Gesundheit oder die Sicherheit der berechtigten Person oder der berücksichtigungsfähigen Personen erheblich gefährdet sind oder wenn ein Umzug aus anderen zwingenden Gründen, die sich aus dem Auslandsdienst und den besonderen Verhältnissen im Ausland ergeben, erforderlich ist. In diesen Fällen werden neben der Beförderungsauslagen nach § 5 Absatz 1 bis 3 auch die Auslagen für Wohnungsbeschaffungskosten nach § 16 sowie die Umzugspauschale nach § 18 Absatz 5 gezahlt. Soweit erforderlich, können auch Auslagen nach § 17 erstattet werden.

(2) Bei Umzügen nach Absatz 1 aus gesundheitlichen Gründen kann die Umzugskostenvergütung nur zugesagt werden, wenn die Notwendigkeit amts- oder vertrauensärztlich bescheinigt worden ist.

(3) Die Umzugskostenvergütung ist so rechtzeitig zu beantragen, dass über sie vor Beginn des geplanten Umzugs entschieden werden kann.

(4) Die berechtigte Person, der die Umzugskostenvergütung für einen Umzug nach § 3 Absatz 1 Nummer 1, 3 oder Nummer 4, nach § 4 Absatz 1 Nummer 2 bis 4 des Bundesumzugskostengesetzes oder in den Fällen des § 28 Absatz 1 und 2 dieser Verordnung zugesagt worden ist, erhält für den Umzug in eine vorläufige Wohnung Umzugskostenvergütung, wenn der Dienstherr die neue Wohnung vorher schriftlich als vorläufige Wohnung anerkannt hat.

§ 24 Umzugsbeihilfe

(1) Wenn einer berechtigten Person mit Dienstbezügen die Umzugskostenvergütung zugesagt worden ist und sie nach dem Dienstantritt am neuen ausländischen Dienstort heiratet oder eine Lebenspartnerschaft begründet, können ihr für die Umzugsreise ihrer Ehegattin oder ihres Ehegatten oder ihrer Lebenspartnerin oder ihres Lebenspartners und der zu deren oder dessen häuslicher Gemeinschaft gehörenden minderjährigen Kinder, die durch die Reise in die häusliche Gemeinschaft der berechtigten Person aufgenommen werden, die notwendigen Fahrtkosten erstattet werden. Fahrtkosten werden nur erstattet bis zur Höhe der Kosten der billigsten Fahrkarte für ein regelmäßig verkehrendes Beförderungsmittel für eine Reise vom Wohnort der Ehegattin oder des Ehegatten oder der Lebenspartnerin oder des Lebenspartners zum Dienstort der berechtigten Person, höchstens jedoch für eine solche Reise vom letzten inländischen Dienstort der berechtigten Person an deren neuen ausländischen Dienstort. Die notwendigen Auslagen für das Befördern des Umzugsguts der Ehegattin oder des Ehegatten oder der Lebenspartnerin oder des Lebenspartners und des Umzugsguts ihrer oder seiner Kinder an den ausländischen Dienstort können bis zur Höhe der Auslagen erstattet werden, die entstanden wären, wenn das Umzugsgut vom letzten inländischen an den ausländischen Dienstort befördert worden wäre. § 6 Absatz 1 und § 10 Absatz 6 sind entsprechend anzuwenden.

(2) Bei dauerhafter Trennung im Ausland und bei Beendigung der Beurlaubung der berücksichtigungsfähigen Person nach § 2 Absatz 1 Satz 1 Nummer 1 oder Nummer 2 nach § 24 Absatz 2 des Gesetzes über den Auswärtigen Dienst auf Betreiben des Dienstherrn der berücksichtigungsfähigen Person ist Absatz 1 entsprechend anzuwenden, wenn die berücksichtigungsfähige Person bis zur Trennung zur häuslichen Gemeinschaft der berechtigten Person gehört hat. Die Auslagen werden für die Reise und die Beförderungskosten vom ausländischen Wohnort zum neuen Wohnort entsprechend erstattet, höchstens jedoch bis zur Höhe der Kosten für eine Rückkehr an den letzten inländischen Dienstort der berechtigten Person. Mehrkosten für das getrennte Versenden von Umzugsgut (§ 5 Absatz 3) werden nicht erstattet, wenn die berechtigte Person innerhalb von drei Monaten ins Inland versetzt wird.

(3) Die Absätze 1 und 2 gelten entsprechend für minderjährige Kinder, die erstmals zu dem in einem anderen Staat lebenden anderen Elternteil übersiedeln, sowie einmalig für Kinder der berechtigten Person, für die ein Anspruch auf Kindergeld besteht, bis längstens drei Monate nach Wegfall des Anspruchs für einen Umzug vom Inland ins Ausland oder im Ausland.

(4) Absatz 2 gilt entsprechend für berücksichtigungsfähige Kinder bei

1. Rückkehr ins Inland innerhalb von 18 Monaten nach Abschluss der Schulausbildung am ausländischen Dienstort,

2. Rückkehr ins Inland zur Fortsetzung der Schulausbildung, sofern es am Dienstort keine geeignete Schule gibt, oder

3. erstmaliger Aufnahme einer Berufsausbildung oder eines Studiums im Ausland in-

nerhalb von 18 Monaten nach Abschluss der Schulausbildung am ausländischen Dienstort bis zur Höhe der Kosten für eine Rückkehr an den letzten inländischen Dienstort.

§ 25 Widerruf der Zusage der Umzugskostenvergütung

(1) Die Zusage der Umzugskostenvergütung kann ganz oder teilweise widerrufen werden, wenn

1. mit einer baldigen weiteren Versetzung an einen anderen Dienstort zu rechnen ist,
2. der Umzug aus besonderen Gründen nicht durchgeführt werden soll oder
3. die berechtigte Person stirbt, bevor sie an den neuen Dienstort umgezogen ist.

(2) Die Zusage der Umzugskostenvergütung gilt als ganz widerrufen, wenn vor dem Bezug der neuen Wohnung die Umzugskostenvergütung für einen anderen Umzug zugesagt worden ist.

(3) Wird die Zusage der Umzugskostenvergütung ganz oder teilweise widerrufen, hat die berechtigte Person

1. die Pauschalen nach den §§ 18 bis 21 zurückzuzahlen, soweit sie bis zur Bekanntgabe des Widerrufs nicht bestimmungsgemäß verbraucht worden sind;
2. alle Möglichkeiten zur Vermeidung von Kosten für Umzugsvorbereitungen zu nutzen.

Andere notwendige Auslagen, die der berechtigten Person im Zusammenhang mit dem erwarteten Umzug entstanden sind, und Schäden, die als unmittelbare Folge des Widerrufs entstanden sind, können erstattet werden.

(4) Wird innerhalb von sechs Monaten nach dem Widerruf der Zusage die Umzugskostenvergütung für einen Umzug an einen anderen Ort zugesagt, werden die Pauschalen nach den §§ 18 bis 21, die die berechtigte Person aufgrund der ersten Zusage erhalten hat, auf die Beträge angerechnet, die ihr aufgrund der neuen Zusage gewährt werden. Die Anrechnung unterbleibt, soweit die berechtigte Person die Pauschalen bis zur Bekanntgabe des Widerrufs der ersten Zusage bestimmungsgemäß verbraucht hat und die daraus beschafften Gegenstände am neuen Dienstort nicht verwendbar sind.

(5) Wird die Zusage der Umzugskostenvergütung aus Gründen widerrufen, die die berechtigte Person zu vertreten hat, hat sie abweichend von den Absätzen 3 und 4 die schon erhaltene Umzugskostenvergütung insoweit zurückzuzahlen, als die Zusage widerrufen worden ist.

(6) Bei Rücknahme, Aufhebung oder Erledigung der Zusage der Umzugskostenvergütung auf andere Weise gelten die Absätze 3 bis 5 entsprechend.

§ 26 Umzugskostenvergütung bei einer Auslandsverwendung von bis zu zwei Jahren

(1) Soweit von vornherein feststeht, dass die berechtigte Person für nicht mehr als zwei Jahre ins Ausland oder im Ausland versetzt, abgeordnet oder abkommandiert wird, wird für den Hin- und Rückumzug Umzugskostenvergütung höchstens in folgendem Umfang gewährt:

1. Erstattung der Auslagen für die Umzugsreise nach § 12,
2. Erstattung der Auslagen für die Beförderung von Reisegepäck nach § 13,
3. Erstattung der Auslagen für eine vorübergehende Unterkunft nach § 14,
4. Erstattung der Beförderungsauslagen für bis zu 200 Kilogramm Umzugsgut für die berechtigte Person und jede mitumziehende berücksichtigungsfähige Person,
5. Erstattung der notwendigen Auslagen für das Beibehalten der bisherigen Wohnung im Inland, und zwar in voller Höhe, wenn diese aufgrund der dienstlichen Maßnahme nicht bewohnt wird, im Übrigen anteilig entsprechend der Zahl der Personen, die die Wohnung aufgrund der dienstlichen Maßnahme nicht mehr nutzen, oder Erstattung der notwendigen Auslagen für das Lagern des Umzugsguts,

6. Erstattung der notwendigen Garagenmiete für ein am bisherigen Dienst- oder Wohnort zurückgelassenes Personenkraftfahrzeug, sofern weder das Fahrzeug noch die Garage anderweitig genutzt wird,
7. Mietentschädigung nach § 15,
8. Erstattung der Wohnungsbeschaffungskosten nach § 16,
9. 40 Prozent der Umzugspauschale nach § 18 sowie 40 Prozent der Ausstattungspauschale nach § 19,
10. die Pauschale für klimagerechte Kleidung nach § 21; für jede mitumziehende berücksichtigungsfähige Person 40 Prozent dieser Pauschale.

(2) Leistungen nach Absatz 1 Nummer 5 und 6 werden nicht für Tage gewährt, für die die berechtigte Person Auslandstrennungsgeld oder vergleichbare Leistungen erhält. Leistungen nach Absatz 1 Nummer 9 und 10 werden für den Hin- und Rückumzug nur einmal gewährt.

(3) Anstelle der Erstattung der Auslagen nach Absatz 1 Nummer 5 können für die Beförderung des Umzugsguts an den ausländischen Dienstort Auslagen bis zur Höhe der Kosten erstattet werden, die durch eine Einlagerung im Inland entstanden wären, höchstens jedoch bis zur Höhe der Kosten für das Beibehalten der bisherigen Wohnung. Kann das Umzugsgut an einem anderen Ort im Inland unentgeltlich gelagert werden, können anstelle der Erstattung der Auslagen nach Absatz 1 Nummer 5 die Beförderungsauslagen nach § 10 Absatz 1 erstattet werden.

(4) Die oberste Dienstbehörde kann im Einzelfall aus dienstlichen Gründen
1. die Umzugskostenvergütung erweitern,
2. insbesondere aus Gründen der Sicherheit oder aus fiskalischen Gründen die Zusage der Umzugskostenvergütung auf die berechtigte Person beschränken.

(5) Bei einer Auslandsverwendung mit einer vorgesehenen Dauer von bis zu acht Monaten wird Umzugskostenvergütung nur gewährt, wenn Auslandsdienstbezüge (§ 52 des Bundesbesoldungsgesetzes) gezahlt werden.

Die Absätze 1 bis 4 gelten in diesem Fall mit folgenden Maßgaben:

1. für die berechtigte Person und jede berücksichtigungsfähige Person, die an der Umzugsreise teilnimmt, werden die Auslagen für die Beförderung von bis zu 100 Kilogramm Umzugsgut erstattet;
2. 20 Prozent der Umzugspauschale nach § 18 sowie 10 Prozent der Ausstattungspauschale nach § 19 werden gezahlt,
3. für die berechtigte Person werden 50 Prozent und für jede mitumziehende berücksichtigungsfähige Person 20 Prozent der Pauschale für klimagerechte Kleidung nach § 21 gezahlt.

(6) Dauert die Auslandsverwendung nach Absatz 5 länger als ursprünglich vorgesehen, kann die Umzugskostenvergütung gezahlt werden, die für die längere Verwendungsdauer zusteht. In diesem Fall beginnt die Ausschlussfrist nach § 3 Absatz 1 für die Zahlung der zusätzlichen Umzugskostenvergütung an dem Tag, an dem der berechtigten Person die Verlängerung ihrer Verwendung bekannt gegeben wird.

§ 27 Rückführung aus Gefährdungsgründen

(1) Sind an einem ausländischen Dienstort Leben oder Gesundheit der berechtigten Person oder der zu ihrer häuslichen Gemeinschaft gehörenden berücksichtigungsfähigen Personen und von Betreuungspersonen, für die Kosten nach § 12 Absatz 4 erstattet wurden, erheblich gefährdet, kann die oberste Dienstbehörde Umzugskostenvergütung für die Rückführung und den Umzug der berechtigten Person oder der zu ihrer häuslichen Gemeinschaft gehörenden berücksichtigungsfähigen Personen und der Betreuungspersonen sowie von Umzugsgut zusagen.

(2) Ist an einem ausländischen Dienstort das Eigentum der berechtigten Person oder der zu ihrer häuslichen Gemeinschaft gehörenden berücksichtigungsfähigen Personen erheblich gefährdet, kann die oberste Dienstbehörde Umzugskostenvergütung für die Rückführung von Umzugsgut zusagen.

(3) Die Zusage kann für eine Rückführung oder einen Umzug ins Inland oder im Ausland erteilt werden. Die Umzugskostenvergütung darf jedoch nur in dem Umfang zugesagt werden, wie es den Umständen nach notwendig ist. Die Sätze 1 und 2 gelten entsprechend für die Rückkehr zum Dienstort.

(4) Die oberste Dienstbehörde bestimmt im Einzelfall, in welchem Umfang Umzugskosten erstattet werden, wenn wegen erheblicher Gefährdung des Lebens, der Gesundheit oder des Eigentums oder wegen anderer außergewöhnlicher Verhältnisse im Ausland andere als die im Bundesumzugskostengesetz vorgesehenen dienstlichen Maßnahmen erforderlich sind. Dabei berücksichtigt sie die nach § 12 Absatz 8 der Auslandstrennungsgeldverordnung getroffenen Regelungen. Werden für einen Dienstort, an dem sich eine Auslandsvertretung befindet, Maßnahmen nach Satz 1 erforderlich, bestimmt das Auswärtige Amt den Umfang der Umzugskostenvergütung für alle an diesem Dienstort tätigen und von der Maßnahme betroffenen berechtigten Personen.

(5) Die berechtigte Person erhält eine pauschale Vergütung nach § 18 Absatz 6, wenn außer dem Reisegepäck Teile des Hausrats zurückgeführt werden müssen und sich die Zusage der Umzugskostenvergütung hierauf erstreckt.

§ 28 Umzug bei Beendigung des Beamtenverhältnisses

(1) Einer berechtigten Person mit Dienstort im Ausland, die in den Ruhestand tritt oder deren Beamtenverhältnis auf Zeit endet, ist Umzugskostenvergütung für einen Umzug an einen Ort ihrer Wahl im Inland zuzusagen. Umzugskostenvergütung wird nur gezahlt, wenn der Umzug spätestens zwei Jahre nach der Beendigung des Beamtenverhältnisses durchgeführt wird. Die oberste Dienstbehörde kann diese Frist in Ausnahmefällen um ein Jahr verlängern.

(2) Absatz 1 gilt nach dem Tod einer berechtigten Person, deren letzter Dienstort im Ausland liegt, entsprechend für berücksichtigungsfähige Personen, die am Todestag der berechtigten Person zu deren häuslicher Gemeinschaft gehört haben. Gibt es keine solchen berücksichtigungsfähigen Personen oder ziehen diese berücksichtigungsfähigen Personen nicht ins Inland um, können den Erbinnen und Erben die notwendigen Auslagen für das Befördern beweglicher Nachlassgegenstände an einen Ort im Inland sowie sonstige berücksichtigungsfähige Auslagen, die durch den Umzug nachweislich entstanden sind, erstattet werden, wenn die Auslagen innerhalb der in Absatz 1 genannten Frist entstanden sind. Für angestellte Betreuungspersonen gilt § 12 Absatz 4 entsprechend.

(3) Soweit in den Fällen der Absätze 1 und 2 Satz 1 Umzüge im Ausland durchgeführt werden, können die notwendigen Umzugsauslagen erstattet werden, höchstens jedoch in dem Umfang, in dem Auslagen bei einem Umzug an den Sitz der obersten Dienstbehörde entstanden wären. Wird später, jedoch noch innerhalb der Frist nach Absatz 1, ein Umzug ins Inland durchgeführt, ist der nach Satz 1 erstattete Betrag auf die nach Absatz 1 oder Absatz 2 zustehende Umzugskostenvergütung anzurechnen.

(4) Endet das Beamtenverhältnis einer berechtigten Person mit Dienstort im Ausland aus einem von ihr zu vertretenden Grund und zieht diese Person spätestens sechs Monate danach ins Inland um, können ihr und den berücksichtigungsfähigen Personen für diesen Umzug die Beförderungsauslagen und Fahrtkosten bis zur Höhe der Kosten der billigsten Fahrkarte für ein regelmäßig verkehrendes Beförderungsmittel erstattet werden, höchstens jedoch die Beförderungsauslagen und Fahrtkosten, die durch einen Umzug an den Sitz der obersten Dienstbehörde entstanden wären.

Abschnitt 4
Schlussvorschriften

§ 29 Übergangsregelungen

(1) Die Kosten für die Beförderung und die Einlagerung von Umzugsgut werden der berechtigten Person, die bereits vor Inkrafttre-

ten dieser Verordnung über höheres Umzugsvolumen verfügt als nach dieser Verordnung berücksichtigt werden kann, bis zum nächsten Umzug ins Inland mit Zusage der Umzugskostenvergütung nach § 3 Absatz 1 Nummer 1 des Bundesumzugskostengesetzes in dem Umfang erstattet, in dem sie vor Inkrafttreten dieser Verordnung erstattungsfähig waren. Reisekosten für Hausangestellte, deren Kosten für die Reise zum bisherigen Dienstort im Rahmen der Auslandsumzugskostenverordnung vor Inkrafttreten dieser Verordnung erstattet wurden, können beim nächsten Umzug mit Zusage der Umzugskostenvergütung nach § 3 Absatz 1 Nummer 1 des Bundesumzugskostengesetzes im Rahmen der Kosten einer Reise ins Inland geltend gemacht werden.

(2) Hat die berechtigte Person den Dienst am neuen Dienstort infolge einer Maßnahme, für die Umzugskostenvergütung zugesagt worden ist, nach dem 30. Juni 2010, aber vor dem Inkrafttreten dieser Verordnung angetreten, bemisst sich die Höhe des Ausstattungs- und des Einrichtungsbeitrags nach den §§ 12 und 13 der Auslandsumzugskostenverordnung in der am 30. Juni 2010 geltenden Fassung und dem Bundesbesoldungsgesetz.

§ 30 Inkrafttreten, Außerkrafttreten

Diese Verordnung tritt am 1. Dezember 2012 in Kraft. Gleichzeitig tritt die Auslandsumzugskostenverordnung in der Fassung der Bekanntmachung vom 25. November 2003 (BGBl. I S. 2360), die zuletzt durch Artikel 15 Absatz 44 des Gesetzes vom 5. Februar 2009 (BGBl. I S. 160) geändert worden ist, außer Kraft.

Verordnung über das Trennungsgeld bei Versetzungen und Abordnungen im Inland (Trennungsgeldverordnung – TGV)

in der Fassung der Bekanntmachung
vom 29. Juni 1999 (BGBl. I S. 1533)

Zuletzt geändert durch
Verordnung zur Neuregelung mutterschutz- und elternzeitrechtlicher Vorschriften
vom 12. Februar 2009 (BGBl. I S. 320)

§ 1 Anwendungsbereich

(1) Berechtigte nach dieser Verordnung sind

1. Bundesbeamte und in den Bundesdienst abgeordnete Beamte,
2. Richter im Bundesdienst und in den Bundesdienst abgeordnete Richter und
3. Berufssoldaten und Soldaten auf Zeit.

(2) Trennungsgeld wird gewährt aus Anlaß der

1. Versetzung aus dienstlichen Gründen,
2. Aufhebung einer Versetzung nach einem Umzug mit Zusage der Umzugskostenvergütung,
3. Verlegung der Beschäftigungsbehörde,
4. nicht nur vorübergehenden Zuteilung aus dienstlichen Gründen zu einem anderen Teil der Beschäftigungsbehörde,
5. Übertragung eines anderen Richteramtes nach § 32 Abs. 2 des Deutschen Richtergesetzes oder eines weiteren Richteramtes nach § 27 Abs. 2 des vorgenannten Gesetzes,
6. Abordnung oder Kommandierung, auch im Rahmen der Aus- und Fortbildung,
7. Zuweisung nach § 29 des Bundesbeamtengesetzes und § 20 des Beamtenstatusgesetzes,
8. vorübergehenden Zuteilung aus dienstlichen Gründen zu einem anderen Teil der Beschäftigungsbehörde,
9. vorübergehenden dienstlichen Tätigkeit bei einer anderen Stelle als einer Dienststelle,
10. Aufhebung oder Beendigung einer Maßnahme nach den Nummern 6 bis 9 nach einem Umzug mit Zusage der Umzugskostenvergütung,
11. Versetzung mit Zusage der Umzugskostenvergütung nach § 4 Abs. 2 Nr. 3 des Bundesumzugskostengesetzes,
12. Einstellung mit Zusage der Umzugskostenvergütung,
13. Einstellung ohne Zusage der Umzugskostenvergütung bei vorübergehender Dauer des Dienstverhältnisses, der vorübergehenden Verwendung am Einstellungsort oder während der Probezeit; die Gewährung von Trennungsgeld in diesen Fällen bedarf der Zustimmung der obersten Dienstbehörde oder der von ihr ermächtigten nachgeordneten Behörde,
14. Räumung einer Dienstwohnung auf dienstliche Weisung, solange der zur Führung eines Haushalts notwendige Teil der Wohnungseinrichtung untergestellt werden muß.

(3) Trennungsgeld wird nur gewährt, wenn

1. bei Maßnahmen nach Absatz 2 Nr. 1 bis 13 der neue Dienstort ein anderer als der bisherige Dienstort ist und die Wohnung nicht im Einzugsgebiet (§ 3 Abs. 1 Nr. 1 Buchstabe c des Bundesumzugskostengesetzes) liegt,
2. bei Maßnahmen nach Absatz 2 Nr. 1 bis 5 der Berechtigte nicht unwiderruflich auf die Zusage der Umzugskostenvergütung verzichtet und dienstliche Gründe den Umzug nicht erfordern (§ 3 Abs. 1 Nr. 1 Buchstabe d des Bundesumzugskostengesetzes).

(4) Die Absätze 2 und 3 gelten auch für im Grenzverkehr tätige Beamte im Bereich aus-

ländischer Lokalgrenzbehörden, zwischen solchen Bereichen und zwischen diesen und dem Inland.

§ 2 Trennungsgeld nach Zusage der Umzugskostenvergütung

(1) Ist Umzugskostenvergütung zugesagt, steht Trennungsgeld zu,

1. wenn der Berechtigte seit dem Tag des Wirksamwerdens der Zusage oder, falls für ihn günstiger, der Maßnahme nach § 1 Abs. 2 uneingeschränkt umzugswillig ist und
2. solange er wegen Wohnungsmangels im Einzugsgebiet (§ 3 Abs. 1 Nr. 1 Buchstabe c des Bundesumzugskostengesetzes) nicht umziehen kann.

Uneingeschränkt umzugswillig ist, wer sich unter Ausschöpfung aller Möglichkeiten nachweislich und fortwährend um eine angemessene Wohnung bemüht. Angemessen ist eine Wohnung, die den familiären Bedürfnissen des Berechtigten entspricht. Dabei ist von der bisherigen Wohnungsgröße auszugehen, es sei denn, daß sie in einem erheblichen Mißverhältnis zur Zahl der zum Haushalt gehörenden Personen steht. Die Lage des Wohnungsmarktes im Einzugsgebiet (§ 3 Abs. 1 Nr. 1 Buchstabe c des Bundesumzugskostengesetzes) ist zu berücksichtigen. Bei unverheirateten Berechtigten ohne Wohnung im Sinne des § 10 Abs. 3 des Bundesumzugskostengesetzes gilt als Wohnung auch ein möbliertes Zimmer oder eine bereitgestellte Gemeinschaftsunterkunft.

(2) Nach Wegfall des Wohnungsmangels darf Trennungsgeld nur weitergewährt werden, wenn und solange dem Umzug des umzugswilligen Berechtigten im Zeitpunkt des Wegfalls des Wohnungsmangels einer der folgenden Hinderungsgründe entgegensteht:

1. vorübergehende schwere Erkrankung des Berechtigten oder eines seiner Familienangehörigen (§ 6 Abs. 3 Satz 2 und 3 des Bundesumzugskostengesetzes) bis zur Dauer von einem Jahr;
2. Beschäftigungsverbote für die Berechtigte oder eine Familienangehörige (§ 6 Abs. 3 Satz 2 und 3 des Bundesumzugskostengesetzes) für die Zeit vor oder nach einer Entbindung nach mutterschutzrechtlichen Vorschriften oder entsprechendem Landesrecht;
3. Schul- oder Berufsausbildung eines Kindes (§ 6 Abs. 3 Satz 2 und 3 des Bundesumzugskostengesetzes) bis zum Ende des Schul- oder Ausbildungsjahres. Befindet sich das Kind in der Jahrgangsstufe 12 einer Schule, so verlängert sich die Gewährung des Trennungsgeldes bis zum Ende des folgenden Schuljahres; befindet sich das Kind im vorletzten Ausbildungsjahr eines Berufsausbildungsverhältnisses, so verlängert sich die Gewährung des Trennungsgeldes bis zum Ende des folgenden Ausbildungsjahres;
4. Schul- oder Berufsausbildung eines schwerbehinderten Kindes (§ 6 Abs. 3 Satz 2 und 3 des Bundesumzugskostengesetzes). Trennungsgeld wird bis zur Beendigung der Ausbildung gewährt, solange diese am neuen Dienst- oder Wohnort oder in erreichbarer Entfernung davon wegen der Behinderung nicht fortgesetzt werden kann;
5. akute lebensbedrohende Erkrankung eines Elternteils des Berechtigten, seines Ehegatten oder Lebenspartners, wenn dieser in hohem Maße Hilfe des Ehegatten, Lebenspartners oder Familienangehörigen des Berechtigten erhält;
6. Schul- oder erste Berufsausbildung des Ehegatten oder Lebenspartners in entsprechender Anwendung der Nummer 3.

Trennungsgeld darf auch gewährt werden, wenn zum Zeitpunkt des Wirksamwerdens der dienstlichen Maßnahme kein Wohnungsmangel, aber einer oder mehrere dieser Hinderungsgründe vorliegen. Liegt bei Wegfall des Hinderungsgrundes ein neuer Hinderungsgrund vor, kann mit Zustimmung der obersten Dienstbehörde Trennungsgeld bis zu längstens einem Jahr weiterbewilligt werden. Nach Wegfall des Hinderungsgrundes darf Trennungsgeld auch bei erneutem Wohnungsmangel nicht gewährt werden.

(3) Ist ein Umzug, für den Umzugskostenvergütung zugesagt ist, aus Anlaß einer Maßnahme nach § 1 Abs. 2 vor deren Wirksamwerden durchgeführt, kann Trennungsgeld in sinngemäßer Anwendung dieser Verordnung bis zum Tag vor der Dienstantrittsreise, längstens für 3 Monate gewährt werden.

(4) Wird die Zusage der Umzugskostenvergütung außerhalb eines Rechtsbehelfsverfahrens aufgehoben, wird dadurch ein Trennungsgeldanspruch nicht begründet; ein erloschener Trennungsgeldanspruch lebt nicht wieder auf.

§ 3 Trennungsgeld beim auswärtigen Verbleiben

(1) Ein Berechtigter, der nicht täglich zum Wohnort zurückkehrt und dem die tägliche Rückkehr nicht zuzumuten oder aus dienstlichen Gründen nicht gestattet ist, erhält für die ersten 14 Tage nach beendeter Dienstantrittsreise als Trennungsgeld die gleiche Vergütung wie bei Dienstreisen (Trennungsreisegeld). Die tägliche Rückkehr zum Wohnort ist in der Regel nicht zuzumuten, wenn beim Benutzen regelmäßig verkehrender Beförderungsmittel die Abwesenheit von der Wohnung mehr als 12 Stunden oder die benötigte Zeit für das Zurücklegen der Strecke zwischen Wohnung und Dienststätte und zurück mehr als 3 Stunden beträgt. Ändert sich vorübergehend der Beschäftigungsort auf Grund einer Maßnahme nach § 1 Abs. 2 oder für volle Kalendertage der Abwesenheit wegen einer Dienstreise für längstens drei Monate, wird bei Rückkehr nach Beendigung der Maßnahme oder Dienstreise Trennungsreisegeld gewährt, soweit der Anspruchszeitraum nach Satz 1 noch nicht ausgeschöpft war.

(2) Vom 15. Tage, im Falle des § 2 Abs. 3 vom Tag nach Beendigung des Umzuges an wird unter der Voraussetzung, daß eine Wohnung oder Unterkunft am bisherigen Wohnort beibehalten wird, als Trennungsgeld Trennungstagegeld und Trennungsübernachtungsgeld nach Maßgabe der Absätze 3 und 4 gewährt. Ist Umzugskostenvergütung nicht zugesagt, wird vom 15. Tage an Trennungsgeld nach Maßgabe der Absätze 3 und 4 auch gewährt, solange nach dem Umzug eine Wohnung oder Unterkunft außerhalb des neuen Dienstortes einschließlich des Einzugsgebietes (§ 3 Abs. 1 Nr. 1 Buchstabe c des Bundesumzugskostengesetzes) weiter besteht und mehrere Haushalte geführt werden; § 7 Abs. 2 ist zu beachten.

(3) Als Trennungstagegeld wird ein Betrag in Höhe der Summe der nach der Sozialversicherungsentgeltverordnung maßgebenden Sachbezugswerte für Frühstück, Mittagessen und Abendessen gewährt. Der Berechtigte, der

a) mit seinem Ehegatten oder Lebenspartner in häuslicher Gemeinschaft lebt oder

b) mit einem Verwandten bis zum vierten Grad, einem Verschwägerten bis zum zweiten Grad, einem Pflegekind oder Pflegeeltern in häuslicher Gemeinschaft lebt und ihnen aus gesetzlicher oder sittlicher Verpflichtung nicht nur vorübergehend Unterkunft und Unterhalt ganz oder überwiegend gewährt oder

c) mit einer Person in häuslicher Gemeinschaft lebt, deren Hilfe er aus beruflichen oder nach ärztlichem, im Zweifel nach amtsärztlichem Zeugnis aus gesundheitlichen Gründen nicht nur vorübergehend bedarf,

und einen getrennten Haushalt führt, erhält als Trennungstagegeld 150 Prozent dieses Betrages. Erhält der Berechtigte seines Amtes wegen unentgeltlich Verpflegung, ist das Trennungstagegeld für jede bereitgestellte Mahlzeit um den maßgebenden Sachbezugswert nach der Sozialversicherungsentgeltverordnung zu kürzen; bei Berechtigten nach Satz 2 erhöht sich der Kürzungsbetrag um 50 Prozent des maßgebenden Sachbezugswertes nach der Sozialversicherungsentgeltverordnung für die jeweilige Mahlzeit. Das gleiche gilt, wenn Verpflegung von dritter Seite bereitgestellt wird und das Entgelt für sie in den erstattbaren Fahr- und Nebenkosten enthalten ist oder wenn der Berechtigte seines Amtes wegen unentgeltlich bereitgestellte Verpflegung ohne triftigen Grund nicht in Anspruch nimmt.

(4) Als Trennungsübernachtungsgeld werden die nachgewiesenen notwendigen, auf Grund eines Mietvertrages oder einer ähnlichen Nutzungsvereinbarung zu zahlenden Kosten für eine wegen einer Maßnahme nach § 1 Abs. 2 bezogenen angemessenen Unterkunft erstattet. Zu den Unterkunftskosten gehören auch die unmittelbar mit der Nutzung der Unterkunft zusammenhängenden Nebenkosten. Erhält der Berechtigte seines Amtes wegen unentgeltlich Unterkunft, wird ein Trennungsübernachtungsgeld nicht gewährt; im übrigen gilt § 7 Abs. 2 des Bundesreisekostengesetzes entsprechend. Notwendige Fahrkosten zwischen dieser außerhalb des Dienstortes bereitgestellten Unterkunft und der Dienststätte werden in entsprechender Anwendung des § 5 Abs. 4 erstattet.

§ 4 Sonderbestimmungen beim auswärtigen Verbleiben

(1) Das Tagegeld des Trennungsreisegeldes und das Trennungstagegeld werden für volle Kalendertage

1. der Abwesenheit vom neuen Dienstort und dem Ort der auf Grund einer dienstlichen Maßnahme nach § 1 Abs. 2 bezogenen Unterkunft,
2. des Aufenthaltes in einem Krankenhaus, einer Sanatoriumsbehandlung oder einer Heilkur,
3. der Beschäftigungsverbote nach den mutterschutzrechtlichen Bestimmungen

nicht gewährt.

(2) Auf das Tagegeld des Trennungsreisegeldes ist die für eine Dienstreise oder einen Dienstgang von weniger als 24 Stunden Dauer zustehende Reisekostenvergütung für Verpflegungsmehraufwand anzurechnen.

(3) Das Übernachtungsgeld des Trennungsreisegeldes und das Trennungsübernachtungsgeld werden bei einer Änderung des Dienstortes auf Grund einer Maßnahme nach § 1 Abs. 2 und in den Fällen des Absatzes 1 weitergewährt, solange die Aufgabe einer entgeltlichen Unterkunft nicht zumutbar oder wegen der mietvertraglichen Bindung nicht möglich ist.

(4) Wird der Dienstort in den Fällen des Absatzes 1 Nr. 3 oder auf Grund einer Erkrankung verlassen, werden die Fahrauslagen bis zur Höhe der Kosten für die Fahrt zum Wohnort und zurück wie bei einer Dienstreise erstattet. Nach Rückkehr steht dem Berechtigten kein Trennungsreisegeld zu, wenn die Unterkunft wieder in Anspruch genommen werden kann, für die das Trennungsgeld nach Absatz 3 bis zur Rückkehr gewährt wird.

(5) Berechtigte, denen erfahrungsgemäß geringere Aufwendungen für Verpflegung als allgemein entstehen, erhalten nach näherer Bestimmung der obersten Dienstbehörde oder der von ihr ermächtigten nachgeordneten Behörde entsprechend den notwendigen Mehrauslagen ein ermäßigtes Trennungsgeld.

(6) Ändert sich der neue Dienstort auf Grund einer Maßnahme nach § 1 Abs. 2 für längstens drei Monate, werden nachgewiesene notwendige Kosten für das Beibehalten der Unterkunft erstattet. Bei tatsächlicher oder zumutbarer täglicher Rückkehr wird neben dem Trennungsgeld nach § 3 eine Entschädigung nach § 6 Abs. 1, 3 und 4 gewährt.

(7) Erhält der Ehegatte oder Lebenspartner des Berechtigten Trennungsgeld nach § 3 oder eine entsprechende Entschädigung nach den Vorschriften eines anderen Dienstherrn, erhält der Berechtigte anstelle des Trennungstagegeldes nach § 3 Abs. 3 Satz 2 Trennungsgeld nach § 3 Abs. 3 Satz 1, wenn er am Dienstort des Ehegatten oder Lebenspartners wohnt oder der Ehegatte oder Lebenspartner an seinem Dienstort beschäftigt ist.

(8) Wird nach einem Umzug mit Zusage der Umzugskostenvergütung kein Trennungsgeld für die bisherige Unterkunft mehr gewährt, werden die notwendigen Auslagen für diese Unterkunft längstens bis zu dem Zeitpunkt erstattet, zu dem das Mietverhältnis frühestens gelöst werden kann.

§ 5 Reisebeihilfe für Heimfahrten

(1) Ein Berechtigter nach § 3 erhält eine Reisebeihilfe für jeden halben Monat, wenn er die Voraussetzungen des § 3 Abs. 3 Satz 2

erfüllt oder das 18. Lebensjahr noch nicht vollendet hat, im übrigen für jeden Monat. Ändern sich diese Voraussetzungen, so beginnt der neue Anspruchszeitraum erst nach Ablauf des bisherigen, sofern dies für den Berechtigten günstiger ist. Der Anspruchszeitraum wird aus Anlaß einer neuen Maßnahme nach § 1 Abs. 2 durch Sonn- und Feiertage, allgemein dienstfreie Werktage und Tage der Dienstantrittsreise nicht unterbrochen. Eine Reisebeihilfe wird nur gewährt, wenn die Reise im maßgebenden Anspruchszeitraum beginnt.

(2) Verzichtet ein Berechtigter bei Maßnahmen nach § 1 Abs. 2 Nr. 1 bis 5 unwiderruflich auf die Zusage der Umzugskostenvergütung, und ist aus dienstlichen Gründen ein Umzug nicht erforderlich (§ 3 Abs. 1 Nr. 1 Buchstabe d des Bundesumzugskostengesetzes), gilt Absatz 1 mit der Maßgabe, daß Reisebeihilfe für längstens ein Jahr gewährt wird.

(3) Anstelle einer Reise des Berechtigten kann auch eine Reise des Ehegatten, des Lebenspartners, eines Kindes oder einer Person nach § 3 Abs. 3 Satz 2 Buchstabe b berücksichtigt werden.

(4) Als Reisebeihilfe werden die entstandenen notwendigen Fahrauslagen bis zur Höhe der Kosten der für den Berechtigten billigsten Fahrkarte der allgemein niedrigsten Klasse ohne Zuschläge eines regelmäßig verkehrenden Beförderungsmittels vom Dienstort zum bisherigen Wohnort oder, wenn dieser im Ausland liegt, bis zum inländischen Grenzort und zurück erstattet. Bei Benutzung zuschlagpflichtiger Züge werden auch die notwendigen Zuschläge wie bei Dienstreisen erstattet. Nach näherer Bestimmung des Bundesministeriums des Innern können in besonderen Fällen Flugkosten erstattet werden.

§ 6 Trennungsgeld bei täglicher Rückkehr zum Wohnort

(1) Ein Berechtigter, der täglich an den Wohnort zurückkehrt oder dem die tägliche Rückkehr zuzumuten ist (§ 3 Abs. 1 Satz 2), erhält als Trennungsgeld Fahrkostenerstattung, Wegstrecken- oder Mitnahmeentschädigung wie bei Dienstreisen. Hierauf sind die Fahrauslagen anzurechnen, die für das Zurücklegen der Strecke zwischen Wohnung und der bisherigen, bei einer Kette von Maßnahmen nach § 1 Abs. 2 der ursprünglichen Dienststätte entstanden wären, wenn die Entfernung mindestens fünf Kilometer beträgt. Dabei ist als Aufwand ein Betrag von 0,08 Euro je Entfernungskilometer und Arbeitstag zugrunde zu legen. Von der Anrechnung ist ganz oder teilweise abzusehen, wenn der Berechtigte nachweist, daß er bei Fahrten zwischen Wohnung und bisheriger Dienststätte üblicherweise keinen entsprechenden Aufwand hätte.

(2) Zusätzlich wird ein Verpflegungszuschuß von 2,05 Euro je Arbeitstag gewährt, wenn die notwendige Abwesenheit von der Wohnung mehr als 11 Stunden beträgt, es sei denn, daß Anspruch auf Reisekostenvergütung für Verpflegungsmehraufwand besteht.

(3) Muß aus dienstlichen Gründen am Dienstort übernachtet werden, werden die dadurch entstandenen notwendigen Mehraufwendungen erstattet.

(4) Das Trennungsgeld nach den Absätzen 1 und 2 darf das in einem Kalendermonat zustehende Trennungsgeld nach den §§ 3 und 4 sowie das Tage- und Übernachtungsgeld für die Hin- und Rückreise nicht übersteigen. Als Übernachtungsgeld wird für die ersten 14 Tage höchstens der Betrag nach § 7 Abs. 1 Satz 1 des Bundesreisekostengesetzes und ab dem 15. Tag als Trennungsübernachtungsgeld ein Drittel dieses Betrages berücksichtigt.

§ 7 Sonderfälle

(1) Anspruch auf Trennungsgeld besteht weiter, wenn sich aus Anlaß einer neuen Maßnahme nach § 1 Abs. 2 der neue Dienstort nicht ändert.

(2) Nach einem Umzug, für den Umzugskostenvergütung nicht zu gewähren ist, darf das Trennungsgeld nicht höher sein als das bisherige.

(3) Das Trennungsgeld kann ganz oder teilweise versagt werden, wenn die Führung der Dienstgeschäfte verboten ist oder infolge einer vorläufigen Dienstenthebung oder einer

gesetzmäßig angeordneten Freiheitsentziehung der Dienst nicht ausgeübt werden kann. Das gilt nicht, wenn der Berechtigte auf Grund einer dienstlichen Weisung am Dienstort bleibt.

(4) Trennungsgeld steht nur zu, solange Anspruch auf Besoldung besteht.

§ 8 Ende des Trennungsgeldanspruchs

(1) Das Trennungsgeld wird bis zum Tag des Wegfalls der maßgebenden Voraussetzungen gewährt.

(2) Bei einem Umzug mit Zusage der Umzugskostenvergütung wird Trennungsgeld längstens gewährt bis vor dem Tag, für den der Berechtigte für seine Person Reisekostenerstattung nach § 7 Abs. 1 des Bundesumzugskostengesetzes erhält, im übrigen bis zum Tag des Ausladens des Umzugsgutes.

(3) Bei einer neuen dienstlichen Maßnahme nach § 1 Abs. 2 wird Trennungsgeld bis zu dem Tag gewährt, an dem der Dienstort verlassen wird, bei Gewährung von Reisekostenvergütung für diesen Tag bis zum vorausgehenden Tag.

§ 9 Verfahrensvorschriften

(1) Das Trennungsgeld ist innerhalb einer Ausschlußfrist von einem Jahr nach Beginn der Maßnahme nach § 1 Abs. 2 schriftlich zu beantragen. Trennungsgeld wird monatlich nachträglich auf Grund von Forderungsnachweisen gezahlt, die der Berechtigte innerhalb einer Ausschlußfrist von einem Jahr nach Ablauf des maßgeblichen Kalendermonats abzugeben hat. Satz 2 gilt entsprechend für Anträge auf Reisebeihilfe nach Ablauf des maßgebenden Anspruchszeitraums.

(2) Der Berechtigte hat nachzuweisen, daß die Voraussetzungen für die Trennungsgeldgewährung vorliegen, insbesondere hat er das fortwährende Bemühen um eine Wohnung (§ 2 Abs. 1) zu belegen.

(3) Die oberste Dienstbehörde bestimmt die Behörde, die das Trennungsgeld gewährt.

§ 10 (weggefallen)

§§ 11 bis 14 (Änderung anderer Vorschriften)

§ 15 (Inkrafttreten, Außerkrafttreten)

Verordnung über das Auslandstrennungsgeld (Auslandstrennungsgeldverordnung – ATGV)

in der Fassung der Bekanntmachung
vom 22. Januar 1998 (BGBl. I S. 189)

Zuletzt geändert durch
Dienstrechtsneuordnungsgesetz
vom 5. Februar 2009 (BGBl. I S. 160)

§ 1 Anwendungsbereich, Zweckbestimmung

(1) Ansprüche auf Auslandstrennungsgeld entstehen aus Anlaß von Versetzungen, versetzungsgleichen Maßnahmen (§ 3 Abs. 2 des Bundesumzugskostengesetzes) und Abordnungen vom Inland in das Ausland, im Ausland und vom Ausland in das Inland sowie auch ohne Zusage der Umzugskostenvergütung bei Einstellungen in das Ausland und im Ausland bei vorübergehender Dauer des Dienstverhältnisses oder bei einer vorübergehenden Verwendung am Einstellungsort. Der Abordnung steht gleich

1. die Kommandierung,
2. die vorübergehende Zuteilung aus dienstlichen Gründen zu einem anderen Teil der Beschäftigungsbehörde an einem anderen Ort als dem bisherigen Dienstort,
3. die Aufhebung der Abordnung oder Kommandierung nach einem Umzug mit Zusage der Umzugskostenvergütung,
4. die vorübergehende dienstliche Tätigkeit bei einer anderen Stelle als einer Dienststelle und
5. die Zuweisung zur Amtsausübung in besonderen Fällen (§ 29 des Bundesbeamtengesetzes).

(2) Mit dem Auslandstrennungsgeld werden notwendige Auslagen für getrennte Haushaltsführung am bisherigen Wohnort aus Anlaß von Versetzungen oder Abordnungen an einen anderen Ort als den bisherigen Dienst- oder Wohnort unter Berücksichtigung der häuslichen Ersparnis abgegolten.

(3) Auslandstrennungsgeld wird nur gewährt, wenn bei Maßnahmen nach Absatz 1 der neue Dienstort ein anderer als der bisherige Dienstort ist und die Wohnung nicht im Einzugsgebiet (§ 3 Abs. 1 Nr. 1 Buchstabe c des Bundesumzugskostengesetzes) liegt.

(4) Verzichtet der Berechtigte unwiderruflich auf die Zusage der Umzugskostenvergütung und ist aus dienstlichen Gründen ein Umzug nicht erforderlich, werden als Auslandstrennungsgeld nur Reisebeihilfen nach § 13 für längstens ein Jahr gezahlt.

§ 2 Berechtigte

(1) Berechtigt sind
1. Bundesbeamte,
2. Richter im Bundesdienst,
3. Berufssoldaten und Soldaten auf Zeit und
4. in den Bundesdienst abgeordnete Beamte und Richter.

(2) Berechtigt sind nicht
1. im Grenzverkehr tätige Beamte bei dienstlichen Maßnahmen nach § 1 Abs. 1 im Bereich ausländischer Lokalgrenzbehörden, zwischen solchen Bereichen und zwischen diesen und dem Inland,
2. Ehrenbeamte und
3. ehrenamtliche Richter.

§ 3 Arten des Auslandstrennungsgeldes

Als Auslandstrennungsgeld werden gezahlt:
1. Entschädigung für getrennte Haushaltsführung (§§ 6 bis 8, 10),
2. Entschädigung bei täglicher Rückkehr zum Wohnort (§ 11),
3. Entschädigung, wenn keine Auslandsdienstbezüge gezahlt werden (§ 12 Abs. 7),
4. Reisebeihilfen für Heimfahrten (§ 13),
5. Entschädigung im Einzelfall aus Sicherheitsgründen oder wegen anderer außer-

gewöhnlicher Verhältnisse im Ausland (Auslandstrennungsgeld in Krisenfällen; § 12 Abs. 8).

§ 4 Entschädigung für getrennte Haushaltsführung

(1) Das Auslandstrennungsgeld nach den §§ 6 bis 8 und 10 wird gezahlt, wenn der Berechtigte

1. mit seinem Ehegatten, Lebenspartner oder ledigen Kindern in häuslicher Gemeinschaft lebt oder

2. mit anderen Verwandten bis zum vierten Grade, einem Verschwägerten bis zum zweiten Grade, einem Pflegekind oder Pflegeeltern in häuslicher Gemeinschaft lebt und ihnen aus gesetzlicher oder sittlicher Verpflichtung – nicht nur vorübergehend – Unterkunft und Unterhalt ganz oder überwiegend gewährt oder

3. mit einer Person in häuslicher Gemeinschaft lebt, deren Hilfe er aus beruflichen oder nach amtsärztlichem Zeugnis aus gesundheitlichen Gründen – nicht nur vorübergehend – bedarf,

und getrennten Haushalt führt. § 8 Abs. 3 und 4 sowie § 12 Abs. 7 bleiben unberührt.

(2) Ist Umzugskostenvergütung (§§ 3 und 4 des Bundesumzugskostengesetzes) zugesagt, wird Auslandstrennungsgeld nach den §§ 6 bis 8 nur gezahlt, wenn die Voraussetzungen des § 5 vorliegen.

§ 5 Auslandstrennungsgeld nach Zusage der Umzugskostenvergütung

(1) Nach Zusage der Umzugskostenvergütung (§ 3 und 4 des Bundesumzugskostengesetzes) wird Auslandstrennungsgeld nur gezahlt, wenn und solange der Berechtigte

1. seit dem Tage des Wirksamwerdens der Zusage oder, falls für ihn günstiger, der dienstlichen Maßnahme nach § 1 Abs. 1 uneingeschränkt umzugswillig ist und

2. wegen Wohnungsmangels am neuen Dienstort einschließlich des Einzugsgebietes oder aus zwingenden persönlichen Gründen vorübergehend nicht umziehen kann.

Der Berechtigte ist verpflichtet, sich unter Ausnutzung jeder gebotenen Gelegenheit nachweislich fortwährend um eine Wohnung zu bemühen. Der Umzug darf nicht durch unangemessene Ansprüche an die Wohnung oder aus anderen nicht zwingenden Gründen verzögert werden.

(2) Nach Widerruf der Zusage der Umzugskostenvergütung darf Auslandstrennungsgeld nicht gezahlt werden, wenn im Zeitpunkt der Bekanntgabe des Widerrufs die Voraussetzungen für die Zahlung des Auslandstrennungsgeldes nach Absatz 1 nicht erfüllt waren oder weggefallen sind.

(3) Die Absätze 1 und 2 gelten nicht, wenn Umzugskostenvergütung nach § 17 der Auslandsumzugskostenverordnung gezahlt wird.

§ 6 Versetzungen und Abordnungen vom Inland in das Ausland

(1) Bei Versetzungen und Abordnungen vom Inland in das Ausland wird Auslandstrennungsgeld in Höhe der Sätze des Trennungstagegeldes nach § 3 Abs. 3 Satz 2 bis 6 der Trennungsgeldverordnung gezahlt; § 4 Abs. 5 der Trennungsgeldverordnung findet Anwendung.

(2) Nach Räumung der bisherigen Wohnung wird das Auslandstrennungsgeld nach Absatz 1 auch gezahlt, wenn die zur häuslichen Gemeinschaft des Berechtigten gehörenden Personen (§ 4 Abs. 1 Satz 1) an einem anderen als dem neuen Dienstort einschließlich Einzugsgebiet eine Unterkunft gegen Entgelt oder eine ihnen oder dem Berechtigten gehörende Wohnung vorübergehend beziehen. Ist die Unterkunft unentgeltlich, wird das Auslandstrennungsgeld nach Absatz 1 um die Hälfte gekürzt. Diese Ansprüche schließen Leistungen nach § 4 Abs. 5 und 6 der Auslandsumzugskostenverordnung aus.

(3) In das Inland versetzten oder abgeordneten Berechtigten, die Auslandstrennungsgeld nach § 8 Abs. 3 oder 4 erhalten, wird bei einer erneuten Versetzung oder Abordnung in das Ausland anstelle des Auslandstrennungsgeldes nach § 8 Abs. 3 oder 4 Auslandstrennungsgeld nach Absatz 1 gezahlt. Daneben kann der Unterschiedsbetrag zwischen der

Miete für die Unterkunft im Inland und 18 vom Hundert der Summe aus Grundgehalt, Familienzuschlag der Stufe 1, Amts-, Stellen- und Ausgleichszulagen erstattet werden. § 12 Abs. 3 findet Anwendung.

(4) In das Inland versetzten oder abgeordneten Berechtigten, die Auslandstrennungsgeld nach § 8 Abs. 1 oder 2 erhalten, wird bei einer erneuten Versetzung oder Abordnung in das Ausland mit Zusage der Umzugskostenvergütung anstelle der Abfindung nach § 8 Abs. 1 und 2 Auslandstrennungsgeld nach § 7 gezahlt. § 12 Abs. 3 findet Anwendung.

§ 7 Versetzungen und Abordnungen im Ausland

(1) Bei Versetzungen und Abordnungen im Ausland wird Auslandstrennungsgeld in Höhe der Sätze des Trennungstagegeldes nach § 3 Abs. 3 Satz 2 bis 4 der Trennungsgeldverordnung gezahlt; § 4 Abs. 5 der Trennungsgeldverordnung findet Anwendung.

(2) Nach Räumung der bisherigen Wohnung wird Auslandstrennungsgeld in Höhe des Betrages gezahlt, der dem Berechtigten nach § 3 der Trennungsgeldverordnung zustünde, wenn die zu seiner häuslichen Gemeinschaft gehörenden Personen (§ 4 Abs. 1) weder am bisherigen Dienstort noch im Einzugsgebiet (§ 3 Abs. 1 Nr. 1 Buchstabe c des Bundesumzugskostengesetzes) eine Unterkunft beziehen.

§ 8 Versetzungen und Abordnungen vom Ausland in das Inland

(1) Bei Versetzungen und Abordnungen vom Ausland in das Inland wird Auslandstrennungsgeld in Höhe der Sätze des Trennungstagegeldes nach § 3 Abs. 3 Satz 2 bis 4 der Trennungsgeldverordnung gezahlt; § 4 Abs. 5 der Trennungsgeldverordnung findet Anwendung.

(2) Bei Zusage der Umzugskostenvergütung wird Auslandstrennungsgeld nach Absatz 1 gezahlt, wenn und solange die in § 4 Abs. 1 Satz 1 genannten Personen am bisherigen Dienstort zurückbleiben, weil

1. der Berechtigte wegen Wohnungsmangels am neuen Dienstort an einem Umzug gehindert ist oder

2. zwingende persönliche Umzugshinderungsgründe (§ 12 Abs. 3 des Bundesumzugskostengesetzes) vorliegen.

Bei Wohnungsmangel wird Auslandstrennungsgeld nach Absatz 1 jedoch längstens bis zum letzten Tage des auf die Abreise des Anspruchsberechtigten folgenden dritten Kalendermonats gewährt.

(3) Dauert der Wohnungsmangel über die in Absatz 2 Satz 2 genannte Frist hinaus fort, erhöht sich das Trennungsgeld nach Absatz 1 für eine in § 4 Abs. 1 Satz 1 Nr. 1 bis 3 genannte Person um 50 vom Hundert und für jede weitere dort genannte Person um 10 vom Hundert, sofern sie in die Wohnung aufgenommen ist. Es erhöht sich um weitere 10 vom Hundert für Hausangestellte, für die die Kosten der Umzugsreise erstattet werden oder die als Ersatzkraft für eine im Ausland zurückgebliebene Hausangestellte in die Wohnung aufgenommen sind.

(4) Berechtigte, die am bisherigen Dienstort im Ausland eine Wohnung im Sinne des § 10 Abs. 3 des Bundesumzugskostengesetzes hatten, erhalten nach Aufgabe der Wohnung am bisherigen ausländischen Wohnort bis zum Wegfall des Wohnungsmangels am neuen inländischen Dienstort besonderes Auslandstrennungsgeld in Höhe des Trennungsgeldes nach § 3 der Trennungsgeldverordnung. Absatz 3 Satz 1 gilt entsprechend bezüglich der ab dem 15. Tag zustehenden Zahlung. Die Zahlung steht auch zu, wenn beide Ehegatten oder Lebenspartner mit Anspruch auf Auslandstrennungsgeld zeitgleich vom Ausland ins Inland versetzt oder abgeordnet werden. In diesem Fall erfolgt die Zahlung einschließlich der Erhöhungssätze nach Absatz 3 Satz 2 nur an einen Ehegatten oder Lebenspartner. Das besondere Auslandstrennungsgeld wird auch alleinstehenden Berechtigten gezahlt, und zwar in Höhe des Trennungsgeldes nach § 3 Abs. 3 Satz 1 der Trennungsgeldverordnung.

§ 9 (weggefallen)

VI.6 Auslandstrennungsgeldverordnung (ATGV) §§ 10–12

§ 10 Vorwegumzüge

Wird ein Umzug, für den Umzugskostenvergütung zugesagt ist, aus Anlaß einer Maßnahme nach § 1 Abs. 1 vor deren Wirksamwerden durchgeführt, wird Auslandstrennungsgeld nach § 6 Abs. 1, § 7 Abs. 1 oder § 8 Abs. 1 bis zum Ablauf des Tages der Beendigung der Dienstantrittsreise, längstens jedoch für 3 Monate gezahlt.

§ 11 Entschädigung bei täglicher Rückkehr zum Wohnort

(1) Bei täglicher Rückkehr zum Wohnort wird Fahrkostenerstattung, Wegstrecken- oder Mitnahmeentschädigung wie bei Dienstreisen gezahlt. Für Tage mit mehr als elfstündiger Abwesenheit von der Wohnung wird ein Verpflegungszuschuß gezahlt; bei Dienstschichten über zwei Tage wird die Abwesenheitsdauer für jede Schicht gesondert berechnet. Der Verpflegungszuschuß beträgt 4 Deutsche Mark, bei Berechtigten, die eine Wohnung im Sinne des § 10 Abs. 3 des Bundesumzugskostengesetzes haben oder mit einer in § 4 Abs. 1 Satz 1 bezeichneten Person in häuslicher Gemeinschaft leben, 5 Deutsche Mark täglich. Die Entschädigung nach den Sätzen 1 bis 3 darf den nach § 6 Abs. 1, § 7 Abs. 1 oder § 8 Abs. 1 zustehenden Betrag nicht übersteigen.

(2) Berechtigte, die nicht täglich an den Wohnort zurückkehren, obwohl dies zumutbar ist, erhalten eine Vergütung wie bei täglicher Rückkehr zum Wohnort. Die tägliche Rückkehr zum Wohnort ist in der Regel nicht zumutbar, wenn beim Benutzen regelmäßig verkehrender Beförderungsmittel die Abwesenheit von der Wohnung mehr als 12 Stunden oder die benötigte Zeit für das Zurücklegen der Strecke zwischen Wohnung und Dienststätte und zurück mehr als 3 Stunden beträgt.

(3) Muß der Berechtigte aus dienstlichen Gründen am Dienstort übernachten, werden die nachgewiesenen notwendigen Mehraufwendungen erstattet.

Zu Abs. 1 Satz 3: Der Verpflegungszuschuß beträgt ab 1. 1. 2002 2,05 Euro anstatt 4 Deutsche Mark und 2,56 Euro anstatt 5 Deutsche Mark.

§ 12 Auslandstrennungsgeld in Sonderfällen

(1) Haben beide Ehegatten oder Lebenspartner Anspruch auf Auslandstrennungsgeld nach dieser Verordnung, wird Auslandstrennungsgeld nach den §§ 6 bis 8 Abs. 1 und 2 und § 10 nicht gezahlt. Satz 1 gilt nicht, wenn dritte Personen im Sinne des § 4 Abs. 1 Satz 1 in der bisherigen Wohnung verbleiben; in diesem Falle erhält ein Ehegatte oder Lebenspartner, bei unterschiedlichen Dienstbezügen der mit den höheren, Auslandstrennungsgeld nach den §§ 6 bis 8 oder 10. Steht dem Ehegatten oder Lebenspartner des Berechtigten Trennungsgeld nach § 3 der Trennungsgeldverordnung oder eine entsprechende Entschädigung nach den Vorschriften eines anderen Dienstherrn zu, gelten die Sätze 1 und 2 entsprechend.

(2) Bei Versetzungen und Abordnungen an demselben Dienstort wird Auslandstrennungsgeld weitergezahlt.

(3) Berechtigten werden bei einer neuen dienstlichen Maßnahme nach § 1 Abs. 1 und bei Aufhebung der Abordnung die notwendigen Auslagen für die Unterkunft am bisherigen Dienstort längstens bis zu dem Zeitpunkt erstattet, zu dem das Mietverhältnis frühestens gelöst werden kann.

(4) Die Rückwirkung der Einweisung in eine Planstelle oder der Einordnung von Ämtern und Dienstgraden bleibt unberücksichtigt.

(5) Ist einem Berechtigten mit Anspruch auf Auslandstrennungsgeld die Führung seiner Dienstgeschäfte verboten oder ist er infolge von Maßnahmen des Disziplinarrechts oder durch eine auf Grund eines Gesetzes angeordnete Freiheitsentziehung an der Ausübung seines Dienstes gehindert, kann für die Dauer der Dienstunterbrechung das Auslandstrennungsgeld gekürzt oder seine Zahlung eingestellt werden. Das gilt nicht, wenn er auf Grund dienstlicher Weisung am Dienstort bleibt.

(6) Für einen Zeitraum, für den kein Anspruch auf Besoldung besteht, wird kein Auslandstrennungsgeld gezahlt.

(7) Bei Abordnungen vom Inland in das Ausland und im Ausland, für die keine Auslandsdienstbezüge (§ 52 des Bundesbesoldungsgesetzes) zustehen, wird als Auslandstrennungsgeld die gleiche Vergütung wie bei Auslandsdienstreisen gezahlt; die §§ 4 bis 7 finden insoweit keine Anwendung.

(8) Die oberste Dienstbehörde bestimmt in sinngemäßer Anwendung der Vorschriften dieser Verordnung das Auslandstrennungsgeld im Einzelfall, wenn aus Sicherheitsgründen oder wegen anderer außergewöhnlicher Verhältnisse im Ausland andere als in § 1 Abs. 1 bezeichnete dienstliche Maßnahmen oder Maßnahmen, die die im Haushalt des Berechtigten wohnenden Personen im Sinne des § 4 Abs. 1 Satz 1 betreffen, erforderlich sind und dadurch Mehraufwendungen im Sinne des § 1 Abs. 2 entstehen. Werden für einen Dienstort, an dem sich eine Auslandsvertretung befindet, Maßnahmen nach Satz 1 erforderlich, bestimmt das Auswärtige Amt das Auslandstrennungsgeld für alle an diesem Dienstort tätigen und von der Maßnahme betroffenen Berechtigten.

§ 13 Reisebeihilfen für Heimfahrten

(1) Ein Berechtigter, dem Auslandstrennungsgeld nach den §§ 6 bis 8 und 10 gezahlt wird, erhält eine Reisebeihilfe für Heimfahrten für je drei Monate der Trennung. In besonderen Fällen kann die oberste Dienstbehörde den Anspruchszeitraum auf je zwei Monate festlegen; dies gilt für die Fälle des § 12 Abs. 7 entsprechend. Anderen Berechtigten, denen keine uneingeschränkte Umzugskostenvergütung nach den §§ 3 und 4 des Bundesumzugskostengesetzes zugesagt wurde, kann die oberste Dienstbehörde insbesondere unter Berücksichtigung der Besonderheiten des Dienstortes und der persönlichen Situation der Betreffenden Reisebeihilfen nach den Sätzen 1 und 2 gewähren.

(2) Der Anspruchszeitraum beginnt mit dem ersten Tag, für den Auslandstrennungsgeld zusteht.

(3) Die Reise kann frühestens einen Monat nach Beginn des Anspruchszeitraums oder nach dem Ablauf der Zeiträume nach Absatz 1, für die bereits eine Reisebeihilfe gezahlt wurde, angetreten werden. Der Anspruch auf Reisebeihilfe kann in den nächsten Anspruchszeitraum übertragen werden. Der Anspruchszeitraum wird durch eine neue dienstliche Maßnahme nach § 1 Abs. 1 nicht unterbrochen.

(4) Hält sich der Berechtigte während der dienstlichen Maßnahme am Wohnort auf und wurden die Kosten der Reise vom Dienstort zum Wohnort aus amtlichen Mitteln erstattet oder ein Zuschuß gezahlt oder wurde er unentgeltlich befördert und handelt es sich dabei nicht um eine Reise nach Absatz 1 oder eine Heimaturlaubsreise, beginnt der Anspruchszeitraum mit dem Tage der Rückkehr an den Dienstort. Dies gilt entsprechend für eine Wohnungsbesichtigungsreise an den neuen Dienstort im Sinne des § 4 Abs. 4 der Auslandsumzugskostenverordnung.

(5) Anstelle einer Reise des Berechtigten kann auch eine Reise der in § 4 Abs. 1 Satz 1 genannten Personen berücksichtigt werden. Empfängern eines Auslandsverwendungszuschlags nach § 58a des Bundesbesoldungsgesetzes, die in schwimmenden Verbänden eingesetzt sind, und Empfängern eines Auslandszuschlags nach § 55 des Bundesbesoldungsgesetzes mindestens der Stufe 10, denen auf Grund einer Entscheidung der obersten Dienstbehörde aus zwingenden dienstlichen Gründen eine Heimfahrt nach Absatz 1 nicht gewährt werden kann, können Reisebeihilfen nach den Grundsätzen des Absatzes 6 für eine Reise für sie und die in § 4 Abs. 1 Nr. 1 genannten Personen zu einem von der obersten Dienstbehörde festgelegten Ort gewährt werden. Absatz 3 gilt entsprechend.

(6) Als Reisebeihilfe werden die entstandenen notwendigen Fahrkosten zwischen dem neuen Dienstort und dem Wohnort der in § 4 Abs. 1 Satz 1 genannten Personen auf dem kürzesten Wege bis zur Höhe der billigsten Fahrkarte der allgemein niedrigsten Klasse eines regelmäßig verkehrenden Beförderungsmittels erstattet. In diesem Kostenrahmen wird Reisebeihilfe auch zum Urlaubsort der in § 4 Abs. 1 Satz 1 genannten Personen

gezahlt. Mögliche Fahrpreisermäßigungen sind zu berücksichtigen. Soweit dienstliche Beförderungsmittel unentgeltlich benutzt werden können, werden Fahrkosten nicht erstattet.

§ 14 Sonderbestimmungen bei auswärtigem Verbleiben

(1) Für volle Kalendertage

1. der Abwesenheit vom neuen Dienstort und dem Ort der auf Grund einer dienstlichen Maßnahme nach § 1 Abs. 1 bezogenen Unterkunft,
2. des Aufenthaltes in einem Krankenhaus, einer Sanatoriumsbehandlung oder einer Heilkur,
3. der Beschäftigungsverbote nach mutterschutzrechtlichen Bestimmungen

wird kein Auslandstrennungsgeld nach den §§ 6 bis 8 und 10 gewährt, es sei denn, dass die Nichtgewährung wegen besonderer Verhältnisse unbillig wäre.

(2) Absatz 1 gilt nicht in den Fällen, in denen Auslandstrennungsgeld nach § 8 Abs. 3 und 4 gezahlt wird.

§ 15 Zahlungsvorschriften

(1) Auslandstrennungsgeld wird grundsätzlich vom Tage nach dem Tage der Beendigung der Dienstantrittsreise zum neuen Dienstort bis zu dem Tage gezahlt, an dem die maßgebenden Voraussetzungen wegfallen. Bei Versetzungen und Abordnungen vom Ausland in das Inland wird abweichend hiervon das Auslandstrennungsgeld mit dem Tage des Beginns der Dienstantrittsreise gezahlt, längstens jedoch für einen Zeitraum, der für die zeitgerechte Durchführung der Reise erforderlich gewesen wäre, wenn Auslandsdienstbezüge nur bis zum Tage vor der Abreise vom ausländischen Dienstort gezahlt werden (§ 52 Abs. 2 des Bundesbesoldungsgesetzes). Dies gilt auch für die Dauer der Rückreise zum alten Dienstort aus Anlaß der Aufhebung der Abordnung vom Ausland in das Inland. Für die Dauer der Rückreise nach Beendigung der Abordnung im Ausland gilt dies nur in den Fällen, in denen ein höherer Mietzuschuß nach § 54 des Bundesbesoldungsgesetzes bezogen auf den alten Dienstort nicht gezahlt wurde.

(2) Besteht der Anspruch auf Auslandstrennungsgeld nicht für einen vollen Kalendermonat, wird nur der Teil gezahlt, der auf den Anspruchszeitraum entfällt, soweit in dieser Verordnung nichts anderes bestimmt ist.

(3) Wird bei einer neuen dienstlichen Maßnahme im Sinne des § 1 Abs. 1 der Dienstort vorzeitig verlassen, wird Auslandstrennungsgeld bis zu dem Tage gezahlt, an dem der Dienstort verlassen wird, bei Gewährung von Reisekostenvergütung für diesen Tag bis zum vorausgehenden Tag. § 12 Abs. 3 findet Anwendung. Kann der bisherige Dienstort wegen Erkrankung nicht verlassen werden, wird Auslandstrennungsgeld bis zum Tage vor dem Tage weitergezahlt, an dem der Dienstort hätte verlassen werden können. Satz 1 gilt entsprechend bei Beendigung des Dienstverhältnisses.

(4) Ist bei Erkrankung mit der Aufnahme des Dienstes innerhalb von 3 Monaten nicht zu rechnen und ist nach Feststellung des Dienstherrn die Rückkehr an den Wohnort zumutbar, wird Auslandstrennungsgeld bis zu dem Tage gezahlt, an dem der Dienstort hätte verlassen werden können. Notwendige Fahrkosten werden bis zur Höhe der Kosten für die Fahrt zum Wohnort und zurück wie bei einer Dienstreise erstattet. Das gilt auch bei einem Beschäftigungsverbot nach der Verordnung über den Mutterschutz für Beamtinnen. Die weiterlaufenden Kosten für die Unterkunft am Dienstort werden nach § 12 Abs. 3 erstattet.

(5) Bei einem Umzug mit Zusage der Umzugskostenvergütung wird Auslandstrennungsgeld längstens bis zum Tage des Einladens des Umzugsgutes gezahlt; an die Stelle des Tages des Einladens des Umzugsgutes tritt bei einer Umzugskostenvergütung nach § 17 der Auslandsumzugskostenverordnung der Tag der Umzugsreise einer zur häuslichen Gemeinschaft gehörenden Person. In den Fällen des § 6 Abs. 2 und des § 8 Abs. 2 Satz 1 Nr. 1 wird Auslandstrennungsgeld längstens bis zum Tage des Verlassens der Unterkunft gezahlt.

(6) Der Anspruch nach § 8 Abs. 3 endet am Tage vor dem Bezug der Wohnung oder der Möglichkeit zum Bezug der Wohnung.

(7) Ändert sich für einen Trennungsgeldempfänger im Inland auf Grund einer Maßnahme nach § 1 Abs. 1 vom Inland in das Ausland der neue Dienstort für längstens zwölf Monate, können nachgewiesene notwendige Kosten für das Beibehalten der Unterkunft im Inland erstattet werden, wenn dem Berechtigten die Aufgabe der Unterkunft nicht zuzumuten ist.

§ 16 Verfahrensvorschriften

(1) Das Auslandstrennungsgeld ist innerhalb einer Ausschlußfrist von zwei Jahren bei der Beschäftigungsbehörde schriftlich zu beantragen. Die Frist beginnt mit dem Tage des Dienstantritts, bei Zahlung von Reisekostenvergütung für diesen Tag mit dem folgenden Tage.

(2) Das Auslandstrennungsgeld wird monatlich nachträglich gezahlt. Auf Antrag kann ein angemessener Abschlag gezahlt werden. Die oberste Dienstbehörde kann bestimmen, daß das Auslandstrennungsgeld unter Vorbehalt vorausgezahlt wird.

(3) Der Berechtigte ist verpflichtet, alle Änderungen unverzüglich anzuzeigen, die für die Auslandstrennungsgeldzahlung von Bedeutung sein können.

(4) Die oberste Dienstbehörde bestimmt die zuständige Behörde für die Bewilligung und Zahlung des Auslandstrennungsgeldes.

§ 17 Übergangsvorschrift

Ein vor dem Inkrafttreten dieser Änderungsverordnung bewilligtes Auslandstrennungsgeld nach § 1 Abs. 3 Satz 2 wird nach den bisherigen Vorschriften weitergewährt.

§ 18 (Inkrafttreten, Außerkrafttreten)

VII Beihilfe/Fürsorge

Beihilfe

VII.1 Niedersächsische Beihilfeverordnung (NBhVO) 710
VII.2 Niedersächsische Beihilfeverordnung (NBhVO) – Heilkurorteverzeichnis Inland . 802
VII.3 Niedersächsische Beihilfeverordnung (NBhVO) – Heilkurorteverzeichnis Ausland 822

Fürsorge

VII.4 Vereinbarung gemäß § 81 NPersVG zur Gewährung von unverzinslichen
Vorschüssen auf Bezüge 823
VII.5 Dienstjubiläumsverordnung
(DJubVO) 826
VII.6 Verwaltungsvorschriften über die Dienstwohnungen
des Landes Niedersachsen
(Niedersächsische Dienstwohnungsverwaltungsvorschriften – NDWVV)) 828

Niedersächsische Beihilfeverordnung (NBhVO)

Vom 7. November 2011 (Nds. GVBl. S. 372)

Zuletzt geändert durch
Verordnung zur Änderung der Niedersächsischen Beihilfeverordnung
vom 21. Juni 2023 (Nds. GVBl. S. 122)

Inhaltsübersicht

Erster Teil
Allgemeines

- § 1 Anwendungsbereich
- § 2 Aufwendungen von berücksichtigungsfähigen Angehörigen bei wechselnder Einkommenshöhe und bei individuell eingeschränkter Versicherbarkeit des Kostenrisikos, Berücksichtigung des Kaufkraftausgleichs
- § 3 Zusammentreffen mehrerer Ansprüche auf Beihilfe
- § 4 Grundsätze für die Gewährung von Beihilfe
- § 5 Grundsätze für die Gewährung von Beihilfe für Aufwendungen für ärztliche, zahnärztliche, psychotherapeutische und heilpraktische Leistungen
- § 6 Nicht beihilfefähige Aufwendungen
- § 7 Berücksichtigung von Ansprüchen gegen Dritte
- § 8 Aufwendungen im Ausland

Zweiter Teil
Aufwendungen im Krankheitsfall

Erstes Kapitel
Ambulante Leistungen

- § 9 Ambulante implantologische, kieferorthopädische, funktionsanalytische und funktionstherapeutische Leistungen, Zahnersatz
- § 10 Material und zahntechnische Leistungen bei ambulanten zahnärztlichen Leistungen
- § 11 Ambulante zahnärztliche Leistungen für Beamtinnen und Beamte auf Widerruf im Vorbereitungsdienst
- § 12 Ambulante psychotherapeutische Leistungen
- § 13 Psychosomatische Grundversorgung
- § 14 Tiefenpsychologisch fundierte und analytische Psychotherapie
- § 15 Verhaltenstherapie
- § 15a Systemische Therapie bei Erwachsenen
- § 16 Ambulante psychosomatische Nachsorge
- § 16a Ambulante neuropsychologische Therapie

Zweites Kapitel
Sonstige Leistungen

- § 17 Arznei- und Verbandmittel, Medizinprodukte
- § 18 Heilmittel
- § 19 Komplextherapien, integrierte Versorgung
- § 20 Hilfsmittel, Geräte zur Selbstbehandlung und Selbstkontrolle, Körperersatzstücke
- § 21 Krankenhausleistungen
- § 22 Häusliche Krankenpflege
- § 22a Vollstationäre Kurzzeitpflege bei Krankheit
- § 23 Haushaltshilfe
- § 24 Haushaltshilfe im Ausland
- § 25 Soziotherapie
- § 26 Fahrtkosten, Flugkosten
- § 27 Unterkunftskosten
- § 28 Lebensbedrohende oder regelmäßig tödlich verlaufende Krankheiten

Drittes Kapitel
Rehabilitation

- § 29 Aufwendungen für Rehabilitationsmaßnahmen

Inhaltsübersicht — Landesbeihilfeverordnung (NBhVO) VII.1

§ 30 Aufwendungen im Zusammenhang mit Rehabilitationsmaßnahmen
§ 31 Suchtbehandlung

**Dritter Teil
Aufwendungen im Pflegefall und für Palliativversorgung**

§ 32 Pflegeberatung, Gesundheitliche Versorgungsplanung für die letzte Lebensphase
§ 33 Häusliche Pflege, teilstationäre Pflege in Einrichtungen der Tages- oder Nachtpflege
§ 34 Vollstationäre Pflege
§ 35 Sonstige Leistungen
§ 36 Beihilfe bei Leistungen der sozialen Pflegeversicherung
§ 37 Palliativversorgung

**Vierter Teil
Aufwendungen in sonstigen Fällen**

§ 38 Vorsorge und Prävention
§ 38a Früherkennung und Überwachung
§ 38b Beteiligung an allgemeinen, nicht individualisierbaren Maßnahmen zur Vorsorge und Früherkennung
§ 39 Schwangerschaft und Geburt
§ 40 Künstliche Befruchtung, Sterilisation, Empfängnisregelung und Schwangerschaftsabbruch
§ 41 Erste Hilfe, Entseuchung, Organspende, Gewebespende und Blutspende zur Separation von Blutstammzellen oder anderen Blutbestandteilen
§ 41a Registrierung im klinischen Krebsregister
§ 42 Gebärdendolmetscherin und Gebärdendolmetscher

**Fünfter Teil
Leistungsumfang**

§ 43 Bemessung der Beihilfe
§ 44 Begrenzung der Beihilfe
§ 45 Eigenbehalte
§ 46 Befreiung vom Abzug von Eigenbehalten, Beihilfe für Aufwendungen für nicht verschreibungspflichtige Arzneimittel

**Sechster Teil
Verfahren**

§ 47 Antrag und Belege
§ 48 Antragsfrist
§ 49 Gutachten
§ 50 Zuordnung von Aufwendungen
§ 51 Beihilfebescheid, Rücksendung der Belege
§ 51a Direktabrechnung
§ 52 Abschlagszahlungen

**Siebter Teil
Übergangs- und Schlussvorschriften**

§ 53 Übergangsvorschriften
§ 54 Inkrafttreten

Anlage 1
(zu § 5 Abs. 1 Satz 1)
Anlage 1a
(zu § 5 Abs. 1 Satz 2)
Anlage 2
(zu § 5 Abs. 2)
Anlage 3
(zu § 12 Abs. 3 und 5, § 14 Abs. 2, § 15 Abs. 2 und 4, § 15a Abs. 2)
Anlage 4
(zu § 17 Abs. 10)
Anlage 5
(zu § 18 Abs. 1)
Anlage 6
(zu § 18 Abs. 1 und § 19)
Anlage 7
(zu § 20 Abs. 1)
Anlage 8
(zu § 20 Abs. 1)
Anlage 9
(zu § 20 Abs. 3)
Anlage 10
(zu § 38a Abs. 2)

Aufgrund des § 80 Abs. 6 des Niedersächsischen Beamtengesetzes vom 25. März 2009 (Nds. GVBl. S. 72), zuletzt geändert durch Artikel 2 des Gesetzes vom 10. Juni 2010 (Nds. GVBl. S. 242), wird verordnet:

Erster Teil
Allgemeines

§ 1 Anwendungsbereich

Diese Verordnung regelt ergänzend zu § 80 des Niedersächsischen Beamtengesetzes (NBG) Inhalt und Umfang sowie das Verfahren der Beihilfegewährung.

§ 2 Aufwendungen von berücksichtigungsfähigen Angehörigen bei wechselnder Einkommenshöhe und bei individuell eingeschränkter Versicherbarkeit des Kostenrisikos, Berücksichtigung des Kaufkraftausgleichs

(1) ₁Wird für Aufwendungen von berücksichtigungsfähigen Angehörigen nach § 80 Abs. 2 Nr. 1 NBG wegen Überschreitens der Einkommensgrenze Beihilfe nicht gewährt (§ 80 Abs. 3 Satz 2 NBG), überschreitet aber das Einkommen die Einkommensgrenze im laufenden Kalenderjahr voraussichtlich nicht, so wird Beihilfe unter dem Vorbehalt des Widerrufs bei Überschreiten der Einkommensgrenze gewährt. ₂Die Höhe des Einkommens ist durch Vorlage einer Ablichtung des Steuerbescheides nachzuweisen.

(2) Zu den Aufwendungen berücksichtigungsfähiger Angehöriger nach § 80 Abs. 2 Nr. 1 NBG, für die bereits vor dem 1. Januar 2012 trotz ausreichender und rechtzeitiger Krankenversicherung wegen angeborener Leiden oder bestimmter Krankheiten aufgrund eines individuellen Ausschlusses Versicherungsleistungen nicht gewährt wurden oder auf Dauer eingestellt worden sind, wird Beihilfe auch dann gewährt, wenn die Einkommensgrenze (§ 80 Abs. 3 Satz 2 NBG) überschritten wird.

(3) Bei Beihilfeberechtigten, die ihren dienstlichen Wohnsitz im Ausland haben oder im Ausland eingesetzt sind, erhöht oder ermäßigt sich die Einkommensgrenze (§ 80 Abs. 3 Satz 2 NBG) um den nach § 55 des Bundesbesoldungsgesetzes (BBesG) für den Dienstort festgesetzten Kaufkraftausgleich, wenn die oder der berücksichtigungsfähige Angehörige mit der oder dem Beihilfeberechtigten im Ausland lebt.

§ 3 Zusammentreffen mehrerer Ansprüche auf Beihilfe

(1) ₁Wer Anspruch auf Beihilfe aus einem Dienstverhältnis hat, hat keinen Anspruch auf Beihilfe aus einem Rechtsverhältnis als Versorgungsempfängerin oder Versorgungsempfänger. ₂Der Anspruch einer oder eines Beihilfeberechtigten für Aufwendungen einer oder eines berücksichtigungsfähigen Angehörigen besteht nicht, wenn die oder der Angehörige selbst beihilfeberechtigt ist oder Anspruch auf Krankenfürsorge in entsprechender Anwendung beamtenrechtlicher Beihilfevorschriften hat.

(2) ₁Neben einem Anspruch auf Beihilfe aus einem neuen Rechtsverhältnis als Versorgungsempfängerin oder Versorgungsempfänger besteht kein Anspruch auf Beihilfe aus einem früheren Rechtsverhältnis als Versorgungsempfängerin oder Versorgungsempfänger. ₂Beruht der Anspruch aus Beihilfe aus einem früheren Rechtsverhältnis als Versorgungsempfängerin oder Versorgungsempfänger auf einem eigenen Dienstverhältnis, so besteht der Anspruch auf Beihilfe nur aus diesem Rechtsverhältnis.

(3) Die Absätze 1 und 2 gelten für Ansprüche auf Fürsorgeleistungen gegen das Bundeseisenbahnvermögen und für Ansprüche auf Fürsorgeleistungen nach kirchenrechtlichen Vorschriften entsprechend.

(4) ₁Soweit ein Anspruch auf Leistungen aufgrund privatrechtlicher Rechtsbeziehungen nach Regelungen besteht, die dieser Verordnung im Wesentlichen vergleichbar sind, besteht kein Anspruch auf Beihilfe aus einem Rechtsverhältnis als Versorgungsempfängerin oder Versorgungsempfänger. ₂Der Anspruch einer oder eines Beihilfeberechtigten für Aufwendungen einer oder eines berücksichtigungsfähigen Angehörigen besteht

nicht, soweit die oder der Angehörige Anspruch auf Leistungen aufgrund privatrechtlicher Rechtsbeziehungen nach Regelungen hat, die dieser Verordnung im Wesentlichen vergleichbar sind.

(5) Für die Aufwendungen eines Kindes, das berücksichtigungsfähiger Angehöriger mehrerer Beihilfeberechtigter ist, hat nur die oder der Beihilfeberechtigte Anspruch auf Beihilfe, die oder der den Familienzuschlag (§§ 34 und 35 des Niedersächsischen Besoldungsgesetzes – NBesG) für das Kind erhält.

§ 4 Grundsätze für die Gewährung von Beihilfe

(1) ₁Beihilfe wird gewährt, wenn die Beihilfeberechtigung im Zeitpunkt der Erbringung der Leistung besteht und die Aufwendungen beihilfefähig sind. ₂Bei Angehörigen muss zusätzlich die Berücksichtigungsfähigkeit als Angehörige oder Angehöriger im Zeitpunkt der Erbringung der Leistung vorliegen.

(2) Ist die Gewährung von Beihilfe für Aufwendungen nach dieser Verordnung ausgeschlossen, so ist Beihilfe dennoch zu gewähren, wenn die Ablehnung der Beihilfegewährung im Hinblick auf die Fürsorgepflicht des Dienstherrn nach § 45 des Beamtenstatusgesetzes (BeamtStG) zu einer unzumutbaren Härte führt.

§ 5 Grundsätze für die Gewährung von Beihilfe für Aufwendungen für ärztliche, zahnärztliche, psychotherapeutische und heilpraktische Leistungen

(1) ₁Beihilfefähig sind die nachgewiesenen und angemessenen Aufwendungen für medizinisch notwendige, nach wissenschaftlich allgemein anerkannten Methoden erbrachte ärztliche, zahnärztliche, psychotherapeutische und heilpraktische Leistungen, soweit in der Anlage 1 nichts Abweichendes bestimmt ist. ₂Aufwendungen für Leistungen nach wissenschaftlich nicht allgemein anerkannten Methoden sind beihilfefähig, soweit dies in der Anlage 1a bestimmt ist. ₃Die Angemessenheit der Aufwendungen richtet sich

1. für ärztliche Leistungen nach dem Gebührenrahmen der Gebührenordnung für Ärzte (GOÄ),
2. für zahnärztliche Leistungen nach dem Gebührenrahmen der Gebührenordnung für Zahnärzte (GOZ),
3. für psychotherapeutische Leistungen nach dem Gebührenrahmen der Gebührenordnung für Psychologische Psychotherapeuten und Kinder- und Jugendlichenpsychotherapeuten (GOP).

₄Aufwendungen, die auf einer Überschreitung des Schwellenwertes des Gebührenrahmens beruhen, sind nur angemessen, wenn patientenbezogene Besonderheiten, die eine Ausnahme darstellen, vorliegen.

(2) ₁Aufwendungen für heilpraktische Leistungen sind beihilfefähig, wenn die Leistung in der Anlage 2 genannt oder mit einer solchen vergleichbar ist. ₂Die Angemessenheit der Aufwendungen richtet sich nach Maßgabe der Anlage 2 nach der Gebührenordnung für Ärzte und nach dem Gebührenrahmen der Gebührenordnung für Ärzte. ₃Absatz 1 Satz 4 gilt entsprechend.

(3) ₁Hat der Dienstherr oder die juristische Person des öffentlichen Rechts, die mit der Bearbeitung von Beihilfeangelegenheiten betraut ist, mit

1. Personen oder Einrichtungen, die Leistungen erbringen oder Rechnungen ausstellen, oder deren Zusammenschlüssen,
2. Versicherungsunternehmen oder deren Zusammenschlüssen,
3. anderen Kostenträgern oder deren Zusammenschlüssen

Verträge über die Höhe der Vergütung für ärztliche, zahnärztliche, psychotherapeutische und heilpraktische Leistungen geschlossen, so richtet sich die Angemessenheit der Aufwendungen für Leistungen der Vertragspartner nach diesen Verträgen. ₂Hat der Verband der privaten Krankenversicherung e. V. oder haben private Krankenversicherungsunternehmen Verträge im Sinne des Satzes 1 mit Personen oder Einrichtungen, die Leistungen erbringen oder Rechnungen ausstellen, oder mit deren Zusammenschlüssen geschlossen, so richtet sich die Angemessenheit der Aufwendungen für Leistungen der Vertragspartner nach diesen Verträgen, wenn die Verträge nach Einschätzung des Dienstherrn oder der juristischen Person des öffentlichen Rechts, die mit der Bearbeitung von Beihilfeangelegenheiten betraut ist, einer wirtschaftlicheren Krankenfürsorge dienen.

(4) ₁Für Beihilfeberechtigte und berücksichtigungsfähige Angehörige, die in einem Standardtarif nach § 257 Abs. 2a des Fünften Buchs des Sozialgesetzbuchs (SGB V) in der bis zum 31. Dezember 2008 geltenden Fassung oder einem Basistarif nach § 152 des Versicherungsaufsichtsgesetzes versichert sind, richtet sich die Angemessenheit der Aufwendungen für die nach diesen Tarifen versicherten und abgerechneten Leistungen abweichend von Absatz 1 Sätze 3 und 4 und Absatz 2 Sätze 2 und 3 nach der in den Verträgen nach § 75 Abs. 3b Satz 1 SGB V vereinbarten Vergütung. ₂Solange Verträge nach § 75 Abs. 3b Satz 1 SGB V nicht vorliegen, ist § 75 Abs. 3a Sätze 2 und 3 SGB V anzuwenden.

(5) Aufwendungen für Arbeitsunfähigkeitsbescheinigungen, Arbeitsfähigkeitsbescheinigungen und Bescheinigungen nach § 9a der Niedersächsischen Sonderurlaubsverordnung zur Vorlage beim Dienstherrn sind beihilfefähig; der Bemessungssatz beträgt 100 Prozent.

§ 6 Nicht beihilfefähige Aufwendungen

(1) Nicht beihilfefähig sind Aufwendungen für

1. den Besuch vorschulischer und schulischer Einrichtungen und von Werkstätten für Behinderte,
2. berufsfördernde, berufsvorbereitende, berufsbildende und heilpädagogische Maßnahmen,
3. Behandlungen als Folge einer medizinisch nicht indizierten ästhetischen Operation, einer Tätowierung oder eines Piercings und
4. nicht von der Festsetzungsstelle veranlasste Gutachten.

(2) Soweit für beihilfefähige Aufwendungen gegen Dritte ein Ersatzanspruch besteht, der nicht auf den Dienstherrn oder von ihm Beauftragte übergeht, sind diese nicht beihilfefähig.

(3) ₁Für Mitglieder der gesetzlichen Krankenversicherung sind gesetzlich vorgesehene Zuzahlungen und Kostenanteile, Selbstbehalte nach § 53 Abs. 1 Satz 1 SGB V, Aufwendungen für von der Krankenversorgung ausgeschlossene Arznei-, Hilfs- und Heilmittel sowie Abschläge für Verwaltungskosten bei der Kostenerstattung nach § 13 Abs. 2 SGB V nicht beihilfefähig. ₂Werden Abschläge für Verwaltungskosten nicht gesondert ausgewiesen, so gelten 5 Prozent der Aufwendungen für die gewährte Leistung als Abschlag.

(4) ₁Nicht beihilfefähig sind Aufwendungen für Leistungen, die Mitgliedern der gesetzlichen Krankenversicherung als Sach- und Dienstleistungen zustehen. ₂Als zustehende Sach- und Dienstleistung gilt auch die Kostenerstattung nach § 13 SGB V bei Pflichtversicherten nach § 5 SGB V und familienversicherten Angehörigen nach § 10 SGB V.

(5) Bei Beihilfeberechtigten und ihren berücksichtigungsfähigen Angehörigen, denen ein Zuschuss oder Arbeitgeberanteil zum Krankenversicherungsbeitrag gewährt wird oder die einen Anspruch auf beitragsfreie Krankenfürsorge haben, sind Aufwendungen für Arznei-, Verband- und Hilfsmittel, soweit diese die Festbeträge nach den §§ 35 und 36 SGB V überschreiten, nicht beihilfefähig.

(6) Die Absätze 3 bis 5 sind nicht anzuwenden

1. bei Leistungen nach dem Achten Buch des Sozialgesetzbuchs, wenn Ansprüche nach § 95 des Achten Buches Sozialgesetzbuchs auf den Träger der öffentlichen Jugendhilfe übergegangen sind, und
2. bei Leistungen nach dem Zwölften Buch des Sozialgesetzbuchs, wenn Ansprüche nach § 93 des Zwölften Buchs des Sozialgesetzbuchs auf den Träger der Sozialhilfe übergegangen sind.

§ 7 Berücksichtigung von Ansprüchen gegen Dritte

(1) Soweit beihilfefältig Aufwendungen aufgrund von Rechtsvorschriften oder arbeitsvertraglichen Vereinbarungen von Dritten ge-

§ 8 **Landesbeihilfeverordnung (NBhVO)** VII.1

tragen oder erstattet worden sind, sind sie nicht beihilfefähig.

(2) ₁Sind Ansprüche gegen Dritte nicht geltend gemacht worden, so sind Aufwendungen für Arznei- und Verbandmittel nicht beihilfefähig und Aufwendungen für andere Leistungen zur Hälfte beihilfefähig, es sei denn, dass ein höherer fiktiver Leistungsanteil nachgewiesen wird oder ermittelt werden kann. ₂Satz 1 ist nicht anzuwenden

1. bei Ansprüchen nach § 10 Abs. 2, 4 oder 6 des Bundesversorgungsgesetzes oder nach Vorschriften, die hierauf Bezug nehmen,
2. bei Ansprüchen von berücksichtigungsfähigen Kindern einer oder eines Beihilfeberechtigten, die von der Pflichtversicherung in der gesetzlichen Kranken- oder Rentenversicherung einer anderen Person erfasst werden, und
3. bei Ansprüchen gegen die gesetzliche Krankenversicherung aus einem freiwilligen Versicherungsverhältnis.

₃Bei Beihilfeberechtigten, die ihren dienstlichen Wohnsitz im Ausland haben oder im Ausland eingesetzt sind, und ihren berücksichtigungsfähigen Angehörigen sind nicht geltend gemachte Ansprüche in Bezug auf Aufwendungen für im Gastland erbrachte Leistungen abweichend von Satz 1 nicht zu berücksichtigen, wenn die Ansprüche wegen Gefahr für Leib oder Leben oder wegen der besonderen Verhältnisse im Gastland nicht geltend gemacht werden können.

(3) Bei Mitgliedern der gesetzlichen Krankenversicherung ist von den beihilfefähigen Aufwendungen für Zahnersatz, Zahnkronen und Suprakonstruktionen stets der höchstmögliche Festzuschuss der gesetzlichen Krankenversicherung abzuziehen.

§ 8 Aufwendungen im Ausland

(1) Die Angemessenheit von Aufwendungen für Leistungen in einem anderen Mitgliedstaat der Europäischen Union richtet sich nach den im Mitgliedstaat ortsüblichen Vergütungen.

(2) Aufwendungen für außerhalb der Europäischen Union erbrachte Leistungen sind angemessen bis zu der Höhe, in der sie für im Inland erbrachte Leistungen angemessen wären.

(3) Abweichend von den Absätzen 1 und 2 sind in den folgenden Fällen die entstandenen Aufwendungen angemessen:

1. Aufwendungen für Leistungen während einer Dienstreise, wenn die Inanspruchnahme der Leistung nicht bis zur Rückkehr ins Inland aufgeschoben werden konnte,
2. Aufwendungen für ärztliche und zahnärztliche Leistungen, die 1000 Euro je Krankheitsfall nicht übersteigen,
3. Aufwendungen für eine Krankenhausbehandlung, wenn die oder der Beihilfeberechtigte oder die oder der berücksichtigungsfähige Angehörige im Inland in Grenznähe wohnt und aus dringendem Anlass von dort als nächstgelegenes Krankenhaus ein Krankenhaus im Ausland aufsuchen musste,
4. Aufwendungen für eine ambulante oder stationäre Notfallbehandlung, wenn die oder der Beihilfeberechtigte oder die oder der berücksichtigungsfähige Angehörige als nächstgelegene Behandlungsmöglichkeit eine Ärztin, einen Arzt oder ein Krankenhaus im Ausland aufsuchen musste.

(4) ₁Abweichend von Absatz 2 sind entstandene Aufwendungen für eine Behandlung außerhalb der Europäischen Union angemessen, wenn die Behandlung innerhalb der Europäischen Union nicht möglich ist oder die Behandlung im Ausland wesentlich größere Erfolgsaussichten hat als eine Behandlung innerhalb der Europäischen Union und die Festsetzungsstelle die Notwendigkeit der Behandlung im Ausland aufgrund eines von ihr in Auftrag gegebenen ärztlichen Gutachtens vor Beginn der Behandlung anerkannt hat. ₂In Ausnahmefällen sind die entstandenen Aufwendungen auch ohne vorherige Anerkennung angemessen.

(5) ₁Abweichend von Absatz 2 richtet sich die Angemessenheit von Aufwendungen der Beihilfeberechtigten, die ihren dienstlichen

Wohnsitz in einem Staat außerhalb der Europäischen Union haben oder in einem solchen Staat eingesetzt sind, und deren berücksichtigungsfähigen Angehörigen für im Gastland erbrachte Leistungen nach der im Gastland ortsüblichen Vergütung. ₂Absatz 3 Nrn. 1 und 3 gilt entsprechend. ₃Absatz 4 gilt mit der Maßgabe entsprechend, dass bei der Beurteilung der Notwendigkeit der Behandlung im Ausland die Behandlungsmöglichkeit im Gastland einzubeziehen ist.

Zweiter Teil
Aufwendungen im Krankheitsfall

Erstes Kapitel
Ambulante Leistungen

§ 9 Ambulante implantologische, kieferorthopädische, funktionsanalytische und funktionstherapeutische Leistungen, Zahnersatz

(1) ₁Aufwendungen für ambulante implantologische Leistungen, einschließlich der Aufwendungen für Material nach § 4 Abs. 3 GOZ und für zahntechnische Leistungen nach § 9 GOZ, sind für bis zu vier Implantate je Kiefer beihilfefähig. ₂Bei implantatgetragenem Zahnersatz im atrophischen zahnlosen Oberkiefer sind Aufwendungen für bis zu sechs Implantate beihilfefähig. ₃Vorhandene Implantate, für die Beihilfe oder vergleichbare Leistungen aus öffentlichen Kassen gewährt wurden, sind anzurechnen. ₄Betrifft die Rechnung mehr Implantate als nach den Sätzen 1 bis 3 beihilfefähig sind, so sind die Aufwendungen entsprechend dem Verhältnis der Zahl der beihilfefähigen Implantate zur Gesamtzahl der in Rechnung gestellten Implantate beihilfefähig. ₅Aufwendungen für Suprakonstruktionen sind beihilfefähig, auch wenn die Implantate nicht beihilfefähig sind.

(2) Ohne Beschränkung auf eine Höchstzahl von Implantaten sind Aufwendungen für ambulante implantologische Leistungen bei Vorliegen einer der folgenden Indikationen beihilfefähig:

1. größerer Kiefer- oder Gesichtsdefekt, der seine Ursache hat in
   a) einer Tumoroperation,
   b) einer Entzündung des Kiefers,
   c) einer Operation infolge einer großen Zyste (zum Beispiel große follikuläre Zyste oder Keratozyste),
   d) einer Operation infolge von Osteopathie, wenn keine Kontraindikation für eine Implantatversorgung vorliegt,
   e) einer angeborenen Fehlbildung des Kiefers (Lippen-, Kiefer-, Gaumenspalte, ektodermale Dysplasie) oder
   f) einem Unfall,
2. dauerhaft bestehende extreme Xerostomie (Mundtrockenheit), insbesondere im Rahmen einer Tumorbehandlung,
3. generalisierte genetische Nichtanlage von Zähnen,
4. nicht willentlich beeinflussbare muskuläre Fehlfunktion im Mund- oder Gesichtsbereich (zum Beispiel Spastik).

(3) Aufwendungen für einen der Festsetzungsstelle vor Beginn einer Behandlung nach den Absätzen 1 und 2 vorgelegten Heil- und Kostenplan sind beihilfefähig.

(4) ₁Aufwendungen für ambulante kieferorthopädische Leistungen sind beihilfefähig, wenn

1. die oder der Beihilfeberechtigte oder die oder der berücksichtigungsfähige Angehörige bei Behandlungsbeginn das 18. Lebensjahr noch nicht vollendet hat oder
2. bei schweren Kieferanomalien eine kombinierte kieferchirurgische und kieferorthopädische Behandlung erfolgt.

₂Beihilfe wird nur gewährt, wenn die Festsetzungsstelle die Notwendigkeit der Behandlung vor deren Beginn auf der Grundlage eines Heil- und Kostenplanes anerkannt hat. ₃Aufwendungen für Leistungen zur Retention, die innerhalb von zwei Jahren nach Abschluss der auf Grundlage des Heil- und Kostenplanes durchgeführten Behandlung erbracht werden, sind beihilfefähig. ₄Die Aufwendungen für den Heil- und Kostenplan nach Satz 2 sind beihilfefähig.

§§ 10–12 Landesbeihilfeverordnung (NBhVO) **VII.1**

(5) ₁Aufwendungen für ambulante funktionsanalytische und ambulante funktionstherapeutische Leistungen sind bei Vorliegen einer der folgenden Indikationen oder Maßnahmen beihilfefähig:

1. Kiefergelenk- oder Muskelerkrankung,
2. Zahnfleischerkrankung, die eine systematische Parodontalbehandlung erfordert,
3. Behandlung mit Aufbissbehelfen mit adjustierten Oberflächen nach den Nummern 7010 und 7020 des Gebührenverzeichnisses der Gebührenordnung für Zahnärzte,
4. umfangreiche kieferorthopädische Maßnahme einschließlich kieferorthopädisch-kieferchirurgischer Operation,
5. umfangreiche Gebisssanierung.

₂Eine umfangreiche Gebisssanierung im Sinne von Satz 1 Nr. 5 liegt vor, wenn in einem Kiefer mindestens acht Seitenzähne mit Zahnersatz, Kronen oder Inlays versorgt werden müssen, wobei fehlende Zähne sanierungsbedürftigen Zähnen gleichgestellt sind. ₃Aufwendungen für ambulante funktionsanalytische Leistungen sind bei einer umfangreichen Gebisssanierung nur beihilfefähig, wenn die richtige Schlussbissstellung nicht auf andere Weise feststellbar ist.

§ 10 Material und zahntechnische Leistungen bei ambulanten zahnärztlichen Leistungen

₁Aufwendungen für Material nach § 4 Abs. 3 GOZ und für zahntechnische Leistungen nach § 9 GOZ, die bei ambulanten zahnärztlichen Leistungen, die in den Abschnitten C, F, K oder den Nummern 7080 bis 7100 des Gebührenverzeichnisses der Gebührenordnung für Zahnärzte aufgeführt sind, entstanden sind, sind zu 60 Prozent beihilfefähig. ₂ Sind diese Aufwendungen nicht gesondert in der Rechnung ausgewiesen, so sind 60 Prozent des Gesamtrechnungsbetrages der Aufwendungen für die Leistungen nach Satz 1 anzusetzen. ₃Bei ambulanten implantologischen Leistungen nach § 9 Abs. 2 sind Aufwendungen nach Satz 1 ohne die Beschränkung nach den Sätzen 1 und 2 beihilfefähig.

§ 11 Ambulante zahnärztliche Leistungen für Beamtinnen und Beamte auf Widerruf im Vorbereitungsdienst

₁Für Beamtinnen und Beamte auf Widerruf im Vorbereitungsdienst und ihre berücksichtigungsfähigen Angehörigen sind Aufwendungen für

1. prothetische Leistungen,
2. Inlays und Zahnkronen,
3. implantologische Leistungen und
4. funktionsanalytische und funktionstherapeutische Leistungen

nicht beihilfefähig. ₂Sie sind ausnahmsweise beihilfefähig, wenn sie auf einem Unfall während des Vorbereitungsdienstes beruhen oder die oder der Beihilfeberechtigte vor Berufung in das Beamtenverhältnis auf Widerruf mindestens drei Jahre ununterbrochen im öffentlichen Dienst beschäftigt gewesen ist.

§ 12 Ambulante psychotherapeutische Leistungen

(1) Aufwendungen für ambulante Leistungen der psychosomatischen Grundversorgung (§ 13), für ambulante Leistungen der tiefenpsychologisch fundierten und der analytischen Psychotherapie (§ 14), für ambulante Leistungen der Verhaltenstherapie (§ 15) und für ambulante Leistungen der Systemischen Therapie bei Erwachsenen (§ 15a) sind bei einer der folgenden Indikationen beihilfefähig:

1. affektive Störung (depressive Episoden, rezidivierende depressive Störung, Dysthymie),
2. Angststörung,
3. Zwangsstörung,
4. Konversionsstörung (somatoforme Störung, dissoziative Störung),
5. Reaktion auf schwere Belastungen,
6. Anpassungsstörung,
7. Essstörung,
8. nichtorganische Schlafstörung,
9. sexuelle Funktionsstörung,
10. Persönlichkeitsstörung,
11. Verhaltensstörung, auch mit Beginn in der Kindheit oder Jugend,

12. emotionale Störung mit Beginn in der Kindheit oder Jugend.

(2) ₁Aufwendungen für ambulante psychotherapeutische Leistungen sind auch bei den folgenden Indikationen beihilfefähig, wenn sie neben oder nach einer somatischen ärztlichen Behandlung einer Krankheit und deren Auswirkungen erbracht werden, die psychischen Faktoren einen wesentlichen pathogenetischen Anteil an der Erkrankung haben und sich bei der Behandlung ein Ansatz für die Anwendung von Psychotherapie bietet:

1. psychische Störung oder Verhaltensstörung durch eine psychotrope Substanz,
2. psychische Störung oder Verhaltensstörung durch ein Opioid bei gleichzeitiger stabiler substitutionsgestützter Behandlung im Zustand der Beigebrauchsfreiheit,
3. seelische Krankheit als Folge frühkindlicher emotionaler Mangelzustände oder tiefgreifender Entwicklungsstörungen,
4. seelische Krankheit, die im Zusammenhang mit frühkindlicher körperlicher Schädigung oder Missbildung steht,
5. seelische Krankheit als Folge einer schweren chronischen Erkrankung,
6. schizophrene oder affektive psychotische Störung.

₂Aufwendungen für Leistungen bei einer Indikation nach Satz 1 Nr. 1 sind bei Bestehen einer Abhängigkeit von der psychotropen Substanz nur beihilfefähig, wenn Suchtmittelfreiheit oder Abstinenz besteht oder Suchtmittelfreiheit oder Abstinenz innerhalb von zehn Sitzungen erreicht wird. ₃Wird Suchtmittelfreiheit oder Abstinenz innerhalb von zehn Sitzungen nicht erreicht, so sind die Aufwendungen für höchstens zehn Sitzungen beihilfefähig.

(3) ₁Beihilfe für Aufwendungen für ambulante Leistungen der tiefenpsychologisch fundierten und der analytischen Psychotherapie, für ambulante Leistungen der Verhaltenstherapie und für ambulante Leistungen der Systemischen Therapie bei Erwachsenen wird nur gewährt, wenn

1. eine Ärztin, ein Arzt, eine Therapeutin oder ein Therapeut, die oder der die in der **Anlage 3** genannten Anforderungen für die Durchführung der jeweiligen Behandlung erfüllt, die Notwendigkeit und die Art der Behandlung, die Anzahl und die Frequenz der Sitzungen sowie die Voraussetzungen für den Behandlungserfolg festgestellt hat und
2. die Festsetzungsstelle vor Beginn der Behandlung aufgrund eines Gutachtens zu den Feststellungen nach Nummer 1 die Notwendigkeit und die Art der Behandlung sowie die Anzahl und die Frequenz der Sitzungen anerkannt hat.

₂Werden die Feststellungen nach Satz 1 Nr. 1 von einer Psychologischen Psychotherapeutin, einem Psychologischen Psychotherapeuten, einer Kinder- und Jugendlichenpsychotherapeutin oder einem Kinder- und Jugendlichenpsychotherapeuten getroffen, so sind diese durch eine somatische Abklärung durch eine Konsiliarärztin oder einen Konsiliararzt zu ergänzen. ₃Kann die Ärztin, der Arzt, die Therapeutin oder der Therapeut die Anzahl und die Frequenz der Sitzungen nicht mit ausreichender Sicherheit festlegen, so sind Aufwendungen für bis zu fünf probatorische Sitzungen und bei der analytischen Psychotherapie für bis zu acht probatorische Sitzungen beihilfefähig. ₄Aufwendungen für die Feststellungen nach Satz 1 Nr. 1 sind beihilfefähig; der Bemessungssatz beträgt 100 Prozent.

(4) Aufwendungen für ambulante Leistungen nach der Eye-Movement-Desensitization and Reprocessing-Methode sind nur bei Erwachsenen mit posttraumatischen Belastungsstörungen und nur im Rahmen eines umfassenden Behandlungskonzeptes der Verhaltenstherapie, der tiefenpsychologisch fundierten Psychotherapie oder der analytischen Psychotherapie beihilfefähig.

(5) ₁Die Aufwendungen sind nur beihilfefähig, wenn die Leistungen von einer Ärztin, einem Arzt, einer Therapeutin oder einem Therapeuten erbracht werden, die oder der die in der Anlage 3 genannten Anforderungen für die jeweilige Behandlung erfüllt. ₂Aufwendungen für eine Sitzung der tiefenpsychologisch fundierten oder analytischen Psychotherapie, der Verhaltenstherapie oder der Systemischen Therapie bei Erwachsenen

sind darüber hinaus nur beihilfefähig, wenn die Sitzung bei einer Einzelbehandlung, auch als Mehrpersonensetting, oder einer Gruppenbehandlung als Mehrpersonensetting mindestens 50 Minuten und bei einer Gruppenbehandlung im Übrigen mindestens 100 Minuten dauert. ₃Bei einer Kombination von Einzel- und Gruppenbehandlung wird bei überwiegend durchgeführter Einzelbehandlung eine in Gruppenbehandlung durchgeführte Sitzung als Sitzung der Einzelbehandlung und bei überwiegend durchgeführter Gruppenbehandlung eine in Einzelbehandlung durchgeführte Sitzung als Sitzung der Gruppenbehandlung auf die anerkannte Anzahl der Sitzungen angerechnet. ₄Wird eine ambulante psychotherapeutische Behandlung für einen Zeitraum von mehr als sechs Monaten unterbrochen, so sind die Aufwendungen für die an die Unterbrechung anschließenden Sitzungen nur beihilfefähig, wenn die Notwendigkeit der Unterbrechung vor Wiederaufnahme der Behandlung von einer Ärztin, einem Arzt, einer Therapeutin oder einem Therapeuten gegenüber der Festsetzungsstelle begründet wird.

(6) Aufwendungen für ambulante psychotherapeutische Leistungen einer Kinder- und Jugendlichenpsychotherapeutin oder eines Kinder- und Jugendlichenpsychotherapeuten, die bei einer Person erbracht werden, die das 21. Lebensjahr vollendet hat, sind nur beihilfefähig, wenn die psychotherapeutische Behandlung vor Beginn des 21. Lebensjahres begonnen wurde und die Fortsetzung der Behandlung zur Sicherung des Therapieerfolgs erforderlich ist.

(7) ₁Aufwendungen für ambulante Leistungen der tiefenpsychologisch fundierten Psychotherapie, der analytischen Psychotherapie, der Verhaltenstherapie oder der Systemischen Therapie bei Erwachsenen als Einzelbehandlung in Form einer psychotherapeutischen Akutbehandlung sind je Krankheitsfall für bis zu 24 Sitzungen und bis zur Höhe von 51 Euro je Sitzung beihilfefähig, wenn die Leistung von einer Ärztin, einem Arzt, einer Therapeutin oder einem Therapeuten erbracht wird, die oder der die in Anlage 3 genannten Anforderungen für die Durchführung der jeweiligen Behandlung erfüllt. ₂Die Aufwendungen sind nur beihilfefähig, wenn die Ärztin, der Arzt, die Therapeutin oder der Therapeut die Notwendigkeit der psychotherapeutischen Akutbehandlung bescheinigt; eine Anerkennung nach Absatz 3 Satz 1 Nr. 2 ist nicht erforderlich. ₃Die Aufwendungen sind darüber hinaus nur beihilfefähig, wenn eine Sitzung mindestens 25 Minuten dauert. ₄Wird eine Sitzung der psychotherapeutischen Akutbehandlung als Mehrpersonensetting durchgeführt, so sind die Aufwendungen nur beihilfefähig, wenn die Sitzung abweichend von Satz 3 mindestens 50 Minuten dauert; eine solche Sitzung zählt bei der Anwendung des Satzes 1 als zwei Sitzungen. ₅Werden in die Behandlung Bezugspersonen einbezogen, so sind auch die insoweit entstandenen Aufwendungen beihilfefähig. ₆Wird das Behandlungsziel innerhalb der psychotherapeutischen Akutbehandlung nicht erreicht, so sind Aufwendungen für weitere ambulante Leistungen der tiefenpsychologisch fundierten Psychotherapie, der analytischen Psychotherapie, der Verhaltenstherapie oder der Systemischen Therapie bei Erwachsenen nach § 14, § 15 oder § 15a nur beihilfefähig, wenn die Ärztin, der Arzt, die Therapeutin oder der Therapeut die Notwendigkeit und die Art der Weiterbehandlung, die Anzahl und die Frequenz der weiteren Sitzungen eingehend begründet und die Festsetzungsstelle aufgrund eines Gutachtens vor Beginn der weiteren Behandlung die Notwendigkeit und die Anzahl der insgesamt erforderlichen Sitzungen nach § 14 Abs. 1, § 15 Abs. 1 oder § 15a Abs. 1 anerkannt hat. ₇Die Anzahl der weiteren Sitzungen ergibt sich aus der Differenz der Anzahl der Sitzungen nach Satz 6 und der im Rahmen der Akutbehandlung bereits durchgeführten Sitzungen.

(8) ₁Aufwendungen für ambulante psychotherapeutische Leistungen nach den §§ 14 bis 15a in Form einer Kurzzeitbehandlung sind als Einzel- oder Gruppenbehandlung für bis zu 24 Sitzungen beihilfefähig, wenn die Festsetzungsstelle vor Beginn der Behandlung die Notwendigkeit der Behandlung anerkannt hat. ₂Für die Anerkennung ist abwei-

chend von Absatz 3 Satz 1 Nr. 2 ein Gutachten nicht erforderlich. ₃Wurde vor Beginn einer Kurzzeitbehandlung wegen derselben Erkrankung bereits eine psychotherapeutische Akutbehandlung durchgeführt, so verringert sich die Obergrenze nach Satz 1 um die Anzahl der im Rahmen der psychotherapeutischen Akutbehandlung bereits durchgeführten Sitzungen. ₄Wird das Behandlungsziel innerhalb der für die Kurzzeitbehandlung insgesamt vorgesehenen Sitzungen nicht erreicht, so sind Aufwendungen für weitere Sitzungen nach den §§ 14 bis 15a beihilfefähig, wenn die Ärztin, der Arzt, die Therapeutin oder der Therapeut, die oder der die in der Anlage 3 genannten Anforderungen für die Durchführung der jeweiligen Behandlung erfüllt, die Notwendigkeit und die Anzahl weiterer Sitzungen eingehend begründet und die Festsetzungsstelle aufgrund eines Gutachtens vor Beginn der weiteren Behandlung die Notwendigkeit und die Anzahl der insgesamt erforderlichen Sitzungen nach § 14 Abs. 1, § 15 Abs. 1 oder § 15a Abs. 1 anerkannt hat. ₅Die Anzahl der weiteren Sitzungen ergibt sich aus der Differenz der Anzahl der Sitzungen nach Satz 4 und der im Rahmen der Kurzzeitbehandlung und einer Akutbehandlung bereits durchgeführten Sitzungen.

(9) ₁Nicht beihilfefähig sind Aufwendungen für

1. Familientherapie,
2. Funktionelle Entspannung nach M. Fuchs.
3. Gesprächspsychotherapie,
4. Gestalttherapie,
5. Heileurhythmie,
6. Körperbezogene Therapie,
7. Konzentrative Bewegungstherapie,
8. Logotherapie,
9. Musiktherapie,
10. Psychodrama,
11. Respiratorisches Biofeedback,
12. Transaktionsanalyse.

₂Nicht beihilfefähig sind auch Aufwendungen für ambulante psychotherapeutische Leistungen, die nur der beruflichen oder sozialen Anpassung, der beruflichen oder schulischen Förderung oder der Erziehungs-, Ehe-, Lebens-, Sexual-, Paar- oder Familienberatung dienen.

§ 13 Psychosomatische Grundversorgung

(1) Aufwendungen für ambulante Leistungen der psychosomatischen Grundversorgung sind nur beihilfefähig für

1. verbale Intervention mit einer Mindestbehandlungsdauer von 20 Minuten,
2. Hypnose (Nummer 845 des Gebührenverzeichnisses der Gebührenordnung für Ärzte) und
3. autogenes Training und Jacobsonsche Relaxationstherapie (Nummern 846 und 847 des Gebührenverzeichnisses der Gebührenordnung für Ärzte).

(2) Je Krankheitsfall sind beihilfefähig

1. Aufwendungen für verbale Intervention für bis zu 25 Sitzungen,
2. Aufwendungen für Hypnose für bis zu zwölf Sitzungen und
3. Aufwendungen für autogenes Training und Jacobsonsche Relaxationstherapie als Einzel- oder Gruppenbehandlung für bis zu zwölf Sitzungen, wobei eine Kombination von Einzel- und Gruppenbehandlung möglich ist.

(3) ₁Aufwendungen für Leistungen nach Absatz 1 sind neben Aufwendungen für eine gleichzeitig durchgeführte Therapie nach § 14, § 15 oder § 15a nicht beihilfefähig. ₂Aufwendungen für eine verbale Intervention sind auch nicht beihilfefähig, wenn sie in einer Sitzung erbracht wurde, in der auch Hypnose, autogenes Training oder Jacobsonsche Relaxationstherapie durchgeführt wurde.

§ 14 Tiefenpsychologisch fundierte und analytische Psychotherapie

(1) Aufwendungen für Leistungen der tiefenpsychologisch fundierten und der analytischen Psychotherapie (Nummern 860 bis 865 des Gebührenverzeichnisses der Gebührenordnung für Ärzte) sind je Krankheitsfall nur in folgendem Umfang beihilfefähig:

§ 15 Landesbeihilfeverordnung (NBhVO) **VII.1**

1. Tiefenpsychologisch fundierte Psychotherapie bei Erwachsenen:

	Einzel-behandlung	Gruppen-behandlung
Regelfall	bis zu 60 Sitzungen	bis zu 60 Sitzungen
in besonderen Fällen	bis zu weitere 40 Sitzungen	bis zu weitere 20 Sitzungen;

2. Analytische Psychotherapie bei Erwachsenen:

	Einzel-behandlung	Gruppen-behandlung
Regelfall	bis zu 160 Sitzungen	bis zu 80 Sitzungen
in besonderen Fällen	bis zu weitere 140 Sitzungen	bis zu weitere 70 Sitzungen

3. Tiefenpsychologisch fundierte oder analytische Psychotherapie bei Kindern bis zur Vollendung des 14. Lebensjahrs:

	Einzel-behandlung	Gruppen-behandlung
Regelfall	bis zu 70 Sitzungen	bis zu 60 Sitzungen
in besonderen Fällen	bis zu weitere 80 Sitzungen	bis zu weitere 30 Sitzungen;

4. Tiefenpsychologisch fundierte oder analytische Psychotherapie bei Jugendlichen ab Vollendung des 14. Lebensjahres bis zur Vollendung des 21. Lebensjahres:

	Einzel-behandlung	Gruppen-behandlung
Regelfall	bis zu 90 Sitzungen	bis zu 60 Sitzungen
in besonderen Fällen	bis zu weitere 90 Sitzungen	bis zu weitere 30 Sitzungen.

(2) Wird das Behandlungsziel nicht innerhalb der für den Regelfall vorgesehenen Sitzungen erreicht (besondere Fälle), so sind Aufwendungen für weitere Sitzungen beihilfefähig, wenn die Ärztin, der Arzt, die Therapeutin oder der Therapeut, die oder der die in der Anlage 3 genannten Anforderungen für die Durchführung von tiefenpsychologisch fundierter oder analytischer Behandlung erfüllt, die Notwendigkeit und die Anzahl weiterer Sitzungen eingehend begründet und die Festsetzungsstelle vor Beginn der weiteren Behandlung die Notwendigkeit und die Anzahl weiterer Sitzungen anerkannt hat.

(3) ₁Werden bei tiefenpsychologisch fundierter oder analytischer Psychotherapie bei Kindern und Jugendlichen bis zur Vollendung des 21. Lebensjahres Bezugspersonen in die Behandlung einbezogen, so sind auch die insoweit entstandenen Anwendungen beihilfefähig. ₂Werden bei tiefenpsychologisch fundierter oder analytischer Psychotherapie bei Erwachsenen Bezugspersonen in die Behandlung einbezogen, so sind die insoweit entstandenen Aufwendungen beihilfefähig. ₃Die Sitzung mit der Bezugsperson wird auf die für die zu behandelnde Person anerkannte Anzahl der Sitzungen angerechnet.

(4) Aufwendungen für katathymes Bilderleben sind nur im Rahmen einer übergeordneten tiefenpsychologisch fundierten Therapie beihilfefähig.

(5) Aufwendungen für Leistungen nach Absatz 1 sind neben Aufwendungen für eine gleichzeitig durchgeführte Therapie nach § 13, § 15 oder § 15a nicht beihilfefähig.

§ 15 Verhaltenstherapie

(1) Aufwendungen für Verhaltenstherapie (Nummern 870 und 871 des Gebührenverzeichnisses der Gebührenordnung für Ärzte) sind je Krankheitsfall nur in folgendem Umfang beihilfefähig:

	Einzel-behandlung	Gruppenbehandlung
Regelfall	bis zu 60 Sitzungen	bis zu 60 Sitzungen
in besonderen Fällen	bis zu weitere 20 Sitzungen	bis zu weitere 20 Sitzungen.

(2) Wird das Behandlungsziel nicht innerhalb der für den Regelfall vorgesehenen Sitzungen erreicht (besondere Fälle), so sind Aufwendungen für weitere Sitzungen beihilfefähig, wenn die Ärztin, der Arzt, die Therapeutin oder der Therapeut, die oder der die in der Anlage 3 genannten Anforderungen für die Durchführung von Verhaltenstherapie erfüllt, die Notwendigkeit und die Anzahl weiterer Sitzungen eingehend begründet und die

VII.1 Landesbeihilfeverordnung (NBhVO) §§ 15a–16a

Festsetzungsstelle vor Beginn der weiteren Behandlung Notwendigkeit und die Anzahl weiterer Sitzungen anerkannt hat.

(3) ₁Werden bei Verhaltenstherapie bei Kindern und Jugendlichen bis zur Vollendung des 21. Lebensjahres Bezugspersonen in die Behandlung einbezogen, so sind auch die insoweit entstandenen Aufwendungen beihilfefähig. ₂Werden bei Verhaltenstherapie bei Erwachsenen Bezugspersonen in die Behandlung einbezogen, so sind die insoweit entstandenen Aufwendungen beihilfefähig. ₃Die Sitzung mit der Bezugsperson wird auf die für die zu behandelnde Person anerkannte Anzahl der Sitzungen angerechnet.

(4) ₁Eine Anerkennung nach § 12 Abs. 3 Satz 1 Nr. 2 ist nicht erforderlich, wenn eine Ärztin, ein Arzt, eine Therapeutin oder ein Therapeut, die oder der die in der Anlage 3 genannten Anforderungen für die Durchführung von Verhaltenstherapie erfüllt, nach Durchführung der probatorischen Sitzungen der Feststellungsstelle mitteilt, dass die Behandlung bei Einzelbehandlung nicht mehr als zehn Sitzungen oder hei Gruppenbehandlung nicht mehr als 20 Sitzungen erfordert. ₂Aufwendungen für weitere Sitzungen sind nur beihilfefähig, wenn das Verfahren nach § 12 Abs. 3 durchgeführt wird.

(5) Aufwendungen für Rational Emotive Therapie sind nur im Rahmen einer umfassenden verhaltenstherapeutischen Behandlung beihilfefähig.

(6) Aufwendungen für Leistungen nach Absatz 1 sind neben Aufwendungen für eine gleichzeitig durchgeführte Therapie nach § 13, § 14 oder § 15a nicht beihilfefähig.

§ 15a Systemische Therapie bei Erwachsenen

(1) Aufwendungen für Leistungen der Systemischen Therapie bei Erwachsenen (Nummern 860 analog, 861 analog, 862 analog und 865 des Gebührenverzeichnisses der Gebührenordnung für Ärzte) sind je Krankheitsfall nur in folgendem Umfang beihilfefähig:

	Einzel-behandlung	Gruppenbehandlung
Regelfall	bis zu 36 Sitzungen	bis zu 36 Sitzungen
in besonderen Fällen	bis zu weitere 12 Sitzungen	bis zu weitere 12 Sitzungen.

(2) Wird das Behandlungsziel nicht innerhalb der für den Regelfall vorgesehenen Sitzungen erreicht (besondere Fälle), so sind Aufwendungen für weitere Sitzungen beihilfefähig, wenn die Ärztin, der Arzt, die Therapeutin oder der Therapeut, die oder der die in der Anlage 3 genannten Anforderungen für die Durchführung von systemischer Behandlung erfüllt, die Notwendigkeit und die Anzahl weiterer Sitzungen eingehend begründet und die Festsetzungsstelle vor Beginn der weiteren Behandlung die Notwendigkeit und die Anzahl weiterer Sitzungen anerkannt hat.

(3) Aufwendungen für Leistungen nach Absatz 1 sind neben Aufwendungen für eine gleichzeitig durchgeführte Therapie nach § 13, § 14 oder § 15 nicht beihilfefähig.

§ 16 Ambulante psychosomatische Nachsorge

Aufwendungen für eine bis zu sechs Monate dauernde ambulante psychosomatische Nachsorge nach einer stationären psychosomatischen Behandlung sind beihilfefähig bis zur Höhe der Aufwendungen, die von den gesetzlichen Krankenkassen oder den Rentenversicherungsträgern zu tragen sind.

§ 16a Ambulante neuropsychologische Therapie

(1) Aufwendungen für ambulante Leistungen der neuropsychologischen Therapie zur Behandlung einer erworbenen Hirnschädigung oder Hirnerkrankung sind bei einer der folgenden Indikationen beihilfefähig:

1. organisches amnestisches, nicht durch Alkohol oder eine andere psychotrope Substanz bedingtes Syndrom,
2. organische emotional labile (asthenische) Störung,
3. leichte kognitive Störung,

§ 16a   Landesbeihilfeverordnung (NBhVO)   **VII.1**

4. sonstige näher bezeichnete organische psychische Störung aufgrund einer Schädigung oder Funktionsstörung des Gehirns oder einer körperlichen Krankheit,
5. nicht näher bezeichnete organische psychische Störung aufgrund einer Schädigung oder Funktionsstörung des Gehirns oder einer körperlichen Krankheit,
6. Persönlichkeitsstörung aufgrund einer Krankheit, Schädigung oder Funktionsstörung des Gehirns und
7. Verhaltensstörung aufgrund einer Krankheit, Schädigung oder Funktionsstörung des Gehirns.

(2) Aufwendungen nach Absatz 1 sind nicht beihilfefähig, wenn

1. eine stationäre oder rehabilitative Maßnahme notwendig ist,
2. eine Hirnerkrankung mit progredientem Verlauf im fortgeschrittenen Stadium, insbesondere mittel- oder hochgradige Demenz vom Alzheimertyp, vorliegt oder
3. bei Erwachsenen eine Hirnschädigung oder Hirnerkrankung mit neuropsychologischen Defiziten länger als fünf Jahre zurückliegt,

es sei denn, dass die Therapeutin oder der Therapeut im Einzelfall eingehend begründet, dass eine hinreichende Wahrscheinlichkeit besteht, dass das Behandlungsziel erreicht wird, und die Festsetzungsstelle vor Beginn der Behandlung die Notwendigkeit der Behandlung anerkannt hat.

(3) Aufwendungen für ambulante Leistungen der neuropsychologischen Therapie zur Behandlung ausschließlich angeborener Einschränkungen oder Behinderungen der Hirnleistungsfunktionen ohne sekundäre organische Hirnschädigung, insbesondere eines Aufmerksamkeitsdefizit-Syndroms oder einer Intelligenzminderung, sind nur beihilfefähig, wenn die Therapeutin oder der Therapeut im Einzelfall eingehend begründet, dass eine hinreichende Wahrscheinlichkeit besteht, dass das Behandlungsziel erreicht wird, und die Festsetzungsstelle vor Beginn der Behandlung die Notwendigkeit der Behandlung anerkannt hat.

(4) Beihilfe wird nur gewährt, wenn

1. die Leistungen von
   a) einer Fachärztin oder einem Facharzt für Neurologie, Nervenheilkunde, Psychiatrie, Psychiatrie und Psychotherapie, Kinder- und Jugendmedizin mit Schwerpunkt Neuropädiatrie, Neurochirurgie oder Kinder- und Jugendpsychiatrie und -psychotherapie,
   b) einer ärztlichen Psychotherapeutin oder einem ärztlichen Psychotherapeuten,
   c) einer Psychologischen Psychotherapeutin oder einem Psychologischen Psychotherapeuten oder
   d) einer Kinder- und Jugendlichenpsychotherapeutin oder einem Kinder- und Jugendlichenpsychotherapeuten,

   die oder der jeweils über eine neuropsychologische Zusatzqualifikation verfügt, erbracht werden und

2. die Festsetzungsstelle vor Beginn der Behandlung die Notwendigkeit und die Art der Behandlung sowie die Anzahl und die Frequenz der Sitzungen anerkannt hat.

(5) ₁Aufwendungen für ambulante Leistungen der neuropsychologischen Therapie sind je Krankheitsfall nur in folgendem Umfang beihilfefähig:

1. Einzelbehandlung

	bei einer Sitzungsdauer von mindestens 25 Minuten	bei einer Sitzungsdauer von mindestens 50 Minuten
Regelfall	bis zu 120 Sitzungen	bis zu 60 Sitzungen
in besonderen Fällen	bis zu weitere 40 Sitzungen	bis zu weitere 20 Sitzungen

2. Gruppenbehandlung

	bei einer Sitzungsdauer von mindestens 50 Minuten	bei einer Sitzungsdauer von mindestens 100 Minuten
	bis zu 80 Sitzungen	bis zu 40 Sitzungen.

₂Werden während der Therapie Einzel- und Gruppenbehandlung kombiniert, so sind die

Aufwendungen für die Sitzungen nach Maßgabe des Satzes 1 Nr. 1 beihilfefähig. ₃Aufwendungen für bis zu fünf probatorische Sitzungen für die krankheitsspezifische neuropsychologische Diagnostik und die spezifische Indikationsstellung sind beihilfefähig.

(6) ₁Wird das Behandlungsziel nicht innerhalb der für den Regelfall vorgesehenen Sitzungen erreicht (besondere Fälle), so sind die Aufwendungen für weitere Sitzungen beihilfefähig, wenn die Ärztin, der Arzt, die Therapeutin oder der Therapeut die Notwendigkeit und die Anzahl weiterer Sitzungen eingehend begründet und die Festsetzungsstelle vor Beginn der weiteren Behandlung die Notwendigkeit und die Anzahl weiterer Sitzungen anerkannt hat. ₂In der Begründung muss auch dargelegt werden, dass eine hinreichende Wahrscheinlichkeit besteht, dass das Behandlungsziel durch die weiteren Sitzungen erreicht wird.

(7) ₁Werden in die Behandlung Bezugspersonen einbezogen, so sind auch die insoweit entstandenen Aufwendungen beihilfefähig, bei einer Gruppenbehandlung jedoch nur, wenn Kinder und Jugendliche bis zur Vollendung des 18. Lebensjahres behandelt werden. ₂Satz 1 gilt für die probatorischen Sitzungen entsprechend.

Zweites Kapitel
Sonstige Leistungen

§ 17 Arznei- und Verbandmittel, Medizinprodukte

(1) ₁Aufwendungen für die von einer Ärztin, einem Arzt, einer Zahnärztin, einem Zahnarzt, einer Heilpraktikerin oder einem Heilpraktiker nach Art und Umfang schriftlich verordneten oder bei einer ambulanten Behandlung verbrauchten

1. Arzneimittel nach § 2 des Arzneimittelgesetzes, die apothekenpflichtig sind,
2. Verbandmittel und
3. Medizinprodukte

sind nach Maßgabe der Absätze 2 bis 10 beihilfefähig. ₂Aufwendungen für die Lieferung von verschreibungspflichtigen Arzneimitteln sind je Lieferort und Tag bis zur Höhe von 2,50 Euro zuzüglich Umsatzsteuer beihilfefähig.

(2) Nicht beihilfefähig sind Aufwendungen für

1. verschreibungspflichtige Arzneimittel zur Anwendung bei Erkältungskrankheiten und grippalen Infekten einschließlich der bei diesen Krankheiten anzuwendenden Schnupfenmittel, Schmerzmittel, hustendämpfenden und hustenlösenden Mittel,

2. verschreibungspflichtige Mund- und Rachentherapeutika, es sei denn, dass sie zur Behandlung von Pilzinfektionen oder von geschwürigen Erkrankungen der Mundhöhle oder zur Behandlung nach einem chirurgischen Eingriff im Hals-, Nasen- oder Ohrenbereich verordnet werden,

3. verschreibungspflichtige Abführmittel, es sei denn, dass sie

   a) zur Behandlung von Erkrankungen in Zusammenhang mit Tumorleiden oder zur Behandlung von Megacolon, Divertikulose, Divertikulitis, Mukoviszidose oder neurogener Darmlähmung oder

   b) vor diagnostischen Eingriffen, bei phosphatbindender Medikation bei chronischer Niereninsuffizienz, bei Opiattherapie oder Opioidtherapie oder in der Terminalphase

   verordnet werden,

4. verschreibungspflichtige Arzneimittel gegen Reisekrankheit, es sei denn, dass sie gegen Erbrechen bei einer Tumortherapie oder bei anderen Erkrankungen verordnet werden,

wenn die oder der Beihilfeberechtigte oder die oder der berücksichtigungsfähige Angehörige das 18. Lebensjahr vollendet hat.

(3) ₁Nicht beihilfefähig sind auch Aufwendungen für nicht verschreibungspflichtige Arzneimittel, es sei denn, dass sie

1. für Kinder bis zum vollendeten 12. Lebensjahr bestimmt sind,

2. für Kinder und Jugendliche mit Entwicklungsstörungen bis zum vollendeten 18. Lebensjahr bestimmt sind,

§ 17 Landesbeihilfeverordnung (NBhVO) VII.1

3. in Form von Spritzen, Salben und Inhalationen bei einer ambulanten Behandlung verbraucht wurden,
4. bei der Behandlung schwerwiegender Erkrankungen als Therapiestandard gelten und mit dieser Begründung verordnet werden,
5. als Begleitmedikation zu einer medikamentösen Therapie mit einem Arzneimittel, dessen Aufwendungen beihilfefähig sind, mit der Begründung verordnet werden, dass diese Begleitmedikation nach der Fachinformation des Herstellers des Arzneimittels, dessen Aufwendungen beihilfefähig sind, zwingend erforderlich ist, oder
6. zur Behandlung einer unerwünschten, schwerwiegenden Arzneimittelwirkung verordnet werden, die trotz bestimmungsgemäßer Anwendung eines Arzneimittels, dessen Aufwendungen beihilfefähig sind, eingetreten ist.

₂Eine unerwünschte Arzneimittelwirkung im Sinne des Satzes 1 Nr. 6 ist schwerwiegend, wenn sie lebensbedrohlich ist oder die Lebensqualität aufgrund einer durch sie verursachten Gesundheitsstörung auf Dauer beeinträchtigt ist.

(4) Nicht beihilfefähig sind auch Aufwendungen für

1. Arzneimittel, bei deren Anwendung eine Erhöhung der Lebensqualität im Vordergrund steht, insbesondere Arzneimittel zur Behandlung einer sexuellen Dysfunktion, der Anreizung sowie Steigerung der sexuellen Potenz, zur Raucherentwöhnung, zur Abmagerung oder zur Zügelung des Appetits, zur Regulierung des Körpergewichts oder zur Verbesserung des Haarwuchses, und
2. Arzneimittel, die als unwirtschaftlich von der Versorgung nach § 31 Abs. 1 SGB V ausgeschlossen sind.

(5) Das Fachministerium gibt die schwerwiegenden Erkrankungen und die Arzneimittel, die als Therapiestandard nach Absatz 3 Nr. 4 gelten, sowie die Arzneimittel nach Absatz 4 im Niedersächsischen Ministerialblatt bekannt.

(6) Aufwendungen für die nach den Absätzen 2 bis 4 von der Beihilfefähigkeit ausgeschlossenen Arzneimittel sind in medizinisch begründeten Einzelfällen beihilfefähig.

(7) ₁Aufwendungen für Arzneimittel, für die Festbeträge nach § 35 SGB V festgesetzt sind, sind nur bis zur Höhe der vom Bundesinstitut für Arzneimittel und Medizinprodukte im Internet unter www.bfarm.de veröffentlichten Festbeträge beihilfefähig. ₂In medizinisch begründeten Einzelfällen sind Aufwendungen für Arzneimittel nach Satz 1 auch über den Festbetrag hinaus beihilfefähig.

(8) ₁Aufwendungen für Arzneimittel, deren Wirtschaftlichkeit aufgrund von Bewertungen des Kosten-Nutzen-Verhältnisses nach § 35b Abs. 1 SGB V nur bei Vorliegen bestimmter Voraussetzungen gegeben ist, sind beihilfefähig, wenn diese Voraussetzungen erfüllt sind. ₂Das Fachministerium gibt die Arzneimittel und die Voraussetzungen für die Beihilfefähigkeit der Aufwendungen im Niedersächsischen Ministerialblatt bekannt.

(9) ₁Aufwendungen für diätetische Lebensmittel für besondere medizinische Zwecke sind im Rahmen einer ärztlich verordneten enteralen Ernährung bei fehlender oder eingeschränkter Fähigkeit zur ausreichenden normalen Nahrungsaufnahme beihilfefähig, wenn eine Änderung der üblichen Ernährung oder sonstige ärztliche, pflegerische oder ernährungstherapeutische Maßnahmen zur Verbesserung der Ernährungssituation nicht ausreichen. ₂Aufwendungen für Elementardiäten, die für Kinder mit Kuhmilcheiweißallergie bis zur Vollendung des 3. Lebensjahres verordnet werden, sind beihilfefähig. ₃Aufwendungen für Elementardiäten, die für diagnostische Zwecke für Kinder mit Neurodermitis bis zur Vollendung des 3. Lebensjahres verordnet werden, sind beihilfefähig, jedoch höchstens für einen Zeitraum von bis zu sechs Monaten je Behandlungsfall.

(10) ₁Aufwendungen für Medizinprodukte nach § 3 Nrn. 1 und 2 des Medizinproduktegesetzes in der am 25. Mai 2021 geltenden Fassung sind beihilfefähig, soweit dies in der

Anlage 4 bestimmt ist. ₂Beihilfefähig sind auch Aufwendungen für Harn- und Blutteststreifen.

§ 18 Heilmittel

(1) ₁Aufwendungen für ein ärztlich, zahnärztlich oder psychotherapeutisch verordnetes Heilmittel sind beihilfefähig, wenn

1. das Heilmittel in der **Anlage 5** aufgeführt ist,
2. die in der Anlage 5 genannten Voraussetzungen für die Beihilfegewährung vorliegen und
3. das Heilmittel von einer Person angewandt wird, die die Anforderungen nach der **Anlage 6** erfüllt und die Anwendung des Heilmittels der Berufsausbildung oder dem Berufsbild entspricht.

₂Die Aufwendungen sind nur bis zu den in der Anlage 5 genannten Höchstbeträgen beihilfefähig. ₃Wird das Heilmittel bei einem ärztlich, zahnärztlich oder psychotherapeutisch verordneten Hausbesuch angewendet, so sind die Aufwendungen für den Hausbesuch bis zur Höhe von 12,10 Euro zuzüglich Fahrtkosten beihilfefähig. ₄Als Fahrtkosten werden bei Benutzung eines Kraftfahrzeugs 0,30 Euro je Kilometer und im Übrigen die niedrigsten Kosten eines regelmäßig verkehrenden Verkehrsmittels berücksichtigt. ₅Werden mehrere Personen einer häuslichen oder sozialen Gemeinschaft in unmittelbarem zeitlichen Zusammenhang behandelt, so sind die Aufwendungen für den Hausbesuch nur bis zur Höhe von 6,10 Euro je Person zuzüglich Fahrtkosten beihilfefähig, wobei die Fahrtkosten nur einmal und abhängig von der Anzahl der behandelten Personen nur anteilig berücksichtigt werden.

(2) Wird im Rahmen einer teilstationären oder stationären Behandlung in Einrichtungen, die der Betreuung und der Behandlung von kranken oder behinderten Menschen dienen, an Stelle einer Einzelabrechnung ein einheitlicher Kostensatz für Heilmittel, Verpflegung und sonstige Betreuung berechnet, so sind für Heilmittel je Tag der Anwesenheit in der Einrichtung pauschal 10,50 Euro beihilfefähig.

(3) Bei Beihilfeberechtigten, die ihren dienstlichen Wohnsitz im Ausland haben oder im Ausland eingesetzt sind, und ihren berücksichtigungsfähigen Angehörigen sind Aufwendungen für ärztlich, zahnärztlich oder psychotherapeutisch verordnete Heilmittel bis zur Höhe der ortsüblichen Vergütung im Gastland beihilfefähig.

§ 19 Komplextherapien, integrierte Versorgung

(1) Aufwendungen für Leistungen, die von einem berufsgruppenübergreifenden Team erbracht und pauschal abgerechnet werden (Komplextherapien), sind abweichend von § 5 Abs. 1 und 2 und § 18 Abs. 1 bis zur Höhe der Vergütung, die von den gesetzlichen Krankenkassen oder den Rentenversicherungsträgern aufgrund von Vereinbarungen zu tragen sind, beihilfefähig.

(2) Aufwendungen für Leistungen, die verschiedene Leistungssektoren übergreifend oder interdisziplinär fachübergreifend erbracht und pauschal abgerechnet werden (integrierte Versorgung), sind bis zur Höhe der Vergütung, die von den gesetzlichen Krankenkassen aufgrund von Verträgen nach § 140a SGB V oder von den privaten Krankenversicherungsunternehmen aufgrund von Vereinbarungen zu tragen sind, beihilfefähig.

§ 20 Hilfsmittel, Geräte zur Selbstbehandlung und Selbstkontrolle, Körperersatzstücke

(1) ₁Die notwendigen und angemessenen Aufwendungen für die Anschaffung der in der **Anlage 7** genannten Hilfsmittel, Geräte zur Selbstbehandlung und Selbstkontrolle sowie Körperersatzstücke sind unter den in der Anlage 7 genannten Voraussetzungen und bis zu den dort genannten Höchstbeträgen beihilfefähig, wenn die Anschaffung ärztlich verordnet und erforderlich ist, um den Erfolg der Krankenbehandlung zu sichern, einer drohenden Behinderung vorzubeugen oder eine Behinderung auszugleichen. ₂Beihilfefähig sind auch die notwendigen und angemessenen Aufwendungen für die Reparatur, den Betrieb, die Unterweisung in den Gebrauch und die Unterhaltung der in der

Anlage 7 genannten Gegenstände. ₃Aufwendungen für die Anschaffung, die Reparatur, den Betrieb, die Unterweisung in den Gebrauch und die Unterhaltung der in der **Anlage 8** genannten Hilfsmittel und Geräte zur Selbstbehandlung und Selbstkontrolle sind nicht beihilfefähig. ₄Die notwendigen und angemessenen Aufwendungen für die Anschaffung eines Hilfsmittels oder eines Gerätes zur Selbstbehandlung und Selbstkontrolle, das weder in der Anlage 7 noch in der Anlage 8 aufgeführt ist, sind beihilfefähig, wenn die Voraussetzungen des Satzes 1 vorliegen und

1. es mit einem in der Anlage 7 genannten Hilfsmittel oder Gerät zur Selbstbehandlung und Selbstkontrolle vergleichbar ist und die dort genannten Voraussetzungen vorliegen oder
2. die Beihilfefähigkeit im Hinblick auf die Fürsorgepflicht des Dienstherrn nach § 45 BeamtStG geboten ist.

₅Satz 2 und die in der Anlage 7 genannten Höchstbeträge gelten entsprechend. ₆Enthält ein Gutachten nach § 49 Abs. 2 eine Empfehlung zur Versorgung mit einem Hilfsmittel, einem Gerät zur Selbstbehandlung und Selbstkontrolle oder einem Körperersatzstück, so bedarf es einer ärztlichen Verordnung nicht.

(2) Aufwendungen für den Ersatz eines unbrauchbar gewordenen Gegenstandes nach Absatz 1 Satz 1 oder 4 sind ohne erneute ärztliche Verordnung beihilfefähig, wenn als Ersatz ein Gegenstand in einer im Wesentlichen gleichen Ausführung wie der unbrauchbar gewordene Gegenstand innerhalb von sechs Monaten nach der Erstbeschaffung angeschafft wird.

(3) Aufwendungen für die Unterweisung in den Gebrauch von Blindenhilfsmitteln und für Training in Orientierung und Mobilität sind nach Maßgabe der **Anlage 9** beihilfefähig.

(4) ₁Nicht beihilfefähig sind Aufwendungen für Batterien von Hörgeräten sowie Pflege- und Reinigungsmittel für Kontaktlinsen. ₂Satz 1 gilt nicht für Aufwendungen für Kinder und Jugendliche bis zur Vollendung des 18. Lebensjahres.

(5) Aufwendungen für die Miete von Hilfsmitteln und Geräten zur Selbstbehandlung und Selbstkontrolle nach Absatz 1 Satz 1 oder 4 sind beihilfefähig, soweit sie nicht höher als die Aufwendungen für deren Anschaffung zuzüglich der beihilfefähigen Aufwendungen für deren Unterhaltung sind und die Anschaffung sich dadurch erübrigt.

(6) Bei Beihilfeberechtigten, die ihren dienstlichen Wohnsitz im Ausland haben oder im Ausland eingesetzt sind, und ihren berücksichtigungsfähigen Angehörigen erhöhen oder ermäßigen sich die in der Anlage 7 genannten Höchstbeträge um den nach § 55 BBesG für den Dienstort festgesetzten Kaufkraftausgleich, wenn die Aufwendungen im Gastland entstanden sind.

§ 21 Krankenhausleistungen

(1) ₁Aufwendungen für allgemeine Krankenhausleistungen im Sinne des § 2 Abs. 2 des Krankenhausentgeltgesetzes (KHEntgG), die im Rahmen einer vollstationären oder teilstationären Krankenhausbehandlung in einem Krankenhaus erbracht werden, das das Krankenhausentgeltgesetz anwendet, sind in dem Umfang beihilfefähig, in dem die Leistungen nach dem Krankenhausentgeltgesetz und dem Krankenhausfinanzierungsgesetz vergütet werden. ₂Aufwendungen für allgemeine Krankenhausleistungen im Sinne des § 2 Abs. 2 der Bundespflegesatzverordnung (BPflV), die im Rahmen einer vollstationären, stationsäquivalenten oder teilstationären Krankenhausbehandlung in einem Krankenhaus erbracht werden, das die Bundespflegesatzverordnung anwendet, sind in dem Umfang beihilfefähig, in dem die Leistungen nach der Bundespflegesatzverordnung vergütet werden.

(2) Aufwendungen für Leistungen im Rahmen vorstationärer oder nachstationärer Behandlung sind in dem Umfang beihilfefähig, in dem die Leistungen nach § 115a SGB V vergütet werden.

(3) ₁Aufwendungen für allgemeine Krankenhausleistungen im Sinne des § 2 Abs. 2 KHEntgG oder im Sinne des § 2 Abs. 2 BPflV in Krankenhäusern, die weder das Krankenhausentgeltgesetz noch die Bundespflege-

satzverordnung anwenden, sind wie folgt beihilfefähig:

1. bei Indikationen,
   a) für die eine Fallpauschale nach dem auf Bundesebene vereinbarten Entgeltkatalog (§ 9 KHEntgG) vereinbart ist, bis zur Höhe des Betrages, der sich aus der Multiplikation des nach § 10 Abs. 9 Sätze 5 und 6 KHEntgG vereinbarten einheitlichen Basisfallwertes und der krankheitsbezogenen effektiven Bewertungsrelation nach § 7 Abs. 2 Satz 1 Nr. 1 KHEntgG ergibt, oder
   b) für die eine tagesbezogene Bewertungsrelation nach dem auf Bundesebene vereinbarten Entgeltkatalog (§ 9 BPflV) vereinbart ist, bis zur Höhe des Betrages, der sich aus der Multiplikation der tagesbezogenen Bewertungsrelation mit dem Basisentgeltwert eines dem Wohnort der behandelten Person nächstgelegenen Krankenhauses der Maximalversorgung, das eine medizinisch gleichwertige Behandlung anbietet, und der Anzahl der abrechenbaren Tage ergibt,

2. im Übrigen
   a) für die Fachgebiete Psychiatrie, Psychotherapie und Psychosomatische Medizin bis zur Höhe des Betrages, der sich aus der Multiplikation einer Bewertungsrelation von
      aa) 1,00 bei vollstationärer Behandlung,
      bb) 0,75 bei teilstationärer Behandlung oder
      cc) 0,80 bei stationsäquivalenter Behandlung

      mit dem Basisentgeltwert eines dem Wohnort der behandelten Person nächstgelegenen Krankenhauses der Maximalversorgung, das eine medizinisch gleichwertige Behandlung anbietet, und der Anzahl der abrechenbaren Tage ergibt,
   b) für die Fachgebiete Kinder- und Jugendpsychiatrie und Kinder- und Jugendpsychotherapie bis zur Höhe des Betrages, der sich aus der Multiplikation einer Bewertungsrelation von
      aa) 1,50 bei vollstationärer Behandlung,
      bb) 1,00 bei teilstationärer Behandlung oder
      cc) 1,20 bei stationsäquivalenter Behandlung

      mit dem Basisentgeltwert eines dem Wohnort der behandelten Person nächstgelegenen Krankenhauses der Maximalversorgung, das eine medizinisch gleichwertige Behandlung anbietet, und der Anzahl der abrechenbaren Tage ergibt, und
   c) für Fachgebiete, die in den Buchstaben a und b nicht genannt sind, bis zur Höhe der entsprechenden tages- oder fallbezogenen Entgelte für eine medizinisch gleichwertige Behandlung in einem dem Wohnort der behandelten Person nächstgelegenen Krankenhaus der Maximalversorgung, das eine medizinisch gleichwertige Behandlung anbietet.

$_2$Der nach Satz 1 Nr. 1 Buchst. a ermittelte Betrag erhöht sich um den Betrag für das Pflegeentgelt, der sich aus der Multiplikation des nach § 15 Abs. 2a KHEntgG maßgeblichen Eurobetrages für einen voll- oder teilstationären Belegungstag und der Anzahl der abrechenbaren Tage ergibt. $_3$Werden Leistungen, für die bundeseinheitlich ein Zusatzentgelt nach dem auf Bundesebene vereinbarten Entgeltkatalog (§ 9 KHEntgG oder § 9 BPflV) oder ein ergänzendes Tagesentgelt vereinbart sind, in Anspruch genommen, so erhöht sich der nach Satz 1 Nr. 1 Buchst. a und Satz 2 oder nach Satz 1 Nr. 1 Buchst. b oder Nr. 2 Buchst. a oder b ermittelte Betrag um das jeweils vereinbarte Entgelt. $_4$Vor der Aufnahme in eine Einrichtung nach Satz 1 kann eine spezifizierte Aufstellung über die voraussichtlich entstehenden Kosten bei der Festsetzungsstelle zur Prüfung der Beihilfefähigkeit eingereicht werden. $_5$Abweichend von Satz 1 sind Aufwendungen für eine ambulante oder stationäre Notfallbehandlung in einem Krankenhaus, das weder das Krankenhausentgeltgesetz noch die Bundespflegesatzverordnung anwendet, in vollem Umfang beihilfefähig, wenn es als nächstgelegenes Krankenhaus aufgesucht werden musste.

(4) ₁Bei einer stationären Behandlung sind Aufwendungen für die Unterkunft einer Begleitperson außerhalb des Krankenhauses beihilfefähig, wenn die Anwesenheit einer Begleitperson aus medizinischen Gründen notwendig ist und die Begleitperson in dem Krankenhaus nicht aufgenommen werden kann. ₂Die Aufwendungen sind angemessen bis zur Höhe der Kosten, die für eine Unterkunft der Begleitperson in dem Krankenhaus entstanden wären.

(5) Werden Leistungen im Sinne der §§ 9 bis 11 im Rahmen einer stationären Behandlung erbracht, so richtet sich die Beihilfefähigkeit der Aufwendungen nach den §§ 9 bis 11.

(6) Bei Beihilfeberechtigten, die ihren dienstlichen Wohnsitz im Ausland haben oder im Ausland eingesetzt sind, und ihren berücksichtigungsfähigen Angehörigen sind die Unterkunft und Verpflegung in Krankenhäusern im Gastland entstandenen Aufwendungen unter Berücksichtigung der Verhältnisse im Gastland beihilfefähig.

§ 22 Häusliche Krankenpflege

(1) Häusliche Krankenpflege umfasst Grundpflege, einschließlich notwendiger verrichtungsbezogener krankheitsspezifischer Pflegemaßnahmen, Behandlungspflege, hauswirtschaftliche Versorgung, ambulante psychiatrische Krankenpflege und Maßnahmen der ambulanten Palliativversorgung.

(2) ₁Aufwendungen für eine nach ärztlicher Verordnung zur Behandlung einer Krankheit vorübergehend erforderliche häusliche Krankenpflege sind beihilfefähig bis zur Höhe der von den gesetzlichen Krankenkassen erstatteten Kosten. ₂Die Aufwendungen sind auch beihilfefähig, wenn die häusliche Krankenpflege außerhalb des eigenen Haushalts erbracht wird.

(3) ₁Ist eine Beihilfeberechtigte, ein Beihilfeberechtigter, eine berücksichtigungsfähige Angehörige oder ein berücksichtigungsfähiger Angehöriger schwer erkrankt oder verschlimmert sich eine bestehende Krankheit akut, so sind Aufwendungen für eine nach ärztlicher Verordnung zur Unterstützung vorübergehend erforderliche Grundpflege und hauswirtschaftliche Versorgung beihilfefähig bis zur Höhe der von den gesetzlichen Krankenkassen erstatteten Kosten. ₂Satz 1 gilt nicht für Personen, die mit einem Pflegegrad von 2 oder höher pflegebedürftig im Sinne des Elften Buchs des Sozialgesetzbuchs (SGB XI) sind. ₃Absatz 2 Satz 2 gilt entsprechend.

(4) ₁Aufwendungen für eine nach ärztlicher Verordnung nicht nur vorübergehend erforderliche häusliche Krankenpflege sind bis zur Höhe der von den gesetzlichen Krankenkassen erstatteten Kosten beihilfefähig, wenn die häusliche Krankenpflege zur Sicherung eines ärztlichen Behandlungsziels (Behandlungssicherungspflege) verordnet wird. ₂Die Behandlungssicherungspflege umfasst Behandlungspflege, notwendige verrichtungsbezogene krankheitsspezifische Pflegemaßnahmen, die bei der Feststellung einer Pflegebedürftigkeit nach § 15 Abs. 5 Sätze 1 und 2 SGB XI zu berücksichtigen sind, und Maßnahmen der ambulanten Palliativversorgung. ₃Absatz 2 Satz 2 gilt entsprechend. ₄Die Sätze 1 und 2 gelten entsprechend für Beihilfeberechtigte und berücksichtigungsfähige Angehörige,

1. für die Beihilfe für Aufwendungen für eine vollstationäre Pflege nach § 34 gewährt wird und die auf Dauer, voraussichtlich für mindestens sechs Monate, einen besonders hohen Bedarf an Behandlungssicherungspflege haben,

2. die sich zur Durchführung der Behandlungssicherungspflege vorübergehend in einer Pflegeeinrichtung oder in einer anderen geeigneten Unterkunft aufhalten oder

3. die in einer Einrichtung der Hilfe für Menschen mit Behinderung leben, in der die Teilhabe am Arbeitsleben und am Leben in der Gemeinschaft, die schulische Ausbildung oder die Erziehung von Menschen mit Behinderung im Vordergrund des Einrichtungszwecks stehen.

(5) Wird häusliche Krankenpflege durch die Ehegattin, den Ehegatten, die Lebenspartnerin, den Lebenspartner, einen Elternteil oder ein Kind der oder des Gepflegten durchgeführt, so sind nur beihilfefähig

1. Aufwendungen für die notwendigen Fahrtkosten der pflegenden Person und
2. eine im Fall von Verdienstausfall an die pflegende Person gezahlte Vergütung bis zur Höhe des Verdienstausfalls, höchstens jedoch bis zur Höhe der ortsüblichen Vergütung für eine Pflegekraft, die erwerbsmäßig häusliche Krankenpflege erbringt.

§ 22a Vollstationäre Kurzzeitpflege bei Krankheit

₁Reichen Grundpflege und hauswirtschaftliche Versorgung in den Fällen des § 22 Abs. 3 zur Unterstützung nicht aus, so sind Aufwendungen für eine vollstationäre Kurzzeitpflege nach Maßgabe des § 42 Abs. 2 Sätze 1 und 2 SGB XI beihilfefähig. ₂Die Aufwendungen sind nur beihilfefähig, wenn die vollstationäre Kurzzeitpflege erbracht wird

1. in einer zugelassenen Pflegeeinrichtung im Sinne des § 72 Abs. 1 Satz 1 SGB XI,
2. in einer anderen Einrichtung, mit der ein Versorgungsvertrag nach § 132h SGB V besteht, oder
3. in einer anderen Einrichtung, die die Voraussetzungen des § 72 Abs. 3 Satz 1 SGB XI erfüllt.

§ 23 Haushaltshilfe

(1) ₁Aufwendungen für eine Haushaltshilfe sind bis zur Höhe der Kosten, die von den gesetzlichen Krankenkassen erstattet werden, beihilfefähig, wenn die Haushaltshilfe beschäftigt wird, weil

1. die oder der den Haushalt führende Beihilfeberechtigte oder die oder der den Haushalt führende berücksichtigungsfähige Angehörige verstorben ist,
2. die oder der den Haushalt führende Beihilfeberechtigte oder die oder der den Haushalt führende berücksichtigungsfähige Angehörige an der Haushaltsführung gehindert ist, weil er oder sie

   a) sich vollstationär oder teilstationär in einem Krankenhaus oder einer Einrichtung nach § 37 Abs. 2 aufhält,
   b) an einer Rehabilitationsmaßnahme nach § 29 Abs. 1 Nrn. 1 bis 4 oder an einer Suchtbehandlung nach § 31 teilnimmt,
   c) häusliche Krankenpflege (§ 22) benötigt oder
   d) vollstationär gepflegt wird (§ 34), oder
3. ein nach ärztlicher Bescheinigung erforderlicher stationärer Krankenhausaufenthalt der oder des den Haushalt führenden Beihilfeberechtigten oder der oder des den Haushalt führenden berücksichtigungsfähigen Angehörigen vermieden wird

und in dem Haushalt mindestens eine Beihilfeberechtigte, ein Beihilfeberechtigter, eine berücksichtigungsfähige Angehörige oder ein berücksichtigungsfähiger Angehöriger verbleibt, die oder der Leistungen aus der Pflegeversicherung erhält oder das 12. Lebensjahr noch nicht vollendet hat, und eine andere im Haushalt lebende Person den Haushalt nicht weiterführen kann. ₂In Ausnahmefällen sind Aufwendungen für eine Haushaltshilfe auch ohne Vorliegen der Voraussetzungen nach Satz 1 beihilfefähig, wenn dies im Hinblick auf die Fürsorgepflicht des Dienstherrn nach § 45 BeamtStG geboten ist.

(2) ₁In den Fällen des Absatzes 1 Satz 1 Nr. 1 sind die Aufwendungen für eine Haushaltshilfe für die Dauer von sechs Monaten, in Ausnahmefällen für die Dauer von zwölf Monaten, beihilfefähig. ₂In den Fällen des Absatzes 1 Satz 1 Nr. 2 Buchst. a, b und d sind die Aufwendungen für eine Haushaltshilfe auch nach Rückkehr in den Haushalt für die an die Rückkehr anschließenden vier Wochen beihilfefähig.

(3) ₁Aufwendungen für eine Haushaltshilfe sind für die Dauer von bis zu vier Wochen bis zur Höhe der Kosten, die von den gesetzlichen Krankenkassen erstattet werden, beihilfefähig, wenn die Haushaltshilfe beschäftigt wird, weil die oder der den Haushalt führende Beihilfeberechtigte oder die oder der den Haushalt führende berücksichtigungsfähige Angehörige wegen schwerer

Krankheit oder akuter Verschlimmerung einer Krankheit an der Weiterführung des Haushalts gehindert ist und eine andere im Haushalt lebende Person den Haushalt nicht weiterführen kann. ₂Lebt in dem Haushalt mindestens eine Beihilfeberechtigte, ein Beihilfeberechtigter, eine berücksichtigungsfähige Angehörige oder ein berücksichtigungsfähiger Angehöriger, die oder der Leistungen aus der Pflegeversicherung erhält oder das 12. Lebensjahr noch nicht vollendet hat, so sind die Aufwendungen für längstens 26 Wochen beihilfefähig.

(4) Aufwendungen für eine Haushaltshilfe sind bis zur Höhe der Kosten, die von den gesetzlichen Krankenkassen erstattet werden, beihilfefähig, wenn die Haushaltshilfe beschäftigt wird, weil die den Haushalt führende Beihilfeberechtigte oder der den Haushalt führende berücksichtigungsfähige Angehörige wegen Schwangerschaft oder Entbindung an der Weiterführung des Haushalts gehindert ist und eine andere im Haushalt lebende Person den Haushalt nicht weiterführen kann.

(5) Absatz 1 Satz 1 Nr. 3, Absatz 2 Satz 2, Absatz 3 Satz 1 und Absatz 4 gelten für Beihilfeberechtigte und berücksichtigungsfähige Angehörige, in deren Haushalt keine weitere Person lebt, entsprechend.

(6) Wären die Aufwendungen für eine Haushaltshilfe nach den Absätzen 1 bis 4 beihilfefähig und übernimmt anstelle der Haushaltshilfe die Ehegattin, der Ehegatte, die Lebenspartnerin, der Lebenspartner, ein Elternteil oder ein Kind die Führung des Haushalts, so ist § 22 Abs. 5 entsprechend anzuwenden.

(7) Wären die Aufwendungen für eine Haushaltshilfe nach den Absätzen 1, 2 und 3 Satz 2 beihilfefähig, wird daher eine Haushaltshilfe nicht beschäftigt, weil das Kind, das das 12. Lebensjahr noch nicht vollendet hat, oder die Person, die Leistungen der Pflegeversicherung erhält, in einem Heim oder in einem fremden Haushalt untergebracht wird, so sind die Aufwendungen hierfür bis zur Höhe der sonst notwendigen Aufwendungen für die Haushaltshilfe beihilfefähig.

§ 24 Haushaltshilfe im Ausland

(1) ₁Bei Beihilfeberechtigten, die ihren dienstlichen Wohnsitz im Ausland haben oder im Ausland eingesetzt sind, sind Aufwendungen für eine Haushaltshilfe im Gastland auch beihilfefähig, wenn die Hinderung dadurch begründet ist, dass

1. sich die den Haushalt führende Person für eine notwendige ambulante Behandlung, die nicht im Gastland durchgeführt werden kann, für die Dauer von mindestens 48 Stunden außerhalb des Gastlandes begibt oder

2. sich die den Haushalt führende schwangere Beihilfeberechtigte, die den Haushalt führende schwangere Ehefrau eines Beihilfeberechtigten oder die den Haushalt führende schwangere Lebenspartnerin einer Beihilfeberechtigten den Dienstort verlassen muss, weil eine sachgemäße ärztliche Versorgung am Dienstort nicht gewährleistet ist.

₂Im Fall des Satzes 1 Nr. 2 sind die Aufwendungen für eine Haushaltshilfe für die Dauer der ärztlich festgestellten notwendigen Abwesenheit beihilfefähig.

(2) Anstelle der Aufwendungen für eine Haushaltshilfe sind in den Fällen des Absatzes 1 Satz 1 Nr. 1 die notwendigen Fahrtkosten und Flugkosten für die Mitnahme von Kindern bis zur Vollendung des 12. Lebensjahres beihilfefähig.

(3) Übernimmt die Ehegattin, der Ehegatte, die Lebenspartnerin, der Lebenspartner, ein Elternteil oder ein Kind die Haushaltsführung, so sind die Aufwendungen für Fahrtkosten bis zur Höhe der für eine Haushaltshilfe anfallenden Fahrtkosten beihilfefähig.

§ 25 Soziotherapie

(1) ₁Aufwendungen für die in den Sätzen 2 und 3 genannten soziotherapeutischen Leistungen sind bis zur Höhe der Vergütung, die von den gesetzlichen Krankenkassen aufgrund von Vereinbarungen zu tragen sind, beihilfefähig, wenn

1. die oder der Beihilfeberechtigte oder die oder der berücksichtigungsfähige Ange-

hörige wegen einer schweren psychischen Erkrankung nicht in der Lage ist, ärztliche oder psychotherapeutische Leistungen oder ärztlich oder psychotherapeutisch verordnete Leistungen selbständig in Anspruch zu nehmen, und durch die Soziotherapie eine Krankenhausbehandlung vermieden oder verkürzt wird oder

2. eine gebotene Krankenhausbehandlung wegen einer schweren psychischen Erkrankung der oder des Beihilfeberechtigten oder der oder des berücksichtigungsfähigen Angehörigen nicht durchgeführt werden kann.

₂Beihilfefähig sind Aufwendungen für

1. die Erstellung des soziotherapeutischen Betreuungsplans,
2. die Koordination von Behandlungsmaßnahmen und Leistungen,
3. die Arbeit im sozialen Umfeld und
4. die soziotherapeutische Dokumentation.

₃Aufwendungen für ein Training zur Verbesserung der Motivation, Belastbarkeit und Ausdauer, ein Training zur handlungsrelevanten Willensbildung, eine Anleitung zur Verbesserung der Krankheitswahrnehmung oder eine Hilfe in Krisensituationen sind nur beihilfefähig, wenn die Leistung nach ärztlicher oder psychotherapeutischer Bescheinigung notwendig ist.

(2) ₁Innerhalb von drei Jahren sind Aufwendungen für eine Soziotherapie für bis zu 120 Zeitstunden je Krankheitsfall, einschließlich der Aufwendungen für bis zu fünf Probestunden, beihilfefähig. ₂Je Verordnung sind Aufwendungen für bis zu 30 Soziotherapieeinheiten beihilfefähig, wobei eine Einzelbehandlung 60 Minuten und eine Gruppenbehandlung 90 Minuten dauern muss. ₃Die Aufwendungen sind auch beihilfefähig, wenn die Therapieeinheiten maßnahmebezogen in kleinere Zeiteinheiten aufgeteilt werden.

(3) ₁Beihilfe wird nur gewährt, wenn

1. Soziotherapie von
   a) einer Fachärztin oder einem Facharzt für Neurologie, für Nervenheilkunde, für Psychosomatische Medizin und Psychotherapie, für Psychiatrie und Psychotherapie oder für Kinder- und Jugendpsychiatrie und Kinder- und Jugendpsychotherapie oder einer Fachärztin oder einem Facharzt mit zusätzlicher Weiterbildung in dem Gebiet Psychotherapie,
   b) einer Psychologischen Psychotherapeutin, einem Psychologischen Psychotherapeuten, einer Kinder- und Jugendlichenpsychotherapeutin oder einem Kinder- und Jugendlichenpsychotherapeuten oder
   c) einer psychiatrischen Institutsambulanz nach § 118 SGB V

   verordnet worden ist und

2. die Festsetzungsstelle aufgrund eines soziotherapeutischen Betreuungsplans vor Beginn der weiteren Behandlung die Notwendigkeit der Soziotherapie und die Anzahl der Therapieeinheiten anerkannt hat.

₂Die Anerkennung nach Satz 1 Nr. 2 ist für die Probestunden nicht erforderlich.

(4) ₁Sind soziotherapeutische Leistungen nach ärztlicher oder psychotherapeutischer Verordnung notwendig, um die Patientin oder den Patienten zur Inanspruchnahme von Soziotherapie zu befähigen, so sind Aufwendungen für bis zu fünf Therapieeinheiten beihilfefähig. ₂Die Aufwendungen sind auch dann beihilfefähig, wenn nach Beendigung der fünf Therapieeinheiten Soziotherapie nicht verordnet wird.

§ 26 Fahrtkosten, Flugkosten

(1) Aufwendungen für eine Rettungsfahrt zum Krankenhaus sind beihilfefähig, auch wenn eine stationäre Behandlung nicht erforderlich ist.

(2) ₁Aufwendungen für andere als in Absatz 1 genannte Fahrten sind nur beihilfefähig, wenn die Fahrt ärztlich, zahnärztlich oder psychotherapeutisch verordnet ist und einer der folgenden Fälle vorliegt:

1. Fahrten im Zusammenhang mit einer stationären Krankenhausbehandlung,
2. Fahrten zur Verlegung in ein anderes Krankenhaus, wenn die Verlegung medizinisch zwingend erforderlich ist oder die

§ 26 Landesbeihilfeverordnung (NBhVO)

Festsetzungsstelle der Verlegung in ein wohnortnahes Krankenhaus vorher zugestimmt hat,

3. Fahrten im Zusammenhang mit einer vor- oder nachstationären Behandlung, wenn durch die vor- oder nachstationäre Behandlung eine andernfalls medizinisch gebotene stationäre Krankenhausbehandlung verkürzt oder vermieden werden kann,

4. Fahrten im Zusammenhang mit einer ambulanten Operation in einem Krankenhaus oder in einer Arztpraxis und Fahrten im Zusammenhang mit einer Vor- oder Nachbehandlung im Zusammenhang mit einer solchen Operation,

5. Fahrten zum Krankentransport in einem Krankenkraftwagen, wenn während der Fahrt eine fachliche Betreuung oder die Nutzung der besonderen Einrichtungen eines Krankenkraftwagens erforderlich ist,

6. Fahrten im Zusammenhang mit einer ambulanten Dialysebehandlung, einer ambulanten onkologischen Strahlentherapie, einer ambulanten parenteralen antineoplastischen Arzneimitteltherapie oder einer ambulanten parenteralen onkologischen Chemotherapie,

7. Fahrten im Zusammenhang mit einer ambulanten Krankenbehandlung von Beihilfeberechtigten oder berücksichtigungsfähigen Angehörigen,

   a) die einen Schwerbehindertenausweis mit dem Merkzeichen „aG", „H" oder „Bl" besitzen oder

   b) die mindestens dem Pflegegrad 3 im Sinne des § 15 SGB XI zugeordnet sind,

8. in besonderen Ausnahmefällen Fahrten im Zusammenhang mit einer ambulanten Krankenbehandlung, wenn die Festsetzungsstelle das Vorliegen eines besonderen Ausnahmefalls vorher anerkannt hat, und

9. Fahrten der Eltern zum Besuch ihres stationär untergebrachten Kindes, wenn der Besuch wegen des Alters des Kindes und aus medizinischen Gründen notwendig ist.

₂In den Fällen des Satzes 1 Nrn. 1, 3, 4 und 6 bis 8 sind nur die Aufwendungen für Fahrten zu oder von der nächstgelegenen Behandlungsmöglichkeit beihilfefähig. ₃Abweichend von Satz 2 sind bei Vorliegen eines zwingenden Grundes Aufwendungen für Fahrten auch zu oder von einer anderen als der nächstgelegenen geeigneten Behandlungsmöglichkeit beihilfefähig.

(3) ₁Nicht beihilfefähig sind

1. Kosten der Rückbeförderung wegen Erkrankung während einer Urlaubsreise oder einer anderen privaten Reise sowie

2. Fahrtkosten im Zusammenhang mit einer Behandlung außerhalb der Europäischen Union.

₂Abweichend von Satz 1 Nr. 2 sind Aufwendungen für die Fahrt beihilfefähig, wenn die Fahrt aus zwingenden medizinischen Gründen erforderlich ist oder die Gewährung von Beihilfe im Hinblick auf die Fürsorgepflicht des Dienstherrn nach § 45 BeamtStG erforderlich ist.

(4) ₁Als Fahrtkosten sind die tatsächlichen Aufwendungen bis zur Höhe der niedrigsten Kosten eines regelmäßig verkehrenden öffentlichen Verkehrsmittels beihilfefähig. ₂Höhere Aufwendungen sind nur beihilfefähig, wenn ein öffentliches Verkehrsmittel nicht benutzt werden konnte. ₃Wird ein privates Kraftfahrzeug benutzt, so werden als Fahrtkosten 0,20 Euro je Kilometer zurückgelegter Strecke berücksichtigt. ₄Bei Fahrten nach den Absätzen 1 und 2 Nr. 5 sind die Aufwendungen bis zur Höhe der Entgelte, die aufgrund von Vereinbarungen oder sonstigen Regelungen für die Inanspruchnahme der Leistungen des Rettungsdienstes bestimmt sind, beihilfefähig.

(5) ₁Ist für Beihilfeberechtigte, die ihren dienstlichen Wohnsitz im Ausland haben oder im Ausland eingesetzt sind, und ihre berücksichtigungsfähigen Angehörigen in Krankheits- oder Geburtsfällen eine notwendige medizinische Versorgung im Gastland nicht gewährleistet, so sind die Aufwendungen für eine Fahrt zum nächstgelegenen geeigneten Behandlungsort beihilfefähig, wenn

1. eine sofortige Behandlung geboten war oder

2. die Festsetzungsstelle die Notwendigkeit der Fahrt zuvor anerkannt hat.

₂Abweichend von Satz 1 Nr. 2 wird in Ausnahmefällen Beihilfe auch ohne vorherige Anerkennung gewährt.

(6) Die Absätze 1 bis 5 gelten für Flüge und Flugkosten entsprechend.

§ 27 Unterkunftskosten

(1) ₁Aufwendungen für Unterkunft anlässlich einer notwendig auswärtigen ambulanten ärztlichen, zahnärztlichen oder psychotherapeutischen Behandlung sind bis zur Höhe von 26 Euro je Tag beihilfefähig. ₂Ist die Anwesenheit einer Begleitperson nach ärztlicher Bescheinigung medizinisch erforderlich, so sind Aufwendungen für deren Unterkunft in gleicher Höhe beihilfefähig.

(2) ₁Werden ärztlich verordnete Heilmittel in einer Einrichtung angewendet, die der Betreuung und der Behandlung von Kranken oder Behinderten dient, so sind Aufwendungen für die Unterkunft, auch als Pauschale, beihilfefähig. ₂Ist in der Pauschale ein Verpflegungsanteil enthalten, so ist auch dieser beihilfefähig. ₃Betten- und Platzfreihaltekosten, die bei Unterbrechungen einer vollstationären Behandlung wegen Krankheit der oder des Behandelten erhoben werden, sind bis zu 5,50 Euro je Tag beihilfefähig. ₄Satz 3 findet auch für eine Abwesenheit aus einem anderen, in der Person der oder des Behandelten liegenden Grund bis zur Dauer von 20 Kalendertagen Anwendung. ₅Platzfreihaltekosten bei teilstationärer Betreuung sind nicht beihilfefähig.

(3) Bei Beihilfeberechtigten, die ihren dienstlichen Wohnsitz im Ausland haben oder im Ausland eingesetzt sind, und ihren berücksichtigungsfähigen Angehörigen erhöhen oder ermäßigen sich die in den Absätzen 1 und 2 genannten Höchstbeträge um den nach § 55 BBesG für den Behandlungsort festgesetzten Kaufkraftausgleich.

§ 28 Lebensbedrohende oder regelmäßig tödlich verlaufende Krankheiten

Aufwendungen für medizinische Leistungen anlässlich einer lebensbedrohenden oder regelmäßig tödlich verlaufenden Erkrankung, für die eine wissenschaftlich allgemein anerkannte Untersuchungs- und Behandlungsmethode nicht zur Verfügung steht oder Aussicht auf Heilung nicht bietet, sind beihilfefähig, wenn eine nicht ganz entfernt liegende Aussicht auf Heilung oder auf eine spürbare positive Einwirkung auf den Krankheitsverlauf besteht.

**Drittes Kapitel
Rehabilitation**

§ 29 Aufwendungen für Rehabilitationsmaßnahmen

(1) Aufwendungen für folgende Rehabilitationsmaßnahmen sind beihilfefähig:

1. stationäre Rehabilitationsmaßnahmen in Krankenhäusern und in Einrichtungen, die die Voraussetzungen des § 107 Abs. 2 SGB V erfüllen,
2. stationäre oder ambulante Rehabilitationsmaßnahmen in Krankenhäusern und Einrichtungen im Sinne der Nummer 1 im Anschluss an einen Krankenhausaufenthalt oder eine ambulante Strahlen- oder Chemotherapie (Anschlussrehabilitation),
3. medizinische Rehabilitationsmaßnahmen für Mütter und Väter, auch in Form von Mutter-Kind- oder Vater-Kind-Rehabilitationsmaßnahmen, in Einrichtungen des Müttergenesungswerks oder gleichartigen Einrichtungen,
4. familienorientierte Rehabilitationen bei einer Erkrankung eines Kindes,
5. ambulante Rehabilitationsmaßnahmen in Rehabilitationseinrichtungen,
6. Rehabilitationssport in Gruppen unter ärztlicher Betreuung und Überwachung sowie Funktionstraining in Gruppen unter fachkundiger Anleitung
   a) für Personen vor Vollendung des 14. Lebensjahres bis zu 14,00 Euro je Trainingseinheit und
   b) für Personen nach Vollendung des 14. Lebensjahres bis zu 9,00 Euro je Trainingseinheit.

(2) ₁Die Aufwendungen für die in Absatz 1 Nrn. 1 und 3 bis 6 genannten Rehabilitati-

onsmaßnahmen sind nur beihilfefähig, wenn eine ärztliche oder psychotherapeutische Verordnung vorliegt. ₂Aufwendungen für eine Anschlussrehabilitation sind nur beihilfefähig, wenn eine ärztliche Verordnung, die Art, Dauer und Inhalt der Maßnahme bestimmt, vorliegt. ₃Enthält ein Gutachten nach § 49 Abs. 2 eine Empfehlung zur Durchführung einer Rehabilitationsmaßnahme nach Absatz 1, so bedarf es einer ärztlichen Verordnung nicht.

(3) Die Aufwendungen für eine Anschlussrehabilitation sind nur beihilfefähig, wenn die Maßnahme innerhalb von 14 Tagen nach der Krankenhausbehandlung oder nach einer ambulanten Strahlen- oder Chemotherapie beginnt, es sei denn, dass die Einhaltung dieser Frist aus zwingenden tatsächlichen oder zwingenden medizinischen Gründen nicht möglich ist.

(4) Aufwendungen für die Verlängerung einer stationären Rehabilitationsmaßnahme im Sinne des Absatzes 1 Nr. 1 oder 2 sind nur beihilfefähig, wenn die Einrichtung, die die Maßnahme durchführt, festgestellt hat, dass die Verlängerung aus medizinischen Gründen dringend erforderlich ist.

(5) ₁Aufwendungen für Rehabilitationsmaßnahmen nach Absatz 1 Nrn. 1 und 3 sind nur beihilfefähig, wenn die Festsetzungsstelle die Notwendigkeit der Rehabilitationsmaßnahme vor deren Beginn anerkannt hat und die Rehabilitationsmaßnahme innerhalb von vier Monaten nach der Anerkennung begonnen hat. ₂Die Festsetzungsstelle erkennt die Notwendigkeit an, wenn

1. die Rehabilitationsmaßnahme medizinisch notwendig ist,

2. eine ambulante ärztliche Behandlung und eine ambulante Anwendung von Heilmitteln am Wohnort oder in einer wohnortnahen Einrichtung zur Erreichung der Rehabilitationsziele wegen erheblich beeinträchtigter Gesundheit nicht ausreichend sind und

3. die Einrichtung, in der die Rehabilitationsmaßnahme durchgeführt werden soll, geeignet ist.

₃Enthält ein Gutachten nach § 49 Abs. 2 eine Empfehlung zur Durchführung einer Rehabilitationsmaßnahme nach Absatz 1, so gelten die Voraussetzungen nach Satz 2 Nrn. 1 und 2 als erfüllt. ₄Bei einer stationären Rehabilitationsmaßnahme nach Absatz 1 Nr. 1 ist für die Anerkennung zusätzlich erforderlich, dass ein gleichwertiger Erfolg nicht durch eine ambulante Rehabilitationsmaßnahme nach Absatz 1 Nr. 5 erzielt werden kann. ₅Für die Anerkennung der Notwendigkeit einer stationären Rehabilitationsmaßnahme nach Absatz 1 Nr. 1 oder 3 für eine Beihilfeberechtigte, einen Beihilfeberechtigten, eine berücksichtigungsfähige Angehörige oder einen berücksichtigungsfähigen Angehörigen, die oder der eine Angehörige oder einen Angehörigen pflegt, müssen die Voraussetzungen nach Satz 2 Nr. 2 und Satz 4 nicht erfüllt sein.

(6) Aufwendungen für Rehabilitationsmaßnahmen nach Absatz 1 Nrn. 1 und 3 sind vor Ablauf von vier Jahren nach Durchführung einer entsprechenden Rehabilitationsmaßnahme, für die Beihilfe gewährt worden ist oder deren Kosten aufgrund anderer öffentlich-rechtlicher Vorschriften getragen oder bezuschusst worden sind, nur beihilfefähig, wenn die Durchführung vor Ablauf von vier Jahren aus medizinischen Gründen dringend erforderlich ist.

§ 30 Aufwendungen im Zusammenhang mit Rehabilitationsmaßnahmen

(1) ₁Aufwendungen für eine Fahrt, auch einer Begleitperson, im Zusammenhang mit einer Maßnahme der stationären Anschlussrehabilitation oder mit einer Rehabilitationsmaßnahme nach § 29 Abs. 1 Nr. 4 sind beihilfefähig, wenn die Fahrt ärztlich verordnet ist. ₂Für die Höhe gilt § 26 Abs. 4 entsprechend. ₃Aufwendungen für eine Fahrt, auch einer Begleitperson, im Zusammenhang mit einer Rehabilitationsmaßnahme nach § 29 Abs. 1 Nr. 1 oder 3 sind entsprechend § 26 Abs. 4 bis zu einem Betrag in Höhe von 200 Euro für die Hinfahrt und die Rückfahrt beihilfefähig. ₄Aufwendungen für Fahrten, auch einer Begleitperson, im Zusammenhang mit einer Maßnahme der ambulanten Anschlussreha-

bilitation oder mit einer Rehabilitationsmaßnahme nach § 29 Abs. 1 Nr. 5 sind entsprechend § 26 Abs. 4 bis zu einem Gesamtbetrag in Höhe von 200 Euro beihilfefähig. ₅Nutzen mehrere Personen gemeinsam ein privates Kraftfahrzeug, so sind Aufwendungen für die Fahrt in der Höhe beihilfefähig, in der sie beihilfefähig wären, wenn nur eine Person das private Kraftfahrzeug benutzt hätte.

(2) Aufwendungen für Kurtaxe, auch einer Begleitperson, und für einen ärztlichen Schlussbericht im Zusammenhang mit einer Rehabilitationsmaßnahme nach § 29 Abs. 1 Nrn. 1 bis 4 sind beihilfefähig.

(3) Aufwendungen für Unterkunft, Verpflegung und pflegerische Leistungen sind wie folgt beihilfefähig:

1. bei Maßnahmen der Anschlussrehabilitation
   a) bis zur Höhe des niedrigsten Satzes der Einrichtung,
   b) für eine Begleitperson bis zur Höhe des niedrigsten Satzes der Einrichtung für eine Begleitperson oder, wenn ein solcher Satz nicht vorliegt, bis zur Höhe von 70 Prozent des niedrigsten Satzes der Einrichtung,
2. bei stationären Rehabilitationsmaßnahmen
   a) bis zur Höhe des niedrigsten Satzes der Einrichtung für höchstens 21 Tage (ohne Anreisetag und Abreisetag), wenn eine Verlängerung der Rehabilitationsmaßnahme aus medizinischen Gründen dringend erforderlich ist, auch länger,
   b) für eine Begleitperson bis zur Höhe des niedrigsten Satzes der Einrichtung für eine Begleitperson oder, wenn ein solcher Satz nicht vorliegt, bis zur Höhe von 70 Prozent des niedrigsten Satzes der Einrichtung,
3. bei Mutter-Kind- oder Vater-Kind-Rehabilitationsmaßnahmen in Höhe der Entgelte, die die Einrichtung einem Sozialleistungsträger in Rechnung stellt, für höchstens 21 Tage (ohne Anreisetag und Abreisetag),
4. bei ambulanten Rehabilitationsmaßnahmen in einer Rehabilitationseinrichtung, wenn eine gesonderte Abrechnung erfolgt,
   a) in Höhe von 32 Euro je Tag für höchstens 21 Tage (ohne Anreisetag und Abreisetag),
   b) für eine Begleitperson in Höhe von 26 Euro je Tag,
5. bei ambulanten Rehabilitationsmaßnahmen in einer Rehabilitationseinrichtung, wenn eine gesonderte Abrechnung nicht erfolgt,
   a) bis zur Höhe des niedrigsten Satzes der Einrichtung für höchstens 21 Tage (ohne Anreisetag und Abreisetag),
   b) für eine Begleitperson bis zur Höhe von 70 Prozent des niedrigsten Satzes der Einrichtung.

(4) Aufwendungen für die Begleitperson sind nur beihilfefähig, wenn eine Begleitung aus medizinischen Gründen notwendig ist.

(5) ₁Bei einer stationären Rehabilitationsmaßnahme sind Aufwendungen für die Unterkunft einer Begleitperson außerhalb der Einrichtung beihilfefähig, wenn die Anwesenheit einer Begleitperson aus medizinischen Gründen notwendig ist und die Begleitperson in der Einrichtung nicht aufgenommen werden kann. ₂Die Aufwendungen sind angemessen bis zur Höhe der Kosten, die für eine Unterkunft der Begleitperson in der Einrichtung entstanden wären.

(6) ₁Führen Beihilfeberechtigte, die ihren dienstlichen Wohnsitz im Ausland haben oder im Ausland eingesetzt sind, oder ihre mit ihnen im Ausland lebenden berücksichtigungsfähigen Angehörigen eine Rehabilitationsmaßnahme nach § 29 Abs. 1 Nr. 1, 3 oder 4 im Inland durch, so sind die Fahrtkosten und die Flugkosten zwischen dem Dienstort und dem Behandlungsort nur beihilfefähig, wenn die Fahrt nicht

1. mit einer Heimfahrt, für die Reisebeihilfe nach § 13 der Verordnung über das Auslandstrennungsgeld in der Fassung vom 22. Januar 1998 (BGBl. I S. 189), zuletzt geändert durch Artikel 15 Abs. 41 des Ge-

setzes vom 5. Februar 2009 (BGBl. I S. 160), mit den nachfolgenden Änderungen, gewährt wird, oder

2. mit einer anderen von einer öffentlichen Kasse bezahlten Reise

verbunden werden kann. ₂Dies gilt auch, wenn die Kosten einer Rehabilitationsmaßnahme aufgrund von Rechtsvorschriften oder arbeitsvertraglichen Vereinbarungen von Dritten zu tragen oder zu erstatten sind, soweit die Dritte die Fahrtkosten und die Flugkosten nicht übernimmt und wenn die Festsetzungsstelle die Notwendigkeit der Fahrt zuvor anerkannt hat. ₃Die Höchstgrenze nach Absatz 1 Satz 3 findet keine Anwendung.

§ 31 Suchtbehandlung

(1) Aufwendungen für Suchtbehandlungen, die als medizinische Rehabilitationsmaßnahmen oder Entwöhnungen durchgeführt werden, und die Nachsorge sind bis zur Höhe der von den gesetzlichen Krankenkassen oder den Rentenversicherungsträgern getragenen Kosten beihilfefähig, wenn die Suchtbehandlung ärztlich verordnet ist und die Festsetzungsstelle die Notwendigkeit der Suchtbehandlung vor deren Beginn anerkannt hat.

(2) ₁Die ärztliche Verordnung muss von einer Ärztin oder einem Arzt ausgestellt sein, die oder der nicht in der Einrichtung tätig ist, in der die Suchtbehandlung durchgeführt wird. ₂Sie muss Art, Dauer und Inhalt der Suchtbehandlung bestimmen.

(3) Aufwendungen für die Verlängerung einer Suchtbehandlung sind nur beihilfefähig, wenn die Einrichtung, die die Suchtbehandlung durchführt, festgestellt hat, dass die Verlängerung aus medizinischen Gründen dringend erforderlich ist.

(4) ₁Aufwendungen für eine Fahrt sind beihilfefähig, wenn die Fahrt ärztlich verordnet ist. ₂Für die Höhe gilt § 26 Abs. 4 entsprechend.

(5) Im Zusammenhang mit einer stationären Suchtbehandlung sind Aufwendungen für die Unterkunft und Verpflegung einer Begleitperson bis zur Höhe der von den gesetzlichen Krankenkassen oder den Rentenversicherungsträgern getragenen Kosten beihilfefähig, wenn eine Begleitung aus medizinischen Gründen notwendig ist.

Dritter Teil
Aufwendungen im Pflegefall und für Palliativversorgung

§ 32 Pflegeberatung, Gesundheitliche Versorgungsplanung für die letzte Lebensphase

(1) Der Dienstherr oder die juristische Person des öffentlichen Rechts, die mit der Bearbeitung von Beihilfeangelegenheiten betraut ist, beteiligt sich an den Kosten, die im Rahmen der privaten und sozialen Pflegeversicherung für durchgeführte Pflegeberatungen im Sinne des § 7a SGB XI entstehen.

(2) ₁Aufwendungen für Beratungen im Sinne des § 37 Abs. 3 SGB XI sind bis zu der in § 37 Abs. 3 Sätze 5 und 7 und Satz 10 Halbsatz 2 SGB XI genannten Höhe beihilfefähig. ₂§ 146 Abs. 1 SGB XI ist entsprechend anzuwenden.

(3) Aufwendungen für eine Beratung über die gesundheitliche Versorgungsplanung für die letzte Lebensphase im Sinne des § 132g SGB V sind bis zur Höhe der Kosten, die von den gesetzlichen Krankenkassen aufgrund von Vereinbarungen nach § 132g Abs. 3 SGB V zu tragen sind, beihilfefähig, wenn die Beratung durch eine zugelassene vollstationäre Pflegeeinrichtung im Sinne des § 72 Abs. 1 Satz 1 SGB XI oder durch eine Einrichtung der Eingliederungshilfe für Menschen mit Behinderung erbracht wird und die beratene Person in der jeweiligen Einrichtung lebt.

§ 33 Häusliche Pflege, teilstationäre Pflege in Einrichtungen der Tages- oder Nachtpflege

(1) ₁Aufwendungen für häusliche Pflegehilfe für eine pflegebedürftige Person des Pflegegrades 2, 3, 4 oder 5 sind bis zu der in § 36 Abs. 3 SGB XI genannten Höhe beihilfefähig, wenn die häusliche Pflege durch eine Pflegekraft erbracht wird,

1. die in einem Vertragsverhältnis zu einer Pflegekasse steht,

2. die in einem Vertragsverhältnis zu einer ambulanten Pflegeeinrichtung steht, mit

der eine Pflegekasse einen Versorgungsvertrag abgeschlossen hat, oder

3. für deren Leistungen eine Leistungspflicht eines privaten Versicherungsunternehmens, das die private Pflege-Pflichtversicherung durchführt, besteht.

₂§ 36 Abs. 4 Satz 1 SGB XI ist entsprechend anzuwenden.

(2) ₁Wird die häusliche Pflegehilfe für eine pflegebedürftige Person des Pflegegrades 2, 3, 4, oder 5 durch eine Pflegekraft erbracht, die nicht die Anforderungen des Absatzes 1 Satz 1 erfüllt (sonstige Pflegekraft), so wird eine Pauschalbeihilfe in Höhe der Beträge nach § 37 Abs. 1 Satz 3 SGB XI gewährt. ₂Das aus einer Pflegeversicherung zustehende Pflegegeld und entsprechende Erstattungen oder Sachleistungen aufgrund sonstiger Rechtsvorschriften sind, soweit sie vorrangig zu berücksichtigen sind, auf die Pauschalbeihilfe anzurechnen. ₃Personen, die nicht gegen das Risiko der Pflegebedürftigkeit versichert sind, wird die Pauschalbeihilfe nach Satz 1 zur Hälfte gewährt.

(3) ₁Wird eine Pauschalbeihilfe nach Absatz 2 gewährt, so ist die pflegebedürftige Person verpflichtet, einmal im Kalenderhalbjahr, wenn sie den Pflegegrad 2 oder 3 erhalten hat, oder einmal im Kalendervierteljahr, wenn sie den Pflegegrad 4 oder 5 erhalten hat, eine Beratung im Sinne des § 37 Abs. 3 SGB XI in Anspruch zu nehmen. ₂Die Inanspruchnahme der Beratung ist gegenüber der Festsetzungsstelle unverzüglich nachzuweisen. ₃Wird die Inanspruchnahme nicht nachgewiesen, so ist die Pauschalbeihilfe nach Anhörung der oder des Beihilfeberechtigten unter Berücksichtigung der Fürsorgepflicht des Dienstherrn nach § 45 BeamtStG angemessen zu kürzen. ₄Die gekürzte Pauschalbeihilfe wird ab dem ersten Tag des Monats, der auf die Bekanntgabe der Kürzung folgt, gewährt. ₅Wird der Nachweis nach Satz 2 trotz Kürzung der Pauschalbeihilfe auch in dem Zeitraum, für den die Pauschalbeihilfe nur gekürzt gewährt wurde, erneut nicht erbracht, so wird die Gewährung der Pauschalbeihilfe nach Anhörung der oder des Beihilfeberechtigten vollständig eingestellt, es sei denn, dass dies im Hinblick auf die Fürsorgepflicht des Dienstherrn nach § 45 BeamtStG zu einer unzumutbaren Härte führt. ₆Die Einstellung der Beihilfegewährung erfolgt ab dem ersten Tag des Monats, der auf die Bekanntgabe der Einstellung folgt. ₇Wird die Inanspruchnahme der Beratung nach einer Kürzung oder Einstellung nachgewiesen, so wird die Pauschalbeihilfe ab dem Tag, an dem die Beratung in Anspruch genommen wurde, erneut vollständig gewährt.

(4) ₁Wird die häusliche Pflegehilfe nach Absatz 2 nicht für einen vollen Kalendermonat in Anspruch genommen, so ist die Pauschalbeihilfe um ein Dreißigstel für jeden Tag, an dem die häusliche Pflegehilfe nicht in Anspruch genommen wird, zu mindern. ₂Satz 1 ist im Fall des Todes der oder des Pflegebedürftigen nicht anzuwenden. ₃Die Pauschalbeihilfe wird

1. während Urlaubsreisen und anderer privater Reisen von insgesamt bis zu sechs Wochen im Kalenderjahr und

2. während der jeweils ersten vier Wochen einer vollstationären Krankenhausbehandlung (§ 21), einer häuslichen Krankenpflege (§ 22), einer stationären Rehabilitation (§ 29) oder einer stationären medizinischen Vorsorgeleistung (§ 38)

ungemindert weitergewährt. ₄Schließen sich zwei oder mehr Maßnahmen nach Satz 3 Nr. 2 unmittelbar aneinander an, so gelten sie hinsichtlich des Zeitraums von vier Wochen als eine Maßnahme. ₅Pflegebedürftigen, die

1. während einer häuslichen Krankenpflege Leistungen der Grundpflege und hauswirtschaftlichen Versorgung nicht erhalten oder

2. ihre Pflege durch von ihnen beschäftigte Pflegekräfte sicherstellen,

ist die Pauschalbeihilfe in den Fällen des Satzes 3 Nr. 2 und des Satzes 4 auch über die ersten vier Wochen hinaus weiterzugewähren.

(5) ₁Der Dienstherr oder die juristische Person des öffentlichen Rechts, die mit der Bearbeitung von Beihilfeangelegenheiten betraut ist, trägt anteilig die Beiträge zur Renten- und Arbeitslosenversicherung der sonstigen Pflegekraft, wenn diese nicht erwerbsmäßig tätig wird. ₂Nimmt die sonstige Pflegekraft Pflegezeit nach § 3 Abs. 1 Satz 1 des Pflegezeitge-

setzes in Anspruch, so trägt der Dienstherr oder die juristische Person des öffentlichen Rechts, die mit der Bearbeitung von Beihilfeangelegenheiten betraut ist, auch die Zuschüsse zur Kranken- und Pflegeversicherung nach § 44a SGB XI.

(6) Wird die häusliche Pflegehilfe zum Teil durch eine Pflegekraft nach Absatz 1 erbracht und zum Teil durch eine sonstige Pflegekraft, so wurden Beihilfe nach Absatz 1 und Pauschalbeihilfe nach Absatz 2 anteilig gewährt.

(7) ₁Aufwendungen für teilstationäre Pflege für eine pflegebedürftige Person des Pflegegrades 2, 3, 4 oder 5 in Einrichtungen der Tages- oder Nachtpflege im Sinne des § 41 Abs. 1 SGB XI sind bis zu der in § 41 Abs. 2 Satz 2 SGB XI genannten Höhe beihilfefähig. ₂Nimmt eine pflegebedürftige Person des Pflegegrades 1, 2, 3, 4 oder 5 zusätzliche Betreuungs- und Aktivierungsleistungen nach § 43b SGB XI in Anspruch, so trägt der Dienstherr oder die juristische Person des öffentlichen Rechts, die mit der Bearbeitung von Beihilfeangelegenheiten betraut ist, anteilig die der Einrichtung zustehenden Vergütungszuschläge.

(8) Wird teilstationäre Pflege in Einrichtungen der Tages- oder Nachtpflege mit häuslicher Pflege nach Absatz 1 oder 2 kombiniert, so wird Beihilfe in entsprechender Anwendung von § 41 Abs. 3 SGB XI gewährt.

(9) Aufwendungen für eine Ersatzpflege einer pflegebedürftigen Person des Pflegegrades 2, 3, 4 oder 5 bei Verhinderung der Pflegeperson sind nach Maßgabe des § 39 SGB XI beihilfefähig.

(10) ₁Kann die häusliche Pflegehilfe zeitweise nicht oder nicht im erforderlichen Umfang erbracht werden und reicht auch teilstationäre Pflege nicht aus, so sind Aufwendungen für eine vollstationäre Kurzzeitpflege einer pflegebedürftigen Person des Pflegegrades 2, 3, 4 oder 5 nach Maßgabe des § 42 SGB XI beihilfefähig. ₂Wird die vollstationäre Kurzzeitpflege in einer Vorsorge- oder Rehabilitationseinrichtung nach § 107 Abs. 2 SGB V oder einer Einrichtung, die die Voraussetzungen des § 107 Abs. 2 SGB V erfüllt, erbracht, weil eine Unterbringung und Pflege der pflegebedürftigen Person während einer zugunsten einer sonstigen Pflegekraft durchzuführenden Maßnahme der medizinischen Vorsorge oder Rehabilitation erforderlich ist, so sind die Aufwendungen bis zur Höhe des niedrigsten Satzes der Einrichtung beihilfefähig.

(11) ₁Eine nach Absatz 2 oder 6 gewährte Pauschalbeihilfe wird

1. während einer Ersatzpflege bei Verhinderung der Pflegeperson (Absatz 9) für bis zu sechs Wochen im Kalenderjahr und

2. während einer vollstationären Kurzzeitpflege (Absatz 10 Satz 1) für bis zu acht Wochen im Kalenderjahr

zur Hälfte weitergewährt. ₂Maßgeblich für die Höhe der Pauschalbeihilfe nach Satz 1 ist der Betrag, der im Monat vor der Inanspruchnahme der Ersatzpflege oder der vollstationären Kurzzeitpflege gewährt wurde. ₃Während einer Ersatzpflege und während einer vollstationären Kurzzeitpflege in den Jahren 2012 bis 2015 wird die Pauschalbeihilfe nach Satz 1 jeweils nur für bis zu vier Wochen im Kalenderjahr gewährt.

(12) Einer pflegebedürftigen Person, der Beihilfe nach § 34 Abs. 12 gewährt wird, wird daneben die Pauschalbeihilfe nach Absatz 2 anteilig für die Tage gewährt, an denen sie sich in häuslicher Pflege befindet.

§ 34 Vollstationäre Pflege

(1) Nimmt eine pflegebedürftige Person des Pflegegrades 1 Leistungen einer vollstationären Pflege in Anspruch, so sind die pflegebedingten Aufwendungen einschließlich der Aufwendungen für Betreuung und die Aufwendungen für Leistungen der medizinischen Behandlungspflege insgesamt bis zu der in § 43 Abs. 3 SGB XI genannten Höhe beihilfefähig.

(2) Aufwendungen für eine vollstationäre Pflege einer pflegebedürftigen Person des Pflegegrades 2, 3, 4 oder 5 sind nach Maßgabe der Absätze 3 bis 12 beihilfefähig.

(3) ₁Aufwendungen für eine vollstationäre Pflege in einer zugelassenen Pflegeeinrichtung im Sinne des § 72 Abs. 1 Satz 1 SGB XI sind beihilfefähig. ₂Die pflegebedingten Aufwendungen einschließlich der Aufwendungen

für Betreuung und die Aufwendungen für Leistungen der medizinischen Behandlungspflege sind insgesamt bis zur Höhe der für die Pflegeeinrichtung nach § 85 SGB XI vereinbarten Pflegesätze beihilfefähig. ₃Besteht eine Pflegesatzvereinbarung nach § 85 SGB XI nicht, so sind die in Satz 2 genannten Aufwendungen bis zur Höhe des zwischen der Pflegeeinrichtung und der pflegebedürftigen Person vereinbarten Pflegesatzes beihilfefähig. ₄§ 43 Abs. 4 SGB XI gilt entsprechend.

(4) Aufwendungen für eine vollstationäre Pflege in einer Pflegeeinrichtung, die nicht nach § 72 Abs. 1 Satz 1 SGB XI zugelassen ist, sind beihilfefähig, wenn die Pflegeeinrichtung die Voraussetzungen des § 72 Abs. 3 Satz 1 SGB XI erfüllt.

(5) ₁Aufwendungen für Unterkunft und Verpflegung und für gesondert berechenbare Investitionskosten, jedoch nicht Aufwendungen für Zusatzleistungen nach § 88 SGB XI, die den Eigenanteil übersteigen, sind beihilfefähig; der Bemessungssatz beträgt 100 Prozent. ₂Der Eigenanteil beträgt

1. bei Beihilfeberechtigten mit Einnahmen bis zur Höhe des Endgrundgehalts der Besoldungsgruppe A 9 zuzüglich des Familienzuschlags der Stufe 1 nach § 35 Abs. 1 NBesG in der Höhe des Betrages nach Anlage 7 NBesG und der allgemeinen Stellenzulage nach Nummer 1 Buchst. b der Anlage 9 NBesG in der Höhe des Betrages nach Anlage 10 NBesG
   a) mit einer oder einem berücksichtigungsfähigen Angehörigen 30 Prozent der Einnahmen,
   b) mit mehreren berücksichtigungsfähigen Angehörigen 25 Prozent der Einnahmen,
2. bei Beihilfeberechtigten mit höheren Einnahmen
   a) mit einer oder einem berücksichtigungsfähigen Angehörigen 40 Prozent der Einnahmen,
   b) mit mehreren berücksichtigungsfähigen Angehörigen 35 Prozent der Einnahmen,

3. bei gleichzeitiger vollstationärer Pflege der oder des Beihilfeberechtigten und aller berücksichtigungsfähigen Angehörigen 70 Prozent der Einnahmen,
4. bei alleinstehenden Beihilfeberechtigten 70 Prozent der Einnahmen.

(6) ₁Zu den Einnahmen nach Absatz 5 zählen
1. die Dienstbezüge,
2. die Versorgungsbezüge nach Anwendung von Ruhens-, Kürzungs- und Anrechnungsvorschriften,
3. der Zahlbetrag der Rente aus der gesetzlichen Rentenversicherung,
4. der Zahlbetrag aus einer zusätzlichen Alters- und Hinterbliebenenversorgung,
5. die Einkünfte aus selbständiger Arbeit,
6. die Einkünfte aus nicht selbständiger Arbeit und
7. die Entgeltersatzleistungen

der oder des Beihilfeberechtigten und der Ehegattin oder des Ehegatten oder der Lebenspartnerin oder des Lebenspartners. ₂Eine Leistung für Kindererziehung nach § 294 des Sechsten Buchs des Sozialgesetzbuchs (SGB VI) bleibt unberücksichtigt. ₃Ist die Ehegattin, der Ehegatte, die Lebenspartnerin oder der Lebenspartner selbst beihilfeberechtigt, so bleiben in den Fällen des Absatzes 5 Satz 2 Nr. 2 ihre oder seine Einnahmen unberücksichtigt. ₄Satz 3 gilt entsprechend, wenn nach § 80 Abs. 3 Sätze 2 und 4 NBG keine Beihilfe gewährt wird.

(7) Dienstbezüge nach Absatz 6 Satz 1 Nr. 1 sind
1. die in § 2 Abs. 2 Nrn. 1 bis 3 NBesG genannten Bezüge ohne den kinderbezogenen Anteil im Familienzuschlag,
2. der Altersteilzeitzuschlag nach § 11 Abs. 3 oder § 66 NBesG und
3. der Zuschlag nach § 12 Abs. 3 NBesG.

(8) Versorgungsbezüge sind die in § 2 NBeamtVG genannten Bezüge mit Ausnahme des Unterschiedsbetrages nach § 57 Abs. 1 Sätze 2 und 3 NBeamtVG, des Unfallausgleichs nach § 39 NBeamtVG, der einmaligen Unfallentschädigung und der einmaligen Entschädigung nach § 48 NBeamtVG.

§ 34 Landesbeihilfeverordnung (NBhVO)

(9) Der Zahlbetrag der Rente aus der gesetzlichen Rentenversicherung ist der Betrag, der sich ohne Berücksichtigung des Beitragszuschusses vor Abzug der Beiträge zur Kranken- und Pflegeversicherung ergibt.

(10) Wird einer oder einem Beihilfeberechtigten oder einer oder einem berücksichtigungsfähigen Angehörigen Pflegewohngeld gezahlt, so sind die Aufwendungen nach Absatz 5 Satz 1 um diesen Betrag zu mindern.

(11) ₁Für Aufwendungen für eine vollstationäre Pflege, für Unterkunft und Verpflegung und für gesondert berechenbare Investitionskosten wird eine weitere Beihilfe gewährt, soweit von den monatlichen Einnahmen nach Absatz 6 nach Abzug der Aufwendungen für eine vollstationäre Pflege, für Unterkunft und Verpflegung und für gesondert berechenbare Investitionskosten und nach Anrechnung der nach den Absätzen 3 bis 5 zustehenden Beihilfe und der Leistungen der Pflegeversicherung nicht ein Mindestbetrag verbleibt. ₂Der Mindestbetrag beträgt

1. bei Beihilfeberechtigten mit Einnahmen nach Absatz 5 Satz 2 Nr. 1
   a) mit einer oder einem berücksichtigungsfähigen Angehörigen 70 Prozent der Einnahmen,
   b) mit mehreren berücksichtigungsfähigen Angehörigen 75 Prozent der Einnahmen,
2. bei Beihilfeberechtigten mit Einnahmen nach Absatz 5 Satz 2 Nr. 2
   a) mit einer oder einem berücksichtigungsfähigen Angehörigen 60 Prozent der Einnahmen,
   b) mit mehreren berücksichtigungsfähigen Angehörigen 65 Prozent der Einnahmen,
3. bei gleichzeitiger vollstationärer Pflege der oder des Beihilfeberechtigten und aller berücksichtigungsfähigen Angehörigen 30 Prozent der Einnahmen,
4. bei alleinstehenden Beihilfeberechtigten 30 Prozent der Einnahmen.

₃Beihilfe wird in Höhe des Differenzbetrages zwischen dem Mindestbetrag und den verbleibenden Einnahmen nach Satz 1 gewährt.

(12) ₁Bis zu der in § 43a Sätze 1 und 2 SGB XI genannten Höhe sind

1. pflegebedingte Aufwendungen einschließlich der Aufwendungen für Betreuung und die Aufwendungen für Leistungen der medizinischen Behandlungspflege in einer vollstationären Einrichtung im Sinne des § 71 Abs. 4 Nr. 1 SGB XI, in der die Teilhabe am Arbeitsleben oder an der Bildung, die soziale Teilhabe, die schulische Ausbildung oder die Erziehung von Menschen mit Behinderungen im Vordergrund des Einrichtungszwecks stehen, und
2. Aufwendungen einer pflegebedürftigen Person, die in Räumlichkeiten im Sinne des § 71 Abs. 4 Nr. 3 SGB XI untergebracht ist und Leistungen der Eingliederungshilfe im Sinne des § 102 Abs. 1 des Neunten Buchs des Sozialgesetzbuchs erhält,

beihilfefähig. ₂§ 43a Satz 4 SGB XI ist entsprechend anzuwenden.

(13) Wird eine pflegebedürftige Person des Pflegegrades 1, 2, 3, 4 oder 5 nach Durchführung aktivierender oder rehabilitativer Maßnahmen in einen niedrigeren Pflegegrad zurückgestuft oder wird festgestellt, dass sie nicht mehr pflegebedürftig im Sinne der §§ 14 und 15 SGB XI ist, so trägt der Dienstherr oder die juristische Person des öffentlichen Rechts, die mit der Bearbeitung von Beihilfeangelegenheiten betraut ist, anteilig den Betrag nach § 87a Abs. 4 SGB XI.

(14) Nimmt eine pflegebedürftige Person des Pflegegrades 1, 2, 3, 4 oder 5 zusätzliche Betreuungs- und Aktivierungsleistungen nach § 43b SGB XI in Anspruch, so trägt der Dienstherr oder die juristische Person des öffentlichen Rechts, die mit der Bearbeitung von Beihilfeangelegenheiten betraut ist, anteilig die der Einrichtung zustehenden Vergütungszuschläge.

(15) Der Dienstherr oder die juristische Person des öffentlichen Rechts, die mit der Bearbeitung von Beihilfeangelegenheiten betraut ist, trägt anteilig den der Einrichtung für die Pflege einer pflegebedürftigen Person des Pflegegrades 1, 2, 3, 4 oder 5 zustehenden Vergütungszuschlag nach § 84 Abs. 9 SGB XI.

§ 35 Sonstige Leistungen

(1) Aufwendungen für Angebote zur Unterstützung im Alltag im Sinne des § 45a Abs. 1 und 2 SGB XI sind nach Maßgabe des § 45a Abs. 4 SGB XI für eine pflegebedürftige Person des Pflegegrades 2, 3, 4 oder 5 in häuslicher Pflege beihilfefähig.

(2) ₁Aufwendungen für Leistungen zur Entlastung pflegender Angehöriger und vergleichbar nahestehenden Personen in ihrer Eigenschaft als Pflegende sowie für Leistungen zur Förderung der Selbständigkeit und Selbstbestimmtheit der pflegebedürftigen Person bei der Gestaltung ihres Alltags sind nach Maßgabe des § 45b SGB XI für eine pflegebedürftige Person in häuslicher Pflege beihilfefähig. ₂§ 144 Abs. 3 SGB XI ist entsprechend anzuwenden.

(3) ₁Aufwendungen für Pflegehilfsmittel sind nach Maßgabe des § 40 Abs. 1 und 2 SGB XI beihilfefähig. ₂Aufwendungen für Maßnahmen zur Verbesserung des individuellen Wohnumfelds sind nach Maßgabe des § 40 Abs. 4 SGB XI beihilfefähig.

(4) ₁Lebt eine pflegebedürftige Person des Pflegegrades 1 in einer ambulant betreuten Wohngruppe im Sinne des § 38a Abs. 1 Nrn. 1, 3 und 4 SGB XI, so ist der Betrag nach § 38a Abs. 1 SGB XI beihilfefähig. ₂Lebt eine pflegebedürftige Person des Pflegegrades 2, 3, 4 oder 5 in einer ambulant betreuten Wohngruppe im Sinne des § 38a Abs. 1 Nrn. 1, 3 und 4 SGB XI, so ist der Betrag nach § 38a Abs. 1 SGB XI nur beihilfefähig, wenn ihr Beihilfe nach Absatz 1 oder 2 oder nach § 33 Abs. 1, 2 oder 5 gewährt wird. ₃Ist die Pflege in der ambulant betreuten Wohngruppe ohne zusätzliche teilstationäre Pflege nicht in ausreichendem Umfang sichergestellt, so sind die Aufwendungen für die teilstationäre Pflege in Einrichtungen der Tages- oder Nachtpflege entsprechend § 33 Abs. 6 beihilfefähig. ₄Aufwendungen für die Anschubfinanzierung zur Gründung von ambulant betreuten Wohngruppen sind nach Maßgabe des § 45e SGB XI beihilfefähig, wenn die private oder soziale Pflegeversicherung entsprechende Leistungen zugesagt hat.

§ 36 Beihilfe bei Leistungen der sozialen Pflegeversicherung

₁Beihilfeberechtigten und berücksichtigungsfähigen Angehörigen, die Leistungen aus der sozialen Pflegeversicherung zur Hälfte erhalten (§ 28 Abs. 2 SGB XI), wird Beihilfe in wertmäßig gleicher Höhe gewährt. ₂Abweichend von Satz 1 wird für Aufwendungen für eine vollstationäre Pflege entsprechend § 34 Abs. 3 Beihilfe mit der Maßgabe gewährt, dass der Bemessungssatz 50 Prozent beträgt.

§ 37 Palliativversorgung

(1) ₁Aufwendungen für eine spezialisierte ambulante Palliativversorgung sind beihilfefähig, wenn wegen einer nicht heilbaren, fortschreitenden und weit fortgeschrittenen Erkrankung bei einer zugleich begrenzten Lebenserwartung eine besonders aufwändige Versorgung notwendig und die Palliativversorgung ärztlich verordnet ist. ₂§ 37b Abs. 1 Sätze 3 bis 6 und Abs. 2 SGB V gilt entsprechend. ₃Die Aufwendungen sind bis zur Höhe der nach § 132d SGB V vereinbarten Vergütung beihilfefähig.

(2) ₁Aufwendungen für stationäre oder teilstationäre Versorgung einschließlich Unterkunft und Verpflegung in Hospizen, die einen Vertrag mit Krankenkassen nach § 39a Abs. 1 Satz 11 SGB V geschlossen haben, sind bis zu der in § 39a Abs. 1 Sätze 2 und 3 SGB V genannten Höhe beihilfefähig, wenn eine ambulante Versorgung im eigenen Haushalt oder in einem Haushalt der Familie nicht erbracht werden kann und eine Ärztin oder ein Arzt dies bescheinigt. ₂Ist wegen der Besonderheit der Erkrankung oder wegen eines Mangels an Hospizplätzen eine Versorgung in einem wohnortnahen Hospiz nicht möglich, so sind auch Aufwendungen für Palliativversorgung in einer anderen Einrichtung bis zu der in Satz 1 genannten Höhe beihilfefähig.

(3) Für Beihilfeberechtigte, die ihren dienstlichen Wohnsitz im Ausland haben oder im Ausland eingesetzt sind, und ihre berücksichtigungsfähigen Angehörigen bemisst sich die Angemessenheit der Aufwendungen für eine Palliativversorgung im Gastland nach den ortsüblichen Vergütungen des Gastlandes.

Vierter Teil
Aufwendungen in sonstigen Fällen

§ 38 Vorsorge und Prävention

(1) ₁Aufwendungen für Schutzimpfungen, die von der Ständigen Impfkommission am Robert Koch-Institut empfohlen sind, sind beihilfefähig. ₂Abweichend von Satz 1 sind Aufwendungen für eine Schutzimpfung gegen Influenza oder Frühsommer-Meningoenzephalitis (FSME) unabhängig von einer Impfempfehlung beihilfefähig. ₃Nicht beihilfefähig sind Aufwendungen für Schutzimpfungen im Zusammenhang mit einem privaten Auslandsaufenthalt, es sei denn, dass zum Schutz der öffentlichen Gesundheit ein besonderes Interesse daran besteht, der Einschleppung einer übertragbaren Krankheit ins Inland vorzubeugen. ₄Aufwendungen für eine Impfdokumentation im Sinne des § 22 des Infektionsschutzgesetzes sind beihilfefähig.

(2) ₁Aufwendungen für eine medikamentöse Präexpositionsprophylaxe zur Verhütung einer Ansteckung mit dem Humanen Immundefizienz-Virus sind für Beihilfeberechtigte und berücksichtigungsfähige Angehörige beihilfefähig, wenn sie das 16. Lebensjahr vollendet haben und ein substanzielles Risiko für eine Infektion mit dem Humanen Immundefizienz-Virus besteht. ₂Beihilfefähig sind die Aufwendungen für

1. die ärztliche Beratung über die Präexpositionsprophylaxe,
2. die nach einer ärztlichen Beratung zur Präexpositionsprophylaxe ärztlich verordneten verschreibungspflichtigen Arzneimittel für die Präexpositionsprophylaxe,
3. die vor und während der Anwendung der für die Präexpositionsprophylaxe verordneten Arzneimittel erforderlichen Untersuchungen und
4. die risikoadaptierte Untersuchung auf Lues, Gonorrhoe oder Chlamydien als Begleitdiagnostik.

(3) Beihilfefähig sind Aufwendungen für prophylaktische zahnärztliche Leistungen nach Abschnitt B und den Nummern 0010, 0070, 2000, 4005, 4050, 4055 und 4060 des Gebührenverzeichnisses der Gebührenordnung für Zahnärzte und Nummer 1 des Gebührenverzeichnisses der Gebührenordnung für Ärzte.

(4) Für Fahrten und Flüge in Bezug auf Leistungen nach den Absätzen 1 und 3 gilt § 26 Abs. 5 Satz 1 Nr. 2 und Satz 2 entsprechend.

(5) ₁Aufwendungen für ambulante medizinische Vorsorgeleistungen

1. in einem anerkannten Kurort mit der Artbezeichnung
   a) Kneipp-Heilbad,
   b) Mineralheilbad,
   c) Moorheilbad,
   d) Nordsee-Heilbad,
   e) Soleheilbad,
   f) Thermalheilbad,
   g) Heilklimatischer Kurort,
   h) Kneipp-Kurort,
   i) Ort mit Heilquellen-Kurbetrieb,
   j) Ort mit Heilstollen-Kurbetrieb,
   k) Ort mit Moor-Kurbetrieb oder
   l) Ort mit Sole-Kurbetrieb

   oder
2. in einem entsprechenden Ort in einem anderen Bundesland oder im Ausland, den das Fachministerium im Niedersächsischen Ministerialblatt bekannt gibt,

zur Beseitigung einer Schwächung der Gesundheit, die in absehbarer Zeit voraussichtlich zu einer Krankheit führen wird, zur Vermeidung der Gefährdung der gesundheitlichen Entwicklung eines Kindes, zur Vorbeugung vor Erkrankungen, zur Vermeidung der Verschlimmerung von Erkrankungen oder zur Vermeidung von Pflegebedürftigkeit sind beihilfefähig. ₂§ 30 Abs. 1 Sätze 3 und 5, Abs. 2 und 3 Nr. 4, Abs. 4 bis 6 ist entsprechend anzuwenden.

(6) ₁Aufwendungen für medizinische Vorsorgeleistungen für Mütter und Väter, auch in Form von Mutter-Kind- oder Vater-Kind-Maßnahmen, in Einrichtungen des Müttergenesungswerkes oder gleichartigen Einrichtungen sind beihilfefähig. ₂§ 30 Abs. 1 Sätze 3

und 5, Abs. 2 und 3 Nr. 3, Abs. 4 bis 6 ist entsprechend anzuwenden.

(7) ₁Aufwendungen für stationäre medizinische Vorsorgeleistungen für Kinder nach § 80 Abs. 2 Nr. 2 NBG vor Vollendung des 14. Lebensjahres in Einrichtungen, die die Voraussetzungen des § 107 Abs. 2 SGB V erfüllen, sind beihilfefähig. ₂§ 30 Abs. 1 Sätze 3 und 5, Abs. 2 und 3 Nr. 2, Abs. 4 bis 6 ist entsprechend mit der Maßgabe anzuwenden, dass Aufwendungen für Unterkunft, Verpflegung und pflegerische Leistungen für höchstens 42 Tage (ohne Anreisetag und Abreisetag) beihilfefähig sind.

(8) ₁Aufwendungen für medizinische Vorsorgeleistungen nach den Absätzen 5 bis 7 sind nur beihilfefähig, wenn eine ärztliche Verordnung vorliegt, die Festsetzungsstelle die Notwendigkeit der Vorsorgeleistung vor deren Beginn anerkannt hat und die Vorsorgeleistung innerhalb von vier Monaten nach der Anerkennung begonnen hat. ₂Die Festsetzungsstelle erkennt die Notwendigkeit der Vorsorgeleistung an, wenn

1. die Vorsorgeleistung medizinisch notwendig ist,

2. eine ärztliche Behandlung und eine Versorgung mit Arznei-, Verband-, Heil- und Hilfsmitteln nicht ausreichen, um

   a) eine Schwächung der Gesundheit, die in absehbarer Zeit zu einer Krankheit führen würde, zu beseitigen,

   b) eine Gefährdung der gesundheitlichen Entwicklung eines Kindes zu vermeiden,

   c) einer Erkrankung vorzubeugen oder der Verschlimmerung einer Erkrankung zu vermeiden oder

   d) Pflegebedürftigkeit zu vermeiden

   und

3. die Einrichtung, in der die Vorsorgeleistung erbracht werden soll, geeignet ist.

(9) ₁Aufwendungen für medizinische Vorsorgeleistungen nach Absatz 5 sind vor Ablauf von drei Jahren nach Durchführung einer entsprechenden medizinischen Vorsorgeleistung, für die Beihilfe gewährt worden ist oder deren Kosten aufgrund anderer öffentlich-rechtlicher Vorschriften getragen oder bezuschusst worden sind, nur beihilfefähig, wenn die Durchführung vor Ablauf von drei Jahren aus medizinischen Gründen dringend erforderlich ist. ₂Für Aufwendungen für medizinische Vorsorgeleistungen nach den Absätzen 6 und 7 gilt abweichend von Satz 1 ein Zeitraum von vier Jahren nach Durchführung einer entsprechenden medizinischen Vorsorgeleistung.

(10) ₁Je Kalenderjahr sind Aufwendungen für die Teilnahme an bis zu zwei Gesundheits- oder Präventionskursen zu den Bereichen Bewegungsgewohnheiten, Ernährung, Stressmanagement und Suchtmittelkonsum beihilfefähig. ₂Die Aufwendungen sind nur beihilfefähig, wenn der Kurs von einer gesetzlichen Krankenkasse als förderfähig anerkannt worden ist und die Teilnahme an mindestens 80 Prozent der Kurseinheiten eines Kurses nachgewiesen wird. ₃Je Kurs beträgt die Beihilfe höchstens 75 Euro. ₄Eine Beihilfe wird nicht gewährt, wenn die oder der Beihilfeberechtigte oder die oder der berücksichtigungsfähige Angehörige als Mitglied der gesetzlichen Krankenversicherung dem Grunde nach einen Anspruch auf Leistungen im Sinne des § 20 SGB V hat.

§ 38a Früherkennung und Überwachung

(1) ₁Aufwendungen für Früherkennungsuntersuchungen nach § 25 Abs. 1 und 2 und § 26 Abs. 1 SGB V sind nach Maßgabe des § 25 Abs. 3, auch in Verbindung mit § 26 Abs. 2, SGB V beihilfefähig. ₂Das Nähere über Art und Umfang der Untersuchungen und die Voraussetzungen nach § 25 Abs. 3 SGB V macht das Fachministerium im Niedersächsischen Ministerialblatt bekannt.

(2) ₁Aufwendungen für nicht in Absatz 1 genannte Leistungen der Früherkennung sowie für Leistungen der Überwachung sind beihilfefähig, wenn die Leistung in der **Anlage 10** aufgeführt ist. ₂Die Aufwendungen sind bis zu den in der Anlage 10 genannten Höchstbeträgen beihilfefähig.

(3) Für Fahrten und Flüge in Bezug auf Leistungen nach den Absätzen 1 und 2 gilt § 26 Abs. 5 Satz 1 Nr. 2 und Satz 2 entsprechend.

§ 38b Beteiligung an allgemeinen, nicht individualisierbaren Maßnahmen zur Vorsorge und Früherkennung

₁Der Dienstherr oder die juristische Person des öffentlichen Rechts, die mit der Bearbeitung von Beihilfeangelegenheiten betraut ist, kann sich einmalig oder laufend an den Kosten für allgemeine, nicht individualisierbare Maßnahmen zur Vorsorge und Früherkennung durch pauschale Zahlungen beteiligen. ₂Für die Landesverwaltung trifft das Fachministerium die Entscheidung über die finanzielle Beteiligung.

§ 39 Schwangerschaft und Geburt

(1) ₁Bei einer Schwangerschaft und bei einer Geburt sind neben den Aufwendungen für Leistungen nach dem Zweiten Teil dieser Verordnung Aufwendungen für Leistungen

1. der Schwangerschaftsüberwachung,
2. der Hebamme oder des Entbindungspflegers nach Maßgabe der Verordnung über Gebühren für Hebammenhilfe außerhalb der gesetzlichen Krankenversicherung oder nach dem entsprechenden Recht anderer Länder,
3. in einer von einer Hebamme oder einem Entbindungspfleger geleiteten Einrichtung im Sinne des § 134a SGB V,
4. einer Haus- und Wochenpflegekraft für bis zu zwei Wochen nach der Geburt bei einer Hausentbindung oder einer ambulanten Entbindung

beihilfefähig. ₂§ 22 Abs. 5 ist in den Fällen des Satzes 1 Nr. 4 entsprechend anzuwenden. ₃Aufwendungen für die Teilnahme einer Begleitperson an einem Geburtsvorbereitungskurs, an dem die Schwangere teilnimmt, sind beihilfefähig, höchstens jedoch in Höhe von 50 Prozent der Aufwendungen, die für die Schwangere beihilfefähig sind.

(2) ₁Bei Beihilfeberechtigten, die ihren dienstlichen Wohnsitz im Ausland haben oder im Ausland eingesetzt sind, und ihren berücksichtigungsfähigen Angehörigen sind bei einer Geburt zusätzlich die vor Aufnahme in ein Krankenhaus am Entbindungsort entstehenden Aufwendungen für die Unterkunft beihilfefähig. ₂§ 27 Abs. 1 und 3 gilt entsprechend. ₃Die Sätze 1 und 2 gelten nicht für die Unterkunft im Haushalt des Ehegatten, der Lebenspartnerin, der Eltern oder der Kinder der Schwangeren.

§ 40 Künstliche Befruchtung, Sterilisation, Empfängnisregelung und Schwangerschaftsabbruch

(1) ₁Aufwendungen für eine künstliche Befruchtung einschließlich der Arzneimittel, die im Zusammenhang damit verordnet werden, sind im Umfang von 50 Prozent beihilfefähig, wenn die Voraussetzungen des § 27a Abs. 1 bis 3 Satz 1 SGB V vorliegen. ₂Das Nähere über die medizinischen Einzelheiten zu Voraussetzungen, Art und Umfang der künstlichen Befruchtung macht das Fachministerium im Niedersächsischen Ministerialblatt bekannt. ₃Beihilfe wird nur gewährt, wenn die Festsetzungsstelle vor Beginn der Behandlung auf der Grundlage eines Behandlungsplans das Vorliegen der Voraussetzungen sowie Art und Umfang der Behandlung anerkannt hat.

(2) ₁Aufwendungen für eine Kryokonservierung von Ei- oder Samenzellen oder von Keimzellgewebe und die medizinischen Maßnahmen, die in diesem Zusammenhang notwendig sind, sind beihilfefähig, wenn die Kryokonservierung wegen der Behandlung einer Erkrankung mit einer keimzellschädigenden Therapie medizinisch notwendig ist, um spätere Maßnahmen zur Herbeiführung einer Schwangerschaft in Form einer künstlichen Befruchtung vornehmen zu können. ₂§ 27a Abs. 3 Satz 1 Halbsatz 2 SGB V gilt entsprechend.

(3) Aufwendungen für eine Sterilisation sind beihilfefähig, wenn diese wegen einer Krankheit notwendig ist.

(4) ₁Aufwendungen für die ärztliche Beratung über Fragen der Empfängnisregelung einschließlich der hierfür notwendigen ärztlichen Untersuchungen sind beihilfefähig. ₂Aufwendungen für ärztlich verordnete Mittel zur Empfängnisverhütung sowie für deren Applikation sind bei Beihilfeberechtigten und berücksichtigungsfähigen Angehörigen vor

Vollendung des 23. Lebensjahres beihilfefähig. ₃Aufwendungen für allgemeine Sexualaufklärung oder Sexualberatung sind nicht beihilfefähig.

(5) ₁Für einen nicht rechtswidrigen Schwangerschaftsabbruch sind Aufwendungen für ärztliche Leistungen und Aufwendungen nach den §§ 17, 21, 23, 24, 26 und 27 beihilfefähig. ₂Daneben sind auch die Aufwendungen für die ärztliche Beratung über die Erhaltung der Schwangerschaft und die ärztliche Untersuchung und Begutachtung zur Feststellung der Voraussetzungen für einen nicht rechtswidrigen Schwangerschaftsabbruch beihilfefähig.

§ 41 Erste Hilfe, Entseuchung, Organspende, Gewebespende und Blutspende zur Separation von Blutstammzellen oder anderen Blutbestandteilen

(1) Beihilfefähig sind Aufwendungen für

1. Erste Hilfe und

2. eine Entseuchung, die wegen Krankheit der oder des Beihilfeberechtigten oder der oder des berücksichtigungsfähigen Angehörigen behördlich angeordnet worden ist, und die dabei verbrauchten Stoffe.

(2) Benötigen Beihilfeberechtigte oder berücksichtigungsfähige Angehörige eine Organ- oder Gewebetransplantation oder eine Behandlung mit Blutstammzellen oder anderen Blutbestandteilen, so sind neben den Aufwendungen für Leistungen nach dem Zweiten Teil dieser Verordnung

1. bei einer postmortalen Organ- oder Gewebespende die Aufwendungen für die Vermittlung, die Entnahme, die Versorgung und den Transport des Organs oder des Gewebes sowie für die Organisation für die Bereitstellung des Organs oder des Gewebes zur Transplantation,

2. bei Lebendspenden

   a) die Aufwendungen für Leistungen im Sinne des Zweiten Teils dieser Verordnung für eine Spenderin oder einen Spender eines Organs, von Gewebe oder von Blut zur Separation von Blutstammzellen oder anderen Blutbestandteilen in entsprechender Anwendung des Zweiten Teils dieser Verordnung und

   b) die Aufwendungen für die Erstattung von Verdienstausfall der Spenderin oder des Spenders

und

3. die Aufwendungen für die Registrierung der oder des Beihilfeberechtigten oder der oder des berücksichtigungsfähigen Angehörigen für die Suche nach geeigneten Blutstammzellspenderinnen und Blutstammzellspendern im Zentralen Knochenmarkspender-Register

beihilfefähig.

§ 41a Registrierung im klinischen Krebsregister

₁Der Dienstherr oder die juristische Person des öffentlichen Rechts, die mit der Bearbeitung von Beihilfeangelegenheiten betraut ist, beteiligt sich nach Maßgabe des Satzes 2 an den Kosten, die dem zuständigen klinischen Krebsregister für die Registrierung von Beihilfeberechtigten und berücksichtigungsfähigen Angehörigen entstehen. ₂Gezahlt werden

1. die fallbezogene Krebsregisterpauschale nach § 65c Abs. 4 Sätze 2 bis 4 und 6 SGB V und

2. die Meldevergütung nach § 65c Abs. 6 Sätze 1 bis 5, 8 und 9 SGB V

in Höhe des Bemessungssatzes.

§ 42 Gebärdendolmetscherin und Gebärdendolmetscher

₁Aufwendungen für die Leistungen einer Gebärdendolmetscherin oder eines Gebärdendolmetschers sind beihilfefähig, wenn

1. die oder der Beihilfeberechtigte oder die oder der berücksichtigungsfähige Angehörige gehörlos, hochgradig schwerhörig, ertaubt oder sprachbehindert ist und

2. für den Erfolg einer beihilfefähigen Leistung zur Kommunikation mit der Leistungserbringerin oder dem Leistungserbringer eine Gebärdendolmetscherin oder ein Gebärdendolmetscher erforderlich ist.

₇Beihilfefähig sind die Aufwendungen bis zur Höhe einer Vergütung in entsprechender Anwendung des Justizvergütungs- und -entschädigungsgesetzes.

Fünfter Teil
Leistungsumfang

§ 43 Bemessung der Beihilfe

(1) ₁Der der Beihilfegewährung zugrunde zu legende Bemessungssatz (§ 80 Abs. 5 NBG) richtet sich nach dem Zeitpunkt der Leistungserbringung. ₂Der erhöhte Bemessungssatz nach § 80 Abs. 5 Satz 4 NBG gilt für die Person, die den Familienzuschlag (§§ 34 und 35 NBesG) erhält, es sei denn, dass die Beihilfeberechtigten eine abweichende Vereinbarung treffen. ₃Diese kann nur aus einem wichtigen Grund geändert werden. ₄Eine abweichende Vereinbarung kann nicht getroffen werden, wenn der erhöhte Bemessungssatz durch Rechtsvorschrift verbindlich einer Person zugewiesen wird.

(2) Für entpflichtete Hochschullehrerinnen und Hochschullehrer beträgt der Bemessungssatz 70 Prozent, wenn aufgrund einer nachrangigen Beihilfeberechtigung infolge eines Versorgungsbezugs ein Bemessungssatz von 70 Prozent zustehen würde.

(3) Die oberste Dienstbehörde, eine von ihr bestimmte Behörde oder die juristische Person des öffentlichen Rechts, die mit der Bearbeitung von Beihilfeangelegenheiten betraut ist, kann für Aufwendungen im Zusammenhang mit einer Dienstbeschädigung im Einzelfall den Bemessungssatz erhöhen, soweit nicht bereits Ansprüche nach dem Niedersächsischen Beamtenversorgungsgesetz bestehen.

(4) ₁Die Festsetzungsstelle kann den Bemessungssatz von Versorgungsempfängerinnen und Versorgungsempfängern und ihren berücksichtigungsfähigen Ehegattinnen, Ehegatten, Lebenspartnerinnen oder Lebenspartnern auf Antrag um bis zu 20 Prozentpunkte, auch befristet erhöhen, wenn

1. der monatliche Beitragsaufwand für eine nach § 193 Abs. 3 des Versicherungsvertragsgesetzes abzuschließende, die Beihilfe ergänzende private Krankenversicherung im Zeitpunkt der Antragstellung abzüglich eines Zuschusses nach § 106 SGB VI 12 Prozent des Durchschnittsbetrages der monatlichen Einnahmen beider Personen der letzten zwölf Kalendermonate vor Antragstellung übersteigt und

2. der Durchschnittsbetrag der monatlichen Einnahmen beider Personen der letzten zwölf Kalendermonate vor Antragstellung 170 Prozent des monatlichen Betrages der Mindestversorgung nach § 16 Abs. 3 Satz 2 NBeamtVG nicht übersteigt.

₂Der Grenzbetrag nach Satz 1 Nr. 2 erhöht sich um 260 Euro, wenn für die Ehegattin, den Ehegatten, die Lebenspartnerin oder den Lebenspartner ebenfalls Beiträge zu einer privaten Krankenversicherung gezahlt werden.

(5) ₁Zu den Einnahmen nach Absatz 4 zählen

1. die Versorgungsbezüge nach Anwendung von Ruhens-, Kürzungs- und Anrechnungsvorschriften,

2. der Zahlbetrag der Rente aus der gesetzlichen Rentenversicherung,

3. der Zahlbetrag der Leistungen aus einer zusätzlichen Alters- oder Hinterbliebenenversorgung,

4. die weiteren Einnahmen aus nicht selbständiger Arbeit,

5. die Einnahmen aus Kapitalvermögen,

6. die Einnahmen aus Vermietung oder Verpachtung und

7. die sonstigen regelmäßigen Einnahmen.

₂Unberücksichtigt bleibt eine Grundrente nach dem Bundesversorgungsgesetz, ein Kindergeld nach dem Einkommensteuergesetz oder dem Bundeskindergeldgesetz, eine Leistung für Kindererziehung nach § 294 SGB VI, ein Wohngeld nach dem Wohngeldgesetz und eine Leistung, die zum Ausgleich der durch eine Behinderung bedingten Mehraufwendungen gezahlt wird.

(6) ₁Die oberste Dienstbehörde, eine von ihr bestimmte Behörde oder die juristische Person des öffentlichen Rechts, die mit der Bearbeitung von Beihilfeangelegenheiten be-

traut ist, kann – für Landesbeamtinnen und Landesbeamte im Einvernehmen mit dem Fachministerium – den Bemessungssatz erhöhen, wenn dies im Hinblick auf die Fürsorgepflicht des Dienstherrn nach § 45 BeamtStG geboten ist. ₂Eine Erhöhung des Bemessungssatzes für Leistungen nach den §§ 32 bis 35 ist ausgeschlossen.

(7) ₁Für beihilfefähige Aufwendungen, für die trotz ausreichender und rechtzeitiger Krankenversicherung wegen angeborener Leiden oder bestimmter Krankheiten aufgrund eines individuellen Ausschlusses Versicherungsleistungen nicht gewährt werden oder auf Dauer eingestellt worden sind, erhöht sich der Bemessungssatz um 20 Prozentpunkte, jedoch höchstens auf 90 Prozent. ₂Dies gilt nur, wenn das Versicherungsunternehmen die Voraussetzungen nach § 257 Abs. 2a Satz 1 SGB V erfüllt.

(8) ₁Bei freiwilligen Mitgliedern der gesetzlichen Krankenversicherung mit der Höhe nach gleichen Ansprüchen wie Pflichtversicherte erhöht sich der Bemessungssatz auf 100 Prozent. ₂Dies gilt nicht, wenn ein Zuschuss, ein Arbeitgeberanteil oder eine andere Geldleistung von mindestens 21 Euro monatlich zum Krankenkassenbeitrag gewährt wird oder die Krankenkasse weder eine Sachleistung erbracht noch eine Erstattung geleistet hat.

(9) Der Bemessungssatz erhöht sich für Beihilfeberechtigte, die ihren dienstlichen Wohnsitz im Ausland haben oder im Ausland eingesetzt sind, und ihre berücksichtigungsfähigen Angehörigen für Aufwendungen, die nach § 26 Abs. 5, auch in Verbindung mit § 38 Abs. 3 oder § 38a Abs. 3 oder § 30 Abs. 5 beihilfefähig sind, auf 100 Prozent, soweit die Aufwendungen für die Beförderung zum nächstgelegenen geeigneten Behandlungsort 200 Euro übersteigen.

§ 44 Begrenzung der Beihilfe

Bei der Begrenzung der Beihilfe nach § 80 Abs. 4 Satz 1 NBG bleiben Zahlungen aus Krankentagegeld-, Krankenhaustagegeld-, Pflegetagegeld-, Pflegerenten- und Pflegerentenzusatzversicherungen unberücksichtigt, soweit diese Versicherungen nicht der Befreiung von der Versicherungspflicht nach § 22 SGB XI dienen.

§ 45 Eigenbehalte

(1) ₁Die beihilfefähigen Aufwendungen mindern sich um einen Eigenbehalt in Höhe von 10 Prozent, jedoch mindestens fünf und höchstens zehn Euro, jedoch jeweils nicht um mehr als die tatsächlichen beihilfefähigen Aufwendungen bei

1. Arznei- und Verbandmitteln sowie Medizinprodukten,
2. Hilfsmitteln, die nicht zum Verbrauch bestimmt sind, Geräten zur Selbstbehandlung und Selbstkontrolle und Körperersatzstücken,
3. Fahrten und Flügen, ausgenommen Fahrten und Flüge nach § 30 Abs. 1 Sätze 3 und 4,
4. einer Haushaltshilfe je Kalendertag und
5. Soziotherapie je Kalendertag.

₂Wird eine vollstationäre Krankenhausbehandlung mit einer vor- oder nachstationären Krankenhausbehandlung kombiniert, so ist ein Eigenbehalt nur für die erste und die letzte Fahrt abzuziehen. ₃Satz 2 ist entsprechend anzuwenden bei einer ambulanten Operation, die mit einer Vor- oder Nachbehandlung kombiniert wird, und bei einer ambulant durchgeführten ärztlich verordneten Chemo- oder Strahlentherapieserie.

(2) Die beihilfefähigen Aufwendungen mindern sich um einen Eigenbehalt in Höhe von zehn Euro je Kalendertag bei

1. vollstationären Krankenhausbehandlungen, Maßnahmen der Anschlussrehabilitation und Suchtbehandlungen nach § 31, jedoch höchstens für insgesamt 28 Tage im Kalenderjahr,
2. Rehabilitationsmaßnahmen nach § 29 Abs. 1 Nrn. 1, 3 und 4 und
3. medizinischen Vorsorgeleistungen nach § 38 Abs. 6.

(3) Die beihilfefähigen Aufwendungen mindern sich bei

1. häuslicher Krankenpflege um einen Eigenbehalt in Höhe von 10 Prozent für die ers-

ten 28 Tage der Inanspruchnahme im Kalenderjahr und um zehn Euro je Verordnung,

2. Heilmitteln und Komplextherapien um einen Eigenbehalt in Höhe von 10 Prozent und um zehn Euro je Verordnung und

3. zum Verbrauch bestimmten Hilfsmitteln um einen Eigenbehalt in Höhe von 10 Prozent, jedoch höchstens zehn Euro für den Monatsbedarf.

(4) Die Absätze 1 bis 3 gelten nicht bei Aufwendungen

1. von Kindern und Waisen vor Vollendung des 18. Lebensjahres, außer für Fahrten und Flüge,

2. von Schwangeren im Zusammenhang mit Schwangerschaftsbeschwerden oder der Entbindung,

3. für eine Haushaltshilfe nach § 23 Abs. 4,

4. für ambulante ärztliche und zahnärztliche Vorsorgeleistungen sowie Leistungen zur Früherkennung von Krankheiten einschließlich der dabei verwandten Arzneimittel, ausgenommen Arzneimittel nach § 38 Abs. 2 Nr. 2 für die medikamentöse Präexpositionsprophylaxe,

5. für Arznei- und Verbandmittel sowie Medizinprodukte, die bei einer ambulanten Behandlung verbraucht und in der Rechnung als Auslagen abgerechnet werden,

6. für Arzneimittel, die aufgrund eines Rückrufs oder einer von der zuständigen Behörde bekannt gemachten Einschränkung der Verwendbarkeit ersatzweise verordnet werden,",

7. für Heilmittel, für Hilfsmittel und für die Unterweisung in den Gebrauch von Blindenhilfsmitteln und für Training in Orientierung und Mobilität, für die nach den Anlagen 5, 7 und 9 Höchstbeträge festgesetzt sind,

8. für Harn- und Blutteststreifen sowie

9. für eine künstliche Befruchtung einschließlich der Arzneimittel, die im Zusammenhang damit verordnet werden.

(5) ₁Der Eigenbehalt nach Absatz 1 Satz 1 Nr. 1 ist von Aufwendungen für ein Arzneimittel nicht abzuziehen, wenn das Arzneimittel in der vom Spitzenverband Bund der Krankenkassen im Internet unter www.gkv-spitzenverband.de veröffentlichten Liste der Arzneimittel, die von der Zuzahlung (§ 31 Abs. 3 Satz 4 SGB V) befreit sind, enthalten ist. ₂Maßgeblich ist die Liste, die zu Beginn des Quartals eines Kalenderjahres veröffentlicht ist, in dem die Aufwendungen entstanden sind.

(6) Bei Beihilfeberechtigten und berücksichtigungsfähigen Angehörigen, die in einem Standardtarif nach § 257 Abs. 2a SGB V in der bis zum 31. Dezember 2008 geltenden Fassung oder einem Basistarif nach § 12 Abs. 1a des Versicherungsaufsichtsgesetzes versichert sind, sind die Absätze 1 bis 3 mit der Maßgabe anzuwenden, dass von der privaten Krankenversicherung abgezogene Zuzahlungen als Eigenbehalte zu berücksichtigen sind.

§ 46 Befreiung vom Abzug von Eigenbehalten, Beihilfe für Aufwendungen für nicht verschreibungspflichtige Arzneimittel

(1) ₁Auf Antrag sind Eigenbehalte nach § 45 für ein Kalenderjahr nicht abzuziehen, soweit sie innerhalb dieses Kalenderjahres den Grenzbetrag überschreiten. ₂Der Grenzbetrag beträgt zwei Prozent oder, wenn die oder der Beihilfeberechtigte oder eine berücksichtigungsfähige Angehörige oder ein berücksichtigungsfähiger Angehöriger chronisch krank ist, ein Prozent der Summe der jährlichen Einkünfte im Sinne des § 34 Abs. 6 bis 9 der oder des Beihilfeberechtigten und der berücksichtigungsfähigen Angehörigen nach Maßgabe der Sätze 3 bis 6. ₃Die Einkünfte der Ehegattin, des Ehegatten, der Lebenspartnerin oder des Lebenspartners werden nicht berücksichtigt, wenn sie oder er Mitglied der gesetzlichen Krankenversicherung oder selbst beihilfeberechtigt ist. ₄Bei Beihilfeberechtigten, die verheiratet oder in Lebenspartnerschaft verbunden sind, werden die um 15 Prozent verminderten Einkünfte berücksichtigt. ₅Für jedes berücksichtigungsfähige Kind (§ 80 Abs. 2 Nrn. 2 und 3 NBG) erfolgt

eine Minderung um den Betrag, der sich aus § 32 Abs. 6 Sätze 1 und 2 EStG ergibt. ₆Maßgebend für die Feststellung des Grenzbetrages sind jeweils die Einnahmen des vorangegangenen Kalenderjahres. ₇Der Antrag muss vor Ablauf des Jahres gestellt werden, das auf das Jahr folgt, in dem die Aufwendungen entstanden sind.

(2) Werden die Kosten der Unterbringung in einem Heim oder einer ähnlichen Einrichtung von einem Träger der Sozialhilfe oder der Kriegsopferfürsorge getragen, so ist für die Berechnung des Grenzbetrages nur der Regelsatz des Haushaltsvorstandes nach der Regelsatzverordnung zugrunde zu legen.

(3) ₁Auf Antrag wird für Aufwendungen für ärztlich oder von einer Heilpraktikerin oder einem Heilpraktiker verordnete nicht verschreibungspflichtige, apothekenpflichtige Arzneimittel, die innerhalb eines Kalenderjahres entstanden sind, Beihilfe gewährt, soweit sie einen Grenzbetrag überschreiten. ₂Bei der Ermittlung, ob der Grenzbetrag überschritten wird, sind die Aufwendungen für das Arzneimittel abzüglich eines fiktiven Eigenbehalts nach § 45 Abs. 1 Satz 1 Nr. 1 entsprechend der Höhe des Bemessungssatzes nach § 80 Abs. 5 NBG in Verbindung mit § 43 zu berücksichtigen. ₃Für die Höhe des Grenzbetrages ist Absatz 1 Sätze 2 bis 6 anzuwenden. ₄Satz 1 gilt nicht für Aufwendungen für

1. Arzneimittel zur Anwendung bei Erkältungskrankheiten und grippalen Infekten einschließlich der bei diesen Krankheiten anzuwendenden Schnupfenmittel, Schmerzmittel, hustendämpfenden und hustenlösenden Mittel,

2. Mund- und Rachentherapeutika, es sei denn, dass sie zur Behandlung von Pilzinfektionen oder von geschwürigen Erkrankungen der Mundhöhle oder zur Behandlung nach einem chirurgischen Eingriff im Hals-, Nasen- oder Ohrenbereich verordnet werden,

3. Abführmittel, es sei denn, dass sie
   a) zur Behandlung von Erkrankungen in Zusammenhang mit Tumorleiden oder zur Behandlung von Megacolon, Divertikulose, Divertikulitis, Mukoviszidose oder neurogener Darmlähmung oder
   b) vor diagnostischen Eingriffen, bei phosphatbindender Medikation bei chronischer Niereninsuffizienz, bei der Opiattherapie oder Opioidtherapie oder in der Terminalphase

verordnet werden,

4. Arzneimittel gegen Reisekrankheit, es sei denn, dass sie gegen Erbrechen bei einer Tumortherapie oder bei anderen Erkrankungen verordnet werden, sowie

5. Arzneimittel, bei deren Anwendung eine Erhöhung der Lebensqualität im Vordergrund steht.

₅Der Antrag muss vor Ablauf des Jahres gestellt werden, das auf das Jahr folgt, in dem die Aufwendungen entstanden sind.

Sechster Teil
Verfahren

§ 47 Antrag und Belege

(1) ₁Beihilfe wird auf Antrag gewährt. ₂Der Antrag ist schriftlich bei der Festsetzungsstelle zu stellen. ₃Er kann elektronisch gestellt werden, wenn die Festsetzungsstelle hierfür einen Zugang eröffnet. ₄Die Belege über die Aufwendungen sind vorzulegen. ₅Zweitschriften oder Kopien der Belege sind ausreichend. ₆Aus den Belegen müssen Grund und Höhe der Aufwendungen im Einzelnen ersichtlich sein. ₇Den Belegen über Aufwendungen für Leistungen nach den §§ 33 bis 36 ist die Leistungszusage oder die Leistungsabrechnung der privaten oder sozialen Pflegeversicherung beizufügen, bei wiederkehrenden Leistungen nur bei der erstmaligen Beantragung sowie bei Veränderungen der Pflegesituation mit Auswirkung auf die Leistungsgewährung. ₈Wird der Antrag elektronisch gestellt, so können die Belege sowie die Leistungszusage oder die Leistungsabrechnung nach Satz 7 elektronisch übermittelt werden, wenn die Festsetzungsstelle diese Möglichkeit eröffnet.

(2) ₁Auf Rezepten muss die Pharmazentralnummer des verordneten Arzneimittels und das Institutskennzeichen der abgebenden Apotheke angegeben sein, es sei denn, dass die Angaben wegen des Kaufes im Ausland nicht möglich sind. ₂Liegen tatsächliche Anhaltspunkte dafür vor, dass ein vorgelegter Beleg unecht oder verfälscht ist, so kann die Festsetzungsstelle mit Einwilligung der Antragstellerin oder des Antragstellers bei der angegebenen Ausstellerin oder dem angegebenen Aussteller eine Auskunft über die Echtheit oder eine Verfälschung des Beleges einholen. ₃Wird die Einwilligung verweigert, so wird zu den betreffenden Aufwendungen Beihilfe nicht gewährt.

(3) ₁Bei Belegen über Aufwendungen im Ausland sind auf Verlangen Übersetzungen vorzulegen. ₂Sind die Aufwendungen während eines dienstlich veranlassten Auslandsaufenthaltes entstanden, so sind die Aufwendungen für die Übersetzung beihilfefähig. ₃Bei Belegen über außerhalb der Europäischen Union erbrachte Leistungen hat die Antragstellerin oder der Antragsteller die für den Kostenvergleich (§ 8 Abs. 2) notwendigen Angaben der Leistungserbringerin oder des Leistungserbringers beizubringen. ₄Kann die Antragstellerin oder der Antragsteller die Angaben von der Leistungserbringerin oder dem Leistungserbringer nicht erlangen, so hat die Festsetzungsstelle über die Beihilfefähigkeit der Aufwendungen auf der Grundlage der Angaben der Antragstellerin oder des Antragstellers zu Grund, Art und Umfang der Leistung nach billigem Ermessen zu entscheiden. ₅Hat die Antragstellerin oder der Antragsteller nicht versucht, die Angaben von der Leistungserbringerin oder dem Leistungserbringer zu erlangen oder macht sie oder er im Fall des Satzes 4 keine Angaben zu Grund, Art und Umfang der Leistung, so wird für die Aufwendungen Beihilfe nicht gewährt.

(4) Zur Vermeidung unbilliger Härten kann die Festsetzungsstelle nach vorheriger Anhörung der oder des Beihilfeberechtigten zulassen, dass eine berücksichtigungsfähige Angehörige oder ein berücksichtigungsfähiger Angehöriger die Beihilfe für ihre oder seine Aufwendungen beantragt.

(5) ₁Ein Antrag ist nur zulässig, wenn die mit dem Antrag geltend gemachten Aufwendungen insgesamt mindestens 100 Euro betragen. ₂Abweichend von Satz 1 ist der Antrag bei einem geringeren Betrag zulässig, wenn eine Versäumung der Frist nach § 48 Abs. 1 droht oder eine unbillige Härte entstünde.

§ 48 Antragsfrist

(1) ₁Der Antrag auf Beihilfe ist innerhalb einer Ausschlussfrist von einem Jahr nach Entstehen der Aufwendungen zu stellen; Aufwendungen im Sinne des § 144 Abs. 3 Satz 2 SGB XI können bis zum 31. Dezember 2018 geltend gemacht werden. ₂Liegt eine Rechnung vor, so beginnt die Frist mit dem Rechnungsdatum. ₃Bei Aufwendungen für Pflegeleistungen beginnt die Frist am letzten Tag des Monats, in dem die Pflege erbracht wurde. ₄Hat ein Sozialhilfeträger oder der Träger der Kriegsopferfürsorge vorgeleistet, so beginnt die Frist am Ersten des Monats, der auf den Monat folgt, in dem der Sozialhilfeträger oder der Träger der Kriegsopferfürsorge die Vorleistung erbracht hat. ₅Wird der Antrag nach Ablauf der Frist nach Satz 1 gestellt, so ist auf Antrag der oder des Beihilfeberechtigten unter den Voraussetzungen des § 32 Abs. 2 bis 4 des Verwaltungsverfahrensgesetzes Wiedereinsetzung in den vorigen Stand zu gewähren, wenn sie oder er wegen höherer Gewalt verhindert war, die Frist einzuhalten. ₆Würde die Nichtgewährung von Beihilfe wegen Versäumens der Frist zu einer unzumutbaren Härte führen, so ist die Fristversäumnis unbeachtlich.

(2) Bei Beihilfeberechtigten, die ihren dienstlichen Wohnsitz im Ausland haben oder im Ausland eingesetzt sind, ist die Frist nach Absatz 1 auch gewahrt, wenn der Antrag innerhalb dieser Frist bei der Beschäftigungsstelle im Ausland eingereicht wird.

§ 49 Gutachten

(1) ₁Die Festsetzungsstelle kann zur Prüfung des Vorliegens der Voraussetzungen für die Gewährung von Beihilfe ein ärztliches Gut-

achten einholen. ₂Hierfür nimmt sie vorrangig Amtsärztinnen und Amtsärzte sowie Vertrauensärztinnen und Vertrauensärzte in Anspruch. ₃§ 60 Abs. 1 Satz 1 sowie die §§ 62, 65, 66 und 67 des Ersten Buchs des Sozialgesetzbuchs sind entsprechend anzuwenden. ₄In Härtefällen werden Beihilfeberechtigten und berücksichtigungsfähigen Angehörigen auf Antrag ihre für die Mitwirkung notwendigen Auslagen und Verdienstausfall in angemessener Höhe durch die Festsetzungsstelle erstattet.

(2) ₁In Pflegefällen soll die Festsetzungsstelle die Gutachten zugrunde legen, die für die Pflegeversicherung zum Vorliegen der Pflegebedürftigkeit sowie zu Art und notwendigem Umfang der Pflege erstellt wurden. ₂Steht der Festsetzungsstelle ein Gutachten nach Satz 1 nicht zur Verfügung, so hat sie ein entsprechendes Gutachten erstellen zu lassen.

§ 50 Zuordnung von Aufwendungen

Beihilfefähige Aufwendungen werden

1. für eine Haushaltshilfe der jüngsten im Haushalt verbleibenden Person,
2. für eine Begleitperson der oder dem Begleiteten,
3. in Geburtsfällen, auch soweit sie das gesunde Neugeborene während des Aufenthalts in der Geburtseinrichtung betreffen, der Mutter und
4. für eine familienorientierte Rehabilitation dem erkrankten Kind

zugeordnet.

§ 51 Beihilfebescheid, Rücksendung der Belege

(1) Der Bescheid über die Gewährung oder die Ablehnung der beantragten Beihilfe (Beihilfebescheid) wird schriftlich oder, wenn die Empfängerin oder der Empfänger hierfür einen Zugang eröffnet hat, elektronisch übermittelt.

(2) ₁Die Festsetzungsstelle kann von einer Rücksendung der Belege absehen. ₂Die Antragstellerinnen und Antragsteller können bei Vorliegen eines berechtigten Interesses die Rücksendung der Belege, ausgenommen Arzneimittelrezepte, verlangen. ₃Wurden vorgelegte Belege elektronisch erfasst und gespeichert und anschließend vernichtet, so kann bei Vorliegen eines berechtigten Interesses die Übersendung einer Reproduktion der Belege verlangt werden.

§ 51a Direktabrechnung

₁Hat der Dienstherr oder die juristische Person des öffentlichen Rechts, die mit der Bearbeitung von Beihilfeangelegenheiten betraut ist, mit Personen oder Einrichtungen, die Leistungen erbringen oder Rechnungen ausstellen, die direkte Abrechnung von Leistungen vereinbart, so kann die Festsetzungsstelle an diese Zahlungen in Höhe des Beihilfeanspruchs leisten (Direktabrechnung). ₂Die Direktabrechnung ist nur zulässig, wenn

1. die oder der Beihilfeberechtigte diese beantragt und sich mit der direkten Klärung von Fragen zwischen der Festsetzungsstelle und den Personen und Einrichtungen, die Leistungen erbringen oder Rechnungen ausstellen, einverstanden erklärt und
2. die behandelte beihilfeberechtigte oder berücksichtigungsfähige Person die Person oder Einrichtung, die Leistungen erbringt oder Rechnungen ausstellt, im Einzelfall von der ärztlichen Schweigepflicht gegenüber der Festsetzungsstelle entbindet.

§ 52 Abschlagszahlungen

₁Die Festsetzungsstelle kann auf Antrag Abschlagszahlungen leisten. ₂Sie zahlt diese auf Verlangen der Antragstellerin oder des Antragstellers an Dritte aus.

Siebter Teil
Übergangs- und Schlussvorschriften

§ 53 Übergangsvorschriften

(1) Die Beihilfefähigkeit von Aufwendungen für

1. Leistungen, die vor dem 1. Januar 2012 erbracht wurden oder im Rahmen einer vor dem 1. Januar 2012 begonnenen und

über diesen Zeitpunkt hinausgehenden Behandlung oder Maßnahme noch erbracht werden, und

2. Arznei- und Verbandmittel, Hilfsmittel, Geräte zur Selbstbehandlung und Selbstkontrolle sowie Körperersatzstücke, die vor dem 1. Januar 2012 erworben wurden,

richtet sich nach § 87c des Niedersächsischen Beamtengesetzes in der am 31. März 2009 geltenden Fassung.

(2) Ist die Beihilfe nach den §§ 33 und 34 für eine Person, die bereits vor dem 1. Januar 2012 Pflegeleistungen im Sinne der §§ 33 und 34 erhalten hat, geringer als eine Beihilfe nach § 9 der Allgemeinen Verwaltungsvorschrift für Beihilfen in Krankheits-, Pflege- und Geburtsfällen in der Fassung vom 1. November 2001 (GMBl. S. 918), zuletzt geändert durch Rundschreiben des Bundesministeriums des Innern vom 30. Januar 2004 (GMBl. S. 379), so ist der höhere Betrag als Beihilfe zu gewähren.

(3) Ist die Beihilfe für Aufwendungen für regelmäßig wiederkehrende Leistungen nach den §§ 33 bis 35 in der am 31. Dezember 2016 geltenden Fassung für eine Person, die bereits vor dem 1. Januar 2017 Anspruch auf Beihilfe für pflegebedingte Aufwendungen hat, höher als eine Beihilfe nach den §§ 33 bis 35 in der ab 1. Januar 2017 geltenden Fassung, so ist der höhere Betrag als Beihilfe zu gewähren.

(4) Zur sozialen Sicherung einer sonstigen Pflegekraft, die nicht erwerbsmäßig tätig wird, vor dem 1. Januar 2017 Leistungen der häuslichen Pflege erbracht hat und diese Pflegetätigkeit weiterhin erbringt, gilt § 141 Abs. 4 bis 6 SGB XI entsprechend.

§ 54 Inkrafttreten

Diese Verordnung tritt am 1. Januar 2012 in Kraft.

Anlage 1
(zu § 5 Abs. 1 Satz 1)

Einschränkung der Beihilfefähigkeit von Aufwendungen für medizinisch notwendige, nach wissenschaftlich allgemein anerkannten Methoden erbrachte Leistungen

1. Dermatologie
   Videodokumentation von Muttermalen
   Aufwendungen sind nur beihilfefähig, wenn eine der folgenden Indikationen vorliegt:
   a) mindestens 100 melanozytäre Nävi,
   b) mindestens fünf atypische melanozytäre Nävi (dysplastisches Nävussyndrom),
   c) ein malignes Melanom in der eigenen Vorgeschichte oder
   d) mindestens zwei von einem malignen Melanom betroffene Verwandte ersten Grades.

2. Ophthalmologie

2.1 Austausch der natürlichen Augenlinse durch Operation
   Bei einem Austausch der natürlichen Augenlinse zur Behandlung einer Katarakterkrankung sind die Aufwendungen für die künstliche Linse nur bis zur Höhe der Kosten einer Monofokallinse, höchstens jedoch bis zur Höhe von 300 Euro, beihilfefähig. In anderen Behandlungsfällen sind Aufwendungen für einen Austausch der natürlichen Augenlinse zur reinen Verbesserung des Visus nur beihilfefähig, wenn nach augenärztlicher Feststellung eine andere Behandlung zur Verbesserung des Visus nicht möglich ist und die Festsetzungsstelle die medizinische Notwendigkeit vor Beginn der Behandlung anerkannt hat.

2.2 Chirurgische Hornhautkorrektur durch Laserbehandlung
   Aufwendungen sind nur beihilfefähig, wenn eine Korrektur durch Brille oder Kontaktlinsen nach augenärztlicher Feststellung nicht möglich ist und die Festsetzungsstelle die medizinische Notwendigkeit vor Beginn der Behandlung anerkannt hat.

2.3 Implantation einer additiven Linse oder einer Add-on-Intraokularlinse
   Aufwendungen sind nur beihilfefähig, wenn nach augenärztlicher Feststellung eine andere Behandlung zur Verbesserung des Visus nicht möglich ist und die Festsetzungsstelle die medizinische Notwendigkeit vor Beginn der Behandlung anerkannt hat.

2.4 Implantation einer phaken Intraokularlinse
   Aufwendungen sind nur beihilfefähig, wenn nach augenärztlicher Feststellung eine andere Behandlung zur Verbesserung des Visus nicht möglich ist und die Festsetzungsstelle die medizinische Notwendigkeit vor Beginn der Behandlung anerkannt hat.

Anlage 1a
(zu § 5 Abs. 1 Satz 2)

Beihilfefähigkeit von Aufwendungen für Leistungen nach wissenschaftlich nicht allgemein anerkannten Methoden

- Chelat-Therapie
  Aufwendungen sind beihilfefähig bei Behandlung von schwerwiegender Schwermetallvergiftung, Morbus Wilson oder Siderose.
- Fokussierte Extracorporale Stoßwellentherapie (fESWT) im orthopädischen und schmerztherapeutischen Bereich
  Aufwendungen sind beihilfefähig bei Behandlung der Tendinosis calcarea, der Pseudarthrose, der Fasziitis plantaris, der therapierefraktären Achillodynie oder der therapierefraktären Epicondylitis humeri radialis. Die Angemessenheit der Aufwendungen richtet sich nach Nummer 1800 des Gebührenverzeichnisses der Gebührenordnung für Ärzte und dem Gebührenrahmen der Gebührenordnung für Ärzte. Aufwendungen für Zuschläge sind nicht beihilfefähig.
- Hyperbare Sauerstofftherapie (Überdruckbehandlung)
  Aufwendungen sind beihilfefähig bei Behandlung von Kohlenmonoxydvergiftung, Gasgangrän, chronischen Knocheninfektionen, Septikämien, schweren Verbrennungen, Gasembolien, peripherer Ischämie, therapierefraktärem diabetischen Fußsyndrom (ab Wagner-Stadium II) oder bei mit Perzeptionsstörungen des Innenohres verbundenen Tinnitusleiden.
- Hyperthermie-Behandlung
  Aufwendungen sind beihilfefähig bei Krebsbehandlung.
- Klimakammerbehandlungen
  Aufwendungen sind beihilfefähig, wenn andere übliche Behandlungsmethoden nicht zum Erfolg geführt haben und die Festsetzungsstelle die medizinische Notwendigkeit vor Beginn der Behandlung anerkannt hat.
- Lanthasol-Aerosol-Inhalationskur
  Aufwendungen sind beihilfefähig bei Aerosol-Inhalationskuren mit hochwirksamen Medikamenten.
- Magnetfeldtherapie
  Aufwendungen sind beihilfefähig bei Behandlung von atrophen Pseudarthrosen sowie bei Endoprothesenlockerung, idiopathischer Hüftnekrose und verzögerter Knochenbruchheilung, wenn sie in Verbindung mit einer sachgerechten chirurgischen Therapie durchgeführt wird.
- Ozontherapie
  Aufwendungen sind beihilfefähig bei Gasinsufflationen, wenn damit arterielle Verschlusserkrankungen behandelt werden und die Festsetzungsstelle die medizinische Notwendigkeit vor Beginn der Behandlung anerkannt hat.
- Radiale Extracorporale Stoßwellentherapie (rESWT) im orthopädischen und schmerztherapeutischen Bereich
  Aufwendungen sind beihilfefähig bei Behandlung der Fasziitis plantaris oder der therapierefraktären Epicondylitis humeri radialis. Die Angemessenheit der Aufwendungen richtet sich nach Nummer 302 des Gebührenverzeichnisses der Gebührenordnung für Ärzte und dem Gebührenrahmen der Gebührenordnung für Ärzte. Aufwendungen für Zuschläge sind nicht beihilfefähig.
- Thymustherapie und Behandlung mit Thymuspräparaten
  Aufwendungen sind beihilfefähig bei Krebsbehandlungen, wenn andere übliche Behandlungsmethoden nicht zum Erfolg geführt haben.

Anlage 2
(zu § 5 Abs. 2)

Beihilfefähigkeit von Aufwendungen für heilpraktische Leistungen, Angemessenheit der Aufwendungen

Nummer des Gebührenverzeichnisses für Heilpraktiker[1]	Leistungen		Nummer (Nr.) des Gebührenverzeichnisses der GOÄ oder Vorschrift (§) der GOÄ
1	Eingehende, das gewöhnliche Maß übersteigende Untersuchung		Nr. 6
2	Durchführung des vollständigen Krankenexamens mit Repertorisation nach den Regeln der klassischen Homöopathie	als Erstanamnese[2]	Nr. 30
		als Folgeanamnese[3]	Nr. 31
3	Kurze Information, auch mittels Fernsprecher, oder Ausstellung einer Wiederholungsverordnung, als einzige Leistung je Inanspruchnahme		Nr. 2
4	Eingehende Beratung, die das gewöhnliche Maß übersteigt, von mindestens 15 Minuten Dauer, gegebenenfalls einschließlich einer Untersuchung		Nr. 3
5	Beratung, auch mittels Fernsprecher, gegebenenfalls einschließlich einer kurzen Untersuchung, innerhalb der normalen Sprechstundenzeit[4]		Nr. 1
6	Gleiche Leistungen wie Nummer 5, außerhalb der normalen Sprechstundenzeit[4]		Nr. 1 + Zuschlag A
7	Gleiche Leistungen wie Nummer 5, von Montag bis Samstag außerhalb der normalen Sprechstundenzeit[4]		Nr. 1 + Zuschlag B
8	Gleiche Leistungen wie Nummer 5, am Sonntag oder am Feiertag außerhalb der normalen Sprechstundenzeit[4]		Nr. 1 + Zuschlag D
9	Hausbesuch einschließlich Beratung		
9.1	bei Tag		Nr. 50
9.2	in dringenden Fällen (Eilbesuch, sofort ausgeführt)		Nr. 50 + Zuschlag E
9.3	bei Nacht		Nr. 50 + Zuschlag G
	an Sonn- oder Feiertagen		Nr. 50 + Zuschlag H
10.1 bis 10.8	Entschädigung für Zeitaufwand und Fahrtkosten bei Hausbesuchen		§§ 8, 9

Anlage 2　　　　　　　　　Landesbeihilfeverordnung (NBhVO)　**VII.1**

Nummer des Gebührenverzeichnisses für Heilpraktiker[1]	Leistungen	Nummer (Nr.) des Gebührenverzeichnisses der GOÄ oder Vorschrift (§) der GOÄ
11	Schriftliche Auslassungen und Krankheitsbescheinigungen	
11.1	Kurze Krankheitsbescheinigung oder Brief im Interesse der Patientin oder des Patienten	Nr. 70
11.2	Ausführlicher Krankheitsbericht	Nr. 75
	Gutachten	Nr. 80
11.3	Individuell angefertigter schriftlicher Diätplan bei Ernährungs- und Stoffwechselstörungen[5]	Nr. 76
12	Chemisch-physikalische Untersuchungen	
12.1	Harnuntersuchung, qualitativ mittels Verwendung eines Mehrfachreagenzträgers (Teststreifen) durch visuellen Farbvergleich[6]	Nr. 3511
12.2	Harnuntersuchung, quantitativ	Nr. 3531
12.4	Harnuntersuchung, nur Sediment	Nr. 3531
12.7	Blutstatus	Nr. 3550 + Nr. 3502
12.8	Blutzuckerbestimmung	Nr. 3560
12.9	Hämoglobinbestimmung[7]	Nr. 3550
12.10	Differenzierung des gefärbten Blutausstriches[7]	Nr. 3502
12.11	Zählung der Leuko- und Erythrozyten[7]	Nr. 3550
		Nr. 3551
12.12	Blutkörperchen-Senkungsgeschwindigkeit (BKS) einschließlich Blutentnahme	Nr. 3501
12.13	Einfache mikroskopische und/oder chemische Untersuchungen von Körperflüssigkeiten und Ausscheidungen auch mit einfachen oder schwierigen Färbeverfahren sowie Dunkelfeld	Nr. 3509
12.14	Aufwändige Chemogramme von Körperflüssigkeiten und Ausscheidungen je nach Umfang (z. B. Enzymdiagnostik, Nierenchemie, Blutserumchemie, Stuhlchemie, Elektrolyse, Elektrophorese, Fermentchemie)	Nr. 3510
12.15	Photometrie	Nr. 3508
13.1	Sonstige Untersuchung unter Zuhilfenahme spezieller Apparaturen oder Färbeverfahren besonders schwieriger Art (z. B. ph-Messungen im strömenden Blut, Untersuchung nach v. Bremer, Enderlein)	Nr. 3510

VII.1 Landesbeihilfeverordnung (NBhVO) — Anlage 2

Nummer des Gebührenverzeichnisses für Heilpraktiker[1]	Leistungen		Nummer (Nr.) des Gebührenverzeichnisses der GOÄ oder Vorschrift (§) der GOÄ
14	Spezielle Untersuchungen		
14.1	Binokulare mikroskopische Untersuchung des Augenvordergrundes[8)9)]		Nr. 1240
14.2	Binokulare Spiegelung des Augenhintergrundes[9)]		Nr. 1242
14.3	Grundumsatzbestimmung nach Read[8)]		Nr. 601
14.4	Grundumsatzbestimmung mit Hilfe der Atemgasuntersuchung		Nr. 666
14.5	Prüfung der Lungenkapazität (Spirometrische Untersuchung)		Nr. 608
14.6	Elektrokardiogramm mit Phonokardiogramm und Ergometrie, vollständiges Programm		Nr. 652
14.7	Elektrokardiogramm mit Standardableitungen, Goldbergerableitungen, Nehbsche Ableitungen, Brustwandableitungen	bis zu acht Ableitungen	Nr. 650
		mehr als acht Ableitungen	Nr. 651
14.8	Oszillogramm-Methode		Nr. 621
14.9	Spezielle Herz-Kreislauf-Untersuchung[8)]		Nr. 600
14.10	Ultraschall-Gefäßdoppler-Untersuchung zu peripheren Venendruck- und/oder Strömungsmessungen		Nr. 410 + Zuschlag Nr. 404
17.1	Neurologische Untersuchung[8)]		Nr. 800
20	Atemtherapie, Massagen		
20.1	Atemtherapeutische Behandlungsverfahren		Nr. 505
20.2	Nervenpunktmassage nach Cornelius, Aurelius u. a., Spezialnervenmassage		Nr. 523
20.3	Bindegewebsmassage		Nr. 523
20.4	Teilmassage (Massage einzelner Körperteile)		Nr. 520
20.5	Großmassage		Nr. 521
20.6	Sondermassagen	Unterwasserdruckstrahlmassage	Nr. 527
		Lymphdrainage	Nr. 523
		Schrägbettbehandlung	Nr. 516

Anlage 2 Landesbeihilfeverordnung (NBhVO) **VII.1**

Nummer des Gebührenverzeichnisses für Heilpraktiker[1]	Leistungen		Nummer (Nr.) des Gebührenverzeichnisses der GOÄ oder Vorschrift (§) der GOÄ
20.7	Behandlung mit physikalischen oder medicomechanischen Apparaten		Nr. 510
20.8	Einreibung zu therapeutischen Zwecken in die Haut		Nr. 520
21.1	Akupunktur einschließlich Pulsdiagnose	Behandlungsdauer unter 20 Minuten	Nr. 269
		ab 20 Minuten Behandlungsdauer	Nr. 269a
22.1	Inhalation		Nr. 500
23.1	Anwendung von Aerosolen mit Kompressor, Pressluft- oder Sauerstoffgerät		Nr. 501
24.1	Eigenblutinjektion		Nr. 284
25	Injektionen, Infusionen		
25.1	Injektion, subkutan		Nr. 252
25.2	Injektion, intramuskulär		Nr. 252
25.3	Injektion, intravenös, intraarteriell		Nr. 253
25.4	Intrakutane Reiztherapie (Quaddelbehandlung), je Sitzung		Nr. 266
25.5	Injektion, intraartikulär		Nr. 255
25.6	Neural- oder segmentgezielte Injektion nach Huneke		Nr. 255
25.7	Infusion		Nr. 270
25.8	Dauertropfeninfusion		Nr. 272
26	Blutentnahmen		
26.1	Blutentnahme		Nr. 250
26.2	Aderlass		Nr. 285
27	Hautableitungsverfahren, Hautreizverfahren		
27.1	Setzen von Blutegeln, ggf. einschließlich Verband		Nr. 747
27.2	Skarifikation der Haut		Nr. 388
27.3	Setzen von Schröpfköpfen, unblutig		Nr. 747
27.4	Setzen von Schröpfköpfen, blutig		Nr. 747
27.5	Schröpfkopfmassage einschließlich Gleitmittel		Nr. 747

VII.1 Landesbeihilfeverordnung (NBhVO) — Anlage 2

Nummer des Gebührenverzeichnisses für Heilpraktiker[1]	Leistungen	Nummer (Nr.) des Gebührenverzeichnisses der GOÄ oder Vorschrift (§) der GOÄ
27.6	Anwendung großer Saugapparate für ganze Extremitäten	Nr. 747
27.7	Setzen von Fontanellen	Nr. 746
27.8	Setzen von Cantharidenblasen	Nr. 200
27.9	Reinjektion des Blaseninhaltes (aus Nummer 27.8)	Nr. 252
27.10	Anwendung von Pustulantien	Nr. 200
27.12	Biersche Stauung	Nr. 200
28	Infiltrationen	
28.1	Behandlung mittels paravertebraler Infiltration, einmalig	Nr. 267
28.2	Behandlung mittels paravertebraler Infiltration, mehrmalig	Nr. 268
29.1	Roedersches Behandlungs- und Mandelabsaugverfahren	Nr. 1498
30.1	Spülung des Ohres	Nr. 1566
31	Wundversorgung, Verbände und Verwandtes	
31.1	Eröffnung eines oberflächlichen Abszesses	Nr. 2428
31.2	Entfernung von Aknepusteln je Sitzung	Nr. 758
32	Versorgung einer frischen Wunde	
32.1	bei einer kleinen Wunde	Nr. 2000
32.2	bei einer größeren oder verunreinigten Wunde	Nr. 2003
33	Verbände (außer zur Wundbehandlung)	
33.1	Verband	Nr. 200
33.2	Elastischer Stütz- oder Pflasterverband	Nr. 201
33.3	Kompressions- oder Zinkleimverband	Nr. 204
34	Gelenk- und Wirbelsäulenbehandlung	
34.1	Chiropraktische Behandlung	Nr. 3305
34.2	Gezielter chiropraktischer Eingriff an der Wirbelsäule	Nr. 3306
35	Osteopathische Behandlung	
35.1	des Unterkiefers	Nr. 2680

Anlage 2 Landesbeihilfeverordnung (NBhVO) **VII.1**

Nummer des Gebührenverzeichnisses für Heilpraktiker[1]	Leistungen	Nummer (Nr.) des Gebührenverzeichnisses der GOÄ oder Vorschrift (§) der GOÄ
35.2	eines Schultergelenks	Nr. 2217
35.3	der Handgelenke, eines Oberschenkels, eines Unterschenkels, eines Vorderarms oder der Fußgelenke	Nr. 2211
35.4	eines Schlüsselbeins oder der Kniegelenke	Nr. 2221
35.5	eines Daumens	Nr. 2207
35.6	eines einzelnen Fingers oder einer einzelnen Zehe	Nr. 2205
36	Hydro- und Elektrotherapie Medizinische Bäder und sonstige hydrotherapeutische Anwendungen	
36.1	Leitung eines ansteigenden Vollbades	Nr. 532
36.2	Leitung eines ansteigenden Teilbades	Nr. 531
36.3	Spezialdarmbad (subaquales Darmbad)	Nr. 533
36.4	Kneippsche Güsse	Nr. 531
37	Elektrische Bäder und Heißluftbäder	
37.1	Teilheißluftbad, z. B. Kopf oder Arm	Nr. 535
37.2	Ganzheißluftbad, z. B. Rumpf oder Beine	Nr. 536
37.3	Heißluftbad im geschlossenen Kasten	Nr. 536
37.4	Elektrisches Vierzellenbad	Nr. 553
37.5	Elektrisches Vollbad (Stangerbad)	Nr. 554
38	Spezialpackungen	
38.1	Fangopackung	Nr. 530
38.2	Paraffinpackung, örtliche	Nr. 530
38.3	Paraffinganzpackung	Nr. 530
38.4	Kneippsche Wickel- oder Ganzpackung, Prießnitz- oder Schlenzpackung	Nr. 530
39	Elektro-physikalische Heilmethoden	
39.1	Einfache oder örtliche Lichtbestrahlung	Nr. 560
39.2	Ganzbestrahlung	Nr. 567
39.4	Faradisation, Galvanisation und verwandte Verfahren (Schwellstromgeräte)	Nr. 551
39.5	Anwendung der Influenzmaschine	Nr. 551

VII.1 Landesbeihilfeverordnung (NBhVO) — Anlage 2

Nummer des Gebührenverzeichnisses für Heilpraktiker[1]	Leistungen	Nummer (Nr.) des Gebührenverzeichnisses der GOÄ oder Vorschrift (§) der GOÄ
39.6	Anwendung einer Heizsonne (Infrarot)	Nr. 538
39.7	Verschorfung mit heißer Luft oder heißen Dämpfen	Nr. 741
39.8	Behandlung mit hochgespannten Strömen, Hochfrequenzströmen in Verbindung mit verschiedenen Apparaten	Nr. 548
39.9	Langwellenbehandlung (Diathermie), Kurzwellen- oder Mikrowellenbehandlung	Nr. 548
39.10	Magnetfeldtherapie mit besonderen Spezialapparaten[10]	Nr. 551
39.11	Elektromechanische oder elektrothermische Behandlung	Nr. 551
39.12	Niederfrequente Reizstromtherapie, z. B. mit Jono-Modulator	Nr. 551
39.13	Ultraschall-Behandlung	Nr. 539

[1] Herausgegeben von den Deutschen Heilpraktikerverbänden, Stand 1. Januar 2002.
[2] Innerhalb von einem Jahr nur einmal beihilfefähig.
[3] Innerhalb von sechs Monaten höchstens dreimal beihilfefähig.
[4] Als normale Sprechstundenzeit gilt die durch Aushang festgesetzte Zeit.
[5] Die Vervollständigung vorgefertigter Diätpläne ist nicht beihilfefähig.
[6] Die einfache qualitative Untersuchung auf Zucker und Eiweiß sowie die Bestimmung des pH-Wertes und des spezifischen Gewichtes ist nicht beihilfefähig.
[7] Aufwendungen sind neben Aufwendungen für eine Untersuchung nach Nummer 12.7 nicht beihilfefähig.
[8] Aufwendungen sind neben Aufwendungen für Leistungen nach Nummer 1 oder 4 nicht beihilfefähig.
[9] Ist eine Untersuchung nach Nummer 14.1 neben einer Untersuchung nach Nummer 14.2 durchgeführt worden, so sind nur die Aufwendungen der Untersuchung nach Nummer 14.2 beihilfefähig.
[10] Anwendungen sind nur nach Maßgabe der Anlage 1 beihilfefähig.

Anlage 3
(zu § 12 Abs. 3 und 5, § 14 Abs. 2, § 15 Abs. 2 und 4, § 15a Abs. 2)

Anforderungen an Ärztinnen, Ärzte, Therapeutinnen und Therapeuten für die Durchführung ambulanter psychotherapeutischer Leistungen

1. Psychosomatische Grundversorgung

1.1 Verbale Intervention:

Fachärztin oder Facharzt für
- Allgemeinmedizin,
- Augenheilkunde,
- Frauenheilkunde und Geburtshilfe,
- Haut- und Geschlechtskrankheiten,
- Innere Medizin,
- Kinder- und Jugendmedizin,
- Kinder- und Jugendpsychiatrie und -psychotherapie,
- Neurologie,
- Phoniatrie und Pädaudiologie,
- Psychiatrie und Psychotherapie,
- psychotherapeutische Medizin,
- Psychosomatische Medizin und Psychotherapie,
- Urologie.

1.2 Hypnose, autogenes Training, Jacobsonsche Relaxationstherapie:
- Ärztin oder Arzt,
- Psychologische Psychotherapeutin oder Psychologischer Psychotherapeut,
- Kinder- und Jugendlichenpsychotherapeutin oder Kinder- und Jugendlichenpsychotherapeut,
- Psychotherapeutin oder Psychotherapeut

mit Kenntnissen und Erfahrungen in der Durchführung dieser Verfahren.

2. Tiefenpsychologisch fundierte und analytische Psychotherapie

2.1 Ärztliche Psychotherapeutin oder ärztlicher Psychotherapeut

2.1.1 Tiefenpsychologisch fundierte Psychotherapie (Nummern 860 bis 862 des Gebührenverzeichnisses der Gebührenordnung für Ärzte)

- Fachärztin oder Facharzt für Psychotherapeutische Medizin,
- Fachärztin oder Facharzt für Psychosomatische Medizin und Psychotherapie,
- Fachärztin oder Facharzt für Psychiatrie und Psychotherapie,
- Fachärztin oder Facharzt für Kinder- und Jugendpsychiatrie und -psychotherapie,
- Ärztin oder Arzt mit der Bereichs- oder Zusatzbezeichnung „Psychotherapie",
- Ärztin oder Arzt mit der Bereichs- oder Zusatzbezeichnung „Psychoanalyse".

2.1.2 Analytische Psychotherapie (Nummern 863 und 864 des Gebührenverzeichnisses der Gebührenordnung für Ärzte)

- Ärztin oder Arzt mit der Bereichs- oder Zusatzbezeichnung „Psychoanalyse",
Ärztin oder Arzt mit der vor dem 1. April 1984 verliehenen Bereichsbezeichnung „Psychotherapie".

2.2 Psychotherapeutin oder Psychotherapeut mit einer Approbation nach § 2 des Psychotherapeutengesetzes (PsychThG), Psychologische Psychotherapeutin oder Psychologischer Psychotherapeut mit einer Approbation nach § 2 des Psychotherapeutengesetzes in der am 31. August 2020 geltenden Fassung

2.2.1 Tiefenpsychologisch fundierte Psychotherapie (Nummern 860 bis 862 des Gebührenverzeichnisses der Gebührenordnung für Ärzte)

Vertiefte Ausbildung in dieser Therapieform.

2.2.2 Analytische Psychotherapie (Nummern 863 und 864 des Gebührenverzeichnisses der Gebührenordnung für Ärzte)

Vertiefte Ausbildung in dieser Therapieform.

2.3 Psychologische Psychotherapeutin oder Psychologischer Psychotherapeut mit einer Approbation nach § 2 in Verbindung mit § 12 des Psychotherapeutengesetzes in der am 31. August 2020 geltenden Fassung.

VII.1 Landesbeihilfeverordnung (NBhVO) — Anlage 3

2.3.1 Tiefenpsychologisch fundierte Psychotherapie (Nummern 860 bis 862 des Gebührenverzeichnisses der Gebührenordnung für Ärzte)

– Zulassung zur vertragsärztlichen Versorgung der gesetzlichen Krankenkassen für diese Therapieform,
– Eintrag für diese Therapieform in das Arztregister oder
– abgeschlossene Ausbildung in tiefenpsychologisch fundierter und analytischer Psychotherapie an einem bis zum 31. Dezember 1998 von der Kassenärztlichen Bundesvereinigung anerkannten psychotherapeutischen Ausbildungsinstitut.

2.3.2 Analytische Psychotherapie (Nummern 863 und 864 des Gebührenverzeichnisses der Gebührenordnung für Ärzte)

– Zulassung zur vertragsärztlichen Versorgung der gesetzlichen Krankenkassen für diese Therapieform,
– Eintrag für diese Therapieform in das Arztregister oder
– abgeschlossene Ausbildung in tiefenpsychologisch fundierter und analytischer Psychotherapie an einem bis zum 31. Dezember 1998 von der Kassenärztlichen Bundesvereinigung anerkannten psychotherapeutischen Ausbildungsinstitut.

2.4 Kinder- und Jugendlichenpsychotherapeutin oder Kinder- und Jugendlichenpsychotherapeut mit einer Approbation nach § 2 des Psychotherapeutengesetzes in der am 31. August 2020 geltenden Fassung

2.4.1 Tiefenpsychologisch fundierte Psychotherapie (Nummern 860 bis 862 des Gebührenverzeichnisses der Gebührenordnung für Ärzte)

Vertiefte Ausbildung in dieser Therapieform.

2.4.2 Analytische Psychotherapie (Nummern 863 und 864 des Gebührenverzeichnisses der Gebührenordnung für Ärzte)

Vertiefte Ausbildung in dieser Therapieform.

2.5 Kinder- und Jugendlichenpsychotherapeutin oder Kinder- und Jugendlichenpsychotherapeuten mit einer Approbation nach § 2 in Verbindung mit § 12 des Psychotherapeutengesetzes in der am 31. August 2020 geltenden Fassung

2.5.1 Tiefenpsychologisch fundierte Psychotherapie (Nummern 860 bis 862 des Gebührenverzeichnisses der Gebührenordnung für Ärzte)

– Zulassung zur vertragsärztlichen Versorgung der gesetzlichen Krankenkassen für diese Therapieform,
– Eintrag für diese Therapieform in das Arztregister oder
– abgeschlossene Ausbildung in tiefenpsychologisch fundierter und analytischer Psychotherapie an einem bis zum 31. Dezember 1998 von der Kassenärztlichen Bundesvereinigung anerkannten psychotherapeutischen Ausbildungsinstitut für Kinder- und Jugendpsychotherapie.

2.5.2 Analytische Psychotherapie (Nummern 863 und 864 des Gebührenverzeichnisses der Gebührenordnung für Ärzte)

– Zulassung zur vertragsärztlichen Versorgung der gesetzlichen Krankenkassen für diese Therapieform,
– Eintrag für diese Therapieform in das Arztregister oder
– abgeschlossene Ausbildung in tiefenpsychologisch fundierter und analytischer Psychotherapie an einem bis zum 31 Dezember 1998 von der Kassenärztlichen Bundesvereinigung anerkannten psychotherapeutischen Ausbildungsinstitut für Kinder- und Jugendpsychotherapie.

2.6 Zusatzanforderungen bei Behandlung von Kindern und Jugendlichen

Wird die Behandlung eines Kindes oder eines Jugendlichen nicht durch eine Fachärztin oder einen Facharzt für Kinder- und Jugendpsychiatrie und -psychotherapie, eine Kinder- und Jugendlichenpsychotherapeutin oder einen Kinder- und Jugendlichenpsychotherapeuten durchgeführt, so muss die Anforderung nach Nummer 2.1, 2.2 oder 2.3 erfüllt sein und die Berechtigung zur vertragsärztlichen Versorgung in der gesetzlichen Krankenversicherung zur Behandlung von Kindern und Jugendlichen vorliegen.

2.7 Zusatzanforderungen bei Gruppenbehandlungen

Wird eine Gruppenbehandlung nicht durch eine Fachärztin oder einen Facharzt für Psychotherapeutische Medizin oder eine Fachärztin oder einen Facharzt für Psychosomatische Medizin und Psychotherapie durchgeführt, so muss die Anforderung nach Nummer 2.1, 2.2 oder 2.3 erfüllt sein und die Berechtigung zur vertragsärztlichen Versorgung in der gesetzlichen Krankenversicherung zur Gruppenbehandlung vorliegen.

2.8 Zusatzanforderungen bei Anwendung der Eye-Movement-Desensitization and Reprocessing-Methode (EMDR)

Die Ärztin, der Arzt, die Therapeutin oder der Therapeut muss

1. im Rahmen der Aus- oder Weiterbildung Kenntnisse und praktische Erfahrungen in der Behandlung der posttraumatischen Belastungsstörung und in der EMDR erworben haben oder
2. in mindestens 40 Stunden eingehende Kenntnisse in der Theorie der Traumabehandlung und in der EMDR erworben haben und mindestens 40 Stunden Einzeltherapie mit mindestens fünf abgeschlossenen EMDR-Behandlungsabschnitten unter Supervision von mindestens 10 Stunden mit EMDR durchgeführt haben.

Die Zusatzqualifikationen müssen an oder über anerkannte Ausbildungsstätten im Sinne des § 6 des Psychotherapeutengesetzes in der am 31. August 2020 geltenden Fassung in Verbindung mit § 28 PsychThG oder an oder über zugelassene Weiterbildungsstätten im Sinne des § 37 Abs. 4 in Verbindung mit § 48 oder § 59b des Kammergesetzes für die Heilberufe (HKG) oder der entsprechenden Regelungen anderer Länder erworben worden sein.

3. Verhaltenstherapie

3.1 Ärztliche Psychotherapeutin oder ärztlicher Psychotherapeut

3.1.1 Verhaltenstherapie (Nummern 870 und 871 des Gebührenverzeichnisses der Gebührenordnung für Ärzte)

– Fachärztin oder Facharzt für Psychotherapeutische Medizin,
– Fachärztin oder Facharzt für Psychosomatische Medizin und Psychotherapie,
– Fachärztin oder Facharzt für Psychiatrie und Psychotherapie,
– Fachärztin oder Facharzt für Kinder- und Jugendpsychiatrie und -psychotherapie,
– Ärztin oder Arzt mit der Bereichs- oder Zusatzbezeichnung „Psychotherapie",

mit eingehenden Kenntnissen und praktischen Erfahrungen in Verhaltenstherapie, die während der Weiterbildung erworben wurden.

3.2 Psychotherapeutin oder Psychotherapeut mit einer Approbation nach § 2 PsychThG, Psychologische Psychotherapeutin oder Psychologischer Psychotherapeut mit einer Approbation nach § 2 des Psychotherapeutengesetzes in der am 31. August 2020 geltenden Fassung

3.2.1 Verhaltenstherapie (Nummern 870 und 871 des Gebührenverzeichnisses der Gebührenordnung für Ärzte)

Vertiefte Ausbildung in dieser Therapieform.

3.3 Psychologische Psychotherapeutin oder Psychologischer Psychotherapeut mit einer Approbation nach § 2 in Verbindung mit § 12 des Psychotherapeutengesetzes in der am 31. August 2020 geltenden Fassung

3.3.1 Verhaltenstherapie (Nummern 870 und 871 des Gebührenverzeichnisses der Gebührenordnung für Ärzte)

– Zulassung zur vertragsärztlichen Versorgung der gesetzlichen Krankenkassen für diese Therapieform,
– Eintrag für diese Therapieform in das Arztregister oder
– abgeschlossene Ausbildung in Verhaltenstherapie an einem bis zum 31. Dezember 1998 von der Kassenärztlichen Bundesvereinigung anerkannten verhaltenstherapeutischen Ausbildungsinstitut.

3.4 Zusatzanforderungen bei Behandlung von Kindern und Jugendlichen

Wird die Behandlung eines Kindes oder eines Jugendlichen nicht durch eine Fachärztin oder einen Facharzt für Kinder- und Jugendpsychiatrie und -psychotherapie, eine Kinder- und Jugendlichenpsychotherapeutin oder einen Kinder- und Jugendlichenpsychotherapeuten durchgeführt, so muss die Anforderung nach Nummer 3.1, 3.2 oder 3.3 erfüllt sein und die Berechtigung zur vertragsärztlichen Versorgung in der gesetzlichen Krankenversicherung zur Behandlung von Kindern und Jugendlichen vorliegen.

3.5 Zusatzanforderungen bei Gruppenbehandlungen

Wird eine Gruppenbehandlung nicht durch eine Fachärztin oder einen Facharzt für Psychotherapeutische Medizin oder eine Fachärztin oder einen Facharzt für Psychosomatische Medizin und Psychotherapie durchgeführt, so muss die Anforderung nach Nummer 3.1, 3.2 oder 3.3 erfüllt sein und die Berechtigung zur vertragsärztlichen Versorgung in der gesetzlichen Krankenversicherung zur Gruppenbehandlung vorliegen.

3.6 Zusatzanforderungen bei Anwendung der Eye-Movement-Desensitization and Reprocessing-Methode (EMDR)

Die Ärztin, der Arzt, die Therapeutin oder der Therapeut muss

1. im Rahmen der Aus- oder Weiterbildung Kenntnisse und praktische Erfahrungen in der Behandlung der posttraumatischen Belastungsstörung und in der EMDR erworben haben oder
2. in mindestens 40 Stunden eingehende Kenntnisse in der Theorie der Traumabehandlung und in der EMDR erworben haben und mindestens 40 Stunden Einzeltherapie mit mindestens fünf abgeschlossenen EMDR-Behandlungsabschnitten unter Supervision von mindestens 10 Stunden mit EMDR durchgeführt haben.

Die Zusatzqualifikationen müssen an oder über anerkannte Ausbildungsstätten im Sinne des § 6 des Psychotherapeutengesetzes in der am 31. August 2020 geltenden Fassung in Verbindung mit § 28 PsychThG oder an oder über zugelassene Weiterbildungsstätten im Sinne des § 37 Abs. 4 in Verbindung mit § 48 oder § 59b HKG oder der entsprechenden Regelungen anderer Länder erworben worden sein.

4. Systemische Therapie bei Erwachsenen

4.1 Ärztliche Psychotherapeutin oder ärztlicher Psychotherapeut

4.1.1 Systemische Therapie bei Erwachsenen (Nummern 861 analog und 862 analog des Gebührenverzeichnisses der Gebührenordnung für Ärzte)

– Fachärztin oder Facharzt für Psychiatrie und Psychotherapie,
– Fachärztin oder Facharzt für Psychosomatische Medizin und Psychotherapie,
– Ärztin oder Arzt mit der Bereichs- oder der Zusatzbezeichnung „Psychotherapie"

mit eingehenden Kenntnissen und praktischen Erfahrungen in Systemischer Therapie bei Erwachsenen, die während der Weiterbildung erworben wurden.

4.2 Psychotherapeutin oder Psychotherapeut mit einer Approbation nach § 2 PsychThG, Psychologische Psychotherapeutin oder Psychologischer Psychotherapeut mit einer Approbation nach § 2 des Psychotherapeutengesetzes in der am 31. August 2020 geltenden Fassung.

4.2.1 Systemische Therapie bei Erwachsenen (Nummern 861 analog und 862 analog des Gebührenverzeichnisses der Gebührenordnung für Ärzte)

Vertiefte Ausbildung in dieser Therapieform.

4.3 Psychologische Psychotherapeutin oder Psychologischer Psychotherapeut mit einer Approbation nach § 2 in Verbindung mit § 12 des Psychotherapeutengesetzes in der am 31. August 2020 geltenden Fassung

4.3.1 Systemische Therapie bei Erwachsenen (Nummern 861 analog und 862 analog des

Anlage 3 Landesbeihilfeverordnung (NBhVO) **VII.1**

Gebührenverzeichnisses der Gebührenordnung für Ärzte)
- Zulassung zur vertragsärztlichen Versorgung der gesetzlichen Krankenkassen für diese Therapieform,
- Eintrag für diese Therapieform in das Arztregister oder
- abgeschlossene Ausbildung in Systemischer Therapie bei Erwachsenen an einem bis zum 31. Dezember 1998 von der Kassenärztlichen Bundesvereinigung anerkannten psychotherapeutischen Ausbildungsinstitut.

4.4 Zusatzanforderungen bei Gruppenbehandlungen

Für eine Gruppenbehandlung muss die Berechtigung zur vertragsärztlichen Versorgung in der gesetzlichen Krankenversicherung zur Gruppenbehandlung vorliegen.

4.5 Zusatzanforderungen bei Anwendung der Eye- Movement-Desensitization and Reprocessing- Methode (EMDR)

Die Ärztin, der Arzt, die Therapeutin oder der Therapeut muss

a) im Rahmen der Aus- oder Weiterbildung Kenntnisse und praktische Erfahrungen in der Behandlung der posttraumatischen Belastungsstörung und in der EMDR erworben haben oder

b) in mindestens 40 Stunden eingehende Kenntnisse in der Theorie der Traumabehandlung und in der EMDR erworben haben und mindestens 40 Stunden Einzeltherapie mit mindestens fünf abgeschlossenen EMDR-Behandlungsabschnitten unter Supervision von mindestens 10 Stunden mit EMDR durchgeführt haben.

Die Zusatzqualifikationen müssen an oder über anerkannte Ausbildungsstätten im Sinne des § 6 des Psychotherapeutengesetzes in der am 31. August 2020 geltenden Fassung in Verbindung mit § 28 PsychThG oder an oder über zugelassene Weiterbildungsstätten im Sinne des § 37 Abs. 4 in Verbindung mit § 48 oder § 59b HKG oder der entsprechenden Regelungen anderer Länder erworben worden sein.

Anlage 4
(zu § 17 Abs. 10)

Beihilfefähigkeit von Aufwendungen für Medizinprodukte

Medizinprodukt	Anwendungsfälle
1xklysma salinisch	Zur raschen und nachhaltigen Entleerung des Enddarms vor Operationen und diagnostischen Eingriffen, jedoch nicht bei Säuglingen und Kindern vor Vollendung des 6. Lebensjahres.
AMO™	Zur intraokularen und topischen Spülung des Auges bei chirurgischen Maßnahmen sowie für diagnostische und therapeutische Maßnahmen.
Ampuwa® Spüllösung	– Zur Anfeuchtung von Tamponaden und Verbänden, – zur Atemluftbefeuchtung in geschlossenen Systemen.
Amvisc™	Zur Anwendung als Operationshilfe bei ophthalmischen Eingriffen am vorderen Augenabschnitt.
Amvisc™ Plus	Zur Anwendung als Operationshilfe bei ophthalmischen Eingriffen am vorderen Augenabschnitt.
Aqua B. Braun	– Zur Spülung und Reinigung bei operativen Eingriffen, – zur Spülung von Wunden und Verbrennungen, – zum Anfeuchten von Wundtamponaden, Tüchern und Verbänden, – zur Überprüfung der Durchlässigkeit von Blasenkathetern, – zur mechanischen Augenspülung.
Bausch & Lomb Balanced Salt Solution	Zur Irrigation im Rahmen extraokulärer und intraokulärer Eingriffe.
BD PosiFlush™ SP	Zur Spülung eines in-situ Gefäßzugangssystems außerhalb eines sterilen Umfelds.
BD PosiFlush™ XS	Zur Spülung eines in-situ Gefäßzugangssystems; bei Verwendung einer aseptischen Technik auch innerhalb eines sterilen Umfelds.
belAir® NaCl 0,9%	Zur Verwendung als Trägerlösung bei Inhalaten in Verneblern oder Aerosolgeräten, wenn der Zusatz einer isotonen Trägerlösung in der Fachinformation des arzneistoffhaltigen Inhalats zwingend vorgesehen ist.
BSS DISTRA-SOL	Zur Spülung der Vorderkammer während Kataraktoperationen und anderen intraokularen Eingriffen.
BSS PLUS® Spüllösung	Zur Intraokularen Spülung bei chirurgischen Eingriffen im Auge, bei denen eine intraokulare Perfusion erforderlich ist.
BSS® STERILE SPÜLLÖSUNG	Zur Irrigation im Rahmen extraokulärer und intraokulärer Eingriffe.
Dimet® 20	Zur physikalischen Behandlung des Kopfhaares bei Kopflausbefall bei Kindern vor Vollendung des 12. Lebensjahres und bei Jugendlichen mit Entwicklungsstörungen vor Vollendung des 18. Lebensjahres.

Anlage 4　　Landesbeihilfeverordnung (NBhVO)　　**VII.1**

Medizinprodukt	Anwendungsfälle
Dk-line®	Zur Anwendung als Operationshilfe in der Ophthalmochirurgie zur mechanischen Netzhautentfaltung nach Netzhautablösung, bei Proliferativer Vitreoretinopathie (PVR) oder bei Proliferativer diabetischer Retinopathie (PDR), nach Riesenrissen, okularen Traumata sowie zur vereinfachten Entfernung subluxierter Linsen und Fremdkörper aus dem Glaskörperraum.
DuoVisc®	Zur Anwendung als Operationshilfe in der Ophthalmochirurgie des vorderen Augenabschnittes bei Kataraktextraktion und Implantation einer Intraocularlinse.
ENDOSOL™	Zur intraokularen und topischen Spülung des Auges bei chirurgischen Maßnahmen sowie für diagnostische und therapeutische Maßnahmen.
EtoPril®	Zur physikalischen Behandlung des Kopfhaares bei Kopflausbefall bei Kindern vor Vollendung des 12. Lebensjahres und bei Jugendlichen mit Entwicklungsstörungen vor Vollendung des 18. Lebensjahres.
EyE-Lotion BSS	Zur Irrigation im Rahmen extraokulärer und intraokulärer Eingriffe.
Freka-Clyss®	– Zur Behandlung der Obstipation in Zusammenhang mit Tumorleiden, Megacolon (mit Ausnahme des kongenitalen Megacolons), Divertikulose, Mukoviszidose, neurogener Darmlähmung sowie vor diagnostischen Eingriffen, bei Opiat- sowie Opioidtherapie und in der Terminalphase bei Patientinnen und Patienten ab Vollendung des 12. Lebensjahres, – zur Behandlung der Obstipation, zur raschen und nachhaltigen Entleerung des Enddarms vor Operationen, zur Vorbereitung von urologischen, röntgenologischen und gynäkologischen Untersuchungen sowie vor Rektoskopien bei Kindern vor Vollendung des 12. Lebensjahres (mit Ausnahme von Säuglingen und Kleinkindern) und bei Jugendlichen mit Entwicklungsstörungen vor Vollendung des 18. Lebensjahres.
Freka Drainjet® NaCl 0,9 %	– Zur internen und externen Anwendung wie postoperativen Blasenspülung bei allen urologischen Eingriffen, Spülungen im Magen-Darmtrakt und von Fisteln und Drainagen, – zur Wundbehandlung und zum Befeuchten von Tüchern und Verbänden.
Freka Drainjet® Purisole SM verdünnt	Zur Intra- oder postoperativen Blasenspülung bei urologischen Eingriffen.
Healon®	Zur intraokularen Verwendung bei Augenoperationen.
HEALON5® Viscoelastische Lösung	Zur intraokularen Verwendung bei Augenoperationen am vorderen Augenabschnitt.
HEALON GV® Viscoelastische Lösung	Zur intraokularen Verwendung bei Augenoperationen am vorderen Augenabschnitt.

VII.1 Landesbeihilfeverordnung (NBhVO) — Anlage 4

Medizinprodukt	Anwendungsfälle
Hedrin® Once Liquid Gel	Zur physikalischen Behandlung des Kopfhaares bei Kopflausbefall bei Kindern ab Vollendung des 5. Lebensmonats bis vor Vollendung des 12. Lebensjahres und bei Jugendlichen mit Entwicklungsstörungen vor Vollendung des 18. Lebensjahres.
HSO®	Zur Anwendung als Operationshilfe bei ophthalmischen Eingriffen am vorderen Augenabschnitt.
HSO® PLUS	Zur Anwendung als Operationshilfe bei ophthalmischen Eingriffen am vorderen Augenabschnitt.
HYLO®-GEL Synthetische Tränenflüssigkeit	Zur Anwendung bei Autoimmun-Erkrankungen (Sjögren-Syndrom mit deutlichen Funktionsstörungen [trockenes Auge Grad 2]), Epidermolysis bullosa, okuläres Pemphigoid, bei Fehlen oder Schädigung der Tränendrüse, bei Fazialisparese oder bei Lagophthalmus.
InstillaGel Lubri	Zur Anwendung bei Patientinnen und Patienten mit Katheterisierung.
Iso Free	Zur Verwendung als Trägerlösung bei arzneistoffhaltigen Inhalaten in Verneblern oder Aerosolgeräten, wenn der Zusatz einer isotonen Trägerlösung nach der Fachinformation des Herstellers zwingend erforderlich ist.
ISOMOL®	– Zur Behandlung der Obstipation in Zusammenhang mit Tumorleiden, bei Megacolon (mit Ausnahme des toxischen Megacolons), bei Divertikulose, bei Divertikulitis, bei Mukoviszidose, bei neurogener Darmlähmung, bei phosphatbindender Medikation bei chronischer Niereninsuffizienz, bei Opiat- sowie Opioidtherapie und in der Terminalphase bei Patientinnen und Patienten ab Vollendung des 12. Lebensjahres, – zur Behandlung der Obstipation bei Jugendlichen mit Entwicklungsstörungen ab Vollendung des 12. Lebensjahres bis zur Vollendung des 18. Lebensjahres.
Isotonische Kochsalzlösung zur Inhalation	Zur Verwendung als Trägerlösung bei Inhalaten in Verneblern oder Aerosolgeräten, wenn der Zusatz einer Trägerlösung in der Fachinformation des arzneistoffhaltigen Inhalats zwingend vorgesehen ist.
Kinderlax® elektrolytfrei	Zur Behandlung der Obstipation bei Kindern ab Vollendung des 6. Lebensmonats bis zur Vollendung des 12. Lebensjahres.

Anlage 4 Landesbeihilfeverordnung (NBhVO) **VII.1**

Medizinprodukt	Anwendungsfälle
Klistier Fresenius	– Zur Behandlung der Obstipation in Zusammenhang mit Tumorleiden, Megacolon (mit Ausnahme des kongenitalen Megacolons), Divertikulose, Mukoviszidose, neurogener Darmlähmung, vor diagnostischen Eingriffen, bei Opiat- sowie Opioidtherapie und in der Terminalphase bei Patientinnen und Patienten ab Vollendung des 12. Lebensjahres, – zur Behandlung der Obstipation, zur raschen und nachhaltigen Entleerung des Enddarms vor Operationen, zur Vorbereitung von urologischen, röntgenologischen und gynäkologischen Untersuchungen sowie vor Rektoskopien bei Kindern vor Vollendung des 12. Lebensjahres (mit Ausnahme von Säuglingen und Kleinkindern) und bei Jugendlichen mit Entwicklungsstörungen vor Vollendung des 18. Lebensjahres.
Kochsalz 0,9 % Inhalat Pädia®	Zur Verwendung als Trägerlösung bei Inhalaten, in Verneblern oder Aerosolgeräten, wenn der Zusatz einer Trägerlösung in der Fachinformation des arzneistoffhaltigen Inhalats zwingend vorgesehen ist.
Kochsalz 6 % Inhalat Pädia®	Zur symptomatischen Inhalationsbehandlung der Mukoviszidose für Patientinnen und Patienten ab Vollendung des 6. Lebensjahres.
MacroGo Klinge plus Elektrolyte	– Zur Behandlung der Obstipation in Zusammenhang mit Tumorleiden, Megacolon (mit Ausnahme des toxischen Megacolons), Divertikulose, Divertikulitis, Mukoviszidose, neurogener Darmlähmung, bei phosphatbindender Medikation bei chronischer Niereninsuffizienz, Opiat- sowie Opioidtherapie und in der Terminalphase bei Patientinnen und Patienten ab Vollendung des 12. Lebensjahres, – zur Behandlung der Obstipation bei Jugendlichen mit Entwicklungsstörungen ab Vollendung des 12. Lebensjahres bis zur Vollendung des 18. Lebensjahres.
Macrogol AbZ	– Zur Behandlung der Obstipation in Zusammenhang mit Tumorleiden, Megacolon (mit Ausnahme des toxischen Megacolons), Divertikulose, Divertikulitis, Mukoviszidose, neurogener Darmlähmung, bei phosphatbindender Medikation bei chronischer Niereninsuffizienz, Opiat- sowie Opioidtherapie und in der Terminalphase bei Patientinnen und Patienten ab Vollendung des 12. Lebensjahres, – zur Behandlung der Obstipation bei Jugendlichen mit Entwicklungsstörungen ab Vollendung des 12. Lebensjahres bis zur Vollendung des 18. Lebensjahres.

VII

VII.1 Landesbeihilfeverordnung (NBhVO) — Anlage 4

Medizinprodukt	Anwendungsfälle
Macrogol Beta Lemon	– Zur Behandlung der Obstipation in Zusammenhang mit Tumorleiden, Megacolon (mit Ausnahme des toxischen Megacolons), Divertikulose, Divertikulitis, Mukoviszidose, neurogener Darmlähmung, bei phosphatbindender Medikation bei chronischer Niereninsuffizienz, Opiat- sowie Opioidtherapie und in der Terminalphase bei Patientinnen und Patienten ab Vollendung des 12. Lebensjahres, – zur Behandlung der Obstipation bei Jugendlichen mit Entwicklungsstörungen ab Vollendung des 12. Lebensjahres bis zur Vollendung des 18. Lebensjahres.
Macrogol dura®	– Zur Behandlung der Obstipation in Zusammenhang mit Tumorleiden, Megacolon (mit Ausnahme des toxischen Megacolons), Divertikulose, Divertikulitis, Mukoviszidose, neurogener Darmlähmung, bei phosphatbindender Medikation bei chronischer Niereninsuffizienz, Opiat- sowie Opioidtherapie und in der Terminalphase bei Patientinnen und Patienten ab Vollendung des 12. Lebensjahres, – zur Behandlung der Obstipation bei Jugendlichen mit Entwicklungsstörungen ab Vollendung des 12. Lebensjahres bis zur Vollendung des 18. Lebensjahres.
Macrogol TAD®	– Zur Behandlung der Obstipation in Zusammenhang mit Tumorleiden, Megacolon (mit Ausnahme des toxischen Megacolons), Divertikulose, Divertikulitis, Mukoviszidose, neurogener Darmlähmung, bei phosphatbindender Medikation bei chronischer Niereninsuffizienz, Opiat- sowie Opioidtherapie und in der Terminalphase bei Patientinnen und Patienten ab Vollendung des 12. Lebensjahres, – zur Behandlung der Obstipation bei Jugendlichen mit Entwicklungsstörungen ab Vollendung des 12. Lebensjahres bis zur Vollendung des 18. Lebensjahres.
Microvisc® plus	Zur Anwendung als Operationshilfe in der Ophthalmochirurgie des vorderen Augenabschnitts.
Mosquito® med Läuse-Shampoo	Zur physikalischen Behandlung des Kopfhaares bei Kopflausbefall bei Kindern vor Vollendung des 12. Lebensjahres und bei Jugendlichen mit Entwicklungsstörungen vor Vollendung des 18. Lebensjahres.
Mosquito® med Läuse-Shampoo 10	Zur physikalischen Behandlung des Kopfhaares bei Kopflausbefall bei Kindern vor Vollendung des 12. Lebensjahres und bei Jugendlichen mit Entwicklungsstörungen vor Vollendung des 18. Lebensjahres.

Anlage 4　　　　　　　　　　　Landesbeihilfeverordnung (NBhVO)　**VII.1**

Medizinprodukt	Anwendungsfälle
MOVICOL®	– Zur Behandlung der Obstipation in Zusammenhang mit Tumorleiden, Megacolon (mit Ausnahme des toxischen Megacolons), Divertikulose, Divertikulitis, Mukoviszidose, neurogener Darmlähmung, bei phosphatbindender Medikation bei chronischer Niereninsuffizienz, Opiat- sowie Opioidtherapie und in der Terminalphase bei Patientinnen und Patienten ab Vollendung des 12. Lebensjahres, – zur Behandlung der Obstipation bei Jugendlichen mit Entwicklungsstörungen ab Vollendung des 12. Lebensjahres bis zur Vollendung des 18. Lebensjahres.
MOVICOL® aromafrei	– Zur Behandlung der Obstipation in Zusammenhang mit Tumorleiden, Megacolon (mit Ausnahme des toxischen Megacolons), Divertikulose, Divertikulitis, Mukoviszidose, neurogener Darmlähmung, bei phosphatbindender Medikation bei chronischer Niereninsuffizienz, Opiat- sowie Opioidtherapie und in der Terminalphase bei Patientinnen und Patienten ab Vollendung des 12. Lebensjahres, – zur Behandlung der Obstipation bei Jugendlichen mit Entwicklungsstörungen ab Vollendung des 12. Lebensjahres bis zur Vollendung des 18. Lebensjahres.
MOVICOL® flüssig Orange	– Zur Behandlung der Obstipation in Zusammenhang mit Tumorleiden, Megacolon (mit Ausnahme des toxischen Megacolons), Divertikulose, Divertikulitis, Mukoviszidose, neurogener Darmlähmung, bei phosphatbindender Medikation bei chronischer Niereninsuffizienz, Opiat- sowie Opioidtherapie und in der Terminalphase bei Patientinnen und Patienten ab Vollendung des 12. Lebensjahres, – zur Behandlung der Obstipation bei Jugendlichen mit Entwicklungsstörungen ab Vollendung des 12. Lebensjahres bis zur Vollendung des 18. Lebensjahres.
MOVICOL® Junior aromafrei	– Zur Behandlung der Obstipation bei Kindern ab Vollendung des 2. Lebensjahres bis zur Vollendung des 12. Lebensjahres, – zur Behandlung der Koprostase bei Kindern ab Vollendung des 5. Lebensjahres bis zur Vollendung des 12. Lebensjahres.
MOVICOL® Junior Schoko	Zur Behandlung der Obstipation bei Kindern ab Vollendung des 2. Lebensjahres bis zur Vollendung des 12. Lebensjahres.
MOVICOL® Schoko	– Zur Behandlung der Obstipation in Zusammenhang mit Tumorleiden, Megacolon (mit Ausnahme des toxischen Megacolons), Divertikulose, Divertikulitis, Mukoviszidose, neurogener Darmlähmung, bei phosphatbindender Medikation bei chronischer Niereninsuffizienz, Opiat- sowie Opioidtherapie und in der Terminalphase bei Patientinnen und Patienten ab Vollendung des 12. Lebensjahres, – zur Behandlung der Obstipation bei Jugendlichen mit Entwicklungsstörungen ab Vollendung des 12. Lebensjahres bis zur Vollendung des 18. Lebensjahres.

VII.1 Landesbeihilfeverordnung (NBhVO) — Anlage 4

Medizinprodukt	Anwendungsfälle
MOVICOL® V	– Zur Behandlung der Obstipation in Zusammenhang mit Tumorleiden, Megacolon (mit Ausnahme des toxischen Megacolons), Divertikulose, Divertikulitis, Mukoviszidose, neurogener Darmlähmung, bei phosphatbindender Medikation bei chronischer Niereninsuffizienz, Opiat- sowie Opioidtherapie und in der Terminalphase bei Patientinnen und Patienten ab Vollendung des 12. Lebensjahres, – zur Behandlung der Obstipation bei Jugendlichen mit Entwicklungsstörungen ab Vollendung des 12. Lebensjahres bis zur Vollendung des 18. Lebensjahres.
MucoClear® 6%	Zur symptomatischen Inhalationsbehandlung der Mukoviszidose bei Patientinnen und Patienten ab Vollendung des 6. Lebensjahres.
MUCOfree® 6 % zur Inhalation	Zur symptomatischen Inhalationsbehandlung der Mukoviszidose für Patientinnen und Patienten ab Vollendung des 6. Lebensjahres.
myVisc Hyal 1.0	Zur Anwendung als Operationshilfe in der Ophthalmochirurgie des vorderen Augenabschnitts.
NaCl 0,9% B. Braun	– Zur Spülung und Reinigung bei operativen Eingriffen, – zur Spülung von Wunden und Verbrennungen, – zum Anfeuchten von Wundtamponaden, Tüchern und Verbänden, – zur Überprüfung der Durchlässigkeit von Kathetern, – zur intra- und postoperativen Spülung bei endoskopischen Eingriffen, – zur mechanischen Augenspülung.
NaCl 0,9% Fresenius	– Zur internen und externen Anwendung wie Perfusion des extracorporalen Systems bei der Hämodialyse, postoperativen Blasenspülung bei allen urologischen Eingriffen, Spülungen im Magen-Darmtrakt und von Fisteln und Drainagen, – zur Wundbehandlung und zum Befeuchten von Tüchern und Verbänden.
Natriumchlorid-Lösung 6 % zur Inhalation	Zur symptomatischen Inhalationsbehandlung der Mukoviszidose für Patientinnen und Patienten ab Vollendung des 6. Lebensjahres.
Nebusal® 7 %	Zur symptomatischen Inhalationsbehandlung der Mukoviszidose bei Kindern ab Vollendung des 6. Lebensjahres.
NutriLock™	Zur Instillation von venösen Gefäßkathetern zur Vorbeugung von Blutstrominfektionen bei parenteral ernährten Patientinnen und Patienten ab Vollendung des 17. Lebensjahres, ausgenommen Patientinnen und Patienten mit malignen Grunderkrankungen oder mit bereits vorhandenem Katheter und katheterassoziierten Blutstrominfektionen (CRBSI – catheterrelated bloodstream infection) in der Vorgeschichte, als Katheter-Block-Lösung.

Anlage 4 Landesbeihilfeverordnung (NBhVO) **VII.1**

Medizinprodukt	Anwendungsfälle
NYDA®	Zur physikalischen Behandlung des Kopfhaares bei Kopflausbefall bei Kindern vor Vollendung des 12. Lebensjahres und bei Jugendlichen mit Entwicklungsstörungen vor Vollendung des 18. Lebensjahres.
NYDA® Läusespray	Zur physikalischen Behandlung des Kopfhaares bei Kopflausbefall bei Kindern vor Vollendung des 12. Lebensjahres und bei Jugendlichen mit Entwicklungsstörungen vor Vollendung des 18. Lebensjahres.
OcuCoat®	Zur Anwendung als Operationshilfe bei ophthalmischen Eingriffen am vorderen Augenabschnitt.
Okta-line™	Zur Anwendung als Operationshilfe in der Ophthalmochirurgie zur mechanischen Netzhautentfaltung nach Netzhautablösung, bei Proliferativer Vitreoretinopathie (PVR) oder bei Proliferativer diabetischer Retinopathie (PDR), nach Riesenrissen, okularen Traumata sowie zur vereinfachten Entfernung subluxierter Linsen und Fremdkörper aus dem Glaskörperraum.
OPTYLURON NHS 1,0%	Zur Anwendung als Operationshilfe in der Ophthalmochirurgie des vorderen Augenabschnitts.
OPTYLURON NHS 1,4%	Zur Anwendung als Operationshilfe in der Ophthalmochirurgie des vorderen Augenabschnitts.
Oxane® 1300	Zur intraokularen Tamponade bei schweren Formen der Netzhautablösung sowie allen Netzhautablösungen, die mit anderen Therapieformen nicht behandelt werden können. Ausgenommen ist die Anwendung bei zentralen Foramina mit Ablösung und bei schweren diabetischen Retinopathien.
Oxane® 5700	Zur intraokularen Tamponade bei schweren Formen der Netzhautablösung sowie allen Netzhautablösungen, die mit anderen Therapieformen nicht behandelt werden können. Ausgenommen ist die Anwendung bei zentralen Foramina mit Ablösung und bei schweren diabetischen Retinopathien.
Paranix® ohne Nissenkamm	Zur physikalischen Behandlung des Kopfhaares bei Kopflausbefall bei Kindern vor Vollendung des 12. Lebensjahres und bei Jugendlichen mit Entwicklungsstörungen vor Vollendung des 18. Lebensjahres.
PARI NaCl Inhalationslösung	Zur Verwendung als Trägerlösung bei Inhalaten, in Verneblern oder Aerosolgeräten, wenn der Zusatz einer Trägerlösung in der Fachinformation des arzneistoffhaltigen Inhalats zwingend vorgesehen ist.

VII.1 Landesbeihilfeverordnung (NBhVO) — Anlage 4

Medizinprodukt	Anwendungsfälle
ParkoLax®	– Zur Behandlung der Obstipation in Zusammenhang mit Tumorleiden, bei Megacolon (mit Ausnahme des toxischen Megacolons), bei Divertikulose, bei Divertikulitis, bei Mukoviszidose, bei neurogener Darmlähmung, bei phosphatbindender Medikation bei chronischer Niereninsuffizienz, bei Opiat- sowie Opioidtherapie und in der Terminalphase bei Patientinnen und Patienten ab Vollendung des 12. Lebensjahres, – zur Behandlung der Obstipation bei Jugendlichen mit Entwicklungsstörungen ab Vollendung des 12. Lebensjahres bis zur Vollendung des 18. Lebensjahres.
Pe-Ha-Luron® 1,0%	Zur Anwendung als Operationshilfe in der Ophthalmochirurgie des vorderen Augenabschnittes.
Pe-Ha-Visco 2,0%	Zur Anwendung als Operationshilfe in der Ophthalmochirurgie des vorderen Augenabschnittes.
Polyvisc® 2,0%	Zur Anwendung als Operationshilfe in der Ophthalmochirurgie des vorderen Augenabschnittes.
Polysolo®	Zur Irrigation im Rahmen extraokulärer und intraokulärer Eingriffe.
ProVisc®	Zur Anwendung als Operationshilfe in der Ophthalmochirurgie des vorderen Augenabschnittes bei Kataraktextraktion und Implantation einer Intraokularlinse (IOL).
PURI CLEAR	Zur Irrigation im Rahmen extraokulärer und intraokulärer Eingriffe.
Purisole® SM verdünnt	Zur intra- oder postoperativen Blasenspülung bei urologischen Eingriffen.
Ringer B. Braun	– Zur Spülung und Reinigung bei operativen Eingriffen, – zur Spülung von Wunden und Verbrennungen, – zur intra- und postoperativen Spülung bei endoskopischen Eingriffen.
Ringer Fresenius Spüllösung	– Zum Freispülen und Reinigen des Operationsgebietes und zum Feuchthalten des Gewebes, – zur Wundspülung von Wunden und bei Verbrennungen, – zur Spülung bei diagnostischen Untersuchungen, – zum Befeuchten von Wunden und Verbänden.
Roleca Macrogol	– Zur Behandlung der Obstipation in Zusammenhang mit Tumorleiden, Megacolon (mit Ausnahme des toxischen Megacolons), Divertikulose, Divertikulitis, Mukoviszidose, neurogener Darmlähmung, bei phosphatbindender Medikation bei chronischer Niereninsuffizienz, Opiat- sowie Opioidtherapie und in der Terminalphase bei Patientinnen und Patienten ab Vollendung des 12. Lebensjahres, – zur Behandlung der Obstipation bei Jugendlichen mit Entwicklungsstörungen ab Vollendung des 12. Lebensjahres bis zur Vollendung des 18. Lebensjahres.

Medizinprodukt	Anwendungsfälle
Saliva natura	Zur Behandlung krankheitsbedingter Mundtrockenheit bei onkologischen oder Autoimmun-Erkrankungen.
Sentol®	Zur Irrigation im Rahmen extraokulärer und intraokulärer Eingriffe.
Serag BSS	Zur Irrigation im Rahmen extraokulärer und intraokulärer Eingriffe.
Serumwerk-Augenspüllösung BSS	Zur Irrigation im Rahmen extraokulärer und intraokulärer Eingriffe.
TauroSep®	Zur Instillation von venösen Gefäßkathetern zur Vorbeugung von Blutstrominfektionen bei parenteral ernährten Patientinnen und Patienten ab Vollendung des 17. Lebensjahres, ausgenommen Patientinnen und Patienten mit malignen Grunderkrankungen oder mit bereits vorhandenem Katheter und katheterassoziierten Blutstrominfektionen (CRBSI – catheterrelated bloodstream infection) in der Vorgeschichte, als Katheter-Block-Lösung.
TP Saline Flush™	Zur ausschließlichen Spülung eines in-situ Gefäßzugangssystems.
VISCOAT®	Zur Anwendung bei ophthalmologischen Eingriffen am vorderen Augenabschnitt, insbesondere bei Kataraktextraktion und Intraokularlinsen Implantation.
VISMED® Synthetische Tränenflüssigkeit	Zur Anwendung bei Autoimmun-Erkrankungen (Sjögren-Syndrom mit deutlichen Funktionsstörungen [trockenes Auge Grad 2]), bei Epidermolysis bullosa, bei okulärem Pemphigoid, bei Fehlen oder Schädigung der Tränendrüse, bei Fazialisparese oder bei Lagophtalamus.
VISMED® MULTI Synthetische Tränenflüssigkeit	Zur Anwendung bei Autoimmun-Erkrankungen (Sjögren-Syndrom mit deutlichen Funktionsstörungen [trockenes Auge Grad 2]), bei Epidermolysis bullosa, bei okulärem Pemphigoid sowie bei Fehlen oder Schädigung der Tränendrüse, bei Fazialisparese oder bei Lagophtalamus.
Z-HYALIN®	Zur Unterstützung intraokularer Eingriffe am vorderen Augenabschnitt bei Kataraktoperationen.

Anlage 5
(zu § 18 Abs. 1)

Heilmittel, Voraussetzungen für die Beihilfefähigkeit von Aufwendungen für Heilmittel, Höchstbeträge

A.

Nr.	Heilmittel, Voraussetzungen	Höchstbetrag (in Euro)
	I. Inhalation[1])	
1	Inhalationstherapie – auch mittels Ultraschallvernebelung – als Einzelinhalation	8,80
2	a) Inhalationstherapie – auch mittels Ultraschallvernebelung – als Rauminhalation in einer Gruppe, je Teilnehmerin oder Teilnehmer	4,80
	b) Inhalationstherapie – wie Buchstabe a, jedoch bei Anwendung ortsgebundener Heilwässer, je Teilnehmerin oder je Teilnehmer	7,50
3	a) Radon-Inhalation im Stollen	14,90
	b) Radon-Inhalation mittels Hauben	18,20
	II. Krankengymnastik, Bewegungsübungen	
4	Physiotherapeutische Erstbefundung zur Erstellung eines Behandlungsplans, einmal je Behandlungsfall	16,50
5	Krankengymnastik – auch auf neurophysiologischer Grundlage, auch Atemtherapie – einschließlich der zur Leistungserbringung erforderlichen Massage, als Einzelbehandlung, Richtwert[2]) 20 Minuten	25,70
6	Krankengymnastik auf neurophysiologischer Grundlage bei nach Vollendung des 18. Lebensjahres erworbenen zentralen Bewegungsstörungen, als Einzelbehandlung, Richtwert[2]) 30 Minuten	33,80
7	Krankengymnastik auf neurophysiologischer Grundlage bei angeborenen oder bis zur Vollendung des 18. Lebensjahres erworbenen zentralen Bewegungsstörungen, als Einzelbehandlung, Richtwert[2]) 45 Minuten	45,30
8	Krankengymnastik in einer Gruppe (2 bis 5 Personen), Richtwert[2]) 25 Minuten, je Teilnehmerin oder Teilnehmer	8,20
9	Krankengymnastik bei zerebralen Dysfunktionen in einer Gruppe (2 bis 4 Personen), Richtwert[2]) 45 Minuten, je Teilnehmerin oder Teilnehmer	14,30
10	Atemtherapie bei Behandlung von Mukoviszidose oder bei Behandlung schwerer Bronchialerkrankungen, als Einzelbehandlung, Richtwert[2]) 60 Minuten	71,40
11	Krankengymnastik im Bewegungsbad	
	a) als Einzelbehandlung, auch einschließlich Nachruhe, Richtwert[2]) 30 Minuten	31,20
	b) in einer Gruppe (2 bis 3 Personen), auch einschließlich Nachruhe, Richtwert[2]) 30 Minuten, je Teilnehmerin oder Teilnehmer	19,50
	c) in einer Gruppe (4 bis 6 Personen), auch einschließlich Nachruhe, Richtwert[2]) 30 Minuten, je Teilnehmerin oder Teilnehmer	15,60
12	Manuelle Therapie, Richtwert[2]) 30 Minuten	29,70
13	Chirogymnastik, Funktionelle Wirbelsäulengymnastik, Richtwert[2]) 20 Minuten	19,00

Anlage 5 Landesbeihilfeverordnung (NBhVO) **VII.1**

Nr.	Heilmittel, Voraussetzungen	Höchstbetrag (in Euro)
14	Bewegungsübungen	
	a) als Einzelbehandlung, Richtwert[2]) 20 Minuten	10,20
	b) in einer Gruppe (2 bis 5 Personen), Richtwert[2]) 20 Minuten, je Teilnehmerin oder Teilnehmer	6,60
15	Bewegungsübungen im Bewegungsbad	
	a) als Einzelbehandlung, auch einschließlich Nachruhe, Richtwert[2]) 30 Minuten	31,20
	b) in einer Gruppe (2 bis 3 Personen), auch einschließlich Nachruhe, Richtwert[2]) 30 Minuten, je Teilnehmerin oder Teilnehmer	19,50
	c) in einer Gruppe (4 bis 5 Personen), auch einschließlich Nachruhe, Richtwert[2]) 30 Minuten, je Teilnehmerin oder Teilnehmer	15,60
16	Erweiterte ambulante Physiotherapie (EAP)[3] [4] unter den Voraussetzungen nach Abschnitt B, Richtwert[2]) 120 Minuten, je Behandlungstag	108,10
17	Gerätegestützte Krankengymnastik, auch Medizinisches Aufbautraining (MAT) und auch Medizinische Trainingstherapie (MTT) unter den Voraussetzungen nach Abschnitt C, Richtwert[2]) 60 Minuten, als parallele Einzelbehandlung bis 3 Personen,	46,20
18	Traktionsbehandlung mit Gerät (z. B. Schrägbrett, Extensionstisch, Perl'sches Gerät, Schlingentisch), als Einzelbehandlung, Richtwert[2]) 20 Minuten	8,80
	III. Massagen	
19	Massage einzelner oder mehrerer Körperteile	
	a) Klassische Massagetherapie, Segment-, Periost-, Reflexzonen-, Bürsten- und Colonmassage, Richtwert[2]) 20 Minuten	18,20
	b) Bindegewebsmassage, Richtwert[2]) 30 Minuten	18,20
20	Manuelle Lymphdrainage	
	a) Teilbehandlung, Richtwert[2]) 30 Minuten	25,70
	b) Großbehandlung, Richtwert[2]) 45 Minuten	38,50
	c) Ganzbehandlung, Richtwert[2]) 60 Minuten	58,30
	d) Kompressionsbandagierung einer Extremität[5])	12,40
21	Unterwasserdruckstrahlmassage, auch einschließlich Nachruhe, Richtwert[2]) 20 Minuten	30,50
	IV. Palliativ Care	
22	Physiotherapeutische Komplexbehandlung in der Palliativversorgung unter den Voraussetzungen nach Abschnitt D, Richtwert[2]) 60 Minuten	66,00
	V. Packungen, Hydrotherapie, Bäder	
23	Heiße Rolle, auch einschließlich Nachruhe	13,60
24	a) Warmpackung eines oder mehrerer Körperteile, auch einschließlich Nachruhe,	
	– bei Anwendung von Heilerde, Moor, Naturfango, Pelose, Schlamm oder Schlick	
	– Teilpackung	36,20
	– Großpackung	47,80
	– bei Anwendung wiederverwendbarer Packungsmaterialien (z. B. Paraffin, Fango-Paraffin, Moor-Paraffin, Pelose, Turbatherm)	15,60

VII.1 Landesbeihilfeverordnung (NBhVO) — Anlage 5

Nr.	Heilmittel, Voraussetzungen	Höchstbetrag (in Euro)
	b) Schwitzpackung (z. B. spanischer Mantel, Salzhemd, Dreiviertelpackung nach Kneipp), auch einschließlich Nachruhe	19,70
	c) Kaltpackung	
	– bei Anwendung von Heilerde, Moor, Naturfango, Pelose, Schlamm oder Schlick	20,30
	– bei Anwendung von Lehm, Quark o. Ä.	10,20
	d) Heublumensack, Peloidkompresse	12,10
	e) Trockenpackung	4,10
	f) sonstige Packungen (z. B. Wickel, Auflagen, Kompressen), auch mit Zusatz	6,10
25	a) Teilguss, Teilblitzguss, Wechselteilguss	4,10
	b) Vollguss, Vollblitzguss, Wechselvollguss	6,10
	c) Abklatschung, Abreibung, Abwaschung	5,40
26	a) An- oder absteigendes Teilbad (z. B. nach Hauffe), auch einschließlich Nachruhe	16,20
	b) An- oder absteigendes Vollbad als Überwärmungsbad, auch einschließlich Nachruhe	26,40
27	a) Wechsel-Teilbad, auch einschließlich Nachruhe	12,10
	b) Wechsel-Vollbad, auch einschließlich Nachruhe	17,60
28	Bürstenmassagebad, auch einschließlich Nachruhe	25,10
29	a) Naturmoor-Teilbad, auch einschließlich Nachruhe	43,30
	b) Naturmoor-Vollbad, auch einschließlich Nachruhe	52,70
30	Sandbäder, auch einschließlich Nachruhe	
	a) Teilbad	37,90
	b) Vollbad	43,30
31	Balneo-Phototherapie, Sole-Phototherapie – oder Licht-Öl-Bad, jeweils auch einschließlich Nachfetten und Nachruhe	43,30
32	Medizinische Bäder mit Zusatz	
	a) Hand- oder Fußbad	8,80[6]
	b) Teilbad, auch einschließlich Nachruhe	17,60[6]
	c) Vollbad, auch einschließlich Nachruhe	24,40[6]
	d) Weitere Zusätze, je Zusatz	4,10
33	Gashaltige Bäder	
	a) Gashaltiges Bad, auch einschließlich Nachruhe	25,70
	b) Gashaltiges Bad mit Zusatz, auch einschließlich Nachruhe	
	– mit einem Zusatz	29,70[6]
	– weitere Zusätze, je Zusatz	4,10
	c) Kohlendioxidgasbad, auch einschließlich Nachruhe	27,70
	d) Radon-Bad, auch einschließlich Nachruhe	24,40
	e) Radon-Zusatz, je 500 000 Millistat	4,10

Nr.	Heilmittel, Voraussetzungen	Höchstbetrag (in Euro)
	VI. Kälte- und Wärmetherapie	
34	Behandlung eines oder mehrerer Körperteile mit lokaler Applikation intensiver Kälte in Form von Eiskompresse, tiefgekühltem Eis- oder Gelbeutel, direkter Abreibung, Kaltgas oder Kaltluft oder Eisteilbad in Fuß- oder Armbadewanne, Richtwert[2]) 10 Minuten	12,90
35	Behandlung eines oder mehrerer Körperteile mit Heißluft, Richtwert[2]) 20 Minuten	7,50
36	Ultraschall-Wärmetherapie	11,90
	VII. Elektrotherapie	
37	Behandlung eines oder mehrerer Körperabschnitte mit hochfrequenten Stromstärken und Frequenzen	8,20
38	Elektrostimulation bei Lähmungen	15,60
39	Iontophorese	8,20
40	Hydroelektrisches Teilbad (Zwei- oder Vierzellenbad)	14,90
41	Hydroelektrisches Vollbad (z. B. Stangerbad), auch mit Zusatz, auch einschließlich Nachruhe	29,00
	VIII. Stimm-, Sprech- und Sprachtherapie[7]) [8])	
42	Stimm-, sprech- und sprachtherapeutische Erstbefundung zur Erstellung eines Behandlungsplans, einmal je Behandlungsfall	108,00
43	Einzelbehandlung bei Atem-, Stimm-, Sprech-, Sprach-, Hör- oder Schluckstörungen	
	a) Richtwert[2]) 30 Minuten	41,80
	b) Richtwert[2]) 45 Minuten	59,00
	c) Richtwert[2]) 60 Minuten	68,90
	d) Richtwert[2]) 90 Minuten	103,40
44	Gruppenbehandlung bei Atem-, Stimm-, Sprech-, Sprach-, Hör- oder Schluckstörungen, je Teilnehmerin oder Teilnehmer	
	a) Gruppe (2 Personen), Richtwert[2]) 45 Minuten	50,40
	b) Gruppe (3 bis 5 Personen), Richtwert[2]) 45 Minuten	34,60
	c) Gruppe (2 Personen), Richtwert[2]) 90 Minuten	67,60
	d) Gruppe (3 bis 5 Personen), Richtwert[2]) 90 Minuten	56,10
	IX. Ergotherapie	
45	Funktionsanalyse und Erstgespräch, auch einschließlich Beratung und Behandlungsplanung, einmal je Behandlungsfall	41,80
46	Einzelbehandlung	
	a) bei motorisch-funktionellen Störungen, Richtwert[2]) 30 Minuten	41,80
	b) bei sensomotorischen oder perzeptiven Störungen, Richtwert[2]) 45 Minuten	54,80
	c) bei psychisch-funktionellen Störungen, Richtwert[2]) 60 Minuten	72,30
	d) bei psychisch-funktionellen Störungen als Belastungserprobung, Richtwert[2]) 120 Minuten	128,20
	e) als Beratung zur Integration in das häusliche und soziale Umfeld im Rahmen eines Hausbesuchs, einmal je Behandlungsfall	

Nr.	Heilmittel, Voraussetzungen	Höchstbetrag (in Euro)
	aa) bis zu 3 Einheiten am Tag, je Einheit	
	– bei motorisch-funktionellen Störungen	40,70
	– bei sensomotorischen oder perzeptiven Störungen	54,40
	bb) bis zu 2 Einheiten am Tag, je Einheit	
	– bei psychisch-funktionellen Störungen	67,70
47	Gruppenbehandlung, je Teilnehmerin oder Teilnehmer	
	a) bei motorisch-funktionellen Störungen, Richtwert[2]) 30 Minuten	16,00
	b) bei sensomotorischen oder perzeptiven Störungen, Richtwert[2]) 45 Minuten	20,60
	c) bei psychisch-funktionellen Störungen, Richtwert[2]) 90 Minuten	37,90
	d) bei psychisch-funktionellen Störungen als Belastungserprobung, Richtwert[2]) 180 Minuten	70,20
48	Hirnleistungstraining als neuropsychologisch orientierte Einzelbehandlung, Richtwert[2]) 30 Minuten	46,20
49	Hirnleistungstraining als Gruppenbehandlung, Richtwert[2]) 45 Minuten, je Teilnehmerin oder Teilnehmer	20,60
	X. Podologische Therapie	
50	Hornhautabtragung an beiden Füßen	26,70
51	Hornhautabtragung an einem Fuß	18,90
52	Nagelbearbeitung an beiden Füßen	25,10
53	Nagelbearbeitung an einem Fuß	18,90
54	Hornhautabtragung und Nagelbearbeitung an beiden Füßen	41,60
55	Hornhautabtragung und Nagelbearbeitung an einem Fuß	26,70
56	Erstversorgung mit einer Federstahldraht- Orthonyxiespange nach Ross-Fraser, einteilig, einschließlich Abdruck und Anfertigung der Passiv- Nagelkorrekturspange nach Modell, Applikation sowie Spangenkontrolle nach 1 bis 2 Wochen	194,60
57	Regulierung der Orthonyxiespange nach Ross-Fraser, einschließlich Spangenkontrolle nach 1 bis 2 Tagen	37,40
58	Ersatzversorgung mit einer Orthonyxiespange nach Ross-Fraser infolge Verlusts oder Bruchs der Spange bei vorhandenem Modell, einteilig, einschließlich Applikation	64,80
59	Versorgung mit einer konfektionierten bilateralen Federstahldraht-Orthonyxiespange, dreiteilig, einschließlich individueller Spangenformung, Applikation und Spangensitzkontrolle nach 1 bis 2 Tagen	74,80
60	Versorgung mit einer konfektionierten Klebespange, einschließlich Applikation und Spangensitzkontrolle nach 1 bis 2 Tagen	37,40
	XI. Ernährungstherapie[7]) [8])	
61	Erstgespräch mit Behandlungsplanung, Richtwert[2]) 60 Minuten, einmal je Behandlungsfall	66,00
62	Einzelbehandlung, Richtwert[2]) 30 Minuten je Einheit[9])	33,00
63	Gruppenbehandlung, Richtwert[2]) 30 Minuten je Einheit[9]), je Teilnehmerin oder Teilnehmer	11,00

Anlage 5　　　　　　　　　　　　　Landesbeihilfeverordnung (NBhVO)

Nr.	Heilmittel, Voraussetzungen	Höchstbetrag (in Euro)
	XII. Sonstiges	
64	Therapeutisches Reiten (Hippotherapie)[10] bei ausgeprägter cerebraler Bewegungsstörung (Spastik) oder schwerer geistiger Behinderung	25,70
65	Therapeutisches Reiten (Hippotherapie)[10] bei nach Abschluss der Hirnreife erworbener ausgeprägter cerebraler Bewegungsstörung (Spastik) oder schwerer geistiger Behinderung	33,80
66	Therapeutisches Reiten (Hippotherapie)[10] bei angeborener oder bis zur Vollendung des 14. Lebensjahres erworbener ausgeprägter cerebraler Bewegungsstörung (Spastik) oder schwerer geistiger Behinderung	45,30

[1] Aufwendungen für die für die Inhalation erforderlichen Stoffe sind daneben beihilfefähig.
[2] Der Richtwert beschreibt die regelmäßige Behandlungszeit einschließlich der Zeit für die Vor- und Nachbereitung. Die Aufwendungen sind auch beihilfefähig, wenn die tatsächliche Behandlungszeit den Richtwert aus medizinischen Gründen unterschreitet.
[3] Die Aufwendungen sind nur beihilfefähig, wenn das Heilmittel in einer Therapieeinrichtung angewendet wird, die Leistungen zur ambulanten Rehabilitation oder Erweiterten Ambulanten Physiotherapie zulasten der gesetzlichen Krankenkassen oder Berufsgenossenschaften erbringen darf.
[4] Aufwendungen für Heilmittel nach den Nummern 5 bis 41 sind daneben nicht beihilfefähig.
[5] Aufwendungen für das notwendige Polster- und Bindenmaterial (z. B. Mullbinden, Kurzzugbinden, Fließpolsterbinden) sind daneben beihilfefähig.
[6] Die Höchstbeträge erhöhen sich um bis zu 4,10 Euro, wenn bei dem Bad ein ortsgebundenes Heilwasser verwendet wird.
[7] Aufwendungen für einen Bericht an die das Heilmittel verordnende Person sind daneben nicht beihilfefähig.
[8] Aufwendungen für die Verlaufsdokumentation sowie für die Beratung der Patientin oder des Patienten und ihrer oder seiner Bezugspersonen sind daneben nicht beihilfefähig.
[9] Aufwendungen für Heilmittel nach den Nummern 62 und 63 sind für insgesamt maximal 12 Einheiten innerhalb von 12 Monaten beihilfefähig.
[10] Die Aufwendungen sind nur beihilfefähig, wenn das Heilmittel von einer Person angewendet wird, die eine Zusatzausbildung für Therapeutisches Reiten abgeleistet hat.

B.

Aufwendungen für eine erweiterte ambulante Physiotherapie (EAP) sind bei Vorliegen folgender Voraussetzungen beihilfefähig:

1. Aufwendungen für eine erweiterte ambulante Physiotherapie sind nur aufgrund der Verordnung einer Krankenhausärztin, eines Krankenhausarztes, einer Fachärztin oder eines Facharztes für Orthopädie, Neurologie, Chirurgie oder Physikalische und Rehabilitative Medizin oder einer Fachärztin oder eines Facharztes für Allgemeinmedizin mit der Bereichs- oder Zusatzbezeichnung Physikalische und Rehabilitative Medizin und nur bei Vorliegen der folgenden Indikationen beihilfefähig:

1.1 Wirbelsäulensyndrom mit erheblicher Symptomatik bei

– frischem Bandscheibenvorfall (auch postoperativ),
– Protrusion mit radikulärer, muskulärer oder statischer Symptomatik,
– Spondylolyse oder Spondylolisthese mit radikulärer, muskulärer oder statischer Symptomatik,
– instabile Wirbelsäulenverletzung im Rahmen der konservativen oder postoperativen Behandlung mit muskulärem Defizit oder Fehlstatik,
– lockere korrigierbare thorakale Scheuermann-Kyphose $> 50°$ nach Cobb;

1.2 Operation am Skelettsystem

– posttraumatische Osteosynthese,
– Osteotomie eines großen Röhrenknochens;

1.3 Bewegungseinschränkung oder muskuläres Defizit bei

– Schulterprothese,
– Knieendoprothese,
– Hüftendoprothese;

VII.1 Landesbeihilfeverordnung (NBhVO) — Anlage 5

1.4 Operativ oder konservativ behandelte Gelenkerkrankung (einschließlich Instabilität)

– Kniebandruptur, es sei denn, dass nur das Innenband gerissen ist,
– Schultergelenkläsion, insbesondere nach
  – operativ versorgter Bankard-Läsion,
  – Rotatorenmanschettenruptur,
  – schwerer Schultersteife (frozen shoulder),
  – Impingement-Syndrom,
  – Schultergelenkluxation,
  – tendinosis calcarea,
  – periathritis humero-scapularis (PHS),
– Achillessehnenruptur oder Achillessehnenabriss;

1.5 Amputation.

2. Die Aufwendungen für eine Verlängerung der erweiterten ambulanten Physiotherapie sind nur beihilfefähig, wenn für die Verlängerung eine erneute Verordnung einer Ärztin oder eines Arztes nach Nummer 1 vorliegt, die oder der nicht für die Therapieeinrichtung tätig ist.

3. Die Aufwendungen für eine erweiterte ambulante Physiotherapie sind nur beihilfefähig, wenn je Behandlungstag mindestens folgende Leistungen erbracht werden:

– krankengymnastische Einzeltherapie,
– physikalische Therapie,
– medizinisches Aufbautraining.

Werden zusätzlich Lymphdrainage oder Massage – auch Bindegewebsmassage –, Isokinetik oder Unterwassermassage angewendet, so sind die Aufwendungen hierfür nicht gesondert beihilfefähig.

4. Aufwendungen für erweiterte ambulante Physiotherapie sind nur beihilfefähig, wenn der Festsetzungsstelle zusammen mit der Rechnung eine Therapiedokumentation über die durchgeführten Leistungen und eine Tagesdokumentation, auf der die Patientin oder der Patient unter Angabe des Datums durch Unterschrift die Durchführung der Leistungen bestätigt hat, vorgelegt wird.

C.

1. Aufwendungen für ein Medizinisches Aufbautraining (MAT) oder eine Medizinische Trainingstherapie (MTT) sind beihilfefähig, wenn

– das Training von einer Krankenhausärztin, einem Krankenhausarzt, einer Fachärztin oder einem Facharzt für Physikalische und Rehabilitative Medizin, Orthopädie, Neurologie oder Chirurgie oder von einer Fachärztin oder einem Facharzt für Allgemeinmedizin mit der Bereichs- oder Zusatzbezeichnung Physikalische und Rehabilitative Medizin verordnet wird,

– die Therapieplanung und die Ergebniskontrolle durch eine Ärztin oder einen Arzt der Therapieeinrichtung erfolgen und

– jede Trainingseinheit unter ärztlicher Aufsicht durchgeführt wird.

Die Aufwendungen sind auch beihilfefähig, wenn einzelne Leistungen durch speziell geschulte Angehörige der Gesundheits- oder Medizinalfachberufe erbracht werden.

Aufwendungen für ein Fitness- oder Kräftigungstraining sind nicht beihilfefähig, auch wenn sie an identischen Trainingsgeräten mit gesundheitsfördernder Zielsetzung durchgeführt werden.

2. Es sind höchstens Aufwendungen für 25 Trainingseinheiten je Krankheitsfall beihilfefähig.

D. Aufwendungen für eine physiotherapeutische Komplexbehandlung in der Palliativversorgung sind beihilfefähig, wenn

1. die zu behandelnde Person an einer Erkrankung mit infauster Prognose leidet, ambulant palliativmedizinisch behandelt wird und

2. eine der folgenden Indikationen vorliegt:

– passive Bewegungsstörung mit Verlust, Einschränkung oder Instabilität funktioneller Bewegungen im Bereich der Wirbelsäule, der Gelenke oder der diskoligamentären Strukturen,

– aktive Bewegungsstörung bei Muskeldysbalancen oder -insuffizienz,

- atrophische oder dystrophische Muskelveränderung,
- cerebral oder spinal bedingte spastische Lähmung,
- schlaffe Lähmung,
- abnorme Bewegung oder Koordinationsstörung bei Erkrankungen des zentralen Nervensystems,
- Schmerz bei strukturellen Veränderungen im Bereich der Bewegungsorgane,
- funktionelle Störung von Organsystemen (z. B. Herz-Kreislauferkrankungen, Lungenerkrankungen, Bronchialerkrankungen),
- funktionelle Störung eines Schließmuskels oder der Beckenbodenmuskulatur,
- unspezifische schmerzhafte Bewegungs- oder Funktionsstörung, auch bei allgemeiner Dekonditionierung.

VII.1 Landesbeihilfeverordnung (NBhVO) — Anlage 6

Anlage 6
(zu § 18 Abs. 1 und § 19)

Anforderungen an Personen, die Heilmittel anwenden

Aufwendungen für ein Heilmittel sind nur beihilfefähig, wenn es von einer der folgenden Personen angewendet wird:

- Beschäftigungs- und Arbeitstherapeutin oder Beschäftigungs- und Arbeitstherapeut,
- Ergotherapeutin oder Ergotherapeut,
- Physiotherapeutin oder Physiotherapeut,
- Krankengymnastin oder Krankengymnast,
- Logopädin oder Logopäde,
- klinische Linguistin oder klinischer Linguist,
- staatlich anerkannte Sprachtherapeutin oder staatlich anerkannter Sprachtherapeut oder staatlich geprüfte Atem-, Sprech- und Stimmlehrerin oder staatlich geprüfter Atem-, Sprech- und Stimmlehrer der Schule Schlaffhorst-Andersen,
- Masseurin oder Masseur,
- medizinische Bademeisterin oder medizinischer Bademeister,
- Podologin oder Podologe oder Medizinische Fußpflegerin oder Medizinischer Fußpfleger nach § 1 des Podologengesetzes,
- Behandlerin oder Behandler, die oder der nach § 124 SGB V zur Abgabe von Leistungen der Sprachtherapie zugelassen ist oder zugelassen werden kann,
- Diätassistentin oder Diätassistent,
- Ökotrophologin oder Ökotrophologe mit dem Abschluss Diplom (ernährungswissenschaftliche Ausrichtung), Bachelor of Science oder Master of Science,
- Ernährungswissenschaftlerin oder Ernährungswissenschaftler mit dem Abschluss Diplom, Bachelor of Science oder Master of Science.

Anlage 7
(zu § 20 Abs. 1)

Beihilfefähigkeit von Aufwendungen für Hilfsmittel, für Geräte zur Selbstbehandlung und Selbstkontrolle sowie für Körperersatzstücke, Höchstbeträge

1. Alphabetische Liste:

A

- Abduktionslagerungskeil
- Absauggerät (z. B. bei Kehlkopferkrankung)
- Adaptionen für diverse Gebrauchsgegenstände (z. B. Universalhalter zur Erleichterung der Körperpflege und der Nahrungsaufnahme)
- Alarmgerät für Epileptikerinnen und Epileptiker
- Anatomische Brillenfassung
- Anus-praeter-Versorgungsartikel
- Anziehhilfe, Ausziehhilfe
- Aquamat
- Aqua-Therapie-Hose, nur bei Unterwasserbehandlung inkontinenter Personen oder zur Teilnahme am Schulsport
- Armmanschette
- Arthrodesensitzkissen, Arthrodesensitzkoffer, Arthrodesensitzstuhl
- Atemtherapiegerät
- Atomiseur zur Medikamentenaufsprühung
- Auffahrrampe für Krankenfahrstuhl
- Aufrichtschlaufe
- Aufrichtstuhl mit integrierter Aufrichtfunktion bis 150 Euro
- Aufstehgestell
- Auftriebshilfe, nur bei Menschen mit Schwerstbehinderung
- Augenschielklappe, auch als Folie, nur für Kinder und Jugendliche bis zur Vollendung des 18. Lebensjahres

B

- Badewannensitz, nur bei Menschen mit Schwerstbehinderung, Totalendoprothese, Hüftgelenk-Luxations- Gefahr, Polyarthritis
- Badewannenverkürzer
- Ballspritze
- Behinderten-Dreirad
- Bestrahlungsmaske für ambulante Strahlentherapie
- Bettnässer-Weckgerät
- Beugebandage
- Billroth-Batist-Lätzchen
- Blasenfistelbandage
- Blindenführhund, einschließlich Geschirr, Hundeleine, Halsband, Maulkorb
- Blindenleitgerät (z. B. Ultraschallbrille, Ultraschall-Leitgerät), auch elektronisch
- Blindenstock, Blindenlangstock, Blindentaststock
- Blutgerinnungsmessgerät (nur bei erforderlicher Dauerantikoagulation oder künstlichem Herzklappenersatz)
- Blutlanzette
- Blutzuckermessgerät
- Bracelet
- Bruchband

C

- Clavicula-Bandage
- Cochlea-Implantat einschließlich Zubehör
- Communicator (bei dysarthrischen Sprachstörungen)
- Computerspezialausstattung für Menschen mit Behinderung, Spezialhard- und -software bis zu 3500 Euro, ggf. zuzüglich Spezialhard- und -software für eine Braillezeile mit 40 Modulen bis zu 5400 Euro

D

- Defibrillatorweste zur Eigenanwendung
- Dekubitus-Schutzmittel (z. B. Auflagen oder Unterlagen für das Bett, Spezialmatratze, Keil, Kissen, Auflagen oder Unterlagen für den Rollstuhl, Schützer für Ellenbogen, Unterschenkel oder Füße)
- Delta-Gehrad
- Drehscheibe, Umsetzhilfe
- Duschsitz, Duschstuhl

E

- Einlagen, orthopädische
- Einmal-Handschuhe, nur bei regelmäßiger Katheterisierung, zur endotrachialen Absaugung, im Zusammenhang mit sterilem Ansaugkatheter oder bei Querschnittgelähmten zur Darmentleerung
- Einmal-Schutzhose bei Querschnittgelähmten
- Ekzem-Manschette
- Elektro-Stimulationsgerät
- Epicondylitisbandage mit Pelotten, Epicondylitisspange mit Pelotten
- Epitrain-Bandage
- Ernährungssonde

F

- Farberkennungsgerät (siehe Nummer 2)
- Fersenschutz (z. B. Kissen, Polster, Schale, Schoner)
- Fixationshilfen
- Fonator, auch Minifonator
- Funktionelle elektronische Peronaeus-Prothese (FEPO)
- Fußteil-Entlastungsschuh (Einzelschuhversorgung)

G

- Gehgipsgalosche
- Gehhilfe, auch wasserfest, Gehübungsgerät
- Gehörschutz
- Genutrain-Aktiv-Kniebandage
- Gerät zur Behandlung mit elektromagnetischen Wechselfeldern, nur bei atropher Pseudoarthrose, bei Endoprothesenlockerung, bei idiopathischer Hüftnekrose oder bei verzögerter Knochenbruchheilung und nur in Verbindung mit einer sachgerechten chirurgischen Therapie
- Gerät zur kontinuierlichen Gewebezuckermessung einschließlich der erforderlichen Sensoren (siehe Nummer 3)
- Gesichtsteilersatzstücke (z. B. Ektoprothese, Epithese, Vorlege-Prothese)
- Gilchrist-Bandage
- Gipsbett, Liegeschale
- Gummihose, nur bei Blaseninkontinenz oder bei Darminkontinenz
- Gummistrümpfe

H

- Halskrawatte, Hals-, Kopf-, Kinnstütze
- Hebekissen
- Heimdialysegerät
- Helfende Hand, Scherenzange
- Herz-Atmungs-Überwachungsgerät, auch Herz-Atmungs-Überwachungsmonitor
- Hilfsmittel mit Sicherheitsmechanismus zum Schutz einer dritten, das Hilfsmittel anwendenden Person vor Nadelstichverletzungen
- Hörgerät (HdO-Gerät, Taschengerät, Hörbrille, C.R.O.S.-Gerät, drahtlose Hörhilfe, Otoplastik, IdO-Gerät) bis 1500 Euro je Ohr einschließlich der Nebenkosten ggf. zuzüglich der Aufwendungen für eine medizinisch notwendige Fernbedienung. Höhere Aufwendungen für ein Hörgerät sind angemessen, soweit dieses notwendig ist, um bei Vorliegen mindestens einer an Taubheit grenzenden Schwerhörigkeit eine ausreichende Versorgung zu gewährleisten.
- Hysterophor, nur bei inoperablem Gebärmuttervorfall

I

- Impulsvibrator
- Infusionsbesteck und Zubehör, Infusionsgerät und Zubehör
- Inhalationsgerät, auch für Sauerstoff, und Zubehör, jedoch nicht Luftbefeuchter, Luftfilter, Luftwäscher
- Inkontinenzhosen oder Inkontinenzvorlagen, saugende, nur bei Vorliegen mindestens einer mittleren Harn- oder Stuhlinkontinenz
- Innenschuh, orthopädischer
- Irisschale mit geschwärzter Pupille, nur bei entstellender Veränderung der Hornhaut des blinden Auges
- Insulinapplikationshilfe (z. B. Insulindosiergerät, Insulinpumpe, Insulininjektor) und Zubehör

K

- Kanülen und Zubehör
- Katapultsitz
- Katheter und Zubehör, auch Ballonkatheter
- Kiefersperrzgerät
- Klosett-Matratze, nur im häuslichen Bereich bei dauernder Bettlägerigkeit und bestehender Inkontinenz
- Klumpfußschiene
- Klumphandschiene
- Klyso
- Knetmaterial für Übungszwecke bei cerebral-paretischen Kindern
- Kniekappe, Kniebandage, Kreuzgelenkbandage
- Kniepolster, Knierutscher, nur bei Unterschenkelamputation
- Knöchel- und Gelenkstützen
- Körperersatzstücke und Zubehör (bei einem Brustprothesenhalter soweit die Aufwendungen 15 Euro übersteigen, bei einem Badeanzug, einem Body oder einem Korselett für Brustprothesenträgerinnen soweit die Aufwendungen 40 Euro übersteigen)
- Kompressionsstrümpfe, Kompressionsstrumpfhose
- Koordinator nach Schielbehandlung
- Kopfring mit Stab, Kopfschreiber
- Kopfschützer
- Korrektursicherungsschuh
- Krabbler für Spastikerinnen und Spastiker
- Krampfaderbinde
- Krankenfahrstuhl mit Zubehör
- Krankenpflegebett
- Krankenstock
- Krankenunterlage, nur wenn sie
  - im Zusammenhang mit der Behandlung einer Blasen- oder Darminkontinenz erforderlich ist und eine so schwere Funktionsstörung (z. B. Halbseitenlähmung mit Sprachverlust) vorliegt, dass ohne eine Krankenunterlage der Eintritt von Decubitus oder Dermatitiden droht,
  - im Rahmen einer Decubitusbehandlung erforderlich ist oder
  - im Zusammenhang mit der Behandlung bei Dermatitiden erforderlich ist
- Kreuzstützbandage
- Krücke

L

- Latextrichter bei Querschnittlähmung
- Leibbinde, nur bei frisch Operierten, bei Stoma-Trägerinnen und -Trägern, bei Bauchwandlähmung oder bei Bauchwandbruch, nicht jedoch Nieren-, Flanell- und Wärmeleibbinden
- Lesehilfen (z. B. Leseständer, Blattwendestab, Blattwendegerät, Blattlesegerät, Auflagegestell)
- Lichtsignalanlage für Gehörlose und hochgradig Schwerhörige
- Lifter (Krankenlifter, Multilift, Bad-Helfer, Krankenheber, Badewannenlifter)
- Lispelsonde
- Lumbalbandage

M

- Malleotrain-Bandage
- Mangoldsche Schnürbandage
- Manutrain-Bandage
- Maßschuhe, die nicht serienmäßig herstellbar sind, soweit die Aufwendungen 64 Euro übersteigen
- Matratzenzwischenbezug (Encasing), allergendicht, nur zur Sekundär- oder Tertiärprävention, auch für ein Partnerbett, bis 100 Euro je Bezug
- Milchpumpe
- Mundstab, Mundgreifstab

N

- Narbenschützer
- Neurodermitis-Overall bis 80 Euro je Overall für Kinder bis zur Vollendung des 12. Lebensjahres, wobei im Kalenderjahr Aufwendungen für zwei Overalls beihilfefähig sind

O

- Orthese, auch Rumpforthese oder Rückenorthese (z. B. Korsett u. Ä.), Orthopro-

VII.1 Landesbeihilfeverordnung (NBhVO) — Anlage 7

- these, Korrekturschienen, Haltemanschetten
- Orthesenschuhe, soweit die Aufwendungen 64 Euro übersteigen
- orthopädische Zurichtungen an Konfektionsschuhen, höchstens sechs Paar Schuhe im Jahr

P

- Pavlikbandage
- Peak-Flow-Meter
- Peronaeusschiene, Heidelberger Winkel
- Perücke (siehe Nummer 4)
- Pessar, nur bei Inkontinenz zur selbständigen Verwendung
- Polarimeter
- Psoriasiskamm

Q

- Quengelschiene

R

- Rauchwarnmelder für Gehörlose und hochgradig Schwerhörige
- Reflektometer
- Rollator
- Rollbrett
- Rutschbrett

S

- Schede-Rad
- Schrägliegebrett
- Schutzbrille für Blinde
- Schutzhelm für Behinderte
- Schwellstromapparat
- Segofix-Bandagensystem
- Sehhilfen (siehe Nummer 5)
- Sitzkissen für Oberschenkelamputierte
- Sitzschale, nur wenn Sitzkorsett nicht ausreicht
- Skolioseumkrümmungsbandage
- Spastikerhilfen (Gymnastikgeräte, Übungsgeräte)
- Spezialschuhe für Diabetiker, soweit die Aufwendungen 64 Euro übersteigen
- Sphinkter-Stimulator
- Sprachverstärker nach Kehlkopfresektion
- Spreizfußbandage
- Spreizhose, Spreizschale, Spreizwagenaufsatz
- Spritzen
- Stabilisationsschuhe, nur bei Sprunggelenkschäden, Lähmungszuständen oder Achillessehnenschäden
- Stehübungsgerät
- Stomaversorgungsartikel, Sphinkter-Plastik
- Strickleiter
- Stubbies
- Stumpfschutzhülle
- Stumpfstrumpf
- Suspensorium
- Symphysen-Gürtel
- System zur Informationsverarbeitung und Informationsausgabe für blinde und sehbehinderte Menschen, elektronisch, soweit nicht bereits gesondert aufgeführt

T

- Therapeutische Sprunggelenkmanschette
- Therapeutisches Bewegungsgerät, nur mit Spasmenschaltung
- Tinnitus-Gerät
- Toilettenhilfe, nur bei Menschen mit Schwerbehinderung oder mit Hüfttotalendoprothese
- Tracheostomaversorgungsartikel, auch Wassertherapiegerät Larchel
- Tragegurtsitz

U

- Übertragungsanlage, drahtlos, zur Befriedigung von allgemeinen Grundbedürfnissen des täglichen Lebens zusätzlich zu einem Hörgerät oder einem Cochlea-Implantat oder bei einer pathologischen Einschränkung des Sprachverstehens im Störschall bei peripherer Normalhörigkeit aufgrund einer auditiven Verarbeitungs- und Wahrnehmungsstörung
- Übungsschiene
- Umfeldkontrollgerät und Umweltkontrollgerät, einschließlich Empfänger
- Urinal
- Urostomie-Beutel

Anlage 7 Landesbeihilfeverordnung (NBhVO) **VII.1**

V
– Verbandschuh (Einzelschuhversorgung)
– Vibrationstrainer, nur bei Taubheit

W
– Wechseldruckgerät

Z
– Zyklomat-Hormon-Pumpe und Zubehör.

2. Farberkennungsgeräte

Aufwendungen für Farberkennungsgeräte sind beihilfefähig bei Vorliegen einer Erkrankung des Auges, die mit einer hochgradigen Sehbehinderung oder Blindheit verbunden ist. Eine hochgradige Sehbehinderung liegt vor, wenn die Sehschärfe maximal 5 Prozent und minimal 2 Prozent (Visus $\leq$ 0,05 = 1/20 und $>$ 0,02 = 1/50) beträgt. Blindheit liegt vor, wenn die Sehschärfe auf dem besseren Auge weniger als 2 Prozent (Visus 0,02 = 1/50) beträgt oder eine vergleichbare Störung vorliegt. Eine vergleichbare Störung liegt vor

a) bei einer Einengung des Gesichtsfeldes, wenn bei einer Sehschärfe von 0,05 (1/20) oder weniger die Grenze des Restgesichtsfeldes in keiner Richtung mehr als 30° vom Zentrum entfernt ist, wobei Gesichtsfeldreste jenseits von 50° unberücksichtigt bleiben,

b) bei einer Einengung des Gesichtsfeldes, wenn bei einer Sehschärfe von 0,033 (1/30) oder weniger die Grenze des Restgesichtsfeldes in keiner Richtung mehr als 15° vom Zentrum entfernt ist, wobei Gesichtsfeldreste jenseits von 50° unberücksichtigt bleiben,

c) bei einer Einengung des Gesichtsfeldes, wenn bei einer Sehschärfe von 0,1 (1/10) oder weniger die Grenze des Restgesichtsfeldes in keiner Richtung mehr als 7,5° vom Zentrum entfernt ist, wobei Gesichtsfeldreste jenseits von 50° unberücksichtigt bleiben,

d) bei einer Einengung des Gesichtsfeldes, auch bei normaler Sehschärfe, wenn die Grenze der Gesichtsfeldinsel in keiner Richtung mehr als 5° vom Zentrum entfernt ist, wobei Gesichtsfeldreste jenseits von 50° unberücksichtigt bleiben,

e) bei einem großen Skotom im zentralen Gesichtsfeldbereich, wenn die Sehschärfe nicht mehr als 0,1 (1/10) beträgt und im 50° Gesichtsfeld unterhalb des horizontalen Meridians mehr als die Hälfte ausgefallen ist,

f) bei einer homonymen Hemianopsie, wenn die Sehschärfe nicht mehr als 0,1 (1/10) beträgt und das erhaltene Gesichtsfeld in der Horizontalen nicht mehr als 30° Durchmesser besitzt,

g) bei einer bitemporalen oder binasalen Hemianopsie, wenn die Sehschärfe nicht mehr als 0,1 (1/10) beträgt und ein Binokularsehen nicht besteht oder

h) bei vollständigem Ausfall der Sehrinde (Rindenblindheit), wenn gleichzeitig eine visuelle Agnosie oder eine andere gnostische Störung vorliegt.

3. Geräte zur kontinuierlichen Gewebezuckermessung

Aufwendungen für Geräte zur kontinuierlichen Gewebezuckermessung einschließlich der erforderlichen Sensoren sind für Patientinnen und Patienten mit insulinpflichtigem Diabetes mellitus, die einer intensivierten Insulinbehandlung bedürfen, beihilfefähig, wenn das Gerät von einer Fachärztin oder einem Facharzt für Innere Medizin und Endokrinologie und Diabetologie, einer Fachärztin oder einem Facharzt für Innere Medizin, für Allgemeinmedizin oder für Kinder- und Jugendmedizin jeweils mit der Anerkennung „Diabetologie", „Diabetologin Deutsche Diabetes Gesellschaft (DDG)" oder „Diabetologe Deutsche Diabetes Gesellschaft (DDG)" oder mit vergleichbarer Qualifikation oder einer Fachärztin oder einem Facharzt für Kinder- und Jugendmedizin mit der Anerkennung „Kinder-Endokrinologie und Kinder-Diabetologie" verordnet wird. Beihilfefähig sind auch die Aufwendungen für die notwendige Schulung in der sicheren Handhabung des Gerätes. Aufwendungen für ein Gerät zur kontinuierlichen Gewebezuckermessung sind auch neben Aufwendungen für ein Blutzuckermessgerät beihilfefähig.

4. Perücken

Aufwendungen für Perücken sind bis zum Betrag von 700 Euro beihilfefähig, wenn ein krankhafter, entstellender Haarausfall (z. B. Alopecia areata), eine erhebliche Verunstaltung (z. B. infolge einer Schädelverletzung) oder ein vollständiger oder weitgehender Haarausfall vorliegt. Die Aufwendungen für eine Zweitperücke sind nur beihilfefähig, wenn eine Perücke voraussichtlich länger als ein Jahr getragen werden muss. Die Aufwendungen für die erneute Beschaffung einer Perücke sind nur beihilfefähig, wenn seit der vorangegangenen Beschaffung mindestens zwei Jahre vergangen sind, oder wenn sich bei Kindern vor Ablauf dieses Zeitraumes die Kopfform geändert hat.

5. Sehhilfen

5.1 Aufwendungen für Sehhilfen zur Verbesserung der Sehschärfe

Aufwendungen für die erstmalige Anschaffung einer Sehhilfe zur Verbesserung der Sehschärfe sind nur beihilfefähig, wenn eine schriftliche Verordnung einer Fachärztin oder eines Facharztes für Augenheilkunde vorliegt. Bei einer Ersatzbeschaffung genügt die Refraktionsbestimmung einer Augenoptikerin oder eines Augenoptikers. Die Aufwendungen für die Refraktionsbestimmung durch die Augenoptikerin oder den Augenoptiker sind bis zu 13 Euro beihilfefähig.

Sehhilfen zur Verbesserung der Sehschärfe sind:

– Brillengläser,
– Kontaktlinsen,
– vergrößernde Sehhilfen.

5.1.1 Brillengläser

Aufwendungen für Brillengläser sind bis zu folgenden Höchstbeträgen beihilfefähig:

a) für vergütete Gläser mit Gläserstärken bis +/– 6 Dioptrien (dpt):

Einstärkengläser:	für das sph. Glas	31,00 Euro
	für das cyl. Glas	41,00 Euro
Mehrstärkengläser:	für das sph. Glas	72,00 Euro
	für das cyl. Glas	92,50 Euro

b) bei Gläserstärken über +/– 6 Dioptrien (dpt);
zuzüglich je Glas 21,00 Euro

c) Dreistufen- oder Multifokalgläser:
zuzüglich je Glas 21,00 Euro

d) Gläser mit prismatischer Wirkung:
zuzüglich je Glas 21,00 Euro

5.1.2 Besondere Brillengläser

5.1.2.1 Aufwendungen für Kunststoffgläser und hochbrechende mineralische Gläser (Leichtgläser) sind bei

a) Gläserstärken ab +/– 6 dpt,
b) Anisometropien ab 2 dpt,
c) Kindern bis zum 14. Lebensjahr,
d) Brillen, die im Rahmen der Schulpflicht für die Teilnahme am Schulsport erforderlich sind,
e) Patientinnen und Patienten mit chronischem Druckekzem der Nase oder mit Fehlbildung oder Missbildung des Gesichts, insbesondere im Nasen- und Ohrenbereich, wenn trotz optimaler Anpassung unter Verwendung von Silikatgläsern ein befriedigender Sitz der Brille nicht gewährleistet ist,

je Glas bis 21 Euro neben den Höchstbeträgen der Nummer 5.1.1 beihilfefähig.

5.1.2.2 Aufwendungen für Lichtschutzgläser und phototrope Gläser sind bei

a) umschriebenem Transparenzverlust (Trübung) im Bereich der brechenden Medien, die zu Lichtstreuungen führen (z. B. Hornhautnarbe, Linsentrübung, Glaskörpertrübung),
b) krankhafter, andauernder Pupillenerweiterung,
c) Fortfall der Pupillenverengung (z. B. absolute oder reflektorische Pupillenstarre, Adie-Kehrer-Syndrom),
d) chronisch-rezidivierendem Reizzustand der vorderen und mittleren Augenabschnitte, die medikamentös nicht beheb-

bar sind (z. B. Keratoconjunctivitis, Iritis, Cyclitis),

e) entstellender Veränderung im Bereich der Lider und ihrer Umgebung (z. B. Lidkolobom, Lagophthalmus, Narbenzug) und Behinderung des Tränenflusses,

f) Ciliarneuralgie,

g) Blendung bedingender entzündlicher oder degenerativer Erkrankung der Netzhaut, der Aderhaut oder der Sehnerven,

h) totaler Farbenblindheit,

i) unerträglichen Blendungserscheinungen bei praktischer Blindheit,

j) intrakranieller Erkrankung, bei der nach ärztlicher Erfahrung eine pathologische Lichtempfindlichkeit besteht (z. B. Hirnverletzungen, Hirntumoren),

k) Gläsern ab + 10 dpt wegen Vergrößerung der Eintrittspupille

je Glas bis 11 Euro neben den Höchstbeträgen der Nummer 5.1.1 beihilfefähig.

5.1.3 Kontaktlinsen

5.1.3.1 Aufwendungen für Kontaktlinsen sind bei

a) Myopie $\geq$ 8,0 dpt,

b) Myopie $\geq$ 8,0 dpt,

c) irregulärem Astigmatismus, wenn damit eine um mindestens 20 % verbesserte Sehstärke gegenüber Brillengläser erreicht wird,

d) Astigmatismus rectus und inversus $\geq$ 3,0 dpt,

e) Astigmatismus obliquus (Achslage 45° +/− 30° oder 135° +/− 30°) $\geq$ 2 dpt,

f) Keratokonus,

g) Aphakie,

h) Aniseikonie > 7 % (die Aniseikoniemessung ist nach einer allgemein anerkannten reproduzierbaren Bestimmungsmethode durchzuführen und zu dokumentieren),

i) Anisometropie $\geq$ 2,0 dpt,

beihilfefähig. Da Kontaktlinsen aus medizinischen Gründen nicht ununterbrochen getragen werden können, sind bei Vorliegen der Indikationen neben den Kontaktlinsen Aufwendungen für Brillengläser im Rahmen der Nummern 5.1.1 und 5.1.2 zusätzlich beihilfefähig.

5.1.3.2 Bei Vorliegen einer Indikation nach Nummer 5.1.3.1 sind Aufwendungen

a) für sphärische Kurzzeitlinsen bis zu 154 Euro und

b) für torische Kurzzeitlinsen bis zu 230 Euro im Kalenderjahr beihilfefähig.

5.1.3.3 Nicht beihilfefähig sind Aufwendungen für

a) Kontaktlinsen als postoperative Versorgung (auch als Verbandlinse oder Verbandschale) nach Eingriffen, deren Aufwendungen nicht beihilfefähig sind,

b) Kontaktlinsen in farbigen Ausführungen zur Veränderung oder Verstärkung der körpereigenen Farbe der Iris,

c) One-Day-Linsen,

d) multifokale Mehrstärkenkontaktlinsen,

e) Kontaktlinsen mit Lichtschutz und sonstigen Kantenfiltern.

5.1.4 Vergrößernde Sehhilfen

Aufwendungen für optisch oder elektronisch vergrößernde Sehhilfen sind beihilfefähig, wenn die Verordnung von einer Fachärztin oder von einem Facharzt für Augenheilkunde vorgenommen wurde, die oder der in der Lage ist, selbst oder in Zusammenarbeit mit entsprechend ausgestatteten Augenoptikerinnen oder Augenoptikern die Notwendigkeit und Art der benötigten Sehhilfen zu bestimmen.

5.1.4.1 Aufwendungen für optisch vergrößernde Sehhilfen für die Nähe (Hellfeldlupe, Hand- oder Standlupe, auch mit Beleuchtung, oder Brillengläser mit Lupenwirkung [Lupengläser]) sind bei einem Vergrößerungsbedarf $\geq$ 1,5fach beihilfefähig, Aufwendungen für ein Fernrohrlupenbrillensystem (z. B. nach Galilei, Kepler), einschließlich Systemträger, sind beihilfefähig, wenn eine Fachärztin oder ein Facharzt für Augenheilkunde die Erforderlichkeit begründet.

5.1.4.2 Aufwendungen für elektronisch vergrößernde Sehhilfen für die Nähe (mobiles oder nicht mobiles System) sind bei einem Vergrößerungsbedarf ≥ 6fach beihilfefähig.

5.1.4.3 Aufwendungen für optisch vergrößernde Sehhilfen für die Ferne (Handfernrohr, sonstiges Monokular) sind beihilfefähig.

5.2 Aufwendungen für therapeutische Sehhilfen zur Behandlung einer Augenverletzung oder Augenerkrankungen sind in folgenden Fällen beihilfefähig:

5.2.1 Brillenglas mit Lichtschutz mit einer Transmission ≤ 75 Prozent bei

a) den Blendschutz herabsetzenden Substanzverlusten der Iris (z. B. Iriskolobom, Aniridie, traumatische Mydriasis, Iridodialys),

b) Albinismus.

Aufwendungen für einen zusätzlich erforderlichen Refraktionsausgleich sind nach Nummer 5.1 beihilfefähig, Aufwendungen für einen zusätzlich erforderlichen konfektionierten Seitenschutz sind beihilfefähig.

5.2.2 Brillenglas mit UV-Kantenfilter (400 nm) bei

a) Aphakie (Linsenlosigkeit),

b) Photochemotherapie (zur Absorption des langwelligen UV-Lichts),

c) als UV-Schutz nach Staroperation, wenn keine Intraokularlinse mit UV-Schutz implantiert wurde,

d) Iriskolobomen,

e) Albinismus.

Aufwendungen für einen zusätzlich erforderlichen Refraktionsausgleich sind nach Nummer 5.1 beihilfefähig. Aufwendungen für eine zusätzlich erforderliche Transmissionsminderung bei Albinismus sind nach Nummer 5.1 beihilfefähig. Aufwendungen für einen zusätzlich erforderlichen konfektionierten Seitenschutz sind beihilfefähig.

5.2.3 Brillenglas mit Kantenfilter als Bandpassfilter mit einem Transmissionsmaximum bei 450 nm bei Blauzapfenmonochromasie.

Aufwendungen für einen zusätzlich erforderlichen Refraktionsausgleich und eine zusätzliche Transmissionsminderung beim Kantenfilterglas sind nach Nummer 5.1 beihilfefähig. Aufwendungen für einen zusätzlich erforderlichen konfektionierten Seitenschutz sind beihilfefähig.

5.2.4 Brillenglas mit Kantenfilter (> 500 nm) als Langpassfilter zur Vermeidung der Stäbchenbleichung und zur Kontrastanhebung bei

a) angeborenem Fehlen oder angeborenem Mangel an Zapfen in der Netzhaut (Achromatopsie, inkomplette Achromatopsie),

b) dystrophischen Netzhauterkrankungen (z. B. Zapfendystrophien, Zapfen-Stäbchen-Dystrophien, Stäbchen-Zapfendystrophien, Retinopathia pigmentosa, Chorioidemie),

c) Albinismus.

Aufwendungen für einen zusätzlich erforderlichen Refraktionsausgleich sind nach Nummer 5.1 beihilfefähig. Aufwendungen für einen zusätzlich erforderlichen konfektionierten Seitenschutz sind beihilfefähig.

5.2.5 Horizontale Prismen in Gläsern ≥ 3 Prismendioptrien und Folien mit prismatischer Wirkung ≥ 3 Prismendioptrien (Gesamtkorrektur auf beiden Augen) bei

a) krankhafter Störung in der sensorischen und motorischen Zusammenarbeit der Augen, mit dem Ziel, Binokularsehen zu ermöglichen und die sensorische Zusammenarbeit der Augen zu verbessern,

b) Augenmuskelparesen mit dem Ziel, Muskelkontrakturen zu beseitigen oder zu verringern.

Bei wechselnder Prismenstärke oder temporärem Einsatz (z. B. prä- oder postoperativ) sind nur die Aufwendungen für Prismenfolien ohne Trägerglas beihilfefähig. Aufwendungen für Ausgleichsprismen bei übergroßen Brillendurchmessern sowie Aufwendungen für Höhenausgleichsprismen bei Mehrstärkengläsern sind nicht beihilfefähig. Aufwendungen für einen zusätzlich erforderlichen Refraktionsausgleich sind nach Nummer 5.1 beihilfefähig.

5.2.6 Vertikale Prismen in Gläsern ≥ 1 Prismendioptrie und Folien mit prismatischer

Wirkung ≥ 1 Prismendioptrie (Gesamtkorrektur auf beiden Augen) bei

a) krankhaften Störungen in der sensorischen und motorischen Zusammenarbeit der Augen mit dem Ziel, Binokularsehen zu ermöglichen und die sensorische Zusammenarbeit der Augen zu verbessern,
b) Augenmuskelparesen mit dem Ziel, Muskelkontrakturen zu beseitigen oder zu verringern.

Bei wechselnder Prismenstärke oder temporärem Einsatz (z. B. prä- oder postoperativ) sind nur die Aufwendungen für Prismenfolien ohne Trägerglas beihilfefähig. Aufwendungen für Ausgleichsprismen bei übergroßen Brillendurchmessern sowie Aufwendungen für Höhenausgleichsprismen bei Mehrstärkengläsern sind nicht beihilfefähig. Aufwendungen für einen zusätzlich erforderlichen Refraktionsausgleich sind nach Nummer 5.1 beihilfefähig.

5.2.7 Okklusionsschalen und Okklusionslinsen bei dauerhaft therapeutisch nicht beeinflussbarer Doppelwahrnehmung.

5.2.8 Kunststoff-Bifokalgläser mit extra großem Nahteil zur Behebung des akkommodativen Schielens bei Kindern und Jugendlichen bis zur Vollendung des 18. Lebensjahres.

5.2.9 Okklusionspflaster, Okklusionsfolien und Okklusionskapseln als Amblyopietherapeutika.

5.2.10 Uhrglasverbände und konfektionierter Seitenschutz bei unvollständigem Lidschluss (z. B. infolge einer Gesichtslähmung) oder bei Zustand nach Keratoplastik mit dem Ziel, das Austrocknen der Hornhaut zu vermeiden.

5.2.11 Irislinsen mit durchsichtigem optisch wirksamen Zentrum bei Blendschutz herabsetzenden Substanzverlusten der Iris-Regenbogenhaut (z. B. Iriskolobom, Aniridie, traumatische Mydriasis, Iridodialyse, Albinismus).

5.2.12 Verbandlinsen und Verbandschalen bei oder nach

a) Hornhauterosionen, Hornhautepitheldefekten,
b) Abrasio nach Operation,
c) Verätzung, Verbrennung,
d) Hornhautverletzung (perforierend oder lamellierend),
e) Keratoplastik,
f) Hornhautentzündungen, Hornhautulzerationen (z. B. Keratitis bullosa, Keratitis neuroparalytica, Keratitis e lagophthalmo, Keratitis filiformis),

nicht aber nach nicht beihilfefähigen Eingriffen.

5.2.13 Kontaktlinsen als Medikamententräger zur kontinuierlichen Medikamentenzufuhr.

5.2.14 Kontaktlinsen

a) bei ausgeprägtem, fortgeschrittenen Keratokonus mit Keratokonus bedingten pathologischen Hornhautveränderungen und Hornhautradius < 7,0 mm zentral oder am Apex oder
b) nach Keratoplastik.

5.2.15 Kunststoffgläser als Schutzgläser bei Personen, die an Epilepsie erkrankt oder an Spastiken leiden und erheblich sturzgefährdet sind, und bei funktionell Einäugigen (bestkorrigierte Sehschärfe mindestens eines Auges von < 0,2).

Aufwendungen für einen zusätzlich erforderlichen Refraktionsausgleich sind nach Nummer 5.1 beihilfefähig.

5.3 Aufwendungen für die Fassung einer Brille, die im Rahmen der Schulpflicht für die Teilnahme am Sportunterricht erforderlich ist, sind bis 52 Euro beihilfefähig.

5.4 Aufwendungen für die erneute Beschaffung von Sehhilfen sind bei gleich bleibender Sehschärfe beihilfefähig, wenn seit dem Kauf der bisherigen Sehhilfe drei Jahre – bei weichen Kontaktlinsen zwei Jahre – vergangen sind oder vor Ablauf dieses Zeitraums die erneute Beschaffung der Sehhilfe notwendig ist, weil

a) sich die Refraktion geändert hat,
b) die bisherige Sehhilfe verloren gegangen oder unbrauchbar geworden ist oder
c) sich die Kopfform geändert hat.

VII.1 Landesbeihilfeverordnung (NBhVO) — Anlage 8

Anlage 8
(zu § 20 Abs. 1)

Hilfsmittel und Geräte zur Selbstbehandlung und Selbstkontrolle, deren Aufwendungen nicht beihilfefähig sind

A
- Afterschließbandage
- Alkoholtupfer
- Angorawäsche
- Anti-Allergene-Matratzen und Bettbezüge
- Applikationshilfe für Wärme und Kälte
- Arbeitsplatte zum Krankenfahrstuhl
- Armtragegurt, Armtragetuch
- Augenbadewanne, Augendusche, Augenspülglas, Augenflasche, Augenpinsel, Augentropfpipette, Augenstäbchen
- Augenheizkissen
- Autofahrerrückenstütze
- Autokindersitz
- Autokofferraumlifter
- Autolifter

B
- Badestrumpf
- Badewannengleitschutz, Badewannenkopfstütze, Badewannenmatte
- Bandagen, wenn nicht in Anlage 7 aufgeführt
- Basalthermometer
- Bauchgurt
- Bestrahlungsgerät zur Selbstbehandlung, Bestrahlungslampe zur Selbstbehandlung
- Bett, wenn nicht in Anlage 7 aufgeführt
- Bettbrett, Bettfüllung, Bettlagerungskissen, Bettrost, Bettstütze
- Bettplatte, Bett-Tisch
- Bidet
- Bildschirmbrille
- Bill-Wanne
- Blinden-Uhr
- Blutdruckmessgerät
- Brückentisch
- Brusthütchen mit Sauger

D
- Dusche

E
- Einkaufsnetz
- Eisbeutel, Eiskompresse
- Elektrische Schreibmaschine
- Elektrische Zahnbürste
- Elektrofahrzeuge
- Elektro-Luftfilter
- Elektronic-Muscle-Control-Gerät
- Erektionshilfen
- Ergometer
- Esshilfe, Trinkhilfe
- Expander

F
- Federhantel
- Fieberthermometer
- Fingerling
- Fingerschiene
- Fußgymnastik-Rolle, Fußwippe

G
- Garage für Krankenfahrzeuge
- Gelenkexpander
- Glasstäbchen

H
- Handgelenkmanschette
- Handgelenkriemen
- Handschuhe, wenn nicht in Anlage 7 aufgeführt
- Handtrainer
- Hängeliege
- Hantel
- Hausnotrufsystem, wenn nicht von § 35 Abs. 3 Satz 1 erfasst
- Hautschutzmittel
- Heimtrainer
- Heizdecke, Heizkissen

- Hilfsgeräte für die Hausarbeit
- Höhensonne
- Hörkissen
- Hörkragen

I

- Intraschallgerät
- Ionisierungsgerät

K

- Katzenfell
- Klingelleuchte, wenn nicht von Anlage 7 erfasst
- Knickfußstrumpf
- Knoche Natur-Bruch-Slip
- Kolorimeter
- Kommunikationssystem
- Kompressionsstück für Wade und Oberschenkel, Knie- und Knöchelkompressionsstück
- Kraftfahrzeug einschließlich behindertengerechter Umrüstung
- Kreislaufgerät Schiele

L

- Lagerungskissen, Lagerungsstütze, außer Abduktionslagerungskeil
- Language-Master
- Luftreinigungsgeräte

M

- Magnetfolie
- Monophonator
- Munddusche
- Mundsperrer

N

- Nackenheizkissen
- Nagelspange Link

O

- Ohrenklappen
- Öldispersionsapparat

P

- Penisklemme
- Pulsfrequenzmesser

R

- Rektophor
- Rotlichtlampe
- Rückentrainer

S

- Salbenpinsel
- Schlaftherapiegerät
- Schuhe, wenn nicht in Anlage 7 aufgeführt
- Spezialsitze
- Spirometer
- Spranzbruchband
- Sprossenwand
- Sterilisalor
- Stimmübungssystem für Kehlkopflose
- Stockroller
- Stockständer
- Stufenbett
- SUNTRONIC-System

T

- Taktellgerät
- Tamponapplikator
- Tandem für Menschen mit Behinderung
- Telefonverstärker
- Telefonhalter
- Therapeutische Wärmesegmente, Therapeutische Kältesegmente
- Treppenlift, Monolift, Plattformlift
- Tünkers Butler

U

- Übungsmatte
- Ultraschalltherapiegeräte
- Urinflasche
- Urin-Prüfgerät

V

- Venenkissen
- Venentrainer

W

- Waage
- Wandstandgerät
- WC-Sitz

Z

- Zahnpflegemittel
- Zehen- und Ballenpolster, Zehenspreizer
- Zweirad für Menschen mit Behinderung

Anlage 9
(zu § 20 Abs. 3)

Beihilfefähigkeit von Aufwendungen für die Unterweisung in den Gebrauch von Blindenhilfsmitteln und für Training in Orientierung und Mobilität

1. Aufwendungen für die Unterweisung in den Gebrauch des Langstockes sowie für Training in Orientierung und Mobilität sind bis zu folgenden Höchstbeträgen beihilfefähig:

   a) Training als Einzeltraining ambulant oder stationär in einer Spezialeinrichtung bis zu 100 Stunden, je Trainingsstunde mit einer Mindestdauer von 60 Minuten, wobei bis zu 15 Minuten auf Vor- und Nachbereitung sowie Erstellung von Trainingsmaterial entfallen dürfen, 80,20 Euro

   b) Fahrzeitentschädigung für Fahrten der Trainerin oder des Trainers, wobei je angefangene fünf Minuten beihilfefähig sind, 5,32 Euro

   c) Fahrtkostenerstattung für Fahrten der Trainerin oder des Trainers
      aa) bei Benutzung eines Kraftfahrzeugs je gefahrenen Kilometer 0,30 Euro
      bb) im Übrigen die niedrigsten Kosten eines regelmäßig verkehrenden Beförderungsmittels,

   d) Kostenerstattung für Unterkunft und Verpflegung der Trainerin oder des Trainers, wenn eine Rückkehr zum Wohnort am Tag des Trainings nicht zumutbar ist, je Tag 26,00 Euro

   Trainiert die Trainerin oder der Trainer an einem Tag mehrere blinde Menschen, so sind die Aufwendungen der Trainerin oder des Trainers nach den Buchstaben b bis d nur anteilig beihilfefähig.

2. Aufwendungen für ein erforderliches Nachtraining (z. B. bei Wegfall eines noch vorhandenen Sehrestes oder bei Wechsel des Wohnortes) sind entsprechend Nummer 1 beihilfefähig.

3. Aufwendungen für ein ergänzendes Training an Blindenleitgeräten sind bis zu 30 Stunden entsprechend Nummer 1 beihilfefähig. Aufwendungen für weitere Stunden sind beihilfefähig, wenn die Trainerin oder der Trainer die Notwendigkeit begründet.

4. Die Aufwendungen sind nur beihilfefähig, wenn sie durch eine Rechnung einer Blindenorganisation oder einer Trainerin oder eines Trainers, die oder der zur Rechnungsstellung gegenüber den gesetzlichen Krankenkassen berechtigt ist, nachgewiesen werden. Wenn Umsatzsteuerpflicht besteht, erhöhen sich die beihilfefähigen Aufwendungen um die jeweils gültige Umsatzsteuer. Der Festsetzungsstelle ist ein Nachweis des Finanzamtes über die Umsatzsteuerpflicht vorzulegen.

Anlage 10
(zu § 38a Abs. 2)

Beihilfefähigkeit von Aufwendungen für Leistungen der Früherkennung oder Überwachung

I.

A.
Früherkennung für Personen, die mit einem erhöhten Risiko der Erkrankung an Brust- oder Eierstockkrebs erblich belastet sind

Gentest bei Frauen, die mit einem erhöhten Risiko der Erkrankung an Brust- oder Eierstockkrebs erblich belastet sind

1. Aufwendungen für Risikofeststellung und interdisziplinäre Beratung, einschließlich Erstberatung, Stammbaumerfassung, Mitteilung des Genbefundes und Beratung weiterer Familienmitglieder sind einmalig bis zur Höhe von 900 Euro beihilfefähig.
2. Aufwendungen für einen prädiktiven Gentest sind beihilfefähig
   a) für eine Untersuchung einer an Brust- oder Eierstockkrebs erkrankten Person (Indexfall) bis zur Höhe von 3500 Euro und
   b) für eine Untersuchung einer gesunden Person auf eine mutierte Gensequenz bis zur Höhe von 250 Euro.
3. Aufwendungen für ein strukturiertes Früherkennungsprogramm sind bis zur Höhe von 580 Euro je Kalenderjahr beihilfefähig.
4. Die Aufwendungen sind nur beihilfefähig, wenn die Leistungen in einer der folgenden Einrichtungen erbracht werden:
   – Berlin
     - Charité-Universitätsmedizin Berlin, Brustzentrum
   – Dresden
     - Medizinische Fakultät der Technischen Universität Dresden, Klinik und Poliklinik für Frauenheilkunde und Geburtshilfe
   – Düsseldorf
     - Universitätsklinikum Düsseldorf, Klinik für Frauenheilkunde und Geburtshilfe
   – Erlangen
     - Universitätsklinikum Erlangen
   – Frankfurt a. M.
     - Universitätsklinikum Frankfurt, Klinik für Frauenheilkunde und Geburtshilfe
   – Freiburg im Breisgau
     - Universitätsklinikum Freiburg, Institut für Humangenetik
   – Göttingen
     - Universitätsmedizin Göttingen, Brustzentrum, Gynäkologisches Krebszentrum
   – Greifswald
     - Universitätsmedizin Greifswald, Institut für Humangenetik
   – Hamburg
     - Universitätsklinikum Hamburg-Eppendorf, Klinik und Poliklinik für Gynäkologie, Brustzentrum
   – Hannover
     - Medizinische Hochschule Hannover
   – Heidelberg
     - Universitätsklinikum Heidelberg, Institut für Humangenetik
   – Kiel
     - Universitätsfrauenklinik Kiel
   – Köln
     - Universitätsklinikum Köln, Zentrum Familiärer Brust- und Eierstockkrebs
   – Leipzig
     - Universität Leipzig, Zentrum für Familiären Brust- und Eierstockkrebs
   – München
     - Technische Universität München, Klinikum rechts der Isar, Klinik und Poliklinik für Frauenheilkunde

- Ludwig-Maximilians-Universität München, Klinik und Poliklinik für Frauenheilkunde
- Münster
  - Universität Münster, Institut für Humangenetik
- Regensburg
  - Universitätsklinikum Regensburg, Institut für Humangenetik
- Tübingen
  - Universität Tübingen, Institut für Humangenetik, Universitätsfrauenklinik Tübingen
- Ulm
  - Universitätsklinikum Ulm, Klinik für Frauenheilkunde und Geburtshilfe
- Würzburg
  - Universität Würzburg, Institut für Humangenetik

B.
Früherkennung für Personen, die mit einem erhöhten Risiko der Erkrankung an Darmkrebs in Form des Lynch-Syndroms erblich belastet sind

1. Aufwendungen für Risikofeststellung und interdisziplinäre Beratung, einschließlich Erhebung des Familienbefundes und Organisation der diagnostischen Abklärung, sind einmalig bis zur Höhe von 600 Euro beihilfefähig, wenn in der Familie mindestens eins der Revidierten Bethesda-Kriterien erfüllt ist. Aufwendungen für die Beratung eines weiteren Familienmitglieds sind einmalig bis zur Höhe von 300 Euro beihilfefähig.
2. Aufwendungen für Tumorgewebsdiagnostik in Form einer immunhistochemischen Untersuchung an Tumorgewebe hinsichtlich der Expression der Mismatch-Reparatur-Gene MLH1, MSH2, MSH6 und PMS einschließlich einer notwendigen Mikrosatellitenanalyse und Testung auf somatische Mutationen im Tumorgewebe sind bis zur Höhe von insgesamt 500 Euro beihilfefähig.
3. Aufwendungen für eine Genanalyse in Form der Untersuchung auf Keimbahnmutation bei einer am Lynch-Syndrom erkrankten Person (Indexfall) sind bis zur Höhe von 3500 Euro beihilfefähig, wenn mindestens eins der Revidierten Bethesda-Kriterien erfüllt ist und eine abgeschlossene Tumorgewebsdiagnostik, die auf das Vorliegen einer MMR-Mutation hinweist, vorliegt. Liegt eine abgeschlossene Tumordiagnostik nicht vor, so sind die Aufwendungen für eine Genanalyse nach § 5 Abs. 1 Satz 3 Nr. 1 beihilfefähig. Aufwendungen für die prädiktive oder diagnostische Testung eines weiteren Familienmitglieds auf eine in der Familie bekannte Genmutation sind einmalig bis zur Höhe von 350 Euro beihilfefähig.
4. Aufwendungen für eine endoskopische Früherkennungsuntersuchung des Magendarmtrakts sind bis zur Höhe von 540 Euro je Kalenderjahr beihilfefähig.
5. Die Aufwendungen sind nur beihilfefähig, wenn die Leistungen in einer der folgenden Einrichtungen erbracht werden:
   - Berlin
     - Charité-Universitätsmedizin Berlin, Medizinische Klinik mit Schwerpunkt Hepatologie und Gastroenterologie (einschließlich Arbeitsbereich Stoffwechselerkrankungen)
   - Bochum
     - Universitätsklinikum Knappschaftskrankenhaus Bochum
   - Bonn
     - Universität Bonn, Institut für Humangenetik, Biomedizinisches Zentrum
   - Dresden
     - Universitätsklinikum Carl Gustav Carus, Abteilung Chirurgische Forschung
   - Düsseldorf
     - Universitätsklinikum Düsseldorf, Institut für Humangenetik und Anthropologie
   - Halle (Saale)
     - Universitätsklinikum Halle (Saale)

Anlage 10   Landesbeihilfeverordnung (NBhVO)   **VII.1**

- Hannover
  - Medizinische Hochschule Hannover, Institut für Humangenetik
- Heidelberg
  - Universitätsklinikum Heidelberg, Pathologisches Institut, Abteilung für Angewandte Tumorbiologie
- München
  - Ludwig-Maximilians-Universität München, Medizinische Klinik und Poliklinik IV
- Regensburg
  - Universitätsklinikum Regensburg, Klinik und Poliklinik für Chirurgie
- Tübingen
  - Universitätsklinikum Tübingen, Institut für Medizinische Genetik und Angewandte Genomik
- Ulm
  - Universitätsklinikum Ulm, Institut für Humangenetik

C.
Früherkennung für Personen, die mit einem erhöhten Risiko der Erkrankung an Darmkrebs in Form des Polyposis-Syndroms erblich belastet sind

1. Aufwendungen für Risikofeststellung und interdisziplinäre Beratung, einschließlich Erhebung des Familienbefundes und Organisation der diagnostischen Abklärung, sind einmalig bis zur Höhe von 600 Euro beihilfefähig. Aufwendungen für die Beratung eines weiteren Familienmitglieds sind einmalig bis zur Höhe von 300 Euro beihilfefähig.
2. Aufwendungen für eine Genanalyse in Form der Untersuchung auf Keimbahnmutation bei einer am Polyposis-Syndrom erkrankten Person (Indexfall) sind bis zur Höhe von 3500 Euro beihilfefähig. Liegt eine abgeschlossene Tumordiagnostik nicht vor, so sind die Aufwendungen für eine Genanalyse nach § 5 Abs. 1 Satz 3 Nr. 1 beihilfefähig. Aufwendungen für die prädiktive oder diagnostische Testung eines weiteren Familienmitglieds auf eine in der Familie bekannte Genmutation sind einmalig bis zur Höhe von 350 Euro beihilfefähig.
3. Aufwendungen für eine endoskopische Früherkennungsuntersuchung des Magendarmtrakts sind bis zur Höhe von 540 Euro je Kalenderjahr beihilfefähig.
4. Die Aufwendungen sind nur beihilfefähig, wenn die Leistungen in einer der unter dem Buchstaben B Nr. 5 genannten Einrichtungen erbracht werden.

II. Überwachung
Telemedizinische Betreuung (Telemonitoring) bei chronischer Herzinsuffizienz

Niedersächsische Beihilfeverordnung (NBhVO); Kurorte

Vom 2. Januar 2012 (Nds. MBl. S. 54, S. 140)

Zuletzt geändert durch
Bekanntmachung des MF
vom 20. Februar 2023 (Nds. MBl. S. 181)

Gemäß § 38 Abs. 4 Nr. 2 NBhVO werden nachstehend die anerkannten Kurorte mit der jeweiligen Artbezeichnung bekannt gemacht:

1. Kurorte im Inland

Name ohne „Bad"	PLZ	Gemeinde	Anerkenntnis als Kurort ist erteilt für: (Ortsteile, sofern nicht B, G, K*)	Artbezeichnung
A				
Aachen	52066	Aachen	Burtscheid	Heilbad
	52062	Aachen	Monheimsallee	Heilbad
Aalen	73433	Aalen	Röthardt	Ort mit Heilstollen-Kurbetrieb
Abbach	93077	Bad Abbach	Bad Abbach, Abbach-Schloßberg, Au, Kalkofen, Weichs	Heilbad
Ahlbeck	17419	Ahlbeck	G	Ostseeheilbad
Aibling	83043	Bad Aibling	Bad Aibling, Harthausen, Thürham, Zell	Heilbad
Alexandersbad	95680	Bad Alexandersbad	G	Heilbad
Altenau	38707	Altenau	G	Heilklimatischer Kurort
Andernach	56626	Andernach	Bad Tönisstein	Heilbad
Arolsen	34454	Bad Arolsen	K	Heilbad
Aue-Schlema	08301	Aue-Bad Schlema	Bad Schlema, Wildbach	Heilbad
Aulendorf	88326	Aulendorf	Aulendorf	Kneippkurort
B				
Baden-Baden	76530	Baden-Baden	Baden-Baden, Balg, Lichtental, Oos	Heilbad
Badenweiler	79410	Badenweiler	Badenweiler	Heilbad
Baiersbronn	72270	Baiersbronn	Schönmünzach-Schwarzenberg	Kneippkurort
Baltrum	26579	Baltrum	G	Nordseeheilbad
Bansin	17429	Bansin	G	Ostseeheilbad
Bayersoien	82435	Bad Bayersoien	Bad Bayersoien	Heilbad

Heilkurorteverzeichnis Inland VII.2

Name ohne „Bad"	PLZ	Gemeinde	Anerkenntnis als Kurort ist erteilt für: (Ortsteile, sofern nicht B, G, K*)	Artbezeichnung
Bayreuth	95410	Bayreuth	B – Lohengrin Therme Bayreuth	Heilquellen-kurbetrieb
Bayrischzell	83735	Bayrischzell	G	Heilklimatischer Kurort
Bederkesa	27624	Bad Bederkesa	G	Ort mit Moor-Kurbetrieb
Bellingen	79415	Bad Bellingen	Bad Bellingen	Heilbad
Belzig	14806	Bad Belzig	Bad Belzig	(Thermalsole-)-Heilbad
Bentheim	48455	Bad Bentheim	Bad Bentheim	Mineralheilbad
Berchtesgaden	83471	Berchtesgaden	G	Heilklimatischer Kurort
Bergzabern	76887	Bad Bergzabern	Bad Bergzabern	Kneippheilbad und Heilklimatischer Kurort
Berka	99438	Bad Berka	G	Ort mit Heilquellen-Kurbetrieb
Berleburg	57319	Bad Berleburg	Bad Berleburg	Kneippheilbad
Berneck	95460	Bad Berneck i. Fichtelgebirge	Bad Berneck i. Fichtelgebirge, Frankenhammer, Kutschenrangen, Rödlasberg, Warmeleithen	Kneippheilbad
Bernkastel-Kues	54470	Bernkastel-Kues	Stadtteil Kueser Plateau	Heilklimatischer Kurort
Bertrich	56864	Bad Bertrich	Bad Bertrich	Heilbad
Beuren	72660	Beuren	G	Ort mit Heilquellen-Kurbetrieb
Bevensen	29549	Bad Bevensen	Bad Bevensen	Jod-Sole-Heilbad
Biberach	88400	Biberach	Jordanbad	Kneippkurort
Birnbach	84364	Bad Birnbach	Birnbach, Aunham	Heilquellen-Kurbetrieb
Bischofsgrün	95493	Bischofsgrün	G	Heilklimatischer Kurort
Bischofswiesen	83483	Bischofswiesen	G	Heilklimatischer Kurort
Blankenburg, Harz	38889	Blankenburg, Harz	G	Heilbad
Blieskastel	66440	Blieskastel	Blieskastel-Mitte (Alschbach, Blieskastel, Lautzkirchen)	Kneippkurort
Bocklet	97708	Bad Bocklet	Bad Bocklet – ohne den Gemeindeteil Nickersfelden	Mineral- und Moorheilbad

VII.2 Heilkurorteverzeichnis Inland

Name ohne „Bad"	PLZ	Gemeinde	Anerkenntnis als Kurort ist erteilt für: (Ortsteile, sofern nicht B, G, K*)	Artbezeichnung
Bodenmais	94249	Bodenmais	G	Heilklimatischer Kurort
Bodenteich	29389	Bodenteich	G	Kneippkurort
Boll	73087	Bad Boll	Bad Boll	Ort mit Heilquellen-Kurbetrieb
Boltenhagen	23946	Ostseebad Boltenhagen	G	Ostseeheilbad
Boppard	56154	Boppard	a) Boppard b) Bad Salzig	Kneippheilbad Heilbad
Borkum	26757	Borkum	G	Nordseeheilbad
Brambach	08648	Bad Brambach	Bad Brambach	(Mineral-)Heilbad
Bramstedt	24576	Bad Bramstedt	Bad Bramstedt	(Moor-)Heilbad
Breisig	53489	Bad Breisig	Bad Breisig	Heilbad
Brilon	59929	Brilon	Brilon	Kneippheilbad
Brückenau	97769	Bad Brückenau	G – sowie Gemeindeteil Eckarts des Marktes Zeitlofs	Mineral- und Moorheilbad
Buchau	88422	Bad Buchau	Bad Buchau	(Moor- und Mineral-)Heilbad
Buckow	15377	Buckow	G – ausgenommen Ortsteil „Hasenholz"	Kneippkurort
Bünde	32257	Bünde	Randringhausen	Kurmittelgebiet (Heilquelle und Moor)
Büsum	25761	Büsum	Büsum	Nordseeheilbad
Burg	03096	Burg	Burg	Ort mit Heilquellen-Kurbetrieb
Burg/Fehmarn	23769	Burg/Fehmarn	Burg	Ostseeheilbad
Burgbrohl	56659	Burgbrohl	Bad Tönisstein	Heilbad

C

Name ohne „Bad"	PLZ	Gemeinde	Anerkenntnis als Kurort ist erteilt für:	Artbezeichnung
Camberg	65520	Bad Camberg	K	Kneippheilbad
Colberg-Heldburg	98663	Bad Colberg-Heldburg	Bad Colberg	Ort mit Heilquellen-Kurbetrieb
Cuxhaven	27478	Cuxhaven	G	Nordseeheilbad

D

Name ohne „Bad"	PLZ	Gemeinde	Anerkenntnis als Kurort ist erteilt für:	Artbezeichnung
Dahme	23747	Dahme	Dahme	Ostseeheilbad
Damp	24351	Damp	Damp 2000	Ostseeheilbad
Daun	54550	Daun	Daun	Kneippkurort und Heilklimatischer Kurort
Detmold	32760	Detmold	Hiddesen	Kneippkurort
Ditzenbach	73342	Bad Ditzenbach	Bad Ditzenbach	Heilbad

Heilkurorteverzeichnis Inland VII.2

Name ohne „Bad"	PLZ	Gemeinde	Anerkenntnis als Kurort ist erteilt für: (Ortsteile, sofern nicht B, G, K*)	Artbezeichnung
Dobel	75335	Dobel	G	Heilklimatischer Kurort
Doberan	18209	Bad Doberan	a) Bad Doberan b) Heiligendamm	(Moor-)Heilbad Seeheilbad
Driburg	33014	Bad Driburg	Bad Driburg, Hermannsborn	Heilbad
Düben	04849	Bad Düben	Bad Düben	(Moor-)Heilbad
Dürkheim	67098	Bad Dürkheim	Bad Dürkheim	Heilbad
Dürrheim	78073	Bad Dürrheim	Bad Dürrheim	(Sole-)Heilbad, Heilklimatischer Kurort und Kneippkurort

E

Ehlscheid	56581	Ehlscheid	G	Heilklimatischer Kurort
Eilsen	31707	Bad Eilsen	G	Ort mit Heilquellen-Kurbetrieb
Elster	04645	Bad Elster	Bad Elster, Sohl	Mineral- und Moorheilbad
Ems	56130	Bad Ems	Bad Ems	Heilbad
Emstal	34308	Bad Emstal	Sand	Heilbad
Endbach	35080	Bad Endbach	K	Heilbad und Kneippheilbad
Endorf	83093	Bad Endorf	Bad Endorf, Eisenbartling, Hofham, Kurf, Rachental, Ströbing	Heilbad
Erwitte	59597	Erwitte	Bad Westernkotten	Heilbad
Esens	26422	Esens	Bensersiel	Nordseeheilbad
Essen	49152	Bad Essen	Bad Essen	Ort mit Sole-Kurbetrieb
Eutin	23701	Eutin	G	Heilklimatischer Kurort

F

Feilnbach	83075	Bad Feilnbach	G – ausgenommen die Gemeindeteile der ehemaligen Gemeinde Dettendorf	(Moor-)Heilbad
Feldberger Seenlandschaft	17258	Feldberger Seenlandschaft	Feldberg	Kneippkurort
Finsterbergen	99898	Finsterbergen	G	Heilklimatischer Kurort
Fischen	87538	Fischen/Allgäu	G	Heilklimatischer Kurort

VII.2 Heilkurorteverzeichnis Inland

Name ohne „Bad"	PLZ	Gemeinde	Anerkenntnis als Kurort ist erteilt für: (Ortsteile, sofern nicht B, G, K*)	Artbezeichnung
Frankenhausen	06567	Bad Frankenhausen	G	Sole-Heilbad
Freiburg	79098	Freiburg	Ortsbereich „An den Heilquellen"	Ort mit Heilquellen-Kurbetrieb
Freienwalde	16259	Bad Freienwalde	Bad Freienwalde	Moorheilbad
Freudenstadt	72250	Freudenstadt	Freudenstadt	Kneippkurort und Heilklimatischer Kurort
Friedrichroda	99894	Friedrichroda	Friedrichroda, Finsterbergen	Heilklimatischer Kurort
Friedrichskoog	25718	Friedrichskoog	Friedrichskoog	Nordseeheilbad
Füssen	87629	Füssen	G	Kneippkurort
Füssing	94072	Bad Füssing	Bad Füssing, Aichmühle, Ainsen, Angering, Brandschachen, Dürnöd, Egglfing a. Inn, Eitlöd, Flickenöd, Gögging, Holzhäuser, Holzhaus, Hub, Irching, Mitterreuthen, Oberreuthen, Pichl, Pimsöd, Poinzaun, Riedenburg, Safferstetten, Schieferöd, Schöchlöd, Steinreuth, Thalau, Thalham, Thierham, Unterreuthen, Voglöd, Weidach, Wies, Würding, Zieglöd, Zwicklarn	Heilbad
G				
Gaggenau	76571	Gaggenau	Bad Rotenfels	Ort mit Heilquellen-Kurbetrieb
Gandersheim	37581	Bad Gandersheim	Bad Gandersheim	Sole-Heilbad
Garmisch-Partenkirchen	82467	Garmisch-Partenkirchen	G – ohne das eingegliederte Gebiet der ehemaligen Gemeinde Wamberg	Heilklimatischer Kurort
Gelting	24395	Gelting	G	Kneippkurort
Gersfeld	36129	Gersfeld (Rhön)	K	Heilklimatischer Kurort
Glücksburg	24960	Glücksburg	Glücksburg	Ostseeheilbad
Göhren	18586	Ostseebad Göhren	G	Kneippkurort

Heilkurorteverzeichnis Inland VII.2

Name ohne „Bad"	PLZ	Gemeinde	Anerkenntnis als Kurort ist erteilt für: (Ortsteile, sofern nicht B, G, K*)	Artbezeichnung
Goslar	38644	Goslar	Hahnenklee, Bockswiese	Heilklimatischer Kurort
Gottleuba-Berggießhübel	01816/01819	Bad Gottleuba-Berggießhübel	a) Bad Gottleuba b) Berggießhübel	Moorheilbad Kneippkurort
Graal-Müritz	18181	Graal-Müritz	G	Ostseeheilbad
Grasellenbach	64689	Grasellenbach	K	Kneippheilbad
Griesbach i. Rottal	94086	Bad Griesbach i. Rottal	Bad Griesbach i. Rottal Weghof	Heilbad
Grömitz	23743	Grömitz	Grömitz	Ostseeheilbad
Grönenbach	87728	Bad Grönenbach, Markt	a) Bad Grönenbach, Au, Brandholz, in der Tarrast, Egg, Gmeinschwenden, Greit, Herbisried, Hueb, Klevers, Kornhofen, Kreuzbühl, Manneberg, Niederholz, Ölmühle, Raupolz, Rechberg, Rothenstein, Schwenden, Seefeld, Waldegg b. Grönenbach, Ziegelberg, Ziegelstadel	Kneippheilbad
			b) Ehwiesmühle, Falken, Grönenbach-Weiler, Hintergsäng, Ittelsburg, Schulerloch, Streifen, Thal, Vordergsäng	Kneippkurort
Großenbrode	23775	Großenbrode	G	Ostseeheilbad
Grund	37539	Bad Grund	Bad Grund	Ort mit Heilstollen-Kurbetrieb und Heilklimatischer Kurort
H				
Haffkrug-Scharbeutz	23683	Haffkrug-Scharbeutz	Haffkrug	Ostseeheilbad
Harzburg	38667	Bad Harzburg	K	Sole-Heilbad

VII.2 Heilkurorteverzeichnis Inland

Name ohne „Bad"	PLZ	Gemeinde	Anerkenntnis als Kurort ist erteilt für: (Ortsteile, sofern nicht B, G, K*)	Artbezeichnung
Heilbrunn	83670	Bad Heilbrunn	Bad Heilbrunn, Achmühl, Baumberg, Bernwies, Graben, Hinterstallau, Hub, Kiensee, Langau, Linden, Mürnsee, Oberbuchen, Oberenzenau, Obermühl, Obersteinbach, Ostfeld, Ramsau, Reindlschmiede, Schönau, Unterbuchen, Unterenzenau, Untersteinbach, Voglherd, Weiherweber, Wiesweber, Wörnern	Heilklimatischer Kurort
Heiligenhafen	23744	Heiligenhafen	Heiligenhafen	Ostseeheilbad
Heiligenstadt	37308	Heilbad Heiligenstadt	G	(Sole-)Heilbad
Helgoland	27498	Helgoland	G	Nordseeheilbad
Herbstein	36358	Herbstein	B	Heilbad
Heringsdorf	17424	Heringsdorf	G	Ostseeheilbad und (Sole-)Heilbad
Herrenalb	76332	Bad Herrenalb	Bad Herrenalb	Heilbad und Heilklimatischer Kurort
Hersfeld	36251	Bad Hersfeld	K	(Mineral-)Heilbad
Hille	32479	Hille	Rothenuffeln	Kurmittelgebiet (Heilquelle und Moor)
Hindelang	87541	Bad Hindelang	G	Kneippheilbad und Heilklimatischer Kurort
Hinterzarten	79856	Hinterzarten	G	Heilklimatischer Kurort
Hitzacker (Elbe)	29456	Hitzacker (Elbe)	Hitzacker (Elbe)	Kneippkurort
Höchenschwand	79862	Höchenschwand	Höchenschwand	Heilklimatischer Kurort
Hönningen	53557	Bad Hönningen	Bad Hönningen	Heilbad
Hohwacht	24321	Hohwacht	G	Ostseeheilbad
Homburg	61348	Bad Homburg v. d. Höhe	K	Heilbad
Honnef	53604	Bad Honnef, Stadt		Erholungsort mit Kurmittelbetrieb

Heilkurorteverzeichnis Inland VII.2

Name ohne „Bad"	PLZ	Gemeinde	Anerkenntnis als Kurort ist erteilt für: (Ortsteile, sofern nicht B, G, K*)	Artbezeichnung
Horn	32805	Horn-Bad Meinberg	Bad Meinberg	Heilbad
I				
Iburg	49186	Bad Iburg	Bad Iburg	Kneippkurort
Isny	88316	Isny	Isny, Neutrauchburg	Heilklimatischer Kurort
J				
Jonsdorf	02796	Jonsdorf	G	Kneippkurort
Juist	26571	Juist	G	Nordseeheilbad
K				
Karlshafen	34385	Bad Karlshafen	K	Heilbad
Kassel	34117	Kassel	Bad Wilhelmshöhe	Heilbad und Kneipphheilbad
Kellenhusen	23746	Kellenhusen	Kellenhusen	Ostseeheilbad
Kissingen	97688	Bad Kissingen	G – ohne die Gemeindeteile Albertshausen und Poppenroth	Mineral- und Moorheilbad
Klosterlausnitz	07639	Bad Klosterlausnitz	G	Heilbad
König	64732	Bad König	K	Heilbad
Königsfeld	78126	Königsfeld	Königsfeld, Bregnitz, Grenier	Kneippkurort u. Heilklimatischer Kurort
Königshofen	97631	Bad Königshofen i. Grabfeld	G – ohne die eingegliederten Gebiete der ehemaligen Gemeinden Aub und Merkershausen	Heilbad
Königstein	61462	Königstein im Taunus	a) K b) Falkenstein	Heilklimatischer Kurort
Kösen	06628	Bad Kösen	G	Heilbad
Kötzting	93444	Bad Kötzting	G	Kneippheilbad und Kneippkurort
Kohlgrub	82433	Bad Kohlgrub	G	(Moor-)Heilbad
Kreuth	83708	Kreuth	G	Heilklimatischer Kurort
Kreuznach	55543	Bad Kreuznach	Bad Kreuznach	Heilbad
Krozingen	79189	Bad Krozingen	Bad Krozingen	Heilbad
Krumbach	86381	Krumbach (Schwaben)	B – Sanatorium Krumbach	Peloidkurbetrieb
L				
Laasphe	57334	Bad Laasphe	Bad Laasphe	Kneippheilbad
Laer	49196	Bad Laer	G	Sole-Heilbad

VII

VII.2 Heilkurorteverzeichnis Inland

Name ohne „Bad"	PLZ	Gemeinde	Anerkenntnis als Kurort ist erteilt für: (Ortsteile, sofern nicht B, G, K*)	Artbezeichnung
Langensalza	99947	Bad Langensalza	K	Schwefel-Sole-Heilbad
Langeoog	26465	Langeoog	G	Nordseeheilbad
Lausick	04651	Bad Lausick	G	Heilbad
Lauterberg	37431	Bad Lauterberg	Bad Lauterberg	Kneippheilbad
Lennestadt	57368	Lennestadt	Saalhausen	Kneippkurort
Lenzkirch	79853	Lenzkirch	Lenzkirch, Saig	Heilklimatischer Kurort
Liebenstein	36448	Bad Liebenstein	G	Heilbad
Liebenwerda	04924	Bad Liebenwerda	Dobra, Kosilenzien, Maasdorf, Zeischa	Ort mit Peloidkurbetrieb
Liebenzell	75378	Bad Liebenzell	Bad Liebenzell	Heilbad
Lindenfels	64678	Lindenfels	K	Heilklimatischer Kurort
Lippspringe	33175	Bad Lippspringe	Bad Lippspringe	Heilbad und Heilklimatischer Kurort
Lippstadt	59556	Lippstadt	Bad Waldliesborn	Heilbad
Lobenstein	07356	Bad Lobenstein	G	Moor-Heilbad
Ludwigsburg	71638	Ludwigsburg	Hoheneck	Ort mit Heilquellen-Kurbetrieb
M				
Malente	23714	Malente	Malente-Gremsmühlen, Krummsee, Timmdorf	Heilklimatischer Kurort
Manderscheid	54531	Manderscheid	Manderscheid	Heilklimatischer Kurort und Kneippkurort
Marienberg	56470	Bad Marienberg	Bad Marienberg (nur Stadtteile Bad Marienberg, Zinnheim und der Gebietsteil der Gemarkung Langenbach, begrenzt durch die Gemarkungsgrenze Hardt, Zinnheim, Marienberg sowie die Bahntrasse Erbach-Bad Marienberg)	Kneippheilbad
Marktschellenberg	83487	Marktschellenberg	G	Heilklimatischer Kurort
Masserberg	98666	Masserberg	Masserberg	Heilklimatischer Kurort
Mergentheim	97980	Bad Mergentheim	Bad Mergentheim	Heilbad

Heilkurorteverzeichnis Inland VII.2

Name ohne „Bad"	PLZ	Gemeinde	Anerkenntnis als Kurort ist erteilt für: (Ortsteile, sofern nicht B, G, K*)	Artbezeichnung
Mölln	23879	Mölln	Mölln	Kneippkurort
Mössingen	72116	Mössingen	Bad Sebastiansweiler	Ort mit Heilquellen-Kurbetrieb
Münder	31848	Bad Münder	Bad Münder	Ort mit Heilquellen-Kurbetrieb
Münster/Stein	55583	Bad Münster am Stein-Ebernburg	Bad Münster am Stein	Heilbad und Heilklimatischer Kurort
Münstereifel	53902	Bad Münstereifel	Bad Münstereifel	Kneippheilbad
Münstertal/Schwarzwald	79244	Münstertal	G	Ort mit Heilstollen-Kurbetrieb
Muskau	02953	Bad Muskau	G	Ort mit Moorkurbetrieb
N				
Nauheim	61231	Bad Nauheim	K	Heilbad und Kneippkurort
Naumburg	34311	Naumburg	K	Kneippheilbad
Nenndorf	31542	Bad Nenndorf	Bad Nenndorf	Moorheilbad, Mineralheilbad und Thermalheilbad
Neualbenreuth	95698	Bad Neualbenreuth	G – Kurmittelhaus Sibyllenbad und Badehaus Maiersreuth	Ort mit Heilquellen- Kurbetrieb, Heilbad
Neubulach	75387	Neubulach	Neubulach	Heilstollen-Kurbetrieb und Heilklimatischer Kurort
Neuenahr	53474	Bad Neuenahr-Ahrweiler	Bad Neuenahr	Heilbad
Neuharlingersiel	26427	Neuharlingersiel	Neuharlingersiel	Nordseeheilbad
Neukirchen	34626	Neukirchen	K	Kneippkurort
Neustadt/D	93333	Neustadt a. d. Donau	Bad Gögging	Heilbad
Neustadt/Harz	99762	Neustadt/Harz	G	Heilklimatischer Kurort
Neustadt/S	97616	Bad Neustadt a. d. Saale	Bad Neustadt a. d. Saale	Heilbad
Nidda	63667	Nidda	Bad Salzhausen	Heilbad
Nieheim	33039	Nieheim, Stadt		Heilklimatischer Kurort
Nonnweiler	66620	Nonnweiler	Nonnweiler	Heilklimatischer Kurort

VII.2 Heilkurorteverzeichnis Inland

Name ohne „Bad"	PLZ	Gemeinde	Anerkenntnis als Kurort ist erteilt für: (Ortsteile, sofern nicht B, G, K*)	Artbezeichnung
Norddorf	25946	Norddorf/Amrum	Norddorf	Nordseeheilbad
Norden	26506	Norden	Norddeich	Nordseeheilbad
Norderney	26548	Norderney	G	Nordseeheilbad
Nordstrand	25845	Nordstrand	G	Nordseeheilbad
Nümbrecht	51588	Nümbrecht	G	Heilklimatischer Kurort
O				
Oberstaufen	87534	Oberstaufen	G – ausgenommen die Gemeindeteile Aach i. Allgäu, Hänse, Hagspiel, Hütten, Krebs, Nägeleshalde	Schrothheilbad und Heilklimatischer Kurort
Oberstdorf	87561	Oberstdorf	Oberstdorf, Anatswald, Birgsau, Dietersberg, Ebene, Einödsbach, Faistenoy, Gerstruben, Gottenried, Gruben, Gundsbach, Jauchen, Kornau, Reute, Ringang, Schwand, Spielmannsau	Kneippkurort und Heilklimatischer Kurort
Oeynhausen	32545	Bad Oeynhausen	Bad Oeynhausen	Heilbad
Olsberg	59939	Olsberg	Olsberg	Kneippheilbad
Orb	63619	Bad Orb	G	Heilbad
Ottobeuren	87724	Ottobeuren, Markt	Ottobeuren, Eldern	Kneippkurort
Oy-Mittelberg	87466	Oy-Mittelberg	Oy	Kneippkurort
P				
Pellworm	25847	Pellworm	Pellworm	Nordseeheilbad
Petershagen	32469	Petershagen	Hopfenberg	Kurmittelgebiet
Peterstal-Griesbach	77740	Bad Peterstal-Griesbach	G	Heilbad und Kneippkurort
Preußisch Oldendorf	32361	Preußisch Oldendorf	Bad Holzhausen	Heilbad
Prien	83209	Prien a. Chiemsee	G – ohne die eingegliederten Gebiete der ehemaligen Gemeinde Wildenwart und den Gemeindeteil Vachendorf	Kneippkurort
Pyrmont	31812	Bad Pyrmont	K	Moorheilbad und Mineralheilbad
R				
Radolfzell	78315	Radolfzell	Mettnau	Kneippkurort

Heilkurorteverzeichnis Inland VII.2

Name ohne „Bad"	PLZ	Gemeinde	Anerkenntnis als Kurort ist erteilt für: (Ortsteile, sofern nicht B, G, K*)	Artbezeichnung
Ramsau	83486	Ramsau b. Berchtesgaden	G	Heilklimatischer Kurort
Rappenau	74906	Bad Rappenau	Bad Rappenau	(Sole-)Heilbad
Reichenhall	83435	Bad Reichenhall	Bad Reichenhall, Bayerisch Gmain und Gemeindeteil Kibling der Gemeinde Schneizlreuth	Mineral- und Moorheilbad
Reichshof	51580	Reichshof	Eckenhagen	Heilklimatischer Kurort
Rengsdorf	56579	Rengsdorf	Rengsdorf	Heilklimatischer Kurort
Rippoldsau-Schapbach	77776	Bad Rippoldsau-Schapbach	Bad Rippoldsau	(Moor- und Mineral-)Heilbad
Rodach	96476	Bad Rodach b. Coburg	Bad Rodach b. Coburg	Heilbad
Rothenfelde	49214	Bad Rothenfelde	G	Sole-Heilbad
Rottach-Egern	83700	Rottach-Egern	G	Heilklimatischer Kurort
S				
Saalfeld/Saale	07318	Saalfeld/Saale	G, ausgenommen Ortsteil Arnsgereuth	Ort mit Heilstollenkurbetrieb
Saarow	15526	Bad Saarow	Bad Saarow	(Moor- und Sole-)-Heilbad
Sachsa	37441	Bad Sachsa	Bad Sachsa	Heilklimatischer Kurort
Säckingen	79713	Bad Säckingen	Bad Säckingen	Heilbad
Salzdetfurth	31162	Bad Salzdetfurth	Bad Salzdetfurth, Detfurth	Moorheilbad und Sole-Heilbad
Salzgitter	38259	Salzgitter	Salzgitter-Bad	Ort mit Sole-Kurbetrieb
Salzschlirf	36364	Bad Salzschlirf	G	(Mineral- und Sole-)Heilbad
Salzuflen	32105	Bad Salzuflen, Stadt	Bad Salzuflen	Heilbad und Kneippkurort
Salzungen	36433	Bad Salzungen	Bad Salzungen, Dorf Allendorf	(Sole-)Heilbad
Sasbachwalden	77887	Sasbachwalden	G	Kneippkurort und Heilklimatischer Kurort
Sassendorf	59505	Bad Sassendorf	Bad Sassendorf	Heilbad
Saulgau	88348	Saulgau	Saulgau	Heilbad
Schandau	01814	Bad Schandau	Bad Schandau, Krippen, Ostrau	Kneippkurort

VII.2 Heilkurorteverzeichnis Inland

Name ohne „Bad"	PLZ	Gemeinde	Anerkenntnis als Kurort ist erteilt für: (Ortsteile, sofern nicht B, G, K*)	Artbezeichnung
Scharbeutz	23683	Scharbeutz	Scharbeutz	Ostseeheilbad
Scheidegg	88175	Scheidegg, Markt	G	Kneippkurort und Heilklimatischer Kurort
Schlangenbad	65388	Schlangenbad	K	Heilbad
Schleiden	53937	Schleiden	Gemünd	Kneippkurort
Schluchsee	79859	Schluchsee	Schluchsee, Faulenfürst, Fischbach	Heilklimatischer Kurort
Schmallenberg	57392	Schmallenberg	a) Bad Fredeburg	Kneippheilbad und Ort mit Heilstollen-Kurbetrieb
			b) Grafschaft	Heilklimatischer Kurort
			c) Nordenau	Ort mit Heilstollen-Kurbetrieb
Schmiedeberg	06905	Bad Schmiedeberg	G	Heilbad
Schömberg	75328	Schömberg	Schömberg	Heilklimatischer Kurort und Kneippkurort
Schönau	83471	Schönau a. Königsee	G	Heilklimatischer Kurort
Schönberg	24217	Schönberg	Holm	Heilbad
Schönborn	76669	Bad Schönborn	a) Bad Mingolsheim	Heilbad
			b) Langenbrücken	Ort mit Heilquellen-Kurbetrieb
Schönebeck-Salzelmen	39624	Schönebeck-Salzelmen	G	(Sole-)Heilbad
Schönwald	78141	Schönwald	G	Heilklimatischer Kurort
Schussenried	88427	Bad Schussenried	Bad Schussenried	(Moor-)Heilbad
Schwalbach	65307	Bad Schwalbach	K	Heilbad und Kneippkurort
Schwangau	87645	Schwangau	G	Heilklimatischer Kurort
Schwartau	23611	Bad Schwartau	Bad Schwartau	(Jodsole- und Moor-)Heilbad
Segeberg	23795	Bad Segeberg	G	Heilbad
Siegsdorf	83313	Siegsdorf	B – Adelholzener Primusquelle Bad Adelholzen	Heilquellen-Kurbetrieb
Sobernheim	55566	Bad Sobernheim	Bad Sobernheim	Felke-Heilbad

Heilkurorteverzeichnis Inland VII.2

Name ohne „Bad"	PLZ	Gemeinde	Anerkenntnis als Kurort ist erteilt für: (Ortsteile, sofern nicht B, G, K*)	Artbezeichnung
Soden am Taunus	65812	Bad Soden am Taunus	K	Ort mit Heilquellen-Kurbetrieb
Soden-Salmünster	63628	Bad Soden-Salmünster	Bad Soden	(Mineral-)Heilbad
Soltau	29614	Soltau	Soltau	Ort mit Sole-Kurbetrieb
Sooden-Allendorf	37242	Bad Sooden-Allendorf	K	Heilbad
Spiekeroog	26474	Spiekeroog	G	Nordseeheilbad
St. Blasien	79837	St. Blasien	St. Blasien	Kneippkurort und Heilklimatischer Kurort
St. Peter-Ording	25826	St. Peter-Ording	St. Peter-Ording	Nordseeheilbad und Schwefelbad
Staffelstein	96226	Bad Staffelstein	G Thermalsolbad Bad Staffelstein – Obermain Therme	Heilbad, Ort mit Heilquellen- Kurbetrieb
Steben	95138	Bad Steben	Bad Steben Obersteben	Mineral- und Moorheilbad
Stützerbach	98714	Stützerbach	Stützerbach	Heilkurort
Stuttgart	70173	Stuttgart	Berg, Bad Cannstatt	Ort mit Heilquellen-Kurbetrieb
Suderode	06507	Bad Suderode	G	(Calciumsole-)-Heilbad
Sülze	18334	Bad Sülze	G	Peloidkurbetrieb
Sulza	99518	Bad Sulza	G	Sole-Heilbad
T				
Tabarz	99891	Bad Tabarz	G	Kneippheilbad
Tecklenburg	49545	Tecklenburg	Tecklenburg	Kneippkurort
Tegernsee	83684	Tegernsee	G	Heilklimatischer Kurort
Teinach-Zavelstein	75385	Bad Teinach-Zavelstein	Bad Teinach	Heilbad
Templin	17268	Templin	Templin	Thermalsoleheilbad
Tennstedt	99955	Bad Tennstedt	G	Ort mit Heilquellen-Kurbetrieb
Thyrnau	94136	Thyrnau	B – Sanatorium Kellberg	Mineralquellen-Kurbetrieb
Timmendorfer Strand	23669	Timmendorfer Strand	Timmendorfer Strand, Niendorf	Ostseeheilbad
Titisee-Neustadt	79822	Titisee-Neustadt	Titisee	Heilklimatischer Kurort

VII

VII.2 Heilkurorteverzeichnis Inland

Name ohne „Bad"	PLZ	Gemeinde	Anerkenntnis als Kurort ist erteilt für: (Ortsteile, sofern nicht B, G, K*)	Artbezeichnung
Todtmoos	79682	Todtmoos	G	Heilklimatischer Kurort
Tölz	83646	Bad Tölz	a) Gebiet der ehemaligen Stadt Bad Tölz	Moorheilbad und Heilklimatischer Kurort
			b) Gebiet der ehemaligen Gemeinde Oberfischbach	Heilklimatischer Kurort
Traben-Trarbach	56841	Traben-Trarbach	Bad Wildstein	Heilbad
Travemünde	23570	Travemünde	Travemünde	Ostseeheilbad
Treuchtlingen	91757	Treuchtlingen	B – Altmühltherme/Lambertusbad	Ort mit Heilquellen-Kurbetrieb
Triberg	78098	Triberg	Triberg	Heilklimatischer Kurort
U				
Überkingen	73337	Bad Überkingen	Bad Überkingen	Heilbad
Überlingen	88662	Überlingen	Überlingen	Kneippheilbad
Urach	72574	Bad Urach	Bad Urach	Heilbad
V				
Vallendar	56179	Vallendar	Vallendar	Kneippkurort
Vilbel	61118	Bad Vilbel	K	Ort mit Heilquellen-Kurbetrieb
Villingen-Schwenningen	78050	Villingen-Schwenningen	Villingen	Kneippkurort
Vlotho	32602	Vlotho	Seebruch, Senkelteich, Valdorf-West	Kurmittelgebiet (Heilquelle und Moor)
W				
Waldbronn	76337	Waldbronn	Gemeindeteile Busenbach, Reichenbach	Ort mit Heilquellen-Kurbetrieb
Waldsee	88399	Bad Waldsee	Bad Waldsee, Steinach	(Moor-)Heilbad und Kneippkurort
Wangerland	26434	Wangerland	Horumersiel, Schillig	Nordseeheilbad
Wangerooge	26486	Wangerooge	G	Nordseeheilbad
Warburg	34414	Warburg	Germete	Kurmittelgebiet (Heilquelle)
Waren (Müritz)	17192	Waren (Müritz)	Waren (Müritz)	(Sole-)Heilbad
Weiskirchen	66709	Weiskirchen	Weiskirchen	Heilklimatischer Kurort
Weißenstadt	95163	Weißenstadt am See	Kurzentrum Weißenstadt am See	Ort mit Heilquellen- Kurbetrieb

Heilkurorteverzeichnis Inland VII.2

Name ohne „Bad"	PLZ	Gemeinde	Anerkenntnis als Kurort ist erteilt für: (Ortsteile, sofern nicht B, G, K*)	Artbezeichnung
Wenningstedt	25996	Wenningstedt/Sylt	Wenningstedt	Nordseeheilbad
Westerland	25980	Westerland	Westerland	Nordseeheilbad
Wiesbaden	65189	Wiesbaden	K	Heilbad
Wiesenbad	09488	Thermalbad Wiesenbad	Thermalbad Wiesenbad	Ort mit Heilquellen-Kurbetrieb
Wiessee	83707	Bad Wiessee	G	Heilbad
Wildbad	75323	Bad Wildbad	Bad Wildbad	Heilbad
Wildungen	34537	Bad Wildungen	K, Reinhardshausen	Heilbad
Willingen (Upland)	34508	Willingen	a) K	Kneippheilbad und Heilklimatischer Kurort
			b) Usseln	Heilklimatischer Kurort
Wilsnack	19336	Bad Wilsnack	K	(Thermalsole- und Moor-)Heilbad
Wimpfen	74206	Bad Wimpfen	Bad Wimpfen, Erbach, Fleckinger Mühle, Höhenhöfe	(Sole-)Heilbad
Windsheim	91438	Bad Windsheim	Bad Windsheim, Kleinwindsheimermühle, Walkmühle	Heilbad
Winterberg	59955	Winterberg	Winterberg, Altastenberg, Elkeringhausen	Heilklimatischer Kurort
Wittdün/Amrum	25946	Wittdün/Amrum	Wittdün	Nordseeheilbad
Wittmund	26409	Wittmund	Carolinensiel-Harlesiel	Nordseeheilbad
Wörishofen	86825	Bad Wörishofen	Bad Wörishofen, Hartenthal, Oberes Hart, Obergammenried, Schöneschach, Untergammenried, Unteres Hart	Kneippheilbad
Wolfegg	88364	Wolfegg	G	Heilklimatischer Kurort
Wolkenstein	09429	Wolkenstein	Warmbad	Heilbad
Wünnenberg	33181	Bad Wünnenberg	Bad Wünnenberg	Kneippheilbad
Wurzach	88410	Bad Wurzach	Bad Wurzach	(Moor-)Heilbad
Wyk a. F.	25938	Wyk a. F.	Wyk	Nordseeheilbad
Z				
Zingst	18374	Ostseebad Zingst	G	Ostseeheilbad
Zwesten	34596	Bad Zwesten	K	Ort mit Heilquellen-Kurbetrieb

VII.2 Heilkurorteverzeichnis Inland

Name ohne „Bad"	PLZ	Gemeinde	Anerkenntnis als Kurort ist erteilt für: (Ortsteile, sofern nicht B, G, K*)	Artbezeichnung
Zwischenahn	26160	Bad Zwischenahn	Bad Zwischenahn	Moorheilbad und Kneippkurort

*) B = Einzelkurbetrieb
 G = gesamtes Gemeindegebiet
 K = nur Kerngemeinde, Kernstadt

2. Register der inländischen Kurorte (Ortsteile)

Wegen Zugehörigkeit zu einer größeren Einheit sind die nachstehenden Orte bereits in Nummer 1 aufgeführt.

Kurort ohne Zusatz „Bad"	aufgeführt bei
A	
Abbach-Schloßberg	Abbach
Achmühl	Heilbrunn
Adelholzen	Siegsdorf
Aichmühle	Füssing
Ainsen	Füssing
Alschbach	Blieskastel
Altlastenberg	Winterberg
Anatswald	Oberstdorf
An den Heilquellen	Freiburg
Agering	Füssing
Au	Abbach
Au	Grönenbach
Aunham	Birnbach
B	
Balg	Baden-Baden
Baumberg	Heilbrunn
Bayerisch Gmain	Reichenhall
Bensersiel	Esens
Bernwies	Heilbrunn
Berg	Stuttgart
Berggießhübel	Gottleuba-Berggießhübel
Birgsau	Oberstdorf
Bockswiese	Goslar
Brandholz	Grönenbach
Brandschachen	Füssing
Bregnitz	Königsfeld
Burtscheid	Aachen
Busenbach	Waldbronn
C	
Cannstatt	Stuttgart
Carolinensiel-Harlesiel	Wittmund
D	
Detfurth	Salzdetfurth
Dietersberg	Oberstdorf
Dobra	Liebenwerda
Dorf Allendorf	Salzungen
Dürnöd	Füssing
E	
Ebene	Oberstdorf
Eckarts	Brückenau
Eckenhagen	Reichshof
Egg	Grönenbach
Egglfing a. Inn	Füssing
Ehwiesmühle	Grönenbach
Einödsbach	Oberstdorf
Eisenbartling	Endorf
Eitlöd	Füssing
Eldern	Ottobeuren
Elkeringhausen	Winterberg
Erbach	Wimpfen
F	
Faistenoy	Oberstdorf
Falken	Grönenbach
Falkenstein	Königstein

Heilkurorteverzeichnis Inland VII.2

Kurort ohne Zusatz „Bad"	aufgeführt bei
Faulenfürst	Schluchsee
Feldberg	Feldberger Seenlandschaft
Finsterbergen	Friedrichroda
Fischbach	Schluchsee
Fleckinger Mühle	Wimpfen
Flickenöd	Füssing
Frankenhammer	Berneck
Fredeburg	Schmallenberg
G	
Gemünd	Schleiden
Germete	Warburg
Gerstruben	Oberstdorf
Gmeinschwenden	Grönenbach
Gögging	Füssing
Gögging	Neustadt a. d. Donau
Gottenried	Oberstdorf
Gottleuba	Gottleuba-Berggießhübel
Graben	Heilbrunn
Grafschaft	Schmallenberg
Greit	Grönenbach
Gremsmühlen	Malente
Grenier	Königsfeld
Griesbach	Peterstal-Griesbach
Grönenbach-Weiler	Grönenbach
Gruben	Oberstdorf
Gundsbach	Oberstdorf
H	
Hahnenklee	Goslar
Hartenthal	Wörishofen
Harthausen	Aibling
Heiligendamm	Doberan
Herbisried	Grönenbach
Hermannsborn	Driburg
Hiddesen	Detmold
Hintergsäng	Grönenbach
Hinterstallau	Heilbrunn
Höhenhöfe	Wimpfen
Hofham	Endorf

Kurort ohne Zusatz „Bad"	aufgeführt bei
Hoheneck	Ludwigsburg
Holm	Schönberg
Holzhäuser	Füssing
Holzhaus	Füssing
Holzhausen	Preußisch Oldendorf
Hopfenberg	Petershagen
Horumersiel	Wangerland
Hub	Füssing
Hub	Heilbrunn
Hueb	Grönenbach
I	
In der Tarrast	Grönenbach
Irching	Füssing
Ittelsburg	Grönenbach
J	
Jauchen	Oberstdorf
Jordanbad	Biberach
K	
Kalkofen	Abbach
Kellberg	Thyrnau
Kibling (Gemeinde Schneizlreuth)	Reichenhall
Kiensee	Heilbrunn
Kleinwindsheimermühle	Windsheim
Klevers	Grönenbach
Kornau	Oberstdorf
Kornhofen	Grönenbach
Kosilenzien	Liebenwerda
Kreuzbühl	Grönenbach
Krippen	Schandau
Krummsee	Malente
Kurf	Endorf
Kutschenrangen	Berneck
L	
Langau	Heilbrunn
Langenbach	Marienberg
Langenbrücken	Schönborn
Lautzkirchen	Blieskastel
Lichtental	Baden-Baden
Linden	Heilbrunn

VII.2 Heilkurorteverzeichnis Inland

Kurort ohne Zusatz „Bad"	aufgeführt bei
M	
Maasdorf	Liebenwerda
Manneberg	Grönenbach
Meinberg	Horn
Mettnau	Radolfzell
Mingolsheim	Schönborn
Mitterreuthen	Füssing
Monheimsallee	Aachen
Mürnsee	Heilbrunn
N	
Neutrauchburg	Isny
Niederholz	Grönenbach
Niendorf	Timmendorfer Strand
Norddeich	Norden
Nordenau	Schmallenberg
O	
Oberbuchen	Heilbrunn
Oberenzenau	Heilbrunn
Oberes Hart	Wörishofen
Oberfischbach	Tölz
Obergammenried	Wörishofen
Obermühl	Heilbrunn
Oberreuthen	Füssing
Obersteben	Steben
Obersteinbach	Heilbrunn
Obertal	Baiersbronn
Ölmühle	Grönenbach
Oos	Baden-Baden
Ostfeld	Heilbrunn
Ostrau	Schandau
P	
Pichl	Füssing
Pimsöd	Füssing
Poinzaun	Füssing
R	
Rachental	Endorf
Ramsau	Heilbrunn
Randringhausen	Bünde
Raupolz	Grönenbach
Rechberg	Grönenbach

Kurort ohne Zusatz „Bad"	aufgeführt bei
Reichenbach	Waldbronn
Reindlschmiede	Heilbrunn
Reinhardshausen	Wildungen
Reute	Oberstdorf
Riedenburg	Füssing
Ringang	Oberstdorf
Rödlasberg	Berneck
Röthardt	Aalen
Rotenfels	Gaggenau
Rothenstein	Grönenbach
Rothenuffeln	Hille
S	
Saalhausen	Lennestadt
Safferstetten	Füssing
Saig	Lenzkirch
Salzhausen	Nidda
Salzig	Boppard
Sand	Emstal
Schieferöd	Füssing
Schillig	Wangerland
Schöchlöd	Füssing
Schönau	Heilbrunn
Schöneschach	Wörishofen
Schulerloch	Grönenbach
Schwand	Oberstdorf
Schwarzenberg-Schönmünzach	Baiersbronn
Schwenden	Grönenbach
Sebastiansweiler	Mössingen
Seebruch	Vlotho
Seefeld	Grönenbach
Senkelteich	Vlotho
Sohl	Elster
Spielmannsau	Oberstdorf
Steinach	Waldsee
Steinreuth	Füssing
Streifen	Grönenbach
Ströbing	Endorf
T	
Thal	Grönenbach
Thalau	Füssing

Heilkurorteverzeichnis Inland VII.2

Kurort ohne Zusatz „Bad"	aufgeführt bei	Kurort ohne Zusatz „Bad"	aufgeführt bei
Thalham	Füssing	Warmbad	Wolkenstein
Thierham	Füssing	Warmeleithen	Berneck
Thürham	Aibling	Weghof	Griesbach
Timmdorf	Malente	Weichs	Abbach
Tönisstein	Andernach	Weidach	Füssing
Tönisstein	Burgbrohl	Weiherweber	Heilbrunn
U		Westernkotten	Erwitte
Unterbuchen	Heilbrunn	Wies	Füssing
Unterenzenau	Heilbrunn	Wiesweber	Heilbrunn
Unteres Hart	Wörishofen	Wildbach	Aue-Schlema
Untergammenried	Wörishofen	Wildstein	Traben-Trarbach
Untersteinbach	Heilbrunn	Wilhelmshöhe	Kassel
Unterreuthen	Füssing	Wörnern	Heilbrunn
Usseln	Willingen	Würding	Füssing
V		**Z**	
Valdorf-West	Vlotho	Zeitlofs	Brückenau
Voglherd	Heilbrunn	Zeischa	Liebenwerda
Voglöd	Füssing	Zell	Aibling
Vordergsäng	Grönenbach	Ziegelberg	Grönenbach
W		Ziegelstadel	Grönenbach
Waldegg b. Grönenbach	Grönenbach	Zieglöd	Füssing
Waldliesborn	Lippstadt	Zinnheim	Marienberg
Walkmühle	Windsheim	Zwicklarn	Füssing

Niedersächsische Beihilfeverordnung (NBhVO); Kurorte

Vom 2. Januar 2012 (Nds. MBl. S. 54, S. 140)

Zuletzt geändert durch
Bekanntmachung des MF
vom 20. Februar 2023 (Nds. MBl. S. 181)

Gemäß § 38 Abs. 4 Nr. 2 NBhVO werden nachstehend die anerkannten Kurorte mit der jeweiligen Artbezeichnung bekannt gemacht:

3. Kurorte in einem Mitgliedstaat der EU (ausgenommen Bundesrepublik Deutschland)

Bulgarien:	Seebad Goldstrand
Frankreich:	Aix-les Bains
	Amélie-les-Bains-Palada
	Cambo-les-Bains
	Dax
	La Roche-Posay
Italien:	Abano Terme
	Galzignano
	Ischia
	Meran
	Montegrotto
	Montepulciano
Kroatien	Cres
Lettland:	Jurmala
Österreich:	Bad Gastein
	Bad-Hall in Tirol
	Bad Hofgastein
	Bad Ischl
	Bad Schönau
	Bad Traunstein
	Bad Waltersdorf
	Gröbing-Ritterberg
	Oberlaa
Polen:	Bad Flinsberg/Swieradow-Zdroj
	Kolberg/Kolobrzeg
	Swinemünde (Usedom)/ Swinoujscie (Ustroń)
Rumänien:	Bad Felix/Baile Felix
Slowakei:	Dudince
	Piestany
	Turcianske Teplice
	Weinitz/Bojnice
Slowenien:	Moravske Toplice
Tschechien:	Bad Belohrad/Lazne Belohrad
	Bad Joachimsthal/Jachymov
	Bad Luhatschowitz/Luhačovice
	Bad Teplitz/ Lazne Teplice v Cechach
	Franzensbad/Frantiskovy Lazne
	Freiwaldau/Lazne Jsenik
	Johannisbad/Janske Lazne
	Karlsbad/Karlovy Vary
	Konstantinsbad/ Konstantinovy Lazne
	Luhacovice
	Marienbad/Marianske Lazne
Ungarn:	Bad Heviz
	Bad Zalakaros
	Bük
	Hajduszobszlo
	Harkány
	Komarom
	Sarvar

4. Kurorte in Ländern außerhalb der EU

Großbritannien Bath

Ortsnamen am Toten Meer:

Ein
Boqeq
Sdom (wenn eine schwere Hauterkrankung z. B. Psoriasis oder Neurodermitis, vorliegt und die inländischen Behandlungsmöglichkeiten ohne hinreichenden Heilerfolg geblieben sind)
Sweimeh

Vereinbarung gemäß § 81 NPersVG zur Gewährung von unverzinslichen Vorschüssen auf Bezüge

Vom 3. Juli 2012 (Nds. MBl. S. 511)

Abschnitt I

§ 1 Regelungsgegenstand und Geltungsbereich

(1) Das Land gewährt seinen Beamtinnen und Beamten, Richterinnen und Richtern im Rahmen seiner Fürsorgepflicht nach § 45 des Beamtenstatusgesetzes (BeamtStG) vom 17. 6. 2008 (BGBl. I S. 2010), geändert durch Art. 15 Abs. 16 des Gesetzes vom 5. 2. 2009 (BGBl. I S. 160), auf Antrag einen unverzinslichen Vorschuss auf die Bezüge (Vorschuss).

(2) Ein Vorschuss wird gewährt für Aufwendungen, die der Beamtin, dem Beamten, der Richterin oder dem Richter noch nicht im Rahmen der Unfallfürsorge oder des Beihilfesystems erstattet werden können, weil über die Anerkennung eines Unfalls als Dienstunfall noch nicht entschieden ist (§ 2). In anderen Fällen kann ihr oder ihm zu unabwendbaren Aufwendungen ein Vorschuss nach Maßgabe des § 3 gewährt werden.

(3) Für Beschäftigte des Landes in einem unbefristeten Beschäftigungsverhältnis gilt die Vereinbarung mit Ausnahme des Abschnittes II entsprechend.

(4) Die Regelung über die Gewährung eines Vorschusses im Rahmen des Rechtsschutzes von Landesbediensteten und ressortspezifische Regelungen über die Gewährung von Vorschüssen bleiben unberührt.

(5) Die Vereinbarung gilt mit Ausnahme der Landtagsverwaltung, des Landesrechnungshofs und der oder des Landesbeauftragten für den Datenschutz für alle Dienststellen des Landes. Für die Beschäftigten der Landtagsverwaltung und des Landesrechnungshofs gilt die Vereinbarung nur, wenn deren Präsidentin oder Präsident das Einvernehmen nach § 81 Abs. 5 und 6 NPersVG erklärt, für die Beschäftigten der oder des Landesbeauftragten für den Datenschutz nur, wenn diese oder dieser das Einvernehmen nach § 81 Abs. 7 NPersVG erklärt hat.

Abschnitt II

§ 2 Gewährung eines Vorschusses zu Aufwendungen im Zusammenhang mit einem Antrag auf Anerkennung eines Unfalls als Dienstunfall

(1) Beihilfeberechtigte Beamtinnen, Beamte, Richterinnen und Richter (§ 80 Abs. 1 Satz 1 Nr. 1 Niedersächsisches Beamtengesetz – NBG –, § 2 Niedersächsisches Richtergesetz – NRiG –), die einen Antrag auf Anerkennung eines Unfalls als Dienstunfall gestellt haben, erhalten auf Antrag einen Vorschuss oder mehrere Vorschüsse grundsätzlich bis zur Höhe der infolge des Unfalls für die medizinische Versorgung entstandenen Aufwendungen.

(2) Ein Vorschuss wird nur gewährt, wenn der Beamtin, dem Beamten, der Richterin oder dem Richter Aufwendungen im Sinne des Absatzes 1 in Höhe von mindestens 200 Euro entstanden sind. Außerdem muss sich die Beamtin, der Beamte, die Richterin oder der Richter verpflichten,

– nach Bekanntgabe der Entscheidung über die Anerkennung des Unfalls als Dienstunfall im Fall der Anerkennung die Gewährung von Leistungen der Unfallfürsorge und im Fall der Nichtanerkennung die Gewährung von Beihilfe unverzüglich zu beantragen und

– den Gesamtbetrag der gewährten Vorschüsse innerhalb eines Monats nach Zustellung des Festsetzungsbescheides zurückzuzahlen.

(3) Heilfürsorgeberechtigte Beamtinnen und Beamte (§ 114 NBG) erhalten auf Antrag ei-

nen Vorschuss oder mehrere Vorschüsse bis zur Höhe der infolge des Unfalls für die medizinische Versorgung entstandenen Aufwendungen, für die eine Erstattung im Rahmen der Gewährung von Leistungen der Heilfürsorge ausgeschlossen ist. Absätze 1 und 2 gelten im Übrigen entsprechend.

(4) Ist im Fall der Nichtanerkennung eines Unfalls als Dienstunfall der Gesamtbetrag aus Beihilfeleistungen und Leistungen der privaten Krankenversicherung geringer als der Gesamtbetrag der gewährten Vorschüsse, kann für die Rückzahlung der Vorschüsse auf Antrag der Beamtin, des Beamten, der Richterin oder des Richters Ratenzahlung bewilligt werden.

Abschnitt III

§ 3 Gewährung eines Vorschusses in anderen Fällen

(1) Beamtinnen, Beamten, Richterinnen und Richtern, die Dienstbezüge erhalten, kann für unabwendbare Aufwendungen auf Antrag ein Vorschuss gewährt werden.

(2) Ein Vorschuss kann nur gewährt werden

a) für die Beschaffung eines Kraftwagens, wenn die Beamtin, der Beamte, die Richterin oder der Richter wegen eines Grades der Behinderung von mindestens 50 für das Zurücklegen des Weges zwischen Wohnung und Arbeitsstätte auf einen eigenen Kraftwagen angewiesen ist,

b) für den Erwerb eines Kraftwagens, wenn
  – sich die Antragstellerin oder der Antragsteller verpflichtet, diesen Kraftwagen grundsätzlich für alle Dienstreisen und vergleichbaren Reisen einzusetzen, für die ein Kostenerstattungsanspruch gegen den Dienstherrn besteht, und Material und andere Bedienstete desselben Dienstherrn mitzunehmen, und
  – aufgrund der regelmäßigen Nutzung die Beschaffung eines Dienstwagens (Kauf, Leasing) verzichtbar ist,

c) für die Beschaffung, den Umbau, die Ausstattung oder den Erhalt einer Wohnung (Mietwohnung oder Wohneigentum), die den besonderen Bedürfnissen einer Antragstellerin oder eines Antragstellers mit Behinderung oder einer oder einem mit ihr oder ihm in häuslicher Gemeinschaft lebenden Familienangehörigen mit Behinderung im Sinne des § 2 Abs. 1 des Neunten Buchs Sozialgesetzbuch (SGB IX) entspricht,

d) im Fall einer erheblichen finanziellen Belastung, wenn
  – diese durch ein außergewöhnliches Ereignis verursacht wurde oder
  – zu einer erheblichen Beeinträchtigung dienstlicher Belange führen könnte.

Familienangehörige im Sinne des Buchst. c sind die Ehegattin, der Ehegatte, die Lebenspartnerin, der Lebenspartner, die ledigen Kinder und die ledigen Pflegekinder sowie die Eltern und Schwiegereltern. Die häusliche Gemeinschaft ist auch gegeben, wenn ledige Kinder mit Behinderung und ledige Pflegekinder mit Behinderung die Antragstellerin oder den Antragsteller – jeweils als getrennt lebenden oder geschiedenen Elternteil – regelmäßig besuchen.

(3) Ein Vorschuss wird nur gewährt, wenn die Beamtinnen, Beamten, Richterinnen und Richter die Aufwendungen im Sinne des Absatzes 1 nicht

– aus eigenen Mitteln oder

– aus Mitteln der mit ihnen in häuslicher Gemeinschaft lebenden Ehegattinnen, Ehegatten, Lebenspartnerinnen oder Lebenspartner oder

– durch Zuwendungen oder unverzinsliche Darlehen von Dritten

bestreiten können.

§ 4 Höhe der Vorschüsse

(1) Der Vorschuss darf bis zu einer Höhe von 7500 Euro gewährt werden. Dieser Grenzbetrag gilt auch, wenn mehrere Vorschüsse nebeneinander gewährt werden. Die Gewährung eines Vorschusses oder mehrerer Vorschüsse darf nicht zu einer untragbaren Verschuldung der Beamtin, des Beamten, der Richterin oder des Richters führen.

(2) Die oberste Dienstbehörde kann im Einzelfall die Gewährung eines höheren Vorschusses zulassen.

§ 5 Rückzahlung des Vorschusses

(1) Ein gewährter Vorschuss ist in höchstens 30 gleich hohen Monatsraten zurückzuzahlen. Die Tilgung beginnt mit dem nächsten der Bezüge zahlenden Stelle möglichen Zeitpunkt, der auf die Auszahlung des Vorschusses folgt. Ein noch nicht zurückgezahlter Teil eines Vorschusses ist umgehend in einer Summe zurückzuzahlen, wenn der gewährte Vorschuss nicht für den Zweck verwendet worden ist, für den er gewährt wurde, oder das Dienstverhältnis beendet wird.

(2) Die oberste Dienstbehörde kann im Einzelfall abweichende Regelungen zulassen.

Abschnitt IV

§ 6 Verfahren

(1) Vorschüsse nach den Abschnitten II und III dieser Vereinbarung können nebeneinander gewährt werden.

(2) Die oberste Dienstbehörde kann die Gewährung von Vorschüssen nach Abschnitt III allgemein oder im Einzelfall von ihrer Zustimmung abhängig machen.

(3) Der Antrag auf Gewährung eines Vorschusses (landeseinheitlicher Vordruck) ist mit den erforderlichen Nachweisen der Beschäftigungsbehörde zur Entscheidung vorzulegen. Ist die Beschäftigungsbehörde für die Entscheidung nicht zuständig, leitet sie den Antrag mit einer Stellungnahme an die zuständige Behörde weiter.

(4) Ein Vorschuss in anderen Fällen (§ 3) darf nur gewährt werden, wenn die oder der Beauftragte für den Haushalt der Maßnahme zugestimmt hat.

§ 7 Rechte der Personalvertretungen, der Richtervertretungen und der Staatsanwaltschaftsvertretungen

Das Recht der Mitbestimmung der Personalvertretungen nach § 66 Abs. 1 Nr. 6 NPersVG, der Richtervertretungen nach § 20 Abs. 4 Nr. 4 NRiG und der Staatsanwaltschaftsvertretungen nach § 71 NRiG i. V. m. § 66 Abs. 1 Nr. 6 NPersVG bleibt unberührt.

§ 8 Schlussbestimmungen

(1) Die Vereinbarung tritt am Tag nach ihrer Veröffentlichung in Kraft.

(2) Einvernehmliche Änderungen der Vereinbarung sind jederzeit möglich und werden ihr als schriftliche Ergänzungen hinzugefügt.

(3) Die Vereinbarung kann mit einer Frist von sechs Monaten zum Ende eines Kalenderjahres schriftlich gekündigt werden.

(4) Soweit einzelne Regelungen der Vereinbarung aufgrund anderweitiger rechtlicher Bestimmungen unwirksam sein sollten, wird die Wirksamkeit der Vereinbarung im Übrigen hierdurch nicht berührt.

Dienstjubiläumsverordnung (DJubVO)

Vom 23. April 1996 (Nds. GVBl. S. 214)

Zuletzt geändert durch
Verordnung zur Änderung der Dienstjubiläumsverordnung
vom 11. Oktober 2022 (Nds. GVBl. S. 633)

Auf Grund des § 87 Abs. 5 des Niedersächsischen Beamtengesetzes in der Fassung vom 11. Dezember 1985 (Nds. GVBl. S. 493), zuletzt geändert durch Artikel I des Gesetzes vom 20. November 1995 (Nds. GVBl. S. 427), in Verbindung mit § 4 Abs. 1 des Niedersächsischen Richtergesetzes vom 14. Dezember 1962 (Nds. GVBl. S. 265), zuletzt geändert durch Artikel II des Gesetzes vom 20. November 1995 (Nds. GVBl. S. 427), wird verordnet:

§ 1

(1) Beamtinnen und Beamte können anläßlich ihres Dienstjubiläums bei Vollendung einer 25jährigen, 40jährigen und 50jährigen Jubiläumsdienstzeit von ihrem Dienstherrn durch eine Dank- und Glückwunschurkunde geehrt werden.

(2) Ist bei der Versetzung zu einem niedersächsischen Dienstherrn oder bei Berufung in das Beamtenverhältnis schon eine Dienstzeit nach Absatz 1 vollendet, aber nach den Vorschriften des bisherigen Dienstherrn oder nach den Tarifvereinbarungen noch keine Ehrung vorgenommen worden, so kann sie nach der Versetzung oder Ernennung erfolgen.

(3) Wird die Jubiläumsdienstzeit während einer Beurlaubung ohne Bezüge vollendet, so erfolgt die Ehrung bei Wiederaufnahme des Dienstes für die zuletzt vollendete Jubiläumsdienstzeit.

§ 2

Beamtinnen und Beamte der Besoldungsgruppen A 5 bis A 11 erhalten neben der Dank- und Glückwunschurkunde eine Jubiläumszuwendung. Sie beträgt

nach einer 25jährigen Jubiläumsdienstzeit 307 Euro,

nach einer 40jährigen Jubiläumsdienstzeit 410 Euro,

nach einer 50jährigen Jubiläumsdienstzeit 512 Euro.

§ 3

(1) Die Jubiläumsdienstzeit beginnt mit dem Tag des erstmaligen Eintritts in ein Ausbildungs- oder hauptberufliches Beschäftigungsverhältnis bei einem öffentlich-rechtlichen Dienstherrn im Sinne des § 27 Abs. 1 des Niedersächsischen Besoldungsgesetzes (NBesG).

(2) Bei der Berechnung der Jubiläumsdienstzeit sind nicht zu berücksichtigen:

1. Zeiten, in denen weder ein Ausbildungsverhältnis noch ein hauptberufliches Beschäftigungsverhältnis bei einem Dienstherrn nach Absatz 1 bestand,

2. Zeiten eines Ausbildungs- oder hauptberuflichen Beschäftigungsverhältnisses bei einem Dienstherrn nach Absatz 1, in denen ein Anspruch weder auf Besoldung noch auf Unterhaltsbeihilfe noch auf Arbeitsentgelt besteht, ausgenommen

   a) Zeiten einer Kinderbetreuung bis zu drei Jahren für jedes Kind,

   b) Zeiten der tatsächlichen Pflege von nach ärztlichem Gutachten pflegebedürftigen nahen Angehörigen (Eltern, Schwiegereltern, Eltern von Lebenspartnerinnen und Lebenspartnern, Ehegattin oder Ehegatte, Lebenspartnerin oder Lebenspartner, Geschwister und Kinder) bis zu drei Jahren für jede nahe Angehörige und nahen Angehörigen,

   c) Zeiten eines Urlaubs, in denen weder Besoldung noch Unterhaltsbeihilfe noch ein Arbeitsentgelt gezahlt wurde, wenn die oberste Dienstbehörde oder die von ihr bestimmte Stelle vor Beginn des Urlaubs schriftlich anerkannt hatte,

dass der Urlaub dienstlichen Interessen oder öffentlichen Belangen dient,
d) Zeiten, die nach dem Arbeitsplatzschutzgesetz nicht zu dienstlichen Nachteilen führen dürfen,
e) Zeiten einer Eignungsübung nach dem Eignungsübungsgesetz,
f) Zeiten einer Arbeitsbefreiung durch den Arbeitgeber ohne Anspruch auf ein Arbeitsentgelt bis zu zwei Wochen und
g) Zeiten mit Anspruch auf Krankengeld nach den Vorschriften des Fünften Buchs des Sozialgesetzbuchs, sowie
3. Zeiten, die in § 26 NBesG genannt werden.

§ 4

(1) Die Ehrung entfällt,
1. wenn aus demselben Anlaß schon eine Ehrung vorgenommen worden ist,
2. wenn das Verhalten der Beamtin oder des Beamten sie nicht rechtfertigt, insbesondere wenn eine schwerere Disziplinarmaßnahme als eine Geldbuße verhängt oder eine Gehaltskürzung wegen § 15 des Niedersächsischen Disziplinargesetzes nicht verhängt worden ist, es sei denn, daß die Tilgungsfrist abgelaufen oder seit der Rechtskraft des Urteils über eine nicht tilgungsfähige Disziplinarmaßnahme ein der Verjährungsfrist entsprechender Zeitraum verstrichen ist.

(2) Solange ein Straf- oder Disziplinarverfahren schwebt oder wenn Gründe für die Einleitung eines Ermittlungsverfahrens vorliegen, ist die Entscheidung über die Ehrung zurückzustellen. Der Eintritt in den Ruhestand steht einer nachträglichen Ehrung nicht entgegen.

§ 5

Die Entscheidung über die Ehrung trifft

1. bei Landesbeamtinnen und Landesbeamten
   a) die Ministerpräsidentin oder der Ministerpräsident, sofern für die Ernennung die Landesregierung zuständig ist,
   b) die Mittelbehörde in ihrem Geschäftsbereich für alle Ämter in den Besoldungsgruppen der Besoldungsordnung A,
   c) im übrigen die Stelle, der die dienstrechtlichen Befugnisse zustehen,
2. bei Kommunalbeamtinnen und Kommunalbeamten sowie bei Körperschaftsbeamtinnen und Körperschaftsbeamten die oberste Dienstbehörde oder die von ihr bestimmte Stelle.

§ 6

Die Vorschriften dieser Verordnung für Landesbeamtinnen und Landesbeamte gelten für Richterinnen und Richter im Landesdienst entsprechend.

§ 7

Berechnungen der Jubiläumsdienstzeit, die vor dem 1. November 2022 bekanntgegeben worden sind, bleiben unverändert. Wird eine Neuberechnung erforderlich, so ist § 3 Abs. 2 Nrn. 1 und 2 nur auf die Zeiten anzuwenden, die nach der letzten Berechnung der Jubiläumsdienstzeit eingetreten sind.

§ 8

(1) Diese Verordnung tritt am 1. Juli 1996 in Kraft.

(2) Gleichzeitig tritt die Verordnung über die Ehrung der Beamten und Richter für langjährige Tätigkeit im öffentlichen Dienst vom 26. März 1971 (Nds. GVBl. S. 130), zuletzt geändert durch Verordnung vom 8. Dezember 1994 (Nds. GVBl. S. 509), außer Kraft.

Verwaltungsvorschriften über die Dienstwohnungen des Landes Niedersachsen (Niedersächsische Dienstwohnungsverwaltungsvorschriften – NDWVV)

Vom 1. Januar 2022 (Nds. MBl. S. 142)

Inhaltsübersicht

I. Allgemeines

1. Geltungsbereich, Rechtsverhältnis und Begriff der Dienstwohnung
2. Voraussetzung für die Zuweisung einer Dienstwohnung
3. Verpflichtung zum Beziehen einer Dienstwohnung
4. Schaffung einer neuen Dienstwohnung

II. Verwaltung der Dienstwohnungen

5. Aufsichtsbehörde
6. Hausverwaltende Behörde
7. Wohnungsblatt
8. Übergabe einer Dienstwohnung
9. Dauer der Zuweisung einer Dienstwohnung
10. Nutzung einer Dienstwohnung
11. Instandhaltung und Instandsetzung einer Dienstwohnung
12. Gartenflächen
13. Rücknahme einer Dienstwohnung

III. Mietwert einer Dienstwohnung, Dienstwohnungsvergütung, Nebenkosten

14. Mietwert einer Dienstwohnung
15. Dienstwohnungsvergütung
16. Höchste Dienstwohnungsvergütung
17. Betriebskosten, sonstige Entgelte, Kosten der Wasserversorgung und der Abwasserbeseitigung, Kosten für Heizung und Warmwasser

I. Allgemeines

1. Geltungsbereich, Rechtsverhältnis und Begriff der Dienstwohnung

1.1 Diese Verwaltungsvorschriften gelten für Dienstwohnungsverhältnisse mit Beamtinnen und Beamten des Landes. Für juristische Personen des öffentlichen Rechts, die der Aufsicht des Landes unterstehen, sind die NDWVV gemäß § 105 i. V. m. § 52 LHO entsprechend anzuwenden. Für Beschäftigte gelten die NDWVV entsprechend, es sei denn, es ist nachfolgend etwas anderes bestimmt.

1.2 Die NDWVV gelten für die Zuweisung einer Dienstwohnung im Inland und für Personen nach Nummer 1.1, die wegen ihrer Tätigkeit im Grenzverkehr ihren dienstlichen Wohnsitz in einem ausländischen Grenzort haben.

1.3 Dienstwohnungsverhältnisse von Beamtinnen und Beamten sind öffentlich-rechtlicher, von Beschäftigten privatrechtlicher Natur.

1.4 Eine Dienstwohnung ist eine Wohnung oder ein einzelner Wohnraum, die oder der einer Beamtin oder einem Beamten als Inhaberin oder Inhaber eines bestimmten Dienstpostens unter ausdrücklicher Bezeichnung als Dienstwohnung ohne Abschluss eines Mietvertrages aus dienstlichen Gründen nach Maßgabe dieser Vorschriften zugewiesen wird.

2. Voraussetzung für die Zuweisung einer Dienstwohnung

Eine Dienstwohnung darf nur zugewiesen werden, wenn die Anwesenheit oder die Einsatzfähigkeit der Beamtin oder des Beamten in oder an der Dienststätte auch außerhalb der regelmäßigen Arbeitszeit sichergestellt sein und sie oder er deshalb im Dienstgebäude oder in dessen unmittelbarer Nähe wohnen muss.

Entfallen für eine Dienstwohnung die Voraussetzungen des Absatzes 1, ist diese unverzüglich in eine Landesmietwohnung oder eine Landeswerkmietwohnung umzuwandeln, anderen dienstlichen Zwecken zuzuführen oder, sofern sie gemietet war, aufzugeben.

3. Verpflichtung zum Beziehen einer Dienstwohnung

3.1 Eine Beamtin oder ein Beamter ist verpflichtet, eine zugewiesene Dienstwohnung zu beziehen. Die Verpflichtung entsteht zu dem Zeitpunkt, zu dem der Dienstherr das Beziehen angeordnet hat und sich die Dienstwohnung in einem bezugsfertigen Zustand befindet.

3.2 Der Dienstherr kann die Beamtin oder den Beamten auf ihren oder seinen Antrag von der Pflicht zum Beziehen einer Dienstwohnung entbinden (§ 54 Abs. 2 NBG), wenn bei Abwägung der Beeinträchtigung dienstlicher Belange mit dem besonderen persönlichen Interesse der Beamtin oder des Beamten diese Beeinträchtigung ggf. zeitlich befristet hingenommen werden kann.

4. Schaffung einer neuen Dienstwohnung

Ist die Schaffung einer neuen Dienstwohnung unumgänglich, gelten für die Bemessung der Wohnfläche grundsätzlich die Bestimmungen des WoFG über die zulässigen Wohnflächen. Sie sollen den Baufachlichen Bestimmungen für die Anwendung zur Förderung von Wohnungen im Rahmen der Wohnungsfürsorge des Bundes für seine Bediensteten vom 11. 12. 2002 (GMBl. S. 828) entsprechen.

Dabei gilt, dass bei einer Dienstwohnung in Form eines Einfamilienhauses die Wohnfläche gemäß Nummer 3.3 der in Satz 2 genannten Bestimmungen um bis zu 10 % überschritten werden darf.

II. Verwaltung der Dienstwohnungen

5. Aufsichtsbehörde

Die Aufsicht über die Dienstwohnungen wird von der der obersten Dienstbehörde (§ 3 Abs. 1 NBG) unmittelbar nachgeordneten Behörde oder einer anderen von der obersten Dienstbehörde bestimmten Behörde oder Stelle wahrgenommen, es sei denn, dass sich die oberste Dienstbehörde die Wahrnehmung der Aufsicht vorbehalten hat.

6. Hausverwaltende Behörde

Die Aufsichtsbehörde bestimmt die Dienststelle, der die Hausverwaltung der Dienstwohnung obliegt (hausverwaltende Behörde). Sie kann eine Dienststelle mit der Hausverwaltung aller in einem festzulegenden Bezirk liegenden Dienstwohnungen betrauen.

7. Wohnungsblatt

Die hausverwaltende Behörde hat für jede Dienstwohnung ein Wohnungsblatt zu führen. Jede Mietwertfestsetzung ist auf einer Anlage zum Wohnungsblatt zu erläutern.

8. Übergabe einer Dienstwohnung

8.1 Die Dienstwohnung ist der Beamtin oder dem Beamten in einem ordnungsgemäßen Zustand zu übergeben. Die Übergabe der Dienstwohnung wird durch die hausverwaltende Behörde dokumentiert.

8.2 Die Beamtin oder der Beamte ist verpflichtet, ihrer oder seiner Beschäftigungsbehörde oder der hausverwaltenden Behörde die Zahl der zum Haushalt gehörenden Personen schriftlich oder elektronisch anzuzeigen sowie Änderungen unverzüglich mitzuteilen; Entsprechendes gilt für die Änderungen der Dienstbezüge, die zu einer Änderung des Mietwertes oder der Dienstwohnungsvergütung führen können.

9. Dauer der Zuweisung einer Dienstwohnung

9.1 Eine Dienstwohnung ist der Beamtin oder dem Beamten für die Zeit widerruflich zuzuweisen, in die Voraussetzungen für die Zuweisung vorliegen. Die oder der Dienstvorgesetzte kann die Zuweisung aus dienstlichen Gründen vorzeitig widerrufen.

9.2 Das Dienstwohnungsverhältnis endet mit dem Erlöschen der Zuweisung der Dienstwohnung. Die Zuweisung erlischt

a) mit Ablauf des Tages, der dem Tag der Umwandlung in eine Mietwohnung, der anderweitigen dienstlichen Inanspruchnahme oder dem Tag der Aufgabe als Dienstwohnung vorhergeht,

b) mit Ablauf des Räumungstages, wenn die Anordnung zum Bezug der Dienstwohnung auf Antrag der Beamtin oder des Beamten widerrufen worden ist,

c) mit Ablauf des Monats, in dem die Anordnung zum Bezug der Dienstwohnung aus dienstlichen Gründen widerrufen worden ist,

d) mit Ablauf des Monats, in dem die Beamtin oder der Beamte dauerhaft bei einem anderen Dienstposten eingesetzt wird, im Rahmen der Altersteilzeit im Blockmodell in die Freistellungsphase eintritt, in den Ruhestand tritt oder in den Ruhestand versetzt wird oder aus dem Landesdienst ausscheidet,

e) beim Ableben der Beamtin oder des Beamten mit Ablauf des Todestages.

9.3 Die Räumung der Dienstwohnung ist anzuordnen

a) bis zum Ablauf des Monats, in dem die Dienstwohnung in eine Mietwohnung umgewandelt oder anderen dienstlichen Zwecken zugeführt wird,

b) bis zum Ablauf der Kündigungsfrist der gemieteten Dienstwohnung,

c) sechs Monate nach Ablauf des Monats, in dem die Anordnung zum Beziehen einer Dienstwohnung aus dienstlichen Gründen widerrufen worden ist,

d) zum Zeitpunkt der Beendigung des Dienstwohnungsverhältnisses, wenn die Beamtin oder der Beamte dauerhaft bei einem anderen Dienstposten eingesetzt wird, im Rahmen der Altersteilzeit im Blockmodell in die Freistellungsphase eintritt, in den Ruhestand tritt oder in den Ruhestand versetzt wird oder aus dem Landesdienst ausscheidet,

e) sechs Monate nach Ablauf des Sterbemonats, wenn die Dienstwohnung von Angehörigen mitbewohnt wird, im Übrigen mit Ablauf des auf den Sterbemonat folgenden Monats.

In besonderen Einzelfällen kann unter Berücksichtigung der Fürsorgepflicht des Dienstherrn nach § 45 BeamStG die Frist zur Räumung der Dienstwohnung auf bis zu zwölf Monate verlängert werden. Dies gilt nicht, wenn einer Verlängerung der Frist dienstliche Gründe entgegenstehen.

Während der in Satz 1 dieser Nummer genannten Zeiträume ist als Nutzungsentschädigung die Vergütung zu zahlen, die zu zahlen gewesen wäre, wenn das Dienstverhältnis weiterbestanden hätte. Nach Ablauf der in Satz 1 dieser Nummer genannten Zeiträume ist eine Nutzungsentschädigung in Höhe des ortsüblichen Mietwertes zu erheben. Entsprechendes gilt, wenn eine Indexmiete (Nummer 14.1 Satz 3) erhoben wird.

10. Nutzung einer Dienstwohnung

10.1 Die Beamtin oder der Beamte ist verpflichtet, die Dienstwohnung einschließlich vorhandener Ausstattungsgegenstände schonend zu behandeln und sie nur zu Wohnzwecken zu benutzen. Eine Mitnutzung zu anderen Zwecken, das Vermieten oder die Aufnahme anderer Personen bedarf der schriftlichen oder elektronischen Einwilligung der hausverwaltenden Behörde. Diese ist berechtigt, eine Entschädigung zu verlangen.

10.2 Der Beamtin oder dem Beamten obliegt neben den allgemeinen Sorgfaltspflichten auch die Verkehrssicherungspflicht, insbesondere die Räum- und Streupflicht im Winter nach den örtlich geltenden Vorschriften. In besonderen Einzelfällen können die Kosten für die Reinigung, das Räumen von Schnee und das Streuen von Wegen und Straßen mit Einwilligung der Aufsichtsbehörde von der hausverwaltenden Behörde getragen werden.

Die Wartung und Funktionsüberprüfung der installierten Rauchwarnmelder gemäß § 44 Abs. 5 NBauO obliegt der Beamtin oder dem Beamten, es sei denn, die hausverwaltende Behörde hat sich die Durchführung dieser Maßnahmen vorbehalten.

10.3 Veränderungen an der Dienstwohnung sind nur mit schriftlicher oder elektronischer Einwilligung der Aufsichtsbehörde zulässig. Sie entscheidet gleichzeitig, ob und inwieweit die Beamtin oder der Beamte die Kosten hierfür zu tragen hat und diese oder dieser nach Räumung der Dienstwohnung den früheren Zustand der Dienstwohnung auf eigene Kosten wiederherzustellen hat. Trägt der Dienstherr die Kosten ganz oder teilweise, so gilt für die Überprüfung des Mietwertes und der Indexmiete Nummer 14.5.

10.4 Die Beamtin oder der Beamte ist im Rahmen der beamtenrechtlichen Bestimmungen für Schäden haftbar, die durch sie oder ihn, durch mit ihr oder ihm in häuslicher Gemeinschaft lebende Personen, Besucherinnen und Besucher, gegen Entgelt im Haushalt beschäftigte Personen, Untermieterinnen und Untermieter, Haustiere sowie durch die von ihr oder ihm beauftragten Handwerkerinnen und Handwerker oder andere bei diesen tätige Personen verursacht wurden. Für Beschäftigte finden die tarifrechtlichen Bestimmungen Anwendung.

11. Instandhaltung und Instandsetzung einer Dienstwohnung

11.1 Schönheitsreparaturen sind grundsätzlich von der hausverwaltenden Behörde auszuführen. Hierfür wird neben der Dienstwohnungsvergütung ein einheitlicher Zuschlag für Schönheitsreparaturen erhoben (§ 28 Abs. 4 i. V. m. Abs. 5a II. BV). Der zu zahlende Zuschlag berechnet sich nach der Wohnfläche, die die Grundlage des für die Dienstwohnungsvergütung maßgebenden Mietwertes oder der Indexmiete bildet.

Die hausverwaltende Behörde kann auf Antrag der Beamtin oder des Beamten zulassen, dass sie oder er die Durchführung der Schönheitsreparaturen für die Dienstwohnung bei Wegfall des in Absatz 1 genannten Zuschlags übernimmt. Wurden Schönheitsreparaturen auf Kosten der hausverwaltenden Behörde durchgeführt, so ist dem Antrag der Beamtin oder des Beamten auf Übernahme der Schönheitsreparaturen im Regelfall erst nach Ablauf von sechs Jahren zu entsprechen. Vor der Genehmigung des Antrags auf unwiderrufliche Übernahme der Schönheitsreparaturen hat die Beamtin oder der Beamte verbindlich schriftlich oder elektronisch zu bestätigen, Schönheitsreparaturen künftig selbst vorzunehmen. Kommt sie oder er in der

Folgezeit dieser Verpflichtung trotz schriftlicher oder elektronischer Aufforderung innerhalb einer gesetzten angemessenen Frist nicht nach, so hat die hausverwaltende Behörde die erforderlichen Arbeiten auf Kosten der Beamtin oder des Beamten durchzuführen oder sich unter Berücksichtigung der Umstände des Einzelfalles die entstandenen Kosten ganz oder teilweise von der Beamtin oder dem Beamten erstatten zu lassen.

11.2 Die hausverwaltende Behörde ist berechtigt, laufende Instandsetzungsarbeiten sowie notwendige bauliche Veränderungen auch ohne Zustimmung der Beamtin oder des Beamten auszuführen. Um die Notwendigkeit dieser Arbeiten festzustellen, dürfen die von der hausverwaltenden Behörde beauftragten Personen die Dienstwohnung nach vorheriger Ankündigung betreten; die Einschränkungen des Halbsatzes 1 entfallen bei drohender Gefahr.

Die Beamtin oder der Beamte kann insoweit grundsätzlich keine Mietminderung verlangen.

11.3 Die Beamtin oder der Beamte hat erkannte Schäden an oder in der Dienstwohnung unverzüglich der hausverwaltenden Behörde anzuzeigen. Andernfalls hat sie oder er die aufgrund der Beseitigung der Schäden entstehenden Kosten zu ersetzen.

12. Gartenflächen

12.1 Eine Gartenfläche, die nach Art und Größe ortsüblichen Hausgärten entspricht, gilt als zur Dienstwohnung gehörend und ist der Beamtin oder dem Beamten ohne Abschluss eines Pachtvertrages mit der Dienstwohnung zuzuweisen (sog. Zubehörgarten). Die Pflege des Gartens obliegt der Beamtin oder dem Beamten.

12.2 Eine über die Fläche eines sog. Zubehörgartens hinausgehende Gartenfläche (sog. Mehrgarten) kann der Beamtin oder dem Beamten außerhalb des Dienstwohnungsverhältnisses zur unentgeltlichen Nutzung überlassen werden, sofern sie oder er sich verpflichtet, diese Fläche auf eigene Kosten zu pflegen. Bei wirtschaftlicher Nutzung des Mehrgartens ist ein ortsüblicher Pachtzins zu erheben. Näheres bestimmt die Aufsichtsbehörde.

13. Rücknahme einer Dienstwohnung

13.1 Die hausverwaltende Behörde nimmt die Dienstwohnung nach Erlöschen der Zuweisung oder nach der Räumung zurück. Die Rücknahme der Dienstwohnung wird durch die hausverwaltende Behörde dokumentiert.

13.2 Die Beamtin, der Beamte oder in den Fällen der Nummer 9.3 Satz 1 Buchst. e die Witwe, der Witwer, die hinterbliebene Lebenspartnerin, der hinterbliebene Lebenspartner, das volljährige Kind oder die gesetzliche Vertreterin oder der gesetzliche Vertreter des minderjährigen Kindes hat die Dienstwohnung in ordnungsgemäßem Zustand zurückzugeben. Für von ihr oder ihm zu vertretende Mängel hat sie oder er Ersatz zu leisten.

III. Mietwert einer Dienstwohnung, Dienstwohnungsvergütung, Nebenkosten

14. Mietwert einer Dienstwohnung

14.1 Die hausverwaltende Behörde setzt für jede Dienstwohnung den ortsüblichen Mietwert fest (Vergleichsmiete i. S. des § 558 Abs. 2 BGB). Grundlage hierfür sind die bautechnischen Unterlagen. Hierzu können von der Kommune erstellte oder andere anerkannte Mietübersichten herangezogen werden. In diesem Fall ist der hierin enthaltene Durchschnittssatz oder, sofern es sich um einen Mietkostenrahmen handelt, der untere Satz maßgebend. Die oberste Dienstbehörde kann abweichend von Satz 1 dieser Nummer nach vorheriger Zustimmung des MF zulassen, dass als Grundlage für die Festsetzung der Dienstwohnungsvergütung die Indexmiete i. S. des § 557b BGB herangezogen wird.

14.2 Die Berechnung der Wohnfläche erfolgt auf der Grundlage des § 1 WoFlV. Die Grundflächen von Balkonen, Loggien, Dachgärten, Terrassen, Veranden oder gedeckten Freisitzen sind bei der Berechnung der Wohnfläche zur Hälfte anzurechnen. Betragen die anrechenbaren Grundflächen der Nebenräume mehr als 10 % der Wohnfläche (Mehrfläche), so bleibt bei der Ermittlung des Mietwertes die Hälfte der Mehrfläche der Nebenräume außer Betracht.

Dienstwohnungsverwaltungsvorschriften (NDWVV) **VII.6**

Zu den Nebenräumen gehören Flure, Dielen, Speisekammern, Bäder, Toiletten, Windfänge, Besenkammern und sonstige Abstellräume.

Grundflächen von Fluren, Dielen, Toiletten und Windfängen vor den Dienstwohnungsräumen sind zur Hälfte anzurechnen, wenn sie zum Wohntrakt der Beamtin oder des Beamten gehören.

14.3 Übersteigt die Zahl der Räume (Wohn- und Schlafräume ohne Küche und Nebenräume) die Zahl der zum Haushalt der Beamtin oder des Beamten gehörenden Personen, so ist der Festsetzung des Mietwertes die vorhandene, höchstens jedoch folgende Wohnfläche zugrunde zu legen:

Stufe	BesGr.	EntgeltGr. (TV-L/KR/S)	Wohnfläche in m²
1	A 16, B 2 bis B 8, C 4, R 2 bis R 8, W 3	15 Ü	160
2	A 11 bis A 15, B 1, C 1 bis C 3, R 1, W 1 bis W 2	10 bis 15, KR 13 bis KR 16 sowie S 15 bis S 18	120
3	A 8 bis A 10	6 bis 9b, KR 7 bis KR 12 sowie S 5 bis S 14	90
4	A 6 und A 7	5 und S 4	80
5	A 5	1 bis 4, KR 5, KR 6 sowie S 2 und S 3	65

Hierbei dürfen die in den baufachlichen Bestimmungen festgelegten Wohnflächen nicht unterschritten werden. Die hausverwaltende Behörde kann der Beamtin oder dem Beamten die Wohnfläche, die aus der Begrenzung der Wohnfläche nach Satz 1 dieser Nummer resultiert (Mehrraum), unentgeltlich überlassen oder in besonderen Fällen ganz oder teilweise für dienstliche Zwecke nutzen.

Erhält eine Beschäftigte oder ein Beschäftigter nach arbeitsvertraglicher Vereinbarung eine außertarifliche Vergütung nach besoldungsrechtlichen Vorschriften, so gilt die für die entsprechende Besoldungsgruppe maßgebliche Stufe. Für Beschäftigte, die dem TV-Forst unterliegen, findet die vorstehende Tabelle entsprechende Anwendung.

14.4 Kosten aus den öffentlichen Lasten des Grundstücks, die die Beamtin oder der Beamte nicht nach Nummer 17 zu tragen hat, sind ohne Berücksichtigung der Nummer 14.3 in den Mietwert einzubeziehen.

14.5 Bei einer wesentlichen Änderung ist der Mietwert neu festzusetzen. Eine Änderung ist wesentlich, wenn sich der Mietwert, der Grundlage für die einzubehaltende Dienstwohnungsvergütung ist, um mindestens 10 % ändert. Im Übrigen ist der Mietwert spätestens im Abstand von drei Jahren neu festzusetzen und bei jeder neuen Zuweisung der Dienstwohnung an eine andere Beamtin oder einen anderen Beamten neu zu ermitteln und festzusetzen.

15. Dienstwohnungsvergütung

15.1 Die Beamtin oder der Beamte hat für die Nutzung der Dienstwohnung monatlich eine Dienstwohnungsvergütung zu entrichten, die auf ihre oder seine Besoldung angerechnet wird (§ 16 Abs. 1 und 2 NBesG). Die Dienstwohnungsvergütung ist in Höhe des Mietwertes oder der Indexmiete festzusetzen.

15.2 Änderungen der Höhe der Dienstwohnungsvergütung sind vom Ersten des übernächsten Monats an, der auf den Monat folgt, in dem der Beamtin oder dem Beamten die Änderung bekanntgegeben worden ist, zu berücksichtigen. In anderen Fällen ist die Änderung der Höhe der Dienstwohnungsvergütung vom Ersten des Monats, der auf den Monat folgt, in dem das maßgebende Ereignis eingetreten ist, zu berücksichtigen.

16. Höchste Dienstwohnungsvergütung

Die Dienstwohnungsvergütung darf den Betrag nicht übersteigen, der sich nach der

VII.6 Dienstwohnungsverwaltungsvorschriften (NDWVV)

Verordnung über die Neufestsetzung der höchsten Dienstwohnungsvergütung vom 30. 11 1978 (Nds. GVBl. S. 803), zuletzt geändert durch Artikel 6 der Verordnung vom 14. 9 2001 (Nds. GVBl. S. 604), – im Folgenden: HDWVergNFestV ND – in der jeweils geltenden Fassung ergibt. Bei Anwendung des § 1 Abs. 2 HDWVergNFestV ND sind in die Ermittlung der Bruttodienstbezüge statt des Ortszuschlages der Stufe 4 der Familienzuschlag der Stufe 3 sowie die Leistungsbezüge gemäß § 29 NBesG einzubeziehen. Sonderzahlungen nach § 63 NBesG bleiben unberücksichtigt.

Für Beschäftigte des Landes sind folgende Entgeltbestandteile dazu zugrunde zu legen:

a) bei Beschäftigten, die dem TV-L unterliegen,
 – das Tabellenentgelt und
 – die ständigen tariflichen und außertariflichen Zulagen;

b) bei Personenkraftwagenfahrerinnen und Personenkraftwagenfahrern
 – das Pauschalentgelt und
 – die ständigen tariflichen und außertariflichen Zulagen (Zuschläge);

c) bei Beschäftigten, die dem TV-Forst unterliegen,
 – das Monatstabellenentgelt und
 – die ständigen tariflichen und außertariflichen Zulagen (Zuschläge) einschließlich der Forstzulage;

d) bei Beschäftigten (einschließlich Personenkraftfahrerinnen und Personenkraftfahrern), die dem TVÜ-L oder dem TVÜ-Forst unterliegen,
 – das Vergleichsentgelt und bei Überleitung in die reguläre Stufe der Entgeltgruppe das Tabellen-, Pauschal- bzw. das Monatstabellenentgelt,
 – die ständigen tariflichen und außertariflichen Zulagen und
 – eine Besitzstandszulage für zwei Kinder, unabhängig davon, ob diese Leistung tatsächlich bezogen wird.

Zulagen (Zuschläge), die wegen der äußeren Umstände bei der Arbeitsleistung oder zur Abgeltung einer zusätzlichen Arbeitsleistung oder eines Aufwands gewährt werden (z. B. Schmutz-, Gefahren-, Schicht-, Wechselschicht- oder sonstige Erschwerniszulagen oder -zuschläge, Zeitzuschläge und Vergütungen für Überstunden, Bereitschaftsdienst und Rufbereitschaft), Sonderzahlungen sowie vermögenswirksame Leistungen bleiben unberücksichtigt.

17. Betriebskosten, sonstige Entgelte, Kosten der Wasserversorgung und der Abwasserbeseitigung, Kosten für Heizung und Warmwasser

17.1 Betriebskosten

17.1.1 Allgemeines

Die Beamtin oder der Beamte hat die Betriebskosten i. S. des § 2 BetrKV neben der Dienstwohnungsvergütung zu tragen. Hiervon ausgenommen sind die Kosten aus den laufenden öffentlichen Lasten des Grundstücks.

Für Betriebskosten, deren Höhe im Zeitpunkt der Auszahlung der monatlichen Besoldung noch nicht feststeht, sind monatliche Vorauszahlungen festzusetzen und zusammen mit der Dienstwohnungsvergütung einzubehalten. Für die Abrechnung der Vorauszahlungen der Betriebskosten gilt § 556 Abs. 3 BGB entsprechend.

Zu den Betriebskosten und Entgelten gehören – ggf. anteilig – auch die Kosten für Strom und Gas sowie der Zuschlag für Schönheitsreparaturen nach Nummer 11.1. Werden Strom, Gas, Wasser oder Fernwärme unmittelbar aus Anlagen des Landes bezogen, so ist der Berechnung der von der Beamtin oder dem Beamten zu tragenden Kosten der ortsübliche Preis für die jeweils verbrauchte Menge zugrunde zu legen. Entsprechendes gilt, wenn die in Satz 1 dieser Nummer genannten Leistungen aus einem von einem Dritten entgeltlich bezogenen Kontingent des Dienstwohnungsgebers oder über den Dienstwohnungsgeber genutzt werden.

17.1.2 Kosten der Wasserversorgung und der Abwasserbeseitigung

Die Höhe der von der Beamtin oder dem Beamten zu tragenden Kosten für die Wasserversorgung und die Abwasserbeseitigung werden von der hausverwaltenden Behörde im Wege der Umlage ermittelt. In den Fällen, in denen in einem Gebäude sowohl Diensträume einer Behörde als auch eine Dienstwohnung vorhanden sind, sind die Kosten der Wasserversorgung und der Abwasserbeseitigung der Behörde zu berücksichtigen.

Ist für die Dienstwohnung kein Wasserzähler vorhanden, so sind die Kosten im Regelfall nach der Anzahl der in der Dienstwohnung wohnenden Personen zu ermitteln. Hierbei ist für jeden Monat ein Verbrauch von 4 m^3 für jede zum Haushalt gehörende Person zu berücksichtigen. Abweichend hiervon kann die hausverwaltende Behörde einen anderen ortsüblichen Umlageschlüssel anwenden. Die ermittelte Wassermenge ist Grundlage für die Kostenermittlung für den Frischwasserverbrauch und die Abwasserbeseitigung.

17.1.3 Kostenverteilung bei zentraler Heizungs- und Warmwasserversorgungsanlage

Die hausverwaltende Behörde legt die Kosten des Betriebes einer zentralen Heizungs- oder einer zentralen Warmwasserversorgungsanlage oder entsprechender Fernversorgung um.

Sind Wärmemesser vorhanden, so sind die Heiz- und Warmwasserkosten gemäß § 6 Abs. 4 i. V. m. § 7 Abs. 1 Satz 1 und § 8 HeizkostenV von der Beamtin oder dem Beamten einheitlich zu 40 % als sog. Grundkosten und zu 60 % nach dem Verbrauch zu tragen. Für die Heizkosten ist der Grundkostenanteil nach der Wohn- und Nutzfläche der beheizbaren, entsprechend ausgestatteten Räume und für Warmwasser nach der Wohn- und Nutzfläche der Dienstwohnung zu ermitteln. Mit Einwilligung des MF bereits getroffene abweichende Regelungen bleiben unberührt.

Sind Wärmemesser nicht vorhanden, so sind

a) die Heizkosten nach der Wohnfläche der beheizbaren Räume,

b) die Kosten der Warmwasserversorgung nach dem Verhältnis der Wohnflächen,

die der Festsetzung des Mietwerts zugrunde liegen, umzulegen.

Betreibt die Beamtin oder der Beamte die zentrale Heizungs- oder die zentrale Warmwasserversorgungsanlage selbst, so legt sie oder er die Kosten des Betriebes entsprechend den vorangegangenen Absätzen auf die beteiligten Wohnungsinhaberinnen oder Wohnungsinhaber um; sind Wärmemesser nicht vorhanden, kann ein anderer Umlageschlüssel vereinbart werden.

Ergibt sich für die Beamtin oder den Beamten beim Betrieb einer zentralen Heizungsanlage trotz sparsamer Bewirtschaftung eine unzumutbare finanzielle Belastung, so kann die Aufsichtsbehörde auf Antrag im Fall des Absatzes 2 dieser Nummer den sich bei Anwendung des Umlageschlüssels ergebenden Betrag mindern. Die Heizkostenumlage (Absatz 2 dieser Nummer) darf in Ausnahmefällen bis zu dem Betrag gemindert werden, der sich bei Anwendung der Nummer 17.1.4 Abs. 3 bis 6 ergäbe.

17.1.4 Entgelte bei Anschluss der zentralen Heizungsanlage an dienstliche Versorgungsleitungen

Ist eine Dienstwohnung an eine zentrale Heizungsanlage oder entsprechende Fernversorgung angeschlossen, die auch dem Heizen von Diensträumen dient, so ist für die gelieferte Wärme ein Entgelt nach den folgenden Absätzen zu entrichten. Die Beamtin oder der Beamte hat das Entgelt auch zu entrichten, wenn zur Heizung der Dienstwohnung die während eines Produktionsvorgangs anfallende Wärme genutzt wird; Entsprechendes gilt, wenn dem Land Rabatte eingeräumt wurden.

Wird die gelieferte Wärme durch Wärmemesser festgestellt, so ist das Entgelt nach dem Verbrauch zu bemessen; der Berechnung sind die Betriebskosten zugrunde zu legen. Hinsichtlich der Verteilung der Kosten der Versorgung mit Wärme gilt Nummer 17.1.3 Abs. 2 entsprechend. Ergibt sich für die Beamtin oder den Beamten trotz sparsamer Wärmenahme eine unzumutbare finanzielle Belastung, so kann die Aufsichtsbehörde das Entgelt auf Antrag auf den Betrag herabsetzen, der sich bei Anwendung der nachfolgenden Absätze ergäbe.

VII.6 Dienstwohnungsverwaltungsvorschriften (NDWVV)

Kann die gelieferte Wärme ausnahmsweise nicht durch Wärmemesser festgestellt werden, so ist das Entgelt unter Berücksichtigung der durchschnittlichen Heizkosten festzusetzen, die im Abrechnungszeitraum (1. Juli bis 30. Juni) für nicht an dienstliche Versorgungsleitungen angeschlossene Bundesmiet- und Bundesdienstwohnungen aufzuwenden waren. Das MF bestimmt jeweils nach Ablauf des Abrechnungszeitraumes den nach Satz 1 für die endgültige Berechnung des Entgelts maßgebenden Betrag je Quadratmeter Wohnfläche der beheizbaren Räume.

Beginnt oder endet das Dienstwohnungsverhältnis während des Abrechnungszeitraumes, so sind für jeden vollen Monat des angebrochenen Abrechnungszeitraumes folgende Prozentsätze des endgültigen Jahresentgelts zu entrichten:

Monat	Prozentsatz
Januar	18,1
Februar	15,6
März	13,7
April	9,4
Mai	2,1
Juni	1,1
Juli	0,3
August	0,3
September	0,7
Oktober	9,0
November	13,0
Dezember	16,7

Ist kein vollständiger Monat zu berücksichtigen, beträgt das Entgelt für jeden zu berücksichtigenden Tag 1/30 des Monatsbetrages.
Bei der Berechnung des Entgelts ist von der tatsächlich beheizbaren, höchstens jedoch von folgender Wohnfläche auszugehen:

Stufe	BesGr.	EntgeltGr. (TV-L/KR/S)	Wohnfläche in m²
1	A 16, B 2 bis B 8, C 4, R 2 bis R 8, W 3	15 Ü	140
2	A 11 bis A 15, B 1, C 1 bis C 3, R 1, W 1 bis W 2	10 bis 15, KR 13 bis KR 16 sowie S 15 bis S 18	110
3	A 8 bis A 10	6 bis 9b, KR 7 bis KR 12 sowie S 5 bis S 14	85
4	A 6 und A 7	5 und S 4	75
5	A 5	1 bis 4, KR 5, KR 6 sowie S 2 und S 3	55

Nummer 14.3 Abs. 3 gilt entsprechend.

Das Entgelt ist nach den vorstehenden Absätzen auch in den Fällen zu berechnen, wenn die Beamtin oder der Beamte die zentrale Heizungsanlage aus von ihr oder ihm zu vertretenden Gründen zeitweilig nicht oder nur in geringem Umfang in Anspruch nimmt.

17.1.5 Entgelte bei Anschluss der Warmwasserversorgung an dienstliche Versorgungsleitungen

Wird die für Warmwasserversorgung erforderliche Energie durch Messvorrichtungen ermittelt, so ist das Entgelt nach dem Wärmeverbrauch zu bemessen; der Berechnung sind die Betriebskosten zugrunde zu legen. Hinsichtlich der Verteilung der Kosten gilt Nummer 17.1.3 Abs. 2 entsprechend.

Zur Vermeidung unbilliger Härten kann die Aufsichtsbehörde das Entgelt für die für die Warmwasserversorgung genutzte Energie bis zu dem Betrag herabsetzen, der sich bei Anwendung des nachfolgenden Absatzes ergäbe.

Wird die Warmwasserversorgungsanlage
- durch eine auch zur Heizung von Diensträumen genutzte zentrale Heizungsanlage gespeist oder
- durch eine besondere Heizungsanlage gespeist, die zugleich Warmwasser für dienstliche Zwecke bereitet,

so beträgt das Entgelt für die Erwärmung des Wassers für jeden vollen Monat 1,83 % des jährlichen Heizkostenentgelts nach den vorstehenden Absätzen. Ist die Dienstwohnung nicht für einen vollen Monat zugewiesen, so beträgt das Entgelt für jeden Tag der Zuweisung 1/30 des Monatsbetrages.

Dies gilt entsprechend, wenn für die Warmwasserversorgung die während eines Produktionsvorgangs anfallende Wärme genutzt wird oder dem Land Rabatte eingeräumt wurden.

17.1.6 Wartung

Die für eine Heizungsanlage vorgeschriebene regelmäßige Überprüfung (Wartung) kann von der hausverwaltenden Behörde durch Wartungsverträge sichergestellt werden. Dabei sind auch die Lagerbehälter und Rohrleitungen auf Dichtheit zu überprüfen und Brenner, Brennerdüsen und Filter zu reinigen oder erforderlichenfalls zu ersetzen. Die Kosten für die Wartung trägt die Beamtin oder der Beamte.

In regelmäßigen und angemessenen Zeitabständen sowie bei einer Zuweisung der Dienstwohnung an eine andere Person ist auf Veranlassung der hausverwaltenden Behörde eine Reinigung der Heizöllagerbehälter durchzuführen, wobei die entstandenen Kosten von der Beamtin oder dem Beamten – ggf. anteilig – zu erstatten sind.

17.1.7 Antennenanlagen aller Art und Breitbandkabelanschlüsse

Die Installation von Rundfunk- und Fernsehantennen, Breitbandkabelanschlüssen oder Satellitenempfangsanlagen durch die Beamtin oder den Beamten bedarf der Einwilligung der hausverwaltenden Behörde. Bei der Genehmigung ist die Beamtin oder der Beamte zu verpflichten,

a) die Anlage in rechtlich zulässiger Weise technisch einwandfrei einzurichten,

b) die Einrichtung und Wartung der Anlage auf eigene Kosten vorzunehmen und

c) die Anlage bei Widerruf der Einwilligung oder bei Räumung der Dienstwohnung auf eigene Kosten zurückzubauen und den ursprünglichen Gebäudezustand wiederherzustellen oder den Kabelanschluss auf eigene Kosten stillzulegen, wenn die Nachfolgerin oder der Nachfolger den Anschluss nicht übernehmen möchte.

17.2 Sonstige Entgelte

Befestigte Abstellplätze, Garagen und außerhalb der Dienstwohnung gelegene sonstige Räumlichkeiten und Gebäude sind der Beamtin oder dem Beamten nur gegen Zahlung einer ortsüblichen Miete zu überlassen.

VIII Soziale Schutzvorschriften/ Familienförderung/Vermögensbildung

Gleichberechtigung/Gleichstellung

VIII.1 Niedersächsisches Gleichberechtigungsgesetz (NGG) 840

VIII.2 Niedersächsisches Behindertengleichstellungsgesetz (NBGG) 850

VIII.2.1 Richtlinien zur gleichberechtigten und selbstbestimmten Teilhabe schwerbehinderter und ihnen gleichgestellter Menschen am Berufsleben im öffentlichen Dienst (Schwerbehindertenrichtlinien – SchwbRl) 861

Familienförderung

VIII.3 Bundeskindergeldgesetz (BKGG) 879

VIII.4 Einkommensteuergesetz (EStG) – Auszug – 893

VIII.5 Gesetz zum Elterngeld und zur Elternzeit (Bundeselterngeld- und Elternzeitgesetz – BEEG) 930

Vermögensbildung

VIII.6 Fünftes Gesetz zur Förderung der Vermögensbildung der Arbeitnehmer (Fünftes Vermögensbildungsgesetz – 5. VermBG) 952

VIII.7 Gesetz über vermögenswirksame Leistungen für Beamte, Richter, Berufssoldaten und Soldaten auf Zeit 967

Niedersächsisches Gleichberechtigungsgesetz (NGG)

Vom 9. Dezember 2010 (Nds. GVBl. S. 558)

Zuletzt geändert durch
Gesetz zur Neuregelung des Beamtenversorgungsrechts sowie zur Änderung dienstrechtlicher Vorschriften
vom 17. November 2011 (Nds. GVBl. S. 422)

Inhaltsübersicht

Erster Teil
Allgemeine Vorschriften

- § 1 Zielsetzung
- § 2 Geltungsbereich
- § 3 Begriffsbestimmungen

Zweiter Teil
Vereinbarkeit von Erwerbs- und Familienarbeit

- § 4 Familiengerechte Arbeitsgestaltung
- § 5 Arbeitszeitgestaltung bei familiären Betreuungsaufgaben
- § 6 Teilzeitarbeit und Beurlaubung

Dritter Teil
Gleichstellung von Frauen und Männern

Erster Abschnitt
Verbesserung der Entscheidungsfindung, Benachteiligungsverbot

- § 7 Verbesserung der Entscheidungsfindung
- § 8 Gremien
- § 9 Benachteiligungsverbot

Zweiter Abschnitt
Abbau von Unterrepräsentanz

- § 10 Fördermaßnahmen
- § 11 Ausschreibungen
- § 12 Auswahlverfahren
- § 13 Auswahlkriterien
- § 14 Fortbildung

Vierter Teil
Durchsetzung der Ziele

Erster Abschnitt
Gleichstellungsplan

- § 15 Erstellung
- § 16 Wirkungen und Erfolgskontrolle
- § 17 Ausbildung

Zweiter Abschnitt
Gleichstellungsbeauftragte

- § 18 Geltungsbereich
- § 19 Bestellung
- § 20 Aufgaben und Befugnisse
- § 21 Beanstandungsrecht
- § 22 Status
- § 23 Unabhängigkeit
- § 24 Gleichstellungsbeauftragte an Schulen

Fünfter Teil
Schlussbestimmungen

- § 25 Berichtspflichten
- § 26 Inkrafttreten, Aufhebung von Vorschriften und Übergangsvorschriften

Erster Teil
Allgemeine Vorschriften

§ 1 Zielsetzung

(1) Ziel dieses Gesetzes ist es,

1. für Frauen und Männer in der öffentlichen Verwaltung die Vereinbarkeit von Familien- und Erwerbsarbeit zu fördern und zu erleichtern sowie
2. Frauen und Männern eine gleiche Stellung in der öffentlichen Verwaltung zu verschaffen.

(2) Um die Zielsetzung dieses Gesetzes zu erreichen, sind nach Maßgabe der nachfolgenden Vorschriften

1. Arbeitsbedingungen so zu gestalten, dass Frauen und Männer ihre Erwerbsarbeit mit ihrer Familienarbeit vereinbaren können,
2. das Handeln der Verwaltung stärker durch Frauen zu prägen und weibliche sowie männliche Sichtweisen und Erfahrungen sowie die Erfahrungen aus einem Leben mit Kindern einzubeziehen,
3. die berufliche Gleichberechtigung von Frauen und Männern zu verwirklichen und gleiche berufliche Chancen herzustellen,
4. Nachteile, die Männer und Frauen aufgrund ihrer geschlechtlichen Unterschiedlichkeit oder ihrer Geschlechterrolle erfahren, zu beseitigen oder auszugleichen und
5. Frauen und Männer in den Vergütungs-, Besoldungs- und Entgeltgruppen einer Dienststelle, in denen sie unterrepräsentiert sind, sowie in Gremien gerecht zu beteiligen.

(3) Alle Dienststellen und die dort Beschäftigten, insbesondere solche mit Vorgesetzten- oder Leitungsaufgaben, sind verpflichtet, die Zielsetzung dieses Gesetzes zu verwirklichen.

§ 2 Geltungsbereich

(1) Dieses Gesetz gilt für

1. die Verwaltungen des Landes, der Gemeinden und der Gemeindeverbände,
2. die Verwaltungen der auf niedersächsischem Landesrecht beruhenden sonstigen Körperschaften, Anstalten und Stiftungen des öffentlichen Rechts mit 30 oder mehr Beschäftigten,
3. die Gerichte und die Hochschulen in staatlicher Verantwortung sowie
4. die öffentlichen Schulen, soweit nicht Besonderheiten dieser Einrichtungen einer Anwendung von Vorschriften dieses Gesetzes entgegenstehen.

(2) ₁Für öffentliche Theater und Orchester sowie für öffentliche außeruniversitäre wissenschaftliche Einrichtungen gelten die Vorschriften dieses Gesetzes nur insoweit, als dem nicht die Eigenart dieser Einrichtungen entgegensteht. ₂Sie gelten insbesondere nicht bei Maßnahmen, die die künstlerische Gestaltung von Aufführungen oder Veranstaltungen wesentlich beeinflussen können.

(3) Das Gesetz gilt nicht für die Selbstverwaltungskörperschaften der Wirtschaft und der freien Berufe.

§ 3 Begriffsbestimmungen

(1) Beschäftigte im Sinne dieses Gesetzes sind Arbeitnehmerinnen und Arbeitnehmer, Beamtinnen und Beamte mit Ausnahme der Ehrenbeamtinnen und Ehrenbeamten sowie Auszubildende.

(2) Dienststellen im Sinne dieses Gesetzes sind

1. die einzelnen Behörden einschließlich der Landesbetriebe nach § 26 der Niedersächsischen Landeshaushaltsordnung,
2. soweit Behörden nicht vorhanden sind, die Verwaltungsstellen der in § 2 Abs. 1 genannten Verwaltungen,

wenn sie befugt sind, Einstellungen, Beförderungen oder Übertragungen höherwertiger Tätigkeiten vorzunehmen.

(3) ₁Unterrepräsentanz im Sinne dieses Gesetzes liegt vor, wenn der Frauen- oder Männeranteil in einem Bereich einer Dienststelle unter 45 vom Hundert liegt. ₂Teilzeitbeschäftigte werden entsprechend ihrer individuellen wöchentlichen Arbeitszeit berücksichtigt.

(4) ₁Bereich im Sinne dieses Gesetzes ist eine Vergütungs-, Besoldungs- oder Entgeltgruppe. ₂Abweichend von Satz 1 bilden in einer Besoldungsgruppe, der auch Einstiegsämter

zugeordnet sind, die Einstiegsämter und die übrigen Ämter jeweils einen Bereich.

Zweiter Teil
Vereinbarkeit von Erwerbs- und Familienarbeit

§ 4 Familiengerechte Arbeitsgestaltung

Arbeitsbedingungen einschließlich der Arbeitszeiten in der Dienststelle sind, soweit die Erfüllung der dienstlichen Aufgaben das zulässt, so zu gestalten, dass Frauen und Männer ihre Erwerbsarbeit mit ihrer Familienarbeit vereinbaren können.

§ 5 Arbeitszeitgestaltung bei familiären Betreuungsaufgaben

₁Beschäftigten, die Kinder unter zwölf Jahren oder pflegebedürftige Angehörige im Sinne des § 14 des Elften Buchs des Sozialgesetzbuchs betreuen, ist auf Verlangen über die für alle Beschäftigten geltenden Regelungen hinaus eine individuelle Gestaltung der täglichen oder wöchentlichen Arbeitszeit zu ermöglichen, soweit nicht dringende dienstliche Belange entgegenstehen. ₂Die Ablehnung des Verlangens ist schriftlich zu begründen.

§ 6 Teilzeitarbeit und Beurlaubung

(1) Die Dienststellen haben dafür zu sorgen, dass sie ihren Beschäftigten, auch für Vorgesetzten- und Leitungsaufgaben, genügend Teilzeitarbeitsplätze anbieten können.

(2) Die Dienststellen sind verpflichtet, Beschäftigte, die eine Beurlaubung oder eine Ermäßigung der Arbeitszeit beantragen, auf die generellen beamten-, arbeits- und versorgungsrechtlichen Folgen hinzuweisen.

(3) Die Ermäßigung von Arbeitszeit ist grundsätzlich personell auszugleichen; dabei sind verbleibende Stellenreste zu vollen Stellen oder Teilzeitstellen zusammenzuführen.

(4) Urlaubs- und Krankheitsvertretungen sowie Aushilfstätigkeiten sind vorrangig denjenigen Beschäftigten der Dienststelle anzubieten, die aus familiären Gründen beurlaubt worden sind und die Interesse an der Übernahme solcher Tätigkeiten bekundet haben.

(5) ₁Teilzeitbeschäftigten sind die gleichen beruflichen Aufstiegs- und Fortbildungschancen einzuräumen wie Vollzeitbeschäftigten. ₂Können Teilzeitbeschäftigte an einer längerfristigen Fortbildungsmaßnahme nur teilnehmen, wenn sie ihre regelmäßige wöchentliche Arbeitszeit überschreiten, so soll für die Dauer der Maßnahme auf Antrag die regelmäßige wöchentliche Arbeitszeit entsprechend erhöht werden.

(6) ₁Den Beschäftigten, die Elternzeit in Anspruch nehmen, dürfen aus diesem Grund keine dienstlichen Nachteile entstehen. ₂Eine familienbedingte Beurlaubung darf sich für die betreffenden Beschäftigten nicht nachteilig auf beamtenrechtliche Auswahlentscheidungen oder Höhergruppierungen auswirken.

Dritter Teil
Gleichstellung von Frauen und Männern

Erster Abschnitt
Verbesserung der Entscheidungsfindung, Benachteiligungsverbot

§ 7 Verbesserung der Entscheidungsfindung

Die Dienststelle soll sicherstellen, dass in ihre Entscheidungsprozesse weibliche und männliche Sichtweisen und Erfahrungen sowie die Erfahrungen aus einem Leben mit Kindern einfließen können.

§ 8 Gremien

(1) Werden Kommissionen, Arbeitsgruppen, Vorstände, Beiräte und gleichartige Gremien einschließlich Personalauswahlgremien mit Beschäftigten besetzt, so sollen diese je zur Hälfte Frauen und Männer sein.

(2) Sollen in ein Gremium der öffentlichen Verwaltung durch eine Stelle außerhalb der öffentlichen Verwaltung Personen entsandt werden oder werden Beschäftigte der öffentlichen Verwaltung in Gremien außerhalb der

öffentlichen Verwaltung entsandt, so ist auf eine hälftige Besetzung der Gremien mit Frauen und Männern hinzuwirken.

§ 9 Benachteiligungsverbot

(1) Beschäftigte dürfen nicht unmittelbar oder mittelbar wegen des Geschlechts benachteiligt werden.

(2) ₁Eine unmittelbare Benachteiligung liegt vor, wenn eine Person wegen des Geschlechts eine weniger günstige Behandlung erfährt, als eine andere Person in einer vergleichbaren Situation erfährt, erfahren hat oder erfahren würde. ₂Eine unmittelbare Benachteiligung wegen des Geschlechts liegt auch im Fall einer ungünstigeren Behandlung einer Frau wegen Schwangerschaft oder Mutterschaft vor.

(3) Eine mittelbare Benachteiligung liegt vor, wenn dem Anschein nach neutrale Vorschriften, Kriterien oder Verfahren Personen wegen des Geschlechts gegenüber anderen Personen in besonderer Weise benachteiligen können, es sei denn, die betreffenden Vorschriften, Kriterien oder Verfahren sind durch ein rechtmäßiges Ziel sachlich gerechtfertigt und die Mittel sind zur Erreichung dieses Ziels angemessen und erforderlich.

(4) Eine unterschiedliche Behandlung wegen des Geschlechts ist zulässig, wenn dieser Grund wegen der Art der auszuübenden Tätigkeit oder der Bedingungen ihrer Ausübung eine wesentliche und entscheidende berufliche Anforderung darstellt, sofern der Zweck rechtmäßig und die Anforderung angemessen ist.

(5) Ungeachtet der in den Absätzen 3 und 4 genannten Gründe ist eine unterschiedliche Behandlung auch zulässig, wenn durch geeignete und angemessene Maßnahmen, insbesondere nach § 13 Abs. 5 dieses Gesetzes, bestehende Nachteile wegen des Geschlechts verhindert oder ausgeglichen werden sollen.

Zweiter Abschnitt
Abbau von Unterrepräsentanz

§ 10 Fördermaßnahmen

(1) Unterrepräsentanz ist durch die Personal- und Organisationsentwicklung und nach Maßgabe der nachfolgenden Vorschriften durch die Förderung des unterrepräsentierten Geschlechts bei der Ausbildung, Einstellung, Beförderung und Übertragung höherwertiger Tätigkeiten abzubauen.

(2) Bei Personalabbau soll darauf geachtet werden, dass sich dadurch die Unterrepräsentanz eines Geschlechts nicht verstärkt.

§ 11 Ausschreibungen

(1) ₁In allen Bereichen, in denen ein Geschlecht unterrepräsentiert ist, sind Stellen grundsätzlich auszuschreiben. ₂In der Stellenausschreibung ist das unterrepräsentierte Geschlecht ausdrücklich anzusprechen. ₃Außerdem ist darin auf mögliche Teilzeitbeschäftigung hinzuweisen. ₄Die Sätze 1 bis 3 gelten für die Übertragung einer höherwertigen Tätigkeit und die Besetzung eines Dienstpostens ohne Stelle entsprechend.

(2) Die Gleichstellungsbeauftragte kann eine zweite Ausschreibung verlangen, wenn sich keine Person des unterrepräsentierten Geschlechts beworben hat.

§ 12 Auswahlverfahren

(1) ₁Bei der Besetzung von Stellen in Bereichen, in denen ein Geschlecht unterrepräsentiert ist, sollen mindestens zur Hälfte Personen dieses Geschlechts, die die in der Stellenausschreibung angegebenen Mindestvoraussetzungen erfüllen, in die engere Wahl einbezogen und zu einem Vorstellungsgespräch eingeladen werden. ₂Satz 1 gilt für die Übertragung einer höherwertigen Tätigkeit und die Besetzung eines Dienstpostens ohne Stelle entsprechend.

(2) Fragen nach der Familienplanung und Fragen danach, wie die Betreuung von Kindern neben der Berufstätigkeit sichergestellt wird, sind unzulässig.

§ 13 Auswahlkriterien

(1) Im Auswahlverfahren sind für die Beurteilung von Eignung, Befähigung und fachlicher Leistung ausschließlich die Anforderungen der zu besetzenden Stelle, der zu übertragenden Tätigkeit, des zu besetzenden Dienstpostens, der Laufbahn oder des Berufs maßgebend.

(2) ₁Falls ein Mindestdienst- oder -lebensalter in der Ausschreibung oder in anderer Weise vor Beginn des Auswahlverfahrens als Teil der Anforderungen nach Absatz 1 festgelegt worden ist, dürfen nur Personen ausgewählt werden, die diese Anforderung erfüllen. ₂Falls mehrere Personen das nach Satz 1 geforderte Mindestdienst- oder -lebensalter haben oder diese Kriterien zwar nicht zu den Anforderungen nach Absatz 1 gehören, ihnen jedoch in anderer Weise Bedeutung für die Beurteilung von Eignung, Befähigung und fachlicher Leistung zukommt, darf das Dienst- oder das Lebensalter nur berücksichtigt werden, wenn weder die Personal- oder Organisationsentwicklung nach § 10 Abs. 1 noch eine Festlegung in einem Gleichstellungsplan nach § 15 Abs. 2 Satz 2 und Abs. 3 Satz 1 entgegensteht.

(3) Für die Beurteilung der Eignung und Befähigung sind auch Erfahrungen und Fähigkeiten aus der familiären oder sozialen Arbeit wie Flexibilität, Kommunikations- und Teamfähigkeit, Tatkraft und Organisationsfähigkeit einzubeziehen, soweit diese Qualifikationen für die zu übertragenden Aufgaben von Bedeutung sind.

(4) ₁Vorangegangene Teilzeitbeschäftigungen und Unterbrechungen der Erwerbstätigkeit zur Betreuung von Kindern oder pflegebedürftigen Angehörigen dürfen nicht nachteilig berücksichtigt werden. ₂Hat sich auf eine teilzeitgeeignete Stelle keine zweite Teilzeitkraft beworben, so darf die Bewerbung der einen Teilzeitkraft aus diesem Grund nur abgelehnt werden, wenn dafür zwingende personalwirtschaftliche Gründe vorliegen.

(5) ₁In einem Bereich, in dem ein Geschlecht unterrepräsentiert ist, darf zur Erreichung des in § 1 Abs. 1 Nr. 2 genannten Ziels bei der Einstellung, Beförderung und Übertragung höherwertiger Tätigkeiten eine Person des unterrepräsentierten Geschlechts bei gleicher Eignung, Befähigung und fachlicher Leistung gegenüber einer Person des anderen Geschlechts bevorzugt werden. ₂Eine Bevorzugung nach Satz 1 ist nicht zulässig, wenn bei der Person des anderen Geschlechts schwerwiegende persönliche Gründe vorliegen, hinter denen das in Satz 1 genannte Ziel zurücktreten muss und die durch persönliche Gründe, die bei der Person des unterrepräsentierten Geschlechts vorliegen, nicht aufgewogen werden.

(6) ₁Absatz 5 gilt für die Besetzung von Ausbildungsplätzen entsprechend, solange der Frauen- oder Männeranteil bei den Auszubildenden in einer Dienststelle unter 45 vom Hundert liegt. ₂Satz 1 gilt nicht bei Ausbildungen für Berufe, die auch außerhalb des öffentlichen Dienstes ausgeübt werden und für die ausschließlich innerhalb des öffentlichen Dienstes ausgebildet wird.

§ 14 Fortbildung

(1) Frauen und Männer sollen im gleichen Umfang als Leiterinnen und Leiter sowie Referentinnen und Referenten bei Fortbildungsveranstaltungen eingesetzt werden.

(2) Beurlaubte Beschäftigte und Beschäftigte in Elternzeit sind rechtzeitig und umfassend über Fortbildungsmaßnahmen zu unterrichten.

(3) Frauen oder Männer sind gezielt anzusprechen, um möglichst eine paritätische Besetzung der Fortbildungsveranstaltungen zu erreichen.

(4) ₁Fortbildungsveranstaltungen sind so durchzuführen, dass Beschäftigte, die Kinder betreuen oder pflegebedürftige Angehörige versorgen, teilnehmen können. ₂Im Rahmen der zur Verfügung stehenden Haushaltsmittel werden auf Antrag die angemessenen nachgewiesenen Mehrkosten für die Kinderbetreuung und die Betreuung pflegebedürftiger Angehöriger im Sinne des § 14 des Elften Buchs des Sozialgesetzbuchs erstattet.

Vierter Teil
Durchsetzung der Ziele

Erster Abschnitt
Gleichstellungsplan

§ 15 Erstellung

(1) ₁Jede Dienststelle mit mindestens 50 Beschäftigten hat erstmals bis zum 31. Dezember 2011 jeweils für drei Jahre einen Gleichstellungsplan zu erstellen. ₂Außenstellen mit mindestens 50 Beschäftigten, die befugt sind, Einstellungen, Beförderungen oder Übertragungen höherwertiger Tätigkeiten vorzunehmen, müssen jeweils zusätzlich einen eigenen Gleichstellungsplan erstellen.

(2) ₁Als Grundlage des Gleichstellungsplans dient eine Bestandsaufnahme und Analyse der Beschäftigtenstruktur und der zu erwartenden Fluktuation. ₂Im Gleichstellungsplan ist für seine Geltungsdauer nach Maßgabe der dienstrechtlichen Befugnisse der ihn erstellenden Stelle und des Absatzes 3 festzulegen, wie eine Unterrepräsentanz abgebaut und die Vereinbarkeit von Erwerbsarbeit und Familienarbeit verbessert werden soll.

(3) ₁Zum Abbau von Unterrepräsentanz muss der Gleichstellungsplan für seine Geltungsdauer Zielvorgaben in Vomhundertsätzen, bezogen auf den Anteil des unterrepräsentierten Geschlechts in den jeweiligen Bereichen, enthalten. ₂Für Schulen kann bei den Ämtern der Laufbahn der Laufbahngruppe 2 der Fachrichtung Bildung zwischen den nach dem ersten Einstiegsamt und den nach dem zweiten Einstiegsamt regelmäßig zu durchlaufenden Ämtern unterschieden werden. ₃Die Besonderheiten in den jeweiligen Bereichen, Dienststellen und Außenstellen sind zu berücksichtigen. ₄Die personellen, organisatorischen und fortbildenden Maßnahmen zur Erreichung der Zielvorgaben nach Satz 1 sind konkret zu benennen. ₅Zur Verbesserung der Vereinbarkeit von Erwerbs- und Familienarbeit muss der Gleichstellungsplan für seine Geltungsdauer geeignete Bemessungskriterien, Zielvorgaben und Maßnahmen enthalten.

(4) Der Gleichstellungsplan ist den Beschäftigten unverzüglich zur Kenntnis zu geben.

§ 16 Wirkungen und Erfolgskontrolle

(1) ₁Die im Gleichstellungsplan festgelegten Zielvorgaben und Maßnahmen müssen bei der Besetzung von Ausbildungsplätzen, Einstellung, Beförderung oder Übertragung höherwertiger Tätigkeiten, beim Personalabbau sowie bei der Durchführung von Fortbildungsmaßnahmen beachtet werden. ₂Bei der Personal- und Organisationsentwicklung sind die im Gleichstellungsplan festgelegten Zielvorgaben zu beachten.

(2) ₁Nach Ablauf der Geltungsdauer eines Gleichstellungsplans ermittelt die Stelle, die ihn erstellt hat, inwieweit Unterrepräsentanz (in Vomhundertsätzen) verringert und die Vereinbarkeit von Erwerbs- und Familienarbeit verbessert worden ist. ₂Sie gibt dies den Beschäftigten innerhalb von sechs Monaten nach Ablauf der Geltungsdauer des Gleichstellungsplans zur Kenntnis.

§ 17 Ausbildung

₁Unterrepräsentanz im Sinne der Vorschriften dieses Abschnitts liegt in Bezug auf die Ausbildung vor, wenn der Frauen- oder Männeranteil bei den Auszubildenden in einer Dienststelle unter 45 vom Hundert liegt. ₂Bereich im Sinne der Vorschriften dieses Abschnitts ist in Bezug auf die Ausbildung die Gesamtzahl der Auszubildenden in einer Dienststelle.

Zweiter Abschnitt
Gleichstellungsbeauftragte

§ 18 Geltungsbereich

Die Vorschriften dieses Abschnitts gelten nicht für die Verwaltungen der Gemeinden, Gemeindeverbände, gemeinsamen kommunalen Anstalten und Zweckverbände sowie für Hochschulen.

§ 19 Bestellung

(1) ₁Jede Dienststelle und jede Außenstelle, die nach § 15 Abs. 1 Satz 1 oder 2 zur Erstellung eines Gleichstellungsplans verpflichtet ist, hat jeweils eine Gleichstellungsbeauftragte und eine Vertreterin zu bestellen. ₂Dienststellen mit weniger als 50 Beschäftig-

ten können, auch gemeinsam mit anderen Dienststellen unter 50 Beschäftigten, eine Gleichstellungsbeauftragte und eine Vertreterin bestellen; dies gilt für Außenstellen im Sinne des § 15 Abs. 1 Satz 2 mit weniger als 50 Beschäftigten entsprechend. ₃Die Bestellung weiterer Gleichstellungsbeauftragter oder Vertreterinnen für abgegrenzte Aufgabenbereiche ist zulässig. ₄Die Dienststelle oder die Außenstelle bestellt die Gleichstellungsbeauftragte und die Vertreterin mit deren Einverständnis. ₅Vor der Bestellung sind die Beschäftigten anzuhören. ₆Das Ergebnis der Anhörung ist zu berücksichtigen.

(2) ₁Die Bestellung der Gleichstellungsbeauftragten und ihrer Vertreterin erfolgt für die Dauer von vier Jahren; sie kann mit ihrem Einverständnis aufgehoben werden. ₂Im Übrigen kann die Bestellung nur aus wichtigem Grund widerrufen werden.

(3) Hat eine Dienststelle oder eine Außenstelle, die in Personalangelegenheiten der Fachaufsicht unterliegt, zulässigerweise keine Gleichstellungsbeauftragte bestellt, so werden die Aufgaben und Befugnisse der Gleichstellungsbeauftragten durch die Gleichstellungsbeauftragte der Dienststelle wahrgenommen, die in Personalangelegenheiten der Fachaufsicht führt.

(4) Soweit sich die §§ 20, 21, 22 Abs. 1 und 5 bis 7 und § 23 auf Dienststellen beziehen, gelten diese Vorschriften in Bezug auf Gleichstellungsbeauftragte, die von einer Außenstelle bestellt worden sind, mit der Maßgabe entsprechend, dass an die Stelle der Dienststelle die Außenstelle tritt.

§ 20 Aufgaben und Befugnisse

(1) ₁Die Gleichstellungsbeauftragte hat die Aufgabe, den Vollzug dieses Gesetzes sowie des Allgemeinen Gleichbehandlungsgesetzes im Hinblick auf den Schutz vor Benachteiligungen wegen des Geschlechts und sexueller Belästigung in der Dienststelle zu fördern und zu überwachen. ₂Sie ist bei allen personellen, sozialen und organisatorischen Maßnahmen, die die Gleichstellung von Frauen und Männern und die Vereinbarkeit von Erwerbs- und Familienarbeit berühren können, rechtzeitig zu beteiligen. ₃Zu den Maßnahmen nach Satz 2 gehören insbesondere

1. Arbeitszeitregelungen,
2. organisatorische und individuelle Regelungen zur Teilzeit,
3. Einstellungen, Beförderungen und Höhergruppierungen,
4. Zulassung zum Aufstieg sowie Entscheidung über die Teilnahme an einer Qualifizierung, die Voraussetzung für die Übertragung eines Amtes der Besoldungsgruppe A 7 oder A 14 durch eine Beförderung ist,
5. Versetzungen sowie Abordnungen von mehr als drei Monaten,
6. Planung und Durchführung von Fortbildungsmaßnahmen,
7. Besetzung von Gremien mit und Entsendung von Beschäftigten in Gremien nach § 8,
8. Ausschreibungen und Verzicht auf sie,
9. Maßnahmen der Verwaltungsreform, soweit sie Auswirkungen auf die Arbeitszeit und sonstige Arbeitsbedingungen haben,
10. Auswahlentscheidungen beim Abbau von Personal und
11. die Erstellung des Gleichstellungsplans.

₄Die Gleichstellungsbeauftragte kann sich darüber hinaus innerhalb ihrer Dienststelle zu fachlichen Fragen mit Relevanz für die Gleichstellung von Frauen und Männern und die Vereinbarkeit von Erwerbs- und Familienarbeit äußern.

(2) Die Aufgaben und Befugnisse der Personalräte, Richtervertretungen und Schwerbehindertenvertretungen bleiben unberührt.

(3) Die Gleichstellungsbeauftragte kann Maßnahmen zur Verwirklichung der Gleichstellung von Frauen und Männern in der Dienststelle und zur Verbesserung der Vereinbarkeit von Erwerbs- und Familienarbeit vorschlagen.

(4) ₁Der Gleichstellungsbeauftragten ist in dem für die sachgerechte Wahrnehmung ihrer Aufgaben erforderlichen Umfang Einsicht in die Akten, Planungs- und Bewerbungsun-

terlagen zu gewähren. ₂Personalakten sowie die anlässlich von Einstellungen getroffenen amtsärztlichen oder psychologischen Feststellungen darf die Gleichstellungsbeauftragte nur einsehen, wenn die betroffene Person im Einzelfall eingewilligt hat. ₃Sie ist befugt, an Vorstellungs- und sonstigen Personalauswahlgesprächen teilzunehmen.

(5) Beschäftigte können sich in Gleichstellungsangelegenheiten und in Angelegenheiten der Vereinbarkeit von Erwerbs- und Familienarbeit unmittelbar an die Gleichstellungsbeauftragte wenden.

(6) ₁Die Gleichstellungsbeauftragte richtet bei Bedarf Sprechzeiten ein. ₂Sie beruft mindestens einmal jährlich eine Versammlung der weiblichen Beschäftigten der Dienststelle ein (Frauenversammlung). ₃Ist sie für mehrere Dienststellen zuständig, so ist in jeder der Dienststellen eine Frauenversammlung einzuberufen. ₄Sie kann Teilversammlungen abhalten.

§ 21 Beanstandungsrecht

₁Hält die Gleichstellungsbeauftragte eine beabsichtigte Maßnahme nach § 20 Abs. 1 Satz 2 für unvereinbar mit diesem Gesetz, so kann sie diese Maßnahme binnen einer Woche nach ihrer Unterrichtung beanstanden. ₂Bei unaufschiebbaren Maßnahmen kann die Dienststelle die Frist verkürzen. ₃Eine Maßnahme darf nicht vollzogen werden, solange die Gleichstellungsbeauftragte sie noch beanstanden kann. ₄Im Fall der fristgerechten Beanstandung hat die Dienststelle unter Beachtung der Einwände neu zu entscheiden. ₅Bis zu der erneuten Entscheidung darf die Maßnahme nicht vollzogen werden. ₆Hält die Dienststelle an ihrer Entscheidung fest, so hat sie dieses schriftlich gegenüber der Gleichstellungsbeauftragten zu begründen. ₇Wird die Gleichstellungsbeauftragte nicht oder nicht rechtzeitig an einer Maßnahme nach § 20 Abs. 1 Satz 2 beteiligt, so kann sie verlangen, dass der Vollzug der Maßnahme bis zum Ablauf einer Woche nach ihrer Unterrichtung ausgesetzt wird.

§ 22 Status

(1) ₁Die Gleichstellungsbeauftragte und ihre Vertreterin sind der Leitung der Dienststelle unmittelbar unterstellt. ₂Sie dürfen keiner Personalvertretung angehören und nur in ihrer Eigenschaft als Gleichstellungsbeauftragte oder Vertreterin mit Personalangelegenheiten befasst sein.

(2) ₁Die Gleichstellungsbeauftragte ist von ihrer sonstigen dienstlichen Tätigkeit ohne Minderung der Bezüge, des Arbeitsentgelts oder der sonstigen Vergütungen ganz oder teilweise zu entlasten. ₂Die Entlastung beträgt in Dienststellen mit mehr als

1. 200 Beschäftigten die Hälfte der regelmäßigen Wochenarbeitszeit,
2. 600 Beschäftigten drei Viertel der regelmäßigen Wochenarbeitszeit und
3. 1000 Beschäftigten die volle regelmäßige Wochenarbeitszeit.

₃In Dienststellen mit bis zu 200 Beschäftigten ist die Gleichstellungsbeauftragte so zu entlasten, wie es nach Art und Umfang der Dienststelle zur Wahrnehmung ihrer Aufgaben notwendig ist. ₄Bei Dienststellen mit 50 bis 100 Beschäftigten soll die Entlastung mindestens drei Wochenstunden, bei Dienststellen mit mehr als 100 bis zu 200 Beschäftigten mindestens fünf Wochenstunden betragen. ₅Die Vertreterin der Gleichstellungsbeauftragten kann im Einvernehmen mit der Gleichstellungsbeauftragten Aufgaben zur eigenständigen Erledigung übernehmen. ₆Auf den gemeinsamen Antrag der Gleichstellungsbeauftragten und ihrer Vertreterin ist die Dienststelle verpflichtet, die Entlastung auf die Gleichstellungsbeauftragte und ihre Vertreterin aufzuteilen, sofern nicht dringende dienstliche Gründe entgegenstehen.

(3) ₁Die Entlastung der Gleichstellungsbeauftragten von Außenstellen richtet sich nach der Zahl der in der jeweiligen Außenstelle Beschäftigten und die Entlastung der Gleichstellungsbeauftragten der übrigen Dienststelle nach der Zahl der dort Beschäftigten. ₂In den Fällen des § 19 Abs. 3 ist die Beschäftigtenzahl der Dienststelle, die die Gleichstellungsbeauftragte bestellt hat, die

Hälfte der Beschäftigtenzahl der anderen Dienststelle oder Außenstelle, für die die Gleichstellungsbeauftragte tätig wird, hinzuzurechnen. ₃Hat die Dienststelle dienstrechtliche Befugnisse für einen Teil der Beschäftigten nachgeordneter Dienststellen, so ist der Beschäftigtenzahl der übergeordneten Dienststelle die Hälfte der Zahl dieser Beschäftigten hinzuzurechnen; die Beschäftigtenzahl der nachgeordneten Dienststelle vermindert sich entsprechend.

(4) ₁Beträgt durch die Anwendung des Absatzes 3 Sätze 2 und 3 die zu berücksichtigende Beschäftigtenzahl mehr als 1200, so ist im erforderlichen Umfang eine zusätzliche Entlastung zu gewähren. ₂Damit können die Vertreterin entlastet oder weitere Gleichstellungsbeauftragte für den nachgeordneten Bereich bestellt werden. ₃Absatz 2 Satz 6 gilt entsprechend.

(5) ₁Die Gleichstellungsbeauftragte ist mit den zur Erfüllung ihrer Aufgaben notwendigen räumlichen, personellen und sächlichen Mitteln auszustatten. ₂Ihr und ihrer Vertreterin ist im angemessenen Umfang Gelegenheit zur Fortbildung in allen für ihre Aufgabenerfüllung notwendigen Fachthemen zu geben.

(6) Die Gleichstellungsbeauftragte und ihre Vertreterin dürfen bei der Wahrnehmung ihrer Aufgaben nicht behindert und wegen ihrer Tätigkeit nicht benachteiligt werden.

(7) ₁Personen, die als Gleichstellungsbeauftragte tätig sind oder als Frauenbeauftragte oder Gleichstellungsbeauftragte tätig waren, sind verpflichtet, über die ihnen dabei bekannt gewordenen persönlichen Verhältnisse von Beschäftigten Stillschweigen zu bewahren. ₂Dies gilt auch für sonstige Angelegenheiten, es sei denn, sie bedürfen ihrer Bedeutung oder ihrem Inhalt nach keiner vertraulichen Behandlung. ₃Die Verpflichtung nach Satz 1 entfällt bei schriftlicher Einwilligung der betroffenen Beschäftigten. ₄Die Verpflichtung nach Satz 2 besteht nicht gegenüber

1. den zuständigen Stellen der Dienststelle,
2. den zuständigen Personalräten und Richtervertretungen,
3. den zuständigen Schwerbehindertenvertretungen und
4. Gleichstellungsbeauftragten übergeordneter Dienststellen.

§ 23 Unabhängigkeit

(1) Bei der Wahrnehmung ihrer Aufgaben sind die Gleichstellungsbeauftragte und ihre Vertreterin an Weisungen nicht gebunden.

(2) ₁Die Gleichstellungsbeauftragten und ihre Vertreterinnen haben das Recht auf dienststellenübergreifende Zusammenarbeit. ₂Sie können sich unmittelbar an das für Frauenpolitik und Gleichberechtigung zuständige Ministerium wenden.

§ 24 Gleichstellungsbeauftragte an Schulen

₁Für Schulen gelten § 19 Abs. 1 Satz 3, § 20 Abs. 6 Satz 3 und § 22 Abs. 2 Sätze 2 bis 4, Abs. 3 und 4 nicht. ₂Gleichstellungsbeauftragte an Schulen sind so zu entlasten, wie es nach Art und Umfang der jeweiligen Schule zur Wahrnehmung der Aufgaben notwendig ist.

Fünfter Teil
Schlussbestimmungen

§ 25 Berichtspflichten

(1) Die Landesregierung berichtet dem Landtag im zweiten Halbjahr des auf den Beginn der Wahlperiode folgenden Jahres über die Durchführung dieses Gesetzes.

(2) In dem Bericht sind darzustellen

1. die Zahlenverhältnisse der Geschlechter und ihre Entwicklung
   a) in den einzelnen Bereichen (§ 3 Abs. 4) und
   b) in Gremien (§ 8),
2. die Inanspruchnahme von Regelungen zur Vereinbarkeit von Erwerbs- und Familienarbeit durch Frauen und durch Männer (§§ 4 und 5) und ihre Entwicklung,

3. die Altersstruktur der Beschäftigten in den einzelnen Bereichen (§ 3 Abs. 4) und ihre Entwicklung sowie
4. die bereits durchgeführten und die geplanten Maßnahmen zur Herstellung der Gleichberechtigung.

(3) Die Landesregierung hat zum 1. Juli 2013 dem Landtag darüber zu berichten, ob es angesichts der Entwicklung der tatsächlichen Verhältnisse angezeigt ist, auch männliche Gleichstellungsbeauftragte vorzusehen.

§ 26 Inkrafttreten, Aufhebung von Vorschriften und Übergangsvorschriften

(1) ₁Dieses Gesetz tritt am 1. Januar 2011 in Kraft. ₂Gleichzeitig treten das Niedersächsische Gleichberechtigungsgesetz (nachfolgend: NGG 1994) vom 15. Juni 1994 (Nds. GVBl. S. 246), zuletzt geändert durch Artikel 2 des Gesetzes vom 11. Dezember 1997 (Nds. GVBl. S. 503), und die Verordnung über Schulfrauenbeauftragte vom 25. März 1998 (Nds. GVBl. S. 297) außer Kraft.

(2) ₁Bis zum Inkrafttreten von Gleichstellungsplänen nach § 15 bleiben entsprechende Stufenpläne nach § 4 NGG 1994, auch über die Frist nach § 4 Abs. 1 Satz 2 NGG 1994 hinaus, wirksam. ₂Für diese Zeit ist § 5 NGG 1994 weiterhin anzuwenden.

(3) ₁Eine nach § 18 NGG 1994 bestellte Frauenbeauftragte wird, wenn sie gegenüber der für die Bestellung einer Gleichstellungsbeauftragten zuständigen Stelle ihr Einverständnis erklärt, Gleichstellungsbeauftragte. ₂Ihre Amtszeit als Gleichstellungsbeauftragte beginnt an dem Tag, an dem sie ihr Einverständnis erklärt. ₃Erklärt eine Frauenbeauftragte ihr Einverständnis nicht, so endet ihre Amtszeit mit dem Amtsantritt einer nach § 19 bestellten Gleichstellungsbeauftragten, auch wenn die Amtszeit nach § 18 Abs. 2 Satz 1 Halbsatz 1 NGG 1994 vorher oder später abläuft. ₄Bis zu diesem Zeitpunkt behält die Frauenbeauftragte ihre bisherige Bezeichnung, führt ihr Amt jedoch mit den Rechten und Pflichten einer Gleichstellungsbeauftragten nach diesem Gesetz fort. ₅In den Fällen des Satzes 3 ist innerhalb von drei Monaten nach Inkrafttreten dieses Gesetzes eine Gleichstellungsbeauftragte zu bestellen. ₆Die Sätze 1 bis 5 gelten für die Vertreterinnen der nach § 18 NGG 1994 bestellten Frauenbeauftragten entsprechend.

Niedersächsisches Behindertengleichstellungsgesetz (NBGG)

Vom 25. November 2007 (Nds. GVBl. S. 661)

Zuletzt geändert durch
Haushaltsbegleitgesetz 2024
vom 14. Dezember 2023 (Nds. GVBl. S. 320)

§ 1 Ziel des Gesetzes, Verantwortung öffentlicher Stellen

(1) ₁Ziel des Gesetzes ist es, in Erfüllung der Verpflichtungen insbesondere aus Artikel 4 des Übereinkommens der Vereinten Nationen vom 13. Dezember 2006 über die Rechte von Menschen mit Behinderungen (BGBl. II 2008 S. 1419), im Folgenden: UN-Behindertenrechtskonvention,

1. Benachteiligungen von Menschen mit Behinderungen zu beseitigen und zu verhindern,
2. die volle Verwirklichung der gleichberechtigten Teilhabe von Menschen mit Behinderungen am Leben in der Gesellschaft in allen Lebensbereichen ohne jede Benachteiligung wegen einer Behinderung zu gewährleisten und zu fördern und
3. Menschen mit Behinderungen eine selbstbestimmte Lebensführung in Würde und die volle Entfaltung ihrer Persönlichkeit zu ermöglichen.

₂Dabei wird ihren besonderen Bedürfnissen Rechnung getragen.

(2) ₁Die öffentlichen Stellen sollen im Rahmen ihres jeweiligen Aufgabenbereichs die in Absatz 1 genannten Ziele aktiv fördern und bei der Planung von Maßnahmen beachten. ₂Für die Ausführung von Bundesrecht gilt § 1 Abs. 2 Satz 2 des Behindertengleichstellungsgesetzes (BGG).

§ 2 Begriffsbestimmungen, staatliche Anlaufstelle

(1) ₁Öffentliche Stellen im Sinne dieses Gesetzes mit Ausnahme der §§ 9 bis 9e sind die Behörden, Gerichte und sonstige Einrichtungen des Landes, die Kommunen und deren Zusammenschlüsse in einer öffentlich-rechtlichen Rechtsform sowie die sonstigen der alleinigen Aufsicht des Landes unterstehenden Körperschaften, Anstalten und Stiftungen des öffentlichen Rechts. ₂Ausgenommen sind

1. Gerichte und Behörden, ausschließlich soweit sie Aufgaben der Rechtsprechung, der Strafverfolgung oder der Strafvollstreckung wahrnehmen,
2. öffentliche Stellen im Sinne des Satzes 1, ausschließlich soweit sie zur Verfolgung und Ahndung von Ordnungswidrigkeiten tätig werden.

(2) ₁Menschen mit Behinderungen im Sinne dieses Gesetzes sind Menschen, die langfristige körperliche, seelische oder geistige Beeinträchtigungen oder Sinnesbeeinträchtigungen haben, die sie in Wechselwirkung mit verschiedenen, insbesondere einstellungs- und umweltbedingten Barrieren an der vollen und wirksamen Teilhabe am Leben in der Gesellschaft auf gleichberechtigter Grundlage mit anderen hindern können. ₂Langfristig ist ein Zeitraum, der mit hoher Wahrscheinlichkeit länger als sechs Monate andauert.

(3) ₁Barrierefrei sind bauliche und sonstige Anlagen, Verkehrsmittel, technische Gebrauchsgegenstände, Systeme der Informationsverarbeitung, akustische und visuelle Informationsquellen und Kommunikationseinrichtungen sowie andere gestaltete Lebensbereiche, wenn sie für Menschen mit Behinderungen in der allgemein üblichen Weise, ohne besondere Erschwernis und grundsätzlich ohne fremde Hilfe auffindbar, zugänglich und nutzbar sind. ₂Hierbei ist die Nutzung behinderungsbedingt notwendiger Hilfsmittel zulässig.

(4) ₁Das für Soziales zuständige Ministerium ist staatliche Anlaufstelle im Sinne des Artikels 33 Abs. 1 der UN-Behindertenrechtskonvention. ₂Es koordiniert und steuert den Prozess der Umsetzung der UN-Behindertenrechtskonvention in Niedersachsen.

§ 3 Frauen mit Behinderungen, Benachteiligung wegen mehrerer Gründe

(1) ₁Zur Durchsetzung der Gleichberechtigung von Frauen und Männern und zur Vermeidung von Benachteiligungen von Frauen mit Behinderungen wegen mehrerer Gründe sind die besonderen Belange von Frauen mit Behinderungen zu berücksichtigen und bestehende Benachteiligungen zu beseitigen. ₂Dabei sind besondere Maßnahmen zur Förderung der tatsächlichen Durchsetzung der Gleichberechtigung von Frauen mit Behinderungen und zur Beseitigung bestehender Benachteiligungen zulässig.

(2) Unabhängig von Absatz 1 sind die besonderen Belange von Menschen mit Behinderungen, die von Benachteiligungen wegen einer Behinderung und wenigstens eines weiteren in § 1 des Allgemeinen Gleichbehandlungsgesetzes (AGG) genannten Grundes betroffen sein können, zu berücksichtigen.

§ 4 Benachteiligungsverbot für öffentliche Stellen

(1) ₁Eine öffentliche Stelle darf Menschen mit Behinderungen nicht benachteiligen. ₂Eine Benachteiligung liegt vor, wenn Menschen mit und ohne Behinderungen ohne zwingenden Grund unterschiedlich behandelt werden und dadurch Menschen mit Behinderungen in der vollen und wirksamen Teilhabe am Leben in der Gesellschaft auf gleichberechtigter Grundlage mit anderen unmittelbar oder mittelbar beeinträchtigt werden. ₃Eine Benachteiligung liegt auch bei einer Belästigung im Sinne des § 3 Abs. 3 und 4 AGG vor, mit der Maßgabe, dass § 3 Abs. 4 AGG nicht auf den Anwendungsbereich des § 2 Abs. 1 Nrn. 1 bis 4 AGG begrenzt ist. ₄Bei einem Verstoß gegen eine Verpflichtung zur Herstellung von Barrierefreiheit wird das Vorliegen einer Benachteiligung widerleglich vermutet.

(2) ₁Die Versagung angemessener Vorkehrungen für Menschen mit Behinderungen ist eine Benachteiligung im Sinne dieses Gesetzes. ₂Angemessene Vorkehrungen sind Maßnahmen, die im Einzelfall geeignet und erforderlich sind, um zu gewährleisten, dass ein Mensch mit Behinderungen gleichberechtigt mit anderen alle Rechte genießen und ausüben kann, und die die öffentlichen Stellen nicht unverhältnismäßig oder unbillig belasten.

(3) ₁In Bereichen bestehender Benachteiligungen von Menschen mit Behinderungen gegenüber Menschen ohne Behinderungen sind besondere Maßnahmen zum Abbau und zur Beseitigung dieser Benachteiligungen zulässig. ₂Bei der Anwendung von Gesetzen zur tatsächlichen Durchsetzung der Gleichberechtigung von Frauen und Männern ist den besonderen Belangen von Frauen mit Behinderungen Rechnung zu tragen.

(4) Besondere Benachteiligungsverbote zugunsten von Menschen mit Behinderungen in anderen Rechtsvorschriften, insbesondere im Neunten Buch des Sozialgesetzbuchs, bleiben unberührt.

§ 4a Gremien

₁Soweit öffentliche Stellen Kommissionen, Arbeitsgruppen, Vorstände, Aufsichts- und Verwaltungsräte, Beiräte und sonstige Gremien einrichten oder über deren Zusammensetzung entscheiden oder deren Mitglieder bestimmen können, sollen sie Menschen mit Behinderungen angemessen berücksichtigen. ₂Rechtsvorschriften über die Besetzung von Gremien mit Personen, die wegen ihrer Funktion oder aufgrund einer Wahl Mitglied des Gremiums sind, bleiben unberührt.

§ 5 Gebärdensprache und andere Kommunikationshilfen

(1) Die Deutsche Gebärdensprache ist als eigenständige Sprache anerkannt.

(2) Lautsprachbegleitende Gebärden sind als Kommunikationsform der deutschen Sprache anerkannt.

(3) ₁Menschen mit Hörbehinderung und Menschen mit Sprachbehinderung haben nach Maßgabe der einschlägigen Rechtsvorschriften das Recht, die Deutsche Gebärdensprache oder lautsprachbegleitende Gebärden zu verwenden. ₂Soweit sie sich nicht in Deutscher Gebärdensprache oder mit lautsprachbegleitenden Gebärden verständigen, haben sie nach Maßgabe der einschlägigen Rechtsvorschriften das Recht, andere geeignete Kommunikationshilfen zu verwenden.

§ 6 Recht auf Verwendung von Gebärdensprache und Kommunikationshilfen

(1) ₁Menschen mit Kommunikationsbeeinträchtigungen haben das Recht, mit öffentlichen Stellen in Deutscher Gebärdensprache, mit lautsprachbegleitenden Gebärden oder über andere geeignete Kommunikationshilfen zu kommunizieren, soweit dies zur Wahrnehmung eigener Rechte im Verwaltungsverfahren oder zur Wahrnehmung ihrer Interessen in Kindertagesstätten und Schulen erforderlich ist. ₂Dabei ist auf Wunsch der oder des Berechtigten im notwendigen Umfang die Übersetzung durch eine Gebärdensprachdolmetscherin oder eine Gebärdensprachdolmetscher oder die Verständigung über andere geeignete Kommunikationshilfen sicherzustellen. ₃Die Hochschulen in staatlicher Verantwortung müssen auf Antrag für einen Menschen mit Hör- oder Sprachbehinderung anstelle von mündlichen Prüfungen und Leistungsfeststellungen Prüfungen und Leistungsfeststellungen in schriftlicher Form oder in Gebärdensprache durchführen, soweit der Prüfungs- oder Leistungsfeststellungszweck nicht entgegensteht.

(2) ₁Die öffentlichen Stellen sind verpflichtet, die durch Verwendung der Gebärdensprache, lautsprachbegleitender Gebärden und geeigneter Kommunikationshilfen nach Absatz 1 Satz 1 entstehenden Kosten zu tragen. ₂Herangezogene Gebärdensprachdolmetscherinnen und Gebärdensprachdolmetscher oder andere Kommunikationshelferinnen und Kommunikationshelfer erhalten auf Antrag eine Vergütung in entsprechender Anwendung des Justizvergütungs- und -entschädigungsgesetzes vom 5. Mai 2004 (BGBl. I S. 718, 776), zuletzt geändert durch Artikel 19 des Gesetzes vom 22. Dezember 2006 (BGBl. I S. 3416), in der jeweils geltenden Fassung.

(3) Das für Soziales zuständige Ministerium wird ermächtigt, durch Verordnung Bestimmungen zu erlassen über

1. die geeigneten Kommunikationshilfen im Sinne des Absatzes 1,
2. das Nähere der Voraussetzungen und des Umfangs des Anspruchs auf Bereitstellung geeigneter Kommunikationshilfen,
3. die Art und Weise der Bereitstellung geeigneter Kommunikationshilfen und
4. in Anlehnung an das Justizvergütungs- und -entschädigungsgesetz die Grundsätze für eine angemessene Vergütung oder eine Erstattung notwendiger Aufwendungen für den Einsatz geeigneter Kommunikationshilfen, soweit nicht Absatz 2 Satz 2 gilt.

§ 7 Herstellung von Barrierefreiheit in den Bereichen Bau und Verkehr

(1) ₁Neubauten sowie große Um- oder Erweiterungsbauten öffentlicher Stellen sind in entsprechender Anwendung der in oder aufgrund der Niedersächsischen Bauordnung getroffenen Bestimmungen barrierefrei zu gestalten. ₂Von diesen Anforderungen kann abgewichen werden, wenn mit einer anderen Lösung die Anforderungen an die Barrierefreiheit in gleichem Maße erfüllt werden. ₃Bei großen Um- oder Erweiterungsbauten sind Ausnahmen von Satz 1 zulässig, soweit die Anforderungen an die Barrierefreiheit nur mit einem unverhältnismäßigen Mehraufwand erfüllt werden können. ₄Die Bestimmungen der Niedersächsischen Bauordnung bleiben im Übrigen unberührt.

(2) Sonstige öffentliche bauliche oder andere Anlagen, öffentliche Wege, Plätze und Straßen sowie öffentlich zugängliche Verkehrsanlagen und Verkehrsmittel im öffentlichen Personenverkehr sind barrierefrei zu gestalten, soweit dies durch Rechtsvorschrift vorgegeben ist.

(3) ₁Die öffentlichen Stellen sind verpflichtet, die Barrierefreiheit bei der Anmietung der

von ihnen genutzten Bauten zu berücksichtigen. ₂Sie sollen nur barrierefreie Bauten oder Bauten, in denen die baulichen Barrieren unter Berücksichtigung der baulichen Gegebenheiten abgebaut werden können, anmieten. ₃Satz 2 gilt nicht, falls die Anmietung eines Gebäudes, das die Anforderungen des Satzes 2 erfüllt, eine unangemessene wirtschaftliche Belastung zur Folge hätte.

§ 8 Gestaltung von Verwaltungsakten, Verträgen und Vordrucken

(1) Die öffentlichen Stellen haben bei der Gestaltung von Verwaltungsakten, öffentlich-rechtlichen Verträgen und Vordrucken die unterschiedlichen Bedürfnisse von Menschen mit Behinderungen zu berücksichtigen.

(2) Die öffentlichen Stellen haben Menschen mit Behinderungen auf Verlangen Verwaltungsakte, öffentlich-rechtliche Verträge und Vordrucke kostenfrei auch in einer für diese geeigneten und wahrnehmbaren Form zugänglich zu machen, soweit dies zur Wahrnehmung von Rechten im Verwaltungsverfahren erforderlich ist.

§ 9 Besondere Regelungen für Websites und mobile Anwendungen öffentlicher Stellen

(1) ₁Öffentliche Stellen im Sinne der §§ 9a bis 9e sind

1. das Land, die Kommunen sowie die sonstigen der alleinigen Aufsicht des Landes unterstehenden Körperschaften, Anstalten und Stiftungen des öffentlichen Rechts,
2. sonstige einer öffentlichen Stelle im Sinne der Nummer 1 zuzuordnende Einrichtungen des öffentlichen Rechts und
3. Vereinigungen, an denen mindestens eine öffentliche Stelle im Sinne der Nummer 1 oder 2 beteiligt ist und die zu dem besonderen Zweck gegründet wurden, im Allgemeininteresse liegende Aufgaben nicht gewerblicher Art zu erfüllen.

₂Einrichtungen des öffentlichen Rechts im Sinne des Satzes 1 Nr. 2 sind Einrichtungen, die

1. zu dem besonderen Zweck gegründet wurden, im Allgemeininteresse liegende Aufgaben nicht gewerblicher Art zu erfüllen,
2. Rechtspersönlichkeit besitzen und
3. überwiegend von einer öffentlichen Stelle im Sinne des Satzes 1 finanziert werden, hinsichtlich ihrer Leitung der Aufsicht einer solchen Stelle unterstehen oder ein Verwaltungs-, Leitungs- oder Aufsichtsorgan haben, das mehrheitlich aus Mitgliedern besteht, die von einer solchen Stelle ernannt worden sind.

₃Eine überwiegende Finanzierung wird angenommen, wenn mehr als 50 Prozent der Finanzausstattung der Einrichtung aufgebracht werden, worunter auch Zahlungen von Nutzerinnen und Nutzern fallen können, die nach öffentlich-rechtlichen Rechtsvorschriften auferlegt, berechnet und erhoben werden. ₄Einrichtungen des öffentlichen Rechts sind auch juristische Personen des privaten Rechts, wie etwa in einer solchen Rechtsform organisierte Krankenhäuser, Pflegedienste und Unternehmen des öffentlichen Personennahverkehrs, wenn sie die Voraussetzungen nach den Sätzen 2 und 3 erfüllen.

(2) ₁Die §§ 9a bis 9e gelten nicht für Websites und mobile Anwendungen,

1. für die nach Artikel 1 Abs. 3 der Richtlinie (EU) 2016/2102 des Europäischen Parlaments und des Rates vom 26. Oktober 2016 über den barrierefreien Zugang zu den Websites und mobilen Anwendungen öffentlicher Stellen (ABl. EU Nr. L 327 S. 1) die Richtlinie nicht gilt, und
2. von Schulen und Tageseinrichtungen für Kinder in Trägerschaft öffentlicher Stellen, mit Ausnahme der Inhalte, die sich auf wesentliche Online-Verwaltungsfunktionen beziehen.

₂Die §§ 9a bis 9e gelten auch nicht für Inhalte von Websites und mobilen Anwendungen, für die nach Artikel 1 Abs. 4 der Richtlinie (EU) 2016/2102 die Richtlinie nicht gilt; § 9a Abs. 1 Satz 5 bleibt unberührt.

(3) ₁Auf Schulen und Tageseinrichtungen für Kinder in Trägerschaft öffentlicher Stellen ist, soweit die §§ 9a bis 9e für ihre Websites und mobilen Anwendungen nach Absatz 2 Satz 1 Nr. 2 nicht gelten, § 9 dieses Gesetzes in der bis zum 1. November 2018 geltenden Fassung

weiter anzuwenden. ₂Die Einhaltung von sich aus Satz 1 ergebenden Anforderungen ist nicht Gegenstand des Überwachungsverfahrens nach § 9c Abs. 1 Satz 2 Nr. 1 und des Durchsetzungsverfahrens nach § 9d.

§ 9a Barrierefreie Informationstechnik öffentlicher Stellen

(1) ₁Die öffentlichen Stellen gestalten ihre Websites und mobilen Anwendungen, einschließlich der für ihre Beschäftigten bestimmten Angebote im Intranet, wahrnehmbar, bedienbar, verständlich und robust, um sie barrierefrei zugänglich zu machen (barrierefreie Gestaltung). ₂Schrittweise, spätestens bis zum 23. Juni 2021, gestalten sie ihre elektronisch unterstützten Verwaltungsabläufe, einschließlich ihrer Verfahren zur elektronischen Vorgangsbearbeitung und elektronischen Aktenführung, barrierefrei. ₃Die grafischen Programmoberflächen sind von der barrierefreien Gestaltung umfasst. ₄Angebote öffentlicher Stellen im Internet, die auf Websites Dritter, beispielsweise in sozialen Medien, veröffentlicht werden, sind soweit möglich barrierefrei zu gestalten. ₅Dateiformate von Büroanwendungen, für die nach Artikel 1 Abs. 4 Buchst. a der Richtlinie (EU) 2016/2102 die Richtlinie nicht gilt, sind von den öffentlichen Stellen schrittweise mit dem Ziel umzugestalten, die Barrierefreiheitsanforderungen nach Satz 1 zu erfüllen.

(2) ₁Die barrierefreie Gestaltung erfolgt nach Maßgabe der nach § 9e zu erlassenden Verordnung. ₂Soweit diese Verordnung keine Vorgabe enthält, erfolgt die barrierefreie Gestaltung nach den anerkannten Regeln der Technik.

(3) Insbesondere bei Neuanschaffungen, Erweiterungen und Überarbeitungen ist die barrierefreie Gestaltung bereits bei der Planung, Entwicklung, Ausschreibung und Beschaffung zu berücksichtigen.

(4) ₁Von der barrierefreien Gestaltung können öffentliche Stellen ausnahmsweise absehen oder diese schrittweise herstellen, soweit sie durch eine barrierefreie Gestaltung unverhältnismäßig belastet würden. ₂Inwieweit eine unverhältnismäßige Belastung bewirkt würde, ist von der öffentlichen Stelle nach Maßgabe und anhand der Kriterien des Artikels 5 der Richtlinie (EU) 2016/2102 zu bewerten; die Bewertung ist so zu dokumentieren, dass eine Überprüfung im Rahmen des Durchsetzungsverfahrens nach § 9d ermöglicht wird.

§ 9b Erklärung zur Barrierefreiheit

(1) Die öffentlichen Stellen veröffentlichen eine detaillierte, umfassende und klare Erklärung zur Barrierefreiheit ihrer Websites oder mobilen Anwendungen und aktualisieren diese bei Bedarf.

(2) Die Erklärung der Barrierefreiheit enthält

1. für den Fall, dass ausnahmsweise keine vollständige barrierefreie Gestaltung erfolgt ist,
   a) die Benennung der Teile des Inhalts, die nicht barrierefrei zugänglich sind,
   b) die Gründe für diese Unzugänglichkeit sowie
   c) gegebenenfalls einen Hinweis auf barrierefrei zugängliche Alternativen,

2. eine Beschreibung und eine Verlinkung zur elektronischen Kontaktaufnahme, über die die Nutzerinnen und Nutzer der betreffenden öffentlichen Stelle jegliche Mängel ihrer Websites und mobilen Anwendungen bei der Einhaltung der Barrierefreiheitsanforderungen mitteilen, die Gründe für die nicht barrierefreie Gestaltung von Informationen erfragen und die nach § 9 Abs. 2 Satz 2 und § 9a Abs. 4 Satz 1 von der Barrierefreiheit ausgenommenen Informationen in einem für sie zugänglichen Format anfordern können,

3. einen Hinweis auf das Durchsetzungsverfahren nach § 9d, der
   a) die Möglichkeit, ein Durchsetzungsverfahren durchzuführen, erläutert und
   b) eine Verlinkung zur Schlichtungsstelle enthält.

(3) Zu veröffentlichen ist die Erklärung zur Barrierefreiheit

1. auf Websites öffentlicher Stellen, die nicht vor dem 23. September 2018 veröffentlicht wurden, ab dem 23. September 2019,

2. auf Websites öffentlicher Stellen, die nicht unter Nummer 1 fallen, ab dem 23. September 2020,

3. auf mobilen Anwendungen öffentlicher Stellen ab dem 23. Juni 2021.

(4) Die öffentlichen Stellen antworten auf Mitteilungen, Anfragen und Anträge nach Absatz 2 Nr. 2 innerhalb eines Monats.

§ 9c Überwachungsstelle und Berichterstattung

(1) ₁Bei dem für Soziales zuständigen Ministerium wird eine Überwachungsstelle des Landes für die Barrierefreiheit von Informationstechnik eingerichtet. ₂Ihre Aufgaben sind

1. periodisch nach Maßgabe des Artikels 8 Abs. 1 bis 3 der Richtlinie (EU) 2016/2102 zu überwachen, ob und inwiefern Websites und mobile Anwendungen öffentlicher Stellen den Anforderungen an die Barrierefreiheit genügen,

2. zu überwachen, ob festgestellte Mängel beseitigt wurden, und, soweit erforderlich, die öffentlichen Stellen hinsichtlich der Beseitigung festgestellter Mängel zu beraten,

3. Schulungsprogramme im Sinne des Artikels 7 Abs. 4 der Richtlinie (EU) 2016/2102 zu fördern und zu erleichtern,

4. Sensibilisierungsmaßnahmen im Sinne des Artikels 7 Abs. 5 der Richtlinie (EU) 2016/2102 durchzuführen,

5. die nach § 12c Abs. 2 BGG zu erstattenden Berichte des Landes zu erstellen und

6. als sachverständige Stelle die Schlichtungsstelle nach § 9d zu unterstützen.

₃Der Bericht nach Satz 2 Nr. 5 ist auch dem Landtag vorzulegen.

(2) Die obersten Landesbehörden unterstützen die Überwachungsstelle bei der Erstellung des Berichts nach Absatz 1 Satz 2 Nr. 5 und erstellen verbindliche und überprüfbare Maßnahmen- und Zeitpläne zum weiteren Abbau von Barrieren ihrer Informationstechnik.

§ 9d Schlichtungsstelle, Durchsetzungsverfahren, Verordnungsermächtigung

(1) ₁Bei der oder dem Landesbeauftragten für Menschen mit Behinderungen wird eine Schlichtungsstelle zur Beilegung von Streitigkeiten nach den Absätzen 2 und 3 eingerichtet, die für das Durchsetzungsverfahren im Sinne des Artikels 9 der Richtlinie (EU) 2016/2102 zuständig ist. ₂Sie wird mit neutralen schlichtenden Personen besetzt und hat eine Geschäftsstelle. ₃Das Verfahren der Schlichtungsstelle muss insbesondere gewährleisten, dass

1. die Schlichtungsstelle unabhängig ist und unparteiisch handelt,

2. die Verfahrensregeln für Interessierte zugänglich sind,

3. die Beteiligten des Schlichtungsverfahrens rechtliches Gehör erhalten, insbesondere Tatsachen und Bewertungen vorbringen können,

4. die schlichtenden Personen und die in der Schlichtungsstelle Beschäftigten die Vertraulichkeit der Informationen gewährleisten, von denen sie im Schlichtungsverfahren Kenntnis erhalten, und

5. eine barrierefreie Kommunikation mit der Schlichtungsstelle möglich ist.

(2) Ist eine Nutzerin oder ein Nutzer der Ansicht, dass eine öffentliche Stelle

1. eine Mitteilung, eine Anfrage oder einen Antrag der Nutzerin oder des Nutzers nach § 9b Abs. 2 Nr. 2 nicht wirksam behandelt hat oder

2. eine Bewertung nach § 9a Abs. 4 unrichtig vorgenommen hat,

so kann sie oder er bei der Schlichtungsstelle nach Absatz 1 einen Antrag auf Einleitung eines Schlichtungsverfahrens stellen.

(3) Ein nach § 15 Abs. 3 BGG anerkannter Verband kann bei der Schlichtungsstelle nach Absatz 1 einen Antrag auf Einleitung eines Schlichtungsverfahrens stellen, wenn er einen Verstoß einer öffentlichen Stelle gegen deren Pflichten nach § 9a oder § 9b behauptet.

(4) ₁Der Antrag nach den Absätzen 2 und 3 kann in Textform oder zur Niederschrift bei der Schlichtungsstelle gestellt werden. ₂Diese übermittelt zur Durchführung des Schlichtungsverfahrens eine Abschrift des Schlichtungsantrags an die öffentliche Stelle.

(5) ₁Die öffentlichen Stellen sind verpflichtet, die Schlichtungsstelle bei der Erfüllung ihrer Aufgaben zu unterstützen. ₂Dies umfasst auch, der Schlichtungsstelle auf Ersuchen Auskünfte zu erteilen und Einsicht in Akten und sonstige Unterlagen zu gewähren.

(6) ₁Die Schlichtungsstelle kann die nach § 9c eingerichtete Überwachungsstelle über deren Beratungspflichten hinaus beteiligen. ₂Sie kann im Einzelfall die Überprüfung einer Website oder mobilen Anwendung einer öffentlichen Stelle verlangen.

(7) ₁Die schlichtende Person wirkt in jeder Phase des Verfahrens auf eine gütliche Einigung der Beteiligten hin. ₂Sie kann einen Schlichtungsvorschlag unterbreiten. ₃Der Schlichtungsvorschlag soll am geltenden Recht ausgerichtet sein. ₄Die schlichtende Person kann den Einsatz von Mediation anbieten.

(8) Das Schlichtungsverfahren ist für die Beteiligten unentgeltlich.

(9) ₁Das Schlichtungsverfahren endet mit der Einigung der Beteiligten, der Rücknahme des Schlichtungsantrags oder der Feststellung, dass keine Einigung möglich ist. ₂Wenn keine Einigung möglich ist, endet das Schlichtungsverfahren mit der Zustellung der Bestätigung der Schlichtungsstelle an die Antragstellerin oder den Antragsteller, dass keine gütliche Einigung erzielt werden konnte. ₃Kommt eine gütliche Einigung nicht zustande, so kann die Schlichtungsstelle die für die betreffende öffentliche Stelle zuständige Aufsichtsbehörde um Überprüfung der Angelegenheit ersuchen.

(10) ₁Das für Soziales zuständige Ministerium wird ermächtigt, durch Verordnung das Nähere über die Geschäftsstelle, die Besetzung und das Verfahren der Schlichtungsstelle nach den Absätzen 1, 4 bis 7 und 9 zu regeln sowie weitere Vorschriften über die Kosten des Verfahrens und die Entschädigung zu erlassen. ₂Die Verordnung regelt auch das Nähere zu Tätigkeitsberichten der Schlichtungsstelle.

§ 9e Verordnungsermächtigung

Das für Soziales zuständige Ministerium erlässt durch Verordnung Bestimmungen über

1. diejenigen Websites und mobilen Anwendungen sowie Inhalte von Websites und mobilen Anwendungen, auf die sich der Geltungsbereich der Verordnung bezieht,

2. die technischen Standards, die öffentliche Stellen bei der barrierefreien Gestaltung anzuwenden haben, und den Zeitpunkt, ab dem diese Standards anzuwenden sind,

3. die Bereiche und Arten amtlicher Informationen, die barrierefrei zu gestalten sind,

4. die konkreten Anforderungen der Erklärung zur Barrierefreiheit,

5. die konkreten Anforderungen der Berichterstattung über den Stand der Barrierefreiheit und

6. die Einzelheiten des Überwachungsverfahrens nach § 9c Abs. 1 Satz 2 Nr. 1.

§ 10 Landesbeauftragte oder Landesbeauftragter für Menschen mit Behinderungen

(1) ₁Die Landesregierung bestellt eine hauptberufliche Landesbeauftragte oder einen hauptberuflichen Landesbeauftragten für Menschen mit Behinderungen, der amtierende Landesbeirat für Menschen mit Behinderungen hat ein Vorschlagsrecht und ist vor der Bestellung anzuhören. ₂Die oder der Landesbeauftragte soll ein Mensch mit Behinderung sein. ₃Sie oder er ist in der Wahrnehmung des Amtes unabhängig.

(2) Die oder der Landesbeauftragte ist dem für Soziales zuständigen Ministerium zugeordnet; ihr oder ihm ist die für die Erfüllung der Aufgaben notwendige Ausstattung zur Verfügung zu stellen.

(3) Die Bestellung endet, außer aus beamten- oder arbeitsrechtlichen Gründen, durch Abberufung durch die Landesregierung.

(4) ₁Die oder der Landesbeauftragte bestellt eine bei ihr oder ihm oder in der Geschäftsstelle nach § 9d Abs. 1 Satz 2 beschäftigte Person als Stellvertreterin oder Stellvertreter; der amtierende Landesbeirat für Menschen mit Behinderungen ist vor der Bestellung anzuhören. ₂Die Stellvertreterin oder der Stellvertreter vertritt die Landesbeauftragte oder den Landesbeauftragten, wenn diese oder dieser voraussichtlich länger als sechs Wochen an der Ausübung ihres oder seines Amtes gehindert ist, und übernimmt deren oder dessen Aufgaben bei einer Beendigung der Bestellung nach Absatz 3 bis zur Bestellung einer oder eines neuen Landesbeauftragten. ₃Die Bestellung der Stellvertreterin oder des Stellvertreters endet, außer aus beamten- oder arbeitsrechtlichen Gründen, durch Abberufung durch die Landesbeauftragte oder den Landesbeauftragten. ₄Für die Stellvertreterin oder den Stellvertreter gelten Absatz 1 Satz 3 und Absatz 2 Halbsatz 1 entsprechend. ₅Die Unabhängigkeit in der Wahrnehmung des Amtes gilt nicht im Verhältnis zu der oder dem Landesbeauftragten.

§ 11 Aufgaben der oder des Landesbeauftragten für Menschen mit Behinderungen

(1) ₁Aufgabe der oder des Landesbeauftragten ist es, darauf hinzuwirken, dass die Ziele des Gesetzes verwirklicht werden und die öffentlichen Stellen die Verpflichtungen nach diesem Gesetz mit Ausnahme der §§ 9 bis 9e erfüllen. ₂Die oder der Landesbeauftragte hat ferner darauf hinzuwirken, dass die Verpflichtungen nach § 1 Abs. 2 Satz 2 BGG erfüllt werden.

(2) Die oder der Landesbeauftragte nimmt ferner unter Einbeziehung der Zivilgesellschaft die Aufgabe des staatlichen Koordinierungsmechanismus gemäß Artikel 33 Abs. 1 der UN-Behindertenrechtskonvention wahr.

(3) ₁Die Ministerien und die Staatskanzlei beteiligen die Landesbeauftragte oder den Landesbeauftragten bei der Vorbereitung von Gesetzen, Verordnungen und sonstigen wichtigen Vorhaben, soweit diese die Zielsetzung dieses Gesetzes betreffen. ₂Werden Vorschläge oder Anregungen der oder des Landesbeauftragten nicht berücksichtigt, so sind ihr oder ihm die Gründe dafür in geeigneter Weise mitzuteilen.

(4) ₁Die öffentlichen Stellen sind verpflichtet, die Landesbeauftragte oder den Landesbeauftragten bei der Erfüllung ihrer oder seiner Aufgaben zu unterstützen, insbesondere Auskünfte zu erteilen und Einsicht in Unterlagen zu gewähren, soweit dies zur sachgerechten Aufgabenwahrnehmung erforderlich und im Rahmen der Gesetze zulässig ist. ₂Die Bestimmungen zum Schutz personenbezogener Daten bleiben unberührt.

§ 12 Landesbeirat für Menschen mit Behinderungen

(1) Die oder der Landesbeauftragte für Menschen mit Behinderungen richtet einen Landesbeirat für Menschen mit Behinderungen ein, die sie oder ihn bei der Wahrnehmung seiner Aufgaben unterstützt.

(2) ₁Der Landesbeirat für Menschen mit Behinderungen besteht aus der oder dem Landesbeauftragten für Menschen mit Behinderungen als vorsitzendem Mitglied und 20 weiteren Mitgliedern. ₂Als weitere Mitglieder beruft die oder der Landesbeauftragte für Menschen mit Behinderungen für die Dauer der jeweiligen Wahlperiode des Landtages

1. zehn Personen auf Vorschläge von Landesverbänden von Selbsthilfe- oder Selbstvertretungsorganisationen von Menschen mit Behinderungen,

2. fünf Personen auf Vorschlag der Landesarbeitsgemeinschaft der Freien Wohlfahrtspflege Niedersachsen,

3. je eine Person auf Vorschlag eines jeden kommunalen Spitzenverbandes,

4. eine Person auf Vorschlag von Gewerkschaften und

5. eine Person auf Vorschlag von Unternehmensverbänden.

₃Für jedes weitere Mitglied beruft die oder der Landesbeauftragte für Menschen mit Behinderungen ein stellvertretendes Mitglied; Satz 2 gilt entsprechend. ₄Die Stellvertreterin oder der Stellvertreter der oder des Landesbeauftragten nach § 10 Abs. 4 vertritt sie oder ihn auch als vorsitzendes Mitglied des Landesbeirats für Menschen mit Behinderungen. ₅Die weiteren Mitglieder und die für sie berufenen stellvertretenden Mitglieder nehmen ihre Aufgabe ehrenamtlich wahr. ₆Das Land trägt die notwendigen Reisekosten der Mitglieder nach Satz 2 Nr. 1.

(3) ₁Der Landesbeirat für Menschen mit Behinderungen gibt sich im Benehmen mit dem für Soziales zuständigen Ministerium eine Geschäftsordnung. ₂In der Geschäftsordnung sind insbesondere Regelungen über die Vorbereitung, Einberufung und Durchführung von Sitzungen sowie über die Beschlussfassung zu treffen.

§ 12a Kommunale Beiräte oder Gremien und Beauftragte für Menschen mit Behinderungen, Inklusionskonferenzen und -berichte, Niedersächsischer Inklusionsrat von Menschen mit Behinderungen

(1) ₁Die Landkreise, die Region Hannover und die kreisfreien Städte sowie die Landeshauptstadt Hannover und die Stadt Göttingen richten zu ihrer Unterstützung bei der Verwirklichung der Zielsetzung dieses Gesetzes jeweils einen Beirat oder ein vergleichbares Gremium ein. ₂Andere Kommunen können einen solchen Beirat oder ein vergleichbares Gremium einrichten. ₃Die Kommunen können ferner Beauftragte für Menschen mit Behinderungen bestellen. ₄Näheres wird durch Satzung bestimmt.

(2) ₁Die in Absatz 1 Satz 1 genannten Gebietskörperschaften führen alle fünf Jahre Inklusionskonferenzen mit dem Ziel durch, die Inklusion auf örtlicher Ebene zu stärken und ein koordiniertes Vorgehen zu ermöglichen. ₂Sie erstellen alle fünf Jahre einen Inklusionsbericht über den Stand und die voraussichtliche Entwicklung der in Satz 1 genannten Ziele.

(3) Der Niedersächsische Inklusionsrat von Menschen mit Behinderungen ist ein freiwilliger Zusammenschluss von Beiräten oder vergleichbaren Gremien und Beauftragten für Menschen mit Behinderungen von Kommunen und gilt bei der Anwendung des § 12 Abs. 2 Satz 2 Nr. 1 als Landesverband einer Selbstvertretungsorganisation.

§ 13 Verbandsklage

(1) ₁Ein nach § 15 Abs. 3 BGG anerkannter Verband oder dessen niedersächsischer Landesverband kann, ohne die Verletzung in eigenen Rechten geltend zu machen, nach Maßgabe der Verwaltungsgerichtsordnung oder des Sozialgerichtsgesetzes Klage erheben auf Feststellung eines Verstoßes gegen das Benachteiligungsverbot nach § 4 Abs. 1 und 2 und die Verpflichtung zur Herstellung der Barrierefreiheit nach § 6 Abs. 1, § 7 oder 8. ₂Die Klage ist nur zulässig, wenn der Verband durch eine Maßnahme in seinem satzungsmäßigen Aufgabenbereich berührt wird.

(2) ₁Absatz 1 Satz 1 gilt nicht,

1. wenn sich die Klage auf einen Sachverhalt bezieht, über den bereits in einem verwaltungs- oder sozialgerichtlichen Streitverfahren entschieden oder ein Vergleich geschlossen worden ist, oder

2. soweit ein Mensch mit Behinderung selbst seine Rechte durch eine Gestaltungs- oder Leistungsklage verfolgt, verfolgen kann oder hätte verfolgen können.

₂Im Fall des Satzes 1 Nr. 2 kann die Klage nach Absatz 1 erhoben werden, wenn es sich um einen Sachverhalt von allgemeiner Bedeutung handelt. ₃Dies ist insbesondere der Fall, wenn eine Vielzahl gleichgelagerter Fälle vorliegt.

§ 13a Zielvereinbarungen

(1) ₁Zur Herstellung von Barrierefreiheit können öffentliche Stellen für ihren jeweiligen Aufgabenbereich Zielvereinbarungen mit den nach § 15 Abs. 3 BGG anerkannten Verbänden oder deren niedersächsischen Landesverbänden treffen. ₂Auf Verlangen eines Verbands haben die öffentlichen Stellen Verhandlungen über Zielvereinbarungen aufzunehmen, es sei denn, dass für den beabsichtigten Regelungsbereich bereits eine Zielvereinbarung abgeschlossen ist oder Verhandlungen geführt werden. ₃Die obersten Lan-

desbehörden können für ihren Geschäftsbereich festlegen, welche Stelle für die Verhandlung über und den Abschluss der Zielvereinbarungen zuständig ist.

(2) ₁Hat ein Verband die Aufnahme von Verhandlungen verlangt, so hat er dies unter Benennung des Verhandlungsgegenstands und der Verhandlungsparteien dem für Soziales zuständigen Ministerium anzuzeigen. ₂Das Ministerium gibt die Anzeige auf seiner Internetseite bekannt. ₃Innerhalb von vier Wochen nach der Bekanntgabe haben andere Verbände und öffentliche Stellen im Sinne des Absatzes 1 das Recht, den Verhandlungen durch Erklärung gegenüber den in der Anzeige genannten Verhandlungsparteien beizutreten. ₄Nach Ablauf der Beitrittsfrist sollen die Verhandlungen innerhalb von vier Wochen aufgenommen werden.

(3) In den Zielvereinbarungen nach Absatz 1 sind insbesondere

1. der Verband und die öffentliche Stelle, die die Vereinbarung schließen, zu benennen,
2. die Maßnahmen und der Zeitrahmen zur Herstellung von Barrierefreiheit festzulegen und
3. zu bestimmen, wie überprüft werden soll, ob die Maßnahmen zeitgerecht umgesetzt wurden.

(4) ₁Das für Soziales zuständige Ministerium führt ein Register, in das der Abschluss, die Änderung und die Aufhebung von Zielvereinbarungen eingetragen werden. ₂Die öffentliche Stelle, die mit einem Verband eine Zielvereinbarung abgeschlossen hat, ist verpflichtet, diese dem für Soziales zuständigen Ministerium innerhalb eines Monats nach Abschluss der Zielvereinbarung schriftlich oder in elektronischer Form zu übersenden. ₃Die öffentliche Stelle hat das für Soziales zuständige Ministerium in gleicher Form innerhalb eines Monats nach einer Änderung oder Aufhebung der Vereinbarung hierüber zu informieren.

(5) Abschluss, Änderung und Aufhebung von Zielvereinbarungen zwischen den in Absatz 1 genannten Landesverbänden und Organisationen aus Wirtschaft und Zivilgesellschaft können auf Wunsch der Zielvereinbarungspartner in das Register (Absatz 4) eingetragen werden.

§ 14 Leistungen für Aufwendungen der kommunalen Gebietskörperschaften

(1) Die Landkreise, die Region Hannover und die kreisfreien Städte sowie die Landeshauptstadt Hannover und die Stadt Göttingen erhalten vom Land jährlich insgesamt 1 500 000 Euro.

(2) § 7 des Niedersächsischen Finanzverteilungsgesetzes gilt entsprechend.

(3) ₁Von den Zuweisungen nach Absatz 2 für einen Landkreis oder die Region Hannover erhalten die Gemeinden, soweit sie nicht Mitglied einer Samtgemeinde sind, und die Samtgemeinden 50 vom Hundert des um 5000 Euro reduzierten Betrages nach dem Verhältnis der Einwohnerzahlen. ₂Dies gilt nicht für die Landeshauptstadt Hannover und die Stadt Göttingen.

§ 15 Landeskompetenzzentrum für Barrierefreiheit

(1) Das Land richtet bei der oder dem Landesbeauftragten für Menschen mit Behinderungen ein Landeskompetenzzentrum für Barrierefreiheit ein und stellt die für die Erfüllung der Aufgaben nach Absatz 2 notwendige Ausstattung zur Verfügung.

(2) ₁Das Landeskompetenzzentrum für Barrierefreiheit ist die zentrale und unabhängige Anlauf- und Beratungsstelle zu Fragen der Barrierefreiheit für Menschen mit Behinderungen, deren Angehörige sowie die öffentlichen Stellen im Sinne des § 2 Abs. 1 Satz 1 und des § 9 Abs. 1, für die in § 13a Abs. 5 genannten Institutionen und für die Zivilgesellschaft. ₂Seine Aufgaben sind insbesondere

1. Erstberatung für die in Satz 1 genannten Personen, Stellen und Institutionen,
2. Bereitstellung, Bündelung und Weiterentwicklung von unterstützenden Informationen zur Herstellung von Barrierefreiheit,
3. Unterstützung der Beteiligten bei Zielvereinbarungen nach § 13a,
4. Aufbau von Netzwerk- und Kooperationsstrukturen, die den in Satz 1 genannten

Personen, Stellen und Institutionen zur Verfügung stehen sollen,
5. Begleitung von Forschungsvorhaben zur Verbesserung der Datenlage und zur Herstellung von Barrierefreiheit und
6. Bewusstseinsbildung durch Bildungs- und Informationsveranstaltungen und Öffentlichkeitsarbeit.

(3) Ein Expertenkreis, dem mehrheitlich Menschen mit Behinderungen sowie Vertreterinnen und Vertreter der in § 12 Abs. 2 Satz 2 genannten Institutionen angehören, berät das Landeskompetenzzentrum für Barrierefreiheit.

Richtlinien zur gleichberechtigten und selbstbestimmten Teilhabe schwerbehinderter und ihnen gleichgestellter Menschen am Berufsleben im öffentlichen Dienst (Schwerbehindertenrichtlinien – SchwbRl)

Vom 4. Oktober 2022 (Nds. MBl. S. 1412)

Bezug: a) Runderlass des MI vom 19. März 1993 (Nds. MBl. S.361) – VORIS 20480 00 00 00 018 –
b) Runderlass des MI vom 6. März 1995 (Nds. MBl. S.500) – VORIS 20480 00 00 00 020 –

Inhaltsübersicht

Präambel
1. Anwendungsbereich, Personenkreis
2. Beschäftigungspflicht
3. Personalmanagement
4. Nachteilsausgleich bei Prüfungen
5. Aktenführung
6. Ausgestaltung des Dienst- oder Beschäftigungsverhältnisses und des Arbeitsumfeldes
7. Berufliche Entwicklung
8. Dienstliche Beurteilung
9. Erholungs- und Zusatzurlaub
10. Weitere Maßnahmen zum Ausgleich der Schwerbehinderung
11. Beendigung von Dienst- oder Beschäftigungsverhältnissen
12. Zusammenarbeit bei der Wahrnehmung von Interessen der schwerbehinderten Beschäftigten
13. Schlussbestimmungen

VIII.2.1 Schwerbehindertenrichtlinien (SchwbRl)

Bezug:
a) Beschl. v. 15. 3. 2016 (Nds. MBl. S. 394)
– VORIS 20480 –
b) Bek. d. MI v. 21. 3. 2016 (Nds. MBl. S. 401)
c) Bek. d. MI v. 3. 6. 2021 (Nds. MBl. S. 1020)

Präambel

Menschen mit Behinderungen haben Anspruch auf eine gleichberechtigte und selbstbestimmte Teilhabe am gesellschaftlichen Leben. Dies ist das zentrale Anliegen des SGB IX sowie des Übereinkommens der Vereinten Nationen über die Rechte von Menschen mit Behinderungen (UN-Behindertenrechtskonvention). Eine wesentliche Voraussetzung für die Verwirklichung dieses Anspruchs ist die Teilhabe am beruflichen Leben, die eine selbstbestimmte und von sozialen Unterstützungsleistungen unabhängige Lebensführung ermöglicht.

Mit diesen Richtlinien setzt die LReg das SGB IX für die Niedersächsische Landesverwaltung um und konkretisiert damit die besondere Verpflichtung und die Vorbildfunktion des öffentlichen Dienstes, schwerbehinderte Menschen und diesen Gleichgestellte in den Ausbildungs- und Arbeitsprozess einzugliedern und zu fördern. Dieser Grundsatz ist insbesondere bei der Personalentwicklung zu berücksichtigen. Besonderheiten, die sich aus der Behinderung ergeben, sollen ausgeglichen werden. Hier hat auch die Hilfe zur beruflichen Integration einzusetzen.

Vor diesem Hintergrund zeigen diese Richtlinien Möglichkeiten auf, die die beruflichen Chancen und die konkreten Arbeitsbedingungen weiter verbessern sollen. Dabei ist der Situation von Menschen mit Behinderungen in Bezug auf die Vereinbarkeit von Beruf und Familie und der Situation von Frauen mit Behinderungen, z. B. in Bezug auf die Erreichbarkeit höherwertiger Positionen, in besonderer Weise Rechnung zu tragen. Alle beteiligten Stellen, die über Einstellung und Einsatz von Beschäftigten entscheiden, sind verpflichtet, im Rahmen der gesetzlichen Vorschriften den Anliegen der Menschen mit Behinderungen verständnisvoll, sach- und behindertengerecht zu begegnen und vertrauensvoll mit den Schwerbehindertenvertretungen, Personalvertretungen und Gleichstellungsbeauftragten zusammenzuarbeiten. Soweit der Dienststelle ein Beurteilungs- oder Ermessensspielraum zusteht, soll dieser im Interesse der schwerbehinderten Beschäftigten ausgeschöpft werden.

Führungskräfte, Mitarbeiterinnen und Mitarbeiter müssen es als selbstverständlich ansehen, dass Beschäftigte mit Behinderungen ihre Dienstpflichten erfüllen. Sie sind in der Regel genauso leistungsfähig und leistungsbereit wie Menschen ohne Behinderungen. Dies gilt insbesondere dann, wenn der jeweilige Arbeitsplatz optimal an die entsprechende Behinderung angepasst wurde. Dennoch ist zu berücksichtigen, dass in Einzelfällen Beschäftigte mit Behinderungen für eine Arbeit mehr Zeit benötigen als Beschäftigte ohne Behinderungen. Menschen mit Behinderungen haben gleichberechtigt mit Menschen ohne Behinderungen ein Anrecht auf Respekt und Toleranz sowie auf eine im Einzelfall notwendige Unterstützung.

Auch den Spitzenorganisationen der Gewerkschaften ist die wirkungsvolle Eingliederung schwerbehinderter und ihnen gleichgestellter Menschen ein besonderes Anliegen. Aus diesem Grund haben sie und die LReg über die dem Tatbestand des § 81 Abs. 1 NPersVG unterfallenden allgemeinen mitbestimmungsbezogenen Regelungen eine gesonderte Vereinbarung geschlossen (siehe Bezugsbekanntmachung zu b). Zur besseren Handhabbarkeit sind die entsprechenden Regelungen der Vereinbarung vollständig und inhaltlich identisch in diese Richtlinien aufgenommen worden.

1. Anwendungsbereich, Personenkreis

1.1 Die Richtlinien gelten für die Beschäftigten der Landesverwaltung. Beschäftigte i. S. dieser Richtlinien sind Beamtinnen und Beamte sowie Arbeitnehmerinnen und Arbeitnehmer einschließlich der zu ihrer Berufsausbildung Beschäftigten.

Schwerbehindertenrichtlinien (SchwbRl) VIII.2.1

Den Kommunen und den der Aufsicht des Landes unterstehenden Körperschaften, Anstalten und Stiftungen des öffentlichen Rechts wird empfohlen, die Schwerbehindertenrichtlinien entsprechend anzuwenden.

Die nachstehenden Grundsätze sind auf Richterinnen und Richter entsprechend anzuwenden.

1.2 Die Richtlinien gelten für schwerbehinderte Menschen (§ 2 Abs. 2 SGB IX), bei denen eine für die Durchführung des BVG zuständige Behörde das Vorliegen einer Behinderung und den Grad der Behinderung festgestellt hat, und für gleichgestellte behinderte Menschen (§ 2 Abs. 3 SGB IX), deren Gleichstellung durch die Agentur für Arbeit erfolgte. Sie umfasst alle schwerbehinderten und gleichgestellten Beschäftigten einer Dienststelle sowie schwerbehinderte und gleichgestellte Personen, die vorübergehend in einer Dienststelle tätig sind oder die sich um eine Beschäftigung bewerben.

Beschäftigten, die einen Antrag auf Anerkennung einer Schwerbehinderung oder auf Gleichstellung mit einem schwerbehinderten Menschen gestellt haben, wird empfohlen, ihre Personalstelle hiervon schriftlich zu unterrichten. Bis zur Entscheidung über den Antrag sind sie unter Vorbehalt als schwerbehinderte oder diesen gleichgestellte behinderte Menschen zu behandeln.

1.3 Schwerbehinderten Menschen gleichgestellt sind auch behinderte Jugendliche und junge Erwachsene (§ 2 Abs. 1 SGB IX) während der Zeit einer Berufsausbildung in Dienststellen, auch wenn der Grad der Behinderung weniger als 30 beträgt oder ein Grad der Behinderung nicht festgestellt ist. Der Nachweis der Behinderung wird durch eine Stellungnahme der Agentur für Arbeit oder durch einen Bescheid über Leistungen zur Teilhabe am Arbeitsleben erbracht (§ 151 Abs. 4 Sätze 1 und 2 SGB IX). Nach § 185 Abs. 3 Nr. 2 Buchst. c SGB IX kann das Integrationsamt an den Arbeitgeber Prämien und Zuschüsse zu den Kosten der Berufsausbildung der gleichgestellten behinderten Jugendlichen und jungen Erwachsenen leisten. Im Übrigen finden die besonderen Regelungen für schwerbehinderte Menschen auf diesen Personenkreis jedoch keine Anwendung (vgl. § 151 Abs. 4 Satz 3 SGB IX).

1.4 Die Richtlinien gelten nicht für Menschen mit Behinderungen, die die Voraussetzungen der Nummer 1.2 nicht erfüllen. Dennoch hat der Arbeitgeber oder Dienstherr für diesen Personenkreis aufgrund der Behinderteneigenschaft eine gegenüber Beschäftigten ohne Behinderungen erhöhte Fürsorgepflicht.

1.5 Zur Durchführung dieser Richtlinien sind folgende Personen mit bestimmten Aufgaben und Verantwortlichkeiten gegenüber schwerbehinderten Menschen im Rahmen ihrer jeweiligen Möglichkeiten und Zuständigkeiten besonders verpflichtet:

– die Dienststellenleiterinnen und Dienststellenleiter,

– die übrigen Vorgesetzten,

– die sonstigen Beschäftigten, denen der Einsatz oder die Beaufsichtigung anderer Beschäftigter – sei es auch nur im Einzelfall – obliegt,

– die Beschäftigten, die Personalangelegenheiten bearbeiten.

2. Beschäftigungspflicht

2.1 Auf die sich aus § 154 Abs. 1 Satz 1 SGB IX ergebende Pflicht, auf wenigstens 5 % der Arbeitsplätze schwerbehinderte Menschen zu beschäftigen, wird ausdrücklich hingewiesen. Es handelt sich um eine Mindestquote. Es bedarf daher auch bei Erreichen der Quote fortwährender besonderer Anstrengungen der Dienststellen, schwerbehinderte Menschen darüber hinaus zu beschäftigen. Dabei sind schwerbehinderte Frauen besonders zu berücksichtigen (§ 154 Abs. 1 Satz 2 SGB IX).

2.2 Die gemäß § 154 Abs. 2 Nr. 2 SGB IX zu öffentlichen Arbeitgebern bestimmten Landesbehörden sind gemäß § 160 SGB IX zur Entrichtung einer Ausgleichsabgabe verpflichtet, wenn die vorgeschriebene Zahl schwerbehinderter Menschen nicht beschäftigt wird.

VIII.2.1 Schwerbehindertenrichtlinien (SchwbRl)

2.3 Die Erfüllung der Pflichtquote bereitet in einigen Geschäftsbereichen Schwierigkeiten, weil geeignete schwerbehinderte Menschen fehlen, die, die für einen Arbeitsplatz erforderliche Vorbildung, oder körperliche Eignung besitzen oder weil in Teilbereichen besondere gesundheitliche Anforderungen gelten, die schwerbehinderte Menschen nicht erfüllen können oder die ihnen unter Fürsorgegesichtspunkten nicht zuzumuten sind (z. B. im Polizei- und Justizvollzugsdienst). Der Ausgleich hat daher vorrangig in den Geschäftsbereichen zu erfolgen, in denen besondere gesundheitliche Anforderungen nicht so stark im Vordergrund stehen. Eine Besetzung der Arbeitsplätze mit schwerbehinderten Menschen ist immer dann anzustreben, wenn geeignete Personen zur Verfügung stehen. Die Einstellungsbehörden sind daher gehalten, ohne Rücksicht auf den für den Geschäftsbereich oder die einzelne Dienststelle gebotenen Anteil, möglichst viele schwerbehinderte Menschen einzustellen.

2.4 Auf die Verpflichtung des Arbeitgebers oder des Dienstherrn zur Beschäftigung des nach § 155 Abs. 1 SGB IX besonders geschützten Personenkreises wird ausdrücklich hingewiesen.

Liegen die Voraussetzungen des § 155 Abs. 2 Satz 1 SGB IX vor, legt das jeweilige Ressort nach Beratung mit der Hauptschwerbehindertenvertretung und dem Hauptpersonalrat, Hauptrichterrat oder Hauptstaatsanwaltsrat den angemessenen Anteil schwerbehinderter Menschen bei der Besetzung von Ausbildungsplätzen fest.

Im Übrigen ist die Dienststelle in der Auswahl der schwerbehinderten Menschen und der zu besetzenden Arbeitsplätze grundsätzlich frei.

3. Personalmanagement

3.1 Besetzung freier Arbeitsplätze

Bei allen internen und externen Stellenausschreibungen einschließlich Interessenbekundungsverfahren ist darauf hinzuweisen, dass schwerbehinderte Menschen bei gleicher Eignung, Befähigung und fachlicher Leistung bevorzugt berücksichtigt werden, soweit nicht in der Person der anderen Bewerberinnen oder Bewerber liegende Gründe von größerem rechtlichen Gewicht entgegenstehen. In den Ausschreibungstexten werden die Bewerberinnen und Bewerber um einen Hinweis auf ihre mögliche Schwerbehinderung oder Gleichstellung gebeten.

Die Dienststelle hat zunächst zu prüfen, ob frei werdende und neu zu besetzende sowie neue Arbeitsplätze mit vorhandenem Personal des Dienstherrn oder Arbeitgebers besetzt werden können. Nach einer erfolglosen Prüfung zur internen Besetzung meldet die Dienststelle derartige Stellen frühzeitig der Agentur für Arbeit (§ 165 Satz 1 SGB IX i. V. m. § 156 SGB IX).

Bei Neueinstellungen auf Arbeitsplätzen, die auch von schwerbehinderten Menschen besetzt werden können, hat die Dienststelle je nach Ausgestaltung des Arbeitsplatzes entweder bei der Zentralen Auslands- und Fachvermittlung (bei akademischen Berufen) oder bei den örtlich zuständigen Integrationsfachdiensten anzufragen.

Grundsätzlich ist davon auszugehen, dass alle Arbeitsplätze in der Landesverwaltung zur Besetzung mit schwerbehinderten Menschen geeignet sind, soweit nicht in einzelnen Tätigkeitsbereichen besondere gesundheitliche Anforderungen an die Beschäftigten gestellt werden müssen. Die Schwerbehindertenvertretung ist im Rahmen dieser Prüfung unter unverzüglicher und umfassender Unterrichtung zu hören; die getroffene Entscheidung ist ihr unverzüglich mitzuteilen. Der Personalrat, Staatsanwaltsrat oder die Richtervertretung ist ebenfalls anzuhören. Trifft die Dienststelle eine Entscheidung gegen das Votum der Schwerbehindertenvertretung oder des Personalrates, Staatsanwaltsrates oder der Richtervertretung, so sind alle Beteiligten von der Dienststelle über die getroffene Entscheidung unter Darlegung der Gründe unverzüglich zu unterrichten (§ 164 Abs. 1 SGB IX).

3.2 Besetzung von Ausbildungsplätzen

Für junge schwerbehinderte Menschen ist es von großer Bedeutung, den Berufseinstieg in den allgemeinen Arbeitsmarkt zu finden.

Schwerbehindertenrichtlinien (SchwbRl) VIII.2.1

Ausbildungsverhältnisse sind im Rahmen der geltenden Vorschriften so zu gestalten, dass schwerbehinderte Auszubildende die erforderlichen Kenntnisse und Fertigkeiten erwerben können, ohne dass sie infolge ihrer Schwerbehinderung unzumutbar belastet werden (siehe auch Nummer 1.3).

Nach einer Ausbildung soll die Übernahme in ein Beschäftigungsverhältnis angestrebt werden. Auf die Vorschriften des BBiG und die Ausbildungstarifverträge der Länder wird hingewiesen.

3.3 Einstellung nach Umschulungsmaßnahmen

Im Rahmen der Besetzung freier Arbeitsplätze wird den Dienststellen empfohlen, über die Information von Berufsförderungswerken (in Niedersachsen: INN-tegrativ gGmbH [BfW]) geeignete schwerbehinderte Menschen vermittelt zu bekommen, die dort im nichttechnischen Verwaltungsbereich sowie in einer Vielzahl anderer Berufe im Wege der Umschulung ausgebildet werden.

3.4 Budget für Arbeit, Budget für Ausbildung

Das Budget für Arbeit nach § 61 SGB IX und das Budget für Ausbildung nach § 61a SGB IX können für die Einstellung von Menschen mit Behinderungen genutzt werden, die Anspruch auf Leistungen im Arbeitsbereich einer Werkstatt für behinderte Menschen (Budget für Arbeit und Budget für Ausbildung) oder auf Leistungen im Eingangsverfahren und im Berufsbildungsbereich einer Werkstatt für behinderte Menschen (Budget für Ausbildung) haben. Bei diesem Personenkreis kann regelmäßig davon ausgegangen werden, dass es sich um schwerbehinderte Menschen handelt. Weitere Informationen gibt es auf den Internetseiten des MS unter der Rubrik „Inklusion von Menschen mit Behinderungen/Budget für Arbeit" sowie der Agentur für Arbeit unter dem Stichwort „Ausbildungsgeld".

3.5 Eignung, Befähigung, fachliche Leistung

Eine im Vergleich zu anderen Bewerberinnen und Bewerbern geringere Eignung, die auf die Schwerbehinderung zurückzuführen ist, darf nicht zum Nachteil gewertet werden, es sei denn, dass gerade die fehlenden Eigenschaften oder Fähigkeiten für die Erfüllung der Aufgaben unverzichtbar sind und nicht durch technische Arbeitshilfen oder andere Maßnahmen ausgeglichen werden können. Kommt hiernach ein schwerbehinderter Mensch in die nähere Auswahl, so ist er gegenüber dem Menschen ohne Behinderungen bei gleicher Eignung, Befähigung und fachlicher Leistung zu bevorzugen, wenn die übrigen beamten- oder tarifrechtlichen Voraussetzungen erfüllt sind und soweit nicht in der Person der anderen Bewerberinnen oder Bewerber liegende Gründe von größerem rechtlichem Gewicht entgegenstehen.

Die Eignung von schwerbehinderten Menschen wird im Allgemeinen auch dann noch als gegeben angesehen werden können, wenn sie nur für die Wahrnehmung bestimmter Dienstposten der betreffenden Laufbahn geeignet sind. Unter Beachtung dieses Grundsatzes kann die gesundheitliche Eignung angenommen werden, wenn mit einem hohen Grad von Wahrscheinlichkeit vor Ablauf der Probezeit voraussichtlich keine dauernde Dienstunfähigkeit eintreten wird. Soll die schwerbehinderte Bewerberin oder der schwerbehinderte Bewerber sogleich in das Beamtenverhältnis auf Lebenszeit eingestellt werden, reicht es aus, dass im Zeitpunkt der Ernennung keine Dienstunfähigkeit vorliegt. Für die Einstellung in den Vorbereitungsdienst bei Vorliegen eines Ausbildungsmonopols des Staates reicht es aus, wenn im Zeitpunkt der Einstellung zu erwarten ist, dass die Bewerberinnen oder Bewerber gesundheitlich in der Lage sein werden, die Ausbildung abzuleisten. Dies gilt nicht, wenn das Beamtenverhältnis von Beamtinnen und Beamten auf Widerruf nicht durch Bestehen der den Vorbereitungsdienst abschließenden Prüfung kraft Gesetzes endet.

3.6 Beteiligung der Schwerbehindertenvertretung

Die Schwerbehindertenvertretung hat gemäß § 178 Abs. 2 Satz 4 SGB IX das Recht auf

Beteiligung am Verfahren nach § 164 Abs. 1 SGB IX und beim Vorliegen von Vermittlungsvorschlägen der Agentur für Arbeit oder von Bewerbungen schwerbehinderter Menschen auf Einsicht in die entscheidungsrelevanten Teile aller Bewerbungsunterlagen und das Recht auf Teilnahme an allen Vorstellungsgesprächen. Damit die Schwerbehindertenvertretung im Rahmen ihrer Beteiligung eine begründete Stellungnahme abgeben kann, erhält sie die Möglichkeit, die Eignung der schwerbehinderten mit denen der nicht behinderten Bewerberinnen und Bewerber zu vergleichen.

Schwerbehinderte Bewerberinnen und Bewerber haben die Möglichkeit, im zeitlichen Zusammenhang mit dem Vorstellungsgespräch ein Gespräch mit der Schwerbehindertenvertretung zu führen. Alle Bewerberinnen und Bewerber sind hierauf in der Eingangsbestätigung unter Angabe der Kontaktdaten der Schwerbehindertenvertretung hinzuweisen. Sofern keine Eingangsbestätigung versandt wird, erfolgt der Hinweis spätestens in der Einladung zum Vorstellungsgespräch.

Die Schwerbehindertenvertretung ist nicht zu beteiligen, wenn der schwerbehinderte Mensch die Beteiligung ausdrücklich ablehnt (§ 164 Abs. 1 Satz 10 SGB IX).

3.7 Einstellungs- und Auswahlverfahren

3.7.1 Schwerbehinderte Menschen, die sich auf einen Arbeitsplatz im öffentlichen Dienst beworben haben oder von der Agentur für Arbeit oder einem Integrationsfachdienst vorgeschlagen wurden, sind zu einem Vorstellungstermin einzuladen (§ 165 Satz 3 SGB IX). Bei der Einladung ist ein gegebenenfalls erforderlicher Unterstützungsbedarf abzufragen, damit individuell notwendige Unterstützung gegeben werden kann (z. B. Nutzung eines barrierefreien Raumes, Einsatz von Kommunikationshilfen).

Die Einladung ist nur dann entbehrlich, wenn die fachliche Eignung offensichtlich fehlt (§ 165 Satz 4 SGB IX). Ein offensichtliches Fehlen der fachlichen Eignung liegt beispielsweise vor bei Nichterfüllen der für den Arbeitsplatz erforderlichen Ausbildungs- und Prüfungsvoraussetzungen oder bei Fehlen zwingend geforderter Fremdsprachenkenntnisse.

Im Interesse der schwerbehinderten Menschen und der dem Arbeitgeber obliegenden Verpflichtungen nach dem SGB IX sollten Bewerberinnen und Bewerber ausdrücklich darauf aufmerksam gemacht werden (z. B. in der Eingangsbestätigung), dass schwerhinderte Menschen bei gleicher Eignung, Befähigung und fachlicher Leistung bevorzugt eingestellt werden, soweit nicht in der Person der anderen Bewerberinnen oder Bewerber liegende Gründe von größerem rechtlichem Gewicht entgegenstehen.

Den schwerbehinderten Menschen ist zu empfehlen, zur Wahrung ihrer Interessen eine Schwerbehinderung oder Gleichstellung anzuzeigen und/oder ein Gespräch mit der Schwerbehindertenvertretung zu führen. Als Nachweis gilt der Schwerbehindertenausweis oder der Gleichstellungsbescheid.

3.7.2 Ist eine Einstellung beabsichtigt, so ist die Stellungnahme der Schwerbehindertenvertretung dem Personalrat, dem Staatsanwaltsrat oder der Richtervertretung mitzuteilen. Ist eine Einstellung nicht beabsichtigt, hält aber die Schwerbehindertenvertretung die Einstellung für möglich und geboten, so ist der Personalrat, der Staatsanwaltsrat oder die Richtervertretung unter Beifügung der Stellungnahme der Schwerbehindertenvertretung zu unterrichten; die für die Nichtberücksichtigung der schwerbehinderten Bewerberin oder des schwerbehinderten Bewerbers maßgeblichen Gründe sind dem Personalrat, dem Staatsanwaltsrat oder der Richtervertretung mitzuteilen. Dies gilt nicht, wenn der schwerbehinderte Mensch die Beteiligung der Schwerbehindertenvertretung ausdrücklich ablehnt (§ 164 Abs. 1 Satz 10 SGB IX).

3.7.3 Sind in einem Auswahlverfahren Eignungstests, Assessment-Center oder vergleichbare Auswahlinstrumente vorgesehen, so sind schwerbehinderten Bewerberinnen und Bewerbern entsprechend der Art und dem Umfang der Behinderung Nachteilsaus-

Schwerbehindertenrichtlinien (SchwbRl) VIII.2.1

gleiche (siehe Nummer 4) einzuräumen. Die Nachteilsausgleiche sind unter der Beteiligung der Schwerbehindertenvertretung festzulegen, wenn der schwerbehinderte Mensch deren Beteiligung nicht ausdrücklich abgelehnt hat.

3.7.4 Der Einstellung schwerbehinderter Menschen soll bei Bedarf eine nachgehende und berufsbegleitende Hilfe am Arbeitsplatz folgen. Neu eingestellte schwerbehinderte Menschen sowie schwerbehinderte Beschäftigte, die ein neues Arbeitsgebiet übernehmen, sind am Arbeitsplatz sorgfältig zu unterweisen. In Ausnahmefällen können mit Zustimmung der obersten Dienstbehörde besondere nach Art und Umfang dem Leistungsvermögen angepasste Arbeitsplätze für Menschen mit Behinderungen geschaffen werden.

4. Nachteilsausgleich bei Prüfungen

4.1 Bei Prüfungen und vergleichbaren Leistungsnachweisen (im Folgenden: Prüfungen) können sich für schwerbehinderte Menschen im Wettbewerb mit anderen Beschäftigten besondere Härten ergeben. Zum Ausgleich solcher Härten ist im Rahmen des jeweils geltenden Rechts ein der Behinderung angemessener Nachteilsausgleich zu gewähren.

Schwerbehinderte Menschen müssen rechtzeitig darauf hingewiesen werden, dass ihnen auf Antrag entsprechend der Art und dem Umfang ihrer Behinderung Nachteilsausgleiche eingeräumt und Hilfsmittel zur Verfügung gestellt werden können.

4.2 Der für die Prüfung zuständigen Stelle ist vor Beginn der Prüfungen die Schwerbehinderteneigenschaft der oder des zu Prüfenden und deren oder dessen Art der Behinderung bekannt zu geben, es sei denn, dass sie oder er dies ausdrücklich ablehnt.

Ob und welche Nachteilsausgleiche oder Hilfsmittel im Einzelfall erforderlich und angemessen sind, ist im Vorfeld der Prüfung mit der oder dem schwerbehinderten zu Prüfenden zu erörtern. Art und Umfang des Nachteilsausgleichs sind festzulegen.

Die für die oder den zu Prüfenden zuständige Schwerbehindertenvertretung ist rechtzeitig zu unterrichten und anzuhören, es sei denn, dass die oder der zu Prüfende dies ausdrücklich ablehnt.

Während mündlicher und praktischer Prüfungen hat die Schwerbehindertenvertretung das Recht, anwesend zu sein, sofern die oder der schwerbehinderte zu Prüfende dies nicht ausdrücklich ablehnt.

4.3 Soweit nicht Rechtsvorschriften dem entgegenstehen, kommen als Nachteilsausgleich insbesondere in Betracht:

– Verlängerung der Frist zur Abgabe schriftlicher Arbeiten,
– Ersatz einzelner schriftlicher Arbeiten oder praktischer Prüfungsteile, die wegen der Art der Behinderung nicht geleistet werden können, durch andere geeignete Prüfungsleistungen,
– individuelle zeitliche Gestaltung der Prüfungsdauer,
– Erholungspausen,
– Einzelprüfung,
– Bereitstellung von behinderungsspezifischen Hilfen.

4.3.1 In einer mündlichen Prüfung soll bei Menschen mit einer Sehbehinderung oder mit einer Schädel-Hirnverletzung sowie bei schwerbehinderten Menschen mit erheblicher psychischer Beeinträchtigung auf das Abfragen gedächtnismäßigen Wissens verzichtet werden, soweit es mit dem Zweck der Prüfung vereinbar ist. Es genügt, wenn Aufgaben gestellt werden, deren Lösung erkennen lässt, dass sie die erforderlichen Kenntnisse und die Urteilsfähigkeit besitzen, die sie zu richtigen Entscheidungen befähigen.

4.3.2 Menschen mit einer Hörbehinderung, die taub oder nahezu taub sind, sind in einer mündlichen Prüfung die Prüfungsfragen schriftlich vorzulegen. Bei Menschen mit einer Sprachbehinderung ist eine schriftliche Beantwortung der mündlichen Fragen zuzulassen; auf Antrag ist eine Gebärdensprachdolmetscherin oder ein Gebärdensprachdolmetscher zur Verfügung zu stellen.

4.3.3 Sind schwerbehinderte Menschen schriftlich zu prüfen, die in der Schreib- oder Lesefähigkeit beeinträchtigt sind, ist ihnen eine im Prüfungsfach nicht vorgebildete

VIII.2.1 Schwerbehindertenrichtlinien (SchwbRl)

Schreibkraft zuzuteilen oder ein geeigneter PC zur Verfügung zu stellen, sofern der schwerbehinderte Mensch nicht ausdrücklich widerspricht.

4.3.4 Bei der Gestaltung einer praktischen Prüfung oder einer Sportprüfung ist die Behinderung angemessen zu berücksichtigen. In geeigneten Fällen soll die Teilnahme freigestellt werden. Der Besitz des Deutschen Sportabzeichens für Menschen mit Behinderungen ist für die Note im Sport zu bewerten.

4.4 Der Nachteilsausgleich für schwerbehinderte Menschen ist so zu gestalten, dass die übrigen Prüfungsteilnehmerinnen und Prüfungsteilnehmer nicht gestört werden.

4.5 Bei Prüfungen, die dem Betriebsschutz dienen, darf ein Nachteilsausgleich nicht gewährt werden.

4.6 Bei der Beurteilung der schriftlichen und mündlichen Prüfungsleistungen sowie bei der Bildung des Gesamturteils ist auf die physischen und psychischen Auswirkungen, die Folge der Behinderung sind, Rücksicht zu nehmen. Die fachlichen Anforderungen dürfen jedoch nicht geringer bemessen werden.

Nachteilsausgleiche in Prüfungen sind bewertungsneutral. In Zeugnisse dürfen Hinweise auf Nachteilsausgleiche bei Prüfungen nicht aufgenommen werden.

4.7 Soweit die Möglichkeiten, eine nicht bestandene Prüfung zu wiederholen, nicht durch Rechtsvorschriften (insbesondere beamtenrechtliche Ausbildungs- und Prüfungsverordnungen und Prüfungsordnungen nach dem BBiG) geregelt sind, dürfen schwerbehinderte Menschen einmal mehr wiederholen als sonstige zu Prüfende. Für diese zu Prüfenden kann eine Wiederholungsprüfung auf die Einzelleistungen beschränkt werden, die mit „mangelhaft" oder „ungenügend" bewertet worden sind.

5. Aktenführung

5.1 Die Personalakten müssen einen Nachweis über die Anerkennung der Schwerbehinderteneigenschaft und den Grad der Behinderung (Ablichtung des Schwerbehindertenausweises) oder über die Gleichstellung enthalten. In der Folgezeit eintretende Änderungen hinsichtlich der Schwerbehinderteneigenschaft, der Gleichstellung oder des Grades der Behinderung sollen, nachdem sie rechtswirksam geworden sind, in den Personalakten vermerkt werden.

Die Personalakten von schwerbehinderten Beschäftigten sind in geeigneter Weise zu kennzeichnen, um die Beteiligung der Schwerbehindertenvertretung in jedem Fall zu gewährleisten.

5.2 In Berichten an übergeordnete Behörden über Personalangelegenheiten schwerbehinderter Beschäftigter ist auf den Grad der Behinderung hinzuweisen, sofern dieses von Bedeutung ist.

5.3 Alle Mitteilungen an die Personalvertretungen über beabsichtigte Personalmaßnahmen, die schwerbehinderte Menschen betreffen, müssen einen Hinweis auf die Schwerbehinderteneigenschaft enthalten.

6. Ausgestaltung des Dienst- oder Beschäftigungsverhältnisses und des Arbeitsumfeldes

6.1 Arbeitszeit/Arbeitspausen

Schwerbehinderte Beschäftigte sind auf ihr Verlangen von Krankheits- und Urlaubsvertretungen freizustellen, wenn die Vertretung innerhalb der regelmäßigen Arbeitszeit nicht erledigt werden kann (vgl. § 207 SGB IX) oder die Art der Behinderung den Betroffenen eine Vertretungstätigkeit unzumutbar erscheinen lässt.

Unter Berücksichtigung der individuellen Leistungsfähigkeit der schwerbehinderten Beschäftigten können besondere Regelungen für die Gestaltung der Arbeitszeit und der Arbeitspausen angezeigt sein. Die örtlichen Verhältnisse, insbesondere Verkehrsverhältnisse, können ein Entgegenkommen beim Dienstbeginn und Dienstschluss sowie bei der Mittagspause rechtfertigen.

6.2 Teilzeitbeschäftigung

Schwerbehinderte Beschäftigte haben gemäß § 164 Abs. 5 Satz 3 SGB IX einen Anspruch auf Teilzeitbeschäftigung, wenn die kürzere Arbeitszeit wegen Art und Schwere der Behinderung notwendig ist. Dieser Anspruch besteht nicht, wenn seine Erfüllung für den Arbeitgeber oder Dienstherrn nicht zumutbar oder mit unverhältnismäßigen Aufwendungen verbunden wäre oder soweit staatliche oder berufsgenossenschaftliche Arbeitsschutzvorschriften oder beamtenrechtliche Vorschriften entgegenstehen (§ 164 Abs. 4 Satz 3 SGB IX).

6.3 Technische Ausstattung des Arbeitsplatzes

Zur Erleichterung der Arbeit und zur Erhöhung der Leistungsfähigkeit sind die nach Art und Umfang der Behinderung erforderlichen Hilfsmittel bereitzustellen; der Arbeitsplatz ist mit den notwendigen technischen Arbeitshilfen auszustatten (§ 164 Abs. 4 Nr. 5 SGB IX). Hierzu gehören u. a.:

– akustische und optische Hilfsmittel für Menschen mit einer Hörbehinderung,
– besondere Vorrichtungen zur Telefonbedienung,
– behinderungsgerechte Büromöbel,
– behinderungsgerechte Arbeitsplatzausleuchtung,
– Brailledisplay,
– Lesegeräte,
– Vorlesesysteme,
– Diktiergeräte,
– Vergrößerungssysteme,
– Notizgeräte,
– Fachliteratur als Software oder in Blindenschrift.

Die Leistungen der Rehabilitationsträger sind in Anspruch zu nehmen. Hierzu ist rechtzeitig und vor einer Beschaffung mit den zuständigen Stellen Kontakt aufzunehmen.

Sofern bei der Auswahl der notwendigen Hilfsmittel Zweifel bestehen, sind der technische Beratungsdienst des Integrationsamtes und der Agenturen für Arbeit sowie bei Bedarf die Bundesanstalt für Arbeitsschutz und Arbeitsmedizin in Dortmund zu beteiligen.

Informationen zu einer behinderungsgerechten Ausstattung von Arbeits- und Ausbildungsplätzen sowie zu den Möglichkeiten einer finanziellen Förderung gibt es auf der Internetseite des Landesamtes für Soziales, Jugend und Familie unter der Rubrik „schwerbehinderte Menschen im Arbeitsleben/finanzielle Förderung".

6.4 Personelle Unterstützung/Arbeitsassistenz

Schwerbehinderten Beschäftigten, die zur Ausübung der Beschäftigung wegen der Schwerbehinderung nicht nur vorübergehend einer besonderen Hilfskraft bedürfen (§ 155 Abs. 1 Nr. 1 Buchst. a SGB IX), ist neben technischen Hilfsmitteln personelle Unterstützung (z. B. Vorlesekraft, Gebärdensprachdolmetscherin oder Gebärdensprachdolmetscher, Hilfskraft für Rollstuhlfahrerinnen und Rollstuhlfahrer) zur Verfügung zu stellen und für deren Vertretung zu sorgen. Die Leistungen der Rehabilitationsträger sind in Anspruch zu nehmen. Auf § 185 Abs. 3 Nr. 2 SGB IX, wonach das Integrationsamt im Rahmen seiner Zuständigkeit für die begleitende Hilfe im Arbeitsleben aus den zur Verfügung stehenden Mitteln auch Geldleistungen für außergewöhnliche Belastungen des Arbeitgebers, u. a. für innerbetriebliche personelle Unterstützung, erbringen kann, wird hingewiesen.

Schwerbehinderte Menschen haben im Rahmen der Zuständigkeit des Integrationsamtes aus den zur Verfügung stehenden Mitteln der Ausgleichsabgabe einen Anspruch auf Übernahme der Kosten einer notwendigen Arbeitsassistenz (§ 185 Abs. 5 Satz 1 SGB IX). Gegenüber der Assistenzkraft tritt der schwerbehinderte Mensch selbst als Auftraggeber auf. Dieses kann auf unterschiedliche Weise organisiert werden. Entweder der schwerbehinderte Mensch kann als Arbeitgeber selbst eine Assistenzkraft anstellen, d. h. auf Basis eines Arbeitsvertrages im Rahmen einer sozialversicherungspflichtigen – ggf. geringfügigen – Beschäftigung. Dabei ist er für die Einhaltung aller gesetzlichen Arbeitgeberpflichten im Verhältnis zur Assistenzkraft allein verantwortlich (Arbeitgebermodell). Alternativ kann der schwerbehinderte Mensch auch ein Dienstleistungsunternehmen mit der Erbringung der Assistenzleistung oder eine einzelne, selbstständige Person im Wege eines Dienstvertrages auf Honorarbasis beauftragen (Dienstleistungsmodell).

Leistungen durch das Integrationsamt dürfen nur erbracht werden, soweit diese für denselben Zweck nicht von einem Rehabilitationsträger, vom Arbeitgeber oder von anderer Seite zu erbringen sind oder erbracht werden, ohne dass auf sie ein Rechtsanspruch besteht (§ 18 Abs. 1 Satz 1 SchwbAV).

6.5 Telearbeit und mobile Arbeit

Telearbeit und mobile Arbeit sind geeignet, die Rahmenbedingungen für schwerbehinderte Beschäftigte zu verbessern und stellen ein Instrument zur Sicherung gefährdeter Arbeitsverhältnisse dar. Die Dienststellen fördern daher die Einrichtung von Telearbeitsplätzen und die Möglichkeit der mobilen Arbeit für schwerbehinderte Beschäftigte.

Bei der Entscheidung über Anträge auf Einrichtung eines Telearbeitsplatzes bzw. der Teilnahme an der mobilen Arbeit ist die Tatsache, dass damit die Rahmenbedingungen für schwerbehinderte Beschäftigte verbessert werden, angemessen zu berücksichtigen. Die digitale Barrierefreiheit gemäß den §§ 9 ff. NBGG ist zu gewährleisten (siehe auch Nummer 6.9).

Die Schwerbehindertenvertretung ist rechtzeitig zu beteiligen. Das zuständige Integrationsamt ist wegen einer möglichen Bezuschussung für die Einrichtung des Telearbeitsplatzes und der Ausstattung mit den für die jeweilige Behinderung erforderlichen Hilfsmitteln für das mobile Arbeiten rechtzeitig einzuschalten (siehe Nummer 6.3). Die Regelungen des § 164 Abs. 4 SGB IX sowie die Bezugsbekanntmachung zu c sind zu beachten.

6.6 Neu- und Umbauten, Arbeitsräume

Die Schwerbehindertenvertretung ist bei der Planung von Neu- und Umbauten sowie der Anmietung von Diensträumen zu beteiligen. Das gilt auch für die Verteilung von Arbeitsräumen und Arbeitsplätzen innerhalb von Dienstgebäuden.

Die Arbeitsräume schwerbehinderter Beschäftigter sind so auszuwählen, dass die Leistungsfähigkeit nicht beeinträchtigt wird; nach Möglichkeit ist ein Einzelzimmer zuzuteilen. Das gilt insbesondere für schwerbehinderte Beschäftigte, die aufgrund ihrer Behinderung besonders lärm- und hitzeempfindlich sind. Bei der Planung und beim Bau von öffentlichen Gebäuden ist im Rahmen bestehender gesetzlicher Vorschriften sicherzustellen, dass sowohl die Gebäude als auch die Inneneinrichtungen barrierefrei gestaltet werden. Insbesondere ist u. a. darauf zu achten, dass Eingänge, Aufzüge, Sitzungsräume und Toiletten für Rollstuhlfahrerinnen und Rollstuhlfahrer zugänglich sind. Bei Umbauten sollen die Belange der schwerbehinderten Menschen berücksichtigt werden.

Bei der Anmietung von Bauten oder Gebäudeteilen zur eigenen Nutzung ist gleichfalls im Rahmen bestehender gesetzlicher Vorschriften die Barrierefreiheit zu berücksichtigen.

6.7 Arbeitsplatzwechsel

Der Wechsel des Arbeitsplatzes kann für schwerbehinderte Menschen mit größeren Schwierigkeiten verbunden sein als für andere Beschäftigte. Schwerbehinderte Beschäftigte dürfen daher nicht gegen ihren Willen versetzt, abgeordnet oder umgesetzt werden, es sei denn, dass zwingende dienstliche Gründe die Maßnahme erfordern. In diesem Fall sollten ihnen mindestens gleichwertige Arbeitsbedingungen oder Entwicklungsmöglichkeiten geboten werden.

Begründeten eigenen Anträgen auf Versetzung oder sonstigen Wechsel des Arbeitsplatzes soll entsprochen werden, wenn dienstliche Gründe nicht entgegenstehen. Wird einem Antrag nicht entsprochen, sind der oder dem schwerbehinderten Beschäftigten sowie der Schwerbehindertenvertretung die Gründe dafür darzulegen.

6.8 Prävention/Betriebliches Eingliederungsmanagement

Treten personen-, verhaltens- oder betriebsbedingte Schwierigkeiten in einem Dienst-

oder Arbeitsverhältnis schwerbehinderter Beschäftigter auf, die zur Gefährdung dieses Verhältnisses führen können, sind unter möglichst frühzeitiger Einschaltung der Schwerbehindertenvertretung, des Personalrates, Staatsanwaltsrates oder der Richtervertretung und der Gleichstellungsbeauftragten sowie des Integrationsamtes alle Möglichkeiten und alle zur Verfügung stehenden Hilfen zu erörtern, mit denen die Schwierigkeiten beseitigt werden können und das Dienst- oder Arbeitsverhältnis möglichst dauerhaft fortgesetzt werden kann (§ 167 Abs. 1 SGB IX).

Ist ein durch die Behinderung erforderlicher Arbeitsplatzwechsel abzusehen, so sind schwerbehinderte Menschen dabei frühzeitig durch geeignete berufliche Fördermaßnahmen zu unterstützen.

Mit Zustimmung der betroffenen schwerbehinderten Beschäftigten schaltet die Dienststelle die Schwerbehindertenvertretung insbesondere auch dann ein, wenn sie innerhalb eines Jahres länger als sechs Wochen ununterbrochen oder wiederholt arbeitsunfähig sind. Im Rahmen des betrieblichen Eingliederungsmanagements gemäß § 167 Abs. 2 SGB IX soll hierbei nach Möglichkeiten gesucht werden, wie eine Arbeitsunfähigkeit überwunden oder durch Leistungen oder Hilfen vermieden werden kann, um den Arbeitsplatz zu erhalten.

6.9 Informations- und Kommunikationstechnik

Bei der Planung, Entwicklung und Beschaffung der im öffentlichen Dienst zum Einsatz kommenden IT-Anwendungen ist sicherzustellen, dass die Anwendungen, Anwendungsoberflächen und -inhalte barrierefrei zugänglich und nutzbar sind. In Vergabeverfahren ist die Barrierefreiheit deshalb als Vergabekriterium zu berücksichtigen. Auch bei Weiterentwicklungen und Anpassungen bestehender IT-Anwendungen und der Gestaltung elektronisch erzeugter Dokumente sind die gesetzlichen Vorgaben zur Barrierefreiheit einzuhalten. Bei grundsätzlichen Fragen der Planung, Entwicklung und Beschaffung von IT-Anwendungen und deren barrierefreier Gestaltung ist die Schwerbehindertenvertretung zu beteiligen. Die Regelungen über den barrierefreien Zugang zu den Websites und mobile Anwendungen öffentlicher Stellen (§§ 9 ff. NBGG) sind zu beachten.

7. Berufliche Entwicklung

7.1 Beförderung/Eingruppierung

Werden Arbeitsplätze, die einem Beförderungsamt zugeordnet sind oder eine höhere Eingruppierung ermöglichen, neu eingerichtet oder frei, sind schwerbehinderte Beschäftigte bei gleicher Eignung, Befähigung und fachlicher Leistung vorrangig zu berücksichtigen, soweit nicht in der Person der anderen Bewerberinnen oder Bewerber liegende Gründe von größerem rechtlichen Gewicht entgegenstehen. Dies gilt insbesondere für schwerbehinderte Beschäftigte, die bereits in der betreffenden Dienststelle auf geringer bewerteten Arbeitsplätzen tätig sind. Ihnen sind Probe- und Bewährungszeiten einzuräumen. Notfalls dürfen entsprechende Beförderungs- und Höhergruppierungsmöglichkeiten durch Versetzungen, Umsetzungen oder andere Geschäftsverteilung geschaffen werden, soweit dies haushaltsrechtlich zulässig ist.

7.2 Berufliche Förderung

Die berufliche Förderung soll dazu führen, dass schwerbehinderte Beschäftigte Positionen erlangen, von denen anzunehmen ist, dass nicht schwerbehinderte Beschäftigte sie bei gleicher Eignung, Befähigung und fachlicher Leistung erreichen würden. Hierfür sind alle laufbahnrechtlichen und tariflichen Möglichkeiten auszuschöpfen. Die Eignung für ein Beförderungsamt wird schwerbehinderten Beschäftigten in der Regel nur dann nicht zuzuerkennen sein, wenn sie bei wohlwollender Prüfung die an das Beförderungsamt zu stellende Mindestanforderung nicht erfüllen.

7.3 Berufliche Bildung

Nach § 164 Abs. 4 Satz 1 Nr. 2 SGB IX haben schwerbehinderte Beschäftigte, um das Ziel der Weiterentwicklung ihrer Fähigkeiten und

VIII.2.1 Schwerbehindertenrichtlinien (SchwbRl)

Kenntnisse zu erreichen, einen Anspruch auf Besserstellung gegenüber Beschäftigten ohne Behinderungen durch bevorzugte Berücksichtigung bei Aus- und Fortbildungsmaßnahmen der Dienststelle.

Die Dienststelle ist verpflichtet, durch geeignete Maßnahmen Erleichterungen im zumutbaren Umfang zur Teilnahme an außerbetrieblichen Maßnahmen der beruflichen Bildung zu gewähren (§ 164 Abs. 4 Satz 1 Nr. 3 SGB IX).

Im Einzelfall können Art und Schwere der Behinderung Folgen haben, die weitere Förderungsmaßnahmen zu ihrem Ausgleich geboten erscheinen lassen. Dies gilt vor allem, wenn nach Würdigung aller Umstände, insbesondere Vor-, Aus- und Fortbildung sowie dienstlicher Bewährung, anzunehmen ist, dass schwerbehinderte Beschäftigte ohne die Behinderung ein besseres berufliches Fortkommen erreicht hätten.

7.4 Besondere Gruppen schwerbehinderter Menschen

Eine Berufsförderung im Rahmen dieser Richtlinien soll auch nicht vollbeschäftigten schwerbehinderten Menschen i. S. des § 155 Abs. 1 SGB IX ermöglicht werden. Bei diesem Personenkreis ist je nach Lage des Einzelfalles auch zu prüfen, ob ein geeigneter Arbeitsplatz geschaffen werden kann, um dadurch ggf. eine Vollbeschäftigung zu erreichen.

8. Dienstliche Beurteilung

8.1 Schwerbehinderte Beschäftigte bedürfen im Verhältnis zu Beschäftigten ohne Behinderungen in der Regel eines größeren Einsatzes an Energie, um gleichwertige Leistungen zu erbringen. Bei der Beurteilung ihrer Leistung ist daher eine etwaige Minderung der Arbeits- und Verwendungsfähigkeit durch die jeweilige Behinderung besonders zu berücksichtigen. Dabei sind lediglich die Auswirkungen der Behinderung von Bedeutung.

8.2 Die Schwerbehindertenvertretung wird vor einem anstehenden Beurteilungsverfahren schwerbehinderter Beschäftigter informiert. In jedem Beurteilungsverfahren ist vor Erstellung der Beurteilung ein Gespräch zwischen der oder dem Erstbeurteilenden oder ggf. der oder dem einzig zuständigen Beurteilenden und der Schwerbehindertenvertretung über die Auswirkungen der jeweiligen Schwerbehinderung auf die Arbeits- und Verwendungsfähigkeit zu führen. Hierzu bedarf es des Einverständnisses der oder des schwerbehinderten Beschäftigten. Ob die oder der schwerbehinderte Beschäftigte mit dem Gespräch einverstanden ist, klärt die Personalstelle vor Anforderung der Beurteilung ab. Sofern das Einverständnis vorliegt, stimmt die oder der Erstbeurteilende oder ggf. die oder der einzig zuständige Beurteilende einen Gesprächstermin mit der Schwerbehindertenvertretung ab. Die oder der schwerbehinderte Beschäftigte hat die Möglichkeit, an dem Gespräch teilzunehmen. In der Beurteilung ist zu vermerken, ob, wann und mit welchem Ergebnis das Gespräch mit der Schwerbehindertenvertretung stattgefunden hat. Der Verzicht auf das Gespräch berührt nicht den weiterhin bestehenden Anspruch der oder des schwerbehinderten Beschäftigten auf eine Beratung durch die Schwerbehindertenvertretung.

8.3 Art und Umfang der Berücksichtigung einer Minderung der Arbeits- und Verwendungsfähigkeit durch die Behinderung sind in einer die Beurteilung abschließenden Gesamtwürdigung zu vermerken. Schwerbehinderten Beschäftigten ist unter Beachtung des oben angegebenen Grundsatzes und unter besonderer Berücksichtigung ihres Strebens nach Leistung und Fortbildung das Gesamturteil zuzuerkennen, das sie erhalten würden, wenn ihre Arbeits- und Verwendungsfähigkeit nicht infolge der Behinderung gemindert wäre. Die Qualität der erbrachten Leistungen ist grundsätzlich nach allgemeinen Maßstäben zu beurteilen. Eine möglicherweise geringere Quantität der Arbeitsleistung, soweit sie auf behinderungsbedingten Minderungen beruht, darf das Beurteilungsergebnis nicht negativ beeinflussen.

Im Übrigen finden die Regelungen der für die oder den schwerbehinderten Beschäftigten

Schwerbehindertenrichtlinien (SchwbRI) VIII.2.1

anzuwendenden Beurteilungsrichtlinien in der jeweils geltenden Fassung Anwendung.

9. Erholungs- und Zusatzurlaub

9.1 Den Wünschen schwerbehinderter Beschäftigter hinsichtlich Urlaubszeit und Urlaubsteilung soll möglichst entsprochen werden.

9.2 Schwerbehinderte Beschäftigte haben Anspruch auf einen bezahlten zusätzlichen Urlaub von fünf Arbeitstagen im Urlaubsjahr (§ 208 Abs. 1 Satz 1 SGB IX). Für gleichgestellte behinderte Beschäftigte gilt diese Regelung nicht (§ 151 Abs. 3 SGB IX). Verteilt sich die regelmäßige Arbeitszeit der schwerbehinderten Beschäftigten auf mehr oder weniger als fünf Arbeitstage in der Kalenderwoche, erhöht oder vermindert sich der Zusatzurlaub entsprechend.

9.3 Lässt sich der Beginn der Schwerbehinderteneigenschaft nicht nachweisen, so ist hierfür der Zeitpunkt des schädigenden Ereignisses zugrunde zu legen, soweit er bekannt ist (z. B. Unfall) oder durch ärztliche Bescheinigung nachgewiesen wird.

Lässt sich der Zeitpunkt des schädigenden Ereignisses nicht bestimmen, so ist die festgestellte Schwerbehinderteneigenschaft vom ersten Tag des Monats an zu unterstellen, in dem die Feststellung der Schwerbehinderung beantragt worden ist.

9.4 Besteht die Schwerbehinderteneigenschaft nicht während des gesamten Kalenderjahres, so hat die oder der schwerbehinderte Beschäftigte für jeden vollen Monat der im Beschäftigungsverhältnis vorliegenden Schwerbehinderteneigenschaft Anspruch auf ein Zwölftel des Zusatzurlaubs. Bruchteile von Urlaubstagen, die mindestens einen halben Tag ergeben, sind auf volle Urlaubstage aufzurunden (§ 208 Abs. 2 SGB IX).

9.5 Wird die Schwerbehinderteneigenschaft rückwirkend festgestellt, finden auch für die Übertragbarkeit des Zusatzurlaubs in das nächste Kalenderjahr die dem Beschäftigungsverhältnis zugrunde liegenden urlaubsrechtlichen Regelungen entsprechende Anwendung (§ 208 Abs. 3 SGB IX).

9.6 Berechnung des Zusatzurlaubs von schwerbehinderten Beschäftigten bei Beginn oder Beendigung des Arbeits- oder Dienstverhältnisses im Urlaubsjahr

9.6.1 Schwerbehinderte Beschäftigte, die in der zweiten Hälfte des Kalenderjahres aus dem Arbeitsverhältnis ausscheiden oder in der ersten Hälfte des Kalenderjahres eingestellt werden, haben nach Erfüllung der Wartezeit Anspruch auf den vollen Zusatzurlaub von fünf Tagen. Wird die Wartezeit nicht erfüllt, haben schwerbehinderte Beschäftigte Anspruch auf lediglich ein Zwölftel des Zusatzurlaubs für jeden vollen Kalendermonat des Bestehens des Arbeitsverhältnisses.

Endet das Arbeitsverhältnis in einem der Folgejahre in der ersten Hälfte des Kalenderjahres, hat die oder der schwerbehinderte Beschäftigte Anspruch auf lediglich ein Zwölftel des Zusatzurlaubs für jeden vollen Kalendermonat des Bestehens des Arbeitsverhältnisses.

9.6.2 Ist eine Wartezeit nach den jeweils geltenden erholungsurlaubsrechtlichen Vorschriften nicht vorgesehen, so entsteht im Jahr der Aufnahme des Dienstverhältnisses ein Anspruch auf ein Zwölftel des Zusatzurlaubs für jeden vollen Kalendermonat des Dienstverhältnisses. Endet das Dienstverhältnis im Laufe eines Kalenderjahres, hat die oder der schwerbehinderte Beschäftigte einen Anspruch auf ein Zwölftel des Zusatzurlaubs für jeden vollen Kalendermonat des Dienstverhältnisses.

9.6.3 Bei neu eingestellten schwerbehinderten Beschäftigten, denen bei einem anderen Dienstherrn oder Arbeitgeber im laufenden Urlaubsjahr bereits ganz oder anteilig Zusatzurlaub gewährt worden ist, ist dieser anzurechnen.

10. Weitere Maßnahmen zum Ausgleich der Schwerbehinderung

10.1 Abholdienst

Schwerbehinderten Beschäftigten kann im Rahmen der Verfügbarkeit von Dienstwagen die Möglichkeit eines Abholdienstes für Fahrten zwischen Dienststelle und Wohnung angeboten werden, wenn ihnen nach Art und Schwere der Behinderung die Benutzung öffentlicher Verkehrsmittel und das Führen eines Kraftfahrzeugs nicht zumutbar sind.

10.2 Dienst- oder Arbeitsbefreiung bei extremen Wetterlagen

An Tagen mit extremen Wetterlagen soll schwerbehinderten Beschäftigten, denen die jeweilige Wetterlage im Vergleich zu den sonstigen Beschäftigten besondere Erschwernisse verursacht, in angemessenem Umfang Dienst- oder Arbeitsbefreiung erteilt werden, sofern die in den Regelungen zur Arbeitszeit vorgesehenen Möglichkeiten einer flexiblen Arbeitszeitgestaltung nicht ausreichen oder nicht geeignet sind. Für die Feststellung besonderer Erschwernisse muss individuell die jeweilige Behinderung und die damit verbundene tatsächliche Erschwernis betrachtet werden. Dabei ist auch zu prüfen, ob ein Abholdienst i. S. der Nummer 10.1 oder bei Vorliegen eines dringenden dienstlichen Interesses die Übernahme von Taxikosten in Betracht kommt. Ob die erforderlichen Voraussetzungen vorliegen, ist von der Dienststellenleitung nach Anhörung der Schwerbehindertenvertretung großzügig zu entscheiden.

10.3 Dienstreisen

10.3.1 Schwerbehinderte Beschäftigte, die Dienstreisen nur mit fremder Hilfe ausführen können, dürfen sich auch von einer Person, die nicht im Landesdienst steht oder dorthin abgeordnet ist, begleiten lassen. Der Anspruch auf unentgeltliche Beförderung und ähnliche Nachteilsausgleiche für die Begleitperson von schwerbehinderten Beschäftigten muss ausgenutzt werden (z. B. § 228 Abs. 6 Nr. 1 SGB IX). Die Fahrtauslagen sowie die Auslagen für die Verpflegung, Unterkunft und Nebenkosten der Begleitperson sind im Rahmen des Reisekostenrechts zu erstatten. Werden schwerbehinderte Dienstreisende i. S. von Satz 1 von einer Person begleitet, die der Dienststelle angehört, ist für die Begleitperson ebenfalls eine Dienstreise anzuordnen; die Begleitperson erhält damit einen Anspruch auf eine eigenständige Reisekostenvergütung.

10.3.2 Der Einsatz des privaten Kraftwagens einer oder eines schwerbehinderten Dienstreisenden mit einer außergewöhnlichen Gehbehinderung – Merkzeichen aG – begründet ein erhebliches dienstliches Interesse an der Benutzung des privaten Kraftwagens. Andere Arten der Schwerbehinderung können in besonderen Fällen ebenfalls dazu führen, dass der Einsatz des privaten Kraftwagens in einem erheblichen dienstlichen Interesse liegt. In diesen Fällen werden Wegstreckenentschädigung ohne Begrenzung und der Sachschadenersatz im Rahmen der maßgebenden Vorschriften gewährt.

10.3.3 Die Fahrtkosten für die nächsthöhere Klasse dürfen – unabhängig vom Vorliegen einer anerkannten Behinderung – erstattet werden, wenn der körperliche oder gesundheitliche Zustand der oder des Dienstreisenden die Benutzung dieser Klasse rechtfertigt.

10.3.4 Liegen für eine Taxibenutzung die nach dem Reisekostenrecht vorausgesetzten Gründe vor, werden die entstandenen notwendigen Kosten erstattet. Ein Grund, der für sich allein die Taxibenutzung rechtfertigt, ist z. B. das Merkzeichen aG oder ein stark eingeschränktes Sehvermögen.

10.4 Verkauf ausgesonderter Dienstkraftfahrzeuge

Beim Verkauf ausgesonderter Dienstkraftfahrzeuge ist gemäß der Richtlinie über Dienstkraftfahrzeuge in der Landesverwaltung (Kfz-Richtlinie) des MF in der jeweils geltenden Fassung zu verfahren:

An schwerbehinderte Beschäftigte des Landes, die die gesundheitlichen Merkmale zur unentgeltlichen Beförderung im öffentlichen Personenverkehr nach dem SGB IX oder zur Inanspruchnahme von Nachteilsausgleichen bei der Kraftfahrzeugsteuer erfüllen, sind Dienstkraftfahrzeuge freihändig zum Schätzwert (zuzüglich Schätzkosten) zu verkaufen.

Kaufinteressentinnen und Kaufinteressenten, die innerhalb der letzten fünf Jahre ein Dienstkraftfahrzeug erworben haben, können nur berücksichtigt werden, wenn anspruchsberechtigte schwerbehinderte Kaufinteressentinnen und Kaufinteressenten nicht vorhanden

Schwerbehindertenrichtlinien (SchwbRl) VIII.2.1

sind. Liegen Kaufanträge schwerbehinderter Beschäftigter des Landes nicht vor, so ist der freihändige Verkauf zum Schätzwert (zuzüglich Schätzkosten) auch an Beschäftigte des Landes mit einer oder einem sorgeberechtigten, in häuslicher Gemeinschaft lebenden schwerbehinderten Familienangehörigen zulässig, wenn diese Person die in Abs. 1 Satz 2 angegebenen Merkmale erfüllt.

Die Weiterveräußerung eines begünstigt erworbenen Fahrzeugs innerhalb des ersten Jahres ist nur aus besonderen Gründen mit Zustimmung der veräußernden Dienststelle zulässig; die Bindung ist in den Kaufvertrag aufzunehmen.

Anspruchsberechtigte erhalten Informationen zum Verkauf ausgesonderter Dienstkraftfahrzeuge der Zentralen Polizeidirektion unter folgender E-Mail-Adresse: kfz-aussonderung@zpd.polizei.niedersachsen.de.

10.5 Parkmöglichkeiten

Schwerbehinderten Beschäftigten, die wegen ihrer Behinderung auf dem Weg zu und von der Dienststelle auf den Gebrauch eines Kraftfahrzeugs angewiesen sind, ist in der Nähe ihres Arbeitsplatzes auf den für die Dienststelle vorhandenen Parkplätzen für private Kraftfahrzeuge eine genügende Anzahl von Abstellflächen bereitzustellen. Falls nötig, sind diese Abstellflächen besonders zu kennzeichnen. Sind keine Parkplätze vorhanden, auf denen Abstellflächen für Kraftfahrzeuge schwerbehinderter Beschäftigter bereitgestellt werden können, so sind diese Flächen nach Möglichkeit zu mieten oder zu erwerben. Miete oder Erwerb müssen wirtschaftlich vertretbar sein. Die für Fahrzeuge schwerbehinderter Beschäftigter bereitgestellten Abstellflächen sind nach Möglichkeit in die vorgesehene Bewachung der jeweiligen Dienststelle oder des jeweiligen Grundstücks einzubeziehen. Stehen Parkplätze nicht zur Verfügung, so können schwerbehinderte Beschäftigte bei der zuständigen Straßenverkehrsbehörde beantragen, dass ihnen ein Parkplatz in der Nähe der Dienststelle reserviert wird.

Werden Parkflächen allgemein nur gegen Entgelt oder im Rahmen der Parkraumbewirtschaftung vergeben, sind hiervon schwerbehinderte Beschäftigte ausgenommen, die im Besitz eines blauen oder orangen Sonderparkausweises sind. Ist ein solcher Parkausweis nicht vorhanden, ist der Schwerbehindertenausweis mit den Merkzeichen „aG oder Bl" (Anspruch auf blauen Parkausweis) oder „G oder B" mit weiteren – in der VwV-StVO zu § 46 Abs. 1 Satz 1 Nr. 11 StVO genannten – gesundheitlichen Beeinträchtigungen (Anspruch auf orange Parkberechtigung) vorzuweisen. In diesen Fällen entfällt die Entrichtung eines Entgelts.

10.6 Assistenz- und Blindenführhunde

Assistenz- und Blindenführhunde dürfen während der Dienstzeit am Arbeitsplatz oder in der Nähe des Arbeitsplatzes untergebracht werden.

10.7 Rehabilitationssport und Funktionstraining

Rehabilitationssport und Funktionstraining sind geeignet, zusätzlichen Gesundheitsschäden vorzubeugen und die Arbeitskraft zu erhalten. Rehabilitationssport und Funktionstraining dienen nicht nur den Belangen der schwerbehinderten Beschäftigten, sondern auch der Erhaltung der Dienstfähigkeit und damit dienstlichen Interessen. Schwerbehinderten Beschäftigten kann daher zur Teilnahme am Rehabilitationssport und Funktionstraining, wenn dieser unter ärztlicher Betreuung von einer nach § 11a Abs. 2 BVG i. V. m. der ab 1. 1. 2022 geltenden Rahmenvereinbarung über den Rehabilitationssport und das Funktionstraining anerkannten Rehabilitationssportgruppe oder Funktionssportgruppe durchgeführt wird, im Einzelfall eine Freistellung erteilt werden, wenn der Besuch dieser Veranstaltungen im Rahmen der Regelungen zur flexiblen Arbeitszeit nicht möglich ist.

11. Beendigung von Dienst- oder Beschäftigungsverhältnissen

11.1 Vorzeitige Versetzung in den Ruhestand

Schwerbehinderte Beamtinnen und Beamte oder Richterinnen und Richter sollen wegen Dienstunfähigkeit nur dann in den Ruhestand versetzt werden, wenn festgestellt wird, dass sie auch bei der notwendigen Rücksichtnahme nicht in der Lage sind, ihre Dienstpflichten zu erfüllen. Einer vorherigen Beteiligung des Integrationsamtes bedarf es dabei nicht. In den Ruhestand wird nicht versetzt, wer anderweitig verwendbar ist (§ 26 Abs. 1 Satz 3 BeamtStG). Unter den Voraussetzungen des § 26 Abs. 2 BeamtStG kann ein anderes Amt derselben oder einer anderen Laufbahn übertragen werden. Es sind alle rechtlichen Möglichkeiten zu nutzen, die den schwerbehinderten Beamtinnen und Beamten eine angemessene und zumutbare Weiterverwendung auf einem anderen Dienstposten ermöglichen.

11.2 Kündigung

Vor jeder ordentlichen Kündigung oder anderen Beendigung des Arbeitsverhältnisses aus gesundheitlichen Gründen ist zunächst zu prüfen, ob eine Rehabilitation in Betracht kommt. Danach ist zu prüfen, ob eine angemessene und zumutbare Weiterverwendung der oder des schwerbehinderten Beschäftigten auf einem anderen Arbeitsplatz möglich ist.

Die Kündigung des Arbeitsverhältnisses schwerbehinderter Beschäftigter durch den Arbeitgeber bedarf der vorherigen Zustimmung des Integrationsamtes (§ 168 SGB IX). Eine Kündigung ohne Beteiligung der Schwerbehindertenvertretung nach § 178 Abs. 2 Satz 1 SGB IX ist unwirksam (§ 178 Abs. 2 Satz 3 SGB IX).

12. Zusammenarbeit bei der Wahrnehmung von Interessen der schwerbehinderten Beschäftigten

Die Dienststelle, die oder der Inklusionsbeauftragte, die Schwerbehindertenvertretung, die Personalvertretung und die Gleichstellungsbeauftragte arbeiten zum Wohl der schwerbehinderten Beschäftigten bei deren Eingliederung in die Dienststelle eng und vertrauensvoll zusammen.

12.1 Inklusionsbeauftragte oder Inklusionsbeauftragter der Dienststelle

12.1.1 Die Dienststellen haben nach § 181 SGB IX eine Inklusionsbeauftragte oder einen Inklusionsbeauftragten zu bestellen, die oder der sie in Angelegenheiten schwerbehinderter Beschäftigter verantwortlich vertritt. Falls erforderlich, können mehrere Beauftragte bestellt werden. Eine Inklusionsbeauftragte oder ein Inklusionsbeauftragter kann auch für mehrere Dienststellen eines Geschäftsbereichs bestellt werden, wenn für die schwerbehinderten Beschäftigten dieser Dienststellen eine gute Erreichbarkeit gegeben ist.

12.1.2 Die oder der Inklusionsbeauftragte soll nach Möglichkeit selbst schwerbehindert sein. Die Inklusionsbeauftragten sind sorgfältig auszuwählen. Die Beauftragung soll jeweils nach vier Jahren überprüft werden. Die Dienststellenleitung, die sie ständig vertretenden Beschäftigten sowie die mit Personalentscheidungen befassten Beschäftigten sollen nicht Inklusionsbeauftragte der Dienststelle sein. Die Inklusionsbeauftragten sind schriftlich zu bestellen und abzuberufen. Sowohl ihre Bestellung als auch ihre Abberufung ist den personalbearbeitenden Stellen, der örtlichen Schwerbehindertenvertretung, der Gleichstellungsbeauftragten und der Personalvertretung anzuzeigen. Außerdem sind die Inklusionsbeauftragten der Agentur für Arbeit und dem Integrationsamt zu benennen. Sie können mit diesen Stellen unmittelbar verkehren.

12.1.3 Die Inklusionsbeauftragten haben kraft dieses Amtes keine Entscheidungsbefugnis. Sie sind dazu berufen, auszugleichen und vermittelnd zu wirken und haben insoweit auch Entscheidungen der Verwaltung vorzubereiten. Diese Tätigkeit erfordert neben Lebens- und Verwaltungserfahrung Aufgeschlossenheit und Verständnis für die Belange der schwerbehinderten Beschäftigten und der Verwaltung.

12.1.4 Die Inklusionsbeauftragten sind über ihre Aufgaben und Befugnisse von der Dienststellenleitung oder der von ihr bestimmten Stelle zu unterrichten und mit den erforderlichen Arbeitsmitteln auszustatten. Die Inklusionsbeauftragten haben darauf zu achten, dass die zugunsten schwerbehinderter Menschen geltenden Vorschriften, Tarifverträge und Verwaltungsvorschriften erfüllt werden. Sie haben mit den personalbearbeitenden Stellen, der Schwerbehindertenvertretung, der Gleich-

Schwerbehindertenrichtlinien (SchwbRI) VIII.2.1

stellungsbeauftragten und der Personalvertretung eng zusammenzuarbeiten.

12.2 Die Schwerbehindertenvertretung

12.2.1 Die Schwerbehindertenvertretung ist in allen Angelegenheiten, die einen einzelnen oder die schwerbehinderten Menschen als Gruppe berühren, unverzüglich und umfassend zu unterrichten und vor einer Entscheidung anzuhören (§ 178 Abs. 2 Satz 1 SGB IX).

12.2.2 Die Schwerbehindertenvertretung ist befugt, sich in Angelegenheiten der schwerbehinderten Menschen unmittelbar an das Integrationsamt und die Agentur für Arbeit zu wenden.

12.2.3 Die Schwerbehindertenvertretung hat neben den Rechten nach § 178 Abs. 4 SGB IX das Recht, an den gemeinsamen Besprechungen der Dienststelle und des Personalrates, des Staatsanwaltsrates oder der Richtervertretung teilzunehmen (§ 178 Abs. 5 SGB IX i. V. m. § 62 NPersVG).

12.2.4 Die Schwerbehindertenvertretung hat nicht nur die Interessen der einzelnen schwerbehinderten Beschäftigten, sondern auch die der schwerbehinderten Beschäftigten der Dienststelle in ihrer Gesamtheit wahrzunehmen.

Ist eine Schwerbehindertenvertretung nicht vorhanden, so nimmt deren Aufgaben die Gesamt-, Bezirks-, oder Hauptschwerbehindertenvertretung wahr.

12.2.5 Um der Schwerbehindertenvertretung einen laufenden Überblick über den zu betreuenden Personenkreis zu geben, sind ihr sofort alle Zu- und Abgänge von schwerbehinderten Beschäftigten mitzuteilen.

12.2.6 Bei Schulungsveranstaltungen für Vertrauenspersonen der schwerbehinderten Menschen, die vom Integrationsamt, der Hauptvertrauensperson oder der Bezirksvertrauensperson des Geschäftsbereichs veranstaltet werden, gelten die Voraussetzungen des § 179 Abs. 4 SGB IX als erfüllt. Die Dienststelle unterstützt und fördert die Schulungsveranstaltungen der Hauptvertrauensperson oder Bezirksvertrauensperson. Ob Schulungsveranstaltungen anderer anerkannter Bildungseinrichtungen und -vereinigungen berücksichtigt werden können, ist im Einzelfall zu prüfen.

12.2.7 Die Schwerbehindertenvertretungen, Gesamt-, Bezirks- und Hauptschwerbehindertenvertretungen sind bei der Wahrnehmung ihrer Aufgaben zu unterstützen, z. B. durch Stellung einer Bürokraft in erforderlichem Umfang zur Erledigung von Schreib- und Büroarbeiten, Bereitstellung eines Raumes, in dem mit schwerbehinderten Beschäftigten ungestört gesprochen, nach Bedarf allein gearbeitet werden kann sowie Akten o. Ä. untergebracht werden können. Für Bekanntmachungen sind geeignete Plätze (Anschlagtafeln) verfügbar zu halten. Die durch die Tätigkeit der Schwerbehindertenvertretung entstehenden Kosten trägt nach § 179 Abs. 8 SGB IX die Verwaltung, und zwar die Dienststelle, bei der die jeweilige Vertrauensperson gewählt ist. Sofern in einer Dienststelle keine Schwerbehindertenvertretung gewählt worden ist, werden die Kosten der dann zuständigen Gesamt-, Bezirks- oder Hauptschwerbehindertenvertretung von der Dienststelle getragen, für die die Vertrauensperson tätig wird.

Reisen der Schwerbehindertenvertretung sind keine Dienstreisen i. S. des Reisekostenrechts. Diese Reisen bedürfen keiner Anordnung oder Genehmigung durch die zuständige Behörde, sie sind ihr lediglich anzuzeigen. Für die Durchführung und Abrechnung sind die für den Arbeitgeber oder Dienstherrn maßgebenden reisekostenrechtlichen Vorschriften entsprechend anzuwenden. Setzen diese für eine Erstattung einzelner Auslagen jedoch eine schriftliche oder elektronische Anerkennung vor Antritt der Dienstreise voraus (z. B. bei der Benutzung eines privaten Kraftwagens in erheblichem dienstlichem Interesse), ist die jeweilige Regelung auch für die Reisen der Schwerbehindertenvertretung bindend. Regelungen zur Reisekostenerstattung für Mitglieder der Personalvertretungen gelten entsprechend.

12.2.8 Die Hauptschwerbehindertenvertretungen und Schwerbehindertenvertretungen der obersten Landesbehörden können die

Landesarbeitsgemeinschaft der Schwerbehindertenvertretungen bei den obersten Landesbehörden in Niedersachsen (LAGSV) bilden. Sofern eine LAGSV besteht, unterrichtet die federführend zuständige oberste Landesbehörde bei ressortübergreifenden Angelegenheiten, die die Interessen der schwerbehinderten Beschäftigten der Landesverwaltung als Gruppe berühren, diese über die bei ihr gebildete Hauptschwerbehindertenvertretung. Sollte eine solche nicht bestehen, erfolgt die Unterrichtung direkt. Die Unterrichtung erfolgt bei Regelungsvorhaben, für die eine Kabinettsbefassung zur Freigabe zur Verbandsbeteiligung nicht erforderlich ist, gleichzeitig mit der Zuleitung an die Ressorts. In allen anderen Fällen wird die LAGSV nach der Ressortabstimmung parallel zur Verbandsbeteiligung unterrichtet.

Die Befugnisse und Aufgaben der Schwerbehindertenvertretungen nach dem SGB IX (siehe auch Nummer 12.2.1) bleiben unberührt.

12.3 Der Personalrat, der Staatsanwaltsrat und die Richtervertretungen

Der Personalrat, der Staatsanwaltsrat und die Richtervertretungen haben die Eingliederung und berufliche Entwicklung schwerbehinderter Beschäftigter zu fördern und darauf zu achten, dass die Dienststelle insbesondere den ihr obliegenden Verpflichtungen aus den §§ 154, 155 und 164 bis 167 SGB IX nachkommt. Sie wirken auf die Wahl der Schwerbehindertenvertretung hin (§ 176 SGB IX i. V. m. § 59 Nr. 8 NPersVG).

12.4 Die Gleichstellungsbeauftragte

Die Gleichstellungsbeauftragte unterstützt die Integration und die berufliche Förderung von schwerbehinderten Menschen. Dabei trägt sie den besonderen Belangen Rechnung, die die Gleichstellung von schwerbehinderten Frauen und Männern und die Vereinbarkeit von Erwerbs- und Familienarbeit berühren können. Die Gleichstellungsbeauftragte hat im Rahmen des NGG das Recht zur aktiven Teilnahme an allen Entscheidungsprozessen zu personellen, organisatorischen und sozialen Angelegenheiten.

12.5 Zusammenarbeit

Die oder der Inklusionsbeauftragte, die Schwerbehindertenvertretung und die oder der Vorsitzende des Personalrates, Staatsanwaltsrates oder der Richtervertretung und die Gleichstellungsbeauftragte können auf gemeinsamen Wunsch zur wirksamen Durchführung der Teilhabe schwerbehinderter Beschäftigter in der Dienststelle ein Inklusionsteam bilden. Wenn die Art und Schwere der Behinderung oder die besonderen Umstände eines Einzelfalles es ratsam erscheinen lassen, können andere Personen, z. B. Personalärztinnen und Personalärzte oder andere medizinische oder psychologische Beraterinnen und Berater sowie Vertreterinnen und Vertreter des Integrationsamtes, hinzugezogen werden.

Betriebsärztinnen, Betriebsärzte und Fachkräfte für Arbeitssicherheit arbeiten bei der Erfüllung ihrer Aufgaben, wenn Belange der schwerbehinderten Beschäftigten berührt sind, mit der Schwerbehindertenvertretung vertrauensvoll zusammen. Sie beraten die Schwerbehindertenvertretung in Angelegenheiten des Arbeitsschutzes und der Unfallverhütung.

13. Schlussbestimmungen

Die Schwerbehindertenrichtlinien treten am 14. 10. 2022 in Kraft. Der Bezugsbeschluss zu a tritt mit Ablauf des 13. 10. 2022 außer Kraft.

Bundeskindergeldgesetz (BKGG)

in der Fassung der Bekanntmachung
vom 28. Januar 2009 (BGBl. I S. 142, S. 3177)

Zuletzt geändert durch
Steuerfortentwicklungsgesetz
vom 23. Dezember 2024 (BGBl. I Nr. 449)

Inhaltsübersicht

Erster Abschnitt
Leistungen

- § 1 Anspruchsberechtigte
- § 2 Kinder
- § 3 Zusammentreffen mehrerer Ansprüche
- § 4 Andere Leistungen für Kinder
- § 5 Beginn und Ende des Anspruchs
- § 6 Höhe des Kindergeldes
- § 6a Kinderzuschlag
- § 6b Leistungen für Bildung und Teilhabe
- § 6c Unterhaltspflichten
- § 6d Kinderfreizeitbonus aus Anlass der COVID-19-Pandemie für Familien mit Kinderzuschlag, Wohngeld oder Sozialhilfe

Zweiter Abschnitt
Organisation und Verfahren

- § 7 Zuständigkeit
- § 7a Datenübermittlung
- § 7b Automatisiertes Abrufverfahren
- § 8 Aufbringung der Mittel
- § 9 Antrag
- § 10 Auskunftspflicht
- § 11 Gewährung des Kindergeldes und des Kinderzuschlags
- § 12 Aufrechnung
- § 13 Zuständige Stelle
- § 14 Bescheid
- § 15 Rechtsweg

Dritter Abschnitt
Bußgeldvorschriften

- § 16 Ordnungswidrigkeiten

Vierter Abschnitt
Übergangs- und Schlussvorschriften

- § 17 Recht der Europäischen Gemeinschaft
- § 18 Anwendung des Sozialgesetzbuches
- § 19 Übergangsvorschriften
- § 20 Anwendungsvorschrift
- § 21 Sondervorschrift zur Steuerfreistellung des Existenzminimums eines Kindes in den Veranlagungszeiträumen 1983 bis 1995 durch Kindergeld

VIII.3 Bundeskindergeldgesetz (BKGG) §1

Erster Abschnitt
Leistungen

§1 Anspruchsberechtigte

(1) Kindergeld nach diesem Gesetz für seine Kinder erhält, wer nach §1 Absatz 1 und 2 des Einkommensteuergesetzes nicht unbeschränkt steuerpflichtig ist und auch nicht nach §1 Abs. 3 des Einkommensteuergesetzes als unbeschränkt steuerpflichtig behandelt wird und

1. in einem Versicherungspflichtverhältnis zur Bundesagentur für Arbeit nach dem Dritten Buch Sozialgesetzbuch steht oder versicherungsfrei nach §28 Absatz 1 Nummer 1 des Dritten Buches Sozialgesetzbuch ist oder

2. als Entwicklungshelfer Unterhaltsleistungen im Sinne des §4 Absatz 1 Nummer 1 des Entwicklungshelfer-Gesetzes erhält oder als Missionar der Missionswerke und -gesellschaften, die Mitglieder oder Vereinbarungspartner des Evangelischen Missionswerkes Hamburg, der Arbeitsgemeinschaft Evangelikaler Missionen e. V., des Deutschen katholischen Missionsrates oder der Arbeitsgemeinschaft pfingstlich-charismatischer Missionen sind, tätig ist oder

3. eine nach §123a des Beamtenrechtsrahmengesetzes oder §29 des Bundesbeamtengesetzes oder §20 des Beamtenstatusgesetzes bei einer Einrichtung außerhalb Deutschlands zugewiesene Tätigkeit ausübt oder

4. als Ehegatte oder Lebenspartner eines Mitglieds der Truppe oder des zivilen Gefolges eines NATO-Mitgliedstaates die Staatsangehörigkeit eines EU/EWR-Mitgliedstaates besitzt und in Deutschland seinen Wohnsitz oder gewöhnlichen Aufenthalt hat.

(2) ₁Kindergeld für sich selbst erhält, wer

1. in Deutschland einen Wohnsitz oder seinen gewöhnlichen Aufenthalt hat,

2. Vollwaise ist oder den Aufenthalt seiner Eltern nicht kennt und

3. nicht bei einer anderen Person als Kind zu berücksichtigen ist.

₂§2 Absatz 2 und 3 sowie die §§4 und 5 sind entsprechend anzuwenden. ₃Im Fall des §2 Absatz 2 Satz 1 Nummer 3 wird Kindergeld längstens bis zur Vollendung des 25. Lebensjahres gewährt.

(3) ₁Ein nicht freizügigkeitsberechtigter Ausländer erhält Kindergeld nur, wenn er

1. eine Niederlassungserlaubnis oder eine Erlaubnis zum Daueraufenthalt-EU besitzt,

2. eine Blaue Karte EU, eine ICT-Karte, eine Mobiler-ICT-Karte oder eine Aufenthaltserlaubnis besitzt, die für einen Zeitraum von mindestens sechs Monaten zur Ausübung einer Erwerbstätigkeit berechtigen oder berechtigt haben oder diese erlauben, es sei denn, die Aufenthaltserlaubnis wurde

   a) nach §16e des Aufenthaltsgesetzes zu Ausbildungszwecken, nach §19c Absatz 1 des Aufenthaltsgesetzes zum Zweck der Beschäftigung als Au-Pair oder zum Zweck der Saisonbeschäftigung, nach §19e des Aufenthaltsgesetzes zum Zweck der Teilnahme an einem Europäischen Freiwilligendienst oder nach §20a Absatz 5 Satz 1 des Aufenthaltsgesetzes zur Suche nach einer Erwerbstätigkeit oder nach Maßnahmen zur Anerkennung ausländischer Berufsqualifikationen erteilt,

   b) nach §16b des Aufenthaltsgesetzes zum Zweck eines Studiums, nach §16d des Aufenthaltsgesetzes für Maßnahmen zur Anerkennung ausländischer Berufsqualifikationen, nach §20 des Aufenthaltsgesetzes zur Suche nach einer Erwerbstätigkeit oder nach §20a Absatz 5 Satz 2 des Aufenthaltsgesetzes zur Suche nach einer Erwerbstätigkeit oder nach Maßnahmen zur Anerkennung ausländischer Berufsqualifikationen erteilt und er ist weder erwerbstätig noch nimmt er Elternzeit nach §15 des Bundeselterngeld- und Elternzeitgesetzes oder laufende Geldleistungen nach dem Dritten Buch Sozialgesetzbuch in Anspruch,

c) nach § 23 Absatz 1 des Aufenthaltsgesetzes wegen eines Krieges in seinem Heimatland oder nach den § 23a oder § 25 Absatz 3 bis 5 des Aufenthaltsgesetzes erteilt,

3. eine in Nummer 2 Buchstabe c genannte Aufenthaltserlaubnis besitzt und im Bundesgebiet berechtigt erwerbstätig ist oder Elternzeit nach § 15 des Bundeselterngeld- und Elternzeitgesetzes oder laufende Geldleistungen nach dem Dritten Buch Sozialgesetzbuch in Anspruch nimmt,

4. eine in Nummer 2 Buchstabe c genannte Aufenthaltserlaubnis besitzt und sich seit mindestens 15 Monaten erlaubt, gestattet oder geduldet im Bundesgebiet aufhält oder

5. eine Beschäftigungsduldung gemäß § 60d in Verbindung mit § 60a Absatz 2 Satz 3 des Aufenthaltsgesetzes besitzt.

₂Abweichend von Satz 1 Nummer 3 erste Alternative erhält ein minderjähriger nicht freizügigkeitsberechtigter Ausländer unabhängig von einer Erwerbstätigkeit Kindergeld.

§ 2 Kinder

(1) Als Kinder werden auch berücksichtigt

1. vom Berechtigten in seinen Haushalt aufgenommene Kinder seines Ehegatten oder Lebenspartners,

2. Pflegekinder (Personen, mit denen der Berechtigte durch ein familienähnliches, auf Dauer berechnetes Band verbunden ist, sofern er sie nicht zu Erwerbszwecken in seinen Haushalt aufgenommen hat und das Obhuts- und Pflegeverhältnis zu den Eltern nicht mehr besteht),

3. vom Berechtigten in seinen Haushalt aufgenommene Enkel.

(2) ₁Ein Kind, das das 18. Lebensjahr vollendet hat, wird berücksichtigt, wenn es

1. noch nicht das 21. Lebensjahr vollendet hat, nicht in einem Beschäftigungsverhältnis steht und bei einer Agentur für Arbeit im Inland als Arbeitsuchender gemeldet ist oder

2. noch nicht das 25. Lebensjahr vollendet hat und

a) für einen Beruf ausgebildet wird oder

b) sich in einer Übergangszeit von höchstens vier Monaten befindet, die zwischen zwei Ausbildungsabschnitten oder zwischen einem Ausbildungsabschnitt und der Ableistung des gesetzlichen Wehr- oder Zivildienstes, einer vom Wehr- oder Zivildienst befreienden Tätigkeit als Entwicklungshelfer oder als Dienstleistender im Ausland nach § 14b des Zivildienstgesetzes oder der Ableistung des freiwilligen Wehrdienstes nach § 58b des Soldatengesetzes oder der Ableistung eines freiwilligen Dienstes im Sinne des Buchstaben d liegt, oder

c) eine Berufsausbildung mangels Ausbildungsplatzes nicht beginnen oder fortsetzen kann oder

d) einen der folgenden freiwilligen Dienste leistet:

aa) ein freiwilliges soziales Jahr im Sinne des Jugendfreiwilligendienstegesetzes,

bb) ein freiwilliges ökologisches Jahr im Sinne des Jugendfreiwilligendienstegesetzes,

cc) einen Bundesfreiwilligendienst im Sinne des Bundesfreiwilligendienstegesetzes,

dd) eine Freiwilligentätigkeit im Rahmen des Europäischen Solidaritätskorps im Sinne der Verordnung (EU) 2021/888 des Europäischen Parlaments und des Rates vom 20. Mai 2021 zur Aufstellung des Programms für das Europäische Solidaritätskorps und zur Aufhebung der Verordnungen (EU) 2018/1475 und (EU) Nr. 375/2014 (ABl. L 202 vom 8. 6. 2021, S. 32),

ee) einen anderen Dienst im Ausland im Sinne von § 5 des Bundesfreiwilligendienstegesetzes,

ff) einen entwicklungspolitischen Freiwilligendienst „weltwärts" im Sinne der Förderleitlinie des Bundesministeriums für wirtschaftliche Zusammenarbeit und Entwicklung vom 1. Januar 2016,

gg) einen Freiwilligendienst aller Generationen im Sinne von § 2 Absatz 1a des Siebten Buches Sozialgesetzbuch oder

hh) einen Internationalen Jugendfreiwilligendienst im Sinne der Richtlinie des Bundesministeriums für Familie, Senioren, Frauen und Jugend vom 4. Januar 2021 (GMBl. S. 77) oder

3. wegen körperlicher, geistiger oder seelischer Behinderung außerstande ist, sich selbst zu unterhalten; Voraussetzung ist, dass die Behinderung vor Vollendung des 25. Lebensjahres eingetreten ist.

₂Nach Abschluss einer erstmaligen Berufsausbildung oder eines Erststudiums wird ein Kind in den Fällen des Satzes 1 Nummer 2 nur berücksichtigt, wenn das Kind keiner Erwerbstätigkeit nachgeht. ₃Eine Erwerbstätigkeit mit bis zu 20 Stunden regelmäßiger wöchentlicher Arbeitszeit, ein Ausbildungsdienstverhältnis oder ein geringfügiges Beschäftigungsverhältnis im Sinne der §§ 8 und 8a des Vierten Buches Sozialgesetzbuch sind unschädlich.

(3) ₁In den Fällen des Absatzes 2 Satz 1 Nummer 1 oder Nummer 2 Buchstabe a und b wird ein Kind, das

1. den gesetzlichen Grundwehrdienst oder Zivildienst geleistet hat oder

2. sich an Stelle des gesetzlichen Grundwehrdienstes freiwillig für die Dauer von nicht mehr als drei Jahren zum Wehrdienst verpflichtet hat oder

3. eine vom gesetzlichen Grundwehrdienst oder Zivildienst befreiende Tätigkeit als Entwicklungshelfer im Sinne des § 1 Absatz 1 des Entwicklungshelfer-Gesetzes ausgeübt hat,

für einen der Dauer dieser Dienste oder der Tätigkeit entsprechenden Zeitraum, höchstens für die Dauer des inländischen gesetzlichen Grundwehrdienstes, bei anerkannten Kriegsdienstverweigerern für die Dauer des inländischen gesetzlichen Zivildienstes über das 21. oder 25. Lebensjahr hinaus berücksichtigt. ₂Wird der gesetzliche Grundwehrdienst oder Zivildienst in einem Mitgliedstaat der Europäischen Union oder einem Staat, auf den das Abkommen über den Europäischen Wirtschaftsraum Anwendung findet, geleistet, so ist die Dauer dieses Dienstes maßgebend. ₃Absatz 2 Satz 2 und 3 gilt entsprechend.

(4) ₁Kinder, für die einer anderen Person nach dem Einkommensteuergesetz Kindergeld oder ein Kinderfreibetrag zusteht, werden nicht berücksichtigt. ₂Dies gilt nicht für Kinder, die in den Haushalt des Anspruchsberechtigten nach § 1 aufgenommen worden sind oder für die dieser die höhere Unterhaltsrente zahlt, wenn sie weder in seinen Haushalt noch in den Haushalt eines nach § 62 des Einkommensteuergesetzes Anspruchsberechtigten aufgenommen sind.

(5) ₁Kinder, die weder einen Wohnsitz noch ihren gewöhnlichen Aufenthalt in Deutschland haben, werden nicht berücksichtigt. ₂Dies gilt nicht gegenüber Berechtigten nach § 1 Absatz 1 Nummer 2 und 3, wenn sie die Kinder in ihren Haushalt aufgenommen haben.

(6) Die Bundesregierung wird ermächtigt, durch Rechtsverordnung, die nicht der Zustimmung des Bundesrates bedarf, zu bestimmen, dass einem Berechtigten, der in Deutschland erwerbstätig ist oder sonst seine hauptsächlichen Einkünfte erzielt, für seine in Absatz 5 Satz 1 bezeichneten Kinder Kindergeld ganz oder teilweise zu leisten ist, soweit dies mit Rücksicht auf die durchschnittlichen Lebenshaltungskosten für Kinder in deren Wohnland und auf die dort gewährten dem Kindergeld vergleichbaren Leistungen geboten ist.

§ 3 Zusammentreffen mehrerer Ansprüche

(1) Für jedes Kind werden nur einer Person Kindergeld, Kinderzuschlag und Leistungen für Bildung und Teilhabe gewährt.

(2) ₁Erfüllen für ein Kind mehrere Personen die Anspruchsvoraussetzungen, so werden das Kindergeld, der Kinderzuschlag und die Leistungen für Bildung und Teilhabe derjenigen Person gewährt, die das Kind in ihren Haushalt aufgenommen hat. ₂Ist ein Kind in den ge-

meinsamen Haushalt von Eltern, von einem Elternteil und dessen Ehegatten oder Lebenspartner, von Pflegeeltern oder Großeltern aufgenommen worden, bestimmen diese untereinander den Berechtigten. ₃Wird eine Bestimmung nicht getroffen, bestimmt das Familiengericht auf Antrag den Berechtigten. ₄Antragsberechtigt ist, wer ein berechtigtes Interesse an der Leistung des Kindergeldes hat. ₅Lebt ein Kind im gemeinsamen Haushalt von Eltern und Großeltern, werden das Kindergeld, der Kinderzuschlag und die Leistungen für Bildung und Teilhabe vorrangig einem Elternteil gewährt; sie werden an einen Großelternteil gewährt, wenn der Elternteil gegenüber der zuständigen Stelle auf seinen Vorrang schriftlich verzichtet hat.

(3) ₁Ist das Kind nicht in den Haushalt einer der Personen aufgenommen, die die Anspruchsvoraussetzungen erfüllen, wird das Kindergeld derjenigen Person gewährt, die dem Kind eine Unterhaltsrente zahlt. ₂Zahlen mehrere anspruchsberechtigte Personen dem Kind Unterhaltsrenten, wird das Kindergeld derjenigen Person gewährt, die dem Kind laufend die höchste Unterhaltsrente zahlt. ₃Werden gleich hohe Unterhaltsrenten gezahlt oder zahlt keiner der Berechtigten dem Kind Unterhalt, so bestimmen die Berechtigten untereinander, wer das Kindergeld erhalten soll. ₄Wird eine Bestimmung nicht getroffen, so gilt Absatz 2 Satz 3 und 4 entsprechend.

§ 4 Andere Leistungen für Kinder

₁Kindergeld wird nicht für ein Kind gezahlt, für das eine der folgenden Leistungen zu zahlen ist oder bei entsprechender Antragstellung zu zahlen wäre:

1. Leistungen für Kinder, die im Ausland gewährt werden und dem Kindergeld oder der Kinderzulage aus der gesetzlichen Unfallversicherung nach § 217 Absatz 3 des Siebten Buches Sozialgesetzbuch in der bis zum 30. Juni 2020 geltenden Fassung oder dem Kinderzuschuss aus der gesetzlichen Rentenversicherung nach § 270 des Sechsten Buches Sozialgesetzbuch in der bis zum 16. November 2016 geltenden Fassung vergleichbar sind,

2. Leistungen für Kinder, die von einer zwischen- oder überstaatlichen Einrichtung gewährt werden und dem Kindergeld vergleichbar sind.

₂Steht ein Berechtigter in einem Versicherungspflichtverhältnis zur Bundesagentur für Arbeit nach dem Dritten Buch Sozialgesetzbuch oder ist er versicherungsfrei nach § 28 Absatz 1 Nummer 1 des Dritten Buches Sozialgesetzbuch oder steht er in Deutschland in einem öffentlich-rechtlichen Dienst- oder Amtsverhältnis, so wird sein Anspruch auf Kindergeld für ein Kind nicht nach Satz 1 Nummer 2 mit Rücksicht darauf ausgeschlossen, dass sein Ehegatte oder Lebenspartner als Beamter, Ruhestandsbeamter oder sonstiger Bediensteter der Europäischen Gemeinschaften für das Kind Anspruch auf Kinderzulage hat.

§ 5 Beginn und Ende des Anspruchs

(1) Das Kindergeld, der Kinderzuschlag und die Leistungen für Bildung und Teilhabe werden vom Beginn des Monats an gewährt, in dem die Anspruchsvoraussetzungen erfüllt sind; sie werden bis zum Ende des Monats gewährt, in dem die Anspruchsvoraussetzungen wegfallen.

(2) Das Kindergeld wird rückwirkend nur für die letzten sechs Monate vor Beginn des Monats gezahlt, in dem der Antrag auf Kindergeld eingegangen ist.

(3) ₁Der Kinderzuschlag wird nicht für Zeiten vor der Antragstellung gewährt. ₂§ 28 des Zehnten Buches Sozialgesetzbuch gilt mit der Maßgabe, dass der Antrag unverzüglich nach Ablauf des Monats, in dem die Ablehnung oder Erstattung der anderen Leistungen bindend geworden ist, nachzuholen ist.

§ 6 Höhe des Kindergeldes

(1) Das Kindergeld beträgt monatlich für jedes Kind 255 Euro.

(2) (weggefallen)

(3) ₁Darüber hinaus wird für jedes Kind, für das für den Monat Juli 2022 ein Anspruch auf Kindergeld besteht, für den Monat Juli 2022 ein Einmalbetrag in Höhe von 100 Euro gezahlt. ₂Ein Anspruch in Höhe des Einmalbetrags von 100 Euro für das Kalenderjahr 2022

besteht auch für ein Kind, für das nicht für den Monat Juli 2022, jedoch für mindestens einen anderen Kalendermonat im Kalenderjahr 2022 ein Anspruch auf Kindergeld besteht.

§ 6a Kinderzuschlag

(1) Personen erhalten für in ihrem Haushalt lebende unverheiratete oder nicht verpartnerte Kinder, die noch nicht das 25. Lebensjahr vollendet haben, einen Kinderzuschlag, wenn

1. sie für diese Kinder nach diesem Gesetz oder nach dem X. Abschnitt des Einkommensteuergesetzes Anspruch auf Kindergeld oder Anspruch auf andere Leistungen im Sinne von § 4 haben,

2. sie mit Ausnahme des Wohngeldes, des Kindergeldes und des Kinderzuschlags über Einkommen im Sinne des § 11 Absatz 1 Satz 1 und 2 des Zweiten Buches Sozialgesetzbuch in Höhe von mindestens 900 Euro oder, wenn sie alleinerziehend sind, in Höhe von mindestens 600 Euro verfügen, wobei Beträge nach § 11b des Zweiten Buches Sozialgesetzbuch nicht abzusetzen sind, und

3. bei Bezug des Kinderzuschlags keine Hilfebedürftigkeit im Sinne des § 9 des Zweiten Buches Sozialgesetzbuch besteht, wobei die Bedarfe nach § 28 des Zweiten Buches Sozialgesetzbuch außer Betracht bleiben. Bei der Prüfung der Hilfebedürftigkeit ist das für den Antragsmonat bewilligte Wohngeld zu berücksichtigen. Wird kein Wohngeld bezogen und könnte mit Wohngeld und Kinderzuschlag Hilfebedürftigkeit vermieden werden, ist bei der Prüfung Wohngeld in der Höhe anzusetzen, in der es voraussichtlich für den Antragsmonat zu bewilligen wäre.

(1a) Ein Anspruch auf Kinderzuschlag besteht abweichend von Absatz 1 Nummer 3, wenn

1. bei Bezug von Kinderzuschlag Hilfebedürftigkeit besteht, der Bedarfsgemeinschaft zur Vermeidung von Hilfebedürftigkeit aber mit ihrem Einkommen, dem Kinderzuschlag und dem Wohngeld höchstens 100 Euro fehlen,

2. sich bei der Ermittlung des Einkommens der Eltern nach § 11b Absatz 2 bis 3 des Zweiten Buches Sozialgesetzbuch wegen Einkommen aus Erwerbstätigkeit Absetzbeträge in Höhe von mindestens 100 Euro ergeben und

3. kein Mitglied der Bedarfsgemeinschaft Leistungen nach dem Zweiten oder nach dem Zwölften Buch Sozialgesetzbuch erhält oder beantragt hat.

(2) ₁Der monatliche Höchstbetrag des Kinderzuschlags deckt zusammen mit dem für ein erstes Kind nach § 66 des Einkommensteuergesetzes zu zahlenden Kindergeld ein Zwölftel des steuerfrei zu stellenden sächlichen Existenzminimums eines Kindes für das jeweilige Kalenderjahr mit Ausnahme des Anteils für Bildung und Teilhabe. ₂Steht dieses Existenzminimum eines Kindes zu Beginn eines Jahres nicht fest, ist insoweit der für das Jahr geltende Betrag für den Mindestunterhalt eines Kindes in der zweiten Altersstufe nach der Mindestunterhaltsverordnung maßgeblich. ₃Als Höchstbetrag des Kinderzuschlags in dem jeweiligen Kalenderjahr gilt der Betrag, der sich zu Beginn des Jahres nach den Sätzen 1 und 2 ergibt, mindestens jedoch ein Betrag in Höhe des Vorjahres. ₄Der Betrag nach Satz 3 erhöht sich um einen Sofortzuschlag in Höhe von 25 Euro.

(3) ₁Ausgehend vom Höchstbetrag mindert sich der jeweilige Kinderzuschlag, wenn das Kind nach den §§ 11 bis 12 des Zweiten Buches Sozialgesetzbuch zu berücksichtigendes Einkommen oder Vermögen hat. ₂Bei der Berücksichtigung des Einkommens bleiben das Wohngeld, das Kindergeld und der Kinderzuschlag außer Betracht. ₃Der Kinderzuschlag wird um 45 Prozent des zu berücksichtigenden Einkommens des Kindes monatlich gemindert. ₄Ein Anspruch auf Zahlung des Kinderzuschlags für ein Kind besteht nicht, wenn zumutbare Anstrengungen unterlassen wurden, Ansprüche auf Einkommen des Kindes geltend zu machen. ₅§ 12 des Zweiten Buches Sozialgesetzbuch ist mit der Maßgabe anzuwenden, dass Vermögen nur berücksichtigt wird, wenn es erheblich ist. ₆Ist das zu berücksichtigende Vermögen höher als der nach den Sätzen 1 bis 5 verbleibende monatliche Anspruch auf Kinderzuschlag, so dass es den

Kinderzuschlag für den ersten Monat des Bewilligungszeitraums vollständig mindert, entfällt der Anspruch auf Kinderzuschlag. ₇Ist das zu berücksichtigende Vermögen niedriger als der monatliche Anspruch auf Kinderzuschlag, ist der Kinderzuschlag im ersten Monat des Bewilligungszeitraums um einen Betrag in Höhe des zu berücksichtigenden Vermögens zu mindern und ab dem folgenden Monat Kinderzuschlag ohne Minderung wegen des Vermögens zu zahlen.

(4) Die Summe der einzelnen Kinderzuschläge nach den Absätzen 2 und 3 bildet den Gesamtkinderzuschlag.

(5) ₁Der Gesamtkinderzuschlag wird in voller Höhe gewährt, wenn das nach den §§ 11 bis 11b des Zweiten Buches Sozialgesetzbuch mit Ausnahme des Wohngeldes und des Kinderzuschlags zu berücksichtigende Einkommen der Eltern einen Betrag in Höhe der bei der Berechnung des Bürgergeldes zu berücksichtigenden Bedarfe der Eltern (Gesamtbedarf der Eltern) nicht übersteigt und kein zu berücksichtigendes Vermögen der Eltern nach § 12 des Zweiten Buches Sozialgesetzbuch vorhanden ist. ₂Als Einkommen oder Vermögen der Eltern gilt dabei dasjenige der Mitglieder der Bedarfsgemeinschaft mit Ausnahme des Einkommens oder Vermögens der in dem Haushalt lebenden Kinder. ₃Absatz 3 Satz 5 gilt entsprechend. ₄Zur Feststellung des Gesamtbedarfs der Eltern sind die Bedarfe für Unterkunft und Heizung in dem Verhältnis aufzuteilen, das sich aus den im 12. Bericht der Bundesregierung über die Höhe des Existenzminimums von Erwachsenen und Kindern festgestellten entsprechenden Bedarfen für Alleinstehende, Ehepaare, Lebenspartnerschaften und Kinder ergibt.

(6) ₁Der Gesamtkinderzuschlag wird um das zu berücksichtigende Einkommen der Eltern gemindert, soweit es deren Bedarf übersteigt. ₂Wenn das zu berücksichtigende Einkommen der Eltern nicht nur aus Erwerbseinkünften besteht, ist davon auszugehen, dass die Überschreitung des Gesamtbedarfs der Eltern durch die Erwerbseinkünfte verursacht wird, wenn nicht die Summe der anderen Einkommensteile für sich genommen diesen maßgebenden Betrag übersteigt. ₃Der Gesamtkinderzuschlag wird um 45 Prozent des Betrags, um den die monatlichen Erwerbseinkünfte den maßgebenden Betrag übersteigen, monatlich gemindert. ₄Anderes Einkommen oder Vermögen der Eltern mindern den Gesamtkinderzuschlag in voller Höhe. ₅Bei der Berücksichtigung des Vermögens gilt Absatz 3 Satz 6 und 7 entsprechend.

(7) ₁Über den Gesamtkinderzuschlag ist jeweils für sechs Monate zu entscheiden (Bewilligungszeitraum). ₂Der Bewilligungszeitraum beginnt mit dem Monat, in dem der Antrag gestellt wird, jedoch frühestens nach Ende eines laufenden Bewilligungszeitraums. ₃Änderungen in den tatsächlichen oder rechtlichen Verhältnissen während des laufenden Bewilligungszeitraums sind abweichend von § 48 des Zehnten Buches Sozialgesetzbuch nicht zu berücksichtigen, es sei denn, die Zusammensetzung der Bedarfsgemeinschaft oder der Höchstbetrag des Kinderzuschlags ändert sich. ₄Wird ein neuer Antrag gestellt, unverzüglich nachdem der Verwaltungsakt nach § 48 des Zehnten Buches Sozialgesetzbuch wegen einer Änderung der Bedarfsgemeinschaft aufgehoben worden ist, so beginnt ein neuer Bewilligungszeitraum unmittelbar nach dem Monat, in dem sich die Bedarfsgemeinschaft geändert hat.

(8) ₁Für die Ermittlung des monatlich zu berücksichtigenden Einkommens ist der Durchschnitt des Einkommens aus den sechs Monaten vor Beginn des Bewilligungszeitraums maßgeblich. ₂Bei Personen, die den selbst genutzten Wohnraum mieten, sind als monatliche Bedarfe für Unterkunft und Heizung die laufenden Bedarfe für den ersten Monat des Bewilligungszeitraums zugrunde zu legen. ₃Bei Personen, die an dem selbst genutzten Wohnraum Eigentum haben, sind als monatliche Bedarfe für Unterkunft und Heizung die Bedarfe aus den durchschnittlichen Monatswerten des Kalenderjahres vor Beginn des Bewilligungszeitraums zugrunde zu legen. ₄Liegen die entsprechenden Monatswerte für den Wohnraum nicht vor, soll abweichend von Satz 3 ein Durchschnitt aus den letzten vorliegenden Monatswerten für den

Wohnraum zugrunde gelegt werden, nicht jedoch aus mehr als zwölf Monatswerten. ₅Im Übrigen sind die tatsächlichen und rechtlichen Verhältnisse zu Beginn des Bewilligungszeitraums maßgeblich.

§ 6b Leistungen für Bildung und Teilhabe

(1) ₁Personen erhalten Leistungen für Bildung und Teilhabe für ein Kind, wenn sie für dieses Kind nach diesem Gesetz oder nach dem X. Abschnitt des Einkommensteuergesetzes Anspruch auf Kindergeld oder Anspruch auf andere Leistungen im Sinne von § 4 haben und wenn

1. das Kind mit ihnen in einem Haushalt lebt und sie für ein Kind Kinderzuschlag nach § 6a beziehen oder

2. im Falle der Bewilligung von Wohngeld sie und das Kind, für das sie Kindergeld beziehen, zu berücksichtigende Haushaltsmitglieder sind.

₂Satz 1 gilt entsprechend, wenn das Kind, nicht jedoch die berechtigte Person zu berücksichtigendes Haushaltsmitglied im Sinne von Satz 1 Nummer 2 ist und die berechtigte Person Leistungen nach dem Zweiten oder Zwölften Buch Sozialgesetzbuch bezieht. ₃Wird das Kindergeld nach § 74 Absatz 1 des Einkommensteuergesetzes oder nach § 48 Absatz 1 des Ersten Buches Sozialgesetzbuch ausgezahlt, stehen die Leistungen für Bildung und Teilhabe dem Kind oder der Person zu, die dem Kind Unterhalt gewährt.

(2) ₁Die Leistungen für Bildung und Teilhabe entsprechen den Leistungen zur Deckung der Bedarfe nach § 28 Absatz 2 bis 7 des Zweiten Buches Sozialgesetzbuch. ₂§ 28 Absatz 1 Satz 2 des Zweiten Buches Sozialgesetzbuch gilt entsprechend. ₃Für die Bemessung der Leistungen für die Schülerbeförderung nach § 28 Absatz 4 des Zweiten Buches Sozialgesetzbuch sind die erforderlichen tatsächlichen Aufwendungen zu berücksichtigen, soweit sie nicht von Dritten übernommen werden. ₄Die Leistungen nach Satz 1 gelten nicht als Einkommen oder Vermögen im Sinne dieses Gesetzes. ₅§ 19 Absatz 3 des Zweiten Buches Sozialgesetzbuch findet keine Anwendung.

(2a) Ansprüche auf Leistungen für Bildung und Teilhabe verjähren in zwölf Monaten nach Ablauf des Kalendermonats, in dem sie entstanden sind.

(3) Für die Erbringung der Leistungen für Bildung und Teilhabe gelten die §§ 29, 30 und 40 Absatz 6 des Zweiten Buches Sozialgesetzbuch entsprechend.

§ 6c Unterhaltspflichten

Unterhaltspflichten werden durch den Kinderzuschlag nicht berührt.

§ 6d Kinderfreizeitbonus aus Anlass der COVID-19-Pandemie für Familien mit Kinderzuschlag, Wohngeld oder Sozialhilfe

(1) ₁Personen erhalten eine Einmalzahlung in Höhe von 100 Euro für ein Kind, welches das 18. Lebensjahr noch nicht vollendet hat und für das sie für den Monat August 2021 Kindergeld nach diesem Gesetz oder nach dem X. Abschnitt des Einkommensteuergesetzes oder andere Leistungen im Sinne von § 4 beziehen, wenn

1. sie für dieses Kind für den Monat August 2021 Kinderzuschlag nach § 6a beziehen,

2. sie und dieses Kind oder nur dieses Kind zu berücksichtigende Haushaltsmitglieder im Sinne der §§ 5 und 6 Absatz 1 des Wohngeldgesetzes sind und die Wohngeldbewilligung den Monat August 2021 umfasst oder

3. dieses Kind für den Monat August 2021 Leistungen nach dem Dritten Kapitel des Zwölften Buches Sozialgesetzbuch bezieht.

₂Eines gesonderten Antrags bedarf es in den Fällen des Satzes 1 Nummer 1 nicht. ₃In den Fällen des Satzes 1 Nummer 2 und 3 bedarf es eines Antrags; § 9 Absatz 1 Satz 2 ist entsprechend anzuwenden.

(2) ₁Die Einmalzahlung nach Absatz 1 Satz 1 ist bei Sozialleistungen, deren Zahlung von anderen Einkommen abhängig ist, nicht als Einkommen zu berücksichtigen. ₂Der Anspruch auf die Einmalzahlung nach Absatz 1 Satz 1 ist unpfändbar. ₃§ 6c gilt entsprechend.

Zweiter Abschnitt
Organisation und Verfahren

§ 7 Zuständigkeit

(1) Die Bundesagentur für Arbeit (Bundesagentur) führt dieses Gesetz nach fachlichen Weisungen des Bundesministeriums für Familie, Senioren, Frauen und Jugend durch.

(2) Die Bundesagentur führt bei der Durchführung dieses Gesetzes die Bezeichnung „Familienkasse".

(3) Abweichend von Absatz 1 führen die Länder § 6b als eigene Angelegenheit aus.

§ 7a Datenübermittlung

(1) Die Träger der Leistungen nach § 6b und die Träger der Grundsicherung für Arbeitsuchende teilen sich alle Tatsachen mit, die für die Erbringung und Abrechnung der Leistungen nach § 6b dieses Gesetzes und § 28 des Zweiten Buches Sozialgesetzbuch erforderlich sind.

(2) ₁Die zuständige Familienkasse übermittelt dem Bundeszentralamt für Steuern unter den Vorgaben des § 139b Absatz 10 Satz 2 und 3 der Abgabenordnung die internationale Bankkontonummer (IBAN), bei ausländischen Kreditinstituten auch den internationalen Banken-Identifizierungsschlüssel (BIC), des Kontos, auf welches das Kindergeld zuletzt ausgezahlt worden ist. ₂Ist in den Fällen des Satzes 1 der Familienkasse die Identifikationsnummer nicht bekannt, darf sie diese Identifikationsnummer unter Angabe der in § 139b Absatz 3 der Abgabenordnung genannten Daten beim Bundeszentralamt für Steuern abfragen.

§ 7b Automatisiertes Abrufverfahren

Macht das Bundesministerium der Finanzen von seiner Ermächtigung nach § 68 Absatz 6 Satz 2 des Einkommensteuergesetzes Gebrauch und erlässt eine Rechtsverordnung zur Durchführung von automatisierten Abrufen nach § 68 Absatz 6 Satz 1 des Einkommensteuergesetzes, so ist die Rechtsverordnung im Geltungsbereich dieses Gesetzes entsprechend anzuwenden.

§ 8 Aufbringung der Mittel

(1) Die Aufwendungen der Bundesagentur für die Durchführung dieses Gesetzes trägt der Bund.

(2) Der Bund stellt der Bundesagentur nach Bedarf die Mittel bereit, die sie für die Zahlung des Kindergeldes und des Kinderzuschlags benötigt.

(3) ₁Der Bund erstattet die Verwaltungskosten, die der Bundesagentur aus der Durchführung dieses Gesetzes entstehen. ₂Näheres wird durch Verwaltungsvereinbarung geregelt.

(4) Abweichend von den Absätzen 1 bis 3 tragen die Länder die Ausgaben für die Leistungen nach § 6b und ihre Durchführung.

§ 9 Antrag

(1) ₁Das Kindergeld und der Kinderzuschlag sind schriftlich zu beantragen. ₂Der Antrag soll bei der nach § 13 zuständigen Familienkasse gestellt werden. ₃Den Antrag kann außer dem Berechtigten auch stellen, wer ein berechtigtes Interesse an der Leistung des Kindergeldes hat.

(2) ₁Vollendet ein Kind das 18. Lebensjahr, so wird es für den Anspruch auf Kindergeld nur dann weiterhin berücksichtigt, wenn der oder die Berechtigte anzeigt, dass die Voraussetzungen des § 2 Absatz 2 vorliegen. ₂Absatz 1 gilt entsprechend.

(3) ₁Die Leistungen für Bildung und Teilhabe sind bei der zuständigen Stelle zu beantragen. ₂Absatz 1 Satz 3 gilt entsprechend.

§ 10 Auskunftspflicht

(1) ₁§ 60 Absatz 1 des Ersten Buches Sozialgesetzbuch gilt auch für die bei dem Antragsteller oder Berechtigten berücksichtigten Kinder, für den nicht dauernd getrennt lebenden Ehegatten des Antragstellers oder Berechtigten und für die sonstigen Personen, bei denen die bezeichneten Kinder berücksichtigt werden. ₂§ 60 Absatz 4 des Zweiten Buches Sozialgesetzbuch gilt entsprechend.

(2) Soweit es zur Durchführung der §§ 2 und 6a erforderlich ist, hat der jeweilige Arbeitgeber der in diesen Vorschriften bezeichneten Personen auf Verlangen der zuständigen Stelle eine Bescheinigung über den Arbeitslohn, die einbehaltenen Steuern und Sozialabgaben auszustellen.

(3) Die Familienkassen können den nach Absatz 2 Verpflichteten eine angemessene Frist zur Erfüllung der Pflicht setzen.

§ 11 Gewährung des Kindergeldes und des Kinderzuschlags

(1) Das Kindergeld und der Kinderzuschlag werden monatlich gewährt.

(2) Auszuzahlende Beträge sind auf Euro abzurunden, und zwar unter 50 Cent nach unten, sonst nach oben.

(3) § 45 Absatz 3 des Zehnten Buches Sozialgesetzbuch findet keine Anwendung.

(4) Ein rechtswidriger nicht begünstigender Verwaltungsakt ist abweichend von § 44 Absatz 1 des Zehnten Buches Sozialgesetzbuch für die Zukunft zurückzunehmen; er kann ganz oder teilweise auch für die Vergangenheit zurückgenommen werden.

(5) Wird ein Verwaltungsakt über die Bewilligung von Kinderzuschlag aufgehoben, sind bereits erbrachte Leistungen abweichend von § 50 Absatz 1 des Zehnten Buches Sozialgesetzbuch nicht zu erstatten, soweit der Bezug von Kinderzuschlag den Anspruch auf Leistungen nach dem Zweiten Buch Sozialgesetzbuch ausschließt oder mindert.

(6) Entsprechend anwendbar sind die Vorschriften des Dritten Buches Sozialgesetzbuch über

1. die Aufhebung von Verwaltungsakten (§ 330 Absatz 2, 3 Satz 1) sowie
2. die vorläufige Zahlungseinstellung nach § 331 mit der Maßgabe, dass die Familienkasse auch zur teilweisen Zahlungseinstellung berechtigt ist, wenn sie von Tatsachen Kenntnis erhält, die zu einem geringeren Leistungsanspruch führen.

§ 12 Aufrechnung

§ 51 des Ersten Buches Sozialgesetzbuch gilt für die Aufrechnung eines Anspruchs auf Erstattung von Kindergeld und Kinderzuschlag gegen einen späteren Anspruch auf Kindergeld und Kinderzuschlag eines oder einer mit dem Erstattungspflichtigen in Haushaltsgemeinschaft lebenden Berechtigten entsprechend, soweit es sich um laufendes Kindergeld oder laufenden Kinderzuschlag für ein Kind handelt, das bei beiden berücksichtigt werden konnte.

§ 13 Zuständige Stelle

(1) ₁Für die Entgegennahme des Antrages und die Entscheidungen über den Anspruch ist die Familienkasse (§ 7 Absatz 2) zuständig, in deren Bezirk der Berechtigte seinen Wohnsitz hat. ₂Hat der Berechtigte keinen Wohnsitz im Geltungsbereich dieses Gesetzes, ist die Familienkasse zuständig, in deren Bezirk er seinen gewöhnlichen Aufenthalt hat. ₃Hat der Berechtigte im Geltungsbereich dieses Gesetzes weder einen Wohnsitz noch einen gewöhnlichen Aufenthalt, ist die Familienkasse zuständig, in deren Bezirk er erwerbstätig ist. ₄In den übrigen Fällen ist die Familienkasse Bayern Nord zuständig.

(2) Die Entscheidungen über den Anspruch trifft die Leitung der Familienkasse.

(3) Der Vorstand der Bundesagentur kann für bestimmte Bezirke oder Gruppen von Berechtigten die Entscheidungen über den Anspruch auf Kindergeld und Kinderzuschlag einheitlich einer anderen Familienkasse übertragen.

(4) Für die Leistungen nach § 6b bestimmen abweichend von den Absätzen 1 und 2 die Landesregierungen oder die von ihnen beauftragten Stellen die für die Durchführung zuständigen Behörden.

§ 14 Bescheid

₁Wird der Antrag auf Kindergeld, Kinderzuschlag oder Leistungen für Bildung und Teilhabe abgelehnt, ist ein Bescheid zu erteilen. ₂Das Gleiche gilt, wenn das Kindergeld, Kinderzuschlag oder Leistungen für Bildung und Teilhabe entzogen werden.

§ 15 Rechtsweg

Für Streitigkeiten nach diesem Gesetz sind die Gerichte der Sozialgerichtsbarkeit zuständig.

Dritter Abschnitt
Bußgeldvorschriften

§ 16 Ordnungswidrigkeiten

(1) Ordnungswidrig handelt, wer vorsätzlich oder leichtfertig

1. entgegen § 60 Absatz 1 Satz 1 Nummer 1 oder Nummer 3 des Ersten Buches Sozialgesetzbuch in Verbindung mit § 10 Absatz 1 auf Verlangen nicht die leistungser-

heblichen Tatsachen angibt oder Beweisurkunden vorlegt,

2. entgegen § 60 Absatz 1 Satz 1 Nummer 2 des Ersten Buches Sozialgesetzbuch eine Änderung in den Verhältnissen, die für einen Anspruch auf Kindergeld, Kinderzuschlag oder Leistungen für Bildung und Teilhabe erheblich ist, nicht, nicht richtig, nicht vollständig oder nicht rechtzeitig mitteilt oder

3. entgegen § 10 Absatz 2 oder Absatz 3 auf Verlangen eine Bescheinigung nicht, nicht richtig, nicht vollständig oder nicht rechtzeitig ausstellt.

(2) Die Ordnungswidrigkeit kann mit einer Geldbuße geahndet werden.

(3) § 66 des Zehnten Buches Sozialgesetzbuch gilt entsprechend.

(4) Verwaltungsbehörden im Sinne des § 36 Absatz 1 Nummer 1 des Gesetzes über Ordnungswidrigkeiten sind die nach § 409 der Abgabenordnung bei Steuerordnungswidrigkeiten wegen des Kindergeldes nach dem X. Abschnitt des Einkommensteuergesetzes zuständigen Verwaltungsbehörden.

Vierter Abschnitt
Übergangs- und Schlussvorschriften

§ 17 Recht der Europäischen Gemeinschaft

₁Soweit in diesem Gesetz Ansprüche Deutschen vorbehalten sind, haben Angehörige der anderen Mitgliedstaaten der Europäischen Union, Flüchtlinge und Staatenlose nach Maßgabe des Vertrages zur Gründung der Europäischen Gemeinschaft und der auf seiner Grundlage erlassenen Verordnungen die gleichen Rechte. ₂Auch im Übrigen bleiben die Bestimmungen der genannten Verordnungen unberührt.

§ 18 Anwendung des Sozialgesetzbuches

Soweit dieses Gesetz keine ausdrückliche Regelung trifft, ist bei der Ausführung das Sozialgesetzbuch anzuwenden.

§ 19 Übergangsvorschriften

(1) Ist für die Nachzahlung und Rückforderung von Kindergeld und Zuschlag zum Kindergeld für Berechtigte mit geringem Einkommen der Anspruch eines Jahres vor 1996 maßgeblich, finden die §§ 10, 11 und 11a in der bis zum 31. Dezember 1995 geltenden Fassung Anwendung.

(2) Verfahren, die am 1. Januar 1996 anhängig sind, werden nach den Vorschriften des Sozialgesetzbuches und des Bundeskindergeldgesetzes in der bis zum 31. Dezember 1995 geltenden Fassung zu Ende geführt, soweit in § 78 des Einkommensteuergesetzes nichts anderes bestimmt ist.

(3) Wird Kinderzuschlag vor dem 1. Juli 2019 bewilligt, finden die Regelungen des Bundeskindergeldgesetzes in der bis zum 30. Juni 2019 geltenden Fassung weiter Anwendung, mit Ausnahme der Regelung zum monatlichen Höchstbetrag des Kinderzuschlags nach § 20 Absatz 3.

(4) § 6c lässt Unterhaltsleistungen, die vor dem 30. Juni 2021 fällig geworden sind, unberührt.

§ 20 Anwendungsvorschrift

(1) ₁§ 1 Absatz 3 in der am 19. Dezember 2006 geltenden Fassung ist in Fällen, in denen eine Entscheidung über den Anspruch auf Kindergeld für Monate in dem Zeitraum zwischen dem 1. Januar 1994 und dem 18. Dezember 2006 noch nicht bestandskräftig geworden ist, anzuwenden, wenn dies für den Antragsteller günstiger ist. ₂In diesem Fall werden die Aufenthaltsgenehmigungen nach dem Ausländergesetz den Aufenthaltstiteln nach dem Aufenthaltsgesetz entsprechend den Fortgeltungsregelungen in § 101 des Aufenthaltsgesetzes gleichgestellt.

(2) (weggefallen)

(3) Abweichend von § 6a Absatz 2 beträgt für die Zeit vom 1. Juli 2019 bis zum 31. Dezember 2020 der monatliche Höchstbetrag des Kinderzuschlags für jedes zu berücksichtigende Kind 185 Euro.

(3a) Abweichend von § 6a Absatz 2 beträgt der monatliche Höchstbetrag des Kinderzuschlags im Kalenderjahr 2023 für jedes zu berücksichtigende Kind 250 Euro.

(4) Wird einer Person Kinderzuschlag für einen nach dem 30. Juni 2019 und vor dem 1. Juli 2021 beginnenden Bewilligungszeitraum bewilligt und wird ihr der Verwaltungsakt erst nach Ablauf des ersten Monats des Bewilligungszeitraums bekannt gegeben, endet dieser Bewilligungszeitraum abweichend von §6a Absatz 7 Satz 1 am Ende des fünften Monats nach dem Monat der Bekanntgabe des Verwaltungsaktes.

(5) ₁Abweichend von §6a Absatz 7 Satz 1 wird in Fällen, in denen der höchstmögliche Gesamtkinderzuschlag bezogen wird und der sechsmonatige Bewilligungszeitraum in der Zeit vom 1. April 2020 bis zum 30. September 2020 endet, der Bewilligungszeitraum von Amts wegen einmalig um weitere sechs Monate verlängert. ₂Satz 1 gilt entsprechend, wenn der ursprüngliche Bewilligungszeitraum in Anwendung des §20 Absatz 4 mehr als sechs Monate umfasst.

(6) ₁Abweichend von §6a Absatz 8 Satz 1 ist für Anträge, die in der Zeit vom 1. April 2020 bis zum 30. September 2020 eingehen, bei der Ermittlung des monatlich zu berücksichtigenden Einkommens der Eltern nur das Einkommen aus dem letzten Monat vor Beginn des Bewilligungszeitraums maßgeblich. ₂In diesen Fällen wird abweichend von §6a Absatz 3 Satz 1 und Absatz 5 Satz 1 Vermögen nach §12 des Zweiten Buches Sozialgesetzbuch nicht berücksichtigt. ₃Satz 2 gilt nicht, wenn das Vermögen erheblich ist; es wird vermutet, dass kein erhebliches Vermögen vorhanden ist, wenn die Antragstellerin oder der Antragsteller dies im Antrag erklärt.

(6a) ₁Abweichend von §6a Absatz 3 Satz 1 und Absatz 5 Satz 1 wird für Bewilligungszeiträume, die in der Zeit vom 1. Oktober 2020 bis 31. März 2022 beginnen, Vermögen nach §12 des Zweiten Buches Sozialgesetzbuch nicht berücksichtigt. ₂Satz 1 gilt nicht, wenn das Vermögen erheblich ist; es wird vermutet, dass kein erhebliches Vermögen vorhanden ist, wenn die Antragstellerin oder der Antragsteller dies im Antrag erklärt. ₃Macht die Bundesregierung von ihrer Verordnungsermächtigung nach §67 Absatz 5 des Zweiten Buches Sozialgesetzbuch Gebrauch und verlängert den in §67 Absatz 1 des Zweiten Buches Sozialgesetzbuch genannten Zeitraum, ändert sich das in Satz 1 genannte Datum, bis zu dem die Regelung Anwendung findet, entsprechend.

(7) ₁In Fällen, in denen der Bewilligungszeitraum vor dem 1. April 2020 begonnen hat, kann im April oder Mai 2020 einmalig während des laufenden Bewilligungszeitraums ein Antrag auf Überprüfung gestellt werden. ₂Bei der Überprüfung ist abweichend von §6a Absatz 8 Satz 1 als monatlich zu berücksichtigendes Einkommen der Eltern nur das Einkommen aus dem Monat vor dem Überprüfungsantrag zugrunde zu legen. ₃Im Übrigen sind die bereits für den laufenden Bewilligungszeitraum nach Absatz 8 ermittelten tatsächlichen und rechtlichen Verhältnisse zugrunde zu legen. ₄Die Voraussetzung nach §6a Absatz 1 Nummer 3, dass bei Bezug des Kinderzuschlags keine Hilfebedürftigkeit besteht, ist nicht anzuwenden. ₅Ergibt die Überprüfung einen höheren Kinderzuschlag, wird für die restlichen Monate des Bewilligungszeitraums Kinderzuschlag in der neuen Höhe bewilligt; anderenfalls ist der Antrag abzulehnen. ₆Ist ein Bewilligungsbescheid für einen Bewilligungszeitraum, der vor dem 1. April 2020 beginnt, noch nicht ergangen, gelten die Sätze 1 bis 5 entsprechend. ₇In den Fällen nach den Sätzen 1 bis 6 ist die Verlängerungsregelung nach Absatz 5 nicht anzuwenden.

(8) ₁§1 Absatz 2 Satz 3 und §2 Absatz 2 und 3 in der Fassung des Artikels 3 des Gesetzes vom 19. Juli 2006 (BGBl. I S. 1652) ist für Kinder, die im Kalenderjahr 2006 das 24. Lebensjahr vollendeten, mit der Maßgabe anzuwenden, dass jeweils an die Stelle der Angabe „25. Lebensjahres" die Angabe „26. Lebensjahres" und an die Stelle der Angabe „25. Lebensjahr" die Angabe „26. Lebensjahr" tritt; für Kinder, die im Kalenderjahr 2006 das 25. oder 26. Lebensjahr vollendeten, sind §1 Absatz 2 Satz 3 und §2 Absatz 2 und 3 weiterhin in der bis zum 31. Dezember 2006 geltenden Fassung anzu-

wenden. ₂§ 1 Absatz 2 Satz 3 und § 2 Absatz 2 und 3 in der Fassung des Artikels 3 des Gesetzes vom 19. Juli 2006 (BGBl. I S. 1652) sind erstmals für Kinder anzuwenden, die im Kalenderjahr 2007 wegen einer vor Vollendung des 25. Lebensjahres eingetretenen körperlichen, geistigen oder seelischen Behinderung außerstande sind, sich selbst zu unterhalten; für Kinder, die wegen einer vor dem 1. Januar 2007 in der Zeit ab der Vollendung des 25. Lebensjahres und vor Vollendung des 27. Lebensjahres eingetretenen körperlichen, geistigen oder seelischen Behinderung außerstande sind, sich selbst zu unterhalten, ist § 2 Absatz 2 Satz 1 Nummer 3 weiterhin in der bis zum 31. Dezember 2006 geltenden Fassung anzuwenden. ₃§ 2 Absatz 3 Satz 1 in der Fassung des Artikels 3 des Gesetzes vom 19. Juli 2006 (BGBl. I S. 1652) ist für Kinder, die im Kalenderjahr 2006 das 24. Lebensjahr vollendeten, mit der Maßgabe anzuwenden, dass an die Stelle der Angabe „über das 21. oder 25. Lebensjahr hinaus" die Angabe „über das 21. oder 26. Lebensjahr hinaus" tritt; für Kinder, die im Kalenderjahr 2006 das 25., 26. oder 27. Lebensjahr vollendeten, ist § 2 Absatz 3 Satz 1 weiterhin in der bis zum 31. Dezember 2006 geltenden Fassung anzuwenden.

(9) § 2 Absatz 2 Satz 1 Nummer 2 Buchstabe d in der am 31. Juli 2014 geltenden Fassung ist auf Freiwilligendienste im Sinne der Verordnung (EU) Nr. 1288/2013 des Europäischen Parlaments und des Rates vom 11. Dezember 2013 zur Einrichtung von „Erasmus+", dem Programm der Union für allgemeine und berufliche Bildung, Jugend und Sport, und zur Aufhebung der Beschlüsse Nr. 1719/2006/EG, Nr. 1720/2006/EG und Nr. 1298/2008/EG (ABl. L 347 vom 20. 12. 2013, S. 50), die ab dem 1. Januar 2014 begonnen wurden, ab dem 1. Januar 2014 anzuwenden.

(9a) § 2 Absatz 2 Satz 2 in der Fassung des Artikels 13 des Gesetzes vom 16. Juli 2009 (BGBl. I S. 1959) ist ab dem 1. Januar 2010 anzuwenden.

(10) § 2 Absatz 2 Satz 4 in der Fassung des Artikels 2 Absatz 8 des Gesetzes vom 16. Mai 2008 (BGBl. I S. 842) ist erstmals ab dem 1. Januar 2009 anzuwenden.

(11) § 2 Absatz 3 ist letztmals bis zum 31. Dezember 2018 anzuwenden; Voraussetzung ist in diesen Fällen, dass das Kind den Dienst oder die Tätigkeit vor dem 1. Juli 2011 angetreten hat.

(12) § 6 Absatz 3 in der am 1. Januar 2018 geltenden Fassung ist auf Anträge anzuwenden, die nach dem 31. Dezember 2017 eingehen.

(13) ₁§ 1 Absatz 3 Satz 1 Nummer 1 bis 4 in der Fassung des Artikels 34 des Gesetzes vom 12. Dezember 2019 (BGBl. I S. 2451) ist für Entscheidungen anzuwenden, die Zeiträume betreffen, die nach dem letzten Tag des sechsten auf die Verkündung des Fachkräfteeinwanderungsgesetzes folgenden Kalendermonats beginnen. ₂§ 1 Absatz 3 Satz 1 Nummer 5 in der Fassung des Artikels 34 des Gesetzes vom 12. Dezember 2019 (BGBl. I S. 2451) ist für Entscheidungen anzuwenden, die Zeiträume betreffen, die nach dem 31. Dezember 2019 beginnen. ₃§ 1 Absatz 3 Nummer 2 Buchstabe c in der Fassung des Artikels 5 Nummer 1 des Gesetzes vom 23. Mai 2022 (BGBl. I S. 760) ist für Entscheidungen anzuwenden, die Zeiträume betreffen, die nach dem 31. Mai 2022 beginnen. ₄§ 1 Absatz 3 Satz 1 Nummer 2 in der Fassung des Artikels 42 des Gesetzes vom 2. Dezember 2024 (BGBl. 2024 I Nr. 387) ist für Entscheidungen anzuwenden, die Zeiträume betreffen, die nach dem 31. Mai 2024 beginnen.

§ 21 Sondervorschrift zur Steuerfreistellung des Existenzminimums eines Kindes in den Veranlagungszeiträumen 1983 bis 1995 durch Kindergeld

₁In Fällen, in denen die Entscheidung über die Höhe des Kindergeldanspruchs für Monate in dem Zeitraum zwischen dem 1. Januar 1983 und dem 31. Dezember 1995 noch nicht bestandskräftig geworden ist, kommt eine von den §§ 10 und 11 in der jeweils geltenden Fassung abweichende Bewilligung von Kindergeld nur in Betracht, wenn die Einkommensteuer formell bestandskräftig und hinsichtlich der Höhe der Kinderfreibeträge nicht vorläufig festgesetzt sowie das Existenzminimum des Kindes nicht unter der Maßgabe des § 53 des Einkommensteuergesetzes steuerfrei belassen worden ist. ₂Dies ist vom Kindergeldberechtigten durch eine Bescheinigung des zuständigen Finanzamtes nachzuweisen. ₃Nach Vorlage dieser Bescheinigung hat die Familienkasse den vom Finanzamt ermittelten Unterschiedsbetrag zwischen der festgesetzten Einkommensteuer und der Einkommensteuer, die nach § 53 Satz 6 des Einkommensteuergesetzes festzusetzen gewesen wäre, wenn die Voraussetzungen nach § 53 Satz 1 und 2 des Einkommensteuergesetzes vorgelegen hätten, als zusätzliches Kindergeld zu zahlen.

Einkommensteuergesetz (EStG)

in der Fassung der Bekanntmachung
vom 8. Oktober 2009 (BGBl. I S. 3366, S. 3862)

– Auszug –[1])

Zuletzt geändert durch
Steuerfortentwicklungsgesetz
vom 23. Dezember 2024 (BGBl. I Nr. 449)

Inhaltsübersicht

I. Steuerpflicht
- § 1 Steuerpflicht
- § 1a (EU- und EWR-Staatsangehörige)

II. Einkommen

1. Sachliche Voraussetzungen für die Besteuerung
- § 2 Umfang der Besteuerung, Begriffsbestimmungen

4. Überschuss der Einnahmen über die Werbungskosten
- § 8 Einnahmen
- § 9 Werbungskosten
- § 9a Pauschbeträge für Werbungskosten

5. Sonderausgaben
- § 10
- § 10a Zusätzliche Altersvorsorge

IV. Tarif
- § 31 Familienleistungsausgleich
- § 32 Kinder, Freibeträge für Kinder
- § 32a Einkommensteuertarif

X. Kindergeld
- § 62 Anspruchsberechtigte
- § 63 Kinder
- § 64 Zusammentreffen mehrerer Ansprüche
- § 65 Andere Leistungen für Kinder
- § 66 Höhe des Kindergeldes, Zahlungszeitraum
- § 67 Antrag
- § 68 Besondere Mitwirkungspflichten und Offenbarungsbefugnis
- § 69 Datenübermittlung an die Familienkassen
- § 70 Festsetzung und Zahlung des Kindergeldes
- § 71 Vorläufige Einstellung der Zahlung des Kindergeldes
- § 72 (weggefallen)
- § 73 (weggefallen)
- § 74 Zahlung des Kindergeldes in Sonderfällen
- § 75 Aufrechnung
- § 76 Pfändung
- § 77 Erstattung von Kosten im Vorverfahren
- § 78 Übergangsregelungen

XI. Altersvorsorgezulage
- § 79 Zulageberechtigte
- § 80 Anbieter
- § 81 Zentrale Stelle
- § 81a Zuständige Stelle
- § 82 Altersvorsorgebeiträge
- § 83 Altersvorsorgezulage
- § 84 Grundzulage
- § 85 Kinderzulage
- § 86 Mindesteigenbeitrag
- § 87 Zusammentreffen mehrerer Verträge
- § 88 Entstehung des Anspruchs auf Zulage
- § 89 Antrag
- § 90 Verfahren

---

[1]) Aufgeführt sind nur die den Auszug betreffenden Änderungen.

I. Steuerpflicht

§ 1 Steuerpflicht

(1) ₁Natürliche Personen, die im Inland einen Wohnsitz oder ihren gewöhnlichen Aufenthalt haben, sind unbeschränkt einkommensteuerpflichtig. ₂Zum Inland im Sinne dieses Gesetzes gehört auch der der Bundesrepublik Deutschland zustehende Anteil

1. an der ausschließlichen Wirtschaftszone, soweit dort
   a) die lebenden und nicht lebenden natürlichen Ressourcen der Gewässer über dem Meeresboden, des Meeresbodens und seines Untergrunds erforscht, ausgebeutet, erhalten oder bewirtschaftet werden,
   b) andere Tätigkeiten zur wirtschaftlichen Erforschung oder Ausbeutung der ausschließlichen Wirtschaftszone ausgeübt werden, wie beispielsweise die Energieerzeugung aus Wasser, Strömung und Wind oder
   c) künstliche Inseln errichtet oder genutzt werden und Anlagen und Bauwerke für die in den Buchstaben a und b genannten Zwecke errichtet oder genutzt werden, und

2. am Festlandsockel, soweit dort
   a) dessen natürliche Ressourcen erforscht oder ausgebeutet werden; natürliche Ressourcen in diesem Sinne sind die mineralischen und sonstigen nicht lebenden Ressourcen des Meeresbodens und seines Untergrunds sowie die zu den sesshaften Arten gehörenden Lebewesen, die im nutzbaren Stadium entweder unbeweglich auf oder unter dem Meeresboden verbleiben oder sich nur in ständigem körperlichen Kontakt mit dem Meeresboden oder seinem Untergrund fortbewegen können; oder
   b) künstliche Inseln errichtet oder genutzt werden und Anlagen und Bauwerke für die in Buchstabe a genannten Zwecke errichtet oder genutzt werden.

(2) ₁Unbeschränkt einkommensteuerpflichtig sind auch deutsche Staatsangehörige, die

1. im Inland weder einen Wohnsitz noch ihren gewöhnlichen Aufenthalt haben und
2. zu einer inländischen juristischen Person des öffentlichen Rechts in einem Dienstverhältnis stehen und dafür Arbeitslohn aus einer inländischen öffentlichen Kasse beziehen

sowie zu ihrem Haushalt gehörende Angehörige, die die deutsche Staatsangehörigkeit besitzen oder keine Einkünfte oder nur Einkünfte beziehen, die ausschließlich im Inland einkommensteuerpflichtig sind. ₂Dies gilt nur für natürliche Personen, die in dem Staat, in dem sie ihren Wohnsitz oder ihren gewöhnlichen Aufenthalt haben, lediglich in einem der beschränkten Einkommensteuerpflicht ähnlichen Umfang zu einer Steuer vom Einkommen herangezogen werden.

(3) ₁Auf Antrag werden auch natürliche Personen als unbeschränkt einkommensteuerpflichtig behandelt, die im Inland weder einen Wohnsitz noch ihren gewöhnlichen Aufenthalt haben, soweit sie inländische Einkünfte im Sinne des § 49 haben. ₂Dies gilt nur, wenn ihre Einkünfte im Kalenderjahr mindestens zu 90 Prozent der deutschen Einkommensteuer unterliegen oder die nicht der deutschen Einkommensteuer unterliegenden Einkünfte den Grundfreibetrag nach § 32a Absatz 1 Satz 2 Nummer 1 nicht übersteigen; dieser Betrag ist zu kürzen, soweit es nach den Verhältnissen im Wohnsitzstaat des Steuerpflichtigen notwendig und angemessen ist. ₃Inländische Einkünfte, die nach einem Abkommen zur Vermeidung der Doppelbesteuerung nur der Höhe nach beschränkt besteuert werden dürfen, gelten hierbei als nicht der deutschen Einkommensteuer unterliegend. ₄Unberücksichtigt bleiben bei der Ermittlung der Einkünfte nach Satz 2 nicht der deutschen Einkommensteuer unterliegende Einkünfte, die im Ausland nicht besteuert werden, soweit vergleichbare Einkünfte im Inland steuerfrei sind. ₅Weitere Voraussetzung ist, dass die Höhe der nicht der deutschen Einkommensteuer unterliegenden Einkünfte durch eine Bescheinigung der zuständigen ausländischen Steuerbehörde nachgewiesen wird. ₆Der Steuerabzug nach § 50a ist ungeachtet der Sätze 1 bis 4 vorzunehmen.

§§ 1a–2 Einkommensteuergesetz (EStG) – Auszug VIII.4

(4) Natürliche Personen, die im Inland weder einen Wohnsitz noch ihren gewöhnlichen Aufenthalt haben, sind vorbehaltlich der Absätze 2 und 3 und des § 1a beschränkt einkommensteuerpflichtig, wenn sie inländische Einkünfte im Sinne des § 49 haben.

§ 1a (EU- und EWR-Staatsangehörige)

(1) Für Staatsangehörige eines Mitgliedstaates der Europäischen Union oder eines Staates, auf den das Abkommen über den Europäischen Wirtschaftsraum anwendbar ist, die nach § 1 Absatz 1 unbeschränkt einkommensteuerpflichtig sind oder die nach § 1 Absatz 3 als unbeschränkt einkommensteuerpflichtig zu behandeln sind, gilt bei Anwendung von § 10 Absatz 1a und § 26 Absatz 1 Satz 1 Folgendes:

1. Aufwendungen im Sinne des § 10 Absatz 1a sind auch dann als Sonderausgaben abziehbar, wenn der Empfänger der Leistung oder Zahlung nicht unbeschränkt einkommensteuerpflichtig ist. ₂Voraussetzung ist, dass

   a) der Empfänger seinen Wohnsitz oder gewöhnlichen Aufenthalt im Hoheitsgebiet eines anderen Mitgliedstaates der Europäischen Union oder eines Staates hat, auf den das Abkommen über den Europäischen Wirtschaftsraum Anwendung findet und

   b) die Besteuerung der nach § 10 Absatz 1a zu berücksichtigenden Leistung oder Zahlung beim Empfänger durch eine Bescheinigung der zuständigen ausländischen Steuerbehörde nachgewiesen wird;

2. der nicht dauernd getrennt lebende Ehegatte ohne Wohnsitz oder gewöhnlichen Aufenthalt im Inland wird auf Antrag für die Anwendung des § 26 Absatz 1 Satz 1 als unbeschränkt einkommensteuerpflichtig behandelt. ₂Nummer 1 Satz 2 Buchstabe a gilt entsprechend. ₃Bei Anwendung des § 1 Absatz 3 Satz 2 ist auf die Einkünfte beider Ehegatten abzustellen und der Grundfreibetrag nach § 32a Absatz 1 Satz 2 Nummer 1 zu verdoppeln.

(2) Für unbeschränkt einkommensteuerpflichtige Personen im Sinne des § 1 Absatz 2, die die Voraussetzungen des § 1 Absatz 3 Satz 2 bis 5 erfüllen, und für unbeschränkt einkommensteuerpflichtige Personen im Sinne des § 1 Absatz 3, die die Voraussetzungen des § 1 Absatz 2 Satz 1 Nummer 1 und 2 erfüllen und an einem ausländischen Dienstort tätig sind, gilt die Regelung des Absatzes 1 Nummer 2 entsprechend mit der Maßgabe, dass auf Wohnsitz oder gewöhnlichen Aufenthalt im Staat des ausländischen Dienstortes abzustellen ist.

II. Einkommen

1. Sachliche Voraussetzungen für die Besteuerung

§ 2 Umfang der Besteuerung, Begriffsbestimmungen

(1) ₁Der Einkommensteuer unterliegen

1. Einkünfte aus Land- und Forstwirtschaft,
2. Einkünfte aus Gewerbebetrieb,
3. Einkünfte aus selbständiger Arbeit,
4. Einkünfte aus nichtselbständiger Arbeit,
5. Einkünfte aus Kapitalvermögen,
6. Einkünfte aus Vermietung und Verpachtung,
7. sonstige Einkünfte im Sinne des § 22,

die der Steuerpflichtige während seiner unbeschränkten Einkommensteuerpflicht oder als inländische Einkünfte während seiner beschränkten Einkommensteuerpflicht erzielt. ₂Zu welcher Einkunftsart die Einkünfte im einzelnen Fall gehören, bestimmt sich nach den §§ 13 bis 24.

(2) ₁Einkünfte sind

1. bei Land- und Forstwirtschaft, Gewerbebetrieb und selbständiger Arbeit der Gewinn (§§ 4 bis 7k und 13a),
2. bei den anderen Einkunftsarten der Überschuss der Einnahmen über die Werbungskosten (§§ 8 bis 9a).

₂Bei Einkünften aus Kapitalvermögen tritt § 20 Absatz 9 vorbehaltlich der Regelung in § 32d Absatz 2 an die Stelle der §§ 9 und 9a.

(3) Die Summe der Einkünfte, vermindert um den Altersentlastungsbetrag, den Entlastungsbetrag für Alleinerziehende und den Abzug nach §13 Absatz 3, ist der Gesamtbetrag der Einkünfte.

(4) Der Gesamtbetrag der Einkünfte, vermindert um die Sonderausgaben und die außergewöhnlichen Belastungen, ist das Einkommen.

(5) ₁Das Einkommen, vermindert um die Freibeträge nach §32 Absatz 6 und um die sonstigen vom Einkommen abzuziehenden Beträge, ist das zu versteuernde Einkommen; dieses bildet die Bemessungsgrundlage für die tarifliche Einkommensteuer. ₂Knüpfen andere Gesetze an den Begriff des zu versteuernden Einkommens an, ist für deren Zweck das Einkommen in allen Fällen des §32 um die Freibeträge nach §32 Absatz 6 zu vermindern.

(5a) ₁Knüpfen außersteuerliche Rechtsnormen an die in den vorstehenden Absätzen definierten Begriffe (Einkünfte, Summe der Einkünfte, Gesamtbetrag der Einkünfte, Einkommen, zu versteuerndes Einkommen) an, erhöhen sich für deren Zwecke diese Größen um die nach §32d Absatz 1 und nach §43 Absatz 5 zu besteuernden Beträge sowie um die nach §3 Nummer 40 steuerfreien Beträge und mindern sich um die nach §3c Absatz 2 nicht abziehbaren Beträge. ₂Knüpfen außersteuerliche Rechtsnormen an die in den Absätzen 1 bis 3 genannten Begriffe (Einkünfte, Summe der Einkünfte, Gesamtbetrag der Einkünfte) an, mindern sich für deren Zwecke diese Größen um die nach §10 Absatz 1 Nummer 5 abziehbaren Kinderbetreuungskosten.

(5b) Soweit Rechtsnormen dieses Gesetzes an die in den vorstehenden Absätzen definierten Begriffe (Einkünfte, Summe der Einkünfte, Gesamtbetrag der Einkünfte, Einkommen, zu versteuerndes Einkommen) anknüpfen, sind Kapitalerträge nach §32d Absatz 1 und §43 Absatz 5 nicht einzubeziehen.

(6) ₁Die tarifliche Einkommensteuer, vermindert um den Unterschiedsbetrag nach §32c Absatz 1 Satz 2, die anzurechnenden ausländischen Steuern und die Steuerermäßigungen, vermehrt um die Steuer nach §32d Absatz 3 und 4, die Steuer nach §34c Absatz 5 und den Zuschlag nach §3 Absatz 4 Satz 2 des Forstschäden-Ausgleichsgesetzes in der Fassung der Bekanntmachung vom 26. August 1985 (BGBl. I S. 1756), das zuletzt durch Artikel 412 der Verordnung vom 31. August 2015 (BGBl. I S. 1474) geändert worden ist, in der jeweils geltenden Fassung, ist die festzusetzende Einkommensteuer. ₂Wurde der Gesamtbetrag der Einkünfte in den Fällen des §10a Absatz 2 um Sonderausgaben nach §10a Absatz 1 gemindert, ist für die Ermittlung der festzusetzenden Einkommensteuer der Anspruch auf Zulage nach Abschnitt XI der tariflichen Einkommensteuer hinzuzurechnen; bei der Ermittlung der dem Steuerpflichtigen zustehenden Zulage bleibt die Erhöhung der Grundzulage nach §84 Satz 2 außer Betracht. ₃Wird das Einkommen in den Fällen des §31 um die Freibeträge nach §32 Absatz 6 gemindert, ist der Anspruch auf Kindergeld nach Abschnitt X der tariflichen Einkommensteuer hinzuzurechnen; nicht jedoch für Kalendermonate, in denen durch Bescheid der Familienkasse ein Anspruch auf Kindergeld festgesetzt, aber wegen §70 Absatz 1 Satz 2 nicht ausgezahlt wurde.

(7) ₁Die Einkommensteuer ist eine Jahressteuer. ₂Die Grundlagen für ihre Festsetzung sind jeweils für ein Kalenderjahr zu ermitteln. ₃Besteht während eines Kalenderjahres sowohl unbeschränkte als auch beschränkte Einkommensteuerpflicht, so sind die während der beschränkten Einkommensteuerpflicht erzielten inländischen Einkünfte in eine Veranlagung zur unbeschränkten Einkommensteuerpflicht einzubeziehen.

(8) Die Regelungen dieses Gesetzes zu Ehegatten und Ehen sind auch auf Lebenspartner und Lebenspartnerschaften anzuwenden.

4. Überschuss der Einnahmen über die Werbungskosten

§ 8 Einnahmen

(1) ₁Einnahmen sind alle Güter, die in Geld oder Geldeswert bestehen und dem Steuerpflichtigen im Rahmen einer der Einkunftsar-

ten des §2 Absatz 1 Satz 1 Nummer 4 bis 7 zufließen. ₂Zu den Einnahmen in Geld gehören auch zweckgebundene Geldleistungen, nachträgliche Kostenerstattungen, Geldsurrogate und andere Vorteile, die auf einen Geldbetrag lauten. ₃Satz 2 gilt nicht bei Gutscheinen und Geldkarten, die ausschließlich zum Bezug von Waren oder Dienstleistungen berechtigen und die Kriterien des §2 Absatz 1 Nummer 10 des Zahlungsdiensteaufsichtsgesetzes erfüllen.

(2) ₁Einnahmen, die nicht in Geld bestehen (Wohnung, Kost, Waren, Dienstleistungen und sonstige Sachbezüge), sind mit den um übliche Preisnachlässe geminderten üblichen Endpreisen am Abgabeort anzusetzen. ₂Für die private Nutzung eines betrieblichen Kraftfahrzeugs zu privaten Fahrten gilt §6 Absatz 1 Nummer 4 Satz 2 entsprechend. ₃Kann das Kraftfahrzeug auch für Fahrten zwischen Wohnung und erster Tätigkeitsstätte sowie Fahrten nach §9 Absatz 1 Satz 3 Nummer 4a Satz 3 genutzt werden, erhöht sich der Wert in Satz 2 für jeden Kalendermonat um 0,03 Prozent des Listenpreises im Sinne des §6 Absatz 1 Nummer 4 Satz 2 für jeden Kilometer der Entfernung zwischen Wohnung und erster Tätigkeitsstätte sowie der Fahrten nach §9 Absatz 1 Satz 3 Nummer 4a Satz 3. ₄Der Wert nach den Sätzen 2 und 3 kann mit dem auf die private Nutzung und die Nutzung zu Fahrten zwischen Wohnung und erster Tätigkeitsstätte sowie Fahrten nach §9 Absatz 1 Satz 3 Nummer 4a Satz 3 entfallenden Teil der gesamten Kraftfahrzeugaufwendungen angesetzt werden, wenn die durch das Kraftfahrzeug insgesamt entstehenden Aufwendungen durch Belege und das Verhältnis der privaten Fahrten und der Fahrten zwischen Wohnung und erster Tätigkeitsstätte sowie Fahrten nach §9 Absatz 1 Satz 3 Nummer 4a Satz 3 zu den übrigen Fahrten durch ein ordnungsgemäßes Fahrtenbuch nachgewiesen werden; §6 Absatz 1 Nummer 4 Satz 3 zweiter Halbsatz gilt entsprechend. ₅Die Nutzung des Kraftfahrzeugs zu einer Familienheimfahrt im Rahmen einer doppelten Haushaltsführung ist mit 0,002 Prozent des Listenpreises im Sinne des §6 Absatz 1 Nummer 4 Satz 2 für jeden Kilometer der Entfernung zwischen dem Ort des eigenen Hausstands und dem Beschäftigungsort anzusetzen; dies gilt nicht, wenn für diese Fahrt ein Abzug von Werbungskosten nach §9 Absatz 1 Satz 3 Nummer 5 Satz 5 und 6 in Betracht käme; Satz 4 ist sinngemäß anzuwenden. ₆Bei Arbeitnehmern, für deren Sachbezüge durch Rechtsverordnung nach §17 Absatz 1 Satz 1 Nummer 4 des Vierten Buches Sozialgesetzbuch Werte bestimmt worden sind, sind diese Werte maßgebend. ₇Die Werte nach Satz 6 sind auch bei Steuerpflichtigen anzusetzen, die nicht der gesetzlichen Rentenversicherungspflicht unterliegen. ₈Wird dem Arbeitnehmer während einer beruflichen Tätigkeit außerhalb seiner Wohnung und ersten Tätigkeitsstätte oder im Rahmen einer beruflich veranlassten doppelten Haushaltsführung vom Arbeitgeber oder auf dessen Veranlassung von einem Dritten eine Mahlzeit zur Verfügung gestellt, ist diese Mahlzeit mit dem Wert nach Satz 6 (maßgebender amtlicher Sachbezugswert nach der Sozialversicherungsentgeltverordnung) anzusetzen, wenn der Preis für die Mahlzeit 60 Euro nicht übersteigt. ₉Der Ansatz einer nach Satz 8 bewerteten Mahlzeit unterbleibt, wenn beim Arbeitnehmer für ihm entstehende Mehraufwendungen für Verpflegung ein Werbungskostenabzug nach §9 Absatz 4a Satz 1 bis 7 in Betracht käme. ₁₀Die oberste Finanzbehörde eines Landes kann mit Zustimmung des Bundesministeriums der Finanzen für weitere Sachbezüge der Arbeitnehmer Durchschnittswerte festsetzen. ₁₁Sachbezüge, die nach Satz 1 zu bewerten sind, bleiben außer Ansatz, wenn die sich nach Anrechnung der vom Steuerpflichtigen gezahlten Entgelte ergebenden Vorteile insgesamt 50 Euro im Kalendermonat nicht übersteigen; die nach Absatz 1 Satz 3 nicht zu den Einnahmen in Geld gehörenden Gutscheine und Geldkarten bleiben nur dann außer Ansatz, wenn sie zusätzlich zum ohnehin geschuldeten Arbeitslohn gewährt werden. ₁₂Der Ansatz eines Sachbezugs für eine dem Arbeitnehmer vom Arbeitgeber, auf dessen Veranlassung von einem verbundenen Unternehmen (§15 des Aktiengesetzes) oder bei

einer juristischen Person des öffentlichen Rechts als Arbeitgeber auf dessen Veranlassung von einem entsprechend verbundenen Unternehmen zu eigenen Wohnzwecken überlassene Wohnung unterbleibt, soweit das vom Arbeitnehmer gezahlte Entgelt mindestens zwei Drittel des ortsüblichen Mietwerts und dieser nicht mehr als 25 Euro je Quadratmeter ohne umlagefähige Kosten im Sinne der Verordnung über die Aufstellung von Betriebskosten beträgt.

(3) ₁Erhält ein Arbeitnehmer auf Grund seines Dienstverhältnisses Waren oder Dienstleistungen, die vom Arbeitgeber nicht überwiegend für den Bedarf seiner Arbeitnehmer hergestellt, vertrieben oder erbracht werden und deren Bezug nicht nach §40 pauschal versteuert wird, so gelten als deren Werte abweichend von Absatz 2 die um 4 Prozent geminderten Endpreise, zu denen der Arbeitgeber oder der dem Abgabeort nächstansässige Abnehmer die Waren oder Dienstleistungen fremden Letztverbrauchern im allgemeinen Geschäftsverkehr anbietet. ₂Die sich nach Abzug der vom Arbeitnehmer gezahlten Entgelte ergebenden Vorteile sind steuerfrei, soweit sie aus dem Dienstverhältnis insgesamt 1080 Euro im Kalenderjahr nicht übersteigen.

(4) ₁Im Sinne dieses Gesetzes werden Leistungen des Arbeitgebers oder auf seine Veranlassung eines Dritten (Sachbezüge oder Zuschüsse) für eine Beschäftigung nur dann zusätzlich zum ohnehin geschuldeten Arbeitslohn erbracht, wenn

1. die Leistung nicht auf den Anspruch auf Arbeitslohn angerechnet,

2. der Anspruch auf Arbeitslohn nicht zugunsten der Leistung herabgesetzt,

3. die verwendungs- oder zweckgebundene Leistung nicht anstelle einer bereits vereinbarten künftigen Erhöhung des Arbeitslohns gewährt und

4. bei Wegfall der Leistung der Arbeitslohn nicht erhöht

wird. ₂Unter den Voraussetzungen des Satzes 1 ist von einer zusätzlich zum ohnehin geschuldeten Arbeitslohn erbrachten Leistung auch dann auszugehen, wenn der Arbeitnehmer arbeitsvertraglich oder auf Grund einer anderen arbeits- oder dienstrechtlichen Rechtsgrundlage (wie Einzelvertrag, Betriebsvereinbarung, Tarifvertrag, Gesetz) einen Anspruch auf diese hat.

§9 Werbungskosten

(1) ₁Werbungskosten sind Aufwendungen zur Erwerbung, Sicherung und Erhaltung der Einnahmen. ₂Sie sind bei der Einkunftsart abzuziehen, bei der sie erwachsen sind. ₃Werbungskosten sind auch

1. Schuldzinsen und auf besonderen Verpflichtungsgründen beruhende Renten und dauernde Lasten, soweit sie mit einer Einkunftsart in wirtschaftlichem Zusammenhang stehen. ₂Bei Leibrenten kann nur der Anteil abgezogen werden, der sich nach §22 Nummer 1 Satz 3 Buchstabe a Doppelbuchstabe bb ergibt;

2. Steuern vom Grundbesitz, sonstige öffentliche Abgaben und Versicherungsbeiträge, soweit solche Ausgaben sich auf Gebäude oder auf Gegenstände beziehen, die dem Steuerpflichtigen zur Einnahmeerzielung dienen;

3. Beiträge zu Berufsständen und sonstigen Berufsverbänden, deren Zweck nicht auf einen wirtschaftlichen Geschäftsbetrieb gerichtet ist;

4. Aufwendungen des Arbeitnehmers für die Wege zwischen Wohnung und erster Tätigkeitsstätte im Sinne des Absatzes 4. ₂Zur Abgeltung dieser Aufwendungen ist für jeden Arbeitstag, an dem der Arbeitnehmer die erste Tätigkeitsstätte aufsucht eine Entfernungspauschale für jeden vollen Kilometer der Entfernung zwischen Wohnung und erster Tätigkeitsstätte von 0,30 Euro anzusetzen, höchstens jedoch 4500 Euro im Kalenderjahr; ein höherer Betrag als 4500 Euro ist anzusetzen, soweit der Arbeitnehmer einen eigenen oder ihm zur Nutzung überlassenen Kraftwagen benutzt. ₃Die Entfernungspauschale gilt nicht für Flugstrecken und Strecken mit steuerfreier Sammelbeförderung nach §3 Num-

§ 9 Einkommensteuergesetz (EStG) – Auszug

mer 32. ₄Für die Bestimmung der Entfernung ist die kürzeste Straßenverbindung zwischen Wohnung und erster Tätigkeitsstätte maßgebend; eine andere als die kürzeste Straßenverbindung kann zugrunde gelegt werden, wenn diese offensichtlich verkehrsgünstiger ist und vom Arbeitnehmer regelmäßig für die Wege zwischen Wohnung und erster Tätigkeitsstätte benutzt wird. ₅Nach § 8 Absatz 2 Satz 11 oder Absatz 3 steuerfreie Sachbezüge für Fahrten zwischen Wohnung und erster Tätigkeitsstätte mindern den nach Satz 2 abziehbaren Betrag; ist der Arbeitgeber selbst der Verkehrsträger, ist der Preis anzusetzen, den ein dritter Arbeitgeber an den Verkehrsträger zu entrichten hätte. ₆Hat ein Arbeitnehmer mehrere Wohnungen, so sind die Wege von einer Wohnung, die nicht der ersten Tätigkeitsstätte am nächsten liegt, nur zu berücksichtigen, wenn sie den Mittelpunkt der Lebensinteressen des Arbeitnehmers bildet und nicht nur gelegentlich aufgesucht wird. ₇Nach § 3 Nummer 37 steuerfreie Sachbezüge mindern den nach Satz 2 abziehbaren Betrag nicht; § 3c Absatz 1 ist nicht anzuwenden. ₈Zur Abgeltung der Aufwendungen im Sinne des Satzes 1 ist für die Veranlagungszeiträume 2021 bis 2026 abweichend von Satz 2 für jeden Arbeitstag, an dem der Arbeitnehmer die erste Tätigkeitsstätte aufsucht, eine Entfernungspauschale für jeden vollen Kilometer der ersten 20 Kilometer der Entfernung zwischen Wohnung und erster Tätigkeitsstätte von 0,30 Euro und für jeden weiteren vollen Kilometer

a) von 0,35 Euro für 2021,
b) von 0,38 Euro für 2022 bis 2026

anzusetzen, höchstens 4500 Euro im Kalenderjahr; ein höherer Betrag als 4500 Euro ist anzusetzen, soweit der Arbeitnehmer einen eigenen oder ihm zur Nutzung überlassenen Kraftwagen benutzt.

4a. Aufwendungen des Arbeitnehmers für beruflich veranlasste Fahrten, die nicht Fahrten zwischen Wohnung und erster Tätigkeitsstätte im Sinne des Absatzes 4 sowie keine Familienheimfahrten sind. ₂Anstelle der tatsächlichen Aufwendungen, die dem Arbeitnehmer durch die persönliche Benutzung eines Beförderungsmittels entstehen, können die Fahrtkosten mit den pauschalen Kilometersätzen angesetzt werden, die für das jeweils benutzte Beförderungsmittel (Fahrzeug) als höchste Wegstreckenentschädigung nach dem Bundesreisekostengesetz festgesetzt sind. ₃Hat ein Arbeitnehmer keine erste Tätigkeitsstätte (§ 9 Absatz 4) und hat er nach den dienst- oder arbeitsrechtlichen Festlegungen sowie den diese ausfüllenden Absprachen und Weisungen zur Aufnahme seiner beruflichen Tätigkeit dauerhaft denselben Ort oder dasselbe weiträumige Tätigkeitsgebiet typischerweise arbeitstäglich aufzusuchen, gilt Absatz 1 Satz 3 Nummer 4 und Absatz 2 für die Fahrten von der Wohnung zu diesem Ort oder dem zur Wohnung nächstgelegenen Zugang zum Tätigkeitsgebiet entsprechend. ₄Für die Fahrten innerhalb des weiträumigen Tätigkeitsgebietes gelten die Sätze 1 und 2 entsprechend.

5. notwendige Mehraufwendungen, die einem Arbeitnehmer wegen einer beruflich veranlassten doppelten Haushaltsführung entstehen. ₂Eine doppelte Haushaltsführung liegt nur vor, wenn der Arbeitnehmer außerhalb des Ortes seiner ersten Tätigkeitsstätte einen eigenen Hausstand unterhält und auch am Ort der ersten Tätigkeitsstätte wohnt. ₃Das Vorliegen eines eigenen Hausstandes setzt das Innehaben einer Wohnung sowie eine finanzielle Beteiligung an den Kosten der Lebensführung voraus. ₄Als Unterkunftskosten für eine doppelte Haushaltsführung können im Inland die tatsächlichen Aufwendungen für die Nutzung der Unterkunft angesetzt werden, höchstens 1000 Euro im Monat. ₅Aufwendungen für die Wege vom Ort der ersten Tätigkeitsstätte zum Ort des eige-

nen Hausstandes und zurück (Familienheimfahrt) können jeweils nur für eine Familienheimfahrt wöchentlich abgezogen werden. ₆Zur Abgeltung der Aufwendungen für eine Familienheimfahrt ist eine Entfernungspauschale von 0,30 Euro für jeden vollen Kilometer der Entfernung zwischen dem Ort des eigenen Hausstandes und dem Ort der ersten Tätigkeitsstätte anzusetzen. ₇Nummer 4 Satz 3 bis 5 ist entsprechend anzuwenden. ₈Aufwendungen für Familienheimfahrten mit einem dem Steuerpflichtigen im Rahmen einer Einkunftsart überlassenen Kraftfahrzeug werden nicht berücksichtigt. ₉Zur Abgeltung der Aufwendungen für eine Familienheimfahrt ist für die Veranlagungszeiträume 2021 bis 2026 abweichend von Satz 6 eine Entfernungspauschale für jeden vollen Kilometer der ersten 20 Kilometer der Entfernung zwischen dem Ort des eigenen Hausstandes und dem Ort der ersten Tätigkeitsstätte von 0,30 Euro und für jeden weiteren vollen Kilometer

a) von 0,35 Euro für 2021,
b) von 0,38 Euro für 2022 bis 2026

anzusetzen.

5a. notwendige Mehraufwendungen eines Arbeitnehmers für beruflich veranlasste Übernachtungen an einer Tätigkeitsstätte, die nicht erste Tätigkeitsstätte ist. ₂Übernachtungskosten sind die tatsächlichen Aufwendungen für die persönliche Inanspruchnahme einer Unterkunft zur Übernachtung. ₃Soweit höhere Übernachtungskosten anfallen, weil der Arbeitnehmer eine Unterkunft gemeinsam mit Personen nutzt, die in keinem Dienstverhältnis zum selben Arbeitgeber stehen, sind nur diejenigen Aufwendungen anzusetzen, die bei alleiniger Nutzung durch den Arbeitnehmer angefallen wären. ₄Nach Ablauf von 48 Monaten einer längerfristigen beruflichen Tätigkeit an derselben Tätigkeitsstätte, die nicht erste Tätigkeitsstätte ist, können Unterkunftskosten nur noch bis zur Höhe des Betrags nach Nummer 5 angesetzt werden. ₅Eine Unterbrechung dieser beruflichen Tätigkeit an derselben Tätigkeitsstätte führt zu einem Neubeginn, wenn die Unterbrechung mindestens sechs Monate dauert.

5b. notwendige Mehraufwendungen, die einem Arbeitnehmer während seiner auswärtigen beruflichen Tätigkeit auf einem Kraftfahrzeug des Arbeitgebers oder eines vom Arbeitgeber beauftragten Dritten im Zusammenhang mit einer Übernachtung in dem Kraftfahrzeug für Kalendertage entstehen, an denen der Arbeitnehmer eine Verpflegungspauschale nach Absatz 4a Satz 3 Nummer 1 und 2 sowie Satz 5 zur Nummer 1 und 2 beanspruchen könnte. ₂Anstelle der tatsächlichen Aufwendungen, die dem Arbeitnehmer im Zusammenhang mit einer Übernachtung in dem Kraftfahrzeug entstehen, kann im Kalenderjahr einheitlich eine Pauschale von 9 Euro für jeden Kalendertag berücksichtigt werden, an dem der Arbeitnehmer eine Verpflegungspauschale nach Absatz 4a Satz 3 Nummer 1 und 2 sowie Satz 5 zur Nummer 1 und 2 beanspruchen könnte.

6. Aufwendungen für Arbeitsmittel, zum Beispiel für Werkzeuge und typische Berufskleidung. ₂Nummer 7 bleibt unberührt;

7. Absetzungen für Abnutzung und für Substanzverringerung, Sonderabschreibungen nach § 7b und erhöhte Absetzungen. ₂§ 6 Absatz 2 Satz 1 bis 3 ist in Fällen der Anschaffung oder Herstellung von Wirtschaftsgütern entsprechend anzuwenden.

(2) ₁Durch die Entfernungspauschalen sind sämtliche Aufwendungen abgegolten, die durch die Wege zwischen Wohnung und erster Tätigkeitsstätte im Sinne des Absatzes 4 und durch die Familienheimfahrten veranlasst sind. ₂Aufwendungen für die Benutzung öffentlicher Verkehrsmittel können angesetzt werden, soweit sie den im Kalenderjahr insgesamt als Entfernungspauschale abziehbaren Betrag übersteigen. ₃Menschen mit Behinderungen,

1. deren Grad der Behinderung mindestens 70 beträgt,
2. deren Grad der Behinderung weniger als 70, aber mindestens 50 beträgt und die in ihrer Bewegungsfähigkeit im Straßenverkehr erheblich beeinträchtigt sind,

können anstelle der Entfernungspauschalen die tatsächlichen Aufwendungen für die Wege zwischen Wohnung und erster Tätigkeitsstätte und für Familienheimfahrten ansetzen. ₄Die Voraussetzungen der Nummern 1 und 2 sind durch amtliche Unterlagen nachzuweisen.

(3) Absatz 1 Satz 3 Nummer 4 bis 5a sowie die Absätze 2 und 4a gelten bei den Einkunftsarten im Sinne des § 2 Absatz 1 Satz 1 Nummer 5 bis 7 entsprechend.

(4) ₁Erste Tätigkeitsstätte ist die ortsfeste betriebliche Einrichtung des Arbeitgebers, eines verbundenen Unternehmens (§ 15 des Aktiengesetzes) oder eines vom Arbeitgeber bestimmten Dritten, der der Arbeitnehmer dauerhaft zugeordnet ist. ₂Die Zuordnung im Sinne des Satzes 1 wird durch die dienst- oder arbeitsrechtlichen Festlegungen sowie die diese ausfüllenden Absprachen und Weisungen bestimmt. ₃Von einer dauerhaften Zuordnung ist insbesondere auszugehen, wenn der Arbeitnehmer unbefristet, für die Dauer des Dienstverhältnisses oder über einen Zeitraum von 48 Monaten hinaus an einer solchen Tätigkeitsstätte tätig werden soll. ₄Fehlt eine solche dienst- oder arbeitsrechtliche Festlegung auf eine Tätigkeitsstätte oder ist sie nicht eindeutig, ist erste Tätigkeitsstätte die betriebliche Einrichtung, an der der Arbeitnehmer dauerhaft

1. typischerweise arbeitstäglich tätig werden soll oder
2. je Arbeitswoche zwei volle Arbeitstage oder mindestens ein Drittel seiner vereinbarten regelmäßigen Arbeitszeit tätig werden soll.

₅Je Dienstverhältnis hat der Arbeitnehmer höchstens eine erste Tätigkeitsstätte. ₆Liegen die Voraussetzungen der Sätze 1 bis 4 für mehrere Tätigkeitsstätten vor, ist diejenige Tätigkeitsstätte erste Tätigkeitsstätte, die der Arbeitgeber bestimmt. ₇Fehlt es an dieser Bestimmung oder ist sie nicht eindeutig, ist die der Wohnung örtlich am nächsten liegende Tätigkeitsstätte die erste Tätigkeitsstätte. ₈Als erste Tätigkeitsstätte gilt auch eine Bildungseinrichtung, die außerhalb eines Dienstverhältnisses zum Zwecke eines Vollzeitstudiums oder einer vollzeitigen Bildungsmaßnahme aufgesucht wird; die Regelungen für Arbeitnehmer nach Absatz 1 Satz 3 Nummer 4 und 5 sowie Absatz 4a sind entsprechend anzuwenden.

(4a) ₁Mehraufwendungen des Arbeitnehmers für die Verpflegung sind nur nach Maßgabe der folgenden Sätze als Werbungskosten abziehbar. ₂Wird der Arbeitnehmer außerhalb seiner Wohnung und ersten Tätigkeitsstätte beruflich tätig (auswärtige berufliche Tätigkeit), ist zur Abgeltung der ihm tatsächlich entstandenen, beruflich veranlassten Mehraufwendungen eine Verpflegungspauschale anzusetzen. ₃Diese beträgt

1. 28 Euro für jeden Kalendertag, an dem der Arbeitnehmer 24 Stunden von seiner Wohnung und ersten Tätigkeitsstätte abwesend ist,
2. jeweils 14 Euro für den An- und Abreisetag, wenn der Arbeitnehmer an diesem, einem anschließenden oder vorhergehenden Tag außerhalb seiner Wohnung übernachtet,
3. 14 Euro für den Kalendertag, an dem der Arbeitnehmer ohne Übernachtung außerhalb seiner Wohnung mehr als 8 Stunden von seiner Wohnung und der ersten Tätigkeitsstätte abwesend ist; beginnt die auswärtige berufliche Tätigkeit an einem Kalendertag und endet am nachfolgenden Kalendertag ohne Übernachtung, werden 14 Euro für den Kalendertag gewährt, an dem der Arbeitnehmer den überwiegenden Teil der insgesamt mehr als 8 Stunden von seiner Wohnung und der ersten Tätigkeitsstätte abwesend ist.

₄Hat der Arbeitnehmer keine erste Tätigkeitsstätte, gelten die Sätze 2 und 3 entsprechend; Wohnung im Sinne der Sätze 2 und 3 ist der Hausstand, der den Mittelpunkt der Lebensinteressen des Arbeitnehmers bildet sowie eine

Unterkunft am Ort der ersten Tätigkeitsstätte im Rahmen der doppelten Haushaltsführung. ₅Bei einer Tätigkeit im Ausland treten an die Stelle der Pauschbeträge nach Satz 3 länderweise unterschiedliche Pauschbeträge, die für die Fälle der Nummer 1 mit 120 sowie der Nummern 2 und 3 mit 80 Prozent der Auslandstagegelder nach dem Bundesreisekostengesetz vom Bundesministerium der Finanzen im Einvernehmen mit den obersten Finanzbehörden der Länder aufgerundet auf volle Euro festgesetzt werden; dabei bestimmt sich der Pauschbetrag nach dem Ort, den der Arbeitnehmer vor 24 Uhr Ortszeit zuletzt erreicht, oder, wenn dieser Ort im Inland liegt, nach dem letzten Tätigkeitsort im Ausland. ₆Der Abzug der Verpflegungspauschalen ist auf die ersten drei Monate einer längerfristigen beruflichen Tätigkeit an derselben Tätigkeitsstätte beschränkt. ₇Eine Unterbrechung der beruflichen Tätigkeit an derselben Tätigkeitsstätte führt zu einem Neubeginn, wenn sie mindestens vier Wochen dauert. ₈Wird dem Arbeitnehmer anlässlich oder während einer Tätigkeit außerhalb seiner ersten Tätigkeitsstätte vom Arbeitgeber oder auf dessen Veranlassung von einem Dritten eine Mahlzeit zur Verfügung gestellt, sind die nach den Sätzen 3 und 5 ermittelten Verpflegungspauschalen zu kürzen:

1. für Frühstück um 20 Prozent,
2. für Mittag- und Abendessen um jeweils 40 Prozent,

der nach Satz 3 Nummer 1 gegebenenfalls in Verbindung mit Satz 5 maßgebenden Verpflegungspauschale für einen vollen Kalendertag; die Kürzung darf die ermittelte Verpflegungspauschale nicht übersteigen. ₉Satz 8 gilt auch, wenn Reisekostenvergütungen wegen der zur Verfügung gestellten Mahlzeiten einbehalten oder gekürzt werden oder die Mahlzeiten nach § 40 Absatz 2 Satz 1 Nummer 1a pauschal besteuert werden. ₁₀Hat der Arbeitnehmer für die Mahlzeit ein Entgelt gezahlt, mindert dieser Betrag den Kürzungsbetrag nach Satz 8. ₁₁Erhält der Arbeitnehmer steuerfreie Erstattungen für Verpflegung, ist ein Werbungskostenabzug insoweit ausgeschlossen. ₁₂Die Verpflegungspauschalen nach den Sätzen 3 und 5, die Dreimonatsfrist nach den Sätzen 6 und 7 sowie die Kürzungsregelungen nach den Sätzen 8 bis 10 gelten entsprechend auch für den Abzug von Mehraufwendungen für Verpflegung, die bei einer beruflich veranlassten doppelten Haushaltsführung entstehen, soweit der Arbeitnehmer vom eigenen Hausstand im Sinne des § 9 Absatz 1 Satz 3 Nummer 5 abwesend ist; dabei ist für jeden Kalendertag innerhalb der Dreimonatsfrist, an dem gleichzeitig eine Tätigkeit im Sinne des Satzes 2 oder des Satzes 4 ausgeübt wird, nur der jeweils höchste in Betracht kommende Pauschbetrag abziehbar. ₁₃Die Dauer einer Tätigkeit im Sinne des Satzes 2 an dem Tätigkeitsort, an dem die doppelte Haushaltsführung begründet wurde, ist auf die Dreimonatsfrist anzurechnen, wenn sie ihr unmittelbar vorausgegangen ist.

(5) ₁§ 4 Absatz 5 Satz 1 Nummer 1 bis 4, 6b bis 8a, 10, 12 und Absatz 6 gilt sinngemäß. ₂Die §§ 4j, 4k, 6 Absatz 1 Nummer 1a und § 6e gelten entsprechend.

(6) ₁Aufwendungen des Steuerpflichtigen für seine Berufsausbildung oder für sein Studium sind nur dann Werbungskosten, wenn der Steuerpflichtige zuvor bereits eine Erstausbildung (Berufsausbildung oder Studium) abgeschlossen hat oder wenn die Berufsausbildung oder das Studium im Rahmen eines Dienstverhältnisses stattfindet. ₂Eine Berufsausbildung als Erstausbildung nach Satz 1 liegt vor, wenn eine geordnete Ausbildung mit einer Mindestdauer von 12 Monaten bei vollzeitiger Ausbildung und mit einer Abschlussprüfung durchgeführt wird. ₃Eine geordnete Ausbildung liegt vor, wenn sie auf der Grundlage von Rechts- oder Verwaltungsvorschriften oder internen Vorschriften eines Bildungsträgers durchgeführt wird. ₄Ist eine Abschlussprüfung nach dem Ausbildungsplan nicht vorgesehen, gilt die Ausbildung mit der tatsächlichen planmäßigen Beendigung als abgeschlossen. ₅Eine Berufsausbildung als Erstausbildung hat auch abgeschlossen, wer die Abschlussprüfung einer durch Rechts- oder Verwaltungsvorschriften geregelten Berufsausbildung mit einer Mindestdauer von 12 Monaten bestanden hat,

§§ 9a–10 Einkommensteuergesetz (EStG) – Auszug **VIII.4**

ohne dass er zuvor die entsprechende Berufsausbildung durchlaufen hat.

**Entscheidung des
Bundesverfassungsgerichts
Vom 19. November 2019
(BGBl. 2022 I S. 413)**

Aus dem Beschluss des Bundesverfassungsgerichts vom 19. November 2019 – 2 BvL 22/14 u. a. – wird folgende Entscheidungsformel veröffentlicht:

§ 9 Absatz 6 des Einkommensteuergesetzes in der Fassung des Gesetzes zur Umsetzung der Beitreibungsrichtlinie sowie zur Änderung steuerlicher Vorschriften (Beitreibungsrichtlinie-Umsetzungsgesetz – BeitrRLUmsG) vom 7. Dezember 2011 (Bundesgesetzblatt I Seite 2592) ist mit dem Grundgesetz vereinbar.

Die vorstehende Entscheidungsformel hat gemäß § 31 Absatz 2 des Bundesverfassungsgerichtsgesetzes Gesetzeskraft.

---

§ 9a Pauschbeträge für Werbungskosten

₁Für Werbungskosten sind bei der Ermittlung der Einkünfte die folgenden Pauschbeträge abzuziehen, wenn nicht höhere Werbungskosten nachgewiesen werden:

1. a) von den Einnahmen aus nichtselbständiger Arbeit vorbehaltlich Buchstabe b:
      ein Arbeitnehmer-Pauschbetrag von 1230 Euro;
   b) von den Einnahmen aus nichtselbständiger Arbeit, soweit es sich um Versorgungsbezüge im Sinne des § 19 Absatz 2 handelt:
      ein Pauschbetrag von 102 Euro;

2. (weggefallen)

3. von den Einnahmen im Sinne des § 22 Nummer 1, 1a und 5:
   ein Pauschbetrag von insgesamt 102 Euro.

₂Der Pauschbetrag nach Satz 1 Nummer 1 Buchstabe b darf nur bis zur Höhe der um den Versorgungsfreibetrag einschließlich des Zuschlags zum Versorgungsfreibetrag (§ 19 Absatz 2) geminderten Einnahmen, die Pauschbeträge nach Satz 1 Nummer 1 Buchstabe a und Nummer 3 dürfen nur bis zur Höhe der Einnahmen abgezogen werden.

5. Sonderausgaben

§ 10

(1) Sonderausgaben sind die folgenden Aufwendungen, wenn sie weder Betriebsausgaben noch Werbungskosten sind oder wie Betriebsausgaben oder Werbungskosten behandelt werden:

1. (weggefallen)

2. a) Beiträge zu den gesetzlichen Rentenversicherungen oder zur landwirtschaftlichen Alterskasse sowie zu berufsständischen Versorgungseinrichtungen, die den gesetzlichen Rentenversicherungen vergleichbare Leistungen erbringen;

   b) Beiträge des Steuerpflichtigen

      aa) zum Aufbau einer eigenen kapitalgedeckten Altersversorgung, wenn der Vertrag nur die Zahlung einer monatlichen, auf das Leben des Steuerpflichtigen bezogenen lebenslangen Leibrente nicht vor Vollendung des 62. Lebensjahres oder zusätzlich die ergänzende Absicherung des Eintritts der Berufsunfähigkeit (Berufsunfähigkeitsrente), der verminderten Erwerbsfähigkeit (Erwerbsminderungsrente) oder von Hinterbliebenen (Hinterbliebenenrente) vorsieht. ₂Hinterbliebene in diesem Sinne sind der Ehegatte des Steuerpflichtigen und die Kinder, für die er Anspruch auf Kindergeld oder auf einen Freibetrag nach § 32 Absatz 6 hat. ₃Der Anspruch auf Waisenrente darf längstens für den Zeitraum bestehen, in dem der Rentenberechtigte die Voraussetzungen für die Berücksichtigung als Kind im Sinne des § 32 erfüllt;

      bb) für seine Absicherung gegen den Eintritt der Berufsunfähigkeit oder der verminderten Erwerbsfähigkeit (Versicherungsfall), wenn der Vertrag nur die Zahlung einer monatlichen, auf das Leben des Steuerpflichtigen bezogenen lebenslangen Leibrente für einen Versicherungsfall vorsieht, der bis zur Vollendung des 67. Lebensjahres eingetreten ist. ₂Der Vertrag kann die Beendigung der Rentenzahlung wegen eines medizinisch begründeten Wegfalls der Berufsunfähigkeit oder der verminderten Erwerbsfähigkeit vorsehen. ₃Die Höhe der zugesagten Rente kann vom Alter des Steuerpflichtigen bei Eintritt des Versicherungsfalls abhängig gemacht werden, wenn der Steuerpflichtige das 55. Lebensjahr vollendet hat.

₂Die Ansprüche nach Buchstabe b dürfen nicht vererblich, nicht übertragbar, nicht beleihbar, nicht veräußerbar und nicht kapitalisierbar sein. ₃Anbieter und Steuerpflichtiger können vereinbaren, dass bis zu zwölf Monatsleistungen in einer Auszahlung zusammengefasst werden oder eine Kleinbetragsrente im Sinne von § 93 Absatz 3 Satz 2 oder 4 abgefunden wird. ₄Bei der Berechnung der Kleinbetragsrente sind alle bei einem Anbieter bestehenden Verträge des Steuerpflichtigen jeweils nach Buchstabe b Doppelbuchstabe aa oder Doppelbuchstabe bb zusammenzurechnen. ₅Neben den genannten Auszahlungsformen darf kein weiterer Anspruch auf Auszahlungen bestehen. ₆Zu den Beiträgen nach den Buchstaben a und b ist der nach § 3 Nummer 62 steuerfreie Arbeitgeberanteil zur gesetzlichen Rentenversicherung und ein diesem gleichgestellter steuerfreier Zuschuss des Arbeitgebers hinzuzurechnen. ₇Beiträge nach § 168 Absatz 1 Nummer 1b oder 1c oder nach § 172 Absatz 3 oder 3a des Sechsten Buches Sozialgesetzbuch werden abweichend von Satz 6 nur auf Antrag des Steuerpflichtigen hinzugerechnet;

3. Beiträge zu

a) Krankenversicherungen, soweit diese zur Erlangung eines durch das Zwölfte Buch Sozialgesetzbuch bestimmten sozialhilfegleichen Versorgungsniveaus erforderlich sind und sofern auf die Leistungen ein Anspruch besteht. ₂Für Beiträge zur gesetzlichen Krankenversicherung sind dies die nach dem Dritten Titel des Ersten Abschnitts des Achten Kapitels des Fünften Buches Sozialgesetzbuch oder die nach dem Sechsten Abschnitt des Zweiten Gesetzes über die Krankenversicherung der Landwirte festgesetzten Beiträge; Voraussetzung für die Berücksichtigung beim Steuerpflichtigen ist die Angabe der erteilten Identifikationsnummer (§ 139b der Abgabenordnung) des Kindes in der Einkommensteuererklärung des Steuerpflichtigen. ₃Für Beiträge zu einer privaten Krankenversicherung sind dies die Beitragsanteile, die auf Vertragsleistungen entfallen, die, mit Ausnahme der auf das Krankengeld entfallenden Beitragsanteile, in Art, Umfang und Höhe den Leistungen nach dem Dritten Kapitel des Fünften Buches Sozialgesetzbuch vergleichbar sind; § 158 Absatz 2 des Versicherungsaufsichtsgesetzes gilt entsprechend. ₄Wenn sich aus den Krankenversicherungsbeiträgen nach Satz 2 ein Anspruch auf Krankengeld oder ein Anspruch auf eine Leistung, die anstelle von Krankengeld gewährt wird, ergeben kann, ist der jeweilige Beitrag um 4 Prozent zu vermindern;

b) gesetzlichen Pflegeversicherungen (soziale Pflegeversicherung und private Pflege-Pflichtversicherung).

₂Als eigene Beiträge des Steuerpflichtigen können auch eigene Beiträge im Sinne der Buchstaben a oder b eines Kindes behandelt werden, wenn der Steuerpflichtige die Beiträge des Kindes, für das ein Anspruch auf einen Freibetrag nach § 32 Absatz 6 oder auf Kindergeld besteht, durch Leistungen in Form von Bar- oder Sachunterhalt wirtschaftlich getragen hat, unabhängig von Einkünften oder Bezügen des Kindes. ₃Satz 2 gilt entsprechend, wenn der Steuerpflichtige die Beiträge für ein unterhaltsberechtigtes Kind trägt, welches nicht selbst Versicherungsnehmer ist, sondern der andere Elternteil. ₄Hat der Steuerpflichtige in den Fällen des Absatzes 1a Nummer 1 eigene Beiträge im Sinne des Buchstaben a oder des Buchstaben b zum Erwerb einer Krankenversicherung oder gesetzlichen Pflegeversicherung für einen geschiedenen oder dauernd getrennt lebenden unbeschränkt einkommensteuerpflichtigen Ehegatten geleistet, dann werden diese abweichend von Satz 1 als eigene Beiträge des geschiedenen oder dauernd getrennt lebenden unbeschränkt einkommensteuerpflichtigen Ehegatten behandelt. ₅Beiträge, die für nach Ablauf des Veranlagungszeitraums beginnende Beitragsjahre geleistet werden und in der Summe das Dreifache der auf den Veranlagungszeitraum entfallenden Beiträge überschreiten, sind in dem Veranlagungszeitraum anzusetzen, für den sie geleistet wurden;

3a. Beiträge zu Kranken- und Pflegeversicherungen, soweit diese nicht nach Nummer 3 zu berücksichtigen sind; Beiträge zu Versicherungen gegen Arbeitslosigkeit, zu Erwerbs- und Berufsunfähigkeitsversicherungen, die nicht unter Nummer 2 Satz 1 Buchstabe b fallen, zu Unfall- und Haftpflichtversicherungen sowie zu Risikoversicherungen, die nur für den Todesfall eine Leistung vorsehen; Beiträge zu Versicherungen im Sinne des § 10 Absatz 1 Nummer 2 Buchstabe b Doppelbuchstabe bb bis dd in der am 31. Dezember 2004 geltenden Fassung, wenn die Laufzeit dieser Versicherungen vor dem 1. Januar 2005 begonnen hat und ein Versicherungsbeitrag bis zum 31. Dezember 2004 entrichtet wurde; § 10 Absatz 1 Nummer 2 Satz 2 bis 6 und Absatz 2 Satz 2 in der am 31. Dezember 2004 geltenden Fassung ist in diesen Fällen weiter anzuwenden;

4. gezahlte Kirchensteuer; dies gilt nicht, soweit die Kirchensteuer als Zuschlag zur Kapitalertragsteuer oder als Zuschlag auf die nach dem gesonderten Tarif des § 32d Absatz 1 ermittelte Einkommensteuer gezahlt wurde;

5. 80 Prozent der Aufwendungen, höchstens 4800 Euro je Kind, für Dienstleistungen zur Betreuung eines zum Haushalt des Steuerpflichtigen gehörenden Kindes im Sinne des § 32 Absatz 1, welches das 14. Lebensjahr noch nicht vollendet hat oder wegen einer vor Vollendung des 25. Lebensjahres eingetretenen körperlichen, geistigen oder seelischen Behinderung außerstande ist, sich selbst zu unterhalten. ₂Dies gilt nicht für Aufwendungen für Unterricht, die Vermittlung besonderer Fähigkeiten sowie für sportliche und andere Freizeitbetätigungen. ₃Ist das zu betreuende Kind nicht nach § 1 Absatz 1 oder Absatz 2 unbeschränkt einkommensteuerpflichtig, ist der in Satz 1 genannte Betrag zu kürzen, soweit es nach den Verhältnissen im Wohnsitzstaat des Kindes notwendig und angemessen ist. ₄Voraussetzung für den Abzug der Aufwendungen nach Satz 1 ist, dass der Steuerpflichtige für die Aufwendungen eine Rechnung erhalten hat und die Zahlung auf das Konto des Erbringers der Leistung erfolgt ist;

6. (weggefallen)

7. Aufwendungen für die eigene Berufsausbildung bis zu 6000 Euro im Kalenderjahr. ₂Bei Ehegatten, die die Voraussetzungen des § 26 Absatz 1 Satz 1 erfüllen, gilt Satz 1 für jeden Ehegatten. ₃Zu den Aufwendungen im Sinne des Satzes 1 gehören auch Aufwendungen für eine auswärtige Unterbringung. ₄§ 4 Absatz 5 Satz 1 Nummer 6b und 6c sowie § 9 Absatz 1 Satz 3 Nummer 4 und 5, Absatz 2, 4 Satz 8 und Absatz 4a sind bei der Ermittlung der Aufwendungen anzuwenden.

8. (weggefallen)

9. 30 Prozent des Entgelts, höchstens 5000 Euro, das der Steuerpflichtige für ein Kind, für das er Anspruch auf einen Freibetrag nach § 32 Absatz 6 oder auf Kindergeld hat, für dessen Besuch einer Schule in

freier Trägerschaft oder einer überwiegend privat finanzierten Schule entrichtet, mit Ausnahme des Entgelts für Beherbergung, Betreuung und Verpflegung. ₂Voraussetzung ist, dass die Schule in einem Mitgliedstaat der Europäischen Union oder in einem Staat belegen ist, auf den das Abkommen über den Europäischen Wirtschaftsraum Anwendung findet, und die Schule zu einem von dem zuständigen inländischen Ministerium eines Landes, von der Kultusministerkonferenz der Länder oder von einer inländischen Zeugnisanerkennungsstelle anerkannten oder einem inländischen Abschluss an einer öffentlichen Schule als gleichwertig anerkannten allgemein bildenden oder berufsbildenden Schul-, Jahrgangs- oder Berufsabschluss führt. ₃Der Besuch einer anderen Einrichtung, die auf einen Schul-, Jahrgangs- oder Berufsabschluss im Sinne des Satzes 2 ordnungsgemäß vorbereitet, steht einem Schulbesuch im Sinne des Satzes 1 gleich. ₄Der Besuch einer Deutschen Schule im Ausland steht dem Besuch einer solchen Schule gleich, unabhängig von ihrer Belegenheit. ₅Der Höchstbetrag nach Satz 1 wird für jedes Kind, bei dem die Voraussetzungen vorliegen, je Elternpaar nur einmal gewährt.

(1a) ₁Sonderausgaben sind auch die folgenden Aufwendungen:

1. Unterhaltsleistungen an den geschiedenen oder dauernd getrennt lebenden unbeschränkt einkommensteuerpflichtigen Ehegatten, wenn der Geber dies mit Zustimmung des Empfängers beantragt, bis zu 13 805 Euro im Kalenderjahr. ₂Der Höchstbetrag nach Satz 1 erhöht sich um den Betrag der im jeweiligen Veranlagungszeitraum nach Absatz 1 Nummer 3 für die Absicherung des geschiedenen oder dauernd getrennt lebenden unbeschränkt einkommensteuerpflichtigen Ehegatten aufgewandten Beiträge. ₃Der Antrag kann jeweils nur für ein Kalenderjahr gestellt und nicht zurückgenommen werden. ₄Die Zustimmung ist mit Ausnahme der nach § 894 der Zivilprozessordnung als erteilt gelten-den bis auf Widerruf wirksam. ₅Der Widerruf ist vor Beginn des Kalenderjahres, für das die Zustimmung erstmals nicht gelten soll, gegenüber dem Finanzamt zu erklären. ₆Die Sätze 1 bis 5 gelten für Fälle der Nichtigkeit oder der Aufhebung der Ehe entsprechend. ₇Voraussetzung für den Abzug der Aufwendungen ist die Angabe der erteilten Identifikationsnummer (§ 139b der Abgabenordnung) der unterhaltenen Person in der Steuererklärung des Unterhaltsleistenden, wenn die unterhaltene Person der unbeschränkten oder beschränkten Steuerpflicht unterliegt. ₈Die unterhaltene Person ist für diese Zwecke verpflichtet, dem Unterhaltsleistenden ihre erteilte Identifikationsnummer (§ 139b der Abgabenordnung) mitzuteilen. ₉Kommt die unterhaltene Person dieser Verpflichtung nicht nach, ist der Unterhaltsleistende berechtigt, bei der für ihn zuständigen Finanzbehörde die Identifikationsnummer der unterhaltenen Person zu erfragen;

2. auf besonderen Verpflichtungsgründen beruhende, lebenslange und wiederkehrende Versorgungsleistungen, die nicht mit Einkünften in wirtschaftlichem Zusammenhang stehen, die bei der Veranlagung außer Betracht bleiben, wenn der Empfänger unbeschränkt einkommensteuerpflichtig ist. ₂Dies gilt nur für

   a) Versorgungsleistungen im Zusammenhang mit der Übertragung eines Mitunternehmeranteils an einer Personengesellschaft, die eine Tätigkeit im Sinne der §§ 13, 15 Absatz 1 Satz 1 Nummer 1 oder des § 18 Absatz 1 ausübt,

   b) Versorgungsleistungen im Zusammenhang mit der Übertragung eines Betriebs oder Teilbetriebs, sowie

   c) Versorgungsleistungen im Zusammenhang mit der Übertragung eines mindestens 50 Prozent betragenden Anteils an einer Gesellschaft mit beschränkter Haftung, wenn der Übergeber als Geschäftsführer tätig war und der Übernehmer diese Tätigkeit nach der Übertragung übernimmt.

§ 10 Einkommensteuergesetz (EStG) – Auszug VIII.4

₃Satz 2 gilt auch für den Teil der Versorgungsleistungen, der auf den Wohnteil eines Betriebs der Land- und Forstwirtschaft entfällt. ₄Voraussetzung für den Abzug der Aufwendungen ist die Angabe der erteilten Identifikationsnummer (§ 139b der Abgabenordnung) des Empfängers in der Steuererklärung des Leistenden; Nummer 1 Satz 8 und 9 gilt entsprechend;

3. Ausgleichsleistungen zur Vermeidung eines Versorgungsausgleichs nach § 6 Absatz 1 Satz 2 Nummer 2 und § 23 des Versorgungsausgleichsgesetzes sowie § 1408 Absatz 2 und § 1587 des Bürgerlichen Gesetzbuchs, soweit der Verpflichtete dies mit Zustimmung des Berechtigten beantragt und der Berechtigte unbeschränkt einkommensteuerpflichtig ist. ₂Nummer 1 Satz 3 bis 5 gilt entsprechend. ₃Voraussetzung für den Abzug der Aufwendungen ist die Angabe der erteilten Identifikationsnummer (§ 139b der Abgabenordnung) des Berechtigten in der Steuererklärung des Verpflichteten; Nummer 1 Satz 8 und 9 gilt entsprechend;

4. Ausgleichszahlungen im Rahmen des Versorgungsausgleichs nach den §§ 20 bis 22 und 26 des Versorgungsausgleichsgesetzes und nach den §§ 1587f, 1587g und 1587i des Bürgerlichen Gesetzbuchs in der bis zum 31. August 2009 geltenden Fassung sowie nach § 3a des Gesetzes zur Regelung von Härten im Versorgungsausgleich, soweit die ihnen zu Grunde liegenden Einnahmen bei der ausgleichspflichtigen Person der Besteuerung unterliegen, wenn die ausgleichsberechtigte Person unbeschränkt einkommensteuerpflichtig ist. ₂Nummer 3 Satz 3 gilt entsprechend.

(2) ₁Voraussetzung für den Abzug der in Absatz 1 Nummern 2, 3 und 3a bezeichneten Beträge (Vorsorgeaufwendungen) ist, dass sie

1. nicht in unmittelbarem wirtschaftlichen Zusammenhang mit steuerfreien Einnahmen stehen; ungeachtet dessen sind Vorsorgeaufwendungen im Sinne des Absatzes 1 Nummer 2, 3 und 3a zu berücksichtigen, soweit

    a) sie in unmittelbarem wirtschaftlichen Zusammenhang mit in einem Mitgliedstaat der Europäischen Union oder einem Vertragsstaat des Abkommens über den Europäischen Wirtschaftsraum oder in der Schweizerischen Eidgenossenschaft erzielten Einnahmen stehen,
    b) diese Einnahmen nach einem Abkommen zur Vermeidung der Doppelbesteuerung im Inland steuerfrei sind und
    c) der andere Staat keinerlei steuerliche Berücksichtigung von Vorsorgeaufwendungen im Rahmen der Besteuerung dieser Einnahmen zulässt;

    steuerfreie Zuschüsse zu einer Kranken- oder Pflegeversicherung stehen insgesamt in unmittelbarem wirtschaftlichen Zusammenhang mit den Vorsorgeaufwendungen im Sinne des Absatzes 1 Nummer 3,

2. geleistet werden an
    a) Versicherungsunternehmen,
        aa) die ihren Sitz oder ihre Geschäftsleitung in einem Mitgliedstaat der Europäischen Union oder einem Vertragsstaat des Abkommens über den Europäischen Wirtschaftsraum haben und das Versicherungsgeschäft im Inland betreiben dürfen, oder
        bb) denen die Erlaubnis zum Geschäftsbetrieb im Inland erteilt ist.

    ₂Darüber hinaus werden Beiträge nur berücksichtigt, wenn es sich um Beträge im Sinne des Absatzes 1 Nummer 3 Satz 1 Buchstabe a an eine Einrichtung handelt, die eine anderweitige Absicherung im Krankheitsfall im Sinne des § 5 Absatz 1 Nummer 13 des Fünften Buches Sozialgesetzbuch oder eine der Beihilfe oder freien Heilfürsorge vergleichbare Absicherung im Sinne des § 193 Absatz 3 Satz 2 Nummer 2 des Versicherungsvertragsgesetzes gewährt. ₃Dies gilt entsprechend, wenn ein Steuerpflichtiger, der weder seinen Wohnsitz noch seinen gewöhnlichen Aufenthalt im Inland hat, mit den Bei-

trägen einen Versicherungsschutz im Sinne des Absatzes 1 Nummer 3 Satz 1 erwirbt,
b) berufsständische Versorgungseinrichtungen,
c) einen Sozialversicherungsträger oder
d) einen Anbieter im Sinne des §80.

₂Vorsorgeaufwendungen nach Absatz 1 Nummer 2 Buchstabe b werden nur berücksichtigt, wenn die Beiträge zugunsten eines Vertrags geleistet wurden, der nach §5a des Altersvorsorgeverträge-Zertifizierungsgesetzes zertifiziert ist, wobei die Zertifizierung Grundlagenbescheid im Sinne des §171 Absatz 10 der Abgabenordnung ist.

(2a) ₁Bei Vorsorgeaufwendungen nach Absatz 1 Nummer 2 Buchstabe b hat der Anbieter als mitteilungspflichtige Stelle nach Maßgabe des §93c der Abgabenordnung und unter Angabe der Vertrags- oder der Versicherungsdaten die Höhe der im jeweiligen Beitragsjahr geleisteten Beiträge und die Zertifizierungsnummer an die zentrale Stelle (§81) zu übermitteln. ₂§22a Absatz 2 gilt entsprechend. ₃§72a Absatz 4 und §93c Absatz 4 der Abgabenordnung finden keine Anwendung.

(2b) ₁Bei Vorsorgeaufwendungen nach Absatz 1 Nummer 3 hat das Versicherungsunternehmen, der Träger der gesetzlichen Kranken- und Pflegeversicherung, die Künstlersozialkasse oder eine Einrichtung im Sinne des Absatzes 2 Satz 1 Nummer 2 Buchstabe a Satz 2 als mitteilungspflichtige Stelle nach Maßgabe des §93c der Abgabenordnung und unter Angabe des Vertrags- oder der Versicherungsdaten die Höhe der im jeweiligen Beitragsjahr geleisteten und erstatteten Beiträge sowie die in §93c Absatz 1 Nummer 2 Buchstabe c der Abgabenordnung genannten Daten mit der Maßgabe, dass insoweit als Steuerpflichtiger die versicherte Person gilt, an die zentrale Stelle (§81) zu übermitteln; sind Versicherungsnehmer und versicherte Person nicht identisch, sind zusätzlich die Identifikationsnummer und der Tag der Geburt des Versicherungsnehmers anzugeben. ₂Auf der Grundlage des §65a des Fünften Buches Sozialgesetzbuch nach den Satzungen der gesetzlichen Krankenkassen erbrachte Bonusleistungen gelten bis zu einer Höhe von 150 Euro pro versicherter Person und Beitragsjahr nicht als Beitragserstattung; diese Summe übersteigende Bonusleistungen gelten stets als Beitragserstattung. ₃Der Steuerpflichtige kann nachweisen, dass Bonusleistungen in Höhe des übersteigenden Betrags nicht als Beitragserstattung zu qualifizieren sind. ₄Satz 1 gilt nicht, soweit diese Daten mit der elektronischen Lohnsteuerbescheinigung (§41b Absatz 1 Satz 2) oder der Rentenbezugsmitteilung (§22a Absatz 1 Satz 1 Nummer 4) zu übermitteln sind. ₅§22a Absatz 2 gilt entsprechend. ₆Zuständige Finanzbehörde im Sinne des §72a Absatz 4 und des §93c Absatz 4 der Abgabenordnung ist das Bundeszentralamt für Steuern. ₇Wird in den Fällen des §72a Absatz 4 der Abgabenordnung eine unzutreffende Höhe der Beiträge übermittelt, ist die entgangene Steuer mit 30 Prozent des zu hoch ausgewiesenen Betrags anzusetzen.

(2c) ₁Bei Vorsorgeaufwendungen nach Absatz 1 Nummer 2 Buchstabe a hat der Träger der gesetzlichen Rentenversicherung, die landwirtschaftliche Alterskasse oder die berufsständische Versorgungseinrichtung als mitteilungspflichtige Stelle nach Maßgabe des §93c der Abgabenordnung unter Angabe der Versicherungsdaten die Höhe der im jeweiligen Beitragsjahr geleisteten und erstatteten Beiträge an die zentrale Stelle (§81) zu übermitteln. ₂Satz 1 gilt nicht, soweit diese Daten mit der elektronischen Lohnsteuerbescheinigung (§41b Absatz 1 Satz 2) zu übermitteln sind. ₃§22a Absatz 2 gilt entsprechend. ₄§72a Absatz 4 und §93c Absatz 4 der Abgabenordnung finden keine Anwendung.

(3) ₁Vorsorgeaufwendungen nach Absatz 1 Nummer 2 sind bis zu dem Höchstbeitrag zur knappschaftlichen Rentenversicherung, aufgerundet auf einen vollen Betrag in Euro, zu berücksichtigen. ₂Bei zusammenveranlagten Ehegatten verdoppelt sich der Höchstbetrag. ₃Der Höchstbetrag nach Satz 1 oder 2 ist bei Steuerpflichtigen, die

1. Arbeitnehmer sind und die während des ganzen oder eines Teils des Kalenderjahres

§ 10 Einkommensteuergesetz (EStG) – Auszug VIII.4

a) in der gesetzlichen Rentenversicherung versicherungsfrei oder auf Antrag des Arbeitgebers von der Versicherungspflicht befreit waren und denen für den Fall ihres Ausscheidens aus der Beschäftigung auf Grund des Beschäftigungsverhältnisses eine lebenslängliche Versorgung oder an deren Stelle eine Abfindung zusteht oder die in der gesetzlichen Rentenversicherung nachzuversichern sind oder

b) nicht der gesetzlichen Rentenversicherungspflicht unterliegen, eine Berufstätigkeit ausgeübt und im Zusammenhang damit auf Grund vertraglicher Vereinbarungen Anwartschaftsrechte auf eine Altersversorgung erworben haben, oder

2. Einkünfte im Sinne des § 22 Nummer 4 erzielen und die ganz oder teilweise ohne eigene Beitragsleistung einen Anspruch auf Altersversorgung erwerben,

um den Betrag zu kürzen, der, bezogen auf die Einnahmen aus der Tätigkeit, die die Zugehörigkeit zum genannten Personenkreis begründen, dem Gesamtbeitrag (Arbeitgeber- und Arbeitnehmeranteil) zur allgemeinen Rentenversicherung entspricht. ₄Im Kalenderjahr 2013 sind 76 Prozent der nach den Sätzen 1 bis 3 ermittelten Vorsorgeaufwendungen anzusetzen. ₅Der sich danach ergebende Betrag, vermindert um den nach § 3 Nummer 62 steuerfreien Arbeitgeberanteil zur gesetzlichen Rentenversicherung und einen diesem gleichgestellten steuerfreien Zuschuss des Arbeitgebers, ist als Sonderausgabe abziehbar. ₆Der Prozentsatz in Satz 4 erhöht sich in den folgenden Kalenderjahren bis zum Kalenderjahr 2022 um je 2 Prozentpunkte je Kalenderjahr; ab dem Kalenderjahr 2023 beträgt er 100 Prozent. ₇Beiträge nach § 168 Absatz 1 Nummer 1b oder 1c oder nach § 172 Absatz 3 oder 3a des Sechsten Buches Sozialgesetzbuch vermindern den abziehbaren Betrag nach Satz 5 nur, wenn der Steuerpflichtige die Hinzurechnung dieser Beiträge zu den Vorsorgeaufwendungen nach Absatz 1 Nummer 2 Satz 7 beantragt hat.

(4) ₁Vorsorgeaufwendungen im Sinne des Absatzes 1 Nummer 3 und 3a können je Kalenderjahr insgesamt bis 2800 Euro abgezogen werden. ₂Der Höchstbetrag beträgt 1900 Euro bei Steuerpflichtigen, die ganz oder teilweise ohne eigene Aufwendungen einen Anspruch auf vollständige oder teilweise Erstattung oder Übernahme von Krankheitskosten haben oder für deren Krankenversicherung Leistungen im Sinne des § 3 Nummer 9, 14, 57 oder 62 erbracht werden. ₃Bei zusammen veranlagten Ehegatten bestimmt sich der gemeinsame Höchstbetrag aus der Summe der jedem Ehegatten unter den Voraussetzungen von Satz 1 und 2 zustehenden Höchstbeträge. ₄Übersteigen die Vorsorgeaufwendungen im Sinne des Absatzes 1 Nummer 3 die nach den Sätzen 1 bis 3 zu berücksichtigenden Vorsorgeaufwendungen, sind diese abzuziehen und ein Abzug von Vorsorgeaufwendungen im Sinne des Absatzes 1 Nummer 3a scheidet aus.

(4a) ₁Ist in den Kalenderjahren 2013 bis 2019 der Abzug der Vorsorgeaufwendungen nach Absatz 1 Nummer 2 Buchstabe a, Absatz 1 Nummer 3 und Nummer 3a in der für das Kalenderjahr 2004 geltenden Fassung des § 10 Absatz 3 mit folgenden Höchstbeträgen für den Vorwegabzug

Kalenderjahr	Vorwegabzug für den Steuerpflichtigen	Vorwegabzug im Fall der Zusammenveranlagung von Ehegatten
2013	2100	4200
2014	1800	3600
2015	1500	3000
2016	1200	2400
2017	900	1800
2018	600	1200
2019	300	600

zuzüglich des Erhöhungsbetrags nach Satz 3 günstiger, ist der sich danach ergebende Betrag anstelle des Abzugs nach Absatz 3 und 4 anzusetzen. ₂Mindestens ist bei Anwendung des Satzes 1 der Betrag anzusetzen, der sich ergeben würde, wenn zusätzlich noch die Vorsorgeaufwendungen nach Absatz 1 Nummer 2 Buchstabe b in die Günstigerprüfung einbezogen werden würden; der Erhöhungsbetrag nach Satz 3 ist nicht hinzuzurechnen.

₃Erhöhungsbetrag sind die Beiträge nach Absatz 1 Nummer 2 Buchstabe b, soweit sie nicht den um die Beiträge nach Absatz 1 Nummer 2 Buchstabe a und den nach § 3 Nummer 62 steuerfreien Arbeitgeberanteil zur gesetzlichen Rentenversicherung und einen diesem gleichgestellten steuerfreien Zuschuss verminderten Höchstbetrag nach Absatz 3 Satz 1 bis 3 überschreiten; Absatz 3 Satz 4 und 6 gilt entsprechend.

(4b) ₁Erhält der Steuerpflichtige für die von ihm für einen anderen Veranlagungszeitraum geleisteten Aufwendungen im Sinne des Satzes 2 einen steuerfreien Zuschuss, ist dieser den erstatteten Aufwendungen gleichzustellen. ₂Übersteigen bei den Sonderausgaben nach Absatz 1 Nummer 2 bis 3a die im Veranlagungszeitraum erstatteten Aufwendungen die geleisteten Aufwendungen (Erstattungsüberhang), ist der Erstattungsüberhang mit anderen im Rahmen der jeweiligen Nummer anzusetzenden Aufwendungen zu verrechnen. ₃Ein verbleibender Betrag des sich bei den Aufwendungen nach Absatz 1 Nummer 3 und 4 ergebenden Erstattungsüberhangs ist dem Gesamtbetrag der Einkünfte hinzuzurechnen. ₄Nach Maßgabe des § 93c der Abgabenordnung haben Behörden im Sinne des § 6 Absatz 1 der Abgabenordnung und andere öffentliche Stellen, die einem Steuerpflichtigen für die von ihm geleisteten Beiträge im Sinne des Absatzes 1 Nummer 2, 3 und 3a steuerfreie Zuschüsse gewähren oder Vorsorgeaufwendungen im Sinne dieser Vorschrift erstatten als mitteilungspflichtige Stellen, neben den nach § 93c Absatz 1 der Abgabenordnung erforderlichen Angaben, die zur Gewährung und Prüfung des Sonderausgabenabzugs nach § 10 erforderlichen Daten an die zentrale Stelle zu übermitteln. ₅§ 22a Absatz 2 gilt entsprechend. ₆§ 72a Absatz 4 und § 93c Absatz 4 der Abgabenordnung finden keine Anwendung.

(5) Durch Rechtsverordnung wird bezogen auf den Versicherungstarif bestimmt, wie der nicht abziehbare Teil der Beiträge zum Erwerb eines Krankenversicherungsschutzes im Sinne des Absatzes 1 Nummer 3 Buchstabe a Satz 3 durch einheitliche prozentuale Abschläge auf die zugunsten des jeweiligen Tarifs gezahlte Prämie zu ermitteln ist, soweit der nicht abziehbare Beitragsteil nicht bereits als gesonderter Tarif oder Tarifbaustein ausgewiesen wird.

(6) Absatz 1 Nummer 2 Buchstabe b Doppelbuchstabe aa ist für Vertragsabschlüsse vor dem 1. Januar 2012 mit der Maßgabe anzuwenden, dass der Vertrag die Zahlung des Leibrente nicht vor der Vollendung des 60. Lebensjahres vorsehen darf.

§ 10a Zusätzliche Altersvorsorge

(1) ₁In der inländischen gesetzlichen Rentenversicherung Pflichtversicherte können Altersvorsorgebeiträge (§ 82) zuzüglich der dafür nach Abschnitt XI zustehenden Zulage jährlich bis zu 2100 Euro als Sonderausgaben abziehen; das Gleiche gilt für

1. Empfänger von inländischer Besoldung nach dem Bundesbesoldungsgesetz oder einem Landesbesoldungsgesetz,

2. Empfänger von Amtsbezügen aus einem inländischen Amtsverhältnis, deren Versorgungsrecht die entsprechende Anwendung des § 69e Absatz 3 und 4 des Beamtenversorgungsgesetzes vorsieht,

3. die nach § 5 Absatz 1 Satz 1 Nummer 2 und 3 des Sechsten Buches Sozialgesetzbuch versicherungsfrei Beschäftigten, die nach § 6 Absatz 1 Satz 1 Nummer 2 oder nach § 230 Absatz 2 Satz 2 des Sechsten Buches Sozialgesetzbuch von der Versicherungspflicht befreiten Beschäftigten, deren Versorgungsrecht die entsprechende Anwendung des § 69e Absatz 3 und 4 des Beamtenversorgungsgesetzes vorsieht,

4. Beamte, Richter, Berufssoldaten und Soldaten auf Zeit, die ohne Besoldung beurlaubt sind, für die Zeit einer Beschäftigung, wenn während der Beurlaubung die Gewährleistung einer Versorgungsanwartschaft unter den Voraussetzungen des § 5 Absatz 1 Satz 1 des Sechsten Buches Sozialgesetzbuch auf diese Beschäftigung erstreckt wird, und

5. Steuerpflichtige im Sinne der Nummern 1 bis 4, die beurlaubt sind und deshalb keine

§ 10a   Einkommensteuergesetz (EStG) – Auszug   VIII.4

Besoldung, Amtsbezüge oder Entgelt erhalten, sofern sie eine Anrechnung von Kindererziehungszeiten nach § 56 des Sechsten Buches Sozialgesetzbuch in Anspruch nehmen könnten, wenn die Versicherungsfreiheit in der inländischen gesetzlichen Rentenversicherung nicht bestehen würde,

wenn sie spätestens bis zum Ablauf des Beitragsjahres (§ 88) folgt, gegenüber der zuständigen Stelle (§ 81a) schriftlich oder elektronisch eingewilligt haben, dass diese der zentralen Stelle (§ 81) jährlich unter Angabe der Identifikationsnummer mitteilt, dass der Steuerpflichtige zum begünstigten Personenkreis gehört, dass die zuständige Stelle der zentralen Stelle die für die Ermittlung des Mindesteigenbeitrags (§ 86) und die Gewährung der Kinderzulage (§ 85) erforderlichen Daten übermittelt und die zentrale Stelle diese Daten für das Zulageverfahren verarbeiten darf. ₂Bei der Erteilung der Einwilligung ist der Steuerpflichtige darauf hinzuweisen, dass er die Einwilligung vor Beginn des Kalenderjahres, für das sie erstmals nicht mehr gelten soll, gegenüber der zuständigen Stelle widerrufen kann. ₃Versicherungspflichtige nach dem Gesetz über die Alterssicherung der Landwirte stehen Pflichtversicherten gleich; dies gilt auch für Personen, die

1. eine Anrechnungszeit nach § 58 Absatz 1 Nummer 3 oder Nummer 6 des Sechsten Buches Sozialgesetzbuch in der gesetzlichen Rentenversicherung erhalten und

2. unmittelbar vor einer Anrechnungszeit nach § 58 Absatz 1 Nummer 3 oder Nummer 6 des Sechsten Buches Sozialgesetzbuch einer der im ersten Halbsatz, in Satz 1 oder in Satz 4 genannten begünstigten Personengruppen angehörten.

₄Die Sätze 1 und 2 gelten entsprechend für Steuerpflichtige, die nicht zum begünstigten Personenkreis nach Satz 1 oder 3 gehören und eine Rente wegen voller Erwerbsminderung oder Erwerbsunfähigkeit oder eine Versorgung wegen Dienstunfähigkeit aus einem der in Satz 1 oder 3 genannten Alterssicherungssysteme beziehen, wenn unmittelbar vor dem Bezug der entsprechenden Leistungen der Leistungsbezieher einer der in Satz 1 oder 3 genannten begünstigten Personengruppen angehörte; dies gilt nicht, wenn der Steuerpflichtige das 67. Lebensjahr vollendet hat. ₅Bei der Ermittlung der dem Steuerpflichtigen zustehenden Zulage nach Satz 1 bleibt die Erhöhung der Grundzulage nach § 84 Satz 2 außer Betracht.

(1a) ₁Steuerpflichtige, die eine Kinderzulage für ein Kind beantragen oder auf den Ehegatten übertragen haben, das im Beitragsjahr sein viertes Lebensjahr noch nicht vollendet hat und für das gegenüber dem Steuerpflichtigen oder seinem Ehegatten Kindergeld festgesetzt worden ist, stehen einem in der inländischen gesetzlichen Rentenversicherung Pflichtversicherten gleich, wenn eine Anrechnung von Kindererziehungszeiten nach § 56 des Sechsten Buches Sozialgesetzbuch nur auf Grund eines fehlenden oder noch nicht beschiedenen Antrags auf Berücksichtigung von Kindererziehungszeiten bislang nicht erfolgt ist. ₂Voraussetzung ist, dass der Steuerpflichtige spätestens am Tag nach der Vollendung des vierten Lebensjahres des Kindes die Kindererziehungszeiten beim zuständigen Träger der gesetzlichen Rentenversicherung beantragt. ₃Werden die Kindererziehungszeiten vom Träger der gesetzlichen Rentenversicherung nicht anerkannt, entfällt rückwirkend die Förderberechtigung nach Satz 1. ₄Wurde das Kind am 1. Januar geboren, gilt Satz 1 mit der Maßgabe, dass das fünfte Lebensjahr noch nicht vollendet sein darf.

(1b) ₁Sofern eine Zulagenummer (§ 90 Absatz 1 Satz 2) durch die zentrale Stelle oder eine Versicherungsnummer nach § 147 des Sechsten Buches Sozialgesetzbuch noch nicht vergeben ist, haben die in Absatz 1 Satz 1 Nummer 1 bis 5 genannten Steuerpflichtigen über die zuständige Stelle eine Zulagenummer bei der zentralen Stelle zu beantragen. ₂Für Empfänger einer Versorgung im Sinne des Absatzes 1 Satz 4 gilt Satz 1 entsprechend.

(2) ₁Ist der Sonderausgabenabzug nach Absatz 1 für den Steuerpflichtigen günstiger als der Anspruch auf die Zulage nach Abschnitt XI, erhöht sich die unter Berücksichtigung des

Sonderausgabenabzugs ermittelte tarifliche Einkommensteuer um den Anspruch auf Zulage. ₂In den anderen Fällen scheidet der Sonderausgabenabzug aus. ₃Die Günstigerprüfung wird von Amts wegen vorgenommen.

(3) ₁Der Abzugsbetrag nach Absatz 1 steht im Fall der Veranlagung von Ehegatten nach § 26 Absatz 1 jedem Ehegatten unter den Voraussetzungen des Absatzes 1 gesondert zu. ₂Gehört nur ein Ehegatte zu dem nach Absatz 1 begünstigten Personenkreis und ist der andere Ehegatte nach § 79 Satz 2 zulageberechtigt, sind bei dem nach Absatz 1 abzugsberechtigten Ehegatten die von beiden Ehegatten geleisteten Altersvorsorgebeiträge und die dafür zustehenden Zulagen bei der Anwendung der Absätze 1 und 2 zu berücksichtigen. ₃Der Höchstbetrag nach Absatz 1 Satz 1 erhöht sich in den Fällen des Satzes 2 um 60 Euro. ₄Dabei sind die von dem Ehegatten, der zu dem nach Absatz 1 begünstigten Personenkreis gehört, geleisteten Altersvorsorgebeiträge vorrangig zu berücksichtigen, jedoch mindestens 60 Euro der von dem anderen Ehegatten geleisteten Altersvorsorgebeiträge. ₅Gehören beide Ehegatten zu dem nach Absatz 1 begünstigten Personenkreis und liegt ein Fall der Veranlagung nach § 26 Absatz 1 vor, ist bei der Günstigerprüfung nach Absatz 2 der Anspruch auf Zulage beider Ehegatten anzusetzen.

(4) ₁Im Fall des Absatzes 2 Satz 1 stellt das Finanzamt die über den Zulageanspruch nach Abschnitt XI hinausgehende Steuerermäßigung gesondert fest und teilt diese der zentralen Stelle (§ 81) mit; § 10d Absatz 4 Satz 3 bis 5 gilt entsprechend. ₂Sind Altersvorsorgebeiträge zugunsten von mehreren Verträgen geleistet worden, erfolgt die Zurechnung im Verhältnis der nach Absatz 1 berücksichtigten Altersvorsorgebeiträge. ₃Ehegatten ist der nach Satz 1 festzustellende Betrag auch im Fall der Zusammenveranlagung jeweils getrennt zuzurechnen; die Zurechnung erfolgt im Verhältnis der nach Absatz 1 berücksichtigten Altersvorsorgebeiträge. ₄Werden Altersvorsorgebeiträge nach Absatz 3 Satz 2 berücksichtigt, die der nach § 79 Satz 2 zulageberechtigte Ehegatte zugunsten eines auf seinen Namen lautenden Vertrages geleistet hat, ist die hierauf entfallende Steuerermäßigung dem Vertrag zuzurechnen, zu dessen Gunsten die Altersvorsorgebeiträge geleistet wurden. ₅Die Übermittlung an die zentrale Stelle erfolgt unter Angabe der Vertragsnummer und der Identifikationsnummer (§ 139b Abgabenordnung) sowie der Zulage- oder Versicherungsnummer nach § 147 des Sechsten Buches Sozialgesetzbuch.

(5) ₁Nach Maßgabe des § 93c der Abgabenordnung hat der Anbieter als mitteilungspflichtige Stelle auch unter Angabe der Vertragsdaten die Höhe der im jeweiligen Beitragsjahr zu berücksichtigenden Altersvorsorgebeiträge sowie die Zulage- oder die Versicherungsnummer nach § 147 des Sechsten Buches Sozialgesetzbuch an die zentrale Stelle zu übermitteln. ₂§ 22a Absatz 2 gilt entsprechend. ₃§ 72a Absatz 4 der Abgabenordnung findet keine Anwendung. ₄Die übrigen Voraussetzungen für den Sonderausgabenabzug nach den Absätzen 1 bis 3 werden im Wege der Datenerhebung und des automatisierten Datenabgleichs nach § 91 überprüft. ₅Erfolgt eine Datenübermittlung nach Satz 1 und wurde noch keine Zulagenummer (§ 90 Absatz 1 Satz 2) durch die zentrale Stelle oder keine Versicherungsnummer nach § 147 des Sechsten Buches Sozialgesetzbuch vergeben, gilt § 90 Absatz 1 Satz 2 und 3 entsprechend.

(6) ₁Für die Anwendung der Absätze 1 bis 5 stehen den in der inländischen gesetzlichen Rentenversicherung Pflichtversicherten nach Absatz 1 Satz 1 die Pflichtmitglieder in einem ausländischen gesetzlichen Alterssicherungssystem gleich, wenn diese Pflichtmitgliedschaft

1. mit einer Pflichtmitgliedschaft in einem inländischen Alterssicherungssystem nach Absatz 1 Satz 1 oder 3 vergleichbar ist und

2. vor dem 1. Januar 2010 begründet wurde.

₂Für die Anwendung der Absätze 1 bis 5 stehen den Steuerpflichtigen nach Absatz 1 Satz 4 die Personen gleich,

1. die aus einem ausländischen gesetzlichen Alterssicherungssystem eine Leistung erhalten, die den in Absatz 1 Satz 4 genannten Leistungen vergleichbar ist,

2. die unmittelbar vor dem Bezug der entsprechenden Leistung nach Satz 1 oder Absatz 1 Satz 1 oder 3 begünstigt waren und

3. die noch nicht das 67. Lebensjahr vollendet haben.

₃Als Altersvorsorgebeiträge (§ 82) sind bei den in Satz 1 oder 2 genannten Personen nur diejenigen Beiträge zu berücksichtigen, die vom Abzugsberechtigten zugunsten seines vor dem 1. Januar 2010 abgeschlossenen Vertrags geleistet wurden. ₄Endet die unbeschränkte Steuerpflicht eines Zulageberechtigten im Sinne des Satzes 1 oder 2 durch Aufgabe des inländischen Wohnsitzes oder gewöhnlichen Aufenthalts und wird die Person nicht nach § 1 Absatz 3 als unbeschränkt einkommensteuerpflichtig behandelt, so gelten die §§ 93 und 94 entsprechend; § 99 Absatz 1 in der am 31. Dezember 2008 geltenden Fassung ist anzuwenden.

(7) Soweit nichts anderes bestimmt ist, sind die Regelungen des § 10a und des Abschnitts XI in der für das jeweilige Beitragsjahr geltenden Fassung anzuwenden.

IV. Tarif

§ 31 Familienleistungsausgleich

₁Die steuerliche Freistellung eines Einkommensbetrags in Höhe des Existenzminimums eines Kindes einschließlich der Bedarfe für Betreuung und Erziehung oder Ausbildung wird im gesamten Veranlagungszeitraum entweder durch die Freibeträge nach § 32 Absatz 6 oder durch Kindergeld nach Abschnitt X bewirkt. ₂Soweit das Kindergeld dafür nicht erforderlich ist, dient es der Förderung der Familie. ₃Im laufenden Kalenderjahr wird Kindergeld als Steuervergütung monatlich gezahlt. ₄Bewirkt der Anspruch auf Kindergeld für den gesamten Veranlagungszeitraum die nach Satz 1 gebotene steuerliche Freistellung nicht vollständig und werden deshalb bei der Veranlagung zur Einkommensteuer die Freibeträge nach § 32 Absatz 6 vom Einkommen abgezogen, erhöht sich die unter Abzug dieser Freibeträge ermittelte tarifliche Einkommensteuer um den Anspruch auf Kindergeld für den gesamten Veranlagungszeitraum; bei nicht zusammenveranlagten Eltern wird der Kindergeldanspruch im Umfang des Kinderfreibetrags angesetzt. ₅Bei der Prüfung der Steuerfreistellung und der Hinzurechnung nach Satz 4 bleibt der Anspruch auf Kindergeld für Kalendermonate unberücksichtigt, in denen durch Bescheid der Familienkasse ein Anspruch auf Kindergeld festgesetzt, aber wegen § 70 Absatz 1 Satz 2 nicht ausgezahlt wurde. ₆Satz 4 gilt entsprechend für mit dem Kindergeld vergleichbare Leistungen nach § 65. ₇Besteht nach ausländischem Recht Anspruch auf Leistungen für Kinder, wird dieser insoweit nicht berücksichtigt, als er das inländische Kindergeld übersteigt.

§ 32 Kinder, Freibeträge für Kinder

(1) Kinder sind

1. im ersten Grad mit dem Steuerpflichtigen verwandte Kinder,

2. Pflegekinder (Personen, mit denen der Steuerpflichtige durch ein familienähnliches, auf längere Dauer berechnetes Band verbunden ist, sofern er sie nicht zu Erwerbszwecken in seinen Haushalt aufgenommen hat und das Obhuts- und Pflegeverhältnis zu den Eltern nicht mehr besteht).

(2) ₁Besteht bei einem angenommenen Kind das Kindschaftsverhältnis zu den leiblichen Eltern weiter, ist es vorrangig als angenommenes Kind zu berücksichtigen. ₂Ist ein im ersten Grad mit dem Steuerpflichtigen verwandtes Kind zugleich ein Pflegekind, ist es vorrangig als Pflegekind zu berücksichtigen.

(3) Ein Kind wird in dem Kalendermonat, in dem es lebend geboren wurde, und in jedem folgenden Kalendermonat, zu dessen Beginn es das 18. Lebensjahr noch nicht vollendet hat, berücksichtigt.

(4) ₁Ein Kind, das das 18. Lebensjahr vollendet hat, wird berücksichtigt, wenn es

1. noch nicht das 21. Lebensjahr vollendet hat, nicht in einem Beschäftigungsverhältnis steht und bei einer Agentur für Arbeit im Inland als Arbeitsuchender gemeldet ist oder

2. noch nicht das 25. Lebensjahr vollendet hat und

   a) für einen Beruf ausgebildet wird oder
   b) sich in einer Übergangszeit von höchstens vier Monaten befindet, die zwischen zwei Ausbildungsabschnitten oder zwischen einem Ausbildungsabschnitt und der Ableistung des gesetzlichen Wehr- oder Zivildienstes, einer vom Wehr- oder Zivildienst befreienden Tätigkeit als Entwicklungshelfer oder als Dienstleistender im Ausland nach §14b des Zivildienstgesetzes oder der Ableistung des freiwilligen Wehrdienstes nach §58b des Soldatengesetzes oder der Ableistung eines freiwilligen Dienstes im Sinne des Buchstaben d liegt, oder
   c) eine Berufsausbildung mangels Ausbildungsplatzes nicht beginnen oder fortsetzen kann oder
   d) einen der folgenden freiwilligen Dienste leistet:
      aa) ein freiwilliges soziales Jahr im Sinne des Jugendfreiwilligendienstegesetzes,
      bb) ein freiwilliges ökologisches Jahr im Sinne des Jugendfreiwilligendienstegesetzes,
      cc) einen Bundesfreiwilligendienst im Sinne des Bundesfreiwilligendienstegesetzes,
      dd) eine Freiwilligentätigkeit im Rahmen des Europäischen Solidaritätskorps im Sinne der Verordnung (EU) 2021/888 des Europäischen Parlaments und des Rates vom 20. Mai 2021 zur Aufstellung des Programms für das Europäische Solidaritätskorps und zur Aufhebung der Verordnungen (EU) 2018/1475 und (EU) Nr. 375/2014 (ABl. L 202 vom 8. 6. 2021, S. 32),
      ee) einen anderen Dienst im Ausland im Sinne von §5 des Bundesfreiwilligendienstgesetzes,
      ff) einen entwicklungspolitischen Freiwilligendienst „weltwärts" im Sinne der Förderleitlinie des Bundesministeriums für wirtschaftliche Zusammenarbeit und Entwicklung vom 1. Januar 2016,
      gg) einen Freiwilligendienst aller Generationen im Sinne von §2 Absatz 1a des Siebten Buches Sozialgesetzbuch oder
      hh) einen Internationalen Jugendfreiwilligendienst im Sinne der Richtlinie des Bundesministeriums für Familie, Senioren, Frauen und Jugend vom 4. Januar 2021 (GMBl S. 77) oder

3. wegen körperlicher, geistiger oder seelischer Behinderung außerstande ist, sich selbst zu unterhalten; Voraussetzung ist, dass die Behinderung vor Vollendung des 25. Lebensjahres eingetreten ist.

₂Nach Abschluss einer erstmaligen Berufsausbildung oder eines Erststudiums wird ein Kind in den Fällen des Satzes 1 Nummer 2 nur berücksichtigt, wenn das Kind keiner Erwerbstätigkeit nachgeht. ₃Eine Erwerbstätigkeit mit bis zu 20 Stunden regelmäßiger wöchentlicher Arbeitszeit, ein Ausbildungsdienstverhältnis oder ein geringfügiges Beschäftigungsverhältnis im Sinne der §§ 8 und 8a des Vierten Buches Sozialgesetzbuch sind unschädlich.

(5) ₁In den Fällen des Absatzes 4 Satz 1 Nummer 1 oder Nummer 2 Buchstabe a und b wird ein Kind, das

1. den gesetzlichen Grundwehrdienst oder Zivildienst geleistet hat, oder
2. sich anstelle des gesetzlichen Grundwehrdienstes freiwillig für die Dauer von nicht mehr als drei Jahren zum Wehrdienst verpflichtet hat, oder
3. eine vom gesetzlichen Grundwehrdienst oder Zivildienst befreiende Tätigkeit als Entwicklungshelfer im Sinne des §1 Absatz 1 des Entwicklungshelfer-Gesetzes ausgeübt hat,

für einen der Dauer dieser Dienste oder der Tätigkeit entsprechenden Zeitraum, höchstens für die Dauer des inländischen gesetzlichen Grundwehrdienstes oder bei anerkannten Kriegsdienstverweigerern für die Dauer des inländischen gesetzlichen Zivildienstes über das 25. Lebensjahr hinaus berücksichtigt. ₂Wird der gesetzliche Grundwehrdienst oder Zivildienst in einem Mitgliedstaat der Europäischen Union oder einem Staat, auf den das Abkommen über den Europäischen Wirtschaftsraum Anwendung findet, geleistet, so ist die Dauer dieses Dienstes maßgebend. ₃Absatz 4 Satz 2 und 3 gilt entsprechend.

(6) ₁Bei der Veranlagung zur Einkommensteuer wird für jedes zu berücksichtigende Kind des Steuerpflichtigen ein Freibetrag von 3336 Euro für das sächliche Existenzminimum des Kindes (Kinderfreibetrag) sowie ein Freibetrag von 1464 Euro für den Betreuungs- und Erziehungs- oder Ausbildungsbedarf des Kindes vom Einkommen abgezogen. ₂Bei Ehegatten, die nach den §§ 26, 26b zusammen zur Einkommensteuer veranlagt werden, verdoppeln sich die Beträge nach Satz 1, wenn das Kind zu beiden Ehegatten in einem Kindschaftsverhältnis steht. ₃Die Beträge nach Satz 2 stehen dem Steuerpflichtigen auch dann zu, wenn

1. der andere Elternteil verstorben oder nicht unbeschränkt einkommensteuerpflichtig ist oder
2. der Steuerpflichtige allein das Kind angenommen hat oder das Kind nur zu ihm in einem Pflegekindschaftsverhältnis steht.

₄Für ein nicht nach § 1 Absatz 1 oder 2 unbeschränkt einkommensteuerpflichtiges Kind können die Beträge nach den Sätzen 1 bis 3 nur abgezogen werden, soweit sie nach den Verhältnissen seines Wohnsitzstaates notwendig und angemessen sind. ₅Für jeden Kalendermonat, in dem die Voraussetzungen für einen Freibetrag nach den Sätzen 1 bis 4 nicht vorliegen, ermäßigen sich die dort genannten Beträge um ein Zwölftel. ₆Abweichend von Satz 1 wird bei einem unbeschränkt einkommensteuerpflichtigen Elternpaar, bei dem die Voraussetzungen des § 26 Absatz 1 Satz 1 nicht vorliegen, auf Antrag eines Elternteils der dem anderen Elternteil zustehende Kinderfreibetrag auf ihn übertragen, wenn er, nicht jedoch der andere Elternteil, seiner Unterhaltspflicht gegenüber dem Kind für das Kalenderjahr im Wesentlichen nachkommt oder der andere Elternteil mangels Leistungsfähigkeit nicht unterhaltspflichtig ist; die Übertragung des Kinderfreibetrags führt stets auch zur Übertragung des Freibetrags für den Betreuungs- und Erziehungs- oder Ausbildungsbedarf. ₇Eine Übertragung nach Satz 6 scheidet für Zeiträume aus, für die Unterhaltsleistungen nach dem Unterhaltsvorschussgesetz gezahlt werden. ₈Bei minderjährigen Kindern wird der dem Elternteil, in dessen Wohnung das Kind nicht gemeldet ist, zustehende Freibetrag für den Betreuungs- und Erziehungs- oder Ausbildungsbedarf auf Antrag des anderen Elternteils auf diesen übertragen, wenn die Voraussetzungen des § 26 Absatz 1 Satz 1 nicht vorliegen. ₉Eine Übertragung nach Satz 8 scheidet aus, wenn der Übertragung widersprochen wird, weil der Elternteil, bei dem das Kind nicht gemeldet ist, Kinderbetreuungskosten trägt oder das Kind regelmäßig in einem nicht unwesentlichen Umfang betreut. ₁₀Die den Eltern nach den Sätzen 1 bis 9 zustehenden Freibeträge können auf Antrag auch auf einen Stiefelternteil oder Großelternteil übertragen werden, wenn dieser das Kind in seinen Haushalt aufgenommen hat oder dieser einer Unterhaltspflicht gegenüber dem Kind unterliegt. ₁₁Die Übertragung nach Satz 10 kann auch mit Zustimmung des berechtigten Elternteils erfolgen, die nur für künftige Kalenderjahre widerrufen werden kann. ₁₂Voraussetzung für die Berücksichtigung des Kinderfreibetrags sowie des Freibetrags für den Betreuungs- und Erziehungs- oder Ausbildungsbedarf des Kindes ist die Identifizierung des Kindes durch die an dieses Kind vergebene Identifikationsnummer (§ 139b der Abgabenordnung). ₁₃Ist das Kind nicht nach einem Steuergesetz steuerpflichtig (§ 139a Absatz 2 der Abgabenordnung), ist es in anderer geeigneter Weise zu identifizieren. ₁₄Die nachträgliche Identifizierung oder nachträgliche Vergabe der Identifikationsnummer wirkt auf Monate zurück, in denen die übrigen Voraussetzungen für die Gewährung des Kinderfreibetrags sowie des Freibetrags für den Betreuungs- und Erziehungs- oder Ausbildungsbedarf des Kindes vorliegen.

VIII.4 Einkommensteuergesetz (EStG) – Auszug §§ 32a–62

§ 32a Einkommensteuertarif

(1) ₁Die tarifliche Einkommensteuer bemisst sich nach dem auf volle Euro abgerundeten zu versteuernden Einkommen. ₂Sie beträgt ab dem Veranlagungszeitraum 2025 vorbehaltlich der §§ 32b, 32d, 34, 34a, 34b und 34c jeweils in Euro für zu versteuernde Einkommen

1. bis 12 096 Euro (Grundfreibetrag): 0;

2. von 12 097 Euro bis 17 443 Euro: $(932{,}30 \cdot y + 1\,400) \cdot y$;

3. von 17 444 Euro bis 68 480 Euro: $(176{,}64 \cdot z + 2\,397) \cdot z + 1\,015{,}13$;

4. von 68 481 Euro bis 277 825 Euro: $0{,}42 \cdot x - 10\,911{,}92$;

5. von 277 826 Euro an: $0{,}45 \cdot x - 19\,246{,}67$.

₃Die Größe „y" ist ein Zehntausendstel des den Grundfreibetrag übersteigenden Teils des auf einen vollen Euro-Betrag abgerundeten zu versteuernden Einkommens. ₄Die Größe „z" ist ein Zehntausendstel des 17 443 Euro übersteigenden Teils des auf einen vollen Euro-Betrag abgerundeten zu versteuernden Einkommens. ₅Die Größe „x" ist das auf einen vollen Euro-Betrag abgerundete zu versteuernde Einkommen. ₆Der sich ergebende Steuerbetrag ist auf den nächsten vollen Euro-Betrag abzurunden.

(2) bis (4) (weggefallen)

(5) Bei Ehegatten, die nach den §§ 26, 26b zusammen zur Einkommensteuer veranlagt werden, beträgt die tarifliche Einkommensteuer vorbehaltlich der §§ 32b, 32d, 34, 34a, 34b und 34c das Zweifache des Steuerbetrags, der sich für die Hälfte ihres gemeinsam zu versteuernden Einkommens nach Absatz 1 ergibt (Splitting-Verfahren).

(6) ₁Das Verfahren nach Absatz 5 ist auch anzuwenden zur Berechnung der tariflichen Einkommensteuer für das zu versteuernde Einkommen

1. bei einem verwitweten Steuerpflichtigen für den Veranlagungszeitraum, der dem Kalenderjahr folgt, in dem der Ehegatte verstorben ist, wenn der Steuerpflichtige und sein verstorbener Ehegatte im Zeitpunkt seines Todes die Voraussetzungen des § 26 Absatz 1 Satz 1 erfüllt haben,

2. bei einem Steuerpflichtigen, dessen Ehe in dem Kalenderjahr, in dem er sein Einkommen bezogen hat, aufgelöst worden ist, wenn in diesem Kalenderjahr

   a) der Steuerpflichtige und sein bisheriger Ehegatte die Voraussetzungen des § 26 Absatz 1 Satz 1 erfüllt haben,

   b) der bisherige Ehegatte wieder geheiratet hat und

   c) der bisherige Ehegatte und dessen neuer Ehegatte ebenfalls die Voraussetzungen des § 26 Absatz 1 Satz 1 erfüllen.

₂Voraussetzung für die Anwendung des Satzes 1 ist, dass der Steuerpflichtige nicht nach den §§ 26, 26a einzeln zur Einkommensteuer veranlagt wird.

X. Kindergeld

§ 62 Anspruchsberechtigte

(1) ₁Für Kinder im Sinne des § 63 hat Anspruch auf Kindergeld nach diesem Gesetz, wer

1. im Inland einen Wohnsitz oder seinen gewöhnlichen Aufenthalt hat oder

2. ohne Wohnsitz oder gewöhnlichen Aufenthalt im Inland

   a) nach § 1 Absatz 2 unbeschränkt einkommensteuerpflichtig ist oder

   b) nach § 1 Absatz 3 als unbeschränkt einkommensteuerpflichtig behandelt wird.

₂Voraussetzung für den Anspruch nach Satz 1 ist, dass der Berechtigte durch die an ihn vergebene Identifikationsnummer (§ 139b der Abgabenordnung) identifiziert wird. ₃Die nachträgliche Vergabe der Identifikationsnummer wirkt auf Monate zurück, in denen die Voraussetzungen des Satzes 1 vorliegen.

(1a) ₁Begründet ein Staatsangehöriger eines anderen Mitgliedstaates der Europäischen Union oder eines Staates, auf den das Abkommen über den Europäischen Wirtschaftsraum Anwendung findet, im Inland einen Wohnsitz oder gewöhnlichen Aufenthalt, so hat er für die ersten drei Monate ab Begründung des Wohnsitzes oder des gewöhnlichen Aufenthalts keinen Anspruch auf Kindergeld. ₂Dies gilt nicht, wenn er nachweist, dass er inländische Einkünfte im Sinne des § 2 Absatz 1 Satz 1 Nummer 1 bis 4 mit Ausnahme von Einkünften nach § 19 Absatz 1 Satz 1 Nummer 2 erzielt. ₃Nach Ablauf des in Satz 1 genannten Zeitraums hat er Anspruch auf Kindergeld, es sei denn, die Voraussetzungen des § 2 Absatz 2 oder Absatz 3 des Freizügigkeitsgesetzes/EU liegen nicht vor oder es sind nur die Voraussetzungen des § 2 Absatz 2 Nummer 1a des Freizügigkeitsgesetzes/EU erfüllt, ohne dass vorher eine andere der in § 2 Absatz 2 des Freizügigkeitsgesetzes/EU genannten Voraussetzungen erfüllt war. ₄Die Prüfung, ob die Voraussetzungen für einen Anspruch auf Kindergeld gemäß Satz 2 vorliegen oder gemäß Satz 3 nicht gegeben sind, führt die Familienkasse in eigener Zuständigkeit durch. ₅Lehnt die Familienkasse eine Kindergeldfestsetzung in diesem Fall ab, hat sie ihre Entscheidung der zuständigen Ausländerbehörde mitzuteilen. ₆Wurde das Vorliegen der Anspruchsvoraussetzungen durch die Verwendung gefälschter oder verfälschter Dokumente oder durch Vorspiegelung falscher Tatsachen vorgetäuscht, hat die Familienkasse die zuständige Ausländerbehörde unverzüglich zu unterrichten.

(2) Ein nicht freizügigkeitsberechtigter Ausländer erhält Kindergeld nur, wenn er

1. eine Niederlassungserlaubnis oder eine Erlaubnis zum Daueraufenthalt-EU besitzt,

2. eine Blaue Karte EU, eine ICT-Karte, eine Mobiler-ICT-Karte oder eine Aufenthaltserlaubnis besitzt, die für einen Zeitraum von mindestens sechs Monaten zur Ausübung einer Erwerbstätigkeit berechtigen oder berechtigt haben oder diese erlauben, es sei denn, die Aufenthaltserlaubnis wurde

   a) nach § 16e des Aufenthaltsgesetzes zu Ausbildungszwecken, nach § 19c Absatz 1 des Aufenthaltsgesetzes zum Zweck der Beschäftigung als Au-Pair oder zum Zweck der Saisonbeschäftigung, nach § 19e des Aufenthaltsgesetzes zum Zweck der Teilnahme an einem Europäischen Freiwilligendienst oder nach § 20a Absatz 5 Satz 1 des Aufenthaltsgesetzes zur Suche nach einer Erwerbstätigkeit oder nach Maßnahmen zur Anerkennung ausländischer Berufsqualifikationen erteilt,

   b) nach § 16b des Aufenthaltsgesetzes zum Zweck eines Studiums, nach § 16d des Aufenthaltsgesetzes für Maßnahmen zur Anerkennung ausländischer Berufsqualifikationen, nach § 20 des Aufenthaltsgesetzes zur Suche nach einer Erwerbstätigkeit oder nach § 20a Absatz 5 Satz 2 des Aufenthaltsgesetzes zur Suche nach einer Erwerbstätigkeit oder nach Maßnahmen zur Anerkennung ausländischer Berufsqualifikationen erteilt und er ist weder erwerbstätig noch nimmt er Elternzeit nach § 15 des Bundeselterngeld- und Elternzeitgesetzes oder laufende Geldleistungen nach dem Dritten Buch Sozialgesetzbuch in Anspruch,

   c) nach § 23 Absatz 1 des Aufenthaltsgesetzes wegen eines Krieges in seinem Heimatland oder nach den § 23a oder § 25 Absatz 3 bis 5 des Aufenthaltsgesetzes erteilt,

3. eine in Nummer 2 Buchstabe c genannte Aufenthaltserlaubnis besitzt und im Bundesgebiet berechtigt erwerbstätig ist oder Elternzeit nach § 15 des Bundeselterngeld- und Elternzeitgesetzes oder laufende Geldleistungen nach dem Dritten Buch Sozialgesetzbuch in Anspruch nimmt,

4. eine in Nummer 2 Buchstabe c genannte Aufenthaltserlaubnis besitzt und sich seit mindestens 15 Monaten erlaubt, gestattet oder geduldet im Bundesgebiet aufhält oder

5. eine Beschäftigungsduldung gemäß § 60d in Verbindung mit § 60a Absatz 2 Satz 3 des Aufenthaltsgesetzes besitzt.

§ 63 Kinder

(1) ₁Als Kinder werden berücksichtigt

1. Kinder im Sinne des § 32 Absatz 1,

2. vom Berechtigten in seinen Haushalt aufgenommene Kinder seines Ehegatten,

3. vom Berechtigten in seinen Haushalt aufgenommene Enkel.

₂§ 32 Absatz 3 bis 5 gilt entsprechend. ₃Voraussetzung für die Berücksichtigung ist die Identifizierung des Kindes durch die an dieses Kind vergebene Identifikationsnummer (§ 139b der Abgabenordnung). ₄Ist das Kind nicht nach einem Steuergesetz steuerpflichtig (§ 139a Absatz 2 der Abgabenordnung), ist es in anderer geeigneter Weise zu identifizieren. ₅Die nachträgliche Identifizierung oder nachträgliche Vergabe der Identifikationsnummer wirkt auf Monate zurück, in denen die Voraussetzungen der Sätze 1 bis 4 vorliegen. ₆Kinder, die weder einen Wohnsitz noch ihren gewöhnlichen Aufenthalt im Inland, in einem Mitgliedstaat der Europäischen Union oder in einem Staat, auf den das Abkommen über den Europäischen Wirtschaftsraum Anwendung findet, haben, werden nicht berücksichtigt, es sei denn, sie leben im Haushalt eines Berechtigten im Sinne des § 62 Absatz 1 Satz 1 Nummer 2 Buchstabe a. ₇Kinder im Sinne von § 2 Absatz 4 Satz 2 des Bundeskindergeldgesetzes werden nicht berücksichtigt.

(2) Die Bundesregierung wird ermächtigt, durch Rechtsverordnung, die nicht der Zustimmung des Bundesrates bedarf, zu bestimmen, dass einem Berechtigten, der im Inland erwerbstätig ist oder sonst seine hauptsächlichen Einkünfte erzielt, für seine in Absatz 1 Satz 3 erster Halbsatz bezeichneten Kinder Kindergeld ganz oder teilweise zu leisten ist, soweit dies mit Rücksicht auf die durchschnittlichen Lebenshaltungskosten für Kinder in deren Wohnsitzstaat und auf die dort gewährten dem Kindergeld vergleichbaren Leistungen geboten ist.

§ 64 Zusammentreffen mehrerer Ansprüche

(1) Für jedes Kind wird nur einem Berechtigten Kindergeld gezahlt.

(2) ₁Bei mehreren Berechtigten wird das Kindergeld demjenigen gezahlt, der das Kind in seinen Haushalt aufgenommen hat. ₂Ist ein Kind in den gemeinsamen Haushalt von Eltern, einem Elternteil und dessen Ehegatten, Pflegeeltern oder Großeltern aufgenommen worden, so bestimmen diese untereinander den Berechtigten. ₃Wird eine Bestimmung nicht getroffen, so bestimmt das Familiengericht auf Antrag den Berechtigten. ₄Den Antrag kann stellen, wer ein berechtigtes Interesse an der Zahlung des Kindergeldes hat. ₅Lebt ein Kind im gemeinsamen Haushalt von Eltern und Großeltern, so wird das Kindergeld vorrangig einem Elternteil gezahlt; es wird an einen Großelternteil gezahlt, wenn der Elternteil gegenüber der zuständigen Stelle auf seinen Vorrang schriftlich verzichtet hat.

(3) ₁Ist das Kind nicht in den Haushalt eines Berechtigten aufgenommen, so erhält das Kindergeld derjenige, der dem Kind eine Unterhaltsrente zahlt. ₂Zahlen mehrere Berechtigte dem Kind Unterhaltsrenten, so erhält das Kindergeld derjenige, der dem Kind die höchste Unterhaltsrente zahlt. ₃Werden gleich hohe Unterhaltsrenten gezahlt oder zahlt keiner der Berechtigten dem Kind Unterhalt, so bestimmen die Berechtigten untereinander, wer das Kindergeld erhalten soll. ₄Wird eine Bestimmung nicht getroffen, so gilt Absatz 2 Satz 3 und 4 entsprechend.

§ 65 Andere Leistungen für Kinder

₁Kindergeld wird nicht für ein Kind gezahlt, für das eine der folgenden Leistungen zu zahlen ist oder bei entsprechender Antragstellung zu zahlen wäre:

1. Leistungen für Kinder, die im Ausland gewährt werden und dem Kindergeld oder der Kinderzulage aus der gesetzlichen Unfallversicherung nach § 217 Absatz 3 des Siebten Buches Sozialgesetzbuch in der bis zum 30. Juni 2020 geltenden Fassung oder dem Kinderzuschuss aus der gesetzlichen Rentenversicherung nach § 270 des Sechsten Buches Sozialgesetzbuch in der bis zum 16. November 2016 geltenden Fassung vergleichbar sind,

2. Leistungen für Kinder, die von einer zwischen- oder überstaatlichen Einrichtung gewährt werden und dem Kindergeld vergleichbar sind.

₂Soweit es für die Anwendung von Vorschriften dieses Gesetzes auf den Erhalt von Kindergeld ankommt, stehen die Leistungen nach Satz 1 dem Kindergeld gleich. ₃Steht ein Berechtigter in einem Versicherungspflichtverhältnis zur Bundesagentur für Arbeit nach §24 des Dritten Buches Sozialgesetzbuch oder ist er versicherungsfrei nach §28 Absatz 1 Nummer 1 des Dritten Buches Sozialgesetzbuch oder steht er im Inland in einem öffentlich-rechtlichen Dienst- oder Amtsverhältnis, so wird sein Anspruch auf Kindergeld für ein Kind nicht nach Satz 1 Nummer 2 mit Rücksicht darauf ausgeschlossen, dass sein Ehegatte als Beamter, Ruhestandsbeamter oder sonstiger Bediensteter der Europäischen Union für das Kind Anspruch auf Kinderzulage hat.

§66 Höhe des Kindergeldes, Zahlungszeitraum

(1) Das Kindergeld beträgt monatlich für jedes Kind 255 Euro.

(2) Das Kindergeld wird monatlich vom Beginn des Monats an gezahlt, in dem die Anspruchsvoraussetzungen erfüllt sind, bis zum Ende des Monats, in dem die Anspruchsvoraussetzungen wegfallen.

§67 Antrag

₁Das Kindergeld ist bei der zuständigen Familienkasse elektronisch nach amtlich vorgeschriebenem Datensatz über die amtlich vorgeschriebene Schnittstelle zu beantragen; die Familienkasse kann auf die elektronische Antragstellung verzichten, wenn das Kindergeld schriftlich beantragt und der Antrag vom Berechtigten eigenhändig unterschrieben wird. ₂Den Antrag kann außer dem Berechtigten auch stellen, wer ein berechtigtes Interesse an der Leistung des Kindergeldes hat. ₃In Fällen des Satzes 2 ist §62 Absatz 1 Satz 2 bis 3 anzuwenden. ₄Der Berechtigte ist zu diesem Zweck verpflichtet, demjenigen, der ein berechtigtes Interesse an der Leistung des Kindergeldes hat, seine an ihn vergebene Identifikationsnummer (§139b der Abgabenordnung) mitzuteilen. ₅Kommt der Berechtigte dieser Verpflichtung nicht nach, teilt die zuständige Familienkasse demjenigen, der ein berechtigtes Interesse an der Leistung des Kindergeldes hat, auf seine Anfrage die Identifikationsnummer des Berechtigten mit.

§68 Besondere Mitwirkungspflichten und Offenbarungsbefugnis

(1) ₁Wer Kindergeld beantragt oder erhält, hat Änderungen in den Verhältnissen, die für die Leistung erheblich sind oder über die im Zusammenhang mit der Leistung Erklärungen abgegeben worden sind, unverzüglich der zuständigen Familienkasse mitzuteilen. ₂Ein Kind, das das 18. Lebensjahr vollendet hat, ist auf Verlangen der Familienkasse verpflichtet, an der Aufklärung des für die Kindergeldzahlung maßgebenden Sachverhalts mitzuwirken; §101 der Abgabenordnung findet insoweit keine Anwendung.

(2) (weggefallen)

(3) Auf Antrag des Berechtigten erteilt die das Kindergeld auszahlende Stelle eine Bescheinigung über das für das Kalenderjahr ausgezahlte Kindergeld.

(4) ₁Die Familienkassen dürfen den Stellen, die die Bezüge im öffentlichen Dienst anweisen, den für die jeweilige Kindergeldzahlung maßgebenden Sachverhalt durch automatisierte Abrufverfahren bereitstellen oder Auskunft über diesen Sachverhalt erteilen. ₂Das Bundesministerium der Finanzen wird ermächtigt, durch Rechtsverordnung ohne Zustimmung des Bundesrates zur Durchführung von automatisierten Abrufen nach Satz 1 die Voraussetzungen, unter denen ein Datenabruf erfolgen darf, festzulegen.

(5) ₁Zur Erfüllung der in §31a Absatz 2 der Abgabenordnung genannten Mitteilungspflichten und zur Prüfung der jeweiligen Anspruchsvoraussetzungen und zur Bemessung der jeweiligen Leistung dürfen die Familienkassen den Leistungsträgern, die für Leistungen der Arbeitsförderung nach §19 Absatz 2, für Leistungen der Grundsicherung für Arbeitsuchende nach §19a Absatz 2, für Kindergeld, Kinderzuschlag, Leistungen für Bildung und Teilhabe und Elterngeld nach §25 Absatz 3 oder für Leistungen der Sozialhilfe nach §28 Absatz 2 des Ersten Buches Sozialgesetzbuch zuständig sind, und den nach §9 Absatz 1 Satz 2 des Unterhaltsvorschussge-

VIII.4 Einkommensteuergesetz (EStG) – Auszug §§ 69–70

setzes zuständigen Stellen den für die jeweilige Kindergeldzahlung maßgebenden Sachverhalt in einem automatisierten Abrufverfahren übermitteln. ₂Das Bundesministerium der Finanzen wird ermächtigt, durch Rechtsverordnung mit Zustimmung des Bundesrates zur Durchführung von automatisierten Abrufen nach Satz 1 die Voraussetzungen, unter denen ein Datenabruf erfolgen darf, festzulegen.

(6) ₁Zur Prüfung und Bemessung der in Artikel 3 Absatz 1 Buchstabe j in Verbindung mit Artikel 1 Buchstabe z der Verordnung (EG) Nr. 883/2004 des Europäischen Parlaments und des Rates vom 29. April 2004 zur Koordinierung der Systeme der sozialen Sicherheit (ABl. L 166 vom 30. 4. 2004, S. 1), die zuletzt durch die Verordnung (EU) 2017/492 (ABl. L 76 vom 22. 3. 2017, S. 13) geändert worden ist, genannten Familienleistungen dürfen die Familienkassen den zuständigen öffentlichen Stellen eines Mitgliedstaates der Europäischen Union den für die jeweilige Kindergeldzahlung maßgebenden Sachverhalt durch automatisierte Abrufverfahren bereitstellen. ₂Das Bundesministerium der Finanzen wird ermächtigt, durch Rechtsverordnung ohne Zustimmung des Bundesrates zur Durchführung von automatisierten Abrufen nach Satz 1 die Voraussetzungen, unter denen ein Datenabruf erfolgen darf, festzulegen.

(7) ₁Die Datenstelle der Rentenversicherung darf den Familienkassen in einem automatisierten Abrufverfahren die zur Überprüfung des Anspruchs auf Kindergeld nach §62 Absatz 1a und 2 erforderlichen Daten übermitteln; §79 Absatz 2 bis 4 des Zehnten Buches Sozialgesetzbuch gilt entsprechend. ₂Die Träger der Leistungen nach dem Zweiten und Dritten Buch Sozialgesetzbuch dürfen den Familienkassen in einem automatisierten Abrufverfahren die zur Überprüfung des Anspruchs auf Kindergeld nach §62 erforderlichen Daten übermitteln. ₃Das Bundesministerium für Arbeit und Soziales wird ermächtigt, durch Rechtsverordnung mit Zustimmung des Bundesrates die Voraussetzungen für das Abrufverfahren und Regelungen zu den Kosten des Verfahrens nach Satz 2 festzulegen.

§ 69 Datenübermittlung an die Familienkassen

₁Erfährt das Bundeszentralamt für Steuern, dass ein Kind, für das Kindergeld gezahlt wird, verzogen ist oder von Amts wegen von der Meldebehörde abgemeldet wurde, hat es der zuständigen Familienkasse unverzüglich die in §139b Absatz 3 Nummer 1, 3, 5, 8 und 14 der Abgabenordnung genannten Daten zum Zweck der Prüfung der Rechtmäßigkeit des Bezugs von Kindergeld zu übermitteln. ₂Die beim Bundeszentralamt für Steuern gespeicherten Daten für ein Kind, für das Kindergeld gezahlt wird, werden auf Anfrage auch den Finanzämtern zur Prüfung der Rechtmäßigkeit der Berücksichtigung der Freibeträge nach §32 Absatz 6 zur Verfügung gestellt. ₃Erteilt das Bundeszentralamt für Steuern auf Grund der Geburt eines Kindes eine neue Identifikationsnummer nach §139b der Abgabenordnung, übermittelt es der zuständigen Familienkasse zum Zweck der Prüfung des Bezugs von Kindergeld unverzüglich

1. die in §139b Absatz 3 Nummer 1, 3, 5, 8 und 10 der Abgabenordnung genannten Daten des Kindes sowie

2. soweit vorhanden, die in §139b Absatz 3 Nummer 1, 3, 5, 8 und 10 und Absatz 3a der Abgabenordnung genannten Daten der Personen, bei denen für dieses Kind nach §39e Absatz 1 ein Kinderfreibetrag berücksichtigt wird.

§ 70 Festsetzung und Zahlung des Kindergeldes

(1) ₁Das Kindergeld nach §62 wird von den Familienkassen durch Bescheid festgesetzt und ausgezahlt. ₂Die Auszahlung von festgesetztem Kindergeld erfolgt rückwirkend nur für die letzten sechs Monate vor Beginn des Monats, in dem der Antrag auf Kindergeld eingegangen ist. ₃Der Anspruch auf Kindergeld nach §62 bleibt von dieser Auszahlungsbeschränkung unberührt.

(2) ₁Soweit in den Verhältnissen, die für den Anspruch auf Kindergeld erheblich sind, Änderungen eintreten, ist die Festsetzung des Kindergeldes mit Wirkung vom Zeitpunkt der

Änderung der Verhältnisse aufzuheben oder zu ändern. ₂Ist die Änderung einer Kindergeldfestsetzung nur wegen einer Anhebung der in §66 Absatz 1 genannten Kindergeldbeträge erforderlich, kann von der Erteilung eines schriftlichen Änderungsbescheides abgesehen werden.

(3) ₁Materielle Fehler der letzten Festsetzung können durch Aufhebung oder Änderung der Festsetzung mit Wirkung ab dem auf die Bekanntgabe der Aufhebung oder Änderung der Festsetzung folgenden Monat beseitigt werden. ₂Bei der Aufhebung oder Änderung der Festsetzung nach Satz 1 ist §176 der Abgabenordnung entsprechend anzuwenden; dies gilt nicht für Monate, die nach der Verkündung der maßgeblichen Entscheidung eines obersten Bundesgerichts beginnen.

§71 Vorläufige Einstellung der Zahlung des Kindergeldes

(1) Die Familienkasse kann die Zahlung des Kindergeldes ohne Erteilung eines Bescheides vorläufig einstellen, wenn

1. sie Kenntnis von Tatsachen erhält, die kraft Gesetzes zum Ruhen oder zum Wegfall des Anspruchs führen, und

2. die Festsetzung, aus der sich der Anspruch ergibt, deshalb mit Wirkung für die Vergangenheit aufzuheben ist.

(2) ₁Soweit die Kenntnis der Familienkasse nicht auf Angaben des Berechtigten beruht, der das Kindergeld erhält, sind dem Berechtigten unverzüglich die vorläufige Einstellung der Zahlung des Kindergeldes sowie die dafür maßgeblichen Gründe mitzuteilen. ₂Ihm ist Gelegenheit zu geben, sich zu äußern.

(3) Die Familienkasse hat die vorläufig eingestellte Zahlung des Kindergeldes unverzüglich nachzuholen, soweit die Festsetzung, aus der sich der Anspruch ergibt, zwei Monate nach der vorläufigen Einstellung der Zahlung nicht mit Wirkung für die Vergangenheit aufgehoben oder geändert wird.

§72 (weggefallen)

§73 (weggefallen)

§74 Zahlung des Kindergeldes in Sonderfällen

(1) ₁Das für ein Kind festgesetzte Kindergeld nach §66 Absatz 1 kann an das Kind ausgezahlt werden, wenn der Kindergeldberechtigte ihm gegenüber seiner gesetzlichen Unterhaltspflicht nicht nachkommt. ₂Dies gilt auch, wenn der Kindergeldberechtigte mangels Leistungsfähigkeit nicht unterhaltspflichtig ist oder nur Unterhalt in Höhe eines Betrags zu leisten braucht, der geringer ist als das für die Auszahlung in Betracht kommende Kindergeld. ₃Die Auszahlung kann auch an die Person oder Stelle erfolgen, die dem Kind Unterhalt gewährt.

(2) Für Erstattungsansprüche der Träger von Sozialleistungen gegen die Familienkasse gelten die §§102 bis 109 und 111 bis 113 des Zehnten Buches Sozialgesetzbuch entsprechend.

§75 Aufrechnung

(1) Mit Ansprüchen auf Erstattung von Kindergeld kann die Familienkasse gegen Ansprüche auf Kindergeld bis zu deren Hälfte aufrechnen, wenn der Leistungsberechtigte nicht nachweist, dass er dadurch hilfebedürftig im Sinne der Vorschriften des Zwölften Buches Sozialgesetzbuch über die Hilfe zum Lebensunterhalt oder im Sinne der Vorschriften des Zweiten Buches Sozialgesetzbuch über die Leistungen zur Sicherung des Lebensunterhalts wird.

(2) Absatz 1 gilt für die Aufrechnung eines Anspruchs auf Erstattung von Kindergeld gegen einen späteren Kindergeldanspruch eines mit dem Erstattungspflichtigen in Haushaltsgemeinschaft lebenden Berechtigten entsprechend, soweit es sich um laufendes Kindergeld für ein Kind handelt, das bei beiden berücksichtigt werden kann oder konnte.

§76 Pfändung

Der Anspruch auf Kindergeld kann nur wegen gesetzlicher Unterhaltsansprüche eines Kindes, für das Kindergeld festgesetzt und dem Berechtigten ausgezahlt wird, gepfändet werden.

§ 77 Erstattung von Kosten im Vorverfahren

(1) ₁Soweit der Einspruch gegen die Kindergeldfestsetzung erfolgreich ist, hat die Familienkasse demjenigen, der den Einspruch erhoben hat, die zur zweckentsprechenden Rechtsverfolgung oder Rechtsverteidigung notwendigen Aufwendungen zu erstatten. ₂Dies gilt auch, wenn der Einspruch nur deshalb keinen Erfolg hat, weil die Verletzung einer Verfahrens- oder Formvorschrift nach § 126 der Abgabenordnung unbeachtlich ist. ₃Aufwendungen, die durch das Verschulden eines Erstattungsberechtigten entstanden sind, hat dieser selbst zu tragen; das Verschulden eines Vertreters ist dem Vertretenen zuzurechnen.

(2) Die Gebühren und Auslagen eines Bevollmächtigten oder Beistandes, der nach den Vorschriften des Steuerberatungsgesetzes zur geschäftsmäßigen Hilfeleistung in Steuersachen befugt ist, sind erstattungsfähig, wenn dessen Zuziehung notwendig war.

(3) ₁Die Familienkasse setzt auf Antrag den Betrag der zu erstattenden Aufwendungen fest. ₂Die Kostenentscheidung bestimmt auch, ob die Zuziehung eines Bevollmächtigten oder Beistandes im Sinne des Absatzes 2 notwendig war.

§ 78 Übergangsregelungen

(1) bis (4) (weggefallen)

(5) ₁Abweichend von § 64 Absatz 2 und 3 steht Berechtigten, die für Dezember 1990 für ihre Kinder Kindergeld in dem in Artikel 3 des Einigungsvertrages genannten Gebiet bezogen haben, das Kindergeld für diese Kinder auch für die folgende Zeit zu, solange sie ihren Wohnsitz oder gewöhnlichen Aufenthalt in diesem Gebiet beibehalten und die Kinder die Voraussetzungen ihrer Berücksichtigung weiterhin erfüllen. ₂§ 64 Absatz 2 und 3 ist insoweit erst für die Zeit vom Beginn des Monats an anzuwenden, in dem ein hierauf gerichteter Antrag bei der zuständigen Stelle eingegangen ist; der hiernach Berechtigte muss die nach Satz 1 geleisteten Zahlungen gegen sich gelten lassen.

XI. Altersvorsorgezulage

§ 79 Zulageberechtigte

₁Die in § 10a Absatz 1 genannten Personen haben Anspruch auf eine Altersvorsorgezulage (Zulage). ₂Ist nur ein Ehegatte nach Satz 1 begünstigt, so ist auch der andere Ehegatte zulageberechtigt, wenn

1. beide Ehegatten nicht dauernd getrennt leben (§ 26 Absatz 1),
2. beide Ehegatten ihren Wohnsitz oder gewöhnlichen Aufenthalt in einem Mitgliedstaat der Europäischen Union oder einem Staat haben, auf den das Abkommen über den Europäischen Wirtschaftsraum anwendbar ist,
3. ein auf den Namen des anderen Ehegatten lautender Altersvorsorgevertrag besteht,
4. der andere Ehegatte zugunsten des Altersvorsorgevertrags nach Nummer 3 im jeweiligen Beitragsjahr mindestens 60 Euro geleistet hat und
5. die Auszahlungsphase des Altersvorsorgevertrags nach Nummer 3 noch nicht begonnen hat.

₃Satz 1 gilt entsprechend für die in § 10a Absatz 6 Satz 1 und 2 genannten Personen, sofern sie unbeschränkt steuerpflichtig sind oder für das Beitragsjahr nach § 1 Absatz 3 als unbeschränkt steuerpflichtig behandelt werden.

§ 80 Anbieter

Anbieter im Sinne dieses Gesetzes sind Anbieter von Altersvorsorgeverträgen gemäß § 1 Absatz 2 des Altersvorsorgeverträge-Zertifizierungsgesetzes sowie die in § 82 Absatz 2 genannten Versorgungseinrichtungen.

§ 81 Zentrale Stelle

Zentrale Stelle im Sinne dieses Gesetzes ist die Deutsche Rentenversicherung Bund.

§ 81a Zuständige Stelle

₁Zuständige Stelle ist bei einem

1. Empfänger von Besoldung nach dem Bundesbesoldungsgesetz oder einem Landesbesoldungsgesetz die die Besoldung anordnende Stelle,

2. Empfänger von Amtsbezügen im Sinne des § 10a Absatz 1 Satz 1 Nummer 2 die die Amtsbezüge anordnende Stelle,

3. versicherungsfrei Beschäftigten sowie bei einem von der Versicherungspflicht befreiten Beschäftigten im Sinne des § 10a Absatz 1 Satz 1 Nummer 3 der die Versorgung gewährleistende Arbeitgeber der rentenversicherungsfreien Beschäftigung,

4. Beamten, Richter, Berufssoldaten und Soldaten auf Zeit im Sinne des § 10a Absatz 1 Satz 1 Nummer 4 der zur Zahlung des Arbeitsentgelts verpflichtete Arbeitgeber und

5. Empfänger einer Versorgung im Sinne des § 10a Absatz 1 Satz 4 die die Versorgung anordnende Stelle.

₂Für die in § 10a Absatz 1 Satz 1 Nummer 5 genannten Steuerpflichtigen gilt Satz 1 entsprechend.

§ 82 Altersvorsorgebeiträge

(1) ₁Geförderte Altersvorsorgebeiträge sind im Rahmen des in § 10a Absatz 1 Satz 1 genannten Höchstbetrags

1. Beiträge,

2. Tilgungsleistungen,

die der Zulageberechtigte (§ 79) bis zum Beginn der Auszahlungsphase zugunsten eines auf seinen Namen lautenden Vertrags leistet, der nach § 5 des Altersvorsorgeverträge-Zertifizierungsgesetzes zertifiziert ist (Altersvorsorgevertrag). ₂Die Zertifizierung ist Grundlagenbescheid im Sinne des § 171 Absatz 10 der Abgabenordnung. ₃Als Tilgungsleistungen gelten auch Beiträge, die vom Zulageberechtigten zugunsten eines auf seinen Namen lautenden Altersvorsorgevertrags im Sinne des § 1 Absatz 1a Satz 1 Nummer 3 des Altersvorsorgeverträge-Zertifizierungsgesetzes erbracht wurden und die zur Tilgung eines im Rahmen des Altersvorsorgevertrags abgeschlossenen Darlehens abgetrennt wurden. ₄Im Fall der Übertragung von gefördertem Altersvorsorgevermögen nach § 1 Absatz 1 Satz 1 Nummer 10 Buchstabe b des Altersvorsorgeverträge-Zertifizierungsgesetzes in einen Altersvorsorgevertrag im Sinne des § 1 Absatz 1a Satz 1 Nummer 3 des Altersvorsorgeverträge-Zertifizierungsgesetzes gelten die Beiträge nach Satz 1 Nummer 1 ab dem Zeitpunkt der Übertragung als Tilgungsleistungen nach Satz 3; eine erneute Förderung nach § 10a oder Abschnitt XI erfolgt insoweit nicht. ₅Tilgungsleistungen nach den Sätzen 1 und 3 werden nur berücksichtigt, wenn das zugrunde liegende Darlehen für eine nach dem 31. Dezember 2007 vorgenommene wohnungswirtschaftliche Verwendung im Sinne des § 92a Absatz 1 Satz 1 eingesetzt wurde. ₆Bei einer Aufgabe der Selbstnutzung nach § 92a Absatz 3 Satz 1 gelten im Beitragsjahr der Aufgabe der Selbstnutzung auch die nach Aufgabe der Selbstnutzung geleisteten Beiträge oder Tilgungsleistungen als Altersvorsorgebeiträge nach Satz 1. ₇Bei einer Reinvestition nach § 92a Absatz 3 Satz 9 Nummer 1 gelten im Beitragsjahr der Reinvestition auch die davor geleisteten Beiträge oder Tilgungsleistungen als Altersvorsorgebeiträge nach Satz 1. ₈Bei einem beruflich bedingten Umzug nach § 92a Absatz 4 gelten

1. im Beitragsjahr des Wegzugs auch die nach dem Wegzug und

2. im Beitragsjahr des Wiedereinzugs auch die vor dem Wiedereinzug

geleisteten Beiträge und Tilgungsleistungen als Altersvorsorgebeiträge nach Satz 1.

(2) ₁Zu den Altersvorsorgebeiträgen gehören auch

a) die aus dem individuell versteuerten Arbeitslohn des Arbeitnehmers geleisteten Beiträge an einen Pensionsfonds, eine Pensionskasse oder eine Direktversicherung zum Aufbau einer kapitalgedeckten betrieblichen Altersversorgung und

b) Beiträge des Arbeitnehmers und des ausgeschiedenen Arbeitnehmers, die dieser im Fall der zunächst durch Entgeltumwandlung (§ 1a des Betriebsrentengesetzes) finanzierten und nach § 3 Nummer 63 oder § 10a und diesem Abschnitt geförderten kapitalgedeckten betrieblichen Altersversorgung nach Maßgabe des § 1a Absatz 4, des § 1b Absatz 5 Satz 1 Nummer 2 und des § 22 Absatz 3 Nummer 1 Buchstabe a des Betriebsrentengesetzes selbst erbringt.

₂Satz 1 gilt nur, wenn

1. a) vereinbart ist, dass die zugesagten Altersversorgungsleistungen als monatliche Leistungen in Form einer lebenslangen Leibrente oder als Ratenzahlungen im Rahmen eines Auszahlungsplans mit einer anschließenden Teilkapitalverrentung ab spätestens dem 85. Lebensjahr ausgezahlt werden und die Leistungen während der gesamten Auszahlungsphase gleich bleiben oder steigen; dabei können bis zu zwölf Monatsleistungen in einer Auszahlung zusammengefasst und bis zu 30 Prozent des zu Beginn der Auszahlungsphase zur Verfügung stehenden Kapitals außerhalb der monatlichen Leistungen ausgezahlt werden, und
   b) ein vereinbartes Kapitalwahlrecht nicht oder nicht außerhalb des letzten Jahres vor dem vertraglich vorgesehenen Beginn der Altersversorgungsleistung ausgeübt wurde, oder
2. bei einer reinen Beitragszusage nach § 1 Absatz 2 Nummer 2a des Betriebsrentengesetzes die Pensionsfonds, die Pensionskasse oder die Direktversicherung eine lebenslange Zahlung als Altersversorgungsleistung zu erbringen hat.

₃Die §§ 3 und 4 des Betriebsrentengesetzes stehen dem vorbehaltlich des § 93 nicht entgegen.

(3) Zu den Altersvorsorgebeiträgen gehören auch die Beitragsanteile, die zur Absicherung der verminderten Erwerbsfähigkeit des Zulageberechtigten und zur Hinterbliebenenversorgung verwendet werden, wenn in der Leistungsphase die Auszahlung in Form einer Rente erfolgt.

(4) Nicht zu den Altersvorsorgebeiträgen zählen

1. Aufwendungen, die vermögenswirksame Leistungen nach dem Fünften Vermögensbildungsgesetz in der jeweils geltenden Fassung darstellen,
2. prämienbegünstigte Aufwendungen nach dem Wohnungsbau-Prämiengesetz in der Fassung der Bekanntmachung vom 30. Oktober 1997 (BGBl. I S. 2678), zuletzt geändert durch Artikel 5 des Gesetzes vom 29. Juli 2008 (BGBl. I S. 1509), in der jeweils geltenden Fassung,
3. Aufwendungen, die im Rahmen des § 10 als Sonderausgaben geltend gemacht werden,
4. Zahlungen nach § 92a Absatz 2 Satz 4 Nummer 1 und Absatz 3 Satz 9 Nummer 2 oder
5. Übertragungen im Sinne des § 3 Nummer 55 bis 55c.

(5) ₁Der Zulageberechtigte kann für ein abgelaufenes Beitragsjahr bis zum Beitragsjahr 2011 Altersvorsorgebeiträge auf einen auf seinen Namen lautenden Altersvorsorgevertrag leisten, wenn

1. der Anbieter des Altersvorsorgevertrags davon Kenntnis erhält, in welcher Höhe und für welches Beitragsjahr die Altersvorsorgebeiträge berücksichtigt werden sollen,
2. in dem Beitragsjahr, für das die Altersvorsorgebeiträge berücksichtigt werden sollen, ein Altersvorsorgevertrag bestanden hat,
3. im fristgerechten Antrag auf Zulage für dieses Beitragsjahr eine Zulageberechtigung nach § 79 Satz 2 angegeben wurde, aber tatsächlich eine Zulageberechtigung nach § 79 Satz 1 vorliegt,
4. die Zahlung der Altersvorsorgebeiträge für abgelaufene Beitragsjahre bis zum Ablauf von zwei Jahren nach Erteilung der Bescheinigung nach § 92, mit der zuletzt Ermittlungsergebnisse für dieses Beitragsjahr bescheinigt wurden, längstens jedoch bis zum Beginn der Auszahlungsphase des Altersvorsorgevertrages erfolgt und
5. der Zulageberechtigte vom Anbieter in hervorgehobener Weise darüber informiert wurde oder dem Anbieter seine Kenntnis darüber versichert, dass die Leistungen aus diesen Altersvorsorgebeiträgen der vollen nachgelagerten Besteuerung nach § 22 Nummer 5 Satz 1 unterliegen.

₂Wurden die Altersvorsorgebeiträge dem Altersvorsorgevertrag gutgeschrieben und sind die Voraussetzungen nach Satz 1 erfüllt, so hat der Anbieter der zentralen Stelle (§ 81) die entsprechenden Daten nach § 89 Absatz 2 Satz 1 für das zurückliegende Beitragsjahr nach einem mit der zentralen Stelle abgestimmten Verfahren mitzuteilen. ₃Die Beträge nach Satz 1 gelten für die Ermittlung der zu zahlenden Altersvorsorgezulage nach § 83 als Altersvorsorgebeiträge für das Beitragsjahr, für das sie gezahlt wurden. ₄Für die Anwendung des § 10a Absatz 1 Satz 1 sowie bei der Ermittlung der dem Steuerpflichtigen zustehenden Zulage im Rahmen des § 2 Absatz 6 und des § 10a sind die nach Satz 1 gezahlten Altersvorsorgebeiträge weder für das Beitragsjahr nach Satz 1 Nummer 2 noch für das Beitragsjahr der Zahlung zu berücksichtigen.

§ 83 Altersvorsorgezulage

In Abhängigkeit von den geleisteten Altersvorsorgebeiträgen wird eine Zulage gezahlt, die sich aus einer Grundzulage (§ 84) und einer Kinderzulage (§ 85) zusammensetzt.

§ 84 Grundzulage

₁Jeder Zulageberechtigte erhält eine Grundzulage; diese beträgt ab dem Beitragsjahr 2018 jährlich 175 Euro. ₂Für Zulageberechtigte nach § 79 Satz 1, die zu Beginn des Beitragsjahres (§ 88) das 25. Lebensjahr noch nicht vollendet haben, erhöht sich die Grundzulage nach Satz 1 um einmalig 200 Euro. ₃Die Erhöhung nach Satz 2 ist für das erste nach dem 31. Dezember 2007 beginnende Beitragsjahr zu gewähren, für das eine Altersvorsorgezulage beantragt wird.

§ 85 Kinderzulage

(1) ₁Die Kinderzulage beträgt für jedes Kind, für das gegenüber dem Zulageberechtigten Kindergeld festgesetzt wird, jährlich 185 Euro. ₂Für ein nach dem 31. Dezember 2007 geborenes Kind erhöht sich die Kinderzulage nach Satz 1 auf 300 Euro. ₃Der Anspruch auf Kinderzulage entfällt für den Veranlagungszeitraum, für den das Kindergeld insgesamt zurückgefordert wird. ₄Erhalten mehrere Zulageberechtigte für dasselbe Kind Kindergeld, steht die Kinderzulage demjenigen zu, dem gegenüber für den ersten Anspruchszeitraum (§ 66 Absatz 2) im Kalenderjahr Kindergeld festgesetzt worden ist.

(2) ₁Bei Eltern verschiedenen Geschlechts, die miteinander verheiratet sind, nicht dauernd getrennt leben (§ 26 Absatz 1) und ihren Wohnsitz oder gewöhnlichen Aufenthalt in einem Mitgliedstaat der Europäischen Union oder einem Staat haben, auf den das Abkommen über den Europäischen Wirtschaftsraum (EWR-Abkommen) anwendbar ist, wird die Kinderzulage der Mutter zugeordnet, auf Antrag beider Eltern dem Vater. ₂Bei Eltern gleichen Geschlechts, die miteinander verheiratet sind oder eine Lebenspartnerschaft führen, nicht dauernd getrennt leben (§ 26 Absatz 1) und ihren Wohnsitz oder gewöhnlichen Aufenthalt in einem Mitgliedstaat der Europäischen Union oder einem Staat haben, auf den das EWR-Abkommen anwendbar ist, ist die Kinderzulage dem Elternteil zuzuordnen, dem gegenüber das Kindergeld festgesetzt wird, auf Antrag beider Eltern dem anderen Elternteil. ₃Der Antrag kann für ein abgelaufenes Beitragsjahr nicht zurückgenommen werden.

§ 86 Mindesteigenbeitrag

(1) ₁Die Zulage nach den §§ 84 und 85 wird gekürzt, wenn der Zulageberechtigte nicht den Mindesteigenbeitrag leistet. ₂Dieser beträgt jährlich 4 Prozent der Summe der in dem dem Kalenderjahr vorangegangenen Kalenderjahr

1. erzielten beitragspflichtigen Einnahmen im Sinne des Sechsten Buches Sozialgesetzbuch,

2. bezogenen Besoldung und Amtsbezüge,

3. in den Fällen des § 10a Absatz 1 Satz 1 Nummer 3 und Nummer 4 erzielten Einnahmen, die beitragspflichtig wären, wenn der Versicherungsfreiheit in der gesetzlichen Rentenversicherung nicht bestehen würde und

4. bezogenen Rente wegen voller Erwerbsminderung oder Erwerbsunfähigkeit oder bezogenen Versorgungsbezüge wegen

Dienstunfähigkeit in den Fällen des § 10a Absatz 1 Satz 4,

jedoch nicht mehr als der in § 10a Absatz 1 Satz 1 genannte Höchstbetrag, vermindert um die Zulage nach den §§ 84 und 85; gehört der Ehegatte zum Personenkreis nach § 79 Satz 2, berechnet sich der Mindesteigenbeitrag des nach § 79 Satz 1 Begünstigten unter Berücksichtigung der den Ehegatten insgesamt zustehenden Zulagen. ₃Auslandsbezogene Bestandteile nach den §§ 52 ff. des Bundesbesoldungsgesetzes oder entsprechender Regelungen eines Landesbesoldungsgesetzes bleiben unberücksichtigt. ₄Als Sockelbetrag sind ab dem Jahr 2005 jährlich 60 Euro zu leisten. ₅Ist der Sockelbetrag höher als der Mindesteigenbeitrag nach Satz 2, so ist der Sockelbetrag als Mindesteigenbeitrag zu leisten. ₆Die Kürzung der Zulage ermittelt sich nach dem Verhältnis der Altersvorsorgebeiträge zum Mindesteigenbeitrag.

(2) ₁Ein nach § 79 Satz 2 begünstigter Ehegatte hat Anspruch auf eine ungekürzte Zulage, wenn der zum begünstigten Personenkreis nach § 79 Satz 1 gehörende Ehegatte seinen geförderten Mindesteigenbeitrag unter Berücksichtigung der den Ehegatten insgesamt zustehenden Zulagen erbracht hat. ₂Werden bei einer in der gesetzlichen Rentenversicherung pflichtversicherten Person beitragspflichtige Einnahmen zu Grunde gelegt, die höher sind als das tatsächlich erzielte Entgelt oder die Entgeltersatzleistung, ist das tatsächlich erzielte Entgelt oder der Zahlbetrag der Entgeltersatzleistung für die Berechnung des Mindesteigenbeitrags zu berücksichtigen. ₃Für die nicht erwerbsmäßig ausgeübte Pflegetätigkeit einer nach § 3 Satz 1 Nummer 1a des Sechsten Buches Sozialgesetzbuch rentenversicherungspflichtigen Person ist für die Berechnung des Mindesteigenbeitrags ein tatsächlich erzieltes Entgelt von 0 Euro zu berücksichtigen.

(3) ₁Für Versicherungspflichtige nach dem Gesetz über die Alterssicherung der Landwirte ist Absatz 1 mit der Maßgabe anzuwenden, dass auch die Einkünfte aus Land- und Forstwirtschaft im Sinne des § 13 des zweiten dem Beitragsjahr vorangegangenen Veranlagungszeitraums als beitragspflichtige Einnahmen des vorangegangenen Kalenderjahres gelten. ₂Negative Einkünfte im Sinne des Satzes 1 bleiben unberücksichtigt, wenn weitere nach Absatz 1 oder Absatz 2 zu berücksichtigende Einnahmen erzielt werden.

(4) Wird nach Ablauf des Beitragsjahres festgestellt, dass die Voraussetzungen für die Gewährung einer Kinderzulage nicht vorgelegen haben, ändert sich dadurch die Berechnung des Mindesteigenbeitrags für dieses Beitragsjahr nicht.

(5) Bei den in § 10a Absatz 6 Satz 1 und 2 genannten Personen ist der Summe nach Absatz 1 Satz 2 die Summe folgender Einnahmen und Leistungen aus dem dem Kalenderjahr vorangegangenen Kalenderjahr hinzuzurechnen:

1. die erzielten Einnahmen aus der Tätigkeit, die die Zugehörigkeit zum Personenkreis des § 10a Absatz 6 Satz 1 begründet, und

2. die bezogenen Leistungen im Sinne des § 10a Absatz 6 Satz 2 Nummer 1.

§ 87 Zusammentreffen mehrerer Verträge

(1) ₁Zahlt der nach § 79 Satz 1 Zulageberechtigte Altersvorsorgebeiträge zugunsten mehrerer Verträge, so wird die Zulage nur für zwei dieser Verträge gewährt. ₂Der insgesamt nach § 86 zu leistende Mindesteigenbeitrag muss zugunsten dieser Verträge geleistet worden sein. ₃Die Zulage ist entsprechend dem Verhältnis der auf diese Verträge geleisteten Beiträge zu verteilen.

(2) ₁Der nach § 79 Satz 2 Zulageberechtigte kann die Zulage für das jeweilige Beitragsjahr nicht auf mehrere Altersvorsorgeverträge verteilen. ₂Es ist nur der Altersvorsorgevertrag begünstigt, für den zuerst die Zulage beantragt wird.

§ 88 Entstehung des Anspruchs auf Zulage

Der Anspruch auf die Zulage entsteht mit Ablauf des Kalenderjahres, in dem die Altersvorsorgebeiträge geleistet worden sind (Beitragsjahr).

§ 89 Antrag

(1) ₁Der Zulageberechtigte hat den Antrag auf Zulage nach amtlich vorgeschriebenem Vordruck bis zum Ablauf des zweiten Kalenderjahres, das auf das Beitragsjahr (§ 88) folgt, bei dem Anbieter seines Vertrages einzureichen; dies kann auch elektronisch unter Angabe der erforderlichen Antragsdaten erfolgen, wenn sowohl der Anbieter als auch der Zulageberechtigte mit diesem Verfahren einverstanden sind. ₂Hat der Zulageberechtigte im Beitragsjahr Altersvorsorgebeiträge für mehrere Verträge gezahlt, so hat er mit dem Zulageantrag zu bestimmen, auf welche Verträge die Zulage überwiesen werden soll. ₃Beantragt der Zulageberechtigte die Zulage für mehr als zwei Verträge, so wird die Zulage nur für die zwei Verträge mit den höchsten Altersvorsorgebeiträgen gewährt. ₄Sofern eine Zulagenummer (§ 90 Absatz 1 Satz 2) durch die zentrale Stelle (§ 81) oder eine Versicherungsnummer nach § 147 des Sechsten Buches Sozialgesetzbuch für den nach § 79 Satz 2 berechtigten Ehegatten noch nicht vergeben ist, hat dieser über seinen Anbieter eine Zulagenummer bei der zentralen Stelle zu beantragen. ₅Der Antragsteller ist verpflichtet, dem Anbieter unverzüglich eine Änderung der Verhältnisse mitzuteilen, die zu einer Minderung oder zum Wegfall des Zulageanspruchs führt; dies kann auch elektronisch erfolgen, wenn sowohl der Anbieter als auch der Zulageberechtigte mit diesem Verfahren einverstanden sind.

(1a) ₁Der Zulageberechtigte kann den Anbieter seines Vertrages unter Angabe der erforderlichen Antragsdaten schriftlich bevollmächtigen, für ihn abweichend von Absatz 1 die Zulage für jedes Beitragsjahr zu beantragen; dies kann auch elektronisch erfolgen, wenn sowohl der Anbieter als auch der Zulageberechtigte mit diesem Verfahren einverstanden sind. ₂Absatz 1 Satz 5 gilt mit Ausnahme der Mitteilung geänderter beitragspflichtiger Einnahmen im Sinne des Sechsten Buches Sozialgesetzbuch entsprechend; erlangt der Anbieter von einer Änderung der Verhältnisse Kenntnis, hat dieser die zentrale Stelle zu unterrichten. ₃Ein Widerruf der Vollmacht ist bis zum Ablauf des Beitragsjahres, für das der Anbieter keinen Antrag auf Zulage stellen soll, gegenüber dem Anbieter zu erklären.

(2) ₁Der Anbieter ist verpflichtet,

a) die Vertragsdaten,

b) die Identifikationsnummer, die Versicherungsnummer nach § 147 des Sechsten Buches Sozialgesetzbuch, die Zulagenummer des Zulageberechtigten und dessen Ehegatten oder einen Antrag auf Vergabe einer Zulagenummer eines nach § 79 Satz 2 berechtigten Ehegatten,

c) die vom Zulageberechtigten mitgeteilten Angaben zur Ermittlung des Mindesteigenbeitrags (§ 86),

d) die Identifikationsnummer des Kindes sowie die weiteren für die Gewährung der Kinderzulage erforderlichen Daten,

e) die Höhe der geleisteten Altersvorsorgebeiträge und

f) das Vorliegen einer nach Absatz 1a erteilten Vollmacht

als die für die Ermittlung und Überprüfung des Zulageanspruchs und Durchführung des Zulageverfahrens erforderlichen Daten zu erfassen. ₂Er hat die Daten der bei ihm im Laufe eines Kalendervierteljahres eingegangenen Anträge bis zum Ende des folgenden Monats nach amtlich vorgeschriebenem Datensatz durch amtlich bestimmte Datenfernübertragung an die zentrale Stelle zu übermitteln. ₃Dies gilt auch im Fall des Absatzes 1 Satz 5. ₄§ 22a Absatz 2 gilt entsprechend.

(3) ₁Ist der Anbieter nach Absatz 1a Satz 1 bevollmächtigt worden, hat er der zentralen Stelle die nach Absatz 2 Satz 1 erforderlichen Angaben für jedes Kalenderjahr bis zum Ablauf des auf das Beitragsjahr folgenden Kalenderjahres zu übermitteln. ₂Liegt die Bevollmächtigung erst nach dem im Satz 1 genannten Meldetermin vor, hat der Anbieter die Angaben bis zum Ende des folgenden Kalendervierteljahres nach der Bevollmächtigung, spätestens jedoch bis zum Ablauf der in Absatz 1 Satz 1 genannten Antragsfrist, zu übermitteln. ₃Absatz 2 Satz 2 und 3 gilt sinngemäß.

§ 90 Verfahren

(1) ₁Die zentrale Stelle ermittelt auf Grund der von ihr erhobenen oder der ihr übermittelten Daten, ob und in welcher Höhe ein Zulageanspruch besteht. ₂Soweit der zuständige Träger der Rentenversicherung keine Versicherungsnummer vergeben hat, vergibt die zentrale Stelle zur Erfüllung der ihr nach diesem Abschnitt zugewiesenen Aufgaben eine Zulagenummer. ₃Die zentrale Stelle teilt im Fall eines Antrags nach § 10a Absatz 1b der zuständigen Stelle, im Fall eines Antrags nach § 89 Absatz 1 Satz 4 dem Anbieter die Zulagenummer mit; von dort wird sie an den Antragsteller weitergeleitet.

(2) ₁Die zentrale Stelle veranlasst die Auszahlung an den Anbieter zugunsten der Zulageberechtigten durch die zuständige Kasse nach erfolgter Berechnung nach Absatz 1 und Überprüfung nach § 91. ₂Ein gesonderter Bescheid ergeht vorbehaltlich des Absatzes 4 nicht. ₃Der Anbieter hat die erhaltenen Zulagen unverzüglich den begünstigten Verträgen gutzuschreiben. ₄Zulagen, die nach Beginn der Auszahlungsphase für das Altersvorsorgevermögen von der zentralen Stelle an den Anbieter überwiesen werden, können vom Anbieter an den Anleger ausgezahlt werden. ₅Besteht kein Zulageanspruch, so teilt die zentrale Stelle dies dem Anbieter durch Datensatz mit. ₆Die zentrale Stelle teilt dem Anbieter die Altersvorsorgebeiträge im Sinne des § 82, auf die § 10a oder dieser Abschnitt angewendet wurde, durch Datensatz mit.

(3) ₁Erkennt die zentrale Stelle bis zum Ende des zweiten auf die Ermittlung der Zulage folgenden Jahres nachträglich auf Grund neuer, berichtigter oder stornierter Daten, dass der Zulageanspruch ganz oder teilweise nicht besteht oder weggefallen ist, so hat sie zu Unrecht gutgeschriebene oder ausgezahlte Zulagen bis zum Ablauf eines Jahres nach der Erkenntnis zurückzufordern und dies dem Zulageberechtigten durch Bescheid nach Absatz 4 Satz 1 Nummer 2 und dem Anbieter durch Datensatz mitzuteilen. ₂Bei bestehendem Vertragsverhältnis hat der Anbieter das Konto zu belasten. ₃Die ihm im Kalendervierteljahr mitgeteilten Rückforderungsbeträge hat er bis zum zehnten Tag des dem Kalendervierteljahr folgenden Monats in einem Betrag bei der zentralen Stelle anzumelden und an diese abzuführen. ₄Die Anmeldung nach Satz 3 ist nach amtlich vorgeschriebenem Vordruck abzugeben. ₅Sie gilt als Steueranmeldung im Sinne der Abgabenordnung. ₆Abweichend von Satz 1 gilt die Ausschlussfrist für den Personenkreis der Kindererziehenden nach § 10a Absatz 1a und deren nach § 79 Satz 2 förderberechtigten Ehegatten nicht; die zentrale Stelle hat die Zulage des Zulageberechtigten als auch die nach § 79 Satz 2 förderberechtigten Ehegatten bis zur Vollendung des fünften Lebensjahres des Kindes, das für die Anerkennung der Förderberechtigung nach § 10a Absatz 1a maßgebend war, zurückzufordern, wenn die Kindererziehungszeiten bis zu diesem Zeitpunkt in der gesetzlichen Rentenversicherung nicht angerechnet wurden. ₇Hat der Zulageberechtigte die Kindererziehungszeiten innerhalb der in § 10a Absatz 1a genannten Frist beantragt, der zuständige Träger der gesetzlichen Rentenversicherung aber nicht innerhalb der Ausschlussfrist nach Satz 6 darüber abschließend beschieden, verlängert sich die Ausschlussfrist um drei Monate nach Kenntniserlangung der zentralen Stelle vom Erlass des Bescheides.

(3a) ₁Erfolgt nach der Durchführung einer versorgungsrechtlichen Teilung eine Rückforderung von zu Unrecht gezahlten Zulagen, setzt die zentrale Stelle den Rückforderungsbetrag nach Absatz 3 unter Anrechnung bereits vom Anbieter einbehaltener und abgeführter Beträge gegenüber dem Zulageberechtigten fest, soweit

1. das Guthaben auf dem Vertrag des Zulageberechtigten zur Zahlung des Rückforderungsbetrags nach § 90 Absatz 3 Satz 1 nicht ausreicht und

2. im Rückforderungsbetrag ein Zulagebetrag enthalten ist, der in der Ehe- oder Lebenspartnerschaftszeit ausgezahlt wurde.

₂Erfolgt nach einer Inanspruchnahme eines Altersvorsorge-Eigenheimbetrags im Sinne des § 92a Absatz 1 oder während einer Dar-

§ 90 Einkommensteuergesetz (EStG) – Auszug VIII.4

lehenstilgung bei Altersvorsorgeverträgen nach § 1 Absatz 1a des Altersvorsorgeverträge-Zertifizierungsgesetzes eine Rückforderung zu Unrecht gezahlter Zulagen, setzt die zentrale Stelle den Rückforderungsbetrag nach Absatz 3 unter Anrechnung bereits vom Anbieter einbehaltener und abgeführter Beträge gegenüber dem Zulageberechtigten fest, soweit das Guthaben auf dem Altersvorsorgevertrag des Zulageberechtigten zur Zahlung des Rückforderungsbetrags nicht ausreicht. ₃Der Anbieter hat in diesen Fällen der zentralen Stelle die nach Absatz 3 einbehaltenen und abgeführten Beträge nach amtlich vorgeschriebenem Datensatz durch amtlich bestimmte Datenfernübertragung mitzuteilen.

(4) ₁Eine Festsetzung der Zulage erfolgt

1. von Amts wegen, wenn die nach den vorliegenden Daten abschließend berechnete Zulage von der beantragten Zulage abweicht,

2. im Falle des Absatzes 3 von Amts wegen,

3. auf besonderen Antrag des Zulageberechtigten, sofern nicht bereits eine Festsetzung von Amts wegen erfolgt ist, oder

4. auf Anforderung des zuständigen Finanzamtes, wenn dessen Daten von den Daten der zentralen Stelle abweichen; eine gesonderte Festsetzung unterbleibt, wenn eine Festsetzung nach den Nummern 1 bis 3 bereits erfolgt ist, für das Beitragsjahr keine Zulage beantragt wurde oder die Frist nach Absatz 3 Satz 1 abgelaufen ist.

₂Der Antrag nach Satz 1 Nummer 3 ist schriftlich oder elektronisch innerhalb eines Jahres vom Zulageberechtigten an die zentrale Stelle zu richten; die Frist beginnt mit der Erteilung der Bescheinigung nach § 92, die die Ermittlungsergebnisse für das Beitragsjahr enthält, für das eine Festsetzung der Zulage erfolgen soll. ₃Der Anbieter teilt auf Anforderung der zentralen Stelle nach amtlich vorgeschriebenem Datensatz durch amtlich bestimmte Datenfernübertragung das Datum der Erteilung der nach Satz 2 maßgebenden Bescheinigung nach § 92 mit. ₄Er hat auf Anforderung weitere ihm vorliegende, für die Festsetzung erforderliche Unterlagen beizufügen; eine ergänzende Stellungnahme kann beigefügt werden; dies kann auch elektronisch erfolgen, wenn sowohl der Anbieter als auch die zentrale Stelle mit diesem Verfahren einverstanden sind. ₅Die zentrale Stelle teilt die Festsetzung auch dem Anbieter und die Festsetzung nach Satz 1 Nummer 4 auch dem Finanzamt mit; erfolgt keine Festsetzung nach Satz 1 Nummer 4, teilt dies die zentrale Stelle dem Finanzamt ebenfalls mit. ₆Im Übrigen gilt Absatz 3 entsprechend. ₇Satz 1 Nummer 1 gilt nicht, wenn der Datensatz nach § 89 Absatz 2 auf Grund von unzureichenden oder fehlerhaften Angaben des Zulageberechtigten abgewiesen sowie um eine Fehlermeldung ergänzt worden ist und die Angaben nicht innerhalb der Antragsfrist des § 89 Absatz 1 Satz 1 von dem Zulageberechtigten an den Anbieter nachgereicht werden.

(5) ₁Im Rahmen des Festsetzungsverfahrens oder Einspruchsverfahrens kann der Zulageberechtigte bis zum rechtskräftigen Abschluss des Festsetzungsverfahrens oder Einspruchsverfahrens eine nicht fristgerecht abgegebene Einwilligung nach § 10a Absatz 1 Satz 1 Halbsatz 2 gegenüber der zuständigen Stelle nachholen. ₂Über die Nachholung hat er die zentrale Stelle unter Angabe des Datums der Erteilung der Einwilligung unmittelbar zu informieren. ₃Hat der Zulageberechtigte im Rahmen des Festsetzungsverfahrens oder Einspruchsverfahrens eine wirksame Einwilligung gegenüber der zuständigen Stelle erteilt, wird er so gestellt, als hätte er die Einwilligung innerhalb der Frist nach § 10a Absatz 1 Satz 1 Halbsatz 2 wirksam gestellt.

Gesetz zum Elterngeld und zur Elternzeit (Bundeselterngeld- und Elternzeitgesetz – BEEG)

in der Fassung der Bekanntmachung
vom 27. Januar 2015 (BGBl. I S. 33)

Zuletzt geändert durch
Jahressteuergesetz 2024
vom 2. Dezember 2024 (BGBl. I Nr. 387)

Abschnitt 1
Elterngeld

§ 1 Berechtigte

(1) ₁Anspruch auf Elterngeld hat, wer

1. einen Wohnsitz oder seinen gewöhnlichen Aufenthalt in Deutschland hat,
2. mit seinem Kind in einem Haushalt lebt,
3. dieses Kind selbst betreut und erzieht und
4. keine oder keine volle Erwerbstätigkeit ausübt.

₂Bei Mehrlingsgeburten besteht nur ein Anspruch auf Elterngeld.

(2) ₁Anspruch auf Elterngeld hat auch, wer, ohne eine der Voraussetzungen des Absatzes 1 Satz 1 Nummer 1 zu erfüllen,

1. nach § 4 des Vierten Buches Sozialgesetzbuch dem deutschen Sozialversicherungsrecht unterliegt oder im Rahmen seines in Deutschland bestehenden öffentlich-rechtlichen Dienst- oder Amtsverhältnisses vorübergehend ins Ausland abgeordnet, versetzt oder kommandiert ist,
2. Entwicklungshelfer oder Entwicklungshelferin im Sinne des § 1 des Entwicklungshelfer-Gesetzes ist oder als Missionar oder Missionarin der Missionswerke und -gesellschaften, die Mitglieder oder Vereinbarungspartner des Evangelischen Missionswerkes Hamburg, der Arbeitsgemeinschaft Evangelikaler Missionen e. V. oder der Arbeitsgemeinschaft pfingstlich-charismatischer Missionen sind, tätig ist oder
3. die deutsche Staatsangehörigkeit besitzt und nur vorübergehend bei einer zwischen- oder überstaatlichen Einrichtung tätig ist, insbesondere nach den Entsenderichtlinien des Bundes beurlaubte Beamte und Beamtinnen, oder wer vorübergehend eine nach § 123a des Beamtenrechtsrahmengesetzes oder § 29 des Bundesbeamtengesetzes zugewiesene Tätigkeit im Ausland wahrnimmt.

₂Dies gilt auch für mit der nach Satz 1 berechtigten Person in einem Haushalt lebende Ehegatten oder Ehegattinnen.

(3) ₁Anspruch auf Elterngeld hat abweichend von Absatz 1 Satz 1 Nummer 2 auch, wer

1. mit einem Kind in einem Haushalt lebt, das er mit dem Ziel der Annahme als Kind aufgenommen hat,
2. ein Kind des Ehegatten oder der Ehegattin in seinen Haushalt aufgenommen hat oder
3. mit einem Kind in einem Haushalt lebt und die von ihm erklärte Anerkennung der Vaterschaft nach § 1594 Absatz 2 des Bürgerlichen Gesetzbuchs noch nicht wirksam oder über die von ihm beantragte Vaterschaftsfeststellung nach § 1600d des Bürgerlichen Gesetzbuchs noch nicht entschieden ist.

₂Für angenommene Kinder und Kinder im Sinne des Satzes 1 Nummer 1 sind die Vorschriften dieses Gesetzes mit der Maßgabe anzuwenden, dass statt des Zeitpunktes der Geburt der Zeitpunkt der Aufnahme des Kindes bei der berechtigten Person maßgeblich ist.

(4) Können die Eltern wegen einer schweren Krankheit, Schwerbehinderung oder Todes der Eltern ihr Kind nicht betreuen, haben Verwandte bis zum dritten Grad und ihre Ehegatten oder Ehegattinnen Anspruch auf Elterngeld, wenn sie die übrigen Voraussetzungen nach Absatz 1 erfüllen und wenn von

§ 1 Bundeselterngeld- und Elternzeitgesetz (BEEG)

anderen Berechtigten Elterngeld nicht in Anspruch genommen wird.

(5) Der Anspruch auf Elterngeld bleibt unberührt, wenn die Betreuung und Erziehung des Kindes aus einem wichtigen Grund nicht sofort aufgenommen werden kann oder wenn sie unterbrochen werden muss.

(6) Eine Person ist nicht voll erwerbstätig, wenn

1. ihre Arbeitszeit 32 Wochenstunden im Durchschnitt des Lebensmonats nicht übersteigt,
2. sie eine Beschäftigung zur Berufsbildung ausübt oder
3. sie als eine im Sinne der §§ 23 und 43 des Achten Buches Sozialgesetzbuch geeignete Kindertagespflegeperson tätig ist.

(6a) Als erwerbstätig im Sinne dieses Gesetzes gelten auch Personen, die vorübergehend nicht arbeiten, solange sie

1. sich in einem Arbeitsverhältnis befinden oder
2. selbständig erwerbstätig sind.

(7) ₁Ein nicht freizügigkeitsberechtigter Ausländer oder eine nicht freizügigkeitsberechtigte Ausländerin ist nur anspruchsberechtigt, wenn diese Person

1. eine Niederlassungserlaubnis oder eine Erlaubnis zum Daueraufenthalt-EU besitzt,
2. eine Blaue Karte EU, eine ICT-Karte, eine Mobiler-ICT-Karte oder eine Aufenthaltserlaubnis besitzt, die für einen Zeitraum von mindestens sechs Monaten zur Ausübung einer Erwerbstätigkeit berechtigen oder berechtigt haben oder diese erlauben, es sei denn, die Aufenthaltserlaubnis wurde
   a) nach § 16e des Aufenthaltsgesetzes zu Ausbildungszwecken, nach § 19c Absatz 1 des Aufenthaltsgesetzes zum Zweck der Beschäftigung als Au-Pair oder zum Zweck der Saisonbeschäftigung, nach § 19e des Aufenthaltsgesetzes zum Zweck der Teilnahme an einem Europäischen Freiwilligendienst oder nach § 20a Absatz 5 Satz 1 des Aufenthaltsgesetzes zur Suche nach einer Erwerbstätigkeit oder nach Maßnahmen zur Anerkennung ausländischer Berufsqualifikationen erteilt,
   b) nach § 16b des Aufenthaltsgesetzes zum Zweck eines Studiums, nach § 16d des Aufenthaltsgesetzes für Maßnahmen zur Anerkennung ausländischer Berufsqualifikationen, nach § 20 des Aufenthaltsgesetzes zur Suche nach einer Erwerbstätigkeit oder nach § 20a Absatz 5 Satz 2 des Aufenthaltsgesetzes zur Suche nach einer Erwerbstätigkeit oder nach Maßnahmen zur Anerkennung ausländischer Berufsqualifikationen erteilt und die Person ist weder erwerbstätig noch nimmt sie Elternzeit nach § 15 dieses Gesetzes oder laufende Geldleistungen nach dem Dritten Buch Sozialgesetzbuch in Anspruch,
   c) nach § 23 Absatz 1 des Aufenthaltsgesetzes wegen eines Krieges im Heimatland dieser Person oder nach § 23a oder § 25 Absatz 3 bis 5 des Aufenthaltsgesetzes erteilt,

3. eine in Nummer 2 Buchstabe c genannte Aufenthaltserlaubnis besitzt und im Bundesgebiet berechtigt erwerbstätig ist oder Elternzeit nach § 15 dieses Gesetzes oder laufende Geldleistungen nach dem Dritten Buch Sozialgesetzbuch in Anspruch nimmt,
4. eine in Nummer 2 Buchstabe c genannte Aufenthaltserlaubnis besitzt und sich seit mindestens 15 Monaten erlaubt, gestattet oder geduldet im Bundesgebiet aufhält oder
5. eine Beschäftigungsduldung gemäß § 60d in Verbindung mit § 60a Absatz 2 Satz 3 des Aufenthaltsgesetzes besitzt.

₂Abweichend von Satz 1 Nummer 3 erste Alternative ist ein minderjähriger nicht freizügigkeitsberechtigter Ausländer oder eine minderjährige nicht freizügigkeitsberechtigte Ausländerin unabhängig von einer Erwerbstätigkeit anspruchsberechtigt.

(8) ₁Ein Anspruch entfällt, wenn die berechtigte Person im letzten abgeschlossenen Veranlagungszeitraum vor der Geburt des Kindes

ein zu versteuerndes Einkommen nach § 2 Absatz 5 des Einkommensteuergesetzes in Höhe von mehr als 175 000 Euro erzielt hat. ₂Erfüllt auch eine andere Person die Voraussetzungen des Absatzes 1 Satz 1 Nummer 2 oder der Absätze 3 oder 4, entfällt abweichend von Satz 1 der Anspruch, wenn die Summe des zu versteuernden Einkommens beider Personen mehr als 175 000 Euro beträgt.

§ 2 Höhe des Elterngeldes

(1) ₁Elterngeld wird in Höhe von 67 Prozent des Einkommens aus Erwerbstätigkeit vor der Geburt des Kindes gewährt. ₂Es wird bis zu einem Höchstbetrag von 1800 Euro monatlich für volle Lebensmonate gezahlt, in denen die berechtigte Person kein Einkommen aus Erwerbstätigkeit hat. ₃Das Einkommen aus Erwerbstätigkeit errechnet sich nach Maßgabe der §§ 2c bis 2f aus der um die Abzüge für Steuern und Sozialabgaben verminderten Summe der positiven Einkünfte aus

1. nichtselbständiger Arbeit nach § 2 Absatz 1 Satz 1 Nummer 4 des Einkommensteuergesetzes sowie

2. Land- und Forstwirtschaft, Gewerbebetrieb und selbständiger Arbeit nach § 2 Absatz 1 Satz 1 Nummer 1 bis 3 des Einkommensteuergesetzes,

die im Inland zu versteuern sind und die die berechtigte Person durchschnittlich monatlich im Bemessungszeitraum nach § 2b oder in Lebensmonaten der Bezugszeit nach § 2 Absatz 3 hat.

(2) ₁In den Fällen, in denen das Einkommen aus Erwerbstätigkeit vor der Geburt geringer als 1000 Euro war, erhöht sich der Prozentsatz von 67 Prozent um 0,1 Prozentpunkte für je 2 Euro, um die dieses Einkommen den Betrag von 1000 Euro unterschreitet, auf bis zu 100 Prozent. ₂In den Fällen, in denen das Einkommen aus Erwerbstätigkeit vor der Geburt höher als 1200 Euro war, sinkt der Prozentsatz von 67 Prozent um 0,1 Prozentpunkte für je 2 Euro, um die dieses Einkommen den Betrag von 1200 Euro überschreitet, auf bis zu 65 Prozent.

(3) ₁Für Lebensmonate nach der Geburt des Kindes, in denen die berechtigte Person ein Einkommen aus Erwerbstätigkeit hat, das durchschnittlich geringer ist als das Einkommen aus Erwerbstätigkeit vor der Geburt, wird Elterngeld in Höhe des nach den Absätzen 1 oder 2 maßgeblichen Prozentsatzes des Unterschiedsbetrages dieser Einkommen aus Erwerbstätigkeit gezahlt. ₂Als Einkommen aus Erwerbstätigkeit vor der Geburt ist dabei höchstens der Betrag von 2770 Euro anzusetzen. ₃Der Unterschiedsbetrag nach Satz 1 ist für das Einkommen aus Erwerbstätigkeit in Lebensmonaten, in denen die berechtigte Person Basiselterngeld in Anspruch nimmt, und in Lebensmonaten, in denen sie Elterngeld Plus im Sinne des § 4a Absatz 2 in Anspruch nimmt, getrennt zu berechnen.

(4) ₁Elterngeld wird mindestens in Höhe von 300 Euro gezahlt. ₂Dies gilt auch, wenn die berechtigte Person vor der Geburt des Kindes kein Einkommen aus Erwerbstätigkeit hat.

§ 2a Geschwisterbonus und Mehrlingszuschlag

(1) ₁Lebt die berechtigte Person in einem Haushalt mit

1. zwei Kindern, die noch nicht drei Jahre alt sind, oder

2. drei oder mehr Kindern, die noch nicht sechs Jahre alt sind,

wird das Elterngeld um 10 Prozent, mindestens jedoch um 75 Euro erhöht (Geschwisterbonus). ₂Zu berücksichtigen sind alle Kinder, für die die berechtigte Person die Voraussetzungen des § 1 Absatz 1 und 3 erfüllt und für die sich das Elterngeld nicht nach Absatz 4 erhöht.

(2) ₁Für angenommene Kinder, die noch nicht 14 Jahre alt sind, gilt als Alter des Kindes der Zeitraum seit der Aufnahme des Kindes in den Haushalt der berechtigten Person. ₂Dies gilt auch für Kinder, die die berechtigte Person entsprechend § 1 Absatz 3 Satz 1 Nummer 1 mit dem Ziel der Annahme als Kind in ihren Haushalt aufgenommen hat. ₃Für Kinder mit Behinderung im Sinne von § 2 Absatz 1 Satz 1 des Neunten Buches Sozialgesetzbuch liegt

§ 2b Bundeselterngeld- und Elternzeitgesetz (BEEG) VIII.5

die Altersgrenze nach Absatz 1 Satz 1 bei 14 Jahren.

(3) Der Anspruch auf den Geschwisterbonus endet mit Ablauf des Monats, in dem eine der in Absatz 1 genannten Anspruchsvoraussetzungen entfällt.

(4) ₁Bei Mehrlingsgeburten erhöht sich das Elterngeld um je 300 Euro für das zweite und jedes weitere Kind (Mehrlingszuschlag). ₂Dies gilt auch, wenn ein Geschwisterbonus nach Absatz 1 gezahlt wird.

§ 2b Bemessungszeitraum

(1) ₁Für die Ermittlung des Einkommens aus nichtselbstständiger Erwerbstätigkeit im Sinne von § 2c vor der Geburt sind die zwölf Kalendermonate vor dem Kalendermonat der Geburt des Kindes maßgeblich. ₂Bei der Bestimmung des Bemessungszeitraums nach Satz 1 bleiben Kalendermonate unberücksichtigt, in denen die berechtigte Person

1. im Zeitraum nach § 4 Absatz 1 Satz 2 und 3 und Absatz 5 Satz 3 Nummer 1 Buchstabe b, Nummer 2 Buchstabe b, Nummer 3 Buchstabe b und Nummer 4 Buchstabe b Elterngeld für ein älteres Kind bezogen hat,
2. während der Schutzfristen nach § 3 des Mutterschutzgesetzes nicht beschäftigt werden durfte oder Mutterschaftsgeld nach dem Fünften Buch Sozialgesetzbuch oder nach dem Zweiten Gesetz über die Krankenversicherung der Landwirte oder Krankentagegeld nach § 192 Absatz 5 Satz 2 des Versicherungsvertragsgesetzes bezogen hat,
3. eine Krankheit hatte, die maßgeblich durch eine Schwangerschaft bedingt war, oder
4. Wehrdienst nach dem Wehrpflichtgesetz in der bis zum 31. Mai 2011 geltenden Fassung oder nach dem Vierten Abschnitt des Soldatengesetzes oder Zivildienst nach dem Zivildienstgesetz geleistet hat.

₃Abweichend von Satz 2 sind Kalendermonate im Sinne des Satzes 2 Nummer 1 bis 4 auf Antrag der berechtigten Person zu berücksichtigen. ₄Abweichend von Satz 2 bleiben auf Antrag bei der Ermittlung des Einkommens für die Zeit vom 1. März 2020 bis zum Ablauf des 23. September 2022 auch solche Kalendermonate unberücksichtigt, in denen die berechtigte Person aufgrund der COVID-19-Pandemie ein geringeres Einkommen aus Erwerbstätigkeit hatte und dies glaubhaft machen kann. ₅Satz 2 Nummer 1 gilt in den Fällen des § 27 Absatz 1 Satz 1 mit der Maßgabe, dass auf Antrag auch Kalendermonate mit Elterngeldbezug für ein älteres Kind nach Vollendung von dessen 14. Lebensmonat unberücksichtigt bleiben, soweit der Elterngeldbezug von der Zeit vor Vollendung des 14. Lebensmonats auf danach verschoben wurde.

(2) ₁Für die Ermittlung des Einkommens aus selbstständiger Erwerbstätigkeit im Sinne von § 2d vor der Geburt sind die jeweiligen steuerlichen Gewinnermittlungszeiträume maßgeblich, die dem letzten abgeschlossenen steuerlichen Veranlagungszeitraum vor der Geburt des Kindes zugrunde liegen. ₂Haben in einem Gewinnermittlungszeitraum die Voraussetzungen des Absatzes 1 Satz 2 oder Satz 4 vorgelegen, sind auf Antrag die Gewinnermittlungszeiträume maßgeblich, die dem diesen Ereignissen vorangegangenen abgeschlossenen steuerlichen Veranlagungszeitraum zugrunde liegen.

(3) ₁Abweichend von Absatz 1 ist für die Ermittlung des Einkommens aus nichtselbstständiger Erwerbstätigkeit vor der Geburt der letzte abgeschlossene steuerliche Veranlagungszeitraum vor der Geburt maßgeblich, wenn die berechtigte Person in den Zeiträumen nach Absatz 1 oder Absatz 2 Einkommen aus selbstständiger Erwerbstätigkeit hatte. ₂Haben im Bemessungszeitraum nach Satz 1 die Voraussetzungen des Absatzes 1 Satz 2 oder Satz 4 vorgelegen, ist Absatz 2 Satz 2 mit der zusätzlichen Maßgabe anzuwenden, dass für die Ermittlung des Einkommens aus nichtselbstständiger Erwerbstätigkeit vor der Geburt der vorangegangene steuerliche Veranlagungszeitraum maßgeblich ist.

(4) ₁Abweichend von Absatz 3 ist auf Antrag der berechtigten Person für die Ermittlung des

Einkommens aus nichtselbstständiger Erwerbstätigkeit allein der Bemessungszeitraum nach Absatz 1 maßgeblich, wenn die zu berücksichtigende Summe der Einkünfte aus Land- und Forstwirtschaft, Gewerbebetrieb und selbstständiger Arbeit nach § 2 Absatz 1 Satz 1 Nummer 1 bis 3 des Einkommensteuergesetzes

1. in den jeweiligen steuerlichen Gewinnermittlungszeiträumen, die dem letzten abgeschlossenen steuerlichen Veranlagungszeitraum vor der Geburt des Kindes zugrunde liegen, durchschnittlich weniger als 35 Euro im Kalendermonat betrug und

2. in den jeweiligen steuerlichen Gewinnermittlungszeiträumen, die dem steuerlichen Veranlagungszeitraum der Geburt des Kindes zugrunde liegen, bis einschließlich dem Kalendermonat vor der Geburt des Kindes durchschnittlich weniger als 35 Euro im Kalendermonat betrug.

₂Abweichend von § 2 Absatz 1 Satz 3 Nummer 2 ist für die Berechnung des Elterngeldes im Fall des Satzes 1 allein das Einkommen aus nichtselbstständiger Erwerbstätigkeit maßgeblich. ₃Die für die Entscheidung über den Antrag notwendige Ermittlung der Höhe der Einkünfte aus Land- und Forstwirtschaft, Gewerbebetrieb und selbstständiger Arbeit erfolgt für die Zeiträume nach Satz 1 Nummer 1 entsprechend § 2d Absatz 2; in Fällen, in denen zum Zeitpunkt der Entscheidung kein Einkommensteuerbescheid vorliegt, und für den Zeitraum nach Satz 1 Nummer 2 erfolgt die Ermittlung der Höhe der Einkünfte entsprechend § 2d Absatz 3. ₄Die Entscheidung über den Antrag erfolgt abschließend auf der Grundlage der Höhe der Einkünfte, wie sie sich aus den gemäß Satz 3 vorgelegten Nachweisen ergibt.

§ 2c Einkommen aus nichtselbstständiger Erwerbstätigkeit

(1) ₁Der monatlich durchschnittlich zu berücksichtigende Überschuss der Einnahmen aus nichtselbstständiger Arbeit in Geld oder Geldeswert über ein Zwölftel des Arbeitnehmer-Pauschbetrags, vermindert um die Abzüge für Steuern und Sozialabgaben nach den §§ 2e und 2f, ergibt das Einkommen aus nichtselbstständiger Erwerbstätigkeit. ₂Nicht berücksichtigt werden Einnahmen, die im Lohnsteuerabzugsverfahren nach den lohnsteuerlichen Vorgaben als sonstige Bezüge zu behandeln sind. ₃Die zeitliche Zuordnung von Einnahmen erfolgt nach den lohnsteuerlichen Vorgaben für das Lohnsteuerabzugsverfahren. ₄Maßgeblich ist der Arbeitnehmer-Pauschbetrag nach § 9a Satz 1 Nummer 1 Buchstabe a des Einkommensteuergesetzes in der am 1. Januar des Kalenderjahres vor der Geburt des Kindes für dieses Jahr geltenden Fassung.

(2) ₁Grundlage der Ermittlung der Einnahmen sind die Angaben in den für die maßgeblichen Kalendermonate erstellten Lohn- und Gehaltsbescheinigungen des Arbeitgebers. ₂Die Richtigkeit und Vollständigkeit der Angaben in den maßgeblichen Lohn- und Gehaltsbescheinigungen wird vermutet.

(3) ₁Grundlage der Ermittlung der nach den §§ 2e und 2f erforderlichen Abzugsmerkmale für Steuern und Sozialabgaben sind die Angaben in der Lohn- und Gehaltsbescheinigung, die für den letzten Kalendermonat im Bemessungszeitraum mit Einnahmen nach Absatz 1 erstellt wurde. ₂Soweit sich in den Lohn- und Gehaltsbescheinigungen des Bemessungszeitraums eine Angabe zu einem Abzugsmerkmal geändert hat, ist die von der Angabe nach Satz 1 abweichende Angabe maßgeblich, wenn sie in der überwiegenden Zahl der Kalendermonate des Bemessungszeitraums gegolten hat. ₃§ 2c Absatz 2 Satz 2 gilt entsprechend.

(4) ₁Der anteilige Arbeitnehmer-Pauschbetrag nach Absatz 1 Satz 1 ist nicht zu berücksichtigen, wenn dem Ansässigkeitsstaat der berechtigten Person nach einem Abkommen zur Vermeidung der Doppelbesteuerung das Besteuerungsrecht für das Elterngeld zusteht und wenn das aus Deutschland gezahlte Elterngeld nach den maßgebenden Vorschriften des Ansässigkeitsstaats der Steuer unterliegt. ₂Unterliegt das Elterngeld im Ansässigkeitsstaat nach dessen maßgebenden Vorschriften nicht der Steuer, so ist der Arbeit-

nehmer-Pauschbetrag nach Absatz 1 entsprechend zu berücksichtigen.

§ 2d Einkommen aus selbstständiger Erwerbstätigkeit

(1) Die monatlich durchschnittlich zu berücksichtigende Summe der positiven Einkünfte aus Land- und Forstwirtschaft, Gewerbebetrieb und selbstständiger Arbeit (Gewinneinkünfte), vermindert um die Abzüge für Steuern und Sozialabgaben nach den §§ 2e und 2f, ergibt das Einkommen aus selbstständiger Erwerbstätigkeit.

(2) ₁Bei der Ermittlung der im Bemessungszeitraum zu berücksichtigenden Gewinneinkünfte sind die entsprechenden im Einkommensteuerbescheid ausgewiesenen Gewinne anzusetzen. ₂Ist kein Einkommensteuerbescheid zu erstellen, werden die Gewinneinkünfte in entsprechender Anwendung des Absatzes 3 ermittelt.

(3) ₁Grundlage der Ermittlung der in den Bezugsmonaten zu berücksichtigenden Gewinneinkünfte ist eine Gewinnermittlung, die mindestens den Anforderungen des § 4 Absatz 3 des Einkommensteuergesetzes entspricht. ₂Als Betriebsausgaben sind 25 Prozent der zugrunde gelegten Einnahmen oder auf Antrag die damit zusammenhängenden tatsächlichen Betriebsausgaben anzusetzen.

(4) ₁Soweit nicht in § 2c Absatz 3 etwas anderes bestimmt ist, sind bei der Ermittlung der nach § 2e erforderlichen Abzugsmerkmale für Steuern die Angaben im Einkommensteuerbescheid maßgeblich. ₂§ 2c Absatz 3 Satz 2 gilt entsprechend.

(5) Die zeitliche Zuordnung von Einnahmen und Ausgaben erfolgt nach den einkommensteuerrechtlichen Grundsätzen.

§ 2e Abzüge für Steuern

(1) ₁Als Abzüge für Steuern sind Beträge für die Einkommensteuer, den Solidaritätszuschlag und, wenn die berechtigte Person kirchensteuerpflichtig ist, die Kirchensteuer zu berücksichtigen. ₂Die Abzüge für Steuern werden einheitlich für Einkommen aus nichtselbstständiger und selbstständiger Erwerbstätigkeit auf Grundlage einer Berechnung anhand des am 1. Januar des Kalenderjahres vor der Geburt des Kindes für dieses Jahr geltenden Programmablaufplans für die maschinelle Berechnung der vom Arbeitslohn einzubehaltenden Lohnsteuer, des Solidaritätszuschlags und der Maßstabsteuer für die Kirchenlohnsteuer im Sinne von § 39b Absatz 6 des Einkommensteuergesetzes nach den Maßgaben der Absätze 2 bis 5 ermittelt.

(2) ₁Bemessungsgrundlage für die Ermittlung der Abzüge für Steuern ist die monatlich durchschnittlich zu berücksichtigende Summe der Einnahmen nach § 2c, soweit sie von der berechtigten Person zu versteuern sind, und der Gewinneinkünfte nach § 2d. ₂Bei der Ermittlung der Abzüge für Steuern nach Absatz 1 werden folgende Pauschalen berücksichtigt:

1. der Arbeitnehmer-Pauschbetrag nach § 9a Satz 1 Nummer 1 Buchstabe a des Einkommensteuergesetzes, wenn die berechtigte Person von ihr zu versteuernde Einnahmen hat, die unter § 2c fallen, und

2. eine Vorsorgepauschale
    a) mit den Teilbeträgen nach § 39b Absatz 2 Satz 5 Nummer 3 Buchstabe b, c und e des Einkommensteuergesetzes, falls die berechtigte Person von ihr zu versteuernde Einnahmen nach § 2c hat, ohne in der gesetzlichen Rentenversicherung oder einer vergleichbaren Einrichtung versicherungspflichtig gewesen zu sein, oder
    b) mit den Teilbeträgen nach § 39b Absatz 2 Satz 5 Nummer 3 Buchstabe a bis c und e des Einkommensteuergesetzes in allen übrigen Fällen,

wobei die Höhe der Teilbeträge ohne Berücksichtigung der besonderen Regelungen zur Berechnung der Beiträge nach § 55 Absatz 3 und § 58 Absatz 3 des Elften Buches Sozialgesetzbuch bestimmt wird.

(3) ₁Als Abzug für die Einkommensteuer ist der Betrag anzusetzen, der sich unter Berücksichtigung der Steuerklasse und des Faktors nach § 39f des Einkommensteuergesetzes nach § 2c Absatz 3 ergibt; die Steuerklasse VI bleibt unberücksichtigt. ₂War die be-

rechtigte Person im Bemessungszeitraum nach § 2b in keine Steuerklasse eingereiht oder ist ihr nach § 2d zu berücksichtigender Gewinn höher als ihr nach § 2c zu berücksichtigender Überschuss der Einnahmen über ein Zwölftel des Arbeitnehmer-Pauschbetrags, ist als Abzug für die Einkommensteuer der Betrag anzusetzen, der sich unter Berücksichtigung der Steuerklasse IV ohne Berücksichtigung eines Faktors nach § 39f des Einkommensteuergesetzes ergibt.

(4) ₁Als Abzug für den Solidaritätszuschlag ist der Betrag anzusetzen, der sich nach den Maßgaben des Solidaritätszuschlagsgesetzes 1995 für die Einkommensteuer nach Absatz 3 ergibt. ₂Freibeträge für Kinder werden nach den Maßgaben des § 3 Absatz 2a des Solidaritätszuschlagsgesetzes 1995 berücksichtigt.

(5) ₁Als Abzug für die Kirchensteuer ist der Betrag anzusetzen, der sich unter Anwendung eines Kirchensteuersatzes von 8 Prozent für die Einkommensteuer nach Absatz 3 ergibt. ₂Freibeträge für Kinder werden nach den Maßgaben des § 51a Absatz 2a des Einkommensteuergesetzes berücksichtigt.

(6) Vorbehaltlich der Absätze 2 bis 5 werden Freibeträge und Pauschalen nur berücksichtigt, wenn sie ohne weitere Voraussetzung jeder berechtigten Person zustehen.

(7) ₁Abzüge für Steuern nach Absatz 1 Satz 1 sind nicht zu berücksichtigen, wenn dem Ansässigkeitsstaat der berechtigten Person nach einem Abkommen zur Vermeidung der Doppelbesteuerung das Besteuerungsrecht für das Elterngeld zusteht und wenn das aus Deutschland gezahlte Elterngeld nach den maßgebenden Vorschriften des Ansässigkeitsstaats der Steuer unterliegt. ₂Unterliegt das Elterngeld im Ansässigkeitsstaat nach dessen maßgebenden Vorschriften nicht der Steuer, so sind die Abzüge für Steuern nach den Absätzen 1 bis 6 entsprechend zu berücksichtigen.

§ 2f Abzüge für Sozialabgaben

(1) ₁Als Abzüge für Sozialabgaben sind Beträge für die gesetzliche Sozialversicherung oder für eine vergleichbare Einrichtung sowie für die Arbeitsförderung zu berücksichtigen. ₂Die Abzüge für Sozialabgaben werden einheitlich für Einkommen aus nichtselbstständiger und selbstständiger Erwerbstätigkeit anhand folgender Beitragssatzpauschalen ermittelt:

1. 9 Prozent für die Kranken- und Pflegeversicherung, falls die berechtigte Person in der gesetzlichen Krankenversicherung nach § 5 Absatz 1 Nummer 1 bis 12 des Fünften Buches Sozialgesetzbuch versicherungspflichtig gewesen ist,

2. 10 Prozent für die Rentenversicherung, falls die berechtigte Person in der gesetzlichen Rentenversicherung oder einer vergleichbaren Einrichtung versicherungspflichtig gewesen ist, und

3. 2 Prozent für die Arbeitsförderung, falls die berechtigte Person nach dem Dritten Buch Sozialgesetzbuch versicherungspflichtig gewesen ist.

(2) ₁Bemessungsgrundlage für die Ermittlung der Abzüge für Sozialabgaben ist die monatlich durchschnittlich zu berücksichtigende Summe der Einnahmen nach § 2c und der Gewinneinkünfte nach § 2d. ₂Einnahmen aus Beschäftigungen im Sinne des § 8, des § 8a oder des § 20 Absatz 3 Satz 1 des Vierten Buches Sozialgesetzbuch werden nicht berücksichtigt. ₃Für Einnahmen aus Beschäftigungsverhältnissen im Sinne des § 20 Absatz 2 des Vierten Buches Sozialgesetzbuch ist der Betrag anzusetzen, der sich nach § 344 Absatz 4 des Dritten Buches Sozialgesetzbuch für diese Einnahmen ergibt, wobei der Faktor im Sinne des § 20 Absatz 2a Satz 2 des Vierten Buches Sozialgesetzbuch unter Zugrundelegung der Beitragssatzpauschalen nach Absatz 1 bestimmt wird.

(3) Andere Maßgaben zur Bestimmung der sozialversicherungsrechtlichen Beitragsbemessungsgrundlagen werden nicht berücksichtigt.

§ 3 Anrechnung von anderen Einnahmen

(1) ₁Auf das der berechtigten Person nach § 2 oder nach § 2 in Verbindung mit § 2a zustehende Elterngeld werden folgende Einnahmen angerechnet:

§ 4 **Bundeselterngeld- und Elternzeitgesetz (BEEG)** **VIII.5**

1. Mutterschaftsleistungen
   a) in Form des Mutterschaftsgeldes nach dem Fünften Buch Sozialgesetzbuch oder nach dem Zweiten Gesetz über die Krankenversicherung der Landwirte mit Ausnahme des Mutterschaftsgeldes nach § 19 Absatz 2 des Mutterschutzgesetzes oder
   b) in Form des Zuschusses zum Mutterschaftsgeld nach § 20 des Mutterschutzgesetzes, die der berechtigten Person für die Zeit ab dem Tag der Geburt des Kindes zustehen,
2. Dienst- und Anwärterbezüge sowie Zuschüsse, die der berechtigten Person nach beamten- oder soldatenrechtlichen Vorschriften für die Zeit eines Beschäftigungsverbots ab dem Tag der Geburt des Kindes zustehen,
3. dem Elterngeld oder den Mutterschaftsleistungen vergleichbare Leistungen, auf die eine nach § 1 berechtigte Person außerhalb Deutschlands oder gegenüber einer über- oder zwischenstaatlichen Einrichtung Anspruch hat,
4. Elterngeld, das der berechtigten Person für ein älteres Kind zusteht, oder dem Elterngeld oder den Mutterschaftsleistungen vergleichbare Leistungen für ein älteres Kind, auf die die berechtigte Person außerhalb Deutschlands oder gegenüber einer über- oder zwischenstaatlichen Einrichtung Anspruch hat,
5. Einnahmen, die der berechtigten Person als Ersatz für Erwerbseinkommen zustehen und
   a) die nicht bereits für die Berechnung des Elterngeldes nach § 2 berücksichtigt werden oder
   b) bei deren Berechnung das Elterngeld nicht berücksichtigt wird.

₂Stehen der berechtigten Person die Einnahmen nur für einen Teil des Lebensmonats des Kindes zu, sind sie nur auf den entsprechenden Teil des Elterngeldes anzurechnen. ₃Für jeden Kalendermonat, in dem Einnahmen nach Satz 1 Nummer 4 oder Nummer 5 im Bemessungszeitraum bezogen worden sind, wird der Anrechnungsbetrag um ein Zwölftel gemindert. ₄Beginnt der Bezug von Einnahmen nach Satz 1 Nummer 5 nach der Geburt des Kindes und berechnen sich die anzurechnenden Einnahmen auf der Grundlage eines Einkommens, das geringer ist als das Einkommen aus Erwerbstätigkeit im Bemessungszeitraum, so ist der Teil des Elterngeldes in Höhe des nach § 2 Absatz 1 oder 2 maßgeblichen Prozentsatzes des Unterschiedsbetrages zwischen dem durchschnittlichen monatlichen Einkommen aus Erwerbstätigkeit im Bemessungszeitraum und dem durchschnittlichen monatlichen Bemessungseinkommen der anzurechnenden Einnahmen von der Anrechnung freigestellt.

(2) ₁Bis zu einem Betrag von 300 Euro ist das Elterngeld von der Anrechnung nach Absatz 1 frei, soweit nicht Einnahmen nach Absatz 1 Satz 1 Nummer 1 bis 3 auf das Elterngeld anzurechnen sind. ₂Dieser Betrag erhöht sich bei Mehrlingsgeburten um je 300 Euro für das zweite und jedes weitere Kind.

(3) Solange kein Antrag auf die in Absatz 1 Satz 1 Nummer 3 genannten vergleichbaren Leistungen gestellt wird, ruht der Anspruch auf Elterngeld bis zur möglichen Höhe der vergleichbaren Leistung.

§ 4 Bezugsdauer, Anspruchsumfang

(1) ₁Elterngeld wird als Basiselterngeld oder als Elterngeld Plus gewährt. ₂Es kann ab dem Tag der Geburt bezogen werden. ₃Basiselterngeld kann bis zur Vollendung des 14. Lebensmonats des Kindes bezogen werden. ₄Elterngeld Plus kann bis zur Vollendung des 32. Lebensmonats bezogen werden, solange es ab dem 15. Lebensmonat in aufeinander folgenden Lebensmonaten von zumindest einem Elternteil in Anspruch genommen wird. ₅Für angenommene Kinder und Kinder im Sinne des § 1 Absatz 3 Satz 1 Nummer 1 kann Elterngeld ab Aufnahme bei der berechtigten Person längstens bis zur Vollendung des achten Lebensjahres des Kindes bezogen werden.

(2) ₁Elterngeld wird in Monatsbeträgen für Lebensmonate des Kindes gezahlt. ₂Der Anspruch endet mit dem Ablauf des Lebensmonats, in dem eine Anspruchsvoraussetzung entfallen ist.

(3) ₁Die Eltern haben gemeinsam Anspruch auf zwölf Monatsbeträge Basiselterngeld. ₂Ist das Einkommen aus Erwerbstätigkeit eines Elternteils in zwei Lebensmonaten gemindert, haben die Eltern gemeinsam Anspruch auf zwei weitere Monate Basiselterngeld (Partnermonate). ₃Statt für einen Lebensmonat Basiselterngeld zu beanspruchen, kann die berechtigte Person jeweils zwei Lebensmonate Elterngeld Plus beziehen.

(4) ₁Ein Elternteil hat Anspruch auf höchstens zwölf Monatsbeträge Basiselterngeld zuzüglich der höchstens vier zustehenden Monatsbeträge Partnerschaftsbonus nach §4b. ₂Ein Elternteil hat nur Anspruch auf Elterngeld, wenn er es mindestens für zwei Lebensmonate bezieht. ₃Lebensmonate des Kindes, in denen ein Elternteil nach §3 Absatz 1 Satz 1 Nummer 1 bis 3 anzurechnende Leistungen oder nach §192 Absatz 5 Satz 2 des Versicherungsvertragsgesetzes Versicherungsleistungen zustehen, gelten als Monate, für die dieser Elternteil Basiselterngeld nach §4a Absatz 1 bezieht.

(5) ₁Abweichend von Absatz 3 Satz 1 beträgt der gemeinsame Anspruch der Eltern auf Basiselterngeld für ein Kind, das

1. mindestens sechs Wochen vor dem voraussichtlichen Tag der Entbindung geboren wurde: 13 Monatsbeträge Basiselterngeld;
2. mindestens acht Wochen vor dem voraussichtlichen Tag der Entbindung geboren wurde: 14 Monatsbeträge Basiselterngeld;
3. mindestens zwölf Wochen vor dem voraussichtlichen Tag der Entbindung geboren wurde: 15 Monatsbeträge Basiselterngeld;
4. mindestens 16 Wochen vor dem voraussichtlichen Tag der Entbindung geboren wurde: 16 Monatsbeträge Basiselterngeld.

₂Für die Berechnung des Zeitraums zwischen dem voraussichtlichen Tag der Entbindung und dem tatsächlichen Tag der Geburt ist der voraussichtliche Tag der Entbindung maßgeblich, wie er sich aus dem ärztlichen Zeugnis oder dem Zeugnis einer Hebamme oder eines Entbindungspflegers ergibt.

₃Im Fall von

1. Satz 1 Nummer 1
    a) hat ein Elternteil abweichend von Absatz 4 Satz 1 Anspruch auf höchstens 13 Monatsbeträge Basiselterngeld zuzüglich der höchstens vier zustehenden Monatsbeträge Partnerschaftsbonus nach §4b,
    b) kann Basiselterngeld abweichend von Absatz 1 Satz 3 bis zur Vollendung des 15. Lebensmonats des Kindes bezogen werden und
    c) kann Elterngeld Plus abweichend von Absatz 1 Satz 4 bis zur Vollendung des 32. Lebensmonats des Kindes bezogen werden, solange es ab dem 16. Lebensmonat in aufeinander folgenden Lebensmonaten von zumindest einem Elternteil in Anspruch genommen wird;

2. Satz 1 Nummer 2
    a) hat ein Elternteil abweichend von Absatz 4 Satz 1 Anspruch auf höchstens 14 Monatsbeträge Basiselterngeld zuzüglich der höchstens vier zustehenden Monatsbeträge Partnerschaftsbonus nach §4b,
    b) kann Basiselterngeld abweichend von Absatz 1 Satz 3 bis zur Vollendung des 16. Lebensmonats des Kindes bezogen werden und
    c) kann Elterngeld Plus abweichend von Absatz 1 Satz 4 bis zur Vollendung des 32. Lebensmonats des Kindes bezogen werden, solange es ab dem 17. Lebensmonat in aufeinander folgenden Lebensmonaten von zumindest einem Elternteil in Anspruch genommen wird;

3. Satz 1 Nummer 3
    a) hat ein Elternteil abweichend von Absatz 4 Satz 1 Anspruch auf höchstens 15 Monatsbeträge Basiselterngeld zuzüglich der höchstens vier zustehenden Monatsbeträge Partnerschaftsbonus nach §4b,
    b) kann Basiselterngeld abweichend von Absatz 1 Satz 3 bis zur Vollendung des 17. Lebensmonats des Kindes bezogen werden und

c) kann Elterngeld Plus abweichend von Absatz 1 Satz 4 bis zur Vollendung des 32. Lebensmonats des Kindes bezogen werden, solange es ab dem 18. Lebensmonat in aufeinander folgenden Lebensmonaten von zumindest einem Elternteil in Anspruch genommen wird;

4. Satz 1 Nummer 4
   a) hat ein Elternteil abweichend von Absatz 4 Satz 1 Anspruch auf höchstens 16 Monatsbeträge Basiselterngeld zuzüglich der höchstens vier zustehenden Monatsbeträge Partnerschaftsbonus nach § 4b,
   b) kann Basiselterngeld abweichend von Absatz 1 Satz 3 bis zur Vollendung des 18. Lebensmonats des Kindes bezogen werden und
   c) kann Elterngeld Plus abweichend von Absatz 1 Satz 4 bis zur Vollendung des 32. Lebensmonats des Kindes bezogen werden, solange es ab dem 19. Lebensmonat in aufeinander folgenden Lebensmonaten von zumindest einem Elternteil in Anspruch genommen wird.

(6) ₁Ein gleichzeitiger Bezug von Basiselterngeld beider Elternteile ist nur in einem der ersten zwölf Lebensmonate des Kindes möglich. ₂Bezieht einer der beiden Elternteile Elterngeld Plus, so kann dieser Elternteil das Elterngeld Plus gleichzeitig zum Bezug von Basiselterngeld oder von Elterngeld Plus des anderen Elternteils beziehen. ₃§ 4b bleibt unberührt. ₄Abweichend von Satz 1 können bei Mehrlingsgeburten und Frühgeburten im Sinne des Absatzes 5 sowie bei Kindern, bei denen eine Behinderung im Sinne von § 2 Absatz 1 Satz 1 des Neunten Buches Sozialgesetzbuch ärztlich festgestellt wird und bei Kindern, die einen Geschwisterbonus nach § 2a Absatz 1 in Verbindung mit Absatz 2 Satz 3 auslösen, beide Elternteile gleichzeitig Basiselterngeld beziehen.

§ 4a Berechnung von Basiselterngeld und Elterngeld Plus

(1) Basiselterngeld wird allein nach den Vorgaben der §§ 2 bis 3 ermittelt.

(2) ₁Elterngeld Plus wird nach den Vorgaben der §§ 2 bis 3 und den zusätzlichen Vorgaben der Sätze 2 und 3 ermittelt. ₂Das Elterngeld Plus beträgt monatlich höchstens die Hälfte des Basiselterngeldes, das der berechtigten Person zustünde, wenn sie während des Elterngeldbezugs keine Einnahmen im Sinne des § 2 oder des § 3 hätte oder hat. ₃Für die Berechnung des Elterngeldes Plus halbieren sich:

1. der Mindestbetrag für das Elterngeld nach § 2 Absatz 4 Satz 1,
2. der Mindestbetrag des Geschwisterbonus nach § 2a Absatz 1 Satz 1,
3. der Mehrlingszuschlag nach § 2a Absatz 4 sowie
4. die von der Anrechnung freigestellten Elterngeldbeträge nach § 3 Absatz 2.

§ 4b Partnerschaftsbonus

(1) Wenn beide Elternteile
1. nicht weniger als 24 und nicht mehr als 32 Wochenstunden im Durchschnitt des Lebensmonats erwerbstätig sind und
2. die Voraussetzungen des § 1 erfüllen,

hat jeder Elternteil für diesen Lebensmonat Anspruch auf eine zusätzlichen Monatsbetrag Elterngeld Plus (Partnerschaftsbonus).

(2) ₁Die Eltern haben je Elternteil Anspruch auf höchstens vier Monatsbeträge Partnerschaftsbonus. ₂Sie können den Partnerschaftsbonus nur beziehen, wenn sie ihn jeweils für mindestens zwei Lebensmonate in Anspruch nehmen.

(3) Die Eltern können den Partnerschaftsbonus nur gleichzeitig und in aufeinander folgenden Lebensmonaten beziehen.

(4) Treten während des Bezugs des Partnerschaftsbonus die Voraussetzungen für einen alleinigen Bezug nach § 4c Absatz 1 Nummer 1 bis 3 ein, so kann der Bezug durch einen Elternteil nach § 4c Absatz 2 fortgeführt werden.

(5) Das Erfordernis des Bezugs in aufeinander folgenden Lebensmonaten nach Absatz 3 und § 4 Absatz 1 Satz 4 gilt auch dann als erfüllt, wenn sich während des Bezugs oder nach dem Ende des Bezugs herausstellt, dass die Voraussetzungen für den Partnerschaftsbonus nicht in allen Lebensmonaten, für die

der Partnerschaftsbonus beantragt wurde, vorliegen oder vorlagen.

§ 4c Alleiniger Bezug durch einen Elternteil

(1) Ein Elternteil kann abweichend von § 4 Absatz 4 Satz 1 zusätzlich auch das Elterngeld für die Partnermonate nach § 4 Absatz 3 Satz 2 beziehen, wenn das Einkommen aus Erwerbstätigkeit für zwei Lebensmonate gemindert ist und

1. bei diesem Elternteil die Voraussetzungen für den Entlastungsbetrag für Alleinerziehende nach § 24b Absatz 1 und 3 des Einkommensteuergesetzes vorliegen und der andere Elternteil weder mit ihm noch mit dem Kind in einer Wohnung lebt,

2. mit der Betreuung durch den anderen Elternteil eine Gefährdung des Kindeswohls im Sinne von § 1666 Absatz 1 und 2 des Bürgerlichen Gesetzbuchs verbunden wäre oder

3. die Betreuung durch den anderen Elternteil unmöglich ist, insbesondere, weil er wegen einer schweren Krankheit oder einer Schwerbehinderung sein Kind nicht betreuen kann; für die Feststellung der Unmöglichkeit der Betreuung bleiben wirtschaftliche Gründe und Gründe einer Verhinderung wegen anderweitiger Tätigkeiten außer Betracht.

(2) ₁Liegt eine der Voraussetzungen des Absatzes 1 Nummer 1 bis 3 vor, so hat ein Elternteil, der in mindestens zwei bis höchstens vier aufeinander folgenden Lebensmonaten nicht weniger als 24 und nicht mehr als 32 Wochenstunden im Durchschnitt des Lebensmonats erwerbstätig ist, für diese Lebensmonate Anspruch auf zusätzliche Monatsbeträge Elterngeld Plus. ₂§ 4b Absatz 5 gilt entsprechend.

§ 4d Weitere Berechtigte

₁Die §§ 4 bis 4c gelten in den Fällen des § 1 Absatz 3 und 4 entsprechend. ₂Der Bezug von Elterngeld durch nicht sorgeberechtigte Elternteile und durch Personen, die nach § 1 Absatz 3 Satz 1 Nummer 2 und 3 Anspruch auf Elterngeld haben, bedarf der Zustimmung des sorgeberechtigten Elternteils.

Abschnitt 2
Verfahren und Organisation

§ 5 Zusammentreffen von Ansprüchen

(1) Erfüllen beide Elternteile die Anspruchsvoraussetzungen, bestimmen sie, wer von ihnen die Monatsbeträge für welche Lebensmonate des Kindes in Anspruch nimmt.

(2) ₁Beanspruchen beide Elternteile zusammen mehr als die ihnen nach § 4 Absatz 3 und § 4b oder nach § 4 Absatz 3 und § 4b in Verbindung mit § 4d zustehenden Monatsbeträge, so besteht der Anspruch eines Elternteils, der nicht über die Hälfte der zustehenden Monatsbeträge hinausgeht, ungekürzt; der Anspruch des anderen Elternteils wird gekürzt auf die vom Gesamtanspruch verbleibenden Monatsbeträge. ₂Beansprucht jeder der beiden Elternteile mehr als die Hälfte der ihm zustehenden Monatsbeträge, steht jedem Elternteil die Hälfte des Gesamtanspruchs der Monatsbeträge zu.

(3) ₁Die Absätze 1 und 2 gelten in den Fällen des § 1 Absatz 3 und 4 entsprechend. ₂Wird eine Einigung mit einem nicht sorgeberechtigten Elternteil oder einer Person, die nach § 1 Absatz 3 Satz 1 Nummer 2 und 3 Anspruch auf Elterngeld hat, nicht erzielt, so kommt es abweichend von Absatz 2 allein auf die Entscheidung des sorgeberechtigten Elternteils an.

§ 6 Auszahlung

Elterngeld wird im Laufe des Lebensmonats gezahlt, für den es bestimmt ist.

§ 7 Antragstellung

(1) ₁Elterngeld ist schriftlich zu beantragen. ₂Es wird rückwirkend nur für die letzten drei Lebensmonate vor Beginn des Lebensmonats geleistet, in dem der Antrag auf Elterngeld eingegangen ist. ₃Im Antrag ist anzugeben, für welche Lebensmonate Basiselterngeld, für welche Lebensmonate Elterngeld Plus oder für welche Lebensmonate Partnerschaftsbonus beantragt wird.

(2) ₁Die im Antrag getroffenen Entscheidungen können bis zum Ende des Bezugszeitraums geändert werden. ₂Eine Änderung

kann rückwirkend nur für die letzten drei Lebensmonate vor Beginn des Lebensmonats verlangt werden, in dem der Änderungsantrag eingegangen ist. ₃Sie ist außer in den Fällen besonderer Härte unzulässig, soweit Monatsbeträge bereits ausgezahlt sind. ₄Abweichend von den Sätzen 2 und 3 kann für einen Lebensmonat, in dem bereits Elterngeld Plus bezogen wurde, nachträglich Basiselterngeld beantragt werden. ₅Im Übrigen finden die für die Antragstellung geltenden Vorschriften auch auf den Änderungsantrag Anwendung.

(3) ₁Der Antrag ist, außer im Fall des § 4c und der Antragstellung durch eine allein sorgeberechtigte Person, zu unterschreiben von der Person, die ihn stellt, und zur Bestätigung der Kenntnisnahme auch von der anderen berechtigten Person. ₂Die andere berechtigte Person kann gleichzeitig

1. einen Antrag auf Elterngeld stellen oder

2. der Behörde anzeigen, wie viele Monatsbeträge sie beansprucht, wenn mit ihrem Anspruch die Höchstgrenzen nach § 4 Absatz 3 in Verbindung mit § 4b überschritten würden.

₃Liegt der Behörde von der anderen berechtigten Person weder ein Antrag auf Elterngeld noch eine Anzeige nach Satz 2 vor, so werden sämtliche Monatsbeträge der berechtigten Person ausgezahlt, die den Antrag gestellt hat; die andere berechtigte Person kann bei einem späteren Antrag abweichend von § 5 Absatz 2 nur die unter Berücksichtigung von § 4 Absatz 3 in Verbindung mit § 4b vom Gesamtanspruch verbleibenden Monatsbeträge erhalten.

§ 8 Auskunftspflicht, Nebenbestimmungen

(1) Soweit im Antrag auf Elterngeld Angaben zum voraussichtlichen Einkommen aus Erwerbstätigkeit gemacht wurden, ist nach Ablauf des Bezugszeitraums für diese Zeit das tatsächliche Einkommen aus Erwerbstätigkeit nachzuweisen.

(1a) ₁Die Mitwirkungspflichten nach § 60 des Ersten Buches Sozialgesetzbuch gelten

1. im Falle des § 1 Absatz 8 Satz 2 auch für die andere Person im Sinne des § 1 Absatz 8 Satz 2 und

2. im Falle des § 4b oder des § 4b in Verbindung mit § 4d Satz 1 für beide Personen, die den Partnerschaftsbonus beantragt haben.

₂§ 65 Absatz 1 und 3 des Ersten Buches Sozialgesetzbuch gilt entsprechend.

(2) ₁Elterngeld wird in den Fällen, in denen die berechtigte Person nach ihren Angaben im Antrag im Bezugszeitraum voraussichtlich kein Einkommen aus Erwerbstätigkeit haben wird, unter dem Vorbehalt des Widerrufs für den Fall gezahlt, dass sie entgegen ihren Angaben im Antrag Einkommen aus Erwerbstätigkeit hat. ₂In den Fällen, in denen zum Zeitpunkt der Antragstellung der Steuerbescheid für den letzten abgeschlossenen steuerlichen Veranlagungszeitraum vor der Geburt des Kindes nicht vorliegt und nach den Angaben im Antrag die Beträge nach § 1 Absatz 8 voraussichtlich nicht überschritten werden, wird das Elterngeld unter dem Vorbehalt des Widerrufs für den Fall gezahlt, dass entgegen den Angaben im Antrag die Beträge nach § 1 Absatz 8 überschritten werden.

(3) Über die Höhe des Elterngeldes wird bis zum Nachweis der jeweils erforderlichen Angaben vorläufig unter Berücksichtigung der glaubhaft gemachten Angaben entschieden, wenn

1. zum Zeitpunkt der Antragstellung der Steuerbescheid für den letzten abgeschlossenen Veranlagungszeitraum vor der Geburt des Kindes nicht vorliegt und noch nicht angegeben werden kann, ob die Beträge nach § 1 Absatz 8 überschritten werden,

2. das Einkommen aus Erwerbstätigkeit vor der Geburt nicht ermittelt werden kann oder

3. die berechtigte Person nach den Angaben im Antrag auf Elterngeld im Bezugszeitraum voraussichtlich Einkommen aus Erwerbstätigkeit hat.

§ 9 Einkommens- und Arbeitszeitnachweis, Auskunftspflicht des Arbeitgebers

(1) ₁Soweit es zum Nachweis des Einkommens aus Erwerbstätigkeit oder der wöchentlichen Arbeitszeit erforderlich ist, hat der Arbeitgeber der nach § 12 zuständigen Behörde für bei ihm Beschäftigte das Arbeitsentgelt, die für die Ermittlung der nach den §§ 2e und 2f erforderlichen Abzugsmerkmale für Steuern und Sozialabgaben sowie die Arbeitszeit auf Verlangen zu bescheinigen; das Gleiche gilt für ehemalige Arbeitgeber. ₂Für die in Heimarbeit Beschäftigten und die ihnen Gleichgestellten (§ 1 Absatz 1 und 2 des Heimarbeitsgesetzes) tritt an die Stelle des Arbeitgebers der Auftraggeber oder Zwischenmeister.

(2) ₁Für den Nachweis des Einkommens aus Erwerbstätigkeit kann die nach § 12 Absatz 1 zuständige Behörde auch das in § 108a Absatz 1 des Vierten Buches Sozialgesetzbuch vorgesehene Verfahren zur elektronischen Abfrage und Übermittlung von Entgeltbescheinigungsdaten nutzen. ₂Sie darf dieses Verfahren nur nutzen, wenn die betroffene Arbeitnehmerin oder der betroffene Arbeitnehmer zuvor in dessen Nutzung eingewilligt hat. ₃Wenn der betroffene Arbeitgeber ein systemgeprüftes Entgeltabrechnungsprogramm nutzt, ist er verpflichtet, die jeweiligen Entgeltbescheinigungsdaten mit dem in § 108a Absatz 1 des Vierten Buches Sozialgesetzbuch vorgesehenen Verfahren zu übermitteln.

§ 10 Verhältnis zu anderen Sozialleistungen

(1) Das Elterngeld und vergleichbare Leistungen der Länder sowie die nach § 3 auf die Leistung angerechneten Einnahmen oder Leistungen bleiben bei Sozialleistungen, deren Zahlung von anderen Einkommen abhängig ist, bis zu einer Höhe von insgesamt 300 Euro im Monat als Einkommen unberücksichtigt.

(2) Das Elterngeld und vergleichbare Leistungen der Länder sowie die nach § 3 auf die Leistung angerechneten Einnahmen oder Leistungen dürfen bis zu einer Höhe von insgesamt 300 Euro nicht dafür herangezogen werden, um auf Rechtsvorschriften beruhende Leistungen anderer, auf die kein Anspruch besteht, zu versagen.

(3) Soweit die berechtigte Person Elterngeld Plus bezieht, bleibt das Elterngeld nur bis zur Hälfte des Anrechnungsfreibetrags, der nach Abzug der anderen nach Absatz 1 nicht zu berücksichtigenden Einnahmen für das Elterngeld verbleibt, als Einkommen unberücksichtigt und darf nur bis zu dieser Höhe nicht dafür herangezogen werden, um auf Rechtsvorschriften beruhende Leistungen anderer, auf die kein Anspruch besteht, zu versagen.

(4) Die nach den Absätzen 1 bis 3 nicht zu berücksichtigenden oder nicht heranzuziehenden Beträge vervielfachen sich bei Mehrlingsgeburten mit der Zahl der geborenen Kinder.

(5) ₁Die Absätze 1 bis 4 gelten nicht bei Leistungen nach dem Zweiten Buch Sozialgesetzbuch, dem Zwölften Buch Sozialgesetzbuch, § 6a des Bundeskindergeldgesetzes und dem Asylbewerberleistungsgesetz. ₂Bei den in Satz 1 bezeichneten Leistungen bleiben das Elterngeld und vergleichbare Leistungen der Länder sowie die nach § 3 auf das Elterngeld angerechneten Einnahmen in Höhe des nach § 2 Absatz 1 berücksichtigten Einkommens aus Erwerbstätigkeit vor der Geburt bis zu 300 Euro im Monat als Einkommen unberücksichtigt. ₃Soweit die berechtigte Person Elterngeld Plus bezieht, verringern sich die Beträge nach Satz 2 um die Hälfte. ₄Abweichend von Satz 2 bleibt Mutterschaftsgeld gemäß § 19 des Mutterschutzgesetzes in voller Höhe unberücksichtigt.

(6) Die Absätze 1 bis 4 gelten entsprechend, soweit für eine Sozialleistung ein Kostenbeitrag erhoben werden kann, der einkommensabhängig ist.

§ 11 Unterhaltspflichten

₁Unterhaltsverpflichtungen werden durch die Zahlung des Elterngeldes und vergleichbarer Leistungen der Länder nur insoweit berührt, als die Zahlung 300 Euro monatlich übersteigt. ₂Soweit die berechtigte Person Elterngeld Plus bezieht, werden die Unterhaltspflichten insoweit berührt, als die Zahlung 150 Euro übersteigt. ₃Die in den Sätzen 1 und 2 genannten Beträge vervielfachen sich bei Mehrlingsgeburten mit der Zahl der geborenen Kinder. ₄Die Sätze 1 bis 3 gelten nicht in den Fällen des § 1361 Absatz 3, der §§ 1579, 1603 Absatz 2 und des § 1611 Absatz 1 des Bürgerlichen Gesetzbuchs.

§ 12 Zuständigkeit; Bewirtschaftung der Mittel

(1) ₁Die Landesregierungen oder die von ihnen beauftragten Stellen bestimmen die für die Ausführung dieses Gesetzes zuständigen Behörden. ₂Zuständig ist die von den Ländern für die Durchführung dieses Gesetzes bestimmte Behörde des Bezirks, in dem das Kind, für das Elterngeld beansprucht wird, zum Zeitpunkt der ersten Antragstellung seinen inländischen Wohnsitz hat. ₃Hat das Kind, für das Elterngeld beansprucht wird, in den Fällen des § 1 Absatz 2 zum Zeitpunkt der ersten Antragstellung keinen inländischen Wohnsitz, so ist die von den Ländern für die Durchführung dieses Gesetzes bestimmte Behörde des Bezirks zuständig, in dem die berechtigte Person ihren letzten inländischen Wohnsitz hatte; hilfsweise ist die Behörde des Bezirks zuständig, in dem der entsendende Dienstherr oder Arbeitgeber der berechtigten Person oder der Arbeitgeber des Ehegatten oder der Ehegattin der berechtigten Person den inländischen Sitz hat.

(2) Den nach Absatz 1 zuständigen Behörden obliegt auch die Beratung zur Elternzeit.

(3) ₁Der Bund trägt die Ausgaben für das Elterngeld. ₂Die damit zusammenhängenden Einnahmen sind an den Bund abzuführen. ₃Für die Ausgaben und die mit ihnen zusammenhängenden Einnahmen sind die Vorschriften über das Haushaltsrecht des Bundes einschließlich der Verwaltungsvorschriften anzuwenden.

§ 13 Rechtsweg

(1) ₁Über öffentlich-rechtliche Streitigkeiten in Angelegenheiten der §§ 1 bis 12 entscheiden die Gerichte der Sozialgerichtsbarkeit. ₂§ 85 Absatz 2 Nummer 2 des Sozialgerichtsgesetzes gilt mit der Maßgabe, dass die zuständige Stelle nach § 12 bestimmt wird.

(2) Widerspruch und Anfechtungsklage haben keine aufschiebende Wirkung.

§ 14 Bußgeldvorschriften

(1) Ordnungswidrig handelt, wer vorsätzlich oder fahrlässig

1. entgegen § 8 Absatz 1 einen Nachweis nicht, nicht richtig, nicht vollständig oder nicht rechtzeitig erbringt,

2. entgegen § 9 Absatz 1 eine dort genannte Angabe nicht, nicht richtig, nicht vollständig oder nicht rechtzeitig bescheinigt,

3. entgegen § 60 Absatz 1 Satz 1 Nummer 1 des Ersten Buches Sozialgesetzbuch, auch in Verbindung mit § 8 Absatz 1a Satz 1, eine Angabe nicht, nicht richtig, nicht vollständig oder nicht rechtzeitig macht,

4. entgegen § 60 Absatz 1 Satz 1 Nummer 2 des Ersten Buches Sozialgesetzbuch, auch in Verbindung mit § 8 Absatz 1a Satz 1, eine Mitteilung nicht, nicht richtig, nicht vollständig oder nicht rechtzeitig macht oder

5. entgegen § 60 Absatz 1 Satz 1 Nummer 3 des Ersten Buches Sozialgesetzbuch, auch in Verbindung mit § 8 Absatz 1a Satz 1, eine Beweisurkunde nicht, nicht richtig, nicht vollständig oder nicht rechtzeitig vorlegt.

(2) Die Ordnungswidrigkeit kann mit einer Geldbuße von bis zu zweitausend Euro geahndet werden.

(3) Verwaltungsbehörden im Sinne des § 36 Absatz 1 Nummer 1 des Gesetzes über Ordnungswidrigkeiten sind die in § 12 Absatz 1 genannten Behörden.

Abschnitt 3
Elternzeit für Arbeitnehmerinnen und Arbeitnehmer

§ 15 Anspruch auf Elternzeit

(1) ₁Arbeitnehmerinnen und Arbeitnehmer haben Anspruch auf Elternzeit, wenn sie

1. a) mit ihrem Kind,
   b) mit einem Kind, für das sie die Anspruchsvoraussetzungen nach §1 Absatz 3 oder 4 erfüllen, oder
   c) mit einem Kind, das sie in Vollzeitpflege nach §33 des Achten Buches Sozialgesetzbuch aufgenommen haben,

   in einem Haushalt leben und

2. dieses Kind selbst betreuen und erziehen.

₂Nicht sorgeberechtigte Elternteile und Personen, die nach Satz 1 Nummer 1 Buchstabe b und c Elternzeit nehmen können, bedürfen der Zustimmung des sorgeberechtigten Elternteils.

(1a) ₁Anspruch auf Elternzeit haben Arbeitnehmerinnen und Arbeitnehmer auch, wenn sie mit ihrem Enkelkind in einem Haushalt leben und dieses Kind selbst betreuen und erziehen und

1. ein Elternteil des Kindes minderjährig ist oder

2. ein Elternteil des Kindes sich in einer Ausbildung befindet, die vor Vollendung des 18. Lebensjahres begonnen wurde und die Arbeitskraft des Elternteils im Allgemeinen voll in Anspruch nimmt.

₂Der Anspruch besteht nur für Zeiten, in denen keiner der Elternteile des Kindes selbst Elternzeit beansprucht.

(2) ₁Der Anspruch auf Elternzeit besteht bis zur Vollendung des dritten Lebensjahres eines Kindes. ₂Ein Anteil von bis zu 24 Monaten kann zwischen dem dritten Geburtstag und dem vollendeten achten Lebensjahr des Kindes in Anspruch genommen werden. ₃Die Zeit der Mutterschutzfrist nach §3 Absatz 2 und 3 des Mutterschutzgesetzes wird für die Elternzeit der Mutter auf die Begrenzung nach den Sätzen 1 und 2 angerechnet. ₄Bei mehreren Kindern besteht der Anspruch auf Elternzeit für jedes Kind, auch wenn sich die Zeiträume im Sinne der Sätze 1 und 2 überschneiden. ₅Bei einem angenommenen Kind und bei einem Kind in Vollzeit- oder Adoptionspflege kann Elternzeit von insgesamt bis zu drei Jahren ab der Aufnahme bei der berechtigten Person, längstens bis zur Vollendung des achten Lebensjahres des Kindes genommen werden; die Sätze 2 und 4 sind entsprechend anwendbar, soweit sie die zeitliche Aufteilung regeln. ₆Der Anspruch kann nicht durch Vertrag ausgeschlossen oder beschränkt werden.

(3) ₁Die Elternzeit kann, auch anteilig, von jedem Elternteil allein oder von beiden Elternteilen gemeinsam genommen werden. ₂Satz 1 gilt in den Fällen des Absatzes 1 Satz 1 Nummer 1 Buchstabe b und c entsprechend.

(4) ₁Die Arbeitnehmerin oder der Arbeitnehmer darf während der Elternzeit nicht mehr als 32 Wochenstunden im Durchschnitt des Monats erwerbstätig sein. ₂Die Beschränkung auf 32 Wochenstunden im Durchschnitt des Monats gilt nicht für die Tätigkeit einer im Sinne der §§23 und 43 des Achten Buches Sozialgesetzbuch geeigneten Kindertagespflegeperson. ₃Die Ausübung einer Teilzeitarbeit bei einem anderen Arbeitgeber oder einer selbständigen Erwerbstätigkeit nach Satz 1 bedürfen der Zustimmung des Arbeitgebers. ₄Dieser kann seine Zustimmung nur innerhalb von vier Wochen nach der Beantragung aus dringenden betrieblichen Gründen in Textform verweigern.

(5) ₁Der Arbeitnehmer oder die Arbeitnehmerin kann eine Verringerung der Arbeitszeit und ihre Verteilung beantragen. ₂Der Antrag kann mit der Mitteilung nach Absatz 7 Satz 1 Nummer 5 verbunden werden. ₃Über den Antrag sollen sich der Arbeitgeber und der Arbeitnehmer oder die Arbeitnehmerin innerhalb von vier Wochen einigen. ₄Lehnt der Arbeitgeber den Antrag ab, so hat er dies dem Arbeitnehmer oder der Arbeitnehmerin innerhalb der Frist nach Satz 3 mit einer Begründung mitzuteilen. ₅Unberührt bleibt das Recht, sowohl die vor der Elternzeit bestehende Teilzeitarbeit unverändert während der Elternzeit fortzusetzen, soweit Absatz 4 beachtet ist, als auch nach der Elternzeit zu der Arbeitszeit zurückzukehren, die vor Beginn der Elternzeit vereinbart war.

(6) Der Arbeitnehmer oder die Arbeitnehmerin kann gegenüber dem Arbeitgeber, soweit eine Einigung nach Absatz 5 nicht möglich ist, unter den Voraussetzungen des Absat-

zes 7 während der Gesamtdauer der Elternzeit zweimal eine Verringerung seiner oder ihrer Arbeitszeit beanspruchen.

(7) ₁Für den Anspruch auf Verringerung der Arbeitszeit gelten folgende Voraussetzungen:

1. Der Arbeitgeber beschäftigt, unabhängig von der Anzahl der Personen in Berufsbildung, in der Regel mehr als 15 Arbeitnehmer und Arbeitnehmerinnen,
2. das Arbeitsverhältnis in demselben Betrieb oder Unternehmen besteht ohne Unterbrechung länger als sechs Monate,
3. die vertraglich vereinbarte regelmäßige Arbeitszeit soll für mindestens zwei Monate auf einen Umfang von nicht weniger als 15 und nicht mehr als 32 Wochenstunden im Durchschnitt des Monats verringert werden,
4. dem Anspruch stehen keine dringenden betrieblichen Gründe entgegen und
5. der Anspruch auf Teilzeit wurde dem Arbeitgeber
   a) für den Zeitraum bis zum vollendeten dritten Lebensjahr des Kindes sieben Wochen und
   b) für den Zeitraum zwischen dem dritten Geburtstag und dem vollendeten achten Lebensjahr des Kindes 13 Wochen

vor Beginn der Teilzeittätigkeit in Textform mitgeteilt.

₂Der Antrag muss den Beginn und den Umfang der verringerten Arbeitszeit enthalten. ₃Die gewünschte Verteilung der verringerten Arbeitszeit soll im Antrag angegeben werden. ₄Falls der Arbeitgeber die beanspruchte Verringerung oder Verteilung der Arbeitszeit ablehnt, muss die Ablehnung innerhalb der in Satz 5 genannten Frist und mit Begründung in Textform erfolgen. ₅Hat ein Arbeitgeber die Verringerung der Arbeitszeit

1. in einer Elternzeit zwischen der Geburt und dem vollendeten dritten Lebensjahr des Kindes nicht spätestens vier Wochen nach Zugang des Antrags oder
2. in einer Elternzeit zwischen dem dritten Geburtstag und dem vollendeten achten Lebensjahr des Kindes nicht spätestens acht Wochen nach Zugang des Antrags

in Textform abgelehnt, gilt die Zustimmung als erteilt und die Verringerung der Arbeitszeit entsprechend den Wünschen der Arbeitnehmerin oder des Arbeitnehmers als festgelegt. ₆Haben Arbeitgeber und Arbeitnehmerin oder Arbeitnehmer über die Verteilung der Arbeitszeit kein Einvernehmen nach Absatz 5 Satz 2 erzielt und hat der Arbeitgeber nicht innerhalb der in Satz 5 genannten Fristen die gewünschte Verteilung in Textform abgelehnt, gilt die Verteilung der Arbeitszeit entsprechend den Wünschen der Arbeitnehmerin oder des Arbeitnehmers als festgelegt. ₇Soweit der Arbeitgeber den Antrag auf Verringerung oder Verteilung der Arbeitszeit rechtzeitig ablehnt, kann die Arbeitnehmerin oder der Arbeitnehmer Klage vor dem Gericht für Arbeitssachen erheben.

§ 16 Inanspruchnahme der Elternzeit

(1) ₁Wer Elternzeit beanspruchen will, muss sie

1. für den Zeitraum bis zum vollendeten dritten Lebensjahr des Kindes spätestens sieben Wochen und
2. für den Zeitraum zwischen dem dritten Geburtstag und dem vollendeten achten Lebensjahr des Kindes spätestens 13 Wochen

vor Beginn der Elternzeit in Textform vom Arbeitgeber verlangen. ₂Verlangt die Arbeitnehmerin oder der Arbeitnehmer Elternzeit nach Satz 1 Nummer 1, muss sie oder er gleichzeitig erklären, für welche Zeiten innerhalb von zwei Jahren Elternzeit genommen werden soll. ₃Bei dringenden Gründen ist ausnahmsweise eine angemessene kürzere Frist möglich. ₄Nimmt die Mutter die Elternzeit im Anschluss an die Mutterschutzfrist, wird die Zeit der Mutterschutzfrist nach § 3 Absatz 2 und 3 des Mutterschutzgesetzes auf den Zeitraum nach Satz 2 angerechnet. ₅Nimmt die Mutter die Elternzeit im Anschluss an einen auf die Mutterschutzfrist folgenden Erholungsurlaub, werden die Zeit der Mutterschutzfrist nach § 3 Absatz 2 und 3 des Mutterschutzgesetzes und die Zeit des

Erholungsurlaubs auf den Zweijahreszeitraum nach Satz 2 angerechnet. ₆Jeder Elternteil kann seine Elternzeit auf drei Zeitabschnitte verteilen; eine Verteilung auf weitere Zeitabschnitte ist nur mit der Zustimmung des Arbeitgebers möglich. ₇Der Arbeitgeber kann die Inanspruchnahme eines dritten Abschnitts ohne Elternzeit innerhalb von acht Wochen nach Zugang des Antrags aus dringenden betrieblichen Gründen ablehnen, wenn dieser Abschnitt im Zeitraum zwischen dem dritten Geburtstag und dem vollendeten achten Lebensjahr des Kindes liegen soll. ₈Der Arbeitgeber hat dem Arbeitnehmer oder der Arbeitnehmerin die Elternzeit zu bescheinigen. ₉Bei einem Arbeitgeberwechsel ist bei der Anmeldung der Elternzeit auf Verlangen des neuen Arbeitgebers eine Bescheinigung des früheren Arbeitgebers über bereits genommene Elternzeit durch die Arbeitnehmerin oder den Arbeitnehmer vorzulegen.

(2) Können Arbeitnehmerinnen aus einem von ihnen nicht zu vertretenden Grund eine sich unmittelbar an die Mutterschutzfrist des § 3 Absatz 2 und 3 des Mutterschutzgesetzes anschließende Elternzeit nicht rechtzeitig verlangen, können sie dies innerhalb einer Woche nach Wegfall des Grundes nachholen.

(3) ₁Die Elternzeit kann vorzeitig beendet oder im Rahmen des § 15 Absatz 2 verlängert werden, wenn der Arbeitgeber zustimmt. ₂Die vorzeitige Beendigung wegen der Geburt eines weiteren Kindes oder in Fällen besonderer Härte, insbesondere bei Eintritt einer schweren Krankheit, Schwerbehinderung oder Tod eines Elternteils oder eines Kindes der berechtigten Person oder bei erheblich gefährdeter wirtschaftlicher Existenz der Eltern nach Inanspruchnahme der Elternzeit, kann der Arbeitgeber unbeschadet von Satz 3 nur innerhalb von vier Wochen aus dringenden betrieblichen Gründen schriftlich ablehnen. ₃Die Elternzeit kann zur Inanspruchnahme der Schutzfristen des § 3 des Mutterschutzgesetzes auch ohne Zustimmung des Arbeitgebers vorzeitig beendet werden; in diesen Fällen soll die Arbeitnehmerin dem Arbeitgeber die Beendigung der Elternzeit rechtzeitig mitteilen. ₄Eine Verlängerung der Elternzeit kann verlangt werden, wenn ein vorgesehener Wechsel der Anspruchsberechtigten aus einem wichtigen Grund nicht erfolgen kann.

(4) Stirbt das Kind während der Elternzeit, endet diese spätestens drei Wochen nach dem Tod des Kindes.

(5) Eine Änderung in der Anspruchsberechtigung hat der Arbeitnehmer oder die Arbeitnehmerin dem Arbeitgeber unverzüglich mitzuteilen.

§ 17 Urlaub

(1) ₁Der Arbeitgeber kann den Erholungsurlaub, der dem Arbeitnehmer oder der Arbeitnehmerin für das Urlaubsjahr zusteht, für jeden vollen Kalendermonat der Elternzeit um ein Zwölftel kürzen. ₂Dies gilt nicht, wenn der Arbeitnehmer oder die Arbeitnehmerin während der Elternzeit bei seinem oder ihrem Arbeitgeber Teilzeitarbeit leistet.

(2) Hat der Arbeitnehmer oder die Arbeitnehmerin den ihm oder ihr zustehenden Urlaub vor dem Beginn der Elternzeit nicht oder nicht vollständig erhalten, hat der Arbeitgeber den Resturlaub nach der Elternzeit im laufenden oder im nächsten Urlaubsjahr zu gewähren.

(3) Endet das Arbeitsverhältnis während der Elternzeit oder wird es im Anschluss an die Elternzeit nicht fortgesetzt, so hat der Arbeitgeber den noch nicht gewährten Urlaub abzugelten.

(4) Hat der Arbeitnehmer oder die Arbeitnehmerin vor Beginn der Elternzeit mehr Urlaub erhalten, als ihm oder ihr nach Absatz 1 zusteht, kann der Arbeitgeber den Urlaub, der dem Arbeitnehmer oder der Arbeitnehmerin nach dem Ende der Elternzeit zusteht, um die zu viel gewährten Urlaubstage kürzen.

§ 18 Kündigungsschutz

(1) ₁Der Arbeitgeber darf das Arbeitsverhältnis ab dem Zeitpunkt, von dem an Elternzeit verlangt worden ist, nicht kündigen. ₂Der Kündigungsschutz nach Satz 1 beginnt

1. frühestens acht Wochen vor Beginn einer Elternzeit bis zum vollendeten dritten Lebensjahr des Kindes und

2. frühestens 14 Wochen vor Beginn einer Elternzeit zwischen dem dritten Geburtstag und dem vollendeten achten Lebensjahr des Kindes.

₃Während der Elternzeit darf der Arbeitgeber das Arbeitsverhältnis nicht kündigen. ₄In besonderen Fällen kann ausnahmsweise eine Kündigung für zulässig erklärt werden. ₅Die Zulässigkeitserklärung erfolgt durch die für den Arbeitsschutz zuständige oberste Landesbehörde oder die von ihr bestimmte Stelle. ₆Die Bundesregierung kann mit Zustimmung des Bundesrates allgemeine Verwaltungsvorschriften zur Durchführung des Satzes 4 erlassen.

(2) Absatz 1 gilt entsprechend, wenn Arbeitnehmer oder Arbeitnehmerinnen

1. während der Elternzeit bei demselben Arbeitgeber Teilzeitarbeit leisten oder

2. ohne Elternzeit in Anspruch zu nehmen, Teilzeitarbeit leisten und Anspruch auf Elterngeld nach § 1 während des Zeitraums nach § 4 Absatz 1 Satz 2, 3 und 5 haben.

§ 19 Kündigung zum Ende der Elternzeit

Der Arbeitnehmer oder die Arbeitnehmerin kann das Arbeitsverhältnis zum Ende der Elternzeit nur unter Einhaltung einer Kündigungsfrist von drei Monaten kündigen.

§ 20 Zur Berufsbildung Beschäftigte, in Heimarbeit Beschäftigte

(1) ₁Die zu ihrer Berufsbildung Beschäftigten gelten als Arbeitnehmer und Arbeitnehmerinnen im Sinne dieses Gesetzes. ₂Die Elternzeit wird auf die Dauer einer Berufsausbildung nicht angerechnet, es sei denn, dass während der Elternzeit die Berufsausbildung nach § 7a des Berufsbildungsgesetzes oder § 27b der Handwerksordnung in Teilzeit durchgeführt wird. ₃§ 15 Absatz 4 Satz 1 bleibt unberührt.

(2) ₁Anspruch auf Elternzeit haben auch die in Heimarbeit Beschäftigten und die ihnen Gleichgestellten (§ 1 Absatz 1 und 2 des Heimarbeitsgesetzes), soweit sie am Stück mitarbeiten. ₂Für sie tritt an die Stelle des Arbeitgebers der Auftraggeber oder Zwischenmeister und an die Stelle des Arbeitsverhältnisses das Beschäftigungsverhältnis.

§ 21 Befristete Arbeitsverträge

(1) Ein sachlicher Grund, der die Befristung eines Arbeitsverhältnisses rechtfertigt, liegt vor, wenn ein Arbeitnehmer oder eine Arbeitnehmerin zur Vertretung eines anderen Arbeitnehmers oder einer anderen Arbeitnehmerin für die Dauer eines Beschäftigungsverbotes nach dem Mutterschutzgesetz, einer Elternzeit, einer auf Tarifvertrag, Betriebsvereinbarung oder einzelvertraglicher Vereinbarung beruhenden Arbeitsfreistellung zur Betreuung eines Kindes oder für diese Zeiten zusammen oder für Teile davon eingestellt wird.

(2) Über die Dauer der Vertretung nach Absatz 1 hinaus ist die Befristung für notwendige Zeiten einer Einarbeitung zulässig.

(3) Die Dauer der Befristung des Arbeitsvertrags muss kalendermäßig bestimmt oder bestimmbar oder den in den Absätzen 1 und 2 genannten Zwecken zu entnehmen sein.

(4) ₁Der Arbeitgeber kann den befristeten Arbeitsvertrag unter Einhaltung einer Frist von mindestens drei Wochen, jedoch frühestens zum Ende der Elternzeit, kündigen, wenn die Elternzeit ohne Zustimmung des Arbeitgebers vorzeitig endet und der Arbeitnehmer oder die Arbeitnehmerin die vorzeitige Beendigung der Elternzeit mitgeteilt hat. ₂Satz 1 gilt entsprechend, wenn der Arbeitgeber die vorzeitige Beendigung der Elternzeit in den Fällen des § 16 Absatz 3 Satz 2 nicht ablehnen darf.

(5) Das Kündigungsschutzgesetz ist im Falle des Absatzes 4 nicht anzuwenden.

(6) Absatz 4 gilt nicht, soweit seine Anwendung vertraglich ausgeschlossen ist.

(7) ₁Wird im Rahmen arbeitsrechtlicher Gesetze oder Verordnungen auf die Zahl der beschäftigten Arbeitnehmer und Arbeitnehmerinnen abgestellt, so sind bei der Ermittlung dieser Zahl Arbeitnehmer und Arbeitnehmerinnen, die sich in der Elternzeit befinden oder zur Betreuung eines Kindes freigestellt sind, nicht mitzuzählen, solange für sie aufgrund von Absatz 1 ein Vertreter oder eine Vertreterin eingestellt ist. ₂Dies gilt nicht,

wenn der Vertreter oder die Vertreterin nicht mitzuzählen ist. ₃Die Sätze 1 und 2 gelten entsprechend, wenn im Rahmen arbeitsrechtlicher Gesetze oder Verordnungen auf die Zahl der Arbeitsplätze abgestellt wird.

Abschnitt 4
Statistik und Schlussvorschriften

§ 22 Bundesstatistik

(1) ₁Zur Beurteilung der Auswirkungen dieses Gesetzes sowie zu seiner Fortentwicklung sind laufende Erhebungen zum Bezug von Elterngeld als Bundesstatistiken durchzuführen. ₂Die Erhebungen erfolgen zentral beim Statistischen Bundesamt.

(2) ₁Die Statistik zum Bezug von Elterngeld erfasst vierteljährlich zum jeweils letzten Tag des aktuellen und der vorangegangenen zwei Kalendermonate für Personen, die in einem dieser Kalendermonate Elterngeld bezogen haben, für jedes den Anspruch auslösende Kind folgende Erhebungsmerkmale:

1. Art der Berechtigung nach § 1,
2. Grundlagen der Berechnung des zustehenden Monatsbetrags nach Art und Höhe (§ 2 Absatz 1, 2, 3 oder 4, § 2a Absatz 1 oder 4, § 2c, die §§ 2d, 2e oder § 2f),
3. Höhe und Art des zustehenden Monatsbetrags (§ 4a Absatz 1 und 2 Satz 1) ohne die Berücksichtigung der Einnahmen nach § 3,
4. Art und Höhe der Einnahmen nach § 3,
5. Inanspruchnahme der als Partnerschaftsbonus gewährten Monatsbeträge nach § 4b Absatz 1 und der weiteren Monatsbeträge Elterngeld Plus nach § 4c Absatz 2,
6. Höhe des monatlichen Auszahlungsbetrags,
7. Geburtstag des Kindes,
8. für die Elterngeld beziehende Person:
    a) Geschlecht, Geburtsjahr und -monat,
    b) Staatsangehörigkeit,
    c) Wohnsitz oder gewöhnlicher Aufenthalt,
    d) Familienstand und unverheiratetes Zusammenleben mit dem anderen Elternteil,
    e) Vorliegen der Voraussetzungen nach § 4c Absatz 1 Nummer 1 und
    f) Anzahl der im Haushalt lebenden Kinder.

₂Die Angaben nach den Nummern 2, 3, 5 und 6 sind für jeden Lebensmonat des Kindes bezogen auf den nach § 4 Absatz 1 möglichen Zeitraum des Leistungsbezugs zu melden.

(3) Hilfsmerkmale sind:

1. Name und Anschrift der zuständigen Behörde,
2. Name und Telefonnummer sowie Adresse für elektronische Post der für eventuelle Rückfragen zur Verfügung stehenden Person und
3. Kennnummer des Antragstellers oder der Antragstellerin.

§ 23 Auskunftspflicht; Datenübermittlung an das Statistische Bundesamt

(1) ₁Für die Erhebung nach § 22 besteht Auskunftspflicht. ₂Die Angaben nach § 22 Absatz 3 Nummer 2 sind freiwillig. ₃Auskunftspflichtig sind die nach § 12 Absatz 1 zuständigen Stellen.

(2) ₁Die Antragstellerin oder der Antragsteller ist gegenüber den nach § 12 Absatz 1 zuständigen Stellen zu den Erhebungsmerkmalen nach § 22 Absatz 2 auskunftspflichtig. ₂Die zuständigen Stellen nach § 12 Absatz 1 dürfen die Angaben nach § 22 Absatz 2 Satz 1 Nummer 8, soweit sie für den Vollzug dieses Gesetzes nicht erforderlich sind, nur durch technische und organisatorische Maßnahmen getrennt von den übrigen Daten nach § 22 Absatz 2 und nur für die Übermittlung an das Statistische Bundesamt verwenden und haben diese unverzüglich nach Übermittlung an das Statistische Bundesamt zu löschen.

(3) Die in sich schlüssigen Angaben sind als Einzeldatensätze elektronisch bis zum Ablauf von 30 Arbeitstagen nach Ablauf des Berichtszeitraums an das Statistische Bundesamt zu übermitteln.

§ 24 Übermittlung von Tabellen mit statistischen Ergebnissen durch das Statistische Bundesamt

₁Zur Verwendung gegenüber den gesetzgebenden Körperschaften und zu Zwecken der Planung, jedoch nicht zur Regelung von Einzelfällen, übermittelt das Statistische Bundesamt Tabellen mit statistischen Ergebnissen, auch soweit Tabellenfelder nur einen einzigen Fall ausweisen, an die fachlich zuständigen obersten Bundes- oder Landesbehörden. ₂Tabellen, deren Tabellenfelder nur einen einzigen Fall ausweisen, dürfen nur dann übermittelt werden, wenn sie nicht differenzierter als auf Regierungsbezirksebene, im Falle der Stadtstaaten auf Bezirksebene, aufbereitet sind.

§ 24a Übermittlung von Einzelangaben durch das Statistische Bundesamt

(1) ₁Zur Abschätzung von Auswirkungen der Änderungen dieses Gesetzes im Rahmen der Zwecke nach § 24 übermittelt das Statistische Bundesamt auf Anforderung des fachlich zuständigen Bundesministeriums diesem oder von ihm beauftragten Forschungseinrichtungen Einzelangaben ab dem Jahr 2007 ohne Hilfsmerkmale mit Ausnahme des Merkmals nach § 22 Absatz 3 Nummer 3 für die Entwicklung und den Betrieb von Mikrosimulationsmodellen. ₂Die Einzelangaben dürfen nur im hierfür erforderlichen Umfang und mittels eines sicheren Datentransfers übermittelt werden.

(2) ₁Bei der Verarbeitung der Daten nach Absatz 1 ist das Statistikgeheimnis nach § 16 des Bundesstatistikgesetzes zu wahren. ₂Dafür ist die Trennung von statistischen und nichtstatistischen Aufgaben durch Organisation und Verfahren zu gewährleisten. ₃Die nach Absatz 1 übermittelten Daten dürfen nur für die Zwecke verwendet werden, für die sie übermittelt wurden. ₄Die übermittelten Einzeldaten sind nach dem Erreichen des Zweckes zu löschen, zu dem sie übermittelt wurden.

(3) ₁Personen, die Empfängerinnen und Empfänger von Einzelangaben nach Absatz 1 Satz 1 sind, unterliegen der Pflicht zur Geheimhaltung nach § 16 Absatz 1 und 10 des Bundesstatistikgesetzes. ₂Personen, die Einzelangaben nach Absatz 1 Satz 1 erhalten sollen, müssen Amtsträger oder für den öffentlichen Dienst besonders Verpflichtete sein. ₃Personen, die Einzelangaben erhalten sollen und die nicht Amtsträger oder für den öffentlichen Dienst besonders Verpflichtete sind, sind vor der Übermittlung zur Geheimhaltung zu verpflichten. ₄§ 1 Absatz 2, 3 und 4 Nummer 2 des Verpflichtungsgesetzes vom 2. März 1974 (BGBl. I S. 469, 547), das durch § 1 Nummer 4 des Gesetzes vom 15. August 1974 (BGBl. I S. 1942) geändert worden ist, gilt in der jeweils geltenden Fassung entsprechend. ₅Die Empfängerinnen und Empfänger von Einzelangaben dürfen aus ihrer Tätigkeit gewonnene Erkenntnisse nur für die in Absatz 1 genannten Zwecke verwenden.

§ 25 Automatisierter Datenabruf bei den Standesämtern

Beantragt eine Person Elterngeld, so ist die nach § 12 Absatz 1 zuständige Behörde berechtigt, zur Prüfung des Anspruchs nach § 1 die folgenden Daten über die Beurkundung der Geburt eines Kindes bei dem für die Entgegennahme der Anzeige der Geburt zuständigen Standesamt gemäß § 68 Absatz 3 des Personenstandsgesetzes automatisiert abzurufen, wenn die antragstellende Person zuvor in die elektronische Datenübermittlung eingewilligt hat:

1. Tag und Ort der Geburt des Kindes,

2. Geburtsname und Vornamen des Kindes,

3. Familiennamen, Geburtsnamen und Vornamen der Eltern des Kindes.

§ 26 Anwendung der Bücher des Sozialgesetzbuches

(1) Soweit dieses Gesetz zum Elterngeld keine ausdrückliche Regelung trifft, ist bei der Ausführung des Ersten und Zweiten Abschnitts das Erste Kapitel des Zehnten Buches Sozialgesetzbuch anzuwenden.

(2) § 328 Absatz 3 und § 331 des Dritten Buches Sozialgesetzbuch gelten entsprechend.

§ 27 Sonderregelung aus Anlass der COVID-19-Pandemie

(1) ₁Übt ein Elternteil eine systemrelevante Tätigkeit aus, so kann sein Bezug von Elterngeld auf Antrag für die Zeit vom 1. März 2020 bis 31. Dezember 2020 aufgeschoben werden. ₂Der Bezug der verschobenen Lebensmonate ist spätestens bis zum 30. Juni 2021 anzutreten. ₃Wird von der Möglichkeit des Aufschubs Gebrauch gemacht, so kann das Basiselterngeld abweichend von § 4 Absatz 1 Satz 2 und 3 auch noch nach Vollendung des 14. Lebensmonats bezogen werden. ₄In der Zeit vom 1. März 2020 bis 30. Juni 2021 entstehende Lücken im Elterngeldbezug sind abweichend von § 4 Absatz 1 Satz 4 unschädlich.

(2) ₁Für ein Verschieben des Partnerschaftsbonus genügt es, wenn nur ein Elternteil einen systemrelevanten Beruf ausübt. ₂Hat der Bezug des Partnerschaftsbonus bereits begonnen, so gelten allein die Bestimmungen des Absatzes 3.

(3) Liegt der Bezug des Partnerschaftsbonus ganz oder teilweise vor dem Ablauf des 23. September 2022 und kann die berechtigte Person die Voraussetzungen des Bezugs aufgrund der COVID-19-Pandemie nicht einhalten, gelten die Angaben zur Höhe des Einkommens und zum Umfang der Arbeitszeit, die bei der Beantragung des Partnerschaftsbonus glaubhaft gemacht worden sind.

§ 28 Übergangsvorschrift

(1) Für die vor dem 1. September 2021 geborenen oder mit dem Ziel der Adoption aufgenommenen Kinder ist dieses Gesetz in der bis zum 31. August 2021 geltenden Fassung weiter anzuwenden.

(1a) Für die nach dem 31. August 2021 und vor dem 1. April 2024 geborenen oder mit dem Ziel der Adoption aufgenommenen Kinder ist dieses Gesetz in der bis zum 31. März 2024 geltenden Fassung weiter anzuwenden.

(1b) Für die nach dem 31. März 2024 und vor dem 1. Mai 2025 geborenen oder mit dem Ziel der Adoption aufgenommenen Kinder ist dieses Gesetz in der bis zum 30. April 2025 geltenden Fassung weiter anzuwenden.

(2) Für die dem Erziehungsgeld vergleichbaren Leistungen der Länder sind § 8 Absatz 1 und § 9 des Bundeserziehungsgeldgesetzes in der bis zum 31. Dezember 2006 geltenden Fassung weiter anzuwenden.

(3) ₁§ 1 Absatz 7 Satz 1 Nummer 1 bis 4 in der Fassung des Artikels 36 des Gesetzes vom 12. Dezember 2019 (BGBl. I S. 2451) ist für Entscheidungen anzuwenden, die Zeiträume betreffen, die nach dem 29. Februar 2020 beginnen. ₂§ 1 Absatz 7 Satz 1 Nummer 5 in der Fassung des Artikels 36 des Gesetzes vom 12. Dezember 2019 (BGBl. I S. 2451) ist für Entscheidungen anzuwenden, die Zeiträume betreffen, die nach dem 31. Dezember 2019 beginnen. ₃§ 1 Absatz 7 Satz 1 Nummer 2 Buchstabe c in der Fassung des Artikels 12 Nummer 1 des Gesetzes vom 23. Mai 2022 (BGBl. I S. 760) ist für Entscheidungen anzuwenden, die Zeiträume betreffen, die nach dem 31. Mai 2022 beginnen. ₄§ 1 Absatz 7 Satz 1 Nummer 2 Buchstabe a und b in der Fassung des Artikels 43 des Gesetzes vom 2. Dezember 2024 (BGBl. 2024 I Nr. 387) ist für Entscheidungen anzuwenden, die Zeiträume betreffen, die nach dem 31. Mai 2024 beginnen.

(4) ₁§ 9 Absatz 2 ist auf Kinder anwendbar, die nach dem 31. Dezember 2021 geboren oder mit dem Ziel der Adoption aufgenommen worden sind. ₂§ 25 ist auf Kinder anwendbar, die nach dem 31. Oktober 2024 geboren oder mit dem Ziel der Adoption aufgenommen worden sind. ₃Für die nach dem 31. Dezember 2021 und vor dem 1. November 2024 geborenen oder mit dem Ziel der Adoption aufgenommenen Kinder ist § 25 in der bis zum 31. Oktober 2024 geltenden Fassung weiter anzuwenden. ₄Zur Erprobung des Verfahrens können diese Regelungen in Pilotprojekten mit Zustimmung des Bundesministeriums für Familie, Senioren, Frauen und Jugend, des Bundesministeriums für Arbeit und Soziales und des Bundesministeriums des Innern und für Heimat auf Kinder, die vor dem 1. Januar 2022 geboren oder mit dem Ziel der Adoption aufgenommen worden sind, angewendet werden.

(5) ₁§ 1 Absatz 8 ist auf Kinder anwendbar, die ab dem 1. April 2025 geboren oder mit dem Ziel der Adoption angenommen worden sind. ₂Für die ab dem 1. April 2024 und vor dem 1. April 2025 geborenen oder mit dem Ziel der Adoption angenommenen Kinder gilt § 1 Absatz 8 mit der Maßgabe, dass ein Anspruch entfällt, wenn die berechtigte Person im letzten abgeschlossenen Veranlagungszeitraum vor der Geburt des Kindes ein zu versteuerndes Einkommen nach § 2 Absatz 5 des Einkommensteuergesetzes in Höhe von mehr als 200 000 Euro erzielt hat. ₃Erfüllt auch eine andere Person die Voraussetzungen des § 1 Absatz 1 Satz 1 Nummer 2 oder des Absatzes 3 oder 4, entfällt in diesem Zeitraum abweichend von § 1 Absatz 8 Satz 1 der Anspruch, wenn die Summe des zu versteuernden Einkommens beider Personen mehr als 200 000 Euro beträgt.

Fünftes Gesetz zur Förderung der Vermögensbildung der Arbeitnehmer
(Fünftes Vermögensbildungsgesetz – 5. VermBG)

in der Fassung der Bekanntmachung
vom 4. März 1994 (BGBl. I S. 406)

Zuletzt geändert durch
Jahressteuergesetz 2024
vom 2. Dezember 2024 (BGBl. I Nr. 387)

§ 1 Persönlicher Geltungsbereich

(1) Die Vermögensbildung der Arbeitnehmer durch vereinbarte vermögenswirksame Leistungen der Arbeitgeber wird nach den Vorschriften dieses Gesetzes gefördert.

(2) Arbeitnehmer im Sinne dieses Gesetzes sind Arbeiter und Angestellte einschließlich der zu ihrer Berufsausbildung Beschäftigten. Als Arbeitnehmer gelten auch die in Heimarbeit Beschäftigten.

(3) Die Vorschriften dieses Gesetzes gelten nicht

1. für vermögenswirksame Leistungen juristischer Personen an Mitglieder des Organs, das zur gesetzlichen Vertretung der juristischen Person berufen ist,
2. für vermögenswirksame Leistungen von Personengesamtheiten an die durch Gesetz, Satzung oder Gesellschaftsvertrag zur Vertretung der Personengesamtheit berufenen Personen.

(4) Für Beamte, Richter, Berufssoldaten und Soldaten auf Zeit gelten die nachstehenden Vorschriften dieses Gesetzes entsprechend.

§ 2 Vermögenswirksame Leistungen, Anlageformen

(1) Vermögenswirksame Leistungen sind Geldleistungen, die der Arbeitgeber für den Arbeitnehmer anlegt

1. als Sparbeiträge des Arbeitnehmers auf Grund eines Sparvertrags über Wertpapiere oder andere Vermögensbeteiligungen (§ 4)

   a) zum Erwerb von Aktien, die vom Arbeitgeber ausgegeben werden oder an einer deutschen Börse zum regulierten Markt zugelassen oder in den Freiverkehr einbezogen sind,

   b) zum Erwerb von Wandelschuldverschreibungen, die vom Arbeitgeber ausgegeben werden oder an einer deutschen Börse zum regulierten Markt zugelassen oder in den Freiverkehr einbezogen sind, sowie von Gewinnschuldverschreibungen, die vom Arbeitgeber ausgegeben werden, zum Erwerb von Namensschuldverschreibungen des Arbeitgebers jedoch nur dann, wenn auf dessen Kosten die Ansprüche des Arbeitnehmers aus der Schuldverschreibung durch ein Kreditinstitut verbürgt oder durch ein Versicherungsunternehmen privatrechtlich gesichert sind und das Kreditinstitut oder Versicherungsunternehmen im Geltungsbereich dieses Gesetzes zum Geschäftsbetrieb befugt ist,

   c) zum Erwerb von Anteilen an OGAW-Sondervermögen sowie an als Sondervermögen aufgelegten offenen Publikums-AIF nach den §§ 218 und 219 des Kapitalanlagegesetzbuchs sowie von Anteilen an offenen EU-Investmentvermögen und offenen ausländischen AIF, die nach dem Kapitalanlagegesetzbuch vertrieben werden dürfen, wenn nach dem Jahresbericht für das vorletzte Geschäftsjahr, das dem Kalenderjahr des Abschlusses des Vertrags im Sinne des § 4 oder des § 5 vorausgeht, der Wert der Aktien in diesem Investmentvermögen 60 Prozent des Werts dieses Investmentvermögens nicht unterschreitet; für neu aufgelegte Investmentvermögen ist für das erste und zweite Geschäftsjahr der erste Jahresbericht oder der erste Halbjahresbericht nach Auflegung des Investmentvermögens maßgebend,

d) (weggefallen)

e) (weggefallen)

f) zum Erwerb von Genußscheinen, die vom Arbeitgeber als Wertpapiere ausgegeben werden oder an einer deutschen Börse zum regulierten Markt zugelassen oder in den Freiverkehr einbezogen sind und von Unternehmen mit Sitz und Geschäftsleitung im Geltungsbereich dieses Gesetzes, die keine Kreditinstitute sind, ausgegeben werden, wenn mit den Genußscheinen das Recht am Gewinn eines Unternehmens verbunden ist und der Arbeitnehmer nicht als Mitunternehmer im Sinne des § 15 Abs. 1 Satz 1 Nr. 2 des Einkommensteuergesetzes anzusehen ist,

g) zur Begründung oder zum Erwerb eines Geschäftsguthabens bei einer Genossenschaft mit Sitz und Geschäftsleitung im Geltungsbereich dieses Gesetzes; ist die Genossenschaft nicht der Arbeitgeber, so setzt die Anlage vermögenswirksamer Leistungen voraus, daß die Genossenschaft entweder ein Kreditinstitut oder eine Bau- oder Wohnungsgenossenschaft im Sinne des § 2 Abs. 1 Nr. 2 des Wohnungsbau-Prämiengesetzes ist, die zum Zeitpunkt der Begründung oder des Erwerbs des Geschäftsguthabens seit mindestens drei Jahren im Genossenschaftsregister ohne wesentliche Änderung ihres Unternehmensgegenstandes eingetragen und nicht aufgelöst ist oder Sitz und Geschäftsleitung in dem in Artikel 3 des Einigungsvertrages genannten Gebiet hat und dort entweder am 1. Juli 1990 als Arbeiterwohnungsbaugenossenschaft, Gemeinnützige Wohnungsbaugenossenschaft oder sonstige Wohnungsbaugenossenschaft bestanden oder einen nicht unwesentlichen Teil von Wohnungen aus dem Bestand einer solchen Bau- oder Wohnungsgenossenschaft erworben hat,

h) zur Übernahme einer Stammeinlage oder zum Erwerb eines Geschäftsanteils an einer Gesellschaft mit beschränkter Haftung mit Sitz und Geschäftsleitung im Geltungsbereich dieses Gesetzes, wenn die Gesellschaft das Unternehmen des Arbeitgebers ist,

i) zur Begründung oder zum Erwerb einer Beteiligung als stiller Gesellschafter im Sinne des § 230 des Handelsgesetzbuchs am Unternehmen des Arbeitgebers mit Sitz und Geschäftsleitung im Geltungsbereich dieses Gesetzes, wenn der Arbeitnehmer nicht als Mitunternehmer im Sinne des § 15 Abs. 1 Nr. 2 des Einkommensteuergesetzes anzusehen ist,

k) zur Begründung oder zum Erwerb einer Darlehensforderung gegen den Arbeitgeber, wenn auf dessen Kosten die Ansprüche des Arbeitnehmers aus dem Darlehensvertrag durch ein Kreditinstitut verbürgt oder durch ein Versicherungsunternehmen privatrechtlich gesichert sind und das Kreditinstitut oder Versicherungsunternehmen im Geltungsbereich dieses Gesetzes zum Geschäftsbetrieb befugt ist,

l) zur Begründung oder zum Erwerb eines Genußrechts am Unternehmen des Arbeitgebers mit Sitz und Geschäftsleitung im Geltungsbereich dieses Gesetzes, wenn damit das Recht am Gewinn dieses Unternehmens verbunden ist, der Arbeitnehmer nicht als Mitunternehmer im Sinne des § 15 Abs. 1 Nr. 2 des Einkommensteuergesetzes anzusehen ist und über das Genußrecht kein Genußschein im Sinne des Buchstaben f ausgegeben wird,

2. als Aufwendungen des Arbeitnehmers auf Grund eines Wertpapier-Kaufvertrags (§ 5),

3. als Aufwendungen des Arbeitnehmers auf Grund eines Beteiligungs-Vertrags (§ 6) oder eines Beteiligungs-Kaufvertrags (§ 7),

VIII.6 Fünftes Vermögensbildungsgesetz (5. VermBG) § 2

4. als Aufwendungen des Arbeitnehmers nach den Vorschriften des Wohnungsbau-Prämiengesetzes; die Voraussetzungen für die Gewährung einer Prämie nach dem Wohnungsbau-Prämiengesetz brauchen nicht vorzuliegen; die Anlage vermögenswirksamer Leistungen als Aufwendungen nach § 2 Abs. 1 Nr. 2 des Wohnungsbau-Prämiengesetzes für den ersten Erwerb von Anteilen an Bau- und Wohnungsgenossenschaften setzt voraus, daß die Voraussetzungen der Nummer 1 Buchstabe g zweiter Halbsatz erfüllt sind,

5. als Aufwendungen des Arbeitnehmers
    a) zum Bau, zum Erwerb, zum Ausbau oder zur Erweiterung eines im Inland belegenen Wohngebäudes oder einer im Inland belegenen Eigentumswohnung,
    b) zum Erwerb eines Dauerwohnrechts im Sinne des Wohnungseigentumsgesetzes an einer im Inland belegenen Wohnung,
    c) zum Erwerb eines im Inland belegenen Grundstücks zum Zwecke des Wohnungsbaus oder
    d) zur Erfüllung von Verpflichtungen, die im Zusammenhang mit den in den Buchstaben a bis c bezeichneten Vorhaben eingegangen sind,

sofern der Anlage nicht ein von einem Dritten vorgefertigtes Konzept zu Grunde liegt, bei dem der Arbeitnehmer vermögenswirksame Leistungen zusammen mit mehr als 15 anderen Arbeitnehmern anlegen kann; die Förderung der Aufwendungen nach den Buchstaben a bis c setzt voraus, daß sie unmittelbar für die dort bezeichneten Vorhaben verwendet werden,

6. als Sparbeiträge des Arbeitnehmers auf Grund eines Sparvertrags (§ 8),

7. als Beiträge des Arbeitnehmers auf Grund eines Kapitalversicherungsvertrags (§ 9),

8. als Aufwendungen des Arbeitnehmers, der nach § 18 Abs. 2 oder 3 die Mitgliedschaft in einer Genossenschaft oder Gesellschaft mit beschränkter Haftung gekündigt hat, zur Erfüllung von Verpflichtungen aus der Mitgliedschaft, die nach dem 31. Dezember 1994 fortbestehen oder entstehen.

(2) Aktien, Wandelschuldverschreibungen, Gewinnschuldverschreibungen oder Genußscheine eines Unternehmens, das im Sinne des § 18 Abs. 1 des Aktiengesetzes als herrschendes Unternehmen mit dem Unternehmen des Arbeitgebers verbunden ist, stehen Aktien, Wandelschuldverschreibungen, Gewinnschuldverschreibungen oder Genußscheinen im Sinne des Absatzes 1 Nr. 1 Buchstabe a, b oder f gleich, die vom Arbeitgeber ausgegeben werden. Ein Geschäftsguthaben bei einer Genossenschaft mit Sitz und Geschäftsleitung im Geltungsbereich dieses Gesetzes, die im Sinne des § 18 Abs. 1 des Aktiengesetzes als herrschendes Unternehmen mit dem Unternehmen des Arbeitgebers verbunden ist, steht einem Geschäftsguthaben im Sinne des Absatzes 1 Nr. 1 Buchstabe g bei einer Genossenschaft, die das Unternehmen des Arbeitgebers ist, gleich. Eine Stammeinlage oder ein Geschäftsanteil an einer Gesellschaft mit beschränkter Haftung mit Sitz und Geschäftsleitung im Geltungsbereich dieses Gesetzes, die im Sinne des § 18 Abs. 1 des Aktiengesetzes als herrschendes Unternehmen mit dem Unternehmen des Arbeitgebers verbunden ist, stehen einer Stammeinlage oder einem Geschäftsanteil im Sinne des Absatzes 1 Nr. 1 Buchstabe h an einer Gesellschaft, die das Unternehmen des Arbeitgebers ist, gleich. Eine Beteiligung als stiller Gesellschafter an einem Unternehmen mit Sitz und Geschäftsleitung im Geltungsbereich dieses Gesetzes, das im Sinne des § 18 Abs. 1 des Aktiengesetzes als herrschendes Unternehmen mit dem Unternehmen des Arbeitgebers verbunden ist oder das auf Grund eines Vertrags mit dem Arbeitgeber an dessen Unternehmen gesellschaftsrechtlich beteiligt ist, steht einer Beteiligung als stiller Gesellschafter im Sinne des Absatzes 1 Nr. 1 Buchstabe i gleich. Eine Darlehensforderung gegen ein Unternehmen mit Sitz und Geschäftsleitung im Geltungsbereich dieses Gesetzes, das im Sinne des § 18 Abs. 1 des Aktiengesetzes als

herrschendes Unternehmen mit dem Unternehmen des Arbeitgebers verbunden ist, oder ein Genußrecht an einem solchen Unternehmen stehen einer Darlehensforderung oder einem Genußrecht im Sinne des Absatzes 1 Nr. 1 Buchstabe k oder l gleich.

(3) Die Anlage vermögenswirksamer Leistungen in Gewinnschuldverschreibungen im Sinne des Absatzes 1 Nr. 1 Buchstabe b und des Absatzes 2 Satz 1, in denen neben der gewinnabhängigen Verzinsung eine gewinnunabhängige Mindestverzinsung zugesagt ist, setzt voraus, daß

1. die gewinnunabhängige Mindestverzinsung der Gewinnschuldverschreibung im Regelfall die Hälfte der Gesamtverzinsung nicht überschreitet oder

2. die gewinnunabhängige Mindestverzinsung zum Zeitpunkt der Ausgabe der Gewinnschuldverschreibung die Hälfte der Emissionsrendite festverzinslicher Wertpapiere nicht überschreitet, die in den Monatsberichten der Deutschen Bundesbank für den viertletzten Kalendermonat ausgewiesen wird, der dem Kalendermonat der Ausgabe vorausgeht.

(4) Die Anlage vermögenswirksamer Leistungen in Genußscheinen und Genußrechten im Sinne des Absatzes 1 Nr. 1 Buchstabe f und l und des Absatzes 2 Satz 1 und 5 setzt voraus, daß eine Rückzahlung zum Nennwert nicht zugesagt ist; ist neben dem Recht am Gewinn eine gewinnunabhängige Mindestverzinsung zugesagt, gilt Absatz 3 entsprechend.

(5) Der Anlage vermögenswirksamer Leistungen nach Absatz 1 Nr. 1 Buchstabe f, i bis l, Absatz 2 Satz 1, 4 und 5 sowie Absatz 4 in einer Genossenschaft mit Sitz und Geschäftsleitung im Geltungsbereich dieses Gesetzes stehen § 19 und eine Festsetzung durch Satzung gemäß § 20 des Genossenschaftsgesetzes nicht entgegen.

(5a) Der Arbeitgeber hat vor der Anlage vermögenswirksamer Leistungen im eigenen Unternehmen in Zusammenarbeit mit dem Arbeitnehmer Vorkehrungen zu treffen, die der Absicherung der angelegten vermögenswirksamen Leistungen bei einer während der Dauer der Sperrfrist eintretenden Zahlungsunfähigkeit des Arbeitgebers dienen. Das Bundesministerium für Arbeit und Sozialordnung berichtet den gesetzgebenden Körperschaften bis zum 30. Juni 2002 über die nach Satz 1 getroffenen Vorkehrungen.

(6) Vermögenswirksame Leistungen sind steuerpflichtige Einnahmen im Sinne des Einkommensteuergesetzes und Einkommen, Verdienst oder Entgelt (Arbeitsentgelt) im Sinne der Sozialversicherung und des Dritten Buches Sozialgesetzbuch. Reicht der nach Abzug der vermögenswirksamen Leistung verbleibende Arbeitslohn zur Deckung der einzubehaltenden Steuern, Sozialversicherungsbeiträge und Beiträge zur Bundesagentur für Arbeit nicht aus, so hat der Arbeitnehmer dem Arbeitgeber den zur Deckung erforderlichen Betrag zu zahlen.

(7) Vermögenswirksame Leistungen sind arbeitsrechtlich Bestandteil des Lohns oder Gehalts. Der Anspruch auf die vermögenswirksame Leistung ist nicht übertragbar.

§ 3 Vermögenswirksame Leistungen für Angehörige, Überweisung durch den Arbeitgeber, Kennzeichnungs-, Bestätigungs- und Mitteilungspflichten

(1) Vermögenswirksame Leistungen können auch angelegt werden

1. zugunsten des nicht dauernd getrennt lebenden Ehegatten oder Lebenspartners des Arbeitnehmers,

2. zugunsten der in § 32 Abs. 1 des Einkommensteuergesetzes bezeichneten Kinder, die zu Beginn des maßgebenden Kalenderjahrs das 17. Lebensjahr noch nicht vollendet hatten oder die in diesem Kalenderjahr lebend geboren wurden oder

3. zugunsten der Eltern oder eines Elternteils des Arbeitnehmers, wenn der Arbeitnehmer als Kind die Voraussetzungen der Nummer 2 erfüllt.

Dies gilt nicht für die Anlage vermögenswirksamer Leistungen auf Grund von Verträgen nach den §§ 5 bis 7.

(2) Der Arbeitgeber hat die vermögenswirksamen Leistungen für den Arbeitnehmer unmittelbar an das Unternehmen oder Institut zu überweisen, bei dem sie angelegt werden sollen. Er hat dabei gegenüber dem Unternehmen oder Institut die vermögenswirksamen Leistungen zu kennzeichnen. Das Unternehmen oder Institut hat die nach § 2 Abs. 1 Nr. 1 bis 5, Abs. 2 bis 4 angelegten vermögenswirksamen Leistungen und die Art ihrer Anlage zu kennzeichnen. Kann eine vermögenswirksame Leistung nicht oder nicht mehr die Voraussetzungen des § 2 Abs. 1 bis 4 erfüllen, so hat das Unternehmen oder Institut dies dem Arbeitgeber unverzüglich schriftlich mitzuteilen. Die Sätze 1 bis 4 gelten nicht für die Anlage vermögenswirksamer Leistungen auf Grund von Verträgen nach den §§ 5, 6 Abs. 1 und § 7 Abs. 1 mit dem Arbeitgeber.

(3) Für eine vom Arbeitnehmer gewählte Anlage nach § 2 Abs. 1 Nr. 5 hat der Arbeitgeber auf Verlangen des Arbeitnehmers die vermögenswirksamen Leistungen an den Arbeitnehmer zu überweisen, wenn dieser dem Arbeitgeber eine schriftliche Bestätigung seines Gläubigers vorgelegt hat, daß die Anlage bei ihm die Voraussetzungen des § 2 Abs. 1 Nr. 5 erfüllt; Absatz 2 gilt in diesem Falle nicht. Der Arbeitgeber hat die Richtigkeit der Bestätigung nicht zu prüfen.

§ 4 Sparvertrag über Wertpapiere oder andere Vermögensbeteiligungen

(1) Ein Sparvertrag über Wertpapiere oder andere Vermögensbeteiligungen im Sinne des § 2 Abs. 1 Nr. 1 ist ein Sparvertrag mit einem Kreditinstitut oder einer Kapitalverwaltungsgesellschaft, in dem sich der Arbeitnehmer verpflichtet, als Sparbeiträge zum Erwerb von Wertpapieren im Sinne des § 2 Abs. 1 Nr. 1 Buchstabe a bis f, Abs. 2 Satz 1, Abs. 3 und 4 oder zur Begründung oder zum Erwerb von Rechten im Sinne des § 2 Abs. 1 Nr. 1 Buchstabe g bis l, Abs. 2 Satz 2 bis 5 und Abs. 4 einmalig oder für die Dauer von sechs Jahren seit Vertragsabschluß laufend vermögenswirksame Leistungen einzuzahlen zu lassen oder andere Beträge einzuzahlen.

(2) Die Förderung der auf Grund eines Vertrags nach Absatz 1 angelegten vermögenswirksamen Leistungen setzt voraus, daß

1. die Leistungen eines Kalenderjahrs, vorbehaltlich des Absatzes 3, spätestens bis zum Ablauf des folgenden Kalenderjahrs zum Erwerb der Wertpapiere oder zur Begründung oder zum Erwerb der Rechte verwendet und bis zur Verwendung festgelegt werden und

2. die mit den Leistungen erworbenen Wertpapiere unverzüglich nach ihrem Erwerb bis zum Ablauf einer Frist von sieben Jahren (Sperrfrist) festgelegt werden und über die Wertpapiere oder die mit den Leistungen begründeten oder erworbenen Rechte bis zum Ablauf der Sperrfrist nicht durch Rückzahlung, Abtretung, Beleihung oder in anderer Weise verfügt wird.

Die Sperrfrist gilt für alle auf Grund des Vertrags angelegten vermögenswirksamen Leistungen und beginnt am 1. Januar des Kalenderjahrs, in dem der Vertrag abgeschlossen worden ist. Als Zeitpunkt des Vertragsabschlusses gilt der Tag, an dem die vermögenswirksame Leistung, bei Verträgen über laufende Einzahlungen die erste vermögenswirksame Leistung, beim Kreditinstitut oder bei der Kapitalverwaltungsgesellschaft eingeht.

(3) Vermögenswirksame Leistungen, die nicht bis zum Ablauf der Frist nach Absatz 2 Nr. 1 verwendet worden sind, gelten als rechtzeitig verwendet, wenn sie am Ende eines Kalenderjahrs insgesamt 150 Euro nicht übersteigen und bis zum Ablauf der Sperrfrist nach Absatz 2 verwendet oder festgelegt werden.

(4) Eine vorzeitige Verfügung ist abweichend von Absatz 2 unschädlich, wenn

1. der Arbeitnehmer oder sein von ihm nicht dauernd getrennt lebender Ehegatte oder Lebenspartner nach Vertragsabschluß gestorben oder völlig erwerbsunfähig geworden ist,

2. der Arbeitnehmer nach Vertragsabschluß, aber vor der vorzeitigen Verfügung geheiratet oder eine Lebenspartnerschaft be-

gründet hat und im Zeitpunkt der vorzeitigen Verfügung mindestens zwei Jahre seit Beginn der Sperrfrist vergangen sind,

3. der Arbeitnehmer nach Vertragsabschluß arbeitslos geworden ist und die Arbeitslosigkeit mindestens ein Jahr lang ununterbrochen bestanden hat und im Zeitpunkt der vorzeitigen Verfügung noch besteht,

4. der Arbeitnehmer den Erlös innerhalb der folgenden drei Monate unmittelbar für die eigene Weiterbildung oder für die seines von ihm nicht dauernd getrennt lebenden Ehegatten oder Lebenspartners einsetzt und die Maßnahme außerhalb des Betriebes, dem er oder der Ehegatte oder der Lebenspartner angehört, durchgeführt wird und Kenntnisse und Fertigkeiten vermittelt werden, die dem beruflichen Fortkommen dienen und über arbeitsplatzbezogene Anpassungsfortbildungen hinausgehen; für vermögenswirksame Leistungen, die der Arbeitgeber für den Arbeitnehmer nach § 2 Absatz 1 Nummer 1 Buchstabe a, b, f bis l angelegt hat und die Rechte am Unternehmen des Arbeitgebers begründen, gilt dies nur bei Zustimmung des Arbeitgebers; bei nach § 2 Abs. 2 gleichgestellten Anlagen gilt dies nur bei Zustimmung des Unternehmens, das im Sinne des § 18 Abs. 1 des Aktiengesetzes als herrschendes Unternehmen mit dem Unternehmen des Arbeitgebers verbunden ist,

5. der Arbeitnehmer nach Vertragsabschluß unter Aufgabe der nichtselbständigen Arbeit eine Erwerbstätigkeit, die nach § 138 Abs. 1 der Abgabenordnung der Gemeinde mitzuteilen ist, aufgenommen hat oder

6. festgelegte Wertpapiere veräußert werden und der Erlös bis zum Ablauf des Kalendermonats, der dem Kalendermonat der Veräußerung folgt, zum Erwerb von in Absatz 1 bezeichneten Wertpapieren wiederverwendet wird; der bis zum Ablauf der Veräußerung folgenden Kalendermonats nicht wiederverwendete Erlös gilt als rechtzeitig wiederverwendet, wenn er am Ende eines Kalendermonats insgesamt 150 Euro nicht übersteigt.

(5) Unschädlich ist auch, wenn in die Rechte und Pflichten des Kreditinstituts oder der Kapitalverwaltungsgesellschaft aus dem Spar vertrag an seine Stelle ein anderes Kreditinstitut oder eine andere Kapitalverwaltungsgesellschaft während der Laufzeit des Vertrags durch Rechtsgeschäft eintritt.

(6) Werden auf einen Vertrag über laufend einzuzahlende vermögenswirksame Leistungen oder andere Beträge in einem Kalenderjahr, das dem Kalenderjahr des Vertragsabschlusses folgt, weder vermögenswirksame Leistungen noch andere Beträge eingezahlt, so ist der Vertrag unterbrochen und kann nicht fortgeführt werden. Das gleiche gilt, wenn mindestens alle Einzahlungen eines Kalenderjahrs zurückgezahlt oder die Rückzahlungsansprüche aus dem Vertrag abgetreten oder beliehen werden.

§ 5 Wertpapier-Kaufvertrag

(1) Ein Wertpapier-Kaufvertrag im Sinne des § 2 Abs. 1 Nr. 2 ist ein Kaufvertrag zwischen dem Arbeitnehmer und dem Arbeitgeber zum Erwerb von Wertpapieren im Sinne des § 2 Abs. 1 Nr. 1 Buchstabe a bis f, Abs. 2 Satz 1, Abs. 3 und 4 durch den Arbeitnehmer mit der Vereinbarung, den vom Arbeitnehmer geschuldeten Kaufpreis mit vermögenswirksamen Leistungen zu verrechnen oder mit anderen Beträgen zu zahlen.

(2) Die Förderung der auf Grund eines Vertrags nach Absatz 1 angelegten vermögenswirksamen Leistungen setzt voraus, daß

1. mit den Leistungen eines Kalenderjahrs spätestens bis zum Ablauf des folgenden Kalenderjahrs die Wertpapiere erworben werden und

2. die mit den Leistungen erworbenen Wertpapiere unverzüglich nach ihrem Erwerb bis zum Ablauf einer Frist von sechs Jahren (Sperrfrist) festgelegt werden und über die Wertpapiere bis zum Ablauf der Sperrfrist nicht durch Rückzahlung, Abtretung, Beleihung oder in anderer Weise verfügt wird; die Sperrfrist beginnt am 1. Januar des Kalenderjahrs, in dem das Wertpapier erworben worden ist; § 4 Abs. 4 Nr. 1 bis 5 gilt entsprechend.

§ 6 Beteiligungs-Vertrag

(1) Ein Beteiligungs-Vertrag im Sinne des § 2 Abs. 1 Nr. 3 ist ein Vertrag zwischen dem Arbeitnehmer und dem Arbeitgeber über die Begründung von Rechten im Sinne des § 2 Abs. 1 Nr. 1 Buchstabe g bis l und Abs. 4 für den Arbeitnehmer am Unternehmen des Arbeitgebers mit der Vereinbarung, die vom Arbeitnehmer für die Begründung geschuldete Geldsumme mit vermögenswirksamen Leistungen zu verrechnen oder mit anderen Beträgen zu zahlen.

(2) Ein Beteiligungs-Vertrag im Sinne des § 2 Abs. 1 Nr. 3 ist auch ein Vertrag zwischen dem Arbeitnehmer und

1. einem Unternehmen, das nach § 2 Abs. 2 Satz 2 bis 5 mit dem Unternehmen des Arbeitgebers verbunden oder nach § 2 Abs. 2 Satz 4 an diesem Unternehmen beteiligt ist, über die Begründung von Rechten im Sinne des § 2 Abs. 1 Nr. 1 Buchstabe g bis l, Abs. 2 Satz 2 bis 5 und Abs. 4 für den Arbeitnehmer an diesem Unternehmen oder

2. einer Genossenschaft mit Sitz und Geschäftsleitung im Geltungsbereich dieses Gesetzes, die ein Kreditinstitut oder eine Bau- oder Wohnungsgenossenschaft ist, die die Voraussetzungen des § 2 Abs. 1 Nr. 1 Buchstabe g zweiter Halbsatz erfüllt, über die Begründung eines Geschäftsguthabens für den Arbeitnehmer bei dieser Genossenschaft

mit der Vereinbarung, die vom Arbeitnehmer für die Begründung der Rechte oder des Geschäftsguthabens geschuldete Geldsumme mit vermögenswirksamen Leistungen zahlen zu lassen oder mit anderen Beträgen zu zahlen.

(3) Die Förderung der auf Grund eines Vertrags nach Absatz 1 oder 2 angelegten vermögenswirksamen Leistungen setzt voraus, daß

1. mit den Leistungen eines Kalenderjahrs spätestens bis zum Ablauf des folgenden Kalenderjahrs die Rechte begründet werden und

2. über die mit den Leistungen begründeten Rechte bis zum Ablauf einer Frist von sechs Jahren (Sperrfrist) nicht durch Rückzahlung, Abtretung, Beleihung oder in anderer Weise verfügt wird; die Sperrfrist beginnt am 1. Januar des Kalenderjahrs, in dem das Recht begründet worden ist; § 4 Abs. 4 Nr. 1 bis 5 gilt entsprechend.

§ 7 Beteiligungs-Kaufvertrag

(1) Ein Beteiligungs-Kaufvertrag im Sinne des § 2 Abs. 1 Nr. 3 ist ein Kaufvertrag zwischen dem Arbeitnehmer und dem Arbeitgeber zum Erwerb von Rechten im Sinne des § 2 Abs. 1 Nr. 1 Buchstabe g bis l, Abs. 2 Satz 2 bis 5 und Abs. 4 durch den Arbeitnehmer mit der Vereinbarung, die vom Arbeitnehmer geschuldeten Kaufpreis mit vermögenswirksamen Leistungen zu verrechnen oder mit anderen Beträgen zu zahlen.

(2) Ein Beteiligungs-Kaufvertrag im Sinne des § 2 Abs. 1 Nr. 3 ist auch ein Kaufvertrag zwischen dem Arbeitnehmer und einer Gesellschaft mit beschränkter Haftung, die nach § 2 Abs. 2 Satz 3 mit dem Unternehmen des Arbeitgebers verbunden ist, zum Erwerb eines Geschäftsanteils im Sinne des § 2 Abs. 1 Nr. 1 Buchstabe h an dieser Gesellschaft durch den Arbeitnehmer mit der Vereinbarung, den vom Arbeitnehmer geschuldeten Kaufpreis mit vermögenswirksamen Leistungen zahlen zu lassen oder mit anderen Beträgen zu zahlen.

(3) Für die Förderung der auf Grund eines Vertrags nach Absatz 1 oder 2 angelegten vermögenswirksamen Leistungen gilt § 6 Abs. 3 entsprechend.

§ 8 Sparvertrag

(1) Ein Sparvertrag im Sinne des § 2 Abs. 1 Nr. 6 ist ein Sparvertrag zwischen dem Arbeitnehmer und einem Kreditinstitut, in dem die in den Absätzen 2 bis 5 bezeichneten Vereinbarungen, mindestens aber die in den Absätzen 2 und 3 bezeichneten Vereinbarungen, getroffen sind.

(2) Der Arbeitnehmer ist verpflichtet,

1. einmalig oder für die Dauer von sechs Jahren seit Vertragsabschluß laufend, mindestens aber einmal im Kalenderjahr,

als Sparbeiträge vermögenswirksame Leistungen einzahlen zu lassen oder andere Beträge einzuzahlen und

2. bis zum Ablauf einer Frist von sieben Jahren (Sperrfrist) die eingezahlten vermögenswirksamen Leistungen bei dem Kreditinstitut festzulegen und die Rückzahlungsansprüche aus dem Vertrag weder abzutreten noch zu beleihen.

Der Zeitpunkt des Vertragsabschlusses und der Beginn der Sperrfrist bestimmen sich nach den Regelungen des § 4 Abs. 2 Satz 2 und 3.

(3) Der Arbeitnehmer ist abweichend von der in Absatz 2 Satz 1 Nr. 2 bezeichneten Vereinbarung zu vorzeitiger Verfügung berechtigt, wenn eine der in § 4 Abs. 4 Nr. 1 bis 5 bezeichneten Voraussetzungen erfüllt ist.

(4) Der Arbeitnehmer ist abweichend von der in Absatz 2 Satz 1 Nr. 2 bezeichneten Vereinbarung auch berechtigt, vor Ablauf der Sperrfrist mit eingezahlten vermögenswirksamen Leistungen zu erwerben

1. Wertpapiere im Sinne des § 2 Abs. 1 Nr. 1 Buchstabe a bis f, Abs. 2 Satz 1, Abs. 3 und 4,

2. Schuldverschreibungen, die vom Bund, von den Ländern, von den Gemeinden, von anderen Körperschaften des öffentlichen Rechts, vom Arbeitgeber, von einem im Sinne des § 18 Abs. 1 des Aktiengesetzes als herrschendes Unternehmen mit dem Unternehmen des Arbeitgebers verbundenen Unternehmen oder von einem Kreditinstitut mit Sitz und Geschäftsleitung im Geltungsbereich dieses Gesetzes ausgegeben werden, Namensschuldverschreibungen des Arbeitgebers jedoch nur dann, wenn auf dessen Kosten die Ansprüche des Arbeitnehmers aus der Schuldverschreibung durch ein Kreditinstitut verbürgt oder durch ein Versicherungsunternehmen privatrechtlich gesichert sind und das Kreditinstitut oder Versicherungsunternehmen im Geltungsbereich dieses Gesetzes zum Geschäftsbetrieb befugt ist,

3. Genußscheine, die von einem Kreditinstitut mit Sitz und Geschäftsleitung im Geltungsbereich dieses Gesetzes, das nicht der Arbeitgeber ist, als Wertpapiere ausgegeben werden, wenn mit den Genußscheinen das Recht am Gewinn des Kreditinstituts verbunden ist, der Arbeitnehmer nicht als Mitunternehmer im Sinne des § 15 Abs. 1 Nr. 2 des Einkommensteuergesetzes anzusehen ist und die Voraussetzungen des § 2 Abs. 4 erfüllt sind,

4. Anleiheforderungen, die in ein Schuldbuch des Bundes oder eines Landes eingetragen werden,

5. Anteile an einem Sondervermögen, die von Kapitalverwaltungsgesellschaften im Sinne des Kapitalanlagegesetzbuchs ausgegeben werden und nicht unter § 2 Abs. 1 Nr. 1 Buchstabe c fallen, oder

6. Anteile an offenen EU-Investmentvermögen und ausländischen AIF, die nach dem Kapitalanlagegesetzbuch vertrieben werden dürfen.

Der Arbeitnehmer ist verpflichtet, bis zum Ablauf der Sperrfrist die nach Satz 1 erworbenen Wertpapiere bei dem Kreditinstitut, mit dem der Sparvertrag abgeschlossen ist, festzulegen und über die Wertpapiere nicht zu verfügen; diese Verpflichtung besteht nicht, wenn eine der in § 4 Abs. 4 Nr. 1 bis 5 bezeichneten Voraussetzungen erfüllt ist.

(5) Der Arbeitnehmer ist abweichend von der in Absatz 2 Satz 1 Nummer 2 bezeichneten Vereinbarung auch berechtigt, vor Ablauf der Sperrfrist die Überweisung eingezahlter vermögenswirksamer Leistungen auf einen von ihm oder seinem nicht dauernd getrennt lebenden Ehegatten oder Lebenspartner abgeschlossenen Bausparvertrag zu verlangen, wenn weder mit der Auszahlung der Bausparsumme begonnen worden ist noch die überwiesenen Beträge vor Ablauf der Sperrfrist ganz oder zum Teil zurückgezahlt noch Ansprüche aus dem Bausparvertrag abgetreten oder beliehen worden oder wenn eine solche vorzeitige Verfügung nach § 2 Absatz 3 Satz 2 Nummer 1 und 2 des Wohnungsbau-Prämiengesetzes in der Fassung der Bekanntmachung vom 30. Oktober 1997 (BGBl. I S. 2678), das zuletzt durch Artikel 7

des Gesetzes vom 5. April 2011 (BGBl. I S. 554) geändert worden ist, in der jeweils geltenden Fassung unschädlich ist. Satz 1 gilt für vor dem 1. Januar 2009 und nach dem 31. Dezember 2008 abgeschlossene Bausparverträge.

§ 9 Kapitalversicherungsvertrag

(1) Ein Kapitalversicherungsvertrag im Sinne des § 2 Abs. 1 Nr. 7 ist ein Vertrag über eine Kapitalversicherung auf den Erlebens- und Todesfall gegen laufenden Beitrag, der für die Dauer von mindestens zwölf Jahren und mit den in den Absätzen 2 bis 5 bezeichneten Vereinbarungen zwischen dem Arbeitnehmer und einem Versicherungsunternehmen abgeschlossen ist, das im Geltungsbereich dieses Gesetzes zum Geschäftsbetrieb befugt ist.

(2) Der Arbeitnehmer ist verpflichtet, als Versicherungsbeiträge vermögenswirksame Leistungen einzahlen zu lassen oder andere Beträge einzuzahlen.

(3) Die Versicherungsbeiträge enthalten keine Anteile für Zusatzleistungen wie für Unfall, Invalidität oder Krankheit.

(4) Der Versicherungsvertrag sieht vor, daß bereits ab Vertragsbeginn ein nicht kürzbarer Anteil von mindestens 50 Prozent des gezahlten Beitrags als Rückkaufwert (§ 169 des Versicherungsvertragsgesetzes) erstattet oder der Berechnung der prämienfreien Versicherungsleistung (§ 165 des Versicherungsvertragsgesetzes) zugrunde gelegt wird.

(5) Die Gewinnanteile werden verwendet

1. zur Erhöhung der Versicherungsleistung oder

2. auf Verlangen des Arbeitnehmers zur Verrechnung mit fälligen Beiträgen, wenn er nach Vertragsabschluß arbeitslos geworden ist und die Arbeitslosigkeit mindestens ein Jahr lang ununterbrochen bestanden hat und im Zeitpunkt der Verrechnung noch besteht.

§ 10 Vereinbarung zusätzlicher vermögenswirksamer Leistungen

(1) Vermögenswirksame Leistungen können in Verträgen mit Arbeitnehmern, in Betriebsvereinbarungen, in Tarifverträgen oder in bindenden Festsetzungen (§ 19 des Heimarbeitsgesetzes) vereinbart werden.

(2) bis (4) (weggefallen)

(5) Der Arbeitgeber kann auf tarifvertraglich vereinbarte vermögenswirksame Leistungen die betrieblichen Sozialleistungen anrechnen, die dem Arbeitnehmer in dem Kalenderjahr bisher schon als vermögenswirksame Leistungen erbracht worden sind.

§ 11 Vermögenswirksame Anlage von Teilen des Arbeitslohns

(1) Der Arbeitgeber hat auf schriftliches Verlangen des Arbeitnehmers einen Vertrag über die vermögenswirksame Anlage von Teilen des Arbeitslohns abzuschließen.

(2) Auch vermögenswirksam angelegte Teile des Arbeitslohns sind vermögenswirksame Leistungen im Sinne dieses Gesetzes.

(3) Zum Abschluß eines Vertrags nach Absatz 1, wonach die Lohnteile nicht zusammen mit anderen vermögenswirksamen Leistungen für den Arbeitnehmer angelegt und überwiesen werden sollen, ist der Arbeitgeber nur dann verpflichtet, wenn der Arbeitnehmer die Anlage von Teilen des Arbeitslohns in monatlichen der Höhe nach gleichbleibenden Beträgen von mindestens 13 Euro oder in vierteljährlichen der Höhe nach gleichbleibenden Beträgen von mindestens 39 Euro oder nur einmal im Kalenderjahr in Höhe eines Betrags von mindestens 39 Euro verlangt. Der Arbeitnehmer kann bei der Anlage in monatlichen Beträgen während des Kalenderjahrs die Art der vermögenswirksamen Anlage und das Unternehmen oder Institut, bei dem sie erfolgen soll, nur mit Zustimmung des Arbeitgebers wechseln.

(4) Der Arbeitgeber kann einen Termin im Kalenderjahr bestimmen, zu dem die Arbeitnehmer des Betriebs oder Betriebsteils die einmalige Anlage von Teilen des Arbeitslohns nach Absatz 3 verlangen können. Die Bestimmung dieses Termins unterliegt der Mitbestimmung des Betriebsrats oder der zuständigen Personalvertretung; das für die Mitbestimmung in sozialen Angelegenheiten vorgeschriebene Verfahren ist einzuhalten. Der nach Satz 1 bestimmte Termin ist den

Arbeitnehmern in jedem Kalenderjahr erneut in geeigneter Form bekanntzugeben. Zu einem anderen als dem nach Satz 1 bestimmten Termin kann der Arbeitnehmer eine einmalige Anlage nach Absatz 3 nur verlangen

1. von Teilen des Arbeitslohns, den er im letzten Lohnzahlungszeitraum des Kalenderjahrs erzielt, oder

2. von Teilen besonderer Zuwendungen, die im Zusammenhang mit dem Weihnachtsfest oder Jahresende gezahlt werden.

(5) Der Arbeitnehmer kann jeweils einmal im Kalenderjahr von dem Arbeitgeber schriftlich verlangen, daß der Vertrag über die vermögenswirksame Anlage von Teilen des Arbeitslohns aufgehoben, eingeschränkt oder erweitert wird. Im Fall der Aufhebung ist der Arbeitgeber nicht verpflichtet, in demselben Kalenderjahr einen neuen Vertrag über die vermögenswirksame Anlage von Teilen des Arbeitslohns abzuschließen.

(6) In Tarifverträgen oder Betriebsvereinbarungen kann von den Absätzen 3 bis 5 abgewichen werden.

§ 12 Freie Wahl der Anlage

Vermögenswirksame Leistungen werden nur dann nach den Vorschriften dieses Gesetzes gefördert, wenn der Arbeitnehmer die Art der vermögenswirksamen Anlage und das Unternehmen oder Institut, bei dem sie erfolgen soll, frei wählen kann. Einer Förderung steht jedoch nicht entgegen, daß durch Tarifvertrag die Anlage auf die Formen des § 2 Abs. 1 Nr. 1 bis 5, Abs. 2 bis 4 beschränkt wird. Eine Anlage im Unternehmen des Arbeitgebers nach § 2 Abs. 1 Nr. 1 Buchstabe g bis l und Abs. 4 ist nur mit Zustimmung des Arbeitgebers zulässig.

§ 13 Anspruch auf Arbeitnehmer-Sparzulage

(1) Der Arbeitnehmer hat Anspruch auf eine Arbeitnehmer-Sparzulage nach Absatz 2, wenn er gegenüber dem Unternehmen, dem Institut oder dem in § 3 Absatz 3 genannten Gläubiger in die Datenübermittlung nach Maßgabe des § 15 Absatz 1 Satz 2 und 3 eingewilligt hat und sein Einkommen die Grenze von 40 000 Euro oder bei einer Zusammenveranlagung nach § 26b des Einkommensteuergesetzes von 80 000 Euro nicht übersteigt. Maßgeblich ist das zu versteuernde Einkommen nach § 2 Absatz 5 des Einkommensteuergesetzes in dem Kalenderjahr, in dem die vermögenswirksamen Leistungen angelegt worden sind.

(2) Die Arbeitnehmer-Sparzulage beträgt 20 Prozent der nach § 2 Absatz 1 Nummer 1 bis 3, Absatz 2 bis 4 angelegten vermögenswirksamen Leistungen, soweit sie 400 Euro im Kalenderjahr nicht übersteigen, und 9 Prozent der nach § 2 Absatz 1 Nummer 4 und 5 angelegten vermögenswirksamen Leistungen, soweit sie 470 Euro im Kalenderjahr nicht übersteigen.

(3) Die Arbeitnehmer-Sparzulage gilt weder als steuerpflichtige Einnahme im Sinne des Einkommensteuergesetzes noch als Einkommen, Verdienst oder Entgelt (Arbeitsentgelt) im Sinne der Sozialversicherung und des Dritten Buches Sozialgesetzbuch; sie gilt arbeitsrechtlich nicht als Bestandteil des Lohns oder Gehalts. Der Anspruch auf Arbeitnehmer-Sparzulage ist nicht übertragbar.

(4) Der Anspruch auf Arbeitnehmer-Sparzulage entsteht mit Ablauf des Kalenderjahrs, in dem die vermögenswirksamen Leistungen angelegt worden sind.

(5) Der Anspruch auf Arbeitnehmer-Sparzulage entfällt rückwirkend, soweit die in den §§ 4 bis 7 genannten Fristen oder bei einer Anlage nach § 2 Abs. 1 Nr. 4 die in § 2 Abs. 1 Nr. 3 und 4 und Abs. 3 Satz 1 des Wohnungsbau-Prämiengesetzes vorgesehenen Voraussetzungen nicht eingehalten werden. Satz 1 gilt für vor dem 1. Januar 2009 und nach dem 31. Dezember 2008 abgeschlossene Bausparverträge. Der Anspruch entfällt nicht, wenn die Sperrfrist nicht eingehalten wird, weil

1. der Arbeitnehmer das Umtausch- oder Abfindungsangebot eines Wertpapier-Emittenten angenommen hat oder Wertpapiere dem Aussteller nach Auslosung oder Kündigung durch den Aussteller zur Einlösung vorgelegt worden sind,

2. die mit den vermögenswirksamen Leistungen erworbenen oder begründeten Wertpapiere oder Rechte im Sinne des § 2 Abs. 1 Nr. 1, Abs. 2 bis 4 ohne Mitwirkung des Arbeitnehmers wertlos geworden sind oder

3. der Arbeitnehmer über nach § 2 Abs. 1 Nr. 4 angelegte vermögenswirksame Leistungen nach Maßgabe des § 4 Abs. 4 Nr. 4 in Höhe von mindestens 30 Euro verfügt.

§ 14 Festsetzung der Arbeitnehmer-Sparzulage, Anwendung der Abgabenordnung, Verordnungsermächtigung, Rechtsweg

(1) Die Verwaltung der Arbeitnehmer-Sparzulage obliegt den Finanzämtern. Die Arbeitnehmer-Sparzulage wird aus den Einnahmen an Lohnsteuer gezahlt.

(2) Auf die Arbeitnehmer-Sparzulage sind die für Steuervergütungen geltenden Vorschriften der Abgabenordnung entsprechend anzuwenden. Dies gilt nicht für § 163 der Abgabenordnung.

(3) Für die Arbeitnehmer-Sparzulage gelten die Strafvorschriften des § 370 Abs. 1 bis 4, der §§ 371, 375 Abs. 1 und des § 376 sowie die Bußgeldvorschriften der §§ 378, 379 Abs. 1 und 4 und der §§ 383 und 384 der Abgabenordnung entsprechend. Für das Strafverfahren wegen einer Straftat nach Satz 1 sowie der Begünstigung einer Person, die eine solche Tat begangen hat, gelten die §§ 385 bis 408, für das Bußgeldverfahren wegen einer Ordnungswidrigkeit nach Satz 1 die §§ 409 bis 412 der Abgabenordnung entsprechend.

(4) Die Arbeitnehmer-Sparzulage wird auf Antrag durch das für die Besteuerung des Arbeitnehmers nach dem Einkommen zuständige Finanzamt festgesetzt. Der Arbeitnehmer hat den Antrag nach amtlich vorgeschriebenem Vordruck zu stellen. Die Arbeitnehmer-Sparzulage wird fällig

a) mit Ablauf der für die Anlageform vorgeschriebenen Sperrfrist, nach diesem Gesetz,

b) mit Ablauf der im Wohnungsbau-Prämiengesetz oder in der Verordnung zur Durchführung des Wohnungsbau-Prämiengesetzes genannten Sperr- und Rückzahlungsfristen. Bei Bausparverträgen gelten die in § 2 Abs. 3 Satz 1 des Wohnungsbau-Prämiengesetzes genannten Sperr- und Rückzahlungsfristen und zwar unabhängig davon, ob der Vertrag vor dem 1. Januar 2009 oder nach dem 31. Dezember 2008 abgeschlossen worden ist,

c) mit Zuteilung des Bausparvertrags oder

d) in den Fällen unschädlicher Verfügung.

(5) Ein Bescheid über die Ablehnung der Festsetzung einer Arbeitnehmer-Sparzulage ist aufzuheben und die Arbeitnehmer-Sparzulage ist nachträglich festzusetzen, wenn der Einkommensteuerbescheid nach Ergehen des Ablehnungsbescheides geändert wird und dadurch erstmals festgestellt wird, dass die Einkommensgrenzen des § 13 Absatz 1 unterschritten sind. Die Frist für die Festsetzung der Arbeitnehmer-Sparzulage endet in diesem Fall nicht vor Ablauf eines Jahres nach Bekanntgabe des geänderten Steuerbescheides. Satz 2 gilt entsprechend, wenn der geänderten Einkommensteuerfestsetzung kein Bescheid über die Ablehnung der Festsetzung einer Arbeitnehmer-Sparzulage vorangegangen ist.

(6) Besteht für Aufwendungen, die vermögenswirksame Leistungen darstellen, ein Anspruch auf Arbeitnehmer-Sparzulage und hat der Arbeitnehmer hierfür abweichend von § 1 Satz 2 Nummer 1 des Wohnungsbau-Prämiengesetzes eine Wohnungsbauprämie beantragt, endet die Frist für die Festsetzung der Arbeitnehmer-Sparzulage nicht vor Ablauf eines Jahres nach Bekanntgabe der Mitteilung über die Änderung des Prämienanspruchs.

(7) Die Bundesregierung wird ermächtigt, durch Rechtsverordnung mit Zustimmung des Bundesrates das Verfahren bei der Festsetzung und der Auszahlung der Arbeitnehmer-Sparzulage näher zu regeln, soweit dies zur Vereinfachung des Verfahrens erforderlich ist. Dabei kann auch bestimmt werden, daß der Arbeitgeber, das Unternehmen, das Institut oder der in § 3 Abs. 3 genannte Gläubiger bei der Antragstellung mitwirkt und ihnen die

Arbeitnehmer-Sparzulage zugunsten des Arbeitnehmers überwiesen wird.

(8) In öffentlich-rechtlichen Streitigkeiten über die auf Grund dieses Gesetzes ergehenden Verwaltungsakte der Finanzbehörden ist der Finanzrechtsweg gegeben.

§ 15 Elektronische Vermögensbildungsbescheinigung, Verordnungsermächtigungen, Haftung, Anrufungsauskunft, Außenprüfung

(1) Das Unternehmen, das Institut oder der in § 3 Absatz 3 genannte Gläubiger hat der für die Besteuerung des Arbeitnehmers nach dem Einkommen zuständigen Finanzbehörde nach Maßgabe des § 93c der Abgabenordnung neben den in § 93c Absatz 1 der Abgabenordnung genannten Daten folgende Angaben zu übermitteln (elektronische Vermögensbildungsbescheinigung), wenn der Arbeitnehmer gegenüber der mitteilungspflichtigen Stelle in die Datenübermittlung eingewilligt hat:

1. den jeweiligen Jahresbetrag der nach § 2 Abs. 1 Nr. 1 bis 5, Abs. 2 bis 4 angelegten vermögenswirksamen Leistungen sowie die Art ihrer Anlage,

2. das Kalenderjahr, dem diese vermögenswirksamen Leistungen zuzuordnen sind, und

3. entweder das Ende der für die Anlageform vorgeschriebenen Sperrfrist nach diesem Gesetz oder bei einer Anlage nach § 2 Abs. 1 Nr. 4 das Ende der im Wohnungsbau-Prämiengesetz oder in der Verordnung zur Durchführung des Wohnungsbau-Prämiengesetzes genannten Sperr- und Rückzahlungsfristen, entweder das Ende der für die Anlageform vorgeschriebenen Sperrfrist nach diesem Gesetz oder bei einer Anlage nach § 2 Abs. 1 Nr. 4 das Ende der im Wohnungsbau-Prämiengesetz oder in der Verordnung zur Durchführung des Wohnungsbau-Prämiengesetzes genannten Sperr- und Rückzahlungsfristen. Bei Bausparverträgen sind die in § 2 Abs. 3 Satz 1 des Wohnungsbau-Prämiengesetzes genannten Sperr- und Rückzahlungsfristen zu bescheinigen unabhängig davon, ob der Vertrag vor dem 1. Januar 2009 oder nach dem 31. Dezember 2008 abgeschlossen worden ist.

Die Einwilligung nach Satz 1 ist spätestens bis zum Ablauf des zweiten Kalenderjahres, das auf das Kalenderjahr der Anlage der vermögenswirksamen Leistungen folgt, zu erteilen. Dabei hat der Arbeitnehmer dem Mitteilungspflichtigen die Identifikationsnummer mitzuteilen. Wird die Einwilligung nach Ablauf des Kalenderjahres der Anlage der vermögenswirksamen Leistungen abgegeben, sind die Daten bis zum Ende des folgenden Kalendervierteljahres zu übermitteln.

(1a) In den Fällen des Absatzes 1 ist für die Anwendung des § 72a Absatz 4 und des § 93c Absatz 4 Satz 1 der Abgabenordnung die für die Besteuerung der mitteilungspflichtigen Stelle nach dem Einkommen zuständige Finanzbehörde zuständig. Die nach Absatz 1 übermittelten Daten können durch die nach Satz 1 zuständige Finanzbehörde zum Zweck der Anwendung des § 93c Absatz 4 Satz 1 der Abgabenordnung bei den für die Besteuerung der Arbeitnehmer nach dem Einkommen zuständigen Finanzbehörden abgerufen und verwendet werden.

(2) Die Bundesregierung wird ermächtigt, durch Rechtsverordnung mit Zustimmung des Bundesrates weitere Vorschriften zu erlassen über

1. Aufzeichnungs- und Mitteilungspflichten des Arbeitgebers und des Unternehmens oder Instituts, bei dem die vermögenswirksamen Leistungen angelegt sind, und

2. die Festlegung von Wertpapieren und die Art der Festlegung, soweit dies erforderlich ist, damit nicht die Arbeitnehmer-Sparzulage zu Unrecht gezahlt, versagt, nicht zurückgefordert oder nicht einbehalten wird.

(3) Haben der Arbeitgeber, das Unternehmen, das Institut oder der in § 3 Abs. 3 genannte Gläubiger ihre Pflichten nach diesem Gesetz oder nach einer auf Grund dieses Gesetzes erlassenen Rechtsverordnung verletzt, so haften sie für die Arbeitnehmer-Sparzulage, die wegen ihrer Pflichtverletzung zu Unrecht

gezahlt, nicht zurückgefordert oder nicht einbehalten worden ist.

(4) Das Finanzamt, das für die Besteuerung nach dem Einkommen der in Absatz 3 Genannten zuständig ist, hat auf deren Anfrage Auskunft darüber zu erteilen, wie im einzelnen Fall die Vorschriften über vermögenswirksame Leistungen anzuwenden sind, die nach §2 Absatz 1 Nummer 1 bis 5 und Absatz 2 bis 4 angelegt werden.

(5) Das für die Lohnsteuer-Außenprüfung zuständige Finanzamt kann bei den in Absatz 3 Genannten eine Außenprüfung durchführen, um festzustellen, ob sie ihre Pflichten nach diesem Gesetz oder nach einer auf Grund dieses Gesetzes erlassenen Rechtsverordnung, soweit diese mit der Anlage vermögenswirksamer Leistungen nach §2 Abs. 1 Nr. 1 bis 5, Abs. 2 bis 4 zusammenhängen, erfüllt haben. Die §§ 195 bis 203a der Abgabenordnung gelten entsprechend.

§ 16 (gegenstandslos)

§ 16a Gleichstellung der Wertpapierinstitute

Für die Anwendung der vorstehenden Vorschriften dieses Gesetzes sind Wertpapierinstitute im Sinne des Wertpapierinstitutsgesetzes den Kreditinstituten sowie den Kapitalverwaltungsgesellschaften im Sinne des Kapitalanlagegesetzbuchs gleichgestellt.

§ 17 Anwendungsvorschriften

(1) Die vorstehenden Vorschriften dieses Gesetzes gelten vorbehaltlich der nachfolgenden Absätze für vermögenswirksame Leistungen, die nach dem 31. Dezember 1993 angelegt werden.

(2) Für vermögenswirksame Leistungen, die vor dem 1. Januar 1994 angelegt werden, gilt, soweit Absatz 5 nichts anderes bestimmt, § 17 des Fünften Vermögensbildungsgesetzes in der Fassung der Bekanntmachung vom 19. Januar 1989 (BGBl. I S. 137) – Fünftes Vermögensbildungsgesetz 1989 –, unter Berücksichtigung der Änderung durch Artikel 2 Nr. 1 des Gesetzes vom 13. Dezember 1990 (BGBl. I S. 2749).

(3) Für vermögenswirksame Leistungen, die im Jahr 1994 angelegt werden auf Grund eines vor dem 1. Januar 1994 abgeschlossenen Vertrags

1. nach § 4 Abs. 1 oder § 5 Abs. 1 des Fünften Vermögensbildungsgesetzes 1989 zum Erwerb von Aktien oder Wandelschuldverschreibungen, die keine Aktien oder Wandelschuldverschreibungen im Sinne des vorstehenden § 2 Abs. 1 Nr. 1 Buchstaben a oder b, Abs. 2 Satz 1 sind, oder

2. nach § 6 Abs. 2 des Fünften Vermögensbildungsgesetzes 1989 über die Begründung eines Geschäftsguthabens bei einer Genossenschaft, die keine Genossenschaft im Sinne des vorstehenden § 2 Abs. 1 Nr. 1 Buchstabe g, Abs. 2 Satz 2 ist, oder

3. nach § 6 Abs. 2 oder § 7 Abs. 2 des Fünften Vermögensbildungsgesetzes 1989 über die Übernahme einer Stammeinlage oder zum Erwerb eines Geschäftsanteils an einer Gesellschaft mit beschränkter Haftung, die keine Gesellschaft im Sinne des vorstehenden § 2 Abs. 1 Nr. 1 Buchstabe h, Abs. 2 Satz 3 ist,

gelten statt der vorstehenden §§ 2, 4, 6 und 7 die §§ 2, 4, 6 und 7 des Fünften Vermögensbildungsgesetzes 1989.

(4) Für vermögenswirksame Leistungen, die nach dem 31. Dezember 1993 auf Grund eines Vertrages im Sinne des § 17 Abs. 5 Satz 1 des Fünften Vermögensbildungsgesetzes 1989 angelegt werden, gilt § 17 Abs. 5 und 6 des Fünften Vermögensbildungsgesetzes 1989.

(5) Für vermögenswirksame Leistungen, die vor dem 1. Januar 1994 auf Grund eines Vertrags im Sinne des Absatzes 3 angelegt worden sind, gelten § 4 Abs. 2 bis 5, § 5 Abs. 2, § 6 Abs. 3 und § 7 Abs. 3 des Fünften Vermögensbildungsgesetzes 1989 über Fristen für die Verwendung vermögenswirksamer Leistungen und über Sperrfristen nach dem 31. Dezember 1993 nicht mehr. Für vermögenswirksame Leistungen, die vor dem 1. Januar 1990 auf Grund eines Vertrags im Sinne des § 17 Abs. 2 des Fünften Vermögensbildungsgesetzes 1989 über die Begründung einer oder

§ 17 Fünftes Vermögensbildungsgesetz (5. VermBG) VIII.6

mehrerer Beteiligungen als stiller Gesellschafter angelegt worden sind, gilt § 7 Abs. 3 des Fünften Vermögensbildungsgesetzes in der Fassung der Bekanntmachung vom 19. Februar 1987 (BGBl. I S. 630) über die Sperrfrist nach dem 31. Dezember 1993 nicht mehr.

(6) Für vermögenswirksame Leistungen, die vor dem 1. Januar 1999 angelegt worden sind, gilt § 13 Abs. 1 und 2 dieses Gesetzes in der Fassung der Bekanntmachung vom 4. März 1994 (BGBl. I S. 406).

(7) § 13 Abs. 1 Satz 1 und Abs. 2 in der Fassung des Artikels 2 des Gesetzes vom 7. März 2009 (BGBl. I S. 451) ist erstmals für vermögenswirksame Leistungen anzuwenden, die nach dem 31. Dezember 2008 angelegt werden.

(8) § 8 Abs. 5, § 13 Abs. 5 Satz 1 und 2, § 14 Abs. 4 Satz 4 Buchstabe b und § 15 Abs. 1 Nr. 3 in der Fassung des Artikels 7 des Gesetzes vom 29. Juli 2008 (BGBl. I S. 1509) sind erstmals für vermögenswirksame Leistungen anzuwenden, die nach dem 31. Dezember 2008 angelegt werden.

(9) § 4 Abs. 4 Nr. 4 und § 13 Abs. 5 Satz 3 Nr. 3 in der Fassung des Artikels 1 des Gesetzes vom 8. Dezember 2008 (BGBl. I S. 2373) ist erstmals bei Verfügungen nach dem 31. Dezember 2008 anzuwenden.

(10) § 14 Absatz 4 Satz 2 in der Fassung des Artikels 12 des Gesetzes vom 16. Juli 2009 (BGBl. I S. 1959) ist erstmals für vermögenswirksame Leistungen anzuwenden, die nach dem 31. Dezember 2006 angelegt werden, und in Fällen, in denen am 22. Juli 2009 über einen Antrag auf Arbeitnehmer-Sparzulage noch nicht bestandskräftig entschieden ist.

(11) § 13 Absatz 1 Satz 2 in der Fassung des Artikels 10 des Gesetzes vom 8. Dezember 2010 (BGBl. I S. 1768) ist erstmals für vermögenswirksame Leistungen anzuwenden, die nach dem 31. Dezember 2008 angelegt werden.

(12) § 2 Absatz 1 Nummer 5 in der Fassung des Artikels 13 des Gesetzes vom 7. Dezember 2011 (BGBl. I S. 2592) ist erstmals für vermögenswirksame Leistungen anzuwenden, die nach dem 31. Dezember 2011 angelegt werden.

(13) § 3 Absatz 1 Satz 1 Nummer 1 in der Fassung des Artikels 18 des Gesetzes vom 26. Juni 2013 (BGBl. I S. 1809) ist erstmals für vermögenswirksame Leistungen anzuwenden, die nach dem 31. Dezember 2012 angelegt werden. § 4 Absatz 4 Nummer 1, 2 und 4 sowie § 8 Absatz 5 Satz 1 in der Fassung des Artikels 18 des Gesetzes vom 26. Juni 2013 (BGBl. I S. 1809) sind erstmals bei Verfügungen nach dem 31. Dezember 2012 anzuwenden.

(14) Das Bundesministerium der Finanzen teilt den Zeitpunkt der erstmaligen Anwendung der §§ 13 und 14 Absatz 4 sowie des § 15 in der Fassung des Artikels 18 des Gesetzes vom 26. Juni 2013 (BGBl. I S. 1809) durch ein im Bundessteuerblatt zu veröffentlichendes Schreiben mit. Bis zu diesem Zeitpunkt sind die §§ 13 und 14 Absatz 4 sowie der § 15 in der Fassung des Artikels 13 des Gesetzes vom 7. Dezember 2011 (BGBl. I S. 2592) weiter anzuwenden.

(15) § 2 Absatz 1 Nummer 1 in der Fassung des Artikels 5 des Gesetzes vom 18. Dezember 2013 (BGBl. I S. 4318) ist erstmals für vermögenswirksame Leistungen anzuwenden, die nach dem 31. Dezember 2013 angelegt werden. § 4 Absatz 4 Nummer 4 in der Fassung des Artikels 5 des Gesetzes vom 18. Dezember 2013 (BGBl. I S. 4318) ist erstmals bei Verfügungen nach dem 31. Dezember 2013 anzuwenden.

(16) Zur Abwicklung von Verträgen, die vor dem 25. Mai 2018 unter den Voraussetzungen des § 15 Absatz 1 Satz 4 in der am 30. Juni 2013 geltenden Fassung abgeschlossen wurden, sind das Unternehmen, das Institut oder der in § 3 Absatz 3 genannte Gläubiger verpflichtet, die Daten nach Maßgabe des § 15 Absatz 1 Satz 1 zu übermitteln, es sei denn, der Arbeitnehmer hat der Datenübermittlung schriftlich widersprochen.

(17) § 13 Absatz 1 Satz 1 in der Fassung des Artikels 34 des Gesetzes vom 11. Dezember 2023 (BGBl. 2023 I Nr. 354) ist erstmals für vermögenswirksame Leistungen anzuwenden, die nach dem 31. Dezember 2023 angelegt werden.

(18) § 16a ist rückwirkend ab Inkrafttreten des Wertpapierinstitutsgesetzes vom 12. Mai 2021 (BGBl. I S. 990) anzuwenden.

§ 18 Kündigung eines vor 1994 abgeschlossenen Anlagevertrages und der Mitgliedschaft in einer Genossenschaft oder Gesellschaft mit beschränkter Haftung

(1) Hat sich der Arbeitnehmer in einem Vertrag im Sinne des § 17 Abs. 3 verpflichtet, auch nach dem 31. Dezember 1994 vermögenswirksame Leistungen überweisen zu lassen oder andere Beträge zu zahlen, so kann er den Vertrag bis zum 30. September 1994 auf den 31. Dezember 1994 mit der Wirkung schriftlich kündigen, daß auf Grund dieses Vertrags vermögenswirksame Leistungen oder andere Beträge nach dem 31. Dezember 1994 nicht mehr zu zahlen sind.

(2) Ist der Arbeitnehmer im Zusammenhang mit dem Abschluß eines Vertrags im Sinne des § 17 Abs. 3 Nr. 2 Mitglied in einer Genossenschaft geworden, so kann er die Mitgliedschaft bis zum 30. September 1994 auf den 31. Dezember 1994 mit der Wirkung schriftlich kündigen, daß mit diesem Zeitpunkt die Verpflichtung, Einzahlungen auf einen Geschäftsanteil zu leisten und ein Eintrittsgeld zu zahlen, entfällt. Weitergehende Rechte des Arbeitnehmers nach dem Statut der Genossenschaft bleiben unberührt. Der ausgeschiedene Arbeitnehmer kann die Auszahlung des Auseinandersetzungsguthabens, die Genossenschaft kann die Zahlung eines den ausgeschiedenen Arbeitnehmer treffenden Anteils an einem Fehlbetrag zum 1. Januar 1998 verlangen.

(3) Ist der Arbeitnehmer im Zusammenhang mit dem Abschluß eines Vertrags im Sinne des § 17 Abs. 3 Nr. 3 Gesellschafter einer Gesellschaft mit beschränkter Haftung geworden, so kann er die Mitgliedschaft bis zum 30. September 1994 auf den 31. Dezember 1994 schriftlich kündigen. Weitergehende Rechte des Arbeitnehmers nach dem Gesellschaftsvertrag bleiben unberührt. Der zum Austritt berechtigte Arbeitnehmer kann von der Gesellschaft als Abfindung den Verkehrswert seines Geschäftsanteils verlangen; maßgebend ist der Verkehrswert im Zeitpunkt des Zugangs der Kündigungserklärung. Der Arbeitnehmer kann die Abfindung nur verlangen, wenn die Gesellschaft sie ohne Verstoß gegen § 30 Abs. 1 des Gesetzes betreffend die Gesellschaften mit beschränkter Haftung zahlen kann. Hat die Gesellschaft die Abfindung bezahlt, so stehen dem Arbeitnehmer aus seinem Geschäftsanteil keine Rechte mehr zu. Kann die Gesellschaft bis zum 31. Dezember 1996 die Abfindung nicht gemäß Satz 4 zahlen, so ist sie auf Antrag des zum Austritt berechtigten Arbeitnehmers aufzulösen. § 61 Abs. 1, Abs. 2 Satz 1 und Abs. 3 des Gesetzes betreffend die Gesellschaften mit beschränkter Haftung gilt im übrigen entsprechend.

(4) Werden auf Grund der Kündigung nach Absatz 1, 2 oder 3 Leistungen nicht erbracht, so hat der Arbeitnehmer dies nicht zu vertreten.

(5) Hat der Arbeitnehmer nach Absatz 1 einen Vertrag im Sinne des § 17 Abs. 3 Nr. 2 oder nach Absatz 2 die Mitgliedschaft in einer Genossenschaft gekündigt, so gelten beide Kündigungen als erklärt, wenn der Arbeitnehmer dies nicht ausdrücklich ausgeschlossen hat. Entsprechendes gilt, wenn der Arbeitnehmer nach Absatz 1 einen Vertrag im Sinne des § 17 Abs. 3 Nr. 3 oder nach Absatz 3 die Mitgliedschaft in einer Gesellschaft mit beschränkter Haftung gekündigt hat.

(6) Macht der Arbeitnehmer von seinem Kündigungsrecht nach Absatz 1 keinen Gebrauch, so gilt die Verpflichtung, vermögenswirksame Leistungen überweisen zu lassen, nach dem 31. Dezember 1994 als Verpflichtung, andere Beträge in entsprechender Höhe zu zahlen.

Gesetz über vermögenswirksame Leistungen für Beamte, Richter, Berufssoldaten und Soldaten auf Zeit

in der Fassung der Bekanntmachung
vom 16. Mai 2002 (BGBl. I S. 1778)

Zuletzt geändert durch
Gesetz zum Abbau verzichtbarer Anordnungen der Schriftform im Verwaltungsrecht des Bundes
vom 29. März 2017 (BGBl. I S. 626)

§ 1

(1) Vermögenswirksame Leistungen nach dem Fünften Vermögensbildungsgesetz erhalten

1. Bundesbeamte, Beamte der Länder, der Gemeinden, der Gemeindeverbände sowie der sonstigen der Aufsicht eines Landes unterstehenden Körperschaften, Anstalten und Stiftungen des öffentlichen Rechts; ausgenommen sind die Ehrenbeamten und entpflichtete Hochschullehrer,
2. Richter des Bundes und der Länder; ausgenommen sind die ehrenamtlichen Richter,
3. Berufssoldaten und Soldaten auf Zeit mit Anspruch auf Besoldung oder Ausbildungsgeld (§ 30 Abs. 2 des Soldatengesetzes).

(2) Vermögenswirksame Leistungen werden für die Kalendermonate gewährt, in denen dem Berechtigten Dienstbezüge, Anwärterbezüge oder Ausbildungsgeld nach § 30 Abs. 2 des Soldatengesetzes zustehen und er diese Bezüge erhält.

(3) Der Anspruch auf die vermögenswirksamen Leistungen entsteht frühestens für den Kalendermonat, in dem der Berechtigte die nach § 4 Abs. 1 erforderlichen Angaben mitteilt, und für die beiden vorangegangenen Monate desselben Kalenderjahres.

§ 2

(1) Die vermögenswirksame Leistung beträgt 6,65 Euro. Teilzeitbeschäftigte erhalten den Betrag, der dem Verhältnis der ermäßigten zur regelmäßigen Arbeitszeit entspricht; bei begrenzter Dienstfähigkeit nach bundes- oder landesrechtlicher Regelung gilt Entsprechendes.

(2) Beamte auf Widerruf im Vorbereitungsdienst, deren Anwärterbezüge nebst Familienzuschlag der Stufe 1 971,45 Euro monatlich nicht erreichen, erhalten 13,29 Euro.

(3) Für die Höhe der vermögenswirksamen Leistung sind die Verhältnisse am Ersten des Kalendermonats maßgebend. Wird das Dienstverhältnis nach dem Ersten des Kalendermonats begründet, ist für diesen Monat der Tag des Beginns des Dienstverhältnisses maßgebend.

(4) Die vermögenswirksame Leistung ist bis zum Ablauf der auf den Monat der Mitteilung nach § 4 Abs. 1 folgenden drei Kalendermonate, danach monatlich im Voraus zu zahlen.

§ 3

(1) Die vermögenswirksame Leistung wird dem Berechtigten im Kalendermonat nur einmal gewährt.

(2) Bei mehreren Dienstverhältnissen ist das Dienstverhältnis maßgebend, aus dem der Berechtigte einen Anspruch auf vermögenswirksame Leistungen hat. Sind solche Leistungen für beide Dienstverhältnisse vorgesehen, sind sie aus dem zuerst begründeten Verhältnis zu zahlen.

(3) Erreicht die vermögenswirksame Leistung nach Absatz 2 nicht den Betrag nach § 2 dieses Gesetzes, ist der Unterschiedsbetrag aus dem anderen Dienstverhältnis zu zahlen.

(4) Die Absätze 1 bis 3 gelten entsprechend für vermögenswirksame Leistungen aus einem anderen Rechtsverhältnis, auch wenn die Regelungen im Einzelnen nicht übereinstimmen.

§ 4

(1) Der Berechtigte teilt seiner Dienststelle oder der nach Landesrecht bestimmten Stelle schriftlich oder elektronisch die Art der ge-

wählten Anlage mit und gibt hierbei, soweit dies nach der Art der Anlage erforderlich ist, das Unternehmen oder Institut mit der Nummer des Kontos an, auf das die Leistung eingezahlt werden soll.

(2) Für die vermögenswirksamen Leistungen nach diesem Gesetz und die vermögenswirksame Anlage von Teilen der Bezüge nach dem Fünften Vermögensbildungsgesetz soll der Berechtigte möglichst dieselbe Anlageart und dasselbe Unternehmen oder Institut wählen.

(3) Der Wechsel der Anlage bedarf im Falle des § 11 Abs. 3 Satz 2 des Fünften Vermögensbildungsgesetzes nicht der Zustimmung der zuständigen Stelle, wenn der Berechtigte diesen Wechsel aus Anlass der erstmaligen Gewährung der vermögenswirksamen Leistung verlangt.

§ 5 (weggefallen)

§ 6

Dieses Gesetz gilt nicht für die öffentlich-rechtlichen Religionsgemeinschaften und ihre Verbände.

IX Verfassung/Verwaltung

Verfassung

IX.1	Grundgesetz für die Bundesrepublik Deutschland	970
IX.2	Niedersächsische Verfassung	1024

Verwaltung

IX.3	Verwaltungsgerichtsordnung (VwGO)	1041
IX.4	Niedersächsisches Justizgesetz (NJG) – Auszug	1093
IX.5	Verwaltungsverfahrensgesetz (VwVfG)	1098
IX.6	Niedersächsisches Verwaltungsverfahrensgesetz (NVwVfG)	1137
IX.7	Niedersächsisches Datenschutzgesetz (NDSG)	1139

Grundgesetz für die Bundesrepublik Deutschland
Vom 23. Mai 1949 (BGBl. S. 1)

Zuletzt geändert durch
Gesetz zur Änderung des Grundgesetzes
(Artikel 93 und 94)
vom 20. Dezember 2024 (BGBl. I Nr. 439)

Inhaltsübersicht

PRÄAMBEL

I. Die Grundrechte

Artikel 1	(Schutz der Menschenwürde)
Artikel 2	(Persönliche Freiheit)
Artikel 3	(Gleichheit vor dem Gesetz)
Artikel 4	(Glaubens- und Bekenntnisfreiheit)
Artikel 5	(Freie Meinungsäußerung)
Artikel 6	(Ehe, Familie, uneheliche Kinder)
Artikel 7	(Schulwesen)
Artikel 8	(Versammlungsfreiheit)
Artikel 9	(Vereinigungsfreiheit)
Artikel 10	(Brief- und Postgeheimnis)
Artikel 11	(Freizügigkeit)
Artikel 12	(Freiheit des Berufes)
Artikel 12a	(Wehrpflicht, Ersatzdienst)
Artikel 13	(Unverletzlichkeit der Wohnung)
Artikel 14	(Eigentum, Erbrecht und Enteignung)
Artikel 15	(Sozialisierung)
Artikel 16	(Ausbürgerung, Auslieferung)
Artikel 16a	(Asylrecht)
Artikel 17	(Petitionsrecht)
Artikel 17a	(Wehrdienst, Ersatzdienst)
Artikel 18	(Verwirkung von Grundrechten)
Artikel 19	(Einschränkung von Grundrechten)

II. Der Bund und die Länder

Artikel 20	(Demokratische, rechtsstaatliche Verfassung)
Artikel 20a	(Schutz der natürlichen Lebensgrundlagen)
Artikel 21	(Parteien)
Artikel 22	(Hauptstadt Berlin, Bundesflagge)
Artikel 23	(Europäische Union)
Artikel 24	(Supranationale Einrichtungen)
Artikel 25	(Regeln des Völkerrechts)
Artikel 26	(Angriffskrieg, Kriegswaffen)
Artikel 27	(Handelsflotte)
Artikel 28	(Länder und Gemeinden)
Artikel 29	(Neugliederung des Bundesgebiets)
Artikel 30	(Funktionen der Länder)
Artikel 31	(Vorrang des Bundesrechts)
Artikel 32	(Auswärtige Beziehungen)
Artikel 33	(Staatsbürger, öffentlicher Dienst)
Artikel 34	(Amtshaftung bei Amtspflichtverletzungen)
Artikel 35	(Rechts- und Amtshilfe)
Artikel 36	(Landsmannschaftliche Gleichbehandlung)
Artikel 37	(Bundeszwang)

III. Der Bundestag

Artikel 38	(Wahl)
Artikel 39	(Wahlperiode, Zusammentritt)
Artikel 40	(Präsidium, Geschäftsordnung)
Artikel 41	(Wahlprüfung)
Artikel 42	(Öffentlichkeit, Beschlussfassung)
Artikel 43	(Anwesenheit der Bundesminister)
Artikel 44	(Untersuchungsausschüsse)
Artikel 45	(Ausschuss für die Angelegenheiten der Europäischen Union)
Artikel 45a	(Ausschüsse für Auswärtiges und Verteidigung)

Artikel 45b	(Wehrbeauftragter)	Artikel 69	(Stellvertreter des Bundeskanzlers)
Artikel 45c	(Petitionsausschuss)		
Artikel 45d	(Parlamentarisches Kontrollgremium)		**VII. Die Gesetzgebung des Bundes**
Artikel 46	(Indemnität, Immunität)	Artikel 70	(Gesetzgebung des Bundes und der Länder)
Artikel 47	(Zeugnisverweigerungsrecht)		
Artikel 48	(Ansprüche der Abgeordneten)	Artikel 71	(Ausschließliche Gesetzgebung)
Artikel 49	(weggefallen)		
		Artikel 72	(Konkurrierende Gesetzgebung)
	IV. Der Bundesrat		
Artikel 50	(Funktion)	Artikel 73	(Sachgebiete der ausschließlichen Gesetzgebung)
Artikel 51	(Zusammensetzung)		
Artikel 52	(Präsident, Geschäftsordnung)	Artikel 74	(Sachgebiete der konkurrierenden Gesetzgebung)
Artikel 53	(Anwesenheit der Bundesregierung)		
		Artikel 75	(weggefallen)
	IVa. Gemeinsamer Ausschuß	Artikel 76	(Gesetzesvorlagen)
Artikel 53a	(Zusammensetzung, Verfahren)	Artikel 77	(Gesetzgebungsverfahren)
		Artikel 78	(Zustandekommen der Gesetze)
	V. Der Bundespräsident	Artikel 79	(Änderung des Grundgesetzes)
Artikel 54	(Bundesversammlung)	Artikel 80	(Erlass von Rechtsverordnungen)
Artikel 55	(Unabhängigkeit des Bundespräsidenten)		
		Artikel 80a	(Verteidigungsfall, Spannungsfall)
Artikel 56	(Eidesleistung)		
Artikel 57	(Vertretung)	Artikel 81	(Gesetzgebungsnotstand)
Artikel 58	(Gegenzeichnung)	Artikel 82	(Verkündung, In-Kraft-Treten)
Artikel 59	(Völkerrechtliche Vertretungsmacht)		
			VIII. Die Ausführung der Bundesgesetze und die Bundesverwaltung
Artikel 60	(Ernennung der Bundesbeamten)		
Artikel 61	(Anklage vor dem Bundesverfassungsgericht)	Artikel 83	(Grundsatz: landeseigene Verwaltung)
		Artikel 84	(Bundesaufsicht bei landeseigener Verwaltung)
	VI. Die Bundesregierung		
Artikel 62	(Zusammensetzung)	Artikel 85	(Landesverwaltung im Bundesauftrag)
Artikel 63	(Wahl des Bundeskanzlers; Bundestagsauflösung)		
		Artikel 86	(Bundeseigene Verwaltung)
Artikel 64	(Ernennung der Bundesminister)	Artikel 87	(Gegenstände der Bundeseigenverwaltung)
Artikel 65	(Verantwortung, Geschäftsordnung)	Artikel 87a	(Streitkräfte und ihr Einsatz)
		Artikel 87b	(Bundeswehrverwaltung)
Artikel 65a	(Befehls- und Kommandogewalt)	Artikel 87c	(Auftragsverwaltung im Kernenergiebereich)
Artikel 66	(Kein Nebenberuf)		
Artikel 67	(Misstrauensvotum)	Artikel 87d	(Luftverkehrsverwaltung)
Artikel 68	(Vertrauensvotum – Bundestagsauflösung)	Artikel 87e	(Eisenbahnverkehrsverwaltung)

IX.1 Grundgesetz (GG) — Inhaltsübersicht

Artikel 87f (Postwesen, Telekommunikation)
Artikel 88 (Bundesbank)
Artikel 89 (Bundeswasserstraßen)
Artikel 90 (Bundesstraßen)
Artikel 91 (Abwehr drohender Gefahr)

VIIIa. Gemeinschaftsaufgaben, Verwaltungszusammenarbeit

Artikel 91a (Gemeinschaftsaufgaben)
Artikel 91b (Zusammenwirken von Bund und Ländern)
Artikel 91c (Zusammenwirken bei informationstechnischen Systemen)
Artikel 91d (Vergleichsstudien)
Artikel 91e (Zusammenwirken auf dem Gebiet der Grundsicherung für Arbeitsuchende)

IX. Die Rechtsprechung

Artikel 92 (Gerichtsorganisation)
Artikel 93 (Bundesverfassungsgericht)
Artikel 94 (Zuständigkeit des Bundesverfassungsgerichts)
Artikel 95 (Oberste Gerichtshöfe)
Artikel 96 (Bundesgerichte)
Artikel 97 (Unabhängigkeit der Richter)
Artikel 98 (Rechtsstellung der Richter)
Artikel 99 (Verfassungsstreitigkeiten durch Landesgesetz zugewiesen)
Artikel 100 (Verfassungsrechtliche Vorentscheidung)
Artikel 101 (Verbot von Ausnahmegerichten)
Artikel 102 (Abschaffung der Todesstrafe)
Artikel 103 (Grundrechtsgarantien für das Strafverfahren)
Artikel 104 (Rechtsgarantien bei Freiheitsentziehung)

X. Das Finanzwesen

Artikel 104a (Tragung der Ausgaben)
Artikel 104b (Finanzhilfen für besonders bedeutsame Investitionen)
Artikel 104c (Finanzhilfen)
Artikel 104d (Finanzhilfen für sozialen Wohnungsbau)
Artikel 105 (Gesetzgebungszuständigkeit)
Artikel 106 (Steuerverteilung)
Artikel 106a (Personennahverkehr)
Artikel 106b (Ausgleich infolge der Übertragung der Kfz-Steuer)
Artikel 107 (Örtliches Aufkommen)
Artikel 108 (Finanzverwaltung)
Artikel 109 (Haushaltswirtschaft)
Artikel 109a (Haushaltsnotlage, Stabilitätsrat)
Artikel 110 (Haushaltsplan)
Artikel 111 (Haushaltsvorgriff)
Artikel 112 (Über- und außerplanmäßige Ausgaben)
Artikel 113 (Ausgabenerhöhung, Einnahmeminderung)
Artikel 114 (Rechnungslegung, Bundesrechnungshof)
Artikel 115 (Kreditaufnahme)

Xa. Verteidigungsfall

Artikel 115a (Feststellung des Verteidigungsfalles)
Artikel 115b (Übergang der Befehls- und Kommandogewalt)
Artikel 115c (Konkurrierende Gesetzgebung im Verteidigungsfall)
Artikel 115d (Gesetzgebungsverfahren im Verteidigungsfall)
Artikel 115e (Befugnisse des gemeinsamen Ausschusses)
Artikel 115f (Einsatz des Bundesgrenzschutzes; Weisungen an Landesregierungen)
Artikel 115g (Bundesverfassungsgericht)
Artikel 115h (Ablauf von Wahlperioden, Amtszeiten)
Artikel 115i (Befugnisse der Landesregierungen)
Artikel 115k (Außer-Kraft-Treten von Gesetzen und Rechtsverordnungen)

| Inhaltsübersicht | Grundgesetz (GG) |

Artikel 115l (Beendigung des Verteidigungsfalles)

XI. Übergangs- und Schlußbestimmungen

Artikel 116 (Begriff „Deutscher"; Wiedereinbürgerung)

Artikel 117 (Übergangsregelung für Artikel 3 und Artikel 11)

Artikel 118 (Neugliederung von Baden-Württemberg)

Artikel 118a (Neugliederung Berlin/Brandenburg)

Artikel 119 (Flüchtlinge und Vertriebene)

Artikel 120 (Besatzungskosten, Kriegsfolgelasten, Soziallasten)

Artikel 120a (Lastenausgleich)

Artikel 121 (Begriff „Mehrheit")

Artikel 122 (Aufhebung früherer Gesetzgebungszuständigkeiten)

Artikel 123 (Fortgelten bisherigen Rechts; Staatsverträge)

Artikel 124 (Fortgelten bei ausschließlicher Gesetzgebung)

Artikel 125 (Fortgelten bei konkurrierender Gesetzgebung)

Artikel 125a (Übergangsregelung bei Kompetenzänderung)

Artikel 125b (Überleitung Föderalismusreform)

Artikel 125c (Überleitung Föderalismusreform)

Artikel 126 (Zweifel über Fortgelten von Recht)

Artikel 127 (Recht des Vereinigten Wirtschaftsgebietes)

Artikel 128 (Fortbestehen von Weisungsrechten)

Artikel 129 (Fortgelten von Ermächtigungen)

Artikel 130 (Körperschaften des öffentlichen Rechts)

Artikel 131 (Frühere Angehörige des öffentlichen Dienstes)

Artikel 132 (gegenstandslos)

Artikel 133 (Vereinigtes Wirtschaftsgebiet, Rechtsnachfolge)

Artikel 134 (Reichsvermögen, Rechtsnachfolge)

Artikel 135 (Gebietsänderungen, Rechtsnachfolge)

Artikel 135a (Erfüllung alter Verbindlichkeiten)

Artikel 136 (Erster Zusammentritt des Bundesrates)

Artikel 137 (Wählbarkeit von Beamten, Soldaten und Richtern)

Artikel 138 (Notariat)

Artikel 139 (Befreiungsgesetze)

Artikel 140 (Religionsfreiheit, Religionsgesellschaften)

Artikel 141 (Landesrechtliche Regelung des Religionsunterrichts)

Artikel 142 (Grundrechte in Landesverfassungen)

Artikel 143 (Abweichungen vom Grundgesetz aufgrund Einigungsvertrag)

Artikel 143a (Umwandlung der Bundeseisenbahnen)

Artikel 143b (Umwandlung der Bundespost)

Artikel 143c (Beträge aus dem Bundeshaushalt)

Artikel 143d (Haushaltswirtschaft, Schuldenbremse)

Artikel 143e (Bundesautobahnen und sonstige Fernstraßen)

Artikel 143f (Außerkrafttreten)

Artikel 143g (Übergangsregelung)

Artikel 144 (Ratifizierung des Grundgesetzes)

Artikel 145 (Verkündung des Grundgesetzes)

Artikel 146 (Außer-Kraft-Treten des Grundgesetzes)

PRÄAMBEL

Im Bewußtsein seiner Verantwortung vor Gott und den Menschen, von dem Willen beseelt, als gleichberechtigtes Glied in einem vereinten Europa dem Frieden der Welt zu dienen, hat sich das Deutsche Volk kraft seiner verfassungsgebenden Gewalt dieses Grundgesetz gegeben.

Die Deutschen in den Ländern Baden-Württemberg, Bayern, Berlin, Brandenburg, Bremen, Hamburg, Hessen, Mecklenburg-Vorpommern, Niedersachsen, Nordrhein-Westfalen, Rheinland-Pfalz, Saarland, Sachsen, Sachsen-Anhalt, Schleswig-Holstein und Thüringen haben in freier Selbstbestimmung die Einheit und Freiheit Deutschlands vollendet. Damit gilt dieses Grundgesetz für das gesamte Deutsche Volk.

I. Die Grundrechte

Artikel 1 (Schutz der Menschenwürde)

(1) Die Würde des Menschen ist unantastbar. Sie zu achten und zu schützen ist Verpflichtung aller staatlichen Gewalt.

(2) Das Deutsche Volk bekennt sich darum zu unverletzlichen und unveräußerlichen Menschenrechten als Grundlage jeder menschlichen Gemeinschaft, des Friedens und der Gerechtigkeit in der Welt.

(3) Die nachfolgenden Grundrechte binden Gesetzgebung, vollziehende Gewalt und Rechtsprechung als unmittelbar geltendes Recht.

Artikel 2 (Persönliche Freiheit)

(1) Jeder hat das Recht auf die freie Entfaltung seiner Persönlichkeit, soweit er nicht die Rechte anderer verletzt und nicht gegen die verfassungsmäßige Ordnung oder das Sittengesetz verstößt.

(2) Jeder hat das Recht auf Leben und körperliche Unversehrtheit. Die Freiheit der Person ist unverletzlich. In diese Rechte darf nur auf Grund eines Gesetzes eingegriffen werden.

Artikel 3 (Gleichheit vor dem Gesetz)

(1) Alle Menschen sind vor dem Gesetz gleich.

(2) Männer und Frauen sind gleichberechtigt. Der Staat fördert die tatsächliche Durchsetzung der Gleichberechtigung von Frauen und Männern und wirkt auf die Beseitigung bestehender Nachteile hin.

(3) Niemand darf wegen seines Geschlechtes, seiner Abstammung, seiner Rasse, seiner Sprache, seiner Heimat und Herkunft, seines Glaubens, seiner religiösen oder politischen Anschauungen benachteiligt oder bevorzugt werden. Niemand darf wegen seiner Behinderung benachteiligt werden.

Artikel 4 (Glaubens- und Bekenntnisfreiheit)

(1) Die Freiheit des Glaubens, des Gewissens und die Freiheit des religiösen und weltanschaulichen Bekenntnisses sind unverletzlich.

(2) Die ungestörte Religionsausübung wird gewährleistet.

(3) Niemand darf gegen sein Gewissen zum Kriegsdienst mit der Waffe gezwungen werden. Das Nähere regelt ein Bundesgesetz.

Artikel 5 (Freie Meinungsäußerung)

(1) Jeder hat das Recht, seine Meinung in Wort, Schrift und Bild frei zu äußern und zu verbreiten und sich aus allgemein zugänglichen Quellen ungehindert zu unterrichten. Die Pressefreiheit und die Freiheit der Berichterstattung durch Rundfunk und Film werden gewährleistet. Eine Zensur findet nicht statt.

(2) Diese Rechte finden ihre Schranken in den Vorschriften der allgemeinen Gesetze, den gesetzlichen Bestimmungen zum Schutze der Jugend und in dem Recht der persönlichen Ehre.

(3) Kunst und Wissenschaft, Forschung und Lehre sind frei. Die Freiheit der Lehre entbindet nicht von der Treue zur Verfassung.

Artikel 6 (Ehe, Familie, uneheliche Kinder)

(1) Ehe und Familie stehen unter dem besonderen Schutze der staatlichen Ordnung.

(2) Pflege und Erziehung der Kinder sind das natürliche Recht der Eltern und die zuvörderst

ihnen obliegende Pflicht. Über ihre Betätigung wacht die staatliche Gemeinschaft.

(3) Gegen den Willen der Erziehungsberechtigten dürfen Kinder nur auf Grund eines Gesetzes von der Familie getrennt werden, wenn die Erziehungsberechtigten versagen oder wenn die Kinder aus anderen Gründen zu verwahrlosen drohen.

(4) Jede Mutter hat Anspruch auf den Schutz und die Fürsorge der Gemeinschaft.

(5) Den unehelichen Kindern sind durch die Gesetzgebung die gleichen Bedingungen für ihre leibliche und seelische Entwicklung und ihre Stellung in der Gesellschaft zu schaffen wie den ehelichen Kindern.

Artikel 7 (Schulwesen)

(1) Das gesamte Schulwesen steht unter der Aufsicht des Staates.

(2) Die Erziehungsberechtigten haben das Recht, über die Teilnahme des Kindes am Religionsunterricht zu bestimmen.

(3) Der Religionsunterricht ist in den öffentlichen Schulen mit Ausnahme der bekenntnisfreien Schulen ordentliches Lehrfach. Unbeschadet des staatlichen Aufsichtsrechtes wird der Religionsunterricht in Übereinstimmung mit den Grundsätzen der Religionsgemeinschaften erteilt. Kein Lehrer darf gegen seinen Willen verpflichtet werden, Religionsunterricht zu erteilen.

(4) Das Recht zur Errichtung von privaten Schulen wird gewährleistet. Private Schulen als Ersatz für öffentliche Schulen bedürfen der Genehmigung des Staates und unterstehen den Landesgesetzen. Die Genehmigung ist zu erteilen, wenn die privaten Schulen in ihren Lehrzielen und Einrichtungen sowie in der wissenschaftlichen Ausbildung ihrer Lehrkräfte nicht hinter den öffentlichen Schulen zurückstehen und eine Sonderung der Schüler nach den Besitzverhältnissen der Eltern nicht gefördert wird. Die Genehmigung ist zu versagen, wenn die wirtschaftliche und rechtliche Stellung der Lehrkräfte nicht genügend gesichert ist.

(5) Eine private Volksschule ist nur zuzulassen, wenn die Unterrichtsverwaltung ein besonderes pädagogisches Interesse anerkennt oder, auf Antrag von Erziehungsberechtigten, wenn sie als Gemeinschaftsschule, als Bekenntnis- oder Weltanschauungsschule errichtet werden soll und eine öffentliche Volksschule dieser Art in der Gemeinde nicht besteht.

(6) Vorschulen bleiben aufgehoben.

Artikel 8 (Versammlungsfreiheit)

(1) Alle Deutschen haben das Recht, sich ohne Anmeldung oder Erlaubnis friedlich und ohne Waffen zu versammeln.

(2) Für Versammlungen unter freiem Himmel kann dieses Recht durch Gesetz oder auf Grund eines Gesetzes beschränkt werden.

Artikel 9 (Vereinigungsfreiheit)

(1) Alle Deutschen haben das Recht, Vereine und Gesellschaften zu bilden.

(2) Vereinigungen, deren Zwecke oder deren Tätigkeit den Strafgesetzen zuwiderlaufen oder die sich gegen die verfassungsmäßige Ordnung oder gegen den Gedanken der Völkerverständigung richten, sind verboten.

(3) Das Recht, zur Wahrung und Förderung der Arbeits- und Wirtschaftsbedingungen Vereinigungen zu bilden, ist für jedermann und für alle Berufe gewährleistet. Abreden, die dieses Recht einschränken oder zu behindern suchen, sind nichtig, hierauf gerichtete Maßnahmen sind rechtswidrig. Maßnahmen nach den Artikeln 12a, 35 Abs. 2 und 3, Artikel 87a Abs. 4 und Artikel 91 dürfen sich nicht gegen Arbeitskämpfe richten, die zur Wahrung und Förderung der Arbeits- und Wirtschaftsbedingungen von Vereinigungen im Sinne des Satzes 1 geführt werden.

Artikel 10 (Brief- und Postgeheimnis)

(1) Das Briefgeheimnis sowie das Post- und Fernmeldegeheimnis sind unverletzlich.

(2) Beschränkungen dürfen nur auf Grund eines Gesetzes angeordnet werden. Dient die Beschränkung dem Schutze der freiheitlichen demokratischen Grundordnung oder des Bestandes oder der Sicherung des Bundes oder eines Landes, so kann das Gesetz bestimmen, daß sie dem Betroffenen nicht mitgeteilt wird

und daß an die Stelle des Rechtsweges die Nachprüfung durch von der Volksvertretung bestellte Organe und Hilfsorgane tritt.

Artikel 11 (Freizügigkeit)

(1) Alle Deutschen genießen Freizügigkeit im ganzen Bundesgebiet.

(2) Dieses Recht darf nur durch Gesetz oder auf Grund eines Gesetzes und nur für die Fälle eingeschränkt werden, in denen eine ausreichende Lebensgrundlage nicht vorhanden ist und der Allgemeinheit daraus besondere Lasten entstehen würden oder in denen es zur Abwehr einer drohenden Gefahr für den Bestand oder die freiheitliche demokratische Grundordnung des Bundes oder eines Landes, zur Bekämpfung von Seuchengefahr, Naturkatastrophen oder besonders schweren Unglücksfällen, zum Schutze der Jugend vor Verwahrlosung oder um strafbaren Handlungen vorzubeugen, erforderlich ist.

Artikel 12 (Freiheit des Berufes)

(1) Alle Deutschen haben das Recht, Beruf, Arbeitsplatz und Ausbildungsstätte frei zu wählen. Die Berufsausübung kann durch Gesetz oder auf Grund eines Gesetzes geregelt werden.

(2) Niemand darf zu einer bestimmten Arbeit gezwungen werden, außer im Rahmen einer herkömmlichen allgemeinen, für alle gleichen öffentlichen Dienstleistungspflicht.

(3) Zwangsarbeit ist nur bei einer gerichtlich angeordneten Freiheitsentziehung zulässig.

Artikel 12a (Wehrpflicht, Ersatzdienst)

(1) Männer können vom vollendeten achtzehnten Lebensjahr an zum Dienst in den Streitkräften, im Bundesgrenzschutz oder in einem Zivilschutzverband verpflichtet werden.

(2) Wer aus Gewissensgründen den Kriegsdienst mit der Waffe verweigert, kann zu einem Ersatzdienst verpflichtet werden. Die Dauer des Ersatzdienstes darf die Dauer des Wehrdienstes nicht übersteigen. Das Nähere regelt ein Gesetz, das die Freiheit der Gewissensentscheidung nicht beeinträchtigen darf und auch eine Möglichkeit des Ersatzdienstes vorsehen muß, die in keinem Zusammenhang mit den Verbänden der Streitkräfte und des Bundesgrenzschutzes steht.

(3) Wehrpflichtige, die nicht zu einem Dienst nach Absatz 1 oder 2 herangezogen sind, können im Verteidigungsfalle durch Gesetz oder auf Grund eines Gesetzes zu zivilen Dienstleistungen für Zwecke der Verteidigung einschließlich des Schutzes der Zivilbevölkerung in Arbeitsverhältnisse verpflichtet werden; Verpflichtungen in öffentlich-rechtliche Dienstverhältnisse sind nur zur Wahrnehmung polizeilicher Aufgaben oder solcher hoheitlichen Aufgaben der öffentlichen Verwaltung, die nur in einem öffentlich-rechtlichen Dienstverhältnis erfüllt werden können, zulässig. Arbeitsverhältnisse nach Satz 1 können bei den Streitkräften, im Bereich ihrer Versorgung sowie bei der öffentlichen Verwaltung begründet werden; Verpflichtungen in Arbeitsverhältnisse im Bereiche der Versorgung der Zivilbevölkerung sind nur zulässig, um ihren lebensnotwendigen Bedarf zu decken oder ihren Schutz sicherzustellen.

(4) Kann im Verteidigungsfalle der Bedarf an zivilen Dienstleistungen im zivilen Sanitäts- und Heilwesen sowie in der ortsfesten militärischen Lazarettorganisation nicht auf freiwilliger Grundlage gedeckt werden, so können Frauen vom vollendeten achtzehnten bis zum vollendeten fünfundfünfzigsten Lebensjahr durch Gesetz oder auf Grund eines Gesetzes zu derartigen Dienstleistungen herangezogen werden. Sie dürfen auf keinen Fall zum Dienst mit der Waffe verpflichtet werden.

(5) Für die Zeit vor dem Verteidigungsfalle können Verpflichtungen nach Absatz 3 nur nach Maßgabe des Artikels 80a Abs. 1 begründet werden. Zur Vorbereitung auf Dienstleistungen nach Absatz 3, für die besondere Kenntnisse oder Fertigkeiten erforderlich sind, kann durch Gesetz oder auf Grund eines Gesetzes die Teilnahme an Ausbildungsveranstaltungen zur Pflicht gemacht werden. Satz 1 findet insoweit keine Anwendung.

(6) Kann im Verteidigungsfalle der Bedarf an Arbeitskräften für die in Absatz 3 Satz 2 ge-

nannten Bereiche auf freiwilliger Grundlage nicht gedeckt werden, so kann zur Sicherung dieses Bedarfs die Freiheit der Deutschen, die Ausübung eines Berufs oder den Arbeitsplatz aufzugeben, durch Gesetz oder auf Grund eines Gesetzes eingeschränkt werden. Vor Eintritt des Verteidigungsfalles gilt Absatz 5 Satz 1 entsprechend.

Artikel 13 (Unverletzlichkeit der Wohnung)

(1) Die Wohnung ist unverletzlich.

(2) Durchsuchungen dürfen nur durch den Richter, bei Gefahr im Verzuge auch durch die in den Gesetzen vorgesehenen anderen Organe angeordnet und nur in der dort vorgeschriebenen Form durchgeführt werden.

(3) Begründen bestimmte Tatsachen den Verdacht, daß jemand eine durch Gesetz einzeln bestimmte besonders schwere Straftat begangen hat, so dürfen zur Verfolgung der Tat auf Grund richterlicher Anordnung technische Mittel zur akustischen Überwachung von Wohnungen, in denen der Beschuldigte sich vermutlich aufhält, eingesetzt werden, wenn die Erforschung des Sachverhalts auf andere Weise unverhältnismäßig erschwert oder aussichtslos wäre. Die Maßnahme ist zu befristen. Die Anordnung erfolgt durch einen mit drei Richtern besetzten Spruchkörper. Bei Gefahr im Verzuge kann sie auch durch einen einzelnen Richter getroffen werden.

(4) Zur Abwehr dringender Gefahren für die öffentliche Sicherheit, insbesondere einer gemeinen Gefahr oder einer Lebensgefahr, dürfen technische Mittel zur Überwachung von Wohnungen nur auf Grund richterlicher Anordnung eingesetzt werden. Bei Gefahr im Verzuge kann die Maßnahme auch durch eine andere gesetzlich bestimmte Stelle angeordnet werden; eine richterliche Entscheidung ist unverzüglich nachzuholen.

(5) Sind technische Mittel ausschließlich zum Schutze der bei einem Einsatz in Wohnungen tätigen Personen vorgesehen, kann die Maßnahme durch eine gesetzlich bestimmte Stelle angeordnet werden. Eine anderweitige Verwertung der hierbei erlangten Erkenntnisse ist nur zum Zwecke der Strafverfolgung oder der Gefahrenabwehr und nur zulässig, wenn zuvor die Rechtmäßigkeit der Maßnahme richterlich festgestellt ist; bei Gefahr im Verzuge ist die richterliche Entscheidung unverzüglich nachzuholen.

(6) Die Bundesregierung unterrichtet den Bundestag jährlich über den nach Absatz 3 sowie über den im Zuständigkeitsbereich des Bundes nach Absatz 4 und, soweit richterlich überprüfungsbedürftig, nach Absatz 5 erfolgten Einsatz technischer Mittel. Ein vom Bundestag gewähltes Gremium übt auf der Grundlage dieses Berichts die parlamentarische Kontrolle aus. Die Länder gewährleisten eine gleichwertige parlamentarische Kontrolle.

(7) Eingriffe und Beschränkungen dürfen im übrigen nur zur Abwehr einer gemeinen Gefahr oder einer Lebensgefahr für einzelne Personen, auf Grund eines Gesetzes auch zur Verhütung dringender Gefahren für die öffentliche Sicherheit und Ordnung, insbesondere zur Behebung der Raumnot, zur Bekämpfung von Seuchengefahr oder zum Schutze gefährdeter Jugendlicher vorgenommen werden.

Artikel 14 (Eigentum, Erbrecht und Enteignung)

(1) Das Eigentum und das Erbrecht werden gewährleistet. Inhalt und Schranken werden durch die Gesetze bestimmt.

(2) Eigentum verpflichtet. Sein Gebrauch soll zugleich dem Wohle der Allgemeinheit dienen.

(3) Eine Enteignung ist nur zum Wohle der Allgemeinheit zulässig. Sie darf nur durch Gesetz oder auf Grund eines Gesetzes erfolgen, das Art und Ausmaß der Entschädigung regelt. Die Entschädigung ist unter gerechter Abwägung der Interessen der Allgemeinheit und der Beteiligten zu bestimmen. Wegen der Höhe der Entschädigung steht im Streitfalle der Rechtsweg vor den ordentlichen Gerichten offen.

Artikel 15 (Sozialisierung)

Grund und Boden, Naturschätze und Produktionsmittel können zum Zwecke der Vergesellschaftung durch ein Gesetz, das Art und Ausmaß der Entschädigung regelt, in Gemeineigentum oder in andere Formen der Gemeinwirtschaft überführt werden. Für die Entschädigung gilt Art. 14 Abs. 3 Satz 3 und 4 entsprechend.

Artikel 16 (Ausbürgerung, Auslieferung)

(1) Die Deutsche Staatsangehörigkeit darf nicht entzogen werden. Der Verlust der Staatsangehörigkeit darf nur auf Grund eines Gesetzes und gegen den Willen des Betroffenen nur dann eintreten, wenn der Betroffene dadurch nicht staatenlos wird.

(2) Kein Deutscher darf an das Ausland ausgeliefert werden. Durch Gesetz kann eine abweichende Regelung für Auslieferungen an einen Mitgliedstaat der Europäischen Union oder an einen internationalen Gerichtshof getroffen werden, soweit rechtsstaatliche Grundsätze gewahrt sind.

Artikel 16a (Asylrecht)

(1) Politisch Verfolgte genießen Asylrecht.

(2) Auf Absatz 1 kann sich nicht berufen, wer aus einem Mitgliedstaat der Europäischen Gemeinschaften oder aus einem anderen Drittstaat einreist, in dem die Anwendung des Abkommens über die Rechtsstellung der Flüchtlinge und der Konvention zum Schutze der Menschenrechte und Grundfreiheiten sichergestellt ist. Die Staaten außerhalb der Europäischen Gemeinschaften, auf die Voraussetzungen des Satzes 1 zutreffen, werden durch Gesetz, das der Zustimmung des Bundesrates bedarf, bestimmt. In den Fällen des Satzes 1 können aufenthaltsbeendende Maßnahmen unabhängig von einem hiergegen eingelegten Rechtsbehelf vollzogen werden.

(3) Durch Gesetz, das der Zustimmung des Bundesrates bedarf, können Staaten bestimmt werden, bei denen auf Grund der Rechtslage, der Rechtsanwendung und der allgemeinen politischen Verhältnisse gewährleistet erscheint, daß dort weder politische Verfolgung noch unmenschliche oder erniedrigende Bestrafung oder Behandlung stattfindet. Es wird vermutet, daß ein Ausländer aus einem solchen Staat nicht verfolgt wird, solange er nicht Tatsachen vorträgt, die die Annahme begründen, daß er entgegen dieser Vermutung politisch verfolgt wird.

(4) Die Vollziehung aufenthaltsbeendender Maßnahmen wird in den Fällen des Absatzes 3 und in anderen Fällen, die offensichtlich unbegründet sind oder als offensichtlich unbegründet gelten, durch das Gericht nur ausgesetzt, wenn ernstliche Zweifel an der Rechtmäßigkeit der Maßnahme bestehen; der Prüfungsumfang kann eingeschränkt werden und verspätetes Vorbringen unberücksichtigt bleiben. Das Nähere ist durch Gesetz zu bestimmen.

(5) Die Absätze 1 bis 4 stehen völkerrechtlichen Verträgen von Mitgliedstaaten der Europäischen Gemeinschaften untereinander und mit dritten Staaten nicht entgegen, die unter Beachtung der Verpflichtungen aus dem Abkommen über die Rechtsstellung der Flüchtlinge und der Konvention zum Schutze der Menschenrechte und Grundfreiheiten, deren Anwendung in den Vertragsstaaten sichergestellt sein muß, Zuständigkeitsregelungen für die Prüfung von Asylbegehren einschließlich der gegenseitigen Anerkennung von Asylentscheidungen treffen.

Artikel 17 (Petitionsrecht)

Jedermann hat das Recht, sich einzeln oder in Gemeinschaft mit anderen schriftlich mit Bitten oder Beschwerden an die zuständigen Stellen und an die Volksvertretung zu wenden.

Artikel 17a (Wehrdienst, Ersatzdienst)

(1) Gesetze über Wehrdienst und Ersatzdienst können bestimmen, daß für die Angehörigen der Streitkräfte und des Ersatzdienstes während der Zeit des Wehr- oder Ersatzdienstes das Grundrecht, seine Meinung in Wort, Schrift und Bild frei zu äußern und zu verbreiten (Artikel 5 Abs. 1 Satz 1 erster Halbsatz), das Grundrecht der Versammlungsfreiheit (Artikel 8) und das Petitionsrecht (Artikel 17), soweit es das Recht gewährt, Bitten oder Beschwerden in Gemeinschaft mit anderen vorzubringen, eingeschränkt werden.

(2) Gesetze, die der Verteidigung einschließlich des Schutzes der Zivilbevölkerung dienen, können bestimmen, daß die Grundrechte der Freizügigkeit (Artikel 11) und der Unverletzlichkeit der Wohnung (Artikel 13) eingeschränkt werden.

Artikel 18 (Verwirkung von Grundrechten)

Wer die Freiheit der Meinungsäußerung, insbesondere die Pressefreiheit (Artikel 5 Abs. 1), die Lehrfreiheit (Artikel 5 Abs. 3), die Versammlungsfreiheit (Artikel 8), die Vereinigungsfreiheit (Artikel 9), das Brief-, Post- und Fernmeldegeheimnis (Artikel 10), das Eigentum (Artikel 14) oder das Asylrecht (Artikel 16a) zum Kampfe gegen die freiheitliche demokratische Grundordnung mißbraucht, verwirkt diese Grundrechte. Die Verwirkung und ihr Ausmaß werden durch das Bundesverfassungsgericht ausgesprochen.

Artikel 19 (Einschränkung von Grundrechten)

(1) Soweit nach diesem Grundgesetz ein Grundrecht durch Gesetz oder auf Grund eines Gesetzes eingeschränkt werden kann, muß das Gesetz allgemein und nicht nur für den Einzelfall gelten. Außerdem muß das Gesetz das Grundrecht unter Angabe des Artikels nennen.

(2) In keinem Falle darf ein Grundrecht in seinem Wesensgehalt angetastet werden.

(3) Die Grundrechte gelten auch für inländische juristische Personen, soweit sie ihrem Wesen nach auf diese anwendbar sind.

(4) Wird jemand durch die öffentliche Gewalt in seinen Rechten verletzt, so steht ihm der Rechtsweg offen. Soweit eine andere Zuständigkeit nicht begründet ist, ist der ordentliche Rechtsweg gegeben. Artikel 10 Abs. 2 Satz 2 bleibt unberührt.

II. Der Bund und die Länder

Artikel 20 (Demokratische, rechtsstaatliche Verfassung)

(1) Die Bundesrepublik Deutschland ist ein demokratischer und sozialer Bundesstaat.

(2) Alle Staatsgewalt geht vom Volke aus. Sie wird vom Volke in Wahlen und Abstimmungen und durch besondere Organe der Gesetzgebung, der vollziehenden Gewalt und der Rechtsprechung ausgeübt.

(3) Die Gesetzgebung ist an die verfassungsmäßige Ordnung, die vollziehende Gewalt und die Rechtsprechung sind an Gesetz und Recht gebunden.

(4) Gegen jeden, der es unternimmt, diese Ordnung zu beseitigen, haben alle Deutschen das Recht zum Widerstand, wenn andere Abhilfe nicht möglich ist.

Artikel 20a (Schutz der natürlichen Lebensgrundlagen)

Der Staat schützt auch in Verantwortung für die künftigen Generationen die natürlichen Lebensgrundlagen und die Tiere im Rahmen der verfassungsmäßigen Ordnung durch die Gesetzgebung und nach Maßgabe von Gesetz und Recht durch die vollziehende Gewalt und die Rechtsprechung.

Artikel 21 (Parteien)

(1) Die Parteien wirken bei der politischen Willensbildung des Volkes mit. Ihre Gründung ist frei. Ihre innere Ordnung muß demokratischen Grundsätzen entsprechen. Sie müssen über die Herkunft und Verwendung ihrer Mittel sowie über ihr Vermögen öffentlich Rechenschaft geben.

(2) Parteien, die nach ihren Zielen oder nach dem Verhalten ihrer Anhänger darauf ausgehen, die freiheitliche demokratische Grundordnung zu beeinträchtigen oder zu beseitigen oder den Bestand der Bundesrepublik Deutschland zu gefährden, sind verfassungswidrig.

(3) Parteien, die nach ihren Zielen oder dem Verhalten ihrer Anhänger darauf ausgerichtet sind, die freiheitliche demokratische Grundordnung zu beeinträchtigen oder zu beseitigen oder den Bestand der Bundesrepublik Deutschland zu gefährden, sind von staatlicher Finanzierung ausgeschlossen. Wird der Ausschluss festgestellt, so entfällt auch eine steuerliche Begünstigung dieser Parteien und von Zuwendungen an diese Parteien.

(4) Über die Frage der Verfassungswidrigkeit nach Absatz 2 sowie über den Ausschluss von staatlicher Finanzierung nach Absatz 3 entscheidet das Bundesverfassungsgericht.

(5) Das Nähere regeln Bundesgesetze.

Artikel 22 (Hauptstadt Berlin, Bundesflagge)

(1) Die Hauptstadt der Bundesrepublik Deutschland ist Berlin. Die Repräsentation des Gesamtstaates in der Hauptstadt ist Aufgabe des Bundes. Das Nähere wird durch Bundesgesetz geregelt.

(2) Die Bundesflagge ist schwarz-rot-gold.

Artikel 23 (Europäische Union)

(1) Zur Verwirklichung eines vereinten Europas wirkt die Bundesrepublik Deutschland bei der Entwicklung der Europäischen Union mit, die demokratischen, rechtsstaatlichen, sozialen und föderativen Grundsätzen und dem Grundsatz der Subsidiarität verpflichtet ist und einen diesem Grundgesetz im wesentlichen vergleichbaren Grundrechtsschutz gewährleistet. Der Bund kann hierzu durch Gesetz mit Zustimmung des Bundesrates Hoheitsrechte übertragen. Für die Begründung der Europäischen Union sowie für Änderungen ihrer vertraglichen Grundlagen und vergleichbare Regelungen, durch die dieses Grundgesetz seinem Inhalt nach geändert oder ergänzt wird oder solche Änderungen oder Ergänzungen ermöglicht werden, gilt Artikel 79 Abs. 2 und 3.

(1a) Der Bundestag und der Bundesrat haben das Recht, wegen Verstoßes eines Gesetzgebungsakts der Europäischen Union gegen das Subsidiaritätsprinzip vor dem Gerichtshof der Europäischen Union Klage zu erheben. Der Bundestag ist hierzu auf Antrag eines Viertels seiner Mitglieder verpflichtet. Durch Gesetz, das der Zustimmung des Bundesrates bedarf, können für die Wahrnehmung der Rechte, die dem Bundestag und dem Bundesrat in den vertraglichen Grundlagen der Europäischen Union eingeräumt sind, Ausnahmen von Artikel 42 Abs. 2 Satz 1 und Artikel 52 Abs. 3 Satz 1 zugelassen werden.

(2) In Angelegenheiten der Europäischen Union wirken der Bundestag und durch den Bundesrat die Länder mit. Die Bundesregierung hat den Bundestag und den Bundesrat umfassend und zum frühestmöglichen Zeitpunkt zu unterrichten.

(3) Die Bundesregierung gibt dem Bundestag Gelegenheit zur Stellungnahme vor ihrer Mitwirkung an Rechtsetzungsakten der Europäischen Union. Die Bundesregierung berücksichtigt die Stellungnahmen des Bundestages bei den Verhandlungen. Das Nähere regelt ein Gesetz.

(4) Der Bundesrat ist an der Willensbildung des Bundes zu beteiligen, soweit er an einer entsprechenden innerstaatlichen Maßnahme mitzuwirken hätte oder soweit die Länder innerstaatlich zuständig wären.

(5) Soweit in einem Bereich ausschließlicher Zuständigkeiten des Bundes Interessen der Länder berührt sind oder soweit im übrigen der Bund das Recht zur Gesetzgebung hat, berücksichtigt die Bundesregierung die Stellungnahme des Bundesrates. Wenn im Schwerpunkt Gesetzgebungsbefugnisse der Länder, die Einrichtung ihrer Behörden oder ihre Verwaltungsverfahren betroffen sind, ist bei der Willensbildung des Bundes insoweit die Auffassung des Bundesrates maßgeblich zu berücksichtigen; dabei ist die gesamtstaatliche Verantwortung des Bundes zu wahren. In Angelegenheiten, die zu Ausgabenerhöhungen oder Einnahmeminderungen für den Bund führen können, ist die Zustimmung der Bundesregierung erforderlich.

(6) Wenn im Schwerpunkt ausschließliche Gesetzgebungsbefugnisse der Länder auf den Gebieten der schulischen Bildung, der Kultur oder des Rundfunks betroffen sind, wird die Wahrnehmung der Rechte, die der Bundesrepublik Deutschland als Mitgliedstaat der Europäischen Union zustehen, vom Bund auf einen vom Bundesrat benannten Vertreter der Länder übertragen. Die Wahrnehmung der Rechte erfolgt unter Beteiligung und in Abstimmung mit der Bundesregierung; dabei ist die gesamtstaatliche Verantwortung des Bundes zu wahren.

(7) Das Nähere zu den Absätzen 4 bis 6 regelt ein Gesetz, das der Zustimmung des Bundesrates bedarf.

Artikel 24 (Supranationale Einrichtungen)

(1) Der Bund kann durch Gesetz Hoheitsrechte auf zwischenstaatliche Einrichtungen übertragen.

(1a) Soweit die Länder für die Ausübung der staatlichen Befugnisse und die Erfüllung der staatlichen Aufgaben zuständig sind, können sie mit Zustimmung der Bundesregierung Hoheitsrechte auf grenznachbarschaftliche Einrichtungen übertragen.

(2) Der Bund kann sich zur Wahrung des Friedens einem System gegenseitiger kollektiver Sicherheit einordnen; er wird hierbei in die Beschränkungen seiner Hoheitsrechte einwilligen, die eine friedliche und dauerhafte Ordnung in Europa und zwischen den Völkern der Welt herbeiführen und sichern.

(3) Zur Regelung zwischenstaatlicher Streitigkeiten wird der Bund Vereinbarungen über eine allgemeine, umfassende, obligatorische, internationale Schiedsgerichtsbarkeit beitreten.

Artikel 25 (Regeln des Völkerrechts)

Die allgemeinen Regeln des Völkerrechts sind Bestandteil des Bundesrechtes. Sie gehen den Gesetzen vor und erzeugen Rechte und Pflichten unmittelbar für die Bewohner des Bundesgebietes.

Entscheidung des Bundesverfassungsgerichts vom 6. Dezember 2006 (BGBl. I 2007 S. 33)

Aus dem Beschluss des Bundesverfassungsgerichts vom 6. Dezember 2006 – 2 BvM 9/03 – wird die Entscheidungsformel veröffentlicht:

Eine allgemeine Regel des Völkerrechts, nach der ein lediglich pauschaler Immunitätsverzicht zur Aufhebung des Schutzes der Immunität auch für solches Vermögen genügt, das dem Entsendestaat im Empfangsstaat zur Aufrechterhaltung der Funktionsfähigkeit seiner diplomatischen Mission dient, ist nicht feststellbar.

Die vorstehende Entscheidungsformel hat gemäß § 31 Abs. 2 des Bundesverfassungsgerichtsgesetzes Gesetzeskraft.

Artikel 26 (Angriffskrieg, Kriegswaffen)

(1) Handlungen, die geeignet sind und in der Absicht vorgenommen werden, das friedliche Zusammenleben der Völker zu stören, insbesondere die Führung eines Angriffskrieges vorzubereiten, sind verfassungswidrig. Sie sind unter Strafe zu stellen.

(2) Zur Kriegsführung bestimmte Waffen dürfen nur mit Genehmigung der Bundesregierung hergestellt, befördert und in Verkehr gebracht werden. Das Nähere regelt ein Bundesgesetz.

Artikel 27 (Handelsflotte)

Alle deutschen Kauffahrteischiffe bilden eine einheitliche Handelsflotte.

Artikel 28 (Länder und Gemeinden)

(1) Die verfassungsmäßige Ordnung in den Ländern muß den Grundsätzen des republikanischen, demokratischen und sozialen Rechtsstaates im Sinne dieses Grundgesetzes entsprechen. In den Ländern, Kreisen und Gemeinden muß das Volk eine Vertretung haben, die aus allgemeinen, unmittelbaren, freien, gleichen und geheimen Wahlen hervorgegangen ist. Bei Wahlen in Kreisen und Gemeinden sind auch Personen, die die Staatsangehörigkeit eines Mitgliedstaates der Europäischen Gemeinschaft besitzen, nach Maßgabe von Recht der Europäischen Gemeinschaft wahlberechtigt und wählbar. In Gemeinden kann an die Stelle einer gewählten Körperschaft die Gemeindeversammlung treten.

(2) Den Gemeinden muß das Recht gewährleistet sein, alle Angelegenheiten der örtlichen Gemeinschaft im Rahmen der Gesetze in eigener Verantwortung zu regeln. Auch die Gemeindeverbände haben im Rahmen ihres gesetzlichen Aufgabenbereiches nach Maßgabe der Gesetze das Recht der Selbstverwaltung. Die Gewährleistung der Selbstverwaltung umfaßt auch die Grundlagen der finanziellen Eigenverantwortung, zu diesen Grundlagen gehört eine den Gemeinden mit Hebesatzrecht zustehende wirtschaftskraftbezogene Steuerquelle.

(3) Der Bund gewährleistet, daß die verfassungsmäßige Ordnung der Länder den Grundrechten und den Bestimmungen der Absätze 1 und 2 entspricht.

Artikel 29 (Neugliederung des Bundesgebiets)

(1) Das Bundesgebiet kann neu gegliedert werden, um zu gewährleisten, daß die Länder nach Größe und Leistungsfähigkeit die ihnen obliegenden Aufgaben wirksam erfüllen können. Dabei sind die landsmannschaftliche Verbundenheit, die geschichtlichen und kulturellen Zusammenhänge, die wirtschaftliche Zweckmäßigkeit sowie die Erfordernisse der Raumordnung und der Landesplanung zu berücksichtigen.

(2) Maßnahmen zur Neugliederung des Bundesgebietes ergehen durch Bundesgesetz, das der Bestätigung durch Volksentscheid bedarf. Die betroffenen Länder sind zu hören.

(3) Der Volksentscheid findet in den Ländern statt, aus deren Gebieten oder Gebietsteilen ein neues oder neu umgrenztes Land gebildet werden soll (betroffene Länder). Abzustimmen ist über die Frage, ob die betroffenen Länder wie bisher bestehenbleiben sollen oder ob das neue oder neu umgrenzte Land gebildet werden soll. Der Volksentscheid für die Bildung eines neuen oder neu umgrenzten Landes kommt zustande, wenn in dessen künftigem Gebiet und insgesamt in den Gebieten oder Gebietsteilen eines betroffenen Landes, deren Landeszugehörigkeit im gleichen Sinne geändert werden soll, jeweils eine Mehrheit der Änderung zustimmt. Er kommt nicht zustande, wenn im Gebiet eines der betroffenen Länder eine Mehrheit die Änderung ablehnt; die Ablehnung ist jedoch unbeachtlich, wenn in einem Gebietsteil, dessen Zugehörigkeit zu dem betroffenen Land geändert werden soll, eine Mehrheit von zwei Dritteln der Änderung zustimmt, es sei denn, daß im Gesamtgebiet des betroffenen Landes eine Mehrheit von zwei Dritteln die Änderung ablehnt.

(4) Wird in einem zusammenhängenden, abgegrenzten Siedlungs- und Wirtschaftsraum, dessen Teile in mehreren Ländern liegen und der mindestens eine Million Einwohner hat, von einem Zehntel der in ihm zum Bundestag Wahlberechtigten durch Volksbegehren gefordert, daß für diesen Raum eine einheitliche Landeszugehörigkeit herbeigeführt werde, so ist durch Bundesgesetz innerhalb von zwei Jahren entweder zu bestimmen, ob die Landeszugehörigkeit gemäß Absatz 2 geändert wird, oder daß in den betroffenen Ländern eine Volksbefragung stattfindet.

(5) Die Volksbefragung ist darauf gerichtet festzustellen, ob eine in dem Gesetz vorzuschlagende Änderung der Landeszugehörigkeit Zustimmung findet. Das Gesetz kann verschiedene, jedoch nicht mehr als zwei Vorschläge der Volksbefragung vorlegen. Stimmt eine Mehrheit einer vorgeschlagenen Änderung der Landeszugehörigkeit zu, so ist durch Bundesgesetz innerhalb von zwei Jahren zu bestimmen, ob die Landeszugehörigkeit gemäß Absatz 2 geändert wird. Findet ein der Volksbefragung vorgelegter Vorschlag eine den Maßgaben des Absatzes 3 Satz 3 und 4 entsprechende Zustimmung, so ist innerhalb von zwei Jahren nach der Durchführung der Volksbefragung ein Bundesgesetz zur Bildung des vorgeschlagenen Landes zu erlassen, das der Bestätigung durch Volksentscheid nicht mehr bedarf.

(6) Mehrheit im Volksentscheid und in der Volksbefragung ist die Mehrheit der abgegebenen Stimmen, wenn sie mindestens ein Viertel der zum Bundestag Wahlberechtigten umfaßt. Im übrigen wird das Nähere über Volksentscheid, Volksbegehren und Volksbefragung durch ein Bundesgesetz geregelt; dieses kann auch vorsehen, daß Volksbegehren innerhalb eines Zeitraumes von fünf Jahren nicht wiederholt werden können.

(7) Sonstige Änderungen des Gebietsbestandes der Länder können durch Staatsverträge der beteiligten Länder oder durch Bundesgesetz mit Zustimmung des Bundesrates erfolgen, wenn das Gebiet, dessen Landeszugehörigkeit geändert werden soll, nicht mehr als 50 000 Einwohner hat. Das Nähere regelt ein Bundesgesetz, das der Zustimmung des Bundesrates und der Mehrheit der Mitglieder des Bundestages bedarf. Es muß die Anhörung der betroffenen Gemeinden und Kreise vorsehen.

(8) Die Länder können eine Neugliederung für das jeweils von ihnen umfaßte Gebiet oder für Teilgebiete abweichend von den Vorschriften der Absätze 2 bis 7 durch Staatsvertrag regeln. Die betroffenen Gemeinden und Kreise sind zu hören. Der Staatsvertrag bedarf der Bestätigung durch Volksentscheid in jedem beteiligten Land. Betrifft der Staatsvertrag Teilgebiete der Länder, kann die Bestätigung auf Volksentscheide in diesen Teilgebieten beschränkt werden; Satz 5 zweiter Halbsatz findet keine Anwendung. Bei einem Volksentscheid entscheidet die Mehrheit der abgegebenen Stimmen, wenn sie mindestens ein Viertel der zum Bundestag Wahlberechtigten umfaßt; das Nähere regelt ein Bundesgesetz. Der Staatsvertrag bedarf der Zustimmung des Bundestages.

Artikel 30 (Funktionen der Länder)

Die Ausübung der staatlichen Befugnisse und die Erfüllung der staatlichen Aufgaben ist Sache der Länder, soweit dieses Grundgesetz keine andere Regelung trifft oder zuläßt.

Artikel 31 (Vorrang des Bundesrechts)

Bundesrecht bricht Landesrecht.

Artikel 32 (Auswärtige Beziehungen)

(1) Die Pflege der Beziehungen zu auswärtigen Staaten ist Sache des Bundes.

(2) Vor dem Abschlusse eines Vertrages, der die besonderen Verhältnisse eines Landes berührt, ist das Land rechtzeitig zu hören.

(3) Soweit die Länder für die Gesetzgebung zuständig sind, können sie mit Zustimmung der Bundesregierung mit auswärtigen Staaten Verträge abschließen.

Artikel 33 (Staatsbürger, öffentlicher Dienst)

(1) Jeder Deutsche hat in jedem Lande die gleichen staatsbürgerlichen Rechte und Pflichten.

(2) Jeder Deutsche hat nach seiner Eignung, Befähigung und fachlichen Leistung gleichen Zugang zu jedem öffentlichen Amte.

(3) Der Genuß bürgerlicher und staatsbürgerlicher Rechte, die Zulassung zu öffentlichen Ämtern sowie die im öffentlichen Dienste erworbenen Rechte sind unabhängig von dem religiösen Bekenntnis. Niemandem darf aus seiner Zugehörigkeit oder Nichtzugehörigkeit zu einem Bekenntnisse oder einer Weltanschauung ein Nachteil erwachsen.

(4) Die Ausübung hoheitsrechtlicher Befugnisse ist als ständige Aufgabe in der Regel Angehörigen des öffentlichen Dienstes zu übertragen, die in einem öffentlich-rechtlichen Dienst- und Treueverhältnis stehen.

(5) Das Recht des öffentlichen Dienstes ist unter Berücksichtigung der hergebrachten Grundsätze des Berufsbeamtentums zu regeln und fortzuentwickeln.

Artikel 34 (Amtshaftung bei Amtspflichtverletzungen)

Verletzt jemand in Ausübung eines ihm anvertrauten öffentlichen Amtes die ihm einem Dritten gegenüber obliegende Amtspflicht, so trifft die Verantwortlichkeit grundsätzlich den Staat oder die Körperschaft, in deren Dienst er steht. Bei Vorsatz oder grober Fahrlässigkeit bleibt der Rückgriff vorbehalten. Für den Anspruch auf Schadensersatz und für den Rückgriff darf der ordentliche Rechtsweg nicht ausgeschlossen werden.

Artikel 35 (Rechts- und Amtshilfe)

(1) Alle Behörden des Bundes und der Länder leisten sich gegenseitig Rechts- und Amtshilfe.

(2) Zur Aufrechterhaltung oder Wiederherstellung der öffentlichen Sicherheit oder Ordnung kann ein Land in Fällen von besonderer Bedeutung Kräfte und Einrichtungen des Bundesgrenzschutzes zur Unterstützung seiner Polizei anfordern, wenn die Polizei ohne diese Unterstützung eine Aufgabe nicht oder nur unter erheblichen Schwierigkeiten erfüllen könnte. Zur Hilfe bei einer Naturkatastrophe oder bei einem besonders schweren Unglücksfall kann ein Land Polizeikräfte anderer Länder, Kräfte und Einrichtungen anderer Verwaltungen sowie des Bundesgrenzschutzes und der Streitkräfte anfordern.

(3) Gefährdet die Naturkatastrophe oder der Unglücksfall das Gebiet mehr als eines Landes, so kann die Bundesregierung, soweit es

zur wirksamen Bekämpfung erforderlich ist, den Landesregierungen die Weisung erteilen, Polizeikräfte anderer Länder zur Verfügung zu stellen, sowie Einheiten des Bundesgrenzschutzes und der Streitkräfte zur Unterstützung der Polizeikräfte einsetzen. Maßnahmen der Bundesregierung nach Satz 1 sind jederzeit auf Verlangen des Bundesrates, im übrigen unverzüglich nach Beseitigung der Gefahr aufzuheben.

Artikel 36 (Landsmannschaftliche Gleichbehandlung)

(1) Bei den obersten Bundesbehörden sind Beamte aus allen Ländern in angemessenem Verhältnis zu verwenden. Die bei den übrigen Bundesbehörden beschäftigten Personen sollen in der Regel aus dem Lande genommen werden, in dem sie tätig sind.

(2) Die Wehrgesetze haben auch die Gliederung des Bundes in Länder und ihre besonderen landsmannschaftlichen Verhältnisse zu berücksichtigen.

Artikel 37 (Bundeszwang)

(1) Wenn ein Land die ihm nach dem Grundgesetze oder einem anderen Bundesgesetze obliegenden Bundespflichten nicht erfüllt, kann die Bundesregierung mit Zustimmung des Bundesrates die notwendigen Maßnahmen treffen, um das Land im Wege des Bundeszwanges zur Erfüllung seiner Pflichten anzuhalten.

(2) Zur Durchführung des Bundeszwanges hat die Bundesregierung oder ihr Beauftragter das Weisungsrecht gegenüber allen Ländern und ihren Behörden.

III. Der Bundestag

Artikel 38 (Wahl)

(1) Die Abgeordneten des Deutschen Bundestages werden in allgemeiner, unmittelbarer, freier, gleicher und geheimer Wahl gewählt. Sie sind Vertreter des ganzen Volkes, an Aufträge und Weisungen nicht gebunden und nur ihrem Gewissen unterworfen.

(2) Wahlberechtigt ist, wer das achtzehnte Lebensjahr vollendet hat; wählbar ist, wer das Alter erreicht hat, mit dem die Volljährigkeit eintritt.

(3) Das Nähere bestimmt ein Bundesgesetz.

Artikel 39 (Wahlperiode, Zusammentritt)

(1) Der Bundestag wird vorbehaltlich der nachfolgenden Bestimmungen auf vier Jahre gewählt. Seine Wahlperiode endet mit dem Zusammentritt eines neuen Bundestages. Die Neuwahl findet frühestens sechsundvierzig, spätestens achtundvierzig Monate nach Beginn der Wahlperiode statt. Im Falle einer Auflösung des Bundestages findet die Neuwahl innerhalb von sechzig Tagen statt.

(2) Der Bundestag tritt spätestens am dreißigsten Tage nach der Wahl zusammen.

(3) Der Bundestag bestimmt den Schluß und den Wiederbeginn seiner Sitzungen. Der Präsident des Bundestages kann ihn früher einberufen. Er ist hierzu verpflichtet, wenn ein Drittel der Mitglieder, der Bundespräsident oder der Bundeskanzler es verlangen.

Artikel 40 (Präsidium, Geschäftsordnung)

(1) Der Bundestag wählt seinen Präsidenten, dessen Stellvertreter und die Schriftführer. Er gibt sich eine Geschäftsordnung.

(2) Der Präsident übt das Hausrecht und die Polizeigewalt im Gebäude des Bundestages aus. Ohne seine Genehmigung darf in den Räumen des Bundestages keine Durchsuchung oder Beschlagnahme stattfinden.

Artikel 41 (Wahlprüfung)

(1) Die Wahlprüfung ist Sache des Bundestages. Er entscheidet auch, ob ein Abgeordneter des Bundestages die Mitgliedschaft verloren hat.

(2) Gegen die Entscheidung des Bundestages ist die Beschwerde an das Bundesverfassungsgericht zulässig.

(3) Das Nähere regelt ein Bundesgesetz.

Artikel 42 (Öffentlichkeit, Beschlussfassung)

(1) Der Bundestag verhandelt öffentlich. Auf Antrag eines Zehntels seiner Mitglieder oder auf Antrag der Bundesregierung kann mit

Zweidrittelmehrheit die Öffentlichkeit ausgeschlossen werden. Über den Antrag wird in nichtöffentlicher Sitzung entschieden.

(2) Zu einem Beschlusse des Bundestages ist die Mehrheit der abgegebenen Stimmen erforderlich, soweit dieses Grundgesetz nichts anderes bestimmt. Für die vom Bundestage vorzunehmenden Wahlen kann die Geschäftsordnung Ausnahmen zulassen.

(3) Wahrheitsgetreue Berichte über die öffentlichen Sitzungen des Bundestages und seiner Ausschüsse bleiben von jeder Verantwortlichkeit frei.

Artikel 43 (Anwesenheit der Bundesminister)

(1) Der Bundestag und seine Ausschüsse können die Anwesenheit jedes Mitgliedes der Bundesregierung verlangen.

(2) Die Mitglieder des Bundesrates und der Bundesregierung sowie ihre Beauftragten haben zu allen Sitzungen des Bundestages und seiner Ausschüsse Zutritt. Sie müssen jederzeit gehört werden.

Artikel 44 (Untersuchungsausschüsse)

(1) Der Bundestag hat das Recht und auf Antrag eines Viertels seiner Mitglieder die Pflicht, einen Untersuchungsausschuß einzusetzen, der in öffentlicher Verhandlung die erforderlichen Beweise erhebt. Die Öffentlichkeit kann ausgeschlossen werden.

(2) Auf Beweiserhebungen finden die Vorschriften über den Strafprozeß sinngemäß Anwendung. Das Brief-, Post- und Fernmeldegeheimnis bleibt unberührt.

(3) Gerichte und Verwaltungsbehörden sind zur Rechts- und Amtshilfe verpflichtet.

(4) Die Beschlüsse der Untersuchungsausschüsse sind der richterlichen Erörterung entzogen. In der Würdigung und Beurteilung des der Untersuchung zugrunde liegenden Sachverhaltes sind die Gerichte frei.

Artikel 45 (Ausschuss für die Angelegenheiten der Europäischen Union)

Der Bundestag bestellt einen Ausschuß für die Angelegenheiten der Europäischen Union. Er kann ihn ermächtigen, die Rechte des Bundestages gemäß Artikel 23 gegenüber der Bundesregierung wahrzunehmen. Er kann ihn auch ermächtigen, die Rechte wahrzunehmen, die dem Bundestag in den vertraglichen Grundlagen der Europäischen Union eingeräumt sind.

Artikel 45a (Ausschüsse für Auswärtiges und Verteidigung)

(1) Der Bundestag bestellt einen Ausschuß für auswärtige Angelegenheiten und einen Ausschuß für Verteidigung.

(2) Der Ausschuß für Verteidigung hat auch die Rechte eines Untersuchungsausschusses. Auf Antrag eines Viertels seiner Mitglieder hat er die Pflicht, eine Angelegenheit zum Gegenstand seiner Untersuchung zu machen.

(3) Artikel 44 Abs. 1 findet auf dem Gebiet der Verteidigung keine Anwendung.

Artikel 45b (Wehrbeauftragter)

Zum Schutz der Grundrechte und als Hilfsorgan des Bundestages bei der Ausübung der parlamentarischen Kontrolle wird ein Wehrbeauftragter des Bundestages berufen. Das Nähere regelt ein Bundesgesetz.

Artikel 45c (Petitionsausschuss)

(1) Der Bundestag bestellt einen Petitionsausschuß, dem die Behandlung der nach Artikel 17 an den Bundestag gerichteten Bitten und Beschwerden obliegt.

(2) Die Befugnisse des Ausschusses zur Überprüfung von Beschwerden regelt ein Bundesgesetz.

Artikel 45d (Parlamentarisches Kontrollgremium)

(1) Der Bundestag bestellt ein Gremium zur Kontrolle der nachrichtendienstlichen Tätigkeit des Bundes.

(2) Das Nähere regelt ein Bundesgesetz.

Artikel 46 (Indemnität, Immunität)

(1) Ein Abgeordneter darf zu keiner Zeit wegen seiner Abstimmung oder wegen einer Äußerung, die er im Bundestage oder in einem seiner Ausschüsse getan hat, gerichtlich oder dienstlich verfolgt oder sonst außerhalb

des Bundestages zur Verantwortung gezogen werden. Dies gilt nicht für verleumderische Beleidigungen.

(2) Wegen einer mit Strafe bedrohten Handlung darf ein Abgeordneter nur mit Genehmigung des Bundestages zur Verantwortung gezogen oder verhaftet werden, es sei denn, daß er bei Begehung der Tat oder im Laufe des folgenden Tages festgenommen wird.

(3) Die Genehmigung des Bundestages ist ferner bei jeder anderen Beschränkung der persönlichen Freiheit eines Abgeordneten oder zur Einleitung eines Verfahrens gegen einen Abgeordneten gemäß Artikel 18 erforderlich.

(4) Jedes Strafverfahren und jedes Verfahren gemäß Artikel 18 gegen einen Abgeordneten, jede Haft und jede sonstige Beschränkung seiner persönlichen Freiheit sind auf Verlangen des Bundestages auszusetzen.

Artikel 47 (Zeugnisverweigerungsrecht)

Die Abgeordneten sind berechtigt, über Personen, die ihnen in ihrer Eigenschaft als Abgeordnete oder denen sie in dieser Eigenschaft Tatsachen anvertraut haben, sowie über diese Tatsachen selbst das Zeugnis zu verweigern. Soweit dieses Zeugnisverweigerungsrecht reicht, ist die Beschlagnahme von Schriftstücken unzulässig.

Artikel 48 (Ansprüche der Abgeordneten)

(1) Wer sich um einen Sitz im Bundestage bewirbt, hat Anspruch auf den zur Vorbereitung seiner Wahl erforderlichen Urlaub.

(2) Niemand darf gehindert werden, das Amt eines Abgeordneten zu übernehmen und auszuüben. Eine Kündigung oder Entlassung aus diesem Grunde ist unzulässig.

(3) Die Abgeordneten haben Anspruch auf eine angemessene, ihre Unabhängigkeit sichernde Entschädigung. Sie haben das Recht der freien Benutzung aller staatlichen Verkehrsmittel. Das Nähere regelt ein Bundesgesetz.

Artikel 49 (weggefallen)

IV. Der Bundesrat

Artikel 50 (Funktion)

Durch den Bundesrat wirken die Länder bei der Gesetzgebung und Verwaltung des Bundes und in Angelegenheiten der Europäischen Union mit.

Artikel 51 (Zusammensetzung)

(1) Der Bundesrat besteht aus Mitgliedern der Regierungen der Länder, die sie bestellen und abberufen. Sie können durch andere Mitglieder ihrer Regierungen vertreten werden.

(2) Jedes Land hat mindestens drei Stimmen, Länder mit mehr als zwei Millionen Einwohnern haben vier, Länder mit mehr als sechs Millionen Einwohnern fünf, Länder mit mehr als sieben Millionen Einwohnern sechs Stimmen.

(3) Jedes Land kann so viele Mitglieder entsenden, wie es Stimmen hat. Die Stimmen eines Landes können nur einheitlich und nur durch anwesende Mitglieder oder deren Vertreter abgegeben werden.

Artikel 52 (Präsident, Geschäftsordnung)

(1) Der Bundesrat wählt seinen Präsidenten auf ein Jahr.

(2) Der Präsident beruft den Bundesrat ein. Er hat ihn einzuberufen, wenn die Vertreter von mindestens zwei Ländern oder die Bundesregierung es verlangen.

(3) Der Bundesrat faßt seine Beschlüsse mit mindestens der Mehrheit seiner Stimmen. Er gibt sich eine Geschäftsordnung. Er verhandelt öffentlich. Die Öffentlichkeit kann ausgeschlossen werden.

(3a) Für Angelegenheiten der Europäischen Union kann der Bundesrat eine Europakammer bilden, deren Beschlüsse als Beschlüsse des Bundesrates gelten; die Anzahl der einheitlich abzugebenden Stimmen der Länder bestimmt sich nach Artikel 51 Abs. 2.

(4) Den Ausschüssen des Bundesrates können andere Mitglieder oder Beauftragte der Regierungen der Länder angehören.

Artikel 53 (Anwesenheit der Bundesregierung)

Die Mitglieder der Bundesregierung haben das Recht und auf Verlangen die Pflicht, an den Verhandlungen des Bundesrates und seiner Ausschüsse teilzunehmen. Sie müssen jederzeit gehört werden. Der Bundesrat ist von der Bundesregierung über die Führung der Geschäfte auf dem laufenden zu halten.

IVa. Gemeinsamer Ausschuß

Artikel 53a (Zusammensetzung, Verfahren)

(1) Der Gemeinsame Ausschuß besteht zu zwei Dritteln aus Abgeordneten des Bundestages, zu einem Drittel aus Mitgliedern des Bundesrates. Die Abgeordneten werden vom Bundestage entsprechend dem Stärkeverhältnis der Fraktionen bestimmt; sie dürfen nicht der Bundesregierung angehören. Jedes Land wird durch ein von ihm bestelltes Mitglied des Bundesrates vertreten; diese Mitglieder sind nicht an Weisungen gebunden. Die Bildung des Gemeinsamen Ausschusses und sein Verfahren werden durch eine Geschäftsordnung geregelt, die vom Bundestage zu beschließen ist und der Zustimmung des Bundesrates bedarf.

(2) Die Bundesregierung hat den Gemeinsamen Ausschuß über ihre Planungen für den Verteidigungsfall zu unterrichten. Die Rechte des Bundestages und seiner Ausschüsse nach Artikel 43 Abs. 1 bleiben unberührt.

V. Der Bundespräsident

Artikel 54 (Bundesversammlung)

(1) Der Bundespräsident wird ohne Aussprache von der Bundesversammlung gewählt. Wählbar ist jeder Deutsche, der das Wahlrecht zum Bundestage besitzt und das vierzigste Lebensjahr vollendet hat.

(2) Das Amt des Bundespräsidenten dauert fünf Jahre. Anschließende Wiederwahl ist nur einmal zulässig.

(3) Die Bundesversammlung besteht aus den Mitgliedern des Bundestages und einer gleichen Anzahl von Mitgliedern, die von den Volksvertretungen der Länder nach den Grundsätzen der Verhältniswahl gewählt werden.

(4) Die Bundesversammlung tritt spätestens 30 Tage vor Ablauf der Amtszeit des Bundespräsidenten, bei vorzeitiger Beendigung spätestens 30 Tage nach diesem Zeitpunkt zusammen. Sie wird von dem Präsidenten des Bundestages einberufen.

(5) Nach Ablauf der Wahlperiode beginnt die Frist des Absatzes 4 Satz 1 mit dem ersten Zusammentritt des Bundestages.

(6) Gewählt ist, wer die Stimmen der Mehrheit der Mitglieder der Bundesversammlung erhält. Wird diese Mehrheit in zwei Wahlgängen von keinem Bewerber erreicht, so ist gewählt, wer in einem weiteren Wahlgang die meisten Stimmen auf sich vereinigt.

(7) Das Nähere regelt ein Bundesgesetz.

Artikel 55 (Unabhängigkeit des Bundespräsidenten)

(1) Der Bundespräsident darf weder der Regierung noch einer gesetzgebenden Körperschaft des Bundes oder eines Landes angehören.

(2) Der Bundespräsident darf kein anderes besoldetes Amt, kein Gewerbe und keinen Beruf ausüben und weder der Leitung noch dem Aufsichtsrat eines auf Erwerb gerichteten Unternehmens angehören.

Artikel 56 (Eidesleistung)

Der Bundespräsident leistet bei seinem Amtsantritt vor den versammelten Mitgliedern des Bundestages und des Bundesrates folgenden Eid: „Ich schwöre, daß ich meine Kraft dem Wohle des deutschen Volkes widmen, seinen Nutzen mehren, Schaden von ihm wenden, das Grundgesetz und die Gesetze des Bundes wahren und verteidigen, meine Pflichten gewissenhaft erfüllen und Gerechtigkeit gegen jedermann üben werde. So wahr mir Gott helfe." Der Eid kann auch ohne religiöse Beteuerung geleistet werden.

Artikel 57 (Vertretung)

Die Befugnisse des Bundespräsidenten werden im Falle seiner Verhinderung oder bei vorzeitiger Erledigung des Amtes durch den Präsidenten des Bundesrates wahrgenommen.

Artikel 58 (Gegenzeichnung)

Anordnungen und Verfügungen des Bundespräsidenten bedürfen zu ihrer Gültigkeit der Gegenzeichnung durch den Bundeskanzler oder durch den zuständigen Bundesminister. Dies gilt nicht für die Ernennung und Entlassung des Bundeskanzlers, die Auflösung des Bundestages gemäß Artikel 63 und das Ersuchen gemäß Artikel 69 Abs. 3.

Artikel 59 (Völkerrechtliche Vertretungsmacht)

(1) Der Bundespräsident vertritt den Bund völkerrechtlich. Er schließt im Namen des Bundes die Verträge mit auswärtigen Staaten. Er beglaubigt und empfängt die Gesandten.

(2) Verträge, welche die politischen Beziehungen des Bundes regeln oder sich auf Gegenstände der Bundesgesetzgebung beziehen, bedürfen der Zustimmung oder der Mitwirkung der jeweils für die Bundesgesetzgebung zuständigen Körperschaften in der Form eines Bundesgesetzes. Für Verwaltungsabkommen gelten die Vorschriften über die Bundesverwaltung entsprechend.

Artikel 60 (Ernennung der Bundesbeamten)

(1) Der Bundespräsident ernennt und entläßt die Bundesrichter, die Bundesbeamten, die Offiziere und Unteroffiziere, soweit gesetzlich nichts anderes bestimmt ist.

(2) Er übt im Einzelfalle für den Bund das Begnadigungsrecht aus.

(3) Er kann diese Befugnisse auf andere Behörden übertragen.

(4) Die Absätze 2 bis 4 des Artikels 46 finden auf den Bundespräsidenten entsprechende Anwendung.

Artikel 61 (Anklage vor dem Bundesverfassungsgericht)

(1) Der Bundestag oder der Bundesrat können den Bundespräsidenten wegen vorsätzlicher Verletzung des Grundgesetzes oder eines anderen Bundesgesetzes vor dem Bundesverfassungsgericht anklagen. Der Antrag auf Erhebung der Anklage muß von mindestens einem Viertel der Mitglieder des Bundestages oder einem Viertel der Stimmen des Bundesrates gestellt werden. Der Beschluß auf Erhebung der Anklage bedarf der Mehrheit von zwei Dritteln der Mitglieder des Bundestages oder von zwei Dritteln der Stimmen des Bundesrates. Die Anklage wird von einem Beauftragten der anklagenden Körperschaft vertreten.

(2) Stellt das Bundesverfassungsgericht fest, daß der Bundespräsident einer vorsätzlichen Verletzung des Grundgesetzes oder eines anderen Bundesgesetzes schuldig ist, so kann es ihn des Amtes für verlustig erklären. Durch einstweilige Anordnung kann es nach der Erhebung der Anklage bestimmen, daß er an der Ausübung seines Amtes verhindert ist.

VI. Die Bundesregierung

Artikel 62 (Zusammensetzung)

Die Bundesregierung besteht aus dem Bundeskanzler und aus den Bundesministern.

Artikel 63 (Wahl des Bundeskanzlers; Bundestagsauflösung)

(1) Der Bundeskanzler wird auf Vorschlag des Bundespräsidenten vom Bundestage ohne Aussprache gewählt.

(2) Gewählt ist, wer die Stimmen der Mehrheit der Mitglieder des Bundestages auf sich vereinigt. Der Gewählte ist vom Bundespräsidenten zu ernennen.

(3) Wird der Vorgeschlagene nicht gewählt, so kann der Bundestag binnen vierzehn Tagen nach dem Wahlgange mit mehr als der Hälfte seiner Mitglieder einen Bundeskanzler wählen.

(4) Kommt eine Wahl innerhalb dieser Frist nicht zustande, so findet unverzüglich ein neuer Wahlgang statt, in dem gewählt ist, wer die meisten Stimmen erhält. Vereinigt der Gewählte die Stimmen der Mehrheit der Mitglieder des Bundestages auf sich, so muß der Bundespräsident ihn binnen sieben Tagen nach der Wahl ernennen. Erreicht der Gewählte diese Mehrheit nicht, so hat der Bundespräsident binnen sieben Tagen entweder ihn zu ernennen oder den Bundestag aufzulösen.

Artikel 64 (Ernennung der Bundesminister)

(1) Die Bundesminister werden auf Vorschlag des Bundeskanzlers vom Bundespräsidenten ernannt und entlassen.

(2) Der Bundeskanzler und die Bundesminister leisten bei der Amtsübernahme vor dem Bundestage den in Artikel 56 vorgesehenen Eid.

Artikel 65 (Verantwortung, Geschäftsordnung)

Der Bundeskanzler bestimmt die Richtlinien der Politik und trägt dafür die Verantwortung. Innerhalb dieser Richtlinien leitet jeder Bundesminister seinen Geschäftsbereich selbständig und unter eigener Verantwortung. Über Meinungsverschiedenheiten zwischen den Bundesministern entscheidet die Bundesregierung. Der Bundeskanzler leitet ihre Geschäfte nach einer von der Bundesregierung beschlossenen und vom Bundespräsidenten genehmigten Geschäftsordnung.

Artikel 65a (Befehls- und Kommandogewalt)

Der Bundesminister für Verteidigung hat die Befehls- und Kommandogewalt über die Streitkräfte.

Artikel 66 (Kein Nebenberuf)

Der Bundeskanzler und die Bundesminister dürfen kein anderes besoldetes Amt, kein Gewerbe und keinen Beruf ausüben und weder der Leitung noch ohne Zustimmung des Bundestages dem Aufsichtsrate eines auf Erwerb gerichteten Unternehmens angehören.

Artikel 67 (Misstrauensvotum)

(1) Der Bundestag kann dem Bundeskanzler das Mißtrauen nur dadurch aussprechen, daß er mit der Mehrheit seiner Mitglieder einen Nachfolger wählt und den Bundespräsidenten ersucht, den Bundeskanzler zu entlassen. Der Bundespräsident muß dem Ersuchen entsprechen und den Gewählten ernennen.

(2) Zwischen dem Antrage und der Wahl müssen 48 Stunden liegen.

Artikel 68 (Vertrauensvotum – Bundestagsauflösung)

(1) Findet ein Antrag des Bundeskanzlers, ihm das Vertrauen auszusprechen, nicht die Zustimmung der Mehrheit der Mitglieder des Bundestages, so kann der Bundespräsident auf Vorschlag des Bundeskanzlers binnen 21 Tagen den Bundestag auflösen. Das Recht zur Auflösung erlischt, sobald der Bundestag mit der Mehrheit seiner Mitglieder einen anderen Bundeskanzler wählt.

(2) Zwischen dem Antrage und der Abstimmung müssen 48 Stunden liegen.

Artikel 69 (Stellvertreter des Bundeskanzlers)

(1) Der Bundeskanzler ernennt einen Bundesminister zu seinem Stellvertreter.

(2) Das Amt des Bundeskanzlers oder eines Bundesministers endigt in jedem Falle mit dem Zusammentritt eines neuen Bundestages, das Amt eines Bundesministers auch mit jeder anderen Erledigung des Amtes des Bundeskanzlers.

(3) Auf Ersuchen des Bundespräsidenten ist der Bundeskanzler, auf Ersuchen des Bundeskanzlers oder des Bundespräsidenten ein Bundesminister verpflichtet, die Geschäfte bis zur Ernennung seines Nachfolgers weiterzuführen.

VII. Die Gesetzgebung des Bundes

Artikel 70 (Gesetzgebung des Bundes und der Länder)

(1) Die Länder haben das Recht der Gesetzgebung, soweit dieses Grundgesetz nicht dem Bunde Gesetzgebungsbefugnisse verleiht.

(2) Die Abgrenzung der Zuständigkeit zwischen Bund und Ländern bemißt sich nach den Vorschriften dieses Grundgesetzes über die ausschließliche und die konkurrierende Gesetzgebung.

Artikel 71 (Ausschließliche Gesetzgebung)

Im Bereiche der ausschließlichen Gesetzgebung des Bundes haben die Länder die Befugnis zur Gesetzgebung nur, wenn und soweit sie hierzu in einem Bundesgesetze ausdrücklich ermächtigt werden.

Artikel 72 (Konkurrierende Gesetzgebung)

(1) Im Bereich der konkurrierenden Gesetzgebung haben die Länder die Befugnis zur Gesetzgebung, solange und soweit der Bund von seiner Gesetzgebungszuständigkeit nicht durch Gesetz Gebrauch gemacht hat.

(2) Auf den Gebieten des Artikels 74 Abs. 1 Nr. 4, 7, 11, 13, 15, 19a, 20, 22, 25 und 26 hat der Bund das Gesetzgebungsrecht, wenn und soweit die Herstellung gleichwertiger Lebensverhältnisse im Bundesgebiet oder die Wahrung der Rechts- oder Wirtschaftseinheit im gesamtstaatlichen Interesse eine bundesgesetzliche Regelung erforderlich macht.

(3) Hat der Bund von seiner Gesetzgebungszuständigkeit Gebrauch gemacht, können die Länder durch Gesetz hiervon abweichende Regelungen treffen über:

1. das Jagdwesen (ohne das Recht der Jagdscheine);
2. den Naturschutz und die Landschaftspflege (ohne die allgemeinen Grundsätze des Naturschutzes, das Recht des Artenschutzes oder des Meeresnaturschutzes);
3. die Bodenverteilung;
4. die Raumordnung;
5. den Wasserhaushalt (ohne stoff- oder anlagenbezogene Regelungen);
6. die Hochschulzulassung und die Hochschulabschlüsse;
7. die Grundsteuer.

Bundesgesetze auf diesen Gebieten treten frühestens sechs Monate nach ihrer Verkündung in Kraft, soweit nicht mit Zustimmung des Bundesrates anderes bestimmt ist. Auf den Gebieten des Satzes 1 geht im Verhältnis von Bundes- und Landesrecht das jeweils spätere Gesetz vor.

(4) Durch Bundesgesetz kann bestimmt werden, daß eine bundesgesetzliche Regelung, für die eine Erforderlichkeit im Sinne des Absatzes 2 nicht mehr besteht, durch Landesrecht ersetzt werden kann.

Artikel 73 (Sachgebiete der ausschließlichen Gesetzgebung)

(1) Der Bund hat die ausschließliche Gesetzgebung über:

1. die auswärtigen Angelegenheiten sowie die Verteidigung einschließlich des Schutzes der Zivilbevölkerung;
2. die Staatsangehörigkeit im Bunde;
3. die Freizügigkeit, das Passwesen, das Melde- und Ausweiswesen, die Ein- und Auswanderung und die Auslieferung;
4. das Währungs-, Geld- und Münzwesen, Maße und Gewichte sowie die Zeitbestimmung;
5. die Einheit des Zoll- und Handelsgebietes, die Handels- und Schiffahrtsverträge, die Freizügigkeit des Warenverkehrs und den Waren- und Zahlungsverkehr mit dem Auslande einschließlich des Zoll- und Grenzschutzes;
5a. den Schutz deutschen Kulturgutes gegen Abwanderung ins Ausland;
6. den Luftverkehr;
6a. den Verkehr von Eisenbahnen, die ganz oder mehrheitlich im Eigentum des Bundes stehen (Eisenbahnen des Bundes), den Bau, die Unterhaltung und das Betreiben von Schienenwegen der Eisenbahnen des Bundes sowie die Erhebung von Entgelten für die Benutzung dieser Schienenwege;
7. das Postwesen und die Telekommunikation;
8. die Rechtsverhältnisse der im Dienste des Bundes und der bundesunmittelbaren Körperschaften des öffentlichen Rechtes stehenden Personen;
9. den gewerblichen Rechtsschutz, das Urheberrecht und das Verlagsrecht;
9a. die Abwehr von Gefahren des internationalen Terrorismus durch das Bundeskriminalpolizeiamt in Fällen, in denen eine länderübergreifende Gefahr vorliegt, die Zuständigkeit einer Landespolizeibehörde nicht erkennbar ist oder die oberste Landesbehörde um eine Übernahme ersucht;

10. die Zusammenarbeit des Bundes und der Länder
    a) in der Kriminalpolizei,
    b) zum Schutze der freiheitlichen demokratischen Grundordnung, des Bestandes und der Sicherheit des Bundes oder eines Landes (Verfassungsschutz) und
    c) zum Schutze gegen Bestrebungen im Bundesgebiet, die durch Anwendung von Gewalt oder darauf gerichtete Vorbereitungshandlungen auswärtige Belange der Bundesrepublik Deutschland gefährden,

    sowie die Einrichtung eines Bundeskriminalpolizeiamtes und die internationale Verbrechensbekämpfung;
11. die Statistik für Bundeszwecke;
12. das Waffen- und das Sprengstoffrecht;
13. die Versorgung der Kriegsbeschädigten und Kriegshinterbliebenen und die Fürsorge für die ehemaligen Kriegsgefangenen;
14. die Erzeugung und Nutzung der Kernenergie zu friedlichen Zwecken, die Errichtung und den Betrieb von Anlagen, die diesen Zwecken dienen, den Schutz gegen Gefahren, die bei Freiwerden von Kernenergie oder durch ionisierende Strahlen entstehen, und die Beseitigung radioaktiver Stoffe.

(2) Gesetze nach Absatz 1 Nr. 9a bedürfen der Zustimmung des Bundesrates.

Artikel 74 (Sachgebiete der konkurrierenden Gesetzgebung)

(1) Die konkurrierende Gesetzgebung erstreckt sich auf folgende Gebiete:

1. das bürgerliche Recht, das Strafrecht, die Gerichtsverfassung, das gerichtliche Verfahren (ohne das Recht des Untersuchungshaftvollzugs), die Rechtsanwaltschaft, das Notariat und die Rechtsberatung;
2. das Personenstandswesen;
3. das Vereinsrecht;
4. das Aufenthalts- und Niederlassungsrecht der Ausländer;
5. (weggefallen)
6. die Angelegenheiten der Flüchtlinge und Vertriebenen;
7. die öffentliche Fürsorge (ohne das Heimrecht);
8. (weggefallen)
9. die Kriegsschäden und die Wiedergutmachung;
10. die Kriegsgräber und Gräber anderer Opfer des Krieges und Opfer von Gewaltherrschaft;
11. das Recht der Wirtschaft (Bergbau, Industrie, Energiewirtschaft, Handwerk, Gewerbe, Handel, Bank- und Börsenwesen, privatrechtliches Versicherungswesen) ohne das Recht des Ladenschlusses, der Gaststätten, der Spielhallen, der Schaustellung von Personen, der Messen, der Ausstellungen und der Märkte;
12. das Arbeitsrecht einschließlich der Betriebsverfassung, des Arbeitsschutzes und der Arbeitsvermittlung sowie die Sozialversicherung einschließlich der Arbeitslosenversicherung;
13. die Regelung der Ausbildungsbeihilfen und die Förderung der wissenschaftlichen Forschung;
14. das Recht der Enteignung, soweit sie auf den Sachgebieten der Artikel 73 und 74 in Betracht kommt;
15. die Überführung von Grund und Boden, von Naturschätzen und Produktionsmitteln in Gemeineigentum oder in andere Formen der Gemeinwirtschaft;
16. die Verhütung des Mißbrauchs wirtschaftlicher Machtstellung;
17. die Förderung der land- und forstwirtschaftlichen Erzeugung (ohne das Recht der Flurbereinigung), die Sicherung der Ernährung, die Ein- und Ausfuhr land- und forstwirtschaftlicher Erzeugnisse, die Hochsee- und Küstenfischerei und den Küstenschutz;
18. den städtebaulichen Grundstücksverkehr, das Bodenrecht (ohne das Recht

der Erschließungsbeiträge) und das Wohngeldrecht, das Altschuldenhilferecht, das Wohnungsbauprämienrecht, das Bergarbeiterwohnungsbaurecht und das Bergmannssiedlungsrecht;

19. Maßnahmen gegen gemeingefährliche oder übertragbare Krankheiten bei Menschen und Tieren, Zulassung zu ärztlichen und anderen Heilberufen und zum Heilgewerbe, sowie das Recht des Apothekenwesens, der Arzneien, der Medizinprodukte, der Heilmittel, der Betäubungsmittel und der Gifte;

19a. die wirtschaftliche Sicherung der Krankenhäuser und die Regelung der Krankenhauspflegesätze;

20. das Recht der Lebensmittel einschließlich der ihrer Gewinnung dienenden Tiere, das Recht der Genussmittel, Bedarfsgegenstände und Futtermittel sowie den Schutz beim Verkehr mit land- und forstwirtschaftlichem Saat- und Pflanzgut, den Schutz der Pflanzen gegen Krankheiten und Schädlinge sowie den Tierschutz;

21. die Hochsee- und Küstenschiffahrt sowie die Seezeichen, die Binnenschiffahrt, den Wetterdienst, die Seewasserstraßen und die dem allgemeinen Verkehr dienenden Binnenwasserstraßen;

22. den Straßenverkehr, das Kraftfahrwesen, den Bau und die Unterhaltung von Landstraßen für den Fernverkehr sowie die Erhebung und Verteilung von Gebühren oder Entgelten für die Benutzung öffentlicher Straßen mit Fahrzeugen;

23. die Schienenbahnen, die nicht Eisenbahnen des Bundes sind, mit Ausnahme der Bergbahnen;

24. die Abfallwirtschaft, die Luftreinhaltung und die Lärmbekämpfung (ohne Schutz vor verhaltensbezogenem Lärm);

25. die Staatshaftung;

26. die medizinisch unterstützte Erzeugung menschlichen Lebens, die Untersuchung und die künstliche Veränderung von Erbinformationen sowie Regelungen zur Transplantation von Organen, Geweben und Zellen;

27. die Statusrechte und -pflichten der Beamten der Länder, Gemeinden und anderen Körperschaften des öffentlichen Rechts sowie der Richter in den Ländern mit Ausnahme der Laufbahnen, Besoldung und Versorgung;

28. das Jagdwesen;

29. den Naturschutz und die Landschaftspflege;

30. die Bodenverteilung;

31. die Raumordnung;

32. den Wasserhaushalt;

33. die Hochschulzulassung und die Hochschulabschlüsse.

(2) Gesetze nach Absatz 1 Nr. 25 und 27 bedürfen der Zustimmung des Bundesrates.

Artikel 75 (weggefallen)

Artikel 76 (Gesetzesvorlagen)

(1) Gesetzesvorlagen werden beim Bundestage durch die Bundesregierung, aus der Mitte des Bundestages oder durch den Bundesrat eingebracht.

(2) Vorlagen der Bundesregierung sind zunächst dem Bundesrat zuzuleiten. Der Bundesrat ist berechtigt, innerhalb von sechs Wochen zu diesen Vorlagen Stellung zu nehmen. Verlangt er aus wichtigem Grunde, insbesondere mit Rücksicht auf den Umfang einer Vorlage, eine Fristverlängerung, so beträgt die Frist neun Wochen. Die Bundesregierung kann eine Vorlage, die sie bei der Zuleitung an den Bundesrat ausnahmsweise als besonders eilbedürftig bezeichnet hat, nach drei Wochen oder, wenn der Bundesrat ein Verlangen nach Satz 3 geäußert hat, nach sechs Wochen dem Bundestag zuleiten, auch wenn die Stellungnahme des Bundesrates noch nicht bei ihr eingegangen ist; sie hat die Stellungnahme des Bundesrates unverzüglich nach Eingang dem Bundestag nachzureichen. Bei Vorlagen zur Änderung dieses Grundgesetzes und zur Übertragung von Hoheitsrechten nach Artikel 23 oder Artikel 24 beträgt die Frist zur Stellungnahme neun Wochen; Satz 4 findet keine Anwendung.

(3) Vorlagen des Bundesrates sind dem Bundestag durch die Bundesregierung innerhalb von sechs Wochen zuzuleiten. Sie soll hierbei ihre Auffassung darlegen. Verlangt sie aus wichtigem Grunde, insbesondere mit Rücksicht auf den Umfang einer Vorlage, eine Fristverlängerung, so beträgt die Frist neun Wochen. Wenn der Bundesrat eine Vorlage ausnahmsweise als besonders eilbedürftig bezeichnet hat, beträgt die Frist drei Wochen oder, wenn die Bundesregierung ein Verlangen nach Satz 3 geäußert hat, sechs Wochen. Bei Vorlagen zur Änderung dieses Grundgesetzes und zur Übertragung von Hoheitsrechten nach Artikel 23 oder Artikel 24 beträgt die Frist neun Wochen; Satz 4 findet keine Anwendung. Der Bundestag hat über die Vorlagen in angemessener Frist zu beraten und Beschluß zu fassen.

Artikel 77 (Gesetzgebungsverfahren)

(1) Die Bundesgesetze werden vom Bundestage beschlossen. Sie sind nach ihrer Annahme durch den Präsidenten des Bundestages unverzüglich dem Bundesrate zuzuleiten.

(2) Der Bundesrat kann binnen drei Wochen nach Eingang des Gesetzesbeschlusses verlangen, daß ein aus Mitgliedern des Bundestages und des Bundesrates für die gemeinsame Beratung von Vorlagen gebildeter Ausschuß einberufen wird. Die Zusammensetzung und das Verfahren dieses Ausschusses regelt eine Geschäftsordnung, die vom Bundestag beschlossen wird und der Zustimmung des Bundesrates bedarf. Die in diesen Ausschuß entsandten Mitglieder des Bundesrates sind nicht an Weisungen gebunden. Ist zu einem Gesetz die Zustimmung des Bundesrates erforderlich, so können auch der Bundestag und die Bundesregierung die Einberufung verlangen. Schlägt der Ausschuß eine Änderung des Gesetzesbeschlusses vor, so hat der Bundestag erneut Beschluß zu fassen.

(2a) Soweit zu einem Gesetz die Zustimmung des Bundesrates erforderlich ist, hat der Bundesrat, wenn ein Verlangen nach Absatz 2 Satz 1 nicht gestellt oder das Vermittlungsverfahren ohne einen Vorschlag zur Änderung des Gesetzesbeschlusses beendet ist, in angemessener Frist über die Zustimmung Beschluß zu fassen.

(3) Soweit zu einem Gesetze die Zustimmung des Bundesrates nicht erforderlich ist, kann der Bundesrat, wenn das Verfahren nach Abs. 2 beendigt ist, gegen ein vom Bundestage beschlossenes Gesetz binnen zwei Wochen Einspruch einlegen. Die Einspruchsfrist beginnt im Falle des Absatzes 2 letzter Satz mit dem Eingange des vom Bundestage erneut gefaßten Beschlusses, in allen anderen Fällen mit dem Eingange der Mitteilung des Vorsitzenden des in Absatz 2 vorgesehenen Ausschusses, daß das Verfahren vor dem Ausschusse abgeschlossen ist.

(4) Wird der Einspruch mit der Mehrheit der Stimmen des Bundesrates beschlossen, so kann er durch Beschluß der Mehrheit der Mitglieder des Bundestages zurückgewiesen werden. Hat der Bundesrat den Einspruch mit einer Mehrheit von mindestens zwei Dritteln seiner Stimmen beschlossen, so bedarf die Zurückweisung durch den Bundestag einer Mehrheit von zwei Dritteln, mindestens der Mehrheit der Mitglieder des Bundestages.

Artikel 78 (Zustandekommen der Gesetze)

Ein vom Bundestage beschlossenes Gesetz kommt zustande, wenn der Bundesrat zustimmt, den Antrag gemäß Artikel 77 Abs. 2 nicht stellt, innerhalb der Frist des Artikels 77 Abs. 3 keinen Einspruch einlegt oder ihn zurücknimmt oder wenn der Einspruch vom Bundestage überstimmt wird.

Artikel 79 (Änderung des Grundgesetzes)

(1) Das Grundgesetz kann nur durch ein Gesetz geändert werden, das den Wortlaut des Grundgesetzes ausdrücklich ändert oder ergänzt. Bei völkerrechtlichen Verträgen, die eine Friedensregelung, die Vorbereitung einer Friedensregelung oder den Abbau einer besatzungsrechtlichen Ordnung zum Gegenstand haben oder der Verteidigung der Bundesrepublik zu dienen bestimmt sind, genügt zur Klarstellung, daß die Bestimmungen des Grundgesetzes dem Abschluß und dem In-

kraftsetzen der Verträge nicht entgegenstehen, eine Ergänzung des Wortlautes des Grundgesetzes, die sich auf diese Klarstellung beschränkt.

(2) Ein solches Gesetz bedarf der Zustimmung von zwei Dritteln der Mitglieder des Bundestages und zwei Dritteln der Stimmen des Bundesrates.

(3) Eine Änderung dieses Grundgesetzes, durch welche die Gliederung des Bundes in Länder, die grundsätzliche Mitwirkung der Länder bei der Gesetzgebung oder die in den Artikeln 1 und 20 niedergelegten Grundsätze berührt werden, ist unzulässig.

Artikel 80 (Erlass von Rechtsverordnungen)

(1) Durch Gesetz können die Bundesregierung, ein Bundesminister oder die Landesregierungen ermächtigt werden, Rechtsverordnungen zu erlassen. Dabei müssen Inhalt, Zweck und Ausmaß der erteilten Ermächtigung im Gesetze bestimmt werden. Die Rechtsgrundlage ist in der Verordnung anzugeben. Ist durch Gesetz vorgesehen, daß eine Ermächtigung weiter übertragen werden kann, so bedarf es zur Übertragung der Ermächtigung einer Rechtsverordnung.

(2) Der Zustimmung des Bundesrates bedürfen, vorbehaltlich anderweitiger bundesgesetzlicher Regelung, Rechtsverordnungen der Bundesregierung oder eines Bundesministers über Grundsätze und Gebühren für die Benutzung der Einrichtungen des Postwesens und der Telekommunikation, über die Grundsätze der Erhebung des Entgelts für die Benutzung der Einrichtungen der Eisenbahnen des Bundes, über den Bau und Betrieb der Eisenbahnen, sowie Rechtsverordnungen auf Grund von Bundesgesetzen, die der Zustimmung des Bundesrates bedürfen oder die von den Ländern im Auftrage des Bundes oder als eigene Angelegenheit ausgeführt werden.

(3) Der Bundesrat kann der Bundesregierung Vorlagen für den Erlaß von Rechtsverordnungen zuleiten, die seiner Zustimmung bedürfen.

(4) Soweit durch Bundesgesetz oder auf Grund von Bundesgesetzen Landesregierungen ermächtigt werden, Rechtsverordnungen zu erlassen, sind die Länder zu einer Regelung auch durch Gesetz befugt.

Artikel 80a (Verteidigungsfall, Spannungsfall)

(1) Ist in diesem Grundgesetz oder in einem Bundesgesetz über die Verteidigung einschließlich des Schutzes der Zivilbevölkerung bestimmt, daß Rechtsvorschriften nur nach Maßgabe dieses Artikels angewandt werden dürfen, so ist die Anwendung außer im Verteidigungsfalle nur zulässig, wenn der Bundestag den Eintritt des Spannungsfalles festgestellt oder wenn er der Anwendung besonders zugestimmt hat. Die Feststellung des Spannungsfalles und die besondere Zustimmung in den Fällen des Artikels 12a Abs. 5 Satz 1 und Abs. 6 Satz 2 bedürfen einer Mehrheit von zwei Dritteln der abgegebenen Stimmen.

(2) Maßnahmen auf Grund von Rechtsvorschriften nach Absatz 1 sind aufzuheben, wenn der Bundestag es verlangt.

(3) Abweichend von Absatz 1 ist die Anwendung solcher Rechtsvorschriften auch auf der Grundlage und nach Maßgabe eines Beschlusses zulässig, der von einem internationalen Organ im Rahmen eines Bündnisvertrages mit Zustimmung der Bundesregierung gefaßt wird. Maßnahmen nach diesem Absatz sind aufzuheben, wenn der Bundestag es mit der Mehrheit seiner Mitglieder verlangt.

Artikel 81 (Gesetzgebungsnotstand)

(1) Wird im Falle des Artikels 68 der Bundestag nicht aufgelöst, so kann der Bundespräsident auf Antrag der Bundesregierung mit Zustimmung des Bundesrates für eine Gesetzesvorlage den Gesetzgebungsnotstand erklären, wenn der Bundestag sie ablehnt, obwohl die Bundesregierung sie als dringlich bezeichnet hat. Das gleiche gilt, wenn eine Gesetzesvorlage abgelehnt worden ist, obwohl der Bundeskanzler mit ihr den Antrag des Artikels 68 verbunden hatte.

(2) Lehnt der Bundestag die Gesetzesvorlage nach Erklärung des Gesetzgebungsnotstandes erneut ab oder nimmt er sie in einer für die Bundesregierung als unannehmbar bezeichneten Fassung an, so gilt das Gesetz als

zustande gekommen, soweit der Bundesrat ihm zustimmt. Das gleiche gilt, wenn die Vorlage vom Bundestage nicht innerhalb von vier Wochen nach der erneuten Einbringung verabschiedet wird.

(3) Während der Amtszeit eines Bundeskanzlers kann auch jede andere vom Bundestage abgelehnte Gesetzesvorlage innerhalb einer Frist von sechs Monaten nach der ersten Erklärung des Gesetzgebungsnotstandes gemäß Absatz 1 und 2 verabschiedet werden. Nach Ablauf der Frist ist während der Amtszeit des gleichen Bundeskanzlers eine weitere Erklärung des Gesetzgebungsnotstandes unzulässig.

(4) Das Grundgesetz darf durch ein Gesetz, das nach Absatz 2 zustande kommt, weder geändert noch ganz oder teilweise außer Kraft oder außer Anwendung gesetzt werden.

Artikel 82 (Verkündung, In-Kraft-Treten)
(1) Die nach den Vorschriften dieses Grundgesetzes zustande gekommenen Gesetze werden vom Bundespräsidenten nach Gegenzeichnung ausgefertigt und im Bundesgesetzblatt verkündet. Das Bundesgesetzblatt kann in elektronischer Form geführt werden. Rechtsverordnungen werden von der Stelle, die sie erlässt, ausgefertigt. Das Nähere zur Verkündung und zur Form von Gegenzeichnung und Ausfertigung von Gesetzen und Rechtsverordnungen regelt ein Bundesgesetz.

(2) Jedes Gesetz und jede Rechtsverordnung soll den Tag des Inkrafttretens bestimmen. Fehlt eine solche Bestimmung, so treten sie mit dem 14. Tage nach Ablauf des Tages in Kraft, an dem das Bundesgesetzblatt ausgegeben worden ist.

VIII. Die Ausführung der Bundesgesetze und die Bundesverwaltung

Artikel 83 (Grundsatz: landeseigene Verwaltung)
Die Länder führen die Bundesgesetze als eigene Angelegenheit aus, soweit dieses Grundgesetz nichts anderes bestimmt oder zuläßt.

Artikel 84 (Bundesaufsicht bei landeseigener Verwaltung)
(1) Führen die Länder die Bundesgesetze als eigene Angelegenheit aus, so regeln sie die Einrichtung der Behörden und das Verwaltungsverfahren. Wenn Bundesgesetze etwas anderes bestimmen, können die Länder davon abweichende Regelungen treffen. Hat ein Land eine abweichende Regelung nach Satz 2 getroffen, treten in diesem Land hierauf bezogene spätere bundesgesetzliche Regelungen der Einrichtung der Behörden und des Verwaltungsverfahrens frühestens sechs Monate nach ihrer Verkündung in Kraft, soweit nicht mit Zustimmung des Bundesrates anderes bestimmt ist. Artikel 72 Abs. 3 Satz 3 gilt entsprechend. In Ausnahmefällen kann der Bund wegen eines besonderen Bedürfnisses nach bundeseinheitlicher Regelung das Verwaltungsverfahren ohne Abweichungsmöglichkeit für die Länder regeln. Diese Gesetze bedürfen der Zustimmung des Bundesrates. Durch Bundesgesetz dürfen Gemeinden und Gemeindeverbänden Aufgaben nicht übertragen werden.

(2) Die Bundesregierung kann mit Zustimmung des Bundesrates allgemeine Verwaltungsvorschriften erlassen.

(3) Die Bundesregierung übt die Aufsicht darüber aus, daß die Länder die Bundesgesetze dem geltenden Rechte gemäß ausführen. Die Bundesregierung kann zu diesem Zwecke Beauftragte zu den obersten Landesbehörden entsenden, mit deren Zustimmung und, falls diese Zustimmung versagt wird, mit Zustimmung des Bundesrates auch zu den nachgeordneten Behörden.

(4) Werden Mängel, die die Bundesregierung bei der Ausführung der Bundesgesetze in den Ländern festgestellt hat, nicht beseitigt, so beschließt auf Antrag der Bundesregierung oder des Landes der Bundesrat, ob das Land das Recht verletzt hat. Gegen den Beschluß des Bundesrates kann das Bundesverfassungsgericht angerufen werden.

(5) Der Bundesregierung kann durch Bundesgesetz, das der Zustimmung des Bundesrates bedarf, zur Ausführung von Bundesgesetzen die Befugnis verliehen werden, für besondere Fälle Einzelweisungen zu erteilen. Sie sind,

außer wenn die Bundesregierung den Fall für dringlich erachtet, an die obersten Landesbehörden zu richten.

Artikel 85 (Landesverwaltung im Bundesauftrag)

(1) Führen die Länder die Bundesgesetze im Auftrage des Bundes aus, so bleibt die Einrichtung der Behörden Angelegenheit der Länder, soweit nicht Bundesgesetze mit Zustimmung des Bundesrates etwas anderes bestimmen. Durch Bundesgesetz dürfen Gemeinden und Gemeindeverbänden Aufgaben nicht übertragen werden.

(2) Die Bundesregierung kann mit Zustimmung des Bundesrates allgemeine Verwaltungsvorschriften erlassen. Sie kann die einheitliche Ausbildung der Beamten und Angestellten regeln. Die Leiter der Mittelbehörden sind mit ihrem Einvernehmen zu bestellen.

(3) Die Landesbehörden unterstehen den Weisungen der zuständigen obersten Bundesbehörden. Die Weisungen sind, außer wenn die Bundesregierung es für dringlich erachtet, an die obersten Landesbehörden zu richten. Der Vollzug der Weisung ist durch die obersten Landesbehörden sicherzustellen.

(4) Die Bundesaufsicht erstreckt sich auf Gesetzmäßigkeit und Zweckmäßigkeit der Ausführung. Die Bundesregierung kann zu diesem Zwecke Bericht und Vorlage der Akten verlangen und Beauftragte zu allen Behörden entsenden.

Artikel 86 (Bundeseigene Verwaltung)

Führt der Bund die Gesetze durch bundeseigene Verwaltung oder durch bundesunmittelbare Körperschaften oder Anstalten des öffentlichen Rechtes aus, so erlässt die Bundesregierung, soweit nicht das Gesetz Besonderes vorschreibt, die allgemeinen Verwaltungsvorschriften. Sie regelt, soweit das Gesetz nichts anderes bestimmt, die Einrichtung der Behörden.

Artikel 87 (Gegenstände der Bundeseigenverwaltung)

(1) In bundeseigener Verwaltung mit eigenem Verwaltungsunterbau werden geführt der Auswärtige Dienst, die Bundesfinanzverwaltung und nach Maßgabe des Artikels 89 die Verwaltung der Bundeswasserstraßen und der Schiffahrt. Durch Bundesgesetz können Bundesgrenzschutzbehörden, Zentralstellen für das polizeiliche Auskunfts- und Nachrichtenwesen, für die Kriminalpolizei und zur Sammlung von Unterlagen für Zwecke des Verfassungsschutzes und des Schutzes gegen Bestrebungen im Bundesgebiet, die durch Anwendung von Gewalt oder darauf gerichtete Vorbereitungshandlungen auswärtige Belange der Bundesrepublik Deutschland gefährden, eingerichtet werden.

(2) Als bundesunmittelbare Körperschaften des öffentlichen Rechtes werden diejenigen sozialen Versicherungsträger geführt, deren Zuständigkeitsbereich sich über das Gebiet eines Landes hinaus erstreckt. Soziale Versicherungsträger, deren Zuständigkeitsbereich sich über das Gebiet eines Landes, aber nicht über mehr als drei Länder hinaus erstreckt, werden abweichend von Satz 1 als landesunmittelbare Körperschaften des öffentlichen Rechtes geführt, wenn das aufsichtsführende Land durch die beteiligten Länder bestimmt ist.

(3) Außerdem können für Angelegenheiten, für die dem Bunde die Gesetzgebung zusteht, selbständige Bundesoberbehörden und neue bundesunmittelbare Körperschaften und Anstalten des öffentlichen Rechtes durch Bundesgesetz errichtet werden. Erwachsen dem Bunde auf Gebieten, für die ihm die Gesetzgebung zusteht, neue Aufgaben, so können bei dringendem Bedarf bundeseigene Mittel- und Unterbehörden mit Zustimmung des Bundesrates und der Mehrheit der Mitglieder des Bundestages errichtet werden.

Artikel 87a (Streitkräfte und ihr Einsatz)

(1) Der Bund stellt Streitkräfte zur Verteidigung auf. Ihre zahlenmäßige Stärke und die Grundzüge ihrer Organisation müssen sich aus dem Haushaltsplan ergeben.

(1a) Zur Stärkung der Bündnis- und Verteidigungsfähigkeit kann der Bund ein Sondervermögen für die Bundeswehr mit eigener Kreditermächtigung in Höhe von einmalig bis zu 100 Milliarden Euro errichten. Auf die Kreditermächtigung sind Artikel 109 Absatz 3 und

Artikel 115 Absatz 2 nicht anzuwenden. Das Nähere regelt ein Bundesgesetz.

(2) Außer zur Verteidigung dürfen die Streitkräfte nur eingesetzt werden, soweit dieses Grundgesetz es ausdrücklich zuläßt.

(3) Die Streitkräfte haben im Verteidigungsfalle und im Spannungsfalle die Befugnis, zivile Objekte zu schützen und Aufgaben der Verkehrsregelung wahrzunehmen, soweit dies zur Erfüllung ihres Verteidigungsauftrages erforderlich ist. Außerdem kann den Streitkräften im Verteidigungsfalle und im Spannungsfalle der Schutz ziviler Objekte auch zur Unterstützung polizeilicher Maßnahmen übertragen werden; die Streitkräfte wirken dabei mit den zuständigen Behörden zusammen.

(4) Zur Abwehr einer drohenden Gefahr für den Bestand oder die freiheitliche demokratische Grundordnung des Bundes oder eines Landes kann die Bundesregierung, wenn die Voraussetzungen des Artikels 91 Abs. 2 vorliegen und die Polizeikräfte sowie der Bundesgrenzschutz nicht ausreichen, Streitkräfte zur Unterstützung der Polizei und des Bundesgrenzschutzes beim Schutze von zivilen Objekten und bei der Bekämpfung organisierter und militärisch bewaffneter Aufständischer einsetzen. Der Einsatz von Streitkräften ist einzustellen, wenn der Bundestag oder der Bundesrat es verlangen.

Artikel 87b (Bundeswehrverwaltung)

(1) Die Bundeswehrverwaltung wird in bundeseigener Verwaltung mit eigenem Verwaltungsunterbau geführt. Sie dient den Aufgaben des Personalwesens und der unmittelbaren Deckung des Sachbedarfs der Streitkräfte. Aufgaben der Beschädigtenversorgung und des Bauwesens können der Bundeswehrverwaltung nur durch Bundesgesetz, das der Zustimmung des Bundesrates bedarf, übertragen werden. Der Zustimmung des Bundesrates bedarf ferner Gesetze, soweit sie die Bundeswehrverwaltung zu Eingriffen in Rechte Dritter ermächtigen; das gilt nicht für Gesetze auf dem Gebiete des Personalwesens.

(2) Im übrigen können Bundesgesetze, die der Verteidigung einschließlich des Wehrersatzwesens und des Schutzes der Zivilbevölkerung dienen, mit Zustimmung des Bundesrates bestimmen, daß sie ganz oder teilweise in bundeseigener Verwaltung mit eigenem Verwaltungsunterbau oder von den Ländern im Auftrage des Bundes ausgeführt werden. Werden solche Gesetze von den Ländern im Auftrage des Bundes ausgeführt, so können sie mit Zustimmung des Bundesrates bestimmen, daß die der Bundesregierung und den zuständigen obersten Bundesbehörden auf Grund des Artikels 85 zustehenden Befugnisse ganz oder teilweise Bundesoberbehörden übertragen werden; dabei kann bestimmt werden, daß diese Behörden beim Erlaß allgemeiner Verwaltungsvorschriften gemäß Artikel 85 Abs. 2 Satz 1 nicht der Zustimmung des Bundesrates bedürfen.

Artikel 87c (Auftragsverwaltung im Kernenergiebereich)

Gesetze, die auf Grund des Artikels 73 Abs. 1 Nr. 14 ergehen, können mit Zustimmung des Bundesrates bestimmen, daß sie von den Ländern im Auftrag des Bundes ausgeführt werden.

Artikel 87d (Luftverkehrsverwaltung)

(1) Die Luftverkehrsverwaltung wird in Bundesverwaltung geführt. Aufgaben der Flugsicherung können auch durch ausländische Flugsicherungsorganisationen wahrgenommen werden, die nach Recht der Europäischen Gemeinschaft zugelassen sind. Das Nähere regelt ein Bundesgesetz.

(2) Durch Bundesgesetz, das der Zustimmung des Bundesrates bedarf, können Aufgaben der Luftverkehrsverwaltung den Ländern als Auftragsverwaltung übertragen werden.

Artikel 87e (Eisenbahnverkehrsverwaltung)

(1) Die Eisenbahnverkehrsverwaltung für Eisenbahnen des Bundes wird in bundeseigener Verwaltung geführt. Durch Bundesgesetz können Aufgaben der Eisenbahnverkehrsverwaltung den Ländern als eigene Angelegenheit übertragen werden.

(2) Der Bund nimmt die über den Bereich der Eisenbahnen des Bundes hinausgehenden Aufgaben der Eisenbahnverkehrsverwaltung wahr, die ihm durch Bundesgesetz übertragen werden.

(3) Eisenbahnen des Bundes werden als Wirtschaftsunternehmen in privat-rechtlicher Form geführt. Diese stehen im Eigentum des Bundes, soweit die Tätigkeit des Wirtschaftsunternehmens den Bau, die Unterhaltung und das Betreiben von Schienenwegen umfaßt. Die Veräußerung von Anteilen des Bundes an den Unternehmen nach Satz 2 erfolgt auf Grund eines Gesetzes; die Mehrheit der Anteile an diesen Unternehmen verbleibt beim Bund. Das Nähere wird durch Bundesgesetz geregelt.

(4) Der Bund gewährleistet, daß dem Wohl der Allgemeinheit, insbesondere den Verkehrsbedürfnissen, beim Ausbau und Erhalt des Schienennetzes der Eisenbahnen des Bundes sowie bei deren Verkehrsangeboten auf diesem Schienennetz, soweit diese nicht den Schienenpersonennahverkehr betreffen, Rechnung getragen wird. Das Nähere wird durch Bundesgesetz geregelt.

(5) Gesetze auf Grund der Absätze 1 bis 4 bedürfen der Zustimmung des Bundesrates. Der Zustimmung des Bundesrates bedürfen ferner Gesetze, die die Auflösung, die Verschmelzung und die Aufspaltung von Eisenbahnunternehmen des Bundes, die Übertragung von Schienenwegen der Eisenbahnen des Bundes an Dritte sowie die Stillegung von Schienenwegen der Eisenbahnen des Bundes regeln oder Auswirkungen auf den Schienenpersonennahverkehr haben.

Artikel 87f (Postwesen, Telekommunikation)

(1) Nach Maßgabe eines Bundesgesetzes, das der Zustimmung des Bundesrates bedarf, gewährleistet der Bund im Bereich des Postwesens und der Telekommunikation flächendeckend angemessene und ausreichende Dienstleistungen.

(2) Dienstleistungen im Sinne des Absatzes 1 werden als privatwirtschaftliche Tätigkeiten durch die aus dem Sondervermögen Deutsche Bundespost hervorgegangenen Unternehmen und durch andere private Anbieter erbracht. Hoheitsaufgaben im Bereich des Postwesens und der Telekommunikation werden in bundeseigener Verwaltung ausgeführt.

(3) Unbeschadet des Absatzes 2 Satz 2 führt der Bund in der Rechtsform einer bundesunmittelbaren Anstalt des öffentlichen Rechts einzelne Aufgaben in bezug auf die aus dem Sondervermögen Deutsche Bundespost hervorgegangenen Unternehmen nach Maßgabe eines Bundesgesetzes aus.

Artikel 88 (Bundesbank)

Der Bund errichtet eine Währungs- und Notenbank als Bundesbank. Ihre Aufgaben und Befugnisse können im Rahmen der Europäischen Union der Europäischen Zentralbank übertragen werden, die unabhängig ist und dem vorrangigen Ziel der Sicherung der Preisstabilität verpflichtet.

Artikel 89 (Bundeswasserstraßen)

(1) Der Bund ist Eigentümer der bisherigen Reichswasserstraßen.

(2) Der Bund verwaltet die Bundeswasserstraßen durch eigene Behörden. Er nimmt die über den Bereich eines Landes hinausgehenden staatlichen Aufgaben der Binnenschifffahrt und die Aufgaben der Seeschifffahrt wahr, die ihm durch Gesetz übertragen werden. Er kann die Verwaltung von Bundeswasserstraßen, soweit sie im Gebiete eines Landes liegen, diesem Lande auf Antrag als Auftragsverwaltung übertragen. Berührt eine Wasserstraße das Gebiet mehrerer Länder, so kann der Bund das Land beauftragen, für die beteiligten Länder es beantragen.

(3) Bei der Verwaltung, dem Ausbau und dem Neubau von Wasserstraßen sind die Bedürfnisse der Landeskultur und der Wasserwirtschaft im Einvernehmen mit den Ländern zu wahren.

Artikel 90 (Bundesstraßen)

(1) Der Bund bleibt Eigentümer der Bundesautobahnen und sonstigen Bundesstraßen des Fernverkehrs. Das Eigentum ist unveräußerlich.

(2) Die Verwaltung der Bundesautobahnen wird in Bundesverwaltung geführt. Der Bund kann sich zur Erledigung seiner Aufgaben einer Gesellschaft privaten Rechts bedienen. Diese Gesellschaft steht im unveräußerlichen Eigentum des Bundes. Eine unmittelbare oder mittelbare Beteiligung Dritter an der Gesell-

schaft und deren Tochtergesellschaften ist ausgeschlossen. Eine Beteiligung Privater im Rahmen von Öffentlich-Privaten Partnerschaften ist ausgeschlossen für Streckennetze, die das gesamte Bundesautobahnnetz oder das gesamte Netz sonstiger Bundesfernstraßen in einem Land oder wesentliche Teile davon umfassen. Das Nähere regelt ein Bundesgesetz.

(3) Die Länder oder die nach Landesrecht zuständigen Selbstverwaltungskörperschaften verwalten die sonstigen Bundesstraßen des Fernverkehrs im Auftrage des Bundes.

(4) Auf Antrag eines Landes kann der Bund die sonstigen Bundesstraßen des Fernverkehrs, soweit sie im Gebiet dieses Landes liegen, in Bundesverwaltung übernehmen.

Artikel 91 (Abwehr drohender Gefahr)

(1) Zur Abwehr einer drohenden Gefahr für den Bestand oder die freiheitliche demokratische Grundordnung des Bundes oder eines Landes kann ein Land Polizeikräfte anderer Länder sowie Kräfte und Einrichtungen anderer Verwaltungen und des Bundesgrenzschutzes anfordern.

(2) Ist das Land, in dem die Gefahr droht, nicht selbst zur Bekämpfung der Gefahr bereit oder in der Lage, so kann die Bundesregierung die Polizei in diesem Lande und die Polizeikräfte anderer Länder ihren Weisungen unterstellen sowie Einheiten des Bundesgrenzschutzes einsetzen. Die Anordnung ist nach Beseitigung der Gefahr, im übrigen jederzeit auf Verlangen des Bundesrates aufzuheben. Erstreckt sich die Gefahr auf das Gebiet mehr als eines Landes, so kann die Bundesregierung, soweit es zur wirksamen Bekämpfung erforderlich ist, den Landesregierungen Weisungen erteilen; Satz 1 und Satz 2 bleiben unberührt.

VIIIa. Gemeinschaftsaufgaben, Verwaltungszusammenarbeit

Artikel 91a (Gemeinschaftsaufgaben)

(1) Der Bund wirkt auf folgenden Gebieten bei der Erfüllung von Aufgaben der Länder mit, wenn diese Aufgaben für die Gesamtheit bedeutsam sind und die Mitwirkung des Bundes zur Verbesserung der Lebensverhältnisse erforderlich ist (Gemeinschaftsaufgaben):

1. Verbesserung der regionalen Wirtschaftsstruktur,
2. Verbesserung der Agrarstruktur und des Küstenschutzes.

(2) Durch Bundesgesetz mit Zustimmung des Bundesrates werden die Gemeinschaftsaufgaben sowie Einzelheiten der Koordinierung näher bestimmt.

(3) Der Bund trägt in den Fällen des Absatzes 1 Nr. 1 die Hälfte der Ausgaben in jedem Land. In den Fällen des Absatzes 1 Nr. 2 trägt der Bund mindestens die Hälfte; die Beteiligung ist für alle Länder einheitlich festzusetzen. Das Nähere regelt das Gesetz. Die Bereitstellung der Mittel bleibt der Feststellung in den Haushaltsplänen des Bundes und der Länder vorbehalten.

Artikel 91b (Zusammenwirken von Bund und Ländern)

(1) Bund und Länder können auf Grund von Vereinbarungen in Fällen überregionaler Bedeutung bei der Förderung von Wissenschaft, Forschung und Lehre zusammenwirken. Vereinbarungen, die im Schwerpunkt Hochschulen betreffen, bedürfen der Zustimmung aller Länder. Dies gilt nicht für Vereinbarungen über Forschungsbauten einschließlich Großgeräten.

(2) Bund und Länder können auf Grund von Vereinbarungen zur Feststellung der Leistungsfähigkeit des Bildungswesens im internationalen Vergleich und bei diesbezüglichen Berichten und Empfehlungen zusammenwirken.

(3) Die Kostentragung wird in der Vereinbarung geregelt.

Artikel 91c (Zusammenwirken bei informationstechnischen Systemen)

(1) Bund und Länder können bei der Planung, der Errichtung und dem Betrieb der für ihre Aufgabenerfüllung benötigten informationstechnischen Systeme zusammenwirken.

(2) Bund und Länder können auf Grund von Vereinbarungen die für die Kommunikation

zwischen ihren informationstechnischen Systemen notwendigen Standards und Sicherheitsanforderungen festlegen. Vereinbarungen über die Grundlagen der Zusammenarbeit nach Satz 1 können für einzelne nach Inhalt und Ausmaß bestimmte Aufgaben vorsehen, dass nähere Regelungen bei Zustimmung einer in der Vereinbarung zu bestimmenden qualifizierten Mehrheit für Bund und Länder in Kraft treten. Sie bedürfen der Zustimmung des Bundestages und der Volksvertretungen der beteiligten Länder; das Recht zur Kündigung dieser Vereinbarungen kann nicht ausgeschlossen werden. Die Vereinbarungen regeln auch die Kostentragung.

(3) Die Länder können darüber hinaus den gemeinschaftlichen Betrieb informationstechnischer Systeme sowie die Errichtung von dazu bestimmten Einrichtungen vereinbaren.

(4) Der Bund errichtet zur Verbindung der informationstechnischen Netze des Bundes und der Länder ein Verbindungsnetz. Das Nähere zur Errichtung und zum Betrieb des Verbindungsnetzes regelt ein Bundesgesetz mit Zustimmung des Bundesrates.

(5) Der übergreifende informationstechnische Zugang zu den Verwaltungsleistungen von Bund und Ländern wird durch Bundesgesetz mit Zustimmung des Bundesrates geregelt.

Artikel 91d (Vergleichsstudien)
Bund und Länder können zur Feststellung und Förderung der Leistungsfähigkeit ihrer Verwaltungen Vergleichsstudien durchführen und die Ergebnisse veröffentlichen.

Artikel 91e (Zusammenwirken auf dem Gebiet der Grundsicherung für Arbeitsuchende)

(1) Bei der Ausführung von Bundesgesetzen auf dem Gebiet der Grundsicherung für Arbeitsuchende wirken Bund und Länder oder die nach Landesrecht zuständigen Gemeinden und Gemeindeverbände in der Regel in gemeinsamen Einrichtungen zusammen.

(2) Der Bund kann zulassen, dass eine begrenzte Anzahl von Gemeinden und Gemeindeverbänden auf ihren Antrag und mit Zustimmung der obersten Landesbehörde die Aufgaben nach Absatz 1 allein wahrnimmt. Die notwendigen Ausgaben einschließlich der Verwaltungsausgaben trägt der Bund, soweit die Aufgaben bei einer Ausführung von Gesetzen nach Absatz 1 vom Bund wahrzunehmen sind.

(3) Das Nähere regelt ein Bundesgesetz, das der Zustimmung des Bundesrates bedarf.

IX. Die Rechtsprechung

Artikel 92 (Gerichtsorganisation)
Die rechtsprechende Gewalt ist den Richtern anvertraut; sie wird durch das Bundesverfassungsgericht, durch die in diesem Grundgesetze vorgesehenen Bundesgerichte und durch die Gerichte der Länder ausgeübt.

Artikel 93 (Bundesverfassungsgericht)

(1) Das Bundesverfassungsgericht ist ein allen übrigen Verfassungsorganen gegenüber selbständiger und unabhängiger Gerichtshof des Bundes.

(2) Das Bundesverfassungsgericht besteht aus Bundesrichtern und anderen Mitgliedern; es gliedert sich in zwei Senate. In jeden Senat werden je zur Hälfte vom Bundestag und vom Bundesrat acht Richter gewählt; sie dürfen weder dem Bundestag, dem Bundesrat, der Bundesregierung noch entsprechenden Organen eines Landes angehören. Durch Bundesgesetz nach Absatz 5 kann vorgesehen werden, dass das Wahlrecht vom anderen Wahlorgan ausgeübt werden kann, wenn innerhalb einer zu bestimmenden Frist nach dem Ende der Amtszeit oder dem vorzeitigen Ausscheiden eines Richters eine Wahl seines Nachfolgers nicht zustande kommt.

(3) Die Amtszeit der Mitglieder des Bundesverfassungsgerichts dauert zwölf Jahre, längstens bis zum Ende des Monats, in dem das Mitglied das 68. Lebensjahr vollendet. Nach Ablauf der Amtszeit führen die Richter ihre Amtsgeschäfte bis zur Ernennung des Nachfolgers fort. Eine anschließende oder spätere Wiederwahl ist ausgeschlossen.

(4) Das Bundesverfassungsgericht gibt sich eine Geschäftsordnung, die das Plenum beschließt.

(5) Ein Bundesgesetz regelt die Verfassung und das Verfahren des Bundesverfassungsgerichts. Es kann für Verfassungsbeschwerden die vorherige Erschöpfung des Rechtsweges zur Voraussetzung machen und ein besonderes Annahmeverfahren vorsehen.

Artikel 94 (Zuständigkeit des Bundesverfassungsgerichts)

(1) Das Bundesverfassungsgericht entscheidet:

1. über die Auslegung dieses Grundgesetzes aus Anlass von Streitigkeiten über den Umfang der Rechte und Pflichten eines obersten Bundesorgans oder anderer Beteiligter, die durch dieses Grundgesetz oder in der Geschäftsordnung eines obersten Bundesorgans mit eigenen Rechten ausgestattet sind;

2. bei Meinungsverschiedenheiten oder Zweifeln über die förmliche und sachliche Vereinbarkeit von Bundesrecht oder Landesrecht mit diesem Grundgesetz oder die Vereinbarkeit von Landesrecht mit sonstigem Bundesrecht auf Antrag der Bundesregierung, einer Landesregierung oder eines Viertels der Mitglieder des Bundestages;

2a. bei Meinungsverschiedenheiten, ob ein Gesetz den Voraussetzungen des Artikels 72 Absatz 2 entspricht, auf Antrag des Bundesrates, einer Landesregierung oder der Volksvertretung eines Landes;

3. bei Meinungsverschiedenheiten über Rechte und Pflichten des Bundes und der Länder, insbesondere bei der Ausführung von Bundesrecht durch die Länder und bei der Ausübung der Bundesaufsicht;

4. in anderen öffentlich-rechtlichen Streitigkeiten zwischen dem Bund und den Ländern, zwischen verschiedenen Ländern oder innerhalb eines Landes, soweit nicht ein anderer Rechtsweg gegeben ist;

4a. über Verfassungsbeschwerden, die von jedermann mit der Behauptung erhoben werden können, durch die öffentliche Gewalt in einem seiner Grundrechte oder in einem seiner in Artikel 20 Absatz 4, 33, 38, 101, 103 und 104 enthaltenen Rechte verletzt zu sein;

4b. über Verfassungsbeschwerden von Gemeinden und Gemeindeverbänden wegen Verletzung des Rechts auf Selbstverwaltung nach Artikel 28 durch ein Gesetz, bei Landesgesetzen jedoch nur, soweit nicht Beschwerde beim Landesverfassungsgericht erhoben werden kann;

4c. über Beschwerden von Vereinigungen gegen ihre Nichtanerkennung als Partei für die Wahl zum Bundestag;

5. in den übrigen in diesem Grundgesetz vorgesehenen Fällen.

(2) Das Bundesverfassungsgericht entscheidet außerdem auf Antrag des Bundesrates, einer Landesregierung oder der Volksvertretung eines Landes, ob im Falle des Artikels 72 Absatz 4 die Erforderlichkeit für eine bundesgesetzliche Regelung nach Artikel 72 Absatz 2 nicht mehr besteht oder Bundesrecht in den Fällen des Artikels 125a Absatz 2 Satz 1 nicht mehr erlassen werden könnte. Die Feststellung, dass die Erforderlichkeit entfallen ist oder Bundesrecht nicht mehr erlassen werden könnte, ersetzt ein Bundesgesetz nach Artikel 72 Absatz 4 oder nach Artikel 125a Absatz 2 Satz 2. Der Antrag nach Satz 1 ist nur zulässig, wenn eine Gesetzesvorlage nach Artikel 72 Absatz 4 oder nach Artikel 125a Absatz 2 Satz 2 im Bundestag abgelehnt oder über sie nicht innerhalb eines Jahres beraten und Beschluss gefasst oder wenn eine entsprechende Gesetzesvorlage im Bundesrat abgelehnt worden ist.

(3) Das Bundesverfassungsgericht wird ferner in den ihm sonst durch Bundesgesetz zugewiesenen Fällen tätig.

(4) Die Entscheidungen des Bundesverfassungsgerichts binden die Verfassungsorgane des Bundes und der Länder sowie alle Gerichte und Behörden. Ein Bundesgesetz bestimmt, in welchen Fällen seine Entscheidungen Gesetzeskraft haben.

Artikel 95 (Oberste Gerichtshöfe)

(1) Für die Gebiete der ordentlichen, der Verwaltungs-, der Finanz-, der Arbeits- und der Sozialgerichtsbarkeit errichtet der Bund als

oberste Gerichtshöfe den Bundesgerichtshof, das Bundesverwaltungsgericht, den Bundesfinanzhof, das Bundesarbeitsgericht und das Bundessozialgericht.

(2) Über die Berufung der Richter dieser Gerichte entscheidet der für das jeweilige Sachgebiet zuständige Bundesminister gemeinsam mit einem Richterwahlausschuß, der aus den für das jeweilige Sachgebiet zuständigen Ministern der Länder und einer gleichen Anzahl von Mitgliedern besteht, die vom Bundestage gewählt werden.

(3) Zur Wahrung der Einheitlichkeit der Rechtsprechung ist ein Gemeinsamer Senat der in Absatz 1 genannten Gerichte zu bilden. Das Nähere regelt ein Bundesgesetz.

Artikel 96 (Bundesgerichte)

(1) Der Bund kann für Angelegenheiten des gewerblichen Rechtsschutzes ein Bundesgericht errichten.

(2) Der Bund kann Wehrstrafgerichte für die Streitkräfte als Bundesgerichte errichten. Sie können die Strafgerichtsbarkeit nur im Verteidigungsfalle sowie über Angehörige der Streitkräfte ausüben, die in das Ausland entsandt oder an Bord von Kriegsschiffen eingeschifft sind. Das Nähere regelt ein Bundesgesetz. Diese Gerichte gehören zum Geschäftsbereich des Bundesjustizministers. Ihre hauptamtlichen Richter müssen die Befähigung zum Richteramt haben.

(3) Oberster Gerichtshof für die in Absatz 1 und 2 genannten Gerichte ist der Bundesgerichtshof.

(4) Der Bund kann für Personen, die zu ihm in einem öffentlich-rechtlichen Dienstverhältnis stehen, Bundesgerichte zur Entscheidung in Disziplinarverfahren und Beschwerdeverfahren errichten.

(5) Für Strafverfahren auf den folgenden Gebieten kann ein Bundesgesetz mit Zustimmung des Bundesrates vorsehen, daß Gerichte der Länder Gerichtsbarkeit des Bundes ausüben:

1. Völkermord;
2. völkerstrafrechtliche Verbrechen gegen die Menschlichkeit;
3. Kriegsverbrechen;
4. andere Handlungen, die geeignet sind und in der Absicht vorgenommen werden, das friedliche Zusammenleben der Völker zu stören (Artikel 26 Abs. 1);
5. Staatsschutz.

Artikel 97 (Unabhängigkeit der Richter)

(1) Die Richter sind unabhängig und nur dem Gesetze unterworfen.

(2) Die hauptamtlich und planmäßig endgültig angestellten Richter können wider ihren Willen nur kraft richterlicher Entscheidung und nur aus Gründen und unter den Formen, welche die Gesetze bestimmen, vor Ablauf ihrer Amtszeit entlassen oder dauernd oder zeitweise ihres Amtes enthoben oder an eine andere Stelle oder in den Ruhestand versetzt werden. Die Gesetzgebung kann Altersgrenzen festsetzen, bei deren Erreichung auf Lebenszeit angestellte Richter in den Ruhestand treten. Bei Veränderung der Einrichtung der Gerichte oder ihrer Bezirke können Richter an ein anderes Gericht versetzt oder aus dem Amte entfernt werden, jedoch nur unter Belassung des vollen Gehaltes.

Artikel 98 (Rechtsstellung der Richter)

(1) Die Rechtsstellung der Bundesrichter ist durch besonderes Bundesgesetz zu regeln.

(2) Wenn ein Bundesrichter im Amte oder außerhalb des Amtes gegen die Grundsätze des Grundgesetzes oder gegen die verfassungsmäßige Ordnung eines Landes verstößt, so kann das Bundesverfassungsgericht mit Zweidrittelmehrheit auf Antrag des Bundestages anordnen, daß der Richter in ein anderes Amt oder in den Ruhestand zu versetzen ist. Im Falle eines vorsätzlichen Verstoßes kann auf Entlassung erkannt werden.

(3) Die Rechtsstellung der Richter in den Ländern ist durch besondere Landesgesetze zu regeln, soweit Artikel 74 Abs. 1 Nr. 27 nichts anderes bestimmt.

(4) Die Länder können bestimmen, daß über die Anstellung der Richter in den Ländern der Landesjustizminister gemeinsam mit einem Richterwahlausschuß entscheidet.

(5) Die Länder können für Landesrichter eine Absatz 2 entsprechende Regelung treffen. Geltendes Landesverfassungsrecht bleibt unberührt. Die Entscheidung über eine Richteranklage steht dem Bundesverfassungsgericht zu.

Artikel 99 (Verfassungsstreitigkeiten durch Landesgesetz zugewiesen)

Dem Bundesverfassungsgerichte kann durch Landesgesetz die Entscheidung von Verfassungsstreitigkeiten innerhalb eines Landes, den in Artikel 95 Abs. 1 genannten obersten Gerichtshöfen für den letzten Rechtszug die Entscheidung in solchen Sachen zugewiesen werden, bei denen es sich um die Anwendung von Landesrecht handelt.

Artikel 100 (Verfassungsrechtliche Vorentscheidung)

(1) Hält ein Gericht ein Gesetz, auf dessen Gültigkeit es bei der Entscheidung ankommt, für verfassungswidrig, so ist das Verfahren auszusetzen und, wenn es sich um die Verletzung der Verfassung eines Landes handelt, die Entscheidung des für Verfassungsstreitigkeiten zuständigen Gerichtes des Landes, wenn es sich um die Verletzung dieses Grundgesetzes handelt, die Entscheidung des Bundesverfassungsgerichtes einzuholen. Dies gilt auch, wenn es sich um die Verletzung dieses Grundgesetzes durch Landesrecht oder um die Unvereinbarkeit eines Landesgesetzes mit einem Bundesgesetze handelt.

(2) Ist in einem Rechtsstreite zweifelhaft, ob eine Regel des Völkerrechtes Bestandteil des Bundesrechts ist und ob sie unmittelbar Rechte und Pflichten für den einzelnen erzeugt (Artikel 25), so hat das Gericht die Entscheidung des Bundesverfassungsgerichtes einzuholen.

(3) Will das Verfassungsgericht eines Landes bei der Auslegung des Grundgesetzes von einer Entscheidung des Bundesverfassungsgerichtes oder des Verfassungsgerichtes eines anderen Landes abweichen, so hat das Verfassungsgericht die Entscheidung des Bundesverfassungsgerichtes einzuholen.

> **Entscheidung des Bundesverfassungsgerichts vom 6. Dezember 2006 (BGBl. I 2007 S. 33)**
> Aus dem Beschluss des Bundesverfassungsgerichts vom 6. Dezember 2006 – 2 BvM 9/03 – wird die Entscheidungsformel veröffentlicht:
> Eine allgemeine Regel des Völkerrechts, nach der ein lediglich pauschaler Immunitätsverzicht zur Aufhebung des Schutzes der Immunität auch für solches Vermögen genügt, das dem Entsendestaat im Empfangsstaat zur Aufrechterhaltung der Funktionsfähigkeit seiner diplomatischen Mission dient, ist nicht feststellbar.
> Die vorstehende Entscheidungsformel hat gemäß § 31 Abs. 2 des Bundesverfassungsgerichtsgesetzes Gesetzeskraft.

Artikel 101 (Verbot von Ausnahmegerichten)

(1) Ausnahmegerichte sind unzulässig. Niemand darf seinem gesetzlichen Richter entzogen werden.

(2) Gerichte für besondere Sachgebiete können nur durch Gesetz errichtet werden.

Artikel 102 (Abschaffung der Todesstrafe)

Die Todesstrafe ist abgeschafft.

Artikel 103 (Grundrechtsgarantien für das Strafverfahren)

(1) Vor Gericht hat jedermann Anspruch auf rechtliches Gehör.

(2) Eine Tat kann nur bestraft werden, wenn die Strafbarkeit gesetzlich bestimmt war, bevor die Tat begangen wurde.

(3) Niemand darf wegen derselben Tat auf Grund der allgemeinen Strafgesetze mehrmals bestraft werden.

Artikel 104 (Rechtsgarantien bei Freiheitsentziehung)

(1) Die Freiheit der Person kann nur auf Grund eines förmlichen Gesetzes und nur unter Beachtung der darin vorgeschriebenen Formen beschränkt werden. Festgehaltene Personen dürfen weder seelisch noch körperlich mißhandelt werden.

(2) Über die Zulässigkeit und Fortdauer einer Freiheitsentziehung hat nur der Richter zu entscheiden. Bei jeder nicht auf richterlicher Anordnung beruhenden Freiheitsentziehung ist unverzüglich eine richterliche Entscheidung herbeizuführen. Die Polizei darf aus eigener Machtvollkommenheit niemanden länger als bis zum Ende des Tages nach dem Ergreifen in eigenem Gewahrsam halten. Das Nähere ist gesetzlich zu regeln.

(3) Jeder wegen des Verdachtes einer strafbaren Handlung vorläufig Festgenommene ist spätestens am Tage nach der Festnahme dem Richter vorzuführen, der ihm die Gründe der Festnahme mitzuteilen, ihn zu vernehmen und ihm Gelegenheit zu Einwendungen zu geben hat. Der Richter hat unverzüglich entweder einen mit Gründen versehenen schriftlichen Haftbefehl zu erlassen oder die Freilassung anzuordnen.

(4) Von jeder richterlichen Entscheidung über die Anordnung oder Fortdauer einer Freiheitsentziehung ist unverzüglich ein Angehöriger des Festgehaltenen oder eine Person seines Vertrauens zu benachrichtigen.

X. Das Finanzwesen

Artikel 104a (Tragung der Ausgaben)

(1) Der Bund und die Länder tragen gesondert die Ausgaben, die sich aus der Wahrnehmung ihrer Aufgaben ergeben, soweit dieses Grundgesetz nichts anderes bestimmt.

(2) Handeln die Länder im Auftrage des Bundes, trägt der Bund die sich daraus ergebenden Ausgaben.

(3) Bundesgesetze, die Geldleistungen gewähren und von den Ländern ausgeführt werden, können bestimmen, daß die Geldleistungen ganz oder zum Teil vom Bund getragen werden. Bestimmt das Gesetz, daß der Bund die Hälfte der Ausgaben oder mehr trägt, wird es im Auftrage des Bundes durchgeführt. Bei der Gewährung von Leistungen für Unterkunft und Heizung auf dem Gebiet der Grundsicherung für Arbeitsuchende wird das Gesetz im Auftrage des Bundes ausgeführt, wenn der Bund drei Viertel der Ausgaben oder mehr trägt.

(4) Bundesgesetze, die Pflichten der Länder zur Erbringung von Geldleistungen, geldwerten Sachleistungen oder vergleichbaren Dienstleistungen gegenüber Dritten begründen und von den Ländern als eigene Angelegenheit oder nach Absatz 3 Satz 2 im Auftrag des Bundes ausgeführt werden, bedürfen der Zustimmung des Bundesrates, wenn daraus entstehende Ausgaben von den Ländern zu tragen sind.

(5) Der Bund und die Länder tragen die bei ihren Behörden entstehenden Verwaltungsausgaben und haften im Verhältnis zueinander für eine ordnungsmäßige Verwaltung. Das Nähere bestimmt ein Bundesgesetz, das der Zustimmung des Bundesrates bedarf.

(6) Bund und Länder tragen nach der innerstaatlichen Zuständigkeits- und Aufgabenverteilung die Lasten einer Verletzung von supranationalen oder völkerrechtlichen Verpflichtungen Deutschlands. In Fällen länderübergreifender Finanzkorrekturen der Europäischen Union tragen Bund und Länder diese Lasten im Verhältnis 15 zu 85. Die Ländergesamtheit trägt in diesen Fällen solidarisch 35 vom Hundert der Gesamtlasten entsprechend einem allgemeinen Schlüssel; 50 vom Hundert der Gesamtlasten tragen die Länder, die die Lasten verursacht haben, anteilig entsprechend der Höhe der erhaltenen Mittel. Das Nähere regelt ein Bundesgesetz, das der Zustimmung des Bundesrates bedarf.

Artikel 104b (Finanzhilfen für besonders bedeutsame Investitionen)

(1) Der Bund kann, soweit dieses Grundgesetz ihm Gesetzgebungsbefugnisse verleiht, den Ländern Finanzhilfen für besonders bedeutsame Investitionen der Länder und der Gemeinden (Gemeindeverbände) gewähren, die

1. zur Abwehr einer Störung des gesamtwirtschaftlichen Gleichgewichts oder

2. zum Ausgleich unterschiedlicher Wirtschaftskraft im Bundesgebiet oder

3. zur Förderung des wirtschaftlichen Wachstums

erforderlich sind. Abweichend von Satz 1 kann der Bund im Falle von Naturkatastrophen oder außergewöhnlichen Notsituationen, die sich der Kontrolle des Staates entziehen und die staatliche Finanzlage erheblich beeinträchtigen, auch ohne Gesetzgebungsbefugnisse Finanzhilfen gewähren.

(2) Das Nähere, insbesondere die Arten der zu fördernden Investitionen, wird durch Bundesgesetz, das der Zustimmung des Bundesrates bedarf, oder auf Grund des Bundeshaushaltsgesetzes durch Verwaltungsvereinbarung geregelt. Das Bundesgesetz oder die Verwaltungsvereinbarung kann Bestimmungen über die Ausgestaltung der jeweiligen Länderprogramme zur Verwendung der Finanzhilfen vorsehen. Die Festlegung der Kriterien für die Ausgestaltung der Länderprogramme erfolgt im Einvernehmen mit den betroffenen Ländern. Zur Gewährleistung der zweckentsprechenden Mittelverwendung kann die Bundesregierung Bericht und Vorlage der Akten verlangen und Erhebungen bei allen Behörden durchführen. Die Mittel des Bundes werden zusätzlich zu eigenen Mitteln der Länder bereitgestellt. Sie sind befristet zu gewähren und hinsichtlich ihrer Verwendung in regelmäßigen Zeitabständen zu überprüfen. Die Finanzhilfen sind im Zeitablauf mit fallenden Jahresbeträgen zu gestalten.

(3) Bundestag, Bundesregierung und Bundesrat sind auf Verlangen über die Durchführung der Maßnahmen und die erzielten Verbesserungen zu unterrichten.

Artikel 104c (Finanzhilfen)

Der Bund kann den Ländern Finanzhilfen für gesamtstaatlich bedeutsame Investitionen sowie besondere, mit diesen unmittelbar verbundene, befristete Ausgaben der Länder und Gemeinden (Gemeindeverbände) zur Steigerung der Leistungsfähigkeit der kommunalen Bildungsinfrastruktur gewähren. Artikel 104b Absatz 2 Satz 1 bis 3, 5, 6 und Absatz 3 gilt entsprechend. Zur Gewährleistung der zweckentsprechenden Mittelverwendung kann die Bundesregierung Berichte und anlassbezogen die Vorlage von Akten verlangen.

Artikel 104d (Finanzhilfen für sozialen Wohnungsbau)

Der Bund kann den Ländern Finanzhilfen für gesamtstaatlich bedeutsame Investitionen der Länder und Gemeinden (Gemeindeverbände) im Bereich des sozialen Wohnungsbaus gewähren. Artikel 104b Absatz 2 Satz 1 bis 5 sowie Absatz 3 gilt entsprechend.

Artikel 105 (Gesetzgebungszuständigkeit)

(1) Der Bund hat die ausschließliche Gesetzgebung über die Zölle und Finanzmonopole.

(2) Der Bund hat die konkurrierende Gesetzgebung über die Grundsteuer. Er hat die konkurrierende Gesetzgebung über die übrigen Steuern, wenn ihm das Aufkommen dieser Steuern ganz oder zum Teil zusteht oder die Voraussetzungen des Artikels 72 Abs. 2 vorliegen.

(2a) Die Länder haben die Befugnis zur Gesetzgebung über die örtlichen Verbrauch- und Aufwandsteuern, solange und soweit sie nicht bundesgesetzlich geregelten Steuern gleichartig sind. Sie haben die Befugnis zur Bestimmung des Steuersatzes bei der Grunderwerbsteuer.

(3) Bundesgesetze über Steuern, deren Aufkommen den Ländern oder den Gemeinden (Gemeindeverbänden) ganz oder zum Teil zufließt, bedürfen der Zustimmung des Bundesrates.

Artikel 106 (Steuerverteilung)

(1) Der Ertrag der Finanzmonopole und das Aufkommen der folgenden Steuern stehen dem Bund zu:

1. die Zölle,

2. die Verbrauchsteuern, soweit sie nicht nach Absatz 2 den Ländern, nach Absatz 3 Bund und Ländern gemeinsam oder nach Absatz 6 den Gemeinden zustehen,

3. die Straßengüterverkehrsteuer, die Kraftfahrzeugsteuer und sonstige auf motorisierte Verkehrsmittel bezogene Verkehrsteuern,

4. die Kapitalverkehrsteuern, die Versicherungsteuer und die Wechselsteuer,

IX.1 Grundgesetz (GG) — Art. 106

5. die einmaligen Vermögensabgaben und die zur Durchführung des Lastenausgleichs erhobenen Ausgleichsabgaben,
6. die Ergänzungsabgabe zur Einkommensteuer und zur Körperschaftsteuer,
7. Abgaben im Rahmen der Europäischen Gemeinschaften.

(2) Das Aufkommen der folgenden Steuern steht den Ländern zu:
1. die Vermögensteuer,
2. die Erbschaftsteuer,
3. die Verkehrsteuern, soweit sie nicht nach Absatz 1 dem Bund oder nach Absatz 3 Bund und Ländern gemeinsam zustehen,
4. die Biersteuer,
5. die Abgabe von Spielbanken.

(3) Das Aufkommen der Einkommensteuer, der Körperschaftsteuer und der Umsatzsteuer steht dem Bund und den Ländern gemeinsam zu (Gemeinschaftssteuern), soweit das Aufkommen der Einkommensteuer nicht nach Absatz 5 und das Aufkommen der Umsatzsteuer nicht nach Absatz 5a den Gemeinden zugewiesen wird. Am Aufkommen der Einkommensteuer und der Körperschaftsteuer sind der Bund und die Länder je zur Hälfte beteiligt. Die Anteile von Bund und Ländern an der Umsatzsteuer werden durch Bundesgesetz, das der Zustimmung des Bundesrates bedarf, festgesetzt. Bei der Festsetzung ist von folgenden Grundsätzen auszugehen:

1. Im Rahmen der laufenden Einnahmen haben der Bund und die Länder gleichmäßig Anspruch auf Deckung ihrer notwendigen Ausgaben. Dabei ist der Umfang der Ausgaben unter Berücksichtigung einer mehrjährigen Finanzplanung zu ermitteln.
2. Die Deckungsbedürfnisse des Bundes und der Länder sind so aufeinander abzustimmen, daß ein billiger Ausgleich erzielt, eine Überbelastung der Steuerpflichtigen vermieden und die Einheitlichkeit der Lebensverhältnisse im Bundesgebiet gewahrt wird.

Zusätzlich werden in die Festsetzung der Anteile von Bund und Ländern an der Umsatzsteuer Steuermindereinnahmen einbezogen, die den Ländern ab 1. Januar 1996 aus der Berücksichtigung von Kindern im Einkommensteuerrecht entstehen. Das Nähere bestimmt das Bundesgesetz nach Satz 3.

(4) Die Anteile von Bund und Ländern an der Umsatzsteuer sind neu festzusetzen, wenn sich das Verhältnis zwischen den Einnahmen und Ausgaben des Bundes und der Länder wesentlich anders entwickelt; Steuermindereinnahmen, die nach Absatz 3 Satz 5 in die Festsetzung der Umsatzsteueranteile zusätzlich einbezogen werden, bleiben hierbei unberücksichtigt. Werden den Ländern durch Bundesgesetz zusätzliche Ausgaben auferlegt oder Einnahmen entzogen, so kann die Mehrbelastung durch Bundesgesetz, das der Zustimmung des Bundesrates bedarf, auch mit Finanzzuweisungen des Bundes ausgeglichen werden, wenn sie auf einen kurzen Zeitraum begrenzt ist. In dem Gesetz sind die Grundsätze für die Bemessung dieser Finanzzuweisungen und für ihre Verteilung auf die Länder zu bestimmen.

(5) Die Gemeinden erhalten einen Anteil an dem Aufkommen der Einkommensteuer, der von den Ländern an ihre Gemeinden auf der Grundlage der Einkommensteuerleistungen ihrer Einwohner weiterzuleiten ist. Das Nähere bestimmt ein Bundesgesetz, das der Zustimmung des Bundesrates bedarf. Es kann bestimmen, daß die Gemeinden Hebesätze für den Gemeindeanteil festsetzen.

(5a) Die Gemeinden erhalten ab dem 1. Januar 1998 einen Anteil an dem Aufkommen der Umsatzsteuer. Er wird von den Ländern auf der Grundlage eines orts- und wirtschaftsbezogenen Schlüssels an ihre Gemeinden weitergeleitet. Das Nähere wird durch Bundesgesetz, das der Zustimmung des Bundesrates bedarf, bestimmt.

(6) Das Aufkommen der Grundsteuer und Gewerbesteuer steht den Gemeinden, das Aufkommen der örtlichen Verbrauch- und Aufwandsteuern steht den Gemeinden oder nach Maßgabe der Landesgesetzgebung den Gemeindeverbänden zu. Den Gemeinden ist das Recht einzuräumen, die Hebesätze der Grundsteuer und Gewerbesteuer im Rahmen der Gesetze festzusetzen. Bestehen in einem

Land keine Gemeinden, so steht das Aufkommen der Grundsteuer und Gewerbesteuer sowie der örtlichen Verbrauch- und Aufwandsteuern dem Land zu. Bund und Länder können durch eine Umlage an dem Aufkommen der Gewerbesteuer beteiligt werden. Das Nähere über die Umlage bestimmt ein Bundesgesetz, das der Zustimmung des Bundesrates bedarf. Nach Maßgabe der Landesgesetzgebung können die Grundsteuer und Gewerbesteuer sowie der Gemeindeanteil vom Aufkommen der Einkommensteuer und der Umsatzsteuer als Bemessungsgrundlagen für Umlagen zugrunde gelegt werden.

(7) Von dem Länderanteil am Gesamtaufkommen der Gemeinschaftssteuern fließt den Gemeinden und Gemeindeverbänden insgesamt ein von der Landesgesetzgebung zu bestimmender Hundertsatz zu. Im übrigen bestimmt die Landesgesetzgebung, ob und inwieweit das Aufkommen der Landessteuern den Gemeinden (Gemeindeverbänden) zufließt.

(8) Veranlaßt der Bund in einzelnen Ländern oder Gemeinden (Gemeindeverbänden) besondere Einrichtungen, die diesen Ländern oder Gemeinden (Gemeindeverbänden) unmittelbar Mehrausgaben oder Mindereinnahmen (Sonderbelastungen) verursachen, gewährt der Bund den erforderlichen Ausgleich, wenn und soweit den Ländern oder Gemeinden (Gemeindeverbänden) nicht zugemutet werden kann, die Sonderbelastungen zu tragen. Entschädigungsleistungen Dritter und finanzielle Vorteile, die diesen Ländern oder Gemeinden (Gemeindeverbänden) als Folge der Einrichtungen erwachsen, werden bei dem Ausgleich berücksichtigt.

(9) Als Einnahmen und Ausgaben der Länder im Sinne dieses Artikels gelten auch die Einnahmen und Ausgaben der Gemeinden (Gemeindeverbände).

Artikel 106a (Personennahverkehr)

Den Ländern steht ab 1. Januar 1996 für den öffentlichen Personennahverkehr ein Betrag aus dem Steueraufkommen des Bundes zu. Das Nähere regelt ein Bundesgesetz, das der Zustimmung des Bundesrates bedarf. Der Betrag nach Satz 1 bleibt bei der Bemessung der Finanzkraft nach Artikel 107 Abs. 2 unberücksichtigt.

Artikel 106b (Ausgleich infolge der Übertragung der Kfz-Steuer)

Den Ländern steht ab dem 1. Juli 2009 infolge der Übertragung der Kraftfahrzeugsteuer auf den Bund ein Betrag aus dem Steueraufkommen des Bundes zu. Das Nähere regelt ein Bundesgesetz, das der Zustimmung des Bundesrates bedarf.

Artikel 107 (Örtliches Aufkommen)

(1) Das Aufkommen der Landessteuern und der Länderanteil am Aufkommen der Einkommensteuer und der Körperschaftsteuer stehen den einzelnen Ländern insoweit zu, als die Steuern von den Finanzbehörden in ihrem Gebiet vereinnahmt werden (örtliches Aufkommen). Durch Bundesgesetz, das der Zustimmung des Bundesrates bedarf, sind für die Körperschaftsteuer und die Lohnsteuer nähere Bestimmungen über die Abgrenzung sowie über Art und Umfang der Zerlegung des örtlichen Aufkommens zu treffen. Das Gesetz kann auch Bestimmungen über die Abgrenzung und Zerlegung des örtlichen Aufkommens anderer Steuern treffen. Der Länderanteil am Aufkommen der Umsatzsteuer steht den einzelnen Ländern, vorbehaltlich der Regelungen nach Absatz 2, nach Maßgabe ihrer Einwohnerzahl zu.

(2) Durch Bundesgesetz, das der Zustimmung des Bundesrates bedarf, ist sicherzustellen, dass die unterschiedliche Finanzkraft der Länder angemessen ausgeglichen wird; hierbei sind die Finanzkraft und der Finanzbedarf der Gemeinden (Gemeindeverbände) zu berücksichtigen. Zu diesem Zweck sind in dem Gesetz Zuschläge zu und Abschläge von der jeweiligen Finanzkraft bei der Verteilung der Länderanteile am Aufkommen der Umsatzsteuer zu regeln. Die Voraussetzungen für die Gewährung von Zuschlägen und für die Erhebung von Abschlägen sowie die Maßstäbe für die Höhe dieser Zuschläge und Abschläge sind in dem Gesetz zu bestimmen. Für Zwe-

cke der Bemessung der Finanzkraft kann die bergrechtliche Förderabgabe mit nur einem Teil ihres Aufkommens berücksichtigt werden. Das Gesetz kann auch bestimmen, dass der Bund aus seinen Mitteln leistungsschwachen Ländern Zuweisungen zur ergänzenden Deckung ihres allgemeinen Finanzbedarfs (Ergänzungszuweisungen) gewährt. Zuweisungen können unabhängig von den Maßstäben nach den Sätzen 1 bis 3 auch solchen leistungsschwachen Ländern gewährt werden, deren Gemeinden (Gemeindeverbände) eine besonders geringe Steuerkraft aufweisen (Gemeindesteuerkraftzuweisungen), sowie außerdem solchen leistungsschwachen Ländern, deren Anteile an den Fördermitteln nach Artikel 91b ihre Einwohneranteile unterschreiten.

Artikel 108 (Finanzverwaltung)

(1) Zölle, Finanzmonopole, die bundesgesetzlich geregelten Verbrauchsteuern einschließlich der Einfuhrumsatzsteuer, die Kraftfahrzeugsteuer und sonstige auf motorisierte Verkehrsmittel bezogene Verkehrsteuern ab dem 1. Juli 2009 sowie die Abgaben im Rahmen der Europäischen Gemeinschaften werden durch Bundesfinanzbehörden verwaltet. Der Aufbau dieser Behörden wird durch Bundesgesetz geregelt. Soweit Mittelbehörden eingerichtet sind, werden deren Leiter im Benehmen mit den Landesregierungen bestellt.

(2) Die übrigen Steuern werden durch Landesfinanzbehörden verwaltet. Der Aufbau dieser Behörden und die einheitliche Ausbildung der Beamten können durch Bundesgesetz mit Zustimmung des Bundesrates geregelt werden. Soweit Mittelbehörden eingerichtet sind, werden deren Leiter im Einvernehmen mit der Bundesregierung bestellt.

(3) Verwalten die Landesfinanzbehörden Steuern, die ganz oder zum Teil dem Bund zufließen, so werden sie im Auftrage des Bundes tätig. Artikel 85 Abs. 3 und 4 gilt mit der Maßgabe, daß an die Stelle der Bundesregierung der Bundesminister der Finanzen tritt.

(4) Durch Bundesgesetz, das der Zustimmung des Bundesrates bedarf, kann bei der Verwaltung von Steuern ein Zusammenwirken von Bundes- und Landesfinanzbehörden sowie für Steuern, die unter Absatz 1 fallen, die Verwaltung durch Landesfinanzbehörden und für andere Steuern die Verwaltung durch Bundesfinanzbehörden vorgesehen werden, wenn und soweit dadurch der Vollzug der Steuergesetze erheblich verbessert oder erleichtert wird. Für die den Gemeinden (Gemeindeverbänden) allein zufließenden Steuern kann die den Landesfinanzbehörden zustehende Verwaltung durch die Länder ganz oder zum Teil den Gemeinden (Gemeindeverbänden) übertragen werden. Das Bundesgesetz nach Satz 1 kann für ein Zusammenwirken von Bund und Ländern bestimmen, dass bei Zustimmung einer im Gesetz genannten Mehrheit Regelungen für den Vollzug von Steuergesetzen für alle Länder verbindlich werden.

(4a) Durch Bundesgesetz, das der Zustimmung des Bundesrates bedarf, können bei der Verwaltung von Steuern, die unter Absatz 2 fallen, ein Zusammenwirken von Landesfinanzbehörden und eine länderübergreifende Übertragung von Zuständigkeiten auf Landesfinanzbehörden eines oder mehrerer Länder im Einvernehmen mit den betroffenen Ländern vorgesehen werden, wenn und soweit dadurch der Vollzug der Steuergesetze erheblich verbessert oder erleichtert wird. Die Kostentragung kann durch Bundesgesetz geregelt werden.

(5) Das von den Bundesfinanzbehörden anzuwendende Verfahren wird durch Bundesgesetz geregelt. Das von den Landesfinanzbehörden und in den Fällen des Absatzes 4 Satz 2 von den Gemeinden (Gemeindeverbänden) anzuwendende Verfahren kann durch Bundesgesetz mit Zustimmung des Bundesrates geregelt werden.

(6) Die Finanzgerichtsbarkeit wird durch Bundesgesetz einheitlich geregelt.

(7) Die Bundesregierung kann allgemeine Verwaltungsvorschriften erlassen, und zwar mit Zustimmung des Bundesrates, soweit die Verwaltung den Landesfinanzbehörden oder Gemeinden (Gemeindeverbänden) obliegt.

Artikel 109 (Haushaltswirtschaft)

(1) Bund und Länder sind in ihrer Haushaltswirtschaft selbständig und voneinander unabhängig.

(2) Bund und Länder erfüllen gemeinsam die Verpflichtungen der Bundesrepublik Deutschland aus Rechtsakten der Europäischen Gemeinschaft auf Grund des Artikels 104 des Vertrags zur Gründung der Europäischen Gemeinschaft zur Einhaltung der Haushaltsdisziplin und tragen in diesem Rahmen den Erfordernissen des gesamtwirtschaftlichen Gleichgewichts Rechnung.

(3) Die Haushalte von Bund und Ländern sind grundsätzlich ohne Einnahmen aus Krediten auszugleichen. Bund und Länder können Regelungen zur im Auf- und Abschwung symmetrischen Berücksichtigung der Auswirkungen einer von der Normallage abweichenden konjunkturellen Entwicklung sowie eine Ausnahmeregelung für Naturkatastrophen oder außergewöhnliche Notsituationen, die sich der Kontrolle des Staates entziehen und die staatliche Finanzlage erheblich beeinträchtigen, vorsehen. Für die Ausnahmeregelung ist eine entsprechende Tilgungsregelung vorzusehen. Die nähere Ausgestaltung regelt für den Haushalt des Bundes Artikel 115 mit der Maßgabe, dass Satz 1 entsprochen ist, wenn die Einnahmen aus Krediten 0,35 vom Hundert im Verhältnis zum nominalen Bruttoinlandsprodukt nicht überschreiten. Die nähere Ausgestaltung für die Haushalte der Länder regeln diese im Rahmen ihrer verfassungsrechtlichen Kompetenzen mit der Maßgabe, dass Satz 1 nur dann entsprochen ist, wenn keine Einnahmen aus Krediten zugelassen werden.

(4) Durch Bundesgesetz, das der Zustimmung des Bundesrates bedarf, können für Bund und Länder gemeinsam geltende Grundsätze für das Haushaltsrecht, für eine konjunkturgerechte Haushaltswirtschaft und für eine mehrjährige Finanzplanung aufgestellt werden.

(5) Sanktionsmaßnahmen der Europäischen Gemeinschaft im Zusammenhang mit den Bestimmungen in Artikel 104 des Vertrags zur Gründung der Europäischen Gemeinschaft zur Einhaltung der Haushaltsdisziplin tragen Bund und Länder im Verhältnis 65 zu 35. Die Ländergesamtheit trägt solidarisch 35 vom Hundert der auf die Länder entfallenden Lasten entsprechend ihrer Einwohnerzahl; 65 vom Hundert der auf die Länder entfallenden Lasten tragen die Länder entsprechend ihrem Verursachungsbeitrag. Das Nähere regelt ein Bundesgesetz, das der Zustimmung des Bundesrates bedarf.

Artikel 109a (Haushaltsnotlage, Stabilitätsrat)

(1) Zur Vermeidung von Haushaltsnotlagen regelt ein Bundesgesetz, das der Zustimmung des Bundesrates bedarf,

1. die fortlaufende Überwachung der Haushaltswirtschaft von Bund und Ländern durch ein gemeinsames Gremium (Stabilitätsrat),
2. die Voraussetzungen und das Verfahren zur Feststellung einer drohenden Haushaltsnotlage,
3. die Grundsätze zur Aufstellung und Durchführung von Sanierungsprogrammen zur Vermeidung von Haushaltsnotlagen.

(2) Dem Stabilitätsrat obliegt ab dem Jahr 2020 die Überwachung der Einhaltung der Vorgaben des Artikels 109 Absatz 3 durch Bund und Länder. Die Überwachung orientiert sich an den Vorgaben und Verfahren aus Rechtsakten auf Grund des Vertrages über die Arbeitsweise der Europäischen Union zur Einhaltung der Haushaltsdisziplin.

(3) Die Beschlüsse des Stabilitätsrats und die zugrunde liegenden Beratungsunterlagen sind zu veröffentlichen.

Artikel 110 (Haushaltsplan)

(1) Alle Einnahmen und Ausgaben des Bundes sind in den Haushaltsplan einzustellen; bei Bundesbetrieben und Sondervermögen brauchen nur die Zuführungen oder die Ablieferungen eingestellt zu werden. Der Haushaltsplan ist in Einnahme und Ausgabe auszugleichen.

(2) Der Haushaltsplan wird für ein oder mehrere Rechnungsjahre, nach Jahren getrennt,

vor Beginn des ersten Rechnungsjahres durch das Haushaltsgesetz festgestellt. Für Teile des Haushaltsplanes kann vorgesehen werden, daß sie für unterschiedliche Zeiträume, nach Rechnungsjahren getrennt, gelten.

(3) Die Gesetzesvorlage nach Absatz 2 Satz 1 sowie Vorlagen zur Änderung des Haushaltsgesetzes und des Haushaltsplanes werden gleichzeitig mit der Zuleitung an den Bundesrat beim Bundestage eingebracht; der Bundesrat ist berechtigt, innerhalb von sechs Wochen, bei Änderungsvorlagen innerhalb von drei Wochen, zu den Vorlagen Stellung zu nehmen.

(4) In das Haushaltsgesetz dürfen nur Vorschriften aufgenommen werden, die sich auf die Einnahmen und Ausgaben des Bundes und auf den Zeitraum beziehen, für den das Haushaltsgesetz beschlossen wird. Das Haushaltsgesetz kann vorschreiben, daß die Vorschriften erst mit der Verkündung des nächsten Haushaltsgesetzes oder bei Ermächtigung nach Artikel 115 zu einem späteren Zeitpunkt außer Kraft treten.

Artikel 111 (Haushaltsvorgriff)

(1) Ist bis zum Schluß eines Rechnungsjahres der Haushaltsplan für das folgende Jahr nicht durch Gesetz festgestellt, so ist bis zu seinem Inkrafttreten die Bundesregierung ermächtigt, alle Ausgaben zu leisten, die nötig sind,

a) um gesetzlich bestehende Einrichtungen zu erhalten und gesetzlich beschlossene Maßnahmen durchzuführen,

b) um die rechtlich begründeten Verpflichtungen des Bundes zu erfüllen,

c) um Bauten, Beschaffungen und sonstige Leistungen fortzusetzen oder Beihilfen für diese Zwecke weiter zu gewähren, sofern durch den Haushaltsplan eines Vorjahres bereits Beträge bewilligt worden sind.

(2) Soweit nicht auf besonderem Gesetze beruhende Einnahmen aus Steuern, Abgaben und sonstigen Quellen oder die Betriebsmittelrücklage die Ausgaben unter Absatz 1 decken, darf die Bundesregierung die zur Aufrechterhaltung der Wirtschaftsführung erforderlichen Mittel bis zur Höhe eines Viertels der Endsumme des abgelaufenen Haushaltsplanes im Wege des Kredits flüssig machen.

Artikel 112 (Über- und außerplanmäßige Ausgaben)

Überplanmäßige und außerplanmäßige Ausgaben bedürfen der Zustimmung des Bundesministers der Finanzen. Sie darf nur im Falle eines unvorhergesehenen und unabweisbaren Bedürfnisses erteilt werden. Näheres kann durch Bundesgesetz bestimmt werden.

Artikel 113 (Ausgabenerhöhung, Einnahmeminderung)

(1) Gesetze, welche die von der Bundesregierung vorgeschlagenen Ausgaben des Haushaltsplanes erhöhen oder neue Ausgaben in sich schließen oder für die Zukunft mit sich bringen, bedürfen der Zustimmung der Bundesregierung. Das gleiche gilt für Gesetze, die Einnahmeminderungen in sich schließen oder für die Zukunft mit sich bringen. Die Bundesregierung kann verlangen, daß der Bundestag die Beschlußfassung über solche Gesetze aussetzt. In diesem Fall hat die Bundesregierung innerhalb von sechs Wochen dem Bundestage eine Stellungnahme zuzuleiten.

(2) Die Bundesregierung kann innerhalb von vier Wochen, nachdem der Bundestag das Gesetz beschlossen hat, verlangen, daß der Bundestag erneut Beschluß faßt.

(3) Ist das Gesetz nach Artikel 78 zustande gekommen, kann die Bundesregierung ihre Zustimmung nur innerhalb von sechs Wochen und nur dann versagen, wenn sie vorher das Verfahren nach Absatz 1 Satz 3 und 4 oder nach Absatz 2 eingeleitet hat. Nach Ablauf dieser Frist gilt die Zustimmung als erteilt.

Artikel 114 (Rechnungslegung, Bundesrechnungshof)

(1) Der Bundesminister der Finanzen hat dem Bundestage und dem Bundesrate über alle Einnahmen und Ausgaben sowie über das Vermögen und die Schulden im Laufe des nächsten Rechnungsjahres zur Entlastung der Bundesregierung Rechnung zu legen.

(2) Der Bundesrechnungshof, dessen Mitglieder richterliche Unabhängigkeit besitzen, prüft die Rechnung sowie die Wirtschaftlichkeit und Ordnungsmäßigkeit der Haushalts- und Wirtschaftsführung des Bundes. Zum Zweck der Prüfung nach Satz 1 kann der Bundesrechnungshof auch bei Stellen außerhalb der Bundesverwaltung Erhebungen vornehmen; dies gilt auch in den Fällen, in denen der Bund den Ländern zweckgebundene Finanzierungsmittel zur Erfüllung von Länderaufgaben zuweist. Er hat außer der Bundesregierung unmittelbar dem Bundestage und dem Bundesrate jährlich zu berichten. Im übrigen werden die Befugnisse des Bundesrechnungshofes durch Bundesgesetz geregelt.

Artikel 115 (Kreditaufnahme)

(1) Die Aufnahme von Krediten sowie die Übernahme von Bürgschaften, Garantien oder sonstigen Gewährleistungen, die zu Ausgaben in künftigen Rechnungsjahren führen können, bedürfen einer der Höhe nach bestimmten oder bestimmbaren Ermächtigung durch Bundesgesetz.

(2) Einnahmen und Ausgaben sind grundsätzlich ohne Einnahmen aus Krediten auszugleichen. Diesem Grundsatz ist entsprochen, wenn die Einnahmen aus Krediten 0,35 vom Hundert im Verhältnis zum nominalen Bruttoinlandsprodukt nicht überschreiten. Zusätzlich sind bei einer von der Normallage abweichenden konjunkturellen Entwicklung die Auswirkungen auf den Haushalt im Auf- und Abschwung symmetrisch zu berücksichtigen. Abweichungen der tatsächlichen Kreditaufnahme von der nach den Sätzen 1 bis 3 zulässigen Kreditobergrenze werden auf einem Kontrollkonto erfasst; Belastungen, die den Schwellenwert von 1,5 vom Hundert im Verhältnis zum nominalen Bruttoinlandsprodukt überschreiten, sind konjunkturgerecht zurückzuführen. Näheres, insbesondere die Bereinigung der Einnahmen und Ausgaben um finanzielle Transaktionen und das Verfahren zur Berechnung der Obergrenze der jährlichen Nettokreditaufnahme unter Berücksichtigung der konjunkturellen Entwicklung auf der Grundlage eines Konjunkturbereinigungsverfahrens sowie die Kontrolle und den Ausgleich von Abweichungen der tatsächlichen Kreditaufnahme von der Regelgrenze, regelt ein Bundesgesetz. Im Falle von Naturkatastrophen oder außergewöhnlichen Notsituationen, die sich der Kontrolle des Staates entziehen und die staatliche Finanzlage erheblich beeinträchtigen, können diese Kreditobergrenzen auf Grund eines Beschlusses der Mehrheit der Mitglieder des Bundestages überschritten werden. Der Beschluss ist mit einem Tilgungsplan zu verbinden. Die Rückführung der nach Satz 6 aufgenommenen Kredite hat binnen eines angemessenen Zeitraumes zu erfolgen.

Xa. Verteidigungsfall

Artikel 115a (Feststellung des Verteidigungsfalles)

(1) Die Feststellung, daß das Bundesgebiet mit Waffengewalt angegriffen wird oder ein solcher Angriff unmittelbar droht (Verteidigungsfall), trifft der Bundestag mit Zustimmung des Bundesrates. Die Feststellung erfolgt auf Antrag der Bundesregierung und bedarf einer Mehrheit von zwei Dritteln der abgegebenen Stimmen, mindestens der Mehrheit der Mitglieder des Bundestages.

(2) Erfordert die Lage unabweisbar ein sofortiges Handeln und stehen einem rechtzeitigen Zusammentritt des Bundestages unüberwindliche Hindernisse entgegen oder ist er nicht beschlußfähig, so trifft der Gemeinsame Ausschuß diese Feststellung mit einer Mehrheit von zwei Dritteln der abgegebenen Stimmen, mindestens der Mehrheit seiner Mitglieder.

(3) Die Feststellung wird vom Bundespräsidenten gemäß Artikel 82 im Bundesgesetzblatt verkündet. Ist dies nicht rechtzeitig möglich, so erfolgt die Verkündung in anderer Weise; sie ist im Bundesgesetzblatt nachzuholen, sobald die Umstände es zulassen.

(4) Wird das Bundesgebiet mit Waffengewalt angegriffen und sind die zuständigen Bundesorgane außerstande, sofort die Feststellung nach Absatz 1 Satz 1 zu treffen, so gilt

diese Feststellung als getroffen und als zu dem Zeitpunkt verkündet, in dem der Angriff begonnen hat. Der Bundespräsident gibt diesen Zeitpunkt bekannt, sobald die Umstände es zulassen.

(5) Ist die Feststellung des Verteidigungsfalles verkündet und wird das Bundesgebiet mit Waffengewalt angegriffen, so kann der Bundespräsident völkerrechtliche Erklärungen über das Bestehen des Verteidigungsfalles mit Zustimmung des Bundestages abgeben. Unter den Voraussetzungen des Absatzes 2 tritt an die Stelle des Bundestages der Gemeinsame Ausschuß.

Artikel 115b (Übergang der Befehls- und Kommandogewalt)

Mit der Verkündung des Verteidigungsfalles geht die Befehls- und Kommandogewalt über die Streitkräfte auf den Bundeskanzler über.

Artikel 115c (Konkurrierende Gesetzgebung im Verteidigungsfall)

(1) Der Bund hat für den Verteidigungsfall das Recht der konkurrierenden Gesetzgebung auch auf den Sachgebieten, die zur Gesetzgebungszuständigkeit der Länder gehören. Diese Gesetze bedürfen der Zustimmung des Bundesrates.

(2) Soweit es die Verhältnisse während des Verteidigungsfalles erfordern, kann durch Bundesgesetz für den Verteidigungsfall

1. bei Enteignungen abweichend von Artikel 14 Abs. 3 Satz 2 die Entschädigung vorläufig geregelt werden,
2. für Freiheitsentziehungen eine von Artikel 104 Abs. 2 Satz 3 und Abs. 3 Satz 1 abweichende Frist, höchstens jedoch eine solche von vier Tagen, für den Fall festgesetzt werden, daß ein Richter nicht innerhalb der für Normalzeiten geltenden Frist tätig werden konnte.

(3) Soweit es zur Abwehr eines gegenwärtigen oder unmittelbar drohenden Angriffs erforderlich ist, kann für den Verteidigungsfall durch Bundesgesetz mit Zustimmung des Bundesrates die Verwaltung und das Finanzwesen des Bundes und der Länder abweichend von den Abschnitten VIII, VIIIa und X geregelt werden, wobei die Lebensfähigkeit der Länder, Gemeinden und Gemeindeverbände, insbesondere auch in finanzieller Hinsicht, zu wahren ist.

(4) Bundesgesetze nach den Absätzen 1 und 2 Nr. 1 dürfen zur Vorbereitung ihres Vollzuges schon vor Eintritt des Verteidigungsfalles angewandt werden.

Artikel 115d (Gesetzgebungsverfahren im Verteidigungsfall)

(1) Für die Gesetzgebung des Bundes gilt im Verteidigungsfalle abweichend von Artikel 76 Abs. 2, Artikel 77 Abs. 1 Satz 2 und Abs. 2 bis 4, Artikel 78 und Artikel 82 Abs. 1 die Regelung der Absätze 2 und 3.

(2) Gesetzesvorlagen der Bundesregierung, die sie als dringlich bezeichnet, sind gleichzeitig mit der Einbringung beim Bundestage dem Bundesrate zuzuleiten. Bundestag und Bundesrat beraten diese Vorlagen unverzüglich gemeinsam. Soweit zu einem Gesetze die Zustimmung des Bundesrates erforderlich ist, bedarf es zum Zustandekommen des Gesetzes der Zustimmung der Mehrheit seiner Stimmen. Das Nähere regelt eine Geschäftsordnung, die vom Bundestage beschlossen wird und der Zustimmung des Bundesrates bedarf.

(3) Für die Verkündung der Gesetze gilt Artikel 115a Abs. 3 Satz 2 entsprechend.

Artikel 115e (Befugnisse des gemeinsamen Ausschusses)

(1) Stellt der Gemeinsame Ausschuß im Verteidigungsfalle mit einer Mehrheit von zwei Dritteln der abgegebenen Stimmen, mindestens mit der Mehrheit seiner Mitglieder fest, daß dem rechtzeitigen Zusammentritt des Bundestages unüberwindliche Hindernisse entgegenstehen oder daß dieser nicht beschlußfähig ist, so hat der Gemeinsame Ausschuß die Stellung von Bundestag und Bundesrat und nimmt deren Rechte einheitlich wahr.

(2) Durch ein Gesetz des Gemeinsamen Ausschusses darf das Grundgesetz weder geändert noch ganz oder teilweise außer Kraft oder außer Anwendung gesetzt werden. Zum Erlaß von Gesetzen nach Artikel 23 Abs. 1

Satz 2, Artikel 24 Abs. 1 oder Artikel 29 ist der Gemeinsame Ausschuß nicht befugt.

Artikel 115f (Einsatz des Bundesgrenzschutzes; Weisungen an Landesregierungen)

(1) Die Bundesregierung kann im Verteidigungsfalle, soweit es die Verhältnisse erfordern,

1. den Bundesgrenzschutz im gesamten Bundesgebiete einsetzen;
2. außer der Bundesverwaltung auch den Landesregierungen und, wenn sie es für dringlich erachtet, den Landesbehörden Weisungen erteilen und diese Befugnis auf von ihr zu bestimmende Mitglieder der Landesregierungen übertragen.

(2) Bundestag, Bundesrat und der Gemeinsame Ausschuß sind unverzüglich von den nach Absatz 1 getroffenen Maßnahmen zu unterrichten.

Artikel 115g (Bundesverfassungsgericht)

Die verfassungsmäßige Stellung und die Erfüllung der verfassungsmäßigen Aufgaben des Bundesverfassungsgerichtes und seiner Richter dürfen nicht beeinträchtigt werden. Das Gesetz über das Bundesverfassungsgericht darf durch ein Gesetz des Gemeinsamen Ausschusses nur insoweit geändert werden, als dies auch nach Auffassung des Bundesverfassungsgerichtes zur Aufrechterhaltung der Funktionsfähigkeit des Gerichtes erforderlich ist. Bis zum Erlaß eines solchen Gesetzes kann das Bundesverfassungsgericht die zur Erhaltung der Arbeitsfähigkeit des Gerichtes erforderlichen Maßnahmen treffen. Beschlüsse nach Satz 2 und Satz 3 faßt das Bundesverfassungsgericht mit der Mehrheit der anwesenden Richter.

Artikel 115h (Ablauf von Wahlperioden, Amtszeiten)

(1) Während des Verteidigungsfalles ablaufende Wahlperioden des Bundestages oder der Volksvertretungen der Länder enden sechs Monate nach Beendigung des Verteidigungsfalles. Die im Verteidigungsfalle ablaufende Amtszeit des Bundespräsidenten sowie bei vorzeitiger Erledigung seines Amtes die Wahrnehmung seiner Befugnisse durch den Präsidenten des Bundesrates enden neun Monate nach Beendigung des Verteidigungsfalles. Die im Verteidigungsfalle ablaufende Amtszeit eines Mitgliedes des Bundesverfassungsgerichtes endet sechs Monate nach Beendigung des Verteidigungsfalles.

(2) Wird eine Neuwahl des Bundeskanzlers durch den Gemeinsamen Ausschuß erforderlich, so wählt dieser einen neuen Bundeskanzler mit der Mehrheit seiner Mitglieder; der Bundespräsident macht dem Gemeinsamen Ausschuß einen Vorschlag. Der Gemeinsame Ausschuß kann dem Bundeskanzler das Mißtrauen nur dadurch aussprechen, daß er mit der Mehrheit von zwei Dritteln seiner Mitglieder einen Nachfolger wählt.

(3) Für die Dauer des Verteidigungsfalles ist die Auflösung des Bundestages ausgeschlossen.

Artikel 115i (Befugnisse der Landesregierungen)

(1) Sind die zuständigen Bundesorgane außerstande, die notwendigen Maßnahmen zur Abwehr der Gefahr zu treffen, und erfordert die Lage unabweisbar ein sofortiges selbständiges Handeln in einzelnen Teilen des Bundesgebietes, so sind die Landesregierungen oder die von ihnen bestimmten Behörden oder Beauftragten befugt, für ihren Zuständigkeitsbereich Maßnahmen im Sinne des Artikels 115f Abs. 1 zu treffen.

(2) Maßnahmen nach Absatz 1 können durch die Bundesregierung, im Verhältnis zu Landesbehörden und nachgeordneten Bundesbehörden auch durch die Ministerpräsidenten der Länder jederzeit aufgehoben werden.

Artikel 115k (Außer-Kraft-Treten von Gesetzen und Rechtsverordnungen)

(1) Für die Dauer ihrer Anwendbarkeit setzen Gesetze nach den Artikeln 115c, 115e und 115g und Rechtsverordnungen, die auf Grund solcher Gesetze ergehen, entgegenstehendes Recht außer Anwendung. Dies gilt nicht gegenüber früherem Recht, das auf

Grund der Artikel 115c, 115e und 115g erlassen worden ist.

(2) Gesetze, die der Gemeinsame Ausschuß beschlossen hat, und Rechtsverordnungen, die auf Grund solcher Gesetze ergangen sind, treten spätestens sechs Monate nach Beendigung des Verteidigungsfalles außer Kraft.

(3) Gesetze, die von den Artikeln 91a, 91b, 104a, 106 und 107 abweichende Regelungen enthalten, gelten längstens bis zum Ende des zweiten Rechnungsjahres, das auf die Beendigung des Verteidigungsfalles folgt. Sie können nach Beendigung des Verteidigungsfalles durch Bundesgesetz mit Zustimmung des Bundesrates geändert werden, um zu der Regelung gemäß den Abschnitten VIIIa und X überzuleiten.

Artikel 115l (Beendigung des Verteidigungsfalles)

(1) Der Bundestag kann jederzeit mit Zustimmung des Bundesrates Gesetze des Gemeinsamen Ausschusses aufheben. Der Bundesrat kann verlangen, daß der Bundestag hierüber beschließt. Sonstige zur Abwehr der Gefahr getroffene Maßnahmen des Gemeinsamen Ausschusses oder der Bundesregierung sind aufzuheben, wenn der Bundestag und der Bundesrat es beschließen.

(2) Der Bundestag kann mit Zustimmung des Bundesrates jederzeit durch einen vom Bundespräsidenten zu verkündenden Beschluß den Verteidigungsfall für beendet erklären. Der Bundesrat kann verlangen, daß der Bundestag hierüber beschließt. Der Verteidigungsfall ist unverzüglich für beendet zu erklären, wenn die Voraussetzungen für seine Feststellung nicht mehr gegeben sind.

(3) Über den Friedensschluß wird durch Bundesgesetz entschieden.

XI. Übergangs- und Schlußbestimmungen

Artikel 116 (Begriff „Deutscher"; Wiedereinbürgerung)

(1) Deutscher im Sinne dieses Grundgesetzes ist vorbehaltlich anderweitiger gesetzlicher Regelung, wer die deutsche Staatsangehörigkeit besitzt oder als Flüchtling oder Vertriebener deutscher Volkszugehörigkeit oder als dessen Ehegatte oder Abkömmling in dem Gebiete des Deutschen Reiches nach dem Stande vom 31. Dezember 1937 Aufnahme gefunden hat.

(2) Frühere deutsche Staatsangehörige, denen zwischen dem 30. Januar 1933 und dem 8. Mai 1945 die Staatsangehörigkeit aus politischen, rassischen oder religiösen Gründen entzogen worden ist, und ihre Abkömmlinge sind auf Antrag wieder einzubürgern. Sie gelten als nicht ausgebürgert, sofern sie nach dem 8. Mai 1945 ihren Wohnsitz in Deutschland genommen haben und nicht einen entgegengesetzten Willen zum Ausdruck gebracht haben.

Artikel 117 (Übergangsregelung für Artikel 3 und Artikel 11)

(1) Das dem Artikel 3 Abs. 2 entgegenstehende Recht bleibt bis zu seiner Anpassung an diese Bestimmung des Grundgesetzes in Kraft, jedoch nicht länger als bis zum 31. März 1953.

(2) Gesetze, die das Recht der Freizügigkeit mit Rücksicht auf die gegenwärtige Raumnot einschränken, bleiben bis zu ihrer Aufhebung durch Bundesgesetz in Kraft.

Artikel 118 (Neugliederung von Baden-Württemberg)

Die Neugliederung in dem die Länder Baden, Württemberg-Baden und Württemberg-Hohenzollern umfassenden Gebiete kann abweichend von den Vorschriften des Artikels 29 durch Vereinbarung der beteiligten Länder erfolgen. Kommt eine Vereinbarung nicht zustande, so wird die Neugliederung durch Bundesgesetz geregelt, das eine Volksbefragung vorsehen muß.

Artikel 118a (Neugliederung Berlin/Brandenburg)

Die Neugliederung in dem die Länder Berlin und Brandenburg umfassenden Gebiet kann abweichend von den Vorschriften des Artikels 29 unter Beteiligung ihrer Wahlberechtigten durch Vereinbarung beider Länder erfolgen.

Artikel 119 (Flüchtlinge und Vertriebene)

In Angelegenheiten der Flüchtlinge und Vertriebenen, insbesondere zu ihrer Verteilung auf die Länder, kann bis zu einer bundesgesetzlichen Regelung die Bundesregierung mit Zustimmung des Bundesrates Verordnungen mit Gesetzeskraft erlassen. Für besondere Fälle kann dabei die Bundesregierung ermächtigt werden, Einzelweisungen zu erteilen. Die Weisungen sind außer bei Gefahr im Verzuge an die obersten Landesbehörden zu richten.

Artikel 120 (Besatzungskosten, Kriegsfolgelasten, Soziallasten)

(1) Der Bund trägt die Aufwendungen für Besatzungskosten und die sonstigen inneren und äußeren Kriegsfolgelasten nach näherer Bestimmung von Bundesgesetzen. Soweit diese Kriegsfolgelasten bis zum 1. Oktober 1969 durch Bundesgesetze geregelt worden sind, tragen Bund und Länder im Verhältnis zueinander die Aufwendungen nach Maßgabe dieser Bundesgesetze. Soweit Aufwendungen für Kriegsfolgelasten, die in Bundesgesetzen weder geregelt worden sind noch geregelt werden, bis zum 1. Oktober 1965 von den Ländern, Gemeinden (Gemeindeverbänden) oder sonstigen Aufgabenträgern, die Aufgaben von Ländern oder Gemeinden erfüllen, erbracht worden sind, ist der Bund zur Übernahme von Aufwendungen dieser Art auch nach diesem Zeitpunkt nicht verpflichtet. Der Bund trägt die Zuschüsse zu den Lasten der Sozialversicherung mit Einschluß der Arbeitslosenversicherung und der Arbeitslosenhilfe. Die durch diesen Absatz geregelte Verteilung der Kriegsfolgelasten auf Bund und Länder läßt die gesetzliche Regelung von Entschädigungsansprüchen für Kriegsfolgen unberührt.

(2) Die Einnahmen gehen auf den Bund zu demselben Zeitpunkte über, an dem der Bund die Ausgaben übernimmt.

Artikel 120a (Lastenausgleich)

(1) Die Gesetze, die der Durchführung des Lastenausgleichs dienen, können mit Zustimmung des Bundesrates bestimmen, daß sie auf dem Gebiete der Ausgleichsleistungen teils durch den Bund, teils im Auftrage des Bundes durch die Länder ausgeführt werden und daß die der Bundesregierung und den zuständigen obersten Bundesbehörden auf Grund des Artikels 85 insoweit zustehenden Befugnisse ganz oder teilweise dem Bundesausgleichsamt übertragen werden. Das Bundesausgleichsamt bedarf bei Ausübung dieser Befugnisse nicht der Zustimmung des Bundesrates; seine Weisungen sind, abgesehen von den Fällen der Dringlichkeit, an die obersten Landesbehörden (Landesausgleichsämter) zu richten.

(2) Artikel 87 Abs. 3 Satz 2 bleibt unberührt.

Artikel 121 (Begriff „Mehrheit")

Mehrheit der Mitglieder des Bundestages und der Bundesversammlung im Sinne dieses Grundgesetzes ist die Mehrheit ihrer gesetzlichen Mitgliederzahl.

Artikel 122 (Aufhebung früherer Gesetzgebungszuständigkeiten)

(1) Vom Zusammentritt des Bundestages an werden die Gesetze ausschließlich von den in diesem Grundgesetze anerkannten gesetzgebenden Gewalten beschlossen.

(2) Gesetzgebende und bei der Gesetzgebung beratend mitwirkende Körperschaften, deren Zuständigkeit nach Absatz 1 endet, sind mit diesem Zeitpunkt aufgelöst.

Artikel 123 (Fortgelten bisherigen Rechts; Staatsverträge)

(1) Recht aus der Zeit vor dem Zusammentritt des Bundestages gilt fort, soweit es dem Grundgesetze nicht widerspricht.

(2) Die vom Deutschen Reich abgeschlossenen Staatsverträge, die sich auf Gegenstände beziehen, für die nach diesem Grundgesetze die Landesgesetzgebung zuständig ist, bleiben, wenn sie nach allgemeinen Rechtsgrundsätzen gültig sind und fortgelten, unter Vorbehalt aller Rechte und Einwendungen der Beteiligten in Kraft, bis neue Staatsverträge durch die nach diesem Grundgesetze

zuständigen Stellen abgeschlossen werden oder ihre Beendigung auf Grund der in ihnen enthaltenen Bestimmungen anderweitig erfolgt.

Artikel 124 (Fortgelten bei ausschließlicher Gesetzgebung)

Recht, das Gegenstände der ausschließlichen Gesetzgebung des Bundes betrifft, wird innerhalb seines Geltungsbereiches Bundesrecht.

Artikel 125 (Fortgelten bei konkurrierender Gesetzgebung)

Recht, das Gegenstände der konkurrierenden Gesetzgebung des Bundes betrifft, wird innerhalb seines Geltungsbereiches Bundesrecht,

1. soweit es innerhalb einer oder mehrerer Besatzungszonen einheitlich gilt,

2. soweit es sich um Recht handelt, durch das nach dem 8. Mai 1945 früheres Reichsrecht abgeändert worden ist.

Artikel 125a (Übergangsregelung bei Kompetenzänderung)

(1) Recht, das als Bundesrecht erlassen worden ist, aber wegen der Änderung des Artikels 74 Abs. 1, der Einfügung des Artikels 84 Abs. 1 Satz 7, des Artikels 85 Abs. 1 Satz 2 oder des Artikels 105 Abs. 2a Satz 2 oder wegen der Aufhebung der Artikel 74a, 75 oder 98 Abs. 3 Satz 2 nicht mehr als Bundesrecht erlassen werden könnte, gilt als Bundesrecht fort. Es kann durch Landesrecht ersetzt werden.

(2) Recht, das auf Grund des Artikels 72 Abs. 2 in der bis zum 15. November 1994 geltenden Fassung erlassen worden ist, aber wegen Änderung des Artikels 72 Abs. 2 nicht mehr als Bundesrecht erlassen werden könnte, gilt als Bundesrecht fort. Durch Bundesgesetz kann bestimmt werden, dass es durch Landesrecht ersetzt werden kann.

(3) Recht, das als Landesrecht erlassen worden ist, aber wegen Änderung des Artikels 73 nicht mehr als Landesrecht erlassen werden könnte, gilt als Landesrecht fort. Es kann durch Bundesrecht ersetzt werden.

Artikel 125b (Überleitung Föderalismusreform)

(1) Recht, das auf Grund des Artikels 75 in der bis zum 1. September 2006 geltenden Fassung erlassen worden ist und das auch nach diesem Zeitpunkt als Bundesrecht erlassen werden könnte, gilt als Bundesrecht fort. Befugnisse und Verpflichtungen der Länder zur Gesetzgebung bleiben insoweit bestehen. Auf den in Artikel 72 Abs. 3 Satz 1 genannten Gebieten können die Länder von diesem Recht abweichende Regelungen treffen, auf den Gebieten des Artikels 72 Abs. 3 Satz 1 Nr. 2, 5 und 6 jedoch erst, wenn und soweit der Bund ab dem 1. September 2006 von seiner Gesetzgebungszuständigkeit Gebrauch gemacht hat, in den Fällen der Nummern 2 und 5 spätestens ab dem 1. Januar 2010, im Falle der Nummer 6 spätestens ab dem 1. August 2008.

(2) Von bundesgesetzlichen Regelungen, die auf Grund des Artikels 84 Abs. 1 in der vor dem 1. September 2006 geltenden Fassung erlassen worden sind, können die Länder abweichende Regelungen treffen, von Regelungen des Verwaltungsverfahrens bis zum 31. Dezember 2008 aber nur dann, wenn ab dem 1. September 2006 in dem jeweiligen Bundesgesetz Regelungen des Verwaltungsverfahrens geändert worden sind.

(3) Auf dem Gebiet des Artikels 72 Absatz 3 Satz 1 Nummer 7 darf abweichendes Landesrecht der Erhebung der Grundsteuer frühestens für Zeiträume ab dem 1. Januar 2025 zugrunde gelegt werden.

Artikel 125c (Überleitung Föderalismusreform)

(1) Recht, das auf Grund des Artikels 91a Abs. 2 in Verbindung mit Abs. 1 Nr. 1 in der bis zum 1. September 2006 geltenden Fassung erlassen worden ist, gilt bis zum 31. Dezember 2006 fort.

(2) Die nach Artikel 104a Abs. 4 in der bis 1. September 2006 geltenden Fassung in den Bereichen der Gemeindeverkehrsfinanzierung und der sozialen Wohnraumförderung geschaffenen Regelungen gelten bis zum 31. Dezember 2006 fort. Die im Bereich

der Gemeindeverkehrsfinanzierung für die besonderen Programme nach § 6 Absatz 1 des Gemeindeverkehrsfinanzierungsgesetzes sowie die mit dem Gesetz über Finanzhilfen des Bundes nach Artikel 104a Absatz 4 des Grundgesetzes an die Länder Bremen, Hamburg, Mecklenburg-Vorpommern, Niedersachsen sowie Schleswig-Holstein für Seehäfen vom 20. Dezember 2001 nach Artikel 104a Absatz 4 in der bis zum 1. September 2006 geltenden Fassung geschaffenen Regelungen gelten bis zu ihrer Aufhebung fort. Eine Änderung des Gemeindeverkehrsfinanzierungsgesetzes durch Bundesgesetz ist zulässig. Die sonstigen nach Artikel 104a Absatz 4 in der bis zum 1. September 2006 geltenden Fassung geschaffenen Regelungen gelten bis zum 31. Dezember 2019 fort, soweit nicht ein früherer Zeitpunkt für das Außerkrafttreten bestimmt ist oder wird. Artikel 104b Absatz 2 Satz 4 gilt entsprechend.

(3) Artikel 104b Absatz 2 Satz 5 ist erstmals auf nach dem 31. Dezember 2019 in Kraft getretene Regelungen anzuwenden.

Artikel 126 (Zweifel über Fortgelten von Recht)

Meinungsverschiedenheiten über das Fortgelten von Recht als Bundesrecht entscheidet das Bundesverfassungsgericht.

Artikel 127 (Recht des Vereinigten Wirtschaftsgebietes)

Die Bundesregierung kann mit Zustimmung der Regierungen der beteiligten Länder Recht der Verwaltung des Vereinigten Wirtschaftsgebietes, soweit es nach Artikel 124 oder 125 als Bundesrecht fortgilt, innerhalb eines Jahres nach Verkündung dieses Grundgesetzes in den Ländern Baden, Groß-Berlin, Rheinland-Pfalz und Württemberg-Hohenzollern in Kraft setzen.

Artikel 128 (Fortbestehen von Weisungsrechten)

Soweit fortgeltendes Recht Weisungsrechte im Sinne des Artikels 84 Abs. 5 vorsieht, bleiben sie bis zu einer anderweitigen gesetzlichen Regelung bestehen.

Artikel 129 (Fortgelten von Ermächtigungen)

(1) Soweit in Rechtsvorschriften, die als Bundesrecht fortgelten, eine Ermächtigung zum Erlasse von Rechtsverordnungen oder allgemeinen Verwaltungsvorschriften sowie zur Vornahme von Verwaltungsakten enthalten ist, geht sie auf die nunmehr sachlich zuständigen Stellen über. In Zweifelsfällen entscheidet die Bundesregierung im Einvernehmen mit dem Bundesrate; die Entscheidung ist zu veröffentlichen.

(2) Soweit in Rechtsvorschriften, die als Landesrecht fortgelten, eine solche Ermächtigung enthalten ist, wird sie von den nach Landesrecht zuständigen Stellen ausgeübt.

(3) Soweit Rechtsvorschriften im Sinne der Absätze 1 und 2 zu ihrer Änderung oder Ergänzung oder zum Erlaß von Rechtsvorschriften an die Stelle von Gesetzen ermächtigen, sind diese Ermächtigungen erloschen.

(4) Die Vorschriften der Absätze 1 und 2 gelten entsprechend, soweit in Rechtsvorschriften auf nicht mehr geltende Vorschriften oder nicht mehr bestehende Einrichtungen verwiesen ist.

Artikel 130 (Körperschaften des öffentlichen Rechts)

(1) Verwaltungsorgane und sonstige der öffentlichen Verwaltung oder Rechtspflege dienende Einrichtungen, die nicht auf Landesrecht oder Staatsverträgen zwischen Ländern beruhen, sowie die Betriebsvereinigung der südwestdeutschen Eisenbahnen und der Verwaltungsrat für das Post- und Fernmeldewesen für das französische Besatzungsgebiet unterstehen der Bundesregierung. Diese regelt mit Zustimmung des Bundesrates die Überführung, Auflösung oder Abwicklung.

(2) Oberster Disziplinarvorgesetzter der Angehörigen dieser Verwaltungen und Einrichtungen ist der zuständige Bundesminister.

(3) Nicht landesunmittelbare und nicht auf Staatsverträgen zwischen den Ländern beruhende Körperschaften und Anstalten des öffentlichen Rechtes unterstehen der Aufsicht der zuständigen obersten Bundesbehörde.

Artikel 131 (Frühere Angehörige des öffentlichen Dienstes)

Die Rechtsverhältnisse von Personen einschließlich der Flüchtlinge und Vertriebenen, die am 8. Mai 1945 im öffentlichen Dienste standen, aus anderen als beamten- oder tarifrechtlichen Gründen ausgeschieden sind und bisher nicht oder nicht ihrer früheren Stellung entsprechend verwendet werden, sind durch Bundesgesetz zu regeln. Entsprechendes gilt für Personen einschließlich der Flüchtlinge und Vertriebenen, die am 8. Mai 1945 versorgungsberechtigt waren und aus anderen als beamten- oder tarifrechtlichen Gründen keine oder keine entsprechende Versorgung mehr erhalten. Bis zum Inkrafttreten des Bundesgesetzes können vorbehaltlich anderweitiger landesrechtlicher Regelung Rechtsansprüche nicht geltend gemacht werden.

Artikel 132 (gegenstandslos)

Artikel 133 (Vereinigtes Wirtschaftsgebiet, Rechtsnachfolge)

Der Bund tritt in die Rechte und Pflichten der Verwaltung des Vereinigten Wirtschaftsgebietes ein.

Artikel 134 (Reichsvermögen, Rechtsnachfolge)

(1) Das Vermögen des Reiches wird grundsätzlich Bundesvermögen.

(2) Soweit es nach seiner ursprünglichen Zweckbestimmung überwiegend für Verwaltungsaufgaben bestimmt war, die nach diesem Grundgesetze nicht Verwaltungsaufgaben des Bundes sind, ist es unentgeltlich auf die nunmehr zuständigen Aufgabenträger und, soweit es nach seiner gegenwärtigen, nicht nur vorübergehenden Benutzung Verwaltungsaufgaben dient, die nach diesem Grundgesetze nunmehr von den Ländern zu erfüllen sind, auf die Länder zu übertragen. Der Bund kann auch sonstiges Vermögen den Ländern übertragen.

(3) Vermögen, das dem Reich von den Ländern und Gemeinden (Gemeindeverbänden) unentgeltlich zur Verfügung gestellt wurde, wird wiederum Vermögen der Länder und Gemeinden (Gemeindeverbände), soweit es nicht der Bund für eigene Verwaltungsaufgaben benötigt.

(4) Das Nähere regelt ein Bundesgesetz, das der Zustimmung des Bundesrates bedarf.

Artikel 135 (Gebietsänderungen, Rechtsnachfolge)

(1) Hat sich nach dem 8. Mai 1945 bis zum Inkrafttreten dieses Grundgesetzes die Landeszugehörigkeit eines Gebietes geändert, so steht in diesem Gebiete das Vermögen des Landes, dem das Gebiet angehört hat, dem Lande zu, dem es jetzt angehört.

(2) Das Vermögen nicht mehr bestehender Länder und nicht mehr bestehender anderer Körperschaften und Anstalten des öffentlichen Rechtes geht, soweit es nach seiner ursprünglichen Zweckbestimmung überwiegend für Verwaltungsaufgaben bestimmt war, oder nach seiner gegenwärtigen, nicht nur vorübergehenden Benutzung überwiegend Verwaltungsaufgaben dient, auf das Land oder die Körperschaft oder Anstalt des öffentlichen Rechtes über, die nunmehr diese Aufgaben erfüllen.

(3) Grundvermögen nicht mehr bestehender Länder geht einschließlich des Zubehörs, soweit es nicht bereits zu Vermögen im Sinne des Absatzes 1 gehört, auf das Land über, in dessen Gebiet es gelegen ist.

(4) Sofern ein überwiegendes Interesse des Bundes oder das besondere Interesse eines Gebietes es erfordert, kann durch Bundesgesetz eine von den Absätzen 1 bis 3 abweichende Regelung getroffen werden.

(5) Im übrigen wird die Rechtsnachfolge und die Auseinandersetzung, soweit sie nicht bis zum 1. Januar 1952 durch Vereinbarung zwischen den beteiligten Ländern oder Körperschaften oder Anstalten des öffentlichen Rechtes erfolgt, durch Bundesgesetz geregelt, das der Zustimmung des Bundesrates bedarf.

(6) Beteiligungen des ehemaligen Landes Preußen an Unternehmen des privaten Rechtes gehen auf den Bund über. Das Nähere regelt ein Bundesgesetz, das auch Abweichendes bestimmen kann.

(7) Soweit über Vermögen, das einem Lande oder einer Körperschaft oder Anstalt des öffentlichen Rechtes nach den Absätzen 1 bis 3 zufallen würde, von dem danach Berechtigten durch ein Landesgesetz, auf Grund eines Landesgesetzes oder in anderer Weise bei Inkrafttreten des Grundgesetzes verfügt worden war, gilt der Vermögensübergang als vor der Verfügung erfolgt.

Artikel 135a (Erfüllung alter Verbindlichkeiten)

(1) Durch die in Artikel 134 Absatz 4 und Artikel 135 Absatz 5 vorbehaltene Gesetzgebung des Bundes kann auch bestimmt werden, daß nicht oder nicht in voller Höhe zu erfüllen sind

1. Verbindlichkeiten des Reiches sowie Verbindlichkeiten des ehemaligen Landes Preußen und sonstiger nicht mehr bestehender Körperschaften und Anstalten des öffentlichen Rechts,

2. Verbindlichkeiten des Bundes oder anderer Körperschaften und Anstalten des öffentlichen Rechts, welche mit dem Übergang von Vermögenswerten nach Artikel 89, 90, 134 und 135 im Zusammenhang stehen, und Verbindlichkeiten dieser Rechtsträger, die auf Maßnahmen der in Nummer 1 bezeichneten Rechtsträger beruhen,

3. Verbindlichkeiten der Länder und Gemeinden (Gemeindeverbände), die aus Maßnahmen entstanden sind, welche diese Rechtsträger vor dem 1. August 1945 zur Durchführung von Anordnungen der Besatzungsmächte oder zur Beseitigung eines kriegsbedingten Notstandes im Rahmen dem Reich obliegender oder vom Reich übertragener Verwaltungsaufgaben getroffen haben.

(2) Absatz 1 findet entsprechende Anwendung auf Verbindlichkeiten der Deutschen Demokratischen Republik oder ihrer Rechtsträger sowie auf Verbindlichkeiten des Bundes oder anderer Körperschaften und Anstalten des öffentlichen Rechts, die mit dem Übergang von Vermögenswerten der Deutschen Demokratischen Republik auf Bund, Länder und Gemeinden im Zusammenhang stehen, und auf Verbindlichkeiten, die auf Maßnahmen der Deutschen Demokratischen Republik oder ihrer Rechtsträger beruhen.

Artikel 136 (Erster Zusammentritt des Bundesrates)

(1) Der Bundesrat tritt erstmalig am Tage des ersten Zusammentritts des Bundestages zusammen.

(2) Bis zur Wahl des ersten Bundespräsidenten werden dessen Befugnisse von dem Präsidenten des Bundesrates ausgeübt. Das Recht der Auflösung des Bundestages steht ihm nicht zu.

Artikel 137 (Wählbarkeit von Beamten, Soldaten und Richtern)

(1) Die Wählbarkeit von Beamten, Angestellten des öffentlichen Dienstes, Berufssoldaten, freiwilligen Soldaten auf Zeit und Richtern im Bund, in den Ländern und den Gemeinden kann gesetzlich beschränkt werden.

(2) und (3) (gegenstandslos)

Artikel 138 (Notariat)

Änderungen der Einrichtungen des jetzt bestehenden Notariats in den Ländern Baden, Bayern, Württemberg-Baden und Württemberg-Hohenzollern bedürfen der Zustimmung der Regierungen dieser Länder.

Statt Baden, Württemberg-Baden und Württemberg-Hohenzollern: Baden-Württemberg.

Artikel 139 (Befreiungsgesetze)

Die zur „Befreiung des deutschen Volkes vom Nationalsozialismus und Militarismus" erlassenen Rechtsvorschriften werden von den Bestimmungen dieses Grundgesetzes nicht berührt.

Artikel 140 (Religionsfreiheit, Religionsgesellschaften)

Die Bestimmungen der Artikel 136, 137, 138, 139 und 141 der Deutschen Verfassung vom 11. August 1919 sind Bestandteile dieses Grundgesetzes.

Die Bestimmungen der **Weimarer Reichsverfassung** lauten:

Artikel 136

(1) Die bürgerlichen und staatsbürgerlichen Rechte und Pflichten werden durch die Ausübung der Religionsfreiheit weder bedingt noch beschränkt.

(2) Der Genuß bürgerlicher und staatsbürgerlicher Rechte sowie die Zulassung zu öffentlichen Ämtern sind unabhängig von dem religiösen Bekenntnis.

(3) Niemand ist verpflichtet, seine religiöse Überzeugung zu offenbaren. Die Behörden haben nur soweit das Recht, nach der Zugehörigkeit zu einer Religionsgesellschaft zu fragen, als davon Rechte und Pflichten abhängen oder eine gesetzlich angeordnete statistische Erhebung dies erfordert.

(4) Niemand darf zu einer kirchlichen Handlung oder Feierlichkeit oder zur Teilnahme an religiösen Übungen oder zur Benutzung einer religiösen Eidesform gezwungen werden.

Artikel 137

(1) Es besteht keine Staatskirche.

(2) Die Freiheit der Vereinigung zur Religionsgesellschaften wird gewährleistet. Der Zusammenschluß von Religionsgesellschaften innerhalb des Reichsgebiets unterliegt keinen Beschränkungen.

(3) Jede Religionsgesellschaft ordnet und verwaltet ihre Angelegenheiten selbständig innerhalb der Schranken des für alle geltenden Gesetzes. Sie verleiht ihre Ämter ohne Mitwirkung des Staates oder der bürgerlichen Gemeinde.

(4) Religionsgesellschaften erwerben die Rechtsfähigkeit nach den allgemeinen Vorschriften des bürgerlichen Rechts.

(5) Die Religionsgesellschaften bleiben Körperschaften des öffentlichen Rechtes, soweit sie solche bisher waren. Anderen Religionsgesellschaften sind auf ihren Antrag gleiche Rechte zu gewähren, wenn sie durch ihre Verfassung und die Zahl ihrer Mitglieder die Gewähr der Dauer bieten. Schließen sich mehrere derartige öffentlich-rechtliche Religionsgesellschaften zu einem Verbande zusammen, so ist auch dieser Verband eine öffentlich-rechtliche Körperschaft.

(6) Die Religionsgesellschaften, welche Körperschaften des öffentlichen Rechtes sind, sind berechtigt, auf Grund der bürgerlichen Steuerlisten nach Maßgabe der landesrechtlichen Bestimmungen Steuern zu erheben.

(7) Den Religionsgesellschaften werden die Vereinigungen gleichgestellt, die sich die gemeinschaftliche Pflege einer Weltanschauung zur Aufgabe machen.

(8) Soweit die Durchführung dieser Bestimmungen eine weitere Regelung erfordert, liegt diese der Landesgesetzgebung ob.

Artikel 138

(1) Die auf Gesetz, Vertrag oder besonderen Rechtstiteln beruhenden Staatsleistungen an die Religionsgesellschaften werden durch die Landesgesetzgebung abgelöst. Die Grundsätze hierfür stellt das Reich auf.

(2) Das Eigentum und andere Rechte der Religionsgesellschaften und religiösen Vereine an ihren für Kultus-, Unterrichts- und Wohltätigkeitszwecke bestimmten Anstalten, Stiftungen und sonstigen Vermögen werden gewährleistet.

Artikel 139

Der Sonntag und die staatlich anerkannten Feiertage bleiben als Tage der Arbeitsruhe und der seelischen Erhebung gesetzlich geschützt.

Artikel 141

Soweit das Bedürfnis nach Gottesdienst und Seelsorge im Heer, in Krankenhäusern, Strafanstalten oder sonstigen öffentlichen Anstalten besteht, sind die Religionsgesellschaften zur Vornahme religiöser Handlungen zuzulassen, wobei jeder Zwang fernzuhalten ist.

Artikel 141 (Landesrechtliche Regelung des Religionsunterrichts)

Artikel 7 Abs. 3 Satz 1 findet keine Anwendung in einem Lande, in dem am 1. Januar 1949 eine andere landesrechtliche Regelung bestand.

Artikel 142 (Grundrechte in Landesverfassungen)

Ungeachtet der Vorschrift des Artikels 31 bleiben Bestimmungen der Landesverfassungen auch insoweit in Kraft, als sie in Übereinstimmung mit den Artikeln 1 bis 18 dieses Grundgesetzes Grundrechte gewährleisten.

Artikel 143 (Abweichungen vom Grundgesetz aufgrund Einigungsvertrag)

(1) Recht in dem in Artikel 3 des Einigungsvertrags genannten Gebiet kann längstens bis zum 31. Dezember 1992 von Bestimmungen dieses Grundgesetzes abweichen, soweit und solange infolge der unterschiedlichen Verhältnisse die völlige Anpassung an die grundgesetzliche Ordnung noch nicht erreicht werden kann. Abweichungen dürfen nicht gegen Artikel 19 Abs. 2 verstoßen und müssen mit den in Artikel 79 Abs. 3 genannten Grundsätzen vereinbar sein.

(2) Abweichungen von den Abschnitten II, VIII, VIIIa, IX, X und XI sind längstens bis zum 31. Dezember 1995 zulässig.

(3) Unabhängig von Absatz 1 und 2 haben Artikel 41 des Einigungsvertrags und Regelungen zu seiner Durchführung auch insoweit Bestand, als sie vorsehen, daß Eingriffe in das Eigentum auf dem in Artikel 3 dieses Vertrags genannten Gebiet nicht mehr rückgängig gemacht werden.

Artikel 143a (Umwandlung der Bundeseisenbahnen)

(1) Der Bund hat die ausschließliche Gesetzgebung über alle Angelegenheiten, die sich aus der Umwandlung der in bundeseigener Verwaltung geführten Bundeseisenbahnen in Wirtschaftsunternehmen ergeben. Artikel 87e Abs. 5 findet entsprechende Anwendung. Beamte der Bundeseisenbahnen können durch Gesetz unter Wahrung ihrer Rechtsstellung und der Verantwortung des Dienstherrn einer privat-rechtlich organisierten Eisenbahn des Bundes zur Dienstleistung zugewiesen werden.

(2) Gesetze nach Absatz 1 führt der Bund aus.

(3) Die Erfüllung der Aufgaben im Bereich des Schienenpersonennahverkehrs der bisherigen Bundeseisenbahnen ist bis zum 31. Dezember 1995 Sache des Bundes. Dies gilt auch für die entsprechenden Aufgaben der Eisenbahnverkehrsverwaltung. Das Nähere wird durch Bundesgesetz geregelt, das der Zustimmung des Bundesrates bedarf.

Artikel 143b (Umwandlung der Bundespost)

(1) Das Sondervermögen Deutsche Bundespost wird nach Maßgabe eines Bundesgesetzes in Unternehmen privater Rechtsform umgewandelt. Der Bund hat die ausschließliche Gesetzgebung über alle sich hieraus ergebenden Angelegenheiten.

(2) Die vor der Umwandlung bestehenden ausschließlichen Rechte des Bundes können durch Bundesgesetz für eine Übergangszeit den aus der Deutschen Bundespost POSTDIENST und der Deutschen Bundespost TELEKOM hervorgegangenen Unternehmen verliehen werden. Die Kapitalmehrheit am Nachfolgeunternehmen der Deutschen Bundespost POSTDIENST darf der Bund frühestens fünf Jahre nach Inkrafttreten des Gesetzes aufgeben. Dazu bedarf es eines Bundesgesetzes mit Zustimmung des Bundesrates.

(3) Die bei der Deutschen Bundespost tätigen Bundesbeamten werden unter Wahrung ihrer Rechtsstellung und der Verantwortung des Dienstherrn bei den privaten Unternehmen beschäftigt. Die Unternehmen üben Dienstherrnbefugnisse aus. Das Nähere bestimmt ein Bundesgesetz.

Artikel 143c (Beträge aus dem Bundeshaushalt)

(1) Den Ländern stehen ab dem 1. Januar 2007 bis zum 31. Dezember 2019 für den durch die Abschaffung der Gemeinschaftsaufgaben Ausbau und Neubau von Hochschulen einschließlich Hochschulkliniken und Bildungsplanung sowie für den durch die Abschaffung der Finanzhilfen zur Verbesserung der Verkehrsverhältnisse der Gemeinden und zur sozialen Wohnraumförderung bedingten Wegfall der Finanzierungsanteile des Bundes jährlich Beträge aus dem Haushalt des Bundes zu. Bis zum 31. Dezember 2013 werden diese Beträge aus dem Durchschnitt der Finanzierungsanteile des Bundes im Referenzzeitraum 2000 bis 2008 ermittelt.

(2) Die Beträge nach Absatz 1 werden auf die Länder bis zum 31. Dezember 2013 wie folgt verteilt:

1. als jährliche Festbeträge, deren Höhe sich nach dem Durchschnittsanteil eines jeden Landes im Zeitraum 2000 bis 2003 errechnet;
2. jeweils zweckgebunden an den Aufgabenbereich der bisherigen Mischfinanzierungen.

(3) Bund und Länder überprüfen bis Ende 2013, in welcher Höhe die den Ländern nach Absatz 1 zugewiesenen Finanzierungsmittel zur Aufgabenerfüllung der Länder noch angemessen und erforderlich sind. Ab dem 1. Januar 2014 entfällt die nach Absatz 2 Nr. 2 vorgesehene Zweckbindung der nach

IX.1 Grundgesetz (GG)   Art. 143d–143e

Absatz 1 zugewiesenen Finanzierungsmittel; die investive Zweckbindung des Mittelvolumens bleibt bestehen. Die Vereinbarungen aus dem Solidarpakt II bleiben unberührt.

(4) Das Nähere regelt ein Bundesgesetz, das der Zustimmung des Bundesrates bedarf.

Artikel 143d (Haushaltswirtschaft, Schuldenbremse)

(1) Artikel 109 und 115 in der bis zum 31. Juli 2009 geltenden Fassung sind letztmals auf das Haushaltsjahr 2010 anzuwenden. Artikel 109 und 115 in der ab dem 1. August 2009 geltenden Fassung sind erstmals für das Haushaltsjahr 2011 anzuwenden; am 31. Dezember 2010 bestehende Kreditermächtigungen für bereits eingerichtete Sondervermögen bleiben unberührt. Die Länder dürfen im Zeitraum vom 1. Januar 2011 bis zum 31. Dezember 2019 nach Maßgabe der geltenden landesrechtlichen Regelungen von den Vorgaben des Artikels 109 Absatz 3 abweichen. Die Haushalte der Länder sind so aufzustellen, dass im Haushaltsjahr 2020 die Vorgabe aus Artikel 109 Absatz 3 Satz 5 erfüllt wird. Der Bund kann im Zeitraum vom 1. Januar 2011 bis zum 31. Dezember 2015 von der Vorgabe des Artikels 115 Absatz 2 Satz 2 abweichen. Mit dem Abbau der bestehenden Defizite soll im Haushaltsjahr 2011 begonnen werden. Die jährlichen Haushalte sind so aufzustellen, dass im Haushaltsjahr 2016 die Vorgabe aus Artikel 115 Absatz 2 Satz 2 erfüllt wird; das Nähere regelt ein Bundesgesetz.

(2) Als Hilfe zur Einhaltung der Vorgaben des Artikels 109 Absatz 3 ab dem 1. Januar 2020 können den Ländern Berlin, Bremen, Saarland, Sachsen-Anhalt und Schleswig-Holstein für den Zeitraum 2011 bis 2019 Konsolidierungshilfen aus dem Haushalt des Bundes in Höhe von insgesamt 800 Millionen Euro jährlich gewährt werden. Davon entfallen auf Bremen 300 Millionen Euro, auf das Saarland 260 Millionen Euro und auf Berlin, Sachsen-Anhalt und Schleswig-Holstein jeweils 80 Millionen Euro. Die Hilfen werden auf der Grundlage einer Verwaltungsvereinbarung nach Maßgabe eines Bundesgesetzes mit Zustimmung des Bundesrates geleistet. Die Gewährung der Hilfen setzt einen vollständigen Abbau der Finanzierungsdefizite bis zum Jahresende 2020 voraus. Das Nähere, insbesondere die jährlichen Abbauschritte der Finanzierungsdefizite, die Überwachung des Abbaus der Finanzierungsdefizite durch den Stabilitätsrat sowie die Konsequenzen im Falle der Nichteinhaltung der Abbauschritte, wird durch Bundesgesetz mit Zustimmung des Bundesrates und durch Verwaltungsvereinbarung geregelt. Die gleichzeitige Gewährung der Konsolidierungshilfen und Sanierungshilfen auf Grund einer extremen Haushaltsnotlage ist ausgeschlossen.

(3) Die sich aus der Gewährung der Konsolidierungshilfen ergebende Finanzierungslast wird hälftig von Bund und Ländern, von letzteren aus ihrem Umsatzsteueranteil, getragen. Das Nähere wird durch Bundesgesetz mit Zustimmung des Bundesrates geregelt.

(4) Als Hilfe zur künftig eigenständigen Einhaltung der Vorgaben des Artikels 109 Absatz 3 können den Ländern Bremen und Saarland ab dem 1. Januar 2020 Sanierungshilfen in Höhe von jährlich insgesamt 800 Millionen Euro aus dem Haushalt des Bundes gewährt werden. Die Länder ergreifen hierzu Maßnahmen zum Abbau der übermäßigen Verschuldung sowie zur Stärkung der Wirtschafts- und Finanzkraft. Das Nähere regelt ein Bundesgesetz, das der Zustimmung des Bundesrates bedarf. Die gleichzeitige Gewährung der Sanierungshilfen und Sanierungshilfen auf Grund einer extremen Haushaltsnotlage ist ausgeschlossen.

Artikel 143e (Bundesautobahnen und sonstige Fernstraßen)

(1) Die Bundesautobahnen werden abweichend von Artikel 90 Absatz 2 längstens bis zum 31. Dezember 2020 in Auftragsverwaltung durch die Länder oder die nach Landesrecht zuständigen Selbstverwaltungskörperschaften geführt. Der Bund regelt die Umwandlung der Auftragsverwaltung in Bundesverwaltung nach Artikel 90 Absatz 2 und 4 durch Bundesgesetz mit Zustimmung des Bundesrates.

(2) Auf Antrag eines Landes, der bis zum 31. Dezember 2018 zu stellen ist, übernimmt der Bund abweichend von Artikel 90 Absatz 4 die sonstigen Bundesstraßen des Fernverkehrs, soweit sie im Gebiet dieses Landes liegen, mit Wirkung zum 1. Januar 2021 in Bundesverwaltung.

(3) Durch Bundesgesetz mit Zustimmung des Bundesrates kann geregelt werden, dass ein Land auf Antrag die Aufgabe der Planfeststellung und Plangenehmigung für den Bau und für die Änderung von Bundesautobahnen und von sonstigen Bundesstraßen des Fernverkehrs, die der Bund nach Artikel 90 Absatz 4 oder Artikel 143e Absatz 2 in Bundesverwaltung übernommen hat, im Auftrage des Bundes übernimmt und unter welchen Voraussetzungen eine Rückübertragung erfolgen kann.

Artikel 143f (Außerkrafttreten)

Artikel 143d, das Gesetz über den Finanzausgleich zwischen Bund und Ländern sowie sonstige auf der Grundlage von Artikel 107 Absatz 2 in seiner ab dem 1. Januar 2020 geltenden Fassung erlassene Gesetze treten außer Kraft, wenn nach dem 31. Dezember 2030 die Bundesregierung, der Bundestag oder gemeinsam mindestens drei Länder Verhandlungen über eine Neuordnung der bundesstaatlichen Finanzbeziehungen verlangt haben und mit Ablauf von fünf Jahren nach Notifikation des Verhandlungsverlangens der Bundesregierung, des Bundestages oder der Länder beim Bundespräsidenten keine gesetzliche Neuordnung der bundesstaatlichen Finanzbeziehungen in Kraft getreten ist. Der Tag des Außerkrafttretens ist im Bundesgesetzblatt bekannt zu geben.

Artikel 143g (Übergangsregelung)

Für die Regelung der Steuerertragsverteilung, des Länderfinanzausgleichs und der Bundesergänzungszuweisungen bis zum 31. Dezember 2019 ist Artikel 107 in seiner bis zum Inkrafttreten des Gesetzes zur Änderung des Grundgesetzes vom 13. Juli 2017 geltenden Fassung weiter anzuwenden.

Artikel 144 (Ratifizierung des Grundgesetzes)

(1) Dieses Grundgesetz bedarf der Annahme durch die Volksvertretungen in zwei Dritteln der deutschen Länder, in denen es zunächst gelten soll.

(2) Soweit die Anwendung dieses Grundgesetzes in einem der in Artikel 23 aufgeführten Länder oder in einem Teile eines dieser Länder Beschränkungen unterliegt, hat das Land oder der Teil des Landes das Recht, gemäß Artikel 38 Vertreter in den Bundestag und gemäß Artikel 50 Vertreter in den Bundesrat zu entsenden.

Artikel 145 (Verkündung des Grundgesetzes)

(1) Der Parlamentarische Rat stellt in öffentlicher Sitzung unter Mitwirkung der Abgeordneten Groß-Berlins die Annahme dieses Grundgesetzes fest, fertigt es aus und verkündet es.

(2) Dieses Grundgesetz tritt mit Ablauf des Tages der Verkündung in Kraft.

(3) Es ist im Bundesgesetzblatt zu veröffentlichen.

Der Tag der Verkündung war der 23. Mai 1949.

Artikel 146 (Außer-Kraft-Treten des Grundgesetzes)

Dieses Grundgesetz, das nach Vollendung der Einheit und Freiheit Deutschlands für das gesamte deutsche Volk gilt, verliert seine Gültigkeit an dem Tage, an dem eine Verfassung in Kraft tritt, die von dem deutschen Volke in freier Entscheidung beschlossen worden ist.

Niedersächsische Verfassung

Vom 19. Mai 1993 (Nds. GVBl. S. 107)

Zuletzt geändert durch
Gesetz zur Änderung der Niedersächsischen Verfassung und zur Einführung
der elektronischen Verkündung von Gesetzen und Verordnungen in Niedersachsen
vom 8. November 2023 (Nds. GVBl. S. 258)

Inhaltsübersicht

Präambel

**Erster Abschnitt
Grundlagen der Staatsgewalt, Grundrechte und Staatsziele**

- Artikel 1 Staatsgrundsätze, Landessymbole, Hauptstadt
- Artikel 2 Demokratie, Rechtsstaatlichkeit
- Artikel 3 Grundrechte
- Artikel 4 Recht auf Bildung, Schulwesen
- Artikel 4a Schutz und Erziehung von Kindern und Jugendlichen
- Artikel 5 Wissenschaft, Hochschulen
- Artikel 6 Kunst, Kultur und Sport
- Artikel 6a Arbeit, Wohnen
- Artikel 6b Tierschutz
- Artikel 6c Klima

**Zweiter Abschnitt
Der Landtag**

- Artikel 7 Aufgaben des Landtages
- Artikel 8 Wahl des Landtages
- Artikel 9 Wahlperiode
- Artikel 10 Auflösung des Landtages
- Artikel 11 Beginn und Ende des Mandats, Wahlprüfung
- Artikel 12 Rechtsstellung der Mitglieder des Landtages
- Artikel 13 Bewerbung, Mandatsausübung, Entschädigung
- Artikel 14 Indemnität
- Artikel 15 Immunität
- Artikel 16 Zeugnisverweigerungsrecht
- Artikel 17 Abgeordnetenanklage
- Artikel 18 Präsidium
- Artikel 19 Fraktionen, Opposition
- Artikel 20 Ausschüsse, Ältestenrat
- Artikel 21 Geschäftsordnung, Einberufung, Beschlußfassung
- Artikel 22 Öffentlichkeit
- Artikel 23 Anwesenheit der Landesregierung
- Artikel 24 Auskunft, Aktenvorlage und Zugang zu öffentlichen Einrichtungen
- Artikel 25 Unterrichtungspflicht der Landesregierung
- Artikel 26 Behandlung von Eingaben
- Artikel 27 Untersuchungsausschüsse

**Dritter Abschnitt
Die Landesregierung**

- Artikel 28 Aufgabe und Zusammensetzung
- Artikel 29 Regierungsbildung
- Artikel 30 Auflösung des Landtages, vereinfachte Regierungsbildung
- Artikel 31 Bekenntnis und Amtseid
- Artikel 32 Mißtrauensvotum
- Artikel 33 Rücktritt
- Artikel 34 Rechtsstellung der Regierungsmitglieder
- Artikel 35 Vertretung des Landes, Staatsverträge
- Artikel 36 Begnadigungsrecht, Amnestie
- Artikel 37 Richtlinien der Politik, Ressortprinzip, Zuständigkeit der Landesregierung
- Artikel 38 Verwaltungsorganisation, dienstrechtliche Befugnisse
- Artikel 39 Sitzungen der Landesregierung
- Artikel 40 Anklage von Regierungsmitgliedern

Vierter Abschnitt
Die Gesetzgebung

Artikel 41 Erfordernis der Gesetzesform
Artikel 42 Gesetzgebungsverfahren
Artikel 43 Verordnungen
Artikel 44 Notverordnungen
Artikel 45 Ausfertigung, Verkündung, Inkrafttreten
Artikel 46 Verfassungsänderungen

Fünfter Abschnitt
Volksinitiative, Volksbegehren und Volksentscheid

Artikel 47 Volksinitiative
Artikel 48 Volksbegehren
Artikel 49 Volksentscheid
Artikel 50 Kostenerstattung, Ausführungsgesetz

Sechster Abschnitt
Die Rechtsprechung

Artikel 51 Gerichte, Richterinnen und Richter
Artikel 52 Richteranklage
Artikel 53 Gewährleistung des Rechtsweges
Artikel 54 Zuständigkeit des Staatsgerichtshofs
Artikel 55 Verfassung und Verfahren des Staatsgerichtshof

Siebenter Abschnitt
Die Verwaltung

Artikel 56 Landesverwaltung
Artikel 57 Selbstverwaltung
Artikel 58 Finanzwirtschaft der Gemeinden und Landkreise
Artikel 59 Gebietsänderung von Gemeinden und Landkreisen
Artikel 60 Öffentlicher Dienst

Artikel 61 Wählbarkeit von Angehörigen des öffentlichen Dienstes
Artikel 62 Landesbeauftragte oder Landesbeauftragter für den Datenschutz

Achter Abschnitt
Das Finanzwesen

Artikel 63 Landesvermögen
Artikel 64 Finanzplanung
Artikel 65 Landeshaushalt
Artikel 66 Vorläufige Haushaltsführung
Artikel 67 Über- und außerplanmäßige Ausgaben
Artikel 68 Haushaltswirksame Gesetze
Artikel 69 Rechnungslegung, Entlastung
Artikel 70 Landesrechnungshof
Artikel 71 Kreditaufnahme, Gewährleistungen

Neunter Abschnitt
Übergangs- und Schlußbestimmungen

Artikel 72 Besondere Belange und überkommene Einrichtungen der ehemaligen Länder
Artikel 73 Übertragung von Hoheitsrechten
Artikel 74 Mehrheiten und Minderheiten der Mitglieder des Landtages
Artikel 75 Volksvertretungen anderer Länder
Artikel 76 Übergangsvorschrift für die Wahlperioden
Artikel 77 Übergangsvorschrift für die Besetzung des Staatsgerichtshofs
Artikel 77a Übergangsvorschrift zu Artikel 71
Artikel 78 Inkrafttreten

Der Niedersächsische Landtag hat unter Einhaltung der Vorschrift des Artikels 38 der Vorläufigen Niedersächsischen Verfassung die folgende Verfassung beschlossen, die hiermit verkündet wird:

Präambel

Im Bewußtsein seiner Verantwortung vor Gott und den Menschen hat sich das Volk von Niedersachsen durch seinen Landtag diese Verfassung gegeben.

Erster Abschnitt
Grundlagen der Staatsgewalt, Grundrechte und Staatsziele

Artikel 1 Staatsgrundsätze, Landessymbole, Hauptstadt

(1) Das Land Niedersachsen ist hervorgegangen aus den Ländern Hannover, Oldenburg, Braunschweig und Schaumburg-Lippe.

(2) Das Land Niedersachsen ist ein freiheitlicher, republikanischer, demokratischer, sozialer und dem Schutz der natürlichen Lebensgrundlagen verpflichteter Rechtsstaat in der Bundesrepublik Deutschland und Teil der europäischen Völkergemeinschaft.

(3) Niedersachsen führt als Wappen das weiße Roß im roten Felde und in der Flagge die Farben Schwarz-Rot-Gold mit dem Landeswappen. Das Nähere bestimmt ein Gesetz.

(4) Landeshauptstadt ist Hannover.

Artikel 2 Demokratie, Rechtsstaatlichkeit

(1) Alle Staatsgewalt geht vom Volke aus. Sie wird vom Volke in Wahlen und Abstimmungen und durch besondere Organe der Gesetzgebung, der vollziehenden Gewalt und der Rechtsprechung ausgeübt.

(2) Die Gesetzgebung ist an die verfassungsmäßige Ordnung in Bund und Land, die vollziehende Gewalt und die Rechtsprechung sind an Gesetz und Recht gebunden.

Artikel 3 Grundrechte

(1) Das Volk von Niedersachsen bekennt sich zu den Menschenrechten als Grundlage der staatlichen Gemeinschaft, des Friedens und der Gerechtigkeit.

(2) Die im Grundgesetz für die Bundesrepublik Deutschland festgelegten Grundrechte und staatsbürgerlichen Rechte sind Bestandteil dieser Verfassung. Sie binden Gesetzgebung, vollziehende Gewalt und Rechtsprechung als unmittelbar geltendes Landesrecht. Die Achtung der Grundrechte, insbesondere die Verwirklichung der Gleichberechtigung von Frauen und Männern, ist eine ständige Aufgabe des Landes, der Gemeinden und Landkreise.

(3) Niemand darf wegen seines Geschlechts, seiner Abstammung, seiner Rasse, seiner Sprache, seiner Heimat und Herkunft, seines Glaubens, seiner religiösen oder politischen Anschauungen benachteiligt oder bevorzugt werden. Niemand darf wegen seiner Behinderung benachteiligt werden.

Artikel 4 Recht auf Bildung, Schulwesen

(1) Jeder Mensch hat das Recht auf Bildung.

(2) Es besteht allgemeine Schulpflicht. Das gesamte Schulwesen steht unter der Aufsicht des Landes.

(3) Das Recht zur Errichtung von Schulen in freier Trägerschaft wird gewährleistet. Sie haben Anspruch auf staatliche Förderung, wenn sie nach Artikel 7 Abs. 4 und 5 des Grundgesetzes für die Bundesrepublik Deutschland genehmigt sind und die Voraussetzungen für die Genehmigung auf Dauer erfüllen.

(4) Das Nähere regelt ein Gesetz.

Artikel 4a Schutz und Erziehung von Kindern und Jugendlichen

(1) Kinder und Jugendliche haben als eigenständige Personen das Recht auf Achtung ihrer Würde und gewaltfreie Erziehung.

(2) ₁Wer Kinder und Jugendliche erzieht, hat Anspruch auf angemessene staatliche Hilfe und Rücksichtnahme. ₂Staat und Gesellschaft tragen für altersgerechte Lebensbedingungen Sorge.

(3) Kinder und Jugendliche sind vor körperlicher und seelischer Vernachlässigung und Misshandlung zu schützen.

Artikel 5 Wissenschaft, Hochschulen

(1) Das Land schützt und fördert die Wissenschaft.

(2) Das Land unterhält und fördert Hochschulen und andere wissenschaftliche Einrichtungen.

(3) Die Hochschulen haben das Recht der Selbstverwaltung im Rahmen der Gesetze.

(4) Das Nähere regelt ein Gesetz.

Artikel 6 Kunst, Kultur und Sport

Das Land, die Gemeinden und die Landkreise schützen und fördern Kunst, Kultur und Sport.

Artikel 6a Arbeit, Wohnen

Das Land wirkt darauf hin, daß jeder Mensch Arbeit finden und dadurch seinen Lebensunterhalt bestreiten kann und daß die Bevölkerung mit angemessenem Wohnraum versorgt ist.

Artikel 6b Tierschutz

Tiere werden als Lebewesen geachtet und geschützt.

Artikel 6c Klima

In Verantwortung auch für die künftigen Generationen schützt das Land das Klima und mindert die Folgen des Klimawandels.

Zweiter Abschnitt
Der Landtag

Artikel 7 Aufgaben des Landtages

Der Landtag ist die gewählte Vertretung des Volkes. Seine Aufgaben sind es insbesondere, die gesetzgebende Gewalt auszuüben, über den Landeshaushalt zu beschließen, die Ministerpräsidentin oder den Ministerpräsidenten zu wählen, an der Regierungsbildung mitzuwirken und die vollziehende Gewalt nach Maßgabe dieser Verfassung zu überwachen.

Artikel 8 Wahl des Landtages

(1) Die Mitglieder des Landtages werden in allgemeiner, unmittelbarer, freier, gleicher und geheimer Wahl gewählt.

(2) Wahlberechtigt und wählbar sind alle Deutschen, die das 18. Lebensjahr vollendet und im Land Niedersachsen ihren Wohnsitz haben.

(3) Wahlvorschläge, für die weniger als fünf vom Hundert der Stimmen abgegeben werden, erhalten keine Mandate.

(4) Mitglieder des Bundestages, der Bundesregierung, des Europäischen Parlaments sowie der Volksvertretungen und Regierungen anderer Länder dürfen dem Landtag nicht angehören.

(5) Das Nähere bestimmt ein Gesetz. Dieses kann insbesondere die Wahlberechtigung und die Wählbarkeit von einer bestimmten Dauer des Wohnsitzes abhängig machen.

Artikel 9 Wahlperiode

(1) Der Landtag wird auf fünf Jahre gewählt. Seine Wahlperiode beginnt mit seinem Zusammentritt und endet mit dem Zusammentritt des nächsten Landtages.

(2) Der nächste Landtag ist frühestens 56, spätestens 59 Monate nach Beginn der Wahlperiode zu wählen, im Fall der Auflösung des Landtages binnen zwei Monaten.

(3) Der Landtag tritt spätestens am 30. Tage nach seiner Wahl zusammen.

Artikel 10 Auflösung des Landtages

(1) Der Landtag kann seine Auflösung beschließen. Der Beschluß ist unwiderruflich.

(2) Der Antrag auf Auflösung kann nur von mindestens einem Drittel der Mitglieder des Landtages gestellt werden. Zu dem Beschluß ist die Zustimmung von zwei Dritteln der anwesenden Mitglieder, mindestens jedoch die Zustimmung der Mehrheit der Mitglieder des Landtages erforderlich.

(3) Über den Antrag auf Auflösung kann frühestens am elften und muß spätestens am 30. Tage nach Schluß der Besprechung abgestimmt werden.

Artikel 11 Beginn und Ende des Mandats, Wahlprüfung

(1) Die Mitgliedschaft im Landtag beginnt mit der Annahme der Wahl, jedoch nicht vor Beginn der Wahlperiode.

(2) Der Landtag prüft auf Antrag die Gültigkeit der Wahl. Er entscheidet auch, ob ein Mitglied des Landtages sein Mandat verloren hat, wenn der Verlust nicht schon aus einem Richterspruch folgt.

(3) Das Nähere regelt ein Gesetz. Es kann Entscheidungen nach Absatz 2 einem Ausschuß oder der Präsidentin oder dem Präsidenten des Landtages übertragen.

(4) Die Entscheidungen nach den Absätzen 2 und 3 können beim Staatsgerichtshof angefochten werden.

Artikel 12 Rechtsstellung der Mitglieder des Landtages

Die Mitglieder des Landtages vertreten das ganze Volk. Sie sind an Aufträge und Weisungen nicht gebunden und nur ihrem Gewissen unterworfen.

Artikel 13 Bewerbung, Mandatsausübung, Entschädigung

(1) Wer sich um ein Mandat im Landtag bewirbt, hat Anspruch auf den zur Vorbereitung seiner Wahl erforderlichen Urlaub.

(2) Niemand darf gehindert werden, ein Landtagsmandat zu übernehmen und auszuüben. Die Kündigung eines Beschäftigungsverhältnisses aus diesem Grunde ist unzulässig.

(3) Die Mitglieder des Landtages haben Anspruch auf eine angemessene, ihre Unabhängigkeit sichernde Entschädigung. Das Nähere bestimmt ein Gesetz.

Artikel 14 Indemnität

Ein Mitglied des Landtages darf zu keiner Zeit wegen seiner Abstimmung oder wegen einer Äußerung, die es im Landtag, in einem Ausschuß oder in einer Fraktion getan hat, gerichtlich oder dienstlich verfolgt oder anderweitig außerhalb des Landtages zur Verantwortung gezogen werden. Dies gilt nicht für verleumderische Beleidigungen.

Artikel 15 Immunität

(1) Wegen einer mit Strafe bedrohten Handlung darf ein Mitglied des Landtages nur mit Genehmigung des Landtages zur Verantwortung gezogen oder verhaftet werden, es sei denn, daß es bei Begehung der Tat, spätestens bis zum Ablauf des folgenden Tages, festgenommen wird.

(2) Die Genehmigung des Landtages ist ferner bei jeder anderen Beschränkung der persönlichen Freiheit eines Mitglieds des Landtages oder zur Einleitung eines Verfahrens gegen ein Mitglied des Landtages gemäß Artikel 18 des Grundgesetzes für die Bundesrepublik Deutschland erforderlich.

(3) Jedes Strafverfahren und jedes Verfahren gemäß Artikel 18 des Grundgesetzes für die Bundesrepublik Deutschland gegen ein Mitglied des Landtages, jede Haft und jede sonstige Beschränkung seiner persönlichen Freiheit sind auf Verlangen des Landtages auszusetzen.

Artikel 16 Zeugnisverweigerungsrecht

(1) Mitglieder des Landtages sind berechtigt, über Personen, die ihnen als Mitgliedern des Landtages oder denen sie in dieser Eigenschaft Tatsachen anvertraut haben, sowie über diese Tatsachen selbst das Zeugnis zu verweigern.

(2) Den Mitgliedern des Landtages stehen Personen gleich, die sie in Ausübung ihres Mandats zur Mitarbeit herangezogen haben. Über die Ausübung ihres Zeugnisverweigerungsrechts entscheidet das Mitglied des Landtages, es sei denn, daß seine Entscheidung in absehbarer Zeit nicht herbeigeführt werden kann.

(3) Soweit das Zeugnisverweigerungsrecht reicht, ist eine Beschlagnahme unzulässig.

Artikel 17 Abgeordnetenanklage

(1) Der Landtag kann ein Mitglied des Landtages wegen gewinnsüchtigen Mißbrauchs seiner Stellung als Mitglied des Landtages vor dem Staatsgerichtshof anklagen.

(2) Der Antrag auf Erhebung der Anklage muß von mindestens einem Drittel der Mitglieder des Landtages gestellt werden. Der Beschluß auf Erhebung der Anklage bedarf der Zustimmung von zwei Dritteln der Mitglieder des Landtages.

(3) Erkennt der Staatsgerichtshof im Sinne der Anklage, so verliert das Mitglied des Landtages sein Mandat.

Artikel 18 Präsidium

(1) Der Landtag wählt seine Präsidentin oder seinen Präsidenten, deren oder dessen Stellvertreterin oder Stellvertreterinnen oder Stellvertreter und die Schriftführerinnen oder Schriftführer (Präsidium).

(2) Die Präsidentin oder der Präsident übt das Hausrecht und die Ordnungsgewalt in den Räumen des Landtages aus. Eine Durchsuchung oder Beschlagnahme in diesen Räumen bedarf ihrer oder seiner Einwilligung.

(3) Die Präsidentin oder der Präsident vertritt das Land in Angelegenheiten des Landtages, leitet dessen Verwaltung und übt die dienstrechtlichen Befugnisse aus. Sie oder er ist dabei nur an Gesetz und Recht gebunden. Wichtige Personalentscheidungen trifft sie oder er im Benehmen mit dem Präsidium.

(4) Der Landtag kann Mitglieder des Präsidiums auf Antrag der Mehrheit der Mitglieder des Landtages durch Beschluß abberufen. Der Beschluß bedarf der Zustimmung von zwei Dritteln der Mitglieder des Landtages.

Artikel 19 Fraktionen, Opposition

(1) Mitglieder des Landtages können sich nach Maßgabe der Geschäftsordnung des Landtages zu Fraktionen zusammenschließen.

(2) Die Fraktionen und die Mitglieder des Landtages, die die Landesregierung nicht stützen, haben das Recht auf Chancengleichheit in Parlament und Öffentlichkeit. Sie haben Anspruch auf die zur Erfüllung ihrer besonderen Aufgaben erforderliche Ausstattung; das Nähere regelt ein Gesetz.

Artikel 20 Ausschüsse, Ältestenrat

(1) Zur Vorbereitung seiner Beschlüsse setzt der Landtag Ausschüsse ein.

(2) In den Ausschüssen müssen die Fraktionen des Landtages ihrer Stärke entsprechend, mindestens jedoch durch ein Mitglied mit beratender Stimme, vertreten sein. Fraktionslose Mitglieder des Landtages sind angemessen zu berücksichtigen. Jedes Ausschußmitglied kann im Ausschuß Anträge stellen.

(3) Zur Unterstützung der Präsidentin oder des Präsidenten in parlamentarischen Angelegenheiten bildet der Landtag einen Ältestenrat. Absatz 2 gilt entsprechend.

Artikel 21 Geschäftsordnung, Einberufung, Beschlußfassung

(1) Der Landtag gibt sich eine Geschäftsordnung.

(2) Die Präsidentin oder der Präsident des Landtages beruft den Landtag ein und bestimmt, soweit der Landtag nicht darüber beschlossen hat, den Beginn und die Tagesordnung der Sitzungen. Der Landtag ist unverzüglich einzuberufen, wenn ein Viertel seiner Mitglieder oder die Landesregierung es unter Angabe des Beratungsgegenstandes verlangt.

(3) Zu seiner ersten Sitzung wird der Landtag von der Präsidentin oder dem Präsidenten des bisherigen Landtages einberufen. Absatz 2 Satz 2 gilt entsprechend.

(4) Der Landtag beschließt mit der Mehrheit der abgegebenen Stimmen, sofern diese Verfassung nichts anderes bestimmt. Für Beschlüsse zum Verfahren des Landtages und für Wahlen kann auch durch die Geschäftsordnung oder durch Gesetz Abweichendes bestimmt werden. Die Beschlußfähigkeit wird durch die Geschäftsordnung geregelt.

Artikel 22 Öffentlichkeit

(1) Der Landtag verhandelt öffentlich. Auf Antrag eines Zehntels seiner Mitglieder oder auf Antrag der Landesregierung kann die Öffentlichkeit mit Zustimmung von zwei Dritteln der anwesenden Mitglieder des Landtages ausgeschlossen werden. Über den Antrag wird in nichtöffentlicher Sitzung entschieden.

(2) Wahrheitsgetreue Berichte über die öffentlichen Sitzungen des Landtages und seiner Ausschüsse bleiben von jeder Verantwortlichkeit frei.

Artikel 23 Anwesenheit der Landesregierung

(1) Der Landtag und seine Ausschüsse können die Anwesenheit eines jeden Mitglieds der Landesregierung verlangen.

(2) Die Mitglieder der Landesregierung und ihre Beauftragten haben zu den Sitzungen des Landtages und seiner Ausschüsse Zutritt. Sie müssen jederzeit gehört werden. Sie unterstehen der Ordnungsgewalt der Präsidentin oder des Präsidenten oder der Vorsitzenden oder des Vorsitzenden.

(3) Absatz 2 Satz 1 und 2 gilt nicht für die Sitzungen des Untersuchungsausschüsse, des Wahlprüfungsausschusses und des Ausschusses zur Vorbereitung der Wahl der Mitglieder des Staatsgerichtshofs.

Artikel 24 Auskunft, Aktenvorlage und Zugang zu öffentlichen Einrichtungen

(1) Anfragen von Mitgliedern des Landtages hat die Landesregierung im Landtag und in seinen Ausschüssen nach bestem Wissen unverzüglich und vollständig zu beantworten.

(2) Die Landesregierung hat, wenn es mindestens ein Fünftel der Ausschußmitglieder verlangt, zum Gegenstand einer Ausschußsitzung Akten unverzüglich und vollständig vorzulegen und Zugang zu öffentlichen Einrichtungen zu gewähren. Für Akten und Einrichtungen, die nicht in der Hand des Landes sind, gilt dies, soweit das Land die Vorlage oder den Zugang verlangen kann.

(3) Die Landesregierung braucht dem Verlangen nicht zu entsprechen, soweit dadurch die Funktionsfähigkeit und Eigenverantwortung der Landesregierung wesentlich beeinträchtigt würden oder zu befürchten ist, daß durch das Bekanntwerden von Tatsachen dem Wohl des Landes oder des Bundes Nachteile zugefügt oder schutzwürdige Interessen Dritter verletzt werden. Die Entscheidung ist zu begründen.

(4) Näheres kann ein Gesetz regeln.

Artikel 25 Unterrichtungspflicht der Landesregierung

(1) Die Landesregierung ist verpflichtet, den Landtag über die Vorbereitung von Gesetzen sowie über Grundsatzfragen der Landesplanung, der Standortplanung und Durchführung von Großvorhaben frühzeitig und vollständig zu unterrichten. Das gleiche gilt, soweit es um Gegenstände von grundsätzlicher Bedeutung geht, für die Vorbereitung von Verordnungen, für die Mitwirkung im Bundesrat sowie für die Zusammenarbeit mit dem Bund, den Ländern, anderen Staaten, der Europäischen Gemeinschaft und deren Organen.

(2) Artikel 24 Abs. 3 Satz 1 gilt entsprechend.

(3) Näheres kann ein Gesetz regeln.

Artikel 26 Behandlung von Eingaben

Die Behandlung an den Landtag gerichteter Bitten und Beschwerden obliegt dem Landtag, der sich zur Vorbereitung des nach der Geschäftsordnung zuständigen Ausschusses bedient.

Artikel 27 Untersuchungsausschüsse

(1) Der Landtag hat das Recht und auf Antrag von mindestens einem Fünftel seiner Mitglieder die Pflicht, Untersuchungsausschüsse einzusetzen, um Sachverhalte im öffentlichen Interesse aufzuklären. Gegen den Willen der Antragstellerinnen oder Antragsteller darf der Untersuchungsauftrag nur ausgedehnt werden, wenn dessen Kern gewahrt bleibt und keine wesentliche Verzögerung zu erwarten ist.

(2) Die Ausschüsse erheben die erforderlichen Beweise. Hält ein Fünftel der Ausschußmitglieder einen bestimmten Beweis für erforderlich, so hat der Ausschuß ihn zu erheben.

(3) Die Beweisaufnahme ist öffentlich. Die Beratungen sind nicht öffentlich. Der Ausschluß der Öffentlichkeit bei der Beweiserhebung und die Herstellung der Öffentlichkeit bei der Beratung bedürfen einer Mehrheit von zwei Dritteln der Ausschußmitglieder. Über den Ausschluß der Öffentlichkeit wird in nichtöffentlicher Sitzung entschieden.

(4) Gerichte und Verwaltungsbehörden haben Rechts- und Amtshilfe zu leisten und ihren Bediensteten die Aussage vor den Ausschüssen zu genehmigen. Dies gilt nicht, soweit Gründe nach Artikel 24 Abs. 3 entgegenstehen.

(5) Die Ausschüsse berichten über ihre Untersuchungen. Ausschußmitglieder, die einen

Bericht für unzutreffend halten, können ihre Auffassung in einem Zusatz zu dem Bericht darstellen.

(6) Der Landtag kann das Verfahren der Ausschüsse durch Gesetz oder Geschäftsordnung näher regeln. Soweit er nichts anderes bestimmt, sind auf die Erhebungen der Ausschüsse und der von ihnen ersuchten Gerichte und Behörden die Vorschriften über den Strafprozeß sinngemäß anzuwenden. Das Brief-, Post- und Fernmeldegeheimnis bleibt unberührt.

(7) Hält ein Gericht die einem Ausschuß aufgegebene Untersuchung für verfassungswidrig und ist dies für seine Entscheidung erheblich, so hat es das Verfahren auszusetzen und die Entscheidung des Staatsgerichtshofs einzuholen.

(8) Die Berichte der Ausschüsse sind der richterlichen Erörterung entzogen. In der Würdigung und Beurteilung des der Untersuchung zugrundeliegenden Sachverhalts sind die Gerichte frei.

Dritter Abschnitt
Die Landesregierung

Artikel 28 Aufgabe und Zusammensetzung

(1) Die Landesregierung übt die vollziehende Gewalt aus.

(2) Die Landesregierung besteht aus der Ministerpräsidentin oder dem Ministerpräsidenten und den Ministerinnen und Ministern.

(3) Mitglieder des Bundestages, des Europäischen Parlaments und der Volksvertretungen anderer Länder dürfen der Landesregierung nicht angehören.

Artikel 29 Regierungsbildung

(1) Die Ministerpräsidentin oder der Ministerpräsident wird vom Landtag mit der Mehrheit seiner Mitglieder ohne Aussprache in geheimer Abstimmung gewählt.

(2) Die Ministerpräsidentin oder der Ministerpräsident beruft die übrigen Mitglieder der Landesregierung und bestimmt ein Mitglied, das sie oder ihn vertritt.

(3) Die Landesregierung bedarf zur Amtsübernahme der Bestätigung durch den Landtag.

(4) Die Berufung und Entlassung eines Mitglieds der Landesregierung durch die Ministerpräsidentin oder den Ministerpräsidenten nach der Bestätigung bedarf der Zustimmung des Landtages.

(5) Wird die Bestätigung versagt, so kann das Verfahren nach den Absätzen 1 bis 3 wiederholt werden.

Artikel 30 Auflösung des Landtages, vereinfachte Regierungsbildung

(1) Kommt die Regierungsbildung und -bestätigung auf Grund des Artikels 29 innerhalb von 21 Tagen nach dem Zusammentritt des neugewählten Landtages oder dem Rücktritt einer Landesregierung nicht zustande, so beschließt der Landtag innerhalb von weiteren 14 Tagen über seine Auflösung. Der Beschluß bedarf der Mehrheit der Mitglieder des Landtages.

(2) Wird die Auflösung nicht beschlossen, so findet unverzüglich eine neue Wahl der Ministerpräsidentin oder des Ministerpräsidenten statt. Gewählt ist, wer die meisten Stimmen erhält. Die weitere Regierungsbildung vollzieht sich nach Artikel 29 Abs. 2. Artikel 29 Abs. 3 findet keine Anwendung.

Artikel 31 Bekenntnis und Amtseid

Die Mitglieder der Landesregierung haben sich bei der Amtsübernahme vor dem Landtag zu den Grundsätzen eines freiheitlichen, republikanischen, demokratischen, sozialen und dem Schutz der natürlichen Lebensgrundlagen verpflichteten Rechtsstaates zu bekennen und folgenden Eid zu leisten:

„Ich schwöre, daß ich meine Kraft dem Volke und dem Lande widmen, das Grundgesetz für die Bundesrepublik Deutschland und die Niedersächsische Verfassung sowie die Gesetze wahren und verteidigen, meine Pflichten gewissenhaft erfüllen und Gerechtigkeit gegenüber allen Menschen üben werde."

Der Eid kann mit der Beteuerung „So wahr mir Gott helfe" oder ohne sie geleistet werden.

Artikel 32 Mißtrauensvotum

(1) Der Landtag kann der Ministerpräsidentin oder dem Ministerpräsidenten das Vertrauen entziehen.

(2) Der Antrag kann nur von mindestens einem Drittel der Mitglieder des Landtages gestellt werden. Über den Antrag darf frühestens 21 Tage nach Schluß der Besprechung abgestimmt werden.

(3) Das Vertrauen kann nur dadurch entzogen werden, daß der Landtag mit der Mehrheit seiner Mitglieder eine Nachfolgerin oder einen Nachfolger wählt.

Artikel 33 Rücktritt

(1) Die Mitglieder der Landesregierung können jederzeit zurücktreten.

(2) Die Ministerpräsidentin oder der Ministerpräsident gilt als zurückgetreten, sobald ein neugewählter Landtag zusammentritt oder sobald der Landtag ihr oder ihm das Vertrauen entzieht.

(3) Scheidet die Ministerpräsidentin oder der Ministerpräsident aus oder tritt sie oder er zurück, so gilt die Landesregierung als zurückgetreten.

(4) Die Mitglieder der Landesregierung sind im Falle ihres Rücktritts verpflichtet, die Geschäfte bis zu deren Übernahme durch ihre Nachfolgerinnen oder Nachfolger weiterzuführen.

Artikel 34 Rechtsstellung der Regierungsmitglieder

(1) Die Mitglieder der Landesregierung sind keine Beamte. Ihre Bezüge regelt ein Gesetz.

(2) Die Mitglieder der Landesregierung dürfen kein anderes besoldetes Amt, kein Gewerbe und keinen Beruf ausüben und weder der Leitung noch dem Aufsichtsrat eines auf Erwerb gerichteten Unternehmens angehören. Die Landesregierung kann Ausnahmen zulassen, insbesondere für die Entsendung in Organe von Unternehmen, an denen die öffentliche Hand beteiligt ist. Jede Ausnahme ist dem Landtag mitzuteilen.

Artikel 35 Vertretung des Landes, Staatsverträge

(1) Die Ministerpräsidentin oder der Ministerpräsident vertritt das Land nach außen.

(2) Verträge des Landes, die sich auf Gegenstände der Gesetzgebung beziehen, bedürfen der Zustimmung des Landtages.

Artikel 36 Begnadigungsrecht, Amnestie

(1) Die Ministerpräsidentin oder der Ministerpräsident übt im Einzelfall das Begnadigungsrecht aus. Sie oder er kann ihre oder seine Befugnisse auf andere Stellen übertragen.

(2) Allgemeine Straferlasse und die Niederschlagung von Strafsachen bedürfen eines Gesetzes.

Artikel 37 Richtlinien der Politik, Ressortprinzip, Zuständigkeit der Landesregierung

(1) Die Ministerpräsidentin oder der Ministerpräsident bestimmt die Richtlinien der Politik und trägt dafür die Verantwortung. Innerhalb dieser Richtlinien leitet jedes Mitglied der Landesregierung seinen Geschäftsbereich selbständig und unter eigener Verantwortung.

(2) Die Landesregierung beschließt

1. über alle Angelegenheiten, die der Landesregierung gesetzlich übertragen sind,
2. über die Bestellung der Vertreterinnen oder Vertreter im Bundesrat und deren Stimmabgabe,
3. über die Abgrenzung der Geschäftsbereiche,
4. über Fragen, die mehrere Geschäftsbereiche berühren, wenn die beteiligten Mitglieder der Landesregierung sich nicht verständigen,
5. über Gesetzentwürfe, die sie beim Landtag einbringt,
6. über Verordnungen, soweit gesetzlich nichts anderes bestimmt ist.

Artikel 38 Verwaltungsorganisation, dienstrechtliche Befugnisse

(1) Die Landesregierung beschließt über die Organisation der öffentlichen Verwaltung, soweit nicht Gesetze die Organisation regeln.

(2) Die Landesregierung ernennt und entläßt die Berufsrichterinnen, Berufsrichter, Beamtinnen und Beamten.

(3) Die Landesregierung kann diese Befugnisse auf einzelne Mitglieder der Landesregierung oder auf andere Stellen übertragen.

Artikel 39 Sitzungen der Landesregierung

(1) In der Landesregierung führt die Ministerpräsidentin oder der Ministerpräsident den Vorsitz und leitet die Geschäfte nach einer von der Landesregierung zu beschließenden Geschäftsordnung. Die Geschäftsordnung ist zu veröffentlichen.

(2) Die Landesregierung faßt ihre Beschlüsse mit Stimmenmehrheit. Kein Mitglied darf sich der Stimme enthalten. Bei Stimmengleichheit entscheidet die Stimme der Ministerpräsidentin oder des Ministerpräsidenten. Die Beschlußfähigkeit der Landesregierung und die Stellvertretung der Ministerinnen oder Minister werden durch die Geschäftsordnung geregelt.

(3) Für die Beratung des Entwurfs des Haushaltsplans sowie für die Beschlußfassung über Ausgaben außerhalb des Haushaltsplans kann die Geschäftsordnung eine von Absatz 2 Satz 1 abweichende Regelung treffen.

Artikel 40 Anklage von Regierungsmitgliedern

(1) Der Landtag kann Mitglieder der Landesregierung vor dem Staatsgerichtshof anklagen, daß sie in Ausübung des Amtes vorsätzlich die Verfassung oder ein Gesetz verletzt haben. Artikel 17 Abs. 2 gilt entsprechend.

(2) Erkennt der Staatsgerichtshof im Sinne der Anklage, so kann er das Mitglied der Landesregierung des Amtes für verlustig erklären. Die Anklage wird durch den vor oder nach ihrer Erhebung erfolgten Rücktritt des Mitglieds der Landesregierung nicht berührt.

(3) Jedes Mitglied der Landesregierung kann mit Zustimmung der Landesregierung die Entscheidung des Staatsgerichtshofs über einen gegen das Mitglied in der Öffentlichkeit erhobenen Vorwurf nach Absatz 1 Satz 1 beantragen. Für das weitere Verfahren gelten die Vorschriften des Absatzes 2.

Vierter Abschnitt
Die Gesetzgebung

Artikel 41 Erfordernis der Gesetzesform

Allgemein verbindliche Vorschriften der Staatsgewalt, durch die Rechte oder Pflichten begründet, geändert oder aufgehoben werden, bedürfen der Form des Gesetzes.

Artikel 42 Gesetzgebungsverfahren

(1) Die Gesetze werden vom Landtag oder durch Volksentscheid beschlossen.

(2) Vor dem Beschluß des Landtages kann die Landesregierung verlangen, daß die Abstimmung bis zu 30 Tagen ausgesetzt wird.

(3) Gesetzentwürfe werden beim Landtag aus seiner Mitte, von der Landesregierung, durch Volksinitiative oder Volksbegehren eingebracht.

Artikel 43 Verordnungen

(1) Gesetze können die Landesregierung, Ministerien und andere Behörden ermächtigen, Vorschriften im Sinne des Artikels 41 als Verordnungen zu erlassen. Die Gesetze müssen Inhalt, Zweck und Ausmaß der Ermächtigung bestimmen.

(2) In der Verordnung ist die Rechtsgrundlage anzugeben. Die Ermächtigung zum Erlaß einer Verordnung darf nur, wenn das Gesetz dies zuläßt, und nur durch Verordnung weiter übertragen werden.

Artikel 44 Notverordnungen

(1) Ist der Landtag durch höhere Gewalt daran gehindert, sich frei zu versammeln, und wird dies durch die Präsidentin oder den Präsidenten des Landtages festgestellt, so kann die Landesregierung zur Aufrechterhaltung der öffentlichen Sicherheit und Ordnung oder zur Beseitigung eines Notstandes Verordnungen mit Gesetzeskraft, die der Verfassung nicht widersprechen, erlassen.

(2) Diese Verordnungen bedürfen der Zustimmung des Ältestenrates des Landtages.

(3) Ist auch der Ältestenrat durch höhere Gewalt gehindert, sich frei zu versammeln, und wird dies durch die Präsidentin oder den Präsidenten des Landtages festgestellt, so be-

dürfen die Verordnungen der Zustimmung der Präsidentin oder des Präsidenten des Landtages.

(4) Die Verordnungen sind dem Landtag unverzüglich vorzulegen. Er kann sie aufheben.

Artikel 45 Ausfertigung, Verkündung, Inkrafttreten

(1) Die verfassungsmäßig beschlossenen Gesetze sind unverzüglich von der Präsidentin oder dem Präsidenten des Landtages auszufertigen und von der Ministerpräsidentin oder dem Ministerpräsidenten im Gesetz- und Verordnungsblatt zu verkünden. Verordnungen werden von der Stelle, die sie erläßt, ausgefertigt und vorbehaltlich anderweitiger gesetzlicher Regelung im Gesetz- und Verordnungsblatt verkündet. Nach Maßgabe eines Gesetzes können Gesetze und Verordnungen elektronisch ausgefertigt und das Gesetz- und Verordnungsblatt elektronisch geführt werden.

(2) Verordnungen, die auf Grund des Artikels 44 beschlossen sind, werden von der Präsidentin oder dem Präsidenten des Landtages gemeinsam mit der Ministerpräsidentin oder dem Ministerpräsidenten ausgefertigt und, falls eine Verkündung im Gesetz- und Verordnungsblatt nicht möglich ist, öffentlich bekanntgemacht.

(3) Jedes Gesetz und jede Verordnung soll den Tag des Inkrafttretens bestimmen. Fehlt eine solche Bestimmung, so treten sie mit dem 14. Tage nach Ablauf des Tages in Kraft, an dem sie verkündet worden sind.

Artikel 46 Verfassungsänderungen

(1) Diese Verfassung kann nur durch ein Gesetz geändert werden, das ihren Wortlaut ausdrücklich ändert oder ergänzt.

(2) Verfassungsänderungen, die den in Artikel 1 Abs. 2 und Artikel 2 niedergelegten Grundsätzen widersprechen, sind unzulässig.

(3) Ein verfassungsänderndes Gesetz bedarf der Zustimmung von zwei Dritteln der Mitglieder des Landtages. Für Verfassungsänderungen durch Volksentscheid gilt Artikel 49 Abs. 2.

Fünfter Abschnitt
Volksinitiative, Volksbegehren und Volksentscheid

Artikel 47 Volksinitiative

70 000 Wahlberechtigte können schriftlich verlangen, daß sich der Landtag im Rahmen seiner verfassungsmäßigen Zuständigkeit mit bestimmten Gegenständen der politischen Willensbildung befaßt. Ihre Vertreterinnen oder Vertreter haben das Recht, angehört zu werden.

Artikel 48 Volksbegehren

(1) Ein Volksbegehren kann darauf gerichtet werden, ein Gesetz im Rahmen der Gesetzgebungsbefugnis des Landes zu erlassen, zu ändern oder aufzuheben. Dem Volksbegehren muß ein ausgearbeiteter, mit Gründen versehener Gesetzentwurf zugrunde liegen. Gesetze über den Landeshaushalt, über öffentliche Abgaben sowie über Dienst- und Versorgungsbezüge können nicht Gegenstand eines Volksbegehrens sein.

(2) Die Landesregierung entscheidet, ob das Volksbegehren zulässig ist; gegen ihre Entscheidung kann der Staatsgerichtshof angerufen werden.

(3) Das Volksbegehren kommt zustande, wenn es von zehn vom Hundert der Wahlberechtigten unterstützt wird. Die Landesregierung leitet dann den Gesetzentwurf mit ihrer Stellungnahme unverzüglich an den Landtag weiter.

Artikel 49 Volksentscheid

(1) Nimmt der Landtag einen Gesetzentwurf, der ihm auf Grund eines Volksbegehrens zugeleitet wird, nicht innerhalb von sechs Monaten im wesentlichen unverändert an, so findet spätestens sechs Monate nach Ablauf der Frist oder nach dem Beschluß des Landtages, den Entwurf nicht als Gesetz anzunehmen, ein Volksentscheid über den Gesetzentwurf statt. Der Landtag kann dem Volk einen eigenen Gesetzentwurf zum Gegenstand des Volksbegehrens zur Entscheidung mit vorlegen.

(2) Ein Gesetz ist durch Volksentscheid beschlossen, wenn die Mehrheit derjenigen, die ihre Stimme abgegeben haben, jedoch mindestens ein Viertel der Wahlberechtigten, dem Entwurf zugestimmt hat. Die Verfassung kann durch Volksentscheid nur geändert werden, wenn mindestens die Hälfte der Wahlberechtigten zustimmt.

Artikel 50 Kostenerstattung, Ausführungsgesetz

(1) Ist ein Volksbegehren zustande gekommen, haben die Vertreterinnen und Vertreter des Volksbegehrens Anspruch auf Erstattung der notwendigen Kosten einer angemessenen Information der Öffentlichkeit über die Ziele des Volksbegehrens.

(2) Das Nähere über Volksinitiative, Volksbegehren und Volksentscheid regelt ein Gesetz.

Sechster Abschnitt
Die Rechtsprechung

Artikel 51 Gerichte, Richterinnen und Richter

(1) Die rechtsprechende Gewalt wird im Namen des Volkes durch die nach den Gesetzen bestellten Gerichte ausgeübt.

(2) Die Gerichte sind mit Berufsrichterinnen oder Berufsrichtern sowie in den durch Gesetz bestimmten Fällen mit ehrenamtlichen Richterinnen oder Richtern besetzt.

(3) Durch Gesetz kann bestimmt werden, daß bei der Anstellung von Berufsrichterinnen und Berufsrichtern ein Richterwahlausschuß mitwirkt.

(4) Die Richterinnen und Richter sind unabhängig und nur dem Gesetz unterworfen.

Artikel 52 Richteranklage

(1) Verstößt eine Berufsrichterin oder ein Berufsrichter im Amt oder außerhalb des Amtes gegen die Grundsätze des Grundgesetzes für die Bundesrepublik Deutschland oder dieser Verfassung, so kann das Bundesverfassungsgericht mit Zweidrittelmehrheit auf Antrag des Landtages anordnen, daß die Richterin oder der Richter in ein anderes Amt oder in den Ruhestand zu versetzen ist. Im Falle eines vorsätzlichen Verstoßes kann auf Entlassung erkannt werden. Der Antrag des Landtages kann nur mit der Mehrheit seiner Mitglieder beschlossen werden.

(2) Unter den Voraussetzungen des Absatzes 1 kann das Bundesverfassungsgericht die Bestellung von ehrenamtlichen Richterinnen oder Richtern zurücknehmen.

Artikel 53 Gewährleistung des Rechtsweges

Wird eine Person durch die öffentliche Gewalt in ihren Rechten verletzt, so steht ihr der Rechtsweg offen.

Artikel 54 Zuständigkeit des Staatsgerichtshofs

Der Staatsgerichtshof entscheidet

1. über die Auslegung dieser Verfassung bei Streitigkeiten über den Umfang der Rechte und Pflichten eines obersten Landesorgans oder anderer Beteiligter, die durch diese Verfassung oder in der Geschäftsordnung des Landtages oder der Landesregierung mit eigenen Rechten ausgestattet sind, auf Antrag des obersten Landesorgans oder anderer Beteiligter;

2. bei Streitigkeiten über die Durchführung von Volksinitiativen, Volksbegehren oder Volksentscheiden auf Antrag der Antragstellerinnen und Antragsteller, der Landesregierung oder eines Fünftels der Mitglieder des Landtages;

3. bei Meinungsverschiedenheiten oder Zweifeln über die förmliche oder sachliche Vereinbarkeit von Landesrecht mit dieser Verfassung auf Antrag der Landesregierung oder eines Fünftels der Mitglieder des Landtages;

4. über die Vereinbarkeit eines Landesgesetzes mit dieser Verfassung auf Vorlage eines Gerichts gemäß Artikel 100 Abs. 1 des Grundgesetzes für die Bundesrepublik Deutschland;

5. über Verfassungsbeschwerden von Gemeinden und Gemeindeverbänden wegen Verletzung des Rechts auf Selbstverwaltung durch ein Landesgesetz;

6. in den übrigen ihm durch diese Verfassung oder durch Gesetz zugewiesenen Fällen.

Artikel 55 Verfassung und Verfahren des Staatsgerichtshof

(1) Der Staatsgerichtshof besteht aus neun Mitgliedern und neun stellvertretenden Mitgliedern, die jeweils ein Mitglied persönlich vertreten.

(2) Die Mitglieder und stellvertretenden Mitglieder des Staatsgerichtshofs werden vom Landtag ohne Aussprache mit einer Mehrheit von zwei Dritteln der anwesenden Mitglieder des Landtages, mindestens aber mit der Mehrheit seiner Mitglieder, auf sieben Jahre gewählt. Eine Wiederwahl ist nur einmal zulässig.

(3) Die Mitglieder des Staatsgerichtshofs dürfen während ihrer Amtszeit weder dem Landtag noch der Landesregierung oder einem entsprechenden Organ des Bundes oder eines anderen Landes oder der Europäischen Gemeinschaft angehören. Sie dürfen beruflich weder im Dienst des Landes noch einer Körperschaft, Anstalt oder Stiftung des öffentlichen Rechts unter der Aufsicht des Landes stehen. Ausgenommen ist der Dienst als Berufsrichterin oder Berufsrichter und als Hochschullehrerin oder Hochschullehrer.

(4) Ein Gesetz regelt das Nähere über die Verfassung und das Verfahren des Staatsgerichtshofs und bestimmt, in welchen Fällen seine Entscheidungen Gesetzeskraft haben.

(5) Der Staatsgerichtshof hat seinen Sitz in Bückeburg.

Siebenter Abschnitt
Die Verwaltung

Artikel 56 Landesverwaltung

(1) Das Land übt seine Verwaltung durch die Landesregierung und die ihr nachgeordneten Behörden aus.

(2) Der allgemeine Aufbau und die räumliche Gliederung der allgemeinen Landesverwaltung bedürfen eines Gesetzes.

Artikel 57 Selbstverwaltung

(1) Gemeinden und Landkreise und die sonstigen öffentlich-rechtlichen Körperschaften verwalten ihre Angelegenheiten im Rahmen der Gesetze in eigener Verantwortung.

(2) In den Gemeinden und Landkreisen muß das Volk eine Vertretung haben, die aus allgemeinen, unmittelbaren, freien, gleichen und geheimen Wahlen hervorgegangen ist. In Gemeinden kann an die Stelle einer gewählten Vertretung die Gemeindeversammlung treten.

(3) Die Gemeinden sind in ihrem Gebiet die ausschließlichen Träger der gesamten öffentlichen Aufgaben, soweit die Gesetze nicht ausdrücklich etwas anderes bestimmen.

(4) $_1$Den Gemeinden und Landkreisen und den sonstigen kommunalen Körperschaften können durch Gesetz oder aufgrund eines Gesetzes durch Verordnung Pflichtaufgaben zur Erfüllung in eigener Verantwortung zugewiesen werden und staatliche Aufgaben zur Erfüllung nach Weisung übertragen werden. $_2$Für die durch Vorschriften nach Satz 1 verursachten erheblichen und notwendigen Kosten ist unverzüglich durch Gesetz der entsprechende finanzielle Ausgleich zu regeln. $_3$Soweit sich aus einer Änderung der Vorschriften nach Satz 1 erhebliche Erhöhungen der Kosten ergeben, ist der finanzielle Ausgleich entsprechend anzupassen; im Fall einer Verringerung der Kosten kann er angepasst werden. $_4$Der finanzielle Ausgleich für Vorschriften nach Satz 1, die vor dem 1. Januar 2006 erlassen worden sind, richtet sich nach dem bisher geltenden Recht; für den Fall einer Aufgabenverlagerung gilt Satz 3 uneingeschränkt, im Übrigen mit der Maßgabe, dass eine Anpassung im Fall der Verringerung der Kosten nicht erfolgt. $_5$Satz 1 gilt entsprechend, soweit sonstigen öffentlich-rechtlichen Körperschaften Aufgaben zugewiesen oder übertragen werden, wenn unverzüglich Bestimmungen über die Deckung der Kosten getroffen werden.

(5) Das Land stellt durch seine Aufsicht sicher, daß die Gesetze beachtet und die Auftragsangelegenheiten weisungsgemäß erfüllt werden.

(6) Bevor durch Gesetz oder Verordnung allgemeine Fragen geregelt werden, welche die Gemeinden oder die Landkreise unmittelbar berühren, sind die kommunalen Spitzenverbände zu hören.

(7) Wird das Land wegen eines Rechtsverstoßes einer kommunalen Körperschaft in Anspruch genommen, so kann es nach Maßgabe eines Landesgesetzes bei der Kommune Rückgriff nehmen.

Artikel 58 Finanzwirtschaft der Gemeinden und Landkreise

Das Land ist verpflichtet, den Gemeinden und Landkreisen die zur Erfüllung ihrer Aufgaben erforderlichen Mittel durch Erschließung eigener Steuerquellen und im Rahmen seiner finanziellen Leistungsfähigkeit durch übergemeindlichen Finanzausgleich zur Verfügung zu stellen.

Artikel 59 Gebietsänderung von Gemeinden und Landkreisen

(1) Aus Gründen des Gemeinwohls können Gemeinden und Landkreise aufgelöst, vereinigt oder neu gebildet und Gebietsteile von Gemeinden oder Landkreisen umgegliedert werden.

(2) Gebietsänderungen bedürfen eines Gesetzes. Gebietsteile können auch durch Vertrag der beteiligten Gemeinden oder Landkreise mit Genehmigung des Landes umgegliedert werden.

(3) Vor der Änderung von Gemeindegebieten ist die Bevölkerung der beteiligten Gemeinden zu hören.

Artikel 60 Öffentlicher Dienst

Die Ausübung hoheitsrechtlicher Befugnisse ist als ständige Aufgabe in der Regel Angehörigen des öffentlichen Dienstes zu übertragen, die in einem öffentlich-rechtlichen Dienst- und Treueverhältnis stehen. Sie dienen dem ganzen Volk, nicht einer Partei oder sonstigen Gruppe, und haben ihr Amt und ihre Aufgaben unparteiisch und ohne Rücksicht auf die Person nur nach sachlichen Gesichtspunkten auszuüben.

Artikel 61 Wählbarkeit von Angehörigen des öffentlichen Dienstes

Die Wählbarkeit von Angehörigen des öffentlichen Dienstes in Vertretungskörperschaften kann gesetzlich beschränkt werden.

Artikel 62 Landesbeauftragte oder Landesbeauftragter für den Datenschutz

(1) Die Landesbeauftragte oder der Landesbeauftragte für den Datenschutz kontrolliert, daß die öffentliche Verwaltung bei dem Umgang mit personenbezogenen Daten Gesetz und Recht einhält. Sie oder er berichtet über ihre oder seine Tätigkeit und deren Ergebnisse dem Landtag.

(2) Der Landtag wählt auf Vorschlag der Landesregierung die Landesbeauftragte oder den Landesbeauftragten für den Datenschutz mit einer Mehrheit von zwei Dritteln der anwesenden Mitglieder des Landtages, mindestens jedoch der Mehrheit seiner Mitglieder.

(3) ₁Die Landesbeauftragte oder der Landesbeauftragte für den Datenschutz ist unabhängig und nur an Gesetz und Recht gebunden. ₂Artikel 38 Abs. 1 und Artikel 56 Abs. 1 finden auf sie oder ihn keine Anwendung.

(4) ₁Das Nähere bestimmt ein Gesetz. ₂Dieses Gesetz kann personalrechtliche Entscheidungen, welche Bedienstete der Landesbeauftragten oder des Landesbeauftragten für den Datenschutz betreffen, von deren oder dessen Mitwirkung abhängig machen. ₃Der Landesbeauftragten oder dem Landesbeauftragten für den Datenschutz kann durch Gesetz die Aufgabe übertragen werden, die Durchführung des Datenschutzes bei der Datenverarbeitung nicht öffentlicher Stellen und öffentlich-rechtlicher Wettbewerbsunternehmen zu kontrollieren.

Achter Abschnitt
Das Finanzwesen

Artikel 63 Landesvermögen

(1) Das Landesvermögen ist Eigentum des Volkes. Landesvermögen darf nur mit Zustimmung des Landtages veräußert oder belastet werden. Die Zustimmung kann allgemein oder für den Einzelfall erteilt werden.

(2) Für die Veräußerung und Belastung von Vermögen, das im Eigentum Dritter steht und vom Land verwaltet wird, gilt Absatz 1 entsprechend.

Artikel 64 Finanzplanung

Der Haushaltswirtschaft ist eine mehrjährige Finanz- und Investitionsplanung zugrunde zu legen. Das Nähere regelt ein Gesetz.

Artikel 65 Landeshaushalt

(1) Für jedes Haushaltsjahr sind alle Einnahmen des Landes nach dem Entstehungsgrund und alle Ausgaben des Landes nach Zwecken getrennt im Haushaltsplan zu veranschlagen. Der Haushaltsplan ist in Einnahme und Ausgabe auszugleichen. Zusätzlich können Verpflichtungsermächtigungen für die Folgejahre ausgewiesen werden.

(2) Die Verwaltung darf nur die im Haushaltsplan veranschlagten Ausgaben leisten und das Land zu Ausgaben in künftigen Haushaltsjahren nur verpflichten, soweit der Haushaltsplan sie dazu ermächtigt.

(3) Bei Landesbetrieben und Sondervermögen des Landes brauchen nur die Zuführungen oder die Ablieferungen im Haushaltsplan veranschlagt zu sein.

(4) Der Haushaltsplan wird im voraus durch Gesetz festgestellt.

(5) In das Haushaltsgesetz dürfen nur Vorschriften aufgenommen werden, die sich auf die Einnahmen und die Ausgaben des Landes und auf den Zeitraum beziehen, für den das Haushaltsgesetz beschlossen wird. Das Haushaltsgesetz kann vorschreiben, daß die Vorschriften erst mit der Verkündung des nächsten Haushaltsgesetzes oder bei Ermächtigung nach Artikel 71 zu einem späteren Zeitpunkt außer Kraft treten.

Artikel 66 Vorläufige Haushaltsführung

(1) Ist bis zum Schluß eines Haushaltsjahres der Haushaltsplan für das folgende Jahr nicht durch Gesetz festgestellt, so sind bis zur Verkündung des Haushaltsgesetzes die Präsidentin oder der Präsident des Landtages, die Landesregierung, die Präsidentin oder der Präsident des Staatsgerichtshofs, die Präsidentin oder der Präsident des Landesrechnungshofs und die Landesbeauftragte oder der Landesbeauftragte für den Datenschutz ermächtigt, alle Ausgaben zu leisten, die nötig sind,

1. um gesetzlich bestehende Einrichtungen zu erhalten und gesetzlich beschlossene Maßnahmen durchzuführen,
2. um die rechtlich begründeten Verpflichtungen des Landes zu erfüllen,
3. um Bauten, Beschaffungen und sonstige Leistungen fortzusetzen oder Beihilfen für diese Zwecke weiter zu gewähren, sofern durch den Haushaltsplan eines Vorjahres bereits Beträge bewilligt worden sind.

(2) Soweit nicht auf besonderem Gesetz beruhende Einnahmen aus Steuern, Abgaben und sonstigen Quellen oder die Betriebsmittelrücklage die Ausgaben unter Absatz 1 decken, darf die Landesregierung die zur Aufrechterhaltung der Wirtschaftsführung erforderlichen Mittel bis zur Höhe eines Viertels der Endsumme des abgelaufenen Haushaltsplans durch Kredit beschaffen.

Artikel 67 Über- und außerplanmäßige Ausgaben

(1) Im Falle eines unvorhergesehenen und unabweisbaren Bedarfs sind mit Einwilligung der Finanzministerin oder des Finanzministers über- und außerplanmäßige Ausgaben sowie über- und außerplanmäßige Verpflichtungen zulässig. Dieses gilt nicht, wenn der Landtag noch rechtzeitig durch ein Nachtragshaushaltsgesetz über die Ausgabe entscheiden kann, es sei denn, daß die Ausgabe einen im Haushaltsgesetz festzusetzenden Betrag nicht überschreitet, die Mittel von anderer Seite zweckgebunden zur Verfügung gestellt werden oder eine fällige Rechtsverpflichtung des Landes zu erfüllen ist.

(2) Näheres kann durch Gesetz geregelt werden. Es kann insbesondere bestimmt werden, daß über- und außerplanmäßige Ausgaben und Verpflichtungen dem Landtag mitzuteilen sind und seiner Genehmigung bedürfen.

Artikel 68 Haushaltswirksame Gesetze

(1) Wer einen Gesetzentwurf einbringt, muß die Kosten und Mindereinnahmen darlegen, die für das Land, für die Gemeinden, für die Landkreise und für betroffene andere Träger öffentlicher Verwaltung in absehbarer Zeit zu erwarten sind.

(2) Der Landtag darf Maßnahmen mit Auswirkungen auf einen bereits verabschiedeten Haushaltsplan nur beschließen, wenn gleichzeitig die notwendige Deckung geschaffen wird.

Artikel 69 Rechnungslegung, Entlastung

Die Finanzministerin oder der Finanzminister hat dem Landtag über alle Einnahmen, Ausgaben und Verpflichtungen im Laufe des nächsten Haushaltsjahres Rechnung zu legen. Über das Vermögen und die Schulden ist Rechnung zu legen oder ein anderer Nachweis zu führen. Der Landtag beschließt über die Entlastung der Landesregierung.

Artikel 70 Landesrechnungshof

(1) Der Landesrechnungshof, dessen Mitglieder richterliche Unabhängigkeit besitzen, prüft die Rechnung sowie die Wirtschaftlichkeit und Ordnungsmäßigkeit der Haushalts- und Wirtschaftsführung. Er berichtet darüber dem Landtag und unterrichtet gleichzeitig die Landesregierung. Das Nähere wird durch Gesetz geregelt. Durch Gesetz können dem Landesrechnungshof weitere Aufgaben zugewiesen werden.

(2) Der Landtag wählt auf Vorschlag der Landesregierung die Präsidentin oder den Präsidenten und die Vizepräsidentin oder den Vizepräsidenten des Landesrechnungshofs mit einer Mehrheit von zwei Dritteln der anwesenden Mitglieder des Landtages, mindestens jedoch der Mehrheit seiner Mitglieder, auf die Dauer von zwölf Jahren. Die Landesregierung ernennt die Präsidentin oder den Präsidenten, die Vizepräsidentin oder den Vizepräsidenten und auf Vorschlag der Präsidentin oder des Präsidenten mit Zustimmung des Landtages die weiteren Mitglieder des Landesrechnungshofes. Das Nähere bestimmt ein Gesetz.

Artikel 71 Kreditaufnahme, Gewährleistungen

(1) Die Aufnahme von Krediten sowie die Übernahme von Bürgschaften, Garantien oder sonstigen Gewährleistungen, die zu Ausgaben in künftigen Haushaltsjahren führen können, bedürfen einer der Höhe nach bestimmten oder bestimmbaren Ermächtigung durch Gesetz.

(2) Der Haushalt ist ohne Einnahmen aus Krediten auszugleichen.

(3) ₁Bei einer von der Normallage abweichenden konjunkturellen Entwicklung sind die Auswirkungen auf den Haushalt im Auf- und Abschwung symmetrisch zu berücksichtigen. ₂Soweit sich eine solche Entwicklung negativ auf den Haushalt auswirkt, ist der Ausgleich des Haushalts durch Einnahmen aus Krediten abweichend von Absatz 2 zulässig. ₃Soweit sich eine solche Entwicklung positiv auf den Haushalt auswirkt, sind vorrangig nach Satz 2 aufgenommene Kredite zu tilgen und ist im Übrigen Vorsorge dafür zu treffen, dass keine Kredite nach Satz 2 aufgenommen werden müssen.

(4) ₁Im Fall von Naturkatastrophen oder außergewöhnlichen Notsituationen, die sich der Kontrolle des Staates entziehen und die staatliche Finanzlage erheblich beeinträchtigen, kann abweichend von Absatz 2 aufgrund eines Beschlusses des Landtages der Haushalt durch Einnahmen aus Krediten ausgeglichen werden. ₂Der Beschluss bedarf für die Aufnahme von Krediten in Höhe von über 0,5 vom Hundert des zuletzt festgestellten Haushaltsvolumens der Zustimmung von zwei Dritteln der Mitglieder des Landtages, im Übrigen der Zustimmung der Mehrheit der Mitglieder des Landtages. ₃Nach Satz 1 aufgenommene Kredite müssen binnen eines angemessenen Zeitraums getilgt werden. ₄Der Beschluss des Landtages (Sätze 1 und 2) ist mit einem entsprechenden Tilgungsplan zu verbinden.

(5) Das Nähere regelt ein Gesetz.

Neunter Abschnitt
Übergangs- und Schlußbestimmungen

Artikel 72 Besondere Belange und überkommene Einrichtungen der ehemaligen Länder

(1) Die kulturellen und historischen Belange der ehemaligen Länder Hannover, Oldenburg, Braunschweig und Schaumburg-Lippe sind

durch Gesetzgebung und Verwaltung zu wahren und zu fördern.

(2) Die überkommenen heimatgebundenen Einrichtungen dieser Länder sind weiterhin dem heimatlichen Interesse dienstbar zu machen und zu erhalten, soweit ihre Änderung oder Aufhebung nicht in Verfolg organisatorischer Maßnahmen, die sich auf das gesamte Land Niedersachsen erstrecken, notwendig wird.

Artikel 73 Übertragung von Hoheitsrechten

Für das in Artikel 1 Abs. 2 des Staatsvertrages zwischen der Freien und Hansestadt Hamburg und dem Land Niedersachsen vom 26. Mai/4. Juni 1961 (Nieders. GVBl. 1962 S. 151) bezeichnete Gebiet können öffentlich-rechtliche Befugnisse des Landes auf die Freie und Hansestadt Hamburg übertragen werden.

Artikel 74 Mehrheiten und Minderheiten der Mitglieder des Landtages

Mehrheiten oder Minderheiten der „Mitglieder des Landtages" im Sinne dieser Verfassung werden nach der gesetzlichen Mitgliederzahl berechnet.

Artikel 75 Volksvertretungen anderer Länder

Artikel 22 Abs. 2 und die Artikel 14, 15 und 16 gelten entsprechend für Volksvertretungen anderer Länder der Bundesrepublik Deutschland.

Artikel 76 Übergangsvorschrift für die Wahlperioden

(1) Die Zwölfte Wahlperiode des Landtages endet mit dem 20. Juni 1994. Artikel 6 Abs. 1 Satz 3 der Vorläufigen Niedersächsischen Verfassung gilt bis zum Ende der Zwölften Wahlperiode fort. Der Ausschuß nach Artikel 12 der Vorläufigen Niedersächsischen Verfassung bleibt bis zum Zusammentritt des Landtages der Dreizehnten Wahlperiode bestehen. Artikel 18 der Vorläufigen Niedersächsischen Verfassung gilt weiterhin für diesen Ausschuß.

(2) Die Dreizehnte Wahlperiode beginnt mit dem Ende der Zwölften Wahlperiode. Für die Wahl und den Zusammentritt des Landtages der Dreizehnten Wahlperiode gelten noch Artikel 4 Abs. 2 Satz 2 und Artikel 6 Abs. 2 und 3 der Vorläufigen Niedersächsischen Verfassung. Der Landtag der Dreizehnten Wahlperiode wird auf vier Jahre gewählt. Der Landtag der Vierzehnten Wahlperiode ist frühestens 44, spätestens 47 Monate nach Beginn der Dreizehnten Wahlperiode zu wählen; im übrigen ist Artikel 9 Abs. 2 dieser Verfassung anzuwenden.

Artikel 77 Übergangsvorschrift für die Besetzung des Staatsgerichtshofs

Die Mitglieder des Staatsgerichtshofs und deren Stellvertreterinnen oder Stellvertreter bleiben nach Inkrafttreten dieser Verfassung in der Zeit, für die sie gewählt worden sind, in ihrem Amt.

Artikel 77a Übergangsvorschrift zu Artikel 71

$_1$Artikel 71 in der bis zum 30. November 2019 geltenden Fassung ist letztmals auf das Haushaltsjahr 2019 anzuwenden. $_2$Artikel 71 in der ab dem 1. Dezember 2019 geltenden Fassung ist erstmals auf das Haushaltsjahr 2020 anzuwenden.

Artikel 78 Inkrafttreten

(1) Diese Verfassung tritt am 1. Juni 1993 in Kraft.

(2) Gleichzeitig tritt die Vorläufige Niedersächsische Verfassung vom 13. April 1951 (Nieders. GVBl. Sb. I S. 5), zuletzt geändert durch Artikel 1 des Gesetzes vom 27. November 1991 (Nieders. GVBl. S. 301), außer Kraft.

Verwaltungsgerichtsordnung (VwGO)

in der Fassung der Bekanntmachung
vom 19. März 1991 (BGBl. I S. 686)

Zuletzt geändert durch
Gesetz zur Einführung eines Leitentscheidungsverfahrens beim Bundesgerichtshof
vom 24. Oktober 2024 (BGBl. I Nr. 328)

Inhaltsübersicht

Teil I
Gerichtsverfassung

1. Abschnitt
Gerichte

- § 1 (Unabhängigkeit)
- § 2 (Gliederung)
- § 3 (Gerichtsorganisation)
- § 4 (Präsidium, Geschäftsverteilung)
- § 5 (Besetzung, Kammern)
- § 6 (Einzelrichter)
- §§ 7 und 8 (weggefallen)
- § 9 (Oberverwaltungsgericht)
- § 10 (Bundesverwaltungsgericht)
- § 11 (Großer Senat)
- § 12 (Großer Senat des OVG)
- § 13 (Geschäftsstelle)
- § 14 (Rechts- und Amtshilfe)

2. Abschnitt
Richter

- § 15 (Ernennung)
- § 16 (Richter im Nebenamt)
- § 17 (Richter auf Probe, Richter kraft Auftrags, Richter auf Zeit)
- § 18 (Deckung vorübergehenden Personalbedarfs)

3. Abschnitt
Ehrenamtliche Richter

- § 19 (Gleiche Rechte)
- § 20 (Persönliche Voraussetzungen)
- § 21 (Ausschluss)
- § 22 (Ausgeschlossene Personengruppen)
- § 23 (Ablehnungsberechtigte)
- § 24 (Entbindung vom Amt)
- § 25 (Amtszeit)
- § 26 (Wahlausschuss)
- § 27 (Erforderliche Zahl)
- § 28 (Vorschlagsliste)
- § 29 (Auswahl)
- § 30 (Reihenfolge; Hilfsliste)
- § 31 (weggefallen)
- § 32 (Entschädigung)
- § 33 (Ordnungsgeld)
- § 34 (Oberverwaltungsgericht)

4. Abschnitt
Vertreter des öffentlichen Interesses

- § 35 (Oberbundesanwalt)
- § 36 (Oberverwaltungsgericht, Verwaltungsgericht)
- § 37 (Befähigung zum Richteramt)

5. Abschnitt
Gerichtsverwaltung

- § 38 (Dienstaufsicht)
- § 39 (Keine Verwaltungsgeschäfte)

6. Abschnitt
Verwaltungsrechtsweg und Zuständigkeit

- § 40 (Öffentlich-rechtliche Streitigkeiten)
- § 41 (weggefallen)
- § 42 (Anfechtungsklage; Verpflichtungsklage)
- § 43 (Feststellungsklage)
- § 44 (Mehrere Klagebegehren)
- § 44a (Rechtsbehelfe gegen behördliche Verfahrenshandlungen)
- § 45 (Erster Rechtszug)
- § 46 (Zweiter Rechtszug)

IX.3 Verwaltungsgerichtordnung (VwGO) — Inhaltsübersicht

§ 47 (Gültigkeit von Satzungen, von Rechtsvorschriften)
§ 48 (Erster Rechtszug)
§ 49 (Dritter Rechtszug)
§ 50 (Bundesverwaltungsgericht im ersten Rechtszug)
§ 51 (Verbot eines Teilvereins)
§ 52 (Örtliche Zuständigkeit)
§ 53 (Bestimmung des zuständigen Gerichts)

Teil II
Verfahren

7. Abschnitt
Allgemeine Verfahrensvorschriften

§ 54 (Ausschließung, Ablehnung von Gerichtspersonen)
§ 55 (Öffentlichkeit, Sitzungspolizei, Gerichtssprache, Beratung, Abstimmung)
§ 55a (Elektronische Dokumente)
§ 55b (Elektronische Prozessakten)
§ 55c Formulare; Verordnungsermächtigung
§ 55d Nutzungspflicht für Rechtsanwälte, Behörden und vertretungsberechtigte Personen
§ 56 (Zustellung)
§ 56a (Öffentliche Bekanntmachung)
§ 57 (Fristen)
§ 58 (Belehrung über Rechtsbehelf)
§ 59 (weggefallen)
§ 60 (Wiedereinsetzung in den vorigen Stand)
§ 61 (Beteiligungsfähigkeit)
§ 62 (Prozessfähigkeit)
§ 63 (Beteiligte)
§ 64 (Streitgenossenschaft)
§ 65 (Beiladung)
§ 66 (Stellung des Beigeladenen)
§ 67 (Bevollmächtigte Vertreter)
§ 67a (Gemeinsamer Bevollmächtigter)

8. Abschnitt
Besondere Vorschriften für Anfechtungs- und Verpflichtungsklagen

§ 68 (Nachprüfung im Vorverfahren)
§ 69 (Widerspruch)
§ 70 (Frist)
§ 71 (Anhörung)
§ 72 (Abhilfe)
§ 73 (Widerspruchsbescheid)
§ 74 (Frist zur Klageerhebung)
§ 75 (Verzögerung der Sachentscheidung)
§ 76 (weggefallen)
§ 77 (Ersetzung von Einspruchs- und Beschwerdeverfahren)
§ 78 (Klagegegner)
§ 79 (Gegenstand der Anfechtungsklage)
§ 80 (Aufschiebende Wirkung; sofortige Vollziehung; Aussetzung der Vollziehung)
§ 80a (Rechtsbehelf eines Dritten)
§ 80b (Aufschiebende Wirkung)
§ 80c (Aufschiebende Wirkung im ersten Rechtszug)

9. Abschnitt
Verfahren im ersten Rechtszug

§ 81 (Erhebung der Klage)
§ 82 (Inhalt der Klageschrift)
§ 83 (Verweisung)
§ 84 (Gerichtsbescheid)
§ 85 (Zustellung der Klage)
§ 86 (Erforschung des Sachverhalts)
§ 87 (Vorbereitende richterliche Anordnungen)
§ 87a (Entscheidung des Vorsitzenden)
§ 87b (Fristsetzung)
§ 87c (Vorrang und Beschleunigung)
§ 88 (Bindung an das Klagebegehren)
§ 89 (Widerklage)
§ 90 (Rechtshängigkeit)
§ 91 (Änderung der Klage)
§ 92 (Zurücknahme der Klage)

Inhaltsübersicht — Verwaltungsgerichtsordnung (VwGO) IX.3

- § 93 (Gemeinsame Verhandlung; Trennung)
- § 93a (Musterverfahren)
- § 94 (Aussetzung der Verhandlung)
- § 95 (Persönliches Erscheinen)
- § 96 (Beweiserhebung)
- § 97 (Beweistermin)
- § 98 (Anwendbare Vorschriften)
- § 99 (Urkunden-, Aktenvorlage; Auskunftspflicht)
- § 100 (Akteneinsicht)
- § 101 (Mündliche Verhandlung)
- § 102 (Ladung der Beteiligten)
- § 102a (Videoübertragung)
- § 103 (Ablauf der Verhandlung)
- § 104 (Erörterung der Streitsache)
- § 105 (Niederschrift)
- § 106 (Vergleich)

10. Abschnitt
Urteile und andere Entscheidungen

- § 107 (Entscheidung durch Urteil)
- § 108 (Richterliche Überzeugung)
- § 109 (Zwischenurteil)
- § 110 (Teilurteil)
- § 111 (Zwischenurteil über den Grund)
- § 112 (Mitwirkende Richter)
- § 113 (Ausspruch)
- § 114 (Ermessensentscheidungen)
- § 115 (Anfechtungsklage)
- § 116 (Verkündung, Zustellung)
- § 117 (Inhalt des Urteils)
- § 118 (Berichtigung)
- § 119 (Antrag auf Berichtigung)
- § 120 (Urteilsergänzung)
- § 121 (Wirkung rechtskräftiger Urteile)
- § 122 (Beschlüsse, Begründung)

11. Abschnitt
Einstweilige Anordnung

- § 123 (Einstweilige Anordnung bezüglich Streitgegenstand)

Teil III
Rechtsmittel und Wiederaufnahme des Verfahrens

12. Abschnitt
Berufung

- § 124 (Berufung gegen Endurteile)
- § 124a (Zulassung der Berufung)
- § 125 (Anwendbare Vorschriften)
- § 126 (Zurücknahme)
- § 127 (Anschlussberufung)
- § 128 (Umfang der Prüfung)
- § 128a (Neue Erklärungen, Beweismittel)
- § 129 (Bindung an Anträge)
- § 130 (Aufhebung, Zurückverweisung)
- § 130a (Berufung unbegründet)
- § 130b (Begründung)
- § 131 (weggefallen)

13. Abschnitt
Revision

- § 132 (Revision gegen Entscheidung des Oberverwaltungsgerichts)
- § 133 (Beschwerde gegen Nichtzulassung)
- § 134 (Sprungrevision)
- § 135 (Ausschluss der Berufung)
- § 136 (weggefallen)
- § 137 (Verletzung von Bundesrecht)
- § 138 (Revisionsgründe)
- § 139 (Einlegung der Revision)
- § 140 (Zurücknahme)
- § 141 (Anwendbare Vorschriften)
- § 142 (Keine Klageänderung, Beiladung)
- § 143 (Unzulässige Revision)
- § 144 (Revisionsentscheidung)
- § 145 (weggefallen)

14. Abschnitt
Beschwerde, Erinnerung, Anhörungsrüge

- § 146 (Beschwerde gegen Entscheidungen des Verwaltungsgerichts)
- § 147 (Einlegung der Beschwerde)
- § 148 (Abhilfe; Vorlage)
- § 149 (Aufschiebende Wirkung; Aussetzung der Vollziehung)

IX.3 Verwaltungsgerichtsordnung (VwGO) — Inhaltsübersicht

- § 150 (Entscheidung durch Beschluss)
- § 151 (Beauftragter, ersuchter Richter; Urkundsbeamter)
- § 152 (Beschwerden an das Bundesverwaltungsgericht)
- § 152a (Rüge eines beschwerten Beteiligten)

15. Abschnitt
Wiederaufnahme des Verfahrens

- § 153 (Wiederaufnahme rechtskräftig beendeter Verfahren)

Teil IV
Kosten und Vollstreckung

16. Abschnitt
Kosten

- § 154 (Kostenpflichtige)
- § 155 (Verteilung auf mehrere Beteiligte)
- § 156 (Anerkenntnis)
- § 157 (weggefallen)
- § 158 (Anfechtung)
- § 159 (Gesamtschuldner)
- § 160 (Vergleich)
- § 161 (Kostenentscheidung)
- § 162 (Zu erstattende Kosten)
- § 163 (weggefallen)
- § 164 (Kostenfestsetzung)
- § 165 (Anfechtung)
- § 165a (Anwendbarkeit der ZPO)
- § 166 (Prozesskostenhilfe)

17. Abschnitt
Vollstreckung

- § 167 (Anwendbare Vorschriften)
- § 168 (Vollstreckungstitel)
- § 169 (Vollstreckung zu Gunsten von Gebietskörperschaften u. ä.)
- § 170 (Vollstreckung gegen Gebietskörperschaften u. ä.)
- § 171 (Keine Vollstreckungsklausel)
- § 172 (Zwangsgeld)

Teil V
Schluß- und Übergangsbestimmungen

- § 173 (Grundsätzliche Anwendbarkeit von GVG und ZPO)
- § 174 (Befähigung zum höheren Verwaltungsdienst)
- § 175 (Verfahren vor 18. April 2018)
- § 176 (Besetzung des Gerichts)
- § 177 (Papierform)
- §§ 178 und 179 (Änderungsvorschriften)
- § 180 (Vernehmung, Vereidigung nach VwVfG und SGB X)
- §§ 181 und 182 (Änderungsvorschriften)
- § 183 (Nichtigkeit von Landesrecht)
- § 184 (Verwaltungsgerichtshof)
- § 185 (Besonderheiten für bestimmte Bundesländer)
- § 186 (Besonderheiten für Stadtstaaten)
- § 187 (Ermächtigungen für Länder)
- § 188 (Zusammenfassung von Sachgebieten)
- § 188a (Wirtschaftsrecht)
- § 188b (Planungsrecht)
- § 189 (Bildung von Fachsenaten)
- § 190 (Unberührtes Bundesrecht)
- § 191 (Änderungsvorschrift)
- § 192 (Änderungsvorschrift)
- § 193 (Verfassungsstreitigkeiten)
- § 194 (Übergangsvorschrift)
- § 195 (In-Kraft-Treten)

# Teil I
Gerichtsverfassung

1. Abschnitt
Gerichte

§ 1 (Unabhängigkeit)
Die Verwaltungsgerichtsbarkeit wird durch unabhängige, von den Verwaltungsbehörden getrennte Gerichte ausgeübt.

§ 2 (Gliederung)
Gerichte der Verwaltungsgerichtsbarkeit sind in den Ländern die Verwaltungsgerichte und je ein Oberverwaltungsgericht, im Bund das Bundesverwaltungsgericht mit Sitz in Leipzig.

§ 3 (Gerichtsorganisation)
(1) Durch Gesetz werden angeordnet

1. die Errichtung und Aufhebung eines Verwaltungsgerichts oder eines Oberverwaltungsgerichts,
2. die Verlegung eines Gerichtssitzes,
3. Änderungen in der Abgrenzung der Gerichtsbezirke,
4. die Zuweisung einzelner Sachgebiete an ein Verwaltungsgericht für die Bezirke mehrerer Verwaltungsgerichte,
4a. die Zuweisung von Verfahren, bei denen sich die örtliche Zuständigkeit nach § 52 Nr. 2 Satz 1, 2 oder 5 bestimmt, an ein anderes Verwaltungsgericht oder an mehrere Verwaltungsgerichte des Landes,
5. die Errichtung einzelner Kammern des Verwaltungsgerichts oder einzelner Senate des Oberverwaltungsgerichts an anderen Orten,
6. der Übergang anhängiger Verfahren auf ein anderes Gericht bei Maßnahmen nach den Nummern 1, 3, 4 und 4a, wenn sich die Zuständigkeit nicht nach den bisher geltenden Vorschriften richten soll.

(2) Mehrere Länder können die Errichtung eines gemeinsamen Gerichts oder gemeinsamer Spruchkörper eines Gerichts oder die Ausdehnung von Gerichtsbezirken über die Landesgrenzen hinaus, auch für einzelne Sachgebiete, vereinbaren.

§ 4 (Präsidium, Geschäftsverteilung)
Für die Gerichte der Verwaltungsgerichtsbarkeit gelten die Vorschriften des Zweiten Titels des Gerichtsverfassungsgesetzes entsprechend. Die Mitglieder und drei Vertreter des für Entscheidungen nach § 99 Abs. 2 zuständigen Spruchkörpers bestimmt das Präsidium jeweils für die Dauer von vier Jahren. Die Mitglieder und ihre Vertreter müssen Richter auf Lebenszeit sein.

§ 5 (Besetzung, Kammern)
(1) Das Verwaltungsgericht besteht aus dem Präsidenten und aus den Vorsitzenden Richtern und weiteren Richtern in erforderlicher Anzahl.

(2) Bei dem Verwaltungsgericht werden Kammern gebildet.

(3) Die Kammer des Verwaltungsgerichts entscheidet in der Besetzung von drei Richtern und zwei ehrenamtlichen Richtern, soweit nicht ein Einzelrichter entscheidet. Bei Beschlüssen außerhalb der mündlichen Verhandlung und bei Gerichtsbescheiden (§ 84) wirken die ehrenamtlichen Richter nicht mit.

§ 6 (Einzelrichter)
(1) Die Kammer soll in der Regel den Rechtsstreit einem ihrer Mitglieder als Einzelrichter zur Entscheidung übertragen, wenn

1. die Sache keine besonderen Schwierigkeiten tatsächlicher oder rechtlicher Art aufweist und
2. die Rechtssache keine grundsätzliche Bedeutung hat.

Ein Richter auf Probe darf im ersten Jahr nach seiner Ernennung nicht Einzelrichter sein.

(2) Der Rechtsstreit darf dem Einzelrichter nicht übertragen werden, wenn bereits vor der Kammer mündlich verhandelt worden ist, es sei denn, daß inzwischen ein Vorbehalts-, Teil- oder Zwischenurteil ergangen ist.

(3) Der Einzelrichter kann nach Anhörung der Beteiligten den Rechtsstreit auf die Kammer zurückübertragen, wenn sich aus einer wesentlichen Änderung der Prozeßlage ergibt, daß die Rechtssache grundsätzliche Bedeutung hat oder die Sache besondere Schwie-

rigkeiten tatsächlicher oder rechtlicher Art aufweist. Eine erneute Übertragung auf den Einzelrichter ist ausgeschlossen.

(4) Beschlüsse nach den Absätzen 1 und 3 sind unanfechtbar. Auf eine unterlassene Übertragung kann ein Rechtsbehelf nicht gestützt werden.

§§ 7 und 8 (weggefallen)

§ 9 (Oberverwaltungsgericht)

(1) Das Oberverwaltungsgericht besteht aus dem Präsidenten und aus den Vorsitzenden Richtern und weiteren Richtern in erforderlicher Anzahl.

(2) Bei dem Oberverwaltungsgericht werden Senate gebildet.

(3) Die Senate des Oberverwaltungsgerichts entscheiden in der Besetzung von drei Richtern; die Landesgesetzgebung kann vorsehen, daß die Senate in der Besetzung von fünf Richtern entscheiden, von denen zwei auch ehrenamtliche Richter sein können. Für die Fälle des § 48 Abs. 1 kann auch vorgesehen werden, daß die Senate in der Besetzung von fünf Richtern und zwei ehrenamtlichen Richtern entscheiden. Satz 1 Halbsatz 2 und Satz 2 gelten nicht für die Fälle des § 99 Abs. 2.

(4) In Verfahren nach § 48 Absatz 1 Satz 1 Nummer 3 bis 15 kann der Senat den Rechtsstreit einem seiner Mitglieder als Einzelrichter zur Entscheidung übertragen, wenn

1. die Sache keine besonderen Schwierigkeiten tatsächlicher oder rechtlicher Art aufweist und

2. die Rechtssache keine grundsätzliche Bedeutung hat.

§ 6 Absatz 2 bis 4 gilt entsprechend.

§ 10 (Bundesverwaltungsgericht)

(1) Das Bundesverwaltungsgericht besteht aus dem Präsidenten und aus den Vorsitzenden Richtern und weiteren Richtern in erforderlicher Anzahl.

(2) Bei dem Bundesverwaltungsgericht werden Senate gebildet.

(3) Die Senate des Bundesverwaltungsgerichts entscheiden in der Besetzung von fünf Richtern, bei Beschlüssen außerhalb der mündlichen Verhandlung in der Besetzung von drei Richtern.

(4) In Verfahren nach § 50 Absatz 1 Nummer 6 kann der Senat in einer Besetzung mit drei Richtern entscheiden, wenn

1. die Sache keine besonderen Schwierigkeiten tatsächlicher oder rechtlicher Art aufweist und

2. die Rechtssache keine grundsätzliche Bedeutung hat.

§ 6 Absatz 2 bis 4 gilt entsprechend.

§ 11 (Großer Senat)

(1) Bei dem Bundesverwaltungsgericht wird ein Großer Senat gebildet.

(2) Der Große Senat entscheidet, wenn ein Senat in einer Rechtsfrage von der Entscheidung eines anderen Senats oder des Großen Senats abweichen will.

(3) Eine Vorlage an den Großen Senat ist nur zulässig, wenn der Senat, von dessen Entscheidung abgewichen werden soll, auf Anfrage des erkennenden Senats erklärt hat, daß er an seiner Rechtsauffassung festhält. Kann der Senat, von dessen Entscheidung abgewichen werden soll, wegen einer Änderung des Geschäftsverteilungsplanes mit der Rechtsfrage nicht mehr befaßt werden, tritt der Senat an seine Stelle, der nach dem Geschäftsverteilungsplan für den Fall, in dem abweichend entschieden wurde, nunmehr zuständig wäre. Über die Anfrage und die Antwort entscheidet der jeweilige Senat durch Beschluß in der für Urteile erforderlichen Besetzung.

(4) Der erkennende Senat kann eine Frage von grundsätzlicher Bedeutung dem Großen Senat zur Entscheidung vorlegen, wenn das nach seiner Auffassung zur Fortbildung des Rechts oder zur Sicherung einer einheitlichen Rechtsprechung erforderlich ist.

(5) Der Große Senat besteht aus dem Präsidenten und je einem Richter der Revisionssenate, in denen der Präsident nicht den Vorsitz führt. Legt ein anderer als ein Revisionssenat vor oder soll von dessen Entscheidung abgewichen werden, ist auch ein Mitglied dieses

Senats im Großen Senat vertreten. Bei einer Verhinderung des Präsidenten tritt ein Richter des Senats, dem er angehört, an seine Stelle.

(6) Die Mitglieder und die Vertreter werden durch das Präsidium für ein Geschäftsjahr bestellt. Das gilt auch für das Mitglied eines anderen Senats nach Absatz 5 Satz 2 und für seinen Vertreter. Den Vorsitz im Großen Senat führt der Präsident, bei Verhinderung das dienstälteste Mitglied. Bei Stimmengleichheit gibt die Stimme des Vorsitzenden den Ausschlag.

(7) Der Große Senat entscheidet nur über die Rechtsfrage. Er kann ohne mündliche Verhandlung entscheiden. Seine Entscheidung ist in der vorliegenden Sache für den erkennenden Senat bindend.

§ 12 (Großer Senat des OVG)

(1) Die Vorschriften des § 11 gelten für das Oberverwaltungsgericht entsprechend, soweit es über eine Frage des Landesrechts endgültig entscheidet. An die Stelle der Revisionssenate treten die nach diesem Gesetz gebildeten Berufungssenate.

(2) Besteht ein Oberverwaltungsgericht nur aus zwei Berufungssenaten, so treten an die Stelle des Großen Senats die Vereinigten Senate.

(3) Durch Landesgesetz kann eine abweichende Zusammensetzung des Großen Senats bestimmt werden.

§ 13 (Geschäftsstelle)

Bei jedem Gericht wird eine Geschäftsstelle eingerichtet. Sie wird mit der erforderlichen Anzahl von Urkundsbeamten besetzt.

§ 14 (Rechts- und Amtshilfe)

Alle Gerichte und Verwaltungsbehörden leisten den Gerichten der Verwaltungsgerichtsbarkeit Rechts- und Amtshilfe.

2. Abschnitt
Richter

§ 15 (Ernennung)

(1) Die Richter werden auf Lebenszeit ernannt, soweit nicht in §§ 16 und 17 Abweichendes bestimmt ist.

(2) (weggefallen)

(3) Die Richter des Bundesverwaltungsgerichts müssen das fünfunddreißigste Lebensjahr vollendet haben.

§ 16 (Richter im Nebenamt)

Bei dem Oberverwaltungsgericht und bei dem Verwaltungsgericht können auf Lebenszeit ernannte Richter anderer Gerichte und ordentliche Professoren des Rechts für eine bestimmte Zeit von mindestens zwei Jahren, längstens jedoch für die Dauer ihres Hauptamtes, zu Richtern im Nebenamt ernannt werden.

§ 17 (Richter auf Probe, Richter kraft Auftrags, Richter auf Zeit)

Bei den Verwaltungsgerichten können auch folgende Richter verwendet werden:

1. Richter auf Probe,
2. Richter kraft Auftrags und
3. Richter auf Zeit.

§ 18 (Deckung vorübergehenden Personalbedarfs)

Zur Deckung eines nur vorübergehenden Personalbedarfs kann ein Beamter auf Lebenszeit mit der Befähigung zum Richteramt für die Dauer von mindestens zwei Jahren, längstens jedoch für die Dauer seines Hauptamts, zum Richter auf Zeit ernannt werden. § 15 Absatz 1 Satz 1 und 3 sowie Absatz 2 des Deutschen Richtergesetzes ist entsprechend anzuwenden.

3. Abschnitt
Ehrenamtliche Richter

§ 19 (Gleiche Rechte)

Der ehrenamtliche Richter wirkt bei der mündlichen Verhandlung und der Urteilsfindung mit gleichen Rechten wie der Richter mit.

§ 20 (Persönliche Voraussetzungen)

Der ehrenamtliche Richter muß Deutscher sein. Er soll das 25. Lebensjahr vollendet und seinen Wohnsitz innerhalb des Gerichtsbezirks haben.

IX.3 Verwaltungsgerichtordnung (VwGO) §§ 21–25

§ 21 (Ausschluss)

(1) Vom Amt des ehrenamtlichen Richters sind ausgeschlossen

1. Personen, die infolge Richterspruchs die Fähigkeit zur Bekleidung öffentlicher Ämter nicht besitzen oder wegen einer vorsätzlichen Tat zu einer Freiheitsstrafe von mehr als sechs Monaten verurteilt worden sind,
2. Personen, gegen die Anklage wegen einer Tat erhoben ist, die den Verlust der Fähigkeit zur Bekleidung öffentlicher Ämter zur Folge haben kann,
3. Personen, die nicht das Wahlrecht zu den gesetzgebenden Körperschaften des Landes besitzen.

(2) Personen, die in Vermögensverfall geraten sind, sollen nicht zu ehrenamtlichen Richtern berufen werden.

§ 22 (Ausgeschlossene Personengruppen)

Zu ehrenamtlichen Richtern können nicht berufen werden

1. Mitglieder des Bundestages, des Europäischen Parlaments, der gesetzgebenden Körperschaften eines Landes, der Bundesregierung oder einer Landesregierung,
2. Richter,
3. Beamte und Angestellte im öffentlichen Dienst, soweit sie nicht ehrenamtlich tätig sind,
4. Berufssoldaten und Soldaten auf Zeit,
5. Rechtsanwälte, Notare und Personen, die fremde Rechtsangelegenheiten geschäftsmäßig besorgen.

§ 23 (Ablehnungsberechtigte)

(1) Die Berufung zum Amt des ehrenamtlichen Richters dürfen ablehnen

1. Geistliche und Religionsdiener,
2. Schöffen und andere ehrenamtliche Richter,
3. Personen, die zwei Amtsperioden lang als ehrenamtliche Richter bei Gerichten der allgemeinen Verwaltungsgerichtsbarkeit tätig gewesen sind,
4. Ärzte, Krankenpfleger, Hebammen,
5. Apothekenleiter, die keinen weiteren Apotheker beschäftigen,
6. Personen, die die Regelaltersgrenze nach dem Sechsten Buch Sozialgesetzbuch erreicht haben.

(2) In besonderen Härtefällen kann außerdem auf Antrag von der Übernahme des Amtes befreit werden.

§ 24 (Entbindung vom Amt)

(1) Ein ehrenamtlicher Richter ist von seinem Amt zu entbinden, wenn er

1. nach §§ 20 bis 22 nicht berufen werden konnte oder nicht mehr berufen werden kann oder
2. seine Amtspflichten gröblich verletzt hat oder
3. einen Ablehnungsgrund nach § 23 Abs. 1 geltend macht oder
4. die zur Ausübung seines Amtes erforderlichen geistigen oder körperlichen Fähigkeiten nicht mehr besitzt oder
5. seinen Wohnsitz im Gerichtsbezirk aufgibt.

(2) In besonderen Härtefällen kann außerdem auf Antrag von der weiteren Ausübung des Amtes entbunden werden.

(3) Die Entscheidung trifft ein Senat des Oberverwaltungsgerichts in den Fällen des Absatzes 1 Nr. 1, 2 und 4 auf Antrag des Präsidenten des Verwaltungsgerichts, in den Fällen des Absatzes 1 Nr. 3 und 5 und des Absatzes 2 auf Antrag des ehrenamtlichen Richters. Die Entscheidung ergeht durch Beschluß nach Anhörung des ehrenamtlichen Richters. Sie ist unanfechtbar.

(4) Absatz 3 gilt entsprechend in den Fällen des § 23 Abs. 2.

(5) Auf Antrag des ehrenamtlichen Richters ist die Entscheidung nach Absatz 3 von dem Senat des Oberverwaltungsgerichts aufzuheben, wenn Anklage nach § 21 Nr. 2 erhoben war und der Angeschuldigte rechtskräftig außer Verfolgung gesetzt oder freigesprochen worden ist.

§ 25 (Amtszeit)

Die ehrenamtlichen Richter werden auf fünf Jahre gewählt.

§ 26 (Wahlausschuss)

(1) Bei jedem Verwaltungsgericht wird ein Ausschuß zur Wahl der ehrenamtlichen Richter bestellt.

(2) Der Ausschuß besteht aus dem Präsidenten des Verwaltungsgerichts als Vorsitzendem, einem von der Landesregierung bestimmten Verwaltungsbeamten und sieben Vertrauensleuten als Beisitzern. Die Vertrauensleute, ferner sieben Vertreter werden aus den Einwohnern des Verwaltungsgerichtsbezirks vom Landtag oder von einem durch ihn bestimmten Landtagsausschuß oder nach Maßgabe eines Landesgesetzes gewählt. Sie müssen die Voraussetzungen zur Berufung als ehrenamtliche Richter erfüllen. Die Landesregierungen werden ermächtigt, durch Rechtsverordnung die Zuständigkeit für die Bestimmung des Verwaltungsbeamten abweichend von Satz 1 zu regeln. Sie können diese Ermächtigung auf oberste Landesbehörden übertragen. In den Fällen des § 3 Abs. 2 richtet sich die Zuständigkeit für die Bestellung des Verwaltungsbeamten sowie des Landes für die Wahl der Vertrauensleute nach dem Sitz des Gerichts. Die Landesgesetzgebung kann in diesen Fällen vorsehen, dass jede beteiligte Landesregierung einen Verwaltungsbeamten in den Ausschuss entsendet und dass jedes beteiligte Land mindestens zwei Vertrauensleute bestellt.

(3) Der Ausschuß ist beschlußfähig, wenn wenigstens der Vorsitzende, ein Verwaltungsbeamter und drei Vertrauensleute anwesend sind.

§ 27 (Erforderliche Zahl)

Die für jedes Verwaltungsgericht erforderliche Zahl von ehrenamtlichen Richtern wird durch den Präsidenten so bestimmt, daß voraussichtlich jeder zu höchstens zwölf ordentlichen Sitzungstagen im Jahr herangezogen wird.

§ 28 (Vorschlagsliste)

Die Kreise und kreisfreien Städte stellen in jedem fünften Jahr eine Vorschlagsliste für ehrenamtliche Richter auf. Der Ausschuß bestimmt für jeden Kreis und für jede kreisfreie Stadt die Zahl der Personen, die in die Vorschlagsliste aufzunehmen sind. Hierbei ist die doppelte Anzahl der nach § 27 erforderlichen ehrenamtlichen Richter zugrunde zu legen. Für die Aufnahme in die Liste ist die Zustimmung von zwei Dritteln der anwesenden Mitglieder der Vertretungskörperschaft des Kreises oder der kreisfreien Stadt, mindestens jedoch die Hälfte der gesetzlichen Mitgliederzahl erforderlich. Die jeweiligen Regelungen zur Beschlussfassung der Vertretungskörperschaft bleiben unberührt. Die Vorschlagslisten sollen außer dem Namen auch den Geburtsort, den Geburtstag und Beruf des Vorgeschlagenen enthalten; sie sind dem Präsidenten des zuständigen Verwaltungsgerichts zu übermitteln.

§ 29 (Auswahl)

(1) Der Ausschuß wählt aus den Vorschlagslisten mit einer Mehrheit von mindestens zwei Dritteln der Stimmen die erforderliche Zahl von ehrenamtlichen Richtern.

(2) Bis zur Neuwahl bleiben die bisherigen ehrenamtlichen Richter im Amt.

§ 30 (Reihenfolge; Hilfsliste)

(1) Das Präsidium des Verwaltungsgerichts bestimmt vor Beginn des Geschäftsjahres die Reihenfolge, in der die ehrenamtlichen Richter zu den Sitzungen heranzuziehen sind.

(2) Für die Heranziehung von Vertretern bei unvorhergesehener Verhinderung kann eine Hilfsliste aus ehrenamtlichen Richtern aufgestellt werden, die am Gerichtssitz oder in seiner Nähe wohnen.

§ 31 (weggefallen)

§ 32 (Entschädigung)

Der ehrenamtliche Richter und der Vertrauensmann (§ 26) erhalten eine Entschädigung nach dem Justizvergütungs- und -entschädigungsgesetz.

§ 33 (Ordnungsgeld)

(1) Gegen einen ehrenamtlichen Richter, der sich ohne genügende Entschuldigung zu einer Sitzung nicht rechtzeitig einfindet oder der sich seinen Pflichten auf andere Weise entzieht,

kann ein Ordnungsgeld festgesetzt werden. Zugleich können ihm die durch sein Verhalten verursachten Kosten auferlegt werden.

(2) Die Entscheidung trifft der Vorsitzende. Bei nachträglicher Entschuldigung kann er sie ganz oder zum Teil aufheben.

§ 34 (Oberverwaltungsgericht)

§§ 19 bis 33 gelten für die ehrenamtlichen Richter bei dem Oberverwaltungsgericht entsprechend, wenn die Landesgesetzgebung bestimmt hat, daß bei diesem Gericht ehrenamtliche Richter mitwirken.

4. Abschnitt
Vertreter des öffentlichen Interesses

§ 35 (Oberbundesanwalt)

(1) Die Bundesregierung bestellt einen Vertreter des Bundesinteresses beim Bundesverwaltungsgericht und richtet ihn im Bundesministerium des Innern, für Bau und Heimat ein. Der Vertreter des Bundesinteresses beim Bundesverwaltungsgericht kann sich an jedem Verfahren vor dem Bundesverwaltungsgericht beteiligen; dies gilt nicht für Verfahren vor den Wehrdienstsenaten. Er ist an die Weisungen der Bundesregierung gebunden.

(2) Das Bundesverwaltungsgericht gibt dem Vertreter des Bundesinteresses beim Bundesverwaltungsgericht Gelegenheit zur Äußerung.

§ 36 (Oberverwaltungsgericht, Verwaltungsgericht)

(1) Bei dem Oberverwaltungsgericht und bei dem Verwaltungsgericht kann nach Maßgabe einer Rechtsverordnung der Landesregierung ein Vertreter des öffentlichen Interesses bestimmt werden. Dabei kann ihm allgemein oder für bestimmte Fälle die Vertretung des Landes oder von Landesbehörden übertragen werden.

(2) § 35 Abs. 2 gilt entsprechend.

§ 37 (Befähigung zum Richteramt)

(1) Der Vertreter des Bundesinteresses beim Bundesverwaltungsgericht und seine hauptberuflichen Mitarbeiter des höheren Dienstes müssen die Befähigung zum Richteramt haben.

(2) Der Vertreter des öffentlichen Interesses bei dem Oberverwaltungsgericht und bei dem Verwaltungsgericht muß die Befähigung zum Richteramt nach dem Deutschen Richtergesetz haben; § 174 bleibt unberührt.

5. Abschnitt
Gerichtsverwaltung

§ 38 (Dienstaufsicht)

(1) Der Präsident des Gerichts übt die Dienstaufsicht über die Richter, Beamten, Angestellten und Arbeiter aus.

(2) Übergeordnete Dienstaufsichtsbehörde für das Verwaltungsgericht ist der Präsident des Oberverwaltungsgerichts.

§ 39 (Keine Verwaltungsgeschäfte)

Dem Gericht dürfen keine Verwaltungsgeschäfte außerhalb der Gerichtsverwaltung übertragen werden.

6. Abschnitt
Verwaltungsrechtsweg und Zuständigkeit

§ 40 (Öffentlich-rechtliche Streitigkeiten)

(1) Der Verwaltungsrechtsweg ist in allen öffentlich-rechtlichen Streitigkeiten nichtverfassungsrechtlicher Art gegeben, soweit die Streitigkeiten nicht durch Bundesgesetz einem anderen Gericht ausdrücklich zugewiesen sind. Öffentlich-rechtliche Streitigkeiten auf dem Gebiet des Landesrechts können einem anderen Gericht auch durch Landesgesetz zugewiesen werden.

(2) Für vermögensrechtliche Ansprüche aus Aufopferung für das gemeine Wohl und aus öffentlich-rechtlicher Verwahrung sowie für Schadensersatzansprüche aus der Verletzung öffentlich-rechtlicher Pflichten, die nicht auf einem öffentlich-rechtlichen Vertrag beruhen, ist der ordentliche Rechtsweg gegeben; dies gilt nicht für Streitigkeiten über das Bestehen und die Höhe eines Ausgleichsanspruchs im Rahmen des Artikels 14 Abs. 1 Satz 2 des Grundgesetzes. Die besonderen Vorschriften des Beamtenrechts sowie über

den Rechtsweg bei Ausgleich von Vermögensnachteilen wegen Rücknahme rechtswidriger Verwaltungsakte bleiben unberührt.

§ 41 (weggefallen)

§ 42 (Anfechtungsklage; Verpflichtungsklage)

(1) Durch Klage kann die Aufhebung eines Verwaltungsakts (Anfechtungsklage) sowie die Verurteilung zum Erlaß eines abgelehnten oder unterlassenen Verwaltungsakts (Verpflichtungsklage) begehrt werden.

(2) Soweit gesetzlich nichts anderes bestimmt ist, ist die Klage nur zulässig, wenn der Kläger geltend macht, durch den Verwaltungsakt oder seine Ablehnung oder Unterlassung in seinen Rechten verletzt zu sein.

§ 43 (Feststellungsklage)

(1) Durch Klage kann die Feststellung des Bestehens oder Nichtbestehens eines Rechtsverhältnisses oder der Nichtigkeit eines Verwaltungsakts begehrt werden, wenn der Kläger ein berechtigtes Interesse an der baldigen Feststellung hat (Feststellungsklage).

(2) Die Feststellung kann nicht begehrt werden, soweit der Kläger seine Rechte durch Gestaltungs- oder Leistungsklage verfolgen kann oder hätte verfolgen können. Dies gilt nicht, wenn die Feststellung der Nichtigkeit eines Verwaltungsakts begehrt wird.

§ 44 (Mehrere Klagebegehren)

Mehrere Klagebegehren können vom Kläger in einer Klage zusammen verfolgt werden, wenn sie sich gegen denselben Beklagten richten, im Zusammenhang stehen und dasselbe Gericht zuständig ist.

§ 44a (Rechtsbehelfe gegen behördliche Verfahrenshandlungen)

Rechtsbehelfe gegen behördliche Verfahrenshandlungen können nur gleichzeitig mit den gegen die Sachentscheidung zulässigen Rechtsbehelfen geltend gemacht werden. Dies gilt nicht, wenn behördliche Verfahrenshandlungen vollstreckt werden können oder gegen einen Nichtbeteiligten ergehen.

§ 45 (Erster Rechtszug)

Das Verwaltungsgericht entscheidet im ersten Rechtszug über alle Streitigkeiten, für die der Verwaltungsrechtsweg offensteht.

§ 46 (Zweiter Rechtszug)

Das Oberverwaltungsgericht entscheidet über das Rechtsmittel

1. der Berufung gegen Urteile des Verwaltungsgerichts und
2. der Beschwerde gegen andere Entscheidungen des Verwaltungsgerichts.

§ 47 (Gültigkeit von Satzungen, von Rechtsvorschriften)

(1) Das Oberverwaltungsgericht entscheidet im Rahmen seiner Gerichtsbarkeit auf Antrag über die Gültigkeit

1. von Satzungen, die nach den Vorschriften des Baugesetzbuchs erlassen worden sind, sowie von Rechtsverordnungen auf Grund des § 246 Abs. 2 des Baugesetzbuchs,
2. von anderen im Rang unter dem Landesgesetz stehenden Rechtsvorschriften, sofern das Landesrecht dies bestimmt.

(2) Den Antrag kann jede natürliche oder juristische Person, die geltend macht, durch die Rechtsvorschrift oder deren Anwendung in ihren Rechten verletzt zu sein oder in absehbarer Zeit verletzt zu werden, sowie jede Behörde innerhalb eines Jahres nach Bekanntmachung der Rechtsvorschrift stellen. Er ist gegen die Körperschaft, Anstalt oder Stiftung zu richten, welche die Rechtsvorschrift erlassen hat. Das Oberverwaltungsgericht kann dem Land und anderen juristischen Personen des öffentlichen Rechts, deren Zuständigkeit durch die Rechtsvorschrift berührt wird, Gelegenheit zur Äußerung binnen einer zu bestimmenden Frist geben. § 65 Abs. 1 und 4 und § 66 sind entsprechend anzuwenden.

(3) Das Oberverwaltungsgericht prüft die Vereinbarkeit der Rechtsvorschrift mit Landesrecht nicht, soweit gesetzlich vorgesehen ist, daß die Rechtsvorschrift ausschließlich durch das Verfassungsgericht eines Landes nachprüfbar ist.

(4) Ist ein Verfahren zur Überprüfung der Gültigkeit der Rechtsvorschrift bei einem Ver-

fassungsgericht anhängig, so kann das Oberverwaltungsgericht anordnen, daß die Verhandlung bis zur Erledigung des Verfahrens vor dem Verfassungsgericht auszusetzen sei.

(5) Das Oberverwaltungsgericht entscheidet durch Urteil oder, wenn es eine mündliche Verhandlung nicht für erforderlich hält, durch Beschluß. Kommt das Oberverwaltungsgericht zu der Überzeugung, daß die Rechtsvorschrift ungültig ist, so erklärt es sie für unwirksam; in diesem Fall ist die Entscheidung allgemein verbindlich und die Entscheidungsformel vom Antragsgegner ebenso zu veröffentlichen wie die Rechtsvorschrift bekanntzumachen wäre. Für die Wirkung der Entscheidung gilt § 183 entsprechend.

(6) Das Gericht kann auf Antrag eine einstweilige Anordnung erlassen, wenn dies zur Abwehr schwerer Nachteile oder aus anderen wichtigen Gründen dringend geboten ist.

§ 48 (Erster Rechtszug)

(1) Das Oberverwaltungsgericht entscheidet im ersten Rechtszug über sämtliche Streitigkeiten, die betreffen

1. die Errichtung, den Betrieb, die sonstige Innehabung, die Veränderung, die Stilllegung, den sicheren Einschluß und den Abbau von Anlagen im Sinne der §§ 7 und 9a Abs. 3 des Atomgesetzes,

1a. das Bestehen und die Höhe von Ausgleichsansprüchen auf Grund der §§ 7e und 7f des Atomgesetzes,

2. die Bearbeitung, Verarbeitung und sonstige Verwendung von Kernbrennstoffen außerhalb von Anlagen der in § 7 des Atomgesetzes bezeichneten Art (§ 9 des Atomgesetzes) und die wesentliche Abweichung oder die wesentliche Veränderung im Sinne des § 9 Abs. 1 Satz 2 des Atomgesetzes sowie die Aufbewahrung von Kernbrennstoffen außerhalb der staatlichen Verwahrung (§ 6 des Atomgesetzes),

3. die Errichtung, den Betrieb und die Änderung von Kraftwerken mit Feuerungsanlagen für feste, flüssige und gasförmige Brennstoffe mit einer Feuerungswärmeleistung von mehr als dreihundert Megawatt,

3a. die Errichtung, den Betrieb und die Änderung von Anlagen zur Nutzung von Windenergie an Land mit einer Gesamthöhe von mehr als 50 Metern sowie Anlagen von Windenergie auf See im Küstenmeer,

3b. die Errichtung, den Betrieb und die Änderung von Kraft-Wärme-Kopplungsanlagen im Sinne des Kraft-Wärme-Kopplungsgesetzes ab einer Feuerungswärmeleistung von 50 Megawatt,

4. Planfeststellungsverfahren gemäß § 43 des Energiewirtschaftsgesetzes, soweit nicht die Zuständigkeit des Bundesverwaltungsgerichts nach § 50 Absatz 1 Nummer 6 begründet ist,

4a. Planfeststellungs- oder Plangenehmigungsverfahren für die Errichtung, den Betrieb und die Änderung von Einrichtungen nach § 66 Absatz 1 des Windenergie-auf-See-Gesetzes, soweit nicht die Zuständigkeit des Bundesverwaltungsgerichts nach § 50 Absatz 1 Nummer 6 begründet ist,

5. Verfahren für die Errichtung, den Betrieb und die wesentliche Änderung von ortsfesten Anlagen zur Verbrennung oder thermischen Zersetzung von Abfällen mit einer jährlichen Durchsatzleistung (effektive Leistung) von mehr als einhunderttausend Tonnen und von ortsfesten Anlagen, in denen ganz oder teilweise Abfälle im Sinne des § 48 des Kreislaufwirtschaftsgesetzes gelagert oder abgelagert werden,

6. das Anlegen, die Erweiterung oder Änderung und den Betrieb von Verkehrsflughäfen und von Verkehrslandeplätzen mit beschränktem Bauschutzbereich,

7. Planfeststellungsverfahren für den Bau oder die Änderung der Strecken von Straßenbahnen, Magnetschwebebahnen und von öffentlichen Eisenbahnen sowie für den Bau oder die Änderung von Rangier- und Containerbahnhöfen,

8. Planfeststellungsverfahren für den Bau oder die Änderung von Bundesfernstraßen und Landesstraßen,
9. Planfeststellungsverfahren für den Neubau oder den Ausbau von Bundeswasserstraßen,
10. Planfeststellungsverfahren für Maßnahmen des öffentlichen Küsten- oder Hochwasserschutzes,
11. Planfeststellungsverfahren nach § 68 Absatz 1 des Wasserhaushaltsgesetzes oder nach landesrechtlichen Vorschriften für die Errichtung, die Erweiterung oder die Änderung von Häfen, die für Wasserfahrzeuge mit mehr als 1350 Tonnen Tragfähigkeit zugänglich sind, unbeschadet der Nummer 9,
12. Planfeststellungsverfahren nach § 68 Absatz 1 des Wasserhaushaltsgesetzes für die Errichtung, die Erweiterung oder die Änderung von Wasserkraftanlagen mit einer elektrischen Nettoleistung von mehr als 100 Megawatt,
12a. Gewässerbenutzungen im Zusammenhang mit der aufgrund des Kohleverstromungsbeendigungsgesetzes vorgesehenen Einstellung von Braunkohletagebauen,
12b. Planfeststellungsverfahren für Gewässerausbauten im Zusammenhang mit der aufgrund des Kohleverstromungsbeendigungsgesetzes vorgesehenen Einstellung von Braunkohletagebauen,
13. Planfeststellungsverfahren nach dem Bundesberggesetz,
14. Zulassungen von
    a) Rahmenbetriebsplänen,
    b) Hauptbetriebsplänen,
    c) Sonderbetriebsplänen und
    d) Abschlussbetriebsplänen

    sowie Grundabtretungsbeschlüsse, jeweils im Zusammenhang mit der aufgrund des Kohleverstromungsbeendigungsgesetzes vorgesehenen Einstellung von Braunkohletagebauen, und
15. Planfeststellungsverfahren nach § 65 Absatz 1 in Verbindung mit Anlage 1 Nummer 19.7 des Gesetzes über die Umweltverträglichkeitsprüfung für die Errichtung und den Betrieb oder die Änderung von Dampf- oder Warmwasserpipelines.

Satz 1 gilt auch für Streitigkeiten über Genehmigungen, die anstelle einer Planfeststellung erteilt werden, sowie für Streitigkeiten über sämtliche für das Vorhaben erforderlichen Genehmigungen und Erlaubnisse, auch soweit sie Nebeneinrichtungen betreffen, die mit ihm in einem räumlichen und betrieblichen Zusammenhang stehen. Die Länder können durch Gesetz vorschreiben, daß über Streitigkeiten, die Besitzeinweisungen in den Fällen des Satzes 1 betreffen, das Oberverwaltungsgericht im ersten Rechtszug entscheidet.

(2) Das Oberverwaltungsgericht entscheidet im ersten Rechtszug ferner über Klagen gegen die von einer obersten Landesbehörde nach § 3 Abs. 2 Nr. 1 des Vereinsgesetzes ausgesprochenen Vereinsverbote und nach § 8 Abs. 2 Satz 1 des Vereinsgesetzes erlassenen Verfügungen.

(3) Abweichend von § 21e Absatz 4 des Gerichtsverfassungsgesetzes soll das Präsidium des Oberverwaltungsgerichts anordnen, dass ein Spruchkörper, der in einem Verfahren nach Absatz 1 Satz 1 Nummer 3 bis 15 tätig geworden ist, für dieses nach einer Änderung der Geschäftsverteilung zuständig bleibt.

Entscheidung des Bundesverfassungsgerichts

vom 29. September 2020 (BGBl. I S. 2652)

Aus dem Beschluss des Bundesverfassungsgerichts vom 29. September 2020 – 1 BvR 1550/19 – wird folgende Entscheidungsformel veröffentlicht:

1. Die Beschwerdeführerinnen sind dadurch in ihrem Grundrecht aus Artikel 14 Absatz 1 des Grundgesetzes verletzt, dass der Gesetzgeber auch für den Zeitraum nach dem 30. Juni 2018 weder durch das Sechzehnte Gesetz zur Änderung des Atomgesetzes vom 10. Juli 2018 (Bundesgesetzblatt I Seite 1122) noch durch ein anderes Gesetz eine Neuregelung in Kraft gesetzt hat, die eine im Wesentlichen vollständige Verstromung der den Kernkraftwer-

ken in Anlage 3 Spalte 2 zum Atomgesetz zugewiesenen Elektrizitätsmengen sicherstellt oder einen angemessenen Ausgleich für nicht mehr verstrombare Teile dieser Elektrizitätsmengen gewährt (vgl. BVerfGE 143, 246 <248, Nummer 1 der Entscheidungsformel>).

(**Anmerkung der Redaktion**: Durch das oben genannte Sechzehnte Gesetz zur Änderung des Atomgesetzes wurde in §48 VwGO Absatz 1 Satz 1 Nr. 1a eingefügt. Laut Urteilsbegründung ist das Änderungsgesetz nicht wirksam in Kraft getreten.)

2. Der Gesetzgeber bleibt zur Neuregelung verpflichtet.

Die vorstehende Entscheidungsformel hat gemäß §31 Absatz 2 des Bundesverfassungsgerichtsgesetzes Gesetzeskraft.

§49 (Dritter Rechtszug)

Das Bundesverwaltungsgericht entscheidet über das Rechtsmittel

1. der Revision gegen Urteile des Oberverwaltungsgerichts nach §132,
2. der Revision gegen Urteile des Verwaltungsgerichts nach §§134 und 135,
3. der Beschwerde nach §99 Abs. 2 und §133 Abs. 1 dieses Gesetzes sowie nach §17a Abs. 4 Satz 4 des Gerichtsverfassungsgesetzes.

§50 (Bundesverwaltungsgericht im ersten Rechtszug)

(1) Das Bundesverwaltungsgericht entscheidet im ersten und letzten Rechtszug

1. über öffentlich-rechtliche Streitigkeiten nichtverfassungsrechtlicher Art zwischen dem Bund und den Ländern und zwischen verschiedenen Ländern,
2. über Klagen gegen die vom Bundesminister des Innern, für Bau und Heimat nach §3 Abs. 2 Nr. 2 des Vereinsgesetzes ausgesprochenen Vereinsverbote und nach §8 Abs. 2 Satz 1 des Vereinsgesetzes erlassenen Verfügungen,
3. über Streitigkeiten gegen Abschiebungsanordnungen nach §58a des Aufenthaltsgesetzes und ihre Vollziehung, sowie den Erlass eines Einreise- und Aufenthaltsverbots auf dieser Grundlage,
4. über Klagen gegen den Bund, denen Vorgänge im Geschäftsbereich des Bundesnachrichtendienstes zugrunde liegen,
5. über Klagen gegen Maßnahmen und Entscheidungen nach §12 Absatz 3a des Abgeordnetengesetzes, nach den Vorschriften des Elften Abschnitts des Abgeordnetengesetzes, nach §6b des Bundesministergesetzes und nach §7 des Gesetzes über die Rechtsverhältnisse der Parlamentarischen Staatssekretäre in Verbindung mit §6b des Bundesministergesetzes,
6. über sämtliche Streitigkeiten, die Planfeststellungsverfahren und Plangenehmigungsverfahren für Vorhaben betreffen, die in dem Allgemeinen Eisenbahngesetz, dem Bundeswasserstraßengesetz, dem Energieleitungsausbaugesetz, dem Bundesbedarfsplangesetz, dem §43e Absatz 4 des Energiewirtschaftsgesetzes, dem §76 Absatz 1 des Windenergie-auf-See-Gesetzes oder dem Magnetschwebebahnplanungsgesetz bezeichnet sind, über sämtliche Streitigkeiten zu Verfahren im Sinne des §17e Absatz 1 des Bundesfernstraßengesetzes, über sämtliche Streitigkeiten, die Vorhaben zur Errichtung und zur Anbindung von Terminals zum Import von Wasserstoff und Derivaten betreffen, sowie über die ihm nach dem LNG-Beschleunigungsgesetz zugewiesenen Verfahren,
7. über die ihm nach dem Energiesicherungsgesetz zugewiesenen Verfahren.

(2) In Verfahren nach Absatz 1 Nummer 6 ist §48 Absatz 3 entsprechend anzuwenden.

(3) Hält das Bundesverwaltungsgericht nach Absatz 1 Nr. 1 eine Streitigkeit für verfassungsrechtlich, so legt es die Sache dem Bundesverfassungsgericht zur Entscheidung vor.

§51 (Verbot eines Teilvereins)

(1) Ist gemäß §5 Abs. 2 des Vereinsgesetzes das Verbot des Gesamtvereins anstelle des Verbots eines Teilvereins zu vollziehen, so ist ein Verfahren über eine Klage dieses Teilvereins gegen das ihm gegenüber erlassene Verbot bis zum Erlaß der Entscheidung über eine Klage gegen das Verbot des Gesamtvereins auszusetzen.

(2) Eine Entscheidung des Bundesverwaltungsgerichts bindet im Falle des Absatzes 1 die Oberverwaltungsgerichte.

(3) Das Bundesverwaltungsgericht unterrichtet die Oberverwaltungsgerichte über die Klage eines Vereins nach § 50 Abs. 1 Nr. 2.

§ 52 (Örtliche Zuständigkeit)
Für die örtliche Zuständigkeit gilt folgendes:

1. In Streitigkeiten, die sich auf unbewegliches Vermögen oder ein ortsgebundenes Recht oder Rechtsverhältnis beziehen, ist nur das Verwaltungsgericht örtlich zuständig, in dessen Bezirk das Vermögen oder der Ort liegt.

2. Bei Anfechtungsklagen gegen den Verwaltungsakt einer Bundesbehörde, einer bundesunmittelbaren Körperschaft, Anstalt oder Stiftung des öffentlichen Rechts, ist das Verwaltungsgericht örtlich zuständig, in dessen Bezirk die Bundesbehörde, die Körperschaft, Anstalt oder Stiftung ihren Sitz hat, vorbehaltlich der Nummern 1 und 4. Dies gilt auch bei Verpflichtungsklagen in den Fällen des Satzes 1. In Streitigkeiten nach dem Asylgesetz ist jedoch das Verwaltungsgericht örtlich zuständig, in dessen Bezirk der Ausländer nach dem Asylgesetz seinen Aufenthalt zu nehmen hat; ist eine örtliche Zuständigkeit danach nicht gegeben, bestimmt sie sich nach Nummer 3. Soweit ein Land, in dem der Ausländer seinen Aufenthalt zu nehmen hat, von der Möglichkeit nach § 83 Absatz 3 des Asylgesetzes Gebrauch gemacht hat, ist das Verwaltungsgericht örtlich zuständig, das nach dem Landesrecht für Streitigkeiten nach dem Asylgesetz betreffend den Herkunftsstaat des Ausländers zuständig ist. Für Klagen gegen den Bund auf Gebieten, die in die Zuständigkeit der diplomatischen und konsularischen Auslandsvertretungen der Bundesrepublik Deutschland fallen, auf dem Gebiet der Visumangelegenheiten auch, wenn diese in die Zuständigkeit des Bundesamts für Auswärtige Angelegenheiten fallen, ist das Verwaltungsgericht örtlich zuständig, in dessen Bezirk die Bundesregierung ihren Sitz hat.

3. Bei allen anderen Anfechtungsklagen vorbehaltlich der Nummern 1 und 4 ist das Verwaltungsgericht örtlich zuständig, in dessen Bezirk der Verwaltungsakt erlassen wurde. Ist er von einer Behörde, deren Zuständigkeit sich auf mehrere Verwaltungsgerichtsbezirke erstreckt, oder von einer gemeinsamen Behörde mehrerer oder aller Länder erlassen, so ist das Verwaltungsgericht zuständig, in dessen Bezirk der Beschwerte seinen Sitz oder Wohnsitz hat. Fehlt ein solcher innerhalb des Zuständigkeitsbereichs der Behörde, so bestimmt sich die Zuständigkeit nach Nummer 5. Bei Anfechtungsklagen gegen Verwaltungsakte einer von den Ländern mit der Vergabe von Studienplätzen beauftragten Behörde ist jedoch das Verwaltungsgericht örtlich zuständig, in dessen Bezirk die Behörde ihren Sitz hat. Dies gilt auch bei Verpflichtungsklagen in den Fällen der Sätze 1, 2 und 4.

4. Für alle Klagen aus einem gegenwärtigen oder früheren Beamten-, Richter-, Wehrpflicht-, Wehrdienst- oder Zivildienstverhältnis und für Streitigkeiten, die sich auf die Entstehung eines solchen Verhältnisses beziehen, ist das Verwaltungsgericht örtlich zuständig, in dessen Bezirk der Kläger oder Beklagte seinen dienstlichen Wohnsitz oder in Ermangelung dessen seinen Wohnsitz hat. Hat der Kläger oder Beklagte keinen dienstlichen Wohnsitz oder keinen Wohnsitz innerhalb des Zuständigkeitsbereichs der Behörde, die den ursprünglichen Verwaltungsakt erlassen hat, so ist das Gericht örtlich zuständig, in dessen Bezirk diese Behörde ihren Sitz hat. Die Sätze 1 und 2 gelten für Klagen nach § 79 des Gesetzes zur Regelung der Rechtsverhältnisse der unter Artikel 131 des Grundgesetzes fallenden Personen entsprechend.

5. In allen anderen Fällen ist das Verwaltungsgericht örtlich zuständig, in dessen Bezirk der Beklagte seinen Sitz, Wohnsitz oder in Ermangelung dessen seinen Auf-

enthalt hat oder seinen letzten Wohnsitz oder Aufenthalt hatte.

§ 53 (Bestimmung des zuständigen Gerichts)

(1) Das zuständige Gericht innerhalb der Verwaltungsgerichtsbarkeit wird durch das nächsthöhere Gericht bestimmt,

1. wenn das an sich zuständige Gericht in einem einzelnen Fall an der Ausübung der Gerichtsbarkeit rechtlich oder tatsächlich verhindert ist,
2. wenn es wegen der Grenzen verschiedener Gerichtsbezirke ungewiß ist, welches Gericht für den Rechtsstreit zuständig ist,
3. wenn der Gerichtsstand sich nach § 52 richtet und verschiedene Gerichte in Betracht kommen,
4. wenn verschiedene Gerichte sich rechtskräftig für zuständig erklärt haben,
5. wenn verschiedene Gerichte, von denen eines für den Rechtsstreit zuständig ist, sich rechtskräftig für unzuständig erklärt haben.

(2) Wenn eine örtliche Zuständigkeit nach § 52 nicht gegeben ist, bestimmt das Bundesverwaltungsgericht das zuständige Gericht.

(3) Jeder am Rechtsstreit Beteiligte und jedes mit dem Rechtsstreit befaßte Gericht kann das im Rechtszug höhere Gericht oder das Bundesverwaltungsgericht anrufen. Das angerufene Gericht kann ohne mündliche Verhandlung entscheiden.

Teil II
Verfahren

7. Abschnitt
Allgemeine Verfahrensvorschriften

§ 54 (Ausschließung, Ablehnung von Gerichtspersonen)

(1) Für die Ausschließung und Ablehnung der Gerichtspersonen gelten §§ 41 bis 49 der Zivilprozeßordnung entsprechend.

(2) Von der Ausübung des Amtes als Richter oder ehrenamtlicher Richter ist auch ausgeschlossen, wer bei dem vorausgegangenen Verwaltungsverfahren mitgewirkt hat.

(3) Besorgnis der Befangenheit nach § 42 der Zivilprozeßordnung ist stets dann begründet, wenn der Richter oder ehrenamtliche Richter der Vertretung einer Körperschaft angehört, deren Interessen durch das Verfahren berührt werden.

§ 55 (Öffentlichkeit, Sitzungspolizei, Gerichtssprache, Beratung, Abstimmung)

§§ 169, 171a bis 198 des Gerichtsverfassungsgesetzes über die Öffentlichkeit, Sitzungspolizei, Gerichtssprache, Beratung und Abstimmung finden entsprechende Anwendung.

§ 55a (Elektronische Dokumente)

(1) Vorbereitende Schriftsätze und deren Anlagen, schriftlich einzureichende Anträge und Erklärungen der Beteiligten sowie schriftlich einzureichende Auskünfte, Aussagen, Gutachten, Übersetzungen, Anträge und Erklärungen Dritter können nach Maßgabe der Absätze 2 bis 6 als elektronische Dokumente bei Gericht eingereicht werden.

(2) Das elektronische Dokument muss für die Bearbeitung durch das Gericht geeignet sein. Die Bundesregierung bestimmt durch Rechtsverordnung mit Zustimmung des Bundesrates technische Rahmenbedingungen für die Übermittlung und die Eignung zur Bearbeitung durch das Gericht sowie das Nähere zur Verarbeitung von Daten der Postfachinhaber nach Absatz 4 Satz 1 Nummer 4 und 5 in einem sicheren elektronischen Verzeichnis.

(3) Das elektronische Dokument muss mit einer qualifizierten elektronischen Signatur der verantwortenden Person versehen sein oder von der verantwortenden Person signiert und auf einem sicheren Übermittlungsweg eingereicht werden. Satz 1 gilt nicht für Anlagen, die vorbereitenden Schriftsätzen beigefügt sind. Soll ein schriftlich einzureichender Antrag oder eine schriftlich einzureichende Erklärung eines Beteiligten oder eines Dritten als elektronisches Dokument eingereicht werden, so kann der unterschriebene Antrag

oder die unterschriebene Erklärung in ein elektronisches Dokument übertragen und durch den Bevollmächtigten, den Vertreter oder den Beistand nach Satz 1 übermittelt werden.

(4) Sichere Übermittlungswege sind

1. der Postfach- und Versanddienst eines De-Mail-Kontos, wenn der Absender bei Versand der Nachricht sicher im Sinne des § 4 Absatz 1 Satz 2 des De-Mail-Gesetzes angemeldet ist und er sich die sichere Anmeldung gemäß § 5 Absatz 5 des De-Mail-Gesetzes bestätigen lässt,

2. der Übermittlungsweg zwischen den besonderen elektronischen Anwaltspostfächern nach den §§ 31a und 31b der Bundesrechtsanwaltsordnung und einem entsprechenden, auf gesetzlicher Grundlage errichteten elektronischen Postfach und der elektronischen Poststelle des Gerichts,

3. der Übermittlungsweg zwischen einem nach Durchführung eines Identifizierungsverfahrens eingerichteten Postfach einer Behörde oder einer juristischen Person des öffentlichen Rechts und der elektronischen Poststelle des Gerichts,

4. der Übermittlungsweg zwischen einem nach Durchführung eines Identifizierungsverfahrens eingerichteten elektronischen Postfach einer natürlichen oder juristischen Person oder einer sonstigen Vereinigung und der elektronischen Poststelle des Gerichts,

5. der Übermittlungsweg zwischen einem nach Durchführung eines Identifizierungsverfahrens genutzten Postfach- und Versanddienst eines Nutzerkontos im Sinne des § 2 Absatz 5 des Onlinezugangsgesetzes und der elektronischen Poststelle des Gerichts,

6. sonstige bundeseinheitliche Übermittlungswege, die durch Rechtsverordnung der Bundesregierung mit Zustimmung des Bundesrates festgelegt werden, bei denen die Authentizität und Integrität der Daten sowie die Barrierefreiheit gewährleistet sind.

Das Nähere zu den Übermittlungswegen gemäß Satz 1 Nummer 3 bis 5 regelt die Rechtsverordnung nach Absatz 2 Satz 2.

(5) Ein elektronisches Dokument ist eingegangen, sobald es auf der für den Empfang bestimmten Einrichtung des Gerichts gespeichert ist. Dem Absender ist eine automatisierte Bestätigung über den Zeitpunkt des Eingangs zu erteilen. Die Vorschriften dieses Gesetzes über die Beifügung von Abschriften für die übrigen Beteiligten finden keine Anwendung.

(6) Ist ein elektronisches Dokument für das Gericht zur Bearbeitung nicht geeignet, ist dies dem Absender unter Hinweis auf die Unwirksamkeit des Eingangs unverzüglich mitzuteilen. Das Dokument gilt als zum Zeitpunkt der früheren Einreichung eingegangen, sofern der Absender es unverzüglich in einer für das Gericht zur Bearbeitung geeigneten Form nachreicht und glaubhaft macht, dass es mit dem zuerst eingereichten Dokument inhaltlich übereinstimmt.

(7) Soweit eine handschriftliche Unterzeichnung durch den Richter oder den Urkundsbeamten der Geschäftsstelle vorgeschrieben ist, genügt dieser Form die Aufzeichnung als elektronisches Dokument, wenn die verantwortenden Personen am Ende des Dokuments ihren Namen hinzufügen und das Dokument mit einer qualifizierten elektronischen Signatur versehen. Der in Satz 1 genannten Form genügt auch ein elektronisches Dokument, in welches das handschriftlich unterzeichnete Schriftstück gemäß § 55b Absatz 6 Satz 4 übertragen worden ist.

§ 55b (Elektronische Prozessakten)

(1) Die Prozessakten können elektronisch geführt werden. Die Bundesregierung und die Landesregierungen bestimmen jeweils für ihren Bereich durch Rechtsverordnung den Zeitpunkt, von dem an die Prozessakten elektronisch geführt werden. In der Rechtsverordnung sind die organisatorisch-technischen Rahmenbedingungen für die Bildung, Führung und Verwahrung der elektronischen Akten festzulegen. Die Landesregierungen können die Ermächtigung auf die für die Ver-

waltungsgerichtsbarkeit zuständigen obersten Landesbehörden übertragen. Die Zulassung der elektronischen Akte kann auf einzelne Gerichte oder Verfahren beschränkt werden; wird von dieser Möglichkeit Gebrauch gemacht, kann in der Rechtsverordnung bestimmt werden, dass durch Verwaltungsvorschrift, die öffentlich bekanntzumachen ist, geregelt wird, in welchen Verfahren die Prozessakten elektronisch zu führen sind. Die Rechtsverordnung der Bundesregierung bedarf nicht der Zustimmung des Bundesrates.

(1a) Die Prozessakten werden ab dem 1. Januar 2026 elektronisch geführt. Die Bundesregierung und die Landesregierungen bestimmen jeweils für ihren Bereich durch Rechtsverordnung die organisatorischen und dem Stand der Technik entsprechenden technischen Rahmenbedingungen für die Bildung, Führung und Verwahrung der elektronischen Akten einschließlich der einzuhaltenden Anforderungen der Barrierefreiheit. Die Bundesregierung und die Landesregierungen können jeweils für ihren Bereich durch Rechtsverordnung bestimmen, dass Akten, die in Papierform angelegt wurden, in Papierform weitergeführt werden. Die Landesregierungen können die Ermächtigungen nach den Sätzen 2 und 3 auf die für die Verwaltungsgerichtsbarkeit zuständigen obersten Landesbehörden übertragen. Die Rechtsverordnungen der Bundesregierung bedürfen nicht der Zustimmung des Bundesrates.

(1b) Die Bundesregierung und die Landesregierungen können jeweils für ihren Bereich durch Rechtsverordnung bestimmen, dass Akten, die vor dem 1. Januar 2026 in Papierform angelegt wurden, ab einem bestimmten Stichtag oder Ereignis in elektronischer Form weitergeführt werden. Die Zulassung der Weiterführung in elektronischer Form kann auf einzelne Gerichte oder Verfahren beschränkt werden; wird von dieser Möglichkeit Gebrauch gemacht, kann in der Rechtsverordnung bestimmt werden, dass durch Verwaltungsvorschrift, die öffentlich bekanntzumachen ist, geregelt wird, in welchen Verfahren Akten in elektronischer Form weitergeführt werden. Die Rechtsverordnung der Bundesregierung bedarf nicht der Zustimmung des Bundesrates. Die Ermächtigung kann durch Rechtsverordnung auf die zuständige oberste Bundesbehörde oder auf die für die Verwaltungsgerichtsbarkeit zuständigen obersten Landesbehörden übertragen werden.

(2) Werden die Akten in Papierform geführt, ist von einem elektronischen Dokument ein Ausdruck für die Akten zu fertigen. Kann dies bei Anlagen zu vorbereitenden Schriftsätzen nicht oder nur mit unverhältnismäßigem Aufwand erfolgen, so kann ein Ausdruck unterbleiben. Die Daten sind in diesem Fall dauerhaft zu speichern; der Speicherort ist aktenkundig zu machen.

(3) Wird das elektronische Dokument auf einem sicheren Übermittlungsweg eingereicht, so ist dies aktenkundig zu machen.

(4) Ist das elektronische Dokument mit einer qualifizierten elektronischen Signatur versehen und nicht auf einem sicheren Übermittlungsweg eingereicht, muss der Ausdruck einen Vermerk darüber enthalten,

1. welches Ergebnis die Integritätsprüfung des Dokumentes ausweist,
2. wen die Signaturprüfung als Inhaber der Signatur ausweist,
3. welchen Zeitpunkt die Signaturprüfung für die Anbringung der Signatur ausweist.

(5) Ein eingereichtes elektronisches Dokument kann im Falle von Absatz 2 nach Ablauf von sechs Monaten gelöscht werden.

(6) Werden die Prozessakten elektronisch geführt, sind in Papierform vorliegende Schriftstücke und sonstige Unterlagen nach dem Stand der Technik zur Ersetzung der Urschrift in ein elektronisches Dokument zu übertragen. Es ist sicherzustellen, dass das elektronische Dokument mit den vorliegenden Schriftstücken und sonstigen Unterlagen bildlich und inhaltlich übereinstimmt. Das elektronische Dokument ist mit einem Übertragungsnachweis zu versehen, der das bei der Übertragung angewandte Verfahren und die bildliche und inhaltliche Übereinstimmung dokumentiert. Wird ein von den ver-

antwortenden Personen handschriftlich unterzeichnetes gerichtliches Schriftstück übertragen, ist der Übertragungsnachweis mit einer qualifizierten elektronischen Signatur des Urkundsbeamten der Geschäftsstelle zu versehen. Die in Papierform vorliegenden Schriftstücke und sonstigen Unterlagen können sechs Monate nach der Übertragung vernichtet werden, sofern sie nicht rückgabepflichtig sind.

(7) Die Bundesregierung kann durch Rechtsverordnung mit Zustimmung des Bundesrates die für die Übermittlung elektronischer Akten zwischen Behörden und Gerichten geltenden Standards bestimmen.

§ 55c Formulare; Verordnungsermächtigung

Das Bundesministerium der Justiz und für Verbraucherschutz kann durch Rechtsverordnung mit Zustimmung des Bundesrates elektronische Formulare einführen. Die Rechtsverordnung kann bestimmen, dass die in den Formularen enthaltenen Angaben ganz oder teilweise in strukturierter maschinenlesbarer Form zu übermitteln sind. Die Formulare sind auf einer in der Rechtsverordnung zu bestimmenden Kommunikationsplattform im Internet zur Nutzung bereitzustellen. Die Rechtsverordnung kann bestimmen, dass eine Identifikation des Formularverwenders abweichend von § 55a Absatz 3 auch durch Nutzung des elektronischen Identitätsnachweises nach § 18 des Personalausweisgesetzes, § 12 des eID-Karte-Gesetzes oder § 78 Absatz 5 des Aufenthaltsgesetzes erfolgen kann.

§ 55d Nutzungspflicht für Rechtsanwälte, Behörden und vertretungsberechtigte Personen

Vorbereitende Schriftsätze und deren Anlagen sowie schriftlich einzureichende Anträge und Erklärungen, die durch einen Rechtsanwalt, durch eine Behörde oder durch eine juristische Person des öffentlichen Rechts einschließlich der von ihr zur Erfüllung ihrer öffentlichen Aufgaben gebildeten Zusammenschlüsse eingereicht werden, sind als elektronisches Dokument zu übermitteln. Gleiches gilt für die nach diesem Gesetz vertretungsberechtigten Personen, für die ein sicherer Übermittlungsweg nach § 55a Absatz 4 Satz 1 Nummer 2 zur Verfügung steht. Ist eine Übermittlung aus technischen Gründen vorübergehend nicht möglich, bleibt die Übermittlung nach den allgemeinen Vorschriften zulässig. Die vorübergehende Unmöglichkeit ist bei der Ersatzeinreichung oder unverzüglich danach glaubhaft zu machen; auf Anforderung ist ein elektronisches Dokument nachzureichen.

§ 56 (Zustellung)

(1) Anordnungen und Entscheidungen, durch die eine Frist in Lauf gesetzt wird, sowie Terminbestimmungen und Ladungen sind zuzustellen, bei Verkündung jedoch nur, wenn es ausdrücklich vorgeschrieben ist.

(2) Zugestellt wird von Amts wegen nach den Vorschriften der Zivilprozessordnung.

(3) Wer nicht im Inland wohnt, hat auf Verlangen einen Zustellungsbevollmächtigten zu bestellen.

§ 56a (Öffentliche Bekanntmachung)

(1) Sind gleiche Bekanntgaben an mehr als fünfzig Personen erforderlich, kann das Gericht für das weitere Verfahren die Bekanntgabe durch öffentliche Bekanntmachung anordnen. In dem Beschluß muß bestimmt werden, in welchen Tageszeitungen die Bekanntmachungen veröffentlicht werden; dabei sind Tageszeitungen vorzusehen, die in dem Bereich verbreitet sind, in dem sich die Entscheidung voraussichtlich auswirken wird. Der Beschluß ist den Beteiligten zuzustellen. Die Beteiligten sind darauf hinzuweisen, auf welche Weise die weiteren Bekanntgaben bewirkt werden und wann das Dokument als zugestellt gilt. Der Beschluß ist unanfechtbar. Das Gericht kann den Beschluß jederzeit aufheben; es muß ihn aufheben, wenn die Voraussetzungen des Satzes 1 nicht vorlagen oder nicht mehr vorliegen.

(2) Die öffentliche Bekanntmachung erfolgt durch Aushang an der Gerichtstafel oder durch Veröffentlichung in einem elektronischen Informations- und Kommunikations-

system, das im Gericht öffentlich zugänglich ist und durch Veröffentlichung im Bundesanzeiger sowie in den im Beschluss nach Absatz 1 Satz 2 bestimmten Tageszeitungen. Bei einer Entscheidung genügt die öffentliche Bekanntmachung der Entscheidungsformel und der Rechtsbehelfsbelehrung. Statt des bekannt zu machenden Dokuments kann eine Benachrichtigung öffentlich bekannt gemacht werden, in der angegeben ist, wo das Dokument eingesehen werden kann. Eine Terminbestimmung oder Ladung muss im vollständigen Wortlaut öffentlich bekannt gemacht werden.

(3) Das Dokument gilt als an dem Tage zugestellt, an dem seit dem Tage der Veröffentlichung im Bundesanzeiger zwei Wochen verstrichen sind; darauf ist in jeder Veröffentlichung hinzuweisen. Nach der öffentlichen Bekanntmachung einer Entscheidung können die Beteiligten eine Ausfertigung schriftlich anfordern; darauf ist in der Veröffentlichung gleichfalls hinzuweisen.

§ 57 (Fristen)

(1) Der Lauf einer Frist beginnt, soweit nichts anderes bestimmt ist, mit der Zustellung oder, wenn diese nicht vorgeschrieben ist, mit der Eröffnung oder Verkündung.

(2) Für die Fristen gelten die Vorschriften der §§ 222, 224 Abs. 2 und 3, §§ 225 und 226 der Zivilprozeßordnung.

§ 58 (Belehrung über Rechtsbehelf)

(1) Die Frist für ein Rechtsmittel oder einen anderen Rechtsbehelf beginnt nur zu laufen, wenn der Beteiligte über den Rechtsbehelf, die Verwaltungsbehörde oder das Gericht, bei denen der Rechtsbehelf anzubringen ist, den Sitz und die einzuhaltende Frist schriftlich oder elektronisch belehrt worden ist.

(2) Ist die Belehrung unterblieben oder unrichtig erteilt, so ist die Einlegung des Rechtsbehelfs nur innerhalb eines Jahres seit Zustellung, Eröffnung oder Verkündung zulässig, außer wenn die Einlegung vor Ablauf der Jahresfrist infolge höherer Gewalt unmöglich war oder eine schriftliche oder elektronische Belehrung dahin erfolgt ist, daß ein Rechtsbehelf nicht gegeben sei. § 60 Abs. 2 gilt für den Fall höherer Gewalt entsprechend.

§ 59 (weggefallen)

§ 60 (Wiedereinsetzung in den vorigen Stand)

(1) Wenn jemand ohne Verschulden verhindert war, eine gesetzliche Frist einzuhalten, so ist ihm auf Antrag Wiedereinsetzung in den vorigen Stand zu gewähren.

(2) Der Antrag ist binnen zwei Wochen nach Wegfall des Hindernisses zu stellen; bei Versäumung der Frist zur Begründung der Berufung, des Antrags auf Zulassung der Berufung, der Revision, der Nichtzulassungsbeschwerde oder der Beschwerde beträgt die Frist einen Monat. Die Tatsachen zur Begründung des Antrags sind bei der Antragstellung oder im Verfahren über den Antrag glaubhaft zu machen. Innerhalb der Antragsfrist ist die versäumte Rechtshandlung nachzuholen. Ist dies geschehen, so kann die Wiedereinsetzung auch ohne Antrag gewährt werden.

(3) Nach einem Jahr seit dem Ende der versäumten Frist ist der Antrag unzulässig, außer wenn der Antrag vor Ablauf der Jahresfrist infolge höherer Gewalt unmöglich war.

(4) Über den Wiedereinsetzungsantrag entscheidet das Gericht, das über die versäumte Rechtshandlung zu befinden hat.

(5) Die Wiedereinsetzung ist unanfechtbar.

§ 61 (Beteiligungsfähigkeit)

Fähig, am Verfahren beteiligt zu sein, sind

1. natürliche und juristische Personen,
2. Vereinigungen, soweit ihnen ein Recht zustehen kann,
3. Behörden, sofern das Landesrecht dies bestimmt.

§ 62 (Prozessfähigkeit)

(1) Fähig zur Vornahme von Verfahrenshandlungen sind

1. die nach bürgerlichem Recht Geschäftsfähigen,
2. die nach bürgerlichem Recht in der Geschäftsfähigkeit Beschränkten, soweit sie

durch Vorschriften des bürgerlichen oder öffentlichen Rechts für den Gegenstand des Verfahrens als geschäftsfähig anerkannt sind.

(2) Betrifft ein Einwilligungsvorbehalt nach § 1825 des Bürgerlichen Gesetzbuchs den Gegenstand des Verfahrens, so ist ein geschäftsfähiger Betreuter nur insoweit zur Vornahme von Verfahrenshandlungen fähig, als er nach den Vorschriften des bürgerlichen Rechts ohne Einwilligung des Betreuers handeln kann oder durch Vorschriften des öffentlichen Rechts als handlungsfähig anerkannt ist.

(3) Für Vereinigungen sowie für Behörden handeln ihre gesetzlichen Vertreter und Vorstände.

(4) §§ 53 bis 58 der Zivilprozeßordnung gelten entsprechend.

§ 63 (Beteiligte)
Beteiligte am Verfahren sind

1. der Kläger,
2. der Beklagte,
3. der Beigeladene (§ 65),
4. der Vertreter des Bundesinteresses beim Bundesverwaltungsgericht oder der Vertreter des öffentlichen Interesses, falls er von seiner Beteiligungsbefugnis Gebrauch macht.

§ 64 (Streitgenossenschaft)
Die Vorschriften der §§ 59 bis 63 der Zivilprozeßordnung über die Streitgenossenschaft sind entsprechend anzuwenden.

§ 65 (Beiladung)
(1) Das Gericht kann, solange das Verfahren noch nicht rechtskräftig abgeschlossen oder in höherer Instanz anhängig ist, von Amts wegen oder auf Antrag andere, deren rechtliche Interessen durch die Entscheidung berührt werden, beiladen.

(2) Sind an dem streitigen Rechtsverhältnis Dritte derart beteiligt, daß die Entscheidung auch ihnen gegenüber nur einheitlich ergehen kann, so sind sie beizuladen (notwendige Beiladung).

(3) Kommt nach Absatz 2 die Beiladung von mehr als fünfzig Personen in Betracht, kann das Gericht durch Beschluß anordnen, daß nur solche Personen beigeladen werden, die dies innerhalb einer bestimmten Frist beantragen. Der Beschluß ist unanfechtbar. Er ist im Bundesanzeiger bekanntzumachen. Er muß außerdem in Tageszeitungen veröffentlicht werden, die in dem Bereich verbreitet sind, in dem sich die Entscheidung voraussichtlich auswirken wird. Die Bekanntmachung kann zusätzlich in einem von dem Gericht für Bekanntmachungen bestimmten Informations- und Kommunikationssystem erfolgen. Die Frist muß mindestens drei Monate seit Veröffentlichung im Bundesanzeiger betragen. In der Veröffentlichung in Tageszeitungen ist mitzuteilen, an welchem Tage die Frist abläuft. Für die Wiedereinsetzung in den vorigen Stand bei Versäumung der Frist gilt § 60 entsprechend. Das Gericht soll Personen, die von der Entscheidung erkennbar in besonderem Maße betroffen werden, auch ohne Antrag beiladen.

(4) Der Beiladungsbeschluß ist allen Beteiligten zuzustellen. Dabei sollen der Stand der Sache und der Grund der Beiladung angegeben werden. Die Beiladung ist unanfechtbar.

§ 66 (Stellung des Beigeladenen)
Der Beigeladene kann innerhalb der Anträge eines Beteiligten selbständig Angriffs- und Verteidigungsmittel geltend machen und alle Verfahrenshandlungen wirksam vornehmen. Abweichende Sachanträge kann er nur stellen, wenn eine notwendige Beiladung vorliegt.

§ 67 (Bevollmächtigte Vertreter)
(1) Die Beteiligten können vor dem Verwaltungsgericht den Rechtsstreit selbst führen.

(2) Die Beteiligten können sich durch einen Rechtsanwalt oder einen Rechtslehrer an einer staatlichen oder staatlich anerkannten Hochschule eines Mitgliedstaates der Europäischen Union, eines anderen Vertragsstaates des Abkommens über den Europäischen Wirtschaftsraum oder der Schweiz, der die Befähigung zum Richteramt besitzt, als Be-

IX.3 Verwaltungsgerichtsordnung (VwGO) §67

vollmächtigten vertreten lassen. Darüber hinaus sind als Bevollmächtigte vor dem Verwaltungsgericht vertretungsbefugt nur

1. Beschäftigte des Beteiligten oder eines mit ihm verbundenen Unternehmens (§15 des Aktiengesetzes); Behörden und juristische Personen des öffentlichen Rechts einschließlich der von ihnen zur Erfüllung ihrer öffentlichen Aufgaben gebildeten Zusammenschlüsse können sich auch durch Beschäftigte anderer Behörden oder juristischer Personen des öffentlichen Rechts einschließlich der von ihnen zur Erfüllung ihrer öffentlichen Aufgaben gebildeten Zusammenschlüsse vertreten lassen,

2. volljährige Familienangehörige (§15 der Abgabenordnung, §11 des Lebenspartnerschaftsgesetzes), Personen mit Befähigung zum Richteramt und Streitgenossen, wenn die Vertretung nicht im Zusammenhang mit einer entgeltlichen Tätigkeit steht,

3. Steuerberater, Steuerbevollmächtigte, Wirtschaftsprüfer und vereidigte Buchprüfer, Personen und Vereinigungen im Sinne der §§3a und 3c des Steuerberatungsgesetzes im Rahmen ihrer Befugnisse nach §3a des Steuerberatungsgesetzes, zu beschränkter geschäftsmäßiger Hilfeleistung in Steuersachen nach den §§3d und 3e des Steuerberatungsgesetzes berechtigte Personen im Rahmen dieser Befugnisse sowie Gesellschaften im Sinne des §3 Satz 1 Nummer 2 und 3 des Steuerberatungsgesetzes, die durch Personen im Sinne des §3 Satz 2 des Steuerberatungsgesetzes handeln, in Abgabenangelegenheiten,

3a. Steuerberater, Steuerbevollmächtigte, Wirtschaftsprüfer und vereidigte Buchprüfer, Personen und Vereinigungen im Sinne der §§3a und 3c des Steuerberatungsgesetzes im Rahmen ihrer Befugnisse nach §3a des Steuerberatungsgesetzes, zu beschränkter geschäftsmäßiger Hilfeleistung in Steuersachen nach den §§3d und 3e des Steuerberatungsgesetzes berechtigte Personen im Rahmen dieser Befugnisse sowie Gesellschaften im Sinne des §3 Satz 1 Nummer 2 und 3 des Steuerberatungsgesetzes, die durch Personen im Sinne des §3 Satz 2 des Steuerberatungsgesetzes handeln, in Angelegenheiten finanzieller Hilfeleistungen im Rahmen staatlicher Hilfsprogramme zur Abmilderung der Folgen der COVID-19-Pandemie, wenn und soweit diese Hilfsprogramme eine Einbeziehung der Genannten als prüfende Dritte vorsehen,

4. berufsständische Vereinigungen der Landwirtschaft für ihre Mitglieder,

5. Gewerkschaften und Vereinigungen von Arbeitgebern sowie Zusammenschlüsse solcher Verbände für ihre Mitglieder oder für andere Verbände oder Zusammenschlüsse mit vergleichbarer Ausrichtung und deren Mitglieder,

6. Vereinigungen, deren satzungsgemäße Aufgaben die gemeinschaftliche Interessenvertretung, die Beratung und Vertretung von Menschen mit Behinderungen wesentlich umfassen und die unter Berücksichtigung von Art und Umfang ihrer Tätigkeit sowie ihres Mitgliederkreises die Gewähr für eine sachkundige Prozessvertretung bieten, für ihre Mitglieder in Angelegenheiten des Schwerbehindertenrechts sowie der damit im Zusammenhang stehenden Angelegenheiten,

7. juristische Personen, deren Anteile sämtlich im wirtschaftlichen Eigentum einer der in den Nummern 5 und 6 bezeichneten Organisationen stehen, wenn die juristische Person ausschließlich die Rechtsberatung und Prozessvertretung dieser Organisation und ihrer Mitglieder oder anderer Verbände oder Zusammenschlüsse mit vergleichbarer Ausrichtung und deren Mitglieder entsprechend deren Satzung durchführt, und wenn die Organisation für die Tätigkeit der Bevollmächtigten haftet.

Bevollmächtigte, die keine natürlichen Personen sind, handeln durch ihre Organe und mit der Prozessvertretung beauftragten Vertreter.

(3) Das Gericht weist Bevollmächtigte, die nicht nach Maßgabe des Absatzes 2 vertretungsbefugt sind, durch unanfechtbaren Beschluss zurück. Prozesshandlungen eines nicht vertretungsbefugten Bevollmächtigten und Zustellungen oder Mitteilungen an diesen Bevollmächtigten sind bis zu seiner Zurückweisung wirksam. Das Gericht kann den in Absatz 2 Satz 2 Nr. 1 und 2 bezeichneten Bevollmächtigten durch unanfechtbaren Beschluss die weitere Vertretung untersagen, wenn sie nicht in der Lage sind, das Sach- und Streitverhältnis sachgerecht darzustellen.

(4) Vor dem Bundesverwaltungsgericht und dem Oberverwaltungsgericht müssen sich die Beteiligten, außer im Prozesskostenhilfeverfahren, durch Prozessbevollmächtigte vertreten lassen. Dies gilt auch für Prozesshandlungen, durch die ein Verfahren vor dem Bundesverwaltungsgericht oder einem Oberverwaltungsgericht eingeleitet wird. Als Bevollmächtigte sind nur die in Absatz 2 Satz 1 bezeichneten Personen zugelassen. Behörden und juristische Personen des öffentlichen Rechts einschließlich der von ihnen zur Erfüllung ihrer öffentlichen Aufgaben gebildeten Zusammenschlüsse können sich durch eigene Beschäftigte mit Befähigung zum Richteramt oder durch Beschäftigte mit Befähigung zum Richteramt anderer Behörden oder juristischer Personen des öffentlichen Rechts einschließlich der von ihnen zur Erfüllung ihrer öffentlichen Aufgaben gebildeten Zusammenschlüsse vertreten lassen. Vor dem Bundesverwaltungsgericht sind auch die in Absatz 2 Satz 2 Nr. 5 bezeichneten Organisationen einschließlich der von ihnen gebildeten juristischen Personen gemäß Absatz 2 Satz 7 Nr. 7 als Bevollmächtigte zugelassen, jedoch nur in Angelegenheiten, die Rechtsverhältnisse im Sinne des § 52 Nr. 4 betreffen, in Personalvertretungsangelegenheiten und in Angelegenheiten, die in einem Zusammenhang mit einem gegenwärtigen oder früheren Arbeitsverhältnis von Arbeitnehmern im Sinne des § 5 des Arbeitsgerichtsgesetzes stehen, einschließlich Prüfungsangelegenheiten. Die in Satz 5 genannten Bevollmächtigten müssen durch Personen mit der Befähigung zum Richteramt handeln. Vor dem Oberverwaltungsgericht sind auch die in Absatz 2 Satz 2 Nr. 3 bis 7 bezeichneten Personen und Organisationen als Bevollmächtigte zugelassen. Ein Beteiligter, der nach Maßgabe der Sätze 3, 5 und 7 zur Vertretung berechtigt ist, kann sich selbst vertreten.

(5) Richter dürfen nicht als Bevollmächtigte vor dem Gericht auftreten, dem sie angehören. Ehrenamtliche Richter dürfen, außer in den Fällen des Absatzes 2 Satz 2 Nr. 1, nicht vor einem Spruchkörper auftreten, dem sie angehören. Absatz 3 Satz 1 und 2 gilt entsprechend.

(6) Die Vollmacht ist schriftlich zu den Gerichtsakten einzureichen. Sie kann nachgereicht werden; hierfür kann das Gericht eine Frist bestimmen. Der Mangel der Vollmacht kann in jeder Lage des Verfahrens geltend gemacht werden. Das Gericht hat den Mangel der Vollmacht von Amts wegen zu berücksichtigen, wenn nicht als Bevollmächtigter ein Rechtsanwalt auftritt. Ist ein Bevollmächtigter bestellt, sind die Zustellungen oder Mitteilungen des Gerichts an ihn zu richten.

(7) In der Verhandlung können die Beteiligten mit Beiständen erscheinen. Beistand kann sein, wer in Verfahren, in denen die Beteiligten den Rechtsstreit selbst führen können, als Bevollmächtigter zur Vertretung in der Verhandlung befugt ist. Das Gericht kann andere Personen als Beistand zulassen, wenn dies sachdienlich ist und hierfür nach den Umständen des Einzelfalls ein Bedürfnis besteht. Absatz 3 Satz 1 und 3 und Absatz 5 gelten entsprechend. Das von dem Beistand Vorgetragene gilt als von dem Beteiligten vorgebracht, soweit es nicht von diesem sofort widerrufen oder berichtigt wird.

§ 67a (Gemeinsamer Bevollmächtigter)

(1) Sind an einem Rechtsstreit mehr als zwanzig Personen im gleichen Interesse beteiligt, ohne durch einen Prozeßbevollmächtigten vertreten zu sein, kann das Gericht ihnen durch Beschluß aufgeben, innerhalb einer angemessenen Frist einen gemeinsamen Bevollmächtigten zu bestellen, wenn sonst

die ordnungsgemäße Durchführung des Rechtsstreits beeinträchtigt wäre. Bestellen die Beteiligten einen gemeinsamen Bevollmächtigten nicht innerhalb der ihnen gesetzten Frist, kann das Gericht einen Rechtsanwalt als gemeinsamen Vertreter durch Beschluß bestellen. Die Beteiligten können Verfahrenshandlungen nur durch den gemeinsamen Bevollmächtigten oder Vertreter vornehmen. Beschlüsse nach den Sätzen 1 und 2 sind unanfechtbar.

(2) Die Vertretungsmacht erlischt, sobald der Vertreter oder der Vertretene dies dem Gericht schriftlich oder zu Protokoll des Urkundsbeamten der Geschäftsstelle erklärt; der Vertreter kann die Erklärung nur hinsichtlich aller Vertretenen abgeben. Gibt der Vertretene eine solche Erklärung ab, so erlischt die Vertretungsmacht nur, wenn zugleich die Bestellung eines anderen Bevollmächtigten angezeigt wird.

8. Abschnitt
Besondere Vorschriften für Anfechtungs- und Verpflichtungsklagen

§ 68 (Nachprüfung im Vorverfahren)

(1) Vor Erhebung der Anfechtungsklage sind Rechtmäßigkeit und Zweckmäßigkeit des Verwaltungsakts in einem Vorverfahren nachzuprüfen. Einer solchen Nachprüfung bedarf es nicht, wenn ein Gesetz dies bestimmt oder wenn

1. der Verwaltungsakt von einer obersten Bundesbehörde oder von einer obersten Landesbehörde erlassen worden ist, außer wenn ein Gesetz die Nachprüfung vorschreibt, oder

2. der Abhilfebescheid oder der Widerspruchsbescheid erstmalig eine Beschwer enthält.

(2) Für die Verpflichtungsklage gilt Absatz 1 entsprechend, wenn der Antrag auf Vornahme des Verwaltungsakts abgelehnt worden ist.

§ 69 (Widerspruch)

Das Vorverfahren beginnt mit der Erhebung des Widerspruchs.

§ 70 (Frist)

(1) Der Widerspruch ist innerhalb eines Monats, nachdem der Verwaltungsakt dem Beschwerten bekanntgegeben worden ist, schriftlich, in elektronischer Form nach § 3a Absatz 2 des Verwaltungsverfahrensgesetzes, schriftformersetzend nach § 3a Absatz 3 des Verwaltungsverfahrensgesetzes und § 9a Absatz 5 des Onlinezugangsgesetzes oder zur Niederschrift bei der Behörde zu erheben, die den Verwaltungsakt erlassen hat. Die Frist wird auch durch Einlegung bei der Behörde, die den Widerspruchsbescheid zu erlassen hat, gewahrt.

(2) §§ 58 und 60 Abs. 1 bis 4 gelten entsprechend.

§ 71 (Anhörung)

Ist die Aufhebung oder Änderung eines Verwaltungsakts im Widerspruchsverfahren erstmalig mit einer Beschwer verbunden, soll der Betroffene vor Erlaß des Abhilfebescheids oder des Widerspruchsbescheids gehört werden.

§ 72 (Abhilfe)

Hält die Behörde den Widerspruch für begründet, so hilft sie ihm ab und entscheidet über die Kosten.

§ 73 (Widerspruchsbescheid)

(1) Hilft die Behörde dem Widerspruch nicht ab, so ergeht ein Widerspruchsbescheid. Diesen erläßt

1. die nächsthöhere Behörde, soweit nicht durch Gesetz eine andere höhere Behörde bestimmt wird,

2. wenn die nächsthöhere Behörde eine oberste Bundes- oder oberste Landesbehörde ist, die Behörde, die den Verwaltungsakt erlassen hat,

3. in Selbstverwaltungsangelegenheiten die Selbstverwaltungsbehörde, soweit nicht durch Gesetz anderes bestimmt wird.

Abweichend von Satz 2 Nr. 1 kann durch Gesetz bestimmt werden, dass die Behörde, die den Verwaltungsakt erlassen hat, auch für die Entscheidung über den Widerspruch zuständig ist.

(2) Vorschriften, nach denen im Vorverfahren des Absatzes 1 Ausschüsse oder Beiräte an die Stelle einer Behörde treten, bleiben unberührt. Die Ausschüsse oder Beiräte können abweichend von Absatz 1 Nr. 1 auch bei der Behörde gebildet werden, die den Verwaltungsakt erlassen hat.

(3) Der Widerspruchsbescheid ist zu begründen, mit einer Rechtsmittelbelehrung zu versehen und zuzustellen. Zugestellt wird von Amts wegen nach den Vorschriften des Verwaltungszustellungsgesetzes. Der Widerspruchsbescheid bestimmt auch, wer die Kosten trägt.

§ 74 (Frist zur Klageerhebung)

(1) Die Anfechtungsklage muß innerhalb eines Monats nach Zustellung des Widerspruchsbescheids erhoben werden. Ist nach § 68 ein Widerspruchsbescheid nicht erforderlich, so muß die Klage innerhalb eines Monats nach Bekanntgabe des Verwaltungsakts erhoben werden.

(2) Für die Verpflichtungsklage gilt Absatz 1 entsprechend, wenn der Antrag auf Vornahme des Verwaltungsakts abgelehnt worden ist.

§ 75 (Verzögerung der Sachentscheidung)

Ist über einen Widerspruch oder über einen Antrag auf Vornahme eines Verwaltungsakts ohne zureichenden Grund in angemessener Frist sachlich nicht entschieden worden, so ist die Klage abweichend von § 68 zulässig. Die Klage kann nicht vor Ablauf von drei Monaten seit der Einlegung des Widerspruchs oder seit dem Antrag auf Vornahme des Verwaltungsakts erhoben werden, außer wenn wegen besonderer Umstände des Falles eine kürzere Frist geboten ist. Liegt ein zureichender Grund dafür vor, daß über den Widerspruch noch nicht entschieden oder der beantragte Verwaltungsakt noch nicht erlassen ist, so setzt das Gericht das Verfahren bis zum Ablauf einer von ihm bestimmten Frist, die verlängert werden kann, aus. Wird dem Widerspruch innerhalb der vom Gericht gesetzten Frist stattgegeben oder der Verwaltungsakt innerhalb dieser Frist erlassen, so ist die Hauptsache für erledigt zu erklären.

§ 76 (weggefallen)

§ 77 (Ersetzung von Einspruchs- und Beschwerdeverfahren)

(1) Alle bundesrechtlichen Vorschriften in anderen Gesetzen über Einspruchs- oder Beschwerdeverfahren sind durch die Vorschriften dieses Abschnitts ersetzt.

(2) Das gleiche gilt für landesrechtliche Vorschriften über Einspruchs- oder Beschwerdeverfahren als Voraussetzung der verwaltungsgerichtlichen Klage.

§ 78 (Klagegegner)

(1) Die Klage ist zu richten

1. gegen den Bund, das Land oder die Körperschaft, deren Behörde den angefochtenen Verwaltungsakt erlassen oder den beantragten Verwaltungsakt unterlassen hat; zur Bezeichnung des Beklagten genügt die Angabe der Behörde,

2. sofern das Landesrecht dies bestimmt, gegen die Behörde selbst, die den angefochtenen Verwaltungsakt erlassen oder den beantragten Verwaltungsakt unterlassen hat.

(2) Wenn ein Widerspruchsbescheid erlassen ist, der erstmalig eine Beschwer enthält (§ 68 Abs. 1 Satz 2 Nr. 2), ist Behörde im Sinne des Absatzes 1 die Widerspruchsbehörde.

§ 79 (Gegenstand der Anfechtungsklage)

(1) Gegenstand der Anfechtungsklage ist

1. der ursprüngliche Verwaltungsakt in der Gestalt, die er durch den Widerspruchsbescheid gefunden hat,

2. der Abhilfebescheid oder Widerspruchsbescheid, wenn dieser erstmalig eine Beschwer enthält.

(2) Der Widerspruchsbescheid kann auch dann alleiniger Gegenstand der Anfechtungsklage sein, wenn und soweit er gegenüber dem ursprünglichen Verwaltungsakt eine zusätzliche selbständige Beschwer enthält. Als eine zusätzliche Beschwer gilt auch

IX.3 Verwaltungsgerichtsordnung (VwGO) § 80

die Verletzung einer wesentlichen Verfahrensvorschrift, sofern der Widerspruchsbescheid auf dieser Verletzung beruht. § 78 Abs. 2 gilt entsprechend.

§ 80 (Aufschiebende Wirkung; sofortige Vollziehung; Aussetzung der Vollziehung)

(1) Widerspruch und Anfechtungsklage haben aufschiebende Wirkung. Das gilt auch bei rechtsgestaltenden und feststellenden Verwaltungsakten sowie bei Verwaltungsakten mit Doppelwirkung (§ 80a).

(2) Die aufschiebende Wirkung entfällt nur

1. bei der Anforderung von öffentlichen Abgaben und Kosten,

2. bei unaufschiebbaren Anordnungen und Maßnahmen von Polizeivollzugsbeamten,

3. in anderen durch Bundesgesetz oder für Landesrecht durch Landesgesetz vorgeschriebenen Fällen, insbesondere für Widersprüche und Klagen Dritter gegen Verwaltungsakte, die Investitionen oder die Schaffung von Arbeitsplätzen betreffen,

3a. für Widersprüche und Klagen Dritter gegen Verwaltungsakte, die die Zulassung von Vorhaben betreffend Bundesverkehrswege und Mobilfunknetze zum Gegenstand haben und die nicht unter Nummer 3 fallen,

4. in den Fällen, in denen die sofortige Vollziehung im öffentlichen Interesse oder im überwiegenden Interesse eines Beteiligten von der Behörde, die den Verwaltungsakt erlassen oder über den Widerspruch zu entscheiden hat, besonders angeordnet wird.

Die Länder können auch bestimmen, daß Rechtsbehelfe keine aufschiebende Wirkung haben, soweit sie sich gegen Maßnahmen richten, die in der Verwaltungsvollstreckung durch die Länder nach Bundesrecht getroffen werden.

(3) In den Fällen des Absatzes 2 Satz 1 Nummer 4 ist das besondere Interesse an der sofortigen Vollziehung des Verwaltungsakts schriftlich zu begründen. Einer besonderen Begründung bedarf es nicht, wenn die Behörde bei Gefahr im Verzug, insbesondere bei drohenden Nachteilen für Leben, Gesundheit oder Eigentum vorsorglich eine als solche bezeichnete Notstandsmaßnahme im öffentlichen Interesse trifft.

(4) Die Behörde, die den Verwaltungsakt erlassen oder über den Widerspruch zu entscheiden hat, kann in den Fällen des Absatzes 2 die Vollziehung aussetzen, soweit nicht bundesgesetzlich etwas anderes bestimmt ist. Bei der Anforderung von öffentlichen Abgaben und Kosten kann sie die Vollziehung auch gegen Sicherheit aussetzen. Die Aussetzung soll bei öffentlichen Abgaben und Kosten erfolgen, wenn ernstliche Zweifel an der Rechtmäßigkeit des angegriffenen Verwaltungsakts bestehen oder wenn die Vollziehung für den Abgaben- oder Kostenpflichtigen eine unbillige, nicht durch überwiegende öffentliche Interessen gebotene Härte zur Folge hätte.

(5) Auf Antrag kann das Gericht der Hauptsache die aufschiebende Wirkung in den Fällen des Absatzes 2 Satz 1 Nummer 1 bis 3a ganz oder teilweise anordnen, im Falle des Absatzes 2 Satz 1 Nummer 4 ganz oder teilweise wiederherstellen. Der Antrag ist schon vor Erhebung der Anfechtungsklage zulässig. Ist der Verwaltungsakt im Zeitpunkt der Entscheidung schon vollzogen, so kann das Gericht die Aufhebung der Vollziehung anordnen. Die Wiederherstellung der aufschiebenden Wirkung kann von der Leistung einer Sicherheit oder von anderen Auflagen abhängig gemacht werden. Sie kann auch befristet werden.

(6) In den Fällen des Absatzes 2 Satz 1 Nummer 1 ist der Antrag nach Absatz 5 nur zulässig, wenn die Behörde einen Antrag auf Aussetzung der Vollziehung ganz oder zum Teil abgelehnt hat. Das gilt nicht, wenn

1. die Behörde über den Antrag ohne Mitteilung eines zureichenden Grundes in angemessener Frist sachlich nicht entschieden hat oder

2. eine Vollstreckung droht.

(7) Das Gericht der Hauptsache kann Beschlüsse über Anträge nach Absatz 5 jederzeit ändern oder aufheben. Jeder Beteiligte kann die Änderung oder Aufhebung wegen

veränderter oder im ursprünglichen Verfahren ohne Verschulden nicht geltend gemachter Umstände beantragen.

(8) In dringenden Fällen kann der Vorsitzende entscheiden.

§ 80a (Rechtsbehelf eines Dritten)

(1) Legt ein Dritter einen Rechtsbehelf gegen den an einen anderen gerichteten, diesen begünstigenden Verwaltungsakt ein, kann die Behörde

1. auf Antrag des Begünstigten nach § 80 Absatz 2 Satz 1 Nummer 4 die sofortige Vollziehung anordnen,
2. auf Antrag des Dritten nach § 80 Abs. 4 die Vollziehung aussetzen und einstweilige Maßnahmen zur Sicherung der Rechte des Dritten treffen.

(2) Legt ein Betroffener gegen einen an ihn gerichteten belastenden Verwaltungsakt, der einen Dritten begünstigt, einen Rechtsbehelf ein, kann die Behörde auf Antrag des Dritten nach § 80 Absatz 2 Satz 1 Nummer 4 die sofortige Vollziehung anordnen.

(3) Das Gericht kann auf Antrag Maßnahmen nach den Absätzen 1 und 2 ändern oder aufheben oder solche Maßnahmen treffen. § 80 Abs. 5 bis 8 gilt entsprechend.

§ 80b (Aufschiebende Wirkung)

(1) Die aufschiebende Wirkung des Widerspruchs und der Anfechtungsklage endet mit der Unanfechtbarkeit oder, wenn die Anfechtungsklage im ersten Rechtszug abgewiesen worden ist, drei Monate nach Ablauf der gesetzlichen Begründungsfrist des gegen die abweisende Entscheidung gegebenen Rechtsmittels. Dies gilt auch, wenn die Vollziehung durch die Behörde ausgesetzt oder die aufschiebende Wirkung durch das Gericht wiederhergestellt oder angeordnet worden ist, es sei denn, die Behörde hat die Vollziehung bis zur Unanfechtbarkeit ausgesetzt.

(2) Das Rechtsmittelgericht kann auf Antrag anordnen, daß die aufschiebende Wirkung fortdauert.

(3) § 80 Abs. 5 bis 8 und die §§ 80a und 80c gelten entsprechend.

§ 80c (Aufschiebende Wirkung im ersten Rechtszug)

(1) In Verfahren nach § 48 Absatz 1 Satz 1 Nummer 3 bis 15 und § 50 Absatz 1 Nummer 6 gelten für die Anordnung oder Wiederherstellung der aufschiebenden Wirkung (§§ 80 und 80a) ergänzend die Absätze 2 bis 4. Von Satz 1 ausgenommen sind in § 48 Absatz 1 Satz 1 Nummer 6 das Anlegen von Verkehrsflughäfen und von Verkehrslandeplätzen mit beschränktem Bauschutzbereich sowie in § 48 Absatz 1 Satz 1 Nummer 13 Planfeststellungsverfahren für Braunkohletagebaue.

(2) Das Gericht kann einen Mangel des angefochtenen Verwaltungsaktes außer Acht lassen, wenn offensichtlich ist, dass dieser in absehbarer Zeit behoben sein wird. Ein solcher Mangel kann insbesondere sein

1. eine Verletzung von Verfahrens- oder Formvorschriften oder
2. ein Mangel bei der Abwägung im Rahmen der Planfeststellung oder der Plangenehmigung.

Das Gericht soll eine Frist zur Behebung des Mangels setzen. Verstreicht die Frist, ohne dass der Mangel behoben worden ist, gilt § 80 Absatz 7 entsprechend. Satz 1 gilt grundsätzlich nicht für Verfahrensfehler gemäß § 4 Absatz 1 des Umwelt-Rechtsbehelfsgesetzes.

(3) Entscheidet das Gericht im Rahmen einer Vollzugsfolgenabwägung, soll es die Anordnung oder Wiederherstellung der aufschiebenden Wirkung in der Regel auf diejenigen Maßnahmen des angefochtenen Verwaltungsaktes beschränken, bei denen dies erforderlich ist, um anderenfalls drohende irreversible Nachteile zu verhindern. Es kann die beschränkte Anordnung oder Wiederherstellung der aufschiebenden Wirkung von der Leistung einer Sicherheit durch den Begünstigten des angefochtenen Verwaltungsaktes abhängig machen.

(4) Das Gericht hat im Rahmen einer Vollzugsfolgenabwägung die Bedeutung von Vorhaben besonders zu berücksichtigen, wenn ein Bundesgesetz feststellt, dass diese im überragenden öffentlichen Interesse liegen.

9. Abschnitt
Verfahren im ersten Rechtszug

§ 81 (Erhebung der Klage)

(1) Die Klage ist bei dem Gericht schriftlich zu erheben. Bei dem Verwaltungsgericht kann sie auch zu Protokoll des Urkundsbeamten der Geschäftsstelle erhoben werden. § 129a Absatz 2 der Zivilprozessordnung gilt entsprechend.

(2) Der Klage und allen Schriftsätzen sollen vorbehaltlich des § 55a Absatz 5 Satz 3 Abschriften für die übrigen Beteiligten beigefügt werden.

§ 82 (Inhalt der Klageschrift)

(1) Die Klage muß den Kläger, den Beklagten und den Gegenstand des Klagebegehrens bezeichnen. Sie soll einen bestimmten Antrag enthalten. Die zur Begründung dienenden Tatsachen und Beweismittel sollen angegeben, die angefochtene Verfügung und der Widerspruchsbescheid sollen in Abschrift beigefügt werden.

(2) Entspricht die Klage diesen Anforderungen nicht, hat der Vorsitzende oder der nach § 21g des Gerichtsverfassungsgesetzes zuständige Berufsrichter (Berichterstatter) den Kläger zu der erforderlichen Ergänzung innerhalb einer bestimmten Frist aufzufordern. Er kann dem Kläger für die Ergänzung eine Frist mit ausschließender Wirkung setzen, wenn es an einem der in Absatz 1 Satz 1 genannten Erfordernisse fehlt. Für die Wiedereinsetzung in den vorigen Stand gilt § 60 entsprechend.

§ 83 (Verweisung)

Für die sachliche und örtliche Zuständigkeit gelten die §§ 17 bis 17b des Gerichtsverfassungsgesetzes entsprechend. Beschlüsse entsprechend § 17a Abs. 2 und 3 des Gerichtsverfassungsgesetzes sind unanfechtbar.

§ 84 (Gerichtsbescheid)

(1) Das Gericht kann ohne mündliche Verhandlung durch Gerichtsbescheid entscheiden, wenn die Sache keine besonderen Schwierigkeiten tatsächlicher oder rechtlicher Art aufweist und der Sachverhalt geklärt ist. Die Beteiligten sind vorher zu hören. Die Vorschriften über Urteile gelten entsprechend.

(2) Die Beteiligten können innerhalb eines Monats nach Zustellung des Gerichtsbescheids

1. Berufung einlegen, wenn sie zugelassen worden ist (§ 124a),
2. Zulassung der Berufung oder mündliche Verhandlung beantragen; wird von beiden Rechtsbehelfen Gebrauch gemacht, findet mündliche Verhandlung statt,
3. Revision einlegen, wenn sie zugelassen worden ist,
4. Nichtzulassungsbeschwerde einlegen oder mündliche Verhandlung beantragen, wenn die Revision nicht zugelassen worden ist; wird von beiden Rechtsbehelfen Gebrauch gemacht, findet mündliche Verhandlung statt,
5. mündliche Verhandlung beantragen, wenn ein Rechtsmittel nicht gegeben ist.

(3) Der Gerichtsbescheid wirkt als Urteil; wird rechtzeitig mündliche Verhandlung beantragt, gilt er als nicht ergangen.

(4) Wird mündliche Verhandlung beantragt, kann das Gericht in dem Urteil von einer weiteren Darstellung des Tatbestandes und der Entscheidungsgründe absehen, soweit es der Begründung des Gerichtsbescheides folgt und dies in seiner Entscheidung feststellt.

§ 85 (Zustellung der Klage)

Der Vorsitzende verfügt die Zustellung der Klage an den Beklagten. Zugleich mit der Zustellung ist der Beklagte aufzufordern, sich schriftlich zu äußern; § 81 Abs. 1 Satz 2 gilt entsprechend. Hierfür kann eine Frist gesetzt werden.

§ 86 (Erforschung des Sachverhalts)

(1) Das Gericht erforscht den Sachverhalt von Amts wegen; die Beteiligten sind dabei heranzuziehen. Es ist an das Vorbringen und an die Beweisanträge der Beteiligten nicht gebunden.

(2) Ein in der mündlichen Verhandlung gestellter Beweisantrag kann nur durch einen

§§ 87–87b Verwaltungsgerichtsordnung (VwGO) **IX.3**

Gerichtsbeschluß, der zu begründen ist, abgelehnt werden.

(3) Der Vorsitzende hat darauf hinzuwirken, daß Formfehler beseitigt, unklare Anträge erläutert, sachdienliche Anträge gestellt, ungenügende tatsächliche Angaben ergänzt, ferner alle für die Feststellung und Beurteilung des Sachverhalts wesentlichen Erklärungen abgegeben werden.

(4) Die Beteiligten sollen zur Vorbereitung der mündlichen Verhandlung Schriftsätze einreichen. Hierzu kann sie der Vorsitzende unter Fristsetzung auffordern. Die Schriftsätze sind den Beteiligten von Amts wegen zu übermitteln.

(5) Den Schriftsätzen sind die Urkunden oder elektronischen Dokumente, auf die Bezug genommen wird, in Abschrift ganz oder im Auszug beizufügen. Sind die Urkunden dem Gegner bereits bekannt oder sehr umfangreich, so genügt die genaue Bezeichnung mit dem Anerbieten, Einsicht bei Gericht zu gewähren.

§ 87 (Vorbereitende richterliche Anordnungen)

(1) Der Vorsitzende oder der Berichterstatter hat schon vor der mündlichen Verhandlung alle Anordnungen zu treffen, die notwendig sind, um den Rechtsstreit möglichst in einer mündlichen Verhandlung zu erledigen. Er kann insbesondere

1. die Beteiligten zur Erörterung des Sach- und Streitstandes und zur gütlichen Beilegung des Rechtsstreits laden und einen Vergleich entgegennehmen;

2. den Beteiligten die Ergänzung oder Erläuterung ihrer vorbereitenden Schriftsätze, die Vorlegung von Urkunden, die Übermittlung von elektronischen Dokumenten und die Vorlegung von anderen zur Niederlegung bei Gericht geeigneten Gegenständen aufgeben, insbesondere eine Frist zur Erklärung über bestimmte klärungsbedürftige Punkte setzen;

3. Auskünfte einholen;

4. die Vorlage von Urkunden oder die Übermittlung von elektronischen Dokumenten anordnen;

5. das persönliche Erscheinen der Beteiligten anordnen; § 95 gilt entsprechend;

6. Zeugen und Sachverständige zur mündlichen Verhandlung laden.

(2) Die Beteiligten sind von jeder Anordnung zu benachrichtigen.

(3) Der Vorsitzende oder der Berichterstatter kann einzelne Beweise erheben. Dies darf nur insoweit geschehen, als es zur Vereinfachung der Verhandlung vor dem Gericht sachdienlich und von vornherein anzunehmen ist, daß das Gericht das Beweisergebnis auch ohne unmittelbaren Eindruck von dem Verlauf der Beweisaufnahme sachgemäß zu würdigen vermag.

§ 87a (Entscheidung des Vorsitzenden)

(1) Der Vorsitzende entscheidet, wenn die Entscheidung im vorbereitenden Verfahren ergeht,

1. über die Aussetzung und das Ruhen des Verfahrens;

2. bei Zurücknahme der Klage, Verzicht auf den geltend gemachten Anspruch oder Anerkenntnis des Anspruchs, auch über einen Antrag auf Prozeßkostenhilfe;

3. bei Erledigung des Rechtsstreits in der Hauptsache, auch über einen Antrag auf Prozeßkostenhilfe;

4. über den Streitwert;

5. über Kosten;

6. über die Beiladung.

(2) Im Einverständnis der Beteiligten kann der Vorsitzende auch sonst anstelle der Kammer oder des Senats entscheiden.

(3) Ist ein Berichterstatter bestellt, so entscheidet dieser anstelle des Vorsitzenden.

§ 87b (Fristsetzung)

(1) Der Vorsitzende oder der Berichterstatter kann dem Kläger eine Frist setzen zur Angabe der Tatsachen, durch deren Berücksichtigung oder Nichtberücksichtigung im Verwaltungsverfahren er sich beschwert fühlt. Die Frist-

setzung nach Satz 1 kann mit der Fristsetzung nach § 82 Abs. 2 Satz 2 verbunden werden.

(2) Der Vorsitzende oder der Berichterstatter kann einem Beteiligten unter Fristsetzung aufgeben, zu bestimmten Vorgängen

1. Tatsachen anzugeben oder Beweismittel zu bezeichnen,
2. Urkunden oder andere bewegliche Sachen vorzulegen sowie elektronische Dokumente zu übermitteln, soweit der Beteiligte dazu verpflichtet ist.

(3) Das Gericht kann Erklärungen und Beweismittel, die erst nach Ablauf einer nach den Absätzen 1 und 2 gesetzten Frist vorgebracht werden, zurückweisen und ohne weitere Ermittlungen entscheiden, wenn

1. ihre Zulassung nach der freien Überzeugung des Gerichts die Erledigung des Rechtsstreits verzögern würde und
2. der Beteiligte die Verspätung nicht genügend entschuldigt und
3. der Beteiligte über die Folgen einer Fristversäumung belehrt worden ist.

Der Entschuldigungsgrund ist auf Verlangen des Gerichts glaubhaft zu machen. Satz 1 gilt nicht, wenn es mit geringem Aufwand möglich ist, den Sachverhalt auch ohne Mitwirkung des Beteiligten zu ermitteln.

(4) Abweichend von Absatz 3 hat das Gericht in Verfahren nach § 48 Absatz 1 Satz 1 Nummer 3 bis 15 und § 50 Absatz 1 Nummer 6 Erklärungen und Beweismittel, die erst nach Ablauf einer nach den Absätzen 1 und 2 gesetzten Frist vorgebracht werden, zurückzuweisen und ohne weitere Ermittlungen zu entscheiden, wenn der Beteiligte

1. die Verspätung nicht genügend entschuldigt und
2. über die Folgen einer Fristversäumung belehrt worden ist.

Absatz 3 Satz 2 und 3 gilt entsprechend.

§ 87c (Vorrang und Beschleunigung)

(1) Verfahren nach § 48 Absatz 1 Satz 1 Nummer 3 bis 15 und § 50 Absatz 1 Nummer 6 sollen vorrangig und beschleunigt durchgeführt werden. Dies gilt auch

1. für Verfahren nach § 47 Absatz 1 Nummer 1, wenn sie Bauleitpläne mit Darstellungen oder Festsetzungen von Flächen für die in § 48 Absatz 1 Satz 1 Nummer 3, 3a, 3b oder 5 genannten Vorhaben zum Gegenstand haben und

2. für Verfahren nach § 47 Absatz 1 Nummer 2, wenn sie Raumordnungspläne mit Festlegungen von Gebieten zur Nutzung von Windenergie zum Gegenstand haben.

Besonders zu priorisieren sind Verfahren über Vorhaben, wenn ein Bundesgesetz feststellt, dass diese im überragenden öffentlichen Interesse liegen. Von Satz 1 ausgenommen sind in § 48 Absatz 1 Satz 1 Nummer 6 das Anlegen von Verkehrsflughäfen und von Verkehrslandeplätzen mit beschränktem Bauschutzbereich sowie in § 48 Absatz 1 Satz 1 Nummer 13 Planfeststellungsverfahren für Braunkohletagebaue.

(2) In den in Absatz 1 genannten Verfahren soll der Vorsitzende oder der Berichterstatter in geeigneten Fällen die Beteiligten zu einem frühen ersten Termin zur Erörterung des Sach- und Streitstandes und zur gütlichen Beilegung des Rechtsstreits laden. Kommt es in diesem Termin nicht zu einer gütlichen Beilegung des Rechtsstreits, erörtert der Vorsitzende oder der Berichterstatter mit den Beteiligten den weiteren Ablauf des Verfahrens und die mögliche Terminierung der mündlichen Verhandlung.

§ 88 (Bindung an das Klagebegehren)

Das Gericht darf über das Klagebegehren nicht hinausgehen, ist aber an die Fassung der Anträge nicht gebunden.

§ 89 (Widerklage)

(1) Bei dem Gericht der Klage kann eine Widerklage erhoben werden, wenn der Gegenanspruch mit dem in der Klage geltend gemachten Anspruch oder mit den gegen ihn vorgebrachten Verteidigungsmitteln zusammenhängt. Dies gilt nicht, wenn in den Fällen des § 52 Nr. 1 für die Klage wegen des Gegenanspruchs ein anderes Gericht zuständig ist.

(2) Bei Anfechtungs- und Verpflichtungsklagen ist die Widerklage ausgeschlossen.

§ 90 (Rechtshängigkeit)
Durch Erhebung der Klage wird die Streitsache rechtshängig. In Verfahren nach dem Siebzehnten Titel des Gerichtsverfassungsgesetzes wegen eines überlangen Gerichtsverfahrens wird die Streitsache erst mit Zustellung der Klage rechtshängig.

§ 91 (Änderung der Klage)
(1) Eine Änderung der Klage ist zulässig, wenn die übrigen Beteiligten einwilligen oder das Gericht die Änderung für sachdienlich hält.

(2) Die Einwilligung des Beklagten in die Änderung der Klage ist anzunehmen, wenn er sich, ohne ihr zu widersprechen, in einem Schriftsatz oder in einer mündlichen Verhandlung auf die geänderte Klage eingelassen hat.

(3) Die Entscheidung, daß eine Änderung der Klage nicht vorliegt oder zuzulassen sei, ist nicht selbständig anfechtbar.

§ 92 (Zurücknahme der Klage)
(1) Der Kläger kann bis zur Rechtskraft des Urteils seine Klage zurücknehmen. Die Zurücknahme nach Stellung der Anträge in der mündlichen Verhandlung setzt die Einwilligung des Beklagten und, wenn ein Vertreter des öffentlichen Interesses an der mündlichen Verhandlung teilgenommen hat, auch seine Einwilligung voraus. Die Einwilligung gilt als erteilt, wenn der Klagerücknahme nicht innerhalb von zwei Wochen seit Zustellung des die Rücknahme enthaltenden Schriftsatzes widersprochen wird; das Gericht hat auf diese Folge hinzuweisen.

(2) Die Klage gilt als zurückgenommen, wenn der Kläger das Verfahren trotz Aufforderung des Gerichts länger als zwei Monate nicht betreibt. Absatz 1 Satz 2 und 3 gilt entsprechend. Der Kläger ist in der Aufforderung auf die sich aus Satz 1 und § 155 Abs. 2 ergebenden Rechtsfolgen hinzuweisen. Das Gericht stellt durch Beschluß fest, daß die Klage als zurückgenommen gilt.

(3) Ist die Klage zurückgenommen oder gilt sie als zurückgenommen, so stellt das Gericht das Verfahren durch Beschluß ein und spricht die sich nach diesem Gesetz ergebenden Rechtsfolgen der Zurücknahme aus. Der Beschluß ist unanfechtbar.

§ 93 (Gemeinsame Verhandlung; Trennung)
Das Gericht kann durch Beschluß mehrere bei ihm anhängige Verfahren über den gleichen Gegenstand zu gemeinsamer Verhandlung und Entscheidung verbinden und wieder trennen. Es kann anordnen, daß mehrere in einem Verfahren erhobene Ansprüche in getrennten Verfahren verhandelt und entschieden werden.

§ 93a (Musterverfahren)
(1) Ist die Rechtmäßigkeit einer behördlichen Maßnahme Gegenstand von mehr als zwanzig Verfahren, kann das Gericht eines oder mehrere geeignete Verfahren vorab durchführen (Musterverfahren) und die übrigen Verfahren aussetzen. Die Beteiligten sind vorher zu hören. Der Beschluß ist unanfechtbar.

(2) Ist über die durchgeführten Verfahren rechtskräftig entschieden worden, kann das Gericht nach Anhörung der Beteiligten über die ausgesetzten Verfahren durch Beschluß entscheiden, wenn es einstimmig der Auffassung ist, daß die Sachen gegenüber rechtskräftig entschiedenen Musterverfahren keine wesentlichen Besonderheiten tatsächlicher oder rechtlicher Art aufweisen und der Sachverhalt geklärt ist. Das Gericht kann in einem Musterverfahren erhobene Beweise einführen; es kann nach seinem Ermessen die wiederholte Vernehmung eines Zeugen oder eine neue Begutachtung durch denselben oder andere Sachverständige anordnen. Beweisanträge zu Tatsachen, über die bereits im Musterverfahren Beweis erhoben wurde, kann das Gericht ablehnen, wenn ihre Zulassung nach seiner freien Überzeugung nicht zum Nachweis neuer entscheidungserheblicher Tatsachen beitragen und die Erledigung des Rechtsstreits verzögern würde. Die Ablehnung kann in der Entscheidung nach

Satz 1 erfolgen. Den Beteiligten steht gegen den Beschluß nach Satz 1 das Rechtsmittel zu, das zulässig wäre, wenn das Gericht durch Urteil entschieden hätte. Die Beteiligten sind über dieses Rechtsmittel zu belehren.

§ 94 (Aussetzung der Verhandlung)

Das Gericht kann, wenn die Entscheidung des Rechtsstreits ganz oder zum Teil von dem Bestehen oder Nichtbestehen eines Rechtsverhältnisses abhängt, das den Gegenstand eines anderen anhängigen Rechtsstreits bildet oder von einer Verwaltungsbehörde festzustellen ist, anordnen, daß die Verhandlung bis zur Erledigung des anderen Rechtsstreits oder bis zur Entscheidung der Verwaltungsbehörde auszusetzen sei.

§ 95 (Persönliches Erscheinen)

(1) Das Gericht kann das persönliche Erscheinen eines Beteiligten anordnen. Als persönliches Erscheinen gilt auch die nach § 102a Absatz 2 Satz 1 gestattete Teilnahme per Bild- und Tonübertragung. Für den Fall des Ausbleibens kann es Ordnungsgeld wie gegen einen im Vernehmungstermin nicht erschienenen Zeugen androhen. Bei schuldhaftem Ausbleiben setzt das Gericht durch Beschluß das angedrohte Ordnungsgeld fest. Androhung und Festsetzung des Ordnungsgeldes können wiederholt werden.

(2) Ist Beteiligter eine juristische Person oder eine Vereinigung, so ist das Ordnungsgeld dem nach Gesetz oder Satzung Vertretungsberechtigten anzudrohen und gegen ihn festzusetzen.

(3) Das Gericht kann einer beteiligten öffentlich-rechtlichen Körperschaft oder Behörde aufgeben, zur mündlichen Verhandlung einen Beamten oder Angestellten zu entsenden, der mit einem schriftlichen Nachweis über die Vertretungsbefugnis versehen und über die Sach- und Rechtslage ausreichend unterrichtet ist.

§ 96 (Beweiserhebung)

(1) Das Gericht erhebt Beweis in der mündlichen Verhandlung. Es kann insbesondere Augenschein einnehmen, Zeugen, Sachverständige und Beteiligte vernehmen und Urkunden heranziehen.

(2) Das Gericht kann in geeigneten Fällen schon vor der mündlichen Verhandlung durch eines seiner Mitglieder als beauftragten Richter Beweis erheben lassen oder durch Bezeichnung der einzelnen Beweisfragen ein anderes Gericht um die Beweisaufnahme ersuchen.

§ 97 (Beweistermin)

Die Beteiligten werden von allen Beweisterminen benachrichtigt und können der Beweisaufnahme beiwohnen. Sie können an Zeugen und Sachverständige sachdienliche Fragen richten. Wird eine Frage beanstandet, so entscheidet das Gericht.

§ 98 (Anwendbare Vorschriften)

Soweit dieses Gesetz nicht abweichende Vorschriften enthält, sind auf die Beweisaufnahme §§ 358 bis 444 und 450 bis 494 der Zivilprozeßordnung entsprechend anzuwenden.

§ 99 (Urkunden-, Aktenvorlage; Auskunftspflicht)

(1) Behörden sind zur Vorlage von Urkunden oder Akten, zur Übermittlung elektronischer Dokumente und zu Auskünften verpflichtet. Führen Behörden die Akten elektronisch, sind diese als digital durchsuchbare Dokumente vorzulegen, soweit dies technisch möglich ist. Wenn das Bekanntwerden des Inhalts dieser Urkunden, Akten, elektronischen Dokumente oder dieser Auskünfte dem Wohl des Bundes oder eines Landes Nachteile bereiten würde oder wenn die Vorgänge nach einem Gesetz oder ihrem Wesen nach geheim gehalten werden müssen, kann die zuständige oberste Aufsichtsbehörde die Vorlage von Urkunden oder Akten, die Übermittlung der elektronischen Dokumente und die Erteilung der Auskünfte verweigern.

(2) Auf Antrag eines Beteiligten stellt das Oberverwaltungsgericht ohne mündliche Verhandlung durch Beschluss fest, ob die Verweigerung der Vorlage der Urkunden oder Akten, der Übermittlung der elektronischen Dokumente oder der Erteilung von Auskünf-

ten rechtmäßig ist. Verweigert eine oberste Bundesbehörde die Vorlage, Übermittlung oder Auskunft mit der Begründung, das Bekanntwerden des Inhalts der Urkunden, der Akten, der elektronischen Dokumente oder der Auskünfte würde dem Wohl des Bundes Nachteile bereiten, entscheidet das Bundesverwaltungsgericht; Gleiches gilt, wenn das Bundesverwaltungsgericht nach §50 für die Hauptsache zuständig ist. Der Antrag ist bei dem für die Hauptsache zuständigen Gericht zu stellen. Dieses gibt den Antrag und die Hauptsacheakten an den nach §189 zuständigen Spruchkörper ab. Die oberste Aufsichtsbehörde hat die nach Absatz 1 Satz 2 verweigerten Urkunden oder Akten auf Aufforderung dieses Spruchkörpers vorzulegen, die elektronischen Dokumente zu übermitteln oder die verweigerten Auskünfte zu erteilen. Sie ist zu diesem Verfahren beizuladen. Das Verfahren unterliegt den Vorschriften des materiellen Geheimschutzes. Können diese nicht eingehalten werden oder macht die zuständige Aufsichtsbehörde geltend, dass besondere Gründe der Geheimhaltung oder des Geheimschutzes der Übergabe der Urkunden oder Akten oder der Übermittlung der elektronischen Dokumente an das Gericht entgegenstehen, wird die Vorlage oder Übermittlung nach Satz 5 dadurch bewirkt, dass die Urkunden, Akten oder elektronischen Dokumente dem Gericht in von der obersten Aufsichtsbehörde bestimmten Räumlichkeiten zur Verfügung gestellt werden. Für die nach Satz 5 vorgelegten Akten, elektronischen Dokumente oder der gemäß Satz 8 geltend gemachten besonderen Gründe gilt §100 nicht. Die Mitglieder des Gerichts sind zur Geheimhaltung verpflichtet; die Entscheidungsgründe dürfen Art und Inhalt der geheim gehaltenen Urkunden, Akten, elektronischen Dokumente und Auskünfte nicht erkennen lassen. Für das nichtrichterliche Personal gelten die Regelungen des personellen Geheimschutzes. Soweit nicht das Bundesverwaltungsgericht entschieden hat, kann der Beschluss selbständig mit der Beschwerde angefochten werden. Über die Beschwerde gegen den Beschluss eines Oberverwaltungsgerichts entscheidet das Bundesverwaltungsgericht. Für das Beschwerdeverfahren gelten die Sätze 4 bis 11 sinngemäß.

§100 (Akteneinsicht)

(1) Die Beteiligten können die Gerichtsakten und die dem Gericht vorgelegten Akten einsehen. Beteiligte können sich auf ihre Kosten durch die Geschäftsstelle Ausfertigungen, Auszüge, Ausdrucke und Abschriften erteilen lassen.

(2) Werden die Prozessakten elektronisch geführt, wird Akteneinsicht durch Bereitstellung des Inhalts der Akten zum Abruf oder durch Übermittlung des Inhalts der Akten auf einem sicheren Übermittlungsweg gewährt. Auf besonderen Antrag wird Akteneinsicht durch Einsichtnahme in die Akten in Diensträumen gewährt. Ein Aktenausdruck oder ein Datenträger mit dem Inhalt der Akten wird auf besonders zu begründenden Antrag nur übermittelt, wenn der Antragsteller hieran ein berechtigtes Interesse darlegt. Stehen der Akteneinsicht in der nach Satz 1 vorgesehenen Form wichtige Gründe entgegen, kann die Akteneinsicht in der nach den Sätzen 2 und 3 vorgesehenen Form auch ohne Antrag gewährt werden. Über einen Antrag nach Satz 3 entscheidet der Vorsitzende; die Entscheidung ist unanfechtbar. §87a Absatz 3 gilt entsprechend.

(3) Werden die Prozessakten in Papierform geführt, wird Akteneinsicht durch Einsichtnahme in die Akten in Diensträumen gewährt. Die Akteneinsicht kann, soweit nicht wichtige Gründe entgegenstehen, auch durch Bereitstellung des Inhalts der Akten zum Abruf oder durch Übermittlung des Inhalts der Akten auf einem sicheren Übermittlungsweg gewährt werden. Nach dem Ermessen des Vorsitzenden kann der nach §67 Absatz 2 Satz 1 und 2 Nummer 3 bis 6 bevollmächtigten Person die Mitnahme der Akten in die Wohnung oder Geschäftsräume gestattet werden. §87a Absatz 3 gilt entsprechend.

(4) In die Entwürfe zu Urteilen, Beschlüssen und Verfügungen, die Arbeiten zu ihrer Vorbereitung und die Dokumente, die Abstim-

mungen betreffen, wird Akteneinsicht nach den Absätzen 1 bis 3 nicht gewährt.

§ 101 (Mündliche Verhandlung)

(1) Das Gericht entscheidet, soweit nichts anderes bestimmt ist, auf Grund mündlicher Verhandlung. Die mündliche Verhandlung soll so früh wie möglich stattfinden.

(2) Mit Einverständnis der Beteiligten kann das Gericht ohne mündliche Verhandlung entscheiden.

(3) Entscheidungen des Gerichts, die nicht Urteile sind, können ohne mündliche Verhandlung ergehen, soweit nichts anderes bestimmt ist.

§ 102 (Ladung der Beteiligten)

(1) Sobald der Termin zur mündlichen Verhandlung bestimmt ist, sind die Beteiligten mit einer Ladungsfrist von mindestens zwei Wochen, bei dem Bundesverwaltungsgericht von mindestens vier Wochen, zu laden. In dringenden Fällen kann der Vorsitzende die Frist abkürzen.

(2) Bei der Ladung ist darauf hinzuweisen, daß beim Ausbleiben eines Beteiligten auch ohne ihn verhandelt und entschieden werden kann.

(3) Die Gerichte der Verwaltungsgerichtsbarkeit können Sitzungen auch außerhalb des Gerichtssitzes abhalten, wenn dies zur sachdienlichen Erledigung notwendig ist.

(4) § 227 Abs. 3 Satz 1 der Zivilprozeßordnung ist nicht anzuwenden.

§ 102a (Videoübertragung)

(1) Die mündliche Verhandlung kann in geeigneten Fällen und soweit ausreichende Kapazitäten zur Verfügung stehen als Videoverhandlung stattfinden. Eine mündliche Verhandlung findet als Videoverhandlung statt, wenn an ihr mindestens ein Verfahrensbeteiligter per Bild- und Tonübertragung teilnimmt. Verfahrensbeteiligte nach dieser Vorschrift sind die Beteiligten, ihre Bevollmächtigten und Beistände.

(2) Das Gericht kann unter den Voraussetzungen des Absatzes 1 Satz 1 auf Antrag eines Verfahrensbeteiligten oder von Amts wegen die Teilnahme per Bild- und Tonübertragung für einen Verfahrensbeteiligten, mehrere oder alle Verfahrensbeteiligte gestatten. Die Ablehnung eines Antrags auf Teilnahme per Bild- und Tonübertragung ist kurz zu begründen.

(3) Das Gericht kann auf Antrag oder von Amts wegen die Vernehmung eines Zeugen, Sachverständigen oder Beteiligten per Bild- und Tonübertragung gestatten. Das Antragsrecht steht den Verfahrensbeteiligten, Zeugen und Sachverständigen zu. Absatz 1 gilt entsprechend.

(4) Den Verfahrensbeteiligten und Dritten ist es untersagt, die Übertragung aufzuzeichnen. Hierauf sind sie zu Beginn der Verhandlung hinzuweisen. Das Gericht kann die Videoverhandlung oder die Bild- und Tonübertragung nach Absatz 3 für die Zwecke des § 160a der Zivilprozessordnung ganz oder teilweise aufzeichnen. Über Beginn und Ende der Aufzeichnung hat das Gericht die Verfahrensbeteiligten und im Falle von Absatz 3 auch die Zeugen und Sachverständigen zu informieren.

(5) Entscheidungen nach dieser Vorschrift sind unanfechtbar.

(6) Die Absätze 1 bis 5 gelten entsprechend für Erörterungstermine (§ 87 Absatz 1 Satz 2 Nummer 1 und § 87c Absatz 2 Satz 1).

§ 103 (Ablauf der Verhandlung)

(1) Der Vorsitzende eröffnet und leitet die mündliche Verhandlung.

(2) Nach Aufruf der Sache trägt der Vorsitzende oder der Berichterstatter den wesentlichen Inhalt der Akten vor.

(3) Hierauf erhalten die Beteiligten das Wort, um ihre Anträge zu stellen und zu begründen.

§ 104 (Erörterung der Streitsache)

(1) Der Vorsitzende hat die Streitsache mit den Beteiligten tatsächlich und rechtlich zu erörtern.

(2) Der Vorsitzende hat jedem Mitglied des Gerichts auf Verlangen zu gestatten, Fragen zu stellen. Wird eine Frage beanstandet, so entscheidet das Gericht.

(3) Nach Erörterung der Streitsache erklärt der Vorsitzende die mündliche Verhandlung für geschlossen. Das Gericht kann die Wiedereröffnung beschließen.

§ 105 (Niederschrift)
Für das Protokoll gelten die §§ 159 bis 165 der Zivilprozeßordnung entsprechend.

§ 106 (Vergleich)
Um den Rechtsstreit vollständig oder zum Teil zu erledigen, können die Beteiligten zu Protokoll des Gerichts oder des beauftragten oder ersuchten Richters einen Vergleich schließen, soweit sie über den Gegenstand des Vergleichs verfügen können. Ein gerichtlicher Vergleich kann auch dadurch geschlossen werden, daß die Beteiligten einen in der Form eines Beschlusses ergangenen Vorschlag des Gerichts, des Vorsitzenden oder des Berichterstatters schriftlich oder durch Erklärung zu Protokoll in der mündlichen Verhandlung gegenüber dem Gericht annehmen.

10. Abschnitt
Urteile und andere Entscheidungen

§ 107 (Entscheidung durch Urteil)
Über die Klage wird, soweit nichts anderes bestimmt ist, durch Urteil entschieden.

§ 108 (Richterliche Überzeugung)
(1) Das Gericht entscheidet nach seiner freien, aus dem Gesamtergebnis des Verfahrens gewonnenen Überzeugung. In dem Urteil sind die Gründe anzugeben, die für die richterliche Überzeugung leitend gewesen sind.

(2) Das Urteil darf nur auf Tatsachen und Beweisergebnisse gestützt werden, zu denen die Beteiligten sich äußern konnten.

§ 109 (Zwischenurteil)
Über die Zulässigkeit der Klage kann durch Zwischenurteil vorab entschieden werden.

§ 110 (Teilurteil)
Ist nur ein Teil des Streitgegenstands zur Entscheidung reif, so kann das Gericht ein Teilurteil erlassen.

§ 111 (Zwischenurteil über den Grund)
Ist bei einer Leistungsklage ein Anspruch nach Grund und Betrag streitig, so kann das Gericht durch Zwischenurteil über den Grund vorab entscheiden. Das Gericht kann, wenn der Anspruch für begründet erklärt ist, anordnen, daß über den Betrag zu verhandeln ist.

§ 112 (Mitwirkende Richter)
Das Urteil kann nur von den Richtern und ehrenamtlichen Richtern gefällt werden, die an der dem Urteil zugrunde liegenden Verhandlung teilgenommen haben.

§ 113 (Ausspruch)
(1) Soweit der Verwaltungsakt rechtswidrig und der Kläger dadurch in seinen Rechten verletzt ist, hebt das Gericht den Verwaltungsakt und den etwaigen Widerspruchsbescheid auf. Ist der Verwaltungsakt schon vollzogen, so kann das Gericht auf Antrag auch aussprechen, daß und wie die Verwaltungsbehörde die Vollziehung rückgängig zu machen hat. Dieser Ausspruch ist nur zulässig, wenn die Behörde dazu in der Lage und diese Frage spruchreif ist. Hat sich der Verwaltungsakt vorher durch Zurücknahme oder anders erledigt, so spricht das Gericht auf Antrag durch Urteil aus, daß der Verwaltungsakt rechtswidrig gewesen ist, wenn der Kläger ein berechtigtes Interesse an dieser Feststellung hat.

(2) Begehrt der Kläger die Änderung eines Verwaltungsaktes, der einen Geldbetrag festsetzt oder eine darauf bezogene Feststellung trifft, kann das Gericht den Betrag in anderer Höhe festsetzen oder die Feststellung durch eine andere ersetzen. Erfordert die Ermittlung des festzusetzenden oder festzustellenden Betrags einen nicht unerheblichen Aufwand, kann das Gericht die Änderung des Verwaltungsaktes durch Angabe der zu Unrecht berücksichtigten oder nicht berücksichtigten tatsächlichen oder rechtlichen Verhältnisse so bestimmen, daß die Behörde den Betrag auf Grund der Entscheidung errechnen kann. Die Behörde teilt den Beteiligten das Ergebnis der Neuberechnung unverzüg-

lich formlos mit; nach Rechtskraft der Entscheidung ist der Verwaltungsakt mit dem geänderten Inhalt neu bekanntzugeben.

(3) Hält das Gericht eine weitere Sachaufklärung für erforderlich, kann es, ohne in der Sache selbst zu entscheiden, den Verwaltungsakt und den Widerspruchsbescheid aufheben, soweit nach Art oder Umfang die noch erforderlichen Ermittlungen erheblich sind und die Aufhebung auch unter Berücksichtigung der Belange der Beteiligten sachdienlich ist. Auf Antrag kann das Gericht bis zum Erlaß des neuen Verwaltungsakts eine einstweilige Regelung treffen, insbesondere bestimmen, daß Sicherheiten geleistet werden oder ganz oder zum Teil bestehen bleiben und Leistungen zunächst nicht zurückgewährt werden müssen. Der Beschluß kann jederzeit geändert oder aufgehoben werden. Eine Entscheidung nach Satz 1 kann nur binnen sechs Monaten seit Eingang der Akten der Behörde bei Gericht ergehen.

(4) Kann neben der Aufhebung eines Verwaltungsaktes eine Leistung verlangt werden, so ist im gleichen Verfahren auch die Verurteilung zur Leistung zulässig.

(5) Soweit die Ablehnung oder Unterlassung des Verwaltungsaktes rechtswidrig und der Kläger dadurch in seinen Rechten verletzt ist, spricht das Gericht die Verpflichtung der Verwaltungsbehörde aus, die beantragte Amtshandlung vorzunehmen, wenn die Sache spruchreif ist. Andernfalls spricht es die Verpflichtung aus, den Kläger unter Beachtung der Rechtsauffassung des Gerichts zu bescheiden.

§ 114 (Ermessensentscheidungen)

Soweit die Verwaltungsbehörde ermächtigt ist, nach ihrem Ermessen zu handeln, prüft das Gericht auch, ob der Verwaltungsakt oder die Ablehnung oder Unterlassung des Verwaltungsakts rechtswidrig ist, weil die gesetzlichen Grenzen des Ermessens überschritten sind oder von dem Ermessen in einer dem Zweck der Ermächtigung nicht entsprechenden Weise Gebrauch gemacht ist. Die Verwaltungsbehörde kann ihre Ermessenserwägungen hinsichtlich des Verwaltungsaktes auch noch im verwaltungsgerichtlichen Verfahren ergänzen.

§ 115 (Anfechtungsklage)

§§ 113 und 114 gelten entsprechend, wenn nach § 79 Abs. 1 Nr. 2 und Abs. 2 der Widerspruchsbescheid Gegenstand der Anfechtungsklage ist.

§ 116 (Verkündung, Zustellung)

(1) Das Urteil wird, wenn eine mündliche Verhandlung stattgefunden hat, in der Regel in dem Termin, in dem die mündliche Verhandlung geschlossen wird, verkündet, in besonderen Fällen in einem sofort anzuberaumenden Termin, der nicht über zwei Wochen hinaus angesetzt werden soll. Das Urteil ist den Beteiligten zuzustellen. Der Vorsitzende kann den Beteiligten, ihren Bevollmächtigten und Beiständen gestatten, an der Urteilsverkündung per Bild- und Tonübertragung teilzunehmen.

(2) Statt der Verkündung ist die Zustellung des Urteils zulässig; dann ist das Urteil binnen zwei Wochen nach der mündlichen Verhandlung der Geschäftsstelle zu übermitteln.

(3) Entscheidet das Gericht ohne mündliche Verhandlung, so wird die Verkündung durch Zustellung an die Beteiligten ersetzt.

§ 117 (Inhalt des Urteils)

(1) Das Urteil ergeht „Im Namen des Volkes". Es ist schriftlich abzufassen und von den Richtern, die bei der Entscheidung mitgewirkt haben, zu unterzeichnen. Ist ein Richter verhindert, seine Unterschrift beizufügen, so wird dies mit dem Hinderungsgrund vom Vorsitzenden oder, wenn er verhindert ist, vom dienstältesten beisitzenden Richter unter dem Urteil vermerkt. Der Unterschrift der ehrenamtlichen Richter bedarf es nicht.

(2) Das Urteil enthält

1. die Bezeichnung der Beteiligten, ihrer gesetzlichen Vertreter und der Bevollmächtigten nach Namen, Beruf, Wohnort und ihrer Stellung im Verfahren,

2. die Bezeichnung des Gerichts und die Namen der Mitglieder, die bei der Entscheidung mitgewirkt haben,

3. die Urteilsformel,
4. den Tatbestand,
5. die Entscheidungsgründe,
6. die Rechtsmittelbelehrung.

(3) Im Tatbestand ist der Sach- und Streitstand unter Hervorhebung der gestellten Anträge seinem wesentlichen Inhalt nach gedrängt darzustellen. Wegen der Einzelheiten soll auf Schriftsätze, Protokolle und andere Unterlagen verwiesen werden, soweit sich aus ihnen der Sach- und Streitstand ausreichend ergibt.

(4) Ein Urteil, das bei der Verkündung noch nicht vollständig abgefaßt war, ist vor Ablauf von zwei Wochen, vom Tage der Verkündung an gerechnet, vollständig abgefaßt der Geschäftsstelle zu übermitteln. Kann dies ausnahmsweise nicht geschehen, so ist innerhalb dieser zwei Wochen das von den Richtern unterschriebene Urteil ohne Tatbestand, Entscheidungsgründe und Rechtsmittelbelehrung der Geschäftsstelle zu übermitteln; Tatbestand, Entscheidungsgründe und Rechtsmittelbelehrung sind alsbald nachträglich niederzulegen, von den Richtern besonders zu unterschreiben und der Geschäftsstelle zu übermitteln.

(5) Das Gericht kann von einer weiteren Darstellung der Entscheidungsgründe absehen, soweit es der Begründung des Verwaltungsakts oder des Widerspruchsbescheids folgt und dies in seiner Entscheidung feststellt.

(6) Der Urkundsbeamte der Geschäftsstelle hat auf dem Urteil den Tag der Zustellung und im Falle des § 116 Abs. 1 Satz 1 den Tag der Verkündung zu vermerken und diesen Vermerk zu unterschreiben. Werden die Akten elektronisch geführt, hat der Urkundsbeamte der Geschäftsstelle den Vermerk in einem gesonderten Dokument festzuhalten. Das Dokument ist mit dem Urteil untrennbar zu verbinden.

§ 118 (Berichtigung)
(1) Schreibfehler, Rechenfehler und ähnliche offenbare Unrichtigkeiten im Urteil sind jederzeit vom Gericht zu berichtigen.

(2) Über die Berichtigung kann ohne vorgängige mündliche Verhandlung entschieden werden. Der Berichtigungsbeschluß wird auf dem Urteil und den Ausfertigungen vermerkt. Ist das Urteil elektronisch abgefasst, ist auch der Beschluss elektronisch abzufassen und mit dem Urteil untrennbar zu verbinden.

§ 119 (Antrag auf Berichtigung)
(1) Enthält der Tatbestand des Urteils andere Unrichtigkeiten oder Unklarheiten, so kann die Berichtigung binnen zwei Wochen nach Zustellung des Urteils beantragt werden.

(2) Das Gericht entscheidet ohne Beweisaufnahme durch Beschluß. Der Beschluß ist unanfechtbar. Bei der Entscheidung wirken nur die Richter mit, die beim Urteil mitgewirkt haben. Ist ein Richter verhindert, so entscheidet bei Stimmengleichheit die Stimme des Vorsitzenden. Der Berichtigungsbeschluß wird auf dem Urteil und den Ausfertigungen vermerkt. Ist das Urteil elektronisch abgefasst, ist auch der Beschluss elektronisch abzufassen und mit dem Urteil untrennbar zu verbinden.

§ 120 (Urteilsergänzung)
(1) Wenn ein nach dem Tatbestand von einem Beteiligten gestellter Antrag oder die Kostenfolge bei der Entscheidung ganz oder zum Teil übergangen ist, so ist auf Antrag das Urteil durch nachträgliche Entscheidung zu ergänzen.

(2) Die Entscheidung muß binnen zwei Wochen nach Zustellung des Urteils beantragt werden.

(3) Die mündliche Verhandlung hat nur den nicht erledigten Teil des Rechtsstreits zum Gegenstand. Von der Durchführung einer mündlichen Verhandlung kann abgesehen werden, wenn mit der Ergänzung des Urteils nur über einen Nebenanspruch oder über die Kosten entschieden werden soll und wenn die Bedeutung der Sache keine mündliche Verhandlung erfordert.

§ 121 (Wirkung rechtskräftiger Urteile)
Rechtskräftige Urteile binden, soweit über den Streitgegenstand entschieden worden ist,
1. die Beteiligten und ihre Rechtsnachfolger und

2. im Falle des § 65 Abs. 3 die Personen, die einen Antrag auf Beiladung nicht oder nicht fristgemäß gestellt haben.

§ 122 (Beschlüsse, Begründung)

(1) §§ 88, 108 Abs. 1 Satz 1, §§ 118, 119 und 120 gelten entsprechend für Beschlüsse.

(2) Beschlüsse sind zu begründen, wenn sie durch Rechtsmittel angefochten werden können oder über einen Rechtsbehelf entscheiden. Beschlüsse über die Aussetzung der Vollziehung (§§ 80, 80a) und über einstweilige Anordnungen (§ 123) sowie Beschlüsse nach Erledigung des Rechtsstreits in der Hauptsache (§ 161 Abs. 2) sind stets zu begründen. Beschlüsse, die über ein Rechtsmittel entscheiden, bedürfen keiner weiteren Begründung, soweit das Gericht das Rechtsmittel aus den Gründen der angefochtenen Entscheidung als unbegründet zurückweist.

11. Abschnitt
Einstweilige Anordnung

§ 123 (Einstweilige Anordnung bezüglich Streitgegenstand)

(1) Auf Antrag kann das Gericht, auch schon vor Klageerhebung, eine einstweilige Anordnung in bezug auf den Streitgegenstand treffen, wenn die Gefahr besteht, daß durch eine Veränderung des bestehenden Zustandes die Verwirklichung eines Rechts des Antragstellers vereitelt oder wesentlich erschwert werden könnte. Einstweilige Anordnungen sind auch zur Regelung eines vorläufigen Zustands in bezug auf ein streitiges Rechtsverhältnis zulässig, wenn diese Regelung, vor allem bei dauernden Rechtsverhältnissen, um wesentliche Nachteile abzuwenden oder drohende Gewalt zu verhindern oder aus anderen Gründen nötig erscheint.

(2) Für den Erlaß einstweiliger Anordnungen ist das Gericht der Hauptsache zuständig. Dies ist das Gericht des ersten Rechtszugs und, wenn die Hauptsache im Berufungsverfahren anhängig ist, das Berufungsgericht. § 80 Abs. 8 ist entsprechend anzuwenden.

(3) Für den Erlaß einstweiliger Anordnungen gelten §§ 920, 921, 923, 926, 928 bis 932, 938, 939, 941 und 945 der Zivilprozeßordnung entsprechend.

(4) Das Gericht entscheidet durch Beschluß.

(5) Die Vorschriften der Absätze 1 bis 3 gelten nicht für die Fälle der §§ 80 und 80a.

Teil III
Rechtsmittel und Wiederaufnahme des Verfahrens

12. Abschnitt
Berufung

§ 124 (Berufung gegen Endurteile)

(1) Gegen Endurteile einschließlich der Teilurteile nach § 110 und gegen Zwischenurteile nach den §§ 109 und 111 steht den Beteiligten die Berufung zu, wenn sie von dem Verwaltungsgericht oder dem Oberverwaltungsgericht zugelassen wird.

(2) Die Berufung ist nur zuzulassen,

1. wenn ernstliche Zweifel an der Richtigkeit des Urteils bestehen,

2. wenn die Rechtssache besondere tatsächliche oder rechtliche Schwierigkeiten aufweist,

3. wenn die Rechtssache grundsätzliche Bedeutung hat,

4. wenn das Urteil von einer Entscheidung des Oberverwaltungsgerichts, des Bundesverwaltungsgerichts, des Gemeinsamen Senats der obersten Gerichtshöfe des Bundes oder des Bundesverfassungsgerichts abweicht und auf dieser Abweichung beruht oder

5. wenn ein der Beurteilung des Berufungsgerichts unterliegender Verfahrensmangel geltend gemacht wird und vorliegt, auf dem die Entscheidung beruhen kann.

§ 124a (Zulassung der Berufung)

(1) Das Verwaltungsgericht lässt die Berufung in dem Urteil zu, wenn die Gründe des § 124 Abs. 2 Nr. 3 oder Nr. 4 vorliegen. Das Oberverwaltungsgericht ist an die Zulassung gebunden. Zu einer Nichtzulassung der Berufung ist das Verwaltungsgericht nicht befugt.

(2) Die Berufung ist, wenn sie von dem Verwaltungsgericht zugelassen worden ist, innerhalb eines Monats nach Zustellung des vollständigen Urteils bei dem Verwaltungsgericht einzulegen. Die Berufung muss das angefochtene Urteil bezeichnen.

(3) Die Berufung ist in den Fällen des Absatzes 2 innerhalb von zwei Monaten nach Zustellung des vollständigen Urteils zu begründen. Die Begründung ist, sofern sie nicht zugleich mit der Einlegung der Berufung erfolgt, bei dem Oberverwaltungsgericht einzureichen. Die Begründungsfrist kann auf einen vor ihrem Ablauf gestellten Antrag von dem Vorsitzenden des Senats verlängert werden. Die Begründung muss einen bestimmten Antrag enthalten sowie die im Einzelnen anzuführenden Gründe der Anfechtung (Berufungsgründe). Mangelt es an einem dieser Erfordernisse, so ist die Berufung unzulässig.

(4) Wird die Berufung nicht in dem Urteil des Verwaltungsgerichts zugelassen, so ist die Zulassung innerhalb eines Monats nach Zustellung des vollständigen Urteils zu beantragen. Der Antrag ist bei dem Verwaltungsgericht zu stellen. Er muss das angefochtene Urteil bezeichnen. Innerhalb von zwei Monaten nach Zustellung des vollständigen Urteils sind die Gründe darzulegen, aus denen die Berufung zuzulassen ist. Die Begründung ist, soweit sie nicht bereits mit dem Antrag vorgelegt worden ist, bei dem Oberverwaltungsgericht einzureichen. Die Stellung des Antrags hemmt die Rechtskraft des Urteils.

(5) Über den Antrag entscheidet das Oberverwaltungsgericht durch Beschluss. Die Berufung ist zuzulassen, wenn einer der Gründe des § 124 Abs. 2 dargelegt ist und vorliegt. Der Beschluss soll kurz begründet werden. Mit der Ablehnung des Antrags wird das Urteil rechtskräftig. Lässt das Oberverwaltungsgericht die Berufung zu, wird das Antragsverfahren als Berufungsverfahren fortgesetzt; der Einlegung einer Berufung bedarf es nicht.

(6) Die Berufung ist in den Fällen des Absatzes 5 innerhalb eines Monats nach Zustellung des Beschlusses über die Zulassung der Berufung zu begründen. Die Begründung ist bei dem Oberverwaltungsgericht einzureichen. Absatz 3 Satz 3 bis 5 gilt entsprechend.

§ 125 (Anwendbare Vorschriften)

(1) Für das Berufungsverfahren gelten die Vorschriften des Teils II entsprechend, soweit sich aus diesem Abschnitt nichts anderes ergibt. § 84 findet keine Anwendung.

(2) Ist die Berufung unzulässig, so ist sie zu verwerfen. Die Entscheidung kann durch Beschluß ergehen. Die Beteiligten sind vorher zu hören. Gegen den Beschluß steht den Beteiligten das Rechtsmittel zu, das zulässig wäre, wenn das Gericht durch Urteil entschieden hätte. Die Beteiligten sind über dieses Rechtsmittel zu belehren.

§ 126 (Zurücknahme)

(1) Die Berufung kann bis zur Rechtskraft des Urteils zurückgenommen werden. Die Zurücknahme nach Stellung der Anträge in der mündlichen Verhandlung setzt die Einwilligung des Beklagten und, wenn ein Vertreter des öffentlichen Interesses an der mündlichen Verhandlung teilgenommen hat, auch seine Einwilligung voraus.

(2) Die Berufung gilt als zurückgenommen, wenn der Berufungskläger das Verfahren trotz Aufforderung des Gerichts länger als drei Monate nicht betreibt. Absatz 1 Satz 2 gilt entsprechend. Der Berufungskläger ist in der Aufforderung auf die sich aus Satz 1 und § 155 Abs. 2 ergebenden Rechtsfolgen hinzuweisen. Das Gericht stellt durch Beschluß fest, daß die Berufung als zurückgenommen gilt.

(3) Die Zurücknahme bewirkt den Verlust des eingelegten Rechtsmittels. Das Gericht entscheidet durch Beschluß über die Kostenfolge.

§ 127 (Anschlussberufung)

(1) Der Berufungsbeklagte und die anderen Beteiligten können sich der Berufung anschließen. Die Anschlussberufung ist bei dem Oberverwaltungsgericht einzulegen.

(2) Die Anschließung ist auch statthaft, wenn der Beteiligte auf die Berufung verzichtet hat oder die Frist für die Berufung oder den Antrag auf Zulassung der Berufung verstrichen ist. Sie ist zulässig bis zum Ablauf eines Mo-

nats nach der Zustellung der Berufungsbegründungsschrift.

(3) Die Anschlussberufung muss in der Anschlussschrift begründet werden. § 124a Abs. 3 Satz 2, 4 und 5 gilt entsprechend.

(4) Die Anschlussberufung bedarf keiner Zulassung.

(5) Die Anschließung verliert ihre Wirkung, wenn die Berufung zurückgenommen oder als unzulässig verworfen wird.

§ 128 (Umfang der Prüfung)

Das Oberverwaltungsgericht prüft den Streitfall innerhalb des Berufungsantrags im gleichen Umfange wie das Verwaltungsgericht. Es berücksichtigt auch neu vorgebrachte Tatsachen und Beweismittel.

§ 128a (Neue Erklärungen, Beweismittel)

(1) Neue Erklärungen und Beweismittel, die im ersten Rechtszug entgegen einer hierfür gesetzten Frist (§ 87b Abs. 1 und 2) nicht vorgebracht worden sind, sind nur zuzulassen, wenn nach der freien Überzeugung des Gerichts ihre Zulassung die Erledigung des Rechtsstreits nicht verzögern würde oder wenn der Beteiligte die Verspätung genügend entschuldigt. Der Entschuldigungsgrund ist auf Verlangen des Gerichts glaubhaft zu machen. Satz 1 gilt nicht, wenn der Beteiligte im ersten Rechtszug über die Folgen einer Fristversäumung nicht nach § 87b Abs. 3 Nr. 3 belehrt worden ist oder wenn es mit geringem Aufwand möglich ist, den Sachverhalt auch ohne Mitwirkung des Beteiligten zu ermitteln.

(2) Erklärungen und Beweismittel, die das Verwaltungsgericht zu Recht zurückgewiesen hat, bleiben auch im Berufungsverfahren ausgeschlossen.

§ 129 (Bindung an Anträge)

Das Urteil des Verwaltungsgerichts darf nur soweit geändert werden, als eine Änderung beantragt ist.

§ 130 (Aufhebung, Zurückverweisung)

(1) Das Oberverwaltungsgericht hat die notwendigen Beweise zu erheben und in der Sache selbst zu entscheiden.

(2) Das Oberverwaltungsgericht darf die Sache, soweit ihre weitere Verhandlung erforderlich ist, unter Aufhebung des Urteils und des Verfahrens an das Verwaltungsgericht nur zurückverweisen,

1. soweit das Verfahren vor dem Verwaltungsgericht an einem wesentlichen Mangel leidet und aufgrund dieses Mangels eine umfangreiche oder aufwändige Beweisaufnahme notwendig ist oder

2. wenn das Verwaltungsgericht noch nicht in der Sache selbst entschieden hat

und ein Beteiligter die Zurückverweisung beantragt.

(3) Das Verwaltungsgericht ist an die rechtliche Beurteilung der Berufungsentscheidung gebunden.

§ 130a (Berufung unbegründet)

Das Oberverwaltungsgericht kann über die Berufung durch Beschluß entscheiden, wenn es sie einstimmig für begründet oder einstimmig für unbegründet hält und eine mündliche Verhandlung nicht für erforderlich hält. § 125 Abs. 2 Satz 3 bis 5 gilt entsprechend.

§ 130b (Begründung)

Das Oberverwaltungsgericht kann in dem Urteil über die Berufung auf den Tatbestand der angefochtenen Entscheidung Bezug nehmen, wenn es sich die Feststellungen des Verwaltungsgerichts in vollem Umfange zu eigen macht. Von einer weiteren Darstellung der Entscheidungsgründe kann es absehen, soweit es die Berufung aus den Gründen der angefochtenen Entscheidung als unbegründet zurückweist.

§ 131 (weggefallen)

13. Abschnitt
Revision

§ 132 (Revision gegen Entscheidung des Oberverwaltungsgerichts)

(1) Gegen das Urteil des Oberverwaltungsgerichts (§ 49 Nr. 1) und gegen Beschlüsse nach § 47 Abs. 5 Satz 1 steht den Beteiligten die Revision an das Bundesverwaltungsgericht zu, wenn das Oberverwaltungsgericht

oder auf Beschwerde gegen die Nichtzulassung das Bundesverwaltungsgericht sie zugelassen hat.

(2) Die Revision ist nur zuzulassen, wenn

1. die Rechtssache grundsätzliche Bedeutung hat,
2. das Urteil von einer Entscheidung des Bundesverwaltungsgerichts, des Gemeinsamen Senats der obersten Gerichtshöfe des Bundes oder des Bundesverfassungsgerichts abweicht und auf dieser Abweichung beruht oder
3. ein Verfahrensmangel geltend gemacht wird und vorliegt, auf dem die Entscheidung beruhen kann.

(3) Das Bundesverwaltungsgericht ist an die Zulassung gebunden.

§ 133 (Beschwerde gegen Nichtzulassung)

(1) Die Nichtzulassung der Revision kann durch Beschwerde angefochten werden.

(2) Die Beschwerde ist bei dem Gericht, gegen dessen Urteil Revision eingelegt werden soll, innerhalb eines Monats nach Zustellung des vollständigen Urteils einzulegen. Die Beschwerde muß das angefochtene Urteil bezeichnen.

(3) Die Beschwerde ist innerhalb von zwei Monaten nach der Zustellung des vollständigen Urteils zu begründen. Die Begründung ist bei dem Gericht, gegen dessen Urteil Revision eingelegt werden soll, einzureichen. In der Begründung muß die grundsätzliche Bedeutung der Rechtssache dargelegt oder die Entscheidung, von der das Urteil abweicht, oder der Verfahrensmangel bezeichnet werden.

(4) Die Einlegung der Beschwerde hemmt die Rechtskraft des Urteils.

(5) Wird der Beschwerde nicht abgeholfen, entscheidet das Bundesverwaltungsgericht durch Beschluß. Der Beschluß soll kurz begründet werden; von einer Begründung kann abgesehen werden, wenn sie nicht geeignet ist, zur Klärung der Voraussetzungen beizutragen, unter denen eine Revision zuzulassen ist. Mit der Ablehnung der Beschwerde durch das Bundesverwaltungsgericht wird das Urteil rechtskräftig.

(6) Liegen die Voraussetzungen des § 132 Abs. 2 Nr. 3 vor, kann das Bundesverwaltungsgericht in dem Beschluß das angefochtene Urteil aufheben und den Rechtsstreit zur anderweitigen Verhandlung und Entscheidung zurückverweisen.

§ 134 (Sprungrevision)

(1) Gegen das Urteil eines Verwaltungsgerichts (§ 49 Nr. 2) steht den Beteiligten die Revision unter Übergehung der Berufungsinstanz zu, wenn der Kläger und der Beklagte der Einlegung der Sprungrevision schriftlich zustimmen und wenn sie von dem Verwaltungsgericht im Urteil oder auf Antrag durch Beschluß zugelassen wird. Der Antrag ist innerhalb eines Monats nach Zustellung des vollständigen Urteils schriftlich zu stellen. Die Zustimmung zu der Einlegung der Sprungrevision ist dem Antrag oder, wenn die Revision im Urteil zugelassen ist, der Revisionsschrift beizufügen.

(2) Die Revision ist nur zuzulassen, wenn die Voraussetzungen des § 132 Abs. 2 Nr. 1 oder 2 vorliegen. Das Bundesverwaltungsgericht ist an die Zulassung gebunden. Die Ablehnung der Zulassung ist unanfechtbar.

(3) Lehnt das Verwaltungsgericht den Antrag auf Zulassung der Revision durch Beschluß ab, beginnt mit der Zustellung dieser Entscheidung der Lauf der Frist für den Antrag auf Zulassung der Berufung von neuem, sofern der Antrag in der gesetzlichen Frist und Form gestellt und die Zustimmungserklärung beigefügt war. Läßt das Verwaltungsgericht die Revision durch Beschluß zu, beginnt der Lauf der Revisionsfrist mit der Zustellung dieser Entscheidung.

(4) Die Revision kann nicht auf Mängel des Verfahrens gestützt werden.

(5) Die Einlegung der Revision und die Zustimmung gelten als Verzicht auf die Berufung, wenn das Verwaltungsgericht die Revision zugelassen hat.

§ 135 (Ausschluss der Berufung)

Gegen das Urteil eines Verwaltungsgerichts (§ 49 Nr. 2) steht den Beteiligten die Revision an das Bundesverwaltungsgericht zu, wenn durch Bundesgesetz die Berufung ausgeschlossen ist. Die Revision kann nur eingelegt werden, wenn das Verwaltungsgericht oder auf Beschwerde gegen die Nichtzulassung das Bundesverwaltungsgericht sie zugelassen hat. Für die Zulassung gelten die §§ 132 und 133 entsprechend.

§ 136 (weggefallen)

§ 137 (Verletzung von Bundesrecht)

(1) Die Revision kann nur darauf gestützt werden, daß das angefochtene Urteil auf der Verletzung

1. von Bundesrecht oder

2. einer Vorschrift des Verwaltungsverfahrensgesetzes eines Landes, die ihrem Wortlaut nach mit dem Verwaltungsverfahrensgesetz des Bundes übereinstimmt,

beruht.

(2) Das Bundesverwaltungsgericht ist an die in dem angefochtenen Urteil getroffenen tatsächlichen Feststellungen gebunden, außer wenn in bezug auf diese Feststellungen zulässige und begründete Revisionsgründe vorgebracht sind.

(3) Wird die Revision auf Verfahrensmängel gestützt und liegt nicht zugleich eine der Voraussetzungen des § 132 Abs. 2 Nr. 1 und 2 vor, so ist nur über die geltend gemachten Verfahrensmängel zu entscheiden. Im übrigen ist das Bundesverwaltungsgericht an die geltend gemachten Revisionsgründe nicht gebunden.

§ 138 (Revisionsgründe)

Ein Urteil ist stets als auf der Verletzung von Bundesrecht beruhend anzusehen, wenn

1. das erkennende Gericht nicht vorschriftsmäßig besetzt war,

2. bei der Entscheidung ein Richter mitgewirkt hat, der von der Ausübung des Richteramts kraft Gesetzes ausgeschlossen oder wegen Besorgnis der Befangenheit mit Erfolg abgelehnt war,

3. einem Beteiligten das rechtliche Gehör versagt war,

4. ein Beteiligter im Verfahren nicht nach Vorschrift des Gesetzes vertreten war, außer wenn er der Prozeßführung ausdrücklich oder stillschweigend zugestimmt hat,

5. das Urteil auf eine mündliche Verhandlung ergangen ist, bei der die Vorschriften über die Öffentlichkeit des Verfahrens verletzt worden sind, oder

6. die Entscheidung nicht mit Gründen versehen ist.

§ 139 (Einlegung der Revision)

(1) Die Revision ist bei dem Gericht, dessen Urteil angefochten wird, innerhalb eines Monats nach Zustellung des vollständigen Urteils oder des Beschlusses über die Zulassung der Revision nach § 134 Abs. 3 Satz 2 schriftlich einzulegen. Die Revisionsfrist ist auch gewahrt, wenn die Revision innerhalb der Frist bei dem Bundesverwaltungsgericht eingelegt wird. Die Revision muß das angefochtene Urteil bezeichnen.

(2) Wird der Beschwerde gegen die Nichtzulassung der Revision abgeholfen oder läßt das Bundesverwaltungsgericht die Revision zu, so wird das Beschwerdeverfahren als Revisionsverfahren fortgesetzt, wenn nicht das Bundesverwaltungsgericht das angefochtene Urteil nach § 133 Abs. 6 aufhebt; der Einlegung einer Revision durch den Beschwerdeführer bedarf es nicht. Darauf ist in dem Beschluß hinzuweisen.

(3) Die Revision ist innerhalb von zwei Monaten nach Zustellung des vollständigen Urteils oder des Beschlusses über die Zulassung der Revision nach § 134 Abs. 3 Satz 2 zu begründen; im Falle des Absatzes 2 beträgt die Begründungsfrist einen Monat nach Zustellung des Beschlusses über die Zulassung der Revision. Die Begründung ist bei dem Bundesverwaltungsgericht einzureichen. Die Begründungsfrist kann auf einen vor ihrem Ablauf gestellten Antrag von dem Vorsitzenden verlängert werden. Die Begründung muß einen bestimmten Antrag enthalten, die verletzte Rechtsnorm und, soweit Verfahrensmängel gerügt werden, die Tatsachen angeben, den den Mangel ergeben.

§ 140 (Zurücknahme)

(1) Die Revision kann bis zur Rechtskraft des Urteils zurückgenommen werden. Die Zurücknahme nach Stellung der Anträge in der mündlichen Verhandlung setzt die Einwilligung des Revisionsbeklagten und, wenn der Vertreter des Bundesinteresses beim Bundesverwaltungsgericht an der mündlichen Verhandlung teilgenommen hat, auch seine Einwilligung voraus.

(2) Die Zurücknahme bewirkt den Verlust des eingelegten Rechtsmittels. Das Gericht entscheidet durch Beschluß über die Kostenfolge.

§ 141 (Anwendbare Vorschriften)

Für die Revision gelten die Vorschriften über die Berufung entsprechend, soweit sich aus diesem Abschnitt nichts anderes ergibt. Die §§ 87a, 130a und 130b finden keine Anwendung.

§ 142 (Keine Klageänderung, Beiladung)

(1) Klageänderungen und Beiladungen sind im Revisionsverfahren unzulässig. Das gilt nicht für Beiladungen nach § 65 Abs. 2.

(2) Ein im Revisionsverfahren nach § 65 Abs. 2 Beigeladener kann Verfahrensmängel nur innerhalb von zwei Monaten nach Zustellung des Beiladungsbeschlusses rügen. Die Frist kann auf einen vor ihrem Ablauf gestellten Antrag von dem Vorsitzenden verlängert werden.

§ 143 (Unzulässige Revision)

Das Bundesverwaltungsgericht prüft, ob die Revision statthaft und ob sie in der gesetzlichen Form und Frist eingelegt und begründet worden ist. Mangelt es an einem dieser Erfordernisse, so ist die Revision unzulässig.

§ 144 (Revisionsentscheidung)

(1) Ist die Revision unzulässig, so verwirft sie das Bundesverwaltungsgericht durch Beschluß.

(2) Ist die Revision unbegründet, so weist das Bundesverwaltungsgericht die Revision zurück.

(3) Ist die Revision begründet, so kann das Bundesverwaltungsgericht

1. in der Sache selbst entscheiden,
2. das angefochtene Urteil aufheben und die Sache zur anderweitigen Verhandlung und Entscheidung zurückverweisen.

Das Bundesverwaltungsgericht verweist den Rechtsstreit zurück, wenn der im Revisionsverfahren nach § 142 Abs. 1 Satz 2 Beigeladene ein berechtigtes Interesse daran hat.

(4) Ergeben die Entscheidungsgründe zwar eine Verletzung des bestehenden Rechts, stellt sich die Entscheidung selbst aber aus anderen Gründen als richtig dar, so ist die Revision zurückzuweisen.

(5) Verweist das Bundesverwaltungsgericht die Sache bei der Sprungrevision nach § 49 Nr. 2 und nach § 134 zur anderweitigen Verhandlung und Entscheidung zurück, so kann es nach seinem Ermessen auch an das Oberverwaltungsgericht zurückverweisen, das für die Berufung zuständig gewesen wäre. Für das Verfahren vor dem Oberverwaltungsgericht gelten dann die gleichen Grundsätze, wie wenn der Rechtsstreit auf eine ordnungsgemäß eingelegte Berufung bei dem Oberverwaltungsgericht anhängig geworden wäre.

(6) Das Gericht, an das die Sache zur anderweitigen Verhandlung und Entscheidung zurückverwiesen ist, hat seiner Entscheidung die rechtliche Beurteilung des Revisionsgerichts zugrunde zu legen.

(7) Die Entscheidung über die Revision bedarf keiner Begründung, soweit das Bundesverwaltungsgericht Rügen von Verfahrensmängeln nicht für durchgreifend hält. Das gilt nicht für Rügen nach § 138 und, wenn mit der Revision ausschließlich Verfahrensmängel geltend gemacht werden, für Rügen, auf denen die Zulassung der Revision beruht.

§ 145 (weggefallen)

14. Abschnitt
Beschwerde, Erinnerung, Anhörungsrüge

§ 146 (Beschwerde gegen Entscheidungen des Verwaltungsgerichts)

(1) Gegen die Entscheidungen des Verwaltungsgerichts, des Vorsitzenden oder des Berichterstatters, die nicht Urteile oder Gerichtsbescheide sind, steht den Beteiligten und den sonst von der Entscheidung Betroffenen die Beschwerde an das Oberverwal-

tungsgericht zu, soweit nicht in diesem Gesetz etwas anderes bestimmt ist.

(2) Prozeßleitende Verfügungen, Aufklärungsanordnungen, Beschlüsse über eine Vertagung oder die Bestimmung einer Frist, Beweisbeschlüsse, Beschlüsse über Ablehnung von Beweisanträgen, über Verbindung und Trennung von Verfahren und Ansprüchen und über die Ablehnung von Gerichtspersonen sowie Beschlüsse über die Ablehnung der Prozesskostenhilfe, wenn das Gericht ausschließlich die persönlichen oder wirtschaftlichen Voraussetzungen der Prozesskostenhilfe verneint, können nicht mit der Beschwerde angefochten werden.

(3) Außerdem ist vorbehaltlich einer gesetzlich vorgesehenen Beschwerde gegen die Nichtzulassung der Revision die Beschwerde nicht gegeben in Streitigkeiten über Kosten, Gebühren und Auslagen, wenn der Wert des Beschwerdegegenstandes zweihundert Euro nicht übersteigt.

(4) Die Beschwerde gegen Beschlüsse des Verwaltungsgerichts in Verfahren des vorläufigen Rechtsschutzes (§§ 80, 80a und 123) ist innerhalb eines Monats nach Bekanntgabe der Entscheidung zu begründen. Die Begründung ist, sofern sie nicht bereits mit der Beschwerde vorgelegt worden ist, bei dem Oberverwaltungsgericht einzureichen. Sie muss einen bestimmten Antrag enthalten, die Gründe darlegen, aus denen die Entscheidung abzuändern oder aufzuheben ist, und sich mit der angefochtenen Entscheidung auseinander setzen. Mangelt es an einem dieser Erfordernisse, ist die Beschwerde als unzulässig zu verwerfen. Das Verwaltungsgericht legt die Beschwerde unverzüglich vor; § 148 Abs. 1 findet keine Anwendung. Das Oberverwaltungsgericht prüft nur die dargelegten Gründe.

§ 147 (Einlegung der Beschwerde)

(1) Die Beschwerde ist bei dem Gericht, dessen Entscheidung angefochten wird, schriftlich oder zu Protokoll des Urkundsbeamten der Geschäftsstelle innerhalb von zwei Wochen nach Bekanntgabe der Entscheidung einzulegen. § 67 Abs. 4 bleibt unberührt.

(2) Die Beschwerdefrist ist auch gewahrt, wenn die Beschwerde innerhalb der Frist bei dem Beschwerdegericht eingeht.

§ 148 (Abhilfe; Vorlage)

(1) Hält das Verwaltungsgericht, der Vorsitzende oder der Berichterstatter, dessen Entscheidung angefochten wird, die Beschwerde für begründet, so ist ihr abzuhelfen; sonst ist sie unverzüglich dem Oberverwaltungsgericht vorzulegen.

(2) Das Verwaltungsgericht soll die Beteiligten von der Vorlage der Beschwerde an das Oberverwaltungsgericht in Kenntnis setzen.

§ 149 (Aufschiebende Wirkung; Aussetzung der Vollziehung)

(1) Die Beschwerde hat nur dann aufschiebende Wirkung, wenn sie die Festsetzung eines Ordnungs- oder Zwangsmittels zum Gegenstand hat. Das Gericht, der Vorsitzende oder der Berichterstatter, dessen Entscheidung angefochten wird, kann auch sonst bestimmen, daß die Vollziehung der angefochtenen Entscheidung einstweilen auszusetzen ist.

(2) §§ 178 und 181 Abs. 2 des Gerichtsverfassungsgesetzes bleiben unberührt.

§ 150 (Entscheidung durch Beschluss)

Über die Beschwerde entscheidet das Oberverwaltungsgericht durch Beschluß.

§ 151 (Beauftragter, ersuchter Richter; Urkundsbeamter)

Gegen die Entscheidungen des beauftragten oder ersuchten Richters oder des Urkundsbeamten kann innerhalb von zwei Wochen nach Bekanntgabe die Entscheidung des Gerichts beantragt werden. Der Antrag ist schriftlich oder zu Protokoll des Urkundsbeamten der Geschäftsstelle des Gerichts zu stellen. §§ 147 bis 149 gelten entsprechend.

§ 152 (Beschwerden an das Bundesverwaltungsgericht)

(1) Entscheidungen des Oberverwaltungsgerichts können vorbehaltlich des § 99 Abs. 2 und des § 133 Abs. 1 dieses Gesetzes sowie des § 17a Abs. 4 Satz 4 des Gerichtsverfas-

sungsgesetzes nicht mit der Beschwerde an das Bundesverwaltungsgericht angefochten werden.

(2) Im Verfahren vor dem Bundesverwaltungsgericht gilt für Entscheidungen des beauftragten oder ersuchten Richters oder des Urkundsbeamten der Geschäftsstelle § 151 entsprechend.

§ 152a (Rüge eines beschwerten Beteiligten)

(1) Auf die Rüge eines durch eine gerichtliche Entscheidung beschwerten Beteiligten ist das Verfahren fortzuführen, wenn

1. ein Rechtsmittel oder ein anderer Rechtsbehelf gegen die Entscheidung nicht gegeben ist und
2. das Gericht den Anspruch dieses Beteiligten auf rechtliches Gehör in entscheidungserheblicher Weise verletzt hat.

Gegen eine der Endentscheidung vorausgehende Entscheidung findet die Rüge nicht statt.

(2) Die Rüge ist innerhalb von zwei Wochen nach Kenntnis von der Verletzung des rechtlichen Gehörs zu erheben; der Zeitpunkt der Kenntniserlangung ist glaubhaft zu machen. Nach Ablauf eines Jahres seit Bekanntgabe der angegriffenen Entscheidung kann die Rüge nicht mehr erhoben werden. Formlos mitgeteilte Entscheidungen gelten mit dem vierten Tag nach Aufgabe zur Post als bekannt gegeben. Die Rüge ist schriftlich oder zu Protokoll des Urkundsbeamten der Geschäftsstelle bei dem Gericht zu erheben, dessen Entscheidung angegriffen wird. § 67 Abs. 4 bleibt unberührt. Die Rüge muss die angegriffene Entscheidung bezeichnen und das Vorliegen der in Absatz 1 Satz 1 Nr. 2 genannten Voraussetzungen darlegen.

(3) Den übrigen Beteiligten ist, soweit erforderlich, Gelegenheit zur Stellungnahme zu geben.

(4) Ist die Rüge nicht statthaft oder nicht in der gesetzlichen Form oder Frist erhoben, so ist sie als unzulässig zu verwerfen. Ist die Rüge unbegründet, weist das Gericht sie zurück. Die Entscheidung ergeht durch unanfechtbaren Beschluss. Der Beschluss soll kurz begründet werden.

(5) Ist die Rüge begründet, so hilft ihr das Gericht ab, indem es das Verfahren fortführt, soweit dies aufgrund der Rüge geboten ist. Das Verfahren wird in die Lage zurückversetzt, in der es sich vor dem Schluss der mündlichen Verhandlung befand. In schriftlichen Verfahren tritt an die Stelle des Schlusses der mündlichen Verhandlung der Zeitpunkt, bis zu dem Schriftsätze eingereicht werden können. Für den Ausspruch des Gerichts ist § 343 der Zivilprozessordnung entsprechend anzuwenden.

(6) § 149 Abs. 1 Satz 2 ist entsprechend anzuwenden.

15. Abschnitt
Wiederaufnahme des Verfahrens

§ 153 (Wiederaufnahme rechtskräftig beendeter Verfahren)

(1) Ein rechtskräftig beendetes Verfahren kann nach den Vorschriften des Vierten Buchs der Zivilprozeßordnung wiederaufgenommen werden.

(2) Die Befugnis zur Erhebung der Nichtigkeitsklage und der Restitutionsklage steht auch dem Vertreter des öffentlichen Interesses, im Verfahren vor dem Bundesverwaltungsgericht im ersten und letzten Rechtszug auch dem Vertreter des Bundesinteresses beim Bundesverwaltungsgericht zu.

Teil IV
Kosten und Vollstreckung

16. Abschnitt
Kosten

§ 154 (Kostenpflichtige)

(1) Der unterliegende Teil trägt die Kosten des Verfahrens.

(2) Die Kosten eines ohne Erfolg eingelegten Rechtsmittels fallen demjenigen zur Last, der das Rechtsmittel eingelegt hat.

(3) Dem Beigeladenen können Kosten nur auferlegt werden, wenn er Anträge gestellt

oder Rechtsmittel eingelegt hat; § 155 Abs. 4 bleibt unberührt.

(4) Die Kosten des erfolgreichen Wiederaufnahmeverfahrens können der Staatskasse auferlegt werden, soweit sie nicht durch das Verschulden eines Beteiligten entstanden sind.

(5) Soweit der Antragsteller allein auf Grund von § 80c Absatz 2 unterliegt, fallen die Gerichtskosten dem obsiegenden Teil zur Last. Absatz 3 bleibt unberührt.

§ 155 (Verteilung auf mehrere Beteiligte)

(1) Wenn ein Beteiligter teils obsiegt, teils unterliegt, so sind die Kosten gegeneinander aufzuheben oder verhältnismäßig zu teilen. Sind die Kosten gegeneinander aufgehoben, so fallen die Gerichtskosten jedem Teil zur Hälfte zur Last. Einem Beteiligten können die Kosten ganz auferlegt werden, wenn der andere nur zu einem geringen Teil unterlegen ist.

(2) Wer einen Antrag, eine Klage, ein Rechtsmittel oder einen anderen Rechtsbehelf zurücknimmt, hat die Kosten zu tragen.

(3) Kosten, die durch einen Antrag auf Wiedereinsetzung in den vorigen Stand entstehen, fallen dem Antragsteller zur Last.

(4) Kosten, die durch Verschulden eines Beteiligten entstanden sind, können diesem auferlegt werden.

§ 156 (Anerkenntnis)

Hat der Beklagte durch sein Verhalten keine Veranlassung zur Erhebung der Klage gegeben, so fallen dem Kläger die Prozeßkosten zur Last, wenn der Beklagte den Anspruch sofort anerkennt.

§ 157 (weggefallen)

§ 158 (Anfechtung)

(1) Die Anfechtung der Entscheidung über die Kosten ist unzulässig, wenn nicht gegen die Entscheidung in der Hauptsache ein Rechtsmittel eingelegt wird.

(2) Ist eine Entscheidung in der Hauptsache nicht ergangen, so ist die Entscheidung über die Kosten unanfechtbar.

§ 159 (Gesamtschuldner)

Besteht der kostenpflichtige Teil aus mehreren Personen, so gilt § 100 der Zivilprozeßordnung entsprechend. Kann das streitige Rechtsverhältnis dem kostenpflichtigen Teil gegenüber nur einheitlich entschieden werden, so können die Kosten den mehreren Personen als Gesamtschuldnern auferlegt werden.

§ 160 (Vergleich)

Wird der Rechtsstreit durch Vergleich erledigt und haben die Beteiligten keine Bestimmung über die Kosten getroffen, so fallen die Gerichtskosten jedem Teil zur Hälfte zur Last. Die außergerichtlichen Kosten trägt jeder Beteiligte selbst.

§ 161 (Kostenentscheidung)

(1) Das Gericht hat im Urteil oder, wenn das Verfahren in anderer Weise beendet worden ist, durch Beschluß über die Kosten zu entscheiden.

(2) Ist der Rechtsstreit in der Hauptsache erledigt, so entscheidet das Gericht außer in den Fällen des § 113 Abs. 1 Satz 4 nach billigem Ermessen über die Kosten des Verfahrens durch Beschluß; der bisherige Sach- und Streitstand ist zu berücksichtigen. Der Rechtsstreit ist auch in der Hauptsache erledigt, wenn der Beklagte der Erledigungserklärung des Klägers nicht innerhalb von zwei Wochen seit Zustellung des die Erledigungserklärung enthaltenden Schriftsatzes widerspricht und er vom Gericht auf diese Folge hingewiesen worden ist.

(3) In den Fällen des § 75 fallen die Kosten stets dem Beklagten zur Last, wenn der Kläger mit seiner Bescheidung vor Klageerhebung rechnen durfte.

§ 162 (Zu erstattende Kosten)

(1) Kosten sind die Gerichtskosten (Gebühren und Auslagen) und die zur zweckentsprechenden Rechtsverfolgung oder Rechtsverteidigung notwendigen Aufwendungen der Beteiligten einschließlich der Kosten des Vorverfahrens.

(2) Die Gebühren und Auslagen eines Rechtsanwalts oder eines Rechtsbeistands, in den in § 67 Absatz 2 Satz 2 Nummer 3 und 3a ge-

nannten Angelegenheiten auch einer der dort genannten Personen, sind stets erstattungsfähig. Soweit im Vorverfahren geschwebt hat, sind Gebühren und Auslagen erstattungsfähig, wenn das Gericht die Zuziehung eines Bevollmächtigten für das Vorverfahren für notwendig erklärt. Juristische Personen des öffentlichen Rechts und Behörden können an Stelle ihrer tatsächlichen notwendigen Aufwendungen für Post- und Telekommunikationsdienstleistungen den in Nummer 7002 der Anlage 1 zum Rechtsanwaltsvergütungsgesetz bestimmten Höchstsatz der Pauschale fordern.

(3) Die außergerichtlichen Kosten des Beigeladenen sind nur erstattungsfähig, wenn sie das Gericht aus Billigkeit der unterliegenden Partei oder der Staatskasse auferlegt.

§ 163 (weggefallen)

§ 164 (Kostenfestsetzung)

Der Urkundsbeamte des Gerichts des ersten Rechtszugs setzt auf Antrag den Betrag der zu erstattenden Kosten fest.

§ 165 (Anfechtung)

Die Beteiligten können die Festsetzung der zu erstattenden Kosten anfechten. § 151 gilt entsprechend.

§ 165a (Anwendbarkeit der ZPO)

§ 110 der Zivilprozessordnung gilt entsprechend.

§ 166 (Prozesskostenhilfe)

(1) Die Vorschriften der Zivilprozeßordnung über die Prozesskostenhilfe sowie § 569 Abs. 3 Nr. 2 der Zivilprozessordnung gelten entsprechend. Einem Beteiligten, dem Prozesskostenhilfe bewilligt worden ist, kann auch ein Steuerberater, Steuerbevollmächtigter, Wirtschaftsprüfer oder vereidigter Buchprüfer beigeordnet werden. Die Vergütung richtet sich nach den für den beigeordneten Rechtsanwalt geltenden Vorschriften des Rechtsanwaltsvergütungsgesetzes.

(2) Die Prüfung der persönlichen und wirtschaftlichen Verhältnisse nach den §§ 114 bis 116 der Zivilprozessordnung einschließlich der in § 118 Absatz 2 der Zivilprozessordnung bezeichneten Maßnahmen, der Beurkundung von Vergleichen nach § 118 Absatz 1 Satz 3 der Zivilprozessordnung und der Entscheidungen nach § 118 Absatz 2 Satz 4 der Zivilprozessordnung obliegt dem Urkundsbeamten der Geschäftsstelle des jeweiligen Rechtszugs, wenn der Vorsitzende ihm das Verfahren insoweit überträgt. Liegen die Voraussetzungen für die Bewilligung der Prozesskostenhilfe hiernach nicht vor, erlässt der Urkundsbeamte die den Antrag ablehnende Entscheidung; anderenfalls vermerkt der Urkundsbeamte in den Prozessakten, dass dem Antragsteller nach seinen persönlichen und wirtschaftlichen Verhältnissen Prozesskostenhilfe gewährt werden kann und in welcher Höhe gegebenenfalls Monatsraten oder Beträge aus dem Vermögen zu zahlen sind.

(3) Dem Urkundsbeamten obliegen im Verfahren über die Prozesskostenhilfe ferner die Bestimmung des Zeitpunkts für die Einstellung und eine Wiederaufnahme der Zahlungen nach § 120 Absatz 3 der Zivilprozessordnung sowie die Änderung und die Aufhebung der Bewilligung der Prozesskostenhilfe nach den §§ 120a und 124 Absatz 1 Nummer 2 bis 5 der Zivilprozessordnung.

(4) Der Vorsitzende kann Aufgaben nach den Absätzen 2 und 3 zu jedem Zeitpunkt an sich ziehen. § 5 Absatz 1 Nummer 1, die §§ 6, 7, 8 Absatz 1 bis 4 und § 9 des Rechtspflegergesetzes gelten entsprechend mit der Maßgabe, dass an die Stelle des Rechtspflegers der Urkundsbeamte der Geschäftsstelle tritt.

(5) § 87a Absatz 3 gilt entsprechend.

(6) Gegen Entscheidungen des Urkundsbeamten nach den Absätzen 2 und 3 kann innerhalb von zwei Wochen nach Bekanntgabe die Entscheidung des Gerichts beantragt werden.

(7) Durch Landesgesetz kann bestimmt werden, dass die Absätze 2 bis 6 für die Gerichte des jeweiligen Landes nicht anzuwenden sind.

17. Abschnitt
Vollstreckung

§ 167 (Anwendbare Vorschriften)

(1) Soweit sich aus diesem Gesetz nichts anderes ergibt, gilt für die Vollstreckung das

Achte Buch der Zivilprozeßordnung entsprechend. Vollstreckungsgericht ist das Gericht des ersten Rechtszugs.

(2) Urteile auf Anfechtungs- und Verpflichtungsklagen können nur wegen der Kosten für vorläufig vollstreckbar erklärt werden.

§ 168 (Vollstreckungstitel)

(1) Vollstreckt wird

1. aus rechtskräftigen und aus vorläufig vollstreckbaren gerichtlichen Entscheidungen,
2. aus einstweiligen Anordnungen,
3. aus gerichtlichen Vergleichen,
4. aus Kostenfestsetzungsbeschlüssen,
5. aus den für vollstreckbar erklärten Schiedssprüchen öffentlich-rechtlicher Schiedsgerichte, sofern die Entscheidung über die Vollstreckbarkeit rechtskräftig oder für vorläufig vollstreckbar erklärt ist.

(2) Für die Vollstreckung können den Beteiligten auf ihren Antrag Ausfertigungen des Urteils ohne Tatbestand und ohne Entscheidungsgründe erteilt werden, deren Zustellung in den Wirkungen der Zustellung eines vollständigen Urteils gleichsteht.

§ 169 (Vollstreckung zu Gunsten von Gebietskörperschaften u. ä.)

(1) Soll zugunsten des Bundes, eines Landes, eines Gemeindeverbandes, einer Gemeinde oder einer Körperschaft, Anstalt oder Stiftung des öffentlichen Rechts vollstreckt werden, so richtet sich die Vollstreckung nach dem Verwaltungsvollstreckungsgesetz. Vollstreckungsbehörde im Sinne des Verwaltungsvollstreckungsgesetzes ist der Vorsitzende des Gerichts des ersten Rechtszugs; er kann für die Ausführung der Vollstreckung eine andere Vollstreckungsbehörde oder einen Gerichtsvollzieher in Anspruch nehmen.

(2) Wird die Vollstreckung zur Erzwingung von Handlungen, Duldungen und Unterlassungen im Wege der Amtshilfe von Organen der Länder vorgenommen, so ist sie nach landesrechtlichen Bestimmungen durchzuführen.

§ 170 (Vollstreckung gegen Gebietskörperschaften u. ä.)

(1) Soll gegen den Bund, ein Land, einen Gemeindeverband, eine Gemeinde, eine Körperschaft, eine Anstalt oder Stiftung des öffentlichen Rechts wegen einer Geldforderung vollstreckt werden, so verfügt auf Antrag des Gläubigers das Gericht des ersten Rechtszugs die Vollstreckung. Es bestimmt die vorzunehmenden Vollstreckungsmaßnahmen und ersucht die zuständige Stelle um deren Vornahme. Die ersuchte Stelle ist verpflichtet, dem Ersuchen nach den für sie geltenden Vollstreckungsvorschriften nachzukommen.

(2) Das Gericht hat vor Erlaß der Vollstreckungsverfügung die Behörde oder bei Körperschaften, Anstalten und Stiftungen des öffentlichen Rechts, gegen die vollstreckt werden soll, die gesetzlichen Vertreter von der beabsichtigten Vollstreckung zu benachrichtigen mit der Aufforderung, die Vollstreckung innerhalb einer vom Gericht zu bemessenden Frist abzuwenden. Die Frist darf einen Monat nicht übersteigen.

(3) Die Vollstreckung ist unzulässig in Sachen, die für die Erfüllung öffentlicher Aufgaben unentbehrlich sind oder deren Veräußerung ein öffentliches Interesse entgegensteht. Über Einwendungen entscheidet das Gericht nach Anhörung der zuständigen Aufsichtsbehörde oder bei obersten Bundes- oder Landesbehörden des zuständigen Ministers.

(4) Für öffentlich-rechtliche Kreditinstitute gelten die Absätze 1 bis 3 nicht.

(5) Der Ankündigung der Vollstreckung und der Einhaltung einer Wartefrist bedarf es nicht, wenn es sich um den Vollzug einer einstweiligen Anordnung handelt.

§ 171 (Keine Vollstreckungsklausel)

In den Fällen der §§ 169, 170 Abs. 1 bis 3 bedarf es einer Vollstreckungsklausel nicht.

§ 172 (Zwangsgeld)

Kommt die Behörde in den Fällen des § 113 Abs. 1 Satz 2 und Abs. 5 und des § 123 der ihr im Urteil oder in der einstweiligen Anordnung auferlegten Verpflichtung nicht nach, so kann das Gericht des ersten Rechtszugs auf Antrag unter Fristsetzung gegen sie ein Zwangsgeld bis zehntausend Euro durch Beschluß androhen, nach fruchtlosem Fristablauf festsetzen und von Amts wegen vollstrecken. Das Zwangsgeld kann wiederholt angedroht, festgesetzt und vollstreckt werden.

Teil V
Schluß- und Übergangsbestimmungen

§ 173 (Grundsätzliche Anwendbarkeit von GVG und ZPO)

Soweit dieses Gesetz keine Bestimmungen über das Verfahren enthält, sind das Gerichtsverfassungsgesetz und die Zivilprozeßordnung einschließlich § 278 Absatz 5 und § 278a entsprechend anzuwenden, wenn die grundsätzlichen Unterschiede der beiden Verfahrensarten dies nicht ausschließen; das Leitentscheidungsverfahren nach den §§ 552b und 565 der Zivilprozessordnung ist nicht anzuwenden. Die Vorschriften des Siebzehnten Titels des Gerichtsverfassungsgesetzes sind mit der Maßgabe entsprechend anzuwenden, dass an die Stelle des Oberlandesgerichts das Oberverwaltungsgericht, an die Stelle des Bundesgerichtshofs das Bundesverwaltungsgericht und an die Stelle der Zivilprozessordnung die Verwaltungsgerichtsordnung tritt. Gericht im Sinne des § 1062 der Zivilprozeßordnung ist das zuständige Verwaltungsgericht, Gericht im Sinne des § 1065 der Zivilprozeßordnung das zuständige Oberverwaltungsgericht.

§ 174 (Befähigung zum höheren Verwaltungsdienst)

(1) Für den Vertreter des öffentlichen Interesses bei dem Oberverwaltungsgericht und bei dem Verwaltungsgericht steht der Befähigung zum Richteramt nach dem Deutschen Richtergesetz die Befähigung zum höheren Verwaltungsdienst gleich, wenn sie nach mindestens dreijährigem Studium der Rechtswissenschaft an einer Universität und dreijähriger Ausbildung im öffentlichen Dienst durch Ablegen der gesetzlich vorgeschriebenen Prüfungen erlangt worden ist.

(2) Bei Kriegsteilnehmern gilt die Voraussetzung des Absatzes 1 als erfüllt, wenn sie den für sie geltenden besonderen Vorschriften genügt haben.

§ 175 (Verfahren vor 18. April 2018)

§ 43 des Einführungsgesetzes zum Gerichtsverfassungsgesetz gilt entsprechend.

§ 176 (Besetzung des Gerichts)

Bei den Verwaltungsgerichten dürfen bis zum Ablauf des 31. Dezember 2025 abweichend von § 29 Absatz 1 des Deutschen Richtergesetzes bei einer gerichtlichen Entscheidung auch mitwirken:

1. zwei abgeordnete Richter auf Lebenszeit oder

2. ein abgeordneter Richter auf Lebenszeit und entweder ein Richter auf Probe oder ein Richter kraft Auftrags.

§ 177 (Papierform)

(1) Dokumente und Aktenteile, die nach den Verschlusssachenanweisungen des Bundes oder der Länder als Verschlusssache höher als VS-NUR FÜR DEN DIENSTGEBRAUCH eingestuft sind, dürfen bis zum 31. Dezember 2035 abweichend von den §§ 55a bis 55d in Papierform erstellt, geführt und übermittelt werden. Dokumente und Aktenteile, die nach den Verschlusssachenanweisungen des Bundes oder der Länder als Verschlusssache VS-NUR FÜR DEN DIENSTGEBRAUCH eingestuft sind, dürfen bis zum 31. Dezember 2035 abweichend von den §§ 55a bis 55d in Papierform übermittelt werden. Die für die Handhabung von Verschlusssachen geltenden Geheimschutzvorschriften bleiben unberührt.

(2) Die Bundesregierung und die Landesregierungen können abweichend von § 55b jeweils für ihren Bereich durch Rechtsverordnung bestimmen, dass Akten, die elektronisch angelegt wurden, ab einem bestimmten Ereignis bis zum 31. Dezember 2025 in Papierform weitergeführt werden. Die Zulassung der Weiterführung in Papierform kann auf einzelne Gerichte oder Verfahren beschränkt werden; wird von dieser Möglichkeit Gebrauch gemacht, kann in der Rechtsver-

ordnung bestimmt werden, dass durch Verwaltungsvorschrift, die öffentlich bekanntzumachen ist, geregelt wird, in welchen Verfahren Akten in elektronischer Form weitergeführt werden. Die Rechtsverordnung der Bundesregierung bedarf nicht der Zustimmung des Bundesrates. Die Ermächtigung kann durch Rechtsverordnung auf die zuständige oberste Bundesbehörde oder auf die für die Verwaltungsgerichtsbarkeit zuständigen obersten Landesbehörden übertragen werden.

§§ 178 und 179 (Änderungsvorschriften)

§ 180 (Vernehmung, Vereidigung nach VwVfG und SGB X)

Erfolgt die Vernehmung oder die Vereidigung von Zeugen und Sachverständigen nach dem Verwaltungsverfahrensgesetz oder nach dem Zehnten Buch Sozialgesetzbuch durch das Verwaltungsgericht, so findet sie vor dem dafür im Geschäftsverteilungsplan bestimmten Richter statt. Über die Rechtmäßigkeit einer Verweigerung des Zeugnisses, des Gutachtens oder der Eidesleistung nach dem Verwaltungsverfahrensgesetz oder nach dem Zehnten Buch Sozialgesetzbuch entscheidet das Verwaltungsgericht durch Beschluß.

§§ 181 und 182 (Änderungsvorschriften)

§ 183 (Nichtigkeit von Landesrecht)

Hat das Verfassungsgericht eines Landes die Nichtigkeit von Landesrecht festgestellt oder Vorschriften des Landesrechts für nichtig erklärt, so bleiben vorbehaltlich einer besonderen gesetzlichen Regelung durch das Land die nicht mehr anfechtbaren Entscheidungen der Gerichte der Verwaltungsgerichtsbarkeit, die auf der für nichtig erklärten Norm beruhen, unberührt. Die Vollstreckung aus einer solchen Entscheidung ist unzulässig. § 767 der Zivilprozeßordnung gilt entsprechend.

§ 184 (Verwaltungsgerichtshof)

Das Land kann bestimmen, daß das Oberverwaltungsgericht die bisherige Bezeichnung „Verwaltungsgerichtshof" weiterführt.

§ 185 (Besonderheiten für bestimmte Bundesländer)

(1) In den Ländern Berlin und Hamburg treten an die Stelle der Kreise im Sinne des § 28 die Bezirke.

(2) Die Länder Berlin, Brandenburg, Bremen, Hamburg, Mecklenburg-Vorpommern, Saarland und Schleswig-Holstein können Abweichungen von den Vorschriften des § 73 Abs. 1 Satz 2 zulassen.

(3) In den Ländern Berlin und Bremen treten an die Stelle der Landesstraßen im Sinne des § 48 Absatz 1 Satz 1 Nummer 8 die Straßen I. Ordnung nach § 20 Nummer 1 des Berliner Straßengesetzes und die Straßen der Gruppe A nach § 3 Absatz 1 Nummer 1 des Bremischen Landesstraßengesetzes.

§ 186 (Besonderheiten für Stadtstaaten)

§ 22 Nr. 3 findet in den Ländern Berlin, Bremen und Hamburg auch mit der Maßgabe Anwendung, daß in der öffentlichen Verwaltung ehrenamtlich tätige Personen nicht zu ehrenamtlichen Richtern berufen werden können. § 6 des Einführungsgesetzes zum Gerichtsverfassungsgesetz gilt entsprechend.

§ 187 (Ermächtigungen für Länder)

(1) Die Länder können den Gerichten der Verwaltungsgerichtsbarkeit Aufgaben der Disziplinargerichtsbarkeit und der Schiedsgerichtsbarkeit bei Vermögensauseinandersetzungen öffentlich-rechtlicher Verbände übertragen, diesen Gerichten Berufsgerichte angliedern sowie dabei die Besetzung und das Verfahren regeln.

(2) Die Länder können ferner für das Gebiet des Personalvertretungsrechts von diesem Gesetz abweichende Vorschriften über die Besetzung und das Verfahren der Verwaltungsgerichte und des Oberverwaltungsgerichts erlassen.

§ 188 (Zusammenfassung von Sachgebieten)

Die Sachgebiete in Angelegenheiten der Fürsorge mit Ausnahme der Angelegenheiten der Sozialhilfe und des Asylbewerberleistungsgesetzes, der Jugendhilfe, der Schwerbehindertenfürsorge sowie der Ausbildungsförderung sollen in einer Kammer oder in einem Senat zusammengefaßt werden. Gerichtskosten (Gebühren und Auslagen) werden in den Verfahren dieser Art nicht erhoben; dies gilt nicht für Erstattungsstreitigkeiten zwischen Sozialleistungsträgern.

§ 188a (Wirtschaftsrecht)
Für Angelegenheiten des Wirtschaftsrechts können besondere Kammern oder Senate gebildet werden (Wirtschaftskammern, Wirtschaftssenate). Die Sachgebiete der Wirtschaftsverfassung, Wirtschaftslenkung, Marktordnung und Außenwirtschaft, des Gewerberechts sowie des Post-, Fernmelde- und Telekommunikationsrechts sollen in den Wirtschaftskammern oder Wirtschaftssenaten zusammengefasst werden. Darüber hinaus können den Wirtschaftskammern oder Wirtschaftssenaten weitere Streitigkeiten mit einem Bezug zum Wirtschaftsrecht zugewiesen werden.

§ 188b (Planungsrecht)
Für Angelegenheiten des Planungsrechts sollen besondere Kammern oder Senate gebildet werden (Planungskammern, Planungssenate). Ihnen können insbesondere auch Sachgebiete zugewiesen werden, die mit den Angelegenheiten des Planungsrechts im Zusammenhang stehen.

§ 189 (Bildung von Fachsenaten)
Für die nach § 99 Abs. 2 zu treffenden Entscheidungen sind bei den Oberverwaltungsgerichten und dem Bundesverwaltungsgericht Fachsenate zu bilden.

§ 190 (Unberührtes Bundesrecht)
Die folgenden Gesetze, die von diesem Gesetz abweichen, bleiben unberührt:
1. das Lastenausgleichsgesetz vom 14. August 1952 (Bundesgesetzbl. I S. 446) in der Fassung der dazu ergangenen Änderungsgesetze,
2. das Gesetz über die Errichtung eines Bundesaufsichtsamtes für das Versicherungs- und Bausparwesen vom 31. Juli 1951 (Bundesgesetzbl. I S. 480) in der Fassung des Gesetzes zur Ergänzung des Gesetzes über die Errichtung eines Bundesaufsichtsamtes für das Versicherungs- und Bausparwesen vom 22. Dezember 1954 (Bundesgesetzbl. I S. 501),
3. (weggefallen)
4. das Flurbereinigungsgesetz vom 14. Juli 1953 (Bundesgesetzbl. I S. 591),
5. das Personalvertretungsgesetz vom 5. August 1955 (Bundesgesetzbl. I S. 477),
6. die Wehrbeschwerdeordnung (WBO) vom 23. Dezember 1956 (Bundesgesetzbl. I S. 1066),
7. das Kriegsgefangenenentschädigungsgesetz (KgfEG) in der Fassung vom 8. Dezember 1956 (Bundesgesetzbl. I S. 908),
8. § 13 Abs. 2 des Patentgesetzes und die Vorschriften über das Verfahren vor dem Deutschen Patentamt.

§ 191 (Änderungsvorschrift)
(1) (Änderungsvorschrift)

(2) § 127 des Beamtenrechtsrahmengesetzes und § 54 des Beamtenstatusgesetzes bleiben unberührt.

§ 192 (Änderungsvorschrift)

§ 193 (Verfassungsstreitigkeiten)
In einem Land, in dem kein Verfassungsgericht besteht, bleibt eine dem Oberverwaltungsgericht übertragene Zuständigkeit zur Entscheidung von Verfassungsstreitigkeiten innerhalb des Landes bis zur Errichtung eines Verfassungsgerichts unberührt.

§ 194 (Übergangsvorschrift)
(1) Die Zulässigkeit der Berufungen richtet sich nach dem bis zum 31. Dezember 2001 geltenden Recht, wenn vor dem 1. Januar 2002
1. die mündliche Verhandlung, auf die das anzufechtende Urteil ergeht, geschlossen worden ist,
2. in Verfahren ohne mündliche Verhandlung die Geschäftsstelle die anzufechtende Entscheidung zum Zwecke der Zustellung an die Parteien herausgegeben hat.

(2) Im Übrigen richtet sich die Zulässigkeit eines Rechtsmittels gegen eine gerichtliche Entscheidung nach dem bis zum 31. Dezember 2001 geltenden Recht, wenn vor dem 1. Januar 2002 die gerichtliche Entscheidung bekannt gegeben oder verkündet oder von Amts wegen an Stelle einer Verkündung zugestellt worden ist.

(3) Fristgerecht vor dem 1. Januar 2002 eingelegte Rechtsmittel gegen Beschlüsse in Verfahren der Prozesskostenhilfe gelten als durch das Oberverwaltungsgericht zugelassen.

(4) In Verfahren, die vor dem 1. Januar 2002 anhängig geworden sind oder für die die Klagefrist vor diesem Tage begonnen hat, sowie in Verfahren über Rechtsmittel gegen gerichtliche Entscheidungen, die vor dem 1. Januar 2002 bekannt gegeben oder verkündet oder von Amts wegen an Stelle einer Verkündung zugestellt worden sind, gelten für die Prozessvertretung der Beteiligten die bis zu diesem Zeitpunkt geltenden Vorschriften.

(5) § 40 Abs. 2 Satz 1, § 154 Abs. 3, § 162 Abs. 2 Satz 3 und § 188 Satz 2 sind für die ab 1. Januar 2002 bei Gericht anhängig werdenden Verfahren in der zu diesem Zeitpunkt geltenden Fassung anzuwenden.

(6) Für am 1. Januar 2024 noch anhängige Verfahren aus dem Sachgebiet der Kriegsopferfürsorge gilt § 67 Absatz 2 Satz 2 Nummer 6 in der am 31. Dezember 2023 geltenden Fassung weiter.

§ 195 (In-Kraft-Treten)

(1) (Inkrafttreten)

(2) bis (6) (weggefallen)

(7) Für Rechtsvorschriften im Sinne des § 47, die vor dem 1. Januar 2007 bekannt gemacht worden sind, gilt die Frist des § 47 Abs. 2 in der bis zum Ablauf des 31. Dezember 2006 geltenden Fassung.

Niedersächsisches Justizgesetz (NJG)

Vom 16. Dezember 2014 (Nds. GVBl. S. 436)

– Auszug –[1]

Zuletzt geändert durch
Gesetz zur Änderung des Niedersächsischen Justizgesetzes und
des Niedersächsischen Richtergesetzes
vom 22. März 2023 (Nds. GVBl. S. 32, S. 168)

Inhaltsübersicht

**Dritter Teil
Verwaltungsgerichtsbarkeit**

- § 73 Verwaltungsgerichte
- § 74 Oberverwaltungsgericht
- § 75 Entscheidung über die Gültigkeit von Rechtsvorschriften
- § 76 Besetzung der Senate des Oberverwaltungsgerichts
- § 77 Verwaltungsbeamtin oder Verwaltungsbeamter im Ausschuss zur Wahl der ehrenamtlichen Richterinnen und Richter
- § 78 Vertrauensleute im Ausschuss zur Wahl der ehrenamtlichen Richterinnen und Richter
- § 79 Verfahrensbeteiligung von Landesbehörden
- § 80 Vorverfahren
- § 81 Nachfolgebehörde

---

[1] Aufgeführt sind nur die den Auszug betreffenden Änderungen.

Dritter Teil
Verwaltungsgerichtsbarkeit

§73 Verwaltungsgerichte

(1) Die Verwaltungsgerichte haben ihren Sitz in Braunschweig, Göttingen, Hannover, Lüneburg, Oldenburg (Oldenburg), Osnabrück und Stade.

(2) Bezirke der Verwaltungsgerichte sind

1. für das Verwaltungsgericht Braunschweig:

    die Gebiete der Landkreise Gifhorn, Goslar, Helmstedt, Peine und Wolfenbüttel sowie der Städte Braunschweig, Salzgitter und Wolfsburg,

2. für das Verwaltungsgericht Göttingen:

    die Gebiete der Landkreise Göttingen und Northeim,

3. für das Verwaltungsgericht Hannover:

    die Gebiete der Landkreise Diepholz, Hameln-Pyrmont, Hildesheim, Holzminden, Nienburg (Weser) und Schaumburg sowie der Region Hannover,

4. für das Verwaltungsgericht Lüneburg:

    die Gebiete der Landkreise Celle, Harburg, Lüchow-Dannenberg, Lüneburg, Heidekreis und Uelzen,

5. für das Verwaltungsgericht Oldenburg:

    a) die Gebiete der Landkreise Ammerland, Aurich, Cloppenburg, Friesland, Leer, Oldenburg, Vechta, Wesermarsch und Wittmund und der Städte Delmenhorst, Emden, Oldenburg (Oldenburg) und Wilhelmshaven sowie

    b) das gemeinde- und kreisfreie Gebiet der Küstengewässer einschließlich des Dollarts, des Jadebusens und der Bundeswasserstraßen Ems und Weser sowie der davon eingeschlossenen oder daran angrenzenden gemeinde- und kreisfreien Gebiete, im Osten und Nordosten begrenzt durch die Landesgrenze mit der Freien Hansestadt Bremen – Stadt Bremerhaven –, die seewärtige Grenze des Landkreises Cuxhaven und die westliche Landesgrenze mit der Freien und Hansestadt Hamburg – Exklave Neuwerk/Scharhörn –,

6. für das Verwaltungsgericht Osnabrück:

    die Gebiete der Landkreise Emsland, Grafschaft Bentheim und Osnabrück sowie der Stadt Osnabrück,

7. für das Verwaltungsgericht Stade:

    die Gebiete der Landkreise Cuxhaven, Osterholz, Rotenburg (Wümme), Stade und Verden sowie das gemeinde- und kreisfreie Gebiet der Küstengewässer einschließlich der Bundeswasserstraße Elbe und der davon eingeschlossenen oder daran angrenzenden gemeinde- und kreisfreien Gebiete, im Westen begrenzt durch die östliche Landesgrenze mit der Freien und Hansestadt Hamburg – Exklave Neuwerk/Scharhörn –.

§74 Oberverwaltungsgericht

(1) ₁Das Oberverwaltungsgericht hat seinen Sitz in Lüneburg. ₂Es führt die Bezeichnung „Niedersächsisches Oberverwaltungsgericht".

(2) Der Bezirk des Oberverwaltungsgerichts umfasst das Gebiet des Landes Niedersachsen.

§75 Entscheidung über die Gültigkeit von Rechtsvorschriften

Das Oberverwaltungsgericht entscheidet im Rahmen seiner Gerichtsbarkeit auf Antrag über die Gültigkeit von im Rang unter dem Landesgesetz stehenden Rechtsvorschriften (§ 47 Abs. 1 Nr. 2 VwGO).

§76 Besetzung der Senate des Oberverwaltungsgerichts

(1) Die Senate des Oberverwaltungsgerichts entscheiden in der Besetzung von drei Richterinnen oder Richtern und zwei ehrenamtlichen Richterinnen oder Richtern, soweit durch Rechtsvorschrift nichts anderes bestimmt ist.

(2) ₁Bei Beschlüssen außerhalb der mündlichen Verhandlung und bei Gerichtsbescheiden wirken die ehrenamtlichen Richterinnen und Richter nicht mit. ₂Dies gilt nicht für Beschlüsse nach § 47 Abs. 5 Satz 1 VwGO.

§ 77 Verwaltungsbeamtin oder Verwaltungsbeamter im Ausschuss zur Wahl der ehrenamtlichen Richterinnen und Richter

(1) Das für Inneres zuständige Ministerium bestimmt die Verwaltungsbeamtin oder den Verwaltungsbeamten, die oder der nach § 26 Abs. 2 Satz 1 VwGO dem Ausschuss zur Wahl der ehrenamtlichen Richterinnen und Richter beim Verwaltungsgericht angehört.

(2) Das Justizministerium bestimmt die Verwaltungsbeamtin oder den Verwaltungsbeamten, die oder der nach § 26 Abs. 2 Satz 1 in Verbindung mit § 34 VwGO dem Ausschuss zur Wahl der ehrenamtlichen Richterinnen und Richter beim Oberverwaltungsgericht angehört.

§ 78 Vertrauensleute im Ausschuss zur Wahl der ehrenamtlichen Richterinnen und Richter

(1) ₁Die Vertrauensleute und die stellvertretenden Vertrauensleute für den Ausschuss zur Wahl der ehrenamtlichen Richterinnen und Richter beim Verwaltungsgericht werden durch eine Versammlung von Wahlbevollmächtigten gewählt. ₂Die Vertretungen der Landkreise und kreisfreien Städte im Bezirk des Verwaltungsgerichts wählen je ein Mitglied und ein stellvertretendes Mitglied der Versammlung der Wahlbevollmächtigten. ₃Die Zuständigkeit der Vertretungen der großen selbständigen Städte, der selbständigen Gemeinden, der Stadt Göttingen und der Landeshauptstadt Hannover wird ausgeschlossen.

(2) ₁Die Versammlung der Wahlbevollmächtigten wählt aus ihrer Mitte eine Vorsitzende oder einen Vorsitzenden und deren oder dessen Vertreterin oder Vertreter. ₂Die oder der Vorsitzende beruft die Versammlung ein. ₃Zu ihrer ersten Sitzung wird die Versammlung von demjenigen Mitglied der Versammlung einberufen, das die Kommune vertritt, in der das Verwaltungsgericht seinen Sitz hat.

(3) ₁Die Versammlung ist beschlussfähig, wenn mehr als die Hälfte ihrer Mitglieder anwesend ist. ₂Gewählt ist, wer die meisten Stimmen auf sich vereinigt. ₃Bei Stimmengleichheit entscheidet das Los.

(4) ₁Die Vertrauensleute und die stellvertretenden Vertrauensleute werden für fünf Jahre gewählt. ₂Sie bleiben nach Ablauf der Amtsperiode bis zur Neuwahl im Amt. ₃Wird während der Amtsperiode die Wahl einer neuen Vertrauensperson erforderlich, so wird diese für den Rest der Wahlperiode gewählt.

(5) ₁Für den bei dem Oberverwaltungsgericht zu bestellenden Ausschuss wählt der Landtag oder ein durch ihn bestimmter Landtagsausschuss die Vertrauensleute und die stellvertretenden Vertrauensleute. ₂Absatz 4 gilt entsprechend.

§ 79 Verfahrensbeteiligung von Landesbehörden

(1) Fähig, am Verfahren beteiligt zu sein, sind auch Landesbehörden (§ 61 Nr. 3 VwGO).

(2) Hat eine Landesbehörde den angefochtenen Verwaltungsakt erlassen oder den beantragten Verwaltungsakt unterlassen, so ist die Klage gegen sie zu richten (§ 78 Abs. 1 Nr. 2 VwGO).

§ 80 Vorverfahren

(1) Vor Erhebung der Anfechtungsklage findet abweichend von § 68 Abs. 1 Satz 1 VwGO eine Nachprüfung in einem Vorverfahren nicht statt.

(2) ₁Absatz 1 gilt nicht für Verwaltungsakte,

1. denen eine Bewertung einer Leistung im Rahmen einer berufsbezogenen Prüfung zugrunde liegt,

2. die von Schulen oder nach § 27 des Niedersächsischen Schulgesetzes erlassen werden,

3. die von der Investitions- und Förderbank Niedersachsen (NBank) im Rahmen der ihr nach dem Gesetz über die Investitions- und Förderbank Niedersachsen übertragenen Aufgaben erlassen werden, mit Ausnahme von Verwaltungsakten im Rahmen der Wohnraumförderung und zur Förderung des Städtebaus einschließlich der städtebaulichen Erneuerung und Entwicklung und der zugehörigen Infrastruktur,

4. die nach den Vorschriften

    a) des Baugesetzbuchs und der Niedersächsischen Bauordnung,

b) des Bundes-Immissionsschutzgesetzes,
c) des Kreislaufwirtschaftsgesetzes, der Rechtsvorschriften der Europäischen Union zum Abfallrecht, des Abfallverbringungsgesetzes, des Batteriegesetzes und des Niedersächsischen Abfallgesetzes,
d) des Bundes-Bodenschutzgesetzes und des Niedersächsischen Bodenschutzgesetzes,
e) der den Naturschutz und die Landschaftspflege betreffenden Rechtsvorschriften der Europäischen Union und des Bundes sowie des Landes Niedersachsen,
f) des Wasserhaushaltsgesetzes und des Niedersächsischen Wassergesetzes und des Niedersächsischen Deichgesetzes,
g) des Chemikaliengesetzes und des Sprengstoffgesetzes,
h) des Produktsicherheitsgesetzes und des Energieverbrauchsrelevante-Produkte-Gesetzes,
i) des Unterhaltsvorschussgesetzes,
j) des Niedersächsischen Umweltinformationsgesetzes,
k) des Strahlenschutzgesetzes und der Strahlenschutzverordnung,
l) des Rundfunkgebührenstaatsvertrages und des Rundfunkbeitragsstaatsvertrages,
m) des Dritten Teils des Kammergesetzes für die Heilberufe,
n) der Niedersächsischen Verordnung über Führungen auf Wattflächen,
o) des Arbeitsschutzgesetzes, des Jugendarbeitsschutzgesetzes, des Mutterschutzgesetzes und des Arbeitszeitgesetzes,
p) des Gesetzes über Betriebsärzte, Sicherheitsingenieure und andere Fachkräfte für Arbeitssicherheit sowie des Fahrpersonalgesetzes,
q) des Abschnitts 4 des Bundeselterngeld- und Elternzeitgesetzes und
r) des Gentechnikgesetzes

sowie der auf diesen Rechtsvorschriften beruhenden Verordnungen und Satzungen erlassen werden.

₂In den Fällen des Satzes 1 Nr. 1 bedarf es der Nachprüfung in einem Vorverfahren auch dann, wenn eine oberste Landesbehörde den Verwaltungsakt erlassen hat. ₃Soweit die Verwaltungsakte nach Satz 1 Nrn. 2 und 4 Buchst. a bis k und n bis r Abgabenangelegenheiten betreffen, findet ein Vorverfahren nicht statt; Absatz 3 Nr. 1 bleibt unberührt.

(3) Verwaltungsakte, die nicht unter Absatz 2 Sätze 1 und 2 fallen und auf der Grundlage von Rechtsvorschriften

1. zu kommunalen Abgaben,
2. des Europäischen Garantiefonds für die Landwirtschaft (EGFL), des Europäischen Landwirtschaftsfonds für die Entwicklung des ländlichen Raums (ELER) sowie zu anderen Fördermaßnahmen, mit denen land- oder forstwirtschaftliche Zwecke verfolgt werden,
3. des Pflanzenschutz- oder Düngerechts,
4. zum ökologischen Landbau,
5. im Bereich des Futtermittelrechts, soweit aufgrund dieser Rechtsvorschriften Kosten für Kontroll- und Überwachungsmaßnahmen, welche in regelmäßigen Überprüfungen und Probenahmen bestehen, festgesetzt werden,
6. zur Apothekenaufsicht oder
7. zur bergrechtlichen Betriebsplanzulassung oder zur Erteilung von Bergbauberechtigungen

erlassen werden, können mit der Anordnung versehen werden, dass abweichend von Absatz 1 vor der Erhebung der Anfechtungsklage die Rechtmäßigkeit und Zweckmäßigkeit des Verwaltungsakts in einem Vorverfahren nachzuprüfen sind.

(4) Für die Verpflichtungsklage gelten die Absätze 1 bis 3 entsprechend.

(5) ₁Soweit nach Absatz 2 Sätze 1 und 2 sowie Absatz 4 ein Vorverfahren durchzuführen ist, gilt dies auch für

1. Verwaltungshandlungen, die sich rechtlich unmittelbar auf die genannten Verwaltungsakte beziehen, insbesondere Zusicherungen, Nebenbestimmungen, Androhungen von Zwangsmitteln, Kostenent-

scheidungen, Aufhebungen und Entscheidungen über das Wiederaufgreifen des Verfahrens, sowie

2. Kostenentscheidungen von Behörden des Landes aus Anlass von Überwachungsmaßnahmen oder der Entgegennahme von Anzeigen nach den in Absatz 2 Satz 1 Nr. 4 Buchst. b bis d, f bis h, k und n bis r genannten Vorschriften einschließlich der auf diesen Rechtsvorschriften beruhenden Verordnungen.

₂Ordnet die Behörde in den Fällen des Absatzes 3 die Durchführung des Vorverfahrens an, so gilt diese Entscheidung auch für die in Satz 1 Nr. 1 genannten Entscheidungen.

§ 81 Nachfolgebehörde

₁Wird eine Behörde aufgelöst, die einen Verwaltungsakt erlassen oder den Erlass eines beantragten Verwaltungsakts abgelehnt oder unterlassen hat, so finden ab dem Zeitpunkt der Auflösung die Vorschriften des 8. Abschnitts der Verwaltungsgerichtsordnung sowie die §§ 79 und 80 mit der Maßgabe Anwendung, dass an die Stelle der aufgelösten Behörde die Behörde tritt, auf die die Zuständigkeit zum Erlass des Verwaltungsakts übergegangen ist. ₂Ist Nachfolgebehörde eine oberste Landesbehörde, so bedarf es der Nachprüfung in einem Vorverfahren, soweit nicht bereits die aufgelöste Behörde über einen Widerspruch entschieden hat; § 80 bleibt unberührt.

Verwaltungsverfahrensgesetz (VwVfG)

in der Fassung der Bekanntmachung
vom 23. Januar 2003 (BGBl. I S. 102)

Zuletzt geändert durch
Postrechtsmodernisierungsgesetz
vom 15. Juli 2024 (BGBl. I Nr. 236)

Inhaltsübersicht

Teil I
Anwendungsbereich, örtliche Zuständigkeit, elektronische Kommunikation, Amtshilfe, europäische Verwaltungszusammenarbeit

Abschnitt 1
Anwendungsbereich, örtliche Zuständigkeit, elektronische Kommunikation

- § 1 Anwendungsbereich
- § 2 Ausnahmen vom Anwendungsbereich
- § 3 Örtliche Zuständigkeit
- § 3a Elektronische Kommunikation

Abschnitt 2
Amtshilfe

- § 4 Amtshilfepflicht
- § 5 Voraussetzungen und Grenzen der Amtshilfe
- § 6 Auswahl der Behörde
- § 7 Durchführung der Amtshilfe
- § 8 Kosten der Amtshilfe

Abschnitt 3
Europäische Verwaltungszusammenarbeit

- § 8a Grundsätze der Hilfeleistung
- § 8b Form und Behandlung der Ersuchen
- § 8c Kosten der Hilfeleistung
- § 8d Mitteilungen von Amts wegen
- § 8e Anwendbarkeit

Teil II
Allgemeine Vorschriften über das Verwaltungsverfahren

Abschnitt 1
Verfahrensgrundsätze

- § 9 Begriff des Verwaltungsverfahrens
- § 10 Nichtförmlichkeit des Verwaltungsverfahrens
- § 11 Beteiligungsfähigkeit
- § 12 Handlungsfähigkeit
- § 13 Beteiligte
- § 14 Bevollmächtigte und Beistände
- § 15 Bestellung eines Empfangsbevollmächtigten
- § 16 Bestellung eines Vertreters von Amts wegen
- § 17 Vertreter bei gleichförmigen Eingaben
- § 18 Vertreter für Beteiligte bei gleichem Interesse
- § 19 Gemeinsame Vorschriften für Vertreter bei gleichförmigen Eingaben und bei gleichem Interesse
- § 20 Ausgeschlossene Personen
- § 21 Besorgnis der Befangenheit
- § 22 Beginn des Verfahrens
- § 23 Amtssprache
- § 24 Untersuchungsgrundsatz
- § 25 Beratung, Auskunft, frühe Öffentlichkeitsbeteiligung
- § 26 Beweismittel
- § 27 Versicherung an Eides statt
- § 27a Bekanntmachung im Internet
- § 27b Zugänglichmachung auszulegender Dokumente
- § 27c Erörterung mit Verfahrensbeteiligten oder der Öffentlichkeit

§ 28	Anhörung Beteiligter	§ 48	Rücknahme eines rechtswidrigen Verwaltungsaktes
§ 29	Akteneinsicht durch Beteiligte		
§ 30	Geheimhaltung	§ 49	Widerruf eines rechtmäßigen Verwaltungsaktes

**Abschnitt 2
Fristen, Termine, Wiedereinsetzung**

§ 31 Fristen und Termine
§ 32 Wiedereinsetzung in den vorigen Stand

**Abschnitt 3
Amtliche Beglaubigung**

§ 33 Beglaubigung von Dokumenten
§ 34 Beglaubigung von Unterschriften

**Teil III
Verwaltungsakt**

**Abschnitt 1
Zustandekommen des Verwaltungsaktes**

§ 35 Begriff des Verwaltungsaktes
§ 35a Vollständig automatisierter Erlass eines Verwaltungsaktes
§ 36 Nebenbestimmungen zum Verwaltungsakt
§ 37 Bestimmtheit und Form des Verwaltungsaktes; Rechtsbehelfsbelehrung
§ 38 Zusicherung
§ 39 Begründung des Verwaltungsaktes
§ 40 Ermessen
§ 41 Bekanntgabe des Verwaltungsaktes
§ 42 Offenbare Unrichtigkeiten im Verwaltungsakt
§ 42a Genehmigungsfiktion

**Abschnitt 2
Bestandskraft des Verwaltungsaktes**

§ 43 Wirksamkeit des Verwaltungsaktes
§ 44 Nichtigkeit des Verwaltungsaktes
§ 45 Heilung von Verfahrens- und Formfehlern
§ 46 Folgen von Verfahrens- und Formfehlern
§ 47 Umdeutung eines fehlerhaften Verwaltungsaktes

§ 49a Erstattung, Verzinsung
§ 50 Rücknahme und Widerruf im Rechtsbehelfsverfahren
§ 51 Wiederaufgreifen des Verfahrens
§ 52 Rückgabe von Urkunden und Sachen

**Abschnitt 3
Verjährungsrechtliche Wirkungen des Verwaltungsaktes**

§ 53 Hemmung der Verjährung durch Verwaltungsakt

**Teil IV
Öffentlich-rechtlicher Vertrag**

§ 54 Zulässigkeit des öffentlich-rechtlichen Vertrags
§ 55 Vergleichsvertrag
§ 56 Austauschvertrag
§ 57 Schriftform
§ 58 Zustimmung von Dritten und Behörden
§ 59 Nichtigkeit des öffentlich-rechtlichen Vertrags
§ 60 Anpassung und Kündigung in besonderen Fällen
§ 61 Unterwerfung unter die sofortige Vollstreckung
§ 62 Ergänzende Anwendung von Vorschriften

**Teil V
Besondere Verfahrensarten**

**Abschnitt 1
Förmliches Verwaltungsverfahren**

§ 63 Anwendung der Vorschriften über das förmliche Verwaltungsverfahren
§ 64 Form des Antrags
§ 65 Mitwirkung von Zeugen und Sachverständigen
§ 66 Verpflichtung zur Anhörung von Beteiligten
§ 67 Erfordernis der mündlichen Verhandlung

- § 68 Verlauf der mündlichen Verhandlung
- § 69 Entscheidung
- § 70 Anfechtung der Entscheidung
- § 71 Besondere Vorschriften für das förmliche Verfahren vor Ausschüssen

Abschnitt 1a
Verfahren über eine einheitliche Stelle

- § 71a Anwendbarkeit
- § 71b Verfahren
- § 71c Informationspflichten
- § 71d Gegenseitige Unterstützung
- § 71e Elektronisches Verfahren

Abschnitt 2
Planfeststellungsverfahren

- § 72 Anwendung der Vorschriften über das Planfeststellungsverfahren
- § 73 Anhörungsverfahren
- § 74 Planfeststellungsbeschluss, Plangenehmigung
- § 75 Rechtswirkungen der Planfeststellung
- § 76 Planänderungen vor Fertigstellung des Vorhabens
- § 77 Aufhebung des Planfeststellungsbeschlusses
- § 78 Zusammentreffen mehrerer Vorhaben

Teil VI
Rechtsbehelfsverfahren

- § 79 Rechtsbehelfe gegen Verwaltungsakte
- § 80 Erstattung von Kosten im Vorverfahren

Teil VII
Ehrenamtliche Tätigkeit, Ausschüsse

Abschnitt 1
Ehrenamtliche Tätigkeit

- § 81 Anwendung der Vorschriften über die ehrenamtliche Tätigkeit
- § 82 Pflicht zu ehrenamtlicher Tätigkeit
- § 83 Ausübung ehrenamtlicher Tätigkeit
- § 84 Verschwiegenheitspflicht
- § 85 Entschädigung
- § 86 Abberufung
- § 87 Ordnungswidrigkeiten

Abschnitt 2
Ausschüsse

- § 88 Anwendung der Vorschriften über Ausschüsse
- § 89 Ordnung in den Sitzungen
- § 90 Beschlussfähigkeit
- § 91 Beschlussfassung
- § 92 Wahlen durch Ausschüsse
- § 93 Niederschrift

Teil VIII
Schlussvorschriften

- § 94 Übertragung gemeindlicher Aufgaben
- § 95 Sonderregelung für Verteidigungsangelegenheiten
- § 96 Überleitung von Verfahren
- §§ 97 bis 99 (weggefallen)
- § 100 Landesgesetzliche Regelungen
- § 101 Stadtstaatenklausel
- § 102 Übergangsvorschrift zu § 53
- § 102a Übergangsregelung für die Durchführung von Verwaltungsverfahren
- § 103 (Inkrafttreten)

Teil I
Anwendungsbereich, örtliche Zuständigkeit, elektronische Kommunikation, Amtshilfe, europäische Verwaltungszusammenarbeit

Abschnitt 1
Anwendungsbereich, örtliche Zuständigkeit, elektronische Kommunikation

§ 1 Anwendungsbereich

(1) Dieses Gesetz gilt für die öffentlich-rechtliche Verwaltungstätigkeit der Behörden

1. des Bundes, der bundesunmittelbaren Körperschaften, Anstalten und Stiftungen des öffentlichen Rechts,
2. der Länder, der Gemeinden und Gemeindeverbände, der sonstigen der Aufsicht des Landes unterstehenden juristischen Personen des öffentlichen Rechts, wenn sie Bundesrecht im Auftrag des Bundes ausführen,

soweit nicht Rechtsvorschriften des Bundes inhaltsgleiche oder entgegenstehende Bestimmungen enthalten.

(2) Dieses Gesetz gilt auch für die öffentlich-rechtliche Verwaltungstätigkeit der in Absatz 1 Nr. 2 bezeichneten Behörden, wenn die Länder Bundesrecht, das Gegenstände der ausschließlichen oder konkurrierenden Gesetzgebung des Bundes betrifft, als eigene Angelegenheit ausführen, soweit nicht Rechtsvorschriften des Bundes inhaltsgleiche oder entgegenstehende Bestimmungen enthalten. Für die Ausführung von Bundesgesetzen, die nach Inkrafttreten dieses Gesetzes erlassen werden, gilt dies nur, soweit die Bundesgesetze mit Zustimmung des Bundesrates dieses Gesetz für anwendbar erklären.

(3) Für die Ausführung von Bundesrecht durch die Länder gilt dieses Gesetz nicht, soweit die öffentlich-rechtliche Verwaltungstätigkeit der Behörden landesrechtlich durch ein Verwaltungsverfahrensgesetz geregelt ist.

(4) Behörde im Sinne dieses Gesetzes ist jede Stelle, die Aufgaben der öffentlichen Verwaltung wahrnimmt.

§ 2 Ausnahmen vom Anwendungsbereich

(1) Dieses Gesetz gilt nicht für die Tätigkeit der Kirchen, der Religionsgesellschaften und Weltanschauungsgemeinschaften sowie ihrer Verbände und Einrichtungen.

(2) Dieses Gesetz gilt ferner nicht für

1. Verfahren der Bundes- oder Landesfinanzbehörden nach der Abgabenordnung,
2. die Strafverfolgung, die Verfolgung und Ahndung von Ordnungswidrigkeiten, die Rechtshilfe für das Ausland in Straf- und Zivilsachen und, unbeschadet des § 80 Abs. 4, für Maßnahmen des Richterdienstrechts,
3. Verfahren vor dem Deutschen Patent- und Markenamt und den bei diesem errichteten Schiedsstellen,
4. Verfahren nach dem Sozialgesetzbuch,
5. das Recht des Lastenausgleichs,
6. das Recht der Wiedergutmachung.

(3) Für die Tätigkeit

1. der Gerichtsverwaltungen und der Behörden der Justizverwaltung einschließlich der ihrer Aufsicht unterliegenden Körperschaften des öffentlichen Rechts gilt dieses Gesetz nur, soweit die Tätigkeit der Nachprüfung durch die Gerichte der Verwaltungsgerichtsbarkeit oder durch die in verwaltungsrechtlichen Anwalts-, Patentanwalts- und Notarsachen zuständigen Gerichte unterliegt;
2. der Behörden bei Leistungs-, Eignungs- und ähnlichen Prüfungen von Personen gelten nur die §§ 3a bis 13, 20 bis 27, 29 bis 38, 40 bis 52, 79, 80 und 96;
3. der Vertretungen des Bundes im Ausland gilt dieses Gesetz nicht.

§ 3 Örtliche Zuständigkeit

(1) Örtlich zuständig ist

1. in Angelegenheiten, die sich auf unbewegliches Vermögen oder ein ortsgebundenes Recht oder Rechtsverhältnis beziehen, die Behörde, in deren Bezirk das Vermögen oder der Ort liegt;
2. in Angelegenheiten, die sich auf den Betrieb eines Unternehmens oder einer seiner Betriebsstätten, auf die Ausübung eines

Berufes oder auf eine andere dauernde Tätigkeit beziehen, die Behörde, in deren Bezirk das Unternehmen oder die Betriebsstätte betrieben oder der Beruf oder die Tätigkeit ausgeübt wird oder werden soll;

3. in anderen Angelegenheiten, die
   a) eine natürliche Person betreffen, die Behörde, in deren Bezirk die natürliche Person ihren gewöhnlichen Aufenthalt hat oder zuletzt hatte,
   b) eine juristische Person oder eine Vereinigung betreffen, die Behörde, in deren Bezirk die juristische Person oder die Vereinigung ihren Sitz hat oder zuletzt hatte;

4. in Angelegenheiten, bei denen sich die Zuständigkeit nicht aus den Nummern 1 bis 3 ergibt, die Behörde, in deren Bezirk der Anlass für die Amtshandlung hervortritt.

(2) Sind nach Absatz 1 mehrere Behörden zuständig, so entscheidet die Behörde, die zuerst mit der Sache befasst worden ist, es sei denn, die gemeinsame fachlich zuständige Aufsichtsbehörde bestimmt, dass eine andere örtlich zuständige Behörde zu entscheiden hat. Sie kann in den Fällen, in denen eine gleiche Angelegenheit sich auf mehrere Betriebsstätten eines Betriebs oder Unternehmens bezieht, eine der nach Absatz 1 Nr. 2 zuständigen Behörden als gemeinsame zuständige Behörde bestimmen, wenn dies unter Wahrung der Interessen der Beteiligten zur einheitlichen Entscheidung geboten ist. Diese Aufsichtsbehörde entscheidet ferner über die örtliche Zuständigkeit, wenn sich mehrere Behörden für zuständig oder für unzuständig halten oder wenn die Zuständigkeit aus anderen Gründen zweifelhaft ist. Fehlt eine gemeinsame Aufsichtsbehörde, so treffen die fachlich zuständigen Aufsichtsbehörden die Entscheidung gemeinsam.

(3) Ändern sich im Lauf des Verwaltungsverfahrens die die Zuständigkeit begründenden Umstände, so kann die bisher zuständige Behörde das Verwaltungsverfahren fortführen, wenn dies unter Wahrung der Interessen der Beteiligten der einfachen und zweckmäßigen Durchführung des Verfahrens dient und die nunmehr zuständige Behörde zustimmt.

(4) Bei Gefahr im Verzug ist für unaufschiebbare Maßnahmen jede Behörde örtlich zuständig, in deren Bezirk der Anlass für die Amtshandlung hervortritt. Die nach Absatz 1 Nr. 1 bis 3 örtlich zuständige Behörde ist unverzüglich zu unterrichten.

§ 3a Elektronische Kommunikation

(1) Die Übermittlung elektronischer Dokumente ist zulässig, soweit der Empfänger hierfür einen Zugang eröffnet.

(2) Eine durch Rechtsvorschrift angeordnete Schriftform kann, soweit nicht durch Rechtsvorschrift etwas anderes bestimmt ist, durch die elektronische Form ersetzt werden. Der elektronischen Form genügt ein elektronisches Dokument, das mit einer qualifizierten elektronischen Signatur versehen ist. Die Signierung mit einem Pseudonym, das die Identifizierung der Person des Signaturschlüsselinhabers nicht unmittelbar durch die Behörde ermöglicht, ist nicht zulässig.

(3) Die Schriftform kann auch ersetzt werden

1. durch unmittelbare Abgabe der Erklärung in einem elektronischen Formular, das von der Behörde in einem Eingabegerät oder über öffentlich zugängliche Netze zur Verfügung gestellt wird; bei einer Eingabe über öffentlich zugängliche Netze muss ein elektronischer Identitätsnachweis nach § 18 des Personalausweisgesetzes, nach § 12 des eID-Karte-Gesetzes oder nach § 78 Absatz 5 des Aufenthaltsgesetzes erfolgen;

2. durch Übermittlung einer von dem Erklärenden elektronisch signierten Erklärung an die Behörde
   a) aus einem besonderen elektronischen Anwaltspostfach nach den §§ 31a und 31b der Bundesrechtsanwaltsordnung oder aus einem entsprechenden, auf gesetzlicher Grundlage errichteten elektronischen Postfach;
   b) aus einem elektronischen Postfach einer Behörde oder einer juristischen Person des öffentlichen Rechts, das nach Durchführung eines Identifizierungsver-

fahrens nach den Regelungen der auf Grund des §130a Absatz 2 Satz 2 der Zivilprozessordnung erlassenen Rechtsverordnung eingerichtet wurde;

c) aus einem elektronischen Postfach einer natürlichen oder juristischen Person oder einer sonstigen Vereinigung, das nach Durchführung eines Identifizierungsverfahrens nach den Regelungen der auf Grund des §130a Absatz 2 Satz 2 der Zivilprozessordnung erlassenen Rechtsverordnung eingerichtet wurde;

d) mit der Versandart nach §5 Absatz 5 des De-Mail-Gesetzes;

3. bei elektronischen Verwaltungsakten oder sonstigen elektronischen Dokumenten der Behörde,

a) indem diese mit dem qualifizierten elektronischen Siegel der Behörde versehen werden;

b) durch Versendung einer De-Mail-Nachricht nach §5 Absatz 5 des De-Mail-Gesetzes, bei der die Bestätigung des akkreditierten Diensteanbieters die erlassende Behörde als Nutzer des De-Mail-Kontos erkennen lässt.

(4) Ist ein der Behörde übermitteltes elektronisches Dokument für sie zur Bearbeitung nicht geeignet, teilt sie dies dem Absender unter Angabe der für sie geltenden technischen Rahmenbedingungen unverzüglich mit. Macht ein Empfänger geltend, er könne das von der Behörde übermittelte elektronische Dokument nicht bearbeiten, hat sie es ihm erneut in einem geeigneten elektronischen Format oder als Schriftstück zu übermitteln.

(5) Ermöglicht die Behörde die unmittelbare Abgabe einer Erklärung in einem elektronischen Formular, das von der Behörde in einem Eingabegerät oder über öffentlich zugängliche Netze zur Verfügung gestellt wird, so hat sie dem Erklärenden vor Abgabe der Erklärung Gelegenheit zu geben, die gesamte Erklärung auf Vollständigkeit und Richtigkeit zu prüfen. Nach der Abgabe ist dem Erklärenden eine Kopie der Erklärung zur Verfügung zu stellen.

Abschnitt 2
Amtshilfe

§4 Amtshilfepflicht

(1) Jede Behörde leistet anderen Behörden auf Ersuchen ergänzende Hilfe (Amtshilfe).

(2) Amtshilfe liegt nicht vor, wenn

1. Behörden einander innerhalb eines bestehenden Weisungsverhältnisses Hilfe leisten;
2. die Hilfeleistung in Handlungen besteht, die der ersuchten Behörde als eigene Aufgabe obliegen.

§5 Voraussetzungen und Grenzen der Amtshilfe

(1) Eine Behörde kann um Amtshilfe insbesondere dann ersuchen, wenn sie

1. aus rechtlichen Gründen die Amtshandlung nicht selbst vornehmen kann;
2. aus tatsächlichen Gründen, besonders weil die zur Vornahme der Amtshandlung erforderlichen Dienstkräfte oder Einrichtungen fehlen, die Amtshandlung nicht selbst vornehmen kann;
3. zur Durchführung ihrer Aufgaben auf die Kenntnis von Tatsachen angewiesen ist, die ihr unbekannt sind und die sie selbst nicht ermitteln kann;
4. zur Durchführung ihrer Aufgaben Urkunden oder sonstige Beweismittel benötigt, die sich im Besitz der ersuchten Behörde befinden;
5. die Amtshandlung nur mit wesentlich größerem Aufwand vornehmen könnte als die ersuchte Behörde.

(2) Die ersuchte Behörde darf Hilfe nicht leisten, wenn

1. sie hierzu aus rechtlichen Gründen nicht in der Lage ist;
2. durch die Hilfeleistung dem Wohl des Bundes oder eines Landes erhebliche Nachteile bereitet würden.

Die ersuchte Behörde ist insbesondere zur Vorlage von Urkunden oder Akten sowie zur Erteilung von Auskünften nicht verpflichtet, wenn die Vorgänge nach einem Gesetz oder ihrem Wesen nach geheim gehalten werden müssen.

(3) Die ersuchte Behörde braucht Hilfe nicht zu leisten, wenn

1. eine andere Behörde die Hilfe wesentlich einfacher oder mit wesentlich geringerem Aufwand leisten kann;
2. sie die Hilfe nur mit unverhältnismäßig großem Aufwand leisten könnte;
3. sie unter Berücksichtigung der Aufgaben der ersuchenden Behörde durch die Hilfeleistung die Erfüllung ihrer eigenen Aufgaben ernstlich gefährden würde.

(4) Die ersuchte Behörde darf die Hilfe nicht deshalb verweigern, weil sie das Ersuchen aus anderen als den in Absatz 3 genannten Gründen oder weil sie die mit der Amtshilfe zu verwirklichende Maßnahme für unzweckmäßig hält.

(5) Hält die ersuchte Behörde sich zur Hilfe nicht für verpflichtet, so teilt sie der ersuchenden Behörde ihre Auffassung mit. Besteht diese auf der Amtshilfe, so entscheidet über die Verpflichtung zur Amtshilfe die gemeinsame fachlich zuständige Aufsichtsbehörde oder, sofern eine solche nicht besteht, die für die ersuchte Behörde fachlich zuständige Aufsichtsbehörde.

§ 6 Auswahl der Behörde

Kommen für die Amtshilfe mehrere Behörden in Betracht, so soll nach Möglichkeit eine Behörde der untersten Verwaltungsstufe des Verwaltungszweigs ersucht werden, dem die ersuchende Behörde angehört.

§ 7 Durchführung der Amtshilfe

(1) Die Zulässigkeit der Maßnahme, die durch die Amtshilfe verwirklicht werden soll, richtet sich nach dem für die ersuchende Behörde, die Durchführung der Amtshilfe nach dem für die ersuchte Behörde geltenden Recht.

(2) Die ersuchende Behörde trägt gegenüber der ersuchten Behörde die Verantwortung für die Rechtmäßigkeit der zu treffenden Maßnahme. Die ersuchte Behörde ist für die Durchführung der Amtshilfe verantwortlich.

§ 8 Kosten der Amtshilfe

(1) Die ersuchende Behörde hat der ersuchten Behörde für die Amtshilfe keine Verwaltungsgebühr zu entrichten. Auslagen hat sie der ersuchten Behörde auf Anforderung zu erstatten, wenn sie im Einzelfall 35 Euro übersteigen. Leisten Behörden desselben Rechtsträgers einander Amtshilfe, so werden die Auslagen nicht erstattet.

(2) Nimmt die ersuchte Behörde zur Durchführung der Amtshilfe eine kostenpflichtige Amtshandlung vor, so stehen ihr die von einem Dritten hierfür geschuldeten Kosten (Verwaltungsgebühren, Benutzungsgebühren und Auslagen) zu.

Abschnitt 3
Europäische Verwaltungszusammenarbeit

§ 8a Grundsätze der Hilfeleistung

(1) Jede Behörde leistet Behörden anderer Mitgliedstaaten der Europäischen Union auf Ersuchen Hilfe, soweit dies nach Maßgabe von Rechtsakten der Europäischen Gemeinschaft geboten ist.

(2) Behörden anderer Mitgliedstaaten der Europäischen Union können um Hilfe ersucht werden, soweit dies nach Maßgabe von Rechtsakten der Europäischen Gemeinschaft zugelassen ist. Um Hilfe ist zu ersuchen, soweit dies nach Maßgabe von Rechtsakten der Europäischen Gemeinschaft geboten ist.

(3) Die §§ 5, 7 und 8 Absatz 2 sind entsprechend anzuwenden, soweit Rechtsakte der Europäischen Gemeinschaft nicht entgegenstehen.

§ 8b Form und Behandlung der Ersuchen

(1) Ersuchen sind in deutscher Sprache an Behörden anderer Mitgliedstaaten der Europäischen Union zu richten; soweit erforderlich, ist eine Übersetzung beizufügen. Die Ersuchen sind gemäß den gemeinschaftsrechtlichen Vorgaben und unter Angabe des maßgeblichen Rechtsakts zu begründen.

(2) Ersuchen von Behörden anderer Mitgliedstaaten der Europäischen Union dürfen nur erledigt werden, wenn sich ihr Inhalt in deutscher Sprache aus den Akten ergibt. Soweit erforderlich, soll bei Ersuchen in einer

anderen Sprache von der ersuchenden Behörde eine Übersetzung verlangt werden.

(3) Ersuchen von Behörden anderer Mitgliedstaaten der Europäischen Union können abgelehnt werden, wenn sie nicht ordnungsgemäß und unter Angabe des maßgeblichen Rechtsakts begründet sind und die erforderliche Begründung nach Aufforderung nicht nachgereicht wird.

(4) Einrichtungen und Hilfsmittel der Kommission zur Behandlung von Ersuchen sollen genutzt werden. Informationen sollen elektronisch übermittelt werden.

§ 8c Kosten der Hilfeleistung

Ersuchende Behörden anderer Mitgliedstaaten der Europäischen Union haben Verwaltungsgebühren oder Auslagen nur zu erstatten, soweit dies nach Maßgabe von Rechtsakten der Europäischen Gemeinschaft verlangt werden kann.

§ 8d Mitteilungen von Amts wegen

(1) Die zuständige Behörde teilt den Behörden anderer Mitgliedstaaten der Europäischen Union und der Kommission Angaben über Sachverhalte und Personen mit, soweit dies nach Maßgabe von Rechtsakten der Europäischen Gemeinschaft geboten ist. Dabei sollen die hierzu eingerichteten Informationsnetze genutzt werden.

(2) Übermittelt eine Behörde Angaben nach Absatz 1 an die Behörde eines anderen Mitgliedstaats der Europäischen Union, unterrichtet sie den Betroffenen über die Tatsache der Übermittlung, soweit Rechtsakte der Europäischen Gemeinschaft dies vorsehen; dabei ist auf die Art der Angaben sowie auf die Zweckbestimmung und die Rechtsgrundlage der Übermittlung hinzuweisen.

§ 8e Anwendbarkeit

Die Regelungen dieses Abschnitts sind mit Inkrafttreten des jeweiligen Rechtsaktes der Europäischen Gemeinschaft, wenn dieser unmittelbare Wirkung entfaltet, im Übrigen mit Ablauf der jeweiligen Umsetzungsfrist anzuwenden. Sie gelten auch im Verhältnis zu den anderen Vertragsstaaten des Abkommens über den Europäischen Wirtschaftsraum, soweit Rechtsakte der Europäischen Gemeinschaft auch auf diese Staaten anzuwenden sind.

Teil II
Allgemeine Vorschriften über das Verwaltungsverfahren

Abschnitt 1
Verfahrensgrundsätze

§ 9 Begriff des Verwaltungsverfahrens

Das Verwaltungsverfahren im Sinne dieses Gesetzes ist die nach außen wirkende Tätigkeit der Behörden, die auf die Prüfung der Voraussetzungen, die Vorbereitung und den Erlass eines Verwaltungsaktes oder auf den Abschluss eines öffentlich-rechtlichen Vertrags gerichtet ist; es schließt den Erlass des Verwaltungsaktes oder den Abschluss des öffentlich-rechtlichen Vertrags ein.

§ 10 Nichtförmlichkeit des Verwaltungsverfahrens

Das Verwaltungsverfahren ist an bestimmte Formen nicht gebunden, soweit keine besonderen Rechtsvorschriften für die Form des Verfahrens bestehen. Es ist einfach, zweckmäßig und zügig durchzuführen.

§ 11 Beteiligungsfähigkeit

Fähig, am Verfahren beteiligt zu sein, sind

1. natürliche und juristische Personen,

2. Vereinigungen, soweit ihnen ein Recht zustehen kann,

3. Behörden.

§ 12 Handlungsfähigkeit

(1) Fähig zur Vornahme von Verfahrenshandlungen sind

1. natürliche Personen, die nach bürgerlichem Recht geschäftsfähig sind,

2. natürliche Personen, die nach bürgerlichem Recht in der Geschäftsfähigkeit beschränkt sind, soweit sie für den Gegenstand des Verfahrens durch Vorschriften des bürgerlichen Rechts als geschäftsfähig

oder durch Vorschriften des öffentlichen Rechts als handlungsfähig anerkannt sind,
3. juristische Personen und Vereinigungen (§ 11 Nr. 2) durch ihre gesetzlichen Vertreter oder durch besonders Beauftragte,
4. Behörden durch ihre Leiter, deren Vertreter oder Beauftragte.

(2) Betrifft ein Einwilligungsvorbehalt nach § 1825 des Bürgerlichen Gesetzbuchs den Gegenstand des Verfahrens, so ist ein geschäftsfähiger Betreuter nur insoweit zur Vornahme von Verfahrenshandlungen fähig, als er nach den Vorschriften des bürgerlichen Rechts ohne Einwilligung des Betreuers handeln kann oder durch Vorschriften des öffentlichen Rechts als handlungsfähig anerkannt ist.

(3) Die §§ 53 und 55 der Zivilprozessordnung gelten entsprechend.

§ 13 Beteiligte

(1) Beteiligte sind
1. Antragsteller und Antragsgegner,
2. diejenigen, an die die Behörde den Verwaltungsakt richten will oder gerichtet hat,
3. diejenigen, mit denen die Behörde einen öffentlich-rechtlichen Vertrag schließen will oder geschlossen hat,
4. diejenigen, die nach Absatz 2 von der Behörde zu dem Verfahren hinzugezogen worden sind.

(2) Die Behörde kann von Amts wegen oder auf Antrag diejenigen, deren rechtliche Interessen durch den Ausgang des Verfahrens berührt werden können, als Beteiligte hinzuziehen. Hat der Ausgang des Verfahrens rechtsgestaltende Wirkung für einen Dritten, so ist dieser auf Antrag als Beteiligter zu dem Verfahren hinzuzuziehen; soweit er der Behörde bekannt ist, hat diese ihn von der Einleitung des Verfahrens zu benachrichtigen.

(3) Wer anzuhören ist, ohne dass die Voraussetzungen des Absatzes 1 vorliegen, wird dadurch nicht Beteiligter.

§ 14 Bevollmächtigte und Beistände

(1) Ein Beteiligter kann sich durch einen Bevollmächtigten vertreten lassen. Die Vollmacht ermächtigt zu allen das Verwaltungsverfahren betreffenden Verfahrenshandlungen, sofern sich aus ihrem Inhalt nicht etwas anderes ergibt. Der Bevollmächtigte hat auf Verlangen seine Vollmacht schriftlich nachzuweisen. Ein Widerruf der Vollmacht wird der Behörde gegenüber erst wirksam, wenn er ihr zugeht.

(2) Die Vollmacht wird weder durch den Tod des Vollmachtgebers noch durch eine Veränderung in seiner Handlungsfähigkeit oder seiner gesetzlichen Vertretung aufgehoben; der Bevollmächtigte hat jedoch, wenn er für den Rechtsnachfolger im Verwaltungsverfahren auftritt, dessen Vollmacht auf Verlangen schriftlich beizubringen.

(3) Ist für das Verfahren ein Bevollmächtigter bestellt, so soll sich die Behörde an ihn wenden. Sie kann sich an den Beteiligten selbst wenden, soweit er zur Mitwirkung verpflichtet ist. Wendet sich die Behörde an den Beteiligten, so soll der Bevollmächtigte verständigt werden. Vorschriften über die Zustellung an Bevollmächtigte bleiben unberührt.

(4) Ein Beteiligter kann zu Verhandlungen und Besprechungen mit einem Beistand erscheinen. Das von dem Beistand Vorgetragene gilt als von dem Beteiligten vorgebracht, soweit dieser nicht unverzüglich widerspricht.

(5) Bevollmächtigte und Beistände sind zurückzuweisen, wenn sie entgegen § 3 des Rechtsdienstleistungsgesetzes Rechtsdienstleistungen erbringen.

(6) Bevollmächtigte und Beistände können vom Vortrag zurückgewiesen werden, wenn sie hierzu ungeeignet sind; vom mündlichen Vortrag können sie nur zurückgewiesen werden, wenn sie zum sachgemäßen Vortrag nicht fähig sind. Nicht zurückgewiesen werden können Personen, die nach § 67 Abs. 2 Satz 1 und 2 Nr. 3 bis 7 der Verwaltungsgerichtsordnung zur Vertretung im verwaltungsgerichtlichen Verfahren befugt sind.

(7) Die Zurückweisung nach den Absätzen 5 und 6 ist auch dem Beteiligten, dessen Bevollmächtigter oder Beistand zurückgewiesen wird, mitzuteilen. Verfahrenshandlungen des zurückgewiesenen Bevollmächtigten

oder Beistands, die dieser nach der Zurückweisung vornimmt, sind unwirksam.

§ 15 Bestellung eines Empfangsbevollmächtigten

Ein Beteiligter ohne Wohnsitz oder gewöhnlichen Aufenthalt, Sitz oder Geschäftsleitung im Inland hat der Behörde auf Verlangen innerhalb einer angemessenen Frist einen Empfangsbevollmächtigten im Inland zu benennen. Unterlässt er dies, gilt ein an ihn gerichtetes Schriftstück am siebenten Tage nach der Aufgabe zur Post und ein elektronisch übermitteltes Dokument am vierten Tage nach der Absendung als zugegangen. Dies gilt nicht, wenn feststeht, dass das Dokument den Empfänger nicht oder zu einem späteren Zeitpunkt erreicht hat. Auf die Rechtsfolgen der Unterlassung ist der Beteiligte hinzuweisen.

§ 16 Bestellung eines Vertreters von Amts wegen

(1) Ist ein Vertreter nicht vorhanden, so hat das Betreuungsgericht, für einen minderjährigen Beteiligten das Familiengericht auf Ersuchen der Behörde einen geeigneten Vertreter zu bestellen

1. für einen Beteiligten, dessen Person unbekannt ist;

2. für einen abwesenden Beteiligten, dessen Aufenthalt unbekannt ist oder der an der Besorgung seiner Angelegenheiten verhindert ist;

3. für einen Beteiligten ohne Aufenthalt im Inland, wenn er der Aufforderung der Behörde, einen Vertreter zu bestellen, innerhalb der ihm gesetzten Frist nicht nachgekommen ist;

4. für einen Beteiligten, der infolge einer psychischen Krankheit oder körperlichen, geistigen oder seelischen Behinderung nicht in der Lage ist, in dem Verwaltungsverfahren selbst tätig zu werden;

5. bei herrenlosen Sachen, auf die sich das Verfahren bezieht, zur Wahrung der sich in Bezug auf die Sache ergebenden Rechte und Pflichten.

(2) Für die Bestellung des Vertreters ist in den Fällen des Absatzes 1 Nr. 4 das Gericht zuständig, in dessen Bezirk der Beteiligte seinen gewöhnlichen Aufenthalt hat; im Übrigen ist das Gericht zuständig, in dessen Bezirk die ersuchende Behörde ihren Sitz hat.

(3) Der Vertreter hat gegen den Rechtsträger der Behörde, die um seine Bestellung ersucht hat, Anspruch auf eine angemessene Vergütung und auf die Erstattung seiner baren Auslagen. Die Behörde kann von dem Vertretenen Ersatz ihrer Aufwendungen verlangen. Sie bestimmt die Vergütung und stellt die Auslagen und Aufwendungen fest.

(4) Im Übrigen gelten für die Bestellung und für das Amt des Vertreters in den Fällen des Absatzes 1 Nr. 4 die Vorschriften über die Betreuung, in den übrigen Fällen die Vorschriften über die Pflegschaft entsprechend.

§ 17 Vertreter bei gleichförmigen Eingaben

(1) Bei Anträgen und Eingaben, die in einem Verwaltungsverfahren von mehr als 50 Personen auf Unterschriftslisten unterzeichnet oder in Form vervielfältigter gleich lautender Texte eingereicht worden sind (gleichförmige Eingaben), gilt für das Verfahren derjenige Unterzeichner als Vertreter der übrigen Unterzeichner, der darin mit seinem Namen, seinem Beruf und seiner Anschrift als Vertreter bezeichnet ist, soweit er nicht von ihnen als Bevollmächtigter bestellt worden ist. Vertreter kann nur eine natürliche Person sein.

(2) Die Behörde kann gleichförmige Eingaben, die die Angaben nach Absatz 1 Satz 1 nicht deutlich sichtbar auf jeder mit einer Unterschrift versehenen Seite enthalten oder dem Erfordernis des Absatzes 1 Satz 2 nicht entsprechen, unberücksichtigt lassen. Will die Behörde so verfahren, so hat sie dies durch ortsübliche Bekanntmachung mitzuteilen. Die Behörde kann ferner gleichförmige Eingaben insoweit unberücksichtigt lassen, als Unterzeichner ihren Namen oder ihre Anschrift nicht oder unleserlich angegeben haben.

(3) Die Vertretungsmacht erlischt, sobald der Vertreter oder der Vertretene dies der Behörde schriftlich erklärt; der Vertreter kann eine solche Erklärung nur hinsichtlich aller Vertretenen abgeben. Gibt der Vertretene eine sol-

che Erklärung ab, so soll er der Behörde zugleich mitteilen, ob er seine Eingabe aufrechterhält und ob er einen Bevollmächtigten bestellt hat.

(4) Endet die Vertretungsmacht des Vertreters, so kann die Behörde die nicht mehr Vertretenen auffordern, innerhalb einer angemessenen Frist einen gemeinsamen Vertreter zu bestellen. Sind mehr als 50 Personen aufzufordern, so kann die Behörde die Aufforderung ortsüblich bekannt machen. Wird der Aufforderung nicht fristgemäß entsprochen, so kann die Behörde von Amts wegen einen gemeinsamen Vertreter bestellen.

§ 18 Vertreter für Beteiligte bei gleichem Interesse

(1) Sind an einem Verwaltungsverfahren mehr als 50 Personen im gleichen Interesse beteiligt, ohne vertreten zu sein, so kann die Behörde sie auffordern, innerhalb einer angemessenen Frist einen gemeinsamen Vertreter zu bestellen, wenn sonst die ordnungsmäßige Durchführung des Verwaltungsverfahrens beeinträchtigt wäre. Kommen sie der Aufforderung nicht fristgemäß nach, so kann die Behörde von Amts wegen einen gemeinsamen Vertreter bestellen. Vertreter kann nur eine natürliche Person sein.

(2) Die Vertretungsmacht erlischt, sobald der Vertreter oder der Vertretene dies der Behörde schriftlich erklärt; der Vertreter kann eine solche Erklärung nur hinsichtlich aller Vertretenen abgeben. Gibt der Vertretene eine solche Erklärung ab, so soll er der Behörde zugleich mitteilen, ob er seine Eingabe aufrechterhält und ob er einen Bevollmächtigten bestellt hat.

§ 19 Gemeinsame Vorschriften für Vertreter bei gleichförmigen Eingaben und bei gleichem Interesse

(1) Der Vertreter hat die Interessen der Vertretenen sorgfältig wahrzunehmen. Er kann alle das Verwaltungsverfahren betreffenden Verfahrenshandlungen vornehmen. An Weisungen ist er nicht gebunden.

(2) § 14 Abs. 5 bis 7 gilt entsprechend.

(3) Der von der Behörde bestellte Vertreter hat gegen deren Rechtsträger Anspruch auf angemessene Vergütung und auf Erstattung seiner baren Auslagen. Die Behörde kann von den Vertretenen zu gleichen Anteilen Ersatz ihrer Aufwendungen verlangen. Sie bestimmt die Vergütung und stellt die Auslagen und Aufwendungen fest.

§ 20 Ausgeschlossene Personen

(1) In einem Verwaltungsverfahren darf für eine Behörde nicht tätig werden,

1. wer selbst Beteiligter ist;
2. wer Angehöriger eines Beteiligten ist;
3. wer einen Beteiligten kraft Gesetzes oder Vollmacht allgemein oder in diesem Verwaltungsverfahren vertritt;
4. wer Angehöriger einer Person ist, die einen Beteiligten in diesem Verfahren vertritt;
5. wer bei einem Beteiligten gegen Entgelt beschäftigt ist oder bei ihm als Mitglied des Vorstands, des Aufsichtsrates oder eines gleichartigen Organs tätig ist; dies gilt nicht für den, dessen Anstellungskörperschaft Beteiligte ist;
6. wer außerhalb seiner amtlichen Eigenschaft in der Angelegenheit ein Gutachten abgegeben hat oder sonst tätig geworden ist.

Dem Beteiligten steht gleich, wer durch die Tätigkeit oder durch die Entscheidung einen unmittelbaren Vorteil oder Nachteil erlangen kann. Dies gilt nicht, wenn der Vor- oder Nachteil nur darauf beruht, dass jemand einer Berufs- oder Bevölkerungsgruppe angehört, deren gemeinsame Interessen durch die Angelegenheit berührt werden.

(2) Absatz 1 gilt nicht für Wahlen zu einer ehrenamtlichen Tätigkeit und für die Abberufung von ehrenamtlich Tätigen.

(3) Wer nach Absatz 1 ausgeschlossen ist, darf bei Gefahr im Verzug unaufschiebbare Maßnahmen treffen.

(4) Hält sich ein Mitglied eines Ausschusses (§ 88) für ausgeschlossen oder bestehen Zweifel, ob die Voraussetzungen des Absatzes 1 gegeben sind, ist dies dem Vorsitzenden des Ausschusses mitzuteilen. Der Ausschuss entscheidet über den Ausschluss. Der Betroffene darf an dieser Entscheidung nicht mitwirken. Das ausgeschlossene Mitglied

darf bei der weiteren Beratung und Beschlussfassung nicht zugegen sein.

(5) Angehörige im Sinne des Absatzes 1 Nr. 2 und 4 sind:
1. der Verlobte,
2. der Ehegatte,
2a. der Lebenspartner,
3. Verwandte und Verschwägerte gerader Linie,
4. Geschwister,
5. Kinder der Geschwister,
6. Ehegatten der Geschwister und Geschwister der Ehegatten,
6a. Lebenspartner der Geschwister und Geschwister der Lebenspartner,
7. Geschwister der Eltern,
8. Personen, die durch ein auf längere Dauer angelegtes Pflegeverhältnis mit häuslicher Gemeinschaft wie Eltern und Kind miteinander verbunden sind (Pflegeeltern und Pflegekinder).

Angehörige sind die in Satz 1 aufgeführten Personen auch dann, wenn
1. in den Fällen der Nummern 2, 3 und 6 die die Beziehung begründende Ehe nicht mehr besteht;
1a. in den Fällen der Nummern 2a, 3 und 6a die die Beziehung begründende Lebenspartnerschaft nicht mehr besteht;
2. in den Fällen der Nummern 3 bis 7 die Verwandtschaft oder Schwägerschaft durch Annahme als Kind erloschen ist;
3. im Falle der Nummer 8 die häusliche Gemeinschaft nicht mehr besteht, sofern die Personen weiterhin wie Eltern und Kind miteinander verbunden sind.

§ 21 Besorgnis der Befangenheit

(1) Liegt ein Grund vor, der geeignet ist, Misstrauen gegen eine unparteiische Amtsausübung zu rechtfertigen, oder wird von einem Beteiligten das Vorliegen eines solchen Grundes behauptet, so hat, wer in einem Verwaltungsverfahren für eine Behörde tätig werden soll, den Leiter der Behörde oder den von diesem Beauftragten zu unterrichten und sich auf dessen Anordnung der Mitwirkung zu enthalten. Betrifft die Besorgnis der Befangenheit den Leiter der Behörde, so trifft diese Anordnung die Aufsichtsbehörde, sofern sich der Behördenleiter nicht selbst einer Mitwirkung enthält.

(2) Für Mitglieder eines Ausschusses (§ 88) gilt § 20 Abs. 4 entsprechend.

§ 22 Beginn des Verfahrens

Die Behörde entscheidet nach pflichtgemäßem Ermessen, ob und wann sie ein Verwaltungsverfahren durchführt. Dies gilt nicht, wenn die Behörde auf Grund von Rechtsvorschriften
1. von Amts wegen oder auf Antrag tätig werden muss;
2. nur auf Antrag tätig werden darf und ein Antrag nicht vorliegt.

§ 23 Amtssprache

(1) Die Amtssprache ist deutsch.

(2) Werden bei einer Behörde in einer fremden Sprache Anträge gestellt oder Eingaben, Belege, Urkunden oder sonstige Dokumente vorgelegt, soll die Behörde unverzüglich die Vorlage einer Übersetzung verlangen. In begründeten Fällen kann die Vorlage einer beglaubigten oder von einem öffentlich bestellten oder beeidigten Dolmetscher oder Übersetzer angefertigten Übersetzung verlangt werden. Wird die verlangte Übersetzung nicht unverzüglich vorgelegt, so kann die Behörde auf Kosten des Beteiligten selbst eine Übersetzung beschaffen. Hat die Behörde Dolmetscher oder Übersetzer herangezogen, erhalten diese in entsprechender Anwendung des Justizvergütungs- und -entschädigungsgesetzes eine Vergütung.

(3) Soll durch eine Anzeige, einen Antrag oder die Abgabe einer Willenserklärung eine Frist in Lauf gesetzt werden, innerhalb deren die Behörde in einer bestimmten Weise tätig werden muss, und gehen diese in einer fremden Sprache ein, so beginnt der Lauf der Frist erst mit dem Zeitpunkt, in dem der Behörde eine Übersetzung vorliegt.

(4) Soll durch eine Anzeige, einen Antrag oder eine Willenserklärung, die in fremder Sprache eingehen, zugunsten eines Beteiligten eine

Frist gegenüber der Behörde gewahrt, ein öffentlich-rechtlicher Anspruch geltend gemacht oder eine Leistung begehrt werden, so gelten die Anzeige, der Antrag oder die Willenserklärung als zum Zeitpunkt des Eingangs bei der Behörde abgegeben, wenn auf Verlangen der Behörde innerhalb einer von dieser zu setzenden angemessenen Frist eine Übersetzung vorgelegt wird. Andernfalls ist der Zeitpunkt des Eingangs der Übersetzung maßgebend, soweit sich nicht aus zwischenstaatlichen Vereinbarungen etwas anderes ergibt. Auf diese Rechtsfolge ist bei der Fristsetzung hinzuweisen.

§ 24 Untersuchungsgrundsatz

(1) Die Behörde ermittelt den Sachverhalt von Amts wegen. Sie bestimmt Art und Umfang der Ermittlungen; an das Vorbringen und an die Beweisanträge der Beteiligten ist sie nicht gebunden. Setzt die Behörde automatische Einrichtungen zum Erlass von Verwaltungsakten ein, muss sie für den Einzelfall bedeutsame tatsächliche Angaben des Beteiligten berücksichtigen, die im automatischen Verfahren nicht ermittelt würden.

(2) Die Behörde hat alle für den Einzelfall bedeutsamen, auch die für die Beteiligten günstigen Umstände zu berücksichtigen.

(3) Die Behörde darf die Entgegennahme von Erklärungen oder Anträgen, die in ihren Zuständigkeitsbereich fallen, nicht deshalb verweigern, weil sie die Erklärung oder den Antrag in der Sache für unzulässig oder unbegründet hält.

§ 25 Beratung, Auskunft, frühe Öffentlichkeitsbeteiligung

(1) Die Behörde soll die Abgabe von Erklärungen, die Stellung von Anträgen oder die Berichtigung von Erklärungen oder Anträgen anregen, wenn diese offensichtlich nur versehentlich oder aus Unkenntnis unterblieben oder unrichtig abgegeben oder gestellt worden sind. Sie erteilt, soweit erforderlich, Auskunft über die den Beteiligten im Verwaltungsverfahren zustehenden Rechte und die ihnen obliegenden Pflichten.

(2) Die Behörde erörtert, soweit erforderlich, bereits vor Stellung eines Antrags mit dem zukünftigen Antragsteller, welche Nachweise und Unterlagen von ihm zu erbringen sind und in welcher Weise das Verfahren beschleunigt werden kann. Soweit es der Verfahrensbeschleunigung dient, soll sie dem Antragsteller nach Eingang des Antrags unverzüglich Auskunft über die voraussichtliche Verfahrensdauer und die Vollständigkeit der Antragsunterlagen geben.

(3) Die Behörde wirkt darauf hin, dass der Träger bei der Planung von Vorhaben, die nicht nur unwesentliche Auswirkungen auf die Belange einer größeren Zahl von Dritten haben können, die betroffene Öffentlichkeit frühzeitig über die Ziele des Vorhabens, die Mittel, es zu verwirklichen, und die voraussichtlichen Auswirkungen des Vorhabens unterrichtet (frühe Öffentlichkeitsbeteiligung). Die frühe Öffentlichkeitsbeteiligung soll möglichst bereits vor Stellung eines Antrags stattfinden. Der betroffenen Öffentlichkeit soll Gelegenheit zur Äußerung und zur Erörterung gegeben werden. Das Ergebnis der vor Antragstellung durchgeführten frühen Öffentlichkeitsbeteiligung soll der betroffenen Öffentlichkeit und der Behörde spätestens mit der Antragstellung, im Übrigen unverzüglich mitgeteilt werden. Satz 1 gilt nicht, soweit die betroffene Öffentlichkeit bereits nach anderen Rechtsvorschriften vor der Antragstellung zu beteiligen ist. Beteiligungsrechte nach anderen Rechtsvorschriften bleiben unberührt.

§ 26 Beweismittel

(1) Die Behörde bedient sich der Beweismittel, die sie nach pflichtgemäßem Ermessen zur Ermittlung des Sachverhalts für erforderlich hält. Sie kann insbesondere

1. Auskünfte jeder Art einholen,
2. Beteiligte anhören, Zeugen und Sachverständige vernehmen oder die schriftliche oder elektronische Äußerung von Beteiligten, Sachverständigen und Zeugen einholen,
3. Urkunden und Akten beiziehen,
4. den Augenschein einnehmen.

(2) Die Beteiligten sollen bei der Ermittlung des Sachverhalts mitwirken. Sie sollen insbe-

sondere ihnen bekannte Tatsachen und Beweismittel angeben. Eine weitergehende Pflicht, bei der Ermittlung des Sachverhalts mitzuwirken, insbesondere eine Pflicht zum persönlichen Erscheinen oder zur Aussage, besteht nur, soweit sie durch Rechtsvorschrift besonders vorgesehen ist.

(3) Für Zeugen und Sachverständige besteht eine Pflicht zur Aussage oder zur Erstattung von Gutachten, wenn sie durch Rechtsvorschrift vorgesehen ist. Falls die Behörde Zeugen und Sachverständige herangezogen hat, erhalten sie auf Antrag in entsprechender Anwendung des Justizvergütungs- und -entschädigungsgesetzes eine Entschädigung oder Vergütung.

§ 27 Versicherung an Eides statt

(1) Die Behörde darf bei der Ermittlung des Sachverhalts eine Versicherung an Eides statt nur verlangen und abnehmen, wenn die Abnahme der Versicherung über den betreffenden Gegenstand und in dem betreffenden Verfahren durch Gesetz oder Rechtsverordnung vorgesehen und die Behörde durch Rechtsvorschrift für zuständig erklärt worden ist. Eine Versicherung an Eides statt soll nur gefordert werden, wenn andere Mittel zur Erforschung der Wahrheit nicht vorhanden sind, zu keinem Ergebnis geführt haben oder einen unverhältnismäßigen Aufwand erfordern. Von eidesunfähigen Personen im Sinne des § 393 der Zivilprozessordnung darf eine eidesstattliche Versicherung nicht verlangt werden.

(2) Wird die Versicherung an Eides statt von einer Behörde zur Niederschrift aufgenommen, so sind zur Aufnahme nur der Behördenleiter, sein allgemeiner Vertreter sowie Angehörige des öffentlichen Dienstes befugt, welche die Befähigung zum Richteramt haben. Andere Angehörige des öffentlichen Dienstes kann der Behördenleiter oder sein allgemeiner Vertreter hierzu allgemein oder im Einzelfall schriftlich ermächtigen.

(3) Die Versicherung besteht darin, dass der Versichernde die Richtigkeit seiner Erklärung über den betreffenden Gegenstand bestätigt und erklärt: „Ich versichere an Eides statt, dass ich nach bestem Wissen die reine Wahrheit gesagt und nichts verschwiegen habe." Bevollmächtigte und Beistände sind berechtigt, an der Aufnahme der Versicherung an Eides statt teilzunehmen.

(4) Vor der Aufnahme der Versicherung an Eides statt ist der Versichernde über die Bedeutung der eidesstattlichen Versicherung und die strafrechtlichen Folgen einer unrichtigen oder unvollständigen eidesstattlichen Versicherung zu belehren. Die Belehrung ist in der Niederschrift zu vermerken.

(5) Die Niederschrift hat ferner die Namen der anwesenden Personen sowie den Ort und den Tag der Niederschrift zu enthalten. Die Niederschrift ist demjenigen, der die eidesstattliche Versicherung abgibt, zur Genehmigung vorzulesen oder auf Verlangen zur Durchsicht vorzulegen. Die erteilte Genehmigung ist zu vermerken und von dem Versichernden zu unterschreiben. Die Niederschrift ist sodann von demjenigen, der die Versicherung an Eides statt aufgenommen hat, sowie von dem Schriftführer zu unterschreiben.

§ 27a Bekanntmachung im Internet

(1) Ist durch Rechtsvorschrift eine öffentliche oder ortsübliche Bekanntmachung angeordnet, so ist diese dadurch zu bewirken, dass der Inhalt der Bekanntmachung auch auf einer Internetseite der Behörde oder ihres Verwaltungsträgers zugänglich gemacht wird. Soweit durch Rechtsvorschrift nichts anderes bestimmt ist, ist für die Einhaltung einer vorgeschriebenen Frist die Zugänglichmachung im Internet nach Satz 1 maßgeblich.

(2) Absatz 1 gilt nicht, wenn eine Zugänglichmachung im Internet, insbesondere aus technischen Gründen, nicht möglich ist.

§ 27b Zugänglichmachung auszulegender Dokumente

(1) Ist durch Rechtsvorschrift die Auslegung von Dokumenten zur Einsicht angeordnet, so ist sie dadurch zu bewirken, dass die Dokumente zugänglich gemacht werden

1. auf einer Internetseite der für die Auslegung zuständigen Behörde oder ihres Verwaltungsträgers und

2. auf mindestens eine andere Weise.

Ist eine Veröffentlichung der auszulegenden Unterlagen im Internet, insbesondere aus technischen Gründen, nicht möglich, so wird die angeordnete Auslegung zur Einsicht durch die andere Zugangsmöglichkeit nach Satz 1 Nummer 2 bewirkt.

(2) In der Bekanntmachung der Auslegung sind anzugeben

1. der Zeitraum der Auslegung,
2. die Internetseite, auf der die Zugänglichmachung erfolgt, sowie
3. Art und Ort der anderen Zugangsmöglichkeit.

(3) Die Behörde kann verlangen, dass die Dokumente, die für die Auslegung einzureichen sind, in einem verkehrsüblichen elektronischen Format eingereicht werden.

(4) Sind in den auszulegenden Dokumenten Geheimnisse nach § 30 enthalten, so ist derjenige, der die Dokumente einreichen muss, verpflichtet,

1. diese Geheimnisse zu kennzeichnen und
2. der Behörde zum Zwecke der Auslegung zusätzlich eine Darstellung vorzulegen, die den Inhalt der betreffenden Teile der Dokumente ohne Preisgabe der Geheimnisse beschreibt.

§ 27c Erörterung mit Verfahrensbeteiligten oder der Öffentlichkeit

(1) Ist durch Rechtsvorschrift eine Erörterung, insbesondere ein Erörterungstermin, eine mündliche Verhandlung oder eine Antragskonferenz angeordnet, kann sie ersetzt werden

1. durch eine Onlinekonsultation oder
2. mit Einwilligung der zur Teilnahme Berechtigten durch eine Video- oder Telefonkonferenz.

(2) Bei einer Onlinekonsultation ist den zur Teilnahme Berechtigten innerhalb einer vorher bekannt zu machenden Frist Gelegenheit zu geben, sich schriftlich oder elektronisch zu äußern. Die Frist soll mindestens eine Woche betragen. Werden für die Onlinekonsultation Informationen zur Verfügung gestellt, so gilt § 27b Absatz 4 entsprechend.

(3) Sonstige Regelungen, die die Durchführung einer Erörterung nach Absatz 1 betreffen, bleiben unberührt.

§ 28 Anhörung Beteiligter

(1) Bevor ein Verwaltungsakt erlassen wird, der in Rechte eines Beteiligten eingreift, ist diesem Gelegenheit zu geben, sich zu den für die Entscheidung erheblichen Tatsachen zu äußern.

(2) Von der Anhörung kann abgesehen werden, wenn sie nach den Umständen des Einzelfalls nicht geboten ist, insbesondere wenn

1. eine sofortige Entscheidung wegen Gefahr im Verzug oder im öffentlichen Interesse notwendig erscheint;
2. durch die Anhörung die Einhaltung einer für die Entscheidung maßgeblichen Frist in Frage gestellt würde;
3. von den tatsächlichen Angaben eines Beteiligten, die dieser in einem Antrag oder einer Erklärung gemacht hat, nicht zu seinen Ungunsten abgewichen werden soll;
4. die Behörde eine Allgemeinverfügung oder gleichartige Verwaltungsakte in größerer Zahl oder Verwaltungsakte mit Hilfe automatischer Einrichtungen erlassen will;
5. Maßnahmen in der Verwaltungsvollstreckung getroffen werden sollen.

(3) Eine Anhörung unterbleibt, wenn ihr ein zwingendes öffentliches Interesse entgegensteht.

§ 29 Akteneinsicht durch Beteiligte

(1) Die Behörde hat den Beteiligten Einsicht in die das Verfahren betreffenden Akten zu gestatten, soweit deren Kenntnis zur Geltendmachung oder Verteidigung ihrer rechtlichen Interessen erforderlich ist. Satz 1 gilt bis zum Abschluss des Verwaltungsverfahrens nicht für Entwürfe zu Entscheidungen sowie die Arbeiten zu ihrer unmittelbaren Vorbereitung. Soweit nach den §§ 17 und 18 eine Vertretung stattfindet, haben nur die Vertreter Anspruch auf Akteneinsicht.

(2) Die Behörde ist zur Gestattung der Akteneinsicht nicht verpflichtet, soweit durch sie die ordnungsgemäße Erfüllung der Auf-

gaben der Behörde beeinträchtigt, das Bekanntwerden des Inhalts der Akten dem Wohl des Bundes oder eines Landes Nachteile bereiten würde oder soweit die Vorgänge nach einem Gesetz oder ihrem Wesen nach, namentlich wegen der berechtigten Interessen der Beteiligten oder dritter Personen, geheim gehalten werden müssen.

(3) Die Akteneinsicht erfolgt bei der Behörde, die die Akten führt. Im Einzelfall kann die Einsicht auch bei einer anderen Behörde oder bei einer diplomatischen oder berufskonsularischen Vertretung der Bundesrepublik Deutschland im Ausland erfolgen; weitere Ausnahmen kann die Behörde, die die Akten führt, gestatten.

§ 30 Geheimhaltung

Die Beteiligten haben Anspruch darauf, dass ihre Geheimnisse, insbesondere die zum persönlichen Lebensbereich gehörenden Geheimnisse sowie die Betriebs- und Geschäftsgeheimnisse, von der Behörde nicht unbefugt offenbart werden.

Abschnitt 2
Fristen, Termine, Wiedereinsetzung

§ 31 Fristen und Termine

(1) Für die Berechnung von Fristen und für die Bestimmung von Terminen gelten die §§ 187 bis 193 des Bürgerlichen Gesetzbuchs entsprechend, soweit nicht durch die Absätze 2 bis 5 etwas anderes bestimmt ist.

(2) Der Lauf einer Frist, die von einer Behörde gesetzt wird, beginnt mit dem Tag, der auf die Bekanntgabe der Frist folgt, außer wenn dem Betroffenen etwas anderes mitgeteilt wird.

(3) Fällt das Ende einer Frist auf einen Sonntag, einen gesetzlichen Feiertag oder einen Sonnabend, so endet die Frist mit dem Ablauf des nächstfolgenden Werktages. Dies gilt nicht, wenn dem Betroffenen unter Hinweis auf diese Vorschrift ein bestimmter Tag als Ende der Frist mitgeteilt worden ist.

(4) Hat eine Behörde Leistungen nur für einen bestimmten Zeitraum zu erbringen, so endet dieser Zeitraum auch dann mit dem Ablauf seines letzten Tages, wenn dieser auf einen Sonntag, einen gesetzlichen Feiertag oder einen Sonnabend fällt.

(5) Der von einer Behörde gesetzte Termin ist auch dann einzuhalten, wenn er auf einen Sonntag, gesetzlichen Feiertag oder Sonnabend fällt.

(6) Ist eine Frist nach Stunden bestimmt, so werden Sonntage, gesetzliche Feiertage oder Sonnabende mitgerechnet.

(7) Fristen, die von einer Behörde gesetzt sind, können verlängert werden. Sind solche Fristen bereits abgelaufen, so können sie rückwirkend verlängert werden, insbesondere wenn es unbillig wäre, die durch den Fristablauf eingetretenen Rechtsfolgen bestehen zu lassen. Die Behörde kann die Verlängerung der Frist nach § 36 mit einer Nebenbestimmung verbinden.

§ 32 Wiedereinsetzung in den vorigen Stand

(1) War jemand ohne Verschulden verhindert, eine gesetzliche Frist einzuhalten, so ist ihm auf Antrag Wiedereinsetzung in den vorigen Stand zu gewähren. Das Verschulden eines Vertreters ist dem Vertretenen zuzurechnen.

(2) Der Antrag ist innerhalb von zwei Wochen nach Wegfall des Hindernisses zu stellen. Die Tatsachen zur Begründung des Antrags sind bei der Antragstellung oder im Verfahren über den Antrag glaubhaft zu machen. Innerhalb der Antragsfrist ist die versäumte Handlung nachzuholen. Ist dies geschehen, so kann Wiedereinsetzung auch ohne Antrag gewährt werden.

(3) Nach einem Jahr seit dem Ende der versäumten Frist kann die Wiedereinsetzung nicht mehr beantragt oder die versäumte Handlung nicht mehr nachgeholt werden, außer wenn dies vor Ablauf der Jahresfrist infolge höherer Gewalt unmöglich war.

(4) Über den Antrag auf Wiedereinsetzung entscheidet die Behörde, die über die versäumte Handlung zu befinden hat.

(5) Die Wiedereinsetzung ist unzulässig, wenn sich aus einer Rechtsvorschrift ergibt, dass sie ausgeschlossen ist.

Abschnitt 3
Amtliche Beglaubigung

§ 33 Beglaubigung von Dokumenten

(1) Jede Behörde ist befugt, Abschriften von Urkunden, die sie selbst ausgestellt hat, zu beglaubigen. Darüber hinaus sind die von der Bundesregierung durch Rechtsverordnung bestimmten Behörden im Sinne des § 1 Abs. 1 Nr. 1 und die nach Landesrecht zuständigen Behörden befugt, Abschriften zu beglaubigen, wenn die Urschrift von einer Behörde ausgestellt ist oder die Abschrift zur Vorlage bei einer Behörde benötigt wird, sofern nicht durch Rechtsvorschrift die Erteilung beglaubigter Abschriften aus amtlichen Registern und Archiven anderen Behörden ausschließlich vorbehalten ist; die Rechtsverordnung bedarf nicht der Zustimmung des Bundesrates.

(2) Abschriften dürfen nicht beglaubigt werden, wenn Umstände zu der Annahme berechtigen, dass der ursprüngliche Inhalt des Schriftstücks, dessen Abschrift beglaubigt werden soll, geändert worden ist, insbesondere wenn dieses Schriftstück Lücken, Durchstreichungen, Einschaltungen, Änderungen, unleserliche Wörter, Zahlen oder Zeichen, Spuren der Beseitigung von Wörtern, Zahlen und Zeichen enthält oder wenn der Zusammenhang eines aus mehreren Blättern bestehenden Schriftstücks aufgehoben ist.

(3) Eine Abschrift wird beglaubigt durch einen Beglaubigungsvermerk, der unter die Abschrift zu setzen ist. Der Vermerk muss enthalten

1. die genaue Bezeichnung des Schriftstücks, dessen Abschrift beglaubigt wird,
2. die Feststellung, dass die beglaubigte Abschrift mit dem vorgelegten Schriftstück übereinstimmt,
3. den Hinweis, dass die beglaubigte Abschrift nur zur Vorlage bei der angegebenen Behörde erteilt wird, wenn die Urschrift nicht von einer Behörde ausgestellt worden ist,
4. den Ort und den Tag der Beglaubigung, die Unterschrift des für die Beglaubigung zuständigen Bediensteten und das Dienstsiegel.

(4) Die Absätze 1 bis 3 gelten entsprechend für die Beglaubigung von

1. Ablichtungen, Lichtdrucken und ähnlichen in technischen Verfahren hergestellten Vervielfältigungen,
2. auf fototechnischem Wege von Schriftstücken hergestellten Negativen, die bei einer Behörde aufbewahrt werden,
3. Ausdrucken elektronischer Dokumente,
4. elektronischen Dokumenten,
   a) die zur Abbildung eines Schriftstücks hergestellt wurden,
   b) die ein anderes technisches Format als das Ausgangsdokument, das verbunden ist mit einer qualifizierten elektronischen Signatur oder einem qualifizierten elektronischen Siegel einer Behörde, erhalten haben.

(5) Der Beglaubigungsvermerk muss zusätzlich zu den Angaben nach Absatz 3 Satz 2 bei der Beglaubigung

1. des Ausdrucks eines elektronischen Dokuments, das mit einer qualifizierten elektronischen Signatur oder einem qualifizierten elektronischen Siegel einer Behörde verbunden ist, die Feststellungen enthalten,
   a) wen die Signaturprüfung als Inhaber der Signatur ausweist oder welche Behörde die Signaturprüfung als Inhaber des Siegels ausweist,
   b) welchen Zeitpunkt die Signaturprüfung für die Anbringung der Signatur oder des Siegels ausweist und
   c) welche Zertifikate mit welchen Daten dieser Signatur oder diesem Siegel zu Grunde lagen;
2. eines elektronischen Dokuments den Namen des für die Beglaubigung zuständigen Bediensteten und die Bezeichnung der Behörde, die die Beglaubigung vornimmt, enthalten; die Unterschrift des für die Beglaubigung zuständigen Bediensteten und das Dienstsiegel nach Absatz 3 Satz 2 Nummer 4 werden durch eine dauerhaft

überprüfbare qualifizierte elektronische Signatur oder durch ein dauerhaft überprüfbares qualifiziertes elektronisches Siegel der Behörde ersetzt.

Wird ein elektronisches Dokument, das ein anderes technisches Format erhalten hat als das Ausgangsdokument, das mit einer qualifizierten elektronischen Signatur oder mit einem qualifizierten elektronischen Siegel einer Behörde verbunden ist, nach Satz 1 Nummer 2 beglaubigt, so muss der Beglaubigungsvermerk zusätzlich die Feststellungen nach Satz 1 Nummer 1 für das Ausgangsdokument enthalten.

(6) Die nach Absatz 4 hergestellten Dokumente stehen, sofern sie beglaubigt sind, beglaubigten Abschriften gleich.

(7) Jede Behörde soll von Urkunden, die sie selbst ausgestellt hat, auf Verlangen ein elektronisches Dokument nach Absatz 4 Nummer 4 Buchstabe a oder eine elektronische Abschrift fertigen und beglaubigen.

§ 34 Beglaubigung von Unterschriften

(1) Die von der Bundesregierung durch Rechtsverordnung bestimmten Behörden im Sinne des § 1 Abs. 1 Nr. 1 und die nach Landesrecht zuständigen Behörden sind befugt, Unterschriften zu beglaubigen, wenn das unterzeichnete Schriftstück zur Vorlage bei einer Behörde oder bei einer sonstigen Stelle, der auf Grund einer Rechtsvorschrift das unterzeichnete Schriftstück vorzulegen ist, benötigt wird. Dies gilt nicht für

1. Unterschriften ohne zugehörigen Text,
2. Unterschriften, die der öffentlichen Beglaubigung (§ 129 des Bürgerlichen Gesetzbuches) bedürfen.

(2) Eine Unterschrift soll nur beglaubigt werden, wenn sie in Gegenwart des beglaubigenden Bediensteten vollzogen oder anerkannt wird.

(3) Der Beglaubigungsvermerk ist unmittelbar bei der Unterschrift, die beglaubigt werden soll, anzubringen. Er muss enthalten

1. die Bestätigung, dass die Unterschrift echt ist,

2. die genaue Bezeichnung desjenigen, dessen Unterschrift beglaubigt wird, sowie die Angabe, ob sich der für die Beglaubigung zuständige Bedienstete Gewissheit über diese Person verschafft hat und ob die Unterschrift in seiner Gegenwart vollzogen oder anerkannt worden ist,

3. den Hinweis, dass die Beglaubigung nur zur Vorlage bei der angegebenen Behörde oder Stelle bestimmt ist,

4. den Ort und den Tag der Beglaubigung, die Unterschrift des für die Beglaubigung zuständigen Bediensteten und das Dienstsiegel.

(4) Die Absätze 1 bis 3 gelten für die Beglaubigung von Handzeichen entsprechend.

(5) Die Rechtsverordnungen nach Absatz 1 und 4 bedürfen nicht der Zustimmung des Bundesrates.

Teil III
Verwaltungsakt

Abschnitt 1
Zustandekommen des Verwaltungsaktes

§ 35 Begriff des Verwaltungsaktes

Verwaltungsakt ist jede Verfügung, Entscheidung oder andere hoheitliche Maßnahme, die eine Behörde zur Regelung eines Einzelfalls auf dem Gebiet des öffentlichen Rechts trifft und die auf unmittelbare Rechtswirkung nach außen gerichtet ist. Allgemeinverfügung ist ein Verwaltungsakt, der sich an einen nach allgemeinen Merkmalen bestimmten oder bestimmbaren Personenkreis richtet oder die öffentlich-rechtliche Eigenschaft einer Sache oder ihre Benutzung durch die Allgemeinheit betrifft.

§ 35a Vollständig automatisierter Erlass eines Verwaltungsaktes

Ein Verwaltungsakt kann vollständig durch automatische Einrichtungen erlassen werden, sofern dies durch Rechtsvorschrift zugelassen ist und weder ein Ermessen noch ein Beurteilungsspielraum besteht.

§ 36 Nebenbestimmungen zum Verwaltungsakt

(1) Ein Verwaltungsakt, auf den ein Anspruch besteht, darf mit einer Nebenbestimmung nur versehen werden, wenn sie durch Rechtsvorschrift zugelassen ist oder wenn sie sicherstellen soll, dass die gesetzlichen Voraussetzungen des Verwaltungsaktes erfüllt werden.

(2) Unbeschadet des Absatzes 1 darf ein Verwaltungsakt nach pflichtgemäßem Ermessen erlassen werden mit

1. einer Bestimmung, nach der eine Vergünstigung oder Belastung zu einem bestimmten Zeitpunkt beginnt, endet oder für einen bestimmten Zeitraum gilt (Befristung);
2. einer Bestimmung, nach der der Eintritt oder der Wegfall einer Vergünstigung oder einer Belastung von dem ungewissen Eintritt eines zukünftigen Ereignisses abhängt (Bedingung);
3. einem Vorbehalt des Widerrufs

oder verbunden werden mit

4. einer Bestimmung, durch die dem Begünstigten ein Tun, Dulden oder Unterlassen vorgeschrieben wird (Auflage);
5. einem Vorbehalt der nachträglichen Aufnahme, Änderung oder Ergänzung einer Auflage.

(3) Eine Nebenbestimmung darf dem Zweck des Verwaltungsaktes nicht zuwiderlaufen.

§ 37 Bestimmtheit und Form des Verwaltungsaktes; Rechtsbehelfsbelehrung

(1) Ein Verwaltungsakt muss inhaltlich hinreichend bestimmt sein.

(2) Ein Verwaltungsakt kann schriftlich, elektronisch, mündlich oder in anderer Weise erlassen werden. Ein mündlicher Verwaltungsakt ist schriftlich oder elektronisch zu bestätigen, wenn hieran ein berechtigtes Interesse besteht und der Betroffene dies unverzüglich verlangt. Ein elektronischer Verwaltungsakt ist unter denselben Voraussetzungen schriftlich zu bestätigen; § 3a Absatz 2 und 3 findet insoweit keine Anwendung.

(3) Ein schriftlicher oder elektronischer Verwaltungsakt muss die erlassende Behörde erkennen lassen und die Unterschrift oder die Namenswiedergabe des Behördenleiters, seines Vertreters oder seines Beauftragten enthalten. Wird für einen Verwaltungsakt, für den durch Rechtsvorschrift die Schriftform angeordnet ist, die elektronische Form verwendet, muss auch das der Signatur zugrunde liegende qualifizierte Zertifikat oder ein zugehöriges qualifiziertes Attributzertifikat die erlassende Behörde erkennen lassen. Im Fall des § 3a Absatz 3 Nummer 3 Buchstabe b muss die Bestätigung nach § 5 Absatz 5 des De-Mail-Gesetzes die erlassende Behörde als Nutzer des De-Mail-Kontos erkennen lassen.

(4) Für einen Verwaltungsakt kann für die nach § 3a Absatz 2 erforderliche Signatur oder für das nach § 3a Absatz 3 Nummer 3 Buchstabe a erforderliche Siegel durch Rechtsvorschrift die dauerhafte Überprüfbarkeit vorgeschrieben werden.

(5) Bei einem schriftlichen Verwaltungsakt, der mit Hilfe automatischer Einrichtungen erlassen wird, können abweichend von Absatz 3 Unterschrift und Namenswiedergabe fehlen. Zur Inhaltsangabe können Schlüsselzeichen verwendet werden, wenn derjenige, für den der Verwaltungsakt bestimmt ist oder der von ihm betroffen wird, auf Grund der dazu gegebenen Erläuterungen den Inhalt des Verwaltungsaktes eindeutig erkennen kann.

(6) Einem schriftlichen oder elektronischen Verwaltungsakt, der der Anfechtung unterliegt, ist eine Erklärung beizufügen, durch die der Beteiligte über den Rechtsbehelf, der gegen den Verwaltungsakt gegeben ist, über die Behörde oder das Gericht, bei denen der Rechtsbehelf einzulegen ist, den Sitz und über die einzuhaltende Frist belehrt wird (Rechtsbehelfsbelehrung). Die Rechtsbehelfsbelehrung ist auch der schriftlichen oder elektronischen Bestätigung eines Verwaltungsaktes und der Bescheinigung nach § 42a Absatz 3 beizufügen.

§ 38 Zusicherung

(1) Eine von der zuständigen Behörde erteilte Zusage, einen bestimmten Verwaltungsakt später zu erlassen oder zu unterlassen (Zusicherung), bedarf zu ihrer Wirksamkeit der schriftlichen Form. Ist vor dem Erlass des zugesicherten Verwaltungsaktes die Anhörung Beteiligter oder die Mitwirkung einer anderen Behörde oder eines Ausschusses auf Grund einer Rechtsvorschrift erforderlich, so darf die Zusicherung erst nach Anhörung der Beteiligten oder nach Mitwirkung dieser Behörde oder des Ausschusses gegeben werden.

(2) Auf die Unwirksamkeit der Zusicherung finden, unbeschadet des Absatzes 1 Satz 1, § 44, auf die Heilung von Mängeln bei der Anhörung Beteiligter und der Mitwirkung anderer Behörden oder Ausschüsse § 45 Abs. 1 Nr. 3 bis 5 sowie Abs. 2, auf die Rücknahme § 48, auf den Widerruf, unbeschadet des Absatzes 3, § 49 entsprechende Anwendung.

(3) Ändert sich nach Abgabe der Zusicherung die Sach- oder Rechtslage derart, dass die Behörde bei Kenntnis der nachträglich eingetretenen Änderung die Zusicherung nicht gegeben hätte oder aus rechtlichen Gründen nicht hätte geben dürfen, ist die Behörde an die Zusicherung nicht mehr gebunden.

§ 39 Begründung des Verwaltungsaktes

(1) Ein schriftlicher oder elektronischer sowie ein schriftlich oder elektronisch bestätigter Verwaltungsakt ist mit einer Begründung zu versehen. In der Begründung sind die wesentlichen tatsächlichen und rechtlichen Gründe mitzuteilen, die die Behörde zu ihrer Entscheidung bewogen haben. Die Begründung von Ermessensentscheidungen soll auch die Gesichtspunkte erkennen lassen, von denen die Behörde bei der Ausübung ihres Ermessens ausgegangen ist.

(2) Einer Begründung bedarf es nicht,

1. soweit die Behörde einem Antrag entspricht oder einer Erklärung folgt und der Verwaltungsakt nicht in Rechte eines anderen eingreift;

2. soweit demjenigen, für den der Verwaltungsakt bestimmt ist oder der von ihm betroffen wird, die Auffassung der Behörde über die Sach- und Rechtslage bereits bekannt oder auch ohne Begründung für ihn ohne weiteres erkennbar ist;

3. wenn die Behörde gleichartige Verwaltungsakte in größerer Zahl oder Verwaltungsakte mit Hilfe automatischer Einrichtungen erlässt und die Begründung nach den Umständen des Einzelfalls nicht geboten ist;

4. wenn sich dies aus einer Rechtsvorschrift ergibt;

5. wenn eine Allgemeinverfügung öffentlich bekannt gegeben wird.

§ 40 Ermessen

Ist die Behörde ermächtigt, nach ihrem Ermessen zu handeln, hat sie ihr Ermessen entsprechend dem Zweck der Ermächtigung auszuüben und die gesetzlichen Grenzen des Ermessens einzuhalten.

§ 41 Bekanntgabe des Verwaltungsaktes

(1) Ein Verwaltungsakt ist demjenigen Beteiligten bekannt zu geben, für den er bestimmt ist oder der von ihm betroffen wird. Ist ein Bevollmächtigter bestellt, so kann die Bekanntgabe ihm gegenüber vorgenommen werden.

(2) Ein schriftlicher Verwaltungsakt, der im Inland durch die Post übermittelt wird, gilt am vierten Tag nach der Aufgabe zur Post als bekannt gegeben. Ein Verwaltungsakt, der im Inland oder in das Ausland elektronisch übermittelt wird, gilt am vierten Tag nach der Absendung als bekannt gegeben. Dies gilt nicht, wenn der Verwaltungsakt nicht oder zu einem späteren Zeitpunkt zugegangen ist; im Zweifel hat die Behörde den Zugang des Verwaltungsaktes und den Zeitpunkt des Zugangs nachzuweisen.

(2a) Mit Einwilligung des Beteiligten kann ein elektronischer Verwaltungsakt dadurch bekannt gegeben werden, dass er vom Beteiligten oder von seinem Bevollmächtigten über öffentlich zugängliche Netze abgerufen wird. Die Behörde hat zu gewährleisten, dass der Abruf nur nach Authentifizierung der berechtigten Person möglich ist und der elektronische Verwaltungsakt von ihr gespeichert werden kann. Der Verwaltungsakt gilt am Tag nach dem Abruf als bekannt gegeben. Wird der Verwaltungsakt nicht innerhalb von zehn Tagen nach Absendung einer Benachrichtigung über die Bereitstellung abgerufen, wird diese beendet. In diesem Fall ist die Bekanntgabe nicht bewirkt; die Möglichkeit einer erneuten Bereitstellung zum Abruf oder der Bekanntgabe auf andere Weise bleibt unberührt.

(3) Ein Verwaltungsakt darf öffentlich bekannt gegeben werden, wenn dies durch Rechtsvorschrift zugelassen ist. Eine Allgemeinverfügung darf auch dann öffentlich bekannt gegeben werden, wenn eine Bekanntgabe an die Beteiligten untunlich ist.

(4) Die öffentliche Bekanntgabe eines schriftlichen oder elektronischen Verwaltungsaktes wird dadurch bewirkt, dass sein verfügender Teil ortsüblich bekannt gemacht wird. In der ortsüblichen Bekanntmachung ist anzugeben, wo der Verwaltungsakt und seine Begründung eingesehen werden können. Der Verwaltungsakt gilt zwei Wochen nach der ortsüblichen Bekanntmachung als bekannt gegeben. In einer Allgemeinverfügung kann ein hiervon abweichender Tag, jedoch frühestens der auf die Bekanntmachung folgende Tag bestimmt werden.

(5) Vorschriften über die Bekanntgabe eines Verwaltungsaktes mittels Zustellung bleiben unberührt.

§ 42 Offenbare Unrichtigkeiten im Verwaltungsakt

Die Behörde kann Schreibfehler, Rechenfehler und ähnliche offenbare Unrichtigkeiten in einem Verwaltungsakt jederzeit berichtigen. Bei berechtigtem Interesse des Beteiligten ist zu berichtigen. Die Behörde ist berechtigt, die Vorlage des Dokuments zu verlangen, das berichtigt werden soll.

§ 42a Genehmigungsfiktion

(1) Eine beantragte Genehmigung gilt nach Ablauf einer für die Entscheidung festgelegten Frist als erteilt (Genehmigungsfiktion), wenn dies durch Rechtsvorschrift angeordnet und der Antrag hinreichend bestimmt ist. Die Vorschriften über die Bestandskraft von Verwaltungsakten und über das Rechtsbehelfsverfahren gelten entsprechend.

(2) Die Frist nach Absatz 1 Satz 1 beträgt drei Monate, soweit durch Rechtsvorschrift nichts Abweichendes bestimmt ist. Die Frist beginnt mit Eingang der vollständigen Unterlagen. Sie kann einmal angemessen verlängert werden, wenn dies wegen der Schwierigkeit der Angelegenheit gerechtfertigt ist. Die Fristverlängerung ist zu begründen und rechtzeitig mitzuteilen.

(3) Auf Verlangen ist demjenigen, dem der Verwaltungsakt nach § 41 Abs. 1 hätte bekannt gegeben werden müssen, der Eintritt der Genehmigungsfiktion schriftlich zu bescheinigen.

Abschnitt 2
Bestandskraft des Verwaltungsaktes

§ 43 Wirksamkeit des Verwaltungsaktes

(1) Ein Verwaltungsakt wird gegenüber demjenigen, für den er bestimmt ist oder der von ihm betroffen wird, in dem Zeitpunkt wirksam, in dem er ihm bekannt gegeben wird. Der Verwaltungsakt wird mit dem Inhalt wirksam, mit dem er bekannt gegeben wird.

(2) Ein Verwaltungsakt bleibt wirksam, solange und soweit er nicht zurückgenommen, widerrufen, anderweitig aufgehoben oder durch Zeitablauf oder auf andere Weise erledigt ist.

(3) Ein nichtiger Verwaltungsakt ist unwirksam.

§ 44 Nichtigkeit des Verwaltungsaktes

(1) Ein Verwaltungsakt ist nichtig, soweit er an einem besonders schwerwiegenden Fehler leidet und dies bei verständiger Würdigung aller in Betracht kommenden Umstände offensichtlich ist.

(2) Ohne Rücksicht auf das Vorliegen der Voraussetzungen des Absatzes 1 ist ein Verwaltungsakt nichtig,

1. der schriftlich oder elektronisch erlassen worden ist, die erlassende Behörde aber nicht erkennen lässt;

2. der nach einer Rechtsvorschrift nur durch die Aushändigung einer Urkunde erlassen werden kann, aber dieser Form nicht genügt;
3. den eine Behörde außerhalb ihrer durch §3 Abs. 1 Nr. 1 begründeten Zuständigkeit erlassen hat, ohne dazu ermächtigt zu sein;
4. den aus tatsächlichen Gründen niemand ausführen kann;
5. der die Begehung einer rechtswidrigen Tat verlangt, die einen Straf- oder Bußgeldtatbestand verwirklicht;
6. der gegen die guten Sitten verstößt.

(3) Ein Verwaltungsakt ist nicht schon deshalb nichtig, weil

1. Vorschriften über die örtliche Zuständigkeit nicht eingehalten worden sind, außer wenn ein Fall des Absatzes 2 Nr. 3 vorliegt;
2. eine nach §20 Abs. 1 Satz 1 Nr. 2 bis 6 ausgeschlossene Person mitgewirkt hat;
3. ein durch Rechtsvorschrift zur Mitwirkung berufener Ausschuss den für den Erlass des Verwaltungsaktes vorgeschriebenen Beschluss nicht gefasst hat oder nicht beschlussfähig war;
4. die nach einer Rechtsvorschrift erforderliche Mitwirkung einer anderen Behörde unterblieben ist.

(4) Betrifft die Nichtigkeit nur einen Teil des Verwaltungsaktes, so ist er im Ganzen nichtig, wenn der nichtige Teil so wesentlich ist, dass die Behörde den Verwaltungsakt ohne den nichtigen Teil nicht erlassen hätte.

(5) Die Behörde kann die Nichtigkeit jederzeit von Amts wegen feststellen; auf Antrag ist sie festzustellen, wenn der Antragsteller hieran ein berechtigtes Interesse hat.

§45 Heilung von Verfahrens- und Formfehlern

(1) Eine Verletzung von Verfahrens- oder Formvorschriften, die nicht den Verwaltungsakt nach §44 nichtig macht, ist unbeachtlich, wenn

1. der für den Erlass des Verwaltungsaktes erforderliche Antrag nachträglich gestellt wird;
2. die erforderliche Begründung nachträglich gegeben wird;
3. die erforderliche Anhörung eines Beteiligten nachgeholt wird;
4. der Beschluss eines Ausschusses, dessen Mitwirkung für den Erlass des Verwaltungsaktes erforderlich ist, nachträglich gefasst wird;
5. die erforderliche Mitwirkung einer anderen Behörde nachgeholt wird.

(2) Handlungen nach Absatz 1 können bis zum Abschluss der letzten Tatsacheninstanz eines verwaltungsgerichtlichen Verfahrens nachgeholt werden.

(3) Fehlt einem Verwaltungsakt die erforderliche Begründung oder ist die erforderliche Anhörung eines Beteiligten vor Erlass des Verwaltungsaktes unterblieben und ist dadurch die rechtzeitige Anfechtung des Verwaltungsaktes versäumt worden, so gilt die Versäumung der Rechtsbehelfsfrist als nicht verschuldet. Das für die Wiedereinsetzungsfrist nach §32 Abs. 2 maßgebende Ereignis tritt im Zeitpunkt der Nachholung der unterlassenen Verfahrenshandlung ein.

§46 Folgen von Verfahrens- und Formfehlern

Die Aufhebung eines Verwaltungsaktes, der nicht nach §44 nichtig ist, kann nicht allein deshalb beansprucht werden, weil er unter Verletzung von Vorschriften über das Verfahren, die Form oder die örtliche Zuständigkeit zustande gekommen ist, wenn offensichtlich ist, dass die Verletzung die Entscheidung in der Sache nicht beeinflusst hat.

§47 Umdeutung eines fehlerhaften Verwaltungsaktes

(1) Ein fehlerhafter Verwaltungsakt kann in einen anderen Verwaltungsakt umgedeutet werden, wenn er auf das gleiche Ziel gerichtet ist, von der erlassenden Behörde in der geschehenen Verfahrensweise und Form rechtmäßig hätte erlassen werden können und wenn die Voraussetzungen für dessen Erlass erfüllt sind.

(2) Absatz 1 gilt nicht, wenn der Verwaltungsakt, in den der fehlerhafte Verwal-

tungsakt umzudeuten wäre, der erkennbaren Absicht der erlassenden Behörde widerspräche oder seine Rechtsfolgen für den Betroffenen ungünstiger wären als die des fehlerhaften Verwaltungsaktes. Eine Umdeutung ist ferner unzulässig, wenn der fehlerhafte Verwaltungsakt nicht zurückgenommen werden dürfte.

(3) Eine Entscheidung, die nur als gesetzlich gebundene Entscheidung ergehen kann, kann nicht in eine Ermessensentscheidung umgedeutet werden.

(4) § 28 ist entsprechend anzuwenden.

§ 48 Rücknahme eines rechtswidrigen Verwaltungsaktes

(1) Ein rechtswidriger Verwaltungsakt kann, auch nachdem er unanfechtbar geworden ist, ganz oder teilweise mit Wirkung für die Zukunft oder für die Vergangenheit zurückgenommen werden. Ein Verwaltungsakt, der ein Recht oder einen rechtlich erheblichen Vorteil begründet oder bestätigt hat (begünstigender Verwaltungsakt), darf nur unter den Einschränkungen der Absätze 2 bis 4 zurückgenommen werden.

(2) Ein rechtswidriger Verwaltungsakt, der eine einmalige oder laufende Geldleistung oder teilbare Sachleistung gewährt oder hierfür Voraussetzung ist, darf nicht zurückgenommen werden, soweit der Begünstigte auf den Bestand des Verwaltungsaktes vertraut hat und sein Vertrauen unter Abwägung mit dem öffentlichen Interesse an einer Rücknahme schutzwürdig ist. Das Vertrauen ist in der Regel schutzwürdig, wenn der Begünstigte gewährte Leistungen verbraucht oder eine Vermögensdisposition getroffen hat, die er nicht mehr oder nur unter unzumutbaren Nachteilen rückgängig machen kann. Auf Vertrauen kann sich der Begünstigte nicht berufen, wenn er

1. den Verwaltungsakt durch arglistige Täuschung, Drohung oder Bestechung erwirkt hat;
2. den Verwaltungsakt durch Angaben erwirkt hat, die in wesentlicher Beziehung unrichtig oder unvollständig waren;
3. die Rechtswidrigkeit des Verwaltungsaktes kannte oder infolge grober Fahrlässigkeit nicht kannte.

In den Fällen des Satzes 3 wird der Verwaltungsakt in der Regel mit Wirkung für die Vergangenheit zurückgenommen.

(3) Wird ein rechtswidriger Verwaltungsakt, der nicht unter Absatz 2 fällt, zurückgenommen, so hat die Behörde dem Betroffenen auf Antrag den Vermögensnachteil auszugleichen, den dieser dadurch erleidet, dass er auf den Bestand des Verwaltungsaktes vertraut hat, soweit sein Vertrauen unter Abwägung mit dem öffentlichen Interesse schutzwürdig ist. Absatz 2 Satz 3 ist anzuwenden. Der Vermögensnachteil ist jedoch nicht über den Betrag des Interesses hinaus zu ersetzen, das der Betroffene an dem Bestand des Verwaltungsaktes hat. Der auszugleichende Vermögensnachteil wird durch die Behörde festgesetzt. Der Anspruch kann nur innerhalb eines Jahres geltend gemacht werden; die Frist beginnt, sobald die Behörde den Betroffenen auf sie hingewiesen hat.

(4) Erhält die Behörde von Tatsachen Kenntnis, welche die Rücknahme eines rechtswidrigen Verwaltungsaktes rechtfertigen, so ist die Rücknahme nur innerhalb eines Jahres seit dem Zeitpunkt der Kenntnisnahme zulässig. Dies gilt nicht im Falle des Absatzes 2 Satz 3 Nr. 1.

(5) Über die Rücknahme entscheidet nach Unanfechtbarkeit des Verwaltungsaktes die nach § 3 zuständige Behörde; dies gilt auch dann, wenn der zurückzunehmende Verwaltungsakt von einer anderen Behörde erlassen worden ist.

§ 49 Widerruf eines rechtmäßigen Verwaltungsaktes

(1) Ein rechtmäßiger nicht begünstigender Verwaltungsakt kann, auch nachdem er unanfechtbar geworden ist, ganz oder teilweise mit Wirkung für die Zukunft widerrufen werden, außer wenn ein Verwaltungsakt gleichen Inhalts erneut erlassen werden müsste oder aus anderen Gründen ein Widerruf unzulässig ist.

(2) Ein rechtmäßiger begünstigender Verwaltungsakt darf, auch nachdem er unanfechtbar geworden ist, ganz oder teilweise mit Wirkung für die Zukunft nur widerrufen werden,

1. wenn der Widerruf durch Rechtsvorschrift zugelassen oder im Verwaltungsakt vorbehalten ist;
2. wenn mit dem Verwaltungsakt eine Auflage verbunden ist und der Begünstigte diese nicht oder nicht innerhalb einer ihm gesetzten Frist erfüllt hat;
3. wenn die Behörde auf Grund nachträglich eingetretener Tatsachen berechtigt wäre, den Verwaltungsakt nicht zu erlassen, und wenn ohne den Widerruf das öffentliche Interesse gefährdet würde;
4. wenn die Behörde auf Grund einer geänderten Rechtsvorschrift berechtigt wäre, den Verwaltungsakt nicht zu erlassen, soweit der Begünstigte von der Vergünstigung noch keinen Gebrauch gemacht oder auf Grund des Verwaltungsaktes noch keine Leistungen empfangen hat, und wenn ohne den Widerruf das öffentliche Interesse gefährdet würde;
5. um schwere Nachteile für das Gemeinwohl zu verhüten oder zu beseitigen.

§ 48 Abs. 4 gilt entsprechend.

(3) Ein rechtmäßiger Verwaltungsakt, der eine einmalige oder laufende Geldleistung oder teilbare Sachleistung zur Erfüllung eines bestimmten Zwecks gewährt oder hierfür Voraussetzung ist, kann, auch nachdem er unanfechtbar geworden ist, ganz oder teilweise auch mit Wirkung für die Vergangenheit widerrufen werden,

1. wenn die Leistung nicht, nicht alsbald nach der Erbringung oder nicht mehr für den in dem Verwaltungsakt bestimmten Zweck verwendet wird;
2. wenn mit dem Verwaltungsakt eine Auflage verbunden ist und der Begünstigte diese nicht oder nicht innerhalb einer ihm gesetzten Frist erfüllt hat.

§ 48 Abs. 4 gilt entsprechend.

(4) Der widerrufene Verwaltungsakt wird mit dem Wirksamwerden des Widerrufs unwirksam, wenn die Behörde keinen anderen Zeitpunkt bestimmt.

(5) Über den Widerruf entscheidet nach Unanfechtbarkeit des Verwaltungsaktes die nach § 3 zuständige Behörde; dies gilt auch dann, wenn der zu widerrufende Verwaltungsakt von einer anderen Behörde erlassen worden ist.

(6) Wird ein begünstigender Verwaltungsakt in den Fällen des Absatzes 2 Nr. 3 bis 5 widerrufen, so hat die Behörde den Betroffenen auf Antrag für den Vermögensnachteil zu entschädigen, den dieser dadurch erleidet, dass er auf den Bestand des Verwaltungsaktes vertraut hat, soweit sein Vertrauen schutzwürdig ist. § 48 Abs. 3 Satz 3 bis 5 gilt entsprechend. Für Streitigkeiten über die Entschädigung ist der ordentliche Rechtsweg gegeben.

§ 49a Erstattung, Verzinsung

(1) Soweit ein Verwaltungsakt mit Wirkung für die Vergangenheit zurückgenommen oder widerrufen worden oder infolge Eintritts einer auflösenden Bedingung unwirksam geworden ist, sind bereits erbrachte Leistungen zu erstatten. Die zu erstattende Leistung ist durch schriftlichen Verwaltungsakt festzusetzen.

(2) Für den Umfang der Erstattung mit Ausnahme der Verzinsung gelten die Vorschriften des Bürgerlichen Gesetzbuchs über die Herausgabe einer ungerechtfertigten Bereicherung entsprechend. Auf den Wegfall der Bereicherung kann sich der Begünstigte nicht berufen, soweit er die Umstände kannte oder infolge grober Fahrlässigkeit nicht kannte, die zur Rücknahme, zum Widerruf oder zur Unwirksamkeit des Verwaltungsaktes geführt haben.

(3) Der zu erstattende Betrag ist vom Eintritt der Unwirksamkeit des Verwaltungsaktes an mit fünf Prozentpunkten über dem Basiszinssatz jährlich zu verzinsen. Von der Geltendmachung des Zinsanspruchs kann insbesondere dann abgesehen werden, wenn der Begünstigte die Umstände, die zur Rücknahme, zum Widerruf oder zur Unwirksamkeit des Verwaltungsaktes geführt haben, nicht zu vertreten hat und den zu erstattenden Betrag innerhalb der von der Behörde festgesetzten Frist leistet.

(4) Wird eine Leistung nicht alsbald nach der Auszahlung für den bestimmten Zweck verwendet, so können für die Zeit bis zur zweckentsprechenden Verwendung Zinsen nach Absatz 3 Satz 1 verlangt werden. Entsprechendes gilt, soweit eine Leistung in Anspruch genommen wird, obwohl andere Mittel anteilig oder vorrangig einzusetzen sind. § 49 Abs. 3 Satz 1 Nr. 1 bleibt unberührt.

§ 50 Rücknahme und Widerruf im Rechtsbehelfsverfahren

§ 48 Abs. 1 Satz 2 und Abs. 2 bis 4 sowie § 49 Abs. 2 bis 4 und 6 gelten nicht, wenn ein begünstigender Verwaltungsakt, der von einem Dritten angefochten worden ist, während des Vorverfahrens oder während des verwaltungsgerichtlichen Verfahrens aufgehoben wird, soweit dadurch dem Widerspruch oder der Klage abgeholfen wird.

§ 51 Wiederaufgreifen des Verfahrens

(1) Die Behörde hat auf Antrag des Betroffenen über die Aufhebung oder Änderung eines unanfechtbaren Verwaltungsaktes zu entscheiden, wenn

1. sich die dem Verwaltungsakt zugrunde liegende Sach- oder Rechtslage nachträglich zugunsten des Betroffenen geändert hat;

2. neue Beweismittel vorliegen, die eine dem Betroffenen günstigere Entscheidung herbeigeführt haben würden;

3. Wiederaufnahmegründe entsprechend § 580 der Zivilprozessordnung gegeben sind.

(2) Der Antrag ist nur zulässig, wenn der Betroffene ohne grobes Verschulden außerstande war, den Grund für das Wiederaufgreifen in dem früheren Verfahren, insbesondere durch Rechtsbehelf, geltend zu machen.

(3) Der Antrag muss binnen drei Monaten gestellt werden. Die Frist beginnt mit dem Tage, an dem der Betroffene von dem Grund für das Wiederaufgreifen Kenntnis erhalten hat.

(4) Über den Antrag entscheidet die nach § 3 zuständige Behörde; dies gilt auch dann, wenn der Verwaltungsakt, dessen Aufhebung oder Änderung begehrt wird, von einer anderen Behörde erlassen worden ist.

(5) Die Vorschriften des § 48 Abs. 1 Satz 2 und des § 49 Abs. 1 bleiben unberührt.

§ 52 Rückgabe von Urkunden und Sachen

Ist ein Verwaltungsakt unanfechtbar widerrufen oder zurückgenommen oder ist seine Wirksamkeit aus einem anderen Grund nicht oder nicht mehr gegeben, so kann die Behörde die auf Grund dieses Verwaltungsaktes erteilten Urkunden oder Sachen, die zum Nachweis der Rechte aus dem Verwaltungsakt oder zu deren Ausübung bestimmt sind, zurückfordern. Der Inhaber und, sofern er nicht der Besitzer ist, auch der Besitzer dieser Urkunden oder Sachen sind zu ihrer Herausgabe verpflichtet. Der Inhaber oder der Besitzer kann jedoch verlangen, dass ihm die Urkunden oder Sachen wieder ausgehändigt werden, nachdem sie von der Behörde als ungültig gekennzeichnet sind; dies gilt nicht bei Sachen, bei denen eine solche Kennzeichnung nicht oder nicht mit der erforderlichen Offensichtlichkeit oder Dauerhaftigkeit möglich ist.

Abschnitt 3
Verjährungsrechtliche Wirkungen des Verwaltungsaktes

§ 53 Hemmung der Verjährung durch Verwaltungsakt

(1) Ein Verwaltungsakt, der zur Feststellung oder Durchsetzung des Anspruchs eines öffentlich-rechtlichen Rechtsträgers erlassen wird, hemmt die Verjährung dieses Anspruchs. Die Hemmung endet mit Eintritt der Unanfechtbarkeit des Verwaltungsaktes oder sechs Monate nach seiner anderweitigen Erledigung.

(2) Ist ein Verwaltungsakt im Sinne des Absatzes 1 unanfechtbar geworden, beträgt die Verjährungsfrist 30 Jahre. Soweit der Verwaltungsakt einen Anspruch auf künftig fällig werdende regelmäßig wiederkehrende Leistungen zum Inhalt hat, bleibt es bei der für diesen Anspruch geltenden Verjährungsfrist.

Teil IV
Öffentlich-rechtlicher Vertrag

§ 54 Zulässigkeit des öffentlich-rechtlichen Vertrags

Ein Rechtsverhältnis auf dem Gebiet des öffentlichen Rechts kann durch Vertrag begründet, geändert oder aufgehoben werden (öffentlich-rechtlicher Vertrag), soweit Rechtsvorschriften nicht entgegenstehen. Insbesondere kann die Behörde, anstatt einen Verwaltungsakt zu erlassen, einen öffentlich-rechtlichen Vertrag mit demjenigen schließen, an den sie sonst den Verwaltungsakt richten würde.

§ 55 Vergleichsvertrag

Ein öffentlich-rechtlicher Vertrag im Sinne des § 54 Satz 2, durch den eine bei verständiger Würdigung des Sachverhalts oder der Rechtslage bestehende Ungewissheit durch gegenseitiges Nachgeben beseitigt wird (Vergleich), kann geschlossen werden, wenn die Behörde den Abschluss des Vergleichs zur Beseitigung der Ungewissheit nach pflichtgemäßem Ermessen für zweckmäßig hält.

§ 56 Austauschvertrag

(1) Ein öffentlich-rechtlicher Vertrag im Sinne des § 54 Satz 2, in dem sich der Vertragspartner der Behörde zu einer Gegenleistung verpflichtet, kann geschlossen werden, wenn die Gegenleistung für einen bestimmten Zweck im Vertrag vereinbart wird und der Behörde zur Erfüllung ihrer öffentlichen Aufgaben dient. Die Gegenleistung muss den gesamten Umständen nach angemessen sein und im sachlichen Zusammenhang mit der vertraglichen Leistung der Behörde stehen.

(2) Besteht auf die Leistung der Behörde ein Anspruch, so kann nur eine solche Gegenleistung vereinbart werden, die bei Erlass eines Verwaltungsaktes Inhalt einer Nebenbestimmung nach § 36 sein könnte.

§ 57 Schriftform

Ein öffentlich-rechtlicher Vertrag ist schriftlich zu schließen, soweit nicht durch Rechtsvorschrift eine andere Form vorgeschrieben ist.

§ 58 Zustimmung von Dritten und Behörden

(1) Ein öffentlich-rechtlicher Vertrag, der in Rechte eines Dritten eingreift, wird erst wirksam, wenn der Dritte schriftlich zustimmt.

(2) Wird anstatt eines Verwaltungsaktes, bei dessen Erlass nach einer Rechtsvorschrift die Genehmigung, die Zustimmung oder das Einvernehmen einer anderen Behörde erforderlich ist, ein Vertrag geschlossen, so wird dieser erst wirksam, nachdem die andere Behörde in der vorgeschriebenen Form mitgewirkt hat.

§ 59 Nichtigkeit des öffentlich-rechtlichen Vertrags

(1) Ein öffentlich-rechtlicher Vertrag ist nichtig, wenn sich die Nichtigkeit aus der entsprechenden Anwendung von Vorschriften des Bürgerlichen Gesetzbuchs ergibt.

(2) Ein Vertrag im Sinne des § 54 Satz 2 ist ferner nichtig, wenn

1. ein Verwaltungsakt mit entsprechendem Inhalt nichtig wäre;
2. ein Verwaltungsakt mit entsprechendem Inhalt nicht nur wegen eines Verfahrens- oder Formfehlers im Sinne des § 46 rechtswidrig wäre und dies den Vertragschließenden bekannt war;
3. die Voraussetzungen zum Abschluss eines Vergleichsvertrags nicht vorlagen und ein Verwaltungsakt mit entsprechendem Inhalt nicht nur wegen eines Verfahrens- oder Formfehlers im Sinne des § 46 rechtswidrig wäre;
4. sich die Behörde eine nach § 56 unzulässige Gegenleistung versprechen lässt.

(3) Betrifft die Nichtigkeit nur einen Teil des Vertrags, so ist er im Ganzen nichtig, wenn nicht anzunehmen ist, dass er auch ohne den nichtigen Teil geschlossen worden wäre.

§ 60 Anpassung und Kündigung in besonderen Fällen

(1) Haben die Verhältnisse, die für die Festsetzung des Vertragsinhalts maßgebend gewesen sind, sich seit Abschluss des Vertrags so wesentlich geändert, dass einer Vertrags-

partei das Festhalten an der ursprünglichen vertraglichen Regelung nicht zuzumuten ist, so kann diese Vertragspartei eine Anpassung des Vertragsinhalts an die geänderten Verhältnisse verlangen oder, sofern eine Anpassung nicht möglich oder einer Vertragspartei nicht zuzumuten ist, den Vertrag kündigen. Die Behörde kann den Vertrag auch kündigen, um schwere Nachteile für das Gemeinwohl zu verhüten oder zu beseitigen.

(2) Die Kündigung bedarf der Schriftform, soweit nicht durch Rechtsvorschrift eine andere Form vorgeschrieben ist. Sie soll begründet werden.

§ 61 Unterwerfung unter die sofortige Vollstreckung

(1) Jeder Vertragschließende kann sich der sofortigen Vollstreckung aus einem öffentlich-rechtlichen Vertrag im Sinne des § 54 Satz 2 unterwerfen. Die Behörde muss hierbei von dem Behördenleiter, seinem allgemeinen Vertreter oder einem Angehörigen des öffentlichen Dienstes, der die Befähigung zum Richteramt hat, vertreten werden.

(2) Auf öffentlich-rechtliche Verträge im Sinne des Absatzes 1 Satz 1 ist das Verwaltungs-Vollstreckungsgesetz des Bundes entsprechend anzuwenden, wenn Vertragschließender eine Behörde im Sinne des § 1 Abs. 1 Nr. 1 ist. Will eine natürliche oder juristische Person des Privatrechts oder eine nichtrechtsfähige Vereinigung die Vollstreckung wegen einer Geldforderung betreiben, so ist § 170 Abs. 1 bis 3 der Verwaltungsgerichtsordnung entsprechend anzuwenden. Richtet sich die Vollstreckung wegen der Erzwingung einer Handlung, Duldung oder Unterlassung gegen eine Behörde im Sinne des § 1 Abs. 1 Nr. 2, so ist § 172 der Verwaltungsgerichtsordnung entsprechend anzuwenden.

§ 62 Ergänzende Anwendung von Vorschriften

Soweit sich aus den §§ 54 bis 61 nichts Abweichendes ergibt, gelten die übrigen Vorschriften dieses Gesetzes. Ergänzend gelten die Vorschriften des Bürgerlichen Gesetzbuchs entsprechend.

Teil V
Besondere Verfahrensarten

Abschnitt 1
Förmliches Verwaltungsverfahren

§ 63 Anwendung der Vorschriften über das förmliche Verwaltungsverfahren

(1) Das förmliche Verwaltungsverfahren nach diesem Gesetz findet statt, wenn es durch Rechtsvorschrift angeordnet ist.

(2) Für das förmliche Verwaltungsverfahren gelten die §§ 64 bis 71 und, soweit sich aus ihnen nichts Abweichendes ergibt, die übrigen Vorschriften dieses Gesetzes.

(3) Die Mitteilung nach § 17 Abs. 2 Satz 2 und die Aufforderung nach § 17 Abs. 4 Satz 2 sind im förmlichen Verwaltungsverfahren öffentlich bekannt zu machen. Die öffentliche Bekanntmachung wird dadurch bewirkt, dass die Behörde die Mitteilung oder die Aufforderung in ihrem amtlichen Veröffentlichungsblatt und außerdem in örtlichen Tageszeitungen, die in dem Bereich verbreitet sind, in dem sich die Entscheidung voraussichtlich auswirken wird, bekannt macht.

§ 64 Form des Antrags

Setzt das förmliche Verwaltungsverfahren einen Antrag voraus, so ist er schriftlich oder zur Niederschrift bei der Behörde zu stellen.

§ 65 Mitwirkung von Zeugen und Sachverständigen

(1) Im förmlichen Verwaltungsverfahren sind Zeugen zur Aussage und Sachverständige zur Erstattung von Gutachten verpflichtet. Die Vorschriften der Zivilprozessordnung über die Pflicht, als Zeuge auszusagen oder als Sachverständiger ein Gutachten zu erstatten, über die Ablehnung von Sachverständigen sowie über die Vernehmung von Angehörigen des öffentlichen Dienstes als Zeugen oder Sachverständige gelten entsprechend.

(2) Verweigern Zeugen oder Sachverständige ohne Vorliegen eines der in den §§ 376, 383 bis 385 und 408 der Zivilprozessordnung bezeichneten Gründe die Aussage oder die Erstattung des Gutachtens, so kann die Behör-

de das für den Wohnsitz oder den Aufenthaltsort des Zeugen oder des Sachverständigen zuständige Verwaltungsgericht um die Vernehmung ersuchen. Befindet sich der Wohnsitz oder der Aufenthaltsort des Zeugen oder des Sachverständigen nicht am Sitz eines Verwaltungsgerichts oder einer besonders errichteten Kammer, so kann auch das zuständige Amtsgericht um die Vernehmung ersucht werden. In dem Ersuchen hat die Behörde den Gegenstand der Vernehmung darzulegen sowie die Namen und Anschriften der Beteiligten anzugeben. Das Gericht hat die Beteiligten von den Beweisterminen zu benachrichtigen.

(3) Hält die Behörde mit Rücksicht auf die Bedeutung der Aussage eines Zeugen oder des Gutachtens eines Sachverständigen oder zur Herbeiführung einer wahrheitsgemäßen Aussage die Beeidigung für geboten, so kann sie das nach Absatz 2 zuständige Gericht um die eidliche Vernehmung ersuchen.

(4) Das Gericht entscheidet über die Rechtmäßigkeit einer Verweigerung des Zeugnisses, des Gutachtens oder der Eidesleistung.

(5) Ein Ersuchen nach Absatz 2 oder 3 an das Gericht darf nur von dem Behördenleiter, seinem allgemeinen Vertreter oder einem Angehörigen des öffentlichen Dienstes gestellt werden, der die Befähigung zum Richteramt hat.

§ 66 Verpflichtung zur Anhörung von Beteiligten

(1) Im förmlichen Verwaltungsverfahren ist den Beteiligten Gelegenheit zu geben, sich vor der Entscheidung zu äußern.

(2) Den Beteiligten ist Gelegenheit zu geben, der Vernehmung von Zeugen und Sachverständigen und der Einnahme des Augenscheins beizuwohnen und hierbei sachdienliche Fragen zu stellen; ein schriftlich oder elektronisch vorliegendes Gutachten soll ihnen zugänglich gemacht werden.

§ 67 Erfordernis der mündlichen Verhandlung

(1) Die Behörde entscheidet nach mündlicher Verhandlung. Hierzu sind die Beteiligten mit angemessener Frist schriftlich zu laden. Bei der Ladung ist darauf hinzuweisen, dass bei Ausbleiben eines Beteiligten auch ohne ihn verhandelt und entschieden werden kann. Sind mehr als 50 Ladungen vorzunehmen, so können sie durch öffentliche Bekanntmachung ersetzt werden. Die öffentliche Bekanntmachung wird dadurch bewirkt, dass der Verhandlungstermin mindestens zwei Wochen vorher im amtlichen Veröffentlichungsblatt der Behörde und außerdem in örtlichen Tageszeitungen, die in dem Bereich verbreitet sind, in dem sich die Entscheidung voraussichtlich auswirken wird, mit dem Hinweis nach Satz 3 bekannt gemacht wird. Maßgebend für die Frist nach Satz 5 ist die Bekanntgabe im amtlichen Veröffentlichungsblatt.

(2) Die Behörde kann ohne mündliche Verhandlung entscheiden, wenn

1. einem Antrag im Einvernehmen mit allen Beteiligten in vollem Umfang entsprochen wird;

2. kein Beteiligter innerhalb einer hierfür gesetzten Frist Einwendungen gegen die vorgesehene Maßnahme erhoben hat;

3. die Behörde den Beteiligten mitgeteilt hat, dass sie beabsichtige, ohne mündliche Verhandlung zu entscheiden, und kein Beteiligter innerhalb einer hierfür gesetzten Frist Einwendungen dagegen erhoben hat;

4. alle Beteiligten auf sie verzichtet haben;

5. wegen Gefahr im Verzug eine sofortige Entscheidung notwendig ist.

(3) Die Behörde soll das Verfahren so fördern, dass es möglichst in einem Verhandlungstermin erledigt werden kann.

§ 68 Verlauf der mündlichen Verhandlung

(1) Die mündliche Verhandlung ist nicht öffentlich. An ihr können Vertreter der Aufsichtsbehörden und Personen, die bei der Behörde zur Ausbildung beschäftigt sind, teilnehmen. Anderen Personen kann der Verhandlungsleiter die Anwesenheit gestatten, wenn kein Beteiligter widerspricht.

(2) Der Verhandlungsleiter hat die Sache mit den Beteiligten zu erörtern. Er hat darauf hinzuwirken, dass unklare Anträge erläutert, sachdienliche Anträge gestellt, ungenügende Angaben ergänzt sowie alle für die Feststellung des Sachverhalts wesentlichen Erklärungen abgegeben werden.

(3) Der Verhandlungsleiter ist für die Ordnung verantwortlich. Er kann Personen, die seine Anordnungen nicht befolgen, entfernen lassen. Die Verhandlung kann ohne diese Personen fortgesetzt werden.

(4) Über die mündliche Verhandlung ist eine Niederschrift zu fertigen. Die Niederschrift muss Angaben enthalten über

1. den Ort und den Tag der Verhandlung,
2. die Namen des Verhandlungsleiters, der erschienenen Beteiligten, Zeugen und Sachverständigen,
3. den behandelten Verfahrensgegenstand und die gestellten Anträge,
4. den wesentlichen Inhalt der Aussagen der Zeugen und Sachverständigen,
5. das Ergebnis eines Augenscheines.

Die Niederschrift ist von dem Verhandlungsleiter und, soweit ein Schriftführer hinzugezogen worden ist, auch von diesem zu unterzeichnen. Der Aufnahme in die Verhandlungsniederschrift steht die Aufnahme in eine Schrift gleich, die ihr als Anlage beigefügt und als solche bezeichnet ist; auf die Anlage ist in der Verhandlungsniederschrift hinzuweisen.

§ 69 Entscheidung

(1) Die Behörde entscheidet unter Würdigung des Gesamtergebnisses des Verfahrens.

(2) Verwaltungsakte, die das förmliche Verfahren abschließen, sind schriftlich zu erlassen, schriftlich zu begründen und den Beteiligten zuzustellen; in den Fällen des § 39 Abs. 2 Nr. 1 und 3 bedarf es einer Begründung nicht. Ein elektronischer Verwaltungsakt nach Satz 1 ist mit einer dauerhaft überprüfbaren qualifizierten elektronischen Signatur zu versehen. Sind mehr als 50 Zustellungen vorzunehmen, so können sie durch öffentliche Bekanntmachung ersetzt werden. Die öffentliche Bekanntmachung wird dadurch bewirkt, dass der verfügende Teil des Verwaltungsaktes und die Rechtsbehelfsbelehrung im amtlichen Veröffentlichungsblatt der Behörde und außerdem in den örtlichen Tageszeitungen bekannt gemacht werden, die in dem Bereich verbreitet sind, in dem sich die Entscheidung voraussichtlich auswirken wird. Der Verwaltungsakt gilt mit dem Tage als zugestellt, an dem seit dem Tage der Bekanntmachung in dem amtlichen Veröffentlichungsblatt zwei Wochen verstrichen sind; hierauf ist in der Bekanntmachung hinzuweisen. Nach der öffentlichen Bekanntmachung kann der Verwaltungsakt bis zum Ablauf der Rechtsbehelfsfrist von den Beteiligten schriftlich oder elektronisch angefordert werden; hierauf ist in der Bekanntmachung gleichfalls hinzuweisen.

(3) Wird das förmliche Verwaltungsverfahren auf andere Weise abgeschlossen, so sind die Beteiligten hiervon zu benachrichtigen. Sind mehr als 50 Benachrichtigungen vorzunehmen, so können sie durch öffentliche Bekanntmachung ersetzt werden; Absatz 2 Satz 4 gilt entsprechend.

§ 70 Anfechtung der Entscheidung

Vor Erhebung einer verwaltungsgerichtlichen Klage, die einen im förmlichen Verwaltungsverfahren erlassenen Verwaltungsakt zum Gegenstand hat, bedarf es keiner Nachprüfung in einem Vorverfahren.

§ 71 Besondere Vorschriften für das förmliche Verfahren vor Ausschüssen

(1) Findet das förmliche Verwaltungsverfahren vor einem Ausschuss (§ 88) statt, so hat jedes Mitglied das Recht, sachdienliche Fragen zu stellen. Wird eine Frage von einem Beteiligten beanstandet, so entscheidet der Ausschuss über ihre Zulässigkeit.

(2) Bei der Beratung und Abstimmung dürfen nur Ausschussmitglieder zugegen sein, die an der mündlichen Verhandlung teilgenommen haben. Ferner dürfen Personen zugegen sein, die bei der Behörde, bei der der Ausschuss gebildet ist, zur Ausbildung beschäftigt sind, soweit der Vorsitzende ihre Anwesenheit gestattet. Die Abstimmungsergebnisse sind festzuhalten.

(3) Jeder Beteiligte kann ein Mitglied des Ausschusses ablehnen, das in diesem Verwaltungsverfahren nicht tätig werden darf (§ 20) oder bei dem die Besorgnis der Befangenheit besteht (§ 21). Eine Ablehnung vor der mündlichen Verhandlung ist schriftlich oder zur Niederschrift zu erklären. Die Erklärung ist unzulässig, wenn sich der Beteiligte, ohne den ihm bekannten Ablehnungsgrund geltend zu machen, in die mündliche Verhandlung eingelassen hat. Für die Entscheidung über die Ablehnung gilt § 20 Abs. 4 Satz 2 bis 4.

Abschnitt 1a
Verfahren über eine einheitliche Stelle

§ 71a Anwendbarkeit

(1) Ist durch Rechtsvorschrift angeordnet, dass ein Verwaltungsverfahren über eine einheitliche Stelle abgewickelt werden kann, so gelten die Vorschriften dieses Abschnitts und, soweit sich aus ihnen nichts Abweichendes ergibt, die übrigen Vorschriften dieses Gesetzes.

(2) Der zuständigen Behörde obliegen die Pflichten aus § 71b Abs. 3, 4 und 6, § 71c Abs. 2 und § 71e auch dann, wenn sich der Antragsteller oder Anzeigepflichtige unmittelbar an die zuständige Behörde wendet.

§ 71b Verfahren

(1) Die einheitliche Stelle nimmt Anzeigen, Anträge, Willenserklärungen und Unterlagen entgegen und leitet sie unverzüglich an die zuständigen Behörden weiter.

(2) Anzeigen, Anträge, Willenserklärungen und Unterlagen gelten am dritten Tag nach Eingang bei der einheitlichen Stelle als bei der zuständigen Behörde eingegangen. Fristen werden mit Eingang bei der einheitlichen Stelle gewahrt.

(3) Soll durch die Anzeige, den Antrag oder die Abgabe einer Willenserklärung eine Frist in Lauf gesetzt werden, innerhalb deren die zuständige Behörde tätig werden muss, stellt die zuständige Behörde eine Empfangsbestätigung aus. In der Empfangsbestätigung ist das Datum des Eingangs bei der einheitlichen Stelle mitzuteilen und auf die Frist, die Voraussetzungen für den Beginn des Fristlaufs und auf eine an den Fristablauf geknüpfte Rechtsfolge sowie auf die verfügbaren Rechtsbehelfe hinzuweisen.

(4) Ist die Anzeige oder der Antrag unvollständig, teilt die zuständige Behörde unverzüglich mit, welche Unterlagen nachzureichen sind. Die Mitteilung enthält den Hinweis, dass der Lauf der Frist nach Absatz 3 erst mit Eingang der vollständigen Unterlagen beginnt. Das Datum des Eingangs der nachgereichten Unterlagen bei der einheitlichen Stelle ist mitzuteilen.

(5) Soweit die einheitliche Stelle zur Verfahrensabwicklung in Anspruch genommen wird, sollen Mitteilungen der zuständigen Behörde an den Antragsteller oder Anzeigepflichtigen über sie weitergeleitet werden. Verwaltungsakte werden auf Verlangen desjenigen, an den sich der Verwaltungsakt richtet, von der zuständigen Behörde unmittelbar bekannt gegeben.

(6) Ein schriftlicher Verwaltungsakt, der durch die Post in das Ausland übermittelt wird, gilt einen Monat nach Aufgabe zur Post als bekannt gegeben. § 41 Abs. 2 Satz 3 gilt entsprechend. Von dem Antragsteller oder Anzeigepflichtigen kann nicht nach § 15 verlangt werden, einen Empfangsbevollmächtigten zu bestellen.

§ 71c Informationspflichten

(1) Die einheitliche Stelle erteilt auf Anfrage unverzüglich Auskunft über die maßgeblichen Vorschriften, die zuständigen Behörden, den Zugang zu den öffentlichen Registern und Datenbanken, die zustehenden Verfahrensrechte und die Einrichtungen, die den Antragsteller oder Anzeigepflichtigen bei der Aufnahme oder Ausübung seiner Tätigkeit unterstützen. Sie teilt unverzüglich mit, wenn eine Anfrage zu unbestimmt ist.

(2) Die zuständigen Behörden erteilen auf Anfrage unverzüglich Auskunft über die maßgeblichen Vorschriften und deren gewöhnliche Auslegung. Nach § 25 erforderliche Anregungen und Auskünfte werden unverzüglich gegeben.

§ 71d Gegenseitige Unterstützung

Die einheitliche Stelle und die zuständigen Behörden wirken gemeinsam auf eine ordnungsgemäße und zügige Verfahrensabwicklung hin; alle einheitlichen Stellen und zuständigen Behörden sind hierbei zu unterstützen. Die zuständigen Behörden stellen der einheitlichen Stelle insbesondere die erforderlichen Informationen zum Verfahrensstand zur Verfügung.

§ 71e Elektronisches Verfahren

Das Verfahren nach diesem Abschnitt wird auf Verlangen in elektronischer Form abgewickelt. § 3a Abs. 2 Satz 2 und 3 und Abs. 3 bleibt unberührt.

Abschnitt 2
Planfeststellungsverfahren

§ 72 Anwendung der Vorschriften über das Planfeststellungsverfahren

(1) Ist ein Planfeststellungsverfahren durch Rechtsvorschrift angeordnet, so gelten hierfür die §§ 73 bis 78 und, soweit sich aus ihnen nichts Abweichendes ergibt, die übrigen Vorschriften dieses Gesetzes; die §§ 51 und 71a bis 71e sind nicht anzuwenden, § 29 ist mit der Maßgabe anzuwenden, dass Akteneinsicht nach pflichtgemäßem Ermessen zu gewähren ist.

(2) Die Mitteilung nach § 17 Abs. 2 Satz 2 und die Aufforderung nach § 17 Abs. 4 Satz 2 sind im Planfeststellungsverfahren öffentlich bekannt zu machen. Die öffentliche Bekanntmachung wird dadurch bewirkt, dass die Behörde die Mitteilung oder die Aufforderung in ihrem amtlichen Veröffentlichungsblatt und außerdem in örtlichen Tageszeitungen, die in dem Bereich verbreitet sind, in dem sich das Vorhaben voraussichtlich auswirken wird, bekannt macht.

§ 73 Anhörungsverfahren

(1) Der Träger des Vorhabens hat den Plan der Anhörungsbehörde zur Durchführung des Anhörungsverfahrens einzureichen. Der Plan besteht aus den Zeichnungen und Erläuterungen, die das Vorhaben, seinen Anlass und die von dem Vorhaben betroffenen Grundstücke und Anlagen erkennen lassen.

(2) Innerhalb eines Monats nach Zugang des vollständigen Plans fordert die Anhörungsbehörde die Behörden, deren Aufgabenbereich durch das Vorhaben berührt wird, zur Stellungnahme auf und veranlasst, dass der Plan in den Gemeinden, in denen sich das Vorhaben voraussichtlich auswirken wird, nach § 27b ausgelegt wird.

(3) Die Gemeinden nach Absatz 2 haben den Plan innerhalb von drei Wochen nach Zugang für die Dauer eines Monats zur Einsicht auszulegen. Die Anhörungsbehörde bestimmt, in welcher der Gemeinden nach Absatz 2 eine andere Zugangsmöglichkeit nach § 27b Absatz 1 Satz 1 Nummer 2 zur Verfügung zu stellen ist und legt im Benehmen mit der jeweiligen Gemeinde die Zugangsmöglichkeit fest. Auf eine Auslegung kann verzichtet werden, wenn der Kreis der Betroffenen und die Vereinigungen nach Absatz 4 Satz 5 bekannt sind und ihnen innerhalb angemessener Frist Gelegenheit gegeben wird, den Plan einzusehen.

(3a) Die Behörden nach Absatz 2 haben ihre Stellungnahme innerhalb einer von der Anhörungsbehörde zu setzenden Frist abzugeben, die drei Monate nicht überschreiten darf. Stellungnahmen, die nach Ablauf der Frist nach Satz 1 eingehen, sind zu berücksichtigen, wenn der Planfeststellungsbehörde die vorgebrachten Belange bekannt sind oder hätten bekannt sein müssen oder für die Rechtmäßigkeit der Entscheidung von Bedeutung sind; im Übrigen können sie berücksichtigt werden.

(4) Jeder, dessen Belange durch das Vorhaben berührt werden, kann bis zwei Wochen nach Ablauf der Auslegungsfrist schriftlich oder zur Niederschrift bei der Anhörungsbehörde oder bei einer Gemeinde nach Absatz 2 Einwendungen gegen den Plan erheben. Im Falle des Absatzes 3 Satz 3 bestimmt die Anhörungsbehörde die Einwendungsfrist. Mit Ablauf der Einwendungsfrist sind alle Einwendungen ausgeschlossen, die nicht auf besonderen privatrechtlichen Titeln beruhen. Hierauf ist in der Bekanntmachung der Auslegung oder bei

der Bekanntgabe der Einwendungsfrist hinzuweisen. Vereinigungen, die auf Grund einer Anerkennung nach anderen Rechtsvorschriften befugt sind, Rechtsbehelfe nach der Verwaltungsgerichtsordnung gegen die Entscheidung nach § 74 einzulegen, können innerhalb der Frist nach Satz 1 Stellungnahmen zu dem Plan abgeben. Die Sätze 2 bis 4 gelten entsprechend.

(5) Die Gemeinden nach Absatz 2, in denen der Plan auszulegen ist, haben die Auslegung vorher ortsüblich bekannt zu machen. In der Bekanntmachung ist darauf hinzuweisen,

1. wo und in welchem Zeitraum der Plan zur Einsicht ausgelegt ist;

2. dass etwaige Einwendungen oder Stellungnahmen von Vereinigungen nach Absatz 4 Satz 5 bei den in der Bekanntmachung zu bezeichnenden Stellen innerhalb der Einwendungsfrist vorzubringen sind;

3. dass bei Ausbleiben eines Beteiligten in dem Erörterungstermin auch ohne ihn verhandelt werden kann;

4. dass
    a) die Personen, die Einwendungen erhoben haben, oder die Vereinigungen, die Stellungnahmen abgegeben haben, von dem Erörterungstermin durch öffentliche Bekanntmachung benachrichtigt werden können,
    b) die Zustellung der Entscheidung über die Einwendungen durch öffentliche Bekanntmachung ersetzt werden kann,

   wenn mehr als 50 Benachrichtigungen oder Zustellungen vorzunehmen sind.

Nicht ortsansässige Betroffene, deren Person und Aufenthalt bekannt sind oder sich innerhalb angemessener Frist ermitteln lassen, sollen auf Veranlassung der Anhörungsbehörde von der Auslegung mit dem Hinweis nach Satz 2 benachrichtigt werden.

(6) Nach Ablauf der Einwendungsfrist hat die Anhörungsbehörde die rechtzeitig gegen den Plan erhobenen Einwendungen, die rechtzeitig abgegebenen Stellungnahmen von Vereinigungen nach Absatz 4 Satz 5 sowie die Stellungnahmen der Behörden zu dem Plan mit dem Träger des Vorhabens, den Behörden, den Betroffenen sowie denjenigen, die Einwendungen erhoben oder Stellungnahmen abgegeben haben, zu erörtern. Der Erörterungstermin ist mindestens eine Woche vorher ortsüblich bekannt zu machen. Die Behörden, der Träger des Vorhabens und diejenigen, die Einwendungen erhoben oder Stellungnahmen abgegeben haben, sind von dem Erörterungstermin zu benachrichtigen. Sind außer der Benachrichtigung der Behörden und des Trägers des Vorhabens mehr als 50 Benachrichtigungen vorzunehmen, so können diese Benachrichtigungen durch öffentliche Bekanntmachung ersetzt werden. Die öffentliche Bekanntmachung wird dadurch bewirkt, dass abweichend von Satz 2 der Erörterungstermin im amtlichen Veröffentlichungsblatt der Anhörungsbehörde und außerdem in örtlichen Tageszeitungen bekannt gemacht wird, die in dem Bereich verbreitet sind, in dem sich das Vorhaben voraussichtlich auswirken wird; maßgebend für die Frist nach Satz 2 ist die Bekanntgabe im amtlichen Veröffentlichungsblatt. Im Übrigen gelten für die Erörterung die Vorschriften über die mündliche Verhandlung im förmlichen Verwaltungsverfahren (§ 67 Abs. 1 Satz 3, Abs. 2 Nr. 1 und 4 und Abs. 3, § 68) entsprechend. Die Anhörungsbehörde schließt die Erörterung innerhalb von drei Monaten nach Ablauf der Einwendungsfrist ab.

(7) Abweichend von den Vorschriften des Absatzes 6 Satz 2 bis 5 kann der Erörterungstermin bereits in der Bekanntmachung nach Absatz 5 Satz 2 bestimmt werden.

(8) Soll ein ausgelegter Plan geändert werden und werden dadurch der Aufgabenbereich einer Behörde oder einer Vereinigung nach Absatz 4 Satz 5 oder Belange Dritter erstmals oder stärker als bisher berührt, so ist diesen die Änderung mitzuteilen und ihnen Gelegenheit zu Stellungnahmen und Einwendungen innerhalb von zwei Wochen zu geben; Absatz 4 Satz 3 bis 6 gilt entsprechend. Wird sich die Änderung voraussichtlich auf das Gebiet einer anderen Gemeinde auswirken, so ist der geänderte Plan in dieser Gemeinde

auszulegen; die Absätze 2 bis 6 gelten entsprechend.

(9) Die Anhörungsbehörde gibt zum Ergebnis des Anhörungsverfahrens eine Stellungnahme ab und leitet diese der Planfeststellungsbehörde innerhalb eines Monats nach Abschluss der Erörterung mit dem Plan, den Stellungnahmen der Behörden und der Vereinigungen nach Absatz 4 Satz 5 sowie den nicht erledigten Einwendungen zu.

§ 74 Planfeststellungsbeschluss, Plangenehmigung

(1) Die Planfeststellungsbehörde stellt den Plan fest (Planfeststellungsbeschluss). Die Vorschriften über die Entscheidung und die Anfechtung der Entscheidung im förmlichen Verwaltungsverfahren (§§ 69 und 70) sind anzuwenden.

(2) Im Planfeststellungsbeschluss entscheidet die Planfeststellungsbehörde über die Einwendungen, über die bei der Erörterung vor der Anhörungsbehörde keine Einigung erzielt worden ist. Sie hat dem Träger des Vorhabens Vorkehrungen oder die Errichtung und Unterhaltung von Anlagen aufzuerlegen, die zum Wohl der Allgemeinheit oder zur Vermeidung nachteiliger Wirkungen auf Rechte anderer erforderlich sind. Sind solche Vorkehrungen oder Anlagen untunlich oder mit dem Vorhaben unvereinbar, so hat der Betroffene Anspruch auf angemessene Entschädigung in Geld.

(3) Soweit eine abschließende Entscheidung noch nicht möglich ist, ist diese im Planfeststellungsbeschluss vorzubehalten; dem Träger des Vorhabens ist dabei aufgegeben, noch fehlende oder von der Planfeststellungsbehörde bestimmte Unterlagen rechtzeitig vorzulegen.

(4) Der Planfeststellungsbeschluss ist dem Träger des Vorhabens, denjenigen, über deren Einwendungen entschieden worden ist, und den Vereinigungen, über deren Stellungnahmen entschieden worden ist, zuzustellen. Eine Ausfertigung des Beschlusses ist mit einer Rechtsbehelfsbelehrung und einer Ausfertigung des festgestellten Plans in den Gemeinden zwei Wochen zur Einsicht auszulegen; die Auslegung ist ortsüblich bekannt zu machen. Die Planfeststellungsbehörde bestimmt, in welcher Gemeinde eine andere Zugangsmöglichkeit nach § 27b Absatz 1 Satz 1 Nummer 2 zur Verfügung zu stellen ist und legt im Benehmen mit der jeweiligen Gemeinde die Zugangsmöglichkeit fest. Mit dem Ende der Auslegungsfrist gilt der Beschluss gegenüber den übrigen Betroffenen als zugestellt; darauf ist in der Bekanntmachung hinzuweisen.

(5) Sind außer an den Träger des Vorhabens mehr als 50 Zustellungen nach Absatz 4 vorzunehmen, so können diese Zustellungen durch öffentliche Bekanntmachung ersetzt werden. Die öffentliche Bekanntmachung wird dadurch bewirkt, dass der verfügende Teil des Planfeststellungsbeschlusses, die Rechtsbehelfsbelehrung und ein Hinweis auf die Auslegung nach Absatz 4 Satz 2 im amtlichen Veröffentlichungsblatt der zuständigen Behörde und außerdem in örtlichen Tageszeitungen bekannt gemacht werden, die in dem Bereich verbreitet sind, in dem sich das Vorhaben voraussichtlich auswirken wird; auf Auflagen ist hinzuweisen. Mit dem Ende der Auslegungsfrist gilt der Beschluss den Betroffenen und denjenigen gegenüber, die Einwendungen erhoben haben, als zugestellt; hierauf ist in der Bekanntmachung hinzuweisen. Nach der öffentlichen Bekanntmachung kann der Planfeststellungsbeschluss bis zum Ablauf der Rechtsbehelfsfrist von den Betroffenen und von denjenigen, die Einwendungen erhoben haben, schriftlich oder elektronisch angefordert werden; hierauf ist in der Bekanntmachung gleichfalls hinzuweisen.

(6) An Stelle eines Planfeststellungsbeschlusses kann eine Plangenehmigung erteilt werden, wenn

1. Rechte anderer nicht oder nur unwesentlich beeinträchtigt werden oder die Betroffenen sich mit der Inanspruchnahme ihres Eigentums oder eines anderen Rechts schriftlich einverstanden erklärt haben,

2. mit den Trägern öffentlicher Belange, deren Aufgabenbereich berührt wird, das Benehmen hergestellt worden ist und

3. nicht andere Rechtsvorschriften eine Öffentlichkeitsbeteiligung vorschreiben, die den Anforderungen des § 73 Absatz 3 Satz 1 und Absatz 4 bis 7 entsprechen muss.

Die Plangenehmigung hat die Rechtswirkungen der Planfeststellung; auf ihre Erteilung sind die Vorschriften über das Planfeststellungsverfahren nicht anzuwenden; davon ausgenommen sind Absatz 4 Satz 1 und Absatz 5, die entsprechend anzuwenden sind. Vor Erhebung einer verwaltungsgerichtlichen Klage bedarf es keiner Nachprüfung in einem Vorverfahren. § 75 Abs. 4 gilt entsprechend.

(7) Planfeststellung und Plangenehmigung entfallen in Fällen von unwesentlicher Bedeutung. Diese liegen vor, wenn

1. andere öffentliche Belange nicht berührt sind oder die erforderlichen behördlichen Entscheidungen vorliegen und sie dem Plan nicht entgegenstehen,

2. Rechte anderer nicht beeinflusst werden oder mit den vom Plan Betroffenen entsprechende Vereinbarungen getroffen worden sind und

3. nicht andere Rechtsvorschriften eine Öffentlichkeitsbeteiligung vorschreiben, die den Anforderungen des § 73 Absatz 3 Satz 1 und Absatz 4 bis 7 entsprechen muss.

§ 75 Rechtswirkungen der Planfeststellung

(1) Durch die Planfeststellung wird die Zulässigkeit des Vorhabens einschließlich der notwendigen Folgemaßnahmen an anderen Anlagen im Hinblick auf alle von ihm berührten öffentlichen Belange festgestellt; neben der Planfeststellung sind andere behördliche Entscheidungen, insbesondere öffentlich-rechtliche Genehmigungen, Verleihungen, Erlaubnisse, Bewilligungen, Zustimmungen und Planfeststellungen nicht erforderlich. Durch die Planfeststellung werden alle öffentlich-rechtlichen Beziehungen zwischen dem Träger des Vorhabens und den durch den Plan Betroffenen rechtsgestaltend geregelt.

(1a) Mängel bei der Abwägung der von dem Vorhaben berührten öffentlichen und privaten Belange sind nur erheblich, wenn sie offensichtlich und auf das Abwägungsergebnis von Einfluss gewesen sind. Erhebliche Mängel bei der Abwägung oder eine Verletzung von Verfahrens- oder Formvorschriften führen nur dann zur Aufhebung des Planfeststellungsbeschlusses oder der Plangenehmigung, wenn sie nicht durch Planergänzung oder durch ein ergänzendes Verfahren behoben werden können; die §§ 45 und 46 bleiben unberührt.

(2) Ist der Planfeststellungsbeschluss unanfechtbar geworden, so sind Ansprüche auf Unterlassung des Vorhabens, auf Beseitigung oder Änderung der Anlagen oder auf Unterlassung ihrer Benutzung ausgeschlossen. Treten nicht voraussehbare Wirkungen des Vorhabens oder der dem festgestellten Plan entsprechenden Anlagen auf das Recht eines anderen erst nach Unanfechtbarkeit des Plans auf, so kann der Betroffene Vorkehrungen oder die Errichtung und Unterhaltung von Anlagen verlangen, welche die nachteiligen Wirkungen ausschließen. Sie sind dem Träger des Vorhabens durch Beschluss der Planfeststellungsbehörde aufzuerlegen. Sind solche Vorkehrungen oder Anlagen untunlich oder mit dem Vorhaben unvereinbar, so richtet sich der Anspruch auf angemessene Entschädigung in Geld. Werden Vorkehrungen oder Anlagen im Sinne des Satzes 2 notwendig, weil nach Abschluss des Planfeststellungsverfahrens auf einem benachbarten Grundstück Veränderungen eingetreten sind, so hat die hierdurch entstehenden Kosten der Eigentümer des benachbarten Grundstücks zu tragen, es sei denn, dass die Veränderungen durch natürliche Ereignisse oder höhere Gewalt verursacht worden sind; Satz 4 ist nicht anzuwenden.

(3) Anträge, mit denen Ansprüche auf Herstellung von Einrichtungen oder auf angemessene Entschädigung nach Absatz 2 Satz 2 und 4 geltend gemacht werden, sind schriftlich an die Planfeststellungsbehörde zu rich-

ten. Sie sind nur innerhalb von drei Jahren nach dem Zeitpunkt zulässig, zu dem der Betroffene von der nachteiligen Wirkungen des dem unanfechtbar festgestellten Plan entsprechenden Vorhabens oder der Anlage Kenntnis erhalten hat; sie sind ausgeschlossen, wenn nach Herstellung des dem Plan entsprechenden Zustands 30 Jahre verstrichen sind.

(4) Wird mit der Durchführung des Plans nicht innerhalb von fünf Jahren nach Eintritt der Unanfechtbarkeit begonnen, so tritt er außer Kraft. Als Beginn der Durchführung des Plans gilt jede erstmals nach außen erkennbare Tätigkeit von mehr als nur geringfügiger Bedeutung zur planmäßigen Verwirklichung des Vorhabens; eine spätere Unterbrechung der Verwirklichung des Vorhabens berührt den Beginn der Durchführung nicht.

§ 76 Planänderungen vor Fertigstellung des Vorhabens

(1) Soll vor Fertigstellung des Vorhabens der festgestellte Plan geändert werden, bedarf es eines neuen Planfeststellungsverfahrens.

(2) Bei Planänderungen von unwesentlicher Bedeutung kann die Planfeststellungsbehörde von einem neuen Planfeststellungsverfahren absehen, wenn die Belange anderer nicht berührt werden oder wenn die Betroffenen der Änderung zugestimmt haben.

(3) Führt die Planfeststellungsbehörde in den Fällen des Absatzes 2 oder in anderen Fällen einer Planänderung von unwesentlicher Bedeutung ein Planfeststellungsverfahren durch, so bedarf es keines Anhörungsverfahrens und keiner öffentlichen Bekanntgabe des Planfeststellungsbeschlusses.

§ 77 Aufhebung des Planfeststellungsbeschlusses

Wird ein Vorhaben, mit dessen Durchführung begonnen worden ist, endgültig aufgegeben, so hat die Planfeststellungsbehörde den Planfeststellungsbeschluss aufzuheben. In dem Aufhebungsbeschluss sind dem Träger des Vorhabens die Wiederherstellung des früheren Zustands oder geeignete andere Maßnahmen aufzuerlegen, soweit dies zum Wohl der Allgemeinheit oder zur Vermeidung nachteiliger Wirkungen auf Rechte anderer erforderlich ist. Werden solche Maßnahmen notwendig, weil nach Abschluss des Planfeststellungsverfahrens auf einem benachbarten Grundstück Veränderungen eingetreten sind, so kann der Träger des Vorhabens durch Beschluss der Planfeststellungsbehörde zu geeigneten Vorkehrungen verpflichtet werden; die hierdurch entstehenden Kosten hat jedoch der Eigentümer des benachbarten Grundstücks zu tragen, es sei denn, dass die Veränderungen durch natürliche Ereignisse oder höhere Gewalt verursacht worden sind.

§ 78 Zusammentreffen mehrerer Vorhaben

(1) Treffen mehrere selbständige Vorhaben, für deren Durchführung Planfeststellungsverfahren vorgeschrieben sind, derart zusammen, dass für diese Vorhaben oder für Teile von ihnen nur eine einheitliche Entscheidung möglich ist, und ist mindestens eines der Planfeststellungsverfahren bundesrechtlich geregelt, so findet für diese Vorhaben oder für deren Teile nur ein Planfeststellungsverfahren statt.

(2) Zuständigkeiten und Verfahren richten sich nach den Rechtsvorschriften über das Planfeststellungsverfahren, das für diejenige Anlage vorgeschrieben ist, das einen größeren Kreis öffentlich-rechtlicher Beziehungen berührt. Bestehen Zweifel, welche Rechtsvorschrift anzuwenden ist, so entscheidet, falls nach den in Betracht kommenden Rechtsvorschriften mehrere Bundesbehörden in den Geschäftsbereichen mehrerer oberster Bundesbehörden zuständig sind, die Bundesregierung, sonst die zuständige oberste Bundesbehörde. Bestehen Zweifel, welche Rechtsvorschrift anzuwenden ist, und sind nach den in Betracht kommenden Rechtsvorschriften eine Bundesbehörde und eine Landesbehörde zuständig, so führen, falls sich die obersten Bundes- und Landesbehörden nicht einigen, die Bundesregierung und die Landesregierung das Einvernehmen darüber herbei, welche Rechtsvorschrift anzuwenden ist.

Teil VI
Rechtsbehelfsverfahren

§ 79 Rechtsbehelfe gegen Verwaltungsakte

Für förmliche Rechtsbehelfe gegen Verwaltungsakte gelten die Verwaltungsgerichtsordnung und die zu ihrer Ausführung ergangenen Rechtsvorschriften, soweit nicht durch Gesetz etwas anderes bestimmt ist; im Übrigen gelten die Vorschriften dieses Gesetzes.

§ 80 Erstattung von Kosten im Vorverfahren

(1) Soweit der Widerspruch erfolgreich ist, hat der Rechtsträger, dessen Behörde den angefochtenen Verwaltungsakt erlassen hat, demjenigen, der Widerspruch erhoben hat, die zur zweckentsprechenden Rechtsverfolgung oder Rechtsverteidigung notwendigen Aufwendungen zu erstatten. Dies gilt auch, wenn der Widerspruch nur deshalb keinen Erfolg hat, weil die Verletzung einer Verfahrens- oder Formvorschrift nach § 45 unbeachtlich ist. Soweit der Widerspruch erfolglos geblieben ist, hat derjenige, der den Widerspruch eingelegt hat, die zur zweckentsprechenden Rechtsverfolgung oder Rechtsverteidigung notwendigen Aufwendungen der Behörde, die den angefochtenen Verwaltungsakt erlassen hat, zu erstatten; dies gilt nicht, wenn der Widerspruch gegen einen Verwaltungsakt eingelegt wird, der im Rahmen

1. eines bestehenden oder früheren öffentlich-rechtlichen Dienst- oder Amtsverhältnisses oder
2. einer bestehenden oder früheren gesetzlichen Dienstpflicht oder einer Tätigkeit, die an Stelle der gesetzlichen Dienstpflicht geleistet werden kann,

erlassen wurde. Aufwendungen, die durch das Verschulden eines Erstattungsberechtigten entstanden sind, hat dieser selbst zu tragen; das Verschulden eines Vertreters ist dem Vertretenen zuzurechnen.

(2) Die Gebühren und Auslagen eines Rechtsanwalts oder eines sonstigen Bevollmächtigten im Vorverfahren sind erstattungsfähig, wenn die Zuziehung eines Bevollmächtigten notwendig war.

(3) Die Behörde, die die Kostenentscheidung getroffen hat, setzt auf Antrag den Betrag der zu erstattenden Aufwendungen fest; hat ein Ausschuss oder Beirat (§ 73 Abs. 2 der Verwaltungsgerichtsordnung) die Kostenentscheidung getroffen, so obliegt die Kostenfestsetzung der Behörde, bei der der Ausschuss oder Beirat gebildet ist. Die Kostenentscheidung bestimmt auch, ob die Zuziehung eines Rechtsanwalts oder eines sonstigen Bevollmächtigten notwendig war.

(4) Die Absätze 1 bis 3 gelten auch für Vorverfahren bei Maßnahmen des Richterdienstrechts.

Teil VII
Ehrenamtliche Tätigkeit, Ausschüsse

Abschnitt 1
Ehrenamtliche Tätigkeit

§ 81 Anwendung der Vorschriften über die ehrenamtliche Tätigkeit

Für die ehrenamtliche Tätigkeit im Verwaltungsverfahren gelten die §§ 82 bis 87, soweit Rechtsvorschriften nichts Abweichendes bestimmen.

§ 82 Pflicht zu ehrenamtlicher Tätigkeit

Eine Pflicht zur Übernahme ehrenamtlicher Tätigkeit besteht nur, wenn sie durch Rechtsvorschrift vorgesehen ist.

§ 83 Ausübung ehrenamtlicher Tätigkeit

(1) Der ehrenamtlich Tätige hat seine Tätigkeit gewissenhaft und unparteiisch auszuüben.

(2) Bei Übernahme seiner Aufgaben ist er zur gewissenhaften und unparteiischen Tätigkeit und zur Verschwiegenheit besonders zu verpflichten. Die Verpflichtung ist aktenkundig zu machen.

§ 84 Verschwiegenheitspflicht

(1) Der ehrenamtlich Tätige hat, auch nach Beendigung seiner ehrenamtlichen Tätigkeit,

über die ihm dabei bekannt gewordenen Angelegenheiten Verschwiegenheit zu wahren. Dies gilt nicht für Mitteilungen im dienstlichen Verkehr oder über Tatsachen, die offenkundig sind oder ihrer Bedeutung nach keiner Geheimhaltung bedürfen.

(2) Der ehrenamtlich Tätige darf ohne Genehmigung über Angelegenheiten, über die er Verschwiegenheit zu wahren hat, weder vor Gericht noch außergerichtlich aussagen oder Erklärungen abgeben.

(3) Die Genehmigung, als Zeuge auszusagen, darf nur versagt werden, wenn die Aussage dem Wohl des Bundes oder eines Landes Nachteile bereiten oder die Erfüllung öffentlicher Aufgaben ernstlich gefährden oder erheblich erschweren würde.

(4) Ist der ehrenamtlich Tätige Beteiligter in einem gerichtlichen Verfahren oder soll sein Vorbringen der Wahrnehmung seiner berechtigten Interessen dienen, so darf die Genehmigung auch dann, wenn die Voraussetzungen des Absatzes 3 erfüllt sind, nur versagt werden, wenn ein zwingendes öffentliches Interesse dies erfordert. Wird sie versagt, so ist dem ehrenamtlich Tätigen der Schutz zu gewähren, den die öffentlichen Interessen zulassen.

(5) Die Genehmigung nach den Absätzen 2 bis 4 erteilt die fachlich zuständige Aufsichtsbehörde der Stelle, die den ehrenamtlich Tätigen berufen hat.

§ 85 Entschädigung

Der ehrenamtlich Tätige hat Anspruch auf Ersatz seiner notwendigen Auslagen und seines Verdienstausfalls.

§ 86 Abberufung

Personen, die zu ehrenamtlicher Tätigkeit herangezogen worden sind, können von der Stelle, die sie berufen hat, abberufen werden, wenn ein wichtiger Grund vorliegt. Ein wichtiger Grund liegt insbesondere vor, wenn der ehrenamtlich Tätige

1. seine Pflicht gröblich verletzt oder sich als unwürdig erwiesen hat,
2. seine Tätigkeit nicht mehr ordnungsgemäß ausüben kann.

§ 87 Ordnungswidrigkeiten

(1) Ordnungswidrig handelt, wer

1. eine ehrenamtliche Tätigkeit nicht übernimmt, obwohl er zur Übernahme verpflichtet ist,
2. eine ehrenamtliche Tätigkeit, zu deren Übernahme er verpflichtet war, ohne anerkennenswerten Grund niederlegt.

(2) Die Ordnungswidrigkeit kann mit einer Geldbuße geahndet werden.

Abschnitt 2
Ausschüsse

§ 88 Anwendung der Vorschriften über Ausschüsse

Für Ausschüsse, Beiräte und andere kollegiale Einrichtungen (Ausschüsse) gelten, wenn sie in einem Verwaltungsverfahren tätig werden, die §§ 89 bis 93, soweit Rechtsvorschriften nichts Abweichendes bestimmen.

§ 89 Ordnung in den Sitzungen

Der Vorsitzende eröffnet, leitet und schließt die Sitzungen; er ist für die Ordnung verantwortlich.

§ 90 Beschlussfähigkeit

(1) Ausschüsse sind beschlussfähig, wenn alle Mitglieder geladen und mehr als die Hälfte, mindestens aber drei der stimmberechtigten Mitglieder anwesend sind. Beschlüsse können auch im schriftlichen Verfahren gefasst werden, wenn kein Mitglied widerspricht.

(2) Ist eine Angelegenheit wegen Beschlussunfähigkeit zurückgestellt worden und wird der Ausschuss zur Behandlung desselben Gegenstands erneut geladen, so ist er ohne Rücksicht auf die Zahl der Erschienenen beschlussfähig, wenn darauf in dieser Ladung hingewiesen worden ist.

§ 91 Beschlussfassung

Beschlüsse werden mit Stimmenmehrheit gefasst. Bei Stimmengleichheit entscheidet die Stimme des Vorsitzenden, wenn er stimmberechtigt ist; sonst gilt Stimmengleichheit als Ablehnung.

§ 92 Wahlen durch Ausschüsse

(1) Gewählt wird, wenn kein Mitglied des Ausschusses widerspricht, durch Zuruf oder Zeichen, sonst durch Stimmzettel. Auf Verlangen eines Mitgliedes ist geheim zu wählen.

(2) Gewählt ist, wer von den abgegebenen Stimmen die meisten erhalten hat. Bei Stimmengleichheit entscheidet das vom Leiter der Wahl zu ziehende Los.

(3) Sind mehrere gleichartige Wahlstellen zu besetzen, so ist nach dem Höchstzahlverfahren d'Hondt zu wählen, außer wenn einstimmig etwas anderes beschlossen worden ist. Über die Zuteilung der letzten Wahlstelle entscheidet bei gleicher Höchstzahl das vom Leiter der Wahl zu ziehende Los.

§ 93 Niederschrift

Über die Sitzung ist eine Niederschrift zu fertigen. Die Niederschrift muss Angaben enthalten über

1. den Ort und den Tag der Sitzung,
2. die Namen des Vorsitzenden und der anwesenden Ausschussmitglieder,
3. den behandelten Gegenstand und die gestellten Anträge,
4. die gefassten Beschlüsse,
5. das Ergebnis von Wahlen.

Die Niederschrift ist von dem Vorsitzenden und, soweit ein Schriftführer hinzugezogen worden ist, auch von diesem zu unterzeichnen.

Teil VIII
Schlussvorschriften

§ 94 Übertragung gemeindlicher Aufgaben

Die Landesregierungen können durch Rechtsverordnung die nach den §§ 73 und 74 dieses Gesetzes den Gemeinden obliegende Aufgaben auf eine andere kommunale Gebietskörperschaft oder eine Verwaltungsgemeinschaft übertragen. Rechtsvorschriften der Länder, die entsprechende Regelungen bereits enthalten, bleiben unberührt.

§ 95 Sonderregelung für Verteidigungsangelegenheiten

Nach Feststellung des Verteidigungsfalles oder des Spannungsfalles kann in Verteidigungsangelegenheiten von der Anhörung Beteiligter (§ 28 Abs. 1), von der schriftlichen Bestätigung (§ 37 Abs. 2 Satz 2) und von der schriftlichen Begründung eines Verwaltungsaktes (§ 39 Abs. 1) abgesehen werden; in diesen Fällen gilt ein Verwaltungsakt abweichend von § 41 Abs. 4 Satz 3 mit dem auf die Bekanntmachung folgenden Tag als bekannt gegeben. Dasselbe gilt für die sonstigen gemäß Artikel 80a des Grundgesetzes anzuwendenden Rechtsvorschriften.

§ 96 Überleitung von Verfahren

(1) Bereits begonnene Verfahren sind nach den Vorschriften dieses Gesetzes zu Ende zu führen.

(2) Die Zulässigkeit eines Rechtsbehelfs gegen die vor Inkrafttreten dieses Gesetzes ergangenen Entscheidungen richtet sich nach den bisher geltenden Vorschriften.

(3) Fristen, deren Lauf vor Inkrafttreten dieses Gesetzes begonnen hat, werden nach den bisher geltenden Rechtsvorschriften berechnet.

(4) Für die Erstattung von Kosten im Vorverfahren gelten die Vorschriften dieses Gesetzes, wenn das Vorverfahren vor Inkrafttreten dieses Gesetzes noch nicht abgeschlossen worden ist.

§§ 97 bis 99 (weggefallen)

§ 100 Landesgesetzliche Regelungen

Die Länder können durch Gesetz

1. eine dem § 16 entsprechende Regelung treffen;
2. bestimmen, dass für Planfeststellungen, die auf Grund landesrechtlicher Vorschriften durchgeführt werden, die Rechtswirkungen des § 75 Abs. 1 Satz 1 auch gegenüber nach Bundesrecht notwendigen Entscheidungen gelten.

§ 101 Stadtstaatenklausel

Die Senate der Länder Berlin, Bremen und Hamburg werden ermächtigt, die örtliche Zuständigkeit abweichend von § 3 dem besonderen Verwaltungsaufbau ihrer Länder entsprechend zu regeln.

§ 102 Übergangsvorschrift zu § 53

Artikel 229 § 6 Abs. 1 bis 4 des Einführungsgesetzes zum Bürgerlichen Gesetzbuche gilt entsprechend bei der Anwendung des § 53 in der seit dem 1. Januar 2002 geltenden Fassung.

§ 102a Übergangsregelung für die Durchführung von Verwaltungsverfahren

Auf alle vor dem 1. Januar 2024 begonnenen, aber nicht abgeschlossenen Verwaltungsverfahren sind dieses Gesetz in der bis zum 31. Dezember 2023 geltenden Fassung und das Planungssicherstellungsgesetz weiter anzuwenden. Dies gilt nicht für § 3a.

§ 103 (Inkrafttreten)

Niedersächsisches Verwaltungsverfahrensgesetz (NVwVfG)

Vom 3. Dezember 1976 (Nds. GVBl. S. 311)

Zuletzt geändert durch
Gesetz zur Änderung des Niedersächsischen Verwaltungsvollstreckungsgesetzes
und weiterer Gesetze
vom 22. September 2022 (Nds. GVBl. S. 589)

Der Niedersächsische Landtag hat das folgende Gesetz beschlossen, das hiermit verkündet wird:

§ 1

(1) Für die öffentlich-rechtliche Verwaltungstätigkeit der Behörden des Landes, der Kommunen und der sonstigen der Aufsicht des Landes unterstehenden Körperschaften, Anstalten und Stiftungen des öffentlichen Rechts gelten die Vorschriften des Verwaltungsverfahrensgesetzes mit Ausnahme der §§ 1, 2, 61 Abs. 2, §§ 78, 94 und §§ 100 bis 101 sowie die Vorschriften dieses Gesetzes.

(2) Das Verwaltungsverfahrensgesetz und dieses Gesetz finden nur Anwendung, soweit nicht Rechtsvorschriften des Landes inhaltsgleiche oder entgegenstehende Bestimmungen enthalten.

(3) Das jeweilige Fachministerium wird ermächtigt, für seinen Geschäftsbereich durch Verordnung

1. festzulegen, dass in bestimmten Verfahren über einzelne Gegenstände Versicherungen an Eides statt nach § 27 des Verwaltungsverfahrensgesetzes abgenommen werden können, und
2. die für die Abnahme der Versicherung zuständigen Behörden zu bestimmen.

(4) Behörde im Sinne dieses Gesetzes ist jede Stelle, die Aufgaben der öffentlichen Verwaltung wahrnimmt.

§ 2

(1) Dieses Gesetz gilt nicht für die Tätigkeit der Kirchen, der Religionsgesellschaften und Weltanschauungsgemeinschaften sowie ihrer Verbände und Einrichtungen.

(2) Dieses Gesetz gilt ferner nicht für

1. Verwaltungsverfahren, soweit in ihnen Rechtsvorschriften der Abgabenordnung anzuwenden sind,
2. die Strafverfolgung, die Verfolgung und Ahndung von Ordnungswidrigkeiten, die Rechtshilfe für das Ausland in Straf- und Zivilsachen und, unbeschadet des § 80 Abs. 4 des Verwaltungsverfahrensgesetzes, für Maßnahmen des Richterdienstrechts,
3. Verfahren nach dem Sozialgesetzbuch,
4. das Recht des Lastenausgleichs,
5. das Recht der Wiedergutmachung.

(3) Für die Tätigkeit

1. der Gerichtsverwaltungen und der Behörden der Justizverwaltung einschließlich der ihrer Aufsicht unterliegenden Körperschaften des öffentlichen Rechts gilt dieses Gesetz nur, soweit die Tätigkeit der Nachprüfung im Verfahren vor den Gerichten der Verwaltungsgerichtsbarkeit unterliegt;
2. der Behörden bei Leistungs-, Eignungs- und ähnlichen Prüfungen von Personen gelten nur die §§ 3a bis 13, 20 bis 27, 29 bis 38, 40 bis 52, 79, 80 und 96 des Verwaltungsverfahrensgesetzes;
3. der Schulen bei der Anwendung des Niedersächsischen Schulgesetzes und der auf diesem Gesetz beruhenden Rechtsvorschriften gelten nur die §§ 3a bis 13, 21 bis 27, 29 bis 38, 40 bis 52, 79, 80 und 96 des Verwaltungsverfahrensgesetzes;
4. der Hochschulen, der Stiftungen, die Träger einer Hochschule sind, und des zuständigen Ministeriums bei der Besetzung von Stellen für wissenschaftliches und künstlerisches Personal an Hochschulen einschließlich Berufungsverfahren bezieht

sich das Akteneinsichtsrecht (§ 29 des Verwaltungsverfahrensgesetzes) nicht auf die Gutachten von Professorinnen und Professoren und anderen Sachverständigen, die über die fachliche Eignung der von der Hochschule vorgeschlagenen oder eingestellten Bewerberinnen und Bewerber abgegeben werden, und nicht auf Aktenteile, in denen der Inhalt solcher Gutachten ganz oder teilweise wiedergegeben wird.

§ 2a
Ergänzend zu § 3a Abs. 2 des Verwaltungsverfahrensgesetzes gilt, wenn nicht Bundesrecht ausgeführt wird, für die Ersetzung einer durch Rechtsvorschrift angeordneten Schriftform § 8 Abs. 6 Satz 2 des Onlinezugangsgesetzes (OZG) entsprechend.

§ 3
Zur Beglaubigung von Dokumenten nach § 33 Abs. 1 Satz 2 und Abs. 4 des Verwaltungsverfahrensgesetzes sowie von Unterschriften und Handzeichen nach § 34 Abs. 1 Satz 1 und Abs. 4 des Verwaltungsverfahrensgesetzes sind befugt
1. die Kommunen und
2. jede Behörde im Rahmen ihrer sachlichen Zuständigkeit.

§ 3a
Abweichend von § 41 Abs. 2a des Verwaltungsverfahrensgesetzes gilt für die Bekanntgabe eines elektronischen Verwaltungsakts über ein Nutzerkonto gemäß § 2 Abs. 5 OZG, wenn nicht Bundesrecht ausgeführt wird, § 9 Abs. 1 OZG entsprechend.

§ 4
Öffentlich-rechtliche Verträge im Sinne des § 61 Abs. 1 Satz 1 des Verwaltungsverfahrensgesetzes werden nach dem Niedersächsischen Verwaltungsvollstreckungsgesetz vollstreckt. Will eine natürliche oder juristische Person des Privatrechts oder eine nichtrechtsfähige Vereinigung die Vollstreckung wegen einer Geldforderung betreiben, so ist § 170 Abs. 1 bis 3 der Verwaltungsgerichtsordnung entsprechend anzuwenden. Richtet sich die Vollstreckung wegen der Erzwingung einer Handlung, Duldung oder Unterlassung gegen eine Behörde, so ist § 172 der Verwaltungsgerichtsordnung entsprechend anzuwenden.

§ 5
Für Planfeststellungen, die auf Grund landesrechtlicher Vorschriften durchgeführt werden, gelten die Rechtswirkungen des § 75 Abs. 1 Satz 1 des Verwaltungsverfahrensgesetzes auch gegenüber nach Bundesrecht notwendigen Entscheidungen.

§ 6
(1) Treffen mehrere selbständige Vorhaben, für deren Durchführung Planfeststellungsverfahren vorgeschrieben sind, derart zusammen, daß für diese Vorhaben oder für Teile von ihnen nur eine einheitliche Entscheidung möglich ist, so findet für diese Vorhaben oder für deren Teile nur ein Planfeststellungsverfahren statt.

(2) Zuständigkeiten und Verfahren richten sich nach den Rechtsvorschriften über das Planfeststellungsverfahren, das für diejenige Anlage vorgeschrieben ist, die einen größeren Kreis öffentlich-rechtlicher Beziehungen berührt. Bestehen Zweifel, welche Rechtsvorschrift anzuwenden ist, so entscheiden, falls nach den in Betracht kommenden Rechtsvorschriften mehrere Behörden in den Geschäftsbereichen mehrerer oberster Landesbehörden zuständig sind, die obersten Landesbehörden gemeinsam, sonst entscheidet die gemeinsame Aufsichtsbehörde.

§ 7
Aufgaben, die den Gemeinden nach § 1 Abs. 1 dieses Gesetzes in Verbindung mit den §§ 73 und 74 des Verwaltungsverfahrensgesetzes obliegen, werden von den Samtgemeinden wahrgenommen.

§ 8
Dieses Gesetz tritt am 1. Januar 1977 in Kraft.

Niedersächsisches Datenschutzgesetz (NDSG)*)

Vom 16. Mai 2018 (Nds. GVBl. S. 66)

Zuletzt geändert durch
Gesetz zur Beschleunigung kommunaler Abschlüsse sowie zur Änderung des Niedersächsischen Kommunalverfassungsgesetzes, des Niedersächsischen Gesetzes über die kommunale Zusammenarbeit, des Niedersächsischen Datenschutzgesetzes und des Niedersächsischen Ausführungsgesetzes zum Wasserverbandsgesetz
vom 8. Februar 2024 (Nds. GVBl. Nr. 9)

Inhaltsübersicht

Erster Teil
Ergänzende Vorschriften für Verarbeitungen zu Zwecken gemäß Artikel 2 der Verordnung (EU) 2016/679

Erstes Kapitel
Allgemeines

- § 1 Regelungsgegenstand und Anwendungsbereich
- § 2 Erweiterte Anwendung der Datenschutz-Grundverordnung

Zweites Kapitel
Rechtsgrundlagen der Datenverarbeitung

- § 3 Zulässigkeit der Verarbeitung personenbezogener Daten
- § 4 Hinweis bei der Datenerhebung bei anderen Personen
- § 5 Übermittlung personenbezogener Daten
- § 6 Zweckbindung, Zweckänderung
- § 7 Automatisierte Verfahren und gemeinsame Dateisysteme

Drittes Kapitel
Rechte der betroffenen Person

- § 8 Beschränkung der Informationspflicht nach Artikel 13 Abs. 1 bis 3 und Artikel 14 Abs. 1, 2 und 4 der Datenschutz-Grundverordnung
- § 9 Beschränkung des Auskunftsrechts nach Artikel 15 der Datenschutz-Grundverordnung
- § 10 Beschränkung der Benachrichtigungspflicht nach Artikel 34 der Datenschutz-Grundverordnung
- § 11 Dokumentationspflicht bei der Beschränkung von Rechten der betroffenen Person

Viertes Kapitel
Besonderer Datenschutz

- § 12 Verarbeitung personenbezogener Daten bei Dienst- und Arbeitsverhältnissen
- § 13 Verarbeitung personenbezogener Daten zu wissenschaftlichen oder historischen Forschungszwecken
- § 14 Videoüberwachung
- § 15 Öffentliche Auszeichnungen und Ehrungen
- § 16 Begnadigungsverfahren
- § 17 Verarbeitung besonderer Kategorien personenbezogener Daten

---

*) Die Vorschriften des Zweiten und des Dritten Teils dienen der Umsetzung der Richtlinie (EU) 2016/680 des Europäischen Parlaments und des Rates vom 27. April 2016 zum Schutz natürlicher Personen bei der Verarbeitung personenbezogener Daten durch die zuständigen Behörden zum Zwecke der Verhütung, Ermittlung, Aufdeckung oder Verfolgung von Straftaten oder der Strafvollstreckung sowie zum freien Datenverkehr und zur Aufhebung des Rahmenbeschlusses 2008/977/JI des Rates (ABl. EU Nr. L 119 S. 89).

IX.7 Datenschutzgesetz (NDSG) — Inhaltsübersicht

Fünftes Kapitel
Die oder der Landesbeauftragte für den Datenschutz

- § 18 Aufsichtsbehörde, Rechtsstellung der oder des Landesbeauftragten für den Datenschutz
- § 19 Aufgaben der Aufsichtsbehörde
- § 20 Befugnisse der Aufsichtsbehörde, Mitwirkung
- § 20a Zuständigkeiten und Befugnisse für das Telekommunikation-Telemedien-Datenschutz-Gesetz
- § 21 Stellungnahme zum Tätigkeitsbericht
- § 22 Aufsichtsbehörde für die Datenverarbeitung außerhalb des Anwendungsbereichs der Vorschriften dieses Teils

Zweiter Teil
Bestimmungen für Verarbeitungen zu Zwecken gemäß Artikel 1 Abs. 1 der Richtlinie (EU) 2016/680

Erstes Kapitel
Anwendungsbereich und Rechtsgrundlagen der Verarbeitung personenbezogener Daten

- § 23 Anwendungsbereich
- § 24 Begriffsbestimmungen
- § 25 Grundsätze für die Verarbeitung personenbezogener Daten
- § 26 Unterscheidung verschiedener Kategorien betroffener Personen
- § 27 Unterscheidung zwischen Tatsachen und persönlichen Einschätzungen
- § 28 Löschung personenbezogener Daten sowie Einschränkung der Verarbeitung
- § 29 Automatisierte Entscheidungsfindung
- § 30 Datenübermittlung außerhalb des öffentlichen Bereichs
- § 31 Automatisiertes Abrufverfahren
- § 32 Gewährleistung des Datenschutzes bei Übermittlungen oder sonstiger Bereitstellung
- § 33 Einwilligung

Zweites Kapitel
Technische und organisatorische Pflichten des Verantwortlichen und Auftragsverarbeiters

- § 34 Technische und organisatorische Maßnahmen zum Datenschutz und zur Datensicherheit
- § 35 Anforderungen bei der automatisierten Datenverarbeitung, Protokollierung
- § 36 Datengeheimnis
- § 37 Verarbeitung auf Weisung
- § 38 Verzeichnis von Verarbeitungstätigkeiten
- § 39 Datenschutz-Folgenabschätzung
- § 40 Vorherige Anhörung der Aufsichtsbehörde
- § 41 Meldung von Verletzungen des Schutzes personenbezogener Daten an die Aufsichtsbehörde
- § 42 Benachrichtigung der von einer Verletzung des Schutzes personenbezogener Daten betroffenen Person
- § 43 Vertrauliche Meldung von Verstößen
- § 44 Gemeinsam Verantwortliche
- § 45 Auftragsverarbeitung

Drittes Kapitel
Datenübermittlungen an Drittländer und an internationale Organisationen

- § 46 Allgemeine Voraussetzungen
- § 47 Datenübermittlung bei geeigneten Garantien
- § 48 Ausnahmen für eine Datenübermittlung ohne geeignete Garantien
- § 49 Sonstige Datenübermittlung an Empfänger in Drittländern

Viertes Kapitel
Rechte der betroffenen Personen

- § 50 Allgemeine Informationen
- § 51 Auskunft
- § 52 Berichtigung, Löschung und Einschränkung der Verarbeitung

- § 53 Verfahren für die Ausübung der Rechte der betroffenen Person
- § 54 Schadensersatz
- § 55 Anrufung der Aufsichtsbehörde
- § 56 Rechtsschutz bei Untätigkeit der Aufsichtsbehörde

**Fünftes Kapitel
Aufsichtsbehörde und Datenschutzbeauftragte öffentlicher Stellen**

- § 57 Aufgaben und Befugnisse der Aufsichtsbehörde
- § 58 Datenschutzbeauftragte öffentlicher Stellen

**Dritter Teil
Schlussvorschriften**

- § 59 Ordnungswidrigkeiten
- § 60 Straftaten
- § 61 Übergangsvorschrift

Erster Teil
Ergänzende Vorschriften für Verarbeitungen zu Zwecken gemäß Artikel 2 der Verordnung (EU) 2016/679

Erstes Kapitel
Allgemeines

§ 1 Regelungsgegenstand und Anwendungsbereich

(1) ₁Dieser Teil trifft ergänzende Regelungen zur Datenschutz-Grundverordnung für die Verarbeitung personenbezogener Daten

1. durch Behörden, Organe der Rechtspflege und andere öffentlich-rechtlich organisierte Einrichtungen

   a) des Landes,

   b) der Kommunen und

   c) der sonstigen der Aufsicht des Landes unterstehenden Körperschaften, Anstalten und Stiftungen des öffentlichen Rechts und deren Vereinigungen ungeachtet ihrer Rechtsform (öffentliche Stellen)

   sowie

2. durch Personen und Stellen außerhalb des öffentlichen Bereichs (natürliche und juristische Personen, Gesellschaften und andere Personenvereinigungen des privaten Rechts, soweit sie nicht unter Nummer 1 fallen), soweit ihnen Aufgaben der öffentlichen Verwaltung übertragen sind,

soweit die Datenverarbeitung in den sachlichen Anwendungsbereich der Datenschutz-Grundverordnung fällt oder nach § 2 auf die Datenverarbeitung die Regelungen der Datenschutz-Grundverordnung anzuwenden sind. ₂Personen und Stellen nach Satz 1 Nr. 2 sind öffentliche Stellen im Sinne der Vorschriften dieses Teils, soweit ihnen Aufgaben der öffentlichen Verwaltung übertragen sind. ₃§ 2 Abs. 3 des Bundesdatenschutzgesetzes bleibt unberührt.

(2) Für die Gerichte sowie für die Behörden der Staatsanwaltschaft gelten die Vorschriften dieses Teils nur, soweit sie Verwaltungsaufgaben wahrnehmen.

(3) Für den Landtag, seine Mitglieder, die Fraktionen sowie ihre jeweiligen Verwaltungen und Beschäftigten gelten die Vorschriften dieses Teils nur, soweit sie Verwaltungsaufgaben wahrnehmen.

(4) Soweit öffentliche Stellen als Unternehmen am Wettbewerb teilnehmen und dabei personenbezogene Daten in Ausübung ihrer wirtschaftlichen Tätigkeit verarbeiten, finden für sie selbst, ihre Zusammenschlüsse und Verbände die für nicht öffentliche Stellen geltenden Vorschriften Anwendung.

(5) Für öffentlich-rechtliche Kreditinstitute und öffentlich-rechtliche Versicherungsanstalten sowie deren Vereinigungen gelten § 12 dieses Gesetzes und im Übrigen die für nicht öffentliche Stellen geltenden Vorschriften.

(6) Besondere Rechtsvorschriften über die Verarbeitung personenbezogener Daten gehen den Vorschriften dieses Teils vor.

§ 2 Erweiterte Anwendung der Datenschutz-Grundverordnung

Die Regelungen der Datenschutz-Grundverordnung finden auch Anwendung

1. mit Ausnahme der Artikel 30, 35 und 36 der Datenschutz-Grundverordnung über Artikel 2 Abs. 1 der Datenschutz-Grundverordnung hinaus auf die nicht automatisierte Verarbeitung personenbezogener Daten, die in einem Dateisystem weder gespeichert sind noch gespeichert werden sollen, und

2. über Artikel 2 Abs. 2 Buchst. a der Datenschutz-Grundverordnung hinaus auf die Verarbeitung personenbezogener Daten

   a) zum Zweck der Vorbereitung öffentlicher Auszeichnungen und Ehrungen, soweit in § 15 Abs. 2 nichts anderes bestimmt ist,

   b) in Begnadigungsverfahren, soweit in § 16 Satz 2 nichts anderes bestimmt ist, und

   c) im Rahmen einer sonstigen nicht in den sachlichen Anwendungsbereich des

Unionsrechts fallenden Tätigkeit, die nicht unter Artikel 2 Abs. 2 Buchst. b bis d der Datenschutz-Grundverordnung fällt, soweit die Datenverarbeitung durch Rechtsvorschrift nicht speziell geregelt ist.

Zweites Kapitel
Rechtsgrundlagen der Datenverarbeitung

§ 3 Zulässigkeit der Verarbeitung personenbezogener Daten

₁Die Verarbeitung personenbezogener Daten ist zulässig, soweit sie zur Erfüllung einer in der Zuständigkeit der oder des Verantwortlichen liegenden Aufgabe, deren Wahrnehmung

1. im öffentlichen Interesse liegt oder
2. in Ausübung öffentlicher Gewalt, die der oder dem Verantwortlichen übertragen wurde, erfolgt,

erforderlich ist. ₂Im Übrigen bestimmt sich die Zulässigkeit der Datenverarbeitung nach Artikel 6 Abs. 1 der Datenschutz-Grundverordnung.

§ 4 Hinweis bei der Datenerhebung bei anderen Personen

₁Werden personenbezogene Daten nicht bei der betroffenen Person, sondern bei einer anderen Person oder einer Stelle außerhalb des öffentlichen Bereichs erhoben, so ist dieser anderen Person oder Stelle auf Verlangen der Erhebungszweck mitzuteilen, soweit dadurch schutzwürdige Interessen der betroffenen Person nicht beeinträchtigt werden. ₂Soweit eine Auskunftspflicht besteht, ist sie hierauf, sonst auf die Freiwilligkeit ihrer Angaben hinzuweisen.

§ 5 Übermittlung personenbezogener Daten

(1) ₁Die Übermittlung personenbezogener Daten an eine öffentliche Stelle ist zulässig, soweit sie zur Erfüllung der Aufgaben der übermittelnden Stelle oder der empfangenden Stelle erforderlich ist und die Daten für den Zweck erhoben worden sind oder die Voraussetzungen für eine Zweckänderung vorliegen. ₂Die Übermittlung personenbezogener Daten an eine nicht öffentliche Stelle ist zulässig, soweit

1. sie zur Erfüllung der Aufgaben der übermittelnden Stelle erforderlich ist und die Daten für den Zweck erhoben worden sind oder die Voraussetzungen für eine Zweckänderung vorliegen oder
2. die empfangende Stelle ein berechtigtes Interesse an der Kenntnis der zu übermittelnden Daten glaubhaft macht und kein Grund zu der Annahme besteht, dass das schutzwürdige Interesse der betroffenen Person an der Geheimhaltung überwiegt.

₃Bei einer Übermittlung nach Satz 2 hat sich der Empfänger gegenüber der übermittelnden öffentlichen Stelle zu verpflichten, die Daten nur für den Zweck zu verarbeiten, zu dem sie ihm übermittelt wurden. ₄An öffentlich-rechtliche Religionsgesellschaften ist die Übermittlung nur zulässig, sofern sichergestellt ist, dass bei dem Empfänger eine Datenverarbeitung im Einklang mit der Datenschutz-Grundverordnung erfolgt.

(2) ₁Die Verantwortung für die Zulässigkeit der Übermittlung personenbezogener Daten trägt die übermittelnde Stelle. ₂Erfolgt die Übermittlung aufgrund eines Ersuchens einer öffentlichen Stelle, so trägt diese die Verantwortung. ₃Die übermittelnde Stelle hat dann lediglich zu prüfen, ob sich das Übermittlungsersuchen im Rahmen der Aufgaben der ersuchenden Stelle hält. ₄Die Rechtmäßigkeit des Ersuchens prüft sie nur, wenn im Einzelfall hierzu Anlass besteht; die ersuchende Stelle hat der übermittelnden Stelle die für diese Prüfung erforderlichen Angaben zu machen. ₅Erfolgt die Übermittlung durch automatisierten Abruf (§ 7), so trägt die Verantwortung für die Rechtmäßigkeit des Abrufs der Empfänger.

(3) Sind mit personenbezogenen Daten weitere personenbezogene Daten der betroffenen oder einer anderen Person so verbunden, dass eine Trennung nicht oder nur mit unverhältnismäßigem Aufwand möglich ist, so ist die Übermittlung auch dieser Daten an öf-

fentliche Stellen zulässig, soweit nicht berechtigte Interessen der betroffenen oder einer anderen Person an deren Geheimhaltung offensichtlich überwiegen; eine weitere Verarbeitung dieser Daten ist unzulässig.

§ 6 Zweckbindung, Zweckänderung

(1) Zu dem Zweck einer Verarbeitung personenbezogener Daten zählt auch die Verarbeitung

1. zur Wahrnehmung von Aufsichts- und Kontrollbefugnissen, zur Rechnungsprüfung und zur Durchführung von Organisationsuntersuchungen sowie
2. zu Ausbildungs- und Prüfungszwecken, soweit nicht berechtigte Interessen der betroffenen Person an der Geheimhaltung der Daten überwiegen.

(2) Eine Verarbeitung von personenbezogenen Daten zu einem anderen Zweck als dem, für den die Daten erhoben wurden, ist zulässig, soweit und solange

1. die Datenverarbeitung zur Abwehr einer Gefahr für die öffentliche Sicherheit oder zur Abwehr von erheblichen Nachteilen für das Wohl des Bundes oder eines Landes erforderlich ist,
2. die Datenverarbeitung zur Verfolgung von Straftaten oder Ordnungswidrigkeiten, zur Strafvollstreckung oder zur Vollstreckung von Geldbußen erforderlich ist,
3. die Datenverarbeitung zur Abwehr einer schwerwiegenden Beeinträchtigung der Rechte und Freiheiten einer anderen Person erforderlich ist,
4. die Datenverarbeitung erforderlich ist, um Angaben der betroffenen Person, an deren Richtigkeit aufgrund tatsächlicher Anhaltspunkte Zweifel bestehen, zu überprüfen,
5. die Datenverarbeitung zum Schutz der betroffenen Person erforderlich ist oder
6. die Daten aus allgemein zugänglichen Quellen entnommen werden können oder die Daten verarbeitende Stelle sie veröffentlichen dürfte, es sei denn, dass schutzwürdige Interessen der betroffenen Person der Datenverarbeitung offensichtlich entgegenstehen.

(3) Personenbezogene Daten, die einem Berufsgeheimnis oder einem besonderen Amtsgeheimnis unterliegen und der Daten verarbeitenden Stelle von der zur Verschwiegenheit verpflichteten Person in Ausübung ihrer Berufs- oder Amtspflicht übermittelt worden sind, dürfen nicht nach Absatz 2 zu anderen Zwecken verarbeitet werden.

(4) Personenbezogene Daten, die ausschließlich zu Zwecken der Datenschutzkontrolle, der Gewährleistung der Datensicherheit oder des ordnungsgemäßen Betriebs einer Datenverarbeitungsanlage gespeichert werden, dürfen nicht nach Absatz 2 zu anderen Zwecken verarbeitet werden.

(5) Eine Information der betroffenen Person nach Artikel 13 Abs. 3 und Artikel 14 Abs. 4 der Datenschutz-Grundverordnung über die Datenverarbeitung nach Absatz 2 Nrn. 1 bis 4 erfolgt nicht, soweit und solange hierdurch der Zweck der Verarbeitung gefährdet würde.

§ 7 Automatisierte Verfahren und gemeinsame Dateisysteme

Die Einrichtung eines automatisierten Abrufverfahrens oder eines gemeinsamen automatisierten Dateisystems, in oder aus dem mehrere Daten verarbeitende öffentliche Stellen personenbezogene Daten verarbeiten, ist zulässig, soweit dies unter Berücksichtigung der Rechte und Freiheiten der betroffenen Personen und der Aufgaben der beteiligten Stellen angemessen ist und durch technische und organisatorische Maßnahmen Risiken für die Rechte und Freiheiten der betroffenen Personen vermieden werden können.

Drittes Kapitel
Rechte der betroffenen Person

§ 8 Beschränkung der Informationspflicht nach Artikel 13 Abs. 1 bis 3 und Artikel 14 Abs. 1, 2 und 4 der Datenschutz-Grundverordnung

Die Verantwortlichen können von der Erteilung der Information nach Artikel 13 Abs. 1

bis 3 und Artikel 14 Abs. 1, 2 und 4 der Datenschutz-Grundverordnung absehen, soweit und solange

1. die Information die öffentliche Sicherheit gefährden oder sonst dem Wohl des Bundes oder eines Landes Nachteile bereiten würde,
2. dies zur Verfolgung von Straftaten oder Ordnungswidrigkeiten erforderlich ist oder
3. die Information dazu führen würde, dass ein Sachverhalt, der nach einer Rechtsvorschrift im öffentlichen Interesse oder wegen der Rechte und Freiheiten einer anderen Person geheim zu halten ist, aufgedeckt wird.

§ 9 Beschränkung des Auskunftsrechts nach Artikel 15 der Datenschutz-Grundverordnung

(1) ₁Bezieht sich eine nach Artikel 15 der Datenschutz-Grundverordnung verlangte Auskunft auf personenbezogene Daten, die an

1. eine Behörde der Staatsanwaltschaft, eine Polizeidienststelle oder eine andere zur Verfolgung von Straftaten zuständige Stelle,
2. eine Verfassungsschutzbehörde, den Bundesnachrichtendienst oder den Militärischen Abschirmdienst oder
3. das Bundesministerium der Verteidigung oder eine Behörde seines nachgeordneten Bereichs

übermittelt wurden, so ist dieser Behörde vor der Erteilung der Auskunft Gelegenheit zur Stellungnahme zu geben. ₂Im Fall des Satzes 1 Nr. 3 ist dies nur erforderlich, wenn die Erteilung der Auskunft die Sicherheit des Bundes berühren könnte. ₃Die Sätze 1 und 2 gelten entsprechend für personenbezogene Daten, die von einer Behörde nach Satz 1 übermittelt wurden.

(2) ₁Die Verantwortlichen können die Erteilung einer Auskunft ablehnen, soweit und solange

1. die Auskunft die öffentliche Sicherheit gefährden oder sonst dem Wohl des Bundes oder eines Landes Nachteile bereiten würde,
2. dies zur Verfolgung von Straftaten oder Ordnungswidrigkeiten erforderlich ist oder
3. die Auskunft dazu führen würde, dass ein Sachverhalt, der nach einer Rechtsvorschrift im öffentlichen Interesse oder wegen der Rechte und Freiheiten einer anderen Person geheim zu halten ist, aufgedeckt wird.

₂Abgelehnt werden kann auch eine Auskunft über personenbezogene Daten, die ausschließlich zu Zwecken der Gewährleistung der Datensicherheit oder der Datenschutzkontrolle verarbeitet werden und durch geeignete technische und organisatorische Maßnahmen gegen eine Verarbeitung zu anderen Zwecken geschützt sind, wenn die Erteilung der Auskunft einen unverhältnismäßigen Aufwand erfordern würde.

(3) Die Ablehnung der Auskunft ist zu begründen, soweit nicht durch die Mitteilung der Gründe der mit der Auskunftsverweigerung verfolgte Zweck gefährdet würde.

(4) ₁Wird der betroffenen Person eine Auskunft nicht erteilt, so ist die Auskunft auf Verlangen der betroffenen Person der von der oder dem Landesbeauftragten für den Datenschutz geleiteten Behörde (§ 18 Abs. 1 Satz 2) zu erteilen. ₂Die Mitteilung der von der oder dem Landesbeauftragten für den Datenschutz geleiteten Behörde an die betroffene Person darf keine Rückschlüsse auf den Erkenntnisstand des Verantwortlichen zulassen, sofern dieser nicht einer weitergehenden Auskunft zustimmt.

(5) Über personenbezogene Daten, die nicht automatisiert verarbeitet werden und die in einem Dateisystem weder gespeichert sind noch gespeichert werden sollen (§ 2 Nr. 1), wird die Auskunft nur erteilt, soweit die betroffene Person Angaben macht, die das Auffinden der Daten ermöglichen, und der für die Erteilung der Auskunft erforderliche Aufwand nicht außer Verhältnis zu dem geltend gemachten Informationsinteresse steht.

§ 10 Beschränkung der Benachrichtigungspflicht nach Artikel 34 der Datenschutz-Grundverordnung

Die Verantwortlichen können von der Benachrichtigung nach Artikel 34 der Datenschutz-Grundverordnung absehen, soweit und solange

1. die Benachrichtigung die öffentliche Sicherheit gefährden oder sonst dem Wohl des Bundes oder eines Landes Nachteile bereiten würde,
2. dies zur Verfolgung von Straftaten oder Ordnungswidrigkeiten erforderlich ist,
3. die Benachrichtigung dazu führen würde, dass ein Sachverhalt, der nach einer Rechtsvorschrift im öffentlichen Interesse oder wegen der Rechte und Freiheiten einer anderen Person geheim zu halten ist, aufgedeckt wird oder
4. die Benachrichtigung die Sicherheit von automatisierten Informationssystemen gefährden würde.

§ 11 Dokumentationspflicht bei der Beschränkung von Rechten der betroffenen Person

Werden aufgrund von Vorschriften dieses Teils, aufgrund von Vorschriften der Datenschutz-Grundverordnung oder aufgrund anderer datenschutzrechtlicher Bestimmungen Rechte der betroffenen Person beschränkt, so haben die Verantwortlichen die Gründe dafür zu dokumentieren.

Viertes Kapitel
Besonderer Datenschutz

§ 12 Verarbeitung personenbezogener Daten bei Dienst- und Arbeitsverhältnissen

(1) Die beamtenrechtlichen Vorschriften über das Führen von Personalakten des § 50 des Beamtenstatusgesetzes und der §§ 88 bis 95 des Niedersächsischen Beamtengesetzes (NBG) sind für alle nicht beamteten Beschäftigten einer öffentlichen Stelle entsprechend anzuwenden, soweit tarifvertraglich nichts anderes geregelt ist.

(2) $_1$Werden Feststellungen über die Eignung einer Bewerberin oder eines Bewerbers für ein Dienst- oder Arbeitsverhältnis durch ärztliche oder psychologische Untersuchungen oder Tests getroffen, so darf die Einstellungsbehörde von der untersuchenden Person oder Stelle in der Regel nur das Ergebnis der Eignungsuntersuchung und Feststellungen über Faktoren anfordern, die die gesundheitliche Eignung beeinträchtigen können. $_2$Weitere personenbezogene Daten darf sie nur anfordern, wenn sie die Bewerberin oder den Bewerber zuvor schriftlich über die Gründe dafür unterrichtet hat.

(3) $_1$§ 108a Abs. 1 Satz 1 Nrn. 2 bis 4 und Sätze 2 bis 5 und Abs. 2 NBG ist für alle Bewerberinnen und Bewerber um ein Arbeits-, Ausbildungs- oder Praktikantenverhältnis bei einer Polizeibehörde oder der Polizeiakademie Niedersachsen entsprechend anzuwenden, wenn diese Behörde Einstellungsbehörde ist. $_2$Die Regelungen des Niedersächsischen Sicherheitsüberprüfungsgesetzes bleiben unberührt.

§ 13 Verarbeitung personenbezogener Daten zu wissenschaftlichen oder historischen Forschungszwecken

(1) $_1$Öffentliche Stellen dürfen personenbezogene Daten einschließlich Daten im Sinne des Artikels 9 Abs. 1 der Datenschutz-Grundverordnung für ein bestimmtes wissenschaftliches oder historisches Forschungsvorhaben verarbeiten oder an andere Stellen zu diesem Zweck übermitteln, wenn die Art und Verarbeitung der Daten darauf schließen lassen, dass ein schutzwürdiges Interesse der betroffenen Person der Verarbeitung der Daten für das Forschungsvorhaben nicht entgegensteht oder das öffentliche Interesse an der Durchführung des Forschungsvorhabens das schutzwürdige Interesse der betroffenen Person überwiegt. $_2$Das Ergebnis der Abwägung und seine Begründung sind aufzuzeichnen. $_3$Über die Verarbeitung ist die oder der Datenschutzbeauftragte nach Artikel 37 der Datenschutz-Grundverordnung zu unterrichten.

(2) $_1$Werden personenbezogene Daten zu wissenschaftlichen oder historischen Forschungszwecken verarbeitet, so sind sie von der Forschungseinrichtung zu anonymisieren, sobald dies nach dem Forschungszweck möglich ist. $_2$Bis dahin sind die Merkmale, mit deren Hilfe ein Personenbezug hergestellt

werden kann, getrennt zu speichern. ₃Diese Merkmale dürfen mit den Einzelangaben nur zusammengeführt werden, soweit der Forschungszweck dies erfordert.

Im Rahmen von wissenschaftlichen oder historischen Forschungsvorhaben dürfen personenbezogene Daten nur veröffentlicht werden, wenn

1. die betroffene Person eingewilligt hat oder
2. dies für die Darstellung von Forschungsergebnissen über Ereignisse der Zeitgeschichte unerlässlich ist.

(4) ₁Personenbezogene Daten dürfen an Empfängerinnen und Empfänger, auf die die Vorschriften dieses Teils keine Anwendung finden, zu wissenschaftlichen oder historischen Forschungszwecken nur übermittelt werden, wenn sich diese verpflichtet haben, die Daten ausschließlich für das von ihnen bezeichnete Forschungsvorhaben und nach Maßgabe der Absätze 1 bis 3 zu verarbeiten und Schutzmaßnahmen nach § 17 oder gleichwertige Maßnahmen zu treffen. ₂Die Übermittlung ist der von der oder dem Landesbeauftragten für den Datenschutz geleiteten Behörde frühzeitig anzuzeigen.

(5) Die Verantwortlichen können von einer Gewährung der Rechte aus den Artikeln 15, 16, 18 und 21 der Datenschutz-Grundverordnung absehen, soweit und solange die Inanspruchnahme dieser Rechte voraussichtlich die Verwirklichung der jeweiligen wissenschaftlichen oder historischen Forschungszwecke unmöglich macht oder ernsthaft beeinträchtigt und der Ausschluss dieser Rechte für die Erfüllung dieser Zwecke notwendig ist.

§ 14 Videoüberwachung

(1) ₁Die Beobachtung öffentlich zugänglicher Räume mithilfe von optisch-elektronischen Einrichtungen (Videoüberwachung) und die weitere Verarbeitung der dadurch erhobenen personenbezogenen Daten sind zulässig, soweit sie zur Wahrnehmung einer im öffentlichen Interesse liegenden Aufgabe erforderlich sind und keine Anhaltspunkte dafür bestehen, dass schutzwürdige Interessen der von der Videoüberwachung betroffenen Personen überwiegen. ₂Zur Wahrnehmung einer öffentlichen Aufgabe gehören auch

1. der Schutz von Personen, die der beobachtenden Stelle angehören oder diese aufsuchen,
2. der Schutz von Sachen, die zu der beobachtenden Stelle oder zu den Personen nach Nummer 1 gehören, und
3. die Wahrnehmung des Hausrechts der beobachtenden Stelle.

₃Zu einem anderen Zweck dürfen die nach Satz 1 erhobenen Daten nur verarbeitet werden, soweit dies zur Abwehr einer konkreten Gefahr für die öffentliche Sicherheit oder zur Verfolgung von Straftaten erforderlich ist; § 6 Abs. 5 gilt entsprechend.

(2) ₁Die Videoüberwachung ist durch geeignete Maßnahmen zum frühestmöglichen Zeitpunkt erkennbar zu machen. ₂Zudem ist auf den Namen und die Kontaktdaten des Verantwortlichen sowie die Möglichkeit, bei dem Verantwortlichen die Informationen nach Artikel 13 der Datenschutz-Grundverordnung zu erhalten, hinzuweisen.

(3) Beim Einholen des Rates der oder des Datenschutzbeauftragten zu einer Videoüberwachung nach Artikel 35 Abs. 2 der Datenschutz-Grundverordnung hat die öffentliche Stelle insbesondere den Zweck, die räumliche Ausdehnung und die Dauer der Videoüberwachung, den betroffenen Personenkreis, die Maßnahmen nach Absatz 2 und die vorgesehenen Auswertungen mitzuteilen.

§ 15 Öffentliche Auszeichnungen und Ehrungen

(1) ₁Zur Vorbereitung öffentlicher Auszeichnungen und Ehrungen dürfen die zuständigen Stellen die dazu erforderlichen personenbezogenen Daten einschließlich besonderer Kategorien personenbezogener Daten im Sinne des Artikels 9 Abs. 1 der Datenschutz-Grundverordnung verarbeiten, es sei denn, dass der zuständigen Stelle bekannt ist, dass die betroffene Person ihrer öffentlichen Auszeichnung oder Ehrung oder der damit verbundenen Datenverarbeitung widersprochen hat. ₂Auf Anforderung der in Satz 1 genannten

Stellen dürfen öffentliche Stellen die erforderlichen Daten übermitteln. ₃Eine Verarbeitung der personenbezogenen Daten für andere Zwecke ist nur mit Einwilligung der betroffenen Person zulässig; § 6 Abs. 2 findet keine Anwendung.

(2) Die Artikel 13 bis 15, 19 und 21 Abs. 4 der Datenschutz-Grundverordnung finden keine Anwendung.

§ 16 Begnadigungsverfahren

₁In Begnadigungsverfahren dürfen die zuständigen Stellen die für eine Begnadigung erforderlichen Daten einschließlich besonderer Kategorien personenbezogener Daten im Sinne des Artikels 9 Abs. 1 der Datenschutz-Grundverordnung verarbeiten. ₂Die Artikel 13 bis 15 und 19 der Datenschutz-Grundverordnung finden keine Anwendung.

§ 17 Verarbeitung besonderer Kategorien personenbezogener Daten

(1) Die Verarbeitung besonderer Kategorien personenbezogener Daten im Sinne des Artikels 9 Abs. 1 der Datenschutz-Grundverordnung ist zulässig, soweit und solange es erforderlich ist

1. zur Wahrnehmung von Rechten und Pflichten, die aus dem Recht der sozialen Sicherheit und des Sozialschutzes folgen,
2. zur Wahrnehmung von Rechten und Pflichten für öffentlichen Stellen auf dem Gebiet des Dienst- und Arbeitsrechts,
3. zum Zweck der Gesundheitsvorsorge oder der Arbeitsmedizin, für die Beurteilung der Arbeitsfähigkeit von beschäftigten Personen, für die medizinische Diagnostik, die Versorgung oder Behandlung im Gesundheits- oder Sozialbereich oder für die Verwaltung von Systemen und Diensten im Gesundheits- und Sozialbereich oder aufgrund eines Vertrags der betroffenen Person mit einer oder einem Angehörigen eines Gesundheitsberufs, wenn diese Daten von ärztlichem Personal oder durch sonstige Personen, die einer Geheimhaltungspflicht unterliegen, oder unter deren Verantwortung verarbeitet werden,
4. aus Gründen des öffentlichen Interesses im Bereich der öffentlichen Gesundheit und des Infektionsschutzes, wie dem Schutz vor schwerwiegenden grenzüberschreitenden Gesundheitsgefahren oder zur Gewährleistung hoher Qualitäts- und Sicherheitsstandards bei der Gesundheitsversorgung und bei Arzneimitteln und Medizinprodukten; ergänzend zu den in den Absätzen 2 und 3 genannten Maßnahmen sind insbesondere die berufsrechtlichen und strafrechtlichen Vorgaben zur Wahrung des Berufsgeheimnisses einzuhalten,
5. zur Abwehr erheblicher Nachteile für das Gemeinwohl oder von Gefahren für die öffentliche Sicherheit und Ordnung,
6. zur Verfolgung von Straftaten oder Ordnungswidrigkeiten, zur Vollstreckung oder zum Vollzug von Strafen oder Maßnahmen im Sinne des § 11 Abs. 1 Nr. 8 des Strafgesetzbuchs (StGB) oder von Erziehungsmaßregeln oder Zuchtmitteln im Sinne des Jugendgerichtsgesetzes oder zur Vollstreckung von Bußgeldentscheidungen.

(2) Werden im Rahmen der Datenverarbeitung nach diesem Kapitel oder nach anderen datenschutzrechtlichen Bestimmungen besondere Kategorien personenbezogener Daten im Sinne des Artikels 9 Abs. 1 der Datenschutz-Grundverordnung verarbeitet, so sind von den Verantwortlichen und den Auftragsverarbeitern zur Wahrung der Grundrechte und Interessen der betroffenen Person die folgenden Maßnahmen zu treffen:

1. Sicherstellung, dass nachträglich festgestellt werden kann, ob und von wem personenbezogene Daten verarbeitet worden sind,
2. Beschränkung der Befugnisse für den Zugriff auf personenbezogene Daten auf das erforderliche Maß sowie die Dokumentation der Befugnisse,
3. Sensibilisierung der Personen, die Zugang zu den personenbezogenen Daten haben.

(3) ₁Soweit es zum Schutz besonderer Kategorien personenbezogener Daten erforderlich ist, haben die Verantwortlichen und Auf-

tragsverarbeiter ergänzend zu Absatz 2 weitere angemessene und spezifische Maßnahmen zu treffen. ₂Als Maßnahmen kommen insbesondere in Betracht:

1. Sicherstellung, dass die personenbezogenen Daten zur Verarbeitung nur im Vier-Augen-Prinzip freigegeben werden,
2. Sicherstellung, dass auf die personenbezogenen Daten nur nach einer Zwei-Faktor-Authentisierung zugegriffen wird,
3. Sicherstellung, dass die elektronische Übermittlung von personenbezogenen Daten nur mit einer Verschlüsselung erfolgt,
4. Sicherstellung, dass in einem vernetzten IT-System die personenbezogenen Daten nur mit Verschlüsselung gespeichert werden,
5. Sicherstellung, dass durch eine redundante Auslegung der Systeme, der Energieversorgung und der Datenübertragungseinrichtungen ein Datenverlust vermieden wird,
6. Sicherstellung, dass Daten nicht unbefugt verändert werden und ihre Integrität gewahrt ist, etwa durch Einsatz einer elektronischen Signatur,
7. Schulung der Personen, die Zugang zu den personenbezogenen Daten haben.

(4) Art und Umfang der Maßnahmen nach den Absätzen 2 und 3 richten sich nach dem Stand der Technik und den Implementierungskosten, nach der Art, dem Umfang, den Umständen und dem Zweck der Datenverarbeitung sowie nach der Eintrittswahrscheinlichkeit und der Schwere der mit der Datenverarbeitung verbundenen Risiken für die Grundrechte und Interessen der betroffenen Person.

Fünftes Kapitel
Die oder der Landesbeauftragte für den Datenschutz

§ 18 Aufsichtsbehörde, Rechtsstellung der oder des Landesbeauftragten für den Datenschutz

(1) ₁Die oder der Landesbeauftragte für den Datenschutz leitet eine von der Landesregierung unabhängige oberste Landesbehörde mit Sitz in Hannover. ₂Diese Behörde ist Aufsichtsbehörde im Sinne des Artikels 51 Abs. 1 der Datenschutz-Grundverordnung für die Datenverarbeitung im Anwendungsbereich der Vorschriften dieses Teils.

(2) Neben der nach Artikel 53 Abs. 2 der Datenschutz-Grundverordnung erforderlichen Qualifikation, Erfahrung und Sachkunde, insbesondere im Bereich des Schutzes personenbezogener Daten, soll die oder der Landesbeauftragte für den Datenschutz die Befähigung zum Richteramt haben.

(3) ₁Die oder der Landesbeauftragte für den Datenschutz wird nach der Wahl durch den Landtag auf die Dauer von acht Jahren in ein Beamtenverhältnis auf Zeit berufen. ₂Die einmalige Wiederwahl ist zulässig. ₃Die Amtszeit verlängert sich bis zur Berufung einer Nachfolgerin oder eines Nachfolgers, längstens jedoch um sechs Monate.

(4) ₁Für die Landesbeauftragte für den Datenschutz oder den Landesbeauftragten für den Datenschutz gilt keine Altersgrenze. ₂§ 37 NBG ist nicht anzuwenden.

(5) ₁Eine Amtsenthebung nach Artikel 53 Abs. 4 der Datenschutz-Grundverordnung erfolgt durch Beschluss des Landtages. ₂Der Beschluss bedarf der Mehrheit von zwei Dritteln der Mitglieder des Landtages.

(6) ₁Die von der oder dem Landesbeauftragten für den Datenschutz geleitete Behörde wählt ihr eigenes Personal aus. ₂Das Personal untersteht ausschließlich der Leitung der oder des Landesbeauftragten für den Datenschutz. ₃Soweit dienstrechtliche Befugnisse der Landesregierung zustehen, werden Stellen auf Vorschlag der von der oder dem Landesbeauftragten für den Datenschutz geleiteten Behörde besetzt. ₄Soweit dienstrechtliche Befugnisse der Landesregierung zustehen, können die Beschäftigten ohne ihre Zustimmung nur im Einvernehmen mit der von der oder dem Landesbeauftragten für den Datenschutz geleiteten Behörde versetzt, abgeordnet oder umgesetzt werden.

(7) ₁Die von der oder dem Landesbeauftragten für den Datenschutz geleitete Behörde darf Aufgaben der Personalverwaltung ganz oder teilweise auf eine andere Behörde übertragen. ₂In diesem Fall dürfen personen-

bezogene Daten aus der Personalakte auch ohne Einwilligung der betroffenen Person an diese Behörde übermittelt und von ihr verarbeitet werden, soweit dies für die Erfüllung der übertragenen Aufgabe erforderlich ist.

(8) Der Landesrechnungshof hat die Rechnungsprüfung bei der von der oder dem Landesbeauftragten für den Datenschutz geleiteten Behörde so durchzuführen, dass die Unabhängigkeit im Sinne des Artikels 52 Abs. 1 der Datenschutz-Grundverordnung nicht beeinträchtigt wird.

§ 19 Aufgaben der Aufsichtsbehörde

(1) Die von der oder dem Landesbeauftragten für den Datenschutz geleitete Behörde nimmt ihre Aufgaben als Aufsichtsbehörde nach der Datenschutz-Grundverordnung auch in Bezug auf die Vorschriften dieses Teils und andere datenschutzrechtliche Bestimmungen wahr.

(2) Die von der oder dem Landesbeauftragten für den Datenschutz geleitete Behörde ist bei Planungen des Landes, der Kommunen, der kommunalen Anstalten und der gemeinsamen kommunalen Anstalten, der kommunalen Zweckverbände sowie des Bezirksverbands Oldenburg und des Regionalverbandes „Großraum Braunschweig" zum Aufbau automatisierter Informationssysteme frühzeitig zu unterrichten.

§ 20 Befugnisse der Aufsichtsbehörde, Mitwirkung

(1) Die von der oder dem Landesbeauftragten für den Datenschutz geleitete Behörde hat ihre Befugnisse nach Artikel 58 Abs. 1 bis 3 der Datenschutz-Grundverordnung auch in Bezug auf die Vorschriften dieses Teils und andere datenschutzrechtliche Bestimmungen.

(2) ₁Bestehen Anhaltspunkte dafür, dass eine Datenverarbeitung gegen die Datenschutz-Grundverordnung, die Vorschriften dieses Teils oder andere datenschutzrechtliche Bestimmungen verstößt, so kann die von der oder dem Landesbeauftragten für den Datenschutz geleitete Behörde den Verantwortlichen oder den Auftragsverarbeiter auffordern, innerhalb einer bestimmten Frist Stellung zu nehmen. ₂Die von der oder dem Landesbeauftragten für den Datenschutz geleitete Behörde unterrichtet gleichzeitig die Rechts- oder Fachaufsichtsbehörde über die Aufforderung. ₃In der Stellungnahme nach Satz 1 soll auch dargestellt werden, wie die Folgen eines Verstoßes beseitigt und künftige Verstöße vermieden werden sollen. ₄Die Verantwortlichen und Auftragsverarbeiter leiten der Rechts- oder Fachaufsichtsbehörde eine Abschrift ihrer Stellungnahme zu.

(3) ₁Auch Behörden und sonstige öffentliche Stellen des Landes können gerichtlich gegen sie betreffende verbindliche Entscheidungen der von der oder dem Landesbeauftragen für den Datenschutz geleiteten Behörde vorgehen. ₂Die Klage hat aufschiebende Wirkung.

(4) ₁Die Behörden und sonstigen öffentlichen Stellen sind verpflichtet, die von der oder dem Landesbeauftragten für den Datenschutz geleitete Behörde bei der Wahrnehmung ihrer Aufgaben zu unterstützen. ₂Dazu haben sie der von der oder dem Landesbeauftragten für den Datenschutz geleitete Behörde insbesondere jederzeit Zugang zu den Diensträumen, einschließlich aller Datenverarbeitungsanlagen und -geräte, sowie zu allen personenbezogenen Daten und Informationen, die die von der oder dem Landesbeauftragten für den Datenschutz geleitete Behörde zur Erfüllung ihrer Aufgaben für erforderlich hält, zu gewähren. ₃Auf Verlangen der von der oder dem Landesbeauftragten für den Datenschutz geleiteten Behörde sind alle Unterlagen über die Verarbeitung personenbezogener Daten innerhalb einer bestimmten Frist vorzulegen.

(5) Die Befugnis, Geldbußen zu verhängen, steht der von der oder dem Landesbeauftragten für den Datenschutz geleiteten Behörde gegenüber öffentlichen Stellen nur zu, soweit diese als Unternehmen am Wettbewerb teilnehmen.

§ 20a Zuständigkeiten und Befugnisse für das Telekommunikation-Telemedien-Datenschutz-Gesetz

(1) Die von der oder dem Landesbeauftragten für den Datenschutz geleitete Behörde überwacht in ihrem Bereich die Einhaltung der

Bestimmungen der §§ 19 bis 25 des Telekommunikation-Telemedien-Datenschutz-Gesetzes (TTDSG) vom 23. Juni 2021 (RGBl. I S. 1982; 2022 S. 1045), zuletzt geändert durch Artikel 4 des Gesetzes vom 12. August 2021 (BGBl. I S. 3544), in der jeweils geltenden Fassung.

(2) Im Hinblick auf die Befugnisse der von der oder dem Landesbeauftragten für den Datenschutz geleiteten Behörde im Rahmen ihrer Aufsichtstätigkeit über die Einhaltung der Bestimmungen nach dem Telekommunikation-Telemedien-Datenschutz-Gesetz findet Artikel 58 der Datenschutz-Grundverordnung entsprechende Anwendung.

(3) Die von der oder dem Landesbeauftragten für den Datenschutz geleitete Behörde ist Verwaltungsbehörde im Sinne des § 36 Abs. 1 Nr. 1 des Gesetzes über Ordnungswidrigkeiten (OWiG) in der Fassung vom 19. Februar 1987 (BGBl. I S. 602), zuletzt geändert durch Artikel 5 des Gesetzes vom 14. März 2023 (BGBl. 2023 I Nr. 73), in der jeweils geltenden Fassung, in den Fällen des § 28 Abs. 1 Nrn. 10 bis 13 TTDSG, soweit nicht die oder der Bundesbeauftragte für den Datenschutz und die Informationsfreiheit gemäß § 28 Abs. 3 Nr. 2 TTDSG Verwaltungsbehörde im Sinne des § 36 Nr. 1 OWiG ist.

§ 21 Stellungnahme zum Tätigkeitsbericht

Die Landesregierung nimmt zu dem Tätigkeitsbericht der von der oder dem Landesbeauftragten für den Datenschutz geleiteten Behörde nach Artikel 59 der Datenschutz-Grundverordnung innerhalb von sechs Monaten gegenüber dem Landtag Stellung.

§ 22 Aufsichtsbehörde für die Datenverarbeitung außerhalb des Anwendungsbereichs der Vorschriften dieses Teils

₁Die von der oder dem Landesbeauftragten für den Datenschutz geleitete Behörde ist auch Aufsichtsbehörde im Sinne des Artikels 51 Abs. 1 der Datenschutz-Grundverordnung in Verbindung mit § 40 des Bundesdatenschutzgesetzes

1. für die Datenverarbeitung durch nicht öffentliche Stellen und
2. für die Datenverarbeitung durch öffentliche Stellen, soweit nach § 1 Abs. 4 oder Abs. 5 die für nicht öffentliche Stellen geltenden Vorschriften des Bundesdatenschutzgesetzes anzuwenden sind.

₂Die von der oder dem Landesbeauftragten für den Datenschutz geleitete Behörde nimmt dabei ihre Aufgaben und Befugnisse als Aufsichtsbehörde nach der Datenschutz-Grundverordnung auch in Bezug auf andere datenschutzrechtliche Bestimmungen wahr.

Zweiter Teil
Bestimmungen für Verarbeitungen zu Zwecken gemäß Artikel 1 Abs. 1 der Richtlinie (EU) 2016/680

Erstes Kapitel
Anwendungsbereich und Rechtsgrundlagen der Verarbeitung personenbezogener Daten

§ 23 Anwendungsbereich

(1) ₁Dieser Teil gilt für die öffentlichen Stellen im Sinne des § 1 Abs. 1 Satz 1 Nr. 1 Buchst. a und b sowie des § 1 Abs. 1 Satz 2, die zuständig sind für die Verarbeitung personenbezogener Daten zur Verhütung, Ermittlung, Aufdeckung, Verfolgung oder Ahndung von Straftaten, einschließlich des Schutzes vor und der Abwehr von Gefahren für die öffentliche Sicherheit, soweit sie zum Zweck der Erfüllung dieser Aufgaben personenbezogene Daten verarbeiten. ₂Satz 1 gilt auch für diejenigen öffentlichen Stellen, die für die Vollstreckung und den Vollzug von Strafen, von Maßnahmen im Sinne des § 11 Abs. 1 Nr. 8 StGB, von Erziehungsmaßregeln oder Zuchtmitteln im Sinne des Jugendgerichtsgesetzes und von Geldbußen zuständig sind.

(2) Absatz 1 gilt auch für diejenigen öffentlichen Stellen, die Ordnungswidrigkeiten verfolgen und ahnden sowie Sanktionen vollstrecken.

(3) ₁Andere Rechtsvorschriften des Bundes- oder des Landesrechts, in denen die Verhü-

tung, Ermittlung, Aufdeckung, Verfolgung oder Ahndung von Straftaten, einschließlich des Schutzes vor und der Abwehr von Gefahren für die öffentliche Sicherheit, für die in Absatz 1 genannten Stellen besonders geregelt ist, gehen den Vorschriften dieses Teils vor. ₂Soweit diese besonderen Vorschriften keine abschließenden Regelungen enthalten, sind die Vorschriften dieses Teils ergänzend anzuwenden. ₃Die Sätze 1 und 2 gelten auch für die in Absatz 2 genannten öffentlichen Stellen.

§ 24 Begriffsbestimmungen

Im Sinne dieses Teils bezeichnet der Ausdruck

1. „personenbezogene Daten" alle Informationen, die sich auf eine identifizierte oder identifizierbare natürliche Person (im Folgenden: betroffene Person) beziehen, wobei als identifizierbar eine natürliche Person angesehen wird, die direkt oder indirekt, insbesondere mittels Zuordnung zu einer Kennung wie einem Namen, zu einer Kennnummer, zu Standortdaten, zu einer Online-Kennung oder zu einem oder mehreren besonderen Merkmalen, die Ausdruck der physischen, physiologischen, genetischen, psychischen, wirtschaftlichen, kulturellen oder sozialen Identität dieser natürlichen Person sind, identifiziert werden kann;

2. „Verarbeitung" jeden mit oder ohne Hilfe automatisierter Verfahren ausgeführten Vorgang oder jede solche Vorgangsreihe im Zusammenhang mit personenbezogenen Daten wie das Erheben, das Erfassen, die Organisation, das Ordnen, die Speicherung, die Anpassung oder Veränderung, das Auslesen, das Abfragen, die Verwendung, die Offenlegung durch Übermittlung, Verbreitung oder eine andere Form der Bereitstellung, den Abgleich oder die Verknüpfung, die Einschränkung, das Löschen oder die Vernichtung;

3. „Einschränkung der Verarbeitung" die Markierung gespeicherter personenbezogener Daten mit dem Ziel, ihre künftige Verarbeitung einzuschränken;

4. „Profiling" jede Art der automatisierten Verarbeitung personenbezogener Daten, die darin besteht, dass diese personenbezogenen Daten verwendet werden, um bestimmte persönliche Aspekte, die sich auf eine natürliche Person beziehen, zu bewerten, insbesondere um Aspekte bezüglich Arbeitsleistung, wirtschaftliche Lage, Gesundheit, persönliche Vorlieben, Interessen, Zuverlässigkeit, Verhalten, Aufenthaltsort oder Ortswechsel dieser natürlichen Person zu analysieren oder vorherzusagen;

5. „Pseudonymisierung" die Verarbeitung personenbezogener Daten in einer Weise, dass die personenbezogenen Daten ohne Hinzuziehung zusätzlicher Informationen nicht mehr einer spezifischen betroffenen Person zugeordnet werden können, sofern diese zusätzlichen Informationen gesondert aufbewahrt werden und technischen und organisatorischen Maßnahmen unterliegen, die gewährleisten, dass die personenbezogenen Daten nicht einer identifizierten oder identifizierbaren natürlichen Person zugewiesen werden;

6. „Verantwortlicher" die zuständige öffentliche Stelle im Sinne des § 23 Abs. 1 und 2, die innerhalb ihrer Aufgabenerfüllung allein oder gemeinsam mit anderen über die Zwecke und Mittel der Verarbeitung von personenbezogenen Daten entscheidet;

7. „Auftragsverarbeiter" eine natürliche oder juristische Person, Behörde, Einrichtung oder andere Stelle, die personenbezogene Daten im Auftrag des Verantwortlichen verarbeitet;

8. „Empfänger" eine natürliche oder juristische Person, Behörde, Einrichtung oder andere Stelle, der personenbezogene Daten offengelegt werden, unabhängig davon, ob es sich bei ihr um einen Dritten handelt oder nicht. Behörden, die im Rahmen eines bestimmten Untersuchungsauftrags nach dem Recht der Mitgliedstaaten möglicherweise personenbezogene Daten erhalten, gelten jedoch

nicht als Empfänger; die Verarbeitung dieser Daten durch die genannten Behörden erfolgt im Einklang mit den geltenden Datenschutzvorschriften gemäß den Zwecken der Verarbeitung;

9. „Verletzung des Schutzes personenbezogener Daten" eine Verletzung der Sicherheit, die zur Vernichtung, zum Verlust oder zur Veränderung, ob unbeabsichtigt oder unrechtmäßig, oder zur unbefugten Offenlegung von beziehungsweise zum unbefugten Zugang zu personenbezogenen Daten führt, die übermittelt, gespeichert oder auf sonstige Weise verarbeitet wurden;

10. „genetische Daten" personenbezogene Daten zu den ererbten oder erworbenen genetischen Eigenschaften einer natürlichen Person, die eindeutige Informationen über die Physiologie oder die Gesundheit dieser natürlichen Person liefern und insbesondere aus der Analyse einer biologischen Probe der betreffenden natürlichen Person gewonnen wurden;

11. „biometrische Daten" mit speziellen technischen Verfahren gewonnene personenbezogene Daten zu den physischen, physiologischen oder verhaltenstypischen Merkmalen einer natürlichen Person, die die eindeutige Identifizierung dieser natürlichen Person ermöglichen oder bestätigen, wie Gesichtsbilder oder daktyloskopische Daten;

12. „Gesundheitsdaten" personenbezogene Daten, die sich auf die körperliche oder geistige Gesundheit einer natürlichen Person, einschließlich der Erbringung von Gesundheitsdienstleistungen, beziehen und aus denen Informationen über deren Gesundheitszustand hervorgehen;

13. „besondere Kategorien personenbezogener Daten" personenbezogene Daten, aus denen die rassische oder ethnische Herkunft, politische Meinungen, religiöse oder weltanschauliche Überzeugungen oder die Gewerkschaftszugehörigkeit hervorgehen, genetische Daten, biometrische Daten zur eindeutigen Identifizierung einer natürlichen Person, Gesundheitsdaten und Daten zum Sexualleben oder zur sexuellen Orientierung;

14. „Aufsichtsbehörde" eine von einem Mitgliedstaat gemäß Artikel 41 der Richtlinie (EU) 2016/680 eingerichtete unabhängige staatliche Stelle;

15. „internationale Organisation" eine völkerrechtliche Organisation und ihre nachgeordneten Stellen oder jede sonstige Einrichtung, die durch eine zwischen zwei oder mehr Ländern geschlossene Übereinkunft oder auf der Grundlage einer solchen Übereinkunft geschaffen wurde;

16. „Schengen-assoziierter Staat" einen Staat, der die Bestimmungen des Schengen-Besitzstandes aufgrund eines Assoziierungsabkommens mit der Europäischen Union über die Umsetzung, Anwendung und Entwicklung des Schengen-Besitzstandes anwendet und den Mitgliedstaaten der Europäischen Union insoweit gleichsteht;

17. „Einwilligung" jede freiwillig für den bestimmten Fall, in informierter Weise und unmissverständlich abgegebene Willensbekundung in Form einer Erklärung oder einer sonstigen eindeutigen bestätigenden Handlung, mit der die betroffene Person zu verstehen gibt, dass sie mit der Verarbeitung der sie betreffenden personenbezogenen Daten einverstanden ist;

18. „Anonymisierung" das Verändern personenbezogener Daten derart, dass die Einzelangaben über persönliche oder sachliche Verhältnisse nicht mehr oder nur mit einem unverhältnismäßig großen Aufwand an Zeit, Kosten und Arbeitskraft einer bestimmten oder bestimmbaren natürlichen Person zugeordnet werden können.

§ 25 Grundsätze für die Verarbeitung personenbezogener Daten

(1) Die Verarbeitung personenbezogener Daten durch eine öffentliche Stelle im Sinne des § 23 Abs. 1 und 2 ist zulässig, soweit und solange sie zur Erfüllung der in ihrer Zuständigkeit liegenden und in § 23 Abs. 1 und 2 genannten Aufgabe erforderlich und verhältnismäßig ist.

(2) Personenbezogene Daten müssen
1. auf rechtmäßige Weise und nach Treu und Glauben verarbeitet werden,
2. für festgelegte, eindeutige und rechtmäßige Zwecke erhoben und nicht in einer mit diesen Zwecken nicht zu vereinbarenden Weise verarbeitet werden und
3. sachlich richtig und erforderlichenfalls auf dem neuesten Stand sein, wobei alle angemessenen Maßnahmen zu treffen sind, damit personenbezogene Daten, die im Hinblick auf die Zwecke ihrer Verarbeitung unrichtig sind, unverzüglich gelöscht oder berichtigt werden.

(3) ₁Die Verarbeitung besonderer Kategorien personenbezogener Daten ist nur zulässig, wenn sie zur Aufgabenerfüllung unerlässlich ist. ₂Für den Schutz bei der Verarbeitung besonderer Kategorien personenbezogener Daten für die in § 23 genannten Zwecke ist § 17 Abs. 2 bis 4 entsprechend anwendbar.

(4) ₁Eine Verarbeitung personenbezogener Daten zu einem anderen Zweck als zu demjenigen, zu dem sie erhoben wurden, ist zulässig, wenn es sich bei dem anderen Zweck um einen der in § 23 genannten Zwecke handelt, der Verantwortliche befugt ist, Daten zu diesem Zweck zu verarbeiten, und die Verarbeitung zu diesem Zweck erforderlich und verhältnismäßig ist. ₂Die Verarbeitung personenbezogener Daten zu einem anderen, in § 23 nicht genannten Zweck ist zulässig, wenn sie in einer Rechtsvorschrift vorgesehen ist.

(5) ₁Die Verarbeitung kann zu im öffentlichen Interesse liegenden Archivzwecken oder statistischen Zwecken erfolgen. ₂Für die Verarbeitung personenbezogener Daten zu wissenschaftlichen oder historischen Forschungszwecken ist § 13 Abs. 1 bis 4 entsprechend anwendbar, wobei die Rechte der betroffenen Person auf Auskunft nach § 51, Berichtigung und Einschränkung der Verarbeitung nach § 52 nicht bestehen, soweit die Inanspruchnahme dieser Rechte voraussichtlich die Verwirklichung der jeweiligen wissenschaftlichen oder historischen Forschungszwecke unmöglich macht oder ernsthaft beeinträchtigt und der Ausschluss dieser Rechte für die Erfüllung dieser Zwecke notwendig ist.

(6) ₁Eine Verarbeitung zu anderen Zwecken liegt nicht vor, wenn dies zur Wahrnehmung von Aufsichts- und Kontrollbefugnissen, zur Rechnungsprüfung oder zur Durchführung von Organisationsuntersuchungen erfolgt. ₂Zulässig ist auch die Verarbeitung zu Ausbildungs- und Prüfungszwecken, soweit nicht berechtigte Interessen der betroffenen Personen an der Geheimhaltung der Daten überwiegen.

§ 26 Unterscheidung verschiedener Kategorien betroffener Personen

₁Der Verantwortliche hat bei der Verarbeitung personenbezogener Daten soweit wie möglich zwischen den verschiedenen Kategorien betroffener Personen zu unterscheiden. ₂Es sind insbesondere folgende Kategorien zu unterscheiden:

1. Personen, gegen die ein begründeter Verdacht besteht, dass sie eine Straftat begangen haben,
2. Personen, gegen die ein begründeter Verdacht besteht, dass sie in naher Zukunft eine Straftat begehen werden,
3. verurteilte Straftäterinnen und Straftäter,
4. Opfer einer Straftat oder Personen, bei denen bestimmte Tatsachen darauf hindeuten, dass sie Opfer einer Straftat sein könnten, und
5. andere Personen wie insbesondere Zeuginnen und Zeugen, Hinweisgeberinnen und Hinweisgeber oder Personen, die mit den in den Nummern 1 bis 4 genannten Personen in Kontakt oder Verbindung stehen.

₃Die Sätze 1 und 2 sind entsprechend anzuwenden, soweit personenbezogene Daten zum Zweck der Verfolgung, Ahndung und Sanktionierung von Ordnungswidrigkeiten verarbeitet werden.

§ 27 Unterscheidung zwischen Tatsachen und persönlichen Einschätzungen

Bei der Verarbeitung von personenbezogenen Daten hat der Verantwortliche so weit wie möglich zwischen auf Tatsachen beruhenden Daten und auf persönlichen Einschätzungen beruhenden Daten zu unterscheiden.

§ 28 Löschung personenbezogener Daten sowie Einschränkung der Verarbeitung

(1) ₁Der Verantwortliche hat personenbezogene Daten unverzüglich zu löschen, wenn

1. ihre Verarbeitung unzulässig ist,
2. ihre Kenntnis für seine Aufgabenerfüllung nicht mehr erforderlich ist oder
3. sie zur Erfüllung einer rechtlichen Verpflichtung gelöscht werden müssen.

₂In den Fällen des Satzes 1 Nr. 2 tritt an die Stelle der Löschung die Abgabe an das zuständige Archiv.

(2) ₁Anstatt die personenbezogenen Daten zu löschen, kann der Verantwortliche deren Verarbeitung einschränken, wenn

1. Grund zu der Annahme besteht, dass durch die Löschung schutzwürdige Interessen einer betroffenen Person beeinträchtigt würden,
2. die Daten zu Beweiszwecken in behördlichen oder gerichtlichen Verfahren, die Zwecken des § 23 dienen, weiter aufbewahrt werden müssen oder
3. eine Löschung wegen der besonderen Art der Speicherung nicht oder nur mit unverhältnismäßigem Aufwand möglich ist.

₂In ihrer Verarbeitung nach Satz 1 eingeschränkte Daten dürfen nur zu dem Zweck, der ihrer Löschung entgegenstand, verarbeitet oder sonst mit Einwilligung der betroffenen Person verarbeitet werden.

(3) Bei automatisierten Datenverarbeitungssystemen ist technisch sicherzustellen, dass eine Einschränkung der Verarbeitung eindeutig erkennbar und eine Verarbeitung für andere Zwecke nicht ohne weitere Prüfung möglich ist.

(4) Unbeschadet der in Rechtsvorschriften festgesetzten Höchstspeicher- oder Löschfristen hat der Verantwortliche für die Löschung von personenbezogenen Daten oder für eine regelmäßige Überprüfung der Notwendigkeit ihrer Speicherung angemessene Fristen vorzusehen und durch verfahrensrechtliche Vorkehrungen sicherzustellen, dass diese Fristen eingehalten werden.

§ 29 Automatisierte Entscheidungsfindung

(1) Eine ausschließlich auf einer automatisierten Verarbeitung beruhende Entscheidung, die für die betroffene Person mit einer nachteiligen Rechtsfolge verbunden ist oder sie erheblich beeinträchtigt, einschließlich Profiling, ist nur zulässig, wenn sie in einer Rechtsvorschrift vorgesehen ist.

(2) Entscheidungen nach Absatz 1 dürfen nicht auf besonderen Kategorien personenbezogener Daten beruhen, sofern nicht geeignete Maßnahmen zum Schutz der Rechte und Freiheiten sowie der berechtigten Interessen der betroffenen Person getroffen wurden.

(3) Profiling, das zur Folge hat, dass betroffene Personen auf der Grundlage von besonderen Kategorien personenbezogener Daten diskriminiert werden, ist verboten.

§ 30 Datenübermittlung außerhalb des öffentlichen Bereichs

(1) ₁Die Übermittlung personenbezogener Daten an Personen oder Stellen außerhalb des öffentlichen Bereichs ist zulässig, wenn

1. die Empfänger ein rechtliches Interesse an der Kenntnis der zu übermittelnden Daten glaubhaft machen und kein Grund zu der Annahme besteht, dass das schutzwürdige Interesse der Betroffenen an der Geheimhaltung überwiegt, oder
2. sie im öffentlichen Interesse liegt oder hierfür ein berechtigtes Interesse geltend gemacht wird und die Betroffenen in diesen Fällen der Übermittlung nicht widersprochen haben.

₂In den Fällen des Satzes 1 Nr. 2 sind die betroffenen Personen über die beabsichtigte Übermittlung, die Art der zu übermittelnden Daten und den Verwendungszweck in geeigneter Weise und rechtzeitig zu unterrichten.

(2) Die übermittelnde Stelle hat die Empfänger zu verpflichten, die Daten nur für die Zwecke zu verarbeiten, zu denen sie ihnen übermittelt wurden.

§ 31 Automatisiertes Abrufverfahren

Die Einrichtung und Nutzung eines automatisierten Abrufverfahrens oder einer gemeinsamen automatisierten Datei, in oder aus der mehrere Daten verarbeitende öffentliche Stellen personenbezogene Daten verarbeiten, ist unter den in § 7 genannten Voraussetzungen zulässig.

§ 32 Gewährleistung des Datenschutzes bei Übermittlungen oder sonstiger Bereitstellung

(1) ₁Der Verantwortliche hat angemessene Maßnahmen zu ergreifen, um zu gewährleisten, dass unrichtige sowie ohne sachlichen Grund unvollständige oder nicht mehr aktuelle personenbezogene Daten nicht übermittelt oder sonst bereitgestellt werden. ₂Zu diesem Zweck hat er, soweit dies mit angemessenem Aufwand möglich ist, die Qualität der personenbezogenen Daten vor ihrer Übermittlung oder Bereitstellung zu überprüfen. ₃Bei jeder Übermittlung personenbezogener Daten hat er, soweit dies möglich und angemessen ist, Informationen beizufügen, die es dem Empfänger gestatten, die Richtigkeit, die Vollständigkeit und die Zuverlässigkeit der Daten sowie deren Aktualität zu beurteilen.

(2) ₁Hat der Verantwortliche unrichtige personenbezogene Daten übermittelt oder war die Übermittlung unzulässig, so hat er dies dem Empfänger mitzuteilen. ₂Der Empfänger hat die übermittelten unrichtigen Daten zu berichtigen oder die unzulässig übermittelten Daten nach § 28 zu löschen oder in ihrer Verarbeitung einzuschränken.

(3) ₁Hat der Verantwortliche personenbezogene Daten nach § 28 Abs. 1 Satz 1 Nr. 1 gelöscht oder nach § 28 Abs. 2 Satz 1 Nr. 1 oder 2 in der Verarbeitung eingeschränkt, so hat er anderen Empfängern, denen er die Daten übermittelt hat, diese Maßnahmen mitzuteilen. ₂Der Empfänger hat die Daten zu löschen oder in ihrer Verarbeitung einzuschränken.

(4) ₁Gelten für die Verarbeitung von personenbezogenen Daten besondere Bedingungen, so hat bei Datenübermittlungen die übermittelnde Stelle den Empfänger auf diese Bedingungen und die Pflicht zu ihrer Beachtung hinzuweisen. ₂Die Hinweispflicht kann dadurch erfüllt werden, dass die Daten entsprechend gekennzeichnet werden.

(5) Die übermittelnde Stelle darf auf Empfänger in anderen Mitgliedstaaten der Europäischen Union und in Schengen assoziierten Staaten keine Bedingungen anwenden, die nicht auch für entsprechende innerstaatliche Datenübermittlungen gelten.

(6) § 5 Abs. 2 und 3 ist bei der Übermittlung im Anwendungsbereich dieses Teils entsprechend anwendbar.

§ 33 Einwilligung

(1) Soweit die Verarbeitung personenbezogener Daten nach einer Rechtsvorschrift auf der Grundlage einer Einwilligung erfolgen kann, muss der Verantwortliche die Einwilligung der betroffenen Person nachweisen können.

(2) Erfolgt die Einwilligung der betroffenen Person durch eine schriftliche Erklärung, die noch andere Sachverhalte betrifft, so muss das Ersuchen um Einwilligung in verständlicher und leicht zugänglicher Form in einer klaren und einfachen Sprache so erfolgen, dass es von den anderen Sachverhalten im äußeren Erscheinungsbild der Erklärung klar zu unterscheiden ist.

(3) ₁Die betroffene Person hat das Recht, ihre Einwilligung jederzeit zu widerrufen. ₂Durch den Widerruf der Einwilligung wird die Rechtmäßigkeit der aufgrund der Einwilligung bis zum Widerruf erfolgten Verarbeitung nicht berührt. ₃Die betroffene Person ist vor Abgabe der Einwilligung hiervon in Kenntnis zu setzen.

(4) ₁Die Einwilligung ist nur wirksam, wenn sie auf der freien Entscheidung der betroffenen Person beruht. ₂Bei der Beurteilung, ob die Einwilligung freiwillig erteilt wurde, müssen die Umstände der Erteilung berücksichtigt werden. ₃Die betroffene Person ist auf den vorgesehenen Zweck der Verarbeitung hinzuweisen. ₄Ist dies nach den Umständen des Einzelfalles erforderlich oder verlangt die betroffene Person dies, so ist sie auch über die Folgen der Verweigerung der Einwilligung zu belehren.

(5) Soweit besondere Kategorien personenbezogener Daten verarbeitet werden, muss sich die Einwilligung ausdrücklich auf diese Daten beziehen.

**Zweites Kapitel
Technische und organisatorische
Pflichten des Verantwortlichen und
Auftragsverarbeiters**

§ 34 Technische und organisatorische Maßnahmen zum Datenschutz und zur Datensicherheit

(1) Der Verantwortliche hat unter Berücksichtigung der Art, des Umfangs, der Umstände und der Zwecke der Verarbeitung sowie der Eintrittswahrscheinlichkeit und der Schwere des Risikos für die Rechte und Freiheiten natürlicher Personen geeignete technische und organisatorische Maßnahmen zu treffen, um bei der Verarbeitung personenbezogener Daten ein dem Risiko angemessenes Schutzniveau zu gewährleisten, insbesondere im Hinblick auf die Verarbeitung besonderer Kategorien personenbezogener Daten.

(2) ₁Der Verantwortliche hat sowohl zum Zeitpunkt der Festlegung der Mittel für die Verarbeitung als auch zum Zeitpunkt der Verarbeitung selbst angemessene Vorkehrungen zu treffen, die geeignet sind, die Datenschutzgrundsätze wie etwa die Datensparsamkeit wirksam umzusetzen, und die sicherstellen, dass die gesetzlichen Anforderungen eingehalten und die Rechte der betroffenen Personen geschützt werden. ₂Er hat hierbei den Stand der Technik, die Implementierungskosten und die Art, den Umfang, die Umstände und die Zwecke der Verarbeitung sowie die unterschiedliche Eintrittswahrscheinlichkeit und Schwere der mit der Verarbeitung verbundenen Risiken für die Rechte und Freiheiten sowie berechtigte Interessen der betroffenen Personen zu berücksichtigen. ₃Insbesondere sind die Verarbeitung personenbezogener Daten und die Auswahl und Gestaltung von Datenverarbeitungssystemen an dem Ziel auszurichten, so wenig personenbezogene Daten wie möglich zu verarbeiten. ₄Personenbezogene Daten sind zum frühestmöglichen Zeitpunkt zu anonymisieren oder zu pseudonymisieren, soweit dies nach dem Verarbeitungszweck möglich ist.

(3) ₁Der Verantwortliche hat geeignete technische und organisatorische Maßnahmen zu treffen, die sicherstellen, dass durch Voreinstellungen grundsätzlich nur solche personenbezogenen Daten verarbeitet werden, deren Verarbeitung für den jeweiligen bestimmten Verarbeitungszweck erforderlich ist. ₂Dies betrifft die Menge der erhobenen personenbezogenen Daten, den Umfang ihrer Verarbeitung, ihre Speicherfrist und ihre Zugänglichkeit. ₃Die Maßnahmen müssen insbesondere sicherstellen, dass die personenbezogenen Daten durch Voreinstellungen nicht automatisiert einer unbestimmten Anzahl von Personen zugänglich gemacht werden können.

§ 35 Anforderungen bei der automatisierten Datenverarbeitung, Protokollierung

(1) Im Fall einer automatisierten Verarbeitung hat der Verantwortliche auf Grundlage einer Risikobewertung nach § 34 Abs. 1 und 2 Maßnahmen zu ergreifen, die je nach Art der Daten und ihrer Verwendung geeignet sind,

1. Unbefugten den Zugang zu den Verarbeitungsanlagen zu verwehren (Zugangskontrolle),
2. zu verhindern, dass Datenträger unbefugt gelesen, kopiert, verändert oder entfernt werden können (Datenträgerkontrolle),
3. zu verhindern, dass personenbezogene Daten unbefugt in den Speicher eingegeben oder gespeicherte personenbezogene Daten zur Kenntnis genommen, verändert oder gelöscht werden (Speicherkontrolle),
4. zu verhindern, dass Datenverarbeitungssysteme mithilfe von Einrichtungen zur Datenübertragung von Unbefugten benutzt werden können (Benutzerkontrolle),
5. zu gewährleisten, dass die zur Benutzung eines Datenverarbeitungssystems Berechtigten ausschließlich auf die ihrer

Zugriffsberechtigung unterliegenden Daten Zugriff haben (Zugriffskontrolle),
6. zu gewährleisten, dass überprüft und festgestellt werden kann, an welche Stellen personenbezogene Daten mithilfe von Einrichtungen zur Datenübertragung übermittelt oder zur Verfügung gestellt wurden oder werden können (Übertragungskontrolle),
7. zu gewährleisten, dass überprüft und festgestellt werden kann, welche personenbezogenen Daten zu welcher Zeit von wem in automatisierte Datenverarbeitungssysteme eingegeben oder verändert worden sind (Eingabekontrolle),
8. zu gewährleisten, dass personenbezogene Daten gegen zufällige Zerstörung oder Verlust geschützt sind (Verfügbarkeitskontrolle),
9. zu gewährleisten, dass Daten, die im Auftrag verarbeitet werden, nur entsprechend den Weisungen der Auftraggeber verarbeitet werden können (Auftragskontrolle),
10. zu gewährleisten, dass bei der Übertragung von Daten sowie beim Transport von Datenträgern diese nicht unbefugt gelesen, kopiert, verändert oder gelöscht werden können (Transportkontrolle),
11. die innerbehördliche oder innerbetriebliche Organisation so zu gestalten, dass sie den besonderen Anforderungen des Datenschutzes gerecht wird (Organisationskontrolle),
12. zu gewährleisten, dass eingesetzte Systeme im Störungsfall wiederhergestellt werden können (Wiederherstellung),
13. zu gewährleisten, dass alle Funktionen des Systems zur Verfügung stehen und auftretende Fehlfunktionen gemeldet werden (Zuverlässigkeit),
14. zu gewährleisten, dass gespeicherte personenbezogene Daten nicht durch Fehlfunktionen des Systems beschädigt werden können (Datenintegrität).

(2) In automatisierten Datenverarbeitungssystemen hat der Verantwortliche zumindest folgende Verarbeitungsvorgänge zu protokollieren:

1. Erhebung,
2. Veränderung,
3. Abfrage,
4. Offenlegung einschließlich Übermittlung,
5. Kombination und
6. Löschung

der personenbezogenen Daten.

(3) Die Protokolle über Abfragen und Offenlegungen müssen es ermöglichen, die Begründung, das Datum und die Uhrzeit dieser Vorgänge und so weit wie möglich die Identifizierung der Person, die die personenbezogenen Daten abgefragt oder offengelegt hat, und die Identität des Empfängers solcher personenbezogenen Daten festzustellen.

(4) ₁Die Protokolldaten dürfen ausschließlich verwendet werden für

1. Strafverfahren,
2. die Gewährleistung der Datensicherheit oder des ordnungsgemäßen Betriebes eines Datenverarbeitungssystems,
3. die Überprüfung der Rechtmäßigkeit der Datenverarbeitung durch die Datenschutzbeauftragte oder den Datenschutzbeauftragten oder durch die von dem oder der Landesbeauftragten für den Datenschutz geleitete Behörde.

₂Der Verantwortliche hat die Protokolle der von der oder dem Landesbeauftragten für den Datenschutz geleiteten Behörde auf Anforderung zur Verfügung zu stellen. ₃Die Protokolldaten sind am Ende des auf deren Generierung folgenden Jahres zu löschen.

§ 36 Datengeheimnis

₁Mit Datenverarbeitung befasste Personen dürfen personenbezogene Daten nicht unbefugt verarbeiten (Datengeheimnis). ₂Das Datengeheimnis besteht auch nach der Beendigung ihrer Tätigkeit fort. ₃Die Personen sind über die bei ihrer Tätigkeit zu beachtenden Vorschriften über den Datenschutz zu unterrichten.

§ 37 Verarbeitung auf Weisung

Jede einem Verantwortlichen unterstellte Person, die Zugang zu personenbezogenen Daten hat, darf diese Daten ausschließlich auf

Weisung des Verantwortlichen verarbeiten, es sei denn, dass sie nach einer Rechtsvorschrift zur Verarbeitung verpflichtet ist.

§ 38 Verzeichnis von Verarbeitungstätigkeiten

₁Der Verantwortliche hat ein Verzeichnis von Verarbeitungstätigkeiten in entsprechender Anwendung des Artikels 30 Abs. 1 der Datenschutz-Grundverordnung zu erstellen, in das zusätzlich die Rechtsgrundlage der Verarbeitung sowie gegebenenfalls die Verwendung von Profiling aufgenommen werden. ₂Artikel 30 Abs. 3 und 4 der Datenschutz-Grundverordnung ist entsprechend anwendbar.

§ 39 Datenschutz-Folgenabschätzung

(1) Hat eine Form der Verarbeitung, insbesondere bei Verwendung neuer Technologien, aufgrund der Art, des Umfangs, der Umstände und der Zwecke der Verarbeitung voraussichtlich ein hohes Risiko für die Rechte und Freiheiten natürlicher Personen zur Folge, so führt der Verantwortliche vorab eine Abschätzung der Folgen der vorgesehenen Datenverarbeitungsvorgänge für den Schutz personenbezogener Daten durch.

(2) Für die Untersuchung mehrerer ähnlicher Verarbeitungsvorgänge mit ähnlich hohen Risiken kann eine gemeinsame Datenschutz-Folgenabschätzung vorgenommen werden.

(3) ₁Die Folgenabschätzung hat die Rechte und die schutzwürdigen Interessen der von der Datenverarbeitung betroffenen Personen und sonstiger Betroffener angemessen zu berücksichtigen. ₂Sie ist schriftlich zu dokumentieren und enthält zumindest

1. eine systematische Beschreibung der geplanten Verarbeitungsvorgänge und der Zwecke der Verarbeitung,
2. eine Bewertung der Erforderlichkeit und Verhältnismäßigkeit der Verarbeitungsvorgänge in Bezug auf den Zweck,
3. eine Bewertung der Risiken für die Rechte und Freiheiten der betroffenen Personen und
4. die Maßnahmen, mit denen die bestehenden Risiken eingedämmt werden sollen, einschließlich der Garantien, der Sicherheitsvorkehrungen und der Verfahren, durch die der Schutz personenbezogener Daten sichergestellt und die Einhaltung der gesetzlichen Vorgaben nachgewiesen werden soll.

(4) Der Verantwortliche holt bei der Durchführung der Datenschutz-Folgenabschätzung den Rat der oder des behördlichen Datenschutzbeauftragten ein.

(5) Soweit erforderlich hat der Verantwortliche eine Überprüfung durchzuführen, ob die Verarbeitung den Maßgaben folgt, die sich aus der Folgenabschätzung ergeben haben.

§ 40 Vorherige Anhörung der Aufsichtsbehörde

(1) ₁Vor der Inbetriebnahme neu anzulegender Datenverarbeitungssysteme hat der Verantwortliche die von der oder dem Landesbeauftragten für den Datenschutz geleitete Behörde anzuhören, wenn

1. aus einer Datenschutz-Folgenabschätzung nach § 39 hervorgeht, dass die Verarbeitung ein hohes Risiko für die Rechte und Freiheiten natürlicher Personen zur Folge hätte und der Verantwortliche keine Maßnahmen zur Eindämmung des Risikos trifft, oder
2. die Form der Verarbeitung, insbesondere bei Verwendung neuer Technologien und Verfahren, aufgrund der Art, des Umfangs, der Umstände und der Zwecke der Verarbeitung voraussichtlich ein hohes Risiko für die Rechte und Freiheiten natürlicher Personen zur Folge hätte.

₂Die von der oder dem Landesbeauftragten für den Datenschutz geleitete Behörde kann eine Liste der Verarbeitungsvorgänge erstellen, die der Pflicht zur Anhörung nach Satz 1 unterliegen.

(2) Die von der oder dem Landesbeauftragten für den Datenschutz geleitete Behörde ist bei der Ausarbeitung von Rechts- und Verwaltungsvorschriften anzuhören, die die Verarbeitung personenbezogener Daten betreffen.

(3) Der von der oder dem Landesbeauftragten für den Datenschutz geleiteten Behörde sind die in Artikel 36 Abs. 3 der Datenschutz-

Grundverordnung genannten Informationen sowie auf Anforderung weitere Informationen vorzulegen, die sie benötigt, um die Rechtmäßigkeit der Verarbeitung sowie insbesondere die in Bezug auf den Schutz der personenbezogenen Daten der betroffenen Personen bestehenden Gefahren und die diesbezüglichen Garantien bewerten zu können.

(4) ₁Falls die von der oder dem Landesbeauftragten für den Datenschutz geleitete Behörde der Auffassung ist, dass die geplante Verarbeitung gegen gesetzliche Vorgaben verstoßen würde, insbesondere weil der Verantwortliche das Risiko nicht ausreichend ermittelt oder nicht ausreichend eingedämmt hat, so kann sie dem Verantwortlichen und gegebenenfalls dem Auftragsverarbeiter innerhalb eines Zeitraums von bis zu sechs Wochen nach Einleitung der Anhörung schriftliche Empfehlungen unterbreiten, welche Maßnahmen noch ergriffen werden sollten. ₂Die von der oder dem Landesbeauftragten für den Datenschutz geleitete Behörde kann diese Frist um einen Monat verlängern, wenn die geplante Verarbeitung besonders komplex ist. ₃Sie hat in diesem Fall innerhalb eines Monats nach Einleitung der Anhörung den Verantwortlichen oder gegebenenfalls dem Auftragsverarbeiter über die Fristverlängerung zu informieren und die Gründe für die Verzögerung mitzuteilen.

(5) ₁Hat die beabsichtigte Verarbeitung erhebliche Bedeutung für die Aufgabenerfüllung des Verantwortlichen und ist sie daher besonders dringlich, so kann er mit der Verarbeitung nach Beginn der Anhörung, aber vor Ablauf der in Absatz 4 genannten Frist beginnen. ₂In diesem Fall sind die Empfehlungen der von der oder dem Landesbeauftragten für den Datenschutz geleiteten Behörde nachträglich zu berücksichtigen, wobei die Art und Weise der Verarbeitung insoweit gegebenenfalls anzupassen ist.

§ 41 Meldung von Verletzungen des Schutzes personenbezogener Daten an die Aufsichtsbehörde

(1) ₁Der Verantwortliche hat eine Verletzung des Schutzes personenbezogener Daten in entsprechender Anwendung des Artikels 33 Abs. 1 bis 4 der Datenschutz-Grundverordnung der von der oder dem Landesbeauftragten für den Datenschutz geleiteten Behörde zu melden und in entsprechender Anwendung des Artikels 33 Abs. 5 der Datenschutz-Grundverordnung zu dokumentieren. ₂Wenn personenbezogene Daten von dem oder an den Verantwortlichen eines anderen Mitgliedstaates übermittelt wurden, so sind die Informationen in entsprechender Anwendung des Artikels 33 Abs. 3 der Datenschutz-Grundverordnung unverzüglich auch an diesen zu melden.

(2) In einem Strafverfahren gegen die Meldepflichtige oder den Meldepflichtigen oder ihre oder seine in § 52 Abs. 1 der Strafprozessordnung bezeichneten Angehörigen darf die Meldung nach Absatz 1 nur mit Zustimmung der oder des Meldepflichtigen verwendet werden.

§ 42 Benachrichtigung der von einer Verletzung des Schutzes personenbezogener Daten betroffenen Person

(1) ₁Hat eine Verletzung des Schutzes personenbezogener Daten voraussichtlich ein hohes Risiko für die Rechte und Freiheiten natürlicher Personen zur Folge, so hat der Verantwortliche die betroffenen Personen unverzüglich zu benachrichtigen. ₂Artikel 34 der Datenschutz-Grundverordnung ist entsprechend anwendbar.

(2) Die Benachrichtigung der betroffenen Personen nach Absatz 1 kann unter den in Artikel 34 Abs. 3 der Datenschutz-Grundverordnung genannten Voraussetzungen unterbleiben und unter den in § 51 Abs. 3 genannten Voraussetzungen aufgeschoben, eingeschränkt oder unterlassen werden, soweit nicht die Interessen der betroffenen Person aufgrund des von der Verletzung ausgehenden hohen Risikos im Sinne des Absatzes 1 überwiegen.

(3) § 41 Abs. 2 ist entsprechend anwendbar.

§ 43 Vertrauliche Meldung von Verstößen

(1) Der Verantwortliche hat zu ermöglichen, dass ihm vertrauliche Meldungen über in seinem Verantwortungsbereich erfolgende

Verstöße gegen Datenschutzvorschriften zugeleitet werden können.

(2) ₁Die Beschäftigten einer öffentlichen Stelle im Sinne des § 23 Abs. 1 und 2 dürfen sich unbeschadet ihres Rechts nach Absatz 1 in allen Angelegenheiten des Datenschutzes jederzeit an die von der oder dem Landesbeauftragten für den Datenschutz geleitete Behörde wenden. ₂Der Einhaltung des Dienstweges bedarf es nicht, wenn die oder der Beschäftigte auf einen Verstoß gegen datenschutzrechtliche Vorschriften oder auf die Gefahr hingewiesen hat, dass eine Person in unzulässiger Weise in ihrem Recht auf informationelle Selbstbestimmung beeinträchtigt wird, und diesem Hinweis binnen angemessener Frist nicht abgeholfen worden ist.

§ 44 Gemeinsam Verantwortliche

₁Zwei oder mehr Verantwortliche können gemeinsam die Zwecke der und die Mittel zur Verarbeitung festlegen. ₂Artikel 26 Abs. 1 und 3 der Datenschutz-Grundverordnung ist entsprechend anwendbar.

§ 45 Auftragsverarbeitung

(1) ₁Werden personenbezogene Daten im Auftrag eines Verantwortlichen verarbeitet, so bleibt dieser für die Einhaltung der Vorschriften dieses Teils und anderer Vorschriften über den Datenschutz verantwortlich. ₂Die Rechte der betroffenen Personen auf Auskunft, Berichtigung, Löschung, Einschränkung der Verarbeitung und Schadensersatz sind gegenüber dem Verantwortlichen geltend zu machen. ₃Ein Auftragsverarbeiter, der die Zwecke und Mittel der Verarbeitung unter Verstoß gegen diese Vorschrift bestimmt, gilt in Bezug auf diese Verarbeitung als Verantwortlicher.

(2) Für die Auswahl der Auftragsverarbeiter durch den Verantwortlichen ist Artikel 28 Abs. 1 der Datenschutz-Grundverordnung entsprechend anwendbar.

(3) ₁Die Verarbeitung durch einen Auftragsverarbeiter hat auf der Grundlage eines Vertrags oder eines anderen in Artikel 28 Abs. 3 Satz 1 der Datenschutz-Grundverordnung genannten Rechtsinstruments zu erfolgen. ₂Der Vertrag oder das andere Rechtsinstrument hat insbesondere vorzusehen, dass der Auftragsverarbeiter

1. nur auf dokumentierte Weisung des Verantwortlichen handelt,
2. gewährleistet, dass die zur Verarbeitung der personenbezogenen Daten befugten Personen zur Vertraulichkeit verpflichtet werden, soweit sie keiner angemessenen gesetzlichen Verschwiegenheitspflicht unterliegen,
3. den Verantwortlichen mit geeigneten Mitteln dabei unterstützt, die Einhaltung der Bestimmungen über die Rechte der betroffenen Person zu gewährleisten,
4. alle personenbezogenen Daten nach Abschluss der Erbringung der Verarbeitungsleistungen nach Wahl des Verantwortlichen zurückgibt oder löscht und bestehende Kopien vernichtet, wenn nicht nach einer Rechtsvorschrift eine Verpflichtung zur Speicherung der Daten besteht,
5. dem Verantwortlichen alle erforderlichen Informationen, insbesondere die nach § 35 Abs. 2 bis 5 erstellten Protokolle, zum Nachweis der Einhaltung seiner Pflichten zur Verfügung stellt,
6. Überprüfungen, die von dem Verantwortlichen oder einer von diesem beauftragten prüfenden Person durchgeführt werden, ermöglicht und dazu beiträgt,
7. die in Absatz 4 aufgeführten Bedingungen für die Inanspruchnahme der Dienste eines weiteren Auftragsverarbeiters einhält,
8. alle nach § 35 Abs. 1 erforderlichen Maßnahmen ergreift und
9. unter Berücksichtigung der Art der Verarbeitung und der ihm zur Verfügung stehenden Informationen den Verantwortlichen bei der Einhaltung der in den §§ 25 bis 28, 32, 34 bis 42, 45 Abs. 6 und § 57 Abs. 4 genannten Pflichten unterstützt.

(4) Der Vertrag oder das andere Rechtsinstrument im Sinne des Absatzes 3 ist schriftlich oder elektronisch abzufassen.

(5) ₁Zieht ein Auftragsverarbeiter einen weiteren Auftragsverarbeiter hinzu, so hat er diesem dieselben Verpflichtungen aus sei-

nem Vertrag oder anderen Rechtsinstrument mit dem Verantwortlichen nach Absatz 3 aufzuerlegen, die auch für ihn gelten, soweit diese Pflichten für den weiteren Auftragsverarbeiter nicht schon aufgrund anderer Vorschriften verbindlich sind. ₂Erfüllt ein weiterer Auftragsverarbeiter diese Verpflichtungen nicht, so haftet der ihn beauftragende Auftragsverarbeiter gegenüber dem Verantwortlichen für die Einhaltung der Pflichten des weiteren Auftragsverarbeiters. ₃Für die vorherige schriftliche Genehmigung der Beauftragung eines weiteren Auftragsverarbeiters durch den Verantwortlichen ist Artikel 28 Abs. 2 der Datenschutz-Grundverordnung entsprechend anwendbar.

(6) ₁Wenn dem Auftragsverarbeiter eine Verletzung des Schutzes personenbezogener Daten bekannt wird, so meldet er diese dem Verantwortlichen unverzüglich. ₂Ist der Auftragsverarbeiter der Auffassung, dass eine Weisung rechtswidrig ist, so hat er den Verantwortlichen unverzüglich zu informieren.

(7) ₁Der Auftragsverarbeiter hat ein Verzeichnis zu allen Kategorien von im Auftrag des Verantwortlichen durchgeführten Tätigkeiten der Verarbeitung in entsprechender Anwendung des Artikels 30 Abs. 2 der Datenschutz-Grundverordnung zu erstellen. ₂Artikel 30 Abs. 3 und 4 der Datenschutz-Grundverordnung ist entsprechend anwendbar.

(8) Im Übrigen hat der Auftragsverarbeiter die Verpflichtungen aus den §§ 34 bis 37, 40, 45 Abs. 6 und § 57 Abs. 4 einzuhalten oder den Verantwortlichen bei der Einhaltung seiner in Absatz 3 Satz 2 Nr. 9 genannten Verpflichtungen zu unterstützen.

**Drittes Kapitel
Datenübermittlungen an Drittländer und an internationale Organisationen**

§ 46 Allgemeine Voraussetzungen

(1) ₁Die Übermittlung personenbezogener Daten an Stellen in Drittländern oder an internationale Organisationen ist bei Vorliegen der übrigen für Datenübermittlungen geltenden Voraussetzungen zulässig, wenn

1. die Stelle oder internationale Organisation für die in § 23 genannten Zwecke zuständig ist und
2. die Europäische Kommission nach Artikel 36 Abs. 3 der Richtlinie (EU) Nr. 2016/680 einen Angemessenheitsbeschluss gefasst hat, gemäß § 47 geeignete Garantien für den Schutz personenbezogener Daten bestehen oder eine Ausnahme nach § 48 vorliegt.

₂Eine Übermittlung nach Satz 1 Nr. 2 ist unzulässig, wenn ein datenschutzrechtlich angemessener und die elementaren Menschenrechte wahrender Umgang mit den Daten beim Empfänger nicht hinreichend gesichert ist oder sonst überwiegende schutzwürdige Interessen einer betroffenen Person der Übermittlung entgegenstehen. ₃Bei seiner Beurteilung hat der Verantwortliche maßgeblich zu berücksichtigen, ob der Empfänger im Einzelfall einen angemessenen Schutz der übermittelten Daten garantiert.

(2) ₁Wenn personenbezogene Daten, die aus einem anderen Mitgliedstaat der Europäischen Union übermittelt oder zur Verfügung gestellt wurden, nach Absatz 1 übermittelt werden sollen, so muss diese Übermittlung zuvor von der zuständigen Stelle des anderen Mitgliedstaates genehmigt werden. ₂Übermittlungen ohne vorherige Genehmigung sind nur dann zulässig, wenn die Übermittlung erforderlich ist, um eine unmittelbare und ernsthafte Gefahr für die öffentliche Sicherheit eines Mitgliedstaates oder eines Drittlandes oder für die wesentlichen Interessen eines Mitgliedstaates abzuwehren, und die vorherige Genehmigung nicht rechtzeitig eingeholt werden kann. ₃Im Fall des Satzes 2 ist die Stelle des anderen Mitgliedstaates, die für die Erteilung der Genehmigung zuständig gewesen wäre, unverzüglich über die Übermittlung zu unterrichten.

(3) ₁Der Verantwortliche, der Daten nach Absatz 1 übermittelt, hat durch geeignete Maßnahmen sicherzustellen, dass der Empfänger die übermittelten Daten nur dann an Stellen in anderen Drittländern oder andere internationale Organisationen weiterübermittelt, wenn der Verantwortliche diese Übermitt-

lung zuvor genehmigt hat. ₂Bei der Entscheidung über die Erteilung der Genehmigung hat der Verantwortliche alle maßgeblichen Faktoren zu berücksichtigen, insbesondere die Schwere der Straftat, den Zweck der ursprünglichen Übermittlung und das in dem Drittland oder der internationalen Organisation, an das oder an die die Daten weiterübermittelt werden sollen, bestehende Schutzniveau für personenbezogene Daten. ₃Eine Genehmigung darf nur dann erfolgen, wenn auch eine direkte Übermittlung an die Stelle im anderen Drittland oder die andere internationale Organisation zulässig wäre. ₄Die Zuständigkeit für die Erteilung der Genehmigung kann auch abweichend geregelt werden.

§ 47 Datenübermittlung bei geeigneten Garantien

(1) Liegt entgegen § 46 Abs. 1 Nr. 2 kein Angemessenheitsbeschluss nach Artikel 36 Abs. 3 der Richtlinie (EU) Nr. 2016/680 vor, so ist eine Übermittlung bei Vorliegen der übrigen Voraussetzungen von § 46 auch dann zulässig, wenn

1. in einem rechtsverbindlichen Instrument geeignete Garantien für den Schutz personenbezogener Daten vorgesehen sind oder

2. der Verantwortliche nach Beurteilung aller Umstände, die bei der Übermittlung eine Rolle spielen, zu der Auffassung gelangt ist, dass geeignete Garantien für den Schutz personenbezogener Daten bestehen.

(2) ₁Der Verantwortliche hat Übermittlungen nach Absatz 1 Nr. 2 zu dokumentieren. ₂Die Dokumentation hat den Zeitpunkt der Übermittlung, Informationen über die empfangende zuständige Behörde, die Begründung der Übermittlung und die übermittelten personenbezogenen Daten zu enthalten. ₃Sie ist der von der oder dem Landesbeauftragten für den Datenschutz geleiteten Behörde auf Anforderung zur Verfügung zu stellen.

(3) ₁Der Verantwortliche hat der von der oder dem Landesbeauftragten für den Datenschutz geleiteten Behörde zumindest jährlich über Übermittlungen zu unterrichten, die aufgrund einer Beurteilung nach Absatz 1 Nr. 2 erfolgt sind. ₂In der Unterrichtung kann er die Empfänger und die Übermittlungszwecke angemessen kategorisieren.

§ 48 Ausnahmen für eine Datenübermittlung ohne geeignete Garantien

(1) Liegt entgegen § 46 Abs. 1 Nr. 2 kein Angemessenheitsbeschluss nach Artikel 36 Abs. 3 der Richtlinie (EU) Nr. 2016/680 vor und liegen auch keine geeigneten Garantien im Sinne des § 47 Abs. 1 vor, so ist eine Übermittlung bei Vorliegen der übrigen Voraussetzungen des § 46 auch dann zulässig, wenn die Übermittlung erforderlich ist

1. zum Schutz lebenswichtiger Interessen einer natürlichen Person,

2. zur Wahrung berechtigter Interessen der betroffenen Person,

3. zur Abwehr einer gegenwärtigen und erheblichen Gefahr für die öffentliche Sicherheit eines Staates,

4. im Einzelfall für die in § 23 genannten Zwecke oder

5. im Einzelfall zur Geltendmachung, Ausübung oder Verteidigung von Rechtsansprüchen im Zusammenhang mit den in § 23 genannten Zwecken.

(2) Der Verantwortliche hat von einer Übermittlung nach Absatz 1 abzusehen, wenn die Grundrechte der betroffenen Person das öffentliche Interesse an der Übermittlung überwiegen.

(3) Für Übermittlungen nach Absatz 1 ist § 47 Abs. 2 und 3 entsprechend anwendbar.

§ 49 Sonstige Datenübermittlung an Empfänger in Drittländern

(1) Verantwortliche können bei Vorliegen der übrigen für die Datenübermittlung in Drittländer geltenden Voraussetzungen im besonderen Einzelfall personenbezogene Daten unmittelbar an nicht in § 46 Abs. 1 Nr. 1 genannte Stellen in Drittländern übermitteln, wenn die Übermittlung zur Erfüllung ihrer Aufgaben für die in § 23 genannten Zwecke unerlässlich ist und

1. im konkreten Fall keine Grundrechte der betroffenen Person das öffentliche Interesse an einer Übermittlung überwiegen,
2. die Übermittlung an die in § 46 Abs. 1 Nr. 1 genannten Stellen wirkungslos oder ungeeignet wäre, insbesondere weil sie nicht rechtzeitig durchgeführt werden kann, und
3. der Verantwortliche dem Empfänger die Zwecke der Verarbeitung mitteilt und ihn darauf hinweist, dass die übermittelten Daten nur in dem Umfang verarbeitet werden dürfen, in dem ihre Verarbeitung für diese Zwecke erforderlich ist.

(2) Im Fall des Absatzes 1 hat der Verantwortliche die in § 46 Abs. 1 Nr. 1 genannten Stellen unverzüglich über die Übermittlung zu unterrichten, sofern dies nicht wirkungslos oder ungeeignet ist.

(3) Für Übermittlungen nach Absatz 1 gilt § 47 Abs. 2 und 3 entsprechend.

(4) Bei Übermittlungen nach Absatz 1 hat der Verantwortliche den Empfänger zu verpflichten, die übermittelten personenbezogenen Daten ohne seine Zustimmung nur für den Zweck zu verarbeiten, für den sie übermittelt worden sind.

(5) Abkommen im Bereich der justiziellen Zusammenarbeit in Strafsachen und der polizeilichen Zusammenarbeit bleiben unberührt.

Viertes Kapitel
Rechte der betroffenen Personen

§ 50 Allgemeine Informationen

Der Verantwortliche hat in allgemeiner Form und für jedermann zugängliche Informationen zur Verfügung zu stellen über

1. die Zwecke, für die personenbezogene Daten im Rahmen seiner Aufgabenerfüllung verarbeitet werden,
2. die im Hinblick auf die Verarbeitung ihrer personenbezogenen Daten bestehenden Rechte der betroffenen Personen auf Auskunft, Berichtigung, Löschung und Einschränkung der Verarbeitung,
3. den Namen und die Kontaktdaten des Verantwortlichen und der oder des Datenschutzbeauftragten und
4. das Bestehen des Rechts, die von der oder dem Landesbeauftragten für den Datenschutz geleitete Behörde anzurufen, sowie deren Kontaktdaten.

§ 51 Auskunft

(1) ₁Der Verantwortliche hat betroffenen Personen auf Antrag Auskunft zu erteilen über

1. die personenbezogenen Daten, die Gegenstand der Verarbeitung sind, und die Kategorie, zu der sie gehören,
2. den Zweck und die Rechtsgrundlage der Verarbeitung,
3. die verfügbaren Informationen über die Herkunft der Daten,
4. die Empfänger oder die Kategorien von Empfängern, gegenüber denen die personenbezogenen Daten offengelegt worden sind, und
5. die für die Daten geltende Speicherdauer oder, falls dies nicht möglich ist, die Kriterien für die Festlegung dieser Dauer.

₂Der Verantwortliche hat die betroffene Person auf ihre Rechte auf Berichtigung, Löschung oder Einschränkung der Verarbeitung personenbezogener Daten durch den Verantwortlichen und das Bestehen des Rechts nach § 55, die von der oder dem Landesbeauftragten für den Datenschutz geleitete Behörde anzurufen, hinzuweisen und deren Kontaktdaten mitzuteilen.

(2) Absatz 1 gilt nicht für personenbezogene Daten, die ausschließlich zu Zwecken der Gewährleistung der Datensicherheit oder der Datenschutzkontrolle verarbeitet werden, wenn eine Verarbeitung zu anderen Zwecken durch geeignete technische und organisatorische Maßnahmen ausgeschlossen ist und die Auskunftserteilung einen unverhältnismäßigen Aufwand erfordern würde.

(3) ₁Der Verantwortliche kann die Auskunftserteilung einschränken oder ablehnen, soweit und solange

1. die Auskunft die Erfüllung der in § 23 bezeichneten Aufgaben gefährden würden,

2. die Auskunft die öffentliche Sicherheit gefährden oder sonst dem Wohl des Bundes oder eines Landes einen Nachteil bereiten würde oder

3. die Auskunft die Interessen einer anderen Person an der Geheimhaltung gefährden würde,

es sei denn, das Informationsinteresse der betroffenen Person überwiegt das Interesse an der Vermeidung dieser Gefahren. ₂Die Auskunftserteilung kann auch eingeschränkt oder abgelehnt werden, soweit und solange die Daten oder die Tatsache ihrer Speicherung nach einer Rechtsvorschrift geheim gehalten werden müssen.

(4) ₁Bezieht sich die Auskunftserteilung auf personenbezogene Daten, die an die Verfassungsschutzbehörden, den Bundesnachrichtendienst, den Militärischen Abschirmdienst und, soweit die Sicherheit des Bundes berührt wird, andere Behörden des Bundesministeriums der Verteidigung übermittelt wurden, so ist sie nur mit Zustimmung dieser Stellen zulässig. ₂Satz 1 gilt entsprechend für personenbezogene Daten, die von einer Behörde nach Satz 1 übermittelt wurden.

(5) ₁Der Verantwortliche hat die betroffene Person über die Ablehnung oder die Einschränkung der Auskunftserteilung unverzüglich schriftlich zu unterrichten. ₂Die Ablehnung oder Einschränkung der Auskunft nach Satz 1 ist zu begründen, es sei denn, dass durch die Mitteilung der Gründe der mit der Ablehnung oder Einschränkung der Auskunft verfolgte Zweck gefährdet würde. ₃Soweit die Ablehnung oder die Einschränkung der Auskunftserteilung nicht nach Satz 2 begründet wird, sind die Gründe hierfür aktenkundig zu machen.

(6) ₁Wird die betroffene Person nach Absatz 5 über die Ablehnung oder die Einschränkung der Auskunftserteilung unterrichtet, so kann die betroffene Person ihr Auskunftsrecht auch über die von der oder dem Landesbeauftragten für den Datenschutz geleitete Behörde ausüben. ₂Der Verantwortliche hat die betroffene Person über diese Möglichkeit sowie darüber zu unterrichten, dass sie gemäß § 55 die von der oder dem Landesbeauftragten für den Datenschutz geleitete Behörde anrufen oder gerichtlichen Rechtsschutz suchen kann. ₃Auf Verlangen der betroffenen Person erteilt der Verantwortliche der von der oder dem Landesbeauftragten für den Datenschutz geleiteten Behörde die begehrte Auskunft und stellt dieser die nach Absatz 5 Satz 3 dokumentierten Gründe für die Ablehnung oder Einschränkung der Auskunftserteilung zur Verfügung, es sei denn, es liegt ein Ausschlussgrund nach § 57 Abs. 7 Satz 1 vor. ₄Die von der oder dem Landesbeauftragten für den Datenschutz geleitete Behörde hat die betroffene Person zumindest darüber zu unterrichten, dass alle erforderlichen Prüfungen oder eine Überprüfung durch sie erfolgt sind, oder über die Gründe, aus denen eine Überprüfung nicht erfolgt ist. ₅Diese Mitteilung kann die Information enthalten, ob datenschutzrechtliche Verstöße festgestellt wurden. ₆Die Mitteilung von dem oder der Landesbeauftragten für den Datenschutz geleiteten Behörde an die betroffene Person darf keine Rückschlüsse auf den Erkenntnisstand des Verantwortlichen zulassen, sofern er nicht einer weitergehenden Auskunft zustimmt. ₇Der Verantwortliche darf die Zustimmung nur soweit und solange verweigern, wie er nach Absatz 3 von einer Auskunft absehen oder sie einschränken könnte.

§ 52 Berichtigung, Löschung und Einschränkung der Verarbeitung

(1) ₁Die betroffene Person hat das Recht, von dem Verantwortlichen unverzüglich die Berichtigung sie betreffender unrichtiger Daten zu verlangen. ₂Insbesondere im Fall von Aussagen oder Beurteilungen betrifft die Frage der Richtigkeit nicht den Inhalt der Aussage oder der Beurteilung, sondern die Tatsache, dass die Aussage oder Beurteilung so erfolgt ist. ₃Hat der Verantwortliche eine Berichtigung vorgenommen, so hat er einer Stelle, die ihm die personenbezogenen Daten zuvor übermittelt hat, die Berichtigung mitzuteilen. ₄Wenn die Richtigkeit oder Unrichtigkeit der Daten nicht festgestellt werden kann, so tritt an die Stelle der Berichtigung eine Einschränkung der Verarbeitung. ₅In diesem Fall

hat der Verantwortliche die betroffene Person zu unterrichten, bevor er die Einschränkung wieder aufhebt. ₆Die betroffene Person kann zudem die Vervollständigung unvollständiger personenbezogener Daten verlangen, wenn dies unter Berücksichtigung der Verarbeitungszwecke angemessen ist.

(2) Die betroffene Person hat das Recht, von dem Verantwortlichen unverzüglich die Löschung sie betreffender Daten zu verlangen, wenn ihre Verarbeitung unzulässig oder ihre Kenntnis für die Aufgabenerfüllung nicht mehr erforderlich ist oder sie zur Erfüllung einer rechtlichen Verpflichtung gelöscht werden müssen.

(3) § 28 Abs. 2 und 3 und § 32 Abs. 2 und 3 sind anwendbar.

(4) ₁Der Verantwortliche hat die betroffene Person über eine Verweigerung der Berichtigung oder Löschung personenbezogener Daten oder über die an deren Stelle tretende Einschränkung der Verarbeitung und über die Gründe hierfür schriftlich zu unterrichten. ₂Dies gilt nicht, wenn die Erteilung dieser Informationen eine Gefährdung im Sinne des § 51 Abs. 3 mit sich bringen würde. ₃Die Unterrichtung nach Satz 1 ist zu begründen, es sei denn, dass die Mitteilung der Gründe den mit dem Absehen von der Unterrichtung verfolgten Zweck gefährden würde. ₄§ 51 Abs. 6 ist entsprechend anwendbar.

§ 53 Verfahren für die Ausübung der Rechte der betroffenen Person

(1) ₁Der Verantwortliche hat mit betroffenen Personen unter Verwendung einer klaren und einfachen Sprache in präziser, verständlicher und leicht zugänglicher Form zu kommunizieren. ₂Unbeschadet besonderer Formvorschriften soll er bei der Beantwortung von Anträgen grundsätzlich die für den Antrag gewählte Form verwenden.

(2) Bei Eingang von Anträgen zur Ausübung der Betroffenenrechte hat der Verantwortliche die betroffene Person unverzüglich schriftlich darüber in Kenntnis zu setzen, wie mit dem Antrag verfahren wird.

(3) ₁Informationen nach § 50, Benachrichtigungen nach speziellen Rechtsvorschriften und nach § 42 sowie die Bearbeitung von Anträgen nach den §§ 51 und 52 erfolgen für die betroffene Person unentgeltlich. ₂Bei offenkundig unbegründeten oder exzessiven Anträgen der betroffenen Person nach den §§ 51 und 52 kann der Verantwortliche entweder eine angemessene Gebühr auf der Grundlage des Verwaltungsaufwands verlangen oder sich weigern, aufgrund des Antrags tätig zu werden. ₃In diesem Fall trägt der Verantwortliche die Beweislast für den offenkundig unbegründeten oder exzessiven Charakter des Antrags.

(4) Hat der Verantwortliche begründete Zweifel an der Identität der betroffenen Person, die die Anträge nach § 51 oder § 52 gestellt hat, so kann er bei der betroffenen Person zusätzliche Informationen oder Nachweise anfordern, die zur Bestätigung ihrer Identität erforderlich sind.

§ 54 Schadensersatz

(1) Wird einer betroffenen Person durch eine nach diesem Teil oder nach anderen auf die Verarbeitung des Verantwortlichen anwendbaren datenschutzrechtlichen Vorschriften rechtswidrige Verarbeitung ihrer personenbezogenen Daten ein Schaden zugefügt, so sind ihr der Verantwortliche oder deren Rechtsträger unabhängig von einem Verschulden zum Ersatz des daraus entstehenden Schadens verpflichtet.

(2) Wegen eines Schadens, der nicht Vermögensschaden ist, kann die betroffene Person eine billige Entschädigung in Geld verlangen.

(3) Im Fall einer nicht automatisierten Verarbeitung besteht die Ersatzpflicht nicht, wenn der Verantwortliche nachweist, dass die Unzulässigkeit der Datenverarbeitung nicht von ihm zu vertreten ist.

(4) Lässt sich bei einer automatisierten Verarbeitung personenbezogener Daten nicht ermitteln, welcher von mehreren Verantwortlichen den Schaden verursacht hat, so haftet jeder Verantwortliche oder sein Rechtsträger.

(5) ₁Auf ein Mitverschulden der betroffenen Person ist § 254 des Bürgerlichen Gesetzbuchs entsprechend anwendbar. ₂Auf die Verjährung des Schadensersatzanspruchs

sind die für unerlaubte Handlungen geltenden Verjährungsvorschriften des Bürgerlichen Gesetzbuchs entsprechend anwendbar.

§55 Anrufung der Aufsichtsbehörde

(1) ₁Jede betroffene Person, die meint, durch die Verarbeitung ihrer personenbezogenen Daten in ihren Rechten durch einen Verantwortlichen oder einen Auftragsverarbeiter verletzt worden zu sein, der der Kontrolle nach den Vorschriften dieses Teils unterliegt, kann sich unbeschadet anderweitiger Rechtsbehelfe mit einer Beschwerde an die von der oder dem Landesbeauftragten für den Datenschutz geleitete Behörde wenden. ₂Dies gilt nicht für die Verarbeitung personenbezogener Daten im Rahmen der justiziellen Tätigkeit durch Gerichte im Anwendungsbereich des §23 Abs. 1. ₃Die betroffene Person kann sich bei der Wahrnehmung ihres Beschwerderechts entsprechend Artikel 80 der Datenschutz-Grundverordnung vertreten lassen.

(2) Die von der oder dem Landesbeauftragten für den Datenschutz geleitete Behörde hat die beschwerdeführende Person über den Stand und das Ergebnis der Beschwerde zu unterrichten und sie auf die Möglichkeit gerichtlichen Rechtsschutzes hinzuweisen.

(3) ₁Die von der oder dem Landesbeauftragten für den Datenschutz geleitete Behörde leitet eine bei ihr eingelegte Beschwerde über eine Verarbeitung, die in die Zuständigkeit einer Aufsichtsbehörde in einem anderen Mitgliedstaat der Europäischen Union fällt, unverzüglich an die zuständige Aufsichtsbehörde des anderen Staates weiter. ₂Sie hat in diesem Fall die beschwerdeführende Person über die Weiterleitung zu unterrichten und ihr auf deren Ersuchen weitere Unterstützung zu leisten.

§56 Rechtsschutz bei Untätigkeit der Aufsichtsbehörde

₁Wenn sich die von der oder dem Landesbeauftragten für den Datenschutz geleitete Behörde nicht mit einer Beschwerde nach §55 befasst oder die beschwerdeführende Person nicht innerhalb von drei Monaten nach Einlegung der Beschwerde über den Stand oder das Ergebnis der Beschwerde in Kenntnis gesetzt wurde, so kann die beschwerdeführende Person gerichtlich dagegen vorgehen. ₂Die Regelungen aus §20 des Bundesdatenschutzgesetzes und Artikel 78 Abs. 2 der Datenschutz-Grundverordnung sind insoweit entsprechend anwendbar.

Fünftes Kapitel
Aufsichtsbehörde und Datenschutzbeauftragte öffentlicher Stellen

§57 Aufgaben und Befugnisse der Aufsichtsbehörde

(1) Die von der oder dem Landesbeauftragten für den Datenschutz geleitete Behörde nach §18 ist auch Aufsichtsbehörde nach Artikel 41 Abs. 1 der Richtlinie (EU) 2016/680.

(2) Sie hat die Aufgabe,

1. die Anwendung der zur Umsetzung der Richtlinie (EU) 2016/680 erlassenen Rechtsvorschriften zu überwachen und durchzusetzen,
2. die Öffentlichkeit für die Risiken, Vorschriften, Garantien und Rechte im Zusammenhang mit der Verarbeitung personenbezogener Daten zu sensibilisieren und sie darüber aufzuklären,
3. den Landtag, die Landesregierung und andere Einrichtungen und Gremien über legislative und administrative Maßnahmen zum Schutz der Rechte und Freiheiten natürlicher Personen in Bezug auf die Verarbeitung personenbezogener Daten zu beraten,
4. die Verantwortlichen und die Auftragsverarbeiter für die ihnen aus der Umsetzung der Richtlinie (EU) 2016/680 entstehenden Pflichten zu sensibilisieren,
5. auf Anfrage jeder betroffenen Person Informationen über die Ausübung ihrer Rechte aus den zur Umsetzung der Richtlinie (EU) 2016/680 erlassenen Rechtsvorschriften zur Verfügung zu stellen und gegebenenfalls zu diesem Zweck mit den Aufsichtsbehörden in an-

deren Mitgliedstaaten zusammenzuarbeiten,

6. sich mit Beschwerden einer betroffenen Person, auch wenn sie von einer Stelle, einer Organisation oder einem Verband nach Artikel 55 der Richtlinie (EU) 2016/680 eingelegt wurden, zu befassen, den Gegenstand der Beschwerde in angemessenem Umfang zu untersuchen und den Beschwerdeführer innerhalb einer angemessenen Frist über den Fortgang und das Ergebnis der Untersuchung zu unterrichten, insbesondere über eine notwendige Untersuchung oder eine Koordinierung mit einer anderen Aufsichtsbehörde,

7. mit anderen Aufsichtsbehörden auch durch Informationsaustausch zusammenzuarbeiten und ihnen Amtshilfe zu leisten, um die einheitliche Anwendung und Durchsetzung der zur Umsetzung der Richtlinie (EU) 2016/680 erlassenen Rechtsvorschriften zu gewährleisten,

8. Untersuchungen über die Anwendung der Vorschriften dieses Teils und sonstiger Vorschriften über den Datenschutz zur Umsetzung der Richtlinie (EU) 2016/680 durchzuführen, auch auf der Grundlage von Informationen einer anderen Aufsichtsbehörde oder einer anderen öffentlichen Stelle,

9. maßgebliche Entwicklungen zu verfolgen, soweit sie sich auf den Schutz personenbezogener Daten auswirken, insbesondere die Entwicklung der Informations- und Kommunikationstechnologie und der Geschäftspraktiken,

10. Beratung in Bezug auf die in §40 genannten Verarbeitungsvorgänge zu leisten und

11. Beiträge zur Tätigkeit des Europäischen Datenschutzausschusses zu leisten.

(3) ₁Die Aufsicht über die Erhebung personenbezogener Daten durch Strafverfolgungsbehörden bei der Ermittlung, Aufdeckung oder Verfolgung von Straftaten ist erst nach Abschluss des Strafverfahrens zulässig. ₂Sie erstreckt sich nicht auf eine Datenverarbeitung, die gerichtlich überprüft wurde. ₃Die Sätze 1 und 2 gelten für die Strafvollstreckung entsprechend.

(4) ₁Der Verantwortliche hat mit der von der oder dem Landesbeauftragten für den Datenschutz geleiteten Behörde bei der Erfüllung ihrer Aufgaben zusammenzuarbeiten und sie bei der Wahrnehmung ihrer Aufgaben zu unterstützen. ₂Er hat ihr insbesondere

1. Auskunft zu erteilen sowie Einsicht in alle Unterlagen zu gewähren, die die von der oder dem Landesbeauftragten für den Datenschutz geleitete Behörde zur Erfüllung ihrer Aufgaben für erforderlich hält,

2. die in Nummer 1 genannten Unterlagen auf Verlangen innerhalb einer bestimmten Frist zu übersenden und

3. den Zugang zu den Diensträumen, einschließlich aller Datenverarbeitungsanlagen und -geräte, sowie zu allen personenbezogenen Daten und Informationen zu gewähren,

soweit dies zur Erfüllung ihrer Aufgaben erforderlich ist. ₃Die Untersuchungsbefugnis der von der oder dem Landesbeauftragten für den Datenschutz geleiteten Behörde erstreckt sich auch auf von öffentlichen Stellen im Sinne des §23 Abs. 1 und 2 erhobene personenbezogene Daten über den Inhalt und die näheren Umstände des Brief-, Post- und Fernmeldeverkehrs sowie solche personenbezogene Daten, die aufgrund von Maßnahmen, die in das Recht der Unverletzlichkeit der Wohnung eingreifen, erhoben wurden. ₄Das Grundrecht des Brief-, Post- und Fernmeldegeheimnisses (Artikel 10 des Grundgesetzes) sowie das Grundrecht auf Unverletzlichkeit der Wohnung (Artikel 13 des Grundgesetzes) werden insoweit eingeschränkt.

(5) ₁Bestehen Anhaltspunkte dafür, dass eine beabsichtigte Verarbeitung personenbezogener Daten gegen die Vorschriften dieses Teils oder gegen andere Rechtsvorschriften im Sinne des §23 Abs. 3 Satz 1 verstößt, so kann die von der oder dem Landesbeauftragten für den Datenschutz geleitete Behörde den Verantwortlichen oder den Auftragsverarbeiter warnen, dass die Datenverarbeitung voraus-

sichtlich gegen die Vorschriften dieses Teils oder gegen andere Rechtsvorschriften im Sinne des § 23 Abs. 3 Satz 1 verstößt. ₂Stellt die von der oder dem Landesbeauftragten für den Datenschutz geleitete Behörde einen solchen Verstoß im laufenden Betrieb einer Verarbeitung personenbezogener Daten fest, so kann sie den Verstoß

1. im Fall einer verantwortlichen öffentlichen Stelle des Landes im Sinne des § 23 Abs. 1 und 2 gegenüber der zuständigen obersten Landesbehörde,
2. im Fall einer verantwortlichen Kommune dieser gegenüber

mit der Aufforderung beanstanden, innerhalb einer bestimmten Frist Stellung zu nehmen. ₃In den Fällen des Satzes 2 Nr. 2 ist gleichzeitig die zuständige Kommunal- und Fachaufsichtsbehörde zu unterrichten.

(6) Im Übrigen sind für die Aufsichtsbehörde nach Absatz 1 § 20 Abs. 5 und § 21 sowie Artikel 57 Abs. 2 bis 4 und Artikel 61 Abs. 1 bis 7 der Datenschutz-Grundverordnung entsprechend anwendbar.

(7) ₁Wenn eine oberste Landesbehörde im Einzelfall feststellt, dass die Sicherheit des Bundes oder eines Landes dies gebietet, dürfen die Rechte nach Absatz 4 nur von der oder dem Landesbeauftragten für den Datenschutz persönlich ausgeübt werden. ₂In diesem Fall entscheidet die oberste Landesbehörde, ob personenbezogene Daten einer betroffenen Person, der von dem Verantwortlichen Vertraulichkeit besonders zugesichert worden ist, der oder dem Landesbeauftragten für den Datenschutz gegenüber offenbart werden.

(8) ₁Auch Behörden und sonstige öffentliche Stellen des Landes können gerichtlich gegen sie betreffende verbindliche Entscheidungen der von der oder dem Landesbeauftragten für den Datenschutz geleiteten Behörde vorgehen. ₂Die Klage hat aufschiebende Wirkung.

§ 58 Datenschutzbeauftragte öffentlicher Stellen

(1) ₁Die Person, die nach Artikel 37 der Datenschutz-Grundverordnung als Datenschutzbeauftragte oder Datenschutzbeauftragter zu bestellen ist, nimmt im Sinne dieses Teils zusätzlich zumindest folgende Aufgaben wahr:

1. Unterrichtung und Beratung des Verantwortlichen und der Beschäftigten, die Verarbeitungen durchführen, hinsichtlich ihrer Pflichten nach den Vorschriften dieses Teils, der zur Umsetzung der Richtlinie (EU) 2016/680 erlassenen Rechtsvorschriften und sonstiger Vorschriften über den Datenschutz,
2. Überwachung der Einhaltung der Vorschriften dieses Teils, der zur Umsetzung der Richtlinie (EU) 2016/680 erlassenen Rechtsvorschriften und sonstiger Vorschriften über den Datenschutz sowie der Strategien der öffentlichen Stelle für den Schutz personenbezogener Daten einschließlich der Zuweisung von Zuständigkeiten, der Sensibilisierung und Schulung der an Verarbeitungsvorgängen beteiligten Beschäftigten und der diesbezüglichen Überprüfungen,
3. Beratung im Zusammenhang mit der Datenschutz-Folgenabschätzung und Überwachung ihrer Durchführung gemäß § 39,
4. Zusammenarbeit mit der von der oder dem Landesbeauftragten für den Datenschutz geleiteten Behörde und
5. Tätigkeit als Anlaufstelle für die in Nummer 4 genannte Behörde in mit der Verarbeitung zusammenhängenden Fragen, einschließlich der vorherigen Anhörung gemäß § 40, und gegebenenfalls Beratung zu allen sonstigen Fragen.

₂Organisatorisch hat die oder der Datenschutzbeauftragte bei der Aufgabenwahrnehmung nach Satz 1 eine Stellung entsprechend Artikel 38 der Datenschutz-Grundverordnung.

(2) ₁Die oder der Datenschutzbeauftragte ist zur Verschwiegenheit über die Identität der betroffenen Person sowie über die Umstände, die Rückschlüsse auf sie zulassen, verpflichtet, soweit er oder sie hiervon nicht durch die betroffene Person befreit wird. ₂Dies gilt auch nach Beendigung der Tätigkeit als Datenschutzbeauftragte oder Datenschutzbeauftragter.

(3) ₁Wenn die oder der Datenschutzbeauftragte bei ihrer oder seiner Tätigkeit Kenntnis von Daten erhält, für die der Leitung oder einer bei der öffentlichen Stelle beschäftigten Person aus beruflichen Gründen ein Zeugnisverweigerungsrecht zusteht, steht dieses Recht auch der oder dem Datenschutzbeauftragten und den ihr oder ihm unterstellten Beschäftigten zu. ₂Über die Ausübung dieses Rechts entscheidet die Person, der das Zeugnisverweigerungsrecht aus beruflichen Gründen zusteht, es sei denn, dass diese Entscheidung in absehbarer Zeit nicht herbeigeführt werden kann. ₃Soweit das Zeugnisverweigerungsrecht der oder des Datenschutzbeauftragten reicht, unterliegen ihre oder seine Akten und andere Schriftstücke einem Beschlagnahmeverbot.

Dritter Teil
Schlussvorschriften

§ 59 Ordnungswidrigkeiten

(1) Ordnungswidrig handelt, wer

1. als Person, die bei einer öffentlichen Stelle oder deren Auftragsverarbeiter dienstlichen Zugang zu nicht allgemein zugänglichen personenbezogenen Daten hat oder hatte, diese Daten zu einem anderen als dem zur jeweiligen rechtmäßigen Aufgabenerfüllung gehörenden Zweck
   a) speichert, verändert oder übermittelt,
   b) zum Abruf bereithält,
   c) abruft oder sich oder einem anderen verschafft oder
   d) in anderer Weise verarbeitet

   oder

2. personenbezogene Daten, die in dem Anwendungsbereich dieses Gesetzes verarbeitet werden und nicht allgemein zugänglich sind, durch Vortäuschung falscher Tatsachen sich oder einer anderen Person verschafft oder sich oder einer anderen Person durch Übermittlung, Verbreitung oder eine andere Form der Bereitstellung offenlegen lässt.

(2) Die Ordnungswidrigkeit kann mit einer Geldbuße bis zu 50 000 Euro geahndet werden.

§ 60 Straftaten

(1) ₁Wer gegen Entgelt oder in der Absicht, sich oder einen anderen zu bereichern oder einen anderen zu schädigen, eine in § 59 Abs. 1 genannte Handlung begeht, wird mit Freiheitsstrafe bis zu zwei Jahren oder mit Geldstrafe bestraft. ₂Ebenso wird bestraft, wer unter den in Satz 1 genannten Voraussetzungen Einzelangaben über persönliche oder sachliche Verhältnisse einer nicht mehr bestimmbaren Person zusammenführt und dadurch wieder bestimmbar macht.

(2) Der Versuch ist strafbar.

(3) ₁Die Tat wird nur auf Antrag verfolgt. ₂Antragsberechtigt sind die betroffene Person, der Verantwortliche, der Auftragsverarbeiter und die von der oder dem Landesbeauftragten für den Datenschutz geleitete Behörde.

§ 61 Übergangsvorschrift

(1) ₁Die am 24. Mai 2018 im Amt befindliche Landesbeauftragte für den Datenschutz gilt für den Rest ihrer Amtszeit als nach § 18 Abs. 3 Satz 1 und § 57 Abs. 1 berufen. ₂Ihre Rechtsstellung sowie ihre Aufgaben und Befugnisse richten sich im Anwendungsbereich des Ersten Teils nach den Vorschriften der Datenschutz-Grundverordnung sowie nach den §§ 18 bis 22 und im Anwendungsbereich des Zweiten Teils nach § 57.

(2) Im Anwendungsbereich des Zweiten Teils sind vor dem 6. Mai 2016 eingerichtete automatisierte Verarbeitungssysteme zeitnah, in Ausnahmefällen, in denen dies mit einem unverhältnismäßigen Aufwand verbunden ist, jedoch spätestens bis zum 6. Mai 2023 mit § 35 Abs. 2 und 3 in Einklang zu bringen.

X Allgemeine Schutzvorschriften

X.1 Allgemeines Gleichbehandlungsgesetz
(AGG) 1172

X.2 Gesetz über die Durchführung von Maßnahmen des Arbeitsschutzes zur Verbesserung der Sicherheit und des Gesundheitsschutzes der Beschäftigten bei der Arbeit
(Arbeitsschutzgesetz – ArbSchG) 1185

X.3 Niedersächsisches Nichtraucherschutzgesetz
(Nds. NiRSG) 1198

Allgemeines Gleichbehandlungsgesetz (AGG)
Vom 14. August 2006 (BGBl. I S. 1897)

Zuletzt geändert durch
Gesetz zur Anpassung der Bundesbesoldung und -versorgung für die Jahre 2023 und 2024 sowie zur Änderung weiterer dienstrechtlicher Vorschriften
vom 22. Dezember 2023 (BGBl. I Nr. 414)

Abschnitt 1
Allgemeiner Teil

§ 1 Ziel des Gesetzes

Ziel des Gesetzes ist, Benachteiligungen aus Gründen der Rasse oder wegen der ethnischen Herkunft, des Geschlechts, der Religion oder Weltanschauung, einer Behinderung, des Alters oder der sexuellen Identität zu verhindern oder zu beseitigen.

§ 2 Anwendungsbereich

(1) Benachteiligungen aus einem in § 1 genannten Grund sind nach Maßgabe dieses Gesetzes unzulässig in Bezug auf:

1. die Bedingungen, einschließlich Auswahlkriterien und Einstellungsbedingungen, für den Zugang zu unselbstständiger und selbstständiger Erwerbstätigkeit, unabhängig von Tätigkeitsfeld und beruflicher Position, sowie für den beruflichen Aufstieg,

2. die Beschäftigungs- und Arbeitsbedingungen einschließlich Arbeitsentgelt und Entlassungsbedingungen, insbesondere in individual- und kollektivrechtlichen Vereinbarungen und Maßnahmen bei der Durchführung und Beendigung eines Beschäftigungsverhältnisses sowie beim beruflichen Aufstieg,

3. den Zugang zu allen Formen und allen Ebenen der Berufsberatung, der Berufsbildung einschließlich der Berufsausbildung, der beruflichen Weiterbildung und der Umschulung sowie der praktischen Berufserfahrung,

4. die Mitgliedschaft und Mitwirkung in einer Beschäftigten- oder Arbeitgebervereinigung oder einer Vereinigung, deren Mitglieder einer bestimmten Berufsgruppe angehören, einschließlich der Inanspruchnahme der Leistungen solcher Vereinigungen,

5. den Sozialschutz, einschließlich der sozialen Sicherheit und der Gesundheitsdienste,

6. die sozialen Vergünstigungen,

7. die Bildung,

8. den Zugang zu und die Versorgung mit Gütern und Dienstleistungen, die der Öffentlichkeit zur Verfügung stehen, einschließlich von Wohnraum.

(2) ₁Für Leistungen nach dem Sozialgesetzbuch gelten § 33c des Ersten Buches Sozialgesetzbuch und § 19a des Vierten Buches Sozialgesetzbuch. ₂Für die betriebliche Altersvorsorge gilt das Betriebsrentengesetz.

(3) ₁Die Geltung sonstiger Benachteiligungsverbote oder Gebote der Gleichbehandlung wird durch dieses Gesetz nicht berührt. ₂Dies gilt auch für öffentlich-rechtliche Vorschriften, die dem Schutz bestimmter Personengruppen dienen.

(4) Für Kündigungen gelten ausschließlich die Bestimmungen zum allgemeinen und besonderen Kündigungsschutz.

§ 3 Begriffsbestimmungen

(1) ₁Eine unmittelbare Benachteiligung liegt vor, wenn eine Person wegen eines in § 1 genannten Grundes eine weniger günstige Behandlung erfährt, als eine andere Person in einer vergleichbaren Situation erfährt, erfahren hat oder erfahren würde. ₂Eine unmittelbare Benachteiligung wegen des Geschlechts liegt in Bezug auf § 2 Abs. 1 Nr. 1 bis 4 auch im Falle einer ungünstigeren Behandlung einer Frau wegen Schwangerschaft oder Mutterschaft vor.

(2) Eine mittelbare Benachteiligung liegt vor, wenn dem Anschein nach neutrale Vorschrif-

ten, Kriterien oder Verfahren Personen wegen eines in §1 genannten Grundes gegenüber anderen Personen in besonderer Weise benachteiligen können, es sei denn, die betreffenden Vorschriften, Kriterien oder Verfahren sind durch ein rechtmäßiges Ziel sachlich gerechtfertigt und die Mittel sind zur Erreichung dieses Ziels angemessen und erforderlich.

(3) Eine Belästigung ist eine Benachteiligung, wenn unerwünschte Verhaltensweisen, die mit einem in §1 genannten Grund in Zusammenhang stehen, bezwecken oder bewirken, dass die Würde der betreffenden Person verletzt und ein von Einschüchterungen, Anfeindungen, Erniedrigungen, Entwürdigungen oder Beleidigungen gekennzeichnetes Umfeld geschaffen wird.

(4) Eine sexuelle Belästigung ist eine Benachteiligung in Bezug auf §2 Abs. 1 Nr. 1 bis 4, wenn ein unerwünschtes, sexuell bestimmtes Verhalten, wozu auch unerwünschte sexuelle Handlungen und Aufforderungen zu diesen, sexuell bestimmte körperliche Berührungen, Bemerkungen sexuellen Inhalts sowie unerwünschtes Zeigen und sichtbares Anbringen von pornographischen Darstellungen gehören, bezweckt oder bewirkt, dass die Würde der betreffenden Person verletzt wird, insbesondere wenn ein von Einschüchterungen, Anfeindungen, Erniedrigungen, Entwürdigungen oder Beleidigungen gekennzeichnetes Umfeld geschaffen wird.

(5) ₁Die Anweisung zur Benachteiligung einer Person aus einem in §1 genannten Grund gilt als Benachteiligung. ₂Eine solche Anweisung liegt in Bezug auf §2 Abs. 1 Nr. 1 bis 4 insbesondere vor, wenn jemand eine Person zu einem Verhalten bestimmt, das einen Beschäftigten oder eine Beschäftigte wegen eines in §1 genannten Grundes benachteiligt oder benachteiligen kann.

§4 Unterschiedliche Behandlung wegen mehrerer Gründe

Erfolgt eine unterschiedliche Behandlung wegen mehrerer der in §1 genannten Gründe, so kann diese unterschiedliche Behandlung nach den §§8 bis 10 und 20 nur gerechtfertigt werden, wenn sich die Rechtfertigung auf alle diese Gründe erstreckt, derentwegen die unterschiedliche Behandlung erfolgt.

§5 Positive Maßnahmen

Ungeachtet der in den §§8 bis 10 sowie in §20 benannten Gründe ist eine unterschiedliche Behandlung auch zulässig, wenn durch geeignete und angemessene Maßnahmen bestehende Nachteile wegen eines in §1 genannten Grundes verhindert oder ausgeglichen werden sollen.

Abschnitt 2
Schutz der Beschäftigten vor Benachteiligung

Unterabschnitt 1
Verbot der Benachteiligung

§6 Persönlicher Anwendungsbereich

(1) ₁Beschäftigte im Sinne dieses Gesetzes sind

1. Arbeitnehmerinnen und Arbeitnehmer,
2. die zu ihrer Berufsbildung Beschäftigten,
3. Personen, die wegen ihrer wirtschaftlichen Unselbstständigkeit als arbeitnehmerähnliche Personen anzusehen sind; zu diesen gehören auch die in Heimarbeit Beschäftigten und die ihnen Gleichgestellten.

₂Als Beschäftigte gelten auch die Bewerberinnen und Bewerber für ein Beschäftigungsverhältnis sowie die Personen, deren Beschäftigungsverhältnis beendet ist.

(2) ₁Arbeitgeber (Arbeitgeber und Arbeitgeberinnen) im Sinne dieses Abschnitts sind natürliche und juristische Personen sowie rechtsfähige Personengesellschaften, die Personen nach Absatz 1 beschäftigen. ₂Werden Beschäftigte einem Dritten zur Arbeitsleistung überlassen, so gilt auch dieser als Arbeitgeber im Sinne dieses Abschnitts. ₃Für die in Heimarbeit Beschäftigten und die ihnen Gleichgestellten tritt an die Stelle des Arbeitgebers der Auftraggeber oder Zwischenmeister.

(3) Soweit es die Bedingungen für den Zugang zur Erwerbstätigkeit sowie den beruflichen Aufstieg betrifft, gelten die Vorschriften dieses Abschnitts für Selbstständige und Organ-

mitglieder, insbesondere Geschäftsführer oder Geschäftsführerinnen und Vorstände, entsprechend.

§ 7 Benachteiligungsverbot

(1) Beschäftigte dürfen nicht wegen eines in § 1 genannten Grundes benachteiligt werden; dies gilt auch, wenn die Person, die die Benachteiligung begeht, das Vorliegen eines in § 1 genannten Grundes bei der Benachteiligung nur annimmt.

(2) Bestimmungen in Vereinbarungen, die gegen das Benachteiligungsverbot des Absatzes 1 verstoßen, sind unwirksam.

(3) Eine Benachteiligung nach Absatz 1 durch Arbeitgeber oder Beschäftigte ist eine Verletzung vertraglicher Pflichten.

§ 8 Zulässige unterschiedliche Behandlung wegen beruflicher Anforderungen

(1) Eine unterschiedliche Behandlung wegen eines in § 1 genannten Grundes ist zulässig, wenn dieser Grund wegen der Art der auszuübenden Tätigkeit oder der Bedingungen ihrer Ausübung eine wesentliche und entscheidende berufliche Anforderung darstellt, sofern der Zweck rechtmäßig und die Anforderung angemessen ist.

(2) Die Vereinbarung einer geringeren Vergütung für gleiche oder gleichwertige Arbeit wegen eines in § 1 genannten Grundes wird nicht dadurch gerechtfertigt, dass wegen eines in § 1 genannten Grundes besondere Schutzvorschriften gelten.

§ 9 Zulässige unterschiedliche Behandlung wegen der Religion oder Weltanschauung

(1) Ungeachtet des § 8 ist eine unterschiedliche Behandlung wegen der Religion oder der Weltanschauung bei der Beschäftigung durch Religionsgemeinschaften, die ihnen zugeordneten Einrichtungen ohne Rücksicht auf ihre Rechtsform oder durch Vereinigungen, die sich die gemeinschaftliche Pflege einer Religion oder Weltanschauung zur Aufgabe machen, auch zulässig, wenn eine bestimmte Religion oder Weltanschauung unter Beachtung des Selbstverständnisses der jeweiligen Religionsgemeinschaft oder Vereinigung im Hinblick auf ihr Selbstbestimmungsrecht oder nach der Art der Tätigkeit eine gerechtfertigte berufliche Anforderung darstellt.

(2) Das Verbot unterschiedlicher Behandlung wegen der Religion oder der Weltanschauung berührt nicht das Recht der in Absatz 1 genannten Religionsgemeinschaften, der ihnen zugeordneten Einrichtungen ohne Rücksicht auf ihre Rechtsform oder der Vereinigungen, die sich die gemeinschaftliche Pflege einer Religion oder Weltanschauung zur Aufgabe machen, von ihren Beschäftigten ein loyales und aufrichtiges Verhalten im Sinne ihres jeweiligen Selbstverständnisses verlangen zu können.

§ 10 Zulässige unterschiedliche Behandlung wegen des Alters

$_1$Ungeachtet des § 8 ist eine unterschiedliche Behandlung wegen des Alters auch zulässig, wenn sie objektiv und angemessen und durch ein legitimes Ziel gerechtfertigt ist. $_2$Die Mittel zur Erreichung dieses Ziels müssen angemessen und erforderlich sein. $_3$Derartige unterschiedliche Behandlungen können insbesondere Folgendes einschließen:

1. die Festlegung besonderer Bedingungen für den Zugang zur Beschäftigung und zur beruflichen Bildung sowie besonderer Beschäftigungs- und Arbeitsbedingungen, einschließlich der Bedingungen für Entlohnung und Beendigung des Beschäftigungsverhältnisses, um die berufliche Eingliederung von Jugendlichen, älteren Beschäftigten und Personen mit Fürsorgepflichten zu fördern oder ihren Schutz sicherzustellen,

2. die Festlegung von Mindestanforderungen an das Alter, die Berufserfahrung oder das Dienstalter für den Zugang zur Beschäftigung oder für bestimmte mit der Beschäftigung verbundene Vorteile,

3. die Festsetzung eines Höchstalters für die Einstellung auf Grund der spezifischen Ausbildungsanforderungen eines bestimmten Arbeitsplatzes oder auf Grund der Notwendigkeit einer angemessenen Be-

schäftigungszeit vor dem Eintritt in den Ruhestand,

4. die Festsetzung von Altersgrenzen bei den betrieblichen Systemen der sozialen Sicherheit als Voraussetzung für die Mitgliedschaft oder den Bezug von Altersrente oder von Leistungen bei Invalidität einschließlich der Festsetzung unterschiedlicher Altersgrenzen im Rahmen dieser Systeme für bestimmte Beschäftigte oder Gruppen von Beschäftigten und die Verwendung von Alterskriterien im Rahmen dieser Systeme für versicherungsmathematische Berechnungen,

5. eine Vereinbarung, die die Beendigung des Beschäftigungsverhältnisses ohne Kündigung zu einem Zeitpunkt vorsieht, zu dem der oder die Beschäftigte eine Rente wegen Alters beantragen kann; §41 des Sechsten Buches Sozialgesetzbuch bleibt unberührt,

6. Differenzierungen von Leistungen in Sozialplänen im Sinne des Betriebsverfassungsgesetzes, wenn die Parteien eine nach Alter oder Betriebszugehörigkeit gestaffelte Abfindungsregelung geschaffen haben, in der die wesentlich vom Alter abhängenden Chancen auf dem Arbeitsmarkt durch eine verhältnismäßig starke Betonung des Lebensalters erkennbar berücksichtigt worden sind, oder Beschäftigte von den Leistungen des Sozialplans ausgeschlossen haben, die wirtschaftlich abgesichert sind, weil sie, gegebenenfalls nach Bezug von Arbeitslosengeld, rentenberechtigt sind.

Unterabschnitt 2
Organisationspflichten des Arbeitgebers

§ 11 Ausschreibung
Ein Arbeitsplatz darf nicht unter Verstoß gegen §7 Abs. 1 ausgeschrieben werden.

§ 12 Maßnahmen und Pflichten des Arbeitgebers

(1) ₁Der Arbeitgeber ist verpflichtet, die erforderlichen Maßnahmen zum Schutz vor Benachteiligungen wegen eines in §1 genannten Grundes zu treffen. ₂Dieser Schutz umfasst auch vorbeugende Maßnahmen.

(2) ₁Der Arbeitgeber soll in geeigneter Art und Weise, insbesondere im Rahmen der beruflichen Aus- und Fortbildung, auf die Unzulässigkeit solcher Benachteiligungen hinweisen und darauf hinwirken, dass diese unterbleiben. ₂Hat der Arbeitgeber seine Beschäftigten in geeigneter Weise zum Zwecke der Verhinderung von Benachteiligung geschult, gilt dies als Erfüllung seiner Pflichten nach Absatz 1.

(3) Verstoßen Beschäftigte gegen das Benachteiligungsverbot des §7 Abs. 1, so hat der Arbeitgeber die im Einzelfall geeigneten, erforderlichen und angemessenen Maßnahmen zur Unterbindung der Benachteiligung wie Abmahnung, Umsetzung, Versetzung oder Kündigung zu ergreifen.

(4) Werden Beschäftigte bei der Ausübung ihrer Tätigkeit durch Dritte nach §7 Abs. 1 benachteiligt, so hat der Arbeitgeber die im Einzelfall geeigneten, erforderlichen und angemessenen Maßnahmen zum Schutz der Beschäftigten zu ergreifen.

(5) ₁Dieses Gesetz und §61b des Arbeitsgerichtsgesetzes sowie Informationen über die für die Behandlung von Beschwerden nach §13 zuständigen Stellen sind im Betrieb oder in der Dienststelle bekannt zu machen. ₂Die Bekanntmachung kann durch Aushang oder Auslegung an geeigneter Stelle oder den Einsatz der im Betrieb oder der Dienststelle üblichen Informations- und Kommunikationstechnik erfolgen.

Unterabschnitt 3
Rechte der Beschäftigten

§ 13 Beschwerderecht

(1) ₁Die Beschäftigten haben das Recht, sich bei den zuständigen Stellen des Betriebs, des Unternehmens oder der Dienststelle zu beschweren, wenn sie sich im Zusammenhang mit ihrem Beschäftigungsverhältnis vom Arbeitgeber, von Vorgesetzten, anderen Beschäftigten oder Dritten wegen eines in §1 genannten Grundes benachteiligt fühlen. ₂Die Beschwerde ist zu prüfen und das Ergebnis

X.1 Allgemeines Gleichbehandlungsgesetz (AGG) §§ 14–17

der oder dem beschwerdeführenden Beschäftigten mitzuteilen.

(2) Die Rechte der Arbeitnehmervertretungen bleiben unberührt.

§ 14 Leistungsverweigerungsrecht

₁Ergreift der Arbeitgeber keine oder offensichtlich ungeeignete Maßnahmen zur Unterbindung einer Belästigung oder sexuellen Belästigung am Arbeitsplatz, sind die betroffenen Beschäftigten berechtigt, ihre Tätigkeit ohne Verlust des Arbeitsentgelts einzustellen, soweit dies zu ihrem Schutz erforderlich ist. ₂§ 273 des Bürgerlichen Gesetzbuchs bleibt unberührt.

§ 15 Entschädigung und Schadensersatz

(1) ₁Bei einem Verstoß gegen das Benachteiligungsverbot ist der Arbeitgeber verpflichtet, den hierdurch entstandenen Schaden zu ersetzen. ₂Dies gilt nicht, wenn der Arbeitgeber die Pflichtverletzung nicht zu vertreten hat.

(2) ₁Wegen eines Schadens, der nicht Vermögensschaden ist, kann der oder die Beschäftigte eine angemessene Entschädigung in Geld verlangen. ₂Die Entschädigung darf bei einer Nichteinstellung drei Monatsgehälter nicht übersteigen, wenn der oder die Beschäftigte auch bei benachteiligungsfreier Auswahl nicht eingestellt worden wäre.

(3) Der Arbeitgeber ist bei der Anwendung kollektiv-rechtlicher Vereinbarungen nur dann zur Entschädigung verpflichtet, wenn er vorsätzlich oder grob fahrlässig handelt.

(4) ₁Ein Anspruch nach Absatz 1 oder 2 muss innerhalb einer Frist von zwei Monaten schriftlich geltend gemacht werden, es sei denn, die Tarifvertragsparteien haben etwas anderes vereinbart. ₂Die Frist beginnt im Falle einer Bewerbung oder eines beruflichen Aufstiegs mit dem Zugang der Ablehnung und in den sonstigen Fällen einer Benachteiligung zu dem Zeitpunkt, in dem der oder die Beschäftigte von der Benachteiligung Kenntnis erlangt.

(5) Im Übrigen bleiben Ansprüche gegen den Arbeitgeber, die sich aus anderen Rechtsvorschriften ergeben, unberührt.

(6) Ein Verstoß des Arbeitgebers gegen das Benachteiligungsverbot des § 7 Abs. 1 begründet keinen Anspruch auf Begründung eines Beschäftigungsverhältnisses, Berufsausbildungsverhältnisses oder einen beruflichen Aufstieg, es sei denn, ein solcher ergibt sich aus einem anderen Rechtsgrund.

§ 16 Maßregelungsverbot

(1) ₁Der Arbeitgeber darf Beschäftigte nicht wegen der Inanspruchnahme von Rechten nach diesem Abschnitt oder wegen der Weigerung, eine gegen diesen Abschnitt verstoßende Anweisung auszuführen, benachteiligen. ₂Gleiches gilt für Personen, die den Beschäftigten hierbei unterstützen oder als Zeuginnen oder Zeugen aussagen.

(2) ₁Die Zurückweisung oder Duldung benachteiligender Verhaltensweisen durch betroffene Beschäftigte darf nicht als Grundlage für eine Entscheidung herangezogen werden, die diese Beschäftigten berührt. ₂Absatz 1 Satz 2 gilt entsprechend.

(3) § 22 gilt entsprechend.

Unterabschnitt 4
Ergänzende Vorschriften

§ 17 Soziale Verantwortung der Beteiligten

(1) Tarifvertragsparteien, Arbeitgeber, Beschäftigte und deren Vertretungen sind aufgefordert, im Rahmen ihrer Aufgaben und Handlungsmöglichkeiten an der Verwirklichung des in § 1 genannten Ziels mitzuwirken.

(2) ₁In Betrieben, in denen die Voraussetzungen des § 1 Abs. 1 Satz 1 des Betriebsverfassungsgesetzes vorliegen, können bei einem groben Verstoß des Arbeitgebers gegen Vorschriften aus diesem Abschnitt der Betriebsrat oder eine im Betrieb vertretene Gewerkschaft unter der Voraussetzung des § 23 Abs. 3 Satz 1 des Betriebsverfassungsgesetzes die dort genannten Rechte gerichtlich geltend machen; § 23 Abs. 3 Satz 2 bis 5 des Betriebsverfassungsgesetzes gilt entsprechend. ₂Mit dem Antrag dürfen nicht Ansprüche des Benachteiligten geltend gemacht werden.

§ 18 Mitgliedschaft in Vereinigungen

(1) Die Vorschriften dieses Abschnitts gelten entsprechend für die Mitgliedschaft oder die Mitwirkung in einer

1. Tarifvertragspartei,
2. Vereinigung, deren Mitglieder einer bestimmten Berufsgruppe angehören oder die eine überragende Machtstellung im wirtschaftlichen oder sozialen Bereich innehat, wenn ein grundlegendes Interesse am Erwerb der Mitgliedschaft besteht,

sowie deren jeweiligen Zusammenschlüssen.

(2) Wenn die Ablehnung einen Verstoß gegen das Benachteiligungsverbot des § 7 Abs. 1 darstellt, besteht ein Anspruch auf Mitgliedschaft oder Mitwirkung in den in Absatz 1 genannten Vereinigungen.

Abschnitt 3
Schutz vor Benachteiligung im Zivilrechtsverkehr

§ 19 Zivilrechtliches Benachteiligungsverbot

(1) Eine Benachteiligung aus Gründen der Rasse oder wegen der ethnischen Herkunft, wegen des Geschlechts, der Religion, einer Behinderung, des Alters oder der sexuellen Identität bei der Begründung, Durchführung und Beendigung zivilrechtlicher Schuldverhältnisse, die

1. typischerweise ohne Ansehen der Person zu vergleichbaren Bedingungen in einer Vielzahl von Fällen zustande kommen (Massengeschäfte) oder bei denen das Ansehen der Person nach der Art des Schuldverhältnisses eine nachrangige Bedeutung hat und die zu vergleichbaren Bedingungen in einer Vielzahl von Fällen zustande kommen oder
2. eine privatrechtliche Versicherung zum Gegenstand haben,

ist unzulässig.

(2) Eine Benachteiligung aus Gründen der Rasse oder wegen der ethnischen Herkunft ist darüber hinaus auch bei der Begründung, Durchführung und Beendigung sonstiger zivilrechtlicher Schuldverhältnisse im Sinne des § 2 Abs. 1 Nr. 5 bis 8 unzulässig.

(3) Bei der Vermietung von Wohnraum ist eine unterschiedliche Behandlung im Hinblick auf die Schaffung und Erhaltung sozial stabiler Bewohnerstrukturen und ausgewogener Siedlungsstrukturen sowie ausgeglichener wirtschaftlicher, sozialer und kultureller Verhältnisse zulässig.

(4) Die Vorschriften dieses Abschnitts finden keine Anwendung auf familien- und erbrechtliche Schuldverhältnisse.

(5) ₁Die Vorschriften dieses Abschnitts finden keine Anwendung auf zivilrechtliche Schuldverhältnisse, bei denen ein besonderes Nähe- oder Vertrauensverhältnis der Parteien oder ihrer Angehörigen begründet wird. ₂Bei Mietverhältnissen kann dies insbesondere der Fall sein, wenn die Parteien oder ihre Angehörigen Wohnraum auf demselben Grundstück nutzen. ₃Die Vermietung von Wohnraum zum nicht nur vorübergehenden Gebrauch ist in der Regel kein Geschäft im Sinne des Absatzes 1 Nr. 1, wenn der Vermieter insgesamt nicht mehr als 50 Wohnungen vermietet.

§ 20 Zulässige unterschiedliche Behandlung

(1) ₁Eine Verletzung des Benachteiligungsverbots ist nicht gegeben, wenn für eine unterschiedliche Behandlung wegen der Religion, einer Behinderung, des Alters, der sexuellen Identität oder des Geschlechts ein sachlicher Grund vorliegt. ₂Das kann insbesondere der Fall sein, wenn die unterschiedliche Behandlung

1. der Vermeidung von Gefahren, der Verhütung von Schäden oder anderen Zwecken vergleichbarer Art dient,
2. dem Bedürfnis nach Schutz der Intimsphäre oder der persönlichen Sicherheit Rechnung trägt,
3. besondere Vorteile gewährt und ein Interesse an der Durchsetzung der Gleichbehandlung fehlt,
4. an die Religion eines Menschen anknüpft und im Hinblick auf die Ausübung der Religionsfreiheit oder auf das Selbstbestim-

mungsrecht der Religionsgemeinschaften, der ihnen zugeordneten Einrichtungen ohne Rücksicht auf ihre Rechtsform sowie der Vereinigungen, die sich die gemeinschaftliche Pflege einer Religion zur Aufgabe machen, unter Beachtung des jeweiligen Selbstverständnisses gerechtfertigt ist.

(2) ₁Kosten im Zusammenhang mit Schwangerschaft und Mutterschaft dürfen auf keinen Fall zu unterschiedlichen Prämien oder Leistungen führen. ₂Eine unterschiedliche Behandlung wegen der Religion, einer Behinderung, des Alters oder der sexuellen Identität ist im Falle des § 19 Abs. 1 Nr. 2 nur zulässig, wenn diese auf anerkannten Prinzipien risikoadäquater Kalkulation beruht, insbesondere auf einer versicherungsmathematisch ermittelten Risikobewertung unter Heranziehung statistischer Erhebungen.

§ 21 Ansprüche

(1) ₁Der Benachteiligte kann bei einem Verstoß gegen das Benachteiligungsverbot unbeschadet weiterer Ansprüche die Beseitigung der Beeinträchtigung verlangen. ₂Sind weitere Beeinträchtigungen zu besorgen, so kann er auf Unterlassung klagen.

(2) ₁Bei einer Verletzung des Benachteiligungsverbots ist der Benachteiligende verpflichtet, den hierdurch entstandenen Schaden zu ersetzen. ₂Dies gilt nicht, wenn der Benachteiligende die Pflichtverletzung nicht zu vertreten hat. ₃Wegen eines Schadens, der nicht Vermögensschaden ist, kann der Benachteiligte eine angemessene Entschädigung in Geld verlangen.

(3) Ansprüche aus unerlaubter Handlung bleiben unberührt.

(4) Auf eine Vereinbarung, die von dem Benachteiligungsverbot abweicht, kann sich der Benachteiligende nicht berufen.

(5) ₁Ein Anspruch nach den Absätzen 1 und 2 muss innerhalb einer Frist von zwei Monaten geltend gemacht werden. ₂Nach Ablauf der Frist kann der Anspruch nur geltend gemacht werden, wenn der Benachteiligte ohne Verschulden an der Einhaltung der Frist verhindert war.

Abschnitt 4
Rechtsschutz

§ 22 Beweislast

Wenn im Streitfall die eine Partei Indizien beweist, die eine Benachteiligung wegen eines in § 1 genannten Grundes vermuten lassen, trägt die andere Partei die Beweislast dafür, dass kein Verstoß gegen die Bestimmungen zum Schutz vor Benachteiligung vorgelegen hat.

§ 23 Unterstützung durch Antidiskriminierungsverbände

(1) ₁Antidiskriminierungsverbände sind Personenzusammenschlüsse, die nicht gewerbsmäßig und nicht nur vorübergehend entsprechend ihrer Satzung die besonderen Interessen von benachteiligten Personen oder Personengruppen nach Maßgabe von § 1 wahrnehmen. ₂Die Befugnisse nach den Absätzen 2 bis 4 stehen ihnen zu, wenn sie mindestens 75 Mitglieder haben oder einen Zusammenschluss aus mindestens sieben Verbänden bilden.

(2) ₁Antidiskriminierungsverbände sind befugt, im Rahmen ihres Satzungszwecks in gerichtlichen Verfahren als Beistände Benachteiligter in der Verhandlung aufzutreten. ₂Im Übrigen bleiben die Vorschriften der Verfahrensordnungen, insbesondere diejenigen, nach denen Beiständen weiterer Vortrag untersagt werden kann, unberührt.

(3) Antidiskriminierungsverbänden ist im Rahmen ihres Satzungszwecks die Besorgung von Rechtsangelegenheiten Benachteiligter gestattet.

(4) Besondere Klagerechte und Vertretungsbefugnisse von Verbänden zu Gunsten von behinderten Menschen bleiben unberührt.

Abschnitt 5
Sonderregelungen für öffentlich-rechtliche Dienstverhältnisse

§ 24 Sonderregelung für öffentlich-rechtliche Dienstverhältnisse

Die Vorschriften dieses Gesetzes gelten unter Berücksichtigung ihrer besonderen Rechtsstellung entsprechend für

§§ 25–26b Allgemeines Gleichbehandlungsgesetz (AGG) **X.1**

1. Beamtinnen und Beamte des Bundes, der Länder, der Gemeinden, der Gemeindeverbände sowie der sonstigen der Aufsicht des Bundes oder eines Landes unterstehenden Körperschaften, Anstalten und Stiftungen des öffentlichen Rechts,
2. Richterinnen und Richter des Bundes und der Länder,
3. Zivildienstleistende sowie anerkannte Kriegsdienstverweigerer, soweit ihre Heranziehung zum Zivildienst betroffen ist.

Abschnitt 6
Antidiskriminierungsstelle des Bundes und Unabhängige Bundesbeauftragte oder Unabhängiger Bundesbeauftragter für Antidiskriminierung

§ 25 Antidiskriminierungsstelle des Bundes

(1) Beim Bundesministerium für Familie, Senioren, Frauen und Jugend wird unbeschadet der Zuständigkeit der Beauftragten des Deutschen Bundestages oder der Bundesregierung die Stelle des Bundes zum Schutz vor Benachteiligungen wegen eines in § 1 genannten Grundes (Antidiskriminierungsstelle des Bundes) errichtet.

(2) ₁Der Antidiskriminierungsstelle des Bundes ist die für die Erfüllung ihrer Aufgaben notwendige Personal- und Sachausstattung zur Verfügung zu stellen. ₂Sie ist im Einzelplan des Bundesministeriums für Familie, Senioren, Frauen und Jugend in einem eigenen Kapitel auszuweisen.

(3) Die Antidiskriminierungsstelle des Bundes wird von der oder dem Unabhängigen Bundesbeauftragten für Antidiskriminierung geleitet.

§ 26 Wahl der oder des Unabhängigen Bundesbeauftragten für Antidiskriminierung; Anforderungen

(1) Die oder der Unabhängige Bundesbeauftragte für Antidiskriminierung wird auf Vorschlag der Bundesregierung vom Deutschen Bundestag gewählt.

(2) Über den Vorschlag stimmt der Deutsche Bundestag ohne Aussprache ab.

(3) Die vorgeschlagene Person ist gewählt, wenn für sie mehr als die Hälfte der gesetzlichen Zahl der Mitglieder des Deutschen Bundestages gestimmt hat.

(4) ₁Die oder der Unabhängige Bundesbeauftragte für Antidiskriminierung muss zur Erfüllung ihrer oder seiner Aufgaben und zur Ausübung ihrer oder seiner Befugnisse über die erforderliche Qualifikation, Erfahrung und Sachkunde insbesondere im Bereich der Antidiskriminierung verfügen. ₂Insbesondere muss sie oder er über durch einschlägige Berufserfahrung erworbene Kenntnisse des Antidiskriminierungsrechts verfügen und die Befähigung für die Laufbahn des höheren nichttechnischen Verwaltungsdienstes des Bundes haben.

§ 26a Rechtsstellung der oder des Unabhängigen Bundesbeauftragten für Antidiskriminierung

(1) ₁Die oder der Unabhängige Bundesbeauftragte für Antidiskriminierung steht nach Maßgabe dieses Gesetzes in einem öffentlich-rechtlichen Amtsverhältnis zum Bund. ₂Sie oder er ist bei der Ausübung ihres oder seines Amtes unabhängig und nur dem Gesetz unterworfen.

(2) Die oder der Unabhängige Bundesbeauftragte für Antidiskriminierung untersteht der Rechtsaufsicht der Bundesregierung.

§ 26b Amtszeit der oder des Unabhängigen Bundesbeauftragten für Antidiskriminierung

(1) Die Amtszeit der oder des Unabhängigen Bundesbeauftragten für Antidiskriminierung beträgt fünf Jahre.

(2) Eine einmalige Wiederwahl ist zulässig.

(3) Kommt vor Ende des Amtsverhältnisses eine Neuwahl nicht zustande, so führt die oder der bisherige Unabhängige Bundesbeauftragte für Antidiskriminierung auf Ersuchen der Bundespräsidentin oder des Bundespräsidenten die Geschäfte bis zur Neuwahl fort.

§ 26c Beginn und Ende des Amtsverhältnisses der oder des Unabhängigen Bundesbeauftragten für Antidiskriminierung; Amtseid

(1) ₁Die oder der nach § 26 Gewählte ist von der Bundespräsidentin oder dem Bundespräsidenten zu ernennen. ₂Das Amtsverhältnis der oder des Unabhängigen Bundesbeauftragten für Antidiskriminierung beginnt mit der Aushändigung der Ernennungsurkunde.

(2) ₁Die oder der Unabhängige Bundesbeauftragte für Antidiskriminierung leistet vor der Bundespräsidentin oder dem Bundespräsidenten folgenden Eid: „Ich schwöre, dass ich meine Kraft dem Wohl des deutschen Volkes widmen, seinen Nutzen mehren, Schaden von ihm wenden, das Grundgesetz und die Gesetze des Bundes wahren und verteidigen, meine Pflichten gewissenhaft erfüllen und Gerechtigkeit gegen jedermann üben werde. So wahr mir Gott helfe." ₂Der Eid kann auch ohne religiöse Beteuerung geleistet werden.

(3) Das Amtsverhältnis endet
1. regulär mit dem Ablauf der Amtszeit oder
2. wenn die oder der Unabhängige Bundesbeauftragte für Antidiskriminierung vorzeitig aus dem Amt entlassen wird.

(4) ₁Entlassen wird die oder der Unabhängige Bundesbeauftragte für Antidiskriminierung
1. auf eigenes Verlangen oder
2. auf Vorschlag der Bundesregierung, wenn die oder der Unabhängige Bundesbeauftragte für Antidiskriminierung eine schwere Verfehlung begangen hat oder die Voraussetzungen für die Wahrnehmung ihrer oder seiner Aufgaben nicht mehr erfüllt.

₂Die Entlassung erfolgt durch die Bundespräsidentin oder den Bundespräsidenten.

(5) ₁Im Fall der Beendigung des Amtsverhältnisses vollzieht die Bundespräsidentin oder der Bundespräsident eine Urkunde. ₂Die Entlassung wird mit der Aushändigung der Urkunde wirksam.

§ 26d Unerlaubte Handlungen und Tätigkeiten der oder des Unabhängigen Bundesbeauftragten für Antidiskriminierung

(1) Die oder der Unabhängige Bundesbeauftragte für Antidiskriminierung darf keine Handlungen vornehmen, die mit den Aufgaben des Amtes nicht zu vereinbaren sind.

(2) ₁Die oder der Unabhängige Bundesbeauftragte für Antidiskriminierung darf während der Amtszeit und während einer anschließenden Geschäftsführung keine anderen Tätigkeiten ausüben, die mit dem Amt nicht zu vereinbaren sind, unabhängig davon, ob es entgeltliche oder unentgeltliche Tätigkeiten sind. ₂Insbesondere darf sie oder er

1. kein besoldetes Amt, kein Gewerbe und keinen Beruf ausüben,
2. nicht dem Vorstand, Aufsichtsrat oder Verwaltungsrat eines auf Erwerb gerichteten Unternehmens, nicht einer Regierung oder einer gesetzgebenden Körperschaft des Bundes oder eines Landes angehören und
3. nicht gegen Entgelt außergerichtliche Gutachten abgeben.

§ 26e Verschwiegenheitspflicht der oder des Unabhängigen Bundesbeauftragten für Antidiskriminierung

(1) ₁Die oder der Unabhängige Bundesbeauftragte für Antidiskriminierung ist verpflichtet, über die Angelegenheiten, die ihr oder ihm im Amt oder während einer anschließenden Geschäftsführung bekannt werden, Verschwiegenheit zu bewahren. ₂Dies gilt nicht für Mitteilungen im dienstlichen Verkehr oder für Tatsachen, die offenkundig sind oder ihrer Bedeutung nach keiner Geheimhaltung bedürfen. ₃Die oder der Unabhängige Bundesbeauftragte für Antidiskriminierung entscheidet nach pflichtgemäßem Ermessen, ob und inwieweit sie oder er über solche Angelegenheiten vor Gericht oder außergerichtlich aussagt oder Erklärungen abgibt.

(2) ₁Die Pflicht zur Verschwiegenheit gilt auch nach Beendigung des Amtsverhältnisses oder nach Beendigung einer anschließenden Geschäftsführung. ₂In Angelegenheiten, für die die Pflicht zur Verschwiegenheit gilt, darf vor

Gericht oder außergerichtlich nur ausgesagt werden und dürfen Erklärungen nur abgegeben werden, wenn dies die oder der amtierende Unabhängige Bundesbeauftragte für Antidiskriminierung genehmigt hat.

(3) Unberührt bleibt die Pflicht, bei einer Gefährdung der freiheitlichen demokratischen Grundordnung für deren Erhaltung einzutreten und die gesetzlich begründete Pflicht, Straftaten anzuzeigen.

§ 26f Zeugnisverweigerungsrecht der oder des Unabhängigen Bundesbeauftragten für Antidiskriminierung

(1) ₁Die oder der Unabhängige Bundesbeauftragte für Antidiskriminierung ist berechtigt, über Personen, die ihr oder ihm in ihrer oder seiner Eigenschaft als Leitung der Antidiskriminierungsstelle des Bundes Tatsachen anvertraut haben, sowie über diese Tatsachen selbst das Zeugnis zu verweigern. ₂Soweit das Zeugnisverweigerungsrecht der oder des Unabhängigen Bundesbeauftragten für Antidiskriminierung reicht, darf von ihr oder ihm nicht gefordert werden, Akten oder andere Dokumente vorzulegen oder herauszugeben.

(2) Das Zeugnisverweigerungsrecht gilt auch für die der oder dem Unabhängigen Bundesbeauftragten für Antidiskriminierung zugewiesenen Beschäftigten mit der Maßgabe, dass über die Ausübung dieses Rechts die oder der Unabhängige Bundesbeauftragte für Antidiskriminierung entscheidet.

§ 26g Anspruch der oder des Unabhängigen Bundesbeauftragten für Antidiskriminierung auf Amtsbezüge, Versorgung und auf andere Leistungen

(1) Die oder der Unabhängige Bundesbeauftragte für Antidiskriminierung erhält Amtsbezüge entsprechend dem Grundgehalt der Besoldungsgruppe B 6 und den Familienzuschlag entsprechend den §§ 39 bis 41 des Bundesbesoldungsgesetzes.

(2) ₁Der Anspruch auf die Amtsbezüge besteht für die Zeit vom ersten Tag des Monats, in dem das Amtsverhältnis beginnt, bis zum letzten Tag des Monats, in dem das Amtsverhältnis endet. ₂Werden die Geschäfte über das Ende des Amtsverhältnisses hinaus noch bis zur Neuwahl weitergeführt, so besteht der Anspruch für die Zeit bis zum letzten Tag des Monats, in dem die Geschäftsführung endet. ₃Bezieht die oder der Unabhängige Bundesbeauftragte für Antidiskriminierung für einen Zeitraum, für den sie oder er Amtsbezüge erhält, ein Einkommen aus einer Verwendung im öffentlichen Dienst, so ruht der Anspruch auf dieses Einkommen bis zur Höhe der Amtsbezüge. ₄Die Amtsbezüge werden monatlich im Voraus gezahlt.

(3) ₁Für Ansprüche auf Beihilfe und Versorgung gelten § 12 Absatz 6, die §§ 13 bis 18 und 20 des Bundesministergesetzes entsprechend mit der Maßgabe, dass an die Stelle der vierjährigen Amtszeit in § 15 Absatz 1 des Bundesministergesetzes eine Amtszeit als Unabhängige Bundesbeauftragte oder Unabhängiger Bundesbeauftragter für Antidiskriminierung von fünf Jahren tritt. ₂Ein Anspruch auf Übergangsgeld besteht längstens bis zum Ablauf des Monats, in dem die für Bundesbeamtinnen und Bundesbeamte geltende Regelaltersgrenze nach § 51 Absatz 1 und 2 des Bundesbeamtengesetzes vollendet wird. ₃Ist § 18 Absatz 2 des Bundesministergesetzes nicht anzuwenden, weil das Beamtenverhältnis einer Bundesbeamtin oder eines Bundesbeamten nach Beendigung des Amtsverhältnisses als Unabhängige Bundesbeauftragte oder Unabhängiger Bundesbeauftragter für Antidiskriminierung fortgesetzt wird, dann ist die Amtszeit als Unabhängige Bundesbeauftragte oder Unabhängiger Bundesbeauftragter für Antidiskriminierung bei der wegen Eintritt oder Versetzung der Bundesbeamtin oder des Bundesbeamten in den Ruhestand durchzuführenden Festsetzung des Ruhegehalts als ruhegehaltfähige Dienstzeit zu berücksichtigen.

(4) Die oder der Unabhängige Bundesbeauftragte für Antidiskriminierung erhält Reisekostenvergütung und Umzugskostenvergütung entsprechend den für Bundesbeamtinnen und Bundesbeamte geltenden Vorschriften.

§ 26h Verwendung der Geschenke an die Unabhängige Bundesbeauftragte oder den Unabhängigen Bundesbeauftragten für Antidiskriminierung

(1) Erhält die oder der Unabhängige Bundesbeauftragte für Antidiskriminierung ein Geschenk in Bezug auf das Amt, so muss sie oder er dies der Präsidentin oder dem Präsidenten des Deutschen Bundestages mitteilen.

(2) ₁Die Präsidentin oder der Präsident des Deutschen Bundestages entscheidet über die Verwendung des Geschenks. ₂Sie oder er kann Verfahrensvorschriften erlassen.

§ 26i Berufsbeschränkung

₁Die oder der Unabhängige Bundesbeauftragte für Antidiskriminierung ist verpflichtet, eine beabsichtigte Erwerbstätigkeit oder sonstige entgeltliche Beschäftigung außerhalb des öffentlichen Dienstes, die innerhalb der ersten 18 Monate nach dem Ende der Amtszeit oder einer anschließenden Geschäftsführung aufgenommen werden soll, schriftlich oder elektronisch gegenüber der Präsidentin oder dem Präsidenten des Deutschen Bundestages anzuzeigen. ₂Die Präsidentin oder der Präsident des Deutschen Bundestages kann der oder dem Unabhängigen Bundesbeauftragten für Antidiskriminierung die beabsichtigte Erwerbstätigkeit oder sonstige entgeltliche Beschäftigung untersagen, soweit zu besorgen ist, dass öffentliche Interessen beeinträchtigt werden. ₃Von einer Beeinträchtigung ist insbesondere dann auszugehen, wenn die beabsichtigte Erwerbstätigkeit oder sonstige entgeltliche Beschäftigung in Angelegenheiten oder Bereichen ausgeführt werden soll, in denen die oder der Unabhängige Bundesbeauftragte für Antidiskriminierung während der Amtszeit oder einer anschließenden Geschäftsführung tätig war. ₄Eine Untersagung soll in der Regel die Dauer von einem Jahr nach dem Ende der Amtszeit oder einer anschließenden Geschäftsführung nicht überschreiten. ₅In Fällen der schweren Beeinträchtigung öffentlicher Interessen kann eine Untersagung auch für die Dauer von bis zu 18 Monaten ausgesprochen werden.

§ 27 Aufgaben der Antidiskriminierungsstelle des Bundes

(1) ₁Wer der Ansicht ist, wegen eines in § 1 genannten Grundes benachteiligt worden zu sein, kann sich an die Antidiskriminierungsstelle des Bundes wenden. ₂An die Antidiskriminierungsstelle des Bundes können sich auch Beschäftigte wenden, die der Ansicht sind, benachteiligt worden zu sein auf Grund

1. der Beantragung oder Inanspruchnahme einer Freistellung von der Arbeitsleistung oder der Anpassung der Arbeitszeit als Eltern oder pflegende Angehörige nach dem Bundeselterngeld- und Elternzeitgesetz, dem Pflegezeitgesetz oder dem Familienpflegezeitgesetz,
2. des Fernbleibens von der Arbeit nach § 2 des Pflegezeitgesetzes oder
3. der Verweigerung ihrer persönlich zu erbringenden Arbeitsleistung aus dringenden familiären Gründen nach § 275 Absatz 3 des Bürgerlichen Gesetzbuchs, wenn eine Erkrankung oder ein Unfall ihre unmittelbare Anwesenheit erforderten.

(2) ₁Die Antidiskriminierungsstelle des Bundes unterstützt auf unabhängige Weise Personen, die sich nach Absatz 1 an sie wenden, bei der Durchsetzung ihrer Rechte zum Schutz vor Benachteiligungen. ₂Hierbei kann sie insbesondere

1. über Ansprüche und die Möglichkeiten des rechtlichen Vorgehens im Rahmen gesetzlicher Regelungen zum Schutz vor Benachteiligungen informieren,
2. Beratung durch andere Stellen vermitteln,
3. eine gütliche Beilegung zwischen den Beteiligten anstreben.

₃Soweit Beauftragte des Deutschen Bundestages oder der Bundesregierung zuständig sind, leitet die Antidiskriminierungsstelle des Bundes die Anliegen der in Absatz 1 genannten Personen mit deren Einverständnis unverzüglich an diese weiter.

(3) Die Antidiskriminierungsstelle des Bundes nimmt auf unabhängige Weise folgende Aufgaben wahr, soweit nicht die Zuständigkeit der Beauftragten der Bundesregierung oder des Deutschen Bundestages berührt ist:

1. Öffentlichkeitsarbeit,
2. Maßnahmen zur Verhinderung von Benachteiligungen aus den in § 1 genannten Gründen sowie von Benachteiligungen von Beschäftigten gemäß Absatz 1 Satz 2,
3. Durchführung wissenschaftlicher Untersuchungen zu diesen Benachteiligungen.

(4) ₁Die Antidiskriminierungsstelle des Bundes und die in ihrem Zuständigkeitsbereich betroffenen Beauftragten der Bundesregierung und des Deutschen Bundestages legen gemeinsam dem Deutschen Bundestag alle vier Jahre Berichte über Benachteiligungen aus den in § 1 genannten Gründen sowie über Benachteiligungen von Beschäftigten gemäß Absatz 1 Satz 2 vor und geben Empfehlungen zur Beseitigung und Vermeidung dieser Benachteiligungen. ₂Sie können gemeinsam wissenschaftliche Untersuchungen zu Benachteiligungen durchführen.

(5) Die Antidiskriminierungsstelle des Bundes und die in ihrem Zuständigkeitsbereich betroffenen Beauftragten der Bundesregierung und des Deutschen Bundestages sollen bei Benachteiligungen aus mehreren der in § 1 genannten Gründe zusammenarbeiten.

§ 28 Amtsbefugnisse der oder des Unabhängigen Bundesbeauftragten für Antidiskriminierung und Pflicht zur Unterstützung durch Bundesbehörden und öffentliche Stellen des Bundes

(1) ₁Die oder der Unabhängige Bundesbeauftragte für Antidiskriminierung ist bei allen Vorhaben, die ihre oder seine Aufgaben berühren, zu beteiligen. ₂Die Beteiligung soll möglichst frühzeitig erfolgen. ₃Sie oder er kann der Bundesregierung Vorschläge machen und Stellungnahmen zuleiten.

(2) Die oder der Unabhängige Bundesbeauftragte für Antidiskriminierung informiert die Bundesministerien – vorbehaltlich anderweitiger gesetzlicher Bestimmungen – frühzeitig in Angelegenheiten von grundsätzlicher politischer Bedeutung, soweit Aufgaben der Bundesministerien betroffen sind.

(3) In den Fällen, in denen sich eine Person wegen einer Benachteiligung an die Antidiskriminierungsstelle des Bundes gewandt hat und die Antidiskriminierungsstelle des Bundes die gütliche Beilegung zwischen den Beteiligten anstrebt, kann die oder der Unabhängige Bundesbeauftragte für Antidiskriminierung Beteiligte um Stellungnahmen ersuchen, soweit die Person, die sich an die Antidiskriminierungsstelle des Bundes gewandt hat, hierzu ihr Einverständnis erklärt.

(4) Alle Bundesministerien, sonstigen Bundesbehörden und öffentlichen Stellen im Bereich des Bundes sind verpflichtet, die Unabhängige Bundesbeauftragte oder den Unabhängigen Bundesbeauftragten für Antidiskriminierung bei der Erfüllung der Aufgaben zu unterstützen, insbesondere die erforderlichen Auskünfte zu erteilen.

§ 29 Zusammenarbeit der Antidiskriminierungsstelle des Bundes mit Nichtregierungsorganisationen und anderen Einrichtungen

Die Antidiskriminierungsstelle des Bundes soll bei ihrer Tätigkeit Nichtregierungsorganisationen sowie Einrichtungen, die auf europäischer, Bundes-, Landes- oder regionaler Ebene zum Schutz vor Benachteiligungen wegen eines in § 1 genannten Grundes tätig sind, in geeigneter Form einbeziehen.

§ 30 Beirat der Antidiskriminierungsstelle des Bundes

(1) ₁Zur Förderung des Dialogs mit gesellschaftlichen Gruppen und Organisationen, die sich den Schutz vor Benachteiligungen wegen eines in § 1 genannten Grundes zum Ziel gesetzt haben, wird der Antidiskriminierungsstelle des Bundes ein Beirat beigeordnet. ₂Der Beirat berät die Antidiskriminierungsstelle des Bundes bei der Vorlage von Berichten und Empfehlungen an den Deutschen Bundestag nach § 27 Abs. 4 und kann hierzu sowie zu wissenschaftlichen Untersuchungen nach § 27 Abs. 3 Nr. 3 eigene Vorschläge unterbreiten.

(2) ₁Das Bundesministerium für Familie, Senioren, Frauen und Jugend beruft im Einvernehmen mit der oder dem Unabhängigen Bundesbeauftragten für Antidiskriminierung

sowie den entsprechend zuständigen Beauftragten der Bundesregierung oder des Deutschen Bundestages die Mitglieder dieses Beirats und für jedes Mitglied eine Stellvertretung. ₂In den Beirat sollen Vertreterinnen und Vertreter gesellschaftlicher Gruppen und Organisationen sowie Expertinnen und Experten in Benachteiligungsfragen berufen werden. ₃Die Gesamtzahl der Mitglieder des Beirats soll 16 Personen nicht überschreiten. ₄Der Beirat soll zu gleichen Teilen mit Frauen und Männern besetzt sein.

(3) Der Beirat gibt sich eine Geschäftsordnung, die der Zustimmung des Bundesministeriums für Familie, Senioren, Frauen und Jugend bedarf.

(4) ₁Die Mitglieder des Beirats üben die Tätigkeit nach diesem Gesetz ehrenamtlich aus. ₂Sie haben Anspruch auf Aufwandsentschädigung sowie Reisekostenvergütung, Tagegelder und Übernachtungsgelder. ₃Näheres regelt die Geschäftsordnung.

Abschnitt 7
Schlussvorschriften

§ 31 Unabdingbarkeit
Von den Vorschriften dieses Gesetzes kann nicht zu Ungunsten der geschützten Personen abgewichen werden.

§ 32 Schlussbestimmung
Soweit in diesem Gesetz nicht Abweichendes bestimmt ist, gelten die allgemeinen Bestimmungen.

§ 33 Übergangsbestimmungen
(1) Bei Benachteiligungen nach den §§ 611a, 611b und 612 Abs. 3 des Bürgerlichen Gesetzbuchs oder sexuellen Belästigungen nach dem Beschäftigtenschutzgesetz ist das vor dem 18. August 2006 maßgebliche Recht anzuwenden.

(2) ₁Bei Benachteiligungen aus Gründen der Rasse oder wegen der ethnischen Herkunft sind die §§ 19 bis 21 nicht auf Schuldverhältnisse anzuwenden, die vor dem 18. August 2006 begründet worden sind. ₂Satz 1 gilt nicht für spätere Änderungen von Dauerschuldverhältnissen.

(3) ₁Bei Benachteiligungen wegen des Geschlechts, der Religion, einer Behinderung, des Alters oder der sexuellen Identität sind die §§ 19 bis 21 nicht auf Schuldverhältnisse anzuwenden, die vor dem 1. Dezember 2006 begründet worden sind. ₂Satz 1 gilt nicht für spätere Änderungen von Dauerschuldverhältnissen.

(4) ₁Auf Schuldverhältnisse, die eine privatrechtliche Versicherung zum Gegenstand haben, ist § 19 Abs. 1 nicht anzuwenden, wenn diese vor dem 22. Dezember 2007 begründet worden sind. ₂Satz 1 gilt nicht für spätere Änderungen solcher Schuldverhältnisse.

(5) ₁Bei Versicherungsverhältnissen, die vor dem 21. Dezember 2012 begründet werden, ist eine unterschiedliche Behandlung wegen des Geschlechts im Falle des § 19 Absatz 1 Nummer 2 bei den Prämien oder Leistungen nur zulässig, wenn dessen Berücksichtigung bei einer auf relevanten und genauen versicherungsmathematischen und statistischen Daten beruhenden Risikobewertung ein bestimmender Faktor ist. ₂Kosten im Zusammenhang mit Schwangerschaft und Mutterschaft dürfen auf keinen Fall zu unterschiedlichen Prämien oder Leistungen führen.

Gesetz über die Durchführung von Maßnahmen des Arbeitsschutzes zur Verbesserung der Sicherheit und des Gesundheitsschutzes der Beschäftigten bei der Arbeit (Arbeitsschutzgesetz – ArbSchG)

Vom 7. August 1996 (BGBl. I S. 1246)

Zuletzt geändert durch
Postrechtsmodernisierungsgesetz
vom 15. Juli 2024 (BGBl. I Nr. 236)

Erster Abschnitt
Allgemeine Vorschriften

§ 1 Zielsetzung und Anwendungsbereich

(1) ₁Dieses Gesetz dient dazu, Sicherheit und Gesundheitsschutz der Beschäftigten bei der Arbeit durch Maßnahmen des Arbeitsschutzes zu sichern und zu verbessern. ₂Es gilt in allen Tätigkeitsbereichen und findet im Rahmen der Vorgaben des Seerechtsübereinkommens der Vereinten Nationen vom 10. Dezember 1982 (BGBl. 1994 II S. 1799) auch in der ausschließlichen Wirtschaftszone Anwendung.

(2) ₁Dieses Gesetz gilt nicht für den Arbeitsschutz von Hausangestellten in privaten Haushalten. ₂Es gilt nicht für den Arbeitsschutz von Beschäftigten auf Seeschiffen und in Betrieben, die dem Bundesberggesetz unterliegen, soweit dafür entsprechende Rechtsvorschriften bestehen.

(3) ₁Pflichten, die die Arbeitgeber zur Gewährleistung von Sicherheit und Gesundheitsschutz der Beschäftigten bei der Arbeit nach sonstigen Rechtsvorschriften haben, bleiben unberührt. ₂Satz 1 gilt entsprechend für Pflichten und Rechte der Beschäftigten. ₃Unberührt bleiben Gesetze, die andere Personen als Arbeitgeber zu Maßnahmen des Arbeitsschutzes verpflichten.

(4) Bei öffentlich-rechtlichen Religionsgemeinschaften treten an die Stelle der Betriebs- oder Personalräte die Mitarbeitervertretungen entsprechend dem kirchlichen Recht.

§ 2 Begriffsbestimmungen

(1) Maßnahmen des Arbeitsschutzes im Sinne dieses Gesetzes sind Maßnahmen zur Verhütung von Unfällen bei der Arbeit und arbeitsbedingten Gesundheitsgefahren einschließlich Maßnahmen der menschengerechten Gestaltung der Arbeit.

(2) Beschäftigte im Sinne dieses Gesetzes sind:

1. Arbeitnehmerinnen und Arbeitnehmer,
2. die zu ihrer Berufsbildung Beschäftigten,
3. arbeitnehmerähnliche Personen im Sinne des § 5 Abs. 1 des Arbeitsgerichtsgesetzes, ausgenommen die in Heimarbeit Beschäftigten und die ihnen Gleichgestellten,
4. Beamtinnen und Beamte,
5. Richterinnen und Richter,
6. Soldatinnen und Soldaten,
7. die in Werkstätten für Behinderte Beschäftigten.

(3) Arbeitgeber im Sinne dieses Gesetzes sind natürliche und juristische Personen und rechtsfähige Personengesellschaften, die Personen nach Absatz 2 beschäftigen.

(4) Sonstige Rechtsvorschriften im Sinne dieses Gesetzes sind Regelungen über Maßnahmen des Arbeitsschutzes in anderen Gesetzen, in Rechtsverordnungen und Unfallverhütungsvorschriften.

(5) ₁Als Betriebe im Sinne dieses Gesetzes gelten für den Bereich des öffentlichen Dienstes die Dienststellen. ₂Dienststellen sind die einzelnen Behörden, Verwaltungsstellen und Betriebe der Verwaltungen des Bundes, der Länder, der Gemeinden und der sonstigen

Körperschaften, Anstalten und Stiftungen des öffentlichen Rechts, die Gerichte des Bundes und der Länder sowie die entsprechenden Einrichtungen der Streitkräfte.

Zweiter Abschnitt
Pflichten des Arbeitgebers

§ 3 Grundpflichten des Arbeitgebers

(1) ₁Der Arbeitgeber ist verpflichtet, die erforderlichen Maßnahmen des Arbeitsschutzes unter Berücksichtigung der Umstände zu treffen, die Sicherheit und Gesundheit der Beschäftigten bei der Arbeit beeinflussen. ₂Er hat die Maßnahmen auf ihre Wirksamkeit zu überprüfen und erforderlichenfalls sich ändernden Gegebenheiten anzupassen. ₃Dabei hat er eine Verbesserung von Sicherheit und Gesundheitsschutz der Beschäftigten anzustreben.

(2) Zur Planung und Durchführung der Maßnahmen nach Absatz 1 hat der Arbeitgeber unter Berücksichtigung der Art der Tätigkeiten und der Zahl der Beschäftigten

1. für eine geeignete Organisation zu sorgen und die erforderlichen Mittel bereitzustellen sowie

2. Vorkehrungen zu treffen, daß die Maßnahmen erforderlichenfalls bei allen Tätigkeiten und eingebunden in die betrieblichen Führungsstrukturen beachtet werden und die Beschäftigten ihren Mitwirkungspflichten nachkommen können.

(3) Kosten für Maßnahmen nach diesem Gesetz darf der Arbeitgeber nicht den Beschäftigten auferlegen.

§ 4 Allgemeine Grundsätze

Der Arbeitgeber hat bei Maßnahmen des Arbeitsschutzes von folgenden allgemeinen Grundsätzen auszugehen:

1. Die Arbeit ist so zu gestalten, daß eine Gefährdung für das Leben sowie die physische und die psychische Gesundheit möglichst vermieden und die verbleibende Gefährdung möglichst gering gehalten wird;

2. Gefahren sind an ihrer Quelle zu bekämpfen;

3. bei den Maßnahmen sind der Stand von Technik, Arbeitsmedizin und Hygiene sowie sonstige gesicherte arbeitswissenschaftliche Erkenntnisse zu berücksichtigen;

4. Maßnahmen sind mit dem Ziel zu planen, Technik, Arbeitsorganisation, sonstige Arbeitsbedingungen, soziale Beziehungen und Einfluß der Umwelt auf den Arbeitsplatz sachgerecht zu verknüpfen;

5. individuelle Schutzmaßnahmen sind nachrangig zu anderen Maßnahmen;

6. spezielle Gefahren für besonders schutzbedürftige Beschäftigtengruppen sind zu berücksichtigen;

7. den Beschäftigten sind geeignete Anweisungen zu erteilen;

8. mittelbar oder unmittelbar geschlechtsspezifisch wirkende Regelungen sind nur zulässig, wenn dies aus biologischen Gründen zwingend geboten ist.

§ 5 Beurteilung der Arbeitsbedingungen

(1) Der Arbeitgeber hat durch eine Beurteilung der für die Beschäftigten mit ihrer Arbeit verbundenen Gefährdung zu ermitteln, welche Maßnahmen des Arbeitsschutzes erforderlich sind.

(2) ₁Der Arbeitgeber hat die Beurteilung je nach Art der Tätigkeiten vorzunehmen. ₂Bei gleichartigen Arbeitsbedingungen ist die Beurteilung eines Arbeitsplatzes oder einer Tätigkeit ausreichend.

(3) Eine Gefährdung kann sich insbesondere ergeben durch

1. die Gestaltung und die Einrichtung der Arbeitsstätte und des Arbeitsplatzes,

2. physikalische, chemische und biologische Einwirkungen,

3. die Gestaltung, die Auswahl und den Einsatz von Arbeitsmitteln, insbesondere von Arbeitsstoffen, Maschinen, Geräten und Anlagen sowie den Umgang damit,

4. die Gestaltung von Arbeits- und Fertigungsverfahren, Arbeitsabläufen und Arbeitszeit und deren Zusammenwirken,

5. unzureichende Qualifikation und Unterweisung der Beschäftigten,

6. psychische Belastungen bei der Arbeit.

§ 6 Dokumentation

(1) ₁Der Arbeitgeber muß über die je nach Art der Tätigkeiten und der Zahl der Beschäftigten erforderlichen Unterlagen verfügen, aus denen das Ergebnis der Gefährdungsbeurteilung, die von ihm festgelegten Maßnahmen des Arbeitsschutzes und das Ergebnis ihrer Überprüfung ersichtlich sind. ₂Bei gleichartiger Gefährdungssituation ist es ausreichend, wenn die Unterlagen zusammengefaßte Angaben enthalten.

(2) Unfälle in seinem Betrieb, bei denen ein Beschäftigter getötet oder so verletzt wird, daß er stirbt oder für mehr als drei Tage völlig oder teilweise arbeits- oder dienstunfähig wird, hat der Arbeitgeber zu erfassen.

§ 7 Übertragung von Aufgaben

Bei der Übertragung von Aufgaben auf Beschäftigte hat der Arbeitgeber je nach Art der Tätigkeiten zu berücksichtigen, ob die Beschäftigten befähigt sind, die für die Sicherheit und den Gesundheitsschutz bei der Aufgabenerfüllung zu beachtenden Bestimmungen und Maßnahmen einzuhalten.

§ 8 Zusammenarbeit mehrerer Arbeitgeber

(1) ₁Werden Beschäftigte mehrerer Arbeitgeber an einem Arbeitsplatz tätig, sind die Arbeitgeber verpflichtet, bei der Durchführung der Sicherheits- und Gesundheitsschutzbestimmungen zusammenzuarbeiten. ₂Soweit dies für die Sicherheit und den Gesundheitsschutz der Beschäftigten bei der Arbeit erforderlich ist, haben die Arbeitgeber je nach Art der Tätigkeiten insbesondere sich gegenseitig und ihre Beschäftigten über die mit den Arbeiten verbundenen Gefahren für Sicherheit und Gesundheit der Beschäftigten zu unterrichten und Maßnahmen zur Verhütung dieser Gefahren abzustimmen.

(2) Der Arbeitgeber muß sich je nach Art der Tätigkeit vergewissern, daß die Beschäftigten anderer Arbeitgeber, die in seinem Betrieb tätig werden, hinsichtlich der Gefahren für ihre Sicherheit und Gesundheit während ihrer Tätigkeit in seinem Betrieb angemessene Anweisungen erhalten haben.

§ 9 Besondere Gefahren

(1) Der Arbeitgeber hat Maßnahmen zu treffen, damit nur Beschäftigte Zugang zu besonders gefährlichen Arbeitsbereichen haben, die zuvor geeignete Anweisungen erhalten haben.

(2) ₁Der Arbeitgeber hat Vorkehrungen zu treffen, daß alle Beschäftigten, die einer unmittelbaren erheblichen Gefahr ausgesetzt sind oder sein können, möglichst frühzeitig über diese Gefahr und die getroffenen oder zu treffenden Schutzmaßnahmen unterrichtet sind. ₂Bei unmittelbarer erheblicher Gefahr für die eigene Sicherheit oder die Sicherheit anderer Personen müssen die Beschäftigten die geeigneten Maßnahmen zur Gefahrenabwehr und Schadensbegrenzung selbst treffen können, wenn der zuständige Vorgesetzte nicht erreichbar ist; dabei sind die Kenntnisse der Beschäftigten und die vorhandenen technischen Mittel zu berücksichtigen. ₃Den Beschäftigten dürfen aus ihrem Handeln keine Nachteile entstehen, es sei denn, sie haben vorsätzlich oder grob fahrlässig ungeeignete Maßnahmen getroffen.

(3) ₁Der Arbeitgeber hat Maßnahmen zu treffen, die es den Beschäftigten bei unmittelbarer erheblicher Gefahr ermöglichen, sich durch sofortiges Verlassen der Arbeitsplätze in Sicherheit zu bringen. ₂Den Beschäftigten dürfen hierdurch keine Nachteile entstehen. ₃Hält die unmittelbare erhebliche Gefahr an, darf der Arbeitgeber die Beschäftigten nur in besonders begründeten Ausnahmefällen auffordern, ihre Tätigkeit wieder aufzunehmen. ₄Gesetzliche Pflichten der Beschäftigten zur Abwehr von Gefahren für die öffentliche Sicherheit sowie die §§ 7 und 11 des Soldatengesetzes bleiben unberührt.

§ 10 Erste Hilfe und sonstige Notfallmaßnahmen

(1) ₁Der Arbeitgeber hat entsprechend der Art der Arbeitsstätte und der Tätigkeiten sowie

der Zahl der Beschäftigten die Maßnahmen zu treffen, die zur Ersten Hilfe, Brandbekämpfung und Evakuierung der Beschäftigten erforderlich sind. ₂Dabei hat er der Anwesenheit anderer Personen Rechnung zu tragen. ₃Er hat auch dafür zu sorgen, daß im Notfall die erforderlichen Verbindungen zu außerbetrieblichen Stellen, insbesondere in den Bereichen der Ersten Hilfe, der medizinischen Notversorgung, der Bergung und der Brandbekämpfung eingerichtet sind.

(2) ₁Der Arbeitgeber hat diejenigen Beschäftigten zu benennen, die Aufgaben der Ersten Hilfe, Brandbekämpfung und Evakuierung der Beschäftigten übernehmen. ₂Anzahl, Ausbildung und Ausrüstung der nach Satz 1 benannten Beschäftigten müssen in einem angemessenen Verhältnis zur Zahl der Beschäftigten und zu den bestehenden besonderen Gefahren stehen. ₃Vor der Benennung hat der Arbeitgeber den Betriebs- oder Personalrat zu hören. ₄Weitergehende Beteiligungsrechte bleiben unberührt. ₅Der Arbeitgeber kann die in Satz 1 genannten Aufgaben auch selbst wahrnehmen, wenn er über die nach Satz 2 erforderliche Ausbildung und Ausrüstung verfügt.

§ 11 Arbeitsmedizinische Vorsorge

Der Arbeitgeber hat den Beschäftigten auf ihren Wunsch unbeschadet der Pflichten aus anderen Rechtsvorschriften zu ermöglichen, sich je nach den Gefahren für ihre Sicherheit und Gesundheit bei der Arbeit regelmäßig arbeitsmedizinisch untersuchen zu lassen, es sei denn, auf Grund der Beurteilung der Arbeitsbedingungen und der getroffenen Schutzmaßnahmen ist nicht mit einem Gesundheitsschaden zu rechnen.

§ 12 Unterweisung

(1) ₁Der Arbeitgeber hat die Beschäftigten über Sicherheit und Gesundheitsschutz bei der Arbeit während ihrer Arbeitszeit ausreichend und angemessen zu unterweisen. ₂Die Unterweisung umfaßt Anweisungen und Erläuterungen, die eigens auf den Arbeitsplatz oder den Aufgabenbereich der Beschäftigten ausgerichtet sind. ₃Die Unterweisung muß bei der Einstellung, bei Veränderungen im Aufgabenbereich, der Einführung neuer Arbeitsmittel oder einer neuen Technologie vor Aufnahme der Tätigkeit der Beschäftigten erfolgen. ₄Die Unterweisung muß an die Gefährdungsentwicklung angepaßt sein und erforderlichenfalls regelmäßig wiederholt werden.

(2) ₁Bei einer Arbeitnehmerüberlassung trifft die Pflicht zur Unterweisung nach Absatz 1 den Entleiher. ₂Er hat die Unterweisung unter Berücksichtigung der Qualifikation und der Erfahrung der Personen, die ihm zur Arbeitsleistung überlassen werden, vorzunehmen. ₃Die sonstigen Arbeitsschutzpflichten des Verleihers bleiben unberührt.

§ 13 Verantwortliche Personen

(1) Verantwortlich für die Erfüllung der sich aus diesem Abschnitt ergebenden Pflichten sind neben dem Arbeitgeber

1. sein gesetzlicher Vertreter,
2. das vertretungsberechtigte Organ einer juristischen Person,
3. der vertretungsberechtigte Gesellschafter einer Personenhandelsgesellschaft,
4. Personen, die mit der Leitung eines Unternehmens oder eines Betriebes beauftragt sind, im Rahmen der ihnen übertragenen Aufgaben und Befugnisse,
5. sonstige nach Absatz 2 oder nach einer auf Grund dieses Gesetzes erlassenen Rechtsverordnung oder nach einer Unfallverhütungsvorschrift verpflichtete Personen im Rahmen ihrer Aufgaben und Befugnisse.

(2) Der Arbeitgeber kann zuverlässige und fachkundige Personen schriftlich damit beauftragen ihm obliegende Aufgaben nach diesem Gesetz in eigener Verantwortung wahrzunehmen.

§ 14 Unterrichtung und Anhörung der Beschäftigten des öffentlichen Dienstes

(1) Die Beschäftigten des öffentlichen Dienstes sind vor Beginn der Beschäftigung und bei Veränderungen in ihren Arbeitsbereichen über Gefahren für Sicherheit und Gesundheit, denen sie bei der Arbeit ausgesetzt sein kön-

nen, sowie über die Maßnahmen und Einrichtungen zur Verhütung dieser Gefahren und die nach §10 Abs. 2 getroffenen Maßnahmen zu unterrichten.

(2) Soweit in Betrieben des öffentlichen Dienstes keine Vertretung der Beschäftigten besteht, hat der Arbeitgeber die Beschäftigten zu allen Maßnahmen zu hören, die Auswirkungen auf Sicherheit und Gesundheit der Beschäftigten haben können.

Dritter Abschnitt
Pflichten und Rechte der Beschäftigten

§15 Pflichten der Beschäftigten

(1) ₁Die Beschäftigten sind verpflichtet, nach ihren Möglichkeiten sowie gemäß der Unterweisung und Weisung des Arbeitgebers für ihre Sicherheit und Gesundheit bei der Arbeit Sorge zu tragen. ₂Entsprechend Satz 1 haben die Beschäftigten auch für die Sicherheit und Gesundheit der Personen zu sorgen, die von ihren Handlungen oder Unterlassungen bei der Arbeit betroffen sind.

(2) Im Rahmen des Absatzes 1 haben die Beschäftigten insbesondere Maschinen, Geräte, Werkzeuge, Arbeitsstoffe, Transportmittel und sonstige Arbeitsmittel sowie Schutzvorrichtungen und die ihnen zur Verfügung gestellte persönliche Schutzausrüstung bestimmungsgemäß zu verwenden.

§16 Besondere Unterstützungspflichten

(1) Die Beschäftigten haben dem Arbeitgeber oder dem zuständigen Vorgesetzten jede von ihnen festgestellte unmittelbare erhebliche Gefahr für die Sicherheit und Gesundheit sowie jeden an den Schutzsystemen festgestellten Defekt unverzüglich zu melden.

(2) ₁Die Beschäftigten haben gemeinsam mit dem Betriebsarzt und der Fachkraft für Arbeitssicherheit den Arbeitgeber darin zu unterstützen, die Sicherheit und den Gesundheitsschutz der Beschäftigten bei der Arbeit zu gewährleisten und seine Pflichten entsprechend den behördlichen Aufgaben zu erfüllen. ₂Unbeschadet ihrer Pflicht nach Absatz 1 sollen die Beschäftigten von ihnen festgestellte Gefahren für Sicherheit und Gesundheit und Mängel an den Schutzsystemen auch der Fachkraft für Arbeitssicherheit, dem Betriebsarzt oder dem Sicherheitsbeauftragten nach §22 des Siebten Buches Sozialgesetzbuch mitteilen.

§17 Rechte der Beschäftigten

(1) ₁Die Beschäftigten sind berechtigt, dem Arbeitgeber Vorschläge zu allen Fragen der Sicherheit und des Gesundheitsschutzes bei der Arbeit zu machen. ₂Für Beamtinnen und Beamte des Bundes ist §125 des Bundesbeamtengesetzes anzuwenden. ₃Entsprechendes Landesrecht bleibt unberührt.

(2) ₁Sind Beschäftigte auf Grund konkreter Anhaltspunkte der Auffassung, daß die vom Arbeitgeber getroffenen Maßnahmen und bereitgestellten Mittel nicht ausreichen, um die Sicherheit und den Gesundheitsschutz bei der Arbeit zu gewährleisten, und hilft der Arbeitgeber darauf gerichteten Beschwerden von Beschäftigten nicht ab, können sich diese an die zuständige Behörde wenden. ₂Hierdurch dürfen den Beschäftigten keine Nachteile entstehen. ₃Die in Absatz 1 Satz 2 und 3 genannten Vorschriften sowie die Vorschriften des Hinweisgeberschutzgesetzes, der Wehrbeschwerdeordnung und des Gesetzes über den Wehrbeauftragten des Deutschen Bundestages bleiben unberührt.

Vierter Abschnitt
Verordnungsermächtigungen

§18 Verordnungsermächtigungen

(1) ₁Die Bundesregierung wird ermächtigt, durch Rechtsverordnung mit Zustimmung des Bundesrates vorzuschreiben, welche Maßnahmen der Arbeitgeber und die sonstigen verantwortlichen Personen zu treffen haben und wie sich die Beschäftigten zu verhalten haben, um ihre jeweiligen Pflichten, die sich aus diesem Gesetz ergeben, zu erfüllen. ₂In diesen Rechtsverordnungen kann auch bestimmt werden, daß bestimmte Vorschriften des Gesetzes zum Schutz anderer als in §2 Abs. 2 genannter Personen anzuwenden sind.

(2) Durch Rechtsverordnungen nach Absatz 1 kann insbesondere bestimmt werden,

1. daß und wie zur Abwehr bestimmter Gefahren Dauer oder Lage der Beschäftigung oder die Zahl der Beschäftigten begrenzt werden muß,
2. daß der Einsatz bestimmter Arbeitsmittel oder -verfahren mit besonderen Gefahren für die Beschäftigten verboten ist oder der zuständigen Behörde angezeigt oder von ihr erlaubt sein muß oder besonders gefährdete Personen dabei nicht beschäftigt werden dürfen,
3. daß bestimmte, besonders gefährliche Betriebsanlagen einschließlich der Arbeits- und Fertigungsverfahren vor Inbetriebnahme, in regelmäßigen Abständen oder auf behördliche Anordnung fachkundig geprüft werden müssen,
3a. dass für bestimmte Beschäftigte angemessene Unterkünfte bereitzustellen sind, wenn dies aus Gründen der Sicherheit, zum Schutz der Gesundheit oder aus Gründen der menschengerechten Gestaltung der Arbeit erforderlich ist und welche Anforderungen dabei zu erfüllen sind,
4. daß Beschäftigte, bevor sie eine bestimmte gefährdende Tätigkeit aufnehmen oder fortsetzen oder nachdem sie sie beendet haben, arbeitsmedizinisch zu untersuchen sind, und welche besonderen Pflichten der Arzt dabei zu beachten hat,
5. dass Ausschüsse zu bilden sind, denen die Aufgabe übertragen wird, die Bundesregierung oder das zuständige Bundesministerium zur Anwendung der Rechtsverordnungen zu beraten, dem Stand der Technik, Arbeitsmedizin und Hygiene entsprechende Regeln und sonstige gesicherte arbeitswissenschaftliche Erkenntnisse zu ermitteln sowie Regeln zu ermitteln, wie die in den Rechtsverordnungen gestellten Anforderungen erfüllt werden können. Das Bundesministerium für Arbeit und Soziales kann die Regeln und Erkenntnisse amtlich bekannt machen.

(3) ₁In epidemischen Lagen von nationaler Tragweite nach § 5 Absatz 1 des Infektionsschutzgesetzes kann das Bundesministerium für Arbeit und Soziales ohne Zustimmung des Bundesrates spezielle Rechtsverordnungen nach Absatz 1 für einen befristeten Zeitraum erlassen. ₂Das Bundesministerium für Arbeit und Soziales kann ohne Zustimmung des Bundesrates durch Rechtsverordnung für einen befristeten Zeitraum, der spätestens mit Ablauf des 7. April 2023 endet,

1. bestimmen, dass spezielle Rechtsverordnungen nach Satz 1 nach Aufhebung der Feststellung der epidemischen Lage von nationaler Tragweite nach § 5 Absatz 1 des Infektionsschutzgesetzes fortgelten, und diese ändern sowie
2. spezielle Rechtsverordnungen nach Absatz 1 erlassen.

§ 19 Rechtsakte der Europäischen Gemeinschaften und zwischenstaatliche Vereinbarungen

Rechtsverordnungen nach § 18 können auch erlassen werden, soweit dies zur Durchführung von Rechtsakten des Rates oder der Kommission der Europäischen Gemeinschaften oder von Beschlüssen internationaler Organisationen oder von zwischenstaatlichen Vereinbarungen, die Sachbereiche dieses Gesetzes betreffen, erforderlich ist, insbesondere um Arbeitsschutzpflichten für andere als in § 2 Abs. 3 genannte Personen zu regeln.

§ 20 Regelungen für den öffentlichen Dienst

(1) Für die Beamten der Länder, Gemeinden und sonstigen Körperschaften, Anstalten und Stiftungen des öffentlichen Rechts regelt das Landesrecht, ob und inwieweit die nach § 18 erlassenen Rechtsverordnungen gelten.

(2) ₁Für bestimmte Tätigkeiten im öffentlichen Dienst des Bundes, insbesondere bei der Bundeswehr, der Polizei, den Zivil- und Katastrophenschutzdiensten, dem Zoll oder den Nachrichtendiensten, können das Bundeskanzleramt, das Bundesministerium des Innern, für Bau und Heimat, das Bundesministerium für Verkehr und digitale Infrastruktur, das Bundesministerium der Verteidigung oder das Bundesministerium der Finanzen, soweit sie

hierfür jeweils zuständig sind, durch Rechtsverordnung ohne Zustimmung des Bundesrates bestimmen, daß Vorschriften dieses Gesetzes ganz oder zum Teil nicht anzuwenden sind, soweit öffentliche Belange dies zwingend erfordern, insbesondere zur Aufrechterhaltung oder Wiederherstellung der öffentlichen Sicherheit. ₂Rechtsverordnungen nach Satz 1 werden im Einvernehmen mit dem Bundesministerium für Arbeit und Soziales und, soweit nicht das Bundesministerium des Innern, für Bau und Heimat selbst ermächtigt ist, im Einvernehmen mit diesem Ministerium erlassen. ₃In den Rechtsverordnungen ist gleichzeitig festzulegen, wie die Sicherheit und der Gesundheitsschutz bei der Arbeit unter Berücksichtigung der Ziele dieses Gesetzes auf andere Weise gewährleistet werden. ₄Für Tätigkeiten im öffentlichen Dienst der Länder, Gemeinden und sonstigen landesunmittelbaren Körperschaften, Anstalten und Stiftungen des öffentlichen Rechts können den Sätzen 1 und 3 entsprechende Regelungen durch Landesrecht getroffen werden.

Fünfter Abschnitt
Gemeinsame deutsche Arbeitsschutzstrategie

§ 20a Gemeinsame deutsche Arbeitsschutzstrategie

(1) ₁Nach den Bestimmungen dieses Abschnitts entwickeln Bund, Länder und Unfallversicherungsträger im Interesse eines wirksamen Arbeitsschutzes eine gemeinsame deutsche Arbeitsschutzstrategie und gewährleisten ihre Umsetzung und Fortschreibung. ₂Mit der Wahrnehmung der ihnen gesetzlich zugewiesenen Aufgaben zur Verhütung von Arbeitsunfällen, Berufskrankheiten und arbeitsbedingten Gesundheitsgefahren sowie zur menschengerechten Gestaltung der Arbeit tragen Bund, Länder und Unfallversicherungsträger dazu bei, die Ziele der gemeinsamen deutschen Arbeitsschutzstrategie zu erreichen.

(2) Die gemeinsame deutsche Arbeitsschutzstrategie umfasst

1. die Entwicklung gemeinsamer Arbeitsschutzziele,

2. die Festlegung vorrangiger Handlungsfelder und von Eckpunkten für Arbeitsprogramme sowie deren Ausführung nach einheitlichen Grundsätzen,

3. die Evaluierung der Arbeitsschutzziele, Handlungsfelder und Arbeitsprogramme mit geeigneten Kennziffern,

4. die Festlegung eines abgestimmten Vorgehens der für den Arbeitsschutz zuständigen Landesbehörden und der Unfallversicherungsträger bei der Beratung und Überwachung der Betriebe,

5. die Herstellung eines verständlichen, überschaubaren und abgestimmten Vorschriften- und Regelwerks.

§ 20b Nationale Arbeitsschutzkonferenz

(1) ₁Die Aufgabe der Entwicklung, Steuerung und Fortschreibung der gemeinsamen deutschen Arbeitsschutzstrategie nach § 20a Abs. 1 Satz 1 wird von der Nationalen Arbeitsschutzkonferenz wahrgenommen. ₂Sie setzt sich aus jeweils drei stimmberechtigten Vertretern von Bund, Ländern und den Unfallversicherungsträgern zusammen und bestimmt für jede Gruppe drei Stellvertreter. ₃Außerdem entsenden die Spitzenorganisationen der Arbeitgeber und Arbeitnehmer für die Behandlung von Angelegenheiten nach § 20a Abs. 2 Nr. 1 bis 3 und 5 jeweils bis zu drei Vertreter in die Nationale Arbeitsschutzkonferenz; sie nehmen mit beratender Stimme an den Sitzungen teil. ₄Die Nationale Arbeitsschutzkonferenz gibt sich eine Geschäftsordnung; darin werden insbesondere die Arbeitsweise und das Beschlussverfahren festgelegt. ₅Die Geschäftsordnung muss einstimmig angenommen werden.

(2) Alle Einrichtungen, die mit Sicherheit und Gesundheit bei der Arbeit befasst sind, können der Nationalen Arbeitsschutzkonferenz Vorschläge für Arbeitsschutzziele, Handlungsfelder und Arbeitsprogramme unterbreiten.

(3) ₁Die Nationale Arbeitsschutzkonferenz wird durch ein Arbeitsschutzforum unterstützt, das in der Regel einmal jährlich stattfindet. ₂Am Arbeitsschutzforum sollen sachverständige Vertreter der Spitzenorganisationen der Arbeitgeber und Arbeitnehmer, der Berufs- und Wirtschaftsverbände, der Wis-

senschaft, der Kranken- und Rentenversicherungsträger, von Einrichtungen im Bereich Sicherheit und Gesundheit bei der Arbeit sowie von Einrichtungen, die der Förderung der Beschäftigungsfähigkeit dienen, teilnehmen. ₃Das Arbeitsschutzforum hat die Aufgabe, eine frühzeitige und aktive Teilhabe der sachverständigen Fachöffentlichkeit an der Entwicklung und Fortschreibung der gemeinsamen deutschen Arbeitsschutzstrategie sicherzustellen und die Nationale Arbeitsschutzkonferenz entsprechend zu beraten.

(4) Einzelheiten zum Verfahren der Einreichung von Vorschlägen nach Absatz 2 und zur Durchführung des Arbeitsschutzforums nach Absatz 3 werden in der Geschäftsordnung der Nationalen Arbeitsschutzkonferenz geregelt.

(5) ₁Die Geschäfte der Nationalen Arbeitsschutzkonferenz und des Arbeitsschutzforums führt die Bundesanstalt für Arbeitsschutz und Arbeitsmedizin. ₂Einzelheiten zu Arbeitsweise und Verfahren werden in der Geschäftsordnung der Nationalen Arbeitsschutzkonferenz festgelegt.

Sechster Abschnitt
Schlußvorschriften

§ 21 Zuständige Behörden; Zusammenwirken mit den Trägern der gesetzlichen Unfallversicherung

(1) ₁Die Überwachung des Arbeitsschutzes nach diesem Gesetz ist staatliche Aufgabe. ₂Die zuständigen Behörden haben die Einhaltung dieses Gesetzes und der auf Grund dieses Gesetzes erlassenen Rechtsverordnungen zu überwachen und die Arbeitgeber bei der Erfüllung ihrer Pflichten zu beraten. ₃Bei der Überwachung haben die zuständigen Behörden bei der Auswahl von Betrieben Art und Umfang des betrieblichen Gefährdungspotenzials zu berücksichtigen.

(1a) ₁Die zuständigen Landesbehörden haben bei der Überwachung nach Absatz 1 sicherzustellen, dass im Laufe eines Kalenderjahres eine Mindestanzahl an Betrieben besichtigt wird. ₂Beginnend mit dem Kalenderjahr 2026 sind im Laufe eines Kalenderjahres mindestens 5 Prozent der im Land vorhandenen Betriebe zu besichtigen (Mindestbesichtigungsquote). ₃Von der Mindestbesichtigungsquote kann durch Landesrecht nicht abgewichen werden. ₄Erreicht eine Landesbehörde die Mindestbesichtigungsquote nicht, so hat sie die Zahl der besichtigten Betriebe bis zum Kalenderjahr 2026 schrittweise mindestens so weit zu erhöhen, dass sie die Mindestbesichtigungsquote erreicht. ₅Maßgeblich für die Anzahl der im Land vorhandenen Betriebe ist die amtliche Statistik der Bundesagentur für Arbeit des Vorjahres.

(2) ₁Die Aufgaben und Befugnisse der Träger der gesetzlichen Unfallversicherung richten sich, soweit nichts anderes bestimmt ist, nach den Vorschriften des Sozialgesetzbuchs. ₂Soweit die Träger der gesetzlichen Unfallversicherung nach dem Sozialgesetzbuch im Rahmen ihres Präventionsauftrags auch Aufgaben zur Gewährleistung von Sicherheit und Gesundheitsschutz der Beschäftigten wahrnehmen, werden sie ausschließlich im Rahmen ihrer autonomen Befugnisse tätig.

(3) ₁Die zuständigen Landesbehörden und die Unfallversicherungsträger wirken auf der Grundlage einer gemeinsamen Beratungs- und Überwachungsstrategie nach § 20a Abs. 2 Nr. 4 zusammen und stellen den Erfahrungsaustausch sicher. ₂Diese Strategie umfasst die Abstimmung allgemeiner Grundsätze zur methodischen Vorgehensweise bei

1. der Beratung und Überwachung der Betriebe,

2. der Festlegung inhaltlicher Beratungs- und Überwachungsschwerpunkte, aufeinander abgestimmter oder gemeinsamer Schwerpunktaktionen und Arbeitsprogramme und

3. der Förderung eines Daten- und sonstigen Informationsaustausches, insbesondere über Betriebsbesichtigungen und deren wesentliche Ergebnisse.

₃Die zuständigen Landesbehörden vereinbaren mit den Unfallversicherungsträgern nach § 20 Abs. 2 Satz 3 des Siebten Buches Sozialgesetzbuch die Maßnahmen, die zur Umsetzung der gemeinsamen Arbeitsprogramme nach § 20a Abs. 2 Nr. 2 und der gemeinsamen

Beratungs- und Überwachungsstrategie notwendig sind; sie evaluieren deren Zielerreichung mit dem von der Nationalen Arbeitsschutzkonferenz nach § 20a Abs. 2 Nr. 3 bestimmten Kennziffern.

(3a) ₁Zu nach dem 1. Januar 2023 durchgeführten Betriebsbesichtigungen und deren Ergebnissen übermitteln die für den Arbeitsschutz zuständigen Landesbehörden an den für die besichtigte Betriebsstätte zuständigen Unfallversicherungsträger im Wege elektronischer Datenübertragung folgende Informationen:

1. Name und Anschrift des Betriebs,
2. Anschrift der besichtigten Betriebsstätte, soweit nicht mit Nummer 1 identisch,
3. Kennnummer zur Identifizierung,
4. Wirtschaftszweig des Betriebs,
5. Datum der Besichtigung,
6. Anzahl der Beschäftigten zum Zeitpunkt der Besichtigung,
7. Vorhandensein einer betrieblichen Interessenvertretung,
8. Art der sicherheitstechnischen Betreuung,
9. Art der betriebsärztlichen Betreuung,
10. Bewertung der Arbeitsschutzorganisation einschließlich
    a) der Unterweisung,
    b) der arbeitsmedizinischen Vorsorge und
    c) der Ersten Hilfe und sonstiger Notfallmaßnahmen,
11. Bewertung der Gefährdungsbeurteilung einschließlich
    a) der Ermittlung von Gefährdungen und Festlegung von Maßnahmen,
    b) der Prüfung der Umsetzung der Maßnahmen und ihrer Wirksamkeit und
    c) der Dokumentation der Gefährdungen und Maßnahmen,
12. Verwaltungshandeln in Form von Feststellungen, Anordnungen oder Bußgeldern.

₂Die übertragenen Daten dürfen von den Unfallversicherungsträgern nur zur Erfüllung der in ihrer Zuständigkeit nach § 17 Absatz 1 des Siebten Buches Sozialgesetzbuch liegenden Aufgaben verarbeitet werden.

(4) ₁Die für den Arbeitsschutz zuständige oberste Landesbehörde kann mit Trägern der gesetzlichen Unfallversicherung vereinbaren, daß diese in näher zu bestimmenden Tätigkeitsbereichen die Einhaltung dieses Gesetzes, bestimmter Vorschriften dieses Gesetzes oder der auf Grund dieses Gesetzes erlassenen Rechtsverordnungen überwachen. ₂In der Vereinbarung sind Art und Umfang der Überwachung sowie die Zusammenarbeit mit den staatlichen Arbeitsschutzbehörden festzulegen.

(5) ₁Soweit nachfolgend nichts anderes bestimmt ist, ist zuständige Behörde für die Durchführung dieses Gesetzes und der auf dieses Gesetz gestützten Rechtsverordnungen in den Betrieben und Verwaltungen des Bundes die Zentralstelle für Arbeitsschutz beim Bundesministerium des Innern, für Bau und Heimat. ₂Im Auftrag der Zentralstelle handelt, soweit nichts anderes bestimmt ist, die Unfallversicherung Bund und Bahn, die insoweit der Aufsicht des Bundesministeriums des Innern, für Bau und Heimat unterliegt; Aufwendungen werden nicht erstattet. ₃Im öffentlichen Dienst im Geschäftsbereich des Bundesministeriums für Verkehr und digitale Infrastruktur führt die Unfallversicherung Bund und Bahn, soweit die Eisenbahn-Unfallkasse bis zum 31. Dezember 2014 Träger der Unfallversicherung war, dieses Gesetz durch. ₄Für Betriebe und Verwaltungen in den Geschäftsbereichen des Bundesministeriums der Verteidigung und des Auswärtigen Amtes hinsichtlich seiner Auslandsvertretungen führt das jeweilige Bundesministerium, soweit es jeweils zuständig ist, oder die von ihm jeweils bestimmte Stelle dieses Gesetz durch. ₅Im Geschäftsbereich des Bundesministeriums der Finanzen führt die Berufsgenossenschaft Verkehrswirtschaft Post-Logistik Telekommunikation dieses Gesetz durch, soweit der Geschäftsbereich des ehemaligen Bundesministeriums für Post und Telekommunikation betroffen ist. ₆Die Sätze 1 bis 4 gelten auch für Betriebe und Verwaltungen, die zur Bundesverwaltung gehören, für die aber eine Berufsgenossenschaft Träger der Unfallversi-

cherung ist. ₇Die zuständigen Bundesministerien können mit den Berufsgenossenschaften für diese Betriebe und Verwaltungen vereinbaren, daß das Gesetz von den Berufsgenossenschaften durchgeführt wird; Aufwendungen werden nicht erstattet.

§ 22 Befugnisse der zuständigen Behörden

(1) ₁Die zuständige Behörde kann vom Arbeitgeber oder von den verantwortlichen Personen die zur Durchführung ihrer Überwachungsaufgabe erforderlichen Auskünfte und die Überlassung von entsprechenden Unterlagen verlangen. ₂Werden Beschäftigte mehrerer Arbeitgeber an einem Arbeitsplatz tätig, kann die zuständige Behörde von den Arbeitgebern oder von den verantwortlichen Personen verlangen, dass das Ergebnis der Abstimmung über die zu treffenden Maßnahmen nach § 8 Absatz 1 schriftlich vorgelegt wird. ₃Die auskunftspflichtige Person kann die Auskunft auf solche Fragen oder die Vorlage derjenigen Unterlagen verweigern, deren Beantwortung oder Vorlage sie selbst oder einen ihrer in § 383 Abs. 1 Nr. 1 bis 3 der Zivilprozeßordnung bezeichneten Angehörigen der Gefahr der Verfolgung wegen einer Straftat oder Ordnungswidrigkeit aussetzen würde. ₄Die auskunftspflichtige Person ist darauf hinzuweisen.

(2) ₁Die mit der Überwachung beauftragten Personen sind befugt, zu den Betriebs- und Arbeitszeiten Betriebsstätten, Geschäfts- und Betriebsräume zu betreten, zu besichtigen und zu prüfen sowie in die geschäftlichen Unterlagen der auskunftspflichtigen Person Einsicht zu nehmen, soweit dies zur Erfüllung ihrer Aufgaben erforderlich ist. ₂Außerdem sind sie befugt, Betriebsanlagen, Arbeitsmittel und persönliche Schutzausrüstungen zu prüfen, Arbeitsverfahren und Arbeitsabläufe zu untersuchen, Messungen vorzunehmen und insbesondere arbeitsbedingte Gesundheitsgefahren festzustellen und zu untersuchen, auf welche Ursachen ein Arbeitsunfall, eine arbeitsbedingte Erkrankung oder ein Schadensfall zurückzuführen ist. ₃Sie sind berechtigt, die Begleitung durch den Arbeitgeber oder eine von ihm beauftragte Person zu verlangen. ₄Der Arbeitgeber oder die verantwortlichen Personen haben die mit der Überwachung beauftragten Personen bei der Wahrnehmung ihrer Befugnisse nach den Sätzen 1 und 2 zu unterstützen. ₅Außerhalb der in Satz 1 genannten Zeiten dürfen die mit der Überwachung beauftragten Personen ohne Einverständnis des Arbeitgebers die Maßnahmen nach den Sätzen 1 und 2 nur treffen, soweit sie zur Verhütung dringender Gefahren für die öffentliche Sicherheit und Ordnung erforderlich sind. ₆Wenn sich die Arbeitsstätte in einer Wohnung befindet, dürfen die mit der Überwachung beauftragten Personen die Maßnahmen nach den Sätzen 1 und 2 ohne Einverständnis des Bewohners oder Nutzungsberechtigten nur treffen, soweit sie zur Verhütung dringender Gefahren für die öffentliche Sicherheit und Ordnung erforderlich sind. ₇Die auskunftspflichtige Person hat die Maßnahmen nach den Sätzen 1, 2, 5 und 6 zu dulden. ₈Die Sätze 1 und 5 gelten entsprechend, wenn nicht feststeht, ob in der Arbeitsstätte Personen beschäftigt werden, jedoch Tatsachen gegeben sind, die diese Annahme rechtfertigen. ₉Das Grundrecht der Unverletzlichkeit der Wohnung (Artikel 13 des Grundgesetzes) wird insoweit eingeschränkt.

(3) ₁Die zuständige Behörde kann im Einzelfall anordnen,

1. welche Maßnahmen der Arbeitgeber und die verantwortlichen Personen oder die Beschäftigten zur Erfüllung der Pflichten zu treffen haben, die sich aus diesem Gesetz und den auf Grund dieses Gesetzes erlassenen Rechtsverordnungen ergeben,

2. welche Maßnahmen der Arbeitgeber und die verantwortlichen Personen zur Abwendung einer besonderen Gefahr für Leben und Gesundheit der Beschäftigten zu treffen haben.

₂Die zuständige Behörde hat, wenn nicht Gefahr im Verzug ist, zur Ausführung der Anordnung eine angemessene Frist zu setzen. ₃Wird eine Anordnung nach Satz 1 nicht innerhalb einer gesetzten Frist oder eine für sofort vollziehbar erklärte Anordnung nicht sofort ausgeführt, kann die zuständige Behörde die von der Anordnung betroffene Arbeit oder die Verwendung oder den Betrieb der von der Anordnung betroffenen Arbeitsmittel untersagen. ₄Maßnahmen der zuständigen Behörde im Bereich des öffentlichen Dienstes, die den Dienstbetrieb wesentlich beeinträchtigen, sollen im Einvernehmen mit der obersten Bundes- oder Landesbehörde oder dem Hauptverwaltungsbeamten der Gemeinde getroffen werden.

§ 23 Betriebliche Daten; Zusammenarbeit mit anderen Behörden; Jahresbericht, Bundesfachstelle

(1) ₁Der Arbeitgeber hat der zuständigen Behörde zu einem von ihr bestimmten Zeitpunkt Mitteilungen über

1. die Zahl der Beschäftigten und derer, an die er Heimarbeit vergibt, aufgegliedert nach Geschlecht, Alter und Staatsangehörigkeit,
2. den Namen oder die Bezeichnung und Anschrift des Betriebes, in dem er sie beschäftigt,
3. seinen Namen, seine Firma und seine Anschrift sowie
4. den Wirtschaftszweig, dem sein Betrieb angehört,

zu machen. ₂Das Bundesministerium für Arbeit und Soziales wird ermächtigt, durch Rechtsverordnung mit Zustimmung des Bundesrates zu bestimmen, daß die Stellen der Bundesverwaltung, denen der Arbeitgeber die in Satz 1 genannten Mitteilungen bereits auf Grund einer Rechtsvorschrift mitgeteilt hat, diese Angaben an die für die Behörden nach Absatz 1 zuständigen obersten Landesbehörden als Schreiben oder auf maschinell verwertbaren Datenträgern oder durch Datenübertragung weiterzuleiten haben. ₃In der Rechtsverordnung können das Nähere über die Form der weiterzuleitenden Angaben sowie die Frist für die Weiterleitung bestimmt werden. ₄Die weitergeleiteten Angaben dürfen nur zur Erfüllung der in der Zuständigkeit der Behörden nach § 21 Abs. 1 liegenden Arbeitsschutzaufgaben verarbeitet werden.

(2) ₁Die mit der Überwachung beauftragten Personen dürfen die ihnen bei ihrer Überwachungstätigkeit zur Kenntnis gelangenden Geschäfts- und Betriebsgeheimnisse nur in den gesetzlich geregelten Fällen oder zur Verfolgung von Gesetzwidrigkeiten oder zur Erfüllung von gesetzlich geregelten Aufgaben zum Schutz der Versicherten dem Träger der gesetzlichen Unfallversicherung oder zum Schutz der Umwelt den dafür zuständigen Behörden offenbaren. ₂Soweit es sich bei Geschäfts- und Betriebsgeheimnissen um Informationen über die Umwelt im Sinne des Umweltinformationsgesetzes handelt, richtet sich die Befugnis zu ihrer Offenbarung nach dem Umweltinformationsgesetz.

(3) ₁Ergeben sich im Einzelfall für die zuständigen Behörden konkrete Anhaltspunkte für

1. eine Beschäftigung oder Tätigkeit von Ausländern ohne den erforderlichen Aufenthaltstitel nach § 4 Abs. 3 des Aufenthaltsgesetzes, eine Aufenthaltsgestattung oder eine Duldung, die zur Ausübung der Beschäftigung berechtigen, oder eine Genehmigung nach § 284 Abs. 1 des Dritten Buches Sozialgesetzbuch,
2. Verstöße gegen die Mitwirkungspflicht nach § 60 Abs. 1 Satz 1 Nr. 2 des Ersten Buches Sozialgesetzbuch gegenüber einer Dienststelle der Bundesagentur für Arbeit, einem Träger der gesetzlichen Kranken-, Pflege-, Unfall- oder Rentenversicherung oder einem Träger der Sozialhilfe oder gegen die Meldepflicht nach § 8a des Asylbewerberleistungsgesetzes,
3. Verstöße gegen das Gesetz zur Bekämpfung der Schwarzarbeit,
4. Verstöße gegen das Arbeitnehmerüberlassungsgesetz,
5. Verstöße gegen die Vorschriften des Vierten und des Siebten Buches Sozialgesetzbuch über die Verpflichtung zur Zahlung von Sozialversicherungsbeiträgen,
6. Verstöße gegen das Aufenthaltsgesetz,
7. Verstöße gegen die Steuergesetze,
8. Verstöße gegen das Gesetz zur Sicherung von Arbeitnehmerrechten in der Fleischwirtschaft,
9. Verstöße gegen Vorgaben für Pakete mit erhöhtem Gewicht nach dem Postgesetz,

unterrichten sie die für die Verfolgung und Ahndung der Verstöße nach den Nummern 1 bis 9 zuständigen Behörden, die Träger der Sozialhilfe sowie die Behörden nach § 71 des Aufenthaltsgesetzes. ₂In den Fällen des Satzes 1 arbeiten die zuständigen Behörden insbesondere mit den Agenturen für Arbeit, den Hauptzollämtern, den Rentenversicherungsträgern, den Krankenkassen als Einzugsstellen für die Sozialversicherungsbeiträge, den Trägern der gesetzlichen Unfallversicherung, den nach Landesrecht für die Verfolgung und Ahndung von Verstößen gegen das Gesetz zur Bekämpfung der Schwarzarbeit zuständigen Behörden, den Trägern der Sozialhilfe, den in § 71 des Aufenthaltsgesetzes genannten Behörden, den Finanzbehörden und der Bundesnetzagentur für Elektrizität, Gas, Telekommunikation, Post und Eisenbahnen zusammen.

(4) ₁Die zuständigen obersten Landesbehörden haben über die Überwachungstätigkeit der ihnen unterstellten Behörden einen Jahresbericht zu veröffentlichen. ₂Der Jahresbericht umfasst auch Angaben zur Erfüllung von Unterrichtungspflichten aus internationalen Übereinkommen oder Rechtsakten der Europäischen Gemeinschaften, soweit sie den Arbeitsschutz betreffen.

(5) ₁Bei der Bundesanstalt für Arbeitsschutz und Arbeitsmedizin wird eine Bundesfachstelle für Sicherheit und Gesundheit bei der Arbeit eingerichtet. ₂Sie hat die Aufgabe, die Jahresberichte der Länder einschließlich der Besichtigungsquote nach § 21 Absatz 1a auszuwerten und die Ergebnisse für den statistischen Bericht über den Stand von Sicherheit und Gesundheit bei der Arbeit und über das Unfall- und Berufskrankheitengeschehen in der Bundesrepublik Deutschland nach § 25 Absatz 1 des Siebten Buches Sozialgesetzbuch zusammenzufassen. ₃Das Bundesministerium für Arbeit und Soziales kann die Arbeitsweise und das Verfahren der Bundesfachstelle für Sicherheit und Gesundheit bei der Arbeit im Errichtungserlass der Bundesanstalt für Arbeitsschutz und Arbeitsmedizin festlegen.

§ 24 Ermächtigung zum Erlaß von allgemeinen Verwaltungsvorschriften

Die Bundesregierung kann mit Zustimmung des Bundesrates allgemeine Verwaltungsvorschriften erlassen insbesondere

1. zur Durchführung dieses Gesetzes und der auf Grund dieses Gesetzes erlassenen Rechtsverordnungen, insbesondere dazu, welche Kriterien zur Auswahl von Betrieben bei der Überwachung anzuwenden, welche Sachverhalte im Rahmen einer Betriebsbesichtigung mindestens zu prüfen und welche Ergebnisse aus der Überwachung für die Berichterstattung zu erfassen sind,

2. über die Gestaltung der Jahresberichte nach § 23 Abs. 4 und

3. über die Angaben, die die zuständigen obersten Landesbehörden dem Bundesministerium für Arbeit und Soziales für den Unfallverhütungsbericht nach § 25 Abs. 2 des Siebten Buches Sozialgesetzbuch bis zu einem bestimmten Zeitpunkt mitzuteilen haben.

§ 24a Ausschuss für Sicherheit und Gesundheit bei der Arbeit

(1) ₁Beim Bundesministerium für Arbeit und Soziales wird ein Ausschuss für Sicherheit und Gesundheit bei der Arbeit gebildet, in dem geeignete Personen vonseiten der öffentlichen und privaten Arbeitgeber, der Gewerkschaften, der Landesbehörden, der gesetzlichen Unfallversicherung und weitere geeignete Personen, insbesondere aus der Wissenschaft, vertreten sein sollen. ₂Dem Ausschuss sollen nicht mehr als 15 Mitglieder angehören. ₃Für jedes Mitglied ist ein stellvertretendes Mitglied zu benennen. ₄Die Mitgliedschaft im Ausschuss ist ehrenamtlich. ₅Ein Mitglied oder ein stellvertretendes Mitglied aus den anderen Ausschüssen beim Bundesministerium für Arbeit und Soziales nach § 18 Absatz 2 Nummer 5 soll dauerhaft als Gast im Ausschuss für Sicherheit und Gesundheit bei der Arbeit vertreten sein.

(2) ₁Das Bundesministerium für Arbeit und Soziales beruft die Mitglieder des Ausschusses für Sicherheit und Gesundheit bei der Arbeit und die stellvertretenden Mitglieder. ₂Der

Ausschuss gibt sich eine Geschäftsordnung und wählt die Vorsitzende oder den Vorsitzenden aus seiner Mitte. ₃Die Geschäftsordnung und die Wahl der oder des Vorsitzenden bedürfen der Zustimmung des Bundesministeriums für Arbeit und Soziales.

(3) ₁Zu den Aufgaben des Ausschusses für Sicherheit und Gesundheit bei der Arbeit gehört es, soweit hierfür kein anderer Ausschuss beim Bundesministerium für Arbeit und Soziales nach §18 Absatz 2 Nummer 5 zuständig ist,

1. den Stand von Technik, Arbeitsmedizin und Hygiene sowie sonstige gesicherte arbeitswissenschaftliche Erkenntnisse für die Sicherheit und Gesundheit der Beschäftigten zu ermitteln,
2. Regeln und Erkenntnisse zu ermitteln, wie die in diesem Gesetz gestellten Anforderungen erfüllt werden können,
3. Empfehlungen zu Sicherheit und Gesundheit bei der Arbeit aufzustellen,
4. das Bundesministerium für Arbeit und Soziales in allen Fragen des Arbeitsschutzes zu beraten.

₂Das Arbeitsprogramm des Ausschusses für Sicherheit und Gesundheit bei der Arbeit wird mit dem Bundesministerium für Arbeit und Soziales abgestimmt. ₃Der Ausschuss arbeitet eng mit den anderen Ausschüssen beim Bundesministerium für Arbeit und Soziales nach §18 Absatz 2 Nummer 5 zusammen.

(4) ₁Das Bundesministerium für Arbeit und Soziales kann die vom Ausschuss für Sicherheit und Gesundheit bei der Arbeit ermittelten Regeln und Erkenntnisse im Gemeinsamen Ministerialblatt bekannt geben und die Empfehlungen veröffentlichen. ₂Der Arbeitgeber hat die bekannt gegebenen Regeln und Erkenntnisse zu berücksichtigen. ₃Bei Einhaltung dieser Regeln und bei Beachtung dieser Erkenntnisse ist davon auszugehen, dass die in diesem Gesetz gestellten Anforderungen erfüllt sind, soweit diese von der betreffenden Regel abgedeckt sind. ₄Die Anforderungen aus Rechtsverordnungen nach §18 und dazu bekannt gegebene Regeln und Erkenntnisse bleiben unberührt.

(5) ₁Die Bundesministerien sowie die obersten Landesbehörden können zu den Sitzungen des Ausschusses für Sicherheit und Gesundheit bei der Arbeit Vertreterinnen oder Vertreter entsenden. ₂Auf Verlangen ist ihnen in der Sitzung das Wort zu erteilen.

(6) Die Geschäfte des Ausschusses für Sicherheit und Gesundheit bei der Arbeit führt die Bundesanstalt für Arbeitsschutz und Arbeitsmedizin.

§25 Bußgeldvorschriften

(1) Ordnungswidrig handelt, wer vorsätzlich oder fahrlässig

1. einer Rechtsverordnung nach §18 Abs. 1 oder §19 zuwiderhandelt, soweit sie für einen bestimmten Tatbestand auf diese Bußgeldvorschrift verweist oder
2. a) als Arbeitgeber oder als verantwortliche Person einer vollziehbaren Anordnung nach §22 Abs. 3 oder
   b) als Beschäftigter einer vollziehbaren Anordnung nach §22 Abs. 3 Satz 1 Nr. 1 zuwiderhandelt.

(2) Die Ordnungswidrigkeit kann in den Fällen des Absatzes 1 Nr. 1 und 2 Buchstabe b mit einer Geldbuße bis zu fünftausend Euro, in den Fällen des Absatzes 1 Nr. 2 Buchstabe a mit einer Geldbuße bis zu dreißigtausend Euro geahndet werden.

§26 Strafvorschriften

Mit Freiheitsstrafe bis zu einem Jahr oder mit Geldstrafe wird bestraft, wer

1. eine in §25 Abs. 1 Nr. 2 Buchstabe a bezeichnete Handlung beharrlich wiederholt oder
2. durch eine in §25 Abs. 1 Nr. 1 oder Nr. 2 Buchstabe a bezeichnete vorsätzliche Handlung Leben oder Gesundheit eines Beschäftigten gefährdet.

Niedersächsisches Nichtraucherschutzgesetz (Nds. NiRSG)

Vom 12. Juli 2007 (Nds. GVBl. S. 337)

Zuletzt geändert durch
Gesetz zur Änderung des Niedersächsischen Spielbankengesetzes, der Allgemeinen Gebührenordnung und des Niedersächsischen Grundsteuergesetzes
vom 17. Mai 2022 (Nds. GVBl. S. 304)

§ 1 Rauchverbot

(1) ₁Das Rauchen ist in Niedersachsen verboten in vollständig umschlossenen Räumlichkeiten

1. von Gebäuden für Landesbehörden, Gerichte oder sonstige Einrichtungen des Landes sowie von Gebäuden für die der Aufsicht des Landes unterliegenden Körperschaften, Anstalten oder Stiftungen des öffentlichen Rechts, mit Ausnahme derjenigen Personen oder Stellen, denen außerhalb des öffentlichen Bereichs Aufgaben der öffentlichen Verwaltung übertragen worden sind, und mit Ausnahme von Räumlichkeiten, die anderen Zwecken als der Erfüllung öffentlicher Aufgaben dienen,

2. von Gebäuden für den Niedersächsischen Landtag, auch soweit diese von den Fraktionen und Abgeordneten genutzt werden,

3. von Krankenhäusern, einschließlich der Privatkrankenanstalten, sowie von Vorsorge- und Rehabilitationseinrichtungen im Sinne des § 107 des Fünften Buchs des Sozialgesetzbuchs vom 20. Dezember 1988 (BGBl. I S. 2477, 2482), zuletzt geändert durch Artikel 5 des Gesetzes vom 20. April 2007 (BGBl. I S. 554),

4. von Heimen und sonstigen Einrichtungen im Sinne des § 1 Abs. 1 bis 5 des Heimgesetzes in der Fassung vom 5. November 2001 (BGBl. I S. 2970), zuletzt geändert durch Artikel 78 der Verordnung vom 31. Oktober 2006 (BGBl. I S. 2407),

5. von Schulen im Sinne des § 1 Abs. 2 des Niedersächsischen Schulgesetzes,

6. von Einrichtungen, die Kinder oder Jugendliche aufnehmen (§ 45 Abs. 1 Satz 1 oder 2 des Achten Buchs des Sozialgesetzbuchs in der Fassung vom 14. Dezember 2006, BGBl. I S. 3134, geändert durch Artikel 2 Abs. 23 des Gesetzes vom 19. Februar 2007, BGBl. I S. 122), unabhängig davon, ob die Einrichtungen einer Erlaubnis bedürfen,

7. von Hochschulen und Berufsakademien sowie von Volkshochschulen und sonstigen Einrichtungen der Erwachsenenbildung im Sinne des § 2 Abs. 2 des Niedersächsischen Erwachsenenbildungsgesetzes,

8. von Sporthallen und Hallenbädern sowie von sonstigen Gebäuden, in denen Sport ausgeübt wird, soweit die Räumlichkeiten öffentlich zugänglich sind und der Sportausübung dienen,

9. von Einrichtungen, die der Bewahrung, Vermittlung, Aufführung oder Ausstellung künstlerischer, unterhaltender oder historischer Inhalte oder Werke dienen, soweit die Räumlichkeiten öffentlich zugänglich sind,

10. von Gaststätten einschließlich der Diskotheken und der im Reisegewerbe während einer Veranstaltung betriebenen Gaststätten, soweit die Räumlichkeiten für Gäste zugänglich sind,

11. von Verkehrsflughäfen, wenn die Räumlichkeiten für Reisende zugänglich sind; dies gilt nicht für vollständig umschlos-

sene Räume, die anderen Zwecken als dem Aufenthalt der Fluggäste oder deren Abfertigung dienen,

12. in Spielhallen im Sinne des § 1 Abs. 4 des Niedersächsischen Spielhallengesetzes und
13. in Spielbanken im Sinne des Niedersächsischen Spielbankengesetzes.

₂Bei öffentlichen Schulen im Sinne des § 1 Abs. 3 des Niedersächsischen Schulgesetzes und bei Einrichtungen der Kinder- oder Jugendhilfe im Sinne des Satzes 1 Nr. 6 ist das Rauchen auch auf den zur Einrichtung gehörenden Hof- und Freiflächen verboten.

(2) ₁Das Rauchverbot nach Absatz 1 Satz 1 Nr. 10 gilt nicht, wenn im Gaststättenbetrieb nur

1. Getränke und zubereitete Speisen an Hausgäste von Beherbergungsbetrieben oder
2. unentgeltliche Kostproben

verabreicht werden. ₂Wird eine Gaststätte auf einer Teilfläche einer vollständig umschlossenen Räumlichkeit offen betrieben, so ist das Rauchen in der gesamten Räumlichkeit verboten.

(3) Für vollständig umschlossene Räumlichkeiten, deren Fläche auf Dauer gemeinschaftlich mit anderen Einrichtungen genutzt wird, gilt ein Rauchverbot nur, wenn für alle an der Nutzung beteiligten Einrichtungen ein Rauchverbot nach Absatz 1 Satz 1 gilt.

(4) Auf die Rauchverbote ist an den öffentlichen Zugängen der Einrichtungen und der Gebäude deutlich sichtbar hinzuweisen.

§ 2 Ausnahmen vom Rauchverbot

(1) Abweichend von § 1 Abs. 1 Satz 1 gilt das Rauchverbot nicht in

1. Haft- und Vernehmungsräumen der Justizvollzugseinrichtungen und der Polizei,
2. Patientenzimmern von Einrichtungen, in denen Personen aufgrund gerichtlicher Entscheidung untergebracht werden,
3. den Räumen von Heimen und von Einrichtungen der palliativen Versorgung, die Bewohnerinnen oder Bewohnern zur privaten Nutzung überlassen sind,
4. Räumen, die zu Wohnzwecken überlassen sind,
5. vollständig umschlossenen Räumen von Einrichtungen nach § 1 Abs. 1 Satz 1 Nr. 3, in denen die behandelnde Ärztin oder der behandelnde Arzt einer Patientin oder einem Patienten im Einzelfall das Rauchen erlaubt, weil ein Rauchverbot die Erreichung des Therapieziels gefährden würde oder die Patientin oder der Patient das Krankenhaus nicht verlassen kann,
6. vollständig umschlossenen Nebenräumen von Gebäuden oder Einrichtungen im Sinne von § 1 Abs. 1 Satz 1 Nrn. 1 bis 4, 7, 9 und 11, die an ihrem Eingang deutlich sichtbar als Raucherraum gekennzeichnet sind.

(2) ₁Das Rauchverbot nach § 1 Abs. 1 Satz 1 Nr. 10 gilt nicht in dem vollständig umschlossenen Nebenraum einer Gaststätte, der an seinem Eingang deutlich sichtbar als Raucherraum gekennzeichnet ist. ₂Satz 1 gilt nicht in Gaststätten, die in einem engen räumlichen oder funktionalen Zusammenhang mit Einrichtungen nach § 1 Abs. 1 Satz 1 Nrn. 3, 5 und 6 stehen.

(3) Abweichend von § 1 Abs. 1 Satz 1 Nr. 10 kann die Betreiberin oder der Betreiber einer Gaststätte das Rauchen gestatten, wenn

1. die Gaststätte nur einen für den Aufenthalt von Gästen bestimmten Raum (Gastraum) und keinen Nebenraum im Sinne von Absatz 2 Satz 1 hat,
2. die Grundfläche des Gastraumes weniger als 75 Quadratmeter beträgt; nicht zur Grundfläche gehört die allein der Betreiberin oder dem Betreiber vorbehaltene Fläche hinter dem Schanktisch,
3. in der Gaststätte keine zubereiteten Speisen verabreicht werden,
4. Personen, die das 18. Lebensjahr nicht vollendet haben, die Gaststätte nicht betreten dürfen und
5. die Gaststätte am Eingang deutlich sichtbar als Rauchergaststätte gekennzeichnet ist; die Kennzeichnung muss den Hinweis enthalten, dass Personen unter 18 Jahren keinen Zutritt haben.

§ 3 Verantwortlichkeit für die Umsetzung des Rauchverbotes

₁Für die Einhaltung der nach diesem Gesetz bestehenden Verpflichtungen sind verantwortlich

1. die Inhaberin oder der Inhaber des Hausrechts für die jeweilige Einrichtung im Sinne von § 1 Abs. 1 Satz 1 Nrn. 1 bis 9 oder für die Räumlichkeit in § 1 Abs. 2 Satz 2 oder Abs. 3,

2. die Betreiberin oder der Betreiber der Gaststätte im Sinne von § 1 Abs. 1 Satz 1 Nr. 10 oder des Flughafens nach § 1 Abs. 1 Satz 1 Nr. 11 oder der Spielhalle nach § 1 Abs. 1 Satz 1 Nr. 12 oder der Spielbank nach § 1 Abs. 1 Satz 1 Nr. 13

und die von diesen Beauftragten. ₂Wenn einer verantwortlichen Person nach Satz 1 ein Verstoß gegen das Rauchverbot bekannt wird, hat sie im Rahmen des Hausrechts die erforderlichen Maßnahmen zu ergreifen, um derartige Verstöße zu verhindern.

§ 4 Verantwortung für öffentliche Spielplätze

Die Gemeinden sind für den Schutz der Benutzerinnen und Benutzer von öffentlichen Spielplätzen vor Passivrauchen und vor den Gefahren verantwortlich, die von beim Rauchen entstehenden Abfällen ausgehen.

§ 5 Ordnungswidrigkeiten

(1) Ordnungswidrig handelt, wer vorsätzlich

1. entgegen § 1 Abs. 1 Satz 1 oder 2, Abs. 2 Satz 2 oder Abs. 3 raucht, ohne dass eine Ausnahme nach § 2 vorliegt,

2. einer Hinweispflicht nach § 1 Abs. 4 nicht nachkommt oder

3. in den Fällen des § 3 Satz 2 Maßnahmen nicht ergreift.

(2) Die Ordnungswidrigkeit kann mit einer Geldbuße geahndet werden.

§ 6 Überprüfung des Gesetzes

Die Landesregierung überprüft bis zum 31. Dezember 2009 die Auswirkungen dieses Gesetzes.

Stichwortverzeichnis

Sie finden das jeweilige Stichwort über die fettgedruckte Angabe der Leitziffer gefolgt durch die Vorschriftenabkürzung. Wo die männliche Form verwendet wurde, ist implizit auch die weibliche gemeint.
Beispiel: I.10/NDiszG weist auf die Leitziffer I.10; hier im Abschnitt I in der Ordnungsziffer 10 wurde das Niedersächsische Disziplinargesetz eingeordnet. Im angegebenen Paragraphen bzw. Artikel finden Sie den gesuchten Begriff.

Abordnung I.1 § 14 **I.2** § 27

Akteneinsicht IX.5 § 29

Allgemeiner Verwaltungsdienst mit Studium II.4 § 1 ff.

Allgemeines Gleichbehandlungsgesetz X.1 § 1 ff.

Altersteilzeit I.2 § 63 **I.6**

Amtsbezeichnung I.2 § 57

Amtshaftung IX.1 Art. 34

Amtshilfe IX.1 Art. 35 **IX.5** § 4 ff.

Amtspflichtverletzung IX.1 Art. 34

Amtssprache IX.5 § 23

Andere Bewerber I.2 § 17

Anfechtungsklage IX.3 § 42

Anfechtungsklage, kein Vorverfahren IX.4 § 80

Arbeitsschutz I.2 § 82 **V.1** § 77

Arbeitszeit I.2 § 60 **I.5** § 2 ff.
– Beschränkungen **I.5** § 4
– Freistellungstag **I.5** § 6
– Mehrarbeit **I.5** § 7

Arbeitszeitmodelle I.5.1 § 21

Arbeitszeitregelung
– Betreuungs- und Pflegearbeit **VIII.1** § 13 ff.
– Vereinbarkeit mit Familie **VIII.1** § 13 ff.

Arbeitszeitverordnung I.5 § 1 ff.
– Feuerwehrdienst **I.5.2** § 1 ff.
– Lehrer **I.5.1** § 1 ff.

Arznei- und Verbandmittel VII.1 § 17

Aufstieg I.2 § 21

Ausbildung und Prüfung I.2 § 26
– allgemeiner Verwaltungsdienst mit Studium der Verwaltungs-, Wirtschafts- oder Sozialwissenschaften **II.4** § 1 ff.
– Laufbahnen des feuerwehrtechnischen Dienstes **II.8** § 1 ff.
– Laufbahnen des mittleren allgemeinen Verwaltungsdienstes und Polizeiverwaltungsdienstes **II.7** § 1 ff.
– Laufbahngruppe 2 der Fachrichtung Allgemeine Dienste **II.5** § 1 ff.
– Lehrkräfte im Vorbereitungsdienst **II.6** § 1 ff.

Ausgleichszahlung IV.1 § 55

Auslandsbesoldung III.1 § 56

Auslandsreisekosten
– Erstattung **VI.2** § 2
– Tagegeld **VI.2** § 3 ff.

Auslandsreisekostenverordnung VI.2 § 1 ff.

Auslandstrennungsgeldverordnung VI.6 § 1 ff.

Auszubildende V.1 § 58

Barrierefreiheit VIII.2 § 7

Beamte
– auf Probe **I.2** § 5 **IV.1** § 19
– auf Zeit **I.2** § 7
– auf Zeit, ruhegehaltsfähige Dienstbezüge **IV.1** § 19
– Rechtsstellung **I.1** § 18

Beamtengesetz I.2 § 1 ff.

Beamtenrechte, Verlust I.1 § 24

Beamtenstatusgesetz I.1 § 1 ff.

Stichwortverzeichnis

Beamtenverhältnis I.1 § 3 I.2 § 4 ff.
- auf Zeit I.1 § 6
- Beendigung I.1 § 21 ff.
- Höchstalter für die Einstellung II.1 § 16
- rechtliche Stellung I.1 § 33 ff.

Beamtenversorgungsgesetz IV.1 § 1 ff.

Beförderung I.2 § 20
- Stellenobergrenzen III.3 § 1 ff.

Beförderungsvoraussetzungen II.1 § 12

Befristete Arbeitsverträge VIII.4 § 21

Befähigungseinschätzung I.3 Nr. 5 ff.

Beglaubigung, amtliche IX.5 § 33 ff.

Begrenzte Dienstfähigkeit I.1 § 27

Behindertengerechte Informationstechnik öffentlicher Stellen VIII.2 § 9

Behindertengleichstellungsgesetz VIII.2 § 1 ff.

Behördliches Disziplinarverfahren
- Ermittlungspflicht I.10 § 22
- nachträgliche Entscheidung I.10 § 36
- vorläufige Dienstenthebung I.10 § 38 ff.

Beihilfe I.2 § 80
- ambulante Leistungen VII.1 § 9 ff.
- Anspruchskonkurrenz VII.1 § 3
- Arznei- und Verbandmittel VII.1 § 17
- Aufwendungen im Krankheitsfall VII.1 § 9 ff.
- Begrenzung VII.1 § 44
- Bemessung VII.1 § 43
- berücksichtigungsfähige Angehörige VII.1 § 2
- Eigenbehalte VII.1 § 45 ff.
- Fahrtkosten VII.1 § 26
- Früherkennungsuntersuchungen VII.1 § 38
- Gewährung VII.1 § 4 ff.
- Haushaltshilfe VII.1 § 23 ff.
- Heilmittel VII.1 § 18
- Hilfsmittel VII.1 § 20
- häusliche Krankenpflege VII.1 § 22
- Körperersatzstücke VII.1 § 20
- Krankenhausleistungen VII.1 § 21
- nicht beihilfefähige Aufwendungen VII.1 § 6
- Pflegefall VII.1 § 32 ff.
- Rehabilitationsmaßnahmen VII.1 § 29 ff.
- Schutzimpfungen VII.1 § 38
- Schwangerschaft VII.1 § 39 ff.
- soziotherapeutische Leistungen VII.1 § 25
- Unterkunftskosten VII.1 § 27

Beihilfebescheid VII.1 § 51

Beihilfeverordnung VII.1 § 1 ff.

Benachteiligungsverbot VIII.1 § 3 VIII.2 § 4

Bereitschaftsdienst I.2 § 60

Berufsfreiheit IX.1 Art. 12

Berufskrankheiten-Verordnung IV.3 § 1 ff.

Besoldungs- und Versorgungsanpassungsgesetz III.1.1 § 1 ff.

Besoldungsgesetz III.1 § 1 ff.

Besoldungsrechtliche Bezüge
- Familienzuschlag III.1 § 4
- Professur III.1 § 2a ff.
- sonstige Geldzuwendungen III.1 § 6

Beurlaubung VIII.1 § 15

Beurteilungsrichtlinien I.3 Nr. 1 ff.

Beurteilungsverfahren I.3 Nr. 9

Bezirkspersonalrat V.2 § 36 ff.

Briefwahl V.2 § 41

Bundeselterngeld- und Elternzeitgesetz VIII.5 § 1 ff.

Bundeskindergeldgesetz VIII.3 § 1 ff.

Bundespräsident IX.1 Art. 54 ff.

Bundesrat IX.1 Art. 50 ff.

Bundesregierung IX.1 Art. 62 ff.

Bundestag IX.1 Art. 38 ff.

Stichwortverzeichnis

Bundesumzugskostengesetz VI.3 §1 ff.

Bundesverwaltung IX.1 Art. 83 ff.

Datenschutz, Landesbeauftragter IX.7 §21 ff.

Datenschutzbeauftragte IX.7 §8a

Datenschutzgesetz IX.7 §1 ff.

Demokratie IX.1 Art. 20

Dienstbekleidung I.2 §56

Diensteid I.1 §38 I.2 §47

Dienstherrnfähigkeit I.1 §2 I.2 §2

Dienstjubiläen VII.5

Dienstjubiläumsverordnung VII.3 §1 ff.

Dienstliche Beurteilung II.1 §44

Dienstlicher Wohnsitz III.1 §15 VII.6

Dienstreise VI.1 §1 ff.

Dienstunfähigkeit I.1 §26 I.2 §43 ff.

Dienstvereinbarungen V.1 §78

Dienstvergehen I.2 §50

Dienstvorgesetzte I.2 §3

Dienstwohnung III.1 §16

Dienstzeugnis I.2 §59

Disziplinarbehörden I.10 §5

Disziplinargesetz I.10 §1 ff.

Disziplinarklage I.10 §34

Disziplinarmaßnahmen
– Arten I.10 §6 ff., §33

Disziplinarverfahren IX.7 §21a
– behördliches I.10 §18 ff.
– gerichtliches I.10 §41 ff.

Doppelbeamtenverhältnis II.1 §47

Ehrenbeamte I.1 §5 I.2 §6

Eingetragene Lebenspartnerschaften, Gleichstellung III.1 §1a

Einkommensteuergesetz VIII.3 §8 ff.

Einstellung I.2 §18

Einstweiliger Ruhestand I.1 §30 I.2 §39 ff.

Elterngeld VIII.5 §1 ff.

Elternzeit I.1 §46 I.7 §22 VIII.5 §15 ff.

Entlassung I.1 §22 I.2 §30 ff. I.10 §11

Erholungsurlaub I.1 §44 I.2 §68

Erholungsurlaubsverordnung I.8 §1 ff.

Ermessen IX.5 §40

Ermittlungspflicht I.10 §22

Ernennung I.1 §8 ff. I.2 §8 ff.

Erprobungszeit II.1 §10

Erschwerniszulagenverordnung III.4 §1 ff.

Europäische Union IX.1 Art. 23

Europäische Verwaltungszusammenarbeit IX.5 §8a ff.

Fahrt- und Flugkostenerstattung VI.1 §3

Fahrtkosten, Flugkosten VII.1 §26

Familienkasse VIII.3 §7

Familienleistungsausgleich VIII.3 §31

Familienzuschlag III.1 §34 ff.

Feststellungsklage IX.3 §43

Feuerwehrdienst, Beamte I.2 §115

Finanzwesen IX.1 Art. 104a ff.

Fortbildung I.2 §22 II.1 §45

Frauenbeauftragte VIII.1 §17 ff.

Fünftes Vermögensbildungsgesetz VIII.6 §1 ff.

Fürsorge I.1 §45

Gebärdensprache VIII.2 §5 ff.

Geldbuße I.10 §33

Stichwortverzeichnis

Gesamtpersonalrat V.1 § 49
– Zuständigkeit **V.1** § 80

Arbeitsschutzgesetz X.2 § 1 ff.

Gesetzgebung IX.1 Art. 71 ff. **IX.2** Art. 41 ff.

Gesetzgebungsnotstand IX.1 Art. 81

Gleichberechtigungsgesetz VIII.1 § 1 ff.

Gleichheitsgrundsatz IX.1 Art. 3

Gleichstellung
– Frauen **VIII.1** § 1 ff.
– Lebenspartnerschaften **IV.1** § 1

Gleitzeitvereinbarung I.5.3

Gnadenrecht I.2 § 34

Grundgehalt III.1 § 7

Grundgesetz IX.1 Art. 1 ff.

Haushaltshilfe VII.1 § 23 ff.

Heilfürsorge, Polizeivollzugsbeamte I.2 § 114

Heilkurorteverzeichnis
– Inland **VII.2**
– Ausland **VII.3**

Heilmittel VII.1 § 18

Heilverfahrensverordnung IV.2

Hilfsmittel VII.1 § 20

Hinterbliebenenversorgung IV.1 § 20 ff., § 44

Hochschullehrer I.1 § 61

Häusliche Krankenpflege VII.1 § 22

Jugend- und Auszubildendenvertretung V.2 § 35

Justizgesetz IX.4 § 173 ff.

Justizvollzug und Justizwachtmeisterdienst, Beamte I.2 § 116

Kinder, Freibeträge für Kinder VIII.3 § 32

Kinderbetreuungskosten VIII.3 § 9c

Kindergeld VIII.3 § 62 ff.

Kindergeldanspruch VIII.3 § 1
– Beginn **VIII.3** § 5
– Bundesagentur für Arbeit zuständig für Organisation und Verfahren **VIII.3** § 7 ff.
– Höhe **VIII.3** § 6
– Mitwirkungspflichten **VIII.3** § 68

Kinderzulage VIII.3 § 85

Kinderzuschlag VIII.3 § 6a

Kommunale Hochschule für Verwaltung in Niedersachsen I.2 § 24

Komplextherapien VII.1 § 19

Körperschaft, Umbildung I.1 § 16 I.2 § 29

Korruptionsprävention und -bekämpfung I.11

Krankenhausleistungen VII.1 § 21

Kündigungsschutz VIII.5 § 18

Kürzung der Dienstbezüge I.10 § 33

Landesbeauftragter, Datenschutz IX.7 § 21 ff.

Landespersonalausschuss I.2 § 97 ff.

Landesregierung IX.2 Art. 28 ff.

Landtag IX.2 Art. 7 ff.

Laufbahn I.2 § 13 ff.
– Feuerwehr **II.1** § 28
– Gesundheits- und soziale Dienste **II.1** § 29
– Gruppe 1 **II.1** § 20 ff.
– Gruppe 2 **II.1** § 24 ff.
– Gruppe 2 der Fachrichtung Bildung **II.2** § 1 ff.
– Justiz **II.1** § 27
– Polizei **I.2** § 108
– Polizeivollzugsdienstes **II.3** § 1 ff.
– Steuerverwaltung **I.2** § 118
– Technische Dienste **II.1** § 30
– Wissenschaftliche Dienste **II.1** § 31

Stichwortverzeichnis

Laufbahnbefähigung II.1 §4, §15
– Anerkennung im Ausland erworbener Berufsqualifikationen II.1 §35 ff.
– nach den Vorschriften eines anderen Landes oder des Bundes II.1 §43
– Zugang für die Einstiegsämter II.2 §4 ff.

Laufbahnbewerber II.1 §15 ff.

Laufbahnprüfung II.1 §18

Laufbahnrecht III.1 §15

Laufbahnwechsel I.2 §23 II.1 §6

Lehrbefähigung II.2 §11 ff.

Lehrer, Arbeitszeitverordnung I.5.1 §1 ff.

Leistungsbeurteilung I.3 Nr. 5 ff.

Leistungsprämie III.3 §2
– III.3 §1 ff.

Leistungszulage §3

Länderübergreifender Wechsel I.1 §13 ff.

Mehrarbeit I.2 §60 III.1 §47

Mehrheitswahl V.2 §33 ff.

Menschen mit Behinderung
– Beirat VIII.2 §12
– Landesbeauftragter VIII.2 §10 ff.

Mutterschutz I.1 §46 I.7 §1 ff.
– und Elternzeit I.2 §81

Mutterschutz- und Elternzeitverordnung I.7.1 §1 ff.

Nebentätigkeit I.1 §40 I.2 §70 ff.

Nebentätigkeitsverordnung I.4 §1 ff.

Niedersächsische Erschwerniszulagenverordnung III.4 §1 ff.

Niedersächsische Laufbahnverordnung II.1 §1 ff.

Niedersächsische Verfassung IX.2 Art. 1 ff.

Öffentlich-rechtliche Streitigkeit IX.3 §40

Öffentlich-rechtlicher Vertrag IX.5 §54 ff.

Personalakte I.1 §50 I.10 §17

Personalakten I.2 §88 ff.

Personalrat
– Anzahl der wählbaren Personen V.2 §7
– Aufgaben V.1 §59 ff.
– Benachteiligungsverbot V.1 §41
– Bereiche öffentlicher Dienst V.1 §86 ff.
– Beschlussfassung V.1 §32
– Beschlussfähigkeit V.1 §31
– Einigungsstelle V.1 §71 ff., §107c
– Freistellung vom Dienst V.1 §39
– Gesamtpersonalrat V.1 §49
– Gruppenvertretung V.1 §14
– Herstellung des Benehmens V.1 §75 ff.
– Kosten V.1 §37
– Mitgliederausschluss V.1 §24
– Mitgliederzahl V.1 §13
– Nichteinigung V.1 §70
– Referendare V.1 §114
– Schulen V.1 §95 ff.
– Sitzverteilung V.1 §15
– Vorsitz V.1 §28
– Wahl V.1 §10
– Wahlberechtigung V.1 §11
– Wählbarkeit V.1 §12
– Zuständigkeit V.1 §79

Personalversammlung
– Befugnisse V.1 §45
– Einberufung V.1 §43 ff.
– Teilnahmeberechtigung V.1 §46
– Zusammensetzung V.1 §42

Personalvertretung, Wahlordnung V.2 §1 ff.

Personalvertretungsrecht V.1 §1 ff.

Personalrat, Sitzung V.1 §29 ff.

Planfeststellungen IX.5 §72 ff. IX.6 §5

Praxisaufstieg II.1 §34

Probezeit I.2 §19 II.1 §7 ff.

Rechtsschutz I.2 §104 ff.

Stichwortverzeichnis

Referendare, Personalrat V.1 § 115
V.2 § 47

Regelaufstieg II.1 § 33

Regelbeurteilung I.3 Nr. 3

Reisekostenvergütung VI.1 § 1 ff.

Reisekostenverordnung VI.1 § 1 ff.

Ruhegehalt IV.1 § 4 ff.
– Aberkennung I.10 § 13
– Kürzung I.10 § 12, § 33

Ruhestand I.2 § 35 ff.

Schule, Beamte I.2 § 117
– Frauenbeauftragte VIII.1 § 23
– Personalratswahl V.2 § 46
– Personalvertretungen V.2 § 46

Schweigepflicht V.1 § 9

Schwerbehinderte Menschen II.1 § 14

Sexuelle Belästigung VIII.1 § 11

Sonderurlaub I.2 § 68
– Beamte I.9 § 1 ff.

Sonderurlaubsverordnung I.9 § 1 ff.
– Verwaltungsvorschrift I.9.1

Sonderzahlungen III.1 § 63 ff.

Sonn- und Feiertage, Zulagen III.1 § 46
III.4 § 1 ff.

Soziotherapie VII.1 § 25

Stellenausschreibung I.2 § 9

Stellenobergrenzen III.3 § 1 ff.

Stufenvertretung
– Wahl V.1 § 47
– Zuständigkeit V.1 § 79

Suchtbehandlung VII.1 § 31

Tagegeld VI.1 § 7

Teilzeitarbeit VIII.1 § 15

Teilzeitbeschäftigung I.1 § 43 I.2 § 61 ff.
I.5 § 8 III.1 § 16

Trennungsgeld I.2 § 86

Trennungsgeldverordnung VI.5 § 1 ff.

Übergangsgeld IV.1 § 53 ff.

Umzugskostenvergütung I.2 § 85
VI.3 § 2 ff.

Unfallfürsorge IV.1 § 33 ff. V.1 § 9a
– Anspruchsbegrenzung IV.1 § 52
– Ausschlussfrist IV.1 § 51
– Unfallentschädigung IV.1 § 48
– Versagung IV.1 § 50

Unterkunftskosten VII.1 § 27

Untersuchungsgrundsatz IX.5 § 24

Urlaub, ohne Dienstbezüge I.2 § 64

Urlaubsanspruch VIII.5 § 17

Verbandsklage VIII.2 § 13

Verbot der Annahme von Belohnungen und Geschenken I.2 § 49

Verfassung, niedersächsische
IX.2 Art. 1 ff.

Verhältniswahl V.2 § 29

Vermögenswirksame Leistungen
VIII.7 § 1 ff.

Verordnung über die Umzugskostenvergütung bei Auslandsumzügen
VI.4 § 1 ff.

Verpflichtungsklage IX.3 § 42

Verschwiegenheitspflicht I.1 § 37 I.2 § 46

Versetzung I.1 § 15 I.2 § 28

Versicherung an Eides statt IX.5 § 27

Versorgungsbezüge IV.1 § 2
– Abtretung IV.1 § 62
– Anzeigepflicht IV.1 § 74
– Aufrechnungs- und Zurückbehaltungsrecht
IV.1 § 62
– Erlöschen IV.1 § 71 ff.
– Erwerbs- oder Erwerbsersatzeinkommen
IV.1 § 64 ff.

Stichwortverzeichnis

- Familienzuschlag **IV.1** §57
- Kindererziehungszuschlag **IV.1** §58 ff.
- Kürzung **IV.1** §69 ff.
- Nichtberücksichtigung **IV.1** §77
- Pfändung **IV.1** §62
- Rente **IV.1** §66
- Rückforderung **IV.1** §63
- Verschollenheit **IV.1** §32

Versorgungsempfänger, Rechtsstellung I.1 §19

Versorgungsrücklagengesetz IV.4 §1 ff.

Verteidigungsfall IX.1 Art. 115a ff., Art. 80a

Verwaltungsakt IX.5 §35 ff.

Verwaltungsgerichtsordnung IX.3 §1 ff.

Verwaltungsrechtsweg IX.3 §40

Verwaltungsverfahrensgesetz IX.5 §1 ff.

Verwendungen im Ausland I.1 §60
- Schadensausgleich **IV.1** §49

Verwertungsverbot I.10 §17

Volksbegehren IX.2 Art. 48

Volksentscheid IX.2 Art. 49

Volksinitiative IX.2 Art. 47

Vollstreckungstitel IX.3 §168

Vorbereitungsdienst I.2 §4 **II.1** §17
- Unterrichtsvergütung **III.1** §18

Vorgesetzte I.2 §3

Vorläufige Dienstenthebung I.10 §38 ff.
- Aussetzungsantrag **I.10** §58

Vorschußrichtlinien VII.4

Wechsel in Bundesverwaltung I.1 §13 ff.

Wegstreckenentschädigung VI.1 §5

Weisungsgebundenheit I.1 §35

Werbungskosten VIII.3 §9 ff.

Wiederaufgreifen des Verfahrens IX.5 §51

Wiederaufnahme des Verfahrens IX.3 §153 **I.10** §64 ff.

Wiedereinsetzung in den vorigen Stand IX.5 §32

Wählerverzeichnis V.2 §37

Zulagen III.1 §37 ff. **III.4** §1 ff.

Zuschlag, vorübergehende Gewährung IV.1 §61

Zuweisung einer Tätigkeit I.1 §20

Kalender 2025

2025	JANUAR				FEBRUAR				MÄRZ				
Montag		**6**	13	20	27		3	10	17	24		3	10	17	24	31
Dienstag		7	14	21	28		4	11	18	25		4	11	18	25
Mittwoch	1	8	15	22	29		5	12	19	26		5	12	19	26
Donnerstag	2	9	16	23	30		6	13	20	27		6	13	20	27
Freitag	3	10	17	24	31		7	14	21	28		7	14	21	28
Samstag	4	11	18	25		1	8	15	22		1	**8**	15	22	29
Sonntag	5	**12**	**19**	**26**		**2**	**9**	**16**	**23**		**2**	**9**	**16**	**23**	**30**

	APRIL				MAI				JUNI				
Montag		7	14	**21**	28		5	12	19	26		2	**9**	16	23	30
Dienstag	1	8	15	22	29		6	13	20	27		3	10	17	24
Mittwoch	2	9	16	23	30		7	14	21	28		4	11	18	25
Donnerstag	3	10	17	24		**1**	8	15	22	**29**		5	12	**19**	26
Freitag	4	11	**18**	25		2	9	16	23	30		6	13	20	27
Samstag	5	12	19	26		3	10	17	24	31		7	14	21	28
Sonntag	**6**	**13**	**20**	**27**		**4**	**11**	**18**	**25**		**1**	**8**	**15**	**22**	**29**

	JULI				AUGUST				SEPTEMBER				
Montag		7	14	21	28		4	11	18	25	1	8	15	22	29
Dienstag	1	8	15	22	29		5	12	19	26	2	9	16	23	30
Mittwoch	2	9	16	23	30		6	13	20	27	3	10	17	24
Donnerstag| 3	10	17	24	31		7	14	21	28	4	11	18	25
Freitag	4	11	18	25		1	**8**	**15**	22	29	5	12	19	26
Samstag	5	12	19	26		2	9	16	23	30	6	13	**20**	27
Sonntag	**6**	**13**	**20**	**27**		**3**	**10**	**17**	**24**	**31**	**7**	**14**	**21**	**28**

	OKTOBER				NOVEMBER				DEZEMBER				
Montag		6	13	20	27		3	10	17	24	1	8	15	22	29
Dienstag		7	14	21	28		4	11	18	25	2	9	16	23	30
Mittwoch	1	8	15	22	29		5	12	**19**	26	3	10	17	24	31
Donnerstag| 2	9	16	23	30		6	13	20	27	4	11	18	**25**
Freitag	**3**	10	17	24	**31**		7	14	21	28	5	12	19	**26**
Samstag	4	11	18	25		**1**	8	15	22	29	6	13	20	27
Sonntag	**5**	**12**	**19**	**26**		**2**	**9**	**16**	**23**	**30**	**7**	**14**	**21**	**28**

Neujahr 1. Januar, Hl. Drei Könige 6. Januar, Weltfrauentag 8. März, Karfreitag 18. April, Ostern 20. und 21. April, Tag der Arbeit 1. Mai, Tag der Befreiung 8. Mai, Christi Himmelfahrt 29. Mai, Pfingsten 8. und 9. Juni, Fronleichnam 19. Juni, Friedensfest Augsburg 8. August, Mariä Himmelfahrt 15. August, Weltkindertag 20. September, Tag der Dt. Einheit 3. Oktober, Reformationstag 31. Oktober, Allerheiligen 1. November, Buß- und Bettag 19. November, Weihnachten 25. und 26. Dezember

Kalender 2026

2026	JANUAR				FEBRUAR				MÄRZ				
Montag		5	12	19	26	2	9	16	23		2	9	16	23	30
Dienstag		**6**	13	20	27	3	10	17	24		3	10	17	24	31
Mittwoch		7	14	21	28	4	11	18	25		4	11	18	25
Donnerstag	**1**	8	15	22	29	5	12	19	26		5	12	19	26
Freitag	2	9	16	23	30	6	13	20	27		6	13	20	27
Samstag	3	10	17	24	31	7	14	21	28		7	14	21	28
Sonntag	**4**	**11**	**18**	**25**	**1**	**8**	**15**	**22**	**1**	**8**	**15**	**22**	**29**

	APRIL				MAI				JUNI				
Montag		**6**	13	20	27	4	11	18	**25**	1	8	15	22	29
Dienstag		7	14	21	28	5	12	19	26	2	9	16	23	30
Mittwoch	1	8	15	22	29	6	13	20	27	3	10	17	24
Donnerstag	2	9	16	23	30	7	**14**	21	28	**4**	11	18	25
Freitag	**3**	10	17	24	**1**	8	15	22	29	5	12	19	26
Samstag	4	11	18	25	2	9	16	23	30	6	13	20	27
Sonntag	**5**	**12**	**19**	**26**	**3**	**10**	**17**	**24**	**31**	**7**	**14**	**21**	**28**

	JULI				AUGUST				SEPTEMBER				
Montag		6	13	20	27	3	10	17	24	31	7	14	21	28
Dienstag		7	14	21	28	4	11	18	25	1	8	15	22	29
Mittwoch	1	8	15	22	29	5	12	19	26	2	9	16	23	30
Donnerstag	2	9	16	23	30	6	13	20	27	3	10	17	24
Freitag	3	10	17	24	31	7	14	21	28	4	11	18	25
Samstag	4	11	18	25	**1**	**8**	**15**	22	29	5	12	19	26
Sonntag	**5**	**12**	**19**	**26**	**2**	**9**	**16**	**23**	**30**	**6**	**13**	**20**	**27**

	OKTOBER				NOVEMBER				DEZEMBER				
Montag		5	12	19	26	2	9	16	23	30	7	14	21	28
Dienstag		6	13	20	27	3	10	17	24	1	8	15	22	29
Mittwoch		7	14	21	28	4	11	**18**	25	2	9	16	23	30
Donnerstag	1	8	15	22	29	5	12	19	26	3	10	17	24	31
Freitag	2	9	16	23	30	6	13	20	27	4	11	18	**25**
Samstag	**3**	10	17	24	**31**	7	14	21	28	5	12	19	**26**
Sonntag	**4**	**11**	**18**	**25**	**1**	**8**	**15**	**22**	**29**	**6**	**13**	**20**	**27**

Neujahr 1. Januar, Hl. Drei Könige 6. Januar, Weltfrauentag 8. März, Karfreitag 3. April, Ostern 5. und 6. April, Tag der Arbeit 1. Mai, Christi Himmelfahrt 14. Mai, Pfingsten 24. und 25. Mai, Fronleichnam 4. Juni, Friedensfest Augsburg 8. August, Mariä Himmelfahrt 15. August, Weltkindertag 20. September, Tag der Dt. Einheit 3. Oktober, Reformationstag 31. Oktober, Allerheiligen 1. November, Buß- und Bettag 18. November, Weihnachten 25. und 26. Dezember

Monatskalender 2025

JANUAR

1	**Mi**	Neujahr		1
2	Do			
3	Fr			
4	Sa			
5	**So**			
6	**Mo**	Heilige Drei Könige[1]		2
7	Di		◐	
8	Mi			
9	Do			
10	Fr			
11	Sa			
12	**So**			
13	Mo		○	3
14	Di			
15	Mi			
16	Do			
17	Fr			
18	Sa			
19	**So**			
20	Mo			4
21	Di		◑	
22	Mi			
23	Do			
24	Fr			
25	Sa			
26	**So**			
27	Mo			5
28	Di			
29	Mi		●	
30	Do			
31	Fr			

FEBRUAR

1	Sa			
2	**So**			
3	Mo			6
4	Di			
5	Mi		◐	
6	Do			
7	Fr			
8	Sa			
9	**So**			
10	Mo			7
11	Di			
12	Mi		○	
13	Do			
14	Fr	Valentinstag		
15	Sa			
16	**So**			
17	Mo			8
18	Di			
19	Mi			
20	Do		◑	
21	Fr			
22	Sa			
23	**So**			
24	Mo			9
25	Di			
26	Mi			
27	Do			
28	Fr		●	

1 Gesetzlicher Feiertag in Baden-Württemberg, Bayern und Sachsen-Anhalt

● = Neumond, ○ = Vollmond, ◑ = Halbmond, abnehmend, ◐ = Halbmond, zunehmend, ⊗ = Mondfinsternis, Vollmond

Monatskalender 2025

MÄRZ

1	Sa		
2	**So**		
3	Mo	Rosenmontag	10
4	Di	Fastnacht	
5	Mi	Aschermittwoch	
6	Do		◐
7	Fr		
8	**Sa**	Weltfrauentag[1]	
9	**So**		
10	Mo		11
11	Di		
12	Mi		
13	Do		
14	Fr		⊗
15	Sa		
16	**So**		
17	Mo		12
18	Di		
19	Mi		
20	Do	Frühlingsanfang	
21	Fr		
22	Sa		◐
23	**So**		
24	Mo		13
25	Di		
26	Mi		
27	Do		
28	Fr		
29	Sa		●
30	**So**	Beginn der Sommerzeit	
31	Mo		14

[1] Gesetzlicher Feiertag in Berlin und Mecklenburg-Vorpommern

APRIL

1	Di		
2	Mi		
3	Do		
4	Fr		
5	Sa		◐
6	**So**		
7	Mo		15
8	Di		
9	Mi		
10	Do		
11	Fr		
12	Sa		
13	**So**		○
14	Mo		16
15	Di		
16	Mi		
17	Do		
18	**Fr**	Karfreitag	
19	Sa		
20	**So**	Ostersonntag	
21	**Mo**	Ostermontag	◐ 17
22	Di		
23	Mi		
24	Do		
25	Fr		
26	Sa		
27	**So**		●
28	Mo		18
29	Di		
30	Mi		

Monatskalender 2025

MAI

1	**Do**	Tag der Arbeit	
2	Fr		
3	Sa		
4	**So**		◐
5	Mo		**19**
6	Di		
7	Mi		
8	**Do**	Tag der Befreiung[1]	
9	Fr		
10	Sa		
11	**So**	Muttertag	
12	Mo	○	**20**
13	Di		
14	Mi		
15	Do		
16	Fr		
17	Sa		
18	**So**		
19	Mo		**21**
20	Di		◐
21	Mi		
22	Do		
23	Fr		
24	Sa		
25	**So**		
26	Mo		**22**
27	Di		●
28	Mi		
29	**Do**	Christi Himmelfahrt	
30	Fr		
31	Sa		

1 80. Jahrestag der Befreiung vom Nationalsozialismus
Sonderfeiertag in Berlin

JUNI

1	**So**		
2	Mo		**23**
3	Di		◐
4	Mi		
5	Do		
6	Fr		
7	Sa		
8	**So**	Pfingstsonntag	
9	**Mo**	Pfingstmontag	**24**
10	Di		
11	Mi		○
12	Do		
13	Fr		
14	Sa		
15	**So**		
16	Mo		**25**
17	Di		
18	Mi		◐
19	**Do**	Fronleichnam[1]	
20	Fr		
21	Sa	Sommeranfang	
22	**So**		
23	Mo		**26**
24	Di		
25	Mi		●
26	Do		
27	Fr		
28	Sa		
29	**So**		
30	Mo		**27**

1 Gesetzlicher Feiertag in Baden-Württemberg, Bayern, Hessen, Nordrhein-Westfalen, Rheinland-Pfalz, Saarland und teilweise in Sachsen und Thüringen

Monatskalender 2025

JULI

1	Di	
2	Mi	◐
3	Do	
4	Fr	
5	Sa	
6	**So**	
7	Mo	28
8	Di	
9	Mi	
10	Do	○
11	Fr	
12	Sa	
13	**So**	
14	Mo	29
15	Di	
16	Mi	
17	Do	
18	Fr	◑
19	Sa	
20	**So**	
21	Mo	30
22	Di	
23	Mi	
24	Do	●
25	Fr	
26	Sa	
27	**So**	
28	Mo	31
29	Di	
30	Mi	
31	Do	

AUGUST

1	Fr		◐
2	Sa		
3	**So**		
4	Mo		32
5	Di		
6	Mi		
7	Do		
8	**Fr**	Friedensfest[1]	
9	Sa		○
10	**So**		
11	Mo		33
12	Di		
13	Mi		
14	Do		
15	**Fr**	Mariä Himmelfahrt[2]	
16	Sa		◑
17	**So**		
18	Mo		34
19	Di		
20	Mi		
21	Do		
22	Fr		
23	Sa		●
24	**So**		
25	Mo		35
26	Di		
27	Mi		
28	Do		
29	Fr		
30	Sa		
31	**So**		◐

[1] Gesetzlicher Feiertag im Stadtkreis Augsburg
[2] Gesetzlicher Feiertag im Saarland und teilweise in Bayern

Monatskalender 2025

SEPTEMBER

1	Mo	36
2	Di	
3	Mi	
4	Do	
5	Fr	
6	Sa	
7	**So**	⊗
8	Mo	37
9	Di	
10	Mi	
11	Do	
12	Fr	
13	Sa	
14	**So**	☽
15	Mo	38
16	Di	
17	Mi	
18	Do	
19	Fr	
20	**Sa**	Weltkindertag[1]
21	**So**	●
22	Mo	39
23	Di	Herbstanfang
24	Mi	
25	Do	
26	Fr	
27	Sa	
28	**So**	
29	Mo	40
30	Di	☽

1 Gesetzlicher Feiertag in Thüringen

OKTOBER

1	Mi	
2	Do	
3	**Fr**	Tag der Deutschen Einheit
4	Sa	
5	**So**	Erntedankfest[1]
6	Mo	41
7	Di	○
8	Mi	
9	Do	
10	Fr	
11	Sa	
12	**So**	
13	Mo	☽ 42
14	Di	
15	Mi	
16	Do	
17	Fr	
18	Sa	
19	**So**	
20	Mo	43
21	Di	●
22	Mi	
23	Do	
24	Fr	
25	Sa	
26	**So**	Ende der Sommerzeit
27	Mo	44
28	Di	
29	Mi	☽
30	Do	
31	**Fr**	**Reformationstag**[2]

1 Örtlich verschieden
2 Gesetzlicher Feiertag in Brandenburg, Bremen, Hamburg, Mecklenburg-Vorpommern, Sachsen, Sachsen-Anhalt, Schleswig-Holstein und Thüringen

XII

Monatskalender 2025

NOVEMBER

1	**Sa**	**Allerheiligen**[1]	
2	**So**		
3	Mo		45
4	Di		
5	Mi	○	
6	Do		
7	Fr		
8	Sa		
9	**So**		
10	Mo		46
11	Di		
12	Mi	◑	
13	Do		
14	Fr		
15	Sa		
16	**So**	Volkstrauertag	
17	Mo		47
18	Di		
19	**Mi**	**Buß- und Bettag**[2]	
20	Do	●	
21	Fr		
22	Sa		
23	**So**	Totensonntag	
24	Mo		48
25	Di		
26	Mi		
27	Do		
28	Fr	◐	
29	Sa		
30	**So**	1. Advent	

DEZEMBER

1	Mo		49
2	Di		
3	Mi		
4	Do	○	
5	Fr		
6	Sa	Nikolaus	
7	**So**	2. Advent	
8	Mo		50
9	Di		
10	Mi		
11	Do	◑	
12	Fr		
13	Sa		
14	**So**	3. Advent	
15	Mo		51
16	Di		
17	Mi		
18	Do		
19	Fr		
20	Sa	●	
21	**So**	4. Advent / Winteranfang	
22	Mo		52
23	Di		
24	Mi	Heiligabend	
25	**Do**	**1. Weihnachtstag**	
26	**Fr**	**2. Weihnachtstag**	
27	Sa	◑	
28	**So**		
29	Mo		1
30	Di		
31	Mi	Silvester	

[1] Gesetzlicher Feiertag in Baden-Württemberg, Bayern, Nordrhein-Westfalen, Rheinland-Pfalz und im Saarland
[2] Gesetzlicher Feiertag in Sachsen

Schulferien 2025 Bundesrepublik Deutschland

	Winter	Ostern/Frühjahr	Himmelfahrt/Pfingsten	Sommer	Herbst	Weihnachten
Baden-Württemb.	–	14.04.–26.04.	10.06.–20.06.	31.07.–13.09.	27.10.–30.10./31.10.	22.12.–05.01.
Bayern	03.03.–07.03.	14.04.–25.04.	10.06.–20.06.	01.08.–15.09.	03.11.–07.11./19.11.	22.12.–05.01.
Berlin	03.02.–08.02.	14.04.–25.04./02.05./30.05.	10.06.	24.07.–06.09.	20.10.–01.11.	22.12.–02.01.
Brandenburg	03.02.–08.02.	14.04.–25.04./02.05./30.05.	10.06.	24.07.–06.09.	20.10.–01.11.	22.12.–02.01.
Bremen	03.02.–04.02.	07.04.–19.04.	30.04./02.05./30.05./10.06.	03.07.–13.08.	13.10.–25.10.	22.12.–05.01.
Hamburg	31.01.	10.03.–21.03.	02.05./26.05.–30.05.	24.07.–03.09.	20.10.–31.10.	17.12.–02.01.
Hessen	–	07.04.–21.04.	–	07.07.–15.08.	06.10.–18.10.	22.12.–10.01.
Mecklenburg-Vorp.	03.02.–14.02.	14.04.–23.04./30.05.	06.06.–10.06.	28.07.–06.09.	02.10./20.10.–25.10./03.11.	22.12.–05.01.
Niedersachsen[1]	03.02.–04.02.	07.04.–19.04./30.04.	02.05./30.05./10.06.	03.07.–13.08.	13.10.–25.10.	22.12.–05.01.
Nordrhein-Westf.	–	14.04.–26.04.	10.06.	14.07.–26.08.	13.10.–25.10.	22.12.–06.01.
Rheinland-Pfalz	–	14.04.–25.04.	–	07.07.–14.08.	13.10.–24.10.	22.12.–07.01.
Saarland	24.02.–04.03.	14.04.–25.04.	–	07.07.–14.08.	13.10.–24.10.	22.12.–02.01.
Sachsen	17.02.–01.03.	18.04.–25.04./30.05.	–	28.06.–08.08.	06.10.–18.10.	22.12.–02.01.
Sachsen-Anhalt	27.01.–31.01.	07.04.–19.04.	30.05.	28.06.–08.08.	13.10.–25.10.	22.12.–05.01.
Schleswig-Holstein[2]	03.02.	11.04.–25.04./02.05.	30.05.	28.07.–06.09.	20.10.–30.10./28.11.	19.12.–06.01.
Thüringen	03.02.–08.02.	07.04.–19.04.	30.05.	28.06.–08.08.	06.10.–18.10.	22.12.–03.01.

1 Auf den Ostfriesischen Inseln gelten Sonderregelungen.
2 Auf den Inseln Sylt, Föhr, Helgoland und Amrum sowie auf den Halligen enden die Sommerferien eine Woche früher, die Herbstferien beginnen eine Woche früher.

Alle Angaben ohne Gewähr.

Schulferien 2026 Bundesrepublik Deutschland

	Winter	Ostern/ Frühjahr	Himmelfahrt/ Pfingsten	Sommer	Herbst	Weihnachten
Baden-Württemb.	–	30.03.–11.04.	26.05.–05.06.	30.07.–12.09.	26.10.–30.10./31.10.	23.12.–09.01.
Bayern	16.02.–20.02.	30.03.–10.04.	26.05.–05.06.	03.08.–14.09.	02.11.–06.11./18.11.	24.12.–08.01.
Berlin	02.02.–07.02.	30.03.–10.04.	15.05./26.05.	09.07.–22.08.	19.10.–31.10.	23.12.–02.01
Brandenburg	02.02.–07.02.	30.03.–10.04.	15.05./26.05.	09.07.–22.08.	19.10.–30.10.	23.12.–02.01.
Bremen	02.02.–03.02.	23.03.–07.04.	15.05./26.05.	02.07.–12.08.	12.10.–24.10.	23.12.–09.01
Hamburg	30.01.	02.03.–13.03.	11.05.–15.05.	09.07.–19.08.	19.10.–30.10.	21.12.–01.01.
Hessen	–	30.03.–10.04.	–	29.06.–07.08.	05.10.–17.10.	23.12.–12.01.
Mecklenburg-Vorp.	09.02.–20.02.	30.03.–08.04.	15.05./22.05.–26.05.	13.07.–22.08.	19.10.–24.10./26.11.–27.11.	19.12.–02.01.
Niedersachsen[1]	02.02.–03.02.	23.03.–07.04.	15.05./26.05.	02.07.–12.08.	12.10.–24.10.	23.12.–09.01.
Nordrhein-Westf.	–	30.03.–11.04.	26.05.	20.07.–01.09.	17.10.–31.10.	23.12.–06.01.
Rheinland-Pfalz	–	30.03.–10.04.	–	29.06.–07.08.	05.10.–16.10.	23.12.–08.01.
Saarland	16.02.–20.02.	07.04.–17.04.	–	29.06.–07.08.	05.10.–16.10.	21.12.–31.12.
Sachsen	09.02.–21.02.	03.04.–10.04.	15.05.	04.07.–14.08.	12.10.–24.10.	23.12.–02.01.
Sachsen-Anhalt	31.01.–06.02.	30.03.–04.04.	26.05.–29.05.	04.07.–14.08.	19.10.–30.10.	21.12.–02.01.
Schleswig-Holstein[2]	02.02.–03.02.	26.03.–10.04.	15.05.	04.07.–15.08.	12.10.–24.10.	21.12.–06.01.
Thüringen	16.02.–21.02.	07.04.–17.04.	15.05.	04.07.–14.08.	12.10.–24.10.	23.12.–02.01.

1 Auf den Ostfriesischen Inseln gelten Sonderregelungen.
2 Auf den Inseln Sylt, Föhr, Helgoland und Amrum sowie auf den Halligen enden die Sommerferien eine Woche früher, die Herbstferien beginnen eine Woche früher.

Alle Angaben ohne Gewähr.

Notizen

Notizen

Notizen

Notizen

Notizen

Schnellübersicht

I	Statusrecht	19
II	Laufbahn/Ausbildung	249
III	Besoldung	339
IV	Versorgung	495
V	Personalvertretung	587
VI	Reise- und Umzugskosten/Trennungsgeld	659
VII	Beihilfe/Fürsorge	709
VIII	Soziale Schutzvorschriften/Familienförderung/Vermögensbildung	839
IX	Verfassung/Verwaltung	969
X	Allgemeine Schutzvorschriften	1171
XI	Stichwortverzeichnis	1201
XII	Kalendarium/Ferientermine	1209